Amtliches Handbuch

Abgabenordnung (AO)

mit
Anwendungserlass zur
Abgabenordnung (AEAO),
Finanzgerichtsordnung (FGO)
und weiteren Gesetzen

2025

Stand: 1. Januar 2025

Herausgegeben vom Bundesministerium der Finanzen

Empfohlene Zitierweisen:

Regelungen des **Anwendungserlasses zur Abgabenordnung** sind wie folgt zu zitieren: „AEAO zu § ..., Nr. ..." oder „Nr. ... des AEAO zu § ...".

Andere Verwaltungsanweisungen (BMF-Schreiben, gleichlautende Ländererlasse) werden unter Angabe von Herausgeber und Datum sowie Aktenzeichen oder Fundstelle im Bundessteuerblatt Teil I (BStBl I) zitiert.

Druck: CPI books, Leck

Vertrieb Printmedien:

Richard Boorberg Verlag GmbH & Co KG
Stuttgart · München · Hannover · Berlin · Weimar · Dresden
ISBN 978-3-415-07691-4
Anfragen gemäß EU-Verordnung über die allgemeine Produktsicherheit (EU) 2023/988 (General Product Safety Regulation - GPSR) richten Sie bitte an:
Richard Boorberg Verlag GmbH & Co KG, Produktsicherheit,
Scharrstraße 2, 70563 Stuttgart
E-Mail: produktsicherheit@boorberg.de

ISBN 978-3-503-23993-1
Alle Rechte vorbehalten
© 2025 Erich Schmidt Verlag GmbH & Co. KG
Genthiner Straße 30 G, 10785 Berlin
info@ESVmedien.de, www.ESV.info

NWB Verlag GmbH & Co. KG
Eschstr. 22, 44629 Herne
service@nwb.de mailto:service@nwb.de
ISBN 978-3-482-68934-5

Stollfuß Verlag – Lefebvre Sarrut GmbH
Bundeskanzlerplatz 2, 53113 Bonn
www.stollfuss.de
ISBN 978-3-08-362325-0

Inhaltsübersicht

§	Abgabenordnung (AO)	Seite

Änderungsübersicht 1

Erster Teil – Einleitende Vorschriften
Erster Abschnitt – Anwendungsbereich
1	Anwendungsbereich	14
	AEAO zu § 1	14
2	Vorrang völkerrechtlicher Vereinbarungen	15
2a	Anwendungsbereich der Vorschriften über die Verarbeitung personenbezogener Daten	16

Zweiter Abschnitt – Steuerliche Begriffsbestimmungen
3	Steuern, steuerliche Nebenleistungen	17
	AEAO zu § 3	18
4	Gesetz	18
	AEAO zu § 4	18
5	Ermessen	19
	AEAO zu § 5	19
6	Behörden, Finanzbehörden	20
7	Amtsträger	21
	AEAO zu § 7	21
	AEAO vor §§ 8, 9	22
8	Wohnsitz	23
	AEAO zu § 8	23
9	Gewöhnlicher Aufenthalt	30
	AEAO zu § 9	30
10	Geschäftsleitung	31
	AEAO zu § 10	31
11	Sitz	33
12	Betriebstätte	33
	AEAO zu § 12	33
13	Ständiger Vertreter	36
14	Wirtschaftlicher Geschäftsbetrieb	37
14a	Personenvereinigungen	37
	AEAO zu § 14a	37
14b	Körperschaften mit Sitz im Ausland	40
	AEAO zu § 14b	40
15	Angehörige	40
	AEAO zu § 15	41

Dritter Abschnitt – Zuständigkeit der Finanzbehörden
16	Sachliche Zuständigkeit	42
	AEAO zu § 16	42
17	Örtliche Zuständigkeit	42
	AEAO zu § 17	42
18	Gesonderte Feststellungen	43
	AEAO zu § 18	44
19	Steuern vom Einkommen und Vermögen natürlicher Personen	46
	AEAO zu § 19	47
	Einkommensteuer-Zuständigkeitsverordnung (EStZustV)	48
20	Steuern vom Einkommen und Vermögen der Körperschaften, Personenvereinigungen, Vermögensmassen	48
	AEAO zu § 20	48
20a	Steuern vom Einkommen bei Bauleistungen	49
	AEAO zu § 20a	49
	Arbeitnehmer-Zuständigkeitsverordnung-Bau (ArbZustBauV)	50
21	Umsatzsteuer	50
	AEAO zu § 21	50

III

Inhaltsübersicht

§	Abgabenordnung (AO)	Seite
	Umsatzsteuerzuständigkeitsverordnung (UStZustV)	51
22	Realsteuern	54
22a	Zuständigkeit auf dem Festlandsockel oder an der ausschließlichen Wirtschaftszone	54
23	Einfuhr- und Ausfuhrabgaben und Verbrauchsteuern	54
24	Ersatzzuständigkeit	55
	AEAO zu § 24	55
25	Mehrfache örtliche Zuständigkeit	55
	AEAO zu § 25	55
26	Zuständigkeitswechsel	56
	AEAO zu § 26	56
27	Zuständigkeitsvereinbarung	57
	AEAO zu § 27	57
28	Zuständigkeitsstreit	58
29	Gefahr im Verzug	58
29a	Unterstützung des örtlich zuständigen Finanzamts auf Anweisung der vorgesetzten Finanzbehörde	58
Vierter Abschnitt – Verarbeitung geschützter Daten und Steuergeheimnis		
29b	Verarbeitung personenbezogener Daten durch Finanzbehörden	59
29c	Verarbeitung personenbezogener Daten durch Finanzbehörden zu anderen Zwecken	59
30	Steuergeheimnis	60
	Steuerdaten-Abrufverordnung (StDAV)	64
	AEAO zu § 30	68
31	Mitteilung von Besteuerungsgrundlagen	86
	AEAO zu § 31	86
31a	Mitteilungen zur Bekämpfung der illegalen Beschäftigung und des Leistungsmissbrauchs	88
	AEAO zu § 31a	89
31b	Mitteilungen zur Bekämpfung der Geldwäsche und der Terrorismusfinanzierung	97
	AEAO zu § 31b	98
31c	Verarbeitung besonderer Kategorien personenbezogener Daten durch Finanzbehörden zu statistischen Zwecken	102
Fünfter Abschnitt – Haftungsbeschränkung für Amtsträger		
32	Haftungsbeschränkung für Amtsträger	103
	AEAO zu § 32	103
Sechster Abschnitt – Rechte der betroffenen Person		
32a	Informationspflicht der Finanzbehörde bei Erhebung personenbezogener Daten bei der betroffenen Person	103
32b	Informationspflicht der Finanzbehörde, wenn personenbezogene Daten nicht bei der betroffenen Person erhoben wurden	104
32c	Auskunftsrecht der betroffenen Person	105
32d	Form der Information oder Auskunftserteilung	106
32e	Verhältnis zu anderen Auskunfts- und Informationszugangsansprüchen	107
32f	Recht auf Berichtigung und Löschung, Widerspruchsrecht	107
Siebter Abschnitt – Datenschutzaufsicht, Gerichtlicher Rechtsschutz in datenschutzrechtlichen Angelegenheiten		
32g	Datenschutzbeauftragte der Finanzbehörden	108
32h	Datenschutzrechtliche Aufsicht, Datenschutz-Folgenabschätzung	108
32i	Gerichtlicher Rechtsschutz	108
32j	Antrag auf gerichtliche Entscheidung bei angenommener Rechtswidrigkeit eines Angemessenheitsbeschlusses der Europäischen Kommission	110

Zweiter Teil – Steuerschuldrecht

Inhaltsübersicht

§	Abgabenordnung (AO)	Seite
Erster Abschnitt – Steuerpflichtiger		
33	Steuerpflichtiger	109
	AEAO zu § 33	110
34	Pflichten der gesetzlichen Vertreter und der Vermögensverwalter	111
	AEAO zu § 34	111
35	Pflichten des Verfügungsberechtigten	115
	AEAO zu § 35	115
36	Erlöschen der Vertretungsmacht	115
	AEAO zu § 36	115
Zweiter Abschnitt – Steuerschuldverhältnis		
37	Ansprüche aus dem Steuerschuldverhältnis	116
	AEAO zu § 37	116
38	Entstehung der Ansprüche aus dem Steuerschuldverhältnis	119
	AEAO zu § 38	119
39	Zurechnung	120
	AEAO zu § 39	120
40	Gesetz- oder sittenwidriges Handeln	121
41	Unwirksame Rechtsgeschäfte	121
	AEAO zu § 41	121
42	Missbrauch von rechtlichen Gestaltungsmöglichkeiten	121
	AEAO zu § 42	122
43	Steuerschuldner, Steuervergütungsgläubiger	124
44	Gesamtschuldner	124
	AEAO zu § 44	124
45	Gesamtrechtsnachfolge	125
	AEAO zu § 45	125
46	Abtretung, Verpfändung, Pfändung	126
	AEAO zu § 46	126
	Anlage zum AEAO zu § 46	131
47	Erlöschen	133
	AEAO zu § 47	133
48	Leistung durch Dritte, Haftung Dritter	133
	AEAO zu § 48	133
49	Verschollenheit	133
50	Erlöschen und Unbedingtwerden der Verbrauchsteuer, Übergang der bedingten Verbrauchsteuerschuld	133
Dritter Abschnitt – Steuerbegünstigte Zwecke		
51	Allgemeines	135
	AEAO zu § 51	135
52	Gemeinnützige Zwecke	130
	AEAO zu § 52	141
53	Mildtätige Zwecke	154
	AEAO zu § 53	154
54	Kirchliche Zwecke	158
	AEAO zu § 54	158
55	Selbstlosigkeit	159
	AEAO zu § 55	160
56	Ausschließlichkeit	170
	AEAO zu § 56	170
57	Unmittelbarkeit	171
	AEAO zu § 57	171
58	Steuerlich unschädliche Betätigungen	176
	AEAO zu § 58	177
58a	Vertrauensschutz bei Mittelweitergaben	182
	AEAO zu § 58a	183

Inhaltsübersicht

§	Abgabenordnung (AO)	Seite
59	Voraussetzung der Steuervergünstigung	184
	AEAO zu § 59	184
60	Anforderungen an die Satzung	186
	Anlage zu § 60	186
	AEAO zu § 60	188
	Anlage zu Nr. 5 des AEAO zu § 60	190
60a	Feststellung des satzungsmäßigen Voraussetzungen	191
	AEAO zu § 60a	191
60b	Zuwendungsempfängerregister	194
61	Satzungsmäßige Vermögensbindung	195
	AEAO zu § 61	195
62	Rücklagen und Vermögensbildung	197
	AEAO zu § 62	198
63	Anforderungen an die tatsächliche Geschäftsführung	204
	AEAO zu § 63	204
64	Steuerpflichtige wirtschaftliche Geschäftsbetriebe	206
	AEAO zu § 64	206
65	Zweckbetrieb	216
	AEAO zu § 65	216
66	Wohlfahrtspflege	217
	AEAO zu § 66	217
67	Krankenhäuser	220
	AEAO zu § 67	220
67a	Sportliche Veranstaltungen	222
	AEAO zu § 67a	222
68	Einzelne Zweckbetriebe	232
	AEAO zu § 68	233
Vierter Abschnitt – Haftung		
69	Haftung der Vertreter	242
	AEAO zu § 69	242
70	Haftung des Vertretenen	242
	AEAO zu § 70	242
71	Haftung des Steuerhinterziehers und des Steuerhehlers	243
	AEAO zu § 70	243
72	Haftung bei Verletzung der Pflicht zur Kontenwahrheit	243
72a	Haftung Dritter bei Datenübermittlungen an Finanzbehörden	243
73	Haftung bei Organschaft	244
	AEAO zu § 73	244
74	Haftung des Eigentümers von Gegenständen	248
	AEAO zu § 74	248
75	Haftung des Betriebsübernehmers	250
	AEAO zu § 75	250
76	Sachhaftung	256
77	Duldungspflicht	256
	AEAO zu § 77	254

Dritter Teil – Allgemeine Verfahrensvorschriften
Erster Abschnitt – Verfahrensgrundsätze
1. Unterabschnitt – Beteiligung am Verfahren

78	Beteiligte	257
	AEAO zu § 78	257
79	Handlungsfähigkeit	257
	AEAO zu § 79	258
80	Bevollmächtigte und Beistände	260
	AEAO zu § 80	261

Inhaltsübersicht

§	Abgabenordnung (AO)	Seite
80a	Elektronische Übermittlung von Vollmachtsdaten an Landesfinanzbehörden	263
	AEAO zu § 80a	263
81	Bestellung eines Vertreters von Amts wegen	264
	AEAO zu § 81	264
2. Unterabschnitt – Ausschließung und Ablehnung von Amtsträgern und anderen Personen		
82	Ausgeschlossene Personen	265
	AEAO zu § 82	265
83	Besorgnis der Befangenheit	266
	AEAO zu § 83	266
84	Ablehnung von Mitgliedern eines Ausschusses	266
3. Unterabschnitt – Besteuerungsgrundsätze, Beweismittel		
I. Allgemeines		
85	Besteuerungsgrundsätze	267
	AEAO zu § 85	267
86	Beginn des Verfahrens	268
87	Amtssprache	268
	AEAO zu § 87	269
87a	Elektronische Kommunikation	270
	AEAO zu § 87a	272
	AEAO vor §§ 87b bis 87e	275
87b	Bedingungen für die elektronische Übermittlung von Daten an Finanzbehörden	276
87c	Nicht amtliche Datenverarbeitungsprogramme für das Besteuerungsverfahren	277
87d	Datenübermittlungen an Finanzbehörden im Auftrag	278
	AEAO zu § 87d	278
87e	Ausnahmeregelung für Einfuhr- und Ausfuhrabgaben, Verbrauchsteuern und die Luftverkehrsteuer	280
88	Untersuchungsgrundsatz	281
	AEAO zu § 88	282
88a	Sammlung von geschützten Daten	283
88b	Länderübergreifender Abruf und Verwendung von Daten zur Verhütung, Ermittlung und Verfolgung von Steuerverkürzungen	283
88c	Informationsaustausch über kapitalmarktbezogene Gestaltungen	284
89	Beratung, Auskunft	285
	Steuer-Auskunftsverordnung (StAuskV)	286
	AEAO zu § 89	289
89a	Vorabverständigungsverfahren	303
	AEAO zu § 89a	306
89b	Internationale Risikobewertungsverfahren	319
90	Mitwirkungspflichten der Beteiligten	322
	Gewinnabgrenzungsaufzeichnungs-Verordnung (GAufzV)	324
	AEAO zu § 90	330
91	Anhörung Beteiligter	331
	AEAO zu § 91	331
92	Beweismittel	332
	AEAO zu § 92	332
II. Beweis durch Auskünfte und Sachverständigengutachten		
93	Auskunftspflicht der Beteiligten und anderer Personen	333
	AEAO zu § 93	336
93a	Allgemeine Mitteilungspflichten	345
	Mitteilungsverordnung (MV)	347
	AEAO zu § 93a	353

Inhaltsübersicht

§	Abgabenordnung (AO)	Seite
93b	Automatisierter Abruf von Kontoinformationen	354
93c	Datenübermittlung durch Dritte	355
	AEAO zu § 93c	357
93d	Verordnungsermächtigung	357
94	Eidliche Vernehmung	357
95	Versicherung an Eides statt	358
	AEAO zu § 95	358
96	Hinzuziehung von Sachverständigen	359
III. Beweis durch Urkunden und Augenschein		
97	Vorlage von Urkunden	360
98	Einnahme des Augenscheins	360
99	Betreten von Grundstücken und Räumen	360
	AEAO zu § 99	360
100	Vorlage von Wertsachen	361
IV. Auskunfts- und Vorlageverweigerungsrechte		
101	Auskunfts- und Eidesverweigerungsrecht der Angehörigen	361
	AEAO zu § 101	361
102	Auskunftsverweigerungsrecht zum Schutz bestimmter Berufsgeheimnisse	361
103	Auskunftsverweigerungsrecht bei Gefahr der Verfolgung wegen einer Straftat oder einer Ordnungswidrigkeit	363
104	Verweigerung der Erstattung eines Gutachtens und der Vorlage von Urkunden	363
	AEAO zu § 104	363
105	Verhältnis der Auskunfts- und Vorlagepflicht zur Schweigepflicht öffentlicher Stellen	363
106	Beschränkung der Auskunfts- und Vorlagepflicht bei Beeinträchtigung des staatlichen Wohls	364
V. Entschädigung der Auskunftspflichtigen und der Sachverständigen		
107	Entschädigung der Auskunftspflichtigen und der Sachverständigen	364
	AEAO zu § 107	364
4. Unterabschnitt – Fristen, Termine, Wiedereinsetzung		
108	Fristen und Termine	365
	AEAO zu § 108	365
109	Verlängerung von Fristen	366
	AEAO zu § 109	366
110	Wiedereinsetzung in den vorigen Stand	367
	AEAO zu § 110	367
5. Unterabschnitt - Rechts- und Amtshilfe		
111	Amtshilfepflicht	369
	AEAO zu § 111	369
112	Voraussetzungen und Grenzen der Amtshilfe	369
	AEAO zu § 112	370
113	Auswahl der Behörde	370
114	Durchführung der Amtshilfe	370
115	Kosten der Amtshilfe	370
116	Anzeige von Steuerstraftaten	371
117	Zwischenstaatliche Rechts- und Amtshilfe in Steuersachen	371
	AEAO zu § 117	372
117a	Übermittlung personenbezogener Daten an Mitgliedstaaten der Europäischen Union	374
117b	Verwendung von den nach dem Rahmenbeschluss 2006/960/JI des Rates übermittelten Daten	376
117c	Umsetzung innerstaatlich anwendbarer völkerrechtlicher Vereinbarungen zur Förderung der Steuerehrlichkeit bei internationalen Sachverhalten	376
117d	Statistiken über die zwischenstaatliche Amts- und Rechtshilfe	377

Inhaltsübersicht

§	Abgabenordnung (AO)	Seite
117e	Besondere Formen der Amtshilfe mit Drittsaaten	378
Zweiter Abschnitt – Verwaltungsakte		
118	Begriff des Verwaltungsakts	379
	AEAO zu § 118	379
119	Bestimmtheit und Form des Verwaltungsakts	379
120	Nebenbestimmungen zum Verwaltungsakt	380
	AEAO zu § 120	380
121	Begründung des Verwaltungsakts	381
	AEAO zu § 121	381
122	Bekanntgabe des Verwaltungsakts	382
	AEAO zu § 122	383
122a	Bekanntgabe von Verwaltungsakten durch Bereitstellung zum Datenabruf	443
	AEAO zu § 122a	444
123	Bestellung eines Empfangsbevollmächtigten	445
	AEAO zu § 123	445
124	Wirksamkeit des Verwaltungsakts	446
	AEAO zu § 124	446
125	Nichtigkeit des Verwaltungsakts	447
	AEAO zu § 125	448
126	Heilung von Verfahrens- und Formfehlern	448
	AEAO zu § 126	449
127	Folgen von Verfahrens- und Formfehlern	449
	AEAO zu § 127	449
128	Umdeutung eines fehlerhaften Verwaltungsakts	451
129	Offenbare Unrichtigkeiten beim Erlass eines Verwaltungsakts	451
	AEAO zu § 129	451
	AEAO vor §§ 130, 131	453
130	Rücknahme eines rechtswidrigen Verwaltungsakts	455
	455	437
131	Widerruf eines rechtmäßigen Verwaltungsakts	458
	AEAO zu § 131	458
132	Rücknahme, Widerruf, Aufhebung und Änderung im Rechtsbehelfsverfahren	460
133	Rückgabe von Urkunden und Sachen	460
Vierter Teil – Durchführung der Besteuerung		
Erster Abschnitt – Erfassung der Steuerpflichtigen		
1. Unterabschnitt – Personenstands- und Betriebsaufnahme		
134	(weggefallen)	
135	(weggefallen)	
136	(weggefallen)	
2. Unterabschnitt – Anzeigepflichten		
137	Steuerliche Erfassung von Körperschaften, Vereinigungen und Vermögensmassen	461
138	Anzeigen über die Erwerbstätigkeit	461
	AEAO zu § 138	463
138a	Länderbezogener Bericht multinationaler Unternehmensgruppen	465
	AEAO zu § 138a	467
138b	Mitteilungspflicht Dritter über Beziehungen inländischer Steuerpflichtiger zu Drittstaat-Gesellschaften	469
138c	Verordnungsermächtigung	470
138d	Pflicht zur Mitteilung grenzüberschreitender Steuergestaltungen	470
138e	Kennzeichen grenzüberschreitender Steuergestaltungen	472
138f	Verfahren zur Mitteilung grenzüberschreitender Steuergestaltungen durch Intermediäre	476

Inhaltsübersicht

§	Abgabenordnung (AO)	Seite
138g	Verfahren zur Mitteilung grenzüberschreitender Steuergestaltungen durch Nutzer	481
138h	Mitteilungen bei marktfähigen grenzüberschreitenden Steuergestaltungen	482
138i	Information der Landesfinanzbehörden	482
138j	Auswertung der Mitteilungen grenzüberschreitender Steuergestaltungen	482
138k	Angabe der grenzüberschreitenden Steuergestaltung in der Steuererklärung	483
139	Anmeldung von Betrieben in besonderen Fällen	483
3. Unterabschnitt – Identifikationsmerkmal		
139a	Identifikationsmerkmal	484
139b	Identifikationsnummer	484
139c	Wirtschafts-Identifikationsnummer	490
139d	Verordnungsermächtigung	494
139e	Direktauszahlungsmechanismus	494
	Steueridentifikationsnummerverordnung (StIdV)	494
	Wirtschafts-Identifikationsnummer-Verordnung (WIdV)	496
Zweiter Abschnitt – Mitwirkungspflichten		
1. Unterabschnitt – Führung von Büchern und Aufzeichnungen		
140	Buchführungs- und Aufzeichnungspflichten nach anderen Gesetzen	498
	AEAO zu § 140	498
141	Buchführungspflicht bestimmter Steuerpflichtiger	499
	AEAO zu § 141	499
142	Ergänzende Vorschriften für Land- und Forstwirte	501
143	Aufzeichnung des Wareneingangs	501
	AEAO zu § 143	502
144	Aufzeichnung des Warenausgangs	502
	AEAO zu § 144	503
145	Allgemeine Anforderungen an Buchführung und Aufzeichnungen	503
146	Ordnungsvorschriften für die Buchführung und für Aufzeichnungen	503
	AEAO zu § 146	505
146a	Ordnungsvorschrift für die Buchführung und für Aufzeichnungen mittels elektronischer Aufzeichnungssysteme; Verordnungsermächtigung	511
	Kassensicherungsverordnung (KassenSichV)	513
	AEAO zu § 146a	518
146b	Kassen-Nachschau	552
	AEAO zu § 146b	552
147	Ordnungsvorschriften für die Aufbewahrung von Unterlagen	556
	AEAO zu § 147	558
147a	Vorschriften für die Aufbewahrung von Aufzeichnungen und Unterlagen bestimmter Steuerpflichtiger	559
	AEAO zu § 147a	559
147b	Verordnungsermächtigung zur Vereinheitlichung von digitalen Schnittstellen	560
148	Bewilligung von Erleichterungen	560
	AEAO zu § 148	560
2. Unterabschnitt – Steuererklärungen		
149	Abgabe der Steuererklärungen	562
	AEAO zu § 149	564
150	Form und Inhalt der Steuererklärungen	566
	AEAO zu § 150	567
151	Aufnahme der Steuererklärung an Amtsstelle	569
	AEAO zu § 151	569
152	Verspätungszuschlag	570
	AEAO zu § 152	572
153	Berichtigung von Erklärungen	578

Inhaltsübersicht

§	Abgabenordnung (AO)	Seite
	AEAO zu § 153	578
3. Unterabschnitt – Kontenwahrheit		
154	Kontenwahrheit	584
	AEAO zu § 154	585
Dritter Abschnitt – Festsetzungs- und Feststellungsverfahren		
1. Unterabschnitt – Steuerfestsetzung		
I. Allgemeine Vorschriften		
155	Steuerfestsetzung	593
	AEAO zu § 155	594
156	Absehen von Steuerfestsetzung	594
	Kleinbetragsverordnung (KBV)	595
	AEAO zu § 156	597
157	Form und Inhalt der Steuerbescheide	597
	AEAO zu § 157	597
158	Beweiskraft der Buchführung	598
	AEAO zu § 158	598
159	Nachweis der Treuhänderschaft	599
	AEAO zu § 159	599
160	Benennung von Gläubigern und Zahlungsempfängern	599
	AEAO zu § 160	600
161	Fehlmengen bei Bestandsaufnahmen	603
162	Schätzung von Besteuerungsgrundlagen	603
	AEAO zu § 162	606
163	Abweichende Festsetzung von Steuern aus Billigkeitsgründen	608
	AEAO zu § 163	608
164	Steuerfestsetzung unter Vorbehalt der Nachprüfung	610
	AEAO zu § 164	610
165	Vorläufige Steuerfestsetzung, Aussetzung der Steuerfestsetzung	612
	AEAO zu § 165	512
166	Drittwirkung der Steuerfestsetzung	616
167	Steueranmeldung, Verwendung von Steuerzeichen oder Steuerstemplern	616
	AEAO zu § 167	616
168	Wirkung einer Steueranmeldung	617
	AEAO zu § 168	617
II. Festsetzungsverjährung		
	AEAO vor §§ 169 bis 171	619
169	Festsetzungsfrist	620
	AEAO zu § 169	621
170	Beginn der Festsetzungsfrist	623
	AEAO zu § 170	624
171	Ablaufhemmung	626
	AEAO zu § 171	629
III. Bestandskraft		
	AEAO vor §§ 172 bis 177	638
172	Aufhebung und Änderung von Steuerbescheiden	641
	AEAO zu § 172	641
173	Aufhebung oder Änderung von Steuerbescheiden wegen neuer Tatsachen oder Beweismittel	644
	AEAO zu § 173	644
173a	Schreib- oder Rechenfehler bei Erstellung einer Steuererklärung	658
	AEAO zu § 173a	658
174	Widerstreitende Steuerfestsetzungen	659
	AEAO zu § 174	660
175	Aufhebung oder Änderung von Steuerbescheiden in sonstigen Fällen	667
	AEAO zu § 175	667

Inhaltsübersicht

§	Abgabenordnung (AO)	Seite
175a	Umsetzung von Verständigungsvereinbarungen	676
	AEAO zu § 175a	676
175b	Änderung von Steuerbescheiden bei Datenübermittlung durch Dritte	676
	AEAO zu § 175b	676
176	Vertrauensschutz bei der Aufhebung und Änderung von Steuerbescheiden	677
	AEAO zu § 176	678
177	Berichtigung von materiellen Fehlern	679
	AEAO zu § 177	679

IV. Kosten

178	Kosten bei besonderer Inanspruchnahme der Zollbehörden	681

2. Unterabschnitt – Gesonderte Feststellung von Besteuerungsgrundlagen, Festsetzung von Steuermessbeträgen

I. Gesonderte Feststellungen

179	Feststellung von Besteuerungsgrundlagen	682
	AEAO zu § 179	682
180	Gesonderte Feststellung von Besteuerungsgrundlagen	685
	Verordnung über die gesonderte Feststellung von Besteuerungsgrundlagen nach § 180 Abs. 2 der Abgabenordnung (V zu § 180 Abs. 2 AO)	687
	AEAO zu § 180	691
181	Verfahrensvorschriften für die gesonderte Feststellung, Feststellungsfrist, Erklärungspflicht	695
	AEAO zu § 181	696
182	Wirkungen der gesonderten Feststellung	698
	AEAO zu § 182	698
183	Empfangsbevollmächtigte bei der einheitlichen Feststellung	700
	AEAO zu § 183	700
183a	Empfangsbevollmächtigte bei der gesonderten und einheitlichen Feststellung bei nicht rechtsfähigen Personenvereinigungen und in sonstigen Fällen	702
	AEAO zu § 183a	703

II. Festsetzung von Steuermessbeträgen

184	Festsetzung von Steuermessbeträgen	704
	AEAO zu § 184	704

3. Unterabschnitt – Zerlegung und Zuteilung

185	Geltung der allgemeinen Vorschriften	705
186	Beteiligte	705
187	Akteneinsicht	705
188	Zerlegungsbescheid	705
	AEAO zu § 188	705
189	Änderung der Zerlegung	706
190	Zuteilungsverfahren	706

4. Unterabschnitt – Haftung

191	Haftungsbescheide, Duldungsbescheide	707
	AEAO zu § 191	708
192	Vertragliche Haftung	711
	AEAO zu § 192	711

Vierter Abschnitt – Außenprüfung

1. Unterabschnitt – Allgemeine Vorschriften

193	Zulässigkeit einer Außenprüfung	712
	AEAO zu § 193	712
194	Sachlicher Umfang einer Außenprüfung	714
	AEAO zu § 194	714
195	Zuständigkeit	716
	AEAO zu § 195	716
196	Prüfungsanordnung	716

Inhaltsübersicht

§	Abgabenordnung (AO)	Seite
	AEAO zu § 196	716
197	Bekanntgabe der Prüfungsanordnung	718
	AEAO zu § 197	718
198	Ausweispflicht, Beginn der Außenprüfung	730
	AEAO zu § 198	730
199	Prüfungsgrundsätze	731
200	Mitwirkungspflichten des Steuerpflichtigen	731
	AEAO zu § 200	732
200a	Qualifiziertes Mitwirkungsverlangen	733
201	Schlussbesprechung	734
	AEAO zu § 201	734
202	Inhalt und Bekanntgabe des Prüfungsberichts	736
	AEAO zu § 202	736
203	Abgekürzte Außenprüfung	736
	AEAO zu § 203	737
203a	Außenprüfung bei Datenübermittlung durch Dritte	737
2. Unterabschnitt – Verbindliche Zusagen auf Grund einer Außenprüfung		
204	Voraussetzung der verbindlichen Zusage	738
	AEAO zu § 204	738
205	Form der verbindlichen Zusage	739
	AEAO zu § 205	739
206	Bindungswirkung	739
	AEAO zu § 206	740
207	Außerkrafttreten, Aufhebung und Änderung der verbindlichen Zusage	740
	AEAO zu § 207	740
Fünfter Abschnitt – Steuerfahndung (Zollfahndung)		
208	Steuerfahndung (Zollfahndung)	741
	AEAO zu § 208	741
208a	Steuerfahndung des Bundeszentralamts für Steuern	742
Sechster Abschnitt – Steueraufsicht in besonderen Fällen		
209	Gegenstand der Steueraufsicht	743
210	Befugnisse der Finanzbehörde	743
211	Pflichten der betroffenen Person	744
212	Durchführungsvorschriften	744
213	Besondere Aufsichtsmaßnahmen	745
214	Beauftragte	745
215	Sicherstellung im Aufsichtsweg	746
216	Überführung in das Eigentum des Bundes	746
217	Steuerhilfspersonen	747

Fünfter Teil – Erhebungsverfahren
Erster Abschnitt – Verwirklichung, Fälligkeit und Erlöschen von Ansprüchen aus dem Steuerschuldverhältnis
1. Unterabschnitt – Verwirklichung und Fälligkeit von Ansprüchen aus dem Steuerschuldverhältnis

218	Verwirklichung von Ansprüchen aus dem Steuerschuldverhältnis	748
	AEAO zu § 218	748
219	Zahlungsaufforderung bei Haftungsbescheiden	751
	AEAO zu § 219	751
220	Fälligkeit	751
	AEAO zu § 220	751
221	Abweichende Fälligkeitsbestimmung	752
222	Stundung	752
223	(weggefallen)	

2. Unterabschnitt – Zahlung, Aufrechnung, Erlass

XIII

Inhaltsübersicht

§	Abgabenordnung (AO)	Seite
224	Leistungsort, Tag der Zahlung	753
	AEAO zu § 224	753
224a	Hingabe von Kunstgegenständen an Zahlungs statt	754
225	Reihenfolge der Tilgung	754
226	Aufrechnung	755
	AEAO zu § 226	755
227	Erlass	757
3. Unterabschnitt – Zahlungsverjährung		
228	Gegenstand der Verjährung, Verjährungsfrist	757
	AEAO zu § 228	757
229	Beginn der Verjährung	757
	AEAO zu § 229	758
230	Hemmung der Verjährung	758
	AEAO zu § 230	758
231	Unterbrechung der Verjährung	759
	AEAO zu § 231	760
232	Wirkung der Verjährung	760
Zweiter Abschnitt – Verzinsung, Säumniszuschläge		
1. Unterabschnitt – Verzinsung		
233	Grundsatz	761
233a	Verzinsung von Steuernachforderungen und Steuererstattungen	761
	AEAO zu § 233a	762
234	Stundungszinsen	803
	AEAO zu § 234	803
235	Verzinsung von hinterzogenen Steuern	808
	AEAO zu § 235	809
236	Prozesszinsen auf Erstattungsbeträge	825
	AEAO zu § 236	825
237	Zinsen bei Aussetzung der Vollziehung	827
	AEAO zu § 237	828
238	Höhe und Berechnung der Zinsen	829
	AEAO zu § 238	830
239	Festsetzung der Zinsen	831
	AEAO zu § 239	832
2. Unterabschnitt – Säumniszuschläge		
240	Säumniszuschläge	833
	AEAO zu § 240	833
Dritter Abschnitt – Sicherheitsleistung		
241	Art der Sicherheitsleistung	839
	AEAO zu §§ 241 bis 248	840
242	Wirkung der Hinterlegung von Zahlungsmitteln	840
243	Verpfändung von Wertpapieren	841
244	Taugliche Steuerbürgen	841
245	Sicherheitsleistung durch andere Werte	842
246	Annahmewerte	842
247	Austausch von Sicherheiten	842
248	Nachschusspflicht	842

Sechster Teil – Vollstreckung
Erster Abschnitt – Allgemeine Vorschriften

249	Vollstreckungsbehörden	843
250	Vollstreckungsersuchen	843
251	Vollstreckbare Verwaltungsakte	844
	AEAO zu § 251	844
252	Vollstreckungsgläubiger	890

Inhaltsübersicht

§	Abgabenordnung (AO)	Seite
253	Vollstreckungsschuldner	890
254	Voraussetzungen für den Beginn der Vollstreckung	890
255	Vollstreckung gegen juristische Personen des öffentlichen Rechts	890
256	Einwendungen gegen die Vollstreckung	890
257	Einstellung und Beschränkung der Vollstreckung	891
258	Einstweilige Einstellung oder Beschränkung der Vollstreckung	891
Zweiter Abschnitt – Vollstreckung wegen Geldforderungen		
1. Unterabschnitt – Allgemeine Vorschriften		
259	Mahnung	891
260	Angabe des Schuldgrundes	891
261	Niederschlagung	891
262	Rechte Dritter	892
263	Vollstreckung gegen Ehegatten oder Lebenspartner	892
264	Vollstreckung gegen Nießbraucher	892
265	Vollstreckung gegen Erben	892
266	Sonstige Fälle beschränkter Haftung	892
267	Vollstreckungsverfahren gegen nicht rechtsfähige Personenvereinigungen	893
2. Unterabschnitt – Aufteilung einer Gesamtschuld		
268	Grundsatz	893
269	Antrag	893
270	Allgemeiner Aufteilungsmaßstab	893
271	Aufteilungsmaßstab für die Vermögensteuer	893
272	Aufteilungsmaßstab für Vorauszahlungen	894
273	Aufteilungsmaßstab für Steuernachforderungen	894
274	Besonderer Aufteilungsmaßstab	894
275	(weggefallen)	
276	Rückständige Steuer, Einleitung der Vollstreckung	895
277	Vollstreckung	895
278	Beschränkung der Vollstreckung	895
279	Form und Inhalt des Aufteilungsbescheids	896
280	Änderung des Aufteilungsbescheids	896
3. Unterabschnitt – Vollstreckung in das bewegliche Vermögen		
I. Allgemeines		
281	Pfändung	896
282	Wirkung der Pfändung	897
283	Ausschluss von Gewährleistungsansprüchen	897
284	Vermögensauskunft des Vollstreckungsschuldners	897
II. Vollstreckung in Sachen		
285	Vollziehungsbeamte	901
286	Vollstreckung in Sachen	901
287	Befugnisse des Vollziehungsbeamten	901
288	Zuziehung von Zeugen	902
289	Zeit der Vollstreckung	902
290	Aufforderungen und Mitteilungen des Vollziehungsbeamten	902
291	Niederschrift	902
292	Abwendung der Pfändung	903
293	Pfand- und Vorzugsrechte Dritter	903
294	Ungetrennte Früchte	903
295	Unpfändbarkeit von Sachen	903
296	Verwertung	903
297	Aussetzung der Verwertung	904
298	Versteigerung	904
299	Zuschlag	904
300	Mindestgebot	905
301	Einstellung der Versteigerung	905

Inhaltsübersicht

§	Abgabenordnung (AO)	Seite
302	Wertpapiere	905
303	Namenspapiere	905
304	Versteigerung ungetrennter Früchte	906
305	Besondere Verwertung	906
306	Vollstreckung in Ersatzteile von Luftfahrzeugen	906
307	Anschlusspfändung	906
308	Verwertung bei mehrfacher Pfändung	906
III. Vollstreckung in Forderungen und andere Vermögensrechte		
309	Pfändung einer Geldforderung	908
310	Pfändung einer durch Hypothek gesicherten Forderung	908
311	Pfändung einer durch Schiffshypothek oder Registerpfandrecht an einem Luftfahrzeug gesicherten Forderung	908
312	Pfändung einer Forderung aus indossablen Papieren	909
313	Pfändung fortlaufender Bezüge	909
314	Einziehungsverfügung	909
315	Wirkung der Einziehungsverfügung	910
316	Erklärungspflicht des Drittschuldners	910
317	Andere Art der Verwertung	911
318	Ansprüche auf Herausgabe oder Leistung von Sachen	911
319	Unpfändbarkeit von Forderungen	912
320	Mehrfache Pfändung einer Forderung	912
321	Vollstreckung in andere Vermögensrechte	912
4. Unterabschnitt – Vollstreckung in das unbewegliche Vermögen		
322	Verfahren	913
323	Vollstreckung gegen den Rechtsnachfolger	914
5. Unterabschnitt – Arrest		
324	Dinglicher Arrest	914
325	Aufhebung des dinglichen Arrestes	914
326	Persönlicher Sicherheitsarrest	915
6. Unterabschnitt – Verwertung von Sicherheiten		
327	Verwertung von Sicherheiten	915
Dritter Abschnitt – Vollstreckung wegen anderer Leistungen als Geldforderungen		
1. Unterabschnitt – Vollstreckung wegen Handlungen, Duldungen oder Unterlassungen		
328	Zwangsmittel	916
329	Zwangsgeld	916
330	Ersatzvornahme	916
331	Unmittelbarer Zwang	916
332	Androhung der Zwangsmittel	916
333	Festsetzung der Zwangsmittel	917
334	Ersatzzwangshaft	917
335	Beendigung des Zwangsverfahrens	917
2. Unterabschnitt – Erzwingung von Sicherheiten		
336	Erzwingung von Sicherheiten	918
Vierter Abschnitt – Kosten		
337	Kosten der Vollstreckung	918
338	Gebührenarten	918
339	Pfändungsgebühr	918
340	Wegnahmegebühr	919
341	Verwertungsgebühr	919
342	Mehrheit von Schuldnern	919
343	(weggefallen)	
344	Auslagen	920
345	Reisekosten und Aufwandsentschädigungen	921

Inhaltsübersicht

§	Abgabenordnung (AO)	Seite
346	Unrichtige Sachbehandlung, Festsetzungsfrist	921

Siebenter Teil – Außergerichtliches Rechtsbehelfsverfahren
Erster Abschnitt – Zulässigkeit

§		Seite
	AEAO vor § 347	922
347	Statthaftigkeit des Einspruchs	922
	AEAO zu § 347	923
348	Ausschluss des Einspruchs	925
349	(weggefallen)	
350	Beschwer	925
	AEAO zu § 350	925
351	Bindungswirkung anderer Verwaltungsakte	927
	AEAO zu § 351	927
352	Einspruchsbefugnis bei der einheitlichen Feststellung	928
	AEAO zu § 352	929
353	Einspruchsbefugnis des Rechtsnachfolgers	931
	AEAO zu § 353	931
354	Einspruchsverzicht	932

Zweiter Abschnitt – Verfahrensvorschriften

§		Seite
355	Einspruchsfrist	933
	AEAO zu § 355	933
356	Rechtsbehelfsbelehrung	933
357	Einlegung des Einspruchs	934
	AEAO zu § 357	934
358	Prüfung der Zulässigkeitsvoraussetzungen	935
359	Beteiligte	935
360	Hinzuziehung zum Verfahren	935
	AEAO zu § 360	936
361	Aussetzung der Vollziehung	937
	AEAO zu § 361	937
362	Rücknahme des Einspruchs	958
	AEAO zu § 362	958
363	Aussetzung und Ruhen des Verfahrens	958
	AEAO zu § 363	959
364	Offenlegung der Besteuerungsunterlagen	960
	AEAO zu § 364	960
364a	Erörterung des Sach- und Rechtsstands	961
	AEAO zu § 364a	961
364b	Fristsetzung	962
	AEAO zu § 364b	962
365	Anwendung von Verfahrensvorschriften	963
	AEAO zu § 365	963
366	Form, Inhalt und Bekanntgabe der Einspruchsentscheidung	964
	AEAO zu § 366	964
367	Entscheidung über den Einspruch	965
	AEAO zu § 367	965
368	(weggefallen)	

Achter Teil – Straf- und Bußgeldvorschriften, Straf- und Bußgeldverfahren
Erster Abschnitt – Strafvorschriften

§		Seite
369	Steuerstraftaten	971
370	Steuerhinterziehung	971
371	Selbstanzeige bei Steuerhinterziehung	973
372	Bannbruch	974
373	Gewerbsmäßiger, gewaltsamer und bandenmäßiger Schmuggel	974

XVII

Inhaltsübersicht

§	Abgabenordnung (AO)	Seite
374	Steuerhehlerei	975
375	Nebenfolgen	975
376	Verfolgungsverjährung	976
Zweiter Abschnitt – Bußgeldvorschriften		
377	Steuerordnungswidrigkeiten	977
378	Leichtfertige Steuerverkürzung	977
379	Steuergefährdung	977
380	Gefährdung der Abzugsteuern	979
381	Verbrauchsteuergefährdung	979
382	Gefährdung der Einfuhr- und Ausfuhrabgaben	980
383	Unzulässiger Erwerb von Steuererstattungs- und Vergütungsansprüchen	980
383a	(weggefallen)	
383b	Pflichtverletzung bei Übermittlung von Vollmachtsdaten	981
384	Verfolgungsverjährung	981
384a	Verstöße nach Artikel 83 Absatz 4 bis 6 der Verordnung (EU) 2016/679	981
Dritter Abschnitt – Strafverfahren		
1. Unterabschnitt – Allgemeine Vorschriften		
385	Geltung von Verfahrensvorschriften	982
386	Zuständigkeit der Finanzbehörde bei Steuerstraftaten	982
387	Sachlich zuständige Finanzbehörde	982
388	Örtlich zuständige Finanzbehörde	983
389	Zusammenhängende Strafsachen	983
390	Mehrfache Zuständigkeit	983
391	Zuständiges Gericht	984
392	Verteidigung	984
393	Verhältnis des Strafverfahrens zum Besteuerungsverfahren	985
394	Übergang des Eigentums	985
395	Akteneinsicht der Finanzbehörde	986
396	Aussetzung des Verfahrens	986
2. Unterabschnitt – Ermittlungsverfahren		
I. Allgemeines		
397	Einleitung des Strafverfahrens	987
398	Einstellung wegen Geringfügigkeit	987
398a	Absehen von Verfolgung in besonderen Fällen	987
II. Verfahren der Finanzbehörde bei Steuerstraftaten		
399	Rechte und Pflichten der Finanzbehörde	988
400	Antrag auf Erlass eines Strafbefehls	988
401	Antrag auf Anordnung von Nebenfolgen im selbständigen Verfahren	988
III. Stellung der Finanzbehörde im Verfahren der Staatsanwaltschaft		
402	Allgemeine Rechte und Pflichten der Finanzbehörde	989
403	Beteiligung der Finanzbehörde	989
IV. Steuer- und Zollfahndung		
404	Steuer- und Zollfahndung	990
V. Entschädigung der Zeugen und der Sachverständigen		
405	Entschädigung der Zeugen und der Sachverständigen	990
3. Unterabschnitt – Gerichtliches Verfahren		
406	Mitwirkung der Finanzbehörde im Strafbefehlsverfahren und im selbständigen Verfahren	990
407	Beteiligung der Finanzbehörde in sonstigen Fällen	990
4. Unterabschnitt – Kosten des Verfahrens		
408	Kosten des Verfahrens	991
Vierter Abschnitt – Bußgeldverfahren		
409	Zuständige Verwaltungsbehörde	991
410	Ergänzende Vorschriften für das Bußgeldverfahren	991

Inhaltsübersicht

§	Abgabenordnung (AO)	Seite
411	Bußgeldverfahren gegen Rechtsanwälte, Steuerberater, Steuerbevollmächtigte, Wirtschaftsprüfer oder vereidigte Buchprüfer	992
412	Zustellung, Vollstreckung, Kosten	992

Neunter Teil – Schlussvorschriften

413	Einschränkung von Grundrechten	993
414	(gegenstandslos)	
415	Inkrafttreten	993
	Anlage 1 (zu § 60)	993

Einführungsgesetz zur Abgabenordnung
Artikel 97 - Übergangsvorschriften

§		
§ 1	Begonnene Verfahren	994
§ 1a	Steuerlich unschädliche Betätigungen	995
§ 1b	Steuerpflichtige wirtschaftliche Geschäftsbetriebe	996
§ 1c	Krankenhäuser	996
§ 1d	Steuerbegünstigte Zwecke	996
§ 1e	Zweckbetriebe	996
§ 1f	Satzung	997
§ 2	Fristen	997
§ 3	Grunderwerbsteuer, Feuerschutzsteuer	997
§ 4	Mitteilungsverordnung	998
§ 5	Zeitpunkt der Einführung des steuerlichen Identifikationsmerkmals	998
§ 5a	Identifikationsnummer	998
§ 6	Zahlungszeitpunkt bei Scheckzahlung	999
§ 7	Missbrauch von rechtlichen Gestaltungsmöglichkeiten	999
§ 8	Verspätungszuschlag	999
§ 9	Aufhebung und Änderung von Verwaltungsakten	1000
§ 9a	Absehen von Steuerfestsetzung, Abrundung	1000
§ 10	Festsetzungsverjährung	1001
§ 10a	Erklärungspflicht	1002
§ 10b	Gesonderte Feststellungen	1003
§ 10c	Billigkeitsmaßnahmen bei der Festsetzung des Gewerbesteuermessbetrags	1003
§ 11	Haftung	1003
§ 11a	Insolvenzverfahren	1004
§ 11b	Anfechtung außerhalb des Insolvenzverfahrens	1004
§ 12	Verbindliche Zusagen auf Grund einer Außenprüfung	1004
§ 13	Sicherungsgeld	1004
§ 13a	Änderung widerstreitender Abrechnungsbescheide und Anrechnungsverfügungen	1004
§ 14	Zahlungsverjährung	1005
§ 15	Zinsen	1005
§ 16	Säumniszuschläge	1007
§ 17	Angabe des Schuldgrunds	1008
§ 17a	Pfändungsgebühren	1008
§ 17b	Eidesstattliche Versicherung	1008
§ 17c	Pfändung fortlaufender Bezüge	1008
§ 17d	Zwangsgeld	1008
§ 17e	Aufteilung einer Gesamtschuld bei Ehegatten oder Lebenspartnern	1009
§ 18	Außergerichtliche Rechtsbehelfe	1009
§ 18a	Erledigung von Massenrechtsbehelfen und Massenanträgen	1009

Inhaltsübersicht

§	Abgabenordnung (AO)	Seite
§ 18b	Zuständigkeit für Klagen nach § 31i Absatz 2 der Abgabenordnung	1012
§ 19	Buchführungspflicht bestimmter Steuerpflichtiger	1012
§ 19a	Aufbewahrungsfristen	1013
§ 19b	Zugriff auf datenverarbeitungsgestützte Buchführungssysteme	1013
§ 20	Verweisungserfordernis bei Blankettvorschriften	1014
§ 21	Steueranmeldungen in Euro	1014
§ 22	Mitwirkungspflichten der Beteiligten; Schätzung von Besteuerungsgrundlagen	1014
§ 23	Verfolgungsverjährung	1015
§ 24	Selbstanzeige bei Steuerhinterziehung und leichtfertiger Steuerverkürzung	1015
§ 25	Gebühren für die Bearbeitung von Anträgen auf Erteilung einer verbindlichen Auskunft	1015
§ 26	Kontenabrufmöglichkeit	1015
§ 27	Elektronische Datenübermittlung an Finanzbehörden	1017
§ 28	Elektronische Bekanntgabe von Verwaltungsakten	1017
§ 29	Abweichende Festsetzung von Steuern aus Billigkeitsgründen	1018
§ 30	Ordnungsvorschrift für die Buchführung und für Aufzeichnungen mittels elektronischer Aufzeichnungssysteme	1018
§ 31	Länderbezogener Bericht multinationaler Unternehmensgruppen	1018
§ 32	Mitteilungspflicht über Beziehungen zu Drittstaat-Gesellschaften	1019
§ 33	Mitteilungspflicht bei Steuergestaltungen	1019
§ 34	Vorabverständigungsverfahren	1020
§ 35	Abrufverfahren bei Steuermessbeträgen und Zerlegungsbescheiden	1020
§ 36	Sonderregelungen auf Grund der Corona-Pandemie	1020
§ 37	Modernisierung der Außenprüfung	1022
§ 38	Erprobung alternativer Prüfungsmethoden	1023
§ 39	Übergangs- und Anwendungsbestimmungen anlässlich der steuerverfahrensrechtlichen Umsetzung der Reform des Personengesellschaftsrechts	1024
Artikel 97a -	Überleitungsregelungen aus Anlaß der Herstellung der Einheit Deutschlands	
§ 1	Zuständigkeit	1026
§ 2	Überleitungsbestimmungen für die Anwendung der Abgabenordung in dem in Artikel 3 des Einigungsvertrages genannten Gebiet	1026
§ 3	Festsetzungsverjährung und D-Markbilanzgesetz	1028
§ 4	Verrechnung der für das zweite Halbjahr 1990 gezahlten Vermögensteuer	1029
§ 5	(weggefallen)	

Finanzgerichtsordnung §§

Erster Teil - Gerichtsverfassung

Abschnitt I - Gerichte	§§ 1 bis 13	1030
Abschnitt II - Richter	§§ 14 und 15	1033
Abschnitt III - Ehrenamtliche Richter	§§ 16 bis 30	1033
Abschnitt IV - Gerichtsverwaltung	§§ 31 und 32	1036
Abschnitt V - Finanzrechtsweg und Zuständigkeit		
Unterabschnitt 1 - Finanzrechtsweg	§§ 33 und 34	1037
Unterabschnitt 2 - Sachliche Zuständigkeit	§§ 35 - 37	1038
Unterabschnitt 3 - Örtliche Zuständigkeit	§§ 38 und 39	1038

Zweiter Teil - Verfahren

Abschnitt I - Klagearten, Klagebefugnis, Klagevoraussetzungen, Klageverzicht	§§ 40 bis 50	1039
Abschnitt II - Allgemeine Verfahrensvorschriften	§§ 51 bis 62	1043
Abschnitt III - Verfahren im ersten Rechtszug	§§ 63 bis 94a	1052
Abschnitt IV - Urteile und andere Entscheidungen	§§ 95 bis 114	1063
Abschnitt V - Rechtsmittel und Wiederaufnahme des Verfahrens		

Inhaltsübersicht

§	Abgabenordnung (AO)		Seite
	Unterabschnitt 1 - Revision	§§ 115 bis 127	1069
	Unterabschnitt 2 - Beschwerde, Erinnerung, Anhörungsrüge	§§ 128 bis 133	1073
	Unterabschnitt 3 - Wiederaufnahme des Verfahrens	§ 134	1075
	Dritter Teil - Kosten und Vollstreckung		
	Abschnitt I - Kosten	§§ 135 bis 149	1075
	Abschnitt II - Vollstreckung	§§ 150 bis 154	1079
	Vierter Teil - Übergangs- und Schlußbestimmungen	§§ 155 bis 184	1082
	Anhang zur FGO		1083
	Datenschutz-Grundverordnung (DSGVO)		
	Artikel	1 bis 23	1086

Anhänge:

Gesetze, Verordnungen und allgemeine Verwaltungsvorschriften:
1. Steuergeheimnis; außersteuerliche Gesetze i. S. d. § 30 Abs. 4 Nr. 2 AO (vgl. Nr. 7 des AEAO zu § 30) — 1109
2. BpO 2000 - Betriebsprüfungsordnung — 1123
3. EUAHiG - EU-Amtshilfegesetz — 1134
4. EUBeitrG - EU-Beitreibungsgesetz — 1154
5. FVG - Finanzverwaltungsgesetz — 1165
6. InsO - Insolvenzordnung mit Einführungsgesetz (Auszug) — 1184
7. StBerG - Steuerberatungsgesetz (Auszug) — 1307
8. VollstrA - Vollstreckungsanweisung — 1321
9. VollzA - Vollziehungsanweisung — 1360
10. VwZG - Verwaltungszustellungsgesetz — 1400
11. ZPO - Zivilprozessordnung (Auszug) — 1405
12. Pfändungsfreigrenzenbekanntmachung 2023 — 1451

BMF-Schreiben und gleichlautende Ländererlasse:
13. Datenschutz im Steuerverwaltungsverfahren — 1452
14. Auskunftserteilung an Gewerbebehörden in gewerberechtlichen Verfahren und Mitteilungen bei Betriebsaufgaben und Betriebsveräußerungen — 1481
15. Wahrung des Steuergeheimnisses gegenüber Parlamenten — 1487
16. Mitteilungen der Finanzbehörden über Pflichtverletzungen und andere Informationen gemäß § 10 StBerG — 1494
17. Mitteilungen der Finanzbehörden zur Durchführung dienstrechtlicher Maßnahmen bei Beamten und Richtern — 1505
18. Erstattungsanspruch nach § 37 Abs. 2 AO bei der Einkommensteuer — 1508
19. Tatsächliche Verständigung über den der Steuerfestsetzung zugrunde liegenden Sachverhalt — 1521
20. Verwaltungsgrundsätze 2020 — 1527
21. Anwendung der Mitteilungsverordnung — 1544
22. Merkblatt zur zwischenstaatlichen Amtshilfe bei der Steuererhebung (Beitreibung) — 1537
23. Merkblatt zur zwischenstaatlichen Amtshilfe durch Informationsaustausch in Steuersachen — 1588
24. Zwischenstaatliche Rechtshilfe in Steuerstrafsachen — 1625
25. Mitteilungspflichten bei Auslandsbeziehungen nach § 138 Absatz 2 und § 138b Abgabenordnung in der Fassung des Steuerumgehungsbekämpfungsgesetzes (StUmgBG) — 1645

Inhaltsübersicht

§	Abgabenordnung (AO)	Seite
26.	Grundsätze für die Verwendung von Steuererklärungsvordrucken; Amtlich vorgeschriebene Vordrucke	1654
27.	Vorläufige Steuerfestsetzung im Hinblick auf anhängige Musterverfahren; (§ 165 Absatz 1 Satz 2 AO); Aussetzung der Steuerfestsetzung nach § 165 Absatz 1 Satz 4 AO; Ruhenlassen von außergerichtlichen Rechtsbehelfsverfahren (§ 363 Absatz 2 AO); Aussetzung der Vollziehung (§ 361 AO, § 69 Absatz 2 FGO)	1657
28.	Verjährungshemmende Wirkung sog. „ressortfremder" Grundlagenbescheide	1662
29.	Gesonderte Feststellung bei gleichen Sachverhalten	1663
30.	Verfahren bei der Geltendmachung von negativen Einkünften aus der Beteiligung an Verlustzuweisungsgesellschaften und vergleichbaren Modellen	1670
31.	Gesonderte Feststellung der Steuerpflicht von Zinsen aus einer Lebensversicherung nach § 9 der V zu § 180 Abs. 2 AO	1677
32.	Bekämpfung des Schwarzeinkaufs; Aufzeichnung des Warenausgangs gem. § 144 AO	1680
33.	Grundsätze zur ordnungsmäßigen Führung und Aufbewahrung von Büchern, Aufzeichnungen und Unterlagen in elektronischer Form sowie zum Datenzugriff (GoBD)	1681
34.	Aufbewahrung digitaler Unterlagen bei Bargeschäften	1717
35.	Mitwirkungspflichten bei der Außenprüfung des Steuerpflichtigen bei der Außenprüfung	1722
36.	Einordnung in Größenklassen gem. § 3 BpO 2000	1724
37.	Kleinbetragsregelung im Erhebungsverfahren	1725
38.	Zuständigkeit für Billigkeitsmaßnahmen (Gleichlautender Ländererlass)	1727
39.	Mitwirkung des BMF bei Billigkeitsmaßnahmen	1730
40.	Insolvenzordnung; Anwendungsfragen zu § 55 Abs. 4 InsO	1732
41.	Insolvenzordnung; Kriterien für die Entscheidung über einen Einigungsversuch zur außergerichtlichen Schuldenbereinigung (§ 305 Abs. 1 Nr. 1 InsO)	1743
42.	Einkommensteuerliche Pflichten des Zwangsverwalters;	1749
43.	Auswirkungen eines Zuständigkeitswechsels auf das Rechtsbehelfsverfahren	1762
44.	Unterrichtung der obersten Finanzbehörden des Bundes und der Länder über Gerichtsverfahren von grundsätzlicher Bedeutung	1764
45.	Anweisungen für das Straf- und Bußgeldverfahren (Steuer) - AStBV (St) 2025 -	1765
46.	Schwedische Initiative (Gleichlautender Ländererlass)	1829
47.	Anwendungsfragen zu § 10 BpO	1836
48.	Zentrale Sammlung und Auswertung von Unterlagen über steuerliche Auslandsbeziehungen (IZA)	1839
49.	Merkblatt über die Rechte und Pflichten von Steuerpflichtigen bei Prüfungen durch die Steuerfahndung nach § 208 Abs. 1 Nr. 3 AO	1845
50.	Anwendungsfragen zur (erneuten) Verlängerung der Steuererklärungsfristen und weiterer damit zusammenhängender Fristen und Termine für die Besteuerungszeiträume 2020 bis 2024 durch das Vierte Corona-Steuerhilfegesetz	1847
51.	Änderung der Zuständigkeit für die Umsatzbesteuerung der im Großherzogtum Luxemburg ansässigen Unternehmer	1855
Abkürzungsverzeichnis		1856
Stichwortverzeichnis		1859

Abgabenordnung (AO)

in der Fassung der Bekanntmachung vom 23.1.2025 (BGBl. I Nr. 24)

Änderungen der AO

Nr.	Änderndes Gesetz	Datum	Fundstelle	§§	Inkrafttreten
1	Adoptionsgesetz	02.07.1976	BGBl. I S. 1749; BStBl I S. 406	15	01.01.1977
2	Viertes Gesetz zur Änderung der Pfändungsfreigrenzen	28.02.1978	BGBl. I S. 333 BStBl I S. 92	314	01.04.1978
3	Strafverfahrensänderungsgesetz 1979	05.10.1978	BGBl. I S. 1645 BStBl I S. 420	391, 400	01.01.1979
4	Gesetz zur Änderung des Kraftfahrzeugsteuergesetzes	22.12.1978	BGBl. I S. 2063 BStBl I 1979 S. 65	150	01.06.1979
5	Gesetz zur Änderung zwangsvollstreckungsrechtlicher Vorschriften	01.02.1979	BGBl. I S. 127 BStBl I S. 112	284	01.07.1979
6	Gesetz zur Neufassung des Umsatzsteuergesetzes und zur Änderung anderer Gesetze	26.11.1979	BGBl. I S. 1953 BStBl I S. 654	53, 68, 141, 149	01.01.1980
7	Gesetz zur Änderung der Abgabenordnung und des Einkommensteuergesetzes	25.06.1980	BGBl. I S. 731 BStBl I S. 395	52, 58, 68	29.06.1980
8	Gesetz zur Neuregelung der Einkommensbesteuerung der Land- und Forstwirtschaft	25.06.1980	BGBl. I S. 732 BStBl I S. 400	141	29.06.1980
9	Steuerentlastungsgesetz 1981	16.08.1980	BGBl. I S. 1381 BStBl I S. 534	31	22.08.1980
10	*Gesetz zur Änderung und Vereinfachung des Einkommensteuergesetzes und anderer Gesetze[1]*	*18.08.1980*	*BGBl. I S. 1537 BStBl I S. 581*		
11	Gesetz zur Änderung des Einkommensteuergesetzes, des Körperschaftsteuergesetzes und anderer Gesetze	20.08.1980	BGBl. I S. 1545 BStBl I S. 589	46, 155, 162, 287	29.08.1980
12	Siebentes Gesetz zur Änderung des Bundesausbildungsförderungsgesetzes	13.07.1981	BGBl. I S. 625 BStBl I S. 532	150	01.08.1981
13	Gesetz zur Neuordnung des Betäubungsmittelrechts	28.07.1981	BGBl. I S. 681	391	01.01.1982
14	Gesetz zur Bekämpfung der illegalen Beschäftigung	15.12.1981	BGBl. I S. 1390 BStBl I 1982 S. 288	31a	01.01.1982
15	2. Haushaltsstrukturgesetz	22.12.1981	BGBl. I S. 1523 BStBl I 1982 S. 235	175	01.01.1982
16	Gesetz zur Änderung des Parteiengesetzes und anderer Gesetze	22.12.1983	BGBl. I S. 1577 BStBl I 1984 S. 7	52, 55, 415	01.01.1984
17	Steuerentlastungsgesetz 1984	22.12.1983	BGBl. I S. 1583 BStBl I 1984 S. 14	180	29.12.1983
18	Bilanzrichtlinien-Gesetz	19.12.1985	BGBl. I S. 2355 BStBl I S. 704	141, 145, 147	01.01.1986
19	Steuerbereinigungsgesetz 1986	19.12.1985	BGBl. I S. 2436 BStBl I S. 735	6, 19, 30 Abs. 6, 58, 93a, 117, 150, 152, 180 Abs. 2	25.12.1985

---

[1] Artikel 2 des Gesetzes zur Änderung und Vereinfachung des Einkommensteuergesetzes und anderer Gesetze vom 18.8.1980 (BGBl. I S. 1537) ist durch Artikel 5 des Steuerbereinigungsgesetzes 1986 vom 19.12.1985 (BGBl. I. S. 2436) rückwirkend gestrichen worden.

Abgabenordnung

Nr.	Änderndes Gesetz	Datum	Fundstelle	§§	Inkrafttreten
				67, 67a, 68, 155, 183 Abs. 3 und 4, 184 Abs. 1	01.01.1986
				30 Abs. 2, 61, 69, 105, 111, 116, 122, 123, 138, 141, 144, 160, 165, 167, 171, 172, 173, 174, 179, 180 Abs. 3 und 5, 181, 182, 183 Abs. 3, 184 Abs. 3, 185, 196, 204, 207, 226, 237, 309, 332, 334, 339, 349, 361, 365	01.01.1987
20	Strafverfahrensänderungsgesetz 1987	27.01.1987	BGBl. I S. 475	406	01.04.1987
21	Steuerreformgesetz 1990	25.07.1988	BGBl. I S. 1093 BStBl I S. 224	30a, 167, 233a, 235, 236, 237, 239, 241	03.08.1988
22	Vereinsförderungsgesetz	18.12.1989	BGBl. I S. 2212 BStBl I S. 499	51, 52 Abs. 2, 58, 64, 67a, 68	23.12.1989
23	Wohnungsbauförderungsgesetz	22.12.1989	BGBl. I S. 2408 BStBl I S. 505	233a Abs. 2	30.12.1989
24	Einigungsvertrag i.V.m. Einigungsvertragsgesetz	23.09.1990	BGBl. II S. 885, 968; BStBl I S. 654, 666	52 Abs. 2, 263	29.09.1990
25	Betreuungsgesetz	12.09.1990	BGBl. I S. 2002 BStBl I S. 622	79, 81, 171 Abs. 11	01.01.1992
26	Sechstes Überleitungsgesetz	25.09.1990	BGBl. I S. 2106, 2153; BStBl I S. 644	6 Abs. 2, 347 Abs. 2, 349 Abs. 3	03.10.1990
27	Kultur- und Stiftungsförderungsgesetz	13.12.1990	BGBl. I S. 2775 BStBl I 1991 S. 51	47, 63 Abs. 4, 224a	22.12.1990
28	Rechtspflege-Vereinfachungsgesetz	17.12.1990	BGBl. I S. 2847 BStBl I 1991 S. 3	284 Abs. 8, 334 Abs. 2	01.04.1991
29	Steueränderungsgesetz 1992	25.02.1992	BGBl. I S. 297 BStBl I S. 146	366	29.02.1992
30	Gesetz zur Änderung des Finanzverwaltungsgesetzes und anderer Gesetze	07.07.1992	BGBl. I S. 1222 BStBl I S. 441	6	15.07.1992
31	Umsatzsteuer-Binnenmarktgesetz	25.08.1992	BGBl. I S. 1548 BStBl I S. 552	370 Abs. 6 Satz 4 21, 370 Abs. 6 Satz 2 und 3 und Abs. 7, 372, 379	02.09.1992 01.01.1993
32	FGO-Änderungsgesetz	21.12.1992	BGBl. I S. 2109 BStBl I 1993 S. 90	171 Abs. 3, 361 Abs. 5	01.01.1993
33	Drittes Gesetz zur Änderung des Steuerbeamten-Ausbildungsgesetzes	21.12.1992	BGBl. I S. 2118 BStBl I 1993 S. 40	374 Abs. 2, 378 Abs. 1, 379 Abs. 1	01.01.1993
34	Verbrauchsteuer-Binnenmarktgesetz	21.12.1992	BGBl. I S. 2150 BStBl I 1993 S. 96	76 Abs. 2, 209 Abs. 1, 210 Abs. 1, 2, 3, 370 Abs. 6	01.01.1993
35	Gesetz zur Umsetzung des Föderalen Konsolidierungsprogramms	23.06.1993	BGBl. I S. 944 BStBl I S. 510	240 Abs. 3	27.06.1993
36	Missbrauchsbekämpfungs- und Steuerbereinigungsgesetz	21.12.1993	BGBl. I S. 2310 BStBl I 1994 S. 50	6 Abs. 2, 21 Abs. 1, 30, 31 Abs. 3, 31a, 58, 61 Abs. 3, 88a, 93a Abs. 1, 111 Abs. 4, 117, 139 Abs. 2, 141 Abs. 1,	30.12.1993

Abgabenordnung

Nr.	Änderndes Gesetz	Datum	Fundstelle	§§	Inkrafttreten
				150 Abs. 6, 152 Abs. 5, 156 Abs. 1, 163 Abs. 2, 165, 167 Abs. 1, 170, 171, 173 Abs. 1, 175a, 176 Abs. 1, 177, 178 Abs. 3, 180, 181, 183 Abs. 2, 212 Abs. 1, 220 Abs. 2, 222, 224, 227 Abs. 2, 229 Abs. 1, 233a, 234, 235 Abs. 3, 236 Abs. 5, 237 Abs. 5, 239, 240 Abs. 1, 241 Abs. 1, 249 Abs. 2, 273 Abs. 1, 280, 284, 339 Abs. 4, 344, 354 Abs. 1a, 362 Abs. 1a, 370 Abs. 6, 382 Abs. 4, 387 Abs. 2	
37	Kostenrechtsänderungsgesetz 1994	24.06.1994	BGBl. I S. 1325 BStBl I S. 383	339 Abs. 4	01.07.1994
38	Gesetz zur Änderung des Rechtspflegergesetzes und anderer Gesetze	24.06.1994	BGBl. I S. 1374 BStBl I S. 382	30 Abs. 3	01.07.1994
39	Grenzpendlergesetz	24.06.1994	BGBl. I S. 1395 BStBl I S. 440	233a Abs. 2, 382 Abs. 1,	01.07.1994
				126 Abs. 2, 3, 132, 172 Abs. 1, 183 Abs. 1, 237 Abs. 1, 2, 239 Abs. 1, 347, 348, 349, 350, 352, 353, 354 Abs. 1, 1a, 355, 356 Abs. 1, 2, 357, 358, 359, 360 Abs. 1, 4, 5, 361 Abs. 1, 4, 362 Abs. 1, 1a, 2, 363, 364, 364a, 364b, 365 Abs. 1, 3, 366, 367 Abs. 2, 368	01.01.1996
40	Gesetz zur Änderung von Vorschriften über das Schuldnerverzeichnis	15.07.1994	BGBl. I S. 1566 BStBl I S. 540	284 Abs. 6, 7	24.07.1994/01.01.1995
41	Drittes Durchführungsgesetz/EWG zum VAG	21.07.1994	BGBl. I S. 1630 BStBl I S. 742	244	29.07.1994
42	Postneuordnungsgesetz	14.09.1994	BGBl. I S. 2325 BStBl I 1995 S. 256	93a Abs. 2, 105 Abs. 1, 111 Abs. 3, 224 Abs. 3	01.01.1995
43	Jahressteuergesetz 1996	11.10.1995	BGBl. I S. 1250 BStBl I S. 438	19, 23, 30, 37, 149, 182, 382	21.10.1995
				237	01.01.1996
44	Jahressteuer-Ergänzungsgesetz 1996	18.12.1995	BGBl. I S. 1959 BStBl I S. 786	6, 386	01.01.1996
45	Jahressteuergesetz 1997	20.12.1996	BGBl. I S. 2049 BStBl I S. 1523	67 Abs. 1, 68, 141 Abs. 1, 171 Abs. 10, 233 a, 361 Abs. 2	28.12.1996

Abgabenordnung

Nr.	Änderndes Gesetz	Datum	Fundstelle	§§	Inkrafttreten
46	2. Zwangsvollstreckungsnovelle	17.12.1997	BGBl. I S. 3039, 1998 I S. 583; BStBl I 1998 S. 3	284, 287, 313, 315	01.01.1999
47	Sechstes Gesetz zur Reform des Strafrechts	26.01.1998	BGBl. I S. 164	31a	01.04.1998
48	Gesetz über die Briefe des psychologischen Psychotherapeuten und des Kinder- und Jugendlichenpsychotherapeuten, zur Änderung des Fünften Buches Sozialgesetzbuch und anderer Gesetze	16.06.1998	BGBl. I S. 1311 BStBl I S. 936	102	01.01.1999
49	Gesetz zur Datenermittlung für den Verteilungsschlüssel des Gemeindeanteils am Umsatzsteueraufkommen und zur Änderung steuerlicher Vorschriften	23.06.1998	BGBl. I S. 1496 BStBl I S. 873	171, 240	27.06.1998
50	EG-Finanzschutzgesetz	10.09.1998	BGBl. II S. 2322 BStBl I S. 1220	370	22.09.1998
51	Steueränderungsgesetz 1998	19.12.1998	BGBl. I S. 3816 BStBl I 1999 S. 117	147	24.12.1998
52	Gesetz zur Änderung des Einführungsgesetzes zur Insolvenzordnung und anderer Gesetze	19.12.1998	BGBl. I S. 3836 BStBl I 1999 S. 118	75, 171, 231, 251, 266, 282, 284	01.01.1999
53	Steuerbereinigungsgesetz 1999	22.12.1999	BGBl. I S. 2601 BStBl I 2000 S. 13	31a, 55, 68, 122, 149, 152, 155, 170, 171, 172, 180, 182, 183, 191, 231, 233a, 238, 240, 251, 284, 312, 329, 339, 340	30.12.1999
54	Gesetz zur Änderung von Vorschriften über die Tätigkeit der Steuerberater	24.06.2000	BGBl. I S. 874 BStBl I S. 1162	80, 348	01.07.2000
55	Gesetz zur weiteren steuerlichen Förderung von Stiftungen	14.07.2000	BGBl. I S. 1034 BStBl I S. 1192	55, 58	26.07.2000
56	Steuersenkungsgesetz	23.10.2000	BGBl. I S. 1433 BStBl I S. 1428	146, 147, 200	27.10.2000
57	Steuer-Euroglättungsgesetz (beachte dazu auch lfd. Nrn. 63 und 64)	19.12.2000	BGBl. I S. 1790 BStBl I 2001 S. 3	64, 67a, 115, 141, 152, 156, 238, 239, 240, 275, 329, 339, 341, 343, 344, 378, 379, 380, 381, 382, 383	01.01.2002
58	Gesetz zur Änderung des Investitionszulagengesetzes 1999	20.12.2000	BGBl. I S. 1850 BStBl I 2001 S. 27	58, 64, 68	28.12.2000
59	Gesetz zur Neuordnung des Gerichtsvollzieherkostenrechts	19.04.2001	BGBl. I S. 623 BStBl I S. 255	339, 340, 343, Anlage	01.05.2001
60	Zustellungs-Reformgesetz	25.06.2001	BGBl. I S. 1206 BStBl I S. 491	289	01.07.2002
61	Altersvermögensgesetz	26.06.2001	BGBl. I S. 1310 BStBl I S. 420	6	01.01.2002
62	Zivilprozessreformgesetz	27.07.2001	BGBl. I S. 1887 BStBl I S. 546	284, 326, 334	01.01.2002
63	Gesetz zur Eindämmung illegaler Betätigung im Baugewerbe	30.08.2001	BGBl. I S. 2267 BStBl I S. 602	20a, 21, 380	07.09.2001
				380	01.01.2002
64	Steueränderungsgesetz 2001	20.12.2001	BGBl. I S. 3794 BStBl 2002 I S. 4	Artikel 8: 244	01.07.2001
				1, 3, 21, 22, 23, 30, 42, 76, 126, 150,	23.12.2001

Abgabenordnung

Nr.	Änderndes Gesetz	Datum	Fundstelle	§§	Inkrafttreten
				152, 156, 167, 169, 170, 172, 178, 180, 209, 211, 212, 214, 215, 223, 353, 370, 373, 374, 375, 379, 382	
				6	01.01.2002
				Artikel 35 Nr. 7: 340, 343, Anlage	01.01.2002
65	Unternehmenssteuerfortentwicklungsgesetz	20.12.2001	BGBl. I S. 3858 BStBl 2002 I S. 35	138 Abs. 2, 3	01.01.2002
66	Steuerverkürzungsbekämpfungsgesetz	19.12.2001	BGBl. I S. 3922 BStBl 2002 I S. 32	117, 370a	28.12.2001
67	Viertes Finanzmarktförderungsgesetz	21.06.2002	BGBl. I S. 2010 BStBl I S. 814	31b	01.07.2002
68	Fünftes Gesetz zur Änderung des Steuerbeamten-Ausbildungsgesetzes und zur Änderung von Steuergesetzen	23.07.2002	BGBl. I S. 2715 BStBl I S. 714	23, 219, 233, 370a	27.07.2002
69	Gesetz zur Erleichterung der Bekämpfung von illegaler Beschäftigung und Schwarzarbeit	23.07.2002	BGBl. I S. 2787 BStBl I S. 816	31, 31a	01.08.2002
70	Zollfahndungsneuregelungsgesetz	16.08.2002	BGBl. I S. 3202 BStBl I S. 818	6	24.08.2002
71	Drittes Gesetz zur Änderung verwaltungsverfahrensrechtlicher Vorschriften	21.08.2002	BGBl. I S. 3322 BStBl I S. 820	80, 87, 87a, 93, 119, 121, 122, 123, 125, 129, 150, 224a, 244, 309, 324, 356, 366	28.08.2002
72	Zweites Gesetz für moderne Dienstleistungen am Arbeitsmarkt	23.12.2002	BGBl. I S. 4621 BStBl I 2003 S. 3	6	01.01.2003
73	Steuervergünstigungsabbaugesetz	16.05.2003	BGBl. I S. 660 BStBl I S. 321	3, 90, 138, 162 21	21.05.2003 01.07.2003
74	Kleinunternehmerförderungsgesetz	31.07.2003	BGBl. I S. 1550 BStBl I S. 398	141	01.01.2003
75	Steueränderungsgesetz 2003	15.12.2003	BGBl. I S. 2645 BStBl I S. 710	139a - 139d, 144, 147, 167, 178, 231, 240, 251	20.12.2003
				27, 138	01.01.2004
76	Drittes Gesetz für moderne Dienstleistungen am Arbeitsmarkt	23.12.2003	BGBl. I S. 2848 BStBl I 2004 S. 114	31	01.01.2004
77	Gesetz zur Förderung der Steuerehrlichkeit	23.12.2003	BGBl. I S. 2928 BStBl I 2004 S. 22	93, 93b	01.04.2005
78	Viertes Gesetz für moderne Dienstleistungen am Arbeitsmarkt	24.12.2003	BGBl. I S. 2954 BStBl I 2004 S. 116	53	01.01.2005
79	Gesetz zur Einordnung des Sozialhilferechts in das Sozialgesetzbuch	27.12.2003	BGBl. I S. 3022 BStBl I 2004 S. 118	53	01.01.2005
80	Gesetz zur Förderung der Ausbildung und Beschäftigung schwerbehinderter Menschen	23.04.2004	BGBl. I S. 606 BStBl I 2004 S. 474	68	01.05.2004
81	Kostenrechtsmodernisierungsgesetz	05.05.2004	BGBl. I S. 718 BStBl I 2004 S. 486	87, 107, 405	01.07.2004
82	Gesetz zur Änderung der Abgabenordnung und weiterer Gesetze	21.07.2004	BGBl. I S. 1753	58	27.07.2004
83	1. Justizmodernisierungsgesetz	24.08.2004	BGBl. I S. 2198	392, 397, 399, 404	01.09.2004

Abgabenordnung

Nr.	Änderndes Gesetz	Datum	Fundstelle	§§	Inkrafttreten
84	Gesetz zur Organisationsreform in der gesetzlichen Rentenversicherung	09.12.2004	BGBl. I S. 3242 BStBl I S. 1156	6	01.10.2005
85	Richtlinien-Umsetzungsgesetz	09.12.2004	BGBl. I S. 3310 BStBl I S. 1158	20a, 31, 139b, 139c, 175, 318, 383a	16.12.2004
				337, 339, 340, 341, 342, 344, Anlage zu § 339	01.01.2005
86	Justizkommunikationsgesetz	22.03.2005	BGBl. I S. 837 BStBl I S. 602	360	01.04.2005
87	Gesetz zur Umbenennung des Bundesgrenzschutzes in Bundespolizei	21.06.2005	BGBl. I S. 1818 BStBl I S. 854	134	01.07.2005
88	Gesetz zur Novellierung des Verwaltungszustellungsgesetzes	12.08.2005	BGBl. I S. 2354 BStBl I S. 855	169, 216, 394	01.02.2006
89	Gesetz zur Neuorganisation der Bundesfinanzverwaltung und zur Schaffung eines Refinanzierungsregisters	22.09.2005	BGBl. I S. 2809	6, 93, 93b, 139a, 139b, 139c, 386	01.01.2006
90	Gesetz zur Eindämmung missbräuchlicher Steuergestaltungen	28.04.2006	BGBl. S.1095 BStBl I S.353	379	06.05.2006
91	Steueränderungsgesetz 2007	19.07.2006	BGBl. I S. 1652 BStBl I S. 432	55	01.01.2007
92	Erstes Gesetz zum Abbau bürokratischer Hemmnisse insbesondere in der mittelständischen Wirtschaft	22.08.2006	BGBl. I S. 1970 BStBl I S. 486	141	26.08.2006
93	Föderalismusreform-Begleitgesetz	5.9.2006	BGBl. I S. 2098 BStBl I S. 506	89, 116	12.09.2006
94	Jahressteuergesetz 2007	13.12.2006	BGBl. I S. 2878 BStBl I 2007 S. 28	3, 6, 19, 62, 67, 87a, 89, 139b, 139d, 172, 178a, 224, 348, 367	19.12.2006
				58, 64, 67, 68, 138, 15, 162, 238, 240	01.01.2007
95	Gesetz zur Änderung des Passgesetzes und weiterer Vorschriften	20.07.2007	BGBl. I S. 1566	§ 139b	01.11.2007
96	Unternehmensteuerreformgesetz 2008	14.08.2007	BGBl. I S. 1912 BStBl I S. 630	90, 93 Abs. 8, 93b, 102,	18.08.2007
				93 Abs. 7, 162 Abs. 2 Satz 2	01.01.2009
97	Zweites Gesetz zum Abbau bürokratischer Hemmnisse insbesondere in der mittelständischen Wirtschaft	07.09.2007	BGBl. I S. 2246	§ 141	14.09.2007
98	Gesetz zur weiteren Stärkung des bürgerschaftlichen Engagements	10.10.2007	BGBl. I S. 2332	52, 58, 61, 64, 67a	01.01.2007
99	Zweites Gesetz zur Änderung des Finanzverwaltungsgesetzes und anderer Gesetze	13.12.2007	BGBl. I S. 2897 BStBl 2008 I S. 298	6, 244	01.01.2008
100	Jahressteuergesetz 2008	20.12.2007	BGBl. I S. 3150 BStBl 2008 I S. 218	26, 42, 116, 139b, 178, 393	29.12.2007
101	Gesetz zur Neuregelung der Telekommunikationsüberwachung und	21.12.2007	BGBl. I S. 3198 BStBl 2008 I S. 305	370, 370a, 373, 374	01.01.2008

Abgabenordnung

Nr.	Änderndes Gesetz	Datum	Fundstelle	§§	Inkrafttreten
	anderer verdeckter Ermittlungsmaßnahmen sowie zur Umsetzung der Richtlinie 2006/24/EG				
102	Achtes Gesetz zur Änderung des Steuerberatungsgesetzes	8.4.2008	BGBl. I S. 666 BStBl I S. 544	80, 348	12.4.2008
103	Gesetz zur Ergänzung der Bekämpfung der Geldwäsche und der Terrorismusfinanzierung	13.8.2008	BGBl. I S. 1690 BStBl I S. 922	31b	21.8.2008
104	Gesetz zur Modernisierung des GmbH-Rechts und zur Bekämpfung vom Missbräuchen	23.10.2008	BGBl. I S. 2026	191	1.11.2008
105	Gesetz zur Reform des Verfahrens in Familiensachen und in Angelegenheiten der freiwilligen Gerichtsbarkeit	17.12.2008	BGBl. I S. 2586 BStBl 2009 I S. 4	81	1.9.2009
106	Jahressteuergesetz 2009	19.12.2008	BGBl. I S. 2794 BStBl 2009 I S. 74	3, 93a, 146, 278, 376	25.12.2008
				19, 51, 60, 62, 285, 289, 291, Anlage zu § 60	1.1.2009
107	Gesetz zur Modernisierung und Entbürokratisierung des Steuerverfahrens	20.12.2008	BGBl. I S. 2850 BStBl 2009 I S. 124	18, 88, 138, 150, 165, 181, 363	1.1.2009
108	Gesetz zur Fortführung der Gesetzeslage 2006 bei der Entfernungspauschale	20.4.2009	BGBl. I S. 774 BStBl I S. 536	55	24.4.2009
109	Gesetz zur Modernisierung des Bilanzrechts	25.5.2009	BGBl. I S. 1102	141	29.5.2009
110	Gesetz zur Reform des Kontopfändungsschutzes	7.7.2009	BGBl. I S. 1707 BStBl I S. 872	309, 314, 316	1.7.2010
				309, 316	1.1.2012
111	Gesetz zur Reform der Sachaufklärung in der Zwangsvollstreckung	29.7.2009	BGBl. I S. 2258 BStBl I S. 878	284, 326, 334	1.1.2013
112	Gesetz zur Bekämpfung der Steuerhinterziehung	29.7.2009	BGBl. I S 2302 BStBl I S. 826	90, 147a, 162, 193	1.8.2009
113	Gesetz über die Internetversteigerung in der Zwangsvollstreckung und zur Änderung anderer Gesetze	30.7.2009	BGBl. I S. 2474 BStBl I S. 871	296, 298, 299, 301, 341	5.8.2009
114	Jahressteuergesetz 2010	8.12.2010	BGBl. I S. 1768 BStBl I S. 1394	2, 3, 31b, 55, 58, 146, 170, 289, 299, 370, 379	14.12.2010
115	Zweites Gesetz zur erbrechtlichen Gleichstellung nichtehelicher Kinder, zur Änderung der Zivilprozessordnung und der Abgabenordnung	12.4.2011	BGBl. I S. 615	314	16.4.2011
116	Gesetz zur Verbesserung der Bekämpfung der Geldwäsche und Steuerhinterziehung	28.4.2011	BGBl. I S. 676 BStBl I S 495	371, 378, 398a	3.5.2011
117	Steuervereinfachungsgesetz 2011	1.11.2011	BGBl. I S. 2131 BStBl I S. 986	87a, 89, 138, 149, 150, 233a	5.11.2011
				93, 270, 273, 279	1.1.2012

Abgabenordnung

Nr.	Änderndes Gesetz	Datum	Fundstelle	§§	Inkrafttreten
118	Gesetz zur Umsetzung der Beitreibungsrichtlinie sowie zur Änderung steuerlicher Vorschriften	7.12.2011	BGBl. I S. 2592 BStBl I S. 1171	370	14.12.11
119	Gesetz zur Optimierung der Geldwäscheprävention	22.12.2011	BGBl. I S. 2959 BStBl 2012 I S. 3	31b	29.12.2011
120	Gesetz zur Änderung von Vorschriften über Verkündung und Bekanntmachungen sowie der Zivilprozessordnung, des Gesetzes betreffend die Einführung der Zivilprozessordnung und der Abgabenordnung	22.12.2011	BGBl. I S. 3044	360 284	1.4.2012 1.1.2013
121	Gesetz über die Vereinfachung des Austauschs von Informationen und Erkenntnissen zwischen den Strafverfolgungsbehörden der Mitgliedstaaten der Europäischen Union	21.7.2012	BGBl. I S. 1566	117a, 117b	26.7.2012
122	Gesetz zur Stärkung des Ehrenamtes	21.3.2013	BGBl. I S. 556 BStBl I S. 339	53, 55, 67a 60a, 62, 63 55, 58, 62	1.1.2013 29.3.2013 1.1.2014
123	Gesetz zur Fortentwicklung des Meldewesens	3.5.2013	BGBl. I S. 1084	139b	1.5.2015
124	Gesetz zur Umsetzung des Amtshilferichtlinie sowie zur Änderung steuerlicher Vorschriften	26.6.2013	BGBl. I S. 1809 BStBl I S. 802	117 1, 6, 30, 87a, 88, 89, 90, 97, 107, 139, 141, 150, 152, 156, 165, 171, 172, 200, 208, 224, 259, 275, 288, 337, 363, 367, 379, 382, 53, 68	1.1.2013 30.6.2013 1.1.2014
125	Gesetz zur Förderung der elektronischen Verwaltung sowie zur Änderung weiterer Vorschriften	25.7.2013	BGBl. I S. 2749 BStBl I S. 926	30, 87a, 119, 357 87a	1.8.2013 1.7.2014
126	Gesetz zur Strukturreform des Gebührenrechts des Bundes	7.8.2013	BGBl. I S. 3154	178, 412	15.8.2013
127	Gesetz zur Anpassung des Investmentsteuergesetzes und anderer Gesetze an das AIFM-Umsetzungsgesetz	18.12.2013	BGBl. I S. 4318 BStBl 2014 I S. 2	117c, 379	24.12.2013
128	Gesetz zur Anpassung steuerlicher Regelungen an die Rechtsprechung des Bundesverfassungsgerichts	18.7.2014	BGBl. I S. 1042 BStBl I S. 1062	15, 19, 122, 147a, 183, 263, 271	24.7.2014
129	Gesetz zur Anpassung des nationalen Steuerrechts an den Beitritt Kroatiens zur EU und zur Änderung weiterer steuerlicher Vorschriften	25.7.2014	BGBl. I S. 1266 BStBl I S. 1126	22a, 31b, 63, 379, 382	31.7.2014
130	Gesetz zur Änderung des Gesetzes zur Fortentwicklung des Meldewesens	20.11.2014	BGBl. I S. 1738	§ 139b	1.11.2015

Abgabenordnung

Nr.	Änderndes Gesetz	Datum	Fundstelle	§§	Inkrafttreten
131	Gesetz zur Änderung der Abgabenordnung und des Einführungsgesetzes zur Abgabenordnung	22.12.2014	BGBl I S. 2415 BStBl 2015 I S. 55	164, 170, 371, 374, 378, 398a,	1.1.2015
132	Gesetz zur Anpassung der Abgabenordnung an den Zollkodex der Union und zur Änderung weiterer steuerlicher Vorschriften	22.12.2014	BGBl. I S. 2417 BStBl 2015 I S. 58	31b, 139a, 139b, 139c, 171, 178, 180, 184, 218, 223, 315, 339, 340, 341, 344,	31.12.2014
				3, 23, 147, 169, 172, 214, 251, 374, 375	1.5.2016
133	Bürokratieentlastungsgesetz	28.7.2015	BGBl. I S 1400	141	1.1.2016
134	Steueränderungsgesetz 2015	2.11.2015	BGBl. I S. 1834 BStBl I S. 846	6, 123, 139c, 249	6.11.2015
135	Gesetz zur Bekämpfung der Korruption	20.11.2015	BGBl. I S. 2025	370	26.11.2015
136	Gesetz zur Neuorganisation der Zollverwaltung	3.12.2015	BGBl. I S. 2178	6, 244, 387	1.1.2016
137	Gesetz zur Modernisierung des Besteuerungsverfahrens	18.7.2016	BGBl. I S. 1679 BStBl I S. 694	29a, 81, 88b, 89, 154	23.7.2016
				3,18,21, 71,72a, 80, 80a, 87a, 87,b, 87c, 87d, 87e, 88, 89, 93a, 93c, 93d, 109, 117c, 122, 122a, 134, 135, 136, 138, 149, 150, 151, 152, 155, 156, 157, 163, 165, 169, 171, 173, 175, 175b, 180, 181, 182, 184, 196, 203a, 239, 261, 269, 279, 357, 366, 383b,	1.1.2017
138	Neuntes Gesetz zur Änderung des Zweiten Buches Sozialgesetzbuch – Rechtsvereinfachung – sowie zur vorübergehenden Aussetzung der Insolvenzantragspflicht	26.7.2016	BGBl. I S. 1824	68	1.8.2016
139	Gesetz zur Umsetzung der Änderungen der EU-Amtshilferichtlinie und von weiteren Maßnahmen gegen Gewinnkürzungen und -verlagerungen	20.12.2016	BGBl. I S. 3000	90, 117c, 138a, 162, 379	24.12.2016
				2, 68, 117c	1.1.2017
140	Gesetz zum Schutz vor Manipulationen an digitalen Grundaufzeichnungen	22.12.2016	BGBl. I S. 3152	146, 146a, 146b, 147, 379,	29.12.2016
141	Gesetz zur Stärkung der Teilhabe und Selbstbestimmung von Menschen mit Behinderungen	23.12.2016	BGBl. I S. 3234	68	1.1.2018
142	Gesetz zur Auflösung der Bundesmonopolverwaltung für Branntwein und zur Änderung weiterer Gesetze (Branntweinmonopolverwaltung-Auflösungsgesetz)	10.3.2017	BGBl. I S. 420	6	1.1.2019

Abgabenordnung

Nr.	Änderndes Gesetz	Datum	Fundstelle	§§	Inkrafttreten
143	Gesetz zur Reform der strafrechtlichen Vermögensabschöpfung	13.4.2017	BGBl. I S. 872	401, 406	1.7.2017
144	Gesetz zur Bekämpfung der Steuerumgehung und zur Änderung weiterer steuerlicher Vorschriften (Steuerumgehungsbekämpfungsgesetz)	23.6.2017	BGBl. I S. 1682 BStBl. I S. 865	30a, 93, 93b, 117c, 138, 138b, 138c, 139b, 147a, 154, 170, 175b, 228, 231, 370, 371, 376, 379,	25.6.2017
145	Gesetz zur Umsetzung der Vierten EU-Geldwäscherichtlinie, zur Ausführung der EU-Geldtransferverordnung und zur Neuorganisation der Zentralstelle für Finanztransaktionsuntersuchungen	23.6.2017	BGBl. I S. 1822 BStBl I S. 1158	31b, 93, 138b, 154	26.6.2017
146	Gesetz zur Verbesserung der Sachaufklärung in der Verwaltungsvollstreckung	30.6.2017	BGBl. I S. 2094	93	6.7.2017
147	Zweites Gesetz zur Entlastung insbesondere der mittelständischen Wirtschaft von Bürokratie (Zweites Bürokratieentlastungsgesetz)	30.7.2017	BGBl. I S. 2143 BStBl I S. 890	147	1.1.2017
148	Gesetz zur Änderung des Bundesversorgungsgesetzes und anderer Vorschriften	17.7.2017	BGBl. I S. 2541 BStBl I S. 1208	1, 2a, 6, 7, 29b, 29c, 30, 31, 31a, 31b, 31c, 32a, 32b, 32c, 32d, 32e, 32f, 32g, 32h, 32i, 32j, 72a, 87c, 88, 88a, 93, 93b, 93c, 103, 239b, 139c, 377, 383a, 384a	25.5.2018
149	Gesetz zur Durchführung der Verordnung (EU) Nr. 910/2014 des Europäischen Parlaments und des Rates vom 23.7.2014 über elektronische Identifizierung und Vertrauensdienste für elektronische Transaktionen im Binnenmarkt und zur Aufhebung der Richtlinie 1999/93/EG (eIDAS-Durchführungsgesetz)	18.7.2017	BGBl. I S. 2745	87a	29.7.2017
150	Gesetz zur Vermeidung von Umsatzsteuerausfällen beim Handel mit Waren im Internet und zur Änderung weiterer steuerlicher Vorschriften	11.12.2018	BGBl. I S. 2338 BStBl I S. 1377	67a	1.1.2021
151	Gesetz zur Umsetzung des Gesetzes zur Einführung des Rechts auf Eheschließung für Personen gleichen Geschlechts	18.12.2018	BGBl. I S. 2639	15	22.12.2018
152	Gesetz gegen illegale Beschäftigung und Sozialleistungsmissbrauch	11.7.2019	BGBl. I S. 1066 BStBl I S. 814	93	18.7.2019
153	Gesetz zur Reform der Psychotherapeutenausbildung	15.11.2019	BGBl. I S. 1604	102	1.9.2020
154	Zweites Gesetz zur Anpassung des Datenschutzrechts an die Verordnung (EU) 2016/679 und zur Umsetzung der Richtlinie (EU) 2016/680 (Zweites Datenschutz-	20.11.2019	BGBl. I S. 1626 BStBl I S. 1308	2a, 27, 30, 31, 31a, 31b, 32a, 32f, 82, 93, 93a, 108, 119, 128, 210, 211, 216, 361, 364	26.11.2019

Abgabenordnung

Nr.	Änderndes Gesetz	Datum	Fundstelle	§§	Inkrafttreten
	Anpassungs- und Umsetzungsgesetz EU)			93	1.1.2020
155	Gesetz zur Umsetzung der Richtlinie (EU) 2016/680 im Strafverfahren sowie zur Anpassung datenschutzrechtlicher Bestimmungen an die Verordnung (EU) 2016/679	20.11.2019	BGBl. I S. 1724	334	26.11.2019
156	Drittes Gesetz zur Entlastung insbesondere der mittelständischen Wirtschaft von Bürokratie (Drittes Bürokratieentlastungsgesetz)	22.11.2019	BGBl. I S. 1746 BStBl I S. 1313	138, 147	1.1.2020
157	Gesetz zur Reform des Grundsteuer- und Bewertungsrechts (Grundsteuer-Reformgesetz)	26.11.2019	BGBl. I S. 1794 BStBl I S. 1319	180, 181, 182, 183 141, 180, 182, 183	1.1.2022 1.1.2025
158	Gesetz zur weiteren steuerlichen Förderung der Elektromobilität und zur Änderung weiterer steuerlicher Vorschriften	12.12.2019	BGBl. I S. 2451 BStBl 2020 I S. 17	30, 73, 80, 87a, 109, 117d, 138a, 141, 144, 149, 152, 171, 208, 244, 254, 404	18.12.2019
159	Gesetz zur Umsetzung der Änderungsrichtlinie zur Vierten EU-Geldwäscherichtlinie	12.12.2019	BGBl. I S. 2602 BStBl 2020 I S. 119	154	1.1.2020
160	Gesetz zur Einführung einer Pflicht zur Mitteilung grenzüberschreitender Steuergestaltungen	21.12.2019	BGBl. I S. 2875 BStBl 2020 I S. 127	102, 138c, 138e, 138f, 138g, 138h, 138i, 138j, 138k, 379	1.1.2020
161	Elfte Zuständigkeitsanpassungsverordnung (ZustAnpV 11)	19.6.2020	BGBl I S.1328	146	27.6.2020
162	Zweites Corona-Steuerhilfegesetz (CoronaStHG 2)	29.6.2020	BGBl. I S. 1512 BStBl I S. 563	375a, 376	1.7.2020
163	Grundrentengesetz (GrRentG)	12.8.2020	BGBl. I S. 1879 BStBl 2021 I S. 4	93, 139b	1.1.2021
164	Pfändungsschutzkonto-Fortentwicklungsgesetz (PKoFoG)	22.11.2020	BGBl. I S. 2466	295, 309, 314, 316, 318, 319	1.12.2021
165	Gesetz zur Digitalisierung von Verwaltungsverfahren bei der Gewährung von Familienleistungen (FamLeistDigitG)	3.12.2020	BGBl.I S. 2668 BStBl I S. 1350	122a, 139b, 139c	10.12.2020
166	Gesetz zur Stärkung der Sicherheit im Pass-, Ausweis- und ausländerrechtlichen Dokumentenwesen (DokuWeSiStärkG)	3.12.2020	BGBl. I S. 2744 BStBl I S. 1352	87a	12.12.2020
167	Gesetz über die Umwandlung des Informationstechnikzentrums Bund in eine nichtrechtsfähige Anstalt des öffentlichen Rechts und zur Änderung weiterer Vorschriften (ITZBundG/uaÄndG)	7.12.2020	BGBl. I S. 2756 BStBl I S. 1353	6	1.1.2021
168	Jahressteuergesetz 2020 (JStG 2020)	21.12.2020	BGBl. I S. 3096 BStBl 2021 I S. 6	1, 3, 19, 27, 31, 32c, 32i, 52, 55, 57, 58, 58a, 60a, 64, 68, 93, 93a, 138, 138a, 146, 152, 171, 184, 208a,	29.12.2020

Abgabenordnung

Nr.	Änderndes Gesetz	Datum	Fundstelle	§§	Inkrafttreten
				231, 366, 375, 376	
				60b	1.1.2024
169	Gesetz Digitale Rentenübersicht (DigRentÜG)	11.2.2021	BGBl. I S. 154	139b	18.2.2021
170	Registermodernisierungsgesetz (RegMoG)	28.3.2021	BGBl. I S. 591	139a, 139b	31.8.2023
				139b	1.11.2023
171	Gesetz zur Reform des Vormundschafts- und Betreuungsrechts (BtRRefG)	4.5.2021	BGBl. I S. 882	79, 171	1.1.2023
172	Gesetz zur Verbesserung des Schutzes von Gerichtsvollziehern vor Gewalt sowie zur Änderung weiterer zwangsvollstreckungsrechtlicher Vorschriften und zur Änderung des Infektionsschutzgesetzes (GVGewSchVerb/uaÄndG)	7.5.2021	BGBl. I S. 850	93, 249, 284, 295, 339	1.1.2022
173	Abzugsteuerentlastungsmodernisierungsgesetz (AbzStEntModG)	2.6.2021	BGBl. I S. 1259 BStBl I. S. 787	3, 88c, 89a, 141, 152, 175a, 178a, 251, 354	9.6.2021
174	Finanzmarktintegritätsstärkungsgesetz (FISG)	3.6.2021	BGBl. I S. 1534 BStBl I S. 807	31b	1.7.2021
175	Gesetz zur Abwehr von Steuervermeidung und unfairem Steuerwettbewerb und zur Änderung weiterer Gesetze (StAbwGuaVorschrÄndG)	25.6.2021	BGBl. I S. 2056	3, 90, 147, 162, 193	1.7.2021
176	Transparenzregister- und Finanzinformationsgesetz	25.6.2021	BGBl. I S. 2083	60a	1.8.2021
177	Gesetz zur Modernisierung des notariellen Berufsrechts und zur Änderung weiterer Vorschriften (NotModuaÄndG)	25.6.2021	BGBl. I S. 2154	95	1.8.2021
178	Gesetz zum Ausbau des elektronischen Rechtsverkehrs mit den Gerichten und zur Änderung weiterer Vorschriften (ERVGerAusb/uaÄndG)	5.10.2021	BGBl. I S. 4607	339, 340, 341	1.11.2021
179	Zweites Gesetz zur Änderung der Abgabenordnung und des Einführungsgesetzes zur Abgabenordnung (AO1977/AOEG1977ÄndG 2)	12.7.2022	BGBl. I S. 1142	138e, 138h, 233, 233a, 238, 239,	22.7.2022
180	Jahressteuergesetz 2022 (JStG 2022)	16.12.2022	BGBl. I S. 2294 BStBl 2023 I S. 7	30, 31a, 32i, 89a, 93, 122, 139b, 150, 162, 188, 191, 224, 229, 230, 249, 251, 371, 398	21.12.2022
				139b	1.11.2023

Abgabenordnung

Nr.	Gesetz	Datum	Fundstelle	Betroffene §§	Inkrafttreten
181	Gesetz zur Umsetzung der Richtlinie (EU) 2021/514 des Rates vom 22. März 2021 zur Änderung der Richtlinie 2011/16/EU über die Zusammenarbeit der Verwaltungsbehörden im Bereich der Besteuerung und zur Modernisierung des Steuerverfahrensrechts (EURL2021/514UmsG)	20.12.2022	BGBl. I S. 2730 BStBl 2023 I S. 82	3, 18, 87a, 90, 93, 138a, 138f, 146, 147, 147a, 147b, 153, 158, 162, 171, 180, 181, 197, 199, 200, 200a, 201, 202, 203, 204, 211, 379 142, 146	1.1.2023 1.1.2025
182	Gesetz zur Umsetzung der Richtlinie (EU) 2022/2523 des Rates zur Gewährleistung einer globalen Mindestbesteuerung und weiterer Begleitmaßnahmen (EURL2022/2523UmsG)	21.12.2023	BGBl. I Nr. 397 BStBl 2024 I S. 99	152	28.12.2023
183	Gesetz zur Förderung geordneter Kreditzweitmärkte und zur Umsetzung der Richtlinie (EU) 2021/2167 über Kreditdienstleister und Kreditkäufer sowie zur Änderung weiterer finanzrechtlicher Bestimmungen (Kreditzweitmarktförderungsgesetz)	22.12.2023	BGBl. I Nr. 411 BStBl 2024 I S. 144	2a, 14a, 14b, 31a, 34, 39, 79, 93, 138, 138d, 139c, 152, 181, 183, 183a, 267, 284, 352 183a	1.1.2024 1.1.2025
184	Wachstumschancengesetz (WChancenG)	27.3.2024	BGBl. I Nr. 108 BStBl I S. 666	117, 138, 138a 60b, 89b, 93, 117, 117e, 138, 138e, 138f, 139b, 141, 146a, 147a, 194, 230, 237, 379 147a	1.1.2024 28.3.2024 1.1.2027
185	Postrechtsmodernisierungsgesetz (PostModG)	15.7.2024	BGBl. I Nr. 236	122, 122a, 123	1.1.2025
186	Gesetz zur Förderung des Einsatzes von Videokonferenztechnik in der Zivilgerichtsbarkeit und den Fachgerichtsbarkeiten (VideokonfFöG)	15.7.2024	BGBl. I Nr. 237	30	19.7.2024
187	OZG-Änderungsgesetz (OZGÄndG)	19.7.2024	BGBl. I Nr. 245	139b, 139c	24.7.2024
188	Viertes Bürokratieentlastungsgesetz (BürEntlG 4)	23.10.2024	BGBl. I Nr. 323	53, 90, 122a, 147, 162, 169	1.1.2025
189	Jahressteuergesetz 2024 (JStG 2024)	2.12.2024	BGBl. I Nr. 387 BStBl I S. 1484	14b, 31a, 31b, 34, 87a, 89b, 93, 93a, 117c, 119, 139b, 139e, 145, 147, 152, 175a, 175b, 200, 208, 234, 235, 236, 239, 379, 404, 410 52, 62, 141 379 32b	6.12.24 1.1.2025

Anwendungserlass zur Abgabenordnung (AEAO)

BMF-Schreiben vom 31.1.2014 (BStBl I S. 290), zuletzt geändert durch das BMF-Schreiben vom 3.3.2025 (BStBl I S. 643)

Erster Teil – Einleitende Vorschriften

Erster Abschnitt – Anwendungsbereich

§ 1 Anwendungsbereich (S 0100)

(1) ¹Dieses Gesetz gilt für alle Steuern einschließlich der Steuervergütungen, die durch Bundesrecht oder Recht der Europäischen Union geregelt sind, soweit sie durch Bundesfinanzbehörden oder durch Landesfinanzbehörden verwaltet werden. ²Es ist nur vorbehaltlich des Rechts der Europäischen Union anwendbar.

(2) Für die Realsteuern gelten, soweit ihre Verwaltung den Gemeinden übertragen worden ist, die folgenden Vorschriften dieses Gesetzes entsprechend:

1. die Vorschriften des Ersten, Zweiten, Vierten, Sechsten und Siebten Abschnitts des Ersten Teils (Anwendungsbereich; Steuerliche Begriffsbestimmungen; Datenverarbeitung und Steuergeheimnis; Betroffenenrechte; Datenschutzaufsicht, Gerichtlicher Rechtsschutz in datenschutzrechtlichen Angelegenheiten),
2. die Vorschriften des Zweiten Teils (Steuerschuldrecht),
3. die Vorschriften des Dritten Teils mit Ausnahme der §§ 82 bis 84 (Allgemeine Verfahrensvorschriften),
4. die Vorschriften des Vierten Teils (Durchführung der Besteuerung),
5. die Vorschriften des Fünften Teils (Erhebungsverfahren),
6. § 249 Absatz 2 Satz 2,
7. die §§ 351 und 361 Absatz 1 Satz 2 und Absatz 3,
8. die Vorschriften des Achten Teils (Straf- und Bußgeldvorschriften, Straf- und Bußgeldverfahren).

(3) ¹Auf steuerliche Nebenleistungen sind die Vorschriften dieses Gesetzes vorbehaltlich des Rechts der Europäischen Union sinngemäß anwendbar. ²Der Dritte bis Sechste Abschnitt des Vierten Teils gilt jedoch nur, soweit dies besonders bestimmt wird.

AEAO zu § 1 - Anwendungsbereich:

1. Der Anwendungsbereich beschränkt sich auf die Steuern einschließlich der Steuervergütungen. Die AO gilt auch für Steuererstattungen; diese sind als Umkehr der Steuerentrichtung bereits durch den Begriff der Steuer in den Anwendungsbereich mit einbezogen (§ 37 Abs. 1 AO).
2. Für die von den Finanzbehörden verwalteten, durch Bundesrecht geregelten übrigen öffentlich-rechtlichen Abgaben, Prämien und Zulagen wird die Geltung der AO durch die jeweiligen Rechtsvorschriften bestimmt. Dies gilt insbesondere für die Wohnungsbauprämien, Eigenheimzulagen, Arbeitnehmer-Sparzulagen und die Investitionszulagen.

3. Die Vorschriften der AO sind grundsätzlich sinngemäß auch auf die steuerlichen Nebenleistungen (§ 3 Abs. 4 AO) anzuwenden. Ausgenommen sind die Bestimmungen über die Festsetzung, Außenprüfung, Steuerfahndung und Steueraufsicht in besonderen Fällen (§§ 155 bis 217 AO), soweit sie nicht ausdrücklich für anwendbar erklärt worden sind (§ 155 Abs. 3 Satz 2 § 156 Abs. 2 AO).

4. Die AO ist auch für die Angelegenheiten anzuwenden, die nicht unmittelbar der Besteuerung dienen, aber aufgrund der Verwaltungskompetenz für diese Steuern in den Zuständigkeitsbereich der Finanzbehörden fallen (z. B. Erteilung von Bescheinigungen in Steuersachen, Ausstellung von Einkommensbescheinigungen für nichtsteuerliche Zwecke).

5. Wegen der Anwendung der AO bei der Leistung von Rechts- oder Amtshilfe wird auf die §§ 111 ff. AO hingewiesen.

§ 2 Vorrang völkerrechtlicher Vereinbarungen (S 0101)

(1) Verträge mit anderen Staaten im Sinne des Artikels 59 Absatz 2 Satz 1 des Grundgesetzes über die Besteuerung gehen, soweit sie unmittelbar anwendbares innerstaatliches Recht geworden sind, den Steuergesetzen vor.

(2) ¹Das Bundesministerium der Finanzen wird ermächtigt, zur Sicherung der Gleichmäßigkeit der Besteuerung und zur Vermeidung einer Doppelbesteuerung oder doppelten Nichtbesteuerung mit Zustimmung des Bundesrates Rechtsverordnungen zur Umsetzung von Konsultationsvereinbarungen zu erlassen. ²Konsultationsvereinbarungen nach Satz 1 sind einvernehmliche Vereinbarungen der zuständigen Behörden der Vertragsstaaten eines Doppelbesteuerungsabkommens mit dem Ziel, Einzelheiten der Durchführung eines solchen Abkommens zu regeln, insbesondere Schwierigkeiten oder Zweifel, die bei der Auslegung oder Anwendung des jeweiligen Abkommens bestehen, zu beseitigen.

(3) Das Bundesministerium der Finanzen wird ermächtigt, durch Rechtsverordnung mit Zustimmung des Bundesrates Vorschriften zu erlassen, die

1. Einkünfte oder Vermögen oder Teile davon bestimmen, für die die Bundesrepublik Deutschland in Anwendung der Bestimmung eines Abkommens zur Vermeidung der Doppelbesteuerung auf Grund einer auf diplomatischem Weg erfolgten Notifizierung eine Steueranrechnung vornimmt, und

2. in den Anwendungsbereich der Bestimmungen über den öffentlichen Dienst eines Abkommens zur Vermeidung der Doppelbesteuerung diejenigen Körperschaften und Einrichtungen einbeziehen, die auf Grund einer in diesem Abkommen vorgesehenen Vereinbarung zwischen den zuständigen Behörden bestimmt worden sind.

§ 2a Anwendungsbereich der Vorschriften über die Verarbeitung personenbezogener Daten (S 0102)

(1) ¹Die Vorschriften dieses Gesetzes und der Steuergesetze über die Verarbeitung personenbezogener Daten im Anwendungsbereich dieses Gesetzes gelten bei der Verarbeitung personenbezogener Daten durch Finanzbehörden (§ 6 Absatz 2), andere öffentliche Stellen (§ 6 Absatz 1a bis 1c) und nicht-öffentliche Stellen (§ 6 Absatz 1d und 1e). ²Das Bundesdatenschutzgesetz oder andere Datenschutzvorschriften des Bundes sowie entsprechende Landesgesetze gelten für Finanzbehörden nur, soweit dies in diesem Gesetz oder den Steuergesetzen bestimmt ist.

(2) ¹Die datenschutzrechtlichen Regelungen dieses Gesetzes gelten auch für Daten, die die Finanzbehörden im Rahmen ihrer Aufgaben bei der Überwachung des grenzüberschreitenden Warenverkehrs verarbeiten. ²Die Daten gelten als im Rahmen eines Verfahrens in Steuersachen verarbeitet.

(3) Die Vorschriften dieses Gesetzes und der Steuergesetze über die Verarbeitung personenbezogener Daten finden keine Anwendung, soweit das Recht der Europäischen Union, im Besonderen die Verordnung (EU) 2016/679 des Europäischen Parlaments und des Rates vom 27. April 2016 zum Schutz natürlicher Personen bei der Verarbeitung personenbezogener Daten, zum freien Datenverkehr und zur Aufhebung der Richtlinie 95/46/EG (Datenschutz-Grundverordnung) (ABl. L 119 vom 4.5.2016, S. 1; L 314 vom 22.11.2016, S. 72; L 127 vom 23.5.2018, S. 2; L 47 vom 4.3.2021, S. 35) in der jeweils geltenden Fassung unmittelbar oder nach Absatz 5 entsprechend gilt.

(4) Für die Verarbeitung personenbezogener Daten zum Zweck der Verhütung, Ermittlung, Aufdeckung, Verfolgung oder Ahndung von Steuerstraftaten oder Steuerordnungswidrigkeiten gelten die Vorschriften des Ersten und des Dritten Teils des Bundesdatenschutzgesetzes, soweit gesetzlich nichts anderes bestimmt ist.

(5) Soweit nichts anderes bestimmt ist, gelten die Vorschriften der Verordnung (EU) 2016/679, dieses Gesetzes und der Steuergesetze über die Verarbeitung personenbezogener Daten natürlicher Personen entsprechend für Informationen, die sich beziehen auf identifizierte oder identifizierbare

1. verstorbene natürliche Personen oder
2. Körperschaften, Personenvereinigungen (§ 14a) oder Vermögensmassen.

Zweiter Abschnitt – Steuerliche Begriffsbestimmungen

§ 3 Steuern, steuerliche Nebenleistungen (S 0110)

(1) Steuern sind Geldleistungen, die nicht eine Gegenleistung für eine besondere Leistung darstellen und von einem öffentlich-rechtlichen Gemeinwesen zur Erzielung von Einnahmen allen auferlegt werden, bei denen der Tatbestand zutrifft, an den das Gesetz die Leistungspflicht knüpft; die Erzielung von Einnahmen kann Nebenzweck sein.

(2) Realsteuern sind die Grundsteuer und die Gewerbesteuer.

(3) [1]Einfuhr- und Ausfuhrabgaben nach Artikel 5 Nummer 20 und 21 des Zollkodex der Union sind Steuern im Sinne dieses Gesetzes. [2]Zollkodex der Union bezeichnet die Verordnung (EU) Nr. 952/2013 des Europäischen Parlaments und des Rates vom 9. Oktober 2013 zur Festlegung des Zollkodex der Union (ABl. L 269 vom 10.10.2013, S. 1, L 287, S. 90) in der jeweils geltenden Fassung.

(4) Steuerliche Nebenleistungen sind

1. Verzögerungsgelder nach § 146 Absatz 2c,
2. Verspätungszuschläge nach § 152,
3. Zuschläge nach § 162 Absatz 4 und 4a,
3a. Mitwirkungsverzögerungsgelder nach § 200a Absatz 2 und Zuschläge zum Mitwirkungsverzögerungsgeld nach § 200a Absatz 3,[1]
4. Zinsen nach den §§ 233 bis 237 sowie Zinsen nach den Steuergesetzen, auf die die §§ 238 und 239 anzuwenden sind, sowie Zinsen, die über die §§ 233 bis 237 und die Steuergesetze hinaus nach dem Recht der Europäischen Union auf zu erstattende Steuern zu leisten sind,
5. Säumniszuschläge nach § 240,
6. Zwangsgelder nach § 329,
7. Kosten nach den §§ 89, 89a Absatz 7 sowie den §§ 178 und 337 bis 345,
8. Zinsen auf Einfuhr- und Ausfuhrabgaben nach Artikel 5 Nummer 20 und 21 des Zollkodex der Union,
9. Verspätungsgelder nach § 22a Absatz 5 des Einkommensteuergesetzes und
10. Kosten nach § 10 Absatz 5 und § 11 Absatz 7 des Plattformen-Steuertransparenzgesetzes.

(5) [1]Das Aufkommen der Zinsen auf Einfuhr- und Ausfuhrabgaben nach Artikel 5 Nummer 20 und 21 des Zollkodex der Union steht dem Bund zu. [2]Das Aufkommen der übrigen Zinsen steht den jeweils steuerberechtigten Körperschaften zu.

---

[1] Zur Anwendung des § 3 Abs. 4 Nr. 3a AO siehe Artikel 97 § 37 EGAO

³Das Aufkommen der Kosten im Sinne des § 89 steht jeweils der Körperschaft zu, deren Behörde für die Erteilung der verbindlichen Auskunft zuständig ist. ⁴Das Aufkommen der Kosten im Sinne des § 89a Absatz 7 steht dem Bund und dem jeweils betroffenen Land je zur Hälfte zu. ⁵Das Aufkommen der Kosten nach § 10 Absatz 5 und § 11 Absatz 7 des Plattformen-Steuertransparenzgesetzes steht dem Bund zu. ⁶Die übrigen steuerlichen Nebenleistungen fließen den verwaltenden Körperschaften zu

---

AEAO zu § 3 - Steuern, steuerliche Nebenleistungen:

Steuerliche Nebenleistungen sind keine Steuern. Sie sind in § 3 Abs. 4 AO abschließend aufgezählt. Wegen der Anwendung der AO auf steuerliche Nebenleistungen wird auf § 1 AO hingewiesen.

§ 4 Gesetz (S 0111)

Gesetz ist jede Rechtsnorm.

AEAO zu § 4 - Gesetz:

1. **Rechtsnorm**

    Rechtsnormen i. S. d. § 4 AO sind insbesondere Gesetze des Bundes und der Länder und kommunale Satzungen. § 4 AO umfasst aber auch unmittelbar anzuwendende Vorschriften der EU (insbesondere Verordnungen und Durchführungsbestimmungen) sowie ausländische Gesetze (vgl. BFH-Urteil vom 20.4.2021, IV R 3/20, BFH/NV S. 1256).

2. **Auslegung der Steuergesetze**

    Steuergesetze sind anhand des Wortlauts, des Zusammenhangs, in welchem die Vorschrift steht, des Zweckes des Gesetzes und der Materialien sowie der Entstehungsgeschichte auszulegen. Sämtliche Methoden ergänzen sich. Der Wille des Gesetzgebers muss dabei im Gesetz selbst hinreichend Ausdruck gefunden haben.

    Die Finanzbehörden sind nicht befugt, von sich aus im Gesetz nicht vorgesehene Steuerermäßigungsvorschriften zu schaffen oder einen genau umrissenen Tatbestand aufgrund eigener Wertvorstellungen auszuweiten. Eine vom Wortlaut der Rechtsnorm abweichende Auslegung kann nur ausnahmsweise in Betracht kommen; nämlich dann, wenn die auf den Wortlaut abgestellte Auslegung zu einem sinnwidrigen Ergebnis führen würde (vgl. u. a. BFH-Urteil vom 16.12.1986, VIII R 375/83, BStBl 1987 II S. 366).

3. **Wirtschaftliche Betrachtungsweise**

    Bei der Auslegung von Steuergesetzen gilt grundsätzlich die wirtschaftliche Betrachtungsweise. Knüpft eine steuerrechtliche Norm an eine zivilrechtliche Gestaltung an, ist die Auslegung der steuerrechtlichen Bestimmung daher weder zwingend an dem Vertragstyp auszurichten, der der von den Parteien gewählten Bezeichnung entspricht, noch wird sie notwendigerweise von der zivilrechtlichen Qualifikation des Rechtsgeschäfts beeinflusst. Auch gilt keine

Vermutung, ein dem Zivilrecht entlehntes Tatbestandsmerkmal einer Steuerrechtsnorm sei im Sinne des zivilrechtlichen Verständnisses zu interpretieren (vgl. BVerfG-Beschluss vom 27.12.1991, 2 BvR 72/90, BStBl II 1992 S. 212). Die wirtschaftliche Betrachtungsweise fordert vielmehr die an den spezifischen Regelungszielen einer steuerrechtlichen Regelung und deren eigengesetzlicher Terminologie auszurichtende Beurteilung, ob der bewirkte wirtschaftliche Erfolg einen Steuertatbestand erfüllt. Sie rechtfertigt es daher, einen bestimmten Sachverhalt unter die einschlägige Steuernorm zu subsumieren und dabei erforderlichenfalls auch die äußere zivilrechtliche Gestaltung als nicht wesentlich zu bewerten (vgl. BVerfG-Beschluss vom 26.3.1969, 1 BvR 512/66, BStBl II S. 331).

4. Treu und Glauben im Steuerrecht

Der Grundsatz von Treu und Glauben, wonach jeder auf die berechtigten Belange des anderen Teils angemessen Rücksicht zu nehmen hat und sich zu seinem früheren Verhalten nicht in Widerspruch setzen darf, ist auch im Steuerrecht anzuwenden. Zu einer Verdrängung geltenden Rechts durch den Grundsatz von Treu und Glauben kann es nur in besonders gelagerten Fällen kommen, in denen das Vertrauen des Steuerpflichtigen in ein bestimmtes Verhalten der Verwaltung nach allgemeinem Rechtsgefühl in einem so hohen Maß schutzwürdig ist, dass demgegenüber die Grundsätze der Gesetzmäßigkeit der Verwaltung zurücktreten müssen (BFH-Urteil vom 5.9.2000, IX R 33/97, BStBl II S. 676). Dieser Grundsatz wirkt allerdings nur innerhalb eines konkreten Steuerrechtsverhältnisses und erfordert daher eine Identität der Rechtssubjekte (vgl. BFH-Urteil vom 5.5.1993, X R 111/91, BStBl II S. 817).

Der Grundsatz von Treu und Glauben bringt keine Steueransprüche zum Entstehen oder zum Erlöschen, sondern kann allenfalls verhindern, dass eine Forderung oder ein Recht geltend gemacht werden kann. Ein treuwidriges Verhalten kann daher nicht dazu führen, Steuerrechtsfolgen zu begründen oder zu verneinen, die materiell-rechtlich nicht oder - z. B. wegen Eintritts der Festsetzungsverjährung und dem damit verbundenen Erlöschen eines Anspruchs nach § 47 AO - nicht mehr bestehen (vgl. BFH-Urteil vom 8.8.2013, III R 3/13, BStBl II 2014 S. 576 m. w. N.).

§ 5 Ermessen (S 0111)

Ist die Finanzbehörde ermächtigt, nach ihrem Ermessen zu handeln, hat sie ihr Ermessen entsprechend dem Zweck der Ermächtigung auszuüben und die gesetzlichen Grenzen des Ermessens einzuhalten.

AEAO zu § 5 - Ermessen:

1. Bei der Ausübung des Ermessens sind nicht nur die in einzelnen gesetzlichen Bestimmungen vorgeschriebenen Voraussetzungen, sondern auch die Grundsätze der Gleichmäßigkeit der Besteuerung, der Verhältnismäßigkeit der Mittel, der Erforderlichkeit, der Zumutbarkeit, der Billigkeit und von Treu und Glauben sowie das Willkürverbot und das Übermaßverbot zu beachten. Verwaltungsvorschriften, die die Ausübung des Ermessens regeln, sind für die Finanzbehörden bindend.

2. Wegen der Begründung von Ermessensentscheidungen wird auf § 121 AO, wegen der Rücknahme und des Widerrufs auf §§ 130 und 131 AO hingewiesen.

§ 6 Behörden, öffentliche und nicht-öffentliche Stellen, Finanzbehörden
(S 0112)

(1) Behörde ist jede öffentliche Stelle, die Aufgaben der öffentlichen Verwaltung wahrnimmt.

(1a) Öffentliche Stellen des Bundes sind die Behörden, die Organe der Rechtspflege und andere öffentlich- rechtlich organisierte Einrichtungen des Bundes, der bundesunmittelbaren Körperschaften, der Anstalten und Stiftungen des öffentlichen Rechts sowie deren Vereinigungen ungeachtet ihrer Rechtsform.

(1b) Öffentliche Stellen der Länder sind die Behörden, die Organe der Rechtspflege und andere öffentlich- rechtlich organisierte Einrichtungen eines Landes, einer Gemeinde, eines Gemeindeverbandes oder sonstiger der Aufsicht des Landes unterstehender juristischer Personen des öffentlichen Rechts sowie deren Vereinigungen ungeachtet ihrer Rechtsform.

(1c) [1]Vereinigungen des privaten Rechts von öffentlichen Stellen des Bundes und der Länder, die Aufgaben der öffentlichen Verwaltung wahrnehmen, gelten ungeachtet der Beteiligung nicht-öffentlicher Stellen als öffentliche Stellen des Bundes, wenn

1. sie über den Bereich eines Landes hinaus tätig werden oder
2. dem Bund die absolute Mehrheit der Anteile gehört oder die absolute Mehrheit der Stimmen zusteht.

[2]Anderenfalls gelten sie als öffentliche Stellen der Länder.

(1d) [1]Nicht-öffentliche Stellen sind natürliche und juristische Personen, Gesellschaften und andere Personenvereinigungen des privaten Rechts, soweit sie nicht unter die Absätze 1a bis 1c fallen. [2]Nimmt eine nicht-öffentliche Stelle hoheitliche Aufgaben der öffentlichen Verwaltung wahr, ist sie insoweit öffentliche Stelle im Sinne dieses Gesetzes.

(1e) Öffentliche Stellen des Bundes oder der Länder gelten als nicht-öffentliche Stellen im Sinne dieses Gesetzes, soweit sie als öffentlich-rechtliche Unternehmen am Wettbewerb teilnehmen.

(2) Finanzbehörden im Sinne dieses Gesetzes sind die folgenden im Gesetz über die Finanzverwaltung genannten Bundes- und Landesfinanzbehörden:

1. das Bundesministerium der Finanzen und die für die Finanzverwaltung zuständigen obersten Landesbehörden als oberste Behörden,
2. das Bundeszentralamt für Steuern, das Informationstechnikzentrum Bund und die Generalzolldirektion als Bundesoberbehörden,

3. Rechenzentren sowie Landesfinanzbehörden, denen durch eine Rechtsverordnung nach § 17 Absatz 2 Satz 3 Nummer 3 des Finanzverwaltungsgesetzes die landesweite Zuständigkeit für Kassengeschäfte und das Erhebungsverfahren einschließlich der Vollstreckung übertragen worden ist, als Landesoberbehörden,

4. die Oberfinanzdirektionen als Mittelbehörden,

4a. die nach dem Finanzverwaltungsgesetz oder nach Landesrecht an Stelle einer Oberfinanzdirektion eingerichteten Landesfinanzbehörden,

5. die Hauptzollämter einschließlich ihrer Dienststellen, die Zollfahndungsämter, die Finanzämter und die besonderen Landesfinanzbehörden als örtliche Behörden,

6. Familienkassen,

7. die zentrale Stelle im Sinne des § 81 des Einkommensteuergesetzes und

8. die Deutsche Rentenversicherung Knappschaft-Bahn-See (§ 40a Absatz 6 des Einkommensteuergesetzes).

§ 7 Amtsträger (S 0113)

Amtsträger ist, wer nach deutschem Recht

1. Beamter oder Richter (§ 11 Absatz 1 Nummer 3 des Strafgesetzbuchs) ist,

2. in einem sonstigen öffentlich-rechtlichen Amtsverhältnis steht oder

3. sonst dazu bestellt ist, bei einer Behörde oder bei einer sonstigen öffentlichen Stelle oder in deren Auftrag Aufgaben der öffentlichen Verwaltung wahrzunehmen.

AEAO zu § 7 - Amtsträger:

1. Der Begriff des Amtsträgers ist u. a. im Zusammenhang mit dem Steuergeheimnis (§ 30 AO), der Haftungsbeschränkung (§ 32 AO), der Ausschließung und Ablehnung von Personen in einem Verwaltungsverfahren (§§ 82 ff. AO) und bei der Selbstanzeige (§ 371 Abs. 2 AO) von Bedeutung. Die Bestimmung entspricht § 11 Abs. 1 Nrn. 2 und 3 StGB.

2. Die in § 7 Nrn. 1 und 2 AO genannten Personen sind ohne Rücksicht auf Art und Inhalt der ausgeübten Tätigkeit Amtsträger.

3. Die in § 7 Nr. 3 AO aufgeführten Personen sind nur Amtsträger, soweit sie Aufgaben der öffentlichen Verwaltung wahrnehmen. Das sind Aufgaben, bei deren Erledigung Angelegenheiten der Gemeinwesen und ihrer Mitglieder unmittelbar gebietend, verbietend, entscheidend oder sonst wie handelnd innerhalb der gesetzlichen Grenzen wahrgenommen werden. Unter § 7 Nr. 3 AO fallen insbesondere Verwaltungsangestellte (z. B. Angestellte im Außenprüfungsdienst), soweit sie nicht lediglich als Hilfskräfte bei öffentlichen Aufgaben mitwirken (z. B. Registratur- und Schreibkräfte).

AEAO vor §§ 8, 9 - Wohnsitz, gewöhnlicher Aufenthalt:

1. Die Begriffe des Wohnsitzes (§ 8 AO) bzw. des gewöhnlichen Aufenthalts (§ 9 AO) haben insbesondere Bedeutung für die persönliche Steuerpflicht natürlicher Personen (vgl. zu § 1 EStG, § 2 ErbStG) oder für familienbezogene Entlastungen (z. B. Realsplitting nach § 10 Abs. 1a Nr. 1 EStG). Sie sind auch maßgeblich, wenn die Familienkassen in eigener Zuständigkeit und ohne Bindung an die Beurteilung des Finanzamts im Besteuerungsverfahren die Voraussetzungen des Kindergeldanspruchs nach § 62 Abs. 1 Nr. 1 bzw. § 63 Abs. 1 EStG prüfen (vgl. u. a. BFH-Urteil vom 20.3.2013, XI R 37/11, BStBl 2014 II S. 831).

2. Die Begriffe des Wohnsitzes bzw. des gewöhnlichen Aufenthalts stellen allein auf die tatsächlichen Verhältnisse ab (BFH-Urteil vom 10.11.1978, VI R 127/76, BStBl 1979 II S. 335).

   Zwischenstaatliche Vereinbarungen enthalten dagegen z. T. hiervon abweichende Fiktionen, die den, an die tatsächlichen Verhältnisse anknüpfenden allgemeinen Regelungen der §§ 8 und 9 AO vorgehen (z. B. Art. 13 des Protokolls (Nr. 7) über die Vorrechte und Befreiungen der Europäischen Union vom 26.10.2012, Amtsblatt der Europäischen Union C 326 S. 266; Artikel X des NATO-Truppenstatuts i. V. m. Art. 68 Abs. 4, Art. 73 des Zusatzabkommens zum NATO-Truppenstatut; Wiener Übereinkommen vom 18.4.1961 über diplomatische Beziehungen (WÜD, BGBl. 1964 II S. 957) und vom 24.4.1963 über konsularische Beziehungen [WÜK, BGBl. 1969 II S. 1585]); vgl. hierzu AEAO zu § 8, Nrn. 8 und 9. Andere Abkommen enthalten persönliche Steuerbefreiungen.

   Für deutsche Auslandsbedienstete gilt hinsichtlich der Frage der unbeschränkten Steuerpflicht die Sonderregelung des § 1 Abs. 2 EStG.

   Als unbeschränkt steuerpflichtig können auch solche natürlichen Personen behandelt werden, die die Kriterien des § 1 Abs. 3 EStG erfüllen. Damit ist teilweise auch die Höhe der Einkünfte Anknüpfungskriterium für den Umfang der Steuerpflicht (§ 1 Abs. 3 Sätze 2 bis 4 EStG).

   Der Begriff der Ansässigkeit i. S. d. DBA ist allein auf deren Anwendung (insbesondere hinsichtlich der Abkommensberechtigung und der Zuteilung der Besteuerungsrechte) beschränkt und hat keine Auswirkung auf die persönliche Steuerpflicht. Die deutsche unbeschränkte Steuerpflicht besteht daher auch dann, wenn der Steuerpflichtige je eine Wohnung bzw. einen gewöhnlichen Aufenthalt im Inland und im Ausland hat und nach dem anzuwendenden DBA im ausländischen Vertragsstaat ansässig ist (vgl. BFH-Urteil vom 4.6.1975, I R 250/73, BStBl II S. 708).

3. Auch wenn ein Steuerpflichtiger im Inland keinen Wohnsitz mehr hat, kann er hier noch seinen gewöhnlichen Aufenthalt haben.

§ 8 Wohnsitz (S 0114)

Einen Wohnsitz hat jemand dort, wo er eine Wohnung unter Umständen innehat, die darauf schließen lassen, dass er die Wohnung beibehalten und benutzen wird.

AEAO zu § 8 - Wohnsitz:

Inhaltsübersicht

1. Allgemeines
2. Wohnung
3. Innehaben der Wohnung
4. Nutzung zu Wohnzwecken
5. Familienwohnsitz
6. Wohnsitz bei Aufenthalt in einem anderen Staat
7. NATO-Truppenstatut
8. Wiener Übereinkommen über diplomatische Beziehungen und über konsularische Beziehungen
9. Protokoll (Nr. 7) über die Vorrechte und Befreiungen der Europäischen Union (EU)

1. Allgemeines

1.1 Nach § 8 AO hat eine natürliche Person einen Wohnsitz dort, wo sie eine Wohnung unter Umständen innehat, die darauf schließen lassen, dass sie die Wohnung beibehalten und benutzen wird. Ob im Einzelfall eine solche Benutzung vorliegt, ist unter Würdigung der Gesamtumstände nach den Verhältnissen des jeweiligen Veranlagungszeitraums oder Anspruchszeitraums zu beurteilen; die tatsächliche Entwicklung der Verhältnisse in den Folgejahren ist nur zu berücksichtigen, soweit ihr Indizwirkung für die Feststellung der tatsächlichen Verhältnisse im zurückliegenden Zeitraum zukommt (vgl. BFH-Urteil vom 23.6.2015, III R 38/14, BStBl 2016 II S. 102).

1.2 Die bloße Absicht, einen Wohnsitz zu begründen oder aufzugeben, bzw. die An- und Abmeldung bei der Ordnungsbehörde entfalten allein keine unmittelbare steuerliche Wirkung (BFH-Urteil vom 14.11.1969, III R 95/68, BStBl 1970 II S. 153). Hat der Steuerpflichtige eine Wohnung inne, die nach objektiven Maßstäben dauerhaft genutzt und beibehalten werden soll, kommt einem etwaigen Willen des Steuerpflichtigen, an diesem Platz keinen Wohnsitz begründen oder beibehalten zu wollen, keine Bedeutung zu (vgl. BFH-Urteil vom 23.11.1988, II R 139/87, BStBl 1989 II S. 182). Maßgeblich sind alleine die tatsächlichen Lebensverhältnisse; völkerrechtliche Vereinbarungen, insbesondere des Konsularrechts, stehen der Annahme eines Wohnsitzes gem. § 8 AO im Inland daher nicht entgegen (BFH-Urteil vom 8.8.2013, VI R 45/12, BStBl 2014 II S. 836). Die An- und Abmeldung bei der Ordnungsbehörde können im Allgemeinen als Indizien dafür angesehen werden, dass der Steuerpflichtige seinen Wohnsitz unter der von ihm angegebenen Anschrift begründet bzw. aufgegeben hat.

1.3 Ein Steuerpflichtiger kann gleichzeitig mehrere Wohnungen und mehrere Wohnsitze i. S. d. § 8 AO haben. Diese können im Inland und/oder Ausland gelegen sein. Zur Begründung eines steuerlichen Wohnsitzes im Inland ist nicht Voraussetzung, dass sich dort auch der Mittelpunkt der Lebensinteressen befindet oder dass der Steuerpflichtige von dort aus seiner täglichen Arbeit nachgeht (BFH-Urteile vom 19.3.1997, I R 69/96, BStBl II S. 447, und vom 18.12.2013, III R 44/12, BStBl 2015 II S. 143). Für die Annahme eines Wohnsitzes auf Grund einer Zweit- bzw. Nebenwohnung ist es nicht erforderlich, dass diese der Erstwohnung hinsichtlich Größe und Ausstattung gleichrangig ist. Es ist dem begrenzten Zweck Rechnung zu tragen, dem die Zweit- bzw. Nebenwohnung dient.

2. Wohnung

Mit Wohnung sind stationäre Räumlichkeiten gemeint, die - mindestens im Sinne einer bescheidenen Bleibe - für den Steuerpflichtigen auf Dauer zum Wohnen geeignet sind. Weil „Bewohnen" mehr ist als „Aufenthalt" oder „Übernachtung", erfüllt eine nur kurzfristige, lediglich vorübergehende oder eine notdürftige Unterbringungsmöglichkeit den Wohnungsbegriff nicht. Nicht erforderlich ist eine abgeschlossene Wohnung mit Küche und separater Waschgelegenheit i. S. d. Bewertungsrechts bzw. dass das zur Wohnung gehörende Bad in den Wohnbereich integriert ist. In rechtlicher Hinsicht reicht es aus, wenn die Wohnung mit einfachsten Mitteln ausgestattet ist. Darauf, ob die Ausstattungsgegenstände vom Vermieter gestellt oder vom Mieter selbst beschafft worden sind, kommt es nicht an (BFH-Urteil vom 14.11.1969, III R 95/68, BStBl 1970 II S. 153).

3. Innehaben der Wohnung

Der Steuerpflichtige muss die Wohnung innehaben. Danach muss die Wohnung in objektiver Hinsicht dem Steuerpflichtigen jederzeit (wann immer er es wünscht), als Bleibe zur Verfügung stehen. An der objektiven Eignung fehlt es bei sog. Standby-Wohnungen oder -Zimmern, wenn auf Grund von Vereinbarungen oder Absprachen zwischen den Wohnungsnutzern die Nutzungsmöglichkeit des Steuerpflichtigen derart beschränkt ist, dass er die Wohnung oder das Zimmer nicht jederzeit für einen Wohnaufenthalt nutzen kann (BFH-Urteil vom 13.11.2013, I R 38/13, BFH/NV 2014 S. 1046).

4. Nutzung zu Wohnzwecken

4.1 Die Nutzung muss zu Wohnzwecken erfolgen. Die Wohnnutzung muss weder regelmäßig noch über eine längere Zeit erfolgen; erforderlich ist aber eine Nutzung, die über bloße Besuche, kurzfristige Ferienaufenthalte bzw. unregelmäßige kurze Aufenthalte zu Erholungszwecken oder zu Verwaltungszwecken hinausgeht (vgl. BFH-Urteil vom 10.4.2013, I R 50/12, BFH/NV S. 1909). Die ausschließliche Nutzung als Betriebsstätte, Büro, Ladengeschäft, Warenlager o.Ä. stellt keine Nutzung zu Wohnzwecken dar (vgl. u. a. BFH-Urteil vom 8.5.2014, III R 21/12, BStBl 2015 II S. 135). Es ist nicht erforderlich, dass der Steuerpflichtige sich während einer Mindestzahl von Tagen oder Wochen im Jahr zu Wohnzwecken in der Wohnung aufhält (BFH-Urteil vom 19.3.1997, I R 69/96, BStBl II S. 447). Eine Nutzung zu Wohnzwecken kann - insbesondere in Arbeitnehmer-Entsende-Fällen - auch vorliegen, wenn der Steuerpflichtige eine Wohnung innerhalb eines Kalenderjahrs nicht nutzt.

4.2 Es muss nach dem Gesamtbild der Verhältnisse wahrscheinlich sein, dass der Steuerpflichtige die Nutzung der Wohnung zu Wohnzwecken auch in Zukunft fortsetzen wird. Hierin kommt u. a. ein Zeitmoment zum Ausdruck, Anhaltspunkte können aber auch Ausstattung und Einrichtung sein.

4.2.1 Als Anhaltspunkt zur Bestimmung des Zeitmoments kann auf den in § 9 Satz 2 AO normierte Sechsmonatszeitraum zurückgegriffen werden (BFH-Urteil vom 8.5.2014, III R 21/12, BStBl 2015 II S. 135). Dieser Sechsmonatszeitraum kann auch jahresübergreifend sein.

4.2.2 Wer eine Wohnung von vornherein in der Absicht nimmt, sie nur vorübergehend (für bis zu sechs Monate) beizubehalten und zu benutzen, begründet dort keinen Wohnsitz (BFH-Urteil vom 30.8.1989, I R 215/85, BStBl I S. 956). Entscheidend ist jedoch die Absicht des Steuerpflichtigen. Im Einzelfall kann daher auch ein tatsächlicher Aufenthalt von bis zu sechs Monaten als ein nicht nur vorübergehender anzusehen sein. Dann muss sich jedoch die ursprüngliche Absicht auf einen längeren Aufenthalt bezogen haben (BFH-Urteil vom 30.8.1989, I R 215/85, a.a.O.).

5. Familienwohnsitz

5.1 Die Frage des Wohnsitzes ist für jede Person gesondert zu prüfen (BFH-Urteil vom 7.4.2011, III R 77/09, BFH/NV S. 1351).

5.2 Ein Ehegatte/Lebenspartner, der nicht dauernd getrennt lebt, hat seinen Wohnsitz grundsätzlich dort, wo seine Familie lebt (BFH-Urteil vom 6.2.1985, I R 23/82, BStBl II S. 331). Diese Vermutung gilt regelmäßig unabhängig davon, welche räumliche Entfernung zwischen den Ehegatten/Lebenspartnern besteht. Deshalb ist eine inländische Wohnung, die von einem Ehegatten/Lebenspartner gelegentlich zu Wohnzwecken genutzt wird, auch dann ein Wohnsitz, wenn er sich zeitlich überwiegend im Ausland aufhält.

5.3 Wer sich - auch in regelmäßigen Abständen - in der Wohnung eines Angehörigen oder eines Bekannten aufhält, begründet dort keinen Wohnsitz (BFH-Urteil vom 24.10.1969, IV 290/64, BStBl 1970 II S. 109), sofern es nicht wie im Fall einer Familienwohnung oder der Wohnung einer Wohngemeinschaft gleichzeitig die eigene Wohnung ist.

5.4 Minderjährige Kinder teilen grundsätzlich den Wohnsitz ihrer Eltern, weil sie über die Haushaltszugehörigkeit eine abgeleitete Nutzungsmöglichkeit besitzen und damit regelmäßig zugleich die elterliche Wohnung i. S. d. § 8 AO innehaben.

6. Wohnsitz bei Aufenthalt in einem anderen Staat

Wer einen Wohnsitz im Ausland begründet, hat auch im Inland einen Wohnsitz i. S. v. § 8 AO, sofern er die inländische Wohnung weiterhin unter Umständen innehat, die darauf schließen lassen, sie beibehalten und benutzen zu wollen (vgl. BFH-Urteil vom 19.3.1997, I R 69/96, BStBl II S. 447).

Das Innehaben der inländischen Wohnung kann nach den Umständen des Einzelfalles auch dann anzunehmen sein, wenn der Steuerpflichtige sie während eines Auslandsaufenthalts vorübergehend (bis zu sechs Monaten) vermietet oder untervermietet, um sie alsbald nach Rückkehr im Inland wieder zu benutzen. Zur Zuständigkeit in diesen Fällen siehe § 19 Abs. 1 Satz 2 AO.

Wird die inländische Wohnung zur bloßen Vermögensverwaltung zurückgelassen, endet der Wohnsitz mit dem Wegzug. Bloße Vermögensverwaltung liegt z. B. vor, wenn ein ins Ausland versetzter Steuerpflichtiger bzw. ein im Ausland lebender Steuerpflichtiger seine Wohnung/sein Haus verkaufen oder langfristig vermieten will und dies in absehbarer Zeit auch tatsächlich verwirklicht.

6.1 Auslandsaufenthalt eines Arbeitnehmers

6.1.1 Bei einem ins Ausland versetzten Arbeitnehmer ist ein inländischer Wohnsitz widerlegbar zu vermuten, wenn er seine Wohnung im Inland beibehält, deren Benutzung ihm weiterhin möglich ist und die nach ihrer Ausstattung jederzeit als Bleibe dienen kann (BFH-Urteil vom 17.5.1995, I R 8/94, BStBl 1996 II S. 2). Ist ein Arbeitnehmer z. B. im Rahmen einer Entsendung im Ausland tätig und wird er von seiner Familie begleitet, so ist ein inländischer Familienwohnsitz i. S. d. § 8 AO weiterhin anzunehmen, wenn dieser über die Dauer der Entsendung beibehalten werden soll und nach objektiven Maßstäben jederzeit durch die Familie zu Wohnzwecken genutzt werden kann.

6.1.2 Entscheidend ist, ob objektiv erkennbare Umstände dafür sprechen, dass der Steuerpflichtige die Wohnung für Zwecke des eigenen Wohnens beibehält. Nach der Lebenserfahrung spricht es für die Beibehaltung eines inländischen Wohnsitzes i. S. d. § 8 AO, wenn jemand eine Wohnung, die er vor einem Auslandsaufenthalt als einzige ständig nutzte, während desselben unverändert und in einem ständig nutzungsbereiten Zustand beibehält und zu Wohnzwecken nutzt oder nutzen kann (vgl. Nr. 4.1 des AEAO zu § 8). Von Bedeutung kann dabei auch sein, ob der Steuerpflichtige nach Beendigung des Auslandsaufenthalts mit hoher Wahrscheinlichkeit die Wohnung wieder ständig nutzen wird (BFH-Urteil vom 19.3.1997, I R 69/96, BStBl II S. 447). Insoweit handelt es sich um eine Sachverhaltsvermutung, die vom Steuerpflichtigen widerlegt werden kann; ihm obliegt insoweit die Feststellungslast (vgl. BFH-Urteil vom 17.5.1995, I R 8/94, BStBl 1996 II S. 2).

6.1.3 Für die Beurteilung, ob die einen ins Ausland entsendeten Arbeitnehmer begleitenden (Familien)Angehörigen ihren inländischen Wohnsitz beibehalten oder aufgegeben haben, gelten grundsätzlich (Hinweis insbesondere auf Nrn. 5.2 und 5.4 des AEAO zu § 8) dieselben Maßstäbe.

6.1.4 Nach einem auf Dauer angelegten Wegzug der Familie ins Ausland führt das Vorhalten einer eigenen Wohnung allein nicht zur Begründung bzw. Beibehaltung eines inländischen Wohnsitzes, wenn die Wohnung nur kurzzeitig zu Urlaubs- oder Besuchszwecken (vgl. Nr. 4.1 des AEAO zu § 8) genutzt wird (vgl. BFH-Urteil vom 26.1.2001, VI R 89/00, BFH/NV S. 1018).

Das Gleiche gilt für eine Wohnung, die unentgeltlich von Dritten (z. B. Eltern) zur Verfügung gestellt wird (vgl. BFH-Urteil vom 12.1.2001, VI R 64/98, BFH/NV S. 1231).

6.2 Auslandsaufenthalt eines Kindes

6.2.1 Ein minderjähriges Kind, das sich zusammen mit seinen Eltern im Ausland aufhält und bereits vor deren Ausreise mit seinen Eltern einen gemeinsamen Wohnsitz im Inland hatte, behält diesen grundsätzlich bei, wenn auch die Eltern ihren Wohnsitz im Inland beibehalten. Wird ein Kind im Ausland geboren, begründet es ausnahmsweise einen Wohnsitz im Inland bzw. teilt den inländischen (Familien-) Wohnsitz bereits ab seiner Geburt, sofern sich die Mutter nur kurzfristig, lediglich vorübergehend zum Zeitpunkt der Geburt bzw. zur Entbindung im Ausland aufgehalten hat und das Kind alsbald bzw. innerhalb angemessener Zeit nach Deutschland gebracht wird. Kann das Kind den Wohnsitz der Eltern im Inland indes aus tatsächlichen oder rechtlichen Gründen nicht nur kurzfristig nicht aufsuchen, kann es dort (zunächst) auch keinen eigenen Wohnsitz begründen. Ein im Ausland lebender Angehöriger kann im Inland grundsätzlich keinen Wohnsitz begründen, ohne sich hier aufgehalten zu haben (BFH-Urteil vom 7.4.2011, III R 77/09, BFH/NV S. 1351).

6.2.2 Hält sich das Kind im Ausland auf, reicht es für die Annahme eines (inländischen) Wohnsitzes nicht aus, wenn die elterliche Wohnung dem Kind weiterhin zur Verfügung steht. Es muss eine Beziehung zur elterlichen Wohnung vorhanden sein, die über die allein durch das Familienverhältnis begründete Beziehung hinausgeht und erkennen lässt, dass das Kind die elterliche Wohnung nach wie vor auch als seine eigene betrachtet (BFH-Urteil vom 17.3.1961, VI 185/60 U, BStBl III S. 298) und sie innehat, um sie als solche zu nutzen (BFH-Urteil vom 25.9.2014, III R 10/14, BStBl 2015 II S. 655). Anderenfalls behält das Kind seinen inländischen Wohnsitz bei den Eltern nicht bei, sondern gibt ihn zunächst auf und begründet ihn bei einer späteren Rückkehr wieder neu.

6.2.3 Die Beurteilung hängt von einer Vielzahl von Faktoren ab. So sind neben der Dauer des Auslandsaufenthalts insbesondere das Alter des Kindes, die Unterbringung im Ausland und im Elternhaus, der Zweck des Auslandsaufenthalts, die Häufigkeit und die Dauer der Aufenthalte bei den Eltern sowie die persönlichen Beziehungen des Kindes am Wohnort der Eltern und im Ausland ausschlaggebend. Die Feststellung einer Rückkehrabsicht sagt grundsätzlich nichts darüber aus, ob der inländische Wohnsitz während des vorübergehenden Auslandsaufenthalts beibehalten oder aber aufgegeben und nach der Rückkehr neu begründet wird (vgl. BFH-Urteile vom 23.11.2000, VI R 165/99 und VI R 107/99, BStBl 2001 II S. 279 und 294).

6.2.4 Kein ausschlaggebendes Kriterium ist regelmäßig die Herkunft der Eltern oder die des Kindes. Aus den familiären und kulturellen Umständen am Aufenthaltsort können sich jedoch Hinweise für das Entstehen neuer Beziehungen und die Lockerung der bisher bestehenden Bindungen ergeben, z. B. bei einem mehrjährigen Schulbesuch im Ausland, für den das Kind vor Ort bei Verwandten untergebracht ist (vgl. BFH-Urteile vom 23.11.2000, VI R 165/99 und VI R 107/99, BStBl 2001 II S. 279 und 294, und vom 23.6.2015, III R 38/14, BStBl 2016 II S. 102).

6.2.5 Der Inlandswohnsitz wird nur dann beibehalten, wenn das Kind entweder seinen Lebensmittelpunkt weiterhin am bisherigen Wohnort hat (keine Wohnsitzbegründung am Ort des Auslandsaufenthalts) oder es zwar keinen einheitlichen Lebensmittelpunkt mehr hat, aber nunmehr über zwei Schwerpunkte der Lebensverhältnisse (zwei Wohnsitze) verfügt, von denen einer am bisherigen Wohnort liegt (BFH-Urteil vom 23.11.2000, VI R 107/99, BStBl 2001 II S. 294).

6.2.6 Bei Kindern, die sich von vornherein in einem begrenzten Zeitraum von bis zu einem Jahr im Ausland aufhalten, ist grundsätzlich davon auszugehen, dass der inländische Wohnsitz beibehalten wird, so dass Inlandsaufenthalte für die Beibehaltung des Wohnsitzes nicht erforderlich sind. Wird die Absicht zur Rückkehr innerhalb eines Jahres aufgegeben, so kann in diesem Moment eine Aufgabe des Wohnsitzes erfolgen (BFH-Urteil vom 25.9.2014, III R 10/14, BStBl 2015 II S. 655).

6.2.7 Kinder, die sich länger als ein Jahr ins Ausland begeben, behalten ihren Wohnsitz in der inländischen elterlichen Wohnung nur bei, wenn sie diese in ausbildungsfreien Zeiten zumindest überwiegend nutzen. Eine Aufenthaltsdauer von jährlich fünf Monaten in der Wohnung der Eltern genügt jedenfalls, um einen inländischen Wohnsitz beizubehalten, sie ist aber dafür nicht stets erforderlich (BFH-Urteil vom 28.4.2010, III R 52/09, BStBl II S. 1013). Durch die Eltern-Kind-Beziehung begründete Besuche - d. h. kurzzeitige Besuche und sonstige Aufenthalte zu Urlaubs- oder familiären Zwecken, die keinem Aufenthalt mit Wohncharakter gleichkommen und daher nicht „zwischenzeitliches Wohnen" in der elterlichen Wohnung bedeuten - reichen nicht aus, um den inländischen Wohnsitz des Kindes beizubehalten oder einen solchen zu begründen. Keinen Wohncharakter haben nach der Lebenserfahrung kurzzeitige Aufenthalte von zwei bis drei Wochen im Jahr (BFH-Urteil vom 25.9.2014, III R 10/14, BStBl 2015 II S. 655).

6.2.8 Die Dauer der Inlandsaufenthalte vor dem Beginn oder nach dem Ende der Schul-, Hochschul- oder Berufsausbildung bleibt außer Betracht. Fehlende finanzielle Mittel für Heimreisen des Kindes können die fehlenden Inlandsaufenthalte in den ausbildungsfreien Zeiten nicht kompensieren (BFH-Urteil vom 25.9.2014, III R 10/14, BStBl 2015 II S. 655). Hält sich ein Kind nicht nur vorübergehend zum Schulbesuch im Ausland auf, führen besuchsweise Aufenthalte in der elterlichen Wohnung auch dann nicht zur Beibehaltung des inländischen Wohnsitzes, wenn die Rückkehr des Kindes nach Deutschland nach Erreichen des Schulabschlusses beabsichtigt ist (BFH-Urteil vom 23.11.2000, VI R 165/99, BStBl 2001 II S. 279).

7. **NATO-Truppenstatut**

   Hält sich ein Mitglied einer Truppe oder des zivilen Gefolges des Entsendungsstaates „nur in dieser Eigenschaft" i. S. d. Art. X des NATO-Truppenstatuts bzw. dessen Angehörige nach Art. 68 Abs. 4 des Zusatzabkommens zum NATO-Truppenstatut im Inland auf, wird das Fehlen des inländischen steuerrechtlichen Wohnsitzes oder gewöhnlichen Aufenthalts fingiert, wenn anhand der Lebensumstände aus Sicht des jeweiligen Besteuerungszeitraums festgestellt werden kann, dass die betreffende Person in dem maßgeblichen Zeitraum fest entschlossen war, nach Beendigung des Dienstes in den Ausgangs- oder in ihren Heimatstaat zurückzukehren (EFH-Urteil vom 9.11.2005, I R 47/04, BStBl 2006 II S. 374). Voraussetzung dafür ist eine gewisse zeitliche Fixierung im Hinblick auf die Rückkehr nach der Beendigung des Dienstes. Die Rückkehr muss in einer gewissen zeitlichen Nähe zur Beendigung des Dienstes stehen. Ferner setzt die Fiktion voraus, dass die betreffende Person nicht vor Aufnahme ihrer Tätigkeit einen Wohnsitz oder gewöhnlichen Aufenthalt im Inland begründet hat und sich nicht auch aus anderen Gründen im Inland aufhält.

8. **Wiener Übereinkommen über diplomatische Beziehungen und über konsularische Beziehungen**

   Die völkerrechtlich verbindlichen Regelungen des Wiener Übereinkommens vom 18.4.1961 über diplomatische Beziehungen (WÜD, BGBl. 1964 II S. 957) bzw. des vom 24.4.1963 über konsularische Beziehungen (WÜK, BGBl. 1969 II S. 1585) tragen dem Gedanken der Exterritorialität von Diplomaten und der ihnen gleichgestellten Personen Rechnung.

   Diplomaten einer ausländischen Mission und Konsularbeamte einer ausländischen konsularischen Vertretung haben nach dem WÜD bzw. dem WÜK kraft völkerrechtlicher Fiktion im Inland keinen Wohnsitz und sind demnach von innerstaatlichen Steuern befreit, sofern sie nicht die deutsche Staatsangehörigkeit haben oder nach den Sonderregelungen des WÜD bzw. WÜK im Inland ständig ansässig sind. Private Einkünfte, deren Quelle sich im Inland (Empfangsstaat) befindet, sind von der Steuerbefreiung ausgenommen und führen zu einer beschränkten Einkommensteuerpflicht. Gleiches gilt für die zum Haushalt des Diplomaten oder Konsularbeamten gehörender Familienmitglieder sowie Mitglieder des Verwaltungs- und des technischen Personals ausländischer Missionen und ausländischer konsularischer Vertretungen.

9. **Protokoll (Nr. 7) über die Vorrechte und Befreiungen der Europäischen Union (EU)**

   Hält sich eine Person zur Ausübung ihrer Amtstätigkeit im Dienste der EU im Hoheitsgebiet eines anderen Mitgliedstaates auf als dem, in dem sie vor Dienstantritt ihren steuerlichen Wohnsitz hatte, werden sie und ihr nicht berufstätiger Ehegatte/Lebenspartner in beiden genannten Staaten so behandelt, als hätten sie ihren früheren Wohnsitz beibehalten (Art. 13 des Protokolls (Nr. 7) über die Vorrechte und Befreiungen der Europäischen Union vom 26.10.2012, Amtsblatt der Europäischen Union C 326 S. 266). Gleiches gilt für gilt für die Kinder, die unter der Aufsicht der in diesem Artikel bezeichneten Personen stehen und von ihnen unterhalten werden.

§ 9 Gewöhnlicher Aufenthalt (S 0114)

¹Den gewöhnlichen Aufenthalt hat jemand dort, wo er sich unter Umständen aufhält, die erkennen lassen, dass er an diesem Ort oder in diesem Gebiet nicht nur vorübergehend verweilt. ²Als gewöhnlicher Aufenthalt im Geltungsbereich dieses Gesetzes ist stets und von Beginn an ein zeitlich zusammenhängender Aufenthalt von mehr als sechs Monaten Dauer anzusehen; kurzfristige Unterbrechungen bleiben unberücksichtigt. ³Satz 2 gilt nicht, wenn der Aufenthalt ausschließlich zu Besuchs-, Erholungs-, Kur- oder ähnlichen privaten Zwecken genommen wird und nicht länger als ein Jahr dauert.

AEAO zu § 9 - Gewöhnlicher Aufenthalt:

1. Sofern nicht die besonderen Voraussetzungen des § 9 Satz 3 AO vorliegen, wird an den inländischen Aufenthalt während eines zusammenhängenden Zeitraums von mehr als sechs Monaten die unwiderlegbare Vermutung für das Vorhandensein eines gewöhnlichen Aufenthalts geknüpft. Der Begriff „gewöhnlich" ist gleichbedeutend mit „dauernd". „Dauernd" erfordert keine ununterbrochene Anwesenheit, sondern ist im Sinne von „nicht nur vorübergehend" zu verstehen (BFH-Urteil vom 30.8.1989, I R 215/85, BStBl II S. 956). Bei Unterbrechungen der Anwesenheit kommt es darauf an, ob noch ein einheitlicher Aufenthalt oder mehrere getrennte Aufenthalte anzunehmen sind. Ein einheitlicher Aufenthalt ist gegeben, wenn der Aufenthalt nach den Verhältnissen fortgesetzt werden sollte und die Unterbrechung nur kurzfristig ist. Als kurzfristige Unterbrechung kommen in Betracht Familienheimfahrten, Jahresurlaub, längerer Heimaturlaub, Kur und Erholung, aber auch geschäftliche Reisen. Der Tatbestand des gewöhnlichen Aufenthalts kann bei einem weniger als sechs Monate dauernden Aufenthalt verwirklicht werden, wenn Inlandsaufenthalte nacheinander folgen, die sachlich miteinander verbunden sind, und der Steuerpflichtige von vornherein beabsichtigt, nicht nur vorübergehend im Inland zu verweilen (BFH-Urteile vom 27.7.1962, VI 156/59 U, BStBl III S. 429, und vom 3.8.1977, I R 210/75, BStBl 1978 II S. 118).

2. Der gewöhnliche Aufenthalt im Inland ist zu verneinen, wenn der Steuerpflichtige unter Benutzung einer im Ausland gelegenen Wohnung lediglich seine Tätigkeit im Inland ausübt (BFH-Urteil vom 25.5.1988, I R 225/82, BStBl II S. 944). Grenzgänger haben ihren gewöhnlichen Aufenthalt grundsätzlich im Wohnsitzstaat (BFH-Urteile vom 10.5.1989, I R 50/85, BStBl II S. 755, und vom 10.7.1996, I R 4/96, BStBl 1997 II S. 15). Dasselbe gilt für Unternehmer/Freiberufler, die regelmäßig jeweils nach Geschäftsschluss zu ihrer Familienwohnung im Ausland zurückkehren (BFH-Urteil vom 6.2.1985, I R 23/82, BStBl II S. 331). Wer allerdings regelmäßig an Arbeitstagen am Arbeits-/Geschäftsort im Inland übernachtet und sich nur am Wochenende bzw. an Feiertagen und im Urlaub zu seiner Wohnung im Ausland begibt, hat an dem inländischen Arbeits-/Geschäftsort jedenfalls seinen gewöhnlichen Aufenthalt.

3. Der gewöhnliche Aufenthalt kann nicht gleichzeitig an mehreren Orten bestehen. Bei fortdauerndem Schwerpunktaufenthalt im Ausland begründen kurzfristige Aufenthalte im Inland, z. B. Geschäfts-, Dienstreisen, Schulurgen, keinen gewöhnlichen Aufenthalt im Inland. Umgekehrt führen kurzfristige Auslandsaufenthalte bei fortdauerndem Schwerpunktaufenthalt im Inland nicht zur Aufgabe eines gewöhnlichen Aufenthalts im Inland.

4. Der gewöhnliche Aufenthalt im Inland ist aufgegeben, wenn der Steuerpflichtige zusammenhängend mehr als sechs Monate im Ausland lebt, es se denn, dass besondere Umstände darauf schließen lassen, dass die Beziehungen zum Inland bestehen bleiben. Entscheidend ist dabei, ob der Steuerpflichtige den persönlichen und geschäftlichen Lebensmittelpunkt ins Ausland verlegt hat und ob er seinen Willen, in den Geltungsbereich dieses Gesetzes zurückzukehren, endgültig aufgegeben hat (BFH-Urteil vom 27.7.1962, VI 156/59 U, BStBl III S. 429). Als Kriterien dafür können die familiären, beruflichen und gesellschaftlichen Bindungen herangezogen werden (z. B. Wohnung der Familienangehörigen im Inland, Sitz des Gewerbebetriebs im Inland). Hält s ch der Steuerpflichtige zusammenhängend länger als ein Jahr im Ausland auf, ist grundsätzlich eine Aufgabe des gewöhnlichen Aufenthalts im Inland anzunehmen.

§ 10 Geschäftsleitung (S 0115)

Geschäftsleitung ist der Mittelpunkt der geschäftlichen Oberleitung.

AEAO zu § 10 – Geschäftsleitung

1. § 10 AO definiert die "Geschäftsleitung" als den "**Mittelpunkt der geschäftlichen Oberleitung**". Nach der Rechtsprechung des BFH ist dies der Ort, an dem der für die Geschäftsleitung maßgebliche Wille gebildet wird und die für die Geschäftsführung notwendigen Maßnahmen von einiger Wichtigkeit angeordnet werden (BFH-Urteil vom 3.7.1997, IV R 58/95, BStBl 1998 II S. 86).

2. Entscheidend hierfür ist, an welchem Ort die vorzunehmenden Geschäfte, die der gewöhnliche Betrieb des Unternehmens mit sich bringt, sowie so che organisatorischen Maßnahmen, die zur gewöhnlichen Verwaltung gehören ("**Tagesgeschäfte**"), tatsächlich wahrgenommen werden (BFH-Urteile vom 7.12.1994, I K 1/93, BStBl 1995 II S. 175, und vom 12.2.2004, IV R 29/02, BStBl II S. 602).

3. Nicht entscheidend sind hingegen diejenigen Maßnahmen, die die Grundlagen des Unternehmens, insbesondere die Festlegung der Grundsätze der Unternehmenspolitik und die Mitwirkung der Inhaber des Unternehmens an ungewöhnlichen Maßnahmen und an Entscheidungen von besonderer wirtschaftlicher Bedeutung betreffen (BFH-Urteil vom 7.12.1994, I K 1/93, BStBl 1995 II S. 175).

4. Die Oberleitung als „Ausübung von Leitungsfunktionen" wird üblicherweise in dafür geeigneten Räumen ausgeübt. Allerdings ist eine feste - und zudem eigene - **Geschäftseinrichtung oder Anlage**, die der Tätigkeit des Unternehmens dient, hierfür **nicht erforderlich**. Geschäftsleitende Handlungen i. S. d. Tagesgeschäfts eines Unternehmens können auch in der Wohnung

des Geschäftsführers vorgenommen werden (vgl. BFH-Urteil vom 23.1.1991, I R 22/90, BStBl II S. 554). Die Geschäftsleitungsbetriebstätte kann sich aber beispielsweise auch in den Räumlichkeiten einer eingeschalteten Dienstleistungs- oder Managementgesellschaft (BFH-Urteile vom 3.7.1997, IV R 58/95, BStBl 1998 II S. 86, und vom 23.3.2022, III R 35/20, BStBl II S. 844) oder dem als Unterkunft bereitgestellten Baucontainer o. ä. im Bauleistungsgewerbe (vgl. BFH-Urteil vom 16.12.1998, I R 138/97, BStBl 1999 II S. 437) befinden. Die Einschaltung eines Büroservice-Unternehmens ist nur dann beachtlich, wenn dort tatsächlich unternehmerische Entscheidungen von Gewicht (Geschäftsleitung) getroffen werden.

Geschäftsleitungsentscheidungen auf Geschäftsreisen sind wegen des Fehlens einer ortsbezogenen Einrichtung am Tätigkeitsort und des Merkmals der Dauer regelmäßig nicht geeignet, einen Ort der Geschäftsleitung zu begründen (vgl. BFH-Urteile vom 15.10.1997, I R 76/95, BFH/NV 1998 S. 434, und vom 23.1.1991, I R 22/90, a. a. O.).

5. Bei der Beurteilung sind dabei stets die tatsächlichen **Verhältnisse des Einzelfalls** wie Art, Umfang, Struktur und Eigenart des Unternehmens individuell zu berücksichtigen (vgl. BFH-Urteil vom 3.7.1997, IV R 58/95, BStBl 1998 II S. 86).

6. Wird ein Unternehmen an mehreren Orten geschäftsführend tätig, so sind die an den verschiedenen Orten ausgeübten Tätigkeiten grundsätzlich nach ihrer Bedeutung für das Unternehmen zu gewichten, um auf diese Weise den (Haupt)Ort der Geschäftsleitung bzw. den Mittelpunkt der geschäftlichen Oberleitung zu bestimmen. Befinden sich die kaufmännische und die technische Leitung an verschiedenen Orten, kommt es auf den Ort der kaufmännischen Leitung an (BFH-Urteil vom 23.1.1991, I R 22/90, BStBl II S. 554).

   Lässt sich kein Mittelpunkt bestimmen, weil mehrere Personen gleichwertige Geschäftsführungsaufgaben von verschiedenen Orten aus wahrnehmen, ohne dass eine entsprechende Gewichtung möglich ist, bestehen mehrere Geschäftsleitungsbetriebstätten (BFH-Urteil vom 5.11.2014, IV R 30/11, BStBl 2015 II S. 601). In diesen Fällen bestimmt sich die örtliche Zuständigkeit nach § 25 AO.

7. Jede nichtnatürliche Person muss (mindestens) einen Ort ihrer Geschäftsleitung haben. So haben auch Organgesellschaften grundsätzlich einen "eigenen" Ort ihrer Geschäftsleitung, der mit dem Ort der Geschäftsleitung des Organträgers zusammenfallen kann, aber nicht muss (BFH-Urteil vom 7.12.1994, I K 1/93, BStBl 1995 II S. 175).

8. Führen die Ermittlungsmaßnahmen des Finanzamtes dazu, dass an dem vom Steuerpflichtigen erklärten Ort der Geschäftsleitung ein solcher zu verneinen ist und lässt sich ein anderer Ort der Geschäftsleitung – auch mangels Mitwirkung des Steuerpflichtigen – nicht mit hinreichender Sicherheit ermitteln, ist als Ort der Geschäftsleitung der Wohnsitz des Geschäftsführers bzw. der Sitz/Wohnsitz der Gesellschafter zugrunde zu legen. Bei mehreren Geschäftsführern gilt Nummer 6 entsprechend.

§ 11 Sitz (S 0115)

Den Sitz hat eine Körperschaft, Personenvereinigung oder Vermögensmasse an dem Ort, der durch Gesetz, Gesellschaftsvertrag, Satzung, Stiftungsgeschäft oder dergleichen bestimmt ist.

§ 12 Betriebstätte (S 0115)

¹Betriebstätte ist jede feste Geschäftseinrichtung oder Anlage, die der Tätigkeit eines Unternehmens dient. ²Als Betriebstätten sind insbesondere anzusehen:

1. die Stätte der Geschäftsleitung,
2. Zweigniederlassungen,
3. Geschäftsstellen,
4. Fabrikations- oder Werkstätten,
5. Warenlager,
6. Ein- oder Verkaufsstellen,
7. Bergwerke, Steinbrüche oder andere stehende, örtlich fortschreitende oder schwimmende Stätten der Gewinnung von Bodenschätzen,
8. Bauausführungen oder Montagen, auch örtlich fortschreitende oder schwimmende, wenn
   a) die einzelne Bauausführung oder Montage oder
   b) eine von mehreren zeitlich nebeneinander bestehenden Bauausführungen oder Montagen oder
   c) mehrere ohne Unterbrechung aufeinander folgende Bauausführungen oder Montagen

länger als sechs Monate dauern.

AEAO zu § 12 - Betriebstätte:

1. Gemäß **§ 12 Satz 1 AO** setzt die Annahme einer Betriebstätte eine Geschäftseinrichtung oder Anlage mit einer festen Beziehung zur Erdoberfläche voraus, die von einer gewissen Dauer ist, der Tätigkeit des Unternehmens dient und über die der Steuerpflichtige eine nicht nur vorübergehende Verfügungsmacht hat (BFH-Urteil vom 5.11.2014, IV R 30/11, BStBl 2015 II S. 601). Auch nicht sichtbare, unterirdisch verlaufende Rohrleitungen (Pipelines) sind feste Geschäftseinrichtungen i. S. d. § 12 Satz 1 AO und damit Betriebstätten (BFH-Urteil vom 30.10.1996, II R 12/92, BStBl 1997 II S. 12).

Die örtliche Verknüpfung kann sich aus mechanischer Verbindung mit der Erde oder aus bloßer Belegenheit an derselben Örtlichkeit ergeben. Zu den Betriebstätten zählen auch bewegliche Geschäftseinrichtungen mit vorübergehend festem Standort (z. B. fahrbare Verkaufsstätten mit wechselndem Standplatz; vgl. BFH-Urteil vom 8.3.1988, VIII R 270/81, BFH/NV S. 735).

Marktstände auf Wochenmärkten können Betriebstätten sein, wenn sich die jeweilige Marktveranstaltung ständig in mehr oder weniger großen zeitlichen Abständen an meist auch der gleichen Stelle wiederholt (BFH-Urteil 9.10.1974, I R 128/73, BStBl 1975 II S. 203; wegen der daneben vorhandenen Geschäftsleitungsbetriebstätte siehe zu Nr. 7 des AEAO zu § 12); demgegenüber begründet ein Verkaufsstand, den ein Unternehmen einmal im Jahr vier Wochen lang auf einem Weihnachtsmarkt unterhält, keine Betriebstätte (BFH-Urteil vom 17.9.2003, I R 12/02, BStBl 2004 II S. 396). Betriebstätte kann auch ein "Kinderzimmer" mit einem Computer sein, das der Steuerpflichtige als junger Erwachsener im elterlichen Haushalt bewohnt und für gewerbliche Online-Pokerspiele nutzt (BFH-Urteil vom 22.2.2023, X R 8/21, BStBl II S. 811).

2. Für die nicht nur vorübergehende **Verfügungsmacht** ist grundsätzlich erforderlich, dass der Unternehmer eine Rechtsposition innehat, die ihm nicht ohne Weiteres entzogen oder verändert werden kann ("selbständiger Nutzungsanspruch"). Es reichen weder eine tatsächliche Mitbenutzung (BFH-Urteil vom 30.6.2005, III R 76/03, BStBl 2006 II S. 84) noch die bloße Berechtigung der Nutzung im Interesse eines anderen oder die rein tatsächliche Nutzungsmöglichkeit aus (BFH-Urteil vom 4.6.2008, I R 30/07, BStBl II S. 922). Eine lediglich „allgemeine rechtliche Absicherung" oder eine ständige Nutzungsbefugnis tatsächlicher Art können aber ausreichen, wenn die Verfügungsmacht nicht bestritten wird (BFH-Urteil vom 18.3.2009, III R 2/06, BFH/NV S. 1457).

Eine Betriebstätte kann auch in der Betriebstätte eines Dritten begründet werden, wenn der Unternehmer rechtlich befugt ist, die Einrichtung oder Anlage nach den Bedürfnissen seines Unternehmens zu nutzen und wenn er eigene Arbeitnehmer beschäftigt oder ihm überlassene, seinen Weisungen unterliegende Arbeitnehmer oder Subunternehmer dort tätig werden (BFH-Beschluss vom 18.2.2021, III R 8/19, BStBl II S. 627). Eine für die Annahme einer Betriebstätte hinreichende Nutzungsbefugnis braucht sich nicht auf einen bestimmten Raum oder eine bestimmte Fläche zu beziehen, sondern kann auch vorliegen, wenn der Unternehmer jeweils irgendeinen geeigneten Raum des Gebäudes oder die wechselnde Teilfläche eines Grundstücks ständig nutzen darf (BFH-Urteil vom 3.2.1993, I R 80-81/91, BStBl II S. 462). Eine Befugnis des Grundeigentümers, dem Unternehmer einen anderen Raum oder eine andere Teilfläche zuzuweisen, steht der Annahme einer Betriebstätte nicht entgegen (BFH-Urteil vom 14.07.2004, I R 106/03, BFH/NV 2005 S. 154).

3. Die - ggf. auch umfassende - Übertragung der Aufgaben eines Unternehmens (Auftraggeber) auf einen selbstständig tätigen Dritten (Auftragnehmer) reicht grundsätzlich nicht aus, um in dessen Räumen eine Betriebstätte zu begründen. Eine Betriebstätte des Auftraggebers in den Räumen des Auftragnehmers besteht allerdings, wenn der Auftraggeber in den Räumen des Auftragnehmers eigene betriebliche Handlungen mit einer gewissen Nachhaltigkeit vornimmt (z. B. Überwachung des Auftragnehmers, die insbesondere in Fällen einer Personenidentität der Leitungsorgane von Auftraggeber und Auftragnehmer anzunehmen ist; BFH-Urteil vom 23.3.2022, III R 35/20, BStBl II S. 844). Ein Verfügungsrecht über die Räumlichkeiten des Auftragnehmers

ist ausnahmsweise dann nicht erforderlich, wenn der Auftraggeber aufgrund des zur Verfügung stehenden "sachlichen und personellen Organismus" in der Lage ist, seiner unternehmerischen Tätigkeit in den Räumen des Auftragnehmers "operativ" nachzugehen (BFH-Urteil vom 24.8.2011, I R 46/10, BStBl 2014 II S. 764). Eine Betriebstätte des Auftraggebers kann außerdem dann in den Räumen des Auftragnehmers bestehen, wenn nach den tatsächlichen Verhältnissen die Geschäftsleitung von dem Auftragnehmer tatsächl ch ausgeübt wird (BFH-Urteil vom 23.3.2022, III R 35/20, a. a. O.), vgl. AEAO zu § 12, Nr. 6.

4. Die Tätigkeit eines Arbeitnehmers in dessen häuslichem Homeoffice begründet in der Regel keine Betriebstätte des Arbeitgebers. Auch abkommensrechtlich begründet ein häusliches Homeoffice nach deutscher Anwenderstaatsperspektive in der Regel keine Betriebstätte (feste Einrichtung gemäß Artikel 5 Abs. 1 und Abs. 4 OECD-MA). Dies gilt auch bei:

- Übernahme der Kosten für das Homeoffice und dessen Ausstattung durch den Arbeitgeber;

- Abschluss eines Mietvertrages über häusliche Räume des Arbeitnehmers zwischen Arbeitgeber (Mieter) und Arbeitnehmer (Vermieter), außer der Arbeitgeber ist im Einzelfall tatsächlich befugt, die Räume anderweitig zu nutzen (etwa durch ein Recht zum Entsenden anderer Arbeitnehmer in die Räume oder ein Recht zum Betreten der Räume außerhalb von Prüfungen zur Arbeitssicherheit);

- Fällen, in denen dem Arbeitnehmer kein anderer Arbeitsplatz durch den Arbeitgeber zur Verfügung gestellt wird.

Grund hierfür ist, dass der Arbeitgeber typischerweise nicht über eine ausreichende Verfügungsmacht über die häuslichen Räumlichkeiten des Arbeitnehmers verfügt. Anderes kann gelten, wenn ein Arbeitnehmer Leitungsfunktionen ausübt und diese Verfügungsmacht des Unternehmens vermitteln.

5. Für die Annahme eines unmittelbaren "Dienens" der Geschäftseinrichtung oder Anlage ist es erforderlich, dass in dem Objekt eine eigene unternehmerische Tätigkeit mit fester örtlicher Bindung ausgeübt wird (vgl. BFH-Urteil vom 26.7.2017, III R 4/16, BFH/NV 2018 S. 233) und sich in der Bindung eine gewisse "Verwurzelung" des Unternehmens mit dem Ort der Ausübung der unternehmerischen Tätigkeit ausdrückt (BFH-Urteile vom 23.3.2022, III R 35/20, BStBl II S. 844, vom 4.6.2008, I R 30/07, BStBl II S. 922, und BFH-Beschluss vom 18.2.2021, III R 8/19, BStBl II S. 627).

6. § 12 Satz 2 AO erweitert die Definition einer Betriebstätte dergestalt, dass eine Betriebstätte nicht notwendigerweise eine feste Geschäftseinrichtung oder Anlage voraussetzt (BFH-Urteil vom 29.11.2017, I R 58/15, BFH/NV 2018 S. 684; zur Abgrenzung bei Verkaufsstellen siehe Nr. 1 des AEAO zu § 12). Diese kann sich somit auch in den fremden Räumen eines Dritten (Geschäftsleiters) befinden (bzw. in den Geschäftsräumen eines mit der Geschäftsführung beauftragten gesellschaftsfremden Managers).

7. Jedes gewerbliche Unternehmen hat insoweit zumindest eine am Ort der Geschäftsleitung zu lokalisierende Betriebstätte. Dies gilt in der Regel auch bei

einem "reisenden" Gewerbetreibenden, also einem solchen, der sein Gewerbe an wechselnden Orten ausübt, ohne jedoch an diesen Orten (weitere) Betriebstätten zu begründen. Hierzu zählen beispielsweise auch Berufssportler und Artisten (BFH-Urteil vom 17.2.1955, BStBl III S. 100) oder Schiedsrichter. Ist keine andere feste Geschäftseinrichtung vorhanden, so ist regelmäßig die Wohnung des Geschäftsleiters bzw. Gewerbe-treibenden - ungeachtet des Umstandes, ob diese dem Privatvermögen zuzuordnen ist - als Geschäftsleitungsbetriebstätte anzusehen, wenn dort die geschäftliche Planung vorgenommen wird (BFH-Urteil vom 20.12.2017, I R 98/15, BFH/NV 2018 S. 497). Hierbei ist das Vorhanden-sein eines Büros oder (häuslichen) Arbeitszimmers i. S. v. § 4 Abs. 5 Satz 1 Nr. 6b EStG nicht erforderlich (vgl. BFH-Urteil vom 15.7.1986, VIII R 134/83, BStBl II S. 744).

Bei einer Tätigkeit, die auf ständig wechselnden Wochenmärkten ausgeübt wird, befindet sich der Ort der Geschäftsleitung häufig nicht auf einem der Wochenmärkte. Vielmehr liegt die – im Einzelfall zu verifizierende - Annahme nahe, dass sich die Geschäftsleitungsbetriebstätte am Wohnsitz des Gewerbetreibenden befindet (vgl. BFH-Urteil vom 28.7.1993, I R 15/93, BStBl 1994 II S. 148).

8. Stätten der Erkundung von Bodenschätzen (z. B. Versuchsbohrungen) sind dabei als Betriebstätten anzusehen, wenn die Voraussetzungen des § 12 Nr. 8 AO erfüllt sind.

9. Die Begriffsbestimmung der Betriebstätte gilt auch für die freiberufliche Tätigkeit und Steuerpflichtige mit Einkünften aus Land- und Forstwirt-schaft.

10. Soweit die Steuergesetze (insbes. EStG und GewStG) den Begriff „Betriebstätte" verwenden, ohne ihn selbst abweichend von § 12 AO zu definieren (wie etwa § 41 Abs. 2 EStG), bestimmt sich dieser Begriff grundsätzlich nicht nach der Definition eines einschlägigen DBA, sondern nach innerstaatlichem Recht (vgl. BFH-Urteil vom 20.7.2016, I R 50/15, BStBl 2017 II S. 230). DBA legen lediglich fest, in welchem Umfang eine nach innerstaatlichem Recht - unter Berücksichtigung des § 12 AO - bestehende Steuerpflicht entfallen soll. Eine in einem DBA vorgenommene, von § 12 AO abweichende Definition des Begriffs „Betriebstätte" ist daher nur im Rahmen dieses DBA anwendbar, sofern im innerstaatlichen Recht nichts anderes bestimmt ist.

§ 13 Ständiger Vertreter (S 0115)

[1]Ständiger Vertreter ist eine Person, die nachhaltig die Geschäfte eines Unternehmens besorgt und dabei dessen Sachweisungen unterliegt. [2]Ständiger Vertreter ist insbesondere eine Person, die für ein Unternehmen nachhaltig

1. Verträge abschließt oder vermittelt oder Aufträge einholt oder

2. einen Bestand von Gütern oder Waren unterhält und davon Auslieferungen vornimmt.

§ 14 Wirtschaftlicher Geschäftsbetrieb (S 0116)

¹Ein wirtschaftlicher Geschäftsbetrieb ist eine selbständige nachhaltige Tätigkeit, durch die Einnahmen oder andere wirtschaftliche Vorteile erzielt werden und die über den Rahmen einer Vermögensverwaltung hinausgeht. ²Die Absicht, Gewinn zu erzielen, ist nicht erforderlich. ³Eine Vermögensverwaltung liegt in der Regel vor, wenn Vermögen genutzt, zum Beispiel Kapitalvermögen verzinslich angelegt oder unbewegliches Vermögen vermietet oder verpachtet wird.

§ 14a Personenvereinigungen (S 0116)

(1) Personenvereinigungen im Sinne dieses Gesetzes und der Steuergesetze sind Personenzusammenschlüsse ohne Rechtspersönlichkeit zur Verfolgung eines gesetzlich zulässigen Zwecks.

(2) Rechtsfähige Personenvereinigungen sind insbesondere

1. Vereine ohne Rechtspersönlichkeit (§ 54 des Bürgerlichen Gesetzbuchs),
2. rechtsfähige Personengesellschaften einschließlich Gesellschaften (§ 705 des Bürgerlichen Gesetzbuchs), Personenhandelsgesellschaften Partnerschaftsgesellschaften, Partenreedereien und Europäische wirtschaftliche Interessenvereinigungen und
3. Gemeinschaften der Wohnungseigentümer (§ 9a des Wohnungseigentumsgesetzes).

(3) Nicht rechtsfähige Personenvereinigungen sind insbesondere

1. Bruchteilsgemeinschaften (§ 741 des Bürgerlichen Gesetzbuchs),
2. Gütergemeinschaften (§ 1415 des Bürgerlichen Gesetzbuchs) und
3. Erbengemeinschaften (§ 2032 des Bürgerlichen Gesetzbuchs).

(4) Auf nicht rechtsfähige Gesellschaften (§ 740 des Bürgerlichen Gesetzbuchs) sind die für nicht rechtsfähige Personenvereinigungen geltenden Vorschriften mit Ausnahme des § 267 Absatz 1 Satz 1 sinngemäß anzuwenden

AEAO zu § 14a – Personenvereinigungen:

1. Personenvereinigungen mit Rechtspersönlichkeit (z. B. AG, GmbH, eingetragener Verein i. S. d. § 21 BGB, wirtschaftlicher Verein i. S. d. § 22 BGB) sind keine Personenvereinigungen i. S. d. § 14a AO.
2. Die Aufzählung rechtsfähiger und nicht rechtsfähiger Personenvereinigungen in § 14a Abs. 2 und 3 AO ist nicht abschließend.
3. Nach § 719 Abs. 1 BGB entsteht eine rechtsfähige Gesellschaft bürgerlichen Rechts (GbR), sobald sie

    a) mit Zustimmung sämtlicher Gesellschafter am Rechtsverkehr teilnimmt,

b) spätestens aber mit ihrer Eintragung im Gesellschaftsregister.

Für einen Beginn der Teilnahme am Rechtsverkehr muss die GbR - nach dem Willen aller Gesellschafter - als solche (d. h. im eigenen Namen) nach außen in Erscheinung treten. Dies kann durch vorbereitende Rechtsgeschäfte geschehen, wie z. B. die Eröffnung eines Geschäftskontos (GbR als Kontoinhaber) oder die Anmietung von Geschäftsräumen (GbR als Mieter), aber auch schon durch Verteilung von Prospekten (GbR offeriert Lieferungen oder Leistungen). Unzureichend sind Rechtsgeschäfte zwischen Gesellschafter und GbR, der Gesellschafter untereinander oder der Gesellschafter mit Dritten. Die Anmeldung der GbR als Gewerbebetrieb nach § 138 Abs. 1 AO sowie die Übermittlung des Fragebogens nach § 138 Abs. 1b AO reichen für sich allein ebenfalls nicht aus.

Handelt ein Gesellschafter eigenmächtig „im Namen der GbR", bevor die GbR rechtsfähig geworden ist (§ 719 Abs. 1 BGB), haftet er als Vertreter ohne Vertretungsmacht. Abhängig von den Umständen des Einzelfalls kann in diesem Fall zudem eine Scheingesellschaft entstehen, bei der sich die Haftung ihrer vermeintlichen Gesellschafter nach allgemeinen Rechtsscheingrundsätzen beurteilt.

Eine Vereinbarung, dass die GbR erst zu einem späteren Zeitpunkt entstehen soll, ist Dritten gegenüber (also auch gegenüber Finanzbehörden) unwirksam (§ 719 Abs. 2 BGB).

4. Im Verhältnis zu Dritten entsteht eine offene Handelsgesellschaft (OHG), sobald sie im Handelsregister eingetragen ist (§ 123 Abs. 1 Satz 1 HGB). Dessen ungeachtet entsteht die OHG schon dann, wenn sie mit Zustimmung sämtlicher Gesellschafter am Rechtsverkehr teilnimmt, soweit sich aus § 107 Abs. 1 HGB nichts anderes ergibt (§ 123 Abs. 1 Satz 2 HGB).

Eine Vereinbarung, dass die OHG erst zu einem späteren Zeitpunkt entstehen soll, ist Dritten gegenüber (also auch gegenüber Finanzbehörden) unwirksam (§ 123 Abs. 2 HGB).

5. Für Kommanditgesellschaften (KG) gilt § 123 HGB entsprechend (§ 161 Abs. 2 HGB).

6. Eine nicht rechtsfähige GbR (§ 14a Abs. 4 AO) liegt vor, wenn sie sich auf die Regelung der Rechtsverhältnisse der Gesellschafter untereinander beschränkt und nicht auf eine Teilnahme am Rechtsverkehr mit Dritten gerichtet ist (Innengesellschaft und stille Gesellschaft). Die nicht rechtsfähige GbR hat kein Vermögen und keine gesetzliche Vertretung (vgl. § 740 BGB und § 230 Abs. 2 HGB).

7. Ob eine Personenvereinigung i. S. d. § 14a AO Steuerpflichtiger i. S. d. § 33 Abs. 1 AO ist, bestimmt sich jeweils nach dem materiellen Steuerrecht (vgl. dazu insbesondere § 1 Abs. 1 KStG).

8. Da sich die verfahrensrechtlichen Regelungen bei rechtsfähigen Personenvereinigungen (§ 14a Abs. 2 AO) und nicht rechtsfähigen Personenvereinigungen (§ 14a Abs. 3 AO) insbesondere bei der Bekanntgabe von Bescheiden über die gesonderte und einheitliche Feststellung (§§ 183, 183a AO)

deutlich unterscheiden, muss im Einzelfall geprüft werden, ob die Beteiligten einer Bruchteils- oder Erbengemeinschaft bei gemeinsamer steuerrelevanter Nutzung des gemeinschaftlichen Rechts/Gegenstands (z. B. einer Immobilie) - ggf. konkludent - eine Gesellschaft i. S. d. § 705 BGB gegründet haben, die nach dem Willen der Gesellschafter am Rechtsverkehr teilnehmen soll (Außen-GbR). Da der Abschluss des Gesellschaftsvertrags einer GbR formfrei ist (der Vertrag kann auch konkludent geschlossen werden) und im Regelfall keiner Registereintragung bedarf (anders z.B., wenn die GbR ein Grundstück erwerben oder ein ihr gehörendes Grundstück veräußern will), ist es in der Praxis mitunter schwierig festzustellen, ob die Miteigentümer eines Gegenstands (z. B. einer Immobilie) durch Vermietung oder Verpachtung eine (rechtsfähige) GbR begründen, solange kein Gesellschaftsvertrag vorgelegt oder zumindest vorgetragen wird.

Falls kein Gesellschaftsvertrag vorgelegt wird und die Feststellungsbeteiligten die Personenvereinigung gegenüber der Finanzbehörde auch nicht ausdrücklich als (rechtsfähige) Gesellschaft bzw. GbR bezeichnen, können folgende Indizien die Feststellung einer (ggf. konkludenten) Gründung einer rechtsfähigen GbR erleichtern:

- Abschluss des Miet- oder Pachtvertrags oder anderweitige Korrespondenz mit Dritten im Namen einer (Grundstücks-)Gesellschaft;
- Zahlung der Miete oder Pacht auf ein Konto, bei dem eine (Grundstücks-)Gesellschaft als Kontoinhaber genannt ist (unerheblich ist, ob alle oder nur einzelne Miteigentümer verfügungsberechtigt sind);
- im Grundbuch ist als Eigentümer der Immobilie eine Gesellschaft eingetragen;
- der Umfang der Vermietung oder Verpachtung übersteigt den Rahmen einer privatüblichen Vermögensverwaltung;
- die Miteigentümer sind weder Ehegatten noch Lebenspartner, u. U. sogar keine Angehörigen i. S. d. § 15 AO.

Wurde kein Gesellschaftsvertrag vorgelegt und haben die Feststellungsbeteiligten die Personenvereinigung gegenüber der Finanzbehörde auch nicht ausdrücklich als (rechtsfähige) Gesellschaft bzw. GbR bezeichnet, ist von einer Bruchteils- oder Erbengemeinschaft auszugehen, wenn keines dieser Indizien vorliegt.

Gegenbeispiel:

Ehegatten/Lebenspartner vermieten in ihrem im Miteigentum stehenden Haus ein Zimmer oder eine Wohnung, die Miete wird auf das Bankkonto der Ehegatten/Lebenspartner überwiesen. Diese Tätigkeit gehört noch zur gemeinschaftlichen Verwaltung des Bruchteilseigentums und begründet keine rechtsfähige GbR.

§ 14b Körperschaften mit Sitz im Ausland (S 0116)

(1) ¹Ist eine Körperschaft mit Sitz (§ 11) im Ausland und Ort der Geschäftsleitung (§ 10) im Geltungsbereich dieses Gesetzes nach dem Recht des Staates, in dem sie ihren Sitz hat, rechtsfähig, sind Verwaltungsakte an sie zu richten, soweit sie nach den Steuergesetzen Steuerpflichtiger ist. ²Dies gilt auch dann, wenn sie nach inländischem Gesellschaftsrecht mangels Rechtsfähigkeit nicht als juristische Person zu behandeln ist.

(2) Auf Körperschaften im Sinne des Absatzes 1 Satz 2 sind die für juristische Personen geltenden Regelungen der §§ 34 und 79 entsprechend anzuwenden.

(3) Für die Vollstreckung in das Vermögen einer Körperschaft im Sinne des Absatzes 1 genügt ein an sie gerichteter vollstreckbarer Verwaltungsakt.

(4) Die Anteilseigner einer Körperschaft im Sinne des Absatzes 1 Satz 2 haften für die von der Körperschaft geschuldeten Ansprüche aus dem Steuerschuldverhältnis unbeschränkt.

AEAO zu § 14b - Körperschaften mit Sitz im Ausland:

1. Körperschaften i. S. d. § 14b Abs. 1 Satz 2 AO sind insbesondere Limiteds mit Sitz im Vereinigten Königreich Großbritannien und Nordirland und Ort der Geschäftsleitung in Deutschland. Schuldet eine solche Limited Körperschaft- oder Umsatzsteuer, ist die Steuer ihr gegenüber (als Inhaltsadressat) festzusetzen und zu vollstrecken.

2. Die Anteilseigner einer Körperschaft i. S. d. § 14b Abs. 1 Satz 2 AO haften für die von dieser Körperschaft geschuldeten Ansprüche aus dem Steuerschuldverhältnis unbeschränkt (§ 14b Abs. 4 AO).

§ 15 Angehörige (S 0117)

(1) Angehörige sind:

1. der Verlobte,
2. der Ehegatte oder Lebenspartner,
3. Verwandte und Verschwägerte gerader Linie,
4. Geschwister,
5. Kinder der Geschwister,
6. Ehegatten oder Lebenspartner der Geschwister und Geschwister der Ehegatten oder Lebenspartner,
7. Geschwister der Eltern,
8. Personen, die durch ein auf längere Dauer angelegtes Pflegeverhältnis mit häuslicher Gemeinschaft wie Eltern und Kind miteinander verbunden sind (Pflegeeltern und Pflegekinder).

(2) Angehörige sind die in Absatz 1 aufgeführten Personen auch dann, wenn

1. in den Fällen der Nummern 2, 3 und 6 die die Beziehung begründende Ehe oder Lebenspartnerschaft nicht mehr besteht;
2. in den Fällen der Nummern 3 bis 7 die Verwandtschaft oder Schwägerschaft durch Annahme als Kind erloschen ist;
3. im Fall der Nummer 8 die häusliche Gemeinschaft nicht mehr besteht, sofern die Personen weiterhin wie Eltern und Kind miteinander verbunden sind.

AEAO zu § 15 - Angehörige:

1. Dem Angehörigenbegriff kommt überwiegend verfahrensrechtliche Bedeutung zu. Für das materielle Recht können die Einzelsteuergesetze abweichende Regelungen treffen.
2. § 15 Abs. 1 Nr. 1 AO (Verlobte) setzt ein wirksames Eheversprechen voraus. Eine Ehe ist im Besteuerungsverfahren nur dann nach § 15 Abs. 1 Nr. 2 AO zu berücksichtigen, wenn sie entweder nach deutschem Recht wirksam geschlossen wurde oder bei im Ausland geschlossener Ehe in Deutschland anzuerkennen ist (vgl. BFH-Beschluss vom 27.11.2018, V B 72/18, BFH/NV 2019 S. 202). Für Lebenspartnerschaften gilt dies entsprechend. Die materiell-rechtliche Beurteilung des Vorliegens einer Ehe oder einer Lebenspartnerschaft nach den Einzelsteuergesetzen bleibt hierdurch unberührt (vgl. Nr. 1 Satz 2).
3. Zu den Geschwistern i. S. d. § 15 Abs. 1 Nr. 4 AO gehören auch die Halbgeschwister. Das sind die Geschwister, die einen Elternteil gemeinsam haben; darunter fallen jedoch nicht die mit in eine Ehe oder Lebenspartnerschaft gebrachten Kinder, die keinen Elternteil gemeinsam haben.
4. Das Angehörigenverhältnis i. S. d. § 15 Abs. 1 Nr. 5 AO besteht lediglich zu den Kindern der Geschwister (Neffen oder Nichten), nicht jedoch zwischen den Kindern der Geschwister untereinander (z.B. Vettern oder Cousinen).
5. Die Ehegatten bzw. Lebenspartner mehrerer Geschwister sind im Verhältnis zueinander keine Angehörigen i. S. d. § 15 Abs. 1 Nr. 6 AO. Dasselbe gilt für Geschwister der Ehegatten bzw. Lebenspartner.
6. Für die Annahme eines Pflegeverhältnisses gem. § 15 Abs. 1 Nr. 8 AO ist nicht erforderlich, dass das Kind außerhalb der Pflege und Obhut seiner leiblichen Eltern steht. Ein Pflegeverhältnis kann z. B. auch zwischen einem Mann und einem Kind begründet werden, wenn der Mann mit der leiblichen Mutter des Kindes und diesem in häuslicher Gemeinschaft lebt. Die Unterhaltsgewährung ist nicht Merkmal dieses Pflegekinderbegriffes. Soweit Bestimmungen in Einzelsteuergesetzen auch daran anknüpfen, müssen dort besondere Regelungen getroffen sein.
7. Durch die Annahme als Kind erhält ein Kind die volle rechtliche Stellung eines ehelichen Kindes des oder der Annehmenden. Damit wird auch die Angehörigeneigenschaft zwischen dem Kind und den Angehörigen des oder der Annehmenden nach Maßgabe des § 15 Abs. 1 AO begründet. Dieser Grundsatz

gilt entsprechend bei ähnlichen familienrechtlichen Rechtsbeziehungen ausländischen Rechts (Adoption).

8. Für die in § 15 Abs. 2 AO genannten Personen bleibt die Angehörigeneigenschaft auch dann bestehen, wenn die Beziehung, die ursprünglich die Angehörigeneigenschaft begründete, nicht mehr besteht; lediglich bei Verlobten erlischt die Angehörigeneigenschaft mit Aufhebung des Verlöbnisses.

Dritter Abschnitt – Zuständigkeit der Finanzbehörden

§ 16 Sachliche Zuständigkeit (S 0120)

Die sachliche Zuständigkeit der Finanzbehörden richtet sich, soweit nichts anderes bestimmt ist, nach dem Gesetz über die Finanzverwaltung.

AEAO zu § 16 - Sachliche Zuständigkeit:

1. Die sachliche Zuständigkeit betrifft den einer Behörde dem Gegenstand und der Art nach durch Gesetz zugewiesenem Aufgabenbereich. Neben dem Aufgabenkreis, der durch das FVG bestimmt wird, ergeben sich für die Finanzbehörden auch Aufgabenzuweisungen aus der AO (z. B. §§ 208, 249, 386 AO) und anderen Gesetzen (z.B. StBerG, InvZulG, EigZulG).

2. Im Rahmen des föderativen Aufbaus der Bundesrepublik ist die verbandsmäßige Zuständigkeit als besondere Art der sachlichen Zuständigkeit zu beachten. Nach der Rechtsprechung des BFH ist jedoch bei den nicht gebietsgebundenen Steuern (z. B. Einkommensteuer) die Verwaltungskompetenz nicht auf die Finanzämter des verbandsmäßig zuständigen Bundeslandes beschränkt. Das Wohnsitzfinanzamt ist für die Besteuerung nach dem Einkommen auch für Besteuerungszeiträume zuständig, in denen der Steuerpflichtige in einem anderen Bundesland wohnte (BFH-Urteile vom 29.10.1970, IV R 247/69, BStBl 1971 II S. 151, und vom 23.11.1972, VIII R 42/67, BStBl 1973 II S. 198).

3. Wegen der Rücknahme eines Verwaltungsakts einer sachlich unzuständigen Behörde wird auf § 130 Abs. 2 Nr. 1 AO hingewiesen.

§ 17 Örtliche Zuständigkeit (S 0120)

Die örtliche Zuständigkeit richtet sich, soweit nichts anderes bestimmt ist, nach den folgenden Vorschriften.

AEAO zu § 17 - Örtliche Zuständigkeit:

1. Für die örtliche Zuständigkeit gilt der Grundsatz der Gesamtzuständigkeit, d. h. die Zuständigkeit umfasst grundsätzlich alle Verwaltungstätigkeiten der Finanzbehörde, die sich aus dem gesamten Besteuerungsverfahren ergeben (Festsetzung, Rechtsbehelfsverfahren, Erhebung und Vollstreckung), vgl. BFH-Urteile vom 19.3.2019, VII R 27/17, BStBl 2020 II S. 31, und vom 25.2.2021, III R 36/19, BStBl II S. 712.

2. Zur mehrfachen örtlichen Zuständigkeit Hinweis auf §§ 25 und 28 AO. Neben den Vorschriften im Dritten Abschnitt bestehen Sonderregelungen über die örtliche Zuständigkeit z. B. in den §§ 195, 367, 388 AO sowie in Einzelsteuergesetzen.

3. Wegen der Folgen der Verletzung von Vorschriften über die örtliche Zuständigkeit Hinweis auf § 125 Abs. 3 Nr. 1 und § 127 AO.

§ 18 Gesonderte Feststellungen (S 0121)

(1) ¹Für die gesonderten Feststellungen nach § 180 ist örtlich zuständig:

1. bei Betrieben der Land- und Forstwirtschaft, bei Grundstücken, Betriebsgrundstücken und Mineralgewinnungsrechten das Finanzamt, in dessen Bezirk der Betrieb, das Grundstück, das Betriebsgrundstück, das Mineralgewinnungsrecht oder, wenn sich der Betrieb, das Grundstück, das Betriebsgrundstück oder das Mineralgewinnungsrecht auf die Bezirke mehrerer Finanzämter erstreckt, der wertvollste Teil liegt (Lagefinanzamt),

2. bei gewerblichen Betrieben mit Geschäftsleitung im Geltungsbereich dieses Gesetzes das Finanzamt, in dessen Bezirk sich die Geschäftsleitung befindet, bei gewerblichen Betrieben ohne Geschäftsleitung im Geltungsbereich dieses Gesetzes das Finanzamt, in dessen Bezirk eine Betriebstätte – bei mehreren Betriebstätten die wirtschaftlich bedeutendste – unterhalten wird (Betriebsfinanzamt),

3. bei Einkünften aus selbständiger Arbeit das Finanzamt, von dessen Bezirk aus die Tätigkeit vorwiegend ausgeübt wird,

4. bei einer Beteiligung mehrerer Personen an Einkünften, die keine Einkünfte aus Land- und Forstwirtschaft, aus Gewerbebetrieb oder aus selbständiger Arbeit sind und die nach § 180 Absatz 1 Satz 1 Nummer 2 Buchstabe a gesondert festgestellt werden,

    a) das Finanzamt, von dessen Bezirk die Verwaltung dieser Einkünfte ausgeht, oder

    b) das Finanzamt, in dessen Bezirk sich der wertvollste Teil des Vermögens, aus dem die gemeinsamen Einkünfte fließen, befindet, wenn die Verwaltung dieser Einkünfte im Geltungsbereich dieses Gesetzes nicht feststellbar ist.

    ²Dies gilt entsprechend bei einer gesonderten Feststellung nach § 180 Absatz 1 Satz 1 Nummer 3 oder § 180 Absatz 2,

5. in den Fällen des § 180 Absatz 1a das Finanzamt, das für den Bescheid örtlich zuständig ist, für den der Teilabschlussbescheid unmittelbar Bindungswirkung entfaltet.[1]

(2) ¹Ist eine gesonderte Feststellung mehreren Steuerpflichtigen gegenüber vorzunehmen und lässt sich nach Absatz 1 die örtliche Zuständigkeit nicht bestimmen, so ist jedes Finanzamt örtlich zuständig, das nach den §§ 19 oder 20 für

---

[1] Zur Anwendung des § 18 Abs. 1 Nr. 5 AO siehe Artikel 97 § 37 EGAO

§ 18 Abgabenordnung

die Steuern vom Einkommen und Vermögen eines Steuerpflichtigen zuständig ist, dem ein Anteil an dem Gegenstand der Feststellung zuzurechnen ist. ²Soweit dieses Finanzamt auf Grund einer Verordnung nach § 17 Absatz 2 Satz 3 und 4 des Finanzverwaltungsgesetzes sachlich nicht für die gesonderte Feststellung zuständig ist, tritt an seine Stelle das sachlich zuständige Finanzamt.

AEAO zu § 18 - Gesonderte Feststellung:

1. Die Zuständigkeitsvorschriften des § 18 Abs. 1 Nrn. 1 bis 3 AO gelten für die Feststellung von Einheitswerten oder Grundsteuerwerten und Einkünften aus Land- und Forstwirtschaft, aus Gewerbebetrieb oder aus selbständiger Arbeit. Bei den Einkünften gilt dies sowohl in den Fällen der Beteiligung mehrerer Personen (§ 180 Abs. 1 Satz 1 Nr. 2 Buchstabe a AO) wie auch in den Fällen, in denen der Betriebsort, Ort der Geschäftsleitung bzw. Ort der Tätigkeit und der Wohnsitz nach den Verhältnissen zum Schluss des Gewinnermittlungszeitraums auseinander fallen (§ 180 Abs. 1 Satz 1 Nr. 2 Buchstabe b AO; vgl. auch AEAO zu § 180, Nr. 2.1). Wegen der gesonderten Feststellung bei Zuständigkeit mehrerer Finanzämter in einer Gemeinde vgl. AEAO zu § 19, Nr. 3.

1a. Die örtliche Zuständigkeit für den Erlass eines Teilabschlussbescheids (§ 180 Abs. 1a AO) richtet sich gemäß § 18 Abs. 1 Nr. 5 AO danach, für welchen Steuer- oder Feststellungsbescheid der Teilabschlussbescheid unmittelbar Bindungswirkung entfaltet. Maßgebender Folgebescheid ist dabei der Bescheid, in dem die Besteuerungsgrundlagen ohne Erlass des Teilabschlussbescheids von der zuständigen Finanzbehörde zu ermitteln und steuerlich verbindlich zu bewerten gewesen wären.

2. Die Regelung nach § 18 Abs. 1 Satz 1 Nr. 4 AO bestimmt eine abweichende Zuständigkeit für die gesonderte Feststellung der Einkünfte aus Vermietung und Verpachtung oder aus Kapitalvermögen; i. d. R. ist nicht das Lagefinanzamt, sondern das Finanzamt zuständig, von dessen Bezirk die Verwaltung ausgeht. Entsprechendes regelt § 18 Abs. 1 Satz 1 Nr. 4 AO für die Feststellung von sonstigem Vermögen, von Schulden und sonstigen Abzügen (§ 180 Abs. 1 Satz 1 Nr. 3 AO) und für die Durchführung von Feststellungen bei Bauherrengemeinschaften usw. (V zu § 180 Abs. 2 AO).

3. Aus Vereinfachungsgründen kann das Finanzamt bei der gesonderten Feststellung der Einkünfte aus Vermietung und Verpachtung aus nur einem Grundstück davon ausgehen, dass die Verwaltung dieser Einkünfte von dem Ort ausgeht, in dem das Grundstück liegt, es sei denn, die Steuerpflichtigen legen etwas anderes dar.

4. Wird von der gesonderten Feststellung nach § 180 Abs. 3 AO abgesehen (z.B. Fälle geringer Bedeutung), verbleibt es bei der für die Einzelsteuern getroffenen Zuständigkeitsregelung.

5. Die Regelung in § 18 Abs. 2 AO hat insbesondere Bedeutung für die gesonderte Feststellung von ausländischen Einkünften, an denen mehrere im Inland steuerpflichtige Personen beteiligt sind. Auf § 25 AO wird hingewiesen.

| Abgabenordnung | § 18 |

6. Zur Bestimmung der örtlichen Zuständigkeit für die gesonderte und einheitliche Feststellung von Einkünften ausländischer Personengesellschaften, an denen inländische Gesellschafter beteiligt sind, ist zu prüfen, ob ein Anknüpfungsmerkmal i. S. d. § 18 Abs. 1 AO gegeben ist. Ist dies der Fall, ist das dort genannte Finanzamt zuständig. Fehlt dagegen ein solches Anknüpfungsmerkmal, gilt nach § 25 AO i. V. m. § 18 Abs. 2 AO Folgendes:

   a) Ist für alle inländischen Beteiligten ein gemeinsamer Treuhänder oder eine andere die Interessen der inländischen Beteiligten vertretende Person bestellt, ist das Finanzamt zuständig, in dessen Bezirk der Treuhänder oder die andere Person ansässig ist. Sowohl eine Bevollmächtigung i. S. d. § 80 AO als auch eine Empfangsbevollmächtigung i. S. d. § 183 AO reichen für sich allein für die Annahme einer die Interessen der inländischen Beteiligten vertretenden Person i. S. d. Satzes 1 nicht aus. Bei späterer Änderung der Treuhand- oder Vertretungsverhältnisse tritt ein Zuständigkeitswechsel nicht ein, solange mindestens ein Beteiligter durch den bisherigen Treuhänder oder Vertreter vertreten bleibt.

   b) Ist eine Bestimmung der Zuständigkeit nach Buchstabe a nicht möglich, ist das Finanzamt zuständig, in dessen Bezirk die Beteiligten mit den höchsten Anteilen ansässig sind. Hierbei sind nur unmittelbare Beteiligungsverhältnisse zu berücksichtigen. Bei Änderung der Beteiligungsverhältnisse tritt ein Zuständigkeitswechsel nicht ein, solange mindestens ein Beteiligter im Bezirk des Finanzamts ansässig ist.

   c) Lässt sich im Einzelfall die örtliche Zuständigkeit weder nach Buchstabe a) noch nach Buchstabe b) bestimmen, kann die gemeinsame fachlich zuständige Aufsichtsbehörde festlegen, welches der Finanzämter, in deren Bezirk mindestens ein Beteiligter ansässig ist, zuständig ist. Fehlt eine gemeinsame Aufsichtsbehörde, so treffen die fachlich zuständigen Aufsichtsbehörden die Entscheidung gemeinsam.

   d) Wenn sich mehrere Finanzämter nach den Buchstaben a) und b) für zuständig oder für unzuständig halten oder wenn die Zuständigkeit nach den Buchstaben a) und b) aus anderen Gründen zweifelhaft ist oder eine Entscheidung nach Buchstabe c) nicht getroffen werden kann, entscheidet das BZSt (§ 181 Abs. 1 Satz 1 AO i. V. m. § 5 Abs. 1 Nr. 7 FVG).

§ 19 Steuern vom Einkommen und Vermögen natürlicher Personen (S 0122)

(1) ¹Für die Besteuerung natürlicher Personen nach dem Einkommen und Vermögen ist das Finanzamt örtlich zuständig, in dessen Bezirk der Steuerpflichtige seinen Wohnsitz oder in Ermangelung eines Wohnsitzes seinen gewöhnlichen Aufenthalt hat (Wohnsitzfinanzamt). ²Bei mehrfachem Wohnsitz im Geltungsbereich des Gesetzes ist der Wohnsitz maßgebend, an dem sich der Steuerpflichtige vorwiegend aufhält; bei mehrfachem Wohnsitz eines verheirateten oder in Lebenspartnerschaft lebenden Steuerpflichtigen, der von seinem Ehegatten oder Lebenspartner nicht dauernd getrennt lebt, ist der Wohnsitz maßgebend, an dem sich die Familie vorwiegend aufhält. ³Für die nach § 1 Absatz 2 des Einkommensteuergesetzes und nach § 1 Absatz 2 des Vermögensteuergesetzes unbeschränkt steuerpflichtigen Personen ist das Finanzamt örtlich zuständig, in dessen Bezirk sich die zahlende öffentliche Kasse befindet; das Gleiche gilt in den Fällen des § 1 Absatz 3 des Einkommensteuergesetzes bei Personen, die die Voraussetzungen des § 1 Absatz 2 Satz 1 Nummer 1 und 2 des Einkommensteuergesetzes erfüllen, und in den Fällen des § 1a Absatz 2 des Einkommensteuergesetzes.

(2) ¹Liegen die Voraussetzungen des Absatzes 1 nicht vor, so ist das Finanzamt örtlich zuständig, in dessen Bezirk sich das Vermögen des Steuerpflichtigen und, wenn dies für mehrere Finanzämter zutrifft, in dessen Bezirk sich der wertvollste Teil des Vermögens befindet. ²Hat der Steuerpflichtige kein Vermögen im Geltungsbereich des Gesetzes, so ist das Finanzamt örtlich zuständig, in dessen Bezirk die Tätigkeit im Geltungsbereich des Gesetzes vorwiegend ausgeübt oder verwertet wird oder worden ist. ³Hat ein Steuerpflichtiger seinen Wohnsitz oder gewöhnlichen Aufenthalt im Geltungsbereich des Gesetzes aufgegeben und erzielt er im Jahr des Wegzugs keine Einkünfte im Sinne des § 49 des Einkommensteuergesetzes, ist das Finanzamt örtlich zuständig, das nach den Verhältnissen vor dem Wegzug zuletzt örtlich zuständig war.

(3) ¹Gehören zum Bereich der Wohnsitzgemeinde mehrere Finanzämter und übt ein Steuerpflichtiger mit Einkünften aus Land- und Forstwirtschaft, Gewerbebetrieb oder freiberuflicher Tätigkeit diese Tätigkeit innerhalb der Wohnsitzgemeinde, aber im Bezirk eines anderen Finanzamts als dem des Wohnsitzfinanzamts aus, so ist abweichend von Absatz 1 jenes Finanzamt zuständig, wenn es nach § 18 Absatz 1 Nummer 1, 2 oder 3 für eine gesonderte Feststellung dieser Einkünfte zuständig wäre. ²Einkünfte aus Gewinnanteilen sind bei Anwendung des Satzes 1 nur dann zu berücksichtigen, wenn sie die einzigen Einkünfte des Steuerpflichtigen im Sinne des Satzes 1 sind.

(4) Steuerpflichtige, die zusammen zu veranlagen sind oder zusammen veranlagt werden können, sind bei Anwendung des Absatzes 3 so zu behandeln, als seien ihre Einkünfte von einem Steuerpflichtigen bezogen worden.

(5) ¹Durch Rechtsverordnung der Landesregierung kann bestimmt werden, dass als Wohnsitzgemeinde im Sinne des Absatzes 3 ein Gebiet gilt, das mehrere Gemeinden umfasst, soweit dies mit Rücksicht auf die Wirtschafts- oder Verkehrs-

verhältnisse, den Aufbau der Verwaltungsbehörden oder andere örtliche Bedürfnisse zweckmäßig erscheint. ²Die Landesregierung kann die Ermächtigung auf die für die Finanzverwaltung zuständige oberste Landesbehörde übertragen.

(6) ¹Das Bundesministerium der Finanzen kann zur Sicherstellung der Besteuerung von Personen, die nach § 1 Absatz 4 des Einkommensteuergesetzes beschränkt steuerpflichtig sind und Einkünfte im Sinne von § 49 Absatz 1 Nummer 7 und 10 des Einkommensteuergesetzes beziehen, durch Rechtsverordnung mit Zustimmung des Bundesrates einer Finanzbehörde die örtliche Zuständigkeit für den Geltungsbereich des Gesetzes übertragen. ²Satz 1 gilt auch in den Fällen, in denen ein Antrag nach § 1 Absatz 3 des Einkommensteuergesetzes gestellt wird.

AEAO zu § 19 - Steuern vom Einkommen und Vermögen natürlicher Personen:

1. Bei verheirateten, nicht dauernd getrennt lebenden Steuerpflichtigen ist bei mehrfachem Wohnsitz im Inland das Finanzamt des Aufenthalts der Familie für die Besteuerung nach dem Einkommen und Vermögen zuständig; Gleiches gilt für Lebenspartner. Insoweit sind für die Bestimmung der örtlichen Zuständigkeit die Kinder in die Betrachtung einzubeziehen.

2. Nach § 19 Abs. 3 AO ist das Lage-, Betriebs- oder Tätigkeitsfinanzamt auch für die persönlichen Steuern vom Einkommen und Vermögen zuständig, wenn ein Steuerpflichtiger in einer Gemeinde (Stadt) mit mehreren Finanzämtern einen land- und forstwirtschaftlichen oder gewerblichen Betrieb unterhält bzw. eine freiberufliche Tätigkeit ausübt. In diesen Fällen ist keine gesonderte Feststellung durchzuführen (§ 180 Abs. 1 Satz 1 Nr. 2 Buchstabe b AO); für Gewinnermittlungszeiträume vor Verlegung des Betriebs in den Bezirk des für die Einkommensteuer zuständigen Finanzamtes oder des Wohnsitzes in den Bezirk des Betriebsfinanzamtes siehe aber AEAO zu § 180, Nr. 2.1.

3. Wenn der Steuerpflichtige außerhalb des Bezirks seines Wohnsitzfinanzamtes, aber in den Bezirken mehrerer Finanzämter derselben Wohnsitzgemeinde, Einkünfte aus Land- und Forstwirtschaft, Gewerbebetrieb oder freiberuflicher Tätigkeit erzielt, können nach § 19 Abs. 3 AO mehrere Finanzämter zuständig sein. In diesen Fällen ist nach § 25 AO zu verfahren. Gesonderte Feststellungen sind dann nur von den Finanzämtern vorzunehmen, die den Steuerpflichtigen nicht zur Einkommensteuer veranlagen (§ 180 Abs. 1 Satz 1 Nr. 2 Buchstabe b AO).

4. Zuständigkeitsregelungen enthalten auch § 20a AO i. V. m. der ArbZustBauV sowie die Einzelsteuergesetze und das FVG.

5. Das Vermögen i. S. d. § 19 Abs. 2 Satz 1 AO bestimmt sich nach § 121 BewG, aber abweichend von § 121 Nr. 4 BewG unabhängig von der Höhe der prozentualen Beteiligung an der inländischen Kapitalgesellschaft. Im Fall der Beteiligung an einer Grundbesitz verwaltenden Personengesellschaft ist für die Bestimmung der örtlichen Zuständigkeit die Belegenheit des Grundstücks maßgebend. Handelt es sich bei der Grundbesitz verwaltenden Personengesellschaft um eine gewerblich geprägte Personengesellschaft i. S. d. § 15 Abs. 3 Nr. 2 EStG, so richtet sich die örtliche Zuständigkeit für den beschränkt

steuerpflichtigen Beteiligten in analoger Anwendung des § 18 Abs. 1 Satz 1 Nr. 2 AO nach dem Ort der Geschäftsleitung dieser Personengesellschaft.

Einkommensteuer-Zuständigkeitsverordnung (EStZustV)
vom 2.1.2009 (BGBl. I S. 3), zuletzt geändert durch Artikel 3 der Verordnung vom 11.12.2012 (BGBl. I S. 2637)

§ 1 - Örtliche Zuständigkeit

Für die Besteuerung nach dem Einkommen von Personen, die nach § 1 Abs. 4 des Einkommensteuergesetzes beschränkt einkommensteuerpflichtig sind und ausschließlich mit Einkünften im Sinne des § 49 Abs. 1 Nr. 7 und 10 des Einkommensteuergesetzes zu veranlagen sind, ist das Finanzamt Neubrandenburg örtlich zuständig. Das Finanzamt Neubrandenburg ist ebenfalls zuständig in den Fällen des § 19 Abs. 6 Satz 2 der Abgabenordnung.

§ 2 - Anwendungszeitraum

Diese Verordnung ist erstmals für den Veranlagungszeitraum 2005 anzuwenden.

§ 3 - Inkrafttreten

Diese Verordnung tritt mit Wirkung vom 1. Januar 2009 in Kraft.

---

§ 20 Steuern vom Einkommen und Vermögen der Körperschaften, Personenvereinigungen, Vermögensmassen (S 0122)

(1) Für die Besteuerung von Körperschaften, Personenvereinigungen und Vermögensmassen nach dem Einkommen und Vermögen ist das Finanzamt örtlich zuständig, in dessen Bezirk sich die Geschäftsleitung befindet.

(2) Befindet sich die Geschäftsleitung nicht im Geltungsbereich des Gesetzes oder lässt sich der Ort der Geschäftsleitung nicht feststellen, so ist das Finanzamt örtlich zuständig, in dessen Bezirk die Steuerpflichtige ihren Sitz hat.

(3) Ist weder die Geschäftsleitung noch der Sitz im Geltungsbereich des Gesetzes, so ist das Finanzamt örtlich zuständig, in dessen Bezirk sich Vermögen der Steuerpflichtigen und, wenn dies für mehrere Finanzämter zutrifft, das Finanzamt, in dessen Bezirk sich der wertvollste Teil des Vermögens befindet.

(4) Befindet sich weder die Geschäftsleitung noch der Sitz noch Vermögen der Steuerpflichtigen im Geltungsbereich des Gesetzes, so ist das Finanzamt örtlich zuständig, in dessen Bezirk die Tätigkeit im Geltungsbereich des Gesetzes vorwiegend ausgeübt oder verwertet wird oder worden ist.

AEAO zu § 20 - Steuern vom Einkommen und Vermögen der Körperschaften, Personenvereinigungen, Vermögensmassen

In den Fällen des § 20 Abs. 3 AO gilt Nr. 5 des AEAO zu § 19 entsprechend.

§ 20a Steuern vom Einkommen bei Bauleistungen (S 0122)

(1) ¹Abweichend von den §§ 19 und 20 ist für die Besteuerung von Unternehmen, die Bauleistungen im Sinne von § 48 Absatz 1 Satz 3 des Einkommensteuergesetzes erbringen, das Finanzamt zuständig, das für die Besteuerung der entsprechenden Umsätze nach § 21 Absatz 1 zuständig ist, wenn der Unternehmer seinen Wohnsitz oder das Unternehmen seine Geschäftsleitung oder seinen Sitz außerhalb des Geltungsbereiches des Gesetzes hat. ²Das gilt auch abweichend von den §§ 38 bis 42f des Einkommensteuergesetzes beim Steuerabzug vom Arbeitslohn.

(2) ¹Für die Verwaltung der Lohnsteuer in den Fällen der Arbeitnehmerüberlassung durch ausländische Verleiher nach § 38 Absatz 1 Satz 1 Nummer 2 des Einkommensteuergesetzes ist das Finanzamt zuständig, das für die Besteuerung der entsprechenden Umsätze nach § 21 Absatz 1 zuständig ist. ²Satz 1 gilt nur, wenn die überlassene Person im Baugewerbe eingesetzt ist.

(3) Für die Besteuerung von Personen, die von Unternehmen im Sinne des Absatzes 1 oder 2 im Inland beschäftigt werden, kann abweichend von § 19 das Bundesministerium der Finanzen durch Rechtsverordnung mit Zustimmung des Bundesrates die örtliche Zuständigkeit einem Finanzamt für den Geltungsbereich des Gesetzes übertragen.

AEAO zu § 20a - Steuern vom Einkommen bei Bauleistungen:

1. Liegen die Voraussetzungen des § 20a Abs. 1 Satz 1 AO vor, beschränkt sich die Zuständigkeit nicht auf den Steuerabzug nach §§ 48 ff. EStG und auf Umsätze aus Bauleistungen; sie erfasst die gesamte Besteuerung des Einkommens des Unternehmers (Einkommensteuer, Körperschaftsteuer). Das nach § 20a Abs.1 Satz 1 AO zuständige Finanzamt ist auch für die Umsatzsteuer (§ 21 Abs. 1 Satz 2 AO) und die Realsteuern (§ 22 Abs. 1 Satz 2 AO) zuständig. Siehe auch Rz. 100 des BMF-Schreiben vom 27.12.2002 BStBl I S. 1399.

2. Zur Vermeidung eines erschwerten Verwaltungsvollzugs ist im Regelfall eine von der zentralen Zuständigkeit nach § 20a Abs. 1 und 2, § 21 Abs. 1 Satz 2 und § 22 Abs. 1 Satz 2 AO abweichende Zuständigkeitsvereinbarung nach § 27 AO mit dem ortsnahen Finanzamt herbeizuführen, wenn

    - das Unternehmen nur gelegentlich Bauleistungen i. S. v. § 48 Abs. 1 Satz 3 EStG erbringt,

    - das Unternehmen Bauleistungen i. S. v. § 48 Abs. 1 Satz 3 EStG erbringt, die im Verhältnis zum Gesamtumsatz nur von untergeordneter Bedeutung sind, oder

    - eine zentrale Zuständigkeit weder für den Steuerpflichtigen noch für die Finanzbehörden zweckmäßig ist.

ArbZustBauV

> **Arbeitnehmer-Zuständigkeitsverordnung-Bau (ArbZustBauV)**
> vom 30.8.2001 (BGBl. I S. 2267, 2269, BStBl I S. 602, 605), geändert durch Artikel 62b des Gesetzes vom 8.5.2008 (BGBl. I S. 810)

§ 1

Für die Einkommensteuer des Arbeitnehmers, der von einem Unternehmer im Sinne des § 20a Abs. 1 oder 2 der Abgabenordnung im Inland beschäftigt ist und der seinen Wohnsitz im Ausland hat, ist das in § 1 Abs. 1 oder 2 der Umsatzsteuerzuständigkeitsverordnung für seinen Wohnsitzstaat genannte Finanzamt zuständig. Hat der Arbeitnehmer eines in der Republik Polen ansässigen Unternehmens im Sinne des § 20a Abs. 1 oder 2 der Abgabenordnung seinen Wohnsitz in der Republik Polen, ist für seine Einkommensteuer abweichend von Satz 1 das Finanzamt zuständig, das für seinen Arbeitgeber zuständig ist.

§ 2

Diese Verordnung tritt am 7. September 2001 in Kraft.

§ 21 Umsatzsteuer (S 0123)

(1) ¹Für die Umsatzsteuer mit Ausnahme der Einfuhrumsatzsteuer ist das Finanzamt zuständig, von dessen Bezirk aus der Unternehmer sein Unternehmen im Geltungsbereich des Gesetzes ganz oder vorwiegend betreibt. ²Das Bundesministerium der Finanzen kann zur Sicherstellung der Besteuerung durch Rechtsverordnung mit Zustimmung des Bundesrates für Unternehmer, die Wohnsitz, Sitz oder Geschäftsleitung außerhalb des Geltungsbereiches dieses Gesetzes haben, die örtliche Zuständigkeit einer Finanzbehörde für den Geltungsbereich des Gesetzes übertragen.

(2) Für die Umsatzsteuer von Personen, die keine Unternehmer sind, ist das Finanzamt zuständig, das nach § 19 oder § 20 auch für die Besteuerung nach dem Einkommen zuständig ist; in den Fällen des § 180 Absatz 1 Satz 1 Nummer 2 Buchstabe a ist das Finanzamt für die Umsatzsteuer zuständig, das nach § 18 auch für die gesonderte Feststellung zuständig ist.

> **AEAO zu § 21 – Umsatzsteuer:**

Die zentrale Zuständigkeit nach § 21 Abs. 1 Satz 2 AO gilt bereits dann, wenn auch nur ein Anknüpfungspunkt der gesetzlichen Kriterien Wohnsitz, Sitz oder Geschäftsleitung im Ausland gegeben ist. § 21 Abs. 1 Satz 2 AO hat daher Vorrang vor § 21 Abs. 1 Satz 1 AO.

Die zentrale Zuständigkeit nach § 21 Abs. 1 Satz 2 AO i. V. m. der UStZustV ist insbesondere in den Fällen von Bedeutung, in denen ein Unternehmen vom Ausland aus betrieben wird und der Unternehmer im Inland nicht einkommen- oder körperschaftsteuerpflichtig ist. Sie ist aber auch zu beachten, wenn der Unternehmer im Inland auch zur Einkommen- oder Körperschaftsteuer zu veranlagen ist.

Ein Auseinanderfallen der örtlichen Zuständigkeiten für die Ertrags- und Umsatzbesteuerung kann allerdings zu einem erschwerten Verwaltungsvollzug führen, z. B. bei Kapitalgesellschaften mit statutarischem Sitz im Ausland und Geschäftsleitung im Inland. Betroffen sind beispielsweise Fälle, in denen ein bisher im Inland ansässiges

Unternehmen in eine britische „private company limited by shares" (Limited) umgewandelt wird oder eine Limited neu gegründet wird, die lediglich ihren statutarischen Sitz in Großbritannien hat, aber allein oder überwiegend im Inland unternehmerisch tätig und unbeschränkt körperschaftsteuerpflichtig ist. In diesen Fällen ist im Regelfall eine Zuständigkeitsvereinbarung nach § 27 AO herbeizuführen, nach der das für die Ertragsbesteuerung zuständige ortsnahe Finanzamt auch für die Umsatzsteuer zuständig wird (vgl. auch AEAO zu § 27, Nr. 3).

Umsatzsteuerzuständigkeitsverordnung (UStZustV)
vom 20.12.2001 (BGBl. I S. 3794), zuletzt geändert durch Art. 1 der Verordnung vom 24.11.2023 (BGBl. I Nr. 332)

---

§ 1

(1) ¹Für die Umsatzsteuer der Unternehmer im Sinne des § 21 Abs. 1 Satz 2 der Abgabenordnung sind folgende Finanzämter örtlich zuständig:

1. das Finanzamt Trier für im Königreich Belgien ansässige Unternehmer,
2. das Finanzamt Neuwied für in der Republik Bulgarien ansässige Unternehmer,
3. das Finanzamt Flensburg für im Königreich Dänemark ansässige Unternehmer,
4. das Finanzamt Rostock für in der Republik Estland ansässige Unternehmer,
5. das Finanzamt Bremen für in der Republik Finnland ansässige Unternehmer,
6. das Finanzamt Offenburg für in der Französischen Republik und im Fürstentum Monaco ansässige Unternehmer,
7. das Finanzamt Hannover-Nord für im Vereinigten Königreich Großbritannien und Nordirland sowie auf der Insel Man ansässige Unternehmer,
8. das Finanzamt Berlin International für in der Griechischen Republik ansässige Unternehmer,
9. das Finanzamt Hamburg-Nord für in der Republik Irland ansässige Unternehmer,
10. das Finanzamt München für in der Italienischen Republik ansässige Unternehmer,
11. das Finanzamt Kassel für in der Republik Kroatien ansässige Unternehmer,
12. das Finanzamt Bremen für in der Republik Lettland ansässige Unternehmer,
13. das Finanzamt Konstanz für im Fürstentum Liechtenstein ansässige Unternehmer,
14. das Finanzamt Mühlhausen für in der Republik Litauen ansässige Unternehmer,

15. das Finanzamt Saarbrücken Am Stadtgraben für im Großherzogtum Luxemburg ansässige Unternehmer,[1]

16. das Finanzamt Berlin International für in der Republik Nordmazedonien ansässige Unternehmer,

17. das Finanzamt Kleve für im Königreich der Niederlande ansässige Unternehmer,

18. das Finanzamt Bremen für im Königreich Norwegen ansässige Unternehmer,

19. das Finanzamt München für in der Republik Österreich ansässige Unternehmer,

20. für in der Republik Polen ansässige Unternehmer

    a) das Finanzamt Hameln-Holzminden, wenn der Nachname oder der Firmenname des Unternehmers mit den Buchstaben A bis G beginnt;

    b) das Finanzamt Oranienburg, wenn der Nachname oder der Firmenname des Unternehmers mit den Anfangsbuchstaben H bis Ł beginnt;

    c) das Finanzamt Cottbus, wenn der Nachname oder der Firmenname des Unternehmers mit den Anfangsbuchstaben M bis R beginnt;

    d) das Finanzamt Nördlingen, wenn der Nachname oder der Firmenname des Unternehmers mit den Anfangsbuchstaben S bis Ż beginnt;

    e) ungeachtet der Regelungen in den Buchstaben a bis d das Finanzamt Cottbus für alle Unternehmer, auf die das Verfahren nach § 18 Absatz 4e, § 18j oder § 18k des Umsatzsteuergesetzes anzuwenden ist,

21. das Finanzamt Kassel für in der Portugiesischen Republik ansässige Unternehmer,

22. das Finanzamt Chemnitz-Süd für in Rumänien ansässige Unternehmer,

23. das Finanzamt Magdeburg für in der Russischen Föderation ansässige Unternehmer,

24. das Finanzamt Hamburg-Nord für im Königreich Schweden ansässige Unternehmer,

25. das Finanzamt Konstanz für in der Schweizerischen Eidgenossenschaft ansässige Unternehmer,

26. das Finanzamt Chemnitz-Süd für in der Slowakischen Republik ansässige Unternehmer,

27. das Finanzamt Kassel für im Königreich Spanien ansässige Unternehmer,

28. das Finanzamt Oranienburg für in der Republik Slowenien ansässige Unternehmer,

---

[1] Zur Zuständigkeit für Unternehmer, die im Großherzogtum Luxemburg ansässig sind, siehe Anhang 51

29. das Finanzamt Chemnitz-Süd für in der Tschechischen Republik ansässige Unternehmer,

30. das Finanzamt Dortmund-Unna für in der Republik Türkei ansässige Unternehmer,

31. das Finanzamt Magdeburg für in der Ukraine ansässige Unternehmer,

32. das Zentralfinanzamt Nürnberg für in der Republik Ungarn ansässige Unternehmer,

33. das Finanzamt Magdeburg für in der Republik Weißrußland ansässige Unternehmer,

34. das Finanzamt Bonn-Innenstadt für in den Vereinigten Staaten von Amerika ansässige Unternehmer.

²Die örtliche Zuständigkeit nach Satz 1 gilt für die Außengebiete, Überseegebiete und Selbstverwaltungsgebiete der in Satz 1 genannten Staaten entsprechend.

(2) Für die Umsatzsteuer der Unternehmer im Sinne des § 21 Abs. 1 Satz 2 der Abgabenordnung, die nicht von Absatz 1 erfasst werden, ist das Finanzamt Berlin International zuständig.

(2a) Abweichend von den Absätzen 1 und 2 ist für die Unternehmer, die von § 18 Abs. 4c des Umsatzsteuergesetzes Gebrauch machen, das Bundeszentralamt für Steuern zuständig.

(2b) Für die Unternehmer mit Sitz außerhalb des Gemeinschaftsgebiets (§ 1 Absatz 2a des Umsatzsteuergesetzes), die im Gemeinschaftsgebiet weder ihre Geschäftsleitung noch eine umsatzsteuerliche Betriebsstätte haben und die in einem anderen Mitgliedstaat der Europäischen Union die Teilnahme an dem Verfahren im Sinne des § 18j des Umsatzsteuergesetzes angezeigt haben, sind die Absätze 1 und 2 für Zwecke der Durchführung des Verfahrens im Sinne des § 18j des Umsatzsteuergesetzes mit der Maßgabe anzuwenden, dass der Unternehmer in dem Mitgliedstaat als ansässig zu behandeln ist, in dem die Teilnahme angezeigt wurde.

(3) Die örtliche Zuständigkeit nach § 61 Absatz 1 Satz 1 und § 61a Absatz 1 der Umsatzsteuer-Durchführungsverordnung für die Vergütung der abziehbaren Vorsteuerbeträge an im Ausland ansässige Unternehmer bleibt unberührt.

(4) Ändert sich durch eine landesrechtliche Regelung nach § 17 Absatz 1 oder Absatz 2 Satz 3 des Finanzverwaltungsgesetzes die Bezeichnung oder die organisatorische Zuordnung eines der in Absatz 1 genannten Finanzämter, kann das Bundesministerium der Finanzen im Einvernehmen mit den obersten Finanzbehörden der Länder durch ein im Bundessteuerblatt Teil I zu veröffentlichendes Schreiben für einen Übergangszeitraum von zwölf Monaten von den Absätzen 1 und 2 abweichende, der landesrechtlichen Regelung entsprechende Zuordnungen vornehmen.

§ 2
Diese Verordnung tritt am Tage nach ihrer Verkündung[1] in Kraft.

---

[1] Verkündung der UStZustV erfolgte am 22.12.2001.

§ 22 Realsteuern (S 0123)

(1) ¹Für die Festsetzung und Zerlegung der Steuermessbeträge ist bei der Grundsteuer das Lagefinanzamt (§ 18 Absatz 1 Nummer 1) und bei der Gewerbesteuer das Betriebsfinanzamt (§ 18 Absatz 1 Nummer 2) örtlich zuständig. ²Abweichend von Satz 1 ist für die Festsetzung und Zerlegung der Gewerbesteuermessbeträge bei Unternehmen, die Bauleistungen im Sinne von § 48 Absatz 1 Satz 3 des Einkommensteuergesetzes erbringen, das Finanzamt zuständig, das für die Besteuerung der entsprechenden Umsätze nach § 21 Absatz 1 zuständig ist, wenn der Unternehmer seinen Wohnsitz oder das Unternehmen seine Geschäftsleitung oder seinen Sitz außerhalb des Geltungsbereiches des Gesetzes hat.

(2) ¹Soweit die Festsetzung, Erhebung und Beitreibung von Realsteuern den Finanzämtern obliegt, ist dafür das Finanzamt örtlich zuständig, zu dessen Bezirk die hebeberechtigte Gemeinde gehört. ²Gehört eine hebeberechtigte Gemeinde zu den Bezirken mehrerer Finanzämter, so ist von diesen Finanzämtern das Finanzamt örtlich zuständig, das nach Absatz 1 zuständig ist oder zuständig wäre, wenn im Geltungsbereich dieses Gesetzes nur die in der hebeberechtigten Gemeinde liegenden Teile des Betriebs, des Grundstücks oder des Betriebsgrundstücks vorhanden wären.

(3) Absatz 2 gilt sinngemäß, soweit einem Land nach Artikel 106 Absatz 6 Satz 3 des Grundgesetzes das Aufkommen der Realsteuern zusteht.

§ 22a Zuständigkeit auf dem Festlandsockel oder an der ausschließlichen Wirtschaftszone

Die Zuständigkeit der Finanzbehörden der Länder nach den §§ 18 bis 22 oder nach den Steuergesetzen im Bereich des der Bundesrepublik Deutschland zustehenden Anteils an dem Festlandsockel und an der ausschließlichen Wirtschaftszone richtet sich nach dem Äquidistanzprinzip.

§ 23 Einfuhr- und Ausfuhrabgaben und Verbrauchsteuern (S 0124)

(1) Für die Einfuhr- und Ausfuhrabgaben nach Artikel 5 Nummer 20 und 21 des Zollkodex der Union und Verbrauchsteuern ist das Hauptzollamt örtlich zuständig, in dessen Bezirk der Tatbestand verwirklicht wird, an den das Gesetz die Steuer knüpft.

(2) ¹Örtlich zuständig ist ferner das Hauptzollamt, von dessen Bezirk aus der Steuerpflichtige sein Unternehmen betreibt. ²Wird das Unternehmen von einem nicht zum Geltungsbereich des Gesetzes gehörenden Ort aus betrieben, so ist das Hauptzollamt zuständig, in dessen Bezirk der Unternehmer seine Umsätze im Geltungsbereich des Gesetzes ganz oder vorwiegend bewirkt.

(3) Werden Einfuhr- und Ausfuhrabgaben nach Artikel 5 Nummer 20 und 21 des Zollkodex der Union und Verbrauchsteuern im Zusammenhang mit einer Steuerstraftat oder einer Steuerordnungswidrigkeit geschuldet, so ist auch das

Hauptzollamt örtlich zuständig, das für die Strafsache oder die Bußgeldsache zuständig ist.

§ 24 Ersatzzuständigkeit (S 0125)

Ergibt sich die örtliche Zuständigkeit nicht aus anderen Vorschriften, so ist die Finanzbehörde zuständig, in deren Bezirk der Anlass für die Amtshandlung hervortritt.

AEAO zu § 24 - Ersatzzuständigkeit:

1. Für den Fall, dass sich die Zuständigkeit nicht aus den anderen Vorschriften ableiten lässt, ist die Finanzbehörde zuständig, in deren Bezirk objektiv ein Anlass für eine Amtshandlung besteht. Abgesehen von der Zuständigkeit für Maßnahmen zur Aufdeckung unbekannter Steuerfälle (§ 208 Abs. 1 Nr 3 AO) ist hiernach auch die Zuständigkeit für den Erlass von Haftungsbescheiden (§§ 191, 192 AO) zu bestimmen. Wegen des Sachzusammenhangs ist mithin i. d. R. das Finanzamt des Steuerpflichtigen gleichzeitig für die Heranziehung des Haftenden örtlich zuständig.

2. Kann die örtliche Zuständigkeit nicht sofort einwandfrei geklärt werden, ist bei unaufschiebbaren Maßnahmen die Zuständigkeit auf § 29 AO zu stützen.

§ 25 Mehrfache örtliche Zuständigkeit (S 0126)

¹Sind mehrere Finanzbehörden zuständig, so entscheidet die Finanzbehörde, die zuerst mit der Sache befasst worden ist, es sei denn, die zuständigen Finanzbehörden einigen sich auf eine andere zuständige Finanzbehörde oder die gemeinsame fachlich zuständige Aufsichtsbehörde bestimmt, dass eine andere örtlich zuständige Finanzbehörde zu entscheiden hat. ²Fehlt eine gemeinsame Aufsichtsbehörde, so treffen die fachlich zuständigen Aufsichtsbehörden die Entscheidung gemeinsam.

AEAO zu § 25 - Mehrfache örtliche Zuständigkeit:

Einigen sich bei mehrfacher örtlicher Zuständigkeit die Finanzbehörden auf eine der örtlich zuständigen Finanzbehörden, so handelt es sich hierbei nicht um eine Zuständigkeitsvereinbarung i. S. d. § 27 AO. Der Zustimmung des Betroffenen bedarf es nicht.

§ 26 Zuständigkeitswechsel (S 0127)

¹Geht die örtliche Zuständigkeit durch eine Veränderung der sie begründenden Umstände von einer Finanzbehörde auf eine andere Finanzbehörde über, so tritt der Wechsel der Zuständigkeit in dem Zeitpunkt ein, in dem eine der beiden Finanzbehörden hiervon erfährt. ²Die bisher zuständige Finanzbehörde kann ein Verwaltungsverfahren fortführen, wenn dies unter Wahrung der Interessen der Beteiligten der einfachen und zweckmäßigen Durchführung des Verfahrens dient und die nunmehr zuständige Finanzbehörde zustimmt. ³Ein Zuständigkeitswechsel nach Satz 1 tritt so lange nicht ein, wie

1. über einen Insolvenzantrag noch nicht entschieden wurde,
2. ein eröffnetes Insolvenzverfahren noch nicht aufgehoben wurde oder
3. sich eine Personengesellschaft oder eine juristische Person in Liquidation befindet.

AEAO zu § 26 - Zuständigkeitswechsel:

1. Der Steuerpflichtige kann sich auf den Zuständigkeitswechsel nicht berufen, solange keine der beiden beteiligten Finanzbehörden von den die Zuständigkeit verändernden Tatsachen Kenntnis erlangt hat. Wegen der Bedeutung der Zuständigkeit für die Steuerberechtigung ist die Kenntnis über die Umstände, die die Zuständigkeit ändern, mit Angabe des Datums aktenkundig zu machen und unverzüglich der anderen Finanzbehörde mitzuteilen.

2. Die Fortführung eines bereits begonnenen Verwaltungsverfahrens durch das bisher zuständige Finanzamt ist zulässig, wenn das Finanzamt, dessen Zuständigkeit durch die veränderten Umstände begründet wird, zustimmt. Der Steuerpflichtige soll gehört werden; er ist von der Fortführung des Verwaltungsverfahrens zu benachrichtigen.

3. Bei Verlegung des Wohnsitzes in den Bezirk eines anderen Finanzamtes unter gleichzeitiger Betriebsaufgabe sind von dem bisher für Personensteuern und Betriebssteuern zuständigen Finanzamt nur die Personensteuerakten abzugeben. Das bisher zuständige Finanzamt ermittelt im Wege der Amtshilfe den Gewinn aus der Zeit bis zur Betriebsaufgabe und teilt ihn dem neuen Wohnsitzfinanzamt mit.

   Für die Betriebsteuern bleibt grundsätzlich das Betriebsfinanzamt zuständig, auch hinsichtlich der Erhebung und etwaigen Vollstreckung. Rückstände sind erforderlichenfalls im Wege der Amtshilfe beizutreiben. Ausnahmsweise kommt eine Zuständigkeitsvereinbarung nach § 27 AO in Betracht, wenn sich dies als zweckmäßig erweist.

4. Zu den Auswirkungen eines Zuständigkeitswechsels auf das Rechtsbehelfsverfahren vgl. AEAO zu § 367, Nr. 1 und BMF-Schreiben vom 10.10.1995, BStBl I S. 664[1].

5. Zur Behandlung von Steuerzahlungen an eine aufgrund eines Zuständigkeitswechsels nicht mehr zuständige Finanzkasse vgl. AEAO zu § 224, Nr. 3.

§ 27 Zuständigkeitsvereinbarung (S 0128)

[1]Im Einvernehmen mit der Finanzbehörde, die nach den Vorschriften der Steuergesetze örtlich zuständig ist, kann eine andere Finanzbehörde die Besteuerung übernehmen, wenn die betroffene Person zustimmt. [2]Eine der Finanzbehörden nach Satz 1 kann die betroffene Person auffordern, innerhalb einer angemessenen Frist die Zustimmung zu erklären. [3]Die Zustimmung gilt als erteilt, wenn die betroffene Person nicht innerhalb dieser Frist widerspricht. [4]Die betroffene Person ist auf die Wirkung ihres Schweigens ausdrücklich hinzuweisen.

AEAO zu § 27 - Zuständigkeitsvereinbarung:

1. Durch Vereinbarung zwischen den Finanzbehörden kann auch außer in den Fällen des § 26 Satz 2 AO die Zuständigkeit einer an sich nicht zuständigen Finanzbehörde begründet werden; Voraussetzung für diese Zuständigkeitsbegründung ist die Zustimmung des Betroffener. Das Zustimmungserfordernis ist eingefügt, um der Verfassungsbestimmung des Art. 101 Abs. 1 Satz 2 GG zu genügen, weil an die Zuständigkeit der Finanzbehörde die Zuständigkeit des Finanzgerichts anknüpft.

2. Eine bestimmte Form ist für die Zustimmung des Betroffenen nicht vorgeschrieben. Die Zustimmung ist bedingungsfeindlich und kann nur mit Wirkung für die Zukunft widerrufen werden.

3. Eine Zuständigkeitsvereinbarung ist insbesondere in den Fällen herbeizuführen, in denen eine zentrale Zuständigkeit nach § 21 Abs. 1 Satz 2 AO i. V. m. der UStZustV weder für den Steuerpflichtigen noch für die Finanzbehörden zweckmäßig ist.

   Eine Zuständigkeitsvereinbarung, nach der das für die Ertragsbesteuerung zuständige Finanzamt auch für die Umsatzsteuer zuständig wird, ist hiernach regelmäßig herbeizuführen z. B.

   a) bei Steuerpflichtigen, die ihr Unternehmen als Einzelunternehmer ausschließlich oder überwiegend im Inland betreiben und sowohl im Inland als auch im Ausland einen Wohnsitz haben;

   b) bei Kapitalgesellschaften mit statutarischem Sitz im Ausland und Geschäftsleitung im Inland, die allein oder überwiegend im Inland unternehmerisch tätig sind (vgl. AEAO zu § 21).

4. Zur Zuständigkeitsvereinbarung bei Unternehmen, die Bauleistungen i. S. v. § 48 Abs. 1 Satz 3 EStG erbringen, vgl. AEAO zu § 20a, Nr. 2.

---

[1] Im Anhang 43 abgedruckt.

§ 28 Zuständigkeitsstreit (S 0129)

(1) [1]Die gemeinsame fachlich zuständige Aufsichtsbehörde entscheidet über die örtliche Zuständigkeit, wenn sich mehrere Finanzbehörden für zuständig oder für unzuständig halten oder wenn die Zuständigkeit aus anderen Gründen zweifelhaft ist. [2]§ 25 Satz 2 gilt entsprechend.

(2) § 5 Absatz 1 Nummer 7 des Gesetzes über die Finanzverwaltung bleibt unberührt.

§ 29 Gefahr im Verzug (S 0129)

[1]Bei Gefahr im Verzug ist für unaufschiebbare Maßnahmen jede Finanzbehörde örtlich zuständig, in deren Bezirk der Anlass für die Amtshandlung hervortritt. [2]Die sonst örtlich zuständige Behörde ist unverzüglich zu unterrichten.

§ 29a Unterstützung des örtlich zuständigen Finanzamts auf Anweisung der vorgesetzten Finanzbehörde (S 0129-a)

[1]Die oberste Landesfinanzbehörde oder die von ihr beauftragte Landesfinanzbehörde kann zur Gewährleistung eines zeitnahen und gleichmäßigen Vollzugs der Steuergesetze anordnen, dass das örtlich zuständige Finanzamt ganz oder teilweise bei der Erfüllung seiner Aufgaben in Besteuerungsverfahren durch ein anderes Finanzamt unterstützt wird. [2]Das unterstützende Finanzamt handelt im Namen des örtlich zuständigen Finanzamts; das Verwaltungshandeln des unterstützenden Finanzamts ist dem örtlich zuständigen Finanzamt zuzurechnen.

Vierter Abschnitt – Verarbeitung geschützter Daten und Steuergeheimnis

§ 29b Verarbeitung personenbezogener Daten durch Finanzbehörden
(S 0102)

(1) Die Verarbeitung personenbezogener Daten durch eine Finanzbehörde ist zulässig, wenn sie zur Erfüllung der ihr obliegenden Aufgabe oder in Ausübung öffentlicher Gewalt, die ihr übertragen wurde, erforderlich ist.

(2) [1]Abweichend von Artikel 9 Absatz 1 der Verordnung (EU) 2016/679 ist die Verarbeitung besonderer Kategorien personenbezogener Daten im Sinne des Artikels 9 Absatz 1 der Verordnung (EU) 2016/679 durch eine Finanzbehörde zulässig, soweit die Verarbeitung aus Gründen eines erheblichen öffentlichen Interesses erforderlich ist und soweit die Interessen des Verantwortlichen an der Datenverarbeitung die Interessen der betroffenen Person überwiegen. [2]Die Finanzbehörde hat in diesem Fall angemessene und spezifische Maßnahmen zur Wahrung der Interessen der betroffenen Person vorzusehen; § 22 Absatz 2 Satz 2 des Bundesdatenschutzgesetzes ist entsprechend anzuwenden.

§ 29c Verarbeitung personenbezogener Daten durch Finanzbehörden zu anderen Zwecken
(S 0102)

(1) [1]Die Verarbeitung personenbezogener Daten zu einem anderen Zweck als zu demjenigen, zu dem die Daten von einer Finanzbehörde erhoben oder erfasst wurden (Weiterverarbeitung), durch Finanzbehörden im Rahmen ihrer Aufgabenerfüllung ist zulässig, wenn

1. sie einem Verwaltungsverfahren, einem Rechnungsprüfungsverfahren oder einem gerichtlichen Verfahren in Steuersachen, einem Strafverfahren wegen einer Steuerstraftat oder einem Bußgeldverfahren wegen einer Steuerordnungswidrigkeit dient,

2. die gesetzlichen Voraussetzungen vorliegen, die nach § 30 Absatz 4 oder 5 eine Offenbarung der Daten zulassen würden, oder zu prüfen ist, ob diese Voraussetzungen vorliegen,

3. offensichtlich ist, dass die Weiterverarbeitung im Interesse der betroffenen Person liegt und kein Grund zu der Annahme besteht, dass sie in Kenntnis des anderen Zwecks ihre Einwilligung verweigern würde,

4. sie für die Entwicklung, Überprüfung oder Änderung automatisierter Verfahren der Finanzbehörden erforderlich ist, weil

    a) unveränderte Daten benötigt werden oder

    b) eine Anonymisierung oder Pseudonymisierung der Daten nicht oder nur mit unverhältnismäßigem Aufwand möglich ist.

[2]Die Nutzung personenbezogener Daten ist dabei insbesondere erforderlich, wenn personenbezogene Daten aus mehreren verschiedenen Datesystemen eindeutig miteinander verknüpft werden sollen und die Schaffung

geeigneter Testfälle nicht oder nur mit unverhältnismäßigem Aufwand möglich ist,

5. sie für die Gesetzesfolgenabschätzung erforderlich ist, weil

    a) unveränderte Daten benötigt werden oder

    b) eine Anonymisierung oder Pseudonymisierung der Daten nicht oder nur mit unverhältnismäßigem Aufwand möglich ist,

    oder

6. sie für die Wahrnehmung von Aufsichts-, Steuerungs- und Disziplinarbefugnissen der Finanzbehörde erforderlich ist. ²Das gilt auch für die Veränderung oder Nutzung personenbezogener Daten zu Ausbildungs- und Prüfungszwecken durch die Finanzbehörde, soweit nicht überwiegende schutzwürdige Interessen der betroffenen Person entgegenstehen.

²In den Fällen von Satz 1 Nummer 4 dürfen die Daten ausschließlich für Zwecke der Entwicklung, Überprüfung oder Änderung automatisierter Verfahren verarbeitet werden und müssen innerhalb eines Jahres nach Beendigung dieser Maßnahmen gelöscht werden. ³In den Fällen von Satz 1 Nummer 6 dürfen die Daten nur durch Personen verarbeitet werden, die nach § 30 zur Wahrung des Steuergeheimnisses verpflichtet sind.

(2) Die Weiterverarbeitung besonderer Kategorien personenbezogener Daten im Sinne des Artikels 9 Absatz 1 der Verordnung (EU) 2016/679 ist zulässig, wenn die Voraussetzungen des Absatzes 1 und ein Ausnahmetatbestand nach Artikel 9 Absatz 2 der Verordnung (EU) 2016/679 oder nach § 29b Absatz 2 vorliegen.

§ 30 Steuergeheimnis (S 0130)

(1) Amtsträger haben das Steuergeheimnis zu wahren.

(2) Ein Amtsträger verletzt das Steuergeheimnis, wenn er

1. personenbezogene Daten eines anderen, die ihm

    a) in einem Verwaltungsverfahren, einem Rechnungsprüfungsverfahren oder einem gerichtlichen Verfahren in Steuersachen,

    b) in einem Strafverfahren wegen einer Steuerstraftat oder einem Bußgeldverfahren wegen einer Steuerordnungswidrigkeit,

    c) im Rahmen einer Weiterverarbeitung nach § 29c Absatz 1 Satz 1 Nummer 4, 5 oder 6 oder aus anderem dienstlichen Anlass, insbesondere durch Mitteilung einer Finanzbehörde oder durch die gesetzlich vorgeschriebene Vorlage eines Steuerbescheids oder einer Bescheinigung über die bei der Besteuerung getroffenen Feststellungen,

    bekannt geworden sind, oder

2. ein fremdes Betriebs- oder Geschäftsgeheimnis, das ihm in einem der in Nummer 1 genannten Verfahren bekannt geworden ist,

(geschützte Daten) unbefugt offenbart oder verwertet oder

| Abgabenordnung | § 30 |

3. geschützte Daten im automatisierten Verfahren unbefugt abruft, wenn sie für eines der in Nummer 1 genannten Verfahren in einem automationsgestützten Dateisystem gespeichert sind.

(3) Den Amtsträgern stehen gleich

1. die für den öffentlichen Dienst besonders Verpflichteten (§ 11 Absatz 1 Nummer 4 des Strafgesetzbuchs),

1a. die in § 193 Absatz 3 des Gerichtsverfassungsgesetzes genannten Personen,

2. amtlich zugezogene Sachverständige,

3. die Träger von Ämtern der Kirchen und anderen Religionsgemeinschaften, die Körperschaften des öffentlichen Rechts sind.

(4) Die Offenbarung oder Verwertung geschützter Daten ist zulässig, soweit

1. sie der Durchführung eines Verfahrens im Sinne des Absatzes 2 Nummer 1 Buchstaben a und b dient,

1a. sie einer Verarbeitung durch Finanzbehörden nach Maßgabe des § 29c Absatz 1 Satz 1 Nummer 4 oder 6 dient,

1b. sie der Durchführung eines Bußgeldverfahrens nach Artikel 83 der Verordnung (EU) 2016/679 im Anwendungsbereich dieses Gesetzes dient,

2. sie durch Bundesgesetz ausdrücklich zugelassen ist,

2a. sie durch Recht der Europäischen Union vorgeschrieben oder zugelassen ist,

2b. sie der Erfüllung der gesetzlichen Aufgaben des Statistischen Bundesamtes oder für die Erfüllung von Bundesgesetzen durch die Statistischen Landesämter dient,

2c. sie der Gesetzesfolgenabschätzung dient und die Voraussetzungen für eine Weiterverarbeitung nach § 29c Absatz 1 Satz 1 Nummer 5 vorlieger,

2d. sie der Sicherung, Nutzung und wissenschaftlichen Verwertung von Archivgut der Finanzbehörden durch das Bundesarchiv nach Maßgabe des Bundesarchivgesetzes oder durch das zuständige Landes- oder Kommunalarchiv nach Maßgabe des einschlägigen Landesgesetzes oder der einschlägigen kommunalen Satzung dient, sofern die Beachtung der Vorgaben der §§ 6 und 10 bis 14 des Bundesarchivgesetzes im Landesrecht oder in der kommunalen Satzung sichergestellt ist,

3. die betroffene Person zustimmt,

4. sie der Durchführung eines Strafverfahrens wegen einer Tat dient, die keine Steuerstraftat ist, und die Kenntnisse

    a) in einem Verfahren wegen einer Steuerstraftat oder Steuerordnungswidrigkeit erlangt worden sind; dies gilt jedoch nicht für solche Tatsachen, die der Steuerpflichtige in Unkenntnis der Einleitung des Strafverfahrens oder des Bußgeldverfahrens offenbart hat oder die bereits vor Einleitung des Strafverfahrens oder des Bußgeldverfahrens im Besteuerungsverfahren bekannt geworden sind, oder

b) ohne Bestehen einer steuerlichen Verpflichtung oder unter Verzicht auf ein Auskunftsverweigerungsrecht erlangt worden sind,

5. für sie ein zwingendes öffentliches Interesse besteht; ein zwingendes öffentliches Interesse ist namentlich gegeben, wenn

a) die Offenbarung erforderlich ist zur Abwehr erheblicher Nachteile für das Gemeinwohl oder einer Gefahr für die öffentliche Sicherheit, die Verteidigung oder die nationale Sicherheit oder zur Verhütung oder Verfolgung von Verbrechen und vorsätzlichen schweren Vergehen gegen Leib und Leben oder gegen den Staat und seine Einrichtungen,

b) Wirtschaftsstraftaten verfolgt werden oder verfolgt werden sollen, die nach ihrer Begehungsweise oder wegen des Umfangs des durch sie verursachten Schadens geeignet sind, die wirtschaftliche Ordnung erheblich zu stören oder das Vertrauen der Allgemeinheit auf die Redlichkeit des geschäftlichen Verkehrs oder auf die ordnungsgemäße Arbeit der Behörden und der öffentlichen Einrichtungen erheblich zu erschüttern, oder

c) die Offenbarung erforderlich ist zur Richtigstellung in der Öffentlichkeit verbreiteter unwahrer Tatsachen, die geeignet sind, das Vertrauen in die Verwaltung erheblich zu erschüttern; die Entscheidung trifft die zuständige oberste Finanzbehörde im Einvernehmen mit dem Bundesministerium der Finanzen; vor der Richtigstellung soll der Steuerpflichtige gehört werden.

(5) Vorsätzlich falsche Angaben der betroffenen Person dürfen den Strafverfolgungsbehörden gegenüber offenbart werden.

(6) [1]Der Abruf geschützter Daten, die für eines der in Absatz 2 Nummer 1 genannten Verfahren in einem automationsgestützten Dateisystem gespeichert sind, ist nur zulässig, soweit er der Durchführung eines Verfahrens im Sinne des Absatzes 2 Nummer 1 Buchstabe a und b oder der zulässigen Übermittlung geschützter Daten durch eine Finanzbehörde an die betroffene Person oder Dritte dient. [2]Zur Wahrung des Steuergeheimnisses kann das Bundesministerium der Finanzen durch Rechtsverordnung mit Zustimmung des Bundesrates bestimmen, welche technischen und organisatorischen Maßnahmen gegen den unbefugten Abruf von Daten zu treffen sind. [3]nsbesondere kann es nähere Regelungen treffen über die Art der Daten, deren Abruf zulässig ist, sowie über den Kreis der Amtsträger, die zum Abruf solcher Daten berechtigt sind. [4]Die Rechtsverordnung bedarf nicht der Zustimmung des Bundesrates, soweit sie die Kraftfahrzeugsteuer, die Luftverkehrsteuer, die Versicherungsteuer sowie Einfuhr- und Ausfuhrabgaben und Verbrauchsteuern, mit Ausnahme der Biersteuer, betrifft.

(7) Werden dem Steuergeheimnis unterliegende Daten durch einen Amtsträger oder diesem nach Absatz 3 gleichgestellte Personen nach Maßgabe des § 87a Absatz 4 oder 7 über De-Mail-Dienste im Sinne des § 1 des De-Mail-Gesetzes versendet, liegt keine unbefugte Offenbarung, Verwertung und kein unbefugter

Abruf von dem Steuergeheimnis unterliegenden Daten vor, wenn beim Versenden eine kurzzeitige automatisierte Entschlüsselung durch den akkreditierten Diensteanbieter zum Zweck der Überprüfung auf Schadsoftware und zum Zweck der Weiterleitung an den Adressaten der De-Mail-Nachricht stattfindet.

(8) Die Einrichtung eines automatisierten Verfahrens, das den Abgleich geschützter Daten innerhalb einer Finanzbehörde oder zwischen verschiedenen Finanzbehörden ermöglicht, ist zulässig, soweit die Weiterverarbeitung oder Offenbarung dieser Daten zulässig und dieses Verfahren unter Berücksichtigung der schutzwürdigen Interessen der betroffenen Person und der Aufgaben der beteiligten Finanzbehörden angemessen ist.

(9) Die Finanzbehörden dürfen sich bei der Verarbeitung geschützter Daten nur dann eines Auftragsverarbeiters im Sinne von Artikel 4 Nummer 8 der Verordnung (EU) 2016/679 bedienen, wenn diese Daten ausschließlich durch Personen verarbeitet werden, die zur Wahrung des Steuergeheimnisses verpflichtet sind.

(10) Die Offenbarung besonderer Kategorien personenbezogener Daten im Sinne des Artikels 9 Absatz 1 der Verordnung (EU) 2016/679 durch Finanzbehörden an öffentliche oder nicht-öffentliche Stellen ist zulässig, wenn die Voraussetzungen der Absätze 4 oder 5 und ein Ausnahmetatbestand nach Artikel 9 Absatz 2 der Verordnung (EU) 2016/679 oder nach § 31c vorliegen.

(11) [1]Wurden geschützte Daten

1. einer Person, die nicht zur Wahrung des Steuergeheimnisses verpflichtet ist,
2. einer öffentlichen Stelle, die keine Finanzbehörde ist, oder
3. einer nicht-öffentlichen Stelle

nach den Absätzen 4 oder 5 offenbart, darf der Empfänger diese Daten nur zu dem Zweck speichern, verändern, nutzen oder übermitteln, zu dem sie ihm offenbart worden sind. [2]Die Pflicht eines Amtsträgers oder einer ihm nach Absatz 3 gleichgestellten Person, dem oder der die geschützten Daten durch die Offenbarung bekannt geworden sind, zur Wahrung des Steuergeheimnisses bleibt unberührt.

Verordnung über den automatisierten Abruf von Steuerdaten (Steuerdaten-Abrufverordnung - StDAV) vom 13.10.2005 (BGBl. I S. 3021), geändert durch Art. 3 der Verordnung vom 12.7.2017 (BGBl. I S. 2360)

Auf Grund des § 30 Abs. 6 Satz 2 und 3 der Abgabenordnung in der Fassung der Bekanntmachung vom 1. Oktober 2002 (BGBl. I S. 3866, 2003 I S. 61) verordnet das Bundesministerium der Finanzen:

§ 1 Anwendungsbereich

(1) Diese Verordnung regelt den automatisierten Abruf von nach § 30 der Abgabenordnung geschützten Daten (Abrufverfahren), die für eines der in § 30 Absatz 2 Nummer 1 der Abgabenordnung genannten Verfahren in einem automationsgestützten Dateisystem gespeichert sind.

(2) Diese Verordnung gilt nicht für Abrufverfahren, die Verbrauchsteuern und Verbrauchsteuervergütungen oder Ein- und Ausfuhrabgaben nach Artikel 5 Nummer 20 und 21 des Zollkodex der Union betreffen. Zollkodex der Union ist die Verordnung gemäß § 3 Absatz 3 der Abgabenordnung.

§ 2 Maßnahmen zur Wahrung des Steuergeheimnisses

(1) Es sind angemessene organisatorische und dem jeweiligen Stand der Technik entsprechende technische Vorkehrungen zur Wahrung des Steuergeheimnisses zu treffen. Hierzu zählen insbesondere Maßnahmen, die sicherstellen, dass

1. Unbefugten der Zutritt zu Datenverarbeitungsanlagen, mit denen die in § 1 Satz 1 bezeichneten Daten abgerufen werden können, verwehrt wird (Zutrittskontrolle),
2. Datenverarbeitungssysteme nicht unbefugt zum Abruf genutzt werden können (Zugangskontrolle),
3. die zur Benutzung eines Datenverarbeitungssystems zum Datenabruf Befugten ausschließlich auf die ihrer Zugriffsbefugnis unterliegenden Daten zugreifen können und dass die Daten während des Abrufs nicht unbefugt gelesen oder kopiert werden können (Zugriffskontrolle),
4. überprüft und festgestellt werden kann, wer personenbezogene Daten abrufen darf oder abgerufen hat (Weitergabekontrolle).

(2) Abrufverfahren zur Übermittlung von Daten an Empfänger außerhalb der für die Speicherung verantwortlichen Stelle sollen nur eingerichtet werden, wenn es wegen der Vielzahl der Übermittlungen oder wegen ihrer besonderen Eilbedürftigkeit unter Berücksichtigung der schutzwürdigen Interessen der Betroffenen angemessen ist.

§ 3 Erteilung der Abrufbefugnis

Die Erteilung einer Abrufbefugnis kommt in Betracht bei

1. Amtsträgern (§ 7 der Abgabenordnung) oder gleichgestellten Personen (§ 30 Abs. 3 der Abgabenordnung), die in einem Verwaltungsverfahren, einem Rechnungsprüfungsverfahren oder gerichtlichen Verfahren in Steuersachen,

	Abgabenordnung	§ 30
		StDAV

2. in einem Strafverfahren wegen einer Steuerstraftat oder einem Bußgeldverfahren wegen einer Steuerordnungswidrigkeit tätig sind,
2. Amtsträgern oder gleichgestellten Personen, soweit die Abrufbefugnis zur Wahrnehmung der Dienst- und Fachaufsicht erforderlich ist,
3. Amtsträgern oder gleichgestellten Personen, soweit die Abrufbefugnis erforderlich ist zur zulässigen Offenbarung geschützter Daten nach § 30 Absatz 4 oder Absatz 5 der Abgabenordnung,
4. Amtsträgern oder gleichgestellten Personen, die mit der Entwicklung oder Betreuung automatisierter Verfahren oder der dabei eingesetzten technischen Einrichtungen befasst sind, in denen die in § 1 bezeichneten Daten verarbeitet werden, wenn der Abruf allein der Beseitigung von Fehlern oder der Kontrolle der ordnungsgemäßen Arbeitsweise der Verfahren oder der technischen Einrichtungen dient und dies nicht mit vertretbarem Aufwand durch Zugriff auf anonymisierte oder pseudonymisierte Daten erreicht werden kann,
5. Amtsträgern der Zollverwaltung oder gleichgestellten Personen, soweit die Abrufbefugnis für die Festsetzung oder Erhebung der Einfuhrumsatzsteuer erforderlich ist und die Daten beim Bundeszentralamt für Steuern gespeichert sind,
6. Amtsträgern der Gemeinden, soweit sie in einem Realsteuerverfahren in Ausübung der nach § 21 des Finanzverwaltungsgesetzes den Gemeinden zustehenden Rechte tätig sind.

§ 4 Umfang der Abrufbefugnis

(1) Die Abrufbefugnis ist auf die Daten oder die Arten von Daten zu beschränken, die zur Erledigung der jeweiligen Aufgabe erforderlich sind. Hiervon darf nur abgesehen werden, wenn der Aufwand für eine Beschränkung auf bestimmte Daten oder Arten von Daten unter Berücksichtigung der schutzwürdigen Interessen der Betroffenen außer Verhältnis zu dem angestrebten Zweck steht.

(2) Die Abrufbefugnis ist zu befristen, wenn der Verwendungszweck zeitlich begrenzt ist. Sie ist unverzüglich zu widerrufen, wenn der Anlass für ihre Erteilung weggefallen ist.

§ 5 Prüfung der Abrufbefugnis

(1) Die Abrufbefugnis ist automatisiert zu prüfen

1. bei jedem Aufbau einer Verbindung anhand eines Identifizierungsschlüssel (Benutzerkennung) und eines geheim zu haltenden Passwortes oder sonst zum hinreichend sicheren Nachweis von Benutzeridentität und Authentizität geeigneter Verfahren,
2. bei jedem Abruf anhand eines Verzeichnisses über den Umfang der dem Abrufender eingeräumten Abrufbefugnis.

Benutzerkennungen und Passwörter sind nach höchstens fünf aufeinander folgenden Fehlversuchen zum Aufbau einer Verbindung zu sperren.

(2) Die Passwörter nach Absatz 1 Satz 1 Nr. 1 sind spätestens nach 90 Tagen, bei Kenntnisnahme durch andere Personen unverzüglich, zu ändern.

(3) Werden zur Authentifizierung automatisiert lesbare Ausweiskarten verwendet, so sind deren Bestand, Ausgabe und Einzug nachzuweisen und zu überwachen. Abhanden gekommene Ausweiskarten sind unverzüglich zu sperren. Der Inhaber darf die Ausweiskarte nicht weitergeben. Er hat sie unter Verschluss aufzubewahren, wenn er sie nicht zum Datenabruf verwendet.

§ 6 Aufzeichnung der Abrufe

(1) Abrufe und Abrufversuche sind zur Prüfung der Zulässigkeit der Abrufe automatisiert aufzuzeichnen. Die Aufzeichnungen umfassen mindestens die Benutzerkennung, das Datum, die Uhrzeit sowie die sonstigen zur Prüfung der Zulässigkeit der Abrufe erforderlichen Daten.

(2) Die Aufzeichnungspflicht entfällt, soweit die Abrufbefugnis durch technische Maßnahmen auf die Daten oder Arten von Daten beschränkt worden ist, die zur Erledigung der jeweiligen Aufgabe erforderlich sind. Unbeschadet des Satzes 1 können Aufzeichnungen anlassbezogen durchgeführt werden.

(3) Die Aufzeichnungen dürfen nur zur Prüfung der Zulässigkeit der Abrufe verwendet werden.

(4) Die Aufzeichnungen sind zwei Jahre aufzubewahren und danach unverzüglich zu löschen.

§ 7 Prüfung der Zulässigkeit der Abrufe

Anhand der Aufzeichnungen ist zeitnah und in angemessenem Umfang zu prüfen, ob der Abruf nach § 30 Abs. 6 Satz 1 der Abgabenordnung und nach dieser Verordnung zulässig war. Unbeschadet des Satzes 1 können aufgezeichnete Abrufe anlassbezogen geprüft werden.

§ 8 Ergänzende Regelungen und Verfahrensdokumentation

Bei Einrichtung eines Abrufverfahrens sind von den beteiligten Stellen zu regeln und in einer für sachverständige Dritte verständlichen Weise zu dokumentieren

1. Anlass, Zweck und beteiligte Stellen des Abrufverfahrens,
2. die notwendigen technischen Voraussetzungen und die verwendeten Programme,
3. die zum Abruf bereitgehaltenen Daten,
4. auf welche Weise und zu welchem Zeitpunkt die verantwortlichen Stellen über die Abrufbefugnis anderer Behörden zu unterrichten sind,
5. die Gruppen der zum Abruf berechtigten Personen (§ 3) und der Umfang der Abrufbefugnisse (§ 4),
6. die protokollierende Stelle,
7. die zur Identifizierung, Authentisierung und Verschlüsselung verwendeten Verfahren,
8. die für die Vergabe und Verwaltung von Benutzerkennungen, Passwörtern und Ausweiskarten sowie die für die Prüfung der aufgezeichneten Abrufe und Stichproben zuständigen Stellen,

9. Art und Umfang der Maßnahmen zur nachträglichen Überprüfung eingeräumter Abrufbefugnisse sowie die Frist zur Aufbewahrung der revisionsfähigen Unterlagen,
10. die Einzelheiten des Prüfungsverfahrens nach § 7,
11. das Verfahren zur Erprobung und zur Qualitätssicherung der Programme vor dem Einsatz,
12. die Fristen, nach deren Ablauf Daten zum Abruf durch Abrufberechtigte außerhalb der für die Speicherung verantwortlichen Stelle nicht mehr für einen Datenabruf bereitgehalten werden dürfen,
13. die sonstigen zur Wahrung der schutzwürdigen Belange der Betroffenen sowie zur Gewährleistung von Datenschutz und Datensicherheit getroffenen technischen und organisatorischen Maßnahmen.

Die Verfahrensdokumentation ist fortlaufend zu aktualisieren. Sie ist mindestens zwei Jahre über das Ende des Verfahrenseinsatzes hinaus aufzubewahren.

§ 9 Abrufe durch den Steuerpflichtigen

Für Verfahren, die dem Steuerpflichtigen (§ 33 der Abgabenordnung) den Abruf ihn betreffender personenbezogener Daten ermöglichen, gelten die §§ 1 bis 8 entsprechend. Satz 1 ist auch anzuwenden, wenn anstelle des Steuerpflichtigen seinem gesetzlichen Vertreter, Vermögensverwalter, Verfügungsberechtigten, Bevollmächtigten oder Beistand eine Abrufberechtigung erteilt wird.

§ 10 (weggefallen)

§ 11 Inkrafttreten

Diese Verordnung tritt am Tag nach der Verkündung in Kraft.

AEAO zu § 30 - Steuergeheimnis:

Inhaltsübersicht

1. Gegenstand des Steuergeheimnisses
2. Verpflichteter Personenkreis
3. Offenbarung oder Verwertung geschützter Daten
4. Offenbarung oder Verwertung zur Durchführung eines steuerlichen Verfahrens (§ 30 Abs. 4 Nr. 1 AO)
5. Offenbarung zur Wahrnehmung von Aufsichts-, Steuerungs- und Disziplinar-befugnissen der Finanzbehörde sowie zu Ausbildungs- und Prüfungszwecken (§ 30 Abs. 4 Nr. 1a 2. Alternative AO)
6. Offenbarung zur Durchführung eines Bußgeldverfahrens nach Art. 83 DSGVO (§ 30 Abs. 4 Nr. 1b AO)
7. Gesetzlich zugelassene Offenbarung (§ 30 Abs. 4 Nr. 2 AO)
8. Europarechtlich vorgeschriebene oder zugelassene Offenbarung (§ 30 Abs. 4 Nr. 2a AO)
9. Offenbarung bei Zustimmung des Betroffenen (§ 30 Abs. 4 Nr. 3 AO)
10. Offenbarung zur Durchführung eines außersteuerlichen Strafverfahrens (§ 30 Abs. 4 Nr. 4 AO)
11. Offenbarung aus zwingendem öffentlichen Interesse (§ 30 Abs. 4 Nr. 5 AO)
12. Offenbarung vorsätzlich falscher Angaben (§ 30 Abs. 5 AO)
13. Auskunft über Anzeigeerstatter
14. Abruf geschützter Daten (§ 30 Abs. 6 AO)

1. Gegenstand des Steuergeheimnisses

1.1 Durch das Steuergeheimnis werden alle Informationen geschützt, die einem Amtsträger oder einer ihm gleichgestellten Person in einem der in § 30 Abs. 2 Nr. 1 Buchstabe a bis c AO genannten Verfahren über identifizierte oder identifizierbare

- (lebende oder verstorbene) natürliche Personen sowie
- Körperschaften, rechtsfähige oder nicht rechtsfähige Personenvereinigungen oder Vermögensmassen

bekannt geworden sind. Es ist unerheblich, ob diese Informationen für die Besteuerung relevant sind oder nicht.

Eine (lebende) natürliche Person gilt als identifizierbar, wenn sie mit vorhandenen oder zugänglichen Mitteln direkt oder indirekt, insbesondere mittels Zuordnung zu einer Kennung wie einem Namen, zu einer Kennnummer, zu Standortdaten, zu einer Online-Kennung oder zu einem oder mehreren besonderen Merkmalen, die Ausdruck der physischen, physiologischen, genetischen, psychischen, wirtschaftlichen, kulturellen oder sozialen Identität dieser Person sind, bestimmt werden kann (vgl. Art. 4 Nr. 1 DSGVO). Entsprechendes gilt nach § 2a Abs. 5 AO für Verstorbene sowie für Körperschaften, rechtsfähige oder nicht rechtsfähige Personenvereinigungen oder Vermögensmassen.

Wurden solche personenbezogenen Daten so weit anonymisiert, dass die betroffene Person nicht oder nicht mehr identifiziert werden kann, unterliegen sie nicht mehr dem Steuergeheimnis (Ausnahme: Betriebs- und Geschäftsgeheimnisse; siehe Nr. 1.5 des AEAO zu § 30).

Einer Pseudonymisierung unterzogene personenbezogene Daten unterliegen solange dem Steuergeheimnis, wie sie durch Heranziehung zusätzlicher Informationen einer identifizierten oder identifizierbaren Person zugeordnet werden könnten.

1.2 Das Steuergeheimnis erstreckt sich auf die gesamten persönlichen, wirtschaftlichen, rechtlichen, öffentlichen und privaten Verhältnisse einer natürlichen oder juristischen Person (personenbezogene Daten). Hierzu zählen auch das Verwaltungsverfahren selbst, die Art der Beteiligung am Verwaltungsverfahren und die Maßnahmen, die vom Beteiligten getroffen wurden. So unterliegt z. B. auch dem Steuergeheimnis, ob und bei welcher Finanzbehörde ein Beteiligter steuerlich geführt wird, ob ein Steuerfahndungsverfahren oder eine Außenprüfung stattgefunden hat, wer für einen Beteiligten im Verfahren aufgetreten ist und welche Anträge gestellt worden sind.

1.3 Zum geschützten Personenkreis gehören nicht nur die Steuerpflichtigen (§ 33 AO), sondern auch andere Personen, Körperschaften, rechtsfähige oder nicht rechtsfähige Personenvereinigungen oder Vermögensmassen, deren personenbezogene Daten einem Amtsträger oder einer ihm gleichgestellten Person in einem der in § 30 Abs. 2 Nr. 1 AO genannten Verfahren bekannt geworden sind.

Ob diese Personen in einem derartigen Verfahren mitwirkungs- oder auskunftspflichtig sind oder ihre Angaben ohne rechtliche Verpflichtung abgegeben haben, ist für die Zuordnung zum geschützten Personenkreis unerheblich (BFH-Urteil vom 8.2.1994, VII R 88/92, BStBl II S. 552). Gesetzliche Informationspflichten eines Dritten gegenüber dem Steuerpflichtigen über eine diesen betreffende Mitteilung an die Finanzbehörden (z. B. nach § 93c Abs. 1 Nr. 3 AO) bleiben unberührt.

Zur Information des Steuerpflichtigen über ein Auskunftsersuchen gegenüber Dritten vgl. AEAO zu § 93, Nr. 1.2.7.

1.4 Dem Steuergeheimnis unterliegt auch die Identität eines Anzeigeerstatters (vgl. BFH-Beschluss vom 7.12.2006, V B 163/05, BStBl 2007 II S. 275 m. w. N.). Nach § 30 Abs. 4 Nr. 4 Buchstabe b und Abs. 5 AO kann allerdings eine Durchbrechung des Steuergeheimnisses zulässig und in besonders gelagerten Einzelfällen sogar geboten sein (vgl. AEAO zu § 30, Nr. 13).

1.5 Dem Steuergeheimnis unterliegen nach § 30 Abs. 2 Nr. 2 AO auch nicht personenbezogene (d. h. anonymisierte oder pseudonymisierte) Betriebs- und Geschäftsgeheimnisse.

1.6 Ein Amtsträger (bzw. eine ihm gleichgestellte Person) verletzt das Steuergeheimnis, wenn er nach § 30 Abs. 2 Nr. 1 oder 2 AO geschützte Daten unbefugt offenbart oder verwertet. Er verletzt das Steuergeheimnis außerdem, wenn er nach § 30 Abs. 2 Nr. 1 oder 2 AO geschützte und für ein Verfahren i. S. d. § 30 Abs. 2 Nr. 1 AO gespeicherte Daten im automatisierten Verfahren unbefugt abruft (§ 30 Abs. 2 Nr. 3 AO).

2. Verpflichteter Personenkreis

2.1 Das Steuergeheimnis haben Amtsträger und die in § 30 Abs. 3 AO genannten Personen zu wahren.

2.2 Amtsträger sind die in § 7 AO abschließend aufgeführten Personen.

2.3 Den Amtsträgern sind nach § 30 Abs. 3 AO gleichgestellt u. a. die für den öffentlichen Dienst besonders Verpflichteten. Nach § 11 Abs. 1 Nr. 4 StGB ist dies, wer, ohne Amtsträger zu sein, bei einer Behörde oder bei einer sonstigen Stelle, die Aufgaben der öffentlichen Verwaltung wahrnimmt, oder bei einem Verband oder sonstigen Zusammenschluss, Betrieb oder Unternehmen, die für eine Behörde oder für eine sonstige Stelle Aufgaben der öffentlichen Verwaltung ausführen, beschäftigt oder für sie tätig und auf die gewissenhafte Erfüllung seiner Obliegenheiten aufgrund eines Gesetzes förmlich verpflichtet ist. Rechtsgrundlage für die Verpflichtung ist das VerpflG. Für eine Verpflichtung kommen z. B. Schreib- und Registraturkräfte, ferner Mitarbeiter in Rechenzentren sowie Unternehmer und deren Mitarbeiter, die Hilfstätigkeiten für die öffentliche Verwaltung erbringen (z. B. Datenerfassung, Versendung von Erklärungsvordrucken), in Betracht.

2.4 Sachverständige stehen Amtsträgern nur dann gleich, wenn sie von einer Behörde oder einem Gericht hinzugezogen werden.

3. Offenbarung oder Verwertung geschützter Daten

3.1 Die Absätze 4 und 5 des § 30 AO erlauben die Offenbarung oder Verwertung der in § 30 Abs. 2 AO geschützten Daten.

3.2 Offenbaren i. S. d. § 30 AO ist eine Form des Offenlegens geschützter Daten i. S. d. Art. 4 Nr. 2 DSGVO, umfasst aber - anders als die Offenlegung - auch die Übermittlung, Verbreitung und andere Formen der Bereitstellung gegenüber anderen Amtsträgern oder gleichgestellten Personen derselben Finanzbehörde.

„Offenbarung" ist jedes ausdrückliche oder konkludente Verhalten, auf Grund dessen nach § 30 Abs. 2 AO geschützte Daten einem Dritten bekannt werden können. Eine Offenbarung kann sich aus mündlichen, schriftlichen oder elektronischen Erklärungen, aber auch aus anderen Handlungen (z. B. Gewährung von Akteneinsicht, Kopfnicken usw.) oder Unterlassungen ergeben.

Im Fall der Bereitstellung von Daten zum Abruf erfolgt die Offenbarung erst mit tatsächlichem Zugriff auf die Daten. Werden zum Abruf bereitgestellte Daten von der verantwortlichen Finanzbehörde vor der Einsichtnahme oder dem Abruf wieder gelöscht oder der Abruf in anderer Weise ausgeschlossen, ist keine Offenbarung erfolgt. Entsprechendes gilt bei der Bereitstellung von Akten zur Einsichtnahme.

3.3 Der Gesamtrechtsnachfolger (z. B. der Erbe nach § 1922 BGB) tritt in die rechtliche Stellung des Rechtsvorgängers ein (§ 45 Abs. 1 Satz 1 AO) und ist damit kein Dritter. Die Auskünfte, die dem Rechtsvorgänger erteilt werden durften, dürfen auch dem Rechtsnachfolger erteilt werden.

Sind in einem Erbfall mehrere Erben vorhanden, so ist jeder Einzelne Gesamtrechtsnachfolger des Erblassers. Zur Auskunftserteilung bedarf es nicht der Zustimmung der übrigen Miterben. Der auskunftssuchende Erbe hat sich erforderlichenfalls durch Erbschein auszuweisen.

Vermächtnisnehmer, Pflichtteilsberechtigte sowie Erbersatzanspruchsberechtigte sind keine Gesamtrechtsnachfolger und daher Dritte. Der Auskunftsanspruch des Pflichtteilsberechtigten gegen den Erben nach § 2314 BGB hebt das Steuergeheimnis nicht auf.

3.4 Eine Offenbarung liegt nicht vor, wenn sich ein Dritter unbefugt Zugang zu den Daten verschafft hat. In diesem Fall liegt aber gleichwohl eine Verletzung des Schutzes personenbezogener Daten i. S. d. Art. 33 und 34 DSGVO vor (vgl. zu den Rechtsfolgen nach der DSGVO Nr. 3.8 des AEAO zu § 30).

3.5 Eine Offenbarung liegt außerdem nicht vor, wenn der Amtsträger (oder die ihm gleichgestellte Person) personenbezogene Daten, die er selbst für Zwecke eines bestimmten Verwaltungsverfahrens in Steuersachen erhoben hat, für ein anderes von ihm geführtes Verfahren i. S. d. § 30 Abs. 4 Nr. 1 AO verarbeitet (zulässige Weiterverarbeitung nach § 29c Abs. 1 Satz 1 Nr. 1 AO)

3.6 Unter „Verwertung" ist jede Verwendung in der Absicht, aus der Nutzung der geschützten Daten für sich oder andere Vorteile ziehen zu wollen, zu verstehen. Eine unbefugte Verwertung personenbezogener Daten eines anderen oder eines fremden Betriebs- oder Geschäftsgeheimnisses liegt vor, wenn die zu Grunde liegenden Informationen in irgendeiner Weise ohne rechtfertigenden Grund genutzt werden.

3.7 Die Finanzbehörde ist, sofern eine der in § 30 Abs. 4 und 5 AO genannten Voraussetzungen vorliegt, zur Offenbarung befugt, jedoch nicht verpflichtet. Es gelten die Grundsätze des § 5 AO. Bei der Entscheidung, ob dem Steuergeheimnis unterliegende Verhältnisse offenbart werden sollen, ist zu berücksichtigen, dass das Steuergeheimnis auch dazu dient, die Beteiligten am Besteuerungsverfahren zu wahrheitsgemäßen Angaben zu veranlassen. Ist die Befugnis zur Offenbarung nach § 30 AO gegeben und besteht gleichzeitig ein Auskunftsanspruch, der für sich allein das Steuergeheimnis nicht durchbricht, z. B. § 161 StPO, so ist die Finanzbehörde zur Auskunftserteilung verpflichtet.

3.8 Eine unbefugte Offenbarung oder Verwertung nach § 30 Abs. 2 Nr. 1 AO geschützter Daten stellt eine Verletzung des Schutzes personenbezogener Daten nach Art. 4 Nr. 12 DSGVO dar und löst ggf. die Mitteilungspflicht gegenüber der Datenschutzaufsicht nach Art. 33 DSGVO, ggf. auch die Benachrichtigungspflicht gegenüber der betroffenen Person nach Art. 34 DSGVO aus. § 355 Abs. 3 StGB bleibt hiervon unberührt.

3.9 Wurden geschützte Daten

- einer Person, die nicht zur Wahrung des Steuergeheimnisses verpflichtet ist,
- einer öffentlichen Stelle, die keine Finanzbehörde ist, oder
- einer nicht-öffentlichen Stelle

befugt offenbart, darf der Empfänger diese Daten nur zu dem Zweck speichern, verändern, nutzen oder übermitteln, zu dem sie ihm offenbart worden sind (§ 30 Abs. 11 Satz 1 AO). Ein Verstoß gegen diese Verarbeitungsbeschränkung kann - soweit er nicht bereits nach dem StGB strafbar ist - als Verstoß gegen die DSGVO geahndet werden und die Rechtsfolgen des Art. 82 DSGVO auslösen

4. Offenbarung oder Verwertung zur Durchführung eines steuerlichen Verfahrens (§ 30 Abs. 4 Nr. 1 AO)

4.1 § 30 Abs. 4 Nr. 1 AO lässt eine Offenbarung zur Durchführung eines steuerlichen Verwaltungsverfahrens, eines steuerlichen Straf- oder Bußgeldverfahrens, eines gerichtlichen Verfahrens in Steuersachen oder eines Rechnungsprüfungsverfahrens in Steuersachen zu.

Es genügt, dass das Offenbaren für die Einleitung oder den Fortgang dieses Verfahrens nützlich sein könnte. Die Zulässigkeit ist nicht auf die Mitteilung von Tatsachen zwischen Finanzbehörden beschränkt (z. B. Mitteilungen zwischen Zollbehörden und Steuerbehörden, zwischen Finanzämtern und übergeordneten Finanzbehörden). Zulässig ist auch die Mitteilung an andere Behörden, soweit sie unmittelbar der Durchführung eines der oben genannten Verfahren dient, z. B. Mitteilungen an die Denkmalschutzbehörden im Bescheinigungsverfahren nach § 7i EStG.

Sofern Verwaltungsgerichte Verfahren in Steuersachen (insbesondere Realsteuersachen, Kirchensteuersachen) zu entscheiden haben, besteht eine Offenbarungsbefugnis wie gegenüber Finanzgerichten.

Bei verwaltungsgerichtlichen Streitigkeiten in anderen als steuerlichen Verfahren dürfen die Finanzbehörden den Gerichten Auskünfte nur dann erteilen, wenn die Offenbarung nach § 30 Abs. 4 Nr. 2 bis 5 AO zugelassen ist.

4.2 Auskünfte darüber, ob eine Körperschaft wegen Verfolgung gemeinnütziger, mildtätiger oder kirchlicher Zwecke steuerbegünstigt ist oder nicht, sind dem Spender nur dann zu erteilen, wenn

- er im Besteuerungsverfahren die Berücksichtigung der geleisteten Spende beantragt (§ 30 Abs. 4 Nr. 1 i. V. m. Abs. 2 Nr. 1 Buchstabe a AO),

- die Körperschaft ihm den Tatsachen entsprechend mitgeteilt hat, dass sie zur Entgegennahme steuerlich abzugsfähiger Spenden berechtigt ist,

oder

- die Körperschaft wahrheitswidrig behauptet, sie sei zur Entgegennahme steuerlich abzugsfähiger Spenden berechtigt (§ 30 Abs. 4 Nr. 1 i. V. m. Abs. 2 Nr. 1 Buchstabe a AO, vgl. AEAO zu § 85 AO); die Richtigstellung kann öffentlich erfolgen, wenn die Körperschaft ihre wahrheitswidrige Behauptung öffentlich verbreitet.

Ansonsten ist der Spender bei Anfragen stets an die Körperschaft zu verweisen, sofern keine Zustimmung der Körperschaft zur Auskunftserteilung vorliegt.

4.3 Wird eine beantragte Steuerermäßigung, die von Einkommens- oder Vermögensverhältnissen Dritter abhängt (z. B. nach §§ 32, 33a EStG), abgelehnt, weil die Einkünfte und Bezüge bzw. das Vermögen gesetzliche Betragsgrenzen übersteigen, ist dies dem Steuerpflichtigen ohne Angabe des genauen Betrags mitzuteilen. Wird ein derartiger Ermäßigungsantrag im Hinblick auf die eigenen Einkünfte und Bezüge oder das Vermögen des Dritten teilweise abgelehnt, so darf dem Steuerpflichtigen die Höhe dieser Beträge mitgeteilt werden.

4.4 Bei der Schätzung von Besteuerungsgrundlagen sind ggf. die für Vergleichsbetriebe geführten Steuerakten dem Finanzgericht vorzulegen, damit das Finanzgericht überprüfen kann, ob gegen die Zahlen der Vergleichsbetriebe Bedenken bestehen. Da der Steuerpflichtige jedoch gem. § 78 FGO das Recht hat, die dem Finanzgericht vorgelegten Akten einzusehen, hat die Vorlage an das Finanzgericht stets in anonymisierter Form zu erfolgen (vgl. BFH-Urteil vom 18.12.1984, VIII R 195/82, BStBl 1986 II S. 226). Das Finanzgericht darf die Verwertung der vom Finanzamt eingebrachten anonymisierten Daten über Vergleichsbetriebe nicht schon im Grundsatz ablehnen (vgl. BFH-Urteil vom 17.10.2001, I R 103/00, BStBl 2004 II S. 171).

4.5 Zur Auskunftserteilung bei Betriebsübernahme im Hinblick auf die Haftung vgl. AEAO zu § 75, Nr. 6.

4.6 Anträge auf Erteilung von Auskünften über die Besteuerung Dritter bei der Anwendung drittschützender Normen (u. a. §§ 64 bis 68 AO und § 2 Abs. 3 UStG) sind zur Vorbereitung einer Konkurrentenklage grundsätzlich zulässig (vgl. BFH-Urteil vom 5.10.2006, VII R 24/03, BStBl 2007 II S. 243). Ein solcher Auskunftsanspruch setzt allerdings voraus, dass der Steuerpflichtige substantiiert und glaubhaft darlegt, durch die unzutreffende Besteuerung des Konkurrenten konkret feststellbare und spürbare Wettbewerbsnachteile zu erleiden und deshalb gegen die Steuerbehörde mit Aussicht auf Erfolg ein subjektives öffentliches Recht auf steuerlichen Drittschutz geltend machen zu können. Die Auskünfte sind auf das für die Rechtsverfolgung notwendige Maß zu beschränken. In der Auskunft dürfen deshalb nur Angaben über die Art und Weise der Besteuerung der für die Konkurrenzsituation relevanten Umsätze der fraglichen öffentlichen Einrichtung gemacht werden, nicht aber über die Höhe dieser Umsätze und der hierauf festgesetzten Steuer. Der betroffene Dritte soll gehört werden.

4.7 Gerichtliche Verfahren im Vollstreckungsverfahren

4.7.1 Im Rahmen einer Drittwiderspruchsklage (§ 262 AO) darf die Vollstreckungsbehörde (§ 249 Abs. 1 Satz 3 AO) im Prozess geschützte Daten des Vollstreckungsschuldners und anderer Personen nach § 30 Abs. 4 Nr. 1 AO offenbaren, soweit dies der Durchsetzung der Steueransprüche gegen den Vollstreckungsschuldner dient.

4.7.2 Der Drittschuldner (vgl. § 309 AO) ist befugt, Einwendungen gegen die Art und Weise der Zwangsvollstreckung, wozu auch die Geltendmachung der Unpfändbarkeit von Forderungen (vgl. § 319 AO) gehört, mit der Anfechtungsklage nach § 40 Abs. 1 FGO geltend zu machen. Im finanzgerichtlichen Verfahren darf die Vollstreckungsbehörde die geschützten Daten des Vollstreckungsschuldners und anderer Personen nach § 30 Abs. 4 Nr. 1 AO offenbaren, soweit dies der Durchführung des finanzgerichtlichen Verfahrens dient.

4.7.3 Leistet der Drittschuldner (vgl. § 309 AO) nicht, kann die Vollstreckungsbehörde zivilgerichtlich gegen ihn vorgehen. Dabei ist dem Vollstreckungsschuldner der Streit zu verkünden (§ 316 Abs. 3 AO i. V. m. § 841 ZPO). Die Klage gegen den Drittschuldner dient der Durchsetzung der Steueransprüche gegen den Vollstreckungsschuldner. Die Vollstreckungsbehörde darf daher im Prozess geschützte Daten des Vollstreckungsschuldners, des Drittschuldners und anderer Personen nach § 30 Abs. 4 Nr. 1 AO offenbaren, soweit dies der Durchsetzung der Steueransprüche dient.

4.8 § 30 Abs. 4 Nr. 1 AO lässt auch eine Verwertung zur Durchführung eines der in § 30 Abs. 4 Nr. 1 Buchstabe a oder b AO genannten Verfahren zu. Ein allgemeines gesetzliches Verwertungsverbot für Tatsachen, die unter Verletzung von Verfahrensvorschriften ermittelt wurden, besteht im Besteuerungsverfahren nicht. Ein Verwertungsverbot, das auch nicht durch zulässige, erneute Ermittlungsmaßnahmen geheilt werden kann, kommt als Folge einer fehlerhaften Maßnahme nur ausnahmsweise in Betracht, wenn die zur Fehlerhaftigkeit der Ermittlungsmaßnahme führenden Verfahrensverstöße schwerwiegend waren oder bewusst oder willkürlich begangen wurden (vgl. z. B. BVerfG-Beschluss vom 2.7.2009, 2 BvR 2225/08, NJW S. 3225; BFH-Urteile vom 4.10.2006, VIII R 53/04, BStBl II 2007 S. 227, und vom 4.12.2012, VIII R 5/10, BStBl II 2014 S. 220, jeweils m. w. N.).

4.9 Ein Verwaltungsverfahren i. S. d. § 30 Abs. 2 Nr. 1 AO stellen auch die vom BZSt durchzuführenden Verfahren zur Überprüfung und Durchsetzung der Sorgfalts- und Meldepflichten durch Intermediäre nach der FATCA-USA-UmsV, dem FKAustG, dem PStTG oder vergleichbaren Regelungen dar. Liegen einem Finanzamt hinreichende Anhaltspunkte darüber vor, dass ein Intermediär seinen Mitteilungspflichten gegenüber dem BZSt nicht nachgekommen ist, ist eine Mitteilung an das BZSt zulässig.

5. **Offenbarung zur Wahrnehmung von Aufsichts-, Steuerungs- und Disziplinarbefugnissen der Finanzbehörde sowie zu Ausbildungs- und Prüfungszwecken (§ 30 Abs. 4 Nr. 1a 2. Alternative AO)**

5.1 Nach § 30 Abs. 2 AO geschützte Daten dürfen den jeweils zuständigen Stellen offenbart werden, soweit dies zur Wahrnehmung von Aufsichts-, Steuerungs- und Disziplinarbefugnissen der Finanzbehörde erforderlich ist (§ 29c Abs. 1 Satz 1 Nr. 6 Satz 1 AO).

Hiernach sind Mitteilungen an Disziplinarstellen der Finanzverwaltung zur Durchführung dienstrechtlicher Maßnahmen bei Angehörigen der Finanzverwaltung zulässig.

Eine Offenbarung soll allerdings nur erfolgen, wenn die mitteilende Stelle zur Überzeugung gelangt ist, dass ein schweres Dienstvergehen vorliegt, der Sachverhalt mithin nach ihrer Auffassung geeignet erscheint, eine im Disziplinarverfahren zu verhängende Maßnahme von Gewicht, d. h. grundsätzlich eine Zurückstufung oder die Entfernung aus dem Dienst, zu tragen (vgl. BVerfG-Beschluss vom 6.5.2008, 2 BvR 336/07, NJW S. 3489).

Ein relevanter Verstoß gegen Dienstpflichten kann auch darin liegen, dass das in Rede stehende Delikt das Ansehen und die Funktionsfähigkeit des Beamtentums nachhaltig schädigen könnte (BVerwG-Beschluss vom 5.3.2010, 2 B 22/09, NJW S. 2229). Eine Offenbarung ist regelmäßig geboten, wenn eine Steuerhinterziehung durch Beamte der Finanzverwaltung begangen und von weiteren Delikten, insbesondere von geschäftsmäßiger Hilfeleistung in Steuersachen, begleitet wird, die über einen längeren Zeitraum begangen wurden (vgl. BVerwG-Beschluss vom 5.3.2010, a. a. O.). Vgl. im Übrigen auch Nr. 11.8 des AEAO zu § 30 sowie das BMF-Schreiben vom 12.1.2018, BStBl I S. S.201, geändert durch das BMF-Schreiben vom 13.1.2023, BStBl I S. 182¹.

5.2 Nach § 30 Abs. 2 AO geschützte Daten dürfen den jeweils zuständigen Stellen offenbart werden, wenn dies der Veränderung oder Nutzung personenbezogener Daten zu Ausbildungs- und Prüfungszwecken durch die Finanzbehörde dient, soweit nicht überwiegende schutzwürdige Interessen der betroffenen Person entgegenstehen (§ 29c Abs. 1 Satz 1 Nr. 6 Satz 2 AO).

5.3 Nach § 30 Abs. 2 AO geschützte Daten dürfen in den vorgenannten Fällen nur durch Personen verarbeitet werden, die zur Wahrung des Steuergeheimnisses verpflichtet sind (§ 29c Abs. 1 Satz 3 i. V. m. § 30 Abs. 1 und 3 AO)

6. Offenbarung zur Durchführung eines Bußgeldverfahrens nach Art. 83 DSGVO (§ 30 Abs. 4 Nr. 1b AO)

Nach § 30 Abs. 2 AO geschützte Daten dürfen den für die Durchführung eines Bußgeldverfahrens nach der DSGVO zuständigen Datenschutzaufsichtsbehörden nur offenbart werden, wenn das Bußgeldverfahren die Verarbeitung personenbezogener Daten im Anwendungsbereich der AO betrifft.

7. Gesetzlich zugelassene Offenbarung (§ 30 Abs. 4 Nr. 2 AO)

Auf § 30 Abs. 4 Nr. 2 AO kann eine Offenbarung nur gestützt werden, wenn die Befugnis zum Offenbaren in einem Bundesgesetz ausdrücklich enthalten ist. Eine Regelung in einem Landesgesetz oder einer Kommunalsatzung oder eine Bestimmung über die allgemeine Pflicht zur Amtshilfe genügt nicht. Die

---
¹ Im Anhang 17 abgedruckt.

Befugnis kann in der AO selbst (z. B. § 31 AO), in anderen Steuergesetzen des Bundes oder in außersteuerlichen Vorschriften des Bundes enthalten sein.

Zu den außersteuerlichen Vorschriften gehören insbesondere:[1]

- § 5 Abs. 3 des Gesetzes über den Abbau der Fehlsubventionierung im Wohnungswesen;
- § 236 Abs. 1 und § 379 Abs. 2 des Gesetzes über Verfahren in Familiensachen und in Angelegenheiten der freiwilligen Gerichtsbarkeit;
- § 88 Abs. 3 des Aufenthaltsgesetzes;
- § 197 Abs. 2 Satz 2 des Baugesetzbuches;
- § 49 des Beamtenstatusgesetzes und § 115 des Bundesbeamtengesetzes;
- § 16 Abs. 3 Satz 1 Nr. 2 und Abs. 4 des Bundesdatenschutzgesetzes;
- § 39 des Erdölbevorratungsgesetzes;
- § 17 Satz 2 des Gesetzes über das gerichtliche Verfahren in Landwirtschaftssachen;
- § 14 Abs. 4 und § 153a Abs. 1 Satz 2 der Gewerbeordnung;
- § 3 Abs. 5 des Güterkraftverkehrsgesetzes;
- § 8 Abs. 2 des Gesetzes über das Kreditwesen;
- § 6 Abs. 2 des Bundesmeldegesetzes;
- § 25 Abs. 3 des Personenbeförderungsgesetzes;
- § 7 Abs. 2 des Gesetzes über die Preisstatistik;
- § 27 Abs. 1 Satz 2 des Gesetzes zur Regelung offener Vermögensfragen;
- § 21 Abs. 4 SGB X;
- § 5 Abs. 2 bis 5 und §§ 10, 10a des Steuerberatungsgesetzes;
- § 2a Abs. 1, § 2b Abs. 1, § 4 Abs. 4, § 6 Abs. 1 und 2 und § 9 Abs. 1 bis 3 des Gesetzes über Steuerstatistiken;
- § 492 Abs. 3 StPO i. V. m. §§ 385, 399 AO;
- § 27 Abs. 5 des Unterhaltssicherungsgesetzes;
- § 3a der Verfahrensordnung für Höfesachen;

---

[1] Im Anhang 1 abgedruckt.

- § 32 Abs. 4 und § 35 Abs. 4 des Wohnraumförderungsgesetzes und § 2 des Wohnungsbindungsgesetzes;
- § 2 des Verwaltungsdatenverwendungsgesetzes;
- § 36 Abs. 2 und 3 der Bundesrechtsanwaltsordnung;
- § 18 Abs. 3a des Bundesverfassungsschutzgesetzes (vgl. auch § 51 Abs. 3 Satz 3 AO);
- § 6 Abs. 1 und 4 des Bundesarchivgesetzes;
- § 36a Abs. 3 und 4 der Wirtschaftsprüferordnung;
- § 64d der Bundesnotarordnung;
- § 34 Abs. 2 und 3 der Patentanwaltsordnung;
- § 54 Abs. 1 Satz 4 des Gerichtskostengesetzes;
- § 40 Abs. 6 und § 46 Abs. 3 des Gerichts- und Notarkostengesetzes;
- § 6 Abs. 5 des Unterhaltsvorschussgesetzes;
- § 12 Abs. 5 Satz 4 des Sicherheitsüberprüfungsgesetzes;
- § 42 Abs. 2 des Geldwäschegesetzes (GwG);
- § 9 Abs. 2 des Gesetzes zur vorläufigen Regelung des Rechts der Industrie- und Handelskammern;
- § 32a Staatsangehörigkeitsgesetz;
- § 4 Abs. 1 Satz 2 Wettbewerbsregistergesetz;
- § 6 Abs. 2 des Hinweisgeberschutzgesetzes.

8. **Europarechtlich vorgeschriebene oder zugelassene Offenbarung (§ 30 Abs. 4 Nr. 2a AO)**

§ 30 Abs. 4 Nr. 2a AO gestattet eine Offenbarung geschützter Daten, soweit diese Offenbarung durch unmittelbar geltendes Recht der EU (Verordnungen, Durchführungsbestimmungen und sonstiges, unmittelbar geltendes Recht) zugelassen oder sogar vorgeschrieben ist. Dabei ist es nicht erforderlich, dass die Durchbrechung des Steuergeheimnisses ausdrücklich bezeichnet wird.

Beispiele:

> Fordert die EU-Kommission in einem beihilferechtlichen Prüfungsverfahren von Finanzbehörden Informationen über bestimmte Steuerfälle an, sind ihr diese nach der EU-Beihilfeverfahrensordnung mitzuteilen.

Soweit den Finanzbehörden im Besteuerungsverfahren Erkenntnisse über Verstöße gegen europäische Embargo-Verordnungen bekannt werden, haben sie diese den für die Verfolgung derartiger Verstöße zuständigen Behörden mitzuteilen.

EU-Richtlinien und Beschlüsse im Rahmen der gemeinsamen Außen- und Sicherheitspolitik (sogenannte GASP-Beschlüsse) stellen kein unmittelbar geltendes EU-Recht dar. Damit die dort enthaltenen Regelungen wirksam werden, müssen sie zuvor entweder in unmittelbar geltendes Recht der EU oder in nationales Recht umgesetzt werden. Bei Umsetzung in unmittelbar geltendes EU-Recht kommt eine Offenbarungsbefugnis nach § 30 Abs. 4 Nr. 2a AO in Betracht. Bei Umsetzung im Außenwirtschaftsgesetz und der Außenwirtschaftsverordnung ergibt sich die Offenbarungsbefugnis aus § 30 Abs. 4 Nr. 1 AO, da die Überwachung des grenzüberschreitenden Warenverkehrs nach § 2a Abs. 2 Satz 2 AO als Verfahren in Steuersachen gilt. Bei anderweitiger Umsetzung in nationales Recht kann sich eine Offenbarungsbefugnis aus § 30 Abs. 4 Nr. 2 oder Nr. 5 AO ergeben.

9. **Offenbarung bei Zustimmung des Betroffenen (§ 30 Abs. 4 Nr. 3 AO)**

Nach § 30 Abs. 4 Nr. 3 AO ist die Offenbarung zulässig, soweit der Betroffene zustimmt. Betroffener ist nicht nur der Verfahrensbeteiligte selbst, sondern auch jeder Andere, dessen personenbezogene Daten durch § 30 AO geschützt werden (z. B. Geschäftsführer, Geschäftspartner, Arbeitnehmer, Empfänger von Zahlungen und anderen Vorteilen). Sind mehrere Personen betroffen, so müssen alle ihre Zustimmung zur Offenbarung eines Sachverhalts erteilen. Stimmen einzelne Personen nicht zu, so dürfen die geschützten Verhältnisse derjenigen, die ihre Zustimmung nicht erteilt haben, nicht offenbart werden.

10. **Offenbarung zur Durchführung eines außersteuerlichen Strafverfahrens (§ 30 Abs. 4 Nr. 4 AO)**

10.1 Gem. § 30 Abs. 4 Nr. 4 Buchstabe a AO dürfen im Steuerstrafverfahren oder Steuerordnungswidrigkeitsverfahren gewonnene Erkenntnisse über außersteuerliche Straftaten an Gerichte und Strafverfolgungsbehörden für Zwecke der Strafverfolgung weitergeleitet werden. Die Finanzbehörden können daher z. B. die Staatsanwaltschaft auch über sog. Zufallsfunde unterrichten. Voraussetzung ist jedoch stets, dass die Erkenntnisse im steuerlichen Straf- oder Bußgeldverfahren selbst gewonnen wurden. Kenntnisse, die bereits vorher in einem anderen Verfahren (z. B. Veranlagungs-, Außenprüfungs- oder Vollstreckungsverfahren) erlangt wurden, dürfen den Strafverfolgungsbehörden gegenüber nicht offenbart werden. Sind die Tatsachen von dem Steuerpflichtigen (§ 33 AO) selbst oder der für ihn handelnden Person (§ 200 Abs. 1 AO) der Finanzbehörde mitgeteilt worden, ist die Weitergabe zur Strafverfolgung wegen nichtsteuerlicher Straftaten nur zulässig, wenn der Steuerpflichtige zum Zeitpunkt der Abgabe der Mitteilung an die Finanzbehörde die Einleitung des steuerlichen Straf- oder Bußgeldverfahrens gekannt hat, es sei denn, einer der in § 30 Abs. 4 Nr. 5 oder Abs. 5 AO geregelten Fälle läge vor.

10.2 Gem. § 30 Abs. 4 Nr. 4 Buchstabe b AO ist eine Offenbarung von Kenntnissen zur Durchführung eines Strafverfahrens wegen einer nichtsteuerlichen Straftat uneingeschränkt zulässig, wenn die Tatsachen der Finanzbehörde ohne Bestehen einer steuerlichen Verpflichtung oder unter Verzicht auf ein Auskunftsverweigerungsrecht bekannt geworden sind. Tatsachen sind der Finanzbehörde ohne Bestehen einer steuerlichen Verpflichtung bekannt geworden, wenn die Auskunftsperson nicht zuvor durch die Finanzbehörde zur Erteilung einer Auskunft aufgefordert worden ist. Ein Verzicht auf ein Auskunftsverweigerungsrecht (siehe §§ 101 ff. AO) kann nur angenommen werden, wenn dem Berechtigten sein Auskunftsverweigerungsrecht bekannt war; d es setzt in den Fällen des § 101 AO eine Belehrung voraus.

11. Offenbarung aus zwingendem öffentlichen Interesse (§ 30 Abs. 4 Nr. 5 AO)

11.1 Eine Offenbarung ist gem. § 30 Abs. 4 Nr. 5 AO zulässig, soweit für sie ein zwingendes öffentliches Interesse besteht.

Liegt ein zwingendes öffentliches Interesse vor, macht es für die Zulässigkeit der Offenbarung keinen Unterschied, ob die Finanzbehörde aufgrund eigener Erkenntnisse von Amts wegen die zuständige Behörde informiert oder ob die zuständige Behörde unter Schilderung der Umstände, die das Vorliegen eines zwingenden öffentlichen Interesses begründen, die Finanzbehörde um Auskunft ersucht.

11.2 § 30 Abs. 4 Nr. 5 AO enthält eine beispielhafte Aufzählung von Fällen, in denen ein zwingendes öffentliches Interesse zu bejahen ist.

11.2.1 Ein zwingendes öffentliches Interesse ist nach § 30 Abs. 4 Nr. 5 Buchstabe a AO insbesondere gegeben, wenn die Offenbarung erforderlich ist

- zur **Abwehr** erheblicher Nachteile für das Gemeinwohl oder einer Gefahr für die öffentliche Sicherheit, die Verteidigung oder die nationale Sicherheit oder

- zur **Verhütung oder Verfolgung** von Verbrechen und vorsätzlichen schweren Vergehen gegen Leib und Leben oder gegen den Staat und seine Einrichtungen.

Verbrechen i. S. d. § 30 Abs. 4 Nr. 5 Buchstabe a AO sind alle Straftaten, die im Mindestmaß mit Freiheitsstrafe von einem Jahr oder darüber bedroht sind (§ 12 Abs. 1 StGB).

Als vorsätzliche schwere Vergehen gegen Leib und Leben oder gegen den Staat und seine Einrichtungen kommen nur solche Vergehen in Betracht, die eine schwerwiegende Rechtsverletzung darstellen und dementsprechend mit Freiheitsstrafe bedroht sind.

11.2.2 Unter den Begriff der Wirtschaftsstraftat i. S. d. § 30 Abs. 4 Nr. 5 Buchstabe b AO fallen Straftaten nicht schon deswegen, weil sie nach § 74c GVG zur Zuständigkeit des Landgerichts gehören. Es ist vielmehr in jedem Einzelfall unter Abwägung der Interessen zu prüfen, ob die besonderen Voraussetzungen des § 30 Abs. 4 Nr. 5 Buchstabe b AO gegeben sind.

11.2.3 § 30 Abs. 4 Nr. 5 Buchstabe c AO gestattet die Offenbarung zur Richtigstellung unwahrer Tatsachen, die geeignet sind, das Vertrauen in die Verwaltung erheblich zu erschüttern. Diese Offenbarungsbefugnis begründet ein Abwehrrecht der Verwaltung und dient damit nicht dem Aufklärungsinteresse der Öffentlichkeit. Die Verwaltung selbst hat zu entscheiden, ob und in welchem

Umfang sie richtig stellen will. Sie hat dabei den Grundsatz der Verhältnismäßigkeit zu wahren und sich auf die zur Richtigstellung erforderliche Offenbarung zu beschränken. Eine Offenbarung zur Richtigstellung in der Öffentlichkeit verbreiteter unwahrer Tatsachen gem. § 30 Abs. 4 Nr. 5 Buchstabe c AO kommt nur im Ausnahmefall in Betracht.

11.3 Bei anderen als den in § 30 Abs. 4 Nr. 5 AO genannten Sachverhalten ist ein zwingendes öffentliches Interesse nur gegeben, wenn sie in ihrer Bedeutung einem dieser Fälle vergleichbar sind.

11.4 Die Gewerbebehörden können bei Vorliegen eines zwingenden öffentlichen Interesses für Zwecke eines Gewerbeuntersagungsverfahrens über die Verletzung steuerlicher Pflichten unterrichtet werden, die mit der Ausübung des Gewerbes, das untersagt werden soll, im Zusammenhang stehen (vgl. im Einzelnen BMF-Schreiben vom 19.12.2013, BStBl 2014 I S. 19)[1].

11.5 Zur Wahrung des Steuergeheimnisses gegenüber Parlamenten bzw. einem Untersuchungsausschuss des Deutschen Bundestages vgl. BMF-Schreiben vom 13.5.1987[2].

11.6 § 6 des SubvG, wonach Behörden von Bund und Ländern Tatsachen, die sie dienstlich erfahren, und die den Verdacht eines Subventionsbetrugs (§ 264 StGB) begründen, den Strafverfolgungsbehörden mitzuteilen haben, stellt keine Ermächtigungsvorschrift i. S. d. § 30 Abs. 4 Nr. 2 AO dar.

Anzeigen an Strafverfolgungsbehörden wegen des Verdachts eines Subventionsbetrugs ohne vorheriges Ersuchen sind daher nur zulässig, wenn ein zwingendes öffentliches Interesse an der Offenbarung besteht (§ 30 Abs. 4 Nr. 5 Buchstabe b AO) oder die Voraussetzungen des § 30 Abs. 5 AO vorliegen (vgl. AEAO zu § 30, Nr. 12).

Nach § 31a Abs. 1 Satz 1 Nr. 1 Buchstabe b Doppelbuchstabe bb AO besteht allerdings eine Offenbarungsbefugnis gegenüber den für die Bewilligung, Gewährung, Rückforderung, Erstattung, Weitergewährung oder für das Belassen einer Subvention als Leistung aus öffentlichen Mitteln zuständigen Behörden und Gerichten. Mitteilungen an Strafverfolgungsbehörden sind auf deren Ersuchen nach § 31a Abs. 1 Satz 2 AO zulässig, soweit die Offenbarung für die Durchführung eines Strafverfahrens wegen einer zu Unrecht erlangten Subvention erforderlich ist. Die Strafverfolgungsbehörde muss die Erforderlichkeit der Mitteilung versichern. Im Einzelnen vgl. AEAO zu § 31a, Nr. 4.3.

Betrifft der Subventionsbetrug allerdings Investitionszulagen oder Forschungszulagen, sind entsprechende Tatsachen wie bei Steuerstraftaten den Bußgeld- und Strafsachenstellen zu melden (vgl. §§ 14, 15 InvZulG 2010 bzw. §§ 12, 13 FZulG i. V. m. § 30 Abs. 4 Nr. 1 AO)

11.7 Die Weitergabe von Informationen über Verstöße gegen die Umweltschutzbestimmungen kommt insbesondere in Betracht, wenn daran ein zwingendes öffentliches Interesse nach § 30 Abs. 4 Nr. 5 AO besteht. Dies ist nicht nur zur Verfolgung der in § 30 Abs. 4 Nr. 5 Buchstaben a und b AO genannten

---

[1] Im Anhang 14 abgedruckt.
[2] Im Anhang 15 abgedruckt.

Straftaten gegeben, sondern auch zur Verfolgung anderer Straftaten, die wegen ihrer Schwere und ihrer Auswirkungen auf die Allgemeinheit den genannten Regeltatbeständen entsprechen.

Bei Verdacht eines besonders schweren Falles einer Umweltstraftat i. S. d. § 330 StGB oder einer schweren Gefährdung durch Freisetzung von Giften i. S. d. § 330a StGB ist ein zwingendes öffentliches Interesse für eine Offenbarung zu bejahen. Keine Offenbarungsbefugnis besteht, wenn lediglich der abstrakte Gefährdungstatbestand einer Umweltstraftat wie etwa § 325 StGB (Luftverunreinigung), § 325a StGB (Verursachen von Lärm, Erschütterungen und nichtionisierenden Strahlen) bzw. § 326 StGB (umweltgefährdende Abfallbeseitigung) erfüllt ist.

Kann die Finanzbehörde nicht beurteilen, ob die vorgenannten Voraussetzungen für eine Weitergabe erfüllt sind, hat sie zunächst unter Anonymisierung des Sachverhalts eine sachkundige Stelle zur Klärung einzuschalten.

Soweit Verstöße gegen Umweltschutzbestimmungen steuerliche Auswirkungen haben, z. B. für die Anerkennung einer Teilwertabschreibung, ergibt sich die Befugnis zur Weitergabe aus § 30 Abs. 4 Nr. 1 AO, sofern die Weitergabe zur Durchführung des Besteuerungsverfahrens erforderlich ist. Sieht die Finanzbehörde die Notwendigkeit, Angaben des Steuerpflichtigen, z. B. über schadstoffbelastete Wirtschaftsgüter, zu überprüfen, kann sie den Sachverhalt einer zuständigen Fachbehörde offenbaren. Die Finanzbehörde hat dabei zu prüfen, ob es ausreicht, den Sachverhalt der Fachbehörde in anonymisierter Form vorzutragen. Ist die Offenbarung der Identität des Steuerpflichtigen erforderlich, soll sie die Fachbehörde darauf hinweisen, dass die Angaben des Steuerpflichtigen nach § 30 Abs. 2 Nr. 1 Buchstabe c AO weiterhin dem Steuergeheimnis unterliegen.

Die Weitergabe von Erkenntnissen über Verstöße gegen Umweltschutzbestimmungen kann gleichzeitig auf mehrere Offenbarungsgründe gestützt werden. Eine Weitergabe von Erkenntnissen unter dem Gesichtspunkt des zwingenden öffentlichen Interesses ist deshalb auch dann zulässig, wenn der gleiche Sachverhalt bereits nach § 30 Abs. 4 Nr. 1 AO offenbart worden ist. Die Weitergabe von Informationen über Verstöße gegen die Umweltschutzbestimmungen kann nicht auf das UIG gestützt werden.

11.8 Zu Mitteilungen an Disziplinarstellen zur Durchführung dienstrechtlicher Maßnahmen bei Beamten und Richtern in anderen als den in Nr. 5.1 des AEAO zu § 30 genannten Fällen vgl. BMF-Schreiben vom 12.1.2018, BStBl I S 201, geändert durch das BMF-Schreiben vom 13.1.2023, BStBl I S. 182[1].

Die Regelungen in Nr. 5.1 des AEAO zu § 30 und im vorgenannten BMF-Schreiben sind bei vergleichbaren Verfehlungen sonstiger Angehöriger der Finanzverwaltung (Bedienstete, die nicht Beamte sind) entsprechend anzuwenden, soweit dies zur Ergreifung vergleichbarer arbeitsrechtlicher Maßnahmen (z. B. Abmahnung, Kündigung) führen kann. Eine Steuerhinterziehung in erheblicher Höhe ist bei einem hoheitlich tätigen Bediensteten einer

---

[1] Im Anhang 17 abgedruckt.

Finanzbehörde, der nicht Beamter ist, als wichtiger Grund zur fristlosen Kündigung an sich auch dann geeignet, wenn der Bedienstete die Hinterziehung gem. § 371 AO selbst angezeigt hat (vgl. BAG-Urteile vom 21.6.2001, 2 AZR 325/00, HFR 2003 S. 183, und vom 10.9.2009, 2 AZR 257/08, juris).

11.9 Die Finanzbehörden sind verpflichtet, den für die Bekämpfung terroristischer Aktivitäten zuständigen Stellen die nach § 30 AO geschützten Verhältnisse auf deren Ersuchen mitzuteilen. Für die Mitteilungen an die genannten Stellen besteht in diesen Fällen ein zwingendes öffentliches Interesse i. S. d. § 30 Abs. 4 Nr. 5 AO.

Die ersuchenden Stellen haben in ihrem Ersuchen zu versichern, dass die erbetenen Daten für Ermittlungen und Aufklärungsarbeiten im Zusammenhang mit der Bekämpfung des Terrorismus erforderlich sind. Eine bestimmte Form für die Auskunftsersuchen und die Erteilung der Auskünfte ist nicht erforderlich. Bei Zweifeln an der Identität des Auskunftsersuchenden haben sich die Finanzbehörden vor Auskunftserteilung über die Identität des Auskunftsersuchenden auf geeignete Weise zu vergewissern.

Zur Mitteilungspflicht zur Bekämpfung der Geldwäsche und der Terrorismusfinanzierung vgl. § 31b AO. Zur Rückmeldung über die abschließende Verwendung der von der FIU bereitgestellten Informationen und über die Ergebnisse der Maßnahmen, die auf Grundlage dieser Informationen durchgeführt wurden vgl. § 42 Abs. 2 GwG.

11.10 Werden strafrechtlich geschützte Individualrechtsgüter eines Amtsträgers oder einer gleichgestellten Person i. S. d. § 30 Abs. 3 AO verletzt, ist die Durchbrechung des Steuergeheimnisses gem. § 30 Abs. 4 Nr. 5 AO zulässig, soweit dies für die Verfolgung des Delikts erforderlich ist. In Betracht kommen hierbei insbesondere:

- falsche Verdächtigung (§ 164 StGB),

- Beleidigung (§ 185 StGB),

- üble Nachrede (§ 186 StGB),

- Verleumdung (§ 187 StGB),

- Körperverletzung (§§ 223, 224, 229 StGB),

- Freiheitsberaubung (§ 239 StGB),

- Nötigung (§ 240 StGB),

- Bedrohung (§ 241 StGB).

11.11 § 30 Abs. 4 Nr. 5 AO gestattet die Offenbarung der Verhältnisse eines anderen zur Verfolgung von

- Widerstand gegen Vollstreckungsbeamte (§ 113 Abs. 1 StGB),

- tätlicher Angriff auf Vollstreckungsbeamte (§ 114 StGB),

- Verstrickungsbrüchen (§ 136 Abs. 1 StGB),

- Siegelbrüchen (§ 136 Abs. 2 StGB) oder

- Vereitelung der Vollstreckung (§ 288 StGB)

im Besteuerungsverfahren durch die Finanzbehörden gegenüber Gerichten oder Strafverfolgungsbehörden. Das zwingende öffentliche Interesse an der Offenbarung folgt daraus, dass sich die strafrechtlich relevanten Handlungen gegen die Gesetzmäßigkeit des Steuerverfahrens als Ganzes - Steuererhebung und Steuerverstrickung - richten.

11.12 Liegen den Finanzbehörden Erkenntnisse zu Insolvenzstraftaten i. S. d. §§ 283 bis 283c StGB oder zu Insolvenzverschleppungsstraftaten (§ 15a InsO) vor, die sie im Besteuerungsverfahren erlangt haben, so ist eine Offenbarung dieser Erkenntnisse an die Strafverfolgungsbehörden nach § 30 Abs. 4 Nr. 5 AO zulässig.

11.13 Liegen den Finanzbehörden Anhaltspunkte zu Misshandlungen von Kindern i. S. d. § 223 StGB, zu Misshandlungen von Schutzbefohlenen i. S. d. § 225 StGB oder zur gröblichen Verletzung der Fürsorge- oder Erziehungspflicht i. S. d. § 171 StGB vor, die sie im Besteuerungs- bzw. Steuerstrafverfahren erlangt haben, ist eine Offenbarung dieser Kenntnisse an die Sozialbehörden bzw. Strafverfolgungsbehörden nach § 30 Abs. 4 Nr. 5 zulässig.

12. **Offenbarung vorsätzlich falscher Angaben (§ 30 Abs. 5 AO)**

Die Unterrichtung der Strafverfolgungsbehörden über vorsätzlich falsche Angaben des Betroffenen gem. § 30 Abs. 5 AO darf nur erfolgen, wenn nach Auffassung der Finanzbehörde durch die falschen Angaben ein Straftatbestand verwirklicht worden ist; die Durchführung eines Strafverfahrens wegen dieser Tat ist nicht Voraussetzung für die Zulässigkeit der Offenbarung. Der Finanzbehörde obliegt die Prüfung, ob der Betroffene, sowohl in objektiver als auch in subjektiver Hinsicht, einen Straftatbestand verwirklicht hat (BFH-Urteil vom 8.2.1994, VII R 88/92, BStBl II S. 552). § 30 Abs. 5 AO lässt eine Offenbarung nur gegenüber den Strafverfolgungsbehörden zu.

13. **Auskunft über Anzeigeerstatter**

13.1 Durch das Steuergeheimnis wird auch der Name eines Anzeigeerstatters geschützt, wenn die Anzeige eines der in § 30 Abs. 2 Nr. 1 Buchstabe a und b AO genannten Verfahrens auslöst oder innerhalb eines solchen Verfahrens erstattet oder ausgewertet wird. Was für die Offenbarung des Namens des Anzeigeerstatters gilt, muss in entsprechender Weise auch für die wortgetreue Offenbarung des Inhalts der Anzeige gelten. Häufig wird man nämlich aus dem Inhalt einer Anzeige, sei es aus einer bestimmten Wortwahl oder aus dem Gebrauch einzelner Formulierungen, sei es aus stilistischen oder grammatikalischen Eigenheiten, aus der Schrift oder aus der Strukturierung des gesamten Textes, mit einiger Wahrscheinlichkeit Rückschlüsse auf den Verfasser der Anzeige ziehen können (vgl. BFH-Beschluss vom 28.12.2006, VII B 44/03, BFH/NV 2007 S. 853).

13.2 Hat der Anzeigeerstatter allerdings vorsätzlich falsche Angaben gemacht, kann die Finanzbehörde dies gem. § 30 Abs. 5 AO den Strafverfolgungsbehörden mitteilen. Das Gleiche gilt gem. § 30 Abs. 4 Nr. 4 Buchstabe b AO, wenn die Anzeige ohne Bestehen einer steuerlichen Verpflichtung erstattet worden ist und die Unterrichtung der Strafverfolgungsbehörden der Durchführung eines Strafverfahrens wegen einer Tat dient, die keine Steuerstraftat ist (vgl. AEAO zu § 30, Nr. 10.2).

13.3 Grundsätzlich besteht nur eine Befugnis, aber keine Verpflichtung der Finanzbehörde zu einer Unterrichtung der Strafverfolgungsbehörden. Im Hinblick auf den Persönlichkeitsschutz des Verdächtigten kann sich die Offenbarungsbefugnis im Einzelfall in eine Verpflichtung zur Unterrichtung der Strafverfolgungsbehörden verdichten, wenn der Anzeigeerstatter nach Auffassung der Finanzbehörde durch vorsätzlich falsche Angaben Straftatbestände wie z. B. des § 164 StGB (falsche Verdächtigung) verwirklicht hat (vgl. u. a. BFH-Urteil vom 8.2.1994, VII R 88/92, BStBl II S. 552).

13.4 Eine Verpflichtung zur Auskunftserteilung besteht auch, wenn die Voraussetzungen für eine Offenbarung nach § 30 Abs. 5 oder § 30 Abs. 4 Nr. 4 Buchstabe b AO gegeben sind und die Strafverfolgungsbehörde um Namensnennung aufgrund einer Strafanzeige des Steuerpflichtigen gegen Unbekannt im Ermittlungsverfahren nach § 161 StPO ersucht. Dem betroffenen Steuerpflichtigen selbst ist in diesen Fällen keine Auskunft über die Identität des Anzeigeerstatters zu erteilen; insbesondere § 30 Abs. 5 AO lässt eine Offenbarung nur gegenüber den Strafverfolgungsbehörden zu.

13.5 Auch im Fall eines Auskunftsersuchens der Strafverfolgungsbehörde nach § 161 StPO ist die Finanzbehörde in den Fällen des § 30 Abs. 5 AO nur zur Auskunftserteilung berechtigt, wenn sie nach eigener Überprüfung der Auffassung ist, dass der Anzeigeerstatter vorsätzlich falsche Angaben gemacht hat. In diesem Fall ist die Finanzbehörde zur Auskunftserteilung an die Strafverfolgungsbehörde verpflichtet.

13.6 Beantragt der betroffene Steuerpflichtige selbst bei der Finanzbehörde Auskunft über die Identität eines Anzeigeerstatters und liegen die Voraussetzungen des § 30 Abs. 4 Nr. 4 Buchstabe b AO vor, sind im Rahmen der Ermessensentscheidung das allgemeine Persönlichkeitsrecht des Steuerpflichtigen gegen das allgemeine Persönlichkeitsrecht des Anzeigeerstatters und den Zweck des Steuergeheimnisses - die möglichst vollständige Erschließung der Steuerquellen - abzuwägen. Dem Informantenschutz und dem Zweck des Steuergeheimnisses kommt dabei ein höheres Gewicht als dem Persönlichkeitsrecht des Steuerpflichtigen zu, wenn sich die vertraulich mitgeteilten Informationen im Wesentlichen als zutreffend erweisen und zu Steuernachforderungen führen (vgl. BFH-Beschluss vom 7.12.2006, V B 163/05, BStBl 2007 II S. 275 m. w. N.) oder wenn sich bei einer Vielzahl von Angaben zumindest einige als steuerrechtlich bedeutsam erweisen, wobei diese im Verhältnis zu den anderen nicht völlig unmaßgeblich sein dürfen (vgl. BFH-Urteil vom 8.2.1994, VII R 88/92, BStBl II S. 552).

14. Auskunftsersuchen der Meldestellen nach dem HinSchG an Finanzbehörden

Bei Auskunftsersuchen interner oder externer Meldestellen an Finanzbehörden (§§ 18 und § 29 HinSchG) enthält das HinSchG keine Offenbarungsbefugnis im Sinne des § 30 Abs. 4 Nr. 2 AO. Auch die Pflicht zur Zusammenarbeit mit externen Meldestellen nach § 30 HinSchG gestattet für sich allein keine Offenbarung nach § 30 Abs. 4 Nr. 2 AO.

15. Abruf geschützter Daten (§ 30 Abs. 6 AO)

15.1 Der Abruf geschützter Daten durch andere Personen als die betroffene Person (vgl. § 9 Satz 1 StDAV) oder die in § 9 Satz 2 StDAV genannten Personen ist nur zulässig, soweit er bei Durchführung eines der in § 30 Abs. 2 Nr. 1 AO genannten Verfahren der Wahrnehmung einer dienstlich zugewiesenen Aufgabe dient.

Das Interesse des geschützten Personenkreises (vgl. Nr. 1.3 des AEAO zu § 30), gegen eine Verletzung des Schutzes personenbezogener Daten durch einen unzulässigen Datenabruf geschützt zu werden, ist mit dem dienstlichen Interesse, die Daten schnell und barrierefrei ermitteln zu können, in Einklang zu bringen. Hierbei muss sich die Möglichkeit, die Daten bei der originär zuständigen Stelle im Mitteilungswege zu erheben, beispielsweise aufgrund der Häufigkeit entsprechender Anlässe und des hiermit verbundenen Mehraufwandes als unverhältnismäßig erweisen.

Nach § 2 Abs. 1 Satz 1 StDAV sind angemessene organisatorische und dem jeweiligen Stand der Technik entsprechende Vorkehrungen zum Schutz des Steuergeheimnisses zu treffen. § 4 Abs. 1 Satz 1 StDAV enthält das Gebot, den Zugriff durch technische Sicherungsmaßnahmen auf den für diese Aufgaben erforderlichen Umfang zu beschränken, soweit das hierzu eingesetzte Verfahren dies zulässt.

15.2 Kann der Zugriff aus technischen Gründen nicht auf eine den dienstlichen Erfordernissen entsprechende Datenmenge beschränkt werden (vgl. § 4 Abs. 1 Satz 2 StDAV), sind die Abrufe nach Maßgabe des § 6 Abs. 1 Satz 1 StDAV aufzuzeichnen, um die Zulässigkeit der Abrufe zeitnah und in angemessenem Umfang überprüfen zu können. Zur Unterstützung der Überprüfung kann ein Begründungszwang für den Abruf angeordnet werden. Die Überprüfung hat die Stelle, der die abrufende Person angehört, in eigener Zuständigkeit wahrzunehmen.

§ 31 Mitteilung von Besteuerungsgrundlagen (S 0131)

(1) ¹Die Finanzbehörden sind verpflichtet, Besteuerungsgrundlagen, Steuermessbeträge und Steuerbeträge an Körperschaften des öffentlichen Rechts einschließlich der Religionsgemeinschaften, die Körperschaften des öffentlichen Rechts sind, zur Festsetzung von solchen Abgaben mitzuteilen, die an diese Besteuerungsgrundlagen, Steuermessbeträge oder Steuerbeträge anknüpfen. ²Die Mitteilungspflicht besteht nicht, soweit deren Erfüllung mit einem unverhältnismäßigen Aufwand verbunden wäre. ³Die Finanzbehörden dürfen Körperschaften des öffentlichen Rechts auf Ersuchen Namen und Anschriften ihrer Mitglieder, die dem Grunde nach zur Entrichtung von Abgaben im Sinne des Satzes 1 verpflichtet sind, sowie die von der Finanzbehörde für die Körperschaft festgesetzten Abgaben übermitteln, soweit die Kenntnis dieser Daten zur Erfüllung von in der Zuständigkeit der Körperschaft liegenden öffentlichen Aufgaben erforderlich ist und überwiegende schutzwürdige Interessen der betroffenen Person nicht entgegenstehen.

(2) ¹Die Finanzbehörden sind verpflichtet, die nach § 30 Absatz 2 Nummer 1 geschützten personenbezogenen Daten der betroffenen Person den Trägern der gesetzlichen Sozialversicherung, der Bundesagentur für Arbeit und der Künstlersozialkasse mitzuteilen, soweit die Kenntnis dieser Daten für die Feststellung der Versicherungspflicht oder die Festsetzung von Beiträgen einschließlich der Künstlersozialabgabe erforderlich ist oder die betroffene Person einen Antrag auf Mitteilung stellt. ²Die Mitteilungspflicht besteht nicht, soweit deren Erfüllung mit einem unverhältnismäßigen Aufwand verbunden wäre.

(3) Die für die Verwaltung der Grundsteuer zuständigen Behörden sind berechtigt, die nach § 30 geschützten Namen und Anschriften von Grundstückseigentümern, die bei der Verwaltung der Grundsteuer bekannt geworden sind, zur Verwaltung anderer Abgaben sowie zur Erfüllung sonstiger öffentlicher Aufgaben zu verwenden oder den hierfür zuständigen Gerichten, Behörden oder juristischen Personen des öffentlichen Rechts auf Ersuchen mitzuteilen, soweit nicht überwiegende schutzwürdige Interessen der betroffenen Person entgegenstehen.

AEAO zu § 31 - Mitteilung von Besteuerungsgrundlagen:

1. Die Finanzbehörden sind nach § 31 Abs. 2 AO zur Offenbarung gegenüber der Bundesagentur für Arbeit, der Künstlersozialkasse und den Trägern der gesetzlichen Sozialversicherung verpflichtet, soweit die Angaben für die Feststellung der Versicherungspflicht oder die Festsetzung von Beiträgen benötigt werden. Erfolgt die Mitteilung auf Anfrage, haben die Träger der Sozialversicherung, die Bundesagentur für Arbeit und die Künstlersozialkasse dies in der Anfrage zu versichern.

2. Sozialleistungsträger i. S. d. § 31 Abs. 2 AO sind gem. § 12 SGB I die in §§ 18 bis 29 SGB I genannten Körperschaften, Anstalten und Behörden, die entsprechende Dienst-, Sach- und Geldleistungen gewähren. Hierzu gehören z. B. neben den Agenturen für Arbeit und den sonstigen Dienststellen der Bundesagentur für Arbeit die gesetzlichen Krankenkassen (Orts-, Betriebs-

und Innungskrankenkassen, landwirtschaftliche Krankenkassen, die Deutsche Rentenversicherung Knappschaft-Bahn-See und die Ersatzkassen) sowie hinsichtlich der allgemeinen gesetzlichen Rentenversicherung die Regionalträger der deutschen Rentenversicherung, die Deutsche Rentenversicherung Bund und die Deutsche Rentenversicherung Knappschaft-Bahn-See, hinsichtlich der knappschaftlichen Rentenversicherung die Deutsche Rentenversicherung Knappschaft-Bahn-See und hinsichtlich der Alterssicherung der Landwirte die landwirtschaftlichen Alterskassen.

Nicht zu den Sozialleistungsträgern i. S. d. § 31 Abs. 2 AO gehören private Krankenversicherungen und die Träger der berufständischen Versorgungsleistungen (z. B. Ärzte-, Rechtsanwalts- und Architekten-Versorgungswerke).

Eine ständig aktualisierte Liste der auskunftsberechtigten Krankenkassen kann unter http://www.gkv-spitzenverband.de eingesehen werden.

3. **Auskünfte gegenüber Krankenkassen bei freiwillig Versicherten**

3.1 **Freiwillig Versicherte, die hauptberuflich selbständig erwerbstätig sind**

Die Finanzbehörden sind gegenüber den gesetzlichen Krankenkassen hinsichtlich freiwillig Versicherter, die hauptberuflich selbständig erwerbstätig sind, grundsätzlich nicht nach § 31 Abs. 2 AO auskunftspflichtig. Da bei diesem Personenkreis die Beitragsbemessungsgrenze als beitragspflichtige Einnahme gilt, ist die Krankenkasse grundsätzlich nicht verpflichtet, die sozialversicherungsrelevanten Verhältnisse zu ermitteln.

Der freiwillig Versicherte kann allerdings eine Beitragsreduzierung erreichen, wenn er geringere Einnahmen nachweist (§ 240 Abs. 1 Satz 3 SGB V). Die aus dem zuletzt vorgelegten Einkommensteuerbescheid abgeleitete Beitragsbemessung bleibt dann bis zur Erteilung des nächsten Einkommensteuerbescheids maßgebend. Erklärt ein freiwillig Versicherter seiner Krankenkasse in derartigen Fällen auf Nachfrage, ihm sei seit mehr als 18 Monaten kein Steuerbescheid zugegangen, ist der Krankenkasse auf Ersuchen mitzuteilen, ob innerhalb dieses Zeitraums ein Steuerbescheid erteilt wurde (unabhängig davon, welchen Veranlagungszeitraum er betrifft); bejahendenfalls ist auch dessen Datum und das jeweilige Veranlagungsjahr mitzuteilen.

3.2 **Andere freiwillig Versicherte**

3.2.1 **Rechtslage bis einschließlich Veranlagungszeitraum 2014**

Bei anderen freiwillig Versicherten ist die Krankenkasse verpflichtet, die sozialversicherungsrelevanten Verhältnisse zu ermitteln. Kommt der Versicherte seiner Mitwirkungspflicht nicht nach, kann die Krankenkasse die Finanzbehörden in diesen Fällen um Auskunft ersuchen. Die nach § 31 Abs. 2 AO zulässige Auskunft ist auf die zur Beitragsfestsetzung unbedingt notwendigen Angaben zu beschränken (insbesondere Höhe einzelner Einkünfte oder Summe der Einkünfte).

§ 31a Abgabenordnung

3.2.2 **Rechtslage ab Veranlagungszeitraum 2015**

Auch bei anderen freiwillig Versicherten ist die Beitragsbemessungsgrenze als beitragspflichtige Einnahme anzusetzen, sofern und solange Mitglieder Nachweise über ihre Einnahmen auf Verlangen der Krankenkasse nicht vorlegen (§ 240 Abs. 1 Satz 2 2. Halbsatz SGB V). Nr. 3.1 gilt in diesen Fällen entsprechend.

3.3 Die Krankenkassen haben in ihren Ersuchen darzulegen, welches Versicherungsverhältnis besteht und für welchen Zeitraum die Auskunft erteilt werden soll (vgl. AEAO zu § 31, Nrn. 3.1, 3.2.1 oder 3.2.2).

4. Bei Anfragen der Rentenversicherungsträger an die Finanzämter auf Mitteilung von Besteuerungsgrundlagen nach § 31 Abs. 2 Satz 1 AO in Fällen der einkommensgerechten Beitragszahlung von versicherungspflichtigen Selbständigen (§ 165 SGB VI) ist von der Erforderlichkeit der Auskunft auszugehen, wenn der Rentenversicherungsträger im Vordruck für Auskunftsersuchen an die Finanzämter versichert, dass eigene Ermittlungsversuche im Umfang der gestellten Anfrage beim Versicherten (u. a. Aufforderung zur Vorlage des letzten Einkommensteuerbescheids und Erinnerung hieran) erfolglos geblieben sind.

§ 31a Mitteilungen zur Bekämpfung der illegalen Beschäftigung und des Leistungsmissbrauchs (S 0132)

(1) [1]Die Offenbarung der nach § 30 geschützten Daten der betroffenen Person ist zulässig, soweit sie erforderlich sind

1. für die Durchführung eines Strafverfahrens, eines Bußgeldverfahrens oder eines anderen gerichtlichen oder Verwaltungsverfahrens mit dem Ziel

    a) der Bekämpfung von illegaler Beschäftigung oder Schwarzarbeit oder

    b) der Entscheidung

      aa) über Erteilung, Rücknahme oder Widerruf einer Erlaubnis nach dem Arbeitnehmerüberlassung sgesetz oder

      bb) über Bewilligung, Gewährung, Rückforderung, Erstattung, Weitergewährung oder Belassen einer Leistung aus öffentlichen Mitteln,

2. für die Prüfung des Vorliegens oder die Geltendmachung eines Anspruchs auf Rückgewähr einer Leistung aus öffentlichen Mitteln oder

3. für die Prüfung des Vorliegens oder die Geltendmachung eines gesetzlichen Anspruchs auf Schadensersatz aus einer vorsätzlich begangenen unerlaubten Handlung, auf Grund derer eine Leistung aus öffentlichen Mitteln gewährt wurde.

[2]In den Fällen von Satz 1 Nummer 1 Buchstabe b Doppelbuchstabe bb oder Nummer 2 ist die Offenbarung auf Ersuchen der zuständigen Stellen auch zulässig, soweit sie für die Durchführung eines Strafverfahrens wegen einer zu Unrecht

erlangten Leistung aus öffentlichen Mitteln erforderlich ist. ³Die für die Verwaltung einer Leistung aus öffentlichen Mitteln zuständige öffentliche Stelle darf die ihr von Finanzbehörden nach Satz 1 übermittelten Informationen abweichend von § 30 Absatz 11 an die für die Verfolgung einer Straftat hinsichtlich der von ihr bewilligten Leistung zuständige Stelle weiterleiten, wenn dies auch nach den für sie geltenden Vorschriften über die Verarbeitung personenbezogener Daten zu anderen Zwecken zulässig ist.

(2) ¹Die Finanzbehörden sind in den Fällen des Absatzes 1 verpflichtet, der zuständigen Stelle die jeweils benötigten Tatsachen mitzuteilen. ²In den Fällen des Absatzes 1 Satz 1 Nummer 1 Buchstabe b und Nummer 2 erfolgt die Mitteilung auch auf Antrag der betroffenen Person. ³Die Mitteilungspflicht nach den Sätzen 1 und 2 besteht nicht, soweit deren Erfüllung mit einem unverhältnismäßigen Aufwand verbunden wäre.

AEAO zu § 31a - Mitteilungen zur Bekämpfung der illegalen Beschäftigung und des Leistungsmissbrauchs:

1. **Allgemeines**

    Die Offenbarung erfolgt aufgrund einer Anfrage der für die in § 31a AO genannten Verfahren zuständigen Stellen. Die zuständigen Stellen haben in der Anfrage zu versichern, dass die Offenbarung der Verhältnisse für ein Verfahren i. S. d. § 31a Abs. 1 Satz 1 AO erforderlich ist.

    Die Offenbarung erfolgt von Amts wegen, wenn die Finanzbehörden über konkrete Informationen verfügen, die für die zuständigen Stellen für ein Verfahren nach § 31a Abs. 1 Satz 1 AO erforderlich sind. Es genügt die Möglichkeit, dass die konkreten Tatsachen für die Durchführung eines Verfahrens nach § 31a Abs. 1 AO erforderlich sind, ein konkreter Tatverdacht im strafprozessualen Sinne ist nicht notwendig. Vorsorgliche Mitteilungen sind nicht vorzunehmen.

    Die Mitteilungspflicht der Finanzbehörden bezieht sich nur auf die konkret vorhandenen Anhaltspunkte, sie sind nicht zu zusätzlichen Ermittlungen verpflichtet. Die Mitteilungspflicht des § 31a AO gilt nur gegenüber den jeweils zuständigen Stellen und schließt nicht die Befugnis zur Gewährung von Akteneinsicht oder die Übersendung von Akten ein.

    Eine Mitteilungspflicht besteht nicht, soweit deren Erfüllung mit einem unverhältnismäßigen Aufwand verbunden wäre (§ 31a Abs. 2 Satz 3 AO). Ein unverhältnismäßiger Aufwand liegt i. d. R. dann vor, wenn der zur Erfüllung der Mitteilungspflicht erforderliche sachliche, personelle oder zeitliche Aufwand erkennbar außer Verhältnis zum angestrebten Erfolg der Mitteilung steht.

    Der Begriff „Betroffener" in § 31a AO ist derselbe wie in § 30 AO. Danach ist Betroffener nicht nur der Beteiligte des Verfahrens, zu dessen Durchführung die Mitteilung erfolgen soll, sondern auch jeder Andere, dessen personenbezogene Daten durch § 30 AO geschützt werden (z. B. Geschäftsführer, Geschäftspartner, Arbeitnehmer, Empfänger von Zahlungen und/oder anderen Vorteilen).

2. Bekämpfung von illegaler Beschäftigung oder Schwarzarbeit (§ 31a Abs. 1 Satz 1 Nr. 1 Buchstabe a AO)

2.1 Illegale Beschäftigung

Illegale Beschäftigung übt nach § 1 Abs. 3 SchwarzArbG aus, wer

1. als Arbeitgeber Ausländer und Ausländerinnen unerlaubt beschäftigt oder als Entleiher unerlaubt tätig werden lässt,

2. als Ausländer oder Ausländerin unerlaubt eine Erwerbstätigkeit ausübt,

3. als Arbeitgeber Arbeitnehmer und Arbeitnehmerinnen

    a) ohne erforderliche Erlaubnis nach § 1 Abs. 1 Satz 1 AÜG oder

    b) entgegen den Bestimmungen nach § 1 Abs. 1 Satz 5 und 6, § 1a oder § 1b AÜG oder

    c) entgegen § 6a Abs. 2 i. V. m. § 6a Abs. 3 GSA Fleisch

    überlässt oder für sich tätig werden lässt,

4. als Arbeitgeber Arbeitnehmer und Arbeitnehmerinnen beschäftigt, ohne dass die Arbeitsbedingungen nach Maßgabe des MiLoG, des AEntG oder des § 8 Abs. 5 des AÜG i. V. m. einer Rechtsverordnung nach § 3a Abs. 2 Satz 1 AÜG eingehalten werden,

5. als Arbeitgeber Arbeitnehmer und Arbeitnehmerinnen zu ausbeuterischen Arbeitsbedingungen beschäftigt oder

6. als Inhaber oder Dritter Personen entgegen § 6a Abs. 2 GSA Fleisch tätig werden lässt.

2.2 Schwarzarbeit

Nach § 1 Abs. 2 SchwarzArbG leistet Schwarzarbeit, wer Dienst- oder Werkleistungen erbringt oder ausführen lässt und dabei

1. als Arbeitgeber, Unternehmer oder versicherungspflichtiger Selbstständiger seine sich auf Grund der Dienst- oder Werkleistungen ergebenden sozialversicherungsrechtlichen Melde-, Beitrags- oder Aufzeichnungspflichten nicht erfüllt,

2. als Steuerpflichtiger seine sich auf Grund der Dienst- oder Werkleistungen ergebenden steuerlichen Pflichten nicht erfüllt,

3. als Empfänger von Sozialleistungen seine sich auf Grund der Dienst- oder Werkleistungen ergebenden Mitteilungspflichten gegenüber dem Sozialleistungsträger nicht erfüllt,

4. als Erbringer von Dienst- oder Werkleistungen seiner sich daraus ergebenden Verpflichtung zur Anzeige vom Beginn des selbstständigen Betriebes eines stehenden Gewerbes (§ 14 GewO) nicht

nachgekommen ist oder die erforderliche Reisegewerbekarte (§ 55 GewO) nicht erworben hat,

5. als Erbringer von Dienst- oder Werkleistungen ein zulassungspflichtiges Handwerk als stehendes Gewerbe selbstständig betreibt, ohne in der Handwerksrolle eingetragen zu sein (§ 1 HwO).

Schwarzarbeit leistet auch, wer vortäuscht, eine Dienst- oder Werkleistung zu erbringen oder ausführen zu lassen, und wenn er selbst oder ein Dritter dadurch Sozialleistungen nach dem SGB II oder SGB III zu Unrecht bezieht.

2.3 Ausnahmen (§ 1 Abs. 4 SchwarzArbG)

§ 1 Abs. 2 und 3 SchwarzArbG findet keine Anwendung für nicht nachhaltig auf Gewinn gerichtete Dienst- oder Werkleistungen, die

1. von Angehörigen im Sinne des § 15 AO oder Lebenspartnern,

2. aus Gefälligkeit,

3. im Wege der Nachbarschaftshilfe oder

4. im Wege der Selbsthilfe im Sinne des § 36 Abs. 2 und 4 II. des WobauG oder als Selbsthilfe im Sinne des § 12 Abs. 1 Satz 2 des WoFG

erbracht werden. Als nicht nachhaltig auf Gewinn gerichtet gilt insbesondere eine Tätigkeit, die gegen geringes Entgelt erbracht wird.

2.4 Zuständige Stellen

Zuständig für die Prüfung und Bekämpfung von illegaler Beschäftigung nach Nr. 2.1 des AEAO zu § 31a und Schwarzarbeit nach Nr. 2.2 lfd. Nr. 1 und 2 des AEAO zu § 31a sind die Behörden der Zollverwaltung, Arbeitsbereich Finanzkontrolle Schwarzarbeit (FKS). Die FKS prüft auch, ob Verstöße gegen Mitteilungspflichten nach Nr. 2.2 lfd. Nr. 3 des AEAO zu § 31a vorliegen sofern diese Mitteilungspflichten Sozialleistungen nach dem SGB II oder dem SGB III betreffen; für Sozialleistungen nach dem SGB I sind die jeweiligen Leistungs- bzw. Subventionsgeber zuständig (vgl. AEAO zu § 31a, Nr. 4.2). Für die Verfolgung und Ahndung von Verstößen gegen die in Nr. 2.2 lfd. Nr. 4 und 5 des AEAO zu § 31a aufgeführten Pflichten sind die nach Landesrecht zuständigen Behörden zuständig (§ 2 Abs. 3 SchwarzArbG). Die Prüfung der Erfüllung steuerlicher Pflichten obliegt gem. § 2 Abs. 2 Satz 1 SchwarzArbG weiterhin den Landesfinanzbehörden und die Prüfung der Erfüllung kindergeldrechtlicher Mitwirkungspflichten den zuständigen Familienkassen. Die FKS ist gem. § 2 Abs. 2 Satz 2 SchwarzArbG zur Mitwirkung an diesen Prüfungen berechtigt. Unabhängig davon prüft die FKS gem. § 2 Abs. 1 Satz 2 SchwarzArbG zur Erfüllung ihrer Mitteilungspflichten nach § 6 Abs. 1 Satz 1 i. V. m. Abs. 4 Nr. 4 SchwarzArbG, ob Anhaltspunkte dafür bestehen, dass steuerlichen Pflichten aus Dienst- und Werkleistungen nicht nachgekommen wurde. Zur Erfüllung ihrer Mitteilungspflicht nach § 6 Abs. 1 Satz 1 i. V. m. Abs. 4 Nr. 4 und 7 SchwarzArbG prüft die FKS im Rahmen ihrer Prüfungen auch, ob Anhaltspunkte dafür bestehen, dass Kindergeldempfänger ihren Mitwirkungspflichten nicht nachgekommen sind. Gemäß § 2 Abs. 1 Nr. 6

SchwarzArbG i. V. m. § 21 Abs. 1 Nr. 9 MiLoG, § 23 Abs. 1 Nr. 1 AEntG sowie § 16 Abs. 1 Nr. 7b AÜG führt die FKS auch Ordnungswidrigkeitenverfahren wegen Verstößen gegen die Verpflichtung zur Entrichtung des Mindestlohnes. Ergeben sich bei der Prüfung der FKS Anhaltspunkte für Verstöße gegen die Steuergesetze, so unterrichtet die FKS hierüber die zuständigen Finanzbehörden (§ 6 Abs. 4 Nr. 4 SchwarzArbG). Die Behörden der Zollverwaltung führen ein zentrales Informations-system für die FKS, in dem die zur Aufgabenerfüllung nach dem SchwarzArbG erhobenen und übermittelten Daten automatisiert verarbeitet werden (§ 16 SchwarzArbG). Die Übermittlung von Daten aus dem zentralen Informationssystem an die Landesfinanzbehörden erfolgt auf Ersuchen zur Durchführung eines Steuerstraf- oder Steuerordnungswidrigkeitenverfahrens und für die Besteuerung, soweit die Besteuerung im Zusammenhang mit der Erbringung oder der Vortäuschung der Erbringung von Dienst- oder Werkleistungen steht (§ 17 Abs. 1 Nr. 4 SchwarzArbG). Soweit durch eine Übermittlung von Daten die Gefährdung des Untersuchungszwecks eines Ermittlungsverfahrens zu besorgen ist, kann die für dieses Verfahren zuständige Behörde der Zollverwaltung oder die zuständige Staatsanwaltschaft anordnen, dass keine Übermittlung von Daten erfolgen darf (§ 17 Abs. 1 Satz 2 SchwarzArbG). § 480 Abs. 1 Satz 1 und 2 StPO findet Anwendung, wenn die Daten Verfahren betreffen, die zu einem Strafverfahren geführt haben (§ 17 Abs. 1 Satz 3 SchwarzArbG).

2.5 Mitteilungen

Verfügt die Finanzbehörde über Informationen, die die FKS oder die nach Landesrecht zuständigen Behörden für die Erfüllung ihrer Aufgaben zur Bekämpfung illegaler Beschäftigung und Schwarzarbeit benötigen, hat sie diese mitzuteilen. Hierzu zählen auch Verstöße gegen die Verpflichtung zur Gewährung der Arbeitsbedingungen i. S. d. § 20 MiLoG, § 8 i. V. m. § 5 Satz 1 Nr. 1 bis 4 AEntG sowie § 8 Abs. 5 AÜG. Anhaltspunkte für einen möglichen Verstoß reichen für eine Mitteilung aus. Ein unverhältnismäßiger Aufwand i. S. d. § 31a Abs. 2 Satz 3 AO liegt bei den Mitteilungen an die FKS im Regelfall nicht vor.

2.6 Verfahren FKS

Sowohl die Hauptzollämter als auch die Landesfinanzbehörden haben so genannte „Partnerstellen" für die Zusammenarbeit der FKS mit den Finanzbehörden eingerichtet. Mitteilungen sind daher nicht direkt an die FKS zu richten, sondern der jeweils örtlichen „Partnerstelle Steuer" zu übermitteln. Diese leitet die Mitteilungen dann an die jeweils örtliche „Partnerstelle FKS" weiter. In begründeten Einzelfällen sind ausnahmsweise auch direkte Kontakte zwischen den Stellen der FKS und den Finanzämtern möglich. Hierüber sind die örtlichen Partnerstellen zeitnah zu unterrichten.

3. **Entscheidung über Arbeitnehmerüberlassung (§ 31a Abs. 1 Satz 1 Nr. 1 Buchstabe b Doppelbuchstabe aa AO)**

3.1 Arbeitnehmerüberlassung

Nach § 1 Abs. 1 AÜG ist eine Erlaubnis erforderlich, wenn ein Arbeitgeber (Verleiher) einem Dritten (Entleiher) Arbeitnehmer (Leiharbeitnehmer) gewerbsmäßig zur Arbeitsleistung überlassen will, ohne dass damit eine Arbeitsvermittlung nach § 1 Abs. 2 AÜG und i. S. d. §§ 35 ff. SGB III betrieben wird. Die gewerbsmäßige Arbeitnehmerüberlassung in Betrieben des Baugewerbes für Arbeiten, die üblicherweise von Arbeitern verrichtet werden, ist zwischen Betrieben des Baugewerbes gestattet, wenn diese Betriebe von denselben Rahmen- und Sozialkassentarifverträgen oder von deren Allgemeinverbindlichkeiten erfasst werden; ansonsten ist sie unzulässig (§ 1b AÜG).

Die Erlaubnis zur Arbeitnehmerüberlassung hängt nach den Vorschriften des AÜG u. a. von der Zuverlässigkeit des Verleihers ab. Diese Erlaubnis kann aus den in §§ 3, 4 und 5 AÜG aufgeführten Gründen versagt, zurückgenommen oder widerrufen werden. Die Zuverlässigkeitsprüfung durch die Arbeitsbehörde hat sich dabei auch auf das steuerliche Verhalten - insbesondere die Einhaltung der Vorschriften über die Einbehaltung und Abführung der Lohnsteuer - zu erstrecken (§ 3 Abs. 1 Nr. 1 AÜG).

3.2 Zuständige Stellen

Zuständig für die Durchführung des AÜG ist die Bundesagentur für Arbeit (§ 17 AÜG).

3.3 Mitteilungen

Die Finanzbehörden unterrichten die zuständigen Dienststellen der Bundesagentur für Arbeit von Amts wegen über jede Verletzung steuerlicher Pflichten eines Arbeitnehmerverleihers, die mit der Ausübung seiner gewerblichen Tätigkeit im Zusammenhang steht, es sei denn, es handelt sich um Pflichtverletzungen, die nach ihrem betragsmäßigen Umfang und ihrer Bedeutung als geringfügig anzusehen sind.

Solche Pflichtverletzungen, die nach ihrem betragsmäßigen Umfang und ihrer Bedeutung als geringfügig anzusehen sind, sind jedoch auf Anfrage den Dienststellen der Bundesagentur für Arbeit mitzuteilen, wenn in der Anfrage von ihnen bescheinigt wird, dass die Informationen für ein nach § 31a Abs. 1 Satz 1 Nr. 1 Buchstabe b Doppelbuchstabe aa AO genanntes Verfahren erforderlich sind.

Zu den mitzuteilenden Tatsachen gehören z. B.:

- die Nichtanmeldung von Lohnsteuer,
- die verspätete Abgabe von Lohnsteuer-Anmeldungen,
- die verspätete Abführung oder Nichtabführung der einbehaltenen Steuerabzugsbeträge,
- bestehende Steuerrückstände, soweit diese durch die gewerbliche Tätigkeit ausgelöst wurden,
- erhebliche Nachforderungen aus Lohnsteuer-Außenprüfungen,
- wirtschaftliche Leistungsunfähigkeit.

Mitteilungen an Strafverfolgungsbehörden oder Offenbarungen in einem Strafverfahren wegen strafrechtlicher Verfehlungen im Falle der Arbeitnehmerüberlassung gestattet § 31a Abs. 1 Satz 1 Nr. 1 Buchstabe b Doppelbuchstabe aa AO nicht. § 31a Abs. 1 Satz ist nicht einschlägig.

3.4 Verfahren

Damit die Finanzbehörden zwischen Arbeitnehmerüberlassung ohne Erlaubnis (vgl. AEAO zu § 31a, Nr. 2.1) und genehmigter Arbeitnehmerüberlassung unterscheiden und überprüfen können, ob ein Verleiher seinen steuerlichen Pflichten nachkommt, unterrichten die Dienststellen der Bundesagentur für Arbeit die Finanzbehörden von Amts wegen über die Erteilung, Versagung, Verlängerung, Rücknahme und den Widerruf sowie das Erlöschen der Erlaubnis zur gewerbsmäßigen Arbeitnehmerüberlassung. Die Dienststellen der Bundesagentur für Arbeit unterrichten die Finanzbehörden ferner über jeden Antrag eines Unternehmers mit Sitz im Ausland auf Erteilung einer Erlaubnis nach dem AÜG, über Anfragen von Unternehmen mit Sitz im Ausland, ob ihre im Inland beabsichtigte Tätigkeit erlaubnispflichtig sei, und über Anfragen inländischer Unternehmer, ob einem bestimmten ausländischen Unternehmen eine Erlaubnis nach dem AÜG erteilt wurde.

4. Entscheidung über Leistungen aus öffentlichen Mitteln (§ 31a Abs. 1 Satz 1 Nr. 1 Buchstabe b Doppelbuchstabe bb AO)

4.1 Leistungen aus öffentlichen Mitteln

Unter dem Begriff „Leistungen aus öffentlichen Mitteln" sind alle Leistungen der öffentlichen Hand zu verstehen. Insbesondere fallen darunter Sozialleistungen und Subventionen.

4.1.1 Sozialleistungen

Sozialleistungen sind gem. § 11 SGB I die im SGB I vorgesehenen Dienst-, Sach- und Geldleistungen. Hierzu zählen die in §§ 18 bis 29 SGB I und die in § 68 SGB I aufgezählten Leistungen. Sozialleistungen sind danach z. B. die Leistungen der Agenturen für Arbeit, der gesetzlichen Krankenkassen, der gesetzlichen Rentenversicherungsträger, der Sozialämter und der Unterhaltsvorschussbehörden.

4.1.2 Subventionen

Subventionen sind gem. § 1 Abs. 1 SubvG i. V. m. § 264 Abs. 7 StGB Leistungen, die aus öffentlichen Mitteln nach Bundes- oder Landesrecht oder nach dem Recht der Europäischen Union an Betriebe oder Unternehmen wenigstens zum Teil ohne marktübliche Gegenleistung gewährt werden und der Förderung der Wirtschaft dienen sollen.

Leistungsgrundlage für die Gewährung von Subventionen sind das Recht von Bund, Ländern (zugleich auch Gemeinden) oder der Europäischen Union, wobei es sich nicht um ein Gesetz handeln muss, sondern auch auf Gesetz beruhende Haushaltsansätze genügen. Anhaltspunkte dafür, dass es sich bei der Zuwendung (Förderung) um eine Subvention handelt, ergeben sich regelmäßig aus den Antragsunterlagen oder aus dem Bewilligungsbescheid.

4.2 Zuständige Stellen

Mitteilungen sind an die jeweilig zuständigen Leistungs- bzw. Subventionsgeber zu richten, die für die Entscheidung über die Bewilligung, Gewährung, Rückforderung, Erstattung, Weitergewährung oder das Belassen der Leistung aus öffentlichen Mitteln zuständig sind.

4.3 Mitteilungen

Liegt eine Anfrage der Bewilligungsbehörde nicht vor, müssen sich konkrete Anhaltspunkte aus der Buchführung, den Aufzeichnungen oder den Unterlagen des Steuerpflichtigen ergeben (z. B. ein entsprechender Bewilligungsbescheid bei einer Außenprüfung). Vorsorgliche Mitteilungen aufgrund bloßer Vermutungen sind nicht vorzunehmen.

Von Amts wegen hat eine Offenbarung insbesondere zu erfolgen, wenn konkrete Anhaltspunkte es möglich erscheinen lassen, dass

- aufgrund eines Verwaltungsakts Sozialleistungen zu Unrecht in Anspruch genommen werden oder genommen wurden oder
- Sozialleistungen zu erstatten sind oder
- Tatsachen subventionserheblich i. S. d. § 264 Abs. 9 StGB sind. Subventionserheblich sind auch Tatsachen, die sich auf die Förderung nach der Gemeinschaftsaufgabe „Verbesserung der regionalen Wirtschaftsstruktur" (GA Förderung) beziehen.

Es genügt die Möglichkeit, dass die gewährten Subventionen oder Sozialleistungen zurückgefordert werden können. Ein konkreter Tatverdacht im strafprozessualen Sinne (z. B. Subventionsbetrug) ist nicht erforderlich. Es ist nicht Aufgabe des Finanzamts, zur Feststellung von Leistungsmissbräuchen über die Überprüfung steuerlicher Sachverhalte hinausgehende oder zusätzliche Ermittlungen vorzunehmen.

Die Entscheidung, ob tatsächlich ein Leistungsmissbrauch vorliegt, trifft die informierte Stelle

Mitteilungen an Strafverfolgungsbehörden sind nach § 31a Abs. 1 Satz 2 AO auf deren Ersuchen zulässig, soweit die Offenbarung für die Durchführung eines Strafverfahrens wegen einer zu Unrecht erlangten Leistung aus öffentlichen Mitteln erforderlich ist. Die Strafverfolgungsbehörde muss die Erforderlichkeit der Mitteilung versichern. Eine Offenbarung zur Durchführung eines Bußgeldverfahrens darf nicht erfolgen.

Zudem sind Mitteilungen an Strafverfolgungsbehörden nach § 31a Abs. 1 Satz 1 Nr. 1 Buchstabe b Doppelbuchstabe bb AO auf deren Ersuchen zulässig, soweit die Offenbarung zur Vorbereitung einer richterlichen Einziehungsanordnung nach § 76a StGB im Zusammenhang mit einer zu Unrecht erlangten Leistung aus öffentlichen Mitteln erforderlich ist. Die Strafverfolgungsbehörden müssen die Erforderlichkeit der Mitteilungen versichern

5. Rückgewähr einer Leistung aus öffentlichen Mitteln (§ 31a Abs. 1 Satz 1 Nr. 2 AO)

Die Offenbarung ist zulässig, wenn sie für die Geltendmachung eines Anspruchs auf Rückgewähr einer Forderung aus öffentlichen Mitteln erforderlich ist. Hierunter ist sowohl die Durchsetzung, insbesondere die Vollstreckung, von nach § 31a Abs. 1 Satz 1 Nr. 1 Buchstabe b Doppelbuchstabe bb AO bereits festgesetzten Rückforderungen von Leistungen aus öffentlichen Mitteln, z. B. durch die für die Vollstreckung zuständigen Hauptzollämter, als auch die privatrechtliche Rückabwicklung von Leistungen oder Subventionen aus öffentlichen Mitteln durch die zuständigen Stellen zu verstehen. Eine Offenbarung ist insbesondere auch zulässig für die Rückforderung von Zahlungen der gesetzlichen Krankenkassen und Ersatzkassen gegenüber Ärzten, Zahnärzten, Apothekern und Krankenhäusern auf Grund von Abrechnungsbetrügereien.

Eine Offenbarung ist ebenfalls zulässig, wenn sie für die Entscheidung der zuständigen Stelle erforderlich ist, ob ein Anspruch auf Rückgewähr einer Leistung aus öffentlichen Mitteln geltend gemacht oder nicht mehr weiterverfolgt werden soll. In diesem Fall hat die zuständige Stelle zu versichern, dass der Anspruchsgegner zuvor zu seinen wirtschaftlichen Verhältnissen befragt wurde und die für die Entscheidung erforderlichen Erkenntnisse auch auf andere zumutbare Weise nicht erlangt werden konnten.

Die Mitteilungen erfolgen im Regelfall nur aufgrund einer Anfrage der zuständigen Stelle bzw. auf Anfrage des Betroffenen. Die Mitteilungen sind an die für die Vollstreckung zuständigen Stellen bzw. an die für die Rückgewährung der Leistung aus öffentlichen Mitteln zuständigen Stellen (z. B. Sozialleistungsträger, Gewährer von Fördermitteln oder Subventionsgeber) zu richten.

Mitteilungen an Strafverfolgungsbehörden sind nach § 31a Abs. 1 Satz 2 AO auf deren Ersuchen zulässig, soweit die Offenbarung für die Durchführung eines Strafverfahrens wegen einer zu Unrecht erlangten Leistung aus öffentlichen Mitteln erforderlich ist. Die Strafverfolgungsbehörde muss die Erforderlichkeit der Mitteilung versichern. Eine Offenbarung zur Durchführung eines Bußgeldverfahrens darf nicht erfolgen.

Zudem sind Mitteilungen an Strafverfolgungsbehörden nach § 31a Abs. 1 Satz 1 Nr. 2 AO auf deren Ersuchen zulässig, soweit die Offenbarung zur Vorbereitung einer richterlichen Einziehungsanordnung nach § 76a StGB im Zusammenhang mit einer zu Unrecht erlangten Leistung aus öffentlichen Mitteln erforderlich ist. Die Strafverfolgungsbehörden müssen die Erforderlichkeit der Mitteilungen versichern

§ 31b Mitteilungen zur Bekämpfung der Geldwäsche und der Terrorismusfinanzierung
(S 0133)

(1) Die Offenbarung der nach § 30 geschützten Daten der betroffenen Person an die jeweils zuständige Stelle ist auch ohne Ersuchen zulässig, soweit sie einem der folgenden Zwecke dient:

1. der Durchführung eines Strafverfahrens wegen Geldwäsche oder Terrorismusfinanzierung nach § 1 Absatz 1 und 2 des Geldwäschegesetzes,
2. der Verhinderung, Aufdeckung und Bekämpfung von Geldwäsche oder Terrorismusfinanzierung nach § 1 Absatz 1 und 2 des Geldwäschegesetzes,
3. der Durchführung eines Bußgeldverfahrens nach § 56 des Geldwäschegesetzes gegen Verpflichtete nach § 2 Absatz 1 Nummer 13 bis 16 des Geldwäschegesetzes,
4. dem Treffen von Maßnahmen und Anordnungen nach § 51 Absatz 2 des Geldwäschegesetzes gegenüber Verpflichteten nach § 2 Absatz 1 Nummer 13 bis 16 des Geldwäschegesetzes oder
5. der Wahrnehmung von Aufgaben nach § 28 Absatz 1 des Geldwäschegesetzes durch die Zentralstelle für Finanztransaktionsuntersuchungen.

(2) ¹Die Finanzbehörden haben der Zentralstelle für Finanztransaktionsuntersuchungen unverzüglich Sachverhalte unabhängig von deren Höhe mitzuteilen, wenn Tatsachen vorliegen, die darauf hindeuten, dass

1. es sich bei Vermögensgegenständen, die mit dem mitzuteilenden Sachverhalt im Zusammenhang stehen, um den Gegenstand einer Straftat nach § 261 des Strafgesetzbuchs handelt oder
2. die Vermögensgegenstände im Zusammenhang mit Terrorismusfinanzierung stehen.

²Mitteilungen an die Zentralstelle für Finanztransaktionsuntersuchungen sind durch elektronische Datenübermittlung zu erstatten; hierbei ist ein sicheres Verfahren zu verwenden, das die Vertraulichkeit und Integrität des Datensatzes gewährleistet. ³Im Fall einer Störung der Datenübertragung ist ausnahmsweise eine Mitteilung auf dem Postweg möglich. ⁴§ 45 Absatz 3 und 4 des Geldwäschegesetzes gilt entsprechend.

(2a) Die Finanzbehörden übermitteln der Zentralstelle für Finanztransaktionsuntersuchungen folgende Daten nach Maßgabe des § 31 Absatz 5 des Geldwäschegesetzes im automatisierten Verfahren, soweit dies zur Wahrnehmung der Aufgaben der Zentralstelle für Finanztransaktionsuntersuchungen nach § 28 Absatz 1 Satz 2 Nummer 2 des Geldwäschegesetzes erforderlich ist:

1. beim Bundeszentralamt für Steuern die nach § 5 Absatz 1 Nummer 13 des Finanzverwaltungsgesetzes vorgehaltenen Daten,
2. bei den Landesfinanzbehörden die zu einem Steuerpflichtigen gespeicherten Grundinformationen, die die Steuernummer, die Gewerbekennzahl, die Grund- und Zusatzkennbuchstaben, die Bankverbindung, die vergebene

Umsatzsteuer-Identifikationsnummer sowie das zuständige Finanzamt umfassen.

(2b) ¹Wird von der Verordnungsermächtigung des § 22a des Grunderwerbsteuergesetzes zur elektronischen Übermittlung der Anzeige im Sinne des § 18 des Grunderwerbsteuergesetzes Gebrauch gemacht, übermitteln die Landesfinanzbehörden die dort eingegangenen Datensätze nach Maßgabe des § 31 Absatz 5a des Geldwäschegesetzes der Zentralstelle für Finanztransaktionsuntersuchungen zur Wahrnehmung ihrer Aufgaben nach § 28 Absatz 1 Satz 2 Nummer 2 des Geldwäschegesetzes im automatisierten Verfahren. ²Absatz 2 Satz 2 gilt entsprechend.

(3) Die Finanzbehörden haben der zuständigen Verwaltungsbehörde unverzüglich solche Tatsachen mitzuteilen, die darauf schließen lassen, dass

1. ein Verpflichteter nach § 2 Absatz 1 Nummer 13 bis 16 des Geldwäschegesetzes eine Ordnungswidrigkeit nach § 56 des Geldwäschegesetzes begangen hat oder begeht oder

2. die Voraussetzungen für das Treffen von Maßnahmen und Anordnungen nach § 51 Absatz 2 des Geldwäschegesetzes gegenüber Verpflichteten nach § 2 Absatz 1 Nummer 13 bis 16 des Geldwäschegesetzes gegeben sind.

(3a) ¹Die Finanzbehörden übermitteln einer Koordinierenden Stelle eines Landes nach § 50c des Geldwäschegesetzes auf Ersuchen Name und Anschrift der bei ihnen geführten Steuerpflichtigen im Sinne des § 2 Absatz 1 Nummer 13, 14 oder Nummer 16 des Geldwäschegesetzes nach Maßgabe des § 55 Absatz 3b des Geldwäschegesetzes, geordnet nach Wirtschaftszweigen und Betriebsgrößenklassen. ²Sammelersuchen sind zulässig. ³Die von den Finanzbehörden an die zuständigen Koordinierenden Stellen nach § 50c des Geldwäschegesetzes übermittelten Daten können von diesen an die zuständigen Aufsichtsbehörden nach § 50 Nummer 9 des Geldwäschegesetzes zur Erfüllung ihrer Aufgaben nach dem Geldwäschegesetz weitergegeben werden.

(4) § 47 Absatz 3 des Geldwäschegesetzes gilt entsprechend.

AEAO zu § 31b - Mitteilungen zur Bekämpfung der Geldwäsche und der Terrorismusfinanzierung:

1. **Offenbarungsbefugnis nach § 31b Abs. 1 AO**

1.1 Die Finanzbehörden dürfen in den in § 31b Abs. 1 AO genannten Fällen den jeweils zuständigen Stellen die erforderlichen Auskünfte erteilen (Offenbarungsbefugnis). Liegt ein begründetes Auskunftsersuchen der jeweils zuständigen Stelle vor, ist ihr Auskunft zu erteilen (Offenbarungspflicht). Die ersuchende Stelle hat zu versichern, dass die erbetenen Daten den in § 31b Abs. 1 Nrn. 1 bis 5 AO genannten Zwecken dienen.

1.2 Die Zentralstelle für Finanztransaktionsuntersuchungen (FIU) hat nach § 28 Abs. 1 GwG die Aufgabe der Erhebung und Analyse von Informationen im Zusammenhang mit Geldwäsche oder Terrorismusfinanzierung und der Weitergabe dieser Informationen an die zuständigen inländischen öffentlichen

Stellen zum Zwecke der Aufklärung, Verhinderung oder Verfolgung solcher Taten.

Im Hinblick auf § 31b Abs. 1 Nr. 5 AO sind insbesondere folgende Aufgaben der FIU von Bedeutung:

- die Entgegennahme und Sammlung von Meldungen nach dem GwG und Mitteilungen nach § 31b AO,
- die Durchführung von operativen Analysen einschließlich der Bewertung von Meldungen und sonstigen Informationen,
- die Übermittlung der sie betreffenden Ergebnisse dieser operativen Analyse und zusätzlicher relevanter Informationen an die zuständigen inländischen öffentlichen Stellen,
- die Durchführung von strategischen Analysen und Erstellung von Berichten aufgrund dieser Analysen,
- der Informationsaustausch und die Koordinierung mit inländischen Aufsichtsbehörden,
- die Zusammenarbeit und der Informationsaustausch mit zentralen Meldestellen anderer Staaten,
- die Untersagung von Transaktionen und die Anordnung von sonstigen Sofortmaßnahmen,
- der Austausch mit den Verpflichteten sowie mit den inländischen Aufsichtsbehörden und für die Aufklärung, Verhinderung oder Verfolgung der Geldwäsche und der Terrorismusfinanzierung zuständigen inländischen öffentlichen Stellen insbesondere über entsprechende Typologien und Methoden.

1.3 Zu den in § 31b Abs. 1 AO genannten Fällen zählt auch die Vorbereitung oder Durchführung einer richterlichen Einziehungsanordnung nach § 76a StGB, die im Zusammenhang mit Geldwäsche oder Terrorismusfinanzierung steht. Eine Offenbarung an die Strafverfolgungsbehörden ist in Fällen des § 76a StGB nach § 31b Abs. 1 Nr. 2 AO zulässig.

2. Mitteilungspflicht nach § 31b Abs. 2 AO

2.1 Sind der Finanzbehörde Tatsachen bekannt geworden, die darauf hindeuten, dass es sich bei Vermögenswerten, die mit einer Transaktion oder Geschäftsbeziehung im Zusammenhang stehen, um den Gegenstand einer Straftat nach § 261 StGB (Geldwäsche) handelt oder dass die Vermögenswerte im Zusammenhang mit Terrorismusfinanzierung stehen, hat sie diese unverzüglich der FIU auf dem hierfür eingerichteten einheitlichen Meldeweg elektronisch über das hierzu eingerichtete Verfahren mitzuteilen.

2.2 Den Finanzbehörden obliegt die Prüfung im Einzelfall, ob ein mitteilungspflichtiger Sachverhalt i. S. d. § 31b Abs. 2 AO vorliegt (Beurteilungsspielraum).

Die der Finanzverwaltung vorliegenden Anhaltspunkte müssen nicht die Schwelle eines strafrechtlichen Anfangsverdachtes erreichen. Hinsichtlich der Frage, ob es sich bei Vermögensgegenständen um den Gegenstand einer Straftat handelt oder diese im Zusammenhang mit Terrorismusfinanzierung stehen, obliegt der Finanzbehörde weder in tatsächlicher noch in rechtlicher Hinsicht eine eingehende strafrechtliche (Vor-) Prüfung.

Soweit es sich bei der potentiellen Geldwäschevortat um eine Steuerhinterziehung handelt, ist zu beachten, dass ein geldwäschetauglicher Vermögensgegenstand daraus nur entsteht, wenn es sich um einen Fall einer Steuervergütung oder -erstattung handelt.

Hat eine Steuerhinterziehung dagegen lediglich zu einer niedrigeren Steuerzahlung geführt, liegt in den insoweit ersparten Aufwendungen in Höhe des Verkürzungsbetrags kein illegal erworbener Vermögenswert (vgl. Beschluss OLG Saarbrücken vom 26.5.2021, 4 WS 53/21, DStR S. 1504). Eine Offenbarungsbefugnis nach § 31b Abs. 1 AO bzw. eine Mitteilungspflicht nach § 1b Abs. 2 AO besteht in diesem Fall mangels geldwäschetauglichen Tatobjekts nicht.

3. Mitteilungspflicht nach § 31b Abs. 3 AO

3.1 Tatsachen, die auf eine Ordnungswidrigkeit i. S. d. § 56 Abs. 1 GwG durch einen Verpflichteten i. S. d. § 2 Abs. 1 Nrn. 13 bis 16 GwG schließen lassen, sind der zuständigen Verwaltungsbehörde nach § 31b Abs. 3 Nr. 1 AO unverzüglich mitzuteilen (zur zuständigen Verwaltungsbehörde siehe § 56 Abs. 5 GwG).

Mitzuteilen sind nur solche Tatsachen, die der Finanzbehörde im Rahmen des Besteuerungsverfahrens, eines Strafverfahrens wegen einer Steuerstraftat oder eines Bußgeldverfahrens wegen einer Steuerordnungswidrigkeit und mithilfe der dort geltenden Ermittlungsbefugnisse bekannt geworden sind. Der konkrete Sachverhalt ist dabei nach allgemeinen Erfahrungen und beruflichem Erfahrungswissen unter dem Blickwinkel seiner Ungewöhnlichkeit und Auffälligkeit im jeweiligen geschäftlichen Kontext zu würdigen. Die Mitteilung entsprechender Tatsachen setzt keinen Anfangsverdacht i. S. v. § 46 Abs. 1 OWiG i. V. m. § 152 Abs. 2 StPO voraus. Es reicht aus, dass eine Ordnungswidrigkeit aufgrund dieser Erfahrungen nahe liegt.

Es ist nicht zu prüfen, ob eine mögliche Ordnungswidrigkeit i. S. d. § 56 Abs. 1 GwG im Zeitpunkt der beabsichtigten Mitteilung bereits verjährt sein könnte (vgl. den zu § 4 Abs. 5 Nr. 10 Satz 3 EStG ergangenen BFH-Beschluss vom 14.7.2008, VII B 92/08, BStBl II S. 850).

3.2. Tatsachen, die darauf schließen lassen, dass die Voraussetzungen für das Treffen von Maßnahmen und Anordnungen nach § 51 Abs. 2 GwG gegenüber Verpflichteten i. S. d. § 2 Abs. 1 Nrn. 13 bis 16 GwG gegeben sind, sind der zuständigen Aufsichtsbehörde nach § 31b Abs. 3 Nr. 2 AO unverzüglich mitzuteilen (zur zuständigen Aufsichtsbehörde siehe § 50 GwG). Nr. 3.1 Abs. 2 des AEAO zu § 31b gilt entsprechend; die Anhaltspunkte müssen es als hinreichend sicher erscheinen lassen, dass aufsichtsrechtliche Maßnahmen geboten sind.

Beispiele für gebotene aufsichtsrechtliche Maßnahmen:

- Gewerbeuntersagung nach § 51 Abs. 5 GwG,
- Anordnung zur Schaffung interner Sicherungsmaßnahmen und/oder die Bestellung eines Geldwäschebeauftragten etwa bei Güterhändlern nach §§ 6 und 7 GwG oder
- Anordnung und Durchführung von Prüfungen zur Einhaltung der gesetzlichen Anforderungen.

4. Verbot der Informationsweitergabe

4.1 Soweit nichts anderes bestimmt ist, dürfen Finanzbehörden, die Kenntnis von einer nach § 43 Abs. 1 GwG abgegebenen Meldung eines Verpflichteten erlangt haben, diese Informationen nach § 47 Abs. 3 Satz 1 GwG nicht weitergeben an

- den Vertragspartner des Verpflichteten,
- den Auftraggeber der Transaktion,
- den wirtschaftlich Berechtigten,
- eine Person, die von einer der vorgenannten Personen als Vertreter oder Bote eingesetzt worden ist, und
- den Rechtsbeistand, der von einer der vorgenannten Personen mandatiert worden ist.

Eine Weitergabe dieser Informationen an diese Personen ist nur zulässig, wenn die FIU vorher ihr Einverständnis erklärt hat (§ 47 Abs. 3 Satz 2 GwG).

4.2 Gleiches gilt hinsichtlich der Mitteilungen der Finanzbehörden an die FIU nach § 31b Abs. 1 Nr. 5 oder Abs. 2 AO (§ 31b Abs. 4 AO) sowie für Meldungen an andere Stellen nach § 31b Abs. 1 oder 3 AO.

4.3 Dessen ungeachtet dürfen Mitteilungen und Aufzeichnungen nach § 32 Abs. 6 GwG für Besteuerungsverfahren und Strafverfahren wegen Steuerstraftaten verwendet werden. Hierbei ist möglichst sicherzustellen, dass der Zweck des durch die Strafverfolgungsbehörden eingeleiteten Ermittlungsverfahrens wegen außersteuerlicher Straftaten nicht gefährdet wird. Eine Gefährdung des Ermittlungsverfahrens ist insbesondere nicht anzunehmen, wenn die Strafverfolgungsbehörde ihr Verfahren bereits nach § 170 Abs. 2 StPO eingestellt hat, die Verfahrenseinleitung dem Betroffenen bereits bekannt ist oder bereits Anklage erhoben wurde. Im Zweifel ist eine Abstimmung mit der zuständigen Strafverfolgungsbehörde vorzunehmen.

5. Rückmeldungen der Finanzämter an die FIU

Hat die FIU einer Finanzbehörde einen Sachverhalt mitgeteilt, hat die Finanzbehörde die FIU nach § 42 Abs. 2 Satz 1 GwG über die abschließende Verwendung der bereitgestellten Informationen und über die Ergebnisse der Maßnahmen, die auf Grundlage der von der FIU bereitgestellten Informationen durchgeführt wurden, zu informieren. Das Steuergeheimnis steht dem nicht entgegen (§ 42 Abs. 2 Satz 2 GwG).

§ 31c Verarbeitung besonderer Kategorien personenbezogener Daten durch Finanzbehörden zu statistischen Zwecken (S 0134)

(1) ¹Abweichend von Artikel 9 Absatz 1 der Verordnung (EU) 2016/679 ist die Verarbeitung besonderer Kategorien personenbezogener Daten im Sinne des Artikels 9 Absatz 1 der Verordnung (EU) 2016/679 durch Finanzbehörden auch ohne Einwilligung der betroffenen Person für statistische Zwecke zulässig, wenn die Verarbeitung zu diesen Zwecken erforderlich ist und die Interessen des Verantwortlichen an der Verarbeitung die Interessen der betroffenen Person an einem Ausschluss der Verarbeitung erheblich überwiegen. ²Der Verantwortliche sieht angemessene und spezifische Maßnahmen zur Wahrung der Interessen der betroffenen Person vor; § 22 Absatz 2 Satz 2 des Bundesdatenschutzgesetzes gilt entsprechend.

(2) Die in den Artikeln 15, 16, 18 und 21 der Verordnung (EU) 2016/679 vorgesehenen Rechte der betroffenen Person sind insoweit beschränkt, als diese Rechte voraussichtlich die Verwirklichung der Statistikzwecke unmöglich machen oder ernsthaft beinträchtigen und die Beschränkung für die Erfüllung der Statistikzwecke notwendig ist.

(3) ¹Ergänzend zu den in § 22 Absatz 2 Satz 2 des Bundesdatenschutzgesetzes genannten Maßnahmen sind zu statistischen Zwecken verarbeitete besondere Kategorien personenbezogener Daten im Sinne des Artikels 9 Absatz 1 der Verordnung (EU) 2016/679 zu pseudonymisieren oder anonymisieren, sobald dies nach dem Statistikzweck möglich ist, es sei denn, berechtigte Interessen der betroffenen Person stehen dem entgegen. ²Bis dahin sind die Merkmale gesondert zu speichern, mit denen Einzelangaben über persönliche oder sachliche Verhältnisse einer bestimmten oder bestimmbaren Person zugeordnet werden können. ³Sie dürfen mit den Einzelangaben nur zusammengeführt werden, soweit der Statistikzweck dies erfordert.

Fünfter Abschnitt – Haftungsbeschränkung für Amtsträger

§ 32 Haftungsbeschränkung für Amtsträger (S 0140)

Wird infolge der Amts- oder Dienstpflichtverletzung eines Amtsträgers

1. eine Steuer oder eine steuerliche Nebenleistung nicht, zu niedrig oder zu spät festgesetzt, erhoben oder beigetrieben oder
2. eine Steuererstattung oder Steuervergütung zu Unrecht gewährt oder
3. eine Besteuerungsgrundlage oder eine Steuerbeteiligung nicht, zu niedrig oder zu spät festgesetzt,

so kann er nur in Anspruch genommen werden, wenn die Amts- oder Dienstpflichtverletzung mit einer Strafe bedroht ist.

> **AEAO zu § 32 - Haftungsbeschränkung für Amtsträger:**
> Die Vorschrift enthält keine selbständige Haftungsgrundlage; sie schränkt vielmehr die sich aus anderen Bestimmungen ergebende Haftung für Amtsträger ein. Disziplinarmaßnahmen sind keine Strafen i. S. d. Vorschrift.

Sechster Abschnitt – Rechte der betroffenen Person

§ 32a Informationspflicht der Finanzbehörde bei Erhebung personenbezogener Daten bei betroffenen Personen (S 0141)

(1) Die Pflicht der Finanzbehörde zur Information der betroffenen Person gemäß Artikel 13 Absatz 3 der Verordnung (EU) 2016/679 besteht ergänzend zu der in Artikel 13 Absatz 4 der Verordnung (EU) 2016/679 genannten Ausnahme dann nicht, wenn die Erteilung der Information über die beabsichtigte Weiterverarbeitung oder Offenbarung

1. die ordnungsgemäße Erfüllung der in der Zuständigkeit der Finanzbehörden liegenden Aufgaben im Sinne des Artikels 23 Absatz 1 Buchstabe d bis h der Verordnung (EU) 2016/679 gefährden würde und die Interessen der Finanzbehörden an der Nichterteilung der Information die Interessen der betroffenen Person überwiegen,
2. die öffentliche Sicherheit oder Ordnung gefährden oder sonst dem Wohl des Bundes oder eines Landes Nachteile bereiten würde und die Interessen der Finanzbehörde an der Nichterteilung der Information die Interessen der betroffenen Person überwiegen,
3. den Rechtsträger der Finanzbehörde in der Geltendmachung, Ausübung oder Verteidigung zivilrechtlicher Ansprüche oder in der der Verteidigung gegen ihn geltend gemachter zivilrechtlicher Ansprüche im Sinne des Artikels 23 Absatz 1 Buchstabe j der Verordnung (EU) 2016/679 beeinträchtigen würde und die Finanzbehörde nach dem Zivilrecht nicht zur Information verpflichtet ist, oder

4. eine vertrauliche Offenbarung geschützter Daten gegenüber öffentlichen Stellen gefährden würde.

(2) Die ordnungsgemäße Erfüllung der in der Zuständigkeit der Finanzbehörden liegenden Aufgaben im Sinne des Artikels 23 Absatz 1 Buchstabe d bis h der Verordnung (EU) 2016/679 wird insbesondere gefährdet, wenn die Erteilung der Information

1. die betroffene Person oder Dritte in die Lage versetzen könnte,
    a) steuerlich bedeutsame Sachverhalte zu verschleiern,
    b) steuerlich bedeutsame Spuren zu verwischen oder
    c) Art und Umfang der Erfüllung steuerlicher Mitwirkungspflichten auf den Kenntnisstand der Finanzbehörden einzustellen,

oder

2. Rückschlüsse auf die Ausgestaltung automationsgestützter Risikomanagementsysteme oder geplante Kontroll- oder Prüfungsmaßnahmen zulassen

und damit die Aufdeckung steuerlich bedeutsamer Sachverhalte wesentlich erschwert würde.

(3) Unterbleibt eine Information der betroffenen Person nach Maßgabe von Absatz 1, ergreift die Finanzbehörde geeignete Maßnahmen zum Schutz der berechtigten Interessen der betroffenen Person.

(4) Unterbleibt die Benachrichtigung in den Fällen des Absatzes 1 wegen eines vorübergehenden Hinderungsgrundes, kommt die Finanzbehörde der Informationspflicht unter Berücksichtigung der spezifischen Umstände der Verarbeitung innerhalb einer angemessenen Frist nach Fortfall des Hinderungsgrundes, spätestens jedoch innerhalb von zwei Wochen, nach.

(5) Bezieht sich die Informationserteilung auf die Übermittlung personenbezogener Daten durch Finanzbehörden an Verfassungsschutzbehörden, den Bundesnachrichtendienst, den Militärischen Abschirmdienst und, soweit die Sicherheit des Bundes berührt wird, andere Behörden des Bundesministeriums der Verteidigung, ist sie nur mit Zustimmung dieser Stellen zulässig.

§ 32b Informationspflicht der Finanzbehörde, wenn personenbezogene Daten nicht bei der betroffenen Person erhoben wurden (S 0141)

(1) [1]Die Pflicht der Finanzbehörde zur Information der betroffenen Person gemäß Artikel 14 Absatz 1, 2 und 4 der Verordnung (EU) 2016/679 besteht ergänzend zu den in Artikel 14 Absatz 5 der Verordnung (EU) 2016/679 und § 31c Absatz 2 genannten Ausnahmen nicht,

1. soweit die Erteilung der Information
    a) die ordnungsgemäße Erfüllung der in der Zuständigkeit der Finanzbehörden oder anderer öffentlicher Stellen liegenden Aufgaben im Sinne

des Artikel 23 Absatz 1 Buchstabe d bis h der Verordnung (EU) 2016/679 gefährden würde oder

b) die öffentliche Sicherheit oder Ordnung gefährden oder sonst dem Wohl des Bundes oder eines Landes Nachteile bereiten würde

oder

2. wenn die Daten, ihre Herkunft, ihre Empfänger oder die Tatsache ihrer Verarbeitung nach § 30 oder einer anderen Rechtsvorschrift oder ihrem Wesen nach, insbesondere wegen überwiegender berechtigter Interessen eines Dritten im Sinne des Artikel 23 Absatz 1 Buchstabe i der Verordnung (EU) 2016/6792, geheim gehalten werden müssen

und deswegen das Interesse der betroffenen Person an der Informationserteilung zurücktreten muss. ²§ 32a Absatz 2 gilt entsprechend.

(2) Bezieht sich die Informationserteilung auf die Übermittlung personenbezogener Daten durch Finanzbehörden an Verfassungsschutzbehörden, den Bundesnachrichtendienst, den Militärischen Abschirmdienst und, soweit die Sicherheit des Bundes berührt wird, andere Behörden des Bundesministeriums der Verteidigung, ist sie nur mit Zustimmung dieser Stellen zulässig.

(3) Unterbleibt eine Information der betroffenen Person nach Maßgabe der Absätze 1 oder 2, ergreift die Finanzbehörde geeignete Maßnahmen zum Schutz der berechtigten Interessen der betroffenen Person.

§ 32c Auskunftsrecht der betroffenen Person (S 0141)

(1) Das Recht auf Auskunft der betroffenen Person gegenüber einer Finanzbehörde gemäß Artikel 15 der Verordnung (EU) 2016/679 besteht nicht, soweit

1. die betroffene Person nach § 32a Absatz 1 oder nach § 32b Absatz 1 oder 2 nicht zu informieren ist,

2. die Auskunftserteilung den Rechtsträger der Finanzbehörde in der Geltendmachung, Ausübung oder Verteidigung zivilrechtlicher Ansprüche oder in der Verteidigung gegen ihn geltend gemachter zivilrechtlicher Ansprüche im Sinne des Artikels 23 Absatz 1 Buchstabe j der Verordnung (EU) 2016/679 beeinträchtigen würde; Auskunftspflichten der Finanzbehörde nach dem Zivilrecht bleiben unberührt,

3. die personenbezogenen Daten

    a) nur deshalb gespeichert sind, weil sie auf Grund gesetzlicher Aufbewahrungsvorschriften nicht gelöscht werden dürfen, oder

    b) ausschließlich Zwecken der Datensicherung oder der Datenschutzkontrolle dienen

und die Auskunftserteilung einen unverhältnismäßigen Aufwand erfordern würde sowie eine Verarbeitung zu anderen Zwecken durch geeignete technische und organisatorische Maßnahmen ausgeschlossen ist.

(2) Die betroffene Person soll in dem Antrag auf Auskunft gemäß Artikel 15 der Verordnung (EU) 2016/679 die Art der personenbezogenen Daten, über die Auskunft erteilt werden soll, näher bezeichnen.

(3) Sind die personenbezogenen Daten weder automatisiert noch in nicht automatisierten Dateisystemen gespeichert, wird die Auskunft nur erteilt, soweit die betroffene Person Angaben macht, die das Auffinden der Daten ermöglichen, und der für die Erteilung der Auskunft erforderliche Aufwand nicht außer Verhältnis zu dem von der betroffenen Person geltend gemachten Informationsinteresse steht.

(4) [1]Die Ablehnung der Auskunftserteilung ist gegenüber der betroffenen Person zu begründen, soweit nicht durch die Mitteilung der tatsächlichen und rechtlichen Gründe, auf die die Entscheidung gestützt wird, der mit der Auskunftsverweigerung verfolgte Zweck gefährdet würde. [2]Die zum Zweck der Auskunftserteilung an die betroffene Person und zu deren Vorbereitung gespeicherten Daten dürfen nur für diesen Zweck sowie für Zwecke der Datenschutzkontrolle verarbeitet werden; für andere Zwecke ist die Verarbeitung nach Maßgabe des Artikels 18 der Verordnung (EU) 2016/679 einzuschränken.

(5) [1]Soweit der betroffenen Person durch eine Finanzbehörde keine Auskunft erteilt wird, ist sie auf Verlangen der betroffenen Person der oder dem Bundesbeauftragten für den Datenschutz und die Informationsfreiheit zu erteilen, soweit nicht die jeweils zuständige oberste Finanzbehörde im Einzelfall feststellt, dass dadurch die Sicherheit des Bundes oder eines Landes gefährdet würde. [2]Die Mitteilung der oder des Bundesbeauftragten für den Datenschutz und die Informationsfreiheit an die betroffene Person über das Ergebnis der datenschutzrechtlichen Prüfung darf keine Rückschlüsse auf den Erkenntnisstand der Finanzbehörde zulassen, sofern diese nicht einer weitergehenden Auskunft zustimmt.

§ 32d Form der Information oder Auskunftserteilung (S 0141)

(1) Soweit Artikel 12 bis 15 der Verordnung (EU) 2016/679 keine Regelungen enthalten, bestimmt die Finanzbehörde das Verfahren, insbesondere die Form der Information oder der Auskunftserteilung, nach pflichtgemäßem Ermessen.

(2) Die Finanzbehörde kann ihre Pflicht zur Information der betroffenen Person gemäß Artikel 13 oder 14 der Verordnung (EU) 2016/679 auch durch Bereitstellung der Informationen in der Öffentlichkeit erfüllen, soweit dadurch keine personenbezogenen Daten veröffentlicht werden.

(3) Übermittelt die Finanzbehörde der betroffenen Person die Informationen über die Erhebung oder Verarbeitung personenbezogener Daten nach Artikel 13 oder 14 der Verordnung (EU) 2016/679 elektronisch oder erteilt sie der betroffenen Person die Auskunft nach Artikel 15 der Verordnung (EU) 2016/679 elektronisch, ist § 87a Absatz 7 oder 8 entsprechend anzuwenden.

§ 32e Verhältnis zu anderen Auskunfts- und Informationszugangsansprüchen (S 0141)

¹Soweit die betroffene Person oder ein Dritter nach dem Informationsfreiheitsgesetz vom 5. September 2005 (BGBl. I S. 2722) in der jeweils geltenden Fassung oder nach entsprechenden Gesetzen der Länder gegenüber der Finanzbehörde ein Anspruch auf Informationszugang hat, gelten die Artikel 12 bis 15 der Verordnung (EU) 2016/679 in Verbindung mit den §§ 32a bis 32d entsprechend. ²Weitergehende Informationsansprüche über steuerliche Daten sind insoweit ausgeschlossen. ³§ 30 Absatz 4 Nummer 2 ist insoweit nicht anzuwenden.

§ 32f Recht auf Berichtigung und Löschung, Widerspruchsrecht (S 0141)

(1) ¹Wird die Richtigkeit personenbezogener Daten von der betroffenen Person bestritten und lässt sich weder die Richtigkeit noch die Unrichtigkeit der Daten feststellen, gilt ergänzend zu Artikel 18 Absatz 1 Buchstabe a der Verordnung (EU) 2016/679, dass dies keine Einschränkung der Verarbeitung bewirkt, soweit die Daten einem Verwaltungsakt zugrunde liegen, der nicht mehr aufgehoben, geändert oder berichtigt werden kann. ²Die ungeklärte Sachlage ist in geeigneter Weise festzuhalten. ³Die bestrittenen Daten dürfen nur mit einem Hinweis hierauf verarbeitet werden.

(2) ¹Ist eine Löschung im Falle nicht automatisierter Datenverarbeitung wegen der besonderen Art der Speicherung nicht oder nur mit unverhältnismäßig hohem Aufwand möglich und ist das Interesse der betroffenen Person an der Löschung als gering anzusehen, besteht das Recht der betroffenen Person auf und die Pflicht der Finanzbehörde zur Löschung personenbezogener Daten gemäß Artikel 17 Absatz 1 der Verordnung (EU) 2016/679 ergänzend zu den in Artikel 17 Absatz 3 der Verordnung (EU) 2016/679 genannten Ausnahmen nicht. ²In diesem Fall tritt an die Stelle einer Löschung die Einschränkung der Verarbeitung gemäß Artikel 18 der Verordnung (EU) 2016/679. ³Die Sätze 1 und 2 finden keine Anwendung, wenn die personenbezogenen Daten unrechtmäßig verarbeitet wurden.

(3) ¹Ergänzend zu Artikel 18 Absatz 1 Buchstabe b und c der Verordnung (EU) 2016/679 gilt Absatz 2 Satz 1 und 2 entsprechend im Fall des Artikels 17 Absatz 1 Buchstabe a und d der Verordnung (EU) 2016/679, solange und soweit die Finanzbehörde Grund zu der Annahme hat, dass durch eine Löschung schutzwürdige Interessen der betroffenen Person beeinträchtigt würden. ²Die Finanzbehörde unterrichtet die betroffene Person über die Einschränkung der Verarbeitung, sofern sich die Unterrichtung nicht als unmöglich erweist oder einen unverhältnismäßigen Aufwand erfordern würde.

(4) Ergänzend zu Artikel 17 Absatz 3 Buchstabe b der Verordnung (EU) 2016/679 gilt Absatz 2 entsprechend im Fall des Artikels 17 Absatz 1 Buchstabe a der Verordnung (EU) 2016/679, wenn einer Löschung vertragliche Aufbewahrungsfristen entgegenstehen.

(5) Das Recht auf Widerspruch gemäß Artikel 21 Absatz 1 der Verordnung (EU) 2016/679 gegenüber einer Finanzbehörde besteht nicht, soweit an der Verarbeitung ein zwingendes öffentliches Interesse besteht, das die Interessen der betroffenen Person überwiegt, oder eine Rechtsvorschrift zur Verarbeitung verpflichtet.

Siebter Abschnitt – Datenschutzaufsicht, Gerichtlicher Rechtsschutz in datenschutzrechtlichen Angelegenheiten

§ 32g Datenschutzbeauftragte der Finanzbehörden (S 0142)

Für die von Finanzbehörden gemäß Artikel 37 der Verordnung (EU) 2016/679 zu benennenden Datenschutzbeauftragten gelten § 5 Absatz 2 bis 5 sowie die §§ 6 und 7 des Bundesdatenschutzgesetzes entsprechend.

§ 32h Datenschutzrechtliche Aufsicht, Datenschutz-Folgenabschätzung
(S 0142)

(1) ¹Die oder der Bundesbeauftragte für den Datenschutz und die Informationsfreiheit nach § 8 des Bundesdatenschutzgesetzes ist zuständig für die Aufsicht über die Finanzbehörden hinsichtlich der Verarbeitung personenbezogener Daten im Anwendungsbereich dieses Gesetzes. ²Die §§ 13 bis 16 des Bundesdatenschutzgesetzes gelten entsprechend.

(2) ¹Entwickelt eine Finanzbehörde automatisierte Verfahren zur Verarbeitung personenbezogener Daten im Anwendungsbereich dieses Gesetzes für Finanzbehörden anderer Länder oder des Bundes, obliegt ihr zugleich die Datenschutz-Folgenabschätzung nach Artikel 35 der Verordnung (EU) 2016/679. ²Soweit die Verfahren von den Finanzbehörden der Länder und des Bundes im Hinblick auf die datenschutzrelevanten Funktionen unverändert übernommen werden, gilt die Datenschutz-Folgenabschätzung auch für die übernehmenden Finanzbehörden.

(3) Durch Landesgesetz kann bestimmt werden, dass die oder der Bundesbeauftragte für den Datenschutz und die Informationsfreiheit für die Aufsicht über die Verarbeitung personenbezogener Daten im Rahmen landesrechtlicher oder kommunaler Steuergesetze zuständig ist, soweit die Datenverarbeitung auf bundesgesetzlich geregelten Besteuerungsgrundlagen oder auf bundeseinheitlichen Festlegungen beruht und die mit der Aufgabenübertragung verbundenen Verwaltungskosten der oder des Bundesbeauftragten für den Datenschutz und die Informationsfreiheit vom jeweiligen Land getragen werden.

§ 32i Gerichtlicher Rechtsschutz (S 0143)

(1) ¹Für Streitigkeiten über Rechte gemäß Artikel 78 Absatz 1 und 2 der Verordnung (EU) 2016/679 hinsichtlich der Verarbeitung nach § 30 geschützter Daten zwischen einer betroffenen öffentlichen Stelle gemäß § 6 Absatz 1 bis 1c und Absatz 2 oder ihres Rechtsträgers, einer betroffenen nicht-öffentlichen Stelle gemäß § 6 Absatz 1d und 1e oder einer betroffenen Person und der zuständigen Aufsichtsbehörde des Bundes oder eines Landes ist der Finanzrechtsweg gegeben. ²Satz 1 gilt nicht in den Fällen des § 2a Absatz 4.

(2) ¹Für Klagen der betroffenen Person hinsichtlich der Verarbeitung personenbezogener Daten gegen Finanzbehörden oder gegen deren Auftragsverarbeiter wegen eines Verstoßes gegen datenschutzrechtliche Bestimmungen im Anwendungsbereich der Verordnung (EU) 2016/679 oder der darin enthaltenen Rechte der betroffenen Person ist der Finanzrechtsweg gegeben. ²Der Finanzrechtsweg ist auch gegeben für Auskunfts- und Informationszugangsansprüche, deren Umfang nach § 32e begrenzt wird.

(3) ¹Hat die nach dem Bundesdatenschutzgesetz oder nach dem Landesrecht für die Aufsicht über andere öffentliche Stellen oder nicht-öffentliche Stellen zuständige Aufsichtsbehörde einen rechtsverbindlichen Beschluss erlassen, der eine Mitwirkungspflicht einer anderen öffentlichen Stelle oder einer nicht-öffentlichen Stelle gegenüber Finanzbehörden nach diesem Gesetz oder den Steuergesetzen ganz oder teilweise verneint, kann die zuständige Finanzbehörde auf Feststellung des Bestehens einer Mitwirkungspflicht klagen. ²Die Stelle, deren Pflicht zur Mitwirkung die Finanzbehörde geltend macht, ist beizuladen.

(4) Die Finanzgerichtsordnung ist in den Fällen der Absätze 1 bis 3 nach Maßgabe der Absätze 5 bis 10 anzuwenden.

(5) ¹Für Verfahren nach Absatz 1 Satz 1 und Absatz 3 ist das Finanzgericht örtlich zuständig, in dessen Bezirk die jeweils zuständige Aufsichtsbehörde ihren Sitz hat. ²Für Verfahren nach Absatz 2 ist das Finanzgericht örtlich zuständig, in dessen Bezirk die beklagte Finanzbehörde ihren Sitz oder der beklagte Auftragsverarbeiter seinen Sitz hat; § 38 Absatz 3 der Finanzgerichtsordnung gilt entsprechend.

(6) Beteiligte eines Verfahrens nach Absatz 1 Satz 1 sind

1. die öffentliche oder nicht-öffentliche Stelle oder die betroffene Person als Klägerin oder Antragstellerin,
2. die zuständige Aufsichtsbehörde des Bundes oder eines Landes als Beklagte oder Antragsgegnerin,
3. der nach § 60 der Finanzgerichtsordnung Beigeladene sowie
4. die oberste Bundes- oder Landesfinanzbehörde, die dem Verfahren nach § 122 Absatz 2 der Finanzgerichtsordnung beigetreten ist.

(7) Beteiligte eines Verfahrens nach Absatz 2 sind

1. die betroffene Person oder die um Auskunft oder Informationszugang ersuchende Person als Klägerin oder Antragstellerin,
2. die Finanzbehörde oder der Auftragsverarbeiter als Beklagte oder Antragsgegnerin,
3. der nach § 60 der Finanzgerichtsordnung Beigeladene sowie
4. die oberste Bundes- oder Landesfinanzbehörde, die dem Verfahren nach § 122 Absatz 2 der Finanzgerichtsordnung beigetreten ist.

(8) Beteiligte eines Verfahrens nach Absatz 3 sind

1. die zuständige Finanzbehörde als Klägerin oder Antragstellerin,

2. die Aufsichtsbehörde des Bundes oder eines Landes, die den rechtsverbindlichen Beschluss erlassen hat, als Beklagte oder Antragsgegnerin,

3. die Stelle, deren Pflicht zur Mitwirkung die Finanzbehörde geltend macht, als Beigeladene und

4. die oberste Bundes- oder Landesfinanzbehörde, die dem Verfahren nach § 122 Absatz 2 der Finanzgerichtsordnung beigetreten ist.

(9) ¹Ein Vorverfahren findet nicht statt. ²Dies gilt nicht für Verfahren nach Absatz 2 Satz 2.

(10) ¹In Verfahren nach Absatz 1 Satz 1 haben eine Klage oder ein Antrag aufschiebende Wirkung. ²Die zuständige Aufsichtsbehörde darf gegenüber einer Finanzbehörde, deren Rechtsträger oder deren Auftragsverarbeiter nicht die sofortige Vollziehung anordnen.

§ 32j Antrag auf gerichtliche Entscheidung bei angenommener Rechtswidrigkeit eines Angemessenheitsbeschlusses der Europäischen Kommission (S 0143)

Hält der oder die Bundesbeauftragte für den Datenschutz und die Informationsfreiheit oder eine nach Landesrecht für die Kontrolle des Datenschutzes zuständige Stelle einen Angemessenheitsbeschluss der Europäischen Kommission, auf dessen Gültigkeit es bei der Entscheidung über die Beschwerde einer betroffenen Person hinsichtlich der Verarbeitung personenbezogener Daten ankommt, für rechtswidrig, so gilt § 21 des Bundesdatenschutzgesetzes.

Zweiter Teil – Steuerschuldrecht

Erster Abschnitt – Steuerpflichtiger

§ 33 Steuerpflichtiger (S 0150)

(1) Steuerpflichtiger ist, wer eine Steuer schuldet, für eine Steuer haftet, eine Steuer für Rechnung eines Dritten einzubehalten und abzuführen hat, wer eine Steuererklärung abzugeben, Sicherheit zu leisten, Bücher und Aufzeichnungen zu führen oder andere ihm durch die Steuergesetze auferlegte Verpflichtungen zu erfüllen hat.

(2) Steuerpflichtiger ist nicht, wer in einer fremden Steuersache Auskunft zu erteilen, Urkunden vorzulegen, ein Sachverständigengutachten zu erstatten oder das Betreten von Grundstücken, Geschäfts- und Betriebsräumen zu gestatten hat.

AEAO zu § 33 - Steuerpflichtiger:

1. Zu den Pflichten, die nach § 33 Abs. 1 AO den Steuerpflichtigen auferlegt werden, gehören: Eine Steuer als Steuerschuldner, Haftender oder für Rechnung eines anderen (§ 43 AO) zu entrichten, die Verpflichtung zur Abgabe

einer Steuererklärung (§ 149 AO), zur Mitwirkung und Auskunft in eigener Steuersache (§§ 90, 93, 200 AO), zur Führung von Büchern und Aufzeichnungen (§§ 140 ff. AO), zur ordnungsgemäßen Kontenführung (§ 154 AO) oder zur Sicherheitsleistung (§ 241 AO).

2. Nicht unter den Begriff des Steuerpflichtigen fällt (§ 33 Abs. 2 AO), wer in einer für ihn fremden Steuersache tätig wird oder werden soll. Das sind neben Bevollmächtigten und Beiständen (§§ 80, 123, 183 AO) diejenigen, die Auskunft zu erteilen (§ 93 AO), Urkunden (§ 97 AO) oder Wertsachen (§ 100 AO) vorzulegen, Sachverständigengutachten zu erstatten (§ 96 AO) oder das Betreten von Grundstücken oder Räumen zu gestatten (§ 99 AO) oder Steuern aufgrund vertraglicher Verpflichtung zu entrichten haben (§ 192 AO).

3. Unter Steuergesetzen sind alle Gesetze zu verstehen, die steuerrechtliche Vorschriften enthalten, auch wenn diese nur einen Teil des Gesetzes umfassen.

§ 34 Pflichten der gesetzlichen Vertreter und der Vermögensverwalter
(S 0151)

(1) ¹Die gesetzlichen Vertreter natürlicher und juristischer Personen sowie rechtsfähiger Personenvereinigungen und die Geschäftsführer von Vermögensmassen haben deren steuerliche Pflichten zu erfüllen. ²Sie haben insbesondere dafür zu sorgen, dass die Steuern aus den Mitteln entrichtet werden, die sie verwalten. ³Die Finanzbehörde kann sich an jeden von ihnen wenden.

(2) ¹Bei nicht rechtsfähigen Personenvereinigungen haben die Mitglieder, Gesellschafter oder Gemeinschafter die Pflichten im Sinne des Absatzes 1 zu erfüllen. ²Die Finanzbehörde kann sich an jedes von ihnen halten. ³Für nicht rechtsfähige Vermögensmassen gelten die Sätze 1 und 2 mit der Maßgabe, dass diejenigen, denen das Vermögen zusteht, die steuerlichen Pflichten zu erfüllen haben.

(3) Steht eine Vermögensverwaltung anderen Personen als den Eigentümern des Vermögens oder deren gesetzlichen Vertretern zu, so haben die Vermögensverwalter die in Absatz 1 bezeichneten Pflichten, soweit ihre Verwaltung reicht.

AEAO zu § 34 - Pflichten der gesetzlichen Vertreter und der Vermögensverwalter:

1. **Allgemeines**

    Die gesetzlichen Vertreter natürlicher und juristischer Personen sowie rechtsfähiger Personenvereinigungen, die Geschäftsführer von Vermögensmassen (§ 34 Abs. 1 AO), die Mitglieder, Gesellschafter oder Gemeinschafter einer nicht rechtsfähigen Personenvereinigung (§ 34 Abs. 2 AO) sowie die Vermögensverwalter im Rahmen ihrer Verwaltungsbefugnis (§ 34 Abs. 3 AO) treten in ein unmittelbares Pflichtenverhältnis zur Finanzbehörde. Sie haben alle Pflichten zu erfüllen, die den von ihnen Vertretenen auferlegt sind. Dazu gehören z. B. die Buchführungs-, Erklärungs-, Mitwirkungs- oder Auskunftspflichten (§§ 140 ff., 90, 93 AO), die Verpflichtung, Steuern zu zahlen und die Vollstreckung in dieses Vermögen zu dulden (§ 77 AO).

2. Gesetzliche Vertretung einer Personenhandelsgesellschaft oder einer rechtsfähigen Personengesellschaft

2.1 Offene Handelsgesellschaften (OHG)

Zur Vertretung einer OHG ist jeder Gesellschafter befugt, wenn er nicht durch den Gesellschaftsvertrag von der Vertretung ausgeschlossen ist (§ 124 HGB).

Im Gesellschaftsvertrag kann vereinbart werden, dass alle oder mehrere Gesellschafter nur gemeinsam zur Vertretung der OHG befugt sein sollen. Die zur Gesamtvertretung befugten Gesellschafter können einzelne von ihnen zur Vornahme bestimmter Geschäfte oder bestimmter Arten von Geschäften ermächtigen.

Die Vertretungsbefugnis der Gesellschafter erstreckt sich auf alle Geschäfte der OHG einschließlich der Veräußerung und Belastung von Grundstücken sowie der Erteilung und des Widerrufs einer Prokura. Eine Beschränkung des Umfangs der Vertretungsbefugnis ist Dritten gegenüber unwirksam.

Zur Bekanntgabe von Steuer- und Feststellungsbescheiden siehe den AEAO zu § 122, Nr. 2.4.1.1 und Nr. 2.5.2.

Nach handelsrechtlicher Auflösung der OHG findet die Liquidation statt, sofern nicht über das Vermögen der OHG das Insolvenzverfahren eröffnet ist (§ 143 Abs. 1 HGB). Ist die OHG durch Löschung wegen Vermögenslosigkeit aufgelöst, findet eine Liquidation nur statt, wenn sich nach der Löschung herausstellt, dass noch Vermögen vorhanden ist, das der Verteilung unterliegt.

Mit der handelsrechtlichen Auflösung der OHG erlischt die einem Gesellschafter im Gesellschaftsvertrag übertragene Befugnis zur Geschäftsführung und Vertretung. Diese Befugnis steht von der Auflösung an allen Liquidatoren gemeinsam zu (§ 146 Abs. 1 HGB).

Zur Bekanntgabe von Steuer- und Feststellungsbescheiden an eine OHG in Liquidation siehe den AEAO zu § 122, Nr. 2.7.2.

2.2 Kommanditgesellschaften (KG)

Bei einer KG sind nur die persönlich haftenden Gesellschafter (Komplementäre), nicht aber die Kommanditisten befugt, die Gesellschaft zu vertreten (§ 170 Abs. 1 HGB). Im Übrigen sind die für eine OHG geltenden Bestimmungen des HGB auf die KG grundsätzlich entsprechend anzuwenden (siehe Nr. 2.1 des AEAO zu § 34).

2.3 Rechtsfähige Personengesellschaften (rechtsfähige GbR)

Zur Vertretung einer rechtsfähigen GbR (§ 705 BGB) sind alle Gesellschafter gemeinsam befugt (Gesamtvertretung), es sei denn, der Gesellschaftsvertrag bestimmt etwas anderes (§ 720 Abs. 1 BGB).

Die zur Gesamtvertretung befugten Gesellschafter können einzelne Gesellschafter zur Vornahme bestimmter Geschäfte oder bestimmter Arten von Geschäften ermächtigen (§ 720 Abs. 2 BGB).

Die Vertretungsbefugnis der Gesellschafter erstreckt sich auf alle Geschäfte der rechtsfähigen GbR; eine Beschränkung des Umfangs der Vertretungsbefugnis ist Dritten gegenüber unwirksam (§ 720 Abs. 3 BGB).

Die Vertretungsbefugnis kann einem Gesellschafter allerdings ganz oder teilweise entzogen werden (§ 720 Abs. 4 BGB).

Zur Bekanntgabe von Steuer- und Feststellungsbescheiden siehe den AEAO zu § 122, Nr. 2.4.1.1 und Nr. 2.5.2.

Nach zivilrechtlicher Auflösung der rechtsfähigen GbR (vgl. § 729 BGB) findet die Liquidation statt, sofern nicht über das Vermögen der Gesellschaft das Insolvenzverfahren eröffnet ist (§ 735 Abs. 1 BGB) oder die Gesellschafter anstelle der Liquidation eine andere Art der Abwicklung vereinbart haben (§ 735 Abs. 2 BGB).

Zur Liquidation sind grundsätzlich alle Gesellschafter berufen (§ 736 Abs 1 bis 3 BGB). Durch Vereinbarung im Gesellschaftsvertrag oder durch Beschluss der Gesellschafter können auch einzelne Gesellschafter oder andere Personen zu Liquidatoren berufen werden (§ 736 Abs. 4 BGB).

Mit der zivilrechtlichen Auflösung der rechtsfähigen GbR erlischt die einem Gesellschafter im Gesellschaftsvertrag übertragene Befugnis zur Geschäftsführung und Vertretung; diese Befugnis steht von der Auflösung an allen Liquidatoren gemeinsam zu (§ 736b Abs. 1 BGB).

Zur Bekanntgabe von Steuer- und Feststellungsbescheiden an eine GbR in Liquidation siehe den AEAO zu § 122, Nr. 2.7.2.

2.4 Nicht rechtsfähige Personenvereinigungen

Bei nicht rechtsfähigen Personenvereinigungen (§ 14a Abs. 3 und 4 AO) kann sich die Finanzbehörde unmittelbar an jedes Mitglied, jeden Gesellschafter oder jeden Gemeinschafter halten. Die Finanzbehörde kann aber auch mehrere oder alle Mitglieder, Gesellschafter oder Gemeinschafter zugleich zur Pflichterfüllung auffordern.

3. Vertretung einer GmbH oder AG ohne Geschäftsführer

Hat eine GmbH keinen Geschäftsführer (führungslose GmbH) und befindet sie sich nicht in Liquidation oder im Insolvenzverfahren, wird die Gesellschaft für den Fall, dass ihr gegenüber Willenserklärungen abgegeben oder Schriftstücke zugestellt werden, nach § 35 Abs. 1 GmbHG durch die Gesellschafter vertreten.

Hat eine AG keinen Vorstand (führungslose AG) und befindet sie sich nicht in Liquidation oder im Insolvenzverfahren, wird die Gesellschaft für den Fall, dass ihr gegenüber Willenserklärungen abgegeben oder Schriftstücke zugestellt werden, nach § 78 Abs. 1 AktG durch den Aufsichtsrat vertreten. Diese Vertretung gilt auch für die Bekanntgabe von Steuerverwaltungsakten (vgl. AEAO zu § 122, Nr. 2.8.1.2).

Die besonderen Vertreter einer führungslosen GmbH oder AG sind allerdings nur Passivvertreter und dürfen grundsätzlich keine aktiven Handlungen vornehmen. Daher liegt keine umfassende gesetzliche Vertretung der Gesellschaft i. S. d. § 34 Abs. 1 AO vor. Sobald aktive Handlungen der Gesellschaft - wie z. B. die Begleichung einer Steuerschuld - erforderlich sind, müssen die besonderen Vertreter einen Geschäftsführer bzw. Vorstand bestellen. Gegebenenfalls kann die Finanzbehörde beim Registergericht auch die Bestellung eines Notgeschäftsführers beantragen. Von dieser Möglichkeit sollte aber nur Gebrauch gemacht werden, wenn kein Verfügungsberechtigter i. S. d. § 35 AO vorhanden ist (vgl. AEAO zu § 35, Nr. 1), die Gesellschaft nicht vermögenslos ist und auch künftig Steuerverwaltungsakte gegenüber der Gesellschaft zu vollziehen sind. Das Amt des Notgeschäftsführers endet mit der Bestellung des ordentlichen Geschäftsführers, der Erledigung der dem Notgeschäftsführer zugewiesenen Aufgabe oder mit der Abberufung durch das bestellende Gericht. Zur Inanspruchnahme des bisherigen Geschäftsführers als Haftungsschuldner vgl. AEAO zu § 69.

4. **Vertretung im Insolvenzverfahren**

Wegen der steuerlichen Pflichten des Insolvenzverwalters und des „starken" vorläufigen Insolvenzverwalters, wenn dem Schuldner ein allgemeines Verfügungsverbot auferlegt worden ist (§ 22 Abs. 1 InsO), vgl. den AEAO zu § 251, Nr. 4.2.

§ 35 Pflichten des Verfügungsberechtigten (S 0152)

Wer als Verfügungsberechtigter im eigenen oder fremden Namen auftritt, hat die Pflichten eines gesetzlichen Vertreters (§ 34 Absatz 1), soweit er sie rechtlich und tatsächlich erfüllen kann.

AEAO zu § 35 - Pflichten des Verfügungsberechtigten:

1. Tatsächlich verfügungsberechtigt ist derjenige, der wirtschaftlich über Mittel, die einem anderen gehören, verfügen kann. Dies kann auch der Alleingesellschafter einer GmbH ohne Geschäftsführer sein (BFH-Urteil vom 27.11.1990, VII R 20/89, BStBl 1991 II S. 284; vgl. AEAO zu § 34, Nr. 3).

2. Rechtlich ist zur Erfüllung von Pflichten in der Lage, wer im Außenverhältnis rechtswirksam handeln kann. Auf etwaige Beschränkungen im Innenverhältnis (Auftrag, Vollmacht) kommt es nicht an. Bevollmächtigte werden von dieser Bestimmung nur betroffen, wenn sie tatsächlich und rechtlich verfügungsberechtigt sind.

3. Der Sicherungsnehmer einer Sicherungsübereignung oder Sicherungsabtretung ist grundsätzlich kein Verfügungsberechtigter i. S. d. Vorschrift, da er im Regelfall zur Verwertung des Sicherungsgutes lediglich zum Zweck seiner Befriedigung befugt und insoweit einem Pfandrechtsgläubiger vergleichbar ist. Im Einzelfall kann jedoch die Rechtsstellung des Sicherungsnehmers weitergehen, wenn er sich z. B. eigene Mitsprache- oder Verfügungsrechte im Betrieb des Sicherungsgebers vorbehalten hat, so dass er auch wirtschaftlich über die Mittel des Sicherungsgebers verfügen kann. Das kann dann der Fall sein, wenn sich ein Gläubiger zur Sicherstellung seiner Ansprüche die gesamten Kundenforderungen mit dem Recht zur Einziehung abtreten lässt und aus diesen Forderungen nur diejenigen Mittel frei gibt, die er zur Unternehmensfortführung des Sicherungsgebers für erforderlich hält.

§ 36 Erlöschen der Vertretungsmacht (S 0153)

Das Erlöschen der Vertretungsmacht oder der Verfügungsmacht lässt die nach den §§ 34 und 35 entstandenen Pflichten unberührt, soweit diese den Zeitraum betreffen, in dem die Vertretungsmacht oder Verfügungsmacht bestanden hat und soweit der Verpflichtete sie erfüllen kann.

AEAO zu § 36 - Erlöschen der Vertretungsmacht:

Auch nach dem Erlöschen der Vertretungs- oder Verfügungsmacht, gleichgültig worauf dies beruht, hat der gesetzliche Vertreter, Vermögensverwalter oder Verfügungsberechtigte die nach §§ 34 und 35 AO bestehenden Pflichten zu erfüllen, soweit sie vor dem Erlöschen entstanden sind und er zur Erfüllung noch in der Lage ist. Daraus ergibt sich u. a., dass sich der zur Auskunft für einen Beteiligten Verpflichtete nach dem Erlöschen der Vertretungs- oder Verfügungsmacht nicht auf ein evtl. Auskunftsverweigerungsrecht (§§ 101, 103, 104 AO) berufen kann. Auch entsteht kein Entschädigungsanspruch (§ 107 AO).

Zweiter Abschnitt – Steuerschuldverhältnis

§ 37 Ansprüche aus dem Steuerschuldverhältnis (S 0160)

(1) Ansprüche aus dem Steuerschuldverhältnis sind der Steueranspruch, der Steuervergütungsanspruch, der Haftungsanspruch, der Anspruch auf eine steuerliche Nebenleistung, der Erstattungsanspruch nach Absatz 2 sowie die in Einzelsteuergesetzen geregelten Steuererstattungsansprüche.

(2) ¹Ist eine Steuer, eine Steuervergütung, ein Haftungsbetrag oder eine steuerliche Nebenleistung ohne rechtlichen Grund gezahlt oder zurückgezahlt worden, so hat derjenige, auf dessen Rechnung die Zahlung bewirkt worden ist, an den Leistungsempfänger einen Anspruch auf Erstattung des gezahlten oder zurückgezahlten Betrags. ²Dies gilt auch dann, wenn der rechtliche Grund für die Zahlung oder Rückzahlung später wegfällt. ³Im Fall der Abtretung, Verpfändung oder Pfändung richtet sich der Anspruch auch gegen den Abtretenden, Verpfänder oder Pfändungsschuldner.

AEAO zu § 37 - Ansprüche aus dem Steuerschuldverhältnis:

Inhaltsübersicht

1. Ansprüche aus dem Steuerschuldverhältnis (§ 37 Abs. 1 AO)
2. Erstattungsanspruch nach § 37 Abs. 2 AO
2.1 Rückforderungsanspruch des Finanzamts
2.2 Erstattungsanspruch des Steuerpflichtigen
2.2.1 Allgemeines
2.2.2 Erstattungsanspruch bei Gesamtschuldnern
2.3 Erstattungsanspruch bei der Einkommensteuer

1. Ansprüche aus dem Steuerschuldverhältnis (§ 37 Abs. 1 AO)

§ 37 Abs. 1 AO enthält eine abschließende Aufzählung der Ansprüche aus dem Steuerschuldverhältnis. Die Ansprüche aus Strafen und Geldbußen gehören nicht zu den Ansprüchen aus dem Steuerschuldverhältnis.

2. Erstattungsanspruch nach § 37 Abs. 2 AO

§ 37 Abs. 2 AO enthält eine allgemeine Umschreibung des öffentlich-rechtlichen Erstattungsanspruchs, der einem Steuerpflichtigen oder Steuergläubiger dadurch erwächst, dass eine Leistung aus dem Steuerschuldverhältnis ohne rechtlichen Grund erfolgt ist oder der Grund hierfür später wegfällt. Eine Zahlung ist ohne rechtlichen Grund geleistet, wenn sie den materiell-rechtlichen Anspruch übersteigt (BFH-Urteile vom 6.2.1996, VII R 50/95, BStBl 1997 II S. 112, und vom 15.10.1997, II R 56/94, BStBl II S. 796). § 37 Abs. 2 Satz 1 AO gilt sowohl für den Erstattungsanspruch des Steuerpflichtigen gegen das Finanzamt als auch für den umgekehrten Fall der Rückforderung einer an den Steuerpflichtigen oder einen Dritten rechtsgrundlos geleisteten Steuererstattung durch das Finanzamt (vgl. BFH-Urteil vom 22.3.2011, VII R 42/10, BStBl II S. 607).

Ein nach materiellem Recht bestehender Erstattungsanspruch kann allerdings nur durchgesetzt werden, wenn ein entgegenstehender Verwaltungsakt i. S. d. § 218 Abs. 1 AO aufgehoben oder geändert worden ist; maßgebend ist bei mehrfacher Änderung der letzte Verwaltungsakt (BFH-Urteil vom 6.2.1996, VII R 50/95, a. a. O.). Im Übrigen vgl. AEAO zu § 218.

2.1 Rückforderungsanspruch des Finanzamts

Schuldner eines abgabenrechtlichen Rückforderungsanspruchs (Erstattungsverpflichteter) ist derjenige, zu dessen Gunsten erkennbar die Zahlung geleistet wurde (Leistungsempfänger), die zurückverlangt wird. In der Regel ist dies derjenige, demgegenüber die Finanzbehörde ihre - vermeintliche oder tatsächlich bestehende - abgabenrechtliche Verpflichtung erfüllen will.

Der Empfänger der Steuererstattung oder Steuervergütung (Zahlungsempfänger) ist aber nicht in allen Fällen auch der Leistungsempfänger.

War ein Dritter tatsächlicher Empfänger einer Zahlung, ist er dann nicht Leistungsempfänger, wenn er lediglich als Zahlstelle, unmittelbarer Vertreter oder Bote für den Erstattungsberechtigten (vgl. AEAO zu § 37, Nr. 2.2) aufgetreten bzw. von diesem benannt worden ist oder das Finanzamt an ihn aufgrund einer Zahlungsanweisung des Erstattungsberechtigten eine Steuererstattung ausgezahlt hat (BFH-Urteil vom 6.12.1988, VII R 206/83, BStBl 1989 II S. 223). Denn in einem solchen Fall will das Finanzamt erkennbar nicht mit befreiender Wirkung zu dessen Gunsten leisten, sondern es erbringt seine Leistung mit dem Willen, eine Forderung des steuerlichen Rechtsinhabers zu erfüllen (vgl. BFH-Urteil vom 22.8.1980, VI R 102/77, BStBl 1981 II S. 44). Mithin ist nicht der Zahlungsempfänger, sondern der nach materiellem Steuerrecht Erstattungsberechtigte als Leistungsempfänger i. S. d. § 37 Abs. 2 AO anzusehen (BFH-Beschluss vom 8.4.1986, VII B 128/85, BStBl II S. 511).

Ungeachtet des Willens des Finanzamts, an den Rechtsinhaber der Erstattungsforderung eine Leistung zu erbringen, ist aber der tatsächliche Empfänger der Zahlung des Finanzamts in folgenden Fällen Leistungsempfänger und Schuldner des Rückforderungsanspruchs, weil insoweit keine Leistung mit befreiender Wirkung gegenüber dem Erstattungsberechtigten erfolgt ist:

- Ein vermeintlicher Bote, Vertreter oder Bevollmächtigter nimmt Erstattungszahlungen des Finanzamts entgegen, obwohl keine Weisung oder Vollmacht des Erstattungsberechtigten besteht (vgl. BFH-Beschluss vom 27.4.1998, VII B 296/97, BStBl II S. 499).

- Das Finanzamt nimmt an einen am Steuerschuldverhältnis nicht beteiligten Dritten eine Zahlung in der irrigen Annahme vor, er sei von dem Erstattungsberechtigten ermächtigt, für diesen Zahlungen entgegenzunehmen, in Wahrheit besteht jedoch eine diesbezügliche Rechtsbeziehung zwischen dem Zahlungsempfänger und dem Erstattungsberechtigten nicht.

- Das Finanzamt leistet ohne rechtlichen Grund an einen Dritten, weil es sich beispielsweise über die Person des Erstattungsberechtigten irrt oder den Erstattungsbetrag auf ein Bankkonto überweist, dessen Inhaber nicht der Erstattungsberechtigte, sondern der Dritte ist.

Hat das Finanzamt eine Überweisung an das vom Steuerpflichtigen benannte Konto bei dem von ihm genannten Kreditinstitut gerichtet, ist der Steuerpflichtige Leistungsempfänger und damit im Fall einer Rückforderung Rückgewährschuldner.

Dabei ist unbeachtlich, wie das Kreditinstitut mit dem in Empfang genommenen Betrag verfahren ist (vgl. BFH-Urteil vom 18.9.2012, VII R 53/11, BStBl 2013 II S. 270).

Ein Kreditinstitut ist nämlich auch dann nur Zahlstelle und nicht Leistungsempfänger i. S. d. § 37 Abs. 2 AO, wenn es den vom Finanzamt an den Steuerpflichtigen überwiesenen Betrag auf ein bereits gekündigtes, aber noch nicht abgerechnetes Girokonto des Steuerpflichtigen oder ein internes Zwischenkonto verbucht und nach Rechnungsabschluss an den früheren Kontoinhaber bzw. dessen Insolvenzverwalter ausgezahlt oder den Überweisungsbetrag mit einem fortbestehenden Schuldensaldo auf dem betreffenden Konto verrechnet hat.

Das Kreditinstitut ist auch dann nicht zur Rückzahlung des vom Finanzamt überwiesenen Betrages verpflichtet, wenn der Steuerpflichtige dem Finanzamt für die Überweisung ein anderes Konto benannt hatte (vgl. BFH-Urteile vom 10.11.2009, VII R 6/09, BStBl 2010 II S. 255, und vom 22.11.2011, VII R 27/11, BStBl 2012 II S. 167). Die Zahlung auf das unzutreffende Konto hat gegenüber dem Steuerpflichtigen zwar - anders, als wenn der Steuerpflichtige dem Finanzamt eine Kontoänderung nicht mitgeteilt hat (BFH-Urteil vom 10.11.1987, VII R 171/84, BStBl 1988 II S. 41) - unmittelbar keine Erfüllungswirkung. Das Finanzamt kann aber mit seinem Rückforderungsanspruch nach § 37 Abs. 2 Satz 1 AO (gegen den Steuerpflichtigen als Leistungsempfänger) gegen den Anspruch auf erneute Zahlung aufrechnen und letzteren somit zum Erlöschen bringen.

Zur Rückforderung von während des laufenden Insolvenzverfahrens ohne rechtlichen Grund an den Insolvenzverwalter ausbezahlten Ansprüchen aus dem Steuerschuldverhältnis siehe Nr. 14 des AEAO zu § 251.

2.2 Erstattungsanspruch des Steuerpflichtigen

2.2.1 Allgemeines

Erstattungsberechtigter ist derjenige, auf dessen Rechnung die Zahlung geleistet worden ist, auch wenn tatsächlich ein Dritter die Zahlung geleistet hat. Es kommt nicht darauf an, von wem oder mit wessen Mitteln gezahlt worden ist. Maßgeblich ist vielmehr, wessen Steuerschuld nach dem Willen des Zahlenden, wie er im Zeitpunkt der Zahlung dem Finanzamt erkennbar hervorgetreten ist, getilgt werden sollte (BFH-Urteil vom 30.9.2008, VII R 18/08, BStBl 2009 II S. 38 m. w. N.). Den Finanzbehörden wird damit nicht zugemutet, im Einzelfall die zivilrechtlichen Beziehungen zwischen dem Steuerschuldner und einem zahlenden Dritten daraufhin zu überprüfen, wer von ihnen - im Innenverhältnis - auf die zu erstattenden Beträge materiell-rechtlich einen Anspruch hat (BFH-Urteil vom 25.7.1989, VII R 118/87, BStBl 1990 II S. 41)

2.2.2 Erstattungsanspruch bei Gesamtschuldnern

Personen, die gem. § 44 AO Gesamtschuldner sind, sind nicht Gesamtgläubiger eines Erstattungsanspruchs nach § 37 Abs. 2 AO (BFH-Urteil vom 19.10.1982, VII R 55/80, BStBl 1983 II S. 162). Erstattungsberechtigter ist der Gesamtschuldner, auf dessen Rechnung die Zahlung erfolgt ist.

Lässt sich aus den dem Finanzamt bei Zahlung erkennbaren Umständen nicht entnehmen, wessen Steuerschuld der zahlende Gesamtschuldner begleichen wollte, ist grundsätzlich davon auszugehen, dass der Gesamtschuldner nur seine eigene Steuerschuld tilgen wollte (vgl. BFH-Urteil vom 18.2.1997, VII R 117/95, BFH/NV S. 482,

m. w. N.). Ist eine Zahlung aber erkennbar für gemeinsame Rechnung der Gesamtschuldner geleistet worden, so sind diese grundsätzlich nach Köpfen erstattungsberechtigt.

2.3 Erstattungsanspruch bei der Einkommensteuer

Zu Besonderheiten bei Bestimmung des Einkommensteuer-Erstattungsanspruchs - insbesondere bei Ehegatten oder Lebenspartnern - vgl. BMF-Schreiben vom 14.1.2015, BStBl I S. 83.[1]

§ 38 Entstehung der Ansprüche aus dem Steuerschuldverhältnis

(S 0161)

Die Ansprüche aus dem Steuerschuldverhältnis entstehen, sobald der Tatbestand verwirklicht ist, an den das Gesetz die Leistungspflicht knüpft.

AEAO zu § 38 - Entstehung der Ansprüche aus dem Steuerschuldverhältnis:

1. Der Steueranspruch entsteht in dem Zeitpunkt, in dem der Tatbestand verwirklicht wird, an den das Gesetz eine bestimmte Leistungspflicht knüpft, soweit nicht im Gesetz eine abweichende Regelung getroffen worden ist (z. B. § 36 Abs. 1 EStG, § 30 KStG, § 13 Abs. 1 UStG, § 18 GewStG, § 9 Abs. 2 GrStG, § 9 ErbStG). Das gilt nicht nur für den Steueranspruch, sondern auch für den Steuervergütungsanspruch und den Steuererstattungsanspruch (z. B. zur Lohnsteuer vgl. AEAO zu § 46, Nr. 1). Der auf einem Verlustrücktrag nach § 10d Abs. 1 EStG beruhende Erstattungsanspruch entsteht erst mit Ablauf des Veranlagungszeitraums, in dem der Verlust entstanden ist (BFH-Urteil vom 6.6.2000, VII R 104/98, BStBl II S. 491). Der Erstattungsanspruch nach § 37 Abs. 2 AO entsteht in dem Zeitpunkt, in dem die den materiell-rechtlichen Anspruch aus dem Steuerschuldverhältnis übersteigende Leistung erbracht wurde oder der rechtliche Grund für die Leistung entfallen ist.

2. Von der Entstehung der Ansprüche aus dem Steuerschuldverhältnis zu unterscheiden sind

    - die Festsetzung durch Steuerbescheid (§§ 155 ff. AO),

    - die Fälligkeit (§ 220 AO) sowie

    - die Verwirklichung im Erhebungsverfahren (§§ 218 ff. AO).

---

[1] Im Anhang 18 abgedruckt

§ 39 Zurechnung (S 0162)

(1) Wirtschaftsgüter sind dem Eigentümer zuzurechnen.

(2) Abweichend von Absatz 1 gelten die folgenden Vorschriften:

1. ¹Übt ein anderer als der Eigentümer die tatsächliche Herrschaft über ein Wirtschaftsgut in der Weise aus, dass er den Eigentümer im Regelfall für die gewöhnliche Nutzungsdauer von der Einwirkung auf das Wirtschaftsgut wirtschaftlich ausschließen kann, so ist ihm das Wirtschaftsgut zuzurechnen. ²Bei Treuhandverhältnissen sind die Wirtschaftsgüter dem Treugeber, beim Sicherungseigentum dem Sicherungsgeber und beim Eigenbesitz dem Eigenbesitzer zuzurechnen.

2. ¹Wirtschaftsgüter, die mehreren zur gesamten Hand oder einer rechtsfähigen Personengesellschaft zustehen, werden den Beteiligten oder Gesellschaftern anteilig zugerechnet, soweit eine getrennte Zurechnung für die Besteuerung erforderlich ist. ²Rechtsfähige Personengesellschaften gelten für Zwecke der Ertragsbesteuerung als Gesamthand und deren Vermögen als Gesamthandsvermögen.

AEAO zu § 39 - Zurechnung:

1. **Wirtschaftliches Eigentum**

    Ein Wirtschaftsgut ist unter den Voraussetzungen des § 39 Abs. 2 Nr. 1 Satz 1 AO steuerlich nicht dem zivilrechtlichen, sondern dem wirtschaftlichen Eigentümer zuzurechnen.

    Wirtschaftliches Eigentum ist insbesondere anzunehmen, wenn nach dem Gesamtbild der Verhältnisse kein Herausgabeanspruch des zivilrechtlichen Eigentümers besteht oder dessen Herausgabeanspruch keine wirtschaftliche Bedeutung mehr hat (vgl. BFH-Urteil vom 18.9.2003, X R 54/01, BFH/NV 2004 S. 474, m. w. N.).

    Ein schuldrechtlich oder dinglich Nutzungsberechtigter (Mieter oder Pächter) hat in der Regel kein wirtschaftliches Eigentum an dem ihm zur Nutzung überlassenen Wirtschaftsgut. Denn er ist lediglich befugt, eine fremde Sache zu nutzen, nicht aber wie ein Eigentümer mit der Sache nach Belieben zu verfahren.

2. **Anteilige Zurechnung von Wirtschaftsgütern/ Gesamthandsvermögen**

    Für die anteilige Zurechnung von Wirtschaftsgütern, die mehreren zivilrechtlich zur gesamten Hand (z. B. bei Erbengemeinschaften) oder einer rechtsfähigen Personen(handels)gesellschaft zustehen (§ 39 Abs. 2 Nr. 2 AO), sind die jeweiligen Steuergesetze sowie die allgemeinen gesetzlichen und vertraglichen Regelungen maßgebend.

    Eine Ermittlung der Anteile erfolgt nur, soweit eine getrennte Zurechnung für die Besteuerung erforderlich ist.

§ 40 Gesetz- oder sittenwidriges Handeln (S 0163)

Für die Besteuerung ist es unerheblich, ob ein Verhalten, das den Tatbestand eines Steuergesetzes ganz oder zum Teil erfüllt, gegen ein gesetzliches Gebot oder Verbot oder gegen die guten Sitten verstößt.

§ 41 Unwirksame Rechtsgeschäfte (S 0153)

(1) ¹Ist ein Rechtsgeschäft unwirksam oder wird es unwirksam, so ist dies für die Besteuerung unerheblich, soweit und solange die Beteiligten das wirtschaftliche Ergebnis dieses Rechtsgeschäfts gleichwohl eintreten und bestehen lassen. ²Dies gilt nicht, soweit sich aus den Steuergesetzen etwas anderes ergibt.

(2) ¹Scheingeschäfte und Scheinhandlungen sind für die Besteuerung unerheblich. ²Wird durch ein Scheingeschäft ein anderes Rechtsgeschäft verdeckt, so ist das verdeckte Rechtsgeschäft für die Besteuerung maßgebend.

AEAO zu § 41 - Unwirksame Rechtsgeschäfte:

1. Ein unwirksames oder anfechtbares Rechtsgeschäft ist für Zwecke der Besteuerung als gültig zu behandeln, soweit die Beteiligten das wirtschaftliche Ergebnis bestehen lassen. Soweit ausnahmsweise die rückwirkende Aufhebung eines vollzogenen Vertrages steuerlich zu berücksichtigen ist, wird auf die in Einzelsteuergesetzen geregelten Besonderheiten (z. B. § 17 UStG) hingewiesen; zur verfahrensmäßigen Abwicklung Hinweis auf § 175 Abs. 1 Satz 1 Nr. 2 AO.

2. Nach § 41 Abs. 2 AO sind z. B. Scheinarbeitsverhältnisse zwischen Ehegatten/Lebenspartnern oder die Begründung eines Scheinwohnsitzes für die Besteuerung ohne Bedeutung.

3. Beteiligter ist nicht der Beteiligte i. S. d. § 78 AO, sondern der am Vertrag Beteiligte.

§ 42 Missbrauch von rechtlichen Gestaltungsmöglichkeiten (S 0164)

(1) ¹Durch Missbrauch von Gestaltungsmöglichkeiten des Rechts kann das Steuergesetz nicht umgangen werden. ²Ist der Tatbestand einer Regelung in einem Einzelsteuergesetz erfüllt, die der Verhinderung von Steuerumgehungen dient, so bestimmen sich die Rechtsfolgen nach jener Vorschrift. ³Anderenfalls entsteht der Steueranspruch beim Vorliegen eines Missbrauchs im Sinne des Absatzes 2 so, wie er bei einer den wirtschaftlichen Vorgängen angemessenen rechtlichen Gestaltung entsteht.

(2) ¹Ein Missbrauch liegt vor, wenn eine unangemessene rechtliche Gestaltung gewählt wird, die beim Steuerpflichtigen oder einem Dritten im Vergleich zu einer angemessenen Gestaltung zu einem gesetzlich nicht vorgesehenen Steuervorteil führt. ²Dies gilt nicht, wenn der Steuerpflichtige für die gewählte Gestaltung außersteuerliche Gründe nachweist, die nach dem Gesamtbild der Verhältnisse beachtlich sind.

| **AEAO zu § 42 - Missbrauch von rechtlichen Gestaltungsmöglichkeiten:** |

1. Bei Anwendung des § 42 Abs. 1 Satz 2 AO ist zunächst zu prüfen, ob das im Einzelfall anzuwendende Einzelsteuergesetz für den vorliegenden Sachverhalt eine Regelung enthält, die der Verhinderung von Steuerumgehungen dient. Ob eine Regelung in einem Einzelsteuergesetz der Verhinderung der Steuerumgehung dient, ist nach dem Wortlaut der Regelung und dem Sinnzusammenhang, nach der systematischen Stellung im Gesetz sowie nach der Entstehungsgeschichte der Regelung zu beurteilen.

    Liegt danach eine Regelung vor, die der Verhinderung von Steuerumgehungen dient, gilt Folgendes:

    - Ist der Tatbestand der Regelung erfüllt, bestimmen sich die Rechtsfolgen allein nach dieser Vorschrift, nicht nach § 42 Abs. 1 Satz 3 i. V. m. Abs. 2 AO. In diesem Fall ist unerheblich, ob auch die Voraussetzungen des § 42 Abs. 2 AO vorliegen.

    - Ist der Tatbestand der Regelung dagegen nicht erfüllt, ist in einem weiteren Schritt zu prüfen, ob ein Missbrauch i. S. d. § 42 Abs. 2 AO vorliegt. Allein das Vorliegen einer einzelgesetzlichen Regelung, die der Verhinderung von Steuerumgehungen dient, schließt die Anwendbarkeit des § 42 Abs. 1 Satz 3 i. V. m. Abs. 2 AO damit nicht aus.

2. Sofern ein Missbrauch i. S. d. § 42 Abs. 2 AO vorliegt, entsteht der Steueranspruch bei allen vom Sachverhalt Betroffenen so, wie er bei einer den wirtschaftlichen Vorgängen angemessenen rechtlichen Gestaltung entsteht (§ 42 Abs. 1 Satz 3 AO).

2.1 Ein Missbrauch i. S. d. § 42 Abs. 2 AO liegt vor, wenn

    - eine rechtliche Gestaltung gewählt wird, die den wirtschaftlichen Vorgängen nicht angemessen ist,

    - die gewählte Gestaltung beim Steuerpflichtigen oder einem Dritten im Vergleich zu einer angemessenen Gestaltung zu einem Steuervorteil führt,

    - dieser Steuervorteil gesetzlich nicht vorgesehen ist und

    - der Steuerpflichtige für die von ihm gewählte Gestaltung keine außersteuerlichen Gründe nachweist, die nach dem Gesamtbild der Verhältnisse beachtlich sind.

2.2 Ob eine rechtliche Gestaltung unangemessen ist, ist für jede Steuerart gesondert nach den Wertungen des Gesetzgebers, die den jeweiligen maßgeblichen steuerrechtlichen Vorschriften zugrunde liegen, zu beurteilen. Das Bestreben, Steuern zu sparen, macht für sich allein eine Gestaltung noch nicht unangemessen. Eine Gestaltung ist aber insbesondere dann auf ihre Angemessenheit zu prüfen, wenn sie ohne Berücksichtigung der beabsichtigten steuerlichen Effekte unwirtschaftlich, umständlich, kompliziert, schwerfällig, gekünstelt, überflüssig, ineffektiv oder widersinnig erscheint. Die Ungewöhnlichkeit einer Gestaltung begründet allein noch keine Unangemessenheit.

Indizien für die Unangemessenheit einer Gestaltung sind zum Beispiel:

- die Gestaltung wäre von einem verständigen Dritten in Anbetracht des wirtschaftlichen Sachverhalts und der wirtschaftlichen Zielsetzung ohne den Steuervorteil nicht gewählt worden;
- die Vor- oder Zwischenschaltung von Angehörigen oder anderen nahe stehenden Personen oder Gesellschaften war rein steuerlich motiviert;
- die Verlagerung oder Übertragung von Einkünften oder Wirtschaftsgütern auf andere Rechtsträger war rein steuerlich motiviert.

Bei einer grenzüberschreitenden Gestaltung ist nach der Rechtsprechung des EuGH (vgl. z. B. Urteil vom 12.9.2006, Rs. C-196/04, EuGHE I S. 7995) Unangemessenheit insbesondere dann anzunehmen, wenn die gewählte Gestaltung rein künstlich ist und nur dazu dient, die Steuerentstehung im Inland zu umgehen.

2.3 Bei der Prüfung, ob die gewählte Gestaltung zu Steuervorteilen führt, sind die steuerlichen Auswirkungen der gewählten Gestaltung mit der hypothetischen steuerlichen Auswirkung einer angemessenen Gestaltung zu vergleichen. Dabei sind auch solche Steuervorteile zu berücksichtigen, die nicht beim handelnden Steuerpflichtigen selbst, sondern bei Dritten eintreten. Dritte i. S. d. § 42 Abs. 2 Satz 1 AO sind nur solche Personen, die in einer gewissen Nähe zum Steuerpflichtigen stehen. Dies ist insbesondere dann anzunehmen, wenn die Beteiligten Angehörige des Steuerpflichtigen i. S. d. § 15 AO oder persönlich oder wirtschaftlich mit ihm verbunden sind (z. B. nahe stehende Personen i. S. v. H 8.5 KStH 2015 oder § 1 Abs. 2 AStG).

2.4 Der in § 42 Abs. 2 AO verwendete Begriff des „gesetzlich nicht vorgesehenen Steuervorteils" ist nicht deckungsgleich mit dem „nicht gerechtfertigten Steuervorteil" i. S. d. § 370 Abs. 1 AO. Steuervorteile i. S. d. § 42 Abs. 2 AO sind daher nicht nur Steuervergütungen oder Steuererstattungen, sondern auch geringere Steueransprüche.

2.5 Der durch die gewählte Gestaltung begründete Steuervorteil ist insbesondere dann gesetzlich vorgesehen, wenn der Tatbestand einer Norm erfüllt ist, mit der der Gesetzgeber ein bestimmtes Verhalten durch steuerliche Anreize fördern wollte.

2.6 § 42 Abs. 2 Satz 2 AO eröffnet dem Steuerpflichtigen die Möglichkeit, die bei Vorliegen des Tatbestands des § 42 Abs. 2 Satz 1 AO begründete Annahme eines Missbrauchs durch Nachweis außersteuerlicher Gründe zu entkräften. Die vom Steuerpflichtigen nachgewiesenen außersteuerlichen Gründe müssen allerdings nach dem Gesamtbild der Verhältnisse beachtlich sein. Sind die nachgewiesenen außersteuerlichen Gründe nach dem Gesamtbild der Verhältnisse im Vergleich zum Ausmaß der Unangemessenheit der Gestaltung und den vom Gesetzgeber nicht vorgesehenen Steuervorteilen nicht wesentlich oder sogar nur von untergeordneter Bedeutung, sind sie nicht beachtlich. In diesem Fall bleibt es bei der Annahme eines Missbrauchs nach § 42 Abs. 2 Satz 1 AO.

2.7 Die - nur für Körperschaften geltenden - Mindeststandards der Richtlinie (EU) 2016/1164 vom 12.7.2016 (ABl. L 193 vom 19.7.2016, S. 1-14) werden durch § 42 AO national erfüllt.

3. Ein Missbrauch von rechtlichen Gestaltungsmöglichkeiten nach § 42 AO ist als solcher nicht strafbar. Eine leichtfertige Steuerverkürzung oder eine Steuerhinterziehung kann aber vorliegen, wenn der Steuerpflichtige pflichtwidrig unrichtige oder unvollständige Angaben macht, um das Vorliegen einer Steuerumgehung zu verschleiern.

4. § 42 AO in der Fassung des Jahressteuergesetzes 2008 ist ab dem 1.1.2008 für Kalenderjahre, die nach dem 31.12.2007 beginnen, anzuwenden. Für Kalenderjahre, die vor dem 1.1.2008 liegen, ist § 42 AO in der am 28.12.2007 geltenden Fassung weiterhin anzuwenden.

§ 43 Steuerschuldner, Steuervergütungsgläubiger (S 0165)

¹Die Steuergesetze bestimmen, wer Steuerschuldner oder Gläubiger einer Steuervergütung ist. ²Sie bestimmen auch, ob ein Dritter die Steuer für Rechnung des Steuerschuldners zu entrichten hat.

§ 44 Gesamtschuldner (S 0165)

(1) ¹Personen, die nebeneinander dieselbe Leistung aus dem Steuerschuldverhältnis schulden oder für sie haften oder die zusammen zu einer Steuer zu veranlagen sind, sind Gesamtschuldner. ²Soweit nichts anderes bestimmt ist, schuldet jeder Gesamtschuldner die gesamte Leistung.

(2) ¹Die Erfüllung durch einen Gesamtschuldner wirkt auch für die übrigen Schuldner. ²Das Gleiche gilt für die Aufrechnung und für eine geleistete Sicherheit. ³Andere Tatsachen wirken nur für und gegen den Gesamtschuldner, in dessen Person sie eintreten. ⁴Die Vorschriften der §§ 268 bis 280 über die Beschränkung der Vollstreckung in den Fällen der Zusammenveranlagung bleiben unberührt.

AEAO zu § 44 - Gesamtschuldner:

Zur Steuerfestsetzung bei Gesamtschuldnern wird auf § 122 Abs. 6 und 7 AO, § 155 Abs. 3 AO hingewiesen, zur Inanspruchnahme eines Haftungsschuldners auf § 219 AO, wegen der Vollstreckung gegen Gesamtschuldner auf § 342 Abs. 2 AO, wegen einer Beschränkung der Vollstreckung in den Fällen der Zusammenveranlagung auf §§ 268 bis 280 AO, wegen der Erstattung an Gesamtschuldner vgl. AEAO zu § 37, Nr. 2.2.2 und 2.3.

§ 45 Gesamtrechtsnachfolge (S 0165)

(1) ¹Bei Gesamtrechtsnachfolge gehen die Forderungen und Schulden aus dem Steuerschuldverhältnis auf den Rechtsnachfolger über. ²Dies gilt jedoch bei der Erbfolge nicht für Zwangsgelder.

(2) ¹Erben haben für die aus dem Nachlass zu entrichtenden Schulden nach den Vorschriften des bürgerlichen Rechts über die Haftung des Erben für Nachlassverbindlichkeiten einzustehen. ²Vorschriften, durch die eine steuerrechtliche Haftung der Erben begründet wird, bleiben unberührt.

AEAO zu § 45 – Gesamtrechtsnachfolge:

1. Ob eine Gesamtrechtsnachfolge (der gesetzlich angeordnete Übergang des Vermögens) i. S. d. § 45 Abs. 1 AO vorliegt, ist grundsätzlich nach dem Zivilrecht zu beurteilen. Eine Gesamtrechtsnachfolge i. S. d. § 45 Abs. 1 AO liegt daher beispielsweise vor in Fällen der Erbfolge (§ 1922 Abs. 1 BGB), der Anwachsung des Anteils am Gesellschaftsvermögen bei Ausscheiden eines Gesellschafters (§ 712 Abs. 1 Satz 1 BGB; BFH-Urteile vom 28.4.1965 II 9/62 U, BStBl III S. 422, und vom 18.9.1980, V R 175/74, BStBl 1981 II S. 293), der Verschmelzung von Gesellschaften (§ 1 Abs. 1 Nr. 1, §§ 2 ff. UmwG) und der Vermögensübertragung im Wege der Vollübertragung (§ 1 Abs. 1 Nr 3, § 174 Abs. 1, §§ 175, 176, 178, 180 ff. UmwG). Abweichend von der zivilrechtlichen Betrachtung gilt aber in den vorgenannten Fällen der Anwachsung, der Verschmelzung und der Vermögensübertragung im Wege der Vollübertragung § 45 Abs. 1 AO nicht in Bezug auf die gesonderte und einheitliche Feststellung von Besteuerungsgrundlagen; zur Pflicht, eine Außenprüfung als Gesamtrechtsnachfolger zu dulden, vgl. aber AEAO zu § 197, Nr. 5.7.3.

2. Ungeachtet der Anwendung der §§ 15, 16 und 20 ff. UmwStG liegt eine Gesamtrechtsnachfolge i. S. d. § 45 Abs. 1 AO nicht vor in Fällen einer Abspaltung oder Ausgliederung (§ 1 Abs. 1 Nr. 2, §§ 123 ff. UmwG; BFH-Urteile vom 7.8.2002, I R 99/00, BStBl 2003 II S. 835, und vom 5.11.2009, IV R 29/08, HFR 2010, S. 233) sowie einer Vermögensübertragung im Wege der Teilübertragung (§ 1 Abs. 1 Nr. 3, § 174 Abs. 2, §§ 175, 177, 179, 184 ff., 189 UmwG) In den Fällen einer Aufspaltung (§ 1 Abs. 1 Nr. 2, § 123 Abs. 1 UmwG) ist jedoch § 45 Abs. 1 AO sinngemäß anzuwenden; dies gilt nicht in Bezug auf die gesonderte und einheitliche Feststellung von Besteuerungsgrundlagen.

3. Eine formwechselnde Umwandlung (§ 1 Abs. 1 Nr. 4, §§ 190 ff. UmwG) führt grundsätzlich nicht zu einer Gesamtrechtsnachfolge i. S. d. § 45 Abs. 1 AO, da lediglich ein Wechsel der Rechtsform eines Rechtsträgers unter Wahrung seiner rechtlichen Identität vorliegt (§ 202 Abs. 1 Nr. 1 UmwG). Ändert sich aber durch den Formwechsel das Steuersubjekt (z. B. in Fällen der Umwandlung einer rechtsfähigen GbR oder einer Personenhandelsgesellschaft in eine Kapitalgesellschaft oder der Umwandlung einer Kapitalgesellschaft in eine Personenhandelsgesellschaft, eine Partnerschaftsgesellschaft oder eine rechtsfähige GbR), ist § 45 Abs. 1 AO sinngemäß anzuwenden.

4. Zur Bekanntgabe von Steuerverwaltungsakten in Fällen einer Gesamtrechtsnachfolge sowie bei Abspaltung, Ausgliederung oder Vermögensübertragung im Wege der Teilübertragung vgl. AEAO zu § 122, Nrn. 2.12, 2.15 und 2.16 sowie AEAO zu § 197, Nrn. 8 und 9. Zu den ertragsteuerlichen Auswirkungen einer Umwandlung oder Einbringung vgl. BMF-Schreiben vom 11.11.2011, BStBl I S. 1314, zuletzt geändert durch BMF-Schreiben vom 23.2.2018, BStBl I S. 319.

§ 46 Abtretung, Verpfändung, Pfändung (S 0166)

(1) Ansprüche auf Erstattung von Steuern, Haftungsbeträgen, steuerlichen Nebenleistungen und auf Steuervergütungen können abgetreten, verpfändet und gepfändet werden.

(2) Die Abtretung wird jedoch erst wirksam, wenn sie der Gläubiger in der nach Absatz 3 vorgeschriebenen Form der zuständigen Finanzbehörde nach Entstehung des Anspruchs anzeigt.

(3) [1]Die Abtretung ist der zuständigen Finanzbehörde unter Angabe des Abtretenden, des Abtretungsempfängers sowie der Art und Höhe des abgetretenen Anspruchs und des Abtretungsgrundes auf einem amtlich vorgeschriebenen Vordruck anzuzeigen. [2]Die Anzeige ist vom Abtretenden und vom Abtretungsempfänger zu unterschreiben.

(4) [1]Der geschäftsmäßige Erwerb von Erstattungs- oder Vergütungsansprüchen zum Zweck der Einziehung oder sonstigen Verwertung auf eigene Rechnung ist nicht zulässig. [2]Dies gilt nicht für die Fälle der Sicherungsabtretung. [3]Zum geschäftsmäßigen Erwerb und zur geschäftsmäßigen Einziehung der zur Sicherung abgetretenen Ansprüche sind nur Unternehmen befugt, denen das Betreiben von Bankgeschäften erlaubt ist.

(5) Wird der Finanzbehörde die Abtretung angezeigt, so müssen Abtretender und Abtretungsempfänger der Finanzbehörde gegenüber die angezeigte Abtretung gegen sich gelten lassen, auch wenn sie nicht erfolgt oder nicht wirksam oder wegen Verstoßes gegen Absatz 4 nichtig ist.

(6) [1]Ein Pfändungs- und Überweisungsbeschluss oder eine Pfändungs- und Einziehungsverfügung dürfen nicht erlassen werden, bevor der Anspruch entstanden ist. [2]Ein entgegen diesem Verbot erwirkter Pfändungs- und Überweisungsbeschluss oder erwirkte Pfändungs- und Einziehungsverfügung sind nichtig. [3]Die Vorschriften der Absätze 2 bis 5 sind auf die Verpfändung sinngemäß anzuwenden.

(7) Bei Pfändung eines Erstattungs- oder Vergütungsanspruchs gilt die Finanzbehörde, die über den Anspruch entschieden oder zu entscheiden hat, als Drittschuldner im Sinne der §§ 829, 845 der Zivilprozessordnung.

AEAO zu § 46 - Abtretung, Verpfändung, Pfändung:

1. Der Gläubiger kann die Abtretung oder Verpfändung der zuständigen Finanzbehörde wirksam nur nach Entstehung des Anspruchs anzeigen. Die Anzeige wirkt nicht auf den Zeitpunkt des Abtretungs- oder Verpfändungsvertrages zurück. Vor Entstehung des Steueranspruchs sind Pfändungen wirkungslos;

sie werden auch nicht mit Entstehung des Anspruchs wirksam. Da z. B. der Einkommensteuererstattungsanspruch aus überzahlter Lohnsteuer grundsätzlich mit Ablauf des für die Steuerfestsetzung maßgebenden Erhebungszeitraums entsteht (§ 38 AO i. V. m. § 36 Abs. 1 EStG), sind während des betreffenden Erhebungszeitraums (bis 31.12.) angezeigte Lohnsteuer-Abtretungen bzw. Verpfändungen oder ausgebrachte Pfändungen wirkungslos. Ein auf einem Verlustrücktrag nach § 10d Abs. 1 EStG beruhender Erstattungsanspruch ist nur dann wirksam abgetreten, gepfändet oder verpfändet, wenn die Abtretung, Verpfändung oder Pfändung erst nach Ablauf des Verlustentstehungsjahres angezeigt bzw. ausgebracht worden ist (vgl. AEAO zu § 38, Nr. 1 Satz 3). Der Anspruch auf Erstattungszinsen nach § 233a AO entsteht erst, wenn eine Steuerfestsetzung zu einer Steuererstattung führt und die übrigen Voraussetzungen des § 233a AO in diesem Zeitpunkt erfüllt sind. Eine vor der Steuerfestsetzung angezeigte Abtretung des Anspruchs auf Erstattungszinsen ist unwirksam (BFH-Urteil vom 14.5.2002, VII R 6/01, BStBl II S. 677).

2. Der geschäftsmäßige Erwerb und die geschäftsmäßige Einziehung von Erstattungs- oder Vergütungsansprüchen ist nach § 46 Abs. 4 AO nur bei Sicherungsabtretungen und dabei auch nur Bankunternehmen gestattet (BFH-Urteil vom 23.10.1985, VII R 196/82, BStBl 1986 II S. 124).

2.1 Geschäftsmäßig i. S. v. § 46 Abs. 4 AO handelt, wer die Tätigkeit - Erwerb von Erstattungs- oder Vergütungsansprüchen - selbständig und in Wiederholungsabsicht ausübt. Dafür getroffene organisatorische Vorkehrungen indizieren die Wiederholungsabsicht, sie sind indes für deren Annahme keine notwendige Voraussetzung (vgl. BFH-Urteil vom 13.10.1994, VII R 3/94 BFH/NV 1995 S. 473). Eine entscheidende Rolle bei der Beurteilung der Geschäftsmäßigkeit kann die Zahl der Erwerbsfälle und der Zeitraum ihres Vorkommens spielen.

Allgemeine Festlegungen oder Beurteilungsmaßstäbe lassen sich hierzu aber nicht aufstellen; insoweit kommt es immer auf die Verhältnisse des Einzelfalls an (vgl. u. a. BFH-Urteile vom 13.10.1994, VII R 3/94, a. a. O., und vom 4.2.2005, VII R 54/04, BStBl II 2006 S. 348, jeweils m. w. N.). Für die Annahme der Geschäftsmäßigkeit reicht es indes nicht aus, dass die - vereinzelte - Abtretung im Rahmen eines Handelsgeschäfts vorgenommen wurde.

2.2 Die Abtretung eines Erstattungs- oder Vergütungsanspruchs erfolgt nur dann zur bloßen Sicherung, wenn für beide Beteiligten der Sicherungszweck im Vordergrund steht. Eine Sicherungsabtretung ist daher grundsätzlich dadurch gekennzeichnet, dass der Abtretungsempfänger die Forderung nicht behalten darf. Er soll sie nur vorübergehend für den Abtretenden als Sicherheit für einen Anspruch gegen den Abtretenden innehaben.

Deshalb kann eine Sicherungsabtretung regelmäßig nur dann vorliegen, wenn der Inhaber des Pfandrechts bei Fälligkeit seines Anspruchs zunächst versuchen muss, Befriedigung aus seinem Anspruch selbst zu suchen. Erst wenn dies nicht gelingt, darf er auf die Sicherheit zurückgreifen. Eine Abtretung zur Sicherung ist dagegen nicht gegeben, wenn der Abtretende seine

Einwirkungsmöglichkeiten auf die abgetretene Forderung weitgehend aufgibt (vgl. BFH-Urteil vom 3.2.1984, VII R 72/82, BStBl II S. 411).

Haben Abtretender und Abtretungsempfänger eine direkte Begleichung der Forderung des Abtretungsempfängers durch die Finanzbehörde vereinbart, liegt eine Sicherungsabtretung nur vor, wenn der Sicherungszweck in einem solchen Maß überwiegt, dass andere Beweggründe für die gewählte rechtliche Gestaltung ausscheiden. Die gesamten Umstände des Einzelfalles, unter denen die Geschäftsbeziehung begründet worden ist, sind für die Beurteilung heranzuziehen (vgl. BFH-Urteil vom 21.2.1989, VII R 7/86, BFH/NV S. 555 m. w. N.).

2.3 Eine Sicherungsabtretung liegt nicht vor, wenn der Abtretende den Abtretungsempfänger ermächtigt hat, einen Steuerberater oder Lohnsteuerhilfeverein mit der Einlegung von Rechtsbehelfen zu beauftragen und den Anspruch gegen den Steuerberater bzw. Lohnsteuerhilfeverein auf Herausgabe der Steuerunterlagen an den Abtretungsempfänger ebenfalls abgetreten hat (vgl. BFH-Urteil vom 21.2.1989, VII R 7/86, a.a.O.). Gegen eine Sicherungsabtretung kann z. B. auch sprechen, dass der Abtretende im Zeitpunkt der Abtretung arbeitslos ist und der Abtretungsempfänger nicht mit einer Zahlung des Abtretenden aus anderen Mitteln rechnen kann.

Eine Sicherungsabtretung liegt auch dann nicht vor, wenn die der Abtretung zugrunde liegende Geschäftsbeziehung zwischen einem Steuerpflichtigen und einem Kreditinstitut nur zum Zweck der Kreditgewährung begründet wurde und das Kreditinstitut die Erstattungsbeträge aufgrund des Darlehensvertrages nach Eingang der Beträge ohne Einwirkungsmöglichkeit des Steuerpflichtigen verrechnen und auf diese Weise das Darlehen tilgen darf. In diesen Fällen liegt eine Abtretung bzw. Verpfändung erfüllungshalber vor.

2.4 Auskünfte darüber, inwieweit einem Unternehmen das Betreiben von Bankgeschäften nach § 32 Abs. 1 KWG erlaubt worden ist, können bei der Bundesanstalt für Finanzdienstleistungsaufsicht (BAFin) oder auch bei der Deutschen Bundesbank und ihren Hauptverwaltungen eingeholt werden.

2.5 Verstöße gegen § 46 Abs. 4 AO können als Steuerordnungswidrigkeit geahndet werden (§ 383 AO).

3. Auch bei einem Verstoß gegen § 46 Abs. 4 Satz 1 AO oder bei sonstiger Unwirksamkeit des der Abtretung oder Verpfändung zugrunde liegenden Rechtsgeschäfts kann die Finanzbehörde nach erfolgter Anzeige mit befreiender Wirkung an den Abtretungsempfänger zahlen, soweit nicht Rechte anderer Gläubiger entgegenstehen.

4. Mit der wirksam angezeigten Abtretung oder Verpfändung (bzw. ausgebrachten Pfändung) geht nicht die gesamte Rechtsstellung des Steuerpflichtigen über (BFH-Urteile vom 21.3.1975, VI R 238/71, BStBl II S. 669, vom 15.5.1975, V R 84/70, BStBl 1976 II S. 41, vom 25.4.1978, VII R 2/75, BStBl II S. 465, und vom 27.1.1993, II S 10/92, BFH/NV S. 350). Übertragen wird nur der Zahlungsanspruch. Auch nach einer Abtretung, Pfändung oder Verpfändung ist der Steuerbescheid nur dem Steuerpflichtigen bekannt zu geben. Der neue Gläubiger des Erstattungsanspruchs kann nicht den Steuerbescheid anfechten. Dem neuen Gläubiger des Erstattungsanspruchs muss

nur mitgeteilt werden, ob und ggf. in welcher Höhe sich aus der Veranlagung ein Erstattungsanspruch ergeben hat und ob und ggf. in welcher Höhe aufgrund der Abtretung, Pfändung oder Verpfändung an ihn zu leisten ist. Über Streitigkeiten hierüber ist durch Verwaltungsakt nach § 218 Abs. 2 AO zu entscheiden. Der neue Gläubiger des Erstattungsanspruchs ist nicht befugt, einen Antrag auf Einkommensteuerveranlagung gem. § 46 Abs. 2 Nr. 8 EStG zu stellen (vgl. BFH-Urteil vom 18.8.1998, VII R 114/97, BStBl 1999 II S. 84). Die vorstehenden Sätze gelten entsprechend für Fälle einer Überleitung von Steuererstattungsansprüchen gem. § 93 SGB XII. Für die Überleitung von Steuererstattungsansprüchen nach dem Asylbewerberleistungsgesetz ist § 93 SGB XII entsprechend anzuwenden (§ 7 Abs. 4 AsylbLG). Für Fälle des Übergangs von Steuererstattungsansprüchen im Wege des gesetzlichen Forderungsübergangs im Rahmen der Leistungen zur Grundsicherung für Arbeitsuchende nach § 33 SGB II gelten die vorstehenden Sätze entsprechend. Dieser Antrag ist ein von den Rechtswirkungen des § 46 AO nicht erfasstes höchstpersönliches steuerliches Gestaltungsrecht.

5. Fehlt in der Abtretungsanzeige, nach der die Erstattungsansprüche aus der Zusammenveranlagung abgetreten worden sind, die Unterschrift eines Ehegatten oder Lebenspartners, so wird dadurch die Wirksamkeit der Abtretung des Anspruchs, soweit er auf den Ehegatten bzw. Lebenspartner entfällt, der die Anzeige unterschrieben hat, nicht berührt (BFH-Urteil vom 13.3.1997, VII R 39/96, BStBl II S. 522). Zum Erstattungsanspruch bei zusammenveranlagten Ehegatten oder Lebenspartnern vgl. AEAO zu § 37, Nr. 2.

6. Für die Anzeige der Abtretung oder Verpfändung eines Erstattungs- oder Vergütungsanspruches wird der in der Anlage abgedruckte Vordruck bestimmt.

7. Die auf einem vollständig ausgefüllten amtlichen Vordruck erklärte, vom Abtretenden und vom Abtretungsempfänger jeweils eigenhändig unterschriebene Abtretungsanzeige kann der zuständigen Finanzbehörde auch per Telefax übermittelt werden (vgl. BFH-Urteil vom 8.6.2010, VII R 39/09, BStBl II S. 839). Dies gilt entsprechend, wenn eine Abtretungsanzeige i. S. d. Satzes 1 eingescannt per E Mail übermittelt wird. Die Anzeige der Abtretung wird wirksam, sobald die Kenntnisnahme durch die Finanzbehörde möglich und nach der Verkehrsanschauung zu erwarten ist (§ 130 Abs. 1 Satz 1 BGB). Dies bedeutet: Eintritt der Wirksamkeit bei Übermittlung

- während der üblichen Dienststunden der Finanzbehörde im Zeitpunkt der vollständigen Übermittlung;

- außerhalb der üblichen Dienststunden der Finanzbehörde zum Zeitpunkt des Dienstbeginns am nächsten Arbeitstag.

8. Zahlungsanweisungen verpflichten die Finanzbehörden nicht, an den Anweisungsempfänger zu zahlen. Sie können mit befreiender Wirkung auf das ihnen vom Steuerpflichtigen benannte eigene Konto erstatten. Hat er kein eigenes Konto benannt oder sind der Finanzbehörde mehrere eigene Konten des Steuerpflichtigen bekannt, ist die Erstattung bis zur Benennung eines eigenen Kontos durch den Steuerpflichtigen selbst auszusetzen. Sie müssen Zahlungsanweisungen insbesondere in folgenden Fällen nicht beachten:

§ 46 Abgabenordnung

- Es liegen hinreichende Anhaltspunkte dafür vor, dass die Zahlungsanweisung der Umgehung des § 46 Abs. 4 AO dient. Eine Umgehung des § 46 Abs. 4 AO ist jedoch nicht anzunehmen, wenn Arbeitnehmer im Zusammenhang mit einer Nettolohnvereinbarung eine Zahlungsanweisung zugunsten ihres Arbeitgebers erteilen.

- Die Zahlungsanweisung steht mit einer Dienstleistung zur Erstellung der Steuererklärung oder der Vermittlung einer solchen Dienstleistung im Zusammenhang. Dies gilt nicht, wenn der sich aus dem Steuerbescheid ergebende zu erstattende Betrag unverzüglich und in voller Höhe an den Steuerpflichtigen weitergeleitet wird; hierbei ist ein Einbehalt von dem zu erstattenden Betrag als Vergütung für die Dienstleistung zulässig, wenn dies ausdrücklich vereinbart wurde.

Anlage zum AEAO zu § 46:

ACHTUNG
Beachten Sie unbedingt die Hinweise in Abschnitt V. des Formulars!
Zutreffendes bitte ankreuzen bzw. leserlich ausfüllen!

Eingangsstempel

Finanzamt

Raum für Bearbeitungsvermerke

☐ **Abtretungsanzeige** ☐ **Verpfändungsanzeige**

I. Abtretende(r) / Verpfänder(in)

Familienname bzw. Firma (bei Gesellschaften)	Vorname	Geburtsdatum
	Steuernummer	
Ehegatte/Lebenspartner: Familienname	Vorname	Geburtsdatum
Anschrift(en)		

II. Abtretungsempfänger(in) / Pfandgläubiger(in)

Name / Firma und Anschrift

III. Anzeige

Folgender Erstattungs- bzw. Vergütungsanspruch ist abgetreten / verpfändet worden:

1. Bezeichnung des Anspruchs:

☐ Einkommensteuer-Veranlagung   Für _____ Kalenderjahr _____

☐ _____ Für _____ Zeitraum _____

☐ Umsatzsteuerfestsetzung   für _____ Kalenderjahr _____

☐ Umsatzsteuervoranmeldung   für _____ Monat bzw. Quartal / Jahr _____

☐ _____ Für _____ Kalenderjahr _____

☐ _____

2. Umfang der Abtretung bzw. Verpfändung:

☐ **VOLL**-Abtretung / Verpfändung   **Hinweis:** Die Vollabtretung umfasst auch Erstattungsansprüche aufgrund künftiger Änderungen der Steuerfestsetzung(en), die nicht auf Verlustrückträgen (§ 10d EStG) oder rückwirkenden Ereignissen (§ 175 AO) aus Zeiträumen nach Eingang der Abtretungsanzeige / Verpfändungsanzeige bei der Finanzbehörde beruhen.

☐ **TEIL**-Abtretung / Verpfändung in Höhe von _____ Euro

3. Grund der Abtretung / Verpfändung:
(kurze stichwortartige Kennzeichnung des der Abtretung zugrunde liegenden schuldrechtlichen Lebenssachverhaltes)

4. a) Es handelt sich um eine Sicherungsabtretung oder Verpfändung als Sicherheit:
☐ Ja   ☐ Nein

b) Die Abtretung / Verpfändung erfolgte geschäftsmäßig:
☐ Ja   ☐ Nein

Abtretungsanzeige BMF 07/2015

§ 46 Abgabenordnung

Seite 2

5. Der Abtretungsempfänger / Pfandgläubiger ist ein Unternehmen, dem das Betreiben von Bankgeschäften erlaubt ist:

☐ Ja ☐ Nein

IV. Überweisung / Verrechnung

Der abgetretene / verpfändete Betrag soll ausgezahlt werden durch:

☐ **Überweisung** auf Konto **IBAN** (International Bank Account Number; internationale Kontonummer) **BIC** (Business Identifier Code; Internationale Bankleitzahl)

Geldinstitut (Zweigstelle) und Ort

Kontoinhaber, wenn abweichend von Abschnitt II.

☐ **Verrechnung** mit Steuerschulden des / der Abtretungsempfängers(in) / Pfandgläubigers(in)

beim Finanzamt _____ Steuernummer _____

Steuerart _____ Zeitraum _____

(für genauere Anweisungen bitte einen gesonderten Verrechnungsantrag beifügen!)

V. Wichtige Hinweise

Unterschreiben Sie bitte kein Formular, das nicht ausgefüllt ist oder dessen Inhalt Sie nicht verstehen!

Prüfen Sie bitte sorgfältig, ob sich eine Abtretung für Sie überhaupt lohnt! Denn das Finanzamt bemüht sich, Erstattungs- und Vergütungsansprüche schnell zu bearbeiten.

Vergleichen Sie nach Erhalt des Steuerbescheids den Erstattungsbetrag mit dem Betrag, den Sie gegebenenfalls im Wege der Vorfinanzierung erhalten haben.

Denken Sie daran, dass die Abtretung aus unterschiedlichen Gründen unwirksam sein kann, dass das Finanzamt dies aber nicht zu prüfen braucht! Der geschäftsmäßige Erwerb von Steuererstattungsansprüchen ist nur Kreditinstituten (Banken und Sparkassen) im Rahmen von Sicherungsabtretungen gestattet. Die Abtretung an andere Unternehmen und Privatpersonen ist nur zulässig, wenn diese nicht geschäftsmäßig handeln. Haben Sie z.B. Ihren Anspruch an eine Privatperson abgetreten, die den Erwerb von Steuererstattungsansprüchen geschäftsmäßig betreibt, dann ist die Abtretung unwirksam. Hat aber das Finanzamt den Erstattungsbetrag bereits an den / die von Ihnen angegebenen neuen Gläubiger ausgezahlt, dann kann es nicht mehr in Anspruch genommen werden, das heißt: Sie haben selbst dann keinen Anspruch mehr gegen das Finanzamt auf den Erstattungsanspruch, wenn die Abtretung nicht wirksam ist.

Abtretungen / Verpfändungen können gem. § 46 Abs. 2 AO dem Finanzamt erst dann wirksam angezeigt werden, wenn der abgetretene / verpfändete Erstattungsanspruch entstanden ist. Der Erstattungsanspruch entsteht nicht vor Ablauf des Besteuerungszeitraums (bei der Einkommensteuer / Lohnsteuer: grundsätzlich Kalenderjahr; bei der Umsatzsteuer: Monat, Kalendervierteljahr bzw. Kalenderjahr).

Die Anzeige ist an das für die Besteuerung des / der Abtretenden / Verpfändenden zuständige Finanzamt zu richten. So ist z.B. für den Erstattungsanspruch aus der Einkommensteuer-Veranlagung das Finanzamt zuständig, in dessen Bereich der / die Abtretende / Verpfändende seinen / ihren Wohnsitz hat.

Bitte beachten Sie, dass neben den beteiligten Personen bzw. Gesellschaften auch der abgetretene / verpfändete Erstattungsanspruch für die Finanzbehörde zweifelsfrei erkennbar sein muss. Die Angaben in Abschnitt III. der Anzeige dienen dazu, die gewünschte Abtretung / Verpfändung schnell und problemlos ohne weitere Rückfragen erledigen zu können.

Die Abtretungs- / Verpfändungsanzeige ist sowohl von dem / der Abtretenden / Verpfändenden als auch von dem / der Abtretungsempfänger(in) / Pfandgläubiger(in) zu unterschreiben. Dies gilt z.B. auch, wenn der / die zeichnungsberechtigte Vertreter(in) einer abtretenden juristischen Person (z.B. GmbH) oder sonstigen Gesellschaft und der / die Abtretungsempfänger(in) / Pfandgläubiger(in) personengleich sind (2 Unterschriften).

VI. Unterschriften

1. Abtretende(r) / Verpfänder(in) lt. Abschnitt I. – Persönliche Unterschrift –
   Ort, Datum

   (Werden bei der **Einkommensteuer-Zusammenveranlagung** die Ansprüche beider Ehegatten/Lebenspartner abgetreten, ist unbedingt erforderlich, dass **beide Ehegatten/Lebenspartner** persönlich unterschreiben.)

2. Abtretungsempfänger(in) / Pfandgläubiger(in) lt. Abschnitt II. – Unterschrift unbedingt erforderlich –
   Ort, Datum

§ 47 Erlöschen (S 0167)

Ansprüche aus dem Steuerschuldverhältnis erlöschen insbesondere durch Zahlung (§§ 224, 224a, 225), Aufrechnung (§ 226), Erlass (§§ 163, 227), Verjährung (§§ 169 bis 171, §§ 228 bis 232), ferner durch Eintritt der Bedingung bei auflösend bedingten Ansprüchen.

AEAO zu § 47 - Erlöschen:

Außer in den aufgezählten Fällen können entstandene Ansprüche aus dem Steuerschuldverhältnis auch auf andere Weise erlöschen, z. B. bei Zwangsgeldern durch Erbfolge (§ 45 Abs. 1 AO) oder durch Verzicht auf Erstattung (§ 37 Abs. 2 AO).

§ 48 Leistung durch Dritte, Haftung Dritter (S 0167)

(1) Leistungen aus dem Steuerschuldverhältnis gegenüber der Finanzbehörde können auch durch Dritte bewirkt werden.

(2) Dritte können sich vertraglich verpflichten, für Leistungen im Sinne des Absatzes 1 einzustehen.

AEAO zu § 48 - Leistung durch Dritte, Haftung Dritter:

Die Vorschrift eröffnet die Möglichkeit, dass alle Leistungen aus dem Steuerschuldverhältnis (§ 37 AO) gegenüber der Finanzbehörde auch durch Dritte bewirkt werden oder sich Dritte hierzu vertraglich verpflichten können. Der Steuerpflichtige wird in diesen Fällen von seiner eigenen Leistungspflicht nicht befreit. Derartige rechtsgeschäftliche Verpflichtungsgeschäfte (z. B. Bürgschaft, Schuldversprechen oder kumulative Schuldübernahme) können auf einem Vertrag zwischen Steuergläubiger und Schuldübernehmer oder auf einem Vertrag zwischen Steuerschuldner und Übernehmer zugunsten des Steuergläubigers beruhen. In beiden Fällen sind die sich hieraus ergebenden Ansprüche der Finanzbehörde privatrechtlicher, nicht öffentlich-rechtlicher Natur und können gem. § 192 AO nur nach den Vorschriften des bürgerlichen Rechts durchgesetzt werden. Diese Vorschriften gelten auch für steuerliche Nebenleistungen (§ 3 Abs. 4 AO).

§ 49 Verschollenheit (S 0168)

Bei Verschollenheit gilt für die Besteuerung der Tag als Todestag, mit dessen Ablauf der Beschluss über die Todeserklärung des Verschollenen rechtskräftig wird.

§ 50 Erlöschen und Unbedingtwerden der Verbrauchsteuer, Übergang der bedingten Verbrauchsteuerschuld (S 0169)

(1) Werden nach den Verbrauchsteuergesetzen Steuervergünstigungen unter der Bedingung gewährt, dass verbrauchsteuerpflichtige Waren einer besonderen Zweckbestimmung zugeführt werden, so erlischt die Steuer nach Maßgabe der Vergünstigung ganz oder teilweise, wenn die Bedingung eintritt oder wenn die Waren untergehen, ohne dass vorher die Steuer unbedingt geworden ist.

(2) Die bedingte Steuerschuld geht jeweils auf den berechtigten Erwerber über, wenn die Waren vom Steuerschuldner vor Eintritt der Bedingung im Rahmen der vorgesehenen Zweckbestimmung an ihn weitergegeben werden.

(3) [1]Die Steuer wird unbedingt,

1. wenn die Waren entgegen der vorgesehenen Zweckbestimmung verwendet werden oder ihr nicht mehr zugeführt werden können. [2]Kann der Verbleib der Waren nicht festgestellt werden, so gelten sie als nicht der vorgesehenen Zweckbestimmung zugeführt, wenn der Begünstigte nicht nachweist, dass sie ihr zugeführt worden sind,

2. in sonstigen gesetzlich bestimmten Fällen.

Dritter Abschnitt – Steuerbegünstigte Zwecke

§ 51 Allgemeines (S 0170)

(1) ¹Gewährt das Gesetz eine Steuervergünstigung, weil eine Körperschaft ausschließlich und unmittelbar gemeinnützige, mildtätige oder kirchliche Zwecke (steuerbegünstigte Zwecke) verfolgt, so gelten die folgenden Vorschriften. ²Unter Körperschaften sind die Körperschaften, Personenvereinigungen und Vermögensmassen im Sinne des Körperschaftsteuergesetzes zu verstehen. ³Funktionale Untergliederungen (Abteilungen) von Körperschaften gelten nicht als selbstständige Steuersubjekte.

(2) Werden die steuerbegünstigten Zwecke im Ausland verwirklicht, setzt die Steuervergünstigung voraus, dass natürliche Personen, die ihren Wohnsitz oder ihren gewöhnlichen Aufenthalt im Geltungsbereich dieses Gesetzes haben, gefördert werden oder die Tätigkeit der Körperschaft neben der Verwirklichung der steuerbegünstigten Zwecke auch zum Ansehen der Bundesrepublik Deutschland im Ausland beitragen kann.

(3) ¹Eine Steuervergünstigung setzt zudem voraus, dass die Körperschaft nach ihrer Satzung und bei ihrer tatsächlichen Geschäftsführung keine Bestrebungen im Sinne des § 4 des Bundesverfassungsschutzgesetzes fördert und dem Gedanken der Völkerverständigung nicht zuwiderhandelt. ²Bei Körperschaften, die im Verfassungsschutzbericht des Bundes oder eines Landes als extremistische Organisation aufgeführt sind, ist widerlegbar davon auszugehen, dass die Voraussetzungen des Satzes 1 nicht erfüllt sind. ³Die Finanzbehörde teilt Tatsachen, die den Verdacht von Bestrebungen im Sinne des § 4 des Bundesverfassungsschutzgesetzes oder des Zuwiderhandelns gegen den Gedanken der Völkerverständigung begründen, der Verfassungsschutzbehörde mit.

AEAO zu § 51 - Allgemeines:

Zu § 51 Abs. 1 AO:

1. Unter Körperschaften i. S. d. § 51 AO, für die eine Steuervergünstigung in Betracht kommen kann, sind Körperschaften, Personenvereinigungen und Vermögensmassen i. S. d. KStG zu verstehen. Dazu gehören auch die juristischen Personen des öffentlichen Rechts mit ihren Betrieben gewerblicher Art (§ 1 Abs. 1 Nr. 6, § 4 KStG), nicht aber die juristischen Personen des öffentlichen Rechts als solche.

2. Regionale Untergliederungen (Landes-, Bezirks-, Ortsverbände) von Großvereinen sind als nichtrechtsfähige Vereine (§ 1 Abs. 1 Nr. 5 KStG) selbständige Steuersubjekte i. S. d. Körperschaftsteuerrechts, wenn sie

    a) über eigene satzungsmäßige Organe (Vorstand, Mitgliederversammlung) verfügen und über diese auf Dauer nach außen im eigenen Namen auftreten und

    b) eine eigene Kassenführung haben.

Die selbständigen regionalen Untergliederungen können nur dann als gemeinnützig behandelt werden, wenn sie eine eigene Satzung haben, die den gemeinnützigkeitsrechtlichen Anforderungen entspricht. Zweck, Aufgaben und Organisation der Untergliederungen können sich auch aus der Satzung des Hauptvereins ergeben.

3. Über die Befreiung von der Körperschaftsteuer nach § 5 Abs. 1 Nr. 9 KStG wegen Förderung steuerbegünstigter Zwecke ist stets für einen bestimmten Veranlagungszeitraum zu entscheiden (Grundsatz der Abschnittsbesteuerung). Eine Körperschaft kann nur dann nach dieser Vorschrift von der Körperschaftsteuer befreit werden, wenn sie in dem zu beurteilenden Veranlagungszeitraum alle Voraussetzungen für die Steuerbegünstigung erfüllt. Die spätere Erfüllung einer der Voraussetzungen für die Steuerbegünstigung kann nicht auf frühere, abgelaufene Veranlagungszeiträume zurückwirken.

4. Wird eine bisher steuerpflichtige Körperschaft nach § 5 Abs. 1 Nr. 9 KStG von der Körperschaftsteuer befreit, ist eine Schlussbesteuerung nach § 13 KStG durchzuführen.

5. Für die Steuerbegünstigung einer Körperschaft reichen Betätigungen aus, mit denen die Verwirklichung der steuerbegünstigten Satzungszwecke nur vorbereitet wird. Die Tätigkeiten müssen ernsthaft auf die Erfüllung eines steuerbegünstigten satzungsmäßigen Zwecks gerichtet sein. Die bloße Absicht, zu einem ungewissen Zeitpunkt einen der Satzungszwecke zu verwirklichen, genügt nicht (BFH-Urteil vom 23.7.2003, I R 29/02, BStBl II S. 930).

6. Die Körperschaftsteuerbefreiung einer Körperschaft, die nach ihrer Satzung steuerbegünstigte Zwecke verfolgt, endet, wenn die eigentliche steuerbegünstigte Tätigkeit eingestellt und über das Vermögen der Körperschaft das Konkurs- oder Insolvenzverfahren eröffnet wird (BFH-Urteil vom 16.5.2007, I R 14/06, BStBl II S. 808).

Die unbeschränkte Körperschaftsteuerpflicht einer Stiftung von Todes wegen beginnt, unabhängig vom Zeitpunkt der zivilrechtlichen Anerkennung, bereits mit dem Tode des Stifters. Die Ausdehnung einer solchen Rückwirkungsfiktion auf die Steuerbegünstigung nach §§ 51 ff. AO kommt aber nicht in Betracht (BFH-Urteil vom 6.6.2019, V R 50/17, BStBl II S. 782). Eine Steuerbegünstigung ab dem Beginn der unbeschränkten Steuerpflicht ist damit nur möglich, falls zum Zeitpunkt des Todes des Stifters eine ordnungsgemäße Satzung vorliegt.

Zu § 51 Abs. 2 AO:

7. Verwirklicht die Körperschaft ihre förderungswürdigen Zwecke nur außerhalb von Deutschland, setzt die Steuerbegünstigung - neben den sonstigen Voraussetzungen der §§ 51 ff. AO - zusätzlich den so genannten Inlandsbezug nach § 51 Abs. 2 AO voraus. Dieser liegt zum vor, wenn natürliche Personen, die ihren Wohnsitz oder ihren gewöhnlichen Aufenthalt im Inland haben, gefördert werden. Auf die Staatsangehörigkeit der natürlichen Personen kommt es dabei nicht an.

Falls durch die Tätigkeit im Ausland keine im Inland lebenden Personen gefördert werden, ist ein Inlandsbezug gegeben, wenn die Tätigkeit der Körperschaft neben der Verwirklichung der steuerbegünstigten Zwecke auch zur Verbesserung des Ansehens Deutschlands im Ausland beitragen kann. Dabei bedarf es keiner spürbaren oder messbaren Auswirkung auf das Ansehen Deutschlands im Ausland. Bei im Inland ansässigen Körperschaften ist der mögliche Beitrag zum Ansehen Deutschlands im Ausland - ohne besonderen Nachweis - bereits dadurch erfüllt, dass sie sich personell, finanziell planend, schöpferisch oder anderweitig an der Förderung gemeinnütziger und mildtätiger Zwecke im Ausland beteiligen (Indizwirkung). Der Feststellung der positiven Kenntnis aller im Ausland Begünstigten oder aller Mitwirkenden von der Beteiligung deutscher Organisationen bedarf es dabei nicht.

Ausländische Körperschaften können den Inlandsbezug ebenfalls erfüllen, beispielsweise indem sie ihre steuerbegünstigten Zwecke zum Teil auch in Deutschland verwirklichen oder - soweit sie nur im Ausland tätig sind - auch im Inland lebende natürliche Personen fördern, selbst wenn die Personen sich zu diesem Zweck im Ausland aufhalten. Bei der Tatbestandsalternative des möglichen Ansehensbeitrags zugunsten Deutschlands entfällt zwar bei ausländischen Körperschaften die Indizwirkung, die Erfüllung dieser Tatbestandsalternative durch ausländische Einrichtungen ist aber nicht grundsätzlich ausgeschlossen.

Der nach § 51 Abs. 2 AO bei Auslandsaktivitäten zusätzlich geforderte Inlandsbezug wirkt sich nicht auf die Auslegung der weiteren, für die Anerkennung der Gemeinnützigkeit notwendigen Voraussetzungen aus. Deren Vorliegen ist weiterhin unabhängig von der Frage, ob die Tätigkeit im In- oder Ausland ausgeübt wird, zu prüfen. Der Inlandsbezug hat somit insbesondere keine Auswirkung auf Inhalt und Umfang der in den §§ 52 bis 53 AO beschriebenen förderungswürdigen Zwecke. Daher können beispielsweise kirchliche Zwecke weiterhin nur zugunsten inländischer Religionsgemeinschaften, die Körperschaften des öffentlichen Rechts sind, verfolgt werden; andererseits kann die Förderung der Religion nach § 52 Abs. 2 Satz 1 Nr. 2 AO wie bisher auch im Ausland erfolgen; auch kann wie bisher z. B. eine hilflose Person im Ausland unterstützt werden (§ 53 Nr. 1 AO).

Mit der Prüfung des Inlandsbezugs selbst ist keine zusätzliche inhaltliche Prüfung der Tätigkeit der Körperschaft verbunden. Das heißt, es ist weder ein weiteres Mal zu ermitteln, ob die Körperschaft gemeinnützige oder mildtätige Zwecke i. S. d. §§ 52 und 53 AO fördert, noch kommt es darauf an, ob die Tätigkeit mit den im Ausland geltenden Wertvorstellungen übereinstimmt und somit nach ausländischen Maßstäben ein Beitrag zum Ansehen Deutschlands geleistet werden kann. Falls die Verfolgung der in den §§ 52 und 53 AO genannten förderungswürdigen Zwecke zu bejahen ist, ist daher davon auszugehen, dass eine solche Tätigkeit dem Ansehen Deutschlands im Ausland nicht entgegensteht.

Zu § 51 Abs. 3 AO:

8. Der Ausschluss so genannter extremistischer Körperschaften von der Steuerbegünstigung ist in § 51 Abs. 3 AO gesetzlich geregelt.

9. Die Ergänzung des § 51 AO soll klarstellen, dass eine Körperschaft nur dann als steuerbegünstigt behandelt werden kann, wenn sie weder nach ihrer Satzung und ihrer tatsächlichen Geschäftsführung Bestrebungen i. S. d. § 4 des BVerfSchG verfolgt noch dem Gedanken der Völkerverständigung zuwiderhandelt. § 4 BVerfSchG ist im Zusammenhang mit § 3 BVerfSchG zu lesen, der die Aufgaben der Verfassungsschutzbehörden des Bundes und der Länder und die Voraussetzungen für ein Tätigwerden des Verfassungsschutzes festlegt. Die Aufgabe besteht in der Sammlung und Auswertung von Informationen über die in § 3 Abs. 1 BVerfSchG erwähnten verfassungsfeindlichen Bestrebungen, die § 4 BVerfSchG zum Teil definiert. So beinhaltet § 4 BVerfSchG im ersten Absatz eine Legaldefinition von Bestrebungen

   a) gegen den Bestand des Bundes oder eines Landes

   b) gegen die Sicherheit des Bundes oder eines Landes

   c) gegen die freiheitliche demokratische Grundordnung.

   Im zweiten Absatz des § 4 BVerfSchG werden die grundlegenden Prinzipien der freiheitlichen demokratischen Grundordnung aufgeführt.

   Gem. § 51 Abs. 3 Satz 1 AO ist eine Steuervergünstigung auch ausgeschlossen, wenn die Körperschaft dem Gedanken der Völkerverständigung zuwiderhandelt. Diese Regelung nimmt Bezug auf § 3 Abs. 1 Nr. 4 BVerfSchG, der wiederum auf Artikel 9 Abs. 2 GG (gegen den Gedanken der Völkerverständigung gerichtete Bestrebungen) sowie Artikel 26 Abs. 1 GG (Störung des friedlichen Zusammenlebens der Völker) verweist. Im Rahmen des § 51 Abs. 3 Satz 1 AO sind die Leistungen einer Körperschaft für das Gemeinwohl nicht im Wege einer Gesamtschau gegen Anhaltspunkte für eine verfassungsfeindliche tatsächliche Geschäftsführung abzuwägen (BFH-Urteil vom 14.3.2018, V R 36/16, BStBl II S. 422).

10. Der Tatbestand des § 51 Abs. 3 Satz 2 AO ist nur bei solchen Organisationen erfüllt, die im Verfassungsschutzbericht des Bundes oder eines Landes für den zu beurteilenden Veranlagungszeitraum ausdrücklich als extremistisch eingestuft werden (BFH-Urteil vom 11.4.2012, I R 11/11, BStBl 2013 II S. 146). Die Widerlegung der Vermutung erfordert den vollen Beweis des Gegenteils; eine Erschütterung ist nicht ausreichend (BFH-Urteil vom 14.3.2018, V R 36/16, BStBl II S. 422). Hat das Finanzamt die Körperschaft bisher als steuerbegünstigt behandelt und wird später ein Verfassungsschutzbericht veröffentlicht, in dem die Körperschaft als extremistisch aufgeführt wird, kommt ggf. eine Änderung nach § 173 Abs. 1 Nr. 1 AO in Betracht.

11. Bei Organisationen, die nicht unter § 51 Abs. 3 Satz 2 AO fallen, ist eine Prüfung nach § 51 Abs. 3 Satz 1 AO vorzunehmen (vgl. Nr. 9 des AEAO zu § 51). Insbesondere eine Erwähnung als „Verdachtsfall" oder eine nur beiläufige Erwähnung im Verfassungsschutzbericht, aber auch sonstige Erkenntnisse bieten im Einzelfall Anlass zu weitergehenden Ermittlungen der Finanzbehörde, z. B. auch durch Nachfragen bei den Verfassungsschutzbehörden.

12. Die Finanzbehörden sind befugt und verpflichtet, den Verfassungsschutzbehörden Tatsachen i. S. d. § 51 Abs. 3 Satz 3 AO unabhängig davon mitzuteilen, welchen Besteuerungszeitraum diese Tatsachen betreffen.

§ 52 Gemeinnützige Zwecke (S 0171)

(1) ¹Eine Körperschaft verfolgt gemeinnützige Zwecke, wenn ihre Tätigkeit darauf gerichtet ist, die Allgemeinheit auf materiellem, geistigem oder sittlichem Gebiet selbstlos zu fördern. ²Eine Förderung der Allgemeinheit ist nicht gegeben, wenn der Kreis der Personen, dem die Förderung zugute kommt, fest abgeschlossen ist, zum Beispiel Zugehörigkeit zu einer Familie oder zur Belegschaft eines Unternehmens, oder infolge seiner Abgrenzung, insbesondere nach räumlichen oder beruflichen Merkmalen, dauernd nur klein sein kann. ³Eine Förderung der Allgemeinheit liegt nicht allein deswegen vor, weil eine Körperschaft ihre Mittel einer Körperschaft des öffentlichen Rechts zuführt.

(2) ¹Unter den Voraussetzungen des Absatzes 1 sind als Förderung der Allgemeinheit anzuerkennen:

1. die Förderung von Wissenschaft und Forschung;
2. die Förderung der Religion;
3. die Förderung des öffentlichen Gesundheitswesens und der öffentlichen Gesundheitspflege, insbesondere die Verhütung und Bekämpfung von übertragbaren Krankheiten, auch durch Krankenhäuser im Sinne des § 67, und von Tierseuchen;
4. die Förderung der Jugend- und Altenhilfe;
5. die Förderung von Kunst und Kultur;
6. die Förderung des Denkmalschutzes und der Denkmalpflege;
7. die Förderung der Erziehung, Volks- und Berufsbildung einschließlich der Studentenhilfe;
8. die Förderung des Naturschutzes und der Landschaftspflege im Sinne des Bundesnaturschutzgesetzes und der Naturschutzgesetze der Länder, des Umweltschutzes, einschließlich des Klimaschutzes, des Küstenschutzes und des Hochwasserschutzes;
9. die Förderung des Wohlfahrtswesens, insbesondere der Zwecke der amtlich anerkannten Verbände der freien Wohlfahrtspflege (§ 23 der Umsatzsteuer-Durchführungsverordnung), ihrer Unterverbände und ihrer angeschlossenen Einrichtungen und Anstalten;
10. die Förderung der Hilfe für politisch, rassistisch oder religiös Verfolgte, für Flüchtlinge, Vertriebene, Aussiedler, Spätaussiedler, Kriegsopfer, Kriegshinterbliebene, Kriegsbeschädigte und Kriegsgefangene, Zivilbeschädigte und Behinderte sowie Hilfe für Opfer von Straftaten; Förderung des Andenkens an Verfolgte, Kriegs- und Katastrophenopfer; Förderung des Suchdienstes für Vermisste, Förderung der Hilfe für Menschen, die auf Grund ihrer geschlechtlichen Identität oder ihrer geschlechtlichen Orientierung diskriminiert werden;
11. die Förderung der Rettung aus Lebensgefahr;

12. die Förderung des Feuer-, Arbeits-, Katastrophen- und Zivilschutzes sowie der Unfallverhütung;
13. die Förderung internationaler Gesinnung, der Toleranz auf allen Gebieten der Kultur und des Völkerverständigungsgedankens;
14. die Förderung des Tierschutzes;
15. die Förderung der Entwicklungszusammenarbeit;
16. die Förderung von Verbraucherberatung und Verbraucherschutz;
17. die Förderung der Fürsorge für Strafgefangene und ehemalige Strafgefangene;
18. die Förderung der Gleichberechtigung von Frauen und Männern;
19. die Förderung des Schutzes von Ehe und Familie;
20. die Förderung der Kriminalprävention;
21. die Förderung des Sports (Schach gilt als Sport);
22. die Förderung der Heimatpflege, Heimatkunde und der Ortsverschönerung;
23. die Förderung der Tierzucht, der Pflanzenzucht, der Kleingärtnerei, des traditionellen Brauchtums einschließlich des Karnevals, der Fastnacht und des Faschings, der Soldaten- und Reservistenbetreuung, des Amateurfunkens, des Freifunks, des Modellflugs und des Hundesports;
24. die allgemeine Förderung des demokratischen Staatswesens im Geltungsbereich dieses Gesetzes; hierzu gehören nicht Bestrebungen, die nur bestimmte Einzelinteressen staatsbürgerlicher Art verfolgen oder die auf den kommunalpolitischen Bereich beschränkt sind;
25. die Förderung des bürgerschaftlichen Engagements zugunsten gemeinnütziger, mildtätiger und kirchlicher Zwecke;
26. die Förderung der Unterhaltung und Pflege von Friedhöfen und die Förderung der Unterhaltung von Gedenkstätten für nichtbestattungspflichtige Kinder und Föten;
27. die Förderung wohngemeinnütziger Zwecke; dies ist die vergünstigte Wohnraumüberlassung an Personen im Sinne des § 53. ²§ 53 Nummer 2 ist mit der Maßgabe anzuwenden, dass die Bezüge nicht höher sein dürfen als das Fünffache des Regelsatzes der Sozialhilfe im Sinne des § 28 des Zwölften Buches Sozialgesetzbuch; beim Alleinstehenden oder Alleinerziehenden tritt an die Stelle des Fünffachen das Sechsfache des Regelsatzes. ³Die Hilfebedürftigkeit muss zu Beginn des jeweiligen Mietverhältnisses vorliegen.

²Sofern der von der Körperschaft verfolgte Zweck nicht unter Satz 1 fällt, aber die Allgemeinheit auf materiellem, geistigem oder sittlichem Gebiet entsprechend selbstlos gefördert wird, kann dieser Zweck für gemeinnützig erklärt wer-

den. ³Die obersten Finanzbehörden der Länder haben jeweils eine Finanzbehörde im Sinne des Finanzverwaltungsgesetzes zu bestimmen, die für Entscheidungen nach Satz 2 zuständig ist.

AEAO zu § 52 - Gemeinnützige Zwecke:

1. Die Gemeinnützigkeit einer Körperschaft setzt voraus, dass ihre Tätigkeit der Allgemeinheit zugutekommt (§ 52 Abs. 1 Satz 1 AO). Dies ist nicht gegeben, wenn der Kreis der geförderten Personen infolge seiner Abgrenzung, insbesondere nach räumlichen oder beruflichen Merkmalen, dauernd nur klein sein kann (§ 52 Abs. 1 Satz 2 AO). Hierzu gilt Folgendes:

1.1 **Allgemeines**

Ein Verein, dessen Tätigkeit in erster Linie seinen Mitgliedern zugutekommt (insbesondere Sportvereine und Vereine, die in § 52 Abs. 2 Satz 1 Nr. 23 AO genannte Freizeitbetätigungen fördern), fördert nicht die Allgemeinheit, wenn er den Kreis der Mitglieder durch hohe Aufnahmegebühren oder Mitgliedsbeiträge (einschließlich Mitgliedsumlagen) klein hält.

Bei einem Verein, dessen Tätigkeit in erster Linie seinen Mitgliedern zugutekommt, ist eine Förderung der Allgemeinheit i. S. d. § 52 Abs. 1 AO anzunehmen, wenn

a) die Mitgliedsbeiträge und Mitgliedsumlagen zusammen im Durchschnitt 1.440 € je Mitglied und Jahr und

b) die Aufnahmegebühren für die im Jahr aufgenommenen Mitglieder im Durchschnitt 2.200 € nicht übersteigen.

1.2 **Investitionsumlage**

Es ist unschädlich für die Gemeinnützigkeit eines Vereins, dessen Tätigkeit in erster Linie seinen Mitgliedern zugutekommt, wenn der Verein neben den o.a. Aufnahmegebühren und Mitgliedsbeiträgen (einschließlich sonstiger Mitgliedsumlagen) zusätzlich eine Investitionsumlage nach folgender Maßgabe erhebt:

Die Investitionsumlage darf höchstens 7.200 € innerhalb von zehn Jahren je Mitglied betragen. Die Mitglieder müssen die Möglichkeit haben, die Zahlung der Umlage auf bis zu zehn Jahresraten zu verteilen. Die Umlage darf nur für die Finanzierung konkreter Investitionsvorhaben verlangt werden. Unschädlich ist neben der zeitnahen Verwendung der Mittel für Investitionen auch die Ansparung für künftige Investitionsvorhaben im Rahmen von nach § 62 Abs. 1 Nr. 1 AO zulässigen Rücklagen und die Verwendung für die Tilgung von Darlehen, die für die Finanzierung von Investitionen aufgenommen worden sind. Die Erhebung von Investitionsumlagen kann auf neu eintretende Mitglieder (und ggf. nachzahlende Jugendliche, vgl. Nr. 1.3.1.2 des AEAO zu § 52) beschränkt werden.

Investitionsumlagen sind keine steuerlich abziehbaren Spenden.

1.3 Durchschnittsberechnung

Der durchschnittliche Mitgliedsbeitrag und die durchschnittliche Aufnahmegebühr sind aus dem Verhältnis der zu berücksichtigenden Leistungen der Mitglieder zu der Zahl der zu berücksichtigenden Mitglieder zu errechnen.

1.3.1 Zu berücksichtigende Leistungen der Mitglieder

1.3.1.1 Grundsatz

Zu den maßgeblichen Aufnahmegebühren bzw. Mitgliedsbeiträgen gehören alle Geld- und geldwerten Leistungen, die ein Bürger aufwenden muss, um in den Verein aufgenommen zu werden bzw. in ihm verbleiben zu können. Umlagen, die von den Mitgliedern erhoben werden, sind mit Ausnahme zulässiger Investitionsumlagen (vgl. Nr. 1.2 des AEAO zu § 52) bei der Berechnung der durchschnittlichen Aufnahmegebühren oder Mitgliedsbeiträge zu berücksichtigen.

1.3.1.2 Sonderentgelte und Nachzahlungen

So genannte Spielgeldvorauszahlungen, die im Zusammenhang mit der Aufnahme in den Verein zu entrichten sind, gehören zu den maßgeblichen Aufnahmegebühren. Sonderumlagen und Zusatzentgelte, die Mitglieder z. B. unter der Bezeichnung Jahresplatzbenutzungsgebühren zahlen müssen, sind bei der Durchschnittsberechnung als zusätzliche Mitgliedsbeiträge zu berücksichtigen.

Wenn jugendliche Mitglieder, die zunächst zu günstigeren Konditionen in den Verein aufgenommen worden sind, bei Erreichen einer Altersgrenze Aufnahmegebühren nach zu entrichten haben, sind diese im Jahr der Zahlung bei der Berechnung der durchschnittlichen Aufnahmegebühr zu erfassen.

1.3.1.3 Auswärtige Mitglieder

Mitgliedsbeiträge und Aufnahmegebühren, die auswärtige Mitglieder an andere gleichartige Vereine entrichten, sind nicht in die Durchschnittsberechnungen einzubeziehen. Dies gilt auch dann, wenn die Mitgliedschaft in dem anderen Verein Voraussetzung für die Aufnahme als auswärtiges Mitglied oder die Spielberechtigung in der vereinseigenen Sportanlage ist

1.3.1.4 Juristische Personen und Unternehmen in anderer Rechtsform

Leistungen, die juristische Personen und Unternehmen in anderer Rechtsform für die Erlangung und den Erhalt der eigenen Mitgliedschaft in einem Verein aufwenden (so genannte Firmenmitgliedschaften), sind bei den Durchschnittsberechnungen nicht zu berücksichtigen (vgl. Nr. 1.3.2 des AEAO zu § 52).

1.3.1.5 Darlehen

Darlehen, die Mitglieder dem Verein im Zusammenhang mit ihrer Aufnahme in den Verein gewähren, sind nicht als zusätzliche Aufnahmegebühren zu erfassen. Wird das Darlehen zinslos oder zu einem günstigeren Zinssatz, als er auf dem Kapitalmarkt üblich ist, gewährt, ist der jährliche Zinsverzicht als zusätzlicher Mitgliedsbeitrag zu berücksichtigen.

Diese Grundsätze gelten auch, wenn Mitgliedsbeiträge oder Mitgliedsumlagen (einschließlich Investitionsumlagen) als Darlehen geleistet werden.

1.3.1.6 Beteiligung an Gesellschaften

Kosten für den zur Erlangung der Spielberechtigung notwendigen Erwerb von Geschäftsanteilen an einer Gesellschaft, die neben dem Verein besteht und die die Sportanlagen errichtet oder betreibt, sind mit Ausnahme des Agios nicht als zusätzliche Aufnahmegebühren zu erfassen.

Ein Sportverein kann aber mangels Unmittelbarkeit dann nicht als gemeinnützig behandelt werden, wenn die Mitglieder die Sportanlagen des Vereins nur bei Erwerb einer Nutzungsberechtigung von einer neben dem Verein bestehenden Gesellschaft nutzen dürfen.

1.3.1.7 Spenden

Wenn Bürger im Zusammenhang mit der Aufnahme in einen Sportverein als Spenden bezeichnete Zahlungen an den Verein leisten, ist zu prüfen, ob es sich dabei um freiwillige unentgeltliche Zuwendungen, d.h. um Spenden, oder um Sonderzahlungen handelt, zu deren Leistung die neu eintretenden Mitglieder verpflichtet sind.

Sonderzahlungen sind in die Berechnung der durchschnittlichen Aufnahmegebühr einzubeziehen. Dies gilt auch, wenn kein durch die Satzung oder durch Beschluss der Mitgliederversammlung festgelegter Rechtsanspruch des Vereins besteht, die Aufnahme in den Verein aber faktisch von der Leistung einer Sonderzahlung abhängt.

Eine faktische Verpflichtung ist regelmäßig anzunehmen, wenn mehr als 75 % der neu eingetretenen Mitglieder neben der Aufnahmegebühr eine gleich oder ähnlich hohe Sonderzahlung leisten. Dabei bleiben passive oder fördernde, jugendliche und auswärtige Mitglieder sowie Firmenmitgliedschaften außer Betracht. Für die Beurteilung der Frage, ob die Sonderzahlungen der neu aufgenommenen Mitglieder gleich oder ähnlich hoch sind, sind die von dem Mitglied innerhalb von drei Jahren nach seinem Aufnahmeantrag oder, wenn zwischen dem Aufnahmeantrag und der Aufnahme in den Verein ein ungewöhnlich langer Zeitraum liegt, nach seiner Aufnahme geleisteten Sonderzahlungen, soweit es sich dabei nicht um von allen Mitgliedern erhobene Umlagen handelt, zusammenzurechnen.

Die 75%-Grenze ist eine widerlegbare Vermutung für das Vorliegen von Pflichtzahlungen. Maßgeblich sind die tatsächlichen Verhältnisse des Einzelfalls. Sonderzahlungen sind deshalb auch dann als zusätzliche Aufnahmegebühren zu behandeln, wenn sie zwar von weniger als 75 % der neu eingetretenen Mitglieder geleistet werden, diese Mitglieder aber nach den Umständen des Einzelfalls zu den Zahlungen nachweisbar verpflichtet sind.

Die vorstehenden Grundsätze einschließlich der 75%-Grenze gelten für die Abgrenzung zwischen echten Spenden und Mitgliedsumlagen entsprechend. Pflichtzahlungen sind in diesem Fall in die Berechnung des durchschnittlichen Mitgliedsbeitrags einzubeziehen.

§ 52   Abgabenordnung

Nicht bei der Durchschnittsberechnung der Aufnahmegebühren und Mitgliedsbeiträge zu berücksichtigen sind Pflichteinzahlungen in eine zulässige Investitionsumlage (vgl. Nr. 1.2 des AEAO zu § 52).

Für Leistungen, bei denen es sich um Pflichtzahlungen (z. B. Aufnahmegebühren, Mitgliedsbeiträge, Ablösezahlungen für Arbeitsleistungen und Umlagen einschließlich Investitionsumlagen) handelt, dürfen keine Zuwendungsbestätigungen i. S. d. § 50 EStDV ausgestellt werden.

1.3.2 Zu berücksichtigende Mitglieder

Bei der Berechnung des durchschnittlichen Mitgliedsbeitrags ist als Divisor die Zahl der Personen anzusetzen, die im Veranlagungszeitraum (Kalenderjahr) Mitglieder des Vereins waren. Dabei sind auch die Mitglieder zu berücksichtigen, die im Laufe des Jahres aus dem Verein ausgetreten oder in ihn aufgenommen worden sind. Voraussetzung ist, dass eine Dauermitgliedschaft bestanden hat bzw. die Mitgliedschaft auf Dauer angelegt ist.

Divisor bei der Berechnung der durchschnittlichen Aufnahmegebühr ist die Zahl der Personen, die in dem Veranlagungszeitraum auf Dauer neu in den Verein aufgenommen worden sind. Bei den Berechnungen sind grundsätzlich auch die fördernden oder passiven, jugendlichen und auswärtigen Mitglieder zu berücksichtigen. Unter auswärtigen Mitgliedern sind regelmäßig Mitglieder zu verstehen, die ihren Wohnsitz außerhalb des Einzugsgebiets des Vereins haben und/oder bereits ordentliches Mitglied in einem gleichartigen anderen Sportverein sind und die deshalb keine oder geringere Mitgliedsbeiträge oder Aufnahmegebühren zu zahlen haben. Nicht zu erfassen sind juristische Personen oder Firmen in anderer Rechtsform sowie die natürlichen Personen, die infolge der Mitgliedschaft dieser Organisationen Zugang zu dem Verein haben.

Die nicht aktiven Mitglieder sind nicht zu berücksichtigen, wenn der Verein ihre Einbeziehung in die Durchschnittsberechnung missbräuchlich ausnutzt. Dies ist z. B. anzunehmen, wenn die Zahl der nicht aktiven Mitglieder ungewöhnlich hoch ist oder festgestellt wird, dass im Hinblick auf die Durchschnittsberechnung gezielt nicht aktive Mitglieder beitragsfrei oder gegen geringe Beiträge aufgenommen worden sind. Entsprechendes gilt für die Einbeziehung auswärtiger Mitglieder in die Durchschnittsberechnung.

Gemeinnützige Zwecke

2. Bei § 52 Abs. 2 AO handelt es sich grundsätzlich um eine abschließende Aufzählung gemeinnütziger Zwecke. Die Allgemeinheit kann allerdings auch durch die Verfolgung von Zwecken, die hinsichtlich der Merkmale, die ihre steuerrechtliche Förderung rechtfertigen, mit den in § 52 Abs. 2 AO aufgeführten Zwecken identisch sind, gefördert werden.

2.1 Jugendliche i. S. d. § 52 Abs. 2 Satz 1 Nr. 4 AO bzw. des § 68 Nr. 1 Buchstabe b AO sind alle Personen vor Vollendung des 27. Lebensjahres.

2.2 Die Förderung von Kunst und Kultur umfasst die Bereiche der Musik, der Literatur, der darstellenden und bildenden Kunst und schließt die Förderung von kulturellen Einrichtungen, wie Theater und Museen, sowie von kulturellen

Veranstaltungen, wie Konzerte und Kunstausstellungen, ein. Zur Förderung von Kunst und Kultur gehört auch die Förderung der Pflege und Erhaltung von Kulturwerten. Kulturwerte sind Gegenstände von künstlerischer und sonstiger kultureller Bedeutung, Kunstsammlungen und künstlerische Nachlässe, Bibliotheken, Archive sowie andere vergleichbare Einrichtungen. Das Vorführen von Filmen allein ist noch keine gemeinnützige Tätigkeit. Die Gemeinnützigkeit kommunaler Kinos ist jedoch zu bejahen, wenn bestimmte zusätzliche Kriterien erfüllt sind. Hierzu zählt, ob ein kommunaler Kinoverein öffentliche Zuschüsse erhält, ob er in die gesamte Kulturarbeit der Kommune integriert ist, ob sich das Programm inhaltlich, konzeptionell und formal von etwa vorhandenen gewerblichen Kinos am Ort unterscheidet, ob die Filme in bestimmten Sachzusammenhängen gezeigt und ob sie inhaltlich aufbereitet werden, z. B. durch begleitende Vorträge. Dabei reicht es aus, wenn ein kommunaler Kinoverein einige der genannten Kriterien erfüllt. Auf die künstlerische Qualität der einzelnen gezeigten Filme kommt es nicht an.

2.3 Die Förderung der Denkmalpflege bezieht sich auf die Erhaltung und Wiederherstellung von Bau- und Bodendenkmälern, die nach den jeweiligen landesrechtlichen Vorschriften anerkannt sind. Die Anerkennung ist durch eine Bescheinigung der zuständigen Stelle nachzuweisen.

2.4 Vereine, deren satzungsmäßiger Zweck die Förderung der nichtgewerblichen Fischerei ist (Anglervereine), können unter dem Gesichtspunkt der Förderung des Naturschutzes und der Landschaftspflege als gemeinnützig i. S. d. § 52 AO anerkannt werden. Ihre Tätigkeit ist im Wesentlichen auf die einheitliche Ausrichtung und Vertretung der Mitgliederinteressen bei der Hege und Pflege des Fischbestandes in den Gewässern in Verbindung mit Maßnahmen zum Schutz und zur Reinhaltung dieser Gewässer, sowie die Erhaltung der Schönheit und Ursprünglichkeit der Gewässer i. S. d. Naturschutzes und der Landschaftspflege gerichtet. Wettfischveranstaltungen sind grundsätzlich als nicht mit dem Tierschutzgesetz und mit der Gemeinnützigkeit vereinbar anzusehen.

Fischen und Angeln bedarf in jedem Fall einer besonderen Genehmigung, für private Gewässer der des Eigentümers, für öffentliche Gewässer der der zuständigen öffentlichen Körperschaft (z. B. Gemeinde). Der Verkauf von Angelkarten durch Vereine an Vereinsmitglieder wird im Rahmen eines steuerbegünstigten wirtschaftlichen Geschäftsbetriebs (= Zweckbetrieb) durchgeführt. Der Verkauf von Angelkarten an Nichtmitglieder hingegen stellt einen steuerpflichtigen wirtschaftlichen Geschäftsbetrieb dar.

2.5 Zur Förderung des Andenkens an Verfolgte, Kriegs- und Katastrophenopfer gehört auch die Errichtung von Ehrenmalen und Gedenkstätten.

Zur Förderung der Tier- bzw. Pflanzenzucht gehört auch die Förderung der Erhaltung vom Aussterben bedrohter Nutztierrassen und Nutzpflanzen.

Körperschaften, die nationale Minderheiten und Volksgruppen sowie die nachfolgenden Regionalsprachen fördern, können gemeinnützige Zwecke i. S. v. § 52 AO verfolgen. Die Förderung des Einsatzes für nationale Minderheiten im Sinne des durch Deutschland ratifizierten Rahmenabkommens zum Schutz nationaler Minderheiten und die Förderung des Einsatzes für die gem.

der von Deutschland ratifizierten Charta der Regional- und Minderheitensprachen geschützten Sprachen sind - je nach Betätigung im Einzelnen - Förderung von Kunst und Kultur, Förderung der Heimatpflege und Heimatkunde oder Förderung des traditionellen Brauchtums. Bei den nach der Charta geschützten Sprachen handelt es sich um die Regionalsprache Niederdeutsch sowie die Minderheitensprachen Dänisch, Friesisch, Sorbisch und das Romanes der deutschen Sinti und Roma.

Für die Gemeinnützigkeit eines Vertriebenenverbands ist es unschädlich, wenn er nach seiner Satzung allgemein - im Sinne einer Wiederherstellung der allgemeinen Gerechtigkeit - auch Zwecke wie „Wiedergutmachung des Vertreibungsunrechts" oder „Rückgabe des konfiszierten Vermögens auf der Basis eines gerechten Ausgleichs" fördert. Bei derartigen Formulierungen in der Satzung kann angenommen werden, dass sich der Verband bei seiner Betätigung im Rahmen des gemeinnützigen Zwecks „Fürsorge für Vertriebene" hält und die Verfolgung individueller Rechtsansprüche der Mitglieder nicht Satzungszweck ist.

Zu beanstanden sind jedoch Formulierungen, die nach Satzungszweck z. B. mit „Anspruch der Volksgruppen und der einzelnen Landsleute auf Rückerstattung des geraubten Vermögens und die sich daraus ergebenden Entschädigungsansprüche zu vertreten" definieren. Vertriebenenverbände mit diesem oder einem ähnlich formulierten Satzungszweck können nicht als gemeinnützig behandelt werden, weil sie gegen die Gebote der Ausschließlichkeit (§ 56 AO) und der Selbstlosigkeit (§ 55 AO) verstoßen.

Satzungszwecke wie „Wiedervereinigung mit den Vertreibungsgebieten" oder „Eingliederung der Vertreibungsgebiete" sind ebenfalls schädlich für die Gemeinnützigkeit eines Vertriebenenverbandes. Die Verfolgung dieser Ziele ist keine Förderung der Allgemeinheit, weil solche Bestrebungen im Widerspruch zu den völkerrechtlich verbindlichen Verträgen der Bundesrepublik Deutschland mit ihren östlichen Nachbarstaaten und zum Grundgesetz stehen (vgl. BFH-Beschluss vom 16.10.1991, I B 16/91, BFH/NV 1992 S. 505).

2.6 Zur Förderung der Ortsverschönerung gehören u. a. auch grundlegende Maßnahmen der Landschafts-, Heimat-, und Denkmalpflege sowie des Naturschutzes zur Verbesserung der örtlichen Lebensqualität (z. B. Unterhaltung von öffentlichen Parkanlagen und Lehrpfaden zur Regionalgeschichte). Aspekte der Wirtschafts- und Tourismusförderung fallen nicht darunter.

2.7 Der Begriff Freifunk bezieht sich auf die nichtkommerzielle Förderung der Einrichtung und Unterhaltung von Kommunikationsnetzwerken, die der Allgemeinheit offenstehen. Die Weitergabe oder Verwendung der Nutzerdaten für gewerbliche Zwecke fällt nicht unter den Begriff des steuerlich begünstigten Freifunks.

2.8 Unter dem Begriff „bürgerschaftliches Engagement" versteht man eine freiwillige, nicht auf das Erzielen eines persönlichen materiellen Gewinns gerichtete, auf die Förderung der Allgemeinheit hin orientierte, kooperative Tätigkeit. Die Anerkennung der Förderung des bürgerschaftlichen Engagements zugunsten gemeinnütziger, mildtätiger und kirchlicher Zwecke dient der Her-

| Abgabenordnung | § 52 |

2.9 Soweit eine Körperschaft die Friedhofsverwaltung, einschließlich der Pflege und Unterhaltung des Friedhofsgeländes und seiner Baulichkeiten, selbstlos, ausschließlich und unmittelbar wahrnimmt, kann dies als Förderung der Allgemeinheit im Sinne des § 52 AO eingeordnet werden.

Dazu können auch die Aufgaben des Bestattungswesens zählen, wie etwa der Bestattungsvorgang, die Grabfundamentierung, das Vorhalten aller erforderlichen Einrichtungen und Vorrichtungen sowie die notwendigerweise anfallenden Dienstleistungen wie Wächterdienste, Sargaufbewahrung, Sargtransportdienste im Friedhofsbereich, Totengeleit, Kranzannahme, Graben der Gruft und ähnliche Leistungen. Weiterhin sind auch die Tätigkeiten umfasst, die kraft Herkommens oder allgemeiner Übung allein von der Friedhofsverwaltung erbracht oder allgemein als ein unverzichtbarer Bestandteil einer würdigen Bestattung angesehen werden, wie z. B. Läuten der Glocken, übliche Ausschmückung des ausgehobenen Grabes oder musikalische Umrahmung der Trauerfeier.

Der Zweck umfasst auch die Unterhaltung von Gedenkstätten für sogenannte „Sternenkinder", die nach dem jeweiligen Landesbestattungsgesetz nicht bestattet werden können, als einen Ort der Trauer für die betroffene Familie. Die seelsorgerische Betreuung der Angehörigen ist wie bisher als Förderung mildtätiger Zwecke gemäß § 53 AO anzusehen.

2.10 Durch § 52 Abs. 2 Satz 2 AO wird die Möglichkeit eröffnet, Zwecke auch dann als gemeinnützig anzuerkennen, wenn diese nicht unter den Katalog des § 52 Abs. 2 Satz 1 AO fallen. Die Anerkennung der Gemeinnützigkeit solcher gesellschaftlicher Zwecke wird bundeseinheitlich abgestimmt. Satz 2 gilt auch für den Fall, dass die zuständige Finanzbehörde den Antrag ablehnen möchte, es sei denn es ergibt sich aus anderen, nicht aus der Regelung des § 52 Abs. 2 Satz 2 AO resultierenden Gründen, dass der Antragsteller die Voraussetzungen der Gemeinnützigkeit nicht erfüllt.

2.11 Folgende Zwecke wurden als vergleichbare Zwecke i. S. d. § 52 Abs.2 Satz 2 AO anerkannt:

- Turnierbridge nach dem Regelwerk der World Bridge Federation (BFH-Urteil vom 9.2.2017, V R 70/14, BStBl II S. 1106).

3. Internetvereine können wegen Förderung der Volksbildung als gemeinnützig anerkannt werden, sofern ihr Zweck nicht der Förderung der (privat betriebenen) Datenkommunikation durch Zurverfügungstellung von Zugänger zu Kommunikationsnetzwerken sowie durch den Aufbau, die Förderung und den Unterhalt entsprechender Netze zur privaten und geschäftlichen Nutzung durch die Mitglieder oder andere Personen dient. Zur steuerbegünstigten Förderung des Freifunks vgl. Nr. 2.7 des AEAO zu § 52.

Freiwilligenagenturen sind Körperschaften, die Menschen für freiwilliges unentgeltliches Engagement bei steuerbegünstigten Körperschaften oder Körperschaften des öffentlichen Rechts qualifizieren und ihnen die entsprechenden Tätigkeiten vermitteln. Sie treten auch unter anderen Bezeichnungen auf, z. B. Freiwilligenzentren oder Ehrenamtsbörsen. Freiwilligenagenturen können regelmäßig wegen der Förderung der Bildung (§ 52 Abs. 2 Satz 1 Nr. 7 AO) als gemeinnützig behandelt werden, weil das Schwergewicht ihrer Tätigkeit in der Aus- und Weiterbildung der Freiwilligen liegt. Die Vermittlung der Freiwilligen in das gewünschte Betätigungsfeld ist lediglich Endpunkt und Abschluss eines Qualifizierungsprozesses, nicht jedoch der vorrangige und überwiegende Tätigkeitsbereich. Erhält eine Freiwilligenagentur im Zusammenhang mit der Vermittlung von Freiwilligen ein Entgelt für ihre Leistungen, liegt ein wirtschaftlicher Geschäftsbetrieb i. S. d. § 14 AO vor, der sowohl die Ausbildungsleistung als auch die Vermittlung umfasst. Der wirtschaftliche Geschäftsbetrieb ist als Zweckbetrieb (§ 65 AO) zu behandeln, weil das Entgelt für die Gesamtleistung - mit Schwergewicht bei der Ausbildung - gezahlt wird.

4. Erfinderclubs verfolgen in der Regel die Förderung von Bildung nach § 52 Abs. 2 Satz 1 Nr. 7 AO. Eine Anerkennung der Gemeinnützigkeit wegen der Förderung der Forschung nach § 52 Abs. 2 Satz 1 Nr. 1 AO ist nur dann möglich, wenn der Verein selbst forscht (Gebot der Unmittelbarkeit, § 57 AO).

Nicht gemeinnützig ist die Förderung einer eigenen gewerblichen Tätigkeit oder die Förderung der gewerblichen Tätigkeit der Mitglieder. Es ist entscheidend, dass es sich bei dem Verein nicht lediglich um einen Zusammenschluss von Personen handelt, die durch Erfindungen, Patente und ihre Verwertung persönliche Einkünfte erzielen wollen. Die für die Gemeinnützigkeit geforderte Selbstlosigkeit eines Erfindervereins schließt zwar ein gewisses Eigeninteresse der Mitglieder an der Vereinstätigkeit nicht aus, allerdings verstößt die Verfolgung von vorwiegend eigenwirtschaftlichen Interessen gegen das Gebot der Selbstlosigkeit nach § 55 Abs. 1 AO. An der gebotenen Selbstlosigkeit fehlt es, wenn der Verein nach seiner Satzung die Patentierung und Verwertung von Erfindungen seiner Mitglieder fördert, sie also bei einer im Grundsatz gewerblichen Tätigkeit unterstützt. Dies gilt auch, wenn der Verein die Patente für seine Mitglieder anmeldet und hält. Unschädlich ist die allgemeine Information der Mitglieder, z. B. durch Lehrveranstaltungen oder Merkblätter zum Patentrecht.

Bei einem Verein, der selbst forscht, ist es unschädlich für die Steuerbegünstigung, wenn er Forschungsergebnisse zum Patent anmeldet. Er muss die Forschungsergebnisse aber veröffentlichen und damit der Allgemeinheit zugänglich machen. Erlegt die Satzung den Mitgliedern eine Geheimhaltungsverpflichtung auf, ist dies ein Indiz dafür, dass nicht die Allgemeinheit, sondern (nur oder in erster Linie) die Mitglieder gefördert werden sollen.

Eine gemeinnützigkeitskonforme Zweckverwirklichung kann beispielhaft durch folgende Maßnahmen erfolgen:

- Förderung des Wissens über den Zusammenhang zwischen Erfindungen, Schutzrechten und Innovationen,

- Förderung des Erfahrungsaustausches im Zusammenhang mit Erfindungen, Innovationen und Patenten sowie

- Öffentlichkeitsarbeit; Durchführung von Veranstaltungen, Fortbildungsmaßnahmen, Vorhaben, Projekten, die den satzungsmäßigen Zwecken (und nicht nur Einzelnen) dienen.

5. Der Träger einer Privatschule fördert mit dem Schulbetrieb nicht die Allgemeinheit, wenn die Höhe der Schulgebühren auch unter Berücksichtigung eines Stipendienangebots zur Folge hat, dass die Schülerschaft sich nicht mehr als Ausschnitt der Allgemeinheit darstellt (BFH-Beschluss vom 26.5.2021, V R 31/19, BStBl S. 835)

   Bei Körperschaften, die Privatschulen betreiben oder unterstützen, ist zwischen Ersatzschulen und Ergänzungsschulen zu unterscheiden. Die Förderung der Allgemeinheit ist bei Ersatzschulen stets anzunehmen, weil die zuständigen Landesbehörden die Errichtung und den Betrieb einer Ersatzschule nur dann genehmigen dürfen, wenn eine Sonderung der Schüler nach den Besitzverhältnissen der Eltern nicht gefördert wird (Art. 7 Abs. 4 Satz 3 GG und die Privatschulgesetze der Länder). Bei Ergänzungsschulen kann eine Förderung der Allgemeinheit dann angenommen werden, wenn in der Satzung der Körperschaft festgelegt ist, dass bei mindestens 25 % der Schüler keine Sonderung nach den Besitzverhältnissen der Eltern i. S. d. Art. 7 Abs. 4 Satz 3 GG und der Privatschulgesetze der Länder vorgenommen werden darf.

6. Nachbarschaftshilfevereine, Tauschringe und ähnliche Körperschaften, deren Mitglieder kleinere Dienstleistungen verschiedenster Art gegenüber anderen Vereinsmitgliedern erbringen (z. B. kleinere Reparaturen, Hausputz, Kochen, Kinderbetreuung, Nachhilfeunterricht, häusliche Pflege) sind grundsätzlich nicht gemeinnützig, weil regelmäßig durch die gegenseitige Unterstützung in erster Linie eigenwirtschaftliche Interessen ihrer Mitglieder gefördert werden und damit gegen den Grundsatz der Selbstlosigkeit (§ 55 Abs. 1 AO) verstoßen wird. Solche Körperschaften können jedoch gemeinnützig sein, wenn sich ihre Tätigkeit darauf beschränkt, alte und hilfebedürftige Menschen in Verrichtungen des täglichen Lebens zu unterstützen und damit die Altenhilfe gefördert bzw. mildtätige Zwecke (§ 53 AO) verfolgt werden. Soweit sich der Zweck der Körperschaften zusätzlich auf die Erteilung von Nachhilfeunterricht und Kinderbetreuung erstreckt, können sie auch wegen Förderung der Jugendhilfe anerkannt werden. Voraussetzung für die Anerkennung der Gemeinnützigkeit solcher Körperschaften ist, dass die aktiven Mitglieder ihre Dienstleistungen als Hilfspersonen der Körperschaft (§ 57 Abs. 1 Satz 2 AO) ausüben.

   Vereine, deren Zweck die Förderung esoterischer Heilslehren ist, z. B. Reiki-Vereine, können nicht wegen Förderung des öffentlichen Gesundheitswesens oder der öffentlichen Gesundheitspflege als gemeinnützig anerkannt werden.

7. Ein wesentliches Element des Sports (§ 52 Abs. 2 Satz 1 Nr. 21 AO) ist die körperliche Ertüchtigung. Motorsport fällt unter den Begriff des Sports (BFH-Urteil vom 29.10.1997, I R 13/97, BStBl 1998 II S. 9), ebenso Ballonfahren. Dagegen sind Skat (BFH-Urteil vom 17.2.2000, I R 108, 109/98, BFH/NV S. 1071), Bridge, Gospiel, Gotcha, Paintball, und Tipp-Kick kein Sport i. S. d.

§ 52 Abgabenordnung

Gemeinnützigkeitsrechts. Dies gilt auch für Amateurfunk, Modellflug und Hundesport, die jedoch eigenständige gemeinnützige Zwecke sind (§ 52 Abs. 2 Satz 1 Nr. 23 AO). Schützenvereine können auch dann als gemeinnützig anerkannt werden, wenn sie nach ihrer Satzung neben dem Schießsport (als Hauptzweck) auch das Schützenbrauchtum (vgl. Nr. 12 des AEAO zu § 52) fördern. Die Durchführung von volksfestartigen Schützenfesten ist kein gemeinnütziger Zweck.

Die Förderung des IPSC-Schießens (International Practical Shooting Confederation - IPSC) kann gemeinnützig sein (BFH-Urteil vom 27.9.2018, V R 8/16, BStBl II 2019, S. 790). Es ist dabei aber in jedem Einzelfall zu prüfen, ob nach dem konkret vorliegenden Sachverhalt bei Veranstaltungen des betreffenden IPSC-Vereins oder bei Wettkämpfen, zu denen der Verein seine Mitglieder entsendet, das Schießen auf Menschen simuliert wird, bzw. die beim IPSC-Schießen aufgebauten Szenarien als „Häuserkampf" mit der Imitation eines Schusses auf Menschen interpretiert werden müssen. Liegt ein derartiger Sachverhalt vor, ist dem betreffenden IPSC-Verein der Status der Gemeinnützigkeit zu versagen bzw. abzuerkennen.

8. Die Förderung des bezahlten Sports ist kein gemeinnütziger Zweck, weil dadurch eigenwirtschaftliche Zwecke der bezahlten Sportler gefördert werden. Sie ist aber unter bestimmten Voraussetzungen unschädlich für die Gemeinnützigkeit eines Sportvereins (s. § 58 Nr. 8 AO und § 67a AO).

9. Aus dem Begriff der politischen Bildung von § 52 Abs. 2 Nr. 7 AO (Förderung der Volksbildung) und Nr. 24 AO (allgemeine Förderung des demokratischen Staatswesens) ergibt sich kein eigenständiger steuerbegünstigter Zweck der Einflussnahme auf die politische Willensbildung und auf die Gestaltung der öffentlichen Meinung in beliebigen Politikbereichen im Sinne eines „allgemeinpolitischen Mandats" (BFH-Urteil vom 10.1.2019, V R 60/17, BStBl II S. 301 und BFH-Beschluss vom 10.12.2020, V R 14/20, BStBl 2021 II S. 739; Nr. 16 des AEAO zu § 52).

Eine steuerbegünstigte allgemeine Förderung des demokratischen Staatswesens ist nur dann gegeben, wenn sich die Körperschaft umfassend mit den demokratischen Grundprinzipien befasst und diese objektiv und neutral würdigt (BFH-Beschluss vom 18.8.2021, V B 25/21 (AdV), BStBl II S. 931). Ist hingegen Zweck der Körperschaft die politische Bildung, der es auf der Grundlage der Normen und Vorstellungen einer rechtsstaatlichen Demokratie um die Schaffung und Förderung politischer Wahrnehmungsfähigkeit und politischen Verantwortungsbewusstseins in geistiger Offenheit geht, liegt Volksbildung vor. Diese muss nicht nur in theoretischer Unterweisung bestehen, sie kann auch durch den Aufruf zu konkreter Handlung ergänzt werden. Politische Bildung ist nicht förderbar, wenn sie eingesetzt wird, um die politische Willensbildung und die öffentliche Meinung im Sinne eigener Auffassungen zu beeinflussen, z. B. durch einseitige Agitation oder unkritische Indoktrination (BFH-Urteile vom 23.9.1999, XI R 63/98, BStBl 2000 II S. 200 und vom 10.1.2019, V R 60/17, BStBl II S. 301).

10. Die Förderung von Freizeitaktivitäten außerhalb des Bereichs des Sports ist nur dann als Förderung der Allgemeinheit anzuerkennen, wenn die Freizeitaktivitäten hinsichtlich der Merkmale, die ihre steuerrechtliche Förderung

rechtfertigen, mit den im Katalog des § 52 Abs. 2 Satz 1Nr. 23 AO genannten Freizeitgestaltungen identisch sind. Es reicht nicht aus, dass die Freizeitgestaltung sinnvoll und einer der in § 52 Abs. 2 Satz 1 Nr. 23 AO genannten ähnlich ist (BFH-Urteil vom 14.9.1994, I R 153/93, BStBl 1995 II S. 499). Die Förderung des Baus und Betriebs von Schiffs-, Auto-, Eisenbahn- und Drachenflugmodellen ist identisch im vorstehenden Sinne mit der Förderung des Modellflugs, die Förderung des CB-Funkens mit der Förderung des Amateurfunkens. Diese Zwecke sind deshalb als gemeinnützig anzuerkennen. Nicht identisch im vorstehenden Sinne mit den in § 52 Abs. 2 Satz 1 Nr. 23 AO genannten Freizeitaktivitäten und deshalb nicht als eigenständige gemeinnützige Zwecke anzuerkennen sind z. B. die Förderung des Amateurfilmens und -fotografierens, des Kochens, von Brett- und Kartenspielen und des Sammelns von Gegenständen, wie Briefmarken, Münzen und Autogrammkarten, sowie die Tätigkeit von Reise- und Touristik-, Sauna-, Geselligkeits-, Kosmetik-, und Oldtimer-Vereinen. Bei Vereinen, die das Amateurfilmen und -fotografieren fördern, und bei Oldtimer-Vereinen kann aber eine Steuerbegünstigung wegen der Förderung von Kunst oder (technischer) Kultur in Betracht kommen.

11. Obst- und Gartenbauvereine fördern i. d. R. die Pflanzenzucht i. S. c. § 52 Abs. 2 Satz 1 Nr. 23 AO. Die Förderung der Bonsaikunst ist Pflanzerzucht, die Förderung der Aquarien- und Terrarienkunde ist Tierzucht i. S. d. Vorschrift.

12. Historische Schützenbruderschaften können wegen der Förderung der Brauchtumspflege (vgl. Nr. 7 des AEAO zu § 52), Freizeitwinzervereine wegen der Förderung der Heimatpflege, die Teil der Brauchtumspflege ist, als gemeinnützig behandelt werden. Dies gilt auch für Junggesellen- und Burschenvereine, die das traditionelle Brauchtum einer bestimmten Region fördern, z. B. durch das Setzen von Maibäumen (Maiclubs). Die besondere Nennung des traditionellen Brauchtums als gemeinnütziger Zweck in § 52 Abs. 2 Satz 1 Nr. 23 AO bedeutet jedoch keine allgemeine Ausweitung des Brauchtumsbegriffs i. S. d. Gemeinnützigkeitsrechts. Studentische Verbindungen, z. B. Burschenschaften, ähnliche Vereinigungen, z. B. Landjugendvereine, Country- und Westernvereine und Vereine, deren Hauptzweck die Veranstaltung von örtlichen Volksfesten (z. B. Kirmes, Kärwa, Schützenfest) ist, sind deshalb i. d. R. nicht gemeinnützig.

13. Bei Tier- und Pflanzenzuchtvereinen, Freizeitwinzervereinen sowie Junggesellen- oder Burschenvereinen ist besonders auf die Selbstlosigkeit (§ 55 AO) und die Ausschließlichkeit (§ 56 AO) zu achten. Eine Körperschaft ist z. B. nicht selbstlos tätig, wenn sie in erster Linie eigenwirtschaftliche Zwecke ihrer Mitglieder fördert. Sie verstößt z. B. gegen das Gebot der Ausschließlichkeit, wenn die Durchführung von Festveranstaltungen (z. B. Winzerfest, Maibal) Satzungszweck ist. Bei der Prüfung der tatsächlichen Geschäftsführung von Freizeitwinzer-, Junggesellen- und Burschenvereinen ist außerdem besonders darauf zu achten, dass die Förderung der Geselligkeit nicht im Vordergrund der Vereinstätigkeit steht.

14. Soldaten- und Reservistenvereine verfolgen i. d. R. gemeinnützige Zwecke i. S. d. § 52 Abs. 2 Satz 1 Nr. 23 AO, wenn sie aktive und ehemalige Wehrdienstleistende, Zeit- und Berufssoldaten betreuen, z. B. über mit dem Soldatsein zusammenhängende Fragen beraten, Möglichkeiten zu sinnvoller Freizeitgestaltung bieten oder beim Übergang in das Zivilleben helfen. Die Pflege der Tradition durch Soldaten- und Reservistenvereine ist weder steuerbegünstigte Brauchtumspflege noch Betreuung von Soldaten und Reservisten i. S. d. § 52 Abs. 2 Satz 1 Nr. 23 AO. Die Förderung der Kameradschaft kann neben einem steuerbegünstigten Zweck als Vereinszweck genannt werden, wenn sich aus der Satzung ergibt, dass damit lediglich eine Verbundenheit der Vereinsmitglieder angestrebt wird, die aus der gemeinnützigen Vereinstätigkeit folgt (BFH-Urteil vom 11.3.1999, V R 57, 58/96, BStBl II S. 331).

15. Einrichtungen, die mit ihrer Tätigkeit auf die Erholung arbeitender Menschen ausgerichtet sind (z. B. der Betrieb von Freizeiteinrichtungen wie Campingplätze oder Bootsverleihe), können nicht als gemeinnützig anerkannt werden, es sei denn, dass das Gewähren von Erholung einem besonders schutzwürdigen Personenkreis (z. B. Kranken oder der Jugend) zugutekommt oder in einer bestimmten Art und Weise (z. B. auf sportlicher Grundlage) vorgenommen wird (BFH-Urteile vom 22.11.1972, I R 21/71, BStBl 1973 II S. 251, und vom 30.9.1981, III R 2/80, BStBl 1982 II S. 148). Wegen Erholungsheimen wird auf § 68 Nr. 1 Buchstabe a AO hingewiesen.

16. **Politik kein eigenständiger steuerbegünstigter Zweck**

    Politische Zwecke (Beeinflussung der politischen Meinungs- und Willensbildung, Gestaltung der öffentlichen Meinung oder Förderung politischer Parteien) zählen nicht zu den gemeinnützigen Zwecken i. S. d. § 52 AO (BFH-Urteil vom 10.1.2019, V R 60/17, BStBl II S. 301 und BFH-Beschlüsse vom 10.12.2020, V R 14/20, BStBl 2021 II S. 739 und vom 18.8.2021, V B 25/21 (AdV), BStBl II S. 931). Parteipolitische Betätigung ist immer unvereinbar mit der Gemeinnützigkeit (BFH-Urteil vom 20.3.2017, X R 13/15, BStBl II S. 1110).

    Politische Betätigung als Mittel zur Verwirklichung satzungsmäßiger steuerbegünstigter Zwecke

    Es ist einer steuerbegünstigten Körperschaft gleichwohl gestattet, auf die politische Meinungs- und Willensbildung und die Gestaltung der öffentlichen Meinung Einfluss zu nehmen, wenn dies der Verfolgung ihrer steuerbegünstigten Zwecke dient und parteipolitisch neutral bleibt (BFH-Urteile vom 29.8.1984, I R 203/81, BStBl II S. 844; vom 23.11.1988, I R 11/88, BStBl 1989 II S. 391; vom 20.3.2017, X R 13/15, BStBl II S. 1110; vom 10.1.2019, V R 60/17, BStBl II S. 301; BFH-Beschlüsse vom 10.12.2020, V R 14/20, BStBl 2021 II S. 739 und vom 18.8.2021, V B 25/21 (AdV), a. a. O.).

    Die Beschäftigung mit politischen Vorgängen muss im Rahmen dessen liegen, was das Eintreten für die steuerbegünstigten Zwecke und deren Verwirklichung erfordert. Zur Förderung der Allgemeinheit gehört die kritische öffentliche Information und Diskussion dann, wenn ein nach § 52 Abs. 2 AO begünstigtes Anliegen der Öffentlichkeit und auch Politikern nahegebracht werden soll (BFH-Urteil vom 10.1.2019, V R 60/17, BStBl II, S. 301; siehe aber zur Förderung der Volksbildung und der allgemeinen Förderung des demokratischen Staatswesens Nr. 9 des AEAO zu § 52). Unschädlich sind danach etwa die Einbringung von Fachwissen auf Aufforderung in parlamentarischen Verfahren oder gelegentliche Stellungnahmen zu tagespolitischen Themen im Rahmen der steuerbegünstigten Satzungszwecke. Eine derart dienende und damit ergänzende Einwirkung muss aber gegenüber der unmittelbaren Förderung des steuerbegünstigten Zwecks in den Hintergrund treten. Bei Verfolgung der eigenen satzungsmäßigen Zwecke darf die Tagespolitik nicht im Mittelpunkt der Tätigkeit der Körperschaft stehen.

Politische Betätigung außerhalb der satzungsmäßigen steuerbegünstigten Zwecke

In Anwendung des Verhältnismäßigkeitsprinzips (vgl. Nr. 6 des AEAO zu § 63) ist es nicht zu beanstanden, wenn eine steuerbegünstigte Körperschaft außerhalb ihrer Satzungszwecke vereinzelt zu tagespolitischen Themen Stellung nimmt (z. B. ein Aufruf eines Sportvereins für Klimaschutz oder gegen Rassismus).

§ 53 Mildtätige Zwecke (S 0172)

¹Eine Körperschaft verfolgt mildtätige Zwecke, wenn ihre Tätigkeit darauf gerichtet ist, Personen selbstlos zu unterstützen,

1. die infolge ihres körperlichen, geistigen oder seelischen Zustands auf die Hilfe anderer angewiesen sind oder

2. deren Bezüge nicht höher sind als das Vierfache des Regelsatzes der Sozialhilfe im Sinne des § 28 des Zwölften Buches Sozialgesetzbuch; beim Alleinstehenden oder Alleinerziehenden tritt an die Stelle des Vierfachen das Fünffache des Regelsatzes. ²Dies gilt nicht für Personen, deren Vermögen zur nachhaltigen Verbesserung ihres Unterhalts ausreicht und denen zugemutet werden kann, es dafür zu verwenden. ³Bezüge im Sinne dieser Vorschrift sind

    a) Einkünfte im Sinne des § 2 Absatz 1 des Einkommensteuergesetzes und

    b) andere zur Bestreitung des Unterhalts bestimmte oder geeignete Bezüge,

    aller Haushaltsangehörigen. ⁴Zu berücksichtigen sind auch gezahlte und empfangene Unterhaltsleistungen. ⁵Die wirtschaftliche Hilfebedürftigkeit im vorstehenden Sinne ist bei Empfängern von Leistungen nach dem Zweiten oder Zwölften Buch Sozialgesetzbuch, des Wohngeldgesetzes, bei Empfängern von Leistungen nach § 27a des Bundesversorgungsgesetzes oder nach § 6a des Bundeskindergeldgesetzes als nachgewiesen anzusehen. ⁶Die Körperschaft kann den Nachweis mit Hilfe des jeweiligen Leistungsbescheids, der für den Unterstützungszeitraum maßgeblich ist, oder mit Hilfe der Bestätigung des Sozialleistungsträgers führen. ⁷Auf Antrag der Körperschaft kann auf einen Nachweis der wirtschaftlichen Hilfebedürftigkeit verzichtet werden, wenn auf Grund der besonderen Art der gewährten Unterstützungsleistung sichergestellt ist, dass nur wirtschaftlich hilfebedürftige Personen im vorstehenden Sinne unterstützt werden; für den Bescheid über den Nachweisverzicht gilt § 60a Absatz 3 bis 5 entsprechend oder

3. deren wirtschaftliche Lage aus besonderen Gründen zu einer Notlage geworden ist. ²Als besondere Gründe gelten insbesondere Katastrophen, die durch Erlass des Bundesministeriums der Finanzen oder einer obersten Finanzbehörde der Länder festgestellt wurden. ³In diesen Fällen reicht es für den Nachweis der Hilfebedürftigkeit aus, wenn die durch die Katastrophe entstandene Notlage sowie die Mehraufwendungen glaubhaft gemacht werden.

AEAO zu § 53 - Mildtätige Zwecke:

1. Der Begriff "mildtätige Zwecke" umfasst auch die Unterstützung von Personen, die wegen ihres seelischen Zustands hilfebedürftig sind. Das hat beispielsweise für die Telefonseelsorge Bedeutung.

2. Völlige Unentgeltlichkeit der mildtätigen Zuwendung wird nicht verlangt. Die mildtätige Zuwendung darf nur nicht des Entgelts wegen erfolgen.

3. Eine Körperschaft, zu deren Satzungszwecken die Unterstützung von hilfebedürftigen Verwandten der Mitglieder, Gesellschafter, Genossen oder Stifter gehört, kann nicht als steuerbegünstigt anerkannt werden. Bei einer derartigen Körperschaft steht nicht die Förderung mildtätiger Zwecke, sondern die Förderung der Verwandtschaft im Vordergrund. Ihre Tätigkeit ist deshalb nicht, wie es § 53 AO verlangt, auf die selbstlose Unterstützung hilfebedürftiger Personen gerichtet. Dem steht bei Stiftungen § 58 Nr. 6 AO nicht entgegen. Diese Vorschrift ist lediglich eine Ausnahme von dem Gebot der Selbstlosigkeit (§ 55 AO), begründet aber keinen eigenständigen gemeinnützigen Zweck. Bei der tatsächlichen Geschäftsführung ist die Unterstützung von hilfebedürftigen Angehörigen grundsätzlich nicht schädlich für die Steuerbegünstigung. Die Verwandtschaft darf jedoch kein Kriterium für die Förderleistungen der Körperschaft sein.

4. Hilfen nach § 53 Nr. 1 AO (Unterstützung von Personen, die infolge ihres körperlichen, geistigen oder seelischen Zustands auf die Hilfe anderer angewiesen sind) dürfen ohne Rücksicht auf die wirtschaftliche Unterstützungsbedürftigkeit gewährt werden. Bei der Beurteilung der Bedürftigkeit i. S. d. § 53 Nr. 1 AO kommt es nicht darauf an, dass die Hilfebedürftigkeit dauernd oder für längere Zeit besteht. Hilfeleistungen wie beispielsweise "Essen auf Rädern" können daher steuerbegünstigt durchgeführt werden. Bei Personen, die das 75. Lebensjahr vollendet haben, kann körperliche Hilfebedürftigkeit ohne weitere Nachprüfung angenommen werden.

5. § 53 Nr. 2 AO legt die Grenzen der wirtschaftlichen Hilfebedürftigkeit fest. Danach können ohne Verlust der Steuerbegünstigung Personen unterstützt werden, deren Bezüge das Vierfache, beim Alleinstehenden oder Alleinerziehenden das Fünffache des Regelsatzes der Sozialhilfe i. S. d. § 28 SGB XII (jeweilige Regelbedarfsstufe) nicht übersteigen. Etwaige Mehrbedarfszuschläge zum Regelsatz sind nicht zu berücksichtigen. Leistungen für die Unterkunft werden nicht gesondert berücksichtigt. Für die Begriffe "Einkünfte" und "Bezüge" sind die Ausführungen in R 33a.1 EStR maßgeblich.

6. Zu den Bezügen i. S. d. § 53 Nr. 2 AO zählen neben den Einkünften i. S. d. § 2 Abs. 1 EStG auch alle anderen für die Bestreitung des Unterhalts bestimmten oder geeigneten Bezüge aller Haushaltsangehörigen. Hierunter fallen auch solche Einnahmen, die im Rahmen der steuerlichen Einkünfteermittlung nicht erfasst werden, also sowohl nicht steuerbare als auch für steuerfrei erklärte Einnahmen (BFH-Urteil vom 2.8.1974, VI R 148/71, BStBl 1975 II S. 139). Gezahlte und empfangene Unterhaltsleistungen sind bei der Einkommensberechnung zu berücksichtigen.

Bei der Beurteilung der wirtschaftlichen Hilfebedürftigkeit von unverheirateten minderjährigen Schwangeren und minderjährigen Müttern, die ihr leibliches Kind bis zur Vollendung seines 6. Lebensjahres betreuen, und die dem Haushalt ihrer Eltern oder eines Elternteils angehören, sind die Bezüge und das Vermögen der Eltern oder des Elternteils nicht zu berücksichtigen.

7. Bei Renten zählt der über den von § 53 Nr. 2 Buchstabe a AO erfassten Anteil hinausgehende Teil der Rente zu den Bezügen i. S. d. § 53 Nr. 2 Satz 4 Buchstabe b AO.

8. Bei der Feststellung der Bezüge i. S. d. § 53 Nr. 2 Satz 4 Buchstabe b AO sind aus Vereinfachungsgründen insgesamt 180 € im Kalenderjahr abzuziehen, wenn nicht höhere Aufwendungen, die in wirtschaftlichem Zusammenhang mit den entsprechenden Einnahmen stehen, nachgewiesen oder glaubhaft gemacht werden.

9. Als Vermögen, das zur nachhaltigen Verbesserung des Unterhalts ausreicht und dessen Verwendung für den Unterhalt zugemutet werden kann (§ 53 Nr. 2 Satz 2 AO), ist in der Regel ein Vermögen mit einem gemeinen Wert (Verkehrswert) von mehr als 15.500 € anzusehen. Dabei bleiben außer Ansatz:

    - Vermögensgegenstände, deren Veräußerung offensichtlich eine Verschleuderung bedeuten würde oder die einen besonderen Wert, z. B. Erinnerungswert, für die unterstützte Person haben oder zu seinem Hausrat gehören

    - ein angemessenes Hausgrundstück i. S. d. § 90 Abs. 2 Nr. 8 SGB XII, das die unterstützte Person allein oder zusammen mit Angehörigen, denen es nach dem Tod der unterstützten Person weiter als Wohnraum dienen soll, bewohnt.

    Die Grenze bezieht sich auch bei einem Mehrpersonenhaushalt auf jede unterstützte Person. H 33a.1 (Geringes Vermögen - „Schonvermögen") EStH gilt entsprechend.

10. Erbringt eine Körperschaft ihre Leistungen an wirtschaftlich hilfebedürftige Personen, muss sie anhand ihrer Unterlagen nachweisen können, dass die Höhe der Einkünfte und Bezüge sowie das Vermögen der unterstützten Personen die Grenzen des § 53 Nr. 2 AO nicht übersteigen. Eine Erklärung, in der von der unterstützten Person nur das Unterschreiten der Grenzen des § 53 Nr. 2 AO mitgeteilt wird, reicht allein nicht aus. Eine Berechnung der maßgeblichen Einkünfte und Bezüge sowie eine Berechnung des Vermögens sind stets beizufügen.

11. Auf diesen Nachweis ist zu verzichten, wenn die Leistungsempfänger Leistungen nach dem SGB II, SGB XII, WoGG, § 27a BVG oder nach § 6a BKGG beziehen. Bei Beantragung dieser Sozialleistungen prüft die zuständige Sozialbehörde sowohl die Vermögens- als auch die Einkommensverhältnisse der antragstellenden Personen. Verfügen sie über ausreichend finanzielle Mittel (Einkommen oder einzusetzendes Vermögen), dann werden die beantragten Leistungen nicht bewilligt.

    Es ist also ausreichend, wenn Empfänger der in § 53 Nr. 2 Satz 6 AO benannten Leistungen ihren für den Empfangszeitraum maßgeblichen Leistungsbescheid oder eine Bescheinigung des Sozialleistungsträgers über den Leistungsbezug bei der Körperschaft einreichen. Die Körperschaft hat eine Ablichtung des Bescheids oder der Bestätigung aufzubewahren.

12. Beantragt eine Körperschaft die Befreiung von der Nachweispflicht nach § 53 Nr. 2 Satz 8 AO, muss sie nachweisen, dass aufgrund ihrer besonderen Art der gewährten Unterstützungsleistung sichergestellt ist, dass nur wirtschaftlich hilfebedürftige Personen unterstützt werden.

    Auf die Nachweisführung kann verzichtet werden, wenn aufgrund der Art der Unterstützungsleistungen typischerweise davon auszugehen ist, dass nur bedürftige Menschen unterstützt werden. Hierbei sind die besonderen Gegebenheiten vor Ort sowie Inhalte und Bewerbungen des konkreten Leistungsangebotes zu berücksichtigen. Im Regelfall müssen Kleiderkammern, Suppenküchen, Obdachlosenasyle und die sogenannten Tafeln keine Nachweise erbringen.

    Dagegen reicht die pauschale Behauptung, dass die Leistungen sowieso nur von Hilfebedürftigen in Anspruch genommen werden, nicht aus. Werden z. B. bei einem Sozialkaufhaus Leistungen an jeden erbracht, der sie in Anspruch nehmen möchte, dann kommt eine Befreiung nicht in Betracht.

    Der Bescheid über den Nachweisverzicht kann befristet ergehen oder mit anderen Nebenbestimmungen (§ 120 AO) versehen werden. Treten Änderungen im rechtlichen oder tatsächlichen Bereich ein, dann gelten die Absätze 3 bis 5 des § 60a AO entsprechend. Dies gilt auch bei materiell-rechtlich fehlerhaften Bescheiden (vgl. Nrn. 6 bis 8 des AEAO zu § 60a).

13. Besondere Gründe i. S. d. § 53 Nr. 2 Satz 3 AO sind insbesondere Katastrophen, die durch Erlass des Bundesministeriums der Finanzen oder einer der obersten Finanzbehörden der Länder festgestellt wurden.

    Handelt es sich um eine Notlage, sind Personen unabhängig von ihren Einkommens- und Vermögensgrenzen nach § 53 Nr. 2 Satz 1 und 2 AO hilfebedürftig, soweit durch die Katastrophen unvorhersehbare Mehraufwendungen verursacht werden, denen keine Ansprüche auf Leistungen von dritter Seite (beispielsweise Versicherungsleistungen oder staatliche Ansprüche) gegenüberstehen. Die durch die jeweilige Katastrophe entstandene Notlage sowie die Mehraufwendungen sind glaubhaft zu machen.

    Sofern Leistungen von dritter Seite, auf die ein Anspruch besteht, zeitlich verzögert geleistet werden, sind die betroffenen Personen für den dadurch entstehenden Überbrückungszeitraum als hilfebedürftig anzusehen. Die dadurch entstehenden Liquiditätseinbußen oder sonstige erlittene Nachteile können somit von steuerbegünstigten Körperschaften, beispielsweise durch die Auszahlung zinsloser Darlehen oder vorübergehende unentgeltliche Nutzungsüberlassungen, ausgeglichen werden.

§ 54 Kirchliche Zwecke (S 0173)

(1) Eine Körperschaft verfolgt kirchliche Zwecke, wenn ihre Tätigkeit darauf gerichtet ist, eine Religionsgemeinschaft, die Körperschaft des öffentlichen Rechts ist, selbstlos zu fördern.

(2) Zu diesen Zwecken gehören insbesondere die Errichtung, Ausschmückung und Unterhaltung von Gotteshäusern und kirchlichen Gemeindehäusern, die Abhaltung von Gottesdiensten, die Ausbildung von Geistlichen, die Erteilung von Religionsunterricht, die Beerdigung und die Pflege des Andenkens der Toten, ferner die Verwaltung des Kirchenvermögens, die Besoldung der Geistlichen, Kirchenbeamten und Kirchendiener, die Alters- und Behindertenversorgung für diese Personen und die Versorgung ihrer Witwen und Waisen.

AEAO zu § 54 - Kirchliche Zwecke:

Ein kirchlicher Zweck liegt nur vor, wenn die Tätigkeit darauf gerichtet ist, eine Religionsgemeinschaft des öffentlichen Rechts zu fördern. Bei Religionsgemeinschaften, die nicht Körperschaften des öffentlichen Rechts sind, kann wegen Förderung der Religion eine Anerkennung als gemeinnützige Körperschaft in Betracht kommen.

§ 55 Selbstlosigkeit (S 0174)

(1) Eine Förderung oder Unterstützung geschieht selbstlos, wenn dadurch nicht in erster Linie eigenwirtschaftliche Zwecke – zum Beispiel gewerbliche Zwecke oder sonstige Erwerbszwecke – verfolgt werden und wenn die folgenden Voraussetzungen gegeben sind:

1. Mittel der Körperschaft dürfen nur für die satzungsmäßigen Zwecke verwendet werden. ²Die Mitglieder oder Gesellschafter (Mitglieder im Sinne dieser Vorschriften) dürfen keine Gewinnanteile und in ihrer Eigenschaft als Mitglieder auch keine sonstigen Zuwendungen aus Mitteln der Körperschaft erhalten. ³Die Körperschaft darf ihre Mittel weder für die unmittelbare noch für die mittelbare Unterstützung oder Förderung politischer Parteien verwenden.

2. Die Mitglieder dürfen bei ihrem Ausscheiden oder bei Auflösung oder Aufhebung der Körperschaft nicht mehr als ihre eingezahlten Kapitalanteile und den gemeinen Wert ihrer geleisteten Sacheinlagen zurückerhalten.

3. Die Körperschaft darf keine Person durch Ausgaben, die dem Zweck der Körperschaft fremd sind, oder durch unverhältnismäßig hohe Vergütungen begünstigen.

4. Bei Auflösung oder Aufhebung der Körperschaft oder bei Wegfall ihres bisherigen Zwecks darf das Vermögen der Körperschaft, soweit es die eingezahlten Kapitalanteile der Mitglieder und den gemeinen Wert der von den Mitgliedern geleisteten Sacheinlagen übersteigt, nur für steuerbegünstigte Zwecke verwendet werden (Grundsatz der Vermögensbindung). ²Diese Voraussetzung ist auch erfüllt, wenn das Vermögen einer anderen steuerbegünstigten Körperschaft oder einer juristischen Person des öffentlichen Rechts für steuerbegünstigte Zwecke übertragen werden soll.

5. Die Körperschaft muss ihre Mittel vorbehaltlich des § 62 grundsätzlich zeitnah für ihre steuerbegünstigten satzungsmäßigen Zwecke verwenden. ²Verwendung in diesem Sinne ist auch die Verwendung der Mittel für die Anschaffung oder Herstellung von Vermögensgegenständen, die satzungsmäßigen Zwecken dienen. ³Eine zeitnahe Mittelverwendung ist gegeben, wenn die Mittel spätestens in den auf den Zufluss folgenden zwei Kalender- oder Wirtschaftsjahren für die steuerbegünstigten satzungsmäßigen Zwecke verwendet werden. ⁴Satz 1 gilt nicht für Körperschaften mit jährlichen Einnahmen von nicht mehr als 45 000 Euro.

(2) Bei der Ermittlung des gemeinen Werts (Absatz 1 Nummer 2 und 4) kommt es auf die Verhältnisse zu dem Zeitpunkt an, in dem die Sacheinlagen geleistet worden sind.

(3) Die Vorschriften, die die Mitglieder der Körperschaft betreffen (Absatz 1 Nummer 1, 2 und 4), gelten bei Stiftungen für die Stifter und ihre Erben, bei Betrieben gewerblicher Art von juristischen Personen des öffentlichen Rechts für die Körperschaft sinngemäß, jedoch mit der Maßgabe, dass bei Wirtschaftsgütern, die nach § 6 Absatz 1 Nummer 4 Satz 4 des Einkommensteuergesetzes aus einem

§ 55 Abgabenordnung

Betriebsvermögen zum Buchwert entnommen worden sind, an die Stelle des gemeinen Werts der Buchwert der Entnahme tritt.

AEAO zu § 55 - Selbstlosigkeit:

Zu § 55 Abs. 1 Nr. 1 AO:

1. Eine Körperschaft handelt selbstlos, wenn sie weder selbst noch zugunsten ihrer Mitglieder eigenwirtschaftliche Zwecke verfolgt. Ist die Tätigkeit einer Körperschaft in erster Linie auf Mehrung ihres eigenen Vermögens gerichtet, so handelt sie nicht selbstlos. Eine Körperschaft verfolgt z. B. in erster Linie eigenwirtschaftliche Zwecke, wenn sie ausschließlich durch Darlehen ihrer Gründungsmitglieder finanziert ist und dieses Fremdkapital satzungsgemäß tilgen und verzinsen muss (BFH-Urteile vom 13.12.1978, I R 39/78, BStBl 1979 II S. 482, vom 26.4.1989, I R 209/85, BStBl II S. 670, und vom 28.6.1989, I R 86/85, BStBl 1990 II S. 550).

2. Eine Eigengesellschaft einer juristischen Person des öffentlichen Rechts kann nach § 5 Abs. 1 Nr. 9 KStG und § 3 Nr. 6 Satz 1 GewStG steuerbegünstigt sein. Das gilt auch, soweit sie in die Erfüllung hoheitlicher Pflichtaufgaben der Trägerkörperschaft (z. B. Durchführung des bodengebundenen Rettungsdiensts) eingebunden ist. Sie verfolgt keine vordergründig eigennützigen Interessen ihres Gesellschafters.

   Eine Steuerbegünstigung der Eigengesellschaft kommt aber grundsätzlich nur in Betracht, wenn die von ihr erbrachten Leistungen angemessen vergütet werden. Maßstab ist die Höhe des Entgelts, das von einem ordentlichen und gewissenhaften Geschäftsleiter auch mit einem Nichtgesellschafter als Auftraggeber vereinbart worden wäre. Dazu muss das Entgelt regelmäßig die Kosten ausgleichen und einen marktüblichen Gewinnaufschlag beinhalten (BFH-Urteil vom 27.11.2013, I R 17/12, BStBl 2016 II S. 68). Bei steuerbegünstigten Einrichtungen ist aufgrund der fehlenden Gewinnorientierung die Erhebung eines Gewinnaufschlags in der Regel nicht marktüblich. Dies gilt nicht für Leistungen der steuerbegünstigten Einrichtung aus einem steuerpflichtigen wirtschaftlichen Geschäftsbetrieb (§ 64 AO).

3. Nach § 55 Abs. 1 AO dürfen sämtliche Mittel der Körperschaft nur für die satzungsmäßigen Zwecke verwendet werden (Ausnahmen siehe § 58 AO). Auch der Gewinn aus dem Zweckbetrieb und aus dem steuerpflichtigen wirtschaftlichen Geschäftsbetrieb (§ 64 Abs. 2 AO) sowie der Überschuss aus der Vermögensverwaltung dürfen nur für die satzungsmäßigen Zwecke verwendet werden. Dies schließt die Bildung von Rücklagen im wirtschaftlichen Geschäftsbetrieb und im Bereich der Vermögensverwaltung nicht aus.

4. Es ist grundsätzlich nicht zulässig, Mittel des ideellen Bereichs (insbesondere Mitgliedsbeiträge, Spenden, Zuschüsse, Rücklagen), Gewinne aus Zweckbetrieben, Erträge aus der Vermögensverwaltung und das entsprechende Vermögen für einen steuerpflichtigen wirtschaftlichen Geschäftsbetrieb zu verwenden, z. B. zum Ausgleich eines Verlustes. Für das Vorliegen eines Verlustes ist das Ergebnis des einheitlichen steuerpflichtigen wirtschaftlichen Geschäftsbetriebs (§ 64 Abs. 2 AO) maßgeblich. Eine Verwendung von Mitteln

des ideellen Bereichs für den Ausgleich des Verlustes eines einzelnen wirtschaftlichen Geschäftsbetriebs liegt deshalb nicht vor, soweit der Verlust bereits im Entstehungsjahr mit Gewinnen anderer steuerpflichtiger wirtschaftlicher Geschäftsbetriebe verrechnet werden kann. Verbleibt danach ein Verlust, ist keine Verwendung von Mitteln des ideellen Bereichs für dessen Ausgleich anzunehmen, wenn dem ideellen Bereich in den sechs vorangegangenen Jahren Gewinne des einheitlichen steuerpflichtigen wirtschaftlichen Geschäftsbetriebs in mindestens gleicher Höhe zugeführt worden sind. Ir soweit ist der Verlustausgleich im Entstehungsjahr als Rückgabe früherer, durch das Gemeinnützigkeitsrecht vorgeschriebener Gewinnabführungen anzusehen.

5. Ein nach ertragsteuerlichen Grundsätzen ermittelter Verlust eines steuerpflichtigen wirtschaftlichen Geschäftsbetriebs ist unschädlich für die Steuerbegünstigung der Körperschaft, wenn er ausschließlich durch die Berücksichtigung von anteiligen Abschreibungen auf gemischt genutzte Wirtschaftsgüter entstanden ist und wenn die folgenden Voraussetzungen erfüllt sind:

- Das Wirtschaftsgut wurde für den ideellen Bereich angeschafft oder hergestellt und wird nur zur besseren Kapazitätsauslastung und Mittelbeschaffung teil- oder zeitweise für den steuerpflichtigen wirtschaftlichen Geschäftsbetrieb genutzt. Die Körperschaft darf nicht schon im Hinblick auf eine zeit- oder teilweise Nutzung für den steuerpflichtigen wirtschaftlichen Geschäftsbetrieb ein größeres Wirtschaftsgut angeschafft oder hergestellt haben, als es für die ideelle Tätigkeit notwendig war.

- Die Körperschaft verlangt für die Leistungen des steuerpflichtigen wirtschaftlichen Geschäftsbetriebs marktübliche Preise.

- Der steuerpflichtige wirtschaftliche Geschäftsbetrieb bildet keiner eigenständigen Sektor eines Gebäudes (z. B. Gaststätterbetrieb in einer Sporthalle).

Diese Grundsätze gelten entsprechend für die Berücksichtigung anderer gemischter Aufwendungen (z. B. zeitweiser Einsatz von Personal des deellen Bereichs in einem steuerpflichtigen wirtschaftlichen Geschäftsbetrieb) bei der gemeinnützigkeitsrechtlichen Beurteilung von Verlusten.

6. Der Ausgleich des Verlustes eines steuerpflichtigen wirtschaftlichen Geschäftsbetriebs mit Mitteln des ideellen Bereichs ist außerdem unschädlich für die Steuerbegünstigung, wenn

- der Verlust auf einer Fehlkalkulation beruht,

- die Körperschaft innerhalb von zwölf Monaten nach Ende des Wirtschaftsjahres, in dem der Verlust entstanden ist, dem ideellen Tätigkeitsbereich wieder Mittel in entsprechender Höhe zuführt und

- die zugeführten Mittel nicht aus Zweckbetrieben, aus dem Bereich der steuerbegünstigten Vermögensverwaltung, aus Beiträgen oder aus anderen Zuwendungen, die zur Förderung der steuerbegünstigten Zwecke der Körperschaft bestimmt sind, stammen (BFH-Urteil vom 13.11.1996, I R 152/93, BStBl 1998 II S. 711).

Die Zuführungen zum ideellen Bereich können demnach aus dem Gewinn des (einheitlichen) steuerpflichtigen wirtschaftlichen Geschäftsbetriebs, der in dem Wirtschaftsjahr nach der Entstehung des Verlustes erzielt wird, geleistet werden. Außerdem dürfen für den Ausgleich des Verlustes Umlagen und Zuschüsse, die dafür bestimmt sind, verwendet werden. Derartige Zuwendungen sind jedoch keine steuerbegünstigten Spenden.

7. Eine für die Steuerbegünstigung schädliche Verwendung von Mitteln für den Ausgleich von Verlusten des steuerpflichtigen wirtschaftlichen Geschäftsbetriebs liegt auch dann nicht vor, wenn dem Betrieb die erforderlichen Mittel durch die Aufnahme eines betrieblichen Darlehens zugeführt werden oder bereits in dem Betrieb verwendete ideelle Mittel mittels eines Darlehens, das dem Betrieb zugeordnet wird, innerhalb der Frist von zwölf Monaten nach dem Ende des Verlustentstehungsjahres an den ideellen Bereich der Körperschaft zurückgegeben werden. Voraussetzung für die Unschädlichkeit ist, dass Tilgung und Zinsen für das Darlehen ausschließlich aus Mitteln des steuerpflichtigen wirtschaftlichen Geschäftsbetriebs geleistet werden.

Die Belastung von Vermögen des ideellen Bereichs mit einer Sicherheit für ein betriebliches Darlehen (z. B. Grundschuld auf einer Sporthalle) führt grundsätzlich zu keiner anderen Beurteilung. Die Eintragung einer Grundschuld bedeutet noch keine Verwendung des belasteten Vermögens für den steuerpflichtigen wirtschaftlichen Geschäftsbetrieb.

8. Steuerbegünstigte Körperschaften unterhalten steuerpflichtige wirtschaftliche Geschäftsbetriebe regelmäßig nur, um dadurch zusätzliche Mittel für die Verwirklichung der steuerbegünstigten Zwecke zu beschaffen. Es kann deshalb unterstellt werden, dass etwaige Verluste bei Betrieben, die schon längere Zeit bestehen, auf einer Fehlkalkulation beruhen. Bei dem Aufbau eines neuen Betriebs ist eine Verwendung von Mitteln des ideellen Bereichs für den Ausgleich von Verlusten auch dann unschädlich für die Steuerbegünstigung, wenn mit Anlaufverlusten zu rechnen war. Auch in diesem Fall muss die Körperschaft aber i. d. R. innerhalb von drei Jahren nach dem Ende des Entstehungsjahres des Verlustes dem ideellen Bereich wieder Mittel, die gemeinnützigkeitsunschädlich dafür verwendet werden dürfen, zuführen.

9. Die Regelungen in den Nrn. 4 bis 8 des AEAO zu § 55 gelten entsprechend für die Vermögensverwaltung.

10 Veräußert ein steuerpflichtiger Anteilseigner seine Anteile an einer steuerbegünstigten Kapitalgesellschaft an einen steuerbegünstigten Erwerber liegt regelmäßig eine Mittelfehlverwendung im Sinne des § 55 Abs. 1 Nr. 1 AO vor, wenn der Veräußerungspreis über dem Wert der eingezahlten Kapitalanteile und dem gemeinen Wert der Sacheinlagen der Anteile liegt (vgl. BFH-Beschluss vom 12.10.2010, I R 59/09, BStBl 2012 II S. 226).

11. Mitglieder dürfen keine Zuwendungen aus Mitteln der Körperschaft erhalten. Dies gilt nicht, soweit es sich um Annehmlichkeiten handelt, wie sie im Rahmen der Betreuung von Mitgliedern allgemein üblich und nach allgemeiner Verkehrsauffassung als angemessen anzusehen sind.

12. Keine Zuwendung i. S. d. § 55 Abs. 1 Nr. 1 AO liegt vor, wenn der Leistung der Körperschaft eine Gegenleistung des Empfängers gegenübersteht (z B. bei Kauf-, Dienst- und Werkverträgen) und die Werte von Leistung und Gegenleistung nach wirtschaftlichen Grundsätzen gegeneinander abgewogen sind.

13. Ist einer Körperschaft zugewendetes Vermögen mit vor der Übertragung wirksam begründeten Ansprüchen (z. B. Nießbrauch, Grund- oder Rentenschulden, Vermächtnisse aufgrund testamentarischer Bestimmungen des Zuwendenden) belastet, deren Erfüllung durch die Körperschaft keine nach wirtschaftlichen Grundsätzen abgewogene Gegenleistung für die Übertragung des Vermögens darstellt, mindern die Ansprüche das übertragene Vermögen bereits im Zeitpunkt des Übergangs. Wirtschaftlich betrachtet wird der Körperschaft nur das nach der Erfüllung der Ansprüche verbleibende Vermögen zugewendet. Die Erfüllung der Ansprüche aus dem zugewendeten Vermögen ist deshalb keine Zuwendung i. S. d. § 55 Abs. 1 Nr. 1 AO. Dies gilt auch, wenn die Körperschaft die Ansprüche aus ihrem anderen zulässigen Vermögen einschließlich der Rücklage nach § 62 Abs. 1 Nr. 3 AO erfüllt.

14. Soweit die vorhandenen flüssigen Vermögensmittel nicht für die Erfüllung der Ansprüche ausreichen, darf die Körperschaft dafür auch Erträge verwenden. Ihr müssen jedoch ausreichende Mittel für die Verwirklichung ihrer steuerbegünstigten Zwecke verbleiben. Diese Voraussetzung ist als erfüllt anzusehen, wenn für die Erfüllung der Verbindlichkeiten höchstens ein Drittel des Einkommens der Körperschaft verwendet wird. Die Ein-Drittel-Grenze umfasst bei Rentenverpflichtungen nicht nur die über den Barwert hinausgehenden, sondern die gesamten Zahlungen. Sie bezieht sich auf den Veranlagungszeitraum.

15. § 58 Nr. 6 AO enthält eine Ausnahmeregelung zu § 55 Abs. 1 Nr. 1 AO für Stiftungen. Diese ist nur anzuwenden, wenn eine Stiftung Leistungen erbringt, die dem Grunde nach gegen § 55 Abs. 1 Nr. 1 AO verstoßen, also z. B. freiwillige Zuwendungen an den in § 58 Nr. 6 AO genannten Personenkreis leistet oder für die Erfüllung von Ansprüchen dieses Personenkreises aus der Übertragung von Vermögen nicht das belastete oder anderes zulässiges Vermögen, sondern Erträge einsetzt. Im Unterschied zu anderen Körperschaften kann eine Stiftung unter den Voraussetzungen des § 58 Nr. 6 AO auch dann einen Teil ihres Einkommens für die Erfüllung solcher Ansprüche verwenden, wenn ihr dafür ausreichende flüssige Vermögensmittel zur Verfügung stehen. Der Grundsatz, dass der wesentliche Teil des Einkommens für die Verwirklichung der steuerbegünstigten Zwecke verbleiben muss, gilt aber auch für Stiftungen. Daraus folgt, dass eine Stiftung insgesamt höchstens ein Drittel ihres Einkommens für unter § 58 Nr. 6 AO fallende Leistungen und für die Erfüllung von anderen durch die Übertragung von belastetem Vermögen begründeten Ansprüchen verwenden darf. Das dem entgegenstehende BFH-

Urteil vom 21.1.1998, II R 16/95, BStBl II S. 758 ist insoweit über den entschiedenen Einzelfall hinaus nicht anzuwenden

16. Die Vergabe von Darlehen aus Mitteln, die zeitnah für die steuerbegünstigten Zwecke zu verwenden sind, ist unschädlich für die Gemeinnützigkeit, wenn die Körperschaft damit selbst unmittelbar ihre steuerbegünstigten satzungsmäßigen Zwecke verwirklicht. Dies kann z. B. der Fall sein, wenn die Körperschaft im Rahmen ihrer jeweiligen steuerbegünstigten Zwecke Darlehen im Zusammenhang mit einer Schuldnerberatung zur Ablösung von Bankschulden, Darlehen an Nachwuchskünstler für die Anschaffung von Instrumenten oder Stipendien für eine wissenschaftliche Ausbildung teilweise als Darlehen vergibt. Voraussetzung ist, dass sich die Darlehensvergabe von einer gewerbsmäßigen Kreditvergabe dadurch unterscheidet, dass sie zu günstigeren Bedingungen erfolgt als zu den allgemeinen Bedingungen am Kapitalmarkt (z. B. Zinslosigkeit, Zinsverbilligung).

Die Vergabe von Darlehen aus zeitnah für die steuerbegünstigten Zwecke zu verwendenden Mitteln an andere steuerbegünstigte Körperschaften ist im Rahmen des § 58 Nrn. 1 AO zulässig (mittelbare Zweckverwirklichung), wenn die andere Körperschaft die darlehensweise erhaltenen Mittel unmittelbar für steuerbegünstigte Zwecke innerhalb der für eine zeitnahe Mittelverwendung vorgeschriebenen Frist verwendet.

Darlehen, die zur unmittelbaren Verwirklichung der steuerbegünstigten Zwecke vergeben werden, sind im Rechnungswesen entsprechend kenntlich zu machen. Es muss sichergestellt und für die Finanzbehörde nachprüfbar sein, dass die Rückflüsse, d.h. Tilgung und Zinsen, wieder zeitnah für die steuerbegünstigten Zwecke verwendet werden.

17. Aus Mitteln, die nicht dem Gebot der zeitnahen Mittelverwendung unterliegen (Vermögen einschließlich der zulässigen Zuführungen und der zulässig gebildeten Rücklagen), darf die Körperschaft Darlehen nach folgender Maßgabe vergeben:

Die Zinsen müssen sich in dem auf dem Kapitalmarkt üblichen Rahmen halten, es sei denn, der Verzicht auf die üblichen Zinsen ist eine nach den Vorschriften des Gemeinnützigkeitsrechts und der Satzung der Körperschaft zulässige Zuwendung (z. B. Darlehen an eine ebenfalls steuerbegünstigte Mitgliedsorganisation oder eine hilfebedürftige Person). Bei Darlehen an einen Arbeitnehmer aus dem Vermögen kann der (teilweise) Verzicht auf eine übliche Verzinsung als Bestandteil des Arbeitslohns angesehen werden, wenn dieser insgesamt, also einschließlich des Zinsvorteils, angemessen ist und der Zinsverzicht auch von der Körperschaft als Arbeitslohn behandelt wird (z. B. Abführung von Lohnsteuer und Sozialversicherungsbeiträgen).

Maßnahmen, für die eine Rücklage nach § 62 Abs. 1 Nr. 1 AO gebildet worden ist, dürfen sich durch die Gewährung von Darlehen nicht verzögern.

18. Die Vergabe von Darlehen ist als solche kein steuerbegünstigter Zweck. Sie darf deshalb nicht Satzungszweck einer steuerbegünstigten Körperschaft sein. Es ist jedoch unschädlich für die Steuerbegünstigung, wenn die Vergabe

von zinsgünstigen oder zinslosen Darlehen nicht als Zweck, sondern als Mittel zur Verwirklichung des steuerbegünstigten Zwecks in der Satzung der Körperschaft aufgeführt ist.

19. Eine Körperschaft kann nicht als steuerbegünstigt behandelt werden, wenn ihre Ausgaben für die allgemeine Verwaltung einschließlich der Werbung um Spenden einen angemessenen Rahmen übersteigen (§ 55 Abs. 1 Nrn. 1 und 3 AO). Dieser Rahmen ist in jedem Fall überschritten, wenn eine Körperschaft, die sich weitgehend durch Geldspenden finanziert, diese - nach einer Aufbauphase - überwiegend zur Bestreitung von Ausgaben für Verwaltung und Spendenwerbung statt für die Verwirklichung der steuerbegünstigten satzungsmäßigen Zwecke verwendet (BFH-Beschluss vom 23.9.1998, I B 82.98, BStBl 2000 II S. 320). Die Verwaltungsausgaben einschließlich Spendenwerbung sind bei der Ermittlung der Anteile ins Verhältnis zu den gesamten vereinnahmten Mitteln (Spenden, Mitgliedsbeiträge, Zuschüsse, Gewinne aus wirtschaftlichen Geschäftsbetrieben usw.) zu setzen.

    Für die Frage der Angemessenheit der Verwaltungsausgaben kommt es entscheidend auf die Umstände des jeweiligen Einzelfalls an. Eine für die Steuerbegünstigung schädliche Mittelverwendung kann deshalb auch schon dann vorliegen, wenn der prozentuale Anteil der Verwaltungsausgaben einschließlich der Spendenwerbung deutlich geringer als 50 % ist.

20. Während der Gründungs- oder Aufbauphase einer Körperschaft kann auch eine überwiegende Verwendung der Mittel für Verwaltungsausgaben und Spendenwerbung unschädlich für die Steuerbegünstigung sein. Die Dauer der Gründungs- oder Aufbauphase, während der dies möglich ist, hängt von den Verhältnissen des Einzelfalls ab.

    Der in dem BFH-Beschluss vom 23.9.1998, I B 82/98, BStBl 2000 II S. 320 zugestandene Zeitraum von vier Jahren für die Aufbauphase, in der höhere anteilige Ausgaben für Verwaltung und Spendenwerbung zulässig sind, ist durch die Besonderheiten des entschiedenen Falles begründet (insbesondere zweite Aufbauphase nach Aberkennung der Steuerbegünstigung). Er ist deshalb als Obergrenze zu verstehen. I. d. R. ist von einer kürzeren Aufbauphase auszugehen.

21. Die Steuerbegünstigung ist auch dann zu versagen, wenn das Verhältnis der Verwaltungsausgaben zu den Ausgaben für die steuerbegünstigten Zwecke zwar insgesamt nicht zu beanstanden, eine einzelne Verwaltungsausgabe (z. B. das Gehalt des Geschäftsführers oder der Aufwand für die Mitglieder- und Spendenwerbung) aber nicht angemessen ist (§ 55 Abs. 1 Nr. 3 AO).

22. Bei den Kosten für die Beschäftigung eines Geschäftsführers handelt es sich grundsätzlich um Verwaltungsausgaben. Eine Zuordnung dieser Kosten zu der steuerbegünstigten Tätigkeit ist nur insoweit möglich, als der Geschäftsführer unmittelbar bei steuerbegünstigten Projekten mitarbeitet. Entsprechendes gilt für die Zuordnung von Reisekosten.

23. Eine Unternehmergesellschaft i. S. d. § 5a Abs. 1 GmbHG ist gesetzlich verpflichtet, von ihrem um einen Verlustvortrag aus dem Vorjahr geminderten

Jahresüberschuss bis zum Erreichen des Stammkapitals von 25.000 € mindestens 25 % in eine gesetzliche Rücklage einzustellen (§ 5a Abs. 3 GmbHG). Mit der Bildung dieser Rücklage verstößt die Unternehmergesellschaft grundsätzlich nicht gegen das Gebot der zeitnahen Mittelverwendung.

Zu § 55 Abs. 1 Nr. 2 und 4 AO:

24. Die in § 55 Abs. 1 Nr. 2 und 4 AO genannten Sacheinlagen sind Einlagen i. S. d. Handelsrechts, für die dem Mitglied Gesellschaftsrechte eingeräumt worden sind. Insoweit sind also nur Kapitalgesellschaften, nicht aber Vereine angesprochen. Unentgeltlich zur Verfügung gestellte Vermögensgegenstände, für die keine Gesellschaftsrechte eingeräumt sind (Leihgaben, Sachspenden), fallen nicht unter § 55 Abs. 1 Nr. 2 und 4 AO. Soweit Kapitalanteile und Sacheinlagen von der Vermögensbindung ausgenommen werden, kann von dem Gesellschafter nicht die Spendenbegünstigung des § 10b EStG (§ 9 Abs. 1 Nr. 2 KStG) in Anspruch genommen werden. Eingezahlte Kapitalanteile i. S. d. § 55 Abs. 1 Nr. 2 und 4 AO liegen nicht vor, soweit für die Kapitalerhöhung Gesellschaftsmittel verwendet wurden (z. B. nach § 57c GmbHG).

Zu § 55 Abs. 1 Nr. 3 AO:

25. Bei Vorstandsmitgliedern von Vereinen sind Tätigkeitsvergütungen gemeinnützigkeitsrechtlich nur zulässig, wenn eine entsprechende Satzungsregelung besteht. Zu Einzelheiten bei Zahlungen an den Vorstand steuerbegünstigter Vereine siehe BMF-Schreiben vom 21.11.2014, BStBl I S. 1581.

    Diese Regelung gilt für Stiftungen entsprechend.

    Zur Feststellung von Mittelfehlverwendungen i. S. v. § 55 Abs. 1 Nr. 3 AO durch überhöhte Vergütungen an den Geschäftsführer einer gemeinnützigen Körperschaft ist ein Fremdvergleich anzustellen. Dabei sind die Grundsätze der vGA zu berücksichtigen. "Unverhältnismäßig" in § 55 Abs. 1 Nr. 3 AO hat im Grundsatz dieselbe Bedeutung wie „unangemessen" im Bereich der vGA gemäß § 8 Abs. 3 Satz 2 KStG. Zur Feststellung einer vGA durch überhöhte Vergütungen eines Gesellschafter-Geschäftsführers kann die Vergütung entweder mit den Entgelten verglichen werden, die Geschäftsführer oder Arbeitnehmer des betreffenden Unternehmens beziehen (interner Fremdvergleich) oder mit den Entgelten, die unter gleichen Bedingungen an Fremdgeschäftsführer anderer Unternehmen gezahlt werden (externer Fremdvergleich). Maßstab des externen Fremdvergleichs können dabei auch die für vergleichbare Tätigkeiten von Wirtschaftsunternehmen gewährten Vergütungen sein.

    Da nicht nur ein bestimmtes Gehalt als „angemessen" angesehen werden kann, sondern der Bereich des Angemessenen sich auf eine gewisse Bandbreite erstreckt, sind unangemessen nur diejenigen Bezüge, die den oberen Rand dieser Bandbreite übersteigen. Eine nur geringfügige Überschreitung der Angemessenheitsgrenze begründet noch keine vGA; diese liegt erst bei einem „krassen Missverhältnis" der Gesamtvergütung vor. Dies ist jedenfalls dann anzunehmen, wenn die Angemessenheitsgrenze um mehr als 20 % überschritten wird (BFH-Urteil vom 12.3.2020, V R 5/17, BStBl 2021 II S. 55).

Zu § 55 Abs. 1 Nr. 4 AO:

26. Eine wesentliche Voraussetzung für die Annahme der Selbstlosigkeit bildet der Grundsatz der Vermögensbindung für steuerbegünstigte Zwecke im Falle der Beendigung des Bestehens der Körperschaft oder des Wegfalles des bisherigen Zwecks (§ 55 Abs. 1 Nr. 4 AO).

    Hiermit soll verhindert werden, dass gemeinnützigkeitsrechtlich gebundenes Vermögen später zu nicht begünstigten Zwecken verwendet wird. Die satzungsmäßigen Anforderungen an die Vermögensbindung sind in § 61 AO geregelt.

    Das Vermögen einer Körperschaft, das vor dem Eintritt in die Steuerbegünstigung nach §§ 51 ff. AO angesammelt wurde, unterliegt ebenso der Vermögensbindung des § 55 Abs. 1 Nr. 4 AO wie das Vermögen, welches seit dem Eintritt in die Steuerbegünstigung gebildet wurde.

27. Eine Körperschaft ist nur dann steuerbegünstigt i. S. d. § 55 Abs. 1 Nr. 4 Satz 2 AO, wenn sie nach § 5 Abs. 1 Nr. 9 KStG von der Körperschaftsteuer befreit ist. Als Empfänger des Vermögens der Körperschaft kommen neben inländischen Körperschaften auch die in § 5 Abs. 2 Nr. 2 KStG aufgeführten Körperschaften in Betracht.

Zu § 55 Abs. 1 Nr. 5 AO:

28. Die Körperschaft muss ihre Mittel grundsätzlich zeitnah für ihre steuerbegünstigten satzungsmäßigen Zwecke verwenden. Verwendung in diesem Sinne ist auch die Verwendung der Mittel für die Anschaffung oder Herstellung von Vermögensgegenständen, die satzungsmäßigen Zwecken dienen (z. B. Bau eines Altenheims, Kauf von Sportgeräten oder medizinischen Geräten).

    Die Bildung von Rücklagen ist nur unter den Voraussetzungen des § 62 AO zulässig. Davon unberührt bleiben Rücklagen in einem steuerpflichtigen wirtschaftlichen Geschäftsbetrieb und Rücklagen im Bereich der Vermögensverwaltung (vgl. Nr. 3 des AEAO zu § 55).

29. Eine zeitnahe Mittelverwendung ist gegeben, wenn die Mittel spätestens in den auf den Zufluss folgenden zwei Kalender- oder Wirtschaftsjahren für die steuerbegünstigten satzungsmäßigen Zwecke verwendet werden. Am Ende des Kalender- oder Wirtschaftsjahrs noch vorhandene Mittel müssen in der Bilanz oder Vermögensaufstellung der Körperschaft zulässigerweise dem Vermögen oder einer zulässigen Rücklage zugeordnet oder als im zurückliegenden Jahr zugeflossene Mittel, die in den folgenden zwei Jahren für die steuerbegünstigten Zwecke zu verwenden sind, ausgewiesen sein. Soweit Mittel nicht schon im Jahr des Zuflusses für die steuerbegünstigten Zwecke verwendet oder zulässigerweise dem Vermögen zugeführt werden, ist ihre zeitnahe Verwendung nachzuweisen, zweckmäßigerweise durch eine Nebenrechnung (Mittelverwendungsrechnung). Der Zweck des Grundsatzes der zeitnahen Mittelverwendung gebietet es, dass bei der Nachprüfung der Mittelverwendung nicht auf die einzelne Zuwendung abzustellen ist, sondern auf die Gesamtheit aller zeitnah zu verwendenden Zuwendungen und sonstigen

	Einnahmen bzw. Vermögenswerte der Körperschaft (Saldobetrachtung bzw. Globalbetrachtung; BFH-Urteil vom 20.3.2017, X R 13/15, BStBl II S. 1110).
30.	Die Pflicht zur zeitnahen Mittelverwendung besteht nicht für Körperschaften mit jährlichen Einnahmen von nicht mehr als 45.000 €.
	Einnahmen im Sinne der Norm sind alle Vermögensmehrungen, die der Körperschaft zufließen. Es gilt das Zuflussprinzip nach § 11 EStG. Dazu zählen die Einnahmen des ideellen Bereichs sowie die Bruttoeinnahmen der Vermögensverwaltung, des Zweckbetriebs und des steuerpflichtigen wirtschaftlichen Geschäftsbetriebs. Zu den Einnahmen in diesem Sinne gehören auch solche Zuflüsse, die grundsätzlich nicht der zeitnahen Mittelverwendung unterliegen, z. B. Zuwendungen in das Vermögen der Körperschaft (§ 62 Abs. 3 AO). Nicht zu den Einnahmen in diesem Sinne gehören solche Mittel, für die die Pflicht zur zeitnahen Mittelverwendung, z. B. wegen eines Sphärenwechsels, grundsätzlich wiederauflebt, ohne dass der Körperschaft insoweit Mittel zufließen.
	Die Verpflichtung zur Verwendung für satzungsmäßige steuerbegünstigte Zwecke nach § 55 Abs. 1 Nr. 1 Satz 1 AO bleibt unberührt.
31.	In dem Veranlagungszeitraum, in dem die Einnahmen einer Körperschaft unter der 45.000 €-Grenze bleiben, ist für sämtliche vorhandene Mittel die Pflicht zur zeitnahen Mittelverwendung ausgesetzt. Bei Überschreiten dieser Grenze unterliegen die in den Jahren des Unterschreitens angesammelten und die übrigen, zu diesem Zeitpunkt noch vorhandenen Mittel, nicht dem Gebot der zeitnahen Mittelverwendung.
32.	Nicht dem Gebot der zeitnahen Mittelverwendung unterliegt das Vermögen der Körperschaften, auch soweit es durch Umschichtungen innerhalb des Bereichs der Vermögensverwaltung entstanden ist (z. B. Verkauf eines zum Vermögen gehörenden Grundstücks einschließlich des den Buchwert übersteigenden Teils des Preises). Außerdem kann eine Körperschaft die in § 62 Abs. 3 und 4 AO bezeichneten Mittel ohne für die Gemeinnützigkeit schädliche Folgen ihrem Vermögen zuführen.
	Werden Vermögensgegenstände veräußert, die satzungsmäßigen Zwecken dienen und aus zeitnah zu verwendenden Mitteln angeschafft worden sind, sind die Veräußerungserlöse zeitnah i. S. d. § 55 Abs. 1 Nr. 5 AO zu verwenden. Werden derartige Vermögensgegenstände in den Bereich der Vermögensverwaltung oder in den steuerpflichtigen wirtschaftlichen Geschäftsbetrieb überführt, lebt die Pflicht zur zeitnahen Mittelverwendung in Höhe des Verkehrswerts dieser Vermögensgegenstände wieder auf.

Zu § 55 Abs. 2 AO:

33.	Wertsteigerungen bleiben für steuerbegünstigte Zwecke gebunden. Bei der Rückgabe des Wirtschaftsguts selbst hat der Empfänger die Differenz in Geld auszugleichen.

Zu § 55 Abs. 3 AO:

34. Die Regelung, nach der sich die Vermögensbindung nicht auf die eingezahlten Kapitalanteile der Mitglieder und den gemeinen Wert der von den Mitgliedern geleisteten Sacheinlagen erstreckt, gilt bei Stiftungen für die Stifter und ihre Erben sinngemäß (§ 55 Abs. 3 erster Halbsatz AO). Es ist also zulässig, das Stiftungskapital und die Zustiftungen von der Vermögensbindung auszunehmen und im Falle des Erlöschens der Stiftung an den Stifter oder seine Erben zurückfallen zu lassen. Für solche Stiftungen und Zustiftungen kann aber vom Stifter nicht die Spendenvergünstigung nach § 10b EStG (§ 9 Abs. 1 Nr. 2 KStG) in Anspruch genommen werden.

35. Die Vorschrift des § 55 Abs. 3 zweiter Halbsatz AO, die sich nur auf Stiftungen und Körperschaften des öffentlichen Rechts bezieht, berücksichtigt die Regelung im EStG, wonach die Entnahme eines Wirtschaftsgutes mit dem Buchwert angesetzt werden kann, wenn das Wirtschaftsgut den in § 6 Abs. 1 Nr. 4 Satz 4 EStG genannten Körperschaften unentgeltlich überlassen wird. Dies hat zur Folge, dass der Zuwendende bei der Aufhebung der Stiftung nicht den gemeinen Wert der Zuwendung, sondern nur den dem ursprünglichen Buchwert entsprechenden Betrag zurückerhält. Stille Reserven und Wertsteigerungen bleiben hiernach für steuerbegünstigte Zwecke gebunden. Bei Rückgabe des Wirtschaftsgutes selbst hat der Empfänger die Differenz in Geld auszugleichen.

§ 56 Ausschließlichkeit (S 0175)

Ausschließlichkeit liegt vor, wenn eine Körperschaft nur ihre steuerbegünstigten satzungsmäßigen Zwecke verfolgt.

AEAO zu § 56 - Ausschließlichkeit:

1. Das Ausschließlichkeitsgebot des § 56 AO besagt, dass eine Körperschaft nicht steuerbegünstigt ist, wenn sie neben ihrer steuerbegünstigten Zielsetzung weitere Zwecke verfolgt und diese Zwecke nicht steuerbegünstigt sind. Im Zusammenhang mit der Vermögensverwaltung und wirtschaftlichen Geschäftsbetrieben, die Nicht-Zweckbetriebe sind, folgt daraus, dass deren Unterhaltung der Steuerbegünstigung einer Körperschaft entgegensteht, wenn sie in der Gesamtschau zum Selbstzweck wird und in diesem Sinne neben die Verfolgung des steuerbegünstigten Zwecks der Körperschaft tritt. Die Vermögensverwaltung sowie die Unterhaltung eines Nicht-Zweckbetriebs sind gemeinnützigkeitsrechtlich nur dann unschädlich, wenn sie um des steuerbegünstigten Zwecks willen erfolgen, indem sie z. B. der Beschaffung von Mitteln zur Erfüllung der steuerbegünstigten Aufgabe dienen. Ist die Vermögensverwaltung bzw. der wirtschaftliche Geschäftsbetrieb dagegen nicht dem steuerbegünstigten Zweck untergeordnet, sondern ein davon losgelöster Zweck oder gar Hauptzweck der Betätigung der Körperschaft, so scheitert deren Steuerbegünstigung an § 56 AO. In einem solchen Fall kann die Betätigung der Körperschaft nicht in einen steuerfreien und in einen steuerpflichtigen Teil aufgeteilt werden; vielmehr ist dann die Körperschaft insgesamt als steuerpflichtig zu behandeln. Bei steuerbegünstigten Körperschaften, insbesondere Förderkörperschaften, die sich in ihrer tatsächlichen Geschäftsführung an die in ihrer Satzung enthaltene Pflicht zur Verwendung sämtlicher Mittel für die satzungsmäßigen Zwecke halten, ist das Ausschließlichkeitsgebot selbst dann erfüllt, wenn sie sich vollständig aus Mitteln eines steuerpflichtigen wirtschaftlichen Geschäftsbetriebs oder aus der Vermögensverwaltung finanzieren. Auf das BFH-Urteil vom 4.4.2007, I R 76/05, BStBl II S. 631, wird hingewiesen.

2. Eine Körperschaft darf mehrere steuerbegünstigte Zwecke nebeneinander verfolgen, ohne dass dadurch die Ausschließlichkeit verletzt wird. Die verwirklichten steuerbegünstigten Zwecke müssen jedoch sämtlich satzungsmäßige Zwecke sein. Will demnach eine Körperschaft steuerbegünstigte Zwecke, die nicht in die Satzung aufgenommen sind, fördern, so ist eine Satzungsänderung erforderlich, die den Erfordernissen des § 60 AO entsprechen muss.

§ 57 Unmittelbarkeit (S 0176)

(1) ¹Eine Körperschaft verfolgt unmittelbar ihre steuerbegünstigten satzungsmäßigen Zwecke, wenn sie selbst diese Zwecke verwirklicht. ²Das kann auch durch Hilfspersonen geschehen, wenn nach den Umständen des Falls, insbesondere nach den rechtlichen und tatsächlichen Beziehungen, die zwischen der Körperschaft und der Hilfsperson bestehen, das Wirken der Hilfsperson wie eigenes Wirken der Körperschaft anzusehen ist.

(2) Eine Körperschaft, in der steuerbegünstigte Körperschaften zusammengefasst sind, wird einer Körperschaft, die unmittelbar steuerbegünstigte Zwecke verfolgt, gleichgestellt.

(3) ¹Eine Körperschaft verfolgt ihre steuerbegünstigten Zwecke auch dann unmittelbar im Sinne des Absatzes 1 Satz 1, wenn sie satzungsgemäß durch planmäßiges Zusammenwirken mit mindestens einer weiteren Körperschaft, die im Übrigen die Voraussetzungen der §§ 51 bis 68 erfüllt, einen steuerbegünstigten Zweck verwirklicht. ²Die §§ 14 sowie 65 bis 68 sind mit der Maßgabe anzuwenden, dass für das Vorliegen der Eigenschaft als Zweckbetrieb bei der jeweiligen Körperschaft die Tätigkeiten der nach Satz 1 zusammenwirkenden Körperschaften zusammenzufassen sind.

(4) Eine Körperschaft verfolgt ihre steuerbegünstigten Zwecke auch dann unmittelbar im Sinne des Absatzes 1 Satz 1, wenn sie ausschließlich Anteile an steuerbegünstigten Kapitalgesellschaften hält und verwaltet.

AEAO zu § 57 - Unmittelbarkeit:

Zu § 57 Abs. 1 AO:

1. Die Vorschrift stellt in Absatz 1 klar, dass die Körperschaft die steuerbegünstigten satzungsmäßigen Zwecke selbst verwirklichen muss, damit Unmittelbarkeit gegeben ist (wegen der Ausnahmen Hinweis auf § 58 AO).

2. Das Gebot der Unmittelbarkeit ist gem. § 57 Abs. 1 Satz 2 AO auch dann erfüllt, wenn sich die steuerbegünstigte Körperschaft einer Hilfsperson bedient. Hierfür ist es erforderlich, dass nach den Umständen des Falles, insbesondere nach den rechtlichen und tatsächlichen Beziehungen, die zwischen der Körperschaft und der Hilfsperson bestehen, das Wirken der Hilfsperson wie eigenes Wirken der Körperschaft anzusehen ist, d.h. die Hilfsperson nach den Weisungen der Körperschaft einen konkreten Auftrag ausführt. Hilfsperson kann eine natürliche Person, Personenvereinigung oder juristische Person sein. Die Körperschaft hat durch Vorlage entsprechender Vereinbarungen nachzuweisen, dass sie den Inhalt und den Umfang der Tätigkeit der Hilfsperson im Innenverhältnis bestimmen kann. Die Tätigkeit der Hilfsperson muss den Satzungsbestimmungen der Körperschaft entsprechen. Diese hat nachzuweisen, dass sie die Hilfsperson überwacht. Die weisungsgemäße Verwendung der Mittel ist von ihr sicherzustellen.

   Die Steuerbegünstigung einer Körperschaft, die nur über eine Hilfsperson das Merkmal der Unmittelbarkeit erfüllt (§ 57 Abs. 1 Satz 2 AO), ist unabhängig davon zu gewähren, wie die Hilfsperson gemeinnützigkeitsrechtlich behandelt wird.

Die Steuerbegünstigung einer Hilfsperson ist nicht ausgeschlossen, wenn die Körperschaft mit ihrer Hilfspersonentätigkeit nicht nur die steuerbegünstigte Tätigkeit einer anderen Körperschaft unterstützt, sondern zugleich eigene steuerbegünstigte Satzungszwecke verfolgt und ihren Beitrag im Außenverhältnis selbstständig und eigenverantwortlich erbringt.

Zu § 57 Abs. 2 AO:

3. Ein Zusammenschluss i. S. d. § 57 Abs. 2 AO ist gegeben, wenn die Einrichtung ausschließlich allgemeine, aus der Tätigkeit und Aufgabenstellung der Mitgliederkörperschaften erwachsene Interessen wahrnimmt. Nach § 57 Abs. 2 AO wird eine Körperschaft, in der steuerbegünstigte Körperschaften zusammengefasst sind, einer Körperschaft gleichgestellt, die unmittelbar steuerbegünstigte Zwecke verfolgt. Voraussetzung ist, dass jede der zusammengefassten Körperschaften sämtliche Voraussetzungen für die Steuerbegünstigung erfüllt. Verfolgt eine solche Körperschaft selbst unmittelbar steuerbegünstigte Zwecke, ist die bloße Mitgliedschaft einer nicht steuerbegünstigten Organisation für die Steuerbegünstigung unschädlich. Die Körperschaft darf die nicht steuerbegünstigte Organisation aber nicht mit Rat und Tat fördern (z. B. Zuweisung von Mitteln, Rechtsberatung).

Zu § 57 Abs. 3 AO:

4. Das planmäßige Zusammenwirken mit mindestens einer weiteren Körperschaft, die im Übrigen die Voraussetzungen der §§ 51 bis 68 AO erfüllt, ist ein Fall der unmittelbaren Zweckverwirklichung. Körperschaften können damit steuerbegünstigt arbeitsteilig vorgehen, um gemeinsam einen steuerbegünstigten Zweck zu verfolgen. Wenn mehrere Körperschaften, die außer dem Unmittelbarkeitsgrundsatz alle Voraussetzungen der §§ 51 bis 68 AO erfüllen, satzungsgemäß durch planmäßiges Zusammenwirken einen gemeinnützigen Zweck verfolgen, ist das Kriterium der Unmittelbarkeit für alle beteiligten Körperschaften erfüllt.

5. Planmäßiges Zusammenwirken bedeutet das gemeinsame, inhaltlich aufeinander abgestimmte und koordinierte Wirken von zwei oder mehreren steuerbegünstigten Körperschaften, um einen ihrer steuerbegünstigten Satzungszwecke zu verwirklichen.

Zusammenwirken umfasst alle Tätigkeiten, die geeignet sind, die Verwirklichung der eigenen satzungsmäßigen Zwecke in Kooperation mit einer anderen Körperschaft zu erfüllen. Hierzu können neben Dienstleistungen und Warenlieferungen auch Nutzungsüberlassungen gehören. Ein planmäßiges Zusammenwirken liegt z. B. vor, wenn ein Krankenhaus eine zum Zweckbetrieb i. S. d. § 67 AO gehörende Wäscherei auf eine GmbH ausgliedert und die Wäscherei weiterhin Leistungen an das Krankenhaus erbringt.

§ 57 Abs. 3 AO erfordert nicht den Leistungsaustausch zwischen zwei Körperschaften, sondern ein „satzungsmäßiges planmäßiges Zusammenwirken". Dieses Zusammenwirken kann auch in der Weise erfolgen, dass mehrere Körperschaften unterschiedliche Leistungselemente an einen selbst nicht steuerbegünstigten Dritten erbringen, wenn diese Leistungselemente durch ihr Zusammenwirken in die Förderung eines gemeinsamen steuerbegünstigten Zwecks münden.

6. Die Anforderung an den eigenen Beitrag einer Körperschaft besteht darin, dass sie selbst arbeitsteilig zur Verwirklichung der steuerbegünstigten Zwecke beitragen muss. Eine bloße Vergabe von Aufträgen für ein Projekt, ohne Eigenleistung in diesem Projekt selbst, ist beispielsweise nicht ausreichend.

    Das planmäßige Zusammenwirken erfordert keine Wiederholungsabsicht und keine finanzielle Eingliederung, so dass auch Kooperationen zwischen gesellschafts- oder verbandsrechtlich nicht verbundenen Körperschaften möglich sind.

7. Ein planmäßiges Zusammenwirken kann auch mit steuerbegünstigten Betrieben gewerblicher Art juristischer Personen des öffentlichen Rechts erfolgen, nicht aber mit juristischen Personen des öffentlichen Rechts als solchen.

8. Das Zusammenwirken mit anderen Körperschaften zur Verwirklichung des eigenen steuerbegünstigten Satzungszwecks muss in der Satzung als Art der Zweckverwirklichung festgehalten sein. Die Körperschaften, mit denen kooperiert wird, und die Art und Weise der Kooperation müssen in den Satzungen der Beteiligten bezeichnet werden.

    Bei mehreren Kooperationspartnern genügt es, wenn diese anhand der Satzung konkret nachvollziehbar sind, beispielsweise bei einer Kooperation innerhalb eines Konzern- oder Unternehmensverbundes durch Bezeichnung des Konzerns oder des Unternehmensverbundes. Eine namentliche Benennung der einzelnen Kooperationspartner muss sich dann aus einer Aufstellung ergeben, die der Finanzverwaltung bei Beginn der Kooperation und bei Änderung der Kooperationspartner zusätzlich zur Satzung vorzulegen ist.

9. Das planmäßige Zusammenwirken kann bereits vor der zivilrechtlichen Wirksamkeit (in der Regel Registereintragung oder Anerkennung/Genehmigung) bei den kooperierenden Körperschaften erfolgen, wenn darüber ein wirksamer Organbeschluss vorliegt, das Verfahren zum Eintritt der zivilrechtlichen Wirksamkeit eingeleitet wurde und diese später auch eintritt. Die zivilrechtliche Wirksamkeit muss aber grundsätzlich zumindest bei der Körperschaft vorliegen, die sich auf § 57 Absatz 3 AO beruft. Bei Neugründungsfällen siehe Nr. 4 des AEAO zu § 60a.

10. Eine Körperschaft, die sich auf § 57 Abs. 3 AO beruft, darf darauf vertrauen, dass die Körperschaft, mit der sie zusammenwirkt, steuerbegünstigt nach § 5 Abs. 1 Nr. 9 KStG ist, wenn sie sich deren Satzung und einen der in § 58a Abs. 2 AO genannten Nachweise hat vorlegen lassen. § 58a Abs. 3 Nr. 1 AO ist entsprechend anzuwenden.

11. Leistungen, die in Verwirklichung des gemeinsamen Zwecks im Rahmen eines wirtschaftlichen Geschäftsbetriebs erfolgen, werden innerhalb eines Zweckbetriebs erbracht, wenn die gesetzlichen Voraussetzungen der

§§ 65 ff. AO erfüllt sind. Für die Prüfung der Voraussetzungen des Zweckbetriebs im Sinne der §§ 65 ff. AO sind die aufgrund des planmäßigen Zusammenwirkens ausgeübten Tätigkeiten aller beteiligten Körperschaften in ihrer Gesamtheit zu beurteilen. Wenn aufgrund des planmäßigen Zusammenwirkens ein Tatbestand der §§ 65 ff. AO erfüllt ist, dann ist diese zweckbetriebliche Beurteilung für alle beteiligten Körperschaften maßgeblich.

Für die Erbringung von Leistungen außerhalb des gemeinsamen steuerbegünstigten Zwecks gelten die allgemeinen Regelungen, sodass beispielsweise Leistungen an steuerpflichtige Dritte weiterhin regelmäßig einen steuerpflichtigen wirtschaftlichen Geschäftsbetrieb begründen.

Ausschlaggebend für die gemeinnützigkeitsrechtliche Beurteilung ist der Charakter der Tätigkeiten aller beteiligten Körperschaften. Eine isolierende Betrachtung darf nicht vorgenommen werden.

Tätigkeiten werden damit dann noch in Verwirklichung des gemeinsamen steuerbegünstigten Zwecks erbracht, wenn diese auch dem steuerbegünstigten Bereich (Zweckbetrieb oder ideelle Tätigkeit) zugeordnet werden könnten, wenn sie alle von einer Körperschaft ausgeübt worden wären. Begünstigt können z. B. gemeinschaftliche Serviceleistungen, wie Buchhaltung oder Beschaffungsstellen sowie Nutzungsüberlassungen und Vermietungen sein.

12. Die beim planmäßigen Zusammenwirken im Zweckbetrieb oder im ideellen Bereich eingesetzten Wirtschaftsgüter (z. B. Grundstücke) sind auch bei den zusammenwirkenden Körperschaften dem Zweckbetrieb bzw. dem ideellen Bereich zuzuordnen. Sie können deshalb mit zeitnah zu verwendenden Mitteln finanziert werden. Eine Körperschaft darf insoweit zeitnah zu verwendende Mittel auch für die Finanzierung von Wirtschaftsgütern verwenden, die sie einer anderen steuerbegünstigten Körperschaft in einer Kooperation nach § 57 Abs. 3 AO zur Nutzung überlässt oder im Zusammenwirken mit einer anderen gemeinnützigen Körperschaft einsetzt. Beteiligungen an anderen kooperierenden steuerbegünstigten Körperschaften sind dem ideellen Bereich zuzuordnen (vgl. Nr. 14 des AEAO zu § 57 Abs. 4 AO).

Zu § 57 Abs. 4 AO

13. Nach Absatz 4 wird durch das Halten und Verwalten von Anteilen an steuerbegünstigten Kapitalgesellschaften der Grundsatz der Unmittelbarkeit erfüllt (Holdingstrukturen). Dabei genügt auch die Beteiligung an nur einer steuerbegünstigten Kapitalgesellschaft. Eine Mindestbeteiligungsquote ist nicht erforderlich. Das schließt aber nicht aus, dass eine solche steuerbegünstigte Holdinggesellschaft auch Anteile an steuerpflichtigen Kapitalgesellschaften halten kann. Die übrigen Voraussetzungen der §§ 51 ff. AO (insbesondere Grundsätze der Selbstlosigkeit und der Ausschließlichkeit, §§ 55, 56 AO) müssen dennoch vorliegen.

14. Eine Beteiligung, die nach § 57 Abs. 4 AO zur unmittelbaren Verfolgung der eigenen steuerbegünstigten Zwecke an einer steuerbegünstigten Kapitalgesellschaft gehalten und verwaltet wird, ist dem ideellen Bereich zuzuordnen, wenn die steuerbegünstigten Zwecke der gehaltenen Beteiligungsgesell-

schaft in den eigenen steuerbegünstigten Zwecken enthalten sind. Die Einnahmen aus dieser Beteiligung sind dann keine Einnahmen der Vermögensverwaltung, sondern Einnahmen im ideellen Bereich.

15. Bei den Anteilen an den steuerbegünstigten Kapitalgesellschaften handelt es sich um sogenanntes nutzungsgebundenes Vermögen (§ 55 Abs. 1 Nr. 5 Satz 2 AO). Damit wird der Einsatz zeitnah zu verwendender Mittel ermöglicht. Die Ausgliederung von Zweckbetrieben auf eine steuerbegünstigte Kapitalgesellschaft, bei der die übertragende Körperschaft als Gegenleistung Anteile an der übernehmenden Kapitalgesellschaft erhält und die Beteiligung bei der übertragenden Körperschaft dem ideellen Bereich zugeordnet wird, führt damit nicht zu einem Wiederaufleben der Pflicht zur zeitnahen Mittelverwendung.

16. Soweit eine Holdinggesellschaft entgeltliche Leistungen, wie z. B. Buchführung, gegenüber den Kapitalgesellschaften ausführt, an denen sie beteiligt ist, sind diese Leistungen grundsätzlich als steuerpflichtiger wirtschaftlicher Geschäftsbetrieb zu qualifizieren. Die Möglichkeit der steuerbegünstigten Leistungserbringung innerhalb einer Kooperation nach § 57 Abs. 3 AO oder einer Dienstleistungserbringung, Nutzungsüberlassung oder Warenlieferung nach § 58 Nr. 1 AO bleibt davon unberührt.

§ 58 Steuerlich unschädliche Betätigungen (S 0177)

Die Steuervergünstigung wird nicht dadurch ausgeschlossen, dass

1. eine Körperschaft einer anderen Körperschaft oder einer juristischen Person des öffentlichen Rechts Mittel für die Verwirklichung steuerbegünstigter Zwecke zuwendet. ²Mittel sind sämtliche Vermögenswerte der Körperschaft. ³Die Zuwendung von Mitteln an eine beschränkt oder unbeschränkt steuerpflichtige Körperschaft des privaten Rechts setzt voraus, dass diese selbst steuerbegünstigt ist. ⁴Beabsichtigt die Körperschaft, als einzige Art der Zweckverwirklichung Mittel anderen Körperschaften oder juristischen Personen des öffentlichen Rechts zuzuwenden, ist die Mittelweitergabe als Art der Zweckverwirklichung in der Satzung zu benennen,

2. (weggefallen)

3. eine Körperschaft ihre Überschüsse der Einnahmen über die Ausgaben aus der Vermögensverwaltung, ihre Gewinne aus den wirtschaftlichen Geschäftsbetrieben ganz oder teilweise und darüber hinaus höchstens 15 Prozent ihrer sonstigen nach § 55 Absatz 1 Nummer 5 zeitnah zu verwendenden Mittel einer anderen steuerbegünstigten Körperschaft oder einer juristischen Person des öffentlichen Rechts zur Vermögensausstattung zuwendet. ²Die aus den Vermögenserträgen zu verwirklichenden steuerbegünstigten Zwecke müssen den steuerbegünstigten satzungsmäßigen Zwecken der zuwendenden Körperschaft entsprechen. ³Die nach dieser Nummer zugewandten Mittel und deren Erträge dürfen nicht für weitere Mittelweitergaben im Sinne des ersten Satzes verwendet werden,

4. eine Körperschaft ihre Arbeitskräfte anderen Personen, Unternehmen, Einrichtungen oder einer juristischen Person des öffentlichen Rechts für steuerbegünstigte Zwecke zur Verfügung stellt,

5. eine Körperschaft ihr gehörende Räume einer anderen, ebenfalls steuerbegünstigten Körperschaft oder einer juristischen Person des öffentlichen Rechts zur Nutzung zu steuerbegünstigten Zwecken überlässt,

6. eine Stiftung einen Teil, jedoch höchstens ein Drittel ihres Einkommens dazu verwendet, um in angemessener Weise den Stifter und seine nächsten Angehörigen zu unterhalten, ihre Gräber zu pflegen und ihr Andenken zu ehren,

7. eine Körperschaft gesellige Zusammenkünfte veranstaltet, die im Vergleich zu ihrer steuerbegünstigten Tätigkeit von untergeordneter Bedeutung sind,

8. ein Sportverein neben dem unbezahlten auch den bezahlten Sport fördert,

9. eine von einer Gebietskörperschaft errichtete Stiftung zur Erfüllung ihrer steuerbegünstigten Zwecke Zuschüsse an Wirtschaftsunternehmen vergibt,

10. eine Körperschaft Mittel zum Erwerb von Gesellschaftsrechten zur Erhaltung der prozentualen Beteiligung an Kapitalgesellschaften im Jahr des Zuflusses verwendet. ²Dieser Erwerb mindert die Höhe der Rücklage nach § 62 Absatz 1 Nummer 3.

AEAO zu § 58 - Steuerlich unschädliche Betätigungen:

Zu § 58 Nr. 1 AO:

1. Diese Ausnahmeregelung ermöglicht es, Körperschaften als steuerbegünstigt anzuerkennen, die andere Körperschaften durch die vollständige oder teilweise Weitergabe bzw. Zuwendung eigener Mittel fördern. Mittel sind nicht nur Bar- oder Buchgeld, sondern auch alle anderen Vermögenswerte. Auch Nutzungsüberlassungen, Warenlieferungen und die Erbringung von Dienstleistungen unterfallen dem Begriff der Mittel. Sind diese Gegenstand einer Kooperation nach § 57 Abs. 3 AO, richtet sich deren Behandlung nach § 57 Abs. 3 AO.

2. Als Mittelempfänger kommen in Betracht

    - inländische steuerbegünstigte Körperschaften,

    - in § 5 Abs. 2 Nr. 2 KStG aufgeführte Körperschaften (beschränkt steuerpflichtige Körperschaften aus EU/EWR-Staaten),

    - inländische und ausländische juristische Personen des öffentlichen Rechts,

    - ausländische Körperschaften, die nicht beschränkt steuerpflichtig sind, bei denen die spätere Verwendung der Mittel für steuerbegünstigte Zwecke ausreichend nachgewiesen wird, und

    - beschränkt steuerpflichtige Körperschaften aus Nicht-EU/EWR-Staaten, bei denen die spätere Verwendung der Mittel für steuerbegünstigte Zwecke ausreichend nachgewiesen wird.

3. Bei der Mittelzuwendung handelt es sich um eine Art der Zweckverwirklichung und nicht um einen eigenständigen steuerbegünstigten Zweck. Der steuerbegünstigte Zweck ist in der Satzung weiterhin separat anzugeben. Ist die einzige Art der Zweckverwirklichung die Weitergabe von Mitteln an andere Körperschaften oder juristische Personen des öffentlichen Rechts, muss dies in der Satzung benannt sein (Förderkörperschaft). Es ist nicht erforderlich, die Körperschaften, an die Mittel weitergegeben werden sollen, in der Satzung aufzuführen.

    Eine steuerbegünstigte Körperschaft, die einen Satzungszweck unmittelbar verfolgt und einen weiteren Satzungszweck ausschließlich durch Mittelweitergabe verwirklicht, muss sowohl die unmittelbare Zweckverfolgung als auch die Mittelweitergabe in der Satzung abbilden. Beispielsweise muss eine steuerbegünstigte Körperschaft, die satzungsmäßig die Zwecke Sport und Kultur fördert, aber nur den Zweck Sport unmittelbar und den Zweck Kultur durch Mittelweitergabe verwirklicht, auch die Förderung des Zwecks Kultur durch Mittelweitergabe als Art der Zweckverwirklichung in ihre Satzung aufnehmen.

Verwirklicht hingegen eine steuerbegünstigte Körperschaft einen Zweck sowohl unmittelbar als auch durch Mittelweitergabe, ist eine Satzungsklausel zur Mittelweitergabe nicht erforderlich. Beispielsweise muss eine steuerbegünstigte Körperschaft, die satzungsmäßig den Zweck Sport unmittelbar fördert und Mittel an eine andere steuerbegünstigte Körperschaft zur Förderung dieses Zwecks weitergibt, die Mittelweitergabe als Art der Zweckverwirklichung nicht in die Satzung aufnehmen.

Die Zwecke der hingebenden und empfangenden Körperschaft müssen im Übrigen nicht identisch sein. Das bedeutet, dass beispielsweise eine steuerbegünstigte Körperschaft, die satzungsmäßig unmittelbar nur den Zweck Sport fördert, auch Mittel an eine andere steuerbegünstigte Körperschaft, die beispielsweise den Zweck Kultur fördert, weitergeben darf, ohne diesen Zweck und die Mittelweitergabe in ihre Satzung aufnehmen zu müssen.

4. Ausschüttungen und sonstige Zuwendungen einer steuerbegünstigten Körperschaft sind abweichend von § 55 Abs. 1 Nr. 1 Satz 2 AO unschädlich, wenn die Gesellschafter oder Mitglieder als Begünstigte ausschließlich steuerbegünstigte Körperschaften sind. Entsprechendes gilt für Ausschüttungen und sonstige Zuwendungen an juristische Personen des öffentlichen Rechts, die die Mittel für steuerbegünstigte Zwecke verwenden. Zwar ist bei einer Weiterleitung (auch in Form einer verhinderten Vermögensmehrung) an eine juristische Person des öffentlichen Rechts das Tatbestandsmerkmal „zur Verwendung zu steuerbegünstigten Zwecken" nicht erfüllt, wenn die Mittel dem Gesamthaushalt der juristischen Person des öffentlichen Rechts zugutekommen und die juristische Person des öffentlichen Rechts neben den steuerbegünstigten Zwecken auch noch andere Zwecke verfolgt (BFH-Urteil vom 27.11.2013, I R 17/12, BStBl 2016 II S. 68). Dies ist jedoch unschädlich, wenn die Mittel nachweislich für steuerbegünstigte Zwecke verwendet werden.

5. Die Verwendung der zugewendeten Mittel hat i. S. d. § 55 Abs. 1 Nr. 5 AO zu erfolgen. Wird dagegen verstoßen, liegt eine Mittelfehlverwendung bei der Empfängerkörperschaft vor.

6. Nicht zeitnah zu verwendende Mittel der Geberkörperschaft (z. B. freie Rücklage) unterliegen jedoch auch bei der Empfängerkörperschaft nicht dem Gebot der zeitnahen Mittelverwendung.

7. Werden unentgeltlich oder lediglich gegen Kostenübernahme Nutzungen überlassen, Waren geliefert oder Dienstleistungen erbracht und diese Nutzungen, Warenlieferungen und Dienstleistungen bei der Empfängerkörperschaft dem steuerbegünstigten Bereich zugeordnet, sind diese bei der Geberkörperschaft dem ideellen Bereich bzw. dem Zweckbetrieb zuzuordnen. Folglich können die eingesetzten Vermögensgegenstände aus zeitnah zu verwendenden Mitteln finanziert werden.

Werden Nutzungsüberlassungen, Warenlieferungen oder Dienstleistungen gegen einen die entstandenen Kosten übersteigenden Betrag erbracht, sind diese grundsätzlich dem steuerpflichtigen wirtschaftlichen Geschäftsbetrieb bzw. der Vermögensverwaltung zuzuordnen und können damit nicht aus zeitnah zu verwendenden Mitteln finanziert werden. In diesem Fall findet § 58 Nr. 1 AO keine Anwendung.

Zu § 58 Nr. 3 AO:

8. Die Weitergabe der Gewinne aus wirtschaftlichen Geschäftsbetrieben (einschließlich Zweckbetriebe), der Überschüsse aus der Vermögensverwaltung sowie höchstens 15 % der sonstigen zeitnah zu verwendenden Mittel zur Vermögensausstattung einer anderen Körperschaft ist unschädlich. Maßgebend für die Ermittlung dieser Grenzen sind die Verhältnisse des vorangegangenen Kalender- oder Wirtschaftsjahres.

    Folgende Voraussetzungen müssen erfüllt sein:

    - Bei der Empfängerkörperschaft handelt es sich um eine steuerbegünstigte Körperschaft oder eine juristische Person des öffentlichen Rechts.

    - Die aus den Vermögenserträgen zu verwirklichenden steuerbegünstigten Zwecke der Empfängerkörperschaft müssen übereinstimmen mit den steuerbegünstigten satzungsmäßigen Zwecken der gebenden Körperschaft. Der mit den weitergegebenen Mitteln verfolgte Zweck muss sowohl von der Geber- als auch von der Empfängerkörperschaft gefördert werden. Beide Körperschaften können daneben aber auch noch weitere Zwecke fördern.

    - Die zugewandten Mittel und deren Erträge dürfen nicht für weitere Mittelweitergaben nach § 58 Nr. 3 AO zur Vermögensausstattung verwendet werden.

    - Die zugewandten Mittel und Erträge unterliegen bei der Empfängerkörperschaft der steuerbegünstigten Mittelverwendungspflicht. Erfolgt eine Verwendung für andere Zwecke, liegt eine Mittelfehlverwendung bei der Empfängerkörperschaft vor.

    In diesem Sinne ist auch die Vermögensausstattung einer steuerbegünstigten Kapitalgesellschaft (z. B. gGmbH), die denselben steuerbegünstigten Zweck verfolgt, durch die Hingabe von Kapital bei Neugründung oder im Rahmen einer Kapitalerhöhung erlaubt, nicht aber der Erwerb von Anteilen an einer bereits bestehenden Körperschaft. In den Fällen des § 57 Abs. 4 AO, siehe Nrn. 14 und 15 des AEAO zu § 57 Abs. 4.

Zu § 58 Nr. 4 AO:

9. Eine steuerlich unschädliche Betätigung liegt auch dann vor, wenn nicht nur Arbeitskräfte, sondern zugleich Arbeitsmittel (z. B. Krankenwagen) zur Verfügung gestellt werden.

Zu § 58 Nr. 5 AO:

10. Zu den „Räumen" i. S. d. § 58 Nr. 5 AO gehören beispielsweise auch Sportstätten, Sportanlagen und Freibäder.

Zu § 58 Nr. 6 AO:

11. Eine Stiftung darf einen Teil ihres Einkommens - höchstens ein Drittel - dazu verwenden, die Gräber des Stifters und seiner nächsten Angehörigen zu pflegen und deren Andenken zu ehren. In diesem Rahmen ist auch gestattet, dem Stifter und seinen nächsten Angehörigen Unterhalt zu gewähren.

    Unter Einkommen ist die Summe der Einkünfte aus den einzelnen Einkunftsarten des § 2 Abs. 1 EStG zu verstehen, unabhängig davon, ob die Einkünfte steuerpflichtig sind oder nicht. Positive und negative Einkünfte sind zu saldieren. Die Verlustverrechnungsbeschränkungen des EStG sind dabei mit Ausnahme der des § 15a EStG unbeachtlich.

    Bei der Ermittlung der Einkünfte sind von den Einnahmen die damit zusammenhängenden Aufwendungen einschließlich der Abschreibungsbeträge abzuziehen.

    Zur steuerrechtlichen Beurteilung von Ausgaben für die Erfüllung von Verbindlichkeiten, die durch die Übertragung von belastetem Vermögen begründet worden sind, wird auf die Nrn. 12 bis 14 des AEAO zu § 55 hingewiesen.

12. Der Begriff des nächsten Angehörigen ist enger als der Begriff des Angehörigen nach § 15 AO. Er umfasst:

    - Ehegatten und Lebenspartner,
    - Eltern, Großeltern, Kinder, Enkel (auch falls durch Adoption verbunden),
    - Geschwister,
    - Pflegeeltern, Pflegekinder.

13. Unterhalt, Grabpflege und Ehrung des Andenkens müssen sich in angemessenem Rahmen halten. Damit ist neben der relativen Grenze von einem Drittel des Einkommens eine gewisse absolute Grenze festgelegt. Maßstab für die Angemessenheit des Unterhalts ist der Lebensstandard des Zuwendungsempfängers. Leistungen mit Ausschüttungscharakter, z. B. in Höhe eines Prozentsatzes der Erträge, sind unzulässig.

14. § 58 Nr. 6 AO enthält lediglich eine Ausnahmeregelung zu § 55 Abs. 1 Nr. 1 AO für Stiftungen (vgl. Nr. 15 des AEAO zu § 55), begründet jedoch keinen eigenständigen steuerbegünstigten Zweck. Eine Stiftung, zu deren Satzungszwecken die Unterstützung von hilfebedürftigen Verwandten des Stifters gehört, kann daher nicht unter Hinweis auf § 58 Nr. 6 AO als steuerbegünstigt behandelt werden.

Zu § 58 Nr. 7 AO:

15. Gesellige Zusammenkünfte, die im Vergleich zur steuerbegünstigten Tätigkeit nicht von untergeordneter Bedeutung sind, schließen die Steuervergünstigung aus.

Zu § 58 Nr. 9:

16. Diese Ausnahmeregelung ermöglicht es den ausschließlich von einer oder mehreren Gebietskörperschaften errichteten rechtsfähigen und nichtrechtsfähigen Stiftungen, die Erfüllung ihrer steuerbegünstigten Zwecke mittelbar durch Zuschüsse an Wirtschaftsunternehmen zu verwirklichen. Diese mittelbare Zweckverwirklichung muss in der Satzung festgelegt sein. Die Verwendung der Zuschüsse für steuerbegünstigte Satzungszwecke muss nachgewiesen werden.

Zu § 58 Nr. 10 AO:

17. Die Verwendung von Mitteln zum Erwerb von Gesellschaftsrechten zur Erhaltung der prozentualen Beteiligung an Kapitalgesellschaften schließt die Steuervergünstigungen nicht aus (§ 58 Nr. 10 AO). Die Herkunft der Mittel ist dabei ohne Bedeutung. § 58 Nr. 10 AO ist nicht auf den erstmaligen Erwerb von Anteilen an Kapitalgesellschaften anzuwenden. Hierfür können u. a. freie Rücklagen nach § 62 Abs. 1 Nr. 3 AO eingesetzt werden.

   Die Höchstgrenze für die Zuführung zu der freien Rücklage vermindert sich um den Betrag, den die Körperschaft zum Erwerb von Gesellschaftsrechten zur Erhaltung der prozentualen Beteiligung an Kapitalgesellschaften ausgibt oder bereitstellt. Übersteigt der für die Erhaltung der Beteiligungsquote verwendete oder bereitgestellte Betrag die Höchstgrenze, ist auch in den Folgejahren eine Zuführung zu der freien Rücklage erst wieder möglich, wenn die für eine freie Rücklage verwendbaren Mittel insgesamt die für die Erhaltung der Beteiligungsquote verwendeten oder bereitgestellten Mittel übersteigen.

   Beispiel:

   Die Körperschaft erzielt im Jahr 01 folgende Überschüsse bzw. vereinnahmt folgende Mittel i. S. d. des § 55 Abs. 1 Nr. 5 AO:

Überschuss Vermögensverwaltung:	21.000 €
Mittel i. S. d. § 55 Abs. 1 Nr. 5 AO:	30.000 €

   Im Jahr 01 werden 2.500 € für den Erwerb von Anteilen zum Erhalt der prozentualen Beteiligung eingesetzt.

   Ermittlung der freien Rücklage im Jahr 01 unter Beachtung des § 62 Abs. 1 Nr. 3 AO

		Freie Rücklage
Überschuss Vermögensverwaltung	21.000 €	7.000 €
Mittel i. S. d. § 55 Abs. 1 Nr. 5 AO	30.000 €	3.000 €
Gesamt		10.000 €

Der Höchstbetrag für die freie Rücklage im Jahr 01 i. H. v. 10.000 € ist um die Mittel zu kürzen, die für den Erwerb der Anteile zum Erhalt der prozentualen Beteiligung eingesetzt wurden.

Im Jahr 01 kann eine freie Rücklage demnach nur in Höhe von 7.500 € gebildet werden.

Zu § 58 Nr. 2 bis 10 AO:

18. Die in § 58 Nrn. 3 bis 8 AO genannten Ausnahmetatbestände können auch ohne entsprechende Satzungsbestimmung verwirklicht werden. Entgeltliche Tätigkeiten nach § 58 Nr. 4, 5 oder 7 AO begründen einen steuerpflichtigen wirtschaftlichen Geschäftsbetrieb oder Vermögensverwaltung (z. B. Raumüberlassung), sofern kein Fall des § 58 Nr. 1 AO (vgl. Nr. 7 des AEAO zu § 58 Nr. 1) oder des § 57 Abs. 3 AO vorliegt. Bei den Regelungen des § 58 Nr. 6 und 9 AO kommt es jeweils nicht auf die Bezeichnung der Körperschaft als Stiftung, sondern auf die tatsächliche Rechtsform an. Dabei ist es unmaßgeblich, ob es sich um eine rechtsfähige oder nichtrechtsfähige Stiftung handelt.

§ 58a Vertrauensschutz bei Mittelweitergaben (S 0177-a)

(1) Wendet eine steuerbegünstigte Körperschaft Mittel einer anderen Körperschaft zu, darf sie unter den Voraussetzungen des Absatzes 2 darauf vertrauen, dass die empfangende Körperschaft

1. **nach § 5 Absatz 1 Nummer 9 des Körperschaftsteuergesetzes im Zeitpunkt der Zuwendung steuerbegünstigt ist und**

2. **die Zuwendung für steuerbegünstigte Zwecke verwendet.**

(2) Das Vertrauen der zuwendenden Körperschaft nach Absatz 1 ist nur schutzwürdig, wenn sich die zuwendende Körperschaft zum Zeitpunkt der Zuwendung die Steuerbegünstigung der empfangenden Körperschaft nach § 5 Absatz 1 Nummer 9 des Körperschaftsteuergesetzes hat nachweisen lassen durch eine Ausfertigung

1. **der Anlage zum Körperschaftsteuerbescheid, deren Datum nicht länger als fünf Jahre zurückliegt oder**

2. **des Freistellungsbescheids, dessen Datum nicht länger als fünf Jahre zurückliegt oder**

3. **des Bescheids über die Feststellung der Einhaltung der satzungsmäßigen Voraussetzungen nach § 60a Absatz 1, dessen Datum nicht länger als drei Jahre zurückliegt, wenn der empfangenden Körperschaft bisher kein Freistellungsbescheid oder keine Anlage zum Körperschaftsteuerbescheid erteilt wurde.**

(3) Absatz 1 ist nicht anzuwenden, wenn

1. **der zuwendenden Körperschaft die Unrichtigkeit eines Verwaltungsakts nach Absatz 2 bekannt ist oder infolge grober Fahrlässigkeit nicht bekannt war oder**

2. die zuwendende Körperschaft eine Verwendung für nicht steuerbegünstigte Zwecke durch die empfangende Körperschaft veranlasst hat.

AEAO zu § 58a – Vertrauensschutz bei Mittelweitergaben:

1. Die Vertrauensschutzregelung gilt für alle Mittelzuwendungen einer steuerbegünstigten Körperschaft an andere, ebenfalls steuerbegünstigte Körperschaften. Sie ist auch auf die Übertragung von Mitteln auf Grundlage der Vermögensbindungsklausel des § 55 Abs. 1 Nr. 4 Satz 2 AO anwendbar.

2. Bei Zuwendungen an juristische Personen des öffentlichen Rechts für die Verwirklichung steuerbegünstigter Zwecke gilt - unabhängig von § 58a AO - stets der Vertrauensschutz, weil die Verwaltung nach Art. 20 Abs. 3 des Grundgesetzes an Gesetz und Recht gebunden ist, so dass Zuwendende darauf vertrauen dürfen, dass eine juristische Person des öffentlichen Rechts die zugewendeten Mittel entsprechend ihrer Bestimmung für steuerbegünstigte Zwecke verwendet.

3. Ausreichend für den Nachweis des geschützten Vertrauens im Sinne des § 58a Abs. 2 AO ist eine (elektronische) Kopie der in Nr. 1 bis 3 genannten Unterlagen.

§ 59 Voraussetzung der Steuervergünstigung (S 0178)

Die Steuervergünstigung wird gewährt, wenn sich aus der Satzung, dem Stiftungsgeschäft oder der sonstigen Verfassung (Satzung im Sinne dieser Vorschriften) ergibt, welchen Zweck die Körperschaft verfolgt, dass dieser Zweck den Anforderungen der §§ 52 bis 55 entspricht und dass er ausschließlich und unmittelbar verfolgt wird; die tatsächliche Geschäftsführung muss diesen Satzungsbestimmungen entsprechen.

AEAO zu § 59 - Voraussetzung der Steuervergünstigung:

1. Die Vorschrift bestimmt u. a., dass die Steuervergünstigung nur gewährt wird, wenn ein steuerbegünstigter Zweck (§§ 52 bis 54 AO), die Selbstlosigkeit (§ 55 AO) und die ausschließliche und unmittelbare Zweckverfolgung (§§ 56, 57 AO) durch die Körperschaft aus der Satzung direkt hervorgehen. Eine weitere satzungsmäßige Voraussetzung in diesem Sinn ist die in § 61 AO geforderte Vermögensbindung. Das Unterhalten wirtschaftlicher Geschäftsbetriebe (§ 14 Satz 1 und 2 AO und § 64 AO), die keine Zweckbetriebe (§§ 65 bis 68 AO) sind, und die Vermögensverwaltung (§ 14 Satz 3 AO) dürfen nicht Satzungszweck sein. Die Erlaubnis zur Unterhaltung eines Nicht-Zweckbetriebs und die Vermögensverwaltung in der Satzung können zulässig sein (BFH-Urteil vom 18.12.2002, I R 15/02, BStBl 2003 II S. 384). Bei Körperschaften, die ausschließlich Mittel anderer Körperschaften oder juristischen Personen des öffentlichen Rechts zuwenden (§ 58 Nr. 1 Satz 4 AO), kann in der Satzung auf das Gebot der Unmittelbarkeit verzichtet werden.

2. Bei mehreren Betrieben gewerblicher Art einer juristischen Person des öffentlichen Rechts ist für jeden Betrieb gewerblicher Art eine eigene Satzung erforderlich.

3. Ein besonderes Anerkennungsverfahren ist im steuerlichen Gemeinnützigkeitsrecht nicht vorgesehen. Ob eine Körperschaft steuerbegünstigt ist, entscheidet das Finanzamt im Veranlagungsverfahren durch Steuerbescheid (ggf. Freistellungsbescheid). Die Steuerbefreiung soll spätestens alle drei Jahre überprüft werden. Der erste Prüfungszeitraum bei neu gegründeten steuerbegünstigten Körperschaften soll im Regelfall mindestens sechs Monate aber maximal 18 Monate betragen. Für im zweiten Halbjahr neu gegründete Körperschaften liegt somit ein jahresübergreifender Prüfungszeitraum vor. Bei der Überprüfung hat das Finanzamt von Amts wegen die tatsächlichen und rechtlichen Verhältnisse zu ermitteln, die für die Steuerpflicht und für die Bemessung der Steuer wesentlich sind. Eine Körperschaft, bei der nach dem Ergebnis dieser Prüfung die gesetzlichen Voraussetzungen für die steuerliche Behandlung als steuerbegünstigte Körperschaft vorliegen, muss deshalb auch als solche behandelt werden, und zwar ohne Rücksicht darauf, ob ein entsprechender Antrag gestellt worden ist oder nicht. Ein Verzicht auf die Behandlung als steuerbegünstigte Körperschaft ist somit für das Steuerrecht unbeachtlich.

4. Wird bei einer Körperschaft, die bereits nach § 5 Abs. 1 Nr. 9 KStG steuerbefreit war, im Rahmen der Veranlagung festgestellt, dass die Satzung nicht den

Anforderungen des Gemeinnützigkeitsrechts genügt, dürfen aus Vertrauensschutzgründen hieraus keine nachteiligen Folgerungen für die Vergangenheit gezogen werden. Die Körperschaft ist trotz der fehlerhaften Satzung für abgelaufene Veranlagungszeiträume und für das Kalenderjahr, in dem die Satzung beanstandet wird, als steuerbegünstigt zu behandeln. Dies gilt nicht, wenn bei der tatsächlichen Geschäftsführung gegen Vorschriften des Gemeinnützigkeitsrechts verstoßen wurde.

Die Vertreter der Körperschaft sind aufzufordern, die zu beanstandenden Teile der Satzung so zu ändern, dass die Körperschaft die satzungsmäßigen Voraussetzungen für die Steuervergünstigung erfüllt. Hierfür ist eine angemessene Frist zu setzen. Vereinen soll dabei in der Regel eine Beschlussfassung in der nächsten ordentlichen Mitgliederversammlung ermöglicht werden. Wird die Satzung innerhalb der gesetzten Frist entsprechend den Vorgaben des Finanzamts geändert, ist die Steuervergünstigung für das der Beanstandung der Satzung folgende Kalenderjahr auch dann anzuerkennen, wenn zu Beginn des Kalenderjahres noch keine ausreichende Satzung vorgelegen hat.

Die vorstehenden Grundsätze gelten nicht, wenn die Körperschaft die Satzung geändert hat und eine geänderte Satzungsvorschrift zu beanstanden ist. In diesen Fällen fehlt es an einer Grundlage für die Gewährung von Vertrauensschutz.

§ 60 Anforderungen an die Satzung (S 0179)

(1) ¹Die Satzungszwecke und die Art ihrer Verwirklichung müssen so genau bestimmt sein, dass auf Grund der Satzung geprüft werden kann, ob die satzungsmäßigen Voraussetzungen für Steuervergünstigungen gegeben sind. ²Die Satzung muss die in der Anlage 1 bezeichneten Festlegungen enthalten.

(2) Die Satzung muss den vorgeschriebenen Erfordernissen bei der Körperschaftsteuer und bei der Gewerbesteuer während des ganzen Veranlagungs- oder Bemessungszeitraums, bei den anderen Steuern im Zeitpunkt der Entstehung der Steuer entsprechen.

Anlage 1 (zu § 60)

Mustersatzung
für Vereine, Stiftungen, Betriebe gewerblicher Art von juristischen Personen des öffentlichen Rechts, geistliche Genossenschaften
und Kapitalgesellschaften

(nur aus steuerlichen Gründen notwendige Bestimmungen)

§ 1

Der - Die _____ Körperschaft
mit Sitz in _____
verfolgt ausschließlich und unmittelbar - gemeinnützige - mildtätige - kirchliche - Zwecke (nicht verfolgte Zwecke streichen) im Sinne des Abschnitts „Steuerbegünstigte Zwecke" der Abgabenordnung.

Zweck des Vereins ist _____

_____

(z. B. die Förderung von Wissenschaft und Forschung, Jugend- und Altenhilfe, Erziehung, Volks- und Berufsbildung, Kunst und Kultur, Landschaftspflege, Umweltschutz, des öffentlichen Gesundheitswesens, des Sports, Unterstützung hilfsbedürftiger Personen).

Der Satzungszweck wird verwirklicht insbesondere durch

(z. B. Durchführung wissenschaftlicher Veranstaltungen und Forschungsvorhaben, Vergabe von Forschungsaufträgen, Unterhaltung einer Schule, einer Erziehungsberatungsstelle, Pflege von Kunstsammlungen, Pflege des Liedgutes und des Chorgesanges, Errichtung von Naturschutzgebieten, Unterhaltung eines Kindergartens, Kinder-, Jugendheimes, Unterhaltung eines Altenheimes, eines Erholungsheimes, Bekämpfung des Drogenmissbrauchs, des Lärms, Förderung sportlicher Übungen und Leistungen).

§ 2
Die Körperschaft ist selbstlos tätig; sie verfolgt nicht in erster Linie eigenwirtschaftliche Zwecke.

§ 3
Mittel der Körperschaft dürfen nur für die satzungsmäßigen Zwecke verwendet werden. Die Mitglieder erhalten keine Zuwendungen aus Mitteln der Körperschaft.

§ 4
Es darf keine Person durch Ausgaben, die dem Zweck der Körperschaft fremd sind, oder durch unverhältnismäßig hohe Vergütungen begünstigt werden.

§ 5
Bei Auflösung oder Aufhebung der Körperschaft oder bei Wegfall steuerbegünstigter Zwecke fällt das Vermögen der Körperschaft
1. an - den - die - das -

    (Bezeichnung einer juristischen Person des öffentlichen Rechts oder einer anderen steuerbegünstigten Körperschaft), – der – die – das – es unmittelbar und ausschließlich für gemeinnützige, mildtätige oder kirchliche Zwecke zu verwenden hat.

oder

2. an eine juristische Person des öffentlichen Rechts oder eine andere steuerbegünstigte Körperschaft zwecks Verwendung für

    (Angabe eines bestimmten gemeinnützigen, mildtätigen oder kirchlichen Zwecks, z. B. Förderung von Wissenschaft und Forschung, Erziehung, Volks- und Berufsbildung, der Unterstützung von Personen, die im Sinne von § 53 der Abgabenordnung wegen

    bedürftig sind, Unterhaltung des Gotteshauses in
).

Weitere Hinweise
Bei **Betrieben gewerblicher Art von juristischen Personen des öffentlichen Rechts, bei den von einer juristischen Person des öffentlichen Rechts verwalteten unselbständigen Stiftungen und bei geistlichen Genossenschaften** (Orden, Kongregationen) ist folgende Bestimmung aufzunehmen:

§ 3 Absatz 2:
„Der - die - das -
erhält bei Auflösung oder Aufhebung der Körperschaft oder bei Wegfall steuerbegünstigter Zwecke nicht mehr als – seine – ihre – eingezahlten Kapitalanteile und den gemeinen Wert seiner – ihrer – geleisteten Sacheinlagen zurück."

Bei **Stiftungen** ist diese Bestimmung nur erforderlich, wenn die Satzung dem Stifter einen Anspruch auf Rückgewähr von Vermögen einräumt. Fehlt die Regelung, wird das eingebrachte Vermögen wie das übrige Vermögen behandelt.
Bei **Kapitalgesellschaften** sind folgende ergänzende Bestimmungen in die Satzung aufzunehmen:

1. § 3 Absatz 1 Satz 2:
   „Die Gesellschafter dürfen keine Gewinnanteile und auch keine sonstigen Zuwendungen aus Mitteln der Körperschaft erhalten."
2. § 3 Absatz 2:
   „Sie erhalten bei ihrem Ausscheiden oder bei Auflösung der Körperschaft oder bei Wegfall steuerbegünstigter Zwecke nicht mehr als ihre eingezahlten Kapitalanteile und den gemeinen Wert ihrer geleisteten Sacheinlagen zurück."
3. § 5:
   „Bei Auflösung der Körperschaft oder bei Wegfall steuerbegünstigter Zwecke fällt das Vermögen der Körperschaft, soweit es die eingezahlten Kapitalanteile der Gesellschafter und den gemeinen Wert der von den Gesellschaftern geleisteten Sacheinlagen übersteigt, _____ "

§ 3 Absatz 2 und der Satzteil „soweit es die eingezahlten Kapitalanteile der Gesellschafter und den gemeinen Wert der von den Gesellschaftern geleisteten Sacheinlagen übersteigt," in § 5 sind nur erforderlich, wenn die Satzung einen Anspruch auf Rückgewähr von Vermögen einräumt.

AEAO zu § 60 - Anforderungen an die Satzung:

1. Die Satzung muss so präzise gefasst sein, dass aus ihr unmittelbar entnommen werden kann, ob die Voraussetzungen der Steuerbegünstigung vorliegen (formelle Satzungsmäßigkeit). Die bloße Bezugnahme auf Satzungen oder andere Regelungen Dritter genügt nicht (BFH-Urteil vom 19.4.1989, I R 3/88, BStBl II S. 595).

2. Die Satzung muss die in der Mustersatzung bezeichneten Festlegungen enthalten, soweit sie für die jeweilige Körperschaft im Einzelfall einschlägig sind. Unter anderem sind in folgenden Fällen Abweichungen vom Wortlaut der Mustersatzung möglich:

    a) Bei Förderkörperschaften (§ 58 Nr. 1 Satz 4 AO) kann entgegen § 1 der Mustersatzung auf das Gebot der Unmittelbarkeit verzichtet werden (vgl. Nr. 1 des AEAO zu § 59).

    b) Insbesondere bei Stiftungen ist der in § 3 der Mustersatzung verwendete Begriff „Mitglieder" durch eine andere geeignete Formulierung zu ersetzen (vgl. § 55 Abs. 3 AO).

    c) Körperschaften, deren Gesellschafter oder Mitglieder steuerbegünstigte Körperschaften sind und/oder juristische Personen des öffentlichen Rechts, die die Mittel für steuerbegünstigte Zwecke verwenden, können auf die Regelung in § 3 Satz 2 der Mustersatzung verzichten.

    d) § 5 der Mustersatzung kann in Satzungen von Vereinen ohne die Formulierung „Aufhebung" verwendet werden.

e) Bei Körperschaften, die kirchliche Zwecke nach § 54 AO verfolgen, kann der Begriff „kirchliche Zwecke" aus § 1 der Mustersatzung durch eine andere geeignete Formulierung (z. B. „religionsgemeinschaftliche Zwecke im Sinne des § 54 AO") ersetzt werden.

Derselbe Aufbau und dieselbe Reihenfolge der Bestimmungen wie in der Mustersatzung werden nicht verlangt.

3. Die Bestimmung, dass die Satzung die in der Mustersatzung bezeichneten Festlegungen enthalten muss (§ 60 Abs. 1 Satz 2 AO), gilt für Körperschaften, die nach dem 31.12.2008 gegründet werden oder die ihre Satzung mit Wirkung nach diesem Zeitpunkt ändern. Die Satzung einer Körperschaft, die bereits vor dem 1.1.2009 bestanden hat, braucht nicht allein zur Anpassung an die Festlegungen in der Mustersatzung geändert zu werden.

4. Eine Satzung braucht nicht allein deswegen geändert zu werden, weil in ihr auf Vorschriften des StAnpG oder der GemV verwiesen oder das Wort „selbstlos" nicht verwandt wird.

5. Ordensgemeinschaften haben eine den Ordensstatuten entsprechende zusätzliche Erklärung nach dem Muster der Anlage zu Nr. 5 des AEAO zu § 60 abzugeben, die die zuständigen Organe der Orden bindet.

6. Die tatsächliche Geschäftsführung (vgl. § 63 AO) muss mit der Satzung übereinstimmen.

7. Die satzungsmäßigen Voraussetzungen für die Anerkennung der Steuerbegünstigung müssen

- bei der Körperschaftsteuer vom Beginn bis zum Ende des Veranlagungszeitraums,

- bei der Gewerbesteuer vom Beginn bis zum Ende des Erhebungszeitraums,

- bei der Grundsteuer zum Beginn des Kalenderjahres, für das über die Steuerpflicht zu entscheiden ist (§ 9 Abs. 2 GrStG),

- bei der Umsatzsteuer zu den sich aus § 13 Abs. 1 UStG ergebenden Zeitpunkten,

- bei der Erbschaftsteuer zu den sich aus § 9 ErbStG ergebenden Zeitpunkten

erfüllt sein.

8. Wird bei Neugründungsfällen die Feststellung nach § 60a AO abgelehnt und wird im gleichen Veranlagungszeitraum eine Satzung vorgelegt, die den gemeinnützigkeitsrechtlichen Bestimmungen genügt, kann die Steuerbegünstigung erst ab dem darauffolgenden Veranlagungszeitraum gewährt werden. Dies gilt nicht, wenn die Körperschaft in der Zwischenzeit keine nach außen gerichteten Tätigkeiten entfaltet und keine Mittelverwendung stattgefunden hat.

Bei Körperschaften, die bereits vor Beginn des laufenden Veranlagungszeitraums existierten und erstmalig die Steuerbegünstigung oder die Feststellung nach § 60a AO beantragen, kann die Steuerbegünstigung erst ab dem darauffolgenden Veranlagungszeitraum gewährt werden.

9. Eine steuerbegünstigte Körperschaft, deren Satzung bereits vor dem 29.12.2020 bestanden hat, braucht diese nicht allein aufgrund der neuen Regelungen in § 52 Abs. 2 Nr. 8, 10, 22, 23 und 26 AO und § 58 Nr. 1 AO zu ändern, wenn die bisherige satzungsgemäße steuerbegünstigte Tätigkeit weiterhin in gleichem Umfang durchgeführt wird.

Anlage zu Nr. 5 des AEAO zu § 60

**Muster einer Erklärung
der Ordensgemeinschaften**

1. Der - Die _____
   (Bezeichnung der Ordensgemeinschaft)
   mit dem Sitz in _____
   ist eine anerkannte Ordensgemeinschaft der Katholischen Kirche.

2. Der - Die _____
   verfolgt ausschließlich und unmittelbar kirchliche, gemeinnützige oder mildtätige Zwecke, und
   zwar insbesondere durch

3. Überschüsse aus der Tätigkeit der Ordensgemeinschaft werden nur für die satzungsmäßigen Zwecke verwendet. Den Mitgliedern stehen keine Anteile an den Überschüssen zu. Ferner erhalten die Mitglieder weder während der Zeit ihrer Zugehörigkeit zu der Ordensgemeinschaft noch im Fall ihres Ausscheidens noch bei Auflösung oder Aufhebung der Ordensgemeinschaft irgendwelche Zuwendungen oder Vermögensvorteile aus deren Mitteln. Es darf keine Person durch Ausgaben, die den Zwecken der Ordensgemeinschaft fremd sind, oder durch unverhältnismäßig hohe Vergütungen begünstigt werden.

4. Der - Die _____
   wird vertreten durch _____

_____   _____
(Ort)   (Datum)

_____
(Unterschrift des Ordensobern)

§ 60a Feststellung der satzungsmäßigen Voraussetzungen (S 0179)

(1) ¹Die Einhaltung der satzungsmäßigen Voraussetzungen nach den §§ 51, 59, 60 und 61 wird gesondert festgestellt. ²Die Feststellung der Satzungsmäßigkeit ist für die Besteuerung der Körperschaft und der Steuerpflichtigen, die Zuwendungen in Form von Spenden und Mitgliedsbeiträgen an die Körperschaft erbringen, bindend.

(2) Die Feststellung der Satzungsmäßigkeit erfolgt

1. auf Antrag der Körperschaft oder
2. von Amts wegen bei der Veranlagung zur Körperschaftsteuer, wenn bisher noch keine Feststellung erfolgt ist.

(3) Die Bindungswirkung der Feststellung entfällt ab dem Zeitpunkt, in dem die Rechtsvorschriften, auf denen die Feststellung beruht, aufgehoben oder geändert werden.

(4) Tritt bei den für die Feststellung erheblichen Verhältnissen eine Änderung ein, ist die Feststellung mit Wirkung vom Zeitpunkt der Änderung der Verhältnisse aufzuheben.

(5) ¹Materielle Fehler im Feststellungsbescheid über die Satzungsmäßigkeit können mit Wirkung ab dem Kalenderjahr beseitigt werden, das auf die Bekanntgabe der Aufhebung der Feststellung folgt. § 176 gilt entsprechend, außer es sind Kalenderjahre zu ändern, die nach der Verkündung der maßgeblichen Entscheidung eines obersten Gerichtshofes des Bundes beginnen.

(6) Liegen bis zum Zeitpunkt des Erlasses des erstmaligen Körperschaftsteuerbescheids oder Freistellungsbescheids bereits Erkenntnisse vor, dass die tatsächliche Geschäftsführung gegen die satzungsmäßigen Voraussetzungen verstößt, ist die Feststellung der Einhaltung der satzungsmäßigen Voraussetzungen nach Absatz 1 Satz 1 abzulehnen. ²Satz 1 gilt entsprechend für die Aufhebung bestehender Feststellungen nach § 60a.

(7) ¹Auf Anfrage der registerführenden Stelle nach § 18 Absatz 2 des Geldwäschegesetzes kann das für die Feststellung nach Absatz 1 zuständige Finanzamt der registerführenden Stelle bestätigen, dass eine Vereinigung, die einen Antrag nach § 24 Absatz 1 Satz 2 des Geldwäschegesetzes gestellt hat, die nach den §§ 52 bis 54 der Abgabenordnung steuerbegünstigten Zwecke verfolgt. ²Hierzu hat die registerführende Stelle dem zuständigen Finanzamt zu bestätigen, dass das Einverständnis der Vereinigung auf Auskunftserteilung nach § 24 Absatz 1 Satz 3 des Geldwäschegesetzes vorliegt.

AEAO zu § 60a - Feststellung der satzungsmäßigen Voraussetzungen:

1. Die gesonderte Feststellung der satzungsmäßigen Voraussetzungen nach § 60a AO" ersetzt hat nicht unter dem Vorbehalt der Nachprüfung (§ 164 AO) zu erfolgen.

Zu § 60a Abs. 1 AO:

2. Hält die Satzung einer Körperschaft die satzungsmäßigen Voraussetzungen nach den §§ 51, 59, 60 und 61 AO ein, wird dies durch einen Bescheid gesondert festgestellt. Diese Feststellung der Satzungsmäßigkeit ist für die Besteuerung der Körperschaft und der Steuerpflichtigen, die Zuwendungen in Form von Spenden und Mitgliedsbeiträgen an die Körperschaft erbringen, bindend.

    Die Voraussetzungen für die Feststellungen nach § 60a AO liegen auch dann vor, wenn die Körperschaft bereits vor dem 1.1.2009 bestand und daher eine Anpassung an die Mustersatzung (Anlage 1 zu § 60 AO) bisher nicht vornehmen musste (Art. 97 § 1 f EGAO, siehe auch Nr. 3 des AEAO zu § 60).

3. Das Verfahren nach § 60a AO ist ein Annexverfahren zur Körperschaftsteuerveranlagung. Eine Feststellung nach § 60a AO ist für Körperschaften ausgeschlossen, die weder unbeschränkt i. S. d. § 1 KStG noch beschränkt i. S. d. § 2 KStG steuerpflichtig sind.

4. Die Feststellung der satzungsmäßigen Voraussetzungen in Neugründungsfällen kann bereits vor einer Registereintragung oder einer Anerkennung/Genehmigung der Körperschaft erfolgen, sofern zu diesem Zeitpunkt bereits eine Körperschaftsteuerpflicht besteht.

    Eine Feststellung darf erst nach einem wirksamen Organbeschluss, beispielsweise über die Satzung, erfolgen.

Zu § 60a Abs. 2 AO:

5. Die Feststellung erfolgt auf Antrag der Körperschaft oder von Amts wegen bei der Veranlagung zur Körperschaftsteuer, wenn bisher noch keine Feststellung erfolgt ist.

Zu § 60a Abs. 3 AO:

6. Werden die Vorschriften, auf denen die Feststellung beruht, aufgehoben oder geändert, dann entfällt die Bindungswirkung des Feststellungsbescheids ab diesem Zeitpunkt.

Zu § 60a Abs. 4 AO:

7. Treten bei den Verhältnissen, die für die Feststellung erheblich waren, Änderungen ein, so ist diese Feststellung ab dem Zeitpunkt der Änderung der Verhältnisse aufzuheben. Für die Feststellung erheblich sind alle Bestimmungen, die für das Vorliegen der formellen Voraussetzungen gem. §§ 51, 59, 60 und 61 AO von Bedeutung sind (gemeinnützigkeitsrechtliche Bestimmungen). Dies sind beispielsweise:

    - Änderungen der Zwecke
    - Anpassung an die Mustersatzung
    - Änderung der Vermögensbindung

Ändert eine Körperschaft gemeinnützigkeitsrechtlich relevante Bestimmungen ihrer Satzung, so ist die bisherige Feststellung mit Datum des Inkrafttretens der Satzungsänderung aufzuheben. Zivilrechtliche Änderungen ohne steuerliche Relevanz sind unerheblich. Wird auf Antrag der Körperschaft bei steuerlich nicht relevanten Satzungsänderungen eine Feststellung vorgenommen, scheidet eine Aufhebung der vorherigen Feststellung aus.

Da eine Änderung bei den für die Feststellung der satzungsmäßigen Voraussetzungen nach § 60a AO erheblichen Verhältnissen mit dem zivilrechtlichen Inkrafttreten (z. B. Eintragung in das Vereinsregister) eintritt, ist erst dann die Feststellung nach § 60a Abs. 4 AO aufzuheben (BFH-Urteil vom 23.7.2020, V R 40/18, BStBl 2021 II S. 3).

Zu § 60a Abs. 5 AO:

8. Beruht die Feststellung der satzungsmäßigen Voraussetzungen auf einem materiellen Fehler, kann sie mit Wirkung für die Zukunft aufgehoben werden. Die Feststellung wird dann ab dem Jahr aufgehoben, das auf die Bekanntgabe der Aufhebungsentscheidung folgt. Stellt sich also beispielsweise im Mai des Jahres 01 heraus, dass der Feststellung der satzungsmäßigen Voraussetzungen ein materieller Fehler zu Grunde liegt, und ergeht der Bescheid zur Aufhebung der Feststellung nach § 60a AO im August 01, tritt die Aufhebung zum 1.1.02 in Kraft. Die Regelung des § 176 AO ist dabei entsprechend anzuwenden. Dies gilt allerdings nicht für die Kalenderjahre, die nach der Verkündung der maßgeblichen Entscheidung eines obersten Gerichtshofes des Bundes beginnen.

Zu § 60a Abs. 6:

9. Die tatsächliche Geschäftsführung ist grundsätzlich kein Prüfungsgegenstand im Verfahren zur Feststellung der satzungsmäßigen Voraussetzungen nach § 60a AO.

10. Liegen der Finanzverwaltung bis zum Zeitpunkt des Erlasses des erstmaligen Körperschaftsteuerbescheids oder Freistellungsbescheids bereits Erkenntnisse über Verstöße der tatsächlichen Geschäftsführung gegen die satzungsmäßigen Voraussetzungen vor, beispielsweise aufgrund von extremistischen Aktivitäten der Körperschaft, ist der Antrag auf Feststellung der satzungsmäßigen Voraussetzungen abzulehnen. Dies gilt entsprechend auch für die Aufhebung bestehender Feststellungen nach § 60a Abs. 1 AO.

§ 60b Zuwendungsempfängerregister (S 0179-b)

(1) Das Bundeszentralamt für Steuern führt ein Register, in dem Körperschaften und juristische Personen des öffentlichen Rechts geführt werden, an die steuerbegünstigt Zuwendungen nach den §§ 10b, 34g des Einkommensteuergesetzes geleistet werden können (Zuwendungsempfängerregister).

(2) Im Zuwendungsempfängerregister speichert das Bundeszentralamt für Steuern zu Zwecken des Sonderausgabenabzugs nach § 10b des Einkommensteuergesetzes und der Steuerermäßigung nach § 34g des Einkommensteuergesetzes automatisiert folgende Daten:

1. Wirtschafts-Identifikationsnummer,
2. Name,
3. Anschrift,
4. steuerbegünstigte Zwecke nach den §§ 52 bis 54,
5. Datum der Anerkennung als Partei im Sinne des § 2 des Parteiengesetzes,
6. Datum der Anerkennung als Wählervereinigung,
7. Status als juristische Person des öffentlichen Rechts,
8. zuständige Finanzbehörde,
9. Datum der Erteilung des letzten Freistellungsbescheides, der Anlage zum Körperschaftsteuerbescheid oder des Feststellungsbescheides nach § 60a,
10. Kontoverbindungen bei Banken/Kreditinstituten und Bezahldienstleistern.

(3) Die für die Besteuerung nach dem Einkommen zuständige Finanzbehörde übermittelt dem Bundeszentralamt für Steuern die Daten nach Absatz 2 sowie unverzüglich jede Änderung dieser Daten.

(4) [1]Das Bundeszentralamt für Steuern ist befugt, die Daten nach Absatz 2 Dritten zu offenbaren. [2]§ 30 steht dem nicht entgegen.

(5) Die im Zuwendungsempfängerregister Geführten können Änderungen und Ergänzungen der Eintragungen nach Absatz 2 Nummer 10 mit Hilfe eines amtlich vorgeschriebenen Datensatzes durch Datenfernübertragung bewirken.

§ 61 Satzungsmäßige Vermögensbindung (S 0´ 80)

(1) Eine steuerlich ausreichende Vermögensbindung (§ 55 Absatz 1 Nummer 4) liegt vor, wenn der Zweck, für den das Vermögen bei Auflösung oder Aufhebung der Körperschaft oder bei Wegfall ihres bisherigen Zwecks verwendet werden soll, in der Satzung so genau bestimmt ist, dass auf Grund der Satzung geprüft werden kann, ob der Verwendungszweck steuerbegünstigt ist.

(2) (weggefallen)

(3) ¹Wird die Bestimmung über die Vermögensbindung nachträglich so geändert, dass sie den Anforderungen des § 55 Absatz 1 Nummer 4 nicht mehr entspricht, so gilt sie von Anfang an als steuerlich nicht ausreichend. ²§ 175 Absatz 1 Satz 1 Nummer 2 ist mit der Maßgabe anzuwenden, dass Steuerbescheide erlassen, aufgehoben oder geändert werden können, soweit sie Steuern betreffen, die innerhalb der letzten zehn Kalenderjahre vor der Änderung der Bestimmung über die Vermögensbindung entstanden sind.

AEAO zu § 61 - Satzungsmäßige Vermögensbindung:

1. Die Vorschrift stellt klar, dass die zu den Voraussetzungen der Selbstlosigkeit zählende Bindung des Vermögens für steuerbegünstigte Zwecke vor allem im Falle der Auflösung der Körperschaft aus der Satzung genau hervorgehen muss (Mustersatzung, § 5). Als Empfänger des Vermögens kommen in Betracht:

    - inländische steuerbegünstigte Körperschaften,
    - die in § 5 Abs. 2 Nr. 2 KStG aufgeführten Körperschaften,
    - juristische Personen des öffentlichen Rechts.

    Die satzungsmäßige Vermögensbindung nach § 55 Abs. 1 Nr. 4 Satz 2 i. V. m. § 61 Abs. 1 AO ist auch erfüllt, wenn in der Satzung einer Körperschaft als Anfallsberechtigte eine in einem EU-/EWR-Staat ansässige juristische Person des öffentlichen Rechts aufgeführt wird.

2. Wird die satzungsmäßige Vermögensbindung aufgehoben, gilt sie von Anfang an als steuerlich nicht ausreichend. Die Regelung greift auch ein, wenn die Bestimmung über die Vermögensbindung erst zu einem Zeitpunkt geändert wird, in dem die Körperschaft nicht mehr als steuerbegünstigt anerkannt ist. Die entsprechenden steuerlichen Folgerungen sind durch Steuerfestsetzung rückwirkend zu ziehen.

3. Bei Verstößen gegen den Grundsatz der Vermögensbindung bildet die Festsetzungsverjährung (§§ 169 ff. AO) keine Grenze. Vielmehr können nach § 175 Abs. 1 Satz 1 Nr. 2 AO auch Steuerbescheide noch geändert werden, die Steuern betreffen, die innerhalb von zehn Jahren vor der erstmaligen Verletzung der Vermögensbindungsregelung entstanden sind. Es kann demnach auch dann noch zugegriffen werden, wenn zwischen dem steuerfreien Bezug der Erträge und dem Wegfall der Steuerbegünstigung ein Zeitraum von mehr als fünf Jahren liegt, selbst wenn in der Zwischenzeit keine Erträge mehr zugeflossen sind.

Beispiel:

    Eine gemeinnützige Körperschaft hat in den Jahren 01 bis 11 steuerfreie Einnahmen aus einem Zweckbetrieb bezogen und diese teils für gemeinnützige Zwecke ausgegeben und zum Teil in eine Rücklage eingestellt. Eine in 11 vollzogene Satzungsänderung sieht jetzt vor, dass bei Auflösung des Vereins das Vermögen an die Mitglieder ausgekehrt wird. In diesem Fall muss das Finanzamt für die Veranlagungszeiträume 01 ff. Steuerbescheide erlassen, welche die Nachversteuerung aller genannten Einnahmen vorsehen, wobei es unerheblich ist, ob die Einnahmen noch im Vereinsvermögen vorhanden sind.

4. Verstöße gegen § 55 Abs. 1 bis 3 AO begründen die Möglichkeit einer Nachversteuerung innerhalb der Festsetzungsfrist.

5. Die Nachversteuerung gem. § 61 Abs. 3 AO greift nicht nur bei gemeinnützigkeitsschädlichen Änderungen satzungsrechtlicher Bestimmungen über die Vermögensbindung ein, sondern erfasst auch die Fälle, in denen die tatsächliche Geschäftsführung gegen die von § 61 AO geforderte Vermögensbindung verstößt (§ 63 Abs. 2 AO).

Beispiel:

    Eine gemeinnützige Körperschaft verwendet bei ihrer Auflösung oder bei Aufgabe ihres begünstigten Satzungszweckes ihr Vermögen entgegen der Vermögensbindungsbestimmung in der Satzung nicht für begünstigte Zwecke.

6. Verstöße der tatsächlichen Geschäftsführung gegen § 55 Abs. 1 Nr. 1 bis 3 AO können so schwerwiegend sein, dass sie einer Verwendung des gesamten Vermögens für satzungsfremde Zwecke gleichkommen. Auch in diesen Fällen ist eine Nachversteuerung nach § 61 Abs. 3 AO möglich (vgl. auch BFH-Urteil vom 12.10.2010, I R 59/09, BStBl 2012 II S. 226).

7. Bei der nachträglichen Besteuerung ist so zu verfahren, als ob die Körperschaft von Anfang an uneingeschränkt steuerpflichtig gewesen wäre. § 13 Abs. 3 KStG ist nicht anwendbar.

§ 62 Rücklagen und Vermögensbildung (S 0181)

(1) Körperschaften können ihre Mittel ganz oder teilweise

1. einer Rücklage zuführen, soweit dies erforderlich ist, um ihre steuerbegünstigten, satzungsmäßigen Zwecke nach dem Stand der Planung zum Zeitpunkt der Rücklagenbildung nachhaltig zu erfüllen;

2. einer Rücklage für die beabsichtigte Wiederbeschaffung von Wirtschaftsgütern zuführen, die zur Verwirklichung der steuerbegünstigten, satzungsmäßigen Zwecke erforderlich sind (Rücklage für Wiederbeschaffung). ²Die Höhe der Zuführung bemisst sich nach der Höhe der regulären Absetzungen für Abnutzung eines zu ersetzenden Wirtschaftsguts. ³Die Voraussetzungen für eine höhere Zuführung sind nachzuweisen;

3. der freien Rücklage zuführen, jedoch höchstens ein Drittel des Überschusses aus der Vermögensverwaltung und darüber hinaus höchstens 10 Prozent der sonstigen nach § 55 Absatz 1 Nummer 5 zeitnah zu verwendenden Mittel. ²Ist der Höchstbetrag für die Bildung der freien Rücklage in einem Jahr nicht ausgeschöpft, kann diese unterbliebene Zuführung in den folgenden zwei Jahren nachgeholt werden;

4. einer Rücklage zum Erwerb von Gesellschaftsrechten zur Erhaltung der prozentualen Beteiligung an Kapitalgesellschaften zuführen, wobei die Höhe dieser Rücklage die Höhe der Rücklage nach Nummer 3 mindert.

(2) ¹Die Bildung von Rücklagen nach Absatz 1 hat innerhalb der Frist des § 55 Absatz 1 Nummer 5 Satz 3 zu erfolgen. ²Rücklagen nach Absatz 1 Nummer 1, 2 und 4 sind unverzüglich aufzulösen, sobald der Grund für die Rücklagenbildung entfallen ist. ³Die freigewordenen Mittel sind innerhalb der Frist nach § 55 Absatz 1 Nummer 5 Satz 3 zu verwenden.

(3) Die folgenden Mittelzuführungen unterliegen nicht der zeitnahen Mittelverwendung nach § 55 Absatz 1 Nummer 5:

1. Zuwendungen von Todes wegen, wenn der Erblasser keine Verwendung für den laufenden Aufwand der Körperschaft vorgeschrieben hat;

2. Zuwendungen, bei denen der Zuwendende ausdrücklich erklärt, dass diese zur Ausstattung der Körperschaft mit Vermögen oder zur Erhöhung des Vermögens bestimmt sind;

3. Zuwendungen auf Grund eines Spendenaufrufs der Körperschaft, wenn aus dem Spendenaufruf ersichtlich ist, dass Beträge zur Aufstockung des Vermögens erbeten werden;

4. Sachzuwendungen, die ihrer Natur nach zum Vermögen gehören.

(4) Eine Stiftung kann im Jahr ihrer Errichtung und in den drei folgenden Kalenderjahren Überschüsse aus der Vermögensverwaltung und die Gewinne aus wirtschaftlichen Geschäftsbetrieben nach § 14 ganz oder teilweise ihrem Vermögen zuführen.

AEAO zu § 62 - Rücklagen und Vermögensbildung:

1. Im wirtschaftlichen Geschäftsbetrieb können Rücklagen durch Zuführung des Gewinns gebildet werden. Die Rücklagen müssen bei vernünftiger kaufmännischer Beurteilung wirtschaftlich begründet sein (entsprechend § 14 Abs. 1 Nr. 4 KStG). Es muss ein konkreter Anlass gegeben sein, der auch aus objektiver unternehmerischer Sicht die Bildung der Rücklage im wirtschaftlichen Geschäftsbetrieb rechtfertigt (z. B. eine geplante Betriebsverlegung, Werkserneuerung oder Kapazitätsausweitung). Eine fast vollständige Zuführung des Gewinns zu einer Rücklage im wirtschaftlichen Geschäftsbetrieb ist nur dann unschädlich für die Steuerbegünstigung, wenn die Körperschaft nachweist, dass die betriebliche Mittelverwendung zur Sicherung ihrer Existenz geboten war (BFH-Urteil vom 15.7.1998, I R 156/94, BStBl 2002 II S. 162).

   Im Bereich der Vermögensverwaltung können Rücklagen durch Zuführung der Überschüsse aus der Vermögensverwaltung nur für die Durchführung konkreter Reparatur- oder Erhaltungsmaßnahmen an Vermögensgegenständen i. S. d. § 21 EStG gebildet werden. Die Maßnahmen, für deren Durchführung die Rücklage gebildet wird, müssen notwendig sein, um den ordnungsgemäßen Zustand des Vermögensgegenstandes zu erhalten oder wiederherzustellen, und in einem angemessenen Zeitraum durchgeführt werden können (z. B. geplante Erneuerung eines undichten Daches).

Zu § 62 Abs. 1 AO:

2. Die Bildung einer Rücklage kann nicht damit begründet werden, dass die Überlegungen zur Verwendung der Mittel noch nicht abgeschlossen sind.

Zu § 62 Abs. 1 Nr. 1 AO:

3. Bei der Bildung der Rücklage nach § 62 Abs. 1 Nr. 1 und 2 AO kommt es nicht auf die Herkunft der Mittel an. Der Rücklage dürfen also auch zeitnah zu verwendende Mittel wie z. B. Spenden zugeführt werden.

4. Voraussetzung für die Bildung einer Rücklage nach § 62 Abs. 1 Nr. 1 AO ist in jedem Fall, dass diese erforderlich ist, um die steuerbegünstigten, satzungsmäßigen Zwecke der Körperschaft nachhaltig erfüllen zu können. Das Bestreben, ganz allgemein die Leistungsfähigkeit der Körperschaft zu erhalten, reicht für eine steuerlich unschädliche Rücklagenbildung nach dieser Vorschrift nicht aus (hierfür können nur freie Rücklagen nach § 62 Abs. 1 Nr. 3 AO gebildet werden, vgl. Nrn. 9 bis 11 des AEAO zu § 62). Vielmehr müssen die Mittel für bestimmte - die steuerbegünstigten Satzungszwecke verwirklichende - Vorhaben angesammelt werden, für deren Durchführung bereits konkrete Zeitvorstellungen bestehen. Besteht noch keine konkrete Zeitvorstellung, ist eine Rücklagenbildung dann zulässig, wenn die Durchführung des Vorhabens glaubhaft und bei den finanziellen Verhältnissen der steuerbegünstigten Körperschaft in einem angemessenen Zeitraum möglich ist. Die Bildung von Rücklagen für periodisch wiederkehrende Ausgaben (z. B. Löhne, Gehälter, Mieten) in Höhe des Mittelbedarfs für eine angemessene Zeitperiode zur Sicherstellung der Liquidität ist zulässig (so genannte Betriebsmittelrücklage). Ebenfalls unschädlich ist die vorsorgliche Bildung einer Rücklage zur Bezahlung von Steuern außerhalb eines steuerpflichtigen wirtschaftlichen Geschäftsbetriebs, solange Unklarheit darüber besteht, ob die

Körperschaft insoweit in Anspruch genommen wird. Eine beabsichtigte Vermögensausstattung nach § 58 Nr. 3 AO rechtfertigt keine Rücklagenbildung nach § 62 Abs. 1 Nr. 1 AO.

5. Die Rücklage nach § 62 Abs. 1 Nr. 1 AO kann unabhängig von dem Vorhandensein und der Höhe einer Rücklage nach § 62 Abs. 1 Nr. 3 AO (freie Rücklage) gebildet werden.

Zu § 62 Abs. 1 Nr. 2 AO:

6. Eine Wiederbeschaffungsrücklage für Fahrzeuge und andere Wirtschaftsgüter, für deren Anschaffung die laufenden Einnahmen nicht ausreichen ist nach § 62 Abs. 1 Nr. 2 AO zulässig. Eine Wiederbeschaffungsabsicht liegt nur vor, wenn tatsächlich eine Neuanschaffung des einzelnen Wirtschaftsguts geplant und in einem angemessenen Zeitraum möglich ist. Im Regelfall ist als Nachweis für die Wiederbeschaffungsabsicht ausreichend, dass die Rücklage gebildet wurde. Diese Nachweiserleichterung gilt nicht für Immobilien. Reicht die Zuführung von Mitteln in Höhe der Abschreibungen für eine beabsichtigte Wiederbeschaffung nicht aus, dann können auch höhere Mittel der Rücklage zugeführt werden. Der Nachweis darüber ist durch die Körperschaft zu erbringen.

7. Die Regelungen in den vorstehenden Textziffern zu § 62 Abs. 1 Nr. 1 und 2 AO gelten auch für Förderkörperschaften i. S. d. § 58 Nr. 1 AO (BFH-Urteil vom 13.9.1989, I R 19/85, BStBl 1990 II S. 28). Voraussetzung ist jedoch, dass die Rücklagenbildung innerhalb der Zweckverwirklichung der Weitergabe von Mitteln für die steuerbegünstigten Zwecke einer anderen Körperschaft erfolgt. Diese Voraussetzung ist z. B. erfüllt, wenn die Förderkörperschaft wegen zeitlicher Verzögerung der von ihr zu finanzierenden steuerbegünstigten Maßnahmen angehalten ist, die dafür vorgesehenen Mittel zunächst zu thesaurieren.

8. Unterhält eine steuerbegünstigte Körperschaft einen steuerpflichtigen wirtschaftlichen Geschäftsbetrieb, so können dessen Erträge der Rücklage erst nach Versteuerung zugeführt werden.

Zu § 62 Abs. 1 Nr. 3 AO:

9. Der freien Rücklage (§ 62 Abs. 1 Nr. 3 AO) darf jährlich höchstens ein Drittel des Überschusses der Einnahmen über die Ausgaben aus der Vermögensverwaltung zugeführt werden. Unter Ausgaben sind Aufwendungen zu verstehen, die dem Grunde nach Werbungskosten sind.

10. Darüber hinaus kann die Körperschaft höchstens 10 % ihrer sonstigen nach § 55 Abs. 1 Nr. 5 AO zeitnah zu verwendenden Mittel einer freien Rücklage zuführen. Mittel i. S. d. Vorschrift sind die Überschüsse bzw. Gewinne aus steuerpflichtigen wirtschaftlichen Geschäftsbetrieben und Zweckbetrieben sowie die Bruttoeinnahmen aus dem ideellen Bereich. Bei Anwendung der Regelungen des § 64 Abs. 5 und 6 AO können in die Bemessungsgrundlage zur Ermittlung der Rücklage statt der geschätzten bzw. pauschal ermittelten Gewinne die tatsächlichen Gewinne einbezogen werden.

Verluste aus Zweckbetrieben sind mit entsprechenden Überschüssen zu verrechnen; darüber hinaus gehende Verluste mindern die Bemessungsgrundlage nicht. Das gilt entsprechend für Verluste aus dem einheitlichen wirtschaftlichen Geschäftsbetrieb. Ein Überschuss aus der Vermögensverwaltung ist - unabhängig davon, inwieweit er in eine Rücklage eingestellt wurde - nicht in die Bemessungsgrundlage für die Zuführung aus den sonstigen zeitnah zu verwendenden Mitteln einzubeziehen. Ein Verlust aus der Vermögensverwaltung mindert die Bemessungsgrundlage nicht.

11. Wird der jährliche Höchstbetrag der Mittel, die in die freie Rücklage hätten eingestellt werden können, in einem Jahr nicht ausgeschöpft, können Mittel in Höhe des nichtausgeschöpften Betrages zusätzlich in den beiden Folgejahren in die freie Rücklage eingestellt werden.

Eine Körperschaft hätte im Jahr 01 beispielsweise 30.000 € in die freie Rücklage einstellen können. Tatsächlich stellte sie aber nur 25.000 € ein. In den nächsten beiden Jahren kann die Körperschaft zusätzlich zu dem für das jeweilige Jahr zulässigen Betrag nach § 62 Abs. 1 Nr. 3 AO noch weitere 5.000 € in die freie Rücklage des jeweiligen Jahres einstellen. Die Körperschaft kann diesen Betrag auf beide Jahre aufteilen (02: 3.000 €, 03: 2.000 €) oder den ganzen Betrag (entweder 02 oder 03) in die Rücklage einstellen.

Die steuerbegünstigte Körperschaft muss die freie Rücklage während der Dauer ihres Bestehens nicht auflösen. Die in die Rücklage eingestellten Mittel können auch dem Vermögen zugeführt werden.

Zu § 62 Abs. 1 Nr. 4 AO:

12. Die Ansammlung von Mitteln zum Erwerb von Gesellschaftsrechten zur Erhaltung der prozentualen Beteiligung an Kapitalgesellschaften ist zulässig (§ 62 Abs. 1 Nr. 4 AO). Die Herkunft der Mittel ist dabei ohne Bedeutung. § 62 Abs. 1 Nr. 4 AO ist nicht auf den erstmaligen Erwerb von Anteilen an Kapitalgesellschaften anzuwenden. Hierfür können u. a. freie Rücklagen nach § 62 Abs. 1 Nr. 3 AO eingesetzt werden.

13. Die Höchstgrenze für die Zuführung zu der freien Rücklage mindert sich um den Betrag, den die Körperschaft zum Erwerb von Gesellschaftsrechten zur Erhaltung der prozentualen Beteiligung an Kapitalgesellschaften ausgibt oder in die Rücklage einstellt. Übersteigt der für die Erhaltung der Beteiligungsquote verwendete oder in eine Rücklage eingestellte Betrag die Höchstgrenze, ist auch in den Folgejahren eine Zuführung zu der freien Rücklage erst wieder möglich, wenn die für eine freie Rücklage verwendbaren Mittel insgesamt die für die Erhaltung der Beteiligungsquote verwendeten oder in die Rücklage eingestellten Mittel übersteigen. Die Zuführung von Mitteln zu Rücklagen nach § 62 Abs. 1 Nr. 1 und 2 AO berührt die Höchstgrenze für die Bildung freier Rücklagen dagegen nicht.

Beispiel:

Beispiel für eine Rücklagenbildung nach § 62 Abs. 1 Nrn. 3 und 4 AO:

VZ 01

Spenden	10.000 €
Einnahmen aus Vermögensverwaltung	12.000 €
Ausgaben in der Vermögensverwaltung	9.000 €
Gewinne aus	
- Zweckbetrieben	2.500 €
- steuerpflichtigen wirtschaftlichen Geschäftsbetrieben	3.000 €
→ 10 % von (10.000 € + 2.500 € + 3.000 €) =	1.550 €
→ 1/3 von (12.000 € - 9.000 €) =	1.000 €
≙ Potenzial zur Rücklagenbildung nach § 62 Abs. 1 Nr. 3 AO	<u>2.550 €</u>

Tatsächliche Rücklagenbildung im VZ 01:

nach § 62 Abs. 1 Nr. 4 AO:	3.000 €
nach § 62 Abs. 1 Nr. 3 AO:	0 €
Überhang nach § 62 Abs. 1 Nr. 4 im Verhältnis zu Nr. 3 AO:	450 €

VZ 02

Spenden	20.000 €
Einnahmen aus Vermögensverwaltung	16.000 €
Ausgaben in der Vermögensverwaltung	10.000 €
Gewinne aus	
- Zweckbetrieben	1.000 €
- steuerpflichtigen wirtschaftlichen Geschäftsbetrieben	5.000 €
→ 10 % von (20.000 € + 1.000 € + 5.000 €) =	2.600 €
→ 1/3 von (16.000 € - 10.000 €) =	2.000 €
abzgl. Überhang nach § 62 Abs. 1 Nr. 4 im Verhältnis zu Nr. 3 AO	450 €
≙ Potenzial zur Rücklagenbildung nach § 62 Abs. 1 Nr. 3 AO	<u>4.150 €</u>

Tatsächliche Rücklagenbildung im VZ 02:

nach § 62 Abs. 1 Nr. 4 AO: 1.000 €

nach § 62 Abs. 1 Nr. 3 AO: 3.150 €

Zu § 62 Abs. 2 AO:

14. Rücklagen sind in der Frist des § 55 Abs. 1 Nr. 5 Satz 3 AO zu bilden. Nur tatsächlich vorhandene Mittel können in eine Rücklage eingestellt werden. Ob die Voraussetzungen für die Bildung einer Rücklage vorliegen, hat die steuerbegünstigte Körperschaft dem zuständigen Finanzamt im Einzelnen darzulegen. Weiterhin muss sie die Rücklagen nach § 62 Abs. 1 AO in ihrer Rechnungslegung - ggf. in einer Nebenrechnung - gesondert ausweisen, damit eine Kontrolle jederzeit und ohne besonderen Aufwand möglich ist (BFH-Urteil vom 20.12.1978, I R 21/76, BStBl 1979 II S. 496).

    Entfällt der Grund für die Bildung einer Rücklage nach § 62 Abs. 1 Nr. 1, 2 und 4 AO, so ist diese unverzüglich aufzulösen. Die dadurch freigewordenen Mittel sind innerhalb der Frist des § 55 Abs. 1 Nr. 5 Satz 3 AO zu verwenden.

    Die freigewordenen Mittel können auch in die Rücklagen nach § 62 Abs. 1 Nr. 1, 2 und 4 AO eingestellt werden. Bei diesen Mitteln handelt es sich nicht um sonstige nach § 55 Abs. 1 Nr. 5 AO zeitnah zu verwendende Mittel (§ 58 Nr. 3 AO, § 62 Abs. 1 Nr. 3 AO).

15. Vorstehende Grundsätze gelten für Rücklagen im wirtschaftlichen Geschäftsbetrieb und für Rücklagen im Bereich der Vermögensverwaltung entsprechend.

Zu § 62 Abs. 3 AO:

16. Die in § 62 Abs. 3 AO genannten Zuwendungen können dem Vermögen zugeführt werden. Die Aufzählung ist abschließend. Unter Sachzuwendungen, die ihrer Natur nach zum Vermögen gehören, sind Wirtschaftsgüter zu verstehen, die ihrer Art nach von der Körperschaft im ideellen Bereich, im Rahmen der Vermögensverwaltung oder im wirtschaftlichen Geschäftsbetrieb genutzt werden können.

    Werden Mittel nach dieser Vorschrift dem Vermögen zugeführt, sind sie aus der Bemessungsgrundlage für Zuführungen von sonstigen zeitnah zu verwendenden Mitteln nach § 62 Abs. 1 Nr. 3 AO herauszurechnen.

Zu § 62 Abs. 4 AO:

17. Stiftungen dürfen im Jahr ihrer Errichtung und in den drei folgenden Kalenderjahren Überschüsse und Gewinne aus der Vermögensverwaltung, aus Zweckbetrieb und aus steuerpflichtigen wirtschaftlichen Geschäftsbetrieben ganz oder teilweise ihrem Vermögen zuführen. Für sonstige Mittel, z. B. Zuwendungen und Zuschüsse, gilt diese Regelung dagegen nicht.

    Liegen in einem Kalenderjahr positive und negative Ergebnisse aus der Vermögensverwaltung, aus den Zweckbetrieben und dem einheitlichen steuerpflichtigen wirtschaftlichen Geschäftsbetrieb vor, ist eine Zuführung zum Vermögen auf den positiven Betrag begrenzt, der nach der Verrechnung der Ergebnisse verbleibt.

§ 63 Anforderungen an die tatsächliche Geschäftsführung (S 0182)

(1) Die tatsächliche Geschäftsführung der Körperschaft muss auf die ausschließliche und unmittelbare Erfüllung der steuerbegünstigten Zwecke gerichtet sein und den Bestimmungen entsprechen, die die Satzung über die Voraussetzungen für Steuervergünstigungen enthält.

(2) Für die tatsächliche Geschäftsführung gilt sinngemäß § 60 Absatz 2, für eine Verletzung der Vorschrift über die Vermögensbindung § 61 Absatz 3.

(3) Die Körperschaft hat den Nachweis, dass ihre tatsächliche Geschäftsführung den Erfordernissen des Absatzes 1 entspricht, durch ordnungsmäßige Aufzeichnungen über ihre Einnahmen und Ausgaben zu führen.

(4) ¹Hat die Körperschaft ohne Vorliegen der Voraussetzungen Mittel angesammelt, kann das Finanzamt ihr eine angemessene Frist für die Verwendung der Mittel setzen. ²Die tatsächliche Geschäftsführung gilt als ordnungsgemäß im Sinne des Absatzes 1, wenn die Körperschaft die Mittel innerhalb der Frist für steuerbegünstigte Zwecke verwendet.

(5) ¹Körperschaften im Sinne des § 10b Absatz 1 Satz 2 Nummer 2 des Einkommensteuergesetzes dürfen Zuwendungsbestätigungen im Sinne des § 50 Absatz 1 der Einkommensteuer-Durchführungsverordnung nur ausstellen, wenn

1. das Datum der Anlage zum Körperschaftsteuerbescheid oder des Freistellungsbescheids nicht länger als fünf Jahre zurückliegt oder

2. die Feststellung der Satzungsmäßigkeit nach § 60a Absatz 1 nicht länger als drei Kalenderjahre zurückliegt und bisher kein Freistellungsbescheid oder keine Anlage zum Körperschaftsteuerbescheid erteilt wurde.

²Die Frist ist taggenau zu berechnen.

AEAO zu § 63 - Anforderungen an die tatsächliche Geschäftsführung:

1. Den Nachweis, dass die tatsächliche Geschäftsführung den notwendigen Erfordernissen entspricht, hat die Körperschaft durch ordnungsmäßige Aufzeichnungen (insbesondere Aufstellung der Einnahmen und Ausgaben, Tätigkeitsbericht, Vermögensübersicht mit Nachweisen über die Bildung und Entwicklung der Rücklagen) zu führen. Die Vorschriften der AO über die Führung von Büchern und Aufzeichnungen (§§ 140 ff AO) sind zu beachten. Die Vorschriften des Handelsrechts einschließlich der entsprechenden Buchführungsvorschriften gelten nur, sofern sich dies aus der Rechtsform der Körperschaft oder aus ihrer wirtschaftlichen Tätigkeit ergibt. Bei der Verwirklichung steuerbegünstigter Zwecke im Ausland besteht eine erhöhte Nachweispflicht (§ 90 Abs. 2 AO).

2. Hat das Finanzamt eine Frist nach § 63 Abs. 4 AO gesetzt, gilt die tatsächliche Geschäftsführung als ordnungsgemäß, wenn die Körperschaft die Mittel innerhalb der gesetzten Frist für steuerbegünstigte Zwecke verwendet.

3. Die tatsächliche Geschäftsführung umfasst auch die Ausstellung steuerlicher Zuwendungsbestätigungen. Zuwendungsbestätigungen dürfen nur dann ausgestellt werden, wenn die Voraussetzungen des § 63 Abs. 5 AO vorliegen. Die Erlaubnis wird an die Erteilung eines Feststellungsbescheids nach § 60a Abs. 1 AO, eines Freistellungsbescheids oder eine Anlage zum Körperschaftsteuerbescheid geknüpft. Ist der Bescheid nach § 60a AO älter als drei Jahre oder ist der Freistellungsbescheid - beziehungsweise sind die Anlagen zum Körperschaftsteuerbescheid - älter als fünf Jahre, darf die Körperschaft keine Zuwendungsbestätigungen mehr ausstellen.

   Bei Missbräuchen auf diesem Gebiet, z. B. durch die Ausstellung von Gefälligkeitsbestätigungen, ist die Steuerbegünstigung zu versagen.

4. Liegen neuere Erkenntnisse nach Bekanntgabe einer Feststellung nach § 60a AO, eines Freistellungsbescheids oder einer Anlage zum Körperschaftsteuerbescheid vor, dass auf Grund der tatsächlichen Geschäftsführung der Körperschaft die Steuerbegünstigung voraussichtlich nicht gewährt werden kann, kann eine Steuerfestsetzung (ggf. mit 0 €) erfolgen. Für Feststellungen nach § 60a AO wird auf § 60a Abs. 6 AO verwiesen.

   Dies kann durch einen Vorauszahlungsbescheid oder einen Körperschaftsteuerbescheid geschehen, in dem jeweils von der vollen Steuerpflicht ausgegangen wird. Dies hat zur Folge, dass die Körperschaft nicht mehr berechtigt ist, Zuwendungsbestätigungen auszustellen.

   Die Körperschaft ist auf eine mögliche Haftungsinanspruchnahme nach § 10b Abs. 4 EStG hinzuweisen.

5. Die tatsächliche Geschäftsführung muss sich im Rahmen der verfassungsmäßigen Ordnung halten, da die Rechtsordnung als selbstverständlich das gesetzestreue Verhalten aller Rechtsunterworfenen voraussetzt. Als Verstoß gegen die Rechtsordnung, der die Steuerbegünstigung ausschließt, kommt auch eine Steuerverkürzung in Betracht (BFH-Urteil vom 27.9.2001, V R 17/99, BStBl 2002 II S. 169). Die verfassungsmäßige Ordnung wird schon durch die Nichtbefolgung von polizeilichen Anordnungen durchbrochen (BFH-Urteil vom 29.8.1984, I R 215/81, BStBl 1985 II S. 106). Gewaltfreier Widerstand, z. B. Sitzblockaden, gegen geplante Maßnahmen des Staates verstößt grundsätzlich nicht gegen die verfassungsmäßige Ordnung (vgl. BVerfG-Beschluss vom 10.1.1995, 1 BvR 718/89, 1 BvR 719/89, 1 BvR 722/89, 1 BvR 723/89, BVerfGE 92, S. 1 bis 25).

6. Da es sich beim Entzug der Gemeinnützigkeit nicht um eine Ermessensentscheidung der Finanzverwaltung handelt, stellen das Verhältnismäßigkeitsprinzip und der ihm innewohnende Bagatellvorbehalt ein unverzichtbares Korrektiv dar, um in Einzelfällen die einschneidende Rechtsfolge des Verlusts der Gemeinnützigkeit auszuschließen (BFH-Urteil vom 12.3.2020, V R 5/17, BStBl 2021 II S. 55). Geringfügige Verstöße, beispielsweise gegen das Mittelverwendungsgebot des § 55 AO, rechtfertigen daher nicht den Entzug der Gemeinnützigkeit.

§ 64 Steuerpflichtige wirtschaftliche Geschäftsbetriebe (S 0183)

(1) Schließt das Gesetz die Steuervergünstigung insoweit aus, als ein wirtschaftlicher Geschäftsbetrieb (§ 14) unterhalten wird, so verliert die Körperschaft die Steuervergünstigung für die dem Geschäftsbetrieb zuzuordnenden Besteuerungsgrundlagen (Einkünfte, Umsätze, Vermögen), soweit der wirtschaftliche Geschäftsbetrieb kein Zweckbetrieb (§§ 65 bis 68) ist.

(2) Unterhält die Körperschaft mehrere wirtschaftliche Geschäftsbetriebe, die keine Zweckbetriebe (§§ 65 bis 68) sind, werden diese als ein wirtschaftlicher Geschäftsbetrieb behandelt.

(3) Übersteigen die Einnahmen einschließlich Umsatzsteuer aus wirtschaftlichen Geschäftsbetrieben, die keine Zweckbetriebe sind, insgesamt nicht 45 000 Euro im Jahr, so unterliegen die diesen Geschäftsbetrieben zuzuordnenden Besteuerungsgrundlagen nicht der Körperschaftsteuer und der Gewerbesteuer.

(4) Die Aufteilung einer Körperschaft in mehrere selbständige Körperschaften zum Zweck der mehrfachen Inanspruchnahme der Steuervergünstigung nach Absatz 3 gilt als Missbrauch von rechtlichen Gestaltungsmöglichkeiten im Sinne des § 42.

(5) Überschüsse aus der Verwertung unentgeltlich erworbenen Altmaterials außerhalb einer ständig dafür vorgehaltenen Verkaufsstelle, die der Körperschaftsteuer und der Gewerbesteuer unterliegen, können in Höhe des branchenüblichen Reingewinns geschätzt werden.

(6) Bei den folgenden steuerpflichtigen wirtschaftlichen Geschäftsbetrieben kann der Besteuerung ein Gewinn von 15 Prozent der Einnahmen zugrunde gelegt werden:

1. Werbung für Unternehmen, die im Zusammenhang mit der steuerbegünstigten Tätigkeit einschließlich Zweckbetrieben stattfindet,
2. Totalisatorbetriebe,
3. Zweite Fraktionierungsstufe der Blutspendedienste.

AEAO zu § 64 - Steuerpflichtige wirtschaftliche Geschäftsbetriebe:

Zu § 64 Abs. 1:

1. Als Gesetz, das die Steuervergünstigung teilweise, nämlich für den wirtschaftlichen Geschäftsbetrieb (§ 14 Satz 1 und 2 AO), ausschließt, ist das jeweilige Steuergesetz zu verstehen, also § 5 Abs. 1 Nr. 9 KStG, § 3 Nr. 6 GewStG, § 12 Abs. 2 Nr. 8 Satz 2 UStG, § 3 Abs. 1 Nr. 3b GrStG i. V. m. A 12 Abs. 4 GrStR.

2. Wegen des Begriffs „Wirtschaftlicher Geschäftsbetrieb" wird auf § 14 AO hingewiesen. Zum Begriff der „Nachhaltigkeit" bei wirtschaftlichen Geschäftsbetrieben siehe BFH-Urteil vom 21.8.1985, I R 60/80, BStBl 1986 II S. 88. Danach ist eine Tätigkeit grundsätzlich nachhaltig, wenn sie auf Wiederholung angelegt ist. Es genügt, wenn bei der Tätigkeit der allgemeine Wille besteht,

gleichartige oder ähnliche Handlungen bei sich bietender Gelegenheit zu wiederholen. Wiederholte Tätigkeiten liegen auch vor, wenn der Grund zum Tätigwerden auf einem einmaligen Entschluss beruht, die Erledigung aber mehrere (Einzel-)Tätigkeiten erfordert. Die Einnahmen aus der Verpachtung eines vorher selbst betriebenen wirtschaftlichen Geschäftsbetriebs unterliegen solange der Körperschaft- und Gewerbesteuer, bis die Körperschaft die Betriebsaufgabe erklärt (BFH-Urteil vom 4.4.2007, I R 55/06, BStBl II S. 725).

3. Ob eine an einer Personengesellschaft oder Gemeinschaft beteiligte steuerbegünstigte Körperschaft gewerbliche Einkünfte bezieht, wird im gesonderten und einheitlichen Gewinnfeststellungsbescheid der Personengesellschaft bindend festgestellt (BFH-Urteil vom 27.7.1988, I R 113/84, BStBl 1989 II S. 134). Ob ein steuerpflichtiger wirtschaftlicher Geschäftsbetrieb oder ein Zweckbetrieb (§§ 65 bis 68 AO) vorliegt, ist dagegen bei der Körperschaftsteuerveranlagung der steuerbegünstigten Körperschaft zu entscheiden. Die Beteiligung einer gemeinnützigen Körperschaft an einer gewerblich geprägten vermögensverwaltenden Personengesellschaft führt nicht zu einem wirtschaftlichen Geschäftsbetrieb (BFH-Urteile vom 25.5.2011, I R 60/10, BStBl 2012 II S. 858 und vom 18.2.2016, V R 60/13, BStBl 2017 II S. 251). Die Beteiligung einer steuerbegünstigten Körperschaft an einer Kapitalgesellschaft ist grundsätzlich Vermögensverwaltung (§ 14 Satz 3 AO). Ein wirtschaftlicher Geschäftsbetrieb ist es dann, wenn mit ihr tatsächlich ein entscheidender Einfluss auf die laufende Geschäftsführung der Kapitalgesellschaft ausgeübt wird oder ein Fall der Betriebsaufspaltung vorliegt (vgl. BFH-Urteil vom 30.6.1971, I R 57/70, BStBl II S. 753; H 15.7 (4) bis H 15.7 (6) EStH). Besteht die Beteiligung an einer Kapitalgesellschaft, die selbst ausschließlich der Vermögensverwaltung dient, so liegt auch bei Einflussnahme auf die Geschäftsführung kein wirtschaftlicher Geschäftsbetrieb vor (vgl. R 4.1 Abs. 2 Satz 5 KStR 2015 i. V. m. R 5.7 Abs. 5 Satz 4 KStR 2015). Dies gilt auch bei Beteiligung an einer steuerbegünstigten Kapitalgesellschaft. Die Grundsätze der Betriebsaufspaltung sind nicht anzuwenden, wenn sowohl das Betriebs- als auch das Besitzunternehmen steuerbegünstigt sind. Dies gilt aber nur insoweit, als die überlassenen wesentlichen Betriebsgrundlagen bei dem Betriebsunternehmen nicht in einem steuerpflichtigen wirtschaftlichen Geschäftsbetrieb eingesetzt werden.

Für Beteiligungen an steuerbegünstigten Kapitalgesellschaften in den Anwendungsfällen des § 57 Abs. 3 und 4 AO wird auf Nr. 12 des AEAC zu § 57 Abs. 3 und Nr. 14 des AEAO zu § 57 Abs. 4 verwiesen.

4. Bei der Ermittlung des Gewinns aus dem wirtschaftlichen Geschäftsbetrieb sind die Betriebsausgaben zu berücksichtigen, die durch den Betrieb veranlasst sind. Dazu gehören Ausgaben, die dem Betrieb unmittelbar zuzuordnen sind, weil sie ohne den Betrieb nicht oder zumindest nicht in dieser Höhe angefallen wären.

Vereinbarte Aushilfslöhne für Vereinsmitglieder müssen den Vermögensbereich des Vereins verlassen haben, um als Betriebsausgaben eines wirtschaftlichen Geschäftsbetriebs des Vereins berücksichtigt zu werden (BFH-Urteil vom 5.12.1990, I R 5/88, BStBl 1991 II S. 308). Bei bedingungslosem

Verzicht vor Zufluss können die vereinbarten Aushilfslöhne nicht als Betriebsausgaben anerkannt werden. Von einem Abfluss der vereinbarten Aushilfslöhne der Vereinsmitglieder aus dem Vermögensbereich des Vereins ist auszugehen, wenn sich der Verzicht auf die Aushilfslöhne seinem wirtschaftlichen Gehalt nach als Verwendung zugeflossenen Einkommens erweist. Das ist nach dem vorgenannten BFH-Urteil z. B. der Fall, wenn die Vereinsmitglieder den Verzicht auf ihre Löhne gegenüber dem Verein mit der Bedingung verbunden haben, diese Geldbeträge einem Dritten zuzuwenden.

5. Bei so genannten gemischt veranlassten Kosten, die sowohl durch die steuerfreie als auch durch die steuerpflichtige Tätigkeit veranlasst sind, scheidet eine Berücksichtigung als Betriebsausgaben des steuerpflichtigen wirtschaftlichen Geschäftsbetriebs grundsätzlich aus, wenn sie ihren primären Anlass im steuerfreien Bereich haben. Werden z. B. Werbemaßnahmen bei sportlichen oder kulturellen Veranstaltungen durchgeführt, sind die Veranstaltungskosten, soweit sie auch ohne die Werbung entstanden wären, keine Betriebsausgaben des steuerpflichtigen wirtschaftlichen Geschäftsbetriebs „Werbung" (BFH-Urteil vom 27.3.1991, I R 31/89, BStBl 1992 II S. 103; zur pauschalen Gewinnermittlung bei Werbung im Zusammenhang mit der steuerbegünstigten Tätigkeit einschließlich Zweckbetrieben vgl. Nrn. 32 ff. des AEAO zu § 64).

6. Unabhängig von ihrer primären Veranlassung ist eine anteilige Berücksichtigung von gemischt veranlassten Aufwendungen (einschließlich Absetzung für Abnutzung) als Betriebsausgaben des steuerpflichtigen wirtschaftlichen Geschäftsbetriebs dann zulässig, wenn ein objektiver Maßstab für die Aufteilung der Aufwendungen (z. B. nach zeitlichen Gesichtspunkten) auf den ideellen Bereich einschließlich der Zweckbetriebe und den steuerpflichtigen wirtschaftlichen Geschäftsbetrieb besteht.

Danach ist z. B. bei der Gewinnermittlung für den steuerpflichtigen wirtschaftlichen Geschäftsbetrieb „Greenfee" von steuerbegünstigten Golfvereinen wegen der Abgrenzbarkeit nach objektiven Maßstäben (z. B. im Verhältnis der Nutzung der Golfanlage durch vereinsfremde Spieler zu den Golf spielenden Vereinsmitgliedern im Kalenderjahr) trotz primärer Veranlassung durch den ideellen Bereich des Golfvereins ein anteiliger Betriebsausgabenabzug der Aufwendungen (z. B. für Golfplatz- und Personalkosten) zulässig (BFH-Urteil vom 15.1.2015, I R 48/13, BStBl II S. 713). Bei gemeinnützigen Musikvereinen sind Aufwendungen, die zu einem Teil mit Auftritten ihrer Musikgruppen bei eigenen steuerpflichtigen Festveranstaltungen zusammenhängen, anteilig als Betriebsausgaben des steuerpflichtigen wirtschaftlichen Geschäftsbetriebs abzuziehen. Derartige Aufwendungen sind z. B. Kosten für Notenmaterial, Uniformen und Verstärkeranlagen, die sowohl bei Auftritten, die unentgeltlich erfolgen oder Zweckbetriebe sind, als auch bei Auftritten im Rahmen eines eigenen steuerpflichtigen Betriebs eingesetzt werden. Als Maßstab für die Aufteilung kommt die Zahl der Stunden, die einschließlich der Proben auf die jeweiligen Bereiche entfallen, in Betracht

Auch die Personal- und Sachkosten für die allgemeine Verwaltung können grundsätzlich im wirtschaftlichen Geschäftsbetrieb abgezogen werden, soweit sie bei einer Aufteilung nach objektiven Maßstäben teilweise darauf entfallen. Bei Kosten für die Errichtung und Unterhaltung von Vereinsheimen gibt es i. d. R. keinen objektiven Aufteilungsmaßstab.

7. Eine gemeinnützige Körperschaft ist bereits nach § 55 Abs. 1 Nr. 1 AO verpflichtet, ihre Mittel ausschließlich zur Förderung gemeinnütziger Zwecke einzusetzen. Ein steuerlicher Abzug derartiger Aufwendungen als Betriebsausgaben scheidet aus. Nichtabziehbar sind nach § 10 Nr. 1 KStG auch Aufwendungen für die Erfüllung von Zwecken, die in der Satzung vorgeschrieben sind. Die Aufwendungen für gemeinnützige oder satzungsmäßige Zwecke können auch nicht aufgrund einer „Auflage" als abziehbare Betriebsausgaben behandelt werden (Nichtanwendung des BFH-Urteils vom 5.6.2003, I R 76/01, BStBl II 2005 S. 305).

8. Unter Sponsoring wird üblicherweise die Gewährung von Geld oder geldwerten Vorteilen durch Unternehmen zur Förderung von Personen, Gruppen und/oder Organisationen in sportlichen, kulturellen, kirchlichen, wissenschaftlichen, sozialen, ökologischen oder ähnlich bedeutsamen gesellschaftspolitischen Bereichen verstanden, mit der regelmäßig auch eigene unternehmensbezogene Ziele der Werbung oder Öffentlichkeitsarbeit verfolgt werden. Leistungen eines Sponsors beruhen häufig auf einer vertraglichen Vereinbarung zwischen dem Sponsor und dem Empfänger der Leistungen (Sponsoring-Vertrag), in dem Art und Umfang der Leistungen des Sponsors und des Empfängers geregelt sind.

9. Die im Zusammenhang mit dem Sponsoring erhaltenen Leistungen können bei einer steuerbegünstigten Körperschaft steuerfreie Einnahmen im ideellen Bereich, steuerfreie Einnahmen aus der Vermögensverwaltung oder Einnahmen eines steuerpflichtigen wirtschaftlichen Geschäftsbetriebs sein. Die steuerliche Behandlung der Leistungen beim Empfänger hängt grundsätzlich nicht davon ab, wie die entsprechenden Aufwendungen beim leistenden Unternehmen behandelt werden. Für die Abgrenzung gelten die allgemeinen Grundsätze.

10. Danach liegt kein wirtschaftlicher Geschäftsbetrieb vor, wenn die steuerbegünstigte Körperschaft dem Sponsor nur die Nutzung ihres Namens zu Werbezwecken in der Weise gestattet, dass der Sponsor selbst zu Werbezwecken oder zur Imagepflege auf seine Leistungen an die Körperschaft hinweist.

Ein wirtschaftlicher Geschäftsbetrieb liegt auch dann nicht vor, wenn der Empfänger der Leistungen z. B. auf Plakaten, Veranstaltungshinweisen, in Ausstellungskatalogen oder in anderer Weise auf die Unterstützung durch einen Sponsor lediglich hinweist. Dieser Hinweis kann unter Verwendung des Namens, Emblems oder Logos des Sponsors, jedoch ohne besondere Hervorhebung, erfolgen. Entsprechende Sponsoringeinnahmen sind nicht als Einnahmen aus der Vermögensverwaltung anzusehen. Eine Zuführung zur freien Rücklage nach § 62 Abs. 1 Nr. 3 AO ist daher lediglich i. H. v. 10 % der Einnahmen, nicht aber i. H. v. einem Drittel des daraus erzielten Überschusses möglich.

11. Ein wirtschaftlicher Geschäftsbetrieb liegt dagegen vor, wenn die Körperschaft an den Werbemaßnahmen mitwirkt. Dies ist z. B. der Fall, wenn die

Körperschaft dem Sponsor das Recht einräumt, in einem von ihr herausgegebenen Publikationsorgan Werbeanzeigen zu schalten, einschlägige Sponsor-bezogene Themen darzustellen und bei Veranstaltungen der Körperschaft deren Mitglieder über diese Themen zu informieren und dafür zu werben (vgl. BFH-Urteil vom 7.11.2007, I R 42/06, BStBl 2008 II S. 949). Der wirtschaftliche Geschäftsbetrieb kann kein Zweckbetrieb (§§ 65 bis 68 AO) sein. Soweit Sponsoringeinnahmen unmittelbar in einem aus anderen Gründen steuerpflichtigen wirtschaftlichen Geschäftsbetrieb anfallen, sind sie diesem zuzurechnen.

12. Die Sammlung und Verwertung von Zahngold durch eine steuerbegünstigte Körperschaft im eigenen Namen und auf eigene Rechnung bildet nach den Grundsätzen des BFH-Urteils vom 26.2.1992, I R 149/90, BStBl II S. 693, einen einheitlichen steuerpflichtigen wirtschaftlichen Geschäftsbetrieb (§§ 14, 64 AO). Erklären die Spender, dass das Zahngold von der steuerbegünstigten Körperschaft im Namen der Spender und für Rechnung der Spender verwertet werden soll (treuhänderische Verwertung) und wenden die Spender den Verwertungserlös der steuerbegünstigten Körperschaft zu, liegt kein wirtschaftlicher Geschäftsbetrieb vor, wenn das Mitwirken der steuerbegünstigten Körperschaft sich darauf beschränkt, das Zahngold lediglich in Vertretung des Spenders bei der Scheideanstalt einzureichen. Nehmen Spender anonym an der Zahngoldsammlung teil, begründet die steuerbegünstigte Körperschaft, die das Zahngold sammelt und verwerten lässt, damit einen steuerpflichtigen wirtschaftlichen Geschäftsbetrieb.

13. Unter Beschäftigungsgesellschaften sind Körperschaften zu verstehen, die - gegebenenfalls unter Nutzung arbeitsförderungsrechtlicher Instrumente und sonstiger Förderungsmöglichkeiten - die Hilfe für früher arbeitslose und von Arbeitslosigkeit bedrohte Menschen insbesondere durch Arbeitsbeschaffungsmaßnahmen, berufliche Qualifizierungsmaßnahmen und Umschulungen zum Ziel haben.

Beschäftigungsgesellschaften können in der Regel nicht als gemeinnützig behandelt werden, wenn sie Waren herstellen und vertreiben oder Leistungen an Dritte erbringen, da sie dann wie andere Unternehmen eine wirtschaftliche Tätigkeit ausüben. Dies ist kein gemeinnütziger Zweck. Dass durch die wirtschaftliche Tätigkeit Arbeitsplätze erhalten oder geschaffen werden, rechtfertigt nicht die Anerkennung der Gemeinnützigkeit. Die Erhaltung und Schaffung von Arbeitsplätzen ist mit jeder wirtschaftlichen Tätigkeit verbunden.

Eine Beschäftigungsgesellschaft kann aber dann als gemeinnützig anerkannt werden, wenn das Schwergewicht ihrer Tätigkeit auf der beruflichen Qualifizierung, der Umschulung oder der sozialen Betreuung liegt. Werden dabei Waren hergestellt und vertrieben (z. B. im Rahmen einer Ausbildung angefertigte Sachen) oder Leistungen gegenüber Dritten erbracht, liegt insoweit ein wirtschaftlicher Geschäftsbetrieb (§ 14 Satz 1 und 2 AO) vor. Ist dieser steuerpflichtig, darf er weder Satzungszweck noch nach der tatsächlichen Geschäftsführung Selbst- oder Hauptzweck der Gesellschaft sein. Ob der wirtschaftliche Geschäftsbetrieb steuerpflichtig oder ein steuerbegünstigter Zweckbetrieb ist, richtet sich nach den §§ 65 und 68 AO.

Ein steuerbegünstigter Zweckbetrieb liegt insbesondere vor, wenn die Voraussetzungen des § 68 Nr. 3 AO erfüllt sind. Danach sind Werkstätten für behinderte Menschen, die nach den Vorschriften des SGB III förderungsfähig sind und Personen Arbeitsplätze bieten, die wegen ihrer Behinderung nicht auf dem allgemeinen Arbeitsmarkt tätig sein können, sowie Einrichtungen für Beschäftigungs- und Arbeitstherapie, die der Eingliederung von Behinderten dienen, als Zweckbetriebe zu behandeln.

Die Voraussetzungen des § 65 AO für die Zweckbetriebseigenschaft einer wirtschaftlichen Betätigung sind regelmäßig erfüllt, wenn sich der wirtschaftliche Geschäftsbetrieb in einer aus- oder weiterbildenden Tätigkeit gegen Teilnehmergebühren erschöpft. Sie sind auch erfüllt, soweit als Ausfluss der beruflichen Qualifizierungs- und Umschulungsmaßnahmen Waren hergestellt und veräußert oder Dienstleistungen gegenüber Dritten gegen Entgelt erbracht werden. Dagegen wird ein steuerpflichtiger wirtschaftlicher Geschäftsbetrieb (§ 64 AO) begründet, wenn die Herstellung und Veräußerung von Waren oder die entgeltlichen Dienstleistungen den Umfang überschreiten, der zur Erfüllung der beruflichen Qualifizierungs- und Umschulungsmaßnahmen notwendig ist.

Bei der gemeinnützigkeitsrechtlichen Behandlung von Körperschaften, die ähnliche Zwecke wie die Beschäftigungsgesellschaft fördern, ist nach den gleichen Grundsätzen zu verfahren.

Zu § 64 Abs. 2 AO:

14. Die Regelung, dass bei steuerbegünstigten Körperschaften mehrere steuerpflichtige wirtschaftliche Geschäftsbetriebe als ein Betrieb zu behandeln sind, gilt auch für die Ermittlung des steuerpflichtigen Einkommens der Körperschaft und für die Beurteilung der Buchführungspflicht nach § 141 Abs. 1 AO. Für die Frage, ob die Grenzen für die Buchführungspflicht überschritten sind, kommt es also auf die Werte (Einnahmen, Überschuss) des Gesamtbetriebes an.

15. § 55 Abs. 1 Nr. 1 Satz 2 und Nr. 3 AO gilt auch für den steuerpflichtigen wirtschaftlichen Geschäftsbetrieb. Das bedeutet u. a., dass Verluste und Gewinnminderungen in den einzelnen steuerpflichtigen wirtschaftlichen Geschäftsbetrieben nicht durch Zuwendungen an Mitglieder oder durch unverhältnismäßig hohe Vergütungen entstanden sein dürfen.

16. (weggefallen)

17. Bei einer Körperschaft, die mehrere steuerpflichtige wirtschaftliche Geschäftsbetriebe unterhält, ist für die Frage, ob gemeinnützigkeitsschädliche Verluste vorliegen, nicht auf das Ergebnis des einzelnen steuerpflichtigen wirtschaftlichen Geschäftsbetriebs, sondern auf das zusammengefasste Ergebnis aller steuerpflichtigen wirtschaftlichen Geschäftsbetriebe abzustellen. Danach ist die Gemeinnützigkeit einer Körperschaft gefährdet, wenn die steuerpflichtigen wirtschaftlichen Geschäftsbetriebe insgesamt Verluste erwirtschaften (vgl. Nrn. 4 ff. des AEAO zu § 55).

In den Fällen des § 64 Abs. 5 und 6 AO ist nicht der geschätzte bzw. pauschal ermittelte Gewinn, sondern das Ergebnis zu berücksichtigen, das sich bei einer Ermittlung nach den allgemeinen Regelungen ergeben würde (vgl. Nrn. 4 bis 6 des AEAO zu § 64).

Zu § 64 Abs. 3 AO:

18. Die Höhe der Einnahmen aus den steuerpflichtigen wirtschaftlichen Geschäftsbetrieben bestimmt sich nach den Grundsätzen der steuerlichen Gewinnermittlung. Bei steuerbegünstigten Körperschaften, die den Gewinn nach § 4 Abs. 1 oder § 5 EStG ermitteln, kommt es deshalb nicht auf den Zufluss i. S. d. § 11 EStG an, so dass auch Forderungszugänge als Einnahmen zu erfassen sind. Bei anderen steuerbegünstigten Körperschaften sind die im Kalenderjahr zugeflossenen Einnahmen (§ 11 EStG) maßgeblich. Ob die Einnahmen die Besteuerungsgrenze übersteigen, ist für jedes Jahr gesondert zu prüfen. Nicht leistungsbezogene Einnahmen sind nicht den für die Besteuerungsgrenze maßgeblichen Einnahmen zuzurechnen (vgl. Nr. 20 des AEAO zu § 64).

    Die Besteuerungsgrenze von 45.000 € ist erstmalig für den Veranlagungszeitraum 2020 anzuwenden. Für Veranlagungszeiträume vor 2020 ist die bisherige Besteuerungsgrenze von 35.000 € maßgebend.

19. Zu den Einnahmen i. S. d. § 64 Abs. 3 AO gehören leistungsbezogene Einnahmen einschließlich Umsatzsteuer aus dem laufenden Geschäft, wie Einnahmen aus dem Verkauf von Speisen und Getränken. Dazu zählen auch erhaltene Anzahlungen.

20. Zu den leistungsbezogenen Einnahmen i. S. d. Nr. 19 des AEAO zu § 64 gehören z. B. nicht

    a) der Erlös aus der Veräußerung von Wirtschaftsgütern des Anlagevermögens des steuerpflichtigen wirtschaftlichen Geschäftsbetriebs;

    b) Betriebskostenzuschüsse sowie Zuschüsse für die Anschaffung oder Herstellung von Wirtschaftsgütern des steuerpflichtigen wirtschaftlichen Geschäftsbetriebs;

    c) Investitionszulagen;

    d) der Zufluss von Darlehen;

    e) Entnahmen i. S. d. § 4 Abs. 1 EStG;

    f) die Auflösung von Rücklagen;

    g) erstattete Betriebsausgaben, z. B. Umsatzsteuer;

    h) Versicherungsleistungen mit Ausnahme des Ersatzes von leistungsbezogenen Einnahmen.

21. Ist eine steuerbegünstigte Körperschaft an einer Personengesellschaft oder Gemeinschaft beteiligt, sind für die Beurteilung, ob die Besteuerungsgrenze überschritten wird, die anteiligen (Brutto-)Einnahmen aus der Beteiligung - nicht aber der Gewinnanteil - maßgeblich. Bei Beteiligung einer steuerbegünstigten Körperschaft an einer Kapitalgesellschaft sind die Bezüge i. S. d.

§ 8b Abs. 1 KStG und die Erlöse aus der Veräußerung von Anteilen i. S. d. § 8b Abs. 2 KStG als Einnahmen i. S. d. § 64 Abs. 3 AO zu erfassen, wenn die Beteiligung einen steuerpflichtigen wirtschaftlichen Geschäftsbetrieb darstellt (vgl. Nr. 3 des AEAO zu § 64) oder in einem steuerpflichtigen wirtschaftlichen Geschäftsbetrieb gehalten wird.

22. In den Fällen des § 64 Abs. 5 und 6 AO sind für die Prüfung, ob die Besteuerungsgrenze i. S. d. § 64 Abs. 3 AO überschritten wird, die tatsächlichen Einnahmen anzusetzen.

23. Einnahmen aus sportlichen Veranstaltungen, die nach § 67a Abs. 1 Satz 1 AO oder - bei einer Option - nach § 67a Abs. 3 AO kein Zweckbetrieb sind, gehören zu den Einnahmen i. S. d. § 64 Abs. 3 AO.

Beispiel:

Ein Sportverein, der auf die Anwendung des § 67a Abs. 1 Satz 1 AO (Zweckbetriebsgrenze) verzichtet hat, erzielt im Jahr 01 folgende Einnahmen aus wirtschaftlichen Geschäftsbetrieben:

Sportliche Veranstaltungen, an denen kein bezahlter Sportler teilgenommen hat:	40.000 €
Sportliche Veranstaltungen, an denen bezahlte Sportler des Vereins teilgenommen haben:	20.000 €
Verkauf von Speisen und Getränken:	5.000 €

Die Einnahmen aus wirtschaftlichen Geschäftsbetrieben, die keine Zweckbetriebe sind, betragen 25.000 € (20.000 € + 5.000 €). Die Besteuerungsgrenze von 45.000 € wird nicht überschritten.

24. Eine wirtschaftliche Betätigung verliert durch das Unterschreiten der Besteuerungsgrenze nicht den Charakter des steuerpflichtigen wirtschaftlichen Geschäftsbetriebs. Das bedeutet, dass kein Beginn einer teilweisen Steuerbefreiung i. S. d. § 13 Abs. 5 KStG vorliegt und dementsprechend keine Schlussbesteuerung durchzuführen ist, wenn Körperschaft- und Gewerbesteuer wegen § 64 Abs. 3 AO nicht mehr erhoben werden.

25. Bei Körperschaften mit einem vom Kalenderjahr abweichenden Wirtschaftsjahr sind für die Frage, ob die Besteuerungsgrenze überschritten wird, die in dem Wirtschaftsjahr erzielten Einnahmen maßgeblich.

26. Der allgemeine Grundsatz des Gemeinnützigkeitsrechts, dass für die steuerbegünstigten Zwecke gebundene Mittel nicht für den Ausgleich von Verlusten aus steuerpflichtigen wirtschaftlichen Geschäftsbetrieben verwendet werden dürfen, wird durch § 64 Abs. 3 AO nicht aufgehoben. Unter diesem Gesichtspunkt braucht jedoch bei Unterschreiten der Besteuerungsgrenze der Frage der Mittelverwendung nicht nachgegangen zu werden, wenn bei überschlägiger Prüfung der Aufzeichnungen erkennbar ist, dass in dem steuerpflichtigen wirtschaftlichen Geschäftsbetrieb (§ 64 Abs. 2 AO) keine Verluste entstanden sind.

27. Verluste und Gewinne aus Jahren, in denen die maßgeblichen Einnahmen die Besteuerungsgrenze nicht übersteigen, bleiben bei dem Verlustabzug (§ 10d EStG) außer Ansatz. Ein rück- und vortragbarer Verlust kann danach nur in Jahren entstehen, in denen die Einnahmen die Besteuerungsgrenze übersteigen. Dieser Verlust wird nicht für Jahre verbraucht, in denen die Einnahmen die Besteuerungsgrenze von 45.000 € nicht übersteigen.

Zu § 64 Abs. 4 AO:

28. § 64 Abs. 4 AO gilt nicht für regionale Untergliederungen (Landes-, Bezirks-, Ortsverbände) steuerbegünstigter Körperschaften.

Zu § 64 Abs. 5 AO:

29. § 64 Abs. 5 AO gilt nur für Altmaterialsammlungen (Sammlung und Verwertung von Lumpen, gesammelten Kleidungsstücken, Altpapier, Schrott). Zahngold ist kein Altmaterial (Näheres zu Zahngold: siehe Nr. 12 des AEAO zu § 64 Abs. 1). Die Regelung gilt nicht für den Einzelverkauf gebrauchter Sachen (Gebrauchtwarenhandel). Basare und ähnliche Einrichtungen sind deshalb nicht begünstigt (vgl. BFH-Urteil vom 11.2.2009, I R 73/08, BStBl II S. 516). Zu Kleiderkammern siehe Nr. 9 des AEAO zu § 66.

30. § 64 Abs. 5 AO ist nur anzuwenden, wenn die Körperschaft dies beantragt (Wahlrecht).

31. Der branchenübliche Reingewinn ist bei der Verwertung von Altpapier mit 5 % und bei der Verwertung von u. a. Altmaterial mit 20 % der Einnahmen anzusetzen.

Zu § 64 Abs. 6 AO:

32. Bei den genannten steuerpflichtigen wirtschaftlichen Geschäftsbetrieben ist der Besteuerung auf Antrag der Körperschaft ein Gewinn von 15 % der Einnahmen zugrunde zu legen. Der Antrag gilt jeweils für alle gleichartigen Tätigkeiten in dem betreffenden Veranlagungszeitraum. Er entfaltet keine Bindungswirkung für folgende Veranlagungszeiträume.

33. Nach § 64 Abs. 6 Nr. 1 AO kann der Gewinn aus Werbemaßnahmen pauschal ermittelt werden, wenn sie im Zusammenhang mit der steuerbegünstigten Tätigkeit einschließlich Zweckbetrieben stattfinden. Beispiele für derartige Werbemaßnahmen sind die Trikot- oder Bandenwerbung bei Sportveranstaltungen, die ein Zweckbetrieb sind, oder die aktive Werbung in Programmheften oder auf Plakaten bei kulturellen Veranstaltungen. Entsprechend begünstigte Werbemaßnahmen können aber auch passive Duldungsleistungen sein, indem beispielsweise eine steuerbegünstigte Körperschaft Standflächen an Unternehmen für deren eigene Werbezwecke vermietet (BFH-Urteil vom 26.6.2019, V R 70/17, BStBl II S. 654). Die vorstehenden Ausführungen gelten auch für Sponsoring i. S. d. Nr. 10 des AEAO zu § 64.

34. Soweit Werbeeinnahmen nicht im Zusammenhang mit der ideellen steuerbegünstigten Tätigkeit oder einem Zweckbetrieb erzielt werden, z. E. Werbemaßnahmen bei einem Vereinsfest oder bei sportlichen Veranstaltungen, die wegen Überschreitens der Zweckbetriebsgrenze des § 67a Abs. 1 AO oder wegen des Einsatzes bezahlter Sportler ein steuerpflichtiger wirtschaftlicher Geschäftsbetrieb sind, ist § 64 Abs. 6 AO nicht anzuwenden.

35. Das Veranstalten von Trabrennen kann ein steuerpflichtiger wirtschaftlicher Geschäftsbetrieb nach § 64 AO sein, der mit dem Betrieb eines Totalisators einen einheitlichen wirtschaftlichen Geschäftsbetrieb bildet. Diesem Betrieb sind grundsätzlich sämtliche Einnahmen und Ausgaben zuzuordnen, die durch ihn veranlasst sind (BFH-Urteil vom 22.4.2009, I R 15/07, BStBl 2011 II S. 475).

Nach § 64 Abs. 6 Nr. 2 AO kann der Gewinn aus dem Totalisatorbetrieb der Pferderennvereine allerdings mit 15 % der Einnahmen angesetzt werden. Die maßgeblichen Einnahmen ermitteln sich insoweit wie folgt:

    Wetteinnahmen

    abzgl. Rennwettsteuer (Totalisatorsteuer)

    abzgl. Auszahlungen an die Wettenden.

36. Nach § 64 Abs. 6 Nr. 3 AO kann bei der Besteuerung aus der Zweiter Fraktionierungsstufe der Blutspendedienste ein Gewinn von 15 % der Einnahmen zugrunde gelegt werden.

Einnahmen steuerbegünstigter Körperschaften aus der Weiterveräußerung von im Aphereseverfahren gewonnenen Blutbestandteilen der Ersten Fraktionierungsstufe zur weiteren Fraktionierung sind dem steuerpflichtigen wirtschaftlichen Geschäftsbetrieb zuzuordnen. § 64 Abs. 6 Nr. 3 AO findet in diesem Fall keine Anwendung.

Zu § 64 Abs. 5 und 6 AO:

37. Wird in den Fällen des § 64 Abs. 5 oder 6 AO kein Antrag auf Schätzung des Überschusses oder auf pauschale Gewinnermittlung gestellt, ist der Gewinn nach den allgemeinen Regeln durch Gegenüberstellung der Betriebseinnahmen und der Betriebsausgaben zu ermitteln (vgl. Nrn. 4 bis 6 des AEAO zu § 64).

38. Wird der Überschuss nach § 64 Abs. 5 AO geschätzt oder nach § 64 Abs. 6 AO pauschal ermittelt, sind dadurch auch die damit zusammenhängenden tatsächlichen Aufwendungen der Körperschaft abgegolten; sie können nicht zusätzlich abgezogen werden.

39. Wird der Überschuss nach § 64 Abs. 5 AO geschätzt oder nach § 64 Abs. 6 AO pauschal ermittelt, muss die Körperschaft die mit diesen Einnahmen im Zusammenhang stehenden Einnahmen und Ausgaben gesondert aufzeichnen. Die genaue Höhe der Einnahmen wird zur Ermittlung des Gewinns nach § 64 Abs. 5 bzw. 6 AO benötigt. Die mit diesen steuerpflichtigen wirtschaftlichen Geschäftsbetrieben zusammenhängenden Ausgaben dürfen das Ergebnis der anderen steuerpflichtigen wirtschaftlichen Geschäftsbetriebe - unabhängig vom Zeitpunkt der steuerlichen Erfassung oder veranlagungszeitraumübergreifend - nicht mindern.

40. Die in den Bruttoeinnahmen ggf. enthaltene Umsatzsteuer gehört nicht zu den maßgeblichen Einnahmen i. S. d. § 64 Abs. 5 und 6 AO.

§ 65 Zweckbetrieb (S 0184)

Ein Zweckbetrieb ist gegeben, wenn

1. **der wirtschaftliche Geschäftsbetrieb in seiner Gesamtrichtung dazu dient, die steuerbegünstigten satzungsmäßigen Zwecke der Körperschaft zu verwirklichen,**

2. **die Zwecke nur durch einen solchen Geschäftsbetrieb erreicht werden können und**

3. **der wirtschaftliche Geschäftsbetrieb zu nicht begünstigten Betrieben derselben oder ähnlicher Art nicht in größerem Umfang in Wettbewerb tritt, als es bei Erfüllung der steuerbegünstigten Zwecke unvermeidbar ist.**

AEAO zu § 65 - Zweckbetrieb:

1. Der Zweckbetrieb ist ein wirtschaftlicher Geschäftsbetrieb i. S. v. § 14 AO. Jedoch wird ein wirtschaftlicher Geschäftsbetrieb unter bestimmten Voraussetzungen steuerlich dem begünstigten Bereich der Körperschaft zugerechnet.

2. Ein Zweckbetrieb muss tatsächlich und unmittelbar satzungsmäßige Zwecke der Körperschaft verwirklichen, die ihn betreibt. Es genügt nicht, wenn er begünstigte Zwecke verfolgt, die nicht satzungsmäßige Zwecke der ihn tragenden Körperschaft sind. Ebenso wenig genügt es, wenn er der Verwirklichung begünstigter Zwecke nur mittelbar dient, z. B. durch Abführung seiner Erträge (BFH-Urteil vom 21.8.1985, I R 60/80, BStBl 1986 II S. 88). Ein Zweckbetrieb muss deshalb in seiner Gesamtrichtung mit den ihn begründenden Tätigkeiten und nicht nur mit den durch ihn erzielten Einnahmen den steuerbegünstigten Zwecken dienen (BFH-Urteil vom 26.4.1995, I R 35/93, BStBl II S. 767).

3. Weitere Voraussetzung eines Zweckbetriebes ist, dass die Zwecke der Körperschaft nur durch ihn erreicht werden können. Die Körperschaft muss den Zweckbetrieb zur Verwirklichung ihrer satzungsmäßigen Zwecke unbedingt

und unmittelbar benötigen. Dies ist z. B. nicht der Fall beim Betrieb einer Beschaffungsstelle (zentraler Ein- und Verkauf von Ausrüstungsgegenständen, Auftragsbeschaffung etc.), da dieser weder unentbehrlich noch das einzige Mittel zur Erreichung des steuerbegünstigten Zwecks ist.

4. Der Wettbewerb eines Zweckbetriebs zu nicht begünstigten Betrieben derselben oder ähnlicher Art muss auf das zur Erfüllung der steuerbegünstigten Zwecke unvermeidbare Maß begrenzt sein. Wettbewerb i. S. d. § 65 Nr. 3 AO setzt nicht voraus, dass die Körperschaft auf einem Gebiet tätig ist, in der sie tatsächlich in Konkurrenz zu steuerpflichtigen Betrieben derselben oder ähnlicher Art tritt. Der Sinn und Zweck des § 65 Nr. 3 AO liegt in einem umfänglichen Schutz des Wettbewerbs, der auch den potentiellen Wettbewerb umfasst (vgl. BFH-Urteile vom 27.10.1993, I R 60/91, BStBl 1994 II S. 573 und vom 29.1.2009, V R 46/06, BStBl II S. 560). Ein Zweckbetrieb ist daher - entgegen dem BFH-Urteil vom 30.3.2000, V R 30/99, BStBl II S. 705 - bereits dann nicht gegeben, wenn ein Wettbewerb mit steuerpflichtigen Unternehmen lediglich möglich wäre, ohne dass es auf die tatsächliche Wettbewerbssituation vor Ort ankommt. Unschädlich ist dagegen der uneingeschränkte Wettbewerb zwischen Zweckbetrieben, die demselben steuerbegünstigten Zweck dienen und ihn in der gleichen oder in ähnlicher Form verwirklichen.

§ 66 Wohlfahrtspflege (S 0185)

(1) Eine Einrichtung der Wohlfahrtspflege ist ein Zweckbetrieb, wenn sie in besonderem Maß den in § 53 genannten Personen dient.

(2) ¹Wohlfahrtspflege ist die planmäßige, zum Wohle der Allgemeinheit und nicht des Erwerbs wegen ausgeübte Sorge für notleidende oder gefährdete Mitmenschen. ²Die Sorge kann sich auf das gesundheitliche, sittliche, erzieherische oder wirtschaftliche Wohl erstrecken und Vorbeugung oder Abhilfe bezwecken.

(3) ¹Eine Einrichtung der Wohlfahrtspflege dient in besonderem Maße den in § 53 genannten Personen, wenn diesen mindestens zwei Drittel ihrer Leistungen zugute kommen. ²Für Krankenhäuser gilt § 67.

AEAO zu § 66 - Wohlfahrtspflege:

1. Die Bestimmung enthält eine Sonderregelung für wirtschaftliche Geschäftsbetriebe, die sich mit der Wohlfahrtspflege befassen.

2. Die Wohlfahrtspflege darf nicht des Erwerbs wegen ausgeübt werden. Eine Einrichtung wird dann „des Erwerbs wegen" betrieben, wenn damit Gewinne angestrebt werden, die den konkreten Finanzierungsbedarf des jeweiligen wirtschaftlichen Geschäftsbetriebs übersteigen, die Wohlfahrtspflege mithin in erster Linie auf Mehrung des eigenen Vermögens gerichtet ist. Dabei kann die Erzielung von Gewinnen in gewissem Umfang - z. B. zum Inflationsausgleich oder zur Finanzierung von betrieblichen Erhaltungs- und Modernisierungsmaßnahmen - geboten sein, ohne in Konflikt mit dem Zweck der steuerlichen Begünstigung zu stehen (BFH-Urteil vom 27.11.2013, I R 17/12, BStBl 2016 II S. 68). Werden in drei aufeinanderfolgenden Veranlagungszeiträumen jeweils Gewinne erwirtschaftet, die den konkreten Finanzierungsbe-

darf der wohlfahrtspflegerischen Gesamtsphäre der Körperschaft übersteigen, ist widerlegbar (z. B. unbeabsichtigte Gewinne aufgrund von Marktschwankungen) von einer zweckbetriebsschädlichen Absicht der Körperschaft auszugehen, den Zweckbetrieb des Erwerbs wegen auszuüben. Gewinne aufgrund staatlich regulierter Preise (z. B. auf Grundlage einer Gebührenordnung nach Maßgabe des § 90 SGB XI) sind kein Indiz dafür, dass der Zweckbetrieb des Erwerbs wegen ausgeübt wird.

Der konkrete Finanzierungsbedarf im Sinne des Satzes 4 umfasst die Erträge, die für den Betrieb und die Fortführung der Einrichtung(en) der Wohlfahrtspflege notwendig sind und beinhaltet auch die zulässige Rücklagenbildung nach 62 Abs. 1 Nrn. 1 und 2 AO. Zur wohlfahrtspflegerischen Gesamtsphäre im Sinne des Satzes 4 gehören

    a)   Wohlfahrtspflegeeinrichtungen im Sinne des § 66 AO,

    b)   Zweckbetriebe im Sinne des § 68 AO, soweit diese auch die Voraussetzungen des § 66 AO erfüllen,

    c)   Zweckbetriebe im Sinne des § 67 AO sowie

    d)   ideelle Tätigkeiten, für die die Voraussetzungen des § 66 AO vorlägen, wenn sie entgeltlich ausgeführt würden.

3. Die Tätigkeit muss auf die Sorge für notleidende oder gefährdete Menschen gerichtet sein. Notleidend bzw. gefährdet sind Menschen, die eine oder beide der in § 53 Nr. 1 und 2 AO genannten Voraussetzungen erfüllen. Auf die Vertragsbeziehung, die der Leistungserbringung zu Grunde liegt, kommt es nicht an. Entscheidend ist, dass die Einrichtung der Wohlfahrtspflege zumindest faktisch unmittelbar gegenüber den in § 53 AO genannten Personen tätig wird. Bei Leistungen, die faktisch nicht gegenüber den in § 53 AO genannten Personen erbracht werden, fehlt es an der Unmittelbarkeit (BFH-Urteil vom 6.2.2013, I R 59/11, BStBl II S. 603).

Es ist auch nicht erforderlich, dass die gesamte Tätigkeit auf die Förderung notleidender bzw. gefährdeter Menschen gerichtet ist. Es genügt, wenn zwei Drittel der Leistungen einer Einrichtung notleidenden bzw. gefährdeten Menschen zugute kommen. Auf das Zahlenverhältnis von gefährdeten bzw. notleidenden und übrigen geförderten Menschen kommt es nicht an.

Werden neben Leistungen an die in § 53 AO genannten Personen noch andere Leistungen für einen Dritten erbracht, sind diese Leistungen, soweit sie nicht zur Organisation des eigentlichen Zweckbetriebes gehören, nicht dem Zweckbetrieb nach § 66 AO zuzurechnen. Wird also z. B. durch eine Körperschaft Personal zur Erfüllung der steuerbegünstigten Zwecke für einen Vertragspartner im Rahmen einer Pflegeeinrichtung zur Verfügung gestellt, so sind die bereitgestellten Pflegekräfte dem Zweckbetrieb nach § 66 AO zuzuordnen. Erbringt das bereitgestellte Personal z. B. nur Verwaltungsleistungen, sind diese Leistungen nicht dem Zweckbetrieb nach § 66 AO zuzuordnen.

4. Eine Einrichtung der Wohlfahrtspflege liegt regelmäßig vor bei häuslichen Pflegeleistungen durch eine steuerbegünstigte Körperschaft i. R. d. SGB VII, SGB XI, SGB XII oder BVG.

5. Die Belieferung von Studentinnen und Studenten mit Speisen und Getränken in Mensa- und Cafeteria-Betrieben von Studentenwerken ist als Zweckbetrieb zu beurteilen. Der Verkauf von alkoholischen Getränken, Tabakwaren und sonstigen Handelswaren darf jedoch nicht mehr als 5 % des Gesamtumsatzes ausmachen. Auch bei anderen steuerbegünstigten Körperschaften kann entsprechend der Beurteilung bei den Studentenwerken der Betrieb einer Cafeteria für Studierende auf dem Campus ein Zweckbetrieb der Wohlfahrtspflege sein. Entsprechendes gilt für die Grundversorgung mit Speisen und Getränken von Schülerinnen und Schülern an Schulen bzw. Kindern in einer Kindertagesstätte.

6. Die bloße Beförderung von Personen, für die der Arzt eine Krankenfahrt (Beförderung in Pkws, Taxen oder Mietwagen) verordnet hat, erfüllt nicht die Kriterien nach § 66 Abs. 2 AO.

7. Werden die Leistungen unter gleichen Bedingungen sowohl gegenüber hilfebedürftigen als auch nicht hilfebedürftigen Personen erbracht, ist ein einheitlicher wirtschaftlicher Geschäftsbetrieb „Einrichtung der Wohlfahrtspflege" anzunehmen. Dieser ist als Zweckbetrieb zu behandeln, wenn die Zweidrittelgrenze des § 66 AO erfüllt wird. Die Einhaltung dieser Tatbestandsvoraussetzung ist nachzuweisen. Bei Kleiderkammern, Suppenküchen, Obdachlosenasylen und den sogenannten Tafeln kann auf den Nachweis der Zweidrittelgrenze verzichtet werden, wenn ein Bescheid nach § 53 Nr. 2 Satz 8 AO vorliegt.

8. Gesellige Veranstaltungen sind als steuerpflichtige wirtschaftliche Geschäftsbetriebe zu behandeln. Veranstaltungen, bei denen zwar auch die Geselligkeit gepflegt wird, die aber in erster Linie zur Betreuung behinderter Personen durchgeführt werden, können unter den Voraussetzungen der §§ 65 und 66 AO Zweckbetrieb sein.

9. Der Einzelverkauf gesammelter Kleidungsstücke in einer Kleiderkammer oder einer ähnlichen Einrichtung kann ein Zweckbetrieb i. S. d. § 66 AO sein. Dies setzt voraus, dass mindestens zwei Drittel der Leistungen der Einrichtung hilfebedürftigen Personen i. S. d. § 53 AO zugutekommen.

§ 67 Krankenhäuser (S 0186)

(1) Ein Krankenhaus, das in den Anwendungsbereich des Krankenhausentgeltgesetzes oder der Bundespflegesatzverordnung fällt, ist ein Zweckbetrieb, wenn mindestens 40 Prozent der jährlichen Belegungstage oder Berechnungstage auf Patienten entfallen, bei denen nur Entgelte für allgemeine Krankenhausleistungen (§ 7 des Krankenhausentgeltgesetzes, § 10 der Bundespflegesatzverordnung) berechnet werden.

(2) Ein Krankenhaus, das nicht in den Anwendungsbereich des Krankenhausentgeltgesetzes oder der Bundespflegesatzverordnung fällt, ist ein Zweckbetrieb, wenn mindestens 40 Prozent der jährlichen Belegungstage oder Berechnungstage auf Patienten entfallen, bei denen für die Krankenhausleistungen kein höheres Entgelt als nach Absatz 1 berechnet wird.

AEAO zu § 67 - Krankenhäuser:

Nach § 2 Nr. 1 KHG sind Krankenhäuser Einrichtungen, in denen durch ärztliche und pflegerische Hilfeleistung Krankheiten, Leiden oder Körperschäden festgestellt, geheilt oder gelindert werden sollen oder Geburtshilfe geleistet wird und in denen die zu versorgenden Personen untergebracht und verpflegt werden können. Krankenhausleistungen sind Leistungen, die unter Berücksichtigung der Leistungsfähigkeit des Krankenhauses im Einzelfall nach Art und Schwere der Krankheit für die medizinisch zweckmäßige und ausreichende Versorgung der Patienten notwendig sind. Es handelt sich u. a. um

- ärztliche und pflegerische Behandlung oder
- Versorgung mit Arznei-, Heil- und Hilfsmitteln, die für die Versorgung im Krankenhaus notwendig sind, oder
- Unterkunft und Verpflegung.

Zu dem Zweckbetrieb Krankenhaus gehören damit alle Einnahmen und Ausgaben, die mit den ärztlichen und pflegerischen Leistungen an die Patienten als Benutzer des jeweiligen Krankenhauses zusammenhängen (BFH-Urteil vom 6.4.2005, I R 85/04, BStBl II S. 545). Darunter fallen auch die an ambulant behandelte Patienten erbrachten Leistungen, soweit diese Bestandteil des Versorgungsauftrages des Krankenhauses sind. Gleiches gilt für typischerweise von einem Krankenhaus gegenüber seinen Patienten erbrachte Leistungen, soweit das Krankenhaus zur Sicherstellung seines Versorgungsauftrages von Gesetzes wegen zu diesen Leistungen befugt ist und der Sozialversicherungsträger die insoweit entstehenden Kosten trägt (BFH-Urteile vom 31.7.2013, I R 82/12, BStBl 2015 II S. 123; vom 18.10.2017, V R 46/16, BStBl 2018 II S. 672 und vom 6.6.2019, V R 39/17, BStBl II S. 651). Der Versorgungsauftrag eines Krankenhauses (§ 8 Abs. 1 Satz 4 Krankenhausentgeltgesetz) regelt, welche Leistungen ein Krankenhaus, unabhängig von der Art der Krankenversicherungsträger, erbringen darf. Für die gemeinnützigkeitsrechtliche Beurteilung folgt daraus, dass für Leistungen, die außerhalb des Versorgungsauftrages erbracht werden, eine Zuordnung zum Zweckbetrieb Krankenhaus ausscheidet.

Für die Zurechnung der Behandlungsleistungen zum Zweckbetrieb Krankenhaus ist es unbeachtlich, wenn die Behandlungen von Patienten des Krankenhauses durch einen ermächtigten Arzt als Dienstaufgabe innerhalb einer nichtselbstständigen Tätigkeit (Einkünfte nach § 19 EStG) erbracht werden. Leistungen, die von einem Krankenhaus an dort selbstständig tätige Ärzte erbracht werden, sind grundsätzlich dem steuerpflichtigen wirtschaftlichen Geschäftsbetrieb des Krankenhauses zuzuordnen. Abweichend davon ist die Abgabe von Zytostatika dem Zweckbetrieb zuzuordnen, wenn sie an einen nach § 116 SGB V ermächtigten selbstständig tätigen Arzt zur unmittelbaren Verabreichung bei der ambulanten Behandlung im Krankenhaus erfolgt (BFH-Urteil vom 6.6.2019, V R 39/17, BStBl II S. 651).

Für die Beurteilung eines Krankenhauses als Zweckbetrieb ist allein § 67 AO maßgebend. Es müssen nicht zusätzlich die Voraussetzungen des § 66 AO erfüllt sein.

§ 67a Sportliche Veranstaltungen (S 0186-a)

(1) ¹Sportliche Veranstaltungen eines Sportvereins sind ein Zweckbetrieb, wenn die Einnahmen einschließlich Umsatzsteuer insgesamt 45 000 Euro im Jahr nicht übersteigen. ²Der Verkauf von Speisen und Getränken sowie die Werbung gehören nicht zu den sportlichen Veranstaltungen.

(2) ¹Der Sportverein kann dem Finanzamt bis zur Unanfechtbarkeit des Körperschaftsteuerbescheids erklären, dass er auf die Anwendung des Absatzes 1 Satz 1 verzichtet. ²Die Erklärung bindet den Sportverein für mindestens fünf Veranlagungszeiträume.

(3) ¹Wird auf die Anwendung des Absatzes 1 Satz 1 verzichtet, sind sportliche Veranstaltungen eines Sportvereins ein Zweckbetrieb, wenn

1. kein Sportler des Vereins teilnimmt, der für seine sportliche Betätigung oder für die Benutzung seiner Person, seines Namens, seines Bildes oder seiner sportlichen Betätigung zu Werbezwecken von dem Verein oder einem Dritten über eine Aufwandsentschädigung hinaus Vergütungen oder andere Vorteile erhält und

2. kein anderer Sportler teilnimmt, der für die Teilnahme an der Veranstaltung von dem Verein oder einem Dritten im Zusammenwirken mit dem Verein über eine Aufwandsentschädigung hinaus Vergütungen oder andere Vorteile erhält.

²Andere sportliche Veranstaltungen sind ein steuerpflichtiger wirtschaftlicher Geschäftsbetrieb. ³Dieser schließt die Steuervergünstigung nicht aus, wenn die Vergütungen oder andere Vorteile ausschließlich aus wirtschaftlichen Geschäftsbetrieben, die nicht Zweckbetriebe sind, oder von Dritten geleistet werden.

(4) ¹Organisatorische Leistungen eines Sportdachverbandes zur Durchführung von sportlichen Veranstaltungen sind ein Zweckbetrieb, wenn an der sportlichen Veranstaltung überwiegend Sportler teilnehmen, die keine Lizenzsportler sind. ²Alle sportlichen Veranstaltungen einer Saison einer Liga gelten als eine sportliche Veranstaltung im Sinne des Satzes 1. Absatz 1 Satz 2 gilt entsprechend.

AEAO zu § 67a - Sportliche Veranstaltungen:

Allgemeines

1. Sportliche Veranstaltungen eines Sportvereins sind grundsätzlich ein Zweckbetrieb, wenn die Einnahmen einschließlich der Umsatzsteuer aus allen sportlichen Veranstaltungen des Vereins die Zweckbetriebsgrenze von 45.000 € im Jahr nicht übersteigen (§ 67a Abs. 1 Satz 1 AO). Übersteigen die Einnahmen die Zweckbetriebsgrenze von 45.000 €, liegt grundsätzlich ein steuerpflichtiger wirtschaftlicher Geschäftsbetrieb vor.

Der Verein kann auf die Anwendung der Zweckbetriebsgrenze verzichten (§ 67a Abs. 2 AO). Die steuerliche Behandlung seiner sportlichen Veranstaltungen richtet sich dann nach § 67a Abs. 3 AO.

2. Unter Sportvereinen I. S. d. Vorschrift sind alle gemeinnützigen Körperschaften zu verstehen, bei denen die Förderung des Sports (§ 52 Abs. 2 Satz 1 Nr. 21 AO) Satzungszweck ist; die tatsächliche Geschäftsführung muss diesem Satzungszweck entsprechen (§ 59 AO). § 67a AO gilt also z. B. auch für Sportverbände. Sie gilt auch für Sportvereine, die Fußballveranstaltungen unter Einsatz ihrer Lizenzspieler nach der „Lizenzordnung Spieler" der Organisation "Die Liga-Fußballverband e.V. - Ligaverband" durchführen.

3. Als sportliche Veranstaltung ist die organisatorische Maßnahme eines Sportvereins anzusehen, die es aktiven Sportlern (die nicht Mitglieder des Vereins zu sein brauchen) ermöglicht, Sport zu treiben (BFH-Urteil vom 25.7.1996, V R 7/95, BStBl 1997 II S. 154). Eine sportliche Veranstaltung liegt auch dann vor, wenn ein Sportverein in Erfüllung seiner Satzungszwecke im Rahmen einer Veranstaltung einer anderen Person oder Körperschaft eine sportliche Darbietung erbringt. Die Veranstaltung, bei der die sportliche Darbietung präsentiert wird, braucht keine steuerbegünstigte Veranstaltung zu sein (BFH-Urteil vom 4.5.1994, XI R 109/90, BStBl II S. 886).

4. Sportreisen sind als sportliche Veranstaltungen anzusehen, wenn die sportliche Betätigung wesentlicher und notwendiger Bestandteil der Reise ist (z. B. Reise zum Wettkampfort). Reisen, bei denen die Erholung der Teilnehmer im Vordergrund steht (Touristikreisen), zählen dagegen nicht zu den sportlichen Veranstaltungen, selbst wenn anlässlich der Reise auch Sport getrieben wird.

5. Die Ausbildung und Fortbildung in sportlichen Fertigkeiten gehört zu den typischen und wesentlichen Tätigkeiten eines Sportvereins. Sportkurse und Sportlehrgänge für Mitglieder und Nichtmitglieder von Sportvereinen (Sportunterricht) sind daher als „sportliche Veranstaltungen" zu beurteilen. Es ist unschädlich für die Zweckbetriebseigenschaft, dass der Verein mit dem Sportunterricht in Konkurrenz zu gewerblichen Sportlehrern (z. B. Reitlehrer, Skilehrer, Tennislehrer, Schwimmlehrer) tritt, weil § 67a AO als die speziellere Vorschrift dem § 65 AO vorgeht. Die Beurteilung des Sportunterrichts als sportliche Veranstaltung hängt nicht davon ab, ob der Unterricht durch Beiträge, Sonderbeiträge oder Sonderentgelte abgegolten wird.

6. Der Verkauf von Speisen und Getränken - auch an Wettkampfteilnehmer, Schiedsrichter, Kampfrichter, Sanitäter usw. - und die Werbung gehören nicht zu den sportlichen Veranstaltungen. Diese Tätigkeiten sind gesonderte steuerpflichtige wirtschaftliche Geschäftsbetriebe. Nach § 64 Abs. 2 AO ist es jedoch möglich, Überschüsse aus diesen Betrieben mit Verlusten aus sportlichen Veranstaltungen, die steuerpflichtige wirtschaftliche Geschäftsbetriebe sind, zu verrechnen.

7. Wird für den Besuch einer sportlichen Veranstaltung, die Zweckbetrieb ist, mit Bewirtung ein einheitlicher Eintrittspreis bezahlt, so ist dieser - ggf. im Wege

der Schätzung - in einen Entgeltsanteil für den Besuch der sportlichen Veranstaltung und in einen Entgeltsanteil für die Bewirtungsleistungen aufzuteilen.

8. Zur Zulässigkeit einer pauschalen Gewinnermittlung beim steuerpflichtigen wirtschaftlichen Geschäftsbetrieb „Werbung" wird auf Nrn. 34 bis 39 des AEAO zu § 64 hingewiesen.

9. Die entgeltliche Übertragung des Rechts zur Nutzung von Werbeflächen in vereinseigenen oder gemieteten Sportstätten (z. B. an der Bande) sowie von Lautsprecheranlagen an Werbeunternehmer ist als steuerfreie Vermögensverwaltung (§ 14 Satz 3 AO) zu beurteilen. Voraussetzung ist jedoch, dass dem Pächter (Werbeunternehmer) ein angemessener Gewinn verbleibt. Es ist ohne Bedeutung, ob die sportlichen Veranstaltungen, bei denen der Werbeunternehmer das erworbene Recht nutzt, Zweckbetrieb oder wirtschaftlicher Geschäftsbetrieb sind.

   Die entgeltliche Übertragung des Rechts zur Nutzung von Werbeflächen auf der Sportkleidung (z. B. auf Trikots, Sportschuhen, Helmen) und auf Sportgeräten ist stets als steuerpflichtiger wirtschaftlicher Geschäftsbetrieb zu behandeln.

10. Die Unterhaltung von Club-Häusern, Kantinen, Vereinsheimen oder Vereinsgaststätten ist keine „sportliche Veranstaltung", auch wenn diese Einrichtungen ihr Angebot nur an Mitglieder richten.

11. Bei Vermietung von Sportstätten einschließlich der Betriebsvorrichtungen für sportliche Zwecke ist zwischen der Vermietung auf längere Dauer und der Vermietung auf kurze Dauer (z. B. stundenweise Vermietung, auch wenn die Stunden für einen längeren Zeitraum im Voraus festgelegt werden) zu unterscheiden. Zur Vermietung öffentlicher Schwimmbäder an Schwimmvereine und zur Nutzung durch Schulen für den Schwimmunterricht siehe Nr. 13 des AEAO zu § 67a.

12. Die Vermietung auf längere Dauer ist dem Bereich der steuerfreien Vermögensverwaltung zuzuordnen, so dass sich die Frage der Behandlung als "sportliche Veranstaltung" I. S. d. § 67a AO dort nicht stellt.

    Die Vermietung von Sportstätten und Betriebsvorrichtungen auf kurze Dauer schafft lediglich die Voraussetzungen für sportliche Veranstaltungen. Sie ist jedoch selbst keine "sportliche Veranstaltung", sondern ein wirtschaftlicher Geschäftsbetrieb eigener Art. Dieser ist als Zweckbetrieb I. S. d. § 65 AO anzusehen, wenn es sich bei den Mietern um Mitglieder des Vereins handelt. Bei der Vermietung auf kurze Dauer an Nichtmitglieder tritt der Verein dagegen in größerem Umfang in Wettbewerb zu nicht begünstigten Vermietern, als es bei Erfüllung seiner steuerbegünstigten Zwecke unvermeidbar ist (§ 65 Nr. 3 AO). Diese Art der Vermietung ist deshalb als steuerpflichtiger wirtschaftlicher Geschäftsbetrieb zu behandeln.

    Indizien für eine Mitgliedschaft, die lediglich darauf gerichtet ist die Nutzung der Sportstätten und Betriebsvorrichtungen eines Vereins zu ermöglichen, sind:

- die Zeit der Mitgliedschaft,
- die Höhe der Beiträge, die die Mitglieder zu entrichten haben, oder auch
- zivilrechtlich eingeschränkte Rechte der Mitglieder.

Für die Zuordnung der entgeltlichen Überlassung der Sportstätten und Betriebsvorrichtungen an ein Gastmitglied zum Zweckbetrieb ist es daher nicht zu beanstanden, wenn die Gastmitgliedschaft wie eine Vollmitgliedschaft ausgestaltet ist und diese nicht nur für einen kurzen Zeitraum eingegangen wird.

Dagegen ist die entgeltliche Überlassung der Sportstätten und Betriebsvorrichtungen an ein Gastmitglied dem steuerpflichtigen wirtschaftlichen Geschäftsbetrieb zuzuordnen, wenn das Gastmitglied per Satzung nur eingeschränkte Rechte eingeräumt bekommt oder die Mitgliedschaft lediglich für einen kurzen Zeitraum (weniger als sechs Monate) eingegangen wird.

13. Durch den Betrieb eines öffentlichen Schwimmbads werden gemeinnützige Zwecke (öffentliche Gesundheitspflege und Sport) unabhängig davon gefördert, ob das Schwimmbad von einem Verein oder von einer juristischen Person des öffentlichen Rechts als Betrieb gewerblicher Art unterhalter wird.

Die verschiedenen Tätigkeiten eines gemeinnützigen Schwimmvereins sind wie folgt zu beurteilen:

a) Schulschwimmen

Die Vermietung des Schwimmbads auf längere Dauer an die Träger der Schulen ist als Vermögensverwaltung anzusehen. Eine Vermietung auf längere Dauer ist in Anlehnung an Abschnitt 4.12.3 Absatz 2 UStAE bei stundenweiser Nutzungsmöglichkeit des Schwimmbads durch die Schulen anzunehmen, wenn die Nutzung mehr als ein Schulhalbjahr (mindestens sechs Monate) erfolgt. Unselbständige Nebenleistungen des Vereins, wie Reinigung des Schwimmbads, gehören mit zur Vermögensverwaltung.

b) Vereinsschwimmen

Das Vereinsschwimmen und die Durchführung von Schwimmkursen sind nach Maßgabe des § 67a AO Zweckbetriebe (sportliche Veranstaltungen). Dabei ist es ohne Bedeutung, ob die Teilnehmer an den Schwimmkursen Mitglieder des Vereins oder Vereinsfremde sind.

c) Jedermannschwimmen

Das Jedermannschwimmen ist insgesamt als Zweckbetrieb I. S. d. § 65 AO anzusehen, wenn die nicht unmittelbar dem Schwimmen dienenden Angebote (z. B. Sauna, Solarium) von untergeordneter Bedeutung sind. Schwimmbäder, die danach als Zweckbetriebe begünstigt sind, stehen in keinem schädlichen Wettbewerb zu steuerpflichtigen Schwimmbädern (§ 65 Nr. 3 AO), weil sie I. d. R. anders strukturiert sind (so genannte Spaßbäder) und sich ihre Angebote erheblich von dem im Wesentlichen auf das Schwimmen begrenzten Angebot der Vereinsschwimmbäder unterscheiden.

14. Werden im Zusammenhang mit der Vermietung von Sportstätten und Betriebsvorrichtungen auch bewegliche Gegenstände, z. B. Tennisschläger oder Golfschläger überlassen, stellt die entgeltliche Überlassung dieser Gegenstände ein Hilfsgeschäft dar, das das steuerliche Schicksal der Hauptleistung teilt (BFH-Urteil vom 30.3.2000, V R 30/99, BStBl II S. 705). Bei der alleinigen Überlassung von Sportgeräten, z. B. eines Flugzeugs, bestimmt sich die Zweckbetriebseigenschaft danach, ob die Sportgeräte Mitgliedern oder Nichtmitgliedern des Vereins überlassen werden.

15. § 3 Nr. 26 EStG gilt nicht für Einnahmen, die ein nebenberuflicher Übungsleiter etc. für eine Tätigkeit in einem steuerpflichtigen wirtschaftlichen Geschäftsbetrieb „sportliche Veranstaltungen" erhält.

16. Werden sportliche Veranstaltungen, die im vorangegangenen Veranlagungszeitraum Zweckbetrieb waren, zu einem steuerpflichtigen wirtschaftlichen Geschäftsbetrieb oder umgekehrt, ist grundsätzlich § 13 Abs. 5 KStG anzuwenden.

Zu § 67a Abs. 1 AO:

17. Bei der Anwendung der Zweckbetriebsgrenze von 45.000 € sind alle Einnahmen der Veranstaltungen zusammenzurechnen, die in dem maßgeblichen Jahr nach den Regelungen der Nrn. 1 bis 15 des AEAO zu § 67a als sportliche Veranstaltungen anzusehen sind. Zu diesen Einnahmen gehören insbesondere Eintrittsgelder, Startgelder, Zahlungen für die Übertragung sportlicher Veranstaltungen in Rundfunk und Fernsehen, Lehrgangsgebühren und Ablösezahlungen. Zum allgemeinen Einnahmebegriff wird auf die Nrn. 18 und 19 des AEAO zu § 64 hingewiesen.

18. Die Bezahlung von Sportlern in einem Zweckbetrieb I. S. d. § 67a Abs. 1 Satz 1 AO ist zulässig (§ 58 Nr. 8 AO). Dabei ist die Herkunft der Mittel, mit denen die Sportler bezahlt werden, ohne Bedeutung.

19. Die Zahlung von Ablösesummen ist in einem Zweckbetrieb I. S. d. § 67a Abs. 1 Satz 1 AO uneingeschränkt zulässig.

20. Bei Spielgemeinschaften von Sportvereinen ist - unabhängig von der Qualifizierung der Einkünfte im Feststellungsbescheid für die Gemeinschaft - bei der Körperschaftsteuerveranlagung der beteiligten Sportvereine zu entscheiden, ob ein Zweckbetrieb oder ein steuerpflichtiger wirtschaftlicher Geschäftsbetrieb gegeben ist. Dabei ist für die Beurteilung der Frage, ob die Zweckbetriebsgrenze des § 67a Abs. 1 Satz 1 AO überschritten wird, die Höhe der anteiligen Einnahmen (nicht des anteiligen Gewinns) maßgeblich.

Zu § 67a Abs. 2 AO:

21. Ein Verzicht auf die Anwendung des § 67a Abs. 1 Satz 1 AO ist auch dann möglich, wenn die Einnahmen aus den sportlichen Veranstaltungen die Zweckbetriebsgrenze von 45.000 € nicht übersteigen.

22. Die Option nach § 67a Abs. 2 AO kann bis zur Unanfechtbarkeit des Körperschaftsteuerbescheids widerrufen werden. Die Regelungen in Abschnitt 19.2 Abs. 2 und 6 UStAE sind entsprechend anzuwenden. Der Widerruf ist - auch

nach Ablauf der Bindungsfrist - nur mit Wirkung ab dem Beginn eines Kalender- oder Wirtschaftsjahres zulässig.

Zu § 67a Abs. 3 AO

23. Verzichtet ein Sportverein gem. § 67a Abs. 2 AO auf die Anwendung der Zweckbetriebsgrenze (§ 67a Abs. 1 Satz 1 AO), sind sportliche Veranstaltungen ein Zweckbetrieb, wenn an ihnen kein bezahlter Sportler des Vereins teilnimmt und der Verein keinen vereinsfremden Sportler selbst oder im Zusammenwirken mit einem Dritten bezahlt. Auf die Höhe der Einnahmen oder Überschüsse dieser sportlichen Veranstaltungen kommt es bei Anwendung des § 67a Abs. 3 AO nicht an. Sportliche Veranstaltungen, an denen ein oder mehrere Sportler teilnehmen, die nach § 67a Abs. 3 Satz 1 Nr. 1 oder 2 AO als bezahlte Sportler anzusehen sind, sind steuerpflichtige wirtschaftliche Geschäftsbetriebe. Es kommt nach dem Gesetz nicht darauf an, ob ein Verein eine Veranstaltung von vornherein als steuerpflichtigen wirtschaftlichen Geschäftsbetrieb angesehen oder ob er - aus welchen Gründen auch immer - zunächst irrtümlich einen Zweckbetrieb angenommen hat.

24. Unter Veranstaltungen i. S. d. § 67a Abs. 3 AO sind bei allen Sportarten grundsätzlich die einzelnen Wettbewerbe zu verstehen, die in engem zeitlichen und örtlichen Zusammenhang durchgeführt werden. Bei einer Mannschaftssportart ist also nicht die gesamte Meisterschaftsrunde, sondern jedes einzelne Meisterschaftsspiel die zu beurteilende sportliche Veranstaltung. Bei einem Turnier hängt es von der Gestaltung im Einzelfall ab, ob das gesamte Turnier oder jedes einzelne Spiel als eine sportliche Veranstaltung anzusehen ist. Dabei ist von wesentlicher Bedeutung, ob für jedes Spiel gesondert Eintritt erhoben wird und ob die Einnahmen und Ausgaben für jedes Spiel gesondert ermittelt werden.

25. Sportkurse und Sportlehrgänge für Mitglieder und Nichtmitglieder von Sportvereinen sind bei Anwendung des § 67a Abs. 3 AO als Zweckbetrieb zu behandeln, wenn kein Sportler als Auszubildender teilnimmt, der wegen seiner Betätigung in dieser Sportart als bezahlter Sportler i. S. d. § 67a Abs. 3 AO anzusehen ist. Die Bezahlung von Ausbildern berührt die Zweckbetriebseigenschaft nicht.

26. Ist ein Sportler in einem Kalenderjahr als bezahlter Sportler anzusehen, sind alle in dem Kalenderjahr durchgeführten sportlichen Veranstaltungen des Vereins, an denen der Sportler teilnimmt, ein steuerpflichtiger wirtschaftlicher Geschäftsbetrieb. Bei einem vom Kalenderjahr abweichenden Wirtschaftsjahr ist das abweichende Wirtschaftsjahr zugrunde zu legen. Es kommt nicht darauf an, ob der Sportler die Merkmale des bezahlten Sportlers erst nach Beendigung der sportlichen Veranstaltung erfüllt. Die Teilnahme unbezahlter Sportler an einer Veranstaltung, an der auch bezahlte Sportler teilnehmen, hat keinen Einfluss auf die Behandlung der Veranstaltung als steuerpflichtiger wirtschaftlicher Geschäftsbetrieb.

27. Die Vergütungen oder anderen Vorteile müssen in vollem Umfang aus steuerpflichtigen wirtschaftlichen Geschäftsbetrieben oder von Dritten geleistet werden (§ 67a Abs. 3 Satz 3 AO). Eine Aufteilung der Vergütungen ist nicht

zulässig. Es ist also z. B. steuerlich nicht zulässig, Vergütungen an bezahlte Sportler bis zu 520 € im Monat als Ausgaben des steuerbegünstigten Bereichs und nur die 520 € übersteigenden Vergütungen als Ausgaben des steuerpflichtigen wirtschaftlichen Geschäftsbetriebs „sportliche Veranstaltungen" zu behandeln.

28. Auch die anderen Kosten müssen aus dem steuerpflichtigen wirtschaftlichen Geschäftsbetrieb „sportliche Veranstaltungen", anderen steuerpflichtigen wirtschaftlichen Geschäftsbetrieben oder von Dritten geleistet werden. Dies gilt auch dann, wenn an der Veranstaltung neben bezahlten Sportlern auch unbezahlte Sportler teilnehmen. Die Kosten eines steuerpflichtigen wirtschaftlichen Geschäftsbetriebs „sportliche Veranstaltungen" sind also nicht danach aufzuteilen, ob sie auf bezahlte oder auf unbezahlte Sportler entfallen. Etwaiger Aufwandsersatz an unbezahlte Sportler für die Teilnahme an einer Veranstaltung mit bezahlten Sportlern ist als eine Ausgabe dieser Veranstaltung zu behandeln. Aus Vereinfachungsgründen ist es aber nicht zu beanstanden, wenn die Aufwandspauschale (vgl. Nr. 32 des AEAO zu § 67a) an unbezahlte Sportler nicht als Betriebsausgabe des steuerpflichtigen wirtschaftlichen Geschäftsbetriebs behandelt, sondern aus Mitteln des ideellen Bereichs abgedeckt wird.

29. Trainingskosten (z. B. Vergütungen an Trainer), die sowohl unbezahlte als auch bezahlte Sportler betreffen, sind nach den im Einzelfall gegebenen Abgrenzungsmöglichkeiten aufzuteilen. Als solche kommen beispielsweise in Betracht der jeweilige Zeitaufwand oder - bei gleichzeitigem Training unbezahlter und bezahlter Sportler - die Zahl der trainierten Sportler oder Mannschaften. Soweit eine Abgrenzung anders nicht möglich ist, sind die auf das Training unbezahlter und bezahlter Sportler entfallenden Kosten im Wege der Schätzung zu ermitteln.

30. Werden bezahlte und unbezahlte Sportler einer Mannschaft gleichzeitig für eine Veranstaltung trainiert, die als steuerpflichtiger wirtschaftlicher Geschäftsbetrieb zu beurteilen ist, sind die gesamten Trainingskosten dafür Ausgaben des steuerpflichtigen wirtschaftlichen Geschäftsbetriebs. Die Vereinfachungsregelung in Nr. 28 letzter Satz des AEAO zu § 67a gilt entsprechend.

31. Sportler des Vereins I. S. d. § 67a Abs. 3 Satz 1 Nr. 1 AO sind nicht nur die (aktiven) Mitglieder des Vereins, sondern alle Sportler, die für den Verein auftreten, z. B. in einer Mannschaft des Vereins mitwirken. Für Verbände gilt Nr. 38 des AEAO zu § 67a.

32. Zahlungen an einen Sportler des Vereins bis zu insgesamt 520 € je Monat im Jahresdurchschnitt sind für die Beurteilung der Zweckbetriebseigenschaft der sportlichen Veranstaltungen - nicht aber bei der Besteuerung des Sportlers - ohne Einzelnachweis als Aufwandsentschädigung anzusehen. Werden höhere Aufwendungen erstattet, sind die gesamten Aufwendungen im Einzelnen nachzuweisen. Dabei muss es sich um Aufwendungen persönlicher oder sachlicher Art handeln, die dem Grunde nach Werbungskosten oder Betriebsausgaben sein können.

Die Regelung gilt für alle Sportarten.

33. Die Regelung über die Unschädlichkeit pauschaler Aufwandsentschädigungen bis zu 520 € je Monat im Jahresdurchschnitt gilt nur für Sportler des Vereins, nicht aber für Zahlungen an andere Sportler. Einem anderen Sportler, der in einem Jahr nur an einer Veranstaltung des Vereins teilnimmt, kann also nicht ein Betrag bis zu 6.240 € als pauschaler Aufwandsersatz dafür gezahlt werden. Vielmehr führt in den Fällen des § 67a Abs. 3 Satz 1 Nr. 2 AO jede Zahlung an einen Sportler, die über eine Erstattung des tatsächlichen Aufwands hinausgeht, zum Verlust der Zweckbetriebseigenschaft der Veranstaltung.

34. Zuwendungen der Stiftung Deutsche Sporthilfe, Frankfurt, und vergleichbarer Einrichtungen der Sporthilfe an Spitzensportler sind i. d. R. als Ersatz von besonderen Aufwendungen der Spitzensportler für ihren Sport anzusehen. Sie sind deshalb nicht auf die zulässige Aufwandspauschale von 520 € je Monat im Jahresdurchschnitt anzurechnen. Weisen Sportler die tatsächlichen Aufwendungen nach, so muss sich der Nachweis auch auf die Aufwendungen erstrecken, die den Zuwendungen der Stiftung Deutsche Sporthilfe und vergleichbarer Einrichtungen gegenüber stehen.

35. Bei der Beurteilung der Zweckbetriebseigenschaft einer Sportveranstaltung nach § 67a Abs. 3 AO ist nicht zu unterscheiden, ob Vergütungen oder andere Vorteile an einen Sportler für die Teilnahme an sich oder für die erfolgreiche Teilnahme gewährt werden. Entscheidend ist, dass der Sportler aufgrund seiner Teilnahme Vorteile hat, die er ohne seine Teilnahme nicht erhalten hätte. Auch die Zahlung eines Preisgeldes, das über eine Aufwandsentschädigung hinausgeht, begründet demnach einen steuerpflichtigen wirtschaftlichen Geschäftsbetrieb.

36. Bei einem so genannten Spielertrainer ist zu unterscheiden, ob er für die Trainertätigkeit oder für die Ausübung des Sports Vergütungen erhält. Wird er nur für die Trainertätigkeit bezahlt oder erhält er für die Tätigkeit als Spieler nicht mehr als den Ersatz seiner Aufwendungen (vgl. Nr. 32 des AEAO zu § 67a), ist seine Teilnahme an sportlichen Veranstaltungen unschädlich für die Zweckbetriebseigenschaft.

37. Unbezahlte Sportler werden wegen der Teilnahme an Veranstaltungen mit bezahlten Sportlern nicht selbst zu bezahlten Sportlern. Die Ausbildung dieser Sportler gehört nach wie vor zu der steuerbegünstigten Tätigkeit eines Sportvereins, es sei denn, sie werden zusammen mit bezahlten Sportlern für eine Veranstaltung trainiert, die ein steuerpflichtiger wirtschaftlicher Geschäftsbetrieb ist (vgl. Nr. 30 des AEAO zu § 67a).

38. Sportler, die einem bestimmten Sportverein angehören und die nicht selbst unmittelbar Mitglieder eines Sportverbandes sind, werden bei der Beurteilung der Zweckbetriebseigenschaft von Veranstaltungen des Verbandes als andere Sportler I. S. d. § 67a Abs. 3 Satz 1 Nr. 2 AO angesehen. Zahlungen der Vereine an Sportler im Zusammenhang mit sportlichen Veranstaltungen der Verbände (z. B. Länderwettkämpfe) sind in diesen Fällen als „Zahlungen von Dritten im Zusammenwirken mit dem Verein" (hier: Verband) zu behandeln.

39. Ablösezahlungen, die einem steuerbegünstigten Sportverein für die Freigabe von Sportlern zufließen, beeinträchtigen seine Gemeinnützigkeit nicht. Die erhaltenen Beträge zählen zu den Einnahmen aus dem steuerpflichtigen wirtschaftlichen Geschäftsbetrieb „sportliche Veranstaltungen", wenn der den Verein wechselnde Sportler in den letzten zwölf Monaten vor seiner Freigabe bezahlter Sportler I. S. d. § 67a Abs. 3 Satz 1 Nr. 1 AO war. Ansonsten gehören sie zu den Einnahmen aus dem Zweckbetrieb „sportliche Veranstaltungen"

40. Zahlungen eines steuerbegünstigten Sportvereins an einen anderen (abgebenden) Verein für die Übernahme eines Sportlers sind unschädlich für die Gemeinnützigkeit des zahlenden Vereins, wenn sie aus steuerpflichtigen wirtschaftlichen Geschäftsbetrieben für die Übernahme eines Sportlers gezahlt werden, der beim aufnehmenden Verein in den ersten zwölf Monaten nach dem Vereinswechsel als bezahlter Sportler I. S. d. § 67a Abs. 3 Satz 1 Nr. 1 AO anzusehen ist. Zahlungen für einen Sportler, der beim aufnehmenden Verein nicht als bezahlter Sportler anzusehen ist, sind bei Anwendung des § 67a Abs. 3 AO nur dann unschädlich für die Gemeinnützigkeit des zahlenden Vereins, wenn lediglich die Ausbildungskosten für den den Verein wechselnden Sportler erstattet werden. Eine derartige Kostenerstattung kann bei Zahlungen bis zur Höhe von 2.557 € je Sportler ohne weiteres angenommen werden. Bei höheren Kostenerstattungen sind sämtliche Ausbildungskosten im Einzelfall nachzuweisen. Die Zahlungen mindern nicht den Überschuss des steuerpflichtigen wirtschaftlichen Geschäftsbetriebs „sportliche Veranstaltungen".

Zur steuerlichen Behandlung von Ablösezahlungen bei Anwendung der Zweckbetriebsgrenze des § 67a Abs. 1 Satz 1 AO vgl. Nrn. 17 und 19 des AEAO zu § 67a.

Zu § 67a Abs. 4 AO

41. § 67a Abs. 4 AO ist eine spezielle, ab dem 1.1.2021 geltende Regelung für Organisationsleistungen von Sportdachverbänden, die die sportlichen Veranstaltungen ihrer Mitgliedsvereine organisatorisch ermöglicht. Hierunter fällt in aller Regel die Organisation des Ligaspielbetriebes durch den zuständigen Sportdachverband.

Danach sind organisatorische Leistungen eines Sportdachverbandes ein Zweckbetrieb, wenn an der sportlichen Veranstaltung überwiegend, d. h. zu mehr als 50%, Amateursportler teilnehmen.

Nicht zu den Amateuren gehören die sogenannten „Lizenzsportler" einer Liga. So ist z. B. im Fußballsport Lizenzspieler, wer das Fußballspiel aufgrund eines mit einem Lizenzverein oder einer Kapitalgesellschaft geschlossenen schriftlichen Vertrages betreibt und durch Abschluss eines schriftlichen Lizenzvertrages mit dem Ligaverband zum Spielbetrieb zugelassen ist. Der Begriff des „Lizenzsportlers" beschreibt also einen Status unabhängig von vereinbarten oder erhaltenen Zahlungen.

Nicht steuerbegünstigt sind organisatorische Leistungen, die überwiegend den Lizenzsportlern zugutekommen. Organisatorische Leistungen für den

Verkauf von Speisen und Getränken sowie die Werbung sind ebenfalls nicht steuerbegünstigt.

Bei Sportarten mit Ligabetrieb sind alle sportlichen Veranstaltungen einer Liga, z. B. alle Spiele einer Saison, eine einheitliche sportliche Veranstaltung. Organisatorische Leistungen eines Sportdachverbandes können somit ligaweise dem Zweckbetrieb oder dem steuerpflichtigen wirtschaftlichen Geschäftsbetrieb zugeordnet werden, da die Zusammensetzung der spielberechtigten Sportler nach Amateur- und Lizenzspielern dem Dachverband bekannt ist.

Unberührt von der steuerbegünstigten Einstufung des Ligabetriebs auf Verbandsebene bleibt die steuerliche Behandlung der einzelnen Ligaspiele als sportliche Veranstaltung auf Ebene der beteiligten Sportvereine. Diese richtet sich nach § 67a Abs. 1 oder Abs. 3 AO.

§ 68 Einzelne Zweckbetriebe (S 0187)

Zweckbetriebe sind auch:

1. a) Alten-, Altenwohn- und Pflegeheime, Erholungsheime, Mahlzeitendienste, wenn sie in besonderem Maß den in § 53 genannten Personen dienen (§ 66 Absatz 3),

   b) Kindergärten, Kinder-, Jugend- und Studentenheime, Schullandheime und Jugendherbergen,

   c) Einrichtungen zur Versorgung, Verpflegung und Betreuung von Flüchtlingen. ²Die Voraussetzungen des § 66 Absatz 2 sind zu berücksichtigen,

2. a) landwirtschaftliche Betriebe und Gärtnereien, die der Selbstversorgung von Körperschaften dienen und dadurch die sachgemäße Ernährung und ausreichende Versorgung von Anstaltsangehörigen sichern,

   b) andere Einrichtungen, die für die Selbstversorgung von Körperschaften erforderlich sind, wie Tischlereien, Schlossereien, wenn die Lieferungen und sonstigen Leistungen dieser Einrichtungen an Außenstehende dem Wert nach 20 Prozent der gesamten Lieferungen und sonstigen Leistungen des Betriebs – einschließlich der an die Körperschaften selbst bewirkten – nicht übersteigen,

3. a) Werkstätten für behinderte Menschen, die nach den Vorschriften des Dritten Buches Sozialgesetzbuch förderungsfähig sind und Personen Arbeitsplätze bieten, die wegen ihrer Behinderung nicht auf dem allgemeinen Arbeitsmarkt tätig sein können,

   b) Einrichtungen für Beschäftigungs- und Arbeitstherapie, in denen behinderte Menschen aufgrund ärztlicher Indikationen außerhalb eines Beschäftigungsverhältnisses zum Träger der Therapieeinrichtung mit dem Ziel behandelt werden, körperliche oder psychische Grundfunktionen zum Zwecke der Wiedereingliederung in das Alltagsleben wiederherzustellen oder die besonderen Fähigkeiten und Fertigkeiten auszubilden, zu fördern und zu trainieren, die für eine Teilnahme am Arbeitsleben erforderlich sind, und

   c) Inklusionsbetriebe im Sinne des § 215 Absatz 1 des Neunten Buches Sozialgesetzbuch, wenn mindestens 40 Prozent der Beschäftigten besonders betroffene schwerbehinderte Menschen im Sinne des § 215 Absatz 1 des Neunten Buches Sozialgesetzbuch sind; auf die Quote werden psychisch kranke Menschen im Sinne des § 215 Absatz 4 des Neunten Buches Sozialgesetzbuch angerechnet,

4. Einrichtungen, die zur Durchführung der Fürsorge für blinde Menschen, zur Durchführung der Fürsorge für körperbehinderte Menschen und zur Durchführung der Fürsorge für psychische und seelische Erkrankungen beziehungsweise Behinderungen unterhalten werden,

5. Einrichtungen über Tag und Nacht (Heimerziehung) oder sonstige betreute Wohnformen,

6. von den zuständigen Behörden genehmigte Lotterien und Ausspielungen, wenn der Reinertrag unmittelbar und ausschließlich zur Förderung mildtätiger, kirchlicher oder gemeinnütziger Zwecke verwendet wird,

7. kulturelle Einrichtungen, wie Museen, Theater, und kulturelle Veranstaltungen, wie Konzerte, Kunstausstellungen; dazu gehört nicht der Verkauf von Speisen und Getränken,

8. Volkshochschulen und andere Einrichtungen, soweit sie selbst Vorträge, Kurse und andere Veranstaltungen wissenschaftlicher oder belehrender Art durchführen; dies gilt auch, soweit die Einrichtungen den Teilnehmern dieser Veranstaltungen selbst Beherbergung und Beköstigung gewähren,

9. Wissenschafts- und Forschungseinrichtungen, deren Träger sich überwiegend aus Zuwendungen der öffentlichen Hand oder Dritter oder aus der Vermögensverwaltung finanziert. ²Der Wissenschaft und Forschung dient auch die Auftragsforschung. ³Nicht zum Zweckbetrieb gehören Tätigkeiten, die sich auf die Anwendung gesicherter wissenschaftlicher Erkenntnisse beschränken, die Übernahme von Projektträgerschaften sowie wirtschaftliche Tätigkeiten ohne Forschungsbezug.

AEAO zu § 68 - Einzelne Zweckbetriebe:

Allgemeines

1. § 68 AO enthält einen gesetzlichen Katalog einzelner Zweckbetriebe und geht als spezielle Norm der Regelung des § 65 AO vor (BFH-Urteil vom 4.6.2003, I R 25/02, BStBl 2004 II S. 660). Die beispielhafte Aufzählung von Betrieben, die ihrer Art nach Zweckbetriebe sein können, gibt wichtige Anhaltspunkte für die Auslegung der Begriffe Zweckbetrieb (§ 65 AO) im Allgemeinen und Einrichtungen der Wohlfahrtspflege (§ 66 AO) im Besonderen.

Zu § 68 Nr. 1 AO:

2. Unter die Begriffe „Alten-, Altenwohn- und Pflegeheime" fallen Einrichtungen, die gegenüber denen in § 53 Nr. 1 AO genannten Personen Leistungen der Pflege oder Betreuung sowie der Wohnraumüberlassung erbringen und bei denen die Verträge über die Überlassung von Wohnraum und über die Erbringung von Pflege- oder Betreuungsleistungen voneinander abhängig sind (siehe §§ 1, 2 WBVG). Eine für die Allgemeinheit zugängliche Cafeteria ist ein steuerpflichtiger wirtschaftlicher Geschäftsbetrieb. Für Körperschaften, die nicht die Voraussetzungen des § 68 Nr. 1 Buchstabe a AO erfüllen, kommt eine Förderung unter den Voraussetzungen des § 66 AO in Betracht.

3. Bei Kindergärten, Kinder-, Jugend- und Studentenheimen sowie bei Schullandheimen und Jugendherbergen müssen die geförderten Personen die Voraussetzungen nach § 53 AO nicht erfüllen. Leistungen, die von Jugendherbergen an allein reisende Erwachsene (= Personen nach Vollendung des 27.

§ 68 Abgabenordnung

    Lebensjahres) erbracht werden, begründen einen selbständigen steuerpflichtigen wirtschaftlichen Geschäftsbetrieb nach §§ 14, 64 AO (BFH-Urteil vom 10.8.2016, V R 11/15, BStBl 2018 II S. 113).

4. Flüchtlinge zählen regelmäßig aufgrund ihrer psychischen, physischen oder wirtschaftlichen Situation zu dem von § 53 AO erfassten Personenkreis. Eine Prüfung der Voraussetzungen des § 53 AO der Flüchtlinge ist deshalb bei Einrichtungen zur Versorgung, Verpflegung und Betreuung von Flüchtlingen nicht erforderlich.

    Die Einrichtungen dürfen nicht des Erwerbs wegen betrieben werden (§ 66 Abs. 2 AO).

Zu § 68 Nr. 2 AO:

5. Von § 68 Nr. 2 Buchstabe b AO werden nur solche Selbstversorgungseinrichtungen umfasst, die den darin genannten Handwerksbetrieben vergleichbar sind. Werden auch Leistungen gegenüber Außenstehenden erbracht, sind nur solche Einrichtungen der steuerbegünstigten Körperschaft begünstigt, die nicht regelmäßig ausgelastet sind und deshalb gelegentlich auch Leistungen an Außenstehende erbringen, nicht aber solche, die über Jahre hinweg Leistungen an Außenstehende ausführen und hierfür auch personell entsprechend ausgestattet sind (vgl. BFH-Urteil vom 29.1.2009, V R 46/06, BStBl II S. 560). Außenstehende im Sinne dieser Regelung sind auch Arbeitnehmer der Körperschaft. Bei Lieferungen und Leistungen an Außenstehende tritt die Körperschaft mit Dritten in Leistungsbeziehung. Solange der Umfang dieser Geschäfte an Dritte, hierzu gehören auch Leistungsempfänger, die selbst eine steuerbegünstigte Körperschaft I. S. d. § 68 Nr. 2 AO sind (BFH-Urteil vom 18.10.1990, V R 35/85, BStBl 1991 II S. 157), nicht mehr als 20 % der gesamten Lieferungen und Leistungen der begünstigten Körperschaft ausmachen, bleibt die Zweckbetriebseigenschaft erhalten.

Zu § 68 Nr. 3 AO:

6. Der Begriff „Werkstatt für behinderte Menschen" bestimmt sich nach § 219 SGB IX. Werkstätten für behinderte Menschen bedürfen der förmlichen Anerkennung. Anerkennungsbehörde ist die Bundesagentur für Arbeit, die im Einvernehmen mit dem überörtlichen Träger der Sozialhilfe über die Anerkennung einer Einrichtung als Werkstatt für behinderte Menschen durch Anerkennungsbescheid entscheidet (§ 225 SGB IX).

    Läden oder Verkaufsstellen von Werkstätten für behinderte Menschen sind grundsätzlich als Zweckbetriebe zu behandeln, wenn dort Produkte verkauft werden, die von der - den Laden oder die Verkaufsstelle betreibenden - Werkstatt für behinderte Menschen oder einer anderen Werkstatt für behinderte Menschen i. S. d. § 68 Nr. 3 Buchstabe a AO hergestellt worden sind.

    Werden von dem Laden oder der Verkaufsstelle der Werkstatt für behinderte Menschen auch zugekaufte Waren, die nicht von ihr oder von anderen Werkstätten für behinderte Menschen hergestellt worden sind, weiterverkauft, liegt insoweit ein gesonderter steuerpflichtiger wirtschaftlicher Geschäftsbetrieb vor.

Zu den Zweckbetrieben gehören auch die von den Trägern der Werkstätten für behinderte Menschen betriebenen Kantinen, weil die besondere Situation der behinderten Menschen auch während der Mahlzeiten eine Betreuung erfordert.

7. Der Umfang eines Inklusionsbetriebs richtet sich nach der sozialrechtlichen Einordnung. Inklusionsbetriebe i. S. d. § 215 SGB IX sind rechtlich und wirtschaftlich selbständige Unternehmen oder unternehmensinterne oder von öffentlichen Arbeitgebern i. S. d. § 154 Abs. 2 SGB IX geführte Betriebe oder Abteilungen zur Beschäftigung von schwerbehinderten oder diesen gleichgestellten Menschen, deren Teilhabe an einer sonstigen Beschäftigung auf dem allgemeinen Arbeitsmarkt aufgrund von Art oder Schwere der Behinderung oder wegen sonstiger Umstände voraussichtlich trotz Ausschöpfens aller Fördermöglichkeiten und des Einsatzes von Integrationsfachdiensten auf besondere Schwierigkeiten stößt. Es ist damit möglich, dass ein Inklusionsbetrieb als rechtlich und wirtschaftlich selbständiges Inklusionsunternehmen, unternehmersinterner Inklusionsbetrieb oder unternehmensinterne Inklusionsabteilung ausgestaltet wird. Davon abhängig sind bei der Quotenberechnung jeweils andere Bezugsgrößen bei der Anzahl der Beschäftigten zugrunde zu legen. Inklusionsbetriebe i. S. d. § 215 SGB IX müssen mindestens 30 % und sollen in der Regel nicht mehr als 50 % der genannten Personengruppe beschäftigen, um sozialrechtlich als Inklusionsbetrieb anerkannt werden zu können.

Für die steuerliche Eignung als Zweckbetrieb bedarf es insgesamt einer Beschäftigungsquote von mindestens 40 % der genannten Personengruppen. Auf diese Quoten wird auch die Anzahl der psychisch kranken beschäftigten Menschen angerechnet, die behindert oder von einer Behinderung bedroht sind und deren Teilhabe an einer sonstigen Beschäftigung auf dem allgemeinen Arbeitsmarkt auf Grund von Art und Schwere der Behinderung oder wegen sonstiger Umstände auf besondere Schwierigkeiten stößt. Für Inklusionsbetriebe wird anders als bei Werkstätten für behinderte Menschen kein förmliches Anerkennungsverfahren durchgeführt. Als Nachweis für die Eigenschaft als Inklusionsbetrieb dient in der Regel der Bescheid des zuständigen Integrationsamtes über erbrachte Leistungen nach § 217 SGB IX (Leistungsbescheid) sowie, im Falle einer Beschäftigung psychisch kranker Menschen, der Leistungsbescheid des zuständigen Rehabilitationsträgers. Bei der Ermittlung der Beschäftigungsquote von 40 % sind alle schwerbehinderten, gleichgestellten und psychisch kranken Menschen zu berücksichtigen, für die das jeweils zuständige Integrationsamt bzw. der zuständige Rehabilitationsträger Leistungen nach § 217 SGB IX erbringen kann. Schwerbehinderte und diesen gleichgestellte Menschen sowie psychisch kranke Beschäftigte von Inklusionsbetrieben, für die dem Arbeitgeber eine Förderung nach § 61 SGB IX (Budget für Arbeit) oder § 61a SGB IX (Budget für Ausbildung) gewährt wird, gehören regelmäßig zur Zielgruppe des § 215 SGB IX und sind entsprechend bei der Quotenberechnung zu berücksichtigen.

Die Ermittlung der Zahl der Beschäftigten erfolgt mittels Kopfzählung. Dabei gilt der Arbeitsplatzbegriff des § 156 SGB IX. Demnach sind Teilzeitbeschäftigte mit und ohne Behinderung grundsätzlich ab einem wöchentlichen Beschäftigungsumfang von 18 Stunden voll zu berücksichtigen. Schwerbehinderte oder diesen gleichgestellte Teilzeitbeschäftigte sind bereits ab einem Beschäftigungsumfang von 12 Wochenstunden voll zu berücksichtigen (§ 185 Abs. 2 Satz 3 SGB IX).

Für Altfälle bis einschließlich VZ 2018 wird nicht beanstandet, wenn die bis zum 30.1.2019 gültige Fassung der Nr. 6 des AEAO zu § 68 Nr. 3 angewendet wird.

8. Zusätzliche Beschäftigungsmöglichkeiten für (schwer-)behinderte Menschen schaffen Handelsbetriebe, die als wohnortnahe Einzelhandelsgeschäfte beispielsweise mit einem Lebensmittelvollsortiment und entsprechendem Einsatz von Fachpersonal betrieben werden. Mit dieser Beschäftigungsform soll behinderten Menschen eine Möglichkeit zur Teilhabe am Arbeitsleben auf dem allgemeinen Arbeitsmarkt auch außerhalb von Werkstätten für behinderte Menschen geboten werden.

Handelsbetriebe, die keine Läden oder Verkaufsstellen von Werkstätten für behinderte Menschen I. S. d. Nr. 6 des AEAO zu § 68 darstellen, können als Inklusionsbetrieb (vgl. Nr. 7 des AEAO zu § 68) oder als zusätzlicher Arbeitsbereich, zusätzlicher Betriebsteil oder zusätzliche Betriebsstätte einer (anerkannten) Werkstatt für behinderte Menschen gegründet werden. Im letzteren Fall muss die Werkstatt für behinderte Menschen bei den Anerkennungsbehörden (§ 225 SGB IX) die Erweiterung der anerkannten Werkstatt um den zusätzlichen Arbeitsbereich, den Betriebsteil oder die zusätzliche Betriebsstätte „Handelsbetrieb" anzeigen und um deren Einbeziehung in die Anerkennung nach § 225 SGB IX ersuchen. Die Anerkennungsbehörden prüfen, ob die anerkannte Werkstatt für behinderte Menschen auch mit einer solchen Erweiterung insgesamt noch die Anerkennungsvoraussetzungen als Werkstatt für behinderte Menschen nach § 225 SGB IX erfüllt.

Handelsbetriebe, die von den Sozialbehörden als Inklusionsbetriebe gefördert werden, stellen grundsätzlich einen steuerbegünstigten Zweckbetrieb nach § 68 Nr. 3 Buchstabe c AO dar, wenn die Beschäftigungsquote von 40 % der Personengruppe erreicht ist.

Die von den Sozialbehörden vorgenommene sozialrechtliche Einordnung dieser Handelsbetriebe als Teil einer Werkstatt für behinderte Menschen (§ 68 Nr. 3 Buchstabe a AO) oder als Inklusionsbetrieb (§ 68 Nr. 3 Buchstabe c AO) soll von der zuständigen Finanzbehörde regelmäßig übernommen werden. Dem zuständigen Finanzamt obliegt aber die abschließende rechtsverbindliche Entscheidung im Einzelfall. Dabei kommt den Bescheiden der Sozialbehörden (Anerkennungsbescheid nach § 225 SGB IX bzw. Bescheid über erbrachte Leistungen nach § 217 SGB IX) grundsätzlich Tatbestandswirkung zu. Die Bescheide stellen aber keine Grundlagenbescheide I. S. d. § 171 Abs. 10 AO dar.

9. Einrichtungen für Beschäftigungs- und Arbeitstherapie, die der Eingliederung von behinderten Menschen dienen, sind besondere Einrichtungen in denen eine Behandlung von behinderten Menschen aufgrund ärztlicher Indikationen erfolgt. Während eine Beschäftigungstherapie ganz allgemein das Ziel hat, körperliche oder psychische Grundfunktionen zum Zwecke der Wiedereingliederung in das Alltagsleben wiederherzustellen, zielt die Arbeitstherapie darauf ab, die besonderen Fähigkeiten und Fertigkeiten auszubilden, zu fördern und zu trainieren, die für eine Teilnahme am Arbeitsleben erforderlich sind. Beschäftigungs- und Arbeitstherapie sind vom medizinischen Behandlungszweck geprägt und erfolgen regelmäßig außerhalb eines Beschäftigungsverhältnisses zum Träger der Therapieeinrichtung. Ob eine entsprechende Einrichtung vorliegt, ergibt sich aufgrund der Vereinbarungen über Art und Umfang der Heilbehandlung und Rehabilitation zwischen dem Träger der Einrichtung und den Leistungsträgern.

Zu § 68 Nr. 4 AO:

10. Begünstigte Einrichtungen sind insbesondere Werkstätten, die zur Fürsorge von blinden Menschen, Menschen mit körperlichen Behinderungen sowie Menschen mit psychischen und seelischen Erkrankungen beziehungsweise Behinderungen unterhalten werden.

Zu § 68 Nr. 6 AO:

11. Lotterien und Ausspielungen sind ein Zweckbetrieb, wenn sie von den zuständigen Behörden genehmigt sind oder nach den jeweiligen landesrechtlichen Bestimmungen wegen des geringen Umfangs der Ausspielung oder Lotterieveranstaltung per Verwaltungserlass pauschal als genehmigt gelten. Die sachlichen Voraussetzungen und die Zuständigkeit für die Genehmigung bestimmen sich nach den lotterierechtlichen Verordnungen der Länder. Der Gesetzeswortlaut lässt es offen, in welchem Umfang solche Lotterien veranstaltet werden dürfen. Da eine besondere Einschränkung fehlt, ist auch eine umfangreiche Tätigkeit so lange unschädlich, als die allgemein durch das Gesetz gezogenen Grenzen nicht überschritten werden. Die jährliche Organisation einer Tombola durch eine weitere Förderkörperschaft nach § 58 Abs. 1 Satz 4 AO ist im Rahmen der Gesamtbetrachtung selbst dann als steuerbegünstigter Zweckbetrieb nach § 68 Nr. 6 AO zu beurteilen, wenn die Körperschaft die Mittel überwiegend aus der Ausrichtung der Tombola erzielt.

12. Zur Ermittlung des Reinertrags dürfen den Einnahmen aus der Lotterieveranstaltung oder Ausspielung nur die unmittelbar damit zusammenhängenden Ausgaben gegenübergestellt werden. Führt eine steuerbegünstigte Körperschaft eine Lotterieveranstaltung durch, die nach dem Rennwett- und Lotteriegesetz nicht genehmigungsfähig ist, z. B. eine Ausspielung anlässlich einer geselligen Veranstaltung, handelt es sich insoweit nicht um einen Zweckbetrieb nach § 68 Nr. 6 AO.

Zu § 68 Nr. 7 AO:

13. Wegen der Breite des Spektrums, die die Förderung von Kunst und Kultur umfasst, ist die im Gesetz enthaltene Aufzählung der kulturellen Einrichtungen nicht abschließend.

14. Kulturelle Einrichtungen und Veranstaltungen I. S. d. § 68 Nr. 7 AO können nur vorliegen, wenn die Förderung der Kultur Satzungszweck der Körperschaft ist. Sie sind stets als Zweckbetrieb zu behandeln. Das BFH-Urteil vom 4.5.1994, XI R 109/90, BStBl II S. 886 zu sportlichen Darbietungen eines Sportvereins (vgl. Nr. 3 des AEAO zu §67a) gilt für kulturelle Darbietungen entsprechend. Demnach liegt auch dann eine kulturelle Veranstaltung der Körperschaft vor, wenn diese eine Darbietung kultureller Art im Rahmen einer Veranstaltung präsentiert, die nicht von der Körperschaft selbst organisiert wird und die ihrerseits keine kulturelle Veranstaltung I. S. d. § 68 Nr. 7 AO darstellt. Wenn z. B. ein steuerbegünstigter Musikverein, der der Förderung der volkstümlichen Musik dient, gegen Entgelt im Festzelt einer Brauerei ein volkstümliches Musikkonzert darbietet, gehört der Auftritt des Musikvereins als kulturelle Veranstaltung zum Zweckbetrieb.

15. Der Verkauf von Speisen und Getränken und die Werbung bei kulturellen Veranstaltungen gehören nicht zu dem Zweckbetrieb. Diese Tätigkeiten sind gesonderte wirtschaftliche Geschäftsbetriebe. Wird für den Besuch einer kulturellen Veranstaltung mit Bewirtung ein einheitliches Entgelt entrichtet, so ist dieses - ggf. im Wege der Schätzung - in einen Entgeltsanteil für den Besuch der Veranstaltung (Zweckbetrieb) und für die Bewirtungsleistungen (wirtschaftlicher Geschäftsbetrieb) aufzuteilen.

Zu § 68 Nr. 8 AO:

16. An Veranstaltungen belehrender Art I. S. d. § 68 Nr. 8 AO sind keine besonderen inhaltlichen Anforderungen zu stellen. Es genügt, dass bei den jeweiligen Veranstaltungen überwiegend Vorträge gehalten werden, die naturgemäß belehrenden Charakter haben (BFH-Urteil vom 21.6.2017, V R 34/16, BStBl 2018 II S. 55).

Zu § 68 Nr. 9 AO:

17. Bei der Anwendung des § 68 Nr. 9 AO bestehen keine Unterschiede zwischen Wissenschaftseinrichtungen und Forschungseinrichtungen. Die nachfolgenden Erläuterungen zur steuerlichen Behandlung von Forschungseinrichtungen gelten deshalb auch für Wissenschaftseinrichtungen.

18. § 68 Nr. 9 AO gilt nur für Körperschaften, deren satzungsmäßiger Zweck die Förderung von Wissenschaft und Forschung ist. Fördert die Körperschaft daneben nach ihrer Satzung auch andere steuerbegünstigte Zwecke, ist § 68 Nr. 9 AO nur anzuwenden, wenn die Forschungstätigkeit bei der tatsächlichen Geschäftsführung die Förderung der anderen steuerbegünstigten Zwecke überwiegt.

Die Sonderregelung in § 68 Nr. 9 AO geht der allgemeinen Regelung über die Zweckbetriebseigenschaft wirtschaftlicher Betätigungen in § 65 AO vor. Die

Zweckbetriebseigenschaft der Forschungstätigkeit von Forschungseinrichtungen, auf die § 68 Nr. 9 AO anzuwenden ist, richtet sich deshalb ausschließlich nach dieser Vorschrift. Darauf, ob die Forschungstätigkeit die Voraussetzungen des § 65 AO erfüllt, kommt es nicht an. Dies gilt auch dann, wenn die Forschungseinrichtung die Voraussetzungen des § 68 Nr. 9 AO für die Annahme eines Zweckbetriebs nicht erfüllt. Die gesamte Forschungstätigkeit ist in diesem Fall ein steuerpflichtiger wirtschaftlicher Geschäftsbetrieb.

Die steuerliche Beurteilung der Zweckbetriebseigenschaft von wirtschaftlichen Geschäftsbetrieben, die nicht unmittelbar der Forschung dienen, richtet sich nach den §§ 65 bis 68 Nrn. 1 bis 8 AO. Danach ist z. B. die teilweise Überlassung der Nutzung eines Rechenzentrums für Zwecke Dritter gegen Entgelt ein steuerpflichtiger wirtschaftlicher Geschäftsbetrieb. Zweckbetriebe kommen insbesondere bei der Förderung anderer steuerbegünstigter Zwecke in Betracht (z. B. Unterhaltung eines Museums durch den Träger einer Forschungseinrichtung - § 68 Nr. 7 AO).

Betreibt eine steuerbegünstigte Körperschaft, auf die § 68 Nr. 9 AO nicht anzuwenden ist, auch Forschung, ist die Zweckbetriebseigenschaft der Forschungstätigkeit nach § 65 AO zu beurteilen. Hierbei sind die Grundsätze des BFH-Urteils vom 30.11.1995, V R 29/91, BStBl 1997 II S. 189, zu beachten. Danach ist die Auftragsforschung ein steuerpflichtiger wirtschaftlicher Geschäftsbetrieb. Falls sich die Auftragsforschung nicht von der Grundlagen- oder Eigenforschung abgrenzen lässt, liegt insgesamt ein steuerpflichtiger wirtschaftlicher Geschäftsbetrieb vor.

Eine Körperschaft ist nicht selbstlos tätig und kann deshalb nicht als gemeinnützig behandelt werden, wenn sie in erster Linie nicht steuerbegünstigte, sondern eigenwirtschaftliche Zwecke verfolgt (§ 55 Abs. 1 Satz 1 AO). Zweckbetriebe sind bei dieser Abgrenzung dem ideellen steuerbegünstigten Bereich zuzuordnen. Wenn eine Forschungseinrichtung nach § 68 Nr. 9 AO ein Zweckbetrieb ist, besteht deshalb die unwiderlegbare Vermutung, dass das Schwergewicht ihrer Tätigkeit im steuerbegünstigten

Bereich liegt. Bei einer Forschungseinrichtung, auf die § 68 Nr. 9 AO anzuwenden ist, deren Träger die Finanzierungsvoraussetzungen der Vorschrift jedoch nicht erfüllt, kann nicht zwingend davon ausgegangen werden, dass sie in erster Linie eigenwirtschaftliche Zwecke verfolgt. Nach den Grundsätzen des BFH-Urteils vom 4.4.2007, I R 76/05, BStBl II S. 631, ist unter Berücksichtigung der gesamten Umstände des Einzelfalls zu prüfen, ob sich die Auftragsforschung von der steuerbegünstigten Tätigkeit trennen lässt. Ist in diesem Fall die Auftragsforschung von untergeordneter Bedeutung, kann der Träger der Einrichtung nach § 5 Abs. 1 Nr. 9 KStG gleichwohl steuerbefreit sein und die Auftragsforschung lediglich einen steuerpflichtigen wirtschaftlichen Geschäftsbetrieb (§ 64 AO) darstellen. Die Steuerbefreiung nach § 5 Abs. 1 Nr. 9 KStG geht nur dann verloren, wenn die Auftragsforschung als eigenständiger Zweck neben die Eigenforschung (Grundlagenforschung) tritt und somit gegen das Gebot der Ausschließlichkeit des § 56 AO verstoßen wird.

19. Unter „Träger" einer Forschungseinrichtung ist die Körperschaft (z. B. Verein, GmbH) zu verstehen, die die Einrichtung betreibt. Wie sich die Mitglieder oder Gesellschafter der Körperschaft finanzieren, ist ohne Bedeutung.

20. Die überwiegende Finanzierung des Trägers ergibt sich aus der Gegenüberstellung der Zuwendungen an den Träger von dritter Seite zuzüglich der Einnahmen aus der Vermögensverwaltung einerseits und der übrigen Einnahmen des Trägers andererseits. Zuwendungen von dritter Seite sind nur unentgeltliche Leistungen. Dazu gehören z. B. die Projektförderung von Bund, Ländern und der Europäischen Union, Spenden und echte Mitgliedsbeiträge.

Fördert die Körperschaft auch andere steuerbegünstigte Zwecke als die Wissenschaft und Forschung und geschieht dies durch einen Zweckbetrieb, sind die Einnahmen und Überschüsse aus diesem Zweckbetrieb bei der Beurteilung der Frage, aus welchen Mitteln sich der Träger der Forschungseinrichtung überwiegend finanziert, nicht zu berücksichtigen. Die Einnahmen und Überschüsse anderer Zweckbetriebe sind also weder als Zuwendungen noch als andere (schädliche) Mittelzuflüsse zu erfassen.

In welchem Jahr die Einnahmen anzusetzen sind, bestimmt sich nach den Grundsätzen der steuerlichen Einkünfteermittlung. Bei Körperschaften, die den Gewinn durch Betriebsvermögensvergleich (§ 4 Abs. 1 oder § 5 EStG) ermitteln, sind Forderungszugänge bereits als Einnahmen zu erfassen. Bei anderen Körperschaften sind die im Kalenderjahr zugeflossenen Einnahmen maßgeblich (§ 11 EStG).

Der Beurteilung, ob der Träger einer Forschungseinrichtung sich überwiegend aus Zuwendungen und der Vermögensverwaltung finanziert, ist grundsätzlich ein Dreijahreszeitraum zugrunde zu legen. Dieser umfasst den zu beurteilenden und die beiden vorangegangenen Veranlagungszeiträume.

Beispiel

Jahr	Zuwendungen und Vermögensverwaltung	Andere Finanzierung	Gesamtfinanzierung
	€	€	€
01	1.000	1.100	2.100
02	1.400	1.000	2.400
03	1.200	1.300	2.500
Zusammen	3.600	3.400	7.000

Im Jahr 03 (zu beurteilender Veranlagungszeitraum) liegt ein Zweckbetrieb vor, weil sich der Träger der Forschungseinrichtung im maßgeblichen Beurteilungszeitraum (Jahre 01 bis 03) überwiegend aus Zuwendungen und der Vermögensverwaltung finanziert hat. Für die Beurteilung der Zweckbetriebseigenschaft im Jahr 04 ist die Finanzierung des Trägers der Forschungseinrichtung in den Jahren 02 bis 04 zugrunde zu legen.

21. Die Anfertigung von Prototypen und die Nullserie gehören noch zur Forschungstätigkeit.

Bei Routinemessungen, dem Routineeinsatz eines Ergebnisses und der Fertigung marktfähiger Produkte ist grundsätzlich anzunehmen, dass sich die Tätigkeit auf die Anwendung gesicherter wissenschaftlicher Erkenntnisse beschränkt. Dies ist eine Vermutung, die im Einzelfall von der Forschungseinrichtung widerlegt werden kann.

Bei der Anfertigung von Gutachten kommt es bei der Zuordnung auf Thema und Inhalt an. Gutachten, in denen lediglich gesicherte wissenschaftliche Erkenntnisse verwertet werden, gehören nicht zur Forschungstätigkeit.

„Projektträgerschaften" sind von der „Projektförderung" zu unterscheiden.

„Projektförderung" ist die Vergabe von Zuwendungen für bestimmte, einzeln abgrenzbare Forschungs- und Entwicklungsvorhaben an Forschungseinrichtungen, z. B. durch Bund, Länder und Europäische Union. Bei der Forschungseinrichtung liegen hierbei Zuwendungen I. S. d. § 68 Nr. 9 Satz 1 AO vor.

„Projektträgerschaft" ist die fachliche und verwaltungsmäßige Betreuung und Abwicklung der Projektförderung durch Forschungseinrichtungen (Projektträger) im Auftrag des Bundes oder eines Landes. Zu den Aufgaben der Projektträger gehören u. a. die Prüfung und Beurteilung der Förderanträge der Forschungseinrichtungen, die eine Projektförderung beantragen, mit Entscheidungsvorschlag, Verwaltung der vom Zuwendungsgeber bereitgestellten Mittel, Kontrolle der Abwicklung des Vorhabens, Mitwirkung bei der Auswertung und Veröffentlichung der Arbeitsergebnisse. Die Projektträger erhalten vom Zuwendungsgeber ein Entgelt in Höhe der bei ihnen entstandenen Selbstkosten. Projektträgerschaften sind steuerpflichtige wirtschaftliche Geschäftsbetriebe. Bei der Beurteilung, wie sich die Forschungseinrichtung überwiegend finanziert, gehören die Einnahmen aus Projektträgerschaften zu den Einnahmen, die den Zuwendungen und den Einnahmen aus der Vermögensverwaltung gegenüber zu stellen sind.

Eine Tätigkeit ohne Forschungsbezug ist z. B. der Betrieb einer Kantine.

Vierter Abschnitt – Haftung

§ 69 Haftung der Vertreter (S 0190)

¹Die in den §§ 34 und 35 bezeichneten Personen haften, soweit Ansprüche aus dem Steuerschuldverhältnis (§ 37) infolge vorsätzlicher oder grob fahrlässiger Verletzung der ihnen auferlegten Pflichten nicht oder nicht rechtzeitig festgesetzt oder erfüllt oder soweit infolgedessen Steuervergütungen oder Steuererstattungen ohne rechtlichen Grund gezahlt werden. ²Die Haftung umfasst auch die infolge der Pflichtverletzung zu zahlenden Säumniszuschläge.

> **AEAO zu § 69 - Haftung der Vertreter:**

1. Bevollmächtigte, Beistände und Vertreter (§§ 80 und 81 AO) haften nur, wenn sie gleichzeitig Vertreter oder Verfügungsberechtigte i. S. d. §§ 34 und 35 AO (z. B. Vermögensverwalter, Konkursverwalter, Insolvenzverwalter, Testamentsvollstrecker) sind.

2. Die Haftung wird durch Erlass eines Haftungsbescheids gem. § 191 AO geltend gemacht. Wegen der Einwendungen des Haftenden gegen den ursprünglichen Steuerbescheid Hinweis auf § 166 AO, wegen des Leistungsgebots vgl. AEAO zu § 219; wegen der Verpflichtung zur Anhörung der zuständigen Berufskammern vgl. AEAO zu § 191.

§ 70 Haftung des Vertretenen (S 0191)

(1) Wenn die in den §§ 34 und 35 bezeichneten Personen bei Ausübung ihrer Obliegenheiten eine Steuerhinterziehung oder eine leichtfertige Steuerverkürzung begehen oder an einer Steuerhinterziehung teilnehmen und hierdurch Steuerschuldner oder Haftende werden, so haften die Vertretenen, soweit sie nicht Steuerschuldner sind, für die durch die Tat verkürzten Steuern und die zu Unrecht gewährten Steuervorteile.

(2) ¹Absatz 1 ist nicht anzuwenden bei Taten gesetzlicher Vertreter natürlicher Personen, wenn diese aus der Tat des Vertreters keinen Vermögensvorteil erlangt haben. ²Das Gleiche gilt, wenn die Vertretenen denjenigen, der die Steuerhinterziehung oder die leichtfertige Steuerverkürzung begangen hat, sorgfältig ausgewählt und beaufsichtigt haben.

> **AEAO zu § 70 - Haftung des Vertretenen:**

Die Vorschrift hat vor allem Bedeutung auf dem Gebiet des Zoll- und Verbrauchsteuerrechts, im Bereich der Besitz- und Verkehrsteuern kommt ihre Anwendung insbesondere bei Abzugsteuern in Betracht. Für Handlungen eines Arbeitnehmers wird nur gehaftet, wenn dieser zu dem in den §§ 34 und 35 AO genannten Personenkreis gehört.

§ 71 Haftung des Steuerhinterziehers und des Steuerhehlers (S 0192)

Wer eine Steuerhinterziehung oder eine Steuerhehlerei begeht oder an einer solchen Tat teilnimmt, haftet für die verkürzten Steuern und die zu Unrecht gewährten Steuervorteile sowie für die Zinsen nach § 235 und die Zinsen nach § 233a, soweit diese nach § 235 Absatz 4 auf die Hinterziehungszinsen angerechnet werden.

> **AEAO zu § 71 - Haftung des Steuerhinterziehers und des Steuerhehlers:**
> Zur Frage der Feststellung, ob Steuern hinterzogen worden sind, vgl. AEAO zu § 169, Nr. 2.1 und 2.2.

§ 72 Haftung bei Verletzung der Pflicht zur Kontenwahrheit (S 0193)

Wer vorsätzlich oder grob fahrlässig der Vorschrift des § 154 Absatz 3 zuwiderhandelt, haftet, soweit dadurch die Verwirklichung von Ansprüchen aus dem Steuerschuldverhältnis beeinträchtigt wird.

§ 72a Haftung Dritter bei Datenübermittlungen an Finanzbehörden

(S 0193-a)

(1) ¹Der Hersteller von Programmen im Sinne des § 87c haftet, soweit die Daten infolge einer Verletzung seiner Pflichten nach § 87c unrichtig oder unvollständig verarbeitet und dadurch Steuern verkürzt oder zu Unrecht steuerliche Vorteile erlangt werden. ²Die Haftung entfällt, soweit der Hersteller nachweist, dass die Pflichtverletzung nicht auf grober Fahrlässigkeit oder Vorsatz beruht.

(2) ¹Wer als Auftragnehmer (§ 87d) Programme zur Verarbeitung von Daten im Auftrag im Sinne des § 87c einsetzt, haftet, soweit

1. auf Grund unrichtiger oder unvollständiger Übermittlung Steuern verkürzt oder zu Unrecht steuerliche Vorteile erlangt werden oder

2. er seine Pflichten nach § 87d Absatz 2 verletzt hat und auf Grund der von ihm übermittelten Daten Steuern verkürzt oder zu Unrecht steuerliche Vorteile erlangt werden.

²Die Haftung entfällt, soweit der Auftragnehmer nachweist, dass die unrichtige oder unvollständige Übermittlung der Daten oder die Verletzung der Pflichten nach § 87d Absatz 2 nicht auf grober Fahrlässigkeit oder Vorsatz beruht.

(3) Die Absätze 1 und 2 gelten nicht für Zusammenfassende Meldungen im Sinne des § 18a Absatz 1 des Umsatzsteuergesetzes.

(4) Wer nach Maßgabe des § 93c Daten an die Finanzbehörden zu übermitteln hat und vorsätzlich oder grob fahrlässig

1. unrichtige oder unvollständige Daten übermittelt oder

2. Daten pflichtwidrig nicht übermittelt,

haftet für die entgangene Steuer.

§ 73 Haftung bei Organschaft (S 0194)

¹Eine Organgesellschaft haftet für solche Steuern des Organträgers, für welche die Organschaft zwischen ihnen steuerlich von Bedeutung ist. ²Haftet eine Organgesellschaft, die selbst Organträger ist, nach Satz 1, haften ihre Organgesellschaften neben ihr ebenfalls nach Satz 1. ³Den Steuern stehen die Ansprüche auf Erstattung von Steuervergütungen gleich.

AEAO zu § 73 - Haftung bei Organschaft:

1. Art der Haftung und Haftungsschuldner

§ 73 AO begründet eine persönliche Haftung, die nicht gegenständlich beschränkt ist. Sie ist sachlich beschränkt auf die Steuern und die Ansprüche auf Erstattung von Steuervergütungen, für welche die Organschaft von Bedeutung ist.

Haftungsschuldner ist nach § 73 Satz 1 AO die Organgesellschaft. Bei mehrstufigen Organschaftsverhältnissen haften die (nachrangigen) Organgesellschaften der „obersten" Organgesellschaft ebenfalls für die Steuern des „obersten" Organträgers, für welche die Organschaft zwischen der „obersten" Organgesellschaft und dem „obersten" Organträger steuerlich von Bedeutung ist (§ 73 Satz 2 AO). Sind die nachrangigen Organgesellschaften wiederum selbst Organträger, haften nach § 73 Satz 2 AO auch ihre eigenen Organgesellschaften sowie ggf. deren (ebenfalls nachrangige) Organgesellschaften. Zur Anwendung siehe Nr. 4 des AEAO zu § 73.

Der Organträger und alle nach § 73 Satz 1 und 2 AO in Haftung genommenen Organgesellschaften sind Gesamtschuldner, weshalb die Leistung eines Steuer- oder Haftungsschuldners zugleich schuldbefreiend für alle anderen Gesamtschuldner wirkt.

2. Haftungsvoraussetzungen

Tatbestandliche Voraussetzung für die Haftung ist das Bestehen eines Organschaftsverhältnisses nach den jeweiligen Steuergesetzen (§§ 14 ff. KStG, § 2 Abs. 2 GewStG sowie § 2 Abs. 2 Nr. 2 UStG).

Der Erlass eines Haftungsbescheides nach § 73 Satz 2 i. V. m. Satz 1 AO setzt das Vorliegen der Tatbestandsmerkmale einer Haftung der „obersten" Organgesellschaft für die haftungsrelevanten Steuern des „obersten" Organträgers nach § 73 Satz 1 AO voraus. Eine tatsächliche Inanspruchnahme der „obersten" Organgesellschaft ist daher nicht erforderlich.

3. Umfang der Haftung

3.1 Sachliche Beschränkung

Die Haftung ist auf Steuern und Ansprüche auf Erstattung von Steuervergütungen beschränkt, für die die Organschaft steuerlich von Bedeutung ist. Besteht z. B. nur eine umsatzsteuerliche Organschaft, so scheidet eine Haftungsinanspruchnahme der Organgesellschaft für die Körperschaftsteuer des Organträgers aus.

Die Organgesellschaft haftet dem Grunde nach für alle Steuern, die im Organkreis verursacht worden sind; im Rahmen der Ermessensausübung soll die Haftung aber grundsätzlich auf die in ihrem eigenen Betrieb oder im Betrieb des Organträgers verursachten Steuern beschränkt werden.

Eine Begrenzung der Haftungsinanspruchnahme einer (ggf. nachrangigen) Organgesellschaft im Rahmen der Ermessensausübung erfolgt jedoch nicht, wenn der Organträger oder andere Organgesellschaften Vermögenswerte unentgeltlich auf die Organgesellschaft übertragen, unentgeltliche Nutzungen oder Leistungen gewährt haben oder keine Trennung der Vermögenssphären der Organteile möglich ist, sodass die Organgesellschaft auch für Steuern haftet, die durch den Betrieb des Organträgers oder einer anderen Organgesellschaft verursacht worden sind (BFH-Beschluss vom 19.3.2014, V B 14/14, BFH/NV S. 999 und BGH-Urteil vom 29.1.2013, II ZR 91/11, ZIP S. 409).

Die vorstehenden Grundsätze gelten für Ansprüche auf Erstattung von Steuervergütungen, für welche die Organschaft(-en) von Bedeutung ist (sind), entsprechend (§ 73 Satz 3 AO).

Zu den Folgen mangelnder Mitwirkung siehe Nr. 3.3.

Steuerliche Nebenleistungen (§ 3 Abs. 4 AO) sind von der Haftung ausgenommen (BFH-Urteil vom 5.10.2004, VII R 76/03, BStBl 2006 II S. 3).

Der Solidaritätszuschlag ist als Ergänzungsabgabe zur Einkommen- bzw. Körperschaftsteuer in die Haftung miteinzubeziehen (§ 73 i. V. m. § 3 Abs. 1 AO).

3.1.1 Körperschaftsteuer

Bei der körperschaftsteuerlichen Organschaft ist es ermessensgerecht, den Verursachungsbeitrag einer Organgesellschaft für die rückständige Steuer des Organträgers nach dem Verhältnis des zugerechneten positiven Einkommens der Organgesellschaft (originäres Organeinkommen) zu der Summe der gesamten zugerechneten positiven Organeinkommen des Organkreises eines Veranlagungszeitraums zu bestimmen.

Bei der Ermittlung des originären Einkommens der Organgesellschaft sind die auf Ebene des Organträgers nach § 15 Satz 1 Nr. 2 und 3 sowie Satz 2 KStG vorzunehmenden Korrekturen zu berücksichtigen.

Die Inanspruchnahme der Organgesellschaft kann höchstens in Höhe einer fiktiven Steuer auf das originäre Organeinkommen erfolgen. Zusätzlich wird die Inanspruchnahme auf die Körperschaftsteuer beschränkt, die gegen den Organträger festgesetzt wird.

3.1.2 Umsatzsteuer

Bei der umsatzsteuerlichen Organschaft ist es ermessensgerecht, den Verursachungsbeitrag einer Organgesellschaft danach zu bestimmen, wie der Organträger Umsätze der Organgesellschaft zu versteuern hat und Vorsteuerbeträge aus Rechnungen über Leistungsbezüge der Organgesellschaft abziehen kann (BFH-Urteil vom 5.4.2022, VII R 18/21, BStBl 2023 II S. 3).

3.2 Zeitliche Beschränkung

Voraussetzung für die Haftung ist, dass das Organschaftsverhältnis für den steuerlichen Anspruch gegen den Organträger auch unter Beachtung von Umwandlungsvorgängen von Bedeutung ist. Die Steuern müssen während der zeitlichen Dauer der Organschaft verursacht worden sein. Die Haftung der Organgesellschaft für Steuern des Organträgers gemäß § 73 AO beschränkt sich daher nicht notwendig auf solche Steuern, die während der Dauer des Organschaftsverhältnisses entstanden sind (vgl. BFH-Urteil vom 5. April 2022, VII R 18/21, BStBl 2023 II S. 3). Die steuerliche Bedeutung der Organschaft geht nicht dadurch verloren, dass ein Steueranspruch - z. B. bei abweichenden Wirtschaftsjahren im Organkreis - möglicherweise erst nach Beendigung der Organschaft entsteht, sofern dieser durch die Organschaft noch beeinflusst ist. Auf den Zeitpunkt der Festsetzung und der Fälligkeit kommt es nicht an.

Im Falle eines Umwandlungsvorgangs mit Rückwirkung kann ein Gewinnabführungsvertrag nur für die Zukunft Wirkung entfalten, eine Inhaftungnahme kommt daher auch in diesen Fällen nur für die von der Organgesellschaft ab diesem Zeitpunkt mitverursachten Ertragsteuern des Organträgers in Betracht. Wird eine körperschaftsteuerliche Organschaft durch einen Umwandlungsvorgang mit Rückwirkung beendet, scheidet eine Haftungsinanspruchnahme für Steuern, die im Zeitraum der Rückwirkung verursacht wurden, mangels Bestehens eines Organschaftsverhältnisses aus.

3.3 Folgen mangelnder Mitwirkung

Es ist Sache der Organgesellschaft, durch leicht nachprüfbare Unterlagen und Berechnungen darzulegen, welche Steuern sie nicht verursacht hat. Die Organgesellschaft kann für sämtliche Steuern des Organkreises in Anspruch genommen werden, wenn

1. sie keine Angaben macht, die eine Beschränkung ermöglichen, oder

2. die vorgetragenen Berechnungsgrundlagen für die Beschränkung des Haftungsumfangs nicht leicht und eindeutig zuzuordnen sind.

3.4 Mehrstufige Organschaftsverhältnisse

Bei mehrstufigen Organschaftsverhältnissen haften alle Organgesellschaften (das heißt die „obersten" Organgesellschaften und, falls diese ihrerseits Organträgerinnen sind, auch alle nachrangigen Organgesellschaften) nebeneinander dem Grunde nach für alle Steuern, die im gesamten Organkreis verursacht worden sind. Im Rahmen der Ermessensausübung soll die Haftung aber grundsätzlich auf die jeweils im eigenen Betrieb oder im Betrieb der in gerader Linie vorgehenden Organträger verursachten Steuern beschränkt werden. Die in Nr. 3.1 bis 3.3 des AEAO zu § 73 dargestellten Grundsätze gelten hierbei entsprechend und sind dabei auf jeder Stufe der mehrstufigen Organschaft individuell anzuwenden.

Bei der Umsatzsteuer sind mehrstufige Organschaftsverhältnisse ausgeschlossen.

4. **Erstmalige Anwendung des § 73 Satz 2 AO n. F.**

§ 73 Satz 2 AO i. d. F. des Gesetzes vom 12.12.2019 (BGBl. I S. 2451) ist nach Art. 97 § 11 Abs. 4 EGAO erstmals anzuwenden, wenn der haftungsbegründende Tatbestand nach dem 17.12.2019 verwirklicht worden ist. Haftungsbegründender Tatbestand ist die Entstehung der Steuerschuld bzw. die Entstehung des Anspruchs auf Erstattung von Steuervergütungen, für die die „oberste" Organgesellschaft haftet (Primärschuld) und das gleichzeitige Bestehen der Organschaft zwischen der „obersten" Organgesellschaft und ihren nachrangigen Organgesellschaften.

§ 74 Haftung des Eigentümers von Gegenständen (S 0195)

(1) ¹Gehören Gegenstände, die einem Unternehmen dienen, nicht dem Unternehmer, sondern einer an dem Unternehmen wesentlich beteiligten Person, so haftet der Eigentümer der Gegenstände mit diesen für diejenigen Steuern des Unternehmens, bei denen sich die Steuerpflicht auf den Betrieb des Unternehmens gründet. ²Die Haftung erstreckt sich jedoch nur auf die Steuern, die während des Bestehens der wesentlichen Beteiligung entstanden sind. ³Den Steuern stehen die Ansprüche auf Erstattung von Steuervergütungen gleich.

(2) ¹Eine Person ist an dem Unternehmen wesentlich beteiligt, wenn sie unmittelbar oder mittelbar zu mehr als einem Viertel am Grund- oder Stammkapital oder am Vermögen des Unternehmens beteiligt ist. ²Als wesentlich beteiligt gilt auch, wer auf das Unternehmen einen beherrschenden Einfluss ausübt und durch sein Verhalten dazu beiträgt, dass fällige Steuern im Sinne des Absatzes 1 Satz 1 nicht entrichtet werden.

> **AEAO zu § 74 - Haftung des Eigentümers von Gegenständen:**

1. Der Eigentümer der Gegenstände haftet persönlich, aber beschränkt auf die dem Unternehmen zur Verfügung gestellten Gegenstände. Das Haftungsobjekt ist dabei nicht auf den (im Zeitpunkt der Haftungsinanspruchnahme noch) im Eigentum des Beteiligten stehenden Gegenstand beschränkt, sondern umfasst auch ein dafür ggf. erhaltenes Surrogat (Veräußerungserlös, Schadenersatz, Tauschgegenstand o.Ä.), wenn der Gegenstand im Zeitraum der Steuerschuldentstehung dem Unternehmen gedient hat (vgl. BFH-Urteil vom 22.11.2011, VII R 63/10, BStBl 2012 II S. 223). Gegenstand der Haftung können auch immaterielle Wirtschaftsgüter sein, wenn in dieses Vermögen vollstreckt werden kann (BFH-Urteil vom 23.5.2012, VII R 28/10, BStBl II S. 763).

    Zur Haftung, wenn der Gegenstand nicht im Eigentum des Haftenden, sondern im Eigentum einer Gesellschaft steht, an der der Haftende beteiligt ist, vgl. BFH-Urteile vom 10.11.1983, V R 18/79, BStBl 1984 II S. 127 (GbR), und vom 23.5.2012, VII R 28/10, BStBl 2012 II S. 763 (KG).

2. Der Eigentümer haftet für die Steuern und Ansprüche auf Erstattung von Steuervergütungen, bei denen sich die Steuerpflicht auf den Betrieb des Unternehmens gründet und die während des Bestehens der wesentlichen Beteiligung entstanden sind; auf die Fälligkeit kommt es nicht an. Hierzu gehören die Steuern bzw. Ansprüche, für die der in den Einzelsteuergesetzen bezeichnete Tatbestand an den Betrieb eines Unternehmens geknüpft ist (z. B. Umsatzsteuer - auch bei Eigenverbrauch -, Gewerbesteuer, Verbrauchsteuer bei Herstellungsbetrieben, Rückforderung von Investitionszulage), nicht dagegen z. B. Personensteuern (z. B. Einkommen-, Körperschaft- und Erbschaftsteuer), Zölle, Abschöpfungen oder Steuerabzugsbeträge (z. B. Lohnsteuer). Die Haftung erstreckt sich nicht auf die steuerlichen Nebenleistungen (§ 3 Abs. 4 AO).

3. Eine wesentliche Beteiligung liegt auch dann vor, wenn der betroffene Eigentümer nur mittelbar, z. B. über eine Tochtergesellschaft oder einen Treuhänder, beteiligt ist. Eine wesentliche Beteiligung i. S. d. § 74 Abs. 2 Satz 1 AO

wird aber nicht durch Zusammenrechnung der von mehreren Familienmitgliedern gehaltenen Anteile begründet (vgl. BFH-Urteil vom 1.12.2015, V I R 34/14, BStBl 2016 II S. 375).

4. Einer wesentlichen Beteiligung steht es gleich, wenn jemand ohne entsprechende Vermögensbeteiligung auf das Unternehmen einen beherrschenden Einfluss tatsächlich und in einer Weise ausübt, die dazu beiträgt, dass fällige Betriebssteuern nicht entrichtet werden; es genügt nicht, wenn eine Person nur die Möglichkeit hat, beherrschenden Einfluss auszuüben. Ein beherrschender Einfluss i. S. d. § 74 Abs. 2 Satz 2 AO kann auch vorliegen, wenn mehrere Familienmitglieder Anteile am Betriebsunternehmen halten und sie als Eigentümer der Gegenstände (Besitzunternehmen) gemeinsam in der Lage sind, ihren Willen im Betriebsunternehmen durchzusetzen. Es ist jedoch ein aktiver und für die Nichtentrichtung fälliger Betriebssteuern kausaler Beitrag erforderlich, ein bloßes Unterlassen bestimmter Handlungen reicht nicht aus. Daher kann allein die Weigerung, weitere Kreditmittel zu gewähren - auch wenn dies zur Abwendung einer Insolvenz geboten wäre - eine Haftung nach § 74 AO nicht begründen (vgl. BFH-Urteil vom 1.12.2015, VII R 34/14, BStBl 2016 II S. 375).

§ 75 Haftung des Betriebsübernehmers (S 0196)

(1) ¹Wird ein Unternehmen oder ein in der Gliederung eines Unternehmens gesondert geführter Betrieb im Ganzen übereignet, so haftet der Erwerber für Steuern, bei denen sich die Steuerpflicht auf den Betrieb des Unternehmens gründet, und für Steuerabzugsbeträge, vorausgesetzt, dass die Steuern seit dem Beginn des letzten, vor der Übereignung liegenden Kalenderjahrs entstanden sind und bis zum Ablauf von einem Jahr nach Anmeldung des Betriebs durch den Erwerber festgesetzt oder angemeldet werden. ²Die Haftung beschränkt sich auf den Bestand des übernommenen Vermögens. ³Den Steuern stehen die Ansprüche auf Erstattung von Steuervergütungen gleich.

(2) Absatz 1 gilt nicht für Erwerbe aus einer Insolvenzmasse und für Erwerbe im Vollstreckungsverfahren.

AEAO zu § 75 - Haftung des Betriebsübernehmers:

Inhaltsübersicht

1. Art der Haftung
2. Haftungsschuldner
3. Haftungstatbestand
3.1 Übereignung eines Unternehmens oder gesondert geführten Betriebes
3.2 Übereignung der wesentlichen Betriebsgrundlagen
3.3 Lebendes Unternehmen
3.4 Haftungsausschluss für Erwerbe aus einer Insolvenzmasse und im Vollstreckungsverfahren
4. Umfang der Haftung
4.1 Sachliche Beschränkung
4.2 Zeitliche Beschränkung
4.3 Gegenständliche Beschränkung der Haftung
5. Verjährung
6. Auskunftserteilung bei Betriebsübernahme

1. Art der Haftung

§ 75 AO begründet eine persönliche, keine dingliche Haftung, die jedoch ihrem Gegenstand nach auf den Bestand des übereigneten Unternehmens bzw. Teilbetriebes beschränkt ist.

2. Haftungsschuldner

Haftungsschuldner ist der an der Geschäftsveräußerung beteiligte Erwerber. Als Erwerber kommt jeder in Betracht, der Träger von Rechten und Pflichten sein kann.

3. Haftungstatbestand

Haftungstatbestand ist die Übereignung eines Unternehmens oder eines in der Gliederung eines Unternehmens gesondert geführten Betriebes im Ganzen.

3.1 Übereignung eines Unternehmens oder gesondert geführten Betriebes

Unternehmen ist jede wirtschaftliche Einheit oder organisatorische Zusammenfassung persönlicher oder sachlicher Mittel zur Verfolgung wirtschaftlicher Zwecke, d. h. ein Unternehmen i. S. d. § 2 Abs. 1 UStG (BFH-Urteile vom 14.5.1970, V R 117/66, BStBl II S. 676, vom 28.11.1973, I R 129/71, BStBl 1974 II S. 145, vom 27.11.1979, VII R 12/79, BStBl 1980 II S. 258, vom 11.5.1993, VII R 86/92, BStBl II S. 700, und vom 7.3.1996, VII B 242/95, BFH/NV S. 726).

Ein gesondert geführter Betrieb i. S. d. § 75 AO ist ein mit gewisser Selbständigkeit ausgestatteter, organisch geschlossener Teil eines Gesamtbetriebes, der für sich allein lebensfähig ist. Fehlt es hieran, so kommt eine Haftung - ohne Rücksicht auf den Umfang der übernommenen Wirtschaftsgüter - nicht in Betracht (BFH-Urteile vom 15.3.1984, IV R 189/81, BStBl II S. 486, vom 3.12.1985, VII R 186/83, BFH/NV 1986 S. 315, und vom 29.4.1993, IV R 88/92, BFH/NV 1994 S. 694). Ob ein Betriebsteil die für die Annahme eines gesondert geführten Betriebes erforderliche Selbständigkeit besitzt, ist nach dem Gesamtbild der Verhältnisse zu entscheiden. Als Abgrenzungsmerkmale sind u. a. von Bedeutung: Räumliche Trennung vom Hauptbetrieb, gesonderte Buchführung, eigenes Personal, eigene Verwaltung, selbständige Organisation, eigenes Anlagevermögen, ungleichartige betriebliche Tätigkeit und eigener Kundenstamm. Diese Merkmale, die nicht sämtlich vorliegen müssen, haben unterschiedliches Gewicht je nachdem, ob es sich um einen Handels-, Dienstleistungs- oder Fertigungsbetrieb handelt (vgl. BFH-Urteile vom 23.11.1988, X R 1/86, BStBl 1989 II S. 376, und vom 29.4.1993, IV R 88/92, a. a. O.). Bei Einzelhandelsfilialen reicht es für die Annahme eines gesondert geführten Betriebes regelmäßig nicht aus, dass die Filiale vom Hauptbetrieb räumlich getrennt ist und über eigenes Personal, eine selbständige Kassenführung und einen eigenen Kundenkreis verfügt. Es muss hinzukommen, dass die Filiale über selbständige Wareneinkaufsbeziehungen und eine selbständige Preisgestaltung verfügt (BFH-Urteile vom 12.9.1979, I R 146/76, BStBl 1980 II S. 51, vom 12.2.1992, XI R 21/90, BFH/NV S. 516, und vom 29.4.1993, IV R 88/92, a. a. O.).

3.2 Übereignung der wesentlichen Betriebsgrundlagen

Die Übereignung des Unternehmens im Ganzen setzt voraus, dass alle wesentlichen Betriebsgrundlagen von dem Veräußerer auf den Erwerber dergestalt übergehen, dass dieser in der Lage ist, wirtschaftlich wie ein Eigentümer darüber zu verfügen und so das Unternehmen fortzuführen (BFH-Urteile vom

18.3.1986, VII R 146/81, BStBl II S. 589, und vom 10.12.1991, VII R 57/89, BFH/NV 1992 S. 712). Welche Wirtschaftsgüter wesentliche Betriebsgrundlage sind, hängt letztendlich von der Art des Betriebes ab und ist nach den Umständen des Einzelfalls zu entscheiden; in Betracht kommen z. B. Geschäftsgrundstücke, -räume und -einrichtung, das Warenlager, Maschinen, Nutzungs- und Gebrauchsrechte oder der Kundenstamm. Maßgeblich ist das tatsächliche Ergebnis der Übertragung, nicht etwa vertraglich getroffene Vereinbarungen (BFH-Urteil vom 23.10.1985, VII R 142/81, BFH/NV 1986 S. 381). Eine Haftung kommt nicht in Betracht, sofern der frühere Betriebsinhaber eine wesentliche Betriebsgrundlage zurückbehält und später übereignet (BFH-Urteil vom 6.8.1985, VII R 189/82, BStBl II S. 651).

Eine Betriebsübereignung i. S. d. § 75 AO setzt bei Grundstücken, die zu den wesentlichen Grundlagen des Unternehmens gehören und im Eigentum des Betriebsinhabers stehen, voraus, dass sie nach den Vorschriften des BGB an den Erwerber übereignet werden. Die Vermietung oder Verpachtung eines solchen Grundstücks durch den früheren Betriebsinhaber an den fortführenden Unternehmer vermag die Haftung nicht zu begründen (BFH-Urteile vom 18.3.1986, VII R 146/81, BStBl II S. 589, und vom 29.10.1985, VII R 194/82, BFH/NV 1987 S. 358). Das Gleiche gilt, wenn der frühere Unternehmer den ihm gehörenden Hälfteanteil des Betriebsgrundstücks als wesentliche Grundlage des Betriebes nicht an die als Haftungsschuldner in Betracht kommende GmbH, sondern an deren Alleingesellschafter und alleinigen Geschäftsführer übereignet (BFH-Urteil vom 16.3.1982, VII R 105/79, BStBl II S. 483).

Umfassen die wesentlichen Betriebsgrundlagen Wirtschaftsgüter, die nicht im bürgerlich-rechtlichen Sinne übereignet werden können (z. B. Erfahrungen, Geheimnisse, Beziehungen zu Kunden, Lieferanten und Mitarbeitern), genügt es, wenn diese lediglich im wirtschaftlichen Sinne übereignet werden, so dass der Erwerber ein eigentümerähnliches Herrschaftsverhältnis erlangt (BFH-Urteile vom 27.11.1979, VII R 12/79, BStBl 1980 II S. 258, vom 16.3.1982, VII R 105/79, BStBl II S. 483, und vom 3.5.1994, VII B 265/93, BFH/NV S. 762).

Gehören zu den wesentlichen Betriebsgrundlagen auch Nutzungsrechte, z. B. Miet- oder Pachtrechte, die nicht nach bürgerlich-rechtlichen Grundsätzen übereignet werden können, so reicht es für die Übertragung solcher Rechte aus, dass der Betriebsübernehmer unter Mitwirkung des bisherigen Betriebsinhabers mit dem Vermieter oder Verpächter einen entsprechenden Nutzungsvertrag abschließt. Für die Mitwirkung des bisherigen Betriebsinhabers ist es ausreichend, wenn dieser in irgendeiner tatsächlichen Art und Weise in den Abschluss des neuen Nutzungsvertrages eingeschaltet war, sei es, dass er den Eintritt des Betriebsübernehmers in den alten Vertrag oder den Neuabschluss des Nutzungsvertrages initiierte, vermittelte, befürwortete oder auch nur billigte (BFH-Urteil vom 21.2.1989, VII R 164/85, BFH/NV S. 617, und BFH-Beschluss vom 19.5.1998, VII B 281/97, BFH/NV 1999 S. 4).

Ein auf fremdem Grundstück unterhaltener Betrieb ist erst dann übereignet, wenn der Pachtvertrag mit dem Grundstückseigentümer auf den Erwerber übergeleitet ist. Dies gilt auch dann, wenn andere Betriebsgrundlagen bereits vorher auf den Erwerber übergegangen sind (BFH-Urteil vom 17.2.1988, VII R 97/85, BFH/NV S. 755).

Für die Haftung des Betriebsübernehmers kommt es nur darauf an dass das wirtschaftliche Eigentum an den wesentlichen Betriebsgrundlagen, d. h. die Möglichkeit, über den Einsatz der Gegenstände allein entscheiden zu können, vom bisherigen Unternehmer auf den Erwerber übergeht. Die Haftung des Betriebsübernehmers kommt daher auch dann in Betracht, wenn der Erwerber das wirtschaftliche Herrschaftsverhältnis über im fremden Sicherungseigentum stehendes Betriebsvermögen durch Vereinbarung mit dem bisherigen Unternehmer erlangt (BFH-Urteil vom 22.9.1992, VII R 73-74/91, BFH/NV 1993 S. 215). Eine Haftung des Betriebsübernehmers scheidet dagegen aus, wenn der Erwerber das (wirtschaftliche) Eigentum durch Erwerb vom Sicherungsnehmer erlangt, ohne dass der frühere Betreiber des Unternehmens an dem Geschäft in irgendeiner Weise beteiligt war (BFH-Urteil vom 19.1.1988, VII R 74/85, BFH/NV S. 479, und BFH-Beschluss vom 3.5.1994, VII B 265/93 BFH/NV S. 762).

Eine Übereignung in mehreren Teilakten ist eine Übertragung im Ganzen, wenn die einzelnen Teile im wirtschaftlichen Zusammenhang stehen und der Wille auf Erwerb des Unternehmens gerichtet ist (BFH-Urteile vom 16.3.1982, VII R 105/79, BStBl II S. 483, vom 17.2.1988, VII R 97/85, BFH/NV S. 755, und vom 3.5.1994, VII B 265/93, BFH/NV S. 762).

3.3 Lebendes Unternehmen

Der Haftung des Betriebsübernehmers stehen Überschuldung, Zahlungsunfähigkeit bzw. Insolvenzreife des bisherigen Unternehmens nicht entgegen. Die Haftung des Erwerbers ist davon abhängig, dass er ein lebendes Unternehmen erwirbt. Dazu ist erforderlich, dass der Erwerber das Unternehmen ohne nennenswerte finanzielle Aufwendungen fortführen oder, sofern der Betrieb des Unternehmens vor dem Erwerb bereits eingestellt war, ohne großen Aufwand wieder in Gang setzen kann (BFH-Urteile vom 18.3.1986, VII R 146/81 BStBl II S. 589, vom 11.5.1993, VII R 86/92, BStBl II S. 700, und vom 10.12.1991, VII R 57/89, BFH/NV 1992 S. 712)

Die Haftung des Erwerbers wird nicht dadurch ausgeschlossen, dass dieser den Betrieb nur dann in der bisherigen Weise fortführen kann, wenn er an die Stelle des Veräußerers in das Vertragsnetz eines anderen Unternehmens eintritt (BFH-Urteil vom 27.5.1986, VII R 183/83, BStBl II S. 654).

Die Abweisung des Antrags des bisherigen Betriebsinhabers auf Eröffnung des Insolvenzverfahrens mangels Masse kann ein Indiz dafür sein, dass ein lebendes Unternehmen nicht mehr vorhanden ist; sie ist aber kein Kriterium, das eine Haftung des Betriebsübernehmers generell ausschließt (vgl. BFH-Urteile vom 22.9.1992, VII R 73-74/91, BFH/NV 1993 S. 215).

3.4 Haftungsausschluss für Erwerbe aus einer Insolvenzmasse und im Vollstreckungsverfahren

Für Erwerbe aus einer Insolvenzmasse und im Vollstreckungsverfahren scheidet eine Haftung des Betriebsübernehmers aus (§ 75 Abs. 2 AO). Aus einer Insolvenzmasse wird ein Unternehmen erworben, wenn der Erwerb nach Eröffnung und vor Einstellung oder Aufhebung des Insolvenzverfahrens getätigt wird. Ist die Eröffnung des Insolvenzverfahrens mangels Masse abgelehnt worden, so greift der Haftungsausschluss nach § 75 Abs. 2 AO nicht ein (vgl. BFH-Urteil vom 23.7.1998, VII R 143/97, BStBl II S. 765).

Ein Erwerb im Vollstreckungsverfahren liegt vor, wenn dieser im Rahmen der Verwertung, also der Zwangsversteigerung (§ 17 ZVG), der besonderen Verwertung (§ 65 ZVG), der Versteigerung (§ 814 ZPO), der anderweitigen Verwertung (§ 825 ZPO) oder der Verwertung nach den §§ 296, 305 AO erfolgt.

Einen darüber hinausgehenden Haftungsausschluss durch private Vereinbarung, etwa vergleichbar des § 25 Abs. 2 HGB, lässt die öffentlich-rechtliche Natur der Haftung nach § 75 AO nicht zu.

4. Umfang der Haftung

4.1 Sachliche Beschränkung

Der Übernehmer eines Unternehmens oder gesondert geführten Betriebes haftet nur

- für die im Betrieb begründeten Steuern (z. B. Umsatzsteuer - ausschließlich der Einfuhrumsatzsteuer gem. § 1 Abs. 1 Nr. 4 UStG und der Umsatzsteuer wegen unberechtigten Steuerausweises gem. § 14c Abs. 2 UStG -, pauschalierte Lohnsteuer, Gewerbesteuer); er haftet dagegen insbesondere nicht für Einkommensteuer, Körperschaftsteuer, Erbschaftsteuer, Grundsteuer, Grunderwerbsteuer und Kraftfahrzeugsteuer;

- für Ansprüche auf Erstattung von Steuervergütungen sowie Prämien und Zulagen, auf die die Vorschriften für Steuervergütungen entsprechend anwendbar sind, wobei der Erstattungsanspruch aus einer betriebsbedingten Steuervergütung bzw. Prämie oder Zulage resultieren muss (insbesondere Rückforderung der Investitionszulage);

- für Steuerabzugsbeträge, insbesondere Lohnsteuer, Kapitalertragsteuer, Abzugsbeträge nach §§ 48, 50a EStG.

Nach dem BFH-Urteil vom 28.1.1982, V S 13/81, BStBl II S. 490 umfasst die Haftung auch die durch die Unternehmensveräußerung entstandene Umsatzsteuerschuld. Zwar unterliegt eine Unternehmensveräußerung gem. § 1 Abs. 1a UStG nicht mehr der Umsatzsteuer. Die Haftung umfasst aber auch die in diesen Fällen unberechtigt ausgewiesene nach § 14c Abs. 1 UStG geschuldete Umsatzsteuer.

Steuerliche Nebenleistungen (§ 3 Abs. 4 AO) sind von der Haftung ausgenommen.

4.2 Zeitliche Beschränkung

Voraussetzung für die Haftung ist, dass die Steuern und Erstattungsansprüche seit dem Beginn des letzten vor der wirtschaftlichen Übereignung liegenden Kalenderjahres entstanden (§ 38 AO) sind und innerhalb eines Jahres nach Anmeldung (§ 138 AO) des Betriebes bei der zuständigen Finanzbehörde durch den Erwerber festgesetzt oder angemeldet worden sind. Die Jahresfrist beginnt frühestens mit dem Zeitpunkt der Betriebsübernahme. Die Fälligkeit der Ansprüche ist unerheblich.

Es reicht aus, wenn die Steuern gegenüber dem Veräußerer innerhalb der Jahresfrist festgesetzt worden sind, der Haftungsbescheid kann später erlassen werden.

4.3 Gegenständliche Beschränkung der Haftung

Die Haftung beschränkt sich auf das übernommene Vermögen (einschließich Surrogate). Darunter ist das übernommene Aktivvermögen zu verstehen; Schulden sind nicht abzuziehen. Der Haftungsschuldner haftet nicht in Höhe des Wertes des übernommenen Vermögens, sondern mit diesem Vermögen.

Der Umfang der Haftung ist ausreichend bestimmt (§ 119 Abs. 1 AO), wenn im Haftungsbescheid der Vermögenswert angegeben wird, auf den die Haftung beschränkt ist (BFH-Urteil vom 22.9.1992, VII R 73-74/91, BFH/NV 1993 S. 215). Alternativ können die einzelnen übernommenen Gegenstände aufgeführt werden. Handelt es sich um eine größere Anzahl von Gegenständen, können diese in einer besonderen Anlage zum Haftungsbescheid angegeben werden. Es genügt jedoch auch, im Haftungsbescheid auf den Übergabevertrag Bezug zu nehmen, sofern sich aus diesem die übernommenen Gegenstände in eindeutig abgrenzbarer Weise ergeben.

5. Verjährung

Die Festsetzungsfrist beträgt 4 Jahre (§ 191 Abs. 3 Satz 2 AO).

6. Auskunftserteilung bei Betriebsübernahme

Ersucht ein Kaufinteressent das Finanzamt um Auskunft über Rückstände an Betriebssteuern und Steuerabzugsbeträgen, für die eine Haftung in Frage kommt, so kann diese Auskunft nur erteilt werden, wenn der Betriebsinhaber zustimmt (§ 30 Abs. 4 Nr. 3 AO). Der anfragende Kaufinteressent ist ggf. auf die erforderliche Zustimmung sowie darauf hinzuweisen, dass der

Erwerber auch dann nach § 75 Abs. 1 AO haftet, wenn ihm bei der Übereignung die Steuerschulden des Veräußerers nicht bekannt sind.

Der haftungsbegründende Tatbestand ist mit der Eigentumsübertragung verwirklicht. Da Steuerschuldner und Haftender nach § 44 Abs. 1 AO Gesamtschuldner sind, darf dem Erwerber nach erfolgter Eigentumsübertragung eine Auskunft über etwaige bekannte Steuerrückstände des Veräußerers insoweit erteilt werden, als eine Haftung nach § 75 Abs. 1 AO in Betracht kommt. Es ist nicht erforderlich, dass gegen den Erwerber bereits ein Haftungsbescheid ergangen ist.

§ 76 Sachhaftung (S 0197)

(1) Verbrauchsteuerpflichtige Waren und einfuhr- und ausfuhrabgabenpflichtige Waren dienen ohne Rücksicht auf die Rechte Dritter als Sicherheit für die darauf ruhenden Steuern (Sachhaftung).

(2) Die Sachhaftung entsteht bei einfuhr- und ausfuhrabgaben- oder verbrauchsteuerpflichtigen Waren, wenn nichts anderes vorgeschrieben ist, mit ihrem Verbringen in den Geltungsbereich dieses Gesetzes, bei verbrauchsteuerpflichtigen Waren auch mit Beginn ihrer Gewinnung oder Herstellung.

(3) ¹Solange die Steuer nicht entrichtet ist, kann die Finanzbehörde die Waren mit Beschlag belegen. ²Als Beschlagnahme genügt das Verbot an den, der die Waren im Gewahrsam hat, über sie zu verfügen.

(4) ¹Die Sachhaftung erlischt mit der Steuerschuld. ²Sie erlischt ferner mit der Aufhebung der Beschlagnahme oder dadurch, dass die Waren mit Zustimmung der Finanzbehörde in einen steuerlich nicht beschränkten Verkehr übergehen.

(5) Von der Geltendmachung der Sachhaftung wird abgesehen, wenn die Waren dem Verfügungsberechtigten abhanden gekommen sind und die verbrauchsteuerpflichtigen Waren in einen Herstellungsbetrieb aufgenommen oder die einfuhr- und ausfuhrabgabenpflichtigen Waren eine zollrechtliche Bestimmung erhalten.

§ 77 Duldungspflicht (S 0198)

(1) Wer kraft Gesetzes verpflichtet ist, eine Steuer aus Mitteln, die seiner Verwaltung unterliegen, zu entrichten, ist insoweit verpflichtet, die Vollstreckung in dieses Vermögen zu dulden.

(2) ¹Wegen einer Steuer, die als öffentliche Last auf Grundbesitz ruht, hat der Eigentümer die Zwangsvollstreckung in den Grundbesitz zu dulden. ²Zugunsten der Finanzbehörde gilt als Eigentümer, wer als solcher im Grundbuch eingetragen ist. ³Das Recht des nicht eingetragenen Eigentümers, die ihm gegen die öffentliche Last zustehenden Einwendungen geltend zu machen, bleibt unberührt.

AEAO zu § 77 - Duldungspflicht:

1. Eine Duldungspflicht kommt vor allem bei den in den §§ 34 und 35 AO genannten Personen in Betracht. Als öffentliche Last ruht auf dem Grundbesitz die Grundsteuer (§ 12 GrStG).

2. Zum Erlass eines Duldungsbescheids wird auf § 191 AO hingewiesen, wegen weiterer Vorschriften über die Duldung der Zwangsvollstreckung auf die §§ 262, 264 und 265 AO.

Dritter Teil – Allgemeine Verfahrensvorschriften

Erster Abschnitt – Verfahrensgrundsätze

1. Unterabschnitt – Beteiligung am Verfahren

§ 78 Beteiligte (S 0200)

Beteiligte sind

1. Antragsteller und Antragsgegner,
2. diejenigen, an die die Finanzbehörde den Verwaltungsakt richten will oder gerichtet hat,
3. diejenigen, mit denen die Finanzbehörde einen öffentlich-rechtlichen Vertrag schließen will oder geschlossen hat.

> **AEAO zu § 78 - Beteiligte:**
> Unter Beteiligten sind i. d. R. die Steuerpflichtigen (§ 33 Abs. 1 AO) zu verstehen. Der Beteiligtenbegriff des § 78 AO gilt nicht im Zerlegungs- und Einspruchsverfahren (§§ 186, 359 AO; vgl. BFH-Beschluss vom 28.3.1979, I B 79/78, BStBl II S. 538).

§ 79 Handlungsfähigkeit (S 0201)

(1) Fähig zur Vornahme von Verfahrenshandlungen sind:

1. natürliche Personen, die nach bürgerlichem Recht geschäftsfähig sind,
2. natürliche Personen, die nach bürgerlichem Recht in der Geschäftsfähigkeit beschränkt sind, soweit sie für den Gegenstand des Verfahrens durch Vorschriften des bürgerlichen Rechts als geschäftsfähig oder durch Vorschriften des öffentlichen Rechts als handlungsfähig anerkannt sind,
3. juristische Personen sowie Personenvereinigungen oder Vermögensmassen durch die in § 34 bezeichneten Personen oder durch besonders Beauftragte,
4. Behörden durch ihre Leiter, deren Vertreter oder Beauftragte.

(2) Betrifft ein Einwilligungsvorbehalt nach § 1825 des Bürgerlichen Gesetzbuchs den Gegenstand des Verfahrens, so ist ein geschäftsfähiger Betreuter nur insoweit zur Vornahme von Verfahrenshandlungen fähig, als er nach den Vorschriften des bürgerlichen Rechts ohne Einwilligung des Betreuers handeln kann oder durch Vorschriften des öffentlichen Rechts als handlungsfähig anerkannt ist.

(3) Die §§ 53 und 55 der Zivilprozessordnung gelten entsprechend.

AEAO zu § 79 – Handlungsfähigkeit:

1. Kann ein Volljähriger seine Angelegenheiten ganz oder teilweise rechtlich nicht besorgen und beruht dies auf einer Krankheit oder Behinderung, bestellt das Betreuungsgericht nach § 1814 Abs. 1 BGB für ihn einen rechtlichen Betreuer (Betreuer).

   Der Beschluss, mit dem die Betreuerbestellung erfolgt (§ 286 FamFG), und der Betreuerausweis (§ 290 FamFG) müssen den Aufgabenkreis unter Benennung der einzelnen Aufgabenbereiche, in dessen Rahmen der Betreuer für den Betreuten tätig werden darf, sowie die Anordnung etwaiger Einwilligungsvorbehalte (§ 1825 BGB) enthalten.

   Der Aufgabenkreis bzw. Aufgabenbereich „Vermögenssorge" beinhaltet auch die Erledigung der steuerlichen Angelegenheiten des Betreuten. Die ausdrückliche Erwähnung der Erfüllung der steuerlichen Pflichten ist nicht erforderlich, es genügt, wenn die Wahrnehmung der steuerlichen Belange in einem sachlichen Zusammenhang mit den übertragenen Aufgaben steht.

2. Die Bestellung eines Betreuers lässt die Geschäftsfähigkeit des Betreuten und dessen Handlungsfähigkeit grundsätzlich unberührt, selbst wenn das konkrete Verwaltungsverfahren in den Aufgabenkreis fällt, für den der Betreuer bestellt ist. Da der Betreuer gleichzeitig innerhalb seines Aufgabenkreises die Stellung eines gesetzlichen Vertreters des Betreuten hat (§ 1823 BGB i. V. m. § 34 Abs. 1 AO), besteht eine sog. Doppelzuständigkeit. Sowohl der Betreute als auch der Betreuer können daher unabhängig voneinander steuerliche Verfahrenshandlungen wirksam vornehmen.

   Soweit der Betreuer in einem Besteuerungsverfahren stellvertretend für den Betreuten rechtswirksame Erklärungen abgeben will, muss er dies der Finanzbehörde mitteilen. Der Betreuer muss dabei nicht ausdrücklich erklären, dass er von seiner Vertretungsbefugnis Gebrauch macht, er muss nur erkennbar als Betreuer für den Betreuten auftreten.

3. Sobald aber das Gericht einen Einwilligungsvorbehalt (§ 1825 BGB i. V. m. § 79 Abs. 2 AO) angeordnet oder der Betreuer gegenüber der Finanzbehörde eine Ausschließlichkeitserklärung (§ 53 Abs. 2 Satz 1 ZPO i. V. m. § 79 Abs. 3 AO) abgegeben hat, kann nur noch der Betreuer Verfahrenshandlungen wirksam vor- und entgegennehmen. Verfahrenshandlungen des Betreuten sind insoweit unwirksam bzw. unzulässig.

4. Mit Eingang der Ausschließlichkeitserklärung steht der Betreute im weiteren Besteuerungsverfahren einer nicht handlungsfähigen Person gleich. Dadurch verdrängt der Betreuer mit Wirkung für die Zukunft die eigene rechtliche Handlungsfähigkeit des Betreuten. Etwaige bereits zuvor von einem geschäfts-fähigen und damit gemäß § 79 Abs. 1 Nr. 1 AO handlungsfähigen Betreuten abgegebenen Erklärungen bleiben hiervon unberührt und wirksam.

   Die Ausschließlichkeitserklärung kann jederzeit gegenüber der Finanzbehörde schriftlich abgegeben, nach Maßgabe des § 87a Abs. 3 AO elektronisch übermittelt oder zur Niederschrift erklärt werden; Nr. 7 des AEAO zu § 46 gilt entsprechend.

Der Betreuer muss den zeitlichen und sachlichen Geltungsbereich der Ausschließlichkeitserklärung bezeichnen; fehlen hierzu eindeutige Angaben, muss ihr Geltungsbereich weiter aufgeklärt werden.

Der Betreuer kann eine von ihm abgegebene Ausschließlichkeitserklärung jederzeit mit Wirkung für die Zukunft wieder zurücknehmen (§ 53 Abs. 2 Satz 3 ZPO).

5. Eine Ausschließlichkeitserklärung gilt jeweils nur für das betroffene Besteuerungsverfahren, das in der Regel mit dem Steuerbescheid (ggf. bis zum Abschluss eines außergerichtlichen Einspruchsverfahrens) und dessen Vollzug endet, und nach Maßgabe der Erklärung ggf. auch für andere an diesem Verfahren beteiligte Finanzbehörden.

Für ein neues Verwaltungsverfahren, insbesondere für einen neuen Besteuerungszeitraum, oder ein gerichtliches Rechtsbehelfsverfahren wirkt die Ausschließlichkeitserklärung rechtlich nicht fort; der Betreuer hat deshalb in jedem einzelnen Besteuerungs- oder Gerichtsverfahren erneut zu prüfen, ob er eine Ausschließlichkeitserklärung abgibt.

6. Wegen der Bekanntgabe von Steuerverwaltungsakten in Fällen der Betreuerbestellung nach § 1814 Abs. 1 BGB Hinweis auf den AEAO zu § 122, Nr. 2.2.4.

§ 80 Bevollmächtigte und Beistände (S 0202)

(1) ¹Ein Beteiligter kann sich durch einen Bevollmächtigten vertreten lassen. ²Die Vollmacht ermächtigt zu allen das Verwaltungsverfahren betreffenden Verfahrenshandlungen, sofern sich aus ihrem Inhalt nicht etwas anderes ergibt; sie ermächtigt nicht zum Empfang von Steuererstattungen und Steuervergütungen. ³Ein Widerruf der Vollmacht wird der Finanzbehörde gegenüber erst wirksam, wenn er ihr zugeht; Gleiches gilt für eine Veränderung der Vollmacht.

(2) ¹Bei Personen und Vereinigungen im Sinne der §§ 3 und 4 Nummer 11 des Steuerberatungsgesetzes, die für den Steuerpflichtigen handeln, wird eine ordnungsgemäße Bevollmächtigung vermutet. ²Für den Abruf von bei den Landesfinanzbehörden zum Vollmachtgeber gespeicherten Daten wird eine ordnungsgemäße Bevollmächtigung nur nach Maßgabe des § 80a Absatz 2 und 3 vermutet.

(3) Die Finanzbehörde kann auch ohne Anlass den Nachweis der Vollmacht verlangen.

(4) ¹Die Vollmacht wird weder durch den Tod des Vollmachtgebers noch durch eine Veränderung in seiner Handlungsfähigkeit oder durch eine Veränderung seiner gesetzlichen Vertretung aufgehoben. ²Der Bevollmächtigte hat jedoch, wenn er für den Rechtsnachfolger im Verwaltungsverfahren auftritt, dessen Vollmacht auf Verlangen nachzuweisen.

(5) ¹Ist für das Verfahren ein Bevollmächtigter bestellt, so soll sich die Finanzbehörde an ihn wenden. ²Sie kann sich an den Beteiligten selbst wenden, soweit er zur Mitwirkung verpflichtet ist. ³Wendet sich die Finanzbehörde an den Beteiligten, so soll der Bevollmächtigte verständigt werden. ⁴Für die Bekanntgabe von Verwaltungsakten an einen Bevollmächtigten gilt § 122 Absatz 1 Satz 3 und 4.

(6) ¹Ein Beteiligter kann zu Verhandlungen und Besprechungen mit einem Beistand erscheinen. ²Das von dem Beistand Vorgetragene gilt als von dem Beteiligten vorgebracht, soweit dieser nicht unverzüglich widerspricht.

(7) ¹Soweit ein Bevollmächtigter geschäftsmäßig Hilfe in Steuersachen leistet, ohne dazu befugt zu sein, ist er mit Wirkung für alle anhängigen und künftigen Verwaltungsverfahren des Vollmachtgebers im Zuständigkeitsbereich der Finanzbehörde zurückzuweisen. ²Die Zurückweisung ist dem Vollmachtgeber und dem Bevollmächtigten bekannt zu geben. ³Die Finanzbehörde ist befugt, andere Finanzbehörden über die Zurückweisung des Bevollmächtigten zu unterrichten.

(8) ¹Ein Bevollmächtigter kann von einem schriftlichen, elektronischen oder mündlichen Vortrag zurückgewiesen werden, soweit er hierzu ungeeignet ist. ²Dies gilt nicht für die in § 3 Nummer 1, § 4 Nummer 1 und 2 und § 23 Absatz 3 des Steuerberatungsgesetzes bezeichneten natürlichen Personen sowie natürliche Personen, die für eine Landwirtschaftliche Buchstelle tätig und nach § 44 des Steuerberatungsgesetzes berechtigt sind, die Berufsbezeichnung „Landwirtschaftliche Buchstelle" zu führen. ³Die Zurückweisung ist dem Vollmachtgeber und dem Bevollmächtigten bekannt zu geben.

(9) ¹Soweit ein Beistand geschäftsmäßig Hilfe in Steuersachen leistet, ohne dazu befugt zu sein, ist er mit Wirkung für alle anhängigen und künftigen Verwaltungsverfahren des Steuerpflichtigen im Zuständigkeitsbereich der Finanzbehörde zurückzuweisen; Absatz 7 Satz 2 und 3 gilt entsprechend. ²Ferner kann er vom schriftlichen, elektronischen oder mündlichen Vortrag zurückgewiesen werden, falls er zu einem sachgemäßen Vortrag nicht fähig oder willens ist; Absatz 8 Satz 2 und 3 gilt entsprechend.

(10) Verfahrenshandlungen, die ein Bevollmächtigter oder ein Beistand vornimmt, nachdem ihm die Zurückweisung bekannt gegeben worden ist, sind unwirksam.

AEAO zu § 80 - Bevollmächtigte und Beistände:

1. Die Finanzbehörde kann den Nachweis einer Vollmacht jederzeit ohne besonderen Anlass und ohne Begründung fordern. Dieser Nachweis kann in schriftlicher oder elektronischer Form oder durch mündliche Bestätigung des Vollmachtgebers an Amtsstelle erbracht werden. Bei einer elektronisch erteilten Vollmacht genügt eine Unterzeichnung mittels Signaturpad. Hat ein Bevollmächtigter i. S. d. § 80 Abs. 2 Satz 1 AO die ihm schriftlich erteilte Vollmacht gescannt und bewahrt er den Scan nach den berufsrechtlichen Vorgaben ordnungsgemäß auf, darf die schriftliche Originalvollmacht vernichtet werden. Zum Nachweis der Bevollmächtigung in den Fällen des § 80a AO vgl. AEAO zu § 80a, Nr. 1.

    Umfasst eine Vertretungsvollmacht auch eine Datenabrufvollmacht, ist die Bevollmächtigung nachzuweisen, sofern die Bevollmächtigung nicht nach § 80a Abs. 2 oder 3 AO gesetzlich vermutet wird. Zum Nachweis einer Empfangsvollmacht vgl. § 122 Abs. 1 Satz 4 AO.

2. Eine Vollmacht ermächtigt zwar nicht zum Empfang von Erstattungen oder Vergütungen. Der Bevollmächtigte kann jedoch in anderer Weise über das Guthaben des Steuerpflichtigen verfügen, indem er z. B. namens des Steuerpflichtigen gegenüber der Finanzbehörde aufrechnet (§ 226 AO). Zur Beachtung von Zahlungsanweisungen des Steuerpflichtigen siehe AEAO zu § 46, Nr. 8.

3. Bei der Unterzeichnung von Steuererklärungen ist, wenn die Einzelsteuergesetze die eigenhändige Unterschrift vorsehen, eine Vertretung durch Bevollmächtigte nur unter den Voraussetzungen des § 150 Abs. 3 AO zulässig.

4. Der Schriftwechsel und die Verhandlungen im Besteuerungsverfahren sind mit dem Bevollmächtigten zu führen. Nur bei Vorliegen besonderer Gründe soll sich die Finanzbehörde an den Beteiligten selbst wenden, z. B. um ihn um Auskünfte zu bitten, die nur er selbst als Wissensträger geben kann. In diesem Fall ist der Bevollmächtigte zu unterrichten. Inwieweit Verwaltungsakte, insbesondere Steuerbescheide, gegenüber dem Bevollmächtigten bekannt zu geben sind, richtet sich nach § 122 Abs. 1 Satz 3 und 4 AO.

5. Mit der Bestellung eines Bevollmächtigten verliert der Steuerpflichtige nicht die Möglichkeit, selbst rechtswirksame Erklärungen gegenüber der Finanzbehörde abzugeben. Er kann z. B. auch einen von dem Bevollmächtigten eingelegten Einspruch zurücknehmen.

6. Verfahrenshandlungen, die ein Bevollmächtigter oder Beistand vor seiner Zurückweisung vorgenommen hat, bleiben wirksam.

§ 80a Elektronische Übermittlung von Vollmachtsdaten an Landesfinanzbehörden (S 0202)

(1) ¹Daten aus einer Vollmacht zur Vertretung in steuerlichen Verfahren, die nach amtlich bestimmtem Formular erteilt worden sind, können den Landesfinanzbehörden nach amtlich vorgeschriebenem Datensatz über die amtlich bestimmten Schnittstellen übermittelt werden. ²Im Datensatz ist auch anzugeben, ob der Vollmachtgeber den Bevollmächtigten zum Empfang von für ihn bestimmten Verwaltungsakten oder zum Abruf von bei den Finanzbehörden zu seiner Person gespeicherten Daten ermächtigt hat. ³Die übermittelten Daten müssen der erteilten Vollmacht entsprechen. ⁴Wird eine Vollmacht, die nach Satz 1 übermittelt worden ist, vom Vollmachtgeber gegenüber dem Bevollmächtigten widerrufen oder verändert, muss der Bevollmächtigte dies unverzüglich den Landesfinanzbehörden nach amtlich vorgeschriebenem Datensatz mitteilen.

(2) ¹Werden die Vollmachtsdaten von einem Bevollmächtigten, der nach § 3 des Steuerberatungsgesetzes zur geschäftsmäßigen Hilfeleistung in Steuersachen befugt ist, nach Maßgabe des Absatzes 1 übermittelt, so wird eine Bevollmächtigung im mitgeteilten Umfang vermutet, wenn die zuständige Kammer sicherstellt, dass Vollmachtsdaten nur von den Bevollmächtigten übermittelt werden, die zur geschäftsmäßigen Hilfeleistung in Steuersachen befugt sind. ²Die für den Bevollmächtigten zuständige Kammer hat den Landesfinanzbehörden in diesem Fall auch den Wegfall einer Zulassung unverzüglich nach amtlich vorgeschriebenem Datensatz mitzuteilen.

(3) Absatz 2 gilt entsprechend für Vollmachtsdaten, die von einem anerkannten Lohnsteuerhilfeverein im Sinne des § 4 Nummer 11 des Steuerberatungsgesetzes übermittelt werden, sofern die für die Aufsicht zuständige Stelle in einem automatisierten Verfahren die Zulassung zur Hilfe in Steuersachen bestätigt.

AEAO zu § 80a - Elektronische Übermittlung von Vollmachtsdaten an Landesfinanzbehörden:

1. Die Finanzbehörde kann den Nachweis über das Vorliegen einer Vollmacht, deren Daten nach § 80a Abs. 1 AO elektronisch übermittelt wurden, jederzeit ohne besonderen Anlass und ohne Begründung fordern. In diesem Fall kann der Nachweis der Bevollmächtigung und ihres Umfangs durch Vorlage oder Übersendung einer Ausfertigung, einer Ablichtung oder eines Scans der nach amtlichem Formular erteilten Vollmacht geführt werden. Dies gilt auch bei mittels Signaturpad unterzeichneten elektronischen Vollmachten. Hat ein Bevollmächtigter i. S. d. § 80a Abs. 2 oder 3 AO die ihm schriftlich erteilte Vollmacht i. S. d. § 80a AO gescannt und bewahrt er den Scan nach den berufsrechtlichen Vorgaben ordnungsgemäß auf, darf die schriftliche Originalvollmacht vernichtet werden.

2. Der Vollmachtgeber kann eine Vollmacht, deren Daten nach § 80a Abs. 1 AO elektronisch übermittelt wurden, nicht nur gegenüber dem Bevollmächtigten (vgl. § 80a Abs. 1 Satz 4 AO), sondern auch schriftlich, elektronisch oder mündlich an Amtsstelle gegenüber der Finanzbehörde widerrufen.

§ 81 Bestellung eines Vertreters von Amts wegen (S 0203)

(1) Ist ein Vertreter nicht vorhanden, so hat das Betreuungsgericht, für einen minderjährigen Beteiligten das Familiengericht auf Ersuchen der Finanzbehörde einen geeigneten Vertreter zu bestellen

1. für einen Beteiligten, dessen Person unbekannt ist,

2. für einen abwesenden Beteiligten, dessen Aufenthalt unbekannt ist oder der an der Besorgung seiner Angelegenheiten verhindert ist,

3. für einen Beteiligten ohne Aufenthalt

   a) im Inland,

   b) in einem anderen Mitgliedstaat der Europäischen Union oder

   c) in einem anderen Staat, auf den das Abkommen über den Europäischen Wirtschaftsraum anzuwenden ist,

   wenn er der Aufforderung der Finanzbehörde, einen Vertreter zu bestellen, innerhalb der ihm gesetzten Frist nicht nachgekommen ist,

4. für einen Beteiligten, der infolge einer psychischen Krankheit oder körperlichen, geistigen oder seelischen Behinderung nicht in der Lage ist, in dem Verwaltungsverfahren selbst tätig zu werden,

5. bei herrenlosen Sachen, auf die sich das Verfahren bezieht, zur Wahrung der sich in Bezug auf die Sache ergebenden Rechte und Pflichten.

(2) Für die Bestellung des Vertreters ist in den Fällen des Absatzes 1 Nummer 4 das Betreuungsgericht, für einen minderjährigen Beteiligten das Familiengericht zuständig, in dessen Bezirk der Beteiligte seinen gewöhnlichen Aufenthalt (§ 272 Absatz 1 Nummer 2 des Gesetzes über das Verfahren in Familiensachen und in den Angelegenheiten der freiwilligen Gerichtsbarkeit) hat; im Übrigen ist das Gericht zuständig, in dessen Bezirk die ersuchende Finanzbehörde ihren Sitz hat.

(3) [1]Der Vertreter hat gegen den Rechtsträger der Finanzbehörde, die um seine Bestellung ersucht hat, Anspruch auf eine angemessene Vergütung und auf die Erstattung seiner baren Auslagen. [2]Die Finanzbehörde kann von dem Vertretenen Ersatz ihrer Aufwendungen verlangen. [3]Sie bestimmt die Vergütung und stellt die Auslagen und Aufwendungen fest.

(4) Im Übrigen gelten für die Bestellung und für das Amt des Vertreters in den Fällen des Absatzes 1 Nummer 4 die Vorschriften über die Betreuung, in den übrigen Fällen die Vorschriften über die Pflegschaft entsprechend.

AEAO zu § 81 - Bestellung eines Vertreters von Amts wegen:

Die Finanzbehörden haben im Allgemeinen keinen Anlass, die Bestellung eines Vertreters von Amts wegen zu beantragen. Wegen der Bekanntgabe von Verwaltungsakten an Beteiligte im Ausland vgl. AEAO zu § 122, Nr. 1.8.4.

2. Unterabschnitt – Ausschließung und Ablehnung von Amtsträgern und anderen Personen

§ 82 Ausgeschlossene Personen (S 0210)

(1) ¹In einem Verwaltungsverfahren darf für eine Finanzbehörde nicht tätig werden,

1. wer selbst Beteiligter ist,
2. wer Angehöriger (§ 15) eines Beteiligten ist,
3. wer einen Beteiligten kraft Gesetzes oder Vollmacht allgemein oder in diesem Verfahren vertritt,
4. wer Angehöriger (§ 15) einer Person ist, die für einen Beteiligten in diesem Verfahren Hilfe in Steuersachen leistet,
5. wer bei einem Beteiligten gegen Entgelt beschäftigt ist oder bei ihm als Mitglied des Vorstands, des Aufsichtsrats oder eines gleichartigen Organs tätig ist; dies gilt nicht für den, dessen Anstellungskörperschaft Beteiligte ist,
6. wer außerhalb seiner amtlichen Eigenschaft in der Angelegenheit ein Gutachten abgegeben hat oder sonst tätig geworden ist.

²Dem Beteiligten steht gleich, wer durch die Tätigkeit oder durch die Entscheidung einen unmittelbaren Vorteil oder Nachteil erlangen kann. ³Dies gilt nicht, wenn der Vor- oder Nachteil nur darauf beruht, dass jemand einer Berufs- oder Bevölkerungsgruppe angehört, deren gemeinsame Interessen durch die Angelegenheit berührt werden.

(2) Wer nach Absatz 1 ausgeschlossen ist, darf bei Gefahr im Verzug unaufschiebbare Maßnahmen treffen.

(3) ¹Hält sich ein Mitglied eines Ausschusses für ausgeschlossen oder bestehen Zweifel, ob die Voraussetzungen des Absatzes 1 gegeben sind, ist dies dem Vorsitzenden des Ausschusses mitzuteilen. ²Der Ausschuss entscheidet über den Ausschluss. ³Die betroffene Person darf an dieser Entscheidung nicht mitwirken. ⁴Das ausgeschlossene Mitglied darf bei der weiteren Beratung und Beschlussfassung nicht zugegen sein.

AEAO zu § 82 - Ausgeschlossene Personen:

1. Wegen der Rechtsfolgen bei einem Verstoß gegen diese Vorschrift wird auf §§ 125 und 127 AO hingewiesen.
2. Hilfe in Steuersachen i. S. d. § 82 Abs. 1 Nr. 4 AO leisten nicht nur diejenigen, die nach dem StBerG ausdrücklich dazu befugt sind, sondern auch sonstige Personen, die ohne gesetzliche Befugnis Hilfe in Steuersachen leisten. Zur Hilfe in Steuersachen zählen auch die nicht dem Erlaubnisvorbehalt des § 2 StBerG unterliegenden mechanischen Buchführungsarbeiten und die Erstattung wissenschaftlicher Gutachten (§ 6 StBerG).
3. Zum Begriff des Amtsträgers Hinweis auf § 7 AO.

§ 83 Besorgnis der Befangenheit (S 0211)

(1) ¹Liegt ein Grund vor, der geeignet ist, Misstrauen gegen die Unparteilichkeit des Amtsträgers zu rechtfertigen oder wird von einem Beteiligten das Vorliegen eines solchen Grundes behauptet, so hat der Amtsträger den Leiter der Behörde oder den von ihm Beauftragten zu unterrichten und sich auf dessen Anordnung der Mitwirkung zu enthalten. ²Betrifft die Besorgnis der Befangenheit den Leiter der Behörde, so trifft diese Anordnung die Aufsichtsbehörde, sofern sich der Behördenleiter nicht selbst einer Mitwirkung enthält.

(2) Bei Mitgliedern eines Ausschusses ist sinngemäß nach § 82 Absatz 3 zu verfahren.

AEAO zu § 83 - Besorgnis der Befangenheit:

1. Das in § 83 AO vorgeschriebene Verfahren ist nicht nur dann durchzuführen, wenn der Amtsträger tatsächlich befangen ist oder sich für befangen hält, sondern schon dann, wenn ein vernünftiger Grund vorliegt, der den Beteiligten von seinem Standpunkt aus befürchten lassen könnte, dass der Amtsträger nicht unparteiisch sachlich entscheiden werde.

2. Die Entscheidung, ob sich ein Amtsträger der Mitwirkung an einem Verwaltungsverfahren zu enthalten hat, trifft der Behördenleiter bzw. der von ihm Beauftragte oder die Aufsichtsbehörde. Über die Zulässigkeit der Mitwirkung des Amtsträgers im Verwaltungsverfahren ist ggf. im Rechtsbehelfsverfahren über den Verwaltungsakt zu entscheiden.

§ 84 Ablehnung von Mitgliedern eines Ausschusses (S 0212)

¹Jeder Beteiligte kann ein Mitglied eines in einem Verwaltungsverfahren tätigen Ausschusses ablehnen, das in diesem Verwaltungsverfahren nicht tätig werden darf (§ 82) oder bei dem die Besorgnis der Befangenheit besteht (§ 83). ²Eine Ablehnung vor einer mündlichen Verhandlung ist schriftlich oder zur Niederschrift zu erklären. ³Die Erklärung ist unzulässig, wenn sich der Beteiligte ohne den ihm bekannten Ablehnungsgrund geltend zu machen, in eine mündliche Verhandlung eingelassen hat. ⁴Für die Entscheidung über die Ablehnung gilt § 82 Absatz 3 Sätze 2 bis 4. ⁵Die Entscheidung über das Ablehnungsgesuch kann nur zusammen mit der Entscheidung angefochten werden, die das Verfahren vor dem Ausschuss abschließt.

3. Unterabschnitt – Besteuerungsgrundsätze, Beweismittel

I. Allgemeines

§ 85 Besteuerungsgrundsätze (S 0220)

¹Die Finanzbehörden haben die Steuern nach Maßgabe der Gesetze gleichmäßig festzusetzen und zu erheben. ²Insbesondere haben sie sicherzustellen, dass Steuern nicht verkürzt, zu Unrecht erhoben oder Steuererstattungen und Steuervergütungen nicht zu Unrecht gewährt oder versagt werden.

AEAO zu § 85 - Besteuerungsgrundsätze:

1. Das Gesetz unterscheidet nicht zwischen dem Steuerermittlungsverfahren, das der Festsetzung der Steuer gegenüber einem bestimmten Steuerpflichtigen dient, und dem Steueraufsichtsverfahren, in dem die Finanzbehörden gegenüber allen Steuerpflichtigen darüber wachen, dass die Steuern nicht verkürzt werden. Die Finanzbehörden können sich sowohl bei Ermittlungen, die sich gegen einen bestimmten Steuerpflichtigen richten, als auch bei der Erforschung unbekannter Steuerfälle der Beweismittel des § 92 AO bedienen. Sie können mit der Aufdeckung und Ermittlung unbekannter Steuerfälle auch die Steuerfahndung beauftragen (§ 208 Abs. 1 Satz 1 Nr. 3 AO).

2. Die Finanzbehörde hat die Grundlagen der Besteuerung bei jeder Veranlagung ohne Rücksicht auf die Behandlung desselben Sachverhalts in Vorjahren selbstständig festzustellen und die Rechtslage neu zu beurteilen. Sie ist an die Sach- oder Rechtsbehandlung in früheren Veranlagungszeiträumen nicht gebunden. Etwas anderes gilt nur dann, wenn dem Steuerpflichtigen wirksam eine bestimmte Behandlung zugesagt worden ist (vgl. § 89 Abs. 2 AO und §§ 204 ff. AO) oder die Finanzbehörde durch ihr früheres Verhalten außerhalb einer Zusage einen Vertrauenstatbestand geschaffen hat (vgl. BFH-Urteil vom 30.9.1997, IX R 80/94, BStBl 1998 II S. 771, m. w. N.; vgl. auch AEAO zu § 4, Nr. 4). Fehlt es hieran, gebieten es die Grundsätze der Gesetzmäßigkeit der Verwaltung und der Gleichmäßigkeit der Besteuerung, dass die Finanzbehörde eine als falsch erkannte Auffassung vom frühestmöglichen Zeitpunkt an aufgibt, auch wenn der Steuerpflichtige auf sie vertraut haben sollte. Diese Verpflichtung besteht auch, wenn die fehlerhafte Auffassung in einem Prüfungsbericht niedergelegt worden ist oder wenn die Finanzbehörde über eine längere Zeitspanne eine rechtsirrige, für den Steuerpflichtigen günstige Auffassung vertreten hat. Die Finanzbehörde ist selbst dann nicht an eine bei einer früheren Veranlagung zugrunde gelegte Auffassung gebunden, wenn der Steuerpflichtige im Vertrauen darauf disponiert hat (vgl. BFH-Urteil vom 21.10.1992, X R 99/88, BStBl 1993 II S. 289, m. w. N.).

3. Die Finanzbehörde kann nach pflichtgemäßem Ermessen „betriebsnahe Veranlagungen" durchführen. Die betriebsnahen Veranlagungen gehören zum Steuerfestsetzungsverfahren, wenn sie ohne Prüfungsanordnung mit Einverständnis des Steuerpflichtigen an Ort und Stelle durchgeführt werden; es gelten die allgemeinen Verfahrensvorschriften über Besteuerungsgrundsätze

und Beweismittel (§§ 85, 88 und 90 ff. AO). Eine betriebsnahe Veranlagung bewirkt keine Ablaufhemmung nach § 171 Abs. 4 AO (BFH-Urteil vom 6.7.1999, VIII R 17/97, BStBl 2000 II S. 306).

4. Der gesetzliche Auftrag „sicherzustellen", dass Steuern nicht verkürzt werden usw., weist auf die Befugnis zu Maßnahmen außerhalb eines konkreten Besteuerungsverfahrens hin. So sind den Finanzbehörden allgemeine Hinweise an die Öffentlichkeit oder ähnliche vorbeugende Maßnahmen gegenüber Einzelnen zur Erfüllung des gesetzlichen Auftrags gestattet. Auf der Grundlage des § 85 AO können auch im Wege der Amtshilfe andere Behörden ersucht werden, Aufträge nur zu erteilen, wenn eine von der Finanzbehörde erteilte Bescheinigung in Steuersachen die Bewertung ermöglicht, dass der Bewerber seinen steuerlichen Pflichten im Wesentlichen nachkommt. Wegen der allgemeinen Mitteilungspflicht von Behörden und Rundfunkanstalten wird auf die Mitteilungsverordnung hingewiesen.

§ 86 Beginn des Verfahrens (S 0221)

¹Die Finanzbehörde entscheidet nach pflichtgemäßem Ermessen, ob und wann sie ein Verwaltungsverfahren durchführt. ²Dies gilt nicht, wenn die Finanzbehörde auf Grund von Rechtsvorschriften

1. von Amts wegen oder auf Antrag tätig werden muss,

2. nur auf Antrag tätig werden darf und ein Antrag nicht vorliegt.

§ 87 Amtssprache (S 0222)

(1) Die Amtssprache ist Deutsch.

(2) ¹Werden bei einer Finanzbehörde in einer fremden Sprache Anträge gestellt oder Eingaben, Belege, Urkunden oder sonstige Dokumente vorgelegt, kann die Finanzbehörde verlangen, dass unverzüglich eine Übersetzung vorgelegt wird. ²In begründeten Fällen kann die Vorlage einer beglaubigten oder von einem öffentlich bestellten oder beeidigten Dolmetscher oder Übersetzer angefertigten Übersetzung verlangt werden. ³Wird die verlangte Übersetzung nicht unverzüglich vorgelegt, so kann die Finanzbehörde auf Kosten des Beteiligten selbst eine Übersetzung beschaffen. ⁴Hat die Finanzbehörde Dolmetscher oder Übersetzer herangezogen, erhalten diese eine Vergütung in entsprechender Anwendung des Justizvergütungs- und -entschädigungsgesetzes.

(3) Soll durch eine Anzeige, einen Antrag oder die Abgabe einer Willenserklärung eine Frist in Lauf gesetzt werden, innerhalb deren die Finanzbehörde in einer bestimmten Weise tätig werden muss, und gehen diese in einer fremden Sprache ein, so beginnt der Lauf der Frist erst mit dem Zeitpunkt, in dem der Finanzbehörde eine Übersetzung vorliegt.

(4) ¹Soll durch eine Anzeige, einen Antrag oder eine Willenserklärung, die in fremder Sprache eingehen, zugunsten eines Beteiligten eine Frist gegenüber der Finanzbehörde gewahrt, ein öffentlich-rechtlicher Anspruch geltend gemacht oder eine Leistung begehrt werden, so gelten die Anzeige, der Antrag oder die Willenserklärung als zum Zeitpunkt des Eingangs bei der Finanzbehörde abge-

geben, wenn auf Verlangen der Finanzbehörde innerhalb einer von dieser zu setzenden angemessenen Frist eine Übersetzung vorgelegt wird. ²Andernfalls ist der Zeitpunkt des Eingangs der Übersetzung maßgebend, soweit sich nicht aus zwischenstaatlichen Vereinbarungen etwas anderes ergibt. ³Auf diese Rechtsfolge ist bei der Fristsetzung hinzuweisen.

AEAO zu § 87 - Amtssprache:

1. Bei Eingaben in fremder Sprache soll die Finanzbehörde zunächst prüfen, ob eine zur Bearbeitung ausreichende Übersetzung durch eigene Bedienstete oder im Wege der Amtshilfe ohne Schwierigkeiten beschafft werden kann. Übersetzungen sind nur im Rahmen des Notwendigen, nicht aus Prinzip anzufordern. Die Finanzbehörde kann auch Schriftstücke in fremder Sprache entgegennehmen und in einer fremden Sprache verhandeln, wenn der Amtsträger über entsprechende Sprachkenntnisse verfügt. Anträge, die ein Verwaltungsverfahren auslösen, und fristwahrende Eingaben sollen in ihren wesentlichen Teilen in deutscher Sprache aktenkundig gemacht werden. Verwaltungsakte sind grundsätzlich in deutscher Sprache bekannt zu geben.

2. Wegen der Führung von Büchern in einer fremden Sprache Hinweis auf § 146 Abs. 3 AO.

§ 87a Elektronische Kommunikation (S 0222-a)

(1) ¹Die Übermittlung elektronischer Dokumente ist zulässig, soweit der Empfänger hierfür einen Zugang eröffnet. ²Die Übermittlung elektronischer Nachrichten und Dokumente an Finanzbehörden mit einer qualifizierten elektronischen Signatur oder über das besondere elektronische Behördenpostfach ist nicht zulässig, soweit für die Übermittlung ein sicheres elektronisches Verfahren der Finanzbehörden zur Verfügung steht, das den Datenübermittler authentifiziert und die Vertraulichkeit und Integrität des Datensatzes gewährleistet; dies gilt nicht für Gerichte und Staatsanwaltschaften sowie in den Fällen, in denen die Übermittlung an Finanzbehörden mit einer qualifizierten elektronischen Signatur oder über das besondere elektronische Behördenpostfach gesetzlich vorgeschrieben ist. ³Ein elektronisches Dokument ist zugegangen, sobald die für den Empfang bestimmte Einrichtung es in für den Empfänger bearbeitbarer Weise aufgezeichnet hat; § 122 Absatz 2a sowie die §§ 122a und 123 Satz 2 und 3 bleiben unberührt. ⁴Übermittelt die Finanzbehörde Daten, die dem Steuergeheimnis unterliegen, sind diese Daten mit einem geeigneten Verfahren zu verschlüsseln; soweit alle betroffenen Personen schriftlich eingewilligt haben, kann auf eine Verschlüsselung verzichtet werden. ⁵Die kurzzeitige automatisierte Entschlüsselung, die beim Versenden einer De-Mail-Nachricht durch den akkreditierten Diensteanbieter zum Zweck der Überprüfung auf Schadsoftware und zum Zweck der Weiterleitung an den Adressaten der De-Mail- Nachricht erfolgt, verstößt nicht gegen das Verschlüsselungsgebot des Satzes 3. ⁶Eine elektronische Benachrichtigung über die Bereitstellung von Daten zum Abruf oder über den Zugang elektronisch an die Finanzbehörden übermittelter Daten darf auch ohne Verschlüsselung übermittelt werden.

(1a) ¹Verhandlungen und Besprechungen können auch elektronisch durch Übertragung in Ton oder Bild und Ton erfolgen. ²Absatz 1 Satz 4 gilt entsprechend.

(2) ¹Ist ein der Finanzbehörde übermitteltes elektronisches Dokument für sie zur Bearbeitung nicht geeignet, hat sie dies dem Absender unter Angabe der für sie geltenden technischen Rahmenbedingungen unverzüglich mitzuteilen. ²Macht ein Empfänger geltend, er könne das von der Finanzbehörde übermittelte elektronische Dokument nicht bearbeiten, hat sie es ihm erneut in einem geeigneten elektronischen Format oder als Schriftstück zu übermitteln.

(3) ¹Eine durch Gesetz für Anträge, Erklärungen oder Mitteilungen an die Finanzbehörden angeordnete Schriftform kann, soweit nicht durch Gesetz etwas anderes bestimmt ist, durch die elektronische Form ersetzt werden. ²Der elektronischen Form genügt ein elektronisches Dokument, das mit einer qualifizierten elektronischen Signatur versehen ist. ³Bei der Signierung darf eine Person ein Pseudonym nur verwenden, wenn sie ihre Identität der Finanzbehörde nachweist. ⁴Die Schriftform kann auch durch unmittelbare Abgabe der Erklärung in einem elektronischen Formular, das von der Finanzbehörde in einem Eingabegerät oder über öffentlich zugängliche Netze zur Verfügung gestellt wird, ersetzt werden. ⁵Bei einer Eingabe über öffentlich zugängliche Netze muss ein elektronischer Identitätsnachweis nach § 18 des Personalausweisgesetzes, nach § 12 des eID-Karte-Gesetzes oder nach § 78 Absatz 5 des Aufenthaltsgesetzes oder

durch ein von der Finanzverwaltung eingerichtetes sicheres Identifizierungsverfahren im Sinne des Absatzes 6 erfolgen. [6]Die Finanzbehörde hat dem Erklärenden vor Abgabe der Erklärung nach Satz 4 Gelegenheit zu geben, die gesamte Erklärung auf Vollständigkeit und Richtigkeit zu prüfen; nach der Abgabe ist dem Erklärenden eine elektronische Kopie der Erklärung zu ermöglichen. [7]Im Fall der Datenübermittlung im Auftrag nach § 87d tritt der Auftragnehmer bei Anwendung des Satzes 6 an die Stelle des Erklärenden. [8]Die Schriftform kann auch durch elektronische Übermittlung eines von dem Erklärenden signierten Dokuments an die Finanzbehörde mit der Versandart nach § 5 Absatz 5 des De-Mail-Gesetzes ersetzt werden.

(4) [1]Eine durch Gesetz für Verwaltungsakte oder sonstige Maßnahmen der Finanzbehörden angeordnete Schriftform kann, soweit nicht durch Gesetz etwas anderes bestimmt ist, durch die elektronische Form ersetzt werden. [2]Der elektronischen Form genügt ein elektronischer Verwaltungsakt, der mit einer qualifizierten elektronischen Signatur oder einem qualifizierten elektronischen Siegel versehen ist oder in einem sicheren Verfahren nach Absatz 7 oder Absatz 8 übermittelt oder zum Abruf bereitgestellt wird. [3]Die Schriftform kann auch ersetzt werden durch Versendung einer De-Mail-Nachricht nach § 5 Absatz 5 des De-Mail-Gesetzes, bei der die Bestätigung des akkreditierten Diensteanbieters die erlassende Finanzbehörde als Nutzer des De-Mail-Kontos erkennen lässt. [4]Für von der Finanzbehörde aufzunehmende Niederschriften gelten die Sätze 1 und 3 nur, wenn dies durch Gesetz ausdrücklich zugelassen ist.

(5) [1]Ist ein elektronisches Dokument Gegenstand eines Beweises, wird der Beweis durch Vorlegung oder Übermittlung der Datei angetreten; befindet diese sich nicht im Besitz des Steuerpflichtigen oder der Finanzbehörde, gilt § 97 entsprechend. [2]Für die Beweiskraft elektronischer Dokumente gilt § 371a der Zivilprozessordnung entsprechend.

(6) [1]Soweit gesetzlich nichts anderes bestimmt ist, ist bei der elektronischen Übermittlung von amtlich vorgeschriebenen Datensätzen an Finanzbehörden ein sicheres Verfahren zu verwenden, das den Datenübermittler authentifiziert und die Vertraulichkeit und Integrität des Datensatzes gewährleistet. [2]Nutzt der Datenübermittler zur Authentisierung seinen elektronischen Identitätsnachweis nach § 18 des Personalausweisgesetzes, nach § 12 des eID-Karte-Gesetzes oder nach § 78 Absatz 5 des Aufenthaltsgesetzes, so dürfen die dazu erforderlichen Daten zusammen mit den übrigen übermittelten Daten gespeichert und verwendet werden.

(7) [1]Wird ein elektronisch erlassener Verwaltungsakt durch Übermittlung nach § 122 Absatz 2a bekannt gegeben, ist ein sicheres Verfahren zu verwenden, das die übermittelnde Stelle oder Einrichtung der Finanzverwaltung authentifiziert und die Vertraulichkeit und Integrität des Datensatzes gewährleistet. [2]Ein sicheres Verfahren liegt insbesondere vor, wenn der Verwaltungsakt

1. mit einer qualifizierten elektronischen Signatur versehen und mit einem geeigneten Verfahren verschlüsselt ist oder
2. mit einer De-Mail-Nachricht nach § 5 Absatz 5 des De-Mail-Gesetzes versandt wird, bei der die Bestätigung des akkreditierten Diensteanbieters die erlassende Finanzbehörde als Nutzer des De-Mail-Kontos erkennen lässt.

§ 87a   Abgabenordnung

(8) ¹Wird ein elektronisch erlassener Verwaltungsakt durch Bereitstellung zum Abruf nach § 122a bekannt gegeben, ist ein sicheres Verfahren zu verwenden, das die für die Datenbereitstellung verantwortliche Stelle oder Einrichtung der Finanzverwaltung authentifiziert und die Vertraulichkeit und Integrität des Datensatzes gewährleistet. ²Die abrufberechtigte Person hat sich zu authentisieren. ³Absatz 6 Satz 2 gilt entsprechend.

| AEAO zu § 87a - Elektronische Kommunikation: |

1. Zugangseröffnung

1.1 Die Übermittlung elektronischer Dokumente an die Finanzbehörden und an die Steuerpflichtigen ist zulässig, soweit der Empfänger hierfür einen Zugang eröffnet (§ 87a Abs. 1 Satz 1 AO). Die Zugangseröffnung kann durch ausdrückliche Erklärung oder konkludent sowie generell oder nur für bestimmte Fälle erfolgen.

1.2 Bei natürlichen oder juristischen Personen, die eine gewerbliche oder berufliche Tätigkeit selbständig ausüben und die auf einem im Verkehr mit der Finanzbehörde verwendeten Briefkopf, in einer Steuererklärung oder in einem Antrag an die Finanzbehörde ihre E-Mail-Adresse angegeben oder sich per E-Mail an die Finanzbehörde gewandt haben, kann i. d. R. davon ausgegangen werden, dass sie damit konkludent ihre Bereitschaft zur Entgegennahme elektronischer Dokumente erklärt haben. Bei Steuerpflichtigen, die keine gewerbliche oder berufliche Tätigkeit selbständig ausüben (z. B. Arbeitnehmer), ist dagegen derzeit nur bei Vorliegen einer ausdrücklichen, aber nicht formgebundenen Einverständniserklärung von einer Zugangseröffnung i. S. d. § 87a Abs. 1 Satz 1 AO auszugehen.

Elektronische Nachrichten und Dokumente dürfen nicht mehr mit einer qualifizierten elektronischen Signatur oder über das besondere elektronische Behördenpostfach an Finanzbehörden übermittelt werden, soweit für deren Übermittlung ein sicheres elektronisches Verfahren der Finanzbehörden zur Verfügung steht, das den Datenübermittler authentifiziert und die Vertraulichkeit und Integrität des Datensatzes gewährleistet (§ 87a Abs. 1 Satz 2 Halbs. 1 AO). Insoweit ist kraft Gesetzes kein Zugang eröffnet. Hiervon ausgenommen sind nur elektronische Nachrichten und Dokumente von Gerichten und Staatsanwaltschaften sowie diejenigen Fälle, in denen die Übermittlung an Finanzbehörden mit einer qualifizierten elektronischen Signatur oder über das besondere elektronische Behördenpostfach gesetzlich vorgeschrieben ist (§ 87a Abs. 1 Satz 2 Halbs. 2 AO).

1.3 Vorbehaltlich einer ausdrücklichen gesetzlichen Anordnung besteht weder für die Steuerpflichtigen noch für die Finanzbehörden ein Zwang zur Übermittlung elektronischer Dokumente.

1.4 Soweit eine gesetzliche Verpflichtung besteht, Steuererklärungen, Anlagen zur Steuererklärung, Mitteilungen gemäß § 93c AO oder sonstige für das Besteuerungsverfahren erforderliche Daten nach amtlich vorgeschriebenem Datensatz durch Datenfernübertragung zu übermitteln, eröffnet die Finanzverwaltung jeweils mit Bereitstellung der Schnittstelle (vgl. § 87b Abs. 2 AO) den

Zugang. Die Datensatzbeschreibung (vgl. § 87b Abs. 1 AO) ist Bestandteil dieser Schnittstelle.

1.5 Wegen der elektronischen Übermittlung von steuerlichen Daten an die Finanzbehörden siehe auch § 87a Abs. 6 AO, §§ 87b bis 87d AO und § 150 Abs. 1 Satz 2 AO.

1.6 Bei der elektronischen Übermittlung von Daten, die dem Steuergeheimnis unterliegen, muss die Finanzbehörde grundsätzlich ein geeignetes Verfahren zur Verschlüsselung einsetzen. Eine unverschlüsselte Datenübermittlung dem Steuergeheimnis unterliegender Daten durch eine Finanzbehörde ist nur zulässig,

1. soweit alle betroffenen Personen in die unverschlüsselte Übermittlung eingewilligt haben (§ 87a Abs. 1 Satz 4 2. Halbsatz AO) oder

2. wenn der Adressat über die Bereitstellung von Daten zum Abruf oder über den Zugang elektronisch an die Finanzbehörden übermittelter Daten benachrichtigt wird (§ 87a Abs. 1 Satz 6 AO).

In den Fällen der Nr. 1 müssen alle Personen, über die der Datensatz personenbezogene Informationen enthält, in die unverschlüsselte Übermittlung eingewilligt haben. Dazu müssen sie ausdrücklich darüber informiert worden sein, dass mit einer unverschlüsselten Übermittlung ihrer personenbezogenen Daten über das Internet Risiken einhergehen. Die Einwilligung muss schriftlich und freiwillig erfolgt sein; sie ist jederzeit mit Wirkung für die Zukunft widerrufbar. Die schriftliche Einwilligung erfordert eine eigenhändige Unterschrift aller betroffenen Personen und die Übermittlung der Einwilligung an die zuständige Finanzbehörde per Post, Telefax oder eingescannt per E-Mail (vgl. Nr. 7 des AEAO zu § 46). Die Finanzbehörde muss das Vorliegen der schriftlichen Einwilligung in die unverschlüsselte Datenübermittlung nachweisen können.

2. Zugang elektronischer Dokumente

2.1 Ein elektronisches Dokument ist zugegangen, sobald die für den Empfang bestimmte Einrichtung es in für den Empfänger bearbeitbarer Weise aufgezeichnet hat (§ 87a Abs. 1 Satz 3 AO). Ob und wann der Empfänger das bearbeitbare Dokument tatsächlich zur Kenntnis nimmt, ist für den Zeitpunkt des Zugangs unbeachtlich.

Elektronische Nachrichten und Dokumente, die entgegen § 87a Abs. 1 Satz 2 AO (vgl. AEAO zu § 87a, Nummer 1.2 Abs. 2) mit einer qualifizierten elektronischen Signatur oder über das besondere elektronische Behördenpostfach an eine Finanzbehörde übermittelt wurden, gelten mangels Zugangseröffnung nicht als zugegangen. Sie können insbesondere keine Antrags- oder Einspruchsfrist wahren.

2.2 Zur widerlegbaren Vermutung des Tags des Zugangs elektronischer Verwaltungsakte vgl. § 122 Abs. 2a AO, § 122a Abs. 4 AO und § 123 Satz 2 und 3 AO.

§ 87a	Abgabenordnung

2.3 Ein nach § 87a Abs. 1 Satz 1 und 2 AO zulässigerweise übermitteltes, für den Empfänger aber nicht bearbeitbares Dokument ist nicht i.S.d. § 87a Abs. 1 Satz 3 AO zugegangen und löst somit noch keine Rechtsfolgen (z.B. die Wahrung einer Antrags- oder Rechtsbehelfsfrist oder das Wirksamwerden eines Verwaltungsakts) aus. Zum Verfahren nach Übermittlung eines nicht bearbeitbaren elektronischen Dokuments vgl. § 87a Abs. 2 AO.

3. Elektronische Übermittlung bei gesetzlich angeordneter Schriftform

3.1 Schreibt das Gesetz die Schriftform vor, kann dieser Form auch durch Übermittlung in elektronischer Form entsprochen werden, soweit gesetzlich nichts anderes bestimmt ist (wie z. B. in § 224a Abs. 2 Satz 1 zweiter Halbsatz AO und in § 309 Abs. 1 Satz 2 AO). Der elektronischen Form genügt ein elektronisches Dokument, das mit einer qualifizierten elektronischen Signatur versehen ist (§ 87a Abs. 3 Satz 2 und Abs. 4 Satz 2 AO). Die Schriftform kann auch durch Übermittlung des elektronischen Dokuments in einem Verfahren nach § 87a Abs. 3 Satz 4 und 5, Abs. 4 Satz 3 AO ersetzt werden.

3.2 Falls die einschlägige Norm nicht ausdrücklich den Begriff „Schriftform" verwendet, ist durch Auslegung zu ermitteln, ob das Gesetz die Schriftform anordnet (BFH-Urteil vom 13.5.2015, III R 26/14, BStBl II S. 790). Hierbei ist von Folgendem auszugehen:

3.2.1 Schreibt das Gesetz eine (ggf. sogar eigenhändige) Unterschrift vor, ist stets der Fall einer gesetzlich angeordneten Schriftform gegeben. Eine gesetzliche Verpflichtung zur (ggf. eigenhändigen) Unterzeichnung ist unbeachtlich, wenn der Antrag, die Erklärung oder die Mitteilung zulässigerweise auf elektronischem Weg der Finanzverwaltung nach amtlich vorgeschriebenem Datensatz über die amtlich bestimmte Schnittstelle übermittelt wird, da dann ein Unterschrifterfordernis durch die Verpflichtung zur Authentifizierung des Datenübermittlers verdrängt wird (§ 87a Abs. 6 AO und § 87d AO).

3.2.2 Bestimmt das Gesetz ohne eine ausdrückliche Aussage zu einem Unterschrifterfordernis, dass ein Antrag, eine Erklärung oder eine Mitteilung an die Finanzbehörde oder ein Verwaltungsakt oder eine sonstige Maßnahme der Finanzbehörde dem Empfänger „schriftlich" zugehen muss, ist durch Auslegung zu ermitteln, ob eine Unterschrift erforderlich ist. Hierbei ist analog § 126 Abs. 1 BGB grundsätzlich von einem Unterschrifterfordernis auszugehen, es sei denn, es liegen Anhaltspunkte dafür vor, dass der Gesetzgeber eine Unterschrift für entbehrlich hält.

Ist nach dem Ergebnis der Auslegung eine Unterschrift erforderlich, ist im Sinne des § 87a Abs. 3 Satz 1 bzw. Abs. 4 Satz 1 AO die Schriftform gesetzlich angeordnet.

3.2.3 Eine analoge Anwendung des § 126 Abs. 1 BGB hat für sich allein nicht zur Folge, dass der Steuerpflichtige den Antrag, die Erklärung oder die Mitteilung eigenhändig unterzeichnen muss. Die in § 126 Abs. 1 BGB geforderte „Eigenhändigkeit" der Unterschrift bezieht sich auf den Aussteller der Urkunde, der auch ein gesetzlicher oder gewillkürter Vertreter sein kann. Das für den Steuerpflichtigen grundsätzlich bestehende Recht, sich vertreten zu lassen (§ 80 Abs. 1 Satz 1 AO), wird daher allein durch eine analoge Anwendung des § 126 Abs. 1 BGB nicht beschränkt.

3.2.4 Ist der einschlägigen Norm durch Auslegung zu entnehmen, dass ein schriftlicher Antrag oder eine schriftliche Erklärung oder Mitteilung nicht unterschrieben sein muss, liegt keine gesetzliche Anordnung der Schriftform vor. Bei der elektronischen Übermittlung eines derartigen Antrags oder einer derartigen Erklärung oder Mitteilung kann somit auf eine qualifizierte elektronische Signatur und auch auf ein Verfahren nach § 87a Abs. 3 Satz 4 und 5 AO verzichtet werden.

3.3 Kein Fall des § 87a Abs. 3 und 4 AO liegt vor, wenn das Gesetz neben der Schriftform auch die elektronische Übermittlung ausdrücklich zulässt (z. B. durch die Formulierung „schriftlich oder elektronisch") oder zur elektronischen Übermittlung verpflichtet.

3.4 Bei der Signierung darf eine Person ein Pseudonym nur verwenden, wenn sie ihre Identität der Finanzbehörde nachweist (§ 87a Abs. 3 Satz 3 AO). Die Signierung mit einem Wahlnamen, dem die Funktion des bürgerlichen Namens zukommt, bleibt hiervon unberührt.

4. Telefax kein elektronisches Dokument

Ein Telefax, auch ein Computerfax, ist kein elektronisches Dokument i. S. d. § 87a AO (BFH-Urteile vom 28.1.2014, VIII R 28/13, BStBl II S. 552, und vom 18.3.2014, VIII R 9/10, BStBl II S. 748). Die in § 87a AO getroffenen Regelungen, insbesondere zum Zeitpunkt des Zugangs (§ 87a Abs. 1 Satz 3 AO) sowie zur grundsätzlichen Verpflichtung zur Verwendung einer qualifizierten elektronischen Signatur, wenn für den Verwaltungsakt die Schriftform gesetzlich vorgeschrieben ist (§ 87a Abs. 4 AO), sind daher auf ein Telefax nicht anwendbar.

Ein durch Telefax bekannt gegebener Verwaltungsakt ist aber ein elektronisch übermittelter Verwaltungsakt i. S. d. § 122 Abs. 2a AO (vgl. AEAO zu § 122, Nr. 1.8.2.2).

AEAO vor §§ 87b bis 87e:

§§ 87b bis 87e AO sind erstmals anzuwenden, wenn Daten nach dem 31.12.2016 auf Grund gesetzlicher Vorschriften nach amtlich vorgeschriebenem Datensatz über amtlich bestimmte Schnittstellen an Finanzbehörden zu übermitteln sind oder freiwillig übermittelt werden. Für Daten im Sinne des Satzes 1, die vor dem 1.1.2017 zu übermitteln waren oder freiwillig übermittelt wurden, sind § 150 Abs. 6 und 7 AO und die Vorschriften der StDÜV in der jeweils am 31.12.2016 geltenden Fassung weiter anzuwenden (vgl. Art. 97 § 27 Abs. 1 EGAO).

§ 87b Bedingungen für die elektronische Übermittlung von Daten an Finanzbehörden (S 0222-b)

(1) ¹Das Bundesministerium der Finanzen kann in Abstimmung mit den obersten Finanzbehörden der Länder die Datensätze und weitere technische Einzelheiten der elektronischen Übermittlung von Steuererklärungen, Unterlagen zur Steuererklärung, Daten über Vollmachten nach § 80a, Daten im Sinne des § 93c und anderer für das Besteuerungsverfahren erforderlicher Daten mittels amtlich vorgeschriebener Datensätze bestimmen. ²Einer Abstimmung mit den obersten Finanzbehörden der Länder bedarf es nicht, soweit die Daten ausschließlich an Bundesfinanzbehörden übermittelt werden.

(2) ¹Bei der elektronischen Übermittlung von amtlich vorgeschriebenen Datensätzen an Finanzbehörden hat der Datenübermittler die hierfür nach Absatz 1 für den jeweiligen Besteuerungszeitraum oder -zeitpunkt amtlich bestimmten Schnittstellen ordnungsgemäß zu bedienen. ²Die amtlich bestimmten Schnittstellen werden über das Internet zur Verfügung gestellt.

(3) ¹Für die Verfahren, die über die zentrale Stelle im Sinne des § 81 des Einkommensteuergesetzes durchgeführt werden, kann das Bundesministerium der Finanzen durch Rechtsverordnung mit Zustimmung des Bundesrates die Grundsätze der Datenübermittlung sowie die Zuständigkeit für die Vollstreckung von Bescheiden über Forderungen der zentralen Stelle bestimmen. ²Dabei können insbesondere geregelt werden:

1. das Verfahren zur Identifikation der am Verfahren Beteiligten,
2. das Nähere über Form, Inhalt, Verarbeitung und Sicherung der zu übermittelnden Daten,
3. die Art und Weise der Übermittlung der Daten,
4. die Mitwirkungspflichten Dritter und
5. die Erprobung der Verfahren.

³Zur Regelung der Datenübermittlung kann in der Rechtsverordnung auf Veröffentlichungen sachverständiger Stellen verwiesen werden. ⁴Hierbei sind das Datum der Veröffentlichung, die Bezugsquelle und eine Stelle zu bezeichnen, bei der die Veröffentlichung archivmäßig gesichert niedergelegt ist.

§ 87c Nicht amtliche Datenverarbeitungsprogramme für das Besteuerungsverfahren (S 0222-c)

(1) Sind nicht amtliche Programme dazu bestimmt, für das Besteuerungsverfahren erforderliche Daten zu verarbeiten, so müssen sie im Rahmen des in der Programmbeschreibung angegebenen Programmumfangs die richtige und vollständige Verarbeitung dieser Daten gewährleisten.

(2) Auf den Programmumfang sowie auf Fallgestaltungen, in denen eine richtige und vollständige Verarbeitung ausnahmsweise nicht möglich sind, ist in der Programmbeschreibung an hervorgehobener Stelle hinzuweisen.

(3) [1]Die Programme sind vom Hersteller vor der Freigabe für den produktiven Einsatz und nach jeder für den produktiven Einsatz freigegebenen Änderung daraufhin zu prüfen, ob sie die Anforderungen nach Absatz 1 erfüllen. [2]Hierbei sind ein Protokoll über den letzten durchgeführten Testlauf und eine Programmauflistung zu erstellen, die fünf Jahre aufzubewahren sind. [3]Die Aufbewahrungsfrist nach Satz 2 beginnt mit Ablauf des Kalenderjahres der erstmaligen Freigabe für den produktiven Einsatz; im Fall einer Änderung eines bereits für den produktiven Einsatz freigegebenen Programms beginnt die Aufbewahrungsfrist nicht vor Ablauf des Kalenderjahres der erstmaligen Freigabe der Änderung für den produktiven Einsatz. [4]Elektronische, magnetische und optische Speicherverfahren, die eine jederzeitige Wiederherstellung der eingesetzten Programmversion in Papierform ermöglichen, sind der Programmauflistung gleichgestellt.

(4) [1]Die Finanzbehörden sind berechtigt, die Programme und Dokumentationen zu überprüfen. [2]Die Mitwirkungspflichten des Steuerpflichtigen nach § 200 gelten entsprechend. [3]Die Finanzbehörden haben die Hersteller oder Vertreiber eines fehlerhaften Programms unverzüglich zur Nachbesserung oder Ablösung aufzufordern. [4]Soweit eine Nachbesserung oder Ablösung nicht unverzüglich erfolgt, sind die Finanzbehörden berechtigt, die Programme des Herstellers von der elektronischen Übermittlung an Finanzbehörden auszuschließen. [5]Die Finanzbehörden sind nicht verpflichtet, die Programme zu prüfen. [6]§ 30 gilt entsprechend.

(5) Sind die Programme zum allgemeinen Vertrieb vorgesehen, hat der Hersteller den Finanzbehörden auf Verlangen Muster zum Zwecke der Prüfung nach Absatz 4 kostenfrei zur Verfügung zu stellen.

(6) Die Pflichten der Programmhersteller gemäß den vorstehenden Bestimmungen sind ausschließlich öffentlich- rechtlicher Art.

§ 87d Datenübermittlungen an Finanzbehörden im Auftrag (S 0222-d)

(1) Mit der Übermittlung von Daten, die nach amtlich vorgeschriebenem Datensatz durch Datenfernübertragung über die amtlich bestimmten Schnittstellen für steuerliche Zwecke an die Finanzverwaltung zu übermitteln sind oder freiwillig übermittelt werden, können Dritte (Auftragnehmer) beauftragt werden.

(2) [1]Der Auftragnehmer muss sich vor Übermittlung der Daten Gewissheit über die Person und die Anschrift seines Auftraggebers verschaffen (Identifizierung) und die entsprechenden Angaben in geeigneter Form festhalten. [2]Von einer Identifizierung kann abgesehen werden, wenn der Auftragnehmer den Auftraggeber bereits bei früherer Gelegenheit identifiziert und die dabei erhobenen Angaben aufgezeichnet hat, es sei denn, der Auftragnehmer muss auf Grund der äußeren Umstände bezweifeln, dass die bei der früheren Identifizierung erhobenen Angaben weiterhin zutreffend sind. [3]Der Auftragnehmer hat sicherzustellen, dass er jederzeit Auskunft darüber geben kann, wer Auftraggeber der Datenübermittlung war. [4]Die Aufzeichnungen nach Satz 1 sind fünf Jahre aufzubewahren; die Aufbewahrungsfrist beginnt nach Ablauf des Jahres der letzten Datenübermittlung. [5]Die Pflicht zur Herstellung der Auskunftsbereitschaft nach Satz 3 endet mit Ablauf der Aufbewahrungsfrist nach Satz 4.

(3) [1]Der Auftragnehmer hat dem Auftraggeber die Daten in leicht nachprüfbarer Form zur Zustimmung zur Verfügung zu stellen. [2]Der Auftraggeber hat die ihm zur Verfügung gestellten Daten unverzüglich auf Vollständigkeit und Richtigkeit zu überprüfen.

AEAO zu § 87d - Datenübermittlungen an Finanzbehörden im Auftrag

1. Natürliche Person als Auftraggeber

1.1 Bei der Identifizierung einer natürlichen Person als Auftraggeber sind festzustellen:

- Name (d.h. Nachname und mindestens ein Vorname), Geburtsort, Geburtsdatum, Staatsangehörigkeit und Anschrift.

1.2 Die Identifizierung ist anhand eines gültigen Personalausweises oder Reisepasses vorzunehmen.

2. Juristische Personen und Personengesellschaften als Auftraggeber

2.1 Bei juristischen Personen und Personengesellschaften - mit Ausnahme der Gesellschaften bürgerlichen Rechts - als Auftraggeber sind festzustellen:

- Firma, Name oder Bezeichnung, Rechtsform, Registernummer (soweit vorhanden), Anschrift des Sitzes oder der Hauptniederlassung und Mitglieder des Vertretungsorgans oder der gesetzlichen Vertreter.

- Ist ein Mitglied des Vertretungsorgans oder der gesetzliche Vertreter eine natürliche Person, sind Name (d.h. Nachname und mindestens ein Vorname), Geburtsort, Geburtsdatum, Staatsangehörigkeit und Anschrift zu erheben.

- Ist ein Mitglied des Vertretungsorgans oder der gesetzliche Vertreter dagegen eine juristische Person, sind deren Firma, Name oder Bezeichnung, Registernummer (soweit vorhanden) und Anschrift des Sitzes oder der Hauptniederlassung zu erheben.

- Unabhängig von der Rechtsform ist es bei mehr als fünf Vertretern ausreichend, dass lediglich Angaben zu fünf Vertretern erhoben werden, soweit diese in öffentliche Register eingetragen sind bzw. bei denen eine Identifizierung gemäß Nr. 1.2 des AEAO zu § 87d stattgefunden hat.

2.2 Bei Gesellschaften bürgerlichen Rechts als Auftraggeber sind festzustellen:

- Name (d. h. Nachname und mindestens ein Vorname), Geburtsort, Geburtsdatum, Staatsangehörigkeit und Anschrift der Gesellschafter (anstatt der gesetzlichen Vertreter). Bei mehr als fünf Gesellschaftern ist es ausreichend, dass lediglich Angaben zu den fünf Gesellschaftern mit den größten Beteiligungen bzw. Entscheidungsbefugnissen erhoben werden, soweit bei diesen eine Identifizierung gemäß Nr. 1.2 des AEAO zu § 87d stattgefunden hat (entsprechend Nr. 11.1 Satz 1 Buchstabe k des AEAO zu § 154).

2.3 Die Identifizierung ist wie folgt vorzunehmen:

- Auszug aus dem Handels- oder Genossenschaftsregister oder einem vergleichbaren amtlichen Register oder Verzeichnis (z. B. Partnerschaftsregister, Vereinsregister, Berufsregister),

- Einsichtnahme in ein amtliches Register oder Verzeichnis oder

- Gründungsdokumente (z. B. Gesellschaftsvertrag) oder gleichwertige beweiskräftige Dokumente.

2.4 Bei Gesellschaften bürgerlichen Rechts ist die Überprüfung des Namens der Gesellschafter anhand des Gesellschaftsvertrags nebst Gesellschafterlisten vorzunehmen. Im Falle der Nichtvorlage eines Gesellschaftsvertrags nebst Gesellschafterlisten sind die einzelnen Gesellschafter der Gesellschaft bürgerlichen Rechts als natürliche Personen zu identifizieren.

3. Die bei der Identifizierung erhobenen Angaben sind aufzuzeichnen und aufzubewahren. Die Aufbewahrungsfrist bestimmt sich nach § 87d Abs. 2 Satz 4 AO. Für die Dauer der Aufbewahrungsfrist besteht auch eine Pflicht zur Herstellung der Auskunftsbereitschaft.

4. Aus einem Personalausweis oder Reisepass sind Ausweis-/Pass-Nummer und Ausstellungsdatum aufzuzeichnen und aufzubewahren. Die Anfertigung und Aufbewahrung einer Ablichtung ist dabei nur zulässig, soweit dies nach dem GwG oder einer anderen gesetzlichen Bestimmung zugelassen oder vorgeschrieben ist.

5. Bei Auszügen aus dem Handelsregister genügt eine Anfertigung und Aufbewahrung einer Ablichtung. Gleiches gilt für die Anfertigung eines Ausdrucks, wenn elektronisch geführte Register- oder Verzeichnisdaten eingesehen werden (z. B. Ausdruck des Registerblatts).

6. Die Aufzeichnungen können auch auf einem elektronischen Datenträger gespeichert werden.

§ 87e Ausnahmeregelung für Einfuhr- und Ausfuhrabgaben, Verbrauchsteuern und die Luftverkehrsteuer (S 0222-e)

Die §§ 72a und 87b bis 87d gelten nicht für Einfuhr- und Ausfuhrabgaben, Verbrauchsteuern und die Luftverkehrsteuer, soweit nichts anderes bestimmt ist.

§ 88 Untersuchungsgrundsatz (S 0223)

(1) ¹Die Finanzbehörde ermittelt den Sachverhalt von Amts wegen. ²Dabei hat sie alle für den Einzelfall bedeutsamen, auch die für die Beteiligten günstigen Umstände zu berücksichtigen.

(2) ¹Die Finanzbehörde bestimmt Art und Umfang der Ermittlungen nach den Umständen des Einzelfalls sowie nach den Grundsätzen der Gleichmäßigkeit, Gesetzmäßigkeit und Verhältnismäßigkeit; an das Vorbringen und an die Beweisanträge der Beteiligten ist sie nicht gebunden. ²Bei der Entscheidung über Art und Umfang der Ermittlungen können allgemeine Erfahrungen der Finanzbehörden sowie Wirtschaftlichkeit und Zweckmäßigkeit berücksichtigt werden.

(3) ¹Zur Gewährleistung eines zeitnahen und gleichmäßigen Vollzugs der Steuergesetze können die obersten Finanzbehörden für bestimmte oder bestimmbare Fallgruppen Weisungen über Art und Umfang der Ermittlungen und der Verarbeitung von erhobenen oder erfassten Daten erteilen, soweit gesetzlich nicht etwas anderes bestimmt ist. ²Bei diesen Weisungen können allgemeine Erfahrungen der Finanzbehörden sowie Wirtschaftlichkeit und Zweckmäßigkeit berücksichtigt werden. ³Die Weisungen dürfen nicht veröffentlicht werden, soweit dies die Gleichmäßigkeit und Gesetzmäßigkeit der Besteuerung gefährden könnte. ⁴Weisungen der obersten Finanzbehörden der Länder nach Satz 1 bedürfen des Einvernehmens mit dem Bundesministerium der Finanzen, soweit die Landesfinanzbehörden Steuern im Auftrag des Bundes verwalten.

(4) ¹Das Bundeszentralamt für Steuern und die zentrale Stelle im Sinne des § 81 des Einkommensteuergesetzes können auf eine Weiterleitung ihnen zugegangener und zur Weiterleitung an die Landesfinanzbehörden bestimmter Daten an die Landesfinanzbehörden verzichten, soweit sie die Daten nicht oder nur mit unverhältnismäßigem Aufwand einem bestimmten Steuerpflichtigen oder einem bestimmten Finanzamt zuordnen können. ²Nach Satz 1 einem bestimmten Steuerpflichtigen oder einem bestimmten Finanzamt zugeordnete Daten sind unter Beachtung von Weisungen gemäß Absatz 3 des Bundesministeriums der Finanzen weiterzuleiten. ³Nicht an die Landesfinanzbehörden weitergeleitete Daten sind vom Bundeszentralamt für Steuern für Zwecke von Verfahren im Sinne des § 30 Absatz 2 Nummer 1 Buchstabe a und b bis zum Ablauf des 15. Jahres nach dem Jahr des Datenzugangs zu speichern. ⁴Nach Satz 3 gespeicherte Daten dürfen nur für Verfahren im Sinne des § 30 Absatz 2 Nummer 1 Buchstabe a und b sowie zur Datenschutzkontrolle verarbeitet werden.

(5) ¹Die Finanzbehörden können zur Beurteilung der Notwendigkeit weiterer Ermittlungen und Prüfungen für eine gleichmäßige und gesetzmäßige Festsetzung von Steuern und Steuervergütungen sowie Anrechnung von Steuerabzugsbeträgen und Vorauszahlungen automationsgestützte Systeme einsetzen (Risikomanagementsysteme). ²Dabei soll auch der Grundsatz der Wirtschaftlichkeit der Verwaltung berücksichtigt werden. ³Das Risikomanagementsystem muss mindestens folgende Anforderungen erfüllen:

1. die Gewährleistung, dass durch Zufallsauswahl eine hinreichende Anzahl von Fällen zur umfassenden Prüfung durch Amtsträger ausgewählt wird,

2. die Prüfung der als prüfungsbedürftig ausgesteuerten Sachverhalte durch Amtsträger,

3. die Gewährleistung, dass Amtsträger Fälle für eine umfassende Prüfung auswählen können,

4. die regelmäßige Überprüfung der Risikomanagementsysteme auf ihre Zielerfüllung.

⁴Einzelheiten der Risikomanagementsysteme dürfen nicht veröffentlicht werden, soweit dies die Gleichmäßigkeit und Gesetzmäßigkeit der Besteuerung gefährden könnte. ⁵Auf dem Gebiet der von den Landesfinanzbehörden im Auftrag des Bundes verwalteten Steuern legen die obersten Finanzbehörden der Länder die Einzelheiten der Risikomanagementsysteme zur Gewährleistung eines bundeseinheitlichen Vollzugs der Steuergesetze im Einvernehmen mit dem Bundesministerium der Finanzen fest.

| AEAO zu § 88 - Untersuchungsgrundsatz: |

1. Die Finanzbehörden haben alle notwendigen Maßnahmen zu ergreifen, um die entscheidungserheblichen Tatsachen aufzuklären.

2. Die Ermittlungshandlungen dürfen nach § 88 Abs. 2 Satz 1 AO zu dem angestrebten Erfolg nicht erkennbar außer Verhältnis stehen. Sie sollen so gewählt werden, dass damit unter Berücksichtigung der Verhältnisse des Einzelfalls ein möglichst geringer Eingriff in die Rechtssphäre des Beteiligten oder Dritter verbunden ist. Der Gewährung rechtlichen Gehörs kommt besondere Bedeutung zu.

3. Bei der Entscheidung über Art und Umfang der Ermittlungen können nach § 88 Abs. 2 Satz 2 AO allgemeine Erfahrungen der Finanzbehörden sowie Wirtschaftlichkeit und Zweckmäßigkeit berücksichtigt werden.

   Für die Anforderungen, die an die Aufklärungspflicht der Finanzbehörden zu stellen sind, darf die Erwägung eine Rolle spielen, dass die Aufklärung einen nicht mehr vertretbaren Zeitaufwand erfordert.

   Zudem kann auf das Verhältnis zwischen voraussichtlichem Arbeitsaufwand und steuerlichem Erfolg abgestellt werden. Die Finanzämter dürfen auch berücksichtigen, in welchem Maße sie durch ein zu erwartendes finanzgerichtliches Verfahren belastet werden, sofern sie bei vorhandenen tatsächlichen oder rechtlichen Zweifeln dem Begehren des Steuerpflichtigen nicht entsprechen und zu seinem Nachteil entscheiden.

   Die Beachtung von Wirtschaftlichkeit und Zweckmäßigkeit darf nicht zu einem Verzicht auf die Überprüfung der Einhaltung von steuerrechtlichen Vorschriften führen. Deshalb muss zur Gewährleistung der Gleichmäßigkeit und Gesetzmäßigkeit der Besteuerung auch immer eine hinreichende Anzahl zufällig ausgewählter Fälle durch Amtsträger der Finanzbehörden vertieft geprüft werden.

4. In Fällen erschwerter Sachverhaltsermittlung dient es unter bestimmten Voraussetzungen der Effektivität der Besteuerung und allgemein dem Rechts-

5. Die Aufklärungspflicht der Finanzbehörden wird außerdem durch die Mitwirkungspflicht der Beteiligten (§ 90 AO) begrenzt. Die Finanzbehörden sind nicht verpflichtet, den Sachverhalt auf alle möglichen Fallgestaltungen zu erforschen. Sie sind auch nicht an Beweisanträge des Steuerpflichtigen gebunden (§ 88 Abs. 2 Satz 1 2. Halbsatz AO).

Vorangegangen:

frieden, wenn sich die Beteiligten über die Annahme eines bestimmten Sachverhalts und über eine bestimmte Sachbehandlung einigen können (BFH-Urteil vom 11.12.1984, VIII R 131/76, BStBl 1985 II S. 354). Vgl. hierzu BMF-Schreiben vom 30.7.2008, BStBl I S. 831, ergänzt durch BMF-Schreiben vom 15.4.2019, BStBl I S. 447[1].

6. Für den Regelfall kann davon ausgegangen werden, dass die Angaben des Steuerpflichtigen in der Steuererklärung vollständig und richtig sind (BFH-Urteil vom 17.4.1969, V R 21/66, BStBl II S. 474). Die Finanzbehörde kann den Angaben eines Steuerpflichtigen Glauben schenken, wenn nicht greifbare Umstände vorliegen, die darauf hindeuten, dass seine Angaben falsch oder unvollständig sind (BFH-Urteil vom 11.7.1978, VIII R 120/75, BStBl 1979 II S. 57). Sie verletzt ihre Aufklärungspflicht nur, wenn sie Tatsachen oder Beweismittel außer Acht lässt und offenkundigen Zweifelsfragen nicht nachgeht, die sich ihr den Umständen nach ohne weiteres aufdrängen mussten (BFH-Urteile vom 16.1.1964, V 94/61 U, BStBl III S. 149, und vom 13.11.1985, II R 208/82, BStBl 1986 II S. 241).

7. Im Rahmen der Prüfung zugunsten des Steuerpflichtigen muss die Finanzbehörde ihrer Pflicht zur Fürsorge für den Steuerpflichtigen (§ 89 Abs. 1 AO) gerecht werden. So ist auch die Verjährung von Amts wegen zu berücksichtigen.

§ 88a Sammlung von geschützten Daten (S 0223)

¹Soweit es zur Sicherstellung einer gleichmäßigen Festsetzung und Erhebung der Steuern erforderlich ist, dürfen die Finanzbehörden nach § 30 geschützte Daten auch für Zwecke künftiger Verfahren im Sinne des § 30 Absatz 2 Nummer 1 Buchstabe a und b, insbesondere zur Gewinnung von Vergleichswerten, in Dateisystemen verarbeiten. ²Eine Verarbeitung ist nur für Verfahren im Sinne des § 30 Absatz 2 Nummer 1 Buchstabe a und b zulässig.

§ 88b Länderübergreifender Abruf und Verwendung von Daten zur Verhütung, Ermittlung und Verfolgung von Steuerverkürzungen

(S 0223-a)

(1) Für Zwecke eines Verwaltungsverfahrens in Steuersachen, eines Strafverfahrens wegen einer Steuerstraftat oder eines Bußgeldverfahrens wegen einer Steuerordnungswidrigkeit von Finanzbehörden gespeicherte Daten dürfen zum gegenseitigen Datenabruf bereitgestellt und dann von den zuständigen Finanzbehörden zur Verhütung, Ermittlung oder Verfolgung von

1. länderübergreifenden Steuerverkürzungen,

---
[1] Im Anhang 19 abgedruckt.

2. Steuerverkürzungen von internationaler Bedeutung oder

3. Steuerverkürzungen von erheblicher Bedeutung

untereinander abgerufen, im Wege des automatisierten Datenabgleichs überprüft, verwendet und gespeichert werden, auch soweit sie durch § 30 geschützt sind.

(2) Auswertungsergebnisse nach Absatz 1 sind den jeweils betroffenen zuständigen Finanzbehörden elektronisch zur Verfügung zu stellen.

(3) ¹Durch Rechtsverordnung der jeweils zuständigen Landesregierung wird bestimmt, welche Finanzbehörden auf Landesebene für die in den Absätzen 1 und 2 genannten Tätigkeiten zuständig sind. ²Die Landesregierung kann diese Verpflichtung durch Rechtsverordnung auf die für die Finanzverwaltung zuständige oberste Landesbehörde übertragen.

§ 88c Informationsaustausch über kapitalmarktbezogene Gestaltungen

(1) ¹Finanzbehörden haben Tatsachen, die sie dienstlich erfahren haben und aus denen sich nach Würdigung der Gesamtumstände Anhaltspunkte für Steuergestaltungen ergeben, die die Erlangung eines Steuervorteils aus der Erhebung oder Entlastung von Kapitalertragsteuer mit erheblicher Bedeutung zum Gegenstand haben, im Einvernehmen mit der zuständigen obersten Finanzbehörde oder der von ihr bestimmten Finanzbehörde dem Bundeszentralamt für Steuern zu übermitteln. ²Für die Beurteilung der erheblichen Bedeutung ist insbesondere die Höhe des erlangten Steuervorteils und die Möglichkeit der Nutzung der Gestaltung durch andere Schuldner der Kapitalertragsteuer zu berücksichtigen.

(2) ¹Das Bundeszentralamt für Steuern speichert die ihm von den Finanzbehörden nach Absatz 1 übermittelten Informationen und analysiert diese im Hinblick auf missbräuchliche Steuergestaltungsmodelle. ²Benötigt das Bundeszentralamt für Steuern zur weiteren Aufklärung eines Sachverhaltes ergänzende Informationen von der nach Absatz 1 übermittelnden Finanzbehörde, hat diese dem Bundeszentralamt für Steuern die hierzu erforderlichen Informationen auf Ersuchen zu übermitteln. ³Das Bundeszentralamt für Steuern darf die ihm nach Maßgabe dieser Vorschrift übermittelten personenbezogenen Daten speichern und verwenden, soweit dies zur Erfüllung seiner Aufgaben nach Satz 1 erforderlich ist.

(3) ¹Das Bundeszentralamt für Steuern ist berechtigt, den für die Verwaltung der Kapitalertragsteuer zuständigen Finanzbehörden seine erlangten Sachverhaltserkenntnisse zu übermitteln und im dazu erforderlichen Umfang auch personenbezogene Daten offenzulegen. ²Die empfangende Behörde oder Stelle darf ihr nach Satz 1 übermittelte personenbezogene Daten speichern und verwenden, soweit dies zur Erfüllung ihrer Aufgaben nach diesem Gesetz erforderlich ist.

(4) Die Verarbeitung personenbezogener Daten durch Finanzbehörden nach Maßgabe der Absätze 1 bis 3 ist ein Verwaltungsverfahren in Steuersachen im Sinne dieses Gesetzes.

§ 89 Beratung, Auskunft (S 0224)

(1) ¹Die Finanzbehörde soll die Abgabe von Erklärungen, die Stellung von Anträgen oder die Berichtigung von Erklärungen oder Anträgen anregen, wenn diese offensichtlich nur versehentlich oder aus Unkenntnis unterblieben oder unrichtig abgegeben oder gestellt worden sind. ²Sie erteilt, soweit erforderlich, Auskunft über die den Beteiligten im Verwaltungsverfahren zustehenden Rechte und die ihnen obliegenden Pflichten.

(2) ¹Die Finanzämter und das Bundeszentralamt für Steuern können auf Antrag verbindliche Auskünfte über die steuerliche Beurteilung von genau bestimmten, noch nicht verwirklichten Sachverhalten erteilen, wenn daran im Hinblick auf die erheblichen steuerlichen Auswirkungen ein besonderes Interesse besteht. ²Zuständig für die Erteilung einer verbindlichen Auskunft ist die Finanzbehörde, die bei Verwirklichung des dem Antrag zugrunde liegenden Sachverhalts örtlich zuständig sein würde. ³Bei Antragstellern, für die im Zeitpunkt der Antragstellung nach den §§ 18 bis 21 keine Finanzbehörde zuständig ist, ist auf dem Gebiet der Steuern, die von den Landesfinanzbehörden im Auftrag des Bundes verwaltet werden, abweichend von Satz 2 das Bundeszentralamt für Steuern zuständig; in diesem Fall bindet die verbindliche Auskunft auch die Finanzbehörde, die bei der Verwirklichung des der Auskunft zugrunde liegenden Sachverhalts zuständig ist. ⁴Über den Antrag auf Erteilung einer verbindlichen Auskunft soll innerhalb von sechs Monaten ab Eingang des Antrags bei der zuständigen Finanzbehörde entschieden werden; kann die Finanzbehörde nicht innerhalb dieser Frist über den Antrag entscheiden, ist dies dem Antragsteller unter Angabe der Gründe mitzuteilen. ⁵Das Bundesministerium der Finanzen wird ermächtigt, mit Zustimmung des Bundesrates durch Rechtsverordnung nähere Bestimmungen zu Form, Inhalt und Voraussetzungen des Antrages auf Erteilung einer verbindlichen Auskunft und zur Reichweite der Bindungswirkung zu treffen. ⁶In der Rechtsverordnung kann auch bestimmt werden, unter welchen Voraussetzungen eine verbindliche Auskunft gegenüber mehreren Beteiligten einheitlich zu erteilen ist und welche Finanzbehörde in diesem Fall für die Erteilung der verbindlichen Auskunft zuständig ist. ⁷Die Rechtsverordnung bedarf nicht der Zustimmung des Bundesrates, soweit sie die Versicherungsteuer betrifft.

(3) ¹Für die Bearbeitung eines Antrags auf Erteilung einer verbindlichen Auskunft nach Absatz 2 wird eine Gebühr erhoben. ²Wird eine verbindliche Auskunft gegenüber mehreren Antragstellern einheitlich erteilt, ist nur eine Gebühr zu erheben; in diesem Fall sind alle Antragsteller Gesamtschuldner der Gebühr. ³Die Gebühr ist vom Antragsteller innerhalb eines Monats nach Bekanntgabe ihrer Festsetzung zu entrichten. ⁴Die Finanzbehörde kann die Entscheidung über den Antrag bis zur Entrichtung der Gebühr zurückstellen.

(4) ¹Die Gebühr wird nach dem Wert berechnet, den die verbindliche Auskunft für den Antragsteller hat (Gegenstandswert). ²Der Antragsteller soll den Gegenstandswert und die für seine Bestimmung erheblichen Umstände in seinem Antrag auf Erteilung einer verbindlichen Auskunft darlegen. ³Die Finanzbehörde soll der Gebührenfestsetzung den vom Antragsteller erklärten Gegenstandswert zugrunde legen, soweit dies nicht zu einem offensichtlich unzutreffenden Ergebnis führt.

StAuskV

(5) ¹Die Gebühr wird in entsprechender Anwendung des § 34 des Gerichtskostengesetzes mit einem Gebührensatz von 1,0 erhoben. ²§ 39 Absatz 2 des Gerichtskostengesetzes ist entsprechend anzuwenden. ³Beträgt der Gegenstandswert weniger als 10 000 Euro, wird keine Gebühr erhoben.

(6) ¹Ist ein Gegenstandswert nicht bestimmbar und kann er auch nicht durch Schätzung bestimmt werden, ist eine Zeitgebühr zu berechnen; sie beträgt 50 Euro je angefangene halbe Stunde Bearbeitungszeit. ²Beträgt die Bearbeitungszeit weniger als zwei Stunden, wird keine Gebühr erhoben.

(7) ¹Auf die Gebühr kann ganz oder teilweise verzichtet werden, wenn ihre Erhebung nach Lage des einzelnen Falls unbillig wäre. ²Die Gebühr kann insbesondere ermäßigt werden, wenn ein Antrag auf Erteilung einer verbindlichen Auskunft vor Bekanntgabe der Entscheidung der Finanzbehörde zurückgenommen wird.

Verordnung zur Durchführung von § 89 Abs. 2 der Abgabenordnung (Steuer-Auskunftsverordnung – StAuskV)
vom 30.11.2007 (BGBl. I S. 2783), zuletzt geändert durch Art. 7 der Verordnung vom 19.12.2022 (BGBl. I S. 2432).

---

§ 1 Form und Inhalt des Antrags auf Erteilung einer verbindlichen Auskunft

(1) Der Antrag auf Erteilung einer verbindlichen Auskunft ist schriftlich oder elektronisch bei der nach § 89 Absatz 2 Satz 2 oder Satz 3 der Abgabenordnung zuständigen Finanzbehörde zu stellen. Der Antrag hat Folgendes zu enthalten:

1. die genaue Bezeichnung des Antragstellers (Name, bei natürlichen Personen Wohnsitz oder gewöhnlicher Aufenthalt, bei Körperschaften, Personenvereinigungen und Vermögensmassen Sitz oder Ort der Geschäftsleitung, soweit vorhanden Steuernummer),
2. eine umfassende und in sich abgeschlossene Darstellung des zum Zeitpunkt der Antragstellung noch nicht verwirklichten Sachverhalts,
3. die Darlegung des besonderen steuerlichen Interesses des Antragstellers,
4. eine ausführliche Darlegung des Rechtsproblems mit eingehender Begründung des eigenen Rechtsstandpunktes des Antragstellers,
5. die Formulierung konkreter Rechtsfragen,
6. die Erklärung, dass über den zur Beurteilung gestellten Sachverhalt bei keiner anderen der in § 89 Abs. 2 Satz 2 und 3 der Abgabenordnung genannten Finanzbehörden (Finanzämter oder Bundeszentralamt für Steuern) eine verbindliche Auskunft beantragt wurde, sowie
7. die Versicherung, dass alle für die Erteilung der Auskunft und für die Beurteilung erforderlichen Angaben gemacht wurden und der Wahrheit entsprechen.

(2) Eine verbindliche Auskunft kann von allen Beteiligten nur gemeinsam beantragt werden, wenn sie sich auf einen Sachverhalt bezieht, der

1. mehreren Personen steuerlich zuzurechnen ist (§ 179 Absatz 2 Satz 2 der Abgabenordnung),
2. zur Begründung oder Beendigung einer Organschaft im Sinne
    a) des § 2 Absatz 2 Nummer 2 des Umsatzsteuergesetzes,
    b) der §§ 14 und 17 des Körperschaftsteuergesetzes oder
    c) des § 2 Absatz 2 Satz 2 des Gewerbesteuergesetzes

    führen kann,
3. von einer Organgesellschaft verwirklicht werden soll und über
    a) die gesonderte und einheitliche Feststellung nach § 14 Absatz 5 des Körperschaftsteuergesetzes oder
    b) den dem Organträger zuzurechnenden Gewerbeertrag

    Auswirkungen auf die Besteuerungsgrundlagen des Organträgers haben kann,
4. zur Verwirklichung eines Erwerbsvorgangs im Sinne von § 1 Absatz 3 Nummer 1 und 2 in Verbindung mit Absatz 4 Nummer 2 des Grunderwerbsteuergesetzes (grunderwerbsteuerliche Organschaft) führen kann oder
5. sich nach den §§ 20, 21, 24 oder 25 des Umwandlungssteuergesetzes bei verschiedenen Rechtsträgern steuerlich auswirkt und der steuerliche Wertansatz beim einbringenden oder übertragenden Rechtsträger vom steuerlichen Wertansatz beim übernehmenden Rechtsträger abhängt.

Die Beteiligten sollen einen gemeinsamen Empfangsbevollmächtigten bestellen, der ermächtigt ist, für sie alle Verwaltungsakte und Mitteilungen in Empfang zu nehmen

(3) Für die Erteilung der verbindlichen Auskunft nach Absatz 2 Satz 1 ist zuständig

1. nach Absatz 2 Satz 1 Nummer 1:

    das Finanzamt, das für die gesonderte und einheitliche Feststellung örtlich zuständig ist;

2. nach Absatz 2 Satz 1 Nummer 2 Buchstabe a:

    das Finanzamt, das für die Umsatzbesteuerung des Organträgers örtlich zuständig ist;

3. nach Absatz 2 Satz 1 Nummer 2 Buchstabe b und c sowie Nummer 3:

    das Finanzamt, das für die gesonderte und einheitliche Feststellung nach § 14 Absatz 5 des Körperschaftsteuergesetzes örtlich zuständig ist;

4. nach Absatz 2 Satz 1 Nummer 4:

    das Finanzamt, das für die Festsetzung der Grunderwerbsteuer zuständig ist; ist der verwirklichte Sachverhalt Gegenstand einer gesonderten Feststellung nach § 17 Absatz 3 Satz 1 Nummer 2 oder Satz 2 in Verbindung mit Absatz 2 des Grunderwerbsteuergesetzes, ist das Finanzamt zuständig, das für die gesonderte Feststellung zuständig ist;

§ 89
StAuskV

5. nach Absatz 2 Satz 1 Nummer 5:

   das Finanzamt, das nach § 18 oder § 20 der Abgabenordnung für den übernehmenden Rechtsträger örtlich zuständig ist.

In den Fällen des Absatzes 2 Satz 1 Nummer 2 wird für die Bestimmung der Zuständigkeit stets von einer bestehenden Organschaft ausgegangen. In den Fällen des Absatzes 2 Satz 1 Nummer 4 wird für die Bestimmung der Zuständigkeit davon ausgegangen, dass ein Erwerbsvorgang im Sinne des § 1 Absatz 3 Nummer 1 und 2 in Verbindung mit Absatz 4 Nummer 2 des Grunderwerbsteuergesetzes verwirklicht wurde.

(4) Soll der dem Antrag zugrunde liegende Sachverhalt durch eine Person, Personenvereinigung oder Vermögensmasse verwirklicht werden, die im Zeitpunkt der Antragstellung noch nicht existiert, kann der Antrag auf Erteilung einer verbindlichen Auskunft auch durch einen Dritten gestellt werden, sofern er ebenfalls ein eigenes berechtigtes Interesse an der Auskunftserteilung darlegen kann. In diesem Fall sind die in Absatz 1 Nr. 1 und 3 genannten Angaben auch hinsichtlich der Person, Personenvereinigung oder Vermögensmasse zu machen, die den der Auskunft zugrunde liegenden Sachverhalt verwirklichen soll.

§ 2 Bindung einer verbindlichen Auskunft

(1) Die von der nach § 89 Abs. 2 Satz 2 und 3 der Abgabenordnung zuständigen Finanzbehörde erteilte verbindliche Auskunft ist für die Besteuerung des Antragstellers oder in den Fällen des § 1 Abs. 4 für die Besteuerung der Person, Personenvereinigung oder Vermögensmasse, die den Sachverhalt verwirklicht hat, bindend, wenn der später verwirklichte Sachverhalt von dem der Auskunft zugrunde gelegten Sachverhalt nicht oder nur unwesentlich abweicht. Die verbindliche Auskunft ist nicht bindend, wenn sie zuungunsten des Steuerpflichtigen dem geltenden Recht widerspricht.

(2) Eine nach § 1 Absatz 3 erteilte verbindliche Auskunft ist für die Besteuerung aller Beteiligten einheitlich bindend, wenn der später verwirklichte Sachverhalt von dem Sachverhalt, der der Auskunft zugrunde gelegt wurde, nicht oder nur unwesentlich abweicht. Widerspricht die einheitlich erteilte verbindliche Auskunft dem geltenden Recht und beruft sich mindestens ein Beteiligter hierauf, entfällt die Bindungswirkung der verbindlichen Auskunft einheitlich gegenüber allen Beteiligten.

(3) Die Bindungswirkung der verbindlichen Auskunft entfällt ab dem Zeitpunkt, in dem die Rechtsvorschriften, auf denen die Auskunft beruht, aufgehoben oder geändert werden.

(4) Unbeschadet der §§ 129 bis 131 der Abgabenordnung kann eine verbindliche Auskunft mit Wirkung für die Zukunft aufgehoben oder geändert werden, wenn sich herausstellt, dass die erteilte Auskunft unrichtig war.

§ 3 Anwendungsvorschrift

§ 1 Absatz 2 Satz 1, Absatz 3 und § 2 Absatz 2 in der am 20. Juli 2017 geltenden Fassung sind erstmals auf Anträge auf Erteilung einer verbindlichen Auskunft anzuwenden, die nach dem 1. September 2017 bei der zuständigen Finanzbehörde eingegangen sind. § 1 Absatz 2 Satz 1 Nummer 3 bis 5 und Absatz 3 Satz 1 Nummer 4 und

5 in der am 23. Dezember 2022 geltenden Fassung ist erstmals auf Anträge auf Erteilung einer verbindlichen Auskunft anzuwenden, die nach dem 31. Dezember 2022 bei der zuständigen Finanzbehörde eingegangen sind.

AEAO zu § 89 - Beratung, Auskunft:

Inhaltsübersicht

1. Beratung des Steuerpflichtigen
2. Auskünfte nach § 89 Abs. 1 Satz 2 AO
3. Verbindliche Auskünfte nach § 89 Abs. 2 AO
3.1 Allgemeines
3.2 Antragsteller
3.3 Zuständigkeit für die Erteilung verbindlicher Auskünfte
3.4 Form, Inhalt und Voraussetzungen des Antrags auf Erteilung einer verbindlichen Auskunft
3.5 Erteilung einer verbindlichen Auskunft
3.6 Bindungswirkung einer verbindlichen Auskunft
3.7 Rechtsbehelfsmöglichkeiten
4. Gebühren für die Bearbeitung von Anträgen auf Erteilung einer verbindlichen Auskunft (§ 89 Abs. 3 bis 7 AO)
4.1 Gebührenpflicht
4.2 Gegenstandswert
4.3 Zeitgebühr
4.4 Gebührenfestsetzung
4.5 Ermäßigung der Gebühr
5. Anwendung der StAuskV

1. Beratung des Steuerpflichtigen

1.1 In § 89 Abs. 1 Satz 1 AO sind Erklärungen und Anträge gemeint, die sich bei dem gegebenen Sachverhalt aufdrängen. Im Übrigen ist es Sache des Steuerpflichtigen, sich über die Antragsmöglichkeiten zu unterrichten, ggf. durch Rückfrage beim Finanzamt (§ 89 Abs. 1 Satz 2 AO). Die Finanzämter wären überfordert, wenn sie darauf zu achten hätten, ob der Steuerpflichtige jede sich ihm bietende Möglichkeit, Steuern zu sparen, ausgenutzt hat (BFH-Urteil vom 22.1.1960, VI 175/59 U, BStBl III S. 178).

1.2 Kann bei einem eindeutigen Verstoß der Finanzbehörden gegen die Fürsorgepflicht nach § 89 Abs. 1 Satz 1 AO dem Steuerpflichtigen nicht durch Wiedereinsetzung in den vorigen Stand (§ 110 AO) oder durch Änderung des bestandskräftigen Steuerbescheids nach § 173 Abs. 1 Nr. 2 AO geholfen werden, so kann es geboten sein, die zu Unrecht festgesetzte Steuer wegen sachlicher Unbilligkeit (§ 227 AO) zu erlassen.

2. **Auskünfte nach § 89 Abs. 1 Satz 2 AO**

In § 89 Abs. 1 Satz 2 AO sind Auskünfte über das Verfahren (z. B. Fristberechnung, Wiedereinsetzung in den vorigen Stand, Aussetzung der Vollziehung) gemeint. Die Erteilung von Auskünften materieller Art ist den Finanzbehörden gestattet; hierauf besteht jedoch kein Anspruch. Sofern eine Finanzbehörde eine schriftliche Auskunft materieller Art außerhalb des § 89 Abs. 2 AO und der StAuskV erteilt, soll darauf hingewiesen werden, dass die Auskunft unverbindlich ist. Ist dies unterblieben, ist durch Auslegung zu ermitteln, ob der Empfänger in entsprechender Anwendung des § 133 BGB nach den ihm bekannten Umständen unter Berücksichtigung von Treu und Glauben von einer Verbindlichkeit der ihm erteilten Auskunft ausgehen konnte. Hierbei ist im Regelfall davon auszugehen, dass keine Bindungswirkung eintreten sollte.

3. **Verbindliche Auskünfte nach § 89 Abs. 2 AO**

3.1 **Allgemeines**

Die Finanzämter und das BZSt können unter den Voraussetzungen des § 89 Abs. 2 Satz 1 AO und der StAuskV auf Antrag verbindliche Auskünfte über die steuerliche Beurteilung von genau bestimmten, noch nicht verwirklichten Sachverhalten erteilen, wenn daran im Hinblick auf die erheblichen steuerlichen Auswirkungen ein besonderes Interesse besteht.

3.2 **Antragsteller**

3.2.1 Antragsteller einer verbindlichen Auskunft i. S. d. § 89 Abs. 2 AO (und zugleich Gebührenschuldner i. S. d. § 89 Abs. 3 bis 5 AO) ist derjenige, in dessen Namen der Antrag gestellt wird. Zur einheitlichen Antragstellung durch mehrere Beteiligte vgl. § 1 Abs. 2 StAuskV. Antragsteller und Steuerpflichtiger müssen nicht identisch sein.

3.2.2 Antragsteller und Steuerpflichtiger sind in der Regel identisch, wenn der Steuerpflichtige, dessen künftige Besteuerung Gegenstand der verbindlichen Auskunft sein soll, bei Antragstellung bereits existiert. Eine dritte Person hat in diesen Fällen im Regelfall kein eigenes berechtigtes Interesse an einer Auskunftserteilung hinsichtlich der Besteuerung eines anderen, bereits existierenden Steuerpflichtigen.

3.2.3 Existiert der Steuerpflichtige bei Antragstellung noch nicht, kann bei berechtigtem Interesse auch ein Dritter Antragsteller sein (§ 1 Abs. 4 StAuskV). Berechtigte/r Antragsteller einer verbindlichen Auskunft über die künftige Besteuerung einer noch nicht existierenden Kapitalgesellschaft kann die Person / können die Personen gemeinsam sein, die diese Kapitalgesellschaft gründen und dann (gemeinsam) zu mindestens 50 % an der Gesellschaft beteiligt sein will/wollen. Entsprechendes gilt für Auskunftsanträge einer Vorgründungsgesellschaft. Die einem Dritten wegen seines berechtigten Interesses erteilte verbindliche Auskunft entfaltet gegenüber dem künftigen Steuerpflichtigen auch dann Bindungswirkung, wenn die tatsächlichen Beteiligungsverhältnisse bei Verwirklichung des Sachverhalts von den bei Antragstellung geplanten Beteiligungsverhältnissen abweichen, soweit die Beteiligungsverhältnisse für die steuerrechtliche Beurteilung ohne Bedeutung sind.

3.2.4 § 1 Abs. 4 StAuskV geht der Regelung in § 1 Abs. 2 Nr. 1 StAuskV als ex specialis vor. Deshalb muss ein Auskunftsantrag für eine noch zu gründende Kapitalgesellschaft oder Personengesellschaft nicht von allen künftigen Gesellschaftern gemeinsam gestellt werden.

3.3 Zuständigkeit für die Erteilung verbindlicher Auskünfte

Nach § 89 Abs. 2 Satz 2 AO ist das Finanzamt für die Erteilung einer verbindlichen Auskunft zuständig, das bei Verwirklichung des dem Antrag zugrunde liegenden Sachverhalts für die Besteuerung örtlich zuständig sein würde. Abweichend hiervon ist allerdings bei Antragstellern, für die im Zeitpunkt der Antragstellung nach §§ 18 bis 21 AO kein Finanzamt zuständig ist, auf dem Gebiet der Steuern, die von den Landesfinanzbehörden im Auftrag des Bundes verwaltet werden, nach § 89 Abs. 2 Satz 3 AO das BZSt für die Auskunftserteilung zuständig. Bezüglich der Zuständigkeit für die Erteilung einer einheitlichen verbindlichen Auskunft gegenüber mehreren Beteiligten nach § 1 Abs. 3 StAuskV siehe AEAO zu § 89, Nr. 3.3.3.

3.3.1 Zuständigkeit des BZSt nach § 89 Abs. 2 Satz 3 AO

3.3.1.1 Die Sonderregelung des § 89 Abs. 2 Satz 3 AO geht der allgemeinen Regelung in § 89 Abs. 2 Satz 2 AO vor. Sie gilt allerdings nur für Steuern die von den Landesfinanzbehörden im Auftrag des Bundes verwaltet werden. Für andere von den Finanzämtern verwaltete Steuern sowie für die Gewerbesteuermessbetragsfestsetzung kann das BZSt auch dann keine verbindliche Auskunft erteilen, wenn im Zeitpunkt der Antragstellung nach §§ 18 bis 21 AO kein Finanzamt für die Besteuerung des Antragstellers zuständig ist.

3.3.1.2 § 89 Abs. 2 Satz 3 AO stellt auf die aktuellen Verhältnisse des Antragstellers im Zeitpunkt der Antragstellung ab, während § 89 Abs. 2 Satz 2 AO auf künftige (geplante) Verhältnisse des Steuerpflichtigen (d.h. der Person, deren künftige Besteuerung Gegenstand der verbindlichen Auskunft ist) abstellt.

3.3.1.3 § 89 Abs. 2 Satz 3 AO ist für jede Steuerart gesondert anzuwenden. Bei einem Antragsteller, für den im Zeitpunkt der Antragstellung ein Finanzamt für eine von den Landesfinanzbehörden im Auftrag des Bundes verwaltete Steuer zuständig ist, ist das BZSt für die Auskunftserteilung nur hinsichtlich solcher von den Landesfinanzbehörden im Auftrag des Bundes verwalteten Steuern zuständig, für die im Zeitpunkt der Antragstellung noch kein Finanzamt zuständig ist.

3.3.1.4 **Beispiel:**

Die im Ausland ansässige natürliche Person A unterliegt im Zeitpunkt der Antragstellung im Inland nur der Umsatzsteuer. Für die Umsatzbesteuerung des A ist in diesem Zeitpunkt nach § 21 Abs. 1 Satz 2 AO i. V. m. der UStZustV das Finanzamt U zuständig. A beantragt eine verbindliche Auskunft nach § 89 Abs. 2 Satz 1 AO über Einkommen- und Umsatzsteuer.

- Für die verbindliche Auskunft über Einkommensteuer ist nach § 89 Abs. 2 Satz 3 AO das BZSt zuständig.

- Für die verbindliche Auskunft über Umsatzsteuer ist nach § 89 Abs. 2 Satz 2 AO das Finanzamt zuständig, das bei Verwirklichung des vorgetragenen Sachverhalts nach § 21 AO (ggf. i. V. m. der UStZustV) für die Umsatzbesteuerung des A örtlich zuständig sein würde.

3.3.1.5 Bei Anwendung des § 89 Abs. 2 Satz 3 AO kommt es nicht darauf an, ob der Antragsteller im Inland bereits bei einem Finanzamt geführt wird. Entscheidend ist, ob nach den Verhältnissen zum Zeitpunkt der Antragstellung ein Finanzamt örtlich zuständig ist, d.h. ob vom Antragsteller bereits steuerrelevante Sachverhalte im Inland verwirklicht wurden, wegen derer ein Steuerverwaltungsverfahren von Amts wegen durchzuführen wäre. Unerheblich ist, ob das örtlich zuständige Finanzamt hiervon bereits Kenntnis hat bzw. ob es bereits ein Steuerverwaltungsverfahren durchgeführt hat.

Steuerrelevante Sachverhalte im Inland sind dabei nur solche, für die eine Steuererklärungspflicht im Inland besteht.

Nicht zu steuerrelevanten Sachverhalten im Inland führen grundsätzlich

- Einkünfte, die im Inland nicht steuerpflichtig sind,

- Einkünfte, die dem Steuerabzug unterliegen und damit als abgeltend besteuert gelten oder

- Umsätze, für die der Leistungsempfänger der Steuerschuldner ist.

Wird in diesen Fällen dennoch ein Steuerverwaltungsverfahren im Inland durchgeführt und ist dieses noch nicht abgeschlossen, kommt die Sonderzuständigkeitsregelung des § 89 Abs. 2 Satz 3 AO ausnahmsweise nicht zur Anwendung.

3.3.1.6 Das BZSt kann unter den Voraussetzungen des § 89 Abs. 2 Satz 3 AO auch dann eine verbindliche Auskunft erteilen, wenn der Ort, an dem der vorgetragene Sachverhalt im Inland verwirklicht werden soll, noch nicht feststeht.

3.3.1.7 Betrifft eine verbindliche Auskunft mehrere Steuerarten und sind hierfür zum Teil das BZSt und im Übrigen ein oder mehrere Finanzämter zuständig, sollen sich die beteiligten Finanzbehörden untereinander abstimmen, um widersprüchliche verbindliche Auskünfte zu vermeiden.

3.3.2 Zuständigkeit eines Finanzamts nach § 89 Abs. 2 Satz 2 AO

3.3.2.1 Die Zuständigkeitsregelung des § 89 Abs. 2 Satz 2 AO gilt bei den von den Landesfinanzbehörden im Auftrag des Bundes verwalteten Steuern nur, soweit nicht das BZSt nach § 89 Abs. 2 Satz 3 AO zuständig ist (vgl. AEAO zu § 89, Nr. 3.3.1). Für andere von den Finanzämtern verwaltete Steuern sowie für die Gewerbesteuermessbetragsfestsetzung richtet sich die Zuständigkeit für die Erteilung einer verbindlichen Auskunft immer nach § 89 Abs. 2 Satz 2 AO.

3.3.2.2 Die Zuständigkeit nach § 89 Abs. 2 Satz 2 AO knüpft an die künftigen steuerlichen Verhältnisse des Steuerpflichtigen bei Verwirklichung des Sachverhaltes an. Das hiernach für die Auskunftserteilung zuständige Finanzamt muss nicht mit dem Finanzamt identisch sein, das zum Zeitpunkt der Antragstellung für die Besteuerung des Steuerpflichtigen zuständig ist. Wird eine verbindliche Auskunft berechtigterweise durch einen Dritten beantragt (vgl. AEAO zu § 89, Nr. 3.2.3), ist ebenso unerheblich, welches Finanzamt für seine Besteuerung zuständig ist.

3.3.2.3 Betrifft eine verbindliche Auskunft mehrere Steuerarten und sind hierfür jeweils unterschiedliche Finanzämter nach § 89 Abs. 2 Satz 2 AO zuständig, soll eine Zuständigkeitsvereinbarung nach § 27 AO herbeigeführt werden, wenn die unterschiedliche Zuständigkeit weder für den Steuerpflichtigen noch für die Finanzbehörden zweckmäßig ist. Eine derartige Zuständigkeitsvereinbarung kann auch schon vor Verwirklichung des geplanten Sachverhaltes getroffen werden. Sofern keine Zuständigkeitsvereinbarung herbeigeführt werden kann, sollen sich die beteiligten Finanzämter untereinander abstimmen um widersprüchliche verbindliche Auskünfte zu vermeiden (vgl. AEAO zu § 89, Nr. 3.3.1.7).

3.3.3 **Zuständigkeit eines Finanzamts bei einheitlicher Auskunftserteilung nach § 1 Abs. 3 StAuskV**

3.3.3.1 Die Zuständigkeit für die Erteilung einer einheitlichen verbindlichen Auskunft gegenüber mehreren Beteiligten bestimmt sich nach § 1 Abs. 3 StAuskV. Bei Organschaftsfällen i. S. d. § 1 Abs. 2 Satz 1 Nrn. 2 bis 4 StAuskV und Umwandlungsfälle i. S. d. § 1 Abs. 2 Satz 1 Nr. 5 StAuskV soll das Finanzamt, das für die Erteilung der verbindlichen Auskunft nicht zuständig ist, aber von der Bindungswirkung dieser Auskunft ebenfalls betroffen ist, vorab beteiligt werden.

3.3.3.2 Hat im Fall einer Umsatzsteuer-Organschaft der Organträger seinen Sitz und seine Geschäftsleitung im Ausland, ist entsprechend § 2 Abs. 2 Nr. 2 Satz 4 UStG das Finanzamt der Organgesellschaft bzw. - falls mehrere Organgesellschaften beteiligt sind - das Finanzamt der wirtschaftlich bedeutendsten Organgesellschaft für die Erteilung der verbindlichen Auskunft zuständig.

3.4 **Form, Inhalt und Voraussetzungen des Antrags auf Erteilung einer verbindlichen Auskunft**

3.4.1 Der Antrag muss schriftlich gestellt werden und die in § 1 Abs. 1 StAuskV bezeichneten Angaben enthalten. Zusätzlich soll der Antragsteller nach § 89 Abs. 4 Satz 2 AO Angaben zum Gegenstandswert der Auskunft machen.

3.4.2 Im Auskunftsantrag ist der ernsthaft geplante und zum Zeitpunkt der Antragstellung noch nicht verwirklichte Sachverhalt ausführlich und vollständig darzulegen (§ 1 Abs. 1 Nr. 2 StAuskV). Es ist unschädlich, wenn bereits mit vorbereitenden Maßnahmen begonnen wurde, solange der dem Auskunftsantrag zugrunde gelegte Sachverhalt im Wesentlichen noch nicht verwirklicht wurde und noch anderweitige Dispositionen möglich sind.

3.4.3 Der Antragsteller muss sein eigenes steuerliches Interesse darlegen (§ 1 Abs. 1 Nr. 3 StAuskV). Außer in den Fällen des § 1 Abs. 4 StAuskV ist ein Auskunftsantrag mit Wirkung für Dritte nicht zulässig. Denn eine dritte Person hat kein eigenes berechtigtes Interesse an einer Auskunftserteilung hinsichtlich der Besteuerung eines anderen, bereits existierenden Steuerpflichtigen.

3.4.4 Im Auskunftsantrag sind konkrete Rechtsfragen darzulegen (§ 1 Abs. 1 Nr. 5 StAuskV). Es reicht nicht aus, allgemeine Fragen zu den bei Verwirklichung des geplanten Sachverhalts eintretenden steuerlichen Rechtsfragen darzulegen.

3.5 Erteilung einer verbindlichen Auskunft

3.5.1 Der Auskunft ist der vom Antragsteller vorgetragene Sachverhalt zugrunde zu legen. Das Finanzamt ist nicht verpflichtet, eigens für die zu erteilende Auskunft Ermittlungen durchzuführen, es soll aber dem Antragsteller Gelegenheit zum ergänzenden Sachvortrag geben, wenn dadurch eine Entscheidung in der Sache ermöglicht werden kann. Die Erteilung einer verbindlichen Auskunft für alternative Gestaltungsvarianten ist nicht zulässig.

3.5.2 Die Erteilung einer verbindlichen Auskunft ist ausgeschlossen, wenn der Sachverhalt im Wesentlichen bereits verwirklicht ist. Über Rechtsfragen, die sich aus einem bereits abgeschlossenen Sachverhalt ergeben, ist ausschließlich im Rahmen des Veranlagungs- oder Feststellungsverfahrens zu entscheiden. Das gilt auch, wenn der Sachverhalt zwar erst nach Antragstellung, aber vor der Entscheidung über den Antrag verwirklicht wird.

3.5.3 Eine Auskunft kann auch erteilt werden, wenn der Antragsteller eine Auskunft für die ernsthaft geplante Umgestaltung eines bereits vorliegenden Sachverhalts begehrt. Das gilt insbesondere bei Sachverhalten, die wesentliche Auswirkungen in die Zukunft haben (z. B. Dauersachverhalte). Bei Dauersachverhalten richtet sich das zeitliche Ausmaß der Bindungswirkung nach dem Auskunftsantrag, soweit die Finanzbehörde nicht aus materiell-rechtlichen Gründen von den zeitlichen Vorstellungen des Antragstellers abweicht (z. B. wegen Verlängerung oder Verkürzung des Abschreibungszeitraumes) und deshalb ihre Auskunft für einen anderen Zeitraum erteilt.

3.5.4 Verbindliche Auskünfte sollen nicht erteilt werden in Angelegenheiten, bei denen die Erzielung eines Steuervorteils im Vordergrund steht (z. B. Prüfung von Steuersparmodellen, Feststellung der Grenzpunkte für das Handeln eines ordentlichen Geschäftsleiters). Die Befugnis, nach pflichtgemäßem Ermessen auch in anderen Fällen die Erteilung verbindlicher Auskünfte abzulehnen, bleibt unberührt (z. B. wenn zu dem Rechtsproblem eine gesetzliche Regelung, eine höchstrichterliche Entscheidung oder eine Verwaltungsanweisung in absehbarer Zeit zu erwarten ist).

[1]Verbindliche Auskünfte sollen ferner nicht erteilt werden, wenn für den maßgeblichen Sachverhalt auch ein Vorabverständigungsverfahren nach § 89a AO in Betracht kommt, insbesondere wenn Verrechnungspreise oder

---

[1] Der neue Absatz 2 der Nr. 3.5.4. des AEAO zu § 89 gilt für alle verbindlichen Auskünfte, die nach dem 8. Juni 2021 bei der zuständigen Behörde beantragt wurden.

Betriebsstättengewinnabgrenzungen Gegenstand der beantragten verbindlichen Auskunft sind.

3.5.5 Die verbindliche Auskunft nach § 89 Abs. 2 AO ist (auch wenn sie nicht der Rechtsauffassung des Antragstellers entspricht) ebenso wie die Ablehnung der Erteilung einer verbindlichen Auskunft ein Verwaltungsakt. Sie ist schriftlich oder elektronisch zu erteilen und mit einer Rechtsbehelfsbelehrung zu versehen. Die Bekanntgabe richtet sich nach §§ 122, 122a AO und den Regelungen im AEAO zu § 122 und zu § 122a.

In den Fällen des § 1 Abs. 2 StAuskV ist die Auskunft allen Beteiligten gegenüber einheitlich zu erteilen und dem von ihnen nach § 1 Abs. 2 Satz 2 StAuskV bestellten gemeinsamen Empfangsbevollmächtigten bekannt zu geben, soweit keine Einzelbekanntgabe erforderlich ist.

3.5.6 Die verbindliche Auskunft hat zu enthalten

- den ihr zugrunde gelegten Sachverhalt; dabei kann auf den im Antrag dargestellten Sachverhalt Bezug genommen werden,

- die Entscheidung über den Antrag, die zugrunde gelegten Rechtsvorschriften und die dafür maßgebenden Gründe; dabei kann auf die im Antrag dargelegten Rechtsvorschriften und Gründe Bezug genommen werden,

- eine Angabe darüber, für welche Steuern und für welchen Zeitraum die verbindliche Auskunft gilt.

3.5.7 Die verbindliche Auskunft regelt dabei lediglich, wie die Finanzbehörde eine ihr zur Prüfung gestellte hypothetische Gestaltung gegenwärtig beurteilt. Es besteht kein Anspruch auf einen bestimmten rechtmäßigen Inhalt einer verbindlichen Auskunft (vgl. BFH-Urteil vom 29.2.2012, IX R 11/11, BStBl II S. 651).

3.5.8 Ist vor einer Entscheidung über die Erteilung einer verbindlichen Auskunft die Anhörung eines Beteiligten oder die Mitwirkung einer anderen Behörde oder eines Ausschusses vorgesehen, so darf die verbindliche Auskunft erst nach Anhörung der Beteiligten oder nach Mitwirkung dieser Behörde oder des Ausschusses erteilt werden.

3.5.9 Die Bearbeitungsfrist für Auskunftsanträge nach § 89 Abs. 2 Satz 4 AO gilt erstmals für Anträge, die nach dem 31.12.2016 bei der zuständigen Finanzbehörde eingegangen sind (Art. 97 § 25 Abs. 2 EGAO). Aus dem bloßen Verstreichen der Bearbeitungsfrist kann nicht abgeleitet werden, dass die Auskunft als im beantragten Sinn erteilt gilt. Dies gilt unabhängig davon, ob die Finanzbehörde hinreichende Gründe für die nicht fristgerechte Auskunftserteilung mitgeteilt hat oder nicht.

3.6 Bindungswirkung einer verbindlichen Auskunft

3.6.1 Die von der nach § 89 Abs. 2 Satz 2 und 3 AO zuständigen Finanzbehörde erteilte verbindliche Auskunft ist für die Besteuerung des Antragstellers nur dann bindend, wenn der später verwirklichte Sachverhalt von dem der Auskunft zugrunde gelegten Sachverhalt nicht oder nur unwesentlich abweicht.

(§ 2 Abs. 1 Satz 1 StAuskV). Eine vom BZSt nach § 89 Abs. 2 Satz 3 AO rechtmäßig erteilte verbindliche Auskunft bindet auch das Finanzamt, das bei Verwirklichung des der Auskunft zugrunde liegenden Sachverhalts zuständig ist. In den Fällen des § 1 Abs. 2 StAuskV ist die Auskunft gegenüber allen Beteiligten einheitlich verbindlich (§ 2 Abs. 2 Satz 1 StAuskV).

Die Bindungswirkung tritt nicht ein, wenn der tatsächlich verwirklichte Sachverhalt mit dem bei der Beantragung der verbindlichen Auskunft vorgetragenen Sachverhalt in wesentlichen Punkten nicht übereinstimmt. Wird ein Dauersachverhalt innerhalb der zeitlichen Bindungswirkung der verbindlichen Auskunft (vgl. Nr. 3.5.3 des AEAO zu § 89) dergestalt verändert, dass er mit dem der verbindlichen Auskunft zugrunde gelegten Sachverhalt in wesentlichen Punkten nicht mehr übereinstimmt, entfällt die Bindungswirkung der verbindlichen Auskunft ohne Zutun der Finanzverwaltung ab dem Zeitpunkt der Sachverhaltsänderung. Entsprechendes gilt für eine von der nach § 1 Abs. 3 StAuskV zuständigen Finanzbehörde gegenüber mehreren Antragstellern einheitlich erteilte verbindliche Auskunft.

3.6.2 Im Fall der Gesamtrechtsnachfolge geht die Bindungswirkung entsprechend § 45 AO auf den Rechtsnachfolger über. Bei Einzelrechtsnachfolge erlischt die Bindungswirkung. Die Bindungswirkung tritt daher nicht ein, wenn der Sachverhalt nicht durch den Antragsteller, sondern durch einen Dritten verwirklicht wurde, der nicht Gesamtrechtsnachfolger des Antragstellers ist.

3.6.3 Ist die verbindliche Auskunft zuungunsten des Steuerpflichtigen rechtswidrig, tritt nach § 2 Abs. 1 Satz 2 StAuskV keine Bindungswirkung ein. In diesem Fall ist die Steuer nach Maßgabe der Gesetze und den in diesem Zeitpunkt geltenden Verwaltungsanweisungen zutreffend festzusetzen. Die Frage, ob sich die (rechtswidrige) verbindliche Auskunft zuungunsten des Steuerpflichtigen auswirkt, ist durch einen Vergleich zwischen zugesagter und rechtmäßiger Behandlung zu beantworten und kann sich nur auf die konkret erteilte Auskunft beziehen.

Widerspricht eine nach § 2 Abs. 2 Satz 1 StAuskV einheitlich erteilte verbindliche Auskunft dem geltenden Recht und beruft sich mindestens ein Beteiligter darauf, entfällt die Bindungswirkung der verbindlichen Auskunft einheitlich gegenüber allen Beteiligten (§ 2 Abs. 2 Satz 2 StAuskV).

3.6.4 Die Bindungswirkung der verbindlichen Auskunft entfällt nach § 2 Abs. 3 StAuskV ohne Zutun der zuständigen Finanzbehörde ab dem Zeitpunkt, in dem die Rechtsvorschriften, auf denen die Auskunft beruht, aufgehoben oder geändert werden. Wird die verbindliche Auskunft in diesem Fall zur Klarstellung aufgehoben, hat dies nur deklaratorische Wirkung.

3.6.5 Eine verbindliche Auskunft nach § 89 Abs. 2 AO kann unter den Voraussetzungen der §§ 129 bis 131 AO berichtigt, zurückgenommen und widerrufen werden. In den Fällen des § 2 Abs. 2 Satz 1 StAuskV ist die Berichtigung, die Rücknahme oder der Widerruf gegenüber den Antragstellern einheitlich vorzunehmen.

Die Korrektur einer verbindlichen Auskunft mit Wirkung für die Vergangenheit kommt danach insbesondere in Betracht, wenn

- die Auskunft durch unlautere Mittel wie arglistige Täuschung, Drohung oder Bestechung erwirkt worden ist oder
- die Rechtswidrigkeit der Auskunft dem Begünstigten bekannt oder infolge grober Fahrlässigkeit nicht bekannt war.

Ist die verbindliche Auskunft von einer sachlich oder örtlich unzuständigen Behörde erlassen worden, entfaltet sie von vornherein keine Bindungswirkung.

3.6.6 Über die Fälle der §§ 129 bis 131 AO hinaus kann eine verbindliche Auskunft nach § 2 Abs. 4 StAuskV auch mit Wirkung für die Zukunft aufgehoben oder geändert werden, wenn sich herausstellt, dass die erteilte Auskunft unrichtig war.

Eine verbindliche Auskunft ist materiell rechtswidrig und damit rechtswidrig i. S. d. § 2 Abs. 4 StAuskV, wenn sie ohne Rechtsgrundlage oder unter Verstoß gegen materielle Rechtsnormen erlassen wurde oder ermessensfehlerhaft ist. Für die Beurteilung der Rechtmäßigkeit oder Rechtswidrigkeit kommt es auf den Zeitpunkt des Wirksamwerdens, also der Bekanntgabe der verbindlichen Auskunft an.

Eine Änderung der Rechtsprechung stellt keine Änderung der Rechtslage dar, weil sie die bisherige Rechtsauffassung nur richtig stellt, also die von Anfang an bestehende Rechtslage klarstellt. Daher ist eine verbindliche Auskunft von vornherein unrichtig i. S. d. § 2 Abs. 4 StAuskV, wenn sie von einem nach ihrer Bekanntgabe ergangenen FG- oder BFH-Urteil oder einer später ergangenen Verwaltungsanweisung abweicht. Sie ist nicht unrichtig geworden, ihre Unrichtigkeit wurde lediglich erst nachträglich erkannt.

Die Aufhebung oder Änderung nach § 2 Abs. 4 StAuskV steht im Ermessen der Finanzbehörde. Eine Aufhebung oder Änderung mit Wirkung für die Zukunft ist z. B. sachgerecht, wenn sich die steuerrechtliche Beurteilung des der verbindlichen Auskunft zugrunde gelegten Sachverhalts durch die Rechtsprechung oder durch eine Verwaltungsanweisung zum Nachteil des Steuerpflichtigen geändert hat.

Dem Vertrauensschutz wird dadurch Rechnung getragen, dass die Aufhebung oder Änderung nur mit Wirkung für die Zukunft erfolgen darf. War der Sachverhalt im Zeitpunkt der Bekanntgabe der Aufhebung oder Änderung bereits im Wesentlichen verwirklicht, bleibt die Bindungswirkung bestehen, wenn der später verwirklichte Sachverhalt von dem der Auskunft zugrunde gelegten Sachverhalt nicht oder nur unwesentlich abweicht.

In den Fällen des § 2 Abs. 2 Satz 1 StAuskV ist die Aufhebung oder Änderung gegenüber den Antragstellern einheitlich vorzunehmen.

3.6.7 Der Steuerpflichtige ist vor einer Korrektur der verbindlichen Auskunft zu hören (§ 91 Abs. 1 AO). In den Fällen des § 2 Abs. 2 Satz 1 StAuskV sind alle Antragsteller über den gemeinsamen Empfangsbevollmächtigten (§ 1 Abs. 2 Satz 2 StAuskV) zu hören.

3.6.8 Im Einzelfall kann es aus Billigkeitsgründen gerechtfertigt sein, von einem Widerruf der verbindlichen Auskunft abzusehen oder die Wirkung des Widerrufs zu einem späteren Zeitpunkt eintreten zu lassen. Eine solche Billigkeitsmaßnahme wird in der Regel jedoch nur dann geboten sein, wenn sich der Steuerpflichtige nicht mehr ohne erheblichen Aufwand bzw. unter beträchtlichen Schwierigkeiten von den im Vertrauen auf die Auskunft getroffenen Dispositionen oder eingegangenen vertraglichen Verpflichtungen zu lösen vermag.

In den Fällen des § 2 Abs. 2 Satz 1 StAuskV ist diese Billigkeitsmaßnahme gegenüber allen Beteiligten einheitlich zu treffen.

3.6.9 Die Regelungen in Nrn. 3.6.1 bis 3.6.8 des AEAO zu § 89 gelten in den Fällen des § 1 Abs. 4 StAuskV für die Person, Personenvereinigung oder Vermögensmasse, die den Sachverhalt verwirklicht hat, entsprechend.

3.7 Rechtsbehelfsmöglichkeiten

3.7.1 Gegen die erteilte verbindliche Auskunft wie auch gegen die Ablehnung der Erteilung einer verbindlichen Auskunft ist der Einspruch gegeben (§ 347 AO).

3.7.2 Im außergerichtlichen Rechtsbehelfsverfahren ist die Sache in vollem Umfang, d.h. auch in materiell-rechtlicher Hinsicht, zu prüfen (§ 367 Abs. 2 AO). Weicht die Finanzbehörde bei der Erteilung der verbindlichen Auskunft vom Rechtsstandpunkt des Antragstellers ab (sog. Negativauskunft), ist der Inhalt der erteilten verbindlichen Auskunft im gerichtlichen Rechtsbehelfsverfahren nur auf seine sachliche Richtigkeit hin zu prüfen, d.h. darauf, ob die Finanzbehörde den zur Prüfung gestellten Sachverhalt zutreffend erfasst hat und die gegenwärtige rechtliche Einordnung des zur Prüfung gestellten Sachverhalts in sich schlüssig und nicht evident rechtsfehlerhaft ist. Eine materiell-rechtliche Überprüfung der finanzbehördlichen Auffassung durch das Gericht bleibt mangels Bindungswirkung der Negativauskunft (vgl. Nr. 3.6.3 des AEAO zu § 89) einem Rechtsbehelfsverfahren gegen den späteren Steuerbescheid/Feststellungsbescheid vorbehalten (vgl. BFH-Urteil vom 29.2.2012, IX R 11/11, BStBl II S. 651).

3.7.3 Legt in den Fällen des § 2 Abs. 2 Satz 1 StAuskV nur ein Beteiligter Einspruch ein, sind die übrigen Beteiligten nach § 360 Abs. 3 Satz 1 AO zum Einspruchsverfahren hinzuziehen.

4. Gebühren für die Bearbeitung von Anträgen auf Erteilung einer verbindlichen Auskunft (§ 89 Abs. 3 bis 7 AO)

4.1 Gebührenpflicht

4.1.1 Gebühren sind nicht nur zu erheben, wenn die beantragte Auskunft erteilt wird. § 89 Abs. 3 Satz 1 AO ordnet eine Gebührenpflicht für die Bearbeitung eines Auskunftsantrags an. Gebühren sind daher grundsätzlich auch dann zu entrichten, wenn die Finanzbehörde in ihrer verbindlichen Auskunft eine andere Rechtsauffassung als der Antragsteller vertritt, wenn sie die Erteilung einer verbindlichen Auskunft ablehnt oder wenn der Antrag zurückgenommen wird. Zur Möglichkeit einer Gebührenermäßigung vgl. AEAO zu § 89, Nr. 4.5.

4.1.2 Die Gebühr wird für jeden Antrag auf verbindliche Auskunft festgesetzt. Es handelt sich jeweils um einen Antrag, soweit sich die rechtliche Beurteilung eines Sachverhalts auf einen Steuerpflichtigen bezieht. Dieser Sachverhalt kann sich auf mehrere Steuerarten auswirken. In den Fällen des § 1 Abs. 2

StAuskV wird nur eine Gebühr erhoben; die Beteiligten sind Gesamtschuldner der Gebühr (§ 89 Abs. 3 Satz 2 AO).

Ist in Fällen des § 1 Abs. 2 Nr. 1 StAuskV hinsichtlich des der Auskunft zugrunde liegenden Sachverhalts teilweise auch die Gesellschaft Steuerschuldnerin (vgl. AEAO zu § 122, Nr. 2.4.1), wird gegenüber den Gesellschaftern und der Gesellschaft nur eine Gebühr erhoben.

4.1.3 Die Gebührenpflicht gilt nicht für Anträge auf verbindliche Zusagen auf Grund einer Außenprüfung nach §§ 204 ff. AO oder für Lohnsteueranrufungsauskünfte nach § 42e EStG. Sie gilt auch nicht für Anfragen, die keine verbindliche Auskunft des Finanzamts i. S. d. § 89 Abs. 2 AO zum Ziel haben.

4.2 Gegenstandswert

4.2.1 Die Gebühr richtet sich grundsätzlich nach dem Wert, den die Auskunft für den Antragsteller hat (Gegenstandswert; § 89 Abs. 4 Satz 1 AO).

4.2.2 Maßgebend für die Bestimmung des Gegenstandswerts ist die steuerliche Auswirkung des vom Antragsteller dargelegten Sachverhalts. Die steuerliche Auswirkung ist in der Weise zu ermitteln, dass der Steuerbetrag, der bei Anwendung der vom Antragsteller vorgetragenen Rechtsauffassung entstehen würde, dem Steuerbetrag gegenüberzustellen ist, der entstehen würde, wenn die Finanzbehörde eine entgegengesetzte Rechtsauffassung vertreten würde.

Für diese Ermittlung der steuerlichen Auswirkung sind die Grundsätze der gerichtlichen Streitwertermittlung für ein Hauptsacheverfahren entsprechend anzuwenden (BFH-Urteil vom 22.4.2015, IV R 13/12, BStBl II S. 989).

Steuerliche Auswirkungen, die sich mittelbar ergeben können, die jedoch nicht selbst zum Gegenstand des Antrags gemacht worden sind, werden bei Bemessung des Gegenstandswerts nicht berücksichtigt (vgl. BFH-Urteil vom 22.4.2015, IV R 13/12, a. a. O.). Betrifft die beantragte Auskunft ertragsteuerliche Fragen, sind danach Annexsteuern (Kirchensteuer, Solidaritätszuschlag) nicht in die Ermittlung des Gegenstandswerts einzubeziehen. Gewerbesteuerliche Auswirkungen sind bei der Ermittlung des Gegenstandswerts einzubeziehen, es sei denn, die gewerbesteuerliche Beurteilung ist ausdrücklich von der beantragten Auskunft ausgenommen.

4.2.3 Bei Dauersachverhalten ist auf die durchschnittliche steuerliche Auswirkung eines Jahres abzustellen (vgl. auch AEAO zu § 89, Nr. 3.5.3).

4.2.4 Die Gebühr wird nach § 89 Abs. 5 Satz 1 AO in entsprechender Anwendung des § 34 GKG mit einem Gebührensatz von 1,0 erhoben. § 34 GKG in der Fassung des Kostenrechtsänderungsgesetzes 2021 vom 21.12.2020 (BGBl. I S. 3229) ist dabei in entsprechender Anwendung des § 71 Abs. 1 GKG auf alle Anträge anzuwenden, die nach dem 31.12.2020 bei der zuständigen Finanzbehörde eingegangen sind. Für Anträge, die vor dem 1.1.2021 bei der zuständigen Finanzbehörde eingegangen sind, ist § 34 GKG in der bis zum 31.12.2020 geltenden Fassung weiterhin entsprechend anzuwenden.

Der Gegenstandswert ist in entsprechender Anwendung des § 39 Abs. 2 GKG auf 30 Mio. € begrenzt (§ 89 Abs. 5 Satz 2 AO). Die Gebühr beträgt damit bei bis zum 31.12.2020 eingegangenen Anträgen höchstens 109.736 €, bei ab dem 1.1.2021 eingegangenen Anträgen höchstens 120.721 €. Beträgt der Gegenstandswert weniger als 10.000 €, wird keine Gebühr erhoben (§ 89 Abs. 5 Satz 3 AO).

4.2.5 Der Antragsteller soll den Gegenstandswert und die für seine Bestimmung maßgeblichen Umstände bereits in seinem Auskunftsantrag darlegen (§ 89 Abs. 4 Satz 2 AO). Diese Darlegung erfordert schlüssige und nachvollziehbare Angaben; fehlen derartige Angaben oder sind sie unzureichend, ist der Antragsteller hierauf hinzuweisen und um entsprechende Ergänzung seines Antrags oder um Erläuterung zu bitten, warum er keine Angaben machen kann.

4.2.6 Den Angaben des Antragstellers ist im Regelfall zu folgen. Bei seiner Darlegung des Gegenstandswerts muss sich der Antragsteller allerdings an die Grundsätze der gerichtlichen Streitwertermittlung halten (vgl. AEAO zu § 89, Nr. 4.2.2). Eine davon abweichende Bemessung des Gegenstandswerts führt regelmäßig zu einem offensichtlich unzutreffenden Ergebnis und ist deshalb vom Finanzamt nicht zu berücksichtigen (BFH-Urteil vom 22.4.2015, IV R 13/12, BStBl II S. 989). Eine Ermittlung des Gegenstandswerts durch das Finanzamt ist im Übrigen nur dann geboten, wenn der Antragsteller keine Angaben machen kann oder wenn seine Angaben anderweitig zu einem offensichtlich unzutreffenden Ergebnis führen würden (§ 89 Abs. 4 Satz 3 AO).

4.2.7 Will das Finanzamt von dem erklärten Gegenstandswert abweichen oder konnte der Antragsteller keine Angaben zum Gegenstandswert machen, ist dem Antragsteller vor Erlass des Gebührenbescheids rechtliches Gehör (§ 91 AO) zu gewähren. Die Bearbeitung des Auskunftsantrags soll bis zum Eingang der Stellungnahme des Antragstellers, höchstens aber bis zum Ablauf der (regelmäßig einmonatigen) Frist zur Stellungnahme zurückgestellt werden.

4.3 Zeitgebühr

4.3.1 Beziffert der Antragsteller den Gegenstandswert nicht und ist der Gegenstandswert auch nicht durch Schätzung bestimmbar, ist eine Zeitgebühr zu berechnen (§ 89 Abs. 6 Satz 1 1. Halbsatz AO). Die Zeitgebühr beträgt 50 € je angefangene halbe Stunde Bearbeitungszeit (§ 89 Abs. 6 Satz 1 2. Halbsatz AO). Beträgt bei der Gebührenbemessung nach dem Zeitwert die Bearbeitungszeit weniger als zwei Stunden, wird keine Gebühr erhoben (§ 89 Abs. 6 Satz 2 AO).

4.3.2 Wird eine solche Zeitgebühr erhoben, ist der zeitliche Aufwand für die Bearbeitung des Antrags auf verbindliche Auskunft zu dokumentieren. Zur Bearbeitungszeit rechnen nur die Zeiten, in denen der vorgetragene Sachverhalt ermittelt und dessen rechtliche Würdigung geprüft wurde. Waren vorgesetzte Finanzbehörden wegen der besonderen Bedeutung des Einzelfalls oder der grundsätzlichen Bedeutung entscheidungserheblicher Rechtsfragen hinzuzuziehen, ist die dortige Bearbeitungszeit ebenfalls zu berücksichtigen, soweit sie dem konkreten Auskunftsantrag individuell zuzuordnen ist.

4.4 Gebührenfestsetzung

4.4.1 Die Gebühr ist durch schriftlichen Bescheid gegenüber dem Antragsteller festzusetzen; Bekanntgabevollmachten sind zu beachten. Der Antragsteller hat die Gebühr innerhalb eines Monats nach Bekanntgabe dieses Bescheids zu entrichten (§ 89 Abs. 3 Satz 3 AO).

Auf die Gebühr sind die Vorschriften der AO grundsätzlich sinngemäß anzuwenden (vgl. im Einzelnen AEAO zu § 1, Nr. 3). Die Gebührenfestsetzung kann nach §§ 129 bis 131 AO korrigiert werden. Gegen die Gebührenfestsetzung ist der Einspruch gegeben (§ 347 AO).

4.4.2 Die Entscheidung über den Antrag auf verbindliche Auskunft soll bis zur Zahlung der Gebühr zurückgestellt werden, wenn der Zahlungseingang nicht gesichert erscheint. In derartigen Fällen ist im Gebührenbescheid darauf hinzuweisen, dass über den Antrag auf Erteilung einer verbindlichen Auskunft erst nach Zahlungseingang entschieden wird.

4.5 Ermäßigung der Gebühr

4.5.1 Die Gebühr nach § 89 Abs. 3 bis 6 AO entsteht auch für die Bearbeitung eines Antrags auf verbindliche Auskunft, der die formalen Voraussetzungen nicht erfüllt (Beispiel: der Antrag beinhaltet keine ausführliche Darlegung des Rechtsproblems oder keine eingehende Begründung des Rechtsstandpunkts des Antragstellers). Vor einer Ablehnung eines Antrags aus formalen Gründen hat die Finanzbehörde den Antragsteller auf diese Mängel und auf die Möglichkeit der Ergänzung oder Rücknahme des Antrags hinzuweisen.

4.5.2 Wird ein Antrag vor Bekanntgabe der Entscheidung über den Antrag auf verbindliche Auskunft zurückgenommen, kann die Gebühr ermäßigt werden (§ 89 Abs. 7 Satz 2 AO). Hierbei ist wie folgt zu verfahren:

- Hat die Finanzbehörde noch nicht mit der Bearbeitung des Antrags begonnen, ist die Gebühr auf Null zu ermäßigen. In diesem Fall kann aus Vereinfachungsgründen bereits von der Erteilung eines Gebührenbescheids abgesehen werden.

- Hat die Finanzbehörde bereits mit der Bearbeitung des Antrags begonnen, ist der bis zur Rücknahme des Antrags angefallene Bearbeitungsaufwand angemessen zu berücksichtigen und die Gebühr anteilig zu ermäßigen. Die Gebührenermäßigung muss sich hierbei nicht an der Bemessung einer Zeitgebühr orientieren. Es kann auch eine anteilige Reduzierung der Wertgebühr vorgenommen werden, wenn trotz Antragsrücknahme der Gebührenzweck der Vorteilsabschöpfung nicht vollständig entfallen ist (vgl. BFH-Urteil vom 4.5.2022, I R 46/18, BStBl 2023 II S. 467).

5. Anwendung der StAuskV

5.1 Die StAuskV gilt grds. für alle verbindlichen Auskünfte, die ab Inkrafttreten des § 89 Abs. 2 AO (12.9.2006) erteilt worden sind. Für Auskünfte mit Bindungswirkung nach Treu und Glauben, die bis zum 11.9.2006 erteilt worden sind, sind die Regelungen in Nrn. 4 und 5 des BMF-Schreibens vom 29.12.2003, BStBl I S. 742, weiter anzuwenden.

5.2 § 1 Abs. 2 Satz 1, Abs. 3 und 4 und § 2 Abs. 2 bis 4 StAuskV in der am 20.7.2017 geltenden Fassung sind erstmals auf nach dem 1.9.2017 bei der zuständigen Finanzbehörde eingegangene Anträge auf Erteilung einer verbindlichen Auskunft anzuwenden. Die neuen Regelungen sind nach Ablauf der Übergangsfrist auf alle Anträge anzuwenden, die ab diesem Zeitpunkt bei der zuständigen Finanzbehörde eingehen.

5.3 § 1 Abs. 2 Satz 1 Nr. 3 bis 5 und Abs. 3 Satz 1 Nr. 4 und 5 StAuskV in der am 23.12.2022 geltenden Fassung ist erstmals auf Anträge auf Erteilung einer verbindlichen Auskunft anzuwenden, die nach dem 31.12.2022 bei der zuständigen Finanzbehörde eingegangen sind (§ 3 Satz 2 StAuskV). In Umwandlungsfällen ist die Erteilung einheitlicher Auskünfte daher nur aufgrund von Auskunftsanträgen möglich, die nach dem 31.12.2022 bei der zuständigen Finanzbehörde eingegangen sind.

§ 89a Vorabverständigungsverfahren

(1) ¹Bei Anwendbarkeit eines Abkommens zur Vermeidung der Doppelbesteuerung, welches ein Verständigungsverfahren zur Vermeidung der Doppelbesteuerung zwischen der Bundesrepublik Deutschland und einem anderen Staat oder Hoheitsgebiet (Vertragsstaat) vorsieht, kann die zuständige Behörde nach § 5 Absatz 1 Satz 1 Nummer 5 des Finanzverwaltungsgesetzes im Einvernehmen mit der zuständigen obersten Landesfinanzbehörde oder der von dieser beauftragten Behörde nach den Bestimmungen dieser Vorschrift auf Antrag eines Abkommensberechtigten (Antragsteller) ein zwischenstaatliches Verfahren über die steuerliche Beurteilung von genau bestimmten, im Zeitpunkt der Antragstellung noch nicht verwirklichten Sachverhalten für einen bestimmten Geltungszeitraum, der in der Regel fünf Jahre nicht überschreiten soll, mit der zuständigen Behörde des anderen Vertragsstaates einleiten (Vorabverständigungsverfahren). ²Satz 1 gilt nur, wenn

1. die Gefahr einer Doppelbesteuerung bezüglich des bestimmten Sachverhalts besteht und

2. es wahrscheinlich ist,

    a) die Doppelbesteuerung durch das Vorabverständigungsverfahren zu vermeiden und

    b) eine übereinstimmende Abkommensauslegung mit der zuständigen Behörde des anderen Vertragsstaates zu erreichen.

³Die Einleitung setzt eine nach Absatz 7 unanfechtbar gewordene Gebührenfestsetzung und die Entrichtung der Gebühr voraus. ⁴Betrifft ein Sachverhalt mehrere Abkommensberechtigte und kann der Sachverhalt nur einheitlich steuerlich beurteilt werden, kann das Vorabverständigungsverfahren nur von allen betroffenen Abkommensberechtigten gemeinsam beantragt werden; Verfahrenshandlungen können in diesen Fällen nur gemeinsam vorgenommen werden. ⁵Hierfür benennen die Antragsteller einen Vertreter. ⁶Die Antragsteller bestellen in den Fällen des Satzes 4 einen gemeinsamen Empfangsbevollmächtigten, der ermächtigt ist, für sie alle Verwaltungsakte und Mitteilungen in Empfang zu nehmen. ⁷Ist ein Steuerabzugsverfahren Gegenstand der steuerlichen Beurteilung, kann auch der Abzugsverpflichtete den Antrag auf Einleitung eines Vorabverständigungsverfahrens stellen. ⁸Betrifft ein Sachverhalt die steuerliche Beurteilung im Verhältnis zu mehreren Vertragsstaaten, kann der Antragsteller einen zusammengefassten Antrag auf Einleitung mehrerer Vorabverständigungsverfahren stellen.

(2) ¹Der Antrag nach Absatz 1 hat zu enthalten:

1. die genaue Bezeichnung des Antragstellers und aller anderen Beteiligten,

2. die Bezeichnung der örtlich zuständigen Finanzbehörde sowie die maßgebliche Steuernummer,

3. die Identifikationsnummer nach § 139b oder die Wirtschafts-Identifikationsnummer nach § 139c; wenn die Wirtschafts-Identifikationsnummer noch nicht vergeben wurde, die Steuernummer,

4. die betroffenen Vertragsstaaten,

5. eine umfassende und in sich abgeschlossene Darstellung des Sachverhalts einschließlich des erwünschten Geltungszeitraums der Vorabverständigungsvereinbarung,

6. die Darlegung, weshalb eine Gefahr der Doppelbesteuerung besteht, sowie

7. die Erklärung, ob über den zur Beurteilung gestellten Sachverhalt eine verbindliche Auskunft nach § 89, eine verbindliche Zusage nach § 204, eine Anrufungsauskunft nach § 42e des Einkommensteuergesetzes oder in dem anderen betroffenen Vertragsstaat eine vergleichbare Auskunft oder Zusage beantragt oder erteilt wurde.

²Dem Antrag sind die erforderlichen Unterlagen beizufügen, insbesondere solche, die zur Würdigung des Sachverhalts erforderlich sind. ³Der Antrag ist bei der nach Absatz 1 Satz 1 zuständigen Behörde schriftlich oder elektronisch zu stellen.

(3) ¹Im Einvernehmen mit der zuständigen obersten Landesfinanzbehörde unterzeichnet die nach Absatz 1 Satz 1 zuständige Behörde die Vorabverständigungsvereinbarung mit dem anderen Vertragsstaat nur, wenn die Vereinbarung mindestens unter der Bedingung steht, dass der Antragsteller

1. dem Inhalt der Vorabverständigungsvereinbarung zustimmt und

2. im Geltungsbereich dieses Gesetzes auf die Einlegung von Rechtsbehelfen gegen Steuerbescheide verzichtet, soweit diese die Ergebnisse der Vorabverständigungsvereinbarung für den bestimmten Geltungszeitraum zutreffend umsetzen (Rechtsbehelfsverzicht).

²Nach der Unterzeichnung teilt die nach Absatz 1 Satz 1 zuständige Behörde dem Antragsteller den Inhalt der Einigung mit und setzt ihm eine Frist zur Erfüllung der Bedingungen nach Satz 1. ³Der Rechtsbehelfsverzicht des Antragstellers hat mit gesondertem Schreiben schriftlich oder zur Niederschrift gegenüber der nach Absatz 1 Satz 1 zuständigen Behörde zu erfolgen. ⁴Wird keine Vorabverständigungsvereinbarung unterzeichnet, scheitert das Vorabverständigungsverfahren. ⁵Dies ist insbesondere der Fall, wenn die zuständige Behörde des anderen Vertragsstaates ein Verfahren nicht einleitet oder die zuständigen Behörden zu keiner übereinstimmenden Abkommensauslegung gelangen. ⁶Das Verfahren scheitert auch, wenn der Antragsteller die Bedingungen nach Satz 1 nicht fristgemäß erfüllt. ⁷Ein Vorabverständigungsverfahren wird im Einvernehmen mit der zuständigen obersten Landesfinanzbehörde oder der von dieser beauftragten Behörde geführt.

(4) ¹Die örtlich zuständige Finanzbehörde ist an die unterzeichnete Vorabverständigungsvereinbarung nicht gebunden, wenn

1. die in der Vorabverständigungsvereinbarung enthaltenen Bedingungen nicht oder nicht mehr erfüllt werden,

2. der andere beteiligte Vertragsstaat die Vorabverständigungsvereinbarung nicht einhält oder

3. die Rechtsvorschriften, auf denen die Vorabverständigungsvereinbarung beruht, aufgehoben oder geändert werden.

²Die Prüfung der Voraussetzungen nach Satz 1 obliegt der nach Absatz 1 Satz 1 zuständigen Behörde im Einvernehmen mit der zuständigen obersten Landesfinanzbehörde oder der von dieser beauftragten Behörde. ³Die Bindungswirkung der Vorabverständigungsvereinbarung entfällt in dem Zeitpunkt, in dem eine der Voraussetzungen nach Satz 1 vorliegt.

(5) ¹Steht der Vorabverständigungsvereinbarung eine bereits erteilte verbindliche Auskunft nach § 89, eine bereits erteilte verbindliche Zusage nach § 204 oder eine Anrufungsauskunft nach § 42e des Einkommensteuergesetzes entgegen, kann die nach § 131 Absatz 4 zuständige Finanzbehörde im Einvernehmen mit der nach Absatz 1 Satz 1 zuständigen Behörde die verbindliche Auskunft, die verbindliche Zusage oder die Anrufungsauskunft widerrufen. ²Erfolgt kein Widerruf nach Satz 1 und wurde bereits eine Vorabverständigungsvereinbarung unterzeichnet, kann die örtlich zuständige Finanzbehörde im Einvernehmen mit der nach Absatz 1 Satz 1 zuständigen Behörde gegenüber dem Antragsteller erklären, dass sie an die unterzeichnete Vorabverständigungsvereinbarung nicht gebunden ist.

(6) ¹Eine unterzeichnete Vorabverständigungsvereinbarung kann von der nach Absatz 1 Satz 1 zuständigen Behörde über den bestimmten Geltungszeitraum hinaus auf Antrag verlängert werden. ²Die Vorabverständigungsvereinbarung kann auf Antrag auf Veranlagungszeiträume, die dem Geltungszeitraum der Vereinbarung vorangehen, angewendet werden; die Fristen für Verständigungsverfahren des jeweils maßgebenden Abkommens zur Vermeidung der Doppelbesteuerung sind zu beachten. ³Die Sätze 1 und 2 setzen das Einvernehmen mit der zuständigen obersten Landesfinanzbehörde oder mit der von dieser beauftragten Behörde und der zuständigen Behörde des anderen Vertragsstaates voraus.

(7) ¹Die nach Absatz 1 Satz 1 zuständige Behörde erhebt für die Bearbeitung eines Antrags nach Absatz 1 oder Absatz 6 Satz 1 Gebühren, die vor Einleitung des Vorabverständigungsverfahrens oder der Bearbeitung eines Verlängerungsantrags festzusetzen sind. ²Die Einleitung des Vorabverständigungsverfahrens oder die Bearbeitung eines Verlängerungsantrags erfolgt durch die Versendung des ersten Schriftsatzes an den anderen Vertragsstaat. ³Die Gebühr ist vom Antragsteller innerhalb eines Monats nach Bekanntgabe ihrer Festsetzung zu entrichten. ⁴Das Vorabverständigungsverfahren oder die Bearbeitung eines Verlängerungsantrags wird erst eingeleitet, wenn die Gebührenfestsetzung unanfechtbar geworden und die Gebühr entrichtet ist. ⁵Die Gebühr beträgt 30 000 Euro für jeden Antrag im Sinne des Absatzes 1 sowie 15 000 Euro für jeden Verlängerungsantrag nach Absatz 6 Satz 1. ⁶Sofern es sich bei dem Antrag nicht um einen Verrechnungspreisfall handelt, beträgt die Gebühr für jeden Antrag ein Viertel der Gebühren nach Satz 5; Verrechnungspreisfälle sind Fälle, die die grenzüberschreitende Gewinnabgrenzung zwischen nahestehenden Personen und die Gewinnzuordnung zu Betriebsstätten betreffen. ⁷Bezieht sich der Antrag auf einen Sachverhalt, für dessen steuerliche Beurteilung im Zeitpunkt der Antragstellung bereits eine koordinierte bilaterale oder multilaterale steuerliche

Außenprüfung durchgeführt wurde, die zu einem übereinstimmend festgestellten Sachverhalt und zu einer übereinstimmenden steuerlichen Würdigung geführt hat, wird die Gebühr um 75 Prozent reduziert. [8]Sofern die Summe der von dem Vorabverständigungsverfahren erfassten Geschäftsvorfälle eines Verrechnungspreisfalls die Beträge des § 6 Absatz 2 Satz 1 der Gewinnabgrenzungsaufzeichnungs-Verordnung vom 12. Juli 2017 (BGBl. I S. 2367) voraussichtlich nicht überschreitet, beträgt die Gebühr 10 000 Euro für jeden Antrag im Sinne des Absatzes 1 und 7 500 Euro für jeden Antrag nach Absatz 6 Satz 1. [9]In den Fällen des Absatzes 1 Satz 4 und 7 liegt ein Antrag vor, für den nur eine Gebühr festzusetzen und zu entrichten ist. [10]In den Fällen des Absatzes 1 Satz 8 ist für jedes Vorabverständigungsverfahren eine gesonderte Gebühr festzusetzen und zu entrichten.

(8) [1]Nimmt der Antragsteller seinen Antrag nach Absatz 1 Satz 1 vor Bekanntgabe der Gebührenfestsetzung zurück, kann von einer Gebührenfestsetzung abgesehen werden. [2]Wird der Antrag zurückgenommen oder abgelehnt, wird eine zu diesem Zeitpunkt unanfechtbar festgesetzte Gebühr nicht erstattet; dies gilt auch im Fall des Scheiterns des Vorabverständigungsverfahrens.

AEAO zu § 89a[1] – Vorabverständigungsverfahren:

Inhaltsübersicht

1. Eröffnung des Vorabverständigungsverfahrens
2. Inhalt und Umfang des Antrags
3. Abschluss oder anderweitige Beendigung des Vorabverständigungsverfahrens
4. Bindungswirkung der Vorabverständigungsvereinbarung
5. Widerruf
6. Geltungszeitraum und Roll Back
7. Gebühren

1. Eröffnung des Vorabverständigungsverfahrens

Zuständigkeiten

1.1. Zuständig für die Durchführung eines Vorabverständigungsverfahrens ist das BZSt als zuständige Behörde gemäß § 5 Abs. 1 Satz 1 Nr. 5 FVG in Verbindung mit der Delegation durch das BMF-Schreiben vom 23.5.2022, BStBl I S. 838. Das BZSt handelt gemäß § 89a Abs. 1 Satz 1 AO im Einvernehmen mit der zuständigen obersten Landesfinanzbehörde oder der von dieser beauftragten Behörde (zuständige Landesfinanzbehörde). Dies gilt für die gesamte Dauer des Vorabverständigungsverfahrens (vgl. AEAO zu § 89a, Nr. 1.3, 1.19, 2.3, 2.7, 3.5, 5.1 und 7.3). Ist in diesem Abschnitt von „den Finanzbehörden" die Rede, sind das BZSt und die zuständige Landesfinanzbehörde

---

[1] Der neue AEAO zu § 89a gilt für alle Vorabverständigungsverfahren, deren Anträge nach dem 8. Juni 2021 bei der zuständigen Behörde eingegangen sind (vgl. Artikel 97 § 34 Satz 1 EGAO).

gemeinsam gemeint.

Antragstellung

1.2. Das Vorabverständigungsverfahren bezieht sich auf die steuerliche Beurteilung eines im Zeitpunkt der Antragstellung noch nicht verwirklichten Sachverhalts auf Grundlage anwendbarer DBA mit einem oder mehreren Staaten. Es wird nur unter den Voraussetzungen des § 89a AO geführt.

1.3. In grenzüberschreitenden Fällen, in denen die Auslegung und Anwendung von DBA in Rede steht, soll das Vorabverständigungsverfahren nach § 89a AO grundsätzlich vorrangig gegenüber einer verbindlichen Auskunft (§ 89 AO), einer verbindlichen Zusage (§ 204 AO) oder einer Anrufungsauskunft (§ 42e EStG) beantragt werden. Wird ein Antrag nach § 89, § 204 AO oder § 42e EStG gestellt und kommt nach summarischer Prüfung auch ein Vorabverständigungsverfahren nach § 89a AO in Betracht, soll der Antragsteller in der Regel auf das antragsgebundene Vorabverständigungsverfahren verwiesen werden.

1.4. Die Entscheidung über einen Antrag nach § 89, § 204 AO oder § 42e EStG ist bis zum Abschluss einer Vorabverständigungsvereinbarung oder der Ablehnung eines Vorabverständigungsverfahrens durch den anderen Staat zurückzustellen, soweit er denselben Sachverhalt oder dieselbe Rechtsfrage betrifft. Kommt es mit dem anderen Staat zum Abschluss einer Vorabverständigungsvereinbarung, ist ein Antrag nach § 89, § 204 AO oder § 42e EStG, der denselben Sachverhalt oder dieselbe Rechtsfrage betrifft, mangels berechtigten Interesses abzulehnen. Vor der Ablehnung ist der Antragsteller auf die Möglichkeit der Antragsrücknahme hinzuweisen.

1.5. Wird die Eröffnung des Vorabverständigungsverfahrens durch den anderen Staat abgelehnt, kann – auf Antrag des Steuerpflichtigen – eine verbindliche Auskunft (§ 89 AO), eine verbindliche Zusage (§ 204 AO) oder eine Anrufungsauskunft (§ 42e EStG) in Betracht kommen. Zu Fragen der grenzüberschreitenden Gewinnabgrenzung und Fragen der Betriebsstättengewinnaufteilung sollen unilateral keine verbindlichen Auskünfte erteilt werden.

1.6. Gegenstand eines Vorabverständigungsverfahrens können sämtliche Fragen der Auslegung und Anwendung von DBA sein, die im Zeitpunkt der Antragstellung noch nicht verwirklichte Sachverhalte betreffen. Damit kommen neben Fragen der grenzüberschreitenden Gewinnabgrenzung zwischen einander nahestehenden Personen oder der Gewinnzuordnung zu Betriebsstätten weitere Sachverhalte als Verfahrensgegenstand in Betracht, sofern in diesen Fällen nach dem Recht anderer beteiligter Staaten Vorabverständigungsverfahren möglich sind.

1.7. Nur Abkommensberechtigte nach dem zwischen den betroffenen Vertragsstaaten anzuwendenden DBA sind berechtigt, beim BZSt einen Antrag auf Durchführung eines Vorabverständigungsverfahrens zu stellen.

1.8.	Personengesellschaften sind nach Artikel 4 Abs. 1 OECD-MA keine in Deutschland ansässigen Personen, da sie nicht aufgrund ihres Wohnsitzes, ihres ständigen Aufenthalts oder eines anderen steuerlichen Merkmals steuerpflichtig sind, und können daher im Regelfall keine Anträge auf die Durchführung eines Vorabverständigungsverfahrens stellen. Abkommens- und damit antragsberechtigt sind jedoch Personengesellschaften, die gemäß § 1a KStG zur Körperschaftsbesteuerung optiert haben. Haben Personengesellschaften nicht zur Körperschaftsbesteuerung optiert, ist im Regelfall jeder einzelne Gesellschafter einer Personengesellschaft abkommensberechtigt, wenn er in einem der Vertragsstaaten ansässig ist. Die Abkommensberechtigung richtet sich nach dem antragsgegenständlichen DBA (vgl. AEAO zu § 89a, Nr. 1.6). Für die Mitunternehmer von Personengesellschaften gilt, insbesondere mit Blick auf die gesonderte und einheitliche Feststellung nach § 180 AO, § 89a Abs. 1 Satz 4 AO.
1.9.	Bei einer ertragsteuerlichen Organschaft ist die Abkommensberechtigung im Sinne des Artikels 1 Abs. 1 OECD-MA in Bezug auf den Organträger und die Organgesellschaft jeweils gesondert nach dem antragsgegenständlichen DBA zu prüfen. Ein Organträger genießt in Bezug auf die von der Organgesellschaft erzielten Einkünfte sowie das ihm zugerechnete Einkommen der Organgesellschaft keinen Abkommensschutz; in den Fällen des § 15 Satz 2 KStG gilt § 89a Abs. 1 Satz 4 AO. Soweit der Antrag des Organträgers Geschäftsvorfälle der Organgesellschaft betrifft, kann sich dieser auf das Abkommen nur berufen, soweit die betreffenden Geschäftsvorfälle der Organgesellschaft ihn unmittelbar betreffen und bei ihm zu eigenen Einkünften führen. Zur Gebührenfolge von Anträgen, die mehrere Organgesellschaften betreffen, vgl. AEAO zu § 89a, Nr. 7.3.
1.10.	Auch der zum Steuerabzug verpflichtete Arbeitgeber ist berechtigt, einen Antrag auf Einleitung eines Vorabverständigungsverfahrens zu stellen (vgl. auch BMF-Schreiben vom 12.12.2023, BStBl I S. 2179, Rn. 425). Das Antragsrecht eines abkommensberechtigten Arbeitnehmers bleibt hiervon unberührt. Betrifft der gleiche Sachverhalt eine Vielzahl von Arbeitnehmern, ist es ausreichend, wenn der Arbeitgeber einen zusammengefassten Antrag stellt. Die Bindungswirkung einer allein vom Arbeitgeber beantragten Vorabverständigungsvereinbarung erstreckt sich ausschließlich auf das Lohnsteuerabzugsverfahren und nicht auch auf das Einkommensteuerveranlagungsverfahren der Arbeitnehmer.
1.11.	Der Antrag bestimmt den Gegenstand des Verfahrens. Der Antrag hat den genau bestimmten, im Zeitpunkt der Antragstellung noch nicht verwirklichten Sachverhalt sowie den zeitlichen Anwendungsbereich, auf den sich das Vorabverständigungsverfahren beziehen soll, darzustellen (vgl. auch § 89a Abs. 2 Satz 1 Nr. 5 AO und AEAO zu § 89a, Nr. 2 ff.). Die Ausführungen im AEAO zu § 89, Nr. 3.4.2 Satz 2 zu noch nicht verwirklichten Sachverhalten gelten entsprechend. Bei Dauersachverhalten ist ein Vorabverständigungsverfahren möglich, sofern im Zeitpunkt der Antragstellung noch Dispositionen möglich sind. Unter den Voraussetzungen des § 89a Abs. 6 Satz 2 und 3 AO kann die Vorabverständigungsvereinbarung auch auf den bereits verwirklichten Teil eines Dauersachverhalts angewendet werden (sog. Roll Back).

Ferner kann der Geltungszeitraum der Vorabverständigungsvereinbarung für Dauersachverhalte mit dem Beginn des antragsgegenständlicher Veranlagungszeitraums beginnen (zur Abgrenzung zum Roll Back-Zeitraum vgl. AEAO zu § 89a, Nr. 6 ff.).

1.12. Für die Bestimmung einer angemessenen Geltungsdauer sind u. a. die folgenden Gesichtspunkte zu berücksichtigen:

- die Dauerhaftigkeit und Stabilität der erfassten Geschäftsbeziehungen,

- das Interesse des Antragstellers an und ggf. die Bedenken der Finanzbehörden gegenüber einer langfristigen Bindung,

- die Praxis des beteiligten anderen Staates.

Der Geltungszeitraum soll in der Regel fünf Jahre nicht überschreiten, § 89a Abs. 1 Satz 1 AO.

1.13. Die Vorabverständigungsvereinbarung kann nur auf den in der Vorabverständigungsvereinbarung bezeichneten Abkommensberechtigten angewandt werden. Eine Anwendung etwa auf vergleichbare Geschäftsvorfälle eines anderen Abkommensberechtigten im gleichen Staat oder bei Übergang der Geschäftsvorfälle auf einen anderen Abkommensberechtigten im gleichen Staat durch Umstrukturierung (vgl. jedoch AEAO zu § 89a, Nr. 3.4) ist nicht möglich. Vielmehr ist in solchen Fällen ein neuer Antrag nach § 89a AO zu stellen. Für Fälle der Gesamtrechtsnachfolge vgl. AEAO zu § 89a, Nr. 3.7.

1.14. Ein Anspruch des Antragstellers auf Einleitung des Vorabverständigungsverfahrens sowie auf einen Abschluss des Vorabverständigungsverfahrens besteht nicht. Die Einleitung des Vorabverständigungsverfahrens steht im Ermessen des BZSt, das dieses im Einvernehmen mit der zuständigen Landesfinanzbehörde ausübt (siehe AEAO zu § 89a, Nr. 1.1). Vorabverständigungsverfahren sind Ausdruck einer kooperativen Zusammenarbeit zwischen Steuerpflichtigen und der Finanzverwaltung. Das BZSt soll die Einleitung eines Vorabverständigungsverfahrens insbesondere ablehnen, wenn bei dem dargestellten Sachverhalt die Erzielung eines ungerechtfertigten Steuervorteils (etwa einer doppelten Nichtbesteuerung, einer doppelten Verlustnutzung oder der Inanspruchnahme von steuerlichen Präferenzregimen) verfolgt wird. Eine Einleitung kann auch versagt werden, wenn für das BZSt erkennbar ist, dass mit der zuständigen Behörde eines anderen Staates keine übereinstimmende Abkommensauslegung erzielt werden kann oder in Verrechnungspreisfällen die beantragte Methode aus Sicht der deutschen Finanzverwaltung nicht geeignet ist. Zudem kann die Einleitung abgelehnt werden, wenn der inländische Antragsteller als Steuerpflichtiger im Besteuerungsverfahren, insbesondere im Rahmen von Außenprüfungen, seinen Mitwirkungspflichten nicht nachgekommen ist. Die Ablehnung der Einleitung eines Vorabverständigungsverfahrens erfolgt durch einen Verwaltungsakt (§ 118 AO).

1.15. Da der Antragsteller kein Verfahrensbeteiligter des Vorabverständigungsverfahrens ist, entscheidet das BZSt bei Bedarf gemeinsam mit den anderen beteiligten Vertragsstaaten über die persönliche Anwesenheit des Antragstellers oder seines Vertreters bei Vorabverständigungsgesprächen für Zwecke der Sachverhaltsdarstellung bzw. -aufklärung sowie einer persönlichen Darstellung der durch den Antragsteller vertretenen Position.

1.16. Ein Antrag auf ein Vorabverständigungsverfahren hat keine unmittelbare Auswirkung auf gerichtliche und außergerichtliche Verfahren (z. B. Rechtsbehelfsverfahren oder Aussetzung der Vollziehung). Das Ruhenlassen eines Einspruchsverfahrens mit Zustimmung des Antragstellers nach § 363 Abs. 2 Satz 1 AO kann jedoch zweckmäßig sein, wenn die Ergebnisse des Vorabverständigungsverfahrens (ggf. nach einem Roll Back nach § 89a Abs. 6 Satz 2 AO) auch Bedeutung für das Einspruchsverfahren haben.

1.17. Der Durchführung eines Vorabverständigungsverfahrens steht es nicht entgegen, wenn die steuerliche Beurteilung eines Sachverhalts, der Gegenstand des Antrags ist, zugleich Gegenstand einer Außenprüfung ist. Die Durchführung, Fortsetzung oder Beendigung einer Außenprüfung wird durch die Beantragung, Einleitung oder Durchführung eines Vorabverständigungsverfahrens nicht verhindert. Im Einzelfall kann aber eine Unterbrechung der Außenprüfung hinsichtlich des vom Vorabverständigungsverfahren betroffenen Sachverhalts sinnvoll sein, wenn die Ergebnisse des Vorabverständigungsverfahrens (ggf. nach einem Roll Back nach § 89a Abs. 6 Satz 2) auch Bedeutung für die Außenprüfung haben und der Steuerpflichtige die Unterbrechung beantragt.

Vorgespräch (Prefiling Meeting)

1.18. Abkommensberechtigte (Antragsteller) können vor einem Antrag auf ein Vorabverständigungsverfahren die Durchführung eines unverbindlichen Vorgesprächs (sog. Prefiling Meeting) gegenüber dem BZSt formlos anregen, um das Verfahren, beispielsweise im Hinblick auf die Voraussetzungen und den Inhalt des Antrags, zu erörtern. Die vom BZSt erbetenen Unterlagen (z. B. Präsentation des Sachverhalts sowie steuerrechtliche Darstellung und Beurteilung) sind rechtzeitig vor dem Prefiling Meeting einzureichen. Im Prefiling Meeting kann erörtert werden, wie die Verwaltung die Aussichten auf eine erfolgreiche Antragstellung sowie eine Einigung mit den zuständigen Behörden anderer in Betracht kommender Vertragsstaaten im Vorabverständigungsverfahren einschätzt.

2. Inhalt und Umfang des Antrags

Allgemeines

2.1. Die in § 89a Abs. 2 Satz 1 AO aufgezählten Antragsinhalte stellen eine Mindestvoraussetzung dar. Die Finanzbehörden können jederzeit zusätzliche Fragen stellen und weitere Informationen und Unterlagen zum Antrag anfordern. Ergeben sich nach Antragstellung Änderungen im zugrunde gelegten Sachverhalt oder in der betreffenden Planung des Antragstellers, hat dieser das BZSt unverzüglich zu informieren. Eine wesentliche Änderung führt dazu, dass der ursprünglich gestellte Antrag ganz oder teilweise hinfällig wird. Die Mitteilung über die Änderung kann nach Rücksprache mit dem Antragsteller als Rücknahme oder Beschränkung des Antrags und Neuantrag angesehen werden. Die Finanzbehörden können einen entsprechenden Neuantrag auch ablehnen, wenn Grund für die Annahme besteht, dass der Antragsteller das Verfahren nicht ernsthaft betreibt oder dass außerhalb des Verfahrens liegende Zwecke (vgl. z. B. AEAO zu § 89a, Nr. 1.14) verfolgt werden.

Vorzulegende Unterlagen und Aufzeichnungen

2.2. Der Antragsteller muss seinen Antrag auch im Sinne des § 90 AO umfassend erläutern und alle erforderlichen Aufzeichnungen und Unterlagen beifügen. Welche Unterlagen bzw. Aufzeichnungen vorzulegen sind, hängt von den Umständen des jeweiligen Einzelfalles ab. Der Antragsteller hat z. B. auf Aufforderung des BZSt die Aufzeichnungen nach § 90 Abs. 3 AO für Zeiträume, die dem beantragten Geltungszeitraum der Vorabverständigung vorangehen, einzureichen, sofern dies für die Beurteilung des Sachverhaltes von Bedeutung ist. Werden keine über die Jahre hinweg inhaltlich konsistenten Aufzeichnungen vorgelegt oder bessert der Antragsteller diese auf Aufforderung durch das BZSt nicht nach, kann das BZSt die Einleitung des Verfahrens ablehnen oder das Verfahren beenden (vgl. auch AEAO zu § 89a, Nr. 2.7).

2.3. Der Antrag ist grundsätzlich in deutscher Sprache zu stellen. Der Antragsteller kann den Antrag, insbesondere in Verrechnungspreisfällen, auch nur auf Englisch stellen, wenn die gemeinsame Arbeitssprache der zuständigen Behörden der beteiligten Staaten nicht Deutsch ist. Auf Anforderung der Finanzbehörden hat der Antragsteller in jeder Phase des Verfahrens von ihm eingereichte Unterlagen und Schreiben (oder ggf. Teile davon) auf seine Kosten zu übersetzen (§ 87 Abs. 2 AO). Reicht der Antragsteller einen Antrag in deutscher Sprache ein, sollte er zusätzlich eine Übersetzung in eine gemeinsame Arbeitssprache der zuständigen Behörden der beteiligten Staaten, zwischen denen das Vorabverständigungsverfahren geführt werden soll, zur Verfügung stellen. Die gemeinsame Arbeitssprache der zuständigen Behörden der beteiligten Staaten ist regelmäßig Englisch; das BZSt teilt dem Antragsteller auf Nachfrage vor Antragstellung die gemeinsame Arbeitssprache formlos mit, insbesondere im Rahmen eines Prefiling Meetings (vgl. AEAO zu § 89a, Nr. 1.18).

2.4. Ein nur im Ausland gestellter Antrag auf Durchführung eines Vorabverständigungsverfahrens stellt keinen wirksamen Antrag nach § 89a Abs. 1 AO dar. Vielmehr ist in einem solchen Fall im Inland ebenfalls ein eigener inhaltsgleicher Antrag zu stellen. Sofern im Ausland bereits unilateral über den Sachverhalt entschieden wurde, ist dies im Antrag anzugeben und zu erläutern.

2.5. Informationen, die im Vorabverständigungsverfahren erteilt werden, muss der Antragsteller den zuständigen Behörden der beteiligten Staaten zur Verfügung stellen. Hierbei ist nicht zu unterscheiden zwischen Informationen, die der Antragsteller auf eigene Veranlassung oder auf Nachfrage einer der zuständigen Behörden der beteiligten Staaten erteilt. Auf diese Weise werden eine umfassende Informationstransparenz sowie der gleiche Informationsstand der zuständigen Behörden der beteiligten Staaten sichergestellt.

2.6. Im Rahmen eines Vorabverständigungsverfahrens gewonnene Erkenntnisse können auch im Rahmen anderer Besteuerungsverfahren verwendet werden (§ 88 AO).

2.7. Informationen, die im Laufe koordinierter steuerlicher Außenprüfungen über bestimmte Sachverhalte gewonnen werden, sollen auch im Vorabverständigungsverfahren beachtet werden. Dies insbesondere dann, wenn für den Prüfungszeitraum

- der Sachverhalt bereits hinreichend aufgeklärt ist,
- die Angemessenheit von Verrechnungspreisen hinreichend dokumentiert ist und
- für den von der beantragten Vorabverständigungsvereinbarung umfassten Zeitraum keine wesentliche Änderung zu erwarten ist.

Verfügt der Abkommensberechtigte im Zeitpunkt der Antragstellung über das Protokoll über die Ergebnisse der gemeinsamen steuerlichen Außenprüfung (vgl. BMF-Schreiben vom 9.1.2017, BStBl I S. 89, Tz. 3.10), ist dieses zur Beschleunigung des Verfahrens dem Antrag beizufügen.

Verletzung Mitwirkungspflichten

2.8. Kommt der Antragsteller seinen Mitwirkungspflichten nach § 90 AO nicht, nicht vollständig oder nicht rechtzeitig nach, kann das BZSt das Verfahren im Einvernehmen mit der zuständigen Landesfinanzbehörde beenden. Die Entscheidung über die Beendigung des Verfahrens stellt einen Verwaltungsakt (§ 118 AO) dar.

3. **Abschluss oder anderweitige Beendigung des Vorabverständigungsverfahrens**

Allgemeines

3.1. Eine Vorabverständigungsvereinbarung wird im Einvernehmen mit der zuständigen Landesfinanzbehörde zwischen dem BZSt und der zuständigen Behörde des anderen Vertragsstaates oder aller anderen Vertragsstaaten unter den aufschiebenden Bedingungen der fristgerechten Zustimmung des Antragstellers und ggf. der Zustimmung von Antragstellern in anderen beteiligten Staaten sowie des form- und fristgerecht erklärten wirksamen Rechtsbehelfsverzichts nach § 89a Abs. 3 Satz 1 Nr. 2 AO (siehe AEAO zu § 89a, Nr. 3.2) geschlossen; vgl. zu weiteren, auflösenden Gültigkeitsbedingungen AEAO zu § 89a, Nr. 4.4. Stimmt der Antragsteller nicht oder nicht fristgerecht zu oder erklärt er keinen wirksamen Rechtsbehelfsverzicht, wird die Vorabverständigungsvereinbarung ihm gegenüber nicht wirksam. Eine verbindliche Vorabzusage durch die örtlich zuständige Finanzbehörde, die den Inhalt einer Vorabverständigungsvereinbarung wiedergibt, ist nicht notwendig.

3.2. Die Mitteilung über den Inhalt der Vorabverständigungsvereinbarung ist kein Verwaltungsakt gemäß § 118 AO. Es handelt sich um eine reine Wissensmitteilung ohne Regelungsgehalt. Die Mitteilung kann deshalb nicht mit einem Einspruch angefochten werden. Es bleibt dem Abkommensberechtigten jedoch unbenommen, der Vereinbarung nicht zuzustimmen.

Fristen

3.3. Mit der Mitteilung über den Inhalt der Vorabverständigungsvereinbarung setzt das BZSt dem Antragsteller eine angemessene Frist für die Erfüllung der Bedingungen nach § 89a Abs. 3 Satz 1 AO. In der Regel ist eine Frist von zwei Monaten angemessen. Wird die Frist versäumt, gelten die Bedingungen als nicht erfüllt, und der andere Staat wird vom BZSt zeitnah über das Scheitern des Verfahrens unterrichtet. Diese Frist kann in begründeten Ausnahmefällen gemäß § 109 Abs. 1 Satz 1 AO verlängert werden; eine rückwirkende Verlängerung gemäß § 109 Abs. 1 Satz 2 AO ist nach der Unterrichtung des anderen Staats über das Scheitern des Verfahrens grundsätzlich ausgeschlossen. Der Rechtsbehelfsverzicht nach § 89a Abs. 3 Satz 1 Nr. 2 AO des Antragstellers hat mit gesondertem Schreiben schriftlich oder zur Niederschrift gegenüber dem BZSt zu erfolgen. Die Zustimmung ist dem BZSt zu erklären und bedarf keiner Form. Sie kann mit dem Rechtsbehelfsverzicht nach § 89a Abs. 3 Satz 1 Nr. 2 AO verbunden werden.

Rechtsbehelfsverzicht

3.4. Der Verzicht nach § 89a Abs. 3 Satz 1 Nr. 2 AO gilt nur, soweit die Ergebnisse des Vorabverständigungsverfahrens für den bestimmten Geltungszeitraum mit dem Steuerbescheid zutreffend umgesetzt werden. Aufgrund des durch den Antragsteller erklärten Rechtsbehelfsverzichts ist ein Rechtsbehelf gegen den die Vereinbarung umsetzenden Bescheid hinsichtlich der Sachverhalte, die Gegenstand der Vorabverständigungsvereinbarung sind, nur insoweit möglich, als eine fehlerhafte Umsetzung der Vereinbarung gerügt wird

3.5. Kann ein einer Vorabverständigungsvereinbarung zu Grunde gelegter Sachverhalt gegenüber mehreren Personen nur einheitlich steuerlich beurteilt werden, ist der Rechtsbehelfsverzicht durch alle zum Rechtsbehelf Befugten zu erklären. Im Falle einer Organschaft nach § 14 KStG ist der Rechtsbehelfsverzicht nach § 89a Abs. 3 Satz 1 Nr. 2 AO daher sowohl vom Organträger als auch von der antragstellenden Organgesellschaft zu erklären, da die Feststellung gemäß § 14 Abs. 5 KStG gegenüber beiden erfolgt.

Scheitern des Vorabverständigungsverfahrens, Gründe des Scheiterns

3.6. Der andere Staat ist nicht zur Durchführung eines Vorabverständigungsverfahrens verpflichtet. Wird die Einleitung des Verfahrens daher seitens dieses Staates versagt, ist das Verfahren von Seiten der deutschen zuständigen Behörde zu beenden. Das Verfahren kann auch beendet werden, wenn sich zu einem späteren Zeitpunkt herausstellt, dass ein Grund vorgelegen hätte, das Verfahren nicht einzuleiten (vgl. AEAO zu § 89a, Nr. 1.14). Die Herbeiführung eines einvernehmlichen Abschlusses des Vorabverständigungsverfahrens kann ebenfalls nicht erzwungen werden. Demzufolge kann ein Vorabverständigungsverfahren auch ohne den Abschluss einer Vorabverständigungsvereinbarung enden. Ferner kann ein Vorabverständigungsverfahren auch scheitern, wenn in der Vorabverständigungsvereinbarung aufschiebende Bedingungen hinsichtlich einer betroffenen Person gegenüber der zuständigen Behörde eines anderen beteiligten Vertragsstaates vereinbart wurden und die zuständige Behörde des anderen beteiligten Vertragsstaates das BZSt darüber unterrichtet, dass diese nicht oder nicht fristgerecht erfüllt wurden. Für die Mitteilung über das Scheitern des Verfahrens gilt Nr. 3.2 entsprechend.

Fortgeltung der Vorabverständigungsvereinbarung

3.7. In den Fällen der Gesamtrechtsnachfolge (§ 45 AO, vgl. auch AEAO zu § 45, Nr. 1 bis 3) oder einer Änderung der Rechtsform der in der Vorabverständigungsvereinbarung bezeichneten Abkommensberechtigten gilt die Vorabverständigungsvereinbarung regelmäßig unverändert fort. Maßgeblich dafür ist, dass das rechtliche und tatsächliche Verhältnis, für das die Vorabverständigungsvereinbarung abgeschlossen wurde (in Verrechnungspreisfällen die Transaktion) von den Rechtsnachfolgern bzw. nach der Rechtsformänderung fortgeführt wird und die Gültigkeitsbedingungen nach § 89a Abs. 4 Satz 1 Nr. 1 AO (dazu AEAO zu § 89a, Nr. 4.4) eingehalten werden.

4. Bindungswirkung der Vorabverständigungsvereinbarung

Bindungswirkung

4.1. Die örtlich zuständige Finanzbehörde ist an die unterzeichnete Vorabverständigungsvereinbarung nicht gebunden, wenn das BZSt im Einvernehmen mit der zuständigen Landesfinanzbehörde aufgrund einer Überprüfung der Vorabverständigungsvereinbarung zu dem Ergebnis kommt, dass eine der Voraussetzungen nach § 89a Abs. 4 Satz 1 AO erfüllt ist. Die Bindungswirkung der Vorabverständigungsvereinbarung entfällt in dem Zeitpunkt, in dem mindestens eine der Voraussetzungen nach § 89a Abs. 4 Satz 1 AO vorliegt.

Compliance Report

4.2. Bestandteil der Vorabverständigungsvereinbarung mit dem anderen Staat ist in der Regel die Verpflichtung der Steuerpflichtigen, einen jährlichen Bericht („Compliance Report") zu erstellen und vorzulegen. In diesem ist darzulegen, dass der der Vereinbarung zu Grunde gelegte Sachverhalt im betreffenden Wirtschaftsjahr verwirklicht worden ist und dass insbesondere die Bedingungen nach § 89a Abs. 4 Satz 1 AO eingehalten wurden. Dabei müssen die Steuerpflichtigen auf jede Abweichung ausdrücklich hinweisen und mitteilen, ob und welche Anpassungen sie vorgenommen haben. In diesem Zusammenhang gestellte, ergänzende Fragen der Finanzbehörden haben die Steuerpflichtigen fristgerecht zu beantworten. Der Bericht ist innerhalb der vertraglich vereinbarten Frist gleichzeitig beim BZSt und der örtlich zuständigen Finanzbehörde in deutscher Sprache oder in anderer Sprache mit deutscher Übersetzung abzugeben. Er ist jedenfalls mit der Vorlage im anderen Staat abzugeben.

4.3. Der örtlich zuständigen Finanzbehörde bleibt es unbenommen, auch unabhängig vom Vorliegen eines Compliance Reports zu prüfen, ob die Gültigkeitsbedingungen nach § 89a Abs. 4 Satz 1 AO eingehalten wurden, insbesondere ob der Sachverhalt verwirklicht wurde. Stellt die örtlich zuständige Finanzbehörde einen Fall im Sinne des § 89a Abs. 4 Satz 1 AO fest, unterrichtet sie das BZSt über die zuständige Landesfinanzbehörde mit der Bitte um Prüfung gemäß § 89a Abs. 4 Satz 2 AO.

Gültigkeitsbedingungen

4.4. Der Vorabverständigungsvereinbarung werden regelmäßig bestimmte Annahmen zu Grunde gelegt, die als Gültigkeitsbedingungen nach § 89a Abs. 4 Satz 1 Nr. 1 AO die Geschäftsbeziehungen maßgeblich beeinflussen. Solche Gültigkeitsbedingungen stellen zwischen den Vertragspartnern der Vorabverständigungsvereinbarung eine ausdrücklich vereinbarte Vertragsgrundlage dar.

Beispiel: Im Falle von Vereinbarungen betreffend die Gewinnabgrenzung zwischen einander nahestehenden Personen oder die Gewinnzuordnung zu Betriebsstätten wird üblicherweise vereinbart, dass die geschäftlichen Aktivitäten, ausgeübten Funktionen, übernommenen Risiken sowie eingesetzten Vermögenswerte grundlegend dem Antrag und ggf. den im Laufe des Verfahrens vorgebrachten weiteren Informationen entsprechen. In solchen Fällen kann es sinnvoll sein, weitere (ergänzende) Gültigkeitsbedingungen zu vereinbaren, wie etwa:

- vergleichbare Verhältnisse bezüglich Marktbedingungen, Marktanteil, Geschäftsvolumen, Verkaufspreise, jeweils unter Vorgabe eines Rahmens;

- vergleichbare Verhältnisse, z. B. im Hinblick auf Aufsichtsrecht, Zölle, Import- und Exportbeschränkungen, internationalen Zahlungsverkehr;

- vergleichbare Verhältnisse bezüglich Währungskurse und Zinssätze;

- Durchführung der Besteuerung entsprechend der Vorabverständigungsvereinbarung in anderen beteiligten Staaten;

- keine wesentlichen Änderungen der steuerlichen Rahmenbedingungen im anderen Staat (z. B. Einführung oder Ausweitung von steuerlichen Präferenzregelungen);

- Verrechnungspreiskorrekturen eines an der Vorabverständigungsvereinbarung nicht beteiligten Drittstaates, die Auswirkungen auf die Vorabverständigungsvereinbarung haben.

4.5. Die Rechtsvorschriften im Sinne des § 89a Abs. 4 Satz 1 Nr. 3 AO können sowohl das deutsche Recht, einschließlich des Abkommensrechts, als auch das Recht der anderen beteiligten Staaten sowie internationale Rechtsvorschriften, die die beteiligten Vertragsstaaten unmittelbar binden, umfassen. Rechtsvorschriften sind nur solche, die alle staatlichen Gewalten zugleich binden. Die Vorabverständigungsvereinbarung beruht auf einer Rechtsvorschrift, wenn diese für den zu beurteilenden Sachverhalt sowie für die Auslegung des verfahrensgegenständlichen DBA maßgeblich war. Die Änderung einer Rechtsvorschrift liegt insbesondere vor, wenn hierdurch eine andere Rechtsfolge eintritt.

4.6. Zeigt sich, dass der zugrundeliegende Sachverhalt anders verwirklicht werden wird als im Antrag dargelegt, bleibt es dem Abkommensberechtigten unbenommen, den eingereichten Antrag anzupassen bzw. einen neuen Antrag zu stellen. Der Antragsteller ist nicht dazu verpflichtet, den zugrunde gelegten Sachverhalt der Vorabverständigungsvereinbarung zu verwirklichen. Er kann sich im Fall der Verwirklichung eines anderen Sachverhalts allerdings nicht auf den Inhalt der Vorabverständigungsvereinbarung berufen.

5. Widerruf

5.1. Die Widerrufsmöglichkeit nach § 89a Abs. 5 Satz 1 AO ist eine durch Rechtsvorschrift zugelassene Widerrufsmöglichkeit im Sinne des § 131 Abs. 2 Satz 1 Nr. 1 AO. Ein Widerruf nach § 89a Abs. 5 AO sollte vor der Unterzeichnung der Vorabverständigungsvereinbarung erfolgen und unter der aufschiebenden Bedingung stehen, dass die Vorabverständigungsvereinbarung gegenüber dem Antragsteller wirksam wird (vgl. dazu AEAO zu § 89a, Nr. 3.1); er ist jedoch auch noch nach dem Abschluss einer Vorabverständigungsvereinbarung möglich.

5.2. Die Erklärung nach § 89a Abs. 5 Satz 2 AO stellt keinen Verwaltungsakt dar, sondern ist eine Wissensmitteilung, die keine eigenständige Regelung enthält.

6. Geltungszeitraum und Roll Back

Geltungszeitraum

6.1. Der Geltungszeitraum einer Vorabverständigungsvereinbarung kann in Dauersachverhalten den gesamten Veranlagungszeitraum der Antragstellung umfassen (vgl. auch AEAO zu § 89a, Nr. 1.11).

6.2. Eine Verlängerung der wirksamen Vorabverständigungsvereinbarung über den bestimmten Geltungszeitraum nach § 89a Abs. 6 Satz 1 AO ist mit Zustimmung des anderen Staates und im Einvernehmen mit der zuständigen Landesfinanzbehörde möglich. Voraussetzung hierfür ist, dass, sofern keine anderslautende vertragliche Vereinbarung getroffen wurde, vor Ablauf des bestimmten Geltungszeitraums ein entsprechender Antrag beim BZSt gestellt und glaubhaft gemacht wird, dass der zukünftig zu verwirklichende Sachverhalt dem Sachverhalt entspricht, der dem Vorabverständigungsverfahren zu Grunde gelegt wurde. In solchen Fällen kann in einem informellen Vorgespräch mit den zuständigen Behörden der beteiligten Staaten geklärt werden, ob die Verlängerung (ggf. mit gewissen Anpassungen) in einem einfachen und schnellen Verfahren durchgeführt werden kann.

Roll Back

6.3. Beantragt der Abkommensberechtigte ein Roll Back nach § 89a Abs. 6 Satz 2 AO (vgl. auch AEAO zu § 89a, Nr. 1.11), kann diesem Antrag im Einvernehmen mit der zuständigen Landesfinanzbehörde und der zuständigen Behörde des anderen Vertragsstaates unter Beachtung der Fristen für Verständigungsverfahren der jeweils maßgebenden DBA gefolgt werden, wenn der Antragsteller nachweist, dass der verwirklichte Sachverhalt in den betreffenden Vorjahren (möglicher Roll Back-Zeitraum) dem Sachverhalt, der der Vorabverständigungsvereinbarung zugrunde liegt, im Wesentlichen entspricht (vgl. auch AEAO zu § 89a, Nr. 1.11). Zudem sind Aufzeichnungen und Unterlagen zur Beurteilung dieser Jahre vorzulegen. Das Roll Back erfolgt durch Verständigungsvereinbarungen, mit denen die Vorabverständigungsvereinbarung auf den Roll Back-Zeitraum angewendet wird. Eine Erweiterung der Vorabverständigungsvereinbarung ist mangels Erfüllung der dafür erforderlichen gesetzlichen Voraussetzungen (die Sachverhalte sind im Zeitpunkt des Antrags für ein Roll Back bereits verwirklicht, vgl. § 89a Abs. 1 Satz 1 AO) nicht möglich. Trotzdem können das Roll Back und die Vorabverständigung gemeinsam vereinbart werden. In diesem Fall können die Zustimmung und der Rechtsbehelfsverzicht der betroffenen Personen nach § 89a Abs. 3 Satz 1 AO sowie ein Rechtsbehelfsverzicht nach § 354 Abs. 1b AO nur einheitlich erfolgen.

7. Gebühren

Allgemeines

7.1. Soweit sich die rechtliche Beurteilung auf einen Sachverhalt bezieht, handelt es sich um einen Antrag nach § 89a Abs. 1 Satz 1 oder Abs. 6 Satz 1 AO. Dieser Sachverhalt kann sich auch auf mehrere Steuerarten auswirken und mehrere Jahre umfassen.

7.2. Kann gemäß § 89a Abs. 1 Satz 4 AO ein Sachverhalt nur einheitlich steuerlich beurteilt werden und das Vorabverständigungsverfahren deshalb nur von allen Abkommensberechtigten gemeinsam beantragt und betrieben werden, liegt gemäß § 89a Abs. 7 Satz 9 AO nur ein Antrag vor, für den nur eine Gebühr festzusetzen und zu entrichten ist.

7.3. Stellen hingegen mehrere Abkommensberechtigte einen Antrag gemeinsam und kann der zugrundeliegende Sachverhalt nicht nur einheitlich steuerlich beurteilt werden, liegen rechtlich mehrere Anträge vor, auch wenn die Abkommensberechtigten gleiche Geschäftsbeziehungen zu einer nahestehenden Person im anderen Staat unterhalten. Dies gilt auch, wenn die Abkommensberechtigten eine ertragsteuerliche Organschaft bilden (außer in den Fällen des § 15 Satz 2 KStG; hier gilt § 89a Abs. 1 Satz 4 AO, vgl. AEAO zu § 89a, Nr. 1.9 und 7.2).

Gebührenfestsetzung und Folgen bei Nichtzahlung

7.4. Die Gebühr ist durch schriftlichen Bescheid gegenüber dem Antragsteller oder den Antragstellern festzusetzen; die Bekanntgabevollmachten sind zu beachten.

7.5. Solange die Gebühr nicht unanfechtbar festgesetzt und entrichtet wurde, wird der Antrag nicht bearbeitet (§ 89a Abs. 7 Satz 4 AO). Die Nichtentrichtung der Gebühr innerhalb eines Monats nach der Bekanntgabe ihrer Festsetzung führt in der Regel zur Ablehnung des Antrags auf Durchführung eines Vorabverständigungsverfahrens im Rahmen der Ermessensentscheidung über die Einleitung gemäß § 89a Abs. 1 Satz 1 AO. Für zu spät gezahlte Gebühren vgl. auch AEAO zu § 89a, Nr. 7.7.

7.6. Eine spezifische Gebühr für Anträge, die die Änderung eines schon gestellten Antrags zum Gegenstand haben, ist in § 89a Abs. 7 AO nicht vorgesehen. Bei einer wesentlichen Änderung (vgl. AEAO zu § 89a, Nr. 2.1) ist von einem neuen Antrag auszugehen. Wenn eine Änderung nur unwesentlich ist und keine Qualität hat, die es rechtfertigt, sie als neuen Antrag gemäß § 89a Abs. 1 AO zu werten, ist keine weitere Gebühr festzusetzen.

Antragsrücknahme und Antragsablehnung

7.7. Wird der Antrag auf Einleitung eines Vorabverständigungsverfahrens zurückgenommen oder abgelehnt oder scheitert das Vorabverständigungsverfahren, nachdem die Festsetzung einer Gebühr unanfechtbar geworden ist, ist die bis zu diesem Zeitpunkt nicht entrichtete Gebühr trotz der Ablehnung, der Rücknahme oder des Scheiterns zu zahlen; eine bereits entrichtete Gebühr wird nicht erstattet (§ 89a Abs. 8 Satz 2 AO). Dasselbe gilt für den Fall, dass das Vorabverständigungsverfahren vorzeitig beendet wird (vgl. Nr. 2.8).

§ 89b Internationale Risikobewertungsverfahren

(1) Soweit in einem internationalen Risikobewertungsverfahren nach Absatz 2 das Risiko eines Steuerausfalls unter Beibehaltung der erklärten oder im Rahmen des internationalen Risikobewertungsverfahrens angepassten Angaben in Bezug auf die bewerteten Sachverhalte als gering eingeschätzt wird, kann die Ermittlung der steuerlichen Verhältnisse des Steuerpflichtigen im Rahmen einer Außenprüfung unterbleiben.

(2) ¹Ein internationales Risikobewertungsverfahren ist eine gemeinsame Einschätzung von steuerlichen Risiken von bereits verwirklichten Sachverhalten mit einem oder mehreren Staaten oder Hoheitsgebieten in einem auf Kooperation und Transparenz angelegten Verfahren. ²Die steuerlichen Risiken sind dabei nur unter Würdigung des Umfangs und der Plausibilität der vom Steuerpflichtigen vorgelegten Unterlagen und Informationen, der zu erwartenden steuerlichen Auswirkungen und des zu erwartenden zeitlichen und personellen Aufwands einer vertieften Sachverhaltsprüfung zu bewerten.

(3) ¹Ein internationales Risikobewertungsverfahren kann auf schriftlichen oder elektronischen Antrag des Steuerpflichtigen bei dem für seine Besteuerung nach dem Einkommen zuständigen Finanzamt oder auf Anregung eines anderen Staates oder Hoheitsgebietes geführt werden. ²Antragsbefugt ist ein Steuerpflichtiger, sofern es sich bei ihm um eine inländische Konzernobergesellschaft im Sinne des § 138a Absatz 1 Satz 1, die zur Erstellung eines länderbezogenen Berichts verpflichtet ist, oder um die beherrschende inländische Gesellschaft einer multinationalen Unternehmensgruppe, für die nach § 90 Absatz 3 Satz 3 eine Stammdokumentation (§ 5 der Gewinnabgrenzungsaufzeichnungs-Verordnung) zu erstellen ist, handelt. ³Im Antrag hat der antragsbefugte Steuerpflichtige

1. alle für die Prüfung, ob das jeweilige internationale Risikobewertungsverfahren in Betracht kommt, erforderlichen Unterlagen beizufügen,

2. zuzusichern, alle Mitwirkungspflichten einschließlich der Pflichten des jeweiligen internationalen Risikobewertungsverfahrens zu erfüllen,

3. die Einwilligung in die Offenbarung und den Austausch personen- und unternehmensbezogener Daten im Rahmen des internationalen Risikobewertungsverfahrens entsprechend den jeweiligen internationalen und nationalen Verfahrensgrundsätzen sowie die Einwilligung nach § 87a Absatz 1 Satz 4 zweiter Halbsatz bezogen auf unternehmensbezogene Daten für alle betroffenen Unternehmen der Unternehmensgruppe zu erteilen und

4. zuzusichern, die für das Verfahren notwendige technische Infrastruktur für alle beteiligten in- und ausländischen Finanzbehörden unter Einhaltung der gesetzlichen Regelungen zum Datenschutz und zur Informationssicherheit bei der Verarbeitung von personenbezogenen Daten zur Verfügung zu stellen, sofern nicht eine geeignete technische Infrastruktur von diesen Finanzbehörden bereitgestellt wird.

⁴Bei durch einen anderen Staat oder ein anderes Hoheitsgebiet angeregten internationalen Risikobewertungsverfahren gilt Satz 3 Nummer 3 entsprechend für das ausländische leitende Unternehmen.

(4) ¹Die Durchführung eines internationalen Risikobewertungsverfahrens ist ausgeschlossen, wenn auf Grund der bestehenden Erfahrungen, insbesondere bei Außenprüfungen, bei dem betroffenen Steuerpflichtigen und den seiner Unternehmensgruppe angehörigen Unternehmen oder auf Grund der im Zusammenhang mit dem Antrag gemachten Angaben und eingereichten Unterlagen nicht zu erwarten ist, dass das Verfahren zeitnah, kooperativ, wirtschaftlich und mit einer Einschätzung der Risiken abgeschlossen werden kann. ²Das ist insbesondere dann der Fall, wenn

1. der Steuerpflichtige oder ein der Unternehmensgruppe angehöriges Unternehmen von den Finanzbehörden als nicht kooperativ eingeschätzt wird,
2. das leitende Unternehmen im Sinne des Absatzes 7 Satz 3 sich nicht bereit erklärt, die zusätzlichen Pflichten des jeweiligen Verfahrens zu erfüllen und die für das Verfahren notwendige technische Infrastruktur für alle beteiligten Finanzbehörden zur Verfügung zu stellen,
3. der Grundsatz der Wirtschaftlichkeit der Verwaltung nicht gewahrt wird,
4. es unwahrscheinlich ist, eine übereinstimmende Risikoeinschätzung mit der zuständigen Behörde des anderen Staates oder Hoheitsgebietes zu erzielen, oder
5. sich nicht genügend Staaten oder Hoheitsgebiete an einem internationalen Risikobewertungsverfahren beteiligen oder die wirtschaftliche Tätigkeit der inländischen Unternehmen in den Staaten, die sich beteiligen wollen, unbedeutend ist.

³An einem kooperativen Verhalten im Sinne des Satzes 1 Nummer 1 fehlt es insbesondere, wenn steuerliche Mitwirkungspflichten schuldhaft nicht, nicht hinreichend oder nicht fristgerecht erfüllt wurden. ⁴Das ist insbesondere dann der Fall, wenn innerhalb der letzten fünf Jahre

1. Steuererklärungen, länderbezogene Berichte im Sinne des § 138a oder Stammdokumentationen im Sinne des § 90 Absatz 3 Satz 3 nicht oder nicht rechtzeitig abgegeben wurden,
2. ein Mitwirkungsverzögerungsgeld nach § 200a Absatz 2 oder ein Zuschlag nach § 162 Absatz 4 oder 4a festgesetzt worden ist oder
3. der inländische Steuerpflichtige oder eine ihn nach § 34 vertretende oder nach § 79 für ihn handelnde Person rechtskräftig wegen einer das Unternehmen betreffenden Steuerstraftat rechtskräftig verurteilt worden ist.

(5) ¹Über das Ergebnis der Prüfung nach Absatz 4, ob ein internationales Risikobewertungsverfahren erfolgen kann, und die Einleitung des Verfahrens ist der Antragsteller zu informieren, insbesondere über die teilnehmenden Staaten und Hoheitsgebiete und die zu bewertenden Sachverhalte. ²Das internationale Risikobewertungsverfahren wird durch Übersendung des Risikobewertungsbe-

richts im Sinne des Absatzes 6 beendet. ³Es wird auch beendet, wenn der inländische Steuerpflichtige vom Verfahren zurücktritt oder die Finanzbehörde das Verfahren vor dessen Abschluss beendet. ⁴Eine Beendigung ist möglich, wenn nicht mehr zu erwarten ist, dass eine Einigung über das weitere Vorgehen im Verfahren erzielt wird oder die Mitwirkung der beteiligten Unternehmen eine angemessene Fortführung ermöglicht, insbesondere weil

1. über den Umfang der vorzulegenden Unterlagen oder zu erteilenden Auskünfte keine Einigung erzielt wird oder
2. die erforderlichen technischen und rechtlichen Voraussetzungen für ein elektronisches Bereitstellen von und Zugreifen auf Unterlagen im Verfahren fehlen.

⁵Über die Beendigung werden der Antragsteller und die ausländische zuständige Behörde informiert.

(6) ¹Die Bewertung nach Absatz 2, einschließlich ihres Ergebnisses, wird mit den an dem internationalen Risikobewertungsverfahren beteiligten Staaten oder Hoheitsgebieten abgestimmt. ²Es soll ein Risikobewertungsbericht erstellt werden, der

1. alle bewerteten Sachverhalte beschreibt,
2. die beteiligten Unternehmen sowie die an dem internationalen Risikobewertungsverfahren beteiligten Staaten und Hoheitsgebiete bezeichnet,
3. die steuerlichen Risiken der bewerteten Sachverhalte einschätzt und
4. darlegt, für welche Zeiträume die Bewertung vorgenommen wurde.

³Der Risikobewertungsbericht ist dem Antragsteller oder dem leitenden Unternehmen im Sinne des Absatzes 7 Satz 3 zu übersenden; auf die Anwendung des § 194 Absatz 1a ist hinzuweisen.

(7) ¹Über den Eingang eines Antrags auf ein internationales Risikobewertungsverfahren ist das Bundeszentralamt für Steuern unverzüglich in Kenntnis zu setzen. ²Geht beim Bundeszentralamt für Steuern eine Anregung eines anderen Staates oder Hoheitsgebietes auf ein internationales Risikobewertungsverfahren ein, informiert es das Finanzamt, das für die Besteuerung des Unternehmens nach dem Einkommen zuständig ist, welches am Verfahren beteiligt sein soll. ³Handelt es sich um mehrere Unternehmen, ist das Unternehmen maßgeblich, das den gesamten inländischen Teil der Unternehmensgruppe leitet. ⁴Fehlt es an einem solchen, sind vom Bundeszentralamt für Steuern alle betroffenen Finanzämter zu informieren und ist darauf hinzuwirken, dass eine Zuständigkeitsvereinbarung für die Durchführung des internationalen Risikobewertungsverfahrens getroffen wird. ⁵Über die Durchführung eines internationalen Risikobewertungsverfahrens entscheidet das Bundeszentralamt für Steuern im Einvernehmen mit der zuständigen obersten Landesfinanzbehörde. ⁶Das Bundeszentralamt für Steuern ist insbesondere dafür zuständig, das internationale Risikobewertungsverfahren zu koordinieren und die zwischenstaatliche Amtshilfe durchzuführen. ⁷Die Risikobewertung und die Durchführung erfolgen durch die örtlich zuständige Finanzbehörde unter Mitwirkung und in Abstimmung mit dem Bundeszentralamt für Steuern.

§ 90 Mitwirkungspflichten der Beteiligten[1] (S 0225)

(1) ¹Die Beteiligten sind zur Mitwirkung bei der Ermittlung des Sachverhalts verpflichtet. ²Sie kommen der Mitwirkungspflicht insbesondere dadurch nach, dass sie die für die Besteuerung erheblichen Tatsachen vollständig und wahrheitsgemäß offenlegen und die ihnen bekannten Beweismittel angeben. ³Der Umfang dieser Pflichten richtet sich nach den Umständen des Einzelfalls.

(2) ¹Ist ein Sachverhalt zu ermitteln und steuerrechtlich zu beurteilen, der sich auf Vorgänge außerhalb des Geltungsbereichs dieses Gesetzes bezieht, so haben die Beteiligten diesen Sachverhalt aufzuklären und die erforderlichen Beweismittel zu beschaffen. ²Sie haben dabei alle für sie bestehenden rechtlichen und tatsächlichen Möglichkeiten auszuschöpfen. ³Ein Beteiligter kann sich nicht darauf berufen, dass er Sachverhalte nicht aufklären oder Beweismittel nicht beschaffen kann, wenn er sich nach Lage des Falls bei der Gestaltung seiner Verhältnisse die Möglichkeit dazu hätte beschaffen oder einräumen lassen können.

(3) ¹Ein Steuerpflichtiger hat über die Art und den Inhalt seiner Geschäftsbeziehungen im Sinne des § 1 Absatz 4 des Außensteuergesetzes Aufzeichnungen zu erstellen. ²Die Aufzeichnungspflicht umfasst

1. eine Übersicht über die Geschäftsvorfälle (Transaktionsmatrix),
2. eine Darstellung der Geschäftsvorfälle (Sachverhaltsdokumentation) und
3. eine Darstellung der wirtschaftlichen und rechtlichen Grundlagen für eine den Fremdvergleichsgrundsatz beachtende Vereinbarung von Bedingungen, insbesondere Preisen (Verrechnungspreisen), sowie Informationen zum Zeitpunkt der Verrechnungspreisbestimmung, zur verwendeten Verrechnungspreismethode und zu den verwendeten Fremdvergleichsdaten (Angemessenheitsdokumentation).

³Hat ein Steuerpflichtiger Aufzeichnungen im Sinne des Satzes 1 für ein Unternehmen zu erstellen, das Teil einer multinationalen Unternehmensgruppe ist, so gehört zu den Aufzeichnungen auch ein Überblick über die Art der weltweiten Geschäftstätigkeit der Unternehmensgruppe und über die von ihr angewandte Systematik der Verrechnungspreisbestimmung, es sei denn, der Umsatz des Unternehmens hat im vorangegangenen Wirtschaftsjahr weniger als 100 Millionen Euro betragen. ⁴Eine multinationale Unternehmensgruppe besteht aus mindestens zwei in verschiedenen Staaten ansässigen, im Sinne des § 1 Absatz 2 des Außensteuergesetzes einander nahestehenden Unternehmen oder aus mindestens einem Unternehmen mit mindestens einer Betriebsstätte in einem anderen Staat. ⁵Zu außergewöhnlichen Geschäftsvorfällen sind zeitnah Aufzeichnungen zu erstellen. ⁶Die Aufzeichnungen im Sinne dieses Absatzes sind auf Anforderung der Finanzbehörde zu ergänzen.

---

[1] Zur Anwendung des § 90 Abs. 3 bis 5 AO siehe Artikel 97 § 37 des EGAO

(4) ¹Die Finanzbehörde kann jederzeit die Vorlage der Aufzeichnungen nach Absatz 3 verlangen; die Vorlage richtet sich nach § 97. ²Die Aufzeichnungen sind innerhalb einer Frist von 30 Tagen nach Anforderung vorzulegen. ³Im Fall einer Außenprüfung sind die Transaktionsmatrix nach Absatz 3 Satz 2 Nummer 1, eine nach Absatz 3 Satz 3 zu erstellende Stammdokumentation und die Aufzeichnungen über die außergewöhnlichen Geschäftsvorfälle ohne gesondertes Verlangen innerhalb von 30 Tagen nach Bekanntgabe der Prüfungsanordnung vorzulegen; hiervon bleibt das Recht der Finanzbehörde unberührt, im Rahmen der Außenprüfung jederzeit die Vorlage der Aufzeichnungen nach Absatz 3 entsprechend der Frist nach Satz 2 zu verlangen. ⁴In begründeten Einzelfällen kann die Vorlagefrist verlängert werden.

(5) Um eine einheitliche Rechtsanwendung sicherzustellen, wird das Bundesministerium der Finanzen ermächtigt, mit Zustimmung des Bundesrates durch Rechtsverordnung Art, Inhalt und Umfang der nach den Absätzen 3 und 4 zu erstellenden Aufzeichnungen zu bestimmen.

§ 90 AO in der Fassung zum 31.12.2022

(1) ¹Die Beteiligten sind zur Mitwirkung bei der Ermittlung des Sachverhalts verpflichtet. ²Sie kommen der Mitwirkungspflicht insbesondere dadurch nach, dass sie die für die Besteuerung erheblichen Tatsachen vollständig und wahrheitsgemäß offenlegen und die ihnen bekannten Beweismittel angeben. ³Der Umfang dieser Pflichten richtet sich nach den Umständen des Einzelfalls.

(2) ¹Ist ein Sachverhalt zu ermitteln und steuerrechtlich zu beurteilen, der sich auf Vorgänge außerhalb des Geltungsbereichs dieses Gesetzes bezieht, so haben die Beteiligten diesen Sachverhalt aufzuklären und die erforderlichen Beweismittel zu beschaffen. ²Sie haben dabei alle für sie bestehenden rechtlichen und tatsächlichen Möglichkeiten auszuschöpfen. ³Ein Beteiligter kann sich nicht darauf berufen, dass er Sachverhalte nicht aufklären oder Beweismittel nicht beschaffen kann, wenn er sich nach Lage des Falls bei der Gestaltung seiner Verhältnisse die Möglichkeit dazu hätte beschaffen oder einräumen lassen können.

(3) ¹Ein Steuerpflichtiger hat über die Art und den Inhalt seiner Geschäftsbeziehungen im Sinne des § 1 Absatz 4 des Außensteuergesetzes Aufzeichnungen zu erstellen. ²Die Aufzeichnungspflicht umfasst neben der Darstellung der Geschäftsvorfälle (Sachverhaltsdokumentation) auch die wirtschaftlichen und rechtlichen Grundlagen für eine den Fremdvergleichsgrundsatz beachtende Vereinbarung von Bedingungen, insbesondere Preisen (Verrechnungspreisen), sowie insbesondere Informationen zum Zeitpunkt der Verrechnungspreisbestimmung, zur verwendeten Verrechnungspreismethode und zu den verwendeten Fremdvergleichsdaten (Angemessenheitsdokumentation). ³Hat ein Steuerpflichtiger Aufzeichnungen im Sinne des Satzes 1 für ein Unternehmen zu erstellen, das Teil einer multinationalen Unternehmensgruppe ist, so gehört zu den Aufzeichnungen auch ein Überblick über die Art der weltweiten Geschäftstätigkeit der Unternehmensgruppe und über die von ihr angewandte Systematik der Verrechnungspreisbestimmung, es sei denn, der Umsatz des Unternehmens hat im vorangegangenen Wirtschaftsjahr weniger als 100 Millionen Euro betragen. ⁴Eine multinationale Unternehmensgruppe besteht aus mindestens zwei in verschiedenen Staaten ansässigen, im Sinne des § 1 Absatz 2 des Außensteuergesetzes einander nahestehenden Unternehmen oder aus mindestens einem Unternehmen mit mindestens einer Betriebsstätte in einem anderen Staat. ⁵Die Finanzbehörde soll die Vorlage von

§ 90 Abgabenordnung
GAufzV

Aufzeichnungen im Regelfall nur für die Durchführung einer Außenprüfung verlangen. [6]Die Vorlage richtet sich nach § 97. [7]Sie hat jeweils auf Anforderung innerhalb einer Frist von 60 Tagen zu erfolgen. [8]Aufzeichnungen über außergewöhnliche Geschäftsvorfälle sind zeitnah zu erstellen und innerhalb einer Frist von 30 Tagen nach Anforderung durch die Finanzbehörde vorzulegen. [9]In begründeten Einzelfällen kann die Vorlagefrist nach den Sätzen 7 und 8 verlängert werden. [10]Die Aufzeichnungen sind auf Anforderung der Finanzbehörde zu ergänzen. [11]Um eine einheitliche Rechtsanwendung sicherzustellen, wird das Bundesministerium der Finanzen ermächtigt, mit Zustimmung des Bundesrates durch Rechtsverordnung Art, Inhalt und Umfang der zu erstellenden Aufzeichnungen zu bestimmen.

**Verordnung zu Art, Inhalt und Umfang von Aufzeichnungen im Sinne des § 90 Absatz 3 der Abgabenordnung
(Gewinnabgrenzungsaufzeichnungs-Verordnung – GAufzV)**
vom 12.7.2017 (BGBl I. S. 2367)

§ 1 Grundsätze der Aufzeichnungspflicht

(1) Der Steuerpflichtige hat in den Aufzeichnungen, die über die Geschäftsbeziehungen im Sinne des § 1 Absatz 4 des Außensteuergesetzes zu erstellen sind, sämtliche Tatsachen anzugeben, die für die Vereinbarung von Bedingungen für Geschäftsvorfälle, insbesondere von Verrechnungspreisen, steuerliche Bedeutung haben. Die Aufzeichnungspflicht beschränkt sich nicht auf die zivilrechtlichen Beziehungen. Die Aufzeichnungspflicht bezieht sich auch auf Geschäftsvorfälle, die keinen Leistungsaustausch zum Gegenstand haben, wie Vereinbarungen über Arbeitnehmerentsendungen. Aufzeichnungen, die im Wesentlichen unverwertbar sind (§ 162 Absatz 3 und 4 der Abgabenordnung), sind als nicht erstellt zu behandeln.

(2) Für die Sachverhaltsdokumentation nach § 90 Absatz 3 Satz 2 der Abgabenordnung sind Aufzeichnungen über die Art, den Umfang und die Abwicklung sowie über die wirtschaftlichen und die rechtlichen Rahmenbedingungen der Geschäftsvorfälle erforderlich.

(3) Für die Angemessenheitsdokumentation nach § 90 Absatz 3 Satz 2 der Abgabenordnung hat der Steuerpflichtige für jeden Geschäftsvorfall entsprechend der von ihm gewählten Verrechnungspreismethode Aufzeichnungen zu erstellen und Vergleichsdaten heranzuziehen, soweit solche Daten im Zeitpunkt der Vereinbarung des jeweiligen Geschäftsvorfalls bei ihm oder bei ihm nahestehenden Personen vorhanden sind oder soweit er sich solche Daten mit zumutbarem Aufwand aus ihm frei zugänglichen Quellen beschaffen kann. Zu den Vergleichsdaten im Sinne des Satzes 1 gehören insbesondere Daten zu vergleichbaren Geschäftsvorfällen, die der Steuerpflichtige oder eine ihm nahestehende Person mit fremden Dritten abgeschlossen hat, und zu vergleichbaren Geschäftsvorfällen zwischen fremden Dritten, zum Beispiel Preise und Geschäftsbedingungen, Kostenaufteilungen, Gewinnaufschläge, Bruttospannen, Nettospannen, Gewinnaufteilungen. Zusätzlich sind Aufzeichnungen über innerbetriebliche Daten zu erstellen, die eine Plausibilitätskontrolle der vom Steuerpflichtigen vereinbarten Verrechnungspreise ermöglichen, wie zum Beispiel Prognoserechnungen und Daten zur Absatz-, Gewinn- und Kostenplanung. Hat der Steuerpflichtige die von

ihm und den ihm nahestehenden Personen ausgeübten Funktionen, übernommenen Risiken und eingesetzten wesentlichen Vermögenswerte in ihrer Bedeutung für einen Geschäftsvorfall gewichtet, muss diese Gewichtung widerspruchsfrei sein; in solchen Fällen müssen für jeden am Geschäftsvorfall Beteiligten die ausgeübten Funktionen, das Ausmaß der tatsächlich übernommenen Risiken und die Höhe der tatsächlich eingesetzten wesentlichen Vermögenswerte quantitativ nachvollziehbar dargestellt werden.

§ 2 Art, Inhalt und Umfang der Aufzeichnungen

(1) Aufzeichnungen über Geschäftsbeziehungen können in Papierform oder elektronisch erstellt werden. Sie sind ordnungsmäßig zu führen und aufzubewahren. Sie müssen das ernsthafte Bemühen des Steuerpflichtigen belegen, seine Geschäftsbeziehungen unter Beachtung des Fremdvergleichsgrundsatzes zu gestalten. Die Aufzeichnungen müssen es daher einem sachverständigen Dritten ermöglichen, innerhalb einer angemessenen Frist festzustellen, welche Sachverhalte der Steuerpflichtige im Zusammenhang mit seinen Geschäftsbeziehungen verwirklicht hat und ob und inwieweit er dabei den Fremdvergleichsgrundsatz beachtet hat.

(2) Art, Inhalt und Umfang der zu erstellenden Aufzeichnungen bestimmen sich nach den Umständen des Einzelfalls, insbesondere nach der vom Steuerpflichtigen angewandten Verrechnungspreismethode. Der Steuerpflichtige ist nicht verpflichtet, Aufzeichnungen für mehr als eine geeignete Verrechnungspreismethode zu erstellen.

(3) Aufzeichnungen sind grundsätzlich geschäftsvorfallbezogen zu erstellen. Geschäftsvorfälle, die gemessen an Funktionen und Risiken wirtschaftlich vergleichbar sind, können für die Erstellung von Aufzeichnungen zu Gruppen zusammengefasst werden, wenn

1. die Gruppenbildung nach vorher festgelegten und nachvollziehbaren Regeln vorgenommen wurde und die Geschäftsvorfälle gleichartig oder gleichwertig sind oder

2. die Zusammenfassung auch bei Geschäftsvorfällen zwischen fremden Dritten üblich ist.

Eine Zusammenfassung ist auch zulässig bei ursächlich zusammenhängenden Geschäftsvorfällen und bei Teilleistungen im Rahmen eines Gesamtgeschäfts, wenn es für die Prüfung der Angemessenheit weniger auf den einzelnen Geschäftsvorfall, sondern mehr auf die Beurteilung des Gesamtgeschäfts ankommt. Werden Aufzeichnungen für Gruppen von Geschäftsvorfällen erstellt, sind die Regeln für deren Abwicklung und die Kriterien für die Gruppenbildung darzustellen. Bestehen für eine Gruppe verbundener Unternehmen dem Fremdvergleichsgrundsatz genügende innerbetriebliche Verrechnungspreisrichtlinien, die für die einzelnen Unternehmen eine geeignete Verrechnungspreismethode oder mehrere geeignete Verrechnungspreismethoden vorgeben, können diese Verrechnungspreisrichtlinien als Bestandteil der Aufzeichnungen verwendet werden. Soweit solche Verrechnungspreisrichtlinien die Preisermittlung regeln und tatsächlich befolgt werden, kann auf geschäftsvorfallbezogene Einzelaufzeichnungen im Sinne des Satzes 1 verzichtet werden.

GAufzV

(4) Ergibt sich bei Dauersachverhalten eine Änderung der Umstände, die für die Angemessenheit vereinbarter Preise von wesentlicher Bedeutung ist, hat der Steuerpflichtige auch nach dem Geschäftsabschluss Informationen zu sammeln und aufzuzeichnen, die einer Finanzbehörde die Prüfung ermöglichen, ob und ab welchem Zeitpunkt fremde Dritte eine Anpassung der Geschäftsbedingungen für spätere Geschäftsvorfälle vereinbart hätten. Dies gilt insbesondere, wenn in einem Geschäftsbereich steuerliche Verluste erkennbar werden, die ein fremder Dritter nicht hingenommen hätte, oder wenn Preisanpassungen zu Lasten des Steuerpflichtigen vorgenommen werden.

(5) Aufzeichnungen sind grundsätzlich in deutscher Sprache zu erstellen. Die Finanzbehörde kann auf Antrag des Steuerpflichtigen Ausnahmen hiervon zulassen. Der Antrag kann vor der Anfertigung der Aufzeichnungen gestellt werden, er ist aber spätestens unverzüglich nach Anforderung der Aufzeichnungen durch die Finanzbehörde zu stellen. Erforderliche Übersetzungen von Verträgen und ähnlichen Dokumenten im Sinne der §§ 4 und 5 gehören zu den Aufzeichnungen. § 87 Absatz 2 der Abgabenordnung bleibt unberührt.

(6) Aufzeichnungen sollen im Regelfall nur für die Zwecke der Durchführung einer Außenprüfung angefordert werden. Die Anforderung soll die Geschäftsbereiche und die Geschäftsbeziehungen des Steuerpflichtigen bezeichnen, die Gegenstand der Außenprüfung sein sollen. In der Anforderung sollen auch die Art und der Umfang der angeforderten Aufzeichnungen inhaltlich hinreichend bestimmt werden. Die Anforderung kann zusammen mit der Prüfungsanordnung erfolgen und jederzeit nachgeholt, ergänzt oder geändert werden (§ 90 Absatz 3 Satz 10 der Abgabenordnung).

§ 3 Zeitnahe Erstellung von Aufzeichnungen bei außergewöhnlichen Geschäftsvorfällen

(1) Aufzeichnungen über außergewöhnliche Geschäftsvorfälle im Sinne des § 90 Absatz 3 Satz 8 der Abgabenordnung sind zeitnah erstellt, wenn sie im engen zeitlichen Zusammenhang mit dem Geschäftsvorfall gefertigt werden. Sie gelten als noch zeitnah erstellt, wenn sie innerhalb von sechs Monaten nach Ablauf des Wirtschaftsjahres gefertigt werden, in dem sich der Geschäftsvorfall ereignet hat.

(2) Als außergewöhnliche Geschäftsvorfälle sind insbesondere anzusehen:

1. der Abschluss und die Änderung langfristiger Verträge, die sich erheblich auf die Höhe der Einkünfte des Steuerpflichtigen aus seinen Geschäftsbeziehungen auswirken,

2. Vermögensübertragungen im Zuge von Umstrukturierungsmaßnahmen,

3. die Übertragung und die Überlassung von Vermögenswerten im Zusammenhang mit wesentlichen Funktions- und Risikoänderungen im Unternehmen,

4. Geschäftsvorfälle im Zusammenhang mit einer für die Verrechnungspreisbildung erheblichen Änderung der Geschäftsstrategie sowie

5. der Abschluss von Umlageverträgen.

§ 4 Landesspezifische, unternehmensbezogene Dokumentation

(1) Der Steuerpflichtige hat nach Maßgabe der §§ 1 bis 3 folgende Aufzeichnungen, soweit sie für die Prüfung von Geschäftsbeziehungen des Steuerpflichtigen im Sinne des § 90 Absatz 3 Satz 1 und 2 der Abgabenordnung steuerlich von Bedeutung sind, zu erstellen:

1. allgemeine Informationen über die Beteiligungsverhältnisse, den Geschäftsbetrieb und den Organisationsaufbau:

    a) die Darstellung der Beteiligungsverhältnisse zwischen dem Steuerpflichtigen und ihm nahestehenden Personen im Sinne des § 1 Absatz 2 Nummer 1 und 2 des Außensteuergesetzes, mit denen der Steuerpflichtige unmittelbar oder über Zwischenpersonen Geschäftsbeziehungen unterhält, zu Beginn des Prüfungszeitraums und die Darstellung der Veränderungen dieser Beteiligungsverhältnisse innerhalb des Prüfungszeitraums,

    b) die Darstellung der sonstigen Umstände, die das Nahestehen im Sinne des § 1 Absatz 2 Nummer 3 des Außensteuergesetzes begründen können,

    c) die Darstellung der organisatorischen und operativen Konzernstruktur, einschließlich Betriebsstätten und Beteiligungen an Personengesellschaften, zu Beginn des Prüfungszeitraums sowie die Darstellung der Veränderungen der Konzernstruktur innerhalb des Prüfungszeitraums,

    d) die Beschreibung der Managementstruktur sowie der Organisationsstruktur des inländischen Unternehmens des Steuerpflichtigen,

    e) die Beschreibung der Tätigkeitsbereiche des Steuerpflichtigen und der Geschäftsstrategie zu Beginn des Prüfungszeitraums sowie die Beschreibung der Veränderungen der Tätigkeitsbereiche und der Geschäftsstrategie innerhalb des Prüfungszeitraums;

2. Aufzeichnungen über Geschäftsbeziehungen des Steuerpflichtigen

    a) die Darstellung der Geschäftsbeziehungen des Steuerpflichtigen, Übersicht über Art und Umfang dieser Geschäftsbeziehungen, zum Beispiel Wareneinkauf, Dienstleistungen, Darlehensverhältnisse und andere Nutzungsüberlassungen sowie Kostenumlagen, und Übersicht über die den Geschäftsbeziehungen zugrunde liegenden Verträge und der Veränderungen innerhalb des Prüfungszeitraums,

    b) die Auflistung der wesentlichen immateriellen Werte, die dem Steuerpflichtigen gehören und die er im Rahmen seiner Geschäftsbeziehungen nutzt oder zur Nutzung überlässt;

3. Funktions- und Risikoanalyse:

    a) Informationen über

        aa) die im Rahmen der Geschäftsbeziehungen ausgeübten Funktionen und übernommenen Risiken zu Beginn des

Prüfungszeitraums sowie über die Veränderungen dieser Funktionen und Risiken innerhalb des Prüfungszeitraums,

        bb) die eingesetzten wesentlichen Vermögenswerte,

        cc) die vereinbarten Vertragsbedingungen,

        dd) gewählte Geschäftsstrategien sowie

        ee) die Markt- und Wettbewerbsverhältnisse, die für die Besteuerung von Bedeutung sind,

    b) Beschreibung der Wertschöpfungskette und Darstellung der Wertschöpfungsbeiträge des Steuerpflichtigen; § 1 Absatz 3 Satz 4 ist zu beachten;

4. Verrechnungspreisanalyse:

    a) Zeitpunkt der Verrechnungspreisbestimmung,

    b) Aufzeichnung der im Zeitpunkt der Verrechnungspreisbestimmung verfügbaren und zur Preisbestimmung verwendeten Informationen, die für die Besteuerung von Bedeutung sind,

    c) Darstellung der angewandten Verrechnungspreismethode,

    d) Begründung der Auswahl und der Geeignetheit der angewandten Verrechnungspreismethode,

    e) Unterlagen über die Berechnungen bei der Anwendung der gewählten Verrechnungspreismethode,

    f) Auflistung und Beschreibung verwendeter vergleichbarer interner oder externer Geschäftsvorfälle.

(2) Zu den in Absatz 1 genannten Aufzeichnungen gehören nach den Verhältnissen des Einzelfalls folgende weitere Aufzeichnungen:

1. Informationen über Sonderumstände wie Maßnahmen zum Vorteilsausgleich, soweit sie die Bestimmung der Verrechnungspreise des Steuerpflichtigen beeinflussen können;

2. bei Umlagen die Verträge, gegebenenfalls in Verbindung mit den Anhängen, den Anlagen und den Zusatzvereinbarungen, die Unterlagen über die Anwendung des Aufteilungsschlüssels und über den erwarteten Nutzen für alle Beteiligten sowie die Unterlagen über die Art und den Umfang der Rechnungskontrolle, über die Anpassung an veränderte Verhältnisse, über die Zugriffsberechtigung auf die Unterlagen des leistungserbringenden Unternehmens und über die Zuordnung von Nutzungsrechten;

3. Informationen über beantragte oder abgeschlossene Verständigungs- oder Schiedsstellenverfahren anderer Staaten sowie über unilaterale Verrechnungspreiszusagen und sonstige steuerliche Vorabzusagen ausländischer Steuerverwaltungen, die die Geschäftsbeziehungen des Steuerpflichtigen berühren;

4. Aufzeichnungen über Preisanpassungen beim Steuerpflichtigen, auch wenn diese die Folge von Verrechnungspreiskorrekturen oder Vorabzusagen ausländischer Finanzbehörden bei dem Steuerpflichtigen nahestehenden Personen sind;

5. Aufzeichnungen über die Ursachen von Verlusten und über Vorkehrungen des Steuerpflichtigen oder ihm nahestehender Personen zur Beseitigung der Verlustsituation, wenn der Steuerpflichtige in mehr als drei aufeinander folgenden Wirtschaftsjahren aus Geschäftsbeziehungen einen steuerlichen Verlust ausweist;

6. in Fällen von Funktions- und Risikoänderungen im Sinne des § 3 Absatz 2 Aufzeichnungen über Forschungsvorhaben und laufende Forschungstätigkeiten, die im Zusammenhang mit einer Funktionsänderung stehen können und in den drei Jahren vor Durchführung der Funktionsänderung stattfanden oder abgeschlossen worden sind; die Aufzeichnungen müssen mindestens Angaben über den genauen Gegenstand der Forschungen und die insgesamt jeweils zuzuordnenden Kosten enthalten. Dies gilt nur, soweit ein Steuerpflichtiger Forschung und Entwicklung betreibt und Unterlagen über seine Forschungs- und Entwicklungsarbeiten erstellt, aus denen die genannten Aufzeichnungen abgeleitet werden können.

(3) Verwendet der Steuerpflichtige für die Bestimmung seiner Verrechnungspreise Datenbanken, muss er die von ihm dabei verwendete Suchstrategie, die dabei verwendeten Suchkriterien, das Suchergebnis und den außerhalb der Datenbank durchgeführten weiteren Selektionsprozess (Suchprozess) umfassend offenlegen. Der gesamte Suchprozess des Steuerpflichtigen muss nachvollziehbar und zum Zeitpunkt der Außenprüfung prüfbar sein. Die Konfiguration der Datenbank, mit der der konkrete Suchprozess durchgeführt wurde, ist vollständig zu dokumentieren. § 147 Absatz 6 der Abgabenordnung gilt sinngemäß.

§ 5 Stammdokumentation

(1) Steuerpflichtige, die nach § 90 Absatz 3 Satz 3 und 4 der Abgabenordnung eine Stammdokumentation zu erstellen haben, haben die in der Anlage zu dieser Verordnung aufgeführten Aufzeichnungen zu erstellen und entsprechende Unterlagen vorzulegen, um der Finanzbehörde einen Überblick über die Art der weltweiten Geschäftstätigkeit der Unternehmensgruppe und über die Systematik der Verrechnungspreisbestimmung, die die Unternehmensgruppe anwendet, zu ermöglichen. Der Steuerpflichtige kann auch Aufzeichnungen verwenden, die von einem anderen Unternehmen derselben Unternehmensgruppe erstellt wurden. Soweit erforderlich, sind diese Aufzeichnungen um weitere Angaben entsprechend der Anlage zu dieser Verordnung zu ergänzen. § 2 Absatz 5 bleibt unberührt.

(2) Der Steuerpflichtige soll bei der Erstellung der Stammdokumentation eine vernünftige kaufmännische Beurteilung zugrunde legen, um die mit der Stammdokumentation verbundenen Ziele mit angemessenem Aufwand zu erreichen.

§ 6 Anwendungsregelungen für kleinere Unternehmen und für Steuerpflichtige mit anderen als Gewinneinkünften

(1) Für Steuerpflichtige, die aus Geschäftsbeziehungen andere Einkünfte als Gewinneinkünfte beziehen, und für kleinere Unternehmen gelten die in § 90 Absatz 3

GAufzV

Satz 1 bis 4 und 8 der Abgabenordnung und die in dieser Verordnung bezeichneten Aufzeichnungspflichten vorbehaltlich Satz 2 als erfüllt, soweit die gegenüber den Finanzbehörden zu erteilenden Auskünfte den Anforderungen des § 2 Absatz 1 entsprechen und durch die Vorlage vorhandener Unterlagen auf Anforderung des Finanzamts belegt werden. Die in § 90 Absatz 3 Satz 7 und 8 der Abgabenordnung genannten Fristen sind einzuhalten.

(2) Kleinere Unternehmen im Sinne des Absatzes 1 sind Unternehmen, bei denen im laufenden Wirtschaftsjahr

1. die Summe der Entgelte für die Lieferung von Gütern oder Waren aus Geschäftsbeziehungen mit nahestehenden Personen im Sinne des § 1 Absatz 2 des Außensteuergesetzes sechs Millionen Euro nicht übersteigt und

2. die Summe der Vergütungen für andere Leistungen als die Lieferung von Gütern oder Waren aus Geschäftsbeziehungen mit nahestehenden Personen im Sinne des § 1 Absatz 2 des Außensteuergesetzes nicht mehr als 600 000 Euro beträgt.

Werden die in Satz 1 genannten Beträge in einem Wirtschaftsjahr überschritten, ist Absatz 1 ab dem darauf folgenden Wirtschaftsjahr nicht mehr anzuwenden. Unterschreitet ein Unternehmen, das nicht nach Absatz 1 begünstigt ist, die genannten Beträge in einem Wirtschaftsjahr, ist es im darauf folgenden Wirtschaftsjahr als kleineres Unternehmen im Sinne des Satzes 1 zu behandeln.

(3) Zusammenhängende inländische Unternehmen im Sinne der §§ 13, 18 und 19 der Betriebsprüfungsordnung vom 15. März 2000 (BStBl I S. 368) in der jeweils geltenden Fassung und inländische Betriebsstätten von dem Steuerpflichtigen nahestehenden Personen sind für die Prüfung der Betragsgrenzen nach Absatz 2 zusammenzurechnen.

§ 7 Schlussvorschrift

Diese Verordnung ist erstmals für Wirtschaftsjahre anzuwenden, die nach dem 31. Dezember 2016 beginnen.

§ 8 Inkrafttreten, Außerkrafttreten

Diese Verordnung tritt am Tag nach der Verkündung in Kraft. Gleichzeitig tritt die Gewinnabgrenzungsaufzeichnungsverordnung vom 13. November 2003 (BGBl. I S. 2296), die zuletzt durch Artikel 7 des Gesetzes vom 26. Juni 2013 (BGBl. I S. 1809) geändert worden ist, außer Kraft.

AEAO zu § 90 - Mitwirkungspflichten der Beteiligten:

Wegen der erhöhten Mitwirkungs- und Dokumentationspflichten nach § 90 Abs. 2 und 3 AO bei Auslandssachverhalten, der Grundsätze für die Prüfung der Einkunftsabgrenzung zwischen international verbundenen Unternehmen sowie der Folgen etwaiger Pflichtverletzungen wird auf das BMF-Schreiben vom 3.12.2020, BStBl I S. 1325[1] verwiesen.

---

[1] Im Anhang 20 abgedruckt.

§ 91 Anhörung Beteiligter (S 0226)

(1) ¹Bevor ein Verwaltungsakt erlassen wird, der in Rechte eines Beteiligten eingreift, soll diesem Gelegenheit gegeben werden, sich zu den für die Entscheidung erheblichen Tatsachen zu äußern. ²Dies gilt insbesondere, wenn von dem in der Steuererklärung erklärten Sachverhalt zuungunsten des Steuerpflichtigen wesentlich abgewichen werden soll.

(2) Von der Anhörung kann abgesehen werden, wenn sie nach den Umständen des Einzelfalls nicht geboten ist, insbesondere wenn

1. eine sofortige Entscheidung wegen Gefahr im Verzug oder im öffentlichen Interesse notwendig erscheint,

2. durch die Anhörung die Einhaltung einer für die Entscheidung maßgeblichen Frist in Frage gestellt würde,

3. von den tatsächlichen Angaben eines Beteiligten, die dieser in einem Antrag oder einer Erklärung gemacht hat, nicht zu seinen Ungunsten abgewichen werden soll,

4. die Finanzbehörde eine Allgemeinverfügung oder gleichartige Verwaltungsakte in größerer Zahl oder Verwaltungsakte mit Hilfe automatischer Einrichtungen erlassen will,

5. Maßnahmen in der Vollstreckung getroffen werden sollen.

(3) Eine Anhörung unterbleibt, wenn ihr ein zwingendes öffentliches Interesse entgegensteht.

AEAO zu § 91 - Anhörung Beteiligter:

1. Im Besteuerungsverfahren äußert sich der Beteiligte zu den für die Entscheidung erheblichen Tatsachen regelmäßig in der Steuererklärung. Will die Finanzbehörde von dem erklärten Sachverhalt zuungunsten des Beteiligten wesentlich abweichen, so muss sie den Beteiligten hiervon vor Erlass des Steuerbescheids oder sonstigen Verwaltungsakts unterrichten. Der persönlichen (ggf. fernmündlichen) Kontaktaufnahme mit dem Steuerpflichtigen kommt hierbei besondere Bedeutung zu. Sind die steuerlichen Auswirkungen der Abweichung nur gering, so genügt es, die Abweichung im Steuerbescheid zu erläutern.

2. Eine versehentlich unterbliebene Anhörung der Beteiligten kann nach Erlass des Steuerbescheids nachgeholt und die Fehlerhaftigkeit des Bescheids dadurch geheilt werden (§ 126 Abs. 1 Nr. 3 AO).

3. Ist die erforderliche Anhörung eines Beteiligten unterblieben und dadurch die rechtzeitige Anfechtung des Verwaltungsakts versäumt worden, so ist Wiedereinsetzung in den vorigen Stand zu gewähren (§ 126 Abs. 3 i. V. m. § 110 AO). Die unterlassene Anhörung ist im Allgemeinen nur dann für die Versäumung der Einspruchsfrist ursächlich, wenn die notwendigen Erläuterungen auch im Verwaltungsakt selbst unterblieben sind (BFH-Urteil vom 13.12.1984, VIII R 19/81, BStBl 1985 II S. 601).

4. Wegen des zwingenden öffentlichen Interesses (§ 91 Abs. 3 AO) Hinweis auf § 30 Abs. 4 Nr. 5 und § 106 AO, deren Grundsätze entsprechend anzuwenden sind.

§ 92 Beweismittel (S 0227)

¹**Die Finanzbehörde bedient sich der Beweismittel, die sie nach pflichtgemäßem Ermessen zur Ermittlung des Sachverhalts für erforderlich hält.** ²**Sie kann insbesondere**

1. **Auskünfte jeder Art von den Beteiligten und anderen Personen einholen,**
2. **Sachverständige zuziehen,**
3. **Urkunden und Akten beiziehen,**
4. **den Augenschein einnehmen.**

AEAO zu § 92 - Beweismittel:

Die Finanzbehörden sind verpflichtet, die Steuern nach Maßgabe der Gesetze gleichmäßig festzusetzen und zu erheben (§ 85 AO). Sie müssen dazu den steuererheblichen Sachverhalt von Amts wegen aufklären (§ 88 AO). Hierbei sind sie auf die gesetzlich vorgeschriebene Mitwirkung der Beteiligten (§ 90 AO) angewiesen.

Es besteht dabei zwar keine Verpflichtung der Finanzbehörden, in jedem Fall alle Angaben des Beteiligten auf Vollständigkeit und Richtigkeit zu prüfen (vgl. AEAO zu § 88); soweit die Finanzbehörde im Einzelfall jedoch Anlass dazu sieht, hat sie die Angaben des Beteiligten zu überprüfen. Anderenfalls ergäbe sich eine Steuerbelastung, die nahezu allein auf der Erklärungsbereitschaft und der Ehrlichkeit des einzelnen Beteiligten beruhte (vgl. BVerfG-Urteil vom 27.6.1991, 2 BvR 1493/89, BStBl II S. 654).

Die Finanzbehörde kann sich zur Ermittlung des steuerrelevanten Sachverhalts aller Beweismittel bedienen, die sie nach pflichtgemäßem Ermessen zur Ermittlung des Sachverhalts für erforderlich hält (§ 92 AO). Die Erforderlichkeit der Beweiserhebung ist von der Finanzbehörde nach den Umständen des jeweiligen Einzelfalles im Wege der Prognose zu beurteilen.

II. Beweis durch Auskünfte und Sachverständigengutachten

§ 93 Auskunftspflicht der Beteiligten und anderer Personen (S 0230)

(1) ¹Die Beteiligten und andere Personen haben der Finanzbehörde die zur Feststellung eines für die Besteuerung erheblichen Sachverhalts erforderlichen Auskünfte zu erteilen. ²Dies gilt auch für nicht rechtsfähige Vereinigungen, Vermögensmassen, Behörden und Betriebe gewerblicher Art der Körperschaften des öffentlichen Rechts. ³Andere Personen als die Beteiligten sollen erst dann zur Auskunft angehalten werden, wenn die Sachverhaltsaufklärung durch die Beteiligten nicht zum Ziel führt oder keinen Erfolg verspricht.

(1a) ¹Die Finanzbehörde darf an andere Personen als die Beteiligten Auskunftsersuchen über eine ihr noch unbekannte Anzahl von Sachverhalten mit dem Grunde nach bestimmbaren, ihr noch nicht bekannten Personen stellen (Sammelauskunftsersuchen). ²Voraussetzung für ein Sammelauskunftsersuchen ist, dass ein hinreichender Anlass für die Ermittlungen besteht und andere zumutbare Maßnahmen zur Sachverhaltsaufklärung keinen Erfolg versprechen. ³Absatz 1 Satz 3 ist nicht anzuwenden.

(2) ¹In dem Auskunftsersuchen ist anzugeben, worüber Auskünfte erteilt werden sollen und ob die Auskunft für die Besteuerung des Auskunftspflichtigen oder für die Besteuerung anderer Personen angefordert wird. ²Auskunftsersuchen haben auf Verlangen des Auskunftspflichtigen schriftlich zu ergehen.

(3) ¹Die Auskünfte sind wahrheitsgemäß nach bestem Wissen und Gewissen zu erteilen. ²Auskunftspflichtige, die nicht aus dem Gedächtnis Auskunft geben können, haben Bücher, Aufzeichnungen, Geschäftspapiere und andere Urkunden, die ihnen zur Verfügung stehen, einzusehen und, soweit nötig, Aufzeichnungen daraus zu entnehmen.

(4) ¹Der Auskunftspflichtige kann die Auskunft schriftlich, elektronisch, mündlich oder fernmündlich erteilen. ²Die Finanzbehörde kann verlangen, dass der Auskunftspflichtige schriftlich Auskunft erteilt, wenn dies sachdienlich ist.

(5) ¹Die Finanzbehörde kann anordnen, dass der Auskunftspflichtige eine mündliche Auskunft an Amtsstelle erteilt. ²Hierzu ist sie insbesondere dann befugt, wenn trotz Aufforderung eine schriftliche Auskunft nicht erteilt worden ist oder eine schriftliche Auskunft nicht zu einer Klärung des Sachverhalts geführt hat. ³Absatz 2 Satz 1 gilt entsprechend.

(6) ¹Auf Antrag des Auskunftspflichtigen ist über die mündliche Auskunft an Amtsstelle eine Niederschrift aufzunehmen. ²Die Niederschrift soll den Namen der anwesenden Personen, den Ort, den Tag und den wesentlichen Inhalt der Auskunft enthalten. ³Sie soll von dem Amtsträger, dem die mündliche Auskunft erteilt wird, und dem Auskunftspflichtigen unterschrieben werden. ⁴Den Beteiligten ist eine Abschrift der Niederschrift zu überlassen.

§ 93 Abgabenordnung

(7) ¹Ein automatisierter Abruf von Kontoinformationen nach § 93b ist nur zulässig, soweit

1. der Steuerpflichtige eine Steuerfestsetzung nach § 32d Absatz 6 des Einkommensteuergesetzes beantragt oder

2. (weggefallen)

und der Abruf in diesen Fällen zur Festsetzung der Einkommensteuer erforderlich ist oder er erforderlich ist

3. zur Feststellung von Einkünften nach den §§ 20 und 23 Absatz 1 des Einkommensteuergesetzes in Veranlagungszeiträumen bis einschließlich des Jahres 2008 oder

4. zur Erhebung von bundesgesetzlich geregelten Steuern oder Rückforderungsansprüchen bundesgesetzlich geregelter Steuererstattungen und Steuervergütungen oder

4a. zur Ermittlung, in welchen Fällen ein inländischer Steuerpflichtiger im Sinne des § 138 Absatz 2 Satz 1 Verfügungsberechtigter oder wirtschaftlich Berechtigter im Sinne des Geldwäschegesetzes eines Kontos oder Depots einer natürlichen Person, Körperschaft, Personenvereinigung oder Vermögensmasse mit Wohnsitz, gewöhnlichem Aufenthalt, Sitz, Hauptniederlassung oder Geschäftsleitung außerhalb des Geltungsbereichs dieses Gesetzes ist, oder

4b. zur Ermittlung der Besteuerungsgrundlagen in den Fällen des § 208 Absatz 1 Satz 1 Nummer 3 oder

4c. zur Durchführung der Amtshilfe für andere Mitgliedstaaten der Europäischen Union nach § 3a des EU- Amtshilfegesetzes oder

4d. zur Verifizierung der Kontoverbindung des Zuwendungsempfängers nach § 60b Absatz 2 Nummer 10, wenn dieser eine Änderung oder Ergänzung von Kontoverbindungen nach § 60b Absatz 5 beantragt,

oder

5. der Steuerpflichtige zustimmt oder die von ihm oder eine für ihn nach § 139b Absatz 10 Satz 1 an das Bundeszentralamt für Steuern übermittelte Kontoverbindung verifiziert werden soll.

²In diesen Fällen darf die Finanzbehörde oder in den Fällen des § 1 Absatz 2 die Gemeinde das Bundeszentralamt für Steuern ersuchen, bei den Kreditinstituten einzelne Daten aus den nach § 93b Absatz 1 und 1a zu führenden Dateisystemen abzurufen; in den Fällen des Satzes 1 Nummer 1 bis 4b darf ein Abrufersuchen nur dann erfolgen, wenn ein Auskunftsersuchen an den Steuerpflichtigen nicht zum Ziel geführt hat oder keinen Erfolg verspricht.

(8) ¹Das Bundeszentralamt für Steuern erteilt auf Ersuchen Auskunft über die in § 93b Absatz 1 und 1a bezeichneten Daten, ausgenommen die Identifikationsnummer nach § 139b,

1. den für die Verwaltung

a) der Grundsicherung für Arbeitsuchende nach dem Zweiten Buch Sozialgesetzbuch,

b) der Sozialhilfe nach dem Zwölften Buch Sozialgesetzbuch,

c) der Ausbildungsförderung nach dem Bundesausbildungsförderungsgesetz,

d) der Aufstiegsfortbildungsförderung nach dem Aufstiegsfortbildungsförderungsgesetz,

e) des Wohngeldes nach dem Wohngeldgesetz,

f) der Leistungen nach dem Asylbewerberleistungsgesetz und

g) des Zuschlags an Entgeltpunkten für langjährige Versicherung nach dem Sechsten Buch Sozialgesetzbuch

zuständigen Behörden, soweit dies zur Überprüfung des Vorliegens der Anspruchsvoraussetzungen erforderlich ist und ein vorheriges Auskunftsersuchen an die betroffene Person nicht zum Ziel geführt hat oder keinen Erfolg verspricht;

2. den Polizeivollzugsbehörden des Bundes und der Länder, soweit dies zur Abwehr einer erheblichen Gefahr für die öffentliche Sicherheit erforderlich ist, und

3. den Verfassungsschutzbehörden der Länder, soweit dies für ihre Aufgabenerfüllung erforderlich ist und durch Landesgesetz ausdrücklich zugelassen ist.

²Die für die Vollstreckung nach dem Verwaltungs-Vollstreckungsgesetz und nach den Verwaltungsvollstreckungsgesetzen der Länder zuständigen Behörden dürfen zur Durchführung der Vollstreckung das Bundeszentralamt für Steuern ersuchen, bei den Kreditinstituten die in § 93b Absatz 1 und 1a bezeichneten Daten, ausgenommen die Identifikationsnummer nach § 139b, abzurufen, wenn

1. die Ladung zu dem Termin zur Abgabe der Vermögensauskunft an den Vollstreckungsschuldner nicht zustellbar ist und

   a) die Anschrift, unter der die Zustellung ausgeführt werden sollte, mit der Anschrift übereinstimmt, die von einer der in § 755 Absatz 1 und 2 der Zivilprozessordnung genannten Stellen innerhalb von drei Monaten vor oder nach dem Zustellungsversuch mitgeteilt wurde, oder

   b) die Meldebehörde nach dem Zustellungsversuch die Auskunft erteilt, dass ihr keine derzeitige Anschrift des Vollstreckungsschuldners bekannt ist, oder

   c) die Meldebehörde innerhalb von drei Monaten vor Erlass der Vollstreckungsanordnung die Auskunft erteilt hat, dass ihr keine derzeitige Anschrift des Vollstreckungsschuldners bekannt ist;

2. der Vollstreckungsschuldner seiner Pflicht zur Abgabe der Vermögensauskunft in dem dem Ersuchen zugrundeliegenden Vollstreckungsverfahren nicht nachkommt oder

3. bei einer Vollstreckung in die in der Vermögensauskunft aufgeführten Vermögensgegenstände eine vollständige Befriedigung der Forderung nicht zu erwarten ist.

³Für andere Zwecke ist ein Abrufersuchen an das Bundeszentralamt für Steuern hinsichtlich der in § 93b Absatz 1 und 1a bezeichneten Daten, ausgenommen die Identifikationsnummer nach § 139b, nur zulässig, soweit dies durch ein Bundesgesetz ausdrücklich zugelassen ist.

(8a) ¹Kontenabrufersuchen an das Bundeszentralamt für Steuern sind nach amtlich vorgeschriebenem Datensatz über die amtlich bestimmten Schnittstellen zu übermitteln; § 87a Absatz 6 und § 87b Absatz 1 und 2 gelten entsprechend. ²Das Bundeszentralamt für Steuern kann Ausnahmen von der elektronischen Übermittlung zulassen. ³Das Bundeszentralamt für Steuern soll der ersuchenden Stelle die Ergebnisse des Kontenabrufs elektronisch übermitteln; § 87a Absatz 7 und 8 gilt entsprechend.

(9) ¹Vor einem Abrufersuchen nach Absatz 7 oder Absatz 8 ist die betroffene Person auf die Möglichkeit eines Kontenabrufs hinzuweisen; dies kann auch durch ausdrücklichen Hinweis in amtlichen Vordrucken und Merkblättern geschehen. ²Nach Durchführung eines Kontenabrufs ist die betroffene Person vom Ersuchenden über die Durchführung zu benachrichtigen. ³Ein Hinweis nach Satz 1 erster Halbsatz und eine Benachrichtigung nach Satz 2 unterbleiben,

1. soweit die Voraussetzungen des § 32b Absatz 1 vorliegen,

2. wenn die Überprüfung der Kontoverbindung ergibt, dass die betroffene Person über das nach § 139b Absatz 10 übermittelte Konto verfügungsberechtigt ist, oder

3. wenn die Information der betroffenen Person anderweitig gesetzlich ausgeschlossen ist.

⁴§ 32c Absatz 5 ist entsprechend anzuwenden. ⁵In den Fällen des Absatzes 8 gilt Satz 4 entsprechend, soweit gesetzlich nichts anderes bestimmt ist. ⁶Die Sätze 1 und 2 sind nicht anzuwenden in den Fällen des Absatzes 8 Satz 1 Nummer 2 oder 3 oder soweit dies bundesgesetzlich ausdrücklich bestimmt ist.

(10) Ein Abrufersuchen nach Absatz 7 oder Absatz 8 und dessen Ergebnis sind vom Ersuchenden zu dokumentieren.

AEAO zu § 93 - Auskunftspflicht der Beteiligten und anderer Personen:

1. **Auskunftsersuchen nach § 93 Abs. 1 Satz 1 und Abs. 1a AO**

    Auskunftsersuchen sind im gesamten Besteuerungsverfahren, d.h. auch im Rechtsbehelfsverfahren oder im Vollstreckungsverfahren (§ 249 Abs. 2 Satz 1 AO; BFH-Urteil vom 22.2.2000, VII R 73/98, BStBl II S. 366), möglich.

    Im Rahmen der Außenprüfung und der Steuerfahndung sind die Regelungen in §§ 200, 208, 210 und 211 AO zu beachten. Im Steuerstraf- und -bußgeldverfahren gelten nach § 385 Abs. 1 und § 410 Abs. 1 AO die Vorschriften der StPO und des OWiG.

1.1. Allgemeines / Voraussetzungen

1.1.1 Voraussetzung für ein Auskunftsersuchen ist, dass die Heranziehung eines Auskunftspflichtigen im Einzelfall aufgrund hinreichender konkreter Umstände oder aufgrund allgemeiner Erfahrungen geboten ist (vgl. BFH-Urteile vom 29.10.1986, VII R 82/85, BStBl 1988 II S. 359, und vom 18.3.1987, II R 35/86, BStBl II S. 419). Unzulässig sind Auskunftsersuchen „ins Blaue hinein" (vgl. BFH-Urteile vom 23.10.1990, VIII R 1/86, BStBl 1991 II S. 277, und vom 12.5.2016, II R 17/14, BStBl II S. 822). Darüber hinaus müssen die Auskunft zur Sachverhaltsaufklärung geeignet und notwendig, die Pflichterfüllung für den Betroffenen möglich und dessen Inanspruchnahme geeignet, erforderlich und zumutbar sein (vgl. BFH-Urteile vom 29.10.1986, VII R 82/85, a.a.O., und vom 24.10.1989, VII R 1/87, BStBl 1990 II S. 198).

Die Erforderlichkeit eines Auskunftsersuchens ist von der zuständigen Finanzbehörde nach den Umständen des Einzelfalles und unter Berücksichtigung allgemeiner Erfahrungen im Wege der Prognose zu beurteilen. Die Erforderlichkeit setzt keinen begründeten Verdacht voraus, dass steuerrechtliche Unregelmäßigkeiten vorliegen; es genügt, wenn aufgrund konkreter Momente oder aufgrund allgemeiner Erfahrungen ein Auskunftsersuchen angezeigt ist (vgl. BFH-Urteil vom 17.3.1992, VII R 122/91, BFH/NV S. 791). Nur wenn klar und eindeutig jeglicher Anhaltspunkt für die Steuererheblichkeit fehlt, ist ein Auskunftsverlangen rechtswidrig (BFH-Urteil vom 29.7.2015, X R 4/14, BStBl 2016 II S. 135).

1.1.2 Die Finanzämter können Auskunftsersuchen an die Beteiligten (§ 78 AO), aber auch an andere Personen richten, wenn das Ersuchen zur Feststellung eines für die Besteuerung erheblichen Sachverhalts erforderlich ist.

1.1.3 Die Finanzbehörde darf außerdem unter den Voraussetzungen des § 93 Abs. 1a AO Auskunftsersuchen über eine ihr noch unbekannte Anzahl von Sachverhalten mit dem Grunde nach bestimmbaren, ihr noch nicht bekannten Personen an Dritte stellen (Sammelauskunftsersuchen).

1.1.4 Im Auskunftsersuchen ist anzugeben, worüber Auskunft erteilt werden soll und für die Besteuerung welcher Person die Auskunft angefordert wird (§ 93 Abs. 2 Satz 1 AO). Zur Begründung des Ersuchens reicht im Allgemeinen die Angabe der Rechtsgrundlage sowie bei einem Auskunftsersuchen an einen Dritten der Hinweis aus, dass die Sachverhaltsaufklärung durch die Beteiligten nicht zum Ziele geführt hat oder keinen Erfolg verspricht. Eine Begründung des Auskunftsersuchens hinsichtlich der Frage, warum die Finanzbehörde einen bestimmten Auskunftspflichtigen vor einem anderen Auskunftsverpflichteten in Anspruch nimmt, ist nur erforderlich, wenn gewichtige Anhaltspunkte dafür bestehen, dass der andere vorrangig in Anspruch zu nehmen sein könnte (BFH-Urteil vom 22.2.2000, VII R 73/98, BStBl II S. 366).

1.1.5 Auskunftsersuchen nach § 93 Abs. 1 Satz 1 und Abs. 1a AO sind Verwaltungsakte i. S. d. § 118 AO. Für Auskunftsersuchen ist keine bestimmte Form vorgesehen (§ 119 Abs. 2 AO). Regelmäßig ist jedoch Schriftform angebracht (vgl. § 93 Abs. 2 Satz 2 AO). Im Auskunftsersuchen ist eine angemessene Frist zur Auskunftserteilung zu bestimmen sowie anzugeben, in welcher Form die Auskunft erteilt werden soll (vgl. § 93 Abs. 4 AO).

1.2. Zulässigkeit von Auskunftsersuchen an Dritte

1.2.1 Die Auskunftspflicht anderer Personen ist wie die prozessuale Zeugenpflicht eine allgemeine Staatsbürgerpflicht und verfassungsrechtlich unbedenklich (vgl. BFH-Urteil vom 22.2.2000, VII R 73/98, BStBl II S. 366, und Beschluss des BVerfG vom 15.11.2000, 1 BvR 1213/00, BStBl 2002 II S. 142). Eine Auskunftspflicht besteht nicht, soweit dem Dritten ein Auskunftsverweigerungsrecht zusteht (vgl. §§ 101 bis 103 AO). Zu Auskunftsersuchen gegenüber Telekommunikationdienstleistern vgl. AEAO zu § 93, Nr. 1.2.7.

1.2.2 Vor dem Auskunftsersuchen an Dritte ist im Regelfall der Steuerpflichtige zu befragen. Dieses Subsidiaritätsprinzip ist eine spezielle Ausprägung des Verhältnismäßigkeitsgrundsatzes. Es soll zum einen vermieden werden, dass Nichtbeteiligte Einblick in die steuerlich relevanten Verhältnisse des Beteiligten erhalten, zum anderen sollen dem Dritten die mit der Auskunft verbundenen Mühen erspart werden.

Die Finanzbehörde darf folglich - außerhalb des Steuerfahndungsverfahrens (vgl. § 208 Abs. 1 Satz 1 Nr. 2 und Nr. 3 i. V. m. Satz 3 AO) und von Sammelauskunftsersuchen nach § 93 Abs. 1a AO (vgl. dazu AEAO zu § 93, Nr. 1.2.5) - nur in atypischen Fällen vom Subsidiaritätsprinzip abweichen, wobei am Zweck der Vorschrift zu messen ist, ob ein solcher atypischer Fall vorliegt (vgl. BFH-Urteil vom 24.10.1989, VII R 1/87, BStBl 1990 II S. 198, m. w. N.).

Atypische Fälle liegen insbesondere vor, wenn

- der Beteiligte unbekannt ist (z. B. BFH-Urteil vom 4.10.2006, VIII R 53/04, BStBl 2007 II S. 227),

- der Beteiligte nicht mitwirkt (z. B. BFH-Urteil vom 30.3.1989, VII R 89/88, BStBl II S. 537) oder

- wenn die Finanzbehörde es im Rahmen einer vorweggenommenen Beweiswürdigung (Prognoseentscheidung) aufgrund offenkundiger oder konkret nachweisbarer Tatsachen als zwingend ansieht, dass der Versuch der Sachverhaltsaufklärung durch den Beteiligten erfolglos bleiben wird (vgl. BFH-Urteil vom 29.7.2015, X R 4/14, BStBl 2016 II S. 135); siehe dazu auch AEAO zu § 93, Nrn. 1.2.3 und 1.2.4.

1.2.3 Auskunftsersuchen an Dritte können insbesondere geboten sein, wenn die Beteiligten offenkundig keine eigenen Kenntnisse über den relevanten Sachverhalt besitzen und eine Auskunft daher ohne Hinzuziehung Dritter nicht erteilt werden kann; in diesem Fall ist das Auskunftsersuchen unmittelbar an denjenigen zu richten, der über die entsprechenden Kenntnisse verfügt.

1.2.4 Ein Auskunftsersuchen an einen Dritten kann aber auch geboten sein, wenn eine Auskunft des Beteiligten aufgrund offenkundiger oder konkret nachweisbarer Umstände von vorneherein als unwahr zu werten wäre oder wenn von vornherein feststeht, dass der Beteiligte nicht mitwirken wird (BFH-Urteil vom 29.7.2015, X R 4/14, a.a.O.).

1.2.5 Ein Sammelauskunftsersuchen gegenüber einem Dritten (§ 93 Abs. 1a AO) ist nur zulässig, wenn ein hinreichender Anlass für diese Form der Ermittlung besteht und die betroffenen Steuerpflichtigen nicht namentlich bekannt sind.

Ein hinreichender Anlass für ein Sammelauskunftsersuchen liegt insbesondere vor, wenn konkrete Anhaltspunkte für eine Steuerverkürzung oder für das Erlangen nicht gerechtfertigter Steuervorteile vorliegen. Das Gleiche gilt, wenn Erfahrungen aus vergleichbaren Sachverhalten eine Steuerverkürzung oder das Erlangen nicht gerechtfertigter Steuervorteile naheliegend erscheinen lassen. Ein strafrechtlicher Anfangsverdacht muss aber noch nicht vorliegen. Ermittlungen „ins Blaue hinein" sind auch hier unzulässig. Das Sammelauskunftsersuchen muss darüber hinaus auch verhältnismäßig und zumutbar sein. Der durch ein Sammelauskunftsersuchen ausgelöste Ermittlungsaufwand muss bei der Auskunftsperson in einem angemessenen Verhältnis zu der Bedeutung der Angelegenheit stehen.

1.2.6 Ein Dritter kann sich seinen Auskunftspflichten nicht mit dem Hinweis auf die Möglichkeit entziehen, auch andere seien zur gewünschten Auskunft in der Lage. § 93 Abs. 1 Satz 3 AO sieht keine Rangfolge vor, welche von mehreren - möglicherweise - als Auskunftspflichtige in Betracht kommenden Personen in Anspruch zu nehmen ist (vgl. BFH-Urteil vom 22.2.2000, VII R 73/98, a.a.O.).

Die Auswahl hat nach pflichtgemäßem Ermessen zu erfolgen. Dabei ist auch eine Interessenabwägung zwischen den besonderen Belastungen, denen ein Auskunftsverpflichteter ausgesetzt ist, und dem Interesse der Allgemeinheit an der möglichst gleichmäßigen Festsetzung und Erhebung der Steueransprüche vorzunehmen. Die Beantwortung eines Auskunftsersuchens ist i. d. R. auch dann zumutbar, wenn mit dessen Befolgung eine nicht unverhältnismäßige Beeinträchtigung eigenwirtschaftlicher Interessen verbunden ist (vgl. BVerfG-Beschluss vom 15.11.2000, 1 BvR 1213/00, a.a.O).

1.2.7 Vor Befragung eines Dritten soll der Beteiligte, falls der Ermittlungszweck nicht gefährdet wird, über die Möglichkeit eines Auskunftsersuchens gegenüber Dritten informiert werden, um es gegebenenfalls abwenden zu können und damit zu verhindern, dass seine steuerlichen Verhältnisse Dritten bekannt werden. Falls der Ermittlungszweck nicht gefährdet wird, ist der Beteiligte über das Auskunftsersuchen zu informieren. Dies gilt nicht für Sammelauskunftsersuchen (vgl. § 93 Abs. 1a Satz 3 AO).

1.2.8 Bestandsdaten gem. § 3 Nr. 3 des TKG wie Name, Anschrift, Bankverbindung und Rufnummer des Anschlussinhabers unterliegen - im Gegensatz zu Verbindungsdaten - nicht dem Fernmeldegeheimnis nach § 88 TKG. § 88 Abs. 3 Satz 3 TKG steht daher einer Auskunftserteilung aufgrund von Auskunftsersuchen der Finanzbehörden nicht entgegen.

Richten die Finanzbehörden im Besteuerungsverfahren derartige Auskunftsersuchen an Unternehmen und Personen, die geschäftsmäßig Telekommunikationsdienste erbringen oder an der Erbringung solcher Dienste mitwirken, sind diese Unternehmen daher zur Auskunftserteilung verpflichtet. Art und Umfang der Auskunftserteilung bestimmt sich dabei ausschließlich nach § 93 AO (ggf. i. V. m. § 208 Abs. 1 Satz 1 Nr. 3 und Satz 3 AO). Entgegenstehende Regelungen in Allgemeinen Geschäftsbedingungen der o.g. Unternehmen und Personen treten demgegenüber zurück.

1.2.9 Können Bank- und Depotverbindungen des Steuerpflichtigen sowohl durch einen Kontenabruf als auch durch ein Auskunftsersuchen an Dritte ermittelt werden, ist bei der Auswahl des Ermittlungsinstruments auch zu berücksichtigen, dass ein Kontenabruf den Betroffenen im Einzelfall weniger beeinträchtigen kann als Auskunftsersuchen gegenüber Dritten. Denn anders als bei Auskunftsersuchen nach § 93 Abs. 1 AO erfährt bei Kontenabrufen kein Dritter von den steuerlichen Verhältnissen des Betroffenen, insbesondere vom Vorliegen von Steuerrückständen. Die Kreditinstitute dürfen von der Durchführung eines Kontenabrufs keine Kenntnis erlangen (§ 93b Abs. 4 AO i. V. m. § 24c Abs. 1 Satz 6 KWG). Daher kann ein Kontenabruf auch nicht zu negativen Folgen für einen Bankkunden führen.

2. Kontenabruf nach § 93 Abs. 7 AO in der ab dem 1.1.2018 geltenden Fassung

2.1 Die Finanzbehörde kann unter den Voraussetzungen des § 93 Abs. 7 AO bei den Kreditinstituten über das Bundeszentralamt für Steuern folgende Bestandsdaten zu Konten- und Depotverbindungen sowie Schließfächern abrufen:

- die Nummer eines Kontos, das der Verpflichtung zur Legitimationsprüfung i. S. d. § 154 Abs. 2 Satz 1 AO unterliegt, eines Depots oder eines Schließfachs,

- der Tag der Errichtung und der Tag der Beendigung oder Auflösung des Kontos, Depots oder Schließfachs,

- der Name sowie bei natürlichen Personen der Tag der Geburt des Inhabers und eines Verfügungsberechtigten sowie

- der Name und eine erhobene Anschrift eines abweichend wirtschaftlich Berechtigten (§ 3 GwG).

Kontenbewegungen und Kontenstände können auf diesem Weg nicht ermittelt werden.

Die Verpflichtung der Kreditinstitute, Daten für einen Kontenabruf durch das BZSt bereitzuhalten, ergibt sich unmittelbar aus § 93b AO i. V. m. § 24c KWG und bedarf daher keines Verwaltungsaktes.

2.2 Ein Kontenabruf nach § 93 Abs. 7 AO ist nur in den gesetzlich abschließend aufgezählten Fällen möglich.

2.2.1 Steuerpflichtige, deren persönlicher Steuersatz niedriger ist als der Abgeltungsteuersatz, können nach § 32d Abs. 6 EStG beantragen, dass ihre Einkünfte nach § 20 EStG im Rahmen einer Einkommensteuerveranlagung ihrem individuellen niedrigeren Steuersatz unterworfen werden (Günstigerprüfung). In diesem Fall muss der Steuerpflichtige sämtliche Kapitalerträge erklären (§ 32d Abs. 6 Satz 2 und 3 EStG). Die Finanzbehörden müssen daher prüfen können, ob neben den erklärten Einkünften noch andere Einkünfte nach § 20 EStG vorliegen (vgl. § 93 Abs. 7 Satz 1 Nr. 1 AO).

2.2.2 In den Fällen des § 2 Abs. 5b Satz 2 EStG ist - letztmals für den Veranlagungszeitraum 2011 - die Kenntnis aller vom Steuerpflichtigen erzielten Kapitalerträge i. S. d. § 32d Abs. 1 und § 43 Abs. 5 EStG erforderlich. Die Finanzbehörden müssen deshalb prüfen können, ob neben erklärten Einnahmen bisher nicht erklärte Kapitalerträge vorliegen (vgl. § 93 Abs. 7 Satz 1 Nr. 2 AO in der bis 31.12.2011 geltenden Fassung). Die am 31.12.2011 geltende Fassung des § 93 Abs. 7 Satz 1 Nr. 2 AO ist nach Art. 97 § 26 EGAO für Veranlagungszeiträume vor 2012 weiterhin anzuwenden.

2.2.3 § 93 Abs. 7 Satz 1 Nr. 3 AO dient der Verifikation von Einkünften nach § 20 und § 23 Abs. 1 EStG für die Veranlagungszeiträume bis einschließlich 2008.

2.2.4 Nach § 93 Abs. 7 Satz 1 Nr. 4 AO ist ein Kontenabruf zulässig, wenn er zur Erhebung (einschließlich der Vollstreckung) von bundesgesetzlich geregelten Steuern oder Rückforderungsansprüchen bundesgesetzlich geregelter Steuererstattungen und Steuervergütungen, mithin auch von Landessteuern, die durch Bundesgesetz geregelt sind, erforderlich ist (zur Erforderlichkeit vgl. AEAO zu § 93, Nr. 2.3). Bei der Geltendmachung von Haftungsansprüchen ist ein Kontenabruf nach § 93 Abs. 7 Satz 1 Nr. 4 AO nur zur Erhebung (einschließlich der Vollstreckung) von Haftungsansprüchen zulässig, nicht zur Vorbereitung der Festsetzung eines Haftungsanspruchs.

2.2.5 Nach § 93 Abs. 7 Satz 1 Nr. 4a AO ist ein Kontenabruf zulässig zur Ermittlung, in welchen Fällen ein inländischer Steuerpflichtiger, der Aktivitäten i. S. d. § 138 Abs. 2 Satz 1 AO entfaltet, Verfügungsberechtigter oder wirtschaftlich Berechtigter (§ 3 GwG) eines Kontos oder Depots einer natürlichen Person, Personengesellschaft, Körperschaft, Personenvereinigung oder Vermögensmasse mit Wohnsitz, gewöhnlichem Aufenthalt, Sitz, Hauptniederlassung oder Geschäftsleitung außerhalb des Geltungsbereichs der AO ist.

2.2.6 Nach § 93 Abs. 7 Satz 1 Nr. 4b AO ist ein Kontenabruf zur Ermittlung der Besteuerungsgrundlagen in Verfahren nach § 208 Abs. 1 Satz 1 Nr. 3 AO (Aufdeckung unbekannter Steuerfälle) zulässig.

2.2.7 In den Fällen der Nrn. 2.2.1 bis 2.2.3 des AEAO zu § 93 ist ein Kontenabruf nur zulässig, wenn er im Einzelfall zur Festsetzung der Einkommensteuer erforderlich ist (vgl. dazu AEAO zu § 93, Nr. 2.3).

Des Weiteren darf in den Fällen der Nrn. 2.2.1 bis 2.2.6 des AEAO zu § 93 ein Abrufersuchen nur dann erfolgen, wenn ein Auskunftsersuchen an den Steuerpflichtigen nicht zum Ziel geführt hat oder keinen Erfolg verspricht (§ 93 Abs. 7 Satz 2 AO).

Da im Vollstreckungsverfahren eine Gefährdung der Ermittlungszwecke zu befürchten ist, wenn der säumige Steuerschuldner vor einem Kontenabruf individuell informiert würde, muss eine Information des Betroffenen vor Durchführung eines Kontenabrufs nach § 93 Abs. 7 Satz 1 Nr. 4 AO unterbleiben (vgl. § 93 Abs. 9 Satz 3 AO). Es reicht aus, dass säumige Steuerschuldner in der Zahlungserinnerung auf die Möglichkeiten der Zwangsvollstreckung (einschließlich der Möglichkeit eines Kontenabrufs) hingewiesen werden (§ 93 Abs. 9 Satz 1 zweiter Halbsatz AO).

Bei der Ermittlung unbekannter Steuerfälle nach § 208 Abs. 1 Satz 1 Nr. 3 AO kann sich durch eine vorherige Information eines möglicherweise Betroffenen ebenfalls eine Gefährdung der Ermittlungen ergeben. In diesem Fall muss eine Information des Verfügungsberechtigten oder wirtschaftlich Berechtigten vor Durchführung eines Kontenabrufs gem. § 93 Abs. 9 Satz 3 AO unterbleiben.

2.2.8 Darüber hinaus ist ein Kontenabruf nur mit Zustimmung des Steuerpflichtigen zulässig (§ 93 Abs. 7 Satz 1 Nr. 5 AO). Der Steuerpflichtige kann seine Zustimmung zu einem Kontenabruf auf Aufforderung der Finanzverwaltung oder unaufgefordert erteilen.

Wenn die Finanzbehörde eine Überprüfung der Angaben des Steuerpflichtigen mittels eines Kontenabrufs für erforderlich hält, weil sie Zweifel daran hat, ob die Angaben des Steuerpflichtigen vollständig und richtig sind, kann sie ihn nach § 93 Abs. 7 Satz 1 Nr. 5 AO auffordern, zur Aufklärung des Sachverhalts einem Kontenabruf zuzustimmen.

In Betracht kommen insbesondere Fälle, in denen aufgeklärt werden soll, ob der Steuerpflichtige betriebliche Erlöse zutreffend in seiner Buchführung erfasst hat oder ob steuerpflichtige Einnahmen auf „private" Konten geflossen sind. Die Finanzbehörden können den Steuerpflichtigen auch dann zur Zustimmung zu einem Kontenabruf auffordern, wenn noch kein strafrechtlicher Anfangsverdacht vorliegt.

Erteilt der Steuerpflichtige trotz Aufforderung die Zustimmung zu einem Kontenabruf nicht und bestehen tatsächliche Anhaltspunkte für die Unrichtigkeit oder Unvollständigkeit der vom Steuerpflichtigen gemachten Angaben zu steuerpflichtigen Einnahmen oder Betriebsvermögensmehrungen, sind die Besteuerungsgrundlagen nach § 162 Abs. 2 Satz 2 AO zu schätzen (vgl. auch AEAO zu § 162, Nr. 6).

2.2.9 Für Besteuerungsverfahren, auf die die AO nach § 1 AO nicht unmittelbar anwendbar ist, ist ein Kontenabruf nach § 93 Abs. 7 AO nicht zulässig. Für strafrechtliche Zwecke kann ein Kontenabruf nur nach § 24c KWG erfolgen.

Der Kontenabruf entspricht einer elektronischen Einnahme des Augenscheins und stellt einen Realakt dar.

2.3 Ein Kontenabruf steht im Ermessen der Finanzbehörde und kann nur anlassbezogen und zielgerichtet erfolgen und muss sich auf eine eindeutig bestimmte Person beziehen. Bei der Ausübung des Ermessens sind die Grundsätze der Gleichmäßigkeit der Besteuerung, der Verhältnismäßigkeit der Mittel, der Erforderlichkeit, der Zumutbarkeit, der Billigkeit und von Treu und Glauben sowie das Willkürverbot und das Übermaßverbot zu beachten (vgl. AEAO zu § 5, Nr. 1 AO).

Die Erforderlichkeit, die von der Finanzbehörde im Einzelfall im Wege einer Prognose zu beurteilen ist, setzt keinen begründeten Verdacht dafür voraus, dass steuerrechtliche Unregelmäßigkeiten vorliegen. Es genügt vielmehr, wenn aufgrund konkreter Momente oder aufgrund allgemeiner Erfahrungen ein Kontenabruf angezeigt ist (vgl. BVerfG-Beschluss vom 13.6.2007,1 BvR 1550/03, 1 BvR 2357/04, 1 BvR 603/05, BStBl II S. 896).

Abgabenordnung	§ 93

2.4 Die Verantwortung für die Zulässigkeit des Datenabrufs und der Datenübermittlung trägt die ersuchende Finanzbehörde (§ 93b Abs. 3 AO). Das BZSt darf lediglich prüfen, ob das Ersuchen plausibel ist.

2.5 Ein Kontenabruf nach § 93 Abs. 7 AO ist auch zulässig, um Konten oder Depots zu ermitteln, hinsichtlich derer der Steuerpflichtige zwar nicht Verfügungsberechtigter, aber wirtschaftlich Berechtigter ist. Dies gilt auch dann, wenn der Verfügungsberechtigte nach § 102 AO die Auskunft verweigern könnte (z. B. im Fall von Anderkonten von Anwälten). Denn ein Kontenabruf erfolgt bei dem Kreditinstitut und nicht bei dem Berufsgeheimnisträger. Das Kreditinstitut hat aber kein Auskunftsverweigerungsrecht und muss daher auch nach § 93 Abs. 1 Satz 1 AO Auskunft geben darüber, ob bei festgestellten Konten eines Berufsgeheimnisträgers eine andere Person wirtschaftlich Berechtigter ist. Das Vertrauensverhältnis zwischen dem Berufsgeheimnisträger und seinem Mandanten bleibt dadurch unberührt.

Ein Kontenabruf nach § 93 Abs. 7 AO ist auch im Besteuerungsverfahren eines Berufsgeheimnisträgers i. S. d. § 102 AO grundsätzlich zulässig. Bei der gebotenen Ermessensentscheidung (vgl. AEAO zu § 93, Nr. 2.3) ist in diesem Fall zusätzlich eine Güterabwägung zwischen der besonderen Bedeutung der Verschwiegenheitspflicht des Berufsgeheimnisträgers und der Bedeutung der Gleichmäßigkeit der Besteuerung unter Berücksichtigung des Verhältnismäßigkeitsprinzips vorzunehmen (vgl. BVerfG-Urteil vom 30.3.2004, 2 BvR 1520/01, 2 BvR 1521/01, BVerfGE S. 110, 226, und BFH-Urteil vom 26.2.2004, IV R 50/01, BStBl II S. 502). Über Anderkonten eines Berufsgeheimnisträgers i. S. d. § 102 AO, die durch einen Kontenabruf im Besteuerungsverfahren des Berufsgeheimnisträgers festgestellt werden, sind keine Kontrollmitteilungen zu fertigen.

2.6 Ob die Sachaufklärung durch den Beteiligten zum Ziel führt oder Erfolg verspricht oder ob dies nicht zutrifft, ist eine Frage der Beweiswürdigung (vgl. AEAO zu § 93, Nrn. 1.2.2 und 1.2.3). Diese Beweiswürdigung obliegt der Finanzbehörde.

Die Finanzbehörde soll zunächst dem Beteiligten Gelegenheit geben, Auskunft über seine Konten und Depots zu erteilen und ggf. entsprechende Unterlagen (z. B. Konto- oder Depotauszüge) vorzulegen, es sei denn, der Ermittlungszweck würde dadurch gefährdet. Hierbei soll auch bereits darauf hingewiesen werden, dass die Finanzbehörde unter den Voraussetzungen des § 93 Abs. 7 AO einen Kontenabruf durchführen lassen oder bei Verweigerung der Zustimmung zu einem Kontenabruf nach § 93 Abs. 7 Satz 1 Nr. 5 AO die Besteuerungsgrundlagen nach § 162 Abs. 2 Satz 2 AO schätzen kann, wenn die Sachaufklärung durch den Beteiligten nicht zum Ziel führt.

2.7 Hat sich durch einen Kontenabruf herausgestellt, dass Konten oder Depots vorhanden sind, die der Beteiligte auf Nachfrage (vgl. AEAO zu § 93, Nr. 2.6) nicht angegeben hat, ist er über das Ergebnis des Kontenabrufs zu informieren (§ 93 Abs. 9 Satz 2 AO). Hierbei ist der Beteiligte darauf hinzuweisen, dass die Finanzbehörde das betroffene Kreditinstitut nach § 93 Abs. 1 Satz 1 AO um Auskunft ersuchen kann, wenn ihre Zweifel durch die Auskunft des Beteiligten nicht ausgeräumt werden.

Würde durch eine vorhergehende Information des Beteiligten der Ermittlungszweck gefährdet (§ 93 Abs. 9 Satz 3 AO) oder ergibt sich aus den Umständen des Einzelfalles, dass eine Aufklärung durch den Beteiligten selbst nicht zu erwarten ist, kann sich die Finanzbehörde nach § 93 Abs. 1 Satz 1 AO unmittelbar an die betreffenden Kreditinstitute wenden bzw. andere erforderliche Maßnahmen ergreifen. In diesen Fällen ist der Beteiligte nachträglich über die Durchführung des Kontenabrufs zu informieren.

2.8 Wurden die Angaben des Beteiligten durch einen Kontenabruf bestätigt, ist der Beteiligte gleichwohl über die Durchführung des Kontenabrufs zu informieren, z. B. durch eine Erläuterung im Steuerbescheid: „Es wurde ein Kontenabruf nach § 93 Abs. 7 AO durchgeführt."

2.9 Die Rechtmäßigkeit eines Kontenabrufs nach § 93 Abs. 7 AO kann vom Finanzgericht im Rahmen der Überprüfung des Steuerbescheids oder eines anderen Verwaltungsakts, zu dessen Vorbereitung der Kontenabruf vorgenommen wurde, oder isoliert im Wege der Leistungs- oder (Fortsetzungs-) Feststellungsklage überprüft werden (vgl. BVerfG-Beschluss vom 4.2.2005, 2 BvR 308/04, NJW 2005 S. 1637, unter Absatz-Nr. 19).

§ 93a Allgemeine Mitteilungspflichten (S 0229)

(1) ¹Zur Sicherung der Besteuerung nach § 85 kann die Bundesregierung durch Rechtsverordnung mit Zustimmung des Bundesrates Behörden und andere öffentliche Stellen einschließlich öffentlich-rechtlicher Rundfunkanstalten (§ 6 Absatz 1 bis 1c) verpflichten,

1. den Finanzbehörden Folgendes mitzuteilen:

    a) den Empfänger gewährter Leistungen sowie den Rechtsgrund, die Höhe, den Zeitpunkt dieser Leistungen und bei unbarer Auszahlung die Bankverbindung, auf die die Leistung erbracht wurde

    b) Verwaltungsakte und öffentlich-rechtliche Verträge, die für die betroffene Person die Versagung oder Einschränkung einer steuerlichen Vergünstigung zur Folge haben oder die der betroffenen Person steuerpflichtige Einnahmen ermöglichen,

    c) vergebene Subventionen und ähnliche Förderungsmaßnahmen sowie

    d) Anhaltspunkte für Schwarzarbeit, unerlaubte Arbeitnehmerüberlassung oder unerlaubte Ausländerbeschäftigung,

    e) die Adressaten und die Höhe von im Verfahren nach § 335 des Handelsgesetzbuchs festgesetzten Ordnungsgeldern;

2. den Empfänger im Sinne der Nummer 1 Buchstabe a über die Summe der jährlichen Leistungen sowie über die Auffassung der Finanzbehörden zu den daraus entstehenden Steuerpflichten zu unterrichten.

²In der Rechtsverordnung kann auch bestimmt werden, inwieweit die Mitteilungen nach Maßgabe des § 93c zu übermitteln sind oder übermittelt werden können; in diesem Fall ist § 72a Absatz 4 nicht anzuwenden. ³Die Verpflichtung der Behörden, anderer öffentlicher Stellen und der öffentlich-rechtlichen Rundfunkanstalten zu Mitteilungen, Auskünften, Anzeigen und zur Amtshilfe auf Grund anderer Vorschriften bleibt unberührt.

(2) ¹Schuldenverwaltungen, Kreditinstitute, Betriebe gewerblicher Art von juristischen Personen des öffentlichen Rechts im Sinne des Körperschaftsteuergesetzes, öffentliche Beteiligungsunternehmen ohne Hoheitsbefugnisse, Berufskammern und Versicherungsunternehmen sind von der Mitteilungspflicht ausgenommen. ²Dies gilt nicht, soweit die in Satz 1 genannten Stellen Aufgaben der öffentlichen Verwaltung wahrnehmen.

(3) ¹In der Rechtsverordnung sind die mitteilenden Stellen, die Verpflichtung zur Unterrichtung der betroffenen Personen, die mitzuteilenden Angaben und die für die Entgegennahme der Mitteilungen zuständigen Finanzbehörden näher zu bestimmen sowie der Umfang, der Zeitpunkt und das Verfahren der Mitteilung zu regeln. ²In der Rechtsverordnung können Ausnahmen von der Mitteilungspflicht, insbesondere für Fälle geringer steuerlicher Bedeutung, zugelassen werden.

(4) ¹Ist die mitteilungspflichtige Stelle nach der Mitteilungsverordnung verpflichtet, in der Mitteilung die Identifikationsnummer nach § 139b oder ein anderes steuerliches Ordnungsmerkmal

1. des Empfängers der gewährten Leistung im Sinne des Absatzes 1 Satz 1 Nummer 1 Buchstabe a,

2. des Inhaltsadressaten des Verwaltungsakts im Sinne des Absatzes 1 Satz 1 Nummer 1 Buchstabe b oder e,

3. des Empfängers der vergebenen Subvention im Sinne des Absatzes 1 Satz 1 Nummer 1 Buchstabe c oder

4. der betroffenen Personen im Sinne des Absatzes 1 Satz 1 Nummer 1 Buchstabe d

anzugeben, haben die Mitwirkungspflichtigen (§ 90) nach den Nummern 1 bis 4 der mitteilungspflichtigen Stelle diese Daten zu übermitteln. ²Wird der Mitwirkungspflicht nach Satz 1 nicht innerhalb von zwei Wochen nach Aufforderung durch die mitteilungspflichtige Stelle entsprochen und weder die Identifikationsnummer noch ein anderes steuerliches Ordnungsmerkmal übermittelt, hat die mitteilungspflichtige Stelle die Möglichkeit, die Identifikationsnummer der betroffenen Mitwirkungspflichtigen nach Satz 1 Nummer 1 bis 4 nach amtlich vorgeschriebenem Datensatz beim Bundeszentralamt für Steuern abzufragen. ³Die Abfrage ist mindestens zwei Wochen vor dem Zeitpunkt zu stellen, zu dem die Mitteilung nach der Mitteilungsverordnung zu übermitteln ist. ⁴In der Abfrage dürfen nur die in § 139b Absatz 3 genannten Daten der betroffenen Mitwirkungspflichtigen nach Satz 1 Nummer 1 bis 4 angegeben werden. ⁵Das Bundeszentralamt für Steuern entspricht dem Ersuchen, wenn die übermittelten Daten den beim Bundeszentralamt für Steuern hinterlegten Daten entsprechen.

Mitteilungsverordnung (MV)
vom 7.9.1993 (BGBl. I S. 1554, BStBl I S. 799) in der Fassung der Bekanntmachung vom 20.1.2025 (BGBl. I Nr. 14).

1. Teil – Allgemeine Vorschriften

§ 1 Grundsätze

(1) Behörden und andere öffentliche Stellen einschließlich öffentlich-rechtlicher Rundfunkanstalten (§ 6 Absatz 1 bis 1c der Abgabenordnung) sind verpflichtet, Mitteilungen an die Finanzbehörden nach Maßgabe der folgenden Vorschriften ohne Ersuchen zu übersenden. Dies gilt nicht, wenn die Finanzbehörden bereits auf Grund anderer Vorschriften über diese Tatbestände Mitteilungen erhalten. Eine Verpflichtung zur Mitteilung besteht auch dann nicht, wenn die Gefahr besteht, dass das Bekanntwerden des Inhalts der Mitteilung dem Wohl des Bundes oder eines deutschen Landes Nachteile bereiten würde. Ist eine mitteilungspflichtige Behörde einer obersten Dienstbehörde nachgeordnet, muss die oberste Behörde dem Unterlassen der Mitteilung zustimmen; die Zustimmung kann für bestimmte Fallgruppen allgemein erteilt werden.

(2) Auf Grund dieser Verordnung sind personenbezogene Daten, die dem Sozialgeheimnis unterliegen (§ 35 des Ersten Buches Sozialgesetzbuch), und nach Landesrecht zu erbringende Sozialleistungen nicht mitzuteilen.

§ 2 Allgemeine Zahlungsmitteilungen

(1) Behörden und andere öffentliche Stellen mit Ausnahme öffentlich-rechtlicher Rundfunkanstalten haben den Finanzbehörden alle Zahlungen mitzuteilen. Satz 1 gilt nicht, sofern

1. der Zahlungsempfänger zweifelsfrei im Rahmen einer land- und forstwirtschaftlichen, gewerblichen oder freiberuflichen Haupttätigkeit gehandelt hat und die Zahlung zweifelsfrei auf das Geschäftskonto des Zahlungsempfängers erfolgt,

2. ein Steuerabzug durchgeführt wird oder

3. die Zahlungen aufgrund anderweitiger Rechtsvorschriften den Finanzbehörden mitzuteilen sind.

Satz 2 Nummer 1 gilt nicht für Zahlungen an Berufsbetreuer im Sinne von § 292 des Gesetzes über das Verfahren in Familiensachen und in den Angelegenheiten der freiwilligen Gerichtsbarkeit sowie für Vergütungen an Sachverständige, Dolmetscher und Übersetzer im Sinne von Abschnitt 3 des Justizvergütungs- und -entschädigungsgesetzes.

(2) Die Finanzbehörden können Ausnahmen von der Mitteilungspflicht zulassen, wenn die Zahlungen geringe oder keine steuerliche Bedeutung haben.

(3) (weggefallen)

MV

§ 3 Honorare der Rundfunkanstalten

(1) Die öffentlich-rechtlichen Rundfunkanstalten haben Honorare für Leistungen freier Mitarbeiter mitzuteilen, die in unmittelbarem Zusammenhang mit der Vorbereitung, Herstellung oder Verbreitung von Hörfunk- und Fernsehsendungen erbracht werden. Das gilt nicht, wenn die Besteuerung den Regeln eines Abzugsverfahrens unterliegt oder wenn die Finanzbehörden auf Grund anderweitiger Regelungen Mitteilungen über die Honorare erhalten.

(2) Honorare im Sinne des Absatzes 1 sind alle Güter, die in Geld oder Geldeswert bestehen und dem Steuerpflichtigen für eine persönliche Leistung oder eine Verwertung im Sinne des Urheberrechtsgesetzes zufließen.

§ 4 Wegfall oder Einschränkung einer steuerlichen Vergünstigung

Behörden und andere öffentliche Stellen mit Ausnahme öffentlich-rechtlicher Rundfunkanstalten haben Verwaltungsakte und öffentlich-rechtliche Verträge mitzuteilen, die den Wegfall oder die Einschränkung einer steuerlichen Vergünstigung zur Folge haben können.

§ 4a Ordnungsgelder nach § 335 des Handelsgesetzbuchs

(1) Das Bundesamt für Justiz hat als mitteilungspflichtige Stelle im Sinne des § 93c Absatz 1 der Abgabenordnung den Finanzbehörden die Höhe von nach dem 31. Dezember 2021 in Verfahren nach § 335 des Handelsgesetzbuchs festgesetzten Ordnungsgeldern sowie die Daten zur Identifizierung des betroffenen publizitätsverpflichteten Unternehmens mitzuteilen, sofern das festgesetzte Ordnungsgeld mindestens 5 000 Euro beträgt. Abweichend von § 93c Absatz 1 Nummer 2 Buchstabe d der Abgabenordnung sind die Wirtschafts-Identifikationsnummer oder die Steuernummer in den Fällen nach Satz 1 dabei nur mitzuteilen, wenn sie dem Bundesamt für Justiz bekannt sind.

(2) Die den Finanzbehörden übermittelten Daten sind abweichend von § 93c Absatz 1 Nummer 4 der Abgabenordnung fünf Jahre aufzubewahren; die Frist beginnt mit dem Tag der Festsetzung des Ordnungsgelds. Weitergehende Aufbewahrungsbestimmungen aufgrund anderer Rechtsvorschriften bleiben unberührt. Wird die Festsetzung eines Ordnungsgelds in einem späteren Kalenderjahr ganz oder teilweise widerrufen, zurückgenommen oder aufgehoben, ist § 93c Absatz 3 der Abgabenordnung nicht anzuwenden.

§ 5 Ausgleichs- und Abfindungszahlungen nach dem Flurbereinigungsgesetz

Die Flurbereinigungsbehörden haben Ausgleichs- und Abfindungszahlungen nach dem Flurbereinigungsgesetz mitzuteilen.

§ 6 Gewerberechtliche Erlaubnisse und Gestattungen

(1) Behörden und andere öffentliche Stellen mit Ausnahme öffentlich-rechtlicher Rundfunkanstalten haben mitzuteilen

1. die Erteilung von Reisegewerbekarten,

2. zeitlich befristete Erlaubnisse sowie Gestattungen nach dem Gaststättengesetz,

3. Bescheinigungen über die Geeignetheit der Aufstellungsorte für Spielgeräte (§ 33c der Gewerbeordnung),

4. Erlaubnisse zur Veranstaltung anderer Spiele mit Gewinnmöglichkeit (§ 33d der Gewerbeordnung),

5. Festsetzungen von Messen, Ausstellungen, Märkten und Volksfesten (§ 69 der Gewerbeordnung),

6. Genehmigungen nach dem Personenbeförderungsgesetz zur Beförderung von Personen mit Kraftfahrzeugen im Linienverkehr, die Unternehmern mit Wohnsitz oder Sitz außerhalb des Geltungsbereichs des Personenbeförderungsgesetzes erteilt werden,

7. Erlaubnisse zur gewerbsmäßigen Arbeitnehmerüberlassung und

8. die gemäß der Verordnung (EWG) Nr. 2408/92 des Rates vom 23. Juli 1992 über den Zugang von Luftfahrtunternehmen der Gemeinschaft zu Strecken des innergemeinschaftlichen Flugverkehrs (ABl. EG Nr. L 240 S. 8) erteilten Genehmigungen, Verkehrsrechte auszuüben.

(2) Abweichend von § 1 Absatz 2 teilt die Bundesagentur für Arbeit nach Erteilung der erforderlichen Zusicherung folgende Daten der ausländischen Unternehmen mit, die auf Grund bilateraler Regierungsvereinbarungen über die Beschäftigung von Arbeitnehmern zur Ausführung von Werkverträgen tätig werden:

1. die Namen und Anschriften der ausländischen Vertragspartner des Werkvertrages,

2. den Beginn und die Ausführungsdauer des Werkvertrages und

3. den Ort der Durchführung des Werkvertrages.

§ 7 Ausnahmen von der Mitteilungspflicht über Zahlungen

(1) Zahlungen an Behörden und andere öffentliche Stellen, Betriebe gewerblicher Art von Körperschaften des öffentlichen Rechts oder Körperschaften, die steuerbegünstigte Zwecke im Sinne des Zweiten Teils Dritter Abschnitt der Abgabenordnung verfolgen, sind nicht mitzuteilen; maßgebend sind die Verhältnisse zum Zeitpunkt der Zahlung. Das gilt auch für Mitteilungen über Leistungen, die von Körperschaften des öffentlichen Rechts im Rahmen ihrer Beteiligungen an Unternehmen oder Einrichtungen des privaten Rechts erbracht werden.

(2) Mitteilungen über Zahlungen sind nicht zu übermitteln, wenn die von derselben mitteilungspflichtigen Stelle an denselben Empfänger geleisteten Zahlungen einschließlich von Vorauszahlungen im Kalenderjahr weniger als 3 000 Euro betragen. Zahlungen, die nach § 1 Absatz 2 oder § 2 nicht mitzuteilen sind, sind dabei nicht zu berücksichtigen.

(3) (weggefallen)

2. Teil – Mitteilungen

§ 8 Form, Inhalt und Zeitpunkt der Mitteilungen

(1) Die Mitteilungen sind den Finanzbehörden nach Maßgabe des § 93c der Abgabenordnung nach amtlich vorgeschriebenem Datensatz über die amtlich bestimmte Schnittstelle zu übermitteln. Zur Sicherstellung der Besteuerung sind neben den in § 93c Absatz 1 Nummer 2 der Abgabenordnung genannten Angaben auch folgende Angaben zu übermitteln:

1. bei Mitteilungen über Zahlungen:

    a) der Grund der Zahlung oder die Art des der Zahlung zugrundeliegenden Anspruchs,

    b) die Höhe der jeweils gewährten Zahlung,

    c) der Zeitraum oder Zeitpunkt, für den die Zahlung gewährt wird,

    d) das Datum der Zahlung oder der Zahlungsanordnung sowie

    e) bei unbarer Zahlung die Bankverbindung für das Konto, auf das die Leistung erbracht wurde.

2. bei Mitteilungen über Verwaltungsakte der Gegenstand und der Umfang der Genehmigung, Erlaubnis oder gewährten Leistung.

Werden mitzuteilende Zahlungen in einem späteren Kalenderjahr ganz oder teilweise zurückerstattet, ist die Rückzahlung abweichend von § 93c Absatz 3 der Abgabenordnung eigenständig und unter Angabe des Datums, an dem die Zahlung bei der mitteilungspflichtigen Stelle eingegangen ist, mitzuteilen.

(2) Mitteilungen nach § 6 Absatz 2 sind abweichend von § 93c Absatz 1 Nummer 1 der Abgabenordnung unverzüglich zu übermitteln. Mitteilungen nach den §§ 4 und 6 Absatz 1 sind abweichend von § 93c Absatz 1 Nummer 1 der Abgabenordnung mindestens vierteljährlich zu übermitteln.

(3) Mitteilungen nach den §§ 2 bis 6 für das Kalenderjahr 2024 sind bis 2. März 2026 elektronisch zu übermitteln. Liegen die Voraussetzungen für die elektronische Übermittlung von Mitteilungen nach den §§ 2 bis 6 für die Kalenderjahre 2024 und 2025 bei der mitteilungspflichtigen Stelle am 2. März 2026 noch nicht vor, kann die oberste Finanzbehörde des Landes, in dem die mitteilungspflichtige Stelle ihren Sitz hat, auf begründeten Antrag die Frist zur elektronischen Übermittlung der Mitteilungen höchstens bis 1. März 2027 verlängern. Soweit die mitteilungspflichtige Stelle Mitteilungen nach den §§ 2 bis 6 nicht elektronisch übermitteln kann, weil sie die nach dem amtlich vorgeschriebenen Datensatz zwingend erforderlichen Daten auch nach Ausschöpfung der ihr zumutbaren Ermittlungsmöglichkeiten nicht beschaffen kann, kann die oberste Finanzbehörde des Landes, in dem die mitteilungspflichtige Stelle ihren Sitz hat, auf begründeten Antrag unter Vorbehalt des Widerrufs mit Wirkung für die Zukunft gestatten, Mitteilungen nach den §§ 2 bis 6 für die Kalenderjahre ab 2024 nach amtlich vorgeschriebenem Formular an die oberste Landesfinanzbehörde oder die von ihr bestimmte Finanzbehörde schriftlich zu übersenden. Das Bundesministerium der Finanzen ist über eine Maßnahme nach Satz 2 oder Satz 3 zu unterrichten.

§§ 9 und 10

(weggefallen)

3. Teil – Unterrichtung des Betroffenen

§§ 11 und 12

(weggefallen)

4. Teil – Anwendungsbestimmung und Besondere Vorschriften

§ 13 Anwendungszeitpunkt

(1) Den Zeitpunkt der erstmaligen Anwendung des § 8 in der am 1. Januar 2025 geltenden Fassung bestimmt das Bundesministerium der Finanzen im Einvernehmen mit den obersten Finanzbehörden der Länder durch ein im Bundessteuerblatt zu veröffentlichendes Schreiben. Bis zu diesem Zeitpunkt sind die §§ 8 bis 12 in der am 31. Dezember 2024 geltenden Fassung weiter anzuwenden.

(2) § 4a in der am 1. Januar 2025 geltenden Fassung ist erstmals ab 1. Januar 2027 anzuwenden; bis 31. Dezember 2026 ist § 4a in der am 31. Dezember 2024 geltenden Fassung weiterhin anzuwenden. Wenn die technischen und organisatorischen Voraussetzungen für die Anwendung von § 4a in der am 1. Januar 2025 geltenden Fassung bereits zu einem früheren Zeitpunkt vorliegen, kann das Bundesministerium der Finanzen im Benehmen mit dem Bundesministerium der Justiz einen früheren erstmaligen Anwendungszeitpunkt bestimmen. Ein nach Satz 2 bestimmter Anwendungszeitpunkt ist im Bundessteuerblatt Teil I bekanntzugeben.

§ 13a Mitteilungen über Billigkeitsleistungen zur temporären Kostendämpfung des Erdgas- und Strompreisanstiegs nach dem Energiekostendämpfungsprogramm[1]

(1) Das Bundesamt für Wirtschaft und Ausfuhrkontrolle hat als mitteilungspflichtige Stelle (§ 93c Absatz 1 der Abgabenordnung) den Finanzbehörden aus Anlass des Erdgas- und Strompreisanstiegs nach dem Energiekostendämpfungsprogramm bewilligte Leistungen nach amtlich vorgeschriebenem Datensatz über die amtlich bestimmte Schnittstelle nach Maßgabe des § 93c der Abgabenordnung mitzuteilen.

(2) Zur Sicherstellung der Besteuerung sind neben den in § 93c Absatz 1 Nummer 2 der Abgabenordnung genannten Angaben folgende Angaben mitzuteilen:

1. die Art und die Höhe der jeweils gewährten Zahlung,
2. das Datum, an dem die Zahlung bewilligt wurde,
3. das Datum der Zahlung und
4. bei unbarer Zahlung die Bankverbindung für das Konto, auf das die Zahlungen geleistet wurden.

---

[1] § 13a tritt gemäß Artikel 11 Absatz 4 der Verordnung vom 19. Dezember 2022 (BGBl. I S. 2432) am 1. Januar 2030 außer Kraft

§ 93a   Abgabenordnung
MV

Werden nach Satz 1 mitzuteilende Zahlungen in einem späteren Kalenderjahr ganz oder teilweise zurückerstattet, ist die Rückzahlung abweichend von § 93c Absatz 3 der Abgabenordnung vom Bundesamt für Wirtschaft und Ausfuhrkontrolle unter Angabe des Datums, an dem die Zahlung bei ihm eingegangen ist, mitzuteilen.

(3) Mitteilungen über im Kalenderjahr 2022 ausgezahlte Leistungen sind abweichend von § 93c Absatz 1 Nummer 1 der Abgabenordnung nach Veröffentlichung des amtlich vorgeschriebenen Datensatzes und der Freigabe der amtlich bestimmten Schnittstelle bis zum 31. Dezember 2025 zu übermitteln. Das Bundesministerium der Finanzen kann im Einvernehmen mit den obersten Finanzbehörden der Länder die Frist nach Satz 1 durch ein im Bundessteuerblatt Teil I zu veröffentlichendes Schreiben verlängern, sofern die technischen Voraussetzungen für die Annahme der Mitteilungen nicht rechtzeitig vorliegen. Auf begründeten Antrag des Bundesamts für Wirtschaft und Ausfuhrkontrolle kann die oberste Finanzbehörde desjenigen Landes, in dem das Bundesamt für Wirtschaft und Ausfuhrkontrolle seinen Sitz hat, diesem die Frist nach den Sätzen 1 oder 2 um längstens zehn Monate verlängern, sofern die technischen Voraussetzungen für die Übersendung der Mitteilungen bei dem Bundesamt für Wirtschaft und Ausfuhrkontrolle nicht rechtzeitig vorliegen; das Bundesministerium der Finanzen ist über eine gewährte Fristverlängerung zu unterrichten.

(4) Von den Absätzen 1 bis 3 abweichende Bestimmungen dieser Verordnung sind nicht anzuwenden. § 1 Absatz 2 und § 2 Absatz 2 bleiben unberührt. Mitteilungspflichten über Leistungen im Sinne des Absatzes 1 Satz 1, die sich nach anderen Bestimmungen dieser Verordnung ergeben, sind nicht anzuwenden.

§ 14 Mitteilungen über öffentliche Hilfsleistungen aus Anlass der Starkregen- und Hochwasserkatastrophe im Juli 2021[2]

(1) Behörden und andere öffentliche Stellen haben als mitteilungspflichtige Stellen (§ 93c Absatz 1 der Abgabenordnung) den Finanzbehörden aus Anlass der Starkregen- und Hochwasserkatastrophe im Juli 2021 als Aufbauhilfen des Bundes und der Länder aus den Mitteln des Fonds „Aufbauhilfe 2021" bewilligte Leistungen nach amtlich vorgeschriebenem Datensatz über die amtlich bestimmte Schnittstelle nach Maßgabe des § 93c der Abgabenordnung mitzuteilen; mitzuteilen sind Leistungen an

1. Privathaushalte,
2. gewerbliche Unternehmen, Selbständige und Angehörige der freien Berufe,
3. Wohnungsunternehmen und Vermieter von Wohnraum,
4. Vermieter und Verpächter von ganz oder teilweise für eine gewerbliche, selbständige oder freiberufliche Tätigkeit genutzten Gebäuden oder Gebäudeteilen,
5. Betriebe der Land- und Forstwirtschaft und ähnliche Betriebe, Betriebe der Fischerei und Aquakultur.

---

[2] § 14 tritt gemäß Artikel 3 Absatz 3 der Verordnung vom 25. Mai 2022 (BGBl. I S. 816) am 1. Januar 2030 außer Kraft.

(2) Zur Sicherstellung der Besteuerung sind neben den in § 93c Absatz 1 Nummer 2 der Abgabenordnung genannten Angaben folgende Angaben mitzuteilen:

1. die Art und die Höhe der im jeweils vorangegangenen Kalenderjahr gewährten Zahlung,
2. soweit vorhanden, das Objekt, für das die Zahlung bewilligt wurde,
3. das Datum, an dem die Zahlung bewilligt wurde,
4. das Datum der Zahlung und
5. bei unbarer Zahlung die Bankverbindung für das Konto, auf das die Zahlung geleistet wurde.

Werden nach Satz 1 mitzuteilende Zahlungen in einem späteren Kalenderjahr ganz oder teilweise zurückerstattet, ist die Rückzahlung abweichend von § 93c Absatz 3 der Abgabenordnung von der mitteilungspflichtigen Stelle unter Angabe des Datums, an dem die Zahlung bei der mitteilungspflichtigen Stelle eingegangen ist, mitzuteilen.

(3) Abweichend von § 93c Absatz 1 Nummer 1 der Abgabenordnung sind Mitteilungen nach Absatz 1 nach Veröffentlichung des amtlich vorgeschriebenen Datensatzes und der Freigabe der amtlich bestimmten Schnittstelle für im Kalenderjahr 2021 ausgezahlte Leistungen bis zum 31. Dezember 2022 sowie für in den Folgejahren ausgezahlte Leistungen bis zum 30. April des auf das Jahr der Auszahlung folgenden Jahres zu übermitteln. Das Bundesministerium der Finanzen kann im Einvernehmen mit den obersten Finanzbehörden der Länder die Frist nach Satz 1 durch ein im Bundessteuerblatt Teil I zu veröffentlichendes Schreiben verlängern, sofern die technischen Voraussetzungen für die Annahme der Mitteilungen nicht rechtzeitig vorliegen. Auf begründeten Antrag einer mitteilungspflichtigen Stelle kann die oberste Finanzbehörde desjenigen Landes, in dem die mitteilungspflichtige Stelle ihren Sitz hat, dieser die Frist nach Satz 1 oder Satz 2 für im Kalenderjahr 2021 ausgezahlte Leistungen um längstens zehn Monate und für im Kalenderjahr 2022 ausgezahlte Leistungen um längstens sechs Monate verlängern, sofern die technischen Voraussetzungen für die Übersendung der Mitteilungen bei der mitteilungspflichtigen Stelle nicht rechtzeitig vorliegen; das Bundesministerium der Finanzen ist über eine gewährte Fristverlängerung zu unterrichten.

(4) Von den Absätzen 1 bis 3 abweichende Bestimmungen oder andere Mitteilungspflichten nach dieser Verordnung sind nicht anzuwenden. § 1 Absatz 2 bleibt unberührt. Das Bundesministerium der Finanzen oder die obersten Finanzbehörden der Länder können Ausnahmen von der Mitteilungspflicht nach Absatz 1 zulassen.

AEAO zu § 93a - Allgemeine Mitteilungspflichten:

Wegen der allgemeinen Mitteilungspflichten (Kontrollmitteilungen) der Behörden und der Rundfunkanstalten an die Finanzbehörden Hinweis auf die Mitteilungsverordnung. Die Verpflichtung der Behörden und der Rundfunkanstalten zu Mitteilungen, Auskünften (insbesondere Einzelauskünften nach § 93 AO), Anzeigen (z. B. gem. § 116 AO) und zur Amtshilfe (§§ 111 ff. AO) aufgrund anderer Vorschriften bleibt unberührt. Mitteilungspflichten, die sich aus Verträgen oder Auflagen in Verwaltungsakten ergeben

(z. B. besondere Bedingungen in Zuwendungsbescheiden nach Maßgabe des Haushaltsrechts), bleiben ebenfalls unberührt.

Die Mitteilungspflichten für Zwecke der Feststellung von Einheitswerten des Grundbesitzes sowie für Zwecke der Grundsteuer sind in § 29 Abs. 3 BewG und die Mitteilungspflichten für Zwecke der Feststellung von Grundsteuerwerten sind in § 229 Abs. 3 BewG geregelt.

§ 93b Automatisierter Abruf von Kontoinformationen (S 0229a)

(1) Kreditinstitute haben das nach § 24c Absatz 1 des Kreditwesengesetzes zu führende Dateisystem auch für Abrufe nach § 93 Absatz 7 und 8 zu führen.

(1a) [1]Kreditinstitute haben für Kontenabrufersuchen nach § 93 Absatz 7 oder 8 zusätzlich zu den in § 24c Absatz 1 des Kreditwesengesetzes bezeichneten Daten für jeden Verfügungsberechtigten und jeden wirtschaftlich Berechtigten im Sinne des Geldwäschegesetzes auch die Adressen sowie die in § 154 Absatz 2a bezeichneten Daten zu speichern. [2]§ 154 Absatz 2d und Artikel 97 § 26 Absatz 5 Nummer 3 und 4 des Einführungsgesetzes zur Abgabenordnung bleiben unberührt.

(2) [1]Das Bundeszentralamt für Steuern darf in den Fällen des § 93 Absatz 7 und 8 auf Ersuchen bei den Kreditinstituten einzelne Daten aus den nach den Absätzen 1 und 1a zu führenden Dateisystemen im automatisierten Verfahren abrufen und sie an den Ersuchenden übermitteln. [2]Die Identifikationsnummer nach § 139b eines Verfügungsberechtigten oder eines wirtschaftlich Berechtigten darf das Bundeszentralamt für Steuern nur Finanzbehörden mitteilen.

(3) Die Verantwortung für die Zulässigkeit des Datenabrufs und der Datenübermittlung trägt der Ersuchende.

(4) § 24c Absatz 1 Satz 2 bis 6, Absatz 4 bis 8 des Kreditwesengesetzes gilt entsprechend.

§ 93c Datenübermittlung durch Dritte (S 0229-b)

(1) Sind steuerliche Daten eines Steuerpflichtigen auf Grund gesetzlicher Vorschriften von einem Dritten (mitteilungspflichtige Stelle) an Finanzbehörden elektronisch zu übermitteln, so gilt vorbehaltlich abweichender Bestimmungen in den Steuergesetzen Folgendes:

1. Die mitteilungspflichtige Stelle muss die Daten nach Ablauf des Besteuerungszeitraums bis zum letzten Tag des Monats Februar des folgenden Jahres nach amtlich vorgeschriebenem Datensatz durch Datenfernübertragung über die amtlich bestimmte Schnittstelle übermitteln; bezieht sich die Übermittlungspflicht auf einen Besteuerungszeitpunkt, sind die Daten bis zum Ablauf des zweiten Kalendermonats nach Ablauf des Monats zu übermitteln, in dem der Besteuerungszeitpunkt liegt.

2. Der Datensatz muss folgende Angaben enthalten:

    a) den Namen, die Anschrift, das Ordnungsmerkmal und die Kontaktdaten der mitteilungspflichtigen Stelle sowie ihr Identifikationsmerkmal nach den §§ 139a bis 139c oder, soweit dieses nicht vergeben wurde, ihre Steuernummer;

    b) hat die mitteilungspflichtige Stelle einen Auftragnehmer im Sinne des § 87d mit der Datenübermittlung beauftragt, so sind zusätzlich zu den Angaben nach Buchstabe a der Name, die Anschrift und die Kontaktdaten des Auftragnehmers sowie dessen Identifikationsmerkmal nach den §§ 139a bis 139c oder, wenn dieses nicht vergeben wurde, dessen Steuernummer anzugeben;

    c) den Familiennamen, den Vornamen, den Tag der Geburt, die Anschrift des Steuerpflichtigen und dessen Identifikationsnummer nach § 139b;

    d) handelt es sich bei dem Steuerpflichtigen nicht um eine natürliche Person, so sind dessen Firma oder Name, Anschrift und Wirtschafts-Identifikationsnummer nach § 139c oder, wenn diese noch nicht vergeben wurde, dessen Steuernummer anzugeben;

    e) den Zeitpunkt der Erstellung des Datensatzes oder eines anderen Ereignisses, anhand dessen die Daten in der zeitlichen Reihenfolge geordnet werden können, die Art der Mitteilung, den betroffenen Besteuerungszeitraum oder Besteuerungszeitpunkt und die Angabe, ob es sich um eine erstmalige, korrigierte oder stornierende Mitteilung handelt.

3. [1]Die mitteilungspflichtige Stelle hat den Steuerpflichtigen darüber zu informieren, welche für seine Besteuerung relevanten Daten sie an die Finanzbehörden übermittelt hat oder übermitteln wird. [2]Diese Information hat in geeigneter Weise, mit Zustimmung des Steuerpflichtigen elektronisch, und binnen angemessener Frist zu erfolgen. [3]Auskunftspflichten nach anderen Gesetzen bleiben unberührt.

4. Die mitteilungspflichtige Stelle hat die übermittelten Daten aufzuzeichnen und diese Aufzeichnungen sowie die der Mitteilung zugrunde liegenden Unterlagen bis zum Ablauf des siebten auf den Besteuerungszeitraum oder Besteuerungszeitpunkt folgenden Kalenderjahres aufzubewahren; die §§ 146 und 147 Absatz 2, 5 und 6 gelten entsprechend.

(2) Die mitteilungspflichtige Stelle soll Daten nicht übermitteln, wenn sie erst nach Ablauf des siebten auf den Besteuerungszeitraum oder Besteuerungszeitpunkt folgenden Kalenderjahres erkennt, dass sie zur Datenübermittlung verpflichtet war.

(3) [1]Stellt die mitteilungspflichtige Stelle bis zum Ablauf des siebten auf den Besteuerungszeitraum oder Besteuerungszeitpunkt folgenden Kalenderjahres fest, dass

1. die nach Maßgabe des Absatzes 1 übermittelten Daten unzutreffend waren oder

2. ein Datensatz übermittelt wurde, obwohl die Voraussetzungen hierfür nicht vorlagen,

so hat die mitteilungspflichtige Stelle dies vorbehaltlich abweichender Bestimmungen in den Steuergesetzen unverzüglich durch Übermittlung eines weiteren Datensatzes zu korrigieren oder zu stornieren. [2]Absatz 1 Nummer 2 bis 4 gilt entsprechend.

(4) [1]Die nach den Steuergesetzen zuständige Finanzbehörde kann ermitteln, ob die mitteilungspflichtige Stelle

1. ihre Pflichten nach Absatz 1 Nummer 1, 2 und 4 und Absatz 3 erfüllt und

2. den Inhalt des Datensatzes nach den Vorgaben des jeweiligen Steuergesetzes bestimmt hat.

[2]Die Rechte und Pflichten der für die Besteuerung des Steuerpflichtigen zuständigen Finanzbehörde hinsichtlich der Ermittlung des Sachverhalts bleiben unberührt.

(5) Soweit gesetzlich nichts anderes bestimmt ist, ist die nach den Steuergesetzen für die Entgegennahme der Daten zuständige Finanzbehörde auch für die Anwendung des Absatzes 4 und des § 72a Absatz 4 zuständig.

(6) Die Finanzbehörden dürfen von den mitteilungspflichtigen Stellen mitgeteilte Daten im Sinne der Absätze 1 und 3 verarbeiten, wenn dies zur Erfüllung der ihnen obliegenden Aufgaben oder in Ausübung öffentlicher Gewalt, die ihnen übertragen wurde, erforderlich ist.

(7) Soweit gesetzlich nichts anderes bestimmt ist, darf die mitteilungspflichtige Stelle die ausschließlich zum Zweck der Übermittlung erhobenen und gespeicherten Daten des Steuerpflichtigen nur für diesen Zweck verwenden.

(8) Die Absätze 1 bis 7 sind nicht anzuwenden auf

1. Datenübermittlungspflichten nach § 51a Absatz 2c oder Abschnitt XI des Einkommensteuergesetzes,

2. Datenübermittlungspflichten gegenüber den Zollbehörden,
3. Datenübermittlungen zwischen Finanzbehörden und
4. Datenübermittlungspflichten ausländischer öffentlicher Stellen.

AEAO zu § 93c - Datenübermittlung durch Dritte:
1. § 93c AO enthält die grundsätzlich für alle elektronischen Datenübermittlungspflichten Dritter einheitlich geltenden Verfahrensvorschriften.
2. Zur Haftung der mitteilungspflichtigen Stelle bei vorsätzlicher oder grob fahrlässiger Pflichtverletzung vgl. § 72a Abs. 4 AO. Zur Außenprüfung bei der mitteilungspflichtigen Stelle vgl. § 203a AO.
3. § 93c AO ist erstmals anzuwenden, wenn steuerliche Daten eines Steuerpflichtigen für Besteuerungszeiträume nach 2016 oder Besteuerungszeitpunkte nach dem 31.12.2016 auf Grund gesetzlicher Vorschriften von einem Dritten als mitteilungspflichtiger Stelle elektronisch an Finanzbehörden zu übermitteln sind (Art. 97 § 27 Abs. 2 EGAO).

§ 93d Verordnungsermächtigung (S 0229-b)

¹Das Bundesministerium der Finanzen kann durch Rechtsverordnung mit Zustimmung des Bundesrates bestimmen, dass Daten im Sinne des § 93c vor der erstmaligen Übermittlung für Zwecke der Erprobung erhoben werden, soweit dies zur Entwicklung, Überprüfung oder Änderung von automatisierten Verfahren erforderlich ist. ²Die Daten dürfen in diesem Fall ausschließlich für Zwecke der Erprobung verarbeitet und müssen innerhalb eines Jahres nach Beendigung der Erprobung gelöscht werden.

§ 94 Eidliche Vernehmung (S 0231)

(1) ¹Hält die Finanzbehörde mit Rücksicht auf die Bedeutung der Auskunft oder zur Herbeiführung einer wahrheitsgemäßen Auskunft die Beeidigung einer anderen Person als eines Beteiligten für geboten, so kann sie das für den Wohnsitz oder den Aufenthaltsort der zu beeidigenden Person zuständige Finanzgericht um die eidliche Vernehmung ersuchen. ²Befindet sich der Wohnsitz oder der Aufenthaltsort der zu beeidigenden Person nicht am Sitz eines Finanzgerichts oder eines besonders errichteten Senats, so kann auch das zuständige Amtsgericht um die eidliche Vernehmung ersucht werden.

(2) ¹In dem Ersuchen hat die Finanzbehörde den Gegenstand der Vernehmung sowie die Namen und Anschriften der Beteiligten anzugeben. ²Das Gericht hat die Beteiligten und die ersuchende Finanzbehörde von den Terminen zu benachrichtigen. ³Die Beteiligten und die ersuchende Finanzbehörde sind berechtigt, während der Vernehmung Fragen zu stellen.

(3) Das Gericht entscheidet über die Rechtmäßigkeit der Verweigerung des Zeugnisses oder der Eidesleistung.

§ 95 Versicherung an Eides statt (S 0232)

(1) ¹Die Finanzbehörde kann den Beteiligten auffordern, dass er die Richtigkeit von Tatsachen, die er behauptet, an Eides statt versichert. ²Eine Versicherung an Eides statt soll nur gefordert werden, wenn andere Mittel zur Erforschung der Wahrheit nicht vorhanden sind, zu keinem Ergebnis geführt haben oder einen unverhältnismäßigen Aufwand erfordern. ³Von eidesunfähigen Personen im Sinne des § 393 der Zivilprozessordnung darf eine eidesstattliche Versicherung nicht verlangt werden.

(2) ¹Die Versicherung an Eides statt wird von der Finanzbehörde zur Niederschrift aufgenommen. ²Zur Aufnahme sind der Behördenleiter, sein ständiger Vertreter sowie Angehörige des öffentlichen Dienstes befugt, welche die Befähigung zum Richteramt haben. ³Andere Angehörige des öffentlichen Dienstes kann der Behördenleiter oder sein ständiger Vertreter hierzu allgemein oder im Einzelfall schriftlich ermächtigen.

(3) ¹Die Angaben, deren Richtigkeit versichert werden soll, sind schriftlich festzustellen und dem Beteiligten mindestens eine Woche vor Aufnahme der Versicherung mitzuteilen. ²Die Versicherung besteht darin, dass der Beteiligte unter Wiederholung der behaupteten Tatsachen erklärt: „Ich versichere an Eides statt, dass ich nach bestem Wissen die reine Wahrheit gesagt und nichts verschwiegen habe". ³Bevollmächtigte und Beistände des Beteiligten sind berechtigt, an der Aufnahme der Versicherung an Eides statt teilzunehmen.

(4) ¹Vor der Aufnahme der Versicherung an Eides statt ist der Beteiligte über die Bedeutung der eidesstattlichen Versicherung und die strafrechtlichen Folgen einer unrichtigen oder unvollständigen eidesstattlichen Versicherung zu belehren. ²Die Belehrung ist in der Niederschrift zu vermerken.

(5) ¹Die Niederschrift hat ferner die Namen der anwesenden Personen sowie den Ort und den Tag der Niederschrift zu enthalten. ²Die Niederschrift ist dem Beteiligten, der die eidesstattliche Versicherung abgibt, zur Genehmigung vorzulesen oder auf Verlangen zur Durchsicht vorzulegen. ³Die erteilte Genehmigung ist zu vermerken und von dem Beteiligten zu unterschreiben. ⁴Die Niederschrift ist sodann von dem Amtsträger, der die Versicherung an Eides statt aufgenommen hat, sowie von dem Schriftführer zu unterschreiben.

(6) Die Versicherung an Eides statt kann nicht nach § 328 erzwungen werden.

AEAO zu § 95 - Versicherung an Eides Statt:

Aus der Weigerung eines Steuerpflichtigen, eine Tatsachenbehauptung durch eidesstattliche Versicherung zu bekräftigen, können für ihn nachteilige Folgerungen gezogen werden. Im Übrigen wird auf § 162 AO hingewiesen.

§ 96 Hinzuziehung von Sachverständigen (S 0233)

(1) ¹Die Finanzbehörde bestimmt, ob ein Sachverständiger zuzuziehen ist. ²Soweit nicht Gefahr im Verzug vorliegt, hat sie die Person, die sie zum Sachverständigen ernennen will, den Beteiligten vorher bekannt zu geben.

(2) ¹Die Beteiligten können einen Sachverständigen wegen Besorgnis der Befangenheit ablehnen, wenn ein Grund vorliegt, der geeignet ist, Zweifel an seiner Unparteilichkeit zu rechtfertigen oder wenn von seiner Tätigkeit die Verletzung eines Geschäfts- oder Betriebsgeheimnisses oder Schaden für die geschäftliche Tätigkeit eines Beteiligten zu befürchten ist. ²Die Ablehnung ist der Finanzbehörde gegenüber unverzüglich nach Bekanntgabe der Person des Sachverständigen, jedoch spätestens innerhalb von zwei Wochen unter Glaubhaftmachung der Ablehnungsgründe geltend zu machen. ³Nach diesem Zeitpunkt ist die Ablehnung nur zulässig, wenn glaubhaft gemacht wird, dass der Ablehnungsgrund vorher nicht geltend gemacht werden konnte. ⁴Über die Ablehnung entscheidet die Finanzbehörde, die den Sachverständigen ernannt hat oder ernennen will. ⁵Das Ablehnungsgesuch hat keine aufschiebende Wirkung.

(3) ¹Der zum Sachverständigen Ernannte hat der Ernennung Folge zu leisten, wenn er zur Erstattung von Gutachten der erforderlichen Art öffentlich bestellt ist oder wenn er die Wissenschaft, die Kunst oder das Gewerbe, deren Kenntnis Voraussetzung der Begutachtung ist, öffentlich zum Erwerb ausübt oder wenn er zur Ausübung derselben öffentlich bestellt oder ermächtigt ist. ²Zur Erstattung des Gutachtens ist auch derjenige verpflichtet, der sich hierzu der Finanzbehörde gegenüber bereit erklärt hat.

(4) Der Sachverständige kann die Erstattung des Gutachtens unter Angabe der Gründe wegen Besorgnis der Befangenheit ablehnen.

(5) Angehörige des öffentlichen Dienstes sind als Sachverständige nur dann zuzuziehen, wenn sie die nach dem Dienstrecht erforderliche Genehmigung erhalten.

(6) Die Sachverständigen sind auf die Vorschriften über die Wahrung des Steuergeheimnisses hinzuweisen.

(7) ¹Das Gutachten ist regelmäßig schriftlich zu erstatten. ²Die mündliche Erstattung des Gutachtens kann zugelassen werden. ³Die Beeidigung des Gutachtens darf nur gefordert werden, wenn die Finanzbehörde dies mit Rücksicht auf die Bedeutung des Gutachtens für geboten hält. ⁴Ist der Sachverständige für die Erstattung von Gutachten der betreffenden Art im Allgemeinen beeidigt, so genügt die Berufung auf den geleisteten Eid; sie kann auch in einem schriftlichen Gutachten erklärt werden. ⁵Anderenfalls gilt für die Beeidigung § 94 sinngemäß.

III. Beweis durch Urkunden und Augenschein

§ 97 Vorlage von Urkunden (S 0240)

(1) ¹Die Beteiligten und andere Personen haben der Finanzbehörde auf Verlangen Bücher, Aufzeichnungen, Geschäftspapiere und andere Urkunden zur Einsicht und Prüfung vorzulegen. ²Im Vorlageverlangen ist anzugeben, ob die Urkunden für die Besteuerung des zur Vorlage Aufgeforderten oder für die Besteuerung anderer Personen benötigt werden. ³§ 93 Absatz 1 Satz 2 und 3 gilt entsprechend.

(2) ¹Die Finanzbehörde kann die Vorlage der in Absatz 1 genannten Urkunden an Amtsstelle verlangen oder sie bei dem Vorlagepflichtigen einsehen, wenn dieser einverstanden ist oder die Urkunden für eine Vorlage an Amtsstelle ungeeignet sind. ²§ 147 Absatz 5 gilt entsprechend.

§ 98 Einnahme des Augenscheins (S 0241)

(1) Führt die Finanzbehörde einen Augenschein durch, so ist das Ergebnis aktenkundig zu machen.

(2) Bei der Einnahme des Augenscheins können Sachverständige zugezogen werden.

§ 99 Betreten von Grundstücken und Räumen (S 0242)

(1) ¹Die von der Finanzbehörde mit der Einnahme des Augenscheins betrauten Amtsträger und die nach den §§ 96 und 98 zugezogenen Sachverständigen sind berechtigt, Grundstücke, Räume, Schiffe, umschlossene Betriebsvorrichtungen und ähnliche Einrichtungen während der üblichen Geschäfts- und Arbeitszeit zu betreten, soweit dies erforderlich ist, um im Besteuerungsinteresse Feststellungen zu treffen. ²Die betroffenen Personen sollen angemessene Zeit vorher benachrichtigt werden. ³Wohnräume dürfen gegen den Willen des Inhabers nur zur Verhütung dringender Gefahren für die öffentliche Sicherheit und Ordnung betreten werden.

(2) Maßnahmen nach Absatz 1 dürfen nicht zu dem Zweck angeordnet werden, nach unbekannten Gegenständen zu forschen.

AEAO zu § 99 - Betreten von Grundstücken und Räumen:

Es dürfen auch Grundstücke, Räume usw. betreten werden, die nicht dem Steuerpflichtigen gehören, sondern im Eigentum oder Besitz einer anderen Person stehen. Von der Besichtigung „betroffene" Personen sind alle, die an dem Grundstück usw. entweder Besitzrechte haben, sie tatsächlich nutzen oder eine sonstige tatsächliche Verfügungsbefugnis haben. Wohnräume dürfen im Besteuerungsverfahren nicht gegen den Willen des Inhabers betreten werden (siehe aber § 210 Abs. 2 und § 287 AO).

§ 100 Vorlage von Wertsachen (S 0243)

(1) ¹Der Beteiligte und andere Personen haben der Finanzbehörde auf Verlangen Wertsachen (Geld, Wertpapiere, Kostbarkeiten) vorzulegen, soweit dies erforderlich ist, um im Besteuerungsinteresse Feststellungen über ihre Beschaffenheit und ihren Wert zu treffen. ²§ 98 Absatz 2 ist anzuwenden.

(2) Die Vorlage von Wertsachen darf nicht angeordnet werden, um nach unbekannten Gegenständen zu forschen.

IV. Auskunfts- und Vorlageverweigerungsrechte

§ 101 Auskunfts- und Eidesverweigerungsrecht der Angehörigen (S 0250)

(1) ¹Die Angehörigen (§ 15) eines Beteiligten können die Auskunft verweigern, soweit sie nicht selbst als Beteiligte über ihre eigenen steuerlichen Verhältnisse auskunftspflichtig sind oder die Auskunftspflicht für einen Beteiligten zu erfüllen haben. ²Die Angehörigen sind über das Auskunftsverweigerungsrecht zu belehren. ³Die Belehrung ist aktenkundig zu machen.

(2) ¹Die in Absatz 1 genannten Personen haben ferner das Recht, die Beeidigung ihrer Auskunft zu verweigern. ²Absatz 1 Sätze 2 und 3 gelten entsprechend.

AEAO zu § 101 - Auskunfts- und Eidesverweigerungsrecht der Angehörigen:

1. Der Beteiligte (Steuerpflichtige) selbst hat kein Auskunftsverweigerungsrecht; § 393 Abs. 1 AO ist zu beachten.

2. Ist nach § 101 Abs. 1 Satz 2 AO erforderliche Belehrung unterblieben, dürfen die auf der Aussage des Angehörigen beruhenden Kenntnisse nicht verwertet werden (BFH-Urteil vom 31.10.1990, II R 180/87, BStBl 1991 II S. 204), es sei denn, der Angehörige stimmt nachträglich zu oder wiederholt nach Belehrung seine Aussage (vgl. auch BFH-Urteil vom 7.11.1985, IV R 6/85, BStBl 1986 II S. 435).

§ 102 Auskunftsverweigerungsrecht zum Schutz bestimmter Berufsgeheimnisse (S 0251)

(1) Die Auskunft können ferner verweigern:

1. Geistliche über das, was ihnen in ihrer Eigenschaft als Seelsorger anvertraut worden oder bekannt geworden ist,

2. Mitglieder des Bundestages, eines Landtages oder einer zweiten Kammer über Personen, die ihnen in ihrer Eigenschaft als Mitglieder dieser Organe oder denen sie in dieser Eigenschaft Tatsachen anvertraut haben, sowie über diese Tatsachen selbst,

3. a) Verteidiger,

b) Rechtsanwälte, Patentanwälte, Notare, Steuerberater, Wirtschaftsprüfer, Steuerbevollmächtigte, vereidigte Buchprüfer,

c) Ärzte, Zahnärzte, Psychotherapeuten, Psychologische Psychotherapeuten, Kinder- und Jugendlichenpsychotherapeuten, Apotheker und Hebammen,

über das, was ihnen in dieser Eigenschaft anvertraut worden oder bekannt geworden ist,

4. Personen, die bei der Vorbereitung, Herstellung oder Verbreitung von periodischen Druckwerken oder Rundfunksendungen berufsmäßig mitwirken oder mitgewirkt haben, über die Person des Verfassers, Einsenders oder Gewährsmanns von Beiträgen und Unterlagen sowie über die ihnen im Hinblick auf ihre Tätigkeit gemachten Mitteilungen, soweit es sich um Beiträge, Unterlagen und Mitteilungen für den redaktionellen Teil handelt; § 160 bleibt unberührt.

(2) ¹Den im Absatz 1 Nummer 1 bis 3 genannten Personen stehen ihre Gehilfen und die Personen gleich, die zur Vorbereitung auf den Beruf an der berufsmäßigen Tätigkeit teilnehmen. ²Über die Ausübung des Rechts dieser Hilfspersonen, die Auskunft zu verweigern, entscheiden die im Absatz 1 Nummer 1 bis 3 genannten Personen, es sei denn, dass diese Entscheidung in absehbarer Zeit nicht herbeigeführt werden kann.

(3) ¹Die in Absatz 1 Nummer 3 genannten Personen dürfen die Auskunft nicht verweigern, wenn sie von der Verpflichtung zur Verschwiegenheit entbunden sind. ²Die Entbindung von der Verpflichtung zur Verschwiegenheit gilt auch für die Hilfspersonen.

(4) ¹Die gesetzlichen Anzeigepflichten der Notare und die Mitteilungspflichten der in Absatz 1 Nummer 3 Buchstabe b bezeichneten Personen nach der Zinsinformationsverordnung vom 26. Januar 2004 (BGBl. I S. 128), die zuletzt durch Artikel 4 Absatz 28 des Gesetzes vom 22. September 2005 (BGBl. I S. 2809) geändert worden ist, in der jeweils geltenden Fassung bleiben unberührt. ²Soweit die Anzeigepflichten bestehen, sind die Notare auch zur Vorlage von Urkunden und zur Erteilung weiterer Auskünfte verpflichtet. ³Die Mitteilungspflichten der in Absatz 1 Nummer 3 Buchstabe b bezeichneten Personen hinsichtlich der in § 138f Absatz 3 Satz 1 Nummer 1 und 4 bis 9 bezeichneten Angaben bestehen auch dann, wenn mit diesen Angaben betroffene Nutzer identifizierbar sein sollten.

§ 103 Auskunftsverweigerungsrecht bei Gefahr der Verfolgung wegen einer Straftat oder einer Ordnungswidrigkeit (S 0252)

¹Personen, die nicht Beteiligte und nicht für einen Beteiligten auskunftspflichtig sind, können die Auskunft auf solche Fragen verweigern, deren Beantwortung sie selbst oder einen ihrer Angehörigen (§ 15) der Gefahr aussetzen würde, wegen einer Straftat oder einer Ordnungswidrigkeit verfolgt zu werden. ²Über das Recht, die Auskunft zu verweigern, sind sie zu belehren. ³Die Belehrung ist aktenkundig zu machen.

§ 104 Verweigerung der Erstattung eines Gutachtens und der Vorlage von Urkunden (S 0253)

(1) ¹Soweit die Auskunft verweigert werden darf, kann auch die Erstattung eines Gutachtens und die Vorlage von Urkunden oder Wertsachen verweigert werden. ²§ 102 Absatz 4 Satz 2 bleibt unberührt.

(2) ¹Nicht verweigert werden kann die Vorlage von Urkunden und Wertsachen, die für den Beteiligten aufbewahrt werden, soweit der Beteiligte bei eigenem Gewahrsam zur Vorlage verpflichtet wäre. ²Für den Beteiligten aufbewahrt werden auch die für ihn geführten Geschäftsbücher und sonstigen Aufzeichnungen.

AEAO zu § 104 - Verweigerung der Erstattung eines Gutachtens und der Vorlage von Urkunden:

Trotz ihres Auskunftsverweigerungsrechts sind die Angehörigen der steuerberatenden Berufe verpflichtet, alle Urkunden und Wertsachen, insbesondere Geschäftsbücher und sonstige Aufzeichnungen, die sie für den Steuerpflichtigen aufbewahren oder führen, auf Verlangen der Finanzbehörde unter den gleichen Voraussetzungen vorzulegen wie die Steuerpflichtige selbst.

§ 105 Verhältnis der Auskunfts- und Vorlagepflicht zur Schweigepflicht öffentlicher Stellen (S 0254)

(1) Die Verpflichtung der Behörden oder sonstiger öffentlicher Stellen einschließlich der Deutschen Bundesbank, der Staatsbanken und der Schuldenverwaltungen sowie der Organe und Bediensteten dieser Stellen zur Verschwiegenheit gilt nicht für ihre Auskunfts- und Vorlagepflicht gegenüber den Finanzbehörden.

(2) Absatz 1 gilt nicht, soweit die Behörden und die mit postdienstlichen Verrichtungen betrauten Personen gesetzlich verpflichtet sind, das Brief-, Post- und Fernmeldegeheimnis zu wahren.

§ 106 Beschränkung der Auskunfts- und Vorlagepflicht bei Beeinträchtigung des staatlichen Wohls (S 0255)

Eine Auskunft oder die Vorlage von Urkunden darf nicht gefordert werden, wenn die zuständige oberste Bundes- oder Landesbehörde erklärt, dass die Auskunft oder Vorlage dem Wohl des Bundes oder eines Landes erhebliche Nachteile bereiten würde.

V. Entschädigung der Auskunftspflichtigen und der Sachverständigen

§ 107 Entschädigung der Auskunftspflichtigen und der Sachverständigen (S 0256)

[1]Auskunftspflichtige, Vorlagepflichtige und Sachverständige, die die Finanzbehörde zu Beweiszwecken herangezogen hat, erhalten auf Antrag eine Entschädigung oder Vergütung in entsprechender Anwendung des Justizvergütungs- und -entschädigungsgesetzes. [2]Dies gilt nicht für die Beteiligten und für die Personen, die für die Beteiligten die Auskunfts- oder Vorlagepflicht zu erfüllen haben.

AEAO zu § 107 - Entschädigung der Auskunftspflichtigen und Sachverständigen:

1. Die Entschädigungspflicht wird nur ausgelöst, wenn die Finanzbehörde Auskunftspflichtige, Vorlagepflichtige oder Sachverständige durch Verwaltungsakt zu Beweiszwecken herangezogen hat. Freiwillig erteilte Auskünfte oder vorgelegte Unterlagen und Sachverständigengutachten führen selbst dann nicht zu einer Entschädigung, wenn die Finanzbehörde sie verwertet.

2. Für die Duldung der Einnahme des Augenscheins (§ 98 AO) besteht kein Anspruch auf eine Entschädigung nach § 107 AO.

3. Für die Vorlage von Urkunden (§ 97 AO) besteht in entsprechender Anwendung des § 24 des Justizvergütungs- und -entschädigungsgesetzes nur dann ein Anspruch auf Entschädigung nach § 107 AO, wenn das Vorlageersuchen ab dem 30.6.2013 gestellt wurde.

4. Bei Vorlageersuchen, die vor dem 30.6.2013 gestellt wurden, gilt zur Entschädigung des Vorlagepflichtigen Folgendes:

   Bei einem kombinierten Auskunfts- und Vorlageersuchen hat der ersuchte Dritte nach § 107 AO a. F. Anspruch auf Ersatz aller seiner mit dem Ersuchen zusammenhängenden Aufwendungen, d.h. auch jener, die ihm im Zusammenhang mit der Vorlage von Urkunden entstanden sind (BFH-Urteil vom 24.3.1987, VII R 113/84, BStBl 1988 II S. 163).

   Ein (reines) Vorlageverlangen i. S. d. § 97 AO, das nach § 107 a. F. AO keinen Kostenerstattungsanspruch auslöst, liegt vor, wenn die Finanzbehörde die vorzulegenden Unterlagen so konkret und eindeutig benennt, dass sich die geforderte Tätigkeit des Vorlageverpflichteten auf rein mechanische Hilfstätigkeiten wie das Heraussuchen und Lesbarmachen der angeforderten Unterlagen beschränkt. Das setzt bei der Anforderung von Bankunterlagen voraus, dass die Finanzbehörde die Konten- und Depotnummern benennt oder vergleichbar konkrete Angaben zu sonstigen Bankverbindungen macht (BFH-Urteil vom 8.8.2006, VII R 29/05, BStBl 2007 II S. 80)

4. Unterabschnitt – Fristen, Termine, Wiedereinsetzung

§ 108 Fristen und Termine (S 0260)

(1) Für die Berechnung von Fristen und für die Bestimmung von Terminen gelten die §§ 187 bis 193 des Bürgerlichen Gesetzbuchs entsprechend, soweit nicht durch die Absätze 2 bis 5 etwas anderes bestimmt ist.

(2) Der Lauf einer Frist, die von einer Behörde gesetzt wird, beginnt mit dem Tag, der auf die Bekanntgabe der Frist folgt, außer wenn der betroffenen Person etwas anderes mitgeteilt wird.

(3) Fällt das Ende einer Frist auf einen Sonntag, einen gesetzlichen Feiertag oder einen Sonnabend, so endet die Frist mit dem Ablauf des nächstfolgenden Werktags.

(4) Hat eine Behörde Leistungen nur für einen bestimmten Zeitraum zu erbringen, so endet dieser Zeitraum auch dann mit dem Ablauf seines letzten Tages, wenn dieser auf einen Sonntag, einen gesetzlichen Feiertag oder einen Sonnabend fällt.

(5) Der von einer Behörde gesetzte Termin ist auch dann einzuhalten, wenn er auf einen Sonntag, gesetzlichen Feiertag oder Sonnabend fällt.

(6) Ist eine Frist nach Stunden bestimmt, so werden Sonntage, gesetzliche Feiertage oder Sonnabende mitgerechnet.

AEAO zu § 108 - Fristen und Termine:

1. Fristen sind abgegrenzte, bestimmte oder jedenfalls bestimmbare Zeiträume (BFH-Urteil vom 14.10.2003, IX R 68/98, BStBl II S. 898). Termine sind bestimmte Zeitpunkte, an denen etwas geschehen soll oder zu denen eine Wirkung eintritt. „Fälligkeitstermine" geben das Ende einer Frist an.

2. § 108 Abs. 3 AO gilt auch für die Viertage-Regelungen (§ 122 Abs. 2 Nr. 1, Abs. 2a, § 122a Abs. 4, § 123 Satz 2 AO; § 4 Abs. 2 VwZG), die Monats-Regelungen (§ 122 Abs. 2 Nr. 2, § 123 Satz 2 AO), die Zweiwochen-Regelung (§ 122 Abs. 4 Satz 3 AO) zum Zeitpunkt der Bekanntgabe eines Verwaltungsakts (BFH-Urteil vom 14.10.2003, IX R 68/98, BStBl II S. 898), die Erklärungsfrist (§ 149 AO) und für die Festsetzungsfrist (vgl. BFH-Urteil vom 20.1.2016, VI R 14/15, BStBl II S. 380).

§ 109 Verlängerung von Fristen (S 0261)

(1) ¹Fristen zur Einreichung von Steuererklärungen und Fristen, die von einer Finanzbehörde gesetzt sind, können vorbehaltlich des Absatzes 2 verlängert werden. ²Sind solche Fristen bereits abgelaufen, können sie vorbehaltlich des Absatzes 2 rückwirkend verlängert werden, insbesondere wenn es unbillig wäre, die durch den Fristablauf eingetretenen Rechtsfolgen bestehen zu lassen.

(2) ¹Absatz 1 ist
1. in den Fällen des § 149 Absatz 3 auf Zeiträume nach dem letzten Tag des Monats Februar des zweiten auf den Besteuerungszeitraum folgenden Kalenderjahres und
2. in den Fällen des § 149 Absatz 4 auf Zeiträume nach dem in der Anordnung bestimmten Zeitpunkt

nur anzuwenden, falls der Steuerpflichtige ohne Verschulden verhindert ist oder war, die Steuererklärungsfrist einzuhalten. ²Bei Steuerpflichtigen, die ihren Gewinn aus Land- und Forstwirtschaft nach einem vom Kalenderjahr abweichenden Wirtschaftsjahr ermitteln, tritt an die Stelle des letzten Tages des Monats Februar der 31. Juli des zweiten auf den Besteuerungszeitraum folgenden Kalenderjahres. ³Das Verschulden eines Vertreters oder eines Erfüllungsgehilfen ist dem Steuerpflichtigen zuzurechnen.

(3) Die Finanzbehörde kann die Verlängerung der Frist mit einer Nebenbestimmung versehen, insbesondere von einer Sicherheitsleistung abhängig machen.

(4) Fristen zur Einreichung von Steuererklärungen und Fristen, die von einer Finanzbehörde gesetzt sind, können ausschließlich automationsgestützt verlängert werden, sofern zur Prüfung der Fristverlängerung ein automationsgestütztes Risikomanagementsystem nach § 88 Absatz 5 eingesetzt wird und kein Anlass dazu besteht, den Einzelfall durch Amtsträger zu bearbeiten.

AEAO zu § 109 - Verlängerung von Fristen:

§ 109 AO i. d. F. des StModernG ist erstmals anzuwenden für Besteuerungszeiträume, die nach dem 31.12.2017 beginnen, und Besteuerungszeitpunkte, die nach dem 31.12.2017 liegen.

Für die Besteuerungszeiträume 2020 bis 2024 bestehen in Bezug auf § 109 Abs. 2 AO Sonderregelungen; hier gelten die folgenden abweichenden Termine (vgl. Art. 97 § 36 Abs. 3 EGAO; s. auch BMF-Schreiben v. 23.6.2022, BStBl I S. 938)[1]:

---

[1] Im Anhang 50 abgedruckt.

Besteuerungszeitraum	Termin gem. § 109 Abs. 2 Satz 1 Nr. 1 AO	Termin gem. § 109 Abs. 2 Satz 2 AO
2020	31.8.2022	31.1.2023
2021	31.8.2023	31.1.2024
2022	31.7.2024	31.12.2024
2023	2.6.2025	31.10.2025[1]
2024	30.4.2026	30.9.2026

[1]Soweit dieser Tag in dem Land, zu dem das Finanzamt gehört, ein gesetzlicher Feiertag ist: 3.11.2025.

§ 110 Wiedereinsetzung in den vorigen Stand (S 0262)

(1) ¹War jemand ohne Verschulden verhindert, eine gesetzliche Frist einzuhalten, so ist ihm auf Antrag Wiedereinsetzung in den vorigen Stand zu gewähren. ²Das Verschulden eines Vertreters ist dem Vertretenen zuzurechnen.

(2) ¹Der Antrag ist innerhalb eines Monats nach Wegfall des Hindernisses zu stellen. ²Die Tatsachen zur Begründung des Antrags sind bei der Antragstellung oder im Verfahren über den Antrag glaubhaft zu machen. ³Innerhalb der Antragsfrist ist die versäumte Handlung nachzuholen. ⁴Ist dies geschehen, so kann Wiedereinsetzung auch ohne Antrag gewährt werden.

(3) Nach einem Jahr seit dem Ende der versäumten Frist kann die Wiedereinsetzung nicht mehr beantragt oder die versäumte Handlung nicht mehr nachgeholt werden, außer wenn dies vor Ablauf der Jahresfrist infolge höherer Gewalt unmöglich war.

(4) Über den Antrag auf Wiedereinsetzung entscheidet die Finanzbehörde, die über die versäumte Handlung zu befinden hat.

AEAO zu § 110 - Wiedereinsetzung in den vorigen Stand:

1. § 110 Abs. 1 AO erfasst nur verfahrensrechtliche und materiell-rechtliche Fristen, die „einzuhalten" sind; das sind Handlungs- und Erklärungsfristen, die Beteiligte (§ 78 AO) oder Dritte gegenüber der Finanzbehörde zu wahren haben. Nicht wiedereinsetzungsfähig sind dagegen die gesetzlichen Fristen, die von den Finanzbehörden als Verwaltungsträger im Verwaltungsverfahren zu beachten sind. So fällt unter § 110 AO nicht der Ablauf von Festsetzungsfristen (BFH-Urteil vom 24.1.2008, VII R 3/07, BStBl II S. 462). Soweit das

Gesetz eine Fristverlängerung vorsieht (§ 109 Abs. 1 AO), kommt nicht Wiedereinsetzung, sondern rückwirkende Fristverlängerung in Betracht.

2. Zur Wiedereinsetzung in den vorigen Stand nach unterlassener Anhörung eines Beteiligten bzw. wegen fehlender Begründung des Verwaltungsakts (§ 126 Abs. 3 AO) vgl. AEAO zu § 91, Nr. 3 und AEAO zu § 121, Nr. 3. Zur Wiedereinsetzung in den vorigen Stand nach Einspruchseinlegung bei einer unzuständigen Behörde vgl. AEAO zu § 357, Nr. 2.

3. Das Hindernis i. S. d. § 110 Abs. 2 Satz 1 AO ist weggefallen, wenn der Betroffene von der Fristversäumung Kenntnis erlangt hat oder bei Anwendung der gebotenen Sorgfalt hätte erlangen können und müssen.

4. Die Monatsfrist für den Antrag auf Wiedereinsetzung ist eine gesetzliche Frist i. S. d. § 108 AO und kann deshalb nicht nach § 109 AO verlängert werden.

5. Wiedereinsetzungsgründe sind im Kern innerhalb der Antragsfrist gem. § 110 Abs. 2 Satz 1 AO vorzutragen. Das erfordert eine substantiierte, in sich schlüssige Darstellung aller entscheidungserheblichen Umstände und Tatsachen, aus denen sich die schuldlose Verhinderung ergeben soll, innerhalb dieser Frist. Es ist zulässig, dass unklare oder unvollständige Angaben nach Ablauf der Antragsfrist noch erläutert oder ergänzt werden, sofern der Kern der Wiedereinsetzungsgründe innerhalb der Antragsfrist schlüssig vorgetragen wurde. Insbesondere können auch Nachweise zur Glaubhaftmachung der geltend gemachten Wiedereinsetzungsgründe nach Fristablauf beigebracht werden. Nach Ablauf der Antragsfrist dürfen aber keine neuen Wiedereinsetzungsgründe mehr nachgeschoben und wesentliche Lücken in der Sachverhaltsdarstellung geschlossen werden (vgl. BFH-Urteil vom 31.1.2017, IX R 19/16, BFH/NV S. 885, m. w. N.).

6. Abweichend von § 110 Abs. 2 AO beträgt im finanzgerichtlichen Verfahren die Frist für den Antrag auf Wiedereinsetzung und die Nachholung der versäumten Rechtshandlung zwei Wochen (§ 56 Abs. 2 FGO).

5. Unterabschnitt – Rechts- und Amtshilfe

§ 111 Amtshilfepflicht (S 0270)

(1) ¹Alle Gerichte und Behörden haben die zur Durchführung der Besteuerung erforderliche Amtshilfe zu leisten. ²§ 102 bleibt unberührt.

(2) Amtshilfe liegt nicht vor, wenn

1. Behörden einander innerhalb eines bestehenden Weisungsverhältnisses Hilfe leisten,
2. die Hilfeleistung in Handlungen besteht, die der ersuchten Behörde als eigene Aufgabe obliegen.

(3) Schuldenverwaltungen, Kreditinstitute sowie Betriebe gewerblicher Art der Körperschaften des öffentlichen Rechts fallen nicht unter diese Vorschrift.

(4) Auf dem Gebiet der Zollverwaltung erstreckt sich die Amtshilfepflicht auch auf diejenigen dem öffentlichen Verkehr oder dem öffentlichen Warenumschlag dienenden Unternehmen, die das Bundesministerium der Finanzen als Zollhilfsorgane besonders bestellt hat, und auf die Bediensteten dieser Unternehmen.

(5) Die §§ 105 und 106 sind entsprechend anzuwenden.

AEAO zu § 111 - Amtshilfepflicht:

1. Die §§ 111 ff. AO sind auch dann anzuwenden, wenn sich Finanzbehörden untereinander Amtshilfe leisten.
2. Für Verbände und berufsständische Vertretungen besteht, soweit sie nicht Behörden sind oder unterhalten, keine Beistandspflicht. Sie sind jedoch ebenso wie die in § 111 Abs. 3 AO erwähnten Institutionen im Rahmen der §§ 88, 92 ff. AO zur Auskunftserteilung und Vorlage von Urkunden verpflichtet.

---

§ 112 Voraussetzungen und Grenzen der Amtshilfe (S 0271)

(1) Eine Finanzbehörde kann um Amtshilfe insbesondere dann ersuchen, wenn sie

1. aus rechtlichen Gründen die Amtshandlung nicht selbst vornehmen kann,
2. aus tatsächlichen Gründen, besonders weil die zur Vornahme der Amtshandlung erforderlichen Dienstkräfte oder Einrichtungen fehlen, die Amtshandlung nicht selbst vornehmen kann,
3. zur Durchführung ihrer Aufgaben auf die Kenntnis von Tatsachen angewiesen ist, die ihr unbekannt sind und die sie selbst nicht ermitteln kann,
4. zur Durchführung ihrer Aufgaben Urkunden oder sonstige Beweismittel benötigt, die sich im Besitz der ersuchten Behörde befinden,
5. die Amtshandlung nur mit wesentlich größerem Aufwand vornehmen könnte als die ersuchte Behörde.

(2) Die ersuchte Behörde darf Hilfe nicht leisten, wenn sie hierzu aus rechtlichen Gründen nicht in der Lage ist.

(3) Die ersuchte Behörde braucht Hilfe nicht zu leisten, wenn

1. eine andere Behörde die Hilfe wesentlich einfacher oder mit wesentlich geringerem Aufwand leisten kann,
2. sie die Hilfe nur mit unverhältnismäßig großem Aufwand leisten könnte,
3. sie unter Berücksichtigung der Aufgaben der ersuchenden Finanzbehörde durch den Umfang der Hilfeleistung die Erfüllung ihrer eigenen Aufgaben ernstlich gefährden würde.

(4) Die ersuchte Behörde darf die Hilfe nicht deshalb verweigern, weil sie das Ersuchen aus anderen als den in Absatz 3 genannten Gründen oder weil sie die mit der Amtshilfe zu verwirklichende Maßnahme für unzweckmäßig hält.

(5) [1]Hält die ersuchte Behörde sich zur Hilfe nicht für verpflichtet, so teilt sie der ersuchenden Finanzbehörde ihre Auffassung mit. [2]Besteht diese auf der Amtshilfe, so entscheidet über die Verpflichtung zur Amtshilfe die gemeinsame fachlich zuständige Aufsichtsbehörde oder, sofern eine solche nicht besteht, die für die ersuchte Behörde fachlich zuständige Aufsichtsbehörde.

AEAO zu § 112 - Voraussetzungen und Grenzen der Amtshilfe:

Andere Behörden, die von den Finanzbehörden im Besteuerungsverfahren um Amtshilfe ersucht werden, können die Amtshilfe nur unter den Voraussetzungen dieser Vorschrift ablehnen. Die Bestimmungen des Verwaltungsverfahrensgesetzes und des SGB X über die Amtshilfe sind insoweit nicht anwendbar.

§ 113 Auswahl der Behörde (S 0272)

Kommen für die Amtshilfe mehrere Behörden in Betracht, so soll nach Möglichkeit eine Behörde der untersten Verwaltungsstufe des Verwaltungszweigs ersucht werden, dem die ersuchende Finanzbehörde angehört.

§ 114 Durchführung der Amtshilfe (S 0273)

(1) Die Zulässigkeit der Maßnahme, die durch die Amtshilfe verwirklicht werden soll, richtet sich nach dem für die ersuchende Finanzbehörde, die Durchführung der Amtshilfe nach dem für die ersuchte Behörde geltenden Recht.

(2) [1]Die ersuchende Finanzbehörde trägt gegenüber der ersuchten Behörde die Verantwortung für die Rechtmäßigkeit der zu treffenden Maßnahme. [2]Die ersuchte Behörde ist für die Durchführung der Amtshilfe verantwortlich.

§ 115 Kosten der Amtshilfe (S 0274)

(1) [1]Die ersuchende Finanzbehörde hat der ersuchten Behörde für die Amtshilfe keine Verwaltungsgebühr zu entrichten. [2]Auslagen hat sie der ersuchten Behörde auf Anforderung zu erstatten, wenn sie im Einzelfall 25 Euro übersteigen.

³Leisten Behörden desselben Rechtsträgers einander Amtshilfe, so werden die Auslagen nicht erstattet.

(2) Nimmt die ersuchte Behörde zur Durchführung der Amtshilfe eine kostenpflichtige Amtshandlung vor, so stehen ihr die von einem Dritten hierfür geschuldeten Kosten (Verwaltungsgebühren, Benutzungsgebühren und Auslagen) zu.

§ 116 Anzeige von Steuerstraftaten (S 0275)

(1) ¹Gerichte und die Behörden von Bund, Ländern und kommunalen Trägern der öffentlichen Verwaltung, die nicht Finanzbehörden sind, haben Tatsachen, die sie dienstlich erfahren und die auf eine Steuerstraftat schließen lassen, dem Bundeszentralamt für Steuern oder, soweit bekannt, den für das Steuerstrafverfahren zuständigen Finanzbehörden mitzuteilen. ²Soweit die für das Steuerstrafverfahren zuständigen Finanzbehörden nicht bereits erkennbar unmittelbar informiert worden sind, teilt das Bundeszentralamt für Steuern ihnen diese Tatsachen mit. ³Die für das Steuerstrafverfahren zuständigen Finanzbehörden, ausgenommen die Behörden der Bundeszollverwaltung, übermitteln die Mitteilung an das Bundeszentralamt für Steuern, soweit dieses nicht bereits erkennbar unmittelbar in Kenntnis gesetzt worden ist.

(2) § 105 Absatz 2 gilt entsprechend.

§ 117 Zwischenstaatliche Rechts- und Amtshilfe in Steuersachen
(S 0276 /S 0277 / S 0278 / S 0279)

(1) Die Finanzbehörden können zwischenstaatliche Rechts- und Amtshilfe nach Maßgabe des deutschen Rechts in Anspruch nehmen.

(2) Die Finanzbehörden können zwischenstaatliche Rechts- und Amtshilfe auf Grund innerstaatlich anwendbarer völkerrechtlicher Vereinbarungen, innerstaatlich anwendbarer Rechtsakte der Europäischen Union sowie des EU-Amtshilfegesetzes leisten.

(3) ¹Die Finanzbehörden können nach pflichtgemäßem Ermessen zwischenstaatliche Rechts- und Amtshilfe auf Ersuchen auch in anderen Fällen leisten, wenn

1. die Gegenseitigkeit verbürgt ist,

2. der ersuchende Staat gewährleistet, dass die übermittelten Auskünfte und Unterlagen nur für Zwecke seines Besteuerungs- oder Steuerstrafverfahrens (einschließlich Ordnungswidrigkeitenverfahren) verwendet werden, und dass die übermittelten Auskünfte und Unterlagen nur solchen Personen, Behörden oder Gerichten zugänglich gemacht werden, die mit der Bearbeitung der Steuersache oder Verfolgung der Steuerstraftat befasst sind,

3. der ersuchende Staat zusichert, dass er bereit ist, bei den Steuern vom Einkommen, Ertrag und Vermögen eine mögliche Doppelbesteuerung im Verständigungswege durch eine sachgerechte Abgrenzung der Besteuerungsgrundlagen zu vermeiden und

4. die Erledigung des Ersuchens die Souveränität, die Sicherheit, die öffentliche Ordnung oder andere wesentliche Interessen des Bundes oder seiner Gebietskörperschaften nicht beeinträchtigt und keine Gefahr besteht, dass ein Handels-, Industrie-, Gewerbe- oder Berufsgeheimnis oder ein Geschäftsverfahren, das auf Grund des Ersuchens offenbart werden soll, preisgegeben wird.

[2]Soweit die zwischenstaatliche Rechts- und Amtshilfe Steuern betrifft, die von den Landesfinanzbehörden verwaltet werden, entscheidet das Bundesministerium der Finanzen im Einvernehmen mit der zuständigen obersten Landesbehörde.

(4) [1]Bei der Durchführung der Rechts- und Amtshilfe richten sich die Befugnisse der Finanzbehörden sowie die Rechte und Pflichten der Beteiligten und anderer Personen nach den für Steuern im Sinne von § 1 Absatz 1 geltenden Vorschriften. [2]§ 114 findet entsprechende Anwendung. [3]Bei der Übermittlung von Auskünften und Unterlagen gilt für inländische Beteiligte § 91 entsprechend; soweit die Rechts- und Amtshilfe Steuern betrifft, die von den Landesfinanzbehörden verwaltet werden, hat eine Anhörung des inländischen Beteiligten abweichend von § 91 Absatz 1 stets stattzufinden, es sei denn, die Umsatzsteuer ist betroffen, es findet ein Informationsaustausch auf Grund des EU-Amtshilfegesetzes statt oder es liegt eine Ausnahme nach § 91 Absatz 2 oder 3 vor.

(5) Das Bundesministerium der Finanzen wird ermächtigt, zur Förderung der zwischenstaatlichen Zusammenarbeit durch Rechtsverordnung mit Zustimmung des Bundesrates völkerrechtliche Vereinbarungen über die gegenseitige Rechts- und Amtshilfe auf dem Gebiete des Zollwesens in Kraft zu setzen, wenn sich die darin übernommenen Verpflichtungen im Rahmen der nach diesem Gesetz zulässigen zwischenstaatlichen Rechts- und Amtshilfe halten.

(6) § 2a Absatz 5 Nummer 2 gilt nicht, soweit seine Anwendung der Inanspruchnahme oder der Leistung der zwischenstaatlichen Amtshilfe entgegensteht; die Pflicht zur Wahrung des Steuergeheimnisses bleibt unberührt.

AEAO zu § 117 - Zwischenstaatliche Rechts- und Amtshilfe in Steuersachen:

1. Die Voraussetzungen, unter denen die Finanzbehörden für deutsche Besteuerungszwecke die Hilfe ausländischer Behörden in Anspruch nehmen dürfen, richten sich nach deutschem Recht, insbesondere den §§ 85 ff. AO

2. Gem. § 117 Abs. 2 AO können die Finanzbehörden zwischenstaatliche Rechts- und Amtshilfe leisten aufgrund

    a) innerstaatlich anwendbarer völkerrechtlicher Vereinbarungen. Derartige Vereinbarungen enthalten vor allem die Doppelbesteuerungsabkommen und die Abkommen im Zollbereich. Über den Stand der Doppelbesteuerungsabkommen veröffentlicht das BMF jährlich im BStBl Teil I eine Übersicht.

    b) innerstaatlich anwendbarer Rechtsakte der Europäischen Union (im Zollbereich und im Bereich der indirekten Steuern). Als Rechtsgrundlagen kommen unmittelbar geltende Verordnungen in Betracht. Hinweis auf die Verordnung (EU) Nr. 904/2010 des Rates vom 7.10.2010 über die Zusammenarbeit der Verwaltungsbehörden und die Betrugsbekämpfung auf dem Gebiet der Mehrwertsteuer (Amtsblatt Nr. L 268 vom 12.10.2010, S. 1).

c) des EU-Amtshilfegesetzes[1] und des EU-Beitreibungsgesetzes[2].

3. Wegen der Voraussetzungen und der Durchführung der zwischenstaatlichen Amtshilfe wird auf folgende Merkblätter verwiesen:

- Merkblatt zur zwischenstaatlichen Amtshilfe durch Informationsaustausch in Steuersachen (BMF-Schreiben vom 29.5.2019 BStBl I S. 480)[3];

- Merkblatt zur zwischenstaatlichen Amtshilfe bei der Steuererhebung (Beitreibung) (BMF-Schreiben vom 23.1.2014, BStBl I S. 188).[4]

---

[1] Im Anhang 3 abgedruckt.
[2] Im Anhang 4 abgedruckt.
[3] Im Anhang 23 abgedruckt.
[4] Im Anhang 22 abgedruckt.

§ 117a Übermittlung personenbezogener Daten an Mitgliedstaaten der Europäischen Union (S 0277)

(1) ¹Auf ein Ersuchen einer für die Verhütung und Verfolgung von Straftaten zuständigen öffentlichen Stelle eines Mitgliedstaates der Europäischen Union können die mit der Steuerfahndung betrauten Dienststellen der Finanzbehörden personenbezogene Daten, die in Zusammenhang mit dem in § 208 bestimmten Aufgabenbereich stehen, zum Zweck der Verhütung von Straftaten übermitteln. ²Für die Übermittlung dieser Daten gelten die Vorschriften über die Datenübermittlung im innerstaatlichen Bereich entsprechend.

(2) Die Übermittlung personenbezogener Daten nach Absatz 1 ist nur zulässig, wenn das Ersuchen mindestens folgende Angaben enthält:

1. die Bezeichnung und die Anschrift der ersuchenden Behörde,
2. die Bezeichnung der Straftat, zu deren Verhütung die Daten benötigt werden,
3. die Beschreibung des Sachverhalts, der dem Ersuchen zugrunde liegt,
4. die Benennung des Zwecks, zu dem die Daten erbeten werden,
5. den Zusammenhang zwischen dem Zweck, zu dem die Informationen oder Erkenntnisse erbeten werden, und der Person, auf die sich diese Informationen beziehen,
6. Einzelheiten zur Identität der betroffenen Person, sofern sich das Ersuchen auf eine bekannte Person bezieht, und
7. Gründe für die Annahme, dass sachdienliche Informationen und Erkenntnisse im Inland vorliegen.

(3) Die mit der Steuerfahndung betrauten Dienststellen der Finanzbehörden können auch ohne Ersuchen personenbezogene Daten im Sinne von Absatz 1 an eine für die Verhütung und Verfolgung von Straftaten zuständige öffentliche Stelle eines Mitgliedstaates der Europäischen Union übermitteln, wenn im Einzelfall die Gefahr der Begehung einer Straftat im Sinne des Artikels 2 Absatz 2 des Rahmenbeschlusses 2002/584/JI des Rates vom 13. Juni 2002 über den Europäischen Haftbefehl und die Übergabeverfahren zwischen den Mitgliedstaaten (ABl. L 190 vom 18.7.2002, S. 1), der zuletzt durch den Rahmenbeschluss 2009/299/JI (ABl. L 81 vom 27.3.2009, S. 24) geändert worden ist, besteht und konkrete Anhaltspunkte dafür vorliegen, dass die Übermittlung dieser personenbezogenen Daten dazu beitragen könnte, eine solche Straftat zu verhindern.

(4) ¹Für die Übermittlung der Daten nach Absatz 3 gelten die Vorschriften über die Datenübermittlung im innerstaatlichen Bereich entsprechend. ²Die Datenübermittlung unterbleibt, soweit, auch unter Berücksichtigung des besonderen öffentlichen Interesses an der Datenübermittlung, im Einzelfall schutzwürdige Interessen der betroffenen Person überwiegen. ³Zu den schutzwürdigen Interessen gehört auch das Vorhandensein eines angemessenen Datenschutzniveaus im Empfängerstaat. ⁴Die schutzwürdigen Interessen der betroffenen Personen

können auch dadurch gewahrt werden, dass der Empfängerstaat oder die empfangende zwischen- oder überstaatliche Stelle im Einzelfall einen Schutz der übermittelten Daten garantiert.

(5) Die Datenübermittlung nach den Absätzen 1 und 3 unterbleibt, wenn

1. hierdurch wesentliche Sicherheitsinteressen des Bundes oder der Länder beeinträchtigt würden,
2. die Übermittlung der Daten zu den in Artikel 6 des Vertrages über die Europäische Union enthaltenen Grundsätzen in Widerspruch stünde,
3. die zu übermittelnden Daten bei der ersuchten Behörde nicht vorhanden sind und nur durch das Ergreifen von Zwangsmaßnahmen erlangt werden können oder
4. die Übermittlung der Daten unverhältnismäßig wäre oder die Daten für die Zwecke, für die sie übermittelt werden sollen, nicht erforderlich sind.

(6) Die Datenübermittlung nach den Absätzen 1 und 3 kann unterbleiben, wenn

1. die zu übermittelnden Daten bei den mit der Steuerfahndung betrauten Dienststellen der Finanzbehörden nicht vorhanden sind, jedoch ohne das Ergreifen von Zwangsmaßnahmen erlangt werden können,
2. hierdurch der Erfolg laufender Ermittlungen oder Leib, Leben oder Freiheit einer Person gefährdet würde oder
3. die Tat, zu deren Verhütung die Daten übermittelt werden sollen, nach deutschem Recht mit einer Freiheitsstrafe von im Höchstmaß einem Jahr oder weniger bedroht ist.

(7) Als für die Verhütung und Verfolgung von Straftaten zuständige öffentliche Stelle eines Mitgliedstaates der Europäischen Union im Sinne der Absätze 1 und 3 gilt jede Stelle, die von diesem Staat gemäß Artikel 2 Buchstabe a des Rahmenbeschlusses 2006/960/JI des Rates vom 18. Dezember 2006 über die Vereinfachung des Austauschs von Informationen und Erkenntnissen zwischen den Strafverfolgungsbehörden der Mitgliedstaaten der Europäischen Union (ABl. L 386 vom 29.12.2006, S. 89, L 75 vom 15.3.2007, S. 26) benannt wurde.

(8) Die Absätze 1 bis 7 sind auch anzuwenden auf die Übermittlung von personenbezogenen Daten an für die Verhütung und Verfolgung von Straftaten zuständige öffentliche Stellen eines Schengen-assoziierten Staates im Sinne von § 91 Absatz 3 des Gesetzes über die internationale Rechtshilfe in Strafsachen.

§ 117b Verwendung von den nach dem Rahmenbeschluss 2006/960/JI des Rates übermittelten Daten (S 0277)

(1) ¹Daten, die nach dem Rahmenbeschluss 2006/960/JI an die mit der Steuerfahndung betrauten Dienststellen der Finanzbehörden übermittelt worden sind, dürfen nur für die Zwecke, für die sie übermittelt wurden, oder zur Abwehr einer gegenwärtigen und erheblichen Gefahr für die öffentliche Sicherheit verwendet werden. ²Für einen anderen Zweck oder als Beweismittel in einem gerichtlichen Verfahren dürfen sie nur verwendet werden, wenn der übermittelnde Staat zugestimmt hat. ³Von dem übermittelnden Staat für die Verwendung der Daten gestellte Bedingungen sind zu beachten.

(2) Die mit der Steuerfahndung betrauten Dienststellen der Finanzbehörden erteilen dem übermittelnden Staat auf dessen Ersuchen zu Zwecken der Datenschutzkontrolle Auskunft darüber, wie die übermittelten Daten verwendet wurden.

§ 117c Umsetzung innerstaatlich anwendbarer völkerrechtlicher Vereinbarungen zur Förderung der Steuerehrlichkeit bei internationalen Sachverhalten (S 0277)

(1) ¹Das Bundesministerium der Finanzen wird ermächtigt, zur Erfüllung der Verpflichtungen aus innerstaatlich anwendbaren völkerrechtlichen Vereinbarungen, die der Förderung der Steuerehrlichkeit durch systematische Erhebung und Übermittlung steuerlich relevanter Daten dienen, durch Rechtsverordnungen mit Zustimmung des Bundesrates Regelungen zu treffen über

1. die Erhebung der nach diesen Vereinbarungen erforderlichen Daten durch in diesen Vereinbarungen dem Grunde nach bestimmte Dritte,

2. die Übermittlung dieser Daten nach amtlich vorgeschriebenem Datensatz im Wege der Datenfernübertragung an das Bundeszentralamt für Steuern,

3. die Weiterleitung dieser Daten an die zuständige Behörde des anderen Vertragsstaates,

4. die Entgegennahme entsprechender Daten von dem anderen Vertragsstaat und deren Weiterleitung nach Maßgabe des § 88 Absatz 3 und 4 an die zuständige Landesfinanzbehörde sowie

5. die Ahndung von vorsätzlichen und leichtfertigen Verstößen durch die in diesen Vereinbarungen dem Grunde nach bestimmten Dritten gegen Pflichten zur Erhebung und zur Meldung von Daten im Sinne der Nummern 1 und 2 als Ordnungswidrigkeiten und die Bestimmung eines Bußgeldes für solche Verstöße bis zu 50 000 Euro; hierfür ist das Bundeszentralamt für Steuern Verwaltungsbehörde im Sinne des § 36 Absatz 1 Nummer 1 des Gesetzes über Ordnungswidrigkeiten.

²In einer Rechtsverordnung nach Satz 1 kann dem Bundeszentralamt für Steuern das Recht eingeräumt werden, die Daten und Meldungen nach § 9 Absatz 1 und 2 der FATCA-USA-Umsetzungsverordnung zur Erfüllung der dem Bundeszent-

ralamt für Steuern gesetzlich übertragenen Aufgaben auszuwerten. ³Auswertungen der Meldungen nach § 9 Absatz 2 der FATCA-USA-Umsetzungsverordnung durch die jeweils zuständige Landesfinanzbehörde bleiben hiervon unberührt.

(2) Bei der Übermittlung von Daten durch das Bundeszentralamt für Steuern an die zuständige Finanzbehörde des anderen Vertragsstaates nach einer auf Grund des Absatzes 1 Satz 1 erlassenen Rechtsverordnung findet eine Anhörung der Beteiligten nicht statt.

(3) ¹Das Bundeszentralamt für Steuern ist berechtigt, Verhältnisse, die für die Erfüllung der Pflichten zur Erhebung und Übermittlung von Daten nach einer auf Grund des Absatzes 1 erlassenen Rechtsverordnung von Bedeutung sind oder der Aufklärung bedürfen, bei den zur Erhebung dieser Daten und deren Übermittlung an das Bundeszentralamt für Steuern Verpflichteten zu prüfen. ²Die §§ 193 bis 203 gelten sinngemäß.

(4) ¹Die auf Grund einer Rechtsverordnung nach Absatz 1 oder im Rahmen einer Prüfung nach Absatz 3 vom Bundeszentralamt für Steuern erhobenen Daten dürfen nur für die in den zugrunde liegenden völkerrechtlichen Vereinbarungen festgelegten Zwecke verwendet werden. ²Bei der Übermittlung der länderbezogenen Berichte durch das Bundeszentralamt für Steuern gemäß § 138a Absatz 7 Satz 1 bis 3 findet keine Anhörung der Beteiligten statt.

§ 117d Statistiken über die zwischenstaatliche Amts- und Rechtshilfe
(S 0277)

¹Informationen, die im Zuge der zwischenstaatlichen Amts- und Rechtshilfe verarbeitet werden, dürfen statistisch pseudonymisiert oder anonymisiert aufbereitet werden. ²Diese statistischen Daten dürfen öffentlich zugänglich gemacht werden.

§ 117e Besondere Formen der Amtshilfe mit Drittstaaten

(1) ¹Die Finanzbehörden können im Verhältnis zu Staaten und Hoheitsgebieten, die nicht Mitgliedstaaten der Europäischen Union sind (Drittstaaten), in entsprechender Anwendung von § 2 Absatz 1 und 13, § 3 Absatz 2 Satz 3 und 4 und Absatz 3a sowie der §§ 10 bis 12a des EU-Amtshilfegesetzes nach Maßgabe des Absatzes 2 besondere Formen der zwischenstaatlichen Amtshilfe in Anspruch nehmen und unter der Voraussetzung der Gegenseitigkeit leisten. ²§ 117 bleibt unberührt, soweit diese Vorschrift nichts anderes bestimmt.

(2) ¹Abweichend von

1. § 10 Absatz 1 Satz 2 erster Halbsatz des EU-Amtshilfegesetzes kann die Teilnahme an behördlichen Ermittlungen mittels elektronischer Kommunikation gestattet werden;

2. § 10 Absatz 1 Satz 3 und § 12 Absatz 5 Satz 2 des EU-Amtshilfegesetzes soll die Bestätigung oder die Ablehnung innerhalb von 60 Tagen nach Erhalt des Ersuchens übermittelt werden;

3. § 10 Absatz 2 Satz 1 und § 12 Absatz 2 Satz 2 bis 5 des EU-Amtshilfegesetzes bestimmt sich die Zulässigkeit des Austausches von Informationen nach den im Einzelfall innerstaatlich anwendbaren völkerrechtlichen Vereinbarungen oder, in Ermangelung solcher, nach § 117 Absatz 3;

4. § 12a Absatz 4 Satz 2 erster Halbsatz des EU-Amtshilfegesetzes sollen die Feststellungen in einem gemeinsamen Prüfbericht festgehalten werden;

5. § 12a Absatz 4 Satz 4 des EU-Amtshilfegesetzes können die beteiligten Behörden, sofern die Gegenseitigkeit verbürgt ist, mit der zuständigen Behörde des Drittstaates vereinbaren, die Beweisführung der entsprechenden Behörde des Drittstaates zu unterstützen.

²An die Stelle des zentralen Verbindungsbüros treten im Inland das Bundeszentralamt für Steuern und im Drittstaat die jeweils zuständige Behörde. ³§ 12 Absatz 7 des EU-Amtshilfegesetzes gilt nicht; zielen die behördlichen Ermittlungen im Inland auf ein Verfahren nach den §§ 193 bis 207, kann auf die Anhörung des inländischen Beteiligten bis zur Bekanntgabe der Prüfungsanordnung verzichtet werden, sofern andernfalls der Erfolg der gleichzeitigen oder gemeinsamen Prüfung gefährdet würde.

(3) Hinsichtlich der Einfuhr- und Ausfuhrabgaben nach Artikel 5 Nummer 20 und 21 des Zollkodex der Union sowie den Verbrauch- und Verkehrssteuern kann das Zollkriminalamt als Zentralstelle gemäß § 3 Absatz 7 Satz 1 Nummer 1 des Zollfahndungsdienstgesetzes entsprechend den Absätzen 1 bis 2 zwischenstaatliche Amtshilfe für den Zuständigkeitsbereich der Zollverwaltung bewilligen und ersuchen, soweit das Bundesministerium der Finanzen die Aufgabe nicht selbst wahrnimmt oder eine abweichende Zuweisung vorsieht.

Zweiter Abschnitt – Verwaltungsakte

§ 118 Begriff des Verwaltungsakts (S 0280)

¹Verwaltungsakt ist jede Verfügung, Entscheidung oder andere hoheitliche Maßnahme, die eine Behörde zur Regelung eines Einzelfalls auf dem Gebiet des öffentlichen Rechts trifft und die auf unmittelbare Rechtswirkung nach außen gerichtet ist. ²Allgemeinverfügung ist ein Verwaltungsakt, der sich an einen nach allgemeinen Merkmalen bestimmten oder bestimmbaren Personenkreis richtet oder die öffentlich-rechtliche Eigenschaft einer Sache oder ihre Benutzung durch die Allgemeinheit betrifft.

> **AEAO zu § 118 - Begriff des Verwaltungsakts:**
>
> Da auch die Steuerbescheide Verwaltungsakte sind, gelten die §§ 118 ff. AO auch für die Steuerbescheide, soweit in den §§ 155 ff. AO nichts anderes bestimmt ist. Ausgenommen sind insbesondere die §§ 130 und 131 AO, die kraft ausdrücklicher Regelung (§ 172 Abs. 1 Satz 1 Nr. 2 Buchstabe d AO) als Rechtsgrundlage für die Aufhebung oder Änderung von Steuerbescheiden ausgeschlossen sind.

§ 119 Bestimmtheit und Form des Verwaltungsakts (S 0281)

(1) Ein Verwaltungsakt muss inhaltlich hinreichend bestimmt sein.

(2) ¹Ein Verwaltungsakt kann schriftlich, elektronisch, mündlich oder in anderer Weise erlassen werden. ²Ein mündlicher Verwaltungsakt ist schriftlich oder elektronisch zu bestätigen, wenn hieran ein berechtigtes Interesse besteht und die betroffene Person dies unverzüglich verlangt.

(3) ¹Ein schriftlich oder elektronisch erlassener Verwaltungsakt muss die erlassende Behörde erkennen lassen. ²Ferner muss er die Unterschrift oder die Namenswiedergabe des Behördenleiters, seines Vertreters oder seines Beauftragten enthalten; dies gilt nicht für einen Verwaltungsakt, der formularmäßig oder mit Hilfe automatischer Einrichtungen erlassen wird. ³Wird für einen Verwaltungsakt, für den gesetzlich die Schriftform angeordnet ist, nach § 87a Absatz 4 Satz 2 die elektronische Form mit einer qualifizierten elektronischen Signatur verwendet, muss das der Signatur zugrunde liegende qualifizierte Zertifikat oder ein zugehöriges qualifiziertes Attributzertifikat die erlassende Behörde erkennen lassen. ⁴Im Falle des § 87a Absatz 4 Satz 3 muss die Bestätigung nach § 5 Absatz 5 des De-Mail-Gesetzes die erlassende Finanzbehörde als Nutzer des De-Mail-Kontos erkennen lassen.

(4) Wird für einen Verwaltungsakt die elektronische Form mit einer qualifizierten elektronischen Signatur oder einem qualifizierten elektronischen Siegel verwendet, muss sie oder muss es so lange überprüfbar sein, wie der Verwaltungsakt von der Finanzbehörde gespeichert wird.

§ 120 Nebenbestimmungen zum Verwaltungsakt (S 0282)

(1) Ein Verwaltungsakt, auf den ein Anspruch besteht, darf mit einer Nebenbestimmung nur versehen werden, wenn sie durch Rechtsvorschrift zugelassen ist oder wenn sie sicherstellen soll, dass die gesetzlichen Voraussetzungen des Verwaltungsakts erfüllt werden.

(2) Unbeschadet des Absatzes 1 darf ein Verwaltungsakt nach pflichtgemäßem Ermessen erlassen werden mit

1. einer Bestimmung, nach der eine Vergünstigung oder Belastung zu einem bestimmten Zeitpunkt beginnt, endet oder für einen bestimmten Zeitraum gilt (Befristung),
2. einer Bestimmung, nach der der Eintritt oder der Wegfall einer Vergünstigung oder einer Belastung von dem ungewissen Eintritt eines zukünftigen Ereignisses abhängt (Bedingung),
3. einem Vorbehalt des Widerrufsoder verbunden werden mit
4. einer Bestimmung, durch die dem Begünstigten ein Tun, Dulden oder Unterlassen vorgeschrieben wird (Auflage),
5. einem Vorbehalt der nachträglichen Aufnahme, Änderung oder Ergänzung einer Auflage.

(3) Eine Nebenbestimmung darf dem Zweck des Verwaltungsakts nicht zuwiderlaufen.

AEAO zu § 120 - Nebenbestimmungen zum Verwaltungsakt:

1. Nebenbestimmungen sind zulässig bei Verwaltungsakten, die auf einer Ermessensentscheidung der Finanzbehörden beruhen (z. B. Fristverlängerung, Stundung, Erlass, Aussetzung der Vollziehung). Bei gebundenen Verwaltungsakten (z. B. Steuerbescheiden) sind gesetzlich ausdrücklich zugelassene Nebenbestimmungen der Vorbehalt der Nachprüfung (§ 164 AO), die Vorläufigkeitserklärung (§ 165 AO) und die Sicherheitsleistung (§ 165 Abs. 1 Satz 4 AO).

2. Nebenbestimmungen müssen inhaltlich hinreichend bestimmt sein (§ 119 Abs. 1 AO). Anderenfalls sind sie nichtig. Wegen der Rechtsfolgen bei Nichtigkeit der Nebenbestimmung Hinweis auf § 125 Abs. 4 AO.

3. Wegen der unterschiedlichen Folgen, die sich aus der Nichterfüllung einer Nebenbestimmung ergeben können, ist die Nebenbestimmung im Verwaltungsakt genau zu bezeichnen (z. B. „unter der aufschiebenden Bedingung", „unter dem Vorbehalt des Widerrufs").

4. Der Widerrufsvorbehalt ermöglicht den Widerruf rechtmäßiger Verwaltungsakte nach § 131 Abs. 2 Nr. 1 AO. Er ist aber für sich allein kein hinreichender Grund zum Widerruf, sondern lässt den Widerruf nur im Rahmen pflichtgemäßen Ermessens zu.

§ 121 Begründung des Verwaltungsakts (S 0283)

(1) Ein schriftlicher, elektronischer sowie ein schriftlich oder elektronisch bestätigter Verwaltungsakt ist mit einer Begründung zu versehen, soweit dies zu seinem Verständnis erforderlich ist.

(2) Einer Begründung bedarf es nicht,

1. soweit die Finanzbehörde einem Antrag entspricht oder einer Erklärung folgt und der Verwaltungsakt nicht in Rechte eines anderen eingreift,
2. soweit demjenigen, für den der Verwaltungsakt bestimmt ist oder der von ihm betroffen wird, die Auffassung der Finanzbehörde über die Sach- und Rechtslage bereits bekannt oder auch ohne Begründung für ihn ohne weiteres erkennbar ist,
3. wenn die Finanzbehörde gleichartige Verwaltungsakte in größerer Zahl oder Verwaltungsakte mit Hilfe automatischer Einrichtungen erlässt und die Begründung nach den Umständen des Einzelfalls nicht geboten ist,
4. wenn sich dies aus einer Rechtsvorschrift ergibt,
5. wenn eine Allgemeinverfügung öffentlich bekannt gegeben wird.

AEAO zu § 121 - Begründung des Verwaltungsaktes:

1. Die Vorschrift gilt für alle Verwaltungsakte einschließlich der Steuerbescheide.

2. Besteht eine Pflicht, den Verwaltungsakt zu begründen, so muss die Begründung nur den Umfang haben, der erforderlich ist, damit der Adressat des Verwaltungsakts die Gründe für die Entscheidung der Finanzbehörde verstehen kann. Die Begründung von Ermessensentscheidungen soll erkennen lassen, dass die Finanzbehörde ihr Ermessen ausgeübt hat und von welchen Gesichtspunkten sie bei ihrer Entscheidung ausgegangen ist.

3. Das Fehlen der vorgeschriebenen Begründung macht den Verwaltungsakt fehlerhaft. Dieser Mangel kann nach § 126 Abs. 1 und 2 AO geheilt werden oder gem. § 127 AO unbeachtlich sein. Wurde wegen der fehlenden Begründung die rechtzeitige Anfechtung des Verwaltungsakts versäumt, so ist auf Antrag Wiedereinsetzung in den vorigen Stand zu gewähren (§ 126 Abs. 3 i. V. m. § 110 AO; vgl. auch AEAO zu § 91, Nr. 3).

§ 122 Bekanntgabe des Verwaltungsakts (S 0284)

(1) ¹Ein Verwaltungsakt ist demjenigen Beteiligten bekannt zu geben, für den er bestimmt ist oder der von ihm betroffen wird. ²§ 34 Absatz 2 ist entsprechend anzuwenden. ³Der Verwaltungsakt kann auch gegenüber einem Bevollmächtigten bekannt gegeben werden. ⁴Er soll dem Bevollmächtigten bekannt gegeben werden, wenn der Finanzbehörde eine schriftliche oder eine nach amtlich vorgeschriebenem Datensatz elektronisch übermittelte Empfangsvollmacht vorliegt, solange dem Bevollmächtigten nicht eine Zurückweisung nach § 80 Absatz 7 bekannt gegeben worden ist.

(2) Ein schriftlicher Verwaltungsakt, der durch die Post übermittelt wird, gilt als bekannt gegeben

1. bei einer Übermittlung im Inland am vierten Tage nach der Aufgabe zur Post,
2. bei einer Übermittlung im Ausland einen Monat nach der Aufgabe zur Post,

außer wenn er nicht oder zu einem späteren Zeitpunkt zugegangen ist; im Zweifel hat die Behörde den Zugang des Verwaltungsakts und den Zeitpunkt des Zugangs nachzuweisen.

(2a) Ein elektronisch übermittelter Verwaltungsakt gilt am vierten Tage nach der Absendung als bekannt gegeben, außer wenn er nicht oder zu einem späteren Zeitpunkt zugegangen ist; im Zweifel hat die Behörde den Zugang des Verwaltungsakts und den Zeitpunkt des Zugangs nachzuweisen.

(3) ¹Ein Verwaltungsakt darf öffentlich bekannt gegeben werden, wenn dies durch Rechtsvorschrift zugelassen ist. ²Eine Allgemeinverfügung darf auch dann öffentlich bekannt gegeben werden, wenn eine Bekanntgabe an die Beteiligten untunlich ist.

(4) ¹Die öffentliche Bekanntgabe eines Verwaltungsakts wird dadurch bewirkt, dass sein verfügender Teil ortsüblich bekannt gemacht wird. ²In der ortsüblichen Bekanntmachung ist anzugeben, wo der Verwaltungsakt und seine Begründung eingesehen werden können. ³Der Verwaltungsakt gilt zwei Wochen nach dem Tag der ortsüblichen Bekanntmachung als bekannt gegeben. ⁴In einer Allgemeinverfügung kann ein hiervon abweichender Tag, jedoch frühestens der auf die Bekanntmachung folgende Tag bestimmt werden.

(5) ¹Ein Verwaltungsakt wird zugestellt, wenn dies gesetzlich vorgeschrieben ist oder behördlich angeordnet wird. ²Die Zustellung richtet sich vorbehaltlich der Sätze 3 und 4 nach den Vorschriften des Verwaltungszustellungsgesetzes. ³Für die Zustellung an einen Bevollmächtigten gilt abweichend von § 7 Absatz 1 Satz 2 des Verwaltungszustellungsgesetzes Absatz 1 Satz 4 entsprechend. ⁴Erfolgt die öffentliche Zustellung durch Bekanntmachung einer Benachrichtigung auf der Internetseite oder in einem elektronischen Portal der Finanzbehörden, können die Anordnung und die Dokumentation nach § 10 Absatz 1 Satz 2 und Absatz 2 Satz 5 des Verwaltungszustellungsgesetzes elektronisch erfolgen.

(6) Die Bekanntgabe eines Verwaltungsakts an einen Beteiligten zugleich mit Wirkung für und gegen andere Beteiligte ist zulässig, soweit die Beteiligten einverstanden sind; diese Beteiligten können nachträglich eine Abschrift des Verwaltungsakts verlangen.

(7) [1]Betreffen Verwaltungsakte
1. Ehegatten oder Lebenspartner oder
2. Ehegatten mit ihren Kindern, Lebenspartner mit ihren Kindern oder Alleinstehende mit ihren Kindern,

so reicht es für die Bekanntgabe an alle Beteiligten aus, wenn ihnen eine Ausfertigung unter ihrer gemeinsamen Anschrift übermittelt wird. [2]Die Verwaltungsakte sind den Beteiligten einzeln bekannt zu geben, soweit sie dies beantragt haben oder soweit der Finanzbehörde bekannt ist, dass zwischen ihnen ernstliche Meinungsverschiedenheiten bestehen.

AEAO zu § 122 - Bekanntgabe des Verwaltungsaktes:

Inhaltsübersicht

1. Allgemeines
1.1 Bekanntgabe von Verwaltungsakten
1.2 Steuerbescheide
1.3 Bezeichnung des Inhaltsadressaten
1.4 Bezeichnung des Bekanntgabeadressaten
1.5 Bezeichnung des Empfängers
1.6 Anschriftenfeld
1.7 Übermittlung an Bevollmächtigte
1.8 Form der Bekanntgabe
2. Bekanntgabe von Bescheiden
2.1 Bekanntgabe von Bescheiden an Ehegatten
2.2 Bekanntgabe an gesetzliche Vertreter natürlicher Personen
2.3 Bescheide an Ehegatten mit Kindern oder Alleinstehende mit Kindern
2.4 Personenvereinigungen
2.5 Bescheide über gesonderte und einheitliche Feststellungen
2.6 Grundsteuermessbescheide, Grunderwerbsteuerbescheide
2.7 Personengesellschaften (Gemeinschaften) in Liquidation
2.8 Bekanntgabe an juristische Personen
2.9 Bekanntgabe in Insolvenzfällen

§ 122 Abgabenordnung

2.10 Verbraucherinsolvenzverfahren

2.11 Zwangsverwaltung

2.12 Gesamtrechtsnachfolge (z. B. Erbfolge)

2.13 Testamentsvollstreckung, Nachlassverwaltung, Nachlasspflegschaft

2.14 Haftende

2.15 Spaltung

2.16 Formwechselnde Umwandlung

3. Besonderheiten des Zustellungsverfahrens

3.1 Zustellungsarten

3.2 Zustellung an mehrere Beteiligte

3.3 Zustellung an Bevollmächtigte

3.4 Zustellung an Ehegatten

3.5 Zustellung bei gerichtlich bestellter Betreuung

4. Folgen von Verfahrens- und Formfehlern

4.1 Unwirksamkeit des Verwaltungsaktes wegen inhaltlicher Mängel

4.2 Wirksamkeit des Verwaltungsaktes trotz inhaltlicher Mängel

4.3 Unwirksamkeit des Verwaltungsaktes wegen eines Bekanntgabemangels

4.4 Wirksame Bekanntgabe

4.5 Fehler bei förmlichen Zustellungen

4.6 Fehlerhafte Bekanntgabe von Grundlagenbescheiden

4.7 Bekanntgabe von gesonderten und einheitlichen Feststellungen an einzelne Beteiligte

1. Allgemeines

1.1. Bekanntgabe von Verwaltungsakten

Voraussetzung für die Wirksamkeit eines Verwaltungsakts ist, dass er inhaltlich hinreichend bestimmt ist (§ 119 Abs. 1 AO) und dass er demjenigen, für den er bestimmt ist oder der von ihm betroffen wird, bekannt gegeben wird (§ 124 Abs. 1 AO). Deshalb ist beim Erlass eines Verwaltungsakts festzulegen,

- an wen er sich richtet (AEAO zu § 122, Nr. 1.3 - **Inhaltsadressat**),
- wem er bekannt gegeben werden soll (AEAO zu § 122, Nr. 1.4 - **Bekanntgabeadressat**),

- welcher Person er zu übermitteln ist (AEAO zu § 122 Nr. 1.5 - **Empfänger**) und
- ob eine besondere Form der Bekanntgabe erforderlich oder zweckmäßig ist (AEAO zu § 122, Nr. 1.8).

1.1.2 Verfahrensrechtlich ist zu unterscheiden zwischen dem Rechtsbegriff der Bekanntgabe als Wirksamkeitsvoraussetzung, den Formen der **Bekanntgabe** (mündliche, schriftliche, elektronische oder öffentliche Bekanntgabe oder Bekanntgabe in anderer Weise) und den technischen Vorgängen bei der Übermittlung des Inhalts eines Verwaltungsakts. Die Bekanntgabe setzt den Bekanntgabewillen des für den Erlass des Verwaltungsakts zuständigen Bediensteten voraus (BFH-Urteile vom 27.6.1986, VI R 23/83, BStBl II S. 832, und vom 24.11.1988, V R 123/83, BStBl 1989 II S. 344). Zur Aufgabe des Bekanntgabewillens vgl. AEAO zu § 124, Nrn. 5 und 6.

1.1.3 Mit dem Rechtsbegriff „Bekanntgabe" nicht gleichbedeutend sind die Bezeichnungen für die **technischen Vorgänge** bei der Übermittlung eines verfügten Verwaltungsakts (z. B. „Aufgabe zur Post", „Zusendung", „Zustellung", „ortsübliche Bekanntmachung", „Zugang"), auch wenn diese Begriffe zugleich eine gewisse rechtliche Bedeutung haben. Die technischen Vorgänge bedürfen, soweit das Gesetz daran Rechtsfolgen knüpft, einer Dokumentation, um nachweisen zu können, dass, wann und wie die Bekanntgabe erfolgt ist.

1.1.4 Die nachfolgenden Grundsätze über die Bekanntgabe von Steuerbescheiden (vgl. AEAO zu § 122, Nr. 1.2) gelten entsprechend für andere Verwaltungsakte (z. B. Haftungsbescheide, Prüfungsanordnungen, Androhungen und Festsetzungen von Zwangsgeldern; vgl. AEAO zu § 122, Nr. 1.8.1). Zur Adressierung und Bekanntgabe von Prüfungsanordnungen vgl. AEAO zu § 197, zur Adressierung und Bekanntgabe von Zwangsgeldandrohungen und Zwangsgeldfestsetzungen vgl. BFH-Urteil vom 23.11.1999, VII R 38/99, BStBl 2001 II S. 463.

1.1.5 Lebenspartner

Die nachfolgenden Grundsätze über die Bekanntgabe von Steuerverwaltungsakten an Ehegatten und Ehegatten mit ihren Kindern gelten gleichermaßen für die Bekanntgabe von Steuerverwaltungsakten an Lebenspartner und Lebenspartner mit ihren Kindern.

1.2 Steuerbescheide

Steuerfestsetzungen sind nur dann eine Grundlage für die Verwirklichung von Ansprüchen aus dem Steuerschuldverhältnis, wenn sie gem. § 122 Abs. 1 Satz 1 AO als Steuerbescheid demjenigen Beteiligten bekannt gegeben worden sind, für den sie bestimmt sind oder der von ihnen betroffen wird. Die folgenden Grundsätze regeln, wie der Steuerschuldner als Inhaltsadressat und ggf. der Bekanntgabeadressat und der Empfänger zu bezeichnen sind und wie der Bescheid zu übermitteln ist.

§ 122 Abgabenordnung

1.3 Bezeichnung des Inhaltsadressaten

1.3.1 Der Inhaltsadressat muss im Bescheid so eindeutig bezeichnet werden, dass Zweifel über seine Identität nicht bestehen. Inhaltsadressat eines Steuerbescheids ist der Steuerschuldner.

1.3.2 Im Allgemeinen wird eine natürliche Person als Inhaltsadressat durch Vornamen und Familiennamen genügend bezeichnet. Nur bei Verwechslungsmöglichkeiten, insbesondere bei häufiger vorkommenden Namen, sind weitere Angaben erforderlich (z. B. Wohnungsanschrift, Geburtsdatum, Berufsbezeichnung, Namenszusätze wie „senior" oder „junior").

Bei juristischen Personen und rechtsfähigen Personenvereinigungen (vgl. § 14a Abs. 2 AO) ergibt sich der zutreffende „Name" aus Gesetz, Satzung, Register, Vertrag oder ähnlichen Quellen (bei Handelsgesellschaften Firma gem. § 17 HGB, bei eingetragenen GbR Name gem. § 707 Abs. 2 Nr. 1 Buchst. a BGB).

Wegen der Bezeichnung von Ehegatten vgl. AEAO zu § 122, Nr. 2.1.2.

Wegen der Bezeichnung der nicht rechtsfähigen Personenvereinigungen vgl. AEAO zu § 122, Nrn. 2.4, 2.4.1.2.

1.4 Bezeichnung des Bekanntgabeadressaten

1.4.1 Die Person, der ein Verwaltungsakt bekannt zu geben ist, wird als Bekanntgabeadressat bezeichnet. Bei Steuerfestsetzungen ist dies i. d. R. der Steuerschuldner als Inhaltsadressat, weil der Steuerbescheid seinem Inhalt nach für ihn bestimmt ist oder er von ihm betroffen wird (§ 122 Abs. 1 Satz 1 AO).

1.4.2 Als Bekanntgabeadressat kommen jedoch auch Dritte in Betracht, wenn sie für den Inhaltsadressaten (Steuerschuldner) steuerliche Pflichten zu erfüllen haben. Dabei handelt es sich in erster Linie um Fälle, in denen die Bekanntgabe an den Steuerschuldner nicht möglich oder nicht zulässig ist (§ 79 AO).

Die Bekanntgabe ist insbesondere an folgende Dritte erforderlich:

a) Eltern (§ 1629 BGB), Vormund (§ 1793 BGB), Pfleger (§§ 1909 ff. BGB) als gesetzliche Vertreter natürlicher Personen (§ 34 Abs. 1 AO),

b) Gesellschafter/Gemeinschafter/Mitglieder nicht rechtsfähiger Personenvereinigungen und einer nicht rechtsfähigen GbR (§ 34 Abs. 2 i. V. m. § 14a Abs. 3 und 4 AO),

c) Geschäftsführer von Vermögensmassen (z. B. nichtrechtsfähige Stiftungen, §§ 86, 26 BGB),

d) Vermögensverwalter i. S. d. § 34 Abs. 3 AO (z. B. Insolvenzverwalter, Zwangsverwalter, gerichtlich bestellte Liquidatoren, Nachlassverwalter),

e) Verfügungsberechtigte i. S. d. § 35 AO,

f) für das Besteuerungsverfahren bestellte Vertreter i. S. d. § 81 AO.

1.4.3 Ist der Bekanntgabeadressat nicht mit dem Inhaltsadressaten identisch (vgl. AEAO zu § 122, Nr. 1.4.2), so ist er zusätzlich zum Inhaltsadressaten anzugeben. Hinsichtlich der eindeutigen Bezeichnung gelten dieselber Grundsätze wie für die Bezeichnung des Inhaltsadressaten (vgl. AEAO zu § 122, Nr. 1.3.2). Das Vertretungsverhältnis (vgl. AEAO zu § 122, Nr. 1.4.2) ist im Bescheid anzugeben (vgl. AEAO zu 122, Nr. 1.6).

1.5 Bezeichnung des Empfängers

1.5.1 Als Empfänger wird derjenige bezeichnet, dem der Verwaltungsakt tatsächlich zugehen soll, damit er durch Bekanntgabe wirksam wird. I. d. R. ist der Inhaltsadressat nicht nur Bekanntgabeadressat, sondern auch „Empfänger" des Verwaltungsakts.

1.5.2 Es können jedoch auch andere Personen Empfänger sein, wenn für sie eine **Empfangsvollmacht** des Bekanntgabeadressaten vorliegt oder wenn die Finanzbehörde nach ihrem Ermessen den Verwaltungsakt einem Bevollmächtigten übermitteln will (vgl. AEAO zu § 122, Nr. 1.7).

Beispiel:

> Die gesetzlichen Vertreter (Bekanntgabeadressaten) eines Minderjährigen (Steuerschuldner und damit Inhaltsadressat) haben einen Dritten (Empfänger) bevollmächtigt.
>
> **Inhaltsadressat** (Steuerschuldner):
>
> Hans Huber
>
> **Bekanntgabeadressaten:**
>
> Herrn Anton Huber, Frau Maria Huber
>
> als gesetzliche Vertreter des Hans Huber,
>
> Moltkestraße 5, 12203 Berlin
>
> **Empfänger** (Anschriftenfeld):
>
> Herrn
>
> Steuerberater
>
> Anton Schulz
>
> Postfach 11 48
>
> 80335 München
>
> **Darstellung im Bescheid:**
>
> (Die Angaben in Klammern werden im Bescheid nicht ausgedruckt. Dies gilt auch für die übrigen Beispiele).

Anschriftenfeld (Empfänger):

Herrn

Steuerberater

Anton Schulz

Postfach 11 48

80335 München

Bescheidkopf

Für

Herrn Anton Huber und Frau Maria Huber (Bekanntgabeadressaten) als gesetzliche Vertreter des Hans Huber (Steuerschuldner und Inhaltsadressat), Moltkestraße 5, 2203 Berlin

1.5.3 Eine Empfangsvollmacht ist auch erforderlich, wenn der Verwaltungsakt nur namentlich benannten Geschäftsführern oder anderen Personen (z. B. dem Steuerabteilungsleiter) zugehen soll.

Beispiel:

Anschriftenfeld (Empfänger):

Herrn
Steuerabteilungsleiter
Fritz Schulz
i.Hs. der Meyer GmbH
Postfach 10 01
50859 Köln

Bescheidkopf

Für die Meyer GmbH (Inhalts- und Bekanntgabeadressat)

1.5.4 Zur Bekanntgabe nach § 122 Abs. 6 AO vgl. AEAO zu § 122, Nr. 2.1.3, zur Bekanntgabe an einen gemeinsamen Empfangsbevollmächtigten i. S. v. § 183 Abs. 1 AO vgl. AEAO zu § 122, Nr. 2.5.2.

1.6 Anschriftenfeld

Der Empfänger ist im Anschriftenfeld des Steuerbescheids mit seinem Namen und **postalischer Anschrift** zu bezeichnen. Es reicht nicht aus, den Empfänger nur auf dem Briefumschlag und in den Steuerakten anzugeben, weil sonst die ordnungsmäßige Bekanntgabe nicht einwandfrei nachgewiesen werden kann. Sind Inhaltsadressat (Steuerschuldner), Bekanntgabeadressat und Empfänger nicht dieselbe Person, muss jeder im Steuerbescheid benannt werden: Der Empfänger ist im Anschriftenfeld anzugeben, der Inhalts- und ggf. der Bekanntgabeadressat sowie das Vertretungsverhältnis müssen an anderer Stelle des Steuerbescheids aufgeführt werden (vgl. z. B. bei Bekanntgabe an Minderjährige AEAO zu § 122, Nr. 2.2.2).

1.7 Übermittlung an Bevollmächtigte

1.7.1 Der einem Angehörigen der steuerberatenden Berufe erteilte Auftrag zur Erstellung und Einreichung der Steuererklärungen schließt i. d. R. seine Bestellung als Empfangsbevollmächtigter nicht ein (BFH-Urteil vom 30.7.1980, R 148/79, BStBl 1981 II S. 3). Aus der Mitwirkung eines Steuerberaters bei der Steuererklärung folgt daher nicht, dass die Finanzbehörde einen Steuerbescheid dem Steuerberater zu übermitteln hat. Dasselbe gilt in Bezug auf die anderen zur Hilfe in Steuersachen befugten Personen und Vereinigungen (§§ 3, 4 StBerG).

1.7.2 Bevollmächtigter kann u. a. auch der Vollmachtnehmer einer sog. Vorsorgevollmacht sein. Eine Vorsorgevollmacht ist eine allgemeine rechtsgeschäftliche Vollmacht. Durch die Vorlage der Vorsorgevollmacht beim Finanzamt, in der die Befugnis zur Vertretung gegenüber Behörden eingeräumt ist, ist der Vollmachtnehmer für das Besteuerungsverfahren Bevollmächtigter i. S. d. § 80 AO. Die Vorsorgevollmacht bleibt in Kraft, wenn der Vollmachtgeber nach Erteilung der Vollmacht geschäftsunfähig geworden ist. Bescheide sind grundsätzlich dem in der Vorsorgevollmacht bestimmten Vollmachtnehmer als Empfänger zu übermitteln.

1.7.3 Es liegt im Ermessen des Finanzamts, ob es einen Steuerbescheid an den Steuerpflichtigen selbst oder an dessen Bevollmächtigten bekannt gibt (§ 122 Abs. 1 Satz 3 AO). Da das Gesetz eine „Soll-Regelung" enthält, gilt bei Ausübung des Ermessens Folgendes:

Hat der Steuerpflichtige dem Finanzamt ausdrücklich mitgeteilt, dass er seinen Vertreter auch zur Entgegennahme von Steuerbescheiden ermächtigt, sind diese grundsätzlich dem Bevollmächtigten bekannt zu geben (BFH-Urteil vom 5.10.2000, VII R 96/99, BStBl 2001 II S. 86). Dies gilt auch, wenn der Steuerpflichtige dem Finanzamt eine Vollmacht vorgelegt hat, nach der der Bevollmächtigte berechtigt ist, für den Steuerpflichtigen „rechtsverbindliche Erklärungen" entgegen zu nehmen (BFH-Urteil vom 23.11.1999, VII R 38/99, BStBl 2001 II S. 463).

Nur wenn im Einzelfall besondere Gründe gegen die Bekanntgabe des Steuerbescheids an den Bevollmächtigten sprechen, kann der Steuerbescheid unmittelbar dem Steuerpflichtigen selbst bekannt gegeben (§ 122 Abs. 1 Satz 4 AO) oder förmlich zugestellt werden (§ 122 Abs. 5 Satz 3 i. V. m. Abs. 1 Satz 4 AO). Derartige Gründe können auch technischer Natur sein. Der Steuerbescheid ist auch nach Vorlage einer Empfangsvollmacht dem Steuerpflichtigen bekannt zu geben, soweit der Bevollmächtigte wegen unbefugter Hilfeleistung in Steuersachen nach § 80 Abs. 7 AO zurückgewiesen wurde oder wenn ihm die Hilfeleistung in Steuersachen nach § 7 StBerG untersagt wurde. Dies gilt auch, wenn die Zurückweisungsverfügung in der Vollziehung ausgesetzt wurde oder wenn gegen eine Untersagung nach § 7 StBerG Einspruch eingelegt oder Klage erhoben wurde und dieser Rechtsbehelf hemmende Wirkung hat (§ 361 Abs. 4 AO, § 69 Abs. 5 FGO).

Fehlt es an einer ausdrücklichen Benennung eines Empfangsbevollmächtigten, hat das Finanzamt aber bisher Verwaltungsakte dem Vertreter des Steuerpflichtigen übermittelt, so darf es sich nicht in Widerspruch zu seinem bisherigen Verhalten setzen und sich bei gleichliegenden Verhältnissen ohne ersichtlichen Grund an den Steuerpflichtigen selbst wenden (vgl. BFH-Urteile vom 11.8.1954, II 239/53 U, BStBl III S. 327, und vom 13.4.1965, I 36/64 U, I 37/64 U, BStBl III S. 389). In diesen Fällen ist jedoch eine schriftliche Vollmacht nachzufordern; der Vollmachtsnachweis kann auch in elektronischer Form (§ 87a Abs. 3 AO) erbracht werden.

Die im Einkommensteuererklärungsvordruck erteilte Empfangsvollmacht gilt nur für Bescheide des betreffenden Veranlagungszeitraums (vgl. BFH-Beschluss vom 16.1.2001, XI B 14/99, BFH/NV S. 888) und umfasst auch Änderungsbescheide (BFH-Urteil vom 29.5.1996, I R 42/95, BFH/NV 1997 S. 1). Dagegen entfaltet die im Erklärungsvordruck zur gesonderten und einheitlichen Feststellung erteilte Empfangsvollmacht nicht lediglich Wirkung für das Verfahren des entsprechenden Feststellungszeitraums, sondern ist solange zu beachten, bis sie durch Widerruf entfällt (vgl. BFH-Urteil vom 18.1.2007, IV R 53/05, BStBl II S. 369).

Ein während eines Klageverfahrens ergehender Änderungsbescheid ist i. d. R. dem Prozessbevollmächtigten bekannt zu geben (BFH-Urteile vom 5.5.1994, VI R 98/93, BStBl II S. 806, und vom 29.10.1997, X R 37/95, BStBl 1998 II S. 266).

1.7.4 Wird ein Verwaltungsakt dem betroffenen Steuerpflichtigen bekannt gegeben und hierdurch eine von ihm erteilte Bekanntgabevollmacht zugunsten seines Bevollmächtigten ohne besondere Gründe nicht beachtet, wird der Bekanntgabemangel durch die Weiterleitung des Verwaltungsakts an den Bevollmächtigten geheilt. Die Frist für einen außergerichtlichen Rechtsbehelf beginnt in dem Zeitpunkt, in dem der Bevollmächtigte den Verwaltungsakt nachweislich erhalten hat (BFH-Urteil vom 8.12.1988, IV R 24/87, BStBl 1989 II S. 346).

1.7.5 Wegen der Zustellung an Bevollmächtigte vgl. AEAO zu § 122, Nr. 3.3.

1.7.6 Hat der Steuerpflichtige einen Bevollmächtigten benannt, bleibt die Vollmacht so lange wirksam, bis der Finanzbehörde ein Widerruf zugeht (§ 80 Abs. 1 AO). Die Wirksamkeit einer Vollmacht ist nur dann auf einen Besteuerungszeitraum oder einen einzelnen Bearbeitungsvorgang begrenzt, wenn dies ausdrücklich in der Vollmacht erwähnt ist oder sich aus den äußeren Umständen ergibt (z. B. bei Einzelsteuerfestsetzungen); vgl. aber auch AEAO zu § 122, Nr. 1.7.2.

1.7.7 Wendet sich die Finanzbehörde aus besonderem Grund an den Beteiligten selbst (z. B. um ihn um Auskünfte zu bitten, die nur er selbst als Wissensträger geben kann, oder um die Vornahme von Handlungen zu erzwingen), so soll der Bevollmächtigte unterrichtet werden (§ 80 Abs. 5 Satz 3 AO).

1.8 Form der Bekanntgabe

Schriftliche Verwaltungsakte, insbesondere Steuerbescheide, sind grundsätzlich durch die Post zu übermitteln (vgl. AEAO zu § 122, Nr. 1.8.2), sofern der Empfänger im Inland wohnt oder soweit der ausländische Staat mit der

Postübermittlung einverstanden ist (vgl. AEAO zu § 122, Nr. 1.8.4). Ein Verwaltungsakt kann ferner durch Telefax (vgl. AEAO zu § 122, Nr. 1.8.2) wirksam bekannt gegeben werden, auch wenn für ihn die Schriftform gesetzlich vorgeschrieben ist (BFH-Urteil vom 8.7.1998, I R 17/96, BStBl 1999 II S. 48). Eine förmliche Zustellung ist nur erforderlich, wenn dies gesetzlich vorgeschrieben ist oder die Finanzbehörde von sich aus die Zustellung anordnet (vgl. AEAO zu § 122, Nr. 1.8.3). Die Zustellung erfolgt nach den Vorschriften des Verwaltungzustellungsgesetzes (vgl. AEAO zu § 122, Nr. 3.1). Unter den Voraussetzungen des § 87a AO können Verwaltungsakte auch elektronisch übermittelt werden.

1.8.1 Schriftform

1.8.1.1 Grundsätzlich ist die **schriftliche Bekanntgabe** eines Verwaltungsakts nur erforderlich, wenn das Gesetz sie ausdrücklich vorsieht (für Steuerbescheide, § 157 AO; für die Aufhebung des Vorbehalts der Nachprüfung, § 164 Abs. 3 AO; für Haftungs- und Duldungsbescheide, § 191 Abs. 1 AO; für Prüfungsanordnungen, § 196 AO; für verbindliche Zusagen, § 205 Abs. 1 AO; für Pfändungsverfügungen, § 309 Abs. 2 AO; für Androhung von Zwangsmitteln, § 332 Abs. 1 AO; für Einspruchsentscheidungen, § 366 AO). Im Übrigen reicht die **mündliche Bekanntgabe** eines steuerlichen Verwaltungsakts aus (z. B. bei Fristverlängerungen, Billigkeitsmaßnahmen, Stundungen). Aus Gründen der Rechtssicherheit sollen Verwaltungsakte aber im Allgemeinen schriftlich erteilt werden. Ein mündlicher Verwaltungsakt ist ggf. schriftlich zu bestätigen (§ 119 Abs. 2 AO).

1.8.1.2 Ist für einen Verwaltungsakt die Schriftform gesetzlich vorgeschrieben, wird diese auch durch Übersendung per **Telefax**, auch per Computerfax, gewahrt (BFH-Urteile vom 28.1.2014, VIII R 28/13, BStBl II S. 552, und vom 18.3.2014, VIII R 9/10, BStBl II S. 748). Der Verwaltungsakt wird in diesem Fall nicht bereits mit vollständiger Speicherung im Empfangsgerät sondern erst mit dem Ausdruck beim Empfänger wirksam (BFH-Urteil vom 18.3.2014, VIII R 9/10, a.a.O.). Erfolgt der Ausdruck vor Ablauf der viertägigen Frist i. S. d. § 122 Abs. 2a AO (vgl. AEAO zu § 122, Nr. 1.8.2.2), bleibt der Ablauf dieser Frist für den Zeitpunkt des Wirksamwerdens des Verwaltungsakts maßgebend.

1.8.2 Übermittlung durch die Post oder durch Telefax

1.8.2.1 Der in § 122 Abs. 2 AO verwendete Begriff der „Post" ist nicht auf die Deutsche Post AG (als Nachfolgeunternehmen der Deutschen Bundespost) beschränkt, sondern umfasst alle Unternehmen, soweit sie Postdienstleistungen erbringen. Wird ein schriftlicher Verwaltungsakt durch die Post übermittelt, so hängt die Wirksamkeit der Bekanntgabe nicht davon ab, dass der Tag der Aufgabe des Verwaltungsakts zur Post in den Akten vermerkt wird. Um den Bekanntgabezeitpunkt berechnen zu können und im Hinblick auf die Regelung in § 169 Abs. 1 Satz 3 Nr. 1 AO ist jedoch der Tag der Aufgabe zur Post in geeigneter Weise festzuhalten.

1.8.2.2 Ein Telefax, auch ein Computerfax, ist kein elektronisches Dokument i. S. d. § 87a AO (vgl. AEAO zu § 87a, Nr. 4), aber ein elektronisch übermittelter

Verwaltungsakt i. S. d. § 122 Abs. 2a AO (Bundestagsdrucksache 14/9000 S. 32, Begründung zu § 15 VwVfG).

1.8.3 Förmliche Bekanntgabe (Zustellung)

Zuzustellen sind:

- die Ladung zu dem Termin zur Abgabe der Vermögensauskunft (§ 284 Abs. 6 AO),
- die Verfügung über die Pfändung einer Geldforderung (§ 309 Abs. 2 AO),
- die Arrestanordnung (§ 324 Abs. 2 AO, § 326 Abs. 4 AO).

Darüber hinaus kann die Finanzbehörde die Zustellung anordnen (§ 122 Abs. 5 Satz 1 AO). Diese Anordnung stellt keinen Verwaltungsakt dar (BFH-Urteil vom 16.3.2000, III R 19/99, BStBl II S. 520).

Wegen der Besonderheiten des Zustellungsverfahrens vgl. Nr. 3; wegen der Zustellung von Einspruchsentscheidungen vgl. AEAO zu § 366, Nr. 2.

1.8.4 Bekanntgabe an Empfänger im Ausland

Mit Ausnahme der in Nr. 3.1.4.1 angeführten Staaten kann davon ausgegangen werden, dass an Empfänger (einschließlich der Bevollmächtigten; BFH-Urteil vom 1.2.2000, VII R 49/99, BStBl II S. 334) im Ausland Steuerverwaltungsakte durch einfachen Brief, durch Telefax oder - unter den Voraussetzungen des § 87a AO - durch elektronische Übermittlung bekannt gegeben werden können. Eine elektronische Bekanntgabe nach § 122a AO ist in allen Fällen zulässig (vgl. AEAO zu § 122a, Nr. 3).

Ansonsten muss nach § 123 AO, § 9 VwZG (vgl. AEAO zu § 122, Nr. 3.1.4) oder § 10 VwZG (vgl. AEAO zu § 122, Nr. 3.1.5) verfahren werden, wenn ein Verwaltungsakt an einen Empfänger im Ausland bekannt zu geben ist.

Welche der bestehenden Möglichkeiten einer Auslandsbekanntgabe gewählt wird, liegt im pflichtgemäßen Ermessen (§ 5 AO) der Finanzbehörde. Die Auswahl ist u. a. abhängig von den gesetzlichen Erfordernissen (z. B. Zustellung, vgl. AEAO zu § 122, Nr. 1.8.3) und von dem Erfordernis, im Einzelfall einen einwandfreien Nachweis des Zugangs des amtlichen Schreibens zu erhalten.

2. Bekanntgabe von Bescheiden

2.1 Bekanntgabe von Bescheiden an Ehegatten

2.1.1 Allgemeines

Ehegatten sind im Fall der ESt- Zusammenveranlagung stets Gesamtschuldner (§ 44 AO). Gem. § 155 Abs. 3 Satz 1 AO kann daher gegen sie ein zusammengefasster Steuerbescheid erlassen werden. Dabei handelt es sich formal um die Zusammenfassung zweier Bescheide zu einer nur äußerlich gemeinsamen Festsetzung. Dies gilt auch für die Festsetzung von Verspätungszuschlägen gegenüber zusammen veranlagten Ehegatten (BFH-Urteil vom 28.8.1987, III R 230/83, BStBl II S. 836).

Bei anderen Steuerarten sind gegenüber Ehegatten zusammengefasste Steuerbescheide nur zulässig, wenn tatsächlich Gesamtschuldnerschaft vorliegt. Gesamtschuldnerschaft liegt nicht vor, wenn es sich lediglich um gleichgeartete Steuervorgänge handelt. So liegen z. B. für die Grunderwerbsteuer zwei Steuerfälle vor, wenn Ehegatten gemeinschaftlich ein Grundstück erwerben. An jeden Ehegatten ist für den auf ihn entfallenden Steuerbetrag ein gesonderter Steuerbescheid zu erteilen (BFH-Urteil vom 12.10.1994, I R 63/93, BStBl 1995 II S. 174).

Leben Eheleute in einer konfessions- oder einer glaubensverschiedenen Ehe, darf ein Kirchensteuerbescheid nur an den kirchensteuerpflichtigen Ehegatten gerichtet werden (BFH-Urteil vom 29.6.1994, II R 63/93, BStBl 1995 II S. 510).

2.1.2 Bekanntgabe nach § 122 Abs. 7 AO

Bei Zusammenveranlagung von Ehegatten reicht es für die wirksame Bekanntgabe an beide Ehegatten aus, wenn ihnen eine Ausfertigung des Steuerbescheids an die gemeinsame Anschrift übermittelt wird. Ebenso genügt es, wenn der Steuerbescheid in das Postfach eines Ehegatten eingelegt wird (BFH-Urteil vom 13.10.1994, IV R 100/93, BStBl 1995 II S. 484).

Es handelt sich nicht um eine Bekanntgabe an einen der Ehegatten mit Wirkung für und gegen den anderen (vgl. AEAO zu § 122, Nr. 2.1.3). Beide Ehegatten sind Empfänger des Steuerbescheids und daher im Anschriftenfeld aufzuführen. Diese vereinfachte Bekanntgabe ist auch dann möglich, wenn eine gemeinsam abzugebende Erklärung nicht eingereicht worden ist (z. B. bei Schätzung von Besteuerungsgrundlagen).

Beispiel für die Bekanntgabe eines Bescheides an Eheleute, die eine gemeinsame Anschrift haben und zusammen zu veranlagen sind:

Anschriftenfeld

Herrn Adam Meier	oder	Herrn und Frau
Frau Eva Meier		Adam u. Eva Meier
Hauptstraße 100		Hauptstraße 100
67433 Neustadt		67433 Neustadt

Die Angabe von besonderen Namensteilen eines der Eheleute (z. B. eines akademischen Grades oder eines Geburtsnamens) ist namensrechtlich geboten (vgl. AEAO zu § 122, Nr. 4.2.3).

Beispiel:

Herrn Adam Meier
Frau Dr. Eva Schulze-Meier.

2.1.3 Bekanntgabe nach § 122 Abs. 6 AO

Nach dieser Vorschrift ist die Übermittlung des Steuerbescheids an einen der Ehegatten zugleich mit Wirkung für und gegen den anderen Ehegatten zulässig, soweit die Ehegatten einverstanden sind.

Eine Bekanntgabe nach dieser Vorschrift kommt insbesondere in den Fällen in Betracht, in denen die Bekanntgabe nicht nach § 122 Abs. 7 AO erfolgen kann, weil die Ehegatten keine gemeinsame Anschrift haben.

Im Bescheidkopf ist darauf hinzuweisen, dass der Verwaltungsakt an den einen Ehegatten zugleich mit Wirkung für und gegen den anderen Ehegatten ergeht.

Beispiel für die Bekanntgabe an einen der Ehegatten mit Einverständnis beider:

Anschriftenfeld

Herrn Adam Meier

Hauptstraße 100

67433 Neustadt

Bescheidkopf

Dieser Bescheid ergeht an Sie zugleich mit Wirkung für und gegen Ihre Ehefrau Eva Meier.

2.1.4 Einzelbekanntgabe

Einzelbekanntgabe ist insbesondere erforderlich, wenn

- keine gemeinsame Anschrift besteht und kein Einverständnis zur Bekanntgabe nach § 122 Abs. 6 AO vorliegt,

- bekannt ist, dass zwischen den Ehegatten ernstliche Meinungsverschiedenheiten bestehen (z. B. bei offenbarer Interessenkollision der Eheleute, bei getrennt lebenden oder geschiedenen Ehegatten),

- dies nach § 122 Abs. 7 Satz 2 AO beantragt worden ist.

Bei Einzelbekanntgabe ist der Empfänger in dem jeweiligen Anschriftenfeld mit seinem Vor- und Familiennamen genau zu bezeichnen. Dies gilt auch bei förmlichen Zustellungen (vgl. AEAO zu § 122, Nr. 3.2). Dabei ist darauf zu achten, dass nicht versehentlich eine nur für einen Ehegatten geltende Postanschrift (z. B. Firma oder Praxis) verwandt wird, sondern für jeden Ehegatten seine persönliche Anschrift. Auch die kassenmäßige Abrechnung und ggf. das Leistungsgebot sind doppelt zu erteilen.

Beispiel für die Bekanntgabe an den Ehemann:

Anschriftenfeld (Empfänger und Bekanntgabeadressat):

Herrn

Adam Meier

Hauptstraße 100

67433 Neustadt

Bescheidkopf (Inhaltsadressaten):

Für

Herrn Adam Meier und Frau Eva Meier

In jede Bescheidausfertigung ist als Erläuterung aufzunehmen:

„Ihrem Ehegatten wurde ein Bescheid gleichen Inhalts erteilt."

2.1.5 Sonderfälle

Betreiben beide Ehegatten gemeinsam einen Gewerbebetrieb oder sind sie gemeinsam Unternehmer i. S. d. Umsatzsteuergesetzes, so gelten für Bescheide über Betriebsteuern die Grundsätze zu Nrn. 2.4 und 2.5 des AEAO zu § 122. Sind Ehegatten z. B. Miteigentümer eines Grundstücks oder eines selbständigen Wirtschaftsguts, für das ein Einheitswert oder Grundsteuerwert festgestellt wird, so ist nach Nr. 2.5.4 des AEAO zu § 122 zu verfahren.

Betreibt nur ein Ehegatte ein Gewerbe (oder eine Praxis als Freiberufler usw.), so ist nur dieser Inhaltsadressat für Verwaltungsakte, die ausschließlich den Geschäftsbetrieb betreffen.

2.2 Bekanntgabe an gesetzliche Vertreter natürlicher Personen

2.2.1 Ist ein **Inhaltsadressat** (Steuerschuldner) bei Bekanntgabe des Bescheids **geschäftsunfähig oder beschränkt geschäftsfähig**, so ist Bekanntgabeadressat der gesetzliche Vertreter (Ausnahme vgl. AEAO zu § 122, Nr. 2.2.3). Das Vertretungsverhältnis muss aus dem Bescheid hervorgehen (BFH-Beschluss vom 14.5.1968, II B 41/67, BStBl II S. 503). Der Inhaltsadressat (Steuerschuldner) ist dabei i. d. R. durch Angabe seines Vor- und Familiennamens eindeutig genug bezeichnet (vgl. AEAO zu § 122, Nr. 1.3.2). Das Vertretungsverhältnis ist ausreichend gekennzeichnet, wenn Name und Anschrift des Vertreters genannt werden und angegeben wird, dass ihm der Bescheid „als gesetzlicher Vertreter" für den Inhaltsadressaten (Steuerschuldner) bekannt gegeben wird. Ist der gesetzliche Vertreter nicht gleichzeitig auch der Empfänger, so braucht er i. d. R. nur mit seinem Vor- und Familiennamen bezeichnet zu werden.

2.2.2 Soweit nicht ausnahmsweise die gesetzliche Vertretung nur einem Elternteil zusteht, sind die Eltern Bekanntgabeadressaten des Steuerbescheids für ihr **minderjähriges Kind**. Die Bekanntgabe an einen von beiden reicht jedoch aus, um den Verwaltungsakt wirksam werden zu lassen. Für die Zustellung von Verwaltungsakten ist es gem. § 6 Abs. 3 VwZG ausreichend, wenn der Verwaltungsakt einem von beiden Ehegatten zugestellt wird (BFH-Beschluss vom 19.6.1974, VI B 27/74, BStBl II S. 640, und BFH-Urteil vom 22.10.1976, VI R 137/74, BStBl II S. 762). Diese vom BFH für die förmliche Zustellung von Verwaltungsakten aufgestellten Grundsätze sind auch bei der Bekanntgabe mit einfachem Brief anzuwenden.

Wenn die Eltern bereits beide als Empfänger des Steuerbescheids im Anschriftenfeld aufgeführt sind, kann darauf verzichtet werden, sie im Text des Bescheids noch einmal mit vollem Namen und in voller Anschrift als Bekanntgabeadressaten zu bezeichnen.

Beispiel:

Den Eltern Anton und Maria Huber steht gesetzlich gemeinsam die Vertretung für den minderjährigen Steuerschuldner Hans Huber zu. Sie sind die Bekanntgabeadressaten für den Steuerbescheid an Hans Huber.

Der Steuerbescheid ist zu übermitteln an:

Anschriftenfeld (Empfänger):

Herrn Anton Huber
Frau Maria Huber
Moltkestraße 5
12203 Berlin

Bescheidkopf

Als gesetzliche Vertreter (Bekanntgabeadressaten) von Hans Huber (Steuerschuldner und Inhaltsadressat)

Bei Empfangsvollmacht vgl. das Beispiel bei AEAO zu § 122, Nr. 1.5.2.

2.2.3 Ermächtigt der gesetzliche Vertreter mit Genehmigung des Vormundschaftsgerichts den **Minderjährigen** zum selbständigen **Betrieb eines Erwerbsgeschäfts**, so ist der Minderjährige für diejenigen Rechtsgeschäfte unbeschränkt geschäftsfähig, die der Geschäftsbetrieb mit sich bringt (§ 112 BGB). Steuerbescheide, die ausschließlich diesen Geschäftsbetrieb betreffen, sind daher nur dem Minderjährigen bekannt zu geben (vgl. AEAO zu § 122, Nr. 1.4 - Bekanntgabeadressat -). Das Gleiche gilt bei einer Veranlagung nach § 46 EStG, wenn das Einkommen ausschließlich aus Einkünften aus nichtselbständiger Arbeit besteht und der gesetzliche Vertreter den Minderjährigen zur Eingehung des Dienstverhältnisses ermächtigt hat (§ 113 BGB). Von der Ermächtigung kann im Regelfall ausgegangen werden.

Hat der Minderjährige noch weitere Einkünfte oder Vermögenswerte und werden diese in die Festsetzung einbezogen, so kann der Steuerbescheid nicht durch Bekanntgabe gegenüber dem minderjährigen Steuerschuldner wirksam werden. Bekanntgabeadressat des Bescheids ist der gesetzliche Vertreter.

2.2.4 Kann ein Volljähriger seine Angelegenheiten ganz oder teilweise rechtlich nicht besorgen und beruht dies auf einer Krankheit oder Behinderung, so bestellt das Betreuungsgericht nach § 1814 Abs. 1 BGB für ihn einen rechtlichen Betreuer (Betreuer). Der Betreuer ist gesetzlicher Vertreter des Betreuten i. S. d. § 34 Abs. 1 AO.

Soweit bzw. solange der Betreuer gegenüber der Finanzbehörde noch keine Erklärungen nach § 1823 BGB und/oder § 53 Abs. 2 ZPO abgegeben hat, ist ein dem Betreuten selbst bekannt gegebener Bescheid wirksam.

Hat der Betreuer entweder von seiner Vertretungsmacht nach § 1823 BGB Gebrauch gemacht oder eine Ausschließlichkeitserklärung nach § 53 Abs. 2

ZPO i. V. m. § 79 Abs. 3 AO abgegeben, sind Bescheide ab diesem Zeitpunkt ausschließlich dem Betreuer als Bekanntgabeadressaten bekannt zu geben. Inhaltsadressat bleibt der Betreute (BFH-Beschluss vom 10. 5. 2007, VIII B 125/06, BFH/NV S. 1630).

Wird der Bescheid nach Abgabe einer Ausschließlichkeitserklärung dem Betreuten bekannt gegeben, ist er unwirksam; eine Heilung des Bekanntgabemangels ist nicht möglich (vgl. Nr. 4.1.3 des AEAO zu § 122).

2.3 Bescheide an Ehegatten mit Kindern oder Alleinstehende mit Kindern

2.3.1 Allgemeines

Sofern Ehegatten mit ihren Kindern oder Alleinstehende mit ihren Kindern Gesamtschuldner sind, gelten für die Bekanntgabe von Bescheiden an diese Personen die Nrn. 2.1 und 2.2 des AEAO zu 122 entsprechend. Insbesondere kann auch nach § 122 Abs. 7 AO (gleichzeitige Bekanntgabe; vgl. hierzu AEAO zu § 122, Nr. 2.1.2) und § 122 Abs. 6 AO (einverständliche Bekanntgabe an einen der Beteiligten; vgl. AEAO zu § 122, Nr. 2.1.3) bekannt gegeben werden. Hierbei sind die nachfolgenden Besonderheiten zu beachten.

2.3.2 Bekanntgabe nach § 122 Abs. 7 AO

Hat ein Familienmitglied Einzelbekanntgabe beantragt, so ist für die übrigen Familienmitglieder gleichwohl eine Bekanntgabe nach § 122 Abs. 7 AO möglich. In diesem Fall ist eine Ausfertigung des zusammengefassten Bescheids an den Antragsteller und eine weitere Ausfertigung an die übrigen Familienmitglieder bekannt zu geben. Im Bescheidkopf sind alle Steuerschuldner/ Beteiligten als Inhaltsadressaten namentlich aufzuführen.

2.4 Personenvereinigungen

Zu den Personenvereinigungen i. S. dieser Regelung zählen die rechtsfähigen Personenvereinigungen (vgl. § 14a Abs. 2 AO und AEAO zu § 122, Nr. 2.4.1.1) und die nicht rechtsfähigen Personenvereinigungen und nicht rechtsfähigen GbR (vgl. § 14a Abs. 3 und 4 AO und AEAO zu § 122, Nr. 2.4.1.2 und 2.4.1.3).

Es ist zu unterscheiden zwischen Bescheiden, die sich an die Personenvereinigung richten, und Bescheiden, die sich an die Gesellschafter oder Gemeinschafter richten.

2.4.1 Bescheide an die Personenvereinigung

Steuerbescheide und Steuermessbescheide sind an die Personenvereinigung selbst zu richten, wenn sie Steuerschuldner ist. Dies gilt z. B. für

a) die Umsatzsteuer (§ 13a UStG),

b) die Gewerbesteuer einschließlich der Festsetzung des Messbetrags und der Zerlegung (§ 5 Abs. 1 Satz 3 GewStG),

c) die Kraftfahrzeugsteuer, wenn das Fahrzeug für die rechtsfähige Personenvereinigung zum Verkehr zugelassen ist (§ 7 KraftStG; BFH-Urteil vom 24.7.1963, II 8/62, HFR 1964 S. 20),

§ 122 Abgabenordnung

    d)   die pauschale Lohnsteuer (§ 40 Abs. 3, § 40a Abs. 5 und § 40b Abs. 5 EStG),

    e)   die Festsetzung des Grundsteuermessbetrags, wenn der rechtsfähigen Personenvereinigung der Steuergegenstand zugerechnet worden ist (§ 10 Abs. 1 GrStG),

    f)   die Grunderwerbsteuer, soweit zivilrechtlich (bei ungeteilter Erbengemeinschaft) oder gemäß § 24 GrEStG steuerlich Gesamthandseigentum besteht (insbesondere bei GbR, OHG und KG),

    g)   die Körperschaftsteuer bei körperschaftsteuerpflichtigen Personenvereinigungen (z. B. Vereine ohne Rechtspersönlichkeit)

und entsprechend für

    h)   Haftungsbescheide für Steuerabzugsbeträge.

Da eine typisch oder atypisch stille Gesellschaft (§§ 230 ff. HGB) nicht selbst Steuerschuldnerin ist, sind Steuerbescheide und Steuermessbescheide an den Inhaber des Handelsgeschäfts zu richten (BFH-Urteil vom 12.11.1985, VIII R 364/83, BStBl 1986 II S. 311; R 5.1 Abs. 2 GewStR 2009). Entsprechendes gilt bei einer verdeckten Mitunternehmerschaft (BFH-Urteil vom 16.12.1997, VIII R 32/90, BStBl 1998 II S. 480).

Eine Europäische wirtschaftliche Interessenvereinigung (EWIV) kann selbst Steuerschuldnerin sein. Dies gilt jedoch nicht für die Gewerbesteuer. Schuldner der Gewerbesteuer sind die Mitglieder der Vereinigung (§ 5 Abs. 1 Satz 4 GewStG), bei einer Bruchteilsgemeinschaft die Gemeinschafter; an diese sind Gewerbesteuermessbescheide und Gewerbesteuerbescheide zu richten.

2.4.1.1 Rechtsfähige Personenvereinigungen

Rechtsfähige Personenvereinigungen sind insbesondere:

- Vereine ohne Rechtspersönlichkeit (§ 54 BGB) sowie

- rechtsfähige Personengesellschaften einschließlich der am Rechtsverkehr teilnehmenden GbR (§ 705 Abs. 2 BGB), Personenhandelsgesellschaften (OHG und KG), Partnerschaftsgesellschaften, Partenreedereien und Europäische wirtschaftliche Interessenvereinigungen.

Ist eine Personenhandelsgesellschaft selbst Steuerschuldner, sind Steuerbescheide ihr als Inhaltsadressat unter ihrer Firma bekannt zu geben. Die Personenhandelsgesellschaft kann im Wirtschaftsleben mit ihrer Firma eindeutig bezeichnet werden; bei Zweifeln über die zutreffende Bezeichnung ist das Handelsregister maßgebend (vgl. BFH-Urteil vom 16.12.1997, VIII R 32/90, BStBl 1998 II S. 480). Ein zusätzlicher Hinweis auf Vertretungsbefugnisse (vgl. § 79 Abs. 1 Nr. 3 i. V. m. § 34 AO) oder die Nennung der Gesellschafter ist zur Bezeichnung der Personenhandelsgesellschaft nicht erforderlich.

Beispiel:

Ein Umsatzsteuerbescheid für die Firma Schmitz & Söhne KG muss folgende Angaben enthalten:

Steuerschuldner und Inhaltsadressat

(zugleich Bekanntgabeadressat und Empfänger):

Firma

Schmitz & Söhne KG

Postfach 11 47

50853 Köln

Für die Bekanntgabe von Steuerbescheiden an Vereine ohne Rechtspersönlichkeit (§ 54 BGB), rechtsfähige GbR (§ 705 BGB) einschließlich eingetragener Gesellschaften (§§ 707 ff. BGB) und Arbeitsgemeinschaften (ARGE), Partnerschaftsgesellschaften, Partenreedereien und Europäische wirtschaftliche Interessenvereinigungen gelten diese Regelungen entsprechend. Die Identität des Inhaltsadressaten (Steuerschuldners) ist durch Angabe des geschäftsüblichen Namens, unter dem die rechtsfähige Personenvereinigung am Rechtsverkehr teilnimmt, ausreichend gekennzeichnet.

Beispiel:

Ein Umsatzsteuerbescheid für die Brennstoffhandlung Josef Müller Erben GbR muss folgende Angaben enthalten:

Steuerschuldner und Inhaltsadressat

(zugleich Bekanntgabeadressat und Empfänger):

Brennstoffhandlung

Josef Müller Erben GbR

Postfach 11 11

54290 Trier

Bei einer im Gesellschaftsregister eingetragenen GbR ist der im Register eingetragene Name (§ 707 Abs. 2 Nr. 1 Buchst. a BGB) anzugeben. Mit der Eintragung ist die GbR verpflichtet, als Namenszusatz die Bezeichnungen „eingetragene Gesellschaft bürgerlichen Rechts" oder „eGbR" zu führen (§ 707a Abs. 2 Satz 1 BGB). Wenn in einer eingetragenen Gesellschaft keine natürliche Person als Gesellschafter haftet, muss der Name eine Bezeichnung enthalten, welche die Haftungsbeschränkung kennzeichnet (§ 707a Abs. 2 Satz 2 BGB).

Beispiel:

Ein Umsatzsteuerbescheid für die im Gesellschaftsregister eingetragene Bauhandlung Hans Meier GbR muss folgende Angaben enthalten:

Steuerschuldner und Inhaltsadressat

> (zugleich Bekanntgabeadressat und Empfänger):
>
> Baustoffhandlung
>
> Hans Meier eGbR
>
> Postfach 2024
>
> 54290 Trier

Ein an eine im Gesellschaftsregister eingetragene GbR gerichteter Verwaltungsakt, bei dem im Adressfeld kein Hinweis auf die Registereintragung erfolgt ist, ist nur dann wirksam, wenn keine Verwechslungsgefahr besteht.

Bei Arbeitsgemeinschaften (ARGE) sind Umsatzsteuerbescheide an diese zu richten. Es ist aber ausreichend und zweckmäßig, wenn der Bescheid der geschäftsführenden Firma als der Bevollmächtigten übermittelt wird (BFH-Urteil vom 21.5.1971, V R 117/67, BStBl II S. 540).

Beispiel:

> **Anschriftenfeld** (Empfänger):
>
> Firma
>
> Rheinische Betonbau GmbH & Co. KG
>
> Postfach 90 11
>
> 50890 Köln
>
> **Bescheidkopf**
>
> Für
>
> ARGE Rheinbrücke Bonn (Inhalts- und Bekanntgabeadressat)

Wenn kein geschäftsüblicher Name vorhanden oder feststellbar ist, ist die rechtsfähige Personenvereinigung durch Nennung ihrer Gesellschafter oder Gemeinschafter zu bezeichnen.

Zur Bekanntgabe von Feststellungsbescheiden vgl. AEAO zu § 122, Nr. 2.5.

2.4.1.2 Nicht rechtsfähige Personenvereinigungen

Zu den nicht rechtsfähigen Personenvereinigungen gehören insbesondere Erbengemeinschaften und Bruchteilsgemeinschaften (vgl. § 14a Abs. 3 AO).

Ist eine nicht rechtsfähige Personenvereinigung selbst steuerpflichtig, sind die Bescheide mangels geschäftsüblichen Namens an alle Mitglieder (Gemeinschafter, Gesellschafter) zu richten (BFH-Urteil vom 17.3.1970, II 65/63, BStBl II S. 598; zur Erbengemeinschaft: BFH-Urteil vom 29.11.1972, II R 42/67, BStBl 1973 II S. 372). Ist die Bezeichnung der Mitglieder der nicht rechtsfähigen Personenvereinigung durch die Aufzählung aller Namen im Kopf des Bescheids aus technischen Gründen nicht möglich, kann so verfahren werden, dass neben einer Kurzbezeichnung im Bescheidkopf (Beispiel: „Erbengemeinschaft Max Meier", „Bruchteilsgemeinschaft Goethestraße 100") die einzelnen

Mitglieder in den Bescheiderläuterungen oder in einer Anlage zum Bescheid aufgeführt werden.

Die Bescheide werden durch Bekanntgabe an ein Mitglied gegenüber der nicht rechtsfähigen Personenvereinigung wirksam. Bei mehreren Mitgliedern reicht die Bekanntgabe an eines von ihnen (vgl. BFH-Urteile vom 11.2.1987, II R 103/84, BStBl II S. 325, vom 27.4.1993, VIII R 27/92, BStBl 1994 I S. 3, und vom 8.11.1995, V R 64/94, BStBl 1996 II S. 256). Es genügt, wenn dem Bekanntgabeadressaten eine Ausfertigung des Steuerbescheids zugeht. Ausfertigungen für alle Mitglieder sind i. d. R. nicht erforderlich.

Als Bekanntgabeadressat kommen vor allem diejenigen Mitglieder oder Gemeinschafter in Betracht, die als Verfügungsberechtigte auftreten (§ 35 AO). Der Bescheid kann nach Wahl des Finanzamts aber auch einem anderen Mitglied oder Gemeinschafter bekannt gegeben werden (§ 34 Abs. 2 AO).

In den Bescheid ist dann folgender Erläuterungstext aufzunehmen: „Der Bescheid ergeht an Sie als Mitglied der Gemeinschaft/Gesellschaft mit Wirkung für und gegen die Gemeinschaft/Gesellschaft".

Im Bescheid ist zum Ausdruck zu bringen, dass er dieser Person als Vertreter der nicht rechtsfähigen Personenvereinigung bzw. ihrer Mitglieder zugeht (§§ 34, 35 AO). Der Bekanntgabeadressat muss sich dabei aus dem Bescheid selbst ergeben, die Angabe auf dem Briefumschlag der Postsendung reicht nicht aus (BFHUrteil vom 8.2.1974, III R 27/73, BStBl II S. 367).

Beispiel:

Bekanntgabeadressat

a) Herrn Peter Meier
als Geschäftsführer der
Erbengemeinschaft Max Meier

b) Herrn Emil Krause
für die Bruchteilsgemeinschaft
Goethestraße 100

Ist für die Mitglieder einer nicht rechtsfähigen Personenvereinigung kein gemeinsamer Bekanntgabeadressat vorhanden oder wird von der Bestimmung eines Bekanntgabeadressaten abgesehen, ist jedem der Mitglieder eine Ausfertigung des Steuerbescheids bekannt zu geben. Soll auch in das Vermögen einzelner Mitglieder vollstreckt werden, vgl. Abschn. 33 VollstrA.

2.4.1.3 Nicht rechtsfähige GbR (Innengesellschaft)

Auf eine nicht rechtsfähige GbR (§ 705 Abs. 2 i. V. m. § 740 BGB) sind nach § 14a Abs. 4 AO die für nicht rechtsfähige Personenvereinigungen geltenden Vorschriften - ausgenommen § 267 Abs. 1 Satz 1 AO - sinngemäß anzuwenden (siehe Nr. 2.4.1.2 des AEAO zu § 122).

2.4.2 Bescheide an Gesellschafter (Mitglieder)

Steuerbescheide und Feststellungsbescheide sind an die Gesellschafter (Mitglieder, Gemeinschafter) zu richten, wenn die einzelnen Beteiligten unmittelbar aus dem Steuerschuldverhältnis in Anspruch genommen werden sollen oder ihnen der Gegenstand der Feststellung zugerechnet wird (vgl. AEAO zu § 122, Nrn. 2.5 und 2.6).

2.5 Bescheide über gesonderte und einheitliche Feststellungen

2.5.1 Bescheide über gesonderte und einheitliche Feststellungen richten sich inhaltlich nicht an die Personenvereinigung, sondern an die einzelnen Gesellschafter oder Gemeinschafter, die den Gegenstand der Feststellung (z. B. Einkünfte oder Vermögenswerte als Einheitswert/Grundsteuerwert) anteilig zu versteuern haben und denen er deshalb insbesondere bei Feststellungen nach § 180 Abs. 1 Satz 1 Nr. 1, Nr. 2 Buchst. a und Abs. 2 AO zuzurechnen ist (§ 179 Abs. 2 AO).

Es genügt i. d. R., wenn im Bescheidkopf die Personenvereinigung als solche bezeichnet wird (Sammelbezeichnung) und sich alle Gesellschafter oder Gemeinschafter eindeutig als Betroffene (Inhaltsadressaten) aus dem für die Verteilung der Besteuerungsgrundlagen vorgesehenen Teil des Bescheids ergeben (BFH-Urteil vom 7.4.1987, VIII R 259/84, BStBl II S. 766). Aus einem kombinierten positiv-negativen Feststellungsbescheid muss eindeutig hervorgehen, welchen Beteiligten Besteuerungsgrundlagen zugerechnet werden und für welche Beteiligte eine Feststellung abgelehnt wird (BFH-Urteil vom 7.4.1987, VIII R 259/84, a. a. O.).

Der gesonderte und einheitliche Feststellungsbescheid erlangt volle Wirksamkeit, wenn er allen Feststellungsbeteiligten (i. d. R. vertreten durch die rechtsfähige Personenvereinigung nach § 183 Abs. 1 AO oder durch einen Empfangsbevollmächtigten nach § 183a Abs. 1 AO) bekanntgegeben wird.

Bei einer Einzelbekanntgabe an einzelne Feststellungsbeteiligte (vgl. § 183 Abs. 2 oder § 183a Abs. 2 AO) entfaltet er nur diesen Feststellungsbeteiligten gegenüber Wirksamkeit (BFH-Urteile vom 7.4.1987, VIII R 259/84, a. a. O., vom 25.11.1987, II R 227/84, BStBl 1988 II S. 410, und vom 23.6.1988, IV R 33/86, BStBl II S. 979).

Eine unterlassene oder unwirksame Bekanntgabe gegenüber einzelnen Feststellungsbeteiligten kann noch im Klageverfahren nachgeholt werden (vgl. BFH-Urteil vom 19.5.1983, IV R 125/82, BStBl 1984 II S. 15). Der Bescheid ist diesen mit unverändertem Inhalt bekannt zu geben (vgl. AEAO zu § 122, Nr. 4.7.1).

2.5.2 Bekanntgabe des gesonderten undeinheitlichen Feststellungsbescheids bei rechtsfähigen Personenvereinigungen (§ 183 AO)

2.5.2.1 Bilden die Feststellungsbeteiligten eine rechtsfähige Personenvereinigung, sind alle Verwaltungsakte und Mitteilungen, die nach der AO und den Steuergesetzen mit der gesonderten und einheitlichen Feststellung zusammenhängen, grundsätzlich der rechtsfähigen Personenvereinigung bekannt zu geben (§ 183 Abs. 1 Satz 1 AO). Es handelt sich hierbei um eine gesetzliche Bekanntgabe-Vertretung. Sie gilt nicht nur für erstmalige oder geänderte Feststellungsbescheide, sondern auch für Einspruchsentscheidungen, Abrechnungsbescheide und andere Verwaltungsakte und Mitteilungen.

Bei der Bekanntgabe an die rechtsfähige Personenvereinigung ist darauf hinzuweisen, dass die Bekanntgabe mit Wirkung für und gegen alle Feststellungsbeteiligten erfolgt (§ 183 Abs. 1 Satz 2 AO).

2.5.2.2 Zur Einzelbekanntgabe und zur Fortgeltung der Bekanntgabe-Vertretung in Ausnahmefällen siehe AEAO zu § 183, Nr. 2.

2.5.2.3 Zur Zustellung an die rechtsfähige Personenvereinigung vgl. AEAO zu § 122, Nr. 3.3.3.

2.5.2. § 183 AO ist ab dem 1.1.2024 in allen offenen Fällen (d. h. auch für zurückliegende Feststellungszeiträume) anzuwenden. Nach Art. 97 § 39 Abs. 3 EGAO können die in § 183 Abs. 1 AO genannten Verwaltungsakte und Mitteilungen in den Kalenderjahren 2024 und 2025 allerdings auch noch dem bisher bestellten Empfangsbevollmächtigten (§ 183 AO a. F.) wirksam bekannt gegeben werden.

2.5.3 Bekanntgabe des gesonderten und einheitlichen Feststellungsbescheids bei nicht rechtsfähigen Personenvereinigungen und in sonstigen Fällen (§ 183a AO)

2.5.3.1 Bilden die Feststellungsbeteiligten keine rechtsfähige Personenvereinigung (weshalb § 183 AO nicht anwendbar ist), sollen sie nach § 183a Abs. 1 Satz 1 AO einen gemeinsamen Empfangsbevollmächtigten bestellen, der ermächtigt ist, für sie alle Verwaltungsakte und Mitteilungen in Empfang zu nehmen, die nach der AO und den Steuergesetzen mit der gesonderten und einheitlichen Feststellung zusammenhängen.

Die Empfangsvollmacht nach § 183a Abs. 1 Satz 1 AO gilt fort auch bei Ausscheiden eines Feststellungsbeteiligten aus der Gesellschaft oder bei ernstlichen Meinungsverschiedenheiten, bis sie gegenüber dem Finanzamt widerrufen oder der Bekanntgabe an den Empfangsbevollmächtigten widersprochen wird (§ 183a Abs. 2 Satz 3 AO).

Bei der Bekanntgabe an den gemeinsamen Empfangsbevollmächtigten ist im Feststellungsbescheid darauf hinzuweisen, dass die Bekanntgabe an ihn mit Wirkung für und gegen alle Feststellungsbeteiligten erfolgt (§ 183a Abs. 1 Satz 4 AO).

Zur Zustellung an einen gemeinsamen Empfangsbevollmächtigten vgl. AEAO zu § 122, Nr. 3.3.3.

2.5.3.2 Ist kein gemeinsamer Empfangsbevollmächtigter i. S. d. § 183a Abs. 1 Satz 1 AO vorhanden, kann das Finanzamt die Beteiligten zur Benennung eines Empfangsbevollmächtigten auffordern (§ 183a Abs. 1 Satz 2 AO). Die Aufforderung ist an jeden Feststellungsbeteiligten zu richten. Mit der Aufforderung ist gleichzeitig ein Feststellungsbeteiligter als Empfangsbevollmächtigter vorzuschlagen und darauf hinzuweisen, dass Verwaltungsakte und Mitteilungen künftig dem vom Finanzamt vorgeschlagenen Empfangsbevollmächtigten mit Wirkung für und gegen alle Feststellungsbeteiligten bekannt gegeben werden, soweit nicht ein anderer Empfangsbevollmächtigter benannt wird (§ 183a Abs. 1 Satz 3 AO). Die Sonderregelung des § 183a Abs. 2 Satz 2 AO gilt in diesen Fällen nicht.

Bei der Bekanntgabe an den von der Finanzbehörde vorgeschlagenen Empfangsbevollmächtigten ist im Feststellungsbescheid darauf hinzuweisen, dass die Bekanntgabe an ihn mit Wirkung für und gegen alle Feststellungsbeteiligten erfolgt (§ 183a Abs. 1 Satz 4 AO).

2.5.3.3 Ist nach § 183a Abs. 2 Satz 1 Nr. 2 und Satz 2 AO Einzelbekanntgabe erforderlich, kann jeder betroffene Feststellungsbeteiligte einen Bekanntgabe-Bevollmächtigten als Empfänger (vgl. AEAO zu § 122, Nr. 1.5.2) bestellen.

2.5.4 **Einheitswertbescheide oder Grundsteuerwertbescheide an Eheleute, Eltern mit Kindern und Alleinstehende mit Kindern**

Bei der Bekanntgabe eines Bescheids über Einheitswerte des Grundbesitzes oder Grundsteuerwerte an Eheleute, die gemeinsam Eigentümer sind (Bruchteilsgemeinschaft), sind die Eheleute einzeln als Feststellungsbeteiligte anzugeben (vgl. AEAO zu § 122, Nr. 2.5.1). Haben die Eheleute eine gemeinsame Anschrift und haben sie keinen gemeinsamen Empfangsbevollmächtigten bestellt, kann der Einheitswertbescheid oder Grundsteuerwertbescheid beiden in einer Ausfertigung bekannt gegeben werden (§ 183a Abs. 4 i. V. m. § 122 Abs. 7 AO).

Haben die Eheleute als Bruchteils-Gemeinschafter gem. § 183a Abs. 1 Satz 1 AO einen gemeinsamen Empfangsbevollmächtigten bestellt, ist der Bescheid an diesen bekannt zu geben. Im Bescheid ist darauf hinzuweisen, dass die Bekanntgabe mit Wirkung für und gegen beide Ehegatten erfolgt.

In den übrigen Fällen ist der Bescheid beiden Ehegatten getrennt bekannt zu geben.

Dies gilt für Eheleute mit Kindern und Alleinstehende mit Kindern entsprechend.

2.5.5 Ausnahmen von der Bekanntgabe an die rechtsfähige Personenvereinigung oder an Empfangsbevollmächtigte

2.5.5.1 Die in § 183 Abs. 1 und § 183a Abs. 1 AO gesetzlich vorgesehene Vereinfachung darf nicht so weit gehen, dass die Feststellungsbeteiligten in ihren Rechten eingeschränkt werden.

2.5.5.2 Bei rechtsfähigen Personenvereinigungen ist die Bekanntgabe des Feststellungsbescheids und anderer mit der gesonderten und einheitlichen Feststellung zusammenhängender Verwaltungsakte und Mitteilungen (vgl. Nr. 2.5.2.1 des AEAO zu § 122) an die Personenvereinigung mit Wirkung für und gegen alle Feststellungsbeteiligten nach § 183 Abs. 2 Satz 1 AO grundsätzlich nicht zulässig,

    a) wenn die Personenvereinigung steuerlich vollbeendet ist (vgl. bspw. Nr. 2.7.1 des AEAO zu § 122),

    b) wenn der Finanzbehörde bekannt ist, dass die Personenvereinigung nicht mehr rechtsfähig ist, oder

    c) soweit ein Feststellungsbeteiligter aus der Personenvereinigung ausgeschieden ist oder zwischen den Feststellungsbeteiligten ernstliche Meinungsverschiedenheiten bestehen.

Ab Vollbeendigung der rechtsfähigen Personengesellschaft (Buchst. a) ist die Einzelbekanntgabe der relevanten Verwaltungsakte und Mitteilungen an alle Feststellungsbeteiligten ausnahmslos geboten.

Besteht die Personenvereinigung zwar noch, ist dem Finanzamt aber im Zeitpunkt der Willensbildung über den Erlass und die Bekanntgabe des Feststellungsbescheids bereits bekannt, dass sie vor Erlass des Verwaltungsakts ihre Rechtsfähigkeit verloren hat (Buchst. b), richtet sich die Bekanntgabe des Feststellungsbescheids nach § 183a AO. Ein Übergang von einer rechtsfähigen GbR zu einer nicht rechtsfähigen GbR ist nur denkbar, wenn die GbR über kein Gesellschaftsvermögen (mehr) verfügt und die Gesellschafter den Willen aufgegeben haben, als GbR am Rechtsverkehr teilzunehmen.

In den Fällen von Buchst. c können die Verwaltungsakte und Mitteilungen der Personenvereinigung weiterhin mit Wirkung für und gegen einen hier genannten Feststellungsbeteiligten bekannt gegeben werden, soweit und solange dieser Feststellungsbeteiligte dem nicht widersprochen hat (§ 183 Abs. 2 Satz 2 AO). Ein solcher Widerspruch wird der Finanzbehörde gegenüber erst mit Zugang wirksam (§ 183 Abs. 2 Satz 3 AO).

2.5.5.3 In den Fällen des § 183a AO ist die Bekanntgabe an den von den Feststellungsbeteiligten gemeinsam bestellten oder von der Finanzbehörde vorgeschlagenen Empfangsbevollmächtigten mit Wirkung für und gegen alle Feststellungsbeteiligten grundsätzlich nicht zulässig, soweit der Finanzbehörde bekannt ist, dass

    a) die Personenvereinigung nicht mehr besteht,

b) die Personenvereinigung rechtsfähig geworden ist oder

c) ein Feststellungsbeteiligter aus der Personenvereinigung ausgeschieden ist oder zwischen den Feststellungsbeteiligten ernstliche Meinungsverschiedenheiten bestehen.

Besteht die Personenvereinigung nichtmehr (Buchst. a), ist die Einzelbekanntgabe aller mit der gesonderten und einheitlichen Feststellung zusammenhängenden Verwaltungsakte und Mitteilungen an alle Feststellungsbeteiligten geboten. Maßgebend ist hierbei die steuerliche Vollbeendigung, nicht das zivilrechtliche Erlöschen der Personenvereinigung.

Hat die Personenvereinigung vor Erlass des Verwaltungsakts Rechtsfähigkeit erlangt (Buchst. b), richtet sich die Bekanntgabe des Feststellungsbescheids ab diesem Zeitpunkt nach § 183 AO.

In den Fällen von Buchst. c ist zu prüfen, ob eine Einzelbekanntgabe erforderlich ist oder ob die relevanten Verwaltungsakte und Mitteilungen nach § 183a Abs. 2 Satz 2 AO weiterhin dem gemeinsam bestellten Empfangsbevollmächtigten (§ 183a Abs. 1 Satz 1 AO) bekannt gegeben werden können.

Wird das Bestehen oder Nichtbestehen einer nicht rechtsfähigen Personenvereinigung erstmals mit steuerlicher Wirkung festgestellt, ist die Einzelbekanntgabe erforderlich, solange die Gesellschafter oder die Finanzbehörde noch keinen Empfangsbevollmächtigten i. S. d. § 183a Abs. 1 AO bestimmt oder vorgeschlagen haben.

2.5.6 Soweit nach § 183 Abs. 2 oder § 183a Abs. 2 AO Einzelbekanntgabe erforderlich ist, ist grundsätzlich ein verkürzter Feststellungsbescheid bekannt zu geben (§ 183 Abs. 3 Satz 1 und § 183a Abs. 3 AO). Bei berechtigtem Interesse ist den Beteiligten allerdings der gesamte Inhalt des Feststellungsbescheids mitzuteilen (§ 183 Abs. 3 Satz 2 und § 183a Abs. 3 AO).

2.6 Grundsteuermessbescheide, Grunderwerbsteuerbescheide

2.6.1 Grundsteuermessbescheide sind in gleicher Weise bekannt zu geben wie Feststellungsbescheide über Einheitswerte des Grundbesitzes oder über Grundsteuerwerte (§ 184 Abs. 1 AO); vgl. AEAO zu § 122, Nr. 2.4.1 Buchstabe e.

2.6.2 Zur Grunderwerbsteuer, soweit Bruchteilseigentum besteht (z. B. geteilte Erbengemeinschaft), vgl. AEAO zu § 122, Nr. 2.1.1; zur Grunderwerbsteuer, soweit Gesamthandseigentum besteht, vgl. AEAO zu § 122, Nr. 2.4.1, Buchstabe f.

2.7 Personengesellschaften (Gemeinschaften) in Liquidation

2.7.1 Bei der Liquidation einer Personengesellschaft (Personenhandelsgesellschaft oder rechtsfähige GbR) ist zwischen der gesellschaftsrechtlichen und der steuerrechtlichen Vollbeendigung zu unterscheiden.

- Bei der gesellschaftsrechtlichen Liquidation (§§ 735 ff. BGE, §§ 145 HGB ff.) ist die Personengesellschaft vollständig abgewicke t mit der Realisierung des Gesellschaftsvermögens (= Verteilung an die Gläubiger und Ausschüttung des Restes an die Gesellschafter).

- Steuerrechtlich ist die Personengesellschaft dagegen erst dann vollständig abgewickelt und damit vollbeendet, wenn auch alle Rechtsbeziehungen zwischen der Personengesellschaft und dem Finanzamt beseitigt sind (vgl. BFH-Urteil vom 1.10.1992, IV R 60/91, BStBl 1993 II S. 82).

2.7.2 Befindet sich eine Personenhandelsgesellschaft (OHG, KG) oder eine rechtsfähige GbR in der gesellschaftsrechtlichen Liquidation, so sind nur die Liquidatoren zur Geschäftsführung und Vertretung befugt (§ 144, § 146 Abs. 1 HGB, ggf. i. V. m. § 161 Abs. 2 HGB; §§ 736, 736b BGB); bei der KG gilt dies allerdings - sofern durch Gesellschaftsvertrag oder Gesellschafterbeschluss nichts anderes bestimmt ist - nur für die Komplementäre (§ 178 HGB). Die Löschung im Handelsregister wirkt nur deklaratorisch (BFH-Urteil vom 22.1.1985, VIII R 37/84, BStBl II S. 501); das Gleiche gilt für die Löschung einer GbR im Gesellschaftsregister.

Verwaltungsakte sind den Liquidatoren unter Angabe des Vertretungsverhältnisses bekannt zu geben (vgl. AEAO zu § 122, Nr. 1.4; BFH-Urteile vom 16.6.1961, III 329/58 U, BStBl III S. 349, und vom 24.3.1987, X R 28/80, BStBl 1988 II S. 316). Bei mehreren Liquidatoren genügt die Bekanntgabe an einen von ihnen (BFH-Urteil vom 8.11.1995, V R 64/94, BStBl 1996 II S. 256; siehe auch § 6 Abs. 3 VwZG).

Sind gegenüber einer GmbH & Co. KG, bei der allein die GmbH Komplementärin war, nach Löschung der GmbH im Handelsregister noch Verwaltungsakte zu erlassen, gelten die Ausführungen in Nr. 2.8.3.2 des AEAO zu § 122 entsprechend, weil grundsätzlich nur die GmbH als ehemalige Komplementärin zur Vertretung befugt ist bzw. war (§ 161 Abs. 2 i.V.m. § 146 Abs. 1 Satz 1 und § 178 HGB).

2.7.3 Nach Beendigung der gesellschaftsrechtlichen Liquidation (vollständige Abwicklung) ist es i. d. R. unzweckmäßig, Verwaltungsakte noch gegenüber der Personenvereinigung zu erlassen (z. B. Gewerbesteuermessbescheide). In diesen Fällen sind Ansprüche aus dem Steuerschuldverhältnis gegenüber jedem einzelnen Gesellschafter (Gemeinschafter) durch Haftungsbescheid geltend zu machen. Zur Bekanntgabe eines gesonderten und einheitlichen Feststellungsbescheids siehe AEAO zu § 122, Nr. 4.4.2.

2.7.4 Wird eine Personenhandelsgesellschaft oder eine rechtsfähige GbR ohne Liquidation durch Ausscheiden ihres vorletzten Gesellschafters beendet, gehen

§ 122 Abgabenordnung

in der Gesellschaft entstandene Ansprüche aus dem Steuerschuldverhältnis (z. B. Umsatzsteuer, Gewerbesteuer) auf den Gesamtrechtsnachfolger über (§ 712a Abs. 1 Satz 2 BGB; vgl. AEAO zu § 122, Nr. 2.12.2). In Bezug auf die gesonderte und einheitliche Feststellung von Besteuerungsgrundlagen (vgl. AEAO zu § 122, Nr. 2.5) tritt jedoch keine Gesamtrechtsnachfolge i. S. d. § 45 Abs. 1 AO ein (vgl. AEAO zu § 45, Nr. 1).

2.8 Bekanntgabe an juristische Personen

2.8.1.1 Der Steuerbescheid ist an die juristische Person zu richten und ihr unter ihrer Geschäftsanschrift bekannt zu geben. Die Angabe des gesetzlichen Vertreters als Bekanntgabeadressat ist nicht erforderlich (BFH-Beschluss vom 7.8.1970, VI R 24/67, BStBl II S. 814). Gleiches gilt für Körperschaften i. S. d. § 14b Abs. 1 Satz 1 AO.

Beispiel:

> **Anschriftenfeld**
> (Steuerschuldner als Inhaltsadressat, Bekanntgabeadressat und Empfänger):
>
> Müller GmbH
> Postfach 67 00
> 40210 Düsseldorf
>
> (Angaben wie „z. H. des Geschäftsführers Müller" o. Ä. sind nicht . erforderlich.)

Zur Bekanntgabe an namentlich genannte Vertreter vgl. AEAO zu § 122, Nrn. 1.5.2 und 1.5.3.

2.8.1.2 Eine führungslose GmbH, die sich nicht in Liquidation oder im Insolvenzverfahren befindet, wird nach § 35 Abs. 1 GmbHG durch ihre Gesellschafter vertreten, soweit ihr gegenüber u. a. Steuerverwaltungsakte bekannt gegeben oder zugestellt werden. Eine führungslose AG, die sich nicht in Liquidation oder im Insolvenzverfahren befindet, wird nach § 78 Abs. 1 AktG durch ihren Aufsichtsrat vertreten, soweit ihr gegenüber u. a. Steuerverwaltungsakte bekannt gegeben oder zugestellt werden. Vgl. zu AEAO § 34, Nr. 3. Solange die führungslose Gesellschaft über eine Geschäftsadresse verfügt, können ihr Steuerbescheide weiterhin unter dieser Anschrift bekannt gegeben werden. Ein Hinweis auf die besondere gesetzliche Vertretung der Gesellschaft durch die Gesellschafter bzw. den Vorstand ist nur erforderlich, wenn keine Geschäftsanschrift mehr besteht und die Bekanntgabe an die Gesellschafter bzw. die Aufsichtsratsmitglieder unter ihrer persönlichen Anschrift erfolgen soll.

2.8.2 Bekanntgabe an juristische Personen des öffentlichen Rechts

Die Grundsätze zu Nr. 2.8.1 gelten auch für die Bekanntgabe von Steuerbescheiden an Körperschaften des öffentlichen Rechts (BFH-Urteil vom 18.8.1988, V R 194/83, BStBl II S. 932).

Juristische Personen des öffentlichen Rechts sind wegen jedes einzelnen von ihnen unterhaltenen Betriebs gewerblicher Art oder mehrerer zusammengefasster Betriebe gewerblicher Art Körperschaftsteuersubjekt (BFH-Urteile vom 13.3.1974, I R 7/71, BStBl II S. 391, und vom 8.11.1989, I R 187/85, BStBl 1990 II S. 242). Gegenstand der Gewerbesteuer ist gem. § 2 Abs. 1 GewStG i. V. m. § 2 Abs. 1 GewStDV der einzelne Betrieb gewerblicher Art, sofern er einen Gewerbebetrieb i. S. d. Einkommensteuergesetzes darstellt; Steuerschuldner ist die juristische Person des öffentlichen Rechts (§ 5 Abs. 1 Sätze 1 und 2 GewStG). Im Gegensatz zur Umsatzsteuer sind daher für jeden Betrieb gewerblicher Art gesonderte Körperschaftsteuer- und Gewerbesteuer(mess)bescheide erforderlich. Damit eine entsprechende Zuordnung erleichtert wird, ist es zweckmäßig, aber nicht erforderlich, im Anschriftenfeld der Körperschaftsteuer- und Gewerbesteuer-(mess)bescheide einen Hinweis auf den jeweils betroffenen Betrieb gewerblicher Art anzubringen.

Beispiel:

Anschriftenfeld
(Steuerschuldner als Inhaltsadressat, Bekanntgabeadressat und Empfänger):

Gemeinde Mainwiesen
- Friedhofsgärtnerei -
Postfach 12 34
61116 Mainwiesen

Der Hinweis auf den betroffenen Betrieb gewerblicher Art kann auch in den Erläuterungen zum Steuer(mess)bescheid angebracht werden.

2.8.3 Juristische Personen in und nach Liquidation (Abwicklung)

2.8.3.1 Bei einer in Liquidation (bei Aktiengesellschaften: Abwicklung) befindlichen Gesellschaft ist der Steuerbescheid der Gesellschaft, z.H. des Liquidators (Abwicklers), bekannt zu geben.

Beispiel:

Für die in Liquidation befindliche Müller GmbH (Inhaltsadressat) ist der Steuerberater Hans Schmidt als Liquidator (Bekanntgabeadressat) bestellt worden.

Anschriftenfeld

Müller GmbH i.L.
z. H. des Liquidators
Herrn Steuerberater Hans Schmidt
...

2.8.3.2 Steuerrechtlich wird auch eine im Handelsregister bereits gelöschte juristische Person so lange als fortbestehend angesehen, wie sie noch steuerrechtliche Pflichten zu erfüllen hat (BFH-Urteil vom 1.10.1992, IV R 60/91, BStBl 1993 II S. 82). Zu ihrer steuerrechtlichen Vertretung bedarf es eines Liquidators, der insoweit auch die steuerlichen Pflichten zu erfüllen hat (§ 34 Abs. 3 AO). Ein Liquidator kann auch nur zum Zweck der Entgegennahme eines

Steuerbescheids für die gelöschte GmbH bestellt werden (BayObLG-Beschluss vom 2.2.1984, BReg 3 Z 192/83, DB S. 870). Das Finanzamt hat ggf. die Neubestellung eines Liquidators beim Registergericht zu beantragen, weil mit dem Erlöschen der Firma auch das Amt des zunächst bestellten Liquidators endet (BFH-Urteile vom 2.7.1969, I R 190/67, BStBl II S. 656, und vom 6.5.1977, III R 19/75, BStBl II S. 783). Die Neubestellung eines Liquidators ist nicht erforderlich, wenn eine gelöschte Kapitalgesellschaft durch einen Bevollmächtigten vertreten wird, der bereits vor Löschung bestellt wurde und dessen Bevollmächtigung die Entgegennahme von Entscheidungen der Finanzbehörde umfasst. Eine vor Löschung erteilte Vollmacht wirkt insoweit fort (§ 80 Abs. 2 AO; vgl. BFH-Urteil vom 27.4.2000, I R 65/98, BStBl II S. 500 zu § 86 ZPO). Wegen § 80 Abs. 1 Satz 2 zweiter Halbsatz AO ist jedoch für etwaige Zahlungen an die im Handelsregister gelöschte Gesellschaft die nachträgliche Bestellung eines Liquidators erforderlich, wenn nicht der Bevollmächtigte bereits vor Löschung ausdrücklich zur Entgegennahme von Zahlungen für die Gesellschaft ermächtigt worden ist (vgl. AEAO zu § 80, Nr. 2).

2.9 Wegen der Bekanntgabe von Verwaltungsakten in Insolvenzfällen vgl. AEAO zu § 251, Nrn. 4.3, 4.4, 6.1, 13.2 und 15.1.

2.10 Wegen der Bekanntgabe von Verwaltungsakten im Verbraucherinsolvenzverfahren vgl. AEAO zu § 251, Nrn. 12.2 und 12.3.

2.11 Zwangsverwaltung

Mit Anordnung der Zwangsverwaltung verliert der Grundstückseigentümer (Schuldner) die Befugnis, über das beschlagnahmte Grundstück zu verfügen. Bekanntgabeadressat von Verwaltungsakten, die das beschlagnahmte Grundstück betreffen, ist daher der Zwangsverwalter. Dies gilt insbesondere für einen Grundsteuermessbescheid, einen Grundsteuerbescheid sowie für einen Umsatzsteuerbescheid, der die Verwaltung des Grundstücks betreffende Umsätze und Vorsteuern erfasst. Zur Bekanntgabe von Einkommensteuerbescheiden, Körperschaftsteuerbescheiden und Feststellungsbescheiden während einer Zwangsverwaltung sowie zu weiteren ertragsteuerlichen Folgen einer Zwangsverwaltung vgl. BMF-Schreiben vom 3.5.2017, BStBl I S. 718.

Der dem Zwangsverwalter bekannt zu gebende Verwaltungsakt muss neben der Bezeichnung der der Zwangsverwaltung unterliegenden Grundstücke auch die Person des Grundstückseigentümers (Inhaltsadressat) angeben (BFH-Urteil vom 23.6.1988, V R 203/83, BStBl II S. 920).

Soweit die Wirkung von Steuerbescheiden über die Zwangsverwaltung hinausgeht, sind sie auch dem Grundstückseigentümer (Inhaltsadressat) bekannt zu geben. Einheitswertbescheide oder Grundsteuerwertbescheide über zwangsverwaltete Grundstücke sind sowohl dem Zwangsverwalter als auch dem Grundstückseigentümer (Inhaltsadressat) bekannt zu geben.

Beispiel für die Bekanntgabe eines Einheitswertbescheids oder Grundsteuerwertbescheids:

Bekanntgabeadressaten

sind sowohl der Schuldner   als auch der Zwangsverwalter

Anschriftenfeld (Empfänger):

Herrn	Herrn
	Rechtsanwalt
Josef Meier	Helmut Müller
Sophienstraße 20	Schellingstraße 40
80799 München	80799 München

Bescheidkopf

Als Zwangsverwalter des Grundstücks Sophienstraße 20 (Grundstückseigentümer Josef Meier)

2.12 Gesamtrechtsnachfolge (z. B. Erbfolge)

2.12.1 Zur Frage, wann eine Gesamtrechtsnachfolge i. S. d. § 45 Abs. 1 AO vorliegt, vgl. AEAO zu § 45. Bescheide, die bereits vor Eintritt der Gesamtrechtsnachfolge an den Rechtsvorgänger gerichtet und ihm zugegangen waren, wirken auch gegen den Gesamtrechtsnachfolger. Er kann nur innerhalb der für den Rechtsvorgänger maßgeblichen Rechtsbehelfsfrist Einspruch einlegen. § 353 AO schreibt dies für Bescheide mit dinglicher Wirkung ausdrücklich auch vor, soweit es sich um Einzelrechtsnachfolge handelt. Die Regelung in § 166 AO, wonach unanfechtbare Steuerfestsetzungen auch gegenüber einem Gesamtrechtsnachfolger gelten, bedeutet nicht, dass gegenüber einem Gesamtrechtsnachfolger die Bekanntgabe zu wiederholen ist oder dass eine neue Rechtsbehelfsfrist läuft. Hat der Rechtsvorgänger zwar den Steuertatbestand verwirklicht, wurde ihm aber der Bescheid vor Eintritt der Rechtsnachfolge nicht mehr bekannt gegeben, so ist der Bescheid an den Gesamtrechtsnachfolger zu richten (BFH-Urteil vom 16.1.1974, I R 254/70, BStBl II S. 388).

2.12.2 Bei einer Gesamtrechtsnachfolge i. S. d. § 45 Abs. 1 AO geht die Steuerschuld des Rechtsvorgängers auf den Rechtsnachfolger über. In den Bescheidkopf ist der Hinweis aufzunehmen, dass der Steuerschuldner als Gesamtrechtsnachfolger des Rechtsvorgängers in Anspruch genommen wird. Entsprechendes gilt, wenn der Steuerschuldner zugleich aufgrund eines eigenen Steuerschuldverhältnisses und als Gesamtrechtsnachfolger in Anspruch genommen wird.

Beispiel:

Der Ehemann ist 08 verstorben. Die Ehefrau ist Alleinerbin. Für den Veranlagungszeitraum 07 soll ein zusammengefasster ESt-Bescheid bekannt gegeben werden.

Anschriftenfeld
(Steuerschuldner als Inhaltsadressat, Bekanntgabeadressat und Empfänger):

Frau
Eva Meier
Hauptstraße 100
67433 Neustadt

Bescheidkopf

Dieser Steuerbescheid ergeht an Sie zugleich als Alleinerbin nach Ihrem Ehemann.

Beispiel:

Die Meier-OHG mit den Gesellschaftern Max und Emil Meier ist durch Austritt des Gesellschafters Emil Meier aus der OHG und gleichzeitige Übernahme des Gesamthandsvermögens durch Max Meier ohne Liquidation erloschen (vollbeendet). Nach dem Ausscheiden des vorletzten Gesellschafters soll ein Umsatzsteuerbescheid für einen Zeitraum vor dem Ausscheiden für die erloschene OHG ergehen.

Anschriftenfeld
(Steuerschuldner als Inhaltsadressat, Bekanntgabeadressat und Empfänger):

Herrn
Max Meier
Hauptstraße 101
67433 Neustadt

Bescheidkopf

Dieser Bescheid ergeht an Sie als Gesamtrechtsnachfolger der Meier-OHG.

Beispiel:

Die A-GmbH ist unter Auflösung ohne Abwicklung auf die B-GmbH verschmolzen worden.

Anschriftenfeld
(Steuerschuldner als Inhaltsadressat, Bekanntgabeadressat und Empfänger):

B-GmbH
Hauptstraße 101
67433 Neustadt

Bescheidkopf

Dieser Bescheid ergeht an Sie als Gesamtrechtsnachfolgerin der A-GmbH.

2.12.3 Das Finanzamt kann gegen Gesamtrechtsnachfolger (z. B. mehrere Erben) Einzelbescheide nach § 155 Abs. 1 AO oder einen nach § 155 Abs. 3 AO zusammengefassten Steuerbescheid erlassen (BFH-Urteile vom 24.11 1967, III 2/63, BStBl 1968 II S. 163, und vom 28.3.1973, I R 100/71, BStBl II S. 544). Grundsätzlich ist ein zusammengefasster Bescheid zu erlassen, der an die Gesamtrechtsnachfolger als Gesamtschuldner zu richten und jedem von ihnen bekannt zu geben ist, soweit nicht nach § 122 Abs. 6 AO (vgl. AEAO zu § 122, Nr. 2.1.3) verfahren werden kann (§ 122 Abs. 1 AO). Der Steuerbescheid ist nur wirksam, wenn die Gesamtrechtsnachfolger, an die sich der Bescheid richtet, namentlich als Inhaltsadressaten aufgeführt sind.

Im Einzelfall können sich die Gesamtrechtsnachfolger, gegen die sich der Bescheid als Inhaltsadressaten richtet, auch durch Auslegung des Bescheids ergeben, z. B. durch die Bezugnahme auf einen den Betroffenen bekannten Betriebsprüfungsbericht (BFH-Urteil vom 17.11.2005, III R 8/03, BStBl 2006 II S. 287). Die Ermittlung des Inhaltsadressaten durch Auslegung kann jedoch einen Mangel der fehlenden Bestimmtheit des Steuerschuldners nicht heilen. Für eine Auslegung, an wen der Steuerbescheid sich richtet, ist z. B. dann kein Raum, wenn in einem Einkommensteuerbescheid ohne namentliche Anführung der Beteiligten eine Erbengemeinschaft als Inhaltsadressat benannt (z. B. „Erbengemeinschaft nach Herrn Adam Meier") und zugleich der Hinweis auf die Gesamtrechtsnachfolge unterblieben ist (vgl. AEAO zu § 122, Nr. 2.12.2). Die Angabe, wer die Steuer schuldet (§ 157 Abs. 1 Satz 2 AO), fehlt hier, denn eine Erbengemeinschaft kann nicht Schuldnerin der Einkommensteuer sein.

Aus Gründen der Rechtsklarheit sind die Inhaltsadressaten grundsätzlich namentlich aufzuführen (vgl. die Beispiele zum AEAO zu § 122, Nr. 2.12 4); von dem Verweis auf für die Betroffenen bekannte Umstände ist nur ausnahmsweise Gebrauch zu machen.

Es ist unschädlich, nur einen oder mehrere aus einer größeren Zahl von Gesamtrechtsnachfolgern auszuwählen, weil es nicht zwingend erforderlich ist, einen Steuerbescheid an alle Gesamtrechtsnachfolger zu richten (vgl. AEAO zu § 122, Nr. 4.4.5). Betrifft der zusammengefasste Bescheid Eheleute, Eheleute mit Kindern oder Alleinstehende mit Kindern, kann auch von der Sonderregelung des § 122 Abs. 7 AO (vgl. AEAO zu § 122, Nr. 2.1.2) Gebrauch gemacht werden.

2.12.4 Beispiele:

1.1 Der Steuerschuldner Adam Meier ist im Jahr 08 verstorben.

Erben sind seine Kinder Konrad, Ludwig und Martha Meier zu gleichen Teilen. Die Steuerbescheide für das Jahr 07 (ESt, USt, GewSt) können erst im Jahr 09, d.h. nach dem Tode des Adam Meier ergehen.

Die Erben Konrad, Ludwig und Martha Meier sind durch Gesamtrechtsnachfolge Steuerschuldner (Inhaltsadressaten) geworden (§ 45 Abs. 1 AO); sie haben jeder für sich für die gesamte Steuerschuld einzustehen (§ 45 Abs. 2 AO, § 44 Abs. 1 AO).

Gegen die Miterben können zusammengefasste Bescheide nach § 155 Abs. 3 AO ergehen. Jedem Erben ist eine Ausfertigung des zusammengefassten Bescheids an die Wohnanschrift zu übermitteln. Die Bekanntgabe an einen Erben mit Wirkung für und gegen alle anderen Erben ist in diesem Fall nur unter den Voraussetzungen des § 122 Abs. 6 AO (vgl. Beispiel 1.2) möglich. Der Bescheid wird gegenüber dem Erben, dem er bekannt gegeben wurde, auch wirksam, wenn er dem oder den anderen Miterben nicht bekannt gegeben wurde. Um eine Zwangsvollstreckung in den ungeteilten Nachlass zu ermöglichen, ist aber die Bekanntgabe des Bescheids an jeden einzelnen Miterben notwendig (§ 265 AO i. V. m. § 747 ZPO).

Anschriftenfeld
(jeweils in gesonderten Ausfertigungen):

Herrn
Konrad Meier
Sternstraße 15
53111 Bonn

Herrn
Ludwig Meier
Königstraße 200
40212 Düsseldorf

Frau
Martha Meier
Sophienstraße 3
80333 München

Bescheidkopf

Für Konrad, Ludwig und Martha Meier als Miterben nach Adam Meier. Den anderen Miterben wurde ein Bescheid gleichen Inhalts erteilt. Die Erben sind Gesamtschuldner (§ 44 AO).

1.2 Wie Beispiel 1.1, jedoch ist Konrad Meier mit Einverständnis von Ludwig und Martha Meier Empfänger des Steuerbescheides (einverständliche Bekanntgabe nach § 122 Abs. 6 AO).

Anschriftenfeld

Herrn
Konrad Meier
Sternstraße 15
53111 Bonn

Bescheidkopf

Der Steuerbescheid ergeht an Sie als Miterben nach Adam Meier zugleich mit Wirkung für und gegen die Miterben Ludwig und Martha Meier. Die Erben sind Gesamtschuldner (§ 44 AO).

1.3 Wie Beispiel 1.1, jedoch sind die Erben Eheleute oder nahe Familienangehörige unter gemeinschaftlicher Anschrift i. S. d. § 122 Abs. 7 AO. Es genügt die

Bekanntgabe einer Ausfertigung des Steuerbescheides an die gemeinsame Anschrift.

Anschriftenfeld

Konrad Meier
Ludwig Meier
Martha Meier
Sternstraße 15
53111 Bonn

Bescheidkopf

Der Steuerbescheid ergeht an Sie als Miterben nach Adam Meier. Die Erben sind Gesamtschuldner (§ 44 AO).

2.1 Der Steuerschuldner Herbert Müller ist im Jahr 08 verstorben. Erben sind seine Ehefrau Anna Müller und die gemeinsamen Kinder Eva Müller und Thomas Müller. Der ESt-Bescheid für das Jahr 07 kann erst nach dem Tod des Herbert Müller ergehen. Herbert und Anna Müller sind zusammen zu veranlagen.

Anna Müller ist Gesamtschuldner zunächst als zusammenveranlagter Ehegatte (§ 26b EStG i. V. m. § 44 AO) sowie gemeinsam mit den Kindern Eva und Thomas Müller als Erben des verstorbenen Herbert Müller (§ 45 Abs. 1 AO). Sie haben jeder für sich für die gesamte Steuerschuld einzustehen (§ 45 Abs. 2 AO, § 44 Abs. 1 AO).

Gegen die Beteiligten Anna Müller, Eva Müller und Thomas Müller können zusammengefasste Bescheide nach § 155 Abs. 3 AO ergehen. Jedem Beteiligten ist eine Ausfertigung des zusammengefassten Bescheids an seine Wohnanschrift zu übermitteln. Der Bescheid wird gegen einen Beteiligten dem er bekannt gegeben wurde, auch wirksam, wenn er einem oder mehreren anderen Beteiligten nicht bekannt gegeben wurde (siehe aber § 265 AO i. V. m. § 747 ZPO, vgl. Beispiel 1.1).

Anschriftenfeld
(jeweils in gesonderten Ausfertigungen):

Frau
Anna Müller
Hohe Straße 27
50667 Köln

Frau
Eva Müller
Wilhelmstraße 19
53111 Bonn

Herrn
Thomas Müller
Sophienstraße 35
80333 München

Bescheidkopf

Für Anna Müller und die Erben nach Herbert Müller: Anna Müller, Eva Müller und Thomas Müller. Alle Beteiligten sind Gesamtschuldner (§ 44 AO).

2.2 Wie Beispiel 2.1, jedoch ist Anna Müller mit Einverständnis von Eva und Thomas Müller Empfänger des Bescheids (§ 122 Abs. 6 AO).

Anschriftenfeld

Frau
Anna Müller
Hohe Straße 27
50667 Köln

Bescheidkopf

Für Anna Müller und die Erben nach Herbert Müller: Anna Müller, Eva Müller und Thomas Müller. Der Bescheid ergeht an Sie zugleich mit Wirkung für und gegen die Miterben. Alle Beteiligten sind Gesamtschuldner (§ 44 AO).

2.3 Wie Beispiel 2.1, jedoch leben alle Beteiligten unter gemeinsamer Anschrift i. S. v. § 122 Abs. 7 AO (in Köln, Hohe Straße 27). Es genügt die Bekanntgabe einer Ausfertigung des Steuerbescheids an die gemeinsame Anschrift.

Anschriftenfeld

Anna Müller
Eva Müller
Thomas Müller
Hohe Straße 27
50667 Köln

Bescheidkopf

Für Anna Müller und die Erben nach Herbert Müller: Anna Müller, Eva Müller und Thomas Müller. Alle Beteiligten sind Gesamtschuldner (§ 44 AO).

2.12.5 Zur Bekanntgabe von Bescheiden bei unbekannten Erben vgl. AEAO zu § 122, Nr. 2.13.2.

2.12.6 Ist eine Erbengemeinschaft Unternehmer oder selbständiger Rechtsträger, so ist ein Steuerbescheid (z. B. über Umsatzsteuer oder Grunderwerbsteuer) an sie als Erbengemeinschaft zu richten (vgl. AEAO zu § 122, Nrn. 2.4 und 2.4.1.2). Hat die Erbengemeinschaft keinen Namen und keinen gesetzlichen Vertreter, muss sie zur zweifelsfreien Identifizierung der Gemeinschaft und ihrer Gemeinschafter grundsätzlich durch den Namen des Erblassers und der einzelnen Miterben charakterisiert werden (BFH-Urteil vom 29.11.1972, II R

42/67, BStBl 1973 II S. 372). Zur Ermittlung der Inhaltsadressaten durch Auslegung gelten die Ausführungen in Nr. 2.12.3 des AEAO zu § 122 entsprechend.

2.12.7 Vollstreckung in den Nachlass

Ist ein Steuerbescheid bereits zu Lebzeiten des Erblassers wirksam geworden und will die Finanzbehörde wegen der Steuerschuld vollstrecken, muss sie vor Beginn der Vollstreckung ein Leistungsgebot erlassen (vgl. im Einzelnen Abschn. 29 ff. VollstrA).

2.12.8 Umwandlung von Gesellschaften

Zum Erlass von Steuerverwaltungsakten in Spaltungsfällen und in Fällen eines Formwechsels vgl. AEAO zu § 122, Nrn. 2.15 und 2.16 sowie AEAO zu § 45, Nrn. 2 und 3.

2.13 Testamentsvollstreckung, Nachlasspflegschaft, Nachlassverwaltung

2.13.1 Der **Testamentsvollstrecker** ist nicht Vertreter der Erben, sondern Träger eines durch letztwillige Verfügung des Erblassers begründeten privaten Amts, dessen Inhalt durch die letztwillige Verfügung bestimmt wird (§§ 2197 ff. BGB; BFH-Urteil vom 11.6.2013, II R 10/11, BStBl II S. 924). Soweit die Verwaltungsbefugnis des Testamentsvollstreckers reicht, ist dem Erben die Verfügungsbefugnis entzogen (§ 2211 BGB). Der Testamentsvollstrecker kann den Erben nicht persönlich verpflichten und hat auch nicht dessen persönliche Pflichten gegenüber den Finanzbehörden zu erfüllen (BFH-Urteil vom 16.4.1980, VII R 81/79, BStBl II S. 605).

2.13.1.1 Hat der Erblasser selbst noch den Steuertatbestand verwirklicht, ist aber gegen ihn kein Steuerbescheid mehr ergangen, so ist der Steuerbescheid an den Erben als Inhaltsadressaten zu richten und diesem bekannt zu geben (vgl. Beispiele in Nr. 2.12.4 des AEAO zu § 122; BFH-Urteile vom 15.2.1978, I R 36/77, BStBl II S. 491, und vom 8.3.1979, IV R 75/76, BStBl II S. 501), es sei denn, der Testamentsvollstrecker ist zugleich Empfangsbevollmächtigter des Erben (§ 122 Abs. 1 Satz 3 AO). Ist der Testamentsvollstrecker im Rahmen seiner Verwaltung des gesamten Nachlassvermögens nach § 2213 Abs. 1 BGB zur Erfüllung von Nachlassverbindlichkeiten verpflichtet und soll er zur Erfüllung der Steuerschuld aus dem von ihm verwalteten Nachlass herangezogen werden, kann der Steuerbescheid - auch - an ihn gerichtet werden (BFH-Urteil vom 30.9.1987, II R 42/84, BStBl 1988 II S. 120). Geschieht dies nicht, ist er durch Übersendung einer Ausfertigung des dem Erben oder dem Nachlasspfleger bekannt gegebenen Steuerbescheids in Kenntnis zu setzen. Ggf. ist er durch Duldungsbescheid (§ 191 Abs. 1 AO) in Anspruch zu nehmen. Seine persönliche Haftung nach § 69 i. V. m. § 34 Abs. 3 AO bleibt davon unberührt.

2.13.1.2 Betrifft die Steuerpflicht Tatbestände nach dem Erbfall, so ist der Erbe Steuerschuldner auch für Steuertatbestände, die das Nachlassvermögen betreffen. Steuerbescheide über Einkünfte, die dem Erben aus dem Nachlassvermögen zufließen, sind dem Erben als Inhaltsadressaten und nicht dem Testamentsvollstrecker bekannt zu geben (BFH-Urteil vom 7.10.1970, I R 145/68, BStBl 1971 II S. 119; BFH-Beschluss vom 29.11.1995, X B 328/94, BStBl

1996 II S. 322). Dies gilt auch, wenn der Testamentsvollstrecker ein Unternehmen im eigenen Namen weiterführt (BFH-Urteil vom 16.2.1977, I R 53/74, BStBl II S. 481, für GewSt-Messbescheide). Steht dem Testamentsvollstrecker nach § 2213 Abs. 1 BGB die Verwaltung des gesamten Nachlasses zu, sind die drei letzten Sätze der Nr. 2.13.1.1 des AEAO zu § 122 entsprechend anzuwenden.

2.13.2 Sind der oder die Erben (noch) unbekannt, so ist der Steuerbescheid, gleichgültig ob der Steuertatbestand vom Erblasser selbst noch verwirklicht worden ist oder erst nach Eintritt des Erbfalls, einem zu bestellenden **Nachlasspfleger** bekannt zu geben. Die Vertretungsbefugnis des Nachlasspflegers endet auch dann erst mit Aufhebung der Nachlasspflegschaft durch das Nachlassgericht, wenn die Erben zwischenzeitlich bekannt wurden (BFH-Urteil vom 30.3.1982, VIII R 227/80, BStBl II S. 687).

Der Nachlasspfleger ist gesetzlicher Vertreter des Erben, falls dieser noch unbekannt ist oder die Annahme der Erbschaft noch ungewiss ist. Er wird von Amts wegen oder auf Antrag eines Nachlassgläubigers vom Nachlassgericht bestellt (siehe §§ 1960, 1961 BGB, § 81 AO). Nr. 2.2 des AEAO zu § 122 ist entsprechend anzuwenden. Der Testamentsvollstrecker ist nicht bereits kraft Amtes Vertreter des unbekannten Erben, kann aber zum Nachlasspfleger bestellt werden.

2.13.3 **Nachlassverwaltung** ist die Nachlasspflegschaft zum Zwecke der Befriedigung der Nachlassgläubiger (§ 1975 BGB). Die Stellung des Nachlassverwalters ist derjenigen des Testamentsvollstreckers vergleichbar. Die Ausführungen in Nr. 2.13.1.1 und Nr. 2.13.1.2 des AEAO zu § 122 gelten daher entsprechend (vgl. BFH-Urteil vom 5.6.1991, XI R 26/89, BStBl II S. 820).

2.13.4 Erbschaftsteuerbescheide

2.13.4.1 Ein Erbschaftsteuerbescheid ist nach § 32 Abs. 1 ErbStG dem **Testamentsvollstrecker** mit Wirkung für und gegen die Erben bekannt zu geben, wenn er nach § 31 Abs. 5 ErbStG zur Abgabe der Erbschaftsteuererklärung verpflichtet war. Dies ist nur dann der Fall, wenn sich die Testamentsvollstreckung auf den Gegenstand des Erwerbs oder im Fall eines Vermächtnisses auch auf die anschließende Verwaltung des vermachten Gegenstandes, insbesondere im Rahmen einer Dauervollstreckung (§§ 2209, 2210 BGB), bezieht und das Finanzamt die Abgabe der Erbschaftsteuererklärung vom Testamentsvollstrecker verlangt hat (vgl. BFH-Urteil vom 11.6.2013, II R 10/11, BStBl II S. 924). Soweit nach diesen Grundsätzen der Erbschaftsteuerbescheid dem Testamentsvollstrecker bekannt zu geben ist, gilt dies auch dann, wenn der Testamentsvollstrecker zur Abgabe der Erbschaftsteuererklärung aufgefordert worden war, diese aber tatsächlich nicht abgegeben hat und daher die Besteuerungsgrundlagen geschätzt wurden.

Ein Erbschaftsteuerbescheid, mit dem lediglich Erbschaftsteuer aufgrund des Erwerbs eines schuldrechtlichen Anspruchs erbrechtlicher Natur (z. B. Pflichtteilsrecht, Erbersatzanspruch) und/oder aufgrund Erwerbs infolge eines Vertrages des Erblassers zugunsten des Erwerbers auf den Todesfall festgesetzt wird, kann dem Testamentsvollstrecker nicht mit Wirkung für und gegen den Steuerschuldner bekannt gegeben werden (BFH-Urteile vom 14.11.1990, II R 255/85, BStBl 1991 II S. 49, und II R 58/86, BStBl 1991 II S. 52).

Ist der Erbschaftsteuerbescheid nach den vorgenannten Grundsätzen dem Testamentsvollstrecker bekannt zu geben, muss der Bescheid mit hinreichender Bestimmtheit erkennen lassen, dass er sich - ungeachtet der Verpflichtung des Testamentsvollstreckers, für die Zahlung der Steuer zu sorgen (§ 32 Abs. 1 Satz 2 ErbStG) - an den Erben als Steuerschuldner richtet (BFH-Urteil vom 10.7.1991, VIII R 16/90, BFH/NV 1992 S. 223).

Beispiel:

Anschriftenfeld

Name und Anschrift des Testamentsvollstreckers

Bescheidkopf

Erbschaftsteuerbescheid über den Erwerb des ....

(Name des Erben/Miterben)

aufgrund des Ablebens von ....

Erläuterungen

Der Bescheid wird Ihnen nach § 32 Abs. 1 Satz 1 ErbStG mit Wirkung für und gegen den oben bezeichneten Erben bekannt gegeben. Dieser ist Steuerschuldner.

2.13.4.2 Die Ausführungen in Nr. 2.13.4.1 des AEAO zu § 122 gelten entsprechend für Fälle der **Nachlasspflegschaft** und der **Nachlassverwaltung** (§ 31 Abs. 6, § 32 Abs. 2 ErbStG).

2.13.4.3 Die Bekanntgabe des Erbschaftsteuerbescheids an den Testamentsvollstrecker, den Nachlasspfleger oder den Nachlassverwalter setzt auch die Einspruchsfrist für die Anfechtung durch den Erben in Lauf. Dem Erben ist bei verspäteter Unterrichtung durch den Testamentsvollstrecker oder den Nachlassverwalter Wiedereinsetzung in den vorigen Stand zu gewähren, wenn die Jahresfrist gem. § 110 Abs. 3 AO noch nicht abgelaufen ist. Dem Erben ist ein etwaiges Verschulden des Testamentsvollstreckers oder des Nachlassverwalters nicht zuzurechnen, da diese keine Vertreter i. S. d. § 110 Abs. 1 Satz 2 AO sind (vgl. BFH-Urteil vom 14.11.1990, II R 58/86, BStBl 1991 II S. 52). Dagegen ist ein Nachlasspfleger gesetzlicher Vertreter des unbekannten Erben (vgl. AEAO zu § 122, Nr. 2.13.2) mit der Folge, dass sein Verschulden dem Erben zuzurechnen ist.

2.14 Haftende

2.14.1 Der Steuerschuldner und der Haftende sind nach § 44 Abs. 1 AO zwar Gesamtschuldner, diese Bestimmung führt aber nicht zu einer völligen Gleichstellung. Der Steuerbescheid ist an den Steuerschuldner zu richten. Über die Haftung ist durch selbständigen Haftungsbescheid zu entscheiden (§ 191 AO) und der Haftende durch Zahlungsaufforderung in Anspruch zu nehmen

(§ 219 AO). Beide Maßnahmen können auch getrennt voneinander ausgeführt werden. Die Zusendung einer Ausfertigung des Steuerbescheids reicht zur Inanspruchnahme des Haftenden nicht aus.

2.14.2 Der Haftungsbescheid muss eindeutig erkennen lassen, gegen wen sich der Haftungsanspruch richtet.

Beispiele für Lohnsteuerhaftungsbescheide bei Inanspruchnahme:

a) des Arbeitgebers:	b) des Geschäftsführers des Arbeitgebers:
Haftungsschuldner als Inhaltsadressat, Bekanntgabeadressat und Empfänger:	Haftungsschuldner als Inhaltsadressat, Bekanntgabeadressat und Empfänger:
Meier GmbH	Herrn Josef Meier (Geschäftsführer der Meier-GmbH)
Sophienstraße 2 a 80333 München	Hansastr. 100 81373 München
(jeweils mit Angabe des Haftungsgrundes in der Erläuterung)	(jeweils mit Angabe des Haftungsgrundes in der Erläuterung)

Bei der Inanspruchnahme des Geschäftsführers als Haftungsschuldner für Steuerschulden der von ihm vertretenen juristischen Person oder nichtrechtsfähigen Personenvereinigung ist darauf zu achten, dass die persönliche Inanspruchnahme in der Adressierung und auch sonst im Bescheid eindeutig zum Ausdruck kommt. Als postalische Anschrift ist im Haftungsbescheid i. d. R. die von der Firmenanschrift abweichende Wohnanschrift des Geschäftsführers zu verwenden. Wird ein Haftungsbescheid an den Geschäftsführer durch die Post mit Zustellungsurkunde (vgl. AEAO zu § 122, Nr. 3.1.1) ausnahmsweise unter der Firmenanschrift zugestellt, ist im Kopf des Vordrucks „Zustellungsurkunde" in roter Schrift oder durch rotes Unterstreichen zu vermerken: „Keine Ersatzzustellung".

2.14.3 Sollen wegen desselben Anspruchs mehrere Haftungsschuldner herangezogen werden, kann in entsprechender Anwendung des § 155 Abs. 3 AO ein zusammengefasster Haftungsbescheid erlassen werden. Für jeden Haftungsschuldner ist jedoch ein gesonderter Bescheid auszufertigen und bekannt zu geben, um ihm gegenüber Wirksamkeit zu erlangen. Dies gilt auch dann, wenn der zusammengefasste Haftungsbescheid gegen Ehegatten gerichtet ist (BFH-Beschluss vom 22.10.1975, I B 38/75, BStBl 1976 II S. 136).

Bei der Inanspruchnahme von mehreren Haftungsschuldnern wegen desselben Anspruchs sind im Haftungsbescheid alle als Haftungsschuldner herangezogenen Personen zu benennen. Eine fehlende Angabe der übrigen Haftungsschuldner führt aber nicht ohne weiteres zur Unwirksamkeit der Haftungsbescheide (BFH-Urteil vom 5.11.1980, II R 25/78, BStBl 1981 II S. 176), sondern kann im Rahmen des § 126 AO nachgeholt werden. Die einzelnen Haftungsschuldner werden durch die gemeinsame Inanspruchnahme zu Gesamtschuldnern (§ 44 AO); die Erfüllung durch einen der Gesamtschuldner wirkt auch für die übrigen.

2.15 Spaltung

In den Fällen einer Abspaltung, Ausgliederung oder Vermögensübertragung nach dem UmwG liegt mit Ausnahme der Vermögensübertragung im Wege der Vollübertragung keine Gesamtrechtsnachfolge i. S. d. § 45 Abs. 1 AO vor (vgl. AEAO zu § 45, Nr. 2). Die an einer Spaltung beteiligten Rechtsträger sind aber Gesamtschuldner für die Verbindlichkeiten des übertragenden Rechtsträgers, die vor dem Wirksamwerden der Spaltung begründet worden sind (§ 133 Abs. 1 Satz 1 UmwG). Der übernehmende Rechtsträger kann daher durch Haftungsbescheid (im Falle der Vermögensübertragung im Wege der Vollübertragung durch Steuerbescheid) in Anspruch genommen werden.

Bei einer Aufspaltung erlischt der übertragende Rechtsträger mit der Registereintragung der Spaltung (§ 131 Abs. 1 Nr. 2 UmwG). Die Regelung über die steuerliche Gesamtrechtsnachfolge (§ 45 Abs. 1 AO) ist sinngemäß anzuwenden; dies gilt nicht in Bezug auf die gesonderte und einheitliche Feststellung von Besteuerungsgrundlagen (vgl. AEAO zu § 45, Nr. 2).

Bei der Entscheidung, ob ein übernehmender Rechtsträger für Steuerverbindlichkeiten des übertragenden Rechtsträgers in Anspruch zu nehmen ist, soll i. d. R. eine im Spaltungs- und Übernahmevertrag getroffene Zuweisung der Steuerverbindlichkeiten berücksichtigt werden. Enthält der Spaltungs- und Übernahmevertrag keine Zuweisung der Steuerverbindlichkeiten, soll in Fällen der Abspaltung oder Ausgliederung i. d. R. zunächst nur der übertragende Rechtsträger in Anspruch genommen werden.

Beispiel 1:

> Vom Vermögen der Spalt-GmbH wurde ein Teil abgespalten und an die A-GmbH übertragen. Der Spaltungs- und Übernahmevertrag enthält keine Regelungen zur Zuweisung der Steuerverbindlichkeiten.
>
> **Steuerbescheid an Spalt-GmbH:**
>
> **Anschriftenfeld**
> (Steuerschuldner als Inhaltsadressat, Bekanntgabeadressat und Empfänger):
>
> Spalt-GmbH
> Moltkestraße 5
> 12203 Berlin

Beispiel 2:

Wie Beispiel 1, jedoch sollen die Spalt-GmbH und die A-GmbH als Gesamtschuldner in Anspruch genommen werden.

Steuerbescheid an Spalt-GmbH:

Anschriftenfeld
(Steuerschuldner als Inhaltsadressat, Bekanntgabeadressat und Empfänger):

Spalt-GmbH
Moltkestraße 5
12203 Berlin

Bescheidkopf

Der A-GmbH wurde ein Haftungsbescheid erteilt. Die an der Abspaltung beteiligten Rechtsträger sind Gesamtschuldner (§ 44 AO, § 133 Abs. 1 Satz 1 UmwG).

Haftungsbescheid an A-GmbH:

Anschriftenfeld (Haftungsschuldner als Inhaltsadressat, Bekanntgabeadressat und Empfänger):

A-GmbH
Meiserstraße 4
80284 München

Bescheidkopf

Dieser Bescheid ergeht an Sie als partielle Nachfolgerin der Spalt-GmbH. Der Spalt-GmbH wurde ein Steuerbescheid erteilt. Die an der Abspaltung beteiligten Rechtsträger sind Gesamtschuldner (§ 44 AO, § 133 Abs. 1 Satz 1 UmwG).

Beispiel 3:

Die Spalt-GmbH wurde in die A-GmbH und die B-GmbH aufgespalten. Im Spaltungs- und Übernahmevertrag wurden die Steuerverbindlichkeiten der erloschenen Spalt-GmbH der A-GmbH zugewiesen.

Steuerbescheid an A-GmbH:

Anschriftenfeld
(Steuerschuldner als Inhaltsadressat, Bekanntgabeadressat und Empfänger):

A-GmbH
Meiserstraße 4
80284 München

Bescheidkopf

Dieser Bescheid ergeht an Sie als Nachfolgerin der durch Aufspaltung erloschenen Spalt-GmbH.

Beispiel 4:

Die Spalt-GmbH wurde in die A-GmbH und die B-GmbH aufgespalten. Der Spaltungs- und Übernahmevertrag enthält keine Regelungen zur Zuweisung der Steuerverbindlichkeiten der Spalt-GmbH. Die A-GmbH und die B-GmbH sollen als Gesamtschuldner in Anspruch genommen werden.

Steuerbescheid an A-GmbH:

Anschriftenfeld

(Steuerschuldner als Inhaltsadressat, Bekanntgabeadressat und Empfänger):

A-GmbH
Meiserstraße 4
80284 München

Bescheidkopf

Dieser Bescheid ergeht an Sie als Nachfolgerin der durch Aufspaltung erloschenen Spalt-GmbH. Der B-GmbH wurde ein Bescheid gleichen Inhalts erteilt. Die an der Spaltung beteiligten Rechtsträger sind Gesamtschuldner (§ 44 AO, § 133 Abs. 1 Satz 1 UmwG).

Steuerbescheid an B-GmbH:

Anschriftenfeld

(Steuerschuldner als Inhaltsadressat, Bekanntgabeadressat und Empfänger):

B-GmbH
Hauptstr. 101
67433 Neustadt

Bescheidkopf

Dieser Bescheid ergeht an Sie als Nachfolgerin der durch Aufspaltung erloschenen Spalt-GmbH. Der A-GmbH wurde ein Bescheid gleichen Inhalts erteilt. Die an der Spaltung beteiligten Rechtsträger sind Gesamtschuldner (§ 44 AO, § 133 Abs. 1 Satz 1 UmwG).

2.16 Formwechselnde Umwandlung

Bei einer formwechselnden Umwandlung (§ 1 Abs. 1 Nr. 4, §§ 190 ff. UmwG) liegt lediglich ein Wechsel der Rechtsform eines Rechtsträgers unter Wahrung seiner rechtlichen Identität vor. Ändert sich allerdings durch den Formwechsel das Steuersubjekt, ist die Regelung des § 45 Abs. 1 AO über die steuerliche Gesamtrechtsnachfolge sinngemäß anzuwenden (vgl. AEAO zu § 45, Nr. 3).

Wird eine eingetragene GbR, eine Personenhandelsgesellschaft (OHG oder KG) oder eine Partnerschaftsgesellschaft in eine Kapitalgesellschaft umgewandelt, sind Bescheide über Steuern, für die diese Personenvereinigung Steuerschuldnerin war (vgl. AEAO zu § 122, Nr. 2.4.1), nach der Umwandlung an die Kapitalgesellschaft zu richten und dieser bekannt zu geben. Bescheide über die gesonderte und einheitliche Feststellung von Besteuerungsgrundlagen sind an die Gesellschafter der ehemaligen Personenvereinigung zu richten (vgl. AEAO zu § 122, Nr. 2.5).

Wird eine Kapitalgesellschaft in eine rechtsfähige Personenvereinigung umgewandelt, sind Bescheide über Steuern, für die die Kapitalgesellschaft Steuerschuldnerin war, an die Personenvereinigung zu richten.

3. Besonderheiten des Zustellungsverfahrens

3.1 Zustellungsarten

Die Zustellung richtet sich nach dem VwZG (§ 122 Abs. 5 Satz 2 AO). Die vom Amtsgericht zu erlassende Anordnung eines persönlichen Sicherheitsarrestes ist nach den Vorschriften der ZPO zuzustellen (§ 326 Abs. 4 AO).

Das VwZG sieht die folgenden Zustellungsarten vor:

- Zustellung durch die Post mit Zustellungsurkunde (§ 3 VwZG; vgl. AEAO zu § 122, Nr. 3.1.1),
- Zustellung durch die Post mittels Einschreiben (§ 4 VwZG; vgl. AEAO zu § 122, Nr. 3.1.2),
- Zustellung (auch eines elektronischen Dokuments) durch die Behörde gegen Empfangsbekenntnis (§ 5 VwZG; vgl. AEAO zu § 122, Nr. 3.1.3),
- Zustellung (auch eines elektronischen Dokuments) im Ausland (§ 9 VwZG; vgl. AEAO zu § 122, Nr. 3.1.4),
- Öffentliche Zustellung (§ 10 VwZG; vgl. AEAO zu § 122, Nr. 3.1.5).

Kommen mehrere Zustellungsarten in Betracht, soll die kostengünstigste gewählt werden, sofern nicht besondere Umstände (z. B. Zweifel an der Annahmebereitschaft des Empfängers; vgl. Nr. 3.1.2) für eine Zustellung durch die Post mit Zustellungsurkunde sprechen.

Die Allgemeinen Verwaltungsvorschriften zum VwZG vom 13.12.1966 (BStBl I S. 969), geändert durch die Allgemeine Verwaltungsvorschrift vom 27.4.1973 (BStBl I S. 220), sind überholt.

3.1.1 Zustellung durch die Post mit Zustellungsurkunde (§ 3 VwZG)

Soll ein Verwaltungsakt durch die Post mit Zustellungsurkunde zugestellt werden, sind § 3 VwZG sowie die dort angeführten Vorschriften der §§ 177 bis 182 ZPO zu beachten. „Post" ist jeder Erbringer von Postdienstleistungen (§ 2 Abs. 2 Satz 1 VwZG; siehe auch § 33 des Postgesetzes vom 22.12.1997, BGBl. I S. 3294).

Die Finanzbehörde hat der Post den Zustellungsauftrag, das zuzustellende Dokument in einem verschlossenen Umschlag und einen vorbereiteten Vordruck einer Zustellungsurkunde zu übergeben (§ 3 Abs. 1 VwZG). Für die

Zustellungsurkunde, den Zustellungsauftrag und den verschlossenen Umschlag sind die in der Zustellungsvordruckverordnung vom 12.2.2002 (BGBl. I S. 671, 1019), geändert durch Verordnung vom 23.4.2004 (BGBl. I S. 619), bestimmten Vordrucke zu verwenden (§ 3 Abs. 2 Satz 3 VwZG). Der vorbereitete Vordruck der Zustellungsurkunde muss den Empfänger (vgl. AEAO zu § 122, Nrn. 1.5 und 1.6) und das Aktenzeichen (vgl. AEAO zu § 122, Nr. 3.1.1.1) des zuzustellenden Dokuments sowie die Anschrift der auftraggebenden Finanzbehörde enthalten. Fehlen diese Angaben auf der zuzustellenden Sendung ganz oder teilweise, ist die Zustellung unwirksam, auch wenn die Zustellungsurkunde den Anforderungen des § 182 ZPO genügt. Gleiches gilt, wenn auf der Sendung ein falsches Aktenzeichen angegeben ist.

Ausnahmsweise kann als Zustellungsanschrift eine Postfachnummer gewählt werden. In diesem Fall ist aber die tatsächliche Zustellung beim Rücklauf der Zustellungsurkunde zu überwachen (BFH-Urteil vom 9.2.1983, II R 10/79, BStBl II S. 698). Bei Ersatzzustellung durch Niederlegung ist die Zustellung nicht wirksam, wenn die Mitteilung über die Niederlegung in das Postfach des Empfängers eingelegt wird (BFH-Urteil vom 17.2.1983, V R 76/77, BStBl II S. 528).

3.1.1.1 Das auf der vorbereiteten Zustellungsurkunde und auf dem verschlossenen Umschlag anzugebende Aktenzeichen (vgl. AEAO zu § 122, Nr. 3.1.") ist mit Abkürzungen zu bilden. Anhand des Aktenzeichens muss einerseits der Inhalt des zuzustellenden Dokuments einwandfrei zu identifizieren sein (BFH-Urteil vom 18.3.2004, V R 11/02, BStBl II S. 540), andererseits muss das Aktenzeichen so gewählt werden, dass es einem Dritten möglichst keinen Rückschluss auf den Inhalt der Sendung zulässt. Die bloße Angabe der Steuernummer reicht nicht aus (BFH-Urteil vom 13.10.2005, IV R 44/03, BStBl 2006 II S. 214).

Neben der Steuernummer und grundsätzlich neben dem Datum des zuzustellenden Verwaltungsakts sind die folgenden verwaltungsüblichen Abkürzungen und Listennummern zu verwenden.

Beispiele:

Abkürzung	Inhalt der Sendung
210/50 108, EStB 2005 vom xx.xx.xxxx	StNr. 210/50 108, ESt-Bescheid 2005 vom xx.xx.xxxx
210/50 108, VZB ESt 2006 vom xx.xx.xxxx	StNr. 210/50 108, Vorauszahlungsbescheid für ESt 2006 vom xx.xx.xxxx
210/50 108, HaB LSt 2005 vom xx.xx.xxxx	StNr. 210/50 108, Haftungsbescheid für LSt 2005 vom xx.xx.xxxx
210/50 108, NachB LSt 2005 vom xx.xx.xxxx	StNr. 210/50 108, Nachforderungsbescheid für LSt 2005 vom xx.xx.xxxx

§ 122 Abgabenordnung

210/50 108 EE EStB 2005	StNr. 210/50 108, Einspruchsentscheidung in Sachen ESt-Bescheid 2005
210/50 108 EE RbL 150/2006	StNr. 210/50 108, Einspruchsentscheidung für den in die Rechtsbehelfsliste 2006 unter Nr. 150 eingetragenen Einspruch
210/50 108 PrA vom xx.xx.xxxx	StNr. 210/50 108 Prüfungsanordnung vom xx.xx.xxxx
210/50 108 Mitteilung 141 Abs. 2 AO vom xx.xx.xxxx	StNr. 210/50 108 Mitteilung vom xx.xx.xxxx über den Beginn der Buchführungspflicht
210/50 108 ZgA (alternativ ZG.-A.) vom xx.xx.xxxx	StNr. 210/50 108 Verwaltungsakt über die Androhung eines Zwangsgeldes vom xx.xx.xxxx

Bei der Zustellung eines Bescheids über die gesonderte Feststellung von Besteuerungsgrundlagen muss sich aus dem Aktenzeichen auch der Gegenstand der Feststellung ergeben (BFH-Urteil vom 13.10.2005, IV R 44/03, BStBl 2006 II S. 214). Für die hinreichende Unterscheidung von gesonderten Feststellungen sind - neben den übrigen Angaben, wie Steuernummer und Datum des zuzustellenden Verwaltungsakts (vgl. die vorstehenden Beispiele) - zweckmäßigerweise die folgenden Kürzel zu verwenden:

Beispiele:

Kürzel	Gegenstand
VF-ESt 31.12.05	Feststellung des verbleibenden Verlustvortrages zur ESt auf den 31.12.2005
VF-KSt 31.12.05	Feststellung des verbleibenden Verlustvortrages zur KSt auf den 31.12.2005
VF-Gew 31.12.05	Feststellung des vortragsfähigen Gewerbeverlustes auf den 31.12.2005
Fest2B 2005	Feststellung der negativen Einkünfte aus der Beteiligung an Verlustzuweisungsgesellschaften nach § 2b EStG i. V. m. § 10d Abs. 4 EStG für 2005
ges. Fest 2005	Gesonderte Feststellung gem. § 180 Abs. 1 Satz 1 Nr. 2 Buchstabe b AO für 2005
Ges. + einh. Fest 2005	Gesonderte und einheitliche Feststellung i. S. v. § 180 Abs. 1 Satz 1 Nr. 2 Buchstabe a AO für 2005

3.1.1.2 Sollen mehrere Verwaltungsakte (z. B. Einspruchsentscheidungen) verschiedenen Inhalts in einer Postsendung zugestellt werden, müssen die gesetzlichen Form- und Beurkundungserfordernisse in Bezug auf jedes einzelne Schriftstück gewahrt werden. Das Aktenzeichen muss aus Angaben über die einzelnen Schriftstücke bestehen (BFH-Urteil vom 7.7.2004, X R 33/02, BFH/NV 2005 S. 66). Enthält die Sendung mehr Schriftstücke als durch Aktenzeichen auf der Zustellungsurkunde und/oder dem Umschlag bezeichnet, ist nur die Zustellung des nicht bezeichneten Schriftstücks unwirksam. Der Zustellungsmangel kann jedoch nach § 8 VwZG geheilt werden (vgl. AEAO zu § 122, Nr. 4.5.2).

3.1.1.3 Eine wirksame Zustellung an mehrere Personen gemeinsam ist nicht möglich, sondern nur die Zustellung an einen bestimmten Zustellungsempfänger. In der Anschrift auf dem Briefumschlag und dementsprechend in der Zustellungsurkunde darf daher als Empfänger nur eine Person angesprochen werden. Das gilt auch für die Zustellung an Ehegatten (BFH-Urteil vom 8.6.1995, IV R 104/94, BStBl II S. 681). Eine mit der Anschrift „Herrn Adam und Frau Eva Meier" versehene Sendung kann daher nicht wirksam zugestellt werden (vgl. AEAO zu § 122, zu Nr. 3.4).

3.1.1.4 Die Zustellungsurkunde ist eine öffentliche Urkunde i. S. d. § 418 Abs. 1 ZPO (vgl. § 182 Abs. 1 Satz 2 ZPO) und erbringt daher den vollen Beweis für die in ihr bezeugten Tatsachen. Dieser ist aber nach § 418 Abs. 2 ZPO durch Gegenbeweis widerlegbar. Dies erfordert den vollen Nachweis eines anderen Geschehensablaufs; durch bloße Zweifel an der Richtigkeit der urkundlichen Feststellungen ist der Gegenbeweis nicht erbracht (BFH-Urteil vom 28.9.1993, II R 34/92, BFH/NV 1994 S. 291).

3.1.2 Zustellung durch die Post mittels Einschreiben (§ 4 VwZG)

Die durch § 4 VwZG eröffnete Zustellungsmöglichkeit ist auf die Varianten „Einschreiben mittels Übergabe" und „Einschreiben mit Rückschein" beschränkt. Die Zustellung mittels eines „Einwurf-Einschreibens" ist somit nicht möglich. Nicht nur Briefe, sondern auch umfangreichere Sendungen, z. B. Pakete, können mittels Einschreiben zugestellt werden, soweit die Post (zum Begriff der „Post" vgl. AEAO zu § 122, Nr. 3.1.1) dies ermöglicht.

Eine Zustellung durch **Einschreiben mit Rückschein** gilt an dem Tag als bewirkt, den der Rückschein angibt. Zum Nachweis der Zustellung genügt der Rückschein (§ 4 Abs. 2 Satz 1 VwZG). Im Gegensatz zu der bei einer Zustellung nach § 3 VwZG (vgl. AEAO zu § 122, Nr. 3.1.1) errichteten Zustellungsurkunde ist der Rückschein keine öffentliche Urkunde i. S. d. § 418 ZPO. Der von dem Rückschein ausgehende Nachweis der Zustellung ist somit auf das Maß eines normalen Beweismittels eingeschränkt. Geht der Rückschein nicht bei der die Zustellung veranlassenden Behörde ein oder enthält er kein Datum, gilt die Zustellung am vierten Tag nach der Aufgabe zur Post als bewirkt, es sei denn, dass der Verwaltungsakt nicht oder zu einem späteren Zeitpunkt zugegangen ist; im Zweifel hat die Behörde den Zugang und dessen Zeitpunkt nachzuweisen (§ 4 Abs. 2 Sätze 2 und 3 VwZG).

Eine Zustellung mittels **Einschreiben durch Übergabe** gilt am dritten Tag nach der Aufgabe zur Post als bewirkt, es sei denn, dass der Verwaltungsakt nicht oder zu einem späteren Zeitpunkt zugegangen ist. Auch insoweit hat im Zweifel die Behörde den Zugang und dessen Zeitpunkt nachzuweisen (§ 4 Abs. 2 Sätze 2 und 3 VwZG). Der Tag der Aufgabe zur Post ist in den Akten zu vermerken (§ 4 Abs. 2 Satz 4 VwZG).

Für eine eventuelle Ersatzzustellung gelten nicht die §§ 178 bis 181 ZPO, sondern die einschlägigen allgemeinen Geschäftsbedingungen des in Anspruch genommenen Postdienstleisters. Verweigert der Empfänger oder der Ersatzempfänger die Annahme der eingeschriebenen Sendung, wird sie als unzustellbar an den Absender zurückgeschickt. Im Gegensatz zur Zustellung durch die Post mit Zustellungsurkunde (vgl. AEAO zu § 122, Nr. 3.1.1) kann daher gegen den Willen des Empfängers bzw. Ersatzempfängers eine Zustellung mittels Einschreiben nicht bewirkt werden.

3.1.3 Zustellung gegen Empfangsbekenntnis (§ 5 VwZG)

Gegen Empfangsbekenntnis kann zugestellt werden,

- indem die Behörde den zuzustellenden Verwaltungsakt dem Empfänger aushändigt (§ 5 Abs. 1 bis 3 VwZG; vgl. AEAO zu § 122, Nr. 3.1.3.1),

- durch Übermittlung auf andere Weise an Behörden, Körperschaften, Anstalten und Stiftungen des öffentlichen Rechts sowie an Angehörige bestimmter Berufe (§ 5 Abs. 4 VwZG; vgl. AEAO zu § 122, Nrn. 3.1.3.2, 3.1.3.4 und 3.1.3.5),

- durch elektronische Übermittlung an andere Empfänger unter den Voraussetzungen des § 5 Abs. 5 VwZG (vgl. AEAO zu § 122, Nrn. 3.1.3.3 bis 3.1.3.5).

3.1.3.1 In den Fällen des § 5 Abs. 1 VwZG ist das zuzustellende Dokument grundsätzlich in einem verschlossenen Umschlag auszuhändigen. Nur wenn keine schutzwürdigen Interessen des Empfängers entgegenstehen, kann das Dokument auch offen ausgehändigt werden. Dies ist z. B. der Fall, wenn das Dokument durch den fachlich zuständigen Bediensteten selbst - etwa bei Erscheinen des Empfängers in den Diensträumen - ausgehändigt wird.

Bei einer Ersatzzustellung gem. § 5 Abs. 2 Nr. 3 VwZG ist wegen des Verweises auf § 181 ZPO für die Mitteilung über die Niederlegung der Vordruck gem. Anlage 4 der Zustellungsvordruckverordnung vom 12.2.2002 (BGBl. I S. 671) zu verwenden.

3.1.3.2 Nach § 5 Abs. 4 VwZG kann an Behörden, Körperschaften, Anstalten und Stiftungen des öffentlichen Rechts, an Rechtsanwälte, Patentanwälte, Notare, Steuerberater, Steuerbevollmächtigte, Wirtschaftsprüfer, vereidigte Buchprüfer, Steuerberatungsgesellschaften, Wirtschaftsprüfungsgesellschaften und Buchprüfungsgesellschaften auch auf andere Weise, somit z. B. durch einfachen Brief oder elektronisch (auch durch Telefax), zugestellt werden. § 5 Abs. 4 VwZG enthält eine abschließende Aufzählung des in Betracht kommenden Empfängerkreises. Abweichend von § 174 Abs. 1 ZPO darf daher an andere Personen, bei denen aufgrund ihres Berufs von einer erhöhten

Zuverlässigkeit ausgegangen werden kann, nicht nach § 5 Abs. 4 VwZG zugestellt werden; in Betracht kommt aber eine elektronische Zustellung gem. § 5 Abs. 5 VwZG (vgl. AEAO zu § 122, Nr. 3.1.3.3).

Ob eine elektronische Zustellung die Verwendung einer qualifizierten elektronischen Signatur erfordert, bestimmt sich danach, ob für den zuzustellenden Verwaltungsakt die Schriftform gesetzlich vorgeschrieben ist (§ 87a Abs. 4 AO). Das elektronisch zuzustellende Dokument ist mit einem geeigneten Verfahren zu verschlüsseln (§ 87a Abs. 1 Satz 4 AO). Die Regelungen des § 87a AO sind jedoch nicht anwendbar, wenn die elektronische Zustellung durch Telefax erfolgt (vgl. AEAO zu § 122, Nr. 1.8.2). Die Formerfordernisse der folgenden Nr. 3.1.3.3 des AEAO zu § 122 gelten daher insoweit nicht.

3.1.3.3 Gem. § 5 Abs. 5 VwZG kann ein Dokument auch an einen nicht in § 5 Abs. 4 VwZG genannten Empfänger **elektronisch** zugestellt werden, soweit der Empfänger hierfür einen Zugang eröffnet hat (zur „Zugangseröffnung" vgl. AEAO zu § 87a, Nr. 1). Für die Übermittlung ist das Dokument mit einer qualifizierten elektronischen Signatur zu versehen (§ 5 Abs. 5 Satz 3 VwZG), also auch dann, wenn für den zuzustellenden Verwaltungsakt die Schriftform nicht gesetzlich vorgeschrieben ist. Es ist gegen unbefugte Kenntnisnahme Dritter zu schützen (§ 5 Abs. 5 Satz 3 VwZG) und mit einem geeigneten Verfahren zu verschlüsseln (§ 87a Abs. 1 Satz 4 AO).

3.1.3.4 Bei der elektronischen Zustellung nach § 5 Abs. 4 oder Abs. 5 VwZG ist die Übermittlung mit dem Hinweis „Zustellung gegen Empfangsbekenntnis" einzuleiten. Die Übermittlung muss die absendende Behörde, den Namen und die Anschrift des Zustellungsadressaten („Empfänger" i. S. d. Nr. 1.5 des AEAO zu § 122) sowie den Namen des Bediensteten erkennen lassen, der das Dokument zur Übermittlung aufgegeben hat (§ 5 Abs. 6 VwZG). Beizufügen ist ein vorbereitetes Formular für das Empfangsbekenntnis (vgl. AEAO zu § 122, Nr. 3.1.3.5).

3.1.3.5 Zum Nachweis der Zustellung in den Fällen des § 5 Abs. 4 und 5 VwZG genügt das mit Datum und Unterschrift versehene **Empfangsbekenntnis**, das an die Behörde durch die Post oder elektronisch zurückzusenden ist (§ 5 Abs. 7 VwZG). Es kann auch durch Telefax übermittelt werden. Wird das Empfangsbekenntnis als elektronisches Dokument erteilt, bedarf es einer qualifizierten elektronischen Signatur, die in diesem Fall die Unterschrift ersetzt.

Das datierte und unterschriebene Empfangsbekenntnis erbringt den vollen Beweis dafür, dass das darin bezeichnete Dokument an dem vom Empfänger bezeichneten Tag tatsächlich zugestellt worden ist; ein Gegenbeweis ist aber zulässig (BFH-Urteil vom 31.10.2000, VIII R 14/00, BStBl 2001 II S. 156) Das Fehlen des Datums auf dem vom Empfänger unterschriebenen Empfangsbekenntnis ist für die Rechtswirksamkeit der Zustellung unschädlich. Maßgebend für den durch die Zustellung ausgelösten Beginn einer Frist ist der Zeitpunkt, in dem der Aussteller des Empfangsbekenntnisses das Dokument als zugestellt entgegen genommen hat (BFH-Beschluss vom 20.8.1982, VIII R 58/82, BStBl 1983 II S. 63).

Der Rücklauf der Empfangsbekenntnisse ist in geeigneter Weise zu überwachen. Werden Empfangsbekenntnisse nicht zurückgesandt, ist zunächst an die Rückgabe zu erinnern. Bleibt diese Erinnerung erfolglos, ist der Verwaltungsakt auf andere Weise erneut zuzustellen, es sei denn, der Empfänger hat das zuzustellende Dokument in Kenntnis der Zustellungsabsicht nachweislich entgegengenommen und behalten (BFH-Urteil vom 6.3.1990, II R 131/87, BStBl II S. 477); dies gilt aber nicht bei einer Zustellung nach § 5 Abs. 5 VwZG (vgl. § 8 VwZG).

3.1.4 Zustellung im Ausland (§ 9 VwZG)

3.1.4.1 Soweit ein Verwaltungsakt im Ausland zuzustellen ist und nicht ein Fall des § 9 Abs. 1 Nr. 3 VwZG (vgl. AEAO zu § 122, Nr. 3.1.4.2) vorliegt, sollte vorrangig von der Möglichkeit der Zustellung durch Einschreiben mit Rückschein (§ 9 Abs. 1 Nr. 1 VwZG) bzw. der Zustellung elektronischer Dokumente (§ 9 Abs. 1 Nr. 4 VwZG) Gebrauch gemacht werden. Beide Zustellungsarten setzen aber voraus, dass sie „völkerrechtlich zulässig" sind. Diese Formulierung umfasst nicht nur völkerrechtliche Übereinkünfte, sondern auch etwaiges Völkergewohnheitsrecht, ausdrückliches nichtvertragliches Einverständnis, aber auch Tolerierung einer entsprechenden Zustellungspraxis durch den Staat, in dem zugestellt werden soll. Es kann davon ausgegangen werden, dass eine Zustellung durch Einschreiben mit Rückschein oder eine Zustellung elektronischer Dokumente zumindest toleriert wird und daher völkerrechtlich zulässig ist; dies gilt nicht hinsichtlich folgender Staaten: Ägypten, Brasilien, China, Mexiko, Sri Lanka und Venezuela.

Nach dem DBA mit Liechtenstein (BStBl 2013 I S. 488) ist eine Zustellung von deutschen Steuerverwaltungsakten durch die Post für Besteuerungszeiträume ab dem 1.1.2013 für folgende Steuerarten und deren steuerliche Nebenleistungen zulässig:

Einkommensteuer (einschließlich Lohnsteuer, Kapitalertragsteuer, Zinsabschlag, Steuerabzug bei Bauleistungen und besondere Erhebungsformen nach § 50a EStG), Körperschaftsteuer, Gewerbesteuer, Solidaritätszuschlag, Grundsteuer, Vermögensteuer sowie gesonderte und gesonderte und einheitliche Feststellungen von Besteuerungsgrundlagen für Zwecke der vorgenannten Steuern.

In die Staaten Argentinien, Republik Korea, Kuwait, San Marino und die Schweiz ist eine postalische Zustellung von deutschen Steuerverwaltungsakten nach dem Übereinkommen über die gegenseitige Amtshilfe in Steuersachen in eingeschränktem Umfang bezüglich der jeweils hinterlegten Steuerarten und deren steuerliche Nebenleistungen wie folgt möglich:

<u>Argentinien</u>*

Eine Zustellung von deutschen Steuerverwaltungsakten durch die Post ist für Besteuerungszeiträume ab dem 1.1.2016 für die folgenden Steuerarten zulässig:

Einkommensteuer (einschließlich Lohnsteuer, Kapitalertragsteuer, Zinsabschlag, Steuerabzug bei Bauleistungen und besondere Erhebungsformen nach § 50a EStG), Körperschaftsteuer, Solidaritätszuschlag, Erbschaftsteuer,

Schenkungsteuer, Ersatzerbschaftsteuer, Einfuhrumsatzsteuer, Umsatzsteuer, Branntweinsteuer (ab 1.1.2018 Alkoholsteuer), Energiesteuer, Tabaksteuer, Luftverkehrsteuer, Rennwett- und Lotteriesteuer, Steuern auf Versicherungsprämien sowie gesonderte und gesonderte und einheitliche Feststellungen von Besteuerungsgrundlagen für Zwecke der vorgenannten Steuern.

Republik Korea*

Eine Zustellung von deutschen Steuerverwaltungsakten durch die Post ist für Besteuerungszeiträume ab dem 1.1.2016 für die folgenden Steuerarten zulässig:

Einkommensteuer (einschließlich Lohnsteuer, Kapitalertragsteuer, Zinsabschlag, Steuerabzug bei Bauleistungen und besondere Erhebungsformen nach § 50a EStG), Körperschaftsteuer, Solidaritätszuschlag, Erbschaftsteuer, Schenkungsteuer, Ersatzerbschaftsteuer, Grundsteuer, Grunderwerbsteuer, Einfuhrumsatzsteuer, Umsatzsteuer, Branntweinsteuer (ab 1.1.2018 Alkoholsteuer), Energiesteuer, Tabaksteuer sowie gesonderte und gesonderte und einheitliche Feststellungen von Besteuerungsgrundlagen für Zwecke der vorgenannten Steuern.

Kuwait*

Eine Zustellung von deutschen Steuerverwaltungsakten durch die Post ist für Besteuerungszeiträume ab dem 1.1.2019 für die folgenden Steuerarten zulässig:

Einkommensteuer (einschließlich Lohnsteuer, Kapitalertragsteuer, Zinsabschlag, Steuerabzug bei Bauleistungen und besondere Erhebungsformen nach § 50a EStG), Körperschaftsteuer, Solidaritätszuschlag, Vermögensteuer sowie gesonderte und gesonderte und einheitliche Feststellungen von Besteuerungsgrundlagen für Zwecke der vorgenannten Steuern.

San Marino*

Eine Zustellung von deutschen Steuerverwaltungsakten durch die Post ist für Besteuerungszeiträume ab dem 1.1.2016 für die folgenden Steuerarten zulässig:

Einkommensteuer (einschließlich Lohnsteuer, Kapitalertragsteuer, Zinsabschlag, Steuerabzug bei Bauleistungen und besondere Erhebungsformen nach § 50a EStG), Körperschaftsteuer, Solidaritätszuschlag sowie gesonderte und gesonderte und einheitliche Feststellungen von Besteuerungsgrundlagen für Zwecke der vorgenannten Steuern.

Schweiz*

Eine Zustellung von deutschen Steuerverwaltungsakten durch die Post ist für Besteuerungszeiträume ab dem 1.1.2018 für die folgenden Steuerarten zulässig:

Einkommensteuer (einschließlich Lohnsteuer, Kapitalertragsteuer, Zinsabschlag, Steuerabzug bei Bauleistungen und besondere Erhebungsformen nach § 50a EStG), Körperschaftsteuer, Solidaritätszuschlag, Vermögensteuer, Gewerbesteuer sowie gesonderte und gesonderte und einheitliche Feststellungen von Besteuerungsgrundlagen für Zwecke der vorgenannten Steuern.

* = Keine Zustellung zum Zwecke der Vollstreckung

Eine Zustellung von deutschen Steuerverwaltungsakten zum Zwecke der Vollstreckung von Steuerforderungen oder von Geldbußen ist nach dem Übereinkommen über die gegenseitige Amtshilfe in Steuersachen in keinem Fall und zu keinem Vertragsstaat zulässig.

Zum Beweiswert eines Rückscheins bei der Zustellung durch Einschreiben vgl. § 9 Abs. 2 Satz 1 VwZG sowie AEAO zu § 122, Nr. 3.1.2.

Bei einer Zustellung durch Übermittlung elektronischer Dokumente sind neben der völkerrechtlichen Zulässigkeit die Regelungen des § 5 Abs. 5 VwZG, insbesondere die Erfordernisse einer „Zugangseröffnung" und einer qualifizierten elektronischen Signatur, zu beachten; vgl. AEAO zu § 122, Nr. 3.1.3.3. Zum Empfangsbekenntnis vgl. § 9 Abs. 2 Satz 3 VwZG sowie AEAO zu § 122, Nr. 3.1.3.5.

3.1.4.2 Zustellungsersuchen nach § 9 Abs. 1 Nr. 2 VwZG (**Zustellung durch die Behörde des fremden Staates** oder durch die zuständige **diplomatische** oder **konsularische Vertretung** der Bundesrepublik Deutschland) oder nach § 9 Abs. 1 Nr. 3 VwZG (**Zustellung durch das Auswärtige Amt**) sind auf dem Dienstweg dem **Bundeszentralamt für Steuern** zuzuleiten. Hierbei ist die Staatsangehörigkeit des Empfängers anzugeben, weil diese für die Ausführung der Zustellung maßgeblich sein kann. Ist die Staatsangehörigkeit nicht bekannt, so ist dies zu vermerken. Ferner ist Folgendes zu beachten:

- Der zuzustellende Verwaltungsakt muss in Maschinenschrift gefertigt sein und die vollständige ausländische Anschrift des Empfängers enthalten.

- In dem Zustellungsersuchen sind die zuzustellenden Schriftstücke einzeln aufzuführen. Sie sind genau und mit Datum zu bezeichnen.

- Steuer- oder Haftungsbescheide müssen abgerechnet sein und erforderlichenfalls ein Leistungsgebot enthalten. Wegen der Ungewissheit über die Dauer des Zustellungsverfahrens sind etwaige Zahlungsfristen nicht datumsmäßig zu bestimmen, sondern vom Tag der Zustellung abhängig zu machen (z. B. durch die Formulierung „einen Monat nach dem Tag der Zustellung dieses Bescheids").

- In der Rechtsbehelfsbelehrung ist - ggf. unter Änderung eines vorgedruckten Textes - darüber zu belehren, dass der für den Beginn der Rechtsbehelfsfrist maßgebliche Tag der Bekanntgabe der Tag der Zustellung ist.

- Sind Verwaltungsakte an mehrere Empfänger zuzustellen, müssen jeweils gesonderte Zustellungsersuchen gestellt werden (vgl. AEAO zu § 122, Nr. 3.2). Dies gilt auch bei Zustellungen an Ehegatten (vgl. AEAO zu § 122, Nr. 3.4).

3.1.4.3 Von der durch § 9 Abs. 3 VwZG eingeräumten Möglichkeit, bei einer Zustellung nach § 9 Abs. 1 Nr. 2 oder Nr. 3 VwZG anzuordnen, dass ein inländischer Zustellungsbevollmächtigter benannt wird, sollte nur Gebrauch gemacht werden, wenn zu erwarten ist, dass künftig Verwaltungsakte erlassen werden, für die das Gesetz die förmliche Zustellung vorschreibt (vgl. AEAO zu § 122, Nr. 1.8.3). Ansonsten ist vorrangig nach § 123 AO zu verfahren, soweit die Benennung eines inländischen Empfangsbevollmächtigten für erforderlich oder zweckmäßig gehalten wird.

3.1.5 Öffentliche Zustellung (§ 10 VwZG)

Die öffentliche Zustellung kommt nur als „letztes Mittel" der Bekanntgabe in Betracht, wenn alle Möglichkeiten erschöpft sind, das Dokument dem Empfänger in anderer Weise zu übermitteln.

3.1.5.1 Eine öffentliche Zustellung wegen eines **unbekannten Aufenthaltsortes** des Empfängers (§ 10 Abs. 1 Satz 1 Nr. 1 VwZG) ist nicht bereits dann zulässig, wenn die Finanzbehörde die Anschrift nicht kennt oder Briefe als unzustellbar zurückkommen. Die Anschrift des Empfängers muss vielmehr allgemein unbekannt sein (BFH-Urteil vom 9.12.2009, X R 54/06, BStBl 2010 II S. 732). Dies ist durch eine Erklärung der zuständigen Meldebehörde oder auf andere Weise zu belegen. Die bloße Feststellung, dass sich der Empfänger bei der Meldebehörde abgemeldet hat, ist nicht ausreichend. Die Finanzbehörde muss daher, bevor sie durch öffentliche Bekanntmachung zustellt, die nach Sachlage gebotenen und zumutbaren Ermittlungen anstellen. Dazu gehören insbesondere Nachforschungen bei der Meldebehörde, u. U. auch die Befragung von Angehörigen oder des bisherigen Vermieters des Empfängers. Auch Hinweisen auf den mutmaßlichen neuen Aufenthaltsort des Empfängers muss durch Rückfrage bei der dortigen Meldebehörde nachgegangen werden.

Eine Rechtspflicht der zustellenden Behörde, Anschriften im **Ausland** zu ermitteln, ist regelmäßig zu verneinen, wenn ein Fall der „Auslandsflucht" vorliegt oder wenn sich der Empfänger beim inländischen Melderegister „ins Ausland" ohne Angabe einer Anschrift abgemeldet hat oder sich in einer Weise verhält, die auf seine Absicht schließen lässt, seinen Aufenthaltsort zu verheimlichen. Die Finanzbehörde ist in diesen Fällen vorrangig nur zu Ermittlungsmaßnahmen im Inland verpflichtet, z. B. durch Nachfragen beim Einwohnermeldeamt und bei Kontaktpersonen des Empfängers (BFH-Urteil vom 9.12.2009, X R 54/06, a.a.O.). Ist aber zu vermuten, dass sich der Steuerpflichtige in einem bestimmten anderen Land aufhält, sind die Ermittlungsmöglichkeiten des zwischenstaatlichen Auskunftsaustauschs nach dem BMF-Schreiben vom 25.1.2006, BStBl I S. 26 auszuschöpfen (BFH-Urteil vom 9.12.2009, X R 54/06, a.a.O.).

Nicht zulässig ist es beispielsweise, eine öffentliche Zustellung bereits dann anzuordnen, wenn eine versuchte Bekanntgabe unter einer Adresse, die der Empfänger angegeben hat, einmalig fehlgeschlagen ist oder wenn lediglich die Vermutung besteht, dass eine Adresse, an die sich der Empfänger bei der

Meldebehörde abgemeldet hat, eine Scheinadresse ist (BFH-Urteil vom 6.6.2000, VII R 55/99, BStBl II S. 560, und BFH-Beschluss vom 13.3.2003, VII B 196/02, BStBl II S. 609). Eine öffentliche Zustellung ist aber wirksam, wenn die Finanzbehörde durch unrichtige Auskünfte Dritter zu der unrichtigen Annahme verleitet wurde, der Empfänger sei unbekannten Aufenthaltsortes, sofern die Finanzbehörde auf die Richtigkeit der ihr erteilten Auskunft vertrauen konnte (BFH-Beschluss vom 13.3.2003, VII B 196/02, a.a.O.).

3.1.5.2 Nach § 10 Abs. 1 Satz 1 Nr. 2 VwZG kann öffentlich zugestellt werden, wenn **bei juristischen Personen, die zur Anmeldung einer inländischen Geschäftsanschrift zum Handelsregister verpflichtet** sind, eine Zustellung weder unter der eingetragenen Anschrift noch unter einer im Handelsregister eingetragenen Anschrift einer für Zustellungen empfangsberechtigten Person oder einer ohne Ermittlungen bekannten anderen inländischen Anschrift möglich ist.

3.1.5.3 Nach § 10 Abs. 1 Satz 1 Nr. 3 VwZG kommt eine öffentliche Zustellung in Betracht, wenn eine Zustellung im Ausland (§ 9 VwZG; vgl. AEAO zu § 122, Nr. 3.1.4) nicht möglich ist oder keinen Erfolg verspricht. Eine Zustellung im Ausland verspricht keinen Erfolg, wenn sie grundsätzlich möglich wäre, ihre Durchführung aber etwa wegen Kriegs, Abbruchs der diplomatischen Beziehungen, Verweigerung der Amtshilfe oder unzureichender Vornahme durch die örtlichen Behörden nicht zu erwarten ist. Der Umstand, dass die Ausführung eines Zustellungsersuchens längere Zeit in Anspruch nehmen wird, rechtfertigt aber nicht die Anordnung einer öffentlichen Zustellung (BFH-Urteil vom 6.6.2000, VII R 55/99, BStBl II S. 560).

Sobald die ausländische Anschrift des Steuerpflichtigen bekannt ist und eine Postverbindung besteht, sind nach erfolgter öffentlicher Zustellung dem Steuerpflichtigen die Tatsache der öffentlichen Zustellung und der Inhalt des Verwaltungsakts (z. B. durch Beifügen einer Ablichtung) mit einfachem Brief mitzuteilen. Diese Mitteilung ist an Empfänger in sämtlichen Staaten zulässig, da es sich hierbei mangels rechtlicher Regelung nicht um einen Verwaltungsakt handelt. Wird der Mitteilung eine Kopie des Verwaltungsakts beigefügt, ist der Steuerpflichtige darauf hinzuweisen, dass mit der Beifügung dieser Kopie der Verwaltungsakt nicht erneut bekannt gegeben wird und die Rechtsfolgen des Verwaltungsakts (insbesondere der Beginn der Einspruchsfrist) bereits mit der öffentlichen Zustellung eingetreten sind.

3.1.5.4 Zur Durchführung der öffentlichen Zustellung ist nicht der Inhalt (auch nicht der verfügende Teil) des zuzustellenden Verwaltungsakts öffentlich bekannt zu geben, sondern lediglich eine Benachrichtigung mit weitgehend neutralem Inhalt (§ 10 Abs. 2 VwZG). Die Benachrichtigung muss die Behörde, für die zugestellt wird, den Namen und die letzte bekannte Anschrift des Zustellungsempfängers, das Datum und das Aktenzeichen des Dokuments sowie die Stelle, wo das Dokument eingesehen werden kann, erkennen lassen (§ 10 Abs. 2 Satz 2 VwZG). Für das in der Benachrichtigung anzugebende Aktenzeichen des zuzustellenden Dokuments (§ 10 Abs. 2 Satz 2 Nr. 3 VwZG) gelten die Ausführungen in Nr. 3.1.1.1 des AEAO zu § 122 entsprechend. Die Benachrichtigung muss ferner den Hinweis enthalten, dass das Dokument öffentlich zugestellt wird und Fristen in Lauf gesetzt werden können, nach deren Ablauf Rechtsverluste eintreten können (§ 10 Abs. 2 Satz 3 VwZG). Bei der Zustellung einer Ladung muss die Benachrichtigung den Hinweis enthalten, dass das Dokument eine Ladung zu einem Termin enthält, dessen Versäumung Rechtsnachteile zur Folge haben kann (§ 10 Abs. 2 Satz 4 VwZG). Die Benachrichtigung ist an der Stelle bekannt zu machen, die von der Behörde hierfür allgemein bestimmt ist (z. B. durch Aushang im Dienstgebäude). Alternativ hierzu kann die Benachrichtigung auch durch Veröffentlichung im Bundesanzeiger bekannt gemacht werden (§ 10 Abs. 2 Satz 1 VwZG). In den Akten ist zu vermerken, wann und in welcher Weise die Benachrichtigung bekannt gemacht wurde (§ 10 Abs. 2 Satz 5 VwZG).

Wird die Benachrichtigung über die öffentliche Zustellung durch Aushang bekannt gemacht, ist sie stets bis zu dem Zeitpunkt auszuhängen, zu dem die Zustellung nach § 10 Abs. 2 Satz 6 VwZG als bewirkt anzusehen ist. Das gilt auch dann, wenn der Empfänger vor Fristablauf bei der Finanzbehörde erscheint und ihm das zuzustellende Schriftstück ausgehändigt wird (vgl. AEAO zu § 122, Nr. 3.1.5.5). Die Aushändigung ist in den Akten zu vermerken.

3.1.5.5 Der Verwaltungsakt gilt zwei Wochen nach dem Tag der Bekanntmachung der Benachrichtigung als zugestellt (§ 10 Abs. 2 Satz 6 VwZG). Dies gilt auch, wenn dem Empfänger vor Ablauf dieser zweiwöchigen Frist der Verwaltungsakt ausgehändigt wurde. Die Frist gem. § 10 Abs. 2 Satz 6 VwZG bestimmt sich nach § 108 Abs. 1 AO i. V. m. §§ 187 Abs. 1, 188 Abs. 2 BGB. Danach ist bei der Berechnung einer Aushangfrist der Tag des Aushangs nicht mitzurechnen. Die Frist endet mit Ablauf des Tages, der dem Aushangtag kalendermäßig entspricht. Bei der Berechnung der Frist ist ggf. § 108 Abs. 3 AO zu beachten (vgl. AEAO zu § 108, Nr. 1).

3.2 Zustellung an mehrere Beteiligte

Soll ein Verwaltungsakt mehreren Beteiligten zugestellt werden, so ist - soweit kein gemeinsamer Bevollmächtigter vorhanden ist (vgl. AEAO zu § 122, Nr. 3.3) - das Dokument jedem einzelnen gesondert zuzustellen (vg. AEAO zu § 122, Nrn. 3.1.1.3 und 3.1.4.2). Zur Zustellung an Ehegatten vg. AEAO zu § 122, Nr. 3.4.

3.3 Zustellung an Bevollmächtigte (§ 7 VwZG)

3.3.1 Ist für das Verfahren ein Bevollmächtigter bestellt, kann an diesen zugestellt werden (§ 7 Abs. 1 Satz 1 VwZG). Hat der Bevollmächtigte eine schriftliche Vollmacht vorgelegt, soll an diesen zugestellt werden (§ 122 Abs. 5 Satz 3 i. V. m. Abs. 1 Satz 4 AO verdrängt § 7 Abs. 1 Satz 2 VwZG); dies gilt auch, wenn die Vollmacht in elektronischer Form (§ 80a oder § 87a Abs. 3 AO) vorgelegt wurde. Eine Zustellung direkt an den/die Beteiligten ist in diesem Falle nur wirksam, wenn im Einzelfall besondere Gründe gegen die Zustellung an den Bevollmächtigten sprechen. Derartige Gründe können auch technischer Natur sein. Ein Verwaltungsakt darf einem Verfahrensbevollmächtigten, der nach § 80 Abs. 7 AO zurückgewiesen worden ist, nicht zugestellt werden (§ 122 Abs. 5 Satz 3 i. V. m. Abs. 1 Satz 4 AO).

Haben mehrere Beteiligte einen gemeinsamen Verfahrensbevollmächtigten bestellt, genügt es, dem Bevollmächtigten eine Ausfertigung des Dokuments mit Wirkung für alle Beteiligten zuzustellen (§ 7 Abs. 1 Satz 3 VwZG; BFH-Urteil vom 13.8.1970, IV 48/65, BStBl II S. 839). Dies gilt auch, wenn der Verfahrensbevollmächtigte selbst Beteiligter ist und zugleich andere Beteiligte vertritt.

3.3.2 Einem **Zustellungsbevollmächtigten** mehrerer Beteiligter sind so viele Ausfertigungen oder Abschriften zuzustellen, als Beteiligte vorhanden sind (§ 7 Abs. 2 VwZG).

3.3.3 Werden mehrere Personen im Feststellungsverfahren bei der Bekanntgabe von Verwaltungsakten durch die rechtsfähige Personenvereinigung oder durch einen Empfangsbevollmächtigten vertreten (§ 183 Abs. 1 und § 183a Abs. 1 AO; § 6 der V zu § 180 Abs. 2 AO), vertritt die Personenvereinigung oder der Empfangsbevollmächtigte die Feststellungsbeteiligten auch bei Zustellungen (§ 7 Abs. 3 VwZG).

Der Personenvereinigung oder dem Empfangsbevollmächtigten ist eine Ausfertigung des Dokuments zuzustellen und dabei darauf hinzuweisen, dass die Bekanntgabe mit Wirkung für und gegen alle vertretenen Feststellungsbeteiligten erfolgt (§ 183 Abs. 1 Satz 2 AO; § 183a Abs. 1 Satz 4 AO; § 6 Abs. 1 Satz 5 der V zu § 180 AO; vgl. AEAO zu § 122, Nr. 2.5.2 und 2.5.3).

3.3.4 Soll eine **Einspruchsentscheidung** zugestellt werden (vgl. AEAO zu § 366, Nr. 2), hat die Finanzbehörde diese dem Verfahrensbevollmächtigten (vgl. AEAO zu § 122, Nr. 3.3.1) auch ohne Nachweis einer Vollmacht zuzustellen, wenn dieser den Einspruch eingelegt und die Finanzbehörde ihn als Bevollmächtigten in der Einspruchsentscheidung aufgeführt hat (BFH-Urteil vom 25.10.1963, III 7/60 U, BStBl III S. 600). Hat der Steuerpflichtige den Einspruch selbst eingelegt, ist jedoch im weiteren Verlauf des Einspruchsverfahrens ein Bevollmächtigter für den Steuerpflichtigen aufgetreten, ist die Einspruchsentscheidung nur dann dem Bevollmächtigten zuzustellen, wenn eine Empfangsvollmacht vorliegt oder das Interesse des Steuerpflichtigen an einer Bekanntgabe gegenüber dem Bevollmächtigten nach den Umständen des Einzelfalls eindeutig erkennbar ist (BFH-Urteil vom 29.7.1987, I R 367, 379/83, BStBl 1988 II S. 242).

3.4 Zustellung an Ehegatten

Der Grundsatz der Nr. 3.2 des AEAO zu § 122 ist auch bei der Zustellung an Ehegatten zu beachten.

Haben beide Ehegatten gegen einen zusammengefassten Steuerbescheid (vgl. AEAO zu § 122, Nr. 2.1.1) Einspruch eingelegt, so ist - falls die Finanzbehörde die förmliche Zustellung angeordnet hat (vgl. AEAO zu § 122, Nr. 1.8.3, und zu § 366, Nr. 2) - grundsätzlich jedem der Ehegatten je eine Ausfertigung der an beide zu richtenden einheitlichen Einspruchsentscheidung zuzustellen (BFH-Urteil vom 8.6.1995, IV R 104/94, BStBl II S. 681; vgl. AEAO zu § 122, Nr. 3.1.1.3). Dies gilt unabhängig davon, in welcher Weise (vgl. AEAO zu § 122, Nrn. 2.1.1 bis 2.1.5) der angefochtene Bescheid bekannt gegeben worden ist. Bei einer Zustellung mittels Einschreiben (vgl. AEAO zu

§ 122, Nr. 3.1.2) können aber beide Ausfertigungen in einer an beide Eheleute gemeinsam adressierten Sendung zur Post gegeben werden (Urteil des FG Bremen vom 23.6.1992, II 87/91 K, EFG S. 758).

Tritt gegenüber der Finanzbehörde nur einer der Ehegatten im Einspruchsverfahren auf, so ist im Zweifel zu klären, ob dieser den Einspruch nur im eigenen Namen oder auch für den anderen Ehegatten führt. Bei Vorliegen einer „Vollmacht" ist zu unterscheiden, ob der Einspruchsführer **Zustellungsbevollmächtigter** (vgl. AEAO zu § 122, Nr. 3.3.2) oder **Verfahrensbevollmächtigter** (vgl. AEAO zu § 122, Nr. 3.3.1) ist. Dem Ehegatten als Zustellungsbevollmächtigten **darf** mit Wirkung auch für den anderen Ehegatten zugestellt werden, wobei an ihn **je eine Ausfertigung** der Entscheidung für jeden Ehegatten zuzustellen ist. Dem Ehegatten als Verfahrensbevollmächtigten **muss** mit Wirkung für den anderen Ehegatten zugestellt werden, wobei **eine Ausfertigung** genügt.

3.5 Zustellung bei gerichtlich bestellter Betreuung

Die Zustellung hat gemäß § 6 Abs. 1 Satz 2 VwZG an den gerichtlich bestellten Betreuer zu erfolgen. Dem Betreuten ist eine Zweitschrift des zugestellten Dokuments zu übermitteln (§ 6 Abs. 1 Satz 3 VwZG).

4. Folgen von Verfahrens- und Formfehlern

4.1 Unwirksamkeit des Verwaltungsaktes wegen inhaltlicher Mängel

Fehlen in einem Verwaltungsakt unverzichtbare wesentliche Bestandteile (siehe zum Steuerbescheid § 157 Abs. 1 Satz 2 AO), die dazu führen, dass dieser inhaltlich nicht hinreichend bestimmt ist (§ 119 Abs. 1 AO), so ist ein solcher Verwaltungsakt gem. § 125 Abs. 1 AO nichtig und damit unwirksam (§ 124 Abs. 3 AO). Eine Heilung derartiger Fehler ist nicht möglich, vielmehr ist ein neuer Verwaltungsakt zu erlassen (BFH-Urteil vom 17.7.1986, V R 96/85, BStBl II S. 834).

4.1.1 Wird der Steuerschuldner (Inhaltsadressat) im Steuerbescheid gar nicht, falsch oder so ungenau bezeichnet, dass Verwechslungen möglich sind, ist der Verwaltungsakt wegen inhaltlicher Unbestimmtheit nichtig und damit unwirksam. Eine Heilung im weiteren Verfahren gegen den tatsächlichen Schuldner ist nicht möglich, es muss ein neuer Steuerbescheid mit richtiger Bezeichnung des Steuerschuldners (Inhaltsadressaten) verfügt und bekannt gegeben werden (BFH-Urteil vom 17.3.1970, II 65/63, BStBl II S. 598).

Ist dagegen im Steuerbescheid eine falsche Person eindeutig und zweifelsfrei als Steuerschuldner (Inhaltsadressat) angegeben und wurde der Bescheid dieser Person bekannt gegeben, so ist der Bescheid nicht nichtig, sondern rechtswidrig und damit lediglich anfechtbar (BFH-Beschluss vom 17.11.1987, V B 111/87, BFH/NV 1988 S. 682).

4.1.2 Konnte im Fall einer Gesamtrechtsnachfolge ein Steuerbescheid dem Rechtsvorgänger (Erblasser) nicht mehr rechtswirksam bekannt gegeben werden, ist der Bescheid an den Gesamtrechtsnachfolger als Steuerschuldner (Inhaltsadressaten) zu richten. Ein gleichwohl an den Rechtsvorgängegerichteter Bescheid ist unwirksam (BFH-Urteil vom 24.3.1970, I R 141/69, BStBl II S. 501, vgl. AEAO zu § 122, Nr. 2.12.1).

4.1.3 Ein Verwaltungsakt, der dem Inhaltsadressaten selbst bekannt gegeben wird, obwohl eine andere Person der zutreffende Bekanntgabeadressat ist (vgl. AEAO zu § 122, Nr. 1.4.3), ist unwirksam (BFH-Beschluss vom 14.5.1968, II B 41/67, BStBl II S. 503). Eine Heilung ist nicht möglich; vielmehr ist ein neuer Verwaltungsakt mit Bezeichnung des zutreffenden Bekanntgabeadressaten (vgl. AEAO zu § 122, Nr. 1.4.3) zu erlassen. Zu den Folgen einer nur fehlerhaften Bezeichnung des Bekanntgabeadressaten vgl. AEAO zu § 122, Nr. 4.2.3.

4.2 Wirksamkeit des Verwaltungsakts trotz inhaltlicher Mängel

4.2.1 Wird der richtige Steuerschuldner (Inhaltsadressat) lediglich ungenau bezeichnet, ohne dass Zweifel an der Identität bestehen (z. B. falsche Bezeichnung der Rechtsform einer Gesellschaft: OHG statt KG, GbR statt OHG o.Ä.), so liegt kein Fall der inhaltlichen Unbestimmtheit vor. Der Steuerbescheid ist daher nicht unwirksam; die falsche Bezeichnung kann berichtigt werden (BFH-Urteile vom 26.6.1974, II R 199/72, BStBl II S. 724, und vom 26.9.1974, IV R 24/71, BStBl 1975 II S. 311, BFH-Beschluss vom 18.3.1998, IV B 50/97, BFH/NV S. 1255).

4.2.2 Ist in einem Feststellungsbescheid ein Beteiligter falsch bezeichnet, weil Rechtsnachfolge eingetreten ist, kann dies durch besonderen Bescheid gegenüber den Betroffenen berichtigt werden (§ 182 Abs. 3 AO).

4.2.3 Die fehlerhafte Bezeichnung des Bekanntgabeadressaten macht den Bescheid nicht in jedem Fall unwirksam, die Bekanntgabe kann aber fehlerhaft sein. Die aus einer formell fehlerhaften Bezeichnung herrührenden Mängel können geheilt werden, wenn der von der Finanzbehörde zutreffend bestimmte, aber fehlerhaft bezeichnete Bekanntgabeadressat tatsächlich vom Inhalt des Bescheids Kenntnis erhält

Beispiel:

> Der gesetzliche Vertreter (Bekanntgabeadressat) eines Minderjährigen (Steuerschuldner und Inhaltsadressat) wird irrtümlich als Adam Meier bezeichnet, obwohl es sich um Alfred Meier handelt, dem der Verwaltungsakt auch tatsächlich zugeht.

> Aus Gründen der Rechtssicherheit soll im Zweifel die Bekanntgabe des Verwaltungsaktes unter richtiger Angabe des Bekanntgabeadressaten wiederholt werden.

4.2.4 Geringfügige Abweichungen bei der Bezeichnung des Inhaltsadressaten, des Bekanntgabeadressaten oder des Empfängers, die insbesondere bei ausländischen Namen auf technischen Schwierigkeiten, Lesefehlern usw. beruhen, machen den Bescheid weder unwirksam noch anfechtbar. Dies gilt auch, wenn bei einer juristischen Person ein unwesentlicher Namensbestandteil weggelassen oder abgekürzt wird oder eine allgemein übliche Kurzformel eines eingetragenen Namens verwendet wird. Bei einem Verstoß gegen das

Namensrecht (z. B. Abkürzung überlanger Namen, Übersehen von Adelsprädikaten oder akademischen Graden) wird der Steuerbescheid dennoch durch Bekanntgabe wirksam, wenn der Steuerschuldner (Inhaltsadressat) durch die verwendeten Angaben unverwechselbar bezeichnet wird.

4.3 Unwirksamkeit des Verwaltungsakts wegen eines Bekanntgabemangels

Ein Verwaltungsakt wird erst mit ordnungsmäßiger Bekanntgabe wirksam (§ 122 Abs. 1, § 124 AO). Zur Heilung von Bekanntgabemängeln vgl. AEAO zu § 122, Nr. 4.4.4; zu Mängeln bei der förmlichen Zustellung vgl. AEAO zu § 122, Nr. 4.5.

Wird ein inhaltlich richtiger Verwaltungsakt einem auf der Postsendung unrichtig ausgewiesenen Empfänger übermittelt (z. B. Briefumschläge werden vertauscht), ist der Verwaltungsakt weder gegenüber dem richtigen noch gegenüber dem falschen Empfänger wirksam.

Beispiel:

> Das FA erlässt einen für Herrn Konrad Meier, Sternstraße 15, 53111 Bonn, bestimmten Einkommensteuerbescheid. Der Bescheid weist im Anschriftenfeld die vorstehende Adresse aus, wird aber in einen Briefumschlag eingelegt, der an Herrn Ludwig Meier, Königstraße 200, 40212 Düsseldorf, adressiert ist.

> Der Bescheid ist nicht wegen fehlender inhaltlicher Bestimmtheit nichtig, weil aus ihm eindeutig hervorgeht, wer Steuerschuldner (Inhaltsadressat) ist. Er wurde jedoch nicht dem Beteiligten, für den er bestimmt ist, bekannt gegeben und ist damit nicht wirksam. Die Unwirksamkeit des Bescheids kann unter entsprechender Anwendung des § 125 Abs. 5 AO förmlich festgestellt werden. Gegenüber dem richtigen Bekanntgabeadressaten/Empfänger wird er erst wirksam, wenn die Bekanntgabe an diesen nachgeholt wird. Leitet der falsche Empfänger die Ausfertigung des Verwaltungsakts an den richtigen Empfänger (Bekanntgabeadressaten) weiter, wird der zunächst vorliegende Bekanntgabemangel geheilt und der Verwaltungsakt wirksam (vgl. AEAO zu § 122, Nrn. 4.4.1, 4.4.4 und 1.7.3).

4.4 Wirksame Bekanntgabe

4.4.1 **Fehler beim technischen Ablauf** der Übermittlung des Verwaltungsakts und Verletzungen von Formvorschriften können unbeachtlich sein (§ 127 AO), wenn der Betroffene den für ihn bestimmten Verwaltungsakt tatsächlich zur Kenntnis genommen hat (vgl. AEAO zu § 122, Nrn. 4.2.3 und 4.4.4 zweiter Absatz). Andererseits kann eine Bekanntgabe im Rechtssinne unter bestimmten Voraussetzungen auch wirksam sein, wenn der Betroffene selbst den Verwaltungsakt tatsächlich nicht erhalten, zur Kenntnis genommen oder verstanden hat. Das Gesetz fingiert in diesen Fällen die Bekanntgabe (z. B. bei Übermittlung an einen für den Betroffenen handelnden Bekanntgabeadressaten). Zu den Folgen der Nichtbeachtung einer Empfangsvollmacht vgl. AEAO zu § 122, Nr. 1.7.3.

4.4.2 Ein Feststellungsbescheid, der im Anschriftenfeld eine im Zeitpunkt seines Erlasses bereits steuerlich vollbeendete Personenvereinigung als Bekanntgabeadressat benennt, ist unwirksam (vgl. § 183 Abs. 2 Satz 1 Nr. 1 AO). Ist die Personenvereinigung zivilrechtlich aufgelöst, aber noch nicht steuerlich vollbeendet, ist der Feststellungsbescheid dem Liquidator unter Angabe des Vertretungsverhältnisses bekannt zu geben.

4.4.3 Ist ein Feststellungsbeteiligter aus einer weiter bestehenden rechtsfähigen Personenvereinigung ausgeschieden, können die mit dem gesonderten und einheitlichen Feststellungsverfahren zusammenhängenden Verwaltungsakte und Mitteilungen der Personenvereinigung weiterhin mit Wirkung für und gegen den ausgeschiedenen Feststellungsbeteiligten wirksam bekannt gegeben werden, soweit und solange dieser dem nicht widersprochen hat (§ 183 Abs. 2 Satz 1 und 2 AO). Der Widerspruch wird der Finanzbehörde gegenüber erst mit Zugang wirksam (§ 183 Abs. 2 Satz 3 AO).

4.4.4 Heilung von Bekanntgabemängeln

Bekanntgabemängel können unter den Voraussetzungen des entsprechend anwendbaren § 8 VwZG (vgl. AEAO zu § 122, Nr. 4.5.1) geheilt werden (BFH-Urteil vom 29.10.1997, X R 37/95, BStBl 1998 II S. 266).

Ein Verwaltungsakt kann trotz unrichtig angegebener Anschrift wirksam sein, wenn der Bekanntgabeadressat die Sendung tatsächlich erhält (BFH-Urteil vom 1.2.1990, V R 74/85, BFH/NV 1991 S. 2, für den Fall der Angabe einer unzutreffenden Hausnummer).

Wird dem Bekanntgabeadressaten eines Verwaltungsakts die Einspruchsentscheidung ordnungsgemäß bekannt gegeben, so kommt es auf Bekanntgabemängel des ursprünglichen Bescheids grundsätzlich nicht mehr an (BFH-Urteile vom 28.10.1988, III R 52/86, BStBl 1989 II S. 257, und vom 16.5.1990, X R 147/87 BStBl II S. 942). Der Fehler bei der Bekanntgabe wird jedoch nicht geheilt, wenn der Einspruch in der Einspruchsentscheidung als unzulässig verworfen wird (BFH-Urteil vom 25.1.1994, VIII R 45/92, BStBl II S. 603).

4.4.5 Zusammengefasste Steuerbescheide

Zusammengefasste Steuerbescheide (§ 155 Abs. 3 AO) können gegenüber mehreren Beteiligten zu verschiedenen Zeitpunkten bekannt gegeben werden. Eine unterlassene oder unwirksame Bekanntgabe kann jederzeit nachgeholt werden (BFH-Urteil vom 25.5.1976, VIII R 66/74, BStBl II S. 606); der Ablauf der Festsetzungsfrist ist zu beachten. Die Wirksamkeit eines Steuerbescheids gegenüber einem Beteiligten wird nicht dadurch berührt, dass dieser Bescheid gegenüber einem anderen Beteiligten unwirksam ist. Zur Bekanntgabe an Ehegatten vgl. AEAO zu § 122, Nr. 2.1.

4.5 Fehler bei förmlichen Zustellungen

4.5.1 Lässt sich die formgerechte Zustellung eines Dokuments nicht nachweisen oder ist es unter Verletzung zwingender Zustellungsvorschriften zugegangen, gilt es als in dem Zeitpunkt zugestellt, in dem es dem Empfangsberechtigten tatsächlich zugegangen ist. Im Fall der Zustellung eines Schriftstücks ist dies der Zeitpunkt, in dem der Empfänger das Dokument „in die Hand bekommt" und nicht bereits der Zeitpunkt, zu dem nach dem gewöhnlichen Geschehensablauf mit einer Kenntnisnahme gerechnet werden konnte (vgl. BFH-Beschluss vom 6.5.2014, GrS 2/13, BStBl II S. 645 zu § 189 ZPO). Im Fall des § 5 Abs. 5 VwZG (Zustellung eines elektronischen Dokuments; vgl. AEAO zu § 122, Nrn. 3.1.3.3 und 3.1.3.5) gilt das Dokument in dem Zeitpunkt als zugestellt, in dem der Empfänger das Empfangsbekenntnis zurückgesendet hat (§ 8 VwZG). Ein Zustellungsmangel ist nach § 8 VwZG auch dann geheilt, wenn durch die Zustellung eine Klagefrist in Lauf gesetzt wird (z. B. in den Fällen der behördlich angeordneten förmlichen Zustellung einer Einspruchsentscheidung), ferner auch dann, wenn der Empfänger nachweislich nur eine Fotokopie oder eine Mehrausfertigung des Verwaltungsakts erhalten hat (vgl. BFH-Urteil vom 15.1.1991, VII R 86/89, BFH/NV 1992 S. 81).

4.5.2 Zwingende Zustellungsvorschriften sind insbesondere bei der Zustellung durch die Post mit Zustellungsurkunde (vgl. AEAO zu § 122, Nr. 3.1.1) zu beachten. Es müssen sowohl die Zustellungsart (z. B. Ersatzzustellung) als auch der Zustellungsort (Wohnung, Geschäftsraum) richtig durch den Postbediensteten beurkundet werden (BFH-Urteil vom 10.10.1978, VIII R 197/74, BStBl 1979 II S. 209). Das Aktenzeichen (vgl. AEAO zu § 122, Nr. 3.1.1.1) muss sowohl auf dem Briefumschlag als auch auf der Zustellungsurkunde angegeben sein (BFH-Urteil vom 24.11.1977, IV R 113/75, BStBl 1978 II S. 467). Auch ein Verstoß gegen § 10 VwZG bei der Anordnung einer öffentlichen Zustellung (vgl. AEAO zu § 122, Nr. 3.1.5) kann unter den Voraussetzungen des § 8 VwZG geheilt werden (BFH-Urteil vom 6.6.2000, VII R 55/99, BStBl II S. 560).

4.5.3 Eine wegen Formmangels unwirksame, von der Finanzbehörde angeordnete Zustellung eines Verwaltungsakts kann nicht in eine wirksame „schlichte" Bekanntgabe i. S. d. § 122 Abs. 1 AO umgedeutet werden (BFH-Urteile vom 25.1.1994, VIII R 45/92, BStBl II S. 603, und vom 8.6.1995, IV R 104/94, BStBl II S. 681).

4.6 Fehlerhafte Bekanntgabe von Grundlagenbescheiden

Da ein Folgebescheid gem. § 155 Abs. 2 AO vor Erlass eines notwendigen Grundlagenbescheids ergehen kann, ist die Unwirksamkeit der Bekanntgabe eines Grundlagenbescheids für den bereits vorliegenden Folgebescheid ohne Bedeutung. Erst wenn der Grundlagenbescheid wirksam bekannt gegeben worden ist, sind daraus für den Folgebescheid Folgerungen zu ziehen (§ 175 Abs. 1 Satz 1 Nr. 1 AO).

4.7 Bekanntgabe von gesonderten und einheitlichen Feststellungen an einzelne Beteiligte

4.7.1 Ein Verwaltungsakt, der an mehrere Beteiligte gerichtet ist (z. B. gesonderte und einheitliche Feststellung), aber nicht allen Beteiligten bekannt gegeben wird, ist dadurch nicht unwirksam. Mit der Bekanntgabe an einzelne Beteiligte ist der Verwaltungsakt als entstanden anzusehen; er hat gegenüber diesen Beteiligten Wirksamkeit erlangt und kann insgesamt nicht mehr frei, sondern nur bei Vorliegen der gesetzlichen Änderungsvorschriften geändert werden (BFH-Urteile vom 31.5.1978, I R 76/76, BStBl II S. 600, und vom 25.11.1987, II R 227/84, BStBl 1988 II S. 410). Zur Nachholung der Bekanntgabe an die übrigen Beteiligten vgl. AEAO zu § 122, Nr. 2.5.1.

4.7.2 Die einzelnen Gesellschafter sind nicht in ihren Rechten verletzt, wenn ein gesonderter und einheitlicher Feststellungsbescheid anderen Gesellschaftern nicht oder nicht ordnungsgemäß bekannt gegeben worden ist (BFH-Urteil vom 12.12.1978, VIII R 10/76, BStBl 1979 II S. 440).

§ 122a Bekanntgabe von Verwaltungsakten durch Bereitstellung zum Datenabruf (S 0284-a)

(1) Verwaltungsakte können mit Einwilligung des Beteiligten oder der von ihm bevollmächtigten Person bekannt gegeben werden, indem sie zum Datenabruf durch Datenfernübertragung bereitgestellt werden.

(2) [1]Die Einwilligung kann jederzeit mit Wirkung für die Zukunft widerrufen werden. [2]Der Widerruf wird der Finanzbehörde gegenüber erst wirksam, wenn er ihr zugeht.

(3) Für den Datenabruf hat sich die abrufberechtigte Person nach Maßgabe des § 87a Absatz 8 zu authentisieren.

(4) [1]Ein zum Abruf bereitgestellter Verwaltungsakt gilt am vierten Tag nach Absendung der elektronischen Benachrichtigung über die Bereitstellung der Daten an die abrufberechtigte Person als bekannt gegeben. [2]Im Zweifel hat die Behörde den Zugang der Benachrichtigung nachzuweisen. [3]Kann die Finanzbehörde den von der abrufberechtigten Person bestrittenen Zugang der Benachrichtigung nicht nachweisen, gilt der Verwaltungsakt an dem Tag als bekannt gegeben, an dem die abrufberechtigte Person den Datenabruf durchgeführt hat. [4]Das Gleiche gilt, wenn die abrufberechtigte Person unwiderlegbar vorträgt, die Benachrichtigung nicht innerhalb von vier Tagen nach der Absendung erhalten zu haben.

(5) Entscheidet sich die Finanzbehörde, den Verwaltungsakt im Postfach des Nutzerkontos nach dem Onlinezugangsgesetz zum Datenabruf bereitzustellen, gelten abweichend von § 9 Absatz 1 Satz 3 bis 6 des Onlinezugangsgesetzes die Regelungen des Absatzes 4.

---

§ 122a Bekanntgabe von Verwaltungsakten durch Bereitstellung zum Datenabruf[1]

(1) [1]Verwaltungsakte können dem Beteiligten oder der von ihm bevollmächtigten Person bekannt gegeben werden, indem sie nach § 87a Absatz 8 zum Datenabruf bereitgestellt werden. [2]Mittels Bereitstellung soll insbesondere bekannt gegeben werden, wenn ein Steuerbescheid, Steuermessbescheid oder Feststellungsbescheid auf einer nach § 87a Absatz 6 elektronisch übermittelten Steuererklärung oder Feststellungserklärung beruht und sie

1. *vom Beteiligten selbst über ein von der Finanzverwaltung bereitgestelltes Nutzerkonto übermittelt wurde oder*
2. *durch eine Person im Sinne des § 80 Absatz 2 übermittelt wurde, der gegenüber der Bescheid nach § 122 Absatz 1 Satz 4 bekanntzugeben ist.*

[3]Die abrufberechtigte Person ist am Tag der Bereitstellung elektronisch über die Abrufmöglichkeit und ihre Rechtswirkungen zu benachrichtigen.

(2) [1]Absatz 1 ist nicht anzuwenden, wenn der Beteiligte eine einmalige oder dauerhafte postalische Bekanntgabe nach § 122 Absatz 2 beantragt hat. [2]Der Antrag wirkt,

---

[1] § 122a AO in der gem. Artikel 3 Nr. 3 i. V. m. Artikel 74 Abs. 10 des Gesetzes vom 23.10 2024 (BGBl. 2024 I Nr. 323) ab 1.Januar 2026 geltenden Fassung.

§ 122a   Abgabenordnung

ebenso wie dessen Widerruf, nur für die Zukunft; sie werden der Finanzbehörde gegenüber erst wirksam, wenn sie ihr zugehen.

(3) Für den Datenabruf hat sich die abrufberechtigte Person nach Maßgabe des § 87a Absatz 8 zu authentisieren.

(4) ¹Ein zum Abruf bereitgestellter Verwaltungsakt gilt am vierten Tag nach der Bereitstellung zum Abruf als bekannt gegeben. ²Im Zweifel hat die Behörde den Zeitpunkt der Bereitstellung zum Abruf nachzuweisen.

(5) Die Absätze 1 bis 4 sind auch dann anzuwenden, wenn die Finanzbehörde den Verwaltungsakt im Postfach des Nutzerkontos nach dem Onlinezugangsgesetz zum Abruf bereitstellen will.

AEAO zu § 122a - Bekanntgabe von Verwaltungsakten durch Bereitstellung zum Datenabruf:

1. Durch die Datenbereitstellung von Verwaltungsakten der Landesfinanzbehörden nach § 122a AO über die Kommunikationsplattform ELSTER im Format PDF/A wird ein sicheres Verfahren verwendet, das die Vertraulichkeit und Integrität des Datensatzes gewährleistet (§ 87a Abs. 8 AO). Die elektronische Benachrichtigung an die abrufberechtigte Person über die Bereitstellung der Daten zum Abruf bedarf keiner Verschlüsselung (§ 87a Abs. 1 Satz 6 AO).

2. Bestreitet die zum Abruf berechtigte Person den Zugang der Benachrichtigung, trägt die Finanzbehörde die Beweislast für deren Zugang. Trägt die abrufberechtigte Person substantiiert und unwiderlegbar vor, die Benachrichtigung erst nach dem in § 122a Abs. 4 Satz 1 AO fingierten Bekanntgabetag erhalten zu haben, wurden die Daten von der abrufberechtigten Person aber tatsächlich abgerufen, gilt der Verwaltungsakt an dem Tag als bekannt gegeben, an dem der Datenabruf tatsächlich erfolgt ist. Gelingt der Finanzbehörde der Nachweis des Zugangs der Benachrichtigung nicht und wurden die Daten auch von keiner dazu berechtigten Person abgerufen, gilt der Verwaltungsakt als nicht zugegangen. In diesem Fall ist die Bekanntgabe - vorzugsweise im schriftlichen Verfahren - zu wiederholen.

3. Eine elektronische Bekanntgabe nach § 122a AO an im Ausland ansässige Empfänger ist auch in den Fällen zulässig, in denen der Ansässigkeitsstaat in der Negativliste der Nr. 3.1.4.1 des AEAO zu § 122 aufgeführt ist.

§ 123 Bestellung eines Empfangsbevollmächtigten (S 0235)

¹Ein Beteiligter ohne Wohnsitz oder gewöhnlichen Aufenthalt, Sitz oder Geschäftsleitung im Inland, in einem anderen Mitgliedstaat der Europäischen Union oder in einem Staat, auf den das Abkommen über den Europäischen Wirtschaftsraum anwendbar ist, hat der Finanzbehörde auf Verlangen innerhalb einer angemessenen Frist einen Empfangsbevollmächtigten im Inland zu benennen. ²Unterlässt er dies, so gilt ein an ihn gerichtetes Schriftstück einen Monat nach der Aufgabe zur Post und ein elektronisch übermitteltes Dokument am vierten Tage nach der Absendung als zugegangen. ³Dies gilt nicht, wenn feststeht, dass das Schriftstück oder das elektronische Dokument den Empfänger nicht oder zu einem späteren Zeitpunkt erreicht hat. ⁴Auf die Rechtsfolgen der Unterlassung ist der Beteiligte hinzuweisen.

AEAO zu § 123 - Bestellung eines Empfangsbevollmächtigten:

1. Ein Beteiligter mit Wohnsitz, gewöhnlichem Aufenthalt, Sitz oder Geschäftsleitung im Inland, in einem anderen Mitgliedstaat der Europäischen Union oder in einem Staat, auf den das Abkommen über den Europäischen Wirtschaftsraum anwendbar ist, darf nicht zur Benennung eines inländischen Empfangsbevollmächtigten aufgefordert werden. Der Europäische Wirtschaftsraum umfasst neben den Staaten der Europäischen Union die Staaten Island, Liechtenstein und Norwegen.

2. Von der Möglichkeit des § 123 AO ist grundsätzlich kein Gebrauch zu machen, soweit Verwaltungsakte einem Empfänger im Ausland unmittelbar zugestellt (vgl. AEAO zu § 122, Nr. 3.1.4.1) oder durch einfachen Brief bekannt gegeben werden dürfen (vgl. AEAO zu § 122, Nr. 1.8.4). Eine Ausnahme kommt insbesondere in Betracht, wenn dem Steuerpflichtigen in der Vergangenheit wiederholt Verwaltungsakte nicht mittels einfachen Briefs oder förmlicher Zustellung bekannt gegeben werden konnten, weil dieser die Annahme verweigert oder bereits mehrfach den Zugang von Steuerverwaltungsakten bestritten hat.

3. Abweichend von § 122 Abs. 2 und 2a AO ist die Zugangsvermutung gem. § 123 Satz 3 AO nur dann widerlegt, wenn feststeht, dass das Schriftstück oder das elektronische Dokument den Empfänger nicht oder zu einem späteren Zeitpunkt erreicht hat. Zweifel gehen zu Lasten des Empfängers.

§ 124 Wirksamkeit des Verwaltungsakts (S 0290)

(1) ¹Ein Verwaltungsakt wird gegenüber demjenigen, für den er bestimmt ist oder der von ihm betroffen wird, in dem Zeitpunkt wirksam, in dem er ihm bekannt gegeben wird. ²Der Verwaltungsakt wird mit dem Inhalt wirksam, mit dem er bekannt gegeben wird.

(2) Ein Verwaltungsakt bleibt wirksam, solange und soweit er nicht zurückgenommen, widerrufen, anderweitig aufgehoben oder durch Zeitablauf oder auf andere Weise erledigt ist.

(3) Ein nichtiger Verwaltungsakt ist unwirksam.

AEAO zu § 124 - Wirksamkeit des Verwaltungsaktes:

1. Der Verwaltungsakt wird mit dem Inhalt wirksam, mit dem er bekannt gegeben wird. Maßgebend ist nicht die Aktenverfügung der Finanzbehörde, sondern die Fassung, die dem Beteiligten zugegangen ist.

   Bei der Auslegung des Verwaltungsakts kommt es gem. dem entsprechend anzuwendenden § 133 BGB nicht darauf an, was die Finanzbehörde mit ihren Erklärungen gewollt hat, sondern darauf, wie der Betroffene nach den ihm bekannten Umständen den materiellen Gehalt der Erklärungen unter Berücksichtigung von Treu und Glauben verstehen konnte. Im Zweifel ist das den Steuerpflichtigen weniger belastende Auslegungsergebnis vorzuziehen (BFH-Urteil vom 27.11.1996, X R 20/95, BStBl 1997 II S. 791).

2. Weicht der bekannt gegebene Verwaltungsakt von der Aktenverfügung ab, so liegt i. d. R. ein Schreib- oder Übertragungsfehler vor, der gem. § 129 AO berichtigt werden kann. Sind die Voraussetzungen des § 129 AO nicht gegeben, hat die Finanzbehörde alle Möglichkeiten einer Rücknahme, des Widerrufs, der Aufhebung oder Änderung des Verwaltungsakts zu prüfen.

3. Bis zur Bekanntgabe wird der Verwaltungsakt nicht wirksam. Er kann daher bis zu diesem Zeitpunkt rückgängig gemacht oder abgeändert werden, ohne dass die Voraussetzungen der §§ 130, 131 AO oder der §§ 172 ff. AO vorliegen müssen.

4. Eine wirksame Bekanntgabe setzt voraus, dass der zum Erlass befugte Bedienstete diese veranlasst und dass er mit dem Willen handelt, den Bescheid bekannt zu geben (BFH-Urteil vom 24.11.1988, V R 123/83, BStBl 1989 II S. 344). Der Bekanntgabewille wird dadurch gebildet, dass der zeichnungsberechtigte Bedienstete die Aktenverfügung des Verwaltungsakts abschließend zeichnet und den Versand des Verwaltungsakts veranlasst oder dass die Bescheiderteilung in anderer Form abschließend veranlasst und die Versendung des Bescheids angewiesen wird.

5. Der Bekanntgabewille kann aufgegeben werden. Die Aufgabe des Willens der Finanzbehörde zur Bekanntgabe eines Verwaltungsakts führt aber nur dann zu dessen Unwirksamkeit, wenn der Wille aufgegeben wird, bevor der Be-

scheid den Herrschaftsbereich der Verwaltung verlassen hat; die Rechtzeitigkeit der Aufgabe des Bekanntgabewillens muss in den Akten hinreichend klar und eindeutig dokumentiert sein (BFH-Urteil vom 23.8.2000, X R 27/98, BStBl 2001 II S. 662). Der Empfänger des Verwaltungsakts ist unverzüglich schriftlich über die Aufgabe des Bekanntgabewillens zu unterrichten. Es ist unerheblich, wenn der Empfänger diese Mitteilung erst nach Zugang des Verwaltungsakts erhält. Der Aufgabe des Bekanntgabewillens kommt keine Bedeutung mehr zu, wenn der Verwaltungsakt den Herrschaftsbereich der Finanzbehörde bereits verlassen hat (BFH-Urteil vom 12.8.1996, VI R 18/94, BStBl II S. 627).

6. Unabhängig vom Zeitpunkt der Aufgabe des Bekanntgabewillens (vgl. AEAO zu § 124, Nr. 5) wird ein Verwaltungsakt aber auch dann nicht wirksam, wenn die Finanzbehörde dem Empfänger vor oder spätestens mit der Bekanntgabe des Verwaltungsakts mitteilt, dieser Bescheid solle nicht gelten (vgl. BFH-Urteil vom 28.5.2009, III R 84/06, BStBl II S. 949). Wurde der Verwaltungsakt mit einfachem Brief versandt, ist ein solcher Widerruf auch dann bis zum Ablauf des nach § 122 Abs. 2 AO fingierten Bekanntgabetages möglich, wenn der Verwaltungsakt dem Empfänger tatsächlich früher zugegangen sein sollte (vgl. BFH-Urteil vom 18.8.2009, X R 25/06, BStBl II S. 965). Der Widerruf bedarf nicht der Schriftform, er muss aber in den Akten hinreichend klar und eindeutig dokumentiert sein.

§ 125 Nichtigkeit des Verwaltungsakts (S 0291)

(1) Ein Verwaltungsakt ist nichtig, soweit er an einem besonders schwerwiegenden Fehler leidet und dies bei verständiger Würdigung aller in Betracht kommenden Umstände offenkundig ist.

(2) Ohne Rücksicht auf das Vorliegen der Voraussetzungen des Absatzes 1 ist ein Verwaltungsakt nichtig,

1. der schriftlich oder elektronisch erlassen worden ist, die erlassende Finanzbehörde aber nicht erkennen lässt,

2. den aus tatsächlichen Gründen niemand befolgen kann,

3. der die Begehung einer rechtswidrigen Tat verlangt, die einen Straf- oder Bußgeldtatbestand verwirklicht,

4. der gegen die guten Sitten verstößt.

(3) Ein Verwaltungsakt ist nicht schon deshalb nichtig, weil

1. Vorschriften über die örtliche Zuständigkeit nicht eingehalten worden sind,

2. eine nach § 82 Absatz 1 Satz 1 Nummer 2 bis 6 und Satz 2 ausgeschlossene Person mitgewirkt hat,

3. ein durch Rechtsvorschrift zur Mitwirkung berufener Ausschuss den für den Erlass des Verwaltungsakts vorgeschriebenen Beschluss nicht gefasst hat oder nicht beschlussfähig war,

§ 126 Abgabenordnung

4. die nach einer Rechtsvorschrift erforderliche Mitwirkung einer anderen Behörde unterblieben ist.

(4) Betrifft die Nichtigkeit nur einen Teil des Verwaltungsakts, so ist er im Ganzen nichtig, wenn der nichtige Teil so wesentlich ist, dass die Finanzbehörde den Verwaltungsakt ohne den nichtigen Teil nicht erlassen hätte.

(5) Die Finanzbehörde kann die Nichtigkeit jederzeit von Amts wegen feststellen; auf Antrag ist sie festzustellen, wenn der Antragsteller hieran ein berechtigtes Interesse hat.

AEAO zu § 125 - Nichtigkeit des Verwaltungsaktes:

1. Der nichtige Verwaltungsakt entfaltet keine Rechtswirkungen; aus ihm darf nicht vollstreckt werden.

2. Fehler bei der Anwendung des materiellen Rechts führen i. d. R. nicht zur Nichtigkeit, sondern nur zur Rechtswidrigkeit des Verwaltungsakts.

3. Der Betroffene kann die Nichtigkeit des Verwaltungsakts jederzeit, auch noch nach Ablauf der Rechtsbehelfsfristen, geltend machen. Dies gilt nicht, wenn über die Nichtigkeit des Verwaltungsakts bereits durch eine Feststellung nach § 125 Abs. 5 AO in der Form eines Verwaltungsakts (vgl. AEAO zu § 125, Nr. 4) entschieden wurde.

4. Die Feststellung der Nichtigkeit eines Verwaltungsakts (§ 125 Abs. 5 AO) kann durch einen Verwaltungsakt getroffen werden (vgl. BFH-Urteil vom 20.8.2014, X R 15/10, BStBl 2015 II S. 109). Im Interesse der Rechtssicherheit soll von dieser Möglichkeit Gebrauch gemacht werden. In diesem Fall ist zu verdeutlichen, dass ein Verwaltungsakt und nicht nur eine unverbindliche Äußerung der Finanzbehörde vorliegt. Das Schreiben ist als „Bescheid über die Feststellung der Nichtigkeit (§ 125 Abs. 5 AO) des Verwaltungsakts ...." zu bezeichnen, zu begründen und mit einer Rechtsbehelfsbelehrung zu versehen.

   Eine durch Verwaltungsakt vorgenommene und bestandskräftig gewordene Feststellung der Nichtigkeit eines Verwaltungsakts hat zur Folge, dass der Steuerpflichtige und die Finanzbehörde die Nichtigkeit des Verwaltungsakts nicht mehr in Frage stellen können. Dies gilt auch für den Fall einer inhaltlich unzutreffenden Nichtigkeitsfeststellung (BFH-Urteil vom 20.8.2014, a. a. O.).

5. In entsprechender Anwendung des § 125 Abs. 5 AO kann auch festgestellt werden, dass ein Verwaltungsakt wegen eines Bekanntgabemangels nicht wirksam geworden ist.

§ 126 Heilung von Verfahrens- und Formfehlern (S 0292)

(1) Eine Verletzung von Verfahrens- oder Formvorschriften, die nicht den Verwaltungsakt nach § 125 nichtig macht, ist unbeachtlich, wenn

1. der für den Verwaltungsakt erforderliche Antrag nachträglich gestellt wird,

2. die erforderliche Begründung nachträglich gegeben wird,

3. die erforderliche Anhörung eines Beteiligten nachgeholt wird,
4. der Beschluss eines Ausschusses, dessen Mitwirkung für den Erlass des Verwaltungsakts erforderlich ist, nachträglich gefasst wird,
5. die erforderliche Mitwirkung einer anderen Behörde nachgeholt wird.

(2) Handlungen nach Absatz 1 Nummer 2 bis 5 können bis zum Abschluss der Tatsacheninstanz eines finanzgerichtlichen Verfahrens nachgeholt werden.

(3) ¹Fehlt einem Verwaltungsakt die erforderliche Begründung oder ist die erforderliche Anhörung eines Beteiligten vor Erlass des Verwaltungsakts unterblieben und ist dadurch die rechtzeitige Anfechtung des Verwaltungsakts versäumt worden, so gilt die Versäumung der Einspruchsfrist als nicht verschuldet. ²Das für die Wiedereinsetzungsfrist nach § 110 Absatz 2 maßgebende Ereignis tritt im Zeitpunkt der Nachholung der unterlassenen Verfahrenshandlung ein.

AEAO zu § 126 - Heilung von Verfahrens- und Formfehlern:

1. Ein nachträglich gestellter, fristgebundener Antrag heilt den Verwaltungsakt nur, wenn er innerhalb der für die Antragstellung vorgeschriebenen Frist nachgeholt wird.
2. Wegen § 126 Abs. 1 Nr. 3 AO wird auf § 91 AO hingewiesen.
3. Zur Wiedereinsetzung in den vorigen Stand nach unterlassener Anhörung eines Beteiligten bzw. wegen fehlender Begründung des Verwaltungsakts (§ 126 Abs. 3 i. V. m. § 110 AO) vgl. AEAO zu § 91, Nr. 3 und AEAO zu § 121, Nr. 3.

§ 127 Folgen von Verfahrens- und Formfehlern (S 0293)

Die Aufhebung eines Verwaltungsakts, der nicht nach § 125 nichtig ist, kann nicht allein deshalb beansprucht werden, weil er unter Verletzung von Vorschriften über das Verfahren, die Form oder die örtliche Zuständigkeit zustande gekommen ist, wenn keine andere Entscheidung in der Sache hätte getroffen werden können.

AEAO zu § 127 - Folgen von Verfahrens- und Formfehlern:

1. Die Vorschrift gilt nur für die gesetzesgebundenen Verwaltungsakte. Sie verhindert, dass der Steuerpflichtige die Aufhebung eines Steuerbescheids allein deshalb beanspruchen kann, weil der Finanzbehörde bei der Steuerfestsetzung ein Verfahrensfehler (z. B. unterlassene Anhörung) oder ein Formfehler (z. B. fehlende Begründung) unterlaufen ist oder weil die Finanzbehörde Vorschriften über die örtliche Zuständigkeit nicht beachtet hat. Die Vorschrift ist auch anwendbar, wenn die Besteuerungsgrundlagen für einen Steuerbescheid geschätzt worden sind (BFH-Urteile vom 19.2.1987, IV R 143/84, BStBl II S. 412, vom 17.9.1997, II R 15/95, BFH/NV 1998 S. 416, und vom 11.2.1999, V R 40/98, BStBl II S. 382, sowie BFH-Beschluss vom 18.8.1999, IV B 108/98, BFH/NV 2000 S. 165). Sie ist nicht anwendbar bei Verletzung

der Vorschriften über die sachliche Zuständigkeit (BFH-Urteil vom 21.4.1993, X R 112/91, BStBl II S. 649).

2. § 127 AO gilt nicht für Ermessensentscheidungen (BFH-Urteile vom 20.6.1990, I R 157/87, BStBl 1992 II S. 43, vom 18.5.1994, I R 21/93, BStBl II S. 697, und vom 15.10.1998, V R 77/97, BFH/NV 1999 S. 585). Wenn diese mit einem Verfahrens- oder Formfehler behaftet sind, der nicht geheilt werden kann (§ 126 AO), müssen sie aufgehoben und - nach erneuter Ausübung des Ermessens - nochmals erlassen werden, falls der Beteiligte rechtzeitig einen Rechtsbehelf eingelegt hat. Dies gilt nur dann nicht, wenn der mit dem Rechtsbehelf gerügte Fehler die Entscheidung durch die zuständige Finanzbehörde unter keinen Umständen beeinflusst haben kann (BFH-Urteil vom 18.7.1985, VI R 41/81, BStBl 1986 II S. 169).

3. Die Aufhebung eines Gewerbesteuermessbescheids kann regelmäßig nicht allein deswegen beansprucht werden, weil er von einem örtlich unzuständigen Finanzamt erlassen worden ist (BFH-Urteil vom 19.11.2003, I R 88/02, BStBl 2004 II S. 751). Ein Bescheid über die gesonderte Feststellung, der unter Verletzung der in § 180 Abs. 1 Satz 1 Nr. 2 Buchstabe b AO herangezogenen Vorschriften über die örtliche Zuständigkeit ergangen ist, muss aufgehoben werden, weil die Verletzung der §§ 18, 19 AO in der gem. § 180 Abs. 1 Satz 1 Nr. 2 Buchstabe b AO getroffenen Zuordnung ein nicht heilbarer Rechtsfehler ist (BFH-Urteile vom 15.4.1986, VIII R 325/84, BStBl 1987 II S. 195, und vom 10.6.1999, IV R 69/98, BStBl II S. 691).

§ 128 Umdeutung eines fehlerhaften Verwaltungsakts (S 0294)

(1) Ein fehlerhafter Verwaltungsakt kann in einen anderen Verwaltungsakt umgedeutet werden, wenn er auf das gleiche Ziel gerichtet ist, von der erlassenden Finanzbehörde in der geschehenen Verfahrensweise und Form rechtmäßig hätte erlassen werden können und wenn die Voraussetzungen für dessen Erlass erfüllt sind.

(2) ¹Absatz 1 gilt nicht, wenn der Verwaltungsakt, in den der fehlerhafte Verwaltungsakt umzudeuten wäre, der erkennbaren Absicht der erlassenden Finanzbehörde widerspräche oder seine Rechtsfolgen für die betroffene Person ungünstiger wären als die des fehlerhaften Verwaltungsakts. ²Eine Umdeutung ist ferner unzulässig, wenn der fehlerhafte Verwaltungsakt nicht zurückgenommen werden dürfte.

(3) Eine Entscheidung, die nur als gesetzlich gebundene Entscheidung ergehen kann, kann nicht in eine Ermessensentscheidung umgedeutet werden.

(4) § 91 ist entsprechend anzuwenden.

§ 129 Offenbare Unrichtigkeiten beim Erlass eines Verwaltungsakts
(S 0295)

¹Die Finanzbehörde kann Schreibfehler, Rechenfehler und ähnliche offenbare Unrichtigkeiten, die beim Erlass eines Verwaltungsakts unterlaufen sind, jederzeit berichtigen. ²Bei berechtigtem Interesse des Beteiligten ist zu berichtigen. ³Wird zu einem schriftlich ergangenen Verwaltungsakt die Berichtigung begehrt, ist die Finanzbehörde berechtigt, die Vorlage des Schriftstücks zu verlangen, das berichtigt werden soll.

AEAO zu § 129 - Offenbare Unrichtigkeit beim Erlass eines Verwaltungsaktes:

1. Ähnliche offenbare Unrichtigkeiten i. S. d. § 129 AO sind mechanische Versehen, wie beispielsweise Eingabe- oder Übertragungsfehler. Eine offenbare Unrichtigkeit kann daher auch vorliegen, wenn der Sachbearbeiter den Eingabewertbogen falsch ausfüllt oder Daten versehentlich nicht oder falsch in ein Computerprogramm eingibt.

    Ein mechanisches Versehen wird ferner angenommen, wenn der Sachbearbeiter es versehentlich unterlassen hat, die für die Veranlagung eines Jahres vorliegenden Unterlagen auszuwerten, die ihm vom Steuerpflichtigen unterjährig übersandt wurden (vgl. BFH-Urteil vom 27.5.2009, X R 47/08, EStB II S. 946). Gleiches gilt für das Übersehen einer für den Veranlagungszeitraum einschlägigen Kontrollmitteilung, eines relevanten Grundlagenbescheids (vgl. dazu auch AEAO zu § 175, Nr. 1.2 2. Tiret) oder von Punkten eines Betriebsprüfungsberichts bzw. dessen widersprüchliche oder gar unterlassene Auswertung (vgl. u. a. BFH-Urteil vom 27.11.2003, V R 52/02, BFH/NV 2004 S. 605).

2. Keine offenbaren Unrichtigkeiten i. S. v. § 129 AO sind Fehler bei der Auslegung oder (Nicht-) Anwendung einer Rechtsnorm, eine unrichtige Tatsachen-

würdigung, die unzutreffende Annahme eines in Wirklichkeit nicht vorliegenden Sachverhalts sowie Fehler, die auf mangelnder Sachaufklärung beruhen. Eine Berichtigung nach § 129 AO ist bereits dann ausgeschlossen, wenn auch nur die ernsthafte und nicht nur theoretische Möglichkeit besteht, dass ein derartiger Fehler vorliegt.

3. Ein Fehler ist dann „offenbar" i. S. d. § 129 AO, wenn er auf der Hand liegt, durchschaubar, eindeutig oder augenfällig ist, d.h. sich für einen unvoreingenommenen Dritten ohne weiteres aus der Steuererklärung, deren Anlagen sowie den in den Akten befindlichen Unterlagen für das betreffende Veranlagungsjahr ergibt (vgl. BFH-Urteil vom 27.5.2009, X R 47/08, BStBl II S. 946). In den objektivierten Erkenntnishorizont des Dritten sind daneben regelmäßig aber auch im konkreten Fall einschlägige interne Arbeits- und Dienstanweisungen einzubeziehen (vgl. u. a. BFH-Urteil vom 13.6.2012, VI R 85/10, BStBl 2013 II S. 5). Es kommt nicht darauf an, ob der Steuerpflichtige die Unrichtigkeit anhand des Bescheids und der ihm vorliegenden Unterlagen erkennen konnte.

4. Die offenbare Unrichtigkeit muss beim Erlass des Verwaltungsakts unterlaufen sein. Daher können nur Fehler berichtigt werden, die der Finanzbehörde unterlaufen sind. Eine offenbare Unrichtigkeit kann aber auch dann vorliegen, wenn das Finanzamt eine in der Steuererklärung oder dieser beigefügten Anlagen enthaltene offenbare, d.h. für das Finanzamt erkennbare Unrichtigkeit als eigene übernimmt. Übersieht das Finanzamt bei der Einkommensteuerveranlagung, dass der Steuerpflichtige in seiner vorgelegten Gewinnermittlung die bei der Umsatzsteuererklärung für denselben Veranlagungszeitraum erklärten und erklärungsgemäß berücksichtigten Umsatzsteuerzahlungen in Gänze nicht als Betriebsausgabe erfasst hat, liegt insoweit eine von Amts wegen zu berichtigende offenbare Unrichtigkeit nach § 129 AO vor, auch wenn in diesem Fall noch Ermittlungen zur Höhe des tatsächlich zu berücksichtigenden Betrags erforderlich sind (vgl. BFH-Urteil vom 27.8.2013, VIII R 9/11, BStBl 2014 II S. 439). Eine offenbare Unrichtigkeit liegt dagegen nicht vor, wenn der Steuerpflichtige nicht sämtliche Umsatzsteuer-Vorauszahlungen bei den Betriebsausgaben außer Acht gelassen, sondern im Rahmen seiner Steuererklärung einen Gesamtbetrag eingesetzt hat, der nicht von vornherein unrealistisch war (vgl. BFH-Urteile vom 3.5.2017, X R 4/16, BFH/NV S. 1415, und vom 17.5.2017, X R 45/16, BFH/NV 2018 S. 10).

Bei Fehlern des Steuerpflichtigen bei Erstellung seiner Steuererklärung ist zwischen der Rechtslage bis 2016 und ab 2017 zu unterscheiden:

- Soweit der Steuerbescheid nach dem 31.12.2016 erlassen wurde vgl. AEAO zu § 173a.

- Soweit der Steuerbescheid vor dem 1.1.2017 erlassen wurde, gilt Folgendes:

    Sind dem Steuerpflichtigen bei Erstellung seiner Steuererklärung Fehler (insbesondere Schreib- oder Rechenfehler) unterlaufen und hat er demzufolge dem Finanzamt bestimmte Tatsachen nicht oder mit einem unzutreffenden Wert mitgeteilt, kann der Steuerbescheid nicht nach § 129 AO berichtigt werden, da das Finanzamt den Fehler nicht erkennen und diesen sich somit auch nicht zu eigen machen konnte. Allerdings kommt bei steuerermäßigenden Tatsachen eine Änderung nach § 173 Abs. 1 Nr. 2 AO in Betracht, wenn den Steuerpflichtigen kein grobes Verschulden am nachträglichen Bekanntwerden der zutreffenden Tatsachen trifft (vgl. AEAO zu § 173, Nr. 5) und diese Tatsachen auch bei Erlass des ursprünglichen Steuerbescheids rechtserheblich waren (vgl. AEAO zu § 173, Nr. 3). Dafür, dass die ursprüngliche Nichterklärung auf einem mechanischen Versehen beruht, trägt der Steuerpflichtige die Beweislast (vgl. AEAO zu § 173, Nr. 5.1 und 5.1.3). Die Form der Steuererklärung ist hierbei unerheblich (vgl. AEAO zu § 173, Nr. 5.6).

5. Bei einer Berichtigung nach § 129 AO können im Wege pflichtgemäßer Ermessensausübung unter sinngemäßer Anwendung des § 177 AO materielle Fehler korrigiert werden (BFH-Urteil vom 8.3.1989, X R 116/87, BStBl II S. 531).

6. Die Berichtigung zugunsten und zuungunsten des Steuerpflichtigen ist

   - bei Steuerfestsetzungen und Zinsbescheiden nur innerhalb der Festsetzungsfrist (§ 169 Abs. 1 Satz 2 und § 239 Abs. 1 AO),

   - bei Aufteilungsbescheiden nur bis zur Beendigung der Vollstreckung (§ 280 AO),

   - bei Verwaltungsakten, die sich auf Zahlungsansprüche richten, bis zum Ablauf der Zahlungsverjährung (§ 228 AO),

   - bei anderen Verwaltungsakten zeitlich unbeschränkt

   zulässig. Auf die besondere Ablaufhemmung der Festsetzungsfrist nach § 171 Abs. 2 Satz 1 AO wird hingewiesen.

7. Zur Korrektur von Haftungs- und Duldungsbescheiden vgl. AEAO zu § 191. Zur Anfechtungsbeschränkung vgl. AEAO zu § 351, Nr. 3.

AEAO vor §§ 130, 131 - Rücknahme und Widerruf von Verwaltungsakten:

1. Die §§ 130 bis 133 AO gelten für Rücknahme oder Widerruf von Verwaltungsakten nur, soweit keine Sonderregelungen bestehen (Hinweis auf §§ 172 ff. AO für Steuerbescheide; §§ 206, 207 AO für verbindliche Zusagen; § 230 AO für Aufteilungsbescheide). Dabei bestehen hinsichtlich der Bestandskraft unanfechtbarer Verwaltungsakte Unterschiede zwischen begünstigenden Verwaltungsakten und nicht begünstigenden Verwaltungsakten.

2. Begünstigende Verwaltungsakte sind insbesondere

   - Gewährung von Entschädigungen (§ 107 AO),

   - Fristverlängerungen (§ 109 AO),

- Gewährung von Buchführungserleichterungen (§ 148 AO),
- Billigkeitsmaßnahmen (§§ 163, 227, § 234 Abs. 2 AO),
- Verlegung des Beginns einer Außenprüfung (§ 197 Abs. 2 AO),
- Stundungen (§ 222 AO),
- Einstellung oder Beschränkung der Vollstreckung (§§ 257, 258 AO),
- Aussetzung der Vollziehung (§ 361 AO, § 69 Abs. 2 FGO).

3. Nicht begünstigende Verwaltungsakte sind insbesondere
   - Ablehnung beantragter begünstigender Verwaltungsakte,
   - Festsetzung von steuerlichen Nebenleistungen (§ 3 Abs. 4, § 218 Abs. 1 AO),
   - Ablehnung einer Erstattung von Nebenleistungen (§ 37 Abs. 2, § 218 Abs. 2 AO),
   - Auskunftsersuchen (§§ 93 ff. AO),
   - Aufforderung zur Buchführung (§ 141 Abs. 2 AO),
   - Haftungsbescheide (§ 191 AO),
   - Duldungsbescheide (§ 191 AO),
   - Prüfungsanordnungen (§ 196 AO),
   - Anforderung von Säumniszuschlägen (§ 240 AO),
   - Pfändungen (§ 281 AO).

4. In Fällen der Korrektur von Verspätungszuschlagfestsetzungen infolge von Korrekturen der Steuerfestsetzung, der Feststellung von Besteuerungsgrundlagen oder der Anrechnung von Vorauszahlungen oder Steuerabzugsbeträgen gilt § 152 Abs. 12 AO (AEAO zu § 152, Nr. 12). Zur Korrektur von Haftungs- und Duldungsbescheiden vgl. AEAO zu § 191.

5. Verwaltungsakte über Billigkeitsmaßnahmen nach § 163 Abs. 1 AO stehen in den Fällen des § 163 Abs. 3 AO kraft Gesetzes unter Widerrufsvorbehalt. Die Rücknahme eines rechtswidrigen Verwaltungsakts richtet sich in diesen Fällen nach § 163 Abs. 4 Satz 1 AO.

§ 130 Rücknahme eines rechtswidrigen Verwaltungsakts (S 0296)

(1) Ein rechtswidriger Verwaltungsakt kann, auch nachdem er unanfechtbar geworden ist, ganz oder teilweise mit Wirkung für die Zukunft oder für die Vergangenheit zurückgenommen werden.

(2) Ein Verwaltungsakt, der ein Recht oder einen rechtlich erheblichen Vorteil begründet oder bestätigt hat (begünstigender Verwaltungsakt), darf nur dann zurückgenommen werden, wenn

1. er von einer sachlich unzuständigen Behörde erlassen worden ist,
2. er durch unlautere Mittel, wie arglistige Täuschung, Drohung oder Bestechung erwirkt worden ist,
3. ihn der Begünstigte durch Angaben erwirkt hat, die in wesentlicher Beziehung unrichtig oder unvollständig waren,
4. seine Rechtswidrigkeit dem Begünstigten bekannt oder infolge grober Fahrlässigkeit nicht bekannt war.

(3) ¹Erhält die Finanzbehörde von Tatsachen Kenntnis, welche die Rücknahme eines rechtswidrigen begünstigenden Verwaltungsakts rechtfertigen, so ist die Rücknahme nur innerhalb eines Jahres seit dem Zeitpunkt der Kenntnisnahme zulässig. ²Dies gilt nicht im Fall des Absatzes 2 Nummer 2.

(4) Über die Rücknahme entscheidet nach Unanfechtbarkeit des Verwaltungsakts die nach den Vorschriften über die örtliche Zuständigkeit zuständige Finanzbehörde; dies gilt auch dann, wenn der zurückzunehmende Verwaltungsakt von einer anderen Finanzbehörde erlassen worden ist; § 26 Satz 2 bleibt unberührt.

AEAO zu § 130 - Rücknahme eines rechtswidrigen Verwaltungsaktes:

1. Ein Verwaltungsakt ist rechtswidrig, wenn er im Zeitpunkt seines Erlasses ganz oder teilweise gegen zwingende gesetzliche Vorschriften (§ 4 AO) verstößt, ermessensfehlerhaft ist (vgl. AEAO zu § 5) oder eine Rechtsgrundlage überhaupt fehlt. Eine nachträgliche Änderung der Sach- oder Rechtslage hingegen macht einen ursprünglich rechtmäßigen Verwaltungsakt grundsätzlich nicht i. S. d. § 130 AO rechtswidrig, es sei denn, es läge ein Fall steuerrechtlicher Rückwirkung vor, welche den Verwaltungsakt erfasst (vgl. BFH-Urteil vom 9.12.2008, VII R 43/07, BStBl 2009 II S. 344). Besonders schwerwiegende Fehler haben die Nichtigkeit und damit die Unwirksamkeit zur Folge (§ 125 i. V. m. § 124 Abs. 3 AO). Liegt kein Fall der Nichtigkeit vor, so wird der rechtswidrige Verwaltungsakt zunächst wirksam

2. Die Finanzbehörde entscheidet im Rahmen ihres Ermessens, ob sie eine Überprüfung eines rechtswidrigen, unanfechtbaren Verwaltungsakts vornehmen soll. Die Finanzbehörde braucht nicht in die Überprüfung einzutreten, wenn der Steuerpflichtige nach Ablauf der Einspruchsfrist die Rechtswidrigkeit lediglich behauptet und Gründe, aus denen sich schlüssig die Rechtswidrigkeit des belastenden Verwaltungsakts ergibt, nicht näher bezeichnet (vgl. BFH-Urteil vom 9.3.1989, VI R 101/84, BStBl II S. 749). Ist die Fehlerhaftigkeit

§ 130 Abgabenordnung

eines Verwaltungsakts festgestellt, so ist zunächst die mögliche Nichtigkeit (§ 125 AO), danach die Möglichkeit der Berichtigung offenbarer Unrichtigkeiten (§ 129 AO), danach die Möglichkeit der Heilung von Verfahrens- und Formfehlern (§§ 126, 127 AO), danach die Möglichkeit der Umdeutung (§ 128 AO) und danach die Rücknahme zu prüfen.

3. Nicht begünstigende rechtswidrige Verwaltungsakte können jederzeit zurückgenommen werden, auch wenn die Einspruchsfrist abgelaufen ist. Eine teilweise Rücknahme ist zulässig.

Beispiel:

Ein Verspätungszuschlag ist mit einem Betrag festgesetzt worden, der mehr als 10 % der festgesetzten Steuer ausmacht (Verstoß gegen § 152 Abs. 2 AO a.F.). Die Festsetzung kann insoweit zurückgenommen werden, wie sie 10 % übersteigt; sie bleibt im Übrigen bestehen.

4. Die Rücknahme eines begünstigenden rechtswidrigen Verwaltungsakts ist nur unter Einschränkungen möglich (§ 130 Abs. 2 und 3 AO). Unter einer Begünstigung i. S. d. Vorschriften ist jede Rechtswirkung zu verstehen, an deren Aufrechterhaltung der vom Verwaltungsakt Betroffene ein schutzwürdiges Interesse hat (BFH-Urteil vom 16.10.1986, VII R 159/83, BStBl 1987 II S. 405). Sofern die Rücknahme zulässig und wirksam ist, kann die Finanzbehörde aufgrund des veränderten Sachverhalts oder der veränderten Rechtslage einen neuen Verwaltungsakt erlassen, der für den Beteiligten weniger vorteilhaft ist.

Beispiele:

a) Ein Verspätungszuschlag ist unter Abweichung von der sonst beim Finanzamt üblichen Anwendung der Grundsätze des § 152 AO a.F. auf 500 € festgesetzt worden. Eine Überprüfung des Falles ergibt, dass eine Festsetzung i. H. v. 1.000 € richtig gewesen wäre. Die Rücknahme der Festsetzung, verbunden mit einer neuen höheren Festsetzung, ist rechtlich zulässig, wenn die niedrige Festsetzung auf unrichtigen oder unvollständigen Angaben des Steuerpflichtigen beruhte (§ 130 Abs. 2 Nr. 3 AO).

b) Der Steuerpflichtige hat durch arglistige Täuschung über seine Vermögens- und Liquiditätslage eine Stundung ohne Sicherheitsleistung erwirkt. Die Finanzbehörde kann die Stundungsverfügung mit Wirkung für die Vergangenheit zurücknehmen (§ 130 Abs. 2 Nr. 2 AO), für die Vergangenheit Säumniszuschläge anfordern und eine in die Zukunft wirkende neue Stundung von einer Sicherheitsleistung abhängig machen.

5. § 130 Abs. 3 AO normiert keine Prüfungsfrist, innerhalb derer die Finanzbehörde ihr bekannte Tatsachen rechtlich zu bewerten und aus ihnen die gebo-

tenen Schlussfolgerungen zu ziehen hätte, sondern lediglich eine Entscheidungsfrist. Deshalb beginnt die Jahresfrist erst dann, wenn die Finanzbehörde tatsächlich die Erkenntnis gewonnen hat, dass ein Verwaltungsakt zurückgenommen bzw. widerrufen werden kann (vgl. BVerwG-Beschluss vom 19.12.1984, GrS 1 und 2/84, BVerwGE 70 S. 356, und daran anschließend die ständige Rechtsprechung des BFH, vgl. u. a. Urteil vom 9.12.2008, VII R 43/07, BStBl 2009 II S. 344). Dies ist der Fall, wenn die Finanzbehörde ohne weitere Sachaufklärung objektiv in der Lage ist, unter sachgerechter Ausübung ihres Ermessens über Rücknahme bzw. Widerruf des Verwaltungsakts zu entscheiden.

§ 131 Widerruf eines rechtmäßigen Verwaltungsakts (S 0297)

(1) Ein rechtmäßiger nicht begünstigender Verwaltungsakt kann, auch nachdem er unanfechtbar geworden ist, ganz oder teilweise mit Wirkung für die Zukunft widerrufen werden, außer wenn ein Verwaltungsakt gleichen Inhalts erneut erlassen werden müsste oder aus anderen Gründen ein Widerruf unzulässig ist.

(2) Ein rechtmäßiger begünstigender Verwaltungsakt darf, auch nachdem er unanfechtbar geworden ist, ganz oder teilweise mit Wirkung für die Zukunft nur widerrufen werden,

1. wenn der Widerruf durch Rechtsvorschrift zugelassen oder im Verwaltungsakt vorbehalten ist,
2. wenn mit dem Verwaltungsakt eine Auflage verbunden ist und der Begünstigte diese nicht oder nicht innerhalb einer ihm gesetzten Frist erfüllt hat,
3. wenn die Finanzbehörde auf Grund nachträglich eingetretener Tatsachen berechtigt wäre, den Verwaltungsakt nicht zu erlassen, und wenn ohne den Widerruf das öffentliche Interesse gefährdet würde.

§ 130 Absatz 3 gilt entsprechend.

(3) Der widerrufene Verwaltungsakt wird mit dem Wirksamwerden des Widerrufs unwirksam, wenn die Finanzbehörde keinen späteren Zeitpunkt bestimmt.

(4) Über den Widerruf entscheidet nach Unanfechtbarkeit des Verwaltungsakts die nach den Vorschriften über die örtliche Zuständigkeit zuständige Finanzbehörde; dies gilt auch dann, wenn der zu widerrufende Verwaltungsakt von einer anderen Finanzbehörde erlassen worden ist.

AEAO zu § 131 - Widerruf eines rechtmäßigen Verwaltungsaktes:

1. Ein Verwaltungsakt ist rechtmäßig, wenn er zum Zeitpunkt des Wirksamwerdens (Bekanntgabe) dem Gesetz (§ 4 AO) entspricht. Ändert sich der Sachverhalt durch nachträglich eingetretene Tatsachen oder lässt das Gesetz in derselben Sache unterschiedliche Verwaltungsakte zu (Ermessensentscheidungen), so kann der rechtmäßige Verwaltungsakt unter bestimmten Voraussetzungen mit Wirkung für die Zukunft widerrufen werden.

2. § 131 Abs. 2 Nr. 3 AO betrifft nur die Änderung tatsächlicher, nicht rechtlicher Verhältnisse. Der Begriff „Tatsache" bezeichnet in dieser Vorschrift dasselbe wie in § 173 AO (vgl. AEAO zu § 173, Nr. 1). „Tatsache" ist auch die steuerrechtliche Beurteilung eines Sachverhalts in einem anderen Bescheid, soweit dieser Bescheid Bindungswirkung für den zu widerrufenden Bescheid hat (vgl. BFH-Urteile vom 13.1.2005, II R 48/02, BStBl II S. 451, und vom 9.12.2008, VII R 43/07, BStBl 2009 II S. 344). Das öffentliche Interesse i. S. d. Vorschrift ist immer dann gefährdet, wenn bei einem Festhalten an der getroffenen Entscheidung der Betroffene gegenüber anderen Steuerpflichtigen bevorzugt würde.

3. Ein Steuererlass kann nicht widerrufen werden. Die nachträgliche Verbesserung der Liquiditäts- oder Vermögenslage ist unbeachtlich. Für die Rücknahme gilt § 130 Abs. 2 und 3 AO.

4. Ein rechtmäßiger begünstigender Verwaltungsakt darf jederzeit um einen weiteren rechtmäßigen Verwaltungsakt ergänzt werden.

   Beispiele:
   - a) Verlängerung oder Erhöhung einer Stundung,
   - b) weitere Fristverlängerung,
   - c) Gewährung ergänzender Buchführungserleichterungen,
   - d) Erhöhung des zu erlassenden Steuerbetrages.

5. Dementsprechend bedarf es bei demselben Sachverhalt nicht des Widerrufs, wenn zu einem nicht begünstigenden rechtmäßigen Verwaltungsakt lediglich ein weiterer rechtmäßiger Verwaltungsakt hinzutritt.

   Beispiele:
   - a) Wegen einer Steuerschuld von 2.500 € sind Wertpapiere im Werte von 1.500 € gepfändet worden. Es wird eine weitere Pfändung über 1.000 € verfügt.
   - b) Die Prüfungsanordnung für eine Außenprüfung umfasst den Prüfungszeitraum 1993 bis 1995. Die Prüfungsanordnung wird auf den Besteuerungszeitraum 1996 ausgedehnt.
   - c) Zur Klärung eines steuerlich bedeutsamen Sachverhalts wird das Kreditinstitut X um Auskunft über die Kontostände des Steuerpflichtigen gebeten. Im Zuge der Ermittlungen wird auch die Angabe aller baren Einzahlungen über 5.000 € verlangt.

§ 132 Rücknahme, Widerruf, Aufhebung und Änderung im Rechtsbehelfsverfahren (S 0298)

¹Die Vorschriften über Rücknahme, Widerruf, Aufhebung und Änderung von Verwaltungsakten gelten auch während eines Einspruchsverfahrens und während eines finanzgerichtlichen Verfahrens. ²§ 130 Absatz 2 und 3 und § 131 Absatz 2 und 3 stehen der Rücknahme und dem Widerruf eines von einem Dritten angefochtenen begünstigenden Verwaltungsakts während des Einspruchsverfahrens oder des finanzgerichtlichen Verfahrens nicht entgegen, soweit dadurch dem Einspruch oder der Klage abgeholfen wird.

§ 133 Rückgabe von Urkunden und Sachen (S 0299)

¹Ist ein Verwaltungsakt unanfechtbar widerrufen oder zurückgenommen oder ist seine Wirksamkeit aus einem anderen Grund nicht oder nicht mehr gegeben, so kann die Finanzbehörde die auf Grund dieses Verwaltungsakts erteilten Urkunden oder Sachen, die zum Nachweis der Rechte aus dem Verwaltungsakt oder zu deren Ausübung bestimmt sind, zurückfordern. ²Der Inhaber und, sofern er nicht der Besitzer ist, auch der Besitzer dieser Urkunden oder Sachen sind zu ihrer Herausgabe verpflichtet. ³Der Inhaber oder der Besitzer kann jedoch verlangen, dass ihm die Urkunden oder Sachen wieder ausgehändigt werden, nachdem sie von der Finanzbehörde als ungültig gekennzeichnet sind; dies gilt nicht bei Sachen, bei denen eine solche Kennzeichnung nicht oder nicht mit der erforderlichen Offensichtlichkeit oder Dauerhaftigkeit möglich ist.

Vierter Teil – Durchführung der Besteuerung

Erster Abschnitt – Erfassung der Steuerpflichtigen

1. Unterabschnitt – Personenstands- und Betriebsaufnahme

§ 134 (weggefallen)

§ 135 (weggefallen)

§ 136 (weggefallen)

2. Unterabschnitt – Anzeigepflichten

§ 137 Steuerliche Erfassung von Körperschaften, Vereinigungen und Vermögensmassen (S 0301)

(1) Steuerpflichtige, die nicht natürliche Personen sind, haben dem nach § 20 zuständigen Finanzamt und den für die Erhebung der Realsteuern zuständigen Gemeinden die Umstände anzuzeigen, die für die steuerliche Erfassung von Bedeutung sind, insbesondere die Gründung, den Erwerb der Rechtsfähigkeit, die Änderung der Rechtsform, die Verlegung der Geschäftsleitung oder des Sitzes und die Auflösung.

(2) Die Mitteilungen sind innerhalb eines Monats seit dem meldepflichtigen Ereignis zu erstatten.

§ 138 Anzeigen über die Erwerbstätigkeit (S 0301)

(1) ¹Wer einen Betrieb der Land- und Forstwirtschaft, einen gewerblichen Betrieb oder eine Betriebstätte eröffnet, hat dies nach amtlich vorgeschriebenem Vordruck der Gemeinde mitzuteilen, in der der Betrieb oder die Betriebstätte eröffnet wird; die Gemeinde unterrichtet unverzüglich das nach § 22 Absatz 1 zuständige Finanzamt von dem Inhalt der Mitteilung. ²Ist die Festsetzung der Realsteuern den Gemeinden nicht übertragen worden, so tritt an die Stelle der Gemeinde das nach § 22 Absatz 2 zuständige Finanzamt. ³Wer eine freiberufliche Tätigkeit aufnimmt, hat dies dem nach § 19 zuständigen Finanzamt mitzuteilen. ⁴Das Gleiche gilt für die Verlegung und die Aufgabe eines Betriebs, einer Betriebstätte oder einer freiberuflichen Tätigkeit. ⁵Unternehmer im Sinne des § 21 Absatz 1 Satz 2 haben die Aufnahme einer im Geltungsbereich des Gesetzes umsatzsteuerbaren Tätigkeit dem nach der Umsatzsteuer-Zuständigkeitsverordnung zuständigen Finanzamt anzuzeigen, es sei denn, diese Unternehmer erbringen in Deutschland ausschließlich steuerbare und steuerpflichtige Umsätze, die in den besonderen Besteuerungsverfahren nach den §§ 18i bis 18k des Umsatzsteuergesetzes zu erklären sind.

§ 138 Abgabenordnung

(1a) Unternehmer im Sinne des § 2 des Umsatzsteuergesetzes können ihre Anzeigepflichten nach Absatz 1 zusätzlich bei der für die Umsatzbesteuerung zuständigen Finanzbehörde elektronisch erfüllen.

(1b) ¹Sofern Steuerpflichtige gemäß Absatz 1 Satz 1 bis 3 verpflichtet sind, eine Betriebseröffnung oder Aufnahme einer freiberuflichen Tätigkeit mitzuteilen, haben sie dem in Absatz 1 bezeichneten Finanzamt weitere Auskünfte über die für die Besteuerung erheblichen rechtlichen und tatsächlichen Verhältnisse zu erteilen. ²Die Auskünfte im Sinne des Satzes 1 sind nach amtlich vorgeschriebenem Datensatz über die amtlich bestimmte Schnittstelle zu übermitteln. ³Auf Antrag kann das Finanzamt zur Vermeidung unbilliger Härten auf eine Übermittlung gemäß Satz 2 verzichten; in diesem Fall sind die Auskünfte im Sinne des Satzes 1 nach amtlich vorgeschriebenem Vordruck zu erteilen. ⁴Die Sätze 1 bis 3 gelten entsprechend für Steuerpflichtige im Sinne des § 137, die nicht nach Absatz 1 zur Anzeige verpflichtet sind.

(1c) Das Bundesministerium der Finanzen kann im Einvernehmen mit den obersten Finanzbehörden der Länder durch ein im Bundessteuerblatt zu veröffentlichendes Schreiben Ausnahmen von der Verpflichtung zur Anzeige einer Erwerbstätigkeit nach Absatz 1 und der Auskunftspflicht nach Absatz 1b gegenüber dem zuständigen Finanzamt bestimmen, soweit die anzuzeigende Tätigkeit keine oder nur geringfügige steuerliche Auswirkung hat.

(2) ¹Steuerpflichtige mit Wohnsitz, gewöhnlichem Aufenthalt, Geschäftsleitung oder Sitz im Geltungsbereich dieses Gesetzes (inländische Steuerpflichtige) haben dem für sie nach den §§ 18 bis 20 zuständigen Finanzamt mitzuteilen:

1. die Gründung und den Erwerb von Betrieben und Betriebstätten im Ausland;

2. den Erwerb, die Aufgabe oder die Veränderung einer Beteiligung an ausländischen Personengesellschaften;

3. den Erwerb oder die Veräußerung von Beteiligungen an einer Körperschaft, Personenvereinigung oder Vermögensmasse mit Sitz und Geschäftsleitung außerhalb des Geltungsbereichs dieses Gesetzes, wenn

   a) damit eine Beteiligung von mindestens 10 Prozent am Kapital oder am Vermögen der Körperschaft, Personenvereinigung oder Vermögensmasse erreicht wird oder

   b) die Summe der Anschaffungskosten aller Beteiligungen mehr als 150 000 Euro beträgt. ²Dies gilt nicht für den Erwerb und die Veräußerung von Beteiligungen von weniger als 1 Prozent am Kapital oder am Vermögen der Körperschaft, Personenvereinigung oder Vermögensmasse, wenn mit der Hauptgattung der Aktien der ausländischen Gesellschaft ein wesentlicher und regelmäßiger Handel an einer Börse in einem Mitgliedstaat der Europäischen Union oder in einem Vertragsstaat des EWR-Abkommens stattfindet oder an einer Börse, die in einem anderen Staat nach § 193 Absatz 1 Satz 1 Nummer 2 und 4 des Kapitalanlagegesetzbuchs von der Bundesanstalt für Finanzdienstleistungsaufsicht zugelassen ist. ³Für die Ermittlung der Beteiligungshöhe im Sinne des Satzes 2 sind alle gehaltenen Beteiligungen zu berücksichtigen. ⁴Nicht mitteilungspflichtige Erwerbe und nicht mitteilungspflichtige Veräußerungen im Sinne des Satzes 2 sind bei der Ermittlung der Summe der Anschaffungskosten im Sinne des Satzes 1 außer Betracht zu lassen;

4. die Tatsache, dass sie allein oder zusammen mit nahestehenden Personen im Sinne des § 1 Absatz 2 des Außensteuergesetzes erstmals unmittelbar oder mittelbar einen beherrschenden oder bestimmenden Einfluss auf die gesellschaftsrechtlichen, finanziellen oder geschäftlichen Angelegenheiten einer Drittstaat-Gesellschaft ausüben können.

²In den Fällen des Satzes 1 Nummer 1 bis 4 ist auch die Art der wirtschaftlichen Tätigkeit des Betriebs, der Betriebsstätte, der Körperschaft, Personenvereinigung, Vermögensmasse oder der Drittstaat-Gesellschaft mitzuteilen. ³In den Fällen des Satzes 1 Nummer 3 sind unmittelbare und mittelbare Beteiligungen zusammenzurechnen.

(3) Drittstaat-Gesellschaft ist eine Körperschaft, Personenvereinigung oder Vermögensmasse mit Sitz oder Geschäftsleitung in Staaten oder Territorien, die nicht Mitglieder der Europäischen Union oder der Europäischen Freihandelsassoziation sind.

(4) Mitteilungen nach den Absätzen 1, 1a und 1b sind innerhalb eines Monats nach dem meldepflichtigen Ereignis zu erstatten.

(5) ¹Mitteilungen nach Absatz 2 sind zusammen mit der Einkommensteuer-, Körperschaftsteuer- oder Feststellungserklärung für den Besteuerungszeitraum, in dem der mitzuteilende Sachverhalt verwirklicht wurde, spätestens jedoch bis zum Ablauf von 14 Monaten nach Ablauf dieses Besteuerungszeitraums, nach amtlich vorgeschriebenem Datensatz über die amtlich bestimmten Schnittstellen zu erstatten. ²Inländische Steuerpflichtige, die nicht dazu verpflichtet sind, ihre Einkommensteuer-, Körperschaftsteuer- oder Feststellungserklärung nach amtlich vorgeschriebenem Datensatz über die amtlich bestimmte Schnittstelle abzugeben, haben die Mitteilungen nach amtlich vorgeschriebenem Vordruck zu erstatten, es sei denn, sie geben ihre Einkommensteuer-, Körperschaftsteuer- oder Feststellungserklärung freiwillig nach amtlich vorgeschriebenem Datensatz über die amtlich bestimmte Schnittstelle ab. ³Inländische Steuerpflichtige, die nicht dazu verpflichtet sind, eine Einkommensteuer-, Körperschaftsteuer- oder Feststellungserklärung abzugeben, haben die Mitteilungen nach amtlich vorgeschriebenem Vordruck bis zum Ablauf von 14 Monaten nach Ablauf des Kalenderjahrs zu erstatten, in dem der mitzuteilende Sachverhalt verwirklicht worden ist.

AEAO zu § 138 - Anzeigen über die Erwerbstätigkeit:

1. Die Verpflichtung, die Eröffnung eines Betriebs der Land- und Forstwirtschaft, eines gewerblichen Betriebs oder einer Betriebstätte anzuzeigen, besteht nach § 138 Abs. 1 AO nur gegenüber der Gemeinde, in der dieser Betrieb oder die Betriebstätte eröffnet wird; diese hat unverzüglich das zuständige

Finanzamt zu unterrichten. Freiberuflich Tätige haben die Aufnahme ihrer Erwerbstätigkeit dem Wohnsitzfinanzamt (§ 19 Abs. 1 AO, ggf. Tätigkeitsfinanzamt nach § 19 Abs. 3 AO) mitzuteilen. Unter Eröffnung ist auch die Fortführung eines Betriebs oder einer Betriebstätte durch den Rechtsnachfolger oder Erwerber zu verstehen (Hinweis auf § 75 AO).

Die Meldefrist beträgt einen Monat. Gewerbetreibende, die nach § 14 der GewO gegenüber der zuständigen Behörde (Ordnungs- bzw. Gewerbeamt) anzeigepflichtig sind, genügen mit dieser Anzeige gleichzeitig ihrer steuerlichen Anzeigepflicht nach § 138 Abs. 1 AO. Die Anzeige ist auf einem Vordruck zu erstatten, dessen Muster durch die Anlagen 1, 2 und 3 zu § 1 Satz 1 der GewAnzV vom 22.7.2014 (BGBl. I S. 1208), zuletzt geändert durch Verordnung vom 17.4. 2023 (BGBl. I Nr. 103), bestimmt worden ist. Steuerpflichtige, die nicht unter die Anzeigepflicht nach der GewO fallen, können die Anzeige formlos gegenüber dem zuständigen Finanzamt erstatten. Sie können sich auch des Vordrucks gem. der GewAnzV bedienen.

2. Sofern die Eröffnung eines Betriebs der Land- und Forstwirtschaft, eines gewerblichen Betriebs oder einer Betriebstätte oder die Aufnahme einer freiberuflichen Tätigkeit nach § 138 Abs. 1 AO anzuzeigen ist, ist der von der Finanzverwaltung bereitgestellte Vordruck „Fragebogen zur steuerlichen Erfassung" zu verwenden (§ 138 Abs. 1b AO); zur elektronischen Übermittlungspflicht vgl. Art. 97 § 27 Abs. 4 EGAO, BMF-Schreiben vom 17.9.2021, BStBl I S. 1762. Die Frist zur Übermittlung des Fragebogens zur steuerlichen Erfassung beträgt nach § 138 Abs. 4 AO einen Monat.

3. Zur Anzeige über die Erwerbstätigkeit nach § 138 Abs. 1 und 1b AO bei Betreiberinnen und Betreibern bestimmter kleiner Photovoltaikanlagen vgl. BMF-Schreiben vom 12.6.2023, BStBl I S. 990.

4. § 138 Abs. 2 AO verpflichtet alle Steuerpflichtigen, Auslandsbeziehungen, insbesondere Auslandsbeteiligungen innerhalb der Fristen nach § 138 Abs. 5 AO dem Finanzamt mitzuteilen. Eine Verletzung dieser Verpflichtung kann als Steuergefährdung mit einem Bußgeld geahndet werden (§ 379 Abs. 2 Nr. 1 und Abs. 7 AO). Näheres zu Inhalt und Form der Mitteilungen regelt das BMF-Schreiben vom 26.4.2022, BStBl I S. 576[1].

---

[1] Im Anhang 25 abgedruckt.

§ 138a Länderbezogener Bericht multinationaler Unternehmensgruppen (S 0302)

(1) ¹Ein Unternehmen mit Sitz oder Geschäftsleitung im Inland (inländisches Unternehmen), das einen Konzernabschluss aufstellt oder nach anderen Regelungen als den Steuergesetzen aufzustellen hat (inländische Konzernobergesellschaft), hat nach Ablauf eines Wirtschaftsjahres für dieses Wirtschaftsjahr einen länderbezogenen Bericht dieses Konzerns zu erstellen und dem Bundeszentralamt für Steuern zu übermitteln, wenn

1. der Konzernabschluss mindestens ein Unternehmen mit Sitz und Geschäftsleitung im Ausland (ausländisches Unternehmen) oder eine ausländische Betriebsstätte umfasst und

2. die im Konzernabschluss ausgewiesenen, konsolidierten Umsatzerlöse im vorangegangenen Wirtschaftsjahr mindestens 750 Millionen Euro betragen.

²Die Verpflichtung nach Satz 1 besteht vorbehaltlich der Absätze 3 und 4 nicht, wenn das inländische Unternehmen im Sinne des Satzes 1 in den Konzernabschluss eines anderen Unternehmens einbezogen wird.

(2) Der länderbezogene Bericht im Sinne von Absatz 1 enthält

1. eine nach Steuerhoheitsgebieten gegliederte Übersicht, wie sich die Geschäftstätigkeit des Konzerns auf die Steuerhoheitsgebiete verteilt, in denen der Konzern durch Unternehmen oder Betriebsstätten tätig ist; zu diesem Zweck sind in der Übersicht folgende Positionen auszuweisen:

    a) die Umsatzerlöse und sonstigen Erträge aus Geschäftsvorfällen mit nahestehenden Unternehmen,

    b) die Umsatzerlöse und sonstigen Erträge aus Geschäftsvorfällen mit fremden Unternehmen,

    c) die Summe aus den Umsatzerlösen und sonstigen Erträgen gemäß den Buchstaben a und b,

    d) die im Wirtschaftsjahr gezahlten Ertragsteuern,

    e) die im Wirtschaftsjahr für dieses Wirtschaftsjahr gezahlten und zurückgestellten Ertragsteuern,

    f) das Jahresergebnis vor Ertragsteuern,

    g) das Eigenkapital,

    h) der einbehaltene Gewinn,

    i) die Zahl der Beschäftigten und

    j) die materiellen Vermögenswerte;

2. eine nach Steuerhoheitsgebieten gegliederte Auflistung aller Unternehmen und Betriebsstätten, zu denen Angaben in der Übersicht nach Nummer 1

erfasst sind, jeweils unter Angabe deren wichtigster Geschäftstätigkeiten sowie

3. zusätzliche Informationen, die nach Ansicht der inländischen Konzernobergesellschaft zum Verständnis der Übersicht nach Nummer 1 und der Auflistung nach Nummer 2 erforderlich sind.

(3) Umfasst der Konzernabschluss eines ausländischen Unternehmens, das nach Absatz 1 zur Abgabe des länderbezogenen Berichts verpflichtet wäre, wenn es Sitz oder Geschäftsleitung im Inland hätte (ausländische Konzernobergesellschaft), ein inländisches Unternehmen (einbezogene inländische Konzerngesellschaft) und beauftragt die ausländische Konzernobergesellschaft die einbezogene inländische Konzerngesellschaft damit, einen länderbezogenen Bericht für den Konzern abzugeben (beauftragte Gesellschaft), so hat die beauftragte Gesellschaft den länderbezogenen Bericht dem Bundeszentralamt für Steuern zu übermitteln.

(4) [1]Eine einbezogene inländische Konzerngesellschaft ist im Regelfall verpflichtet, den länderbezogenen Bericht für einen Konzern mit einer ausländischen Konzernobergesellschaft, die nach Absatz 1 zur Übermittlung des länderbezogenen Berichts verpflichtet wäre, wenn sie Sitz oder Geschäftsleitung im Inland hätte, dem Bundeszentralamt für Steuern zu übermitteln, wenn das Bundeszentralamt für Steuern keinen länderbezogenen Bericht erhalten hat. [2]Übermittelt eine einbezogene inländische Konzerngesellschaft den länderbezogenen Bericht, entfällt die Verpflichtung für alle anderen einbezogenen inländischen Konzerngesellschaften dieses Konzerns. [3]Kann eine einbezogene inländische Konzerngesellschaft die Übermittlung innerhalb der Frist des Absatzes 6 Satz 1 nicht sicherstellen, insbesondere weil sie den länderbezogenen Bericht weder beschaffen noch erstellen kann, so hat sie dies innerhalb der Frist des Absatzes 6 Satz 1 dem Bundeszentralamt für Steuern mitzuteilen und dabei alle Angaben im Sinne von Absatz 2 zu machen, über die sie verfügt oder die sie beschaffen kann. [4]Konnte eine einbezogene inländische Konzerngesellschaft davon ausgehen, dass der länderbezogene Bericht fristgerecht übermittelt wird, und stellt sich nachträglich heraus, dass dies ohne Verschulden der einbezogenen inländischen Konzerngesellschaft nicht geschehen ist, so hat diese ihre Pflichten nach Satz 1 oder Satz 3 innerhalb eines Monats nach Bekanntwerden der Nichtübermittlung zu erfüllen. [5]Die Sätze 1 bis 4 gelten entsprechend für die inländische Betriebsstätte eines ausländischen Unternehmens, das als ausländische Konzernobergesellschaft oder als einbezogene ausländische Konzerngesellschaft in einen Konzernabschluss einbezogen wird.

(5) [1]Ein inländisches Unternehmen hat in der Steuererklärung anzugeben, ob es

1. eine inländische Konzernobergesellschaft im Sinne von Absatz 1 ist,

2. eine beauftragte Gesellschaft ist oder

3. eine einbezogene inländische Konzerngesellschaft eines Konzerns mit ausländischer Konzernobergesellschaft ist.

²In den Fällen von Satz 1 Nummer 3 ist auch anzugeben, bei welcher Finanzbehörde und von welchem Unternehmen der länderbezogene Bericht des Konzerns abgegeben wird. ³Fehlt diese Angabe, ist die einbezogene inländische Konzerngesellschaft selbst zur fristgerechten Übermittlung des länderbezogenen Berichts verpflichtet. ⁴Die Sätze 1 bis 3 gelten entsprechend für die inländische Betriebsstätte eines ausländischen Unternehmens, das als ausländische Konzernobergesellschaft oder als einbezogene ausländische Konzerngesellschaft in einen Konzernabschluss einbezogen wird.

(6) ¹Die Übermittlung des länderbezogenen Berichts an das Bundeszentralamt für Steuern hat spätestens ein Jahr nach Ablauf des Wirtschaftsjahres zu erfolgen, für das der länderbezogene Bericht zu erstellen ist. ²Abweichend von Satz 1 gilt in den Fällen von Absatz 4 Satz 4 die dort genannte Frist für die Übermittlung des länderbezogenen Berichts. ³Die Übermittlung hat nach amtlich vorgeschriebenem Datensatz durch Datenfernübertragung zu erfolgen.

(7) ¹Das Bundeszentralamt für Steuern übermittelt alle ihm zugegangenen länderbezogenen Berichte an die jeweils zuständige Finanzbehörde. ²Enthält ein länderbezogener Bericht Angaben im Sinne von Absatz 2 für einen Vertragsstaat der völkerrechtlichen Vereinbarungen, übermittelt das Bundeszentralamt für Steuern auf Grundlage dieser völkerrechtlichen Vereinbarungen den ihm zugegangenen länderbezogenen Bericht an die zuständige Behörde des jeweiligen Vertragsstaates. ³Das Bundeszentralamt für Steuern nimmt die länderbezogenen Berichte entgegen, die ihm von den zuständigen Behörden der in Satz 2 genannten Vertragsstaaten übermittelt worden sind, und übermittelt diese an die jeweils zuständige Finanzbehörde. ⁴Das Bundeszentralamt für Steuern kann länderbezogene Berichte im Rahmen der ihm gesetzlich übertragenen Aufgaben auswerten. ⁵Das Bundeszentralamt für Steuern speichert die länderbezogenen Berichte und löscht sie mit Ablauf des 15. Jahres, das dem Jahr der Übermittlung folgt.

AEAO zu § 138a - Länderbezogener Bericht multinationaler Unternehmensgruppen

---

Auf das BMF-Schreiben vom 11.7.2017, BStBl I S. 974 wird verwiesen.

Datenquellen

Das berichtende Unternehmen verwendet beim Ausfüllen des Formblatts Jahr für Jahr konsistent die gleichen Datenquellen. Dem berichtenden Unternehmen ist es freigestellt, Daten aus seiner konsolidierten Unternehmensberichterstattung, aus den gesetzlich vorgesehenen Jahresabschlüssen der einzelnen Unternehmen, aus für aufsichtsrechtliche Zwecke erstellten Abschlüssen oder aus seiner internen Rechnungslegung zu verwenden.

Sekundärmechanismus

Ergänzend hierzu besteht die Verpflichtung zur Abgabe des länderbezogenen Berichts für die einbezogene inländische Konzerngesellschaft nur, sofern die folgenden Voraussetzungen erfüllt sind:

1. Die einbezogene Konzerngesellschaft hat ihre Geschäftsleitung oder ihren Sitz im Inland und

2. eine der folgenden Voraussetzungen ist erfüllt:

   a) die ausländische Konzernobergesellschaft ist in ihrem Ansässigkeitsstaat nicht zur Vorlage eines länderbezogenen Berichts verpflichtet,

   b) der Ansässigkeitsstaat der ausländischen Konzernobergesellschaft verfügt über eine geltende internationale Übereinkunft, dessen Vertragspartei die Bundesrepublik Deutschland ist, jedoch über keine geltende Vereinbarung über den Austausch der länderbezogenen Berichte zwischen den zuständigen Behörden zu dem in § 138a Abs. 6 Satz 1 AO festgelegten Zeitpunkt für die Vorlage des länderbezogenen Berichts für das Wirtschaftsjahr, oder

   c) es zu einem systemischen Versagen des Ansässigkeitsstaates der ausländischen Konzernobergesellschaft gekommen ist, über welches die einbezogene inländische Konzerngesellschaft vom Bundeszentralamt für Steuern unterrichtet wurde.

Systemisches Versagen bedeutet entweder, dass ein Staat zwar über eine geltende Vereinbarung über den Austausch der länderbezogenen Berichte zwischen den zuständigen Behörden mit der Bundesrepublik Deutschland verfügt, den automatischen Informationsaustausch (aus anderen als den in den Bestimmungen dieser Vereinbarung vorgesehenen Gründen) jedoch ausgesetzt hat, oder dass ein Staat auf andere Weise über einen längeren Zeitraum hinweg versäumt hat, die in seinem Besitz befindlichen länderbezogenen Berichte über einbezogene inländische Konzerngesellschaften der Bundesrepublik Deutschland automatisch zu übermitteln.

Die einbezogene inländische Konzerngesellschaft ist nicht zur Vorlage eines länderbezogenen Berichts verpflichtet, sofern die ausländische Konzernobergesellschaft in ihrem Ansässigkeitsstaat nicht zur Vorlage eines länderbezogenen Berichts verpflichtet ist, da die konsolidierten Umsatzerlöse im vorangegangenen Wirtschaftsjahr die in diesem anderen Staat geltende Umsatzschwelle, die im Januar 2015 etwa 750 Millionen € entsprach, nicht überstieg.

§ 138b Mitteilungspflicht Dritter über Beziehungen inländischer Steuerpflichtiger zu Drittstaat-Gesellschaften (S 0303)

(1) ¹Verpflichtete im Sinne des § 2 Absatz 1 Nummer 1 bis 3 und 6 des Geldwäschegesetzes (mitteilungspflichtige Stelle) haben dem für sie nach den §§ 18 bis 20 zuständigen Finanzamt von ihnen hergestellte oder vermittelte Beziehungen von inländischen Steuerpflichtigen im Sinne des § 138 Absatz 2 Satz 1 zu Drittstaat-Gesellschaften im Sinne des § 138 Absatz 3 mitzuteilen. ²Dies gilt für die Fälle, in denen

1. der mitteilungspflichtigen Stelle bekannt ist, dass der inländische Steuerpflichtige auf Grund der von ihr hergestellten oder vermittelten Beziehung allein oder zusammen mit nahestehenden Personen im Sinne des § 1 Absatz 2 des Außensteuergesetzes erstmals unmittelbar oder mittelbar einen beherrschenden oder bestimmenden Einfluss auf die gesellschaftsrechtlichen, finanziellen oder geschäftlichen Angelegenheiten einer Drittstaat-Gesellschaft ausüben kann, oder

2. der inländische Steuerpflichtige eine von der mitteilungspflichtigen Stelle hergestellte oder vermittelte Beziehung zu einer Drittstaat-Gesellschaft erlangt, wodurch eine unmittelbare Beteiligung von insgesamt mindestens 30 Prozent am Kapital oder am Vermögen der Drittstaat-Gesellschaft erreicht wird; anderweitige Erwerbe hinsichtlich der gleichen Drittstaat-Gesellschaft sind miteinzubeziehen, soweit sie der mitteilungspflichtigen Stelle bekannt sind oder bekannt sein mussten.

(2) Die Mitteilungen sind für jeden inländischen Steuerpflichtigen und jeden mitteilungspflichtigen Sachverhalt gesondert zu erstatten.

(3) ¹Zu jedem inländischen Steuerpflichtigen ist anzugeben:

1. die Identifikationsnummer nach § 139b und

2. die Wirtschafts-Identifikationsnummer nach § 139c oder, wenn noch keine Wirtschafts-Identifikationsnummer vergeben wurde und es sich nicht um eine natürliche Person handelt, die für die Besteuerung nach dem Einkommen geltende Steuernummer.

²Kann die mitteilungspflichtige Stelle die Identifikationsnummer und die Wirtschafts-Identifikationsnummer oder die Steuernummer nicht in Erfahrung bringen, so hat sie stattdessen ein Ersatzmerkmal anzugeben, das vom Bundesministerium der Finanzen im Einvernehmen mit den obersten Finanzbehörden der Länder bestimmt worden ist.

(4) ¹Die Mitteilungen sind dem Finanzamt nach amtlich vorgeschriebenem Vordruck zu erstatten, und zwar bis zum Ablauf des Monats Februar des Jahres, das auf das Kalenderjahr folgt, in dem der mitzuteilende Sachverhalt verwirklicht wurde. ²§ 72a Absatz 4, § 93c Absatz 1 Nummer 3 und Absatz 4 bis 7, § 171 Absatz 10a, § 175b Absatz 1 und § 203a gelten entsprechend.

(5) ¹Das für die mitteilungspflichtige Stelle zuständige Finanzamt hat die Mitteilungen an das für den inländischen Steuerpflichtigen nach den §§ 18 bis 20 zuständige Finanzamt weiterzuleiten. ²§ 31b bleibt unberührt.

(6) Der inländische Steuerpflichtige hat der mitteilungspflichtigen Stelle

1. seine Identifikationsnummer nach § 139b mitzuteilen und

2. seine Wirtschafts-Identifikationsnummer nach § 139c oder, wenn diese noch nicht vergeben wurde und er keine natürliche Person ist, seine für die Besteuerung nach dem Einkommen geltende Steuernummer mitzuteilen.

§ 138c Verordnungsermächtigung (S 0303)

(1) [1]Das Bundesministerium der Finanzen kann durch Rechtsverordnung mit Zustimmung des Bundesrates bestimmen, dass Mitteilungen gemäß § 138b nach amtlich vorgeschriebenem Datensatz über amtlich bestimmte Schnittstellen zu erstatten sind. [2]In der Rechtsverordnung nach Satz 1 kann auch bestimmt werden, dass die Mitteilungen abweichend von § 138b Absatz 1 Satz 1 an eine andere Finanzbehörde zu übermitteln und von dieser Finanzbehörde an das für den inländischen Steuerpflichtigen nach den §§ 18 bis 20 zuständige Finanzamt weiterzuleiten sind.

(2) [1]Hat das Bundesministerium der Finanzen eine Rechtsverordnung nach Absatz 1 erlassen, dürfen die mitteilungspflichtigen Stellen beim Bundeszentralamt für Steuern die Identifikationsnummer des Steuerpflichtigen nach § 139b oder seine Wirtschafts-Identifikationsnummer nach § 139c erfragen. [2]In der Anfrage dürfen nur die in § 139b Absatz 3 oder § 139c Absatz 3 bis 5a genannten Daten des inländischen Steuerpflichtigen angegeben werden, soweit sie der mitteilungspflichtigen Stelle bekannt sind. [3]Das Bundeszentralamt für Steuern teilt der mitteilungspflichtigen Stelle die Identifikationsnummer oder die Wirtschafts-Identifikationsnummer mit, sofern die übermittelten Daten mit den nach § 139b Absatz 3 oder § 139c Absatz 3 bis 5a bei ihm gespeicherten Daten übereinstimmen. [4]Die mitteilungspflichtige Stelle darf die Identifikationsmerkmale nur verwenden, soweit dies zur Erfüllung von steuerlichen Pflichten erforderlich ist. [5]Weitere Einzelheiten dieses Verfahrens kann das Bundesministerium der Finanzen durch Rechtsverordnung mit Zustimmung des Bundesrates bestimmen.

§ 138d Pflicht zur Mitteilung grenzüberschreitender Steuergestaltungen (S 0304)

(1) Wer eine grenzüberschreitende Steuergestaltung im Sinne des Absatzes 2 vermarktet, für Dritte konzipiert, organisiert oder zur Nutzung bereitstellt oder ihre Umsetzung durch Dritte verwaltet (Intermediär), hat die grenzüberschreitende Steuergestaltung dem Bundeszentralamt für Steuern nach Maßgabe der §§ 138f und 138h mitzuteilen.

(2) [1]Eine grenzüberschreitende Steuergestaltung ist jede Gestaltung,

1. die eine oder mehrere Steuern zum Gegenstand hat, auf die das EU-Amtshilfegesetz anzuwenden ist,

2. die entweder mehr als einen Mitgliedstaat der Europäischen Union oder mindestens einen Mitgliedstaat der Europäischen Union und einen oder mehrere Drittstaaten betrifft, wobei mindestens eine der folgenden Bedingungen erfüllt ist:

a) nicht alle an der Gestaltung Beteiligten sind im selben Steuerhoheitsgebiet ansässig;

b) einer oder mehrere der an der Gestaltung Beteiligten sind gleichzeitig in mehreren Steuerhoheitsgebieten ansässig;

c) einer oder mehrere der an der Gestaltung Beteiligten gehen in einem anderen Steuerhoheitsgebiet über eine dort gelegene Betriebstätte einer Geschäftätigkeit nach und die Gestaltung ist Teil der Geschäftstätigkeit der Betriebstätte oder macht deren gesamte Geschäftstätigkeit aus;

d) einer oder mehrere der an der Gestaltung Beteiligten gehen in einem anderen Steuerhoheitsgebiet einer Tätigkeit nach, ohne dort ansässig zu sein oder eine Betriebstätte zu begründen;

e) die Gestaltung ist geeignet, Auswirkungen auf den automatischen Informationsaustausch oder die Identifizierung des wirtschaftlichen Eigentümers zu haben, und

3. die mindestens

a) ein Kennzeichen im Sinne des § 138e Absatz 1 aufweist und von der ein verständiger Dritter unter Berücksichtigung aller wesentlichen Fakten und Umstände vernünftigerweise erwarten kann, dass der Hauptvorteil oder einer der Hauptvorteile die Erlangung eines steuerlichen Vorteils im Sinne des Absatzes 3 ist, oder

b) ein Kennzeichen im Sinne des § 138e Absatz 2 aufweist.

²Besteht eine Steuergestaltung aus einer Reihe von Gestaltungen, gilt sie als grenzüberschreitende Steuergestaltung, wenn mindestens ein Schritt oder Teilschritt der Reihe grenzüberschreitend im Sinne des Satzes 1 Nummer 2 ist; in diesem Fall hat die Mitteilung nach Absatz 1 die gesamte Steuergestaltung zu umfassen.

(3) ¹Ein steuerlicher Vorteil im Sinne des Absatzes 2 Satz 1 Nummer 3 Buchstabe a liegt vor, wenn

1. durch die Steuergestaltung Steuern erstattet, Steuervergütungen gewährt oder erhöht oder Steueransprüche entfallen oder verringert werden sollen,

2. die Entstehung von Steueransprüchen verhindert werden soll oder

3. die Entstehung von Steueransprüchen in andere Besteuerungszeiträume oder auf andere Besteuerungszeitpunkte verschoben werden soll.

²Ein steuerlicher Vorteil liegt auch dann vor, wenn er außerhalb des Geltungsbereichs dieses Gesetzes entstehen soll. ³Das Bundesministerium der Finanzen kann im Einvernehmen mit den obersten Finanzbehörden der Länder in einem im Bundessteuerblatt zu veröffentlichenden Schreiben für bestimmte Fallgruppen bestimmen, dass kein steuerlicher Vorteil im Sinne der Sätze 1 und 2 anzunehmen ist, insbesondere weil sich der steuerliche Vorteil einer grenzüber-

schreitenden Steuergestaltung ausschließlich im Geltungsbereich dieses Gesetzes auswirkt und unter Berücksichtigung aller Umstände der Steuergestaltung gesetzlich vorgesehen ist.

(4) Betriebstätte im Sinne des Absatzes 2 Satz 1 Nummer 2 Buchstabe c und d ist sowohl eine Betriebstätte im Sinne des § 12 als auch eine Betriebsstätte im Sinne eines im konkreten Fall anwendbaren Abkommens zur Vermeidung der Doppelbesteuerung.

(5) Nutzer einer grenzüberschreitenden Steuergestaltung ist jede natürliche oder juristische Person, Personenvereinigung oder Vermögensmasse,

1. der die grenzüberschreitende Steuergestaltung zur Umsetzung bereitgestellt wird,

2. die bereit ist, die grenzüberschreitende Steuergestaltung umzusetzen, oder

3. die den ersten Schritt zur Umsetzung der grenzüberschreitenden Steuergestaltung gemacht hat.

(6) Hat ein Nutzer eine grenzüberschreitende Steuergestaltung für sich selbst konzipiert, so sind für ihn auch die für Intermediäre geltenden Regelungen entsprechend anzuwenden.

(7) Übt ein Intermediär im Zusammenhang mit der grenzüberschreitenden Steuergestaltung ausschließlich die in Absatz 1 aufgeführten Tätigkeiten aus, so gilt er nicht als an der Gestaltung Beteiligter.

§ 138e Kennzeichen grenzüberschreitender Steuergestaltungen (S 0304)

(1) Kennzeichen im Sinne des § 138d Absatz 2 Satz 1 Nummer 3 Buchstabe a sind:

1. die Vereinbarung

    a) einer Vertraulichkeitsklausel, die dem Nutzer oder einem anderen an der Steuergestaltung Beteiligten eine Offenlegung, auf welche Weise aufgrund der Gestaltung ein steuerlicher Vorteil erlangt wird, gegenüber anderen Intermediären oder den Finanzbehörden verbietet, oder

    b) einer Vergütung, die in Bezug auf den steuerlichen Vorteil der Steuergestaltung festgesetzt wird; dies gilt, wenn die Vergütung von der Höhe des steuerlichen Vorteils abhängt oder wenn die Vereinbarung die Abrede enthält, die Vergütung ganz oder teilweise zurückzuerstatten, falls der mit der Gestaltung zu erwartende steuerliche Vorteil ganz oder teilweise nicht erzielt wird,

2. eine standardisierte Dokumentation oder Struktur der Gestaltung, die für mehr als einen Nutzer verfügbar ist, ohne dass sie für die Nutzung wesentlich individuell angepasst werden muss,

3. Gestaltungen, die zum Gegenstand haben, dass

a) ein an der Gestaltung Beteiligter unangemessene rechtliche Schritte unternimmt, um ein verlustbringendes Unternehmen unmittelbar oder mittelbar zu erwerben, die Haupttätigkeit dieses Unternehmens zu beenden und dessen Verluste dafür zu nutzen, seine Steuerbelastung zu verringern, einschließlich der Übertragung der Verluste in ein anderes Steuerhoheitsgebiet oder der zeitlich näheren Nutzung dieser Verluste,

b) Einkünfte in Vermögen, Schenkungen oder andere nicht oder niedriger besteuerte Einnahmen oder nicht steuerbare Einkünfte umgewandelt werden,

c) Transaktionen durch die Einbeziehung zwischengeschalteter Unternehmen, die keine wesentliche wirtschaftliche Tätigkeit ausüben, oder Transaktionen, die sich gegenseitig aufheben oder ausgleichen, für zirkuläre Vermögensverschiebungen genutzt werden,

d) der Empfänger grenzüberschreitender, beim Zahlenden als Betriebsausgaben abzugsfähiger Zahlungen zwischen zwei oder mehr verbundenen Unternehmen in einem Steuerhoheitsgebiet ansässig ist, das keine Körperschaftsteuer erhebt oder einen Körperschaftsteuersatz von 0 Prozent oder nahe 0 Prozent hat, oder

e) die grenzüberschreitende, beim Zahlenden als Betriebsausgaben abzugsfähige Zahlung zwischen zwei oder mehr verbundenen Unternehmen in ein Steuerhoheitsgebiet erfolgt, in dem der Empfänger ansässig ist, soweit dieses Steuerhoheitsgebiet die Zahlung

   aa) vollständig von der Steuer befreit oder

   bb) einer steuerlichen Präferenzregelung unterwirft.

(2) Kennzeichen im Sinne des § 138d Absatz 2 Satz 1 Nummer 3 Buchstabe b sind:

1. Gestaltungen, die zum Gegenstand haben, dass

   a) der Empfänger grenzüberschreitender Zahlungen, die zwischen zwei oder mehr verbundenen Unternehmen erfolgen und beim Zahlenden als Betriebsausgabe abzugsfähig sind,

      aa) in keinem Steuerhoheitsgebiet ansässig ist oder

      bb) in einem Steuerhoheitsgebiet ansässig ist, das in der Liste der Drittstaaten aufgeführt wird, die von den Mitgliedstaaten der Europäischen Union oder von der Organisation für wirtschaftliche Zusammenarbeit und Entwicklung als nicht kooperierende Jurisdiktion eingestuft wurde,

   b) in mehr als einem Steuerhoheitsgebiet

      aa) Absetzungen für Abnutzung desselben Vermögenswertes in Anspruch genommen werden oder

      bb) eine Befreiung von der Doppelbesteuerung für dieselben Einkünfte oder dasselbe Vermögen vorgenommen wird und die

§ 138e | Abgabenordnung

> Einkünfte oder das Vermögen deshalb ganz oder teilweise unversteuert bleiben

oder

> c) die Gestaltung eine Übertragung oder Überführung von Vermögensgegenständen vorsieht, soweit sich die steuerliche Bewertung des Vermögensgegenstandes in den beteiligten Steuerhoheitsgebieten wesentlich unterscheidet;

2. Gestaltungen, die zu einer Aushöhlung der Mitteilungspflicht gemäß den Rechtsvorschriften zur Umsetzung des Standards für den automatischen Austausch von Informationen über Finanzkonten in Steuersachen (gemeinsamer Meldestandard) führen können oder die sich das Fehlen derartiger Rechtsvorschriften zu Nutze machen; derartige Gestaltungen umfassen insbesondere

   a) die Nutzung eines Kontos, eines Produkts oder einer Anlage, welches oder welche kein Finanzkonto im Sinne des § 19 Nummer 18 des Finanzkonten-Informationsaustauschgesetzes (Finanzkonto) ist oder vorgeblich kein Finanzkonto ist, jedoch Merkmale aufweist, die denen eines Finanzkontos entsprechen,

   b) die Übertragung eines Finanzkontos oder von Vermögenswerten in ein Steuerhoheitsgebiet, das nicht an den automatischen Informationsaustausch über Finanzkonten nach dem gemeinsamen Meldestandard mit dem Steuerhoheitsgebiet, in dem der Nutzer ansässig ist, gebunden ist, oder die Einbeziehung solcher Steuerhoheitsgebiete,

   c) die Neueinstufung von Einkünften und Vermögen als Produkte oder Zahlungen, die nicht dem automatischen Informationsaustausch über Finanzkonten nach dem gemeinsamen Meldestandard unterliegen,

   d) die Übertragung oder Umwandlung eines Finanzinstituts im Sinne des § 19 Nummer 3 des Finanzkonten- Informationsaustauschgesetzes (Finanzinstitut) oder eines Finanzkontos oder der darin enthaltenen Vermögenswerte in Finanzinstitute, Finanzkonten oder Vermögenswerte, die nicht der Meldepflicht im Rahmen des automatischen Informationsaustauschs über Finanzkonten nach dem gemeinsamen Meldestandard unterliegen,

   e) die Einbeziehung von Rechtsträgern, Steuergestaltungen oder Strukturen, die die Meldung eines Kontoinhabers im Sinne des § 20 Nummer 1 des Finanzkonten-Informationsaustauschgesetzes (Kontoinhaber) oder mehrerer Kontoinhaber oder einer beherrschenden Person im Sinne des § 19 Nummer 39 des Finanzkonten-Informationsaustauschgesetzes (beherrschende Person) oder mehrerer beherrschender Personen im Rahmen des automatischen Informationsaustauschs über Finanzkonten nach dem gemeinsamen Meldestandard ausschließen oder auszuschließen vorgeben, oder

- f) die Aushöhlung von Verfahren zur Erfüllung der Sorgfaltspflichten, die Finanzinstitute zur Erfüllung ihrer Meldepflichten bezüglich Informationen zu Finanzkonten nach dem gemeinsamen Meldestandard anwenden, oder die Ausnutzung von Schwächen in diesen Verfahren, einschließlich der Einbeziehung von Staaten oder Territorien mit ungeeigneten oder schwachen Regelungen für die Durchsetzung von Vorschriften gegen Geldwäsche oder mit schwachen Transparenzanforderungen für juristische Personen oder Rechtsvereinbarungen;

3. Gestaltungen mit rechtlichen Eigentümern oder wirtschaftlich Berechtigten unter Einbeziehung von Personen, Rechtsvereinbarungen oder Strukturen,

    a) die keine wesentliche wirtschaftliche Tätigkeit ausüben, die mit angemessener Ausstattung, angemessenen personellen Ressourcen, angemessenen Vermögenswerten und angemessenen Räumlichkeiten einhergeht, und

    b) die in anderen Steuerhoheitsgebieten eingetragen, ansässig oder niedergelassen sind oder verwaltet oder kontrolliert werden als dem Steuerhoheitsgebiet, in dem ein oder mehrere der wirtschaftlich Berechtigten der von diesen Personen, Rechtsvereinbarungen oder Strukturen gehaltenen Vermögenswerte ansässig sind,

    sofern die wirtschaftlich Berechtigten dieser Personen, Rechtsvereinbarungen oder Strukturen im Sinne des § 3 des Geldwäschegesetzes nicht identifizierbar gemacht werden (intransparente Kette);

4. Verrechnungspreisgestaltungen, bei denen

    a) eine unilaterale Regelung genutzt wird, die für eine festgelegte Kategorie von Nutzern oder Geschäftsvorfällen gilt und die dafür in Betracht kommende Nutzer von bestimmten Verpflichtungen befreit, die aufgrund der allgemeinen Verrechnungspreisvorschriften eines Steuerhoheitsgebiets sonst zu erfüllen wären,

    b) immaterielle Werte oder Rechte an immateriellen Werten an ein verbundenes Unternehmen übertragen oder zwischen dem Unternehmen und seiner ausländischen Betriebstätte überführt werden, für die zum Zeitpunkt ihrer Übertragung oder Überführung keine ausreichenden Vergleichswerte vorliegen und zum Zeitpunkt der Transaktion die Prognosen voraussichtlicher Cashflows oder die vom übertragenen oder überführten immateriellen Wert erwarteten abzuleitenden Einkünfte oder die der Bewertung des immateriellen Wertes oder Rechts an immateriellen Werten zugrunde gelegten Annahmen höchst unsicher sind, weshalb der Totalerfolg zum Zeitpunkt der Übertragung oder Überführung nur schwer absehbar ist (schwer zu bewertende immaterielle Werte), oder

    c) innerhalb von verbundenen Unternehmen eine grenzüberschreitende Übertragung oder Verlagerung von Funktionen, Risiken, Wirtschaftsgütern oder sonstigen Vorteilen stattfindet und der erwartete jährliche Gewinn vor Zinsen und Steuern des übertragenden Unternehmens über einen Zeitraum von drei Jahren nach der Übertragung weniger als 50 Prozent des jährlichen Gewinns vor Zinsen und Steuern des übertragenden Unternehmens beträgt, der erwartet worden wäre, wenn die Übertragung nicht stattgefunden hätte; bei dieser Erwartung ist davon auszugehen, dass die verbundenen Unternehmen nach den Grundsätzen ordentlicher und gewissenhafter Geschäftsleiter handeln; diese Regelungen gelten sinngemäß auch für Betriebstätten.

(3) [1]Ein verbundenes Unternehmen im Sinne der Absätze 1 und 2 ist eine Person, die mit einer anderen Person auf mindestens eine der folgenden Arten verbunden ist:

1. eine Person ist an der Geschäftsleitung einer anderen Person insofern beteiligt, als sie erheblichen Einfluss auf diese Person ausüben kann;
2. eine Person ist über eine Beteiligungsgesellschaft mit mehr als 25 Prozent der Stimmrechte an der Kontrolle einer anderen Person beteiligt;
3. eine Person ist über eine Inhaberschaft, die unmittelbar oder mittelbar mehr als 25 Prozent des Kapitals beträgt, am Kapital einer anderen Person beteiligt;
4. eine Person hat Anspruch auf mindestens 25 Prozent der Gewinne einer anderen Person.

[2]Falls mehr als eine Person gemäß Satz 1 an der Geschäftsleitung, der Kontrolle, dem Kapital oder den Gewinnen derselben Person beteiligt ist, gelten alle betroffenen Personen als untereinander verbundene Unternehmen. [3]Falls dieselben Personen gemäß Satz 1 an der Geschäftsleitung, der Kontrolle, dem Kapital oder den Gewinnen von mehr als einer Person beteiligt sind, gelten alle betroffenen Personen als verbundene Unternehmen. [4]Für die Zwecke dieses Absatzes wird eine Person, die in Bezug auf die Stimmrechte oder die Kapitalbeteiligung an einem Unternehmen gemeinsam mit einer anderen Person handelt, so behandelt, als würde sie eine Beteiligung an allen Stimmrechten oder dem gesamten Kapital dieses Unternehmens halten, die oder das von der anderen Person gehalten werden oder wird. [5]Bei mittelbaren Beteiligungen wird die Erfüllung der Anforderungen gemäß Satz 1 Nummer 3 durch Multiplikation der Beteiligungsquoten an den nachgeordneten Unternehmen ermittelt. [6]Eine Person mit einer Stimmrechtsbeteiligung von mehr als 50 Prozent gilt als Halter von 100 Prozent der Stimmrechte. [7]Eine natürliche Person, ihr Ehepartner und ihre Verwandten in aufsteigender oder absteigender gerader Linie werden als eine einzige Person behandelt, wenn gleichgerichtete wirtschaftliche Interessen bestehen. [8]Person im Sinne der Sätze 1 bis 7 ist jede natürliche oder juristische Person, Personengesellschaft, Gemeinschaft oder Vermögensmasse.

§ 138f Verfahren zur Mitteilung grenzüberschreitender Steuergestaltungen durch Intermediäre (S 0304)

(1) Die grenzüberschreitende Steuergestaltung im Sinne des § 138d Absatz 2 ist dem Bundeszentralamt für Steuern nach amtlich vorgeschriebenem Datensatz im Sinne des Absatzes 3 über die amtlich bestimmte Schnittstelle mitzuteilen.

(2) Die Angaben nach Absatz 3 sind innerhalb von 30 Tagen nach Ablauf des Tages zu übermitteln, an dem das erste der nachfolgenden Ereignisse eintritt:

1. die grenzüberschreitende Steuergestaltung wird zur Umsetzung bereitgestellt,
2. der Nutzer der grenzüberschreitenden Steuergestaltung ist zu deren Umsetzung bereit oder
3. mindestens ein Nutzer der grenzüberschreitenden Steuergestaltung hat den ersten Schritt der Umsetzung dieser Steuergestaltung gemacht.

(3) ¹Der Datensatz muss folgende Angaben enthalten:

1. zum Intermediär:
   a) den Familiennamen und den Vornamen sowie den Tag und Ort der Geburt, wenn der Intermediär eine natürliche Person ist,
   b) die Firma oder den Namen, wenn der Intermediär keine natürliche Person ist,
   c) die Anschrift,
   d) den Staat, in dem der Intermediär ansässig ist, und
   e) das Steueridentifikationsmerkmal oder die Steuernummer,
2. zum Nutzer:
   a) den Familiennamen und den Vornamen sowie den Tag und Ort der Geburt, wenn der Nutzer eine natürliche Person ist,
   b) die Firma oder den Namen, wenn der Nutzer keine natürliche Person ist,
   c) die Anschrift,
   d) den Staat, in dem der Nutzer ansässig ist, und
   e) das Steueridentifikationsmerkmal oder die Steuernummer des Nutzers,

   soweit dem Intermediär dies bekannt ist,
3. wenn an der grenzüberschreitenden Steuergestaltung Personen beteiligt sind, die im Sinne des § 138e Absatz 3 als verbundene Unternehmen des Nutzers gelten, zu dem verbundenen Unternehmen:
   a) die Firma oder den Namen,
   b) die Anschrift,
   c) den Staat, in dem das Unternehmen ansässig ist, und
   d) das Steueridentifikationsmerkmal oder die Steuernummer, soweit dem Intermediär dies bekannt ist,
4. Einzelheiten zu den nach § 138e zur Mitteilung verpflichtenden Kennzeichen,
5. eine Zusammenfassung des Inhalts der grenzüberschreitenden Steuergestaltung einschließlich

§ 138f Abgabenordnung

  a) soweit vorhanden, eines Verweises auf die Bezeichnung, unter der die Steuergestaltung allgemein bekannt ist, und

  b) einer abstrakt gehaltenen Beschreibung der relevanten Geschäftstätigkeit oder Gestaltung des Nutzers, soweit dies nicht zur Offenlegung eines Handels-, Gewerbe- oder Berufsgeheimnisses oder eines Geschäftsverfahrens oder von Informationen führt, deren Offenlegung die öffentliche Ordnung verletzen würde,

6. das Datum des Tages, an dem der erste Schritt der Umsetzung der grenzüberschreitenden Steuergestaltung gemacht wurde oder voraussichtlich gemacht werden wird,

7. Einzelheiten zu den einschlägigen Rechtsvorschriften aller betroffenen Mitgliedstaaten der Europäischen Union, die unmittelbar die Grundlage der grenzüberschreitenden Steuergestaltung bilden,

8. den tatsächlichen oder voraussichtlichen wirtschaftlichen Wert der grenzüberschreitenden Steuergestaltung,

9. die Mitgliedstaaten der Europäischen Union, die wahrscheinlich von der grenzüberschreitenden Steuergestaltung betroffen sind, und

10. Angaben zu allen in einem Mitgliedstaat der Europäischen Union ansässigen Personen, die von der grenzüberschreitenden Steuergestaltung wahrscheinlich unmittelbar betroffen sind, einschließlich Angaben darüber, zu welchen Mitgliedstaaten der Europäischen Union sie in Beziehung stehen, soweit dem Intermediär dies bekannt ist.

²Soweit dem Intermediär bekannt ist, dass neben ihm mindestens ein weiterer Intermediär im Geltungsbereich dieses Gesetzes oder in einem anderen Mitgliedstaat der Europäischen Union zur Mitteilung derselben grenzüberschreitenden Steuergestaltung verpflichtet ist, so kann er mit deren Einwilligung im Datensatz nach Satz 1 die Angaben nach Satz 1 Nummer 1 auch hinsichtlich der anderen ihm bekannten Intermediäre machen.

(4) ¹Der mitteilende Intermediär hat den Nutzer darüber zu informieren, welche den Nutzer betreffenden Angaben er gemäß Absatz 3 an das Bundeszentralamt für Steuern übermitteln wird. ²Im Fall des Absatzes 3 Satz 2 hat der mitteilende Intermediär die anderen ihm bekannten Intermediäre unverzüglich darüber zu informieren, dass die Angaben gemäß Absatz 3 an das Bundeszentralamt für Steuern übermittelt wurden.

(5) ¹Das Bundeszentralamt für Steuern weist dem eingegangenen Datensatz im Sinne des Absatzes 3

1. eine Registriernummer für die mitgeteilte grenzüberschreitende Steuergestaltung und

2. eine Offenlegungsnummer für die eingegangene Mitteilung

zu und teilt diese dem mitteilenden Intermediär mit. ²Hat das Bundeszentralamt für Steuern oder die zuständige Behörde eines anderen Mitgliedstaats der Europäischen Union im Einklang mit den dort geltenden Rechtsvorschriften der grenzüberschreitenden Steuergestaltung aufgrund der Mitteilung eines anderen Intermediärs bereits eine Registriernummer zugewiesen und ist diese dem mitteilenden Intermediär bekannt, so hat er sie dem Bundeszentralamt für Steuern im Datensatz nach Absatz 3 Satz 1 mitzuteilen. ³Satz 1 Nummer 1 ist nicht anzuwenden, wenn der Intermediär nach Satz 2 im Datensatz eine Registriernummer für die grenzüberschreitende Steuergestaltung angegeben hat. ⁴Der mitteilende Intermediär hat die Registriernummer nach Satz 1 Nummer 1 und die Offenlegungsnummer nach Satz 1 Nummer 2 unverzüglich dem Nutzer der grenzüberschreitenden Steuergestaltung mitzuteilen. ⁵Hat der Intermediär nach Absatz 3 Satz 2 auch andere Intermediäre derselben grenzüberschreitenden Steuergestaltung benannt, so hat er diesen die Registriernummer nach Satz 1 Nummer 1 mitzuteilen.

(6) ¹Unterliegt ein Intermediär einer gesetzlichen Pflicht zur Verschwiegenheit und hat der Nutzer ihn von dieser Pflicht nicht entbunden, so geht die Pflicht zur Übermittlung der Angaben nach Absatz 3 Satz 1 Nummer 2, 3 und 10 auf den Nutzer über, sobald der Intermediär

1. den Nutzer über die Mitteilungspflicht, die Möglichkeit der Entbindung von der Verschwiegenheitspflicht und den anderenfalls erfolgenden Übergang der Mitteilungspflicht informiert hat und

2. dem Nutzer die nach Absatz 3 Satz 1 Nummer 2, 3 und 10 erforderlichen Angaben, soweit sie dem Nutzer nicht bereits bekannt sind, sowie die Registriernummer und die Offenlegungsnummer zur Verfügung gestellt hat.

²Ist die Mitteilungspflicht hinsichtlich der in Absatz 3 Satz 1 Nummer 2, 3 und 10 bezeichneten Angaben auf den Nutzer übergegangen, so hat dieser in seiner Mitteilung die Registriernummer und die Offenlegungsnummer anzugeben; die Absätze 1 und 2 gelten in diesem Fall entsprechend. ³Die Information des Nutzers nach Satz 1 Nummer 2 ist vom Intermediär nach Zugang der Mitteilung der Offenlegungsnummer unverzüglich zu veranlassen und dem Bundeszentralamt für Steuern auf Verlangen mitzuteilen. ⁴Erlangt der Nutzer die in Satz 1 Nummer 2 bezeichneten Informationen erst nach Eintritt des nach Absatz 2 maßgebenden Ereignisses, so beginnt die Frist zur Übermittlung der in Absatz 3 Satz 1 Nummer 2, 3 und 10 bezeichneten Angaben abweichend von Absatz 2 erst mit Ablauf des Tages, an dem der Nutzer die Informationen erlangt hat. ⁵Hat der Nutzer einer grenzüberschreitenden Steuergestaltung einen Intermediär, der einer gesetzlichen Pflicht zur Verschwiegenheit unterliegt, nicht von seiner Verschwiegenheitspflicht entbunden, kann die Pflicht des Intermediärs zur Mitteilung der Angaben nach Absatz 3 Satz 1 Nummer 1 und 4 bis 9 dadurch erfüllt werden, dass der Nutzer diese Angaben im Auftrag des Intermediärs übermittelt.

(7) ¹Ein Intermediär ist nur dann zur Mitteilung der grenzüberschreitenden Steuergestaltung gegenüber dem Bundeszentralamt für Steuern verpflichtet, wenn er seinen Wohnsitz, seinen gewöhnlichen Aufenthalt, seine Geschäftsleitung oder seinen Sitz

1. im Geltungsbereich dieses Gesetzes hat oder

2. nicht in einem Mitgliedstaat der Europäischen Union hat, er aber im Geltungsbereich dieses Gesetzes

§ 138f	Abgabenordnung

a) eine Betriebstätte hat, durch die die Dienstleistungen im Zusammenhang mit der grenzüberschreitenden Steuergestaltung erbracht werden,

b) in das Handelsregister oder in ein öffentliches berufsrechtliches Register eingetragen ist oder

c) bei einem Berufsverband für juristische, steuerliche oder beratende Dienstleistungen registriert ist.

[2]Bei Anwendung von Satz 1 Nummer 2 Buchstabe a gilt § 138d Absatz 4 entsprechend.

(8) Ist ein Intermediär hinsichtlich derselben grenzüberschreitenden Steuergestaltung zur Mitteilung im Geltungsbereich dieses Gesetzes und zugleich in mindestens einem anderen Mitgliedstaat der Europäischen Union verpflichtet, so ist er von der Mitteilungspflicht nach diesem Gesetz nur dann befreit, wenn er nachweisen kann, dass er oder der Nutzer die grenzüberschreitende Steuergestaltung bereits in einem anderen Mitgliedstaat der Europäischen Union im Einklang mit den dort geltenden Rechtsvorschriften der zuständigen Behörde mitgeteilt hat.

(9) [1]Mehrere Intermediäre derselben grenzüberschreitenden Steuergestaltung sind nebeneinander zur Mitteilung verpflichtet. [2]Ein Intermediär ist in diesem Fall von der Mitteilungspflicht gegenüber dem Bundeszentralamt für Steuern befreit, soweit er nachweisen kann, dass die in Absatz 3 bezeichneten Informationen zu derselben grenzüberschreitenden Steuergestaltung bereits durch einen anderen Intermediär oder durch den Nutzer dem Bundeszentralamt für Steuern oder der zuständigen Behörde eines anderen Mitgliedstaats der Europäischen Union im Einklang mit den dort geltenden Rechtsvorschriften mitgeteilt wurden.

§ 138g Verfahren zur Mitteilung grenzüberschreitender Steuergestaltungen durch Nutzer (S 0304)

(1) ¹Erfüllt bei einer grenzüberschreitenden Steuergestaltung im Sinne des § 138d Absatz 2 kein Intermediär die Voraussetzungen des § 138f Absatz 7, so obliegt die Mitteilung der in § 138f Absatz 3 bezeichneten Angaben dem Nutzer; in diesem Fall gilt § 138f Absatz 1 und 2 entsprechend. ²Die Mitteilungspflicht des Nutzers nach Satz 1 besteht nicht, soweit der Nutzer nachweisen kann, dass er selbst, ein Intermediär oder ein anderer Nutzer dieselbe grenzüberschreitende Steuergestaltung bereits in einem anderen Mitgliedstaat der Europäischen Union im Einklang mit den dort geltenden Rechtsvorschriften mitgeteilt hat.

(2) ¹Obliegt die Mitteilung der in § 138f Absatz 3 bezeichneten Angaben im Fall des Absatzes 1 mehreren Nutzern derselben grenzüberschreitenden Steuergestaltung, so gilt Folgendes:

1. hinsichtlich der in § 138f Absatz 3 Satz 1 Nummer 1 und 4 bis 9 bezeichneten Angaben ist vorrangig der Nutzer zur Mitteilung verpflichtet, der die grenzüberschreitende Steuergestaltung mit dem Intermediär oder den Intermediären vereinbart hat; nachrangig ist der Nutzer mitteilungspflichtig, der die Umsetzung der grenzüberschreitenden Steuergestaltung verwaltet;

2. alle Nutzer derselben grenzüberschreitenden Steuergestaltung sind zur Mitteilung der in § 138f Absatz 3 Satz 1 Nummer 2, 3 und 10 bezeichneten Angaben verpflichtet;

3. soweit der in Nummer 1 bezeichnete Nutzer auch die in § 138f Absatz 3 Satz 1 Nummer 2, 3 und 10 bezeichneten Angaben zu den übrigen Nutzern derselben Steuergestaltung mitgeteilt hat, sind die übrigen Nutzer von der Mitteilungspflicht nach Nummer 2 befreit.

²Bei Anwendung von Satz 1 Nummer 1 gilt § 138f Absatz 5 Satz 1 und 4 entsprechend.

(3) Die Absätze 1 und 2 gelten nur für Nutzer, die ihren Wohnsitz, ihren gewöhnlichen Aufenthalt, ihre Geschäftsleitung oder ihren Sitz

1. im Geltungsbereich dieses Gesetzes haben oder

2. nicht in einem Mitgliedstaat der Europäischen Union haben, aber im Geltungsbereich dieses Gesetzes

   a) eine Betriebstätte im Sinne des § 138d Absatz 4 haben, in der durch die grenzüberschreitende Steuergestaltung ein steuerlicher Vorteil entsteht,

   b) Einkünfte erzielen oder eine wirtschaftliche Tätigkeit ausüben, sofern diese für eine Steuer von Bedeutung sind, auf die das EU-Amtshilfegesetz anzuwenden ist.

§ 138h Mitteilungen bei marktfähigen grenzüberschreitenden Steuergestaltungen (S 0304)

(1) Eine grenzüberschreitende Steuergestaltung ist marktfähig, wenn sie konzipiert wird, vermarktet wird, umsetzungsbereit ist oder zur Umsetzung bereitgestellt wird, ohne dass sie individuell angepasst werden muss.

(2) [1]Bei marktfähigen grenzüberschreitenden Steuergestaltungen sind Änderungen und Ergänzungen hinsichtlich der in § 138f Absatz 3 Satz 1 Nummer 1, 2, 3, 6, 9 und 10 bezeichneten Angaben, die nach Übermittlung des Datensatzes nach § 138f Absatz 3 eingetreten sind, innerhalb von zehn Tagen nach Ablauf des Kalendervierteljahres mitzuteilen, in dem die jeweils mitteilungspflichtigen Umstände eingetreten sind. [2]Dabei sind die Registriernummer und die Offenlegungsnummer anzugeben. [3]Die Angaben sind dem Bundeszentralamt für Steuern nach amtlich vorgeschriebenem Datensatz über die amtlich bestimmte Schnittstelle mitzuteilen. [4]Die Sätze 1 bis 3 gelten in den Fällen des § 138g entsprechend.

§ 138i Information der Landesfinanzbehörden (S 0304)

Soweit von nach den §§ 138f bis 138h mitgeteilten grenzüberschreitenden Steuergestaltungen im Sinne des § 138d Absatz 2 Steuern betroffen sind, die von Landesfinanzbehörden oder Gemeinden verwaltet werden, teilt das Bundeszentralamt für Steuern den für die Nutzer zuständigen Finanzbehörden der Länder im automatisierten Verfahren unter Angabe der Registriernummer und der Offenlegungsnummer mit, dass ihm Angaben über mitgeteilte grenzüberschreitende Steuergestaltungen vorliegen.

§ 138j Auswertung der Mitteilungen grenzüberschreitender Steuergestaltungen (S 0304)

(1) [1]Das Bundeszentralamt für Steuern wertet die ihm nach den §§ 138f bis 138h zugegangenen Mitteilungen aus. [2]Soweit von mitgeteilten grenzüberschreitenden Steuergestaltungen im Sinne des § 138d Absatz 2 Steuern betroffen sind, die von Zollbehörden verwaltet werden, übermittelt das Bundeszentralamt für Steuern die ihm zugegangenen Mitteilungen zusammen mit der jeweils zugewiesenen Registriernummer an die Generalzolldirektion. [3]Die Auswertung der Daten erfolgt in diesem Fall durch die Generalzolldirektion. [4]Die Ergebnisse der Auswertung teilen das Bundeszentralamt für Steuern und die Generalzolldirektion dem Bundesministerium der Finanzen mit.

(2) Soweit von nach den §§ 138f bis 138h mitgeteilten grenzüberschreitenden Steuergestaltungen Steuern betroffen sind, die ganz oder teilweise den Ländern oder Gemeinden zustehen, unterrichtet das Bundesministerium der Finanzen die obersten Finanzbehörden der Länder über die Ergebnisse der Auswertung.

(3) Soweit von nach den §§ 138f bis 138h mitgeteilten grenzüberschreitenden Steuergestaltungen Steuern betroffen sind, die von Finanzbehörden der Länder oder von Gemeinden verwaltet werden, stellt das Bundeszentralamt für Steuern den für die Nutzer zuständigen Finanzbehörden der Länder ergänzend zu den

Angaben nach § 138i auch die Angaben nach § 138f Absatz 3 sowie eigene Ermittlungsergebnisse und die Ergebnisse der Auswertung zum Abruf bereit.

(4) ¹Das Ausbleiben einer Reaktion des Bundeszentralamts für Steuern, der Generalzolldirektion, des Bundesministeriums der Finanzen oder des Gesetzgebers auf die Mitteilung einer grenzüberschreitenden Steuergestaltung nach den §§ 138f bis 138h bedeutet nicht deren rechtliche Anerkennung. ²§ 89 Absatz 2 bis 7 bleibt unberührt.

(5) Die Verarbeitung personenbezogener Daten aufgrund von Mitteilungen über grenzüberschreitende Steuergestaltungen durch Finanzbehörden ist ein Verwaltungsverfahren in Steuersachen im Sinne des Gesetzes.

§ 138k Angabe der grenzüberschreitenden Steuergestaltung in der Steuererklärung (S 0304)

¹Hat ein Nutzer eine grenzüberschreitende Steuergestaltung im Sinne des § 138d Absatz 2 oder der entsprechenden Regelung eines anderen Mitgliedstaats der Europäischen Union verwirklicht, so hat er diese in der Steuererklärung für die Steuerart und den Besteuerungszeitraum oder den Besteuerungszeitpunkt, in der sich der steuerliche Vorteil der grenzüberschreitenden Steuergestaltung erstmals auswirken soll, anzugeben. ²Hierzu genügt die Angabe

1. der vom Bundeszentralamt für Steuern zugeteilten Registriernummer und Offenlegungsnummer oder

2. der von der zuständigen Behörde eines anderen Mitgliedstaats der Europäischen Union zugeteilten Registriernummer und Offenlegungsnummer.

§ 139 Anmeldung von Betrieben in besonderen Fällen (S 0301)

(1) ¹Wer Waren gewinnen oder herstellen will, an deren Gewinnung, Herstellung, Entfernung aus dem Herstellungsbetrieb oder Verbrauch innerhalb des Herstellungsbetriebs eine Verbrauchsteuerpflicht geknüpft ist, hat dies der zuständigen Finanzbehörde vor Eröffnung des Betriebs anzumelden. ²Das Gleiche gilt für den, der ein Unternehmen betreiben will, bei dem besondere Verkehrsteuern anfallen.

(2) ¹Durch Rechtsverordnung können Bestimmungen über den Zeitpunkt, die Form und den Inhalt der Anmeldung getroffen werden. ²Die Rechtsverordnung erlässt die Bundesregierung, soweit es sich um Verkehrsteuern mit Ausnahme der Luftverkehrsteuer handelt, im Übrigen das Bundesministerium der Finanzen. ³Die Rechtsverordnung des Bundesministeriums der Finanzen bedarf der Zustimmung des Bundesrates nur, soweit sie die Biersteuer betrifft.

3. Unterabschnitt - Identifikationsmerkmal

§ 139a Identifikationsmerkmal (S 0305)

(1) ¹Das Bundeszentralamt für Steuern teilt jedem Steuerpflichtigen und jeder sonstigen natürlichen Person, die bei einer öffentlichen Stelle ein Verwaltungsverfahren führt, zum Zwecke der eindeutigen Identifizierung in Besteuerungs- und Verwaltungsverfahren ein einheitliches und dauerhaftes Merkmal (Identifikationsmerkmal) zu; das Identifikationsmerkmal ist vom Steuerpflichtigen oder von einem Dritten, der Daten dieses Steuerpflichtigen an die Finanzbehörden zu übermitteln hat, bei Anträgen, Erklärungen oder Mitteilungen gegenüber Finanzbehörden anzugeben. ²Es besteht aus einer Ziffernfolge, die nicht aus anderen Daten über die betroffene Person gebildet oder abgeleitet werden darf; die letzte Stelle ist eine Prüfziffer. ³Natürliche Personen erhalten eine Identifikationsnummer, wirtschaftlich Tätige eine Wirtschafts-Identifikationsnummer. ⁴Die betroffene Person ist über die Zuteilung eines Identifikationsmerkmals unverzüglich zu unterrichten.

(2) Steuerpflichtiger im Sinne dieses Unterabschnitts ist jeder, der nach einem Steuergesetz steuerpflichtig ist.

(3) Wirtschaftlich Tätige im Sinne dieses Unterabschnitts sind:

1. natürliche Personen, die wirtschaftlich tätig sind,
2. juristische Personen,
3. Personenvereinigungen.

§ 139b Identifikationsnummer (S 0305)

(1) ¹Eine natürliche Person darf nicht mehr als eine Identifikationsnummer erhalten. ²Jede Identifikationsnummer darf nur einmal vergeben werden.

(2) ¹Die Finanzbehörden dürfen die Identifikationsnummer verarbeiten, wenn die Verarbeitung zur Erfüllung der ihnen obliegenden Aufgaben erforderlich ist oder eine Rechtsvorschrift die Verarbeitung der Identifikationsnummer ausdrücklich erlaubt oder anordnet. ²Andere öffentliche oder nicht-öffentliche Stellen dürfen ohne Einwilligung der betroffenen Person

1. die Identifikationsnummer nur verarbeiten, soweit dies für Datenübermittlungen zwischen ihnen und den Finanzbehörden erforderlich ist oder eine Rechtsvorschrift die Verarbeitung der Identifikationsnummer ausdrücklich erlaubt oder anordnet,

2. ihre Dateisysteme nur insoweit nach der Identifikationsnummer ordnen oder für den Zugriff erschließen, als dies für regelmäßige Datenübermittlungen zwischen ihnen und den Finanzbehörden erforderlich ist,

3. eine rechtmäßig erhobene Identifikationsnummer eines Steuerpflichtigen zur Erfüllung aller Mitteilungspflichten gegenüber Finanzbehörden verwenden, soweit die Mitteilungspflicht denselben Steuerpflichtigen betrifft und die Verarbeitung nach Nummer 1 zulässig wäre,

4. eine durch ein verbundenes Unternehmen im Sinne des § 15 des Aktiengesetzes oder ein Unternehmen einer kreditwirtschaftlichen Verbundgruppe rechtmäßig erhobene Identifikationsnummer eines Steuerpflichtigen zur Erfüllung aller steuerlichen Mitwirkungspflichten verwenden, soweit die Mitwirkungspflicht denselben Steuerpflichtigen betrifft und die verwendende Stelle zum selben Unternehmensverbund wie die Stelle gehört, die die Identifikationsnummer erhoben hat und die Verarbeitung nach Nummer 1 zulässig wäre.

(3) Das Bundeszentralamt für Steuern speichert zu natürlichen Personen folgende Daten:

1. Identifikationsnummer,
2. Wirtschafts-Identifikationsnummern,
3. Familienname,
4. frühere Namen,
5. Vornamen,
6. Doktorgrad,
7. amtlicher Gemeindeschlüssel,
8. Tag und Ort der Geburt,
9. Geschlecht,
10. gegenwärtige oder letzte bekannte Anschrift,
11. zuständige Finanzbehörden,
12. Auskunftssperren nach dem Bundesmeldegesetz,
13. Sterbetag,
14. Tag des Ein- und Auszugs,
15. Staatsangehörigkeiten sowie
16. Datum des letzten Verwaltungskontakts (Monat, Jahr).

(3a) ¹Außerdem speichert das Bundeszentralamt für Steuern zu natürlichen Personen die für sie nach Absatz 10 zuletzt übermittelte internationale Kontonummer (IBAN), bei ausländischen Kreditinstituten auch den internationalen Banken-Identifizierungsschlüssel (BIC). ²Gespeichert wird nach Satz 1 ausschließlich eine Kontoverbindung, welche mittels SEPA-Überweisung erreichbar ist.

(4) ¹Die in Absatz 3 aufgeführten Daten werden gespeichert, um

1. sicherzustellen, dass eine Person nur eine Identifikationsnummer erhält und eine Identifikationsnummer nicht mehrfach vergeben wird,

2. die Identifikationsnummer eines Steuerpflichtigen festzustellen,
3. zu erkennen, welche Finanzbehörden für einen Steuerpflichtigen zuständig sind,
4. Daten, die auf Grund eines Gesetzes oder nach über- und zwischenstaatlichem Recht entgegenzunehmen sind, an die zuständigen Stellen weiterleiten zu können,
5. den Finanzbehörden die Erfüllung der ihnen durch Rechtsvorschrift zugewiesenen Aufgaben zu ermöglichen.

²Die in Absatz 3 Nummer 1 und 8 aufgeführten Daten werden auch zur Ermittlung des Einkommens nach § 97a des Sechsten Buches Sozialgesetzbuch gespeichert und können von den Trägern der gesetzlichen Rentenversicherung zu diesem Zweck verarbeitet werden. ³Die in Absatz 3 Nummer 1 und 8 aufgeführten Daten werden auch zum Nachweis der Elterneigenschaft sowie zur Ermittlung der Anzahl der berücksichtigungsfähigen Kinder des beitragspflichtigen Mitglieds für die Beitragssatzermittlung nach § 55 Absatz 3 und 3a des Elften Buches Sozialgesetzbuch gespeichert und können von den beitragsabführenden Stellen und den Pflegekassen zu diesem Zweck verarbeitet werden. ⁴Die Regelungen des Identifikationsnummerngesetzes bleiben unberührt.

(4a) Die in Absatz 3 Nummer 3 bis 8 und 10 aufgeführten Daten werden bei einer natürlichen Person, die ein Nutzerkonto im Sinne des § 2 Absatz 5 des Onlinezugangsgesetzes nutzt, auch zum Nachweis der Identität als Nutzer dieses Nutzerkontos gespeichert; diese Daten dürfen auf Veranlassung des Nutzers eines Nutzerkontos elektronisch an das Nutzerkonto übermittelt werden.

(4b) Die in Absatz 3 Nummer 1 und 8 aufgeführten Daten werden bei einer natürlichen Person auch für Zwecke der Digitalen Rentenübersicht gespeichert.

(4c) ¹Die nach Absatz 3a gespeicherten Daten werden gespeichert, um eine unbare Auszahlung von Leistungen aus öffentlichen Mitteln zu ermöglichen, bei denen die Verwendung der nach Absatz 3a gespeicherten Daten vorgesehen ist. ²Die in Absatz 3 aufgeführten Daten werden bei einer natürlichen Person auch für die in Satz 1 genannten Zwecke gespeichert.

(5) ¹Die in Absatz 3 aufgeführten Daten dürfen nur für die in den Absätzen 4 bis 4c genannten Zwecke verarbeitet werden; darüber hinaus dürfen die in Absatz 3 Nummer 2 bis 10 und Nummer 12 bis 15 aufgeführten Daten nur unter den Voraussetzungen des § 30 Absatz 4 Nummer 5 Buchstabe a den jeweils zuständigen Stellen auf deren Ersuchen offenbart werden. ²Die in Absatz 3a aufgeführten Daten dürfen nur für die in Absatz 4c genannten Zwecke verarbeitet werden; eine Übermittlung, Verwendung oder Beschlagnahme dieser Daten nach anderen Rechtsvorschriften ist unzulässig. ³Auskunftssperren nach dem Bundesmeldegesetz sind zu beachten und im Fall einer zulässigen Datenübermittlung ebenfalls zu übermitteln. ⁴Der Dritte, an den die Daten übermittelt werden, hat die Übermittlungssperren ebenfalls zu beachten. ⁵Die Regelungen des Identifikationsnummerngesetzes bleiben unberührt.

(6) ¹Zum Zwecke der erstmaligen Zuteilung der Identifikationsnummer übermitteln die Meldebehörden dem Bundeszentralamt für Steuern für jeden in ihrem

Zuständigkeitsbereich mit alleiniger Wohnung oder Hauptwohnung im Melderegister registrierten Einwohner folgende Daten:

1. Familienname,
2. frühere Namen,
3. Vornamen,
4. Doktorgrad,
5. amtlicher Gemeindeschlüssel,
6. Tag und Ort der Geburt,
7. Geschlecht,
8. gegenwärtige Anschrift der alleinigen Wohnung oder der Hauptwohnung,
9. Tag des Ein- und Auszugs,
10. Auskunftssperren nach dem Bundesmeldegesetz,
11. Staatsangehörigkeiten sowie
12. Datum des letzten Verwaltungskontakts (Monat, Jahr).

²Hierzu haben die Meldebehörden jedem in ihrem Zuständigkeitsbereich mit alleiniger Wohnung oder Hauptwohnung registrierten Einwohner ein Vorläufiges Bearbeitungsmerkmal zu vergeben. ³Dieses übermitteln sie zusammen mit den Daten nach Satz 1 an das Bundeszentralamt für Steuern. ⁴Das Bundeszentralamt für Steuern teilt der zuständigen Meldebehörde die dem Steuerpflichtigen zugeteilte Identifikationsnummer zur Speicherung im Melderegister unter Angabe des Vorläufigen Bearbeitungsmerkmals mit und löscht das Vorläufige Bearbeitungsmerkmal anschließend.

(7) ¹Die Meldebehörden haben im Falle der Speicherung einer Geburt im Melderegister sowie im Falle der Speicherung einer Person, für die bisher keine Identifikationsnummer zugeteilt worden ist, dem Bundeszentralamt für Steuern die Daten nach Absatz 6 Satz 1 zum Zwecke der Zuteilung der Identifikationsnummer zu übermitteln. ²Absatz 6 Satz 2 bis 4 gilt entsprechend. ³Wird im Melderegister eine Person gespeichert, der nach eigenen Angaben noch keine Identifikationsnummer zugeteilt worden ist, so können die Meldebehörden dies in einem maschinellen Verfahren beim Bundeszentralamt für Steuern überprüfen; dabei dürfen nur die Daten nach Absatz 3 verwendet werden. ⁴Stimmen die von der Meldebehörde übermittelten Daten mit den beim Bundeszentralamt für Steuern nach Absatz 3 gespeicherten Daten überein, teilt das Bundeszentralamt für Steuern der Meldebehörde die in Absatz 3 Nummer 1, 3, 5, 8 und 10 genannten Daten mit; andernfalls teilt es der Meldebehörde mit, dass keine Zuordnung möglich war.

(8) ¹Die Meldebehörde teilt dem Bundeszentralamt für Steuern Änderungen der in Absatz 6 Satz 1 Nummer 1 bis 12 bezeichneten Daten sowie bei Sterbefällen den Sterbetag unter Angabe der Identifikationsnummer oder, sofern diese noch nicht zugeteilt wurde, unter Angabe des Vorläufigen Bearbeitungsmerkmals mit. ²Die Mitteilungspflicht der Registermodernisierungsbehörde gegenüber dem

§ 139b Abgabenordnung

Bundeszentralamt für Steuern nach § 4 Absatz 4 des Identifikationsnummerngesetzes bleibt unberührt.

(9) Das Bundeszentralamt für Steuern unterrichtet die Meldebehörden, wenn ihm konkrete Anhaltspunkte für die Unrichtigkeit der ihm von den Meldebehörden übermittelten Daten vorliegen.

(10) [1]Natürliche Personen können dem Bundeszentralamt für Steuern vorbehaltlich des Satzes 2 die IBAN, bei ausländischen Kreditinstituten auch den BIC, des für Auszahlungen in den Fällen des Absatzes 4c zu verwendenden Kontos unter Angabe der in Absatz 3 Nummer 1 und 8 genannten Daten in einem sicheren Verfahren

1. übermitteln,
2. durch ihren Bevollmächtigten im Sinne des § 80 Absatz 2 übermitteln lassen oder
3. durch das kontoführende Kreditinstitut übermitteln lassen; die Kreditinstitute haben zu diesem Zweck ein geeignetes Verfahren bereitzustellen.

[2]Für natürliche Personen, die das 18. Lebensjahr noch nicht vollendet haben und für die nach § 63 des Einkommensteuergesetzes Kindergeld festgesetzt oder nach § 1 Absatz 2 oder § 2 Absatz 1 des Bundeskindergeldgesetzes Kindergeld bewilligt worden ist, teilt die zuständige Familienkasse als mitteilungspflichtige Stelle dem Bundeszentralamt für Steuern für die in Absatz 4c genannten Zwecke unter Angabe der in Absatz 3 Nummer 1 und 8 genannten Daten der natürlichen Person die IBAN, bei ausländischen Kreditinstituten auch den BIC, des Kontos mit, auf welches das Kindergeld zuletzt ausgezahlt worden ist; dies gilt nicht, wenn es sich bei dem tatsächlichen Zahlungsempfänger weder um den Kindergeldberechtigten noch um das Kind handelt. [3]Änderungen der nach den Sätzen 1 oder 2 bereits mitgeteilten IBAN, bei ausländischen Kreditinstituten auch des BIC, sind dem Bundeszentralamt für Steuern unter Angabe der in Absatz 3 Nummer 1 und 8 genannten Daten umgehend mitzuteilen. [4]Ist in den Fällen des Satzes 2 der für die Bewilligungen des Kindergeldes nach dem Bundeskindergeldgesetz zuständigen Familienkasse die Identifikationsnummer nicht bekannt, darf sie diese Identifikationsnummer nach amtlich vorgeschriebenem Datensatz beim Bundeszentralamt für Steuern abfragen. [5]In der Abfrage dürfen nur die in Absatz 3 genannten Daten der minderjährigen Person angegeben werden. [6]Das Bundeszentralamt für Steuern entspricht dem Ersuchen, wenn die übermittelten Daten den beim Bundeszentralamt für Steuern hinterlegten Daten entsprechen.

(11) Die Übermittlung der in Absatz 10 genannten Daten an das Bundeszentralamt für Steuern muss elektronisch nach amtlich vorgeschriebenem Datensatz über die amtlich bestimmte Schnittstelle erfolgen.

(12) Das Bundeszentralamt für Steuern stellt den für ein Verfahren im Sinne des Absatzes 4c zuständigen Stellen die in Absatz 3 Nummer 1, 3, 5, 8, 10, 12 und 13 sowie Absatz 3a genannten Daten zum automationsgestützten Abgleich oder zum Abruf durch Datenfernübertragung zur Verfügung.

(13) [1]Eine Datenübermittlung an das Bundeszentralamt für Steuern nach Absatz 10 Satz 1 ist erstmals zu einem vom Bundesministerium der Finanzen zu bestimmenden und im Bundesgesetzblatt bekanntzumachenden Zeitpunkt zulässig.

²Die nach Absatz 10 Satz 2 mitteilungspflichtigen Stellen haben die von ihnen mitzuteilenden Daten erstmals zu einem vom Bundesministerium der Finanzen zu bestimmenden und im Bundesgesetzblatt bekanntzumachenden Zeitpunkt an das Bundeszentralamt für Steuern zu übermitteln. ³Wird Kindergeld erstmals nach dem vom Bundesministerium der Finanzen nach Satz 2 bestimmten Zeitpunkt ausgezahlt, gilt Satz 2 entsprechend.

§ 139c Wirtschafts-Identifikationsnummer (S 0305)

(1) ¹Die Wirtschafts-Identifikationsnummer wird auf Anforderung der zuständigen Finanzbehörde vergeben. ²Sie beginnt mit den Buchstaben „DE". ³Jede Wirtschafts-Identifikationsnummer darf nur einmal vergeben werden.

(2) ¹Die Finanzbehörden dürfen die Wirtschafts-Identifikationsnummer verarbeiten, wenn die Verarbeitung zur Erfüllung der ihnen obliegenden Aufgaben erforderlich ist oder eine Rechtsvorschrift dies erlaubt oder anordnet. ²Andere öffentliche oder nicht-öffentliche Stellen dürfen die Wirtschafts-Identifikationsnummer nur verarbeiten, soweit dies zur Erfüllung ihrer Aufgaben oder Geschäftszwecke oder für Datenübermittlungen zwischen ihnen und den Finanzbehörden erforderlich ist. ³Soweit die Wirtschafts-Identifikationsnummer andere Nummern ersetzt, bleiben Rechtsvorschriften, die eine Übermittlung durch die Finanzbehörden an andere Behörden regeln, unberührt.

(3) Das Bundeszentralamt für Steuern speichert zu natürlichen Personen, die wirtschaftlich tätig sind, folgende Daten:

1. Wirtschafts-Identifikationsnummer,
2. Identifikationsnummer,
3. Firma (§§ 17ff. des Handelsgesetzbuchs) oder Name des Unternehmens,
4. frühere Firmennamen oder Namen des Unternehmens,
5. Rechtsform,
6. Wirtschaftszweignummer,
7. amtlicher Gemeindeschlüssel,
8. Anschrift des Unternehmens, Firmensitz,
9. Handelsregistereintrag (Registergericht einschließlich Altgericht, Datum und Nummer der Eintragung),
10. Datum der Betriebseröffnung oder Zeitpunkt der Aufnahme der Tätigkeit,
11. Datum der Betriebseinstellung oder Zeitpunkt der Beendigung der Tätigkeit,
12. zuständige Finanzbehörden,
13. Unterscheidungsmerkmale nach Absatz 5a,
14. Angaben zu verbundenen Unternehmen.

(4) Das Bundeszentralamt für Steuern speichert zu juristischen Personen folgende Daten:

1. Wirtschafts-Identifikationsnummer,
2. Identifikationsmerkmale der gesetzlichen Vertreter,
3. Firma (§§ 17ff. des Handelsgesetzbuchs),

4. frühere Firmennamen,
5. Rechtsform,
6. Wirtschaftszweignummer,
7. amtlicher Gemeindeschlüssel,
8. Sitz gemäß § 11, insbesondere Ort der Geschäftsleitung,
9. Datum des Gründungsaktes,
10. Handels-, Genossenschafts- oder Vereinsregistereintrag (Registergericht einschließlich Altgericht, Datum und Nummer der Eintragung),
11. Datum der Betriebseröffnung oder Zeitpunkt der Aufnahme der Tätigkeit,
12. Datum der Betriebseinstellung oder Zeitpunkt der Beendigung der Tätigkeit,
13. Zeitpunkt der Auflösung,
14. Datum der Löschung im Register,
15. verbundene Unternehmen,
16. zuständige Finanzbehörden,
17. Unterscheidungsmerkmale nach Absatz 5a.

(5) Das Bundeszentralamt für Steuern speichert zu Personenvereinigungen folgende Daten:

1. Wirtschafts-Identifikationsnummer,
2. Identifikationsmerkmale der gesetzlichen Vertreter,
3. Identifikationsmerkmale der Beteiligten,
4. Firma (§§ 17ff. des Handelsgesetzbuchs) oder Name der Personenvereinigung,
5. frühere Firmennamen oder Namen der Personenvereinigung,
6. Rechtsform,
7. Wirtschaftszweignummer,
8. amtlicher Gemeindeschlüssel,
9. Sitz gemäß § 11, insbesondere Ort der Geschäftsleitung,
10. Datum des Gesellschaftsvertrags,
11. Eintrag im Handels-, Partnerschafts- oder Gesellschaftsregister (Registergericht einschließlich Altgericht, Datum und Nummer der Eintragung),
12. Datum der Betriebseröffnung oder Zeitpunkt der Aufnahme der Tätigkeit,
13. Datum der Betriebseinstellung oder Zeitpunkt der Beendigung der Tätigkeit,

14. Zeitpunkt der Auflösung,
15. Zeitpunkt der Beendigung,
16. Datum der Löschung im Register,
17. verbundene Unternehmen,
18. zuständige Finanzbehörden,
19. Unterscheidungsmerkmale nach Absatz 5a.

(5a) ¹Bei jedem wirtschaftlich Tätigen (§ 139a Absatz 3) wird die Wirtschafts-Identifikationsnummer für jede einzelne seiner wirtschaftlichen Tätigkeiten, jeden seiner Betriebe sowie für jede seiner Betriebstätten um ein fünfstelliges Unterscheidungsmerkmal ergänzt, so dass die Tätigkeiten, Betriebe und Betriebstätten des wirtschaftlich Tätigen in Besteuerungsverfahren eindeutig identifiziert werden können. ²Der ersten wirtschaftlichen Tätigkeit des wirtschaftlich Tätigen, seinem ersten Betrieb oder seiner ersten Betriebstätte wird vom Bundeszentralamt für Steuern hierbei das Unterscheidungsmerkmal 00001 zugeordnet. ³Jeder weiteren wirtschaftlichen Tätigkeit, jedem weiteren Betrieb sowie jeder weiteren Betriebstätte des wirtschaftlich Tätigen ordnet das Bundeszentralamt für Steuern auf Anforderung der zuständigen Finanzbehörde fortlaufend ein eigenes Unterscheidungsmerkmal zu. ⁴Das Bundeszentralamt für Steuern speichert zu den einzelnen wirtschaftlichen Tätigkeiten, den einzelnen Betrieben sowie den einzelnen Betriebstätten des wirtschaftlich Tätigen folgende Daten:

1. Unterscheidungsmerkmal,
2. Wirtschafts-Identifikationsnummer des wirtschaftlich Tätigen,
3. Firma (§§ 17 ff. des Handelsgesetzbuchs) oder Name der wirtschaftlichen Tätigkeit, des Betriebes oder der Betriebstätte,
4. frühere Firmennamen oder Namen der wirtschaftlichen Tätigkeit, des Betriebes oder der Betriebstätte,
5. Rechtsform,
6. Wirtschaftszweignummer,
7. amtlicher Gemeindeschlüssel,
8. Anschrift der wirtschaftlichen Tätigkeit, des Betriebes oder der Betriebstätte,
9. Registereintrag (Registergericht, Datum und Nummer der Eintragung),
10. Datum der Eröffnung des Betriebes oder der Betriebstätte oder Zeitpunkt der Aufnahme der wirtschaftlichen Tätigkeit,
11. Datum der Einstellung des Betriebes oder der Betriebstätte oder Zeitpunkt der Beendigung der wirtschaftlichen Tätigkeit,
12. Datum der Löschung im Register,
13. zuständige Finanzbehörden.

(6) Die Speicherung der in den Absätzen 3 bis 5a aufgeführten Daten erfolgt, um

1. sicherzustellen, dass eine vergebene Wirtschafts-Identifikationsnummer nicht noch einmal für einen anderen wirtschaftlich Tätigen verwendet wird,
2. für einen wirtschaftlich Tätigen die vergebene Wirtschafts-Identifikationsnummer festzustellen,
3. zu erkennen, welche Finanzbehörden zuständig sind,
4. Daten, die auf Grund eines Gesetzes oder nach über- und zwischenstaatlichem Recht entgegenzunehmen sind, an die zuständigen Stellen weiterleiten zu können,
5. den Finanzbehörden die Erfüllung der ihnen durch Rechtsvorschrift zugewiesenen Aufgaben zu ermöglichen.

(6a) Die in Absatz 3 Nummer 1, 3, 5, 7, 8 und 9, in Absatz 4 Nummer 1, 3, 5, 7, 8 und 10 sowie in Absatz 5 Nummer 1, 4, 6, 8, 9 und 11 aufgeführten Daten werden bei einem Unternehmen im Sinne des Unternehmensbasisdatenregistergesetzes, das ein Nutzerkonto im Sinne des § 2 Absatz 5 des Onlinezugangsgesetzes nutzt, auch zum Nachweis der Identität als Nutzer dieses Nutzerkontos gespeichert; diese Daten dürfen auf Veranlassung des Nutzers eines Nutzerkontos elektronisch an das Nutzerkonto übermittelt werden.

(7) Die in Absatz 3 aufgeführten Daten dürfen nur für die in Absatz 6 genannten Zwecke verarbeitet werden, es sei denn, eine Rechtsvorschrift sieht eine andere Verarbeitung ausdrücklich vor.

§ 139d Verordnungsermächtigung (S 0305)

Die Bundesregierung bestimmt durch Rechtsverordnung mit Zustimmung des Bundesrates:

1. organisatorische und technische Maßnahmen zur Wahrung des Steuergeheimnisses, insbesondere zur Verhinderung eines unbefugten Zugangs zu Daten, die durch § 30 geschützt sind,
2. Richtlinien zur Vergabe der Identifikationsnummer nach § 139b und der Wirtschafts-Identifikationsnummer nach § 139c,
3. Fristen, nach deren Ablauf die nach §§ 139b und 139c gespeicherten Daten zu löschen sind, sowie
4. die Form und das Verfahren der Datenübermittlungen nach § 139b Absatz 6 bis 9.

§ 139e Direktauszahlungsmechanismus

(1) ¹Der Direktauszahlungsmechanismus ist die Direktauszahlung öffentlicher Mittel an natürliche Personen unter Verwendung der nach § 139b Absatz 3 und 3a gespeicherten Daten, die durch Bundesgesetz vorgesehen ist. ²Zuständige Behörde für den Direktauszahlungsmechanismus ist das Bundeszentralamt für Steuern (Direktauszahlungsbehörde). ³Die Direktauszahlungsbehörde wird im Auftrag der nach dem jeweiligen Leistungsgesetz zuständigen Behörde (Leistungsbehörde) tätig.

(2) Die Direktauszahlung von öffentlichen Mitteln nach Absatz 1 Satz 1 erfolgt unbar auf die zum Zeitpunkt des Datenabrufs nach § 139b Absatz 3a gespeicherte Kontoverbindung.

(3) Erfolgt die Direktauszahlung öffentlicher Mittel auf Antrag, so ist dieser nach amtlich bestimmten Datensatz über die amtlich bestimmte Schnittstelle elektronisch zu übermitteln.

(4) ¹Werden an die Gewährung der Leistung Voraussetzungen geknüpft, die nicht aus den nach § 139b gespeicherten Daten bestimmt oder über amtlich bestimmte Schnittstellen der Direktauszahlungsbehörde zu anderen datenverwaltenden Stellen automatisiert bezogen werden können, sind die erforderlichen Daten von der Leistungsbehörde bei den öffentlichen Stellen zu erheben, die diese Daten verarbeiten. ²Die Leistungsbehörde teilt der Direktauszahlungsbehörde das Ergebnis der Prüfung nach amtlich bestimmten Datensatz über die amtlich bestimmte Schnittstelle mit.

(5) ¹Die Gutschrift auf die nach Absatz 2 gespeicherte Kontoverbindung (Direktauszahlung) ist ein Verwaltungsakt nach dem jeweiligen Leistungsgesetz, der nicht schriftlich zu bestätigen ist sowie keiner Begründung und keiner gesonderten Rechtsbehelfsbelehrung bedarf. ²Der Verwaltungsakt wird durch die Gutschrift bekannt gegeben. ³Andere Verwaltungsakte werden durch Bereitstellung zum Datenabruf bekannt gegeben. ⁴Für die Durchführung von Rechtsbehelfsver-

fahren ist die Leistungsbehörde zuständig. ⁵Im Übrigen gelten die für das Leistungsgesetz maßgebenden Vorschriften über das Verwaltungs- sowie das Gerichtsverfahren.

Verordnung zur Vergabe steuerlicher Identifikationsnummern (Steueridentifikationsnummerverordnung - StIdV)
vom 28.11.2006 (BGBl. I S. 2726), zuletzt geändert durch Artikel 5 der Verordnung vom 19.12.2022 (BGBl. I S. 2432)

---

§ 1 Aufbau der Identifikationsnummer

Die Identifikationsnummer nach § 139b der Abgabenordnung besteht aus zehn Ziffern und einer Prüfziffer als elfter Ziffer.

§ 2 Form und Verfahren der Datenübermittlungen

(1) Für die Datenübermittlungen der Meldebehörden an das Bundeszentralamt für Steuern nach § 139b Absatz 6 Satz 1, 3, Absatz 7 Satz 1 und Absatz 8 der Abgabenordnung gelten die §§ 2 und 9 der Zweiten Bundesmeldedatenübermittlungsverordnung.

(2) Die Datenübermittlungen des Bundeszentralamts für Steuern an die Meldebehörden nach § 139b Abs. 6 Satz 4 und Abs. 7 Satz 2 der Abgabenordnung erfolgen durch Datenübertragung über verwaltungseigene Kommunikationsnetze oder über das Internet. Sie erfolgen unmittelbar oder über Vermittlungsstellen. Die zu übermittelnden Daten sind mit einer fortgeschrittenen elektronischen Signatur zu versehen und nach dem Stand der Technik zu verschlüsseln. Hierbei sind die Satzbeschreibung OSC XMeld (§ 3 Absatz 1 der Zweiten Bundesmeldedatenübermittlungsverordnung) und das Übermittlungsprotokol OSCI-Transport (§ 3 Absatz 2 der Zweiten Bundesmeldedatenübermittlungsverordnung) in der im Bundesanzeiger bekannt gemachten jeweils geltenden Fassung zu Grunde zu legen.

§ 3 (weggefallen)

§ 4 Löschungsfrist

Die beim Bundeszentralamt für Steuern nach § 139b Abs. 3 der Abgabenordnung gespeicherten Daten sind zu löschen, wenn sie zur Erfüllung der gesetzlichen Aufgaben der Finanzbehörden nicht mehr erforderlich sind, spätestens jedoch 20 Jahre nach Ablauf des Kalenderjahres, in dem der Steuerpflichtige verstorben ist.

§ 5 Sicherheit und Funktionsfähigkeit des Verfahrens

Das Bundeszentralamt für Steuern hat die Sicherheit und Funktionsfähigkeit des Verfahrens zu gewährleisten. Anforderungen an die Sicherheit der elektronischen Übermittlung hat das Bundeszentralamt für Steuern im Benehmen mit dem Bundesamt für Sicherheit in der Informationstechnik festzulegen.

§ 6 Benachrichtigung des Betroffenen, Berichtigung unrichtiger Daten

(1) Das Bundeszentralamt für Steuern unterrichtet den Steuerpflichtigen unverzüglich über die ihm zugeteilte Identifikationsnummer.

(2) Stellen die Finanzbehörden Unrichtigkeiten der Daten im Sinne des § 139b Abs. 3 der Abgabenordnung fest, teilen sie dies dem Bundeszentralamt für Steuern mit. Einzelheiten des Verfahrens bestimmt das Bundesministerium der Finanzen im Einvernehmen mit den obersten Finanzbehörden der Länder durch ein im Bundessteuerblatt zu veröffentlichendes Schreiben.

§ 7 (weggefallen)

**Verordnung zur Vergabe steuerlicher Wirtschafts-Identifikationsnummern
(Wirtschafts-Identifikationsnummer-Verordnung – WIdV)
vom 30.9.2024 (BGBl. I Nr. 293)**

---

§ 1 Einführung, Aufbau und Zuteilung der Wirtschafts-Identifikationsnummer

(1) Die Wirtschafts-Identifikationsnummer nach § 139c der Abgabenordnung wird am 24. Oktober 2024 eingeführt; sie setzt sich aus den Großbuchstaben „DE" und daran anschließend neun Ziffern zusammen und gleicht im Aufbau der Umsatzsteuer-Identifikationsnummer nach § 27a des Umsatzsteuergesetzes. Die Wirtschafts-Identifikationsnummer enthält an ihrem Ende zusätzlich ein Unterscheidungsmerkmal nach Absatz 5.

(2) Das Bundeszentralamt für Steuern teilt wirtschaftlich Tätigen (§ 139a Absatz 3 der Abgabenordnung), denen bis 30. November 2024 eine Umsatzsteuer-Identifikationsnummer nach § 27a des Umsatzsteuergesetzes erteilt wurde, diese als Wirtschafts-Identifikationsnummer zu.

(3) Einem wirtschaftlich Tätigen, der zwar umsatzsteuerlich erfasst oder Kleinunternehmer im Sinne des § 19 des Umsatzsteuergesetzes ist, dem das Bundeszentralamt für Steuern aber bis 30. November 2024 keine Umsatzsteuer-Identifikationsnummer nach § 27a des Umsatzsteuergesetzes erteilt hat, teilt das Bundeszentralamt für Steuern ab dem 1. Dezember 2024 eine Wirtschafts-Identifikationsnummer zu, wenn für den wirtschaftlich Tätigen oder seinen zur Vertretung im Umsatzsteuer-Verwaltungsverfahren Bevollmächtigten nach § 80 Absatz 2, § 122 Absatz 1 Satz 4 oder § 123 der Abgabenordnung auf der Kommunikationsplattform der Finanzverwaltung unter www.elster.de ein Benutzerkonto eingerichtet ist.

(4) Allen nicht bereits nach Absatz 2 oder Absatz 3 erfassten wirtschaftlich Tätigen wird eine Wirtschafts- Identifikationsnummer ab 1. Juli 2025 zugeteilt.

(5) Bei der erstmaligen Zuteilung nach den Absätzen 2 bis 4 wird der Wirtschafts-Identifikationsnummer dauerhaft das Unterscheidungsmerkmal 00001 zugeordnet. Für jede weitere wirtschaftliche Tätigkeit, jeden weiteren Betrieb und jede weitere Betriebstätte eines wirtschaftlich Tätigen werden die Unterscheidungsmerkmale nach § 139c Absatz 5a Satz 3 der Abgabenordnung in zeitlicher Reihenfolge der Datenübermittlung

der zuständigen Finanzbehörde zugeordnet. Die Unterscheidungsmerkmale nach Satz 2 werden ab 1. März 2026 zugeordnet.

§ 2 Löschfrist

Die beim Bundeszentralamt für Steuern nach § 139c Absatz 3 bis 5a der Abgabenordnung gespeicherten Daten sind zu löschen, wenn sie zur Erfüllung der gesetzlichen Aufgaben der Finanzbehörden nicht mehr erforderlich sind, spätestens jedoch 20 Jahre nach Ablauf des Kalenderjahres, in dem die wirtschaftliche Tätigkeit beendet wurde.

§ 3 Mitteilung der Wirtschafts-Identifikationsnummer

(1) In den Fällen nach § 1 Absatz 2 macht das Bundeszentralamt für Steuern öffentlich bekannt, dass die Umsatzsteuer-Identifikationsnummer ab dem in der Bekanntmachung zu benennenden Stichtag auch als Wirtschafts-Identifikationsnummer gilt. Die Bekanntmachung nach Satz 1 ist im Bundessteuerblatt Teil I zu veröffentlichen sowie für mindestens zwölf Monate ab Einführung der Wirtschafts-Identifikationsnummer auf der Internetseite des Bundeszentralamts für Steuern zur Ansicht und zum Abruf bereitzustellen.

(2) In den Fällen nach § 1 Absatz 3 und 4 werden dem wirtschaftlich Tätigen die ihm zugeteilte Wirtschafts- Identifikationsnummer und das erste Unterscheidungsmerkmal elektronisch durch das Bundeszentralamt für Steuern mitgeteilt. Hierzu nutzt das Bundeszentralamt für Steuern das Postfach des wirtschaftlich Tätigen oder seines zur Vertretung im Umsatzsteuer-Verwaltungsverfahren Bevollmächtigten nach § 80 Absatz 2, § 122 Absatz 1 Satz 4 oder § 123 der Abgabenordnung, das auf der Kommunikationsplattform der Finanzverwaltung unter www.elster.de eingerichtet ist.

(3) Die Unterscheidungsmerkmale nach § 139c Absatz 5a Satz 3 der Abgabenordnung für weitere wirtschaftliche Tätigkeiten, Betriebe und Betriebstätten eines wirtschaftlich Tätigen werden dem wirtschaftlich Tätigen vom Bundeszentralamt für Steuern ab dem 1. März 2026 mitgeteilt.

(4) Zur Vermeidung unbilliger Härten kann auf begründeten Antrag eines wirtschaftlich Tätigen die Mitteilung der zugeteilten Wirtschafts-Identifikationsnummer und des ersten Unterscheidungsmerkmals durch das Bundeszentralamt für Steuern schriftlich erfolgen. § 150 Absatz 8 Satz 2 der Abgabenordnung gilt entsprechend.

§ 4 Inkrafttreten

(1) Diese Verordnung tritt vorbehaltlich des Absatzes 2 am Tag nach der Verkündung in Kraft.

(2) § 3 Absatz 4 tritt an dem Tag in Kraft, an dem die erstmalige Zuteilung der Wirtschafts-Identifikationsnummern abgeschlossen ist. Das Bundesministerium der Finanzen gibt den Tag des Inkrafttretens im Bundesgesetzblatt Teil I bekannt.

Zweiter Abschnitt – Mitwirkungspflichten

1. Unterabschnitt – Führung von Büchern und Aufzeichnungen

§ 140 Buchführungs- und Aufzeichnungspflichten nach anderen Gesetzen (S 0310)

Wer nach anderen Gesetzen als den Steuergesetzen Bücher und Aufzeichnungen zu führen hat, die für die Besteuerung von Bedeutung sind, hat die Verpflichtungen, die ihm nach den anderen Gesetzen obliegen, auch für die Besteuerung zu erfüllen.

> **AEAO zu § 140 - Buchführungs- und Aufzeichnungspflichten nach anderen Gesetzen:**

Durch die Vorschrift werden die sog. außersteuerlichen Buchführungs- und Aufzeichnungsvorschriften, die auch für die Besteuerung von Bedeutung sind, für das Steuerrecht nutzbar gemacht. In Betracht kommen einmal die allgemeinen Buchführungs- und Aufzeichnungsvorschriften des Handels-, Gesellschafts- und Genossenschaftsrechts. Zum anderen fallen hierunter die Buchführungs- und Aufzeichnungspflichten für bestimmte Betriebe und Berufe, die sich aus einer Vielzahl von Gesetzen und Verordnungen ergeben. Auch ausländische Rechtsnormen können eine Buchführungspflicht nach § 140 AO begründen (BFH-Urteil vom 14.11.2018, I R 81/16, BStBl 2019 II S. 390). Unmittelbar geltende Rechtsakte der Europäischen Union können ebenfalls eine Buchführungspflicht nach § 140 AO begründen. Verstöße gegen außersteuerliche Buchführungs- und Aufzeichnungspflichten stehen den Verstößen gegen steuerrechtliche Buchführungs- und Aufzeichnungsvorschriften gleich. Verstöße gegen die Vorschriften zur Führung von Büchern und Aufzeichnungen (§§ 140 bis 147 AO) können z. B. die Anwendung von Zwangsmitteln nach § 328 AO, eine Schätzung nach § 162 AO oder eine Ahndung nach § 379 AO zur Folge haben. Die Verletzung der Buchführungspflichten ist unter den Voraussetzungen der §§ 283 und 283b StGB (sog. Insolvenzstraftaten) strafbar. Aufzeichnungspflichten, die für den Gesamthaushalt einer juristischen Person des öffentlichen Rechts bestehen (Doppik), führen nicht zu einer Verpflichtung zur Buchführung für einzelne Betriebe gewerblicher Art (BMF-Schreiben vom 3.1.2013, BStBl I S. 59).

§ 141 Buchführungspflicht bestimmter Steuerpflichtiger (S 0311)

(1) ¹Gewerbliche Unternehmer sowie Land- und Forstwirte, die nach den Feststellungen der Finanzbehörde für den einzelnen Betrieb

1. einen Gesamtumsatz im Sinne des § 19 Absatz 2 Satz 1 des Umsatzsteuergesetzes von mehr als 800 000 Euro im Kalenderjahr oder
2. (weggefallen)
3. (weggefallen)
4. einen Gewinn aus Gewerbebetrieb von mehr als 80 000 Euro im Wirtschaftsjahr oder
5. einen Gewinn aus Land- und Forstwirtschaft von mehr als 80 000 Euro im Kalenderjahr

gehabt haben, sind auch dann verpflichtet, für diesen Betrieb Bücher zu führen und auf Grund jährlicher Bestandsaufnahmen Abschlüsse zu machen, wenn sich eine Buchführungspflicht nicht aus § 140 ergibt. ²Die §§ 238, 240, 241, 242 Absatz 1 und die §§ 243 bis 256 des Handelsgesetzbuchs gelten sinngemäß, sofern sich nicht aus den Steuergesetzen etwas anderes ergibt.

(2) ¹Die Verpflichtung nach Absatz 1 ist vom Beginn des Wirtschaftsjahrs an zu erfüllen, das auf die Bekanntgabe der Mitteilung folgt, durch die die Finanzbehörde auf den Beginn dieser Verpflichtung hingewiesen hat. ²Die Verpflichtung endet mit dem Ablauf des Wirtschaftsjahrs, das auf das Wirtschaftsjahr folgt, in dem die Finanzbehörde feststellt, dass die Voraussetzungen nach Absatz 1 nicht mehr vorliegen.

(3) ¹Die Buchführungspflicht geht auf denjenigen über, der den Betrieb im Ganzen zur Bewirtschaftung als Eigentümer oder Nutzungsberechtigter übernimmt. ²Ein Hinweis nach Absatz 2 auf den Beginn der Buchführungspflicht ist nicht erforderlich.

AEAO zu § 141 - Buchführungspflicht bestimmter Steuerpflichtiger:

1. Die Vorschrift findet nur Anwendung, wenn sich nicht bereits eine Buchführungspflicht nach § 140 AO ergibt. Wird von dem Wahlrecht nach § 241a HGB Gebrauch gemacht, kann dennoch eine Buchführungspflicht nach § 141 AO bestehen. Unter die Vorschrift fallen gewerbliche Unternehmer sowie Land- und Forstwirte, nicht jedoch Freiberufler. Gewerbliche Unternehmer sind solche Unternehmer, die einen Gewerbebetrieb i. S. d. § 15 Abs. 2 oder 3 EStG bzw. des § 2 Abs. 2 oder 3 GewStG ausüben.

    Ausländische Unternehmen fallen unter die Vorschrift jedenfalls dann, wenn und soweit sie im Inland eine Betriebstätte unterhalten oder einen ständigen Vertreter bestellt haben (BFH-Urteil vom 14.9.1994, I R 116/93, BStBl 1995 II S. 238). Die Buchführungspflicht einer Personengesellschaft erstreckt sich auch auf das Sonderbetriebsvermögen ihrer Gesellschafter. Die Gesellschafter selbst sind insoweit nicht buchführungspflichtig.

2. Die Finanzbehörde kann die Feststellung i. S. d. § 141 Abs. 1 AO im Rahmen eines Steuer- oder Feststellungsbescheids oder durch einen selbständigen feststellenden Verwaltungsakt treffen. Die Feststellung kann aber auch mit der Mitteilung über den Beginn der Buchführungspflicht nach § 141 Abs. 2 AO verbunden werden und bildet dann mit ihr einen einheitlichen Verwaltungsakt (BFH-Urteil vom 23.6.1983, IV R 3/82, BStBl II S. 768).

3. Die Buchführungsgrenzen beziehen sich grundsätzlich auf den einzelnen Betrieb (zum Begriff vgl. BFH-Urteil vom 13.10.1988, IV R 136/85, BStBl 1989 II S. 7), auch wenn der Steuerpflichtige mehrere Betriebe der gleichen Einkunftsart hat. Eine Ausnahme gilt für steuerbegünstigte Körperschaften, bei denen mehrere steuerpflichtige wirtschaftliche Geschäftsbetriebe als ein Betrieb zu behandeln sind (§ 64 Abs. 2 AO). Hinsichtlich der Berechnung der Umsatzgrenze des § 141 Abs. 1 Satz 1 Nr. 1 AO wird auf den Abschnitt 19.3 UStAE verwiesen. Bei einem Dauerverlustbetrieb einer juristischen Person des öffentlichen Rechts führt allein das Überschreiten der Umsatzgrenze nach § 141 Abs. 1 Satz 1 Nr. 1 AO nicht zu einer Buchführungspflicht, wenn dieser mangels Gewinnerzielungsabsicht kein gewerbliches Unternehmen darstellt (BMF-Schreiben vom 3.1.2013, BStBl I S. 59). Da die Gewinngrenze für die land- und forstwirtschaftlichen Betriebe (§ 141 Abs. 1 Satz 1 Nr. 5 AO) auf das Kalenderjahr abstellt, werden bei einem vom Kalenderjahr abweichenden Wirtschaftsjahr die zeitanteiligen Gewinne aus zwei Wirtschaftsjahren angesetzt. Für die Bestimmung der Buchführungsgrenzen nach § 141 Abs. 1 Satz 1 Nr. 3 AO sind die Einzelertragswerte der im Einheitswert erfassten Nebenbetriebe bei der Ermittlung des Wirtschaftswertes der selbstbewirtschafteten Flächen nicht anzusetzen (BFH-Urteil vom 6.7.1989, IV R 97/87, BStBl 1990 II S. 606).

4. Die Finanzbehörde hat den Steuerpflichtigen auf den Beginn der Buchführungspflicht hinzuweisen. Diese Mitteilung soll dem Steuerpflichtigen mindestens einen Monat vor Beginn des Wirtschaftsjahres bekannt gegeben werden, von dessen Beginn ab die Buchführungspflicht zu erfüllen ist. Zur Bekanntgabe der Mitteilung über den Beginn der Buchführungspflicht bei ungeklärter Unternehmereigenschaft der Ehegatten/Lebenspartner als Miteigentümer der Nutzflächen eines landwirtschaftlichen Betriebs vgl. BFH-Urteile vom 23.1.1986, IV R 108/85, BStBl II S. 539, und vom 26.11.1987, IV R 22/86, BStBl 1988 II S. 238. Werden die Buchführungsgrenzen nicht mehr überschritten, so wird der Wegfall der Buchführungspflicht dann nicht wirksam, wenn die Finanzbehörde vor dem Erlöschen der Verpflichtung wiederum das Bestehen der Buchführungspflicht feststellt. Beim einmaligen Überschreiten der Buchführungsgrenze soll auf Antrag nach § 148 AO Befreiung von der Buchführungspflicht bewilligt werden, wenn nicht zu erwarten ist, dass die Grenze auch später überschritten wird. Bei der Prüfung, ob die in § 141 Abs. 1 Satz 1 Nr. 4 und 5 AO aufgeführten Buchführungsgrenzen überschritten werden, sind erhöhte Absetzungen für Abnutzung sowie Sonderabschreibungen unberücksichtigt zu lassen (§ 7a Abs. 6 EStG). Erhöhte Absetzungen für Abnutzung sind nur insoweit dem Gewinn zuzurechnen, als diese die Absetzungsbeträge nach § 7 Abs. 1 oder 4 EStG übersteigen (§ 7a Abs. 3 EStG).

5. Die Buchführungspflicht geht nach § 141 Abs. 3 AO kraft Gesetzes auf nachfolgende Eigentümer oder Nutzungsberechtigte über. Es ist nicht Voraussetzung, dass eine der in § 141 Abs. 1 Satz 1 Nrn. 1 bis 5 AO aufgeführten Buchführungsgrenzen überschritten ist. Als Eigentümer bzw. Nutzungsberechtigter kommen z. B. in Betracht: Erwerber, Erbe, Pächter, Nießbraucher. Eine Übernahme des Betriebs im Ganzen liegt vor, wenn seine Identität gewahrt bleibt. Dies ist der Fall, wenn die wesentlichen Grundlagen des Betriebs als einheitliches Ganzes erhalten bleiben. Dies liegt nicht vor, wenn nur der landwirtschaftliche, nicht aber auch der forstwirtschaftliche Teilbetrieb übernommen wird (BFH-Urteil vom 24.2.1994, IV R 4/93, BStBl II S. 677).

§ 142 Ergänzende Vorschriften für Land- und Forstwirte (S 0312)

[1]Land- und Forstwirte, die nach § 141 Absatz 1 Nummer 1 oder 5 zur Buchführung verpflichtet sind, haben neben den jährlichen Bestandsaufnahmen und den jährlichen Abschlüssen ein Anbauverzeichnis zu führen. [2]In dem Anbauverzeichnis ist nachzuweisen, mit welchen Fruchtarten die selbstbewirtschafteten Flächen im abgelaufenen Wirtschaftsjahr bestellt waren.

§ 143 Aufzeichnung des Wareneingangs (S 0313)

(1) Gewerbliche Unternehmer müssen den Wareneingang gesondert aufzeichnen.

(2) [1]Aufzuzeichnen sind alle Waren einschließlich der Rohstoffe, unfertigen Erzeugnisse, Hilfsstoffe und Zutaten, die der Unternehmer im Rahmen seines Gewerbebetriebs zur Weiterveräußerung oder zum Verbrauch entgeltlich oder unentgeltlich, für eigene oder für fremde Rechnung, erwirbt; dies gilt auch dann, wenn die Waren vor der Weiterveräußerung oder dem Verbrauch be- oder verarbeitet werden sollen. [2]Waren, die nach Art des Betriebs üblicherweise für den Betrieb zur Weiterveräußerung oder zum Verbrauch erworben werden, sind auch dann aufzuzeichnen, wenn sie für betriebsfremde Zwecke verwendet werden.

(3) Die Aufzeichnungen müssen die folgenden Angaben enthalten:

1. den Tag des Wareneingangs oder das Datum der Rechnung,
2. den Namen oder die Firma und die Anschrift des Lieferers,
3. die handelsübliche Bezeichnung der Ware,
4. den Preis der Ware,
5. einen Hinweis auf den Beleg.

AEAO zu § 143 - Aufzeichnung des Wareneingangs:

1. Zur gesonderten Aufzeichnung des Wareneingangs sind nur gewerbliche Unternehmer (vgl. AEAO zu § 141, Nr. 1) verpflichtet; Land- und Forstwirte fallen nicht unter die Vorschrift. Die Aufzeichnungspflicht besteht unabhängig von der Buchführungspflicht. Bei buchführenden Gewerbetreibenden genügt es, wenn sich die geforderten Angaben aus der Buchführung ergeben.

2. Besondere Aufzeichnungspflichten, die in Einzelsteuergesetzen vorgeschrieben sind (z. B. nach § 22 UStG), werden von dieser Vorschrift nicht berührt.

§ 144 Aufzeichnung des Warenausgangs (S 0314)

(1) Gewerbliche Unternehmer, die nach der Art ihres Geschäftsbetriebs Waren regelmäßig an andere gewerbliche Unternehmer zur Weiterveräußerung oder zum Verbrauch als Hilfsstoffe liefern, müssen den erkennbar für diese Zwecke bestimmten Warenausgang gesondert aufzeichnen.

(2) ¹Aufzuzeichnen sind auch alle Waren, die der Unternehmer

1. auf Rechnung (auf Ziel, Kredit, Abrechnung oder Gegenrechnung), durch Tausch oder unentgeltlich liefert, oder

2. gegen Barzahlung liefert, wenn die Ware wegen der abgenommenen Menge zu einem Preis veräußert wird, der niedriger ist als der übliche Preis für Verbraucher.

²Dies gilt nicht, wenn die Ware erkennbar nicht zur gewerblichen Weiterverwendung bestimmt ist.

(3) Die Aufzeichnungen müssen die folgenden Angaben enthalten:

1. den Tag des Warenausgangs oder das Datum der Rechnung,

2. den Namen oder die Firma und die Anschrift des Abnehmers,

3. die handelsübliche Bezeichnung der Ware,

4. den Preis der Ware,

5. einen Hinweis auf den Beleg.

(4) ¹Der Unternehmer muss über jeden Ausgang der in den Absätzen 1 und 2 genannten Waren einen Beleg erteilen, der die in Absatz 3 bezeichneten Angaben sowie seinen Namen oder die Firma und seine Anschrift enthält. ²Dies gilt insoweit nicht, als nach § 14 Absatz 2 des Umsatzsteuergesetzes durch die dort bezeichneten Leistungsempfänger eine Gutschrift erteilt wird oder auf Grund des § 14 Absatz 6 des Umsatzsteuergesetzes Erleichterungen gewährt werden.

(5) Die Absätze 1 bis 4 gelten auch für Land- und Forstwirte, die nach § 141 buchführungspflichtig sind.

AEAO zu § 144 - Aufzeichnung des Warenausgangs:

Zur gesonderten Aufzeichnung des Warenausgangs sind gewerbliche Unternehmer (vgl. AEAO zu § 141, Nr. 1) sowie nach § 144 Abs. 5 AO auch buchführungspflichtige Land- und Forstwirte verpflichtet. Mit der Einbeziehung der buchführungspflichtigen Land- und Forstwirte in die Vorschrift soll eine bessere Überprüfung der Käufer land- und forstwirtschaftlicher Produkte (z. B. Obst- oder Gemüsehändler) ermöglicht werden. Bei buchführenden Unternehmern können die Aufzeichnungspflichten im Rahmen der Buchführung erfüllt werden. Besondere Aufzeichnungspflichten, z. B. nach § 22 Abs. 2 Nrn. 1 bis 3 UStG, bleiben unberührt. Erleichterungen nach § 14 Abs. 6 UStG für die Ausstellung von Rechnungen (z. B. nach §§ 31, 33 UStDV) gelten für Zwecke dieser Vorschrift ausschließlich für die Erteilung eines Belegs i. S. v. § 144 Abs. 4 AO. Auf die Aufzeichnungspflichten des § 144 AO finden sie keine Anwendung. Bei Verstoß gegen die Aufzeichnungspflichten nach § 144 AO kann eine Ordnungswidrigkeit nach § 379 Abs. 2 Nr. 1a AO vorliegen.

§ 145 Allgemeine Anforderungen an die Buchführung und Aufzeichnungen (S 0315)

(1) ¹Die Buchführung muss so beschaffen sein, dass sie einem sachverständigen Dritten innerhalb angemessener Zeit einen Überblick über die Geschäftsvorfälle und über die Lage des Unternehmens vermitteln kann. ²Die Geschäftsvorfälle müssen sich in ihrer Entstehung und Abwicklung verfolgen lassen.

(2) Aufzeichnungen sind so vorzunehmen, dass der Zweck, den sie für die Besteuerung erfüllen sollen, erreicht wird.

§ 146 Ordnungsvorschriften für die Buchführung und für Aufzeichnungen (S 0316)

(1) ¹Die Buchungen und die sonst erforderlichen Aufzeichnungen sind einzeln, vollständig, richtig, zeitgerecht und geordnet vorzunehmen. ²Kasseneinnahmen und Kassenausgaben sind täglich festzuhalten. ³Die Pflicht zur Einzelaufzeichnung nach Satz 1 besteht aus Zumutbarkeitsgründen bei Verkauf von Waren an eine Vielzahl von nicht bekannten Personen gegen Barzahlung nicht. ⁴Das gilt nicht, wenn der Steuerpflichtige ein elektronisches Aufzeichnungssystem im Sinne des § 146a verwendet.

(2) ¹Bücher und die sonst erforderlichen Aufzeichnungen sind im Geltungsbereich dieses Gesetzes zu führen und aufzubewahren. ²Dies gilt nicht, soweit für Betriebstätten außerhalb des Geltungsbereichs dieses Gesetzes nach dortigem Recht eine Verpflichtung besteht, Bücher und Aufzeichnungen zu führen, und diese Verpflichtung erfüllt wird. ³In diesem Fall sowie bei Organgesellschaften außerhalb des Geltungsbereichs dieses Gesetzes müssen die Ergebnisse der dortigen Buchführung in die Buchführung des hiesigen Unternehmens übernommen werden, soweit sie für die Besteuerung von Bedeutung sind. ⁴Dabei sind die erforderlichen Anpassungen an die steuerrechtlichen Vorschriften im Geltungsbereich dieses Gesetzes vorzunehmen und kenntlich zu machen.

§ 146   Abgabenordnung

(2a) ¹Abweichend von Absatz 2 Satz 1 kann der Steuerpflichtige elektronische Bücher und sonstige erforderliche elektronische Aufzeichnungen oder Teile davon in einem anderen Mitgliedstaat oder in mehreren Mitgliedstaaten der Europäischen Union führen und aufbewahren. ²Macht der Steuerpflichtige von dieser Befugnis Gebrauch, hat er sicherzustellen, dass der Datenzugriff nach § 146b Absatz 2 Satz 2, § 147 Absatz 6 und § 27b Absatz 2 Satz 2 und 3 des Umsatzsteuergesetzes in vollem Umfang möglich ist.

(2b) ¹Abweichend von Absatz 2 Satz 1 kann die zuständige Finanzbehörde auf schriftlichen oder elektronischen Antrag des Steuerpflichtigen bewilligen, dass elektronische Bücher und sonstige erforderliche elektronische Aufzeichnungen oder Teile davon in einem Drittstaat oder in mehreren Drittstaaten geführt und aufbewahrt werden können. ²Voraussetzung ist, dass

1. der Steuerpflichtige der zuständigen Finanzbehörde den Standort oder die Standorte des Datenverarbeitungssystems oder bei Beauftragung eines Dritten dessen Namen und Anschrift mitteilt,
2. der Steuerpflichtige seinen sich aus den §§ 90, 93, 97, 140 bis 147 und 200 Absatz 1 und 2 ergebenden Pflichten ordnungsgemäß nachgekommen ist,
3. der Datenzugriff nach § 146b Absatz 2 Satz 2, § 147 Absatz 6 und § 27b Absatz 2 Satz 2 und 3 des Umsatzsteuergesetzes in vollem Umfang möglich ist und
4. die Besteuerung hierdurch nicht beeinträchtigt wird.

³Werden der Finanzbehörde Umstände bekannt, die zu einer Beeinträchtigung der Besteuerung führen, hat sie die Bewilligung zu widerrufen und die unverzügliche Rückverlagerung der elektronischen Bücher und sonstigen erforderlichen elektronischen Aufzeichnungen in einen oder mehrere Mitgliedstaaten der Europäischen Union zu verlangen. ⁴Eine Änderung der unter Satz 2 Nummer 1 benannten Umstände ist der zuständigen Finanzbehörde unverzüglich mitzuteilen.

(2c) Kommt der Steuerpflichtige der Aufforderung zur Rückverlagerung seiner elektronischen Buchführung oder seinen Pflichten nach Absatz 2b Satz 4, zur Einräumung des Datenzugriffs nach § 147 Absatz 6 nicht nach oder hat er seine elektronische Buchführung ohne Bewilligung der zuständigen Finanzbehörde in einen Drittstaat oder mehrere Drittstaaten verlagert, kann ein Verzögerungsgeld von 2 500 Euro bis 250 000 Euro festgesetzt werden.

(3) ¹Die Buchungen und die sonst erforderlichen Aufzeichnungen sind in einer lebenden Sprache vorzunehmen. ²Wird eine andere als die deutsche Sprache verwendet, so kann die Finanzbehörde Übersetzungen verlangen. ³Werden Abkürzungen, Ziffern, Buchstaben oder Symbole verwendet, muss im Einzelfall deren Bedeutung eindeutig festliegen.

(4) ¹Eine Buchung oder eine Aufzeichnung darf nicht in einer Weise verändert werden, dass der ursprüngliche Inhalt nicht mehr feststellbar ist. ²Auch solche Veränderungen dürfen nicht vorgenommen werden, deren Beschaffenheit es ungewiss lässt, ob sie ursprünglich oder erst später gemacht worden sind.

(5) ¹Die Bücher und die sonst erforderlichen Aufzeichnungen können auch in der geordneten Ablage von Belegen bestehen oder auf Datenträgern geführt werden, soweit diese Formen der Buchführung einschließlich des dabei angewandten Verfahrens den Grundsätzen ordnungsmäßiger Buchführung entsprechen; bei Aufzeichnungen, die allein nach den Steuergesetzen vorzunehmen sind, bestimmt sich die Zulässigkeit des angewendeten Verfahrens nach dem Zweck, den die Aufzeichnungen für die Besteuerung erfüllen sollen. ²Bei der Führung der Bücher und der sonst erforderlichen Aufzeichnungen auf Datenträgern muss insbesondere sichergestellt sein, dass während der Dauer der Aufbewahrungsfrist die Daten jederzeit verfügbar sind und unverzüglich lesbar gemacht werden können. ³Dies gilt auch für die Befugnisse der Finanzbehörde nach § 146b Absatz 2 Satz 2, § 147 Absatz 6 und § 27b Absatz 2 Satz 2 und 3 des Umsatzsteuergesetzes. ⁴Absätze 1 bis 4 gelten sinngemäß.

(6) Die Ordnungsvorschriften gelten auch dann, wenn der Unternehmer Bücher und Aufzeichnungen, die für die Besteuerung von Bedeutung sind, führt, ohne hierzu verpflichtet zu sein.

AEAO zu § 146 - Ordnungsvorschriften für die Buchführung und für Aufzeichnungen:

Inhaltsübersicht

1. Allgemeines
2. Einzelaufzeichnungspflicht (§ 146 Abs. 1 AO)

2.1 Grundsätze der Einzelaufzeichnung

2.2 Ausnahme der Einzelaufzeichnungspflicht aus Zumutbarkeitsgründen

3. Aufzeichnungspflichten bei Verwendung einer offenen Ladenkasse
4. Verzögerungsgeld (§ 146 Abs. 2c AO)
5. DV-gestützte Buchführung (§ 146 Abs. 5 AO)

1. Allgemeines

1.1 Nur der ordnungsmäßigen Buchführung kommt Beweiskraft zu (§ 158 AO). Hinsichtlich von Verstößen wird auf den AEAO zu § 140 verwiesen.

1.2 Zu den Begriffen „vollständig, richtig, zeitgerecht, geordnet und unveränderbar" vgl. Rzn. 36 bis 60 des BMF-Schreibens vom 28.11.2019, BStBl I S. 1269[1].

1.3 Es ist Aufgabe des Steuerpflichtigen, seine aufzeichnungs- und aufbewahrungspflichtigen Unterlagen so zu organisieren, dass bei einer zulässigen Einsichtnahme in die steuerlich relevanten Unterlagen (Daten) keine gesetzlich geschützten Bereiche tangiert werden können, zum Beispiel bei Rechtsanwälten, Steuerberatern, Ärzten usw.

---

[1] Im Anhang 33 abgedruckt

§ 146 Abgabenordnung

1.4 Buchführungspflichtige Steuerpflichtige haben für Bargeldbewegungen ein Kassenbuch (ggf. in der Form aneinandergereihter Kassenberichte) zu führen.

2. Einzelaufzeichnungspflicht (§ 146 Abs. 1 AO)

2.1 Grundsätze der Einzelaufzeichnung

2.1.1 Aufzeichnungen (z. B. nach §§ 238 ff. HGB und nach § 22 UStG) müssen unterschiedlichen steuerlichen Zwecken genügen. Erfordern verschiedene Rechtsnormen gleichartige Aufzeichnungen, so ist eine mehrfache Aufzeichnung für jede Rechtsnorm nicht erforderlich (vgl. Rz. 13 des BMF-Schreibens vom 28.11.2019, BStBl I S. 1269[1]). Die Pflicht zur Einzelaufzeichnung gilt unabhängig von der Gewinnermittlungsart. Hinsichtlich der Aufzeichnungspflichten bei Steuerpflichtigen, die ihren Gewinn nach § 4 Abs. 3 EStG ermitteln vgl. AEAO zu § 146, Nr. 2.1.7.

2.1.2 Die Grundsätze ordnungsmäßiger Buchführung erfordern grundsätzlich die Aufzeichnung jedes einzelnen Geschäftsvorfalls unmittelbar nach seinem Abschluss und in einem Umfang, der einem sachverständigen Dritten in angemessener Zeit eine lückenlose Überprüfung seiner Grundlagen, seines Inhalts, seiner Entstehung und Abwicklung und seiner Bedeutung für den Betrieb ermöglicht. Das bedeutet nicht nur die Aufzeichnung der in Geld bestehenden Gegenleistung, sondern auch des Inhalts des Geschäfts und des Namens des Vertragspartners. Dies gilt auch für Bareinnahmen und für Barausgaben (vgl. BFH-Urteil vom 12.5.1966, IV 472/60, BStBl III S. 371). Die vorgenannten Grundsätze gelten für jeden, der eine gewerbliche, berufliche oder land- und forstwirtschaftliche Tätigkeit selbständig ausübt. Der Umstand der sofortigen Zahlung rechtfertigt keine Ausnahme (vgl. BFH-Urteil vom 26.2.2004, XI R 25/02, BStBl II S. 599).

2.1.3 Die Grundaufzeichnungen müssen so beschaffen sein, dass sie jederzeit eindeutig in ihre Einzelpositionen aufgegliedert werden können. Zeitnah, d.h. möglichst unmittelbar zu der Entstehung des jeweiligen Geschäftsvorfalles aufzuzeichnen sind der verkaufte, eindeutig bezeichnete Artikel, der endgültige Einzelverkaufspreis, der dazugehörige Umsatzsteuersatz und -betrag, vereinbarte Preisminderungen, die Zahlungsart, das Datum und der Zeitpunkt des Umsatzes sowie die verkaufte Menge bzw. Anzahl. Die Möglichkeit zum Ausweis des Steuerbetrags in einer Summe nach § 32 UStDV in der Rechnung und die Zusammenfassung des Entgelts und des darauf entfallenden Steuerbetrags in einer Summe nach § 33 Satz 1 Nr. 4 UStDV in der Rechnung bleiben unbenommen. Eine Verpflichtung zur einzelnen Verbuchung (im Gegensatz zur Aufzeichnung) eines jeden Geschäftsvorfalls besteht nicht. Werden der Art nach gleiche Waren mit demselben Einzelverkaufspreis in einer Warengruppe zusammengefasst, wird dies nicht beanstandet, sofern die verkaufte Menge bzw. Anzahl ersichtlich bleibt. Dies gilt entsprechend für Dienstleistungen.

---

[1] Im Anhang 33 abgedruckt

2.1.4 Die Pflicht zur Einzelaufzeichnung gilt grundsätzlich unabhängig davon, ob der Steuerpflichtige ein elektronisches Aufzeichnungssystem oder eine offene Ladenkasse verwendet. Ein elektronisches Aufzeichnungssystem ist die zur elektronischen Datenverarbeitung eingesetzte Hardware und Software, die elektronische Aufzeichnungen zur Dokumentation von Geschäftsvorfällen und somit Grundaufzeichnungen erstellt. Als elektronische Aufzeichnungssysteme gelten auch elektronische Vorsysteme mit externer Geldaufbewahrung. Welche dieser elektronischen Aufzeichnungssysteme zusätzlich die besonderen Anforderungen des § 146a AO erfüllen müssen (Pflicht zur Aufzeichnung anderer Vorgänge, Schutz durch eine zertifizierte technische Sicherheitseinrichtung) bestimmt sich nach § 1 KassenSichV. Als offene Ladenkasse gelten eine summarische, retrograde Ermittlung der Tageseinnahmen sowie manuelle Einzelaufzeichnungen ohne Einsatz technischer Hilfsmittel.

2.1.5 Branchenspezifische Mindestaufzeichnungspflichten und Zumutbarkeitsgesichtspunkte sind zu berücksichtigen. Es wird z. B. nicht beanstandet, wenn die Mindestangaben zur Nachvollziehbarkeit des Geschäftsvorfalls (vgl. AEAO zu § 146, Nr. 2.1.3) einzeln aufgezeichnet werden, nicht jedoch die Kundendaten, sofern diese nicht zur Nachvollziehbarkeit und Nachprüfbarkeit des Geschäftsvorfalls benötigt werden (vgl. Rz. 37 des BMF Schreibens vom 28.11.2019, BStBl I S. 1269[1]). Dies gilt auch, wenn ein elektronisches Aufzeichnungssystem eine Kundenerfassung und Kundenverwaltung zulässt, die Kundendaten aber tatsächlich nicht oder nur teilweise erfasst werden. Soweit Aufzeichnungen über Kundendaten aber tatsächlich geführt werden, sind sie aufbewahrungspflichtig, sofern dem nicht gesetzliche Vorschriften entgegenstehen.

2.1.6 Wird zur Erfassung von aufzeichnungspflichtigen Geschäftsvorfällen ein elektronisches Aufzeichnungssystem verwendet und fällt dieses aus (z. B. Stromausfall, technischer Defekt), ist während dieser Zeit eine Aufzeichnung auf Papier zulässig. Die Aufzeichnungspflichten bei Verwendung einer offenen Ladenkasse gelten insoweit entsprechend (vgl. AEAO zu § 146, Nr. 3.2 und 3.3). Die Ausfallzeit des elektronischen Aufzeichnungssystems ist zu dokumentieren und soweit vorhanden durch Nachweise zu belegen (z. B. Rechnung über Reparaturleistung). Bei elektronischen Aufzeichnungssystemen mit Kassenfunktion wird auf den AEAO zu § 146a, Nr. 7 verwiesen.

2.1.7 Der Grundsatz der Einzelaufzeichnungspflicht gilt auch für Steuerpflichtige, die ihren Gewinn nach § 4 Abs. 3 EStG ermitteln. Nach § 146 Abs. 5 Satz 1 Halbsatz 2 AO müssen die Aufzeichnungen so geführt werden, dass sie dem konkreten Besteuerungszweck entsprechen (vgl. Rz. 25 des BMF-Schreibens vom 28.11.2019, BStBl I S. 1269[1]). Eine ordnungsgemäße Gewinnermittlung nach § 4 Abs. 3 EStG setzt voraus, dass die Höhe der Betriebseinnahmen und Betriebsausgaben durch geordnete und vollständige Belege nachgewiesen wird (BFH-Urteil vom 15.4.1999, IV R 68/98, BStBl II S. 481). Ist die Einzelaufzeichnungspflicht nicht zumutbar, muss die Einnahmeermittlung nachvollziehbar dokumentiert und überprüfbar sein.

---

[1] Im Anhang 33 abgedruckt

2.2 Ausnahme von der Einzelaufzeichnungspflicht aus Zumutbarkeitsgründen

2.2.1 Die Aufzeichnung jedes einzelnen Geschäftsvorfalls ist nur dann nicht zumutbar, wenn es technisch, betriebswirtschaftlich und praktisch unmöglich ist, die einzelnen Geschäftsvorfälle aufzuzeichnen (BFH-Urteil vom 12.5.1966, IV 472/60, BStBl III S. 371). Das Vorliegen dieser Voraussetzungen ist durch den Steuerpflichtigen nachzuweisen.

2.2.2 Bei Verkauf von Waren an eine Vielzahl von nicht bekannten Personen gegen Barzahlung gilt die Einzelaufzeichnungspflicht nach § 146 Abs. 1 Satz 1 AO aus Zumutbarkeitsgründen nicht, wenn kein elektronisches Aufzeichnungssystem, sondern eine offene Ladenkasse verwendet wird (§ 146 Abs. 1 Satz 3 und 4 AO, vgl. AEAO zu § 146, Nr. 2.1.4). Bei Vorliegen der übrigen Voraussetzungen des § 146 Abs. 1 Satz 3 AO ist die Zumutbarkeit nicht gesondert zu prüfen. Wird hingegen ein elektronisches Aufzeichnungssystem verwendet, gilt die Einzelaufzeichnungspflicht nach § 146 Abs. 1 Satz 1 AO unabhängig davon, ob das elektronische Aufzeichnungssystem und die digitalen Aufzeichnungen nach § 146a Abs. 3 AO i. V. m. der KassenSichV mit einer zertifizierten technischen Sicherheitseinrichtung zu schützen sind.

2.2.3 Werden eines oder mehrere elektronische Aufzeichnungssysteme verwendet, sind diese grundsätzlich zur Aufzeichnung sämtlicher Erlöse zu verwenden. Ist für einen räumlich oder organisatorisch eindeutig abgrenzbaren Bereich aus technischen Gründen oder aus Zumutbarkeitserwägungen eine Erfassung über das vorhandene elektronische Aufzeichnungssystem nicht möglich, wird es nicht beanstandet, wenn zur Erfassung dieser Geschäftsvorfälle eine offene Ladenkasse verwendet wird. Soweit der Steuerpflichtige mehrere Kassen führt, sind die Anforderungen an die Aufzeichnung von baren und unbaren Geschäftsvorfällen für jede einzelne Sonder- und Nebenkasse zu beachten (vgl. BFH-Urteil vom 20.10.1971, I R 63/70, BStBl II 1972 S. 273). § 146 Abs. 1 Sätze 2 bis 4 AO bleiben hiervon unberührt.

2.2.4 Liegen Einzeldaten einer Waage (Artikel, Gewicht bzw. Menge und Preis der Ware) einem aufzeichnungs- und aufbewahrungspflichtigen Geschäftsvorfall zugrunde, sind diese einzeln aufzuzeichnen und aufzubewahren. Werden diese Einzeldaten unter Berücksichtigung von § 146 Abs. 4 AO zusätzlich in einem elektronischen Aufzeichnungssystem mit Kassenfunktion aufgezeichnet, wird es nicht beanstandet, wenn die Einzeldaten der Waage nicht zusätzlich aufbewahrt werden.

Verwendet der Steuerpflichtige eine offene Ladenkasse sowie eine Waage, die lediglich das Gewicht und /oder den Preis anzeigt und über die Dauer des einzelnen Wiegevorgangs hinaus über keine Speicherfunktion verfügt, wird es unter den Voraussetzungen des § 146 Abs. 1 Satz 3 AO nicht beanstandet, wenn die o.g. Einzeldaten der Waage nicht aufgezeichnet werden. Erfüllt die Waage hingegen die Voraussetzung einer eines elektronischen Aufzeichnungssystems mit Kassenfunktion, ist die Verwendung einer offenen Ladenkasse unzulässig.

2.2.5 Von einem Verkauf von Waren an eine Vielzahl nicht bekannter Personen ist auszugehen, wenn nach der typisierenden Art des Geschäftsbetriebs alltäglich Barverkäufe an namentlich nicht bekannte Kunden getätigt werden (vgl. BFH-Urteile vom 12.5.1966, IV 472/60, BStBl III S. 371 und vom 16 12.2014, X R 29/13, BFH/NV 2015 S. 790). Dies setzt voraus, dass die Identität der Käufer für die Geschäftsvorfälle regelmäßig nicht von Bedeutung ist. Unschädlich ist, wenn der Verkäufer aufgrund außerbetrieblicher Gründe tatsächlich viele seiner Kunden namentlich kennt.

2.2.6 Die Zumutbarkeitsüberlegungen, die der Ausnahmeregelung nach § 146 Abs. 1 Satz 3 AO zugrunde liegen, sind grundsätzlich auch auf Dienstleistungen übertragbar. Es wird vor diesem Hintergrund nicht beanstandet, wenn diese Ausnahmeregelung auf Dienstleistungen angewendet wird, die an eine Vielzahl von nicht bekannten Personen gegen Barzahlung erbracht werden (vgl. AEAO zu § 146, Nr. 2.2.5) und kein elektronisches Aufzeichnungssystem verwendet wird. Hierbei muss der Geschäftsbetrieb auf eine Vielzahl von Kundenkontakten ausgerichtet und der Kundenkontakt des Dienstleisters und seiner Angestellten im Wesentlichen auf die Bestellung und den kurzen Bezahlvorgang beschränkt sein. Einzelaufzeichnungen sind dagegen zu führen, wenn der Kundenkontakt in etwa der Dauer der Dienstleistung entspricht und der Kunde auf die Ausübung der Dienstleistung üblicherweise individuell Einfluss nehmen kann (zur Aufzeichnung der Kundendaten vgl. AEAO zu § 146, Nr. 2.1.5). Auf die Aufzeichnungserleichterung können sich Dienstleister - wie auch Einzelhändler - aber insoweit nicht berufen, als tatsächlich Einzelaufzeichnungen geführt werden (vgl. AEAO zu § 146, Nr. 2.1.2 und Nr. 2.1.3). Die Mindestanforderungen an eine offene Ladenkasse (vgl. AEAO zu § 146, Nr. 3.2) bleiben unberührt.

3. Aufzeichnungspflichten bei Verwendung einer offenen Ladenkasse

3.1 Es besteht keine gesetzliche Pflicht zur Verwendung eines elektronischen Aufzeichnungssystems.

3.2 Einzelaufzeichnungen können durch die vollständige und detaillierte Erfassung (vgl. AEAO zu § 146, Nr. 2.1.2 und 2.1.3) aller baren Geschäftsvorfälle in Form eines Kassenbuches erfolgen. Wird ein Kassenbericht zur Ermittlung der Tageslosung verwendet, kann die Einzelaufzeichnung auch durch die geordnete (z. B. nummerierte) Sammlung aller Barbelege gewährleistet werden.

3.3 Besteht aus Zumutbarkeitsgründen keine Verpflichtung zur Einzelaufzeichnung (vgl. AEAO zu § 146, Nr. 2.2.2) müssen die Bareinnahmen zumindest anhand eines Kassenberichts nachgewiesen werden. Hierbei ist stets vom gezählten Kassenendbestand des jeweiligen Geschäftstages auszugehen. Von diesem Kassenendbestand werden der Kassenendbestand bei Geschäftsschluss des Vortages sowie die durch Eigenbeleg zu belegenden Bareinlagen abgezogen. Ausgaben und durch Eigenbeleg nachzuweisende Barentnahmen sind hinzuzurechnen.

Ein sogenanntes „Zählprotokoll" (Auflistung der genauen Stückzahl vorhandener Geldscheine und -münzen) ist nicht erforderlich (BFH-Beschluss vom 16.12.2016, X B 41/16, BFH/NV 2017 S. 310), erleichtert jedoch den Nachweis des tatsächlichen Auszählens.

§ 146	Abgabenordnung

3.4 Kasseneinnahmen und Kassenausgaben sind täglich festzuhalten. Werden Kasseneinnahmen und Kassenausgaben ausnahmsweise erst am nächsten Geschäftstag aufgezeichnet, ist dies noch ordnungsgemäß, wenn zwingende geschäftliche Gründe einer Aufzeichnung noch am gleichen Tag entgegenstehen und aus den Aufzeichnungen und Unterlagen sicher entnommen werden kann, wie sich der sollmäßige Kassenbestand entwickelt hat (vgl. BFH-Urteil vom 31.7.1974, I R 216/72, BStBl II S. 96). Bei Kassen ohne Verkaufspersonal (sog. Vertrauenskassen, wie z. B. beim Gemüseverkauf am Feldrand, Fahrscheinautomaten sowie Waren- und Dienstleistungsautomaten) wird es nicht beanstandet, wenn diese nicht täglich, sondern erst bei Leerung ausgezählt werden. Kassenaufzeichnungen müssen so beschaffen sein, dass ein sachverständiger Dritter jederzeit in der Lage ist, den Sollbestand mit dem Istbestand der Geschäftskasse zu vergleichen (BFH-Urteil vom 20.9.1989, X R 39/87, BStBl 1990 II S. 109).

3.5 Die umsatzsteuerlichen Aufzeichnungs- und Aufbewahrungspflichten bleiben unberührt.

4. Verzögerungsgeld (§ 146 Abs. 2c AO)

Die Festsetzung eines Verzögerungsgelds nach § 146 Abs. 2c AO in Zusammenhang mit Mitwirkungsverstößen im Rahmen von Außenprüfungen ist nicht auf Fälle beschränkt, bei denen die elektronische Buchführung im Ausland geführt und/oder aufbewahrt wird. Eine mehrfache Festsetzung eines Verzögerungsgelds wegen fortdauernder Nichtvorlage derselben Unterlagen ist jedoch nicht zulässig (BFH-Beschlüsse vom 16.6.2011, IV B 120/10, BStBl II S. 855, und vom 28.6.2011, X B 37/11, BFH/NV S. 1833). Wird die Verpflichtung nach Festsetzung des Verzögerungsgelds erfüllt, so ist der Vollzug nicht einzustellen.

5. DV-gestützte Buchführung und Aufzeichnungen (§ 146 Abs. 5 AO)

§ 146 Abs. 5 AO enthält die gesetzliche Grundlage für die sog. „Offene-Posten-Buchhaltung" sowie für die Führung der Bücher und sonst erforderlichen Aufzeichnungen auf maschinell lesbaren Datenträgern (z. B. CD, DVD, Blu-ray-Disk, Flash-Speicher). Bei einer Buchführung auf maschinell lesbaren Datenträgern (DV-gestützte Buchführung) müssen die Daten innerhalb der gesetzlichen Aufbewahrungsfrist unverzüglich lesbar gemacht werden können. Es wird nicht verlangt, dass der Buchungsstoff zu einem bestimmten Zeitpunkt (z. B. zum Ende des Jahres) lesbar gemacht wird. Er muss ganz oder teilweise lesbar gemacht werden, wenn die Finanzbehörde es verlangt (§ 147 Abs. 5 AO). Dies gilt sinngemäß auch für sonst erforderliche Aufzeichnungen. Wer seine Bücher oder sonst erforderlichen Aufzeichnungen auf maschinell lesbaren Datenträgern führt, hat die Grundsätze zur ordnungsmäßigen Führung und Aufbewahrung von Büchern, Aufzeichnungen und Unterlagen in elektronischer Form sowie zum Datenzugriff - GoBD - (BMF-Schreiben vom 28.11.2019, BStBl I S. 1269[1]) zu beachten.

---

[1] Im Anhang 33 abgedruckt.

§ 146a Ordnungsvorschrift für die Buchführung und für Aufzeichnungen mittels elektronischer Aufzeichnungssysteme; Verordnungsermächtigung (§ 0316-a)

(1) ¹Wer aufzeichnungspflichtige Geschäftsvorfälle oder andere Vorgänge mit Hilfe eines elektronischen Aufzeichnungssystems erfasst, hat ein elektronisches Aufzeichnungssystem zu verwenden, das jeden aufzeichnungspflichtigen Geschäftsvorfall und anderen Vorgang einzeln, vollständig, richtig, zeitgerecht und geordnet aufzeichnet. ²Das elektronische Aufzeichnungssystem und die digitalen Aufzeichnungen nach Satz 1 sind durch eine zertifizierte technische Sicherheitseinrichtung zu schützen. ³Diese zertifizierte technische Sicherheitseinrichtung muss aus einem Sicherheitsmodul, einem Speichermedium und einer einheitlichen digitalen Schnittstelle bestehen. ⁴Die digitalen Aufzeichnungen sind auf dem Speichermedium zu sichern und für Nachschauen sowie Außenprüfungen durch elektronische Aufbewahrung verfügbar zu halten. ⁵Es ist verboten, innerhalb des Geltungsbereichs dieses Gesetzes solche elektronischen Aufzeichnungssysteme, Software für elektronische Aufzeichnungssysteme und zertifizierte technische Sicherheitseinrichtungen, die den in den Sätzen 1 bis 3 beschriebenen Anforderungen nicht entsprechen, zur Verwendung im Sinne der Sätze 1 bis 3 gewerbsmäßig zu bewerben oder gewerbsmäßig in den Verkehr zu bringen.

(2) ¹Wer aufzeichnungspflichtige Geschäftsvorfälle im Sinne des Absatzes 1 Satz 1 erfasst, hat dem an diesem Geschäftsvorfall Beteiligten in unmittelbarem zeitlichem Zusammenhang mit dem Geschäftsvorfall unbeschadet anderer gesetzlicher Vorschriften einen Beleg über den Geschäftsvorfall auszustellen und dem an diesem Geschäftsvorfall Beteiligten zur Verfügung zu stellen (Belegausgabepflicht). ²Bei Verkauf von Waren an eine Vielzahl von nicht bekannten Personen können die Finanzbehörden nach § 148 aus Zumutbarkeitsgründen nach pflichtgemäßem Ermessen von einer Belegausgabepflicht nach Satz 1 befreien. ³Die Befreiung kann widerrufen werden.

(3) ¹Das Bundesministerium der Finanzen wird ermächtigt, durch Rechtsverordnung mit Zustimmung des Bundestages und des Bundesrates und im Einvernehmen mit dem Bundesministerium des Innern und für Heimat und dem Bundesministerium für Wirtschaft und Klimaschutz Folgendes zu bestimmen:

1. die elektronischen Aufzeichnungssysteme, die über eine zertifizierte technische Sicherheitseinrichtung verfügen müssen, und
2. die Anforderungen an
    a) das Sicherheitsmodul,
    b) das Speichermedium,
    c) die einheitliche digitale Schnittstelle,
    d) die elektronische Aufbewahrung der Aufzeichnungen,
    e) die Protokollierung von digitalen Grundaufzeichnungen zur Sicherstellung der Integrität und Authentizität sowie der Vollständigkeit der elektronischen Aufzeichnung,

§ 146a Abgabenordnung

    f)   den Beleg und

    g)   die Zertifizierung der technischen Sicherheitseinrichtung.

²Die Erfüllung der Anforderungen nach Satz 1 Nummer 2 Buchstabe a bis c ist durch eine Zertifizierung des Bundesamts für Sicherheit in der Informationstechnik nachzuweisen, die fortlaufend aufrechtzuerhalten ist. ³Das Bundesamt für Sicherheit in der Informationstechnik kann mit der Festlegung von Anforderungen an die technische Sicherheitseinrichtung im Sinne des Satzes 1 Nummer 2 Buchstabe a bis c beauftragt werden. ⁴Die Rechtsverordnung nach Satz 1 ist dem Bundestag zuzuleiten. ⁵Die Zuleitung erfolgt vor der Zuleitung an den Bundesrat. ⁶Der Bundestag kann der Rechtsverordnung durch Beschluss zustimmen oder sie durch Beschluss ablehnen. ⁷Der Beschluss des Bundestages wird dem Bundesministerium der Finanzen zugeleitet. ⁸Hat sich der Bundestag nach Ablauf von drei Sitzungswochen seit Eingang der Rechtsverordnung nicht mit ihr befasst, so gilt die Zustimmung nach Satz 1 als erteilt und die Rechtsverordnung wird dem Bundesrat zugeleitet.

(4) ¹Wer aufzeichnungspflichtige Geschäftsvorfälle oder andere Vorgänge mit Hilfe eines elektronischen Aufzeichnungssystems im Sinne des Absatzes 1 erfasst, hat dem nach den §§ 18 bis 20 zuständigen Finanzamt nach amtlich vorgeschriebenen Datensatz durch Datenfernübertragung mitzuteilen:

1.   Name des Steuerpflichtigen,

2.   Steuernummer des Steuerpflichtigen,

3.   Art der zertifizierten technischen Sicherheitseinrichtung,

4.   Art des verwendeten elektronischen Aufzeichnungssystems,

5.   Anzahl der verwendeten elektronischen Aufzeichnungssysteme,

6.   Seriennummer des verwendeten elektronischen Aufzeichnungssystems,

7.   Datum der Anschaffung des verwendeten elektronischen Aufzeichnungssystems,

8.   Datum der Außerbetriebnahme des verwendeten elektronischen Aufzeichnungssystems.

²Die Mitteilung nach Satz 1 ist innerhalb eines Monats nach Anschaffung oder Außerbetriebnahme des elektronischen Aufzeichnungssystems zu erstatten.

Verordnung zur Bestimmung der technischen Anforderungen an elektronische Aufzeichnungs- und Sicherungssysteme im Geschäftsverkehr (Kassensicherungsverordnung – KassenSichV) vom 26. September 2017 (BGBl. I S. 3515)[1], zuletzt geändert durch Artikel 2 des Gesetzes vom 30.7.2021 (BGBl. I S. 3295)

§ 1 Elektronische Aufzeichnungssysteme

(1) Elektronische Aufzeichnungssysteme im Sinne des § 146a Absatz 1 Satz 1 der Abgabenordnung sind elektronische oder computergestützte Kassensysteme oder Registrierkassen. Nicht als elektronische Aufzeichnungssysteme gelten

1. Fahrscheinautomaten und Fahrscheindrucker,
2. Kassen- und Parkscheinautomaten der Parkraumbewirtschaftung sowie Ladepunkte für Elektro- oder Hybridfahrzeuge,
3. elektronische Buchhaltungsprogramme,
4. Waren- und Dienstleistungsautomaten,
5. Geldautomaten sowie
6. Geld- und Warenspielgeräte.

(2) Als elektronische Aufzeichnungssysteme im Sinne des § 146a Absatz 1 Satz 1 der Abgabenordnung gelten ebenfalls

1. Taxameter im Sinne des Anhangs IX der Richtlinie 2014/32/EU des Europäischen Parlaments und des Rates vom 26. Februar 2014 zur Harmonisierung der Rechtsvorschriften der Mitgliedstaaten über die Bereitstellung von Messgeräten auf dem Markt (ABl. L 96 vom 29.3.2014, S. 149; L 13 vom 20.1.2016, S. 57), die durch die Richtlinie 2015/13 (ABl. L 3 vom 7.1.2015, S. 42) geändert worden ist, in der jeweils geltenden Fassung (EU-Taxameter) und
2. Wegstreckenzähler.

§ 2 Protokollierung von digitalen Grundaufzeichnungen

Für jede Aufzeichnung eines Geschäftsvorfalls oder anderen Vorgangs im Sinne des § 146a Absatz 1 Satz 1 der Abgabenordnung muss von einem elektronischen Aufzeichnungssystem unmittelbar eine neue Transaktion gestartet werden. Die Transaktion hat zu enthalten:

1. den Zeitpunkt des Vorgangbeginns,
2. eine eindeutige und fortlaufende Transaktionsnummer,
3. die Art des Vorgangs,
4. die Daten des Vorgangs,
5. die Zahlungsarten,
6. den Zeitpunkt der Vorgangsbeendigung oder des Vorgangsabbruchs

---

[1] Verkündung erfolgte am 6.10.2017

§ 146a Abgabenordnung

KassenSichV

7. einen Prüfwert sowie

8. die Seriennummer des elektronischen Aufzeichnungssystems und die Seriennummer des Sicherheitsmoduls.

Die Zeitpunkte nach Satz 2 Nummer 1 und 6, die Transaktionsnummer nach Satz 2 Nummer 2 und der Prüfwert nach Satz 2 Nummer 7 werden manipulationssicher durch das Sicherheitsmodul festgelegt. Die Transaktionsnummer muss so zu beschaffen sein, dass Lücken in Transaktionsaufzeichnungen erkennbar sind.

§ 3 Speicherung der Grundaufzeichnungen

(1) Die Speicherung der laufenden Geschäftsvorfälle oder anderen Vorgänge im Sinne des § 146a Absatz 1 Satz 1 der Abgabenordnung muss vollständig, unverändert und manipulationssicher auf einem nichtflüchtigen Speichermedium erfolgen.

(2) Die gespeicherten Geschäftsvorfälle oder anderen Vorgänge im Sinne des § 146a Absatz 1 Satz 1 der Abgabenordnung müssen als Transaktionen so verkettet werden, dass Lücken in den Aufzeichnungen erkennbar sind.

(3) Werden die gespeicherten digitalen Grundaufzeichnungen ganz oder teilweise von einem elektronischen Aufzeichnungssystem in ein externes elektronisches Aufbewahrungssystem übertragen, so muss sichergestellt werden, dass die Verkettung aller Transaktionen nach Absatz 2 und die Anforderungen an die einheitliche digitale Schnittstelle nach § 4 erhalten bleiben.

(4) Eine Verdichtung von Grundaufzeichnungen in einem elektronischen Aufbewahrungssystem ist für die Dauer der Aufbewahrung nach § 147 Absatz 3 der Abgabenordnung unzulässig, wenn dadurch deren Lesbarkeit nicht mehr gewährleistet ist.

§ 4 Einheitliche digitale Schnittstelle

Die einheitliche digitale Schnittstelle ist eine Datensatzbeschreibung für den standardisierten Datenexport aus dem Speichermedium nach § 3 Absatz 1, der Anbindung an das elektronische Aufzeichnungssystem und dem elektronischen Aufbewahrungssystem zur Übergabe an den mit der Kassen-Nachschau oder Außenprüfung betrauten Amtsträger der Finanzbehörde. Sie stellt eine einheitliche Strukturierung und Bezeichnung der nach § 146a Absatz 1 der Abgabenordnung aufzuzeichnenden Daten in Datenschema und Datenfelderbeschreibung für die Protokollierung nach § 2 und die Speicherung nach § 3 sicher. Dies gilt unabhängig vom Programm des Herstellers. Die einheitliche digitale Schnittstelle für den standardisierten Export aus dem Speichermedium nach § 3 Absatz 1 und die einheitliche digitale Schnittstelle für den standardisierten Export aus dem elektronischen Aufzeichnungssystem können getrennt voneinander erstellt und veröffentlicht werden.

§ 5 Anforderungen an die technische Sicherheitseinrichtung

Das Bundesamt für Sicherheit in der Informationstechnik legt im Benehmen mit dem Bundesministerium der Finanzen in Technischen Richtlinien und Schutzprofilen die technischen Anforderungen fest an

1. die digitale Schnittstelle, soweit diese den standardisierten Export aus dem Speichermedium und die Anbindung der zertifizierten technischen Sicherheitseinrichtung an das elektronische Aufzeichnungssystem betreffen,

2. das Sicherheitsmodul und

3. das Speichermedium.

Die jeweils aktuellen Versionen werden im Bundessteuerblatt Teil I und auf der Internetseite des Bundesamts für Sicherheit in der Informationstechnik veröffentlicht.

§ 6 Anforderungen an den Beleg

Ein Beleg muss mindestens enthalten:

1. den vollständigen Namen und die vollständige Anschrift des leisterden Unternehmers,

2. das Datum der Belegausstellung und den Zeitpunkt des Vorgangbeginns im Sinne des § 2 Satz 2 Nummer 1 sowie den Zeitpunkt der Vorgangsbeendigung im Sinne des § 2 Satz 2 Nummer 6,

3. die Menge und die Art der gelieferten Gegenstände oder den Umfang und die Art der sonstigen Leistung,

4. die Transaktionsnummer im Sinne des § 2 Satz 2 Nummer 2,

5. das Entgelt und den darauf entfallenden Steuerbetrag für die Lieferung oder sonstige Leistung in einer Summe sowie den anzuwendenden Steuersatz oder im Fall einer Steuerbefreiung einen Hinweis darauf, dass für die Lieferung oder sonstige Leistung eine Steuerbefreiung gilt,

6. die Seriennummer des elektronischen Aufzeichnungssystems sowie die Seriennummer des Sicherheitsmoduls und

7. den Prüfwert im Sinne des § 2 Satz 2 Nummer 7 und den fortlaufenden Signaturzähler, der vom Sicherheitsmodul festgelegt wird.

Die Angaben nach Satz 1 müssen

1. für jedermann ohne maschinelle Unterstützung lesbar oder

2. aus einem QR-Code auslesbar sein.

Der QR-Code nach Satz 2 Nummer 2 hat der digitalen Schnittstelle der Finanzverwaltung (DSFinV), die für die jeweils zugehörige Art des Aufzeichnungssystems vorgeschrieben ist, zu entsprechen. Die digitale Schnittstelle wird auf der Internetseite des Bundeszentralamtes für Steuern in der jeweils geltenden Fassung veröffentlicht. Ein Beleg kann in Papierform oder mit Zustimmung des Belegempfängers elektronisch in einem standardisierten Datenformat ausgegeben werden.

§ 7 Anforderungen an EU-Taxameter

(1) Die §§ 2 und 6 Satz 1 sind auf EU-Taxameter nicht anzuwenden.

(2) Mit dem Umschalten von der Betriebseinstellung „Kasse" auf die Betriebseinstellung „Frei" muss unmittelbar eine neue Transaktion im Sicherheitsmodul gestartet werden. Die Transaktion bei EU-Taxametern hat zu enthalten:

1. die Zählwerksdaten, die allgemeinen Daten, die Preisdaten einer Fahrt und die Tarifdaten im Sinne des Anhangs IX Nummer 4 der Richtlinie 2014/32/EU,

§ 146a Abgabenordnung
KassenSichV

2.   den Zeitpunkt der Beendigung der Betriebseinstellung „Kasse",

3.   eine eindeutige und fortlaufende Transaktionsnummer sowie

4.   einen Prüfwert.

Die Daten nach Satz 2 Nummer 2 bis 4 werden manipulationssicher durch das Sicherheitsmodul festgelegt. Die Transaktionsnummer muss so beschaffen sein, dass Lücken in den Transaktionsaufzeichnungen erkennbar sind.

(3) Bei EU-Taxametern hat der Beleg mindestens zu enthalten:

1.   die allgemeinen Daten und die Preisdaten einer Fahrt im Sinne des Anhangs IX Nummer 4 der Richtlinie 2014/32/EU,

2.   den Zeitpunkt der Beendigung der Betriebseinstellung „Kasse" nach Absatz 2 Satz 2 Nummer 2,

3.   die Transaktionsnummer nach Absatz 2 Satz 2 Nummer 3,

4.   den Prüfwert nach Absatz 2 Satz 2 Nummer 4 und

5.   die Seriennummer des Sicherheitsmoduls.

§ 6 Satz 2 bis 4 gilt entsprechend. Ein Beleg kann in Papierform oder mit Zustimmung des Belegempfängers elektronisch in einem standardisierten Datenformat ausgegeben werden.

(4) Verfügt ein EU-Taxameter nicht über einen Belegdrucker, so kann der Beleg außerhalb des EU-Taxameters in Papierform oder mit Zustimmung des Belegempfängers elektronisch in einem standardisierten Datenformat ausgegeben werden. Die Ausstellung des Belegs kann zu einem späteren Zeitpunkt nach dem Geschäftsvorfall und gegenüber einem nicht an dem Geschäftsvorfall unmittelbar Beteiligten geschehen. Die umsatzsteuerlichen Anforderungen an eine Rechnung bleiben unberührt.

§ 8   Anforderungen an Wegstreckenzähler

(1) Die §§ 2 und 6 Satz 1 sind auf Wegstreckenzähler nicht anzuwenden.

(2) Die Transaktion bei Wegstreckenzählern hat

1.   die Zählwerksdaten und die allgemeinen Daten nach § 7 Absatz 2 Satz 2 Nummer 1,

2.   die Preisdaten einer Fahrt nach § 7 Absatz 2 Satz 2 Nummer 1,

3.   eine eindeutige und fortlaufende Transaktionsnummer sowie

4.   einen Prüfwert

zu enthalten.

Die Daten nach Satz 1 Nummer 1 und 2 sind nur aufzuzeichnen, soweit diese durch den Wegstreckenzähler erzeugt werden. Die Daten nach Satz 1 Nummer 3 und 4 werden manipulationssicher durch das Sicherheitsmodul festgelegt. Die Transaktionsnummer muss so beschaffen sein, dass Lücken in den Transaktionsaufzeichnungen erkennbar sind.

(3) Bei Wegstreckenzählern hat der Beleg mindestens zu enthalten:

1. die allgemeinen Daten und die Preisdaten einer Fahrt nach § 7 Absatz 3 Satz 1 Nummer 1, soweit diese durch den Wegstreckenzähler erzeugt werden,
2. die Transaktionsnummer nach Absatz 2 Satz 1 Nummer 3,
3. den Prüfwert nach Absatz 2 Satz 1 Nummer 4 und
4. die Seriennummer des Sicherheitsmoduls.

§ 6 Satz 2 bis 4 gilt entsprechend. Ein Beleg kann in Papierform oder mit Zustimmung des Belegempfängers elektronisch in einem standardisierten Datenformat ausgegeben werden.

(4) Bei Wegstreckenzählern kann der Beleg durch eine dem Gesetz entsprechende Aufzeichnung des Geschäftsvorfalls ersetzt werden, wenn keine digitale Schnittstelle vorhanden ist. Ist eine digitale Schnittstelle vorhanden, gilt § 7 Absatz 4 sinngemäß.

§ 9 Übergangsregelung für EU-Taxameter mit INSIKA-Technik

(1) Soweit ein EU-Taxameter vor dem 1. Januar 2021 mit der INSIKA-Technik ausgerüstet wurde, ist § 7 für dieses EU-Taxameter erst ab dem 1. Januar 2026 anzuwenden.

(2) Absatz 1 gilt nicht, sofern das EU-Taxameter aus dem Fahrzeug, in das es am 1. Januar 2021 eingebaut war, ausgebaut und in ein neues Fahrzeug eingebaut wird.

(3) Das Vorliegen der Voraussetzungen nach den Absätzen 1 und 2 ist dem zuständigen Finanzamt bis zum 31. Januar 2024 mitzuteilen. Sofern ein Fall des Absatzes 2 nach dem 1. Januar 2024 vorliegt, ist dieser dem zuständigen Finanzamt innerhalb eines Monats mitzuteilen.

§ 10 Anwendungszeitpunkt für Wegstreckenzähler

Für Wegstreckenzähler ist § 8 ab dem Tag anzuwenden, an dem

1. mindestens drei voneinander unabhängige Unternehmen Wegstreckenzähler am Markt anbieten, die über eine geeignete digitale Schnittstelle im Sinne der Kassensicherungsverordnung verfügen, und
2. eine Konformitätsbewertungsstelle nach § 13 oder § 14 des Mess- und Eichgesetzes die Konformität der Wegstreckenzähler nach Nummer 1 mit den Anforderungen des Mess- und Eichgesetzes feststellt.

Der Zeitpunkt nach Satz 1 ist durch das Bundesministerium der Finanzen im Bundessteuerblatt Teil I bekannt zu geben. Die Sätze 1 und 2 gelten für Wegstreckenzähler, die ab dem in Satz 1 veröffentlichten Zeitpunkt neu in den Verkehr gebracht werden.

§ 11 Zertifizierung

(1) Für die Zertifizierung technischer Sicherheitseinrichtungen gelten § 9 des BSI-Gesetzes sowie die BSI-Zertifizierungs- und -Anerkennungsverordnung vom 17. Dezember 2014 (BGBl. I S. 2231) in der jeweils geltenden Fassung. Die Prüfung und Bewertung kann auch durch vom Bundesamt für Sicherheit in der Informationstechnik anerkannte sachverständige Stellen erfolgen, die zugleich gemäß der Verordnung (EG) Nr. 765/2008 des Europäischen Parlaments und des Rates vom 9. Juli 2008 über die Vorschriften für die Akkreditierung und Marktüberwachung im Zusammenhang mit

KassenSichV

der Vermarktung von Produkten und zur Aufhebung der Verordnung (EWG) Nr. 339/93 des Rates (ABl. L 218 vom 13.8.2008, S. 30) in der jeweils geltenden Fassung akkreditiert sind.

(2) Die Kosten einer Zertifizierung trägt der Antragsteller. Die Besondere Gebührenverordnung BMI vom 2. September 2019 (BGBl. I S. 1359) in der jeweils geltenden Fassung ist anzuwenden.

> **AEAO zu § 146a - Ordnungsvorschriften für die Buchführung und für Aufzeichnungen mittels elektronischer Aufzeichnungssysteme; Verordnungsermächtigung:**

Inhaltsübersicht

1. **Allgemeines und Begriffsdefinitionen**
    - 1.1 Elektronische Aufzeichnungssysteme
    - 1.2 Elektronische oder computergestützte Kassensysteme oder Registrierkassen
    - 1.3 EU-Taxameter
    - 1.4 Wegstreckenzähler
    - 1.5 Systeme, die nach § 1 Satz 2 KassenSichV nicht als elektronische Aufzeichnungssysteme i. S. d. § 146a AO gelten
    - 1.6 Schutz durch eine TSE (§ 146a Abs. 1 Satz 2 AO)
    - 1.7 Schutzziele
    - 1.8 Vorgang
    - 1.9 Transaktion
    - 1.10 Geschäftsvorfälle
    - 1.11 Andere Vorgänge
    - 1.12 Die TSE
        - 1.12.1 Anforderungen an die TSE
        - 1.12.2 Komponenten der TSE
        - 1.12.3 Protokollierung von Vorgängen durch die TSE
    - 1.13 Einheitliche digitale Schnittstelle für steuerliche Außenprüfungen und Nachschauen
    - 1.14 Ausfall der TSE
    - 1.15 Elektronische Aufbewahrung der Aufzeichnungen

- 1.16 Mitteilungspflicht nach § 146a Abs. 4 AO
  - 1.16.1 Allgemeines
  - 1.16.2 Angaben zur Mitteilung
  - 1.16.3 Korrekturmöglichkeit
- 1.17 Zertifizierung
- 1.18 Verbot des gewerbsmäßigen Bewerbens und In-Verkehr-Bringens nach § 146a Abs. 1 Satz 5 AO
- 1.19 Rechtsfolgen bei Verstoß gegen § 146a AO

2. Kassen und Kassensysteme
   - 2.1 Sachlicher und zeitlicher Anwendungsbereich
     - 2.1.1 Sachlicher Anwendungsbereich
     - 2.1.2 Zeitlicher Anwendungsbereich
   - 2.2 Einsatz einer TSE in Kassen(systemen)
     - 2.2.1 Anwendungs- und Protokolldaten
     - 2.2.2 Ablauf der Protokollierung
     - 2.2.3 Begriffsdefinitionen zur Protokollierung
   - 2.3 Einheitliche digitale Schnittstelle für steuerliche Außenprüfungen und Nachschauen bei Kassen(systemen)
   - 2.4 Anforderungen an den Beleg
   - 2.5 Belegausgabe
   - 2.6 Angaben zur Mitteilung bei Kassen(systemen)
   - 2.7 Ausfall der TSE bei Kassen(systemen)

3. EU-Taxameter
   - 3.1 Sachlicher und zeitlicher Anwendungsbereich
     - 3.1.1 Sachlicher Anwendungsbereich
     - 3.1.2 Zeitlicher Anwendungsbereich
   - 3.2 Der Einsatz einer TSE im EU-Taxameter
     - 3.2.1 Anwendungs- und Protokolldaten
     - 3.2.2 Ablauf der Absicherung und Protokollierung
     - 3.2.3 Begriffsdefinitionen zur Protokollierung
   - 3.3 Einheitliche digitale Schnittstelle für steuerliche Außenprüfungen und Nachschauen bei EU-Taxametern
   - 3.4 Anforderungen an den Beleg

§ 146a	Abgabenordnung

- 3.5 Belegausgabe
- 3.6 Ausfall der TSE bei EU-Taxametern
- 3.7 Mitteilungspflicht in den Fällen des § 9 KassenSichV

4. Wegstreckenzähler
- 4.1 Sachlicher und zeitlicher Anwendungsbereich
  - 4.1.1 Sachlicher Anwendungsbereich
  - 4.1.2 Zeitlicher Anwendungsbereich
- 4.2 Der Einsatz einer TSE im Wegstreckenzähler
  - 4.2.1 Anwendungs- und Protokolldaten
  - 4.2.2 Ablauf der Absicherung und Protokollierung
  - 4.2.3 Begriffsdefinitionen zur Protokollierung
- 4.3 Einheitliche digitale Schnittstelle für steuerliche Außenprüfungen und Nachschauen bei Wegstreckenzählern
- 4.4 Anforderungen an den Beleg
- 4.5 Belegausgabe
- 4.6 Ausfall der TSE bei Wegstreckenzählern

1. **Allgemeines und Begriffsdefinition**

1.1 **Elektronische Aufzeichnungssysteme**

Zur Definition elektronischer Aufzeichnungssysteme vgl. AEAO zu § 146, Nr. 2.1.4.

Alle elektronischen Aufzeichnungssysteme müssen - wie bisher - den allgemeinen Ordnungsmäßigkeitsgrundsätzen entsprechen (vgl. BMF-Schreiben vom 28.11.2019, BStBl I S. 1269).

1.2 **Elektronische oder computergestützte Kassensysteme oder Registrierkassen**

Die in § 1 Abs. 1 Satz 1 KassenSichV genannten „elektronischen oder computergestützten Kassensysteme oder Registrierkassen" sind für den Verkauf von Waren oder die Erbringung von Dienstleistungen und deren Abrechnung spezialisierte elektronische Aufzeichnungssysteme, die „Kassenfunktion" haben.

Kassenfunktion haben elektronische Aufzeichnungssysteme dann, wenn diese der Erfassung und Abwicklung von zumindest teilweise baren Zahlungsvorgängen dienen können. Dies gilt auch für vergleichbare elektronische, vor Ort genutzte Zahlungsformen (elektronisches Geld wie z. B. Geldkarte oder virtuelle (Kunden-)Konten) sowie an Geldes statt vor Ort angenommener Gutscheine, Guthabenkarten, Bons und dergleichen.

Eine Aufbewahrungsmöglichkeit des verwalteten Bargeldbestandes (z. B. Kassenlade) ist nicht erforderlich.

Sofern ein elektronisches Aufzeichnungssystem mit Kassenfunktion die Erfordernisse der „Mindestanforderungen an das Risikomanagement – MaRisk" und der „Bankaufsichtlichen Anforderungen an die IT" (BAIT) der Bundesanstalt für Finanzdienstleistungsaufsicht in der jeweils geltenden Fassung erfüllt und von einem Kreditinstitut i. S. d. § 1 Abs. 1 KWG betrieben wird, unterliegt dieses nicht den Anforderungen des § 146a AO.

1.3 EU-Taxameter

Ein Taxameter fällt nach § 1 Abs. 2 Nr. 1 KassenSichV dann in der Anwendungsbereich des § 146a AO, wenn dieses konformitätsbewertet ist nach Anhang IX der Richtlinie 2014/32/EU des Europäischen Parlaments und des Rates vom 26.2.2014 zur Harmonisierung der Rechtsvorschriften der Mitgliedstaaten über die Bereitstellung von Messgeräten auf dem Markt (ABl. L 96 vom 29.3.2014, S. 149; L 13 vom 20.1.2016, S. 57), die durch die Richtlinie 2015/13 (ABl. L 3 vom 7.1.2015, S. 42) geändert worden ist, („MID") in der jeweils geltenden Fassung („EU-Taxameter"). Das elektronische Aufzeichnungssystem „EU-Taxameter" besteht sowohl aus dem Fahrpreisanzeiger, weiteren Aufzeichnungssystemen, die neben dem Taxameter i. S. d. MID in dem Gehäuse integriert sind, als auch aus dem Wegstreckensignalgeber.

Sofern anstelle eines beleuchtbaren Fahrpreisanzeigers ein zugelassenes App-basiertes System nach § 28 Abs. 1 Satz 2 der Verordnung über den Betrieb von Kraftfahrunternehmen im Personenverkehr (BOKraft) eingesetzt wird, so besteht das elektronische Aufzeichnungssystem aus dem App-basierten System und dem Wegstreckensignalgeber.

Gesonderte Aufzeichnungssysteme außerhalb des EU-Taxameters i. S. d. § 1 Abs. 2 Nr. 1 KassenSichV, die z. B. zur Abrechnung oder Weiterverarbeitung der Daten des EU-Taxameters dienen, sind nicht Teil des EU-Taxameters. Bei diesen Systemen ist zu prüfen, ob diese ein elektronisches Aufzeichnungssystem mit Kassenfunktion i. S. d. AEAO zu § 146a Nr. 1.2 darstellen.

1.4 Wegstreckenzähler

Ein Wegstreckenzähler fällt nach § 1 Abs. 2 Nr. 2 KassenSichV dann in den Anwendungsbereich des § 146a AO, wenn er nach einem vom BMF im Bundessteuerblatt veröffentlichten Datum neu in den Verkehr gebracht wurde.

Wegstreckenzähler sind Messgeräte, welche die vom Kraftfahrzeug zurückgelegte, durch Abrollen von Fahrzeugrädern bestimmten Umfangs gemessene Wegstrecke anzeigen. Das Aufzeichnungssystem „Wegstreckenzähler" besteht aus einem Anzeiger, weiteren Aufzeichnungssystemen, die neben dem konformitätsbewerteten Wegstreckenzähler in dem Gehäuse integriert sind, als auch aus Wegstreckensignalgeber. Sofern zwischen dem Anzeiger und Wegstreckensignalgeber sog. zwischengeschaltete Einrichtungen, wie z. B. Signalverstärker, Impulsteiler, Impulsfilter, Steuergeräte,

Kommunikationsadapter oder Wegstreckensignalkonverter, eingesetzt werden, ist die zwischengeschaltete Einrichtung auch Teil des Aufzeichnungssystems „Wegstreckenzähler".

Sofern anstelle eines beleuchtbaren Anzeigers ein zugelassenes App-basiertes System nach § 30 Abs. 1 Satz 2 der BOKraft eingesetzt wird, besteht das elektronische Aufzeichnungssystem aus dem App-basierten System und dem Wegstreckensignalgeber.

Gesonderte Aufzeichnungssysteme außerhalb des Wegstreckenzählers i. S. d. § 1 Abs. 2 Nr. 2 KassenSichV, die z. B. zur Abrechnung oder Weiterverarbeitung der Daten des Wegstreckenzählers dienen, sind nicht Teil des Wegstreckenzählers. Bei diesen Systemen ist zu prüfen, ob diese ein elektronisches Aufzeichnungssystem mit Kassenfunktion i. S. d. AEAO zu § 146a, Nr. 1.2 darstellen.

1.5 Systeme, die nach § 1 Abs. 1 Satz 2 KassenSichV nicht als elektronische Aufzeichnungssysteme i. S. d. § 146a AO gelten

1.5.1 Fahrscheinautomaten und Fahrscheindrucker

Fahrscheinautomaten sind Selbstbedienungsautomaten und werden sowohl im öffentlichen Personenverkehr, insbesondere bei S-, U- und Stadtbahnen oder im Linienbusverkehr, als auch bei Eisenbahngesellschaften zum Verkauf von Fahrscheinen eingesetzt.

Fahrscheindrucker sind ggf. mobile Endgeräte die ausschließlich dazu in der Lage sind, Fahrausweise zu verkaufen. Hierbei kommt es nicht darauf an, welche Art von Fahrkarten (Einzelfahrten, Zeitkarten oder ein erhöhtes Beförderungsentgelt) verkauft werden, sondern nur, dass die mobilen Endgeräte nicht in der Lage sind, andere Vorgänge als den Fahrkartenverkauf abzuwickeln oder darüber hinaus nur solche Vorgänge erfassen können, die nicht zu einem anderen kassenrelevanten oder kassensturzrelevanten Vorgang gehören oder zu diesem werden könnten. Ein Fahrscheindrucker kann nur dann nicht einer anderweitigen Nutzung dienen, wenn die Erfassung und Abwicklung von anderen steuerlich relevanten Geschäftsvorfällen als den Verkauf von Fahrscheinen (z. B. Verkauf von Eintrittskarten) bereits durch die installierte Software nicht möglich ist.

1.5.2 Kassen- und Parkscheinautomaten der Parkraumbewirtschaftung sowie Ladepunkte für Elektro- oder Hybridfahrzeuge

Kassen- und Parkscheinautomaten der Parkraumbewirtschaftung sowie Ladepunkte für Elektro- oder Hybridfahrzeuge sind Geräte, die der Bezahlung und Inanspruchnahme des zur Verfügung gestellten Parkraums sowie der aufgeladenen Strommenge dienen.

1.5.3 elektronische Buchhaltungsprogramme

Elektronische Buchhaltungsprogramme erfüllen hinsichtlich der Erfassung barer Geschäftsvorfälle keine Grundaufzeichnungsfunktion. In das elektronische Buchhaltungsprogramm werden lediglich die ggf. täglich saldierten Bareinnahmen und Barausgaben übertragen und gebucht, die in einem Kassensystem, Kassenbuch oder Kassenbericht aufgezeichnet wurden.

1.5.4 Waren- und Dienstleistungsautomaten

Bei Dienstleistungsautomaten im Sinne des § 1 Abs. 1 Satz 2 Nr. 4 KassenSichV handelt es sich um Automaten, die gegenüber Kunden und Kundinnen, ohne Zutun von Mitarbeitenden, durch einen selbständigen technischen Vorgang eine Dienstleistung erbringen und deren Abrechnung ermöglichen (z. B. Waschsalonautomaten oder Zugangssysteme bei öffentlich zugänglichen WC-Anlagen). Automatische Zugangssysteme ohre Verbindung zu einem Abrechnungs- bzw. Bezahlsystem sind bereits nach § 1 Abs. 1 Satz 1 KassenSichV nicht mit einer zertifizierten technischen Sicherheitseinrichtung (TSE) zu schützen, da sie keine Kassenfunktion haben.

Bei Warenautomaten im Sinne des § 1 Abs. 1 Satz 2 Nr. 4 KassenSichV handelt es sich um Automaten, die nach dem Bezahlvorgang, ohne Zutun von Mitarbeitenden, automatisch einen selbstständigen technischen Vorgang ausführen und hierdurch die Ware zur Verfügung stellen (z. B. Zigaretten- oder Getränkeautomat).

1.5.5 Geldautomaten

Geldautomaten sind technische Anlagen, die ein Betreiber bereitstellt, damit ein Nutzer Bargeld von einem Zahlungskonto abheben, auf ein Zahlungskonto einzahlen, auf ein anderes Zahlungskonto überweisen und/oder die Barauszahlung an einen Dritten veranlassen kann. Dabei ist es ausreichend, wenn die technische Anlage bereits über eine der genannten Funktionen verfügt.

1.5.6 Geld- und Warenspielgeräte

Geld- und Warenspielgeräte sind Geräte, die über eine gültige Bauartzulassung nach §§ 11 bis 16 der Verordnung über Spielgeräte und andere Spiele mit Gewinnmöglichkeit (SpielV) verfügen.

1.6 Schutz durch eine TSE (§ 146a Abs. 1 Satz 2 AO)

Grundsätzlich ist jedes eingesetzte elektronische Aufzeichnungssystem i. S. d. § 146a AO i. V. m. § 1 Abs. 1 Satz 1 und Abs. 2 KassenSichV sowie die damit zu führenden digitalen Aufzeichnungen durch eine TSE zu schützen. Werden mehrere einzelne elektronische Aufzeichnungssysteme (z. B. Verbundwaagen, Bestellsysteme ohne Abrechnungsteil, App-Systeme) mit einem System i. S. v. § 146a AO i. V. m. § 1 Abs. 1 Satz 1 oder Abs. 2 KassenSichV verbunden, dann wird es nicht beanstandet, wenn die damit zu führenden digitalen Aufzeichnungen mit einer TSE geschützt werden, die alle im Verbund befindlichen elektronischen Aufzeichnungssysteme gemeinsam nutzen.

Ein elektronisches Aufzeichnungssystem oder eine Gruppe elektronischer Aufzeichnungssysteme muss bei störungsfreier Verwendung genau einer TSE zugeordnet sein.

1.7 Schutzziele

Die Regelungen des § 146a AO sollen für digitale Grundaufzeichnungen, die mittels elektronischem Aufzeichnungssystem i. S. d. § 146a AO i. V. m.

§ 1 Abs. 1 Satz 1 oder Abs. 2 KassenSichV geführt werden, Folgendes sicherstellen:

- deren Integrität,
- deren Authentizität
- und deren Vollständigkeit.

1.8 Vorgang

Der Begriff des Vorgangs i. S. d. KassenSichV ist nachfolgend als ein zusammengehörender Aufzeichnungsprozess zu verstehen, der bei Nutzung oder Konfiguration eines elektronischen Aufzeichnungssystems eine Protokollierung durch die TSE auslösen muss (vgl. § 2 sowie § 7 Abs. 2 und § 8 Abs. 2 KassenSichV). Ein Vorgang kann einen oder mehrere Geschäftsvorfälle sowie andere Vorgänge umfassen (vgl. AEAO zu § 146a, Nr. 1.10 und Nr. 1.11). Aus Gründen der besseren Lesbarkeit wird der Begriff „Vorgang" im Folgenden als Oberbegriff für Geschäftsvorfälle und andere abzusichernde Vorgänge genutzt.

1.9 Transaktion

Im Rahmen der Protokollierung eines Vorgangs (vgl. AEAO zu § 146a, Nr. 1.12.3) muss innerhalb der TSE mindestens eine Transaktion erzeugt werden. Während der Begriff „Vorgang" sich auf die Abläufe im elektronischen Aufzeichnungssystem bezieht, beschreibt der Begriff „Transaktion" die innerhalb der TSE erfolgenden Absicherungsschritte (mindestens bei Vorgangsbeginn und –ende) zum Vorgang im jeweiligen Aufzeichnungssystem.

1.10 Geschäftsvorfälle

1.10.1 Geschäftsvorfälle sind alle rechtlichen und wirtschaftlichen Vorgänge, die innerhalb eines bestimmten Zeitabschnitts den Gewinn bzw. Verlust oder die Vermögenszusammensetzung in einem Unternehmen dokumentieren oder beeinflussen bzw. verändern (z. B. zu einer Veränderung des Anlage- und Umlaufvermögens sowie des Eigen- und Fremdkapitals führen; vgl. auch Rz. 16 des BMF-Schreibens vom 28.11.2019, BStBl I S. 1269[1]).

1.10.2 Beispiele für Geschäftsvorfälle, die bei elektronischen Aufzeichnungssystemen i. S. d. AEAO zu § 146a, Nr. 1.2 bis 1.4 vorkommen können: Eingangs-/Ausgangs-Umsatz, nachträgliche Stornierung eines Umsatzes, Unternehmer-Trinkgeld, Gutschein (Ausgabe, Einlösung), Privatentnahme, Privateinlage, Wechselgeld-Einlage, Lohnzahlung aus der Kasse, Geldtransit.

1.11 Andere Vorgänge

1.11.1 Unter anderen Vorgängen sind Aufzeichnungsprozesse zu verstehen, die nicht durch einen Geschäftsvorfall, sondern durch andere Ereignisse im Rahmen der Nutzung des elektronischen Aufzeichnungssystems ausgelöst

---

[1] Im Anhang 33 abgedruckt

werden und zur nachprüfbaren Dokumentation der zutreffenden und vollständigen Erfassung der Geschäftsvorfälle notwendig sind. Hierunter fallen beispielsweise Trainingsbuchungen, Stornierung eines zuvor erfassten Vorgangs, Belegabbrüche, erstellte Angebote, nicht abgeschlossene Geschäftsvorfälle (z. B. Bestellungen).

1.11.2 Nicht alle in einem elektronischen Aufzeichnungssystem verwalteten Vorgänge sind für die Erreichung der Schutzziele erforderlich. Für die Erreichung der Schutzziele nicht erforderliche Vorgänge müssen nicht abgesichert werden (z. B. Bildschirmeinstellung heller/dunkler; Überwachung der Prozessor-Temperatur etc.).

1.11.3 Abzusichernde Funktionsaufrufe (Systemfunktionen) und Ereignisse innerhalb der TSE (Audit-Daten) werden in der BSI TR-03153-1 definiert.

1.12 Die TSE

1.12.1 Anforderungen an die TSE

1.12.1.1 Die Anforderungen an die TSE werden nach § 146a Abs. 3 Satz 3 AO i. V. m. § 5 Satz 1 KassenSichV durch das Bundesamt für Sicherheit in der Informationstechnik (BSI) festgelegt. Die Architektur der TSE wird durch § 146a AO i. V. m. der KassenSichV, die Architektur der einzelnen Bestandteile wird durch die Technischen Richtlinien und Schutzprofile des BSI festgelegt.

1.12.1.2 Vorgaben zu den einzelnen Bestandteilen der TSE sind insbesondere in folgenden Technischen Richtlinien festgelegt (vgl. auch BMF-Schreiben vom 28.6.2023, BStBl I S. 1075 sowie BMF-Schreiben vom 29.12.2023, BStBl I 2024 S. 27):

- BSI TR-03153-1: Technische Sicherheitseinrichtung für elektronische Aufzeichnungssysteme, Teil 1: Anforderungen an die Technische Sicherheitseinrichtung Version 1.1.1,

- BSI TR-03153 Regelung zur übergangsweisen Aufrechterhaltung der gesetzlich erforderlichen Zertifizierung von Technischen Sicherheitseinrichtungen in begründeten Ausnahmefällen Teil 2, Version 1.0.0,

- BSI TR-03151: Secure Element API (SE API) Part 1: Interface Definition, Version 1.1.1

- BSI TR-03151 Secure Element API (SE API) Part 2: Interface Mapping, Version 1.1.0,

- BSI TR-03145 Secure CA Operation Part 5: Specific requirements for a Public Key Infrastructure for Technical Security Systems, Version 1.0.1,

- BSI TR-03116 Kryptographische Vorgaben für Projekte der Bundesregierung Teil 5 - Anwendungen der Secure Element API, Stand 2023.

1.12.2 Komponenten der TSE

1.12.2.1 Das BSI hat in den Technischen Richtlinien Mindestanforderungen an eine TSE festgelegt. Dabei wurde - soweit möglich - auf technische Vorgaben verzichtet.

1.12.2.2 Mindestvorgaben werden in den Technischen Richtlinien lediglich zu den einzelnen Komponenten einer TSE (Sicherheitsmodul, Speichermedium und einheitliche digitale Schnittstelle) geregelt.

1.12.2.3 Das Sicherheitsmodul muss nach § 146a Abs. 1 AO i. V. m. § 2, § 7 Abs. 2 oder § 8 Abs. 2 KassenSichV die sichere Protokollierung von Vorgängen (vgl. AEAO zu § 146a, Nr. 1.8) gewährleisten. Durch die Technische Richtlinie BSI TR-03153-1 wird die Architektur des Sicherheitsmoduls vorgegeben (vgl. AEAO zu § 146a, Nr. 1.12.1.2).

1.12.2.4 Nach § 2 Satz 1 bzw. § 7 Abs. 2 Satz 1 ggf. i. V. m. § 8 Abs. 2 KassenSichV wird festgelegt, dass jeder Vorgang mindestens eine Transaktion in der TSE mit mehreren Protokollierungsschritten auslöst.

Das Sicherheitsmodul erzeugt folgende Daten (Protokolldaten):

- Zeitpunkt des Vorgangsbeginns sowie Zeitpunkt der Vorgangsbeendigung

 (auch bei Vorgangsabbruch)

- eindeutige und fortlaufende Transaktionsnummer

- Prüfwert (vgl. Kapitel 3.5.4 der BSI-TR 03153-1)

- Seriennummer der TSE

- Signaturzähler

Es kann optionale Protokolldaten hinzufügen. Bei der Beschreibung des Ablaufs der Protokollierung (vgl. AEAO zu § 146a, Nr. 2.2.2, 3.2.2 bzw. 4.2.2) wird auf die Anwendungsdaten und auf die Protokolldaten im Einzelnen näher eingegangen.

1.12.2.5 Die Zeitpunkte für Vorgangsbeginn und -ende (vgl. AEAO zu § 146a, Nr. 2.2.3.3, 3.2.3.2 bzw. 4.2.3.2) müssen von dem Sicherheitsmodul bereitgestellt werden. Hinsichtlich der Zeitquelle sind die Vorgaben der Schutzprofile des BSI zu beachten.

1.12.2.6 Das Speichermedium TSE muss den Anforderungen des Kapitels 6 der Technischen Richtlinie BSI TR-03153-1 entsprechen. Insbesondere müssen die sichere Speicherung der abgesicherten Anwendungsdaten (Log-Nachrichten) sowie deren Export ermöglicht werden.

1.12.2.7 Nicht erforderlich ist eine physikalische Identität von Sicherheitsmodul und Speichermedium. Das Speichermedium kann z. B. sowohl in Form eines herkömmlichen Datenträgers (Speicherkarte o. ä.) als auch mit einer Cloud-Speicherung erfüllt werden. § 146 Abs. 2a und 2b AO bleibt unberührt.

1.12.2.8 Das BSI hat in Kapitel 5 der Technischen Richtlinie BSI TR-03153-1 zwei Bestandteile der einheitlichen digitalen Schnittstelle der TSE definiert:

- Einbindungsschnittstelle
- Exportschnittstelle der TSE

1.12.2.9 Die Einbindungsschnittstelle nach Kapitel 5.1 der Technischen Richtlinie BSI TR-03153-1 dient der Integration der TSE in das elektronische Aufzeichnungssystem (z. B. der Kommunikation des Sicherheitsmoduls mit dem elektronischen Aufzeichnungssystem). Die Mindest-Funktionalitäten sind abschließend aufgeführt.

1.12.2.10 Die Exportschnittstelle muss eine Exportfunktion bieten, die Ausgabedateien in definierter Form erzeugt (Kapitel 5.2 der Technischen Richtlinie BSI TR-03153-1). Der Export erfolgt in TAR-Archiven. Darin enthalten sind die abgesicherten Anwendungsdaten (Log-Nachrichten) in einem vorgeschriebenen Format sowie die zur Verifikation der Prüfwerte notwendigen Zertifikate.

1.12.3 Protokollierung von Vorgängen durch die TSE

Als Protokollierung einer Transaktion wird der Prozess bezeichnet, mit dem die TSE die Anwendungs- und Protokolldaten eines Vorgangs gegen nachträgliche, unerkannte Veränderungen schützt sowie Existenz und Herkunft der Aufzeichnung zu einem bestimmten Zeitpunkt bestätigt.

1.13 Einheitliche digitale Schnittstelle für steuerliche Außenprüfungen und Nachschauen

1.13.1 Die im AEAO zu § 146a, Nr. 1.12.2.10 beschriebenen abgesicherten Anwendungsdaten müssen im Rahmen einer steuerlichen Außenprüfung oder Nachschau dem Amtsträger zur Verifikation der Protokollierung zur Verfügung gestellt werden.

1.13.2 Darüber hinaus müssen alle mit dem elektronischen Aufzeichnungssystem aufgezeichneten Daten in einem maschinell auswertbaren Format zur Verfügung gestellt werden. Die für elektronische Aufzeichnungssysteme i. S. d. § 146a Abs. 1 Satz 1 AO i. V. m. § 1 Abs. 1 Satz 1 und Abs. 2 KassenSichV erforderlichen Daten sowie Formate werden in der „Digitalen Schnittstelle der Finanzverwaltung für elektronische Aufzeichnungssysteme" (DSFinV) definiert. Diese wird über das Internetportal des Bundeszentralamtes für Steuern (BZSt) veröffentlicht.

1.14 Ausfall der TSE

1.14.1 Ausfallzeiten und -grund einer TSE sind zu dokumentieren (vgl. AEAO zu § 146, Nr. 2.1.6). Diese Dokumentation kann auch automatisiert durch das elektronische Aufzeichnungssystem erfolgen.

1.14.2 Kann das elektronische Aufzeichnungssystem ohne die funktionsfähige TSE weiterbetrieben werden, muss dieser Ausfall auf einem eventuellen Beleg ersichtlich sein. Dies kann durch die fehlende Transaktionsnummer oder durch eine sonstige eindeutige Kennzeichnung erfolgen.

1.14.3 Soweit der Ausfall lediglich die TSE betrifft, wird es nicht beanstandet, wenn das elektronische Aufzeichnungssystem bis zur Beseitigung des Ausfallgrundes weiterhin genutzt wird. Die grundsätzliche Belegausgabepflicht

§ 146a	Abgabenordnung

bleibt von dem Ausfall unberührt, auch wenn nicht alle für den Beleg erforderlichen Werte (vgl. AEAO zu § 146a, Nr. 2.4.4, 3.4.3 bzw. 4.4.3) durch die TSE zur Verfügung gestellt werden. Die Belegangaben zu Datum und Uhrzeit müssen in diesem Fall von dem elektronischen Aufzeichnungssystem bereitgestellt werden.

1.14.4 Der Unternehmer hat unverzüglich die jeweilige Ausfallursache zu beheben, Maßnahmen zu deren Beseitigung zu treffen und dadurch sicherzustellen, dass die Anforderungen des § 146a AO schnellstmöglich wieder eingehalten werden.

1.15 Elektronische Aufbewahrung der Aufzeichnungen

1.15.1 Nach § 3 Abs. 2 KassenSichV müssen die gespeicherten Geschäftsvorfälle oder andere Vorgänge im Sinne des § 146a Abs. 1 Satz 1 AO als Transaktionen so verkettet sein, dass Lücken in den Aufzeichnungen erkennbar sind. Die Verkettung ergibt sich aus der von der TSE verwalteten Transaktionsnummer sowie aus dem Signaturzähler.

1.15.2 Die Überführung der abgesicherten Anwendungsdaten aus der TSE in ein Aufbewahrungssystem ist zulässig, sofern dieses einen späteren Export der Daten nach der in Kapitel 5.2 der Technischen Richtlinie BSI TR-03153-1 vorgeschriebenen Form ermöglicht (TAR-Files in definierter Form). Nach diesem Export können die Daten auf dem Speichermedium der TSE gelöscht werden. Es müssen zu diesem Zweck die in den Technischen Richtlinien aufgeführten Datenfelder auch im Aufbewahrungssystem vorgehalten werden. Zur Erhaltung der Verkettung ist die vollständige Archivierung der Log-Nachrichten aller Absicherungsschritte (Start, Update und Beendigung des Vorgangs) erforderlich.

1.15.3 Das Aufbewahrungssystem muss den Datenexport im jeweils zu verwendenden DSFinV-Format (vgl. AEAO zu § 146a, Nr. 1.13, 2.3, 3.3 bzw. 4.3) ermöglichen, sofern über die abgesicherten Anwendungsdaten aus der TSE hinaus auch die übrigen Daten des Aufzeichnungssystems in das Aufbewahrungssystem überführt werden. Die Pflichten nach § 147 AO bleiben unberührt.

1.15.4 Eine Verdichtung von Grundaufzeichnungen in dem Aufbewahrungssystem ist für die Dauer der Aufbewahrung nach § 147 Abs. 3 AO unzulässig.

1.16. Mitteilungspflicht nach § 146a Abs. 4 AO

1.16.1 Allgemeines

Die Mitteilungspflicht nach § 146a Abs. 4 AO gilt für elektronische Aufzeichnungssysteme i. S. d. § 146a Abs. 1 Satz 1 AO i. V. m. § 1 Abs. 1 Satz 1 und Abs. 2 KassenSichV.

Die Mitteilung an das zuständige Finanzamt hat elektronisch über das Programm „Mein ELSTER" oder über kompatible eigene oder Drittanbieter-Software über die entsprechende Schnittstelle (ERiC) zu erfolgen. Eine wirksame Erfüllung der Mitteilungspflicht nach § 146a Abs. 4 AO ist grundsätzlich nur auf diesem Weg möglich.

1.16.1.1 Mitteilende Person

Steuerpflichtige, die mitzuteilende elektronische Aufzeichnungssysteme verwenden, haben die Mitteilungspflicht nach § 146a Abs. 4 AO zu erfüllen. Diese Mitteilungspflicht kann auch durch eine bevollmächtigte Person erfüllt werden.

1.16.1.2 Zeitpunkt der Mitteilung

Die Mitteilung nach § 146a Abs. 4 Satz 2 AO ist innerhalb eines Monats nach Anschaffung oder Außerbetriebnahme des mitzuteilenden elektronischen Aufzeichnungssystems zu erstatten. Zum Datum der Anschaffung vgl. AEAO zu § 146a, Nr. 1.16.2.6. Unter Außerbetriebnahme fällt auch der Untergang oder das Abhandenkommen des elektronischen Aufzeichnungssystems.

1.16.1.3 Meldeart

Für die Anmeldung, die Abmeldung und die Korrekturmeldung zu (einzelnen) mitzuteilenden elektronischen Aufzeichnungssystemen einer Betriebsstätte (vgl. AEAO zu § 146a, Nr. 1.16.1.4) existiert eine einheitliche Meldeart. Die Intention einer Meldung (anmelden, abmelden, korrigieren) ergibt sich aus den im Einzelfall übermittelten Daten.

1.16.1.4 Betriebsstätte

Das mitzuteilende elektronische Aufzeichnungssystem ist grundsätzlich einer Betriebsstätte eindeutig zuzuordnen. Die Abgabe einer Mitteilung hat getrennt für jede Betriebsstätte zu erfolgen. Es sind bei jeder Mitteilung, gleich der Intention einer Meldung (vgl. AEAO zu § 146a, Nr. 1.16.1 3), stets alle elektronischen Aufzeichnungssysteme einer Betriebsstätte in der einheitlichen Mitteilung zu übermitteln.

Bei Taxametern und Wegstreckenzählern ist bei dem elektronischen Aufzeichnungssystem auch das jeweilige Kfz-Kennzeichen des Fahrzeugs mitzuteilen.

1.16.2 Angaben zur Mitteilung

1.16.2.1 Ordnungskriterium

Der Steuerpflichtige hat im Zuge der Mitteilungspflicht nach § 146a Abs. 4 AO als eindeutiges Zuordnungskriterium seine Steuernummer mitzuteilen. Er kann zusätzlich seine Identifikationsnummer gemäß § 139b AO übermitteln. Nach der Einführung der Wirtschafts-Identifikationsnummer gemäß § 139c AO ist diese zu übermitteln.

1.16.2.2 Art der TSE

Die Art der TSE nach § 146a Abs. 4 Satz 1 Nr. 3 AO setzt sich aus der Zertifizierungs-ID sowie der Seriennummer der TSE zusammen.

Die Anforderungen an die Seriennummer der TSE ergibt sich aus Kapitel 9.3 der Technischen Richtlinie BSI TR-03153-1.

Die Zertifizierungs-ID wird durch das BSI vergeben und besitzt folgendes Format: BSI-K-TR-nnnn-yyyy oder BSI-K-TR-nnnn-yyyy-MA-ZZ. Hierbei bedeutet nnnn eine vierstellige Nummerierung, yyyy eine vierstellige Jahreszahl.

1.16.2.3 Art des elektronischen Aufzeichnungssystems

Eine Auswahl zur Art des elektronischen Aufzeichnungssystems wird im Meldeverfahren vorgegeben.

1.16.2.4 Anzahl der insgesamt eingesetzten elektronischen Aufzeichnungssysteme

Die Anzahl der insgesamt eingesetzten elektronischen Aufzeichnungssysteme je Betriebsstätte ist zu übermitteln.

Jedes einzelne zugeordnete elektronische Aufzeichnungssystem ist in jeder Mitteilung zu der jeweiligen Betriebsstätte aufzuführen (vgl. AEAO zu § 146a, Nr. 1.16.1.3 und 1.16.1.4). Sollten in Verbundsystemen mehrere Geräte mit einer TSE verbunden sein, so ist jedes einzelne zugeordnete Gerät dem Finanzamt mitzuteilen.

1.16.2.5 Seriennummer des elektronischen Aufzeichnungssystems

Die Seriennummer des elektronischen Aufzeichnungssystems ist zu übermitteln. Sie ist herstellerabhängig und von der Seriennummer der TSE sowie der Zertifizierungs-ID zu unterscheiden.

Die Seriennummer muss jedes elektronische Aufzeichnungssystem i. S. d. § 146a AO i. V. m. § 1 Abs. 1 Satz 1 und Abs. 2 KassenSichV eines Herstellers eindeutig identifizieren (vgl. AEAO zu § 146a, Nr. 2.2.3.1).

1.16.2.6 Datum der Anschaffung

Das Datum der Anschaffung ist zu übermitteln. Werden elektronische Aufzeichnungssysteme nicht erworben, sondern z. B. geleast oder geliehen, ist statt des Anschaffungsdatums das Datum des Leasingbeginns / Beginn des Leihvertrags / Beginn der Zurverfügungstellung zu übermitteln. Die §§ 145 ff. AO bleiben unberührt.

1.16.2.7 Datum der Außerbetriebnahme

Das Datum der Außerbetriebnahme eines elektronischen Aufzeichnungssystems ist zu übermitteln.

1.16.3 Korrekturmöglichkeit

1.16.3.1 Eine zu einem elektronischen Aufzeichnungssystem (einer Betriebsstätte) fehlerhaft abgegebene Mitteilungen ist zu korrigieren. Die Korrektur muss nach Kenntnis des Fehlers unverzüglich, spätestens aber bis zum Ablauf der Frist nach § 146a Abs. 4 Satz 2 AO erfolgen. Hierzu ist das elektronische Aufzeichnungssystem eindeutig zu identifizieren und sind die bisher falsch gemeldeten Angaben mit den richtigen Angaben zu ersetzen. Die korrigierende Meldung hat alle elektronischen Aufzeichnungssysteme (der jeweiligen Betriebsstätte) zu enthalten (vgl. AEAO zu § 146a, Nrn. 1.16.1.3 und 1.16.1.4).

1.16.3.2	Bei der Meldung falscher Angaben zu einer Betriebsstätte hat eine entsprechende Korrektur zu erfolgen. Die hinsichtlich der Angaben zur Betriebsstätte korrigierte Meldung hat ebenfalls alle elektronischen Aufzeichnungssysteme (mit unveränderten Angaben) der betroffenen Betriebsstätte zu enthalten (vgl. AEAO zu § 146a, Nrn. 1.16.1.3 und 1.16.1.4).
1.17	**Zertifizierung**
	Das Verfahren zur Zertifizierung ist in § 11 KassenSichV i. V. m. Kapitel 8 sowie Anhang A der BSI TR-03153-1, BMF-Schreiben vom 29.12.2023, BStBl I 2024 S. 27, geregelt. Darüber hinaus besteht auch die Möglichkeit einer Übergangszertifizierung nach § 11 KassenSichV i. V. m. BSI TR-03153-2 (BMF-Schreiben vom 26.7.2021, BStBl I S. 1034).
1.18	**Verbot des gewerbsmäßigen Bewerbens und In-Verkehr-Bringens nach § 146a Abs. 1 Satz 5 AO**
1.18.1	Es ist verboten, Soft- oder Hardware zu bewerben oder in Verkehr zu bringen, die die Anforderungen des § 146a AO nicht erfüllen. Bewerben ist jede schriftliche oder mündliche Äußerung, die dazu dient, jemanden zum Einsatz von Soft- oder Hardware zu bewegen. Unter In-Verkehr-Bringen ist jede Handlung zu verstehen, durch die Soft- oder Hardware aus der Verfügungsgewalt einer Person in die Verfügungsgewalt einer anderen Person gelangt.
1.18.2	Elektronische Aufzeichnungssysteme mit Anbindungsmöglichkeit an eine TSE und die TSE können unabhängig voneinander beworben oder In-Verkehr gebracht werden.
1.19	**Rechtsfolgen bei Verstoß gegen § 146a AO**
1.19.1	Die Befolgung der Ordnungsvorschrift § 146a AO kann nicht durch einen Verwaltungsakt angeordnet oder durch Zwangsmaßnahmen nach §§ 328 ff. AO erzwungen werden.
1.19.2	§ 146a Abs. 2 Satz 1 AO (Belegausgabepflicht) und § 146a Abs. 4 AO (Mitteilungspflicht) sehen Handlungspflichten vor. §§ 328 ff. AO bleiben unberührt.
1.19.3	Die Ahndung einer Verletzung nach § 146a Abs. 1 Satz 1, 2 oder 5 AO kann als Ordnungswidrigkeit nach § 379 Abs. 1 Satz 1 AO erfolgen.
1.19.4	Wird festgestellt, dass die nach § 146a Abs. 1 Satz 1, 2 oder 5 AO bestehenden Verpflichtungen nicht erfüllt sind, soll die für Straf- und Bußgeldsachen zuständige Stelle unterrichtet werden.
2.	**Kassen und Kassensysteme**
2.1	**Sachlicher und zeitlicher Anwendungsbereich**
2.1.1	**Sachlicher Anwendungsbereich**
	Der sachliche Anwendungsbereich der Pflicht zum Einsatz einer TSE wird durch § 146a Abs. 1 Satz 2 AO i. V. m. § 1 Abs. 1 KassenSichV begrenzt (§ 146a Abs. 3 Satz 1 Nr. 1 AO). Unabhängig davon unterliegen jedoch alle elektronischen Aufzeichnungssysteme der Einzelaufzeichnungspflicht nach

§ 146 Abs. 1 Satz 1 AO. Die in § 1 Abs. 1 Satz 1 KassenSichV genannten elektronischen Aufzeichnungssysteme müssen neben den allgemeinen Ordnungsmäßigkeitsgrundsätzen die besonderen Vorschriften des § 146a AO beachten. § 1 Abs. 1 Satz 2 KassenSichV grenzt elektronische Aufzeichnungssysteme ab, die ausdrücklich nicht in den Anwendungsbereich des § 146a AO fallen.

2.1.2 Zeitlicher Anwendungsbereich

§ 146a AO gilt erstmals für Kalenderjahre, die nach dem 31.12.2019 beginnen.

2.2 Der Einsatz einer TSE in Kassen(systemen)

Soweit nachfolgend nichts Anderes geregelt ist, gelten die Ausführungen unter Nr. 1.12.

2.2.1 Anwendungs- und Protokolldaten

2.2.1.1 In den Prozess der Protokollierung fließen Anwendungsdaten aus dem elektronischen Aufzeichnungssystem zusätzlich zu den bereits von der TSE gelieferten Protokolldaten ein (vgl. AEAO zu § 146a, Nr. 1.12.2.4).

2.2.1.2 Im Einzelnen bestehen die abgesicherten Anwendungsdaten aus folgenden Informationen:

- Anwendungsdaten (Seriennummer des elektronischen Aufzeichnungssystems, Art des Vorgangs, Daten des Vorgangs)
- Protokolldaten (Seriennummer der TSE, Zeitpunkt der Absicherung, eindeutige und fortlaufende Transaktionsnummer, Signaturzähler, Optionale Protokolldaten)
- Prüfwert

2.2.2 Ablauf der Protokollierung

Die Protokollierung (vgl. § 2 KassenSichV) erfolgt in drei Schritten:

1. Beginn der Protokollierung:

    Das Aufzeichnungssystem muss unmittelbar mit Beginn eines aufzuzeichnenden Vorgangs die Protokollierung des Vorgangs in der TSE starten (vgl. Kapitel 3.5.1 der Technischen Richtlinie BSI TR-03153-1). Dabei erfolgen u. a. zwingend die Vergabe einer eindeutigen und fortlaufenden Transaktionsnummer, die Erhöhung des Signaturzählers sowie die Erzeugung eines Prüfwertes durch die TSE.

2. Aktualisierung der Protokollierung:

    Spätestens 45 Sekunden nach einer Änderung der Daten des Vorgangs ist die Aktualisierung der Transaktion durch die TSE erforderlich (vgl. Kapitel 3.5.2 der Technischen Richtlinie BSI TR-03153-1 i. V. m. BSI TR-03116-5). Die Erzeugung eines Prüfwertes durch die TSE ist optional. Die Transaktionsnummer bleibt erhalten und der

Signaturzähler wird bei jeder Aktualisierung mit Prüfwertberechnung um den Wert 1 erhöht.

3. Beendigung der Protokollierung:

Bei Beendigung des Vorgangs ist die Transaktion innerhalb der TSE zu beenden (vgl. Kapitel 3.5.3 der Technischen Richtlinie BSI TR-03153-1). Dabei erfolgt zwingend die Erzeugung eines Prüfwertes durch die TSE. Die Transaktionsnummer bleibt erhalten und der Signaturzähler wird um den Wert 1 erhöht. Erst bei diesem Protokollierungsschritt wird der Zeitpunkt der Beendigung des Vorgangs in die Protokolldaten aufgenommen.

Anschließend werden die zum Ausdruck eines Belegs i. S. d. § 6 KassenSichV erforderlichen Protokolldaten dem elektronischen Aufzeichnungssystem übermittelt (vgl. AEAO zu § 146a, Nr. 2.4).

2.2.3 Begriffsdefinitionen zur Protokollierung

2.2.3.1 Seriennummer des elektronischen Aufzeichnungssystems

Die Seriennummer eines elektronischen Aufzeichnungssystems muss von dessen Hersteller eindeutig vergeben werden. Die Seriennummer ist eine Zeichenfolge, die zur eindeutigen Identifizierung eines Exemplars aus einer Serie dient. Zusammen mit der Information über den Hersteller wird das jeweilige elektronische Aufzeichnungssystem hierdurch eindeutig repräsentiert (vgl. Kapitel 9.3.1 der Technischen Richtlinie BSI TR-03153-1). Zur Mitteilung nach § 146a Abs. 4 AO vgl. AEAO zu § 146a, Nr. 1.16.2.5.

2.2.3.2 Seriennummer der TSE

Als Seriennummer der TSE muss der Hashwert des im Zertifikat enthaltenen öffentlichen Schlüssels für die Verifikation der Prüfwerte verwendet werden. Die zu verwendende Hashfunktion wird von der Technischen Richtlinie BSI TR-03116-5 festgelegt (vgl. Kapitel 9.3.2 der Technischen Richtlinie BSI TR-03153-1). Sofern der Hersteller eine Prüfsumme nach Append x B der BSI TR-03153-1 verwendet, ist die Prüfsumme Teil der Seriennummer. Zur Mitteilung nach § 146a Abs. 4 AO vgl. AEAO zu § 146a, Nr. 1.16.2.2.

2.2.3.3 Zeitpunkt des Vorgangsbeginns bzw. der Vorgangsbeendigung

Grundsätzlich ist jeweils der Zeitpunkt entscheidend, zu dem das elektronische Aufzeichnungssystem einen Vorgang startet oder beendet. Vor einer Belegausgabe oder zum Zeitpunkt eines Kassenabschlusses ist der Vorgang zwingend zu beenden. Dienen z. B. miteinander verknüpfte Waagen (sog. Verbundwaagen) während eines Vorgangs lediglich der Erfassung von (Zwischen-)Wiegeergebnissen, wird es aufgrund der eichrechtlichen Besonderheiten nicht beanstandet, wenn als Beginn des Vorgangs der Beginn des Bezahlvorgangs an dem jeweiligen elektronischen Aufzeichnungssystem mit Kassenfunktion abgesichert wird.

2.2.3.4 Optionale Protokolldaten

§ 146a   Abgabenordnung

Dieses Datenfeld wurde geschaffen, um künftige Änderungen (z. B. aufgrund technischer Entwicklung) in der TSE abbilden zu können.

2.2.3.5   Art des Vorgangs

Die Technischen Richtlinien wurden bzgl. der fachlichen Inhalte der abzusichernden Daten bewusst allgemein gehalten. Eine Absicherung kann für verschiedenste Arten von Daten erfolgen. Über die Art des Vorgangs kann eine Unterscheidung der Struktur der abzusichernden Inhalte gewährleisten werden.

2.2.3.6   Daten des Vorgangs

Der Inhalt der Daten des Vorgangs kann je nach Art des Vorgangs unterschiedlich definiert werden. Die Datenstruktur für elektronische Aufzeichnungssysteme mit Kassenfunktion wird in der „Digitalen Schnittstelle der Finanzverwaltung für Kassensysteme" – DSFinV-K definiert. Diese wird über das Internetportal des BZSt veröffentlicht (vgl. AEAO zu § 146a, Nr. 2.3). Nähere Erläuterungen zur technischen Abbildung der Daten sind in dem Anhang I der DSFinV-K definiert.

2.2.3.6.1   Art des Vorgangs „Kassenbeleg"

Für alle abgeschlossenen Vorgänge, die zu einer Belegausgabe nach § 146a Abs. 2 AO führen müssen, ist die Art des Vorgangs „Kassenbeleg" zu nutzen. Dies gilt auch für abgeschlossene Vorgänge, die Geschäftsvorfälle abbilden, an denen nur der Unternehmer selbst beteiligt ist (z. B. Eigenbelege über Ein- oder Auszahlungen).

In den Daten des Vorgangs sind folgende Daten abzubilden:

- Vorgangstyp (Feld BON_TYP in der DSFinV-K)

- Bruttoumsatz je Steuersatz (Felder BRUTTO/UST_SATZ in der DSFinV-K)

- Zahlbetrag je Zahlart (Felder ZAHLART_BETRAG/ZAHLART_TYP in der DSFinV-K)

Über diese Daten werden der Gesamtumsatz abgesichert und eine Kassensturz-fähigkeit mit den Daten der TSE gewährleistet. Hierfür entfallen die nach 45 Sekunden anfallenden Updates der abzusichernden Daten innerhalb der TSE.

Nähere Erläuterungen zur technischen Abbildung der Daten sind in der DSFinV-K definiert.

2.2.3.6.2   Art des Vorgangs „Bestellung"

Langanhaltende Bestellvorgänge (z. B. in der Gastronomie) werden als eigenständige Vorgänge realisiert. Deshalb sind diese über die Art des Vorgangs „Bestellung" abzubilden. In den Daten des Vorgangs sind folgende Daten abzubilden:

- Menge (Feld MENGE in der DSFinV-K)

- Bezeichnung der Ware bzw. der Leistung (Feld ARTIKELTEXT in der DSFinV-K)
- Preis pro Einheit (Feld BRUTTO in der DSFinV-K)

Die Art des Vorgangs „Bestellung" ist auch zu nutzen, wenn innerhalb des Aufzeichnungssystems Bestellungen bis hin zur Rechnung / Zahlung in einem Vorgang abgebildet werden. Der Grundsatz, dass jeder Vorgang im Aufzeichnungssystem einer Transaktion in der TSE entsprechen muss, findet in diesem Fall eine Ausnahme. Die Erstellung der Rechnung bzw. der Bezahlvorgang sind über die Art des Vorgangs „Kassenbeleg" abzusichern.

Wird die Erleichterungsregelung der Nr. 2.7.2 DSFinV-K in Anspruch genommen, muss der Start-Zeitpunkt der ersten Bestellung zusätzlich auf dem Beleg abgedruckt werden.

Nähere Erläuterungen zur technischen Abbildung der Daten sind in der DSFinV-K definiert (vgl. DSFinV-K – Tz. 2.7 und Anhang H).

2.2.3.6.3 Art des Vorgangs „SonstigerVorgang"

Die TSE kann zur Absicherung jeglicher Daten genutzt werden. Wenn ein Aufzeichnungssystem z. B. Kassenladenöffnungen ohne vorherige Bedienungen (oder Bedieneranmeldungen usw.) abbilden und absichern soll, kann als Art des Vorgangs „SonstigerVorgang" genutzt werden. Diese Art des Vorgangs kommt in Betracht, wenn es sich weder um einen belegartigen Vorgang noch um Funktionsaufrufe (Systemfunktionen) und Ereignisse (Audit-Daten) der TSE handelt.

Bei „SonstigerVorgang" werden keine fachlichen Vorgaben zum Inhalt der Daten des Vorgangs definiert.

2.3 Einheitliche digitale Schnittstelle für steuerliche Außenprüfungen und Nachschauen bei Kassen(systemen)

Ergänzend zu AEAO zu § 146a, Nr. 1.13 gilt Folgendes: Für elektronische oder computergestützte Kassensysteme oder Registrierkassen (vgl. AEAO zu § 146a, Nr. 1.2) gilt die DSFinV-K. Fällt nur ein Teilbereich der Daten eines komplexen Softwaresystems unter die DSFinV-K, bleibt die Verpflichtung zur Verfügungstellung weiterer Daten aus anderen Teilbereichen des Systems (z. B. Warenwirtschaft) unberührt.

Die Vorgaben der DSFinV-K gelten nicht für gesonderte Systeme i. S. d. AEAO zu § 146a, Nr. 1.3 Abs. 3 und Nr. 1.4 Abs. 4. Hier sind die Vorgaben der DSFinV-TW (vgl. 3.3 bzw. 4.3) zu beachten.

2.4. Anforderung an den Beleg

2.4.1 Die erforderlichen Mindestangaben auf einem Beleg i. S. d. § 146a AO sind in § 6 KassenSichV geregelt. Alle Angaben müssen für jedermann ohne maschinelle Unterstützung lesbar oder aus einem QR-Code auslesbar und auf dem Papierbeleg oder in dem elektronischen Beleg enthalten sein. Der QR-Code hat der DSFinV-K zu entsprechen (vgl. DSFinV-K – Anhang I Tz. 2.).

§ 146a	Abgabenordnung

2.4.2　Die Belegausgabepflicht nach § 146a Abs. 2 AO gilt unbeschadet anderer gesetzlicher Vorschriften.

2.4.3　Die umsatzsteuerlichen Vorschriften an eine Rechnung (insbesondere § 14 Abs. 4 UStG) bleiben unberührt. Ist die Erstellung einer Rechnung nach umsatzsteuerlichen Vorschriften nicht erforderlich, muss dennoch ein Beleg nach den Anforderungen des § 6 KassenSichV erstellt werden.

2.4.4　Der Beleg muss mindestens folgende Angaben enthalten:

1. Den vollständigen Namen und die vollständige Anschrift des leistenden Unternehmers (vgl. § 6 Satz 1 Nr. 1 KassenSichV).

2. Das Datum der Belegausstellung und den Zeitpunkt des Vorgangsbeginns sowie den Zeitpunkt der Vorgangsbeendigung (vgl. AEAO zu § 146a, Nr. 2.2.3.3)

3. Die Menge und die Art der gelieferten Gegenstände oder den Umfang und die Art der sonstigen Leistung (vgl. auch AEAO zu § 146, Nr. 2.1.3).

4. Die Transaktionsnummer i. S. d. § 2 Satz 2 Nr. 2 KassenSichV (vgl. AEAO zu § 146a, Nr. 2.2.2)

5. Das Entgelt und den darauf entfallenden Steuerbetrag für die Lieferung oder sonstige Leistung in einer Summe sowie den anzuwendenden Steuersatz oder im Fall einer Steuerbefreiung einen Hinweis darauf, dass für die Lieferung oder sonstige Leistung eine Steuerbefreiung gilt.

   Erfordert ein Geschäftsvorfall (vgl. AEAO zu § 146a, Nr. 1.10) nicht die Erstellung einer Rechnung i. S. d. § 14 UStG, sondern einen sonstigen Beleg (z. B. Lieferschein), wird nicht beanstandet, wenn dieser Beleg nicht den unter § 6 Satz 1 Nr. 5 KassenSichV geforderten Steuerbetrag enthält.

6. Die Seriennummer des elektronischen Aufzeichnungssystems sowie die Seriennummer des Sicherheitsmoduls.

   Auf dem Beleg ist die nach § 2 Satz 2 Nr. 8 KassenSichV protokollierte Seriennummer anzugeben (vgl. AEAO zu § 146a, Nr. 2.2.3.1 und 2.2.3.2).

7. Betrag je Zahlungsart

8. Signaturzähler

9. Prüfwert

Die vorgenannten Daten werden mit Ausnahme der Nr. 1, des Datums der Belegausstellung, der Nr. 3 sowie im Fall einer Steuerbefreiung des Hinweises darauf, dass für die Lieferung oder sonstige Leistung eine Steuerbefreiung gilt, entweder als Daten des Vorgangs zur Absicherung an die TSE übergeben oder durch die TSE festgelegt. Die Nachvollziehbarkeit der Absicherung auf dem Beleg erfordert daher, dass diese Daten in dem Format auf den Beleg gedruckt werden, in dem sie von der TSE an das elektronische Aufzeichnungssystem zurückgeliefert wurden. Nachträgliches Runden, Abschneiden oder Verändern dieser Daten ist unzulässig. Es wird nicht beanstandet, wenn ein als UnixTime gelieferter Zeitstempel als Coordinated Universal Time (UTC) ohne zusätzliche Zeitzone ausgegeben wird.

Sofern ein QR-Code gemäß Anhang I der DSFinV-K anstelle der für jedermann ohne maschinelle Unterstützung lesbaren Daten verwendet wird, gelten die vorgenannten Anforderungen als erfüllt.

2.5 Belegausgabe

2.5.1 Die Belegausgabepflicht hat derjenige zu befolgen, der Geschäftsvorfälle mit Hilfe eines elektronischen Aufzeichnungssystems i. S. d. § 146a Abs. 1 Satz 1 AO erfasst.

2.5.2 Der Beleg kann nach § 6 Satz 5 KassenSichV elektronisch oder in Papierform zur Verfügung gestellt werden. Dies setzt voraus, dass die Transaktion (vgl. AEAO zu § 146a, Nr. 1.9) vor Bereitstellung des Belegs abgeschlossen wird.

2.5.3 Eine elektronische Bereitstellung des Belegs bedarf der Zustimmung des Kunden. Die Zustimmung bedarf dabei keiner besonderen Form und kann auch konkludent erfolgen. Ein elektronischer Beleg gilt als bereitgestellt, wenn dem Kunden die Möglichkeit der Entgegennahme des elektronischen Belegs gegeben wird. Unabhängig von der Entgegennahme durch den Kunden ist der elektronische Beleg in jedem Fall zu erstellen.

2.5.4 Die Sichtbarmachung eines Belegs an einem Bildschirm des Unternehmers (Terminal/Kassendisplay) allein, ohne die Möglichkeit der elektronischen Entgegennahme nach Abschluss des Vorgangs, reicht nicht aus.

2.5.5 Ein Beleg i. S. v. § 6 KassenSichV ist nur für Geschäftsvorfälle auszugeben, an denen ein Dritter beteiligt ist. Von der Belegausgabepflicht sind z. B. Entnahmen und Einlagen ausgenommen.

2.5.6 Eine elektronische Belegausgabe muss in einem standardisierten Datenformat (z. B. JPG, PNG oder PDF) erfolgen, d. h. der Empfang und die Sichtbarmachung eines elektronischen Belegs auf dem Endgerät des Kunden müssen mit einer kostenfreien Standardsoftware möglich sein. Es bestehen keine technischen Vorgaben wie der Beleg zur Entgegennahme bereitgestellt oder übermittelt werden muss. Es ist z. B. zulässig, wenn der Kunde unmittelbar über eine Bildschirmanzeige (z. B. in Form eines QR-Codes) den elektronischen Beleg entgegennehmen kann. Eine Übermittlung kann auch z. B. als Download-Link, per Near-Field-Communication (NFC), per E-Mail oder direkt in ein Kundenkonto erfolgen.

2.5.7 Die Ausgabe des Belegs muss in unmittelbarem zeitlichem Zusammenhang mit der Beendigung des Vorgangs erfolgen. Dies gilt unabhängig davon, ob der Beleg in Papierform oder elektronisch bereitgestellt wird.

2.5.8 Bei der Zurverfügungstellung eines Papierbelegs reicht das Angebot zur Entgegennahme aus, wenn zuvor der Beleg erstellt und ausgedruckt wurde.

Eine Pflicht zur Annahme des Belegs durch den Kunden sowie zur Aufbewahrung besteht nicht. Es besteht keine Aufbewahrungspflicht des Belegausstellers für nicht entgegengenommene Papierbelege.

2.5.9 Nach § 146a Abs. 2 Satz 2 AO kann bei einem Verkauf von Waren an eine Vielzahl von nicht bekannten Personen auf Antrag und mit Zustimmung der zuständigen Behörde nach § 148 AO aus Zumutbarkeitsgründen nach pflichtgemäßem Ermessen von einer Belegausgabepflicht abgesehen werden. Die Möglichkeit der Befreiung besteht unter den gleichen Voraussetzungen auch bei Dienstleistungen.

Eine Befreiung i. S. d. § 148 AO kann nur für den jeweiligen Einzelfall beantragt und gewährt werden. Eine Befreiung kommt nur dann in Betracht, wenn nachweislich eine sachliche Härte für den einzelnen Steuerpflichtigen besteht. Die mit der Belegausgabepflicht entstehenden Kosten stellen für sich allein keine sachliche Härte im Sinne des § 148 AO dar.

2.5.10 Die Befreiung von der Belegausgabepflicht nach § 146a Abs. 2 AO entbindet den Unternehmer nicht von dem Anspruch des Kunden auf die Ausstellung einer Quittung (§ 368 BGB).

2.5.11 Die Befreiung von der Belegausgabepflicht setzt voraus, dass durch die Unterdrückung der Belegausgabe die Funktion der TSE nicht eingeschränkt wird.

2.6 Angaben zur Mitteilung bei Kassen(systemen)

Ergänzend zu AEAO zu § 146a, Nr. 1.16.2 gilt Folgendes: Sofern einzelne elektronische Aufzeichnungssysteme ohne Kassenfunktion mit einem elektronischen Aufzeichnungssystem mit Kassenfunktion im Sinne von § 146a AO i. V. m. § 1 Abs. 1 Satz 1 KassenSichV verbunden wurden, ist nur das elektronische Aufzeichnungssystem mit Kassenfunktion und nicht die damit verbundenen elektronischen Aufzeichnungssysteme ohne Kassenfunktion mitteilungspflichtig.

2.7 Ausfall der TSE bei Kassen(systemen)

Ergänzend zu AEAO zu § 146a, Nr. 1.14 gilt Folgendes: Die Belegausgabepflicht nach § 146a Abs. 2 AO entfällt lediglich bei einem vollumfänglichen Ausfall des Aufzeichnungssystems oder bei Ausfall der Druck- oder Übertragungseinheit. Bei Ausfall der Druck- oder Übertragungseinheit für den elektronischen Beleg muss das Aufzeichnungssystem i. S. d. § 146a Abs. 1 Satz 1 AO i. V. m. § 1 Abs. 1 Satz 1 KassenSichV weiterhin genutzt werden.

3. EU-Taxameter

3.1 Sachlicher und zeitlicher Anwendungsbereich

3.1.1 Sachlicher Anwendungsbereich

Die in AEAO zu § 146a, Nr. 1.3 definierten EU-Taxameter unterliegen der Verpflichtung nach § 146a Abs. 1 Satz 1 und 2 AO. Der Verpflichtung zur Aufzeichnung unterliegen insbesondere alle Geschäftsvorfälle und andere Vorgänge, die in den Betriebseinstellungen „Frei", „Besetzt" und „Kasse" durchgeführt werden. Unabhängig davon unterliegen alle Geschäftsvorfälle der Einzelaufzeichnungspflicht nach § 146 Abs. 1 Satz 1 AO, ggf. außerhalb des EU-Taxameters.

3.1.2   Zeitlicher Anwendungsbereich

Die Verpflichtung nach § 146a Abs.1 Satz 1 und 2 AO gilt für alle EU-Taxameter ab dem 1.1.2024. Dies gilt unabhängig davon, wann sie in den Verkehr gebracht oder erstmalig eingesetzt wurden.

Die Verpflichtung gilt jedoch nicht, soweit das EU-Taxameter vor dem 1.1.2021 mit der INSIKA-Technik ausgerüstet wurde und unter die Regelung des § 9 KassenSichV fällt. In diesem Fall gilt die Verpflichtung nach § 146a Abs. 1 Satz 1 und 2 AO spätestens ab dem 1.1.2026.

Es gelten jedoch die Anforderungen des § 7 KassenSichV, ab dem Zeitpunkt, ab dem das EU-Taxameter aus dem Fahrzeug, welches vor dem 1.1.2021 mit der INSIKA-Technik ausgestattet wurde, ausgebaut und in ein neues Fahrzeug eingebaut wird.

3.2   Der Einsatz einer TSE im EU-Taxameter

3.2.1   Anwendungs- und Protokolldaten

3.2.1.1   In den Prozess der Protokollierung fließen Anwendungsdaten aus dem EU-Taxameter zusätzlich zu den bereits von der TSE gelieferten Protokolldaten ein (vgl. AEAO zu § 146a, Nr. 1.12.2.4).

3.2.1.2   Im Einzelnen bestehen die abgesicherten Daten aus folgenden Informationen:

- Anwendungsdaten (Art des Vorgangs, Daten des Vorgangs)
- Protokolldaten (Seriennummer der TSE, Zeitpunkt der Absicherung, eindeutige und fortlaufende Transaktionsnummer, Signaturzähler, Optionale Protokolldaten)
- Prüfwert

3.2.2   Ablauf der Absicherung und Protokollierung

Die Absicherung erfolgt über die Aufzeichnung von Transaktionen (vgl. Technische Richtlinie BSI TR-03153-1). Hierbei besteht jede Transaktion aus den zwei Schritten startTransaction und finishTransaction. Die Einzelheiten zum Aufbau der processType und processData sind in der DSFinV-TW Anhang B (vgl. AEAO zu § 146a, Nr. 3.2.3.5) zu finden. Nachfolgende Vorgänge sind abzusichern:

3.2.2.1   Einschalten des EU-Taxameters

Mit dem Einschalten des EU-Taxameters ist eine Transaktion in der TSE durch Aufruf der Funktion startTransaction, mit der Art des Vorgangs „Einschalten" zu starten (vgl. Technische Richtlinie BSI TR-03153-1). Dabei werden keine Vorgangsdaten abgesichert.

§ 146a Abgabenordnung

Unmittelbar im Anschluss ist der TSE-Vorgang durch die finishTransaction zu beenden. Dabei sind Informationen zum System, die Zählwerksdaten (vgl. AEAO zu § 146a, Nr. 3.2.3.1) sowie die allgemeinen Daten (vgl. AEAO zu § 146a, Nr. 3.2.3.1) an die TSE zu übergeben.

Wenn im EU-Taxameter kein Vorgang „Einschalten" existiert, ist dieser zu einem festgelegten Zeitpunkt oder Ereignis geschäftstäglich auszulösen.

3.2.2.2 Betriebseinstellung "Frei"

Zu Beginn der Betriebseinstellung „Frei" (vgl. Anhang IX der MID „Betriebseinstellung") sind der TSE im Rahmen einer startTransaction die Art des Vorgangs „Frei" sowie als Daten des Vorgangs die gesamte vom Taxi zurückgelegte Wegstrecke (vgl. Anhang IX der MID Tz. 15.1) zu übergeben.

Bei Beendigung der Betriebseinstellung „Frei" ist durch das EU-Taxameter im Rahmen einer finishTransaction die Art des Vorgangs „Frei" sowie als Daten des Vorgangs die gesamte vom Taxi zurückgelegte Wegstrecke (vgl. Anhang IX der MID Tz. 15.1) zu übergeben.

3.2.2.3 Fahrtbeleg

Mit Wechsel von der Betriebseinstellung „Frei" auf „Besetzt" (z. B. Beginn einer Personenbeförderung) ist eine Transaktion in der TSE durch Aufruf der Funktion startTransaction mit der Art des Vorgangs „Fahrtbeleg" zu starten. Dabei werden keine Vorgangsdaten abgesichert.

Bei Beendigung der Fahrt und dem Wechsel von der Betriebseinstellung „Kasse" auf „Frei" ist die gestartete Transaktion, mit der Art des Vorgangs „Fahrtbeleg", mit dem Aufruf der Funktion finishTransaction zu beenden. In diesem Protokollierungsschritt werden

- das Präfix T,
- die Taxi-Kennung und Tarif-Kennung,
- der Fahrttyp,
- die Preisdaten der Fahrt (vgl. AEAO zu § 146a, Nr. 3.2.3.1) und
- das Entgelt je Umsatzsteuersatz

in die Vorgangsdaten aufgenommen.

Sofern das EU-Taxameter Kassenfunktion (vgl. AEAO zu § 146a, Nr. 1.2) hat, sind aus Vereinfachungsgründen die Vorgaben des III. Teils des AEAO zu § 146a zu beachten und das Entgelt je Zahlungsart und Währung zusätzlich mit der finishTransaction an die TSE zu übergeben. Insoweit ist die zusätzliche Beachtung der Vorgaben des II. Teils des AEAO zu § 146a nicht erforderlich.

Mit Beendigung des Vorgangs „Fahrtbeleg" werden dem Belegdrucker die folgenden Anwendungs- und Protokolldaten i. S. d. § 7 Absatz 3 KassenSichV übermittelt:

- die Taxi-Kennung, Tarif-Kennung und die Preisdaten einer Fahrt im Sinne des Anhangs IX Nr. 4 der MID,
- der Zeitpunkt der Beendigung der Betriebseinstellung „Kasse" in Form des Zeitstempels der finishTransaction-Log-Nachricht der Transaktion mit der Art des Vorgangs „Fahrtbeleg",
- die Transaktionsnummer der Transaktion mit der Art des Vorgangs „Fahrtbeleg",
- der Prüfwert der finishTransaction-Log-Nachricht der Transaktion mit der Art des Vorgangs „Fahrtbeleg",
- die Seriennummer der TSE und
- das Entgelt je Umsatzsteuersatz.

Für den Fall, dass das Entgelt je Zahlungsart und Währung abzusichern sind, sind diese zusätzlich auf dem Beleg aufzunehmen.

3.2.2.4 Sonstiger Vorgang

Die TSE kann zur Absicherung jeglicher Daten genutzt werden. Diese Art des Vorgangs kommt in Betracht, wenn keine andere Art des Vorgangs geeignet ist und es sich auch nicht um Funktionsaufrufe (Systemfunktionen) und Ereignisse (Audit-Daten) der TSE handelt.

Bei „SonstigerVorgangTW" werden keine fachlichen Vorgaben zum Inhalt der Daten des Vorgangs definiert.

3.2.2.5 Weitere Absicherungsschritte

Neben den vorgenannten Betriebseinstellungen kann es weitere Funktionen bzw. Modi geben. Diese sind nur mit der TSE abzusichern, sofern diese genutzt werden. Hierunter fallen beispielsweise:

1. Fahreranmeldung und Fahrerabmeldung

    Mit Start der Fahreranmeldung oder Fahrerabmeldung ist eine Transaktion in der TSE durch Aufruf der Funktion startTransaction, mit der Art des Vorgangs „Fahrer" zu starten. Dabei werden keine Vorgangsdaten abgesichert.

    Unmittelbar im Anschluss ist der Vorgang „Fahrer" durch die finishTransaction zu beenden. Dabei sind die Fahrermeldung (Fahreranmeldung oder Fahrerabmeldung) und die Fahrerkennung (z. B. Fahrernummer oder Fahrername) an die TSE zu übergeben.

2. Pause

    Bei Beginn der Einstellung „Pause" (z. B. Mittagspause) sind der TSE im Rahmen einer startTransaction die Art des Vorgangs „Pause" sowie als Daten des Vorgangs die gesamte vom Taxi zurückgelegte Wegstrecke (vgl. Anhang IX der MID Tz. 15.1) zu übergeben.

Bei Beendigung der Einstellung „Pause" ist durch das EU-Taxameter im Rahmen einer finishTransaction die Art des Vorgangs „Pause" sowie als Daten des Vorgangs die gesamte vom Taxi zurückgelegte Wegstrecke (vgl. Anhang IX der MID Tz. 15.1) zu übergeben.

3. Ausschalten des EU-Taxameters

Mit dem Ausschalten des EU-Taxameters ist eine Transaktion in der TSE durch Aufruf der Funktion startTransaction, mit der Art des Vorgangs „Ausschalten" zu starten. Dabei werden keine Vorgangsdaten abgesichert.

Unmittelbar im Anschluss ist der Vorgang durch die finishTransaction zu beenden. Dabei sind Informationen zum System, die Zählwerksdaten (vgl. AEAO zu § 146a, Nr. 3.2.3.1) sowie die allgemeinen Daten (vgl. AEAO zu § 146a, Nr. 3.2.3.1) an die TSE zu übergeben.

3.2.3 Begriffsdefinitionen zur Protokollierung

3.2.3.1 Zählwerksdaten, die allgemeinen Daten, die Preisdaten einer Fahrt sowie die Tarifdaten

Hinsichtlich der Definition der Zählwerksdaten wird auf Nr. 15.1 des Anhanges IX der MID und hinsichtlich der allgemeinen Daten, der Preisdaten sowie der Tarifdaten auf Nr. 4 des Anhanges IX der MID verwiesen. Hinsichtlich des Umfangs der verwendeten Daten wird auf Anhang B der DSFinV-TW verwiesen.

3.2.3.2 Zeitpunkt des Vorgangsbeginns bzw. der Vorgangsbeendigung

Grundsätzlich ist jeweils der Zeitpunkt entscheidend, zu dem das elektronische Aufzeichnungssystem einen Vorgang startet oder beendet. Vor einer Belegausgabe ist der Vorgang zwingend zu beenden.

3.2.3.3 Optionale Protokolldaten

Dieses Datenfeld wurde geschaffen, um künftige Änderungen (z. B. aufgrund technischer Entwicklung) in der TSE abbilden zu können.

3.2.3.4 Art des Vorgangs

Die Technischen Richtlinien des BSI wurden bzgl. der fachlichen Inhalte der abzusichernden Daten bewusst allgemein gehalten. Eine Absicherung kann für verschiedenste Arten von Daten erfolgen. Über die Art des Vorgangs kann eine Unterscheidung der Struktur der abzusichernden Inhalte gewährleisten werden.

3.2.3.5 Daten des Vorgangs

Der Inhalt der Daten des Vorgangs kann je nach Art des Vorgangs unterschiedlich definiert werden. Die Datenstruktur für elektronische Aufzeichnungssysteme i. S. d. § 146a AO i. V. m. § 1 Abs. 2 Nr. 1 KassenSichV wird in der „Digitalen Schnittstelle der Finanzverwaltung für EU-Taxameter und Wegstreckenzähler" – DSFinV-TW definiert. Diese wird über das Internetportal des BZSt veröffentlicht (vgl. AEAO zu § 146a, Nr. 3.3). Nähere Erläuterungen zur technischen Abbildung der Daten sind in dem Anhang B der DSFinV-TW definiert.

3.3 Einheitliche digitale Schnittstelle für steuerliche Außenprüfungen und Nachschauen bei EU-Taxametern

Ergänzend zu AEAO zu § 146a, Nr. 1.13 gilt Folgendes:

Für EU-Taxameter (vgl. AEAO zu § 146a, Nr. 1.3) gilt die DSFinV-TW.

3.4 Anforderungen an den Beleg

3.4.1 Die erforderlichen Mindestangaben auf einem Beleg i. S. d. § 146a AO sind in § 7 Abs. 3 KassenSichV geregelt. Alle Angaben müssen für jedermann ohne maschinelle Unterstützung lesbar oder aus einem QR-Code auslesbar und auf dem Papierbeleg oder in dem elektronischen Beleg enthalten sein. Der QR-Code hat der DSFinV-TW zu entsprechen. Sofern das EU-Taxameter Kassenfunktion hat, sind aus Vereinfachungsgründen die Vorgaben des III. Teils des AEAO zu § 146a zu beachten und das Entgelt je Zahlungsart und Währung zusätzlich auf dem Beleg aufzunehmen.

3.4.2 Die umsatzsteuerlichen Vorschriften an eine Rechnung (insbesondere § 14 Abs. 4 UStG) bleiben unberührt. Erstellte Belege haben den Anforderungen des § 7 Abs. 3 KassenSichV zu entsprechen.

3.4.3 Der Beleg muss mindestens folgende Angaben enthalten:

1. den vollständigen Namen und die vollständige Anschrift des leistenden Unternehmers (vgl. § 31 Abs. 2 UStDV),

2. die allgemeinen Daten und die Preisdaten der Fahrt i. S. d. Anhangs IX Nr. 4 der MID (vgl. auch AEAO zu § 146, Nr. 3.2.3.1),

3. den Zeitpunkt der Beendigung der Betriebseinstellung „Kasse" nach § 7 Abs. 2 Satz 2 Nr. 2 KassenSichV,

4. die Transaktionsnummer i. S. d. § 7 Abs. 2 Satz 2 Nr. 3 KassenSichV (vgl. AEAO zu § 146a, Nr. 3.2.1.2),

5. den Prüfwert (vgl. § 7 Abs. 2 Satz 2 Nr. 4 KassenSichV),

6. die Seriennummer der TSE und

7. das Entgelt und den darauf entfallenden Steuerbetrag für die Lieferung oder sonstige Leistung in einer Summe sowie den anzuwendenden Steuersatz oder im Fall einer Steuerbefreiung einen Hinweis darauf, dass für die Lieferung oder sonstige Leistung eine Steuerbefreiung gilt.

Sofern das EU-Taxameter Kassenfunktion hat, sind zusätzlich die Angaben nach AEAO zu § 146a, Nr. 2.4.4 Nr. 7 anzugeben.

3.5 Belegausgabe

3.5.1 Sofern das EU-Taxameter über einen Belegdrucker verfügt und die Fahrt im EU-Taxameter zu erfassen (vgl. AEAO zu § 146a, Nr. 3.1.1) ist, ist die

	Belegausgabepflicht nach § 146a Abs. 2 AO zu erfüllen. Der Beleg ist bei Wechsel von der Betriebseinstellung „Kasse" in die Betriebseinstellung „Frei" zu erstellen. Verfügt das EU-Taxameter nicht über einen Belegdrucker, so besteht keine Belegausgabepflicht.
3.5.2	Ein Beleg kann nach § 7 Abs. 3 Satz 3 KassenSichV elektronisch oder in Papierform zur Verfügung gestellt werden.
3.5.3	AEAO zu § 146a, Nr. 2.5.3 bis 2.5.8 gelten entsprechend.
3.5.4	Sofern das EU-Taxameter über einen Belegdrucker verfügt, kann eine Befreiung i. S. d. § 148 AO nur für den jeweiligen Einzelfall beantragt und gewährt werden. Eine Befreiung kommt nur dann in Betracht, wenn nachweislich eine sachliche Härte für den einzelnen Steuerpflichtigen besteht. Die mit der Belegausgabepflicht entstehenden Kosten stellen für sich allein keine sachliche Härte im Sinne des § 148 AO dar. AEAO zu § 146a, Nr. 2.5.10 und 2.5.11 gelten entsprechend.
3.5.5	Wird ein Beleg in den Fällen, in denen das EU-Taxameter über keinen Belegdrucker verfügt, erstellt, so gelten bei Belegen in Papierform, die direkt im Fahrzeug erstellt werden, die Beleganforderungen nach AEAO zu § 146a, Nr. 3.4.3 Nr. 2 bis 6 nicht. In den übrigen Fällen sind die Beleganforderungen nach AEAO zu § 146a, Nr. 3.4.3 zu beachten. Die umsatzsteuerlichen Vorschriften an eine Rechnung (insbesondere § 14 Abs. 4 UStG) bleiben unberührt.
3.6	**Ausfall der TSE bei EU-Taxametern**
	Ergänzend zu AEAO zu § 146a, Nr. 1.14 gilt für den Fall, dass das EU-Taxameter über einen Belegdrucker verfügt, AEAO zu § 146a, Nr. 2.7 entsprechend.
3.7	**Mitteilungspflicht in den Fällen der Übergangregelung für EU-Taxameter mit INSIKA-Technik nach § 9 KassenSichV**
	Sofern ein EU-Taxameter die Voraussetzungen des § 9 Abs. 1 KassenSichV erfüllt und die Übergangsregelung in Anspruch genommen werden soll, so ist dieses dem zuständigen Finanzamt bis zum 31.1.2024 schriftlich oder elektronisch mitzuteilen.
	Im Gegensatz zum Mitteilungsverfahren nach § 146a Abs. 4 AO erfolgt die Mitteilung nach § 9 KassenSichV nicht nach amtlich vorgeschriebenem Vordruck, sondern formlos. Das elektronische Mitteilungsverfahren für Mitteilungen nach § 146a Abs. 4 AO ist daher hier nicht zu nutzen.
	Vom Unternehmer sollen für jedes Fahrzeug, für das die Übergangsregelung in Anspruch genommen wird, folgende Informationen mitgeteilt werden:
	- Fahrzeug-Ident-Nummer
	- Ordnungsnummer

- Seriennummer des EU-Taxameters (über die Seriennummer muss jedes elektronische Aufzeichnungssystem eindeutig identifizierbar sein)
- Seriennummer der TIM-Karte
- Datum der Ausrüstung des EU-Taxameters mit der INSIKA-Technik

Sofern das Fahrzeug und das EU-Taxameter einschließlich der INSIKA-Technik auf eine andere Person übergehen (z. B. durch Gesamtrechtsnachfolge oder Veräußerung) und der Erwerber die Übergangsregelung ebenfalls in Anspruch nehmen möchte, so soll der Erwerber die Inanspruchnahme innerhalb eines Monats nach Erwerb dem zuständigen Finanzamt mitteilen. Hierbei sind auch die vorgenannten Angaben zu machen.

Sofern das mit der INSIKA-Technik ausgestatte EU-Taxameter nach dem 1.1.2024 ausgebaut wird und damit ein Fall des § 9 Abs. 2 KassenSichV vorliegt, ist dieses dem zuständigen Finanzamt innerhalb eines Monats nach Ausbau schriftlich oder elektronisch mitzuteilen.

4. Wegstreckenzähler

4.1 Sachlicher und zeitlicher Anwendungsbereich

4.1.1 Sachlicher Anwendungsbereich

Der Verpflichtung nach § 146a Abs. 1 Satz 1 und 2 AO unterliegen alle Wegstreckenzähler, die nach einem mit gesonderten BMF-Schreiben veröffentlichten Datum neu in Verkehr gebracht wurden.

Der Verpflichtung zur Aufzeichnung unterliegen insbesondere alle Geschäftsvorfälle und andere Vorgänge, die in den Betriebseinstellungen „Frei", „Besetzt" und „Kasse" durchgeführt werden.

Unabhängig davon unterliegen jedoch alle Geschäftsvorfälle der Einzelaufzeichnungspflicht nach § 146 Abs. 1 Satz 1 AO, ggf. außerhalb des Wegstreckenzählers.

Die Pflicht zur Einzelaufzeichnung gilt auch, sofern eine Befreiung vom Erfordernis eines Wegstreckenzählers nach § 43 Abs. 1 BOKraft durch die Genehmigungsbehörden erteilt wurde.

4.1.2 Zeitlicher Anwendungsbereich

Alle Wegstreckenzähler, die am oder nach dem 1.7.2024 erstmalig in den Verkehr gebracht werden, fallen in den Anwendungsbereich des § 146a Abs 1 Satz 1 AO i. V. m. § 8 KassenSichV (vgl. BMF-Schreiben vom 11.3.2024, BStBl I S. 367).

4.2 Der Einsatz einer TSE im Wegstreckenzähler

4.2.1 Anwendungs- und Protokolldaten

4.2.1.1 In den Prozess der Protokollierung fließen Anwendungsdaten aus dem Wegstreckenzähler zusätzlich zu den bereits von der TSE gelieferten Protokolldaten ein (vgl. AEAO zu § 146a, Nr. 1.12.2.4).

§ 146a Abgabenordnung

4.2.1.2 Im Einzelnen bestehen die abgesicherten Daten aus folgenden Informationen:

- Anwendungsdaten (Art des Vorgangs, Daten des Vorgangs)
- Protokolldaten (Seriennummer der TSE, Zeitpunkt der Absicherung, eindeutige und fortlaufende Transaktionsnummer, Signaturzähler, Optionale Protokolldaten)
- Prüfwert

4.2.2 Ablauf der Absicherung und Protokollierung

Die Absicherung erfolgt über die Aufzeichnung von Transaktionen (vgl. Technische Richtlinie BSI TR-03153-1). Hierbei besteht jede Transaktion aus den zwei Schritten startTransaction und finishTransaction. Die Einzelheiten zum Aufbau der processType und processData sind in der DSFinV-TW Anhang B (vgl. AEAO zu § 146a, Nr. 4.2.3.5) zu finden.

Nachfolgende Vorgänge sind abzusichern:

4.2.2.1 Einschalten des Wegstreckenzählers

Mit dem Einschalten des Wegstreckenzählers ist eine Transaktion in der TSE durch Aufruf der Funktion startTransaction, mit der Art des Vorgangs „Einschalten" zu starten (vgl. Technische Richtlinie BSI TR-03153-1). Dabei werden keine Vorgangsdaten abgesichert.

Unmittelbar im Anschluss ist der TSE-Vorgang durch die finishTransaction zu beenden. Dabei sind Informationen zum System, die Daten der Summierwerke (vgl. AEAO zu § 146a, Nr. 4.2.3.1) sowie die allgemeinen Daten (vgl. AEAO zu § 146a, Nr. 4.2.3.1) an die TSE zu übergeben.

Wenn im Wegstreckenzähler kein Vorgang „Einschalten" existiert, ist dieser zu einem festgelegten Zeitpunkt oder Ereignis geschäftstäglich auszulösen.

4.2.2.2 Betriebseinstellung "Frei"

In der Betriebseinstellung „Frei" erfolgt keine Wegstreckenmessung; die Anzeige für die Wegstrecke, sowie ggf. zusätzlich vorhandene Anzeigen für ein Entgelt pro Kilometer und für einen Preis müssen frei bleiben oder den Wert Null anzeigen. Zu Beginn der Betriebseinstellung „Frei" sind der TSE im Rahmen einer startTransaction die Art des Vorgangs „Frei" sowie als Daten des Vorgangs die gesamte vom Mietkraftfahrzeug zurückgelegte Wegstrecke, die entsprechend der eichrechtlichen Vorgaben von Summierwerken aufgezeichnet wird, zu übergeben.

Bei Beendigung der Betriebseinstellung „Frei" ist durch das Mietkraftfahrzeug im Rahmen einer finishTransaction die Art des Vorgangs „Frei" sowie als Daten des Vorgangs die gesamte vom Mietkraftfahrzeug zurückgelegte Wegstrecke, die entsprechend der eichrechtlichen Vorgaben von Summierwerken aufgezeichnet wird, zu übergeben.

4.2.2.3 Fahrtbeleg

Mit Wechsel von der Betriebseinstellung „Frei" auf „Besetzt" (Betriebseinstellung, in der die zurückgelegte Wegstrecke gemessen wird), z. B. Beginn einer Personenbeförderung, ist eine Transaktion in der TSE durch Aufruf der Funktion startTransaction mit der Art des Vorgangs „Fahrtbeleg" zu starten. Dabei werden keine Vorgangsdaten abgesichert.

Bei Beendigung der Fahrt und dem Wechsel von der Betriebseinstellung „Kasse" (Betriebseinstellung in der die Wegstreckenmessung deaktiviert ist und in der der Fahrpreis angezeigt wird) auf „Frei" ist die gestartete Transaktion mit der Art des Vorgangs „Fahrtbeleg" mit dem Aufruf der Funktion finishTransaction zu beenden. In diesem Protokollierungsschritt werden

- das Präfix W,
- die allgemeinen Daten (vgl. AEAO zu § 146a, Nr. 4.2.3.1),
- der Fahrttyp,
- die Preisdaten der Fahrt (vgl. AEAO zu § 146a, Nr. 4.2.3.1) und
- das Entgelt je Umsatzsteuersatz

in die Vorgangsdaten aufgenommen.

Sofern der Wegstreckenzähler Kassenfunktion (vgl. AEAO § 146a, Nr. 1.2) hat, sind aus Vereinfachungsgründen die Vorgaben des IV. Teils des AEAO zu § 146a zu beachten und das Entgelt je Zahlungsart und Währung zusätzlich mit der finishTransaction an die TSE zu übergeben. Insoweit ist die zusätzliche Beachtung der Vorgaben des II. Teils des AEAO zu § 146a nicht erforderlich.

Mit Beendigung des Vorgangs „Fahrtbeleg" werden dem Belegdrucker die folgenden Anwendungs- und Protokolldaten i. S. d. § 8 Absatz 3 KassenSichV übermittelt:

- die Preisdaten einer Fahrt,
- der Zeitpunkt der Beendigung der Betriebseinstellung „Kasse" in Form des Zeitstempels der finishTransaction-Log-Nachricht der Transaktion mit der Art des Vorgangs „Fahrtbeleg",
- die Transaktionsnummer der Transaktion mit der Art des Vorgangs „Fahrtbeleg",
- der Prüfwert der finishTransaction-Log-Nachricht der Transaktion mit der Art des Vorgangs „Fahrtbeleg",
- die Seriennummer der TSE und
- das Entgelt je Umsatzsteuersatz.

Für den Fall, dass das Entgelt je Zahlungsart und Währung abzusichern sind, sind diese zusätzlich auf dem Beleg aufzunehmen.

4.2.2.4   Sonstiger Vorgang

Die TSE kann zur Absicherung jeglicher Daten genutzt werden. Diese Art des Vorgangs kommt in Betracht, wenn keine andere Art des Vorgangs geeignet ist und es sich auch nicht um Funktionsaufrufe (Systemfunktionen) und Ereignisse (Audit-Daten) der TSE handelt.

Bei „SonstigerVorgangTW" werden keine fachlichen Vorgaben zum Inhalt der Daten des Vorgangs definiert.

4.2.2.5 Weitere Absicherungsschritte

Neben den vorgenannten Betriebseinstellungen kann es weitere Funktionen bzw. Modi geben. Diese sind nur mit der TSE abzusichern, sofern diese genutzt werden. Hierunter fallen beispielsweise:

1. Fahreranmeldung und Fahrerabmeldung

   Mit Start der Fahreranmeldung oder Fahrerabmeldung ist eine Transaktion in der TSE durch Aufruf der Funktion startTransaction, mit der Art des Vorgangs „Fahrer" zu starten. Dabei werden keine Vorgangsdaten abgesichert.

   Unmittelbar im Anschluss ist der Vorgang „Fahrer" durch die finishTransaction zu beenden. Dabei sind die Fahrermeldung (Fahreranmeldung oder Fahrerabmeldung) und die Fahrerkennung (z. B. Fahrernummer oder Fahrername) an die TSE zu übergeben.

2. Pause

   Bei Beginn der Einstellung „Pause" (z. B. Mittagspause) sind der TSE im Rahmen einer startTransaction die Art des Vorgangs „Pause" sowie als Daten des Vorgangs die gesamte vom Mietkraftfahrzeug zurückgelegte Wegstrecke, die entsprechend der eichrechtlichen Vorgaben von Summierwerken aufgezeichnet wird, zu übergeben.

   Bei Beendigung der Einstellung „Pause" ist durch das EU-Taxameter im Rahmen einer finishTransaction die Art des Vorgangs „Pause" sowie als Daten des Vorgangs die gesamte vom Mietkraftfahrzeug zurückgelegte Wegstrecke, die entsprechend der eichrechtlichen Vorgaben von Summierwerken aufgezeichnet wird, zu übergeben.

3. Ausschalten des Wegstreckenzählers

   Mit dem Ausschalten des Wegstreckenzählers ist eine Transaktion in der TSE durch Aufruf der Funktion startTransaction, mit der Art des Vorgangs „Ausschalten" zu starten. Dabei werden keine Vorgangsdaten abgesichert.

   Unmittelbar im Anschluss ist der Vorgang durch die finishTransaction zu beenden. Dabei sind Informationen zum System, die Daten der Summierwerke (vgl. AEAO zu § 146a, Nr. 4.2.3.1) sowie die allgemeinen Daten (vgl. AEAO zu § 146a, Nr. 4.2.3.1) an die TSE zu übergeben.

4.2.3 Begriffsdefinitionen zur Protokollierung

4.2.3.1 Daten der Summierwerke, die allgemeinen Daten sowie die Preisdaten einer Fahrt

Die Daten der Summierwerke sind die nach den eichrechtlichen Vorgaben vorhandenen nicht rückstellbaren Zähler zu verschiedenen Wegstrecken Fahrpreisen und Fahrgastübernahmen. Die allgemeinen Daten sind die Konstante des Wegstreckensignalgebers, das Datum der Sicherung, die Kennung des Mietwagens (entspricht der Ordnungsnummer des Fahrzeugs), die Echtzeit sowie die Preisstufen. Die Preisdaten einer Fahrt sind die Daten nach § 8 Abs. 2 Nr. 2 KassenSichV, soweit diese durch der Wegstreckenzähler erzeugt werden. Hinsichtlich des Umfangs der verwendeten Daten wird auf Anhang B der DSFinV-TW verwiesen.

4.2.3.2 Zeitpunkt des Vorgangsbeginns bzw. der Vorgangsbeendigung

Grundsätzlich ist jeweils der Zeitpunkt entscheidend, zu dem das elektronische Aufzeichnungssystem einen Vorgang startet oder beendet. Vor einer Belegausgabe ist der Vorgang zwingend zu beenden.

4.2.3.3 Optionale Protokolldaten

Dieses Datenfeld wurde geschaffen, um künftige Änderungen (z. B. aufgrund technischer Entwicklung) in der TSE abbilden zu können.

4.2.3.4 Art des Vorgangs

Die Technischen Richtlinien des BSI wurden bzgl. der fachlichen Inhalte der abzusichernden Daten bewusst allgemein gehalten. Eine Absicherung kann für verschiedenste Arten von Daten erfolgen. Über die Art des Vorgangs kann eine Unterscheidung der Struktur der abzusichernden Inhalte gewährleisten werden.

4.2.3.5 Daten des Vorgangs

Der Inhalt der Daten des Vorgangs kann je nach Art des Vorgangs unterschiedlich definiert werden. Die Datenstruktur für elektronische Aufzeichnungssysteme i. S. d. § 146a AO i. V. m. § 1 Abs. 2 Nr. 2 KassenSichV wird in der DSFinV-TW definiert. Diese wird über das Internetportal des BZSt veröffentlicht (vgl. AEAO zu § 146a, Nr. 4.3). Nähere Erläuterungen zur technischen Abbildung der Daten sind in dem Anhang B der DSFinV-TW definiert.

4.3 Einheitliche digitale Schnittstelle für steuerliche Außenprüfungen und Nachschauen bei Wegstreckenzählern

Ergänzend zu AEAO zu § 146a, Nr. 1.13 gilt Folgendes:

Für Wegstreckenzähler (vgl. AEAO zu § 146a, Nr. 1.4) gilt die DSFinV-TW.

4.4 Anforderungen an den Beleg

4.4.1 Die erforderlichen Mindestangaben auf einem Beleg i. S. d. § 146a AO sind in § 8 Abs. 3 KassenSichV geregelt. Alle Angaben müssen für jedermann ohne maschinelle Unterstützung lesbar oder aus einem QR-Code auslesbar und auf dem Papierbeleg oder in dem elektronischen Beleg enthalten sein. Der QR-Code hat der DSFinV-TW zu entsprechen. Sofern der Wegstreckenzähler Kassenfunktion hat, sind aus Vereinfachungsgründen die Vorgaben des IV. Teils des AEAO zu § 146a zu beachten und das Entgelt je Zahlungsart und Währung zusätzlich auf dem Beleg aufzunehmen.

4.4.2 Die umsatzsteuerlichen Vorschriften an eine Rechnung (insbesondere § 14 Abs. 4 UStG) bleiben unberührt. Erstellte Belege haben den Anforderungen des § 8 Abs. 3 KassenSichV zu entsprechen.

4.4.3 Der Beleg muss mindestens folgende Angaben enthalten:

1. den vollständigen Namen und die vollständige Anschrift des leistenden Unternehmers (vgl. § 31 Abs. 2 UStDV),

2. die Preisdaten der Fahrt (vgl. auch AEAO zu § 146a, Nr. 4.2.3.1),

3. die Transaktionsnummer i. S. d. § 8 Abs. 2 Satz 1 Nr. 3 KassenSichV (vgl. AEAO zu § 146a, Nr. 4.2.1.2),

4. den Prüfwert (vgl. § 8 Abs. 2 Satz 1 Nr. 4 KassenSichV),

5. die Seriennummer der TSE und

6. das Entgelt und den darauf entfallenden Steuerbetrag für die Lieferung oder sonstige Leistung in einer Summe sowie den anzuwendenden Steuersatz oder im Fall einer Steuerbefreiung einen Hinweis darauf, dass für die Lieferung oder sonstige Leistung eine Steuerbefreiung gilt.

Sofern der Wegstreckenzähler Kassenfunktion hat, sind zusätzlich die Angaben nach AEAO zu § 146a, Nr. 2.4.4 Nr. 7 anzugeben.

4.5 Belegausgabe

4.5.1 Sofern der Wegstreckenzähler über einen Belegdrucker verfügt und die Fahrt im Wegstreckenzähler zu erfassen ist (vgl. AEAO zu § 146a Nr. 4.1.1), ist die Belegausgabepflicht nach § 146a Abs. 2 AO zu erfüllen. Der Beleg ist bei Wechsel von der Betriebseinstellung „Kasse" in die Betriebseinstellung „Frei" zu erstellen. Verfügt der Wegstreckenzähler nicht über einen Belegdrucker, so besteht keine Belegausgabepflicht.

4.5.2 Ein Beleg kann nach § 8 Abs. 3 Satz 3 KassenSichV elektronisch oder in Papierform zur Verfügung gestellt werden.

4.5.3 AEAO zu § 146a, Nr. 2.5.3 bis 2.5.8 gelten entsprechend.

4.5.4 Sofern der Wegstreckenzähler über einen Belegdrucker verfügt, kann eine Befreiung i. S. d. § 148 AO nur für den jeweiligen Einzelfall beantragt und gewährt werden. Eine Befreiung kommt nur dann in Betracht, wenn nachweislich eine sachliche Härte für den einzelnen Steuerpflichtigen besteht. Die mit der Belegausgabepflicht entstehenden Kosten stellen für sich allein keine sachliche Härte im Sinne des § 148 AO dar. AEAO zu § 146a Nr. 2.5.10 und 2.5.11 gelten entsprechend.

4.5.5 Wird ein Beleg in den Fällen, in denen der Wegstreckenzähler über keinen Belegdrucker verfügt, erstellt, so gelten bei Belegen in Papierform, die direkt im Fahrzeug erstellt werden, die Beleganforderungen nach AEAO zu § 146a, Nr. 4.4.3 Nr. 2 bis 5 nicht. In den übrigen Fällen sind die Beleganforderungen nach AEAO zu § 146a, Nr. 4.4.3 zu beachten. Die umsatzsteuerlichen Vorschriften an eine Rechnung (insbesondere § 14 Abs. 4 UStG) bleiben unberührt.

4.6 Ausfall der TSE bei Wegstreckenzählern

Ergänzend zu AEAO zu § 146a, Nr. 1.14 gilt für den Fall, dass der Wegstreckenzähler über einen Belegdrucker verfügt, AEAO zu § 146a, Nr. 2 7 entsprechend.

§ 146b Kassen-Nachschau (S 0316-b)

(1) ¹Zur Prüfung der Ordnungsmäßigkeit der Aufzeichnungen und Buchungen von Kasseneinnahmen und Kassenausgaben können die damit betrauten Amtsträger der Finanzbehörde ohne vorherige Ankündigung und außerhalb einer Außenprüfung, während der üblichen Geschäfts- und Arbeitszeiten Geschäftsgrundstücke oder Geschäftsräume von Steuerpflichtigen betreten, um Sachverhalte festzustellen, die für die Besteuerung erheblich sein können (Kassen-Nachschau). ²Der Kassen-Nachschau unterliegt auch die Prüfung des ordnungsgemäßen Einsatzes des elektronischen Aufzeichnungssystems nach § 146a Absatz 1. ³Wohnräume dürfen gegen den Willen des Inhabers nur zur Verhütung dringender Gefahren für die öffentliche Sicherheit und Ordnung betreten werden. ⁴Das Grundrecht der Unverletzlichkeit der Wohnung (Artikel 13 des Grundgesetzes) wird insoweit eingeschränkt.

(2) ¹Die von der Kassen-Nachschau betroffenen Steuerpflichtigen haben dem mit der Kassen-Nachschau betrauten Amtsträger auf Verlangen Aufzeichnungen, Bücher sowie die für die Kassenführung erheblichen sonstigen Organisationsunterlagen über die der Kassen-Nachschau unterliegenden Sachverhalte und Zeiträume vorzulegen und Auskünfte zu erteilen, soweit dies zur Feststellung der Erheblichkeit nach Absatz 1 geboten ist. ²Liegen die in Satz 1 genannten Aufzeichnungen oder Bücher in elektronischer Form vor, ist der Amtsträger berechtigt, diese einzusehen, die Übermittlung von Daten über die einheitliche digitale Schnittstelle zu verlangen oder zu verlangen, dass Buchungen und Aufzeichnungen auf einem maschinell auswertbaren Datenträger nach den Vorgaben der einheitlichen digitalen Schnittstelle zur Verfügung gestellt werden. ³Die Kosten trägt der Steuerpflichtige.

(3) ¹Wenn die bei der Kassen-Nachschau getroffenen Feststellungen hierzu Anlass geben, kann ohne vorherige Prüfungsanordnung zu einer Außenprüfung nach § 193 übergegangen werden. ²Auf den Übergang zur Außenprüfung wird schriftlich hingewiesen.

AEAO zu § 146b - Kassen-Nachschau:

1. Die Kassen-Nachschau ist ein besonderes Verfahren zur zeitnahen Prüfung der Ordnungsmäßigkeit der Kassenaufzeichnungen und der ordnungsgemäßen Übernahme der Kassenaufzeichnungen in die Buchführung. Der Kassen-Nachschau unterliegen u. a. elektronische oder computergestützte Kassensysteme oder Registrierkassen, App-Systeme, Waagen mit Registrierkassenfunktion, Taxameter, Wegstreckenzähler, Geldspielgeräte und offene Ladenkassen (summarische, retrograde Ermittlung der Tageseinnahmen sowie manuelle Einzelaufzeichnungen ohne Einsatz technischer Hilfsmittel). Der Amtsträger kann u. a. zur Prüfung der ordnungsgemäßen Kassenaufzeichnungen einen sog. „Kassensturz" verlangen, da die Kassensturzfähigkeit (Soll-Ist-Abgleich) ein wesentliches Element der Nachprüfbarkeit von Kassenaufzeichnungen jedweder Form darstellt (vgl. BFH-Urteile vom 20.9.1989, X R 39/87, BStBl 1990 II S. 109; vom 26.8.1975, VIII R 109/70, BStBl 1976 II S. 210; vom 31.7.1974, I R 216/72, BStBl 1975 II S. 96; vom 31.7.1969, IV R 57/67, BStBl 1970 II S. 125). Ob ein Kassensturz verlangt wird, ist eine Ermessensentscheidung, bei der die Umstände im Einzelfall zu berücksichtigen sind.

2. Die Kassen-Nachschau ist keine Außenprüfung i. S. d. § 193 AO. Deshalb gelten die Vorschriften für eine Außenprüfung nicht. Wird eine andere Finanzbehörde mit einer Kassen-Nachschau beauftragt, findet § 195 Satz 2 AO sinngemäß Anwendung. Die Kassen-Nachschau wird nicht angekündigt.

3. Im Rahmen der Kassen-Nachschau dürfen Amtsträger während der üblichen Geschäfts und Arbeitszeiten Geschäftsgrundstücke oder Geschäftsräume von Steuerpflichtigen betreten. Dies schließt auch Fahrzeuge ein, die land- und forstwirtschaftlich, gewerblich oder beruflich vom Steuerpflichtigen genutzt werden. Die Grundstücke, Räume oder Fahrzeuge müssen nicht im Eigentum der land- und forstwirtschaftlich, gewerblich oder beruflich tätigen Steuerpflichtigen stehen. Das Betreten muss dazu dienen, Sachverhalte festzustellen, die für die Besteuerung erheblich sein können. Ein Durchsuchungsrecht gewährt die Kassen-Nachschau nicht. Das bloße Betreten und Besichtigen von Grundstücken und Räumen ist noch keine Durchsuchung. Die Kassen-Nachschau kann auch außerhalb der Geschäftszeiten vorgenommen werden, wenn im Unternehmen noch oder schon gearbeitet wird.

4. Sobald der Amtsträger der Öffentlichkeit nicht zugängliche Geschäftsräume betreten will, den Steuerpflichtigen auffordert, das elektronische Aufzeichnungssystem zugänglich zu machen oder Aufzeichnungen, Bücher sowie die für die Führung des elektronischen Aufzeichnungssystems erheblicher sonstigen Organisationsunterlagen vorzulegen, Einsichtnahme in die digitalen Daten oder deren Übermittlung über die einheitliche digitale Schnittstelle verlangt oder den Steuerpflichtigen auffordert, Auskunft zu erteilen, hat er sich auszuweisen. Ist der Steuerpflichtige selbst oder sein gesetzlicher Vertreter (§ 34 AO) nicht anwesend, aber Personen, von denen angenommen werden kann, dass sie über alle wesentlichen Zugriffs- und Benutzungsrechte des Kassensystems des Steuerpflichtigen verfügen, hat der Amtsträger sich gegenüber diesen Personen auszuweisen und sie zur Mitwirkung bei der Kassen-Nachschau aufzufordern. Diese Personen haben dann die Pflichten des Steuerpflichtigen zu erfüllen, soweit sie hierzu rechtlich und tatsächlich in der Lage sind (§ 35 AO). Eine Beobachtung der Kassen und ihrer Handhabung in Geschäftsräumen, die der Öffentlichkeit zugänglich sind, ist ohne Pflicht zur Vorlage eines Ausweises zulässig. Dies gilt z. B. auch für Testkäufe und Fragen nach dem Geschäftsinhaber. Die Kassen-Nachschau muss nicht am selben Tag wie die Beobachtung der Kassen und ihrer Handhabung erfolgen.

5. Die Aufforderung zur Duldung der Kassen-Nachschau ist ein Verwaltungsakt, der formlos erlassen werden kann (z. B. mündlich mit Vorzeigen des Ausweises). Nachdem der Amtsträger sich ausgewiesen hat, ist der Steuerpflichtige zur Mitwirkung im Rahmen der Kassen-Nachschau verpflichtet. Das Datenzugriffsrecht ergibt sich bei der Kassen- Nachschau aus § 146b Abs. 2 Satz 2 AO. Der Steuerpflichtige hat nach § 146b Abs. 2 AO auf Verlangen des Amtsträgers für einen vom Amtsträger bestimmten Zeitraum Einsichtnahme in seine (digitalen) Kassenaufzeichnungen und -buchungen sowie die für die Kassenführung erheblichen sonstigen Organisationsunterlagen zu gewähren. Der Amtsträger kann in diesen Fällen verlangen, dass die gespeicherten Unterlagen und Aufzeichnungen auf einem maschinell verwertbaren Datenträger zur Verfügung gestellt werden. Die digitalen Aufzeichnungen der TSE und des elektronischen Aufzeichnungssystems sind über die jeweilige digitale

§ 146b | Abgabenordnung

Schnittstelle oder auf einem maschinell auswertbaren Datenträger nach den Vorgaben der jeweiligen digitalen Schnittstelle zur Verfügung zu stellen. In den Fällen eines elektronischen Aufzeichnungssystems, das unter die Übergangsregelung des Art. 97 § 30 Abs. 3 EGAO fällt, kann der Amtsträger verlangen, dass die elektronischen Daten nach seinen Vorgaben auf einem maschinell auswertbaren Datenträger zur Verfügung gestellt werden. Auf Anforderung des Amtsträgers sind die Verfahrensdokumentation zum eingesetzten Aufzeichnungssystem einschließlich der Informationen zur zertifizierten technischen Sicherheitseinrichtung vorzulegen, d. h. es sind Bedienungsanleitungen, Programmieranleitungen und Datenerfassungsprotokolle über durchgeführte Programmänderungen vorzulegen. Darüber hinaus sind Auskünfte zu erteilen. Bei Nichtanwesenheit des Steuerpflichtigen gelten die dargestellten Mitwirkungspflichten für Personen i. S. d. Nr. 4 Satz 2 des AEAO zu § 146b entsprechend.

6. Zu Dokumentationszwecken ist der Amtsträger berechtigt, Unterlagen und Belege zu scannen oder zu fotografieren. Sofern ein Anlass zu Beanstandungen der Kassenaufzeichnungen, -buchungen oder der zertifizierten technischen Sicherheitseinrichtung besteht, kann der Amtsträger nach § 146b Abs. 3 AO ohne vorherige Prüfungsanordnung zur Außenprüfung übergehen. Die Entscheidung zum Übergang zu einer Außenprüfung ist eine Ermessensentscheidung. Anlass zur Beanstandung kann beispielsweise auch bestehen, wenn Dokumentationsunterlagen wie aufbewahrungspflichtige Betriebsanleitung oder Protokolle nachträglicher Programmänderungen nicht vorgelegt werden können. Der Übergang zu einer Außenprüfung ist regelmäßig geboten, wenn die sofortige Sachverhaltsaufklärung zweckmäßig erscheint und wenn anschließend auch die gesetzlichen Folgen der Außenprüfung für die Steuerfestsetzung eintreten sollen. Der Beginn einer Außenprüfung nach erfolgter Kassen-Nachschau ist unter Angabe von Datum und Uhrzeit aktenkundig zu machen. Der Übergang zur Außenprüfung ist dem Steuerpflichtigen bekannt zu geben. Nach § 146b Abs. 3 Satz 2 AO ist der Steuerpflichtige auf diesen Übergang schriftlich hinzuweisen. Es gelten die allgemeinen Grundsätze über den notwendigen Inhalt von Prüfungsanordnungen sowie den sachlichen und zeitlichen Umfang von Außenprüfungen. Bei einem sofortigen Übergang zur Außenprüfung ersetzt der schriftliche Übergangshinweis die Prüfungsanordnung. Für die Bekanntgabe des Übergangs zur Außenprüfung gelten die Vorschriften für die Bekanntgabe der Prüfungsanordnung entsprechend. Das gilt auch, wenn der Steuerpflichtige bei Durchführung der Kassen-Nachschau nicht anwesend ist.

7. Da die Kassen-Nachschau keine Außenprüfung i. S. d. §§ 193 ff. AO darstellt, finden insbesondere § 147 Abs. 6, §§ 201 und 202 AO keine Anwendung. Ein Prüfungsbericht ist nicht zu fertigen. Sollen aufgrund der Kassen-Nachschau Besteuerungsgrundlagen geändert werden, ist dem Steuerpflichtigen rechtliches Gehör zu gewähren (§ 91 AO).

8. Der Beginn der Kassen-Nachschau hemmt den Ablauf der Festsetzungsfrist nach § 171 Abs. 4 AO nicht. Die Änderungssperre des § 173 Abs. 2 AO findet keine Anwendung. Soweit eine Steuer nach § 164 AO unter dem Vorbehalt der Nachprüfung festgesetzt worden ist, muss dieser nach Durchführung der

Kassen-Nachschau nicht aufgehoben werden. Im Anschluss an eine Kassen-Nachschau ist ein Antrag auf verbindliche Zusage (§ 204 AO) nicht zulässig.

9. Im Rahmen der Kassen-Nachschau ergangene Verwaltungsakte können nach § 347 AO mit dem Einspruch angefochten werden. Der Amtsträger ist berechtigt und verpflichtet, den schriftlichen Einspruch entgegenzunehmen. Der Einspruch hat keine aufschiebende Wirkung und hindert daher nicht die Durchführung der Kassen-Nachschau, es sei denn die Vollziehung des angefochtenen Verwaltungsakts wurde ausgesetzt (§ 361 AO, § 69 FGO). Mit Beendigung der Kassen-Nachschau sind oder werden Einspruch und Anfechtungsklage gegen die Anordnung der Kassen-Nachschau unzulässig; insoweit kommt lediglich eine Fortsetzungs-Feststellungsklage (§ 100 Abs. 1 Satz 4 FGO) in Betracht. Wurden die Ergebnisse der Kassen-Nachschau in einem Steuerbescheid berücksichtigt, muss auch dieser Bescheid angefochten werden, um ein steuerliches Verwertungsverbot zu erlangen. Für die Anfechtung der Mitteilung des Übergangs zur Außenprüfung gelten die Grundsätze für die Anfechtung einer Außenprüfungsanordnung entsprechend (vgl. AEAO zu § 196).

§ 147 Ordnungsvorschriften für die Aufbewahrung von Unterlagen
(S 0317)

(1) Die folgenden Unterlagen sind geordnet aufzubewahren:

1. Bücher und Aufzeichnungen, Inventare, Jahresabschlüsse, Lageberichte, die Eröffnungsbilanz sowie die zu ihrem Verständnis erforderlichen Arbeitsanweisungen und sonstigen Organisationsunterlagen,
2. die empfangenen Handels- oder Geschäftsbriefe,
3. Wiedergaben der abgesandten Handels- oder Geschäftsbriefe,
4. Buchungsbelege,
4a. Unterlagen nach Artikel 15 Absatz 1 und Artikel 163 des Zollkodex der Union,
5. sonstige Unterlagen, soweit sie für die Besteuerung von Bedeutung sind.

(2) Mit Ausnahme der Jahresabschlüsse, der Eröffnungsbilanz und der Unterlagen nach Absatz 1 Nummer 4a, sofern es sich bei letztgenannten Unterlagen um amtliche Urkunden oder handschriftlich zu unterschreibende nicht förmliche Präferenznachweise handelt, können die in Absatz 1 aufgeführten Unterlagen auch als Wiedergabe auf einem Bildträger oder auf anderen Datenträgern aufbewahrt werden, wenn dies den Grundsätzen ordnungsmäßiger Buchführung entspricht und sichergestellt ist, dass die Wiedergabe oder die Daten

1. mit den empfangenen Handels- oder Geschäftsbriefen und den Buchungsbelegen bildlich und mit den anderen Unterlagen inhaltlich übereinstimmen, wenn sie lesbar gemacht werden,
2. während der Dauer der Aufbewahrungsfrist jederzeit verfügbar sind, unverzüglich lesbar gemacht und maschinell ausgewertet werden können.

(3) ¹Die in Absatz 1 Nummer 1 und 4a aufgeführten Unterlagen sind zehn Jahre, die in Absatz 1 Nummer 4 aufgeführten Unterlagen acht Jahre und die sonstigen in Absatz 1 aufgeführten Unterlagen sechs Jahre aufzubewahren, sofern nicht in anderen Steuergesetzen kürzere Aufbewahrungsfristen zugelassen sind. ²Kürzere Aufbewahrungsfristen nach außersteuerlichen Gesetzen lassen die in Satz 1 bestimmte Frist unberührt. ³Bei empfangenen Lieferscheinen, die keine Buchungsbelege nach Absatz 1 Nummer 4 sind, endet die Aufbewahrungsfrist mit dem Erhalt der Rechnung. ⁴Für abgesandte Lieferscheine, die keine Buchungsbelege nach Absatz 1 Nummer 4 sind, endet die Aufbewahrungsfrist mit dem Versand der Rechnung. ⁵Die Aufbewahrungsfrist läuft jedoch nicht ab, soweit und solange die Unterlagen für Steuern von Bedeutung sind, für welche die Festsetzungsfrist noch nicht abgelaufen ist; § 169 Absatz 2 Satz 2 gilt nicht.

(4) Die Aufbewahrungsfrist beginnt mit dem Schluss des Kalenderjahrs, in dem die letzte Eintragung in das Buch gemacht, das Inventar, die Eröffnungsbilanz, der Jahresabschluss oder der Lagebericht aufgestellt, der Handels- oder Geschäftsbrief empfangen oder abgesandt worden oder der Buchungsbeleg entstanden ist, ferner die Aufzeichnung vorgenommen worden ist oder die sonstigen Unterlagen entstanden sind.

(5) Wer aufzubewahrende Unterlagen in der Form einer Wiedergabe auf einem Bildträger oder auf anderen Datenträgern vorlegt, ist verpflichtet, auf seine Kosten diejenigen Hilfsmittel zur Verfügung zu stellen, die erforderlich sind, um die Unterlagen lesbar zu machen; auf Verlangen der Finanzbehörde hat er auf seine Kosten die Unterlagen unverzüglich ganz oder teilweise auszudrucken oder ohne Hilfsmittel lesbare Reproduktionen beizubringen.

(6) [1]Sind die Unterlagen nach Absatz 1 mit Hilfe eines Datenverarbeitungssystems erstellt worden, kann die Finanzbehörde im Rahmen einer Außenprüfung

1. Einsicht in die gespeicherten Daten nehmen und das Datenverarbeitungssystem zur Prüfung dieser Unterlagen nutzen,

2. verlangen, dass die Daten nach ihren Vorgaben maschinell ausgewertet zur Verfügung gestellt werden, oder

3. verlangen, dass die Daten nach ihren Vorgaben in einem maschinell auswertbaren Format an sie übertragen werden.

[2]Teilt der Steuerpflichtige der Finanzbehörde mit, dass sich seine Daten nach Absatz 1 bei einem Dritten befinden, so hat der Dritte

1. der Finanzbehörde Einsicht in die für den Steuerpflichtigen gespeicherten Daten zu gewähren oder

2. diese Daten nach den Vorgaben der Finanzbehörde maschinell auszuwerten oder

3. ihr nach ihren Vorgaben die für den Steuerpflichtigen gespeicherten Daten in einem maschinell auswertbaren Format zu übertragen.

[3]Die Kosten trägt der Steuerpflichtige. [4]In Fällen des Satzes 3 hat der mit der Außenprüfung betraute Amtsträger den in § 3 und § 4 Nummer 1 und 2 des Steuerberatungsgesetzes bezeichneten Personen sein Erscheinen in angemessener Frist anzukündigen. [5]Sofern noch nicht mit einer Außenprüfung begonnen wurde, ist es im Fall eines Wechsels des Datenverarbeitungssystems oder im Fall der Auslagerung von aufzeichnungs- und aufbewahrungspflichtigen Daten aus dem Produktivsystem in ein anderes Datenverarbeitungssystem ausreichend, wenn der Steuerpflichtige nach Ablauf des fünften Kalenderjahres, das auf die Umstellung oder Auslagerung folgt, diese Daten ausschließlich auf einem maschinell lesbaren und maschinell auswertbaren Datenträger vorhält.

(7) [1]Die Verarbeitung und Aufbewahrung der nach Absatz 6 zur Verfügung gestellten Daten ist auch auf mobilen Datenverarbeitungssystemen der Finanzbehörden unabhängig von deren Einsatzort zulässig. [2]Die Finanzbehörde darf die nach Absatz 6 zur Verfügung gestellten und gespeicherten Daten bis zur Unanfechtbarkeit der die Daten betreffenden Verwaltungsakte auch auf den mobilen Datenverarbeitungssystemen unabhängig von deren Einsatzort aufbewahren.

AEAO zu § 147 - Ordnungsvorschriften für die Aufbewahrung von Unterlagen:

1. Die Aufbewahrungspflicht ist Bestandteil der Buchführungs- und Aufzeichnungspflichten. Wegen der Rechtsfolgen bei Verstößen vgl. AEAO zu § 140 und § 146, Nr. 1.1.

2. Der Begriff der Aufzeichnungen in § 147 Abs. 1 Nr. 1 AO erfasst alle Aufzeichnungen, die für steuerliche Zwecke vorzunehmen sind. § 147 Abs. 1 Nr. 1 AO umfasst auch die gemäß § 90 Abs. 3 AO durch den Steuerpflichtigen geführten Aufzeichnungen. Sind diese Aufzeichnungen mittels eines Datenverarbeitungssystems erstellt, so unterfallen sie im Rahmen der steuerlichen Außenprüfung auch dem Datenzugriff gemäß § 147 Abs. 6 AO.

3. Den in § 147 Abs. 1 Nr. 1 AO aufgeführten Arbeitsanweisungen und sonstigen Organisationsunterlagen kommt bei DV-gestützten Buchführungen besondere Bedeutung zu. Die Dokumentation hat nach Maßgabe der Grundsätze zur ordnungsmäßigen Führung und Aufbewahrung von Büchern, Aufzeichnungen und Unterlagen in elektronischer Form sowie zum Datenzugriff - GoBD - (BMF-Schreiben vom 28.11.2019, BStBl I S. 1269[1]) zu erfolgen.

4. Bildträger i. S. d. § 147 Abs. 2 AO sind z. B. Fotokopien. Als andere Datenträger kommen z. B. CD, DVD, Blu-ray-Disk, Flash-Speicher in Betracht. Die Lesbarmachung von in nicht lesbarer Form aufbewahrten Unterlagen richtet sich nach § 147 Abs. 5 AO.

5. Zur Anwendung des § 147 Abs. 6 AO wird auf die Grundsätze zur ordnungsmäßigen Führung und Aufbewahrung von Büchern, Aufzeichnungen und Unterlagen in elektronischer Form sowie zum Datenzugriff - GoBD - (BMF-Schreiben vom 28.11.2019, BStBl I S. 1269[1]) hingewiesen.

6. (weggefallen)

7. Wer nach §§ 140 ff. AO verpflichtet ist, Bücher oder Aufzeichnungen zu führen, hat diese Unterlagen bis zum Ablauf der inländischen Aufbewahrungsfristen (§ 147 Abs. 3 und 4 AO) unabhängig davon aufzubewahren, ob sich diese Unterlagen im Inland oder außerhalb des Geltungsbereichs des Gesetzes befinden. Dies gilt insbesondere auch dann, wenn es sich um eine eigene in das Ausland ausgelagerte Tätigkeit und dementsprechend um eigene Unterlagen des Buchführungs- bzw. Aufzeichnungspflichtigen handelt. § 146 Abs. 2 und 2a AO bleibt davon unberührt (§§ 140, 147a Abs. 2 AO).

8. Stützt sich der Steuerpflichtige im Rahmen einer Beweisführung auf die Fremdvergleichsdaten aus Datenbanken, hat die Finanzbehörde im Rahmen des § 147 Abs. 6 AO während der steuerlichen Außenprüfung insbesondere das Recht, Einsicht in die für die Erstellung einer Datenbankstudie notwendigen, beim Steuerpflichtigen oder bei einem Dritten für den Steuerpflichtigen dazu gespeicherten Daten zu nehmen und das jeweilige Datenverarbeitungssystem zur Prüfung dieser Daten zu nutzen. Die Finanzbehörde kann auch verlangen, dass diese Daten nach ihren Vorgaben maschinell ausgewertet oder ihr die gespeicherten Unterlagen und Aufzeichnungen auf einem maschinell verwertbaren Datenträger zur Verfügung gestellt werden.

---

[1] Im Anhang 33 abgedruckt

§ 147a Vorschriften für die Aufbewahrung von Aufzeichnungen und Unterlagen bestimmter Steuerpflichtiger (S 0317)

(1) ¹Steuerpflichtige, bei denen die Summe der positiven Einkünfte nach § 2 Absatz 1 Nummer 4 bis 7 des Einkommensteuergesetzes (Überschusseinkünfte) mehr als 500 000[1] Euro im Kalenderjahr beträgt, haben die Aufzeichnungen und Unterlagen über die den Überschusseinkünften zu Grunde liegenden Einnahmen und Werbungskosten sechs Jahre aufzubewahren. ²Im Falle der Zusammenveranlagung sind für die Feststellung des Überschreitens des Betrags von 500 000[1] Euro die Summe der positiven Einkünfte nach Satz 1 eines jeden Ehegatten oder Lebenspartners maßgebend. ³Die Verpflichtung nach Satz 1 ist vom Beginn des Kalenderjahrs an zu erfüllen, das auf das Kalenderjahr folgt, in dem die Summe der positiven Einkünfte im Sinne des Satzes 1 mehr als 500 000[1] Euro beträgt. ⁴Die Verpflichtung nach Satz 1 endet mit Ablauf des fünften aufeinanderfolgenden Kalenderjahrs, in dem die Voraussetzungen des Satzes 1 nicht erfüllt sind. ⁵§ 147 Absatz 2, Absatz 3 Satz 5 und Absatz 4 bis 7 gilt entsprechend. ⁶Die Sätze 1 bis 3 und 5 gelten entsprechend in den Fällen, in denen die zuständige Finanzbehörde den Steuerpflichtigen für die Zukunft zur Aufbewahrung der in Satz 1 genannten Aufzeichnungen und Unterlagen verpflichtet, weil er seinen Mitwirkungspflichten nach § 12 Absatz 3 des Gesetzes zur Abwehr von Steuervermeidung und unfairem Steuerwettbewerb nicht nachgekommen ist.

(2) ¹Steuerpflichtige, die allein oder zusammen mit nahestehenden Personen im Sinne des § 1 Absatz 2 des Außensteuergesetzes unmittelbar oder mittelbar einen beherrschenden oder bestimmenden Einfluss auf die gesellschaftsrechtlichen, finanziellen oder geschäftlichen Angelegenheiten einer Drittstaat-Gesellschaft im Sinne des § 138 Absatz 3 ausüben können, haben die Aufzeichnungen und Unterlagen über diese Beziehung und alle damit verbundenen Einnahmen und Ausgaben sechs Jahre aufzubewahren. ²Diese Aufbewahrungspflicht ist von dem Zeitpunkt an zu erfüllen, in dem der Sachverhalt erstmals verwirklicht worden ist, der den Tatbestand des Satzes 1 erfüllt. ³Absatz 1 Satz 4 sowie § 147 Absatz 2, 3 Satz 5 und Absatz 5 bis 7 gelten entsprechend.

AEAO zu § 147a - Ordnungsvorschriften für die Aufbewahrung von Unterlagen:

1. In die Berechnung sind grundsätzlich alle positiven Überschusseinkünfte einzubeziehen. Ein horizontaler Verlustausgleich innerhalb derselben Einkunftsart ist zulässig, jedoch sind weder Verlustvorträge noch Verlustrückträge aus anderen Jahren noch vertikale Verlustverrechnungen mit anderen Einkunftsarten zu berücksichtigen.

2. Kapitaleinkünfte, die nach § 32d Abs. 1 EStG mit einem besonderen Steuersatz besteuert wurden und der abgeltenden Wirkung nach § 43 Abs. 5 EStG unterlegen haben, sind nicht in die Ermittlung der Summe der positiven Überschusseinkünfte i. S. d. § 147a Abs. 1 AO einzubeziehen. Im Zusammenhang mit diesen Kapitaleinkünften stehende Aufzeichnungen und Unterlagen über

---

[1] Gemäß Artikel 14 in Verbindung mit Artikel 35 Absatz 8 des Gesetzes vom 27.3.2024 (BGBl. 2024 I Nr. 108) wird in § 147a Absatz 1 am 1.1.2027 jeweils die Angabe „500 000" durch die Angabe „750 000" ersetzt.

Einnahmen und Werbungskosten sind nicht nach § 147a Abs. 1 AO aufbewahrungspflichtig. Sofern jedoch ein Antrag auf Günstigerprüfung nach § 32d Abs. 6 EStG gestellt wird und die Prüfung ergibt, dass eine Besteuerung nach § 32a EStG günstiger ist, sind diese Einkünfte auch in die Berechnung einzubeziehen.

3. Eine Einflussnahme nach § 147a Abs. 2 AO ist bereits gegeben, soweit die reine Möglichkeit der Ausübung besteht. Die Möglichkeit einer Einflussnahme kann sich hierbei auch aus gesonderten Gesellschaftervereinbarungen ergeben. Maßgeblich sind die tatsächlichen Verhältnisse des Einzelfalls.

4. Zur Aufzeichnung der einzelnen Besteuerungsgrundlagen vgl. BMF-Schreiben vom 28.11.2019, BStBl I S. 1269[1]. Sofern der Steuerpflichtige ein Datenverarbeitungssystem einsetzt oder die aufbewahrungspflichtigen Unterlagen mittels eines Datenverarbeitungssystems erstellt wurden, ist der Finanzverwaltung ein Zugriff nach § 147a Abs. 1 Satz 5 i. V. m. § 147 Abs. 6 AO zu gewähren. Die Art des Zugriffs steht im freien Ermessen der Finanzverwaltung.

§ 147b Verordnungsermächtigung zur Vereinheitlichung von digitalen Schnittstellen (S 0318)

[1]**Das Bundesministerium der Finanzen kann durch Rechtsverordnung mit Zustimmung des Bundesrates einheitliche digitale Schnittstellen und Datensatzbeschreibungen für den standardisierten Export von Daten bestimmen, die mit einem Datenverarbeitungssystem erstellt worden und nach § 147 Absatz 1 aufzubewahren sind.** [2]**In der Rechtsverordnung kann auch eine Pflicht zur Implementierung und Nutzung der jeweiligen einheitlichen digitalen Schnittstelle oder von Datensatzbeschreibungen für den standardisierten Export von Daten bestimmt werden.**

§ 148 Bewilligung von Erleichterungen (S 0319)

[1]**Die Finanzbehörden können für einzelne Fälle oder für bestimmte Gruppen von Fällen Erleichterungen bewilligen, wenn die Einhaltung der durch die Steuergesetze begründeten Buchführungs-, Aufzeichnungs- und Aufbewahrungspflichten Härten mit sich bringt und die Besteuerung durch die Erleichterung nicht beeinträchtigt wird.** [2]**Erleichterungen nach Satz 1 können rückwirkend bewilligt werden.** [3]**Die Bewilligung kann widerrufen werden.**

AEAO zu § 148 - Bewilligung von Erleichterungen:

Die Bewilligung von Erleichterungen kann sich nur auf steuerrechtliche Buchführungs-, Aufzeichnungs- oder Aufbewahrungspflichten erstrecken. § 148 AO lässt eine dauerhafte Befreiung von diesen Pflichten nicht zu. Persönliche Gründe, wie Alter und Krankheit des Steuerpflichtigen, rechtfertigen regelmäßig keine Erleichterungen (BFH-Urteil vom 14.7.1954, II 63/53 U, BStBl III S. 253). Eine Bewilligung soll nur ausgesprochen werden, wenn der Steuerpflichtige sie beantragt. Die örtliche Zuständigkeit

---

[1] Im Anhang 33 abgedruckt

für die Entscheidung über eine Bewilligung nach § 148 AO richtet sich nach den allgemeinen Zuständigkeitsregelungen der §§ 17 ff. AO. Sofern für einen Steuerpflichtigen verschiedene Finanzämter zuständig sind (z. B. bei einer gesonderten Feststellung oder in den Fällen des § 21 Abs. 1 Satz 2 AO i. V. m. § 1 UStZustV) und eine Bewilligung von Erleichterungen beantragt wird, die auch Steuern oder Betriebe in dem Zuständigkeitsbereich anderer Finanzämter betrifft, sollen sich die jeweiligen Finanzämter vor Bewilligung der Erleichterung abstimmen.

2. Unterabschnitt – Steuererklärungen

§ 149 Abgabe der Steuererklärungen (S 0320)

(1) ¹Die Steuergesetze bestimmen, wer zur Abgabe einer Steuererklärung verpflichtet ist. ²Zur Abgabe einer Steuererklärung ist auch verpflichtet, wer hierzu von der Finanzbehörde aufgefordert wird. ³Die Aufforderung kann durch öffentliche Bekanntmachung erfolgen. ⁴Die Verpflichtung zur Abgabe einer Steuererklärung bleibt auch dann bestehen, wenn die Finanzbehörde die Besteuerungsgrundlagen nach § 162 geschätzt hat.

(2) ¹Soweit die Steuergesetze nichts anderes bestimmen, sind Steuererklärungen, die sich auf ein Kalenderjahr oder auf einen gesetzlich bestimmten Zeitpunkt beziehen, spätestens sieben Monate nach Ablauf des Kalenderjahres oder sieben Monate nach dem gesetzlich bestimmten Zeitpunkt abzugeben. ²Bei Steuerpflichtigen, die den Gewinn aus Land- und Forstwirtschaft nach einem vom Kalenderjahr abweichenden Wirtschaftsjahr ermitteln, endet die Frist nicht vor Ablauf des siebten Monats, der auf den Schluss des in dem Kalenderjahr begonnenen Wirtschaftsjahres folgt.

(3) Sofern Personen, Gesellschaften, Verbände, Vereinigungen, Behörden oder Körperschaften im Sinne der §§ 3 und 4 des Steuerberatungsgesetzes beauftragt sind mit der Erstellung von

1. Einkommensteuererklärungen nach § 25 Absatz 3 des Einkommensteuergesetzes mit Ausnahme der Einkommensteuererklärungen im Sinne des § 46 Absatz 2 Nummer 8 des Einkommensteuergesetzes,

2. Körperschaftsteuererklärungen nach § 31 Absatz 1 und 1a des Körperschaftsteuergesetzes, Feststellungserklärungen im Sinne des § 14 Absatz 5, § 27 Absatz 2 Satz 4, § 28 Absatz 1 Satz 4 oder § 38 Absatz 1 Satz 2 des Körperschaftsteuergesetzes oder Erklärungen zur Zerlegung der Körperschaftsteuer nach § 6 Absatz 7 des Zerlegungsgesetzes,

3. Erklärungen zur Festsetzung des Gewerbesteuermessbetrags oder Zerlegungserklärungen nach § 14a des Gewerbesteuergesetzes,

4. Umsatzsteuererklärungen für das Kalenderjahr nach § 18 Absatz 3 des Umsatzsteuergesetzes,

5. Erklärungen zur gesonderten sowie zur gesonderten und einheitlichen Feststellung einkommensteuerpflichtiger oder körperschaftsteuerpflichtiger Einkünfte nach § 180 Absatz 1 Satz 1 Nummer 2 in Verbindung mit § 181 Absatz 1 und 2,

6. Erklärungen zur gesonderten Feststellung von Besteuerungsgrundlagen nach der Verordnung über die gesonderte Feststellung von Besteuerungsgrundlagen nach § 180 Abs. 2 der Abgabenordnung oder

7. Erklärungen zur gesonderten Feststellung von Besteuerungsgrundlagen nach § 18 des Außensteuergesetzes,so sind diese Erklärungen vorbehaltlich des Absatzes 4 spätestens bis zum letzten Tag des Monats Februar und in den Fällen des Absatzes 2 Satz 2 bis zum 31. Juli des

zweiten auf den Besteuerungszeitraum folgenden Kalenderjahres abzugeben.

(4) ¹Das Finanzamt kann anordnen, dass Erklärungen im Sinne des Absatzes 3 vor dem letzten Tag des Monats Februar des zweiten auf den Besteuerungszeitraum folgenden Kalenderjahres abzugeben sind, wenn

1. für den betroffenen Steuerpflichtigen

   a) für den vorangegangenen Besteuerungszeitraum Erklärungen nicht oder verspätet abgegeben wurden,

   b) für den vorangegangenen Besteuerungszeitraum innerhalb von drei Monaten vor Abgabe der Steuererklärung oder innerhalb von drei Monaten vor dem Beginn des Zinslaufs im Sinne des § 233a Absatz 2 Satz 1 und 2 nachträgliche Vorauszahlungen festgesetzt wurden,

   c) Vorauszahlungen für den Besteuerungszeitraum außerhalb einer Veranlagung herabgesetzt wurden,

   d) die Veranlagung für den vorangegangenen Veranlagungszeitraum zu einer Abschlusszahlung von mindestens 25 Prozent der festgesetzten Steuer oder mehr als 10 000 Euro geführt hat,

   e) die Steuerfestsetzung auf Grund einer Steuererklärung im Sinne des Absatzes 3 Nummer 1, 2 oder 4 voraussichtlich zu einer Abschlusszahlung von mehr als 10 000 Euro führen wird oder

   f) eine Außenprüfung vorgesehen ist,

2. der betroffene Steuerpflichtige im Besteuerungszeitraum einen Betrieb eröffnet oder eingestellt hat oder

3. für Beteiligte an Gesellschaften oder Gemeinschaften Verluste festzustellen sind.

²Für das Befolgen der Anordnung ist eine Frist von vier Monaten nach Bekanntgabe der Anordnung zu setzen. ³Ferner dürfen die Finanzämter nach dem Ergebnis einer automationsgestützten Zufallsauswahl anordnen, dass Erklärungen im Sinne des Absatzes 3 vor dem letzten Tag des Monats Februar des zweiten auf den Besteuerungszeitraum folgenden Kalenderjahres mit einer Frist von vier Monaten nach Bekanntgabe der Anordnung abzugeben sind. ⁴In der Aufforderung nach Satz 3 ist darauf hinzuweisen, dass sie auf einer automationsgestützten Zufallsauswahl beruht; eine weitere Begründung ist nicht erforderlich. ⁵In den Fällen des Absatzes 2 Satz 2 tritt an die Stelle des letzten Tages des Monats Februar der 31. Juli des zweiten auf den Besteuerungszeitraum folgenden Kalenderjahres. ⁶Eine Anordnung nach Satz 1 oder Satz 3 darf für die Abgabe der Erklärung keine kürzere als die in Absatz 2 bestimmte Frist setzen. ⁷In den Fällen der Sätze 1 und 3 erstreckt sich eine Anordnung auf alle Erklärungen im Sinne des Absatzes 3, die vom betroffenen Steuerpflichtigen für den gleichen Besteuerungszeitraum oder Besteuerungszeitpunkt abzugeben sind.

(5) Absatz 3 gilt nicht für Umsatzsteuererklärungen für das Kalenderjahr, wenn die gewerbliche oder berufliche Tätigkeit vor oder mit dem Ablauf des Besteuerungszeitraums endete.

(6) ¹Die oberste Landesfinanzbehörde oder eine von ihr bestimmte Landesfinanzbehörde kann zulassen, dass Personen, Gesellschaften, Verbände, Vereinigungen, Behörden und Körperschaften im Sinne der §§ 3 und 4 des Steuerberatungsgesetzes bis zu bestimmten Stichtagen einen bestimmten prozentualen Anteil der Erklärungen im Sinne des Absatzes 3 einreichen. ²Soweit Erklärungen im Sinne des Absatzes 3 in ein Verfahren nach Satz 1 einbezogen werden, ist Absatz 4 Satz 3 nicht anzuwenden. ³Die Einrichtung eines Verfahrens nach Satz 1 steht im Ermessen der obersten Landesfinanzbehörden und ist nicht einklagbar.

AEAO zu § 149 - Abgabe der Steuererklärungen:

1. § 149 AO i. d. F. des StModernG ist erstmals anzuwenden für Besteuerungszeiträume, die nach dem 31.12.2017 beginnen, und Besteuerungszeitpunkte, die nach dem 31.12.2017 liegen.

    Für die Besteuerungszeiträume 2019 bis 2024 bestehen Sonderregelungen; hier gelten die folgenden abweichenden Termine und Zeiträume (vgl. Art. 97 § 36 Abs. 1 und 3 EGAO; siehe auch BMF-Schreiben vom 23.6.2022, BStBl I S. 938)[1]:

Erklärungsfristen in nicht beratenen Fällen		
Besteuerungszeitraum	Zeitraum gem. § 149 Abs. 2 Satz 1 AO	Zeitraum gem. § 149 Abs. 2 Satz 2 AO („...nicht vor Ablauf des...")[1]
2020	1.11.2021[2]	2.5.2022
2021	31.10.2022[3]	2.5.2023
2022	2.10.2023	2.4.2024
2023	2.9.2024	28.2.2025

---

[1] Im Anhang 50 abgedruckt.

Erklärungsfristen in beratenen Fällen		
Besteuerungszeitraum	Termin gem. § 149 Abs. 3, 1. Alt. AO	Termin gem. § 149 Abs. 3, 2. Alt. AO[1)]
2019	31.8.2021	31.12.2021
2020	31.8.2022	31.1.2023
2021	31.8.2023	31.1.2024
2022	31.7.2024	31.12.2024
2023	2.6.2025	31.10.2025[4)]
2024	30.4.2026	30.9.2026

Hinweise:

1) Nur Einkommensteuererklärungen von Steuerpflichtigen, die den Gewinn aus Land- und Forstwirtschaft nach einem vom Kalenderjahr abweichenden Wirtschaftsjahr ermitteln. § 149 Abs. 2 Satz 2 AO ist nicht anwendbar, wenn die land- und forstwirtschaftliche Tätigkeit zu Einkünften aus Gewerbebetrieb führt. Werden die Einkünfte aus Land- und Forstwirtschaft gesondert festgestellt, gilt § 149 Abs. 2 Satz 2 AO nur für die Feststellungserklärung, nicht aber für die Einkommensteuererklärung des Land- oder Forstwirts. Grundannahme der Tabelle: das abweichende Wirtschaftsjahr endet mit Ablauf des 30.6. des zweiten Kalenderjahres (§ 4a Abs. 1 Satz 2 Nr. 1 EStG).

2) Soweit dieser Tag in dem Land, zu dem das Finanzamt gehört, ein gesetzlicher Feiertag ist: 2.11.2021.

3) Soweit dieser Tag in dem Land, zu dem das Finanzamt gehört, ein gesetzlicher Feiertag ist: 1.11.2022.

4) Soweit dieser Tag in dem Land, zu dem das Finanzamt gehört, ein gesetzlicher Feiertag ist: 3.11.2025.

2. Ordnet die Finanzbehörde in einem der in § 149 Abs. 4 Satz 1 AO genannten Katalogfälle die Abgabe der Steuererklärung vor Ablauf der Frist nach § 149 Abs. 3 AO an, ist eine über die Nennung des jeweils erfüllten Tatbestandes hinausgehende Begründung der Anforderung nicht erforderlich. Durch die gesetzliche Aufzählung in § 149 Abs. 4 Satz 1 AO ist eine Vorabanforderung für den Steuerpflichtigen und seinen Berater jeweils vorhersehbar. Da der Gesetzgeber zudem bei der nicht vorhersehbaren automationsgestützten Zufallsauswahl nach § 149 Abs. 4 Satz 3 AO ausdrücklich eine individuelle Begründung der Ermessensentscheidung für verzichtbar erklärt, ist eine individuelle Begründung der Ermessensentscheidung in den Fällen des § 149 Abs. 4 Satz 1 AO erst recht nicht geboten. Vorabanforderungen von Steuererklärungen nach § 149 Abs. 4 Satz 1 AO sind insoweit mit Prüfungsanordnungen in den Fällen des § 193 Abs. 1 AO vergleichbar. In diesen Fällen ist eine über

die Nennung des Tatbestandes hinausgehende Begründung regelmäßig nicht erforderlich (ständige Rspr.; vgl. u. a. BFH-Urteil vom 29.10.1992, IV R 47/91, BFH/NV 1993 S. 149, m. w. N.).

3. Für steuerlich nicht beratene Steuerpflichtige, die den Gewinn aus Land- und Forstwirtschaft nach einem verlängerten Wirtschaftsjahr i. S. d. § 8c Abs. 2 Satz 2 EStDV ermitteln, endet die Steuererklärungsfrist für den Besteuerungszeitraum, in dem das verlängerte Wirtschaftsjahr endet, sieben Monate nach Ablauf des Kalenderjahres, in dem das verlängerte Wirtschaftsjahr endet.

§ 150 Form und Inhalt der Steuererklärungen (S 0321)

(1) ¹Eine Steuererklärung ist nach amtlich vorgeschriebenem Vordruck abzugeben, wenn

1. keine elektronische Steuererklärung vorgeschrieben ist,
2. nicht freiwillig eine gesetzlich oder amtlich zugelassene elektronische Steuererklärung abgegeben wird,
3. keine mündliche oder konkludente Steuererklärung zugelassen ist und
4. eine Aufnahme der Steuererklärung an Amtsstelle nach § 151 nicht in Betracht kommt.

²§ 87a Absatz 1 Satz 1 ist nur anzuwenden, soweit eine elektronische Steuererklärung vorgeschrieben oder zugelassen ist. ³Der Steuerpflichtige hat in der Steuererklärung die Steuer selbst zu berechnen, soweit dies gesetzlich vorgeschrieben ist (Steueranmeldung).

(2) Die Angaben in den Steuererklärungen sind wahrheitsgemäß nach bestem Wissen und Gewissen zu machen.

(3) ¹Ordnen die Steuergesetze an, dass der Steuerpflichtige die Steuererklärung eigenhändig zu unterschreiben hat, so ist die Unterzeichnung durch einen Bevollmächtigten nur dann zulässig, wenn der Steuerpflichtige infolge seines körperlichen oder geistigen Zustands oder durch längere Abwesenheit an der Unterschrift gehindert ist. ²Die eigenhändige Unterschrift kann nachträglich verlangt werden, wenn der Hinderungsgrund weggefallen ist.

(4) ¹Den Steuererklärungen müssen die Unterlagen beigefügt werden, die nach den Steuergesetzen vorzulegen sind. ²Dritte Personen sind verpflichtet, hierfür erforderliche Bescheinigungen auszustellen.

(5) ¹In die Steuererklärungsformulare können auch Fragen aufgenommen werden, die zur Ergänzung der Besteuerungsunterlagen für Zwecke einer Statistik nach dem Gesetz über Steuerstatistiken erforderlich sind. ²Die Finanzbehörden können ferner von Steuerpflichtigen Auskünfte verlangen, die für die Durchführung des Bundesausbildungsförderungsgesetzes erforderlich sind. ³Die Finanzbehörden haben bei der Überprüfung der Angaben dieselben Befugnisse wie bei der Aufklärung der für die Besteuerung erheblichen Verhältnisse.

(6) ¹Zur Erleichterung und Vereinfachung des automatisierten Besteuerungsverfahrens kann das Bundesministerium der Finanzen durch Rechtsverordnung mit Zustimmung des Bundesrates bestimmen, dass und unter welchen Voraussetzungen Steuererklärungen oder sonstige für das Besteuerungsverfahren erforderliche Daten ganz oder teilweise durch Datenfernübertragung oder auf maschinell verwertbaren Datenträgern übermittelt werden können. ²In der Rechtsverordnung können von den §§ 72a und 87b bis 87d abweichende Regelungen getroffen werden. ³Die Rechtsverordnung bedarf nicht der Zustimmung des Bundesrates, soweit die Kraftfahrzeugsteuer, die Luftverkehrsteuer, die Versicherungsteuer und Verbrauchsteuern, mit Ausnahme der Biersteuer, betroffen sind.

(7) ¹Können Steuererklärungen, die nach amtlich vorgeschriebenem Vordruck abgegeben oder nach amtlich vorgeschriebenem Datensatz durch Datenfernübertragung übermittelt werden, nach § 155 Absatz 4 Satz 1 zu einer ausschließlich automationsgestützten Steuerfestsetzung führen, ist es dem Steuerpflichtigen zu ermöglichen, Angaben, die nach seiner Auffassung Anlass für eine Bearbeitung durch Amtsträger sind, in einem dafür vorgesehenen Abschnitt oder Datenfeld der Steuererklärung zu machen. ²Daten, die von mitteilungspflichtigen Stellen nach Maßgabe des § 93c an die Finanzverwaltung übermittelt wurden, gelten als Angaben des Steuerpflichtigen, soweit sie in den Steuererklärungsformularen als eDaten gekennzeichnet sind oder bei nach amtlich vorgeschriebenem Datensatz durch Datenfernübertragung übermittelten Steuererklärungen für den Belegabruf bereitgestellt werden und er nicht in einem dafür vorzusehenden Abschnitt oder Datenfeld der Steuererklärung abweichende Angaben macht.

(8) ¹Ordnen die Steuergesetze an, dass die Finanzbehörde auf Antrag zur Vermeidung unbilliger Härten auf eine Übermittlung der Steuererklärung nach amtlich vorgeschriebenem Datensatz durch Datenfernübertragung verzichten kann, ist einem solchen Antrag zu entsprechen, wenn eine Erklärungsabgabe nach amtlich vorgeschriebenem Datensatz durch Datenfernübertragung für den Steuerpflichtigen wirtschaftlich oder persönlich unzumutbar ist. ²Dies ist insbesondere der Fall, wenn die Schaffung der technischen Möglichkeiten für eine Datenfernübertragung des amtlich vorgeschriebenen Datensatzes nur mit einem nicht unerheblichen finanziellen Aufwand möglich wäre oder wenn der Steuerpflichtige nach seinen individuellen Kenntnissen und Fähigkeiten nicht oder nur eingeschränkt in der Lage ist, die Möglichkeiten der Datenfernübertragung zu nutzen.

| AEAO zu § 150 - Form und Inhalt der Steuererklärungen: |

1. Zu den Grundsätzen für die Verwendung von Steuererklärungsvordrucken vgl. BMF-Schreiben vom 12.8.2022, BStBl I S. 1334. Zur elektronischen Übermittlung von Steuererklärungen vgl. § 87a Abs. 6, § 87b Abs. 1 und 2 und § 87d AO.

2. Die Umsatzsteuer-Jahreserklärung ist eine Steueranmeldung i. S. d. § 150 Abs. 1 Satz 3 AO, da der Unternehmer nach § 18 Abs. 3 UStG nach Ablauf eines Kalenderjahres eine Umsatzsteuererklärung abzugeben hat, in der er die Umsatzsteuer oder den Überschuss selbst berechnen muss. Das Gleiche

	gilt für Umsatzsteuer-Voranmeldungen und Lohnsteueranmeldungen. Wegen der Festsetzung der Steuer bei einer Steueranmeldung vgl. AEAO zu § 167, wegen der Wirkung einer Steueranmeldung vgl. AEAO zu § 168.
3.	Hat die Steuerverwaltung Daten, die ihr von mitteilungspflichtigen Stellen nach Maßgabe des § 93c AO übermittelt wurden, mangels abweichender Angaben des Steuerpflichtigen bei der Steuerfestsetzung unverändert übernommen, ist der Steuerpflichtige für die Richtigkeit dieser Daten nicht verantwortlich (§ 150 Abs. 7 Satz 2 AO). Gleiches gilt bei der Nutzung der sogen. vorausgefüllten (elektronischen) Steuererklärung, soweit der Steuerpflichtige keine abweichenden Angaben gemacht hat. Wegen der Korrekturmöglichkeit in diesen Fällen vgl. § 175b AO.

Nach § 150 Abs. 7 Satz 2 AO in der Fassung des JStG 2022 ist die Erklärungsfiktion mit Wirkung für alle Steuererklärungen, die nach dem 21.12.2022 abgegeben werden (Art. 97 § 10a Abs. 5 EGAO), auf solche von Dritten nach Maßgabe des § 93c AO übermittelten Daten beschränkt, die

- in den Steuererklärungsformularen als eDaten gekennzeichnet sind oder

- bei nach amtlich vorgeschriebenem Datensatz durch Datenfernübertragung übermittelten Steuererklärungen für den Belegabruf bereitgestellt werden.

4.	Die Anwendung des § 150 Abs. 8 AO setzt das Vorliegen einer Härtefallregelung in den Einzelsteuergesetzen voraus. § 150 Abs. 8 AO ergänzt diese Regelungen dahingehend, dass die Finanzbehörde einem Antrag zu entsprechen hat, wenn die unbillige Härte darin besteht, dass dem Steuerpflichtigen die Erklärungsabgabe nach amtlich vorgeschriebenem Datensatz durch Datenfernübertragung wirtschaftlich oder persönlich nicht zumutbar ist. Bei Vorliegen der Voraussetzungen des § 150 Abs. 8 AO besteht kein Ermessensspielraum (vgl. BFH-Urteil vom 16.6.2020, VIII R 29/19, BStBl 2021 II S. 290).
4.1.	Bei der Prüfung, ob eine Erklärungsabgabe nach amtlich vorgeschriebenem Datensatz durch Datenfernübertragung für den antragstellenden Steuerpflichtigen wirtschaftlich oder persönlich unzumutbar ist, sind alle Umstände des Einzelfalls zu berücksichtigen.
4.1.1.	Wirtschaftliche Unzumutbarkeit i. S. d. § 150 Abs. 8 AO liegt insbesondere vor, wenn die Schaffung der technischen Möglichkeiten für eine Datenfernübertragung des amtlich vorgeschriebenen Datensatzes nur mit einem nicht unerheblichen finanziellen Aufwand möglich wäre, wenn also die Kosten für die Schaffung der technischen Voraussetzungen in keinem wirtschaftlich sinnvollen Verhältnis mehr zu den Einkünften stehen, wegen derer die Erklärung nach amtlich vorgeschriebenem Datensatz durch Datenfernübertragung zu übermitteln ist (vgl. BFH-Urteile vom 16.6.2020, VIII R 29/17, BStBl 2021 II S. 288 und VIII R 29/19, BStBl 2021 II S. 290). Das Fehlen der für eine elektronische Übermittlung der Steuererklärung erforderlichen Technik hingegen genügt bei wirtschaftlicher Zumutbarkeit alleine nicht, um einen Anspruch auf Befreiung von der Abgabe der Steuererklärung in elektronischer Form zu begründen (vgl. BFH-Urteil vom 14.3.2012, XI R 33/09, BStBl II S. 477). Finanzielle Verhältnisse des Steuerpflichtigen, die nicht mit den Einkünften in

Zusammenhang stehen, die für die elektronische Übermittlungspflicht einer Erklärung ursächlich sind, sind bei Feststellung der Verhältnismäßigkeit nicht zu berücksichtigen (vgl. BFH-Urteil vom 16.6.2020, VIII R 29/19, a. a. O.).

4.1.2. Persönliche Unzumutbarkeit i. S. d. § 150 Abs. 8 AO liegt insbesondere vor, wenn der Steuerpflichtige nach seinen individuellen Kenntnissen und Fähigkeiten nicht oder nur eingeschränkt in der Lage ist, die Möglichkeiten der Datenfernübertragung zu nutzen. Dies ist z. B. der Fall, wenn der Steuerpflichtige über keinerlei Medienkompetenz verfügt und aufgrund seiner aktuellen körperlichen oder geistigen Fähigkeiten auch keinen Zugang zur Computertechnik finden kann (vgl. BFH-Urteil vom 14.3.2012, XI R 33/09, a. a. O.).

4.2. Eine (nur) für einen Veranlagungszeitraum bzw. für ein Kalenderjahr gewährte Befreiung hat keine Dauerwirkung (vgl. BFH-Urteil vom 16.6.2020, VIII R 29/17, BStBl 2021 II S. 288).

§ 151 Aufnahme der Steuererklärung an Amtsstelle (S 0322)

Eine Steuererklärung, die schriftlich oder elektronisch abzugeben ist, kann bei der zuständigen Finanzbehörde zur Niederschrift erklärt werden, wenn dem Steuerpflichtigen nach seinen persönlichen Verhältnissen weder die elektronische Übermittlung noch die Schriftform zuzumuten ist, insbesondere, wenn er nicht in der Lage ist, eine gesetzlich vorgeschriebene Selbstberechnung der Steuer vorzunehmen oder durch einen Dritten vornehmen zu lassen.

AEAO zu § 151 - Aufnahme der Steuererklärung an Amtsstelle:

Eine Aufnahme der Steuererklärung an Amtsstelle kommt i. d. R. nur bei geschäftlich unerfahrenen oder der deutschen Sprache unkundigen Steuerpflichtigen in Betracht, die nicht fähig sind, die Steuererklärung selbst schriftlich abzugeben oder unter der Voraussetzungen des § 150 Abs. 1 Satz 2 AO elektronisch zu übermitteln, und auch nicht in der Lage sind, die Hilfe eines Angehörigen der steuerberatenden Berufe in Anspruch zu nehmen.

§ 152 Verspätungszuschlag (S 0323)

(1) ¹Gegen denjenigen, der seiner Verpflichtung zur Abgabe einer Steuererklärung nicht oder nicht fristgemäß nachkommt, kann ein Verspätungszuschlag festgesetzt werden. ²Von der Festsetzung eines Verspätungszuschlags ist abzusehen, wenn der Erklärungspflichtige glaubhaft macht, dass die Verspätung entschuldbar ist; das Verschulden eines Vertreters oder eines Erfüllungsgehilfen ist dem Erklärungspflichtigen zuzurechnen.

(2) Abweichend von Absatz 1 ist ein Verspätungszuschlag festzusetzen, wenn eine Steuererklärung, die sich auf ein Kalenderjahr oder auf einen gesetzlich bestimmten Zeitpunkt bezieht,

1. nicht binnen 14 Monaten nach Ablauf des Kalenderjahrs oder nicht binnen 14 Monaten nach dem Besteuerungszeitpunkt,

2. in den Fällen des § 149 Absatz 2 Satz 2 nicht binnen 19 Monaten nach Ablauf des Kalenderjahrs oder nicht binnen 19 Monaten nach dem Besteuerungszeitpunkt oder

3. in den Fällen des § 149 Absatz 4 nicht bis zu dem in der Anordnung bestimmten Zeitpunktabgegeben wurde.

(3) Absatz 2 gilt nicht,

1. wenn die Finanzbehörde die Frist für die Abgabe der Steuererklärung nach § 109 verlängert hat oder diese Frist rückwirkend verlängert,

2. wenn die Steuer auf null Euro oder auf einen negativen Betrag festgesetzt wird,

3. wenn die festgesetzte Steuer die Summe der festgesetzten Vorauszahlungen und der anzurechnenden Steuerabzugsbeträge nicht übersteigt oder

4. bei jährlich abzugebenden Lohnsteueranmeldungen, bei Anmeldungen von Umsatzsteuer-Sondervorauszahlungen nach § 48 Absatz 2 der Umsatzsteuer-Durchführungsverordnung, bei jährlich abzugebenden Versicherungsteuer- und Feuerschutzsteueranmeldungen sowie bei Erklärungen nach § 95 des Mindeststeuergesetzes.

(4) ¹Sind mehrere Personen zur Abgabe einer Steuererklärung verpflichtet, kann die Finanzbehörde nach ihrem Ermessen entscheiden, ob sie den Verspätungszuschlag gegen eine der erklärungspflichtigen Personen, gegen mehrere der erklärungspflichtigen Personen oder gegen alle erklärungspflichtigen Personen festsetzt. ²Wird der Verspätungszuschlag gegen mehrere oder gegen alle erklärungspflichtigen Personen festgesetzt, sind diese Personen Gesamtschuldner des Verspätungszuschlags. ³In Fällen des § 180 Absatz 1 Satz 1 Nummer 2 Buchstabe a ist der Verspätungszuschlag festzusetzen

1. bei rechtsfähigen Personenvereinigungen vorrangig gegen die Personenvereinigung und

2. bei nicht rechtsfähigen Personenvereinigungen vorrangig gegen die nach § 181 Absatz 2 Satz 2 Nummer 4 erklärungspflichtigen Personen.

(5) ¹Der Verspätungszuschlag beträgt vorbehaltlich des Satzes 2, der Absätze 8 und 13 Satz 2 für jeden angefangenen Monat der eingetretenen Verspätung 0,25 Prozent der festgesetzten Steuer, mindestens jedoch 10 Euro für jeden angefangenen Monat der eingetretenen Verspätung. ²Für Steuererklärungen, die sich auf ein Kalenderjahr oder auf einen gesetzlich bestimmten Zeitpunkt beziehen, beträgt der Verspätungszuschlag für jeden angefangenen Monat der eingetretenen Verspätung 0,25 Prozent der um die festgesetzten Vorauszahlungen und die anzurechnenden Steuerabzugsbeträge verminderten festgesetzten Steuer, mindestens jedoch 25 Euro für jeden angefangenen Monat der eingetretenen Verspätung. ³Wurde ein Erklärungspflichtiger von der Finanzbehörde erstmals nach Ablauf der gesetzlichen Erklärungsfrist zur Abgabe einer Steuererklärung innerhalb einer dort bezeichneten Frist aufgefordert und konnte er bis zum Zugang dieser Aufforderung davon ausgehen, keine Steuererklärung abgeben zu müssen, so ist der Verspätungszuschlag nur für die Monate zu berechnen, die nach dem Ablauf der in der Aufforderung bezeichneten Erklärungsfrist begonnen haben.

(6) ¹Für Erklärungen zur gesonderten Feststellung von Besteuerungsgrundlagen, für Erklärungen zur Festsetzung des Gewerbesteuermessbetrags und für Zerlegungserklärungen gelten vorbehaltlich des Absatzes 7 die Absätze 1, 2 und 3 Nummer 1 sowie Absatz 4 Satz 1 und 2 entsprechend. ²Der Verspätungszuschlag beträgt für jeden angefangenen Monat der eingetretenen Verspätung 25 Euro.

(7) Für Erklärungen zu gesondert festzustellenden einkommensteuerpflichtigen oder körperschaftsteuerpflichtigen Einkünften beträgt der Verspätungszuschlag für jeden angefangenen Monat der eingetretenen Verspätung 0,0625 Prozent der positiven Summe der festgestellten Einkünfte, mindestens jedoch 25 Euro für jeden angefangenen Monat der eingetretenen Verspätung.

(8) ¹Absatz 5 gilt nicht für

1. vierteljährlich oder monatlich abzugebende Steueranmeldungen,

2. nach § 41a Absatz 2 Satz 2 zweiter Halbsatz des Einkommensteuergesetzes jährlich abzugebende Lohnsteueranmeldungen,

3. nach § 8 Absatz 2 Satz 3 des Versicherungsteuergesetzes jährlich abzugebende Versicherungsteueranmeldungen,

4. nach § 8 Absatz 2 Satz 3 des Feuerschutzsteuergesetzes jährlich abzugebende Feuerschutzsteueranmeldungen und

5. Anmeldungen der Umsatzsteuer-Sondervorauszahlung nach § 48 Absatz 2 der Umsatzsteuer-Durchführungsverordnung.

²In diesen Fällen sind bei der Bemessung des Verspätungszuschlags die Dauer und Häufigkeit der Fristüberschreitung sowie die Höhe der Steuer zu berücksichtigen.

(9) ¹Bei Nichtabgabe der Steuererklärung ist der Verspätungszuschlag für einen Zeitraum bis zum Ablauf desjenigen Tages zu berechnen, an dem die erstmalige Festsetzung der Steuer wirksam wird. ²Gleiches gilt für die Nichtabgabe der Erklärung zur Festsetzung des Gewerbesteuermessbetrags, der Zerlegungserklärung oder der Erklärung zur gesonderten Feststellung von Besteuerungsgrundlagen.

(10) Der Verspätungszuschlag ist auf volle Euro abzurunden und darf höchstens 25 000 Euro betragen.

(11) ¹Die Festsetzung des Verspätungszuschlags soll mit dem Steuerbescheid, dem Gewerbesteuermessbescheid oder dem Zerlegungsbescheid verbunden werden; in den Fällen des Absatzes 4 kann sie mit dem Feststellungsbescheid verbunden werden. ²In den Fällen des Absatzes 2 kann die Festsetzung des Verspätungszuschlags ausschließlich automationsgestützt erfolgen.

(12) ¹Wird die Festsetzung der Steuer oder des Gewerbesteuermessbetrags oder der Zerlegungsbescheid oder die gesonderte Feststellung von Besteuerungsgrundlagen aufgehoben, so ist auch die Festsetzung eines Verspätungszuschlags aufzuheben. ²Wird die Festsetzung der Steuer, die Anrechnung von Vorauszahlungen oder Steuerabzugsbeträgen auf die festgesetzte Steuer oder in den Fällen des Absatzes 7 die gesonderte Feststellung einkommensteuerpflichtiger oder körperschaftsteuerpflichtiger Einkünfte geändert, zurückgenommen, widerrufen oder nach § 129 berichtigt, so ist ein festgesetzter Verspätungszuschlag entsprechend zu ermäßigen oder zu erhöhen, soweit nicht auch nach der Änderung oder Berichtigung die Mindestbeträge anzusetzen sind. ³Ein Verlustrücktrag nach § 10d Absatz 1 des Einkommensteuergesetzes oder ein rückwirkendes Ereignis im Sinne des § 175 Absatz 1 Satz 1 Nummer 2 oder Absatz 2 sind hierbei nicht zu berücksichtigen.

(13) ¹Die Absätze 2, 4 Satz 2, Absatz 5 Satz 2 sowie Absatz 8 gelten vorbehaltlich des Satzes 2 nicht für Steuererklärungen, die gegenüber den Hauptzollämtern abzugeben sind. ²Für die Bemessung des Verspätungszuschlags zu Steuererklärungen zur Luftverkehrsteuer gilt Absatz 8 Satz 2 entsprechend.

AEAO zu § 152 - Verspätungszuschlag:

1. Zeitlicher Anwendungsbereich

§ 152 AO i. d. F. des StModernG ist erstmals für Steuererklärungen anzuwenden, die nach dem 31.12.2018 abzugeben sind; eine Verlängerung der Steuererklärungsfrist ist hierbei nicht zu berücksichtigen (Art. 97 § 8 Abs. 4 Satz 1 und 2 EGAO).

Für die Besteuerungszeiträume 2020 bis 2024 bestehen in Bezug auf § 152 Abs. 2 AO Sonderregelungen; hier bestimmt sich die Frage, ob ein Verspätungszuschlag von Amts wegen festzusetzen ist (Hinweis auf Nr. 4 des AEAO zu § 152), nach den folgenden Fristüberschreitungen (vgl. Art. 97 § 36 Abs. 3 Nr. 5 und 6 EGAO):

Besteuerungszeitraum	maßgebliche Fristüberschreitung	
	gem. § 152 Abs. 2 Nr. 1 AO (jeweils)	gem. § 152 Abs. 2 Nr. 2 AO (jeweils)
2020	20 Monate	25 Monate
2021	20 Monate	25 Monate
2022	19 Monate	24 Monate
2023	17 Monate	22 Monate
2024	16 Monate	21 Monate

2. **Ermessensabhängige Festsetzung von Verspätungszuschlägen**

Nach § 152 Abs. 1 Satz 1 AO kann ein Verspätungszuschlag festgesetzt werden, wenn eine gesetzliche Frist (§ 149 Abs. 2 Satz 1, Abs. 3 AO) oder eine von der Finanzbehörde bestimmte Frist (§ 149 Abs. 1 Satz 2 AO) zur Abgabe einer Steuererklärung nicht eingehalten worden ist. Hierbei ist eine (ggf. rückwirkend) gewährte und eingehaltene Fristverlängerung (§ 109 AO) zu berücksichtigen. Die Festsetzung eines Verspätungszuschlags kommt insbesondere in Betracht im Fall wiederholt verspäteter oder unterbliebener Erklärungsabgabe.

Auch wenn die Festsetzung des Verspätungszuschlags nach § 152 Abs. 2 AO aus den in § 152 Abs. 3 AO genannten Gründen nicht von Amts wegen erfolgt, kann die Finanzbehörde einen Verspätungszuschlag nach § 152 Abs. 1 AO festsetzen.

Der in § 152 AO verwendete Begriff der „Steuererklärung" umfasst auch Feststellungserklärungen (§ 181 Abs. 1 Satz 1 AO) und Erklärungen zur Festsetzung eines Steuermessbetrags (§ 184 Abs. 1 Satz 4 AO). Die Berechnung des Verspätungszuschlags richtet sich in diesen Fällen nach § 152 Abs. 6 7 und 9 AO.

3. **Entschuldbarkeit der verspäteten Erklärungsabgabe**

Im Anwendungsbereich des § 152 Abs. 1 AO sind Entschuldigungsgründe für eine verspätete Erklärungsabgabe vom Steuerpflichtigen glaubhaft zu machen (§ 152 Abs. 1 Satz 2 AO). Für die Finanzbehörden besteht insoweit keine Amtsermittlungspflicht. Das Versäumnis ist regelmäßig dann nicht entschuldbar, wenn Steuererklärungen wiederholt nicht oder nicht fristgemäß abgegeben oder von der Finanzbehörde antragsgemäß bewilligte Fristverlängerungen nicht eingehalten wurden.

4. **Gesetzlich vorgeschriebene Festsetzung von Verspätungszuschlägen**

Unter den Voraussetzungen des § 152 Abs. 2 AO ist ein Verspätungszuschlag von Amts wegen (d. h. ermessensunabhängig) festzusetzen. Dies gilt unabhängig davon, ob ein „Beraterfall" i. S. d. § 149 Abs. 3 AO vorliegt oder der Steuerpflichtige seine Steuererklärung selbst erstellt.

4.1 Auf ein Kalenderjahr beziehen sich insbesondere die Einkommensteuererklärung, die Körperschaftsteuererklärung, die Gewerbesteuererklärung und die Umsatzsteuererklärung für das Kalenderjahr.

4.2 Steuererklärungen, die sich auf einen gesetzlich bestimmten Zeitpunkt beziehen, sind z. B. die Erbschaftsteuererklärung, die Anzeigen nach § 19 GrEStG sowie die Erklärungen zur Feststellung von Einheitswerten, Grundsteuerwerten oder Bedarfswerten (§ 151 BewG). § 152 Abs. 2 AO ist jedoch nicht auf Erklärungen von Grundsteuerwerten im Rahmen der Hauptfeststellung auf den 1.1.2022 anzuwenden (Art. 97 § 8 Abs. 6 EGAO).

4.3 § 152 Abs. 2 AO ist auch anwendbar, wenn Steuerpflichtige erst nach Aufforderung der Finanzbehörde zur Abgabe der Steuererklärung verpflichtet sind (vgl. Nr. 1 Satz 2 des AEAO zu § 152) und sie die Erklärung erst nach Ablauf dieser Frist abgegeben haben.

4.4 § 152 Abs. 2 AO gilt in den Fällen des § 16 Abs. 3, § 18 Abs. 3 Satz 2 UStG nur, wenn die Erklärung nicht binnen 14 Monaten nach Ablauf des Kalenderjahres abgegeben worden ist. Bei einer Fristüberschreitung von mehr als 14 Monaten nach Ablauf der besonderen Erklärungsfrist nach § 18 Abs. 3 UStG soll grundsätzlich ein Verspätungszuschlag nach § 152 Abs. 1 AO festgesetzt werden.

Beispiel:

Die Unternehmereigenschaft endet am 31.7.01. Die Erklärung ist nach § 16 Abs. 3, § 18 Abs. 3 Satz 2 UStG bis zum 31.8.01 abzugeben. Wird die Erklärung nach dem 31.10.02 und vor dem 1.3.03 abgegeben, ist bei Anwendung des § 152 Abs. 1 AO das Ermessen auf Null reduziert. Wird die Erklärung nach dem 28.2.03 oder überhaupt nicht abgegeben, ist § 152 Abs. 2 AO anzuwenden.

5. **Rückausnahme gemäß § 152 Abs. 3 AO**

Liegt ein Fall des § 152 Abs. 3 AO vor, findet § 152 Abs. 2 AO keine Anwendung, d.h. es erfolgt keine ermessensunabhängige Festsetzung von Amts wegen. Die Festsetzung eines Verspätungszuschlags richtet sich in diesem Fall nach § 152 Abs. 1 AO.

5.1 Hat die Finanzbehörde die Frist für die Abgabe der Steuererklärung nach § 109 AO (ggf. rückwirkend) verlängert (§ 152 Abs. 3 Nr. 1 AO), gilt Folgendes:

- Wurde die verlängerte Erklärungsfrist eingehalten, liegt keine verspätete Erklärungsabgabe vor, so dass weder nach § 152 Abs. 1 AO noch nach § 152 Abs. 2 AO ein Verspätungszuschlag festgesetzt werden darf.

- Wurde die verlängerte Erklärungsfrist nicht eingehalten, kann die Finanzbehörde nach § 152 Abs. 1 AO einen Verspätungszuschlag festsetzen.

5.2 In den folgenden Fällen kann die Finanzbehörde - insbesondere bei wiederholter Verletzung der Erklärungsfrist - nach § 152 Abs. 1 AO einen Verspätungszuschlag festsetzen:

- Die Steuer wurde auf null Euro oder auf einen negativen Betrag festgesetzt (§ 152 Abs. 3 Nr. 2 AO),

- die festgesetzte Steuer übersteigt nicht die Summe der festgesetzten Vorauszahlungen und der anzurechnenden Steuerabzugsbeträge (§ 152 Abs. 3 Nr. 3 AO),

- bei jährlich abzugebenden Lohnsteueranmeldungen (§ 152 Abs. 3 Nr. 4 AO).

6. Inhaltsadressat der Verspätungszuschlagsfestsetzung

6.1 Der Verspätungszuschlag wird gegen den Erklärungspflichtigen festgesetzt.

6.2 Wird die Steuererklärung von einem gesetzlichen Vertreter oder einer sonstigen Person i. S. d. §§ 34, 35 AO abgegeben, so ist der Verspätungszuschlag gleichwohl grundsätzlich gegen den Steuerschuldner festzusetzen (vgl. BFH-Urteil vom 18.4.1991, IV R 127/89, BStBl II S. 675). Eine Festsetzung gegen den Vertreter kommt nur in Ausnahmefällen (z. B. leichtere Beitreibbarkeit des Verspätungszuschlags bei dem Vertreter) in Betracht.

6.3 Für den Fall, dass mehrere Personen zur Abgabe ein und derselben Steuererklärung verpflichtet sind, vgl. § 152 Abs. 4 AO.

6.3.1 In Zusammenveranlagungsfällen ist der Verspätungszuschlag grundsätzlich gegen beide Ehegatten oder Lebenspartner festzusetzen.

6.3.2 Nach § 152 Abs. 4 Satz 3 AO in der ab 1.1.2024 geltenden Fassung ist der Verspätungszuschlag in den Fällen des § 180 Abs. 1 Satz 1 Nr. 2 Buchst. a AO bei rechtsfähigen Personenvereinigungen vorrangig gegen die Personenvereinigung festzusetzen.

Maßgebend für die Anwendbarkeit von § 152 Abs. 4 Satz 3 AO ist nach Artikel 97 § 39 Abs. 1 EGAO der gesetzlich bestimmte Zeitpunkt, an dem die jeweilige Erklärungsfrist abgelaufen ist. Abzustellen ist dabei auf den letzten Tag der gesetzlichen Erklärungsfrist nach § 181 Abs. 1 Satz 1 i. V. m. § 149 AO i. V. m. Art. 97 § 36 Abs. 3 EGAO:

- In nicht beratenen Feststellungsfällen gilt die Neuregelung erstmals für den Feststellungszeitraum 2023.

- In beratenen Feststellungsfällen gilt die Neuregelung dagegen erstmals für den Feststellungszeitraum 2022.

7. Gesetzliche Vorgaben zur Berechnung von Verspätungszuschlägen

§ 152 Abs. 5 AO enthält gesetzliche Vorgaben zur Berechnung des Verspätungszuschlags und gilt sowohl für die Fälle des § 152 Abs. 1 AO als auch für die Fälle des § 152 Abs. 2 AO. Insoweit besteht kein Ermessensspielraum der Finanzbehörde. Etwas anderes gilt lediglich in den Fällen des § 152 Abs. 8 AO.

In den Fällen von Nr. 4.3 des AEAO zu § 152 ist bei der Berechnung des Verspätungszuschlags § 152 Abs. 5 Satz 3 AO entsprechend anzuwenden.

8. Berechnung von Verspätungszuschlägen bei anlassbezogenen Steueranmeldungen

§ 152 Abs. 8 AO gilt nicht für Steueranmeldungen, die nicht periodisch, sondern nur anlassbezogen abzugeben sind, wie z. B. die Kapitalertragsteuer-Anmeldung (§ 45a Abs. 1 Satz 1 i. V. m. § 44 Abs. 1 Satz 5 EStG), die Steueranmeldung nach § 48a Abs. 1 EStG und die Anmeldung über einen Steuerabzug bei beschränkt Steuerpflichtigen (§ 50a EStG i. V. m. § 73e EStDV).

9. Berechnungszeitraum

Eine Verpflichtung zur Abgabe einer Steuererklärung bleibt auch dann bestehen, wenn die Finanzbehörde die Besteuerungsgrundlagen geschätzt hat (§ 149 Abs. 1 Satz 4 AO). Für die Bemessung eines Verspätungszuschlags ist aber nur auf den Zeitraum bis zum erstmaligen Erlass des Steuerbescheids bzw. dessen Bekanntgabe abzustellen (§ 152 Abs. 9 AO).

Der Beginn des Berechnungszeitraumes bestimmt sich grundsätzlich nach dem Ablauf der jeweiligen Erklärungsfrist. Vorbehaltlich einer etwaigen Fristverlängerung nach § 109 Abs. 1 oder 2 AO ist dies

- bei nicht beratenen Steuerpflichtigen der Ablauf der allgemeinen Erklärungsfrist (§ 149 Abs. 2 AO),

- bei beratenen Steuerpflichtigen entweder der Ablauf der verlängerten Erklärungsfrist (§ 149 Abs. 3 AO) oder bei vorzeitiger Anforderung (§ 149 Abs. 4 AO) der Ablauf der in der Anforderung bestimmten Frist.

§ 152 Abs. 5 Satz 3 AO enthält eine Sonderregelung für die Steuerpflichtigen, die bis zum Zugang einer - nach Ablauf der allgemeinen Erklärungsfrist versandten - Aufforderung davon ausgehen konnten, nicht zur Abgabe einer Steuererklärung verpflichtet zu sein. In diesen Fällen ist der Verspätungszuschlag erst vom Ablauf der in der Aufforderung bezeichneten Erklärungsfrist an zu berechnen.

10. Abrundung und Höchstbetrag

Der Verspätungszuschlag ist nach § 152 Abs. 10 AO auf volle Euro abzurunden und darf höchstens 25.000 Euro betragen. Er kann dabei - anders als nach § 152 AO a. F. - auch mehr als 10 % der festgesetzten Steuer betragen. Dies gilt insbesondere, wenn die Steuer auf null Euro oder auf einen negativen Betrag festgesetzt wurde oder wenn die Summe der festgesetzten Vorauszahlungen und der anzurechnenden Steuerabzugsbeträge die festgesetzte Steuer übersteigt (vgl. Nr. 5.2 des AEAO zu § 152).

11. Festsetzung, Fälligkeit und Verjährung

Der Verspätungszuschlag ist eine steuerliche Nebenleistung (§ 3 Abs. 4 AO). Er entsteht mit der Bekanntgabe seiner Festsetzung (§ 124 Abs. 1 AO) und wird mit Ablauf der gesetzten Frist fällig (§ 220 Abs. 2 AO). I. d. R. ist dies - wegen der grundsätzlich vorzunehmenden Verbindung mit dem Steuerbescheid (§ 152 Abs. 11 Satz 1 AO) - die Zahlungsfrist für die Steuer. Sofern der Verspätungszuschlag ausnahmsweise durch eigenständigen Verwaltungsakt festgesetzt wird (z. B. bei verspäteter Abgabe einer Steueranmeldung, § 167 AO), ist auch eine gesonderte Zahlungsfrist für den Verspätungszuschlag einzuräumen.

Wird der Verspätungszuschlag bei verspäteter Abgabe einer Steueranmeldung (§ 168 AO) zeitnah durch eigenständigen Verwaltungsakt festgesetzt, bedarf es hierbei i. d. R. keiner besonderen Begründung (§ 121 Abs. 2 Nr. 2 AO).

Wegen der Verjährung des Verspätungszuschlags wird auf Nr. 5 des AEAO zu § 169 und auf § 228 AO, wegen der Haftung für Verspätungszuschläge auf §§ 69 ff. AO hingewiesen.

12. Korrektur von Verspätungszuschlagsfestsetzungen

§ 152 Abs. 12 AO ordnet die Korrektur einer Verspätungszuschlagfestsetzung für den Fall an, dass der zugrundeliegende Bescheid aufgehoben oder korrigiert wird und dies Auswirkungen auf die Höhe des Verspätungszuschlags hat. Bei Steueranmeldungen i. S. d. § 152 Abs. 8 AO ist eine Änderung eines Verspätungszuschlags nach § 152 Abs. 12 Satz 2 AO vorzunehmen, soweit der bisher festgesetzte Verspätungszuschlag nach der Höhe der Steuer bemessen war. Die Mindestbeträge nach § 152 Abs. 5 AO sind in diesen Fällen unbeachtlich.

§ 153 Berichtigung von Erklärungen (S 0324)

(1) ¹Erkennt ein Steuerpflichtiger nachträglich vor Ablauf der Festsetzungsfrist,

1. dass eine von ihm oder für ihn abgegebene Erklärung unrichtig oder unvollständig ist und dass es dadurch zu einer Verkürzung von Steuern kommen kann oder bereits gekommen ist oder
2. dass eine durch Verwendung von Steuerzeichen oder Steuerstemplern zu entrichtende Steuer nicht in der richtigen Höhe entrichtet worden ist,

so ist er verpflichtet, dies unverzüglich anzuzeigen und die erforderliche Richtigstellung vorzunehmen. ²Die Verpflichtung trifft auch den Gesamtrechtsnachfolger eines Steuerpflichtigen und die nach den §§ 34 und 35 für den Gesamtrechtsnachfolger oder den Steuerpflichtigen handelnden Personen.

(2) Die Anzeigepflicht besteht ferner, wenn die Voraussetzungen für eine Steuerbefreiung, Steuerermäßigung oder sonstige Steuervergünstigung nachträglich ganz oder teilweise wegfallen.

(3) Wer Waren, für die eine Steuervergünstigung unter einer Bedingung gewährt worden ist, in einer Weise verwenden will, die der Bedingung nicht entspricht, hat dies vorher der Finanzbehörde anzuzeigen.

(4)¹ Die Anzeige- und Berichtigungspflicht besteht ferner, wenn Prüfungsfeststellungen einer Außenprüfung unanfechtbar in einem Steuerbescheid, einem Feststellungsbescheid nach § 180 Absatz 1 Satz 1 Nummer 2 oder einem Teilabschlussbescheid nach § 180 Absatz 1a umgesetzt worden sind und die den Prüfungsfeststellungen zugrunde liegenden Sachverhalte auch in einer anderen vom oder für den Steuerpflichtigen abgegebenen Erklärung, die nicht Gegenstand der Außenprüfung war, zu einer Änderung der Besteuerungsgrundlagen führt.

AEAO zu § 153 - Berichtigung von Erklärungen:

1. **Allgemeines**

    Die Anzeige- und Berichtigungspflicht nach § 153 Abs. 1 Satz 1 AO besteht, wenn ein Steuerpflichtiger bzw. sein gesetzlicher Vertreter, sein Gesamtrechtsnachfolger oder eine andere in § 153 Abs. 1 Satz 2 AO genannte Person (vgl. AEAO zu § 153, Nr. 4) nachträglich erkennt, dass eine von ihm oder für ihn abgegebene Erklärung (vgl. AEAO zu § 153, Nr. 3) objektiv unrichtig oder unvollständig ist und dass es dadurch zu einer Steuerverkürzung gekommen ist oder kommen kann. Bei dieser Pflicht handelt es sich um eine steuerrechtliche Pflicht.

    Ist bereits die Einleitung eines Steuerstraf- oder Bußgeldverfahrens bekannt gegeben worden, sind Zwangsmittel (§ 328 AO) unter den Voraussetzungen des § 393 Abs. 1 Satz 2 und 3 AO (ggf. i. V. m. § 410 Abs. 1 Nr. 4 AO) unzu-

---

¹ Zur Anwendung des § 153 Abs. 4 AO siehe Artikel 97 § 37 EGAO

lässig, da der Steuerpflichtige im Straf- oder Bußgeldverfahren nicht gezwungen werden darf, sich selbst zu belasten (nemo-tenetur-Grundsatz; vgl. AEAO zu § 153, Nr. 5.2).

2. Abgrenzung der Anzeige- und Berichtigungspflicht von einer Selbstanzeige

2.1 Sowohl im Fall einer Anzeige und Berichtigung nach § 153 Abs. 1 AO als auch im Fall einer Selbstanzeige muss die Erklärung im Zeitpunkt hrer Abgabe objektiv unrichtig gewesen sein. Objektiv unrichtig ist die Erklärung, wenn sie entgegen § 90 Abs. 1 Satz 2, § 150 Abs. 2 Satz 1 AO nicht alle steuerlich erheblichen Tatsachen vollständig und wahrheitsgemäß offenlegt.

2.2 Erkennt der Steuerpflichtige erst im Nachhinein die Fehlerhaftigkeit der von ihm abgegebenen Erklärung und kommt er seiner Anzeige- und Berichtigungspflicht nach § 153 Abs. 1 AO unverzüglich nach, liegt weder eine Steuerhinterziehung noch eine leichtfertige Steuerverkürzung vor, wenn es sowohl am Vorsatz als auch an der Leichtfertigkeit fehlt. Eine Anzeige- und Berichtigungspflicht nach § 153 Abs. 1 AO besteht auch dann, wenn der Steuerpflichtige die Unrichtigkeit seiner Angaben bei der Abgabe der Steuererklärung nicht gekannt, sie aber billigend in Kauf genommen hat und später zu der Erkenntnis gelangt ist, dass seine Angaben tatsächlich unrichtig waren (vgl. AEAO zu § 153, Nr. 2.6). In diesem Fall hat der Steuerpflichtige zunächst nur mit der Unrichtigkeit der Angaben gerechnet, sie aber nicht sicher gekannt. Er hat die Unrichtigkeit nachträglich erkannt, wenn er später positiv erfährt, dass seine Angaben tatsächlich unrichtig waren.

2.3 Im Fall des § 153 Abs. 2 AO wurde hingegen die zunächst objektiv richtige steuerliche Erklärung erst durch den nachträglichen vollständigen oder teilweisen Wegfall der Voraussetzungen für eine Steuerbefreiung, Steuerermäßigung oder sonstige Steuervergünstigung objektiv unrichtig. Bei einer unverzüglichen Anzeige nach § 153 Abs. 2 AO liegt daher weder eine Steuerhinterziehung noch eine leichtfertige Steuerverkürzung vor. Gem. § 153 Abs. 2 AO besteht lediglich eine Anzeigepflicht, eine Berichtigungspflicht ergibt sich hieraus nicht. Die spezialgesetzlichen Verpflichtungen zur Nacherklärung (z. B. § 13a Abs. 6 ErbStG, § 68 Abs. 1 EStG) gehen vor.

2.4 Der Anzeige- und Berichtigungspflichtige muss nachträglich vor Ablauf der Festsetzungsfrist die Unrichtigkeit oder Unvollständigkeit der Erklärung tatsächlich erkennen, bloßes Erkennen-Können bzw. Erkennen-Müssen reicht nicht aus. Erkennen bedeutet vielmehr das Wissen von der Unrichtigkeit oder Unvollständigkeit der Erklärung sowie die Erkenntnis, dass es durch die Erklärung zu einer Verkürzung der Steuer kommen kann oder bereits gekommen ist.

2.5 Ein Fehler, der dem Anzeige- und Berichtigungspflichtigen i. S. d. § 153 AO unterlaufen ist, ist straf- bzw. bußgeldrechtlich nur vorwerfbar, wenn er vorsätzlich bzw. leichtfertig begangen wurde. Es gelten die allgemeinen Regelungen des Straf- bzw. Ordnungswidrigkeitenrechts (§ 369 Abs. 2, § 377 Abs. 2 AO). Es ist zwischen einem bloßen Fehler und einer Steuerstraftat oder Steuerordnungswidrigkeit (§§ 370, 378 AO) zu differenzieren. Nicht jede objektive Unrichtigkeit legt den Verdacht einer Steuerstraftat oder Steuerordnungswidrigkeit nahe. Es bedarf einer sorgfältigen Prüfung durch die zuständige Finanzbehörde, ob der Anfangsverdacht einer vorsätzlichen oder leichtfertigen Steuerverkürzung gegeben ist. Insbesondere kann nicht automatisch vom Vorliegen eines Anfangsverdachts allein aufgrund der Höhe der steuerlichen Auswirkung der Unrichtigkeit der abgegebenen Erklärung oder aufgrund der Anzahl der abgegebenen Berichtigungen ausgegangen werden.

Ein straf- oder bußgeldrechtlich vorwerfbares Verhalten kann auch dann vorliegen, wenn die Unrichtigkeit oder Unvollständigkeit der abgegebenen Erklärung erkannt, aber keine (ggf. auch erneute) Berichtigung entsprechend der Verpflichtung aus § 153 AO vorgenommen wurde. In diesem Fall liegt eine Unterlassungstat vor (vgl. AEAO zu § 153, Nr. 5.3).

2.6 Für eine Steuerhinterziehung reicht von den verschiedenen Vorsatzformen bereits bedingter Vorsatz aus. Dieser kommt in Betracht, wenn der Täter die Tatbestandsverwirklichung für möglich hält. Es ist nicht erforderlich, dass der Täter die Tatbestandsverwirklichung anstrebt oder für sicher hält. Nach der BGH-Rechtsprechung ist für die Annahme des bedingten Vorsatzes neben dem Für-Möglich-Halten der Tatbestandsverwirklichung zusätzlich erforderlich, dass der Eintritt des Taterfolges billigend in Kauf genommen wird. Für die billigende Inkaufnahme reicht es, dass dem Täter der als möglich erscheinende Handlungserfolg gleichgültig ist. Hat der Steuerpflichtige ein innerbetriebliches Kontrollsystem eingerichtet, das der Erfüllung der steuerlichen Pflichten dient, kann dies ggf. ein Indiz darstellen, das gegen das Vorliegen eines Vorsatzes oder der Leichtfertigkeit sprechen kann, jedoch befreit dies nicht von einer Prüfung des jeweiligen Einzelfalls.

2.7 Leichtfertigkeit ist eine besondere Form der Fahrlässigkeit und liegt vor, wenn jemand in besonders großem Maße gegen Sorgfaltspflichten verstößt und ihm dieser Verstoß besonders vorzuwerfen ist, weil er den Erfolg leicht hätte vorhersehen oder vermeiden können. Wurde leichtfertig eine unrichtige oder unvollständige Erklärung abgegeben, ist ein nachträgliches Erkennen dieses Fehlers möglich. In diesem Fall kann eine Berichtigung nach § 378 Abs. 3 AO erfolgen. Bei Erfüllung der Voraussetzungen des § 378 Abs. 3 AO ist keine Geldbuße festzusetzen. Die Verschärfungen der Voraussetzungen einer wirksamen Selbstanzeige durch das Schwarzgeldbekämpfungsgesetz vom 28.4.2011, BGBl. I S. 676, BStBl I S. 495, und durch das Gesetz zur Änderung der Abgabenordnung und des Einführungsgesetzes zur Abgabenordnung vom 22.12.2014, BGBl. I S. 2415, BStBl 2015 I S. 55, wurden nicht entsprechend auf die leichtfertige Steuerverkürzung nach § 378 AO ausgedehnt.

2.8 Liegt ein Fehler vor, der unter Würdigung der Gesamtumstände des Einzelfalls weder auf einer vorsätzlichen noch leichtfertigen Handlung (auch durch Unterlassen) beruht, liegt keine Steuerstraftat oder leichtfertige Steuerverkürzung vor. Der Fehler ist nach dessen Erkennen nach § 153 Abs. 1 Satz 1 Nr. 1 AO anzuzeigen und zu berichtigen, falls eine Steuerverkürzung eingetreten ist oder es zu einer Steuerverkürzung kommen kann.

3. Umfang der Anzeige- und Berichtigungspflicht

Die Anzeige- und Berichtigungspflicht nach § 153 Abs. 1 Satz 1 AO und die Anzeigepflicht nach § 153 Abs. 2 AO erstrecken sich nicht nur auf Steuererklärungen, sondern auf alle Erklärungen des Steuerpflichtigen, die Einfluss auf die Höhe der festgesetzten Steuer oder auf gewährte Steuervergünstigungen gehabt haben, somit beispielsweise auch auf Änderungsanträge nach § 172 Abs. 1 Satz 1 Nr. 2 Buchstabe a AO oder nach § 173 Abs. 1 Nr. 2 AO und auf Anträge auf Herabsetzung von Vorauszahlungen. Es besteht aber keine Verpflichtung, unaufgefordert Angaben zur Erhöhung festgesetzter Vorauszahlungen zu machen, wenn sich die wirtschaftlichen Verhältnisse des Steuerpflichtigen erst nach einem Antrag auf Herabsetzung von Vorauszahlungen geändert haben. Eine Anzeige- und Berichtigungspflicht besteht lediglich dann, wenn eine erstmalige Festsetzung oder Herabsetzung von Vorauszahlungen auf vom Steuerpflichtigen unrichtig bzw. unvollständig gemachten Angaben beruht. Die Anzeige- und Berichtigungspflicht besteht sowohl bei Gefahr einer Steuerverkürzung als auch bei einer bereits eingetretenen Steuerverkürzung. Die Anzeige sowie Berichtigung durch den Steuerpflichtigen sind in Fällen von Fehlerfeststellungen durch die Betriebsprüfung für die in der Prüfungsanordnung vorgesehenen Steuerarten und Prüfungszeiträume entbehrlich.

4. Zur Anzeige und Berichtigung verpflichtete Personen

Zur Anzeige und Berichtigung verpflichtet sind neben dem Steuerpflichtigen auch der Gesamtrechtsnachfolger (§ 45 AO) eines Steuerpflichtigen und die nach §§ 34 und 35 AO für den Steuerpflichtigen oder den Gesamtrechtsnachfolger handelnden Personen (§ 153 Abs. 1 Satz 2 AO, z. B. der Geschäftsführer einer GmbH). In Fällen einer Zusammenveranlagung zur Einkommensteuer trifft nur denjenigen Ehegatten oder Lebenspartner die Anzeige- und Berichtigungspflicht, dem die unrichtig oder unvollständig erklärten Besteuerungsgrundlagen zuzurechnen sind. Davon zu unterscheiden sind jedoch die Fälle, in denen der überlebende Ehegatte oder Lebenspartner als Gesamtrechtsnachfolger des verstorbenen Ehegatten oder Lebenspartners die steuerlichen Pflichten (u. a. auch die Anzeige- und Berichtigungspflicht nach § 153 Abs. 1 Satz 2 AO) zu erfüllen hat. Sofern ein Erblasser unrichtige oder unvollständige Steuererklärungen abgegeben hat und der Erbe dies erkennt, ist er zur Anzeige und zur Berichtigung der Steuererklärungen des Erblassers verpflichtet, soweit noch keine Festsetzungsverjährung eingetreten ist. Wurde eine Erklärung von einem Bevollmächtigten (z. B. Steuerberater, Rechtsanwalt oder Wirtschaftsprüfer) vorbereitet oder sogar unterschrieben oder elektronisch übermittelt, bleiben nur der Steuerpflichtige und die Person i. S. d. § 153 Abs. 1 Satz 2 AO zur Anzeige und Berichtigung verpflichtet, d.h. dass z. B. für Steuerberater, Lohnsteuerhilfevereine, Rechtsanwälte und Wirtschaftsprüfer hinsichtlich der Angelegenheiten der Mandanten bzw. Mitglieder insoweit keine Anzeige- und Berichtigungspflicht besteht.

5. Zeitpunkt der Anzeige und Berichtigung

5.1 Die Anzeige nach § 153 Abs. 1 Satz 1 und Abs. 2 AO sowie die Berichtigung nach § 153 Abs. 1 Satz 1 AO müssen unverzüglich, d. h. ohne schuldhaftes

Zögern, gegenüber der sachlich und örtlich zuständigen Finanzbehörde erstattet werden. Die Berichtigung nach § 153 Abs. 1 Satz 1 AO kann ggf. später nachfolgen, wenn hierfür eine gewisse Zeit zur Aufbereitung der Unterlagen erforderlich ist. In einem solchen Fall sollte ggf. die erforderliche Zeitdauer gegenüber der Finanzbehörde begründet werden, z. B. durch einen Hinweis auf die notwendige Aufklärung von unternehmensinternen Prozessen, wenn es sich um länger zurückliegende Sachverhalte handelt. Zu diesem Zweck ist dem Berichtigungspflichtigen von der Finanzbehörde eine angemessene Frist zu gewähren. Entsprechend kann es sich verhalten, wenn der Steuerpflichtige vorläufige Angaben macht, weil der Sachverhalt nicht abschließend bekannt ist, er aber keine Fristen versäumen will.

5.2 Bei einer Steuerhinterziehung, die mit bedingtem Vorsatz (vgl. AEAO zu § 153, Nr. 2.6) begangen wurde, besteht für den Steuerpflichtigen ebenfalls eine Anzeige- und Berichtigungspflicht. In diesem Fall ist die Anzeige nach § 153 Abs. 1 Satz 1 und Abs. 2 AO unverzüglich, d.h. ohne schuldhaftes Zögern, gegenüber der sachlich und örtlich zuständigen Finanzbehörde erstattet, wenn dem Steuerpflichtigen die Befolgung dieser Pflicht zumutbar ist (nemo-tenetur-Grundsatz). Nach dem nemo-tenetur-Grundsatz ist es unzumutbar, jemanden zu zwingen, durch eigene Aussagen die Voraussetzungen für eine strafgerichtliche Verurteilung oder die Verhängung entsprechender Sanktionen liefern zu müssen. Eine Anzeige nach § 153 Abs. 1 oder Abs. 2 AO ist daher solange als unverzüglich zu werten, wie dem Steuerpflichtigen eine angemessene Zeit zur Aufbereitung einer Selbstanzeige nach § 371 AO zuzugestehen wäre.

5.3 Bei vorsätzlichem Verstoß gegen die Anzeige- und Berichtigungspflicht nach § 153 Abs. 1 Satz 1 AO oder die Anzeigepflicht nach § 153 Abs. 2 AO liegt ab dem Zeitpunkt des Erkennens der objektiv unrichtig abgegebenen Erklärung bzw. des ganz oder teilweisen Wegfalls einer Steuervergünstigung eine Steuerhinterziehung durch Unterlassen vor (§ 370 Abs. 1 Nr. 2 AO). Dies führt auch zu einer Verlängerung der Festsetzungsfrist nach § 169 Abs. 2 Satz 2 AO. Fehler, die der Finanzbehörde unterlaufen, muss der Steuerpflichtige nicht anzeigen (vgl. BFH-Urteil vom 4.12.2012, VIII R 50/10, BStBl 2014 II S. 222).

5.4 Mit Ablauf der Festsetzungsfrist nach §§ 169 ff. AO endet die Anzeige- und Berichtigungspflicht.

Erstattet der Steuerpflichtige vor Ablauf der Festsetzungsfrist eine Anzeige nach § 153 AO oder eine Selbstanzeige (§ 371, § 378 Abs. 3 AO), so endet nach § 171 Abs. 9 AO die Festsetzungsfrist nicht vor Ablauf eines Jahres nach Eingang der Anzeige. Wird aufgrund der Anzeige innerhalb der Jahresfrist, aber nach Ablauf der regulären Festsetzungsfrist mit einer Außenprüfung oder Ermittlung der Steuerfahndung begonnen, so wird dadurch keine weitere Ablaufhemmung nach § 171 Abs. 4 oder 5 AO ausgelöst (BFH-Urteil vom 8.7.2009, VIII R 5/07, BStBl 2010 II S. 583).

Bei Übermittlung der Anzeige bzw. Berichtigung an eine unzuständige Finanzbehörde ist die Verpflichtung nach § 153 Abs. 1 Satz 1 oder Abs. 2 AO als erfüllt anzusehen. Die Jahresfrist nach § 171 Abs. 9 AO beginnt jedoch erst mit Ablauf des Tages, an dem die weitergeleitete Anzeige bei der zuständigen Finanzbehörde eingegangen ist (vgl. BFH-Urteil vom 28.2.2008, VI R 62/06, BStBl II S. 595).

3. Unterabschnitt - Kontenwahrheit

§ 154 Kontenwahrheit (S 0325)

(1) Niemand darf auf einen falschen oder erdichteten Namen für sich oder einen Dritten ein Konto errichten oder Buchungen vornehmen lassen, Wertsachen (Geld, Wertpapiere, Kostbarkeiten) in Verwahrung geben oder verpfänden oder sich ein Schließfach geben lassen.

(2) [1]Wer ein Konto führt, Wertsachen verwahrt oder als Pfand nimmt oder ein Schließfach überlässt (Verpflichteter), hat

1. sich zuvor Gewissheit über die Person und Anschrift jedes Verfügungsberechtigten und jedes wirtschaftlich Berechtigten im Sinne des Geldwäschegesetzes zu verschaffen und

2. die entsprechenden Angaben in geeigneter Form, bei Konten auf dem Konto, festzuhalten.

[2]Für Verfügungsberechtigte sind § 11 Absatz 4 und 6, § 12 Absatz 1 und 2 und § 13 Absatz 1 des Geldwäschegesetzes sowie zu § 12 Absatz 3 und § 13 Absatz 2 des Geldwäschegesetzes ergangene Rechtsverordnungen, für wirtschaftlich Berechtigte der § 13 Absatz 1 des Geldwäschegesetzes sowie zu § 13 Absatz 2 des Geldwäschegesetzes ergangene Rechtsverordnungen entsprechend anzuwenden. [3]Der Verpflichtete hat sicherzustellen, dass er den Finanzbehörden jederzeit Auskunft darüber geben kann, über welche Konten oder Schließfächer eine Person verfügungsberechtigt ist oder welche Wertsachen eine Person zur Verwahrung gegeben oder als Pfand überlassen hat. [4]Die Geschäftsbeziehung ist kontinuierlich zu überwachen und die nach Satz 1 zu erhebenden Daten sind in angemessenem zeitlichen Abstand zu aktualisieren.

(2a) [1]Kreditinstitute haben für jeden Kontoinhaber, jeden anderen Verfügungsberechtigten und jeden wirtschaftlich Berechtigten im Sinne des Geldwäschegesetzes außerdem folgende Daten zu erheben und aufzuzeichnen:

1. die Identifikationsnummer nach § 139b und

2. die Wirtschafts-Identifikationsnummer nach § 139c oder, wenn noch keine Wirtschafts-Identifikationsnummer vergeben wurde und es sich nicht um eine natürliche Person handelt, die für die Besteuerung nach dem Einkommen geltende Steuernummer.

[2]Der Vertragspartner sowie gegebenenfalls für ihn handelnde Personen haben dem Kreditinstitut die nach Satz 1 zu erhebenden Daten mitzuteilen und sich im Laufe der Geschäftsbeziehung ergebende Änderungen unverzüglich anzuzeigen. [3]Die Sätze 1 und 2 sind nicht anzuwenden bei Kreditkonten, wenn der Kredit ausschließlich der Finanzierung privater Konsumgüter dient und der Kreditrahmen einen Betrag von 12 000 Euro nicht übersteigt.

(2b) [1]Teilen der Vertragspartner oder gegebenenfalls für ihn handelnde Personen dem Kreditinstitut die nach Absatz 2a Satz 1 Nummer 1 zu erfassende Identifikationsnummer einer betroffenen Person bis zur Begründung der Geschäftsbeziehung nicht mit und hat das Kreditinstitut die Identifikationsnummer dieser

Person auch nicht aus anderem Anlass rechtmäßig erfasst, hat es sie bis zum Ablauf des dritten Monats nach Begründung der Geschäftsbeziehung in einem maschinellen Verfahren beim Bundeszentralamt für Steuern zu erfragen. ²In der Anfrage dürfen nur die in § 139b Absatz 3 genannten Daten der betroffenen Person angegeben werden. ³Das Bundeszentralamt für Steuern teilt dem Kreditinstitut die Identifikationsnummer der betroffenen Person mit, sofern die übermittelten Daten mit den bei ihm nach § 139b Absatz 3 gespeicherten Daten übereinstimmen.

(2c) ¹Soweit das Kreditinstitut die nach Absatz 2a Satz 1 zu erhebenden Daten auf Grund unzureichender Mitwirkung des Vertragspartners und gegebenenfalls für ihn handelnder Personen nicht ermitteln kann, hat es dies auf dem Konto festzuhalten. ²In diesem Fall hat das Kreditinstitut dem Bundeszentralamt für Steuern die betroffenen Konten sowie die hierzu nach Absatz 2 erhobenen Daten mitzuteilen; diese Daten sind für alle in einem Kalenderjahr eröffneten Konten bis Ende Februar des Folgejahrs zu übermitteln.

(2d) Die Finanzbehörden können für einzelne Fälle oder für bestimmte Fallgruppen Erleichterungen zulassen, wenn die Einhaltung der Pflichten nach den Absätzen 2 bis 2c unverhältnismäßige Härten mit sich bringt und die Besteuerung durch die Erleichterung nicht beeinträchtigt wird.

(3) Ist gegen Absatz 1 verstoßen worden, so dürfen Guthaben, Wertsachen und der Inhalt eines Schließfachs nur mit Zustimmung des für die Einkommen- und Körperschaftsteuer des Verfügungsberechtigten zuständigen Finanzamts herausgegeben werden.

AEAO zu § 154 - Kontenwahrheit:

1. **Verbot der Verwendung falscher oder erdichteter Namen**

    Das Verbot, falsche oder erdichtete Namen zu verwenden, richtet sich an denjenigen, der als Kunde bei einem anderen ein Konto errichten lassen will oder Buchungen vornehmen lässt. Wegen des Verbots im eigenen Geschäftsbetrieb falsche oder erdichtete Namen für Konten zu gebrauchen, Hinweis auf § 146 Abs. 1 AO.

2. **Konten auf den Namen Dritter/CpD-Konten**

    Es ist zulässig, Konten auf den Namen Dritter zu errichten, hierbe ist die Existenz des Dritten nachzuweisen. Vgl. dazu auch Nr. 7.2 des AEAO zu § 154. Der ausdrücklichen Zustimmung des Dritten bedarf es nicht.

    Verboten ist die Abwicklung von Geschäftsvorfällen über sog. CpD-Konten, wenn der Name des Beteiligten bekannt ist oder unschwer ermittelt werden kann und für ihn bereits ein entsprechendes Konto geführt wird.

3. **Konto**

    Konto i. S. d. § 154 Abs. 2 AO ist jede für einen Dritten im Rahmen einer laufenden Geschäftsverbindung geführte Rechnung, in der Zu- und Abgänge der Vermögensgegenstände erfasst werden. Hierzu zählen auch Kredit- und Darlehenskonten sowie Konten über ausländische Währung oder über elektronisches Geld. Konten, die nicht „für einen anderen" geführt werden, sind keine Konten i. S. d. § 154 Abs. 2 AO (z. B. ein Warenforderungskonto oder ein Kontokorrentkonto i. S. d. § 355 HGB bei einem Geschäftspartner).

4. **Verfügungsberechtigter**

Verfügungsberechtigte i. S. d. § 154 Abs. 2 AO sind

- sowohl der Gläubiger der Forderung (Kontoinhaber) und seine gesetzlichen Vertreter
- als auch jede andere Person, die zur Verfügung über das Konto bevollmächtigt ist (Kontovollmacht).

Dies gilt entsprechend für die Verwahrung von Wertsachen sowie für die Überlassung von Schließfächern.

Personen, die aufgrund Gesetzes oder Rechtsgeschäfts zur Verfügung berechtigt sind, ohne dass diese Berechtigung dem Kreditinstitut usw. mitgeteilt worden ist, gelten insoweit nicht als Verfügungsberechtigte.

5. **Wirtschaftlich Berechtigter**

Wirtschaftlich Berechtigter i. S. d. § 154 AO ist derjenige, der auch nach § 3 GwG wirtschaftlich Berechtigter ist.

Wirtschaftlich Berechtigter i. S. d. § 3 Abs. 1 GwG ist die natürliche Person, in deren Eigentum oder unter deren Kontrolle der Vertragspartner letztlich steht oder auf deren Veranlassung eine Transaktion letztlich durchgeführt oder eine Geschäftsbeziehung letztlich begründet wird. Zu den wirtschaftlich Berechtigten zählen insbesondere die in den § 3 Abs. 2 bis 4 GwG aufgeführten natürlichen Personen, auch die fingierten wirtschaftlich Berechtigten i. S. d. § 3 Abs. 2 Satz 4 GwG.

6. **Verpflichteter**

Verpflichteter i. S. d. § 154 Abs. 2 AO ist jeder, der für einen anderen

- Konten führt,
- Wertsachen verwahrt,
- Wertsachen als Pfand nimmt oder
- ein Schließfach überlässt.

7. **Identifizierungs- und Aktualisierungspflicht**

7.1 Der Verpflichtete hat sich nach § 154 Abs. 2 Satz 1 Nr. 1 AO vor Beginn dieser Geschäftsbeziehung Gewissheit über die Person und Anschrift

- jedes Verfügungsberechtigten (vgl. Nr. 4 des AEAO zu § 154) und
- jedes wirtschaftlich Berechtigten (vgl. Nr. 5 des AEAO zu § 154)

zu verschaffen. Dies gilt nicht nur für Kreditinstitute, sondern auch im gewöhnlichen Geschäftsverkehr und für Privatpersonen.

7.1.1 Ist ein Verfügungsberechtigter eine natürliche Person, hat der Verpflichtete nach § 154 Abs. 2 Satz 2 AO i. V. m. § 11 Abs. 4 Nr. 1 GwG durch Abgleich mit einem amtlichen Ausweispapier oder Ausweisersatzpapier folgende Angaben zu erheben:

a) Vorname und Nachname,

b) Geburtsort,

c) Geburtsdatum,

d) Staatsangehörigkeit und

e) eine Wohnanschrift oder, sofern kein fester Wohnsitz mit rechtmäßigem Aufenthalt in der Europäischen Union besteht und die Überprüfung der Identität im Rahmen des Abschlusses eines Basiskontovertrags im Sinne von § 38 des Zahlungskontengesetzes erfolgt, die postalische Anschrift, unter der der Vertragspartner sowie die gegenüber dem Verpflichteten auftretende Person erreichbar ist. Ein vorübergehender Wohnsitz (z. B. Hoteladresse) reicht nicht aus.

7.1.2 Ist ein Verfügungsberechtigter eine juristische Person (Körperschaft des öffentlichen Rechts, AG, GmbH usw.), reicht die Bezugnahme auf eine amtliche Veröffentlichung oder ein amtliches Register unter Angabe der Register-Nr. aus.

7.2 Wird ein Konto auf den Namen eines verfügungsberechtigten Dritten errichtet, müssen die Angaben über Person und Anschrift sowohl des Kontoinhabers als auch desjenigen, der das Konto errichtet, festgehalten werden. Steht der Verfügungsberechtigte noch nicht fest (z. B. der unbekannte Erbe), reicht es aus, wenn das Kreditinstitut sich zunächst Gewissheit über die Person und Anschrift des das Konto Errichtenden (z. B. des Nachlasspflegers) verschafft; die Legitimation des Kontoinhabers ist sobald wie möglich nachzuholen.

7.3 Hinsichtlich des wirtschaftlich Berechtigten sind (mindestens ein) Vorname, der Nachname und die Anschrift zu erheben. Die Anschrift muss nicht die Wohnanschrift des wirtschaftlich Berechtigten sein, es kann auch seine Geschäftsanschrift sein. Entscheidend ist, dass der wirtschaftlich Berechtigte unter der Anschrift im normalen Geschäftsverkehr erreichbar ist. Der Vertragspartner des Kreditinstituts hat diesem die hierzu erforderlichen Informationen und Unterlagen zur Verfügung zu stellen (vgl. § 11 Abs. 6 GwG).

Die Verpflichtung, sich Gewissheit über die Person und Anschrift jedes wirtschaftlich Berechtigten i. S. d. § 3 GwG zu verschaffen, gilt nach Art. 97 § 26 Abs. 4 EGAO erstmals für nach dem 31.12.2017 begründete Geschäftsbeziehungen.

Für vor dem 1.1.2018 begründete und auch danach weiterbestehende Geschäftsbeziehungen zu Kreditinstituten ist die Übergangsregelung in Art. 97 § 26 Abs. 5 EGAO zu beachten (Nacherhebungspflicht bis 31.12.2019).

7.4 Der Verpflichtete hat die Geschäftsbeziehung außerdem kontinuierlich zu überwachen und die Daten über Person und Anschrift in angemessenem zeitlichem Abstand zu aktualisieren (§ 154 Abs. 2 Satz 4 AO).

8. Aufzeichnungspflicht

8.1 Die Angaben i. S. d. Nr. 7 des AEAO zu § 154 sind gemäß § 154 Abs. 2 Satz 1 Nr. 2 AO in geeigneter Form festzuhalten, bei Konten auf dem Konto. Es ist unzulässig, Name und Anschrift des Verfügungsberechtigten lediglich in einer vertraulichen Liste zu führen und das eigentliche Konto nur mit einer Nummer zu kennzeichnen. Die Führung sog. Nummernkonten ist verboten.

8.2 Bei Auflösung des ersten Kontos müssen die Identifikationsmerkmale auf das zweite bzw. weitere Konto bzw. auf die betreffenden Kontounterlagen übertragen werden.

8.3 Die Verpflichtung, die Angaben über die Person und Anschrift jedes wirtschaftlich Berechtigten im Sinne des GwG in geeigneter Form festzuhalten, gilt nach Art. 97 § 26 Abs. 4 EGAO erstmals für nach dem 31.12.2017 begründete Geschäftsbeziehungen.

Für vor dem 1.1.2018 begründete und auch danach weiterbestehende Geschäftsbeziehungen zu Kreditinstituten ist die Übergangsregelung in Art. 97 § 26 Abs. 5 EGAO zu beachten.

9. Auskunftsbereitschaft

9.1 Jeder Verpflichtete muss ein Verzeichnis der Verfügungsberechtigten und der wirtschaftlich Berechtigten führen, um jederzeit über die Konten und Schließfächer eines Verfügungsberechtigten oder eines wirtschaftlich Berechtigten Auskunft geben zu können.

Die Verpflichtung zur Herstellung der Auskunftsbereitschaft besteht gemäß § 147 Abs. 3 AO noch sechs Jahre nach Beendigung der Geschäftsbeziehung, bei Bevollmächtigten sechs Jahre nach Erlöschen der Vollmacht. Diese Frist beginnt mit Ablauf des Kalenderjahrs, in dem die Geschäftsbeziehung beendet wurde oder die Vollmacht erloschen ist.

9.2 Die Verpflichtung, ein Verzeichnis der wirtschaftlich Berechtigten zu führen, gilt nach Art. 97 § 26 Abs. 4 EGAO erstmals für nach dem 31.12.2017 begründete Geschäftsbeziehungen.

Für vor dem 1.1.2018 begründete und auch danach weiterbestehende Geschäftsbeziehungen zu Kreditinstituten ist die Übergangsregelung in Art. 97 § 26 Abs. 5 EGAO zu beachten.

10. Erhebung und Aufzeichnung steuerlicher Ordnungsmerkmale und Vergeblichkeitsmeldung

10.1 Die Verpflichtung zur Erhebung und Aufzeichnung der steuerlichen Ordnungsmerkmale des Kontoinhabers, jedes anderen Verfügungsberechtigten und jedes wirtschaftlich Berechtigten nach § 154 Abs. 2a Satz 1 AO gilt nur für Kreditinstitute, nicht für andere Verpflichtete i. S. d. § 154 Abs. 2 Satz 1 AO. Diese Daten sind nach § 93b Abs. 1a AO im Kontenabruf-Dateisystem zum Abruf nach § 93 Abs. 7 oder 8 AO bereitzuhalten.

Diese Verpflichtung gilt auch für nicht im Inland ansässige Personen und Gesellschaften.

10.2 Hat der Vertragspartner (oder gegebenenfalls für ihn handelnde Personen) dem Kreditinstitut die Identifikationsnummer einer der in Nr. 10.1 des AEAO zu § 154 genannten Person bis zur Begründung der Geschäftsbeziehung nicht mitgeteilt, muss das Kreditinstitut innerhalb von drei Monaten nach Begründung der Geschäftsbeziehung die fehlende Identifikationsnummer (durch Übertrag aus einer anderweitigen rechtmäßigen Aufzeichnung oder durch maschinelle Anfrage beim BZSt) erheben und aufzeichnen.

10.3 Die Ausnahmeregelung des § 154 Abs. 2a Satz 3 AO gilt nur für Kredite, die ausschließlich der Finanzierung privater Konsumgüter dienen. Sie gilt nicht für Kredite zur Finanzierung betrieblicher Investitionen oder Aufwendungen und auch nicht für den Erwerb privater Kapitalanlagen sowie von Vermögensgegenständen, die nicht zum privaten Ge- oder Verbrauch bestimmt sind.

Soweit nicht ein verbundenes Geschäft i. S. d. § 358 Abs. 3 Satz 1 EGB über die Lieferung und Finanzierung eines privaten Konsumgutes vorliegt, kann das Kreditinstitut nur dann davon ausgehen, dass ein gewährter Kredit ausschließlich der Finanzierung privater Konsumgüter dient, wenn der Kreditnehmer dies ausdrücklich versichert hat und keine Anhaltspunkte für die Unrichtigkeit dieser Versicherung vorliegen.

10.4 Kreditrahmen i. S. d. § 154 Abs. 2a Satz 3 AO ist die betragsmäßige Obergrenze, bis zu der der Kreditnehmer bei einem Kreditgeber eine bestimmte Kreditart in Anspruch nehmen darf. Stellen mehrere private Konsumgüter eine Sachgesamtheit dar und werden sie von einem Kreditgeber gleichwohl durch mehrere rechtlich voneinander unabhängige Kredite finanziert, sind die Kredite bei Prüfung der Obergrenze zusammen zu rechnen. Werden mehrere private Konsumgüter bei verschiedenen voneinander unabhängigen Kreditgebern individuell finanziert, ist die Obergrenze für jeden Kredit gesondert anzuwenden.

Wird ein Kredit, der bisher die Voraussetzungen für die Anwendung der Ausnahmeregelung des § 154 Abs. 2a Satz 3 AO erfüllte, später auf einen Kreditrahmen von mehr als 12.000 Euro erhöht, sind die steuerlichen Ordnungsmerkmale des Kontoinhabers, jedes anderen Verfügungsberechtigten und jedes wirtschaftlich Berechtigten nachträglich zu erheben und aufzuzeichnen.

Sofern der Beitrag für die Restschuldversicherung auch aus der Kreditsumme gezahlt (einbehalten) und der Darlehensbetrag nur abzüglich dieser Summe ausgeschüttet wird, ist der Beitrag zur Restschuldversicherung mit zu berücksichtigen.

10.5 Die nach § 154 Abs. 2b AO beim BZSt erfragte Identifikationsnummer eines Kontoinhabers, eines anderen Verfügungsberechtigten oder eines wirtschaftlich Berechtigten ist zusammen mit den nach § 154 Abs. 2 AO zu erhebenden Daten aufzuzeichnen und nach § 93b Abs. 1a AO im Kontenabruf-Dateisystem zum Abruf nach § 93 Abs. 7 oder 8 AO bereitzuhalten.

10.6 Soweit ein Kreditinstitut die nach § 154 Abs. 2a Satz 1 AO zu erhebenden Daten auf Grund unzureichender Mitwirkung des Vertragspartners (und gegebenenfalls für ihn handelnder Personen) nicht - auch nicht durch eine maschinelle Anfrage beim BZSt - ermitteln konnte, hat es diese Tatsache auf dem Konto festzuhalten (§ 154 Abs. 2c Satz 1 AO). Darüber hinaus hat das

§ 154 Abgabenordnung

Kreditinstitut dem BZSt die jeweils betroffenen Personen, die betroffenen Konten sowie die hierzu von ihm erhobenen Daten bis Ende Februar des Folgejahrs zu übermitteln (§ 154 Abs. 2c Satz 2 AO).

10.7 Ergeben die im Rahmen der Legitimationsprüfung nach § 154 Abs. 2 AO vorgelegten amtlichen Ausweispapiere oder Ausweisersatzpapiere (vgl. Nr. 7.1.1 des AEAO zu § 154) und die erteilte Selbstauskunft des Geschäftspartners und/oder der für ihn handelnden Personen, dass der Kontoinhaber und ggf. alle weiteren zu identifizierenden Personen im Inland über keinen Wohnsitz oder gewöhnlichen Aufenthalt bzw. keinen Sitz, keine Betriebsstätte und keine Geschäftsleitung verfügen und ihnen auch kein steuerliches Ordnungsmerkmal zugeteilt worden ist, kann das Kreditinstitut auf die Abfrage der Identifikationsnummer beim BZSt nach § 154 Abs. 2b Satz 1 AO und die Vergeblichkeitsmeldung nach § 154 Abs. 2c AO verzichten, sofern kein Anlass dafür besteht, die Richtigkeit der vorgelegten Unterlagen oder der Selbstauskunft in Zweifel zu ziehen. Die Abfrage der Identifikationsnummer beim BZSt nach § 154 Abs. 2b Satz 1 AO und die Vergeblichkeitsmeldung nach § 154 Abs. 2c AO sind allerdings nachzuholen, wenn Umstände eintreten, die zu einer Änderung der Gegebenheiten führen.

11. Erleichterungen gemäß § 154 Abs. 2d AO

11.1 Erleichterungen hinsichtlich der Verfügungsberechtigten

Nach § 154 Abs. 2d AO kann hinsichtlich der Verfügungsberechtigten in folgenden Fällen auf die Identifizierung (Nrn. 7 des AEAO zu § 154), die Aufzeichnung (Nrn. 8 des AEAO zu § 154), die Herstellung der Auskunftsbereitschaft (Nr. 9 des AEAO zu § 154) und die Erhebung der steuerlichen Ordnungsmerkmale (Nr. 10 des AEAO zu § 154) verzichtet werden:

a) bei Eltern als gesetzliche Vertreter ihrer minderjährigen Kinder, wenn die Voraussetzungen für die gesetzliche Vertretung bei Kontoeröffnung durch amtliche Urkunden nachgewiesen werden,

b) bei Vormundschaften und Pflegschaften einschließlich Amtsvormundschaften und Amtspflegschaften, sowie bei rechtlicher Betreuung (§§ 1896 ff. BGB),

c) bei Parteien kraft Amtes (Insolvenzverwalter, Zwangsverwalter, Nachlassverwalter, Testamentsvollstrecker und ähnliche Personen),

d) bei Pfandnehmern (insbesondere in Bezug auf Mietkautionskonten, bei denen die Einlage auf einem Konto des Mieters erfolgt und an den Vermieter verpfändet wird),

e) bei Vollmachten auf den Todesfall (auch nach diesem Ereignis),

f) bei Vollmachten zur einmaligen Verfügung über ein Konto,

g) bei Verfügungsbefugnissen im Lastschriftverfahren (SEPA-Lastschrift oder elektronisches Einzugsermächtigungsverfahren mit Zahlungskarte),

h) bei Vertretung juristischer Personen des öffentlichen Rechts (einschließlich Eigenbetriebe),

i) bei Vertretung von Kreditinstituten und Versicherungsunternehmen,

j) bei den als Vertreter eingetragenen Personen, die in öffentlichen Registern (Handelsregister, Vereinsregister) eingetragene Firmen oder Personen vertreten,

k) bei Vertretung von Unternehmen, sofern schon mindestens fünf Personen, die in öffentliche Register eingetragen sind bzw. bei denen eine Legitimationsprüfung stattgefunden hat, Verfügungsbefugnis haben,

l) bei Gerichtsvollzieher-Dienstkonten i. S. d. § 52 GVO (Gerichtsvollzieher und nach § 52 Abs. 6 GVO bevollmächtigte Personen).

m) bei vor dem 1.1.1992 begründeten, noch bestehenden oder bereits erloschenen Befugnissen.

Auf die Erhebung steuerlicher Ordnungsmerkmale (Nr. 10 des AEAO zu § 154) kann in folgenden Fällen verzichtet werden:

- bei öffentlichen Förderkrediten, wenn die Auszahlung des Kredits über ein legitimationsgeprüftes Konto bei einem anderen Kreditinstitut erfolgt,

- bei juristischen Personen des öffentlichen Rechts (einschließlich Eigenbetrieben).

11.2 Erleichterungen hinsichtlich der wirtschaftlich Berechtigten

Hinsichtlich wirtschaftlich Berechtigter i. S. d. § 3 GwG kann nach § 154 Abs. 2d AO in folgenden Fällen auf die Identifizierung (Nrn. 7 des AEAO zu § 154), die Aufzeichnung (Nrn. 8 des AEAO zu § 154), die Herstellung der Auskunftsbereitschaft (Nr. 9 des AEAO zu § 154) und die Erhebung der steuerlichen Ordnungsmerkmale (Nr. 10 des AEAO zu § 154) verzichtet werden:

- Der (ggf. nach § 3 Abs. 2 Satz 4 GwG fingierte) wirtschaftlich Berechtigte ist zugleich Verfügungsberechtigter und für ihn wird nach Nr. 11.1 Satz 1 des AEAO zu § 154 auf eine Legitimationsprüfung verzichtet;

- Nach dem GwG darf auf die Erfassung und Aufzeichnung des wirtschaftlich Berechtigten verzichtet werden (z. B. Mietkautionskonten auf den Namen des Vermieters, Anderkonten von Berufsträgern, sonstige Konten mit geringem Risiko des Missbrauchs);

- Wohnungseigentümer hinsichtlich des Kontos der Wohnungseigentümergemeinschaft.

Bei öffentlichen Förderkrediten wird auf die Erhebung der steuerlichen Ordnungsmerkmale (Nr. 10 des AEAO zu § 154) verzichtet, wenn die Auszahlung des Kredits über ein legitimationsgeprüftes Konto bei einem anderen Kreditinstitut erfolgt.

Auf eine Identitätsüberprüfung nach Maßgabe des § 13 Abs. 1 GwG kann bei wirtschaftlich Berechtigten bis auf Weiteres verzichtet werden, sofern nicht bereits ein Ausnahmetatbestand nach Abs. 1 greift. Es reicht aus, den wirtschaftlich Berechtigten entsprechend § 11 Abs. 5 GwG zu identifizieren und die nach § 154 Abs. 2a AO und Nummer 7.3 des AEAO zu § 154 erforderlichen Angaben zu erheben und aufzuzeichnen.

11.3 Unberührt von diesen Erleichterungen bleibt die Befugnis der Finanzämter, im Besteuerungsverfahren Auskünfte von Auskunftspersonen (§§ 93, 94 AO) einzuholen und die Vorlage von Unterlagen (§ 97 AO) zu verlangen sowie in einem Strafverfahren wegen einer Steuerstraftat oder in einem Bußgeldverfahren wegen einer Steuerordnungswidrigkeit die Befugnis zur Vernehmung von Zeugen oder zur Beschlagnahme von Unterlagen (§§ 208, 385, § 399 Abs. 2, § 410 AO).

12. **Haftung bei Verstoß gegen § 154 AO**

Die Verletzung der Verpflichtungen nach § 154 Abs. 2 bis 2d AO führt allein noch nicht zu einer Haftung des Verpflichteten. Es kann aber im Einzelfall eine Ordnungswidrigkeit i. S. d. § 379 Abs. 2 Nr. 2 AO vorliegen (vgl. dazu Nr. 13 des AEAO zu § 154).

Bei einem Verstoß gegen § 154 Abs. 3 AO haftet der Zuwiderhandelnde nach Maßgabe des § 72 AO.

Waren mehrere Personen über ein Konto usw. verfügungsberechtigt (mit Ausnahme der in Nr. 8.1 genannten Fälle), bedarf es zur Herausgabe nach § 154 Abs. 3 AO u. U. der Zustimmung aller beteiligten Finanzämter.

13. **Ordnungswidrigkeiten**

Wegen der Ahndung einer Verletzung des § 154 Abs. 1 bis 2c AO als Ordnungswidrigkeit Hinweis auf § 379 Abs. 2 Nr. 2 AO.

Wird festgestellt, dass die nach § 154 Abs. 2 bis 2c AO bestehenden Verpflichtungen nicht erfüllt sind, soll die für Straf- und Bußgeldsachen zuständige Stelle unterrichtet werden. Die Möglichkeit der Erzwingung der Verpflichtungen (§§ 328 ff. AO) bleibt unberührt.

Dritter Abschnitt – Festsetzungs- und Feststellungsverfahren

1. Unterabschnitt – Steuerfestsetzung

I. Allgemeine Vorschriften

§ 155 Steuerfestsetzung (S 0330)

(1) ¹Die Steuern werden, soweit nichts anderes vorgeschrieben ist, von der Finanzbehörde durch Steuerbescheid festgesetzt. ²Steuerbescheid ist der nach § 122 Absatz 1 bekannt gegebene Verwaltungsakt. ³Dies gilt auch für die volle oder teilweise Freistellung von einer Steuer und für die Ablehnung eines Antrags auf Steuerfestsetzung.

(2) Ein Steuerbescheid kann erteilt werden, auch wenn ein Grundlagenbescheid noch nicht erlassen wurde.

(3) ¹Schulden mehrere Steuerpflichtige eine Steuer als Gesamtschuldner, so können gegen sie zusammengefasste Steuerbescheide ergehen. ²Mit zusammengefassten Steuerbescheiden können Verwaltungsakte über steuerliche Nebenleistungen oder sonstige Ansprüche, auf die dieses Gesetz anzuwenden ist, gegen einen oder mehrere der Steuerpflichtigen verbunden werden. ³Das gilt auch dann, wenn festgesetzte Steuern, steuerliche Nebenleistungen oder sonstige Ansprüche nach dem zwischen den Steuerpflichtigen bestehenden Rechtsverhältnis nicht von allen Beteiligten zu tragen sind.

(4) ¹Die Finanzbehörden können Steuerfestsetzungen sowie Anrechnungen von Steuerabzugsbeträgen und Vorauszahlungen auf der Grundlage der ihnen vorliegenden Informationen und der Angaben des Steuerpflichtigen ausschließlich automationsgestützt vornehmen, berichtigen, zurücknehmen, widerrufen, aufheben oder ändern, soweit kein Anlass dazu besteht, den Einzelfall durch Amtsträger zu bearbeiten. ²Das gilt auch

1. für den Erlass, die Berichtigung, die Rücknahme, den Widerruf, die Aufhebung und die Änderung von mit den Steuerfestsetzungen sowie Anrechnungen von Steuerabzugsbeträgen und Vorauszahlungen verbundenen Verwaltungsakten sowie,

2. wenn die Steuerfestsetzungen sowie Anrechnungen von Steuerabzugsbeträgen und Vorauszahlungen mit Nebenbestimmungen nach § 120 versehen oder verbunden werden, soweit dies durch eine Verwaltungsanweisung des Bundesministeriums der Finanzen oder der obersten Landesfinanzbehörden allgemein angeordnet ist.

³Ein Anlass zur Bearbeitung durch Amtsträger liegt insbesondere vor, soweit der Steuerpflichtige in einem dafür vorgesehenen Abschnitt oder Datenfeld der Steuererklärung Angaben im Sinne des § 150 Absatz 7 gemacht hat. ⁴Bei vollständig automationsgestütztem Erlass eines Verwaltungsakts gilt die Willensbildung über seinen Erlass und über seine Bekanntgabe im Zeitpunkt des Abschlusses der maschinellen Verarbeitung als abgeschlossen.

§ 156 Abgabenordnung

(5) Die für die Steuerfestsetzung geltenden Vorschriften sind auf die Festsetzung einer Steuervergütung sinngemäß anzuwenden.

AEAO zu § 155 - Steuerfestsetzung:

1. Wegen Einzelheiten zur Bekanntgabe von Steuerbescheiden vgl. AEAO zu § 122. Wegen der Wirksamkeit von Steuerbescheiden wird auf § 124 AO hingewiesen, wegen formeller Fehler auf §§ 126 bis 129 AO, wegen Form und Inhalt auf § 157 AO.

2. Die volle oder teilweise Freistellung von der Steuer sowie die Ablehnung eines Antrags auf Festsetzung der Steuer erfolgt durch Steuerbescheid. Daher ist z. B. die Erstattung von Kapitalertragsteuer aufgrund von Doppelbesteuerungsabkommen eine Steuerfestsetzung i. S. d. Vorschrift. Es gelten alle Verfahrensvorschriften, die bei der Festsetzung von Steuern anzuwenden sind. Für die Festsetzung sind insbesondere die Grundsätze über die Festsetzungsfrist zu beachten (§§ 169 ff., § 47 AO). Für die Aufhebung und Änderung dieser Steuerbescheide sind die §§ 172 ff. AO maßgebend.

3. Ansprüche des Steuerpflichtigen, die auf Rückzahlung eines überzahlten Betrags gerichtet sind (z. B. bei Doppelzahlung), fallen nicht unter den Begriff der Vergütung i. S. d. Vorschrift. Ein solcher Rückzahlungsanspruch ist im Erhebungsverfahren geltend zu machen (Hinweis auf § 218 Abs. 2 AO).

4. Nach den Gesetzen, in denen die Gewährung von Zulagen geregelt wird (z. B. die Investitionszulage, die Eigenheimzulage oder die Arbeitnehmer-Sparzulage), und den Prämiengesetzen sind die für Steuervergütungen geltenden Vorschriften (§ 155 Abs. 5 AO) auf Zulagen und Prämien entsprechend anzuwenden. Die Gewährung erfolgt somit durch Festsetzung, soweit nichts anderes vorgeschrieben ist (z. B. §§ 4a, 4b WoPG). Die Aufhebung oder Änderung dieser Bescheide und insbesondere die Rückforderung zu Unrecht gewährter Beträge regeln sich nach den für das Steuerfestsetzungsverfahren geltenden Vorschriften.

§ 156 Absehen von Steuerfestsetzung (S 0331)

(1) ¹Das Bundesministerium der Finanzen kann zur Vereinfachung der Verwaltung durch Rechtsverordnung bestimmen, dass eine Steuer nicht festgesetzt wird, wenn der eigentlich festzusetzende Betrag den durch diese Rechtsverordnung zu bestimmenden Betrag voraussichtlich nicht übersteigt. ²Der nach Satz 1 zu bestimmende Betrag darf 25 Euro nicht übersteigen. ³Das Gleiche gilt für die Änderung einer Steuerfestsetzung, wenn der Betrag, der sich als Differenz zwischen der geänderten und der bisherigen Steuerfestsetzung ergeben würde, den in der Rechtsverordnung genannten Betrag nicht übersteigt. ⁴Die Rechtsverordnung bedarf nicht der Zustimmung des Bundesrates, soweit sie die Kraftfahrzeugsteuer, die Luftverkehrsteuer, die Versicherungsteuer, Einfuhr- und Ausfuhrabgaben oder Verbrauchsteuern, mit Ausnahme der Biersteuer, betrifft.

(2) ¹Die Festsetzung einer Steuer und einer steuerlichen Nebenleistung sowie deren Änderung kann, auch über einen Betrag von 25 Euro hinausgehend, unterbleiben, wenn zu erwarten ist, dass

Abgabenordnung § 156
KBV

1. die Erhebung keinen Erfolg haben wird oder
2. die Kosten der Festsetzung und die Kosten der Erhebung außer Verhältnis zu dem Betrag stehen werden.

²Für bestimmte oder bestimmbare Fallgruppen können die obersten Finanzbehörden bundeseinheitliche Weisungen zur Anwendung von Satz 1 Nummer 2 erteilen. ³Diese Weisungen dürfen nicht veröffentlicht werden, soweit dies die Gleichmäßigkeit und Gesetzmäßigkeit der Besteuerung gefährden könnte. ⁴Auf dem Gebiet der von den Landesfinanzbehörden im Auftrag des Bundes verwalteten Steuern legen die obersten Finanzbehörden der Länder diese Weisungen zur Gewährleistung eines bundeseinheitlichen Vollzugs der Steuergesetze im Einvernehmen mit dem Bundesministerium der Finanzen fest.

Kleinbetragsverordnung (KBV)
vom 19.12.2000 (BGBl I S. 1790, 1805), zuletzt geändert durch Artikel 3 des Gesetzes vom 18.7.2016 (BGBl. I S. 1679)

Inhaltsübersicht

§ 1 Änderung oder Berichtigung von Steuerfestsetzungen

§ 2 Änderung oder Berichtigung der Festsetzung eines Gewerbesteuermessbetrages

§ 3 Änderung oder Berichtigung der gesonderten Feststellung von Einkünften

§ 4 Änderung oder Berichtigung der Festsetzung einer Investitions- oder Eigenheimzulage

§ 5 Rückforderung von Wohnungsbauprämien

§ 6 Kraftfahrzeugsteuer bei Beendigung der Steuerpflicht

§ 1 - Änderung oder Berichtigung von Steuerfestsetzungen

(1) Festsetzungen der

1. Einkommensteuer,
2. Körperschaftsteuer,
3. Erbschaftsteuer (Schenkungsteuer),
4. Grunderwerbsteuer sowie
5. der Rennwett- und Lotteriesteuer

werden nur geändert oder berichtigt, wenn die Abweichung von der bisherigen Festsetzung bei einer Änderung oder Berichtigung zugunsten des Steuerpflichtigen mindestens 10 Euro oder bei einer Änderung oder Berichtigung zuungunsten des Steuerpflichtigen mindestens 25 Euro beträgt. Bei der Einkommensteuer und bei der Körperschaftsteuer ist die jeweils nach Anrechnung von Steuerabzugsbeträgen verbleibende Steuerschuld zu vergleichen.

(2) Eine angemeldete Umsatzsteuervorauszahlung, eine für das Kalenderjahr angemeldete Umsatzsteuer, eine angemeldete Feuerschutzsteuer oder eine angemeldete Versicherungsteuer wird von der Finanzbehörde nur abweichend festgesetzt, geändert oder berichtigt, wenn die Abweichung von der angemeldeten Steuer im Fall einer Abweichung zugunsten des Steuerpflichtigen mindestens 10 Euro oder im Fall einer Abweichung zuungunsten des Steuerpflichtigen mindestens 25 Euro beträgt. Dasselbe gilt, wenn diese Steuern durch Steuerbescheid festgesetzt worden sind.

(3) Ist Lohnsteuer durch Steuerbescheid festgesetzt oder ist eine durch Lohnsteuer-Anmeldung bewirkte Festsetzung unanfechtbar geworden, gilt Absatz 2 entsprechend.

§ 2 - Änderung oder Berichtigung der Festsetzung eines Gewerbesteuermessbetrages

Die Festsetzung eines Gewerbesteuermessbetrages wird nur geändert oder berichtigt, wenn die Abweichung von der bisherigen Festsetzung bei einer Änderung oder Berichtigung zugunsten des Steuerpflichtigen mindestens 2 Euro und bei einer Änderung oder Berichtigung zuungunsten des Steuerpflichtigen mindestens 5 Euro beträgt.

§ 3 - Änderung oder Berichtigung der gesonderten Feststellung von Einkünften

(1) Bei gesonderten und einheitlichen Feststellungen von Einkünften wird die Feststellung zur Höhe der Einkünfte nur geändert oder berichtigt, wenn sich diese Einkünfte bei mindestens einem Beteiligten um mindestens 25 Euro ermäßigen oder erhöhen.

(2) Bei gesonderten Feststellungen wird in den Fällen des § 180 Absatz 1 Satz 1 Nummer 2 Buchstabe b der Abgabenordnung die Feststellung zur Höhe der Einkünfte nur geändert oder berichtigt, wenn sich diese Einkünfte um mindestens 25 Euro ermäßigen oder erhöhen.

§ 4 - Rückforderung von Wohnungsbauprämien

Wohnungsbauprämien werden nur zurückgefordert, wenn die Rückforderung mindestens 25 Euro beträgt.

§ 5 - Kraftfahrzeugsteuer bei Beendigung der Steuerpflicht

Bei Beendigung der Kraftfahrzeugsteuerpflicht wird die Steuer für den Entrichtungszeitraum, in den das Ende der Steuerpflicht fällt, auf null Euro festgesetzt, wenn der neu festzusetzende Betrag weniger als 5 Euro betragen würde. Dies gilt nicht, wenn gleichzeitig für dasselbe Fahrzeug und denselben Steuerschuldner die Steuer in geänderter Höhe neu festgesetzt wird.

AEAO zu § 156 - Absehen von Steuerfestsetzung:

Das Absehen von der Festsetzung bringt den Steueranspruch nicht zum Erlöschen; die Festsetzung kann innerhalb der Festsetzungsfrist nachgeholt werden. Wegen der Kleinbetragsregelung für das Festsetzungsverfahren siehe die KBV (zur Anwendung siehe Art. 97 § 9a EGAO). Zur Kleinbetragsregelung für das Erhebungsverfahren siehe BMF-Schreiben vom 2.1.2025, BStBl I S. 5[1].

§ 157 Form und Inhalt der Steuerbescheide (S 0332)

(1) [1]Steuerbescheide sind schriftlich oder elektronisch zu erteilen, soweit nichts anderes bestimmt ist. [2]Sie müssen die festgesetzte Steuer nach Art und Betrag bezeichnen und angeben, wer die Steuer schuldet. [3]Ihnen ist außerdem eine Belehrung darüber beizufügen, welcher Rechtsbehelf zulässig ist und binnen welcher Frist und bei welcher Behörde er einzulegen ist.

(2) Die Feststellung der Besteuerungsgrundlagen bildet einen mit Rechtsbehelfen nicht selbständig anfechtbaren Teil des Steuerbescheids, soweit die Besteuerungsgrundlagen nicht gesondert festgestellt werden.

AEAO zu § 157 - Form und Inhalt der Steuerbescheide:

1. Schriftliche Steuerbescheide, die zwecks Bekanntgabe dem Steuerpflichtigen nicht selbst übergeben werden, sind mit Rücksicht auf das Steuergeheimnis (§ 30 AO) in einem verschlossenen Umschlag zu versenden. Bei elektronischer Bekanntgabe ist § 87a Abs. 7 oder 8 AO zu beachten.

2. Wegen der Begründung des Steuerbescheids wird auf § 121 AO hingewiesen, wegen der Bekanntgabe auf §§ 122, 122a, 155 AO, wegen der Wirksamkeit auf § 124 AO, wegen des Leistungsgebots auf § 254 AO, wegen der Folgen bei unterbliebener oder unrichtiger Rechtsbehelfsbelehrung auf § 356 AO.

---

[1] Im Anhang 37 abgedruckt.

§ 158 Beweiskraft der Buchführung (S 0333)

(1) Die Buchführung und die Aufzeichnungen des Steuerpflichtigen, die den Vorschriften der §§ 140 bis 148 entsprechen, sind der Besteuerung zugrunde zu legen.

(2) Absatz 1 gilt nicht,

1. soweit nach den Umständen des Einzelfalls Anlass besteht, die sachliche Richtigkeit zu beanstanden oder
2. soweit die elektronischen Daten nicht nach der Vorgabe der einheitlichen digitalen Schnittstellen des § 41 Absatz 1 Satz 7 des Einkommensteuergesetzes in Verbindung mit § 4 Absatz 2a der Lohnsteuer-Durchführungsverordnung, des § 146a oder des § 147b in Verbindung mit der jeweiligen Rechtsverordnung zur Verfügung gestellt werden.

AEAO zu § 158 - Beweiskraft der Buchführung:

1. Bei formeller Ordnungsmäßigkeit der Buchführung und der Aufzeichnungen des Steuerpflichtigen enthält § 158 Abs. 1 AO die gesetzliche Vermutung zur sachlichen Richtigkeit der Buchführung und der Aufzeichnungen.

2. Die formelle Ordnungsmäßigkeit der Buchführung und der Aufzeichnungen beurteilt sich nach den §§ 140 bis 148 AO und gegebenenfalls nach den weiteren Ordnungsvorschriften der Einzelsteuergesetze. Für die Annahme einer formellen Ordnungsmäßigkeit ist das Gesamtbild aller Umstände des Einzelfalls maßgebend. Die Buchführung und die Aufzeichnungen können trotz einzelner formeller Mängel aufgrund der Gesamtwertung insgesamt als formell ordnungsmäßig anzusehen sein. Eine Buchführung ist erst dann formell ordnungswidrig, wenn sie wesentliche Mängel aufweist oder die Gesamtheit aller (unwesentlichen) Mängel diesen Schluss fordert (BFH-Beschluss vom 2.12.2008, X B 69/08, m. w. N.).

3. Die Vermutung nach § 158 Abs. 1 AO verliert ihre Wirksamkeit nach § 158 Abs. 2 Nr. 1 AO insbesondere, soweit es nach einer Verprobung oder anderen Erkenntnissen unwahrscheinlich ist, dass das ausgewiesene Ergebnis mit den tatsächlichen Verhältnissen übereinstimmt.

4. Die Vermutung nach § 158 Abs. 1 AO verliert ihre Wirksamkeit nach § 158 Abs. 2 Nr. 2 AO, soweit der Steuerpflichtige der Finanzverwaltung aufbewahrungspflichtige digitale Unterlagen nicht nach den Vorgaben der einheitlichen digitalen Schnittstellen (vgl. § 146a AO i. V. m. § 4 KassenSichV, § 147b AO oder § 41 Abs. 1 Satz 7 EStG i. V. m. § 4 Abs. 2a LStDV) zur Verfügung stellt. Bei dem Zur-Verfügung-Stellen von Unterlagen nach den Vorgaben einer einheitlichen digitalen Schnittstelle handelt es sich um formelle Anforderungen an die Ordnungsmäßigkeit der Buchführung und der Aufzeichnungen. Die Buchführung und die Aufzeichnungen entsprechen nicht den Vorgaben einer einheitlichen digitalen Schnittstelle, wenn die aufbewahrungspflichtigen digitalen Unterlagen und die Strukturinformationen nicht in dem geforderten Datenformat vorgelegt werden.

5. Ist § 158 Abs. 1 AO wegen einer Ausnahme nach § 158 Abs. 2 AO nicht anwendbar, richten sich die hieraus resultierenden Folgen für die Besteuerung insoweit nach den Umständen des Einzelfalls.

Ist die Buchführung oder sind die Aufzeichnungen ganz oder teilweise aufgrund des § 158 Abs. 2 Nr. 1 AO nicht der Besteuerung zugrunde zu legen, können die Besteuerungsgrundlagen nach § 162 Abs. 1 i. V. m. Abs. 2 Satz 2 AO geschätzt werden. Insoweit kommt der sachlichen Gewichtung der Mängel ausschlaggebende Bedeutung zu. Das Buchführungsergebnis ist nicht zu übernehmen, soweit die Beanstandungen reichen. Eine Vollschätzung an Stelle einer Hinzuschätzung kommt nur dann in Betracht, wenn sich die Buchführung in wesentlichen Teilen als unbrauchbar erweist.

Ist die Buchführung oder sind die Aufzeichnungen ganz oder teilweise aufgrund des § 158 Abs. 2 Nr. 2 AO nicht der Besteuerung zugrunde zu legen, kann eine Schätzungsbefugnis nach § 162 Abs. 1 i. V. m. Abs. 2 Satz 2 AO insoweit gegeben sein, wie die aufbewahrungspflichtigen digitalen Unterlagen und die Strukturinformationen nicht in dem geforderten Datenformat vorgelegt werden.

§ 159 Nachweis der Treuhänderschaft (S 0333)

(1) ¹Wer behauptet, dass er Rechte, die auf seinen Namen lauten, oder Sachen, die er besitzt, nur als Treuhänder, Vertreter eines anderen oder Pfandgläubiger innehabe oder besitze, hat auf Verlangen nachzuweisen, wem die Rechte oder Sachen gehören; anderenfalls sind sie ihm regelmäßig zuzurechnen. ²Das Recht der Finanzbehörde, den Sachverhalt zu ermitteln, wird dadurch nicht eingeschränkt.

(2) § 102 bleibt unberührt.

AEAO zu § 159 - Nachweis der Treuhänderschaft:

Personen, die zur Verweigerung der Auskunft aufgrund ihres Berufes berechtigt sind (§ 102 AO), insbesondere Angehörige der steuerberatenden Berufe, können ein Aussageverweigerungsrecht nur mit der Einschränkung des § 104 Abs. 2 AO in Anspruch nehmen. Sie haften für steuerliche Folgen u.U. selbst gem. §§ 34, 35 AO, soweit ihnen die Wirtschaftsgüter nicht nach § 159 AO selbst zuzurechnen sind.

§ 160 Benennung von Gläubigern und Zahlungsempfängern (S 0333)

(1) ¹Schulden und andere Lasten, Betriebsausgaben, Werbungskosten und andere Ausgaben sind steuerlich regelmäßig nicht zu berücksichtigen, wenn der Steuerpflichtige dem Verlangen der Finanzbehörde nicht nachkommt, die Gläubiger oder die Empfänger genau zu benennen. ²Das Recht der Finanzbehörde, den Sachverhalt zu ermitteln, bleibt unberührt.

(2) § 102 bleibt unberührt.

AEAO zu § 160 - Benennung von Gläubigern und Zahlungsempfängern:

1. Bei der Anwendung des § 160 AO ist zunächst zu entscheiden, ob ein Benennungsverlangen geboten ist. Es steht im pflichtgemäßen Ermessen des Finanzamts, ob es sich den Gläubiger von Schulden oder den Empfänger von Ausgaben vom Steuerpflichtigen benennen lässt (BFH-Urteile vom 25.11.1986, VIII R 350/82, BStBl 1987 II S. 286, und vom 10.3.1999, XI R 10/98, BStBl II S. 434).

   § 160 AO ist nicht anzuwenden, wenn der Abzug einer Schuld oder Ausgabe bereits daran scheitert, dass dessen Höhe oder sein Zusammenhang mit der steuerlichen Sphäre nicht nachgewiesen ist (vgl. BFH-Beschluss vom 25.7.2012, X B 175/11, BFH/NV 2013 S. 44) oder die Schulden oder Ausgaben aufgrund anderweitiger steuerlicher Vorschriften beim Steuerpflichtigen nicht steuermindernd zu berücksichtigen sind.

   Das Benennungsverlangen ist eine nicht selbständig anfechtbare Vorbereitungshandlung (BFH-Urteil vom 20.4.1988, I R 67/84, BStBl II S. 927).

1.1 Gläubiger i. S. d. § 160 Abs. 1 Satz 1 AO ist der wirtschaftliche Eigentümer der Forderung.

   Empfänger i. S. d. § 160 Abs. 1 Satz 1 AO ist derjenige, dem der in den Betriebsausgaben enthaltene wirtschaftliche Wert vom Steuerpflichtigen übertragen wurde und bei dem er sich demzufolge steuerlich auswirkt (BFH-Urteil vom 25.1.2006, I R 39/05, BFH/NV S. 1618). Damit ist derjenige gemeint, der die vom Steuerpflichtigen geleistete Zahlung aufgrund eigener Leistung verdient hat (vgl. BFH-Urteil vom 4.4.1996, IV R 55/94, BFH/NV S. 801). Bei der Zwischenschaltung einer Person, welche die vereinbarten Leistungen nicht selbst erbringt, ist der Empfänger nicht die zwischengeschaltete Person, sondern der hinter ihr stehende Dritte, an den die Gelder letztlich gelangt sind (vgl. BFH-Beschluss vom 11.10.2013, III B 50/13, BFH/NV 2014 S. 289).

1.2 Für eine genaue Bezeichnung des Empfängers ist nach dem Zweck des § 160 AO bei natürlichen Personen die Angabe des vollen Namens, der Adresse und des Geburtsdatums, bei juristischen Personen und Personenzusammenschlüssen die Bezeichnung und der Sitz des Empfängers erforderlich, so dass die Finanzbehörde ihn ohne Schwierigkeiten feststellen kann. Die Bezeichnung ist nicht „genau", wenn sich herausstellt, dass der Empfänger zwar existiert, dass aber der mitgeteilte Name fingiert, also falsch ist (vgl. BFH-Urteil vom 4.4.1996, IV R 55/94, BFH/NV S. 801). Entsprechendes gilt für die Bezeichnung des Gläubigers.

1.3 Identitätsüberprüfungen sind für den Steuerpflichtigen nicht bereits deshalb unzumutbar, weil ungewöhnliche Marktbedingungen vorliegen, insgesamt eine Vielzahl von Geschäftsvorfällen zu erfassen ist oder hierdurch Umsatzeinbußen und Nachteile gegenüber anderen Wettbewerbern entstehen (BFH-Urteil vom 10.3.1999, XI R 10/98, BStBl II S. 434 - m. w. N.). Nur in Ausnahmefällen kaum zu bewältigender tatsächlicher oder rechtlicher Schwierigkeiten kann dem Steuerpflichtigen eine Ermittlung billigerweise nicht zugemutet werden. Dies trifft für die Bezeichnung einzeln bestimmbarer Zahlungsempfänger regelmäßig nicht zu. Ggf. muss sich der Steuerpflichtige im Rahmen einer ordnungsmäßigen Geschäftstätigkeit über Namen und Adressen der

Anlieferer anhand von Ausweispapieren vergewissern, etwa durch Einsichtnahme in den Personalausweis, Pass oder Führerschein (BFH-Urte l vom 10.3.1999, XI R 10/98, a. a. O.) Die Fertigung und Aufbewahrung von Kopien der Ausweisdokumente ist nicht erforderlich. Der Umstand, dass das entsprechende Ausweispapier im Rahmen der Identitätsprüfung vorgelegt und geprüft wurde, kann mit dem Vermerk „gültiger Ausweis hat vorgelegen" belegt werden, sofern daneben die insoweit relevanten Informationen (Name, Vorname, Geburtsdatum, Ausweisnummer) aufgezeichnet wurden (hierzu vgl. AEAO zu § 160, Nr. 1.2). § 146 Abs. 1 Satz 1 i. V. m. § 143 Abs. 3 Nr. 2 AO und die Regelungen des GwG bleiben unberührt.

1.4 Ein Benennungsverlangen ist insbesondere ermessensgerecht, wenn aufgrund der Lebenserfahrung und/oder der Umstände des Einzelfalls die Vermutung naheliegt, der Empfänger einer Zahlung bzw. der Gläubiger einer Forderung habe diese zu Unrecht nicht versteuert. Hiervon ist regelmäßig auszugehen bei Geschäften ohne Rechnung, bei hohen Bargeldzahlungen, bei ungewöhnlichen Zahlungsmodalitäten und bei Schwarzarbeit. Ein Benennungsverlangen darf auch dann gestellt werden, wenn der Steuerpflichtige den Empfänger nicht bezeichnen kann, weil ihm bei Auszahlung des Geldes dessen Namen und Anschrift unbekannt waren. Dies gilt sowohl für den Fall, dass er den Geschäftspartner nicht um diese Angaben gebeten hat, als auch für den Fall, dass dieser die Angaben ablehnt.

1.5 Unabhängig davon ist die Benennung des Gläubigers oder des Empfängers stets zu verlangen, wenn Anhaltspunkte für eine straf- oder bußgeldbewehrte Vorteilszuwendung vorliegen. Zum einkommensteuerrechtlichen Abzugsverbot für die Zuwendung von Vorteilen i. S. d. § 4 Abs. 5 Satz 1 Nr. 10 EStG und zum Verhältnis dieser Vorschrift zu § 160 AO vgl. BMF-Schreiben vom 10.10.2002 (BStBl I S. 1031). Zur Belehrungspflicht, wenn das Benennungsverlangen eine vermutete straf- oder bußgeldbewehrte Vorteilszuwendung zum Gegenstand hat, vgl. Tz. 30 des BMF-Schreibens vom 10.10.2002 (a. a. O.).

1.6 Wegen der Stellung von Personen, die aufgrund ihres Berufes zur Auskunftsverweigerung berechtigt sind, vgl. AEAO zu § 159, Satz 1.

2. Unterlässt der Steuerpflichtige es trotz Aufforderung durch die Finanzbehörde, den Gläubiger der Schuld oder den Empfänger der Ausgabe genau zu benennen, so ist im Rahmen einer zweiten Ermessensentscheidung zu prüfen, ob und in welcher Höhe der Abzug der Ausgaben bzw. Schulden zu versagen ist. Nach § 160 Satz 1 AO ist der Abzug dann „regelmäßig" zu versagen (BFH-Urteil vom 10.3.1999, XI R 10/98, BStBl II S. 434). Ist sowohl streitig, ob der Höhe nach Betriebsausgaben vorliegen, als auch, ob die fehlende Benennung der Zahlungsempfänger dem Abzug entgegensteht, so ist zunächst die Höhe der Betriebsausgaben zu ermitteln oder ggf. zu schätzen. Sodann ist zu prüfen, ob und inwieweit die fehlende Benennung der Zahlungsempfänger dem Abzug der Betriebsausgaben entgegensteht. Die bei der Anwendung des § 160 AO zu treffenden Ermessensentscheidungen können eine unterlassene Schätzung nicht ersetzen (BFH-Urteil vom 24.6.1997, VIII R 9/96, BStBl 1998 II S. 51).

3. Werden Leistungen über eine Domizilgesellschaft (Briefkastenfirma) abgerechnet, so ist zunächst zu prüfen, ob der Steuerpflichtige überhaupt eine Leistung von objektiv feststellbarem wirtschaftlichen Wert erhalten hat oder ob lediglich ein Scheingeschäft vorliegt. Bei Leistungen an Domizilgesellschaften ist der Empfängernachweis nur erbracht, wenn die hinter der Gesellschaft stehenden Personen benannt werden (BFH-Beschluss vom 25.8.1986, IV B 76/86, BStBl 1987 II S. 481). Das sind die Personen, die anstelle der inaktiven Domizilgesellschaften bei wirtschaftlicher Betrachtungsweise eine Leistung gegenüber dem Steuerpflichtigen erbracht haben und denen damit auch die Gegenleistung zusteht. Die Benennung lediglich formaler Anteilseigner (z. B. Treuhänder) reicht nicht aus, ebenso wenig wie die Erklärung des Steuerpflichtigen, nicht er, sondern ein fremder Dritter stehe hinter der ausländischen Gesellschaft (BFH-Beschluss vom 25.8.1986, IV B 76/86, a.a.O.). Ungewissheiten hinsichtlich der Person des Empfängers gehen zu Lasten des Steuerpflichtigen (BFH-Urteil vom 13.3.1985, I R 7/81, BStBl 1986 II S. 318, und BFH-Beschluss vom 9.7.1986, I B 36/86, BStBl 1987 II S. 487). Ausländische Verbotsnormen führen nicht dazu, dass ein Offenlegungsverlangen von vornherein unverhältnismäßig oder unzumutbar wird (vgl. BFH-Urteil vom 16.4.1980, I R 75/78, BStBl 1981 II S. 492). § 16 AStG bleibt unberührt.

4. Bei Zahlungen an ausländische Empfänger soll das Finanzamt - soweit keine Anhaltspunkte für eine straf- oder bußgeldbewehrte Vorteilszuwendung vorliegen - auf den Empfängernachweis nach § 160 AO verzichten, wenn feststeht, dass die Zahlung im Rahmen eines üblichen Handelsgeschäfts erfolgte, der Geldbetrag ins Ausland abgeflossen ist und der Empfänger nicht der deutschen Steuerpflicht unterliegt. Hierzu ist der Empfänger in dem Umfang zu bezeichnen, dass dessen Steuerpflicht im Inland mit hinreichender Sicherheit ausgeschlossen werden kann. Die bloße Möglichkeit einer im Inland nicht bestehenden Steuerpflicht reicht nicht aus (BFH-Urteil vom 13.3.1985, I R 7/81, BStBl 1986 II S. 318). In geeigneten Fällen ist eine Erklärung der mit dem Geschäft betrauten Personen sowie des verantwortlichen Organs des Unternehmens zu verlangen, dass ihnen keine Umstände bekannt sind, die für einen Rückfluss der Zuwendung an einen inländischen Empfänger sprechen. Die Zulässigkeit der Mitteilung von Erkenntnissen deutscher Finanzbehörden im Rahmen des § 117 AO bleibt hiervon unberührt.

§ 161 Fehlmengen bei Bestandsaufnahmen (S 0334)

¹Ergeben sich bei einer vorgeschriebenen oder amtlich durchgeführten Bestandsaufnahme Fehlmengen an verbrauchsteuerpflichtigen Waren, so wird vermutet, dass hinsichtlich der Fehlmengen eine Verbrauchsteuer entstanden oder eine bedingt entstandene Verbrauchsteuer unbedingt geworden ist, soweit nicht glaubhaft gemacht wird, dass die Fehlmengen auf Umstände zurückzuführen sind, die eine Steuer nicht begründen oder eine bedingte Steuer nicht unbedingt werden lassen. ²Die Steuer gilt im Zweifel im Zeitpunkt der Bestandsaufnahme als entstanden oder unbedingt geworden.

§ 162 Schätzung von Besteuerungsgrundlagen[1] (S 0335)

(1) ¹Soweit die Finanzbehörde die Besteuerungsgrundlagen nicht ermitteln oder berechnen kann, hat sie sie zu schätzen. ²Dabei sind alle Umstände zu berücksichtigen, die für die Schätzung von Bedeutung sind.

(2) ¹Zu schätzen ist insbesondere dann, wenn der Steuerpflichtige über seine Angaben keine ausreichenden Aufklärungen zu geben vermag oder weitere Auskunft oder eine Versicherung an Eides statt verweigert oder seine Mitwirkungspflicht nach § 90 Absatz 2 verletzt. ²Das Gleiche gilt, wenn der Steuerpflichtige Bücher oder Aufzeichnungen, die er nach den Steuergesetzen zu führen hat, nicht vorlegen kann, wenn die Buchführung oder die Aufzeichnungen nach § 158 Absatz 2 nicht der Besteuerung zugrunde gelegt werden oder wenn tatsächliche Anhaltspunkte für die Unrichtigkeit oder Unvollständigkeit der vom Steuerpflichtigen gemachten Angaben zu steuerpflichtigen Einnahmen oder Betriebsvermögensmehrungen bestehen und der Steuerpflichtige die Zustimmung nach § 93 Absatz 7 Satz 1 Nummer 5 nicht erteilt. ³Hat der Steuerpflichtige seine Mitwirkungspflichten nach § 12 des Gesetzes zur Abwehr von Steuervermeidung und unfairem Steuerwettbewerb verletzt, so wird widerlegbar vermutet, dass in Deutschland steuerpflichtige Einkünfte in Bezug zu Staaten oder Gebieten im Sinne des § 3 Absatz 1 des Gesetzes zur Abwehr von Steuervermeidung und unfairem Steuerwettbewerb

1. bisher nicht erklärt wurden, tatsächlich aber vorhanden sind, oder

2. bisher zwar erklärt wurden, tatsächlich aber höher sind als erklärt.

(3) ¹Verletzt ein Steuerpflichtiger seine Mitwirkungspflichten nach § 90 Absatz 3 dadurch, dass er keine Aufzeichnungen über einen Geschäftsvorfall vorlegt, oder sind die über einen Geschäftsvorfall vorgelegten Aufzeichnungen im Wesentlichen unverwertbar oder wird festgestellt, dass der Steuerpflichtige Aufzeichnungen im Sinne des § 90 Absatz 3 Satz 5 nicht zeitnah erstellt hat, so wird widerlegbar vermutet, dass seine im Inland steuerpflichtigen Einkünfte, zu deren Ermittlung die Aufzeichnungen im Sinne des § 90 Absatz 3 dienen, höher als die von ihm erklärten Einkünfte sind. ²Hat in solchen Fällen die Finanzbehörde eine Schätzung vorzunehmen und können diese Einkünfte nur innerhalb eines bestimmten Rahmens, insbesondere nur auf Grund von Preisspannen bestimmt

---

[1] Zur Anwendung des § 162 Abs. 3 und 4 AO siehe Artikel 97 § 37 EGAO

werden, kann dieser Rahmen zu Lasten des Steuerpflichtigen ausgeschöpft werden. ³Bestehen trotz Vorlage verwertbarer Aufzeichnungen durch den Steuerpflichtigen Anhaltspunkte dafür, dass seine Einkünfte bei Beachtung des Fremdvergleichsgrundsatzes höher wären als die auf Grund der Aufzeichnungen erklärten Einkünfte, und können entsprechende Zweifel deswegen nicht aufgeklärt werden, weil eine ausländische, nahe stehende Person ihre Mitwirkungspflichten nach § 90 Absatz 2 oder ihre Auskunftspflichten nach § 93 Absatz 1 nicht erfüllt, ist Satz 2 entsprechend anzuwenden.

(4) ¹Legt ein Steuerpflichtiger über einen Geschäftsvorfall keine Aufzeichnungen im Sinne des § 90 Absatz 3 vor oder sind die über einen Geschäftsvorfall vorgelegten Aufzeichnungen im Wesentlichen unverwertbar oder wird die Transaktionsmatrix gemäß § 90 Absatz 3 Satz 2 Nummer 1 nicht vorgelegt, ist ein Zuschlag von 5 000 Euro festzusetzen. ²Der Zuschlag beträgt mindestens 5 Prozent und höchstens 10 Prozent des Mehrbetrags der Einkünfte, der sich nach einer Berichtigung auf Grund der Anwendung des Absatzes 3 ergibt, wenn sich danach ein Zuschlag von mehr als 5 000 Euro ergibt. ³Der Zuschlag ist regelmäßig nach Abschluss der Außenprüfung festzusetzen. ⁴Bei verspäteter Vorlage von verwertbaren Aufzeichnungen beträgt der Zuschlag bis zu 1 000 000 Euro, mindestens jedoch 100 Euro für jeden vollen Tag der Fristüberschreitung; er kann für volle Wochen und Monate der verspäteten Vorlage in Teilbeträgen festgesetzt werden. ⁵Soweit den Finanzbehörden Ermessen hinsichtlich der Höhe des jeweiligen Zuschlags eingeräumt ist, sind neben dem Zweck dieses Zuschlags, den Steuerpflichtigen zur Erstellung und fristgerechten Vorlage der Aufzeichnungen nach § 90 Absatz 3 anzuhalten, insbesondere die von ihm gezogenen Vorteile und bei verspäteter Vorlage auch die Dauer der Fristüberschreitung zu berücksichtigen. ⁶Von der Festsetzung eines Zuschlags ist abzusehen, wenn die Nichterfüllung der Pflichten nach § 90 Absatz 3 entschuldbar erscheint oder ein Verschulden nur geringfügig ist. ⁷Das Verschulden eines gesetzlichen Vertreters oder eines Erfüllungsgehilfen steht dem eigenen Verschulden gleich.

(4a) ¹Verletzt der Steuerpflichtige seine Mitwirkungspflichten nach § 12 des Steueroasen-Abwehrgesetzes, ist Absatz 4 entsprechend anzuwenden. ²Von der Festsetzung eines Zuschlags ist abzusehen, wenn die Nichterfüllung der Mitwirkungspflichten entschuldbar erscheint oder das Verschulden nur geringfügig ist. ³Das Verschulden eines gesetzlichen Vertreters oder eines Erfüllungsgehilfen ist dem Steuerpflichtigen zuzurechnen.

(5) In den Fällen des § 155 Absatz 2 können die in einem Grundlagenbescheid festzustellenden Besteuerungsgrundlagen geschätzt werden.

§ 162 AO in der Fassung zum 31.12.2022

(1) ¹Soweit die Finanzbehörde die Besteuerungsgrundlagen nicht ermitteln oder berechnen kann, hat sie sie zu schätzen. ²Dabei sind alle Umstände zu berücksichtigen, die für die Schätzung von Bedeutung sind.

(2) ¹Zu schätzen ist insbesondere dann, wenn der Steuerpflichtige über seine Angaben keine ausreichenden Aufklärungen zu geben vermag oder weitere Auskunft oder eine Versicherung an Eides statt verweigert oder seine Mitwirkungspflicht nach § 90 Abs. 2 verletzt. ²Das Gleiche gilt, wenn der Steuerpflichtige Bücher oder Aufzeichnungen, die er nach den Steuergesetzen zu führen hat, nicht vorlegen kann, wenn die Buchführung

oder die Aufzeichnungen nach § 158 Absatz 2 nicht der Besteuerung zugrunde gelegt werden oder wenn tatsächliche Anhaltspunkte für die Unrichtigkeit oder Unvollständigkeit der vom Steuerpflichtigen gemachten Angaben zu steuerpflichtigen Einnahmen oder Betriebsvermögensmehrungen bestehen und der Steuerpflichtige die Zustimmung nach § 93 Abs. 7 Satz 1 Nr. 5 nicht erteilt. ³Hat der Steuerpflichtige seine Mitwirkungspflichten nach § 12 des Gesetzes zur Abwehr von Steuervermeidung und unfairem Steuerwettbewerb verletzt, so wird widerlegbar vermutet, dass in Deutschland steuerpflichtige Einkünfte in Bezug zu Staaten oder Gebieten im Sinne des § 3 Absatz 1 des Gesetzes zur Abwehr von Steuervermeidung und unfairem Steuerwettbewerb

1. bisher nicht erklärt wurden, tatsächlich aber vorhanden sind, oder
2. bisher zwar erklärt wurden, tatsächlich aber höher sind als erklärt.

(3) ¹Verletzt ein Steuerpflichtiger seine Mitwirkungspflichten nach § 90 Absatz 3 dadurch, dass er keine Aufzeichnungen über einen Geschäftsvorfall vorlegt, oder sind die über einen Geschäftsvorfall vorgelegten Aufzeichnungen im Wesentlichen unverwertbar oder wird festgestellt, dass der Steuerpflichtige Aufzeichnungen im Sinne des § 90 Absatz 3 Satz 8 nicht zeitnah erstellt hat, so wird widerlegbar vermutet, dass seine im Inland steuerpflichtigen Einkünfte, zu deren Ermittlung die Aufzeichnungen im Sinne des § 90 Absatz 3 dienen, höher als die von ihm erklärten Einkünfte sind. ²Hat in solchen Fällen die Finanzbehörde eine Schätzung vorzunehmen und können diese Einkünfte nur innerhalb eines bestimmten Rahmens, insbesondere nur auf Grund von Preisspannen bestimmt werden, kann dieser Rahmen zu Lasten des Steuerpflichtigen ausgeschöpft werden. ³Bestehen trotz Vorlage verwertbarer Aufzeichnungen durch den Steuerpflichtigen Anhaltspunkte dafür, dass seine Einkünfte bei Beachtung des Fremdvergleichsgrundsatzes höher wären als die auf Grund der Aufzeichnungen erklärten Einkünfte, und können entsprechende Zweifel deswegen nicht aufgeklärt werden, weil eine ausländische, nahe stehende Person ihre Mitwirkungspflichten nach § 90 Abs. 2 oder ihre Auskunftspflichten nach § 93 Abs. 1 nicht erfüllt, ist Satz 2 entsprechend anzuwenden.

(4) ¹Legt ein Steuerpflichtiger über einen Geschäftsvorfall keine Aufzeichnungen im Sinne des § 90 Absatz 3 vor oder sind die über einen Geschäftsvorfall vorgelegten Aufzeichnungen im Wesentlichen unverwertbar, ist ein Zuschlag von 5 000 Euro festzusetzen. ²Der Zuschlag beträgt mindestens 5 Prozent und höchstens 10 Prozent des Mehrbetrags der Einkünfte, der sich nach einer Berichtigung auf Grund der Anwendung des Absatzes 3 ergibt, wenn sich danach ein Zuschlag von mehr als 5000 Euro ergibt. ³Bei verspäteter Vorlage von verwertbaren Aufzeichnungen beträgt der Zuschlag bis zu 1 000 000 Euro, mindestens jedoch 100 Euro für jeden vollen Tag der Fristüberschreitung. ⁴Soweit den Finanzbehörden Ermessen hinsichtlich der Höhe des Zuschlags eingeräumt ist, sind neben dessen Zweck, den Steuerpflichtigen zur Erstellung und fristgerechten Vorlage der Aufzeichnungen im Sinne des § 90 Abs. 3 anzuhalten, insbesondere die von ihm gezogenen Vorteile und bei verspäteter Vorlage auch die Dauer der Fristüberschreitung zu berücksichtigen. ⁵Von der Festsetzung eines Zuschlags ist abzusehen, wenn die Nichterfüllung der Pflichten nach § 90 Abs. 3 entschuldbar erscheint oder ein Verschulden nur geringfügig ist. ⁶Das Verschulden eines gesetzlichen Vertreters oder eines Erfüllungsgehilfen steht dem eigenen Verschulden gleich. ⁷Der Zuschlag ist regelmäßig nach Abschluss der Außenprüfung festzusetzen.

(4a) ¹Verletzt der Steuerpflichtige seine Mitwirkungspflichten nach § 12 des Steueroasen-Abwehrgesetzes, ist Absatz 4 entsprechend anzuwenden. ²Von der Festsetzung eines Zuschlags ist abzusehen, wenn die Nichterfüllung der Mitwirkungspflichten entschuldbar erscheint oder das Verschulden nur geringfügig ist. ³Das Verschulden eines gesetzlichen Vertreters oder eines Erfüllungsgehilfen ist dem Steuerpflichtigen zuzurechnen.

(5) In den Fällen des § 155 Abs. 2 können die in einem Grundlagenbescheid festzustellenden Besteuerungsgrundlagen geschätzt werden.

AEAO zu § 162 - Schätzung von Besteuerungsgrundlagen:

1. Bei der Schätzung der Besteuerungsgrundlagen in den Fällen des § 155 Abs. 2 AO handelt es sich um eine vorläufige Maßnahme des Wohnsitzfinanzamtes, der ein Grundlagenbescheid nachfolgen muss (BFH-Urteil vom 26.7.1983, VIII R 28/79, BStBl 1984 II S. 290).

2. Wegen der Pflicht zur Abgabe einer Steuererklärung trotz Schätzung siehe § 149 Abs. 1 Satz 4 AO.

3. Wegen der nur eingeschränkten Offenlegung der Verhältnisse von Vergleichsbetrieben vgl. AEAO zu § 30, Nr. 4.4.

4. Werden die Besteuerungsgrundlagen wegen Nichtabgabe der Steuererklärung geschätzt, ist die Steuer unter Nachprüfungsvorbehalt (§ 164 AO) festzusetzen, wenn der Fall für eine eventuelle spätere Überprüfung offen gehalten werden soll. Dies gilt z. B. wenn eine den Schätzungszeitraum umfassende Außenprüfung vorgesehen ist oder zu erwarten ist, dass der Steuerpflichtige nach Erlass des Bescheids die Steuererklärung nachreicht.

   Die unter Nachprüfungsvorbehalt stehende Steuerfestsetzung ist - sofern der Steuerpflichtige keinen Einspruch eingelegt bzw. keinen Änderungsantrag gestellt hat und auch keine Außenprüfung vorgesehen ist - bei der Veranlagung für das Folgejahr zu überprüfen. Dabei sind auch die in einem eventuellen Vollstreckungsverfahren gewonnenen Erkenntnisse zu berücksichtigen. Der Nachprüfungsvorbehalt ist danach grundsätzlich aufzuheben, auch wenn die Steuerfestsetzung nicht zu ändern ist.

   Zur Aufhebung des Nachprüfungsvorbehalts in Fällen einer Fristsetzung nach § 364b AO vgl. AEAO zu § 364b, Nr. 2.

5. Wegen der Befugnis zur Schätzung bei Verletzung der Mitwirkungspflichten nach § 90 Abs. 2 und 3 AO wird auf das BMF-Schreiben vom 3.12.2020, BStBl I S. 1325[2] verwiesen.

6. Die Besteuerungsgrundlagen sind nach § 162 Abs. 1 AO unter anderem dann zu schätzen, wenn tatsächliche Anhaltspunkte dafür bestehen, dass die vom Steuerpflichtigen gemachten Angaben zu steuerpflichtigen Einnahmen oder Betriebsvermögensmehrungen unrichtig oder unvollständig sind. Hat der Steuerpflichtige in einem derartigen Fall die Zustimmung zu einem Kontenabruf verweigert (§ 93 Abs. 7 Satz 1 Nr. 5 AO), sind die nach Einschätzung

---
[2] Im Anhang 20 abgedruckt.

der Finanzbehörde nicht erklärten steuerpflichtigen Einnahmen oder Betriebsvermögensmehrungen nach § 162 Abs. 2 Satz 2 AO dritte Alternative zu schätzen. In diesem Fall kann zu Lasten des Steuerpflichtigen von einem Sachverhalt ausgegangen werden, für den unter Berücksichtigung seiner Beweisnähe und seiner Verantwortung für die Aufklärung des Sachverhalts eine gewisse Wahrscheinlichkeit spricht. Gleiches gilt, wenn ein mit Zustimmung des Steuerpflichtigen durchgeführter Kontenabruf keine neuen Erkenntnisse gebracht hat, z. B. bei auf ausländischen - und deswegen durch einen Kontenabruf nicht ermittelbaren - Konten zugeflossenen Einnahmen oder bei baren Einnahmen. In diesen Fällen ist auch weiterhin eine Schätzung nach § 162 AO möglich, wenn Anhaltspunkte dafür vorliegen, dass die Angaben über Einnahmen oder Betriebsvermögensmehrungen nicht vollständig oder unzutreffend sind.

§ 163 Abweichende Festsetzung von Steuern aus Billigkeitsgründen
(S 0336)

(1) ¹Steuern können niedriger festgesetzt werden und einzelne Besteuerungsgrundlagen, die die Steuern erhöhen, können bei der Festsetzung der Steuer unberücksichtigt bleiben, wenn die Erhebung der Steuer nach Lage des einzelnen Falls unbillig wäre. ²Mit Zustimmung des Steuerpflichtigen kann bei Steuern vom Einkommen zugelassen werden, dass einzelne Besteuerungsgrundlagen, soweit sie die Steuer erhöhen, bei der Steuerfestsetzung erst zu einer späteren Zeit und, soweit sie die Steuer mindern, schon zu einer früheren Zeit berücksichtigt werden.

(2) Eine Billigkeitsmaßnahme nach Absatz 1 kann mit der Steuerfestsetzung verbunden werden, für die sie von Bedeutung ist.

(3) ¹Eine Billigkeitsmaßnahme nach Absatz 1 steht in den Fällen des Absatzes 2 stets unter Vorbehalt des Widerrufs, wenn sie

1. von der Finanzbehörde nicht ausdrücklich als eigenständige Billigkeitsentscheidung ausgesprochen worden ist,
2. mit einer Steuerfestsetzung unter Vorbehalt der Nachprüfung nach § 164 verbunden ist oder
3. mit einer vorläufigen Steuerfestsetzung nach § 165 verbunden ist und der Grund der Vorläufigkeit auch für die Entscheidung nach Absatz 1 von Bedeutung ist.

²In den Fällen von Satz 1 Nummer 1 entfällt der Vorbehalt des Widerrufs, wenn die Festsetzungsfrist für die Steuerfestsetzung abläuft, für die die Billigkeitsmaßnahme Grundlagenbescheid ist. ³In den Fällen von Satz 1 Nummer 2 entfällt der Vorbehalt des Widerrufs mit Aufhebung oder Entfallen des Vorbehalts der Nachprüfung der Steuerfestsetzung, für die die Billigkeitsmaßnahme Grundlagenbescheid ist. ⁴In den Fällen von Satz 1 Nummer 3 entfällt der Vorbehalt des Widerrufs mit Eintritt der Endgültigkeit der Steuerfestsetzung, für die die Billigkeitsmaßnahme Grundlagenbescheid ist.

(4) ¹Ist eine Billigkeitsmaßnahme nach Absatz 1, die nach Absatz 3 unter Vorbehalt des Widerrufs steht, rechtswidrig, ist sie mit Wirkung für die Vergangenheit zurückzunehmen. ²§ 130 Absatz 3 Satz 1 gilt in diesem Fall nicht.

AEAO zu § 163 - Abweichende Festsetzung von Steuern aus Billigkeitsgründen:

1. § 163 AO regelt Billigkeitsmaßnahmen im Festsetzungsverfahren. Billigkeitsmaßnahmen im Erhebungsverfahren regelt § 227 AO. Die Unbilligkeit kann sich aus sachlichen oder aus persönlichen Gründen ergeben.

2. Ein Antrag auf eine Billigkeitsmaßnahme nach § 163 AO kann auch nach Eintritt der Unanfechtbarkeit der Steuerfestsetzung oder der entsprechenden gesonderten Feststellung gestellt werden.

3. Die Entscheidung über eine Billigkeitsmaßnahme nach § 163 Abs. 1 AO stellt auch dann einen selbständigen Verwaltungsakt dar, wenn sie mit der Steuerfestsetzung oder der entsprechenden gesonderten Feststellung verbunden wird (§ 163 Abs. 2 AO). Sie ist Grundlagenbescheid für den entsprechenden Steuer- oder Feststellungsbescheid (§ 171 Abs. 10 AO). Wird eine Billigkeitsmaßnahme erst nach Erlass des hiervon betroffenen Steuer- oder Feststellungsbescheids getroffen, muss dieser Bescheid nach § 175 Abs. 1 Satz 1 Nr. 1 AO entsprechend angepasst werden.

4. Eine Billigkeitsmaßnahme nach § 163 Abs. 1 AO unterliegt keiner eigenen Verjährungsfrist, sie löst hinsichtlich des Folgebescheids aber nur dann eine Ablaufhemmung nach § 171 Abs. 10 Satz 1 AO aus, wenn sie vor Ablauf der Festsetzungsfrist des Folgebescheids bei der für die Billigkeitsmaßnahme zuständigen Finanzbehörde beantragt worden ist (§ 171 Abs. 10 Satz 3 AO, vgl. auch AEAO zu § 171, Nr. 6.5). Wurde der Antrag erst nach Ablauf der Festsetzungsfrist des Folgebescheids gestellt, ist es regelmäßig ermessensgerecht, die beantragte Billigkeitsmaßnahme nach § 163 Abs. 1 AO abzulehnen, wenn sie im Folgebescheid wegen Eintritts der Festsetzungsverjährung nicht berücksichtigt werden könnte; in diesen Fällen ist ggf. zu prüfen, ob ein Erlass nach § 227 AO in Betracht kommt.

5. Wegen der Auswirkungen einer Billigkeitsmaßnahme bei den Steuern vom Einkommen auf die Gewerbesteuer Hinweis auf § 184 Abs. 2 AO. Danach ist die niedrigere Festsetzung eines Messbetrags nach § 163 Abs. 1 Satz 1 AO nicht zulässig, wenn die Voraussetzungen dafür nicht in einer allgemeinen Verwaltungsvorschrift der Bundesregierung oder einer obersten Landesfinanzbehörde festgelegt sind.

6. Zum Einspruchsverfahren gegen die Entscheidung über eine Billigkeitsmaßnahme vgl. AEAO zu § 347, Nr. 4.

§ 164 Steuerfestsetzung unter Vorbehalt der Nachprüfung (S 0337)

(1) ¹Die Steuern können, solange der Steuerfall nicht abschließend geprüft ist, allgemein oder im Einzelfall unter dem Vorbehalt der Nachprüfung festgesetzt werden, ohne dass dies einer Begründung bedarf. ²Die Festsetzung einer Vorauszahlung ist stets eine Steuerfestsetzung unter Vorbehalt der Nachprüfung.

(2) ¹Solange der Vorbehalt wirksam ist, kann die Steuerfestsetzung aufgehoben oder geändert werden. ²Der Steuerpflichtige kann die Aufhebung oder Änderung der Steuerfestsetzung jederzeit beantragen. ³Die Entscheidung hierüber kann jedoch bis zur abschließenden Prüfung des Steuerfalls, die innerhalb angemessener Frist vorzunehmen ist, hinausgeschoben werden.

(3) ¹Der Vorbehalt der Nachprüfung kann jederzeit aufgehoben werden. ²Die Aufhebung steht einer Steuerfestsetzung ohne Vorbehalt der Nachprüfung gleich; § 157 Absatz 1 Satz 1 und 3 gilt sinngemäß. ³Nach einer Außenprüfung ist der Vorbehalt aufzuheben, wenn sich Änderungen gegenüber der Steuerfestsetzung unter Vorbehalt der Nachprüfung nicht ergeben.

(4) ¹Der Vorbehalt der Nachprüfung entfällt, wenn die Festsetzungsfrist abläuft. ²§ 169 Absatz 2 Satz 2, § 170 Absatz 6 und § 171 Absatz 7, 8 und 10 sind nicht anzuwenden.

AEAO zu § 164 - Steuerfestsetzung unter Vorbehalt der Nachprüfung:

1. Der Vorbehalt der Nachprüfung ist eine Nebenbestimmung I. S. v. § 120 AO. Er ist im Steuerbescheid anzugeben, wenn er nicht kraft Gesetzes besteht, wie z. B. im Fall der Festsetzung einer Vorauszahlung (§ 164 Abs. 1 Satz 2 AO). Im Gegensatz zur vorläufigen Steuerfestsetzung hat der Vorbehalt keine Auswirkung auf den Ablauf der Festsetzungsfrist. Wegen der Wirkung einer Steueranmeldung als Vorbehaltsfestsetzung siehe § 168 AO.

2. Der Vorbehalt der Nachprüfung ist zulässig bei allen Festsetzungen, für die die Vorschriften über das Steuerfestsetzungsverfahren gelten (z. B. bei Steuervergütungen, Zulagen, Prämien, gesonderten Feststellungen, Steuermessbeträgen, Zinsen, vgl. AEAO zu § 155). Zum Nachprüfungsvorbehalt in Schätzungsfällen vgl. AEAO zu § 162 Nr. 4.

3. Solange ein Steuerfall nicht abschließend geprüft ist, kann die spätere Überprüfung vorbehalten bleiben und die Steuer aufgrund der Angaben des Steuerpflichtigen oder aufgrund vorläufiger Überprüfung (vgl. BFH-Urteil vom 4.8.1983, IV R 79/83, BStBl 1984 II S. 6) unter Vorbehalt der Nachprüfung festgesetzt werden. Der Vorbehalt der Nachprüfung erfasst die Festsetzung insgesamt; eine Beschränkung auf Einzelpunkte oder Besteuerungsgrundlagen ist nicht zulässig. Eine Begründung dafür, dass die Festsetzung unter Vorbehalt erfolgt, ist nicht erforderlich.

4. Solange der Vorbehalt wirksam ist, bleibt der gesamte Steuerfall „offen", die Steuerfestsetzung kann jederzeit - also auch nach Eintritt der Unanfechtbarkeit - und dem Umfang nach uneingeschränkt von Amts wegen oder auch auf Antrag des Steuerpflichtigen aufgehoben oder geändert werden. Die Grundsätze des Vertrauensschutzes nach § 176 AO sind aber zu beachten. Dagegen

wird ein aus dem Grundsatz von Treu und Glauben abgeleiteter Vertrauensschutz i. d. R. nicht bestehen (vgl. BFH-Urteil vom 29.4.2008, VIII R 75/05, BStBl II S. 817).

5. Der Steuerpflichtige hat keinen Anspruch auf unverzügliche Entscheidung über seinen Antrag. Die Entscheidung kann bis zur abschließenden Prüfung des Steuerfalles - an Amtsstelle oder im Wege einer Außenprüfung - hinausgeschoben werden. Sie hat jedoch in angemessener Zeit zu erfolgen. Wegen des Ablaufs der Festsetzungsfrist bei Antragstellung Hinweis auf § 171 Abs. 3 AO.

6. Wird eine Steuerfestsetzung mit einem behördlich angeordneten Vorbehalt der Nachprüfung geändert, so ist in dem neuen Steuerbescheid zu vermerken, ob dieser weiterhin unter Vorbehalt der Nachprüfung steht oder ob der Vorbehalt aufgehoben wird. Fehlt ein derartiger Vermerk, bleibt der Nachprüfungsvorbehalt bestehen (BFH-Urteil vom 14.9.1993, VIII R 9/93, BStBl 1995 II S. 2). Steht eine Steueranmeldung einer Steuerfestsetzung unter Nachprüfungsvorbehalt gleich (§ 168 AO) und erlässt die Finanzbehörde später erstmals einen Steuerbescheid ohne eine Aussage zum Nachprüfungsvorbehalt, so entfällt dieser (BFH-Urteil vom 2.12.1999, V R 19/99, BStBl 2000 II S. 284). Die Aufhebung des Vorbehalts muss schriftlich oder in elektronischer Form (§ 87a Abs. 4 AO) ergehen und mit einer Rechtsbehelfsbelehrung versehen sein (§ 164 Abs. 3 Satz 2 AO). Die Aufhebung des Nachprüfungsvorbehalts ist auch ohne abschließende Prüfung des Steuerfalles zulässig (BFH-Urteil vom 28.5.1998, V R 100/96, BStBl II S. 502) und bedarf regelmäßig keiner Begründung (BFH-Urteil vom 10.7.1996, I R 5/96, BStBl 1997 II S. 5). Nach der Bekanntgabe der Aufhebung des Vorbehalts kann die Aufhebung oder Änderung einer Steuerfestsetzung nicht mehr auf § 164 Abs. 2 AO gestützt werden; §§ 172 ff. AO bleiben unberührt.

7. Wird der Vorbehalt nicht aufgehoben, entfällt der Vorbehalt mit Ablauf der allgemeinen Festsetzungsfrist (§ 169 Abs. 2 Satz 1 AO). Die Verlängerung der Festsetzungsfrist für hinterzogene oder leichtfertig verkürzte Steuern (§ 169 Abs. 2 Satz 2 AO) verlängert nicht die Wirksamkeit des Vorbehalts, es ergeben sich aber Auswirkungen auf die Ablaufhemmung nach § 171 Abs. 1 bis 6, 9 und 11 bis 14 AO.

8. Wegen des Einspruchs gegen eine Vorbehaltsfestsetzung vgl. AEAO zu § 367, Nr. 5.

9. Verwaltungsakte I. S. v. § 163 Abs. 1 AO können nicht unter Vorbehalt der Nachprüfung ergehen. Werden solche Verwaltungsakte aber mit einer Steuerfestsetzung unter Vorbehalt der Nachprüfung verbunden, stehen sie nach § 163 Abs. 3 Satz 1 Nr. 2 AO kraft Gesetzes unter Widerrufsvorbehalt.

§ 165 Vorläufige Steuerfestsetzung, Aussetzung der Steuerfestsetzung (S 0338)

(1) ¹Soweit ungewiss ist, ob die Voraussetzungen für die Entstehung einer Steuer eingetreten sind, kann sie vorläufig festgesetzt werden. ²Diese Regelung ist auch anzuwenden, wenn

1. ungewiss ist, ob und wann Verträge mit anderen Staaten über die Besteuerung (§ 2), die sich zugunsten des Steuerpflichtigen auswirken, für die Steuerfestsetzung wirksam werden,

2. das Bundesverfassungsgericht die Unvereinbarkeit eines Steuergesetzes mit dem Grundgesetz festgestellt hat und der Gesetzgeber zu einer Neuregelung verpflichtet ist,

2a. sich auf Grund einer Entscheidung des Gerichtshofes der Europäischen Union ein Bedarf für eine gesetzliche Neuregelung ergeben kann,

3. die Vereinbarkeit eines Steuergesetzes mit höherrangigem Recht Gegenstand eines Verfahrens bei dem Gerichtshof der Europäischen Union, dem Bundesverfassungsgericht oder einem obersten Bundesgericht ist oder

4. die Auslegung eines Steuergesetzes Gegenstand eines Verfahrens bei dem Bundesfinanzhof ist.

³Umfang und Grund der Vorläufigkeit sind anzugeben. ³Unter den Voraussetzungen der Sätze 1 oder 2 kann die Steuerfestsetzung auch gegen oder ohne Sicherheitsleistung ausgesetzt werden.

(2) ¹Soweit die Finanzbehörde eine Steuer vorläufig festgesetzt hat, kann sie die Festsetzung aufheben oder ändern. ²Wenn die Ungewissheit beseitigt ist, ist eine vorläufige Steuerfestsetzung aufzuheben, zu ändern oder für endgültig zu erklären; eine ausgesetzte Steuerfestsetzung ist nachzuholen. ³In den Fällen des Absatzes 1 Satz 2 Nummer 4 endet die Ungewissheit, sobald feststeht, dass die Grundsätze der Entscheidung des Bundesfinanzhofs über den entschiedenen Einzelfall hinaus allgemein anzuwenden sind. ⁴In den Fällen des Absatzes 1 Satz 2 muss eine vorläufige Steuerfestsetzung nach Satz 2 nur auf Antrag des Steuerpflichtigen für endgültig erklärt werden, wenn sie nicht aufzuheben oder zu ändern ist.

(3) Die vorläufige Steuerfestsetzung kann mit einer Steuerfestsetzung unter Vorbehalt der Nachprüfung verbunden werden.

AEAO zu § 165 - Vorläufige Steuerfestsetzung, Aussetzung der Steuerfestsetzung:

1. Eine vorläufige Steuerfestsetzung nach § 165 Abs. 1 Satz 1 AO ist nur zulässig, soweit ungewiss ist, ob der Tatbestand verwirklicht ist, an den das Gesetz die Leistungspflicht knüpft; Zweifel bei der Auslegung des Steuergesetzes reichen nicht aus. Eine Steuerfestsetzung kann demgemäß nach § 165 Abs. 1 Satz 1 AO nur im Hinblick auf ungewisse Tatsachen, nicht im Hinblick auf die steuerrechtliche Beurteilung von Tatsachen für vorläufig erklärt werden

(BFH-Urteil vom 25.4.1985, IV R 64/83, BStBl II S. 648). Vorläufige Steuerfestsetzungen nach § 165 Abs. 1 Satz 1 AO sind insbesondere dann vorzunehmen, wenn eine Steuerfestsetzung unter Vorbehalt der Nachprüfung nicht zweckmäßig ist, z. B. weil keine Nachprüfung des gesamten Steuerfalles mehr zu erwarten ist oder weil sie aus Rechtsgründen nicht möglich ist (z. 3. bei fortbestehender Ungewissheit nach einer Außenprüfung).

2. Die Tatsache, dass ein Doppelbesteuerungsabkommen nach seinem Inkrafttreten voraussichtlich rückwirkend anzuwenden sein wird, rechtfertigt eine vorläufige Steuerfestsetzung nach § 165 Abs. 1 Satz 2 Nr. 1 AO, um dem Steuerpflichtigen die Vorteile des Doppelbesteuerungsabkommens zu sichern.

3. Eine vorläufige Steuerfestsetzung nach § 165 Abs. 1 Satz 2 Nr. 2 oder Nr. 2a AO setzt voraus, dass die Entscheidung des Bundesverfassungsgerichts oder des Gerichtshofs der Europäischen Union bereits ergangen ist und die gesetzliche Neuregelung noch aussteht.

4. Zweifel an der Vereinbarkeit einer der Steuerfestsetzung zugrunde liegenden Rechtsnorm mit höherrangigem Recht (insbesondere mit dem Grundgesetz oder dem Europäischen Unionsrecht) rechtfertigen nur dann eine vorläufige Steuerfestsetzung nach § 165 Abs. 1 Satz 2 Nr. 3 AO, wenn dieselbe Frage bereits Gegenstand eines Musterverfahrens bei dem Gerichtshof der Europäischen Union, dem Bundesverfassungsgericht oder einem obersten Bundesgericht ist; ein Verfahren des einstweiligen Rechtsschutzes (Aussetzung der Vollziehung oder einstweilige Anordnung) reicht hierfür nicht aus.

Zum Rechtsschutzbedürfnis für einen Einspruch gegen eine hinsichtlich des strittigen Punktes bereits vorläufige Steuerfestsetzung vgl. AEAO zu § 350, Nr. 6.

5. Nach § 165 Abs. 1 Satz 2 Nr. 4 AO kann eine Steuer vorläufig festgesetzt werden, soweit eine im Fall des Steuerpflichtigen entscheidungserhebliche Rechtsfrage Gegenstand eines (Hauptsache-)Verfahrens beim Bundesfinanzhof ist. Hierbei handelt es sich auch um solche Fälle, in denen eine strittige Rechtsfrage nicht nur unter verfassungsrechtlichen Aspekten zu beurteilen ist (und derwegen bereits eine vorläufige Steuerfestsetzung nach § 165 Abs. 1 Satz 2 Nr. 3 AO erfolgt), sondern vom Bundesfinanzhof auf „einfachgesetzlichem" Wege, d.h. durch Anwendung bzw. Auslegung des einfachen Rechts, entschieden werden könnte.

6. Die Entscheidung, die Steuer vorläufig festzusetzen, steht in sämtlichen Fällen des § 165 Abs. 1 AO im Ermessen der Finanzbehörde. Von der Möglichkeit, eine Steuer nach § 165 Abs. 1 Satz 2 AO vorläufig festzusetzen, ist nur Gebrauch zu machen, soweit die Finanzbehörden hierzu durch BMF-Schreiben oder gleichlautende Erlasse der obersten Finanzbehörden der Länder angewiesen worden sind.

7. Die Vorläufigkeit ist auf die ungewissen Voraussetzungen zu beschränken und zu begründen. Die Begründung kann nachgeholt werden (§ 126 Abs. 1 Nr. 2 AO). Wird eine vorläufige Steuerfestsetzung geändert, so ist in dem neuen Steuerbescheid zu vermerken, ob und inwieweit dieser weiterhin

vorläufig ist oder für endgültig erklärt wird. Ein ursprünglich angeordneter Vorläufigkeitsvermerk bleibt auch dann wirksam, wenn er in einem nachfolgenden Änderungsbescheid nicht ausdrücklich wiederholt wird (BFH-Urteil vom 9.9.1988, III R 191/84, BStBl 1989 II S. 9). Enthält aber der Änderungsbescheid einen Vorläufigkeitsvermerk, wird durch diesen der Umfang der Vorläufigkeit neu bestimmt (BFH-Urteile vom 19.10.1999, IX R 23/98, BStBl 2000 II S. 282, und vom 16.6.2020, VIII R 12/17, BStBl II S. 702). Dies gilt auch, wenn ein sowohl auf § 165 Abs. 1 Satz 1 AO als auch auf § 165 Abs. 1 Satz 2 AO gestützter Vorläufigkeitsvermerk im Änderungsbescheid durch einen allein auf § 165 Abs. 1 Satz 2 AO gestützten Vorläufigkeitsvermerk ersetzt wird (BFH-Urteil vom 14.7.2015, VIII R 21/13, BStBl 2016 II S. 371).

8. Soweit wegen der Frage der Vereinbarkeit einer Rechtsnorm mit dem Grundgesetz eine Steuer nach § 165 Abs. 1 Satz 2 Nr. 3 AO vorläufig festgesetzt worden ist, sind Steuerbescheide auch dann nach § 165 Abs. 2 AO zu ändern, wenn das Bundesverfassungsgericht oder der Bundesfinanzhof die streitige Frage dadurch entscheidet, dass das Gericht die vom Vorläufigkeitsvermerk erfasste Rechtsnorm entgegen der bisherigen Verwaltungsauffassung verfassungskonform so auslegt, dass das betreffende Steuergesetz mit höherrangigem Recht vereinbar ist und diese Auslegung zu einer Steuerminderung führt (BFH-Urteil vom 30.9.2010, III R 39/08, BStBl 2011 II S. 11). Dies gilt auch, wenn der Vorläufigkeitsvermerk insoweit zusätzlich auf § 165 Abs. 1 Satz 2 Nr. 4 AO gestützt war.

Soweit eine Steuer (auch) nach § 165 Abs. 1 Satz 2 Nr. 4 AO vorläufig festgesetzt worden ist, sind die Steuerbescheide (zudem) auch dann nach § 165 Abs. 2 AO zu ändern, wenn der Bundesfinanzhof die vom Vorläufigkeitsvermerk erfasste Rechtsnorm aufgrund einfachgesetzlicher Auslegung eines Steuergesetzes entgegen der bisherigen Verwaltungsauffassung auslegt, diese Auslegung zu einer Steuerminderung führt und dieses Urteil über den entschiedenen Einzelfall hinaus anzuwenden ist.

9. Die vorläufige Steuerfestsetzung kann jederzeit für endgültig erklärt werden. Die Vorläufigkeit bleibt bis dahin bestehen; für den Ablauf der Festsetzungsfrist gilt § 171 Abs. 8 AO. Wird die vorläufige Steuerfestsetzung nach Beseitigung der Ungewissheit geändert (§ 165 Abs. 2 Satz 2 AO), sind im Rahmen des Änderungsbetrages auch solche Fehler zu berichtigen, die nicht mit dem Grund der Vorläufigkeit zusammenhängen (BFH-Urteil vom 2.3.2000, VI R 48/97, BStBl II S. 332).

10. In den Fällen des § 165 Abs. 1 Satz 2 AO ist eine Endgültigkeitserklärung nicht erforderlich, wenn sich die Steuerfestsetzung letztlich als zutreffend erweist und der Steuerpflichtige keine Entscheidung beantragt. Die Vorläufigkeit entfällt in diesem Fall mit Ablauf der - ggf. nach § 171 Abs. 8 Satz 2 AO verlängerten - Festsetzungsfrist.

11. Wird die vorläufige Steuerfestsetzung auf Antrag des Steuerpflichtigen oder von Amts wegen ganz oder teilweise für endgültig erklärt, kann gegen die insoweit nunmehr endgültige Steuerfestsetzung Einspruch eingelegt und ggf. anschließend Klage erhoben werden. Hinsichtlich der Auswirkungen der bisherigen Vorläufigkeit der Steuerfestsetzung ergibt sich aus § 351 Abs. 1 AO keine Anfechtungsbeschränkung (BFH-Urteil vom 30.9.2010, III R 39/08,

BStBl 2011 II S. 11). Der Umfang der Anfechtbarkeit bestimmt sich dabei nicht betragsmäßig, sondern in der Wirkung der fehlenden Bestandskraft der bisherigen Vorläufigkeit. In den Fällen der Vorläufigkeit nach § 165 Abs. 1 Satz 2 Nr. 3 AO beschränkt sich dieser Rechtsschutz dementsprechend auf die weitere verfassungsrechtliche Klärung dieser Rechtsfrage (BFH-Urteil vom 30.9.2010, III R 39/08, a. a. O.).

Wird durch einen Vorläufigkeitsvermerk in einem Änderungsbescheid der Umfang der Vorläufigkeit in einschränkender Weise neu bestimmt (vgl. AEAO zu § 165, Nr. 7 Sätze 5 und 6), steht dies insoweit einer Endgültigkeitserklärung gleich.

12. Verwaltungsakte i. S. v. § 163 Abs. 1 AO können nicht nach § 165 AO vorläufig ergehen. Werden solche Verwaltungsakte aber mit einer vorläufigen Steuerfestsetzung verbunden und ist der Grund der Vorläufigkeit auch für die Entscheidung nach § 163 Abs. 1 AO von Bedeutung, stehen sie nach § 163 Abs. 3 Satz 1 Nr. 3 AO kraft Gesetzes unter Widerrufsvorbehalt.

§ 166 Drittwirkung der Steuerfestsetzung (S 0338)

Ist die Steuer dem Steuerpflichtigen gegenüber unanfechtbar festgesetzt, so hat dies neben einem Gesamtrechtsnachfolger auch gegen sich gelten zu lassen, wer in der Lage gewesen wäre, den gegen den Steuerpflichtigen erlassenen Bescheid als dessen Vertreter, Bevollmächtigter oder kraft eigenen Rechts anzufechten.

§ 167 Steueranmeldung, Verwendung von Steuerzeichen oder Steuerstemplern (S 0339)

(1) ¹Ist eine Steuer auf Grund gesetzlicher Verpflichtung anzumelden (§ 150 Absatz 1 Satz 3), so ist eine Festsetzung der Steuer nach § 155 nur erforderlich, wenn die Festsetzung zu einer abweichenden Steuer führt oder der Steuer- oder Haftungsschuldner die Steueranmeldung nicht abgibt. ²Satz 1 gilt sinngemäß, wenn die Steuer auf Grund gesetzlicher Verpflichtung durch Verwendung von Steuerzeichen oder Steuerstemplern zu entrichten ist. ³Erkennt der Steuer- oder Haftungsschuldner nach Abschluss einer Außenprüfung im Sinne des § 193 Absatz 2 Nummer 1 seine Zahlungsverpflichtung schriftlich an, steht das Anerkenntnis einer Steueranmeldung gleich.

(2) ¹Steueranmeldungen gelten auch dann als rechtzeitig abgegeben, wenn sie fristgerecht bei der zuständigen Kasse eingehen. ²Dies gilt nicht für Einfuhr- und Ausfuhrabgaben und Verbrauchsteuern.

AEAO zu § 167 - Steueranmeldung, Verwendung von Steuerzeichen oder Steuerstemplern:

1. Die Selbstberechnung der Steuer (§ 150 Abs. 1 Satz 3 AO) durch Steueranmeldung ist gesetzlich insbesondere vorgeschrieben für die Umsatzsteuer (Voranmeldung und Jahreserklärung - § 18 UStG), die Lohnsteuer (§ 41a EStG), die Kapitalertragsteuer (§ 45a EStG), den Steuerabzug nach § 48 i. V. m. § 48a EStG oder nach § 50a EStG, die Versicherungsteuer (§ 8 VersStG), die Wettsteuer (§ 18 RennwLottAB) und für die Feuerschutzsteuer (§ 8 FeuerSchStG). Die Steueranmeldung ist Steuererklärung i. S. d. § 150 AO. Wegen der Wirkung einer Steueranmeldung siehe § 168 AO.

2. Eine Steueranmeldung i. S. d. AO liegt nicht vor, wenn ein Gesetz zwar die Selbstberechnung der Steuer durch den Steuerpflichtigen vorschreibt, daneben aber eine förmliche Steuerfestsetzung vorsieht, z. B. § 9 KraftStDV.

3. Das Anerkenntnis des zum Steuerabzug Verpflichteten, insbesondere des Arbeitgebers hinsichtlich der Lohnsteuer, steht einer Steueranmeldung und damit einer Steuerfestsetzung unter Vorbehalt der Nachprüfung gleich (§ 167 Abs. 1 Satz 3, § 168 Satz 1 AO). Es ist deshalb nicht erforderlich, gegen ihn einen Haftungsbescheid zu erlassen, wenn er seiner Zahlungsverpflichtung aus dem Anerkenntnis nicht nachkommen will. Der Entrichtungspflichtige kann sein Zahlungsanerkenntnis nur mit Zustimmung der Finanzbehörde ändern oder widerrufen. Nach einer abschließenden Prüfung des Steuerfalls ist

der Vorbehalt der Nachprüfung durch besonderen Bescheid aufzuheben (§ 164 Abs. 2 und 3 AO).

4. Steueranmeldungen sind bei dem für die Besteuerung zuständigen Finanzamt abzugeben. Es treten aber keine Verspätungsfolgen ein, wenn der Steuerpflichtige die Steueranmeldung und den Scheck fristgemäß bei dem für die Steuererhebung zuständigen Finanzamt einreicht.

5. Gibt jemand (z. B. ein Arbeitgeber) trotz seiner gesetzlichen Verpflichtung, Steuern für Rechnung eines Dritten einzubehalten, anzumelden und abzuführen, keine Steueranmeldung ab, so kann gegen ihn ein Steuerbescheid aufgrund einer Schätzung ergehen. Die Möglichkeit, einen Haftungsbescheid zu erlassen, steht dem nicht entgegen (vgl. BFH-Urteil vom 7.7.2004, VI R 171/00, BStBl II S. 1087).

§ 168 Wirkung einer Steueranmeldung (S 0339)

¹Eine Steueranmeldung steht einer Steuerfestsetzung unter Vorbehalt der Nachprüfung gleich. ²Führt die Steueranmeldung zu einer Herabsetzung der bisher zu entrichtenden Steuer oder zu einer Steuervergütung, so gilt Satz 1 erst, wenn die Finanzbehörde zustimmt. ³Die Zustimmung bedarf keiner Form.

AEAO zu § 168 - Wirkung einer Steueranmeldung:

1. Eine Steueranmeldung, die nicht zu einer Herabsetzung der bisher zu entrichtenden Steuer oder zu einer Steuervergütung führt, hat mit ihrem Eingang bei der Finanzbehörde die Wirkung einer Steuerfestsetzung unter Vorbehalt der Nachprüfung. Wegen der daraus sich ergebenden Folgen vgl. AEAO zu § 164 AO.

   Die fällige Steuer ist ohne besonderes Leistungsgebot nach Eingang der Anmeldung vollstreckbar (§ 249 Abs. 1, § 254 Abs. 1 Satz 4 AO).

2. Eine erstmalige Steueranmeldung, die zu einer Steuervergütung führt (z. B. Vorsteuerüberschuss), wirkt erst dann als Steuerfestsetzung unter Vorbehalt der Nachprüfung, wenn dem Steuerpflichtigen die Zustimmung der Finanzbehörde bekannt wird (§ 168 Satz 2 AO; BFH-Urteil vom 28.2.1996, XI R 42/94, BStBl II S. 660). Bis dahin ist sie als Antrag auf Steuerfestsetzung (§ 155 Abs. 1 Satz 3 und Abs. 5 AO) anzusehen.

3. Auch eine berichtigte Steueranmeldung, die zu einer Herabsetzung der bisher angemeldeten Steuer (Mindersoll) oder zu einer Erhöhung der bisher angemeldeten Steuervergütung führt, wirkt erst dann als Steuerfestsetzung unter Vorbehalt der Nachprüfung, wenn dem Steuerpflichtigen die Zustimmung der Finanzbehörde bekannt wird. Bis dahin ist sie als Antrag auf Änderung der Steuerfestsetzung nach § 164 Abs. 2 Satz 2 AO zu behandeln. Wegen der Änderung einer nicht mehr unter dem Vorbehalt der Nachprüfung stehenden Steuerfestsetzung vgl. AEAO zu § 168, Nr. 12.

4. Die kassenmäßige Sollstellung eines Rotbetrags ist keine Zustimmung zur Anmeldung i. S. d. § 168 Satz 2 AO; sie darf dem Anmeldenden nicht mitgeteilt werden. Wird der Steuerpflichtige schriftlich bzw. elektronisch über die Zustimmung unterrichtet (z. B. zusammen mit einer Abrechnungsmitteilung),

ist grundsätzlich davon auszugehen, dass ihm die Zustimmung am vierten Tag nach Aufgabe zur Post bzw. nach der Absendung bekannt geworden ist. Zur Fälligkeit der Erstattung vgl. AEAO zu § 220 AO.

5. Die Abgabe einer berichtigten Anmeldung mit Mindersoll hat keine Auswirkungen auf den Zeitpunkt der Fälligkeit des ursprünglich angemeldeten Betrages. Ebenso bleiben auf der Grundlage der ursprünglichen Steueranmeldung entstandene Säumniszuschläge unberührt (§ 240 Abs. 1 Satz 4 AO).

6. Will die Finanzbehörde von der angemeldeten Steuer abweichen, so ist eine Steuerfestsetzung vorzunehmen und darüber ein Steuerbescheid zu erteilen. Die abweichende Festsetzung kann unter dem Vorbehalt der Nachprüfung oder unter den Voraussetzungen des § 165 AO vorläufig vorgenommen werden.

7. Nach § 18 Abs. 2 UStG ist die für einen Voranmeldungszeitraum errechnete Umsatzsteuer eine Vorauszahlung. Wird eine abweichende USt-Festsetzung durchgeführt, steht diese als Vorauszahlungsbescheid nach § 164 Abs. 1 Satz 2 AO kraft Gesetzes unter Vorbehalt der Nachprüfung. Dies gilt nicht bei einer von einer USt-Jahreserklärung abweichenden Festsetzung; in diesen Fällen muss die Steuerfestsetzung unter Vorbehalt der Nachprüfung besonders angeordnet und im Bescheid vermerkt werden (BFH-Urteil vom 2.12.1999, V R 19/99, BStBl 2000 II S. 284).

8. Ergibt sich durch die anderweitige Festsetzung eine höhere Zahllast als angemeldet, ist für den nachzuzahlenden Differenzbetrag eine Zahlungsfrist einzuräumen (§ 220 Abs. 2). Auf § 18 Abs. 4 UStG wird hingewiesen. Liegt der abweichenden Festsetzung eine Steueranmeldung mit Steuervergütung oder Mindersoll zugrunde, so ist Fälligkeitstag des gesamten Erstattungsbetrags der Tag der Bekanntgabe der anderweitigen Festsetzung (§ 220 Abs. 2 AO).

9. Aus Vereinfachungsgründen kann bei Steueranmeldungen, die zu einer Steuervergütung oder zu einem Mindersoll führen, die Zustimmung allgemein erteilt werden. Auch in diesem Fall stehen die Anmeldungen erst dann einer Steuerfestsetzung unter Vorbehalt der Nachprüfung gleich, wenn dem Steuerpflichtigen die Zustimmung bekannt wird. Wird der Steuerpflichtige schriftlich bzw. elektronisch über die Zustimmung unterrichtet (z. B. zusammen mit einer Abrechnungsmitteilung), ist grundsätzlich davon auszugehen, dass ihm die Zustimmung am vierten Tag nach Aufgabe zur Post bzw. nach der Absendung bekannt geworden ist.

10. In den Fällen, in denen keine allgemeine Zustimmung erteilt wird, ist über die Zustimmung oder Festsetzung alsbald zu entscheiden. Auf die Bearbeitung in angemessener Zeit bzw. auf die rechtzeitige Mitteilung von Hinderungsgründen ist angesichts § 347 Abs. 1 Satz 2 AO besonders zu achten.

11. Wird die Zustimmung zur Steueranmeldung nicht erteilt, so ist der Antrag des Steuerpflichtigen auf Steuerfestsetzung (vgl. AEAO zu § 168, Nr. 2) bzw. auf Änderung der Steuerfestsetzung nach § 164 Abs. 2 Satz 2 AO (vgl. AEAO zu § 168, Nr. 3) durch Bescheid abzulehnen (§ 155 Abs. 1 Satz 3 AO).

12. Führt die berichtigte Anmeldung zu einer höheren Steuer oder zu einem geringeren Vergütungsbetrag, gilt Folgendes:

    - Steht die bisherige Steuerfestsetzung noch unter dem Vorbehalt der Nachprüfung, bedarf es keiner Zustimmung der Finanzbehörde; die berichtigte Steueranmeldung steht bereits mit ihrem Eingang bei der Finanzbehörde einer nach § 164 Abs. 2 AO geänderten Steuerfestsetzung unter Vorbehalt der Nachprüfung gleich.

    - Steht die bisherige Steuerfestsetzung nicht oder nicht mehr unter dem Vorbehalt der Nachprüfung, ist ein nach § 172 Abs. 1 Satz 1 Nr. 2 Buchstabe a AO geänderter Bescheid zu erteilen.

    Zu prüfen ist, ob die berichtigte Anmeldung eine Selbstanzeige (§ 371 AO) ist. Wegen der Verlängerung der Festsetzungsfrist Hinweis auf § 171 Abs. 9 AO.

13. Eine Steueranmeldung, die - ggf. nach Zustimmung - einer Steuerfestsetzung unter dem Vorbehalt der Nachprüfung gleichsteht, kann mit dem Einspruch angefochten werden (§ 347 Abs. 1 Satz 1 AO). Wegen des Beginns der Einspruchsfrist wird auf § 355 Abs. 1 Satz 2 AO, wegen des Beginns der Zahlungsverjährung auf § 229 AO hingewiesen.

II. Festsetzungsverjährung

AEAO vor §§ 169 bis 171 - Festsetzungsverjährung:

1. Durch Verjährung erlöschen allgemein Ansprüche aus dem Steuerschuldverhältnis (§ 47 AO).

   Das Gesetz unterscheidet zwischen der Festsetzungsverjährung (§§ 169 bis 171 AO) und der Zahlungsverjährung (§§ 228 bis 232 AO).

2. Die Finanzbehörde darf die Festsetzung von Steuern, von Erstattungs- oder Vergütungsansprüchen nur vornehmen, soweit die Festsetzungsfrist noch nicht abgelaufen ist. Dies gilt auch für Änderungen oder Aufhebungen von Steuerfestsetzungen sowie Berichtigungen wegen offenbarer Unrichtigkeit, gleichgültig ob zugunsten oder zuungunsten des Steuerpflichtigen. Mit Ablauf der Festsetzungsfrist sind Ansprüche des Steuergläubigers, aber auch Ansprüche des Erstattungsberechtigten erloschen. Zur Berichtigung (teil-)verjährter Steueransprüche im Zusammenhang mit einer Aufhebung, Änderung oder Berichtigung der Steuerfestsetzung wegen offenbarer Unrichtigkeit vgl. AEAO zu § 177, Nr. 1.

3. Für den Ablauf der Festsetzungsfrist gilt § 108 Abs. 3 AO (vgl. Nr. 2 des AEAO zu § 108). Fällt das Ende der Festsetzungsfrist auf einen Sonntag, einen gesetzlichen Feiertag oder einen Sonnabend, endet die Festsetzungsfrist daher erst mit dem Ablauf des nächstfolgenden Werktags.

4. Eine Festsetzung usw., die erst nach Eintritt der Festsetzungsverjährung erfolgt, ist nicht nichtig (§ 125 Abs. 1 AO), sondern nur anfechtbar, erwächst also ggf. in Bestandskraft; der Bescheid ist auch vollstreckbar.

5. Die Festsetzungsverjährung schließt Ermittlungshandlungen der Finanzbehörde im Einzelfall (§§ 88, 92 ff., 193 ff., 208 Abs. 1 Nr. 2 AO) nicht aus (vgl. BFH-Urteil vom 23.7.1985, VIII R 48/85, BStBl 1986 II S. 433).

6. Die Bestimmungen über die Festsetzungsverjährung gelten sinngemäß auch für die Festsetzung von Steuermessbeträgen (§ 184 Abs. 1 AO) und für die gesonderte Feststellung von Besteuerungsgrundlagen (§ 181 Abs. 1 AO), sowie bei allen Festsetzungen, für die die Vorschriften über das Steuerfestsetzungsverfahren anzuwenden sind (s. § 155 AO). Auf steuerliche Nebenleistungen (§ 3 Abs. 4 AO) finden sie nur Anwendung, wenn dies besonders vorgeschrieben ist (§ 1 Abs. 3 Satz 2 AO), wie z. B. bei Zinsen (§ 239 AO). Für die Kosten der Vollstreckung gilt die besondere Regelung des § 346 AO.

7. Für Verspätungszuschläge (§ 152 AO) fehlt dagegen eine entsprechende Bestimmung (vgl. AEAO zu § 169, Nr. 5 AO). Säumniszuschläge (§ 240 AO) entstehen kraft Gesetzes, sie unterliegen allein der Zahlungsverjährung (§§ 228 ff. AO).

§ 169 Festsetzungsfrist[1] (S 0340)

(1) ¹Eine Steuerfestsetzung sowie ihre Aufhebung oder Änderung sind nicht mehr zulässig, wenn die Festsetzungsfrist abgelaufen ist. ²Dies gilt auch für die Berichtigung wegen offenbarer Unrichtigkeit nach § 129. ³Die Frist ist gewahrt, wenn vor Ablauf der Festsetzungsfrist

1. der Steuerbescheid oder im Fall des § 122a die elektronische Benachrichtigung den Bereich der für die Steuerfestsetzung zuständigen Finanzbehörde verlassen hat oder

2. bei öffentlicher Zustellung nach § 10 des Verwaltungszustellungsgesetzes die Benachrichtigung bekannt gemacht oder veröffentlicht wird.

(2) ¹Die Festsetzungsfrist beträgt:

1. ein Jahr

    für Verbrauchsteuern und Verbrauchsteuervergütungen,

2. vier Jahre

    für Steuern und Steuervergütungen, die keine Steuern oder Steuervergütungen im Sinne der Nummer 1 oder Einfuhr- und Ausfuhrabgaben nach Artikel 5 Nummer 20 und 21 des Zollkodex der Union sind.

²Die Festsetzungsfrist beträgt zehn Jahre, soweit eine Steuer hinterzogen, und fünf Jahre, soweit sie leichtfertig verkürzt worden ist. ³Dies gilt auch dann, wenn die Steuerhinterziehung oder leichtfertige Steuerverkürzung nicht durch den

---

[1] § 169 Abs. 1 Satz 3 Nr. 1 AO gilt gemäß Artikel 3 Nummer 6 in Verbindung mit Artikel 74 Absatz 10 des Gesetzes vom 23. Oktober 2024 (BGBl. 2024 I Nr. 323) ab 1.1.2026 in folgender Fassung:
„1. der Steuerbescheid
    a) im Fall des § 122 Absatz 2, 2a oder Absatz 5 den Bereich der für die Steuerfestsetzung zuständigen Finanzbehörde verlassen hat oder
    b) im Fall des § 122a zum Abruf bereitgestellt worden ist oder".

Steuerschuldner oder eine Person begangen worden ist, deren er sich zur Erfüllung seiner steuerlichen Pflichten bedient, es sei denn, der Steuerschuldner weist nach, dass er durch die Tat keinen Vermögensvorteil erlangt hat und dass sie auch nicht darauf beruht, dass er die im Verkehr erforderlichen Vorkehrungen zur Verhinderung von Steuerverkürzungen unterlassen hat.

AEAO zu § 169 - Festsetzungsfrist:

1. Die Festsetzungsfrist nach § 169 Abs. 1 Satz 3 Nr. 1 AO ist nur gewahrt, wenn der vor Ablauf der Frist zur Post gegebene „Steuerbescheid" dem Empfänger nach Fristablauf tatsächlich zugeht (vgl. Beschluss des Großen Senats des BFH vom 25.11.2002, GrS 2/01, BStBl 2003 II S. 548).

   Im Fall der Bekanntgabe nach § 122a AO ist die Festsetzungsfrist nach § 169 Abs. 1 Satz 3 Nr. 1 AO gewahrt, wenn

   - die vor Ablauf der Festsetzungsfrist versandte elektronische Benachrichtigung tatsächlich zugegangen ist oder

   - die elektronische Benachrichtigung vor Ablauf der Festsetzungsfrist versandt worden ist, der Adressat den Zugang der Benachrichtigung bestreitet, er den Verwaltungsakt aber tatsächlich abgerufen hat. Der Zeitpunkt des Abrufs des Verwaltungsakts ist dabei unerheblich.

   Zu den für die Steuerfestsetzung zuständigen Finanzbehörden sind auch die für die Finanzbehörden arbeitenden Rechenzentren (§§ 2 und 17 FVG) zu zählen, wenn sie die Absendung an den Steuerpflichtigen vornehmen.

   Bei Steuermessbescheiden wird die Frist allein durch die Absendung der Mitteilungen an die Gemeinde (§ 184 Abs. 3 AO) nicht gewahrt. Die fristgerechte Absendung der Messbescheide ist Aufgabe der Gemeinden, die insoweit für die Finanzbehörden handeln

2. Die Festsetzungsfrist verlängert sich auf zehn Jahre, soweit eine Steuer hinterzogen, und auf fünf Jahre, soweit die Steuer leichtfertig verkürzt worden ist (§ 169 Abs. 2 Satz 2 AO).

2.1 Die für den Erlass des Steuerbescheids zuständige Stelle der Finanzbehörde hat im Benehmen mit der für Straf- und Bußgeldsachen zuständigen Stelle zu prüfen, ob der objektive und subjektive Tatbestand des § 370 AO gegeben ist. Eine vorherige strafgerichtliche Verurteilung ist nicht erforderlich. Ebenso wenig sind Selbstanzeige (§ 371 AO), Eintritt der Strafverfolgungsverjährung oder sonstige Verfahrenshindernisse von Bedeutung. An Entscheidungen im strafgerichtlichen Verfahren ist die Finanzbehörde nicht gebunden (BFH-Urteil vom 10.10.1972, VII R 117/69, BStBl 1973 II S. 68). Entsprechendes gilt bezüglich leichtfertig verkürzter Steuern (§ 378 AO).

2.2 Das Erschleichen von Investitionszulage (BFH-Urteil vom 19.12.2013, II R 25/10, BStBl 2015 II S. 119) ist ebenso wie das Erschleichen von Eigenheimzulage (BFH-Urteil vom 12.1.2016, IX R 20/15, BStBl 2017 II S. 21) keine Steuerhinterziehung i. S. v. § 169 Abs. 2 Satz 2 i. V. m. § 370 AO.

   Gesetzlich ausdrücklich für anwendbar erklärt wurden die Vorschriften zur Steuerhinterziehung hingegen für die Arbeitnehmer-Sparzulage (§ 14 Abs. 3

Satz 1 5. VermBG), die Wohnungsbauprämie (§ 8 Abs. 2 Satz 1 WoPG), die Forschungszulage (§ 13 FZulG), die Mobilitätsprämie (§ 108 EStG) und die Altersvorsorgezulage (§ 96 Abs. 7 Satz 1 EStG).

2.3 Die Verlängerung der Festsetzungsfrist für hinterzogene oder leichtfertig verkürzte Steuern verlängert nicht die Wirksamkeit eines Vorbehalts der Nachprüfung (vgl. AEAO zu § 164, Nr. 7). § 169 Abs. 2 Satz 2 AO ist auch dann anzuwenden, wenn der Steuerbescheid unter dem Vorbehalt der Nachprüfung ergangen ist; § 164 Abs. 4 Satz 2 AO regelt lediglich, dass § 169 Abs. 2 Satz 2 und § 171 Abs. 7, 8 und 10 AO bei Bestimmung des Ablaufs der für § 164 Abs. 4 Satz 1 AO maßgeblichen Frist nicht anzuwenden sind.

3. Wegen der Frist für die gesonderte Feststellung von Besteuerungsgrundlagen (Feststellungsfrist) Hinweis auf § 181 Abs. 3 AO. Für den Erlass von Haftungsbescheiden wird auf § 191 Abs. 3 AO hingewiesen.

4. Bei Zinsen beträgt die Festsetzungsfrist zwei Jahre (§ 239 Abs. 1 Satz 1 AO), bei Kosten der Vollstreckung ein Jahr (§ 346 AO).

5. Verspätungszuschläge unterliegen nicht der Festsetzungsverjährung (vgl. AEAO vor §§ 169 bis 171, Nr. 6). Von der erstmaligen Festsetzung eines Verspätungszuschlags ist jedoch grundsätzlich abzusehen, wenn die Festsetzungsfrist für die Steuer abgelaufen ist. Wird aber ein bereits vor Ablauf der für die Steuer geltenden Festsetzungsfrist festgesetzter Verspätungszuschlag nur aus formellen Gründen oder aufgrund einer fehlerhaften Ermessensausübung bezüglich seiner Höhe aufgehoben, ist die Festsetzung eines Verspätungszuschlags auch nach Ablauf der für die Steuer geltenden Festsetzungsfrist zulässig.

§ 170 Beginn der Festsetzungsfrist (S 0341)

(1) Die Festsetzungsfrist beginnt mit Ablauf des Kalenderjahrs, in dem die Steuer entstanden ist oder eine bedingt entstandene Steuer unbedingt geworden ist.

(2) [1]Abweichend von Absatz 1 beginnt die Festsetzungsfrist, wenn

1. eine Steuererklärung oder eine Steueranmeldung einzureichen oder eine Anzeige zu erstatten ist, mit Ablauf des Kalenderjahrs, in dem die Steuererklärung, die Steueranmeldung oder die Anzeige eingereicht wird, spätestens jedoch mit Ablauf des dritten Kalenderjahrs, das auf das Kalenderjahr folgt, in dem die Steuer entstanden ist, es sei denn, dass die Festsetzungsfrist nach Absatz 1 später beginnt,

2. eine Steuer durch Verwendung von Steuerzeichen oder Steuerstemplern zu zahlen ist, mit Ablauf des Kalenderjahrs, in dem für den Steuerfall Steuerzeichen oder Steuerstempler verwendet worden sind, spätestens jedoch mit Ablauf des dritten Kalenderjahrs, das auf das Kalenderjahr folgt, in dem die Steuerzeichen oder Steuerstempler hätten verwendet werden müssen.

[2]Dies gilt nicht für Verbrauchsteuern, ausgenommen die Energiesteuer auf Erdgas und die Stromsteuer.

(3) Wird eine Steuer oder eine Steuervergütung nur auf Antrag festgesetzt, so beginnt die Frist für die Aufhebung oder Änderung dieser Festsetzung oder ihrer Berichtigung nach § 129 nicht vor Ablauf des Kalenderjahrs, in dem der Antrag gestellt wird.

(4) Wird durch Anwendung des Absatzes 2 Nummer 1 auf die Vermögensteuer oder die Grundsteuer der Beginn der Festsetzungsfrist hinausgeschoben, so wird der Beginn der Festsetzungsfrist für die folgenden Kalenderjahre des Hauptveranlagungszeitraums jeweils um die gleiche Zeit hinausgeschoben.

(5) Für die Erbschaftsteuer (Schenkungsteuer) beginnt die Festsetzungsfrist nach den Absätzen 1 oder 2

1. bei einem Erwerb von Todes wegen nicht vor Ablauf des Kalenderjahrs, in dem der Erwerber Kenntnis von dem Erwerb erlangt hat,

2. bei einer Schenkung nicht vor Ablauf des Kalenderjahrs, in dem der Schenker gestorben ist oder die Finanzbehörde von der vollzogenen Schenkung Kenntnis erlangt hat,

3. bei einer Zweckzuwendung unter Lebenden nicht vor Ablauf des Kalenderjahrs, in dem die Verpflichtung erfüllt worden ist.

(6) Für die Steuer, die auf Kapitalerträge entfällt, die

1. aus Staaten oder Territorien stammen, die nicht Mitglieder der Europäischen Union oder der Europäischen Freihandelsassoziation sind, und

2. nicht nach Verträgen im Sinne des § 2 Absatz 1 oder hierauf beruhenden Vereinbarungen automatisch mitgeteilt werden,

beginnt die Festsetzungsfrist frühestens mit Ablauf des Kalenderjahres, in dem diese Kapitalerträge der Finanzbehörde durch Erklärung des Steuerpflichtigen oder in sonstiger Weise bekannt geworden sind, spätestens jedoch zehn Jahre nach Ablauf des Kalenderjahres, in dem die Steuer entstanden ist.

(7) Für Steuern auf Einkünfte oder Erträge, die in Zusammenhang stehen mit Beziehungen zu einer Drittstaat- Gesellschaft im Sinne des § 138 Absatz 3, auf die der Steuerpflichtige allein oder zusammen mit nahestehenden Personen im Sinne des § 1 Absatz 2 des Außensteuergesetzes unmittelbar oder mittelbar einen beherrschenden oder bestimmenden Einfluss ausüben kann, beginnt die Festsetzungsfrist frühestens mit Ablauf des Kalenderjahres, in dem diese Beziehungen durch Mitteilung des Steuerpflichtigen oder auf andere Weise bekannt geworden sind, spätestens jedoch zehn Jahre nach Ablauf des Kalenderjahres, in dem die Steuer entstanden ist.

AEAO zu § 170 - Beginn der Festsetzungsfrist:

1. Für den Beginn der Festsetzungsfrist kommt es darauf an, wann die Steuer (§ 37 AO) entstanden ist. Der Zeitpunkt der Entstehung der Ansprüche aus dem Steuerschuldverhältnis ist in § 38 AO und in den Einzelsteuergesetzen (vgl. AEAO zu § 38, Nr.1) geregelt. Die Anlaufhemmung (§ 170 Abs. 2 bis 6 AO) schiebt den Beginn der Festsetzungsfrist hinaus.

2. Wegen des Beginns der Frist für die gesonderte Feststellung von Einheitswerten oder Grundsteuerwerten Hinweis auf § 181 Abs. 3 und 4 AO. Für Haftungsbescheide gilt § 191 Abs. 3 AO. Bei Zinsen und Kosten der Vollstreckung ergibt sich der Beginn der Festsetzungsfrist aus § 239 Abs. 1 Satz 2 bzw. § 346 Abs. 2 Satz 2 AO. Hinsichtlich der Verspätungszuschläge vgl. AEAO zu § 169, Nr. 5.

3. Die Anlaufhemmung nach § 170 Abs. 2 AO gilt für sämtliche Besitz- und Verkehrsteuern, für die auf Grund allgemeiner gesetzlicher Vorschrift (z. B. § 181 Abs. 2 AO; § 25 EStG; § 14a GewStG; § 31 KStG; § 18 UStG) oder auf Grund einer Aufforderung der Finanzbehörde (§ 149 Abs. 1 Satz 2 AO) eine Steuererklärung oder eine Steueranmeldung einzureichen oder eine Anzeige zu erstatten ist; gesetzliche Vorschrift ist auch eine Rechtsverordnung (§ 4 AO). Eine Berichtigungsanzeige nach § 153 Abs. 1 AO löst allerdings keine Anlaufhemmung aus (vgl. BFH-Urteil vom 22.1.1997, II B 40/96, BStBl II S. 266).

   Ist der Steuerpflichtige berechtigt aber nicht verpflichtet, eine Steuererklärung abzugeben, wie z. B. bei der Antragsveranlagung nach § 46 Abs. 2 Nr. 8 EStG, greift die Anlaufhemmung nach § 170 Absatz 2 Satz 1 Nr. 1 AO nicht (BFH-Urteil vom 14.4.2011, VI R 53/10, BStBl II S. 746). Die Anlaufhemmung greift auch dann nicht, wenn eine behördliche Aufforderung zur Abgabe einer Steuererklärung dem Steuerpflichtigen erst nach dem Ablauf der Festsetzungsfrist des § 169 Abs. 2 AO zugeht oder eine Pflichtveranlagung begründende Steuererklärung erst nach dem Ablauf der Festsetzungsfrist des § 169 Abs. 2 AO abgegeben wird (BFH-Urteil vom 28.3.2012, VI R 68/10, BStBl II S. 711).

   Die Nichtveranlagungs-Bescheinigung nach § 44a Abs. 2 Satz 1 Nr. 2 EStG hat keine Auswirkungen auf die Anlaufhemmung nach § 170 Abs. 2 Satz 1

Nr. 1 AO (vgl. BFH-Beschluss vom 15.5.2013, VI R 33/12, BStBl 2014 II S. 238).

4. Bei Bestimmung der Anlaufhemmung nach § 170 Abs. 6 AO gilt Folgendes:

- Als „Steuer" sind nur die Steuern anzusehen, die auf Kapitalerträge entfallen. Hierzu gehören die Einkommensteuer, die Körperschaftsteuer und - soweit gewerbliche Einkünfte betroffen sind - die Gewerbesteuer sowie die entsprechenden Annexsteuern.

- „Kapitalerträge" sind Erträge im Sinne des § 20 EStG, unabhängig davon, ob sie nach § 20 Abs. 8 EStG zu einer anderen Einkunftsart gehören.

§ 171 Ablaufhemmung[1] (S 0342)

(1) Die Festsetzungsfrist läuft nicht ab, solange die Steuerfestsetzung wegen höherer Gewalt innerhalb der letzten sechs Monate des Fristlaufs nicht erfolgen kann.

(2) [1]Ist beim Erlass eines Steuerbescheids eine offenbare Unrichtigkeit unterlaufen, so endet die Festsetzungsfrist insoweit nicht vor Ablauf eines Jahres nach Bekanntgabe dieses Steuerbescheids. [2]Das Gleiche gilt in den Fällen des § 173a.

(3) Wird vor Ablauf der Festsetzungsfrist außerhalb eines Einspruchs- oder Klageverfahrens ein Antrag auf Steuerfestsetzung oder auf Aufhebung oder Änderung einer Steuerfestsetzung oder ihrer Berichtigung nach § 129 gestellt, so läuft die Festsetzungsfrist insoweit nicht ab, bevor über den Antrag unanfechtbar entschieden worden ist.

(3a) [1]Wird ein Steuerbescheid mit einem Einspruch oder einer Klage angefochten, so läuft die Festsetzungsfrist nicht ab, bevor über den Rechtsbehelf unanfechtbar entschieden ist; dies gilt auch, wenn der Rechtsbehelf erst nach Ablauf der Festsetzungsfrist eingelegt wird. [2]Der Ablauf der Festsetzungsfrist ist hinsichtlich des gesamten Steueranspruchs gehemmt; dies gilt nicht, soweit der Rechtsbehelf unzulässig ist. [3]In den Fällen des § 100 Absatz 1 Satz 1, Absatz 2 Satz 2, Absatz 3 Satz 1, § 101 der Finanzgerichtsordnung ist über den Rechtsbehelf erst dann unanfechtbar entschieden, wenn ein auf Grund der genannten Vorschriften erlassener Steuerbescheid unanfechtbar geworden ist.

(4) [1]Wird vor Ablauf der Festsetzungsfrist mit einer Außenprüfung begonnen oder wird deren Beginn auf Antrag des Steuerpflichtigen hinausgeschoben, so läuft die Festsetzungsfrist für die Steuern, auf die sich die Außenprüfung erstreckt oder im Fall der Hinausschiebung der Außenprüfung erstrecken sollte, nicht ab, bevor die aufgrund der Außenprüfung zu erlassenden Steuerbescheide unanfechtbar geworden sind oder nach Bekanntgabe der Mitteilung nach § 202 Absatz 1 Satz 3 drei Monate verstrichen sind. [2]Dies gilt nicht, wenn eine Außenprüfung unmittelbar nach ihrem Beginn für die Dauer von mehr als sechs Monaten aus Gründen unterbrochen wird, die die Finanzbehörde zu vertreten hat. [3]Die Ablaufhemmung nach Satz 1 endet spätestens fünf Jahre nach Ablauf des Kalenderjahres, in dem die Prüfungsanordnung bekanntgegeben wurde; eine weitergehende Ablaufhemmung nach anderen Vorschriften bleibt unberührt. [4]Wird auf Antrag des Steuerpflichtigen der Beginn der Außenprüfung verschoben oder die Außenprüfung unterbrochen, so verlängert sich die Frist nach Satz 3 erster Halbsatz für die in Satz 1 genannten Steuern um die Dauer des Hinausschiebens oder der Unterbrechung. [5]Nimmt die Finanzbehörde für die in Satz 1 genannten Steuern vor Ablauf der Frist nach Satz 3 erster Halbsatz zwischenstaatliche Amtshilfe in Anspruch, verlängert sich diese Frist um die Dauer der zwischenstaatlichen Amtshilfe, mindestens aber um ein Jahr. [6]Satz 5 gilt nur, sofern der Steuerpflichtige auf die Inanspruchnahme der zwischenstaatlichen Amtshilfe vor Ablauf der Frist nach Satz 3 erster Halbsatz hingewiesen wurde. [7]Wird dem Steuerpflichtigen vor Ablauf der Festsetzungsfrist die Einleitung eines Strafver-

---

[1] Zur Anwendung des § 171 Abs. 4 AO siehe Artikel 97 § 37 EGAO

fahrens für eine der in Satz 1 genannten Steuern bekanntgegeben und wird infolgedessen mit einer Außenprüfung nicht begonnen oder eine bereits begonnene Außenprüfung unterbrochen, ist Satz 3 nicht anzuwenden; die Absätze 5 und 6 bleiben unberührt. [8]§ 200a Absatz 4 und 5 bleibt unberührt.

§ 171 Abs. 4 AO in der Fassung zum 31.12.2022

(4) [1]Wird vor Ablauf der Festsetzungsfrist mit einer Außenprüfung begonnen oder wird deren Beginn auf Antrag des Steuerpflichtigen hinausgeschoben, so läuft die Festsetzungsfrist für die Steuern, auf die sich die Außenprüfung erstreckt oder im Fall der Hinausschiebung der Außenprüfung erstrecken sollte, nicht ab, bevor die auf Grund der Außenprüfung zu erlassenden Steuerbescheide unanfechtbar geworden sind oder nach Bekanntgabe der Mitteilung nach § 202 Abs. 1 Satz 3 drei Monate verstrichen sind. [2]Dies gilt nicht, wenn eine Außenprüfung unmittelbar nach ihrem Beginn für die Dauer von mehr als sechs Monaten aus Gründen unterbrochen wird, die die Finanzbehörde zu vertreten hat. [3]Die Festsetzungsfrist endet spätestens, wenn seit Ablauf des Kalenderjahrs, in dem die Schlussbesprechung stattgefunden hat, oder, wenn sie unterblieben ist, seit Ablauf des Kalenderjahrs, in dem die letzten Ermittlungen im Rahmen der Außenprüfung stattgefunden haben, die in § 169 Abs. 2 genannten Fristen verstrichen sind; eine Ablaufhemmung nach anderen Vorschriften bleibt unberührt.

(5) [1]Beginnen die Behörden des Zollfahndungsdienstes oder die mit der Steuerfahndung betrauten Dienststellen der Landesfinanzbehörden vor Ablauf der Festsetzungsfrist beim Steuerpflichtigen mit Ermittlungen der Besteuerungsgrundlagen, so läuft die Festsetzungsfrist insoweit nicht ab, bevor die auf Grund der Ermittlungen zu erlassenden Steuerbescheide unanfechtbar geworden sind; Absatz 4 Satz 2 gilt sinngemäß. [2]Das Gleiche gilt, wenn dem Steuerpflichtigen vor Ablauf der Festsetzungsfrist die Einleitung des Steuerstrafverfahrens oder des Bußgeldverfahrens wegen einer Steuerordnungswidrigkeit bekannt gegeben worden ist; § 169 Absatz 1 Satz 3 gilt sinngemäß.

(6) [1]Ist bei Steuerpflichtigen eine Außenprüfung im Geltungsbereich dieses Gesetzes nicht durchführbar, wird der Ablauf der Festsetzungsfrist auch durch sonstige Ermittlungshandlungen im Sinne des § 92 gehemmt, bis die auf Grund dieser Ermittlungen erlassenen Steuerbescheide unanfechtbar geworden sind. [2]Die Ablaufhemmung tritt jedoch nur dann ein, wenn der Steuerpflichtige vor Ablauf der Festsetzungsfrist auf den Beginn der Ermittlungen nach Satz 1 hingewiesen worden ist; § 169 Absatz 1 Satz 3 gilt sinngemäß.

(7) In den Fällen des § 169 Absatz 2 Satz 2 endet die Festsetzungsfrist nicht, bevor die Verfolgung der Steuerstraftat oder der Steuerordnungswidrigkeit verjährt ist.

(8) [1]Ist die Festsetzung einer Steuer nach § 165 ausgesetzt oder die Steuer vorläufig festgesetzt worden, so endet die Festsetzungsfrist nicht vor dem Ablauf eines Jahres, nachdem die Ungewissheit beseitigt ist und die Finanzbehörde hiervon Kenntnis erhalten hat. [2]In den Fällen des § 165 Absatz 1 Satz 2 endet die Festsetzungsfrist nicht vor Ablauf von zwei Jahren, nachdem die Ungewissheit beseitigt ist und die Finanzbehörde hiervon Kenntnis erlangt hat.

(9) Erstattet der Steuerpflichtige vor Ablauf der Festsetzungsfrist eine Anzeige nach den §§ 153, 371 und 378 Absatz 3, so endet die Festsetzungsfrist nicht vor Ablauf eines Jahres nach Eingang der Anzeige.

(10) ¹Soweit für die Festsetzung einer Steuer ein Feststellungsbescheid, ein Steuermessbescheid oder ein anderer Verwaltungsakt bindend ist (Grundlagenbescheid), endet die Festsetzungsfrist nicht vor Ablauf von zwei Jahren nach Bekanntgabe des Grundlagenbescheids. ²Ist für den Erlass des Grundlagenbescheids eine Stelle zuständig, die keine Finanzbehörde im Sinne des § 6 Absatz 2 ist, endet die Festsetzungsfrist nicht vor Ablauf von zwei Jahren nach dem Zeitpunkt, in dem die für den Folgebescheid zuständige Finanzbehörde Kenntnis von der Entscheidung über den Erlass des Grundlagenbescheids erlangt hat. ³Die Sätze 1 und 2 gelten für einen Grundlagenbescheid, auf den § 181 nicht anzuwenden ist, nur, sofern dieser Grundlagenbescheid vor Ablauf der für den Folgebescheid geltenden Festsetzungsfrist bei der zuständigen Behörde beantragt worden ist. ⁴Ist der Ablauf der Festsetzungsfrist hinsichtlich des Teils der Steuer, für den der Grundlagenbescheid nicht bindend ist, nach Absatz 4 gehemmt, endet die Festsetzungsfrist für den Teil der Steuer, für den der Grundlagenbescheid bindend ist, nicht vor Ablauf der nach Absatz 4 gehemmten Frist.

(10a) Soweit Daten eines Steuerpflichtigen im Sinne des § 93c innerhalb von sieben Kalenderjahren nach dem Besteuerungszeitraum oder dem Besteuerungszeitpunkt den Finanzbehörden zugegangen sind, endet die Festsetzungsfrist nicht vor Ablauf von zwei Jahren nach Zugang dieser Daten.

(11) ¹Ist eine geschäftsunfähige oder in der Geschäftsfähigkeit beschränkte Person ohne gesetzlichen Vertreter, so endet die Festsetzungsfrist nicht vor Ablauf von sechs Monaten nach dem Zeitpunkt, in dem die Person unbeschränkt geschäftsfähig wird oder der Mangel der Vertretung aufhört. ²Dies gilt auch, soweit für eine Person ein Betreuer bestellt und ein Einwilligungsvorbehalt nach § 1825 des Bürgerlichen Gesetzbuchs angeordnet ist, der Betreuer jedoch verstorben oder auf andere Weise weggefallen oder aus rechtlichen Gründen an der Vertretung des Betreuten verhindert ist.

(12) Richtet sich die Steuer gegen einen Nachlass, so endet die Festsetzungsfrist nicht vor dem Ablauf von sechs Monaten nach dem Zeitpunkt, in dem die Erbschaft von dem Erben angenommen oder das Insolvenzverfahren über den Nachlass eröffnet wird oder von dem an die Steuer gegen einen Vertreter festgesetzt werden kann.

(13) Wird vor Ablauf der Festsetzungsfrist eine noch nicht festgesetzte Steuer im Insolvenzverfahren angemeldet, so läuft die Festsetzungsfrist insoweit nicht vor Ablauf von drei Monaten nach Beendigung des Insolvenzverfahrens ab.

(14) Die Festsetzungsfrist für einen Steueranspruch endet nicht, soweit ein damit zusammenhängender Erstattungsanspruch nach § 37 Absatz 2 noch nicht verjährt ist (§ 228).

(15) Soweit ein Dritter Steuern für Rechnung des Steuerschuldners einzubehalten und abzuführen oder für Rechnung des Steuerschuldners zu entrichten hat, endet die Festsetzungsfrist gegenüber dem Steuerschuldner nicht vor Ablauf der gegenüber dem Steuerentrichtungspflichtigen geltenden Festsetzungsfrist.

AEAO zu § 171 - Ablaufhemmung:

1. Die Ablaufhemmung schiebt das Ende der Festsetzungsfrist hinaus. Die Festsetzungsfrist endet in diesen Fällen meist nicht - wie im Normalfall - am Ende, sondern im Laufe eines Kalenderjahres. Wegen der Fristberechnung Hinweis auf § 108 AO.

2. **Ablaufhemmung nach § 171 Abs. 3 AO**

2.1 Eine Ablaufhemmung nach § 171 Abs. 3 AO setzt voraus, dass der Steuerpflichtige außerhalb des Einspruchs- oder Klageverfahrens und vor Ablauf der Festsetzungsfrist einen Antrag auf Steuerfestsetzung oder auf Aufhebung oder Änderung einer Steuerfestsetzung stellt. Ist innerhalb der Festsetzungsfrist kein solcher Antrag des Steuerpflichtigen eingegangen, kann keine Wiedereinsetzung in den vorigen Stand nach § 110 Abs. 1 AO mit dem Ziel einer rückwirkenden Ablaufhemmung nach § 171 Abs. 3 AO gewährt werden (vgl. BFH-Urteil vom 24.1.2008, VII R 3/07, BStBl II S. 462).

Einem vor Ablauf der Festsetzungsfrist bei dem zuständigen Finanzamt ausdrücklich gestellten Antrag auf Steuerfestsetzung oder auf Aufhebung oder Änderung einer Steuerfestsetzung kommt die Rechtswirkung des § 171 Abs. 3 AO nur dann zu, wenn sich das vom Steuerpflichtigen verfolgte Begehren seinem sachlichen Gehalt nach zumindest in groben Zügen bereits aus dem Antrag selbst ergibt. Angaben zur betragsmäßigen Auswirkung sind für die Bestimmtheit des Antrags für sich genommen nicht ausreichend. Soweit dem Steuerpflichtigen - z. B. wegen insolvenzbedingt fehlender Unterlagen - genaue Angaben objektiv (noch) nicht möglich sind, muss er zur Konkretisierung seines Antrags eine substantiierte eigene Schätzung anhand der ihm zugänglichen Erkenntnisquellen vornehmen (vgl. BFH-Urteil vom 23.9.2020, XI R 1/19, BStBl 2021 II S. 341).

2.2 Die Abgabe einer gesetzlich vorgeschriebenen Steuererklärung führt für sich allein keine Ablaufhemmung nach § 171 Abs. 3 AO herbei (BFH-Urteil vom 18.6.1991, VIII R 54/89, BStBl 1992 II S. 124, und BFH-Beschluss vom 13.2.1995, V B 95/94, BFH/NV S. 756). Dies gilt hinsichtlich einer Umsatzsteuererklärung auch dann, wenn mit ihr ein Anspruch auf Auszahlung eines Überschusses geltend gemacht wird (BFH-Urteil vom 28.8.2014, V R 8/14, BStBl 2015 II S. 3). Auch in der Kombination von Erklärungseinreichung und damit im Zusammenhang stehender Antragstellung (auf Durchführung einer Festsetzung zusammen mit Feststellung) kann kein Antrag i. S. d. § 171 Abs. 3 AO gesehen werden (BFH-Urteil vom 15.5.2013, IX R 5/11, BStBl II S. 143).

2.3 Im Fall einer Antragsveranlagung (§ 46 Abs. 2 Nr. 8 EStG) ist die Abgabe der Einkommensteuererklärung - auch ohne gesondert ausdrücklich gestellten Antrag auf Steuerfestsetzung - ein (konkludenter) Antrag i. S. d. § 171 Abs. 3 AO (vgl. BFH-Urteil vom 20.1.2016, VI R 14/15, BStBl II S. 380).

2.4 Anträge auf Billigkeitsmaßnahmen nach §§ 163 oder 227 AO hemmen den Fristablauf nicht nach § 171 Abs. 3 AO; eine Billigkeitsentscheidung nach § 163 AO bewirkt aber als Grundlagenbescheid eine Ablaufhemmung nach § 171 Abs. 10 AO (vgl. BFH-Urteil vom 21.9.2000, IV R 54/99, BStBl 2001 II S. 178).

| 2.5 | Selbstanzeigen (§§ 371, 378 Abs. 3 AO) und Berichtigungserklärungen (§ 153 AO) lösen keine Ablaufhemmung nach § 171 Abs. 3 AO aus, sie bewirken ausschließlich eine Ablaufhemmung nach § 171 Abs. 9 AO (vgl. BFH-Urteil vom 8.7.2009, VIII R 5/07, BStBl 2010 II S. 583). |
| 2a. | Die Ablaufhemmung nach § 171 Abs. 3a AO tritt auch dann ein, wenn nach Ablauf der Festsetzungsfrist ein zulässiger Rechtsbehelf eingelegt wird (§ 171 Abs. 3a Satz 1 2. Halbsatz AO). Dies gilt auch dann, wenn der Rechtsbehelf nach Gewährung von Wiedereinsetzung in den vorigen Stand als fristgerecht zu behandeln ist; die Grundsätze des BFH-Urteils vom 24.1.2008, VII R 3/07, a. a. O. (vgl. AEAO zu § 171, Nr. 2) sind auf diesen Fall nicht übertragbar. |

§ 171 Abs. 3a Satz 3 AO hemmt den Ablauf der Festsetzungsfrist nur im Falle der gerichtlichen Kassation eines angefochtenen Bescheids (vgl. BFH-Urteil vom 5.10.2004, VII R 77/03, BStBl 2005 II S. 122, für Haftungsbescheide). Diese Ablaufhemmung gilt nicht im Fall der Aufhebung des Bescheids durch die Finanzbehörde, denn mit der Aufhebung eines Bescheids verliert er seine ablaufhemmende Wirkung. Hebt die Finanzbehörde allerdings in einem Verwaltungsakt den angefochtenen Bescheid unter gleichzeitigem Erlass eines neuen Bescheids auf, ist der neue Bescheid noch innerhalb der nach § 171 Abs. 3a Satz 1 AO gehemmten Festsetzungsfrist ergangen (vgl. BFH-Urteil vom 5.10.2004, VII R 18/03, BStBl 2005 II S. 323, für Haftungsbescheide).

| 3. | **Ablaufhemmung wegen Beginn einer Außenprüfung (§ 171 Abs. 4 AO)** |
| 3.1 | Zur erstmaligen Anwendung von § 171 Abs. 4 AO in der Fassung des Gesetzes vom 20.12.2022, BGBl. I S. 2730, gilt nach Art. 97 § 37 Abs. 2 EGAO Folgendes: |

- § 171 Abs. 4 AO n. F. ist erstmals auf Steuern und Steuervergütungen anzuwenden, die nach dem 31.12.2024 entstehen.
- Auf Steuern und Steuervergütungen, die vor dem 1.1.2025 entstehen, ist § 171 Abs. 4 AO a. F. weiterhin anzuwenden; dies gilt auch dann, wenn für diese Steuern und Steuervergütungen nach dem 31.12.2024 eine Prüfungsanordnung bekanntgegeben wurde.

3.2	Soweit nichts anderes bestimmt ist (vgl. hierzu Nrn. 3.2.6 bis 3.2.11 des AEAO zu § 171), gelten die nachfolgenden Regelungen bei Anwendung des § 171 Abs. 4 AO a. F. wie bei Anwendung des § 171 Abs. 4 AO n. F. gleichermaßen:
3.2.1	Der Ablauf der Festsetzungsfrist wird durch den Beginn einer Außenprüfung (vgl. AEAO zu § 198, Nrn. 1 und 2) hinausgeschoben (§ 171 Abs. 4 AO). Die Ablaufhemmung tritt nicht ein, wenn eine zugrunde liegende Prüfungsanordnung unwirksam ist (BFH-Urteile vom 10.4.1987, III R 202/83, BStBl 1988 II S. 165, und vom 17.9.1992, V R 17/86, BFH/NV 1993 S. 279).
3.2.2	Eine Außenprüfung hemmt den Ablauf der Festsetzungsfrist nur für Steuern, auf die sich die Prüfungsanordnung erstreckt (BFH-Urteile vom 18.7.1991, V R 54/87, BStBl II S. 824, und vom 25.1.1996, V R 42/95, BStBl II S. 338).

Wird die Außenprüfung später auf bisher nicht einbezogene Steuern ausgedehnt, ist die Ablaufhemmung nur wirksam, soweit vor Ablauf der Festsetzungsfrist eine Prüfungsanordnung erlassen (vgl. AEAO zu § 196, Nr. 5) und mit der Außenprüfung auch insoweit ernsthaft begonnen wird (BFH-Urteil vom 2.2.1994, I R 57/93, BStBl II S. 377).

3.2.3 Bei einem Antrag des Steuerpflichtigen auf Verschiebung des Prüfungsbeginns (§ 197 Abs. 2 AO) wird der Ablauf der Festsetzungsfrist nach § 171 Abs. 4 Satz 1 2. Alternative AO nur gehemmt, wenn dieser Antrag für die Verschiebung ursächlich war. Wird der Beginn der Außenprüfung nicht maßgeblich aufgrund eines Antrags des Steuerpflichtigen, sondern aufgrund eigener Belange der Finanzbehörde bzw. aus innerhalb deren Sphäre liegenden Gründen hinausgeschoben, läuft die Festsetzungsfrist ungeachtet des Antrags ab. Hinsichtlich der inhaltlichen Anforderungen an den Antrag auf Verschiebung des Prüfungsbeginns vgl. AEAO zu § 197, Nr. 11.

3.2.3.1 Bei einem vom Steuerpflichtigen gestellten Antrag auf zeitlich befristetes Hinausschieben des Beginns der Außenprüfung entfällt die Ablaufhemmung nach § 171 Abs. 4 Satz 1 2. Alternative AO rückwirkend, wenn die Finanzbehörde nicht vor Ablauf von zwei Jahren nach Eingang des Antrags mit der Prüfung beginnt (vgl. BFH-Urteil vom 17.3.2010, IV R 54/07, BStBl 2011 II S. 7). Stellt der Steuerpflichtige während der Zwei-Jahres-Frist einen weiteren Verschiebungsantrag, beginnt die Zwei-Jahres-Frist erneut (BFH-Urteil vom 19.5.2016, X R 14/15, BStBl 2017 II S. 97).

3.2.3.2 Die Ablaufhemmung entfällt dagegen nicht, wenn der Antrag keine zeitlichen Vorgaben enthielt, mithin unbefristet bzw. zeitlich unbestimmt war (Antrag auf unbefristetes Hinausschieben), z. B. weil der Steuerpflichtige beantragt hat, wegen einer noch andauernden Vor-Betriebsprüfung zunächst deren Abschluss abzuwarten. In diesen Fällen endet die Festsetzungsfrist mit Ablauf von zwei Jahren, nachdem der Hinderungsgrund beseitigt ist und die Finanzbehörde hiervon Kenntnis hat, sofern nicht zuvor mit der Prüfung begonnen wurde (vgl. BFH-Urteil vom 1.2.2012, I R 18/11, BStBl II S. 400).

3.2.4 Der Ablauf der Festsetzungsfrist wird auch gehemmt, wenn der Steuerpflichtige die Prüfungsanordnung angefochten hat und deren Vollziehung ausgesetzt wurde (vgl. BFH-Urteile vom 25.1.1989, X R 158/87, BStBl II S. 483, und vom 17.6.1998, IX R 65/95, BStBl 1999 II S. 4). Dies gilt unabhängig von der Dauer der Aussetzung der Vollziehung.

3.2.5 Auch wenn die Voraussetzungen für den Eintritt der Ablaufhemmung zunächst vorgelegen haben, entfällt diese rückwirkend wieder, wenn die Außenprüfung unmittelbar nach ihrem Beginn aus Gründen, die die Finanzverwaltung zu vertreten hat, länger als sechs Monate unterbrochen wird (§ 171 Abs. 4 Satz 2 AO). Eine spätere Unterbrechung der Prüfung lässt die eingetretene Ablaufhemmung dagegen unberührt. (BFH-Urteil vom 16.1.1979, VIII R 149/77, BStBl II S. 453). Die Frage, ob eine Außenprüfung <u>unmittelbar nach ihrem Beginn</u> unterbrochen worden ist (§ 171 Abs. 4 Satz 2 AO), ist grundsätzlich nach den Verhältnissen im Einzelfall zu beurteilen. Dabei sind neben dem zeitlichen Umfang der bereits durchgeführten Prüfungsmaßnahmen alle Umstände zu berücksichtigen, die Aufschluss über die Gewichtigkeit der Prüfungshandlungen vor der Unterbrechung geben.

§ 171 Abgabenordnung

Unabhängig vom Zeitaufwand ist eine Unterbrechung unmittelbar nach Beginn der Prüfung anzunehmen, wenn der Prüfer über Vorbereitungshandlungen, allgemeine Informationen über die betrieblichen Verhältnisse, das Rechnungswesen und die Buchführung und/oder die Sichtung der Unterlagen des zu prüfenden Steuerfalls bzw. ein allgemeines Aktenstudium nicht hinausgekommen ist.

Eine Außenprüfung ist nicht mehr unmittelbar nach Beginn unterbrochen, wenn die Prüfungshandlungen von Umfang und Zeitaufwand gemessen an dem gesamten Prüfungsstoff erhebliches Gewicht erreicht oder erste verwertbare Ergebnisse hervorgebracht haben (vgl. BFH-Urteil vom 24.4.2003, VII R 3/02, BStBl II S. 739). Soweit dem Zeitmoment eine gewisse Bedeutung zukommt, besteht jedoch keine absolute oder relative zeitliche Mindestanforderung an die Dauer der Prüfung vom Beginn bis zur Unterbrechung. Die Verhältnisse bestimmen sich vielmehr nach den Umständen des Einzelfalls. Das Erfordernis erster verwertbarer Ergebnisse bedeutet nicht, dass die ermittelten Ergebnisse geeignet sein müssen, unmittelbar als Besteuerungsgrundlage Eingang in einen Steuer- oder Feststellungsbescheid zu finden; ausreichend ist vielmehr, dass Ermittlungsergebnisse vorliegen, an die bei der Wiederaufnahme der Prüfung angeknüpft werden kann.

Soweit Prüfungshandlungen bezüglich eines Prüfungsjahrs nachweislich erhebliches Gewicht erreicht oder erste verwertbare Ergebnisse hervorgebracht haben, gilt die Außenprüfung insgesamt - also auch bezogen auf andere Prüfungsjahre - als nicht unmittelbar nach dem Prüfungsbeginn unterbrochen i. S. d. § 171 Abs. 4 Satz 2 AO (vgl. BFH-Urteil vom 26.4.2017, I R 76/15, BStBl II S. 1159).

Eine Beendigung einer Prüfungsunterbrechung i. S. v. § 171 Abs. 4 Satz 2 AO und damit die Wiederaufnahme einer unmittelbar nach ihrem Beginn unterbrochenen Prüfung wird nur durch solche Prüfungshandlungen bewirkt, die der Steuerpflichtige als eine Fortsetzung der Außenprüfung wahrnehmen kann; dazu gehören das Erscheinen des Prüfers am Prüfungsort, die Weiterführung der Prüfung, konkretes Anfordern von Unterlagen, Geschäftsbriefen, Verträgen etc. und - sofern der Prüfungsfall in ein Stadium gelangt ist, das eine Weiterbearbeitung an der Amtsstelle ermöglicht - nachvollziehbare, in den Akten ausgewiesene Handlungen zur Aufklärung, Ermittlung oder Auswertung der im Prüfungsverlauf bekannt gewordenen tatsächlichen und rechtlichen Sachverhalte. Handlungen im Innendienst der Finanzverwaltung, wie das Aktenstudium oder auch das bloße Zusammenstellen bisheriger Prüfungsergebnisse können daher nur ausnahmsweise geeignet sein, die Unterbrechung der Prüfung zu beenden (vgl. BFH-Urteile vom 24.4.2003, VII R 3/02, und vom 26.4.2017, I R 76/15, jeweils a.a.O.).

3.2.6 Ermittlungen i. S. d. § 171 Abs. 4 Satz 3 AO a. F. sind nur diejenigen Maßnahmen eines Betriebsprüfers, die darauf gerichtet sind, Besteuerungsgrundlagen zu überprüfen oder bisher noch nicht bekannte Sachverhaltselemente festzustellen, etwa indem der Prüfer Unterlagen anfordert, den Steuerpflichtigen in irgendeiner anderen Weise zur Mitwirkung auffordert oder vom Steuerpflichtigen nachgereichte Unterlagen auswertet (vgl. BFH-Urteil vom

28.6.2011, VIII R 6/09, BFH/NV S. 1830). Die Zusammenstellung des Prüfungsergebnisses im Prüfungsbericht stellt keine den Ablauf der Festsetzungsfrist hinausschiebende Ermittlungshandlung dar (BFH-Urteil vom 8.7.2009, XI R 64/07, BStBl 2010 II S. 4).

3.2.7 Die Ablaufhemmung nach § 171 Abs. 4 Satz 1 AO endet nach § 171 Abs. 4 Satz 3 AO n. F. - vorbehaltlich einer anderweitigen und weitergehenden Ablaufhemmung der Festsetzungsfrist - spätestens 5 Jahre nach Ablauf des Kalenderjahres, in dem die Prüfungsanordnung nach §§ 122, 122a AO bekanntgegeben wurde (Befristung der Ablaufhemmung). Zur Bekanntgabe der Prüfungsanordnung vgl. auch § 197 Abs. 5 AO i. V. m. Art. 97 § 37 Abs. 2 EGAO.

3.2.8 Wird auf Antrag des Steuerpflichtigen

- der Beginn der Außenprüfung verschoben oder

- die Außenprüfung unterbrochen,

verlängert sich die Befristung der Ablaufhemmung für die von der Prüfungsanordnung umfassten Steuern um die Dauer des Hinausschiebens oder der Unterbrechung (§ 171 Abs. 4 Satz 4 AO n. F.).

3.2.9 Nimmt die Finanzbehörde für die von der Prüfungsanordnung umfassten Steuern vor Ablauf der Befristung der Ablaufhemmung zwischenstaatliche Amtshilfe in Anspruch, verlängert sich diese Befristung um die Dauer der zwischenstaatlichen Amtshilfe, mindestens aber um ein Jahr, sofern der Steuerpflichtige vor Ablauf der Befristung auf die Inanspruchnahme der zwischenstaatlichen Amtshilfe hingewiesen wurde (§ 171 Abs. 4 Satz 5 und 6 AO n. F.).

3.2.10 Wird dem Steuerpflichtigen vor Ablauf der Festsetzungsfrist die Einleitung eines Strafverfahrens für eine der von der Prüfungsanordnung umfassten Steuern bekanntgegeben und wird infolgedessen mit einer Außenprüfung nicht begonnen oder eine bereits begonnene Außenprüfung unterbrochen, greift die Befristung der Ablaufhemmung nicht (§ 171 Abs. 4 Satz 7 Halbs. 1 AO n. F.) Ggf. sind die Ablaufhemmungen nach § 171 Abs. 5 oder 6 AO zu beachten (§ 171 Abs. 4 Satz 7 Halbsatz 2 AO n. F.).

3.2.11 Die Befristung der Ablaufhemmung wird außerdem unter den Voraussetzungen des § 200a Abs. 4 und 5 AO verlängert oder außer Kraft gesetzt (§ 171 Abs. 4 Satz 8 AO n. F.).

4. **Ablaufhemmung wegen Ermittlungen der Steuerfahndung**

4.1 Die Ablaufhemmung des § 171 Abs. 5 Satz 1 AO bei Ermittlungen der Steuerfahndung (Zollfahndung) umfasst - anders als im Fall des § 171 Abs. 4 AO - nicht den gesamten Steueranspruch; vielmehr tritt die Hemmung nur in dem Umfang ein, in dem sich die Ergebnisse der Ermittlungen auf die festzusetzende Steuer auswirken (BFH-Urteil vom 14.4.1999, XI R 30/96, BStBl II S. 478). Voraussetzung für die verjährungshemmende Wirkung einer Fahndungsprüfung ist jedoch, dass

- vor Ablauf der Festsetzungsfrist tatsächlich Ermittlungshandlungen der Steuerfahndung vorgenommen worden sind und

§ 171 Abgabenordnung

- für den Steuerpflichtigen nicht nur klar und eindeutig erkennbar war, dass in seinen Steuerangelegenheiten ermittelt wird, sondern auch, in welchem konkreten Besteuerungs- bzw. Strafverfahren die Steuerfahndung ermittelt (BFH-Urteile vom 17.12.2015, V R 58/14, BStBl 2016 II S. 574, und vom 17.11.2015, VIII R 67/13, BStBl 2016 II S. 569).

4.2 Die Ermittlungshandlungen müssen sich gegen den Steuerschuldner selbst oder gegen ein Vertretungsorgan des Steuerschuldners richten (BFH-Urteil vom 17.12.2015, V R 58/14, BStBl 2016 II S. 574). Im Falle der Zusammenveranlagung zur Einkommensteuer ist die Frage, ob Ermittlungsmaßnahmen vorgenommen wurden und eine Hemmung der Festsetzungsverjährung eingetreten ist, für jeden Ehegatten oder Lebenspartner gesondert zu prüfen (vgl. BFH-Urteil vom 17.11.2015, VIII R 68/13, BStBl 2016 II S. 571). Wird ein Steuerpflichtiger von der Steuerfahndung in Steuerangelegenheiten eines Dritten zur Auskunft oder zur Vorlage von Unterlagen aufgefordert, lösen diese Ermittlungen ihm gegenüber keine Ablaufhemmung nach § 171 Abs. 5 Satz 1 AO aus.

4.3 Hinsichtlich des Ablaufs der nach § 171 Abs. 5 Satz 1 AO gehemmten Festsetzungsfrist kommt es nicht darauf an, ob aufgrund der Fahndungsprüfung Steuerbescheide „ergangen" sind. Entscheidend ist, ob aufgrund der Ermittlungen der Fahndungsprüfung - ggf. auch erstmalig - Steuerbescheide zu erlassen sind. Wenn dies der Fall ist, endet die Ablaufhemmung und damit die Festsetzungsfrist insoweit erst, wenn diese Steuerbescheide unanfechtbar geworden sind (BFH-Urteil vom 17.12.2015, V R 58/14, BStBl 2016 II S. 574). § 171 Abs. 4 Satz 3 AO ist nicht entsprechend anwendbar. Die Ablaufhemmung des § 171 Abs. 5 Satz 1 AO ist nur dann ohne Bedeutung, wenn sich aufgrund einer Fahndungsprüfung keine Änderung der Besteuerungsgrundlagen ergibt.

4.4 Eine Ablaufhemmung nach § 171 Abs. 9 AO (z. B. aufgrund der Erstattung einer Selbstanzeige) schließt eine Ablaufhemmung nach § 171 Abs. 5 Satz 1 AO nicht aus, sofern deren Voraussetzungen vor Ablauf der ungehemmten Festsetzungsfrist erfüllt wurden. Muss das Finanzamt aufgrund unzureichender Angaben in der Selbstanzeige eigene Ermittlungen durch die Steuerfahndung anstellen, führen vor Ablauf der ungehemmten Festsetzungsfrist eingeleitete Ermittlungsmaßnahmen der Steuerfahndung zu einer eigenständigen Ablaufhemmung nach § 171 Abs. 5 Satz 1 AO, wenn die spätere Steuerfestsetzung auf diesen Ermittlungen beruht (BFH-Urteil vom 17.11.2015, VIII R 68/13, BStBl 2016 II S. 571).

5. Bei einer vorläufigen Steuerfestsetzung nach § 165 Abs. 1 Satz 1 AO endet die Festsetzungsfrist nicht vor Ablauf eines Jahres, nachdem die Finanzbehörde von der Beseitigung der Ungewissheit Kenntnis erhalten hat (§ 171 Abs. 8 Satz 1 AO). Bei einer vorläufigen Steuerfestsetzung nach § 165 Abs. 1 Satz 2 AO endet die Festsetzungsfrist nicht vor Ablauf von zwei Jahren, nachdem die Finanzbehörde von der Beseitigung der Ungewissheit Kenntnis erlangt hat (§ 171 Abs. 8 Satz 2 AO). Die Ablaufhemmung beschränkt sich dabei auf den für vorläufig erklärten Teil der Steuerfestsetzung.

Eine Ungewissheit, die Anlass für eine vorläufige Steuerfestsetzung war, ist beseitigt, wenn die Tatbestandsmerkmale für die endgültige Steuerfestsetzung feststellbar sind. „Kenntnis" i. S. d. § 171 Abs. 8 AO verlangt positive Kenntnis der Finanzbehörde von der Beseitigung der Ungewissheit, ein „Kennen-müssen" von Tatsachen steht der Kenntnis nicht gleich (BFH-Urteil vom 26.8.1992, II R 107/90, BStBl 1993 II S. 5).

6. § 171 Abs. 10 Satz 1 AO gewährt eine maximale Anpassungsfrist von zwei Jahren nach Bekanntgabe eines durch eine Finanzbehörde erlassenen Grundlagenbescheids (vgl. BFH-Urteil vom 19.1.2005, X R 14/04, BStBl II S. 242). Der Zeitpunkt des Zugangs der finanzverwaltungsinternen Mitteilung über den Grundlagenbescheid bei der für den Erlass des Folgebescheids zuständigen Finanzbehörde ist für die Fristbestimmung ebenso unbeachtlich wie der Zeitpunkt, an dem der Grundlagenbescheid unanfechtbar geworden ist. Eine Anfechtung des Grundlagenbescheids führt lediglich zur Hemmung der Feststellungsfrist (§ 181 Abs. 1 Satz 1 i. V. m. § 171 Abs. 3a AO), nicht aber zur Hemmung der Festsetzungsfrist der Folgebescheide (vgl. BFH-Urteil vom 19.1.2005, X R 14/04, a.a.O.).

6.1 Bei Grundlagenbescheiden, die nicht von einer Finanzbehörde erlassen werden, beginnt die Zweijahresfrist nach § 171 Abs. 10 Satz 2 AO in dem Zeitpunkt, in dem die für den Erlass des Folgebescheids zuständige Finanzbehörde Kenntnis von diesem Grundlagenbescheid erlangt hat.

§ 171 Abs. 10 Satz 2 AO gilt für alle am 31.12.2016 noch nicht abgelaufenen Festsetzungsfristen (Art. 97 § 10 Abs. 14 EGAO).

6.2 Werden Feststellungen im Grundlagenbescheid in einem Feststellungs-, Einspruchs- oder Klageverfahren geändert, führt dies zu einer erneuten Anpassungspflicht nach § 175 Abs. 1 Satz 1 Nr. 1 AO und damit wiederum zu einer Ablaufhemmung nach § 171 Abs. 10 Satz 1 oder 2 AO. Dagegen setzt ein Grundlagenbescheid, der einen gleichartigen, dem Inhaltsadressaten wirksam bekannt gegebenen Steuerverwaltungsakt in seinem verbindlichen Regelungsgehalt lediglich wiederholt, oder eine Einspruchs- oder Gerichtsentscheidung, die einen Grundlagenbescheid lediglich bestätigt, keine neue Zwei-Jahresfrist in Lauf (vgl. BFH-Urteile vom 13.12.2000, X R 42/96 BStBl 2001 II S. 471, und vom 19.1.2005, X R 14/04, BStBl II S. 242).

6.3 Die Aufhebung des Vorbehalts der Nachprüfung eines Grundlagenbescheids steht dem Erlass eines geänderten Grundlagenbescheids gleich. Sie setzt daher die Zwei-Jahresfrist des § 171 Abs. 10 Satz 1 AO in Lauf. Dies gilt auch dann, wenn der Vorbehalt der Nachprüfung hinsichtlich des Grundlagenbescheids aufgehoben wird, ohne dass eine sachliche Änderung des Grundlagenbescheids erfolgt (BFH-Urteil vom 11.4.1995, III B 74/92, BFH/NV S. 943). Soweit ein Folgebescheid den nunmehr endgültigen Grundlagenbescheid noch nicht berücksichtigt hat, muss er selbst dann nach § 175 Abs. 1 Satz 1 Nr. 1 AO korrigiert werden, wenn der Vorbehalt der Nachprüfung des Grundlagenbescheids aufgehoben wurde, ohne dass eine sachliche Änderung des Grundlagenbescheids erfolgt.

6.4 Die Feststellung der Nichtigkeit eines Feststellungsbescheids durch Verwaltungsakt (vgl. AEAO zu § 125, Nr. 4) stellt einen Grundlagenbescheid dar.

§ 171   Abgabenordnung

Die Nichtigkeitsfeststellung ist gemäß § 125 Abs. 5 AO auch nach Ablauf der Feststellungsfrist zulässig und ermöglicht nach § 171 Abs. 10 AO binnen zwei Jahren die Folgeänderung (BFH-Urteil vom 20.8.2014, X R 15/10, BStBl 2015 II S. 109).

6.5   Ein Grundlagenbescheid, der nicht den Vorschriften der Feststellungsverjährung (§ 181 AO) unterliegt, löst die Ablaufhemmung nach § 171 Abs. 10 Satz 1 oder 2 AO nur dann aus, wenn er vor Ablauf der Festsetzungsfrist des Folgebescheids bei der für den Erlass des Grundlagenbescheids zuständigen Behörde beantragt worden ist (§ 171 Abs. 10 Satz 3 AO). Hierunter fallen neben Grundlagenbescheiden ressortfremder Behörden (z. B. Bescheinigungen nach § 4 Nr. 20 Buchstabe a UStG) auch Bescheide über Billigkeitsmaßnahmen nach § 163 AO, weil auch insoweit die Regelungen der §§ 179 ff. AO nicht gelten. Die Festsetzungsfrist für den Folgebescheid läuft in diesen Fällen nicht ab, solange über den Antrag auf Erlass des Grundlagenbescheids noch nicht unanfechtbar entschieden worden ist.

6.6   Die Festsetzungsfrist für einen Folgebescheid läuft nach § 171 Abs. 10 Satz 4 AO nicht ab, solange der Ablauf der Festsetzungsfrist des von der Bindungswirkung nicht erfassten Teils der Steuer aufgrund einer Außenprüfung nach § 171 Abs. 4 AO gehemmt ist. Diese Regelung ermöglicht es, die Anpassung des Folgebescheids an einen Grundlagenbescheid (§ 175 Abs. 1 Satz 1 Nr. 1 AO) und die Auswertung der Ergebnisse der Außenprüfung zusammenzufassen.

6.7   Bei der Entscheidung, ob eine gesonderte Feststellung durchgeführt oder geändert werden kann, ist die Frage der Verjährung der von der Feststellung abhängigen Steuern nicht zu prüfen. Ist die Feststellungsfrist bereits abgelaufen, die Steuerfestsetzung in einem Folgebescheid aber noch zulässig, so gilt § 181 Abs. 5 AO.

6.8   Beispiele zur Anwendung des § 171 Abs. 10 Satz 1 AO[1]

Beispiel 1:

Bei der im Jahr 03 durchgeführten ESt-Veranlagung 01 (Abgabe der Steuererklärung im Jahr 03) wurden die Beteiligungseinkünfte in erklärter Höhe berücksichtigt. Ein von den erklärten Werten abweichender Grundlagenbescheid wird am 4.4.06 bekannt gegeben.

Lösung:

Obgleich die allgemeine Festsetzungsfrist gem. § 170 Abs. 2 Satz 1 Nr. 1 AO mit Ablauf des 31.12.07 endet, kann eine Anpassung des ESt-Bescheids 01 an den Grundlagenbescheid gem. § 171 Abs. 10 Satz 1 AO bis zum Ablauf des 4.4.08 erfolgen, da insoweit die Festsetzungsfrist nicht vor Ablauf von zwei Jahren nach Bekanntgabe des Grundlagenbescheids endet.

---

[1] Es wird unterstellt, dass kein Fristende auf einen Sonntag, einen gesetzlichen Feiertag oder einen Sonnabend fällt.

Beispiel 2:

Wie Beispiel 1, allerdings wird der Grundlagenbescheid am 4.4.05 bekannt gegeben.

Lösung:

Eine Anpassung des ESt-Bescheids kann bis zum Ablauf der allgemeinen Festsetzungsfrist am 31.12.07 erfolgen. Ohne Bedeutung ist, dass die Zwei-Jahresfrist des § 171 Abs. 10 Satz 1 AO bereits mit Ablauf des 4.4.07 endet.

Beispiel 3:

Wie Beispiel 1, die Bekanntgabe des Grundlagenbescheids erfolgt in offener Feststellungsfrist, jedoch nach Ablauf der allgemeinen Festsetzungsfrist, am 4.4.08.

Lösung:

Eine Anpassung des ESt-Bescheids 01 an den Grundlagenbescheid ist gem. § 171 Abs. 10 Satz 1 AO bis zum Ablauf des 4.4.10 möglich, da die Festsetzungsfrist insoweit nicht vor Ablauf von zwei Jahren nach Bekanntgabe des Grundlagenbescheids endet.

6.9 Zur Anwendung des § 171 Abs. 10 AO bei Zinsbescheiden siehe AEAO zu § 239, Nr. 2.

7. § 171 Abs. 10a AO ist erstmals anzuwenden, wenn steuerliche Daten eines Steuerpflichtigen für Besteuerungszeiträume nach 2016 oder Besteuerungszeitpunkte nach dem 31.12.2016 auf Grund gesetzlicher Vorschriften von einem Dritten als mitteilungspflichtiger Stelle elektronisch an Finanzbehörden zu übermitteln sind (Art. 97 § 27 Abs. 2 EGAO).

8. § 171 Abs. 14 AO verlängert die Festsetzungsfrist bis zum Ablauf der Zahlungsverjährung für die Erstattung von rechtsgrundlos gezahlten Steuern. Die Finanzbehörde kann daher Steuerfestsetzungen, die wegen Bekanntgabemängeln unwirksam waren oder deren wirksame Bekanntgabe die Finanzbehörde nicht nachweisen kann (vgl. § 122 Abs. 2 Halbsatz 2 AO), noch nach Ablauf der regulären Festsetzungsfrist nachholen, soweit die Zahlungsverjährungsfrist für die bisher geleisteten Zahlungen noch nicht abgelaufen ist (vgl. BFH-Urteil vom 13.3.2001, VIII R 37/00, BStBl II S. 430).

III. Bestandskraft

AEAO vor §§ 172 bis 177 - Bestandskraft:

1. Die §§ 172 ff. AO regeln die Durchbrechung der materiellen Bestandskraft (Verbindlichkeit einer Verwaltungsentscheidung). Sie ist von der formellen Bestandskraft (Unanfechtbarkeit) zu unterscheiden. Diese liegt vor, soweit ein Verwaltungsakt nicht oder nicht mehr mit Rechtsbehelfen angefochten werden kann. Unanfechtbarkeit bedeutet nicht Unabänderbarkeit. Dementsprechend können auch Steuerfestsetzungen unter dem Vorbehalt der Nachprüfung unanfechtbar werden (vgl. BFH-Urteil vom 19.12.1985, V R 167/82, BStBl 1986 II S. 420).

2. Die Vorschriften über die materielle Bestandskraft gelten für Steuerfestsetzungen i. S. d. § 155 AO sowie für alle Festsetzungen, für die die Vorschriften über das Steuerfestsetzungsverfahren anzuwenden sind. Keine Anwendung finden sie bei der Rücknahme eines rechtswidrigen und dem Widerruf eines rechtmäßigen begünstigenden oder nicht begünstigenden sonstigen Verwaltungsakts (vgl. AEAO vor §§ 130, 131).

3. Die materielle Bestandskraft wird nur durchbrochen, soweit es das Gesetz zulässt. Die Zulässigkeit ergibt sich nicht nur aus der AO selbst (z. B. §§ 164, 165, 172 bis 175b AO), sondern auch aus anderen Steuergesetzen (z. B. § 10d Abs. 1 EStG; § 35b GewStG; §§ 24 und 24a BewG; § 20 GrStG).

4. Steuerfestsetzungen unter Vorbehalt der Nachprüfung sowie Vorauszahlungsbescheide (§ 164 Abs. 1 Satz 2 AO) und Steueranmeldungen (§ 150 Abs. 1 Satz 2, § 168 AO), die kraft Gesetzes unter Vorbehalt der Nachprüfung stehen, sind unabhängig von der formellen Bestandskraft nach § 164 Abs. 2 AO dem Umfang nach uneingeschränkt änderbar, solange der Vorbehalt nicht aufgehoben worden oder entfallen ist; § 176 AO bleibt unberührt.

5. Die falsche Bezeichnung der Änderungsvorschrift im Änderungsbescheid führt nicht zur Rechtswidrigkeit des geänderten Bescheids (BFH-Urteil vom 21.10.2014 - VIII R 44/11 - BStBl 2015 II S. 593). Für die Rechtmäßigkeit eines Änderungsbescheids ist allein maßgeblich, dass er im Zeitpunkt seines Erlasses durch eine Änderungsmöglichkeit gedeckt ist (ständige BFH-Rechtsprechung)

6. Zeitlich ist die Aufhebung, Änderung oder Berichtigung einer Steuerfestsetzung nur innerhalb der Festsetzungsfrist zulässig (§ 169 AO).

7. Bei Änderung oder Berichtigung von Steuerfestsetzungen sind die Vorschriften der KBV zu beachten.

8. **Steuerliche Wahlrechte**

8.1 Ein steuerliches Wahlrecht liegt vor, wenn ein Steuergesetz für einen bestimmten Tatbestand - ausnahmsweise - mehr als eine Rechtsfolge vorsieht und es dem Steuerpflichtigen überlassen bleibt, sich für eine dieser Rechtsfolgen zu entscheiden. Übt der Steuerpflichtige dieses Wahlrecht nicht oder nicht wirksam aus, tritt die vom Gesetzgeber als Regelfall vorgesehene Rechtsfolge ein.

8.2 Die Ausübung des Wahlrechts („Antrag") ist eine empfangsbedürftige Willenserklärung. Soweit im Gesetz keine besondere Form (z. B. Schriftform oder amtlicher Vordruck; vgl. § 13a Abs. 2 Satz 3 EStG, § 4a Abs. 1 UStG) vorgeschrieben ist, kann das Wahlrecht auch durch schlüssiges Verhalten ausgeübt werden (vgl. BFH-Urteil vom 11.12.1997, V R 50/94, BStBl 1998 II S. 420).

8.3 Sieht das Gesetz einen unwiderruflichen Antrag vor (vgl. z. B. § 5a Abs. 1, § 10 Abs. 1a Nr. 1 Satz 3 EStG; bis 31.12.2014: § 10 Abs. 1 Nr. 1 Satz 3 EStG), wird die Willenserklärung bereits mit ihrem Zugang beim Finanzamt wirksam und kann von diesem Zeitpunkt an nicht mehr zurückgenommen oder widerrufen werden (vgl. BFH-Urteil vom 17.1.1995, IX R 37/91, BStBl II S. 410); Ausnahme: Anfechtung nach §§ 119 ff. BGB.

8.4 Setzt die Ausübung des Wahlrechts die Zustimmung des Finanzamts oder Dritter (vgl. § 10 Abs. 1a Nr. 1 Satz 1 EStG; bis 31.12.2014: § 10 Abs. 1 Nr. 1 Satz 1 EStG) voraus, treten die Rechtswirkungen der vom Steuerpflichtigen getroffenen Wahl erst mit dieser Zustimmungserklärung ein. Dies gilt entsprechend, wenn das Wahlrecht von mehreren Steuerpflichtigen einheitlich ausgeübt werden muss (vgl. z. B. § 33a Abs. 2 Satz 5, § 33b Abs. 5 Satz 3 EStG).

Die Zustimmung des Finanzamts kann auch konkludent erfolgen, soweit nichts anderes bestimmt ist. Eine konkludente Zustimmung zu einem Antrag des Steuerpflichtigen kann insbesondere in einer „erklärungsgemäßen Veranlagung" zu sehen sein (BFH-Urteile vom 7.11.2013, IV R 13/10, BStBl 2015 II S. 226 und vom 23.12.2021, V B 22/21 (ADV), BFH/NV 2022 S. 741).

8.5 Soweit das Gesetz im Einzelfall keine bestimmte Frist (vgl. z. B. § 5a Abs. 3 EStG; § 23 Abs. 3 Satz 1 UStG) zur Ausübung des Wahlrechts („Antragsfrist") vorsieht, kann das Wahlrecht grundsätzlich bis zum Ablauf der Festsetzungsfrist ausgeübt werden. Die Bestandskraft des Steuerbescheids, in dem sich das Wahlrecht auswirkt, schränkt allerdings die Wahlrechtsausübung ein.

8.5.1 Nach Eintritt der Unanfechtbarkeit der Steuerfestsetzung können Wahlrechte grundsätzlich nur noch ausgeübt oder widerrufen werden, soweit die Steuerfestsetzung nach §§ 129, 164, 165, 172 ff. AO oder nach entsprechenden Regelungen in den Einzelsteuergesetzen (vgl. AEAO vor §§ 172 bis 177, Nr. 3) korrigiert werden kann (vgl. BFH-Urteil vom 30.8.2001, IV R 30/99, BStBl 2002 II S. 49 m.w.N.); dabei sind die §§ 177 und 351 Abs. 1 AO zu beachten (vgl. BFH-Urteil vom 27.10.2015, X R 44/13, BStBl 2016 II S. 278). Die nachträgliche oder geänderte Ausübung eines Antrags- oder Wahlrechts stellt für sich genommen keine verfahrensrechtliche Grundlage für die Änderung von Bescheiden dar. Dies gilt auch dann, wenn sie auf einer Änderung der wirtschaftlichen Geschäftsgrundlage beruht (BFH-Urteil vom 9.12.2015, X R 56/13, BStBl 2016 II S. 967).

8.5.2 Wahlrechte, für deren Ausübung das Gesetz keine Frist vorsieht und für die es grundsätzlich auch keine Bindung an die einmal getroffene Wahl gibt, können grundsätzlich bis zur Unanfechtbarkeit eines Änderungsbescheids (erneut) ausgeübt werden. Dies gilt allerdings nur für das Veranlagungswahlrecht nach § 26 EStG (vgl. BFH-Urteile vom 19.5.1999, XI R 97/94, BStBl II S. 762, vom 24.1.2002, III R 49/00, BStBl II S. 408 m. w. N. und vom 9.12.2015, X R 56/13, a. a. O.). Nach Eintritt der Unanfechtbarkeit des Steuerbescheids kann die Wahl der Veranlagungsart jedoch nur unter den Voraussetzungen des § 26 Abs. 2 Satz 4 EStG geändert werden.

8.5.3 Wurde ein steuererhöhender Änderungsbescheid erlassen, mit dem ein weiterer steuererheblicher Sachverhalt erfasst worden und aufgrund dessen überhaupt erst die wirtschaftliche Notwendigkeit entstanden ist, sich mit der erstmaligen bzw. geänderten Ausübung eines Antrags- ober Wahlrechts zu befassen, kann das Antrags- oder Wahlrecht noch bis zur Unanfechtbarkeit des Änderungsbescheids ausgeübt werden. Dies gilt jedoch nur unter der Voraussetzung, dass die steuerlichen Auswirkungen des Antrags- oder Wahlrechts insgesamt den Änderungsrahmen des § 351 Abs. 1 AO nicht übersteigen. Ein Antrags- oder Wahlrecht ist nicht teilbar (vgl. BFH-Urteile vom 27.10.2015, X R 44/13, a. a. O., und vom 9.12.2015, X R 56/13, a. a. O.).

8.5.4 Die steuerrechtliche Wirkung von Wahlrechten, die nur **bis zur Bestandskraft der Steuerfestsetzung** ausgeübt werden können, kann nach Eintritt dieses Zeitpunkts nicht nach § 172 Abs. 1 Satz 1 Nr. 2 Buchstabe a AO beseitigt werden (vgl. BFH-Urteil vom 18.12.1973, VIII R 101/69, BStBl 1974 II S. 319).

Die Wahlrechtsausübung kann nicht durch einen Austausch gegen bisher nicht berücksichtigte Besteuerungsgrundlagen rückgängig gemacht werden; infolge der Bestandskraft der Steuerfestsetzung ist der Steuerpflichtige an seine Wahl gebunden (vgl. BFH-Urteil vom 25.2.1992, IX R 41/91, BStBl II S. 621).

8.5.5 Die nachträgliche Ausübung eines Wahlrechts oder der Widerruf eines bereits ausgeübten Wahlrechts ist keine neue Tatsache i. S. d. § 173 AO, sondern Verfahrenshandlung (vgl. BFH-Urteil vom 25.2.1992, IX R 41/91, a. a. O.).

Ausnahmsweise liegt ein rückwirkendes Ereignis i. S. d. § 175 Abs. 1 Satz 1 Nr. 2 AO vor, wenn die Wahlrechtsausübung oder ihr Widerruf selbst Merkmal des gesetzlichen Tatbestands ist. Zum durch die Zustimmungserklärung des Empfängers qualifizierten Antrag nach § 10 Abs. 1a Nr. 1 Satz 1 EStG (bis 31.12.2014: § 10 Abs. 1 Nr. 1 Satz 1 EStG) vgl. BFH-Urteil vom 12.7.1989, X R 8/84, BStBl II S. 957. Zum Widerruf der Wahlrechtsausübung in den Fällen des § 37b EStG in Bezug auf die beim Zuwendungsempfänger vorzunehmende Besteuerung vgl. BFH-Urteil vom 15.6.2016, VI R 54/15, BStBl II S. 1010.

8.5.6 Zur Änderung von Steuerfestsetzungen nach § 175 Abs. 1 Satz 1 Nr. 1 AO bei nachträglichem Antrag auf Anwendung des § 33b EStG vgl. BFH-Urteil vom 13.12.1985, III R 204/81, BStBl 1986 II S. 245 und H 33b (Allgemeines) EStH.

9. Wegen der Berichtigung offenbarer Unrichtigkeiten Hinweis auf § 129 AO.

§ 172 Aufhebung und Änderung von Steuerbescheiden (S 035)

(1) ¹Ein Steuerbescheid darf, soweit er nicht vorläufig oder unter dem Vorbehalt der Nachprüfung ergangen ist, nur aufgehoben oder geändert werden,

1. wenn er Verbrauchsteuern betrifft,
2. wenn er andere Steuern als Einfuhr- oder Ausfuhrabgaben nach Artikel 5 Nummer 20 und 21 des Zollkodex der Union oder Verbrauchsteuern betrifft,

    a) soweit der Steuerpflichtige zustimmt oder seinem Antrag der Sache nach entsprochen wird; dies gilt jedoch zugunsten des Steuerpflichtigen nur, soweit er vor Ablauf der Einspruchsfrist zugestimmt oder den Antrag gestellt hat oder soweit die Finanzbehörde einem Einspruch oder einer Klage abhilft,

    b) soweit er von einer sachlich unzuständigen Behörde erlassen worden ist,

    c) soweit er durch unlautere Mittel, wie arglistige Täuschung, Drohung oder Bestechung erwirkt worden ist,

    d) soweit dies sonst gesetzlich zugelassen ist; die §§ 130 und 131 gelten nicht.

²Dies gilt auch dann, wenn der Steuerbescheid durch Einspruchsentscheidung bestätigt oder geändert worden ist. ³In den Fällen des Satzes 2 ist Satz 1 Nummer 2 Buchstabe a ebenfalls anzuwenden, wenn der Steuerpflichtige vor Ablauf der Klagefrist zugestimmt oder den Antrag gestellt hat; Erklärungen und Beweismittel, die nach § 364b Absatz 2 in der Einspruchsentscheidung nicht berücksichtigt wurden, dürfen hierbei nicht berücksichtigt werden.

(2) Absatz 1 gilt auch für einen Verwaltungsakt, durch den ein Antrag auf Erlass, Aufhebung oder Änderung eines Steuerbescheids ganz oder teilweise abgelehnt wird.

(3) ¹Anhängige, außerhalb eines Einspruchs- oder Klageverfahrens gestellte Anträge auf Aufhebung oder Änderung einer Steuerfestsetzung, die eine vom Gerichtshof der Europäischen Union, vom Bundesverfassungsgericht oder vom Bundesfinanzhof entschiedene Rechtsfrage betreffen und denen nach dem Ausgang des Verfahrens vor diesen Gerichten nicht entsprochen werden kann, können durch Allgemeinverfügung insoweit zurückgewiesen werden. ²§ 367 Absatz 2b Satz 2 bis 6 gilt entsprechend.

AEAO zu § 172 - Aufhebung und Änderung von Steuerbescheiden:

1. Die Vorschrift gilt nur für Steuerbescheide, nicht für Haftungs-, Duldungs- und Aufteilungsbescheide (vgl. AEAO vor §§ 130, 131).

2. § 172 Abs. 1 Satz 1 Nr. 2 Buchstabe a AO lässt die schlichte Änderung eines Steuerbescheids zugunsten des Steuerpflichtigen unter der Voraussetzung zu, dass der Steuerpflichtige vor Ablauf der Einspruchsfrist die Änderung beantragt oder ihr zugestimmt hat. Der Antrag auf schlichte Änderung bedarf keiner Form. Anträge, die nicht schriftlich oder elektronisch gestellt werden,

sind aktenkundig zu machen. Nicht ausdrücklich als Einspruch bezeichnete, vor Ablauf der Einspruchsfrist schriftlich oder elektronisch vorgetragene Änderungsbegehren des Steuerpflichtigen können regelmäßig als schlichte Änderungsanträge behandelt werden, wenn der Antragsteller eine genau bestimmte Änderung des Steuerbescheids beantragt und das Finanzamt dem Begehren entsprechen will. Andernfalls ist ein Einspruch anzunehmen, da der Einspruch die Rechte des Steuerpflichtigen umfassender und wirkungsvoller wahrt als der bloße Änderungsantrag. Hat der Steuerpflichtige sich für den Rechtsbehelf des Einspruchs entschieden, so überlagert der förmliche Rechtsbehelf einen etwaigen daneben gestellten Antrag auf schlichte Änderung des Steuerbescheids (vgl. BFH-Urteil vom 27.9.1994, VIII R 36/89, BStBl 1995 II S. 353).

Das Finanzamt darf den Steuerbescheid aufgrund eines schlichten Änderungsantrags nur in dem Umfange zugunsten des Steuerpflichtigen ändern, als der Steuerpflichtige vor Ablauf der Einspruchsfrist eine genau bestimmte Änderung bezogen auf einen konkreten Lebenssachverhalt beantragt hat (vgl. u. a. BFH-Urteil vom 20.12.2006, X R 30/05, BStBl II 2007 S. 503 m. w. N.). Es genügt nicht, dass der Steuerpflichtige lediglich die betragsmäßige Auswirkung bzw. den Änderungsrahmen beziffert (z. B. Herabsetzung der Steuer auf „Null") oder dass ein auf Änderung des Bescheids lautender allgemeiner Antrag des Steuerpflichtigen erst nach Ablauf der Einspruchsfrist hinsichtlich der einzelnen Korrekturpunkte konkretisiert wird (z. B. durch Nachreichen einer Steuererklärung). Auch eine Erweiterung des Änderungsbegehrens ist nach Ablauf der Einspruchsfrist nicht mehr möglich (zur Erweiterung eines Einspruchsantrags vgl. AEAO zu § 367, Nr. 3). Der Antragsteller kann allenfalls nach Ablauf der Einspruchsfrist Argumente oder Nachweise zur Begründung eines rechtzeitig gestellten, hinreichend konkreten Änderungsantrags nachreichen oder ergänzen, soweit hierdurch der durch den ursprünglichen Änderungsantrag (Lebenssachverhalt) festgelegte Änderungsrahmen nicht überschritten wird. Eine Antragserweiterung oder erneute Antragstellung ist nur innerhalb der Einspruchsfrist möglich.

An das (fristgerechte) Vorbringen des Steuerpflichtigen ist das Finanzamt gebunden. Es kann die Steuerfestsetzung nicht in vollem Umfang erneut überprüfen und ggf. verbösern. Mit der beantragten Änderung nicht in sachlichem oder rechtlichem Zusammenhang stehende materielle Fehler der Steuerfestsetzung können aber ggf. über § 177 AO berichtigt werden.

Aussetzung der Vollziehung (§ 361 AO) ist aufgrund eines schlichten Änderungsantrags nicht zulässig, allenfalls ist Stundung (§ 222 AO) möglich.

3. Nach § 172 Abs. 1 Satz 1 Nr. 2 Buchstabe a AO kann ein Steuerbescheid zuungunsten des Steuerpflichtigen aufgehoben oder geändert werden, wenn dieser der Aufhebung oder Änderung zustimmt oder er diese Korrektur beantragt hat. Die Anzeige eines Steuerpflichtigen nach § 153 AO stellt noch keine Zustimmung zu einer Änderung der Steuerfestsetzung zu seinen Ungunsten i. S. d. § 172 Abs. 1 Satz 1 Nr. 2 Buchstabe a AO dar; ggf. kommt aber eine Änderung nach § 173 Abs. 1 Nr. 1 AO in Betracht. Empfangsbedürftige Willenserklärungen unterliegen den Auslegungsregelungen der §§ 133, 157

BGB. Entscheidend ist, wie der Erklärungsempfänger den objektiven Erklärungswert der Erklärung verstehen musste (vgl. BFH-Urteile vom 8.6 2000, IV R 37/99, BStBl 2001 II S. 162, und vom 5.10.2000, VII R 96/99, BStBl 2001 II S. 86).

4. Unter arglistiger Täuschung im Sinne des § 172 Abs. 1 Satz 1 Nr. 2 Buchst. c AO ist die bewusste und vorsätzliche Irreführung zu verstehen, wie jedes vorsätzliche Verschweigen oder Vortäuschen von Tatsachen, durch das die Willensbildung der Behörde unzulässig beeinflusst wird. Für Arglist reicht bereits das Bewusstsein aus, wahrheitswidrige Angaben zu machen. Nicht erforderlich ist dagegen die Absicht, damit das Finanzamt zu einer Entscheidung zu veranlassen (vgl. BFH-Urteil vom 8.7.2015, VI R 51/14, BStBl II 2017 S. 13).

5. § 172 Abs. 1 Satz 2 AO bestimmt, dass auch ein durch Einspruchsentscheidung bestätigter oder geänderter Verwaltungsakt nach den Vorschriften der §§ 129, 164, 165, 172 ff. AO sowie nach entsprechenden Korrekturnormen in den Einzelsteuergesetzen (vgl. AEAO vor §§ 172 bis 177, Nr. 3) korrigiert werden darf. Gleiches gilt für einen im Einspruchsverfahren ergehenden Abhilfebescheid (z. B. nach § 172 Abs. 1 Satz 1 Nr. 2 Buchstabe a AO). Zum Erlass eines Abhilfebescheids im Klageverfahren nach einer rechtmäßigen Fristsetzung gem. § 364b AO vgl. AEAO zu § 364b, Nr. 5.

6. Nach § 172 Abs. 1 Satz 3 Halbsatz 1 AO ist eine schlichte Änderung auch dann möglich, wenn der zu ändernde Bescheid bereits durch Einspruchsentscheidung bestätigt oder geändert worden ist. Dies gilt auch, wenn lediglich die erneute Überprüfung einer Rechtsfrage begehrt wird, über die in der Einspruchsentscheidung bereits entschieden worden ist (vgl. BFH-Urteil vom 27.10.2020, VIII R 30/17, BStBl II S. 927). Der Änderungsantrag muss vor Ablauf der Klagefrist gestellt worden sein, nach Ablauf dieser Frist ist er unzulässig. Die Wirkungen einer nach § 364b Abs. 2 AO gesetzten Ausschlussfrist dürfen allerdings durch eine schlichte Änderung nicht unterlaufen werden (§ 172 Abs. 1 Satz 3 Halbsatz 2 AO).

7. Zum Einspruchsverfahren gegen Entscheidungen über die schlichte Änderung vgl. AEAO zu § 347, Nr. 2.

§ 173 Aufhebung oder Änderung von Steuerbescheiden wegen neuer Tatsachen oder Beweismittel (S 0351)

(1) Steuerbescheide sind aufzuheben oder zu ändern,

1. soweit Tatsachen oder Beweismittel nachträglich bekannt werden, die zu einer höheren Steuer führen,

2. soweit Tatsachen oder Beweismittel nachträglich bekannt werden, die zu einer niedrigeren Steuer führen und den Steuerpflichtigen kein grobes Verschulden daran trifft, dass die Tatsachen oder Beweismittel erst nachträglich bekannt werden. ²Das Verschulden ist unbeachtlich, wenn die Tatsachen oder Beweismittel in einem unmittelbaren oder mittelbaren Zusammenhang mit Tatsachen oder Beweismitteln im Sinne der Nummer 1 stehen.

(2) ¹Abweichend von Absatz 1 können Steuerbescheide, soweit sie auf Grund einer Außenprüfung ergangen sind, nur aufgehoben oder geändert werden, wenn eine Steuerhinterziehung oder eine leichtfertige Steuerverkürzung vorliegt. ²Dies gilt auch in den Fällen, in denen eine Mitteilung nach § 202 Absatz 1 Satz 3 ergangen ist.

AEAO zu § 173 - Aufhebung oder Änderung von Steuerbescheiden wegen neuer Tatsachen oder Beweismittel:

Inhaltsübersicht

1. Tatsachen und Beweismittel
2. Nachträgliches Bekanntwerden der Tatsachen oder Beweismittel
3. Rechtserheblichkeit der Tatsachen oder Beweismittel
4. Ermittlungsfehler des Finanzamts
5. Grobes Verschulden des Steuerpflichtigen
6. Unbeachtlichkeit des Verschuldens des Steuerpflichtigen
7. Änderung von Schätzungsveranlagungen
8. Änderungssperre (§ 173 Abs. 2 AO)
9. Umfang der Änderung
10. Anwendung des § 173 AO in Feststellungsfällen

1. Tatsachen und Beweismittel

1.1 Tatsache i. S. d. § 173 Abs. 1 AO ist alles, was Merkmal oder Teilstück eines steuergesetzlichen Tatbestandes sein kann, also Zustände, Vorgänge, Beziehungen und Eigenschaften materieller oder immaterieller Art (vgl. BFH-Urteile vom 1.10.1993, III R 58/92, BStBl 1994 II S. 346, vom 18.12.1996, XI R 36/96, BStBl 1997 II S. 264, und vom 14.1.1998, II R 9/97, BStBl II S. 371).

Zu den Tatsachen gehören auch innere Tatsachen (z. B. die Absicht, Einkünfte bzw. Gewinne zu erzielen), die nur anhand äußerer Merkmale (Hilfstatsachen) festgestellt werden können (vgl. BFH-Urteil vom 6.12.1994, IX R 11/91, BStBl 1995 II S. 192).

1.1.1 Tatsachen i. S. d. § 173 Abs. 1 AO sind bei einer Schätzung die Schätzungsgrundlagen (nicht die Schätzung selbst; vgl. AEAO zu § 173, Nr. 7). Tatsachen sind auch vorgreifliche Rechtsverhältnisse aus nichtsteuerlichen Rechtsgebieten (vgl. BFH-Urteil vom 13.10.1983, I R 11/79, BStB 1984 II S. 181). Um Tatsachen und nicht um juristische Wertungen handelt es sich, wenn ein Steuerpflichtiger z. B. unter der Bezeichnung „Kauf", „Vermietung" oder „Geschäftsführer-Gehalt" in der Steuererklärung vorgreifliche Rechtsverhältnisse geltend macht; derartige Begriffe enthalten eine Zusammenfassung von Tatsachen, die eine bestimmte rechtliche Wertung auslösen (vgl. BFH-Urteil vom 20.12.1988, VIII R 121/83, BStBl 1989 II S. 585). Folglich kann ein Steuerbescheid nach § 173 Abs. 1 AO geändert werden, wenn sich aufgrund nachträglich bekannt gewordener Tatsachen die vom Steuerpflichtigen übernommene Wertung als unzutreffend erweist.

1.1.2 Keine Tatsachen i. S. d. § 173 Abs. 1 AO sind Rechtsnormen und Schlussfolgerungen aller Art, insbesondere steuerrechtliche Bewertungen (vgl. BFH-Urteil vom 27.10.1992, VIII R 41/89, BStBl 1993 II S. 569). Ebenso stellen Entscheidungen des BVerfG zur Verfassungswidrigkeit einer Rechtsnorm sowie nachträgliche Gesetzesänderungen keine neuen Tatsachen i. S. v. § 173 Abs. 1 AO dar (vgl. BFH-Urteile vom 12.5.2009, IX R 45/08, BStBl II S. 891, und vom 11.2.1994, III R 50/92, BStBl II S. 389). Gleiches gilt für die (ggf. anderweitige) Ausübung steuerlicher Wahlrechte oder die Nachholung eines Antrags (vgl. AEAO vor §§ 172 bis 177, Nr. 8). Ein Antrag kann allerdings nachgeholt werden, soweit die für seine Ausübung relevanten Tatsachen als solche nachträglich bekannt werden (vgl. AEAO zu § 173, Nr. 3.2).

1.1.3 Bei Sachverhalten, die bei verschiedenen Steuerpflichtigen steuerlich eigenständig zu berücksichtigen sind, weil die Steuergesetze im Regelfall keine korrespondierende Berücksichtigung vorschreiben, sind die für die einzelne Steuerfestsetzung relevanten Tatsachen und steuerrechtliche Bewertungen zu unterscheiden. So geben Ergebnismitteilungen des Körperschaftsteuer-Finanzamts an das für die Veranlagung der Anteilseigner zuständige Finanzamt über eine bei einer GmbH durchgeführte Außenprüfung rechtliche Schlussfolgerungen und Schätzungsergebnisse wieder, sie stellen für sich jedoch keine Tatsachen dar, die zu einer Änderung nach § 173 Abs. 1 AO berechtigen (BFH-Urteil vom 27.10.1992, VIII R 41/89, BStBl 1993 II S. 569). Deshalb müssen den für die Veranlagung der Anteilseigner zuständiger Finanzämtern die entscheidungserheblichen Tatsachen mitgeteilt werden; die bloße Mitteilung, es seien verdeckte Gewinnausschüttungen festgestellt worden, reicht nicht aus, um eine Änderung nach § 173 Abs. 1 AO zu rechtfertigen. Vgl. aber auch § 32a KStG.

1.2 Beweismittel ist jedes Erkenntnismittel, das zur Aufklärung eines steuerlich erheblichen Sachverhalts dient, d. h. geeignet ist, das Vorliegen oder Nichtvorliegen von Tatsachen zu beweisen (BFH-Urteil vom 20.12.1988, VIII R

121/83, BStBl 1989 II S. 585). Dazu gehören Urkunden (Verträge, Geschäftspapiere u. a.) und Auskünfte von Auskunftspersonen (vgl. § 92 AO). Ein Sachverständigengutachten ist nur Beweismittel, soweit es die Erkenntnis neuer Tatsachen vermittelt und nicht lediglich Schlussfolgerungen enthält (BFH-Urteil vom 27.10.1992, VIII R 41/89, BStBl 1993 II S. 569).

1.3 Eine Änderung nach § 173 Abs. 1 AO setzt voraus, dass die Tatsachen bei Erlass des zu ändernden Bescheids bereits vorhanden waren und vom Finanzamt hätten berücksichtigt werden können (vgl. BFH-Urteil vom 26.7.1984, IV R 10/83, BStBl II S. 786). Nach dem Zeitpunkt der Steuerfestsetzung entstandene Tatsachen können dagegen eine Änderung nach § 175 Abs. 1 Satz 1 Nr. 2 AO rechtfertigen, wenn insoweit ein rückwirkendes Ereignis vorliegt. Eine nach dem Zeitpunkt der Steuerfestsetzung entstandene Hilfstatsache, die für diesen Zeitpunkt zu einer veränderten Würdigung in Bezug auf eine innere Tatsache führt, rechtfertigt jedoch nur dann eine Änderung nach § 173 Abs. 1 AO, wenn sie einen sicheren Schluss auf die (innere) Haupttatsache ermöglicht.

1.4 Bei der Prüfung der Frage, ob die Tatsache zu einer höheren oder niedrigeren Steuer führt, sind Steueranrechnungsbeträge grundsätzlich unbeachtlich. Es ist auf die bisher festgesetzte und die ggf. neu festzusetzende Steuer abzustellen.

Im Fall eines Antrags nach § 32d Abs. 4 oder 6 EStG ist bei dem Vergleich, ob die nachträglich bekannt gewordene Tatsache zu einer höheren oder niedrigeren Steuer führt, auch die zunächst mit Abgeltungswirkung (§ 43 Abs. 5 Satz 1 EStG) einbehaltene Kapitalertragsteuer einzubeziehen und somit der bisher festgesetzten Steuer hinzuzurechnen (vgl. BFH-Urteil vom 12.5.2015, VIII R 14/13, BStBl II S. 806). Das Gleiche gilt bei nachträglich erklärten Kapitalerträgen hinsichtlich der mit ihnen zusammenhängenden ausländischen Steuerbeträge, wenn die begehrte Änderung der Steuerfestsetzung notwendige Voraussetzung für die Anrechnung im Rahmen des § 32d Abs. 5 EStG und ggf. Erstattung dieser Steuern ist (vgl. BFH-Urteil vom 25.3.2021, VIII R 7/18, BStBl 2023 II S. 166).

Zum Ausnahmefall einer Nettolohnvereinbarung siehe BFH-Urteil vom 16.3.1990, VI R 90/86, BStBl II S. 610.

2. Nachträgliches Bekanntwerden der Tatsachen oder Beweismittel

2.1 Tatsachen oder Beweismittel werden nachträglich bekannt, wenn sie einem für die Steuerfestsetzung zuständigen Bediensteten (BFH-Urteile vom 9.11.1984, VI R 157/83, BStBl 1985 II S. 191, und vom 20.6.1985, IV R 114/82, BStBl II S. 492) bekannt werden, nachdem die Willensbildung über die Steuerfestsetzung abgeschlossen worden ist (Abzeichnung der Verfügung; vgl. BFH-Urteil vom 18.3.1987, II R 226/84, BStBl II S. 416). Auf den Tag der Absendung des Steuerbescheids oder den Tag der Bekanntgabe kommt es nicht an. Der im Einzelfall maßgebliche Tag ist dem Steuerpflichtigen auf Verlangen mitzuteilen.

2.2 Sofern im automatisierten Verfahren nachträglich - noch vor der Absendung des Steuerbescheids - eine materiell-rechtliche Kontrolle der gesamten Steuerfestsetzung vorgenommen wird, sind alle bis dahin bekannt gewordenen

Tatsachen und Beweismittel zu berücksichtigen (vgl. BFH-Urteil vom 29.11.1988, VIII R 226/83, BStBl 1989 II S. 259). Tatsachen und Beweismittel, die dem Finanzamt bis zum Abschluss einer solchen Kontrolle bekannt geworden sind, in dem zu erlassenden Steuerbescheid aber keine Berücksichtigung gefunden haben, können zu einem späteren Zeitpunkt nicht mehr Gegenstand einer Änderung nach § 173 Abs. 1 AO sein. Um eine materiellrechtliche Kontrolle des Steuerbescheids handelt es sich nicht, wenn der Steuerbescheid vor seiner Absendung nur einer formellen Prüfung unterzogen wird, die die Feststellung der ermittelten Tatsachen sowie deren rechtliche Würdigung unberührt lässt (z. B. Prüfung auf zutreffende Adressierung oder richtige Erfassung der Daten).

2.3 Eine Tatsache ist nicht schon dann bekannt, wenn irgendeine Stelle des Finanzamts von ihr Kenntnis hat. Es kommt vielmehr auf den Kenntnisstand der Personen an, die innerhalb des Finanzamts dazu berufen sind, den betreffenden Steuerfall zu bearbeiten (BFH-Urteile vom 20.6.1985, IV R 114/82, BStBl II S. 492, vom 20.4.1988, X R 40/81, BStBl II S. 804, und vom 19.6.1990, VIII R 69/87, BFH/NV 1991 S. 353).

2.3.1 Die Rechtsbehelfsstelle des Finanzamts muss bei der Entscheidung über den Einspruch eines Steuerpflichtigen grundsätzlich auch Tatsachen verwerten, die der Veranlagungsstelle bekannt sind. Geschieht dies nicht, so können diese in der Einspruchsentscheidung nicht berücksichtigten Tatsachen nach Abschluss des Einspruchsverfahrens nicht mehr Gegenstand eines Änderungsbescheids nach § 173 Abs. 1 Nr. 1 AO sein (BFH-Urteil vom 23.3.1983, I R 182/82, BStBl II S. 548).

2.3.2 Nur dem Betriebsprüfer bekannt gewordene Tatsachen sind der Veranlagungsstelle grundsätzlich nicht zuzurechnen (vgl. BFH-Urteile vom 28.4.1987, IX R 9/83, BFH/NV 1988 S. 151, vom 29.10.1987, IV R 69/85, BFH/NV 1988 S. 346, und vom 20.4.1988, X R 40/81, BStBl II S. 804).

2.3.3 Für die Frage, ob einem Finanzamt Tatsachen, die zu einer erstmaligen Berücksichtigung oder zu einer höheren Bewertung eines steuerpflichtigen Sachverhalts von Bedeutung sind, i. S. v. § 173 Abs. 1 Nr. 1 AO nachträglich bekannt geworden sind, kommt es grundsätzlich allein auf die Kenntnis dieses Finanzamts an. Ermittelt aber ein für die Erbschaft-/Schenkungsteuer zuständiges Finanzamt den Wert einer Beteiligung an einer Personengesellschaft allein dadurch, dass es diesen aus einem von einem anderem Finanzamt erteilten Feststellungsbescheid über den Wert des Betriebsvermögens der Gesellschaft auf einen vorangegangenen Bewertungsstichtag ableitet, so macht es sich damit die diesem zugrunde liegenden Kenntnisse zu eigen (BFH-Urteil vom 14.1.1998, II R 9/97, BStBl II S. 371).

2.3.4 Einmal bekannt gewordene Tatsachen werden durch den Wechsel in der Zuständigkeit der Finanzbehörde oder durch Wechsel des Bearbeiters nicht wieder unbekannt, wenn der zunächst zuständige Bearbeiter die Tatsachen aktenkundig gemacht hat (vgl. BFH-Urteil vom 15.10.1993, III R 74/92, BFH/NV 1994 S. 315).

2.3.5 Dem Finanzamt können auch Tatsachen bekannt sein, die sich aus älteren, bereits archivierten Akten ergeben. Voraussetzung dafür ist jedoch, dass zur

Hinzuziehung solcher Vorgänge nach den Umständen des Falles, insbesondere nach dem Inhalt der zu bearbeitenden Steuererklärungen oder der präsenten Akten, eine besondere Veranlassung bestand (BFH-Urteil vom 11.2.1998, I R 82/97, BStBl II S. 552).

2.3.6 Im Rahmen des § 173 Abs. 1 Nr. 2 AO kann eine Tatsache nicht zum Nachteil des Steuerpflichtigen als bereits bekannt gelten, wenn der zuständige Bearbeiter sie lediglich hätte kennen können oder kennen müssen; das Finanzamt kann sich in diesem Fall nicht auf sein eigenes Versäumnis oder Verschulden berufen (vgl. BFH-Urteil vom 26.11.1996, IX R 77/95, BStBl 1997 II S. 422).

2.4 Steuerbescheid i. S. v. § 173 Abs. 1 AO ist auch ein Bescheid, der einen schon ergangenen Steuerbescheid inhaltlich abändert. Tatsachen, die zu einer höheren Besteuerung führen, kann das Finanzamt deshalb in einem weiteren Änderungsbescheid nach § 173 Abs. 1 Nr. 1 AO nur berücksichtigen, wenn sie ihm nach Erlass des Änderungsbescheids bekannt geworden sind. Eine Änderung nach § 173 Abs. 1 Nr. 1 AO ist jedoch dann nicht ausgeschlossen, wenn das Finanzamt im Hinblick auf einen nachträglich ergangenen Grundlagenbescheid zunächst lediglich eine Änderung nach § 175 Abs. 1 Satz 1 Nr. 1 AO vorgenommen und dabei Tatsachen unberücksichtigt gelassen hat, die darüber hinaus eine Änderung nach § 173 Abs. 1 Nr. 1 AO gerechtfertigt hätten (BFH-Urteil vom 12.1.1989, IV R 8/88, BStBl II S. 438).

2.5 Ändert das Finanzamt einen bestandskräftigen Steuerbescheid nach § 173 Abs. 1 Nr. 1 AO, so trägt es die objektive Beweislast dafür, dass die für die Änderung erforderlichen tatsächlichen Voraussetzungen vorliegen, insbesondere dafür, dass diese „neu" sind (BFH-Urteil vom 19.5.1998, I R 140/97, BStBl II S. 599).

3. Rechtserheblichkeit der Tatsachen oder Beweismittel

3.1 Neue Tatsachen oder Beweismittel können die Änderung eines Steuerbescheids nach § 173 Abs. 1 AO nur rechtfertigen, wenn sie rechtserheblich sind. Die Rechtserheblichkeit ist zu bejahen, wenn das Finanzamt bei rechtzeitiger Kenntnis der Tatsachen oder Beweismittel schon bei der ursprünglichen Veranlagung mit an Sicherheit grenzender Wahrscheinlichkeit zu einer höheren oder niedrigeren Steuer gelangt wäre (vgl. BFH-Beschluss GrS vom 23.11.1987, GrS 1/86, BStBl 1988 II S. 180). Die Vorschrift des § 173 AO hat nicht den Sinn, dem Steuerpflichtigen das Risiko eines Rechtsbehelfsverfahrens dadurch abzunehmen, dass ihm gestattet wird, sich auf Tatsachen gegenüber dem Finanzamt erst dann zu berufen, wenn etwa durch eine spätere Änderung der Rechtsprechung eine Rechtslage eintritt, die eine bisher nicht vorgetragene Tatsache nunmehr als relevant erscheinen lässt.

Ein Steuerbescheid darf daher wegen nachträglich bekannt gewordener Tatsachen oder Beweismittel weder zugunsten noch zuungunsten des Steuerpflichtigen geändert werden, wenn das Finanzamt bei ursprünglicher Kenntnis der Tatsachen oder Beweismittel nicht anders entschieden hätte. Bei der Beurteilung der Rechtserheblichkeit kommt es nicht darauf an, welche Entscheidung der zuständige Bearbeiter subjektiv bei Erlass des ursprünglichen Bescheids getroffen hätte. Wie das Finanzamt bei Kenntnis bestimmter Tat-

Abgabenordnung § 173

sachen oder Beweismittel einen Sachverhalt in seinem ursprünglichen Bescheid gewürdigt hätte, ist vielmehr im Einzelfall aufgrund des Gesetzes, wie es nach der damaligen Rechtsprechung des BFH auszulegen war, und der die Finanzämter bindenden Verwaltungsanweisungen zu beurteilen, die im Zeitpunkt des ursprünglichen Bescheiderlasses gegolten haben (vgl. BFH-Urteile vom 11.5.1988, I R 216/85, BStBl II S. 715, vom 15.1.1991, IX R 238/87, BStBl II S. 741, und vom 10.3.1999, II R 99/97, BStBl II S. 433). Subjektive Fehler der Finanzbehörden, wie sie sowohl in rechtlicher als auch in tatsächlicher Hinsicht denkbar sein mögen, sind unbeachtlich (BFH-Urteil vom 11.5.1988, I R 216/85, BStBl II S. 715).

3.2 Die erstmalige Ausübung eines nicht fristgebundenen Wahlrechts nach Bestandskraft der Steuerfestsetzung (vgl. AEAO vor §§ 172 bis 177, Nr. 8) ist keine neue Tatsache, sie steht einer Änderung nach § 173 Abs. 1 Nr. 2 AO aber nicht entgegen, sofern die für die Ausübung des Wahlrechts relevanten Tatsachen nachträglich bekannt geworden sind (BFH-Urteile vom 28.9.1984, VI R 48/82, BStBl 1985 II S. 117, und vom 25.2.1992, IX R 41/91, BStBl II S. 621). Gleiches gilt, wenn der Steuerpflichtige nach Bestandskraft der Steuerfestsetzung erstmals einen nicht fristgebundenen Antrag auf Gewährung einer Steuervergünstigung stellt und hierzu entsprechende (neue) Tatsachen vorträgt (BFH-Urteil vom 21.7.1989, III R 303/84, BStBl II S. 960). Eine Änderung nach § 173 Abs. 1 Nr. 2 AO zugunsten des Steuerpflichtigen setzt jedoch auch in diesen Fällen voraus, dass ihn am nachträglichen Bekanntwerden der steuermindernden Tatsachen kein grobes Verschulden trifft (vgl. AEAO zu § 173, Nr. 5).

4. Ermittlungsfehler des Finanzamts

4.1 Nach dem Grundsatz von Treu und Glauben kann das Finanzamt - auch wenn es von einer rechtserheblichen Tatsache oder einem rechtserheblichen Beweismittel nachträglich Kenntnis erhält - daran gehindert sein, einen Steuerbescheid nach § 173 Abs. 1 Nr. 1 AO zuungunsten des Steuerpflichtigen zu ändern (BFH-Urteil vom 13.11.1985, II R 208/82, BStBl 1986 II S. 241). Hat der Steuerpflichtige die ihm obliegenden Mitwirkungspflichten in zumutbarer Weise erfüllt, kommt eine Änderung nach § 173 Abs. 1 Nr. 1 AO nicht in Betracht, wenn die spätere Kenntnis der Tatsache oder des Beweismittels auf einer Verletzung der dem Finanzamt obliegenden Ermittlungspflicht beruht. Das Finanzamt braucht den Steuererklärungen nicht mit Misstrauen zu begegnen, sondern darf regelmäßig von deren Richtigkeit und Vollständigkeit ausgehen; veranlagt es aber trotz bekannter Zweifel an der Richtigkeit der Besteuerungsgrundlagen endgültig, so ist eine spätere Änderung der Steuerfestsetzung nach dem Grundsatz von Treu und Glauben ausgeschlossen (vgl. BFH-Urteil vom 27.10.1992, VIII R 41/89, BStBl 1993 II S. 539). Zum Umfang der Ermittlungspflicht des Finanzamts vgl. AEAO zu § 88 AO.

4.1.1 Sind sowohl das Finanzamt seiner Ermittlungspflicht als auch der Steuerpflichtige seiner Mitwirkungspflicht nicht in vollem Umfang nachgekommen, so fällt das nachträgliche Bekanntwerden einer rechtserheblichen Tatsache oder eines rechtserheblichen Beweismittels i. d. R. in den Verantwortungsbereich des Steuerpflichtigen mit der Folge, dass eine Änderung des Steuerbescheids nach § 173 Abs. 1 Nr. 1 AO zulässig ist (vgl. BFH-Urteil vom

§ 173 Abgabenordnung

11.11.1987, I R 108/85, BStBl 1988 II S. 115). Eine entsprechende Änderung scheidet lediglich dann aus, wenn der Verstoß des Finanzamts deutlich überwiegt (BFH-Urteil vom 20.12.1988, VIII R 121/83, BStBl 1989 II S. 585).

4.1.2 Ändert das Finanzamt einen bestandskräftigen Steuerbescheid nach § 173 Abs. 1 Nr. 1 AO, trägt der Steuerpflichtige die objektive Beweislast, wenn er eine Verletzung der Ermittlungspflichten durch das Finanzamt rügt (BFH-Urteil vom 19.5.1998, I R 140/97, BStBl II S. 599).

4.2 Auf neue Tatsachen, die nach § 173 Abs. 1 Nr. 2 AO eine niedrigere Steuerfestsetzung rechtfertigen, sind die in Nr. 4.1 dargestellten Grundsätze nicht anzuwenden (BFH-Urteile vom 13.4.1967, V 57/65, BStBl III S. 519, und vom 26.11.1996, IX R 77/95, BStBl 1997 II S. 422). Hier ist jedoch zu prüfen, ob den Steuerpflichtigen ein grobes Verschulden am nachträglichen Bekanntwerden der neuen Tatsachen trifft (vgl. AEAO zu § 173, Nr. 5).

Wann eine Tatsache nicht zum Nachteil des Steuerpflichtigen als bereits bekannt gelten kann, vgl. AEAO zu § 173, Nr. 2.3.6.

5. Grobes Verschulden des Steuerpflichtigen

5.1 Die Aufhebung oder Änderung eines Steuerbescheids zugunsten des Steuerpflichtigen ist grundsätzlich ausgeschlossen, wenn den Steuerpflichtigen ein grobes Verschulden daran trifft, dass die Tatsachen oder Beweismittel dem Finanzamt erst nachträglich bekannt geworden sind. Als grobes Verschulden hat der Steuerpflichtige Vorsatz und grobe Fahrlässigkeit zu vertreten. Grobe Fahrlässigkeit ist anzunehmen, wenn er die ihm nach seinen persönlichen Verhältnissen zumutbare Sorgfalt in ungewöhnlichem Maße und in nicht entschuldbarer Weise verletzt (BFH-Urteile vom 3.2.1983, IV R 153/80, BStBl II S. 324, und vom 18.5.1988, X R 57/82, BStBl II S. 713). Anhaltspunkte, die auf ein grobes Verschulden des Steuerpflichtigen hindeuten, sind von der Finanzbehörde darzulegen und ggf. zu beweisen, die insoweit die Feststellungslast trägt (vgl. BFH-Urteile vom 22.5.1992, VI R 17/91, BStBl 1993 II S. 80, und vom 10.2.2015, IX R 18/14, BStBl 2017 II S. 7). Kann bei dem zu beurteilenden Sachverhalt nach ständiger Rechtsprechung von einem groben Verschulden ausgegangen werden (siehe Nr. 5.1.2 und 5.1.3 des AEAO zu § 173), trägt der Steuerpflichtige die Feststellungslast für atypische Umstände, aufgrund derer im Einzelfall gleichwohl ein grobes Verschulden zu verneinen ist.

5.1.1 Bei der Beurteilung der Schwere der Verletzung dieser Sorgfaltspflicht sind die Gegebenheiten des Einzelfalls und die individuellen Kenntnisse und Fähigkeiten des einzelnen Steuerpflichtigen zu berücksichtigen (BFH-Urteil vom 29.6.1984, VI R 181/80, BStBl II S. 693). So kann die Unkenntnis steuerrechtlicher Bestimmungen allein den Vorwurf groben Verschuldens nicht begründen (BFH-Urteile vom 10.8.1988, IX R 219/84, BStBl 1989 II S. 131, vom 22.5.1992, VI R 17/91, BStBl 1993 II S. 80, und vom 21.9.1993, IX R 63/90, BFH/NV 1994 S. 100). Offensichtliche Versehen und alltägliche Irrtümer, die sich nie ganz vermeiden lassen, wie z. B. Verwechslungen, Schreib-, Rechen- oder Übertragungsfehler, rechtfertigen ebenfalls nicht den Vorwurf des groben Verschuldens; es kann aber vorliegen, wenn das Versehen auf einer vorangegangenen Verletzung steuerlicher Pflichten beruht.

5.1.2 Ein grobes Verschulden kann im Allgemeinen angenommen werden, wenn der Steuerpflichtige trotz Aufforderung keine Steuererklärung abgegeben hat (ständige Rechtsprechung, vgl. z. B. BFH-Urteil vom 16.9.2004, IV R 62/02, BStBl 2005 II S. 75 m. w. N.), allgemeine Grundsätze der Buchführung (§§ 145 bis 147 AO) verletzt oder ausdrückliche Hinweise in ihm zugegangenen Vordrucken, Merkblättern oder sonstigen Mitteilungen des Finanzamts nicht beachtet.

5.1.3 Ein Steuerpflichtiger handelt regelmäßig grob schuldhaft, wenn er eine im Steuererklärungsformular ausdrücklich gestellte, auf einen ganz bestimmten Vorgang bezogene Frage nicht beachtet (BFH-Urteile vom 29.6.1984, VI R 181/80, BStBl II S. 693, und vom 10.8.1988, IX R 219/84, BStBl 1989 II S. 131).

5.1.4 Das grobe Verschulden des Steuerpflichtigen am nachträglichen Bekanntwerden steuermindernder Tatsachen oder Beweismittel wird nicht dadurch ausgeschlossen, dass das Finanzamt seinerseits seinen Fürsorge- oder Ermittlungspflichten nicht hinreichend nachgekommen ist (BFH-Urteil vom 9.8.1991, III R 24/87, BStBl 1992 II S. 65). Im Einzelfall kann jedoch ein grobes Verschulden des Steuerpflichtigen zu verneinen sein, wenn die Verletzung der Ermittlungs- und Fürsorgepflichten ursächlich für die verspätete Geltendmachung der steuermindernden Tatsachen oder Beweismittel war, z. B. bei irreführender Auskunftserteilung.

5.2 Bei einer Zusammenveranlagung muss sich jeder Ehegatte bzw. Lebenspartner das grobe Verschulden des anderen Ehegatten/Lebenspartners zurechnen lassen (vgl. BFH-Urteil vom 24.7.1996, I R 62/95, BStBl 1997 II S. 115).

5.3 Nimmt der Steuerpflichtige bei der Erfüllung seiner steuerlichen Pflichten die Hilfe eines Bevollmächtigten oder anderer Hilfspersonen in Anspruch, so muss er sich ein etwaiges grobes Verschulden dieser Personen wie ein eigenes Verschulden zurechnen lassen. So hat der Steuerpflichtige etwa ein grobes Verschulden seines Buchhalters als eigenes Verschulden zu vertreten (vgl. BFH-Urteil vom 18.5.1988, X R 57/82, BStBl II S. 713).

5.4 Der Steuerpflichtige hat ein grobes Verschulden seines steuerlichen Beraters in gleicher Weise zu vertreten wie das Verschulden eines Bevollmächtigten (BFH-Urteile vom 3.2.1983, IV R 153/80, BStBl II S. 324, vom 28.6.1983, VIII R 37/81, BStBl 1984 II S. 2, vom 25.11.1983, VI R 8/82, BStBl 1984 II S. 256, und vom 26.8.1987, I R 144/86, BStBl 1988 II S. 109). Bei Festlegung der einem steuerlichen Berater zuzumutenden Sorgfalt ist zu berücksichtigen, dass von einem Angehörigen der steuerberatenden Berufe die Kenntnis und sachgemäße Anwendung der steuerrechtlichen Vorschriften erwartet wird (BFH-Urteil vom 3.2.1983, IV R 153/80, BStBl II S. 324). Ein eigenes grobes Verschulden des Steuerpflichtigen kann darin liegen, dass er die von seinem steuerlichen Berater gefertigte Steuererklärung unterschreibt, obwohl ihm bei Durchsicht der Steuererklärung ohne weiteres hätte auffallen müssen, dass steuermindernde Tatsachen oder Beweismittel nicht berücksichtigt worden sind (BFH-Urteil vom 28.6.1983, VIII R 37/81, BStBl 1984 II S. 2).

§ 173 Abgabenordnung

> Der steuerliche Berater hat, wenn er Mitarbeiter zur Vorbereitung des Jahresabschlusses und der Steuererklärung einsetzt, Sorgfaltspflichten hinsichtlich der Auswahl seiner Mitarbeiter, der Organisation der Arbeiten in seinem Büro und der Kontrolle der Arbeitsergebnisse der Mitarbeiter (BFH-Urteil vom 26.8.1987, I R 144/86, BStBl 1988 II S. 109).

5.5 Bei der Frage des groben Verschuldens ist auch der Zeitraum einzubeziehen, in dem nach Durchführung der Steuerveranlagung der Bescheid noch änderbar ist (BFH-Urteil vom 21.2.1991, V R 25/87, BStBl II S. 496: Vortrag steuermindernder Tatsachen bis zur Bekanntgabe der Einspruchsentscheidung). Ein dem Steuerpflichtigen zuzurechnendes grobes Verschulden i. S. d. § 173 Abs. 1 Nr. 2 AO kann daher auch darin bestehen, dass er es unterlassen hat, gegen einen Steuerbescheid Einspruch einzulegen, obwohl sich ihm innerhalb der Einspruchsfrist die Geltendmachung bisher nicht vorgetragener Tatsachen hätte aufdrängen müssen (BFH-Urteile vom 25.11.1983, VI R 8/82, BStBl 1984 II S. 256, und vom 4.2.1998, XI R 47/97, BFH/NV S. 682).

5.6 Bei Beantwortung der Frage, ob die Unterlassung bestimmter steuerrelevanter Angaben in der Steuererklärung auf einem groben Verschulden des Steuerpflichtigen, einem entschuldbaren mechanischen Versehen (z. B. Übertragungsfehler) oder einem entschuldbaren Rechtsirrtum infolge mangelnder Kenntnis steuerrechtlicher Vorschriften beruht, ist nicht zwischen Steuererklärungen auf Papier und elektronisch erstellten Steuererklärungen zu unterscheiden. Wird die Steuererklärung elektronisch zum Beispiel mithilfe des Programms ElsterFormular erstellt, kann der Steuerpflichtige bei Erfassung der Daten anhand der gewohnten Formularoberfläche vom kompletten Steuererklärungsvordruck und allen dort gestellten Fragen Kenntnis nehmen; darüber hinaus wird auch eine Hilfefunktion im Umfang der amtlichen Anleitung geboten. Unerheblich ist daher, dass in der komprimierten Steuererklärung nur ein Ausdruck der tatsächlich erfassten und übermittelten Daten erfolgt.

6. Unbeachtlichkeit des Verschuldens des Steuerpflichtigen

6.1 Das Verschulden des Steuerpflichtigen ist nach § 173 Abs. 1 Nr. 2 Satz 2 AO unbeachtlich, wenn die Tatsachen oder Beweismittel, die zu einer niedrigeren Steuer führen, in einem unmittelbaren oder mittelbaren Zusammenhang mit neuen Tatsachen oder Beweismitteln stehen, die zu einer höheren Steuer führen. Stehen die steuermindernden Tatsachen mit steuererhöhenden Tatsachen im Zusammenhang, sind die steuermindernden Tatsachen nicht nur bis zur steuerlichen Auswirkung der steuererhöhenden Tatsachen, sondern uneingeschränkt zu berücksichtigen (BFH-Urteil vom 2.8.1983, VIII R 190/80, BStBl 1984 II S. 4). Ein derartiger Zusammenhang ist gegeben, wenn eine zu einer höheren Besteuerung führende Tatsache die zur Steuerermäßigung führende Tatsache ursächlich bedingt, so dass der steuererhöhende Vorgang nicht ohne den steuermindernden Vorgang denkbar ist (BFH-Urteile vom 28.3.1985, IV R 159/82, BStBl 1986 II S. 120, vom 5.8.1986, IX R 13/81, BStBl 1987 II S. 297, und vom 8.8.1991, V R 106/88, BStBl 1992 II S. 12). Ein rein zeitliches Zusammentreffen von steuererhöhenden und steuermindernden Tatsachen reicht nicht aus (BFH-Urteil vom 28.3.1985, IV R 159/82, a. a. O.).

6.2 Wird dem Finanzamt nachträglich bekannt, dass der Steuerpflichtige nicht erklärte Einkünfte einer bestimmten Einkunftsart erzielt hat, so stellt die Höhe dieser Einkünfte die für die Anwendung des § 173 Abs. 1 Nr. 1 oder Nr. 2 AO relevante Tatsache dar (BFH-Urteil vom 1.10.1993, III R 58/92, BStBl 1994 II S. 346). Dies gilt auch dann, wenn das Finanzamt die Einkünfte zunächst geschätzt hat (BFH-Urteil vom 24.4.1991, XI R 28/89, BStBl II S. 606). Eine Aufspaltung dieser Einkünfte in steuererhöhende Einnahmen oder Vermögensmehrungen einerseits und steuermindernde Ausgaben oder Vermögensminderungen andererseits im Hinblick auf § 173 Abs. 1 Nr. 2 Satz 2 AO ist nicht zulässig.

6.3 Bei der Umsatzsteuer sind Tatsachen, die eine Erhöhung der Umsatzsteuer begründen, und Tatsachen, die eine höhere Vorsteuer begründen, getrennt zu beurteilen. Ein Zusammenhang zwischen nachträglich bekannt gewordenen Umsätzen und nachträglich bekannt gewordenen Leistungen an den Unternehmer i. S. d. § 173 Abs. 1 Nr. 2 Satz 2 AO besteht nur insoweit, als die Eingangsleistungen zur Ausführung der nachträglich bekannt gewordenen Umsätze verwendet wurden (BFH-Urteile vom 8.8.1991, V R 106/88, BStBl 1992 II S. 12, und vom 19.10.1995, V R 60/92, BStBl 1996 II S. 149). Dies gilt allerdings nur, soweit diese Umsätze zum Vorsteuerabzug berechtigen; soweit die nachträglich bekannt gewordenen Vorsteuerbeträge hingegen mit nachträglich bekannt gewordenen steuerfreien oder nichtsteuerbaren Umsätzen in Zusammenhang stehen, sind die Voraussetzungen des § 173 Abs. 1 Nr. 2 Satz 2 AO nicht erfüllt.

Hat das Finanzamt bei einer Schätzung der Umsatzsteuer davon abgesehen, die Steuer auf der Grundlage des Ansatzes einer Vielzahl einzelner Umsätze mit jeweils genau bezifferter Bemessungsgrundlage zu ermitteln, können die nachträglich bekannt gewordenen Vorsteuerbeträge im Schätzungsweg entsprechend dem Verhältnis der nachträglich erklärten und der ursprünglich vom Finanzamt geschätzten steuerpflichtigen Umsätze berücksichtigt werden, es sei denn, es liegen Anhaltspunkte dafür vor, dass weniger oder mehr Vorsteuerbeträge im Zusammenhang mit den nachträglich bekannt gewordenen Umsätzen stehen, als sich nach dieser Aufteilung ergibt (BFH-Urteil vom 19.10.1995, V R 60/92, BStBl 1996 II S. 149).

7. **Änderung von Schätzungsveranlagungen**

7.1 Eine auf einer Schätzung beruhende Veranlagung kann nach § 173 Abs. 1 Nr. 1 AO durch eine höhere Schätzungsveranlagung ersetzt werden, wenn nachträglich Schätzungsunterlagen festgestellt werden, bei deren rechtzeitigem Bekanntsein das Finanzamt die Schätzung in anderer Weise vorgenommen hätte. Die Änderung der ursprünglichen Schätzungsveranlagung ist dabei nur im Ausmaß der nachträglich bekannt gewordenen Schätzungsunterlagen zulässig. Das bisherige Schätzungsverfahren ist nach Möglichkeit fortzuführen, ggf. zu verfeinern. Ein Wechsel der Schätzungsmethode kommt lediglich dann in Betracht, wenn die bisherige Methode angesichts der neuen Schätzungsunterlagen versagt (BFH-Urteil vom 2.3.1982, VIII R 225/80, BStBl 1984 II S. 504).

Die Ersetzung einer Schätzungsveranlagung durch eine höhere Schätzungsveranlagung ist auch zulässig, wenn aufgrund einer nachträglichen Vermögenszuwachsrechnung ein gegenüber der ursprünglichen Schätzung wesentlich höherer Gewinn festgestellt wird (BFH-Urteile vom 24.10.1985, IV R

75/84, BStBl 1986 II S. 233, und vom 29.10.1987, IV R 69/85, BFH/NV 1988 S. 346). Dies gilt auch für den Fall, dass es sich bei der ursprünglichen Schätzung um eine Schätzung nach Richtsätzen für einen nicht buchführenden, jedoch buchführungspflichtigen Landwirt handelt (BFH-Urteile vom 3.10.1985, IV R 197/83, BFH/NV 1987 S. 477, und vom 24.10.1985, IV R 170/84, BFH/NV 1987 S. 545).

7.2 Nachträglich bekannt gewordene Tatsachen, die zu einer niedrigeren Steuer führen, liegen nach einer vorausgegangenen Gewinnschätzung dann vor, wenn sich aus der Gesamtwürdigung der neuen Tatsachen, also dem gemeinsamen Ergebnis von Betriebseinnahmen und Betriebsausgaben, eine niedrigere Steuer ergibt (BFH-Urteil vom 28.3.1985, IV R 159/82, BStBl 1986 II S. 120; vgl. AEAO zu § 173, Nr. 6.2). Eine Änderung nach § 173 Abs. 1 Nr. 2 AO ist in diesen Fällen demzufolge nur zulässig, wenn den Steuerpflichtigen am nachträglichen Bekanntwerden der Tatsachen kein grobes Verschulden trifft (vgl. AEAO zu § 173, Nr. 5).

7.3 Hat das Finanzamt den laufenden Gewinn und den Veräußerungsgewinn (§ 16 EStG) geschätzt, so sind die nachträglich bekannt gewordenen tatsächlichen Gewinnbeträge (laufender Gewinn und Veräußerungsgewinn) je eine Tatsache i. S. d. § 173 Abs. 1 AO (BFH-Urteil vom 30.10.1986, III R 163/82, BStBl 1987 II S. 161).

7.4 Zur Schätzung der Umsatzsteuer vgl. AEAO zu § 173, Nr. 6.3.

8. Änderungssperre (§ 173 Abs. 2 AO)

8.1 Steuerbescheide, die aufgrund einer Außenprüfung ergangen sind, können wegen neuer Tatsachen oder Beweismittel nach § 173 Abs. 1 AO nur geändert werden, wenn eine Steuerhinterziehung oder leichtfertige Steuerverkürzung vorliegt (Änderungssperre nach § 173 Abs. 2 AO). Durch die Regelung in § 173 Abs. 2 Satz 1 AO wird solchen Steuerbescheiden eine erhöhte Bestandskraft zugemessen, weil durch die Außenprüfung die steuerlich erheblichen Sachverhalte ausgibig hätten geprüft werden können. Die Änderungssperre wirkt auch dann, wenn nach einer Außenprüfung Tatsachen oder Beweismittel bekannt werden, die zu einer niedrigeren Steuer führen würden (BFH-Urteile vom 29.1.1987, IV R 96/85, BStBl II S. 410, und vom 11.12.1997, V R 56/94, BStBl 1998 II S. 367). Die Änderungssperre bezieht sich nur auf Änderungen i. S. v. § 173 Abs. 1 AO, nicht aber auf Änderungen, die aufgrund anderer Vorschriften erfolgen (vgl. BFH-Urteil vom 4.11.1992, XI R 32/91, BStBl 1993 II S. 425).

8.2 Der Umfang der Änderungssperre richtet sich nach dem Inhalt der Prüfungsanordnung (BFH-Urteile vom 12.10.1994, XI R 75/93, BStBl 1995 II S. 289, und vom 11.2.1998, I R 82/97, BStBl II S. 552).

8.2.1 Im Fall der Beschränkung der Außenprüfung auf bestimmte Steuerarten, Besteuerungszeiträume oder Sachverhalte (§ 194 Abs. 1 Satz 2 AO) umfasst die Änderungssperre daher nur den in der Prüfungsanordnung genannten Teil der Besteuerungsgrundlagen. Wenn andererseits das tatsächliche Prüfungsverhalten über die Prüfungsanordnung hinausgeht, wird hierdurch keine Änderungssperre nach § 173 Abs. 2 AO ausgelöst (BFH-Urteil vom 11.2.1998, I R 82/97, BStBl II S. 552).

8.2.2 Der Eintritt der Änderungssperre ist nicht davon abhängig, ob der Außenprüfer die betreffenden Vorgänge tatsächlich geprüft hat, ob er sie aus rechtlichen Erwägungen von sich aus nicht aufgegriffen hat oder ob er sie in Übereinstimmung mit der damaligen Verwaltungsauffassung unbeanstandet gelassen hat (BFH-Urteil vom 4.2.1987, I R 58/86, BStBl 1988 II S. 215).

8.2.3 Eine Umsatzsteuer-Sonderprüfung, durch welche auf der Grundlage eingereichter Umsatzsteuer-Voranmeldungen „insbesondere der Vorsteuerabzug" geprüft wird, bewirkt keine Änderungssperre (BFH-Urteil vom 11.11.1987, X R 54/82, BStBl 1988 II S. 307).

8.3 Steuerbescheide sind i. S. d. § 173 Abs. 2 AO auch dann aufgrund einer Außenprüfung ergangen, wenn diese lediglich die in einer Selbstanzeige gemachten Angaben des Steuerpflichtigen bestätigt hat (BFH-Urteil vom 4.12.1986, IV R 312/84, BFH/NV 1987 S. 214).

8.4 Außenprüfung i. S. d. § 173 Abs. 2 AO ist jede Prüfung nach §§ 193 bis 203 AO.

Eine Außenprüfung kann auch von der Steuerfahndung durchgeführt werden (§ 208 Abs. 2 Nr. 1 AO). Führt die Steuerfahndung auf der Grundlage einer Prüfungsanordnung eine Außenprüfung nach den §§ 193 bis 203 AO durch, gelten uneingeschränkt die Vorschriften über die Außenprüfung. Eine von der Steuerfahndung durchgeführte Außenprüfung hat dementsprechend auch im Hinblick auf die Änderungssperre des § 173 Abs. 2 AO die Wirkung einer Außenprüfung. Ermittlungshandlungen der Steuerfahndung im Zusammenhang mit der Erforschung von Steuerstraftaten und Steuerordnungswidrigkeiten nach § 208 Abs. 1 Nr. 2 AO und Maßnahmen der Steuerfahndung auf der Grundlage von § 208 Abs. 1 Nr. 1 und 3 AO lassen dagegen die Änderungssperre des § 173 Abs. 2 AO nicht eintreten (BFH-Urteil vom 11.12.1997, V R 56/94, BStBl 1998 II S. 367).

8.5 Die Änderungssperre gilt auch in den Fällen, in denen eine Mitteilung nach § 202 Abs. 1 Satz 3 AO über eine ergebnislose Prüfung ergangen ist. Eine solche Mitteilung ist jedoch kein Verwaltungsakt, der eine allgemeine Änderungssperre für die in der vorangegangenen Außenprüfung festgestellten Sachverhalte auslöst. Sie hindert unter den Voraussetzungen des § 173 Abs. 2 AO nur die Änderung eines Steuerbescheids nach § 173 Abs. 1 AO. Der Änderung des Bescheids aufgrund einer anderen Vorschrift (z. B. § 164 Abs. 2 AO) steht sie nicht entgegen (BFH-Urteile vom 29.4.1987, I R 118/83, BStBl 1988 II S. 168, und vom 14.9.1993, VIII R 9/93, BStBl 1995 II S. 2).

Die Wirkung einer Mitteilung nach § 202 Abs. 1 Satz 3 AO hat auch der Vermerk im Prüfungsbericht, dass für den betreffenden Besteuerungszeitraum oder die betreffende Steuerart „keine Änderung" eintritt (BFH-Urteil vom 14.12.1989, III R 158/85, BStBl 1990 II S. 283), es sei denn, dass sich der Vermerk auf einen Besteuerungszeitraum bezieht, für den die Steuer unter Vorbehalt der Nachprüfung festgesetzt ist. In diesem Fall tritt die Änderungssperre erst dann ein, wenn der Vorbehalt der Nachprüfung nach § 164 Abs. 3 Satz 3 AO durch förmlichen Bescheid aufgehoben wird.

8.6 Zur Frage der Feststellung, ob Steuern hinterzogen oder leichtfertig verkürzt worden sind, vgl. AEAO zu § 169, Nr. 2.1 und 2.2.

Die Änderungssperre wird auch dann durchbrochen, wenn der Adressat des Steuerbescheids selbst nicht der Täter oder Teilnehmer der Steuerhinterziehung oder leichtfertigen Verkürzung ist (vgl. BFH-Urteil vom 14.12.1994, XI R 80/92, BStBl 1995 II S. 293).

9. **Umfang der Änderung**

Eine Änderung nach § 173 AO ist nur soweit zulässig, wie sich die neuen Tatsachen oder Beweismittel auswirken (punktuelle Änderung). Sonstige Fehler können nur im Rahmen des § 177 AO berücksichtigt werden (vgl. AEAO zu § 177 AO).

10. **Anwendung des § 173 AO in Feststellungsfällen**

10.1 Nach § 181 Abs. 1 Satz 1 AO gilt § 173 AO für die gesonderte Feststellung von Besteuerungsgrundlagen sinngemäß. Dies bedeutet dessen Anwendung unter Beachtung der Besonderheiten des Feststellungsverfahrens (vgl. u. a. BFH-Urteil vom 24.6.2009, IV R 55/06, BStBl II S. 950).

Bei einem Feststellungsbescheid kommt es demzufolge für die Frage der Zulässigkeit einer Änderung nach § 173 Abs. 1 AO darauf an, ob die neuen Tatsachen oder Beweismittel sich zugunsten oder zuungunsten des Steuerpflichtigen auswirken, dem der Gegenstand der Feststellung zuzurechnen ist. Dabei kommt es nur auf die Änderungen der festgestellten Besteuerungsgrundlagen selbst an, nicht auf die steuerlichen Auswirkungen in den Folgebescheiden (vgl. BFH-Urteil vom 24.6.2009, IV R 55/06, a. a. O.).

10.2 Hierbei ist zu unterscheiden, ob die Feststellung auf einen Betrag oder auf eine Eigenschaft/rechtliche Qualifikation lautet.

10.2.1 Lautet eine gesonderte Feststellung auf einen in Euro bemessenen Betrag (Wert, Einkünfte etc.), ist bei Anwendung des § 173 Abs. 1 AO auf die Änderungen dieses Betrags abzustellen.

Erfolgt eine gesonderte Feststellung auch einheitlich (§ 179 Abs. 2 Satz 2 AO), ist hierbei nicht auf die Verhältnisse der Gesellschaft/Gemeinschaft insgesamt, sondern auf die Verhältnisse jedes einzelnen Feststellungsbeteiligten individuell abzustellen. Danach ist ein Bescheid über eine gesonderte und einheitliche Feststellung aufzuheben oder zu ändern, soweit Tatsachen oder Beweismittel nachträglich bekannt werden, die entweder zu einer Erhöhung oder - bei fehlendem groben Verschulden des Steuerpflichtigen - zu einer Minderung der Besteuerungsgrundlagen bei jedenfalls einem Feststellungsbeteiligten führen (vgl. BFH-Urteile vom 16.4.2015, IV R 2/12, BFH/NV S. 1331, und vom 10.9.2020, IV R 6/18, BStBl 2021 II S. 197).

§ 173 Abs. 1 Nr. 2 Satz 2 AO ist nach § 181 Abs. 1 Satz 1 AO bei Bescheiden über eine gesonderte und einheitliche Feststellung sinngemäß anzuwenden (vgl. BFH-Urteil vom 24.6.2009, IV R 55/06, BStBl II S. 950). Die sinngemäße Anwendung von § 173 Abs. 1 Nr. 2 Satz 2 AO ist nicht auf Fälle beschränkt, in denen gegenläufige Änderungen von Besteuerungsgrundlagen innerhalb des nämlichen Feststellungsbescheids vorzunehmen sind. Die Regelung ist auch anzuwenden, wenn sich eine mit der steuermindernden neuen Tatsache zusammenhängende gegenläufige steuererhöhende Änderung aus einem anderen (Feststellungs- oder Steuer-) Bescheid ergibt (vgl. BFH-Urteil vom 10.9.2020, IV R 6/18, a. a. O.). Der Zusammenhang zwischen steuererhöhenden und steuermindernden Tatsachen im Sinne von § 173 Abs. 1 Nr. 2 Satz 2 AO ist nämlich bereits gegeben, wenn der steuererhöhende Vorgang nicht ohne den steuermindernden Vorgang denkbar ist.

Beispiele:

1. Bei einer nachträglich bekannt gewordenen, steuerrechtlich beachtlichen Gewinnverteilungsabrede sind die Voraussetzungen des § 173 Abs. 1 Nr. 1 AO erfüllt, soweit sich die Gewinnanteile erhöhen. Der Bescheid ist hingegen nach § 173 Abs. 1 Nr. 2 AO zu ändern, soweit sich die Gewinnanteile verringern. Auf ein grobes Verschulden am nachträglichen Bekanntwerden einer Gewinnverteilungsabrede kommt es dabei nach § 173 Abs. 1 Nr. 2 Satz 2 AO nicht an, weil die nachträglich bekannt gewordene Gewinnverteilungsabrede zugleich bei dem Feststellungsbeteiligten, dessen Gewinnanteil sich erhöht, eine Tatsache im Sinne des § 173 Abs. 1 Nr. 1 AO ist (BFH-Urteil vom 24.6.2009, IV R 55/06, a. a. O.).

2. Wurden Sonderbetriebsausgaben eines Mitunternehmers zunächst (nur) in dessen Einkommensteuerfestsetzung als Betriebsausgaben seines Einzelunternehmens berücksichtigt und wird der Steuerbescheid später unter Wegfall dieser Ausgaben zuungunsten des Steuerpflichtigen geändert, ist der Gewinnfeststellungsbescheid für die Personengesellschaft bei nachträglichem Bekanntwerden dieser Sonderbetriebsausgaben im Feststellungsverfahren in sinngemäßer Anwendung des § 173 Abs. 1 Nr. 2 Satz 2 AO insoweit zugunsten des Mitunternehmers zu ändern. Hierfür reicht es aus, dass sich die gegenläufige Änderung (§ 173 Abs. 1 Nr. 1 AO) aus dem Einkommensteuerbescheid des nämlichen Mitunternehmers ergibt (vgl. BFH-Urteil vom 10.9.2020, IV R 6/18, a. a. O.).

10.2.2 Werden zu einer Feststellung, die nicht betragsmäßige Besteuerungsgrundlagen, sondern eine Eigenschaft oder rechtliche Bewertung zum Gegenstand hat (z. B. Art der Einkünfte, Grundstücksart, Zurechnung des Grundstücks), neue Tatsachen oder Beweismittel bekannt, findet § 173 Abs. 1 Nr. 2 AO Anwendung, wenn der Steuerpflichtige die Änderung des Feststellungsbescheids begehrt, weil dann davon auszugehen ist, dass sie im Ergebnis zu einer steuerlichen Minderbelastung führt. In diesem Fall ist die Änderung daher nur zulässig, wenn den Steuerpflichtigen kein grobes Verschulden am nachträglichen Bekanntwerden der Tatsachen oder Beweismittel trifft; § 173 Abs. 1 Nr. 2 Satz 2 AO bleibt unberührt. § 173 Abs. 1 Nr. 1 AO kommt dagegen zur Anwendung, wenn das Finanzamt von Amts wegen die Änderung einer Feststellung in der Annahme vornimmt, diese führe im Ergebnis zu einer steuerlichen Mehrbelastung (vgl. das zur Frage der Änderung der Artfeststellung für ein Grundstück ergangene BFH-Urteil vom 16.9.1987, II R 178/85, BStBl 1988 II S. 174).

§ 173a Schreib- oder Rechenfehler bei Erstellung einer Steuererklärung

(S 0351-a)

Steuerbescheide sind aufzuheben oder zu ändern, soweit dem Steuerpflichtigen bei Erstellung seiner Steuererklärung Schreib- oder Rechenfehler unterlaufen sind und er deshalb der Finanzbehörde bestimmte, nach den Verhältnissen zum Zeitpunkt des Erlasses des Steuerbescheids rechtserhebliche Tatsachen unzutreffend mitgeteilt hat.

AEAO zu § 173a - Schreib- oder Rechenfehler bei Erstellung einer Steuererklärung:

1. § 173a AO ermöglicht eine Änderung der Steuerfestsetzung, soweit der Steuerpflichtige auf Grund eines (bei Erstellung der Steuererklärung aufgetretenen) Schreib- oder Rechenfehlers der Finanzbehörde bestimmte Tatsachen unzutreffend (d. h. fehlerhaft) mitgeteilt hat und diese Tatsachen nach den Verhältnissen zum Zeitpunkt des Erlasses des Steuerbescheids rechtserheblich waren.

    Schreibfehler sind insbesondere Rechtschreibfehler, Wortverwechselungen oder Wortauslassungen oder fehlerhafte Übertragungen.

    Rechenfehler sind insbesondere Fehler bei der Addition, Subtraktion, Multiplikation oder Division sowie bei der Prozentrechnung.

    Ein solcher Schreib- oder Rechenfehler muss durchschaubar, eindeutig oder augenfällig sein. Das ist dann der Fall, wenn der Fehler bei Offenlegung des Sachverhalts für jeden unvoreingenommenen Dritten klar und deutlich als Schreib- oder Rechenfehler erkennbar ist und kein Anhaltspunkt dafür erkennbar ist, dass eine unrichtige Tatsachenwürdigung, ein Rechtsirrtum oder ein Rechtsanwendungsfehler vorliegt.

    Das schlichte Vergessen eines Übertrags selbst ermittelter Besteuerungsgrundlagen in die Steuererklärung ist kein Schreib- oder Rechenfehler i. S. d. § 173a AO. In derartigen Fällen kann aber eine nachträglich bekannt gewordene Tatsache i. S. d. § 173 Abs. 1 AO vorliegen.

2. § 173a AO ist erstmals auf Verwaltungsakte anzuwenden, die nach dem 31.12.2016 erlassen worden sind (Art. 97 § 9 Abs. 4 EGAO). Für Altfälle vgl. Nr. 4 Abs. 2 des AEAO zu § 129.

§ 174 Widerstreitende Steuerfestsetzungen (S 0352)

(1) ¹Ist ein bestimmter Sachverhalt in mehreren Steuerbescheiden zuungunsten eines oder mehrerer Steuerpflichtiger berücksichtigt worden, obwohl er nur einmal hätte berücksichtigt werden dürfen, so ist der fehlerhafte Steuerbescheid auf Antrag aufzuheben oder zu ändern. ²Ist die Festsetzungsfrist für diese Steuerfestsetzung bereits abgelaufen, so kann der Antrag noch bis zum Ablauf eines Jahres gestellt werden, nachdem der letzte der betroffenen Steuerbescheide unanfechtbar geworden ist. ³Wird der Antrag rechtzeitig gestellt, steht der Aufhebung oder Änderung des Steuerbescheids insoweit keine Frist entgegen.

(2) ¹Absatz 1 gilt sinngemäß, wenn ein bestimmter Sachverhalt in unvereinbarer Weise mehrfach zugunsten eines oder mehrerer Steuerpflichtiger berücksichtigt worden ist; ein Antrag ist nicht erforderlich. ²Der fehlerhafte Steuerbescheid darf jedoch nur dann geändert werden, wenn die Berücksichtigung des Sachverhalts auf einen Antrag oder eine Erklärung des Steuerpflichtigen zurückzuführen ist.

(3) ¹Ist ein bestimmter Sachverhalt in einem Steuerbescheid erkennbar in der Annahme nicht berücksichtigt worden, dass er in einem anderen Steuerbescheid zu berücksichtigen sei, und stellt sich diese Annahme als unrichtig heraus, so kann die Steuerfestsetzung, bei der die Berücksichtigung des Sachverhalts unterblieben ist, insoweit nachgeholt, aufgehoben oder geändert werden. ²Die Nachholung, Aufhebung oder Änderung ist nur zulässig bis zum Ablauf der für die andere Steuerfestsetzung geltenden Festsetzungsfrist.

(4) ¹Ist auf Grund irriger Beurteilung eines bestimmten Sachverhalts ein Steuerbescheid ergangen, der auf Grund eines Rechtsbehelfs oder sonst auf Antrag des Steuerpflichtigen durch die Finanzbehörde zu seinen Gunsten aufgehoben oder geändert wird, so können aus dem Sachverhalt nachträglich durch Erlass oder Änderung eines Steuerbescheids die richtigen steuerlichen Folgerungen gezogen werden. ²Dies gilt auch dann, wenn der Steuerbescheid durch das Gericht aufgehoben oder geändert wird. ³Der Ablauf der Festsetzungsfrist ist unbeachtlich, wenn die steuerlichen Folgerungen innerhalb eines Jahres nach Aufhebung oder Änderung des fehlerhaften Steuerbescheids gezogen werden. ⁴War die Festsetzungsfrist bereits abgelaufen, als der später aufgehobene oder geänderte Steuerbescheid erlassen wurde, gilt dies nur unter den Voraussetzungen des Absatzes 3 Satz 1.

(5) ¹Gegenüber Dritten gilt Absatz 4, wenn sie an dem Verfahren, das zur Aufhebung oder Änderung des fehlerhaften Steuerbescheids geführt hat, beteiligt waren. ²Ihre Hinzuziehung oder Beiladung zu diesem Verfahren ist zulässig.

AEAO zu § 174 - Widerstreitende Steuerfestsetzungen:

1. Allgemeines

1.1 Die Vorschrift eröffnet die Möglichkeit, Vorteile und Nachteile auszugleichen, die sich durch Steuerfestsetzungen ergeben haben, die inhaltlich einander widersprechen. Sie bietet insoweit die gesetzliche Grundlage für die Änderung einer oder beider Festsetzungen (§ 172 Abs. 1 Satz 1 Nr. 2 Buchstabe d AO).

1.2 Unter einem bestimmten Sachverhalt i. S. d. § 174 AO ist der einzelne Lebensvorgang zu verstehen, an den das Gesetz steuerliche Folgen knüpft. Der Begriff erfasst nicht nur einzelne steuererhebliche Tatsachen, sondern den einheitlichen, für die Besteuerung maßgeblichen Sachverhaltskomplex (ständige BFH-Rechtsprechung; vgl. z. B. Urteil vom 16.4.2013, IX R 22/11, BStBl 2016 II S. 432). Im Rahmen des § 174 AO muss der dem geänderten sowie der dem zu ändernden Steuerbescheid zugrunde liegende Sachverhalt übereinstimmen. Übereinstimmung setzt jedoch keine vollständige Identität voraus (BFH-Urteil vom 19.8.2015, X R 50/13, BFH/NV 2016 S. 603).

Mehrere Sachverhaltselemente bilden dann einen einheitlichen Lebensvorgang und Sachverhaltskomplex, wenn die betreffenden Sachverhaltselemente einen inneren Zusammenhang aufweisen (vgl. BFH-Urteil vom 12.2.2015, V R 38/13, BFH/NV S. 877 m. w. N.).

1.3. Die als Steuerfestsetzung unter dem Vorbehalt der Nachprüfung (§ 164 AO) wirkende Steueranmeldung (§ 168 AO) steht einem Steuerbescheid i. S. d. § 174 AO gleich (vgl. BFH-Urteile vom 19.12.2013, V R 5/12, BStBl 2016 II S. 585, und V R 7/12, BFH/NV 2014 S. 1130).

2. Zu § 174 Abs. 1 AO

Nach § 174 Abs. 1 AO ist ein Steuerbescheid aufzuheben oder zu ändern, wenn ein bestimmter Sachverhalt mehrfach zuungunsten eines oder mehrerer Steuerpflichtiger berücksichtigt worden ist, obwohl er nur einmal hätte berücksichtigt werden dürfen. Hierbei kann es sich um Fälle handeln, in denen z. B. dieselbe Einnahme irrtümlich verschiedenen Steuerpflichtigen, verschiedenen Steuern oder verschiedenen Besteuerungszeiträumen zugeordnet worden ist. Auch die Fälle, in denen mehrere Finanzämter gegen denselben Steuerpflichtigen für dieselbe Steuer und denselben Besteuerungszeitraum Steuerbescheide erlassen haben, fallen hierunter.

Der fehlerhafte Steuerbescheid ist in den Fällen des § 174 Abs. 1 AO nur auf Antrag aufzuheben oder zu ändern. Hat der Steuerpflichtige fälschlich nur einen Antrag auf Änderung des rechtmäßigen Steuerbescheids gestellt, ist der Antrag allgemein als Antrag auf Beseitigung der widerstreitenden Festsetzung zu behandeln. Die Antragsfrist (§ 174 Abs. 1 Satz 2 AO) ist eine gesetzliche Frist i. S. d. § 110 AO. Über den fristgerecht gestellten Antrag kann auch noch nach Ablauf der Jahresfrist entschieden werden.

3. Zu § 174 Abs. 2 AO

§ 174 Abs. 2 AO regelt in entsprechender Anwendung des § 174 Abs. 1 AO die Fälle, dass ein bestimmter Sachverhalt mehrfach zugunsten eines oder mehrerer Steuerpflichtiger berücksichtigt worden ist. Die Änderung des fehlerhaften Steuerbescheids ist von Amts wegen vorzunehmen. Eine Änderung nach § 174 Abs. 2 AO ist nicht auf den Fall der irrtümlichen Doppelberücksichtigung eines bestimmten Sachverhaltes beschränkt, sie kommt auch bei bewusst herbeigeführten widerstreitenden Steuerfestsetzungen in Betracht (vgl. BFH-Urteil vom 6.9.1995, XI R 37/95, BStBl 1996 II S. 148).

Unter den Begriff des Antrages oder einer Erklärung des Steuerpflichtigen i. S. d. Vorschrift fallen auch formlose Mitteilungen und Auskünfte außerhalb des Steuererklärungsvordrucks (vgl. BFH-Urteil vom 13.11.1996, XI R 61/95, BStBl 1997 II S. 170) sowie für den Beteiligten von Dritten abgegebene Erklärungen (z. B. im Rahmen des § 80 Abs. 1 und 4 AO, § 200 Abs. 1 AO).

4. **"Widerstreit" im Sinne des § 174 Abs. 1 und 2 AO**

Ein „Widerstreit" i. S. d. § 174 Abs. 1 und 2 AO setzt voraus, dass die in verschiedenen Steuerbescheiden vorgenommenen Feststellungen bzw. Besteuerungen aufgrund der materiellen Rechtslage nicht miteinander vereinbar sind. Sie stehen im Widerspruch zueinander, da nur einer der beider Steuerbescheide und die darin angeordnete Rechtsfolge zutreffend sein kann. Nach materiellem Recht muss sich die mehrfache Erfassung eines bestimmten Sachverhaltes zwingend ausschließen.

5. **Unionskonforme Auslegung des § 174 Abs. 1 und 2 AO**

In unionskonformer Auslegung des § 174 Abs. 1 und 2 AO kann auch ein Steuerbescheid, der von einer Finanzbehörde eines anderen Mitgliedstaates der Europäischen Union oder eines Staates, auf den das Abkommen über den Europäischen Wirtschaftsraum (EWR-Abkommen) Anwendung findet, erlassen wurde, eine widerstreitende Steuerfestsetzung i. S. d. § 174 Abs. 1 oder 2 AO begründen (BFH-Urteil vom 9.5.2012, I R 73/10, BStB 2013 II S. 566). Die Änderung eines inländischen Steuerbescheids nach § 174 Abs. 1 oder 2 AO setzt voraus, dass eine aus innerstaatlicher Sicht rechtswidrige/fehlerhafte Behandlung des Sachverhaltes im inländischen Steuerbescheid vorliegt. Ein rechtmäßiger Steuerbescheid kann nicht nach § 174 Abs. 1 oder 2 AO geändert werden (vgl. BFH-Urteil vom 17.6.2006, II R 48/04, BFH/NV S. 1611 m. w. N.). Auch eine später eingetretene Rechtswidrigkeit aufgrund rückwirkender geänderter Rechtslage (neue oder geänderte Rechtsnorm) oder rückwirkender Ereignisse berechtigt nicht zu einer Änderung nach § 174 Abs. 1 und 2 AO.

Bei einem Antrag auf Änderung eines von einer inländischen Finanzbehörde erlassenen Steuerbescheids zugunsten eines Steuerpflichtigen liegt die objektive Feststellungslast im Hinblick auf den ausländischen Steuerbescheid bei dem Steuerpflichtigen. Zudem trifft ihn insoweit eine erhöhte Mitwirkungspflicht (§ 90 Abs. 2 AO).

Beispiel:

Die inländische Finanzbehörde hat bei der Festsetzung der Einkommensteuer Einkünfte als steuerpflichtig berücksichtigt. Der Einkommensteuerbescheid wird bestandskräftig. Der Steuerpflichtige beantragt ein Jahr später die Änderung dieses Einkommensteuerbescheids, da die fraglichen Einkünfte auch in den Niederlanden versteuert worden seien.

Zu prüfen ist zunächst, ob Deutschland insoweit ein Besteuerungsrecht hatte. Wenn dies zu verneinen ist, muss als weitere Voraussetzung eine mehrfache und mit dem materiellen Recht unvereinbare Berücksichtigung dieser Einkünfte in verschiedenen Steuerbescheiden vorliegen. Der Steuerpflichtige hat zum einen darzulegen, dass die Besteuerung im Inland rechtswidrig bzw. fehlerhaft war, und zum anderen nachzuweisen, dass eine Besteuerung des Sachverhalts in den Niederlanden stattgefunden hat.

Nach § 174 Abs. 1 AO ist der inländische Einkommensteuerbescheid zu ändern, wenn dieser aus innerstaatlicher Sicht rechtswidrig/fehlerhaft war und tatsächlich eine Besteuerung des gleichen Sachverhaltes (Einkünfte) in den Niederlanden stattgefunden hat.

§ 174 Abs. 1 und 2 AO findet keine Anwendung bei Unstimmigkeiten zwischen den Vertragsstaaten über die Ausübung von Besteuerungsrechten (z. B. Verrechnungspreisfälle, Cash-Pooling, konkurrierende Besteuerungen bzw. Anwendung von Rückfallklauseln etc.). Die Regelungen des § 174 AO stehen auch nicht in Konkurrenz bzw. Widerspruch zu Verständigungs- oder Schiedsverfahren nach den DBA; vgl. dazu auch § 175a AO.

6. **Zu § 174 Abs. 3 AO**

§ 174 Abs. 3 AO erfasst die Fälle, in denen bei einer Steuerfestsetzung ein bestimmter Sachverhalt in der erkennbaren Annahme nicht berücksichtigt worden ist, dass der Sachverhalt nur Bedeutung für eine andere Steuer, einen anderen Besteuerungszeitraum oder einen anderen Steuerpflichtigen habe. Dieser andere Bescheid muss nicht notwendigerweise schon erlassen worden sein oder später erlassen werden (vgl. BFH-Urteil vom 29.5.2001, VIII R 19/00, BStBl II S. 743). Der Anwendung des § 174 Abs. 3 AO steht auch nicht entgegen, dass die Finanzbehörde in der (erkennbaren) Annahme, ein bestimmter Sachverhalt sei in einem anderen Steuerbescheid zu berücksichtigen, zunächst überhaupt keinen Steuerbescheid erlässt (BFH-Urteil vom 23.5.1996, IV R 49/95, BFH/NV 1997 S. 89).

Die Annahme, der bestimmte Sachverhalt sei in einem anderen Steuerbescheid zu erfassen, muss für den Steuerpflichtigen erkennbar und für die Nichtberücksichtigung kausal geworden sein. Die Erkennbarkeit ist gegeben, wenn der Steuerpflichtige die (später als fehlerhaft erkannte) Annahme des Finanzamts auch ohne entsprechenden Hinweis aus dem gesamten Sachverhaltsablauf allein aufgrund verständiger Würdigung des fehlerhaften Bescheids erkennen konnte (BFH-Urteil vom 21.12.1984, III R 75/81, BStBl 1985 II S. 283, und BFH-Beschluss vom 15.10.1998, IV B 15/98, BFH/NV

Abgabenordnung § 174

1999 S. 449). An der Kausalität fehlt es dagegen, wenn die Nichtberücksichtigung darauf beruht, dass das Finanzamt von dem bestimmten Sachverhalt gar keine Kenntnis hatte oder annahm, dieser Sachverhalt sei - jetzt und auch später - ohne steuerliche Bedeutung (BFH-Urteil vom 29.5.2001, VIII R 19/00, a. a. O.).

Beispiel:

> Die Finanzbehörde hat bei der Festsetzung der Einkommensteuer am 31.12. entstandene Aufwendungen nicht zum Abzug als Sonderausgaben zugelassen, weil sie der Auffassung war, dass die Sonderausgaben erst im nächsten Veranlagungszeitraum abzugsfähig seien (§ 11 Abs. 1 Satz 2 EStG). Stellt sich die Annahme später als unrichtig heraus, so kann die Steuerfestsetzung, bei der die Berücksichtigung des Sachverhaltes unterblieben ist, insoweit, trotz etwa eingetretener Bestandskraft noch geändert werden, zeitlich jedoch nur bis zum Ablauf der für die andere Steuerfestsetzung laufenden Festsetzungsfrist.

Die irrige Annahme, der Sachverhalt sei in einem anderen Steuerbescheid zu berücksichtigen, muss von dem für die Steuerfestsetzung zuständigen Amtsträger gemacht worden sein (vgl. BFH-Urteil vom 29.5.2001, VIII R 19/00, a. a. O.).

7. **Zu § 174 Abs. 4 AO**

7.1 § 174 Abs. 4 AO ergänzt die Regelung des § 174 Abs. 3 AO um die Fälle, in denen eine Steuerfestsetzung auf Antrag oder im Rechtsbehelfsverfahren zugunsten des Steuerpflichtigen geändert worden ist.

7.2 Der Änderung nach § 174 Abs. 4 AO steht nicht entgegen, dass der gleiche Sachverhalt sowohl in dem zugunsten des Steuerpflichtigen geänderten Steuerbescheid als auch in dem zu ändernden Bescheid steuerlich zu berücksichtigen ist (vgl. BFH-Urteil vom 18.2.1997, VIII R 54/95, BStBl II S. 647). Bei der Anwendung der Vorschrift ist zu berücksichtigen, dass § 174 Abs. 4 AO den Ausgleich einer zugunsten des Steuerpflichtigen eingetretenen Änderung bezweckt. Derjenige, der erfolgreich für seine Rechtsansicht gestritten hat, muss auch die damit verbundenen Nachteile hinnehmen.

7.3 **Beispiele:**

a) Die Finanzbehörde hat einen Veräußerungsgewinn bei der Festsetzung der Einkommensteuer erfasst. Der Steuerpflichtige macht im Rechtsbehelfsverfahren mit Erfolg geltend, dass der Veräußerungsgewinn erst im folgenden Veranlagungszeitraum zu berücksichtigen sei. Unter den Voraussetzungen des § 174 Abs. 4 AO kann die Erfassung des Veräußerungsgewinns in dem folgenden Veranlagungszeitraum nachgeholt werden, auch wenn die hierfür maßgebliche Steuerfestsetzung bereits unanfechtbar geworden ist oder die Festsetzungsfrist bereits abgelaufen war.

b) Der Steuerpflichtige erreicht wegen eines in einem Veranlagungszeitraum erzielten Einnahmeüberschusses eine geänderte Beurteilung der Einkünfteerzielungsabsicht und damit die Berücksichtigung des Werbungskostenüberschusses in den angefochtenen Steuerbescheiden. Das Finanzamt kann den bisher unberücksichtigt gebliebenen Einnahmeüberschuss nachträglich durch Änderung des für diesen Veranlagungszeitraum bestandskräftig gewordenen Steuerbescheids nach § 174 Abs. 4 AO erfassen (vgl. BFH-Urteil vom 18.2.1997, VIII R 54/95, a. a. O.).

7.4 § 174 Abs. 4 AO lässt es hingegen nicht zu, dass die durch Rechtsbehelf oder sonstigen Antrag erwirkte Änderung eines Bescheides zugunsten des Steuerpflichtigen auf bestandskräftige andere Bescheide - ebenfalls zugunsten des Steuerpflichtigen - übertragen wird (BFH-Urteil vom 10.3.1999, XI R 28/98, BStBl II S. 475).

8. Änderung nach § 174 Abs. 4 i. V. m. Abs. 5 AO zu Lasten eines Dritten

8.1 Nach § 174 Abs. 4 i. V. m. Abs. 5 AO können zur Richtigstellung einer irrigen Beurteilung eines bestimmten Sachverhalts steuerrechtliche Folgen auch zu Lasten eines bereits bestandskräftig beschiedenen Dritten gezogen werden.

8.2 Dritter ist, wer im ursprünglichen Bescheid nicht als Inhaltsadressat (vgl. AEAO zu § 122, Nr. 1.3.1) angegeben war (vgl. BFH-Urteil vom 8.2.1995, I R 127/93, BStBl II S. 764). So ist im Besteuerungsverfahren der Organträgerin die Organgesellschaft regelmäßig Dritte i. S. v. § 174 Abs. 4 i. V. m. Abs. 5 AO (BFH-Urteil vom 19.12.2013, V R 5/12, BStBl 2016 II S. 585). Sie ist dann nicht mehr Dritte, wenn im Zeitpunkt der Aufhebung oder Änderung des Steuerbescheids Gesamtrechtsnachfolge (§ 45 AO) - wie im Falle der Verschmelzung - eingetreten ist (vgl. BFH-Urteil vom 19.12.2013, V R 6/12, BFH/NV 2014 S. 1126).

8.3 Inhaltsadressat eines Feststellungsbescheids - und damit nicht Dritter i. S. d. § 174 Abs. 5 AO - ist derjenige, dem der Gegenstand der Feststellung zuzurechnen ist. Die Gesellschafter einer Personengesellschaft sind daher im Gewinnfeststellungsverfahren nicht Dritte i. S. d. § 174 Abs. 5 AO (BFH-Urteil vom 15.6.2004, VIII R 7/02, BStBl II S. 914).

8.4 Der Erlass oder die Änderung eines Steuerbescheids gegenüber dem Dritten setzt voraus, dass dieser vor Ablauf der Festsetzungsfrist für den gegen ihn gerichteten Steueranspruch zu dem Verfahren, das zur Aufhebung oder Änderung des fehlerhaften Steuerbescheids geführt hat, hinzugezogen oder beigeladen worden ist (BFH-Urteil vom 19.12.2013, V R 5/12, BStBl 2016 II S. 585). Die Finanzbehörde muss daher die Hinzuziehung eines in Betracht kommenden Dritten rechtzeitig vornehmen oder im finanzgerichtlichen Verfahren dessen Beiladung durch rechtzeitige Antragstellung veranlassen (zum Antrag auf Beiladung vgl. BFH-Beschluss vom 22.12.1988, VIII B 131/87, BStBl 1989 II S. 314). § 174 Abs. 5 Satz 2 AO ist selbst Rechtsgrundlage für die Beteiligung des Dritten, ohne dass die Voraussetzungen des § 360 Abs. 3 AO und des § 60 FGO vorliegen müssen (vgl. BFH-Beschluss vom 17.5.1994, IV B 84/93, BFH/NV 1995 S. 87). Schon die Möglichkeit, dass ein

Steuerbescheid wegen irrtümlicher Beurteilung eines Sachverhalts aufzuheben oder zu ändern ist und hieraus Folgen für einen Dritten zu ziehen sind, rechtfertigt die Hinzuziehung des Dritten (BFH-Beschlüsse vom 4.1.1996, X B 149/95, BFH/NV S. 453, vom 30.1.1996, VIII B 20/95, BFH/NV S. 524, und vom 27.8.1998, III B 41/98, BFH/NV 1999 S. 156).

8.5 Eine Hinzuziehung oder Beiladung kommt grundsätzlich nicht mehr in Betracht, wenn gegenüber dem Dritten im Zeitpunkt der beabsichtigten Hinzuziehung oder Beiladung die Festsetzungsfrist für den gegen ihn gerichteten Steueranspruch bereits abgelaufen ist (vgl. BFH-Urteil vom 5.5.1993, X R 111/91, EStBl II S. 817). Hat der Dritte aber durch eigene verfahrensrechtliche Initiativen auf die Änderung oder die Aufhebung des fehlerhaften Bescheids hingewirkt, kann er auch noch nach Ablauf der Festsetzungsfrist hinzugezogen oder beigeladen werden (vgl. BFH-Urteil vom 10.11.1993, I R 20/93, BStBl 1994 II S. 327); es reicht aber nicht aus, dass der Dritte den Widerstreit von Steuerfestsetzungen lediglich kennt.

8.6 Weil sich die Frage, welches die „richtigen steuerlichen Folgerungen" sind, verbindlich im Ausgangsverfahren entscheidet (vgl. BFH-Urteile vom 24.11.1987, IX R 158/83, BStBl 1988 II S. 404, und vom 3.8.1988, I R 115/84, BFH/NV 1989 S. 482) und der Dritte durch die Ausgangsentscheidung beschwert ist (vgl. BFH-Urteil vom 22.7.1980, VIII R 114/78, BStBl 1981 II S. 101), muss ihm die Möglichkeit eröffnet sein, sich im Ausgangsverfahren rechtliches Gehör zu verschaffen und auf das Verfahren dort Einfluss zu nehmen. Korrekturbescheide und abschließende Entscheidungen müssen auch dem Dritten bekannt gegeben werden, damit auch dieser die Möglichkeit hat, hiergegen Rechtsbehelf einzulegen (BFH-Urteile vom 11.4.1991, V R 40/86, BStBl II S. 605, und vom 26.7.1995, X R 45/92, BFH/NV 1996 S. 195). Eine Entscheidung durch Abhilfebescheid (§ 172 Abs. 1 Satz 1 Nr. 2 Buchstabe a AO), durch die es einer Einspruchsentscheidung nicht mehr bedarf, wahrt die Rechte des Hinzugezogenen nur, wenn sie seinem Antrag der Sache nach entspricht oder wenn er ihr zustimmt (BFH-Urteile vom 11.4.1991, V R 40/86, a. a. O., vom 20.5.1992, III R 176/90, BFH/NV 1993 S. 74, und vom 5.5.1993, X R 111/91, BStBl II S. 817).

8.7 Eine Hinzuziehung oder Beiladung des Dritten ist nur dann entbehrlich, wenn er Verfahrensbeteiligter i. S. d. § 359 AO oder § 57 FGO war oder durch eigene verfahrensrechtliche Initiativen auf die Änderung oder Aufhebung des fehlerhaften Steuerbescheids hingewirkt hat (BFH-Urteile vom 8.2.1995, I R 127/93, BStBl II S. 764, und vom 27.3.1996, I R 100/94, BFH/NV S. 798). Daneben ist die Änderung gegenüber einem Dritten auch ohne Einhaltung der Voraussetzungen des § 174 Abs. 5 AO zulässig, wenn die Voraussetzungen des § 174 Abs. 3 AO erfüllt sind (vgl. BFH-Urteile vom 1.8.1984, V R 67/82, BStBl II S. 788, und vom 19.12.2013, V R 7/12, BFH/NV 2014 S. 1130).

9. **Alternative oder kumulative Erfassung bestimmter Sachverhalte beim Steuerpflichtigen und beim Dritten**

§ 174 Abs. 4 und 5 AO ist nicht auf Fälle einer alternativen Erfassung bestimmter Sachverhalte (vgl. AEAO zu § 174, Nr. 1.2) entweder beim Steuerpflichtigen oder beim Dritten beschränkt. Auch brauchen die steuerrechtlichen Folgen, die aus dem bestimmten Sachverhalt sowohl beim Steuerpflichtigen als auch bei einem Dritten zu ziehen sind, nicht identisch zu sein. Aufgrund ein und desselben Sachverhalts kann beim Steuerpflichtigen eine abziehbare Ausgabe und beim Dritten eine Einnahme in Betracht kommen (BFH-Urteil vom 24.11.1987, IX R 158/83, BStBl 1988 II S. 404, und BFH-Beschluss vom 2.12.1999, II B 17/99, BFH/NV 2000 S. 679).

§ 175 Änderung von Steuerbescheiden auf Grund von Grundlagenbescheiden und bei rückwirkenden Ereignissen (S 0353)

(1) ¹Ein Steuerbescheid ist zu erlassen, aufzuheben oder zu ändern,

1. soweit ein Grundlagenbescheid (§ 171 Absatz 10), dem Bindungswirkung für diesen Steuerbescheid zukommt, erlassen, aufgehoben oder geändert wird,

2. soweit ein Ereignis eintritt, das steuerliche Wirkung für die Vergangenheit hat (rückwirkendes Ereignis).

²In den Fällen des Satzes 1 Nummer 2 beginnt die Festsetzungsfrist mit Ablauf des Kalenderjahrs, in dem das Ereignis eintritt.

(2) ¹Als rückwirkendes Ereignis gilt auch der Wegfall einer Voraussetzung für eine Steuervergünstigung, wenn gesetzlich bestimmt ist, dass diese Voraussetzung für eine bestimmte Zeit gegeben sein muss, oder wenn durch Verwaltungsakt festgestellt worden ist, dass sie die Grundlage für die Gewährung der Steuervergünstigung bildet. ²Die nachträgliche Erteilung oder Vorlage einer Bescheinigung oder Bestätigung gilt nicht als rückwirkendes Ereignis.

AEAO zu § 175 - Änderung von Steuerbescheiden auf Grund von Grundlagenbescheiden und bei rückwirkenden Ereignissen:

1. **Aufhebung oder Änderung von Folgebescheiden nach § 175 Abs. 1 Satz 1 Nr. 1 AO**

1.1 Grundlagenbescheide i. S. d. § 175 Abs. 1 Satz 1 Nr. 1 AO sind Feststellungsbescheide, Steuermessbescheide oder sonstige für eine Steuerfestsetzung bindende Verwaltungsakte (§ 171 Abs. 10 AO). Auch Verwaltungsakte anderer Behörden, die keine Finanzbehörden sind, können Grundlagenbescheide sein (z. B. Verwaltungsakte der zuständigen Behörden, die den Grad einer Behinderung i. S. d. § 33b EStG feststellen).

1.2 Die Anpassung des Folgebescheids an einen Grundlagenbescheid steht nicht im Ermessen der Finanzbehörde (BFH-Urteil vom 10.6.1999, IV R 25/98, BStBl II S. 545). Der vom Grundlagenbescheid ausgehenden Bindungswirkung (§ 182 Abs. 1 AO) ist durch Änderung des Folgebescheids nach § 175 Abs. 1 Satz 1 Nr. 1 AO Rechnung zu tragen, wenn der Folgebescheid die mit dem Grundlagenbescheid getroffene Feststellung nicht oder nicht zutreffend berücksichtigt. Eine Anpassung des Folgebescheids an den Grundlagenbescheid nach § 175 Abs. 1 Satz 1 Nr. 1 AO ist auch dann vorzunehmen, wenn der Grundlagenbescheid

- erst nach Erlass des Folgebescheids ergangen ist (§§ 155 Abs. 2 und 162 Abs. 5 AO),

- bei Erlass des Folgebescheids übersehen wurde (BFH-Urteile vom 9.8.1983, VIII R 55/82, BStBl 1984 II S. 86, und vom 6.11.1985, II R 255/83, BStBl 1986 II S. 168; vgl. BFH-Urteil vom 16.7.2003, X R 37/99, BStBl II S. 867, zur Anwendbarkeit des § 129 AO, wenn die

§ 175　Abgabenordnung

>Finanzbehörde die Auswertung des Grundlagenbescheids nicht bewusst unterlassen hat),
>
>- bei Erlass des Folgebescheids bereits vorlag, die im Grundlagenbescheid getroffenen Feststellungen aber fehlerhaft berücksichtigt worden sind (BFH-Urteile vom 14.4.1988, IV R 219/85, BStBl II S. 711, vom 4.9.1996, XI R 50/96, BStBl 1997 II S. 261, und vom 10.6.1999, IV R 25/98, a. a. O.).

1.3 Wird ein Grundlagenbescheid aus formellen Gründen ersatzlos aufgehoben, so eröffnet dies der für den Erlass des Folgebescheids zuständigen Finanzbehörde die Möglichkeit, den Sachverhalt, der bisher Gegenstand des Feststellungsverfahrens war, selbständig zu beurteilen und den Folgebescheid insoweit nach § 175 Abs. 1 Satz 1 Nr. 1 AO zu ändern (BFH-Urteile vom 25.6.1991, IX R 57/88, BStBl II S. 821, und vom 24.3.1998, I R 83/97, BStBl II S. 601). Das Gleiche gilt, wenn

- ein zunächst eingeleitetes Feststellungsverfahren aus formellen Gründen zu einem sog. negativen Feststellungsbescheid führt (BFH-Urteil vom 11.5.1993, IX R 27/90, BStBl II S. 820) oder
- einzelne Besteuerungsgrundlagen nachträglich aus dem Feststellungsverfahren ausgeschieden werden (BFH-Urteile vom 11.4.1990, I R 82/86, BFH/NV 1991 S. 143, vom 25.6.1991, IX R 57/88, a. a. O., vom 14.7.1993, X R 34/90, BStBl 1994 II S. 77, und vom 7.12.1993, IX R 134/92, BFH/NV 1994 S. 547, sowie BFH-Beschluss vom 8.9.1998, IX B 71/98, BFH/NV 1999 S. 157).

1.4 Durch einen negativen Feststellungsbescheid, mit dem die Feststellung von Einkünften nicht aus formellen, sondern aus materiellen Gründen - z. B. wegen Liebhaberei - abgelehnt wird, geht die Ermittlungsbefugnis nicht auf das für den Erlass des Folgebescheids zuständige Finanzamt über (vgl. BFH-Urteil vom 28.11.1985, IV R 178/83, BStBl 1986 II S. 293). In diesem negativen Feststellungsbescheid wird bindend festgelegt, dass in den Folgebescheiden keine Einkünfte aus dem fraglichen Rechtsverhältnis angesetzt werden dürfen (vgl. BFH-Beschluss vom 17.1.1985, IV B 65/84, BStBl II S. 299).

1.5 Stellt die Finanzbehörde durch Verwaltungsakt die Nichtigkeit eines Grundlagenbescheids fest, ist der Folgebescheid nach § 175 Abs. 1 Satz 1 Nr. 1 AO zu ändern (BFH-Urteil vom 20.8.2014, X R 15/10, BStBl 2015 II S. 109; vgl. AEAO zu § 125, Nr. 4). In diesem Fall geht die Ermittlungsbefugnis ebenfalls nicht auf das für den Erlass des Folgebescheids zuständige Finanzamt über (vgl. BFH-Urteil vom 24.5.2006, I R 93/05, BStBl 2007 II S. 76).

1.6 Sind die Voraussetzungen für eine Steuervergünstigung durch einen außersteuerlichen Grundlagenbescheid nachzuweisen, so steht der Anpassung des Steuerbescheids (Folgebescheid) an den Grundlagenbescheid nach § 175 Abs. 1 Satz 1 Nr. 1 AO nicht entgegen, dass der Steuerpflichtige den für die Steuervergünstigung erforderlichen, aber nicht fristgebundenen Antrag erst nach Unanfechtbarkeit des Steuerbescheids gestellt hat (BFH-Urteil vom 13.12.1985, III R 204/81, BStBl 1986 II S. 245).

2. Aufhebung oder Änderung von Steuerbescheiden wegen Eintritts eines rückwirkenden Ereignisses (§ 175 Abs. 1 Satz 1 Nr. 2 AO)

2.1 Die Aufhebung oder Änderung eines Steuerbescheids nach § 175 Abs. 1 Satz 1 Nr. 2 AO setzt voraus, dass nachträglich ein Ereignis eingetreten ist, das steuerliche Wirkung für die Vergangenheit hat. Hierzu rechnen alle rechtlich bedeutsamen Vorgänge, aber auch tatsächlichen Lebensvorgänge, die steuerlich - ungeachtet der zivilrechtlichen Wirkungen - in der Weise Rückwirkung entfalten, dass nunmehr der veränderte anstelle des zuvor verwirklichten Sachverhalts der Besteuerung zugrunde zu legen ist (BFH-Beschluss G-S vom 19.7.1993, GrS 2/92, BStBl II S. 897, m. w. N.)

2.2 Ob einer nachträglichen Änderung des Sachverhaltes rückwirkende steuerliche Bedeutung zukommt, bestimmt sich allein nach dem jeweils einschlägigen materiellen Steuerrecht. Nach diesem ist zu beurteilen, ob zum einen eine Änderung des ursprünglich gegebenen Sachverhalts den Steuertatbestand überhaupt betrifft und ob sich darüber hinaus der bereits entstandene materielle Steueranspruch mit steuerlicher Rückwirkung ändert (BFH-Beschluss GrS vom 19.7.1993, GrS 2/92, a. a. O.).

Der Fall eines rückwirkenden Ereignisses liegt vor allem dann vor, wenn die Besteuerung nach dem maßgeblichen Einzelsteuergesetz nicht an Lebensvorgänge, sondern unmittelbar oder mittelbar an Rechtsgeschäfte, Rechtsverhältnisse oder Verwaltungsakte anknüpft und diese Umstände nachträglich mit Wirkung für die Vergangenheit gestaltet werden (BFH-Urteil vom 21.4.1988, IV R 215/85, BStBl II S. 863).

Nach § 175 Abs. 2 Satz 2 AO gilt die nachträgliche Erteilung oder Vorlage einer Bescheinigung oder Bestätigung nicht als rückwirkendes Ereignis. § 175 Abs. 2 Satz 2 AO ist nicht auf die Bescheinigung der anrechenbaren Körperschaftsteuer bei verdeckten Gewinnausschüttungen anzuwenden (siehe hierzu und zum Anwendungszeitraum der Vorschrift Art. 97 § 9 Abs. 3 EGAO). Beweismittel, die ausschließlich dazu dienen, eine steuerrechtlich relevante Tatsache zu belegen und die als solche keinen Eingang in eine materielle Steuerrechtsnorm gefunden haben, sind auch dann kein rückwirkendes Ereignis i. S. d. § 175 Abs. 1 Satz 1 Nr. 2 AO, wenn sie erst nach Bestandskraft eines Bescheids beschafft werden können; ggf. kommt hier aber § 173 AO zur Anwendung.

Eine rückwirkende Änderung steuerrechtlicher Normen ist kein rückwirkendes Ereignis i. S. d. § 175 Abs. 1 Satz 1 Nr. 2 AO (BFH-Urteil vom 9.8.1990, X R 5/88, BStBl 1991 II S. 55).

Auch eine Entscheidung des BVerfG stellt kein rückwirkendes Ereignis i. S. v. § 175 Abs. 1 Satz 1 Nr. 2 AO dar (vgl. u. a. BFH-Urteil vom 12.5.2009, IX R 45/08, BStBl II S. 891).

2.3 Die Änderung des Steuerbescheids nach § 175 Abs. 1 Satz 1 Nr. 2 AO ist nur zulässig, wenn das rückwirkende Ereignis nachträglich, d. h. nach Entstehung des Steueranspruchs und nach dem Erlass des Steuerbescheids (ggf. des zuletzt erlassenen Änderungsbescheids) eingetreten ist. Die Voraussetzungen des § 175 Abs. 1 Satz 1 Nr. 2 AO liegen nicht vor, wenn das Finanzamt - wie im Fall des § 173 Abs. 1 AO - lediglich nachträglich Kenntnis von einem bereits gegebenen Sachverhalt erlangt (vgl. BFH-Urteil vom 6.3.2003, XI R 13/02, BStBl II S. 554).

Ist im Einzelfall die Änderung des Steuerbescheids nach § 175 Abs. 1 Satz 1 Nr. 2 AO ausgeschlossen, kann in Fällen, in denen das Ereignis zwar schon vor Erlass des Steuerbescheids eingetreten, dem Finanzamt jedoch erst nachträglich bekannt geworden ist, die Änderung des Steuerbescheids nach § 173 Abs. 1 AO in Betracht kommen (vgl. BFH-Urteil vom 17.3.1994, V R 123/91, BFH/NV 1995 S. 274).

2.4 Beispiele für rückwirkende Ereignisse:

Einkommensteuer

- § 4 Abs. 2 Satz 1 EStG

Wird ein für das Betriebsvermögen am Schluss des Wirtschaftsjahres maßgebender Wertansatz korrigiert, der sich auf die Höhe des Gewinns der Folgejahre auswirkt, so stellt dies ein Ereignis mit steuerlicher Rückwirkung hinsichtlich der Veranlagung für die Folgejahre dar (BFH-Urteil vom 30.6.2005, IV R 11/04, BStBl II S. 809). Zu den Auswirkungen auf die Verzinsung nach § 233a AO vgl. AEAO zu § 233a, Nr. 10.3.3.

- § 6 Abs. 1 Nr. 1a EStG

Wird nachträglich die 15%-Grenze i. S. d. § 6 Abs. 1 Nr. 1a EStG überschritten, so stellt dies ein rückwirkendes Ereignis dar.

- § 6b EStG

Die Rücklage nach § 6b Abs. 3 EStG kann vom Steuerpflichtigen rückwirkend aufgestockt werden, wenn sich der Veräußerungspreis in einem späteren Veranlagungszeitraum erhöht (vgl. BFH-Urteil vom 13.9.2000, X R 148/97, BStBl 2001 II S. 641).

- § 10 EStG (Folgen der Erstattung von Sonderausgaben in einem späteren Veranlagungszeitraum)

Werden gezahlte Sonderausgaben in einem späteren Veranlagungszeitraum an den Steuerpflichtigen erstattet, ist der Erstattungsbetrag im Erstattungsjahr mit gleichartigen Sonderausgaben zu verrechnen. Ist im Jahr der Erstattung der Sonderausgaben an den Steuerpflichtigen ein Ausgleich mit gleichartigen Aufwendungen nicht oder nicht in voller Höhe möglich, so ist der Sonderausgabenabzug des Jahres der Verausgabung rückwirkend zu mindern (BFH-Urteil vom 7.7.2004, XI R 10/04, BStBl II S. 1058, und vom 21.7.2009, X R 32/07, BStBl 2010 II S. 38). Ab Veranlagungszeitraum 2012 ist bei den Aufwendungen i. S. d. § 10 Abs. 1 Nr. 2 bis 3a EStG nach § 10 Abs. 4b Satz 2 EStG ein Erstattungsbetrag innerhalb des Veranlagungszeitraums mit anderen Aufwendungen der jeweiligen Nummer zu verrechnen; ein Erstattungsüberhang erhöht in den Fällen des § 10 Abs. 1 Nr. 3 und 4 EStG nach § 10 Abs. 4b Satz 3 EStG dann den Gesamtbetrag der Einkünfte.

- § 10 Abs. 1a Nr. 1 EStG

Wird nach Eintritt der Bestandskraft sowohl die Zustimmung zur Anwendung des Realsplittings erteilt, als auch der Antrag nach § 10 Abs. 1a Nr. 1 EStG (bis VZ 2014: § 10 Abs. 1 Nr. 1 EStG) gestellt, liegen die Voraussetzungen für eine Änderung nach § 175 Abs. 1 Satz 1 Nr. 2 AO vor (BFH-Urteil vom 12.7.1989, X R 8/84, BStBl II S. 957). Auch die nachträgliche betragsmäßige Erweiterung eines bereits vorliegenden Antrags stellt i. V. m. der erweiterten Zustimmungserklärung ein rückwirkendes Ereignis dar (BFH-Urteil vom 28.6.2006, XI R 32/05, BStBl 2007 II S. 5). Demgegenüber liegt kein rückwirkendes Ereignis vor, wenn dem Unterhaltspflichtigen bei einem erst nach Bestandskraft des Einkommensteuerbescheids gestellten Antrag auf Berücksichtigung von Unterhaltsleistungen die Zustimmungserklärung des Unterhaltsempfängers bereits vor Eintritt der Bestandskraft vorlag (BFH-Urteil vom 20.8.2014, X R 33/12, BStBl 2015 II S. 138).

- § 14a Abs. 4 EStG

Die Steuerbegünstigung der vorgezogenen Abfindung steht unter dem Gesetzesvorbehalt, dass der Abgefundene nicht doch noch den Betrieb übernimmt oder der Betrieb nicht vorher verkauft wurde (vgl. BFH-Urteil vom 4.3.1993, IV R 110/92, BStBl II S. 788). Entsprechende für die Begünstigung schädliche Handlungen sind als rückwirkende Ereignisse anzusehen (vgl. BFH-Urteil vom 23.11.2000, IV R 85/99, BStBl 2001 II S. 122).

- § 16 Abs. 1 Satz 1 Nr. 1 EStG

Wird die gestundete Kaufpreisforderung für die Veräußerung eines Gewerbebetriebs in einem späteren VZ ganz oder teilweise uneinbringlich, so stellt dies ein Ereignis mit steuerlicher Rückwirkung auf den Zeitpunkt der Veräußerung dar (BFH-Urteil vom 19.7.1993, GrS 2/92, BStBl II S. 897).

Die Zahlung von Schadensersatzleistungen für betriebliche Schäden nach Betriebsaufgabe beeinflusst die Höhe des Aufgabegewinns, weil sie ein rückwirkendes Ereignis auf den Zeitpunkt der Betriebsaufgabe darstellt (BFH-Urteil vom 10.2.1994, IV R 37/92, BStBl II S. 564).

- § 16 Abs. 1 Satz 1 Nr. 2 EStG

Die spätere vergleichsweise Festlegung eines strittigen Veräußerungspreises ist auf den Zeitpunkt der Realisierung des Veräußerungsgewinns zurückzubeziehen (BFH-Urteil vom 26.7.1984, IV R 10/83, BStBl II S. 786).

Scheidet ein Kommanditist aus einer KG aus und bleibt sein bisheriges Gesellschafterdarlehen bestehen, so ist, wenn diese Forderung später wertlos wird, sein Veräußerungs- bzw. Aufgabegewinn mit steuerlicher Wirkung für die Vergangenheit gemindert (BFH-Urteil vom 14.12.1994, X R 128/92, BStBl 1995 II S. 465).

- § 17 EStG

Fallen nach Auflösung einer Kapitalgesellschaft nachträgliche Anschaffungskosten für eine Beteiligung i. S. d. § 17 Abs. 2 Satz 1 EStG an, können diese bei der Ermittlung des Auflösungsgewinns als rückwirkendes Ereignis berücksichtigt werden (vgl. BFH-Urteil vom 2.10.1984, VIII R 20/84, BStBl 1985 II S. 428).

Wird der Verkauf eines Anteils an einer Kapitalgesellschaft (wesentliche Beteiligung i. S. v. § 17 EStG) nach Übertragung des Anteils und vollständiger Bezahlung des Kaufpreises durch den Abschluss eines außergerichtlichen Vergleiches, mit dem die Vertragsparteien den Rechtsstreit über den Eintritt einer im Kaufvertrag vereinbarten auflösenden Bedingung beilegen, rückgängig gemacht, so ist dies ein Ereignis mit steuerlicher Rückwirkung auf den Zeitpunkt der Veräußerung (BFH-Urteil vom 19.8.2003, VIII R 67/02, BStBl 2004 II S. 107).

- § 22 Nr. 1 Satz 3 EStG

Wird eine Rente rückwirkend zugebilligt und fällt dadurch rückwirkend ganz oder teilweise der Anspruch auf Sozialleistungen (z. B. Kranken- oder Arbeitslosengeld) weg, sind die bisher im Rahmen des Progressionsvorbehalts berücksichtigten Leistungen als Rentenzahlung anzusehen und nach § 22 Nr. 1 Satz 3 Buchstabe a EStG der Besteuerung zu unterwerfen (vgl. R 32b Abs. 4 EStR 2012).

- § 22 Nr. 3 EStG

Fallen Werbungskosten für einmalige (sonstige) Leistungen (§ 22 Nr. 3 EStG) nachträglich an und war ihre Entstehung im Jahr des Zuflusses der Einnahme nicht vorhersehbar, ist die Veranlagung des Zuflussjahres nach § 175 Abs. 1 Satz 1 Nr. 2 AO zu ändern (BFH-Urteil vom 3.6.1992, X R 91/90, BStBl II S. 1017).

Wird ein nach § 22 Nr. 3 EStG steuerbares Entgelt für ein Vorkaufsrecht auf den Kaufpreis eines später zustande kommenden Kaufvertrags angerechnet, führt dies zum rückwirkenden Wegfall des zunächst angenommenen Tatbestands der "Einkünfte aus Leistungen" (BFH-Urteil vom 10.8.1994, X R 42/91, BStBl 1995 II S. 57).

- §§ 26 bis 26b EStG

Wählt ein Ehegatte/Lebenspartner vor Bestandskraft des ihm gegenüber ergangenen Bescheides die Einzelveranlagung nach § 26a EStG (bis VZ 2012: die getrennte Veranlagung), sind die Ehegatten/Lebenspartner auch dann einzeln zu veranlagen, wenn der gegenüber dem anderen Ehegatten/Lebenspartner ergangene Zusammenveranlagungsbescheid bereits bestandskräftig geworden ist. Der Antrag auf Einzelveranlagung nach § 26a EStG stellt hinsichtlich des Zusammenveranlagungsbescheids des anderen Ehegatten/Lebenspartners ein rückwirkendes Ereignis mit der Folge dar, dass dieser nach § 175 Abs. 1 Satz 1 Nr. 2 AO aufzuheben ist und die Festsetzungsfrist ihm gegenüber mit Ablauf des Kalenderjahres beginnt, in dem der Antrag auf Einzelveranlagung nach § 26a EStG gestellt wird (vgl. BFH-Urteile vom 3.3.2005, III R 22/02, BStBl II S. 690, und vom 28.7.2005, III R 48/03, BStBl II S. 865).

Widerruft ein Ehegatte/Lebenspartner im Zuge der Veranlagung seinen Antrag auf Einzelveranlagung nach § 26a EStG, ist die bestandskräftige Veranlagung des anderen Ehegatten/Lebenspartners nach § 175 Abs. 1 Satz 1 Nr. 2 AO aufzuheben.

Die Wahl einer bestimmten Veranlagungsart oder deren Änderung bzw. Widerruf durch einen Ehegatten oder Lebenspartner ist hingegen kein rückwirkendes Ereignis im Sinne von § 175 Abs. 1 Satz 1 Nr. 2 AO, wenn beide Ehegatten/Lebenspartner für den betreffenden Veranlagungszeitraum im Zeitpunkt der Antragstellung bereits bestandskräftig zur Einkommensteuer veranlagt sind (vgl. BFH-Urteil vom 25.9.2014, III R 5/13, BFH/NV 2015 S. 811).

Zur nachträglichen Ausübung steuerlicher Wahlrechte vgl. Nr. 8 des AEAO vor §§ 172 bis 177.

Zur Verzinsung vgl. Nr. 10.2.1 des AEAO zu § 233a.

- § 32 Abs. 6 Satz 6 EStG

Der Antrag zur Übertragung des Kinderfreibetrags/Betreuungsfreibetrags nach Eintritt der Bestandskraft stellt ein rückwirkendes Ereignis dar (BMF-Schreiben vom 28.6.2013, BStBl I S. 845).

- § 37b EStG

Der Widerruf bzw. die anderweitige Ausübung des Pauschalierungswahlrechts nach § 37b Abs. 1 Satz 1 EStG und nach § 37b Abs. 2 Satz 1 EStG führt dazu, dass die Zuwendungen rückwirkend gem. § 175 Abs. 1 Satz 1 Nr. 2 AO in die Veranlagungen der Zuwendungsempfänger als Einnahmen einzubeziehen sind (vgl. BFH-Urteil vom 15.6.2016, VI R 54/15, BStBl II S. 1010).

Doppelbesteuerungsabkommen

Soweit in einem DBA eine sog. Rückfallklausel enthalten ist, sind Einkünfte, für die nach dem DBA dem ausländischen Staat das Besteuerungsrecht zugewiesen worden ist, aber dort deshalb nicht versteuert werden, weil der Stpfl. keine Steuererklärung abgegeben hat, nicht unter Progressionsvorbehalt freizustellen, sondern im Inland voll zu besteuern. Sollte nachträglich eine Besteuerung im Ausland erfolgen, so liegt ein Ereignis vor, das gem. § 175 Abs. 1 Satz 1 Nr. 2 AO zurückwirkt und eine Korrektur des im Inland bestandskräftigen Steuerbescheids rechtfertigt (vgl. BFH-Urteil vom 11.6.1996, I R 8/96, BStBl 1997 II S. 117).

Umsatzsteuer

- §§ 9, 15 Abs. 1 Nr. 1 UStG

Macht der leistende Unternehmer den Verzicht auf die Steuerbefreiung rückgängig, wird der Umsatz rückwirkend wieder steuerfrei, so dass eine Steuer für den berechneten Umsatz nicht mehr geschuldet wird. Der Leistungsempfänger verliert den Vorsteuerabzug rückwirkend im Jahr des Leistungsbezugs unabhängig davon, dass der leistende Unternehmer die gesondert ausgewiesene Umsatzsteuer bis zur Rechnungsberichtigung gem. § 14c Abs. 1 UStG schuldet (BFH-Urteil vom 1.2.2001, V R 23/00, BStBl 2003 II S. 673).

Investitionszulage

Ein Investitionszulagebescheid ist nach § 175 Abs. 1 Satz 1 Nr. 2 AO zu korrigieren, wenn nachträglich gegen die Kumulationsverbote nach § 3 Abs. 1 Satz 2, § 3a Abs. 1 Sätze 4 und 5 InvZulG 1999 verstoßen wurde (vgl. BMF-Schreiben vom 28.2.2003, BStBl I S. 218, Tz. 11 und 12).

Erbschaftsteuer

- § 10 Abs. 5 Nr. 3 ErbStG

Nach der Steuerfestsetzung entstehende Kosten der Nachlassregulierung (§ 10 Abs. 5 Nr. 3 ErbStG) können als rückwirkendes Ereignis zur Korrektur der Steuerfestsetzung führen.

- § 13 Abs. 1 Nr. 2 und 3 ErbStG

Die Steuerbefreiungen fallen mit Wirkung für die Vergangenheit weg, wenn die Gegenstände, der Grundbesitz oder Teile des Grundbesitzes innerhalb von zehn Jahren nach dem Erwerb veräußert werden oder die Voraussetzungen für die Steuerbefreiung innerhalb dieses Zeitraums entfallen. Die Steuerfestsetzung ist nach § 175 Abs. 1 Satz 1 Nr. 2 AO vorzunehmen.

- §§ 13a, 19a ErbStG

Verschonungsabschlag, Abzugsbetrag und Entlastungsbetrag fallen mit Wirkung für die Vergangenheit weg, soweit innerhalb von fünf Jahren (bzw. sieben Jahren bei Optionsverschonung nach § 13a Abs. 8 ErbStG) nach dem Zeitpunkt der nSteuerentstehung gegen eine der Behaltensregelungen bzw. im Fall des Verschonungsabschlags gegen die Lohnsummenregelung verstoßen wird. Der Steuerbescheid ist nach § 175 Abs. 1 Satz 1 Nr. 2 AO zu korrigieren (R E 13a.4 Abs. 1, R E 13a.5 Abs. 1 und R E 19a.3 Abs. 1 ErbStR 2011).

- § 29 Abs. 1 ErbStG

Auch der Eintritt eines Ereignisses gem. § 29 Abs. 1 ErbStG, z. B. die Herausgabe eines Geschenks, stellt ein rückwirkendes Ereignis dar.

Grunderwerbsteuer

- § 5 Abs. 3 Satz 1 GrEStG

Die Steuerbegünstigung beim Übergang eines Grundstücks von mehreren Miteigentümern oder einem Alleineigentümer auf eine Gesamthand in dem

Umfang, der dem Anteil der Beteiligung des Veräußerers am Vermögen der Gesamthand entspricht, steht unter dem Gesetzesvorbehalt einer mindestens zehn Jahre fortwährenden Beteiligung. Die Minderung des Vermögensanteils innerhalb dieses Zeitraums stellt ein Ereignis mit steuerlicher Rückwirkung auf den Zeitpunkt des Grundstücksübergangs dar. Die Steuerfestsetzung ist gem. § 175 Abs. 1 Satz 1 Nr. 2 AO zu korrigieren oder erstmals vorzunehmen.

- § 6 Abs. 3 Satz 2 GrEStG

Die Steuerbegünstigung beim Übergang eines Grundstücks von einer Gesamthand auf eine andere Gesamthand in dem Umfang, in dem ein Gesellschafter sowohl am Vermögen der veräußernden als auch der erwerbenden Gesamthand beteiligt ist, steht unter dem Gesetzesvorbehalt einer mindestens zehn Jahre fortwährenden Beteiligung an der erwerbenden Gesamthand. Die Minderung des Vermögensanteils innerhalb dieses Zeitraums stellt ein Ereignis mit steuerlicher Rückwirkung auf den Zeitpunkt des Grundstücksübergangs dar. Die Steuerfestsetzung ist gem. § 175 Abs. 1 Satz 1 Nr. 2 AO zu korrigieren oder erstmals vorzunehmen.

Bewertung

Wird der einem Wertfortschreibungsbescheid vorangegangene Einheitswertbescheid nachträglich geändert und werden hierdurch die für die Wertfortschreibung auf einen späteren Stichtag nach § 22 BewG erforderlichen Wertgrenzen nicht mehr erreicht, ist der Wertfortschreibungsbescheid nach § 175 Abs. 1 Satz 1 Nr. 2 AO aufzuheben (BFH-Urteil vom 9.11.1994, II R 37/91, BStBl 1995 II S. 93). Dies gilt entsprechend für einen Wertfortschreibungsbescheid nach § 222 Abs. 1 BewG.

§ 175a Umsetzung von Verständigungsvereinbarungen (S 0353)

¹Ein Steuerbescheid ist zu erlassen, aufzuheben oder zu ändern, soweit dies zur Umsetzung einer Vorabverständigungsvereinbarung nach § 89a, einer Verständigungsvereinbarung oder eines Schiedsspruchs nach einem Vertrag im Sinne des § 2 Absatz 1 geboten ist. ²Verbindliche Auskünfte nach § 89, verbindliche Zusagen nach § 204 oder rechtlich bindende Vereinbarungen zwischen dem Steuerpflichtigen und der Finanzverwaltung stehen dem nicht entgegen. ³Die Festsetzungsfrist endet insoweit nicht vor Ablauf eines Jahres nach dem Wirksamwerden der Verständigungsvereinbarung oder des Schiedsspruchs oder der einvernehmlichen rückwirkenden Anwendung einer Vorabverständigungsvereinbarung.

AEAO zu § 175a - Umsetzung von Verständigungsvereinbarungen:

Die Vorschrift ist Rechtsgrundlage für die Umsetzung einer Verständigungsvereinbarung oder eines Schiedsspruchs nach einer völkerrechtlichen Vereinbarung i. S. d. § 2 AO. Zum internationalen Verständigungsverfahren und Schiedsverfahren in Steuersachen vgl. Merkblatt vom 9.10.2018, BStBl I S. 1122. Zum Teil-Einspruchsverzicht s. § 354 Abs. 1a AO, zur Teil-Rücknahme eines Einspruchs s. § 362 Abs. 1a AO.

§ 175b Änderung von Steuerbescheiden bei Datenübermittlung durch Dritte (S 0353-a)

(1) Ein Steuerbescheid ist aufzuheben oder zu ändern, soweit von der mitteilungspflichtigen Stelle an die Finanzbehörden übermittelte Daten im Sinne des § 93c bei der Steuerfestsetzung nicht oder nicht zutreffend berücksichtigt wurden.

(2) Gelten Daten, die von mitteilungspflichtigen Stellen nach Maßgabe des § 93c an die Finanzverwaltung übermittelt wurden, nach § 150 Absatz 7 Satz 2 als Angaben des Steuerpflichtigen, ist der Steuerbescheid aufzuheben oder zu ändern, soweit diese Daten zu Ungunsten des Steuerpflichtigen unrichtig sind.

(3) Ist eine Einwilligung des Steuerpflichtigen in die Übermittlung von Daten im Sinne des § 93c an die Finanzbehörden Voraussetzung für die steuerliche Berücksichtigung der Daten, so ist ein Steuerbescheid aufzuheben oder zu ändern, soweit die Einwilligung nicht vorliegt.

(4) Die Absätze 1 und 2 gelten nicht, wenn Daten nach § 93c Absatz 1 oder Absatz 3 nicht rechtserheblich sind.

AEAO zu § 175b - Änderung von Steuerbescheiden bei Datenübermittlung durch Dritte

1. Auf eine Verletzung der Mitwirkungspflichten seitens des Steuerpflichtigen oder der Ermittlungspflichten durch die Finanzbehörde kommt es in den Fällen des § 175b AO - anders als in den Fällen des § 173 AO - nicht an.

    Unerheblich ist auch, ob dem Steuerpflichtigen bei Erstellung der Steuererklärung ein Schreib- oder Rechenfehler i. S. d. § 173a AO oder der Finanzbehörde bei Erlass des Steuerbescheids ein mechanisches Versehen i. S. d. § 129 AO, ein Fehler bei der Tatsachenwürdigung oder ein Rechtsanwendungsfehler unterlaufen ist.

Eine Aufhebung oder Änderung nach § 175b Abs. 1 oder 2 AO ist allerdings ausgeschlossen, sofern die nachträglich übermittelten Daten nicht rechtserheblich sind (§ 175b Abs. 4 AO). Zur Rechtserheblichkeit vgl. Nr. 3 des AEAO zu § 173.

Die Aufhebung oder Änderung der Steuerfestsetzung nach § 175b AO kann sich je nach Sachlage zu Gunsten wie auch zu Ungunsten des Steuerpflichtigen auswirken.

2. Unrichtige Daten i. S. d. § 175b Abs. 2 AO sind zum einen von vornherein bestehende „objektive" Fehler, d. h. die übermittelten Daten geben den mitteilungspflichtigen Sachverhalt von Anfang an in tatsächlicher Hinsicht nicht zutreffend wieder. Zum anderen gehören auch durch bessere Rechtserkenntnis festgestellte Fehler dazu, wenn die übermittelten Daten ggf. durch BFH-Rechtsprechung nachträglich nicht dem geltenden Recht entsprechen.

§ 176 Vertrauensschutz bei der Aufhebung und Änderung von Steuerbescheiden (S 0354)

(1) [1]Bei der Aufhebung oder Änderung eines Steuerbescheids darf nicht zuungunsten des Steuerpflichtigen berücksichtigt werden, dass

1. das Bundesverfassungsgericht die Nichtigkeit eines Gesetzes feststellt, auf dem die bisherige Steuerfestsetzung beruht,
2. ein oberster Gerichtshof des Bundes eine Norm, auf der die bisherige Steuerfestsetzung beruht, nicht anwendet, weil er sie für verfassungswidrig hält,
3. sich die Rechtsprechung eines obersten Gerichtshofes des Bundes geändert hat, die bei der bisherigen Steuerfestsetzung von der Finanzbehörde angewandt worden ist.

[2]Ist die bisherige Rechtsprechung bereits in einer Steuererklärung oder einer Steueranmeldung berücksichtigt worden, ohne dass das für die Finanzbehörde erkennbar war, so gilt Nummer 3 nur, wenn anzunehmen ist, dass die Finanzbehörde bei Kenntnis der Umstände die bisherige Rechtsprechung angewandt hätte.

(2) Bei der Aufhebung oder Änderung eines Steuerbescheids darf nicht zuungunsten des Steuerpflichtigen berücksichtigt werden, dass eine allgemeine Verwaltungsvorschrift der Bundesregierung, einer obersten Bundes- oder Landesbehörde von einem obersten Gerichtshof des Bundes als nicht mit dem geltenden Recht in Einklang stehend bezeichnet worden ist.

AEAO zu § 176 - Vertrauensschutz bei der Aufhebung und Änderung von Steuerbescheiden:

1. Die Vorschrift schützt das Vertrauen des Steuerpflichtigen in die Gültigkeit einer Rechtsnorm, der Rechtsprechung eines obersten Gerichtshofs des Bundes oder einer allgemeinen Verwaltungsvorschrift (z. B. EStR). Unter Aufhebung und Änderung ist jede Korrektur einer Steuerfestsetzung nach §§ 164, 165, 172 ff. AO oder nach den Einzelsteuergesetzen zu verstehen (vgl. AEAO vor §§ 172 bis 177, Nr. 3), aber nicht die Berichtigung nach § 129 AO.

2. Bei Änderung der Steuerfestsetzung ist so vorzugehen, als hätte die frühere für den Steuerpflichtigen günstige Rechtsauffassung nach wie vor Gültigkeit. Ist z. B. eine Steuer unter Vorbehalt der Nachprüfung festgesetzt worden (§ 164 AO), so muss eine dem Steuerpflichtigen günstige Rechtsprechung des BFH, die bei der Vorbehaltsfestsetzung berücksichtigt worden war, auch dann weiter angewendet werden, wenn der BFH seine Rechtsprechung zum Nachteil des Steuerpflichtigen geändert hat.

3. Hat der Steuerpflichtige die bisherige Rechtsprechung seinen Steuererklärungen stillschweigend und für das Finanzamt nicht erkennbar zugrunde gelegt, gilt der Vertrauensschutz nur, wenn davon ausgegangen werden kann, dass die Finanzbehörde mit der Anwendung der Rechtsprechung einverstanden gewesen wäre. Das Einverständnis ist immer dann zu unterstellen, wenn die Entscheidung im Bundessteuerblatt veröffentlicht worden war und keine Verwaltungsanweisung vorlag, die Rechtsprechung des BFH über den entschiedenen Einzelfall hinaus nicht anzuwenden.

4. Es verstößt gegen Treu und Glauben, wenn der Steuerpflichtige aufgrund einer Rechtsprechungsänderung die Aufhebung eines ihn belastenden Bescheids fordert und erreicht und später geltend macht, er habe auf die Anwendung der früheren Rechtsprechung vertraut und sei nicht bereit, die für ihn negativen Folgen der Rechtsprechungsänderung hinzunehmen. Dies gilt zumindest insoweit, als der der Rechtsprechungsänderung Rechnung tragende Änderungsbescheid im Ergebnis zu keiner höheren Belastung des Steuerpflichtigen führt (vgl. BFH-Urteil vom 8.2.1995, I R 127/93, BStBl II S. 764).

5. Wegen der sinngemäßen, eingeschränkten Anwendung des § 176 AO auf Neuveranlagungen der Grundsteuermessbeträge siehe § 17 Abs. 2 Nr. 2 GrStG sowie auf Fortschreibungen der Einheitswerte siehe § 22 Abs. 3 Sätze 2 und 3 BewG. Dies gilt entsprechend für Fortschreibungen der Grundsteuerwerte nach § 222 BewG.

§ 177 Berichtigung von materiellen Fehlern (S 0355)

(1) Liegen die Voraussetzungen für die Aufhebung oder Änderung eines Steuerbescheids zuungunsten des Steuerpflichtigen vor, so sind, soweit die Änderung reicht, zugunsten und zuungunsten des Steuerpflichtigen solche materiellen Fehler zu berichtigen, die nicht Anlass der Aufhebung oder Änderung s nd.

(2) Liegen die Voraussetzungen für die Aufhebung oder Änderung eines Steuerbescheids zugunsten des Steuerpflichtigen vor, so sind, soweit die Änderung reicht, zuungunsten und zugunsten des Steuerpflichtigen solche materiellen Fehler zu berichtigen, die nicht Anlass der Aufhebung oder Änderung s nd.

(3) Materielle Fehler im Sinne der Absätze 1 und 2 sind alle Fehler einschließlich offenbarer Unrichtigkeiten im Sinne des § 129, die zur Festsetzung einer Steuer führen, die von der kraft Gesetzes entstandenen Steuer abweicht.

(4) § 164 Absatz 2, § 165 Absatz 2 und § 176 bleiben unberührt.

AEAO zu § 177 - Berichtigung von materiellen Fehlern:

1. Materieller Fehler ist jede objektive Unrichtigkeit eines Steuerbescheids. Materiell fehlerhaft ist ein Bescheid nicht nur, wenn bei Erlass des Steuerbescheids geltendes Recht unrichtig angewendet wurde, sondern auch dann, wenn der Steuerfestsetzung ein Sachverhalt zugrunde gelegt worden ist, der sich nachträglich als unrichtig erweist. Bei der Steuerfestsetzung nicht berücksichtigte Tatsachen sind deshalb, sofern sie zu keiner Änderung nach § 173 AO führen, nach § 177 AO zu berücksichtigen (BFH-Urteil vom 5.8.1986, IX R 13/81, BStBl 1987 II S. 297). Auf ein Verschulden kommt es ebenso wenig an wie darauf, dass der Steueranspruch insoweit verjährt ist (BFH-Urteil vom 18.12.1991, X R 38/90, BStBl 1992 II S. 504). Eine Berichtigung eines materiellen Fehlers nach § 177 AO ist deshalb auch dann zulässig und geboten, wenn eine isolierte Änderung dieses Fehlers oder seine Berichtigung nach § 129 AO wegen Ablaufs der Festsetzungsfrist nicht möglich wäre.

2. Die Möglichkeit der Berichtigung materieller Fehler ist bei jeder Aufhebung oder Änderung eines Steuerbescheids zu prüfen. Materielle Fehler sind zu berichtigen, soweit die Voraussetzungen für die Aufhebung oder Änderung eines Steuerbescheids zuungunsten (§ 177 Abs. 1 AO) oder zugunsten des Steuerpflichtigen (§ 177 Abs. 2 AO) vorliegen; die Voraussetzungen des § 177 Abs. 1 und 2 AO können auch nebeneinander vorliegen. Materielle Fehler dürfen nur innerhalb des Änderungsrahmens berichtigt, d. h. gegengerechnet werden. Liegen sowohl die Voraussetzungen für Änderungen zugunsten des Steuerpflichtigen als auch solche zu dessen Ungunsten vor, sind die oberen und unteren Grenzen der Fehlerberichtigung jeweils getrennt voneinander zu ermitteln (BFH-Urteile vom 9.6.1993, I R 90/92, BStBl II S. 822, und vom 14.7.1993, X R 34/90, BStBl 1994 II S. 77). Eine Saldierung der Änderungstatbestände zuungunsten und zugunsten des Steuerpflichtigen ist deshalb nicht zulässig (Saldierungsverbot).

3. Änderungsobergrenze ist der Steuerbetrag, der sich als Summe der bisherigen Steuerfestsetzung und der steuerlichen Auswirkung aller selbständigen

steuererhöhenden Änderungstatbestände ergibt. Änderungsuntergrenze ist der Steuerbetrag, der sich nach Abzug der steuerlichen Auswirkung aller selbständigen steuermindernden Änderungstatbestände von der bisherigen Steuerfestsetzung ergibt.

4. Die Auswirkungen materieller Fehler sind zu saldieren und dann, soweit der Änderungsrahmen reicht, zu berücksichtigen (Saldierungsgebot); vgl. BFH-Urteil vom 9.6.1993, I R 90/92, BStBl II S. 822). Bei Änderungen zuungunsten des Steuerpflichtigen kann ein negativer (steuermindernder) Fehler-Saldo nur bis zur Änderungsuntergrenze berücksichtigt werden (§ 177 Abs. 1 AO). Bei Änderungen zugunsten des Steuerpflichtigen kann ein positiver (steuererhöhender) Fehler-Saldo nur bis zur Änderungsobergrenze berücksichtigt werden (§ 177 Abs. 2 AO).

Beispiele:

a) Es werden nachträglich Tatsachen bekannt, die zu einer um 5.000 € höheren Steuer führen. Zugleich werden materielle Fehler, die sich bei der früheren Festsetzung i. H. v. 6.000 € zugunsten des Steuerpflichtigen ausgewirkt haben, und materielle Fehler, die sich bei der früheren Festsetzung i. H. v. 8.500 € zum Nachteil des Steuerpflichtigen ausgewirkt haben, festgestellt.

Der Saldo der materiellen Fehler führt i. H. v. 2.500 € zu einer Minderung der Nachforderung.

b) Es werden nachträglich Tatsachen bekannt, die zu einer um 5.000 € höheren Steuer führen. Außerdem ist ein geänderter Grundlagenbescheid zu berücksichtigen, der zu einer um 5.500 € niedrigeren Steuer führt. Zugleich werden materielle Fehler festgestellt, die sich i. H. v. 8.500 € zugunsten und i. H. v. 6.000 € zuungunsten des Steuerpflichtigen ausgewirkt haben.

Der Saldo der materiellen Fehler (2.500 € zugunsten des Steuerpflichtigen) mindert die Änderung der Steuerfestsetzung zugunsten des Steuerpflichtigen aufgrund des geänderten Grundlagenbescheids (5.500 €). Die Differenz von 3.000 € ist mit der Nachforderung von 5.000 € wegen nachträglich bekannt gewordener Tatsachen zu verrechnen, so dass im Ergebnis eine Änderung des Steuerbescheids i. H. v. 2.000 € zuungunsten des Steuerpflichtigen vorzunehmen ist.

5. Soweit ein Ausgleich materieller Fehler nach § 177 AO nicht möglich ist, bleibt der Steuerbescheid fehlerhaft. Hierin liegt keine sachliche Unbilligkeit, da die Folge vom Gesetzgeber gewollt ist.

6. Zur Berichtigung materieller Fehler bei einer Berichtigung offenbarer Unrichtigkeiten nach § 129 AO vgl. AEAO zu § 129, Nr. 5; zur Berichtigung materieller Fehler bei der Änderung einer vorläufigen Steuerfestsetzung nach § 165 Abs. 2 Satz 2 AO vgl. AEAO zu § 165, Nr. 9.

IV. Kosten

§ 178 Kosten bei besonderer Inanspruchnahme der Zollbehörden

(S 0356)

(1) Die Behörden der Bundeszollverwaltung sowie die Behörden, denen die Wahrnehmung von Aufgaben der Bundeszollverwaltung übertragen worden ist, können für eine besondere Inanspruchnahme oder Leistung (kostenpflichtige Amtshandlung) Gebühren erheben und die Erstattung von Auslagen verlangen.

(2) Eine besondere Inanspruchnahme oder Leistung im Sinne des Absatzes 1 liegt insbesondere vor bei

1. Amtshandlungen außerhalb des Amtsplatzes und außerhalb der Öffnungszeiten, soweit es sich nicht um Maßnahmen der Steueraufsicht handelt,

2. Amtshandlungen, die zu einer Diensterschwernis führen, weil sie antragsgemäß zu einer bestimmten Zeit vorgenommen werden sollen,

3. Untersuchungen von Waren, wenn

    a) sie durch einen Antrag auf Erteilung einer verbindlichen Zolltarifauskunft, Gewährung einer Steuervergütung oder sonstigen Vergünstigungen veranlasst sind oder

    b) bei Untersuchungen von Amts wegen Angaben oder Einwendungen des Verfügungsberechtigten sich als unrichtig oder unbegründet erweisen oder

    c) die untersuchten Waren den an sie gestellten Anforderungen nicht entsprechen,

4. Überwachungsmaßnahmen in Betrieben und bei Betriebsvorgängen, wenn sie durch Zuwiderhandlungen gegen die zur Sicherung des Steueraufkommens erlassenen Rechtsvorschriften veranlasst sind,

5. amtlichen Bewachungen und Begleitungen von Beförderungsmitteln oder Waren,

6. Verwahrung von Nichtgemeinschaftswaren,

7. Fertigung von Schriftstücken, elektronischen Dokumenten, Abschriften und Ablichtungen sowie bei der elektronischen Übersendung oder dem Ausdruck von elektronischen Dokumenten und anderen Dateien, wenn diese Arbeiten auf Antrag erfolgen,

8. Vernichtung oder Zerstörung von Waren, die von Amts wegen oder auf Antrag vorgenommen wird.

(3) Das Bundesministerium der Finanzen wird ermächtigt, durch Rechtsverordnung, die der Zustimmung des Bundesrates nicht bedarf, die kostenpflichtigen Amtshandlungen näher festzulegen, die für sie zu erhebenden Kosten nach dem auf sie entfallenden durchschnittlichen Verwaltungsaufwand zu bemessen und

zu pauschalieren sowie die Voraussetzungen zu bestimmen, unter denen von ihrer Erhebung wegen Geringfügigkeit, zur Vermeidung von Härten oder aus ähnlichen Gründen ganz oder teilweise abgesehen werden kann.

(4) ¹Auf die Festsetzung der Kosten sind die für Verbrauchssteuern geltenden Vorschriften entsprechend anzuwenden. ²Im Übrigen gilt für diese Kosten das Verwaltungskostengesetz in der bis zum 14. August 2013 geltenden Fassung. Die §§ 18 bis 22 des Verwaltungskostengesetzes in der bis zum 14. August 2013 geltenden Fassung finden keine Anwendung.

2. Unterabschnitt – Gesonderte Feststellung von Besteuerungsgrundlagen, Festsetzung von Steuermessbeträgen

I. Gesonderte Feststellungen

§ 179 Feststellung von Besteuerungsgrundlagen (S 0360)

(1) Abweichend von § 157 Absatz 2 werden die Besteuerungsgrundlagen durch Feststellungsbescheid gesondert festgestellt, soweit dies in diesem Gesetz oder sonst in den Steuergesetzen bestimmt ist.

(2) ¹Ein Feststellungsbescheid richtet sich gegen den Steuerpflichtigen, dem der Gegenstand der Feststellung bei der Besteuerung zuzurechnen ist. ²Die gesonderte Feststellung wird gegenüber mehreren Beteiligten einheitlich vorgenommen, wenn dies gesetzlich bestimmt ist oder der Gegenstand der Feststellung mehreren Personen zuzurechnen ist. ³Ist eine dieser Personen an dem Gegenstand der Feststellung nur über eine andere Person beteiligt, so kann insoweit eine besondere gesonderte Feststellung vorgenommen werden.

(3) Soweit in einem Feststellungsbescheid eine notwendige Feststellung unterblieben ist, ist sie in einem Ergänzungsbescheid nachzuholen.

AEAO zu § 179 - Feststellung von Besteuerungsgrundlagen:

1. Abweichend von dem Grundsatz, dass die Besteuerungsgrundlagen einen unselbständigen Teil des Steuerbescheids bilden (§ 157 Abs. 2 AO), sehen die §§ 179 ff. AO bzw. entsprechende Vorschriften der Einzelsteuergesetze (z. B. § 2a, § 10b Abs. 1, § 10d Abs. 4, § 15a Abs. 4, § 39a Abs. 4 EStG; §§ 27, 28 und 38 KStG, § 151 BewG, § 17 GrEStG) in bestimmten Fällen eine gesonderte Feststellung der Besteuerungsgrundlagen vor. Die gesonderte Feststellung ist zugleich einheitlich vorzunehmen, wenn die AO oder ein Einzelsteuergesetz (z. B. § 15a Abs. 4 Satz 6 EStG) dies besonders vorschreiben oder wenn der Gegenstand der Feststellung bei der Besteuerung mehreren Personen zuzurechnen ist (§ 179 Abs. 2 Satz 2 2. Alternative AO). Für das Feststellungsverfahren sind die Vorschriften über die Durchführung der Besteuerung sinngemäß anzuwenden (§ 181 Abs. 1 AO).

2. Voraussetzung für den Erlass eines Ergänzungsbescheids nach § 179 Abs. 3 AO ist, dass der vorangegangene Feststellungsbescheid wirksam, aber unvollständig bzw. lückenhaft ist. In einem Ergänzungsbescheid sind nur solche

Feststellungen nachholbar, die in dem vorangegangenen Feststellungsbescheid „unterblieben" sind. Eine Feststellung ist unterblieben, wenn sie im Feststellungsbescheid hätte getroffen werden müssen, tatsächlich aber - aus welchen Gründen auch immer - nicht getroffen worden ist. Die Vorschrift des § 179 Abs. 3 AO durchbricht nicht die Bestandskraft wirksam ergangener Feststellungsbescheide. Inhaltliche Fehler in rechtlicher oder tatsächlicher Hinsicht können daher nicht in einem Ergänzungsbescheid korrigiert werden (BFH-Urteil vom 15.6.1994, II R 120/91, BStBl II S. 819; BFH-Urteil vom 11.5.1999, IX R 72/96, BFH/NV S. 1446).

Ein Ergänzungsbescheid ist beispielsweise zulässig zur Nachholung:

- der Feststellung, ob und in welcher Höhe ein Freibetrag nach § 16 Abs. 4 EStG zu gewähren ist;
- der Feststellung, wie der Gewinn zu verteilen ist (vgl. BFH-Urteil vom 13.12.1983, VIII R 90/81, BStBl 1984 II S. 474);
- des Hinweises über die Reichweite der Bekanntgabe gem. § 183 Abs. 1 Satz 5 AO (BFH-Urteil vom 13.7.1994, XI R 21/93, BStBl II S. 885);
- der Feststellung und der Verteilung des Betrags der einbehaltenen Kapitalertragsteuer und der anrechenbaren Körperschaftsteuer (§ 180 Abs. 5 Nr. 2 AO);
- der Feststellung über das Ausscheiden eines Gesellschafters während eines abweichenden Wirtschaftsjahres (BFH-Beschluss vom 22.9.1997, IV B 113/96, BFH/NV 1998 S. 454).

Eine Feststellung ist nicht unterblieben und kann daher auch nicht nachgeholt werden, wenn sie im Feststellungsbescheid ausdrücklich abgelehnt worden ist. Deshalb kann durch den Erlass eines Ergänzungsbescheids nicht nachgeholt werden:

- die im Feststellungsverfahren unterbliebene Entscheidung, ob ein steuerbegünstigter Gewinn vorliegt, wenn das Finanzamt den Gewinn bisher insgesamt als laufenden Gewinn festgestellt hat (BFH-Urteile vom 26.11.1975, I R 44/74, BStBl 1976 II S. 304, und vom 24.7.1984, VIII R 304/81, BStBl II S. 785);
- die bei einer Feststellung nach § 180 Abs. 1 Satz 1 Nr. 2 Buchstabe a AO zu Unrecht unterbliebene Berücksichtigung von Sonderbetriebseinnahmen oder -ausgaben;
- ein fehlender oder unklarer Hinweis i. S. v. § 181 Abs. 5 Satz 2 AO (BFH-Urteil vom 18.3.1998, II R 45/96, BStBl II S. 426; BFH-Urteil vom 24.6.1998, II R 17/95, BFH/NV 1999 S. 282).

Der Erlass eines Ergänzungsbescheids steht nicht im Ermessen der Finanzbehörde.

3. Wegen der Anpassung der Folgebescheide an den Feststellungsbescheid wird auf § 175 Abs. 1 Satz 1 Nr. 1 AO hingewiesen, wegen der Einspruchsbefugnis bei Feststellungsbescheiden auf § 351 Abs. 2 und §§ 352, 353 AO.

4. In den Fällen der atypisch stillen Unterbeteiligung am Anteil des Gesellschafters einer Personengesellschaft (als Hauptgesellschaft) kann eine besondere gesonderte und einheitliche Feststellung vorgenommen werden (§ 179 Abs. 2 letzter Satz AO). Von dieser Möglichkeit ist wegen des Geheimhaltungsbedürfnisses der Betroffenen regelmäßig Gebrauch zu machen.

   Die Berücksichtigung der Unterbeteiligung im Feststellungsverfahren für die Hauptgesellschaft ist nur mit Einverständnis aller Beteiligten - Hauptgesellschaft und deren Gesellschafter sowie des Unterbeteiligten - zulässig (vgl. u. a. BFH-Urteil vom 2.3.1995, IV R 135/92, BStBl II S. 531). Das Einverständnis der Beteiligten gilt als erteilt, wenn die Unterbeteiligung in der Feststellungserklärung für die Hauptgesellschaft geltend gemacht wird.

   Die Regelung gilt für Treuhandverhältnisse, in denen der Treugeber über den Treuhänder Hauptgesellschafter der Personengesellschaft ist, entsprechend.

   Die örtliche Zuständigkeit für die besondere gesonderte und einheitliche Feststellung richtet sich i. d. R. nach der Zuständigkeit für die Hauptgesellschaft.

   Ist dagegen eine Personengesellschaft atypisch still an einer Kapitalgesellschaft beteiligt, dürfen die Feststellungen der Einkünfte aus der Personengesellschaft und aus der atypisch stillen Gesellschaft nicht in einem einheitlichen Feststellungsbescheid getroffen werden. Hier sind zunächst die vom Inhaber des Handelsgeschäfts und dem atypisch stillen Gesellschafter gemeinschaftlich erzielte Einkünfte gesondert und einheitlich festzustellen. Die in diesem Grundlagenbescheid festgestellten Einkünfte sind dann einerseits in den Körperschaftsteuerbescheid der Kapitalgesellschaft und andererseits in den die Personengesellschaft betreffenden weiteren Bescheid über die gesonderte und einheitliche Feststellung von deren Einkünften zu übernehmen (BFH-Urteil vom 21.10.2015, IV R 43/12, BStBl 2016 II S. 517).

5. Die Gewinnanteile des Unterbeteiligten bei einer typischen stillen Unterbeteiligung sind als Sonderbetriebsausgaben des Hauptbeteiligten im Feststellungsverfahren zu berücksichtigen (BFH-Urteil vom 9.11.1988, I R 191/84, BStBl 1989 II S. 343). Eine Nachholung des Sonderbetriebsausgabenabzugs im Veranlagungsverfahren des Hauptbeteiligten ist nicht zulässig.

§ 180 Gesonderte Feststellung von Besteuerungsgrundlagen (S 0361)

(1) ¹Gesondert festgestellt werden insbesondere:
1. die Grundsteuerwerte nach Maßgabe des Bewertungsgesetzes,
2. a) die einkommensteuerpflichtigen und körperschaftsteuerpflichtigen Einkünfte und mit ihnen im Zusammenhang stehende andere Besteuerungsgrundlagen, wenn an den Einkünften mehrere Personen beteiligt sind und die Einkünfte diesen Personen steuerlich zuzurechnen sind,
    b) in anderen als den in Buchstabe a genannten Fällen die Einkünfte aus Land- und Forstwirtschaft, Gewerbebetrieb oder einer freiberuflichen Tätigkeit, wenn nach den Verhältnissen zum Schluss des Gewinnermittlungszeitraums das für die gesonderte Feststellung zuständige Finanzamt nicht auch für die Steuern vom Einkommen zuständig ist,
3. der Wert der vermögensteuerpflichtigen Wirtschaftsgüter (§§ 114 bis 117 a des Bewertungsgesetzes) und der Wert der Schulden und sonstigen Abzüge (§ 118 des Bewertungsgesetzes), wenn die Wirtschaftsgüter, Schulden und sonstigen Abzüge mehreren Personen zuzurechnen sind und die Feststellungen für die Besteuerung von Bedeutung sind.

²Wenn sich in den Fällen von Satz 1 Nummer 2 Buchstabe b die für die örtliche Zuständigkeit maßgeblichen Verhältnisse nach Schluss des Gewinnermittlungszeitraums geändert haben, so richtet sich die örtliche Zuständigkeit auch für Feststellungszeiträume, die vor der Änderung der maßgeblichen Verhältnisse liegen, nach § 18 Absatz 1 Nummer 1 bis 3 in Verbindung mit § 26.

(1a)¹ ¹Einzelne, im Rahmen einer Außenprüfung für den Prüfungszeitraum ermittelte und abgrenzbare Besteuerungsgrundlagen können gesondert festgestellt werden (Teilabschlussbescheid), solange noch kein Prüfungsbericht nach § 202 Absatz 1 ergangen ist. ²Auf Antrag des Steuerpflichtigen soll ein Teilabschlussbescheid ergehen, wenn daran ein erhebliches Interesse besteht und dies vom Steuerpflichtigen glaubhaft gemacht wird.

(2) ¹Zur Sicherstellung einer einheitlichen Rechtsanwendung bei gleichen Sachverhalten und zur Erleichterung des Besteuerungsverfahrens kann das Bundesministerium der Finanzen durch Rechtsverordnung mit Zustimmung des Bundesrates bestimmen, dass in anderen als den in Absatz 1 genannten Fällen Besteuerungsgrundlagen gesondert und für mehrere Personen einheitlich festgestellt werden. ²Dabei können insbesondere geregelt werden
1. der Gegenstand und der Umfang der gesonderten Feststellung,
2. die Voraussetzungen für das Feststellungsverfahren,
3. die örtliche Zuständigkeit der Finanzbehörden,

---

¹ Zur Anwendung des § 180 Abs. 1a AO siehe Artikel 97 § 37 EGAO

V zu § 180 Abs. 2 AO

4. die Bestimmung der am Feststellungsverfahren beteiligten Personen (Verfahrensbeteiligte) und der Umfang ihrer steuerlichen Pflichten und Rechte einschließlich der Vertretung Beteiligter durch andere Beteiligte,

5. die Bekanntgabe von Verwaltungsakten an die Verfahrensbeteiligten und Empfangsbevollmächtigte,

6. die Zulässigkeit, der Umfang und die Durchführung von Außenprüfungen zur Ermittlung der Besteuerungsgrundlagen.

[3]Durch Rechtsverordnung kann das Bundesministerium der Finanzen mit Zustimmung des Bundesrates bestimmen, dass Besteuerungsgrundlagen, die sich erst später auswirken, zur Sicherung der späteren zutreffenden Besteuerung gesondert und für mehrere Personen einheitlich festgestellt werden; Satz 2 gilt entsprechend. [4]Die Rechtsverordnungen bedürfen nicht der Zustimmung des Bundesrates, soweit sie Einfuhr- und Ausfuhrabgaben und Verbrauchsteuern, mit Ausnahme der Biersteuer, betreffen.

(3) [1]Absatz 1 Satz 1 Nummer 2 Buchstabe a gilt nicht, wenn

1. nur eine der an den Einkünften beteiligten Personen mit ihren Einkünften im Geltungsbereich dieses Gesetzes einkommensteuerpflichtig oder körperschaftsteuerpflichtig ist oder

2. es sich um einen Fall von geringer Bedeutung handelt, insbesondere weil die Höhe des festgestellten Betrags und die Aufteilung feststehen; dies gilt sinngemäß auch für die Fälle des Absatzes 1 Satz 1 Nummer 2 Buchstabe b und Nummer 3.

[2]Das nach § 18 Absatz 1 Nummer 4 zuständige Finanzamt kann durch Bescheid feststellen, dass eine gesonderte Feststellung nicht durchzuführen ist. [3]Der Bescheid gilt als Steuerbescheid.

(4) Absatz 1 Satz 1 Nummer 2 Buchstabe a gilt ferner nicht für Arbeitsgemeinschaften, deren alleiniger Zweck in der Erfüllung eines einzigen Werkvertrages oder Werklieferungsvertrages besteht.

(5) Absatz 1 Satz 1 Nummer 2 sowie die Absätze 2 und 3 sind entsprechend anzuwenden, soweit

1. die nach einem Abkommen zur Vermeidung der Doppelbesteuerung von der Bemessungsgrundlage ausgenommenen Einkünfte bei der Festsetzung der Steuern der beteiligten Personen von Bedeutung sind oder

2. Steuerabzugsbeträge und Körperschaftsteuer auf die festgesetzte Steuer anzurechnen sind.

V zu § 180 Abs. 2 AO

Verordnung über die gesonderte Feststellung von Besteuerungsgrundlagen nach § 180 Abs. 2 der Abgabenordnung (V zu § 180 Abs. 2 AO)
vom 19.12.1986 (BGBl. I S. 2663, BStBl I 1987 S. 2), zuletzt geändert durch Artikel 9 des Gesetzes vom 19.12.2022 (BGBl. I S. 2432)

Inhaltsübersicht

§ 1 Gegenstand, Umfang und Voraussetzungen der Feststellung

§ 2 Örtliche Zuständigkeit

§ 3 Erklärungspflicht

§ 4 Einleitung des Feststellungsverfahrens

§ 5 Verfahrensbeteiligte

§ 6 Bekanntgabe

§ 7 Außenprüfung

§ 8 Feststellungsgegenstand beim Übergang zur Liebhaberei

§ 9 Feststellungsgegenstand bei Einsatz von Versicherungen auf den Erlebens- oder Todesfall zu Finanzierungszwecken

§ 10 Feststellungsverfahren bei steuerverstrickten Anteilen an Kapitalgesellschaften

§ 11 Inkrafttreten

§ 1 – Gegenstand, Umfang und Voraussetzungen der Feststellung

(1) ¹Besteuerungsgrundlagen, insbesondere einkommensteuerpflichtige oder körperschaftsteuerpflichtige Einkünfte, können ganz oder teilweise gesondert festgestellt werden, wenn der Einkunftserzielung dienende Wirtschaftsgüter, Anlagen oder Einrichtungen

1. von mehreren Personen betrieben, genutzt oder gehalten werden oder

2. mehreren Personen getrennt zuzurechnen sind, die bei der Planung, Herstellung, Erhaltung oder dem Erwerb dieser Wirtschaftsgüter, Anlagen oder Einrichtungen gleichartige Rechtsbeziehungen zu Dritten hergestellt oder unterhalten haben (Gesamtobjekt).

²Satz 1 Nummer 2 gilt entsprechend bei Wohneigentum, das nicht der Einkunftserzielung dient, und bei Mietwohngebäuden, wenn die Feststellung für die Besteuerung von Bedeutung ist.

(2) Absatz 1 gilt für die Umsatzsteuer nur, wenn mehrere Unternehmer im Rahmen eines Gesamtobjektes Umsätze ausführen oder empfangen.

(3) Die Feststellung ist gegenüber den in Absatz 1 genannten Personen einheitlich vorzunehmen. Sie kann auf bestimmte Personen beschränkt werden.

V zu § 180 Abs. 2 AO

§ 2 – Örtliche Zuständigkeit

(1) ¹Für Feststellungen in den Fällen des § 1 Abs. 1 Satz 1 Nr. 1 richtet sich die örtliche Zuständigkeit nach § 18 Abs. 1 Nr. 2 der Abgabenordnung. ²Die Wirtschaftsgüter, Anlagen oder Einrichtungen gelten als gewerblicher Betrieb im Sinne dieser Vorschrift.

(2) Für Feststellung in den Fällen des § 1 Abs. 1 Satz 1 Nr. 2 und Satz 2 ist das Finanzamt zuständig, das nach § 19 oder § 20 der Abgabenordnung für die Steuern vom Einkommen und Vermögen des Erklärungspflichtigen zuständig ist.

(3) Feststellungen nach § 1 Abs. 2 hat das für die Feststellungen nach § 1 Abs. 1 Satz 1 Nr. 2 zuständige Finanzamt zu treffen.

(4) § 18 Abs. 2 der Abgabenordnung gilt entsprechend.

§ 3 – Erklärungspflicht

(1) ¹Eine Erklärung zur gesonderten Feststellung der Besteuerungsgrundlagen haben nach Aufforderung durch die Finanzbehörde abzugeben:

1. in den Fällen des § 1 Abs. 1 Satz 1 Nr. 1 die Personen, die im Feststellungszeitraum die Wirtschaftsgüter, Anlagen oder Einrichtungen betrieben, genutzt oder gehalten haben,

2. in den Fällen des § 1 Abs. 1 Satz 1 Nr. 2 und Satz 2 die Personen, die bei der Planung, Herstellung, Erhaltung, dem Erwerb, der Betreuung, Geschäftsführung oder Verwaltung des Gesamtobjektes für die Feststellungsbeteiligten handeln oder im Feststellungszeitraum gehandelt haben; dies gilt in den Fällen des § 1 Abs. 2 entsprechend.

²§ 34 der Abgabenordnung bleibt unberührt.

(2) ¹Die Erklärung ist nach amtlich vorgeschriebenem Vordruck abzugeben und von der zur Abgabe verpflichteten Person eigenhändig zu unterschreiben. ²Name und Anschrift der Feststellungsbeteiligten sind anzugeben. ³Der Erklärung ist eine Ermittlung der Besteuerungsgrundlagen beizufügen. „Ist Besteuerungsgrundlage ein nach § 4 Abs. 1 oder § 5 des Einkommensteuergesetzes zu ermittelnder Gewinn, gilt § 5b des Einkommensteuergesetzes entsprechend; die Beifügung der in Satz 3 genannten Unterlagen kann in den Fällen des § 5b Abs. 1 des Einkommensteuergesetzes unterbleiben.

(3) Die Finanzbehörde kann entsprechend der vorgesehenen Feststellung den Umfang der Erklärung und die zum Nachweis erforderlichen Unterlagen bestimmen.

(4) Hat ein Erklärungspflichtiger eine Erklärung zur gesonderten Feststellung der Besteuerungsgrundlagen abgegeben, sind andere Erklärungspflichtige insoweit von der Erklärungspflicht befreit.

§ 4 – Einleitung des Feststellungsverfahrens

¹Die Finanzbehörde entscheidet nach pflichtgemäßem Ermessen, ob und in welchem Umfang sie ein Feststellungsverfahren durchführt. ²Hält sie eine gesonderte Feststellung nicht für erforderlich, insbesondere weil das Feststellungsverfahren nicht der ein-

heitlichen Rechtsanwendung und auch nicht der Erleichterung des Besteuerungsverfahrens dient, kann sie dies durch Bescheid feststellen. Der Bescheid gilt als Steuerbescheid.

§ 5 – Verfahrensbeteiligte

Als an dem Feststellungsverfahren Beteiligte gelten neben den Beteiligten nach § 78 der Abgabenordnung auch die in § 3 Abs. 1 Nr. 2 genannten Personen.

§ 6 – Bekanntgabe

(1) [1]Die am Gegenstand der Feststellung beteiligten Personen sollen einen gemeinsamen Empfangsbevollmächtigten bestellen, der ermächtigt ist, für sie alle Verwaltungsakte und Mitteilungen in Empfang zu nehmen, die mit dem Feststellungsverfahren und dem anschließenden Verfahren über einen außergerichtlichen Rechtsbehelf zusammenhängen. [2]Ein Widerruf der Empfangsvollmacht wird der Finanzbehörde gegenüber erst wirksam, wenn er ihr zugeht. [3]Ist ein Empfangsbevollmächtigter nicht bestellt, kann die Finanzbehörde die Beteiligten auffordern, innerhalb einer angemessenen Frist einen Empfangsbevollmächtigten zu benennen. [4]Hierbei ist ein Beteiligter vorzuschlagen und darauf hinzuweisen, dass diesem die in Satz 1 genannten Verwaltungsakte und Mitteilungen mit Wirkung für und gegen alle Beteiligten bekanntgegeben werden, soweit nicht ein anderer Empfangsbevollmächtigter benannt wird. [5]Bei der Bekanntgabe an den Empfangsbevollmächtigten ist darauf hinzuweisen, dass die Bekanntgabe mit Wirkung für und gegen alle Feststellungsbeteiligten erfolgt.

(2) Der Feststellungsbescheid ist auch den in § 3 Abs. 1 Nr. 2 genannten Personen bekanntzugeben, wenn sie die Erklärung abgegeben haben, aber nicht zum Empfangsbevollmächtigten bestellt sind.

(3) Absatz 1 Sätze 3 und 4 ist insoweit nicht anzuwenden, als der Finanzbehörde bekannt ist, daß zwischen den Feststellungsbeteiligten und dem Empfangsbevollmächtigten ernstliche Meinungsverschiedenheiten bestehen.

(4) Ist Einzelbekanntgabe erforderlich, sind dem Beteiligten nur die ihn betreffenden Besteuerungsgrundlagen bekanntzugeben.

§ 7 – Außenprüfung

(1) Eine Außenprüfung zur Ermittlung der Besteuerungsgrundlagen ist bei jedem Verfahrensbeteiligten zulässig.

(2) Die Prüfungsanordnung ist dem Verfahrensbeteiligten bekanntzugeben, bei dem die Außenprüfung durchgeführt werden soll.

§ 8 – Feststellungsgegenstand beim Übergang zur Liebhaberei

[1]Dient ein Betrieb von einem bestimmten Zeitpunkt an nicht mehr der Erzielung von Einkünften im Sinne des § 2 Abs. 1 Nr. 1 bis 3 des Einkommensteuergesetzes und liegt deshalb ein Übergang zur Liebhaberei vor, so ist auf diesen Zeitpunkt unabhängig von der Gewinnermittlungsart für jedes Wirtschaftsgut des Anlagevermögens der Unterschiedsbetrag zwischen dem gemeinen Wert und dem Wert, der nach § 4 Abs. 1 oder nach § 5 des Einkommensteuergesetzes anzusetzen wäre, gesondert und bei

§ 180 Abgabenordnung

V zu § 180 Abs. 2 AO

mehreren Beteiligten einheitlich festzustellen. ²Auf eine gesonderte Feststellung nach Satz 1 kann verzichtet werden, wenn es sich um einen Fall von geringer Bedeutung handelt.

§ 9 – Feststellungsgegenstand bei Einsatz von Versicherungen auf den Erlebens- oder Todesfall zu Finanzierungszwecken

¹Das für die Besteuerung des Einkommens des Versicherungsnehmers zuständige Finanzamt stellt die Steuerpflicht der außerrechnungsmäßigen und rechnungsmäßigen Zinsen aus den in den Beiträgen zu Versicherungen auf den Erlebens- oder den Todesfall enthaltenen Sparanteilen (§ 20 Absatz 1 Nummer 6 in Verbindung mit § 10 Absatz 1 Nummer 2 Buchstabe b Doppelbuchstabe bb bis dd des Einkommensteuergesetzes in der am 31. Dezember 2004 geltenden Fassung) gesondert fest, wenn

1. die Ansprüche aus den Versicherungsverträgen während deren Dauer im Erlebensfall der Tilgung oder Sicherung eines Darlehens dienen, dessen Finanzierungskosten Betriebsausgaben oder Werbungskosten sind und

2. nicht die Voraussetzungen für den Sonderausgabenabzug nach § 10 Absatz 2 Satz 2 Buchstabe a oder Buchstabe b des Einkommensteuergesetzes in der am 31. Dezember 2004 geltenden Fassung erfüllt sind oder soweit bei Versicherungsbeiträgen Zinsen in Veranlagungszeiträumen gutgeschrieben werden, in denen die Beiträge nach § 10 Absatz 2 Satz 2 Buchstabe c des Einkommensteuergesetzes in der am 31. Dezember 2004 geltenden Fassung nicht abgezogen werden können.

²Versicherungen im Sinne des Satzes 1 sind solche, deren Versicherungsvertrag vor dem 1. Januar 2005 abgeschlossen worden ist.

§ 10 (weggefallen)

§ 11 – Inkrafttreten, Anwendungsvorschriften

¹Diese Verordnung tritt am Tage nach der Verkündung in Kraft. ²Sie tritt mit Wirkung vom 25. Dezember 1985 in Kraft, soweit einheitliche und gesonderte Feststellungen nach § 180 Abs. 2 der Abgabenordnung in der bis zum 24. Dezember 1985 geltenden Fassung zulässig waren. ³§ 10 ist für Anteile, bei denen hinsichtlich des Gewinns aus der Veräußerung der Anteile die Steuerfreistellung nach § 8b Abs. 4 des Körperschaftsteuergesetzes in der am 12. Dezember 2006 geltenden Fassung oder nach § 3 Nr. 40 Satz 3 und 4 des Einkommensteuergesetzes in der am 12. Dezember 2006 geltenden Fassung ausgeschlossen ist, weiterhin anzuwenden. ⁴§ 1 Absatz 1 Satz 2 in der am 23. Juli 2016 geltenden Fassung ist erstmals auf Feststellungszeiträume anzuwenden, die nach dem 31. Dezember 2015 beginnen; für Feststellungszeiträume, die vor dem 1. Januar 2016 geendet haben, ist § 1 Absatz 1 Satz 2 in der am 22. Juli 2016 geltenden Fassung weiterhin anzuwenden.

AEAO zu § 180 - Gesonderte Feststellung von Besteuerungsgrundlagen:

1. Die gesonderte Feststellung nach § 180 Abs. 1 Satz 1 Nr. 2 Buchstabe a AO umfasst in erster Linie die von den Feststellungsbeteiligten gemeinschaftlich erzielten Einkünfte. Sie umfasst auch die bei Ermittlung dieser Einkünfte zu berücksichtigenden Sonderbetriebseinnahmen und -ausgaben oder Sonderwerbungskosten eines oder mehrerer Feststellungsbeteiligten.

   Darüber hinaus sind solche Besteuerungsgrundlagen gesondert festzustellen, die in einem rechtlichen, wirtschaftlichen oder tatsächlichen Zusammenhang mit den gemeinschaftlich erzielten Einkünften stehen, aber bei Ermittlung der gemeinschaftlich erzielten Einkünfte nicht zu berücksichtigen sind. Hiernach sind z. B. solche Aufwendungen gesondert festzustellen, die aus Mitteln der Gesellschaft oder Gemeinschaft geleistet werden und für die Besteuerung der Feststellungsbeteiligten, z. B. als Sonderausgaben, von Bedeutung sind. Soweit derartige Besteuerungsgrundlagen bei Erlass des Feststellungsbescheids nicht berücksichtigt worden sind, ist ihre gesonderte Feststellung durch Ergänzungsbescheid (§ 179 Abs. 3 AO) nachzuholen.

   Zum Verfahren bei der Geltendmachung von negativen Einkünften aus der Beteiligung an Verlustzuweisungsgesellschaften und vergleichbaren Modellen vgl. BMF-Schreiben vom 13.7.1992, BStBl I S. 404, und vom 28.6.1994, BStBl I S. 420.

2. Fallen der Wohnort und der Betriebs- bzw. Tätigkeitsort auseinander und liegen diese Orte im Bereich verschiedener Finanzämter, sind die Einkünfte des Steuerpflichtigen aus Land- und Forstwirtschaft, Gewerbebetrieb oder freiberuflicher Tätigkeit gesondert festzustellen (§ 180 Abs. 1 Satz 1 Nr. 2 Buchstabe b AO).

   2.1 Für die Entscheidung, ob eine gesonderte Feststellung durchzuführen ist, sind die Verhältnisse zum Schluss des Gewinnermittlungszeitraums maßgebend. Bei einem vom Kalenderjahr abweichenden Wirtschaftsjahr oder einem Rumpfwirtschaftsjahr sind die Verhältnisse zum Schluss dieses Zeitraums maßgebend.

   Spätere Änderungen dieser Verhältnisse sind insoweit unbeachtlich. Eine gesonderte Feststellung nach § 180 Abs. 1 Satz 1 Nr. 2 Buchstabe b AO ist daher auch dann durchzuführen, wenn nach Ablauf des Gewinnermittlungszeitraums der Betrieb in den Bezirk des Wohnsitzfinanzamts oder der Wohnsitz in den Bezirk des Betriebsfinanzamts verlegt wird.

   Die Frage, welches Finanzamt in derartigen Fällen für die gesonderte Feststellung nach § 180 Abs. 1 Satz 1 Nr. 2 Buchstabe b AO und damit zusammenhängende Maßnahmen (Außenprüfung, Änderung usw.) zuständig ist, bestimmt sich für Feststellungszeiträume, die nach dem 31.12.2014 beginnen (Art. 97 § 10b Satz 2 EGAO), jeweils nach den aktuellen Verhältnissen (§ 180 Abs. 1 Satz 2 AO). Für frühere Feststellungszeiträume bestimmt sich die örtliche Zuständigkeit nach den Verhältnissen zum Schluss des Gewinnermittlungszeitraums; § 27 AO bleibt unberührt.

2.2 Einkünfte aus freiberuflicher Tätigkeit i. S. d. § 180 Abs. 1 Satz 1 Nr. 2 Buchstabe b AO sind nur die Einkünfte nach § 18 Abs. 1 Nr. 1 EStG, nicht die übrigen Einkünfte aus selbständiger Arbeit.

2.3 Übt ein Steuerpflichtiger seine freiberufliche Tätigkeit in mehreren Gemeinden aus, so ist für die dadurch erzielten Einkünfte nur eine gesonderte Feststellung durchzuführen (BFH-Urteil vom 10.6.1999, IV R 69/98, BStBl II S. 691). Bei Einkünften aus Land- und Forstwirtschaft oder aus Gewerbebetrieb gilt dies für den Betrieb der Land- und Forstwirtschaft oder den Gewerbebetrieb entsprechend.

2.4 Die örtliche Zuständigkeit für gesonderte Feststellungen i. S. d. § 180 Abs. 1 Satz 1 Nr. 2 Buchstabe b AO richtet sich nach § 18 AO. Zur Zuständigkeit, wenn Wohnung und Betrieb in einer Gemeinde (Großstadt) mit mehreren Finanzämtern liegen, vgl. AEAO zu § 19, Nrn. 2 und 3.

3. Wegen der in § 180 Abs. 2 AO vorgesehenen Feststellungen wird auf die V zu § 180 Abs. 2 AO verwiesen. Auf Feststellungen nach § 180 Abs. 1 Satz 1 AO findet die V zu § 180 Abs. 2 AO keine Anwendung. Zur gesonderten Feststellung bei gleichen Sachverhalten nach der V zu § 180 Abs. 2 AO vgl. BMF-Schreiben vom 2.5.2001, BStBl I S. 256. Zum Verfahren bei der Geltendmachung von Vorsteuerbeträgen aus der Beteiligung an Gesamtobjekten vgl. BMF-Schreiben vom 24.4.1992, BStBl I S. 291. Zur gesonderten Feststellung der Steuerpflicht von Zinsen aus einer Lebensversicherung nach § 9 der V zu § 180 Abs. 2 AO vgl. BMF-Schreiben vom 16.7.2012, BStBl I S. 686[1].

4. Fälle von geringer Bedeutung, in denen eine gesonderte Feststellung entfällt (§ 180 Abs. 3 Nr. 2 AO), sind beispielsweise bei Mieteinkünften von zusammenveranlagten Eheleuten/Lebenspartnern (BFH-Urteil vom 20.1.1976, VIII R 253/71, BStBl II S. 305) und bei dem gemeinschaftlich erzielten Gewinn von Landwirts-Eheleuten/-Lebenspartnern (BFH-Urteil vom 4.7.1985, IV R 136/83, BStBl II S. 576) gegeben, wenn die Einkünfte verhältnismäßig einfach zu ermitteln sind und die Aufteilung feststeht.

Auch bei gesonderten Feststellungen nach § 180 Abs. 1 Satz 1 Nr. 2 Buchstabe b und Nr. 3 AO kann in Fällen von geringer Bedeutung auf die Durchführung eines gesonderten Gewinnfeststellungsverfahrens verzichtet werden (§ 180 Abs. 3 Satz 1 Nr. 2 AO). Ein Fall von geringer Bedeutung kann z. B. vorliegen, wenn dasselbe Finanzamt auch für die Einkommensteuer-Veranlagung zuständig ist (bei Verlegung des Betriebs in den Bezirk des Wohnsitzfinanzamts oder des Wohnsitzes in den Bezirk des Betriebsfinanzamts).

5. Eine Feststellung ist auch zum Zweck der Ermittlung des anzuwendenden Steuersatzes im Falle eines bei der Steuerfestsetzung zu beachtenden Progressionsvorbehaltes und in den Fällen des § 2a EStG vorzunehmen (§ 180 Abs. 5 Nr. 1 AO).

6. Soweit Einkünfte oder andere Besteuerungsgrundlagen nach § 180 Abs. 1 Satz 1 Nr. 2 AO oder nach der V zu § 180 Abs. 2 AO festzustellen sind, sind auch damit in Zusammenhang stehende Steuerabzugsbeträge und Körperschaftsteuer, die auf die Steuer der Feststellungsbeteiligten anzurechnen

---
[1] Im Anhang 31 abgedruckt.

sind, gesondert festzustellen (§ 180 Abs. 5 Nr. 2 AO). Steuerbescheinigungen sind deshalb nur dem für die gesonderte Feststellung zuständigen Finanzamt vorzulegen.

7. **Gesonderte Feststellung durch Teilabschlussbescheid**

7.1 Bei in sich abgeschlossenen und abschließend geprüften Sachverhalten können abgrenzbare Besteuerungsgrundlagen bereits vor Abschluss der Außenprüfung durch einen Teilabschlussbescheid gesondert festgestellt werden. Vor Erlass eines Teilabschlussbescheids muss nach § 202 Abs. 3 AO ein schriftlicher oder elektronischer Teilprüfungsbericht ergangen sein.

Die im Teilabschlussbescheid gesondert festgestellten Besteuerungsgrundlagen haben für den Steuer- oder Feststellungsbescheid als Folgebescheid unmittelbare Bindungswirkung, in dem sie ohne Erlass des Teilabschlussbescheids von der zuständigen Finanzbehörde zu ermitteln und steuerlich verbindlich zu bewerten gewesen wären.

Die in einem Teilabschlussbescheid getroffenen Feststellungen können nach § 351 Abs. 2 AO nur durch Anfechtung des Teilabschlussbescheids, nicht durch Anfechtung des Folgebescheids angegriffen werden.

7.2 Teilabschlussbescheide dürfen nicht mehr erlassen werden, sobald der Prüfungsbericht nach § 202 Abs. 1 AO ergangen ist. Maßgebend ist hierbei der Zeitpunkt, in dem der Prüfungsbericht den Machtbereich der Finanzbehörde verlassen hat.

7.3 Die Entscheidung über den Erlass eines Teilabschlussbescheids steht im pflichtgemäßen Ermessen der Finanzbehörde.

Beantragt der Steuerpflichtige den Erlass eines Teilabschlussbescheids, soll ein Teilabschlussbescheid ergehen, wenn der Steuerpflichtige daran ein erhebliches Interesse hat und er dies glaubhaft macht.

Eine Tatsache ist nach allgemeiner Auffassung glaubhaft gemacht, wenn ein nicht nur geringes Maß an Wahrscheinlichkeit für die Richtigkeit der Tatsachenbehauptung besteht; an Gewissheit grenzende Wahrscheinlichkeit ist nicht erforderlich (BFH-Urteil vom 10.7.1974, I R 223/70, BStBl II S. 736).

Ein erhebliches Interesse am Erlass eines Teilabschlussbescheids kann insbesondere angenommen werden, wenn der Steuerpflichtige eine nicht unwesentliche Umstrukturierung plant, für die er zeitnah Rechtssicherheit erlangen will.

Bei der Ermessensentscheidung ist allerdings auch zu prüfen, ob der Erlass eines Teilabschlussbescheids den Abschluss der Außenprüfung unangemessen verzögern oder die Verwirklichung zu erwartender Steuernachforderungen gefährden könnte.

7.4 Zum Erlass einer verbindlichen Zusage nach Erlass eines Teilabschlussbescheids siehe § 204 Abs. 2 AO.

7.5 Zur erstmaligen Anwendung von § 180 Abs. 1a AO in der Fassung des Gesetzes vom 20.12.2022, BGBl. I S. 2730, gilt nach Art. 97 § 37 Abs. 2 und 3 EGAO Folgendes:

§ 180 Abgabenordnung

- § 180 Abs. 1a AO ist grundsätzlich erstmals auf Steuern und Steuervergütungen anzuwenden, die nach dem 31.12.2024 entstehen.
- Auf Steuern und Steuervergütungen, die vor dem 1.1.2025 entstehen, ist § 180 Abs. 1a AO ebenfalls anzuwenden, wenn für diese Steuern und Steuervergütungen nach dem 31.12.2024 eine Prüfungsanordnung bekanntgegeben wurde."

8. Zur Bindungswirkung der Feststellung nach § 180 Abs. 5 Nr. 2 AO und zur Korrektur der Folgebescheide vgl. § 182 Abs. 1 Satz 2 AO.

§ 181 Verfahrensvorschriften für die gesonderte Feststellung, Feststellungsfrist, Erklärungspflicht (S 0362)

(1)[1] ¹Für die gesonderte Feststellung gelten die Vorschriften über die Durchführung der Besteuerung sinngemäß. ²Steuererklärung im Sinne des § 170 Absatz 2 Satz 1 Nummer 1 ist die Erklärung zur gesonderten Feststellung. ³Wird eine Erklärung zur gesonderten Feststellung nach § 180 Absatz 2 ohne Aufforderung durch die Finanzbehörde abgegeben, gilt § 170 Absatz 3 sinngemäß. ⁴In den Fällen des § 180 Absatz 1a ist keine Erklärung zur gesonderten Feststellung abzugeben; als Steuererklärung nach § 170 Absatz 2 Satz 1 Nummer 1 gilt in diesem Fall die Steuererklärung, für deren Besteuerungszeitraum der Teilabschlussbescheid unmittelbar Bindungswirkung entfaltet.

(2) ¹Eine Erklärung zur gesonderten Feststellung hat derjenige abzugeben, dem der Gegenstand der Feststellung ganz oder teilweise zuzurechnen ist. ²Erklärungspflichtig sind insbesondere

1. in den Fällen des § 180 Absatz 1 Satz 1 Nummer 2 Buchstabe a

   a) bei rechtsfähigen Personenvereinigungen vorrangig die Personenvereinigung und nachrangig jeder Feststellungsbeteiligte, dem ein Anteil an den einkommensteuerpflichtigen oder körperschaftsteuerpflichtigen Einkünften zuzurechnen ist,

   b) bei nicht rechtsfähigen Personenvereinigungen und in sonstigen Fällen jeder Feststellungsbeteiligte, dem ein Anteil an den einkommensteuerpflichtigen oder körperschaftsteuerpflichtigen Einkünften zuzurechnen ist;

2. in den Fällen des § 180 Absatz 1 Satz 1 Nummer 2 Buchstabe b der Unternehmer;

3. in den Fällen des § 180 Absatz 1 Satz 1 Nummer 3 jeder Feststellungsbeteiligte, dem ein Anteil an den Wirtschaftsgütern, Schulden oder sonstigen Abzügen zuzurechnen ist;

4. in den Fällen des § 180 Absatz 1 Satz 1 Nummer 2 Buchstabe a und Nummer 3 bei nicht rechtsfähigen Personenvereinigungen auch die in § 34 bezeichneten Personen.

³Hat ein Erklärungspflichtiger eine Erklärung zur gesonderten Feststellung abgegeben, sind andere Beteiligte insoweit von der Erklärungspflicht befreit.

(2a) ¹Die Erklärung zur gesonderten Feststellung nach § 180 Absatz 1 Satz 1 Nummer 2 ist nach amtlich vorgeschriebenem Datensatz durch Datenfernübertragung zu übermitteln. ²Auf Antrag kann die Finanzbehörde zur Vermeidung unbilliger Härten auf eine elektronische Übermittlung verzichten; in diesem Fall ist die Erklärung zur gesonderten Feststellung nach amtlich vorgeschriebenem Vordruck abzugeben und vom Erklärungspflichtigen eigenhändig zu unterschreiben.

---

[1] Zur Anwendung des § 181 Abs. 1 Satz 4 siehe Artikel 97 Abs. 37 EGAO

(3) ¹Die Frist für die gesonderte Feststellung von Grundsteuerwerten (Feststellungsfrist) beginnt mit Ablauf des Kalenderjahres, auf dessen Beginn die Hauptfeststellung, die Fortschreibung, die Nachfeststellung oder die Aufhebung eines Grundsteuerwerts vorzunehmen ist. ²Ist eine Erklärung zur gesonderten Feststellung des Grundsteuerwerts abzugeben, beginnt die Feststellungsfrist mit Ablauf des Kalenderjahres, in dem die Erklärung eingereicht wird, spätestens jedoch mit Ablauf des dritten Kalenderjahres, das auf das Kalenderjahr folgt, auf dessen Beginn die Grundsteuerwertfeststellung vorzunehmen oder aufzuheben ist. ³Wird der Beginn der Feststellungsfrist nach Satz 2 hinausgeschoben, wird der Beginn der Feststellungsfrist für die weiteren Feststellungszeitpunkte des Hauptfeststellungszeitraums jeweils um die gleiche Zeit hinausgeschoben.

(4) In den Fällen des Absatzes 3 beginnt die Feststellungsfrist nicht vor Ablauf des Kalenderjahrs, auf dessen Beginn der Grundsteuerwert erstmals steuerlich anzuwenden ist.

(5) ¹Eine gesonderte Feststellung kann auch nach Ablauf der für sie geltenden Feststellungsfrist insoweit erfolgen, als die gesonderte Feststellung für eine Steuerfestsetzung von Bedeutung ist, für die die Festsetzungsfrist im Zeitpunkt der gesonderten Feststellung noch nicht abgelaufen ist; hierbei bleibt § 171 Absatz 10 außer Betracht. ²Hierauf ist im Feststellungsbescheid hinzuweisen. ³§ 169 Absatz 1 Satz 3 gilt sinngemäß.

AEAO zu § 181 - Verfahrensvorschriften für die gesonderte Feststellung, Feststellungsfrist, Erklärungspflicht:

1. **Erlass eines Feststellungsbescheids trotz Ablaufs der Feststellungsfrist**

1.1 Eine gesonderte und einheitliche Feststellung ist nach § 181 Abs. 5 Satz 1 AO trotz Ablaufs der Feststellungsfrist grundsätzlich auch dann vorzunehmen, wenn bei einzelnen Feststellungsbeteiligten bereits die für den Folgebescheid maßgebliche Festsetzungsfrist abgelaufen ist (vgl. BFH-Urteil vom 27.8.1997, XI R 72/96, BStBl II S. 750). Gleiches gilt für eine gesonderte Feststellung, wenn der Feststellungsbescheid grundsätzlich für mehrere Zeiträume Folgewirkung entfaltet und die für die Folgebescheide maßgebliche Festsetzungsfrist für einen oder mehrere Zeiträume bereits abgelaufen ist.

1.2 In den vorgenannten Fällen muss im Feststellungsbescheid auf seine eingeschränkte Wirkung, nämlich dass die Feststellung nur für noch nicht festsetzungsverjährte Folgebescheide von Bedeutung ist, ausdrücklich hingewiesen werden (Wirkhinweis); andernfalls ist der Feststellungsbescheid wirksam, aber rechtswidrig.

Der Wirkhinweis darf den zeitlichen Geltungsbereich der getroffenen Feststellungen lediglich abstrakt bestimmen. Er darf keine konkrete Zeitangabe zur (vermeintlichen) Verjährung im Folgebescheidsverfahren oder Angaben dazu enthalten, für welche Steuerarten und welche Besteuerungszeiträume (Veranlagungszeiträume) den getroffenen Feststellungen Rechtswirkung zukommen soll. Feststellungen zur Festsetzungsverjährung sind nur im Folgebescheid zu treffen (vgl. BFH-Urteile vom 25.11.2020, II R 3/18, BFH/NV 2021 S. 820, und vom 15.7.2021, II R 38/19, BStBl 2022 II S. 226). Geschieht dies dennoch und ist der Feststellungsbescheid für sich genommen in verjährter Zeit ergangen, ist der Feststellungsbescheid insgesamt rechtswidrig.

Der Wirkhinweis soll dem für den Erlass des Folgebescheids zuständigen Finanzamt und dem Steuerpflichtigen deutlich machen, dass es sich um einen Feststellungsbescheid handelt, der nach Ablauf der Feststellungsfrist ergangen und deshalb nur noch für solche Steuerfestsetzungen bedeutsam ist, bei denen die Festsetzungsfrist noch nicht abgelaufen ist (vgl. BFH-Urteil vom 17.8.1989, IX R 76/88, BStBl 1990 II S. 411).

1.3 Im dreistufigen Feststellungsverfahren (Einheitswert- bzw. Grundsteuerwertfeststellung, Grundsteuer-Messbescheid, Grundsteuerbescheid) wird der Wirkhinweis auf der ersten Stufe (Einheitswert/Grundsteuerwert) unmittelbar auch für die dritte Stufe (Grundsteuerbescheid) erteilt; die zweite Stufe wird übersprungen (vgl. BFH-Urteil vom 25.11.2020, II R 3/18, BFH/NV 2021 S. 820).

2. **Anlaufhemmung für die gesonderte Feststellung von Einheitswerten oder Grundsteuerwerten**

Die Anlaufhemmung der Feststellungsfrist für die gesonderte Feststellung von Einheitswerten (letztmals auf den 1.1.2024) oder Grundsteuerwerten (erstmals auf den 1.1.2022) nach § 181 Abs. 3 Satz 3 AO ist auch dann anwendbar, wenn zugleich die Voraussetzungen der Anlaufhemmung nach § 181 Abs. 3 Satz 2 AO erfüllt sind. Wird der Beginn der Feststellungsfrist für einen weiteren Feststellungszeitpunkt i. S. d. § 181 Abs. 3 Satz 3 AO mehrfach hinausgeschoben, richtet sich der Beginn der Feststellungsfrist für den weiteren Feststellungszeitpunkt nach der jeweils längsten Anlaufhemmung gem. § 181 Abs. 3 Satz 2 und 3 AO.

3. **Feststellungserklärungspflicht bei rechtsfähigen Personenvereinigungen**

§ 181 Abs. 2 Satz 2 Nr. 1 und 4 AO in der ab 1.1.2024 geltenden Fassung ist erstmals auf Feststellungserklärungen anzuwenden, die nach dem 31.12.2023 einzureichen sind; eine Verlängerung der Feststellungserklärungsfrist nach § 109 AO ist hierbei nicht zu berücksichtigen (Art. 97 § 39 Abs. 1 AO). Abzustellen ist dabei auf den letzten Tag der gesetzlichen Erklärungsfrist nach § 181 Abs. 1 Satz 1 i. V. m. § 149 AO i. V. m. Art. 97 § 36 Abs. 3 EGAO:

- In nicht beratenen Feststellungsfällen gilt die Neuregelung erstmals für den Feststellungszeitraum 2023.

- In beratenen Feststellungsfällen gilt die Neuregelung dagegen erstmals für den Feststellungszeitraum 2022.

Wird eine Feststellungserklärung für eine rechtsfähige Personenvereinigung in den Kalenderjahren 2024 oder 2025 durch eine Person im Sinne des § 181 Abs. 2 Satz 2 Nr. 1 oder 4 AO a. F. (insbesondere durch Gesellschafter/Gemeinschafter oder Geschäftsführer) abgegeben, ist die rechtsfähige Personenvereinigung von ihrer Erklärungspflicht nach § 181 Abs. 2 Satz 2 Nr. 1 AO befreit (Art. 97 § 39 Abs. 2 EGAO).

§ 182 Wirkungen der gesonderten Feststellung (S 0363)

(1) ¹Feststellungsbescheide sind, auch wenn sie noch nicht unanfechtbar sind, für andere Feststellungsbescheide, für Steuermessbescheide, für Steuerbescheide und für Steueranmeldungen (Folgebescheide) bindend, soweit die in den Feststellungsbescheiden getroffenen Feststellungen für diese Folgebescheide von Bedeutung sind. ²Dies gilt entsprechend bei Feststellungen nach § 180 Absatz 5 Nummer 2 für Verwaltungsakte, die die Verwirklichung der Ansprüche aus dem Steuerschuldverhältnis betreffen. ³Wird ein Feststellungsbescheid nach § 180 Absatz 5 Nummer 2 erlassen, aufgehoben oder geändert, ist ein Verwaltungsakt, für den dieser Feststellungsbescheid Bindungswirkung entfaltet, in entsprechender Anwendung des § 175 Absatz 1 Satz 1 Nummer 1 zu korrigieren.

(2) ¹Ein Feststellungsbescheid über einen Grundsteuerwert nach § 180 Absatz 1 Satz 1 Nummer 1 wirkt auch gegenüber dem Rechtsnachfolger, auf den der Gegenstand der Feststellung nach dem Feststellungszeitpunkt mit steuerlicher Wirkung übergeht. ²Tritt die Rechtsnachfolge jedoch ein, bevor der Feststellungsbescheid ergangen ist, so wirkt er gegen den Rechtsnachfolger nur dann, wenn er ihm bekannt gegeben wird. ³Die Sätze 1 und 2 gelten für gesonderte sowie gesonderte und einheitliche Feststellungen von Besteuerungsgrundlagen, die sich erst später auswirken, nach der Verordnung über die gesonderte Feststellung von Besteuerungsgrundlagen nach § 180 Abs. 2 der Abgabenordnung entsprechend.

(3) Erfolgt eine gesonderte Feststellung gegenüber mehreren Beteiligten nach § 179 Absatz 2 Satz 2 einheitlich und ist ein Beteiligter im Feststellungsbescheid unrichtig bezeichnet worden, weil Rechtsnachfolge eingetreten ist, kann dies durch besonderen Bescheid gegenüber dem Rechtsnachfolger berichtigt werden.

AEAO zu § 182 - Wirkung der gesonderten Feststellung:

1. Ein Feststellungsbescheid über einen Einheitswert oder einen Grundsteuerwert ist nur dann an den Rechtsnachfolger bekannt zu geben, wenn die Rechtsnachfolge eintritt, bevor der Bescheid dem Rechtsvorgänger bekannt gegeben worden ist. War der Bescheid bereits im Zeitpunkt der Rechtsnachfolge bekannt gegeben, wirkt der Bescheid auch gegenüber dem Rechtsnachfolger (dingliche Wirkung, § 182 Abs. 2 AO). Der Rechtsnachfolger kann ihn in diesem Fall nach § 353 AO nur innerhalb der für den Rechtsvorgänger maßgebenden Einspruchsfrist anfechten.

2. § 182 Abs. 2 AO gilt nicht für Gewerbesteuermessbescheide (§ 184 Abs. 1 AO), wohl aber für Grundsteuermessbescheide.

3. Eine Bindung des Haftungsschuldners an den Einheitswertbescheid oder den Grundsteuerwertbescheid ist nicht gegeben.

4. Die wegen Rechtsnachfolge fehlerhafte Bezeichnung eines Beteiligten kann nach § 182 Abs. 3 AO durch einen besonderen Bescheid richtig gestellt werden (Richtigstellungsbescheid). Der Regelungsgehalt des ursprünglichen Be-

scheids bleibt im Übrigen unberührt. § 182 Abs. 3 AO gilt nicht für Feststellungen nach § 180 Abs. 1 Satz 1 Nr. 2 Buchstabe b AO (vgl. BFH-Urteil vom 12.5.1993, XI R 66/92, BStBl 1994 II S. 5).

§ 183 Bekanntgabe bei der gesonderten und einheitlichen Feststellung gegenüber rechtsfähigen Personenvereinigungen (S 0364)

(1) ¹Sind mehrere Personen am Gegenstand der gesonderten und einheitlichen Feststellung als Gesellschafter oder Gemeinschafter beteiligt (Feststellungsbeteiligte) und bilden sie eine rechtsfähige Personenvereinigung, sind alle Verwaltungsakte und Mitteilungen, die nach diesem Gesetz und den Steuergesetzen mit der gesonderten und einheitlichen Feststellung zusammenhängen, der Personenvereinigung in Vertretung der Feststellungsbeteiligten bekannt zu geben. ²Bei der Bekanntgabe ist darauf hinzuweisen, dass die Bekanntgabe mit Wirkung für und gegen alle Feststellungsbeteiligten erfolgt.

(2) ¹Absatz 1 ist nicht anzuwenden,

1. wenn die Personenvereinigung vollbeendet ist oder der Finanzbehörde bekannt ist, dass die Personenvereinigung nicht mehr rechtsfähig ist, oder

2. soweit ein Feststellungsbeteiligter aus der Personenvereinigung ausgeschieden ist oder zwischen den Feststellungsbeteiligten ernstliche Meinungsverschiedenheiten bestehen.

²In den Fällen von Satz 1 Nummer 2 können die in Absatz 1 Satz 1 genannten Verwaltungsakte und Mitteilungen der Personenvereinigung auch mit Wirkung für und gegen einen in Satz 1 Nummer 2 genannten Feststellungsbeteiligten bekannt gegeben werden, soweit und solange dieser Feststellungsbeteiligte dem nicht widersprochen hat. ³Ein Widerspruch nach Satz 2 wird der Finanzbehörde gegenüber erst wirksam, wenn er ihr zugeht.

(3) ¹Ist nach Absatz 2 Satz 1 Einzelbekanntgabe erforderlich, so sind dem Feststellungsbeteiligten

1. der Gegenstand der gesonderten und einheitlichen Feststellung,

2. die alle Feststellungsbeteiligten betreffenden Besteuerungsgrundlagen,

3. sein Anteil,

4. die Zahl der Feststellungsbeteiligten und

5. die ihn persönlich betreffenden Besteuerungsgrundlagen

bekannt zu geben. ²Bei berechtigtem Interesse ist dem Feststellungsbeteiligten der gesamte Inhalt des Feststellungsbescheids mitzuteilen.

AEAO zu § 183 - Bekanntgabe bei der gesonderten und einheitlichen Feststellung gegenüber rechtsfähigen Personenvereinigungen:

1. Nach § 183 Abs. 1 AO sind alle Verwaltungsakte und Mitteilungen, die nach der AO und den Steuergesetzen mit der gesonderten und einheitlichen Feststellung zusammenhängen, der rechtsfähigen Personenvereinigung mit Wirkung für und gegen alle Feststellungsbeteiligten bekannt zu geben. Es handelt sich dabei um eine gesetzliche (Bekanntgabe-)Vertretung; die Bestellung oder Bestimmung eines Empfangsbevollmächtigten ist nur noch in den Fällen

des § 183a AO erforderlich. Die rechtsfähige Personenvereinigung kann ihrerseits einen Empfangsbevollmächtigten nach § 122 Abs. 1 AO bestellen.

Im Feststellungsbescheid ist darauf hinzuweisen, dass die Bekanntgabe an die Personenvereinigung mit Wirkung für und gegen alle Feststellungsbeteiligten erfolgt.

2. Ist die Personenvereinigung im Zeitpunkt der Willensbildung über den Erlass des Feststellungsbescheids steuerlich bereits vollbeendet (§ 183 Abs. 2 Satz 1 Nr. 1 1. Variante AO), ist Einzelbekanntgabe der relevanten Verwaltungsakte und Mitteilungen an alle Feststellungsbeteiligten geboten.

3. Besteht die Personenvereinigung noch, hat sie aber vor Erlass des Verwaltungsakts ihre Rechtsfähigkeit verloren (§ 183 Abs. 2 Satz 1 Nr. 1 2. Variante AO), richtet sich die Bekanntgabe nach § 183a AO, sobald dem Finanzamt der Verlust der Rechtsfähigkeit bekannt geworden ist.

4. In den Fällen des § 183 Abs. 2 Satz 1 Nr. 2 AO ist zu prüfen, ob Einzelbekanntgabe erforderlich ist oder ob die relevanten Verwaltungsakte und Mitteilungen nach § 183 Abs. 2 Satz 2 AO weiterhin der rechtsfähigen Personenvereinigung bekannt gegeben werden können.

5. Bei der Einzelbekanntgabe sind dem betroffenen Feststellungsbeteiligten im Regelfall die zum Verständnis des Bescheids erforderlichen Grundlagen der gesonderten Feststellung, d. h. insbesondere die Wertermittlung und die Aufteilungsgrundlagen, mitzuteilen (§ 121 Abs. 1 AO).

6. Wegen der Bekanntgabe des gesonderten und einheitlichen Feststellungsbescheids vgl. auch den AEAO zu § 122, Nrn. 2.5, 3.3.3 und 4.7. Zur Einspruchsbefugnis der rechtsfähigen Personenvereinigung vgl. § 352 AO.

7. § 183 AO in der ab 1.1.2024 geltenden Fassung ist in allen offenen Fällen (d. h. auch für zurückliegende Feststellungszeiträume) anzuwenden. Nach Art. 97 § 39 Abs. 3 EGAO können die in § 183 Abs. 1 AO genannten Verwaltungsakte und Mitteilungen in den Kalenderjahren 2024 und 2025 allerdings auch noch dem bisher bestellten Empfangsbevollmächtigten (§ 183 AO a. F.) wirksam bekannt gegeben werden.

§ 183a Empfangsbevollmächtigte bei der gesonderten und einheitlichen Feststellung bei nicht rechtsfähigen Personenvereinigungen und in sonstigen Fällen (S 0364)

(1) ¹Bilden die Feststellungsbeteiligten keine rechtsfähige Personenvereinigung, so sollen sie einen gemeinsamen Empfangsbevollmächtigten bestellen, der ermächtigt ist, für sie alle Verwaltungsakte und Mitteilungen in Empfang zu nehmen, die nach diesem Gesetz und den Steuergesetzen mit der gesonderten und einheitlichen Feststellung zusammenhängen. ²Ist kein gemeinsamer Empfangsbevollmächtigter nach Satz 1 vorhanden, kann die Finanzbehörde die Feststellungsbeteiligten auffordern, innerhalb einer bestimmten angemessenen Frist einen Empfangsbevollmächtigten zu benennen. ³Hierbei ist ein Feststellungsbeteiligter vorzuschlagen und darauf hinzuweisen, dass diesem die in Satz 1 genannten Verwaltungsakte und Mitteilungen mit Wirkung für und gegen alle Feststellungsbeteiligten bekannt gegeben werden, soweit nicht ein anderer Empfangsbevollmächtigter benannt wird. ⁴Bei der Bekanntgabe an den Empfangsbevollmächtigten ist darauf hinzuweisen, dass die Bekanntgabe mit Wirkung für und gegen alle Feststellungsbeteiligten erfolgt.

(2) ¹Absatz 1 ist insoweit nicht anzuwenden, als der Finanzbehörde bekannt ist, dass

1. die Personenvereinigung nicht mehr besteht oder rechtsfähig geworden ist,

2. ein Feststellungsbeteiligter aus der Personenvereinigung ausgeschieden ist oder zwischen den Feststellungsbeteiligten ernstliche Meinungsverschiedenheiten bestehen.

²Ist ein Empfangsbevollmächtigter nach Absatz 1 Satz 1 vorhanden, können die in Absatz 1 Satz 1 genannten Verwaltungsakte und Mitteilungen ihm auch mit Wirkung für einen in Satz 1 Nummer 2 genannten Feststellungsbeteiligten bekannt gegeben werden, soweit und solange dieser Feststellungsbeteiligte oder der Empfangsbevollmächtigte nicht widersprochen hat. ³Ein Widerruf der Empfangsvollmacht nach Absatz 1 Satz 1 und ein Widerspruch nach Satz 2 werden der Finanzbehörde gegenüber erst wirksam, wenn sie ihr zugehen.

(3) Ist nach Absatz 2 Einzelbekanntgabe erforderlich, gilt § 183 Absatz 3 entsprechend.

(4) Wird eine wirtschaftliche Einheit

1. Ehegatten oder Lebenspartnern oder

2. Ehegatten mit ihren Kindern, Lebenspartnern mit ihren Kindern oder Alleinstehenden mit ihren Kindern

zugerechnet und haben die Feststellungsbeteiligten keinen gemeinsamen Empfangsbevollmächtigten bestellt, so gelten für die Bekanntgabe von Feststellungsbescheiden über den Grundsteuerwert die Regelungen über zusammengefasste Bescheide in § 122 Absatz 7 entsprechend.

AEAO zu § 183a - Empfangsbevollmächtigte bei der gesonderten und einheitlichen Feststellung bei nicht rechtsfähigen Personenvereinigungen und in sonstigen Fällen

1. Bilden die Feststellungsbeteiligten keine rechtsfähige Personenvereinigung, sind alle Verwaltungsakte und Mitteilungen, die nach der AO und den Steuergesetzen mit der gesonderten und einheitlichen Feststellung zusammenhängen, nach § 183a Abs. 1 AO grundsätzlich dem von den Feststellungsbeteiligten bestellten gemeinsamen Empfangsbevollmächtigten (Satz 1) oder dem von der Finanzbehörde vorgeschlagenen Empfangsbevollmächtigten (Satz 2 und 3) mit Wirkung für und gegen alle Feststellungsbeteiligten bekannt zu geben.

2. In den Fällen des § 183a Abs. 2 Satz 1 AO gilt ab dem Zeitpunkt, in dem der Finanzbehörde die nach Nr. 1 oder Nr. 2 maßgeblichen Umstände bekannt geworden sind, Folgendes:

2.1 Besteht die Personenvereinigung nicht mehr, ist Einzelbekanntgabe der relevanten Verwaltungsakte und Mitteilungen an alle Feststellungsbeteiligten geboten.

2.2 Hat die Personenvereinigung vor Erlass des Verwaltungsakts Rechtsfähigkeit erlangt, richtet sich die Bekanntgabe nun nach § 183 AO.

2.3 In den Fällen des § 183a Abs. 2 Satz 1 Nr. 2 AO ist zu prüfen, ob Einzelbekanntgabe erforderlich ist oder ob die relevanten Verwaltungsakte und Mitteilungen nach § 183a Abs. 2 Satz 2 AO weiterhin dem gemeinsamen Empfangsbevollmächtigten (§ 183a Abs. 1 Satz 1 AO) bekannt gegeben werden können.

2.4 Bei der Einzelbekanntgabe ist regelmäßig davon auszugehen, dass der betroffene Feststellungsbeteiligte an der Erstellung der Feststellungserklärung nicht mitgewirkt hat. Daher sind ihm die zum Verständnis des Bescheids erforderlichen Grundlagen der gesonderten Feststellung, d. h. insbesondere die Wertermittlung und die Aufteilungsgrundlagen, mitzuteilen (§ 121 Abs. 1 AO).

3. Wegen der Bekanntgabe in Fällen des § 183a AO vgl. AEAO zu § 122, Nrn. 2.5, 3.3.3 und 4.7. Zur Einspruchsbefugnis des gemeinsamen Empfangsbevollmächtigten vgl. § 352 AO.

4. § 183a AO ist ab dem 1.1.2024 in allen offenen Fällen (d. h. auch für zurückliegende Feststellungszeiträume) anzuwenden. Die Bekanntgabe des Feststellungsbescheids an eine zur Vertretung der (nicht rechtsfähigen) Gesellschaft oder der Feststellungsbeteiligten oder eine zur Verwaltung des Gegenstands der Feststellung berechtigte Person (§ 183 Abs. 1 Satz 2 AO a. F.) als Bekanntgabeadressat ist nicht mehr möglich.

II. Festsetzung von Steuermessbeträgen

§ 184 Festsetzung von Steuermessbeträgen (S 0365)

(1) ¹Steuermessbeträge, die nach den Steuergesetzen zu ermitteln sind, werden durch Steuermessbescheid festgesetzt. ²Mit der Festsetzung der Steuermessbeträge wird auch über die persönliche und sachliche Steuerpflicht entschieden. ³Die Vorschriften über die Durchführung der Besteuerung sind sinngemäß anzuwenden. ⁴Ferner sind § 182 Absatz 1 und für Grundsteuermessbescheide auch Absatz 2 und § 183 sinngemäß anzuwenden.

(2) ¹Die Befugnis, Realsteuermessbeträge festzusetzen, schließt auch die Befugnis zu Maßnahmen nach § 163 Absatz 1 Satz 1 ein, soweit für solche Maßnahmen in einer allgemeinen Verwaltungsvorschrift der Bundesregierung, der obersten Bundesfinanzbehörde oder einer obersten Landesfinanzbehörde Richtlinien aufgestellt worden sind. ²Eine Maßnahme nach § 163 Absatz 1 Satz 2 wirkt, soweit sie die gewerblichen Einkünfte als Grundlage für die Festsetzung der Steuer vom Einkommen beeinflusst, auch für den Gewerbeertrag als Grundlage für die Festsetzung des Gewerbesteuermessbetrags.

(3) ¹Die Finanzbehörden teilen den Inhalt des Steuermessbescheids sowie die nach Absatz 2 getroffenen Maßnahmen den Gemeinden mit, denen die Steuerfestsetzung (der Erlass des Realsteuerbescheids) obliegt. ²Die Mitteilungen an die Gemeinden erfolgen durch Bereitstellung zum Abruf; § 87a Absatz 8 und § 87b Absatz 1 gelten dabei entsprechend.

AEAO zu § 184 – Festsetzung von Steuermessbeträgen:

Gemeinden sind nicht befugt, Steuermessbescheide anzufechten (vgl. § 40 Abs. 3 FGO); eine Rechtsbehelfsbefugnis der Gemeinden besteht nur im Zerlegungsverfahren (§ 186 Nr. 2 AO). Die Finanzämter sollen aber die steuerberechtigten Gemeinden über anhängige Einspruchsverfahren gegen Realsteuermessbescheide von größerer Bedeutung unterrichten.

3. Unterabschnitt – Zerlegung und Zuteilung

§ 185 Geltung der allgemeinen Vorschriften (S 0366)

Auf die in den Steuergesetzen vorgesehene Zerlegung von Steuermessbeträgen sind die für die Steuermessbeträge geltenden Vorschriften entsprechend anzuwenden, soweit im Folgenden nichts anderes bestimmt ist.

§ 186 Beteiligte (S 0366)

[1]Am Zerlegungsverfahren sind beteiligt:

1. der Steuerpflichtige,
2. die Steuerberechtigten, denen ein Anteil an dem Steuermessbetrag zugeteilt worden ist oder die einen Anteil beanspruchen. [2]Soweit die Festsetzung der Steuer dem Steuerberechtigten nicht obliegt, tritt an seine Stelle die für die Festsetzung der Steuer zuständige Behörde.

§ 187 Akteneinsicht (S 0366)

Die beteiligten Steuerberechtigten können von der zuständigen Finanzbehörde Auskunft über die Zerlegungsgrundlagen verlangen und durch ihre Amtsträger Einsicht in die Zerlegungsunterlagen nehmen.

§ 188 Zerlegungsbescheid (S 0366)

(1) [1]Über die Zerlegung ergeht ein schriftlicher oder elektronischer Bescheid (Zerlegungsbescheid), der den Beteiligten bekannt zu geben ist, soweit sie betroffen sind. [2]Die Bekanntgabe an Gemeinden erfolgt durch Bereitstellung zum Abruf nach § 122a; eine Einwilligung der Gemeinde ist nicht erforderlich.

(2) [1]Der Zerlegungsbescheid muss die Höhe des zu zerlegenden Steuermessbetrags angeben und bestimmen, welche Anteile den beteiligten Steuerberechtigten zugeteilt werden. [2]Er muss ferner die Zerlegungsgrundlagen angeben.

AEAO zu § 188 - Zerlegungsbescheid:

Dem Steuerpflichtigen ist der vollständige Zerlegungsbescheid bekannt zu geben, während die einzelnen beteiligten Gemeinden nur einen kurzgefassten Bescheid mit den sie betreffenden Daten erhalten müssen.

§ 189 Änderung der Zerlegung (S 0366)

¹Ist der Anspruch eines Steuerberechtigten auf einen Anteil am Steuermessbetrag nicht berücksichtigt und auch nicht zurückgewiesen worden, so wird die Zerlegung von Amts wegen oder auf Antrag geändert oder nachgeholt. ²Ist der bisherige Zerlegungsbescheid gegenüber denjenigen Steuerberechtigten, die an dem Zerlegungsverfahren bereits beteiligt waren, unanfechtbar geworden, so dürfen bei der Änderung der Zerlegung nur solche Änderungen vorgenommen werden, die sich aus der nachträglichen Berücksichtigung der bisher übergangenen Steuerberechtigten ergeben. ³Eine Änderung oder Nachholung der Zerlegung unterbleibt, wenn ein Jahr vergangen ist, seitdem der Steuermessbescheid unanfechtbar geworden ist, es sei denn, dass der übergangene Steuerberechtigte die Änderung oder Nachholung der Zerlegung vor Ablauf des Jahres beantragt hatte.

§ 190 Zuteilungsverfahren (S 0367)

¹Ist ein Steuermessbetrag in voller Höhe einem Steuerberechtigten zuzuteilen, besteht aber Streit darüber, welchem Steuerberechtigten der Steuermessbetrag zusteht, so entscheidet die Finanzbehörde auf Antrag eines Beteiligten durch Zuteilungsbescheid. ²Die für das Zerlegungsverfahren geltenden Vorschriften sind entsprechend anzuwenden.

4. Unterabschnitt – Haftung

§ 191 Haftungsbescheide, Duldungsbescheide (S 0370)

(1) ¹Wer kraft Gesetzes für eine Steuer haftet (Haftungsschuldner), kann durch Haftungsbescheid, wer kraft Gesetzes verpflichtet ist, die Vollstreckung zu dulden, kann durch Duldungsbescheid in Anspruch genommen werden. ²Die Anfechtung wegen Ansprüchen aus dem Steuerschuldverhältnis außerhalb des Insolvenzverfahrens erfolgt durch Duldungsbescheid, soweit sie nicht im Wege der Einrede nach § 9 des Anfechtungsgesetzes geltend zu machen ist; bei der Berechnung von Fristen nach den §§ 3 und 4 des Anfechtungsgesetzes steht der Erlass eines Duldungsbescheids der gerichtlichen Geltendmachung der Anfechtung nach § 7 Absatz 1 des Anfechtungsgesetzes gleich. ³Die Bescheide sind schriftlich oder elektronisch zu erteilen.

(2) Bevor gegen einen Rechtsanwalt, Patentanwalt, Notar, Steuerberater, Steuerbevollmächtigten, Wirtschaftsprüfer oder vereidigten Buchprüfer wegen einer Handlung im Sinne des § 69, die er in Ausübung seines Berufs vorgenommen hat, ein Haftungsbescheid erlassen wird, gibt die Finanzbehörde der zuständigen Berufskammer Gelegenheit, die Gesichtspunkte vorzubringen, die von ihrem Standpunkt für die Entscheidung von Bedeutung sind.

(3) ¹Die Vorschriften über die Festsetzungsfrist sind auf den Erlass von Haftungsbescheiden entsprechend anzuwenden. ²Die Festsetzungsfrist beträgt vier Jahre, in den Fällen des § 70 bei Steuerhinterziehung zehn Jahre, bei leichtfertiger Steuerverkürzung fünf Jahre, in den Fällen des § 71 zehn Jahre. ³Die Festsetzungsfrist beginnt mit Ablauf des Kalenderjahrs, in dem der Tatbestand verwirklicht worden ist, an den das Gesetz die Haftungsfolge knüpft. ⁴Ist die Steuer, für die gehaftet wird, noch nicht festgesetzt worden, so endet die Festsetzungsfrist für den Haftungsbescheid nicht vor Ablauf der für die Steuerfestsetzung geltenden Festsetzungsfrist; andernfalls gilt § 171 Absatz 10 sinngemäß. ⁵In den Fällen der §§ 73 und 74 endet die Festsetzungsfrist nicht, bevor die gegen den Steuerschuldner festgesetzte Steuer verjährt (§ 228) ist.

(4) Ergibt sich die Haftung nicht aus den Steuergesetzen, so kann ein Haftungsbescheid ergehen, solange die Haftungsansprüche nach dem für sie maßgebenden Recht noch nicht verjährt sind.

(5) ¹Ein Haftungsbescheid kann nicht mehr ergehen,

1. soweit die Steuer gegen den Steuerschuldner nicht festgesetzt worden ist und wegen Ablaufs der Festsetzungsfrist auch nicht mehr festgesetzt werden kann,

2. soweit die gegen den Steuerschuldner festgesetzte Steuer verjährt ist oder die Steuer erlassen worden ist.

²Dies gilt nicht, wenn die Haftung darauf beruht, dass der Haftungsschuldner Steuerhinterziehung oder Steuerhehlerei begangen hat.

AEAO zu § 191 - Haftungsbescheide, Duldungsbescheide:

1. Die materiell-rechtlichen Voraussetzungen für den Erlass eines Haftungs- oder Duldungsbescheids ergeben sich aus den §§ 69 bis 77 AO, den Einzelsteuergesetzen oder den zivilrechtlichen Vorschriften (z. B. §§ 25, 126 HGB oder dem AnfG). §§ 93, 227 Abs. 2 InsO schließen eine Haftungsinanspruchnahme nach §§ 69 ff. AO nicht aus (BFH-Urteil vom 2.11.2001, VII B 155/01, BStBl 2002 II S. 73).

1.1 Die Gesellschafter einer OHG haften für die Verbindlichkeiten der Gesellschaft den Gläubigern als Gesamtschuldner persönlich (§ 126 Satz 1 HGB). Eine entgegenstehende Vereinbarung ist Dritten (einschließlich Finanzbehörden) gegenüber unwirksam (§ 126 Satz 2 HGB). Zu Einwendungen und Einreden des Gesellschafters bei Inanspruchnahme für Verbindlichkeiten der OHG siehe § 128 HGB.

Wer in eine bestehende OHG eintritt, haftet nach § 127 Satz 1 HGB gleich den anderen Gesellschaftern nach Maßgabe der §§ 126 und 128 HGB für die vor seinem Eintritt begründeten Verbindlichkeiten der Gesellschaft. Eine entgegenstehende Vereinbarung ist Dritten (einschließlich Finanzbehörden) gegenüber unwirksam (§ 127 Satz 2 HGB).

Zur Nachhaftung des ausgeschiedenen Gesellschafters einer OHG siehe § 137 HGB. Dies gilt auch im Fall des Ausscheidens des vorletzten Gesellschafters einer noch nicht vollbeendeten OHG (§ 105 Abs. 2 HGB i. V. m. § 712a Abs. 2 BGB).

Zur Verjährung von Ansprüchen aus der Gesellschafterhaftung siehe § 151 HGB.

1.2 Hinsichtlich der Haftung der Komplementäre einer KG sind grundsätzlich die für die OHG geltenden Bestimmungen entsprechend anzuwenden (§ 161 Abs. 2 HGB). Zur Haftung des Kommanditisten siehe §§ 171 ff. HGB.

1.3 Die Gesellschafter einer rechtsfähigen GbR haften für die Verbindlichkeiten der Gesellschaft den Gläubigern als Gesamtschuldner persönlich (§ 721 Satz 1 BGB). Eine entgegenstehende Vereinbarung ist Dritten (einschließlich Finanzbehörden) gegenüber unwirksam (§ 721 Satz 2 BGB). Zu Einwendungen und Einreden des Gesellschafters bei Inanspruchnahme für Verbindlichkeiten der GbR siehe § 721b BGB.

Wer in eine bestehende rechtsfähige GbR eintritt, haftet nach § 721a Satz 1 BGB gleich den anderen Gesellschaftern nach Maßgabe der §§ 721 und 721b BGB für die vor seinem Eintritt begründeten Verbindlichkeiten der Gesellschaft. Eine entgegenstehende Vereinbarung ist Dritten (einschließlich Finanzbehörden) gegenüber unwirksam (§ 721a Satz 2 BGB).

Zur Nachhaftung des ausgeschiedenen Gesellschafters einer rechtsfähigen GbR siehe § 728b BGB. Dies gilt auch im Fall des Ausscheidens des vorletzten Gesellschafters einer noch nicht vollbeendeten GbR (§ 712a Abs. 2 BGB).

Zur Verjährung von Ansprüchen aus der Gesellschafterhaftung siehe § 739 BGB.

1.4 Zum Erlass von Haftungsbescheiden in Spaltungsfällen vgl. AEAO zu § 122, Nr. 2.15.

2. Die Befugnis zum Erlass eines Haftungs- oder Duldungsbescheids besteht auch, soweit die Haftung und Duldung sich auf steuerliche Nebenleistungen erstreckt.

3. Auf den (erstmaligen) Erlass eines Haftungsbescheids sind die Vorschriften über die Festsetzungsfrist (§§ 169 bis 171 AO) entsprechend anzuwenden. Eine Korrektur zugunsten des Haftungsschuldners kann dagegen auch noch nach Ablauf der Festsetzungsfrist erfolgen (BFH-Urteil vom 12.8.1997, VII R 107/96, BStBl 1998 II S. 131).

4. Für die Korrektur von Haftungsbescheiden gelten nicht die für Steuerbescheide maßgeblichen Korrekturvorschriften (§§ 172 ff. AO), sondern die allgemeinen Vorschriften über die Berichtigung, die Rücknahme und den Widerruf von Verwaltungsakten (§§ 129 bis 131 AO). Die Rechtmäßigkeit des Haftungsbescheids richtet sich nach den Verhältnissen im Zeitpunkt seines Erlasses bzw. der entsprechenden Einspruchsentscheidung. Anders als bei der Änderung der Steuerfestsetzung (BFH-Urteil vom 12.8.1997, VII R 107/96, BStBl 1998 II S. 131) berühren Minderungen der dem Haftungsbescheid zugrunde liegenden Steuerschuld durch Zahlungen des Steuerschuldners nach Ergehen einer Einspruchsentscheidung die Rechtmäßigkeit des Haftungsbescheids nicht. Ein rechtmäßiger Haftungsbescheid ist aber zugunsten des Haftungsschuldners zu widerrufen, soweit die ihm zugrunde liegende Steuerschuld später gemindert worden ist.

5. Von der Korrektur eines Haftungsbescheids ist der Erlass eines ergänzenden Haftungsbescheids zu unterscheiden.

5.1 Für die Zulässigkeit eines neben einem bereits bestehenden Haftungsbescheid gegenüber einem bestimmten Haftungsschuldner tretenden weiteren Haftungsbescheids ist grundsätzlich entscheidend, ob dieser den gleichen Gegenstand regelt wie der bereits ergangene Haftungsbescheid oder ob die Haftungsinanspruchnahme für verschiedene Sachverhalte oder zu verschiedenen Zeiten entstandene Haftungstatbestände erfolgen soll.

Stets zulässig ist es, wegen eines eigenständigen Steueranspruchs (betreffend einen anderen Besteuerungszeitraum oder eine andere Steuerart) einen weiteren Haftungsbescheid zu erlassen, selbst wenn der Steueranspruch bereits im Zeitpunkt der ersten Inanspruchnahme durch Haftungsbescheid entstanden war.

5.2 Die „Sperrwirkung" eines bestandskräftigen Haftungsbescheids gegenüber einer erneuten Inanspruchnahme des Haftungsschuldners besteht nur, soweit es um ein und denselben Sachverhalt geht; sie ist in diesem Sinne nicht zeitraum-, sondern sachverhaltsbezogen (BFH-Beschluss vom 7.4 2005, I B 140/04, BStBl 2006 II S. 530). Der Erlass eines ergänzenden Haftungsbescheids für denselben Sachverhalt ist unzulässig, wenn die zu niedrige Inanspruchnahme auf einer rechtsirrtümlichen Beurteilung des Sachverhalts oder auf einer fehlerhaften Ermessensentscheidung beruhte (vgl. BFH-Urteil vom 25.5.2004, VII R 29/02, BStBl 2005 II S. 3).

Der Erlass eines ergänzenden Haftungsbescheids ist aber zulässig, wenn die Erhöhung der Steuerschuld auf neuen Tatsachen beruht, die das Finanzamt mangels Kenntnis im ersten Haftungsbescheid nicht berücksichtigen konnte (BFH-Urteil vom 15.2.2011, VII R 66/10, BStBl II S. 534).

6. Ein Duldungsbescheid darf nur erlassen werden, wenn der zugrunde liegende Anspruch aus dem Steuerschuldverhältnis festgesetzt, fällig und vollstreckbar ist (BVerwG-Urteil vom 13.2.1987, 8 C 25/85, BStBl 1987 II S. 475). Die nicht bis zum Ende eines Insolvenzverfahrens vom Insolvenzverwalter geltend gemachten Anfechtungsansprüche können nach Maßgabe des § 18 AnfG verfolgt werden. Außerhalb des Insolvenzverfahrens ist wegen Ansprüchen aus dem Steuerschuldverhältnis ein Duldungsbescheid zu erlassen, soweit die Ansprüche nicht im Wege der Einrede nach § 9 AnfG geltend zu machen sind; eine Klage nach dem Anfechtungsgesetz ist ausgeschlossen (BVerwG-Urteil vom 25.1.2017, 9 C 30/15, BStBl 2018 II S. 116).

Ein Duldungsbescheid unterliegt anders als ein Haftungsbescheid keiner eigenständigen Festsetzungsfrist. Ein Duldungsbescheid darf allerdings nicht mehr ergehen, wenn der zugrunde liegende Steueranspruch wegen Festsetzungsverjährung gegenüber dem Steuerschuldner nicht mehr festgesetzt werden kann oder wenn der gegenüber dem Steuerschuldner festgesetzte Steueranspruch durch Zahlungsverjährung, Tilgung oder Erlass erloschen ist.

Für Korrekturen von Duldungsbescheiden gelten die Nrn. 4 und 5 entsprechend.

7. Zur Zahlungsaufforderung bei Haftungsbescheiden vgl. AEAO zu § 219.

8. Unter den Voraussetzungen des § 191 Abs. 2 AO ist vor Erlass eines Haftungsbescheids in den Fällen des § 69 AO der zuständigen Berufskammer - bei Zugehörigkeit zu mehreren Berufskammern jeder dieser Kammern - Gelegenheit zur Stellungnahme zu geben. Ohne vorherige Anhörung der zuständigen Berufskammer ist ein Haftungsbescheid rechtswidrig (BFH-Urteil vom 13.5.1998, II R 4/96, BStBl II S. 760). Eine Anhörung kann bis zum Abschluss des Einspruchsverfahrens nachgeholt werden (§ 126 Abs. 1 Nr. 5 AO).

8.1 Die Anhörung der Berufskammer setzt voraus

- dass der Haftungsschuldner im Rahmen eines in § 191 Abs. 2 AO genannten Berufes (z. B. als Rechtsanwalt oder Steuerberater) tätig wurde und

- in dieser Stellung vorsätzlich oder grob fahrlässig ihm auferlegte Pflichten mit der Folge eines Haftungsschadens verletzt hat.

Ist ein Angehöriger der in § 191 Abs. 2 AO genannten Berufe als Insolvenzverwalter, Nachlassverwalter, Testamentsvollstrecker oder in vergleichbarer Weise tätig, handelt er in Ausübung seines Berufs. Soweit z. B. ein Steuerberater dagegen als Geschäftsführer einer Steuerberatungs-GmbH handelt, erfüllt er bei der Wahrnehmung der steuerlichen Pflichten dieser Gesellschaft keine für seinen Beruf spezifische Pflicht, er handelt insoweit nicht in Ausübung seines Berufs als Steuerberater (vgl. BFH-Urteil vom 9.10.1985, I R 154/82, BFH/NV 1986 S. 321).

8.2 Ist eine Anhörung der zuständigen Berufskammer durchzuführen, soll diese erst nach Ablauf der dem Haftungsschuldner gesetzten Anhörungsfrist erfolgen. Der Berufskammer darf nur das mitgeteilt werden, was aus Sicht des Finanzamts für die berufsrechtliche Beurteilung des haftungsrelevanten Sachverhalts durch die Kammer erforderlich ist. Ein Einblick der Kammer in die vollständigen Steuerakten oder deren Übersendung in Kopie ist daher nicht zulässig.

8.3 Die Frist für die Stellungnahme muss angemessen (d. h. grundsätzlich mindestens ein Monat) sein. Wird innerhalb dieser Frist keine Stellungnahme abgegeben, kann nach Ablauf der Frist der Haftungsbescheid ergehen.

8.4 Besteht dringender Handlungsbedarf (z. B. wegen ansonsten eintretender Verjährung), kann der Haftungsbescheid auch vor Ablauf der Anhörungsfrist ergehen.

9. Ein erstmaliger Haftungsbescheid kann wegen Akzessorietät der Haftungsschuld zur Steuerschuld grundsätzlich nicht mehr ergehen, wenn der zugrunde liegende Steueranspruch wegen Festsetzungsverjährung gegenüber dem Steuerschuldner nicht mehr festgesetzt werden darf oder wenn der gegenüber dem Steuerschuldner festgesetzte Steueranspruch durch Zahlungsverjährung oder Erlass erloschen ist (§ 191 Abs. 5 Satz 1 AO). Maßgeblich ist dabei der Steueranspruch, auf den sich die Haftung konkret bezieht. Daher ist bei der Haftung eines Arbeitgebers für zu Unrecht nicht angemeldete und abgeführte Lohnsteuer (§ 42d EStG) auf die vom Arbeitnehmer nach § 38 Abs. 2 EStG geschuldete Lohnsteuer und nicht auf die Einkommensteuer des Arbeitnehmers (§ 25 EStG) abzustellen. Dabei ist für die Berechnung der die Lohnsteuer betreffenden Festsetzungsfrist die Lohnsteuer-Anmeldung des

Arbeitgebers und nicht die Einkommensteuererklärung des betroffenen Arbeitnehmers maßgebend (vgl. BFH-Urteil vom 6.3.2008, VI R 5/05, BStBl II S. 597). Bei der Berechnung der für die Lohnsteuer maßgebenden Festsetzungsfrist sind Anlauf- und Ablaufhemmungen nach §§ 170, 171 AO zu berücksichtigen, soweit sie gegenüber dem Arbeitgeber wirken. Zum Ablauf der Festsetzungsfrist beim Steuerschuldner beachte § 171 Abs. 15 AO.

§ 192 Vertragliche Haftung (S 0371)

Wer sich auf Grund eines Vertrags verpflichtet hat, für die Steuer eines anderen einzustehen, kann nur nach den Vorschriften des bürgerlichen Rechts in Anspruch genommen werden.

AEAO zu § 192 - Vertragliche Haftung:

Aufgrund vertraglicher Haftung (vgl. AEAO zu § 48) ist eine Inanspruchnahme durch Haftungsbescheid nicht zulässig. Eine Verpflichtung zur Inanspruchnahme des vertraglich Haftenden besteht nicht; das Finanzamt entscheidet nach Ermessen.

Vierter Abschnitt – Außenprüfung

1. Unterabschnitt – Allgemeine Vorschriften

§ 193 Zulässigkeit einer Außenprüfung (S 0400)

(1) Eine Außenprüfung ist zulässig bei Steuerpflichtigen, die einen gewerblichen oder land- und forstwirtschaftlichen Betrieb unterhalten, die freiberuflich tätig sind und bei Steuerpflichtigen im Sinne des § 147a.

(2) Bei anderen als den in Absatz 1 bezeichneten Steuerpflichtigen ist eine Außenprüfung zulässig,

1. soweit sie die Verpflichtung dieser Steuerpflichtigen betrifft, für Rechnung eines anderen Steuern zu entrichten oder Steuern einzubehalten und abzuführen,
2. wenn die für die Besteuerung erheblichen Verhältnisse der Aufklärung bedürfen und eine Prüfung an Amtsstelle nach Art und Umfang des zu prüfenden Sachverhalts nicht zweckmäßig ist oder
3. wenn ein Steuerpflichtiger seinen Mitwirkungspflichten nach § 12 des Gesetzes zur Abwehr von Steuervermeidung und unfairem Steuerwettbewerb nicht nachkommt.

AEAO zu § 193 - Zulässigkeit einer Außenprüfung:

1. Eine Außenprüfung ist unabhängig davon zulässig, ob eine Steuer bereits festgesetzt, ob der Steuerbescheid endgültig, vorläufig oder unter dem Vorbehalt der Nachprüfung ergangen ist (BFH-Urteil vom 28.3.1985, IV R 224/83, BStBl II S. 700). Eine Außenprüfung nach § 193 AO kann zur Ermittlung der Steuerschuld sowohl dem Grunde als auch der Höhe nach durchgeführt werden. Der gesamte für die Entstehung und Ausgestaltung eines Steueranspruchs erhebliche Sachverhalt kann Prüfungsgegenstand sein (BFH-Urteil vom 11.12.1991, I R 66/90, BStBl 1992 II S. 595). Dies gilt auch, wenn der Steueranspruch möglicherweise verjährt ist oder aus anderen Gründen nicht mehr durchgesetzt werden kann (BFH-Urteil vom 23.7.1985, VIII R 48/85, BStBl 1986 II S. 433).

2. Die Voraussetzungen für eine Außenprüfung sind auch gegeben, soweit ausschließlich festgestellt werden soll, ob und inwieweit Steuerbeträge hinterzogen oder leichtfertig verkürzt worden sind. Eine sich insoweit gegenseitig ausschließende Zuständigkeit von Außenprüfung und Steuerfahndung besteht nicht (BFH-Urteile vom 4.11.1987, II R 102/85, BStBl 1988 II S. 113, vom 19.9.2001, XI B 6/01, BStBl 2002 II S. 4, und vom 4.10.2006, VIII R 53/04, BStBl 2007 II S. 227). Die Einleitung eines Steuerstrafverfahrens hindert nicht weitere Ermittlungen durch die Außenprüfung unter Erweiterung des Prüfungszeitraums. Dies gilt auch dann, wenn der Steuerpflichtige erklärt, von seinem Recht auf Verweigerung der Mitwirkung Gebrauch zu machen (BFH-Urteil vom 19.8.1998, XI R 37/97, BStBl 1999 II S. 7). Sollte die Belehrung

gem. § 393 Abs. 1 AO unterblieben sein, führt dies nicht zu einem steuerlichen Verwertungsverbot (BFH-Urteil vom 23.1.2002, XI R 10, 11/01, BStBl II S. 328).

3. Eine Außenprüfung ausschließlich zur Erledigung eines zwischenstaatlichen Amtshilfeersuchens (§ 117 AO) durch Auskunftsaustausch in Steuersachen ist nicht zulässig. Zur Erledigung eines solchen Amtshilfeersuchens kann eine Außenprüfung unter den Voraussetzungen des § 193 AO nur bei einem am ausländischen Besteuerungsverfahren Beteiligten durchgeführt werden (z. B. der Wohnsitzstaat ersucht um Prüfung der deutschen Betriebsstätte eines ausländischen Steuerpflichtigen).

4. Eine Außenprüfung nach § 193 Abs. 1 AO ist zulässig zur Klärung der Frage, ob der Steuerpflichtige tatsächlich einen Gewerbebetrieb unterhält, wenn konkrete Anhaltspunkte für eine Steuerpflicht bestehen, d. h. es darf nicht ausgeschlossen sein, dass eine gewerbliche Tätigkeit vorliegt (BFH-Urteile vom 23.10.1990, VIII R 45/88, BStBl 1991 II S. 278, und vom 11.8.1994, IV R 126/91, BStBl II S. 936). Eine Außenprüfung ist solange zulässig, als noch Ansprüche aus dem Steuerschuldverhältnis bestehen (z. B. handelsrechtlich voll beendigte KG: BFH-Urteil vom 1.10.1992, IV R 60/91, BStBl 1993 II S. 82; voll beendigte GbR: BFH-Urteil vom 1.3.1994, VIII R 35/92, BStBl 1995 II S. 241). Zur Begründung der Anordnung einer Außenprüfung nach § 193 Abs. 1 AO genügt der Hinweis auf diese Rechtsgrundlage. Eine Außenprüfung nach § 193 Abs. 1 AO ist bei Steuerpflichtigen i. S. d. § 147a AO für das Jahr, in dem die in § 147a Satz 1 AO bestimmte Grenze von 500.000 € überschritten ist, und für die fünf darauf folgenden Jahre der Aufbewahrungspflicht zulässig. Hat nur ein Ehegatte bzw. Lebenspartner die Grenze von 500.000 € überschritten, ist nur bei diesem eine Außenprüfung nach § 193 Abs. 1 AO zulässig. Beim anderen Ehegatten bzw. Lebenspartner kann ggf. eine Außenprüfung auf § 193 Abs. 2 Nr. 2 AO gestützt werden.

5. § 193 Abs. 2 Nr. 1 AO enthält die Rechtsgrundlage für die Prüfung der Lohnsteuer bei Steuerpflichtigen, die nicht unter § 193 Abs. 1 AO fallen (z. B. Prüfung der Lohnsteuer bei Privatpersonen, die Arbeitnehmer beschäftigt haben).

Eine Außenprüfung nach § 193 Abs. 2 Nr. 2 AO ist bereits dann zulässig, wenn Anhaltspunkte vorliegen, die es nach den Erfahrungen der Finanzverwaltung als möglich erscheinen lassen, dass ein Besteuerungstatbestand erfüllt ist (BFH-Urteil vom 17.11.1992, VIII R 25/89, BStBl 1993 II S. 146). § 193 Abs. 2 Nr. 2 AO kann insbesondere bei Steuerpflichtigen mit umfangreichen und vielgestaltigen Überschusseinkünften zur Anwendung kommen (sofern nicht bereits ein Fall des § 193 Abs. 1 AO vorliegt). Sofern keine konkreten Anhaltspunkte für einen wirtschaftlichen Geschäftsbetrieb oder Zweckbetrieb vorliegen, fällt unter § 193 Abs. 2 Nr. 2 AO auch die Prüfung einer gemeinnützigen Körperschaft zum Zwecke der Anerkennung, Versagung oder Entziehung der Gemeinnützigkeit. Eine auf § 193 Abs. 2 Nr. 2 AO gestützte Prüfungsanordnung muss besonders begründet werden. Die Begründung muss ergeben, dass die gewünschte Aufklärung durch Einzelermittlung an Amtsstelle nicht erreicht werden kann (BFH-Urteil vom 7.11.1985, IV R 6/85, BStBl 1986 II S. 435, und vom 9.11.1994, XI R 16/94, BFH/NV 1995 S. 578).

6. Von der Außenprüfung zu unterscheiden sind Einzelermittlungen eines Außenprüfers nach § 88 AO, auch wenn sie am Ort des Betriebs durchgeführt werden. In diesen Fällen hat er deutlich zu machen, dass verlangte Auskünfte oder sonstige Maßnahmen nicht im Zusammenhang mit der Außenprüfung stehen (BFH-Urteile vom 5.4.1984, IV R 244/83, BStBl II S. 790, vom 2.2.1994, I R 57/93, BStBl II S. 377, und vom 25.11.1997, VIII R 4/94, BStBl 1998 II S. 461). Zur betriebsnahen Veranlagung vgl. AEAO zu § 85, Nr. 2 und 3. Eine Umsatzsteuer-Nachschau gem. § 27b UStG stellt keine Außenprüfung i. S. d. § 193 AO dar. Zum Übergang von einer Umsatzsteuer-Nachschau zu einer Außenprüfung siehe Abschnitt 27b.1 Abs. 9 UStAE.

§ 194 Sachlicher Umfang einer Außenprüfung (S 0401)

(1) ¹Die Außenprüfung dient der Ermittlung der steuerlichen Verhältnisse des Steuerpflichtigen. ²Sie kann eine oder mehrere Steuerarten, einen oder mehrere Besteuerungszeiträume umfassen oder sich auf bestimmte Sachverhalte beschränken. ³Die Außenprüfung bei einer Personengesellschaft umfasst die steuerlichen Verhältnisse der Gesellschafter insoweit, als diese Verhältnisse für die zu überprüfenden einheitlichen Feststellungen von Bedeutung sind. ⁴Die steuerlichen Verhältnisse anderer Personen können insoweit geprüft werden, als der Steuerpflichtige verpflichtet war oder verpflichtet ist, für Rechnung dieser Personen Steuern zu entrichten oder Steuern einzubehalten und abzuführen; dies gilt auch dann, wenn etwaige Steuernachforderungen den anderen Personen gegenüber geltend zu machen sind.

(1a) Das Ergebnis eines internationalen Risikobewertungsverfahrens nach § 89b und auch die bei dessen Durchführung erlangten Erkenntnisse, die nicht im Risikobewertungsbericht nach § 89b Absatz 6 enthalten sind, sollen bei der Bestimmung des sachlichen Umfangs einer Außenprüfung nach Absatz 1 Satz 2 berücksichtigt werden.

(2) Die steuerlichen Verhältnisse von Gesellschaftern und Mitgliedern sowie von Mitgliedern der Überwachungsorgane können über die in Absatz 1 geregelten Fälle hinaus in die bei einer Gesellschaft durchzuführende Außenprüfung einbezogen werden, wenn dies im Einzelfall zweckmäßig ist.

(3) Werden anlässlich einer Außenprüfung Verhältnisse anderer als der in Absatz 1 genannten Personen festgestellt, so ist die Auswertung der Feststellungen insoweit zulässig, als ihre Kenntnis für die Besteuerung dieser anderen Personen von Bedeutung ist oder die Feststellungen eine unerlaubte Hilfeleistung in Steuersachen betreffen.

AEAO zu § 194 - Sachlicher Umfang einer Außenprüfung:

1. Im Rahmen einer Außenprüfung nach § 193 Abs. 1 AO können, ohne dass die Voraussetzungen des § 193 Abs. 2 Nr. 2 AO vorliegen müssen, auch Besteuerungsmerkmale überprüft werden, die mit den betrieblichen Verhältnissen des Steuerpflichtigen in keinem Zusammenhang stehen (BFH-Urteil vom 28.11.1985, IV R 323/84, BStBl 1986 II S. 437).

2. § 194 Abs. 1 Satz 3 AO erlaubt die Prüfung der Verhältnisse der Gesellschafter ohne gesonderte Prüfungsanordnung nur insoweit, als sie mit der Personengesellschaft zusammenhängen und für die Feststellungsbescheide von Bedeutung sind. Die Einbeziehung der steuerlichen Verhältnisse der in § 194 Abs. 2 AO bezeichneten Personen in die Außenprüfung bei einer Gesellschaft voraus (BFH-Urteil vom 16.12.1986, VIII R 123/86, BStBl 1987 II S. 248).

3. Eine Außenprüfung kann zur Erledigung eines zwischenstaatlichen Rechts- und Amtshilfeersuchens (§ 117 AO) unter den Voraussetzungen des § 193 AO nur bei einem in einem ausländischen Besteuerungsverfahren Steuerpflichtigen, nicht aber zur Feststellung der steuerlichen Verhältnisse bei einer anderen Person durchgeführt werden (z. B. zur Erledigung eines Ersuchens um Prüfung einer im Bundesgebiet belegenen Firma, die im ersuchenden Staat als Zollbeteiligte auftritt, oder einer deutschen Betriebsstätte eines ausländischen Steuerpflichtigen). Ermittlungen sind i. V. m. einer Außenprüfung möglich, die aus anderen Gründen durchgeführt wird.

4. Soll der Prüfungszeitraum in den Fällen des § 4 Abs. 3 BpO mehr als drei zusammenhängende Besteuerungszeiträume umfassen oder nachträglich erweitert werden, muss die Begründung der Prüfungsanordnung die vom Finanzamt angestellten Ermessenserwägungen erkennen lassen (BFH-Urteil vom 4.2.1988, V R 57/83, BStBl II S. 413). Der Prüfungszeitraum darf zur Überprüfung vortragsfähiger Verluste auch dann auf die Verlustentstehungsjahre ausgedehnt werden, wenn der aus diesen Zeiträumen verbleibende Verlustabzug gem. § 10d Abs. 3 EStG (heute: Abs. 4) festgestellt worden ist (BFH-Beschluss vom 5.4.1995, I B 126/94, BStBl II S. 496). Bei einer Betriebsaufgabe schließt der Prüfungszeitraum mit dem Jahr der Betriebseinstellung ab (BFH-Urteil vom 24.8.1989, IV R 65/88, BStBl 1990 II S. 2). Bei einer Außenprüfung nach § 193 Abs. 2 Nr. 2 AO ist § 4 Abs. 3 BpO nicht anwendbar. Für jeden Besteuerungszeitraum, der in die Außenprüfung einbezogen werden soll, müssen die besonderen Voraussetzungen des § 193 Abs. 2 Nr. 2 AO vorliegen (BFH-Urteil vom 18.10.1994, IX R 128/92, BStBl 1995 II S. 291).

5. Eine Außenprüfung darf nicht allein zu dem Zwecke durchgeführt werden, die steuerlichen Verhältnisse dritter Personen zu erforschen (BFH-Urteil vom 18.2.1997, VIII R 33/95, BStBl II S. 499).

6. Die Finanzbehörden können Kontrollmitteilungen ins Ausland insbesondere dann versenden, wenn dies ohne besonderen Aufwand möglich ist und höhere Interessen des Steuerpflichtigen nicht berührt werden (BFH-Beschluss vom 8.2.1995, I B 92/94, BStBl II S. 358). Zu Auskünften der Finanzbehörden an ausländische Staaten ohne Ersuchen (Spontanauskünfte) wird auf Tz. 6 des Merkblatts zur zwischenstaatlichen Amtshilfe durch Informationsaustausch in Steuersachen (BMF-Schreiben vom 23.11.2015, BStBl I S. 928) hingewiesen. Zu Amtshilfeersuchen ausländischer Staaten vgl. AEAO zu § 193, Nr. 3.

7. Wird beabsichtigt im Rahmen der Außenprüfung eines Berufsgeheimnisträgers Kontrollmitteilungen (§ 194 Abs. 3 AO) zu fertigen, ist der Steuerpflichtige hierüber rechtzeitig vorher zu informieren (BFH-Urteil vom 8.4.2008, VIII R 61/06, BStBl 2009 II S. 579).

§ 195 Zuständigkeit (S 0402)

¹Außenprüfungen werden von den für die Besteuerung zuständigen Finanzbehörden durchgeführt. ²Sie können andere Finanzbehörden mit der Außenprüfung beauftragen. ³Die beauftragte Finanzbehörde kann im Namen der zuständigen Finanzbehörde die Steuerfestsetzung vornehmen und verbindliche Zusagen (§§ 204 bis 207) erteilen.

AEAO zu § 195 - Zuständigkeit:

Bei Beauftragung nach § 195 Satz 2 AO kann die beauftragende Finanzbehörde die Prüfungsanordnung selbst erlassen oder eine andere Finanzbehörde zum Erlass der Prüfungsanordnung ermächtigen. Mit der Ermächtigung bestimmt die beauftragende Finanzbehörde den sachlichen Umfang (§ 194 Abs. 1 AO) der Außenprüfung, insbesondere sind die zu prüfenden Steuerarten und der Prüfungszeitraum anzugeben. Aus der Prüfungsanordnung müssen sich die Gründe für die Beauftragung ergeben (BFH-Urteile vom 10.12.1987, IV R 77/86, BStBl 1988 II S. 322, und vom 21.4.1993, X R 112/91, BStBl II S. 649). Zur Erteilung einer verbindlichen Zusage im Anschluss an eine Auftragsprüfung vgl. AEAO zu § 204, Nr. 2. Ändert sich die Zuständigkeit nach Bekanntgabe der Prüfungsanordnung, ist die Außenprüfung auf der Grundlage der bereits ergangenen Prüfungsanordnung vom neu zuständigen Finanzamt fortzuführen. Die Prüfungsanordnung ist nicht aufzuheben, sondern durch Benennung des Namens des neuen Betriebsprüfers zu ergänzen. Unter den Voraussetzungen des § 26 AO kann die Außenprüfung von dem bisher zuständigen Finanzamt fortgeführt werden. Die nach § 195 Satz 2 AO beauftragte Behörde hat über den Einspruch gegen eine von ihr erlassene Prüfungsanordnung zu entscheiden (BFH-Urteil vom 18.11.2008, VIII R 16/07, BStBl 2009 II S. 507).

§ 196 Prüfungsanordnung (S 0403)

Die Finanzbehörde bestimmt den Umfang der Außenprüfung in einer schriftlich oder elektronisch zu erteilenden Prüfungsanordnung mit Rechtsbehelfsbelehrung nach § 356.

AEAO zu § 196 - Prüfungsanordnung:

1. Zur Begründung einer Anordnung einer Außenprüfung nach § 193 Abs. 1 AO genügt der Hinweis auf diese Rechtsgrundlage. Die Prüfungsanordnung (§ 5 Abs. 2 Satz 1 BpO), die Festlegung des Prüfungsbeginns (BFH-Urteil vom 18.12.1986, I R 49/83, BStBl 1987 II S. 408) und des Prüfungsorts (BFH-Urteil vom 24.2.1989, III R 36/88, BStBl II S. 445) sind selbständig anfechtbare Verwaltungsakte i. S. d. § 118 AO (BFH-Urteil vom 25.1.1989, X R 158/87, BStBl II S. 483). Gegen die Bestimmung des Betriebsprüfers ist grundsätzlich kein Rechtsbehelf gegeben (BFH-Beschluss vom 15.5.2009, IV B 3/09, BFH/NV S. 1401). Darüber hinaus können mit der Prüfungsanordnung weitere nicht selbständig anfechtbare prüfungsleitende Bestimmungen (§ 5 Abs. 3 BpO) verbunden werden. Ein Einspruch gegen die Prüfungsanordnung hat keine aufschiebende Wirkung (§ 361 Abs. 1 Satz 1 AO); vorläufiger Rechtsschutz kann erst durch Aussetzung der Vollziehung nach § 361 AO, § 69 FGO gewährt werden (BFH-Beschluss vom 17.9.1974, VII B 122/73, BStBl 1975 II

S. 197). Über Anträge auf Aussetzung der Vollziehung ist unverzüglich zu entscheiden; Nr. 3 des AEAO zu § 361 gilt sinngemäß.

2. Rechtswidrig erlangte Außenprüfungsergebnisse dürfen nur dann nicht verwertet werden, wenn der Steuerpflichtige erfolgreich gegen die Prüfungsanordnung der betreffenden Prüfungsmaßnahme vorgegangen ist (BFH-Urteil vom 27.7.1983, I R 210/79, BStBl 1984 II S. 285). Wenn die Prüfungsfeststellungen bereits Eingang in Steuerbescheide gefunden haben, muss der Steuerpflichtige auch diese Bescheide anfechten, um ein steuerliches Verwertungsverbot zu erlangen (BFH-Urteil vom 16.12.1986, VIII R 123/86, BStBl 1987 II S. 248). Feststellungen, deren Anordnung rechtskräftig für rechtswidrig erklärt wurden, unterliegen einem Verwertungsverbot (BFH-Urteil vom 14.8.1985, I R 188/82, BStBl 1986 II S. 2). Dies gilt nicht, wenn die bei der Prüfung ermittelten Tatsachen bei einer erstmaligen oder einer unter dem Vorbehalt der Nachprüfung stehenden Steuerfestsetzung verwertet wurden und lediglich formelle Rechtsfehler vorliegen (BFH-Urteile vom 10.5.1991 V R 51/90, BStBl II S. 825, und vom 25.11.1997, VIII R 4/94, BStBl 1998 II S. 461).

3. Ist eine Prüfungsanordnung aus formellen Gründen durch das Gericht oder die Finanzbehörde aufgehoben oder für nichtig erklärt worden, so kann eine erneute Prüfungsanordnung (Wiederholungsprüfung) unter Vermeidung des Verfahrensfehlers erlassen werden (BFH-Urteile vom 20.10.1988, IV R 104/86, BStBl 1989 II S. 180, und vom 24.8.1989, IV R 65/88, BStBl 1990 II S. 2). Für die Durchführung der Wiederholungsprüfung ist es regelmäßig geboten, einen anderen Prüfer mit der Prüfung zu beauftragen, der in eigener Verantwortung bei Durchführung der Prüfung ein selbständiges Urteil über die Erfüllung der steuerlichen Pflichten durch den Steuerpflichtigen gewinnt (BFH-Urteil vom 20.10.1988, IV R 104/86, BStBl 1989 II S. 180).

4. Die Anordnung einer Außenprüfung für einen bereits geprüften Zeitraum (Zweitprüfung) ist grundsätzlich zulässig (BFH-Urteil vom 24.1.1989, VII R 35/86, BStBl II S. 440).

5. Der Umfang der Ablaufhemmung nach § 171 Abs. 4 AO und der Sperrwirkung nach § 173 Abs. 2 AO bestimmt sich nach dem in der Prüfungsanordnung festgelegten Prüfungsumfang (BFH-Urteile vom 18.7.1991, V R 54/87, BStBl II S. 824, und vom 25.1.1996, V R 42/95, BStBl II S. 338). Es bedarf keiner neuen Prüfungsanordnung, wenn die Prüfung unmittelbar nach Beginn für mehr als sechs Monate unterbrochen und vor Ablauf der Festsetzungsfrist zügig beendet wird (BFH-Urteil vom 13.2.2003, IV R 31/01, BStBl I S. 552).

6. Nehmen Außenprüfer an steuerstraf- oder bußgeldrechtlichen Ermittlungen der Steuerfahndung teil, ist insoweit keine Prüfungsanordnung nach § 196 AO zu erlassen (vgl. Nr. 125 AStBV (St)[1]).

---

[1] Im Anhang 45 abgedruckt.

§ 197 Bekanntgabe der Prüfungsanordnung (S 0403)

(1) ¹Die Prüfungsanordnung sowie der voraussichtliche Prüfungsbeginn und die Namen der Prüfer sind dem Steuerpflichtigen, bei dem die Außenprüfung durchgeführt werden soll, angemessene Zeit vor Beginn der Prüfung bekannt zu geben, wenn der Prüfungszweck dadurch nicht gefährdet wird. ²Der Steuerpflichtige kann auf die Einhaltung der Frist verzichten. ³Soll die Prüfung nach § 194 Absatz 2 auf die steuerlichen Verhältnisse von Gesellschaftern und Mitgliedern sowie von Mitgliedern der Überwachungsorgane erstreckt werden, so ist die Prüfungsanordnung insoweit auch diesen Personen bekannt zu geben.

(2) Auf Antrag der Steuerpflichtigen soll der Beginn der Außenprüfung auf einen anderen Zeitpunkt verlegt werden, wenn dafür wichtige Gründe glaubhaft gemacht werden.

(3) ¹Mit der Prüfungsanordnung kann die Vorlage von aufzeichnungs- oder aufbewahrungspflichtigen Unterlagen innerhalb einer angemessenen Frist verlangt werden. ²Sind diese Unterlagen mit Hilfe eines Datenverarbeitungssystems erstellt worden, sind die Daten in einem maschinell auswertbaren Format an die Finanzbehörde zu übertragen. ³Im Übrigen bleibt § 147 Absatz 6 unberührt.

(4) ¹Sind Unterlagen nach Absatz 3 vorgelegt worden, sollen dem Steuerpflichtigen die beabsichtigten Prüfungsschwerpunkte der Außenprüfung mitgeteilt werden. ²Die Nennung von Prüfungsschwerpunkten stellt keine Einschränkung der Außenprüfung auf bestimmte Sachverhalte nach § 194 dar.

(5)¹ ¹Ist Grundlage der Außenprüfung ein Steuerbescheid, der aufgrund einer in § 149 Absatz 3 genannten Steuererklärung erlassen wurde, soll die Prüfungsanordnung bis zum Ablauf des Kalenderjahres erlassen werden, das auf das Kalenderjahr folgt, in dem der Steuerbescheid wirksam geworden ist. ²Wird die Prüfungsanordnung aus Gründen, die die Finanzbehörde zu vertreten hat, zu einem späteren Zeitpunkt bekanntgegeben, beginnt die Frist nach § 171 Absatz 4 Satz 3 erster Halbsatz mit Ablauf des Kalenderjahres, das auf das Kalenderjahr folgt, in dem der in Satz 1 bezeichnete Steuerbescheid wirksam geworden ist. ²Erstreckt sich die Außenprüfung zugleich auf mehrere Steuerbescheide, sind die Sätze 1 und 2 mit der Maßgabe anzuwenden, dass der Zeitpunkt des Wirksamwerdens des zuletzt ergangenen Steuerbescheids einheitlich maßgeblich ist.

AEAO zu § 197 - Bekanntgabe der Prüfungsanordnung:

Inhaltsübersicht

1. Allgemeines
2. Bekanntgabe von Prüfungsanordnungen
3. Bekanntgabe von Prüfungsanordnungen an Ehegatten bzw. Lebenspartner
4. Bekanntgabe an gesetzliche Vertreter natürlicher Personen
5. Personengesellschaften (Gemeinschaften)

---

¹ Zur Anwendung des § 197 Abs. 5 AO siehe Artikel 97 § 37 EGAO

6. **Juristische Personen**
7. **Insolvenzfälle**
8. **Gesamtrechtsnachfolge in Erbfällen**
9. **Umwandlungen**

1. **Allgemeines**

    Nach Nr. 1.1.4 des AEAO zu § 122 gelten die Grundsätze über die Bekanntgabe von Steuerbescheiden für Prüfungsanordnungen entsprechend, soweit nicht nachfolgend abweichende Regelungen getroffen sind.

2. **Bekanntgabe von Prüfungsanordnungen**

    Beim Erlass einer Prüfungsanordnung sind festzulegen:
    - An wen sie sich richtet (Nr. 2.1 des AEAO zu § 197 - Inhaltsadressat),
    - wem sie bekannt gegeben werden soll (Nr. 2.2 des AEAO zu § 197 - Bekanntgabeadressat),
    - welcher Person sie zu übermitteln ist (Nr. 2.3 des AEAO zu § 197 - Empfänger).

    2.1. **Inhaltsadressat/Prüfungssubjekt**

    Das ist derjenige, an den sich die Prüfungsanordnung richtet und dem aufgegeben wird, die Außenprüfung in dem in der Anordnung näher beschriebenen Umfang zu dulden und bei ihr mitzuwirken: „Prüfung bei...".

    2.2. **Bekanntgabeadressat**

    Das ist die Person/Personengruppe, der die Prüfungsanordnung bekannt zu geben ist. Der Bekanntgabeadressat ist regelmäßig mit dem Prüfungssubjekt identisch; soweit die Bekanntgabe an das Prüfungssubjekt nicht möglich oder nicht zulässig ist, kommen Dritte als Bekanntgabeadressaten in Betracht (z. B. Eltern eines minderjährigen Kindes, Geschäftsführer einer nicht rechtsfähigen Personenvereinigung, Liquidator).

    In allen Fällen, in denen der Bekanntgabeadressat nicht personenidentisch ist mit dem Prüfungssubjekt, ist ein erläuternder Zusatz in die Prüfungsanordnung aufzunehmen, aus dem der Grund für die Anordnung beim Bekanntgabeadressaten erkennbar wird.

    Beispiel:

    Die Prüfungsordnung ergeht an Sie als

    „Alleinerbin und Gesamtrechtsnachfolgerin nach Ihrem verstorbenen Ehemann" (bei Erbfall; vgl. AEAO zu § 197, Nr. 8)

    „Nachfolgerin der Fritz KG" (bei gesellschaftsrechtlicher Umwandlung; vgl. AEAO zu § 197, Nr. 9)

2.3. Empfänger

Das ist derjenige, dem die Prüfungsanordnung tatsächlich zugehen soll, damit sie durch Bekanntgabe wirksam wird. I. d. R. ist dies der Bekanntgabeadressat. Es kann jedoch auch eine andere Person sein (vgl. AEAO zu § 122, Nrn. 1.5.2 und 1.7). Der Empfänger ist im Anschriftenfeld der Prüfungsanordnung mit seinem Namen und der postalischen Anschrift zu bezeichnen. Ist der Empfänger nicht identisch mit dem Prüfungssubjekt, muss in einem ergänzenden Zusatz im Text der Prüfungsanordnung darauf hingewiesen werden, „bei wem" die Prüfung stattfinden soll (d. h. namentliche Benennung des Prüfungssubjekts).

2.4. Übermittlung an Bevollmächtigte (§§ 80 Abs. 1, 122 Abs. 1 Satz 3 AO)

Zur Bekanntgabe an einen Bevollmächtigten vgl. AEAO zu § 122, Nr. 1.7.

Beispiel:

> Anschrift:
>
> Herrn Steuerberater Klaus Schulz, ...
>
> Text:
>
> „... ordne ich an, dass bei Ihrem Mandanten Anton Huber, ... eine Prüfung durchgeführt wird."

3. Bekanntgabe von Prüfungsanordnungen an Ehegatten bzw. Lebenspartner

Prüfungsanordnungen gegen beide Ehegatten bzw. Lebenspartner können ggf. in einer Verfügung zusammengefasst werden. Auf die Regelung des AEAO zu § 122, Nr. 2.1 wird verwiesen. In einem Zusatz muss dann jedoch erläutert werden, für welche Steuerarten bei welchem Prüfungssubjekt die Außenprüfung vorgesehen ist.

Aus Gründen der Klarheit und Übersichtlichkeit sollten getrennte Prüfungsanordnungen an Ehegatten bzw. Lebenspartner bevorzugt werden. Generell müssen die Prüfungen getrennt angeordnet werden, wenn beide Ehegatten bzw. Lebenspartner unternehmerisch (jedoch nicht gemeinschaftlich) tätig sind.

4. Bekanntgabe an gesetzliche Vertreter natürlicher Personen

Vgl. AEAO zu § 122, Nr. 2.2.

Beispiel:

> Anschrift:
>
> Herrn Steuerberater Klaus Schulz
>
> Text:
>
> „ ... ordne ich an, dass bei Ihrem Mandanten Benjamin Müller ..."
>
> Zusatz:

"... ergeht an Sie für Frau Felicitas Müller und Herrn Felix Müller, ggf. Anschrift, als gesetzliche Vertreter ihres minderjährigen Sohnes Benjamin Müller, ggf. Anschrift."

5. Personengesellschaften (Gemeinschaften)

Bei Prüfungsanordnungen an Personengesellschaften und Gemeinschaften sind Unterscheidungen nach der Rechtsform, nach der zu prüfenden Steuerart und ggf. nach der Einkunftsart vorzunehmen. Wegen der Unterscheidung zwischen Personenhandelsgesellschaften und sonstigen nicht rechtsfähigen Personenvereinigungen wird auf Nr. 2.4.1.2 des AEAO zu § 122 verwiesen.

5.1. Personenhandelsgesellschaften

Vgl. AEAO zu § 122, Nr. 2.4.1.1. Dies gilt auch für die Bekanntgabe von Prüfungsanordnungen an Personenhandelsgesellschaften bei gesonderter und einheitlicher Feststellung der Einkünfte aus Gewerbebetrieb. Es ist nicht erforderlich, der Prüfungsanordnung eine Anlage beizufügen, in der die Feststellungsbeteiligten aufgeführt sind.

5.2. Sonstige nicht rechtsfähige Personenvereinigungen

Als Steuerpflichtige i. S. d. § 193 Abs. 1 AO, bei der eine Außenprüfung zulässig ist, kommt auch eine nicht rechtsfähige Personenvereinigung in Betracht (BFH-Urteil vom 16.11.1989, IV R 29/89, BStBl 1990 II S. 272).

Die Personenvereinigung hat i.d.R. formal keinen eigenen Namen und muss als Prüfungssubjekt durch die Angabe aller Gesellschafter charakterisiert werden. Ist die Bezeichnung der Gesellschafter durch die Aufzählung aller Namen im Vordrucktext der Anordnung aus technischen Gründen nicht möglich, können neben einer Kurzbezeichnung im Text der Prüfungsanordnung in einer Anlage die einzelnen Gesellschafter (ggf. mit Anschrift) aufgeführt werden.

Die Prüfungsanordnung muss aber nicht nur für die nicht rechtsfähige Personenvereinigung bestimmt und an sie adressiert sein, sie muss ihr auch bekannt gegeben werden. Die Bekanntgabe hat an die vertretungsberechtigten Gesellschafter zu erfolgen. Grundsätzlich sind das alle Gesellschafter (z. B. bei einer GbR nach §§ 709, 714 BGB), es sei denn, es liegt eine abweichende gesellschaftsvertragliche Regelung vor. Nach § 6 Abs. 3 VwZG ist es jedoch zulässig, die Prüfungsanordnung nur einem Gesellschafter bekannt zu geben (BFH-Urteil vom 18.10.1994, IX R 128/92, BStBl 1995 II S. 291). Das gilt selbst in den Fällen, in denen auf Grund gesellschaftsvertraglicher Regelungen mehrere Personen zur Geschäftsführung bestellt sind.

5.2.1 Nicht rechtsfähige Personenvereinigungen mit Gewinneinkünften

Wird die Prüfung der Feststellung der Einkünfte (Gewinneinkünfte) angeordnet, ist die Prüfungsanordnung an die Personenvereinigung als Prüfungssubjekt zu richten und nicht gegen deren Gesellschafter (BFH-Urteil vom 16.11.1989, IV R 29/89, BStBl 1990 II S. 272).

Führt eine nicht rechtsfähige Personenvereinigung ausnahmsweise einen geschäftsüblichen Namen, unter dem sie am Rechtsverkehr teilnimmt, gilt Nr.

2.4.1.2 des AEAO zu § 122 auch hinsichtlich der Prüfungsanordnung zur gesonderten und einheitlichen Gewinnfeststellung entsprechend.

Wurde ein gemeinsamer Empfangsbevollmächtigter bestellt, kann auch ihm die Anordnung zur Prüfung der Gewinneinkünfte bekannt gegeben werden. Bei Bekanntgabe der Prüfungsanordnung an nur einen zur Vertretung aller übrigen Beteiligten vertretungsberechtigten Gesellschafter oder an einen Empfangsbevollmächtigten ist auf dessen Funktion als Bekanntgabeempfänger mit Wirkung für alle Beteiligten hinzuweisen.

5.2.2 Nicht rechtsfähige Personenvereinigungen mit Überschusseinkünften

Wird die Prüfung der Feststellung der Einkünfte (z. B. aus Vermietung und Verpachtung), des Vermögens und der Schulden bei einer Gesellschaft bürgerlichen Rechts oder bei einer Gemeinschaft (z. B. Grundstücksgemeinschaft) angeordnet, ist die nicht rechtsfähige Personenvereinigung als Grundstücksgesellschaft oder Bauherrengemeinschaft insoweit nicht selbst Prüfungssubjekt (BFH-Urteile vom 25.9.1990, IX R 84/88, BStBl 1991 II S. 120, und vom 18.10.1994, IX R 128/92, BStBl 1995 II S. 291). Vielmehr ist der einzelne Gesellschafter der Träger der steuerlichen Rechte und Pflichten (§ 33 Abs. 1 AO). Eine Prüfungsanordnung für die gesonderte und einheitliche Feststellung der Einkünfte aus Vermietung und Verpachtung bzw. die Feststellung des Vermögens und der Schulden ist an jeden Gesellschafter zu richten und auch diesem bekannt zu geben (für Gemeinschaften: BFH-Urteil vom 10.11.1987, VIII R 94/87, BFH/NV 1988 S. 214).

Eine Personenvereinigung unterliegt der Außenprüfung und ist Prüfungssubjekt nur insoweit, als sie - wie z. B. bei der Umsatzsteuer - selbst Steuerschuldnerin ist (BFH-Urteil vom 18.10.1994, IX R 128/92, BStBl 1995 II S. 291). In den Fällen, in denen bei einer nicht rechtsfähigen Personenvereinigung mit Überschusseinkünften neben der Feststellung der Einkünfte und der Feststellung des Vermögens und der Schulden auch die Umsatzsteuer Prüfungsgegenstand ist, sind daher zwei Prüfungsanordnungen zu erlassen:

- an die Gemeinschaft/Gesellschaft hinsichtlich der Umsatzsteuer;
- an die Gemeinschafter/Gesellschafter hinsichtlich der Feststellung der Einkünfte und der Feststellung des Vermögens und der Schulden.

5.2.3 Nichtrechtsfähige Personenvereinigungen mit Überschusseinkünften i. Z. m. gesonderten Feststellungen für Zwecke der Erbschaft- und Schenkungsteuer nach § 151 BewG

Bei gesonderten Feststellungen für Zwecke der Erbschaft- und Schenkungsteuer kann auch die nichtrechtsfähige Personenvereinigung mit Überschusseinkünften selbst Inhaltsadressat der Prüfungsanordnung sein.

Zur Ermittlung der Besteuerungsgrundlagen ist nach § 156 BewG eine Außenprüfung bei den Beteiligten i. S. d. § 154 Abs. 1 BewG zulässig. Die Beteiligtenstellung einer Personenvereinigung kann daraus folgen, dass sie zur Abgabe einer Feststellungserklärung aufgefordert wurde (§ 154 Abs. 1 Nr. 2 BewG). Der Anteil am Wert der in § 151 Abs. 1 Satz 1 Nr. 4 BewG genannten

Vermögensgegenstände und Schulden, die mehreren Personen zustehen, ist gesondert festzustellen. Die Aufforderung zur Abgabe einer Feststellungserklärung richtet sich gem. § 153 Abs. 2 BewG an die Personenvereinigung selbst, die dadurch Beteiligte wird. Sie ist dann als Prüfungssubjekt auch Inhaltsadressat der entsprechenden Prüfungsanordnung.

Eine Prüfung zur gesonderten Feststellung nach § 156 BewG kann auch in Kombination mit einer auf § 193 AO gestützten Prüfung erfolgen. Eine ausschließlich auf § 156 BewG gestützte Außenprüfung darf sich jedoch nur auf die Feststellungen erstrecken, die für die Erbschaft-/Schenkungsteuer- oder eine andere Feststellung i. S. d. § 151 Abs. 1 BewG maßgeblich sind. Das hat zur Folge, dass im Rahmen der Betriebsprüfung nur die sachliche Richtigkeit und Vollständigkeit der festgestellten Besteuerungsgrundlagen ermittelt bzw. überprüft werden dürfen.

5.3 Sonderfälle

Dient die Außenprüfung u. a. der Feststellung, welche Art von Einkünften die Gesellschafter einer nicht rechtsfähigen Personenvereinigung erzielen, kann die Prüfungsanordnung nach Maßgabe sämtlicher in Betracht kommenden Einkunftsarten ausgerichtet werden. Kommen danach Gewinneinkünfte ernsthaft in Betracht, ist die Personenvereinigung - gestützt auf die Rechtsgrundlage des § 193 Abs. 1 AO - Prüfungssubjekt und die Prüfungsanordnung der Gesellschaft bekanntzugeben. Eine solche Prüfungsanordnung entfaltet jedoch nur in Bezug auf Gewinneinkünfte eine den Ablauf der Feststellungsfrist hemmende Wirkung (BFH-Urteil vom 27.10.2020, IX R 16/19, BStBl 2023 II S. 95). Ist die Einkunftsart noch ungewiss, müssen zur Vermeidung eines Verjährungseintritts zusätzlich für die Überschusseinkünfte Außenprüfungen bei den Gesellschaftern durchgeführt werden. Die Prüfungsanordnung ist sodann auf § 193 Abs. 2 Nr. 2 AO zu stützen und an die Gesellschafter zu richten sowie bekanntzugeben. Ist nicht die Qualifizierung der Einkünfte, sondern die Existenz der nichtrechtsfähigen Personenvereinigung selbst im Streit, muss sich die Prüfungsanordnung gegen die mutmaßlichen Gesellschafter richten (BFH-Urteil vom 8.3.1988, VIII R 220/85, BFH/NV S. 758). Sie ist jedem Beteiligten der mutmaßlichen Personenvereinigung gesondert bekanntzugeben. Liegen konkrete Anhaltspunkte vor, dass die vermutete Gemeinschaft/Gesellschaft tatsächlich einen gewerblichen oder land- und forstwirtschaftlichen Betrieb unterhalten hat bzw. freiberuflich tätig geworden ist, genügt in der Prüfungsanordnung ein Hinweis auf § 193 Abs. 1 AO (BFH-Urteil vom 23.10.1990, VIII R 45/88, BStBl 1991 II S. 278). Ansonsten ist die Prüfungsanordnung auf § 193 Abs. 2 Nr. 2 AO zu stützen und besonders zu begründen.

5.4 Arbeitsgemeinschaften

Ist eine Arbeitsgemeinschaft (ARGE) als Prüfungssubjekt zu prüfen, ist die Prüfungsanordnung an das in der ARGE geschäftsführende Unternehmen als Bevollmächtigtem postalisch bekannt zu geben (vgl. AEAO zu § 122, Nr. 2.4.1.2).

5.5 Atypisch stille Gesellschaften

Da die atypisch stille Gesellschaft nicht selbst Steuerschuldnerin ist, ist eine Prüfungsanordnung an den Inhaber des Handelsgeschäfts zu richten (vgl. AEAO zu § 122, Nr. 2.4.1). Hinsichtlich der gesonderten und einheitlichen Gewinnfeststellung ist eine Prüfungsanordnung ihrem Inhalt nach im Regelfall ebenfalls nicht an die atypisch stille Gesellschaft, sondern regelmäßig an jeden Gesellschafter (Prüfungssubjekt) zu richten und diesem auch bekannt zu geben.

Beispiel:

Anschrift:

a) Bauunternehmung Müller GmbH   Geschäftsinhaber

b) Herrn Josef Meier   atyp. stiller Gesellschafter

(zwei getrennte Prüfungsanordnungen)

Text:

„... ordne ich an, dass bei Ihnen bezüglich der steuerlichen Verhältnisse der atypisch stillen Gesellschaft Bauunternehmung Müller GmbH und Josef Meier (ggf. Anschrift) eine Außenprüfung durchgeführt wird."

Abweichend davon reicht es in Fällen der atypisch stillen Beteiligung an einer Personenhandelsgesellschaft aus, die Prüfungsanordnung hinsichtlich der gesonderten und einheitlichen Gewinnfeststellung an die Personenhandelsgesellschaft (= Geschäftsinhaber) als Prüfungssubjekt zu richten und bekannt zu geben, da die Außenprüfung bei einer Personengesellschaft auch die steuerlichen Verhältnisse der Gesellschafter (auch der atypisch stille Beteiligte ist Mitunternehmer) insoweit umfasst, als diese für die zu überprüfende Feststellung von Bedeutung sind (§ 194 Abs. 1 AO). Einer gesonderten - an den atypisch stillen Gesellschafter gerichteten – Prüfungsordnung bedarf es in diesem Fall nicht.

5.6 Personengesellschaften und nicht rechtsfähige Personengemeinschaften in Liquidation

Wegen der Unterscheidung zwischen der gesellschaftsrechtlichen und der steuerrechtlichen Liquidation vgl. AEAO zu § 122, Nr. 2.7.1. Die Anweisungen des AEAO zu § 122, Nr. 2.7.2 zur Bekanntgabe von Steuerbescheiden gelten für Prüfungsanordnungen sinngemäß.

Auch die Verpflichtung, nach §§ 193 ff. AO eine Außenprüfung zu dulden, führt dazu, eine Personengesellschaft bzw. nicht rechtsfähige Personenvereinigung noch nicht als vollbeendet anzusehen. Nach Beendigung der gesellschaftsrechtlichen Liquidation (z. B. Prüfung bei „dem gesellschaftsrechtlich beendeten Autohaus Heinrich Schmitz Nachf. GbR") bleibt die Personengesellschaft bzw. nicht rechtsfähige Personenvereinigung weiterhin Prüfungssubjekt; die Prüfungsanordnung ist deshalb an sie zu richten (vgl. BFH-Urteil vom 1.3.1994, VIII R 35/92, BStBl 1995 II S. 241). Zu empfehlen ist die Bekanntgabe der Prüfungsanordnung an alle ehemaligen Gesellschafter als Liquidatoren (mit Hinweis auf die rechtliche Stellung als Liquidator).

5.7 Eintritt, Ausscheiden und Wechsel von Gesellschaftern einer Personengesellschaft oder einer nicht rechtsfähigen Personengemeinschaft

5.7.1 Wird das Handelsgeschäft eines Einzelunternehmers in eine Personen- oder Kapitalgesellschaft eingebracht, ist zu unterscheiden, ob der Zeitraum vor oder der nach der Übertragung geprüft wird. Die Prüfungsanordnung muss an den jeweiligen Inhaltsadressaten für die Zeit seiner Inhaberschaft gerichtet und bekannt gegeben werden. Für den Prüfungszeitraum bis zur Einbringung ergeht die Prüfungsanordnung an den ehemaligen Einzelunternehmer als Inhaltsadressat (Prüfungssubjekt) („bei Ihnen"). In einem Zusatz ist zu erläutern, dass Prüfungsgegenstand bestimmte Besteuerungszeiträume vor der Einbringung in die namentlich benannte aufnehmende Gesellschaft sind.

5.7.2 Tritt in eine bestehende Personenhandelsgesellschaft oder nicht rechtsfähige Personenvereinigung mit geschäftsüblichem Namen ein Gesellschafter ein oder scheidet ein Gesellschafter aus unter Fortführung der Gesellschaft durch die verbliebenen Gesellschafter oder ergibt sich durch abgestimmten Ein- und Austritt ein Gesellschafterwechsel, ändert sich die Identität der Gesellschaft nicht. Daher ist die Prüfungsanordnung auch für die Zeit vor dem Eintritt, Ausscheiden oder Wechsel an die Personengesellschaft als Inhaltsadressaten zu richten. An den ausgeschiedenen Gesellschafter ergeht keine gesonderte Prüfungsanordnung. Ihm ist jedoch zur Wahrung des rechtlichen Gehörs eine Kopie der an die Gesellschaft gerichteten Prüfungsanordnung zu übersenden. Dabei ist er auf den Sinn und Zweck dieser Benachrichtigung hinzuweisen.

5.7.3 Scheidet aus einer zweigliedrigen Personengesellschaft oder nicht rechtsfähigen Personengemeinschaft der vorletzte Gesellschafter aus und wird der Betrieb durch den verbliebenen Gesellschafter ohne Liquidation fortgeführt (= vollbeendete Gesellschaft; BFH-Urteil vom 18.9.1980, V R 175/74, BStBl 1981 II S. 293), ist der jetzige Alleininhaber Gesamtrechtsnachfolger gem. § 45 Abs. 1 Satz 1 AO für die Betriebssteuern. Die Prüfungsanordnung für die Betriebssteuern ist daher auch für die Zeit des Bestehens der Gesellschaft/Gemeinschaft an den jetzigen Alleininhaber zu richten und diesem bekannt zu geben. Er ist auf seine Stellung als Gesamtrechtsnachfolger hinzuweisen. In einem Zusatz ist deutlich zu machen, dass die Prüfung die steuerlichen Verhältnisse der vollbeendeten Gesellschaft/Gemeinschaft betrifft.

Für die gesonderte und einheitliche Gewinnfeststellung geht die Pflicht, die Prüfung zu dulden (vgl. AEAO zu § 197, Nr. 2.1 und 5.2.1), ebenfalls von der Gesellschaft/Gemeinschaft auf den jetzigen Alleininhaber als Gesamtrechtsnachfolger i. S. v. § 45 Abs. 1 Satz 1 AO über (BFH-Urteil vom 25.4.2006, VIII R 46/02, BFH/NV S. 2037) Die Prüfungsanordnung zur gesonderten und einheitlichen Gewinnfeststellung für die Zeit des Bestehens der Gesellschaft ist daher ebenfalls an den jetzigen Alleininhaber zu richten und diesem bekannt zu geben. Auf die Stellung als Gesamtrechtsnachfolger ist hinzuweisen. In einem Zusatz ist deutlich zu machen, dass die Prüfung die steuerlichen Verhältnisse der vollbeendeten Gesellschaft/Gemeinschaft betrifft.

Erzielt die Personengesellschaft/Gemeinschaft ausschließlich Überschusseinkünfte (z. B. aus Vermietung und Verpachtung), ist sie als solche kein Prüfungssubjekt hinsichtlich der gesonderten und einheitlichen Feststellung der Überschusseinkünfte (vgl. AEAO zu § 197, Nr. 5.2.2). Die Duldungspflicht der Prüfung kann daher auch nicht im Wege der Gesamtrechtsnachfolge auf den jetzigen Alleingesellschafter übergehen. Die Prüfungsanordnung ist in diesem Fall an jeden ehemaligen Gesellschafter zu richten und bekannt zu geben.

6. Juristische Personen

Vgl. AEAO zu § 122, Nr. 2.8.

7. Insolvenzfälle

Soweit die Verwaltungs- und Verfügungsbefugnis auf einen Insolvenzverwalter oder einen vorläufigen Insolvenzverwalter übergegangen ist (vgl. AEAO zu § 251, Nrn. 3.1 und 4.2), ist dieser Bekanntgabeadressat (AEAO zu § 197, Nr. 2.2).

8. Gesamtrechtsnachfolge in Erbfällen

8.1 Geht ein Einzelunternehmen durch Erbfall im Wege der Gesamtrechtsnachfolge auf eine oder mehrere Person(en) über, ist die Prüfungsanordnung an den/die Erben als Prüfungssubjekt zu richten. Bei ihm/ihnen kann eine Außenprüfung nach § 193 Abs. 1 AO auch für Zeiträume stattfinden, in denen der Erblasser unternehmerisch tätig war (BFH-Urteil vom 24.8.1989, IV R 65/88, BStBl 1990 II S. 2). Auf den/die Erben gehen als Gesamtrechtsnachfolger alle Verpflichtungen aus dem Steuerschuldverhältnis über (§ 45 Abs. 1 AO); hierzu gehört auch die Duldung der Betriebsprüfung (BFH-Urteil vom 9.5.1978, VII R 96/75, BStBl II S. 501).

Beispiele:

a) **Anschrift:**

Frau Antonia Huber

Text:

„... ordne ich an, dass bei Ihnen bezüglich der steuerlichen Verhältnisse Ihres verstorbenen Ehemannes Anton Huber eine Außenprüfung durchgeführt wird."

Zusatz:

„... ergeht an Sie als Alleinerbin und Gesamtrechtsnachfolgerin nach Ihrem Ehemann."

b) **Anschrift:**

Herrn Steuerberater Klaus Schulz

Text:

„... ordne ich an, dass bei Ihrer Mandantin Antonia Huber bezüglich der steuerlichen Verhältnisse ihres verstorbenen Ehemanns Anton Huber eine Außenprüfung durchgeführt wird."

Zusatz:

„... ergeht an Sie für Frau Antonia Huber als Alleinerbin und Gesamtrechtsnachfolgerin nach Anton Huber."

c) Anschrift:

Herrn Steuerberater Klaus Schulz

Text:

„... ordne ich an, dass bei Ihren Mandanten Emilia Müller, Fritz Müller (usw., alle Erben namentlich aufzuzählen) bezüglich der steuerlichen Verhältnisse des verstorbenen Emil Müller eine Außenprüfung durchgeführt wird."

Zusatz:

„... ergeht an Sie für Frau Emilia Müller, Herrn Fritz Müller usw. als Erben und Gesamtrechtsnachfolger des verstorbenen Emil Müller."

8.2 Hat die Erbengemeinschaft keinen gemeinsamen Empfangsbevollmächtigten, ist jedem Miterben eine Prüfungsanordnung bekannt zu geben. Im Anschriftenfeld ist sie jeweils an den einzelnen Miterben zu adressieren. Im Übrigen ist sie inhaltsgleich allen Miterben bekannt zu geben. Die Prüfung ist „bei dem" jeweiligen Miterben vorzusehen. Außerdem ist in der Prüfungsanordnung in einem Zusatz darzustellen, welche weiteren Miterben zur Erbengemeinschaft gehören (Darstellung mit vollständigen Namen und ggf. Anschriften).

8.3 Ist ein Miterbe gemeinsamer Empfangsbevollmächtigter aller Miterben, so ist die Prüfungsanordnung nur diesem Miterben wie folgt bekannt zu geben:

Anschrift:

Anna Müller, Anschrift

Text:

„... ordne ich an, dass bei Ihnen bezüglich der steuerlichen Verhältnisse Ihres verstorbenen Ehemanns Herbert Müller eine Außenprüfung durchgeführt wird."

Zusatz:

„Die Prüfungsanordnung ergeht an Sie mit Wirkung für alle Miterben und Gesamtrechtsnachfolger nach Herbert Müller: Frau Anna Müller, Frau Eva Müller,... (alle weiteren Miterben namentlich ggf. mit Anschrift, nennen)."

Zweckmäßigerweise sollten getrennte Prüfungsanordnungen für folgende gleichzeitig vorliegende und zu prüfende Fallgestaltungen ergehen:

- Prüfungszeitraum des Erblassers als Einzelunternehmer (s. o.),
- Prüfungszeitraum der Fortführung des Unternehmens durch die Erbengemeinschaft (Prüfung „bei der Erbengemeinschaft, Anna Müller, ggf. Anschrift, sowie Eva Müller, ggf. Anschrift, und Thomas Müller, ggf. Anschrift etc. Alle Beteiligten sind Erben und Gesamtrechtsnachfolger nach Herbert Müller."),
- Prüfung eines eigenen Betriebs eines Miterben (z. B. der Ehefrau des Erblassers).

9. Umwandlungen

9.1 In den übrigen Fällen einer Gesamtrechtsnachfolge i. S. d. § 45 Abs. 1 AO (vgl. AEAO zu § 45) gelten grundsätzlich die Anweisungen des AEAO zu § 122, Nrn. 2.12.1 und 2.12.2.

9.2 Nach einer Verschmelzung (§ 1 Abs. 1 Nr. 1, §§ 2 ff. UmwG) ist sowohl hinsichtlich der Betriebssteuern als auch hinsichtlich der gesonderten und einheitlichen Feststellungen Nr. 5.7.3 des AEAO zu § 197 sinngemäß anzuwenden.

9.3 In Fällen einer Abspaltung oder Ausgliederung (§ 1 Abs. 1 Nr. 2, §§ 123 ff. UmwG) sowie einer Vermögensübertragung im Wege der Teilübertragung (§ 1 Abs. 1 Nr. 3, § 174 Abs. 2, §§ 175, 177, 179, 184 ff., 189 UmwG) liegt keine Gesamtrechtsnachfolge i. S. d. § 45 Abs. 1 AO vor (vgl. AEAO zu § 45, Nr. 2). Eine Prüfungsanordnung, die sich auf Zeiträume bis zur Abspaltung, Ausgliederung oder Vermögensübertragung bezieht, ist daher stets an den abspaltenden, ausgliedernden bzw. an den das Vermögen übertragenden Rechtsträger zu richten.

9.4 In den Fällen einer Aufspaltung (§ 1 Abs. 1 Nr. 2, § 123 Abs. 1 UmwG) ist jedoch § 45 Abs. 1 AO sinngemäß anzuwenden. Eine Prüfungsanordnung, die sich auf Zeiträume bis zur Aufspaltung bezieht, ist an alle spaltungsgeborenen Gesellschaften zu richten. Dies gilt nicht in Bezug auf die gesonderte und einheitliche Feststellung von Besteuerungsgrundlagen (vgl. AEAO zu § 45, Nr. 2).

9.5 Bei einer formwechselnden Umwandlung (§ 1 Abs. 1 Nr. 4, §§ 190 ff. UmwG) handelt es sich lediglich um den Wechsel der Rechtsform. Das Prüfungssubjekt bleibt identisch; es ändert sich lediglich dessen Bezeichnung. Die Prüfungsanordnung ist an die Gesellschaft unter ihrer neuen Bezeichnung zu richten. Dies gilt auch, wenn sich - wie z. B. in Fällen der Umwandlung einer Personengesellschaft in eine Kapitalgesellschaft oder der Umwandlung einer Kapitalgesellschaft in eine Personengesellschaft - das Steuersubjekt ändert und daher eine steuerliche Gesamtrechtsnachfolge vorliegt (vgl. AEAO zu § 45, Nr. 3). Wurde eine Personengesellschaft, die Gewinneinkünfte erzielt hat, in eine Kapitalgesellschaft umgewandelt, ist eine Prüfungsanordnung, die sich auf die gesonderte und einheitliche Feststellung von Besteuerungsgrundlagen der Personengesellschaft erstreckt, nach den Grundsätzen der Nr. 5.2.1 des AEAO zu § 197 an die Kapitalgesellschaft zu richten. Hat die umgewandelte Personengesellschaft Überschusseinkünfte erzielt, ist die Prüfungsanordnung für die gesonderte und einheitliche Feststellung der Besteuerungsgrundlagen nach den Grundsätzen von Nr. 5.2.2 des AEAO zu § 197 an die Gesellschafter der ehemaligen Personengesellschaft zu richten.

10. **Festlegung des voraussichtlichen Prüfungsbeginns**

Die Festlegung des voraussichtlichen Prüfungsbeginns stellt einen eigenständigen Verwaltungsakt dar, der von der Prüfungsanordnung als solcher zu unterscheiden ist. Der Regelungsgehalt liegt in der Festlegung der Behörde, dass der Steuerpflichtige die Prüfung jedenfalls ab dem Tage, auf den der voraussichtliche Prüfungsbeginn festgelegt wird, zu dulden hat.

Im Gegensatz zur Prüfungsanordnung sind an die Annahme eines Verwaltungsakts, mit dem der voraussichtliche Prüfungsbeginn festgelegt wird, keine hohen Anforderungen zu stellen. Er kann formfrei ergehen, muss regelmäßig aber ein taggenaues Datum bezeichnen. Ein bloßer Terminvorschlag oder lediglich eine Terminanfrage sind nicht ausreichend. Mischformen aus einvernehmlichen Abstimmungen und gleichzeitigen Anordnungen sind hingegen möglich (BFH-Urteil vom 19.5.2016, X R 14/15, BStBl 2017 I S. 97). Sie sind im Hinblick auf eine möglicherweise später relevante Beweislast hinreichend zu dokumentieren. Die Angabe einer konkreten Uhrzeit des Prüfungsbeginns ist nicht notwendig. Der genaue Beginn kann später unter Berücksichtigung des § 200 Abs. 3 Satz 1 AO vereinbart oder bestimmt werden.

Die Anforderungen an eine erstmalige Festlegung des voraussichtlichen Prüfungsbeginns gelten auch im Fall der Verlegung des voraussichtlichen Beginns der Außenprüfung auf einen anderen Zeitpunkt.

11. **Antrag des Steuerpflichtigen auf Verschiebung des Prüfungsbeginns (§ 197 Abs. 2 AO)**

Die Anforderungen an einen Antrag des Steuerpflichtigen auf Verschiebung des Prüfungsbeginns sind gering (BFH-Urteil vom 19.5.2016, X R 14/15, BStBl 2017 II S. 97). Er kann formlos gestellt werden. Der Angabe eines taggenauen Datums, auf den der Prüfungsbeginn verschoben werden soll, bedarf es nicht. Ausreichend ist z. B. ein Verschiebungswunsch auf „Mitte Mai 2017". Zulässig ist auch ein Antrag, der überhaupt keine zeitliche Vorgabe enthält, sondern auf einen konkreten Umstand abstellt, z. B. bei anhängigen Rechtsbehelfs- oder Strafverfahren, die Einfluss auf die Außenprüfung haben (BFH-Urteil vom 1.2.2012, I R 18/11, BStBl II S. 400).

Der Antrag auf Verschiebung muss aber einem Verwaltungsakt, in dem der voraussichtliche Prüfungsbeginn angekündigt wird, denklogisch nachfolgen. Eine Äußerung des Steuerpflichtigen, der kein entsprechender Verwaltungsakt der Finanzbehörde vorausgegangen ist, kann daher nicht als Verschiebungsantrag nach § 197 Abs. 2 AO angesehen werden.

Ein Verschiebungsantrag nach § 197 Abs. 2 AO, dem stattgegeben wird, löst die Ablaufhemmung nach § 171 Abs. 4 Satz 1 2. Alternative AO aus (vgl. AEAO zu § 171, Nr. 3.3).

§ 198 Ausweispflicht, Beginn der Außenprüfung (S 0404)

¹Die Prüfer haben sich bei Erscheinen unverzüglich auszuweisen. ²Der Beginn der Außenprüfung ist unter Angabe von Datum und Uhrzeit aktenkundig zu machen.

AEAO zu § 198 - Ausweispflicht, Beginn der Außenprüfung:

1. Die Außenprüfung beginnt grundsätzlich in dem Zeitpunkt, in dem der Außenprüfer nach Bekanntgabe der Prüfungsanordnung konkrete Ermittlungshandlungen vornimmt. Bei einer Datenträgerüberlassung beginnt die Außenprüfung spätestens mit der Auswertung der Daten. Die Handlungen brauchen für den Betroffenen nicht erkennbar zu sein; es genügt vielmehr, dass der Außenprüfer nach Bekanntgabe der Prüfungsanordnung mit dem Studium der den Steuerfall betreffenden Akten beginnt (BFH-Urteile vom 7.8.1980, II R 119/77, BStBl 1981 II S. 409, vom 11.10.1983, VIII R 11/82, BStBl 1984 II S. 125, und vom 18.12.1986, I R 49/83, BStBl 1987 II S. 408). Als Beginn der Außenprüfung ist auch ein Auskunfts- und Vorlageersuchen der Finanzbehörde anzusehen, mit dem unter Hinweis auf die Außenprüfung um Beantwortung verschiedener Fragen und Vorlage bestimmter Unterlagen gebeten wird (BFH-Urteil vom 2.2.1994, I R 57/93, BStBl II S. 377 und BFH-Beschluss vom 3.3.2009, IV S 12/08, BFH/NV S. 958). Ein Aktenstudium, das vor dem in der Betriebsprüfungsanordnung genannten Termin des Beginns der Prüfung durchgeführt wird, gehört hingegen noch zu den Prüfungsvorbereitungen (BFH-Urteil vom 8.7.2009, XI R 64/07, BStBl 2010 II S. 4).

2. Bei der Außenprüfung von Konzernen und sonstigen zusammenhängenden Unternehmen i. S. d. §§ 13 bis 19 BpO gelten keine Besonderheiten. Da es sich um rechtlich selbständige Unternehmen handelt, fällt der Beginn der Außenprüfung grundsätzlich auf den Tag, an dem mit der Prüfung des jeweiligen Unternehmens begonnen wird. Werden mehrere konzernzugehörige Unternehmen von einer Finanzbehörde geprüft und hat sie sich mit allen von ihr zu prüfenden Betrieben befasst, um sich einen Überblick über die prüfungsrelevanten Sachverhalte zu verschaffen, sowie die wirtschaftlichen, bilanziellen und liquiditätsmäßigen Verflechtungen zwischen den Unternehmen aus den unterschiedlichen Perspektiven untersucht, ist damit bereits ein einheitlicher Prüfungsbeginn gegeben.

   Wenn dagegen ein konzernzugehöriges Unternehmen von einer anderen Finanzbehörde geprüft wird, beginnt die Außenprüfung erst dann, wenn konkrete Prüfungshandlungen in diesem Einzelfall vorgenommen worden sind. Der Zeitpunkt des Beginns der Außenprüfung ist in den Prüfungsbericht aufzunehmen.

3. Zur Ablaufhemmung vgl. AEAO zu § 171, Nr. 3.

§ 199 Prüfungsgrundsätze (S 0405)

(1) Der Außenprüfer hat die tatsächlichen und rechtlichen Verhältnisse, die für die Steuerpflicht und für die Bemessung der Steuer maßgebend sind (Besteuerungsgrundlagen), zugunsten wie zuungunsten des Steuerpflichtigen zu prüfen.

(2)[1] ¹Der Steuerpflichtige ist während der Außenprüfung über die festgestellten Sachverhalte und die möglichen steuerlichen Auswirkungen zu unterrichten, wenn dadurch Zweck und Ablauf der Prüfung nicht beeinträchtigt werden. ²Die Finanzbehörde kann mit dem Steuerpflichtigen vereinbaren, in regelmäßigen Abständen Gespräche über die festgestellten Sachverhalte und die möglichen steuerlichen Auswirkungen zu führen. ³Sie kann im Einvernehmen mit dem Steuerpflichtigen Rahmenbedingungen für die Mitwirkung nach § 200 festlegen; werden die Rahmenbedingungen vom Steuerpflichtigen erfüllt, unterbleibt ein qualifiziertes Mitwirkungsverlangen nach § 200a.

§ 200 Mitwirkungspflichten des Steuerpflichtigen (S 0406)

(1) ¹Der Steuerpflichtige hat bei der Feststellung der Sachverhalte, die für die Besteuerung erheblich sein können, mitzuwirken. ²Er hat insbesondere Auskünfte zu erteilen, Aufzeichnungen, Bücher, Geschäftspapiere und andere Urkunden zur Einsicht und Prüfung vorzulegen, die zum Verständnis der Aufzeichnungen erforderlichen Erläuterungen zu geben und die Finanzbehörde bei Ausübung ihrer Befugnisse nach § 147 Absatz 6 zu unterstützen. ³Sind der Steuerpflichtige oder die von ihm benannten Personen nicht in der Lage, Auskünfte zu erteilen, oder sind die Auskünfte zur Klärung des Sachverhalts unzureichend oder versprechen Auskünfte des Steuerpflichtigen keinen Erfolg, so kann der Außenprüfer auch andere Betriebsangehörige um Auskunft ersuchen. ⁴§ 93 Absatz 2 Satz 2 gilt nicht.

(2) ¹Die in Absatz 1 genannten Unterlagen hat der Steuerpflichtige in seinen Geschäftsräumen oder, soweit ein zur Durchführung der Außenprüfung geeigneter Geschäftsraum nicht vorhanden ist, in seinen Wohnräumen oder an Amtsstelle vorzulegen. ²Werden mobile Endgeräte in der Außenprüfung eingesetzt, gilt die ortsunabhängige Tätigkeit als an Amtsstelle ausgeübt. ³Ein zur Durchführung der Außenprüfung geeigneter Raum oder Arbeitsplatz sowie die erforderlichen Hilfsmittel sind unentgeltlich zur Verfügung zu stellen. ⁴§ 147 Absatz 6 und 7 bleibt unberührt.

(3) ¹Die Außenprüfung findet während der üblichen Geschäfts- oder Arbeitszeit statt. ²Die Prüfer sind berechtigt, Grundstücke und Betriebsräume zu betreten und zu besichtigen. ³Bei der Betriebsbesichtigung soll der Betriebsinhaber oder sein Beauftragter hinzugezogen werden.

---

[1] Zur Anwendung des § 199 Abs. 2 Satz 2 und 3 AO siehe Artikel 97 § 37 EGAO.

AEAO zu § 200 - Mitwirkungspflichten des Steuerpflichtigen:

1. Die Bestimmung des Umfangs der Mitwirkung des Steuerpflichtigen liegt im pflichtgemäßen Ermessen der Finanzbehörde. Auf Anforderung hat der Steuerpflichtige vorhandene Aufzeichnungen und Unterlagen vorzulegen, die nach Einschätzung der Finanzbehörde für eine ordnungsgemäße und effiziente Abwicklung der Außenprüfung erforderlich sind, ohne dass es ihm gegenüber einer zusätzlichen Begründung hinsichtlich der steuerlichen Bedeutung bedarf.

    Konzernunternehmen haben auf Anforderung insbesondere vorzulegen:

    - den Prüfungsbericht des Wirtschaftsprüfers über die Konzernabschlüsse der Konzernmuttergesellschaft,

    - die Richtlinie der Konzernmuttergesellschaft zur Erstellung des Konzernabschlusses,

    - die konsolidierungsfähigen Einzelabschlüsse (sog. Handelsbilanzen II) der Konzernmuttergesellschaft,

    - Einzelabschlüsse und konsolidierungsfähige Einzelabschlüsse (sog. Handelsbilanzen II) von in- und ausländischen Konzernunternehmen.

    Bei Auslandssachverhalten trägt der Steuerpflichtige eine erhöhte Mitwirkungspflicht (BFH-Beschluss vom 9.7.1986, I B 36/86, BStBl 1987 II S. 487). Im Falle von Verzögerungen durch den Steuerpflichtigen oder der von ihm benannten Auskunftspersonen soll nach den Umständen des Einzelfalls von der Möglichkeit der Androhung und Festsetzung von Zwangsmitteln (§ 328 AO), der Festsetzung von Verzögerungsgeld (§ 146 Abs. 2b AO) oder der Schätzung (§ 162 AO) Gebrauch gemacht werden. Im Rahmen von Geschäftsbeziehungen zwischen nahe stehenden Personen sind die Regelungen der Gewinnabgrenzungsaufzeichnungsverordnung und der Verwaltungsgrundsätze-Verfahren (BMF-Schreiben vom 12.4.2005, BStBl I S. 570) zu beachten. Kreditinstitute sind verpflichtet, dem Außenprüfer Angaben zur Identität der Bankkunden zu machen.

2. Eine Außenprüfung in den Geschäftsräumen des Steuerpflichtigen verstößt nicht gegen Art. 13 GG (BFH-Urteil vom 20.10.1988, IV R 104/86, BStBl 1989 II S. 180). Ist ein geeigneter Geschäftsraum vorhanden, so muss die Außenprüfung dort stattfinden. Ob ein geeigneter Geschäftsraum vorhanden ist, richtet sich nach der objektiven Beschaffenheit der Räume, den betriebsüblichen Verhältnissen sowie arbeitsrechtlichen Grundsätzen. Der Vorrang der Geschäftsräume vor allen anderen Orten ergibt sich aus dem Wortlaut des § 200 Abs. 2 AO und aus dem Sinn und Zweck der Außenprüfung. Sind keine geeigneten Geschäftsräume vorhanden, ist in den Wohnräumen des Steuerpflichtigen oder an Amtsstelle zu prüfen. Nur im Ausnahmefall und nur auf Antrag kommen andere Prüfungsorte in Betracht, wenn schützenswerte Interessen des Steuerpflichtigen von besonders großem Gewicht die Interessen der Finanzbehörden an einem effizienten Prüfungsablauf in den Geschäftsräumen verdrängen.

§ 200a Qualifiziertes Mitwirkungsverlangen[1] (S 0406-a)

(1) ¹Nach Ablauf von sechs Monaten seit Bekanntgabe der Prüfungsanordnung kann der Steuerpflichtige zur Mitwirkung nach § 200 Absatz 1 in einem schriftlich oder elektronisch zu erteilenden Mitwirkungsverlangen mit Rechtsbehelfsbelehrung nach § 356 aufgefordert werden (qualifiziertes Mitwirkungsverlangen). ²Hat die Finanzbehörde den Steuerpflichtigen auf die Möglichkeit eines qualifizierten Mitwirkungsverlangens hingewiesen und ist der Steuerpflichtige seinen Mitwirkungspflichten dennoch nicht oder nicht hinreichend nachgekommen, ist eine weitergehende Begründung nicht erforderlich. ³§ 200 Absatz 2 gilt entsprechend. ⁴Das qualifizierte Mitwirkungsverlangen ist innerhalb einer Frist von einem Monat nach Bekanntgabe zu erfüllen; in begründeten Einzelfällen kann die Frist verlängert werden.

(2) ¹Kommt der Steuerpflichtige dem qualifizierten Mitwirkungsverlangen innerhalb der Frist nach Absatz 1 Satz 4 nicht oder nicht hinreichend nach (Mitwirkungsverzögerung), ist ein Mitwirkungsverzögerungsgeld festzusetzen. ²Das Mitwirkungsverzögerungsgeld beträgt 75 Euro für jeden vollen Kalendertag der Mitwirkungsverzögerung. ³Es ist höchstens für 150 Kalendertage festzusetzen. Die Festsetzung des Mitwirkungsverzögerungsgeldes kann für volle Wochen und Monate der Mitwirkungsverzögerung in Teilbeträgen erfolgen. ⁴Die Mitwirkungsverzögerung endet mit Ablauf des Tages, an dem das qualifizierte Mitwirkungsverlangen vollständig erfüllt wurde, spätestens mit Ablauf des Tages der Schlussbesprechung. ⁵Von der Festsetzung eines Mitwirkungsverzögerungsgeldes ist abzusehen, wenn der Steuerpflichtige glaubhaft macht, dass die Mitwirkungsverzögerung entschuldbar ist; das Verschulden eines Vertreters oder eines Erfüllungsgehilfen ist dem Steuerpflichtigen zuzurechnen.

(3) ¹Liegt eine Mitwirkungsverzögerung vor, kann ein Zuschlag zum Mitwirkungsverzögerungsgeld festgesetzt werden, wenn

1. in den letzten fünf Jahren vor dem ersten Tag der Mitwirkungsverzögerung ein Mitwirkungsverzögerungsgeld festgesetzt wurde und zu befürchten ist, dass der Steuerpflichtige ohne einen Zuschlag zum Mitwirkungsverzögerungsgeld seiner aktuellen Verpflichtung nach Absatz 1 nicht nachkommt, oder

2. zu befürchten ist, dass der Steuerpflichtige aufgrund seiner wirtschaftlichen Leistungsfähigkeit ohne einen Zuschlag zum Mitwirkungsverzögerungsgeld seiner aktuellen Verpflichtung nach Absatz 1 nicht nachkommt. ²Dies ist insbesondere anzunehmen, wenn die Umsatzerlöse des Steuerpflichtigen in einem der von der Außenprüfung umfassten Kalenderjahre mindestens 12 Millionen Euro betragen haben oder der Steuerpflichtige einem Konzern angehört, dessen im Konzernabschluss ausgewiesene konsolidierte Umsatzerlöse in einem der von der Außenprüfung umfassten Kalenderjahre mindestens 120 Millionen Euro betragen haben.

²Der Zuschlag zum Mitwirkungsverzögerungsgeld beträgt höchstens 25 000 Euro für jeden vollen Kalendertag der Mitwirkungsverzögerung und ist höchstens für 150 Kalendertage festzusetzen; er kann für volle Wochen und Monate

---

[1] Zur Anwendung des § 200a AO siehe Artikel 97 § 37 EGAO.

der Mitwirkungsverzögerung in Teilbeträgen festgesetzt werden. Absatz 2 Satz 5 und 6 gilt entsprechend.

(4) ¹Wurde wegen einer Mitwirkungsverzögerung ein Mitwirkungsverzögerungsgeld nach Absatz 2 festgesetzt, verlängert sich die Frist nach § 171 Absatz 4 Satz 3 erster Halbsatz für die Steuern, auf die sich die Außenprüfung erstreckt, um die Dauer der Mitwirkungsverzögerung, mindestens aber um ein Jahr. ²Abweichend von Satz 1 gilt § 171 Absatz 4 Satz 3 erster Halbsatz für die Steuern, auf die sich die Außenprüfung erstreckt, nicht, wenn außerdem in den letzten fünf Jahren vor dem ersten Tag der Mitwirkungsverzögerung ein Mitwirkungsverzögerungsgeld nach Absatz 2 festgesetzt wurde. ³Ist die Erfüllung der geforderten Mitwirkung unmöglich, gelten die Sätze 1 und 2 entsprechend, wenn der Steuerpflichtige auf die Unmöglichkeit nicht unverzüglich hingewiesen hat.

(5) Wird ein qualifiziertes Mitwirkungsverlangen nach Absatz 1, die Festsetzung eines Mitwirkungsverzögerungsgeldes nach Absatz 2 oder die Festsetzung eines Zuschlags zum Mitwirkungsverzögerungsgeld nach Absatz 3 mit einem Einspruch oder einer Klage angefochten, so läuft die Festsetzungsfrist für die Steuern, auf die sich die Außenprüfung erstreckt, nicht vor Ablauf eines Jahres nach der Unanfechtbarkeit der Entscheidung über den Rechtsbehelf ab.

(6) Im qualifizierten Mitwirkungsverlangen ist auf die Möglichkeit der Festsetzung eines Mitwirkungsverzögerungsgeldes nach Absatz 2 und eines Zuschlags zum Mitwirkungsverzögerungsgeld nach Absatz 3 sowie auf die voraussichtliche Höhe des Zuschlags und auf die Rechtsfolgen nach den Absätzen 4 und 5 hinzuweisen.

(7) Die Betragsgrenzen nach Absatz 3 Satz 1 Nummer 2 sind mindestens alle drei Jahre und spätestens erstmals zum 1. Januar 2026 zu evaluieren.

§ 201 Schlussbesprechung (S 0407)

(1) ¹Über das Ergebnis der Außenprüfung ist eine Besprechung abzuhalten (Schlussbesprechung), es sei denn, dass sich nach dem Ergebnis der Außenprüfung keine Änderung der Besteuerungsgrundlagen ergibt oder dass der Steuerpflichtige auf die Besprechung verzichtet. ²Bei der Schlussbesprechung sind insbesondere strittige Sachverhalte sowie die rechtliche Beurteilung der Prüfungsfeststellungen und ihre steuerlichen Auswirkungen zu erörtern. ³Eine Schlussbesprechung kann mit Zustimmung des Steuerpflichtigen auch fernmündlich oder nach § 87a Absatz 1a elektronisch durchgeführt werden.

(2) Besteht die Möglichkeit, dass auf Grund der Prüfungsfeststellungen ein Straf- oder Bußgeldverfahren durchgeführt werden muss, soll der Steuerpflichtige darauf hingewiesen werden, dass die straf- oder bußgeldrechtliche Würdigung einem besonderen Verfahren vorbehalten bleibt.

AEAO zu § 201 - Schlussbesprechung:

1. Rechtsirrtümer, die die Finanzbehörde nach der Schlussbesprechung erkennt, können bei der Auswertung der Prüfungsfeststellungen auch dann richtig gestellt werden, wenn an der Schlussbesprechung der für die Steuerfestsetzung zuständige Beamte teilgenommen hat (BFH-Urteile vom

6.11.1962, I 298/61 U, BStBl 1963 III S. 104, und vom 1.3.1963, VI 119/61 U, BStBl III S. 212). Zusagen im Rahmen einer Schlussbesprechung, die im Betriebsprüfungsbericht nicht aufrechterhalten werden, erzeugen schon aus diesem Grund keine Bindung der Finanzbehörde nach Treu und Glauben (BFH-Urteil vom 27.4.1977, I R 211/74, BStBl II S. 623).

2. Die Außenprüfung ist abgeschlossen, wenn die prüfende Behörde den Abschluss ausdrücklich oder konkludent erklärt. I. d. R. kann die Außenprüfung mit der Zusendung des Prüfungsberichts (§ 202 Abs. 1 AO) als abgeschlossen angesehen werden (BFH-Urteile vom 17.7.1985, I R 214/82, BStBl 1986 II S. 21, und vom 4.2.1988, V R 57/83, BStBl II S. 413). Reicht der Steuerpflichtige nach Zusendung des Betriebsprüfungsberichts eine - ausdrücklich vorbehaltene - Stellungnahme und Unterlagen ein, die zu einem Wiedereintritt in Ermittlungshandlungen führen, erfolgt dies noch im Rahmen der Außenprüfung (BFH-Urteil vom 8.7.2009, XI R 64/07, BStBl 2010 II S. 4).

3. Der Steuerpflichtige kann den Verzicht nach § 201 Abs. 1 Satz 1 AO auf die Abhaltung einer Schlussbesprechung formlos erklären. Die Finanzbehörde vereinbart mit dem Steuerpflichtigen einen Termin zur Abhaltung der Schlussbesprechung, der innerhalb eines Monats seit Beendigung der Ermittlungshandlungen liegt. Kommt eine Terminabsprache nicht zustande, lädt die Finanzbehörde den Steuerpflichtigen schriftlich zur Schlussbesprechung an Amtsstelle und weist gleichzeitig darauf hin, dass die Nichtwahrnehmung des Termins ohne Angabe von Gründen als Verzicht i. S. d. § 201 Abs. 1 Satz 1 AO zu werten ist.

4. Die Verwertung von Prüfungsfeststellungen hängt nicht davon ab, ob eine Schlussbesprechung abgehalten worden ist. Das Unterlassen einer Schlussbesprechung führt nicht „ohne weiteres" zu einer Fehlerhaftigkeit der aufgrund des Berichts über die Außenprüfung ergangenen Steuerbescheide (BFH-Beschluss vom 15.12.1997, X B 182/96, BFH/NV 1998 S. 811).

5. Zu der Zulässigkeit und den Rechtsfolgen einer tatsächlichen Verständigung siehe BMF-Schreiben vom 30.7.2008, BStBl I S. 831, ergänzt durch BMF-Schreiben vom 15.4.2019, BStBl I S. 446[1].

6. Der Hinweis nach § 201 Abs. 2 AO ist zu erteilen, wenn es nach dem Erkenntnisstand zum Zeitpunkt der Schlussbesprechung möglich erscheint, dass ein Straf- oder Bußgeldverfahren durchgeführt werden muss. Wegen weiterer Einzelheiten vgl. Nr. 131 Abs. 2 AStBV (St). Durch den Hinweis nach § 201 Abs. 2 AO wird noch nicht das Straf- und Bußgeldverfahren i. S. d. §§ 397, 410 Abs 1 Nr. 6 AO eröffnet, weil das Aussprechen eines strafrechtlichen Vorbehalts i. S. d. § 201 Abs. 2 AO noch im Rahmen der Außenprüfung bei Durchführung der Besteuerung geschieht. Der Hinweis nach § 201 Abs. 2 AO ist kein Verwaltungsakt.

---

[1] Im Anhang 19 abgedruckt.

§ 202 Inhalt und Bekanntgabe des Prüfungsberichts (S 0408)

(1)[1] ¹Über das Ergebnis der Außenprüfung ergeht ein schriftlicher oder elektronischer Bericht (Prüfungsbericht). ²Im Prüfungsbericht sind die für die Besteuerung erheblichen Prüfungsfeststellungen in tatsächlicher und rechtlicher Hinsicht sowie die Änderungen der Besteuerungsgrundlagen darzustellen. ³Führt die Außenprüfung zu keiner Änderung der Besteuerungsgrundlagen, so genügt es, wenn dies dem Steuerpflichtigen schriftlich oder elektronisch mitgeteilt wird. ⁴Wurden Besteuerungsgrundlagen in einem Teilabschlussbescheid nach § 180 Absatz 1a gesondert festgestellt, ist im Prüfungsbericht darauf hinzuweisen.

(2) Die Finanzbehörde hat dem Steuerpflichtigen auf Antrag den Prüfungsbericht vor seiner Auswertung zu übersenden und ihm Gelegenheit zu geben, in angemessener Zeit dazu Stellung zu nehmen.

(3) Sollen Besteuerungsgrundlagen in einem Teilabschlussbescheid nach § 180 Absatz 1a gesondert festgestellt werden, ergeht vor Erlass des Teilabschlussbescheids ein schriftlicher oder elektronischer Teilprüfungsbericht; Absatz 1 Satz 2 bis 4 und Absatz 2 gelten entsprechend.

> **AEAO zu § 202 - Inhalt und Bekanntgabe des Prüfungsberichts:**

Der Prüfungsbericht und die Mitteilung über die ergebnislose Prüfung (§ 202 Abs. 1 Satz 3 AO) sind keine Verwaltungsakte und können deshalb nicht mit dem Einspruch angefochten werden (BFH-Urteile vom 17.7.1985, I R 214/82, BStBl 1986 II S. 21, und vom 29.4.1987, I R 118/83, BStBl 1988 II S. 168). In der Übersendung des Prüfungsberichts, der keinen ausdrücklichen Hinweis darauf enthält, dass die Außenprüfung nicht zu einer Änderung der Besteuerungsgrundlagen geführt hat, kann keine konkludente Mitteilung i. S. d. § 202 Abs. 1 Satz 3 AO gesehen werden (BFH-Urteil vom 14.12.1989, III R 158/85, BStBl 1990 II S. 283).

Für den Innendienst bestimmte oder spätere Besteuerungszeiträume betreffende Mitteilungen des Außenprüfers sind in den Prüfungsbericht nicht aufzunehmen (BFH-Urteil vom 27.3.1961, I 276/60 U, BStBl III S. 290).

§ 203 Abgekürzte Außenprüfung (S 0409)

(1) ¹Bei Steuerpflichtigen, bei denen die Finanzbehörde eine Außenprüfung in regelmäßigen Zeitabständen nach den Umständen des Falles nicht für erforderlich hält, kann sie eine abgekürzte Außenprüfung durchführen. ²Die Prüfung hat sich auf die wesentlichen Besteuerungsgrundlagen zu beschränken.

(2) ¹Der Steuerpflichtige ist vor Abschluss der Prüfung darauf hinzuweisen, inwieweit von den Steuererklärungen oder den Steuerfestsetzungen abgewichen werden soll. ²Die steuerlich erheblichen Prüfungsfeststellungen sind dem Steuerpflichtigen spätestens mit den Steuerbescheiden schriftlich oder elektronisch mitzuteilen. ³§ 201 Absatz 1 und § 202 Absatz 2 gelten nicht.

---

[1] Zur Anwendung des § 202 Abs. 1 Satz 4 und Abs. 3 AO siehe Artikel 97 § 37 EGAO

AEAO zu § 203 - Abgekürzte Außenprüfung:

1. Die Vorschrift des § 203 AO soll auch eine im Interesse des Steuerpflichtigen liegende rasche Durchführung einer Außenprüfung ermöglichen (BFH-Urteil vom 25.11.1989, X R 158/87, BStBl II S. 483).
2. Bei einer abgekürzten Außenprüfung finden die Vorschriften über die Außenprüfung (§§ 193 ff. AO) Anwendung, mit Ausnahme der §§ 201 Abs. 1 und 202 Abs. 2 AO. Sie ist bei allen unter § 193 AO fallenden Steuerpflichtigen zulässig.

    Eine Beschränkung der in Frage kommenden Fälle nach der Einordnung der Betriebe in Größenklassen besteht nicht.

    Die abgekürzte Außenprüfung unterscheidet sich von einer im Prüfungsstoff schon eingeschränkten Außenprüfung, indem sie darüber hinaus auf die Prüfung einzelner Besteuerungsgrundlagen eines Besteuerungszeitraums oder mehrerer Besteuerungszeiträume beschränkt wird (§ 4 Abs. 5 Satz 2 BpO)
3. In der Prüfungsanordnung ist die Außenprüfung als abgekürzte Außenprüfung i. S. d. §§ 193, 203 AO ausdrücklich zu bezeichnen. Ein Wechsel von der abgekürzten zur nicht abgekürzten Außenprüfung und umgekehrt ist zulässig. Hierzu bedarf es einer ergänzenden Prüfungsanordnung.
4. Die Vorschrift des § 203 Abs. 2 AO entbindet nicht von der Verpflichtung zur Fertigung eines Prüfungsberichts.
5. Die abgekürzte Außenprüfung löst dieselben Rechtsfolgen wie eine nicht abgekürzte Außenprüfung aus.

§ 203a Außenprüfung bei Datenübermittlung durch Dritte (S 0409-a)

(1) Bei einer mitteilungspflichtigen Stelle im Sinne des § 93c Absatz 1 ist eine Außenprüfung zulässig, um zu ermitteln, ob die mitteilungspflichtige Stelle

1. ihre Verpflichtung nach § 93c Absatz 1 Nummer 1, 2 und 4, Absatz 2 und 3 erfüllt und
2. den Inhalt des Datensatzes nach den Vorgaben des jeweiligen Steuergesetzes bestimmt hat.

(2) Die Außenprüfung wird von der für Ermittlungen nach § 93c Absatz 4 Satz 1 zuständigen Finanzbehörde durchgeführt.

(3) § 195 Satz 2 sowie die §§ 196 bis 203 gelten entsprechend.

2. Unterabschnitt – Verbindliche Zusagen auf Grund einer Außenprüfung

§ 204 Voraussetzung der verbindlichen Zusage (S 0430)

(1) Im Anschluss an eine Außenprüfung soll die Finanzbehörde dem Steuerpflichtigen auf Antrag verbindlich zusagen, wie ein für die Vergangenheit geprüfter und im Prüfungsbericht dargestellter Sachverhalt in Zukunft steuerrechtlich behandelt wird, wenn die Kenntnis der künftigen steuerrechtlichen Behandlung für die geschäftlichen Maßnahmen des Steuerpflichtigen von Bedeutung ist.

(2)[1] Abweichend von Absatz 1 kann die Finanzverwaltung dem Steuerpflichtigen bereits nach Erlass eines Teilabschlussbescheids nach § 180 Absatz 1a auf Antrag verbindlich zusagen, wie ein für die Vergangenheit geprüfter und im Teilabschlussbericht dargestellter Sachverhalt in Zukunft steuerlich behandelt wird, wenn

1. die Kenntnis der künftigen steuerrechtlichen Behandlung für die geschäftlichen Maßnahmen des Steuerpflichtigen von Bedeutung ist und
2. ein besonderes Interesse des Steuerpflichtigen an einer Erteilung vor dem Abschluss der Außenprüfung besteht und dies glaubhaft gemacht wird.

AEAO zu § 204 - Voraussetzung der verbindlichen Zusage:

1. Von der verbindlichen Zusage nach § 204 AO sind zu unterscheiden:
   - die tatsächliche Verständigung über den der Steuerfestsetzung zugrunde liegenden Sachverhalt (vgl. BMF-Schreiben vom 30.7.2008, BStBl I S. 831, ergänzt durch BMF-Schreiben vom 15.4.2019, BStBl I S. 446[2]),
   - die verbindliche Auskunft nach § 89 Abs. 2 AO und
   - die Lohnsteueranrufungsauskunft (§ 42e EStG).

2. Über den Antrag auf Erteilung einer verbindlichen Zusage entscheidet die für die Auswertung der Prüfungsfeststellungen zuständige Finanzbehörde. Im Fall einer Auftragsprüfung nach § 195 AO kann die beauftragte Finanzbehörde nur im Einvernehmen mit der für die Besteuerung zuständigen Finanzbehörde eine verbindliche Zusage erteilen.

3. Der Anwendungsbereich der Vorschrift erstreckt sich auf für die Vergangenheit geprüfte (verwirklichte) Sachverhalte mit Wirkung in die Zukunft (z. B. Gesellschaftsverträge, Erwerb von Grundstücken). Zwischen der Außenprüfung und dem Antrag auf Erteilung einer verbindlichen Zusage muss der zeitliche Zusammenhang gewahrt bleiben (BFH-Urteil vom 13.12.1995, XI R 43-45/89, BStBl 1996 II S. 232). Bei einem nach der Schlussbesprechung gestellten Antrag ist i. d. R. keine verbindliche Zusage mehr zu erteilen, wenn hierzu umfangreiche Prüfungshandlungen erforderlich sind. Der Antrag auf

---

[1] Zur Anwendung des § 204 Abs. 2 AO siehe Artikel 97 § 37 EGAO.
[2] Im Anhang 19 abgedruckt.

Erteilung einer verbindlichen Zusage soll schriftlich bzw. elektronisch gestellt werden (vgl. BFH-Urteil vom 4.8.1961, VI 269/60 S, BStBl III S. 562) Unklarheiten gehen zu Lasten des Steuerpflichtigen (BFH-Urteil vom 13.12.1989, X R 208/87, BStBl 1990 II S. 274).

4. Die Beurteilung eines Sachverhalts im Prüfungsbericht oder in einem aufgrund einer Außenprüfung ergangenen Steuerbescheid steht einer verbindlichen Zusage nicht gleich (BFH-Urteil vom 23.9.1992, X R 129/90, BFH/NV 1993 S. 294). Auch die Tatsache, dass eine bestimmte Gestaltung von vorangegangenen Außenprüfungen nicht beanstandet wurde, schafft keine Bindungswirkung nach Treu und Glauben (BFH-Urteil vom 29.1.1997, XI R 27/95, BFH/NV S. 816).

5. Der Antrag auf Erteilung einer verbindlichen Zusage kann ausnahmsweise abgelehnt werden, insbesondere, wenn sich der Sachverhalt nicht für eine verbindliche Zusage eignet (z. B. zukünftige Angemessenheit von Verrechnungspreisen bei unübersichtlichen Marktverhältnissen) oder wenn zu dem betreffenden Sachverhalt die Herausgabe von allgemeinen Verwaltungsvorschriften oder eine Grundsatzentscheidung des BFH nahe bevorsteht.

§ 205 Form der verbindlichen Zusage (S 0431)

(1) Die verbindliche Zusage wird schriftlich erteilt und als verbindlich gekennzeichnet.

(2) Die verbindliche Zusage muss enthalten:

1. den ihr zugrunde gelegten Sachverhalt; dabei kann auf den im Prüfungsbericht dargestellten Sachverhalt Bezug genommen werden,

2. die Entscheidung über den Antrag und die dafür maßgebenden Gründe,

3. eine Angabe darüber, für welche Steuern und für welchen Zeitraum die verbindliche Zusage gilt.

AEAO zu § 205 - Form der verbindlichen Zusage:

Vorbehalte in der erteilten verbindlichen Zusage (z. B. „vorbehaltlich des Ergebnisses einer Besprechung mit den obersten Finanzbehörden der Länder") schließen die Bindung aus (BFH-Urteil vom 4.8.1961, VI 269/60 S, BStBl III S. 562). Die verbindliche Zusage hat im Hinblick auf die Regelung in § 207 Abs. 1 AO die Rechtsvorschriften zu enthalten, auf die die Entscheidung gestützt wird (BFH-Urteil vom 3.7.1986, IV R 66/84, BFH/NV 1987 S. 89).

§ 206 Bindungswirkung (S 0432)

(1) Die verbindliche Zusage ist für die Besteuerung bindend, wenn sich der später verwirklichte Sachverhalt mit dem der verbindlichen Zusage zugrunde gelegten Sachverhalt deckt.

(2) Absatz 1 gilt nicht, wenn die verbindliche Zusage zuungunsten des Antragstellers dem geltenden Recht widerspricht.

AEAO zu § 206 - Bindungswirkung:

Entspricht der nach Erteilung der verbindlichen Zusage festgestellte und steuerlich zu beurteilende Sachverhalt nicht dem der verbindlichen Zusage zugrunde gelegten Sachverhalt, so ist die Finanzbehörde an die erteilte Zusage auch ohne besonderen Widerruf nicht gebunden (§ 206 Abs. 1 AO). Trifft die Finanzbehörde in einer Steuerfestsetzung eine andere Entscheidung als bei der Erteilung der verbindlichen Zusage, so kann der Steuerpflichtige im Rechtsbehelfsverfahren gegen den betreffenden Bescheid die Bindungswirkung geltend machen. Der Steuerpflichtige andererseits ist nicht gebunden, wenn die verbindliche Zusage zu seinen Ungunsten dem geltenden Recht widerspricht (§ 206 Abs. 2 AO). Er kann also den Steuerbescheid, dem eine verbindliche Zusage zugrunde liegt, anfechten, um eine günstigere Regelung zu erreichen. Hierbei ist es unerheblich, ob die Fehlerhaftigkeit der Zusage bereits bei ihrer Erteilung erkennbar war oder erst später (z. B. durch eine Rechtsprechung zugunsten des Steuerpflichtigen) erkennbar geworden ist.

§ 207 Außerkrafttreten, Aufhebung und Änderung der verbindlichen Zusage (S 0433)

(1) Die verbindliche Zusage tritt außer Kraft, wenn die Rechtsvorschriften, auf denen die Entscheidung beruht, geändert werden.

(2) Die Finanzbehörde kann die verbindliche Zusage mit Wirkung für die Zukunft aufheben oder ändern.

(3) Eine rückwirkende Aufhebung oder Änderung der verbindlichen Zusage ist nur zulässig, falls der Steuerpflichtige zustimmt oder wenn die Voraussetzungen des § 130 Absatz 2 Nummer 1 oder 2 vorliegen.

AEAO zu § 207 - Außerkrafttreten, Aufhebung und Änderung der verbindlichen Zusage:

1. Unter Rechtsvorschriften i. S. d. § 207 Abs. 1 AO sind nur Rechtsnormen zu verstehen, nicht jedoch Verwaltungsanweisungen oder eine geänderte Rechtsprechung.

2. Die Finanzbehörde kann die verbindliche Zusage mit Wirkung für die Zukunft widerrufen oder ändern (§ 207 Abs. 2 AO), z. B. wenn sich die steuerrechtliche Beurteilung des der verbindlichen Zusage zugrunde gelegten Sachverhalts durch die Rechtsprechung oder Verwaltung zum Nachteil des Steuerpflichtigen ändert. Im Einzelfall kann es aus Billigkeitsgründen gerechtfertigt sein, von einem Widerruf der verbindlichen Zusage abzusehen oder die Wirkung des Widerrufs zu einem späteren Zeitpunkt eintreten zu lassen. Eine solche Billigkeitsmaßnahme wird i. d. R. jedoch nur dann geboten sein, wenn sich der Steuerpflichtige nicht mehr ohne erheblichen Aufwand bzw. unter beträchtlichen Schwierigkeiten von den im Vertrauen auf die Zusage getroffenen Dispositionen oder eingegangenen vertraglichen Verpflichtungen zu lösen vermag. Der Steuerpflichtige ist vor einer Aufhebung oder Änderung zu hören (§ 91 Abs. 1 AO).

Fünfter Abschnitt – Steuerfahndung (Zollfahndung)

§ 208 Steuerfahndung (Zollfahndung) (S 0741)

(1) ¹Aufgabe der Steuerfahndung (Zollfahndung) ist

1. die Erforschung von Steuerstraftaten und Steuerordnungswidrigkeiten,
2. die Ermittlung der Besteuerungsgrundlagen in den in Nummer 1 bezeichneten Fällen,
3. die Aufdeckung und Ermittlung unbekannter Steuerfälle.

²Die mit der Steuerfahndung betrauten Dienststellen der Landesfinanzbehörden und die Behörden des Zollfahndungsdienstes haben außer den Befugnissen nach § 404 Absatz 2 auch die Ermittlungsbefugnisse, die den Finanzämtern (Hauptzollämtern) zustehen. ³In den Fällen der Nummern 2 und 3 gelten die Einschränkungen des § 93 Absatz 1 Satz 3, Absatz 2 Satz 2 und des § 97 Absatz 2 nicht; § 200 Absatz 1 Satz 1 und 2, Absatz 2, Absatz 3 Satz 1 und 2 gilt sinngemäß, § 393 Absatz 1 bleibt unberührt.

(2) Unabhängig von Absatz 1 sind die mit der Steuerfahndung betrauten Dienststellen der Landesfinanzbehörden und die Behörden des Zollfahndungsdienstes zuständig

1. für steuerliche Ermittlungen einschließlich der Außenprüfung auf Ersuchen der zuständigen Finanzbehörde,
2. für die ihnen sonst im Rahmen der Zuständigkeit der Finanzbehörden übertragenen Aufgaben.

(3) Die Aufgaben und Befugnisse der Finanzämter (Hauptzollämter) bleiben unberührt.

AEAO zu § 208 - Steuerfahndung, Zollfahndung:

1. Der Steuerfahndung weist das Gesetz folgende Aufgaben zu:

    a) Vorfeldermittlungen zur Verhinderung von Steuerverkürzungen (§ 85 Satz 2 AO), die auf die Aufdeckung und Ermittlung unbekannter Steuerfälle gerichtet sind (§ 208 Abs. 1 Satz 1 Nr. 3 AO);

    b) die Verfolgung bekannt gewordener Steuerstraftaten gem. § 386 Abs. 1 Satz 1 AO und Steuerordnungswidrigkeiten einschließlich der Ermittlung des steuerlich erheblichen Sachverhalts und dessen rechtlicher Würdigung (§ 208 Abs. 1 Satz 1 Nrn. 1 und 2 AO). § 208 Abs. 1 Sätze 2 und 3 AO bestimmen, welche Vorschriften für das Verfahren zur Durchführung von Steuerfahndungsmaßnahmen maßgebend sind.

2. Die Steuerfahndung übt die Rechte und Pflichten aus,

    a) die den Finanzämtern im Besteuerungsverfahren zustehen (§§ 85 ff. AO);

§ 208a | Abgabenordnung

    b)   die sich aus § 404 Satz 2 AO ergeben: erster Zugriff; Durchsuchung; Beschlagnahme; Durchsicht von Papieren sowie sonstige Maßnahmen nach den für die Ermittlungspersonen der Staatsanwaltschaft geltenden Vorschriften.

3. Zu Maßnahmen im Besteuerungsverfahren ist die Steuerfahndung auch berechtigt, wenn bereits ein Steuerstrafverfahren eingeleitet worden ist (vgl. BFH-Beschluss vom 29.10.1986, I B 28/86, BStBl 1987 II S. 440). Für Einwendungen gegen ihre Maßnahmen im Besteuerungsverfahren ist der Finanzrechtsweg, für Einwendungen gegen Maßnahmen im Strafverfahren wegen Steuerstraftaten der ordentliche Rechtsweg gegeben.

4. Für die Steuerfahndung gelten bei der Ermittlung der Besteuerungsgrundlagen und bei Vorfeldermittlungen folgende Einschränkungen aus Vorschriften über das Besteuerungsverfahren nicht (§ 208 Abs. 1 Satz 3 AO):

    a)   Andere Personen als die Beteiligten können sofort um Auskunft angehalten werden (§ 93 Abs. 1 Satz 3 AO).

    b)   Das Auskunftsersuchen bedarf entgegen § 93 Abs. 2 Satz 2 AO nicht der Schriftform.

    c)   Die Vorlage von Urkunden kann ohne vorherige Befragung des Vorlagepflichtigen verlangt und die Einsichtnahme in diese Urkunden unabhängig von dessen Einverständnis erwirkt werden (§ 97 Abs. 2 AO).

5. Mitwirkungspflichten des Steuerpflichtigen, die sich aus den Vorschriften über die Außenprüfung ergeben, bleiben bestehen (§ 208 Abs. 1 Satz 3 AO). Die Mitwirkungspflicht kann allerdings nicht erzwungen werden, wenn sich der Steuerpflichtige dadurch der Gefahr aussetzen würde, sich selbst wegen einer von ihm begangenen Steuerstraftat oder Steuerordnungswidrigkeit belasten zu müssen oder wenn gegen ihn bereits ein Steuerstraf- oder Bußgeldverfahren eingeleitet worden ist. Über diese Rechtslage muss der Steuerpflichtige belehrt werden.

6. Beamte der Steuerfahndung können mit sonstigen Aufgaben betraut werden (§ 208 Abs. 2 AO).

§ 208a Steuerfahndung des Bundeszentralamts für Steuern

(1) Dem Bundeszentralamt für Steuern obliegt, soweit Aufgaben der Steuerverwaltung übertragen wurden, die Aufgabe nach § 208 Absatz 1 Satz 1 Nummer 3.

(2) [1]Hierzu hat es die Ermittlungsbefugnisse, die den Finanzämtern (Hauptzollämtern) zustehen. [2]Die Einschränkungen des § 93 Absatz 1 Satz 3, Absatz 2 Satz 2 und des § 97 Absatz 2 gelten nicht; § 200 Absatz 1 Satz 1 und 2, Absatz 2 und 3 Satz 1 und 2 gilt sinngemäß, § 393 Absatz 1 bleibt unberührt.

(3) Die Aufgaben und Befugnisse des Bundeszentralamts für Steuern im Übrigen bleiben unberührt.

Sechster Abschnitt – Steueraufsicht in besonderen Fällen

§ 209 Gegenstand der Steueraufsicht (S 0440)

(1) Der Warenverkehr über die Grenze und in den Freizonen und Freilagern sowie die Gewinnung und Herstellung, Lagerung, Beförderung und gewerbliche Verwendung verbrauchsteuerpflichtiger Waren und der Handel mit verbrauchsteuerpflichtigen Waren unterliegen der zollamtlichen Überwachung (Steueraufsicht).

(2) Der Steueraufsicht unterliegen ferner:

1. der Versand, die Ausfuhr, Lagerung, Verwendung, Vernichtung, Veredelung, Umwandlung und sonstige Bearbeitung oder Verarbeitung von Waren in einem Verbrauchsteuerverfahren,

2. die Herstellung und Ausfuhr von Waren, für die ein Erlass, eine Erstattung oder Vergütung von Verbrauchsteuer beansprucht wird.

(3) Andere Sachverhalte unterliegen der Steueraufsicht, wenn es gesetzlich bestimmt ist.

§ 210 Befugnisse der Finanzbehörde (S 0441)

(1) Die von der Finanzbehörde mit der Steueraufsicht betrauten Amtsträger sind berechtigt, Grundstücke und Räume von Personen, die eine gewerbliche oder berufliche Tätigkeit selbständig ausüben und denen ein der Steueraufsicht unterliegender Sachverhalt zuzurechnen ist, während der Geschäfts- und Arbeitszeiten zu betreten, um Prüfungen vorzunehmen oder sonst Feststellungen zu treffen, die für die Besteuerung erheblich sein können (Nachschau).

(2) ¹Der Nachschau unterliegen ferner Grundstücke und Räume von Personen, denen ein der Steueraufsicht unterliegender Sachverhalt zuzurechnen ist ohne zeitliche Einschränkung, wenn Tatsachen die Annahme rechtfertigen, dass sich dort Schmuggelwaren oder nicht ordnungsgemäß versteuerte verbrauchsteuerpflichtige Waren befinden oder dort sonst gegen Vorschriften oder Anordnungen verstoßen wird, deren Einhaltung durch die Steueraufsicht gesichert werden soll. ²Bei Gefahr im Verzug ist eine Durchsuchung von Wohn- und Geschäftsräumen auch ohne richterliche Anordnung zulässig.

(3) ¹Die von der Finanzbehörde mit der Steueraufsicht betrauten Amtsträger sind ferner berechtigt, im Rahmen von zeitlich und örtlich begrenzten Kontrollen, Schiffe und andere Fahrzeuge, die nach ihrer äußeren Erscheinung gewerblichen Zwecken dienen, anzuhalten. ²Die betroffenen Personen haben sich auszuweisen und Auskunft über die mitgeführten Waren zu geben; sie haben insbesondere Frachtbriefe und sonstige Beförderungspapiere, auch nicht steuerlicher Art, vorzulegen. ³Ergeben sich dadurch oder auf Grund sonstiger Tatsachen Anhaltspunkte, dass verbrauchsteuerpflichtige Waren mitgeführt werden, können die Amtsträger die mitgeführten Waren überprüfen und alle Feststellungen treffen, die für eine Besteuerung dieser Waren erheblich sein können. ⁴Die betroffenen Personen haben die Herkunft der verbrauchsteuerpflichtigen Waren

anzugeben, die Entnahme von unentgeltlichen Proben zu dulden und die erforderliche Hilfe zu leisten.

(4) ¹Wenn Feststellungen bei Ausübung der Steueraufsicht hierzu Anlass geben, kann ohne vorherige Prüfungsanordnung (§ 196) zu einer Außenprüfung nach § 193 übergegangen werden. ²Auf den Übergang zur Außenprüfung wird schriftlich hingewiesen.

(5) ¹Wird eine Nachschau in einem Dienstgebäude oder einer nicht allgemein zugänglichen Einrichtung oder Anlage der Bundeswehr erforderlich, so wird die vorgesetzte Dienststelle der Bundeswehr um ihre Durchführung ersucht. ²Die Finanzbehörde ist zur Mitwirkung berechtigt. ³Ein Ersuchen ist nicht erforderlich, wenn die Nachschau in Räumen vorzunehmen ist, die ausschließlich von anderen Personen als Soldaten bewohnt werden.

§ 211 Pflichten der betroffenen Person (S 0442)

(1) ¹Wer von einer Maßnahme der Steueraufsicht betroffen wird, hat den Amtsträgern auf Verlangen Aufzeichnungen, Bücher, Geschäftspapiere und andere Urkunden über die der Steueraufsicht unterliegenden Sachverhalte und über den Bezug und den Absatz verbrauchsteuerpflichtiger Waren vorzulegen, Auskünfte zu erteilen und die zur Durchführung der Steueraufsicht sonst erforderlichen Hilfsdienste zu leisten. ²§ 200 Absatz 2 Satz 3 gilt sinngemäß.

(2) Die Pflichten nach Absatz 1 gelten auch dann, wenn bei einer gesetzlich vorgeschriebenen Nachversteuerung verbrauchsteuerpflichtiger Waren in einem der Steueraufsicht unterliegenden Betrieb oder Unternehmen festgestellt werden soll, an welche Empfänger und in welcher Menge nachsteuerpflichtige Waren geliefert worden sind.

(3) Vorkehrungen, die die Ausübung der Steueraufsicht hindern oder erschweren, sind unzulässig.

§ 212 Durchführungsvorschriften (S 0443)

(1) Das Bundesministerium der Finanzen kann durch Rechtsverordnung zur näheren Bestimmung der im Rahmen der Steueraufsicht zu erfüllenden Pflichten anordnen, dass

1. bestimmte Handlungen nur in Räumen vorgenommen werden dürfen, die der Finanzbehörde angemeldet sind oder deren Benutzung für diesen Zweck von der Finanzbehörde besonders genehmigt ist,

2. Räume, Fahrzeuge, Geräte, Gefäße und Leitungen, die der Herstellung, Bearbeitung, Verarbeitung, Lagerung, Beförderung oder Messung steuerpflichtiger Waren dienen oder dienen können, auf Kosten des Betriebsinhabers in bestimmter Weise einzurichten, herzurichten, zu kennzeichnen oder amtlich zu verschließen sind,

3. der Überwachung unterliegende Waren in bestimmter Weise behandelt, bezeichnet, gelagert, verpackt, versandt oder verwendet werden müssen,

4. der Handel mit steuerpflichtigen Waren besonders überwacht wird, wenn der Händler zugleich Hersteller der Waren ist,

5. über die Betriebsvorgänge und über die steuerpflichtigen Waren sowie über die zu ihrer Herstellung verwendeten Einsatzstoffe, Fertigungsstoffe, Hilfsstoffe und Zwischenerzeugnisse in bestimmter Weise Anschreibungen zu führen und die Bestände festzustellen sind,

6. Bücher, Aufzeichnungen und sonstige Unterlagen in bestimmter Weise aufzubewahren sind,

7. Vorgänge und Maßnahmen in Betrieben oder Unternehmen, die für die Besteuerung von Bedeutung sind, der Finanzbehörde anzumelden sind.

8. von steuerpflichtigen Waren, von Waren, für die ein Erlass, eine Erstattung oder Vergütung von Verbrauchsteuern beansprucht wird, von Stoffen, die zur Herstellung dieser Waren bestimmt sind, sowie von Umschließungen dieser Waren unentgeltlich Proben entnommen werden dürfen oder unentgeltlich Muster zu hinterlegen sind.

(2) Die Rechtsverordnung bedarf, außer wenn sie die Biersteuer betrifft, nicht der Zustimmung des Bundesrates.

§ 213 Besondere Aufsichtsmaßnahmen (S 0444)

¹Betriebe oder Unternehmen, deren Inhaber oder deren leitende Angehörige wegen Steuerhinterziehung, versuchter Steuerhinterziehung oder wegen der Teilnahme an einer solchen Tat rechtskräftig bestraft worden sind, dürfen auf ihre Kosten besonderen Aufsichtsmaßnahmen unterworfen werden, wenn dies zur Gewährleistung einer wirksamen Steueraufsicht erforderlich ist. ²Insbesondere dürfen zusätzliche Anschreibungen und Meldepflichten, der sichere Verschluss von Räumen, Behältnissen und Geräten sowie ähnliche Maßnahmen vorgeschrieben werden.

§ 214 Beauftragte (S 0445)

Wer sich zur Erfüllung steuerlicher Pflichten, die ihm auf Grund eines der Steueraufsicht unterliegenden Sachverhalts obliegen, durch einen mit der Wahrnehmung dieser Pflichten beauftragten Angehörigen seines Betriebs oder Unternehmens vertreten lässt, bedarf der Zustimmung der Finanzbehörde.

§ 215 Sicherstellung im Aufsichtsweg (S 0446)

(1) ¹Die Finanzbehörde kann durch Wegnahme, Anbringen von Siegeln oder durch Verfügungsverbot sicherstellen:

1. verbrauchsteuerpflichtige Waren, die ein Amtsträger vorfindet

    a) in Herstellungsbetrieben oder anderen anmeldepflichtigen Räumen, die der Finanzbehörde nicht angemeldet sind,

    b) im Handel ohne eine den Steuergesetzen entsprechende Verpackung, Bezeichnung, Kennzeichnung oder ohne vorschriftsmäßige Steuerzeichen,

2. Waren, die im grenznahen Raum oder in Gebieten, die der Grenzaufsicht unterliegen, aufgefunden werden, wenn sie weder offenbar Gemeinschaftswaren noch den Umständen nach in den zollrechtlich freien Verkehr überführt worden sind,

3. die Umschließungen der in den Nummern 1 und 2 genannten Waren,

4. Geräte, die zur Herstellung von verbrauchsteuerpflichtigen Waren bestimmt sind und die sich in einem der Finanzbehörde nicht angemeldeten Herstellungsbetrieb befinden.

²Die Sicherstellung ist auch zulässig, wenn die Sachen zunächst in einem Strafverfahren beschlagnahmt und dann der Finanzbehörde zur Verfügung gestellt worden sind.

(2) ¹Über die Sicherstellung ist eine Niederschrift aufzunehmen. ²Die Sicherstellung ist den betroffenen Personen (Eigentümer, Besitzer) mitzuteilen, soweit sie bekannt sind.

§ 216 Überführung in das Eigentum des Bundes (S 0447)

(1) ¹Nach § 215 sichergestellte Sachen sind in das Eigentum des Bundes überzuführen, sofern sie nicht nach § 375 Absatz 2 eingezogen werden. ²Für Fundgut gilt dies nur, wenn kein Eigentumsanspruch geltend gemacht wird.

(2) ¹Die Überführung sichergestellter Sachen in das Eigentum des Bundes ist den betroffenen Personen mitzuteilen. ²Ist eine betroffene Person nicht bekannt, so gilt § 10 Absatz 2 des Verwaltungszustellungsgesetzes sinngemäß.

(3) ¹Der Eigentumsübergang wird wirksam, sobald der von der Finanzbehörde erlassene Verwaltungsakt unanfechtbar ist. ²Bei Sachen, die mit dem Grund und Boden verbunden sind, geht das Eigentum unter der Voraussetzung des Satzes 1 mit der Trennung über. ³Rechte Dritter an einer sichergestellten Sache bleiben bestehen. ⁴Das Erlöschen dieser Rechte kann jedoch angeordnet werden, wenn der Dritte leichtfertig dazu beigetragen hat, dass die in das Eigentum des Bundes überführte Sache der Sicherstellung unterlag oder er sein Recht an der Sache in Kenntnis der Umstände erwarb, welche die Sicherstellung veranlasst haben.

(4) ¹Sichergestellte Sachen können schon vor der Überführung in das Eigentum des Bundes veräußert werden, wenn ihr Verderb oder eine wesentliche Minderung ihres Werts droht oder ihre Aufbewahrung, Pflege oder Erhaltung mit unverhältnismäßig großen Kosten oder Schwierigkeiten verbunden ist; zu diesem Zweck dürfen auch Sachen, die mit dem Grund und Boden verbunden sind, von diesem getrennt werden. ²Der Erlös tritt an die Stelle der Sachen. ³Die Notveräußerung wird nach den Vorschriften dieses Gesetzes über die Verwertung gepfändeter Sachen durchgeführt. ⁴Die betroffenen Personen sollen vor der Anordnung der Veräußerung gehört werden. Die Anordnung sowie Zeit und Ort der Veräußerung sind ihnen, soweit tunlich, mitzuteilen.

(5) ¹Sichergestellte oder bereits in das Eigentum des Bundes überführte Sachen werden zurückgegeben, wenn die Umstände, die die Sicherstellung veranlasst haben, dem Eigentümer nicht zuzurechnen sind oder wenn die Überführung in das Eigentum des Bundes als eine unbillige Härte für die betroffenen Personen erscheint. ²Gutgläubige Dritte, deren Rechte durch die Überführung in das Eigentum des Bundes erloschen oder beeinträchtigt sind, werden aus dem Erlös der Sachen angemessen entschädigt. ³Im Übrigen kann eine Entschädigung gewährt werden, soweit es eine unbillige Härte wäre, sie zu versagen.

§ 217 Steuerhilfspersonen (S 0443)

Zur Feststellung von Tatsachen, die zoll- oder verbrauchsteuerrechtlich erheblich sind, kann die Finanzbehörde Personen, die vom Ergebnis der Feststellung nicht selbst betroffen werden, als Steuerhilfspersonen bestellen.

Fünfter Teil – Erhebungsverfahren

Erster Abschnitt - Verwirklichung, Fälligkeit und Erlöschen von Ansprüchen aus dem Steuerschuldverhältnis

1. Unterabschnitt - Verwirklichung und Fälligkeit von Ansprüchen aus dem Steuerschuldverhältnis

§ 218 Verwirklichung von Ansprüchen aus dem Steuerschuldverhältnis
(S 0450)

(1) ¹Grundlage für die Verwirklichung von Ansprüchen aus dem Steuerschuldverhältnis (§ 37) sind die Steuerbescheide, die Steuervergütungsbescheide, die Haftungsbescheide und die Verwaltungsakte, durch die steuerliche Nebenleistungen festgesetzt werden; bei den Säumniszuschlägen genügt die Verwirklichung des gesetzlichen Tatbestands (§ 240). ²Die Steueranmeldungen (§ 168) stehen den Steuerbescheiden gleich.

(2) ¹Über Streitigkeiten, die die Verwirklichung der Ansprüche im Sinne des Absatzes 1 betreffen, entscheidet die Finanzbehörde durch Abrechnungsbescheid. ²Dies gilt auch, wenn die Streitigkeit einen Erstattungsanspruch (§ 37 Absatz 2) betrifft.

(3) ¹Wird eine Anrechnungsverfügung oder ein Abrechnungsbescheid auf Grund eines Rechtsbehelfs oder auf Antrag des Steuerpflichtigen oder eines Dritten zurückgenommen und in dessen Folge ein für ihn günstigerer Verwaltungsakt erlassen, können nachträglich gegenüber dem Steuerpflichtigen oder einer anderen Person die entsprechenden steuerlichen Folgerungen gezogen werden. ²§ 174 Absatz 4 und 5 gilt entsprechend.

AEAO zu § 218 - Verwirklichung von Ansprüchen aus dem Steuerschuldverhältnis:

1. **Konkretisierung der Ansprüche aus dem Steuerschuldverhältnis**

    Ansprüche aus dem Steuerschuldverhältnis (§ 37 AO) werden durch Verwaltungsakt konkretisiert. Der - ggf. materiell-rechtlich unrichtige - Verwaltungsakt beeinflusst zwar nicht die materielle Höhe des Anspruchs aus dem Steuerschuldverhältnis, solange er jedoch besteht, legt er fest, ob und in welcher Höhe ein Anspruch durchgesetzt werden kann. Maßgebend ist allein der letzte Verwaltungsakt (z. B. der letzte Änderungsbescheid oder der letzte Abrechnungsbescheid). Der einheitliche Anspruch aus dem Steuerschuldverhältnis kann deshalb bei - ggf. mehrfacher - Änderung einer Festsetzung nicht in unterschiedliche Zahlungs- und Erstattungsansprüche aufgespalten werden (BFH-Urteil vom 6.2.1996, VII R 50/95, BStBl 1997 II S. 112).

Der Verwaltungsakt wirkt konstitutiv, wenn es sich um steuerliche Nebenleistungen handelt, deren Festsetzung in das Ermessen der Finanzbehörde gestellt ist, z. B. beim Verspätungszuschlag (§ 152 AO).

2. Säumniszuschläge

Bei Säumniszuschlägen bedarf es keines Leistungsgebotes, wenn sie zusammen mit der Steuer beigetrieben werden (§ 254 Abs. 2 AO).

3. Abrechnungsbescheid

Über Streitigkeiten, die die Verwirklichung von Ansprüchen aus dem Steuerschuldverhältnis betreffen, entscheiden die Finanzbehörden durch Abrechnungsbescheid (§ 218 Abs. 2 AO). Als Rechtsbehelf ist der Einspruch gegeben. Die Korrekturmöglichkeiten richten sich nach den §§ 129 bis 131 und § 218 Abs. 3 AO.

Eine Verfügung über die Anrechnung von Steuerabzugsbeträgen und Steuervorauszahlungen (Anrechnungsverfügung) ist ein Verwaltungsakt mit Bindungswirkung (vgl. BFH-Urteil vom 27.10.2009, VII R 51/08, BStBl 2010 II S. 382). Diese Bindungswirkung muss auch beim Erlass eines Abrechnungsbescheids beachtet werden. Deshalb kann im Rahmen eines Abrechnungsbescheids die Steueranrechnung zugunsten oder zuungunsten des Steuerpflichtigen nur dann korrigiert werden, wenn eine der Voraussetzungen der §§ 129 bis 131 oder § 218 Abs. 3 AO gegeben ist (vgl. BFH-Urteil vom 15.4.1997, VII R 100/96, BStBl II S. 787).

4. Widerstreitende Anrechnungsverfügungen oder Abrechnungsbescheide

4.1 Wird eine Anrechnungsverfügung oder ein Abrechnungsbescheid auf Grund eines Rechtsbehelfs oder auf Antrag zurückgenommen und ein für den Rechtsbehelfsführer/Antragsteller günstigerer Verwaltungsakt erlassen, können nachträglich gegenüber ihm, aber auch gegenüber anderen Personen (z. B. Ehegatte oder Lebenspartner des Steuerpflichtigen, Abtretungsempfänger, Pfandgläubiger), durch Änderung einer Anrechnungsverfügung oder eines Abrechnungsbescheids die entsprechenden steuerlichen Folgerungen gezogen werden (§ 218 Abs. 3 Satz 1 AO). War Rechtsbehelfsführer/Antragsteller nicht der Steuerpflichtige, sondern ein Dritter (z. B. ein Abtretungsempfänger oder ein Pfandgläubiger), können die entsprechenden steuerlichen Folgerungen auch gegenüber dem Steuerpflichtigen nach § 218 Abs. 3 Satz 1 AO gezogen werden.

4.2 Gegenüber einer Person, die im Ausgangsverfahren nicht Rechtsbehelfsführer/Antragsteller war, ist eine für sie nachteilige Korrektur ihrer Anrechnungsverfügung oder ihres Abrechnungsbescheids nach § 218 Abs. 3 AO nur dann möglich, wenn sie an dem Verfahren, das zur Aufhebung oder Änderung der fehlerhaften Anrechnungsverfügung bzw. des fehlerhaften Abrechnungsbescheids geführt hat, in entsprechender Anwendung des § 174 Abs. 5 AO beteiligt wurde. Für eine wirksame Beteiligung dieser Person muss ihr auch der Verwaltungsakt bzw. im Einspruchsverfahren die Einspruchsentscheidung bekannt gegeben werden (vgl. BFH-Urteile vom 11.4.1991, V R 40/86, BStBl

II S. 605, und vom 5.5.1993, X R 111/91, BStBl II S. 817).

Diese Person ist dabei darauf hinzuweisen, dass

- ihr die Entscheidung als Beteiligtem bekannt gegeben wird,
- die entsprechenden steuerlichen Folgerungen aus dem maßgeblichen Sachverhalt in ihrem Besteuerungsverfahren gem. § 218 Abs. 3 i. V. m. § 174 Abs. 4 und Abs. 5 AO gezogen werden und
- Einwendungen gegen die Entscheidung nur mit Anträgen oder Rechtsbehelfen gegen diesen Verwaltungsakt geltend gemacht werden können.

4.3 Welches die „entsprechenden steuerlichen Folgerungen" sind, entscheidet sich dabei verbindlich im Ausgangsverfahren des antragstellenden bzw. einspruchsführenden Steuerpflichtigen oder Dritten.

4.4 Hinsichtlich des Antragstellers oder Rechtsbehelfsführers wird die Zahlungsverjährung nach § 231 Abs. 1 Satz 1 AO unterbrochen.

4.5 Die Zahlungsverjährungsfrist gegenüber einer Person, die im Ausgangsverfahren nicht Rechtsbehelfsführer/Antragsteller war, wird in entsprechender Anwendung des § 174 Abs. 4 Satz 3 AO unterbrochen, wenn sie vor Eintritt der ihr gegenüber geltenden Zahlungsverjährung beteiligt wurde (vgl. AEAO zu § 218, Nr. 4.2) und ihr gegenüber die entsprechenden steuerlichen Folgen innerhalb eines Jahres nach Korrektur der Anrechnungsverfügung oder des Abrechnungsbescheids im Ausgangsverfahren gezogen werden.

4.6 § 218 Abs. 3 AO gilt ab dem 31.12.2014 für alle zu diesem Zeitpunkt noch nicht zahlungsverjährten Anrechnungsverfügungen und Abrechnungsbescheide (Art. 97 § 13a EGAO).

§ 219 Zahlungsaufforderung bei Haftungsbescheiden (S 0451)

¹Wenn nichts anderes bestimmt ist, darf ein Haftungsschuldner auf Zahlung nur in Anspruch genommen werden, soweit die Vollstreckung in das bewegliche Vermögen des Steuerschuldners ohne Erfolg geblieben oder anzunehmen ist, dass die Vollstreckung aussichtslos sein würde. ²Diese Einschränkung gilt nicht, wenn die Haftung darauf beruht, dass der Haftungsschuldner Steuerhinterziehung oder Steuerhehlerei begangen hat oder gesetzlich verpflichtet war, Steuern einzubehalten und abzuführen oder zu Lasten eines anderen zu entrichten.

AEAO zu § 219 - Zahlungsaufforderung bei Haftungsbescheiden:

1. Es ist zu unterscheiden zwischen der gesetzlichen Entstehung der Haftungsschuld, dem Erlass des Haftungsbescheids (§ 191 AO) und der Inanspruchnahme des Haftungsschuldners durch Zahlungsaufforderung (Leistungsgebot). § 219 AO regelt nur die Zahlungsaufforderung. Der Erlass des Haftungsbescheids selbst wird durch die Einschränkung in der Vorschrift nicht gehindert. Die Zahlungsaufforderung darf jedoch mit dem Haftungsbescheid nur verbunden werden, wenn die Voraussetzungen des § 219 AO vorliegen. Ist ein Haftungsbescheid ohne Leistungsgebot ergangen, beginnt die Zahlungsverjährung mit Ablauf des Kalenderjahres, in dem dieser Bescheid wirksam geworden ist (§ 229 Abs. 2 AO).

2. § 219 AO ist Ausdruck des Grundsatzes, dass der Haftungsschuldner nur nach dem Steuerschuldner (subsidiär) für die Steuerschuld einzustehen hat. Auch in den Fällen des § 219 Satz 2 AO, in denen das Gesetz eine unmittelbare Inanspruchnahme des Haftungsschuldners erlaubt, kann es der Ausübung pflichtgemäßen Ermessens entsprechen, sich zunächst an der Steuerschuldner zu halten.

§ 220 Fälligkeit (S 0452)

(1) Die Fälligkeit von Ansprüchen aus dem Steuerschuldverhältnis richtet sich nach den Vorschriften der Steuergesetze.

(2) ¹Fehlt es an einer besonderen gesetzlichen Regelung über die Fälligkeit, so wird der Anspruch mit seiner Entstehung fällig, es sei denn, dass in einem nach § 254 erforderlichen Leistungsgebot eine Zahlungsfrist eingeräumt worden ist. ²Ergibt sich der Anspruch in den Fällen des Satzes 1 aus der Festsetzung von Ansprüchen aus dem Steuerschuldverhältnis, so tritt die Fälligkeit nicht vor Bekanntgabe der Festsetzung ein.

AEAO zu § 220 - Fälligkeit:

1. Die angemeldete Steuervergütung bzw. das angemeldete Mindersoll ist erst fällig, sobald dem Steuerpflichtigen die Zustimmung der Finanzbehörde bekannt wird (§ 220 Abs. 2 Satz 2 AO). Wird der Steuerpflichtige schriftlich bzw. elektronisch über die Zustimmung unterrichtet (z. B. zusammen mit einer Abrechnungsmitteilung), ist grundsätzlich davon auszugehen, dass ihm die Zu-

stimmung erst am vierten Tag nach Aufgabe zur Post bzw. nach der Absendung bekannt geworden ist. Ergeht keine Mitteilung, wird die Zustimmung dem Steuerpflichtigen grundsätzlich mit der Zahlung (§ 224 Abs. 3 AO) der Steuervergütung bzw. des Mindersolls bekannt.

2. Zur Fälligkeit von Insolvenzforderungen vgl. AEAO zu § 251, Nr. 5.1.

§ 221 Abweichende Fälligkeitsbestimmung (S 0452)

[1]Hat ein Steuerpflichtiger eine Verbrauchsteuer oder die Umsatzsteuer mehrfach nicht rechtzeitig entrichtet, so kann die Finanzbehörde verlangen, dass die Steuer jeweils zu einem von der Finanzbehörde zu bestimmenden, vor der gesetzlichen Fälligkeit aber nach Entstehung der Steuer liegenden Zeitpunkt entrichtet wird. [2]Das Gleiche gilt, wenn die Annahme begründet ist, dass der Eingang einer Verbrauchsteuer oder der Umsatzsteuer gefährdet ist; an Stelle der Vorverlegung der Fälligkeit kann auch Sicherheitsleistung verlangt werden. [3]In den Fällen des Satzes 1 ist die Vorverlegung der Fälligkeit nur zulässig, wenn sie dem Steuerpflichtigen für den Fall erneuter nicht rechtzeitiger Entrichtung angekündigt worden ist.

§ 222 Stundung (S 0453)

[1]Die Finanzbehörden können Ansprüche aus dem Steuerschuldverhältnis ganz oder teilweise stunden, wenn die Einziehung bei Fälligkeit eine erhebliche Härte für den Schuldner bedeuten würde und der Anspruch durch die Stundung nicht gefährdet erscheint. [2]Die Stundung soll in der Regel nur auf Antrag und gegen Sicherheitsleistung gewährt werden. [3]Steueransprüche gegen den Steuerschuldner können nicht gestundet werden, soweit ein Dritter (Entrichtungspflichtiger) die Steuer für Rechnung des Steuerschuldners zu entrichten, insbesondere einzubehalten und abzuführen hat. [4]Die Stundung des Haftungsanspruchs gegen den Entrichtungspflichtigen ist ausgeschlossen, soweit er Steuerabzugsbeträge einbehalten oder Beträge, die eine Steuer enthalten, eingenommen hat.

§ 223 (weggefallen)

2. Unterabschnitt - Zahlung, Aufrechnung, Erlass

§ 224 Leistungsort, Tag der Zahlung (S 0455)

(1) ¹Zahlungen an Finanzbehörden sind an die zuständige Kasse zu entrichten. ²Außerhalb des Kassenraums können Zahlungsmittel nur einem Amtsträger übergeben werden, der zur Annahme von Zahlungsmitteln außerhalb des Kassenraums besonders ermächtigt worden ist und sich hierüber ausweisen kann.

(2) Eine wirksam geleistete Zahlung gilt als entrichtet:

1. bei Übergabe oder Übersendung von Zahlungsmitteln am Tag des Eingangs, bei Hingabe oder Übersendung von Schecks jedoch drei Tage nach dem Tag des Eingangs,
2. bei Überweisung oder Einzahlung auf ein Konto der Finanzbehörde und bei Einzahlung mit Zahlschein an dem Tag, an dem der Betrag der Finanzbehörde gutgeschrieben wird,
3. bei Vorliegen eines SEPA-Lastschriftmandats am Fälligkeitstag.

(3) ¹Zahlungen der Finanzbehörden sind unbar zu leisten. ²Das Bundesministerium der Finanzen und die für die Finanzverwaltung zuständigen obersten Landesbehörden können für ihre Geschäftsbereiche Ausnahmen zulassen. ³Als Tag der Zahlung gilt bei Überweisung oder Zahlungsanweisung der dritte Tag nach der Hingabe oder Absendung des Auftrags an das Kreditinstitut oder, wenn der Betrag nicht sofort abgebucht werden soll, der dritte Tag nach der Abbuchung.

(4) ¹Die zuständige Kasse kann für die Übergabe von Zahlungsmitteln gegen Quittung geschlossen werden. ²Absatz 2 Nummer 1 gilt entsprechend, wenn bei der Schließung von Kassen nach Satz 1 am Ort der Kasse eine oder mehrere Zweiganstalten der Deutschen Bundesbank oder, falls solche am Ort der Kasse nicht bestehen, ein oder mehrere Kreditinstitute ermächtigt werden, für die Kasse Zahlungsmittel gegen Quittung anzunehmen.

AEAO zu § 224 - Leistungsort, Tag der Zahlung:

1. § 224 Abs. 2 Nr. 3 AO stellt sicher, dass Verzögerungen bei der Einziehung aufgrund eines SEPA-Lastschriftmandats nicht zu Lasten des Steuerpflichtigen gehen.

2. Die Regelungen zum Tag der Zahlung (§ 224 Abs. 2 und 3 AO) gelten nur bei wirksam geleisteten Zahlungen, d. h. wenn der geleistete Betrag den Empfänger erreicht hat.

3. Ist die örtliche Zuständigkeit nach § 26 AO auf ein anderes Finanzamt übergegangen und wird eine Zahlung auf eine von dem vormals zuständigen Finanzamt festgesetzte Steuer an die vormals zuständige Finanzkasse geleistet, erlischt der Steueranspruch sobald die Zahlung bei der unzuständigen Finanzkasse eingegangen ist und die neu zuständige Finanzkasse dem nach

§ 362 Abs. 2 i. V. m. § 185 BGB zustimmt. Die Zustimmung der neu zuständigen Finanzkasse nach § 362 Abs. 2 i. V. m. § 185 BGB gilt allgemein als auf den Zeitpunkt des Zahlungseingangs bei der vormals zuständigen Finanzkasse erteilt.

§ 224a Hingabe von Kunstgegenständen an Zahlungs statt (S 0455a)

(1) ¹Schuldet ein Steuerpflichtiger Erbschaft- oder Vermögensteuer, kann durch öffentlich-rechtlichen Vertrag zugelassen werden, dass an Zahlungs statt das Eigentum an Kunstgegenständen, Kunstsammlungen, wissenschaftlichen Sammlungen, Bibliotheken, Handschriften und Archiven dem Land, dem das Steueraufkommen zusteht, übertragen wird, wenn an deren Erwerb wegen ihrer Bedeutung für Kunst, Geschichte oder Wissenschaft ein öffentliches Interesse besteht. ²Die Übertragung des Eigentums nach Satz 1 gilt nicht als Veräußerung im Sinne des § 13 Absatz 1 Nummer 2 Satz 2 des Erbschaftsteuergesetzes.

(2) ¹Der Vertrag nach Absatz 1 bedarf der Schriftform; die elektronische Form ist ausgeschlossen. ²Der Steuerpflichtige hat das Vertragsangebot an die örtlich zuständige Finanzbehörde zu richten. ³Zuständig für den Vertragsabschluss ist die oberste Finanzbehörde des Landes, dem das Steueraufkommen zusteht. ⁴Der Vertrag wird erst mit der Zustimmung der für kulturelle Angelegenheiten zuständigen obersten Landesbehörde wirksam; diese Zustimmung wird von der obersten Finanzbehörde eingeholt.

(3) Kommt ein Vertrag zustande, erlischt die Steuerschuld in der im Vertrag vereinbarten Höhe am Tag der Übertragung des Eigentums an das Land, dem das Steueraufkommen zusteht.

(4) ¹Solange nicht feststeht, ob ein Vertrag zustande kommt, kann der Steueranspruch nach § 222 gestundet werden. ²Kommt ein Vertrag zustande, ist für die Dauer der Stundung auf die Erhebung von Stundungszinsen zu verzichten.

§ 225 Reihenfolge der Tilgung (S 0455)

(1) Schuldet ein Steuerpflichtiger mehrere Beträge und reicht bei freiwilliger Zahlung der gezahlte Betrag nicht zur Tilgung sämtlicher Schulden aus, so wird die Schuld getilgt, die der Steuerpflichtige bei der Zahlung bestimmt.

(2) ¹Trifft der Steuerpflichtige keine Bestimmung, so werden mit einer freiwilligen Zahlung, die nicht sämtliche Schulden deckt, zunächst die Geldbußen, sodann nacheinander die Zwangsgelder, die Steuerabzugsbeträge, die übrigen Steuern, die Kosten, die Verspätungszuschläge, die Zinsen und die Säumniszuschläge getilgt. ²Innerhalb dieser Reihenfolge sind die einzelnen Schulden nach ihrer Fälligkeit zu ordnen; bei gleichzeitig fällig gewordenen Beträgen und bei den Säumniszuschlägen bestimmt die Finanzbehörde die Reihenfolge der Tilgung.

(3) Wird die Zahlung im Verwaltungsweg erzwungen (§ 249) und reicht der verfügbare Betrag nicht zur Tilgung aller Schulden aus, derentwegen die Vollstreckung oder die Verwertung der Sicherheiten erfolgt ist, so bestimmt die Finanzbehörde die Reihenfolge der Tilgung.

§ 226 Aufrechnung (S 0453)

(1) Für die Aufrechnung mit Ansprüchen aus dem Steuerschuldverhältnis sowie für die Aufrechnung gegen diese Ansprüche gelten sinngemäß die Vorschriften des bürgerlichen Rechts, soweit nichts anderes bestimmt ist.

(2) Mit Ansprüchen aus dem Steuerschuldverhältnis kann nicht aufgerechnet werden, wenn sie durch Verjährung oder Ablauf einer Ausschlussfrist erloschen sind.

(3) Die Steuerpflichtigen können gegen Ansprüche aus dem Steuerschuldverhältnis nur mit unbestrittenen oder rechtskräftig festgestellten Gegenansprüchen aufrechnen.

(4) Für die Aufrechnung gilt als Gläubiger oder Schuldner eines Anspruchs aus dem Steuerschuldverhältnis auch die Körperschaft, die die Steuer verwaltet.

AEAO zu § 226 - Aufrechnung:

1. Für die Aufrechnung gelten die §§ 387 bis 396 BGB sinngemäß. Eine Aufrechnung kann danach erst erklärt werden, wenn die Aufrechnungslage gegeben ist; dies bedeutet Erfüllbarkeit (d. h. abstrakte Entstehung) der Verpflichtung des Aufrechnenden (Hauptforderung) und gleichzeitige Fälligkeit seiner Forderung (Gegenforderung). Das Finanzamt ist allerdings an der Aufrechnung gehindert, wenn die Durchsetzbarkeit der Gegenforderung durch Aussetzung der Vollziehung oder Stundung ausgeschlossen ist (vgl. BFH-Urteil vom 31.8.1995, VII R 58/94, BStBl 1996 II S. 55). Die Aufrechnungslage wird durch eine nachträgliche rückwirkende Stundung nicht beseitigt (BFH-Urteil vom 8.7.2004, VII R 55/03, BStBl 2005 II S. 7).

   § 215 erste Alternative BGB wird durch § 226 Abs. 2 AO ausgeschlossen. Die Gegenseitigkeit von Forderungen aus dem Steuerschuldverhältnis ist gewahrt, wenn die Abgabe derselben Körperschaft zusteht (§ 226 Abs. 1 AO) oder von derselben Körperschaft verwaltet wird (§ 226 Abs. 4 AO). Das Finanzamt kann daher von einem Steuerpflichtigen geforderte Erbschaftsteuer (dem Land allein zustehende Abgabe) gegen an diesen Steuerpflichtigen zu erstattenden Solidaritätszuschlag (dem Bund allein zustehende Abgabe) aufrechnen. Bei der Aufrechnung durch den Steuerpflichtigen findet § 395 BGB keine Anwendung (BFH-Urteil vom 25.4.1989, VII R 105/87, BStBl I S. 949).

2. Eine Aufrechnung bewirkt nach § 226 Abs. 1 AO i. V. m. § 389 BGB, dass die Forderungen, soweit sie sich decken, in dem Zeitpunkt als erloschen gelten, in welchem sie zur Aufrechnung geeignet einander gegenüberstehen. Dabei ist nicht auf die Festsetzung oder die Fälligkeit eines Steueranspruchs bzw. eines Steuererstattungsanspruchs abzustellen, sondern auf dessen abstrakte materiellrechtliche Entstehung (vgl. BFH-Urteil vom 3.5.1991, V R 105/86, BFH/NV 1992 S. 77). Materiellrechtlich entstehen Ansprüche aus dem Steuerschuldverhältnis bereits mit Verwirklichung des gesetzlichen Tatbestandes, d. h. z. B. die veranlagte Einkommensteuer bereits mit Ablauf des Veranlagungszeitraumes; auf die Kenntnis des Finanzamts oder des Steuerpflichtigen über Grund und Höhe der abstrakt entstandenen Ansprüche kommt es nicht an.

Das Steuererhebungsverfahren knüpft aber - anders als das Zivilrecht - nicht an die abstrakte Entstehung, sondern an die Konkretisierung des Steueranspruchs bzw. Steuererstattungsanspruchs durch dessen Festsetzung im Steuerbescheid und seine hieran anschließende Fälligkeit an (vgl. § 218 Abs. 1 AO). Deshalb geht die Rückwirkung einer Aufrechnung bei der Berechnung von Zinsen und Säumniszuschlägen nicht über den Zeitpunkt der Fälligkeit der Schuld des Aufrechnenden hinaus (vgl. § 238 Abs. 1 Satz 3 und § 240 Abs. 1 Satz 5 AO). Rechnet das Finanzamt mit einer Steuerforderung gegen eine später als die Steuerforderung fällig gewordene Erstattungsforderung auf, bleiben deshalb Säumniszuschläge hinsichtlich der zur Aufrechnung gestellten Steuerforderung für die Zeit vor der Fälligkeit der Erstattungsforderung bestehen.

Bei der Umbuchung von Steuererstattungs- oder Steuervergütungsansprüchen, die sich aus Steueranmeldungen ergeben, gilt die Erstattung/Vergütung aus Billigkeitsgründen als am Tag des Eingangs der Steueranmeldung, frühestens jedoch als am ersten Tag des auf den Anmeldungszeitraums folgenden Monats geleistet (Wertstellung). Dies gilt entsprechend, wenn die Steuererstattung oder Steuervergütung abweichend von der Steueranmeldung festgesetzt wird.

3. Soweit sich die Aufrechnungslage weder aus § 226 Abs. 1 AO aufgrund der Ertragsberechtigung noch aus § 226 Abs. 4 AO aufgrund der Verwaltungshoheit ergibt, kann in geeigneten Fällen die erforderliche Gegenseitigkeit seitens der Finanzverwaltung dadurch hergestellt werden, dass zwecks Einziehung der zu erhebende (ggf. anteilige) Anspruch an die Körperschaft, die den anderen Anspruch zu erfüllen hat, abgetreten und damit die Gläubiger-/Schuldneridentität i. S. d. § 226 Abs. 1 AO herbeigeführt wird (BFH-Urteil vom 5.9.1989, VII R 33/87, BStBl II S. 1004).

4. Für die Erklärung der Aufrechnung ist grundsätzlich die Behörde zuständig, die den Anspruch, gegen den aufgerechnet werden soll, zu erfüllen hat.

5. Liegen die Voraussetzungen für eine Aufrechnung nicht vor, bleibt die Möglichkeit einer vertraglichen Verrechnung der Forderungen. Ein solcher Verrechnungsvertrag kommt z. B. dadurch zustande, dass der Unternehmer (eine Personengesellschaft) gleichzeitig mit der Umsatzsteuer-Voranmeldung dem Finanzamt die Verrechnung seines Umsatzsteuer-Erstattungsanspruchs mit der Einkommensteuer-Forderung des Finanzamts an einen der Gesellschafter anbietet und das Finanzamt dieses Angebot ausdrücklich oder stillschweigend annimmt. Die Rechtswirksamkeit eines Verrechnungsvertrags ist nach den allgemeinen Rechtsgrundsätzen über den Abschluss von Verträgen zu beurteilen (BFH-Urteile vom 13.10.1972, III R 11/72, BStBl 1973 II S. 66, vom 21.3.1978, VIII R 60/73, BStBl II S. 606, und vom 30.10.1984, VII R 70/81, BStBl 1985 II S. 114).

§ 227 Erlass (S 0457)

Die Finanzbehörden können Ansprüche aus dem Steuerschuldverhältnis ganz oder zum Teil erlassen, wenn deren Einziehung nach Lage des einzelnen Falls unbillig wäre; unter den gleichen Voraussetzungen können bereits entrichtete Beträge erstattet oder angerechnet werden.

3. Unterabschnitt - Zahlungsverjährung

§ 228 Gegenstand der Verjährung, Verjährungsfrist (S 0453)

¹Ansprüche aus dem Steuerschuldverhältnis unterliegen einer besonderen Zahlungsverjährung. ²Die Verjährungsfrist beträgt fünf Jahre, in Fällen der §§ 370, 373 oder 374 zehn Jahre.

AEAO zu § 228 - Gegenstand der Verjährung, Verjährungsfrist:

1. Die Zahlungsverjährung erstreckt sich auch auf Ansprüche des Steuerpflichtigen. Der einheitliche Anspruch aus dem Steuerschuldverhältnis (z. B. für die Steuer eines Veranlagungszeitraums) kann bei - ggf. mehrfach - geänderter Festsetzung nicht in unterschiedliche Zahlungs- und Erstattungsansprüche aufgespalten werden, die bezogen auf die jeweils ergangenen Verwaltungsakte unterschiedlichen Verjährungsfristen unterliegen (BFH-Urteil vom 6.2.1996, VII R 50/95, BStBl 1997 II S. 112; vgl. auch § 229 Abs. 1 Satz 3 AO).

2. Fällt das Ende der Verjährungsfrist auf einen Sonntag, einen gesetzlichen Feiertag oder einen Sonnabend, so endet die Verjährungsfrist erst mit dem Ablauf des nächstfolgenden Werktages (§ 108 Abs. 3 AO).

3. Die Zahlungsverjährung führt zum Erlöschen des Anspruchs (§§ 47, 232 AO).

§ 229 Beginn der Verjährung (S 0458)

(1) ¹Die Verjährung beginnt mit Ablauf des Kalenderjahrs, in dem der Anspruch erstmals fällig geworden ist. ²Sie beginnt jedoch nicht vor Ablauf des Kalenderjahrs, in dem die Festsetzung eines Anspruchs aus dem Steuerschuldverhältnis, ihre Aufhebung, Änderung oder Berichtigung nach § 129 wirksam geworden ist, aus der sich der Anspruch ergibt; eine Steueranmeldung steht einer Steuerfestsetzung gleich. ³Wird die Festsetzung oder Anmeldung eines Anspruchs aus dem Steuerschuldverhältnis aufgehoben, geändert oder nach § 129 berichtigt, so beginnt die Verjährung des gesamten Anspruchs erst mit Ablauf des Kalenderjahrs, in dem die Aufhebung, Änderung oder Berichtigung wirksam geworden ist.

(2) Ist ein Haftungsbescheid ohne Zahlungsaufforderung ergangen, so beginnt die Verjährung mit Ablauf des Kalenderjahrs, in dem die Zahlungsaufforderung nachgeholt worden ist, spätestens aber fünf Jahre nach Ablauf des Kalenderjahrs, in dem der Haftungsbescheid wirksam geworden ist.

AEAO zu § 229 - Beginn der Verjährung:

1. Die Zahlungsverjährung beginnt grundsätzlich mit Ablauf des Kalenderjahres, in dem der Anspruch erstmals fällig geworden ist (§ 229 Abs. 1 Satz 1 AO). Wird durch eine Steueranmeldung oder Steuerfestsetzung erst die Voraussetzung für die Durchsetzung des Anspruchs geschaffen, so beginnt die Zahlungsverjährung auch bei früherer gesetzlicher Fälligkeit des Anspruchs (z. B. bei den sog. Fälligkeitssteuern) nach § 229 Abs. 1 Satz 2 AO nicht vor Ablauf des Kalenderjahres, in dem die Steueranmeldung oder die Festsetzung eines Anspruchs wirksam geworden ist. Dies gilt unabhängig davon, ob der Bescheid angefochten wird oder nicht. Nach § 229 Abs. 1 Satz 3 AO beginnt die Zahlungsverjährung des gesamten Anspruchs aus dem Steuerschuldverhältnis bei einer Aufhebung, Änderung oder Berichtigung nach § 129 AO der Festsetzung erst mit Ablauf des Kalenderjahres, in dem die Aufhebung, Änderung oder Berichtigung der Festsetzung wirksam geworden ist.

2. Ergeht ein Haftungsbescheid mit Zahlungsaufforderung, richtet sich der Beginn der Zahlungsverjährung nach § 229 Abs. 1 AO. Ist der Haftungsbescheid dagegen nach § 219 AO ohne Zahlungsaufforderung ergangen, beginnt die Zahlungsverjährung nach § 229 Abs. 2 AO in der Fassung des JStG 2022 erst mit Ablauf des Kalenderjahres, in dem die Zahlungsaufforderung zur Haftungsschuld nachgeholt worden ist, spätestens aber fünf Jahre nach Ablauf des Kalenderjahrs, in dem der Haftungsbescheid wirksam geworden ist. § 229 Abs. 2 AO in der Fassung des JStG 2022 gilt nach Art. 97 § 14 Abs. 6 EGAO für alle am 21.12.2022 noch nicht abgelaufenen Zahlungsverjährungsfristen.

§ 230 Hemmung der Verjährung (S 0458)

(1) Die Verjährung ist gehemmt, solange der Anspruch wegen höherer Gewalt innerhalb der letzten sechs Monate der Verjährungsfrist nicht verfolgt werden kann.

(2) ¹Die Verjährungsfrist läuft nicht ab, solange die Festsetzungsfrist des Anspruchs noch nicht abgelaufen ist. ²§ 171 Absatz 14 ist dabei nicht anzuwenden.

AEAO zu § 230 - Hemmung der Verjährung:

1. Ist die Zahlungsverjährung nach § 230 Abs. 1 AO (wegen höherer Gewalt) gehemmt, wird der Zeitraum, währenddessen die Hemmung besteht, in die Verjährungsfrist nicht eingerechnet (analog § 209 BGB). Nach dem Wegfall der Hemmung läuft die bereits begonnene „alte" Verjährungsfrist weiter.

2. Die Hemmung der Zahlungsverjährung nach § 230 Abs. 2 AO wirkt hingegen wie eine Ablaufhemmung der Festsetzungsfrist nach § 171 Abs. 7 AO:

    - Endet die Festsetzungsfrist nach §§ 169 bis 171 AO vor Ablauf der Zahlungsverjährungsfrist, tritt keine Ablaufhemmung nach § 230 Abs. 2 AO ein.

    - Endet die Festsetzungsfrist nach §§ 169 bis 171 AO erst nach Ablauf der Zahlungsverjährungsfrist (vor Anwendung des § 230 Abs. 2 AO), verlängert sich die Zahlungsverjährungsfrist bis zum Ablauf der Festsetzungsfrist.

Hierbei bleibt die Ablaufhemmung der Festsetzungsfrist nach § 171 Abs. 14 AO außer Acht, da sie ihrerseits an die Zahlungsverjährungsfrist anknüpft.

§ 230 Abs. 2 AO gilt nach Art. 97 § 14 Abs. 6 EGAO für alle am 21.12.2022 noch nicht abgelaufenen Zahlungsverjährungsfristen."

§ 231 Unterbrechung der Verjährung (S 0458)

(1) ¹Die Verjährung eines Anspruchs wird unterbrochen durch

1. Zahlungsaufschub, Stundung, Aussetzung der Vollziehung, Aussetzung der Verpflichtung des Zollschuldners zur Abgabenentrichtung oder Vollstreckungsaufschub,
2. Sicherheitsleistung,
3. eine Vollstreckungsmaßnahme,
4. Anmeldung im Insolvenzverfahren,
5. Eintritt des Vollstreckungsverbots nach § 210 oder § 294 Absatz 1 der Insolvenzordnung,
6. Aufnahme in einen Insolvenzplan oder einen gerichtlichen Schuldenbereinigungsplan,
7. Ermittlungen der Finanzbehörde nach dem Wohnsitz oder dem Aufenthaltsort des Zahlungspflichtigen und
8. schriftliche Geltendmachung des Anspruchs.

²§ 169 Absatz 1 Satz 3 gilt sinngemäß.

(2) ¹Die Unterbrechung der Verjährung dauert fort

1. in den Fällen des Absatzes 1 Satz 1 Nummer 1 bis zum Ablauf der Maßnahme,
2. im Fall des Absatzes 1 Satz 1 Nummer 2 bis zum Erlöschen der Sicherheit,
3. im Fall des Absatzes 1 Satz 1 Nummer 3 bis zum Erlöschen des Pfändungspfandrechts, der Zwangshypothek oder des sonstigen Vorzugsrechts auf Befriedigung,
4. im Fall des Absatzes 1 Satz 1 Nummer 4 bis zur Beendigung des Insolvenzverfahrens,
5. im Fall des Absatzes 1 Satz 1 Nummer 5 bis zum Wegfall des Vollstreckungsverbots nach § 210 oder § 294 Absatz 1 der Insolvenzordnung,
6. in den Fällen des Absatzes 1 Satz 1 Nummer 6, bis der Insolvenzplan oder der gerichtliche Schuldenbereinigungsplan erfüllt oder hinfällig wird.

²Wird gegen die Finanzbehörde ein Anspruch geltend gemacht, so endet die hierdurch eingetretene Unterbrechung der Verjährung nicht, bevor über den Anspruch rechtskräftig entschieden worden ist.

(3) Mit Ablauf des Kalenderjahrs, in dem die Unterbrechung geendet hat, beginnt eine neue Verjährungsfrist.

(4) Die Verjährung wird nur in Höhe des Betrags unterbrochen, auf den sich die Unterbrechungshandlung bezieht.

AEAO zu § 231 - Unterbrechung der Verjährung:

1. Zu den Unterbrechungstatbeständen gehört auch die schriftliche Geltendmachung eines Zahlungsanspruchs durch den Steuerpflichtigen (§ 231 Abs. 1 Satz 1 Nr. 8 AO). Bei elektronischer Übermittlung kann - vorbehaltlich der Eröffnung eines entsprechenden Zugangs durch die Finanzbehörde (§ 87a Abs. 1 AO) - auf eine qualifizierte elektronische Signatur und auch auf ein Verfahren nach § 87a Abs. 3 Satz 4 und 5 AO verzichtet werden, da kein Unterschriftserfordernis besteht (vgl. AEAO zu § 87a, Nr. 3.2.4).

2. Eine dem Zahlungspflichtigen von der Finanzbehörde bekannt gegebene Maßnahme i. S. d. § 231 Abs. 1 AO unterbricht die Zahlungsverjährung auch dann, wenn es sich bei dieser Maßnahme um einen Verwaltungsakt handelt, der rechtswidrig oder nichtig oder rückwirkend aufgehoben worden ist (vgl. BFH-Beschluss vom 21.6.2010, VII R 27/08, BStBl 2011 II S. 331).

§ 232 Wirkung der Verjährung (S 0458)

Durch die Verjährung erlöschen der Anspruch aus dem Steuerschuldverhältnis und die von ihm abhängenden Zinsen.

Zweiter Abschnitt - Verzinsung, Säumniszuschläge

1. Unterabschnitt - Verzinsung

§ 233 Grundsatz (S 0460)

¹Ansprüche aus dem Steuerschuldverhältnis (§ 37) werden nur verzinst, soweit dies durch Bundesrecht oder Recht der Europäischen Union vorgeschrieben ist. ²Ansprüche auf steuerliche Nebenleistungen (§ 3 Absatz 4) und die entsprechenden Erstattungsansprüche werden nicht verzinst.

§ 233a Verzinsung von Steuernachforderungen und Steuererstattungen (S 0460a)

(1) ¹Führt die Festsetzung der Einkommen-, Körperschaft-, Vermögen-, Umsatz- oder Gewerbesteuer zu einem Unterschiedsbetrag im Sinne des Absatzes 3, ist dieser zu verzinsen. ²Dies gilt nicht für die Festsetzung von Vorauszahlungen und Steuerabzugsbeträgen.

(2) ¹Der Zinslauf beginnt 15 Monate nach Ablauf des Kalenderjahrs, in dem die Steuer entstanden ist. ²Er beginnt für die Einkommen- und Körperschaftsteuer 23 Monate nach diesem Zeitpunkt, wenn die Einkünfte aus Land- und Forstwirtschaft bei der erstmaligen Steuerfestsetzung die anderen Einkünfte überwiegen; hierbei sind Kapitalerträge nach § 32d Absatz 1 und § 43 Absatz 5 des Einkommensteuergesetzes nicht zu berücksichtigen. ³Er endet mit Ablauf des Tages, an dem die Steuerfestsetzung wirksam wird.

(2a) Soweit die Steuerfestsetzung auf der Berücksichtigung eines rückwirkenden Ereignisses (§ 175 Absatz 1 Satz 1 Nummer 2 und Absatz 2) oder auf einem Verlustabzug nach § 10d Absatz 1 des Einkommensteuergesetzes beruht, beginnt der Zinslauf abweichend von Absatz 2 Satz 1 und 2 15 Monate nach Ablauf des Kalenderjahres, in dem das rückwirkende Ereignis eingetreten oder der Verlust entstanden ist.

(3) ¹Maßgebend für die Zinsberechnung ist die festgesetzte Steuer, vermindert um die anzurechnenden Steuerabzugsbeträge, um die anzurechnende Körperschaftsteuer und um die bis zum Beginn des Zinslaufs festgesetzten Vorauszahlungen (Unterschiedsbetrag). ²Bei der Vermögensteuer ist als Unterschiedsbetrag für die Zinsberechnung die festgesetzte Steuer, vermindert um die festgesetzten Vorauszahlungen oder die bisher festgesetzte Jahressteuer, maßgebend. ³Ein Unterschiedsbetrag zugunsten des Steuerpflichtigen ist nur bis zur Höhe des zu erstattenden Betrags zu verzinsen; die Verzinsung beginnt frühestens mit dem Tag der Zahlung. ⁴Besteht der Erstattungsbetrag aus mehreren Teil-Leistungen, richtet sich der Zinsberechnungszeitraum jeweils nach dem Zeitpunkt der einzelnen Leistung; die Leistungen sind in chronologischer Reihenfolge zu berücksichtigen, beginnend mit der jüngsten Leistung.

(4) Die Festsetzung der Zinsen soll mit der Steuerfestsetzung verbunden werden.

§§ 233a   Abgabenordnung

(5) ¹Wird die Steuerfestsetzung aufgehoben, geändert oder nach § 129 berichtigt, ist eine bisherige Zinsfestsetzung zu ändern; Gleiches gilt, wenn die Anrechnung von Steuerbeträgen zurückgenommen, widerrufen oder nach § 129 berichtigt wird. ²Maßgebend für die Zinsberechnung ist der Unterschiedsbetrag zwischen der festgesetzten Steuer und der vorher festgesetzten Steuer, jeweils vermindert um die anzurechnenden Steuerabzugsbeträge und um die anzurechnende Körperschaftsteuer. ³Dem sich hiernach ergebenden Zinsbetrag sind bisher festzusetzende Zinsen hinzuzurechnen; bei einem Unterschiedsbetrag zugunsten des Steuerpflichtigen entfallen darauf festgesetzte Zinsen. ⁴Im Übrigen gilt Absatz 3 Satz 3 und 4 entsprechend.

(6) Die Absätze 1 bis 5 gelten bei der Durchführung des Lohnsteuer-Jahresausgleichs entsprechend.

(7) ¹Bei Anwendung des Absatzes 2a gelten die Absätze 3 und 5 mit der Maßgabe, dass der Unterschiedsbetrag in Teil-Unterschiedsbeträge mit jeweils gleichem Zinslaufbeginn aufzuteilen ist; für jeden Teil-Unterschiedsbetrag sind Zinsen gesondert und in der zeitlichen Reihenfolge der Teil-Unterschiedsbeträge zu berechnen, beginnend mit den Zinsen auf den Teil-Unterschiedsbetrag mit dem ältesten Zinslaufbeginn. ²Ergibt sich ein Teil-Unterschiedsbetrag zugunsten des Steuerpflichtigen, entfallen auf diesen Betrag festgesetzte Zinsen frühestens ab Beginn des für diesen Teil-Unterschiedsbetrag maßgebenden Zinslaufs; Zinsen für den Zeitraum bis zum Beginn des Zinslaufs dieses Teil-Unterschiedsbetrags bleiben endgültig bestehen. ³Dies gilt auch, wenn zuvor innerhalb derselben Zinsberechnung Zinsen auf einen Teil-Unterschiedsbetrag zuungunsten des Steuerpflichtigen berechnet worden sind.

(8) ¹Zinsen auf einen Unterschiedsbetrag zuungunsten des Steuerpflichtigen (Nachzahlungszinsen) sind entweder nicht festzusetzen oder zu erlassen, soweit Zahlungen oder andere Leistungen auf eine später wirksam gewordene Steuerfestsetzung erbracht wurden, die Finanzbehörde diese Leistungen angenommen und auf die festgesetzte und zu entrichtende Steuer angerechnet hat. ²Absatz 3 Satz 4 ist hierbei entsprechend anzuwenden. ³Soweit Nachzahlungszinsen aufgrund einer Aufhebung, Änderung oder Berichtigung der Steuerfestsetzung nach Absatz 5 Satz 3 zweiter Halbsatz entfallen, mindert sich der Zinsverzicht nach Satz 1 entsprechend. ⁴Die §§ 163 und 227 bleiben unberührt.

AEAO zu § 233a - Verzinsung von Steuernachforderungen und Steuererstattungen:

1.   Allgemeines

2.   Sachlicher und zeitlicher Geltungsbereich

3.   Zinsschuldner/-gläubiger

4. - 9. Zinslauf

10.   Besonderer Zinslauf bei rückwirkenden Ereignissen und Verlustrückträgen

11. - 13. Grundsätze der Zinsberechnung

14. - 40. Zinsberechnung bei der erstmaligen Steuerfestsetzung

41. - 59. Zinsberechnung bei einer Korrektur der Steuerfestsetzung oder der Anrechnung von Steuerbeträgen

60. Zinsberechnung bei sog. NV-Fällen

61. Sonderregelungen für Zinsberechnungen bei der Umsatzsteuer

62. - 68. Verhältnis zu anderen steuerlichen Nebenleistungen

69. - 70. Billigkeitsmaßnahmen

71. - 73. Rechtsbehelfe

74. Berücksichtigung rückwirkender Ereignisse in Grundlagenbescheiden

Allgemeines

1. Die Verzinsung nach § 233a AO (Vollverzinsung) soll im Interesse der Gleichmäßigkeit der Besteuerung und zur Vermeidung von Wettbewerbsverzerrungen einen Ausgleich dafür schaffen, dass die Steuern trotz gleichen gesetzlichen Entstehungszeitpunkts, aus welchen Gründen auch immer, zu unterschiedlichen Zeitpunkten festgesetzt und erhoben werden. Die Verzinsung ist gesetzlich vorgeschrieben; die Zinsfestsetzung steht nicht im Ermessen der Finanzbehörde. Die Zinsen werden grundsätzlich im automatisierten Verfahren berechnet, festgesetzt und zum Soll gestellt. Die Zinsfestsetzung wird regelmäßig mit dem Steuerbescheid oder der Abrechnungsmitteilung verbunden.

Sachlicher und zeitlicher Geltungsbereich

2. Die Verzinsung nach § 233a AO ist beschränkt auf die Festsetzung der Einkommen-, Körperschaft-, Vermögen-, Umsatz- und Gewerbesteuer (§ 233a Abs. 1 Satz 1 AO). Wegen der Verzinsung des Steuervergütungsanspruchs nach § 18 Abs. 9 UStG i. V. m. §§ 59 ff. UStDV und in Fällen des Mini-one-stop-shop-Verfahrens nach § 18 Abs. 4e UStG (MOSS-Verfahren) vgl. AEAO zu § 233a, Nr. 61. Von der Verzinsung ausgenommen sind die übrigen Steuern und Abgaben sowie Steuervorauszahlungen und Steuerabzugsbeträge (§ 233a Abs. 1 Satz 2 AO); vgl. auch BFH-Beschluss vom 18.9.2007, I R 15/05, BStBl 2008 II S. 332, und BVerfG-Beschluss vom 3.9.2009, 1 BvR 1098/08, BFH/NV S. 2115. Auch bei der Nachforderung von Abzugsteuern gegenüber dem Arbeitnehmer (vgl. BFH-Urteil vom 17.11.2010, I R 68/10, BFH/NV 2011 S. 737), der Festsetzung der vom Arbeitgeber übernommenen Lohnsteuer sowie der Festsetzung der Umsatzsteuer im Abzugsverfahren erfolgt keine Verzinsung nach § 233a AO. Kirchensteuern werden nur verzinst, soweit die Landeskirchensteuergesetze dies vorsehen. Als Einfuhrabgabe unterliegt die Einfuhrumsatzsteuer den sinngemäß geltenden Vorschriften für Zölle, weshalb ein sich bei der Festsetzung von Einfuhrumsatzsteuer ergebender Unterschiedsbetrag nicht nach § 233a AO zu verzinsen ist (BFH-Urteil vom 23.9.2009, VII R 44/08, BStBl 2010 II S. 334). Der AO lässt sich im Übrigen kein allgemeiner Grundsatz des Inhalts entnehmen, dass Ansprüche des Steuerpflichtigen aus dem Steuerschuldverhältnis auch ohne einzelgesetzliche Grundlage stets zu verzinsen sind (vgl. BFH-Urteil vom 16.12.2009, I R 48/09, BFH/NV 2010, S. 827).

§ 233a AO ist bei Wegzug in einen Mitgliedstaat der EU bzw. des EWR im Lichte der Niederlassungsfreiheit nach Art. 49 AEUV europarechtskonform auszulegen. Hiernach ist die Wegzugsteuer nach § 6 Abs. 1 AStG bzw. die Steuer auf Entstrickungsgewinne bei Wegzug nach § 27 Abs. 3 Nr. 3 Satz 2 UmwStG 2006, § 21 Abs. 2 Satz 1 Nr. 2 UmwStG 1995 nicht der Vollverzinsung zu unterwerfen, soweit die Steuer nach § 6 Abs. 5 AStG zinslos zu stunden ist.

Zinsschuldner/-gläubiger

3. Bei der Verzinsung von Steuernachzahlungen ist der Steuerschuldner auch Zinsschuldner. Schulden mehrere Personen die Steuer als Gesamtschuldner, sind sie auch Gesamtschuldner der Zinsen. Bei der Verzinsung von Erstattungsansprüchen ist grundsätzlich der Gläubiger des Erstattungsanspruchs Zinsgläubiger. Die Aufteilung der Zinsen nach §§ 268 ff. AO hat für die Zinsberechnung keine Bedeutung. Zur Abtretung eines Anspruchs auf Erstattungszinsen vgl. AEAO zu § 46, Nr. 1.

Zinslauf

4. Der Zinslauf beginnt im Regelfall 15 Monate nach Ablauf des Kalenderjahres, in dem die Steuer entstanden ist (Karenzzeit nach § 233a Abs. 2 Satz 1 AO). Eine über die Karenzzeit hinaus gewährte Frist zur Abgabe der Steuererklärung ist für die Verzinsung unbeachtlich.

4.1 Sonderregelungen bestehen für die Besteuerungszeiträume 2019 bis 2024; hier gelten für den allgemeinen Zinslauf (§ 233a Abs. 2 Satz 1 AO) die folgenden verlängerten Karenzzeiten (vgl. Art. 97 § 36 Abs. 2 und 3 EGAO):

Besteuerungszeitraum	verlängerte Karenzzeit	Zinslaufbeginn
2019	21 Monate	01.10.2021
2020	21 Monate	01.10.2022
2021	21 Monate	01.10.2023
2022	20 Monate	01.09.2024
2023	18 Monate	01.07.2025
2024	17 Monate	01.06.2026

5. Der Zinslauf endet mit Ablauf des Tages, an dem die Steuerfestsetzung wirksam wird (§ 233a Abs. 2 Satz 3 AO).

- Bei Steuerfestsetzungen durch Steuerbescheid endet der Zinslauf am Tag der Bekanntgabe des Steuerbescheids (§ 124 Abs. 1 Satz 1 i. V. m. § 122 AO).
- Bei Umsatzsteuererklärungen mit einem Unterschiedsbetrag zuungunsten des Steuerpflichtigen endet der Zinslauf grundsätzlich am Tag des Eingangs der Steueranmeldung (§ 168 Satz 1 AO).
- Bei zustimmungsbedürftigen Umsatzsteuererklärungen mit einem Unterschiedsbetrag zugunsten des Steuerpflichtigen endet der Zinslauf grundsätzlich mit Ablauf des Tages, an dem dem Steuerpflichtigen die Zustimmung der Finanzbehörde bekannt wird (§ 168 Satz 2 AO; vgl. AEAO zu § 168, Nrn. 2 bis 4). Dies gilt auch in den Fällen, in denen die Zustimmung allgemein erteilt wird (vgl. AEAO zu § 168, Nr. 9).

Der Zeitpunkt der Zahlung oder der Fälligkeit der Steuernachforderung oder der Steuererstattung ist grundsätzlich unbeachtlich.

6. Ein voller Zinsmonat (§ 238 Abs. 1 Satz 2 AO) ist erreicht, wenn der Tag, an dem der Zinslauf endet, hinsichtlich seiner Zahl dem Tag entspricht, der dem Tag vorhergeht, an dem die Frist begann (BFH-Urteil vom 24.7.1996, X R 119/92, BStBl 1997 II S. 6). Begann der Zinslauf z. B. am 1.4. und wurde die Steuerfestsetzung am 30.4. bekannt gegeben, ist bereits ein voller Zinsmonat gegeben.

7. Behauptet der Steuerpflichtige, ihm sei der Steuerbescheid bzw. die erweiterte Abrechnungsmitteilung später als nach der Zugangsvermutung des § 122 Abs. 2 AO zugegangen, bleibt der ursprüngliche Bekanntgabetag für die Zinsberechnung maßgebend, wenn das Guthaben bereits erstattet wurde. Gleiches gilt, wenn der Steuerbescheid bzw. die Abrechnungsmitteilung nach einem erfolglosen Bekanntgabeversuch erneut abgesandt wird und das Guthaben bereits erstattet wurde. Wurde bei einer Änderung/Berichtigung einer Steuerfestsetzung vor ihrer Bekanntgabe ein Guthaben bereits erstattet, ist allerdings die Zinsfestsetzung im bekannt gegebenen Bescheid so durchzuführen, als ob das Guthaben noch nicht erstattet worden wäre.

8. Für die Einkommen- und Körperschaftsteuer beträgt die Karenzzeit 23 Monate, wenn die Einkünfte aus Land- und Forstwirtschaft bei der erstmaligen Steuerfestsetzung für das jeweilige Jahr überwiegen (§ 233a Abs. 2 Satz 2 erster Halbsatz AO); vgl. dazu auch das BFH-Urteil vom 13.7.2006, IV R 5/05, BStBl II S. 881. Bei dieser Prüfung sind Kapitalerträge nach § 32d Abs. 1 und § 43 Abs. 5 EStG nicht zu berücksichtigen (§ 233a Abs. 2 Satz 2 zweiter Halbsatz AO).

8.1 Sonderregelungen bestehen wiederum für die Besteuerungszeiträume 2019 bis 2024; hier gelten für den abweichenden Zinslauf nach § 233a Abs. 2 Satz 2 AO die folgenden verlängerten Karenzzeiten (vgl. Art. 97 § 36 Abs. 2 und 3 EGAO):

Besteuerungszeitraum	verlängerte Karenzzeit	Zinslaufbeginn
2019	28 Monate	01.05.2022
2020	29 Monate	01.06.2023
2021	29 Monate	01.06.2024
2022	28 Monate	01.05.2025
2023	26 Monate	01.03.2026
2024	25 Monate	01.02.2027

9. Stellt sich später heraus, dass die Einkünfte aus Land- und Forstwirtschaft die anderen Einkünfte nicht überwiegen, bleibt es gleichwohl bei der Karenzzeit von 23 Monaten. Umgekehrt bleibt es bei der Karenzzeit von 15 Monaten, wenn sich später herausstellt, dass entgegen den Verhältnissen bei der erstmaligen Steuerfestsetzung die Einkünfte aus Land- und Forstwirtschaft die übrigen Einkünfte überwiegen. Sind die Einkünfte aus Land- und Forstwirtschaft negativ, überwiegen die anderen Einkünfte, wenn diese positiv oder in geringerem Maße negativ sind.

10. Besonderer Zinslauf bei rückwirkenden Ereignissen und Verlustrückträgen

10.1 Soweit die Steuerfestsetzung auf der erstmaligen Berücksichtigung eines rückwirkenden Ereignisses oder eines Verlustrücktrags beruht, beginnt der Zinslauf nach § 233a Abs. 2a AO erst 15 Monate nach Ablauf des Kalenderjahres, in dem das rückwirkende Ereignis eingetreten oder der Verlust entstanden ist. Die steuerlichen Auswirkungen eines Verlustrücktrags bzw. eines rückwirkenden Ereignisses werden daher bei der Berechnung von Zinsen nach § 233a AO erst ab einem vom Regelfall abweichenden späteren Zinslaufbeginn berücksichtigt. Soweit § 10d Abs. 1 EStG entsprechend gilt bzw. Verluste nach Maßgabe des § 10d Abs. 1 EStG rücktragsfähig sind, ist § 233a Abs. 2a AO entsprechend anzuwenden (vgl. z. B. § 10b Abs. 1 Sätze 4 und 5 und § 23 Abs. 3 Satz 9 EStG).

10.2 Ob ein Ereignis steuerliche Rückwirkung hat, beurteilt sich nach dem jeweils anzuwendenden Steuergesetz (BFH-Urteil vom 26.7.1984, IV R 10/83, BStBl II S. 786). Beispiele vgl. AEAO zu § 175, Nr. 2.4.

§ 233a Abs. 2a AO ist auch dann anzuwenden, wenn ein rückwirkendes Ereignis bereits bei der erstmaligen Steuerfestsetzung berücksichtigt wird.

10.3 Einzelfragen:

10.3.1 Bei einem zulässigen Wechsel der Veranlagungsart (Zusammenveranlagung nach bereits erfolgter Einzelveranlagung oder umgekehrt) beruhen sowohl die Aufhebung des/der ursprünglichen Bescheide(s) als auch der Erlass der/des neuen Bescheide(s) auf einem rückwirkenden Ereignis. Dies gilt unabhängig davon, ob es sich um den antragstellenden Ehegatten oder den anderen Ehegatten handelt. Dass die verfahrensrechtliche Umsetzung des Wechsels der Veranlagungsart beim antragstellenden Ehegatten nicht nach § 175 Abs. 1 Satz 1 Nr. 2 AO erfolgt, steht dem nicht entgegen. § 233a Abs. 2a AO findet sowohl bei der Aufhebung der ursprünglichen Veranlagung(en) als auch beim Erlass der/des neuen Steuerbescheide(s) für beide Ehegatten Anwendung.

Für Lebenspartner gelten diese Regelungen ab dem Veranlagungszeitraum 2013 entsprechend.

10.3.2 Durch den erstmaligen Beschluss über eine offene Gewinnausschüttung für ein abgelaufenes Wirtschaftsjahr wurde - im Rahmen des Anrechnungsverfahrens (§ 34 Abs. 12 Nr. 1 KStG) - kein abweichender Zinslauf gem. § 233a Abs. 2a AO ausgelöst. Dies gilt auch dann, wenn dieser Beschluss erst nach Ablauf des folgenden Wirtschaftsjahres gefasst wurde (BFH-Urteil vom 29.11.2000, I R 45/00, BStBl 2001 II S. 326). Um einen erstmaligen Gewinnverteilungsbeschluss in diesem Sinne handelt es sich jedoch nicht, wenn der Beschluss einen vorangegangenen Beschluss der Gesellschaft ersetzte, durch den der Gewinn des betreffenden Wirtschaftsjahres thesauriert worden war (BFH-Urteil vom 22.10.2003, I R 15/03, BStBl 2004 II S. 398).

10.3.3 Die Korrektur eines für das Betriebsvermögen am Schluss des Wirtschaftsjahres maßgebenden Wertansatzes, der sich auf die Höhe des Gewinns der Folgejahre auswirkt, löst keinen abweichenden Zinslauf gem. § 233a Abs. 2a AO aus. Zur Anwendung des § 175 Abs. 1 Satz 1 Nr. 2 AO vgl. AEAO zu § 175, Nr. 2.4.

10.4 Der besondere Zinslauf nach § 233a Abs. 2a AO endet mit Ablauf des Tages, an dem die Steuerfestsetzung wirksam wird (§ 233a Abs. 2 Satz 3 AO).

Grundsätze der Zinsberechnung

11. Die Zinsen betragen für Verzinsungszeiträume bis zum 31. Dezember 2018 für jeden vollen Monat des Zinslaufs 0,5 % (§ 238 Abs. 1 Satz 1 AO). Für Verzinsungszeiträume ab dem 1. Januar 2019 betragen die Zinsen 0,15 % für jeden vollen Monat (§ 238 Abs. 1a AO).

Sind für einen Zinslauf unterschiedliche Zinssätze maßgeblich, weil der Zinslauf vor dem 1. Januar 2019 begonnen hat und nach dem 31. Dezember 2018 endet, ist der Zinslauf in Teilverzinsungszeiträume aufzuteilen.

Die Zinsen für diese Teilverzinsungszeiträume sind - ungeachtet des Umstands, dass Zinsen wie bisher nur für volle Monate berechnet werden - jeweils tageweise zu berechnen. Hierbei wird jeder Kalendermonat unabhängig von der tatsächlichen Anzahl der Kalendertage mit 30 Zinstagen und jedes Kalenderjahr mit 360 Tagen gerechnet (§ 238 Abs. 1b AO). Hat ein Monat 31 Tage, ist der 31. Kalendertag hierbei kein Zinstag. Sofern der Beginn oder das Ende des Zeitraums auf den 31. eines Monats fällt, wird dieser Tag wie der 30. Kalendertag behandelt. Für den Februar gilt dabei: Endet der Zinsberechnungszeitraum am 28. Februar, bzw. in einem Schaltjahr am 29. Februar, werden die Zinsen auch nur bis zu diesem Tag berechnet. Geht der Zinsberechnungszeitraum hingegen über den Februar hinaus, wird der Februar wie jeder Monat mit 30 Tagen veranschlagt. Um den Anteil am Jahreszinssatz (das ist das Zwölffache des jeweils maßgeblichen Monatszinssatzes) zu ermitteln, wird die Summe der ermittelten Zinstage dann durch 360 geteilt. Vgl. hierzu auch das Beispiel im AEAO zu § 238, Nr. 3.

Für die Berechnung der Zinsen wird der zu verzinsende Betrag jeder Steuerart auf den nächsten durch fünfzig Euro teilbaren Betrag abgerundet (§ 238 Abs. 2 AO). Dabei sind die zu verzinsenden Ansprüche zu trennen, wenn Steuerart, Zeitraum oder der Tag des Beginns des Zinslaufs voneinander abweichen (vgl. AEAO zu § 238, Nr. 2). Zinsen sind auf volle Euro zum Vorteil des Steuerpflichtigen gerundet festzusetzen (§ 239 Abs. 2 Satz 1 AO); sie werden nur dann festgesetzt, wenn sie mindestens zehn Euro betragen (§ 239 Abs. 2 Satz 2 AO).

12. Für die Zinsberechnung gelten die Grundsätze der sog. Sollverzinsung. Berechnungsgrundlage ist der Unterschied zwischen dem festgesetzten Soll und dem vorher festgesetzten Soll (Vorsoll). Bei der Berechnung von Erstattungszinsen gelten allerdings Besonderheiten, da Erstattungsbeträge nur insoweit verzinst werden, wie sie zuvor festgesetzt und entrichtet waren (sog. Ist-Prinzip; § 233a Abs. 3 Satz 3 AO).

13. Es ist grundsätzlich unerheblich, ob das Vorsoll bei Fälligkeit getilgt worden ist. Ggf. treten insoweit besondere Zins- und Säumnisfolgen (z. B. Stundungszinsen, Säumniszuschläge) ein. Nachzahlungszinsen nach § 233a AO können andererseits auch dann festgesetzt werden, wenn das Finanzamt vor Festsetzung der Steuer freiwillige Leistungen auf die Steuerschuld angenommen hat und hierdurch die festgesetzte Steuerschuld insgesamt erfüllt wird. Voraussetzung für die Verzinsung ist lediglich, dass die Steuerfestsetzung zu einem Unterschiedsbetrag nach § 233a Abs. 3 AO führt (§ 233a Abs. 1 Satz 1 AO). Wegen des insoweit gebotenen zeitanteiligen Erlasses von Nachzahlungszinsen nach § 233a Abs. 8 AO vgl. AEAO zu § 233a, Nr. 70.1.

Zinsberechnung bei der erstmaligen Steuerfestsetzung

14. Bei der erstmaligen Steuerfestsetzung (endgültige Steuerfestsetzung, vorläufige Steuerfestsetzung, Steuerfestsetzung unter Vorbehalt der Nachprüfung) ist Berechnungsgrundlage der Unterschied zwischen dem dabei festgesetzten Soll (= festgesetzte Steuer abzüglich anzurechnender Steuerabzugsbeträge) und dem Vorauszahlungssoll. Maßgebend sind die bis zum Beginn des Zinslaufs festgesetzten Vorauszahlungen (§ 233a Abs. 3 Satz 1 AO). Einbehaltene und anzurechnende Steuerabzugsbeträge sind unabhängig vom Zeitpunkt der Zahlung durch den Abzugsverpflichteten zu berücksichtigen.

Abgabenordnung	§ 233a

15. Vorauszahlungen können innerhalb der gesetzlichen Fristen (z. B. § 37 Abs. 3 Satz 3 EStG) von Amts wegen oder auf Antrag des Steuerpflichtigen angepasst werden (BFH-Urteil vom 10.7.2002, X R 65/96, BFH/NV S. 1567). Leistet der Steuerpflichtige vor Ablauf der Karenzzeit eine freiwillige Zahlung, ist dies als Antrag auf Anpassung der bisher festgesetzten Vorauszahlungen anzusehen. Zahlungen des Steuerpflichtigen, die ohne wirksame Festsetzung der Vorauszahlungen erfolgen, sind als freiwillige Zahlungen i. S. d. § 233a Abs. 8 AO zu behandeln (vgl. AEAO zu § 233a, Nr. 70.1). Eine nachträgliche Erhöhung der Vorauszahlungen zur Einkommen- oder Körperschaftsteuer erfolgt nur dann, wenn der Erhöhungsbetrag mindestens 5.000 € beträgt (§ 37 Abs. 5 Satz 2 EStG, § 31 Abs. 1 KStG; vgl. auch BFH-Urteil vom 5.6.1996, X R 234/93, BStBl II S. 503).

16. Bei der Umsatzsteuer kann der Steuerpflichtige eine Anpassung der Vorauszahlungen durch die Abgabe einer berichtigten Voranmeldung (§ 153 Abs. 1 AO) herbeiführen. Die berichtigte Voranmeldung steht einer geänderten Steuerfestsetzung unter Vorbehalt der Nachprüfung gleich und bedarf keiner Zustimmung der Finanzbehörde, wenn sie zu einer Erhöhung der bisher zu entrichtenden Steuer oder einem geringeren Erstattungsbetrag führt (vgl. AEAO zu § 168, Nr. 12). Eine nach Ablauf der Karenzzeit abgegebene (erstmalige oder berichtigte) Voranmeldung ist bei der Berechnung des Unterschiedsbetrages nach § 233a Abs. 3 Satz 1 AO nicht zu berücksichtigen. In diesem Fall soll aber unverzüglich eine Festsetzung der Jahressteuer unter Vorbehalt der Nachprüfung erfolgen.

17. Leistet der Steuerpflichtige nach Ablauf der Karenzzeit eine freiwillige Zahlung, soll bei Vorliegen der Steuererklärung unverzüglich eine Steuerfestsetzung erfolgen. Diese Steuerfestsetzung kann zur Beschleunigung auch durch eine personelle Festsetzung unter Vorbehalt der Nachprüfung erfolgen. In diesem Fall kann sich die Steuerfestsetzung auf die bisher festgesetzten Vorauszahlungen zuzüglich der freiwillig geleisteten Zahlung beschränken. Auf die Angabe der Besteuerungsgrundlagen kann dabei verzichtet werden.

18. Bei der freiwilligen Zahlung kann grundsätzlich unterstellt werden, dass die Zahlung ausschließlich auf die Hauptsteuer (Einkommen- bzw. Körperschaftsteuer) entfällt. Die Folgesteuern sind ggf. daneben festzusetzen und zu erheben.

19. Ergibt sich bei der ersten Steuerfestsetzung ein Unterschiedsbetrag zuungunsten des Steuerpflichtigen (**Mehrsoll**), werden Nachzahlungszinsen für die Zeit ab Beginn des Zinslaufs bis zur Wirksamkeit der Steuerfestsetzung berechnet (§ 233a Abs. 2 Satz 3 AO).

20. **Beispiel 1:**

Einkommensteuer 2018	
Steuerfestsetzung vom 8.12.2020,	
bekannt gegeben am 11.12.2020	21.000 €
abzüglich anzurechnende Steuerabzugsbeträge:	./. 1.000 €

Soll:	20.000 €
abzüglich festgesetzte Vorauszahlungen:	./.13.000 €
Unterschiedsbetrag (Mehrsoll):	7.000 €

Zu verzinsen sind 7.000 € zuungunsten des Steuerpflichtigen für die Zeit vom 1.4.2020 bis 11.12.2020
(8 volle Monate x 0,15 % = 1,2 %).

festzusetzende Zinsen (Nachzahlungszinsen): **84 €**

21. Ergibt sich ein Unterschiedsbetrag zugunsten des Steuerpflichtigen (**Mindersoll**), ist dieser ebenfalls Grundlage der Zinsberechnung. Um Erstattungszinsen auf festgesetzte, aber nicht entrichtete Vorauszahlungen zu verhindern, ist nur der tatsächlich zu erstattende Betrag - und zwar für den Zeitraum zwischen der Zahlung der zu erstattenden Beträge und der Wirksamkeit der Steuerfestsetzung - zu verzinsen (§ 233a Abs. 2 Satz 3 und Abs. 3 Satz 3 AO).

22. **Beispiel 2:**

Einkommensteuer 2018

Steuerfestsetzung vom 8.12.2020,

bekannt gegeben am 11.12.2020	1.000 €
abzüglich anzurechnende Steuerabzugsbeträge	./. 1.000 €
Soll:	0 €
abzüglich festgesetzte Vorauszahlungen:	./.13.000 €
Unterschiedsbetrag (Mindersoll):	./.13.000 €

Da der Steuerpflichtige am 8.6.2020 5.000 € gezahlt hat
und darüber hinaus keine weiteren Zahlungen erfolgt sind,
sind lediglich 5.000 € zu erstatten.

Zu verzinsen sind 5.000 € zugunsten des Steuerpflichtigen
für die Zeit vom 8.6.2020 bis 11.12.2020
(6 volle Monate x 0,15 % = 0,9 %).

festzusetzende Zinsen (Erstattungszinsen): **./. 45 €**

23. Besteht der Erstattungsbetrag aus mehreren Teil-Leistungen, richtet sich der Zinsberechnungszeitraum jeweils nach dem Zeitpunkt der einzelnen Leistung; die Leistungen sind in chronologischer Reihenfolge zu berücksichtigen, beginnend mit der jüngsten Leistung („last in - first out"; § 233a Abs. 3 Satz 4 AO).

| Abgabenordnung | § 233a |

24. Der Erstattungsbetrag ist für die Zinsberechnung auf den nächsten durch fünfzig Euro teilbaren Betrag abzurunden (z. B. ist ein Erstattungsbetrag von 375 € auf 350 € abzurunden). Ist mehr als ein Betrag (mehrere Einzahlungen) zu verzinsen, so ist der durch die Rundung auf volle fünfzig Euro sich ergebende Spitzenbetrag vom Teilbetrag mit dem ältesten Wertstellungstag abzuziehen.

25. Die Verzinsung des zu erstattenden Betrages erfolgt nur bis zur Höhe des Mindersolls. Freiwillig geleistete Zahlungen sollen zum Anlass genommen werden, die bisher festgesetzten Vorauszahlungen anzupassen (vgl. AEAO zu § 233a, Nrn. 15 und 16) oder die Jahressteuer unverzüglich festzusetzen (vgl. AEAO zu § 233a, Nr. 17). Bis zur Festsetzung der Vorauszahlung oder der Jahressteuer sind sie aber zur Vermeidung von Missbräuchen von der Verzinsung ausgeschlossen.

26. **Beispiel 3:**

    Einkommensteuer 2018

    Steuerfestsetzung vom 21.7.2020,

bekannt gegeben am 24.7.2020	14.000 €
abzüglich anzurechnende Steuerabzugsbeträge	./. 2.000 €
Soll:	12.000 €
abzüglich festgesetzte Vorauszahlungen:	./.23.000 €
Unterschiedsbetrag (Mindersoll)	./. 11.000 €

    Der Steuerpflichtige hat die Vorauszahlungen jeweils bei Fälligkeit entrichtet; am 18.6.2020 zahlte er zusätzlich freiwillig 7.000 €. Zu erstatten sind daher insgesamt 18.000 €.

    Zu verzinsen sind indes lediglich 11.000 € zugunsten des Steuerpflichtigen für die Zeit vom 1.4.2020 bis 24.7.2020 (3 volle Monate x 0,15 % = 0,45 %).

festzusetzende Zinsen (Erstattungszinsen):	./. 50 €

    (Rundung gem. § 239 Abs. 2 Satz 1 AO)

27. Bei der Ermittlung freiwilliger (Über-)Zahlungen des Steuerpflichtigen, die bei der Berechnung der Erstattungszinsen außer Ansatz bleiben, sind die zuletzt eingegangenen, das Vorauszahlungssoll übersteigenden Zahlungen als freiwillig anzusehen.

28. Wenn bei der erstmaligen Steuerfestsetzung ein rückwirkendes Ereignis oder ein Verlustrücktrag berücksichtigt wurde, beginnt der Zinslauf insoweit erst 15 Monate nach Ablauf des Kalenderjahres, in dem dieses rückwirkende Ereig-

nis eingetreten oder der Verlust entstanden ist (§ 233a Abs. 2a AO). Der Unterschiedsbetrag nach § 233a Abs. 3 Satz 1 AO ist deshalb in Teil-Unterschiedsbeträge aufzuteilen, soweit diese einen unterschiedlichen Zinslaufbeginn nach § 233a Abs. 2 und Abs. 2a AO haben (§ 233a Abs. 7 Satz 1 1. Halbsatz AO). Innerhalb dieser Teil-Unterschiedsbeträge sind Sollminderungen und Sollerhöhungen mit gleichem Zinslaufbeginn zu saldieren.

29. Die Teil-Unterschiedsbeträge sind in ihrer zeitlichen Reihenfolge, beginnend mit dem ältesten Zinslaufbeginn, zu ermitteln (§ 233a Abs. 7 Satz 1 2. Halbsatz AO). Dabei ist unerheblich, ob sich der einzelne Teil-Unterschiedsbetrag zugunsten oder zuungunsten des Steuerpflichtigen auswirkt.

Zunächst ist die fiktive Steuer zu ermitteln, die sich ohne Berücksichtigung rückwirkender Ereignisse und Verlustrückträge ergeben würde. Die Differenz zwischen dieser fiktiven Steuer, vermindert um anzurechnende Steuerabzugsbeträge und anzurechnende Körperschaftsteuer, und den festgesetzten Vorauszahlungen ist der erste für die Zinsberechnung maßgebliche Teil-Unterschiedsbetrag.

Im nächsten Schritt ist auf der Grundlage dieser fiktiven Steuerermittlung die fiktive Steuer zu berechnen, die sich unter Berücksichtigung der rückwirkenden Ereignisse oder Verlustrückträge mit dem ältesten Zinslaufbeginn ergeben würde. Die Differenz zwischen dieser und der zuvor ermittelten fiktiven Steuer, jeweils vermindert um anzurechnende Steuerabzugsbeträge und anzurechnende Körperschaftsteuer, ist der für die Zinsberechnung maßgebliche zweite Teil-Unterschiedsbetrag. Dies gilt entsprechend für weitere Teil-Unterschiedsbeträge mit späterem Zinslaufbeginn.

30. **Beispiel 4:**

Einkommensteuer 2018

	z. v. E.[1]	Steuer
erstmalige Steuerfestsetzung:	50.000 €	14.801 €
dabei wurden berücksichtigt:		
- Verlustrücktrag aus 2019:	./. 7.500 €	
- rückwirkendes Ereignis aus 2020:	2.500 €	
abzüglich anzurechnende Steuerabzugsbeträge		./. 0 €
Soll:		14.801 €
abzüglich festgesetzte Vorauszahlungen:		./. 10.550 €
Unterschiedsbetrag (Mehrsoll):		+ 4.251 €

---

[1] Z.v.E = zu versteuerndes Einkomen

Ermittlung der Teil-Unterschiedsbeträge:

	z. v. E.	Steuer	
• Vorsoll (festgesetzte Vorauszahlungen)		10.550 €	
• 1. Schattenveranlagung (Steuerfestsetzung ohne Berücksichtigung des Verlustrücktrags und des rückwirkenden Ereignisses):	55.000 €	17.200 €	
abzüglich anzurechnende Steuerabzugsbeträge:		./. 0 €	
fiktives Soll:		17.200 €	
Erster Teil-Unterschiedsbetrag =			+ 6.650 €
• 2. Schattenveranlagung (1. Schattenveranlagung + Verlustrücktrag aus 2019)	47.500 €	13.634 €	
abzüglich anzurechnende Steuerabzugsbeträge:		./. 0 €	
fiktives Soll:		13.634 €	
Zweiter Teil-Unterschiedsbetrag =			./. 3.566 €
• 3. Schattenveranlagung (2. Schattenveranlagung + rückwirkendes Ereignis aus 2020):	50.000 €	14.801 €	
abzüglich anzurechnende Steuerabzugsbeträge:		./. 0 €	
fiktives Soll:		14.801 €	
Dritter Teil-Unterschiedsbetrag =			+ 1.167 €
Summe der Teil-Unterschiedsbeträge:			+ 4.251 €

31. Alle Teil-Unterschiedsbeträge sind jeweils gesondert auf den nächsten durch fünfzig Euro teilbaren Betrag abzurunden, da der Zinslauf für die zu verzinsenden Beträge zu jeweils abweichenden Zeitpunkten beginnt (§ 238 Abs. 2 AO).

32. Die auf die einzelnen Teil-Unterschiedsbeträge entfallenden Zinsen sind eigenständig und in ihrer zeitlichen Reihenfolge zu berechnen, beginnend mit den Zinsen auf den Teil-Unterschiedsbetrag mit dem ältesten Zinslaufbeginn

§§ 233a   Abgabenordnung

(§ 233a Abs. 7 Satz 1 2. Halbsatz AO). Dabei ist für jeden Zinslauf bzw. Zinsberechnungszeitraum eigenständig zu prüfen, inwieweit jeweils volle Zinsmonate vorliegen.

33. **Beispiel 5:**

Einkommensteuer 2018

	z. v. E.	Steuer
Steuerfestsetzung vom 11.12.2020, bekannt gegeben am 14.12.2020:	60.723 €	19.306 €
abzüglich anzurechnende Steuerabzugsbeträge:		./. 1.000 €
Soll:		18.306 €
abzüglich festgesetzte Vorauszahlungen:		./. 12.000 €
Unterschiedsbetrag (Mehrsoll):		+ 6.306 €

Bei dieser Steuerfestsetzung wurde ein rückwirkendes Ereignis aus 2019 (Erhöhung des z. v. E. um 2.492 €) berücksichtigt.

Ermittlung der Teil-Unterschiedsbeträge:

	z. v. E.	Steuer	
• Vorsoll (festgesetzte Vorauszahlungen):		12.000 €	
• 1. Schattenveranlagung (Steuerfestsetzung ohne Berücksichtigung des rückwirkenden Ereignisses):	58.231 €	18.135 €	
abzüglich anzurechnende Steuerabzugsbeträge:		./. 1.000 €	
fiktives Soll:		17.135 €	
Erster Teil-Unterschiedsbetrag =			+ 5.135 €
• 2. Schattenveranlagung (1. Schattenveranlagung + rückwirkendes Ereignis aus 2019	60.723 €	19.306 €	

abzüglich anzurechnende Steuerabzugsbeträge:	./. 1.000 €	
fiktives Soll:	18.306 €	
Zweiter Teil-Unterschiedsbetrag =		+ 1.171 €
Summe der Teil-Unterschiedsbeträge:		+ 6.306 €

Zinsberechnung:

Teil-Unterschiedsbetrag mit Zinslaufbeginn 1.4.2020:	5.135 €
Teil-Unterschiedsbetrag mit Zinslaufbeginn 1.4.2021:	1.171 €

Verzinsung des Teil-Unterschiedsbetrags mit Zinslaufbeginn 1.4.2020:

Zu verzinsen sind 5.100 € zuungunsten des Steuerpflichtigen für die Zeit vom 1.4.2020 bis 14.12.2020 (8 volle Monate x 0,15 % = 1,2 %).

Nachzahlungszinsen =	61,20 €
Abrundung gemäß § 238 Abs. 2 AO : 35 €	

Verzinsung des Teil-Unterschiedsbetrags mit Zinslaufbeginn 1.4.2021:

Hinsichtlich des Teil-Unterschiedsbetrags von 1.171 € sind keine Nachzahlungszinsen zu berechnen, da die für ihn maßgebliche Karenzzeit im Zeitpunkt der Steuerfestsetzung noch nicht abgelaufen ist.   0 €

Insgesamt festzusetzende Zinsen (Nachzahlungszinsen):
(Rundung gem. § 239 Abs. 2 Satz 1 AO)   **61€**

34. **Beispiel 6:**

Einkommensteuer 2018

	z. v. E.	Steuer
Steuerfestsetzung vom 10.12.2021, bekannt gegeben am 13.12.2021:	57.781 €	17.924 €
abzüglich anzurechnende Steuerbeträge:		./. 1.000 €
Soll:		16.924 €

abzüglich festgesetzte Vorauszahlungen:	./.12.000 €
Unterschiedsbetrag (Mehrsoll):	+ 4.924 €

Bei dieser Steuerfestsetzung wurde ein rückwirkendes Ereignis aus 2019 (Erhöhung des z. v. E. um 2.571 €) berücksichtigt.

Ermittlung der Teil-Unterschiedsbeträge:

	z. v. E.	Steuer	
• Vorsoll (festgesetzte Vorauszahlungen)		12.000 €	
• 1. Schattenveranlagung (Steuerfestsetzung ohne Berücksichtigung des rückwirkenden Ereignisses):	55.210 €	16.715 €	
abzüglich anzurechnende Steuerabzugsbeträge:		./. 1.000 €	
fiktives Soll:		15.715 €	
Erster Teil-Unterschiedsbetrag =			+ 3.715 €
• 2. Schattenveranlagung (1. Schattenveranlagung + rückwirkendes Ereignis aus 2019)	57.781 €	17.924 €	
abzüglich anzurechnende Steuerabzugsbeträge:		./. 1.000 €	
fiktives Soll:		16.924 €	
Zweiter Teil-Unterschiedsbetrag =			+ 1.209 €
Summe der Teil-Unterschiedsbeträge:			+ 4.924 €

Zinsberechnung:

Teil-Unterschiedsbetrag mit Zinslaufbeginn 1.4.2020:	+ 3.715 €
Teil-Unterschiedsbetrag mit Zinslaufbeginn 1.4.2021:	+ 1.209 €

Verzinsung des Teil-Unterschiedsbetrags mit Zinslaufbeginn 1.4.2020:

Zu verzinsen sind 3.700 € zuungunsten des Steuerpflichtigen für die Zeit vom 1.4.2020 bis 13.12.2021 (20 volle Monate x 0,15 % = 3 %.).

Nachzahlungszinsen:	111 €

(Rundung gem. § 238 Abs. 2 AO: 15 €)

Verzinsung des Teil-Unterschiedsbetrags mit Zinslaufbeginn 1.4.2021:

Zu verzinsen sind 1.200 € zuungunsten des Steuerpflichtigen für die Zeit vom 1.4.2021 bis 13.12.2021
(8 volle Monate x 0,15 % = 1,2 %).

Nachzahlungszinsen: 14,40 €

(Rundung gem. § 238 Abs. 2 AO: 9 €)

Insgesamt festzusetzende Zinsen: 125 €
(Rundung gem. § 239 Abs. 2 Satz 1 AO)

35. Bei Teil-Unterschiedsbeträgen zugunsten des Steuerpflichtigen ist die Berechnung von Erstattungszinsen auf den fiktiv zu erstattenden Betrag begrenzt. Dazu sind alle maßgeblichen Zahlungen und der jeweilige Tag der Zahlung zu ermitteln. Durch Gegenüberstellung dieser Zahlungen und der nach Nr. 29 des AEAO zu § 233a ermittelten fiktiven Steuer, vermindert um anzurechnende Steuerabzugsbeträge und anzurechnende Körperschaftsteuer, ergibt sich der fiktive Erstattungsbetrag.

Die Verzinsung der einzelnen Teil-Unterschiedsbeträge beginnt frühestens mit dem Tag der Zahlung. Besteht der zu erstattende Betrag aus mehreren Einzahlungen, richtet sich der Zinsberechnungszeitraum nach der Einzahlung des jeweiligen Teilbetrags, wobei unterstellt wird, dass die Erstattung zuerst aus dem zuletzt gezahlten Betrag erfolgt. Bei weiteren Teil-Unterschiedsbeträgen zugunsten des Steuerpflichtigen bleiben die bereits bei einer vorangegangenen Zinsberechnung berücksichtigten Zahlungen außer Betracht.

Ist bei einem Teil-Unterschiedsbetrag zugunsten des Steuerpflichtigen mehr als ein Betrag (mehrere Einzahlungen) zu verzinsen, so ist der durch die Rundung auf den nächsten durch fünfzig Euro teilbaren sich ergebende Spitzenbetrag jeweils vom Teilbetrag mit dem ältesten Wertstellungstag abzuziehen.

36. **Beispiel 7:**

Einkommensteuer 2018

	z. v. E.	Steuer
Steuerfestsetzung vom 11.12.2020, bekannt gegeben am 14.12.2020:	10.113 €	509 €
abzüglich anzurechnende Steuerabzugsbeträge:		./. 250 €
Soll:		259 €

§§ 233a   Abgabenordnung

abzüglich festgesetzte Vorauszahlungen:		./. 12.750 €
Unterschiedsbetrag (Mindersoll):		./. 12.491 €

Alle Vorauszahlungen wurden bereits in 2018 entrichtet, so dass 12.491 € zu erstatten sind.

Bei der Steuerfestsetzung wurde ein rückwirkendes Ereignis aus 2019 (Minderung des z. v. E. um 7.587 €) berücksichtigt.

Ermittlung der Teil-Unterschiedsbeträge:

	z. v. E.	Steuer	
• Vorsoll (festgesetzte Vorauszahlungen):		12.750 €	
• 1. Schattenveranlagung (Steuerfestsetzung ohne Berücksichtigung des rückwirkenden Ereignisses):	17.700 €	2.419 €	
abzüglich anzurechnende Steuerabzugsbeträge:		./. 250 €	
fiktives Soll:		2.169 €	
Erster Teil-Unterschiedsbetrag =			./.10.581 €
• 2. Schattenveranlagung (1. Schattenveranlagung + rückwirkendes Ereignis aus 2019):	10.113 €	509 €	
abzüglich anzurechnende Steuerabzugsbeträge:		./. 250 €	
fiktives Soll:		259 €	
Zweiter Teil-Unterschiedsbetrag =			./. 1.910 €
Summe der Teil-Unterschiedsbeträge:			./.12.491 €

Zinsberechnung:

Teil-Unterschiedsbetrag mit Zinslaufbeginn 1.4.2020:	./.10.581 €
Teil-Unterschiedsbetrag mit Zinslaufbeginn 1.4.2021:	./. 1.910 €

Verzinsung des Teil-Unterschiedsbetrags mit Zinslaufbeginn 1.4.2006:

Gegenüberstellung der maßgeblichen Zahlungen und des fiktiven Solls				
Zahlung	Tag der Zahlung	fiktives Soll	Fiktive Erstattung	unverzinster Zahlungsrest
3.250 €	10.12.2018		3.250 €	0 €
3.250 €	10.09.2018		3.250 €	0 €
3.250 €	10.06.2018		3.250 €	0 €
3.000 €	10.03.2018		831 €	2.169 €
12.750 €		2.169 €	10.581 €	2.169 €

Zu verzinsen sind 10.550 € zugunsten des Steuerpflichtigen für die Zeit vom 1.4.2020 bis 14.12.2020
8 volle Monate x 0,15 % = 1,2 %).

Zinsen   126,60 €

(Rundung gem. § 238 Abs. 2 AO: 31 €)

Verzinsung des Teil-Unterschiedsbetrags mit Zinslaufbeginn 1.4.2021:

Hinsichtlich des Teil-Unterschiedsbetrags vor 1.910 € sind keine Erstattungszinsen zu berechnen, da die für ihn maßgebliche Karenzzeit im Zeitpunkt der Steuerfestsetzung noch nicht abgelaufen ist.   0 €

Insgesamt festzusetzende Zinsen (Erstattungszinsen):   ./. 127 €
(Rundung gem. § 239 Abs. 2 Satz 1 AO)

37. **Beispiel 8:**

Einkommensteuer 2018

	z. v. E.	Steuer
Steuerfestsetzung vom 10.12.2021, bekannt gegeben am 13.12.2021:	10.660 €	626 €
abzüglich anzurechnende Steuerabzugsbeträge:		350 €
Soll:		276 €

abzüglich festgesetzte Vorauszahlungen:	./.12.650 €
Unterschiedsbetrag (Mindersoll):	./.12.374 €

Der Steuerpflichtige hat bis zum 30.3.2020 insgesamt 7.500 € sowie am 3.9.2021 zusätzlich 5.000 € entrichtet.
Zu erstatten sind deshalb nur 12.224 €.

Bei der Steuerfestsetzung wurde ein rückwirkendes Ereignis aus 2019 (Minderung des z. v. E. um 8.088 €) berücksichtigt.

Ermittlung der Teil-Unterschiedsbeträge:

	z. v. E.	Steuer	
• Vorsoll (festgesetzte Vorauszahlungen):		12.650 €	
• 1. Schattenveranlagung (Steuerfestsetzung ohne Berücksichtigung des rückwirkenden Ereignisses):	18.748 €	2.713 €	
abzüglich anzurechnende Steuerabzugsbeträge:		./.350 €	
fiktives Soll:		2.363 €	
Erster Teil-Unterschiedsbetrag =			./.10.287 €
• 2. Schattenveranlagung (1. Schattenveranlagung + rückwirkendes Ereignis aus 2019):	10.660 €	626 €	
abzüglich anzurechnende Steuerabzugsbeträge:		./.350 €	
fiktives Soll:		276 €	
Zweiter Teil-Unterschiedsbetrag =			./.2.087 €
Summe der Teil-Unterschiedsbeträge:			./.12.374 €

Zinsberechnung:

Teil-Unterschiedsbetrag mit Zinslaufbeginn 1.4.2020:	./.10.287 €

Teil-Unterschiedsbetrag mit Zinslaufbeginn
1.4.2021: ./. 2.087 €

Verzinsung des Teil-Unterschiedsbetrags mit Zinslaufbeginn 1.4.2020:

Gegenüberstellung der maßgeblichen Zahlungen und des fiktiven Solls				
Zahlung	Tag der Zahlung	fiktives Soll	fiktive Erstattung	unverzinster Zahlungsrest
5.000 €	03.09.2021		5.000 €	0 €
2.500 €	10.12.2018		2.500 €	0 €
2.500 €	10.09.2021		2.500 €	0 €
1.250 €	10.06.2018		137 €	1.113 €
1.250 €	10.03.2018		0 €	1.250 €
12.500 €		2.363 €	10.137 €	2.363 €

Zu verzinsen sind 5.000 € zugunsten
des Steuerpflichtigen für die Zeit
vom 3.9.2021 bis 13.12.20221
(3 volle Monate x 0,15 % = 0,45 %).
Zinsen (Erstattungszinsen): ./. 22,50 €

Zu verzinsen sind 5.100 € zugunsten
des Steuerpflichtigen für die Zeit
vom 1.4.2020 bis 13.12.2021
(20 volle Monate x 0,15 % = 3 %).
Zinsen (Erstattungszinsen): ./. 153 €

(Rundung nach § 238 Abs. 2 AO: 37 €)

Verzinsung des Teil-Unterschiedsbetrags mit Zinslaufbeginn 1.4.2021:

Gegenüberstellung der maßgeblichen Zahlungen und des fiktiven Solls				
Zahlung	Tag der Zahlung	fiktives Soll	fiktive Erstattung	unverzinster Zahlungsrest
0 €	03.09.2021		0 €	0 €
0 €	10.12.2018		0 €	0 €
0 €	10.09.2018		0 €	0 €
1.113 €	10.06.2018		1.113 €	0 €
1.250 €	10.03.2018		974 €	276 €
2.363 €		276 €	2.087 €	276 €

Zu verzinsen sind 2.050 € zugunsten des Steuerpflichtigen für die Zeit vom 1.4.2021 bis 13.12.2021 (8 volle Monate x 01,5 % = 1,2 %). Zinsen (Erstattungszinsen):	./. 24,60 €
Abrundung nach § 238 Abs. 2 AO: 37 €	
Insgesamt festzusetzende Zinsen (Erstattungszinsen): (Rundung gem. § 239 Abs. 2 Satz 1 AO)	**./. 201 €**

38. Bei Teil-Unterschiedsbeträgen zugunsten des Steuerpflichtigen sind neben der Berechnung von Erstattungszinsen die zuvor auf den Herabsetzungsbetrag ggf. berechneten Nachzahlungszinsen zu mindern. Nachzahlungszinsen entfallen dabei allerdings frühestens ab dem Zeitpunkt, in dem der Zinslauf des Teil-Unterschiedsbetrags zugunsten des Steuerpflichtigen beginnt; Nachzahlungszinsen für den Zeitraum bis zum Beginn des Zinslaufs des Teil-Unterschiedsbetrags zugunsten des Steuerpflichtigen bleiben endgültig bestehen (§ 233a Abs. 7 Satz 2 AO). Nachzahlungszinsen mit unterschiedlichem Zinslaufbeginn sind in ihrer zeitlichen Reihenfolge, beginnend mit den Nachzahlungszinsen mit dem ältesten Zinslaufbeginn, zu mindern.

39. **Beispiel 9:**

    Einkommensteuer 2018

	z. v. E.	Steuer
Steuerfestsetzung vom 9.12.2022, bekannt gegeben am 12.12.2022:	35.867 €	8.376 €
abzüglich anzurechnende Steuerabzugsbeträge:		./.1.000 €
Soll:		7.376 €
abzüglich festgesetzte Vorauszahlungen:		./.9.550 €
Unterschiedsbetrag (Mindersoll):		./.2.174 €

    Der Steuerpflichtige hat bis zum 31.3.2020 insgesamt 7.000 € sowie am 2.6.2021 weitere 2.550 € gezahlt.

    Bei dieser Steuerfestsetzung wurden ein rückwirkendes Ereignis aus 2019 (Erhöhung des z. v. E. um 2.500 €) sowie ein rückwirkendes Ereignis aus 2020

(Minderung des z. v. E. um 17.500 €) berücksichtigt.

Ermittlung der Teil-Unterschiedsbeträge:

	z. v. E.	Steuer	
• Vorsoll (festgesetzte Vorauszahlungen):		9.550 €	
• 1. Schattenveranlagung (Steuerfestsetzung ohne Berücksichtigung der rück-wirkenden Ereignisse aus 2019 und 2020):	50.867 €	14.679 €	
abzüglich anzurechnende Steuerabzugsbeträge:		./.1.000 €	
fiktives Soll:		13.679 €	
Erster Teil-Unterschiedsbetrag =			+ 4.129 €
• 2. Schattenveranlagung (1. Schattenveranlagung + rückwirkendes Ereignis aus 2019):	53.367 €	15.850 €	
abzüglich anzurechnende Steuerabzugsbeträge:		./.1.000 €	
fiktives Soll:		14.850 €	
Zweiter Teil-Unterschiedsbetrag =			+ 1.171 €
• 3. Schattenveranlagung (2. Schattenveranlagung + rückwirkendes Ereignis aus 2020):	35.867 €	8.376 €	
abzüglich anzurechnende Steuerabzugsbeträge:		./. 1.000 €	
fiktives Soll:		7.376 €	
Dritter Teil-Unterschiedsbetrag =			./ 7.474 €
Summe der Teil-Unterschiedsbeträge:			./.2.174 €

Zinsberechnung:

Teil-Unterschiedsbetrag mit Zinslaufbeginn 1.4.2020:	+ 4.129 €
Teil-Unterschiedsbetrag mit Zinslaufbeginn 1.4.2021:	+ 1.171 €
Teil-Unterschiedsbetrag mit Zinslaufbeginn 1.4.2022:	./. 7.474 €

Verzinsung des Teil-Unterschiedsbetrags mit Zinslaufbeginn 1.4.2020:

Zu verzinsen sind 4.100 € zuungunsten
des Steuerpflichtigen für die Zeit
vom 1.4.2020 bis 12.12.2022
(32 volle Monate x 0,15 % = 4,8 %)

Zinsen (Nachzahlungszinsen): 196,80 €

(Rundung nach § 238 Abs. 2 AO: 29 €)

Verzinsung des Teil-Unterschiedsbetrags mit Zinslaufbeginn 1.4.2021:

Zu verzinsen sind 1.150 € zuungunsten
des Steuerpflichtigen für die Zeit
vom 1.4.2021 bis 12.12.2022
(20 volle Monate x 0,15 % = 3 %)

Zinsen (Nachzahlungszinsen): 34,50 €

(Rundung nach § 238 Abs. 2 AO: 21 €)

Verzinsung des Teil-Unterschiedsbetrags mit Zinslaufbeginn 1.4.2022:

Gegenüberstellung der maßgeblichen Zahlungen und des fiktiven Solls					
Zahlung	Tag der Zahlung	fiktives Soll	fiktive Erstattung	unverzinster Zahlungsrest
2.550 €	02.06.2021		2.174 €	376 €
2.000 €	10.12.2018		0 €	2.000 €
2.000 €	10.09.2018		0 €	2.000 €
2.000 €	10.06.2018		0 €	2.000 €
1.000 €	10.03.2018		0 €	1.000 €
9.550 €		7.376 €	2.174 €	7.376 €

Zu verzinsen ist höchstens der fiktiv
zu erstattende Betrag von 2.150 €
für die Zeit vom 1.4.2022 bis zum 12.12.2022
(8 volle Monate x 0,15 % = 1,2 %).

Zinsen (Erstattungszinsen): ./.25,80 €

(Rundung nach § 238 Abs. 2 AO: 24 €)

Minderung zuvor berechneter Nachzahlungszinsen[1]:

4.129 €	abgerundet:	4.100 €
./.7.474 €		
./.3.345 €	maximal:	./. 0 €
		4.100 €

4.100 € vom 1.4.2022 bis zum 12.12.2022
(8 volle Monate x 0,15 % =1,2 %):   ./. 49,20 €

1.171 €	abgerundet:	1.150 €
./. 3.345 €		
./.2.174 €	maximal:	./. 0 €
		1.150 €

1.150 € vom 1.4.2022 bis zum 12.12.2022
(8 volle Monate x 0,15 % = 1,2 %):   ./. 13,80 €
                                                       ./. 63 €

                                                                    ./. 63 €

Insgesamt festzusetzende Zinsen: **142 €**
(Rundung gem. § 239 Abs. 2 Satz 1 AO)

40. Wenn bei der Zinsberechnung mehrere Teil-Unterschiedsbeträge zu berücksichtigen sind, sind Zinsen nur dann festzusetzen, wenn die Summe der auf die einzelnen Teil-Unterschiedsbeträge berechneten Zinsen mindestens zehn Euro beträgt (§ 239 Abs. 2 Satz 2 AO). Nach § 239 Abs. 2 Satz 1 AO sind Zinsen auf volle Euro zum Vorteil des Steuerpflichtigen abzurunden. Maßgebend sind die festzusetzenden Zinsen, d. h. die Summe der auf die einzelnen Teil-Unterschiedsbeträge berechneten Zinsen.

Sofern die Summe aller fiktiven Erstattungen größer ist als die tatsächliche Erstattung, ist der Differenzbetrag für spätere Zinsberechnungen als fiktive Zahlung zu berücksichtigen. Als Zahlungstag dieser fiktiven Zahlung ist der Tag zu berücksichtigen, an dem die Steuerfestsetzung bzw. die Steueranmeldung wirksam geworden ist.

---

[1] **Anmerkung:**
Ergibt sich ein Teil-Unterschiedsbetrag zugunsten des Steuerpflichtigen, entfallen auf diesen Betrag zuvor berechnete Zinsen nach § 233a Abs. 7 Satz 2 1. Halbsatz AO frühestens ab Beginn des für diesen Teil-Unterschiedsbetrag maßgebenden Zinslaufs. Zinsen für den Zeitraum bis zum Beginn des Zinslaufs dieses Teil-Unterschiedsbetrags bleiben nach § 233a Abs. 7 Satz 2 2. Halbsatz AO endgültig bestehen. Deshalb können die für den Zeitraum bis zum 31.3.2022 verbliebenen Nachzahlungszinsen auch in späteren Zinsfestsetzungen gemindert werden.

Zinsberechnung bei einer Korrektur der Steuerfestsetzung oder der Anrechnung von Steuerbeträgen

41. Falls anlässlich einer Steuerfestsetzung Zinsen festgesetzt wurden, löst die Aufhebung, Änderung oder Berichtigung dieser Steuerfestsetzung eine Änderung der bisherigen Zinsfestsetzung aus (§ 233a Abs. 5 Satz 1 1. Halbsatz AO). Dabei ist es gleichgültig, worauf die Aufhebung, Änderung oder Berichtigung beruht (z. B. auch Änderung durch Einspruchsentscheidung oder durch oder aufgrund der Entscheidung eines Finanzgerichts).

42. Soweit die Korrektur der Steuerfestsetzung auf der erstmaligen Berücksichtigung eines rückwirkenden Ereignisses oder eines Verlustrücktrags beruht, beginnt der Zinslauf nach § 233a Abs. 2a AO erst 15 Monate nach Ablauf des Kalenderjahres, in dem das rückwirkende Ereignis eingetreten oder der Verlust entstanden ist. Gleiches gilt, wenn ein bereits bei der vorangegangenen Steuerfestsetzung berücksichtigter Verlustrücktrag bzw. ein bereits bei der vorangegangenen Steuerfestsetzung berücksichtigtes rückwirkendes Ereignis unmittelbar Änderungen erfährt und der Steuerbescheid deshalb geändert wird.

    Aufgrund der Anknüpfung der Verzinsung an die Soll-Differenz (vgl. AEAO zu § 233a, Nr. 46) ist keine besondere Zinsberechnung i. S. d. § 233a Abs. 2a i. V. m. Abs. 7 AO vorzunehmen, wenn ein Steuerbescheid, in dem erstmals ein Verlustrücktrag bzw. ein rückwirkendes Ereignis berücksichtigt worden ist, später aus anderen Gründen (z. B. zur Berücksichtigung neuer Tatsachen i. S. d. § 173 AO) geändert wird. Dabei ist es für die Verzinsung auch unerheblich, wenn sich die steuerlichen Auswirkungen des bereits in der vorherigen Steuerfestsetzung berücksichtigten Verlustrücktrags bzw. rückwirkenden Ereignisses aufgrund der erstmaligen oder abweichenden Berücksichtigung regulär zu verzinsender Besteuerungsgrundlagen rechnerisch verändern sollte. Auch derartige materiell-rechtliche Folgeänderungen sind bei der Verzinsung dem maßgeblichen Änderungsgrund (z. B. den neuen Tatsachen i. S. d. § 173 AO) zuzuordnen.

43. Materielle Fehler i. S. d. § 177 AO werden bei dem Änderungstatbestand berichtigt, dessen Anwendung die saldierende Berücksichtigung des materiellen Fehlers ermöglicht. Deshalb ist der Saldierungsbetrag bei der Ermittlung des Teil-Unterschiedsbetrags zu berücksichtigen, der diesem Änderungstatbestand zugrunde liegt. Beruht die Saldierung nach § 177 AO auf mehreren Änderungstatbeständen, die einen unterschiedlichen Zinslaufbeginn aufweisen, ist der Saldierungsbetrag den Änderungstatbeständen in chronologischer Reihenfolge zuzuordnen, beginnend mit dem Änderungstatbestand mit dem ältesten Zinslaufbeginn.

44. Ist bei der vorangegangenen Steuerfestsetzung eine Zinsfestsetzung unterblieben, weil z. B. bei Wirksamkeit der Steuerfestsetzung die Karenzzeit noch nicht abgelaufen war oder die Zinsen weniger als zehn Euro betragen haben, ist bei der erstmaligen Zinsfestsetzung aus Anlass der Aufhebung, Änderung oder Berichtigung der Steuerfestsetzung für die Berechnung der Zinsen ebenfalls der Unterschied zwischen dem neuen und dem früheren Soll maßgebend.

45. Den Fällen der Aufhebung, Änderung oder Berichtigung der Steuerfestsetzung sind die Fälle der Korrektur der Anrechnung von Steuerbeträgen (Steuerabzugsbeträge, anzurechnende Körperschaftsteuer) gleichgestellt (§ 233a Abs. 5 Satz 1 2. Halbsatz AO). Die Zinsfestsetzung ist auch dann anzupassen, wenn die Anrechnung von Steuerabzugsbeträgen oder von Körperschaftsteuer in einem Abrechnungsbescheid nach § 218 Abs. 2 Satz 1 AO von der vorangegangenen Anrechnung abweicht. Ist dem bisherigen Zinsbescheid ein unrichtiges Vorauszahlungssoll oder ein unrichtiger Wertstellungstag zugrunde gelegt worden, kann demgegenüber eine Korrektur des Zinsbescheids nicht nach § 233a Abs. 5 AO, sondern nur nach den allgemeinen Vorschriften erfolgen (z. B. §§ 129, 172 ff. AO).

46. Grundlage für die Zinsberechnung ist der Unterschied zwischen dem neuen und dem früheren Soll (Unterschiedsbetrag nach § 233a Abs. 5 Satz 2 AO). Dieser Unterschiedsbetrag ist in Teil-Unterschiedsbeträge aufzuteilen, soweit diese einen unterschiedlichen Zinslaufbeginn nach § 233a Abs. 2 und Abs. 2a AO haben (§ 233a Abs. 7 Satz 1 1. Halbsatz AO). Innerhalb dieser Teil-Unterschiedsbeträge sind Sollminderungen und Sollerhöhungen mit gleichem Zinslaufbeginn zu saldieren.

47. Die Teil-Unterschiedsbeträge sind in ihrer zeitlichen Reihenfolge, beginnend mit dem ältesten Zinslaufbeginn, zu ermitteln (§ 233a Abs. 7 Satz 1 2. Halbsatz AO). Dabei ist unerheblich, ob sich der einzelne Teil-Unterschiedsbetrag zugunsten oder zuungunsten des Steuerpflichtigen auswirkt.

    Zunächst ist die fiktive Steuer zu ermitteln, die sich ohne Berücksichtigung rückwirkender Ereignisse und Verlustrückträge ergeben würde. Die Differenz zwischen dieser fiktiven Steuer und der bisher festgesetzten Steuer, jeweils vermindert um anzurechnende Steuerabzugsbeträge und anzurechnende Körperschaftsteuer, ist der erste für die Zinsberechnung maßgebliche Teil-Unterschiedsbetrag.

    Im nächsten Schritt ist auf der Grundlage dieser fiktiven Steuerermittlung die fiktive Steuer zu berechnen, die sich unter Berücksichtigung der rückwirkenden Ereignisse oder Verlustrückträge mit dem ältesten Zinslaufbeginn ergeben würde. Die Differenz zwischen dieser und der zuvor ermittelten fiktiven Steuer, jeweils vermindert um an-zurechnende Steuerabzugsbeträge und anzurechnende Körperschaftsteuer, ist der für die Zinsberechnung maßgebliche zweite Teil-Unterschiedsbetrag. Dies gilt entsprechend für weitere Teil-Unterschiedsbeträge mit späterem Zinslaufbeginn.

48. **Beispiel 10:**

    Einkommensteuer 2018

	z. v. E.	Steuer
bisherige Steuerfestsetzung	50.000 €	14.801 €
abzüglich anzurechnende Steuerabzugsbeträge:		./. 500 €
Soll:		14.301 €

Änderung der Steuerfestsetzung:

(1) neue Tatsache:	./. 1.500 €	
(2) Verlustrücktrag aus 2019:	./. 10.000 €	
(3) rückwirkendes Ereignis aus 2020:	+ 2.500 €	
Neue Steuerfestsetzung:	<u>41.000 €</u>	10.771 €
abzüglich anzurechnende Steuerabzugsbeträge:		<u>./.500 €</u>
neues Soll:		<u>10.271 €</u>
Unterschiedsbetrag (Mindersoll):		<u>./.4.030 €</u>

Ermittlung der Teil-Unterschiedsbeträge:

	z. v. E.	Steuer
• bisherige Festsetzung	50.000 €	14.801 €
abzüglich anzurechnende Steuerabzugsbeträge:		<u>./. 500 €</u>
Soll:		<u>14.301 €</u>
• 1. Schattenveranlagung (bisherige Festsetzung + neue Tatsache):	48.500 €	14.097 €
abzüglich anzurechnende Steuerabzugsbeträge:		<u>./. 500 €</u>
Soll:		<u>13.597 €</u>

Erster Teil-Unterschiedsbetrag = ./.704 €

• 2. Schattenveranlagung (1. Schattenveranlagung + Verlustrücktrag aus 2019):	38.500 €	9.736 €
abzüglich anzurechnende Steuerabzugsbeträge:		<u>./. 500 €</u>
Soll:		<u>9.236 €</u>

Zweiter Teil-Unterschiedsbetrag = ./. 4.361 €

• 3. Schattenveranlagung (2. Schattenveranlagung + rückwirkendes Ereignis aus 2020):	41.000 €	10.771 €
abzüglich anzurechnende Steuerabzugsbeträge:		<u>./. 500 €</u>
Soll:		<u>10.271 €</u>

Dritter Teil-Unterschiedsbetrag =	+ 1.035 €
Summe der Teil-Unterschiedsbeträge:	./. 4.030 €

49. Alle Teil-Unterschiedsbeträge sind jeweils gesondert auf den nächsten durch fünfzig Euro teilbaren Betrag abzurunden, da der Zinslauf für die zu verzinsenden Beträge zu jeweils abweichenden Zeitpunkten beginnt (§ 238 Abs. 2 AO).

50. Die auf die einzelnen Teil-Unterschiedsbeträge entfallenden Zinsen sind eigenständig und in ihrer zeitlichen Reihenfolge zu berechnen, beginnend mit den Zinsen auf den Teil-Unterschiedsbetrag mit dem ältesten Zinslaufbeginn (§ 233a Abs. 7 Satz 1 2. Halbsatz AO). Dabei ist für jeden Zinslauf bzw. Zinsberechnungszeitraum eigenständig zu prüfen, inwieweit jeweils volle Zinsmonate vorliegen.

51. Ergibt sich bei der Aufhebung, Änderung oder Berichtigung der Steuerfestsetzung oder der Rücknahme, dem Widerruf oder Berichtigung der Anrechnung von Steuerbeträgen ein Mehrsoll, fallen hierauf Zinsen an, die zu den bisher berechneten Zinsen hinzutreten.

52. **Beispiel 11:**

    Einkommensteuer 2018

    a) Erstmalige Steuerfestsetzung vom
    1.12.220,

bekannt gegeben am 14.12.2020	22.500 €
abzüglich anzurechnende Steuerabzugsbeträge:	./. 2.500 €
Soll:	20.000 €
abzüglich festgesetzte Vorauszahlungen:	./. 13.000 €
Unterschiedsbetrag (Mehrsoll):	7.000 €

    Zu verzinsen sind 7.000 € zuungunsten
    des Steuerpflichtigen für die Zeit vom
    1.4.2020 bis 14.12.2020
    (8 volle Monate x 0,15 % = 1,2 %).

festzusetzende Zinsen (Nachzahlungszinsen):	84 €

    b) Änderung der Steuerfestsetzung nach § 173
    AO (Bescheid vom 1.10.2021, bekannt gegeben am 4.10.2021):

	23.500 €
abzüglich anzurechnende Steuerabzugsbeträge:	./. 2.500 €
Soll:	21.000 €

abzüglich bisher festgesetzte Steuer (Soll):	./. 20.000 €
Unterschiedsbetrag (Mehrsoll):	1.000 €

Zu verzinsen sind 1.000 € zuungunsten des Steuerpflichtigen für die Zeit vom 1.4.2020 bis 4.10.2021 (18 volle Monate x 0,15 % = 2,7 %).

Nachzahlungszinsen:	27 €
dazu bisher festgesetzte Zinsen:	84 €
Insgesamt festzusetzende Zinsen:	**111 €**

53. Ergibt sich zugunsten des Steuerpflichtigen ein Mindersoll, wird bis zur Höhe dieses Mindersolls nur der tatsächlich zu erstattende Betrag verzinst, und zwar ab dem Zeitpunkt der Zahlung bis zur Wirksamkeit der Steuerfestsetzung (§ 233a Abs. 2 Satz 3 und Abs. 3 Satz 3 AO). Zur Berücksichtigung bei vorangegangenen Zinsfestsetzungen ermittelter fiktiver Zahlungen vgl. AEAO zu § 233a, Nr. 40. Steht die Zahlung noch aus, werden keine Erstattungszinsen festgesetzt. Besteht der zu erstattende Betrag aus mehreren Teil-Leistungen, richtet sich der Zinsberechnungszeitraum nach dem Zeitpunkt der einzelnen Leistung, wobei unterstellt wird, dass die Erstattung zuerst aus dem zuletzt gezahlten Betrag erfolgt („last in - first out"; § 233a Abs. 3 Satz 4 i. V. m. Abs. 5 Satz 4 AO).

54. Neben der Berechnung der Erstattungszinsen sind die bisher auf den Herabsetzungsbetrag ggf. berechneten Nachzahlungszinsen für die Zeit ab Beginn des Zinslaufs zu mindern. Dabei darf jedoch höchstens auf den Unterschiedsbetrag der bei Beginn des Zinslaufs festgesetzten Steuer zurückgegangen werden, um zu vermeiden, dass eine Korrektur für einen Zeitraum erfolgt, für den keine Nachzahlungszinsen berechnet worden sind.

55. **Beispiel 12:**

Einkommensteuer 2018

a) Steuerfestsetzung vom 11.12.2020

bekannt gegeben am 14.12.2020:	22.500 €
abzüglich anzurechnende Steuerabzugsbeträge:	./. 2.500 €
Soll:	20.000 €
abzüglich festgesetzte Vorauszahlungen:	./. 13.000 €
Unterschiedsbetrag (Mehrsoll):	7.000 €

Der Steuerpflichtige hat innerhalb der Karenzzeit die Vorauszahlungen

i. H. v. 13.000 € sowie am 15.6.2021 die Abschlusszahlung i. H. v. 7.000 € gezahlt.

Zu verzinsen sind 7.000 € zuungunsten des Steuerpflichtigen für die Zeit vom 1.4.2020 bis 14.12.2020 (8 volle Monate x 0,15 % = 1,2 %).

festzusetzende Zinsen (Nachzahlungszinsen): **84 €**

b) Änderung der Steuerfestsetzung nach § 173 AO (Bescheid vom 12.10.2021, bekannt gegeben am 15.10.2021): 17.500 €

abzüglich anzurechnende Steuerabzugsbeträge: ./. 2.500 €

Soll: 15.000 €

abzüglich bisher festgesetzte Steuer (Soll): ./. 20.000 €

Unterschiedsbetrag (Mindersoll): 5.000 €

Zu erstatten sind 5.000 €

Zu verzinsen sind 5.000 € zugunsten des Steuerpflichtigen für die Zeit vom 15.6.2021 bis 15.10.2021 (4 volle Monate x 0,15 % = 0,6 %) festzusetzende Zinsen (Erstattungszinsen): ./. 30 €

c) Bisher festgesetzte Zinsen + 84 €

Minderung zuvor berechneter Nachzahlungszinsen:

7.000 €	abgerundet:	7.000 €	
./. 5.000 €			
2.000 €	maximal:	./. 2.000 €	
		5.000 €	

5.000 € vom 1.4.2020 bis zum 14.12.2020 (8 volle Monate x 0,15 % = 1,2%): ./. 60 €

+ 24€ +24€

Insgesamt festzusetzende Zinsen: **./. 6 €**
(Rundung gem. § 239 Abs. 2 Satz 2 AO)

56. Bei Teil-Unterschiedsbeträgen zugunsten des Steuerpflichtigen ist die Berechnung von Erstattungszinsen auf den fiktiv zu erstattenden Betrag begrenzt. Dazu sind alle maßgeblichen Zahlungen (einschließlich fiktiver Zahlungen i. S. d. Nr. 40 des AEAO zu § 233a) und der jeweilige Tag der Zahlung zu ermitteln. Durch Gegenüberstellung dieser Zahlungen und der nach Nr. 47 des AEAO zu § 233a fiktiv ermittelten Steuer, vermindert um anzurechnende Steuerabzugsbeträge und anzurechnende Körperschaftsteuer, ergibt sich der fiktive Erstattungsbetrag.

    Die Verzinsung der einzelnen Teil-Unterschiedsbeträge beginnt frühestens mit dem Tag der Zahlung. Besteht der zu erstattende Betrag aus mehreren Einzahlungen, richtet sich der Zinsberechnungszeitraum nach der Einzahlung des jeweiligen Teilbetrags, wobei unterstellt wird, dass die Erstattung zuerst aus dem zuletzt gezahlten Betrag erfolgt. Bei weiteren Teil-Unterschiedsbeträgen zugunsten des Steuerpflichtigen bleiben die bereits bei einer vorangegangenen Zinsberechnung berücksichtigten Zahlungen außer Betracht.

    Ist bei einem Teil-Unterschiedsbetrag zugunsten des Steuerpflichtigen mehr als ein Betrag (mehrere Einzahlungen) zu verzinsen, so ist der durch die Rundung auf den nächsten durch fünfzig Euro teilbaren sich ergebende Spitzenbetrag jeweils vom Teilbetrag mit dem ältesten Wertstellungstag abzuziehen.

57. Bei Teil-Unterschiedsbeträgen zugunsten des Steuerpflichtigen sind neben der Berechnung von Erstattungszinsen die zuvor auf den Herabsetzungsbetrag ggf. berechneten Nachzahlungszinsen zu mindern. Nachzahlungszinsen entfallen dabei allerdings frühestens ab dem Zeitpunkt, in dem der Zinslauf des Teil-Unterschiedsbetrags zugunsten des Steuerpflichtigen beginnt; Nachzahlungszinsen für den Zeitraum bis zum Beginn des Zinslaufs des Teil-Unterschiedsbetrags zugunsten des Steuerpflichtigen bleiben endgültig bestehen (§ 233a Abs. 7 Satz 2 AO). Nachzahlungszinsen mit unterschiedlichem Zinslaufbeginn sind in ihrer zeitlichen Reihenfolge, beginnend mit den Nachzahlungszinsen mit dem ältesten Zinslaufbeginn, innerhalb dieser Gruppen beginnend mit den Nachzahlungszinsen mit dem jüngsten Zinslaufende, zu mindern.

58. **Beispiel 13 (Fortsetzung von Beispiel 9):**

    Einkommensteuer 2018

	z. v. E.	Steuer
nach § 175 Abs. 1 Satz 1 Nr. 2 AO geänderte Steuerfestsetzung vom 26.3.2024, bekanntgegeben am 29.3.2024:	27.175 €	5.297 €
abzüglich anzurechnende Steuerabzugsbeträge:		./. 1.000 €
Soll:		4.297 €
abzüglich bisher festgesetzte Steuer (Soll):		./. 7.376 €

Unterschiedsbetrag (Mindersoll): ./. 3.079 €

Der Steuerpflichtige hat bis zum 31.3.2020 insgesamt 7.000 € sowie am 2.6.2021 weitere 2.550 € gezahlt.
Aufgrund der Steuerfestsetzung vom 9.12.2022 sind ihm bereits 2.174 € erstattet worden.

Bei der geänderten Steuerfestsetzung vom 26.3.2024 wurde ein rückwirkendes Ereignis aus 2019 (Minderung des z. v. E. um 8.692 €) erstmals berücksichtigt.

Zinsberechnung:
Verzinsung des Unterschiedsbetrags mit Zinslaufbeginn 1.4.2021

Gegenüberstellung der maßgeblichen Zahlungen und des Solls				
Zahlung	Tag der Zahlung	Soll	Erstattung	unverzinster Zahlungsrest
376 €	02.06.2021		376 €	0 €
2.000 €	10.12.2018		2.000 €	0 €
2.000 €	10.09.2018	703 €		1.297 €
2.000 €	10.06.2018	0 €		2.000 €
1.000 €	10.03.2018	0 €		1.000 €
7.376 €		4.297 €	3.079 €	4.297 €

Zu verzinsen ist höchstens der abgerundete zu erstattende Betrag von 3.050 €:

376 € für die Zeit vom 2.6.2007
bis zum 29.3.2010
(33 volle Monate x 0,15 % = 4,95 %):   18,61 €

2.674 € für die Zeit vom 1.4.2021
bis zum 29.3.2024
(35 volle Monate x 0,15 % = 5,25 %)   140,38 €

                                       158,99 €

Zinsen (Erstattungszinsen):   ./. 158,99 €

(Rundung nach § 238 Abs. 2 AO: 29 €)

Bisher festgesetzte Zinsen: 142 €

Minderung zuvor berechneter Nachzahlungszinsen[1]:	0,00 €	
	142,00 €	142,00 €
		./. 16,99 €
Insgesamt festzusetzende Zinsen[2]		**./. 17,00 €**

59. Zinsen werden nur festgesetzt, wenn sie mindestens zehn Euro betragen (§ 239 Abs. 2 Satz 2 AO). Dabei ist jeweils auf die sich insgesamt ergebenden Zinsen abzustellen, nicht nur auf den Betrag, der sich durch die Verzinsung des letzten Unterschiedsbetrags bzw. Teil-Unterschiedsbetrags oder des letzten Erstattungsbetrags ergibt. Wären insgesamt weniger als zehn Euro festzusetzen, ist der bisherige Zinsbescheid zu ändern.

Nach § 239 Abs. 2 Satz 1 AO sind Zinsen auf volle Euro zum Vorteil des Steuerpflichtigen zu runden. Maßgebend sind die festzusetzenden Zinsen, d. h. die Summe der auf die einzelnen Teil-Unterschiedsbeträge berechneten Zinsen.

Sofern die Summe aller fiktiven Erstattungen größer ist als die tatsächliche Erstattung, ist der Differenzbetrag für spätere Zinsberechnungen als fiktive Zahlung zu berücksichtigen. Als Zahlungstag dieser fiktiven Zahlung ist der Tag zu berücksichtigen, an dem die Steuerfestsetzung bzw. die Steueranmeldung wirksam geworden ist.

Zinsberechnung bei sog. NV-Fällen

60. Ist eine Veranlagung zur Einkommensteuer nicht durchzuführen, weil die Voraussetzungen des § 46 EStG nicht erfüllt sind, sind festgesetzte und geleistete Vorauszahlungen zu erstatten. Die Erstattungszinsen sind so zu berechnen, als sei eine Steuerfestsetzung über Null Euro erfolgt. Wird eine Einkommensteuerfestsetzung, die zu einer Erstattung geführt hat, aufgehoben und die Abrechnung geändert, so dass die bisher angerechneten Steuerabzugsbeträge zurückgefordert werden, ist diese Steuernachforderung zu verzinsen. Eine bisher durchgeführte Zinsfestsetzung (Erstattungszinsen) ist nach § 233a Abs. 5 Satz 1 AO zu ändern.

61. Sonderregelungen für Zinsberechnungen bei der Umsatzsteuer

61.1 Zinsberechnung bei Vorsteuer-Vergütungsansprüchen

61.1.1 Im übrigen Gemeinschaftsgebiet ansässige Unternehmer

Die Verzinsung der Vorsteuervergütung an im übrigen Gemeinschaftsgebiet ansässige Unternehmer (§ 18 Abs. 9 UStG) ist in § 61 Abs. 5 und 6 UStDV

---

[1] **Anmerkung:**
Die in der vorangegangenen Zinsfestsetzung (Beispiel 9) für den Zeitraum bis zum Beginn des Zinslaufs des 3. Teil-Unterschiedsbetrags (d.h. für den Zeitraum bis zum 31.3.2022) berechneten Nachzahlungszinsen bleiben nach § 233a Abs. 7 Satz 2 2. Halbsatz AO endgültig bestehen und können deshalb in dieser Zinsfestsetzung nicht mehr gemindert werden.

[2] **Anmerkung:**
Die Zinsen wurden zugunsten des Steuerpflichtigen gerundet (§ 239 Abs. 2 Satz 1 AO).

geregelt. § 233a AO ist in diesen Fällen nicht anwendbar, wenn der Vergütungsantrag nach dem 31.12.2009 gestellt worden ist.

61.1.2 Im Drittlandsgebiet ansässige Unternehmer

Der nach § 18 Abs. 9 UStG zu vergütende Betrag für im Drittlandsgebiet ansässige Unternehmer ist nach § 233a AO zu verzinsen (vgl. Abschnitt 18.14 Abs. 10 UStAE). Beträgt der Vergütungszeitraum weniger als ein Kalenderjahr (§ 60 UStDV), sind zur Berechnung des Unterschiedsbetrags alle für ein Kalenderjahr festgesetzten Vergütungen zusammenzufassen. Der Zinslauf beginnt grundsätzlich 15 Monate nach Ablauf des Kalenderjahres, für das die Vergütung(en) festgesetzt worden ist/sind (§ 233a Abs. 2 Satz 1 AO). Er endet mit Ablauf des Tages, an dem die Festsetzung der Vergütung wirksam geworden ist (§ 233a Abs. 2 Satz 3 AO). Zur Festsetzungsverjährung des Zinsanspruchs vgl. § 239 Abs. 1 AO.

Diese Grundsätze gelten bei der Verzinsung von Vorsteuervergütungen an im übrigen Gemeinschaftsgebiet ansässige Unternehmer (§ 18 Abs 9 UStG) entsprechend, wenn der Vergütungsantrag vor dem 1.1.2010 gestellt worden ist..

61.2 Zinsberechnung bei der Umsatzsteuer in Fällen des Mini-one-stop-shop-Verfahrens (MOSS-Verfahren)

§ 233a AO gilt auch für Umsatzsteuer, die im MOSS-Verfahren (§ 18 Abs. 4e UStG) festgesetzt wird. Der Besteuerungszeitraum ist hier gemäß § 16 Abs. 1b Satz 1 UStG das Kalendervierteljahr. Bei der Verzinsung sind zur Berechnung des Unterschiedsbetrags (§ 233a Abs. 3 und 5 AO) alle für ein Kalenderjahr festgesetzten Steuern zusammenzufassen. Der Zinslauf beginnt 15 Monate nach Ablauf des Kalenderjahres, für das die Umsatzsteuer festgesetzt worden ist (§ 233a Abs. 2 Satz 1 AO). Er endet mit Ablauf des Tages, an dem die Festsetzung der Umsatzsteuer wirksam geworden ist (§ 233a Abs. 2 Satz 3 AO). Zur Festsetzungsverjährung des Zinsanspruchs vgl. § 239 Abs. 1 AO.

Verhältnis zu anderen steuerlichen Nebenleistungen

62. Zur Berücksichtigung der Verzinsung nach § 233a AO bei der Bemessung eines Verspätungszuschlags nach § 152 AO in der bis zum 31.12.2016 geltenden Fassung vgl. AEAO zu § 152, Nr. 13.3.

    Aufgrund der gesetzlichen Festlegung der Höhe des Verspätungszuschlags (§ 152 Abs. 5 AO in der ab 1.1.2017 geltenden Fassung) sind Zinsen nach § 233a AO bei der Bemessung des Verspätungszuschlags nicht von Bedeutung.

63. Die Erhebung von Säumniszuschlägen (§ 240 AO) bleibt durch § 233a AO unberührt, da die Vollverzinsung nur den Zeitraum bis zur Festsetzung der Steuer betrifft. Sollten sich in Fällen, in denen die Steuerfestsetzung zunächst zugunsten und sodann wieder zuungunsten des Steuerpflichtigen geändert wird, Überschneidungen ergeben, sind insoweit die Säumniszuschläge zur Hälfte zu erlassen.

64. Überschneidungen von Stundungszinsen und Nachzahlungszinsen nach § 233a AO können sich ergeben, wenn die Steuerfestsetzung nach Ablauf der Stundung zunächst zugunsten und später wieder zuungunsten des Steuerpflichtigen geändert wird (siehe § 234 Abs. 1 Satz 2 AO). Zur Vermeidung einer Doppelverzinsung werden Nachzahlungszinsen, die für denselben Zeitraum festgesetzt wurden, im Rahmen der Zinsfestsetzung auf Stundungszinsen angerechnet (§ 234 Abs. 3 AO).

65. Überschneidungen mit Hinterziehungszinsen (§ 235 AO) sind möglich, etwa weil der Zinslauf mit Eintritt der Verkürzung und damit vor Festsetzung der Steuer beginnt. Zinsen nach § 233a AO, die für denselben Zeitraum festgesetzt wurden, sind im Rahmen der Zinsfestsetzung auf die Hinterziehungszinsen anzurechnen (§ 235 Abs. 4 AO). Dies gilt ungeachtet der unterschiedlichen ertragsteuerlichen Behandlung beider Zinsarten. Zur Berechnung vgl. AEAO zu § 235, Nr. 5.

66. Prozesszinsen auf Erstattungsbeträge (§ 236 AO) werden ab Rechtshängigkeit bzw. ab dem Zahlungstag berechnet. Überschneidungen mit Erstattungszinsen nach § 233a AO sind daher möglich. Zur Vermeidung einer Doppelverzinsung werden Zinsen nach § 233a AO, die für denselben Zeitraum festgesetzt wurden, im Rahmen der Zinsfestsetzung auf die Prozesszinsen angerechnet (§ 236 Abs. 4 AO).

67. Überschneidungen mit Aussetzungszinsen (§ 237 AO) sind im Regelfall nicht möglich, da Zinsen nach § 233a Abs. 1 bis 3 AO nur für den Zeitraum bis zur Festsetzung der Steuer, Aussetzungszinsen jedoch frühestens ab der Fälligkeit der Steuernachforderung entstehen können (vgl. AEAO zu § 237, Nr. 6). Überschneidungen können sich aber ergeben, wenn Aussetzungszinsen erhoben wurden, weil die Anfechtung einer Steuerfestsetzung erfolglos blieb, und die Steuerfestsetzung nach Abschluss des Rechtsbehelfsverfahrens (siehe § 237 Abs. 5 AO) zunächst zugunsten und sodann zuungunsten des Steuerpflichtigen geändert wird. Zur Vermeidung einer Doppelverzinsung werden Nachzahlungszinsen, die für denselben Zeitraum festgesetzt wurden, im Rahmen der Zinsfestsetzung auf Aussetzungszinsen angerechnet (§ 237 Abs. 4 i. V. m. § 234 Abs. 3 AO).

68. Die Festsetzung von Zinsen nach § 233a AO hat Bindungswirkung für Zinsfestsetzungen nach den §§ 234, 235, 236 oder 237 AO, soweit hierauf nach §233a AO festgesetzte Zinsen anzurechnen sind (§ 239 Abs. 5 AO). Wird eine Zinsfestsetzung nach § 233a AO erlassen, aufgehoben oder geändert, ist die von einer Anrechnung dieser Zinsen betroffene Zinsfestsetzung nach §§ 234, 235, 236 oder 237 AO gemäß § 175 Abs. 1 Satz 1 Nr. 1 AO anzupassen.

Billigkeitsmaßnahmen

69. Allgemeines

69.1 Billigkeitsmaßnahmen hinsichtlich der Zinsen kommen in Betracht, wenn solche auch hinsichtlich der zugrunde liegenden Steuer zu treffen sind.

69.2 Daneben sind auch zinsspezifische Billigkeitsmaßnahmen möglich (BFH-Urteil vom 24.7.1996, X R 23/94, BFH/NV 1997 S. 92). Beim Erlass von Zinsen nach § 233a AO aus sachlichen Billigkeitsgründen i. S. d. §§ 163, 227 AO ist zu berücksichtigen, dass die Entstehung des Zinsanspruchs dem Grunde und der Höhe nach gemäß Wortsinn, Zusammenhang und Zweck des Gesetzes, den Liquiditätsvorteil des Steuerschuldners und den Liquiditätsnachteil des Steuergläubigers auszugleichen, eindeutig unabhängig von der konkreten Einzelfallsituation geregelt ist und, rein objektiv, ergebnisbezogen allein vom Eintritt bestimmter Ereignisse (Fristablauf i. S. d. § 233a Abs. 2 oder 2a AO, Unterschiedsbetrag i. S. d. § 233a Abs. 1 Satz 1 i. V. m. § 233a Abs. 3 oder 5 AO) abhängt.

Nach dem Willen des Gesetzgebers soll die Verzinsung nach § 233a AO einen Ausgleich dafür schaffen, dass die Steuern bei den einzelnen Steuerpflichtigen „aus welchen Gründen auch immer" zu unterschiedlichen Zeitpunkten festgesetzt und fällig werden (BFH-Urteile vom 20.9.1995, X R 86/94, BStBl 1996 II S. 53, vom 5.6.1996, X R 234/93, BStBl II S. 503, und vom 12.4.2000, XI R 21/97, BFH/NV S. 1178).

Für die Anwendung der Vorschrift sind daher die Ursachen und Begleitumstände im Einzelfall unbeachtlich. Die reine Möglichkeit der Kapitalnutzung (vgl. BFH-Urteil vom 25.11.1997, IX R 28/96, BStBl 1998 II S. 550) bzw. die bloße Verfügbarkeit eines bestimmten Kapitalbetrages (BFH-Urteil vom 12.4.2000, XI R 21/97, BFH/NV S. 1178) reicht aus. Rechtfertigung für die Entstehung der Zinsen nach § 233a AO ist nicht nur ein abstrakter Zinsvorteil des Steuerschuldners, sondern auch ein ebensolcher Nachteil des Steuergläubigers (BFH-Urteil vom 19.3.1997, I R 7/96, BStBl II S. 446). Ein Verschulden ist prinzipiell irrelevant, und zwar auf beiden Seiten des Steuerschuldverhältnisses (vgl. BFH-Entscheidungen vom 4.11.1996, I B 67/96, BFH/NV 1997 S. 458, vom 15.4.1999, V R 63/97, BFH/NV S. 1392, vom 3.5.2000, II B 124/99, BFH/NV S. 1441, und vom 30.11.2000, V B 169/00, BFH/NV 2001 S. 656).

Zinsen nach § 233a AO sind weder Sanktions- noch Druckmittel oder Strafe, sondern laufzeitabhängige Gegenleistung für eine mögliche Kapitalnutzung. Vor diesem gesetzlichen Hintergrund ist es unerheblich, ob der - typisierend vom Gesetz unter-stellte - Zinsvorteil des Steuerpflichtigen auf einer verzögerten Einreichung der Steuererklärung durch den Steuerpflichtigen oder einer verzögerten Bearbeitung durch das Finanzamt beruht (vgl. z. B. BFH-Beschlüsse vom 3.5.2000, II B 124/99, BFH/NV S. 1441, und vom 2.2.2001, XI B 91/00, BFH/NV S. 1003). Bei der Verzinsung nach § 233a AO kommt es auch nicht auf eine konkrete Berechnung der tatsächlich eingetretenen Zinsvor- und -nachteile an (BFH-Urteil vom 19.3.1997, I R 7/96, BStBl II S. 446).

Die Erhebung von Zinsen auf einen Nachforderungsbetrag, der sich nach der Korrektur einer Steuerfestsetzung ergibt, entspricht (vom Anwendungsbereich des § 233a Abs. 2a und Abs. 7 AO abgesehen) den Wertungen des § 233a AO und ist nicht sachlich unbillig (siehe dazu § 233a Abs. 5 AO; vgl. BFH-Entscheidungen vom 12.4.2000, XI R 21/97, BFH/NV S. 1178, und vom 30.11.2000, V B 169/00, BFH/NV 2001 S. 656).

Andererseits ist für einen Ausgleich in Form einer Verzinsung der Steuernachforderung dann kein Raum, wenn zweifelsfrei feststeht, dass der Steuerpflichtige durch die verspätete Steuerfestsetzung keinen Vorteil erlangt hatte (vgl. BFH-Urteile vom 11.7.1996, V R 18/95, BStBl 1997 II S. 259, und vom 12.4.2000, XI R 21/97, BFH/NV S. 1178). Festgesetzte Nachzahlungszinsen sind in diesem Fall wegen sachlicher Unbilligkeit zu erlassen (vgl. AEAO zu § 233a, Nr. 70).

69.3 Eine gegenüber der Regelung in § 233a AO höhere Festsetzung von Erstattungszinsen aus Billigkeitsgründen ist nicht zulässig.

70. Einzelfragen

70.1 Leistungen vor Festsetzung der zu verzinsenden Steuer

70.1.1 Zinsen nach § 233a AO können auch dann festgesetzt werden, wenn vor Festsetzung der Steuer freiwillige Leistungen erbracht wurden. Zinsen auf einen Unterschiedsbetrag zuungunsten des Steuerpflichtigen (Nachzahlungszinsen) sind aber nach § 233a Abs. 8 Satz 1 AO zu erlassen, soweit Zahlungen oder andere Leistungen auf eine später wirksam gewordene Steuerfestsetzung erbracht wurden und die Finanzbehörde diese Leistungen angenommen und auf die festgesetzte und zu entrichtende Steuer angerechnet hat.

70.1.2 Nachzahlungszinsen sind daher nur für den Zeitraum bis zum Eingang der freiwilligen Leistung zu erheben. Wurde die freiwillige Leistung erst nach Beginn des Zinslaufs erbracht oder war sie geringer als der zu verzinsende Unterschiedsbetrag, sind Nachzahlungszinsen insoweit zu erlassen, wie die auf volle fünfzig Euro abgerundete freiwillige Leistung für jeweils volle Monate vor Wirksamkeit der Steuerfestsetzung erbracht worden ist (fiktive Erstattungszinsen; vgl. BFH-Urteil vom 31.5.2017, I R 92/15, BStBl 2019 II S. 14).

Besteht die freiwillige Leistung aus mehreren Teil-Leistungen, richtet sich der Zinsberechnungszeitraum jeweils nach dem Zeitpunkt der einzelnen Leistung; die Leistungen sind in chronologischer Reihenfolge zu berücksichtigen, beginnend mit der jüngsten Leistung (§ 233a Abs. 8 Satz 2 i. V. m. Abs. 3 Satz 4 AO).

Ein Zinserlass scheidet dabei aus, wenn der zu erlassende Betrag weniger als zehn Euro beträgt (§ 239 Abs. 2 Satz 2 AO).

Beispiel 14 (Fortsetzung von Beispiel 1):

Der Steuerpflichtige hat am 27.4.2020 eine freiwillige Leistung i. H. v. 4.025 € erbracht. Die zu erlassenden Nachzahlungszinsen berechnen sich wie folgt:

abgerundete freiwillige Leistung:	4.000 €
Beginn des fiktiven Zinslaufs:	27.4.2020
Ende des fiktiven Zinslaufs (= Wirksamkeit der Steuerfestsetzung):	11.12.2020

Zu erlassende Nachzahlungszinsen:

4.000 € x 7 volle Monate x 0,15 % = **42 €**

Sofern sich bei der Abrechnung der Steuerfestsetzung unter Berücksichtigung der freiwilligen Leistungen eine Rückzahlung ergibt, sind hierfür keine Erstattungszinsen festzusetzen. Leistungen, die den Unterschiedsbetrag übersteigen, sind bei dem Erlass von Nachzahlungszinsen nicht zu berücksichtigen.

Beispiel 15 (Fortsetzung von Beispiel 1):

Der zu verzinsende Unterschiedsbetrag beträgt 7.000 €. Der Steuerpflichtige hat am 27.4.2020 eine Zahlung i. H. v. 8.025 € geleistet. Die zu erlassenden Nachzahlungszinsen berechnen sich wie folgt:

- auf die sich aus der Steuerfestsetzung ergebende Steuerzahlungsforderung erbrachte - (abgerundete) freiwillige Leistung:	7.000 €
Beginn des fiktiven Zinslaufs:	27.4.2020
Ende des fiktiven Zinslaufs (= Wirksamkeit der Steuerfestsetzung):	11.12.2020

Zu erlassende Nachzahlungszinsen:

7.000 € x 7 volle Monate x 0,15 % = **74 €**

70.1.3 Wenn das Finanzamt dem Steuerpflichtigen fälschlicherweise Vorauszahlungen zurückgezahlt hat, sind Nachzahlungszinsen nur zu erlassen, soweit der Steuerpflichtige nicht nur das Finanzamt auf diesen Fehler aufmerksam gemacht, sondern auch die materiell ungerechtfertigte Steuererstattung unverzüglich an das Finanzamt zurück überwiesen hat. Die Grundsätze des BFH-Urteils vom 25.11.1997, IX R 28/96, BStBl 1998 II S. 550 sind nicht über den entschiedenen Einzelfall hinaus anzuwenden.

70.1.4 Soweit Nachzahlungszinsen aufgrund einer Aufhebung, Änderung oder Berichtigung der Steuerfestsetzung nach § 233a Abs. 5 Satz 3 2. Halbsatz AO entfallen, mindert sich der Zinserlass entsprechend (§ 233a Abs. 8 Satz 3 AO).

70.2 Billigkeitsmaßnahmen bei der Verzinsung von Umsatzsteuer

70.2.1 Die Verzinsung nachträglich festgesetzter Umsatzsteuer beim leistenden Unternehmer ist nicht sachlich unbillig, wenn sich per Saldo ein Ausgleich der Steuerforderung mit den vom Leistungsempfänger abgezogenen Vorsteuerbeträgen ergibt (vgl. BFH-Urteile vom 20.1.1997, V R 28/95, BStBl II S. 716, und vom 15.4.1999, V R 63/97, BFH/NV S. 1392).

70.2.2 Eine Billigkeitsmaßnahme kommt daher auch dann nicht in Betracht, wenn Leistender und Leistungsempfänger einen umsatzsteuerlich relevanten

Sachverhalt nicht bereits in den entsprechenden Voranmeldungen, sondern jeweils erst in den Jahresanmeldungen angeben, etwa wenn bei der steuerpflichtigen Übertragung eines Sozietätsanteils das Veräußerungsgeschäft sowohl vom Veräußerer als auch vom Erwerber erst in der Umsatzsteuer-Jahreserklärung und nicht bereits in der entsprechenden Umsatzsteuer-Voranmeldung erfasst wird. Der Erwerber tritt bei einer solchen Fallgestaltung oftmals seinen Vorsteuererstattungsanspruch in voller Höhe an den Veräußerer ab. Der Veräußerer hat seine Verpflichtung, den Umsatz aus der Teilbetriebsveräußerung im zutreffenden Voranmeldungszeitraum zu berücksichtigen, verletzt, weshalb die nachträgliche Erfassung in der Jahressteuerfestsetzung eine entsprechende Nachforderung und dementsprechend Nachforderungszinsen auslöst. Die Verzinsung nachträglich festgesetzter Umsatzsteuer beim Leistenden ist auch deshalb nicht unbillig, weil die zu verzinsende Umsatzsteuer für steuerbare und steuerpflichtige Leistungen unabhängig davon entsteht, ob der leistende Unternehmer sie in einer Rechnung gesondert ausweist oder beim Finanzamt voranmeldet (vgl. BFH-Urteil vom 20.1.1997, V R 28/95, BStBl II S. 716). Unbeachtlich bleibt, dass auch der Erwerber bereits im Rahmen des Voranmeldungsverfahrens eine entsprechende Vorsteuervergütung hätte erlangen können. Unabhängig von der Abtretung des Erstattungsanspruchs an den Veräußerer kann der Erwerber gleichwohl in den Genuss von Erstattungszinsen nach § 233a AO gelangen.

70.2.3 Werden in einer Endrechnung oder der zugehörigen Zusammenstellung die vor der Leistung vereinnahmten Teilentgelte und die auf sie entfallenden Umsatzsteuerbeträge nicht abgesetzt oder angegeben, so hat der Unternehmer den gesamten in der Endrechnung ausgewiesenen Steuerbetrag an das Finanzamt abzuführen. In diesen Fällen schuldet der Unternehmer den Teil der in der Endrechnung ausgewiesenen Steuer, der auf die vor Ausführung der Leistung vereinnahmten Teilentgelte entfällt, nach § 14c Abs. 1 UStG (vgl. Abschn. 14.8 Abs. 10 Satz 1 bis 3 UStAE). Erteilt der Unternehmer dem Leistungsempfänger nachträglich eine berichtigte Endrechnung, die den Anforderungen des § 14 Abs. 5 Satz 2 UStG genügt, so kann er die von ihm geschuldete Steuer in dem Besteuerungszeitraum berichtigen, in dem sowohl die berichtigte Endrechnung erteilt als auch bei Bestehen eines Rückzahlungsanspruchs der zu hoch ausgewiesene Rechnungsbetrag an den Leistungsempfänger zurückgezahlt wurde (vgl. Abschn. 14.8 Abs. 10 Satz 5 und Abschn. 17.1 Abs. 10 UStAE). Hat der Unternehmer die aufgrund der fehlerhaften Endrechnung nach § 14c Abs. 1 UStG geschuldete Steuer nicht in seiner Umsatzsteuer-Voranmeldung berücksichtigt, kann die Nachforderung dieser Steuer im Rahmen der Steuerfestsetzung für das Kalenderjahr zur Festsetzung von Nachzahlungszinsen gem. § 233a AO führen, wenn der Unternehmer die Endrechnung erst in einem auf das Kalenderjahr der ursprünglichen Rechnungserteilung folgenden Kalenderjahr berichtigt und den daraus ggf. resultierenden Rückzahlungsanspruch des Leistungsempfängers erfüllt hat. Die Erhebung von Nachzahlungszinsen ist in derartigen Fällen nicht sachlich unbillig (BFH-Urteil vom 19.3.2009, V R 48/07, BStBl 2010 II S. 92).

70.2.4 Bei einer von den ursprünglichen Steuerfestsetzungen abweichenden zeitlichen Zuordnung eines Umsatzes durch das Finanzamt, die gleichzeitig zu einer Steuernachforderung und zu einer Steuererstattung führt, kann es sachlich unbillig sein, (in Wirklichkeit nicht vorhandene) Zinsvorteile abzuschöpfen

(BFH-Urteile vom 11.7.1996, V R 18/95, BStBl 1997 II S. 259, und vom 23.2.2023, V R 30/20, BStBl S. 1079). Soweit zweifelsfrei feststeht, dass der Steuerpflichtige durch die verspätete Steuerfestsetzung keinen Vorei oder Nachteil hatte, kann durch die Verzinsung nach § 233a AO der sich aus der verspäteten Steuerfestsetzung ergebenden Steuernachforderung oder Steuererstattung kein Vorteil oder Nachteil ausgeglichen werden.

70.2.5 Im Fall einer vom Steuerpflichtigen fälschlicherweise angenommenen umsatzsteuerlichen Organschaft, bei der er als vermeintlicher Organträger Voranmeldungen abgegeben hat und die gesamte Umsatzsteuer von „Organträger" und „Organgesellschaft" an das Finanzamt gezahlt hat, kommen Billigkeitsmaßnahmen nur in besonders gelagerten Ausnahmefällen in Betracht. Stellt das Finanzamt im Veranlagungsverfahren fest, dass keine umsatzsteuerliche Organschaft vorliegt und daher für die „Organgesellschaft" eine eigenständige Steuerfestsetzung durchzuführen ist, führt dies bei der „Organgesellschaft" - wegen unterbliebener Voranmeldungen und Vorauszahlungen - zur Nachzahlung der kompletten Umsatzsteuer für das entsprechende Jahr; bei dem „Organträger" i. d. R. aber zu einer Umsatzsteuererstattung. Die „Organgesellschaft" muss daher Nachzahlungszinsen entrichten, während der „Organträger" Erstattungszinsen erhält. Da die Verzinsung nach § 233a AO den Liquiditätsvorteil des Steuerschuldners und den Nachteil des Steuergläubigers der individuellen Steuerforderung ausgleichen soll, kann eine Billigkeitsmaßnahme in Betracht kommen, wenn und soweit dieser Schuldner keine Zinsvorteile hatte oder haben konnte.

70.2.6 Wird umgekehrt festgestellt, dass entgegen der ursprünglichen Annahme eine umsatzsteuerliche Organschaft vorliegt, so sind die zunächst bei der Organgesellschaft versteuerten Umsätze nunmehr in vollem Umfang dem Organträger zuzurechnen. Die USt-Festsetzung gegenüber der GmbH (Organgesellschaft) ist aufzuheben, so dass i. d. R. Erstattungszinsen festgesetzt werden. Sämtliche Umsätze sind dem Organträger zuzurechnen, so dass diesem gegenüber i d. R. Nachzahlungszinsen festgesetzt werden. Entstehen auf Grund der Entscheidung, dass eine umsatzsteuerliche Organschaft vorliegt, insgesamt höhere Nachzahlungszinsen als Erstattungszinsen können die übersteigenden Nachzahlungszinsen insoweit aus sachlichen Billigkeitsgründen erlassen werden, wenn und soweit der Schuldner keine Zinsvorteile hatte oder haben konnte.

70.3 **Gewinnverlagerungen**

Die allgemeinen Regelungen des § 233a AO sind auch bei der Verzinsung solcher Steuernachforderungen und Steuererstattungen zu beachten, die in engem sachlichen Zusammenhang zueinander stehen (z. B. bei Gewinnverlagerungen im Rahmen einer Außenprüfung). Führt eine Außenprüfung sowohl zu einer Steuernachforderung als auch zu einer Steuererstattung, so ist deshalb hinsichtlich der Verzinsung nach § 233a AO grundsätzlich auf die Steueransprüche der einzelnen Jahre abzustellen, ohne auf Wechselwirkungen mit den jeweiligen anderen Besteuerungszeiträumen einzugehen. Ein Erlass von Nachzahlungszinsen aus sachlichen Billigkeitsgründen kommt bei nachträglicher Zuordnung von Einkünften zu einem anderen Veranlagungszeitraum nicht in Betracht (BFH-Urteil vom 16.11.2005, X R 3/04, BStBl 2006

II S. 155). Gewinnverlagerungen und Umsatzverlagerungen (vgl. AEAO zu § 233a, Nr. 70.2.4) sind bei der Verzinsung nach § 233a AO nicht vergleichbar (vgl. BFH-Urteil vom 11.7.1996, V R 18/95, BStBl 1997 II S. 259). Das BFH-Urteil vom 15.10.1998, IV R 69/97, HFR 1999 S. 81, betrifft nur den Sonderfall der Verschiebung von Besteuerungsgrundlagen von einem zu verzinsenden Besteuerungszeitraum in einen noch nicht der Verzinsung nach § 233a AO unterliegenden Besteuerungszeitraum.

Rechtsbehelfe

71. Gegen die Zinsfestsetzung ist der Einspruch gegeben. Einwendungen gegen die zugrunde liegende Steuerfestsetzung oder Anrechnung von Steuerabzugsbeträgen und Körperschaftsteuer können jedoch nicht mit dem Einspruch gegen den Zinsbescheid geltend gemacht werden. Wird die Steuerfestsetzung oder die Anrechnung von Steuerabzugsbeträgen und Körperschaftsteuer geändert, sind etwaige Folgerungen für die Zinsfestsetzung nach 233a Abs. 5 AO zu ziehen.

72. Gegen die Entscheidung über eine Billigkeitsmaßnahme ist ein gesonderter Einspruch gegeben, und zwar auch dann, wenn die Finanzbehörde die Billigkeitsentscheidung im Rahmen der Zinsfestsetzung getroffen hat (vgl. AEAO zu § 347, Nr. 4).

73. Wird der Zinsbescheid als solcher angefochten, kommt unter den Voraussetzungen des § 361 AO bzw. des § 69 FGO die Aussetzung der Vollziehung in Betracht. Wird mit dem Rechtsbehelf eine erstmalige oder eine höhere Festsetzung von Erstattungszinsen begehrt, ist mangels eines vollziehbaren Verwaltungsakts eine Aussetzung der Vollziehung nicht möglich. Soweit die Vollziehung des zugrunde liegenden Steuer-bescheids ausgesetzt wird, ist auch die Vollziehung des Zinsbescheids auszusetzen.

Berücksichtigung rückwirkender Ereignisse in Grundlagenbescheiden

74. § 233a Abs. 2a AO ist auch dann anzuwenden, wenn das rückwirkende Ereignis in einem für den Steuerbescheid verbindlichen Grundlagenbescheid berücksichtigt wurde. Im Grundlagenbescheid sind deshalb auch entsprechende Feststellungen über die Auswirkungen eines erstmals berücksichtigten rückwirkenden Ereignisses auf die festgestellten Besteuerungsgrundlagen und den Zeitpunkt des Eintritts des rückwirkenden Ereignisses zu treffen (vgl. § 239 Abs. 3 Nr. 1 AO). Gleiches gilt, wenn ein bereits bei der vorangegangenen Feststellung berücksichtigtes rückwirkendes Ereignis unmittelbar Änderungen erfährt und der Feststellungsbescheid deshalb geändert wird. Wird ein Feststellungsbescheid dagegen aus anderen Gründen (z. B. zur Berücksichtigung neuer Tatsachen i. S. d. § 173 AO) geändert, sind auch dann keine Feststellungen zum früher bereits berücksichtigten rückwirkenden Ereignis zu treffen, wenn sich die steuerliche Auswirkung dieses rückwirkenden Ereignisses aufgrund der erstmaligen oder abweichenden Berücksichtigung normal zu verzinsender Besteuerungsgrundlagen rechnerisch verändert.

Dies gilt im Verhältnis zwischen Gewerbesteuermessbescheid und Gewerbesteuerbescheid sowie in den Fällen des § 35b GewStG entsprechend.

§ 234 Stundungszinsen (S 0461)

(1) ¹Für die Dauer einer gewährten Stundung von Ansprüchen aus dem Steuerschuldverhältnis werden Zinsen erhoben; für Haftungsansprüche gilt dies nur, soweit sich die Haftung auf Steuern und zurückzuzahlende Steuervergütungen erstreckt. ²Wird der Steuer- oder Haftungsbescheid nach Ablauf der Stundung aufgehoben, geändert oder nach § 129 berichtigt, so bleiben die bis dahin entstandenen Zinsen unberührt.

(2) Auf die Zinsen kann ganz oder teilweise verzichtet werden, wenn ihre Erhebung nach Lage des einzelnen Falls unbillig wäre.

(3) Zinsen nach § 233a, die für denselben Zeitraum festgesetzt wurden, sind anzurechnen.

AEAO zu § 234 - Stundungszinsen:

1. Stundungszinsen werden für die Dauer der gewährten Stundung erhoben. Die Höhe der Zinsen ändert sich nicht, wenn der Steuerpflichtige vor oder nach dem Zahlungstermin zahlt, der in der Stundungsverfügung festgelegt ist (Sollverzinsung).

   Eine vorzeitige Tilgung führt nicht automatisch zu einer Ermäßigung der Stundungszinsen. Soweit der gestundete Anspruch allerdings mehr als einen Monat vor Fälligkeit getilgt wird, kann auf bereits festgesetzte Stundungszinsen für den Zeitraum ab Eingang der Leistung auf Antrag verzichtet werden (§ 234 Abs. 2 AO). Eine verspätete Zahlung löst zusätzlich Säumniszuschläge aus.

2. Wird die gestundete Steuerforderung vor Ablauf des Stundungszeitraums herabgesetzt, ist der Zinsbescheid nach § 175 Abs. 1 Satz 1 Nr. 2 AO entsprechend zu ändern. Eine Aufhebung, Änderung oder Berichtigung der Steuerfestsetzung nach Ablauf der Stundung hat keine Auswirkungen auf die Stundungszinsen (§ 234 Abs. 1 Satz 2 AO). Werden Vorauszahlungen gestundet, sind Stundungszinsen nur im Hinblick auf eine Änderung der Vorauszahlungsfestsetzung, nicht aber im Hinblick auf die Festsetzung der Jahressteuer herabzusetzen.

3. Die Stundungszinsen werden regelmäßig zusammen mit der Stundungsverfügung durch Zinsbescheid festgesetzt. Die Formvorschriften für Steuerbescheide (§ 157 Abs. 1, ggf. § 87a Abs. 4 AO) gelten entsprechend.

   Sofern nicht besondere Umstände des Einzelfalls eine andere Regelung erfordern, sind die Stundungszinsen zusammen mit der letzten Rate zu erheben. Bei einer Aufhebung der Stundungsverfügung (Rücknahme oder Widerruf) sind auch die auf ihr beruhenden Zinsbescheide aufzuheben oder zu ändern; §§ 175 Abs. 1 Satz 1 Nr. 1, 171 Abs. 10 AO gelten gem. § 239 Abs. 1 Satz 1 AO entsprechend.

   Beispiel:

   Das Finanzamt hat am 10.3.2004 eine am 25.2.2004 fällige Einkommensteuerforderung von 3.600 € ab Fälligkeit gestundet. Der Betrag ist in 12 gleichen Monatsraten von 300 €, beginnend am 1.4.2004 zu zahlen. Die Zinsen von 117 € sind zusammen mit der letzten Rate am 1.3.2005 zu erheben.

Das Finanzamt erfährt im August 2004, dass eine wesentliche Verbesserung der Vermögensverhältnisse des Schuldners eingetreten ist. Es widerruft deshalb die Stundung nach § 131 Abs. 2 Nr. 3 AO und stellt den gesamten Restbetrag von 2.100 € zum 1.9.2004 fällig.

Der Zinsbescheid ist nach § 175 Abs. 1 Satz 1 Nr. 1 AO zu ändern. Die Zinsen i. H. v. insgesamt 85 € (gerundet nach § 239 Abs. 2 Satz 1 AO) sind zum 1.9.2004 zu erheben.

4. Der Zinslauf beginnt bei den Stundungszinsen an dem ersten Tag, für den die Stundung wirksam wird (§ 238 Abs. 1 Satz 2 i. V. m. § 234 Abs. 1 Satz 1 AO). Bei einer Stundung ab Fälligkeit beginnt der Zinslauf am Tag nach Ablauf der ggf. nach § 108 Abs. 3 AO verlängerten Zahlungsfrist.

   Beispiele:

   1. Fälligkeitstag ist der 12.3.2004 (Freitag). Der Zinslauf beginnt am 13.3.2004 (Sonnabend).

   2. Fälligkeitstag ist der 13.3.2004 (Sonnabend). Die Zahlungsfrist endet nach § 108 Abs. 3 AO erst am 15.3.2004 (Montag). Der Zinslauf beginnt am 16.3.2004 (Dienstag).

   Wegen der Fälligkeit der Anmeldungssteuern vgl. AEAO zu § 240, Nr. 1 Satz 2.

5. Der Zinslauf endet mit Ablauf des letzten Tages, für den die Stundung ausgesprochen worden ist. Ist dieser Tag ein Sonnabend, ein Sonntag oder ein gesetzlicher Feiertag, endet der Zinslauf erst am nächstfolgenden Werktag. Wegen der Berechnung vgl. AEAO zu § 238, Nr. 1.

   Beispiele:

   1. Die Steuer ist bis zum 26.3.2004 (Freitag) gestundet. Der Zinslauf endet am 26.3.2004.

   2. Die Steuer ist bis zum 27.3.2004 (Sonnabend) gestundet. Der Zinslauf endet nach § 108 Abs. 3 AO am 29.3.2004 (Montag).

   In Insolvenzverfahren endet der Zinslauf spätestens mit Eröffnung des Insolvenzverfahrens, da zu diesem Zeitpunkt die gestundete Steuerforderung fällig wird (§ 41 Abs. 1 InsO). Eine bereits erfolgte Festsetzung von Stundungszinsen ist ggf. zu korrigieren.

6. Stundungszinsen sind nur für volle Monate zu zahlen; angefangene Monate bleiben außer Ansatz (§ 238 Abs. 1 Satz 2 AO); vgl. AEAO zu § 238, Nr. 1.

Beispiele:

Ende der ursprünglichen Zahlungsfrist	Beginn des Zinslaufs	Ablauf der Stundung nach Stundungsverfügung	Ende des Zinslaufs	Voller Monat
13.05.2004 (Do)	14.05.2004 (Fr)	13.06.2004 (So)	14.06.2004 (Mo)	ja
13.05.2004 (Do)	14.05.2004 (Fr)	11.06.2004 (Fr)	11.06.2004 (Fr)	nein
31.01.2005 (Mo)	01.02.2005 (Di)	28.02.2005 (Mo)	28.02.2005 (Mo)	ja

7. Zu verzinsen ist der jeweils gestundete Anspruch aus dem Steuerschuldverhältnis (§ 37 AO) mit Ausnahme der Ansprüche auf steuerliche Nebenleistungen (§ 233 Satz 2 AO). Die Zinsen sind für jeden Anspruch (Einzelforderung) besonders zu berechnen. Bei der Zinsberechnung sind die Ansprüche zu trennen, wenn Steuerart, Zeitraum (Teilzeitraum) oder der Tag des Beginns des Zinslaufs voneinander abweichen.

   Beispiele für gesondert zu verzinsende Ansprüche:
   1. Einkommensteuervorauszahlungen I/04 und II/04;
   2. die erstmalige Festsetzung der Einkommensteuer 2004 durch Bescheid vom 3.5.2006 führt zu einer Abschlusszahlung i. H. v. 4.290 €; nach Berichtigung einer offenbaren Unrichtigkeit (§ 129 AO) durch Steuerbescheid vom 1.6.2006 fordert das Finanzamt weitere 850 €.

8. Die Kleinbetragsregelung des § 239 Abs. 2 Satz 2 AO (Zinsen unter zehn Euro werden nicht festgesetzt) ist auf die für eine Einzelforderung berechneten Zinsen anzuwenden.

   Beispiel:

Es werden ab Fälligkeit jeweils für einen Monat folgende Einzelforderungen gestundet:		Zinsen:	Abgerundet (§ 239 Abs. 2 Satz 1 AO)
Einkommensteuervorauszahlung	1.950,00 €	9,75 €	9,00 €
Solidaritätszuschlag	200,00 €	1,00 €	1,00 €
Umsatzsteuerabschlusszahlung	600,00 €	3,00 €	3,00 €

   Zinsen werden nicht festgesetzt, da sie für keine der Einzelforderungen zehn Euro erreichen.

9. Bei Gewährung von Ratenzahlungen sind Stundungszinsen nach § 238 Abs. 2 AO wie folgt zu berechnen:

   Der zu verzinsende Betrag jeder Steuerart ist auf den nächsten durch fünfzig Euro zu teilenden Betrag abzurunden. Ein sich durch die Abrundung ergebender Spitzenbetrag (Abrundungsrest) ist für Zwecke der Zinsberechnung bei der letzten Rate abzuziehen. Bei höheren Beträgen soll die Stundung i. d. R. so ausgesprochen werden, dass die Raten mit Ausnahme der letzten Rate auf durch fünfzig Euro ohne Rest teilbare Beträge festgesetzt werden.

Beispiel:

1. Variante:

Ein Anspruch i. H. v. 4.215 € wird in drei Monatsraten zu 1.400 €, 1.400 € und 1.415 € gestundet..

Raten:		Zinsen:
1. Rate	1.400 €	7,00 €
2. Rate	1.400 €	14,00 €
3. Rate	*1.415 €	21,00 €
festzusetzende Zinsen		42,00 €

* Die Zinsberechnung erfolgt von 1.415 € ./. 15 € = 1.400 €

2. Variante:
Ein Anspruch i. H. v. 4.215 € wird in drei gleichen Monatsraten zu jeweils 1.405 € gestundet.

Raten:		Zinsen:
1. Rate	1.405 €	7,02 €
2. Rate	1.405 €	14,05 €
3. Rate	*1.405 €	20,85 €
Summe		41,92 €
festzusetzende Zinsen (abgerundet nach § 239 Abs. 2 S. 1 AO)		41,00 €

* Die Zinsberechnung erfolgt von 1.405 € ./. 15 € = 1.390 €.

10. Sollen mehrere Ansprüche in Raten gestundet werden, so ist bei der Festlegung der Raten möglichst zunächst die Tilgung der Ansprüche anzuordnen, für die keine Stundungszinsen erhoben werden. Sodann sind die Forderungen in der Reihenfolge ihrer Fälligkeit zu ordnen; bei gleichzeitig fällig gewordenen Forderungen soll die niedrigere Forderung zuerst getilgt werden. Dies gilt nicht, wenn die Sicherung der Ansprüche eine andere Tilgungsreihenfolge erfordert.

Beispiel:

Das Finanzamt stundet die Einkommensteuervorauszahlung IV/04 i. H. v. 850 € (erstmals fällig am 10.12.2004), die Einkommensteuervorauszahlung I/05 i. H. v. 300 € (erstmals fällig am 10.3.2005), die Einkommensteuer-Abschlusszahlung für 2003 i. H. v. 11.150 € (erstmals fällig 20.5.2005), die Umsatzsteuer-Abschlusszahlung für 2003 i. H. v. 7.800 € (erstmals fällig am 20.5.2005) sowie Verspätungszuschläge i. H. v. 650 € (erstmals fällig am 10.6.2005) in insgesamt drei Raten.

Gestundeter Anspruch	erstmals fällig am	Betrag in €	1. Rate in € (14.7.2005)	Rest in €	2. Rate in € (14.8.2005)	Rest in €	3. Rate in € (14.9.2005)	Rest in €
ESt IV/04	10.12.2004	850	850	0	-	-	-	-
ESt I/05	10.03.2005	300	300	0	-	-	-	-
ESt 2003	18.05.2005	11.150	0	11.150	0	11.150	11.150	0
USt 2003	18.05.2005	7.800	800	7.000	3.000	4.000	4.000	0
Verspätungszuschlag	10.06.2005	650	650	0	-	-	-	-
Summen		20.750	2.600	18.150	3.000	15.150	15.150	0

Zinsberechnung:

gestundeter Anspruch	Fällig am	Zahlungstermin	Betrag in €	Zinsmonate	v.H.	Zinsen in €	Festzusetzende Zinsen in €
ESt IV/04	10.12.2004	14.07.2005	850	7	3,5	29,75	29,00[1]
ESt I/05	10.03.2005	14.07.2005	300	4	2,0	6,00	0,00[2]
ESt 2003	18.05.2005	14.09.2005	11.150	3	1,5	167,25	167,00[1]
USt 2003	18.05.2005	14.07.2005	800	1	0,5	4,00	⎫
USt 2003	18.05.2005	14.08.2005	3.000	2	1,0	30,00	⎬ 94,0
USt 2003	18.05.2005	14.09.2005	4.000	3	1,5	60,00	⎭
Verspätungszuschlag	10.06.2005	14.07.2005	650	-	-	-	-[3]

[1] = 29,75 € werden auf 29,00 € und 167,25 € werden auf 167 € zugunsten des Steuerpflichtigen gerundet (§ 239 Abs. 2 Satz 1 AO).
[2] = Kleinbetrag unter 10 € (§ 239 Abs. 2 Satz 2 AO).
[3] = Ansprüche auf steuerliche Nebenleistungen werden nicht verzinst (§ 233 Satz 2 AO).

11. Auf die Erhebung von Stundungszinsen kann gem. § 234 Abs. 2 AO im Einzelfall aus Billigkeitsgründen verzichtet werden. Ein solcher Verzicht kann z. B. in Betracht kommen bei Katastrophenfällen, bei länger dauernder Arbeitslosigkeit des Steuerschuldners, bei Liquiditätsschwierigkeiten allein infolge nachweislicher Forderungsausfälle im Konkurs-/Insolvenzverfahren und in ähnlichen Fällen, im Rahmen einer Sanierung, sofern allgemein ein Zinsmoratorium gewährt wird, sowie im Hinblick auf belegbare, demnächst fällig werdende Ansprüche des Steuerschuldners aus einem Steuerschuldverhältnis, soweit hierfür innerhalb des Stundungszeitraums keine Erstattungszinsen gem. § 233a AO anfallen. Auch wird eine Stundung i. d. R. dann zinslos bewilligt werden können, wenn sie einem Steuerpflichtigen gewährt wird, der bisher seinen steuerlichen Pflichten, insbesondere seinen Zahlungspflichten, pünktlich nachgekommen ist und der in der Vergangenheit nicht wiederholt Stundungen in Anspruch genommen hat; in diesen Fällen kommt ein Verzicht auf Stundungszinsen i. d. R. nur in Betracht, wenn für einen Zeitraum von nicht mehr als drei Monaten gestundet wird und der insgesamt zu stundende Betrag 5.000 € nicht übersteigt. Zum Rechtsbehelfsverfahren gegen die Entscheidung über eine Billigkeitsmaßnahme vgl. AEAO zu § 347, Nr. 4.

12. Wird ein Anspruch auf Rückforderung von Arbeitnehmer-Sparzulage, Eigenheimzulage, Investitionszulage, Mobilitätsprämie oder Wohnungsbauprämie gestundet, so sind - da die Vorschriften über die Steuervergütung entsprechend gelten - Stundungszinsen zu erheben (§ 234 i. V. m. § 37 Abs. 1 AO). Dies gilt auch für gestundete Einkommen- oder Körperschaftsteueransprüche, die auf einem Rückforderungsanspruch von Forschungszulage aus einer nach § 10 Abs. 3 FZulG geänderten Anrechnung beruhen.

§ 235 Verzinsung von hinterzogenen Steuern (S 0462)

(1) [1]Hinterzogene Steuern sind zu verzinsen. Zinsschuldner ist derjenige, zu dessen Vorteil die Steuern hinterzogen worden sind. [2]Wird die Steuerhinterziehung dadurch begangen, dass ein anderer als der Steuerschuldner seine Verpflichtung, einbehaltene Steuern an die Finanzbehörde abzuführen oder Steuern zu Lasten eines anderen zu entrichten, nicht erfüllt, so ist dieser Zinsschuldner.

(2) [1]Der Zinslauf beginnt mit dem Eintritt der Verkürzung oder der Erlangung des Steuervorteils, es sei denn, dass die hinterzogenen Beträge ohne die Steuerhinterziehung erst später fällig geworden wären. [2]In diesem Fall ist der spätere Zeitpunkt maßgebend.

(3) [1]Der Zinslauf endet mit der Zahlung der hinterzogenen Steuern. [2]Für eine Zeit, für die ein Säumniszuschlag verwirkt, die Zahlung gestundet oder die Vollziehung ausgesetzt ist, werden Zinsen nach dieser Vorschrift nicht erhoben. [3]Wird der Steuerbescheid nach Ende des Zinslaufs aufgehoben, geändert oder nach § 129 berichtigt, so bleiben die bis dahin entstandenen Zinsen unberührt.

(4) Zinsen nach § 233a, die für denselben Zeitraum festgesetzt wurden, sind anzurechnen.

(5) Bei hinterzogenen Vorauszahlungen sind die Absätze 3 und 4 mit folgenden Maßgaben anzuwenden:

1. wurde die hinterzogene Vorauszahlung vor Festsetzung der Steuer entrichtet, auf die diese Vorauszahlung anzurechnen ist oder wäre, endet der Zinslauf mit der Zahlung der hinterzogenen Vorauszahlung;

2. wurde die hinterzogene Vorauszahlung nicht vor Festsetzung der Steuer entrichtet, auf die diese Vorauszahlung anzurechnen ist oder wäre, gilt Folgendes:

    a) wurde diese Steuer nicht hinterzogen, endet der Zinslauf für die Vorauszahlung mit Zahlung dieser Steuer, spätestens aber mit der Fälligkeit dieser Steuer;

    b) wurde diese Steuer ebenfalls hinterzogen, endet der Zinslauf für die Vorauszahlung mit Beginn des Zinslaufs für die hinterzogene Steuer;

3. Zinsen nach § 233a, die zu der Steuer festgesetzt wurden, auf die die hinterzogene Vorauszahlung anzurechnen ist oder wäre, sind auf Zinsen zur hinterzogenen Vorauszahlung anzurechnen, soweit sie denselben Zinsberechnungszeitraum betreffen.

| Abgabenordnung | § 235 |

AEAO zu § 235 - Verzinsung von hinterzogenen Steuern:

Inhaltsübersicht

1. Zweck und Voraussetzungen der Verzinsung
2. Gegenstand der Verzinsung
3. Zinsschuldner
4. Zinslauf
4.1 Beginn des Zinslaufs
4.2 Ende des Zinslaufs
5. Höhe der Hinterziehungszinsen
5.1 Berechnung der Hinterziehungszinsen im Allgemeinen
5.2 Berechnung der Hinterziehungszinsen auf Vorauszahlungen
5.3 Beispiele zur Berechnung der Hinterziehungszinsen
6. Verfahren
7. Festsetzungsverjährung
7.1 Verjährung von Hinterziehungszinsen im Allgemeinen
7.2 Verjährung von Hinterziehungszinsen auf verkürzte Vorauszahlungen

1. Zweck und Voraussetzungen der Verzinsung

1.1 Hinterzogene Steuern sind nach § 235 AO zu verzinsen, um dem Nutznießer einer Steuerhinterziehung den steuerlichen Vorteil der verspäteten Zahlung oder der Gewährung oder Belassung von Steuervorteilen zu nehmen (BFH-Urteile vom 19.4.1989, X R 3/86, BStBl II S. 596, und vom 27.9.1991, VI R 159/89, BStBl 1992 II S. 163).

1.2 Die Zinspflicht tritt nur ein, wenn der objektive und subjektive Tatbestand des § 370 Abs. 1 AO erfüllt und die Tat i. S. d. § 370 Abs. 4 AO vollendet ist. Der Versuch einer Steuerhinterziehung (§ 370 Abs. 2 AO i. V. m. § 23 StGB) reicht zur Begründung einer Zinspflicht ebenso wenig aus wie die leichtfertige Steuerverkürzung (§ 378 AO) oder die übrigen Steuerordnungswidrigkeiten (§§ 379 ff. AO).

Von einer Steuerhinterziehung bei Vorauszahlungen ist z. B. dann auszugehen, wenn einer der folgenden Sachverhalte vorliegt:

- Der Steuerpflichtige hat einen Antrag auf Festsetzung oder Herabsetzung der Vorauszahlungen vorsätzlich mit unrichtigen oder unvollständigen Angaben gestellt und es ist hierdurch zu einer zu niedrigen Festsetzung von Vorauszahlungen gekommen.

- Der Steuerpflichtige musste aufgrund der Abgabe einer vorsätzlich unrichtigen oder unvollständigen Steuererklärung damit rechnen, dass Vorauszahlungen zu niedrig festgesetzt werden, und es ist hierdurch zu einer zu niedrigen Festsetzung von Vorauszahlungen gekommen. Der Steuerpflichtige musste insbesondere dann damit rechnen, dass Steuervorauszahlungen zu niedrig festgesetzt werden, wenn er bereits in der Vergangenheit Steuervorauszahlungen zu leisten hatte.

1.3 Die Festsetzung von Hinterziehungszinsen setzt keine strafrechtliche Verurteilung wegen Steuerhinterziehung voraus (BFH-Urteil vom 27.8.1991, VIII R 84/89, BStBl 1992 II S. 9). Die Zinspflicht ist unabhängig von einem Steuerstrafverfahren im Rahmen des Besteuerungsverfahrens zu prüfen.

Hinterziehungszinsen sind demnach auch festzusetzen, wenn

- wirksam Selbstanzeige nach § 371 AO erstattet worden ist (z. B. durch Nachmeldung hinterzogener Umsatzsteuer in der Umsatzsteuer-Jahreserklärung),

- der Strafverfolgung Verfahrenshindernisse entgegenstehen (z. B. Tod des Täters oder Strafverfolgungsverjährung),

- das Strafverfahren wegen Geringfügigkeit eingestellt worden ist (z. B. nach § 153 StPO; § 398 AO) oder

- in anderen Fällen die Strafverfolgung beschränkt oder von der Strafverfolgung abgesehen wird (z. B. nach §§ 153a, 154, 154a StPO).

Die für den Erlass des Zinsbescheids zuständige Stelle der Finanzbehörde hat im Benehmen mit der für Straf- und Bußgeldsachen zuständigen Stelle zu prüfen, ob der objektive und subjektive Tatbestand des § 370 AO gegeben ist. An Entscheidungen im strafgerichtlichen Verfahren ist die Finanzbehörde nicht gebunden (BFH-Urteil vom 10.10.1972, VII R 117/69, BStBl 1973 II S. 68). Im Allgemeinen kann sich das Finanzamt die tatsächlichen Feststellungen, Beweiswürdigungen und rechtlichen Beurteilungen des Strafverfahrens zu Eigen machen, wenn und soweit es zu der Überzeugung gelangt ist, dass diese zutreffend sind, und keine substantiierten Einwendungen gegen die Feststellungen im Strafurteil erhoben werden (vgl. BFH-Urteil vom 13.7.1994, I R 112/93, BStBl 1995 II S. 198).

1.4 Der zeitliche und sachliche Umfang der Nachentrichtungspflicht von Zinsen nach § 371 Abs. 3 AO hat keine Auswirkung auf die Berechnung und Festsetzung von Hinterziehungszinsen nach § 235 AO. Daher sind Hinterziehungszinsen auch dann festzusetzen, wenn die Zahlung der Hinterziehungszinsen für die Wirksamkeit einer Selbstanzeige bzw. den Ausgang des Strafverfahrens nach § 371 Abs. 3 Satz 2 AO unerheblich ist.

2. Gegenstand der Verzinsung

2.1 Hinterziehungszinsen sind festzusetzen für

- verkürzte Steuern; darunter fallen auch keine oder zu geringe Steuervorauszahlungen und der Solidaritätszuschlag. Landesgesetzlich geregelte Steuern sind nur zu verzinsen, wenn dies im Gesetz angeordnet ist.

- ungerechtfertigt erlangte Steuervorteile (z. B. zu Unrecht erlangte Steuervergütungen),
- zu Unrecht erlangte Steuervergünstigungen (z. B. Steuerbefreiungen und Steuerermäßigungen),
- ungerechtfertigt erlangte Prämien und Zulagen, auf die § 370 Abs. 1 bis 4, § 371, § 375 Abs. 1 und § 376 AO entsprechend anzuwenden sind (z. B. Wohnungsbauprämien, Arbeitnehmer-Sparzulagen, Mobilitätsprämien und Zulagen nach § 83 EStG).

Hinterziehungszinsen sind nicht festzusetzen bei erschlichener Investitionszulage und Eigenheimzulage, weil insoweit ein Subventionsbetrug und keine Steuerhinterziehung vorliegt.

2.2 Hinterziehungszinsen sind für jede Steuerart und jeden Besteuerungszeitraum (Veranlagungszeitraum, Voranmeldungszeitraum, Vorauszahlungszeitraum) oder Besteuerungszeitpunkt gesondert zu berechnen und festzusetzen.

Einzelne, aufeinanderfolgende Steuerhinterziehungen sind nicht als eine Tat zu würdigen, sondern als selbständige Taten zu behandeln. Das gilt auch, wenn das Finanzamt die Besteuerungsgrundlagen nach § 162 AO geschätzt hat.

2.3 Wenn die Steuerhinterziehung zu keiner Nachforderung führt, erfolgt keine Zinsfestsetzung. Soweit infolge Kompensation der mit der Steuerhinterziehung zusammenhängenden Besteuerungsgrundlagen mit anderen steuermindernden Besteuerungsgrundlagen (z. B. nach § 177 AO) kein Zahlungsanspruch entstanden ist, unterbleibt daher eine Zinsfestsetzung. Das strafrechtliche Kompensationsverbot des § 370 Abs. 4 Satz 3 AO gilt nicht bei der Verzinsung nach § 235 AO. Bemessungsgrundlage der Hinterziehungszinsen ist daher nicht die Steuer, die sich allein bei Einbeziehung der vorsätzlich verschwiegenen Besteuerungsgrundlagen in die ursprüngliche Steuerfestsetzung ergeben würde, sondern die tatsächliche Nachforderung, die sich aus dem Bescheid ergibt, in dem die bisher nicht oder unzutreffend erklärten Besteuerungsgrundlagen erstmals erfasst werden.

3. Zinsschuldner

3.1 Nach § 235 Abs. 1 Satz 2 AO ist derjenige Zinsschuldner, zu dessen Vorteil die Steuern hinterzogen worden sind. Durch die Vorschrift soll ausschließlich der steuerliche Vorteil des Steuerschuldners abgeschöpft werden. Der steuerliche Vorteil liegt darin, dass die geschuldete Steuer erst verspätet gezahlt wird. Allein der Steuerschuldner kann daher Zinsschuldner für hinterzogene Steuern i. S. d. § 235 Abs. 1 Sätze 1 und 2 AO sein, und zwar unabhängig davon, ob er an der Steuerhinterziehung beteiligt war (vgl. BFH-Urteile vom 27.6.1991, V R 9/86, BStBl II S. 822, vom 18.7.1991, V R 72/87, BStBl II S. 781, und vom 27.9.1991, VI R 159/89, BStBl 1992 II S. 163).

Sind Steuerschuldner Gesamtschuldner (§ 44 AO), ist jeder Gesamtschuldner auch Zinsschuldner. Dies gilt auch dann, wenn bei zusammenveranlagten Ehegatten/ Lebenspartnern der Tatbestand der Steuerhinterziehung nur in der Person eines der Ehegatten/Lebenspartner erfüllt ist. Da in diesem Fall beide Ehegatten/Lebenspartner Schuldner der Hinterziehungszinsen sind, kann nach § 239 Abs. 1 Satz 1 i. V. m. § 155 Abs. 3 AO ein zusammengefasster Zinsbescheid an die Ehegatten/Lebenspartner ergehen (vgl. BFH-Urteil vom 13.10.1994, IV R 100/93, BStBl 1995 II S. 484).

3.2 § 235 Abs. 1 Satz 3 AO regelt in Ergänzung des § 235 Abs. 1 Satz 2 AO nur die Fälle, in denen der Steuerschuldner nicht Zinsschuldner ist, weil die Steuern nicht zu seinem Vorteil hinterzogen worden sind. In diesen Fällen ist der Entrichtungspflichtige Zinsschuldner. Hinsichtlich hinterzogener Steuerabzugsbeträge ist daher nicht der Steuerschuldner, sondern der Entrichtungspflichtige Zinsschuldner, wenn dieser die Steuer zwar einbehalten, aber nicht an das Finanzamt abgeführt hat. Dagegen ist der Steuerschuldner nach § 235 Abs. 1 Satz 2 AO Zinsschuldner, wenn der Entrichtungspflichtige die hinterzogene Abzugsteuer (zum Vorteil des Steuerschuldners) nicht einbehalten hat (BFH-Urteile vom 5.11.1993, VI R 16/93, BStBl 1994 II S. 557, und vom 16.2.1996, I R 73/95, BStBl II S. 592).

3.3 Die in §§ 34, 35 AO bezeichneten Vertreter, Vermögensverwalter und Verfügungsberechtigten sind nicht Entrichtungspflichtige und nicht Schuldner der Hinterziehungszinsen (vgl. BFH-Urteile vom 18.7.1991, V R 72/87, BStBl II S. 781, und vom 27.9.1991, VI R 159/89, BStBl 1992 II S. 163). Dieser Personenkreis kann aber sowohl für hinterzogene Steuern als auch für Hinterziehungszinsen haften (vgl. §§ 69 und 71 AO).

4. Zinslauf

4.1 Beginn des Zinslaufs

4.1.1 Der Zinslauf beginnt mit dem Eintritt der Verkürzung oder der Erlangung des Steuervorteils (§ 235 Abs. 2 Satz 1 AO), d. h. sobald die Tat im strafrechtlichen Sinn vollendet ist. Wären die hinterzogenen Beträge ohne die Steuerhinterziehung erst später fällig geworden, z. B. bei einer Abschlusszahlung, beginnt die Verzinsung erst mit Ablauf des Fälligkeitstags (§ 235 Abs. 2 Satz 2 AO).

4.1.2 Bei **Fälligkeitssteuern** (z. B. Umsatzsteuer-Vorauszahlungen, Lohnsteuer) tritt die Verkürzung mit Ablauf des gesetzlichen Fälligkeitstags ein. Dauerfristverlängerungen sind zu berücksichtigen. Dies gilt auch dann, wenn keine (Vor-)Anmeldung abgegeben wurde. Bei Abgabe einer unrichtigen oder unvollständigen zustimmungsbedürftigen Steueranmeldung tritt die Verkürzung erst dann ein, wenn die Zustimmung nach § 168 Satz 2 AO dem Steuerpflichtigen bekannt geworden ist (z. B. Auszahlung oder Umbuchung des Guthabens oder Erklärung der Aufrechnung; vgl. AEAO zu § 168, Nr. 3). Wäre die Steueranmeldung hingegen ohne die Steuerverkürzung nicht zustimmungsbedürftig gewesen, weil sich z. B. bei richtiger Anmeldung keine Erstattung ergeben hätte, bleibt für den Beginn des Zinslaufs der Ablauf des gesetzlichen Fälligkeitstags (ggf. unter Berücksichtigung einer Dauerfristverlängerung) maßgeblich.

Lässt sich nicht ohne weiteres feststellen, welchem Voranmeldungszeitraum hinterzogene Beträge zeitlich zuzuordnen sind, ist zugunsten des Zinsschuld-

Abgabenordnung	§ 235

ners von einem Beginn des Zinslaufs mit Ablauf des letzten gesetzlichen Fälligkeitstags für das betroffene Jahr auszugehen (bei Unternehmen ohne Dauerfristverlängerung ist dies der 10.1. des jeweiligen Folgejahres, so dass der Zinslauf in diesem Fall am 11.1. beginnt).

4.1.3 Bei **Veranlagungssteuern** tritt die Verkürzung im Fall der Abgabe einer unrichtigen oder unvollständigen Steuererklärung mit dem Tag der Bekanntgabe des auf dieser Erklärung beruhenden Steuerbescheids (§§ 122, 124 AO) ein; der Beginn des Zinslaufs verschiebt sich jedoch dann auf den Ablauf des Fälligkeitstags, wenn sich bereits aufgrund dieser Erklärung eine Abschlusszahlung ergeben hatte oder wenn sich - im Falle einer festgesetzten Erstattung - ohne die Steuerhinterziehung eine Abschlusszahlung ergeben hätte (vgl. AEAO zu § 235, Nr. 4.1.1 Satz 2).

Hat der Steuerpflichtige keine Steuererklärung abgegeben und ist aus diesem Grunde die Steuerfestsetzung unterblieben, so ist die Steuer zu dem Zeitpunkt verkürzt, zu dem die Veranlagungsarbeiten für das betreffende Kalenderjahr im Wesentlichen abgeschlossen waren. Dieser Zeitpunkt ist zugleich Zinslaufbeginn.

Hat das Finanzamt die Steuer aber zuvor wegen Nichtabgabe der Steuererklärung aufgrund geschätzter Besteuerungsgrundlagen (§ 162 AO) zu niedrig festgesetzt, tritt die Verkürzung bereits mit Bekanntgabe dieses Steuerbescheids ein. In diesem Fall beginnt der Zinslauf i. d. R. mit Ablauf des Fälligkeitstags (vgl. AEAO zu § 235, Nr. 4.1.1 Satz 2).

Bei der Verzinsung von **Vorauszahlungen auf Veranlagungssteuern** beginnt der Zinslauf gesondert für jeden Vorauszahlungszeitraum mit Ablauf des jeweiligen Fälligkeitstags.

4.1.4 Bei einer durch Unterlassen der Anzeige begangenen Hinterziehung von Schenkungsteuer beginnt der Lauf der Hinterziehungszinsen zu dem Zeitpunkt, zu dem das Finanzamt bei ordnungsgemäßer Anzeige und Abgabe der Steuererklärung die Steuer festgesetzt hätte. Dieser Zeitpunkt kann unter Berücksichtigung der beim zuständigen Finanzamt durchschnittlich erforderlichen Zeit für die Bearbeitung eingegangener Schenkungsteuererklärungen bestimmt werden (BFH-Urteil vom 28.8.2019, II R 7/17, BStBl 2020 II S. 247). Diese Grundsätze gelten entsprechend auch für Fälle einer begangenen Hinterziehung von Erbschaftsteuer.

4.2 Ende des Zinslaufs

4.2.1 Der Zinslauf endet mit der Zahlung der hinterzogenen Steuer (§ 235 Abs. 3 Satz 1 AO). Erlischt der zu verzinsende Anspruch durch Aufrechnung, gilt der Tag, an dem die Schuld des Aufrechnenden fällig wird, als Tag der Zahlung (§ 238 Abs. 1 Satz 3 AO).

Bei hinterzogenen Vorauszahlungen (insbes. zur Einkommensteuer Körperschaftsteuer oder Umsatzsteuer) endet der Zinslauf der Hinterziehungszinsen grundsätzlich mit Zahlung der hinterzogenen Vorauszahlung, zur Vermeidung einer Doppelverzinsung jedoch spätestens in dem Zeitpunkt, in dem der Zinslauf der Hinterziehungszinsen zur verkürzten Jahressteuer desselben

Kalenderjahres beginnt. Für die hinterzogene Jahressteuer beginnt der Zinslauf

- grundsätzlich mit Wirksamwerden der unzutreffenden Jahressteuerfestsetzung (§ 235 Abs. 2 Satz 1 Halbsatz 1 AO),
- bei Festsetzung einer Abschlusszahlung aber erst mit deren Fälligkeit (§ 235 Abs. 2 Satz 1 Halbsatz 2 AO).

Der Zinslauf für die Hinterziehungszinsen zu den Vorauszahlungen endet jedoch spätestens mit Ablauf der Karenzzeit nach § 233a Abs. 2 Satz 1 oder 2 AO, wenn die Jahressteuer der Verzinsung nach § 233a AO unterliegt (vgl. BFH-Urteil vom 28.9.2021, VIII R 18/18, BStBl 2022 II S. 239). Dies gilt auch dann, wenn die Jahressteuer nicht verkürzt wurde und deshalb ausschließlich Hinterziehungszinsen zu den verkürzten Vorauszahlungen festzusetzen sind.

4.2.2 Hinterziehungszinsen werden nicht für Zeiten festgesetzt, für die ein Säumniszuschlag entsteht, die Zahlung gestundet oder die Vollziehung ausgesetzt ist (§ 235 Abs. 3 Satz 2 AO), ohne dass es dabei auf die tatsächliche Erhebung von Säumniszuschlägen oder die Zahlung von Stundungs- und/oder Aussetzungszinsen ankommt. Der Zinslauf endet daher spätestens mit Ablauf des Fälligkeitstags der hinterzogenen Steuer.

4.2.3 Wird der Steuerbescheid nach Ende des Zinslaufs aufgehoben, geändert oder nach § 129 AO berichtigt, so bleiben die bis dahin entstandenen Zinsen unberührt (§ 235 Abs. 3 Satz 3 AO).

5. Höhe der Hinterziehungszinsen

5.1 Berechnung der Hinterziehungszinsen im Allgemeinen

5.1.1 Die Hinterziehungszinsen betragen für jeden vollen Monat des Zinslaufs 0,5 % (§ 238 Abs. 1 Satz 1 und 2 AO).

Für die Berechnung der Zinsen wird der zu verzinsende Betrag auf den nächsten durch 50 € teilbaren Betrag abgerundet (§ 238 Abs. 2 AO). Abzurunden ist jeweils der einzelne zu verzinsende Anspruch, d. h. jede einzelne hinterzogene Vorauszahlung/Voranmeldung und die Jahresabschlusszahlung jeweils für sich genommen (vgl. AEAO zu § 238, Nr. 2).

Im Falle von Teilzahlungen eines zu verzinsenden Anspruchs wird nur der Gesamtbetrag gerundet. Eine sich daraus ergebende Abrundungsspitze wird für Zwecke der Verzinsung bei der letzten Teilzahlung abgezogen.

Auch die Rundungsregelung und Kleinbetragsregelung hinsichtlich der Festsetzung der Zinsen gem. § 239 Abs. 2 AO sind für jeden einzelnen Zinsanspruch gesondert anzuwenden (vgl. AEAO zu § 239, Nr. 3).

5.1.2 Zur Vermeidung einer Doppelverzinsung im Hinterziehungsfall sind Zinsen nach § 233a AO, die für denselben Zeitraum festgesetzt wurden, im Rahmen der Zinsfestsetzung auf die festzusetzenden Hinterziehungszinsen anzurechnen (§ 235 Abs. 4 AO). Der Zinsbescheid nach § 233a AO ist dabei Grundlagenbescheid für die Festsetzung der Hinterziehungszinsen, soweit nach § 233a AO festgesetzte Zinsen auf die Hinterziehungszinsen anzurechnen sind (§ 239 Abs. 5 AO); nach § 239 Abs. 1 Satz 1 AO ist § 175 Abs. 1 Satz 1 Nr. 1 AO hierbei entsprechend anzuwenden.

Im Falle der Hinterziehung von Forschungszulage sind Zinsen nach § 11 FZulG auf Hinterziehungszinsen nach § 235 AO hinsichtlich solcher Einkommen- oder Körperschaftsteueransprüche, die auf einem Rückforderungsanspruch von Forschungszulage aus einer nach § 10 Abs. 3 FZulG geänderten Anrechnung beruhen, anzurechnen, soweit sie für denselben Zeitraum auf den Rückzahlungsanspruch der Forschungszulage festgesetzt wurden.

5.2　Berechnung der Hinterziehungszinsen auf Vorauszahlungen

5.2.1　Die Bemessungsgrundlage für Hinterziehungszinsen auf Vorauszahlungen entspricht grundsätzlich dem (Mehr-) Betrag, der ohne Steuerhinterziehung festgesetzt worden wäre. Sie ist aber begrenzt auf die Abschlusszahlung aufgrund der Jahressteuerfestsetzung (vgl. AEAO zu § 235, Nr. 2.3).

Dieser Betrag ist grundsätzlich gleichmäßig auf die hinterzogenen Vorauszahlungszeiträume des jeweiligen Kalenderjahrs zu verteilen. Sofern innerhalb eines Veranlagungszeitraums für einzelne Quartale Steuern in unterschiedlicher Höhe verkürzt worden sind, stellen diese Beträge jeweils die Bemessungsgrundlage dar. Eine gleichmäßige Verteilung der Summe der verkürzten Beträge erfolgt in diesem Fall nicht.

Die Summe der verkürzten Beträge ist weiterhin daraufhin zu überprüfen, ob sie auf die Abschlusszahlung aufgrund der Jahressteuerfestsetzung zu begrenzen ist. Ist dies der Fall, ist die Differenz zwischen der Summe aller hinterzogenen Vorauszahlungen und der Abschlusszahlung aufgrund der Jahressteuerfestsetzung („Minderungsbetrag") auf alle hinterzogenen Vorauszahlungszeiträume des jeweiligen Kalenderjahrs gleichmäßig zu verteilen.

5.2.2　Auf Vorauszahlungen entstehen keine Zinsen gem. § 233a AO, die nach § 235 Abs. 4 AO auf die Hinterziehungszinsen anzurechnen sein könnten. Auch die Anrechnung von Nachzahlungszinsen zur Jahressteuer erübrigt sich, da der Zinslauf der Hinterziehungszinsen auf Vorauszahlungen spätestens endet, wenn die Verzinsung der Jahressteuer nach § 233a AO beginnt (vgl. AEAO zu § 235, Nr. 4.2.1).

5.3　Beispiele zur Berechnung der Hinterziehungszinsen bei Veranlagungssteuern

Beispiel 1:

Der Steuerpflichtige machte in der Einkommensteuererklärung 2011 vorsätzlich unrichtige oder unvollständige Angaben. Er hatte bereits für die Vorjahre Vorauszahlungen zu leisten und konnte somit damit rechnen, dass durch die unzutreffende Steuererklärung auch die Vorauszahlungen für die Folgejahre zu niedrig festgesetzt werden. Der Einkommensteuerbescheid 2011 wie auch der Vorauszahlungsbescheid 2012 ergingen am 15.6.2012 erklärungsgemäß (Bekanntgabe nach § 122 Abs. 2 Nr. 1 AO am 18.6.2012, Fälligkeit am 18.7.2012). Bei einer zutreffenden Steuererklärung hätte sich für 2011 ein Einkommensteuer-Mehrbetrag in Höhe von 10.000 € zuzüglich 550 € Solidaritätszuschlag ergeben. Die Einkommensteuer-Vorauszahlungen für II /2012 und IV/2012 wurden um jeweils 5.000 € zuzüglich 275 € Solidaritätszuschlag zu niedrig festgesetzt.

Die zutreffende Steuererklärung für die Einkommensteuer 2012 führte zu einer Festsetzung von 34.000 € Einkommensteuer zuzüglich 1.870 € Solidaritätszuschlag (Bescheid vom 14.6.2013, Fälligkeit am 17.7.2013) und zur zukünftig korrekten Festsetzung von Vorauszahlungen. Es waren keine Steuerabzugsbeträge anzurechnen. Die Abschlusszahlung von 14.000 € Einkommensteuer zuzüglich 770 € Solidaritätszuschlag wurde bei Fälligkeit beglichen. Gleichzeitig erging der Änderungsbescheid für die Einkommensteuer 2011. Die hinterzogenen Steuern wurden am 17.7.2013 fällig und auch gezahlt. Der Einkommensteuerbescheid 2013 vom 20.6.2014 ergab keine Abschlusszahlung.

Lösung:

2011:

Für die Einkommensteuer 2011 beginnt der Zinslauf für die Hinterziehungszinsen am 19.7.2012 (Tag nach dem Fälligkeitstag) und endet am 17.7.2013 mit der Begleichung der Abschlusszahlung, so dass Zinsen für 11 volle Monate festzusetzen sind (§ 235 Abs. 2 und 3 AO).

Festzusetzende Hinterziehungszinsen:

Steuer	Bemessungsgrundlage	Zinsen
ESt	10.000 €	450 € (5,5 % von 10.000 € = 550 €, abzgl. 100 € nach § 235 Abs. 4 AO anzurechnende § 233a AO Zinsen)
SolZ	550 €	30 € (5,5 % von 550 € = 30,25 €, abgerundet gem. § 239 Abs. 2 Satz 1 AO auf 30 €)

2012:

Die Vorauszahlungen zur Einkommensteuer und zum Solidaritätszuschlag 2012 hatte der Steuerpflichtige erstmalig zum 10.9.2012 (erster Fälligkeitstermin des fehlerhaften Vorauszahlungsbescheids) hinterzogen. Der Zinslauf beginnt mit Ablauf des jeweiligen Fälligkeitstags der Vorauszahlungen, d. h. für das III. Quartal am 11.9.2012 und für das IV. Quartal am 11.12.2012, und endet mit der Fälligkeit der Abschlusszahlungen aufgrund des Jahressteuerbescheids 2012 am 17.7.2013.

Hinterziehungszinsen sind

- für die hinterzogene Einkommensteuer-Vorauszahlung und die hinterzogene Solidaritätszuschlagsvorauszahlung III/2012 vom 11.9.2012 bis 17.7.2013 (mithin für 10 Monate)
- für die hinterzogene Einkommensteuer-Vorauszahlung und die hinterzogene Solidaritätszuschlagsvorauszahlung IV/2012 vom 11.12.2012 bis 17.7.2013 (mithin für 7 Monate)

zu berechnen und festzusetzen.

Bemessungsgrundlage für die Zinsberechnung sind jeweils 5.000 € (ESt) bzw. jeweils 275 € (SolZ), die gem. § 238 Abs. 2 AO auf 250 € abgerundet werden.

Festzusetzende Hinterziehungszinsen:

Steuer/Vorauszahlung	Bemessungs- grundlage	Zinsen
ESt III/2012	5.000 €	250 € (5 % von 5.000 €)
SolZ III/2012	250 €	12 € (5 % von 250 € = 12,50 €, abgerundet gem. § 239 Abs. 2 Satz 1 AO auf 12 €)
ESt IV/2012	5.000 €	175 € (3,5 % von 5.000 €)
SolZ IV/2012	250 €	0 € (3,5 % von 250 € = 8,75 €, abgerundet gem. § 239 Abs. 2 Satz 1 AO auf 8 €; nach § 239 Abs. 2 Satz 2 AO erfolgt insoweit keine Zinsfestsetzung vgl. AEAO zu § 239, Nr 3)

2013:

Für die Einkommensteuer 2013 werden keine Hinterziehungszinsen auf die Vorauszahlungen festgesetzt, da der Einkommensteuerbescheid 2013 vom 20.6.2014 zu keiner Abschlusszahlung führte.

Beispiel 2:

Wie Beispiel 1, jedoch betrug die Abschlusszahlung zur Einkommensteuer für 2012 lediglich 4.000 € und zum Solidaritätszuschlag 220 €.

§ 235 Abgabenordnung

Die zutreffende Steuerklärung für die Einkommensteuer 2012 führte zu einer Festsetzung von 24.000 € Einkommensteuer zuzüglich 1.320 € Solidaritätszuschlag (Bescheid vom 14.6.2013). Es waren keine Steuerabzugsbeträge anzurechnen. Die Abschlusszahlung von 4.000 € Einkommensteuer zuzüglich 220 € Solidaritätszuschlag wurde bei Fälligkeit am 17.7.2013 beglichen.

Lösung:

Für 2011 und 2013 ergeben sich keine Änderungen.

2012:

Wegen des Zinslaufs und der Anzahl der (vollen) Zinsmonate ergeben sich keine Änderungen.

Die Bemessungsgrundlage für die Zinsberechnung auf die Vorauszahlungen wird auf den Nachforderungsbetrag der Einkommensteuer 2012 (hier 4.000 €) bzw. Solidaritätszuschlag (220 €) begrenzt. Diese Beträge sind gleichmäßig auf die hinterzogenen Vorauszahlungszeiträume zu verteilen. Daraus ergibt sich für das III. und IV. Quartal eine Bemessungsgrundlage von jeweils 2.000 € (ESt) bzw. jeweils 110 € (SolZ), die gem. § 238 Abs. 2 AO auf 100 € abgerundet werden.

Festzusetzende Hinterziehungszinsen:

Steuer/Vorauszahlung	Bemessungsgrundlage	Zinsen
ESt III/2012	2.000 €	100 € (5 % von 2.000 €)
SolZ III/2012	110 €	0 € (5 % von 100 € = 5 €; nach § 239 Abs. 2 Satz 2 AO erfolgt insoweit keine Zinsfestsetzung)
ESt IV/2012	2.000 €	70 € (3,5 % von 2.000 €)
SolZ IV/2012	110 €	0 € (3,5 % von 100 € = 3,50 €, abgerundet gem. § 239 Abs. 2 Satz 1 AO auf 3 €; nach § 239 Abs. 2 Satz 2 AO erfolgt insoweit keine Zinsfestsetzung)

Abgabenordnung § 235

5.4 Beispiele zur Berechnung der Hinterziehungszinsen bei Fälligkeitssteuern

Beispiel 1:

Der Steuerpflichtige machte in der nicht zustimmungsbedürftigen Umsatzsteuervoranmeldung für den Monat Juli 2017 (erklärter Umsatz zu 19 % USt 50.000 €, kein Vorsteuerabzug) vorsätzlich unrichtige oder unvollständige Angaben. Im Rahmen der Umsatzsteuer-Jahreserklärung für das Jahr 2017 erfolgte am 18.5.2018 die entsprechende Nacherklärung der bisher nicht erklärten Umsätze in Höhe von 10.000 €. Die hierauf entfallende Umsatzsteuer wurde bei Fälligkeit der Umsatzsteuer 2017 am 18.6.2018 entrichtet.

Lösung:

Für die Umsatzsteuer-Vorauszahlung Juli 2017 beginnt der Zinslauf für die Hinterziehungszinsen am 11.8.2017 (Tag nach der gesetzlichen Fälligkeit, da keine Zustimmung erforderlich war) und endet am 18.6.2018 (Tag der Zahlung = Tag der Fälligkeit aufgrund der Umsatzsteuer-Jahreserklärung für das Jahr 2017), so dass Zinsen für 10 volle Monate festzusetzen sind (§ 235 Abs. 2 und 3 AO; AEAO zu § 235, Nr. 4.1.2 und 4.2.1).

Festzusetzende Hinterziehungszinsen:

Steuer	Umsatz	USt	Zinsen
USt 7/2017	10.000 €	1.900 €	95 € (5 % von 1.900 € = 95 €)

Beispiel 2:

Abwandlung des Beispiels 1: Der Steuerpflichtige machte in der nicht zustimmungsbedürftigen Umsatzsteuervoranmeldung für den Monat Juli 2017 (erklärter Umsatz zu 19 % USt 50.000 €, kein Vorsteuerabzug) vorsätzlich unrichtige oder unvollständige Angaben. Der Steuerpflichtige hat keine Nacherklärung im Rahmen der Umsatzsteuererklärung für 2017 vorgenommen. Die Umsatzsteuer-Jahreserklärung für das Jahr 2017 wurde am 18.5.2018 abgegeben, ohne dass sich eine Veränderung zu den Voranmeldungen ergab. Die Steuerhinterziehung wurde erst im Rahmen eines steuerstrafrechtlichen Ermittlungsverfahrens entdeckt. Es erging daraufhin am 22.7.2019 ein geänderter Umsatzsteuerbescheid für 2017 mit Fälligkeit 26.8.2019[1]. Die Umsatzsteuernachzahlung wurde bei Fälligkeit entrichtet.

Lösung:

Für die Umsatzsteuer-Vorauszahlung Juli 2017 beginnt der Zinslauf für die Hinterziehungszinsen am 11.8.2017 (Tag nach der gesetzlichen Fälligkeit, da keine Zustimmung erforderlich war) und endet am 18.6.2018 (Tag der fiktiven

---
[1] Verschiebung der Fälligkeit gem. § 108 Abs. 3 AO auf den nächstfolgenden Werktag.

Fälligkeit der Umsatzsteuer 2017), so dass Zinsen für 10 volle Monate festzusetzen sind (§ 235 Abs. 2 und 3 AO; AEAO zu § 235, Nr. 4.1.2 und 4.2.1).

Für die Umsatzsteuer-Jahreszahlung 2017 beginnt der Zinslauf für die Hinterziehungszinsen am 19.6.2018 (Tag nach der fiktiven Fälligkeit der Umsatzsteuer 2017; vgl. § 235 Abs. 2 Satz 2 AO) und endet am 26.8.2019 (Tag der Zahlung = Tag der Fälligkeit der Umsatzsteuer 2017 des geänderten Umsatzsteuerbescheids für 2017 vom 22.7.2019), so dass Zinsen für 14 volle Monate festzusetzen sind (§ 235 Abs. 2 und 3 AO). Hierauf sind Zinsen nach § 233a anzurechnen, soweit sich die Zinszeiträume vom 1.4.2019 bis 25.7.2019, somit für 3 volle Monate, überschneiden (§ 235 Abs. 4 AO).

Steuer	Umsatz	USt	Zinsen
USt 7/2017	10.000 €	1.900 €	95 € (5 % von 1.900 € = 95 €)
USt 2017	10.000 €	1.900 €	105 € (7 % von 1.900 € =133 € abzügl. 28 €[2] nach § 235 Abs. 4 AO anzurechnende § 233a AO-Zinsen)

Beispiel 3:

Der Steuerpflichtige machte in der zustimmungsbedürftigen Umsatzsteuervoranmeldung für den Monat Juli 2017 (erklärter Umsatz zu 19 % 50.000 € und Vorsteuerabzug i. H. v. 25.000 €) vorsätzlich unrichtige oder unvollständige Angaben. Die Zustimmung zur Umsatzsteuervoranmeldung ist dem Steuerpflichtigen am 15.8.2017 bekannt gegeben worden. Im Rahmen der Umsatzsteuer-Jahreserklärung für das Jahr 2017 erfolgte am 11.5.2018 die entsprechende Nacherklärung der bislang nicht erklärten Umsätze in Höhe von 30.000 €. Die hierauf entfallende Umsatzsteuer wurde bei Fälligkeit der Umsatzsteuer 2017 am 11.6.2018 entrichtet.

Lösung:

Für die Umsatzsteuer-Vorauszahlung Juli 2017 beginnt der Zinslauf für die Hinterziehungszinsen am 15.8.2017 (Bekanntgabe der Zustimmung zur Umsatzsteuervoranmeldung, da Erstattungsfall) und endet am 11.6.2018 (Tag der Zahlung = Tag der Fälligkeit der Nachzahlung aufgrund der Umsatzsteuer-Jahreserklärung für das Jahr 2017), so dass Zinsen für 9 volle Monate

---

[2] § 233a Zinsen (für 3 volle Monate) 1.900 € x 1,5 % = 28,50 € wurden gem. § 239 Abs. 2 Satz 1 AO auf 28 € abgerundet.

Abgabenordnung § 235

festzusetzen sind (§ 235 Abs. 2 und 3 AO; AEAO zu § 235, Nr. 4.1.2 und 4.2.1).

Steuer	Umsatz	USt	Zinsen
USt 7/2017	30.000 €	5.700 €	256 € (4,5 % von 5.700 € = 256 €[3])

Beispiel 4:
Abwandlung des Beispiels 3: Der Steuerpflichtige machte in der zustimmungsbedürftigen Umsatzsteuervoranmeldung für den Monat Juli 2017 (erklärter Umsatz zu 19 % 50.000 € und Vorsteuerabzug i. H. v. 25.000 €) vorsätzlich unrichtige oder unvollständige Angaben. Die Zustimmung zur Umsatzsteuervoranmeldung ist dem Steuerpflichtigen am 15.8.2017 bekannt gegeben worden. Der Steuerpflichtige hat keine Nacherklärung im Rahmen der Umsatzsteuer-Jahreserklärung für das Jahr 2017 vorgenommen. Die Umsatzsteuer-Jahreserklärung für das Jahr 2017 wurde am 11.5.2018 abgegeben, ohne dass sich eine Veränderung zu den Voranmeldungen ergab. Die Steuerhinterziehung wurde erst im Rahmen eines steuerstrafrechtlichen Ermittlungsverfahrens entdeckt. Es erging daraufhin am 22.7.2019 ein geänderter Umsatzsteuerbescheid für 2017 mit Fälligkeit 26.8.2019[4]. Die Umsatzsteuernachzahlung wurde bei Fälligkeit entrichtet.

Lösung:
Für die Umsatzsteuer-Vorauszahlung Juli 2017 beginnt der Zinslauf für die Hinterziehungszinsen am 15.8.2017 (Bekanntgabe der Zustimmung zur Umsatzsteuervoranmeldung, da Erstattungsfall) und endet am 11.6.2018 (Tag der fiktiven Fälligkeit der Umsatzsteuer 2017), so dass Zinsen für 9 volle Monate festzusetzen sind (§ 235 Abs. 2 und 3 AO; AEAO zu § 235, Nr. 4.1.2 und 4.2.1).

Für die Umsatzsteuer-Jahreszahlung 2017 beginnt der Zinslauf für die Hinterziehungszinsen am 12.6.2018 (Tag nach der fiktiven Fälligkeit der Umsatzsteuer 2017; vgl. § 235 Abs. 2 Satz 2 AO) und endet am 26.8.2019 (Tag der Zahlung = Tag der Fälligkeit der Umsatzsteuer 2017 des geänderten Umsatzsteuerbescheids für 2017 vom 22.7.2019), so dass Zinsen für 14 volle Monate festzusetzen sind (§ 235 Abs. 2 und 3 AO). Hierauf sind Zinsen nach § 233a anzurechnen, soweit sich die Zinszeiträume vom 1.4.2019 bis 25.7.2019, somit für 3 volle Monate, überschneiden (§ 235 Abs. 4 AO).

Steuer	Umsatz	USt	Zinsen

---

[3] 5.700 € x 4,5 % = 256,50 € wurden gem. § 239 Abs. 2 Satz 1 AO auf 256 € abgerundet.
[4] Verschiebung der Fälligkeit gem. § 108 Abs. 3 AO auf den nächstfolgenden Werktag.

USt 7/2017	30.000 €	5.700 €	256 € (4,5 % von 5.700 € = 256 €[5])
USt 2017	30.000 €	5.700 €	314 € (7 % von 5.700 € = 399 € abzügl. 85 €[6] nach § 235 Abs. 4 AO anzurechnende § 233a AO-Zinsen)

Beispiel 5:

Der Steuerpflichtige machte in der nach seinen Angaben zustimmungsbedürftigen Umsatzsteuervoranmeldung für den Monat Juli 2017 (erklärter Umsatz zu 19 % 50.000 € und Vorsteuerabzug i. H. v. 25.000 €) vorsätzlich unrichtige oder unvollständige Angaben. Die Zustimmung zur Umsatzsteuervoranmeldung ist dem Steuerpflichtigen am 15.8.2017 bekannt gegeben worden. Im Rahmen der Umsatzsteuer-Jahreserklärung für das Jahr 2017 erfolgte am 11.5.2018 die entsprechende Nacherklärung der bislang nicht erklärten Umsätze in Höhe von 100.000 €. Die hierauf entfallende Umsatzsteuer wurde bei Fälligkeit der Umsatzsteuer 2017 am 11.6.2018 entrichtet.

Lösung:

Für die Umsatzsteuer-Vorauszahlung Juli 2017 beginnt der Zinslauf für die Hinterziehungszinsen am 11.8.2017 (Tag nach der gesetzlichen Fälligkeit, da bei richtiger Anmeldung keine Zustimmung erforderlich gewesen wäre) und endet am 11.6.2018 (Tag der Zahlung = Tag der Fälligkeit aufgrund der Umsatzsteuer-Jahreserklärung für das Jahr 2017), so dass Zinsen für 10 volle Monate (AEAO zu § 238, Nr. 1) festzusetzen sind (§ 235 Abs. 2 und 3 AO; AEAO zu § 235, Nr. 4.1.2 und 4.2.1).

Steuer	Umsatz	USt	Zinsen
USt 7/2017	100.000 €	19.000 €	950 € (5 % von 19.000 € = 950 €)

Beispiel 6:

Abwandlung des Beispiels 5: Der Steuerpflichtige machte in der nach seinen Angaben zustimmungsbedürftigen Umsatzsteuervoranmeldung für den Monat Juli 2017 (erklärter Umsatz zu 19 % 50.000 € und Vorsteuerabzug i. H. v. 25.000 €) vorsätzlich unrichtige oder unvollständige Angaben. Die Zustimmung zur Umsatzsteuervoranmeldung ist dem Steuerpflichtigen am

---

[5] 5.700 € x 4,5 % = 256,50 € wurden gem. § 239 Abs. 2 Satz 1 AO auf 256 € abgerundet.
[6] § 233a Zinsen (für 3 volle Monate) 5.700 € x 1,5 % = 85,50 € wurden gem. § 239 Abs. 2 Satz 1 AO auf 85 € abgerundet.

15.8.2017 bekannt gegeben worden. Der Steuerpflichtige hat keine Nacherklärung im Rahmen der Umsatzsteuer-Jahreserklärung für das Jahr 2017 vorgenommen. Die Umsatzsteuer-Jahreserklärung für das Jahr 2017 wurde am 11.5.2018 abgegeben, ohne dass sich eine Veränderung zu den Voranmeldungen ergab. Die Steuerhinterziehung wurde erst im Rahmen eines steuerstrafrechtlichen Ermittlungsverfahrens entdeckt. Es erging daraufhin am 22.7.2019 ein geänderter Umsatzsteuerbescheid für 2017 mit Fälligkeit 26.8.2019[7]. Die Umsatzsteuernachzahlung wurde bei Fälligkeit entrichtet.

Lösung:

Für die Umsatzsteuer-Vorauszahlung Juli 2017 beginnt der Zinslauf für die Hinterziehungszinsen am 11.8.2017 (Tag nach der gesetzlichen Fälligkeit, da bei richtiger Anmeldung keine Zustimmung erforderlich gewesen wäre) und endet am 11.6.2018 (Tag der fiktiven Fälligkeit der Umsatzsteuer 2017), so dass Zinsen für 10 volle Monate (AEAO zu § 238, Nr. 1) festzusetzen sind (§ 235 Abs. 2 und 3 AO; AEAO zu § 235, Nr. 4.1.2 und 4.2.1).

Für die Umsatzsteuer-Jahreszahlung 2017 beginnt der Zinslauf für die Hinterziehungszinsen am 12.6.2018 (Tag nach der fiktiven Fälligkeit der Umsatzsteuer 2017; vgl. § 235 Abs. 2 Satz 2 AO) und endet am 26.8.2019 (Tag der Zahlung = Tag der Fälligkeit der Umsatzsteuer 2017 des geänderten Umsatzsteuerbescheids für 2017 vom 22.7.2019), so dass Zinsen für 14 volle Monate festzusetzen sind (§ 235 Abs. 2 und 3 AO). Hierauf sind Zinsen nach § 233a anzurechnen, soweit sich die Zinszeiträume vom 1.4.2019 bis 25.7.2019, somit für 3 volle Monate, überschneiden (§ 235 Abs. 4 AO).

Steuer	Umsatz	USt	Zinsen
USt 7/2017	100.000 €	19.000 €	950 € (5 % von 19.000 € = 950 €)
USt 2017	100.000 €	19.000 €	1045 € (7 % von 19.000 € = 1.330 € abzügl. 285 €[8] nach § 235 Abs. 4 AO anzurechnende § 233a AO-Zinsen)

6. Verfahren

6.1 Sind Steuern zum Vorteil der Gesellschafter einer Personengesellschaft hinterzogen worden, hat das Betriebsfinanzamt die Berechnungsgrundlagen der Hinterziehungszinsen gesondert und einheitlich festzustellen (§ 239 Abs. 3 Nr. 2 AO).

---

[7] Verschiebung der Fälligkeit gem. § 108 Abs. 3 AO auf den nächstfolgenden Werktag.
[8] § 233a Zinsen (für 3 volle Monate) 19.000 € x 1,5 % = 285 €.

6.2 Die Zinsen für hinterzogene Realsteuern (insbes. Gewerbesteuer) sind von der hebeberechtigten Gemeinde zu berechnen, festzusetzen und zu erheben, wenn ihr die Festsetzung der Realsteuer übertragen worden ist. Die Berechnungsgrundlagen werden vom Finanzamt nach § 239 Abs. 3 Nr. 2 AO festgestellt. Dieser Messbescheid ist Grundlagenbescheid für den von der Gemeinde zu erlassenden Zinsbescheid.

Die Geltendmachung der Haftung für Hinterziehungszinsen zur Gewerbesteuer durch Haftungsbescheid setzt nicht voraus, dass zuvor gegenüber dem Zinsschuldner oder dem Haftungsschuldner Tatbestand und Umfang der Steuerhinterziehung gesondert festgestellt worden sind (BVerwG-Beschluss vom 16.9.1997, 8 B 143/97, BStBl II S. 782).

6.3 Werden Zinsen für mehrere Ansprüche aus dem Steuerschuldverhältnis (vgl. AEAO zu § 235, Nr. 2.2) äußerlich verbunden in einem Sammelbescheid festgesetzt, muss dieser Sammelbescheid erkennen lassen, in welcher Höhe für den einzelnen Anspruch Zinsen festgesetzt worden sind (vgl. BFH-Urteil vom 26.11.2014, X R 18/13, BFH/NV 2015 S. 785).

7. Festsetzungsverjährung

7.1 Verjährung von Hinterziehungszinsen im Allgemeinen

Die Festsetzungsfrist für Zinsen beträgt nach § 239 Abs. 1 Satz 1 AO zwei Jahre. Sie beträgt jedoch nur ein Jahr, wenn diese Frist am 21.7.2022 bereits abgelaufen war (Art. 97 § 15 Abs. 15 EGAO). Sie beginnt für Hinterziehungszinsen mit Ablauf des Kalenderjahrs, in dem die Festsetzung der hinterzogenen Steuern unanfechtbar geworden ist, jedoch nicht vor Ablauf des Kalenderjahrs, in dem ein eingeleitetes Strafverfahren rechtskräftig abgeschlossen worden ist (§ 239 Abs. 1 Satz 2 Nr. 3 AO). Ein Strafverfahren hat nur dann Einfluss auf die für die Hinterziehungszinsen geltende Festsetzungsfrist, wenn es bis zum Ablauf des Jahres eingeleitet wird, in dem die hinterzogenen Steuern unanfechtbar festgesetzt wurden (BFH-Urteil vom 24.8.2001, VI R 42/94, BStBl II S. 782).

7.2 Verjährung von Hinterziehungszinsen auf verkürzte Vorauszahlungen

Werden die hinterzogenen Beträge durch Anpassung der Vorauszahlungen festgesetzt, richtet sich der Beginn der Festsetzungsfrist nach Nr. 7.1 des AEAO zu § 235.

Werden die hinterzogenen Beträge dagegen nicht durch Anpassung der Vorauszahlungen, sondern allein durch Erlass oder Änderung des zugehörigen Jahressteuerbescheids gegenüber dem Steuerpflichtigen festgesetzt und kommt es auch nicht zur Einleitung und zum Abschluss eines Strafverfahrens bezüglich der hinterzogenen Vorauszahlungen, beginnt die Festsetzungsfrist mit Ablauf des Kalenderjahres, in dem gemäß § 170 Abs. 1, § 169 Abs. 2 Satz 2 AO letztmals geänderte Vorauszahlungsbescheide hätten erlassen werden können, wobei die Fristen gemäß § 37 Abs. 3 Satz 3 EStG außer Betracht bleiben (Urteil des FG Baden-Württemberg vom 9.2.2018, 13 K 3586/16, EFG S. 1430 sowie BFH-Urteil vom 28.9.2021, VIII R 18/18, BStBl 2022 II S. 239).

§ 236 Prozesszinsen auf Erstattungsbeträge (S 0463)

(1) ¹Wird durch eine rechtskräftige gerichtliche Entscheidung oder auf Grund einer solchen Entscheidung eine festgesetzte Steuer herabgesetzt oder eine Steuervergütung gewährt, so ist der zu erstattende oder zu vergütende Betrag vorbehaltlich des Absatzes 3 vom Tag der Rechtshängigkeit an bis zum Auszahlungstag zu verzinsen. ²Ist der zu erstattende Betrag erst nach Eintritt der Rechtshängigkeit entrichtet worden, so beginnt die Verzinsung mit dem Tag der Zahlung.

(2) Absatz 1 ist entsprechend anzuwenden, wenn

1. sich der Rechtsstreit durch Aufhebung oder Änderung des angefochtenen Verwaltungsakts oder durch Erlass des beantragten Verwaltungsakts erledigt oder

2. eine rechtskräftige gerichtliche Entscheidung oder ein unanfechtbarer Verwaltungsakt, durch den sich der Rechtsstreit erledigt hat,

    a) zur Herabsetzung der in einem Folgebescheid festgesetzten Steuer,

    b) zur Herabsetzung der Gewerbesteuer nach Änderung des Gewerbesteuermessbetrags

    führt.

(3) Ein zu erstattender oder zu vergütender Betrag wird nicht verzinst, soweit dem Beteiligten die Kosten des Rechtsbehelfs nach § 137 Satz 1 der Finanzgerichtsordnung auferlegt worden sind.

(4) Zinsen nach § 233a, die für denselben Zeitraum festgesetzt wurden, sind anzurechnen.

(5) Ein Zinsbescheid ist nicht aufzuheben oder zu ändern, wenn der Steuerbescheid nach Abschluss des Rechtsbehelfsverfahrens aufgehoben, geändert oder nach § 129 berichtigt wird.

(6) Die Absätze 1 bis 5 gelten für festgesetzte Haftungsansprüche entsprechend, soweit sich die Haftung auf Steuern und zurückzuzahlende Steuervergütungen erstreckt.

AEAO zu § 236 - Prozesszinsen auf Erstattungsbeträge:

1. Voraussetzung für die Zahlung von Erstattungszinsen an den Steuerpflichtigen ist, dass eine festgesetzte Steuer herabgesetzt oder eine Steuervergütung gewährt - oder erhöht - wird. Die Steuerherabsetzung oder die Gewährung (Erhöhung) der Steuervergütung muss erfolgt sein:

    a) durch eine rechtskräftige gerichtliche Entscheidung;

    b) aufgrund einer rechtskräftigen gerichtlichen Entscheidung, z. B. in den Fällen, in denen das Gericht nach § 100 Abs. 1 Satz 1, Abs. 2 Sätze 2 und 3 oder Abs. 3 FGO den angefochtenen Verwaltungsakt

§ 236 Abgabenordnung

aufhebt und das Finanzamt die Steuer niedriger festsetzt oder eine (höhere) Steuervergütung gewährt;

c) durch Aufhebung oder Änderung des angefochtenen Verwaltungsakts sowie durch Erlass des beantragten Verwaltungsakts, wenn sich der Rechtsstreit bei Gericht dadurch rechtskräftig erledigt;

d) durch einen sog. Folgebescheid nach § 175 Abs. 1 Satz 1 Nr. 1 AO oder § 35b GewStG in den Fällen, in denen sich der Rechtsstreit bei Gericht gegen den Grundlagenbescheid (z. B. Feststellungsbescheid, Steuermessbescheid) durch oder aufgrund einer gerichtlichen Entscheidung (Buchstaben a und b) bzw. durch einen Verwaltungsakt (Buchstabe c) rechtskräftig erledigt; der Steuerpflichtige, dem gegenüber der Folgebescheid ergangen ist, muss nicht Kläger im Verfahren gegen den Grundlagenbescheid gewesen sein (BFH-Urteil vom 17.1.2007, X R 19/06, BStBl II S. 506).

Ohne Bedeutung ist, aus welchen Gründen die Steuerherabsetzung oder die Gewährung (Erhöhung) der Steuervergütung erfolgt ist. Das abgeschlossene gerichtliche Verfahren muss aber hierfür ursächlich gewesen sein (BFH-Urteil vom 15.10.2003, X R 48/01, BStBl 2004 II S. 169).

Wird ein ändernder oder ersetzender Verwaltungsakt nach § 68 FGO Gegenstand des Klageverfahrens, ist für die Verzinsung das Ergebnis des gegen den neuen Verwaltungsakt fortgeführten Klageverfahrens maßgebend. Dies gilt auch, wenn ein angefochtener Vorauszahlungsbescheid durch die Jahressteuerfestsetzung ersetzt wird (vgl. AEAO zu § 365, Nr. 2). Durch die Überleitung auf den neuen Verfahrensgegenstand tritt noch keine Rechtsstreiterledigung i. S. d. § 236 Abs. 1 Satz 1 AO ein (BFH-Urteil vom 14.7.1993, I R 33/93, BFH/NV 1994 S. 438).

2. Zu verzinsen ist nur der zuviel entrichtete Steuerbetrag oder die zuwenig gewährte Steuervergütung. Sofern also der Rechtsbehelf zwar zu einer Herabsetzung der Steuer oder zu einer Gewährung (Erhöhung) der Steuervergütung führt, nicht aber oder nicht in gleichem Umfang zu einer Steuererstattung oder Auszahlung einer Steuervergütung, kommt insoweit eine Verzinsung nicht in Betracht.

3. Der zu verzinsende Betrag ist auf den nächsten durch fünfzig Euro teilbaren Betrag abzurunden. Hat der Steuerpflichtige die zu erstattende Steuerschuld in Raten entrichtet, wird die Abrundung nur einmal bei der Rate mit der kürzesten Laufzeit vorgenommen.

4. Der Anspruch auf Erstattungszinsen entsteht mit der Rechtskraft der gerichtlichen Entscheidung oder der Unanfechtbarkeit des geänderten Verwaltungsakts. Ein Gerichtsbescheid (§ 90a FGO) wirkt als Urteil. Er gilt aber als nicht ergangen, wenn gegen ihn die Revision nicht zugelassen wurde und rechtzeitig mündliche Verhandlung beantragt worden ist.

5. Erstattungszinsen sind für die Zeit vom Tag der Rechtshängigkeit, frühestens jedoch vom Tag der Zahlung des Steuerbetrages an bis zum Tag der Auszahlung des zu verzinsenden Steuer- oder Steuervergütungsbetrages zu berechnen und zu zahlen. Rechtshängig ist die Streitsache erst mit dem Tag,

an dem die Klage bei Gericht erhoben wird (§ 66 Abs. 1 i. V. m. mit § 64 Abs. 1 FGO). Wird die Klage zur Fristwahrung beim Finanzamt angebracht (§ 47 Abs. 2 FGO), ist die Streitsache mit dem Tag der Anbringung zwar anhängig, nicht aber rechtshängig. Auch in diesem Fall wird die Streitsache erst mit dem Eingang der Klage beim Gericht rechtshängig. Das Gleiche gilt bei einer Sprungklage (§ 45 FGO). Stimmt die Behörde der Sprungklage nicht zu oder gibt das Gericht die Klage an die Behörde ab, ist die Sprungklage als außergerichtlicher Rechtsbehelf zu behandeln; die Rechtshängigkeit entfällt somit rückwirkend. Wird ein ändernder oder ersetzender Verwaltungsakt nach § 68 FGO Gegenstand des Klageverfahrens, berührt dies nicht den Tag der Rechtshängigkeit der Streitsache.

6. Erstattungszinsen sind von Amts wegen zu zahlen. Es ist nicht erforderlich, dass der Steuerpflichtige einen Antrag stellt.

7. Die Zahlung von Erstattungszinsen entfällt, soweit durch Entscheidung des Gerichts einem Steuerpflichtigen die Kosten des Verfahrens nach § 137 Satz 1 FGO auferlegt worden sind, weil die Herabsetzung der Steuer oder die Gewährung (Erhöhung) der Steuervergütung auf Tatsachen beruhte, die dieser früher hätte geltend machen oder beweisen können und müssen (§ 236 Abs. 3 AO).

8. Bei den Realsteuern obliegt die Festsetzung und Zahlung von Erstattungszinsen den Gemeinden. Diesen sind deshalb - soweit erforderlich - die zur Berechnung und Festsetzung der Zinsen notwendigen Daten mitzuteilen.

§ 237 Zinsen bei Aussetzung der Vollziehung (S 0464)

(1) ¹Soweit ein Einspruch oder eine Anfechtungsklage gegen einen Steuerbescheid, eine Steueranmeldung oder einen Verwaltungsakt, der einen Steuervergütungsbescheid aufhebt oder ändert, oder gegen eine Einspruchsentscheidung über einen dieser Verwaltungsakte endgültig keinen Erfolg gehabt hat, ist der geschuldete Betrag, hinsichtlich dessen die Vollziehung des angefochtenen Verwaltungsakts ausgesetzt wurde, zu verzinsen. ²Satz 1 gilt entsprechend, wenn nach Einlegung eines förmlichen außergerichtlichen oder gerichtlichen Rechtsbehelfs gegen einen Grundlagenbescheid (§ 171 Absatz 10) oder eine Rechtsbehelfsentscheidung über einen Grundlagenbescheid die Vollziehung eines Folgebescheids ausgesetzt wurde.

(2) ¹Zinsen werden erhoben vom Tag des Eingangs des außergerichtlichen Rechtsbehelfs bei der Behörde, deren Verwaltungsakt angefochten wird, oder vom Tag der Rechtshängigkeit beim Gericht an bis zum Tag, an dem die Aussetzung der Vollziehung endet. ²Ist die Vollziehung erst nach dem Eingang des außergerichtlichen Rechtsbehelfs oder erst nach der Rechtshängigkeit ausgesetzt worden, so beginnt die Verzinsung mit dem Tag, an dem die Wirkung der Aussetzung der Vollziehung beginnt.

(3) Absätze 1 und 2 sind entsprechend anzuwenden, wenn nach Aussetzung der Vollziehung des Einkommensteuerbescheids, des Körperschaftsteuerbescheids oder eines Feststellungsbescheids die Vollziehung eines Gewerbesteuermessbescheids oder Gewerbesteuerbescheids ausgesetzt wird.

(4) § 234 Absatz 2 und 3 gelten entsprechend.

(5) Ein Zinsbescheid ist nicht aufzuheben oder zu ändern, wenn der Steuerbescheid nach Abschluss des Rechtsbehelfsverfahrens aufgehoben, geändert oder nach § 129 berichtigt wird.

(6) Die Absätze 1 bis 5 gelten für festgesetzte Haftungsansprüche entsprechend, soweit sich die Haftung auf Steuern und zurückzuzahlende Steuervergütungen erstreckt.

AEAO zu § 237 - Zinsen bei Aussetzung der Vollziehung:

1. Die Zinsregelung gilt sowohl für das außergerichtliche als auch für das gerichtliche Rechtsbehelfsverfahren.

2. Voraussetzung für die Erhebung von Aussetzungszinsen beim Steuerpflichtigen ist, dass die Vollziehung eines Steuerbescheids, eines Bescheids über die Rückforderung einer Steuervergütung oder - nach Aussetzung eines Einkommensteuer-, Körperschaftsteuer- oder Feststellungsbescheids - eines Gewerbesteuermessbescheids oder Gewerbesteuerbescheids ausgesetzt worden ist. Die Verzinsung tritt auch dann ein, wenn nach Anfechtung eines Grundlagenbescheids die Vollziehung eines Folgebescheids ausgesetzt wird. Auch wenn ein Grundlagenbescheid nicht auf den Vorschriften der §§ 179 ff. AO beruht oder wenn die Anfechtung des Grundlagenbescheids die Vollziehungsaussetzung eines anderen Grundlagenbescheids und der hierauf beruhenden Folgebescheide gem. § 361 Abs. 3 Satz 1 AO oder § 69 Abs. 2 Satz 4 FGO auslöst, tritt die Verzinsung ein.

3. Bei teilweiser Aussetzung der Vollziehung eines angefochtenen Verwaltungsakts bezieht sich die Zinspflicht nur auf den ausgesetzten Steuerbetrag.

4. Aussetzungszinsen sind zu erheben, soweit ein Einspruch oder eine Anfechtungsklage endgültig erfolglos geblieben ist. Ohne Bedeutung ist, aus welchen Gründen der Rechtsbehelf im Ergebnis erfolglos war (BFH-Urteil vom 27.11.1991, X R 103/89, BStBl 1992 II S. 319). Aussetzungszinsen sind demnach zu erheben,

    a) wenn der Steuerpflichtige aufgrund einer bestandskräftigen Einspruchsentscheidung oder aufgrund eines rechtskräftigen gerichtlichen Urteils ganz oder teilweise unterlegen ist,

    b) wenn das Einspruchsverfahren oder gerichtliche Verfahren nach der Rücknahme des Einspruchs, der Klage oder der Revision rechtskräftig abgeschlossen wird,

    c) wenn der angefochtene Verwaltungsakt - ohne dem Rechtsbehelfsantrag voll zu entsprechen - geändert wird und sich der Rechtsstreit endgültig erledigt,

    d) soweit der Rechtsbehelf aufgrund einer unanfechtbar gewordenen Teil-Einspruchsentscheidung (§ 367 Abs. 2a AO) oder Allgemeinverfügung (§ 367 Abs. 2b AO) oder aufgrund eines unanfechtbar gewordenen Teilurteils (§ 98 FGO) endgültig keinen Erfolg hatte, unabhängig davon, inwieweit das Rechtsbehelfsverfahren im Übrigen wegen weiterer Streitpunkte anhängig bleibt.

Wird ein ändernder oder ersetzender Verwaltungsakt nach § 365 Abs. 3 AO oder nach § 68 FGO Gegenstand des Rechtsbehelfsverfahrens, ist für die Verzinsung das Ergebnis des gegen den neuen Verwaltungsakt fortgeführten Einspruchs- bzw. Klageverfahrens maßgebend. Dies gilt auch, wenn ein angefochtener Vorauszahlungsbescheid durch die Jahressteuerfestsetzung ersetzt wird (vgl. AEAO zu § 365, Nr. 2).

Für die Entscheidung, wann der Einspruch oder die Anfechtungsklage endgültig ohne Erfolg geblieben ist und somit die Frist für die Festsetzung von Aussetzungszinsen (§ 239 Abs. 1 Satz 2 Nr. 5 AO) in Lauf gesetzt wurde, ist auch dann auf den Zeitpunkt des Abschlusses des Einspruchsverfahrens oder des Verfahrens vor dem Finanzgericht oder dem BFH abzustellen, wenn sich hieran ein Verfassungsbeschwerdeverfahren anschließt (BFH-Urteil vom 11.2.1987, II R 176/84, BStBl II S. 320; BFH-Beschluss vom 14.6.2007, V I B 185/06, BFH/NV S. 2055; vgl. auch AEAO zu § 361, Nr. 1.3).

5. Aussetzungszinsen sind nicht zu erheben, wenn die Fälligkeit des streitigen Steueranspruchs, z. B. aufgrund einer Stundung (§ 222 AO), hinausgeschoben war oder Vollstreckungsaufschub (§ 258 AO) gewährt wurde.

6. Aussetzungszinsen sind vom Tag des Eingangs des außergerichtlichen Rechtsbehelfs, frühestens vom Tag der Fälligkeit an, oder von der Rechtshängigkeit an bis zu dem Tag zu erheben, an dem die nach § 361 AO oder nach § 69 FGO gewährte Aussetzung der Vollziehung endet. Wird die Aussetzung der Vollziehung erst später gewährt, werden Zinsen erst vom Tag des Beginns der Vollziehungsaussetzung erhoben.

7. Bei den Realsteuern obliegt die Festsetzung und Erhebung der Aussetzungszinsen den Gemeinden. Diesen sind deshalb - soweit erforderlich - die für die Berechnung und Festsetzung der Zinsen notwendigen Daten mitzuteilen.

8. Wegen der Frist für die Festsetzung von Aussetzungszinsen wird auf den AEAO zu § 237, Nr. 4 (letzter Absatz) und den AEAO zu § 239, Nr. 2 verwiesen. Soweit der Rechtsbehelf durch eine Teil-Einspruchsentscheidung (§ 367 Abs. 2a AO), eine Allgemeinverfügung (§ 367 Abs. 2b AO) oder ein Teilurteil (§ 98 FGO) zurückgewiesen wurde (vgl. AEAO zu § 237, Nr. 4 erster Absatz Buchstabe d), beginnt die Festsetzungsfrist bereits mit dem Eintritt der Unanfechtbarkeit dieser Entscheidung.

§ 238 Höhe und Berechnung der Zinsen (S 0465)

(1) ¹**Die Zinsen betragen für jeden Monat einhalb Prozent.** ²**Sie sind von dem Tag an, an dem der Zinslauf beginnt, nur für volle Monate zu zahlen; angefangene Monate bleiben außer Ansatz.** ³**Erlischt der zu verzinsende Anspruch durch Aufrechnung, gilt der Tag, an dem die Schuld des Aufrechnenden fällig wird, als Tag der Zahlung.**

(1a) **In den Fällen des § 233a betragen die Zinsen abweichend von Absatz 1 Satz 1 ab dem 1. Januar 2019 0,15 Prozent für jeden Monat, das heißt 1,8 Prozent für jedes Jahr.**

(1b) ¹Sind für einen Zinslauf unterschiedliche Zinssätze maßgeblich, ist der Zinslauf in Teilverzinsungszeiträume aufzuteilen. ²Die Zinsen für die Teilverzinsungszeiträume sind jeweils tageweise zu berechnen. ³Hierbei wird jeder Kalendermonat unabhängig von der tatsächlichen Anzahl der Kalendertage mit 30 Zinstagen und jedes Kalenderjahr mit 360 Tagen gerechnet.

(1c) ¹Die Angemessenheit des Zinssatzes nach Absatz 1a ist unter Berücksichtigung der Entwicklung des Basiszinssatzes nach § 247 des Bürgerlichen Gesetzbuchs wenigstens alle zwei Jahre zu evaluieren. ²Die erste Evaluierung erfolgt spätestens zum 1. Januar 2024.

(2) Für die Berechnung der Zinsen wird der zu verzinsende Betrag jeder Steuerart auf den nächsten durch 50 Euro teilbaren Betrag abgerundet.

AEAO zu § 238 - Höhe und Berechnung der Zinsen:

1. Ein voller Zinsmonat (§ 238 Abs. 1 Satz 2 AO) ist erreicht, wenn der Tag, an dem der Zinslauf (ggf. unter Berücksichtigung des § 108 Abs. 3 AO) endet, hinsichtlich seiner Zahl dem Tag entspricht, der dem Tag vorhergeht, an dem die Frist begann (BFH-Urteil vom 24.7.1996, X R 119/92, BStBl 1997 II S. 6).

2. Abzurunden ist jeweils der einzelne zu verzinsende Anspruch. Bei der Zinsberechnung sind die Ansprüche zu trennen, wenn Steuerart, Zeitraum (Teilzeitraum) oder der Tag des Beginns des Zinslaufs voneinander abweichen. Im Falle von Teilzahlungen wird nur der Gesamtbetrag gerundet.

3. Sind für einen Zinslauf unterschiedliche Zinssätze maßgeblich, ist der Zinslauf gemäß § 238 Abs. 1b AO in Teilverzinsungszeiträume aufzuteilen. Auf den der Verzinsung zugrundeliegenden Veranlagungs- oder Besteuerungszeitraum kommt es dabei grundsätzlich nicht an.

    Bei Verzinsungszeiträumen, die sich über den 31.12.2018 hinaus erstrecken, erfolgt die Zinsberechnung bei einer Steuernachforderung entsprechend des nachfolgenden **Beispiels**:

Verzinsung einer Einkommensteuer-Nachforderung für 2016, die Steuerfestsetzung wurde am 3.8.2022 bekanntgegeben:			
Unterschiedsbetrag (Nachzahlung):		10.000 €	
Zinslaufbeginn:	1.4.2018		
Zinslaufende:	3.8.2022		
Zinsberechnungszeitraum:	52 volle Monate (1.4.2018 bis 31.7.2022)		
Erster Teilverzinsungszeitraum:	1.4.2018 bis 31.12.2018 = 270 Zinstage		
Zweiter Teilverzinsungszeitraum:	1.1.2019 bis 3.8.2022 = 1.290 Zinstage (Hinweis: für die Zeit vom 1. bis 3.8. werden als angefangener Monat keine Zinstage mitgerechnet)		

Nachzahlungszinsen:			
	10.000 € x 6 % x 270/360 =	450 €	
	10.000 € x 1,8 % x 1.290/360 =	645 €	
Festzusetzen sind:	(Summe)		1.095 €

§ 239 Festsetzung der Zinsen (S 0466)

(1) ¹Auf die Zinsen sind die für die Steuern geltenden Vorschriften entsprechend anzuwenden, jedoch beträgt die Festsetzungsfrist zwei Jahre. ²Die Festsetzungsfrist beginnt:

1. in den Fällen des § 233a mit Ablauf des Kalenderjahrs, in dem die Steuer festgesetzt, aufgehoben, geändert oder nach § 129 berichtigt worden ist,
2. in den Fällen des § 234 mit Ablauf des Kalenderjahrs, in dem die Stundung geendet hat,
3. in den Fällen des § 235 mit Ablauf des Kalenderjahrs, in dem die Festsetzung der hinterzogenen Steuern unanfechtbar geworden ist, jedoch nicht vor Ablauf des Kalenderjahrs, in dem ein eingeleitetes Strafverfahren rechtskräftig abgeschlossen worden ist,
4. in den Fällen des § 236 mit Ablauf des Kalenderjahrs, in dem die Steuer oder der Haftungsbetrag erstattet oder die Steuervergütung ausgezahlt worden ist,
5. in den Fällen des § 237 mit Ablauf des Kalenderjahrs, in dem ein Einspruch oder eine Anfechtungsklage endgültig erfolglos geblieben ist, und
6. in allen anderen Fällen mit Ablauf des Kalenderjahrs, in dem der Zinslauf endet.

³Die Festsetzungsfrist läuft in den Fällen des § 233a nicht ab, solange die Steuerfestsetzung, ihre Aufhebung, ihre Änderung oder ihre Berichtigung nach § 129 noch zulässig ist.

(2) ¹Zinsen sind auf volle Euro zum Vorteil des Steuerpflichtigen gerundet festzusetzen. ²Sie werden nur dann festgesetzt, wenn sie mindestens 10 Euro betragen.

(3) Werden Besteuerungsgrundlagen gesondert festgestellt oder wird ein Steuermessbetrag festgesetzt, sind die Grundlagen für eine Festsetzung von Zinsen

1. nach § 233a in den Fällen des § 233a Absatz 2a oder
2. nach § 235 gesondert festzustellen, soweit diese an Sachverhalte anknüpfen, die Gegenstand des Grundlagenbescheids sind.

(4) Werden wegen einer Steueranmeldung, die nach § 168 Satz 1 einer Steuerfestsetzung unter Vorbehalt der Nachprüfung gleichsteht, Zinsen nach § 233a festgesetzt, so steht diese Zinsfestsetzung ebenfalls unter dem Vorbehalt der Nachprüfung.

(5) Die Festsetzung von Zinsen nach § 233a hat Bindungswirkung für Zinsfestsetzungen nach den §§ 234, 235, 236 oder 237, soweit auf diese Zinsen nach § 233a festgesetzte Zinsen anzurechnen sind.

AEAO zu § 239 - Festsetzung der Zinsen:

1. Zinsen werden durch Zinsbescheid festgesetzt; die Formvorschriften für Steuerbescheide (§ 157 Abs. 1, ggf. § 87a Abs. 4 AO) gelten entsprechend. Der Mindestinhalt des Zinsbescheids richtet sich nach § 157 Abs. 1 Sätze 2 und 3, § 119 Abs. 3 AO. Der Bescheid kann nach § 129 AO berichtigt oder nach §§ 172 ff. AO aufgehoben oder geändert werden. Als Rechtsbehelf gegen den Zinsbescheid sowie gegen die Ablehnung, Erstattungszinsen nach §§ 233a, 236 AO zu zahlen, ist der Einspruch gegeben. Zum Rechtsbehelfsverfahren gegen die Entscheidung über eine Billigkeitsmaßnahme vgl. AEAO zu § 347, Nr. 4.

2. Die Festsetzungsfrist beträgt zwei Jahre (§ 239 Abs. 1 Satz 1 AO). Sie beträgt jedoch nur ein Jahr, wenn diese Frist am 21.7.2022 bereits abgelaufen war (Art. 97 § 15 Abs. 15 EGAO). Nach Ablauf der Festsetzungsfrist können Zinsen nicht mehr festgesetzt werden. Die für Folgebescheide geltende Ablaufhemmung nach § 171 Abs. 10 Satz 1 AO wird im Verhältnis vom Steuerbescheid zum Zinsbescheid gemäß § 233a AO durch die speziellen Regelungen in § 239 Abs. 1 Sätze 1 bis 3 AO verdrängt. Ergeht hingegen ein Zinsbescheid als Folgebescheid eines Zins-Grundlagenbescheids (§ 239 Abs. 3 AO), endet die Festsetzungsfrist für den Zinsbescheid nach § 171 Abs. 10 Satz 1 AO nicht vor Ablauf von zwei Jahren nach Bekanntgabe des Zins-Grundlagenbescheids (BFH-Urteil vom 16.1.2019, X R 30/17, BStBl II S. 362). Wegen der Frist für die Festsetzung von Aussetzungszinsen vgl. AEAO zu § 237, Nr. 4 (letzter Absatz). Der Anspruch auf festgesetzte Zinsen erlischt durch Zahlungsverjährung (§§ 228 ff. AO), ggf. aber auch schon früher mit dem Erlöschen des Hauptanspruchs (§ 232 AO).

3. Bei der Zinsfestsetzung ist die Rundung zugunsten des Steuerpflichtigen zu beachten (§ 239 Abs. 2 Satz 1 AO). Die Kleinbetragsregelung des § 239 Abs. 2 Satz 2 AO (Zinsen unter zehn Euro werden nicht festgesetzt) ist auf die für eine Einzelforderung berechneten Zinsen anzuwenden (vgl. AEAO zu § 238, Nr. 2).

4. Zur Anrechnung von Erstattungs- und Nachzahlungszinsen nach § 233a AO bei der Festsetzung von Stundungs-, Hinterziehungs-, Prozess- und Aussetzungszinsen vgl. AEAO zu § 233a, Nrn. 64 ff. und AEAO zu § 235, Nr. 5.1.2 und 5.2.2. Der Zinsbescheid nach § 233a AO ist dabei Grundlagenbescheid für die Festsetzung von Zinsen nach den §§ 234, 235, 236 oder 237 AO, soweit hierauf nach § 233a AO festgesetzte Zinsen anzurechnen sind (§ 239 Abs. 5 AO); § 175 Abs. 1 Satz 1 Nr. 1 AO ist entsprechend anzuwenden.

2. Unterabschnitt - Säumniszuschläge

§ 240 Säumniszuschläge (S 0480)

(1) ¹Wird eine Steuer nicht bis zum Ablauf des Fälligkeitstages entrichtet, so ist für jeden angefangenen Monat der Säumnis ein Säumniszuschlag von 1 Prozent des abgerundeten rückständigen Steuerbetrags zu entrichten; abzurunden st auf den nächsten durch 50 Euro teilbaren Betrag. ²Das Gleiche gilt für zurückzuzahlende Steuervergütungen und Haftungsschulden, soweit sich die Haftung auf Steuern und zurückzuzahlende Steuervergütungen erstreckt. ³Die Säumnis nach Satz 1 tritt nicht ein, bevor die Steuer festgesetzt oder angemeldet worden ist. ⁴Wird die Festsetzung einer Steuer oder Steuervergütung aufgehoben, geändert oder nach § 129 berichtigt, so bleiben die bis dahin verwirkten Säumniszuschläge unberührt; das Gleiche gilt, wenn ein Haftungsbescheid zurückgenommen, widerrufen oder nach § 129 berichtigt wird. ⁵Erlischt der Anspruch durch Aufrechnung, bleiben Säumniszuschläge unberührt, die bis zur Fälligkeit der Schuld des Aufrechnenden entstanden sind.

(2) Säumniszuschläge entstehen nicht bei steuerlichen Nebenleistungen.

(3) ¹Ein Säumniszuschlag wird bei einer Säumnis bis zu drei Tagen nicht erhoben. ²Dies gilt nicht bei Zahlung nach § 224 Absatz 2 Nummer 1.

(4) ¹In den Fällen der Gesamtschuld entstehen Säumniszuschläge gegenüber jedem säumigen Gesamtschuldner. ²Insgesamt ist jedoch kein höherer Säumniszuschlag zu entrichten als verwirkt worden wäre, wenn die Säumnis nur bei einem Gesamtschuldner eingetreten wäre.

AEAO zu § 240 - Säumniszuschläge:

1. Säumnis tritt ein, wenn die Steuer oder die zurückzuzahlende Steuervergütung nicht bis zum Ablauf des Fälligkeitstages entrichtet wird. Sofern - wie bei den Fälligkeitssteuern - die Steuer ohne Rücksicht auf die erforderliche Steuerfestsetzung oder Steueranmeldung fällig wird, tritt die Säumnis nicht ein, bevor die Steuer festgesetzt oder die Steueranmeldung abgegeben worden ist. Bei Fälligkeitssteuern ist daher wie folgt zu verfahren:

    a) Gibt der Steuerpflichtige seine Voranmeldung oder Anmeldung erst nach Ablauf des Fälligkeitstages ab, so sind Säumniszuschläge bei verspätet geleisteter Zahlung nicht vom Ablauf des im Einzelsteuergesetz bestimmten Fälligkeitstages an, sondern erst von dem auf den Tag des Eingangs der Voranmeldung oder Anmeldung folgenden Tag an (ggf. unter Gewährung der Zahlungs-Schonfrst nach § 240 Abs. 3 AO) zu berechnen. Entsprechendes gilt für den Mehrbetrag, der sich ergibt, wenn der Steuerpflichtige seine Voranmeldung oder Anmeldung nachträglich berichtigt und sich dadurch die Steuer erhöht.

    b) Setzt das Finanzamt eine Steuer wegen Nichtabgabe der Voranmeldung oder Anmeldung fest, so sind Säumniszuschläge für verspätet geleistete Zahlung nicht vom Ablauf des im Einzelsteuergesetz bestimmten Fälligkeitstages an, sondern erst von dem Tag an (ggf. unter Gewährung der Zahlungs-Schonfrist nach § 240 Abs. 3 AO) zu erheben, der auf den letzten Tag der vom Finanzamt gesetzten Zahlungsfrist folgt. Dieser Tag bleibt für die Berechnung der Säumniszuschläge auch dann maßgebend, wenn der Steuerpflichtige nach Ablauf der vom Finanzamt gesetzten Zahlungsfrist seine Voranmeldung oder Anmeldung abgibt. Entsprechendes gilt, wenn das Finanzamt eine auf einer Voranmeldung oder Anmeldung beruhende Steuerschuld höher festsetzt, als sie sich aus der Voranmeldung oder Anmeldung ergibt, oder eine von ihm festgesetzte Steuer durch Korrektur der Steuerfestsetzung erhöht.

2. Im Falle der Aufhebung oder Änderung der Steuerfestsetzung oder ihrer Berichtigung nach § 129 AO bleiben die bis dahin verwirkten Säumniszuschläge bestehen (§ 240 Abs. 1 Satz 4 AO). Das gilt auch, wenn die ursprüngliche, für die Bemessung der Säumniszuschläge maßgebende Steuer in einem Rechtsbehelfsverfahren herabgesetzt wird. Säumniszuschläge sind nicht zu entrichten, soweit sie sich auf Steuerbeträge beziehen, die durch (nachträgliche) Anrechnung von Lohn-, Kapitalertrag- oder Körperschaftsteuer entfallen sind, weil insoweit zu keiner Zeit eine rückständige Steuer i. S. d. § 240 Abs. 1 Satz 4 AO vorgelegen hat (BFH-Urteil vom 24.3.1992, VII R 39/91, BStBl II S. 956).

3. Der Säumniszuschlag ist von den Gesamtschuldnern nur in der Höhe anzufordern, in der er entstanden wäre, wenn die Säumnis nur bei einem Gesamtschuldner eingetreten wäre; der Ausgleich findet zwischen den Gesamtschuldnern nach bürgerlichem Recht statt.

4. Säumniszuschläge sind nicht zu entrichten, wenn Verspätungszuschläge, Zinsen, Säumniszuschläge, Zwangsgelder und Kosten (steuerliche Nebenleistungen) nicht rechtzeitig gezahlt werden.

5. Säumniszuschläge sind ein Druckmittel eigener Art. Sie sollen den Steuerschuldner zur pünktlichen Erfüllung seiner Zahlungsverpflichtungen anhalten und die Verletzung der Zahlungspflicht sanktionieren; auf ein Verschulden des Steuerschuldners kommt es hierbei nicht an. Sie entstehen kraft Gesetzes allein durch Zeitablauf (vgl. BFH-Urteil vom 17.7.1985, I R 172/79, BStBl 1986 II S. 122).

Außerdem sind Säumniszuschläge ein Ausgleich für den durch die Pflichtverletzung angefallenen Verwaltungsaufwand. Die Abschöpfung von Liquiditätsvorteilen des säumigen Steuerschuldners und der Ausgleich von Liquiditätsnachteilen des Steuergläubigers sind nur Nebenzweck der Regelung (vgl. BFH-Beschluss vom 28.10.2022, VI B 15/22 (AdV), BStBl 2023 II S.12).

Soweit die Zielsetzung des § 240 AO durch die Erhebung von Säumniszuschlägen nicht mehr erreicht werden kann, können sie nach § 227 AO aus sachlichen Billigkeitsgründen ganz oder teilweise erlassen werden. Ein Erlass kommt hiernach insbesondere in folgenden Fällen in Betracht:

a) bei plötzlicher Erkrankung des Steuerpflichtigen, wenn er selbst dadurch an der pünktlichen Zahlung gehindert war und es dem Steuerpflichtigen seit seiner Erkrankung bis zum Ablauf der Zahlungsfrist nicht möglich war, einen Vertreter mit der Zahlung zu beauftragen;

b) bei einem bisher pünktlichen Steuerzahler, dem ein offenbares Versehen unterlaufen ist. Wer seine Steuern laufend unter Ausnutzung der Schonfrist des § 240 Abs. 3 AO zahlt, ist kein pünktlicher Steuerzahler (BFH-Urteil vom 15.5.1990, VII R 7/88, BStBl II S. 1007);

c) wenn einem Steuerpflichtigen die rechtzeitige Zahlung der Steuern wegen Zahlungsunfähigkeit und Überschuldung nicht mehr möglich war (BFH-Urteil vom 8.3.1984, I R 44/80, BStBl II S. 415). Da der säumige Steuerschuldner nicht bessergestellt werden darf als ein Steuerpflichtiger, dem eine nach § 234 AO verzinsliche Stundung gewährt wurde, ist - vorbehaltlich von Buchst. e) - grundsätzlich nur die Hälfte der verwirkten Säumniszuschläge zu erlassen (vgl. BFH-Urteil vom 16.7.1997, XI R 32/96, BStBl 1998 II S. 7);

d) bei einem Steuerpflichtigen, dessen wirtschaftliche Leistungsfähigkeit durch nach § 258 AO bewilligte oder sonst hingenommene Ratenzahlungen unstreitig bis an die äußerste Grenze ausgeschöpft worden ist. Da der säumige Steuerschuldner nicht bessergestellt werden darf als ein Steuerpflichtiger, dem eine nach § 234 AO verzinsliche Stundung gewährt wurde, ist - vorbehaltlich von Buchst. e) - grundsätzlich nur die Hälfte der verwirkten Säumniszuschläge zu erlassen (vgl. BFH-Urteil vom 22.6.1990, III R 150/85, BStBl 1991 II S. 864);

e) soweit die Voraussetzungen für einen Erlass der Hauptschuld nach § 227 AO oder für eine zinslose Stundung der Steuerforderung nach § 222 AO im Säumniszeitraum vorliegen, sind die entstandenen Säumniszuschläge insoweit in voller Höhe zu erlassen (vgl. BFH-Urteil vom 23.5.1985, V R 124/79, BStBl II S. 489). Lagen nur die Voraussetzungen für eine verzinsliche Stundung der Hauptforderung vor, gilt Buchstabe d) Satz 2 entsprechend.

f) soweit die angefochtene Steuerfestsetzung im Rahmen eines außergerichtlichen oder gerichtlichen Rechtsbehelfsverfahrens aufgehoben oder zu Gunsten des Steuerpflichtigen geändert wird und der Steuerpflichtige alle außergerichtlichen und gerichtlichen Möglichkeiten ausgeschöpft hat, um die Aussetzung der Vollziehung zu erreichen, diese aber - obwohl möglich und geboten - vom Finanzamt und vom Finanzgericht abgelehnt worden ist. Der im Rechtsbehelfsverfahren obsiegende Steuerpflichtige ist dann so zu stellen, als hätte er den gebotenen einstweiligen Rechtsschutz (Aussetzung der Vollziehung) erlangt, weshalb die betroffenen Säumniszuschläge in voller Höhe zu erlassen sind (vgl. BFH-Urteil vom 24.4.2014, V R 52/13, BStBl 2015 II S. 106);

g) in sonstigen Fällen sachlicher Unbilligkeit.

Die Möglichkeit eines weitergehenden Erlasses aus persönlichen Billigkeitsgründen bleibt unberührt.

Zum Erlass von Säumniszuschlägen bei einer Überschneidung mit Nachzahlungszinsen vgl. AEAO zu § 233a, Nr. 63.

6. In Stundungs- und Aussetzungsfällen sowie bei der Herabsetzung von Vorauszahlungen gilt Folgendes:

   a) **Stundung**

   aa) **Stundungsantrag bis zur Fälligkeit**

   Wird eine Stundung bis zur Fälligkeit beantragt, aber erst nach Fälligkeit bewilligt, so ist die Stundung mit Wirkung vom Fälligkeitstag an auszusprechen. Vom neuen Fälligkeitstag an gilt nach § 240 Abs. 3 AO wieder eine Schonfrist.

   Wird eine Stundung bis zur Fälligkeit beantragt, aber erst nach Fälligkeit abgelehnt, so kann im Allgemeinen eine Frist zur Zahlung der rückständigen Steuern bewilligt werden. Diese Zahlungsfrist soll eine Woche grundsätzlich nicht überschreiten. Vom neuen Fälligkeitstag an gilt nach § 240 Abs. 3 AO wieder eine Schonfrist. Bei Zahlung bis zum Ablauf dieser Schonfrist sind keine Säumniszuschläge zu erheben.

   bb) **Stundungsantrag nach Fälligkeit**

   Wird eine Stundung nach Fälligkeit beantragt und bewilligt, so ist die Stundung vom Eingangstag des Antrags an auszusprechen, sofern nicht besondere Gründe eine rückwirkende Stundung vom Fälligkeitstag an rechtfertigen.

   Bei einem innerhalb der Schonfrist nach § 240 Abs. 3 AO eingegangenen Stundungsantrag sind für die Zeit von der Fälligkeit bis zum Beginn der Stundung keine Säumniszuschläge zu erheben. Das Gleiche gilt, wenn der Stundungsantrag am ersten Werktag nach Ablauf der Schonfrist eingegangen ist und die Stundung daher unmittelbar an die Schonfrist anschließt.

   Bis zum Beginn der Stundung entstandene und zu erhebende Säumniszuschläge sind in die Stundungsverfügung einzubeziehen.

   Vom neuen Fälligkeitstag an gilt nach § 240 Abs. 3 AO wieder eine Schonfrist.

   Wird eine Stundung nach Fälligkeit beantragt und abgelehnt, so verbleibt es bei dem ursprünglichen Fälligkeitstag, sofern nicht besondere Gründe eine Frist zur Zahlung der rückständigen Steuern rechtfertigen. Die Zahlungsfrist soll eine Woche grundsätzlich nicht überschreiten. Vom neuen

Fälligkeitstag an gilt nach § 240 Abs. 3 AO wieder eine Schonfrist. Bei Zahlung bis zum Ablauf dieser Schonfrist sind keine Säumniszuschläge zu erheben.

cc) **Folgen verspäteter Zahlung**

Wird bei Bewilligung einer Stundung erst nach Ablauf der vom neuen Fälligkeitstag an berechneten Schonfrist (§ 240 Abs. 3 AO) gezahlt, sind Säumniszuschläge vom Ablauf des neuen Fälligkeitstages an zu berechnen.

Wird im Falle der Ablehnung einer Stundung die eingeräumte Zahlungsfrist (ggf. zuzüglich der an die Zahlungsfrist anschließenden Schonfrist nach § 240 Abs. 3 AO) nicht eingehalten, sind Säumniszuschläge vom Ablauf des ursprünglichen Fälligkeitstages an zu berechnen.

b) **Aussetzung der Vollziehung**

Wird ein rechtzeitig gestellter Antrag auf Aussetzung der Vollziehung nach Fälligkeit abgelehnt, so kann im Allgemeinen eine Frist zur Zahlung der rückständigen Steuern bewilligt werden. Die Zahlungsfrist soll eine Woche grundsätzlich nicht überschreiten. Die Schonfrist (§ 240 Abs. 3 AO) ist vom Ende der Zahlungsfrist an zu gewähren. Bei Zahlung bis zum Ablauf der Schonfrist sind keine Säumniszuschläge zu erheben.

c) **Herabsetzung von Vorauszahlungen**

Wird einem rechtzeitig gestellten Antrag auf Herabsetzung von Vorauszahlungen erst nach Fälligkeit entsprochen, sind Säumniszuschläge auf den Herabsetzungsbetrag nicht zu erheben.

Wird ein rechtzeitig gestellter Antrag auf Herabsetzung von Vorauszahlungen nach Fälligkeit abgelehnt, so kann im Allgemeinen eine Frist zur Zahlung der rückständigen Steuern bewilligt werden. Die Zahlungsfrist soll eine Woche grundsätzlich nicht überschreiten. Die Schonfrist (§ 240 Abs. 3 AO) ist vom Ende der Zahlungsfrist an zu gewähren. Bei Zahlung bis zum Ablauf der Schonfrist sind keine Säumniszuschläge zu erheben.

Wird einer der vorbezeichneten Anträge mit dem Ziel gestellt, sich der rechtzeitigen Zahlung der Steuer zu entziehen (Missbrauchsfälle), ist keine Zahlungsfrist zu bewilligen.

7. Mit einem Verwaltungsakt nach § 258 AO verzichtet die Vollstreckungsbehörde auf Vollstreckungsmaßnahmen; an der Fälligkeit der Steuerschuld ändert sich dadurch jedoch nichts (s. auch BFH-Urteil vom 15.3.1979, IV R 174/78, BStBl II S. 429). Für die Dauer eines bekannt gegebenen Vollstreckungsaufschubs sind daher grundsätzlich Säumniszuschläge zu erheben; auf diese Rechtslage ist der Steuerpflichtige bei Bekanntgabe des Vollstreckungsaufschubs hinzuweisen (siehe Abschn. 7 Abs. 3 VollStrA). Die Möglichkeit, von der Erhebung von Säumniszuschlägen aus Billigkeitsgründen

nach § 227 AO ganz oder teilweise abzusehen, bleibt unberührt (vgl. AEAO zu § 240, Nr. 5 Abs. 2).

8. Macht der Steuerpflichtige geltend, die Säumniszuschläge seien nicht oder nicht in der angeforderten Höhe entstanden, so ist sein Vorbringen - auch wenn es bspw. als „Erlassantrag" bezeichnet ist - als Antrag auf Erteilung eines Bescheids nach § 218 Abs. 2 AO anzusehen, da nur in diesem Verfahren entschieden werden kann, ob und inwieweit Säumniszuschläge entstanden sind (ständige Rechtsprechung, vgl. z. B. BFH-Urteil vom 12.8.1999, VII R 92/98, BStBl II S. 751). Bestreitet der Steuerpflichtige nicht die Entstehung der Säumniszuschläge dem Grunde und der Höhe nach, sondern wendet er sich gegen deren Anforderung im engeren Sinne (Leistungsgebot, § 254 AO), ist sein Vorbringen als Einspruch (§ 347 AO) anzusehen. Das Vorbringen des Steuerpflichtigen ist als Erlassantrag zu werten, wenn sachliche oder persönliche Billigkeitsgründe geltend gemacht werden.

Dritter Abschnitt - Sicherheitsleistung

§ 241 Art der Sicherheitsleistung (S 0490)

(1) Wer nach den Steuergesetzen Sicherheit zu leisten hat, kann diese erbringen

1. durch Hinterlegung von im Geltungsbereich dieses Gesetzes umlaufenden Zahlungsmitteln bei der zuständigen Finanzbehörde,

2. durch Verpfändung der in Absatz 2 genannten Wertpapiere, die von dem zur Sicherheitsleistung Verpflichteten der Deutschen Bundesbank oder einem Kreditinstitut zur Verwahrung anvertraut worden sind, das zum Depotgeschäft zugelassen ist, wenn dem Pfandrecht keine anderen Rechte vorgehen. ²Die Haftung der Wertpapiere für Forderungen des Verwahrers für ihre Verwahrung und Verwaltung bleibt unberührt. ³Der Verpfändung von Wertpapieren steht die Verpfändung von Anteilen an einem Sammelbestand nach § 6 des Depotgesetzes in der im Bundesgesetzblatt Teil III, Gliederungsnummer 4130-1, veröffentlichten bereinigten Fassung, zuletzt geändert durch Artikel 1 des Gesetzes vom 17. Juli 1985 (BGBl. I S. 1507), gleich,

3. durch eine mit der Übergabe des Sparbuchs verbundene Verpfändung von Spareinlagen bei einem Kreditinstitut, das im Geltungsbereich dieses Gesetzes zum Einlagengeschäft zugelassen ist, wenn dem Pfandrecht keine anderen Rechte vorgehen,

4. durch Verpfändung von Forderungen, die in einem Schuldbuch des Bundes, eines Sondervermögens des Bundes oder eines Landes eingetragen sind, wenn dem Pfandrecht keine anderen Rechte vorgehen,

5. durch Bestellung von

   a) erstrangigen Hypotheken, Grund- oder Rentenschulden an Grundstücken oder Erbbaurechten, die im Geltungsbereich dieses Gesetzes belegen sind,

   b) erstrangigen Schiffshypotheken an Schiffen, Schiffsbauwerken oder Schwimmdocks, die in einem im Geltungsbereich dieses Gesetzes geführten Schiffsregister oder Schiffsbauregister eingetragen sind,

6. durch Verpfändung von Forderungen, für die eine erstrangige Verkehrshypothek an einem im Geltungsbereich dieses Gesetzes belegener Grundstück oder Erbbaurecht besteht, oder durch Verpfändung von erstrangigen Grundschulden oder Rentenschulden an im Geltungsbereich dieses Gesetzes belegenen Grundstücken oder Erbbaurechten, wenn an den Forderungen, Grundschulden oder Rentenschulden keine vorgehenden Rechte bestehen,

7. durch Schuldversprechen, Bürgschaft oder Wechselverpflichtungen eines tauglichen Steuerbürgen (§ 244).

(2) Wertpapiere im Sinne von Absatz 1 Nummer 2 sind

1. Schuldverschreibungen des Bundes, eines Sondervermögens des Bundes, eines Landes, einer Gemeinde oder eines Gemeindeverbands,
2. Schuldverschreibungen zwischenstaatlicher Einrichtungen, denen der Bund Hoheitsrechte übertragen hat, wenn sie im Geltungsbereich dieses Gesetzes zum amtlichen Börsenhandel zugelassen sind,
3. Schuldverschreibungen der Deutschen Genossenschaftsbank, der Deutschen Siedlungs- und Landesrentenbank, der Deutschen Ausgleichsbank, der Kreditanstalt für Wiederaufbau und der Landwirtschaftlichen Rentenbank,
4. Pfandbriefe, Kommunalobligationen und verwandte Schuldverschreibungen,
5. Schuldverschreibungen, deren Verzinsung und Rückzahlung vom Bund oder von einem Land gewährleistet werden.

(3) Ein unter Steuerverschluss befindliches Lager steuerpflichtiger Waren gilt als ausreichende Sicherheit für die darauf lastende Steuer.

AEAO zu §§ 241 bis 248 - Sicherheitsleistung:

1. Die Vorschriften regeln nur die Art und das Verfahren der Sicherheitsleistung. Wann und ggf. in welcher Höhe Sicherheiten zu leisten sind, ergibt sich aus anderen Vorschriften der Abgabenordnung (siehe z. B. § 109 Abs. 3, § 165 Abs. 1, §§ 221, 222, 223, 361 Abs. 2 AO) oder aus Einzelsteuergesetzen (§ 18f UStG). Die Erzwingung von Sicherheiten richtet sich nach § 336 AO, ihre Verwertung nach § 327 AO. Die Kosten der Sicherheitsleistung treffen den Steuerpflichtigen.

2. Die für die Bundesfinanzverwaltung bekannt gegebenen Bestimmungen über Formen der Sicherheitsleistung im Bereich der von der Zollverwaltung verwalteten Steuern und Abgaben - SiLDV - (Vorschriftensammlung Bundesfinanzverwaltung E - VSF - Kennungen S 1450 und Z 0915) sind - soweit sie Formen der Sicherheitsleistung in Verbrauchsteuerverfahren betreffen - für den Bereich der Besitz- und Verkehrsteuern entsprechend anzuwenden.

§ 242 Wirkung der Hinterlegung von Zahlungsmitteln (S 0490)

[1]Zahlungsmittel, die nach § 241 Absatz 1 Nummer 1 hinterlegt werden, gehen in das Eigentum der Körperschaft über, der die Finanzbehörde angehört, bei der sie hinterlegt worden sind. [2]Die Forderung auf Rückzahlung ist nicht zu verzinsen. [3]Mit der Hinterlegung erwirbt die Körperschaft, deren Forderung durch die Hinterlegung gesichert werden soll, ein Pfandrecht an der Forderung auf Rückerstattung der hinterlegten Zahlungsmittel.

§ 243 Verpfändung von Wertpapieren (S 0490)

¹Die Sicherheitsleistung durch Verpfändung von Wertpapieren nach § 241 Absatz 1 Nummer 2 ist nur zulässig, wenn der Verwahrer die Gewähr für die Umlauffähigkeit übernimmt. ²Die Übernahme dieser Gewähr umfasst die Haftung dafür,

1. dass das Rückforderungsrecht des Hinterlegers durch gerichtliche Sperre und Beschlagnahme nicht beschränkt ist,
2. dass die anvertrauten Wertpapiere in den Sammellisten aufgerufener Wertpapiere nicht als gestohlen oder als verloren gemeldet und weder mit Zahlungssperre belegt noch zur Kraftloserklärung aufgeboten oder für kraftlos erklärt worden sind,
3. dass die Wertpapiere auf den Inhaber lauten, oder, falls sie auf den Namen ausgestellt sind, mit Blankoindossament versehen und auch sonst nicht gesperrt sind, und dass die Zinsscheine und die Erneuerungsscheine bei den Stücken sind.

§ 244 Taugliche Steuerbürgen (S 0490)

(1) ¹Schuldversprechen und Bürgschaften nach dem Bürgerlichen Gesetzbuch sowie Wechselverpflichtungen aus Artikel 28 oder 78 des Wechselgesetzes sind als Sicherheit nur geeignet, wenn sie von Personen abgegeben oder eingegangen worden sind, die

1. ein der Höhe der zu leistenden Sicherheit angemessenes Vermögen besitzen und
2. ihren allgemeinen oder einen vereinbarten Gerichtsstand im Geltungsbereich dieses Gesetzes haben.

²Bürgschaften müssen den Verzicht auf die Einrede der Vorausklage nach § 771 des Bürgerlichen Gesetzbuchs enthalten. ³Schuldversprechen und Bürgschaftserklärungen sind schriftlich zu erteilen; die elektronische Form ist ausgeschlossen. ⁴Sicherungsgeber und Sicherungsnehmer dürfen nicht wechselseitig füreinander Sicherheit leisten und auch nicht wirtschaftlich miteinander verflochten sein. ⁵Über die Annahme von Bürgschaftserklärungen in den Verfahren nach dem A.T.A.-Übereinkommen vom 6. Dezember 1961 (BGBl. 1965 II S. 948) und dem TIR- Übereinkommen vom 14. November 1975 (BGBl. 1979 II S. 445) in ihren jeweils gültigen Fassungen entscheidet die Generalzolldirektion. ⁶Über die Annahme von Bürgschaftserklärungen über Einzelsicherheiten in Form von Sicherheitstiteln nach dem Zollkodex der Union mit der Delegierten Verordnung (EU) 2015/2446 der Kommission vom 28. Juli 2015 zur Ergänzung der Verordnung (EU) Nr. 952/2013 des Europäischen Parlaments und des Rates mit Einzelheiten zur Präzisierung von Bestimmungen des Zollkodex der Union (ABl. L 343 vom 29.12.2015, S. 1) sowie nach der Durchführungsverordnung (EU) 2015/2447 der Kommission vom 24. November 2015 mit Einzelheiten zur Umsetzung von Bestimmungen der Verordnung (EU) Nr. 952/2013 des Europäischen Parlaments und des Rates zur Festlegung des Zollkodex der Union (ABl. L 343 vom 29.12.2015, S. 558) und nach dem Übereinkommen vom 20. Mai 1987 über ein gemeinsames

Versandverfahren (ABl. EG Nr. L 226 S. 2) in ihren jeweils gültigen Fassungen entscheidet die Generalzolldirektion.

(2) ¹Die Generalzolldirektion kann Kreditinstitute und geschäftsmäßig für andere Sicherheit leistende Versicherungsunternehmen allgemein als Steuerbürge zulassen, wenn sie im Geltungsbereich dieses Gesetzes zum Geschäftsbetrieb befugt sind. ²Bei der Zulassung ist ein Höchstbetrag festzusetzen (Bürgschaftssumme). ³Die gesamten Verbindlichkeiten aus Schuldversprechen, Bürgschaften und Wechselverpflichtungen, die der Steuerbürge gegenüber der Finanzverwaltung übernommen hat, dürfen nicht über die Bürgschaftssumme hinausgehen.

(3) Das Bundesministerium der Finanzen wird ermächtigt, durch Rechtsverordnung mit Zustimmung des Bundesrates die Befugnisse nach Absatz 1 Satz 6 und Absatz 2 auf ein Hauptzollamt oder mehrere Hauptzollämter zu übertragen.

§ 245 Sicherheitsleistung durch andere Werte (S 0490)

¹Andere als die in § 241 bezeichneten Sicherheiten kann die Finanzbehörde nach ihrem Ermessen annehmen. ²Vorzuziehen sind Vermögensgegenstände, die größere Sicherheit bieten oder bei Eintritt auch außerordentlicher Verhältnisse ohne erhebliche Schwierigkeit und innerhalb angemessener Frist verwertet werden können.

§ 246 Annahmewerte (S 0490)

¹Die Finanzbehörde bestimmt nach ihrem Ermessen, zu welchen Werten Gegenstände als Sicherheit anzunehmen sind. ²Der Annahmewert darf jedoch den bei einer Verwertung zu erwartenden Erlös abzüglich der Kosten der Verwertung nicht übersteigen. ³Er darf bei den in § 241 Absatz 1 Nummer 2 und 4 aufgeführten Gegenständen und bei beweglichen Sachen, die nach § 245 als Sicherheit angenommen werden, nicht unter den in § 234 Absatz 3, § 236 und § 237 Satz 1 des Bürgerlichen Gesetzbuchs genannten Werten liegen.

§ 247 Austausch von Sicherheiten (S 0490)

Wer nach den §§ 241 bis 245 Sicherheit geleistet hat, ist berechtigt, die Sicherheit oder einen Teil davon durch eine andere nach den §§ 241 bis 244 geeignete Sicherheit zu ersetzen.

§ 248 Nachschusspflicht (S 0490)

Wird eine Sicherheit unzureichend, so ist sie zu ergänzen oder es ist anderweitige Sicherheit zu leisten.

Sechster Teil - Vollstreckung

Erster Abschnitt - Allgemeine Vorschriften

§ 249 Vollstreckungsbehörden (S 0500)

(1) ¹Die Finanzbehörden können Verwaltungsakte, mit denen eine Geldleistung, eine sonstige Handlung, eine Duldung oder Unterlassung gefordert wird, im Verwaltungsweg vollstrecken. ²Dies gilt auch für Steueranmeldungen (§ 168). ³Vollstreckungsbehörden sind die Finanzämter und die Hauptzollämter sowie die Landesfinanzbehörden, denen durch eine Rechtsverordnung nach § 17 Absatz 2 Satz 3 Nummer 3 des Finanzverwaltungsgesetzes die landesweite Zuständigkeit für Kassengeschäfte und das Erhebungsverfahren einschließlich der Vollstreckung übertragen worden ist; § 328 Absatz 1 Satz 3 bleibt unberührt.

(2) ¹Zur Vorbereitung der Vollstreckung können die Finanzbehörden die Vermögens- und Einkommensverhältnisse des Vollstreckungsschuldners ermitteln. ²Die Finanzbehörde darf ihr bekannte, nach § 30 geschützte Daten, die sie bei der Vollstreckung wegen Steuern und steuerlicher Nebenleistungen verwenden darf, auch bei der Vollstreckung wegen anderer Geldleistungen als Steuern und steuerlicher Nebenleistungen verwenden.

(3) ¹Zur Durchführung von Vollstreckungsmaßnahmen können die Vollstreckungsbehörden Auskunfts- und Unterstützungsersuchen nach § 757a der Zivilprozessordnung stellen. ²§ 757a Absatz 5 der Zivilprozessordnung ist dabei nicht anzuwenden.

§ 250 Vollstreckungsersuchen (S 0510)

(1) ¹Soweit eine Vollstreckungsbehörde auf Ersuchen einer anderen Vollstreckungsbehörde Vollstreckungsmaßnahmen ausführt, tritt sie an die Stelle der anderen Vollstreckungsbehörde. ²Für die Vollstreckbarkeit des Anspruchs bleibt die ersuchende Vollstreckungsbehörde verantwortlich.

(2) ¹Hält sich die ersuchte Vollstreckungsbehörde für unzuständig oder hält sie die Handlung, um die sie ersucht worden ist, für unzulässig, so teilt sie ihre Bedenken der ersuchenden Vollstreckungsbehörde mit. ²Besteht diese auf der Ausführung des Ersuchens und lehnt die ersuchte Vollstreckungsbehörde die Ausführung ab, so entscheidet die Aufsichtsbehörde der ersuchten Vollstreckungsbehörde.

§ 251 Vollstreckbare Verwaltungsakte (S 0500 / S 0550)

(1) ¹Verwaltungsakte können vollstreckt werden, soweit nicht ihre Vollziehung ausgesetzt oder die Vollziehung durch Einlegung eines Rechtsbehelfs gehemmt ist (§ 361; § 69 der Finanzgerichtsordnung). ²Einfuhr- und Ausfuhrabgabenbescheide können außerdem nur vollstreckt werden, soweit die Verpflichtung des Zollschuldners zur Abgabenentrichtung nicht ausgesetzt ist (Artikel 108 Absatz 3 des Zollkodex der Union).

(2) ¹Unberührt bleiben die Vorschriften der Insolvenzordnung sowie § 79 Absatz 2 des Bundesverfassungsgerichtsgesetzes. ²Die Finanzbehörde ist berechtigt, in den Fällen des § 201 Absatz 2, §§ 257 und 308 Absatz 1 der Insolvenzordnung sowie des § 71 des Unternehmensstabilisierungs- und -restrukturierungsgesetzes gegen den Schuldner im Verwaltungswege zu vollstrecken.

(3) Macht die Finanzbehörde im Insolvenzverfahren einen Anspruch aus dem Steuerschuldverhältnis als Insolvenzforderung geltend, so stellt sie erforderlichenfalls die Insolvenzforderung durch schriftlichen oder elektronischen Verwaltungsakt fest.

AEAO zu § 251 – Insolvenzverfahren:

Inhaltsübersicht

1. **Allgemeines**
2. **Voraussetzung für die Eröffnung des Verfahrens**
2.1 Eröffnungsgründe
2.1.1 Zahlungsunfähigkeit
2.1.2 Drohende Zahlungsunfähigkeit
2.1.3 Überschuldung
2.2 Eröffnungsantrag
2.3 Rechtsbehelfe
3. **Insolvenzeröffnungsverfahren**
3.1 Sicherungsmaßnahmen
3.2 Besonderheiten bei beantragter Eigenverwaltung
4. **Eröffnung des Verfahrens**
4.1 Wirkung der Eröffnung des Verfahrens
4.1.1 Allgemeines
4.1.2 Unterbrechungswirkung (analog § 240 ZPO)
4.1.3 Auswirkungen auf bei Insolvenzeröffnung anhängige Rechtsbehelfsverfahren und Anträge auf Aussetzung der Vollziehung
4.1.4 Auswirkungen auf Stundung und Vollstreckungsaufschub
4.1.5 Wirkungen auf Verfahren gegen Dritte
4.2 Stellung und steuerliche Pflichten des Insolvenzverwalters
4.3 Verwaltungsakte im Insolvenzverfahren
4.3.1 Vor Insolvenzeröffnung begründete Ansprüche
4.3.2 Nach Insolvenzeröffnung begründete Ansprüche
4.3.3 Beispiele für Bescheiderläuterungen bei Bekanntgabe an den Insolvenzverwalter

4.4		Besonderheiten bei der gesonderten Feststellung von Besteuerungsgrundlagen
4.4.1		Personengesellschaften
4.4.1.1		Insolvenz der Personengesellschaft
4.4.1.2		Insolvenz eines (oder mehrerer) Gesellschafters der Personengesellschaft
4.4.2		Sonstige Feststellungen von Besteuerungsgrundlagen
4.5		Auskunftsrechte des Insolvenzverwalters gegenüber dem Finanzamt
5.		**Insolvenzforderungen**
5.1		Begriff
5.2		Geltendmachung von Insolvenzforderungen
5.3		Insolvenzforderungen im Prüfungstermin; Auswirkungen auf das Besteuerungsverfahren
5.3.1		Vom Insolvenzverwalter oder einem Gläubiger bestrittene Forderungen
5.3.1.1		Nicht titulierte Forderungen
5.3.1.2		Titulierte Forderungen
5.3.1.2.1		Nicht bestandskräftiger und nicht angefochtener Steuerbescheid
5.3.1.2.2		Angefochtener Steuerbescheid
5.3.1.2.3		Bestandskräftiger Steuerbescheid
5.3.2		Vom Schuldner bestrittene Forderungen
5.3.3		Feststellung der Forderung zur Tabelle
5.3.4		Feststellungsbescheid gem. § 251 Abs. 3 AO
5.3.5		Änderung von zur Insolvenztabelle festgestellten Steuerforderungen
6.		**Sonstige Masseverbindlichkeiten (§ 55 InsO)**
6.1		Begründung von sonstigen Masseverbindlichkeiten
6.2		Durchsetzung von sonstigen Masseverbindlichkeiten
7.		**Insolvenzfreies Vermögen**
8.		**Aufrechnung im Insolvenzverfahren**
9.		**Verteilung der Steuerforderungen und -erstattungsansprüche auf die insolvenzrechtlichen Vermögensbereiche**
9.1		Einkommensteuer
9.1.1		Einzelveranlagung
9.1.2		Zusammenveranlagung
9.1.3		Berücksichtigung von Verlustvor- und -rückträgen
9.1.4		Einkommensteuererstattungen
9.2		Umsatzsteuer
10.		**Befriedigung der Insolvenzgläubiger**
11.		**Insolvenzplan**
12.		**Verbraucherinsolvenz nach §§ 304 ff. InsO**
12.1		Außergerichtlicher Einigungsversuch
12.2		Schuldenbereinigungsverfahren
12.3		Eröffnetes Insolvenzverfahren
13.		**Eigenverwaltung**
13.1		Vorläufiges Eigenverwaltungsverfahren
13.2		Besonderheiten bei der Vorbereitung einer Sanierung nach § 270d InsO (Schutzschirm)
13.3		Eröffnung des Insolvenzverfahrens
14.		**Vorgehensweise nach Aufhebung des Insolvenzverfahrens**
15.		**Restschuldbefreiung**
15.1		Laufzeit der Abtretungserklärung

15.2   Ausgenommene Forderungen
15.3   Erteilung der Restschuldbefreiung

1. Allgemeines

Ist über das Vermögen eines Steuerpflichtigen (Schuldner) das Insolvenzverfahren eröffnet worden, können die Finanzbehörden ihre Ansprüche während der Dauer des Verfahrens nur nach den Vorschriften der Insolvenzordnung geltend machen (§ 251 Abs. 2 Satz 1 AO).

Die Vorschriften der Abschnitte 57 bis 64 der Vollstreckungsanweisung (VollstrA) sind anzuwenden.

2. Voraussetzung für die Eröffnung des Verfahrens

2.1 Eröffnungsgründe

Nach § 16 InsO sind Gründe für die Eröffnung des Insolvenzverfahrens

- die Zahlungsunfähigkeit (§ 17 InsO),
- die drohende Zahlungsunfähigkeit (§ 18 InsO) und
- die Überschuldung (§ 19 InsO).

Die gleichen Eröffnungsgründe gelten auch in Nachlassinsolvenzverfahren (§ 320 InsO).

2.1.1 Zahlungsunfähigkeit

Allgemeiner Eröffnungsgrund ist die Zahlungsunfähigkeit des Schuldners. Sie ist in der Regel anzunehmen, wenn der Schuldner seine Zahlungen eingestellt hat (§ 17 InsO). Leistet der Schuldner noch einzelne Zahlungen, bleiben aber nicht unwesentliche Verbindlichkeiten unerfüllt, ändert dies grundsätzlich nichts an der Zahlungsunfähigkeit (BGH-Urteil vom 10.7.2003, IX ZR 89/02, DB S. 2383).

Zahlungsunfähigkeit ist weiterhin regelmäßig anzunehmen, wenn der Schuldner nicht in der Lage ist, binnen drei Wochen 90 % seiner fälligen Gesamtverbindlichkeiten auszugleichen (BGH-Urteil vom 24.5.2005, IX ZR 123/04, NJW S. 3062).

2.1.2 Drohende Zahlungsunfähigkeit

Bei Eigenanträgen des Schuldners ist auch die drohende Zahlungsunfähigkeit Eröffnungsgrund (§ 18 Abs. 1 InsO). Der Schuldner droht zahlungsunfähig zu werden, wenn er voraussichtlich nicht in der Lage sein wird, die bestehenden Zahlungspflichten im Zeitpunkt der Fälligkeit zu erfüllen. In aller Regel ist ein Prognosezeitraum von 24 Monaten zugrunde zu legen (§ 18 Abs. 2 InsO).

2.1.3 Überschuldung

Bei juristischen Personen, Personengesellschaften ohne eine persönlich haftende natürliche Person ist daneben die Überschuldung ein eigenständiger Eröffnungsgrund (§ 19 InsO). Eine Überschuldung liegt vor, wenn das Vermögen des Schuldners die bestehenden Verbindlichkeiten nicht mehr deckt, es sei denn, die Fortführung des Unternehmens in den nächsten zwölf Monaten ist nach den Umständen überwiegend wahrscheinlich (§ 19 Abs. 2 Satz 1 InsO). Eine Ausnahme gilt in den Fällen des § 19 Abs. 3 Satz 2 InsO.

2.2 Eröffnungsantrag

Das Insolvenzverfahren wird nur auf schriftlichen Antrag eröffnet. Antragsberechtigt sind sowohl die Gläubiger als auch der Schuldner (§ 13 Abs. 1 Satz 2 InsO). Den Antrag auf Eröffnung des Insolvenzverfahrens kann außer bei drohender Zahlungsunfähigkeit jeder Gläubiger stellen, der ein rechtliches Interesse an der Eröffnung hat und seinen Anspruch sowie den Eröffnungsgrund glaubhaft macht (§ 14 Abs. 1 InsO). Das rechtliche Interesse eines Gläubigers fehlt beispielsweise dann, wenn er aufgrund eines Aussonderungsrechts innerhalb wie außerhalb des Verfahrens in gleicher Weise Befriedigung erlangen kann.

Bei vollstreckbaren Rückständen ist die Finanzbehörde im Rahmen pflichtgemäßer Ermessensausübung gehalten, bei Vorliegen eines Insolvenzgrundes einen Insolvenzantrag zu stellen.

Nach § 14 Abs. 1 Satz 2 InsO wird ein Insolvenzantrag nicht alleine dadurch unzulässig, dass die Forderung erfüllt wird. Ein von der Finanzbehörde gestellter Insolvenzantrag kann weiterhin trotz Tilgung der Forderungen aufrecht erhalten bleiben.

2.3 Rechtsbehelfe

Die Stellung eines Antrag auf Eröffnung eines Insolvenzverfahrens über das Vermögen des Schuldners durch die Finanzbehörde ist kein Verwaltungsakt, sondern stellt schlichtes hoheitliches Handeln dar, dessen Überprüfung dem Finanzgericht und nicht dem Insolvenzgericht obliegt (vgl. BFH-Beschluss vom 31.8.2011, VII B 59/11, BFH/NV S. 2105). Dem Steuerpflichtigen stehen als Rechtsbehelfe hiergegen die allgemeine Leistungsklage (§ 40 Abs. 1 FGO) bzw. im vorläufigen Rechtsschutzverfahren der Antrag auf Erlass einer einstweiligen Anordnung (§ 114 FGO) zu (vgl. BFH-Beschluss vom 12.8.2011, VII B 159/10, BFH/NV S. 2104).

Über den Insolvenzantrag selbst entscheidet das Insolvenzgericht. Gegen eine ablehnende Entscheidung des Insolvenzgerichts über den Insolvenzantrag steht dem antragstellenden Gläubiger das Rechtsmittel der sofortigen Beschwerde zu (§ 34 Abs. 1 InsO). Die Beschwerde ist binnen einer Notfrist von zwei Wochen bei dem Insolvenzgericht einzulegen (§§ 4 und 6 InsO, § 569 ZPO). Die Frist beginnt mit der Verkündung der Entscheidung oder, wenn diese nicht verkündet wird, mit deren Zustellung (§ 6 Abs. 2 InsO). Gegen die Entscheidung des Beschwerdegerichts ist die Rechtsbeschwerde gegeben, soweit sie zugelassen ist (§ 574 ZPO). Die Rechtsbeschwerde ist binnen einer Notfrist von einem Monat nach Zustellung des Beschlusses über die sofortige Beschwerde bei dem Rechtsbeschwerdegericht einzulegen (§ 575 ZPO).

3. Insolvenzeröffnungsverfahren

3.1 Sicherungsmaßnahmen

Die häufigste Sicherungsmaßnahme ist neben dem Vollstreckungsverbot die Anordnung der vorläufigen Insolvenzverwaltung gem. § 21 Abs. 2 Nr. 1 i. V. m. § 22 InsO. Wird diese Anordnung mit dem Erlass eines allgemeinen Verfügungsverbots nach § 21 Abs. 2 Nr. 2 InsO verbunden, geht die Verwaltungs- und Verfügungsbefugnis über das Schuldnervermögen auf den vorläufigen Insolvenzverwalter über. Aufgrund seiner umfassenden Befugnisse wird dieser als starker vorläufiger Insolvenzverwalter bezeichnet. Im Besteuerungsverfahren hat der starke vorläufige Insolvenzverwalter die gleiche Stellung (§ 34 Abs. 3 AO) wie der Insolvenzverwalter im eröffneten Verfahren (vgl. AEAO zu § 251, Nr.

4.2). Die vom starken vorläufigen Insolvenzverwalter begründeten Verbindlichkeiten gelten nach Verfahrenseröffnung als Masseverbindlichkeiten i. S. d. § 55 Abs. 2 InsO (vgl. AEAO zu § 251, Nr. 6.1). Für hierauf bezogene Verwaltungsakte ist er im Insolvenzeröffnungsverfahren Bekanntgabeadressat (vgl. AEAO zu § 251, Nr. 4.3.2). Mit Bestellung des starken vorläufigen Insolvenzverwalters tritt bereits die Unterbrechungswirkung analog zu § 240 Satz 2 ZPO ein, weshalb ab diesem Zeitpunkt insbesondere keine Steuerbescheide mehr für solche Steuern erlassen werden dürfen, die vor Bestellung des starken vorläufigen Insolvenzverwalters begründet worden sind (vgl. AEAO zu § 251, Nr. 4.1.2). Eine vom Schuldner vor Bestellung eines starken vorläufigen Insolvenzverwalters erteilte Empfangsvollmacht ist weiterhin zu beachten, sofern sie nicht vom starken vorläufigen Insolvenzverwalter widerrufen oder das Insolvenzverfahren eröffnet wurde.

Soweit das Gericht vom Erlass eines allgemeinen Verfügungsverbots absieht und die Rechte des vorläufigen Insolvenzverwalters individuell bestimmt, handelt es sich um einen sog. schwachen vorläufigen Insolvenzverwalter. Dieser ist nicht Vermögensverwalter i. S. d. § 34 Abs. 3 AO; daher obliegen die steuerlichen Pflichten, insbesondere die Steuererklärungspflicht, weiterhin dem Schuldner. Steuerbescheide sind daher an den Schuldner zu richten und diesem bekannt zu geben, soweit kein Empfangsbevollmächtigter bestellt ist.

Der schwache vorläufige Insolvenzverwalter kann in der Regel keine Masseverbindlichkeiten begründen (vgl. BGH-Urteil vom 18.7.2002, IX ZR 195/01, DB S. 2011). Aufgrund der Regelung des § 55 Abs. 4 InsO gelten jedoch bestimmte Steuerverbindlichkeiten des Schuldners, die vom vorläufigen Insolvenzverwalter oder vom Schuldner mit Zustimmung des vorläufigen Insolvenzverwalters begründet werden, nach Eröffnung des Insolvenzverfahrens als Masseverbindlichkeiten. Zu Einzelheiten der Anwendung des § 55 Abs. 4 InsO siehe BMF-Schreiben vom 11.1.2022, BStBl I S.116.[1]

Aus der Bestellung eines Gutachters durch das Insolvenzgericht ergeben sich keine Auswirkungen auf das Besteuerungsverfahren des Schuldners.

3.2 Besonderheiten bei beantragter Eigenverwaltung

Zu den Besonderheiten der vorläufigen Eigenverwaltung nach § 270b InsO vgl. AEAO zu § 251, Nr. 13.1, zu der Vorbereitung einer Sanierung nach § 270d InsO vgl. AEAO zu § 251, Nr. 13.2.

4. Eröffnung des Verfahrens

4.1 Wirkung der Eröffnung des Verfahrens

4.1.1 Allgemeines

Mit der Eröffnung des Insolvenzverfahrens verliert der Schuldner die Befugnis, sein zur Insolvenzmasse gehörendes Vermögen zu verwalten und darüber zu verfügen (§ 80 Abs. 1 InsO), sofern keine Eröffnung unter Anordnung der Eigenverwaltung erfolgt (§ 270 Abs. 1 Satz 1 InsO, vgl. AEAO zu § 251, Nr. 13.2). Die Verwaltungs- und Verfügungsrechte werden durch den Insolvenzverwalter ausgeübt (§ 34 Abs. 3 AO).

Die Insolvenzmasse erfasst das gesamte Vermögen einschließlich der Geschäftsbücher (§ 36 Abs. 2 Nr. 1 InsO), das dem Schuldner zur Zeit der Eröffnung des Verfahrens gehört und das er während des Verfahrens erlangt (sog. Neuerwerb, § 35 InsO). Nicht

---
[1] Im Anhang 40 abgedruckt.

zur Insolvenzmasse gehören die unpfändbaren Gegenstände i. S. d. § 36 InsO, das Vermögen aus einer nach § 35 Abs. 2 InsO freigegebenen Tätigkeit (sog. insolvenzfreies Vermögen, vgl. AEAO zu § 251, Nr. 7) und das nach Ende der Abtretungsfrist be erteilter Restschuldbefreiung erworbene Vermögen (§ 300a Abs. 1 Satz 1 InsO).

Die Eröffnung des Verfahrens hat weiter die Wirkung, dass alle im letzten Monat vor dem Eröffnungsantrag oder nach diesem Antrag durch Zwangsvollstreckung erlangten Sicherungsrechte ihre Wirksamkeit verlieren (§ 88 InsO). Im Verbraucherinsolvenzverfahren (vgl. AEAO zu § 251, Nr. 12) verlängert sich die Frist nach § 88 Abs. 2 InsO auf drei Monate.

Mit der Eröffnung des Verfahrens können bis zu diesem Zeitpunkt begründete Ansprüche aus dem Steuerschuldverhältnis (Insolvenzforderungen, vgl. AEAO zu § 251, Nr. 5.1) nur noch nach Maßgabe der InsO geltend gemacht werden. Dies gilt auch für Ansprüche, auf die steuerliche Verfahrensvorschriften entsprechend anzuwenden sind (z. B. Rückforderung von Investitionszulage).

4.1.2 Unterbrechungswirkung (analog § 240 ZPO)

Das Steuerfestsetzungsverfahren, das Rechtsbehelfsverfahren und der Lauf der Rechtsbehelfsfristen werden, soweit sie die Insolvenzmasse betreffen oder abstrakt dazu geeignet sind, sich auf zur Tabelle anzumeldende Steuerforderungen auszuwirken, analog zu § 240 ZPO unterbrochen (vgl. BFH-Urteil vom 24.8.2004, VIII R 14, BStBl 2005 II S. 246). Das gilt auch für Rechtsbehelfsverfahren, wenn damit eine Erstattung für die Masse begehrt wird (BFH-Urteil vom 30.7.2019, VIII R 21/16, BStBl 2021 II S. 171).

Eine Verfahrensunterbrechung tritt jedoch im Steuerfestsetzungsverfahren nicht ein, wenn keine Forderungen gegenüber der Insolvenzmasse für Zeiträume vor Insolvenzeröffnung geltend zu machen sind (z. B. im Falle einer Erstattung für die Masse; BFH-Urteil vom 13.5.2009, XI R 63, BStBl 2010 II S. 11). Hinsichtlich der Zulässigkeit des Erlasses von Steuerbescheiden wird auf Nr. 4.3.1 verwiesen.

Zur Unterbrechungswirkung bei der gesonderten und einheitlichen Feststellung von Besteuerungsgrundlagen vgl. AEAO zu § 251, Nr. 4.4.

Die Ermittlungsrechte und -pflichten der Finanzbehörde (§ 88 AO) und die Mitwirkungspflichten des Schuldners, des vorläufigen Insolvenzverwalters und des Insolvenzverwalters (§ 34 Abs. 3 AO) bleiben von der Unterbrechungswirkung unberührt. Die Pflicht zur handels- und steuerrechtlichen Rechnungslegung ergibt sich aus § 155 InsO

Bei der Wiederaufnahme von unterbrochenen Rechtsbehelfsverfahren ist zwischen passiven und aktiven Verfahren zu unterscheiden.

Bei Einspruchs- und Klageverfahren, in denen Insolvenzforderungen strittig sind oder die abstrakt geeignet sind, sich auf zur Tabelle anzumeldende Steuerforderungen auszuwirken (Passiv-Verfahren), wird auf Nr. 5.3. verwiesen.

Bei Einspruchsverfahren, die im Erfolgsfall zu einer Erstattung der bereits gezahlten Steuern in die Insolvenzmasse führen (Aktiv-Verfahren), fehlt es an einer gesetzlichen oder analogen Grundlage für die Aufnahme des Verfahrens durch das Finanzamt. Lediglich dem Insolvenzverwalter steht die Möglichkeit zu, in analoger Anwendung des § 85 Abs. 1 Satz 1 InsO, Rechtsbehelfsverfahren aufzunehmen (BFH-Urteil vom

30.7.2019, VIII R 21/16, a. a. O.). Es bleibt dem Finanzamt aber unbenommen mit dem Insolvenzverwalter den Streitstand zu erörtern und den Insolvenzverwalter zur Aufnahme des Verfahrens zu bewegen.

In Klageverfahren, die im Erfolgsfall zu einer Erstattung der bereits gezahlten Steuern in die Insolvenzmasse führen (Aktivprozess), kann das Finanzamt das Verfahren wiederaufnehmen, wenn der Insolvenzverwalter die Aufnahme des Verfahrens abgelehnt hat (§ 85 Abs. 2 InsO). Der Insolvenzverwalter ist in diesem Verfahren dann nicht mehr beteiligt. Die gesetzliche Prozessführungsbefugnis und die Beteiligtenstellung gehen auf den Schuldner über; der im Streit befindliche Massegegenstand wird freigegeben (BFH-Beschluss vom 20.2.2018, XI B 110/17, BFH/NV S. 736).

4.1.3 Auswirkungen auf bei Insolvenzeröffnung anhängige Rechtsbehelfsverfahren und Anträge auf Aussetzung der Vollziehung

Wird während eines anhängigen außergerichtlichen oder gerichtlichen Rechtsbehelfsverfahrens das Insolvenzverfahren eröffnet, so wird das Rechtsbehelfsverfahren grundsätzlich unterbrochen, soweit es die Insolvenzmasse betrifft (Nr. 4.1 des AEAO zu § 251). Die Unterbrechung endet, wenn das Rechtsbehelfsverfahren nach den für das Insolvenzrecht geltenden Vorschriften aufgenommen (vgl. hierzu AEAO zu § 251, Nr. 5.3.1.2.2) oder das Insolvenzverfahren beendet wird.

Ein noch nicht beschiedener Antrag auf Aussetzung der Vollziehung nach § 361 AO bzw. § 69 FGO wird durch die Eröffnung des Insolvenzverfahrens unzulässig (vgl. BFH-Urteil vom 27.11.1974, I R 185/73, BStBl 1975 II S. 208). Eine gewährte Aussetzung der Vollziehung erledigt sich mit der Eröffnung des Insolvenzverfahrens (siehe § 124 Abs. 2 AO i. V. m. § 41 Abs. 1 InsO). Die Beträge sind zur Tabelle anzumelden (vgl. AEAO zu § 251, Nr. 5.2).

4.1.4 Auswirkungen auf Stundung und Vollstreckungsaufschub

Noch nicht beschiedene Anträge auf Stundung und Vollstreckungsaufschub werden durch die Eröffnung des Insolvenzverfahrens unzulässig. Gewährte Stundungen oder Vollstreckungsaufschübe erledigen sich mit der Eröffnung des Insolvenzverfahrens (siehe § 124 Abs. 2 AO i. V. m. § 41 Abs. 1 InsO). Die Beträge sind zur Tabelle anzumelden (vgl. AEAO zu § 251, Nr. 5.2).

4.1.5 Wirkungen auf Verfahren gegen Dritte

Verfahren gegen Dritte, die sich nicht in Insolvenz befinden, bleiben grundsätzlich von den Wirkungen der Eröffnung des Insolvenzverfahrens unberührt. Dies gilt z. B. für das Besteuerungsverfahren des nichtinsolventen Ehegatten/Lebenspartners des Schuldners, für das Besteuerungsverfahren der nichtinsolventen Gesellschafter einer Personengesellschaft und für Haftungsverfahren gegen GmbH-Geschäftsführer.

4.2 Stellung und steuerliche Pflichten des Insolvenzverwalters

Der Insolvenzverwalter hat als Vermögensverwalter (§ 34 Abs. 3 AO) die steuerlichen Pflichten des Schuldners zu erfüllen. Er ist daher u. a. gem. § 149 Abs. 1 AO i. V. m. den Einzelsteuergesetzen verpflichtet, Steuererklärungen für den Schuldner abzugeben. Die Steuererklärungspflicht besteht sowohl für Besteuerungszeiträume nach Eröffnung des Insolvenzverfahrens als auch für Besteuerungszeiträume vor Eröffnung des Insolvenzverfahrens, soweit der Schuldner noch keine Steuererklärungen abgegeben hat.

Der Insolvenzverwalter hat die steuerlichen Pflichten des Schuldners jedoch nur insoweit zu erfüllen, als seine Verfügungsbefugnis reicht. Soweit Besteuerungsgrundlagen den insolvenzfreien Bereich betreffen, insbesondere Umsätze bzw. Einkünfte aus dem nach § 35 Abs. 2 InsO freigegebenen oder pfändungsfreien Vermögen, ist daher nicht der Insolvenzverwalter, sondern der Schuldner zur Erklärung verpflichtet, z. B. zur Abgabe von Umsatzsteuererklärungen für das freigegebene Unternehmen. Entsprechendes gilt für die Erklärung zu Besteuerungsgrundlagen, die den mit dem Schuldner zusammenveranlagten Ehegatten/Lebenspartner betreffen. Soweit die Steuergesetze die eigenhändige Unterzeichnung einer Steuererklärung vorschreiben, muss die Steuererklärung vom Insolvenzverwalter eigenhändig (mit-) unterschrieben werden; dies gilt auch im Fall einer Antragsveranlagung gem. § 46 Abs. 2 Nr. 8 EStG.

Für die Steuererklärungspflicht des Insolvenzverwalters ist es i. d. R. unerheblich, ob die Insolvenzmasse über ausreichende Mittel verfügt, um diese Erklärungen durch einen Dritten erstellen zu lassen (BFH-Urteil vom 23.8.1994, VII R 143/92, BStBl 1995 II S. 194). Soweit der Insolvenzverwalter verpflichtet ist, Steuererklärungen einschließlich Steueranmeldungen abzugeben, und er dieser Verpflichtung nicht nachkommt, sind Zwangsmaßnahmen (§§ 328, 329 AO) gegen ihn zulässig. Dies gilt auch, wenn aus den angeforderten Erklärungen voraussichtlich nicht mit steuerlichen Auswirkungen zu rechnen ist (sogenannte „Null-Erklärungen" vgl. BFH-Urteil vom 6.11.2012, VII R 72/11, BStBl 2013 II S. 141). In massearmen Verfahren kann jedoch regelmäßig von der Anwendung von Zwangsmitteln abgesehen werden; die Besteuerungsgrundlagen sind dann zu schätzen.

Erkennt der Insolvenzverwalter während des Verfahrens, dass der Schuldner für die Zeit vor Insolvenzeröffnung unrichtige oder unvollständige Erklärungen abgegeben hat und dass es dadurch zu einer Verkürzung von Steuern kommen kann oder bereits gekommen ist, ist er nach § 153 Abs. 1 AO verpflichtet, die unrichtigen oder unvollständigen Steuererklärungen zu berichtigen oder zu vervollständigen.

Die Steuererklärungspflicht des Insolvenzverwalters endet grundsätzlich mit Aufhebung des Insolvenzverfahrens. Soweit Steuererklärungen vor Aufhebung des Insolvenzverfahrens vom Insolvenzverwalter abzugeben waren, besteht diese Verpflichtung über diesen Zeitpunkt hinaus fort, soweit der frühere Insolvenzverwalter dieser Verpflichtung noch tatsächlich nachkommen kann (§§ 34, 36 AO).

Für Zeiträume nach der Aufhebung des Insolvenzverfahrens obliegen die steuerlichen Pflichten dem Schuldner.

4.3 Verwaltungsakte im Insolvenzverfahren

4.3.1 Vor Insolvenzeröffnung begründete Ansprüche

Während des Insolvenzverfahrens dürfen hinsichtlich Insolvenzforderungen grundsätzlich keine Bescheide über die Festsetzung von Ansprüchen aus dem Steuerschuldverhältnis und keine Bescheide, die Besteuerungsgrundlagen feststellen oder Steuermessbeträge festsetzen, welche die Höhe der zur Insolvenztabelle anzumeldenden Steuerforderungen beeinflussen können, erlassen werden. Ein gleichwohl erlassener Steuerbescheid über einen Steueranspruch, der eine Insolvenzforderung betrifft, ist unwirksam (BFH-Urteil vom 18.12.2002, I R 33/01, BStBl 2003 II S. 630).

Wirksam erlassen werden können hingegen:

§ 251 Abgabenordnung

- Steuerfestsetzungen i. H. v. 0 €, wenn deren Besteuerungsgrundlagen nicht in einen verbleibenden Verlustvortrag nach § 10d EStG eingehen können, da sie andernfalls abstrakt geeignet sind, sich auf anzumeldende Steuerforderungen auszuwirken, vgl. § 10d Abs. 4 Satz 4 EStG.

- Umsatzsteuerbescheide, in denen eine negative Umsatzsteuer für einen Besteuerungszeitraum vor Eröffnung des Insolvenzverfahrens festgesetzt wird, sofern sich daraus keine Zahllast ergibt (BFH-Urteil vom 13.5.2009, XI R 63/07, BStBl 2010 II S. 11).

- Bescheide über Einkommensteuer oder Körperschaftsteuer, wenn sich unter Berücksichtigung von Anrechnungsbeträgen insgesamt ein Erstattungsbetrag ergibt und keine Besteuerungsgrundlagen festgestellt werden, die die Höhe von Steuerforderungen beeinflussen, welche zur Insolvenztabelle anzumelden sind (BFH-Urteil vom 5.4.2022, IX R 27/18, BStBl II S. 703).

- Andere Steuerbescheide oder sonstige Verwaltungsakte, die zu einem Erstattungsanspruch zugunsten der Insolvenzmasse führen, sofern sie nicht ausnahmsweise abstrakt geeignet sind, sich auf anzumeldende Steuerforderungen auszuwirken.

- Festsetzungen von Steuermessbeträgen, die sich für den Schuldner vorteilhaft auswirken, sofern sie nicht ausnahmsweise abstrakt geeignet sind, sich auf anzumeldende Steuerforderungen auszuwirken.

Die Anrechnung von Steuerabzugsbeträgen und/oder Vorauszahlungen mit dem Ziel ihrer (teilweisen) Erstattung für vorinsolvenzliche Besteuerungszeiträume erfordert nach Eröffnung des Insolvenzverfahrens eine Steuerfestsetzung unter Berücksichtigung der jeweiligen Einkünfte.

Eine Steuerfestsetzung hat außerdem zu erfolgen, wenn der Insolvenzverwalter ausdrücklich die Erteilung eines Steuerbescheids beantragt, auch wenn sie sich auf anzumeldende Steuerforderungen auswirken kann. Ein solcher Antrag ist erforderlich, wenn der Insolvenzverwalter die Anrechnung von Steuerabzugsbeträgen und/oder Vorauszahlungen begehrt mit dem Ziel ihrer (teilweisen) Erstattung zugunsten der Insolvenzmasse. Die Abgabe einer gesetzlich vorgeschriebenen Steuererklärung ist, mit Ausnahme der Fälle des § 46 Abs. 2 Nr. 8 EStG (vgl. BFH-Urteil vom 20.1.2016, VI R 14/15, BStBl II S. 380), kein Antrag auf Erteilung eines Steuerbescheids (vgl. AEAO zu § 171, Nr. 2).

Weiterhin können folgende Verwaltungsakte ergehen:

- Verwaltungsakte nach § 251 Abs. 3 AO (ggf. neben einer Bekanntgabe an den widersprechenden Gläubiger, § 179 Abs. 1 InsO),

- Gewerbesteuermessbetragsbescheide (§ 184 AO) und Zerlegungsbescheide (§ 188 AO) nach einem Widerspruch gegen die Anmeldung von Gewerbesteuerforderungen zur Insolvenztabelle durch die erhebungsberechtigte Körperschaft (BFH-Urteil vom 2.7.1997, I R 11/97, BStBl 1998 II S. 428),

- Bescheide, die Besteuerungsgrundlagen feststellen, die eine vom Insolvenzverwalter im Prüfungstermin bestrittene Steuerforderung betreffen (BFH-Urteil vom 1.4.2003, I R 51/02, BStBl II S. 779; zu Feststellungsbescheiden vgl. auch AEAO zu § 251, Nr. 4.4).

Für diese Verwaltungsakte ist Bekanntgabeadressat (vgl. AEAO zu § 122, Nr. 1.4) der Insolvenzverwalter.

In Fällen der Eigenverwaltung (vgl. AEAO zu § 251, Nr. 13) ist der Schuldner Bekanntgabeadressat.

Zu Verbindlichkeiten nach § 55 Abs. 2 und 4 InsO vgl. AEAO zu § 251, Nr. 3.1.

4.3.2 Nach Insolvenzeröffnung begründete Ansprüche

Verwaltungsakte, die die Insolvenzmasse betreffen, dürfen erlassen werden.

Bekanntgabeadressat aller die Insolvenzmasse betreffenden Verwaltungsakte ist der Insolvenzverwalter. Dies gilt insbesondere für die Bekanntgabe von

- Steuerbescheiden oder Steuermessbetragsbescheiden wegen Steueransprüchen, die nach der Verfahrenseröffnung begründet und damit sonst ge Masseverbindlichkeiten sind,

- Verwaltungsakten nach § 218 Abs. 2 AO,

- Steuerbescheiden wegen Steueransprüchen, die aufgrund einer neuen beruflichen oder gewerblichen, nicht vom Insolvenzverwalter freigegebenen Tätigkeit des Schuldners begründet sind (sog. Neuerwerb, § 35 InsO).

Verwaltungsakte, die das insolvenzfreie Vermögen betreffen, sind an den Schuldner zu richten und diesem bekannt zu geben.

4.3.3 Beispiele für Bescheiderläuterungen bei Bekanntgabe an den Insolvenzverwalter:

„Der Bescheid ergeht an Sie als Insolvenzverwalter/vorläufiger Insolvenzverwalter im Insolvenzverfahren/Verfahren über den Antrag auf Eröffnung des Insolvenzverfahrens über das Vermögen des Schuldners ... ."

Die Erläuterung ist, soweit erforderlich, zur Klarstellung zu ergänzen:

„Die Steuerfestsetzung betrifft die Festsetzung der Umsatzsteuer als sonstige Masseverbindlichkeit."

„Die Festsetzung des Gewerbesteuermessbetrags dient der erhebungsberechtigten Körperschaft als Grundlage zur Fortführung des weiteren Verfahrens aufgrund des Widerspruchs gegen die Anmeldung der Gewerbesteuerforderung zur Tabelle."

4.4 Besonderheiten bei der gesonderten Feststellung von Besteuerungsgrundlagen

4.4.1 Personengesellschaften

4.4.1.1 Insolvenz der rechtsfähigen Personengesellschaft

Das Insolvenzverfahren einer rechtsfähigen GbR oder einer Personenhandelsgesellschaft umfasst nur das Gesellschaftsvermögen, nicht jedoch das persönliche Vermögen der Gesellschafter oder das Sonderbetriebsvermögen einzelner Gesellschafter.

Zivilrechtlich wird die rechtsfähige GbR oder Personenhandelsgesellschaft durch die Eröffnung des Insolvenzverfahrens aufgelöst (§ 729 Abs. 1 Nr. 2 BGB, § 138 Abs. 1 Nr. 2 HGB, § 161 Abs. 2 HGB). Steuerrechtlich besteht sie zunächst fort (vgl. AEAO zu § 122, Nr. 2.7.1). Ist ausschließlich über das Vermögen der Gesellschaft - nicht aber auch über das Vermögen eines Gesellschafters - ein Insolvenzverfahren eröffnet worden, unterbricht diese Verfahrenseröffnung das (Gewinn-)Feststellungsverfahren nicht, weil dessen steuerlichen Folgen nicht die Insolvenzmasse, sondern ausschließlich die Gesellschafter treffen (BFH-Urteil vom 24.7.1990, VIII R 194/84, BStBl 1992 II S. 508). Daher sind weiterhin Feststellungserklärungen abzugeben.

Die einer rechtsfähigen Personenvereinigung obliegende Pflicht zur Abgabe der Feststellungserklärung (§ 181 Abs. 2 Nr. 1 Buchst. a AO) geht mit Eröffnung des Insolvenzverfahrens auf ihren Insolvenzverwalter über. Die zivilrechtliche Auflösung der Personenvereinigung durch Eröffnung des Insolvenzverfahrens über das Vermögen der Gesellschaft ist hierbei unbeachtlich, da sie steuerrechtlich zunächst fortbesteht. Wurde das Insolvenzverfahren allerdings vor dem 1.1.2024 eröffnet, ist § 181 Abs. 2 Satz 2 Nr. 1 AO in der am 31.12.2023 geltenden Fassung für Feststellungszeiträume und Feststellungszeitpunkte vor dem 1.1.2024 weiterhin anzuwenden (Art. 97 § 39 Abs. 5 EGAO).

Der Insolvenzverwalter über das Vermögen einer Personengesellschaft ist vorbehaltlich des § 5b Abs. 2 EStG zur elektronischen Übermittlung der E-Bilanz gem. § 5b Abs. 1 EStG verpflichtet, wenn ihm die Abgabepflicht für eine Steuer- oder Feststellungserklärung obliegt, für die die E-Bilanz von Bedeutung ist (insbesondere die Gewerbesteuererklärung oder die Erklärung über die gesonderte und einheitliche Feststellung der Besteuerungsgrundlagen). In diesem Fall hat er auch die nach § 51 Abs. 4 Nr. 1b EStG vom BMF im Einvernehmen mit den obersten Finanzbehörden der Länder bestimmten Mussangaben, die die Feststellungsbeteiligten betreffen, an das Finanzamt zu übermitteln.

Nach § 729 Abs. 1 Nr. 2 BGB wird eine rechtsfähige GbR durch Eröffnung des Insolvenzverfahrens über ihr Vermögen zivilrechtlich aufgelöst (zur OHG und KG siehe § 138 Abs. Nr. 2 HGB). Das Insolvenzverfahren tritt dann an die Stelle der Auseinandersetzung und Liquidation. Da die rechtsfähige GbR, OHG oder KG mit Eröffnung des Insolvenzverfahrens steuerlich noch nicht vollbeendet ist, sind Bescheide über die gesonderte und einheitliche Feststellung der den Feststellungsbeteiligten anteilig zuzurechnenden Einkünfte und anderer Besteuerungsgrundlagen dem Insolvenzverwalter als gesetzlichem Vertreter der weiterhin rechtsfähigen GbR, OHG oder KG mit Wirkung für und gegen die Feststellungsbeteiligten bekanntzugeben (Zur Ausnahme für vor dem 1.1.2024 eröffnete Insolvenzverfahren siehe Art. 97 § 39 Abs. 5 EGAO).

Bei der Finanzbehörde bekannt gewordenen Meinungsverschiedenheiten zwischen den Feststellungsbeteiligten untereinander oder zwischen einem oder mehreren Feststellungsbeteiligten und dem Insolvenzverwalter ist zur Wahrung der Rechte der Feststellungsbeteiligten eine Einzelbekanntgabe nach § 183 Abs. 2 AO vorzunehmen; dem Insolvenzverwalter ist der Feststellungsbescheid dann insoweit nachrichtlich zu übersenden.

4.4.1.2 Insolvenz eines (oder mehrerer) Gesellschafters der Personengesellschaft

Mit der Eröffnung des Insolvenzverfahrens über das Vermögen eines Feststellungsbeteiligten wird das (Gewinn-)Feststellungsverfahren ausschließlich hinsichtlich der Feststellung des Anteils des in der Insolvenz befindlichen Gesellschafters unterbrochen. Diese Unterbrechung hindert den Fortgang des (Gewinn-)Feststellungsverfahrens gegenüber den übrigen Beteiligten nicht. Insoweit wird vom Grundsatz der Einheitlichkeit des Feststellungsverfahrens (§ 179 Abs. 2 Satz 2 AO) abgewichen.

Sobald dem für die Besteuerung eines Feststellungsbeteiligten zuständigen Finanzamt bekannt wird, dass über das Vermögen dieses Steuerpflichtigen das Insolvenzverfahren eröffnet worden ist, hat es das für die Durchführung der gesonderten und einheitlichen Feststellung zuständige Finanzamt unverzüglich hierüber zu unterrichten.

Wenn im Zeitpunkt der Insolvenzeröffnung noch kein (Gewinn-)Feststellungsbescheid vorliegt, gilt für die Besteuerung des Anteils des insolventen Beteiligten Folgendes:

Eine Unterscheidung zwischen Insolvenz- und Masseforderungen ist bereits im (Gewinn)Feststellungsbescheid gegenüber dem in Insolvenz befindlichen Mitunternehmer vorzunehmen.

Werden durch die gesonderte und einheitliche Feststellung gegenüber dem Schuldner (insolventer Feststellungsbeteiligter) sowohl Besteuerungsgrundlagen, welche der Anmeldung von Insolvenzforderungen dienen, als auch Besteuerungsgrundlagen, welche der Festsetzung von Masseforderungen dienen, festgestellt, so sind die Besteuerungsgrundlagen, welche der Anmeldung von Insolvenzforderungen dienen, gesondert aufzuführen. Dieser Bescheid ist dem Insolvenzverwalter bekannt zu geben. Dabei ist darauf hinzuweisen, dass der Bescheid, soweit er Besteuerungsgrundlagen betrifft, die der Anmeldung von Insolvenzforderungen dienen, lediglich ein „informatorischer Bescheid" über die Berechnungsgrundlage ist (vgl. BFH-Urteil vom 24.8.2004, VIII R 14/02, BStBl 2005 II S. 246).

Zuständig für die Anmeldung der Forderungen zur Tabelle ist und bleibt das für die Besteuerung des Schuldners zuständige Finanzamt. Es nimmt bei Bedarf auch am Prüfungstermin teil.

Wird die von dem Finanzamt angemeldete Forderung im Prüfungstermin bestritten, hat das für die Besteuerung des Schuldners zuständige Finanzamt einen Feststellungsbescheid nach § 251 Abs. 3 AO zu erlassen, der auf Feststellung zur Insolvenztabelle gerichtet ist. Der Feststellungsbescheid nach § 251 Abs. 3 AO ist an die widersprechenden Insolvenzgläubiger bzw. den widersprechenden Insolvenzverwalter zu richten.

Wird kein Einspruch gegen den Feststellungsbescheid nach § 251 Abs. 3 AO eingelegt, gilt die Forderung als festgestellt. Die Berichtigung der Tabelle ist von dem für die Besteuerung des Schuldners zuständigen Finanzamt zu beantragen.

Wird gegen den Feststellungsbescheid nach § 251 Abs. 3 AO Einspruch eingelegt und damit begründet, dass die festgestellte Forderung auf einer Gewinnfeststellung beruht, ist das Gewinnfeststellungsverfahren wieder aufzunehmen. Der Rechtsstreit über den Feststellungsbescheid nach § 251 Abs. 3 AO ist bis zu der abschließenden Entscheidung in dem Gewinnfeststellungsverfahren gem. § 363 Abs. 1 AO auszusetzen.

An diesem Gewinnfeststellungsverfahren sind anstelle des Schuldners die im Prüfungstermin widersprechenden Insolvenzgläubiger bzw. der widersprechende Insolvenzverwalter beteiligt; ihnen ist deshalb auch ein sog. „verkürzter" Gewinnfeststellungsbescheid (§ 183 Abs. 2 Satz 2 AO) bekannt zu geben (BFH-Urteil vom 24.8.2004, VIII R 14/02, a. a. O.).

Die Entscheidung im Gewinnfeststellungsverfahren ist bei der Entscheidung über den Feststellungsbescheid nach § 251 Abs. 3 AO zu berücksichtigen. Die Berichtigung der Tabelle beim Insolvenzgericht ist dann von dem für die Besteuerung des Schuldners zuständigen Finanzamt zu beantragen.

4.4.2 Sonstige Feststellungen von Besteuerungsgrundlagen

Gesonderte Feststellungen von Besteuerungsgrundlagen, denen die abstrakte Eignung fehlt, sich auf anzumeldende Steuerforderungen auszuwirken (z. B. Feststellung des steuerlichen Einlagekontos gem. § 27 KStG), oder wenn der Insolvenzverwalter die Feststellung ausdrücklich beantragt hat (vgl. BFH-Urteil vom 18.12.2002, I R 33/01, BStBl 2003 II S. 630), sind zulässig. Die Abgabe einer gesetzlich vorgeschriebenen Feststellungserklärung ist kein Antrag auf Erteilung eines Feststellungsbescheids (vgl. AEAO zu § 171, Nr. 2).

4.5 Auskunftsrechte des Insolvenzverwalters gegenüber dem Finanzamt

Der Insolvenzverwalter kann als Vermögensverwalter anstelle des Schuldners einen Antrag auf Auskunft nur stellen, soweit seine steuerliche Vertretungsbefugnis nach § 34 Abs. 3 AO reicht.

Der Schuldner selbst hat nach Artikel 15 DSGVO einen Anspruch auf Auskunft, sofern § 32c AO dem nicht entgegensteht. Soweit Artikel 12 bis 15 der DSGVO keine Regelungen enthalten, bestimmt die Finanzbehörde das Verfahren, insbesondere die Form der Information oder der Auskunftserteilung, nach pflichtgemäßem Ermessen (§ 32d Abs. 1 AO). Der Schuldner hat demzufolge zwar ein Recht auf Auskunft, aber keinen Anspruch auf eine bestimmte Form der Auskunftserteilung, wie etwa Akteneinsicht oder Übersendung eines Kontoauszuges.

Das Auskunftsrecht nach Artikel 15 DSGVO ist ein persönliches Recht des Schuldners als betroffene Person. Die datenschutzrechtliche Betroffenenstellung geht nicht gem. § 80 Abs. 1 InsO in das Verwaltungs- und Verfügungsrecht des Insolvenzverwalters über (vgl. BVerwG-Urteile vom 16.9.2020, 6 C 10.19, BFH/NV 2021 S. 287, und vom 25.2.2022, 10 C 4.20, 10 C 7.21, BFH/NV S. 1150). Der Insolvenzverwalter kann daher nicht auf der Grundlage des Artikel 15 DSGVO eine Auskunft zum Besteuerungsverfahren des Schuldners erhalten.

Schuldner und Insolvenzverwalter haben keinen Auskunftsanspruch gegenüber dem Finanzamt, soweit die Auskunftserteilung den Rechtsträger der Finanzbehörde in der Verteidigung gegen ihn geltend gemachter, noch geltend zu machender oder möglicher zivilrechtlicher Ansprüche, wie z. B. aus der Anfechtung von Rechtshandlungen nach §§ 129 - 147 InsO, beeinträchtigen würde (§ 32c Abs. 1 Nr. 2 AO; vgl. BVerwG-Urteile vom 25.2.2022, 10 C 4.20, 10 C 7.21, a. a. O.).

Ein zivilrechtlicher Auskunftsanspruch wegen möglicher Anfechtungsansprüche besteht allerdings dann, wenn ein Anfechtungsanspruch dem Grunde nach feststeht und es nur noch um die nähere Bestimmung von Art und Umfang des Anspruchs geht (BGH-Urteil vom 13.8.2009, IX ZR 58/06, HFR 2010 S. 299).

Außersteuerliche Auskunftsrechte des Insolvenzverwalters zur Vorbereitung der Geltendmachung von Anfechtungsansprüchen nach §§ 129 ff. InsO können sich dem Grunde nach aus den jeweils einschlägigen Regelungen des Informationsfreiheitsgesetzes (IFG) oder entsprechender Gesetze der Länder ergeben. Einem - nach der Rechtsprechung des BVerwG dem Grunde nach vorausgesetzten - Informationsanspruch stehen aber § 32e i. V. m. § 32c Abs. 1 Nr. 2 AO entgegen (vgl. BVerwG-Urteile vom 25.2.2022, 10 C 4.20, 10 C 7.21, a. a. O.).

Der Insolvenzverwalter muss insoweit mögliche - der Anfechtung unterliegende - Rechtshandlungen des Finanzamts selbst ermitteln. Das Finanzamt ist nicht verpflichtet, durch Herausgabe von Unterlagen oder durch Erteilung von Auskünften zur Ermittlung von Insolvenzanfechtungstatbeständen beizutragen.

5. Insolvenzforderungen

5.1 Begriff

Eine Insolvenzforderung ist eine zur Zeit der Eröffnung des Insolvenzverfahrens begründete Forderung des Gläubigers gegen den Schuldner (§ 38 InsO). Der Zeitpunkt der steuerrechtlichen Entstehung der Forderung ist für diese Einordnung unmaßgeblich, so dass eine Abgabenforderung - unabhängig von der steuerrechtlichen Entstehung - immer dann als Insolvenzforderung anzusehen ist, wenn ihr Rechtsgrund zum Zeitpunkt der Verfahrenseröffnung bereits gelegt war bzw. der den Steueranspruch begründende Tatbestand nach den steuerrechtlichen Vorschriften bereits vor der Insolvenzeröffnung vollständig verwirklicht und damit abgeschlossen war, es sei denn, dass der Tatbestand der § 55 Abs. 2 oder 4 InsO erfüllt ist.

Ist die Steuerforderung im Zeitpunkt der Eröffnung des Insolvenzverfahrens noch nicht gem. § 38 AO entstanden (z. B. Eröffnung im Laufe des Umsatzsteuer-Voranmeldungszeitraums), ist nur die zum Eröffnungszeitpunkt bereits begründete Teilsteuerforderung Insolvenzforderung. Der nach Eröffnung begründete Teil ist Masseforderung.

Abgabenansprüche, die lediglich begründet, aber noch nicht fällig sind, gelten im Zeitpunkt der Verfahrenseröffnung als fällig (§ 41 InsO).

Beispiel 1 (Umsatzsteuer)

Die Umsatzsteuerforderung entsteht bei Sollversteuerung erst mit Ablauf des Voranmeldungszeitraums, in dem die Leistungen ausgeführt worden sind (§ 13 Abs. 1 Nr. 1 Buchstabe a UStG). Dagegen ist sie grundsätzlich bereits begründet, soweit die Leistung erbracht ist.

Im Falle der Istversteuerung nach § 20 UStG entsteht die Umsatzsteuerforderung erst mit Ablauf des Voranmeldungszeitraums, in dem das Entgelt vereinnahmt worden ist (§ 13 Abs. 1 Nr. 1 Buchstabe b UStG). Insolvenzrechtlich begründet ist sie bereits im Zeitpunkt der Vereinnahmung des Entgelts (BFH-Urteil vom 29.1.2009, V R 64/07, BStBl II S. 682). Das Gleiche gilt für die Anzahlungsbesteuerung nach § 13 Abs. 1 Nr. 1 Buchstabe a Satz 4 UStG.

Zur Verteilung auf die einzelnen Vermögensbereiche vgl. AEAO zu § 251, Nr. 9.2.

Beispiel 2 (Vorsteuerrückforderung)

Der Vorsteuerrückforderungsanspruch (§ 17 Abs. 1 Satz 2 i. V. m. § 17 Abs. 2 Nr. 1 UStG) entsteht ebenfalls erst mit Ablauf des Voranmeldungszeitraums. Er ist aber zur Zeit der Bestellung eines vorläufigen Insolvenzverwalters mit Zustimmungsvorbehalt oder Bestellung eines vorläufigen Insolvenzverwalters, dem die Verwaltungs- und Verfügungsbefugnis über das Vermögen des Schuldners übertragen worden ist, begründet, weil die Uneinbringlichkeit bereits zu diesem Zeitpunkt vorlag (BMF-Schreiben vom 20.5.2015, BStBl I S. 476). Spätestens ist der Vorsteuerrückforderungsanspruch mit der Eröffnung des Insolvenzverfahrens begründet (BFH-Urteil vom 22.10.2009, V R 14/08, BStBl II 2011, S. 988, und vom 9.12.2010, V R 22/10, BStBl II 2011 S. 996).

Beispiel 3 (Lohnsteuer)

Die Lohnsteuer entsteht in dem Zeitpunkt, in dem der Arbeitslohn dem Arbeitnehmer zufließt (§§ 38 Abs. 2, 41a Abs. 1 EStG). Sie ist regelmäßig auch in diesem Zeitpunkt begründet i. S. v. § 38 InsO, unabhängig davon, für welchen Zeitraum die Lohnzahlungen erfolgen.

Beispiel 4 (Rückforderung Investitionszulage)

Der Anspruch auf Rückforderung einer gewährten Investitionszulage ist vor Eröffnung des Insolvenzverfahrens begründet, wenn das zulagenbegünstigte Wirtschaftsgut vor Eröffnung des Insolvenzverfahrens bereits zulagenschädlich verwendet wurde (z. B. Veräußerung oder Umqualifizierung von Anlagevermögen in Umlaufvermögen).

Die nach Eröffnung des Insolvenzverfahrens durch den Insolvenzverwalter erfolgte zulagenschädliche Verwendung des Wirtschaftsgutes führt ebenfalls zu einer Insolvenzforderung. Der Rückforderungsanspruch war schon vor der Eröffnung begründet, weil das vom Schuldner geschaffene öffentlich-rechtliche Verhältnis zur Finanzbehörde, aus dem später der Rückforderungsanspruch entstanden ist, zum Zeitpunkt der Verfahrenseröffnung bereits bestand.

Beispiel 5 (weggefallen)

Beispiel 6 (Einkommen- und Körperschaftsteuer)

Die Einkommen- und Körperschaftsteuer auf die bis zur Insolvenzeröffnung erzielten Einkünfte stellt eine Insolvenzforderung dar.

Für die Zuordnung der Einkünfte und für die Verteilung der Steuer auf die einzelnen Vermögensbereiche vgl. AEAO zu § 251, Nr. 9.1.

Verspätungszuschläge sind Insolvenzforderungen (BFH-Beschluss vom 19.1.2005, VII B 286/04, BFH/NV S. 1001), wenn sie auf Fristversäumnissen des Schuldners bis zur Insolvenzeröffnung beruhen.

Zinsen nach §§ 233 ff. AO auf Insolvenzforderungen für Zeiträume bis zur Eröffnung des Insolvenzverfahrens sind zur Insolvenztabelle anzumelden.

Säumniszuschläge und Zinsen, die seit Eröffnung des Insolvenzverfahrens auf Insolvenzforderungen entstanden sind, sowie rückständige Bußgelder und Zwangsgelder sind nachrangige Insolvenzforderungen i. S. d. § 39 InsO.

5.2 Geltendmachung von Insolvenzforderungen

Insolvenzforderungen sind schriftlich beim Insolvenzverwalter anzumelden (§ 174 Abs. 1 InsO). Liegt der Forderung eine Steuerstraftat des Schuldners nach §§ 370, 373 oder 374 AO zugrunde, sind neben dem Grund und dem Betrag der Forderung auch die Tatsachen, aus denen sich nach Einschätzung der Finanzbehörde eine entsprechende Steuerstraftat ergibt, anzugeben. Diese Tatsachen können auch gem. § 177 Abs. 1 Satz 3 InsO nachträglich angemeldet werden (vgl. BFH-Urteil vom 28.6.2022, VII R 23/21, BStBl II S. 791). Zu diesen Forderungen gehören auch die entstandenen Zinsansprüche wie z. B. Hinterziehungszinsen (vgl. BFH-Urteil vom 20.3.2012, VII R 12/11, BStBl II S. 491). Im Zeitpunkt der Anmeldung zur Tabelle muss noch keine rechtskräftige Verurteilung wegen einer Steuerstraftat vorliegen. Der Insolvenzverwalter führt eine Tabelle, in die er jede angemeldete Forderung mit den in § 174 Abs. 2, 3 InsO genannten Angaben einzutragen hat (§§ 174, 175 InsO). Nachrangige Insolvenzforderungen sind nur auf besondere Aufforderung durch das Insolvenzgericht hin anzumelden (§ 174 Abs. 3 InsO).

5.3 Insolvenzforderungen im Prüfungstermin; Auswirkung auf das Besteuerungsverfahren

Wegen der Auswirkungen auf das Steuerfestsetzungs- und Rechtsbehelfsverfahren ist für die weitere Bearbeitung zunächst zu unterscheiden, ob die Forderung im Prüfungstermin (§ 29 Abs. 1 Nr. 2 InsO) bestritten wurde.

5.3.1 Vom Insolvenzverwalter oder einem Gläubiger bestrittene Forderungen

Ist eine angemeldete Abgabenforderung nach Grund und Höhe im Prüfungstermin bestritten worden, was z. B. auch bei „vorläufigem Bestreiten" oder „auflösend bedingter Feststellung" gegeben ist (vgl. BFH-Beschluss vom 16.3.2016, V B 41/15, BFH/NV S. 1073), muss weiter differenziert werden, ob der Anspruch tituliert ist.

Von einer "Titulierung" im insolvenzrechtlichen Sinne ist auszugehen, wenn vor Insolvenzeröffnung ein Bescheid bekannt gegeben oder eine Steueranmeldung abgegeben worden ist. Arrestanordnungen sind keine Titel i. S. d. § 179 InsO.

Nicht titulierte Ansprüche sind Steuerforderungen, die im Zeitpunkt der Verfahrenseröffnung begründet (§ 38 InsO, vgl. AEAO zu § 251, Nr. 5.1) waren, für die aber bis zur Insolvenzeröffnung noch kein Steuerbescheid wirksam bekannt gegeben wurde oder für die noch keine Steueranmeldung abgegeben wurde oder diese erst nach Verfahrenseröffnung beim Finanzamt eingegangen ist.

5.3.1.1 Nicht titulierte Forderungen

Wird eine nicht titulierte Forderung bestritten, stellt das Finanzamt das Bestehen der Abgabenforderung durch Feststellungsbescheid nach § 251 Abs. 3 AO fest. Inhalts- und Bekanntgabeadressat ist der Bestreitende (Insolvenzverwalter oder -gläubiger; § 179 Abs. 1 InsO).

5.3.1.2 Titulierte Forderungen

Wird eine titulierte Abgabenforderung bestritten, obliegt es dem Bestreitenden, der Widerspruch zu verfolgen (§ 179 Abs. 2 InsO). Es bleibt dem Finanzamt unbenommen -

§ 251 Abgabenordnung

insbesondere zur Erlangung des Stimmrechts (§ 77 InsO) -, das durch die Verfahrenseröffnung unterbrochene Verfahren selbst aufzunehmen (grundlegend BVerwG-Urteil vom 29.4.1988, 8 C 73/85, NJW 1989, S. 314 und Abschnitt 60 Abs. 7 VollstrA)

5.3.1.2.1 Nicht bestandskräftiger und nicht angefochtener Steuerbescheid

War der Steuerbescheid vor Eröffnung des Verfahrens noch nicht bestandskräftig und wurde noch kein Rechtsbehelf eingelegt, ist der Lauf der Rechtsbehelfsfrist durch die Eröffnung des Verfahrens unterbrochen. Das Finanzamt hat dem Bestreitenden die Aufnahme des Rechtsstreits zu erklären (analog § 240 ZPO). Mit der Bekanntgabe dieser Erklärung beginnt die durch die Verfahrenseröffnung unterbrochene Einspruchsfrist neu zu laufen.

Entsprechendes gilt auch für nicht bestandskräftige Bescheide, mit denen der Tabellenstreit unmittelbar im Zusammenhang steht, wie insbesondere Verlustfeststellungsbescheide oder Gewerbesteuermessbescheide, die zumindest die abstrakte Eignung haben, sich auf Insolvenzforderungen auszuwirken (vgl. Urteil des FG Köln vom 10.8.2017, 13 K 1849/13, EFG S.1807).

Legt der Bestreitende gegen den Steuerbescheid Einspruch ein, ist das Einspruchsverfahren nach den allgemeinen Vorschriften durchzuführen. Ist der Einspruch begründet, ist eine (neue) Steuerberechnung an den Bestreitenden zu übersenden; die Forderungsanmeldung ist ggf. zu berichtigen. Hat der Einspruch keinen Erfolg, sind der Einspruch und ein ggf. vorliegender Widerspruch gegen die Anmeldung zur Tabelle mit der Einspruchsentscheidung als unbegründet zurückzuweisen und die bestrittenen Steueransprüche als Insolvenzforderungen festzustellen (BFH-Urteil vom 23.2.2005, VII R 63/03, BStBl II S. 591).

5.3.1.2.2 Angefochtener Steuerbescheid

War der Steuerbescheid vor Eröffnung des Insolvenzverfahrens noch nicht bestandskräftig und vom Schuldner oder dem vorläufigen „starken" Insolvenzverwalter mit einem zulässigen Einspruch oder einer zulässigen Klage angefochten, hat der Insolvenzverwalter die Möglichkeit - ggf. nach entsprechender Aufforderung durch das Finanzamt -, das Rechtsbehelfsverfahren aufzunehmen und fortzuführen. Das vom Insolvenzverwalter aufgenommene Einspruchsverfahren ist vom Finanzamt weiter zu betreiben.

Nimmt der Insolvenzverwalter trotz Aufforderung durch das Finanzamt seinen Widerspruch gegen die Forderungsanmeldung innerhalb einer angemessenen Frist nicht zurück und den Rechtsstreit von sich auch nicht auf, nimmt das Finanzamt das Einspruchsverfahren auf und führt dieses fort (BFH-Urteil vom 13.11.2007, VII R 61/06, BStBl 2008 II S. 790).

Das Einspruchsverfahren wird in dem Verfahrensstand fortgesetzt, in dem es bei seiner Unterbrechung zum Stillstand gekommen ist.

Bei einem begründeten Einspruch ist eine Steuerberechnung an den Insolvenzverwalter zu übersenden und die Forderungsanmeldung zu berichtigen.

Kann dem Einspruch in der Sache (Höhe der festgesetzten Steuer) nicht in vollem Umfang entsprochen werden, ist er durch Einspruchsentscheidung (u. U. teilweise) als unbegründet zurückzuweisen. Die Einspruchsentscheidung ist dem Insolvenzverwalter als

Einspruchsführer bekannt zu geben. In diesen Fällen ist kein Feststellungsbescheid gem. § 251 Abs. 3 AO zu erlassen.

Die Einspruchsentscheidung muss sich sowohl auf die Rechtmäßigkeit der Steuerforderung als auch auf die rechtmäßige Beanspruchung der Steuerforderung als Insolvenzforderung erstrecken. Dazu ist im Tenor über den Einspruch gegen die Steuerfestsetzung und über den im Prüfungstermin erhobenen Widerspruch zu entscheiden (BFH-Urteil vom 23.2.2005, VII R 63/03, BStBl II S. 591).

Beispiel der Tenorierung:

Der Einspruch gegen den Bescheid vom .... wird als unbegründet zurückgewiesen.

Die zur Insolvenztabelle angemeldeten Forderungen werden wie folgt als Insolvenzforderungen festgestellt:
(Aufstellung der geltend gemachten Steuerforderungen nebst Säumniszuschlägen wie beim Insolvenzfeststellungsbescheid).

Soweit wegen der streitigen Steuer eine Anmeldung zur Tabelle (§ 175 InsO) vorgenommen wurde, ist die Anmeldung im Anschluss an den Erlass der Einspruchsentscheidung entsprechend zu berichtigen.

Eine Verböserung in der Einspruchsentscheidung ist hingegen unzulässig, da die Verböserung einer nicht zulässigen erstmaligen Festsetzung einer Steuerschuld gleichstehen würde. Die ggf. höhere Steuerforderung muss durch Anmeldung zur Insolvenztabelle geltend gemacht werden.

Falls beim Finanzgericht oder beim BFH Rechtsbehelfsverfahren anhängig sind, informiert die Finanzbehörde das Gericht über das Ergebnis des Prüfungstermins.

Wurden vor Eröffnung des Insolvenzverfahrens neben einem Steuerbescheid auch damit unmittelbar im Zusammenhang stehende Bescheide, wie insbesondere Verlustfeststellungsbescheide oder Gewerbesteuermessbescheide, die zumindest die abstrakte Eignung haben, sich auf Insolvenzforderungen auszuwirken, angefochten, können bei Streitigkeiten über Besteuerungsgrundlagen, die gleichermaßen für die festzustellende Forderung als auch die zugehörigen Bescheide von Bedeutung sind, nicht nur das durch die Insolvenzeröffnung unterbrochene Verfahren bezüglich des angefochtenen Steuerbescheids, sondern auch die unterbrochenen Verfahren für die angefochtenen zugehörigen Bescheide wieder aufgenommen werden (vgl. Urteil des FG Köln vom 10.8.2017, 13 K 1849/13, EFG S.1807).

5.3.1.2.3 Bestandskräftiger Steuerbescheid

War die Abgabenforderung vor der Eröffnung des Insolvenzverfahrens bereits bestandskräftig festgesetzt, wirkt die Bestandskraft auch gegen den Widersprechenden. Diesem obliegt die Verfolgung seines Widerspruchs. Dabei muss er das Verfahren in der Lage übernehmen, in der es sich bei Eröffnung des Insolvenzverfahrens befand. Liegen keine Wiedereinsetzungsgründe vor und sind die Voraussetzungen der Korrekturvorschriften (insbesondere §§ 129 ff., 164, 165, 172 ff. AO) nicht erfüllt, erlässt das Finanzamt einen Feststellungsbescheid nach § 251 Abs. 3 AO und stellt die Bestandskraft der angemeldeten Forderung fest (BFH-Urteil vom 23.2.2010, VII R 48/07, BStBl II S. 562).

5.3.2 Vom Schuldner bestrittene Forderungen

Auch dem Schuldner steht das Widerspruchsrecht zu. Dieser Widerspruch steht jedoch der Feststellung der Forderung nicht entgegen (§ 178 Abs. 1 Satz 2 InsO).

Trotz Widerspruchs des Schuldners tritt die Rechtskraftwirkung des Tabelleneintrags ein (§ 178 Abs. 3 InsO). Soweit der Schuldner die zur Tabelle angemeldete Forderung bestreitet, wirkt der Tabelleneintrag nach Insolvenzbeendigung nicht gegen den Schuldner (§ 201 Abs. 2 InsO); insbesondere ist keine Vollstreckung aus der Eintragung in die Tabelle wie aus einem vollstreckbaren Urteil gegen den Schuldner zulässig (vgl. hierzu AEAO zu § 251, Nr. 5.3.4).

Im Falle einer titulierten Forderung obliegt es dem Schuldner, binnen einer Frist von einem Monat, beginnend ab dem Prüfungstermin oder im schriftlichen Verfahren mit dem Bestreiten der Forderung, den Widerspruch zu verfolgen. Nach fruchtlosem Ablauf dieser Frist gilt ein Widerspruch als nicht erhoben (§ 184 Abs. 2 InsO).

Erfolgt der Widerspruch des Schuldners rechtzeitig, kann ein unterbrochenes Einspruchsverfahren vom Finanzamt gegenüber dem Schuldner fortgeführt werden (§ 184 Abs. 1 Satz 2 InsO).

Haben sowohl der Insolvenzverwalter als auch der Schuldner widersprochen, ist es zulässig, den unterbrochenen Rechtsstreit sowohl gegen den Insolvenzverwalter als auch gegen den Schuldner aufzunehmen und damit denselben Rechtsstreit einmal gegen den Insolvenzverwalter auf Feststellung der Forderung zur Insolvenztabelle und zum anderen auf Feststellung der Forderung gegenüber dem Schuldner fortzuführen. Es handelt sich dabei um zwei miteinander verbundene Rechtsbehelfe mit verschiedenen Rechtsbehelfsbegehren (BFH-Urteil vom 13.11.2007, VII R 61/06, BStBl 2008 II S. 790).

Wird eine nicht titulierte Forderung vom Schuldner bestritten, kann das Finanzamt das Bestehen der Abgabenforderung durch Bescheid nach § 251 Abs. 3 AO feststellen (§ 180 Abs. 1 Satz 1 InsO). Dieser Bescheid ist an den Schuldner zu richten und diesem bekannt zu geben.

Widerspricht der Schuldner der Anmeldung einer Forderung i. S. v. § 302 Nr. 1 InsO, kann das Finanzamt bis zur Aufhebung des Insolvenzverfahrens - unabhängig von einer Titulierung - einen Feststellungsbescheid i. S. v. § 251 Abs. 3 AO mit dem Ziel erlassen, die Forderung von der Restschuldbefreiung auszunehmen, wenn der Schuldner im Zusammenhang mit den angemeldeten Forderungen wegen einer Steuerstraftat nach den §§ 370, 373 oder 374 AO rechtskräftig verurteilt worden ist (vgl. BFH-Urteil vom 28.6.2022, VII R 23/21, BStBl II S. 791); ein ergangener Strafbefehl, gegen den kein Einspruch erhoben worden ist, steht einem rechtskräftigen Urteil gleich (§ 410 Abs. 3 StPO).

Erfolgt die rechtskräftige Verurteilung erst nach Beendigung des Insolvenzverfahrens, siehe AEAO zu § 251, Nr. 15.2.

5.3.3 Feststellung der Forderung zur Tabelle

Werden die angemeldeten Forderungen im Prüfungstermin weder vom Insolvenzverwalter noch von einem Insolvenzgläubiger bestritten oder wird ein erhobener Widerspruch beseitigt, so gelten sowohl die titulierten als auch die nicht titulierten Forderungen als festgestellt (§ 178 Abs. 1 InsO).

Die Eintragung der Feststellung zur Tabelle wirkt gegenüber dem Insolvenzverwalter und den übrigen Insolvenzgläubigern wie ein rechtskräftiges Urteil (§ 178 Abs. 3 InsO), unabhängig davon, ob ein Steuerbescheid ergangen ist. Zur Möglichkeit der Änderung eines festgestellten Tabelleneintrags vgl. AEAO zu § 251, Nr. 5.3.5.

Nach Abschluss des Insolvenzverfahrens kann der Insolvenzgläubiger aus der Eintragung in die Tabelle wie aus einem vollstreckbaren Urteil die Zwangsvollstreckung gegen den Schuldner betreiben, sofern nicht Restschuldbefreiung eingetreten ist oder noch ein Widerspruch des Schuldners (vgl. AEAO zu § 251, Nr. 5.3.2) vorliegt.

Die widerspruchslose Feststellung einer Steuerforderung zur Insolvenztabelle bewirkt zwar die Erledigung eines wegen dieser Forderung geführten Finanzrechtsstreits in der Hauptsache, beendet aber nicht zugleich die Unterbrechung (vgl. AEAO zu § 251, Nrn. 4.1.2 und 4.1.3) des finanzgerichtlichen Verfahrens (BFH-Beschluss vom 14.5.2013, X B 134/12, BStBl II S. 585).

5.3.4 Feststellungsbescheid gem. § 251 Abs. 3 AO

Der Feststellungsbescheid nach § 251 Abs. 3 AO ist kein Steuerbescheid i. S. v. §§ 155 ff. AO. Eine Korrektur richtet sich nach den §§ 129 bis 131 AO.

5.3.5 Änderung von zur Insolvenztabelle festgestellten Steuerforderungen

Der widerspruchslosen Eintragung in die Insolvenztabelle kommt dieselbe Wirkung wie der beim Bestreiten vorzunehmenden Feststellung gem. § 185 InsO i. V. m. § 251 Abs. 3 AO zu. Die widerspruchslose Eintragung kann wie die Feststellung zugunsten des Schuldners unter den Voraussetzungen der §§ 130, 131 AO korrigiert werden (BFH-Urteile vom 24.11.2011, V R 13/11, BStBl 2012 II S. 298, und vom 24.11.2011, V R 20/10, BFH/NV 2012 S. 711 zur Anwendung des § 130 AO).

Eine Nachmeldung von Insolvenzforderungen zur Tabelle für Besteuerungszeiträume, für die bereits ein festgestellter Tabelleneintrag vorliegt, ist zulässig (vgl. BGH-Urteil vom 19.1.2012, IX ZR 4/11, ZInsO S. 488).

6. Sonstige Masseverbindlichkeiten (§ 55 InsO)

6.1 Begründung von sonstigen Masseverbindlichkeiten

Die durch die Handlungen des Insolvenzverwalters oder in anderer Weise durch die Verwaltung, Verwertung und Verteilung der Insolvenzmasse nach der Eröffnung des Insolvenzverfahrens begründeten Abgabenforderungen (sonstige Masseverbindlichkeiten nach § 55 Abs. 1 InsO) sind vorweg zu begleichen (§ 53 InsO). Nach der Insolvenzeröffnung sind die Abgabenansprüche begründet, wenn der einzelne (unselbständige) Besteuerungstatbestand nach der Insolvenzeröffnung vollständig verwirklicht wurde (BFH-Urteile vom 8.3.2012, V R 24/11, BStBl II S. 466, vom 25.7.2012, VII R 29/11, BStBl II 2013 S. 36, und vom 16.5.2013, IV R 23/11, BStBl II S. 759). Dazu gehören insbesondere

- nach Eröffnung des Insolvenzverfahrens begründete Umsatzsteuer,
- nach Eröffnung des Insolvenzverfahrens vereinnahmte Umsatzsteuer aus Umsätzen vor Eröffnung des Insolvenzverfahrens. Dies gilt sowohl bei Istversteuerung (BFH-Urteil vom 29.1.2009, V R 64/07, BStBl II S. 682) als auch bei Sollversteuerung (BFH-Urteil vom 9.12.2010, V R 22/10, BStBl 2011 II S. 996),

- Umsatzsteuer aufgrund Vorsteuerberichtigung i. S. v. § 15a UStG (BFH-Urteil vom 9.2.2011, XI R 35/09, BStBl II S. 1000), und vom 8.3.2012, V R 24/11, a. a. O.),

- Einkommensteuer/Körperschaftsteuer, die sich auf Einkünfte aus der Verwaltung oder der Verwertung der Masse gründet. Die Steuerschuld stellt auch dann in voller Höhe eine Masseverbindlichkeit dar, wenn der (tatsächlich) zur Masse gelangte Erlös nicht ausreicht, um die aus der Verwertungshandlung resultierende Einkommen-/Körperschaftsteuerforderung zu befriedigen (vgl. BFH-Urteil vom 16.5.2013, IV R 23/11, a. a. O.),

- Einkommensteuer eines in Insolvenz befindlichen Mitunternehmers, die auf seinem nach Insolvenzeröffnung begründeten Gewinnanteil beruht (vgl. BFH-Urteil vom 18.5.2010, X R 60/08, BStBl 2011 II S. 429),

- Gewerbesteuer bei Weiterführung des Gewerbebetriebs durch den Insolvenzverwalter,

- Lohnsteuer auf nach Eröffnung des Insolvenzverfahrens ausgezahlte Arbeitslöhne,

Weitere Masseverbindlichkeiten sind

- Verbindlichkeiten, die von einem vorläufigen Insolvenzverwalter begründet worden sind, auf den die Verfügungsbefugnis über das Vermögen des Schuldners übergegangen ist (§ 55 Abs. 2 Satz 1 InsO) oder Verbindlichkeiten des Schuldners in der vorläufigen Eigenverwaltung, soweit eine Steuer von der gerichtlichen Anordnung zur Begründung von Masseverbindlichkeiten (§ 270c Abs. 4 InsO) im Einzelfall mit umfasst ist sowie

- bestimmte Verbindlichkeiten des Schuldners aus dem Steuerschuldverhältnis, die von einem vorläufigen Insolvenzverwalter, vom Schuldner mit Zustimmung eines vorläufigen Insolvenzverwalters oder vom Schuldner nach Bestellung eines vorläufigen Sachwalters begründet worden sind (§ 55 Abs. 4 InsO). Zur Anwendung des § 55 Abs. 4 InsO siehe BMF-Schreiben vom 11.1.2022, BStBl I S. 116.[1]

Die als Masseverbindlichkeiten entstehenden Abgabenansprüche sind durch Steuerbescheid geltend zu machen (BFH-Urteil vom 6.7.2011, II R 34/10, BFH/NV 2012, S. 10). Der Insolvenzverwalter ist Bekanntgabeadressat (vgl. AEAO zu § 122, Nr. 1.4). Die Masse betreffende Verwaltungsakte können grundsätzlich nicht durch die Bekanntgabe an den Schuldner wirksam werden. Der Insolvenzverwalter ist verpflichtet, die entsprechenden Steuererklärungen einschließlich Steueranmeldungen abzugeben (vgl. AEAO zu § 251, Nr. 4.2).

Die Ausnahme stellt das Insolvenzverfahren in Eigenverwaltung dar. Hier werden die Masse betreffende Verwaltungsakte durch Bekanntgabe an den Schuldner wirksam. Steuerliche Erklärungspflichten sind insoweit vom Schuldner zu erfüllen (vgl. AEAO zu § 251, Nr. 13.3).

---

[1] Im Anhang 40 abgedruckt.

Der Insolvenzverwalter haftet nach §§ 191, 69 i. V. m. § 34 Abs. 3 AO bei schuldhafter Verletzung seiner steuerlichen Pflichten.

Sind die Kosten des Insolvenzverfahrens gedeckt, reicht die Insolvenzmasse jedoch nicht aus, um die fälligen sonstigen Masseverbindlichkeiten zu erfüllen, hat der Insolvenzverwalter dem Insolvenzgericht die Masseunzulänglichkeit anzuzeigen (§ 208 Abs. 1 Satz 1 InsO).

Die Rangfolge der Vorwegbefriedigung von Masseverbindlichkeiten richtet sich nach § 209 InsO. Zunächst werden die Kosten des Insolvenzverfahrens, das sind die Gerichtskosten und die Vergütung des Insolvenzverwalters sowie ggf. des Gläubigerausschusses, danach die Neumasseverbindlichkeiten (Verbindlichkeiten, die nach Anzeige der Masseunzulänglichkeit begründet wurden) und schließlich die Altmasseverbindlichkeiten befriedigt.

6.2 Durchsetzung von sonstigen Masseverbindlichkeiten

Werden sonstige Masseverbindlichkeiten vom Insolvenzverwalter nicht entrichtet, ist dieser zur unverzüglichen Zahlung aufzufordern. Die Vollstreckung gegen die Masse richtet sich nach den allgemeinen Vorschriften der AO. Grundsätzlich ist während der Dauer des Insolvenzverfahrens die Vollstreckung in die Insolvenzmasse durch Massegläubiger - vorbehaltlich § 90 Abs. 1 InsO - zulässig, weil § 89 InsO nur für Insolvenzgläubiger gilt. Mit der Anzeige der Masseunzulänglichkeit greift allerdings für Massegläubiger das Vollstreckungsverbot wegen Altmasseverbindlichkeiten i. S. v. § 209 Abs. 1 Nr. 3 InsO (§ 210 InsO). Ein gesetzlich verankertes Vollstreckungsverbot für Neumassegläubiger enthält die InsO nicht. Der Insolvenzverwalter kann die Zahlung auf Neumasseverbindlichkeiten verweigern, sobald sich herausstellt, dass die Masse nicht zur vollen Befriedigung aller Neumassegläubiger ausreicht. Für diese greift der Grundsatz der Gleichbehandlung sämtlicher Gläubiger, so dass lediglich eine quotale Befriedigung verlangt werden kann.

7. Insolvenzfreies Vermögen

Übt der Schuldner eine selbständige Tätigkeit aus oder beabsichtigt er, demnächst eine solche Tätigkeit auszuüben, hat der Insolvenzverwalter ihm gegenüber zu erklären, ob Vermögen aus der selbständigen Tätigkeit zur Insolvenzmasse gehört und ob Ansprüche aus dieser Tätigkeit im Insolvenzverfahren geltend gemacht werden können, § 35 Abs. 2 Satz 1 InsO. Diese Freigabeerklärung wirkt grundsätzlich erst ab ihrem Zugang beim Insolvenzschuldner (ex nunc). Die Wirksamkeit der Erklärung wird dabei allerdings nicht vom Insolvenzgericht überprüft. Das Amtsgericht übernimmt lediglich die Vorgaben des Insolvenzverwalters, d. h. der Zugang der Erklärung beim Schuldner ist vom Insolvenzverwalter gegenüber dem Finanzamt nachzuweisen. Eine einmal erteilte Freigabeerklärung ist für den Insolvenzverwalter unwiderruflich. Unterlässt der Insolvenzverwalter in Kenntnis oder bei Erkennbarkeit der selbständigen Tätigkeit des Schuldners (z. B. nach entsprechender Information durch das Finanzamt) die Abgabe der Erklärung nach § 35 Abs. 2 Satz 1 InsO, stellen die durch die selbständige Tätigkeit des Insolvenzschuldners begründeten Verbindlichkeiten Masseverbindlichkeiten nach § 55 Abs. 1 Nr. 1 InsO dar (BFH-Urteil vom 18.12.2019, XI R 10/19, BStBl 2020 II S. 480).

Keine Masseverbindlichkeiten liegen vor, wenn der Schuldner die Tätigkeit ohne Wissen und Billigung durch den Insolvenzverwalter ausgeübt hat und die Entgelte nicht zur Insolvenzmasse gelangt sind (BFH-Urteile vom 18.5.2010, X R 11/09, BFH/NV 2010 S. 2114 und vom 6.6.2019, V R 51/17, BStBl 2021 II S. 50).

Steuererstattungsansprüche innerhalb dieses freigegebenen Neuerwerbes stehen immer dem Schuldner zu. Das Finanzamt kann - sofern keine Aufrechnungslage besteht - nach Bekanntgabe der Freigabe solche Guthaben aus dem insolvenzfreien Neuerwerb nur noch schuldbefreiend an ihn leisten. Steuerzahlungen für das insolvenzfreie Vermögen sind vom Schuldner zu leisten.

Einkommensteuernachzahlungen, die auf Einkünften aus nichtselbständiger Tätigkeit oder Renten beruhen, stellen Forderungen gegen das insolvenzfreie Vermögen dar (BFH-Urteile vom 24.2.2011, VI R 21/10, BStBl II S. 520 sowie vom 27.7.2011, VI R 9/11, BFH/NV S. 2111 f.).

8. Aufrechnung im Insolvenzverfahren

Für die Aufrechnung in Insolvenzfällen gelten die allgemeinen Grundsätze der § 226 AO i. V. m. §§ 387 ff. BGB, es sind jedoch die Aufrechnungsverbote der §§ 95 und 96 InsO zu beachten.

Die Steuerberechnung nach §§ 16 ff. UStG ist keine Aufrechnung, so dass sie auch nicht den Beschränkungen der §§ 94 ff. InsO unterliegt (BFH-Urteile vom 24.11.2011, V R 13/11, BStBl 2012 II S. 298, vom 25.7.2012, VII R 30/11, BFH/NV 2013 S. 603 und vom 24.9.2014, V R 48/13, BStBl II 2015 S. 506).

War ein Gläubiger zum Zeitpunkt der Eröffnung des Insolvenzverfahrens zur Aufrechnung berechtigt, so kann die Aufrechnung auch noch im Insolvenzverfahren erklärt werden (§ 94 InsO). Zur Aufrechnung im Planverfahren vgl. AEAO zu § 251, Nr. 11; Aufrechnung im Restschuldbefreiungsverfahren vgl. AEAO zu § 251, Nr. 15.2.

Nach § 95 Abs. 1 InsO kann (noch) nicht aufgerechnet werden, wenn die aufzurechnenden Forderungen oder eine von ihnen aufschiebend bedingt oder noch nicht fällig sind. Die Aufrechnung kann erst erfolgen, wenn die Voraussetzungen (Unbedingtheit oder Fälligkeit) eingetreten sind; hierbei ist die Fälligkeitsfiktion des § 41 InsO nicht anzuwenden. Es gilt allein die steuerrechtliche Fälligkeit (§ 220 AO).

Wird über das Vermögen des Schuldners ein Insolvenzverfahren eröffnet, werden die in diesem Zeitpunkt entstandenen Steuerforderungen des Finanzamts - vorbehaltlich spezieller steuergesetzlicher Fälligkeitsbestimmungen - fällig, ohne dass es dafür ihrer Festsetzung oder Feststellung durch Verwaltungsakt oder einer Anmeldung der Forderung zur Tabelle bedürfte (BFH-Urteil vom 4.5.2004, VII R 45/03, BStBl II S. 815). Die Befugnis, mit Haftungsansprüchen i. S. d. § 73 AO, die vor Eröffnung des Insolvenzverfahrens begründet worden sind, gegen vorinsolvenzliche Erstattungsansprüche der Organgesellschaft gem. § 226 AO aufzurechnen, besteht auch im Falle einer Insolvenz der Organgesellschaft. Der vorherige Erlass eines Haftungsbescheides, die Feststellung der Haftungsforderung oder deren Anmeldung zur Insolvenztabelle ist nicht erforderlich (BFH-Urteil vom 10.5.2007, VII R 18/05, BStBl II S. 914). Entsteht der Steuererstattungsanspruch dem Grunde nach vor Erteilung der Restschuldbefreiung, so kann die Aufrechnung ungeachtet der noch nicht erfolgten Festsetzung des Steuererstattungsanspruchs bereits nach dessen Entstehung erklärt werden.

Eine Aufrechnung ist unzulässig,

- wenn ein Insolvenzgläubiger erst nach der Eröffnung des Insolvenzverfahrens etwas zur Masse schuldig geworden ist (§ 96 Abs. 1 Nr. 1 InsO),

Beispiel:

Eine vor der Verfahrenseröffnung fällige Umsatzsteuerforderung kann nicht gegen einen Vorsteuererstattungsanspruch aufgerechnet werden, der aufgrund von Umsätzen nach Eröffnung des Insolvenzverfahrens begründet ist.

Eine Aufrechnung ist aber zulässig, wenn die Gegenforderung und die Hauptforderung vor Verfahrenseröffnung begründet worden sind.

Beispiel:

Die Eröffnung des Insolvenzverfahrens erfolgt am 2.11.02. Die Einkommensteuer 01 wurde als Insolvenzforderung zur Tabelle angemeldet. Die nach Eröffnung des Verfahrens durchgeführte Festsetzung der Umsatzsteuer 01 (vgl. AEAO zu § 251, Nr. 4.3.1) führte zu einer Erstattung.

Mit dem Anspruch auf Einkommensteuernachzahlung 01 kann gegen den Umsatzsteuererstattungsanspruch 01 aufgerechnet werden.

Wurden beide Ansprüche nach der Verfahrenseröffnung im Bereich der Insolvenzmasse begründet, ist eine Aufrechnung ebenfalls zulässig.

- wenn ein Insolvenzgläubiger die Möglichkeit der Aufrechnung durch eine anfechtbare Rechtshandlung erlangt hat (§ 96 Abs. 1 Nr. 3 InsO),

Beispiel:

Die Vorsteuer aus der Vergütung des vorläufigen Insolvenzverwalters, welche nach Insolvenzeröffnung in Rechnung gestellt wurde, kann regelmäßig mit zur Zeit der Insolvenzeröffnung bestehenden Forderungen des Finanzamts nicht aufgerechnet werden. Die Rechtshandlung, die der Vorsteuervergütung zugrunde liegt, ist in der kritischen Zeit vor Insolvenzeröffnung erfolgt und stellt daher häufig eine anfechtbare Rechtshandlung dar (vgl. BFH-Urteile vom 2.11.2010, VII R 6/10, BStBl 2011 II S. 374, und VII R 62/10, BStBl 2011 II S. 439).

Lagen zum Zeitpunkt der Begründung der Gegenforderung und der Hauptforderung die Anfechtungsvoraussetzungen der §§ 129 ff. InsO nicht vor, ist die Aufrechnung zulässig.

oder

- wenn ein Gläubiger, dessen Forderung aus dem insolvenzfreien Vermögen des Schuldners zu erfüllen ist, etwas zur Insolvenzmasse schuldet (§ 96 Abs. 1 Nr. 4 InsO).

Beispiel:

Der Schuldner hat aus seiner freigegebenen selbständigen Tätigkeit Umsatzsteuer in Höhe von 10.000 € zu zahlen. Gleichzeitig steht der Insolvenzmasse aus Umsätzen, die der Insolvenzverwalter getätigt hat, eine Umsatzsteuererstattung von 5.000 € zu.

Eine Aufrechnung der Umsatzsteuererstattung zur Masse mit der Zahllast aus dem insolvenzfreien Vermögen ist nicht möglich.

Eine Aufrechnung eines Erstattungsanspruchs aus dem insolvenzfreien Vemögen mit Insolvenzforderungen ist aber zulässig (BFH-Beschluss vom 1.9.2010, VII R 35/08, BStBl 2011 II S. 336).

Beispiel:

Der Schuldner erzielt nach der Insolvenzeröffnung ausschließlich Einkünfte aus einer freigegebenen selbständigen Tätigkeit i. H. v. 10.000 € und leistet Einkommensteuervorauszahlungen i. H. v. 400 €. Die Jahressteuer wird auf 150 € festgesetzt.

Der Erstattungsanspruch i. H. v. 250 € steht dem Schuldner zu, weil er die Vorauszahlungen aus dem freigegebenen Vermögen geleistet hat.

Eine Aufrechnung mit Insolvenzforderungen ist möglich.

9. **Verteilung der Steuerforderungen und -erstattungsansprüche auf die insolvenzrechtlichen Vermögensbereiche**

Ansprüche aus dem Steuerschuldverhältnis können sich gegen unterschiedliche insolvenzrechtliche Vermögensbereiche (vorinsolvenzlicher Vermögensteil, Insolvenzmasse, ggf. insolvenzfreies Vermögen) richten.

9.1 **Einkommensteuer**

Die Einkommensteuer ist eine Jahressteuer, die mit Ablauf des Kalenderjahrs entsteht (zur Entstehung der Einkommensteuervorauszahlungen siehe § 37 Abs. 1 EStG). Die einheitlich ermittelte Jahressteuer ist im Verhältnis der Einkünfte den verschiedenen insolvenzrechtlichen Vermögensbereichen zuzuordnen (BFH-Urteil vom 19.1.2023, III R 44/20, BStBl 2024 I S. 559). Die Verteilung der Einkünfte auf die einzelnen Vermögensbereiche hat nach Maßgabe der in den einzelnen Abschnitten zu berücksichtigenden Besteuerungsmerkmale insbesondere unter Beachtung der Gewinnermittlungsvorschriften (§ 4 Abs. 1 EStG oder § 4 Abs. 3 EStG) zu erfolgen (BFH-Urteil vom 9.12.2014, X R 12/12, BFH/NV 2015 S. 988). Da eine konkrete Zuordnung häufig nicht möglich ist, können die Einkünfte im Schätzungswege zeitanteilig zugeordnet werden, es sei denn, dies führt zu einer offensichtlich unzutreffenden Verteilung z. B. bei Aufdeckung stiller Reserven (BFH-Urteil vom 29.3.1984, IV R 271/83, BStBl II S. 602), Auflösung von Rückstellungen oder Einkünften aus insolvenzfreiem Vermögen. Der Altersentlastungsbetrag gem. § 24a EStG wird quotal bei den entsprechenden Einkünften abgezogen (vgl. BFH-Urteil vom 27.10.2020, VIII R 19/18, BStBl 2021 II S. 819).

Beispiel:

Das Insolvenzgericht eröffnete am 1.7.01 das Insolvenzverfahren. Der Steuerpflichtige erzielte im Jahr 01 insgesamt Einkünfte von 100.000 €. Hiervon entfallen 60.000 € auf die Veräußerung eines Grundstücks durch den Insolvenzverwalter im Oktober 01. Weitere Einkünfte i. H. v. 10.000 € entfallen auf den Gewinn aus einer vom Insolvenzverwalter freigegebenen selbständigen Tätigkeit des Schuldners. Hinsichtlich der restlichen

Einkünfte von 30.000 € ist eine Zuordnung auf Zeiträume vor Insolvenzeröffnung und nach Insolvenzeröffnung nicht möglich.

Die Verteilung hat vorrangig nach Zuordnung zu den Geschäftsvorfällen zu erfolgen, da eine zeitanteilige Verteilung aller Einkünfte hier zu einem unzutreffenden Ergebnis führen würde.

	Einkünfte	Durch vorinsolvenzliches Vermögen begründet (vorinsolvenzlicher Vermögensbereich)	Durch Insolvenzmasse begründet (Insolvenzmasse)	Insolvenzfreies Vermögen
Zuordnung nach Geschäftsvorfällen	70.000 €		60.000 €	10.000 €
Zeitanteilig zugeordnet	30.000 €	15.000 €	15.000 €	0 €
Summe	**100.000 €**	**15.000 €**	**75.000 €**	**10.000 €**

9.1.1 Einzelveranlagung

Die einheitlich ermittelte Jahressteuer ist im ermittelten Verhältnis der Einkünfte (vgl. AEAO zu § 251, Nr. 9.1) den verschiedenen insolvenzrechtlichen Vermögensbereichen zuzuordnen.

Beispiel 1:

Das Insolvenzgericht eröffnete auf einen Insolvenzantrag vom 1.6.01 das Insolvenzverfahren über das Vermögen des Schuldners am 1.9.01. Der Steuerpflichtige erzielte im Jahr 01 insgesamt Einkünfte von 120.000 €. Hiervon entfallen 100.000 € auf Zeiträume vor Insolvenzeröffnung und je 10.000 € auf Einkünfte der Insolvenzmasse (einschließlich Einkünfte i. S. v. § 55 Abs. 4 InsO) und des insolvenzfreien Vermögens. Die einheitlich ermittelte Einkommensteuer beträgt insgesamt 12.000 €.

Die einheitlich ermittelte Steuer ist den insolvenzrechtlichen Vermögensbereichen im Verhältnis der Einkünfte aus den unterschiedlichen Vermögensbereichen zu der Summe der Einkünfte zuzuordnen:

$$\text{Anteiliger Steuerbetrag} = \frac{\text{anteilige Einkünfte des Vermögensbereichs}}{\text{Summe der Einkünfte}} \times \text{Gesamtsteuerbetrag}$$

	Summe	vorinsolvenzlicher Vermögensbereich	Insolvenzmasse	Insolvenzfreies Vermögen
Einkünfte	120.000 €	100.000 €	10.000 €	10.000 €
Steuer	12.000 €	10.000 €	1.000 €	1.000 €

Die einheitlich ermittelte Steuer wird in Höhe des auf den jeweiligen insolvenzrechtlichen Vermögensbereich entfallenden Betrages gegenüber diesem festgesetzt (Insolvenzmasse bzw. insolvenzfreies Vermögen) oder berechnet. Vorauszahlungen und Steuerabzugsbeträge werden im Rahmen der Anrechnungsverfügung bei dem insolvenzrechtlichen Vermögensbereich berücksichtigt, aus dem sie geleistet wurden. Steuererstattungsansprüche aufgrund von Steuervorauszahlungen oder Steuerabzugsbeträgen entstehen in den jeweiligen Vermögensbereichen im Zeitpunkt der Entrichtung der Steuer bzw. des Einbehalts der Steuerabzugsbeträge unter der aufschiebenden Bedingung, dass am Ende des Veranlagungszeitraums die geschuldete Steuer geringer ist als die Summe aus geleisteten Vorauszahlungen und Steuerabzugsbeträgen, vgl. § 36 Abs. 4 EStG (BFH-Urteil vom 29.1.1991, VII R 45/90, BFH/NV S. 791). Eine Verrechnung von Erstattungs- mit Nachzahlungsbeträgen verschiedener Vermögensbereiche im Rahmen der Jahresveranlagung ist nicht statthaft (BFH-Urteil vom 24.2.2015, VII R 27/14, BStBl II S.993). Die Möglichkeit einer Aufrechnung z. B. eines Guthabens im vorinsolvenzlichen oder freigegebenen Vermögen mit Insolvenzforderungen unter Beachtung insbesondere der §§ 94 ff. InsO bleibt unberührt.

Beispiel 2 (Fortsetzung von Beispiel 1):

Am 10.3.01 zahlte der Schuldner 600 € Vorauszahlungen. Die festgesetzte Vorauszahlung für das II. Quartal zahlte er nicht. Am 10.9.01 und am 10.12.01 zahlte der Insolvenzverwalter jeweils 600 € Vorauszahlungen. Das Finanzamt setzte gegen den Schuldner keine Vorauszahlungen für das insolvenzfreie Vermögen fest.

	Summe	vorinsolvenzlicher Vermögensbereich	Insolvenzmasse	Insolvenzfreies Vermögen
Einkünfte	120.000 €	100.000 €	10.000 €	10.000 €
Steuer	12.000 €	10.000 €	1.000 €	1.000 €
Abzgl. geleistete VZ	1.800 €	600 €	1.200 €	0 €
Ergebnis		9.400 €	- 200 €	1.000 €

Zur Tabelle sind 9.400 € als Insolvenzforderung anzumelden. Die auf die Insolvenzmasse entfallende Steuer i. H. v. 1.000 € ist gegenüber dem Insolvenzverwalter festzusetzen. Das sich nach Anrechnung der geleisteten Vorauszahlungen ergebende Guthaben i. H. v. 200 € ist vorbehaltlich der Aufrechnungsmöglichkeit mit weiteren Masseverbindlichkeiten an die Insolvenzmasse zu erstatten. Die auf das insolvenzfreie Vermögen entfallende Steuer i. H. v. 1.000 € ist gegenüber dem Schuldner festzusetzen und der Schuldner zur Zahlung aufzufordern.

9.1.2 Zusammenveranlagung

Im Fall der Zusammenveranlagung von Ehegatten/Lebenspartnern zur Einkommensteuer wirken sich auch die Einkünfte des nicht insolventen Ehegatten/Lebenspartners auf die Höhe der Steuerforderung aus. Die mit der Ausübung des Veranlagungswahlrechts begründete Gesamtschuld (§ 26b EStG, § 44 Abs. 1 Satz 1 AO), führt dazu, dass jeder der Gesamtschuldner die Steuer in vollem Umfang schuldet (§ 44 Abs. 1 Satz 2 AO). Für den insolventen Ehegatten/Lebenspartner ist die Gesamtschuld auf die insolvenzrechtlichen Vermögensbereiche zu verteilen.

Hierzu sind zunächst die gesamten Einkünfte, einschließlich der Einkünfte des nicht insolventen Ehegatten/Lebenspartners, auf den Zeitraum vor und nach Insolvenzeröffnung zu verteilen. Die Verteilung der Einkünfte auf die einzelnen Vermögensbereiche hat nach Maßgabe der in den einzelnen Abschnitten zu berücksichtigenden Besteuerungsmerkmale insbesondere unter Beachtung der Gewinnermittlungsvorschriften zu erfolgen (siehe AEAO zu § 251, Nr. 9.1). Soweit eine konkrete Zuordnung, wie beispielsweise bei den Einkünften des nicht insolventen Ehegatten/Lebenspartners nicht möglich ist, können die Einkünfte zeitanteilig zugeordnet werden, es sei denn, diese Verteilung ist offensichtlich unzutreffend. Die Steuer ist nach dem so ermittelten Verhältnis der Einkünfte auf den Zeitraum vor und nach Insolvenzeröffnung aufzuteilen. Sodann ist die auf den Zeitraum nach Insolvenzeröffnung entfallende Steuerforderung nach dem Verhältnis der auf die Vermögensbereiche Insolvenzmasse und insolvenzfreies Vermögen entfallenden Einkünfte des insolventen Ehegatten/Lebenspartners zu verteilen. Die von dem nicht insolventen Ehegatten/Lebenspartner erzielten Einkünfte bleiben bei dieser Verteilung unberücksichtigt (vgl. BFH-Urteil vom 27.10.2020, VIII R 19/18, BStBl 2021 II S. 819).

Beispiel 3:

Das Insolvenzgericht eröffnete am 1.10.01 das Insolvenzverfahren über das Vermögen des Schuldners. Der insolvente Ehegatte/Lebenspartner erzielte im Jahr 01 insgesamt Einkünfte von 120.000 €. Hiervon entfallen 100.000 € auf Zeiträume vor Insolvenzeröffnung und 15.000 € auf Einkünfte der Insolvenzmasse sowie 5.000 € auf das insolvenzfreie Vermögen. Der nichtinsolvente Ehegatte/Lebenspartner erzielte 60.000 € im gesamten Jahr. Die einheitlich ermittelte Einkommensteuer beträgt insgesamt 18.000 €. Vorauszahlungen leisteten die Steuerpflichtigen sowie der Insolvenzverwalter nicht

Die einheitlich ermittelte Steuer ist den insolvenzrechtlichen Vermögensbereichen im Verhältnis der Einkünfte aus den unterschiedlichen Vermögensbereichen zu den Gesamteinkünften beider Ehegatten/Lebenspartner zuzuordnen:

1. Schritt:

Die Einkünfte des insolventen Ehegatten/Lebenspartners sind wie angegeben dem vorsinsolvenzlichen und dem nachinsolvenzlichen Vermögensbereich zuzuordnen. Für die Zuordnung der vorinsolvenzlichen und der nachinsolvenzlichen Einkünfte des nicht in Insolvenz befindlichen Ehegatten/Lebenspartners sind dessen Einkünfte zeitanteilig zu verteilen:

	Summe	vorinsolvenzlicher Vermögensbereich	Insolvenzmasse	Insolvenzfreies Vermögen
Einkünfte insolventer Ehegatte/Lebenspartner (s. Sachverhalt Bsp. 3)	120.000 €	100.000 €	15.000 €	5.000 €
Einkünfte nicht insolventer Ehegatte/Lebenspartner	60.000 €	45.000 € (9/12 von 60.000 €)	15.000 € (3/12 von 60.000 €)	
Summe	180.000 €	145.000 €	35.000 €	
Steuer	18.000 €	14.500 €	3.500 €	

Die auf den Zeitraum vor Insolvenzeröffnung entfallende Einkommensteuer beträgt 14.500 € und die auf den Zeitraum nach Insolvenzeröffnung entfallende Einkommensteuer 3.500 €.

2. Schritt:

In einem zweiten Schritt ist die auf den Zeitraum nach Insolvenzeröffnung entfallende Einkommensteuer (3.500 €) nach dem Verhältnis der Einkünfte des insolventen Ehegatten/Lebenspartners in den Vermögensbereichen Insolvenzmasse und insolvenzfreies Vermögen zu verteilen.

	Summe	vorinsolvenzlicher Vermögensbereich	Insolvenzmasse	Insolvenzfreies Vermögen
Steuer	18.000 €	14.500 €	3500 €	
			2.625 € (15.000 € / 20.000 € bzw. ¾)	875 € (5.000 € / 20.000 € bzw. ¼)

Ergebnis zu Beispiel 3:

Insolvenzforderungen sind i. H. v. 14.500 € zur Tabelle anzumelden. Gegen den Insolvenzverwalter sind Masseforderungen i. H. v. 2.625 € festzusetzen und gegen den insolventen Schuldner 875 € für den insolvenzfreien Bereich. Gegen den nicht insolventen Ehegatten/Lebenspartner ist eine Steuer i. H. v. 18.000 € festzusetzen, da er insoweit Gesamtschuldner ist.

Vorauszahlungen/anzurechnende Steuerabzugsbeträge

Sind Vorauszahlungen gegen den nicht insolventen Ehegatten/Lebenspartner festgesetzt und geleistet worden, sind diese Vorauszahlungen entsprechend des Zahlungszeitpunkts auf die vor- und nachinsolvenzlichen Vermögensbereiche zu verteilen. Die Verteilung innerhalb der nachinsolvenzlichen Vermögensbereiche Insolvenzmasse und insolvenzfreies Vermögen erfolgt im Verhältnis der Einkünfte des insolventen Ehegatten/Lebenspartners in diesem Vermögensbereich. Dies gilt entsprechend für die Zuordnung der anzurechnenden Steuerabzugsbeträge des nicht insolventen Ehegatten/ Lebenspartners.

Beispiel 4 (Fortsetzung von Beispiel 3):

Der Schuldner leistete keine Vorauszahlungen. Am 10.12.01 zahlte der Insolvenzverwalter 600 € Vorauszahlungen. Das Finanzamt setzte gegen den Schuldner keine Vorauszahlungen für das insolvenzfreie Vermögen fest. Der nicht insolvente Ehegatte/Lebenspartner leistete Vorauszahlungen (ohne Tilgungsbestimmung) zu den jeweiligen Fälligkeitszeitpunkten i. H. v. insgesamt 400 € (jeweils 100 €)

	Summe	vorinsolvenzlicher Vermögensbereich	Insolvenzmasse	Insolvenzfreies Vermögen
Steuer	18.000 €	14.500 €	2.625 €	875 €
abzgl. geleistete VZ InsO-Schuldner	-	-	-	-
abzgl. geleistete VZ InsO-Verwalter	600 €	-	600 €	-
abzgl. geleistete VZ nicht insolventer Ehegatte / Lebenspartner	400 €	300 €	100 € → 75 € (¾)	25 € (¼)
Ergebnis	17.000 €	14.200 €	1.950 €	850 €

600 € geleistete Vorauszahlungen sind im Bereich der Insolvenzmasse abzuziehen. Die Vorauszahlungen i. H. v. 300 €, die der nicht insolvente Ehegatte/Lebenspartner vor der Insolvenzeröffnung geleistet hatte, sind im Bereich der Insolvenzforderungen abzuziehen. Die Vorauszahlung für das IV. Quartal i. H. v. 100 € ist im Verhältnis ¾ zu ¼ (= Verhältnis der Einkünfte des insolventen Ehegatten/Lebenspartners in diesem Bereich) in den Bereichen Insolvenzmasse und insolvenzfreies Vermögen zu berücksichtigen.

Insolvenzforderungen sind i. H. v. 14.200 € zur Tabelle anzumelden. Der Insolvenzverwalter ist zur Zahlung von Masseverbindlichkeiten i. H. v. 1.950 € und der Schuldner für den insolvenzfreien Bereich i. H. v. 850 € aufzufordern.

Gegenüber dem nicht insolventen Ehegatten/Lebenspartner erfolgt eine Steuerfestsetzung i. H. v. 18.000 €. Ferner ist er als Gesamtschuldner zur Zahlung von 17.000 € aufzufordern.

9.1.3 Berücksichtigung von Verlustvor- und -rückträgen

Durch die Berücksichtigung des verbleibenden Verlustvortrags aus dem Vorjahr und dem Verlustrücktrag aus dem Folgejahr bei der Ermittlung des Aufteilungsquotienten wird die Herkunft der negativen Einkünfte aus Zeiträumen vor oder nach Eröffnung des Insolvenzverfahrens entsprechend der insolvenzrechtlichen Begründetheit (§ 38 InsO) berücksichtigt. Zudem wird der Vorgabe des § 10d Abs. 1 und Abs. 2 EStG Rechnung getragen, wonach nicht ausgeglichene negative Einkünfte vorrangig vor Sonderausgaben, außergewöhnlichen Belastungen und sonstigen Abzugsbeträgen abzuziehen sind.

Das Antragsrecht nach § 10d Abs. 1 Satz 5 EStG (Verzicht bzw. Beschränkung des Verlustrücktrags) steht jeweils demjenigen zu, dem die Verfügungsbefugnis über den Vermögensbereich obliegt, in dem der jeweilige Verlust entstanden ist.

Der zum 31.12. eines Jahres verbleibende Verlustvortrag ist vorrangig von den Einkünften des Vermögensbereichs abzuziehen, in dem er begründet worden ist. Ein übersteigender verbleibender Verlustvortrag ist quotal von den vom Insolvenzverwalter erzielten Einkünften und von insolvenzfreien Einkünften abzuziehen.

Die vorstehend beschriebene Berücksichtigung der Verlustvorträge erfolgt auch in den Fällen, in denen aufgrund von § 251 Abs. 2 Satz 1 AO und § 87 InsO nur eine Berechnung des Verlustvortrags durchgeführt worden ist.

Beispiel 5:

Gegen den Insolvenzschuldner wird für 00 eine Einkommensteuer von 0 € festgesetzt. Ein Verlustvortrag wird nicht festgestellt. Im Jahr 01 erzielt der Insolvenzschuldner Einkünfte aus Gewerbebetrieb i. S. v. § 15 EStG i. H. v. - 5.000 €. Im Jahr 02, dem Jahr der Insolvenzeröffnung, erzielt der Insolvenzschuldner Einkünfte aus Gewerbebetrieb gem. § 15 EStG i. H. v. insgesamt - 40.000 €, davon entfallen - 15.000 € auf den vorinsolvenzlichen Vermögensbereich und - 25.000 € auf die Insolvenzmasse.

Im folgenden Jahr erzielt der Insolvenzschuldner Einkünfte i. H. v. 30.000 €. Hiervon entfallen 3.000 € auf Einkünfte der Insolvenzmasse (Einkünfte aus Gewerbebetrieb gem. § 15 EStG) sowie 27.000 € auf das insolvenzfreie Vermögen (Einkünfte aus nichtselbständiger Tätigkeit gem. § 19 EStG). Vorauszahlungen leistete der Insolvenzverwalter nicht. Die anzurechnenden Beträge sind geringer als die Jahressteuer.

Der verbleibende Verlustvortrag, der aus dem Bereich der Insolvenzmasse entstammt, ist zunächst mit den positiven Einkünften der Insolvenzmasse i. H. v. 3.000 € zu verrechnen. Der danach verbleibende Verlustvortrag i. H. v. 42.000 € (Summe der anteiligen Verlustvorträge im vorinsolvenzrechtlichen Bereich sowie im Bereich der Insolvenzmasse) ist quotal (27.000 € x 20.000 € / 42.000 € = 12.857 € sowie 27.000 € x 22.000 € / 42.000 € = 14.143 €) mit den positiven Einkünften aus dem Bereich des insolvenzfreien Vermögens zu verrechnen.

Der vortragsfähige Verlust entwickelt sich wie folgt:

Abgabenordnung § 251

VZ	vorinsolvenzlicher Vermögensbereich	Insolvenzmasse	Insolvenzfreies Vermögen	Summe
Verlustvortrag 31.12.01	-5.000 €			-5.000 €
Einkünfte 02	-15.000 €	-25.000 €		
Verlustvortrag 31.12.02	-20.000 €	-25.000 €		-45.000 €
Einkünfte Insolvenzmasse 03		3.000 €		
Zwischensumme	-20.000 €	-22.000 €		-42.000 €
Einkünfte insolvenzfreies Vermögen 03			27.000 €	
Verlustabzug	12.857 €	14.143 €	-27.000 €	
Verlustvortrag 31.12.03	-7.143 €	-7.857 €	0 €	-15.000 €

Der Verlustrücktrag nach § 10d Abs. 1 EStG aus dem Veranlagungszeitraum nach Insolvenzeröffnung (Folgejahr) ist zunächst von den Einkünften desjenigen Vermögensbereichs abzuziehen, in welchem im Folgejahr nicht ausgeglichene negative Einkünfte angefallen sind. Ein danach verbleibender Verlustrücktrag ist ggf. dem zweiten Vermögensbereich (Masseverbindlichkeit bzw. insolvenzfreier Bereich) zuzuordnen. Ein etwaiger Rest ist schließlich von den Einkünften abzuziehen, die auf den Zeitraum vor Eröffnung des Insolvenzverfahrens entfallen.

9.1.4 Einkommensteuererstattungen

Einkommensteuererstattungen, die sich bei einer nach Insolvenzeröffnung vorgenommenen Veranlagung ergeben, stellen, soweit sie nicht ausnahmsweise aufgrund einer Freigabeerklärung gemäß § 35 Abs. 2 InsO dem insolvenzfreien Vermögen zuzurechnen sind, grundsätzlich Vermögenswerte der Insolvenzmasse dar (§ 35 Abs. 1 InsO). Sie sind daher grundsätzlich an die Insolvenzmasse auszukehren, sofern keine Aufrechnungsmöglichkeit besteht.

Einkommensteuererstattungen, die während des Insolvenzverfahrens begründet werden und aus einer Lohnsteuerüberzahlung resultieren, gehören in vollem Umfang zur Insolvenzmasse (vgl. BFH-Beschluss vom 29.1.2010, VII B 188/09, BFH/NV S. 1243). Entsprechendes gilt für Einkommensteuererstattungen infolge von Vorauszahlungen, die der Insolvenzschuldner nach Insolvenzeröffnung aus dem unpfändbaren Teil von Renteneinkünften geleistet hat (vgl. BFH-Beschluss vom 31.5.2022, IX B 3/22).

Hat der Schuldner nach Freigabe der selbständigen Tätigkeit Einkommensteuervorauszahlungen aus dem insolvenzfreien Vermögen geleistet und ergeben sich hieraus Einkommensteuererstattungen, fallen diese grundsätzlich in das insolvenzfreie Vermögen und sind vorbehaltlich der Aufrechnung an den Schuldner auszukehren (vgl. BFH-Urteil vom 26.11.2014, VII R 32/13, BStBl 2015 II S. 561).

Ergibt sich bei Ehegatten/Lebenspartnern bei der Zusammenveranlagung eine Steuererstattung, liegt im Gegensatz zur Gesamtschuldnerschaft bei Steuerschulden keine Gesamtgläubigerschaft vor. Für die Verteilung zwischen ihnen sind die sich aus § 37 Abs. 2 AO ergebenden Grundsätze anzuwenden (vgl. AEAO zu § 37 und BMF-Schreiben vom 14.1.2015, BStBl I S. 83). Vorauszahlungen aufgrund eines an beide Ehegatten/Lebenspartner gemeinsam gerichteten Vorauszahlungsbescheids ohne individuelle Tilgungsbestimmung sind unabhängig davon, ob die Ehegatten/Lebenspartner später zusammen oder getrennt veranlagt werden, zunächst auf die festgesetzten Steuern beider Ehegatten/Lebenspartner anzurechnen (BFH-Urteil vom 22.3.2011, VII R 42/10, BStBl II S. 607). Dies gilt auch für die vom nicht insolventen Ehegatten/Lebenspartner nach Insolvenzeröffnung ohne individuelle Tilgungsbestimmung geleisteten Vorauszahlungen (BFH-Urteil vom 30.9.2008, VII R 18/08, BStBl 2009 II S. 38).

Ergibt sich aus dieser Verteilung ein Erstattungsbetrag für den insolventen Ehegatten/Lebenspartner, so ist der Erstattungsbetrag auf den vor- und nachinsolvenzlichen Zeitraum unter Berücksichtigung der sich in den Vermögensbereichen aufgrund der dort zu berücksichtigenden geleisteten Vorauszahlungen und Steuerabzugsbeträgen ggf. ergebenden Guthaben zu verteilen. Zahlungen des Insolvenzverwalters werden für die Verteilung des Erstattungsbetrages nach § 37 Abs. 2 AO dem insolventen Ehegatten/Lebenspartner zugerechnet, wobei der Insolvenzverwalter ausschließlich die auf die Insolvenzmasse entfallende Steuerschuld zahlt.

Beispiel 6:

Im Rahmen einer Zusammenveranlagung von Ehegatten/Lebenspartnern, bei denen sich nur ein Ehegatte/Lebenspartner in Insolvenz befindet, ergibt sich eine Jahressteuer von 18.000 €, die i. H. v. 14.500 € auf den vorinsolvenzlichen Vermögensteil und i. H. v. 3.500 € auf die Insolvenzmasse entfällt.

Folgende geleistete Vorauszahlungen sind anzurechnen.

- Schuldner:		10.000 €,
- Insolvenzverwalter: sowie		600 €
- Nicht insolventer Ehegatte /Lebenspartner:	bis zur Insolvenzeröffnung:	300 €

		nach Insolvenzeröffnung:	8.100 €.

Vorauszahlungen und Steuerabzugsbeträge werden bei den insolvenzrechtlichen Vermögensbereichen berücksichtigt, aus denen sie geleistet wurden.

	Summe	vorinsolvenzlicher Vermögensbereich	Insolvenzmasse
Steuer	18.000 €	14.500 €	3.500 €
abzgl. geleistete VZ InsO-Schuldner	10.000 €	10.000 €	-
abzgl. geleistete VZ InsO-Verwalter	600 €	-	600 €
abzgl. geleistete VZ nicht insolventer Ehegatte/ Lebenspartner	8.400 €	300 €	8.100 €
Ergebnis	- 1.000 €	4.200 €	- 5.200 €
	- 515,79 € - 484,21 €		- 2.779,31 € - 2.420,69 €

Die Verteilung des Erstattungsbetrages auf die Ehegatten/Lebenspartner erfolgt zunächst nach § 37 Abs. 2 AO.

Die anschließende Verteilung des auf den insolventen Ehegatten/ Lebenspartner entfallenden Erstattungsbetrages auf den vor- und nachinsolvenzlichen Zeitraum erfolgt unter Berücksichtigung des sich im Vermögensbereich Insolvenzmasse ergebenden Guthabens aufgrund der dort zu berücksichtigenden geleisteten Vorauszahlungen und Steuerabzugsbeträge.

1. **Verteilung des Erstattungsbetrages der Veranlagung zwischen den Ehegatten/Lebenspartnern**

Insolventer Ehegatte/Lebenspartner:

$$-1.000 \text{ €} \times \frac{(\frac{1}{2} \times 10.000 \text{ €}) + 600 \text{ €} + (\frac{1}{2} \times 8.400 \text{ €})}{19.000 \text{ €}} = -515,79 \text{ €}$$

Nicht insolventer Ehegatte/Lebenspartner:

$$-1.000 \text{ €} \times \frac{(\frac{1}{2} \times 10.000 \text{ €}) + (\frac{1}{2} \times 8.400 \text{ €})}{19.000 \text{ €}} = -484,21 \text{ €}$$

2. **Verteilung des nachinsolvenzlichen Erstattungsbetrages zwischen den Ehegatten/Lebenspartnern**

Insolventer Ehegatte/Lebenspartner:

$$-5.200\ \text{€} \times \frac{600\ \text{€} + (\tfrac{1}{2} \times 8.100\ \text{€})}{8.700\ \text{€}} = -2.779{,}31\ \text{€}$$

Nicht insolventer Ehegatte/Lebenspartner:

$$-5.200\ \text{€} \times \frac{\tfrac{1}{2} \times 8.100\ \text{€}}{8.700\ \text{€}} = -2.420{,}69\ \text{€}$$

Die nachinsolvenzlich begründete Einkommensteuer i. H. v. 3.500 € ist gegenüber dem Insolvenzverwalter festzusetzen und der sich nach Anrechnung der geleisteten Vorauszahlungen für die Insolvenzmasse ergebende Erstattungsanspruch i. H. v. 2.779,31 € an diese vorbehaltlich der Aufrechnungsmöglichkeit mit Masseverbindlichkeiten zu erstatten.

Zur Insolvenztabelle ist eine Forderung i. H. v. 2.263,52 € (= 2.779,31 € - 515,79 €) anzumelden, die sich aus dem auf den insolventen Ehegatten/Lebenspartner aus der Veranlagung entfallenden Erstattungsbetrag i. H. v. 515,79 € unter Berücksichtigung des nachinsolvenzlichen Erstattungsbetrages i. H. v. 2.779,31 € zusammensetzt. Gegenüber dem nicht insolventen Ehegatten/Lebenspartner erfolgt eine Steuerfestsetzung i. H. v. 18.000 €. Der anteilig aus der Jahresveranlagung auf diesen entfallende Erstattungsbetrag i. H. v. 484,21 € ist vorbehaltlich etwaiger Aufrechnungsmöglichkeiten zu erstatten.

9.2 Umsatzsteuer

Durch die Eröffnung des Insolvenzverfahrens über das Vermögen des leistenden Unternehmers kommt es zu einer Aufspaltung des Unternehmens in mehrere selbständige Unternehmensteile. Dabei handelt es sich um die Insolvenzmasse und das vom Insolvenzverwalter freigegebene Vermögen sowie einen vorinsolvenzlichen Unternehmensteil. In den Fällen der Eröffnung unter Anordnung der Eigenverwaltung (§ 270 Abs. 1 Satz 1, § 270f Abs. 1 InsO) sowie in den Fällen der Bestellung eines vorläufigen Insolvenzverwalters, wenn für den Schuldner ein allgemeines Verfügungsverbot angeordnet worden ist (§ 21 Abs. 2 Nr. 2 InsO), bestehen die selbständigen Unternehmensteile regelmäßig aus der Insolvenzmasse und dem vorinsolvenzlichen Unternehmensteil. Die Eingangs- und Ausgangsumsätze sind dem Unternehmensteil zuzuordnen, der sie ausgeführt hat.

Zur Wahrung des Grundsatzes der Unternehmenseinheit reicht es aus, dass die Summe der für alle Unternehmensteile insgesamt festgesetzten oder angemeldeten Umsatzsteuer der Umsatzsteuer für das gesamte Unternehmen entspricht (vgl. BFH-Urteil vom 9.12.2010, V R 22/10, BStBl 2011 II S. 996).

Dabei können Erstattungsansprüche zugunsten eines Unternehmensteils entstehen, während sich für denselben Besteuerungszeitraum Nachforderungen gegen einen anderen Unternehmensteil ergeben können.

Zu den Einzelheiten wird insbesondere auf Abschnitt 17.1 Abs. 11 bis 16 UStAE verwiesen.

Hinsichtlich der Verwertung von Sicherungsgut wird insbesondere auf Abschnitt 1.2 UStAE verwiesen.

10. Befriedigung der Insolvenzgläubiger

Die Insolvenzordnung sieht zur Befriedigung der Insolvenzgläubiger grundsätzlich die Verwertung der Insolvenzmasse und die Verteilung des Erlöses nach den Vorschriften der Insolvenzordnung vor (§§ 159 ff., 187 ff. InsO). Abweichend dazu kann die Befriedigung der Gläubiger und die Verwertung der Insolvenzmasse und deren Verteilung an die Beteiligten durch einen Insolvenzplan (§§ 217 ff. InsO) geregelt werden. Die Entscheidung über den Fortgang des Verfahrens (Stilllegung oder Fortführung, Verfahren nach den Vorschriften der InsO oder nach den Regelungen eines Insolvenzplanes) trifft die Gläubigerversammlung.

11. Insolvenzplan

In einem Insolvenzplan (§§ 217 ff. InsO), der vom Insolvenzverwalter – ggf. im Auftrag der Gläubigerversammlung (§ 157 InsO) – oder vom Schuldner selbst eingebracht werden kann, können abweichend von den gesetzlichen Regelungen des Insolvenzverfahrens z. B. geregelt werden:

- die Befriedigung der Gläubiger (einschließlich der Absonderungsgläubiger),

- die Verwertung der Insolvenzmasse,

- die Verteilung der Insolvenzmasse an die Beteiligten und

- die Inanspruchnahme des Schuldners nach Verfahrensbeendigung.

Über die Wirksamkeit eines Insolvenzplans stimmen die Gläubiger in Gruppen ab, soweit ihnen gem. § 77 InsO ein Stimmrecht im Verfahren eingeräumt ist (§§ 222, 235 ff. InsO).

§ 225a InsO sieht für ab dem 1.3.2012 beantragte Insolvenzverfahren die Möglichkeit der Umwandlung von Gläubigerforderungen in Mitgliedschafts- oder Anteilsrechte („Debt-Equity-Swap") vor, die die zustimmende Erklärung des betroffenen Gläubigers voraussetzt. Diese Zustimmung zu erteilen, obliegt der steuerverwaltenden Körperschaft (§ 252 AO). Eine Zustimmung zur Umwandlung von Gläubigerforderungen in Anteils- oder Mitgliedschaftsrechte darf nur unter Beachtung der einschlägigen Vorschriften (insbesondere Haushaltsordnungen) der jeweiligen steuerverwaltenden Körperschaft erfolgen. Die Voraussetzungen zum Erwerb von Beteiligungen an privatrechtlichen Unternehmen und damit zur Zustimmung zu einem derartigen Plan liegen regelmäßig nicht vor, da die unternehmerische Betätigung des Landes oder des Bundes auf die Verfolgung von wichtigen Interessen des Landes bzw. des Bundes zu beschränken ist.

Weist das Insolvenzgericht den Plan nicht zurück, hat das Finanzamt zu prüfen, ob sämtliche angemeldeten Ansprüche enthalten sind und das Finanzamt durch den Plan nicht schlechter gestellt wird, als es ohne den Plan stünde.

Soweit auf Steuerforderungen, die Gegenstand des Insolvenzplans sind, verzichtet wurde, werden diese mit Bestätigung des Plans zu unvollkommenen Forderungen. Sie sind zwar erfüllbar, können aber grundsätzlich gegen den Schuldner nicht mehr geltend gemacht werden. Die Steuerforderungen erlöschen i. S. d. § 47 AO auch dann nicht mit der Zustimmung zu einem Insolvenzplan, wenn der Plan einen (Teil-)Erlass der Ansprüche vorsieht (BFH-Urteil vom 8.3.2022, VI R 33/19, BStBl 2023 II S. 98). Die Möglichkeit der Inanspruchnahme Dritter im Wege der Haftung bleibt bestehen, soweit nicht ein Haftungsausschluss nach § 227 Abs. 2 InsO in Betracht kommt.

Ein bei Eröffnung des Insolvenzverfahrens bestehendes Aufrechnungsrecht bleibt auch dann erhalten, wenn die aufgerechnete Gegenforderung nach einem rechtskräftig bestätigten Insolvenzplan als erlassen gilt (BGH-Urteil vom 19.5.2011, IX ZR 222/08, WM S. 1182). Entsteht der Steuererstattungsanspruch hingegen erst nach Eröffnung des Insolvenzverfahrens, kann gegen ihn bei vorbehaltslosen Insolvenzplänen lediglich bis zum Erreichen der Planquote mit Insolvenzforderungen unter den allgemeinen Voraussetzungen des § 226 AO aufgerechnet werden.

Auf Abschnitt 61 VollstrA wird hingewiesen.

12. Verbraucherinsolvenz nach §§ 304 ff. InsO

Die nachstehenden Ausführungen gelten für nach dem 30.6.2014 beantragte Insolvenzverfahren. Für vor dem 1.7.2014 beantragte Verfahren gelten die Ausführungen des AEAO zu § 251, Nr. 12 in der Fassung vom 31.1.2014, BStBl I S. 290.

Natürliche Personen, die keine selbständige gewerbliche oder freiberufliche Tätigkeit ausüben oder ausgeübt haben, können das Verbraucherinsolvenzverfahren nach §§ 304 ff. InsO beantragen. Dies gilt auch für Personen, die eine selbständige Tätigkeit ausgeübt haben, wenn ihre Vermögensverhältnisse überschaubar sind und gegen sie keine Forderungen aus Arbeitsverhältnissen bestehen. Überschaubar sind Vermögensverhältnisse, wenn der Schuldner zu dem Zeitpunkt, zu dem der Antrag auf Eröffnung des Insolvenzverfahrens gestellt wird, weniger als 20 Gläubiger hat. Forderungen aus Arbeitsverhältnissen sind nicht nur die Ansprüche der ehemaligen Arbeitnehmer selbst, sondern auch die Forderungen von Sozialversicherungsträgern und Finanzämtern (z. B. Lohnsteuerforderungen). Der geschäftsführende Alleingesellschafter einer GmbH übt eine selbständige wirtschaftliche Tätigkeit aus. Wird dieser für Lohnsteuerrückstände der GmbH in Haftung genommen, handelt es sich um Forderungen aus Arbeitsverhältnissen i. S. d. § 304 Abs. 1 InsO (BGH-Beschluss vom 22.9.2005, IX ZR 55/04, WM S. 918).

Das Verfahren gliedert sich in drei Abschnitte. Zunächst hat der Schuldner eine außergerichtliche Einigung mit seinen Gläubigern ernsthaft anzustreben (AEAO zu § 251, Nr. 12.1). Gelingt ihm dies nicht, wird auf seinen Antrag ein gerichtliches Schuldenbereinigungsverfahren durchgeführt (AEAO zu § 251, Nr. 12.2). Scheitert auch dies, schließt sich ein Insolvenzverfahren an (AEAO zu § 251, Nr. 12.3).

12.1 Außergerichtlicher Einigungsversuch

Der Schuldner hat den Gläubigern und damit ggf. auch dem Finanzamt zum Zweck der außergerichtlichen Einigung unter anderem z. B. ein Vermögensverzeichnis, eine Aufstellung seiner Verbindlichkeiten und Gläubiger sowie einen Plan zur Schuldenregulierung vorzulegen (vgl. § 305 Abs. 1 InsO).

Das Finanzamt kann nur im Rahmen einer persönlichen Billigkeitsmaßnahme Ansprüche aus dem Steuerschuldverhältnis abweichend festsetzen, stunden oder erlassen. Wird ein Erlass gewährt, erlischt der Anspruch aus dem Steuerschuldverhältnis gem. § 47 AO.

Zu den vom Finanzamt zu beachtenden Grundsätzen bei der Bearbeitung von Anträgen auf außergerichtliche Schuldenbereinigung i. S. v. § 305 Abs. 1 Nr. 1 InsO wird auf das BMF-Schreiben vom 27.1.2021, BStBl I S. 152, hingewiesen.

12.2 Schuldenbereinigungsverfahren

Scheitert der ernsthafte Versuch des Schuldners, eine außergerichtliche Einigung herbeizuführen, so kann er die Eröffnung des Insolvenzverfahrens beantragen.

Mit einem Antrag auf Eröffnung des Insolvenzverfahrens hat der Schuldner die in § 305 Abs. 1 InsO genannten Unterlagen und Erklärungen, insbesondere einen Schuldenbereinigungsplan, vorzulegen. Bei einem inhaltlich ordnungsgemäßen Antrag erklärt das Insolvenzgericht das Insolvenzverfahren bis zur Entscheidung über den Schuldenbereinigungsplan für ruhend (§ 306 Abs. 1 Satz 1 InsO). Das Insolvenzgericht stellt den vom Schuldner genannten Gläubigern gem. § 307 Abs. 1 InsO den Schuldenbereinigungsplan und die Vermögensübersicht zur Stellungnahme binnen einer Notfrist von einem Monat zu.

Das Finanzamt hat die vom Gericht zugestellte Vermögensübersicht und der Schuldenbereinigungsplan unter Beteiligung aller in Betracht kommenden Dienststellen unverzüglich daraufhin zu überprüfen, ob alle bis zum Ablauf der vom Gericht genannten Frist entstandenen Abgabenansprüche (zum Beispiel entstandene, aber noch nicht festgesetzte Abgabenforderungen) aufgenommen worden sind. Noch nicht festgesetzte oder angemeldete Steueransprüche, die bis zum Ablauf der Notfrist entstehen, sind erforderlichenfalls im Schätzungswege zu ermitteln.

Während das Verfahren über den Antrag auf Eröffnung des Insolvenzverfahrens ruht (§ 306 Abs. 1 Satz 1 InsO), sind - unabhängig von etwaigen Sicherungsmaßnahmen des Insolvenzgerichts (§ 306 Abs. 2 InsO) - alle Verwaltungsakte weiterhin dem Schuldner bekannt zu geben.

Gibt das Finanzamt innerhalb der Frist von einem Monat keine Stellungnahme ab, gilt dies nach § 307 Abs. 2 Satz 1 InsO als Einverständnis.

Die unterlassene Ergänzung der Abgabenforderungen hat - falls keine Wiedereinsetzungsgründe vorliegen - die Folge, dass nicht oder nicht in der richtigen Höhe geltend gemachte Forderungen nach § 308 Abs. 3 Satz 2 InsO erlöschen, wenn der Schuldenbereinigungsplan angenommen wird.

Der Schuldenbereinigungsplan gilt als angenommen, wenn

- alle Gläubiger zugestimmt haben,
- kein Gläubiger Einwendungen erhoben hat oder
- die Zustimmung eines oder mehrerer Gläubiger nach § 309 InsO ersetzt wird.

Die Zustimmung des Finanzamts orientiert sich an den im BMF-Schreiben vom 27.1.2021, BStBl I S. 152, dargestellten Grundsätzen zur außergerichtlichen Einigung. Dabei ist zu beachten, dass akzessorische Sicherheiten (z. B. Zwangshypothek) erlöschen, wenn der Plan keine abweichende Regelung vorsieht. Erforderlichenfalls sind daher entsprechende Einwendungen gegen den Plan zu erheben.

Da bei Nichterfüllung des Plans eine Wiederauflebensklausel gesetzlich nicht vorgesehen ist, soll das Finanzamt in seiner Stellungnahme auf eine solche hinwirken.

Das Insolvenzgericht ersetzt die Zustimmung eines Gläubigers unter den Voraussetzungen des § 309 Abs. 1 InsO und hat dazu den Betroffenen zu hören. Eine gerichtliche Ersetzung der Zustimmung ist jedoch nach § 309 Abs. 3 InsO ausgeschlossen, wenn das Finanzamt glaubhaft macht, dass die Angaben des Schuldners im Schuldenbereinigungsplan dem Grunde oder der Höhe nach unrichtig sind und es deshalb nicht angemessen beteiligt wird.

Das Insolvenzgericht entscheidet über die Ersetzung durch Beschluss. Dagegen stehen dem Antragsteller und dem Gläubiger, dessen Zustimmung ersetzt wird, die sofortige Beschwerde zu (§ 309 Abs. 2 Satz 3 InsO).

Der angenommene Schuldenbereinigungsplan hat nach § 308 Abs. 1 Satz 2 InsO die Wirkung eines (Prozess-) Vergleichs i. S. d. § 794 Abs. 1 Nr. 1 ZPO.

§ 308 Abs. 3 InsO stellt im Interesse des Gläubigerschutzes klar, dass Gläubiger, die keine Möglichkeit der Mitwirkung an dem Schuldenbereinigungsplan hatten, keinen Rechtsverlust erleiden. Dies ist allerdings nur denkbar, wenn dem Finanzamt kein Schuldenbereinigungsplan zur Stellungnahme zugestellt wurde. Allerdings kann sich der Gläubiger der Wirkung des Schuldenbereinigungsplans nicht durch eine unvollständige Forderungsaufstellung, unterlassene oder unzureichende Nachbesserung des Schuldenbereinigungsplans entziehen.

Das Verfahren über den Eröffnungsantrag wird wieder aufgenommen, wenn das Insolvenzgericht nach Anhörung des Schuldners zu der Überzeugung gelangt, dass der Schuldenbereinigungsplan voraussichtlich nicht angenommen wird (§ 306 Abs. 1 Satz 3 InsO) oder Einwendungen gegen den Schuldenbereinigungsplan erhoben werden, die vom Gericht nicht gem. § 309 InsO durch gerichtliche Zustimmung ersetzt werden (§ 311 InsO). Ein erneuter Antrag des Schuldners ist nicht erforderlich.

Soweit ein Gläubiger einen Antrag auf Eröffnung des Insolvenzverfahrens stellt und der Schuldner keinen Eigenantrag nachreicht (§ 306 Abs. 3 InsO), findet ein Schuldenbereinigungsverfahren nicht statt. In diesem Fall ist - wie im Fall des Scheiterns des Schuldenbereinigungsverfahrens - ein Insolvenzverfahren durchzuführen.

Im Übrigen wird auf Abschnitt 63 VollstrA hingewiesen.

12.3 Eröffnetes Insolvenzverfahren

Grundsätzlich sind die Bestimmungen für das Regelinsolvenzverfahren anzuwenden.

Auch ein Insolvenzplan kann durchgeführt werden (siehe AEAO zu § 251, Nr. 11). Die Regelungen zur Eigenverwaltung gelten jedoch nicht (§ 270 Abs. 2 InsO).

Im Übrigen wird auf Abschnitt 63 VollstrA hingewiesen.

13. Eigenverwaltung

Die Vorschriften der Eigenverwaltung gelten nicht für Verbraucherinsolvenzverfahren i. S. v. §§ 304 ff. InsO (§ 270 Abs. 2 InsO).

13.1 Vorläufiges Eigenverwaltungsverfahren

Stimmt das Gericht dem Antrag des Schuldners auf Anordnung der Eigenverwaltung zu (§ 270a Abs. 1 InsO), hat es einen vorläufigen Sachwalter (§ 270b Abs. 1 InsO) zu bestellen und kann vorläufige Maßnahmen nach § 21 Abs. 1 und 2 Nr. 1a, 3 bis 5 InsO anordnen. Des Weiteren hat das Gericht auf Antrag des Schuldners anzuordnen, dass der Schuldner Masseverbindlichkeiten begründet. § 55 Abs. 2 InsO gilt entsprechend (§ 270c Abs. 4 InsO).

In Insolvenzverfahren, die ab dem 1.1.2021 beantragt wurden, gelten bestimmte Steuerverbindlichkeiten des Insolvenzschuldners, die vom Schuldner nach Bestellung eines vorläufigen Sachwalters begründet worden sind, nach Eröffnung des Insolvenzverfahrens als Masseverbindlichkeit (§ 55 Abs. 4 InsO).

Legt der Schuldner dem Gericht einen Insolvenzplan vor, so wird über den Plan im eröffneten Insolvenzverfahren nach den allgemeinen Vorschriften über den Insolvenzplan entschieden.

Die vorläufige Eigenverwaltung wird durch Bestellung eines vorläufigen Insolvenzverwalters aufgehoben. Dies kann auch auf Antrag eines Insolvenzgläubigers erfolgen (§ 270e Abs. 2 InsO).

13.2 Besonderheiten bei der Vorbereitung einer Sanierung nach § 270d InsO (Schutzschirm)

Bei einer angestrebten Sanierung nach § 270d InsO kann das Insolvenzgericht auf Antrag des Schuldners eine Frist zur Vorlage eines Insolvenzplans bestimmen (§ 270d Abs. 1 Satz 1 InsO). Die Frist darf höchstens drei Monate betragen.

Stimmt das Gericht dem Antrag des Schuldners zu, hat es einen vorläufigen Sachwalter (§ 270b Abs. 1 InsO) zu bestellen und vorläufige Maßnahmen nach § 21 Abs. 2 Satz 1 Nr. 3 InsO anzuordnen, wenn der Schuldner dies beantragt (§ 270d Abs. 3 InsO).

13.3 Eröffnung des Insolvenzverfahrens

Auf Antrag des Schuldners oder der Gläubigerversammlung kann das Insolvenzgericht die Eigenverwaltung der Insolvenzmasse gem. §§ 270 ff. InsO unter der Aufsicht eines Sachwalters anordnen, wenn dadurch nicht Gläubigerinteressen beeinträchtigt werden (z. B. durch Verfahrensverzögerung).

Die insolvenzrechtlichen Vorschriften bleiben durch die Eigenverwaltung - von wenigen Ausnahmen abgesehen - unberührt. Im Grunde sind nur Befugnisse des Insolvenzverwalters auf den Schuldner selbst zu übertragen. Insolvenzforderungen sind schriftlich beim Sachwalter zur Tabelle anzumelden (§ 270f Abs. 2 InsO). Die Forderungen können vom Schuldner, vom Sachwalter oder von anderen Insolvenzgläubigern bestritten werden; sie gelten insoweit als nicht festgestellt (§ 283 Abs. 1 InsO). Zur Feststellung der bestrittenen Forderungen sind die Ausführungen des AEAO zu § 251, Nr. 5.3 entsprechend anzuwenden. Die Regelung des AEAO zu § 251, Nr. 5.3.2 findet in der Eigenverwaltung keine Anwendung, da § 178 Abs. 1 Satz 1 InsO nicht gilt. Ein Feststellungsbescheid ist dem Bestreitenden bekanntzugeben. Widersprechen sowohl der Schuldner als auch der Sachwalter einer Forderung, ist beiden der Feststellungsbescheid bekanntzugeben.

Auswirkungen auf das Besteuerungsverfahren (z. B. die Veranlagungszeiträume) ergeben sich durch die Anordnung der Eigenverwaltung nicht. Umsatzsteuerlich kommt es aber mit der Eröffnung des Insolvenzverfahrens zu einer Aufspaltung des Unternehmens in mehrere Unternehmensteile, zwischen denen einzelne umsatzsteuerrechtliche Berechtigungen und Verpflichtungen nicht miteinander verrechnet werden können. Zu den

Einzelheiten vgl. AEAO zu § 251, Nr. 9.2 sowie UStAE Abschnitt 17.1 Abs. 11. Da der Schuldner im Fall der Eigenverwaltung jedoch selbst rechtsgeschäftlich mit Verfügungsbefugnis handeln kann, der Sachwalter demgegenüber nur Kontroll- und Aufsichtspflichten ausübt, ist der Schuldner selbst steuerlich als Vertreter der Insolvenzmasse i. S. v. §§ 34, 35 AO anzusehen. Daher ist er Bekanntgabeadressat für alle die Insolvenzmasse betreffenden Verwaltungsakte.

Die Eigenverwaltung kann auf Antrag der Gläubigerversammlung, des Schuldners oder eines Gläubigers, der entsprechende Gründe glaubhaft zu machen hat, aufgehoben werden (§ 272 InsO).

Auf Insolvenzverfahren in Eigenverwaltung, die vor dem 1.1.2021 beantragt worden sind, sind die bis dahin geltenden Vorschriften der InsO weiter anzuwenden. Insoweit ist der AEAO zu § 251 in der Fassung des BMF-Schreibens vom 21.1.2014 (BStBl I S. 290), zuletzt geändert durch das BMF-Schreiben vom 28.1.2021 (BStBl I S. 145), anzuwenden.

Wenn die Zahlungsunfähigkeit oder Überschuldung des Schuldners auf die COVID-19-Pandemie zurückzuführen ist, sind auf Eigenverwaltungsverfahren, die in 2021 beantragt worden sind, die §§ 270 bis 285 InsO in der bis zum 31.12.2020 geltenden Fassung weiter anzuwenden

14. Vorgehensweise nach Aufhebung des Insolvenzverfahrens

Mit Aufhebung des Insolvenzverfahrens erhält der Schuldner grundsätzlich die Verwaltungs- und Verfügungsbefugnis über sein Vermögen zurück.

Die Aufrechnungsverbote der §§ 95 und 96 InsO gelten nicht mehr. Steuererstattungsansprüche unterliegen nicht mehr dem Insolvenzbeschlag, es sei denn, es liegt eine wirksame Anordnung der Nachtragsverteilung bzw. der wirksame Vorbehalt der Nachtragsverteilung vor. Mit dem Vorbehalt oder der Anordnung einer Nachtragsverteilung tritt hinsichtlich des einzelnen Erstattungsanspruchs erneut die Insolvenzbeschlagnahme ein (BFH-Urteil vom 28.2.2012, VII R 36/11, BStBl II S. 451). Soweit sich aus dem Beschluss des Insolvenzgerichts nicht ausdrücklich etwas anderes ergibt, ist anzunehmen, dass der Insolvenzbeschlag hinsichtlich aller Steuerarten fortbesteht, die bis zur Aufhebung des Insolvenzverfahrens (insolvenzrechtlich) begründet worden sind (BFH-Urteil vom 20.9.2016, VII R 10/15, BFH/NV 2017 S. 442). Die Steuererklärungspflicht obliegt insoweit dem (vormaligen) Insolvenzverwalter (vgl. BFH-Urteil vom 16.12.2021, VI R 41/18, BStBl 2022 II S. 321). Ein nicht hinreichend bestimmter Beschluss entfaltet keinen Insolvenzbeschlag.

Steuerbescheide sind grundsätzlich an den Steuerpflichtigen zu richten und diesem bekannt zu geben. Aus diesem Grund ist für das Jahr der Insolvenzaufhebung z. B. nur eine Einkommensteuerfestsetzung durchzuführen, in der sowohl der Massezeitraum wie auch der Zeitraum nach Abschluss des Verfahrens zusammengefasst werden. Der Schuldner ist auch hinsichtlich der nach Eröffnung des Insolvenzverfahrens begründeten Steuerforderungen weiterhin Steuerschuldner (vgl. BFH-Beschluss vom 23.8.1993, V B 135/91, BFH/NV 1994 S. 186). Somit können die während des Bestehens des Insolvenzverfahrens begründeten Steuerschulden nach Aufhebung des Insolvenzverfahrens gegenüber dem Steuerpflichtigen geltend gemacht und auch vollstreckt werden (vgl. BFH-Urteil vom 28.11.2017, VII R 1/16, BStBl 2018 II S. 457). In Fällen der angeordneten oder vorbehaltenen Nachtragsverteilung ist, soweit es zu einer Einkommensteuererstattung für die (ehemalige) Insolvenzmasse kommt, der (vormalige) Insolvenzverwalter Bekanntgabeadressat der Steuerbescheide (vgl. BFH-Urteil vom 16.12.2021, VI R 41/18, a.a.O.).

Ergibt die Einkommensteuerveranlagung für einen der Nachtragsverteilung unterliegenden Zeitraum keine Erstattung, fehlt es an einem Vermögenswert, der der Nachtragsverteilung unterliegt. Der Bescheid ist daher dem Schuldner bekannt zu geben. Der ehemalige Insolvenzverwalter erhält eine Ausfertigung des Bescheides ohne Leistungsgebot.

Erstreckt sich die Nachtragsverteilung auf die Umsatzsteuer und macht der Insolvenzverwalter noch Erstattungsansprüche aus der Zeit der Insolvenzverwaltung geltend, ist eine Steuerfestsetzung für den Unternehmensteil der ehemaligen Insolvenzmasse vorzunehmen.

Zur Frage der Prozessführungsbefugnis des Insolvenzverwalters und der Auswirkungen auf noch anhängige Rechtsbehelfsverfahren zu Masseverbindlichkeiten bei Beendigung des Insolvenzverfahrens ohne Nachtragsverteilung vgl. BFH-Urteil vom 6.7.2011, II R 34/10, BFH/NV 2012 S. 10.

Änderungen von zur Insolvenztabelle angemeldeten und festgestellten Steuerforderungen, denen der Insolvenzschuldner nicht widersprochen hat oder dessen Widerspruch beseitigt worden ist, sind nach Aufhebung des Insolvenzverfahrens nur möglich, wenn die Voraussetzungen für eine Änderung der festgestellten Forderung nach §§ 130 131 AO vorliegen.

Schließt sich nach der Aufhebung des Insolvenzverfahrens das Restschuldbefreiungsverfahren an, kann wegen dieser Forderungen nicht vollstreckt, sondern lediglich aufgerechnet werden.

Zur Insolvenztabelle angemeldete, nicht titulierte Forderungen, für die keine Feststellung erfolgt ist, können nach Aufhebung des Insolvenzverfahrens gegenüber dem Steuerpflichtigen unter Beachtung der Ablaufhemmung nach § 171 Abs. 13 AO erstmals geltend gemacht werden (z. B. zum Zwecke der Aufrechnung). Die Erteilung einer Restschuldbefreiung gilt vorbehaltlich § 302 InsO auch für diese Forderungen.

Nach rechtskräftiger Bestätigung eines Insolvenzplans ist eine Änderung einer vorinsolvenzlich erfolgten Steuerfestsetzung nicht mehr möglich (BFH-Urteil vom 22.10.2014, I R 39/13, BStBl 2015 II S. 577). Im Planverfahren nicht angemeldete Forderungen dürfen innerhalb der Frist des § 259b InsO mittels Bescheid geltend gemacht werden (BFH-Urteil vom 8.3.2022, VI R 33/19, BStBl 2023 II S. 98).

Während des laufenden Insolvenzverfahrens ohne rechtlichen Grund an den Insolvenzverwalter ausbezahlte Ansprüche aus dem Steuerschuldverhältnis können nach Aufhebung des Insolvenzverfahrens vom früheren Insolvenzverwalter zurückgefordert werden, wenn die Zahlung auf dessen Anderkonto eingegangen war (BFH-Beschluss vom 12.8.2013, VII B 188/12, ZIP S. 2370). Hiervon zu unterscheiden ist die Rechtslage bei Zahlungen auf ein sog. Sonderkonto, das vom Insolvenzverwalter für den Schuldner als Kontoinhaber (Fremdkonto) eingerichtet wird und bei dem der Insolvenzverwalter lediglich aufgrund seiner treuhänderischen Stellung verfügungs-berechtigt ist. Gehen Zahlungen auf ein solches Sonderkonto ein, fallen sie in das Schuldnervermögen und damit in die Insolvenzmasse. Rückforderungen sind somit nicht gegen den Insolvenzverwalter persönlich, sondern nur gegen ihn in seiner Eigenschaft als Insolvenzverwalter geltend zu machen (BFH-Beschluss vom 12.8.2013, VII B 188/12, ZIP S. 2370).

15. Restschuldbefreiung

Die nachstehenden Ausführungen gelten für nach dem 30.6.2014 beantragte Insolvenzverfahren. Für vor dem 1.7.2014 beantragte Verfahren gelten die Ausführungen des AEAO zu § 251, Nr. 15 in der Fassung vom 31.1.2014, BStBl I S. 290.

15.1 Laufzeit der Abtretungserklärung

Ist der Schuldner eine natürliche Person, so sieht die Insolvenzordnung die Möglichkeit der Restschuldbefreiung vor. Hierzu hat der Schuldner rechtzeitig einen Antrag auf Restschuldbefreiung beim Insolvenzgericht zu stellen (§ 287 Abs. 1 InsO). Um die Restschuldbefreiung zu erlangen, hat der Schuldner den pfändbaren Teil seiner Bezüge für einen Zeitraum von drei Jahren - beginnend ab der Eröffnung des Insolvenzverfahrens - an einen Treuhänder abzutreten (§ 287 Abs. 2 InsO). Zwischen der Beendigung des Insolvenzverfahrens und dem Ende der Abtretungsfrist hat der Schuldner die Obliegenheiten gem. § 295 InsO zu erfüllen.

Der Treuhänder kehrt das Erlangte jährlich nach der im Schlussverzeichnis festgelegten Quote an die Gläubiger aus (§ 292 Abs. 1 Satz 2 InsO).

Das Insolvenzgericht stellt durch öffentlich bekannt zu machenden Beschluss zu Beginn des Verfahrens fest, ob der Antrag auf Restschuldbefreiung zulässig ist und dass der Schuldner Restschuldbefreiung erlangt, wenn er den Obliegenheiten gem. § 295 InsO nachkommt und keine Versagungsgründe nach §§ 290, 297 bis 298 InsO vorliegen (§ 287a InsO).

Das Finanzamt hat zu prüfen, ob nach § 290 Abs. 1 InsO ein Grund vorliegt, die Restschuldbefreiung zu versagen. Es hat insbesondere festzustellen, ob der Schuldner zur Vermeidung von Steuerzahlungen in den letzten drei Jahren vor dem Antrag auf Eröffnung des Insolvenzverfahrens oder nach dem Antrag schuldhaft schriftlich unrichtige oder unvollständige Angaben über seine wirtschaftlichen Verhältnisse im Rahmen von Anträgen auf Vollstreckungsaufschub, in Vermögensverzeichnissen, Erlass- und Stundungsanträgen oder Steuererklärungen gemacht hat (§ 290 Abs. 1 Nr. 2 InsO).

Liegen Versagungsgründe nach § 290 InsO vor, so soll das Finanzamt bis zum Schlusstermin oder bis zur Entscheidung über die Einstellung des Verfahrens wegen Masseunzulänglichkeit die Versagung der Restschuldbefreiung schriftlich beantragen und glaubhaft machen (§ 290 Abs. 2 InsO). Wird dieser Antrag vom Insolvenzgericht abgewiesen, kann sofortige Beschwerde erhoben werden (§ 290 Abs. 3 InsO). Stellt sich nach dem Schlusstermin heraus, dass Versagungsgründe vorlagen, kann ein Antrag auf Versagung der Restschuldbefreiung binnen sechs Monaten nach Kenntniserlangung durch den Gläubiger nachgeholt werden (§ 297a InsO).

Nach Beendigung des Insolvenzverfahrens, aber noch während der Laufzeit der Abtretungserklärung sind Vollstreckungsmaßnahmen wegen der Insolvenzforderungen in das Vermögen des Schuldners unzulässig (§ 294 Abs. 1 InsO). Aufrechnungen gegen Steuererstattungsansprüche des Schuldners sind aber zulässig, es sei denn, es liegt ein Vorbehalt oder eine wirksame Anordnung der Nachtragsverteilung für diesen Anspruch vor.

Verwaltungsakte sind wieder an den Schuldner zu richten und diesem bekannt zu geben, da der hier zu bestellende Treuhänder keine Befugnis hat, das Vermögen des Schuldners zu verwalten oder über dieses zu verfügen (§ 292 InsO).

Steuererstattungsansprüche nach Aufhebung des Insolvenzverfahrens gehören nicht zu den abtretbaren Bezügen i. S. d. § 287 InsO und können vorbehaltlich der Anordnung einer Nachtragsverteilung mit Insolvenzforderungen aufgerechnet werden (BGH-Urteil vom 21.7.2005, IX ZR 115/04, NJW S. 2988).

Endet bei erteilter Restschuldbefreiung die Abtretungsfrist vor Beendigung des Insolvenzverfahrens, gehören die dann erworbenen Steuererstattungsansprüche nicht mehr zur Insolvenzmasse (§ 300a InsO) und können aufgerechnet werden.

15.2 Ausgenommene Forderungen

Neben Geldstrafen (§ 302 Nr. 2 InsO) und Verbindlichkeiten aus zinslosen Darlehen, die dem Schuldner zur Begleichung der Kosten des Insolvenzverfahrens gewährt wurden (§ 302 Nr. 3 InsO), sind folgende Verbindlichkeiten des Schuldners von der Restschuldbefreiung ausgenommen:

- Verbindlichkeiten aus vorsätzlich begangenen unerlaubten Handlungen (§ 302 Nr. 1 1. Alternative InsO)

- Verbindlichkeiten aus rückständigem gesetzlichem Unterhalt (§ 302 Nr. 1 2. Alternative InsO)

- Verbindlichkeiten aus dem Steuerschuldverhältnis, wenn der Schuldner im Zusammenhang damit wegen einer Steuerstraftat nach §§ 370, 373 oder 374 AO rechtskräftig verurteilt wurde (§ 302 Nr. 1 3. Alternative InsO)

Voraussetzung für eine Ausnahme von der Restschuldbefreiung bei den Verbindlichkeiten nach § 302 Nr. 1 InsO ist, dass der Gläubiger seine Forderung unter Angabe des Rechtsgrundes nach § 174 Abs. 2 InsO zur Tabelle (ggf. nachträglich) angemeldet hat (vgl. AEAO zu § 251, Nr. 5.2).

Hat das Finanzamt bei der Forderungsanmeldung Tatsachen angegeben, aus denen sich eine Steuerstraftat des Schuldners nach §§ 370, 373 oder 374 AO ergibt, tritt die Ausnahme von der Erteilung der Restschuldbefreiung in folgenden Fällen ein:

- Das Gericht hat die Forderung eingetragen, der Schuldner hat der Anmeldung im Prüfungstermin nicht widersprochen und die rechtskräftige Verurteilung ist wegen einer Steuerstraftat nach den §§ 370, 373 oder 374 AO erfolgt. Hierbei ist es unbeachtlich, wann die rechtskräftige Verurteilung erfolgt ist.

- Der Schuldner hat der Anmeldung der Forderung widersprochen und die rechtskräftige Verurteilung wegen einer Steuerstraftat nach den §§ 370, 373 oder 374 AO ist vor Beendigung des Insolvenzverfahrens erfolgt. In diesem Fall kann der Widerspruch durch Feststellungsbescheid nach § 251 Abs. 3 AO beseitigt werden (vgl. AEAO zu § 251, Nr. 5.3.2).

- Der Schuldner hat der Anmeldung der Forderung widersprochen und die rechtskräftige Verurteilung wegen einer Steuerstraftat nach den §§ 370, 373 oder 374 AO ist erst nach Beendigung des Insolvenzverfahrens erfolgt. Da die insolvenzrechtliche Nachhaftung für hinterzogene Steuern auch nach Beendigung des Insolvenzverfahrens bestehen bleibt, ist es unbeachtlich, wann die rechtskräftige Verurteilung erfolgt. Widerspricht der Schuldner lediglich der rechtlichen Einordnung einer Steuerforderung als Anspruch i. S. v. § 302 Nr. 1 InsO (oder ist bei einem Widerspruch gegen den Rechtsgrund und die Höhe der Forderung der Widerspruch gegen die Höhe der Forderung beseitigt), ist dem Finanzamt auch nach Erteilung der Restschuldbefreiung aus der Eintragung der Forderung in der Tabelle - unabhängig vom Vorliegen einer rechtskräftigen Verurteilung wegen einer Steuerstraftat - ein Tabellenauszug zu erteilen (vgl. BGH-Beschluss vom 3.4.2014, IX ZB 93/13, ZinsO 2014 S. 568). Nach Eintritt der Rechtskraft des Urteils kann das Finanzamt sogleich das Vollstreckungsverfahren aufnehmen. Ob die Forderungen von der Restschuldbefreiung nach § 302 Nr. 1 InsO ausgenommen sind, kann der Vollstreckungsschuldner im Steuererhebungsverfahren überprüfen lassen (z. B. Einspruch gegen Pfändungsmaßnahme, Antrag auf Erteilung eines Abrechnungsbescheides bei Aufrechnung, vgl. BGH-Urteil vom 2.12.2010, IX ZR 247/09, NJW 2011 S. 1133). Für anschließende Klageverfahren ist der Finanzrechtsweg einschlägig.

15.3 Erteilung der Restschuldbefreiung

Nach Aufhebung des Insolvenzverfahrens hat der Schuldner ausschließlich die Obliegenheiten nach § 295 InsO zu erfüllen. Die Versagungsgründe des § 290 InsO gelten nicht mehr.

Wird dem Finanzamt bekannt, dass der Schuldner Obliegenheiten verletzt und dadurch die Befriedigung der Insolvenzgläubiger beeinträchtigt, soll es beim Insolvenzgericht Antrag auf Versagung der Restschuldbefreiung stellen und seine Angaben durch entsprechende Unterlagen glaubhaft machen (§ 296 Abs. 1 InsO). Gegen die Entscheidung des Gerichts ist die sofortige Beschwerde gegeben.

Ist die Laufzeit der Abtretungserklärung ohne vorherige Beendigung verstrichen, hat das Insolvenzgericht nach vorheriger Anhörung des Schuldners, des Treuhänders und der Gläubiger zu entscheiden, ob dem Schuldner die endgültige Restschuldbefreiung zu erteilen ist (§ 300 Abs. 1 Satz 1 InsO). Eine vorzeitige Erteilung der Restschuldbefreiung kommt nach § 300 Abs. 2 InsO in Betracht, wenn der Schuldner die Kosten des Verfahrens und die sonstigen Masseverbindlichkeiten berichtigt hat und

- im Verfahren kein Insolvenzgläubiger eine Forderung angemeldet hat
- oder wenn die Forderungen der Insolvenzgläubiger befriedigt wurden.

Erteilt das Insolvenzgericht die Restschuldbefreiung, wirkt diese gegen alle Insolvenzgläubiger. Die angemeldeten, aber nicht vollständig befriedigten Forderungen wandeln sich in unvollkommene Forderungen um. Das heißt, dass diese Forderungen zwar weiterhin erfüllbar, aber nicht mehr erzwingbar sind. Insoweit entfällt die Möglichkeit einer Aufrechnung gegen Guthaben mit diesen Forderungen, da die Aufrechnung voraussetzt, dass die zur Aufrechnung gestellte Forderung vollwirksam und fällig/erzwingbar ist. Dies gilt nicht, wenn bei Eröffnung des Insolvenzverfahrens die Aufrechnungslage bereits bestand (BGH-Urteil vom 19.5.2011, IX ZR 222/08, WM S. 1182). Weiterhin besteht die Möglichkeit, Haftungs- oder sonstige Gesamtschuldner in Anspruch zu nehmen (§ 301 Abs. 2 InsO).

Masseverbindlichkeiten werden von der Restschuldbefreiung nicht erfasst und können daher auch nach Erteilung der Restschuldbefreiung vollstreckt werden (vgl. BFH-Urteil vom 28.11.2017, VII R I/16, BStBl 2018 II S. 457).

Gem. § 303 InsO kann die gewährte Restschuldbefreiung widerrufen werden, wenn innerhalb eines Jahres nach Rechtskraft des Beschlusses nachträglich ein Obliegenheitsverstoß oder eine Verurteilung des Schuldners wegen einer Insolvenzstraftat bekannt wird. Wenn der Schuldner Auskunfts- und Mitwirkungspflichten, die ihm nach der InsO obliegen, vorsätzlich verletzt hat, kann der nachträgliche Widerruf der Restschuldbefreiung innerhalb eines halben Jahres nach Rechtskraft des Beschlusses beantragt werden. Der begründete Antrag ist durch einen Gläubiger bei Gericht zu stellen. Vor dem Beschluss sind der Schuldner und der Insolvenzverwalter bzw. Treuhänder zu hören.

§ 252 Vollstreckungsgläubiger (S 0500)

Im Vollstreckungsverfahren gilt die Körperschaft als Gläubigerin der zu vollstreckenden Ansprüche, der die Vollstreckungsbehörde angehört.

§ 253 Vollstreckungsschuldner (S 0500)

Vollstreckungsschuldner ist derjenige, gegen den sich ein Vollstreckungsverfahren nach § 249 richtet.

§ 254 Voraussetzungen für den Beginn der Vollstreckung (S 0500)

(1) ¹Soweit nichts anderes bestimmt ist, darf die Vollstreckung erst beginnen, wenn die Leistung fällig ist und der Vollstreckungsschuldner zur Leistung oder Duldung oder Unterlassung aufgefordert worden ist (Leistungsgebot) und seit der Aufforderung mindestens eine Woche verstrichen ist. ²Das Leistungsgebot kann mit dem zu vollstreckenden Verwaltungsakt verbunden werden. ³Ein Leistungsgebot ist auch dann erforderlich, wenn der Verwaltungsakt gegen den Vollstreckungsschuldner wirkt, ohne ihm bekannt gegeben zu sein. ⁴Soweit der Vollstreckungsschuldner eine von ihm auf Grund einer Steueranmeldung geschuldete Leistung nicht erbracht hat, bedarf es eines Leistungsgebots nicht.

(2) ¹Eines Leistungsgebots wegen der Säumniszuschläge und Zinsen bedarf es nicht, wenn sie zusammen mit der Steuer beigetrieben werden. ²Dies gilt sinngemäß für die Vollstreckungskosten, wenn sie zusammen mit dem Hauptanspruch beigetrieben werden. ³Die gesonderte Anforderung von Säumniszuschlägen kann ausschließlich automationsgestützt erfolgen.

§ 255 Vollstreckung gegen juristische Personen des öffentlichen Rechts (S 0500)

(1) ¹Gegen den Bund oder ein Land ist die Vollstreckung nicht zulässig. ²Im Übrigen ist die Vollstreckung gegen juristische Personen des öffentlichen Rechts, die der Staatsaufsicht unterliegen, nur mit Zustimmung der betreffenden Aufsichtsbehörde zulässig. ³Die Aufsichtsbehörde bestimmt den Zeitpunkt der Vollstreckung und die Vermögensgegenstände, in die vollstreckt werden kann.

(2) Gegenüber öffentlich-rechtlichen Kreditinstituten gelten die Beschränkungen des Absatzes 1 nicht.

§ 256 Einwendungen gegen die Vollstreckung (S 0500)

Einwendungen gegen den zu vollstreckenden Verwaltungsakt sind außerhalb des Vollstreckungsverfahrens mit den hierfür zugelassenen Rechtsbehelfen zu verfolgen.

§ 257 Einstellung und Beschränkung der Vollstreckung (S 0511)

(1) Die Vollstreckung ist einzustellen oder zu beschränken, sobald

1. die Vollstreckbarkeitsvoraussetzungen des § 251 Absatz 1 weggefallen sind,
2. der Verwaltungsakt, aus dem vollstreckt wird, aufgehoben wird,
3. der Anspruch auf die Leistung erloschen ist,
4. die Leistung gestundet worden ist.

(2) ¹In den Fällen des Absatzes 1 Nummer 2 und 3 sind bereits getroffene Vollstreckungsmaßnahmen aufzuheben. ²Ist der Verwaltungsakt durch eine gerichtliche Entscheidung aufgehoben worden, so gilt dies nur, soweit die Entscheidung unanfechtbar geworden ist und nicht auf Grund der Entscheidung ein neuer Verwaltungsakt zu erlassen ist. ³Im Übrigen bleiben die Vollstreckungsmaßnahmen bestehen, soweit nicht ihre Aufhebung ausdrücklich angeordnet worden ist.

§ 258 Einstweilige Einstellung oder Beschränkung der Vollstreckung
(S 0511)

Soweit im Einzelfall die Vollstreckung unbillig ist, kann die Vollstreckungsbehörde sie einstweilen einstellen oder beschränken oder eine Vollstreckungsmaßnahme aufheben.

Zweiter Abschnitt - Vollstreckung wegen Geldforderungen

1. Unterabschnitt - Allgemeine Vorschriften

§ 259 Mahnung (S 0500)

¹Der Vollstreckungsschuldner soll in der Regel vor Beginn der Vollstreckung mit einer Zahlungsfrist von einer Woche gemahnt werden. ²Einer Mahnung bedarf es nicht, wenn der Vollstreckungsschuldner vor Eintritt der Fälligkeit an die Zahlung erinnert wird. ³An die Zahlung kann auch durch öffentliche Bekanntmachung allgemein erinnert werden.

§ 260 Angabe des Schuldgrundes (S 0500)

Im Vollstreckungsauftrag oder in der Pfändungsverfügung ist für die beizutreibenden Geldbeträge der Schuldgrund anzugeben.

§ 261 Niederschlagung (S 0512)

Ansprüche aus dem Steuerschuldverhältnis dürfen niedergeschlagen werden, wenn zu erwarten ist, dass

1. die Erhebung keinen Erfolg haben wird oder

2. die Kosten der Erhebung außer Verhältnis zu dem zu erhebenden Betrag stehen werden.

§ 262 Rechte Dritter (S 0500)

(1) ¹Behauptet ein Dritter, dass ihm am Gegenstand der Vollstreckung ein die Veräußerung hinderndes Recht zustehe oder werden Einwendungen nach den §§ 772 bis 774 der Zivilprozessordnung erhoben, so ist der Widerspruch gegen die Vollstreckung erforderlichenfalls durch Klage vor den ordentlichen Gerichten geltend zu machen. ²Als Dritter gilt auch, wer zur Duldung der Vollstreckung in ein Vermögen, das von ihm verwaltet wird, verpflichtet ist, wenn er geltend macht, dass ihm gehörende Gegenstände von der Vollstreckung betroffen seien. ³Welche Rechte die Veräußerung hindern, bestimmt sich nach bürgerlichem Recht.

(2) Für die Einstellung der Vollstreckung und die Aufhebung von Vollstreckungsmaßnahmen gelten die §§ 769 und 770 der Zivilprozessordnung.

(3) ¹Die Klage ist ausschließlich bei dem Gericht zu erheben, in dessen Bezirk die Vollstreckung erfolgt. ²Wird die Klage gegen die Körperschaft, der die Vollstreckungsbehörde angehört, und gegen den Vollstreckungsschuldner gerichtet, so sind sie Streitgenossen.

§ 263 Vollstreckung gegen Ehegatten oder Lebenspartner (S 0500)

Für die Vollstreckung gegen Ehegatten oder Lebenspartner sind die Vorschriften der §§ 739, 740, 741, 743, 744a und 745 der Zivilprozessordnung entsprechend anzuwenden.

§ 264 Vollstreckung gegen Nießbraucher (S 0500)

Für die Vollstreckung in Gegenstände, die dem Nießbrauch an einem Vermögen unterliegen, ist die Vorschrift des § 737 der Zivilprozessordnung entsprechend anzuwenden.

§ 265 Vollstreckung gegen Erben (S 0500)

Für die Vollstreckung gegen Erben sind die Vorschriften der §§ 1958, 1960 Absatz 3, § 1961 des Bürgerlichen Gesetzbuchs sowie der §§ 747, 748, 778, 779, 781 bis 784 der Zivilprozessordnung entsprechend anzuwenden.

§ 266 Sonstige Fälle beschränkter Haftung (S 0500)

Die Vorschriften der §§ 781 bis 784 der Zivilprozessordnung sind auf die nach § 1489 des Bürgerlichen Gesetzbuchs eintretende beschränkte Haftung, die Vorschrift des § 781 der Zivilprozessordnung ist auf die nach den §§ 1480, 1504 und 2187 des Bürgerlichen Gesetzbuchs eintretende beschränkte Haftung entsprechend anzuwenden.

§ 267 Vollstreckungsverfahren gegen Personenvereinigungen (S 0500)

(1) ¹Bei nicht rechtsfähigen Personenvereinigungen, die als solche steuerpflichtig sind, genügt für die Vollstreckung in deren Vermögen ein vollstreckbarer Verwaltungsakt gegen die Personenvereinigung. ²Dies gilt entsprechend für Zweckvermögen und sonstige einer juristischen Person ähnliche steuerpflichtige Gebilde.

(2) Hat eine nicht rechtsfähige Personenvereinigung nachträglich Rechtsfähigkeit erlangt, so kann auch aus einem Verwaltungsakt vollstreckt werden, der vor diesem Zeitpunkt wirksam geworden ist.

2. Unterabschnitt - Aufteilung einer Gesamtschuld

§ 268 Grundsatz (S 0520)

Sind Personen Gesamtschuldner, weil sie zusammen zu einer Steuer vom Einkommen oder zur Vermögensteuer veranlagt worden sind, so kann jeder von ihnen beantragen, dass die Vollstreckung wegen dieser Steuern jeweils auf den Betrag beschränkt wird, der sich nach Maßgabe der §§ 269 bis 278 bei einer Aufteilung der Steuern ergibt.

§ 269 Antrag (S 0520)

(1) Der Antrag ist bei dem im Zeitpunkt der Antragstellung für die Besteuerung nach dem Einkommen oder dem Vermögen zuständigen Finanzamt schriftlich oder elektronisch zu stellen oder zur Niederschrift zu erklären.

(2) ¹Der Antrag kann frühestens nach Bekanntgabe des Leistungsgebots gestellt werden. ²Nach vollständiger Tilgung der rückständigen Steuer ist der Antrag nicht mehr zulässig. ³Der Antrag muss alle Angaben enthalten, die zur Aufteilung der Steuer erforderlich sind, soweit sich diese Angaben nicht aus der Steuererklärung ergeben.

§ 270 Allgemeiner Aufteilungsmaßstab (S 0520)

¹Die rückständige Steuer ist nach dem Verhältnis der Beträge aufzuteilen, die sich bei Einzelveranlagung nach Maßgabe des § 26a des Einkommensteuergesetzes und der §§ 271 bis 276 ergeben würden. ²Dabei sind die tatsächlichen und rechtlichen Feststellungen maßgebend, die der Steuerfestsetzung bei der Zusammenveranlagung zugrunde gelegt worden sind, soweit nicht die Anwendung der Vorschriften über die Einzelveranlagung zu Abweichungen führt.

§ 271 Aufteilungsmaßstab für die Vermögensteuer (S 0520)

Die Vermögensteuer ist wie folgt aufzuteilen:

1. Für die Berechnung des Vermögens und der Vermögensteuer der einzelnen Gesamtschuldner ist vorbehaltlich der Abweichungen in den Nummern 2

und 3 von den Vorschriften des Bewertungsgesetzes und des Vermögensteuergesetzes in der Fassung auszugehen, die der Zusammenveranlagung zugrunde gelegen hat.

2. Wirtschaftsgüter eines Ehegatten oder Lebenspartners, die bei der Zusammenveranlagung als land- und forstwirtschaftliches Vermögen oder als Betriebsvermögen dem anderen Ehegatten oder Lebenspartner zugerechnet worden sind, werden als eigenes land- und forstwirtschaftliches Vermögen oder als eigenes Betriebsvermögen behandelt.

3. Schulden, die nicht mit bestimmten, einem Gesamtschuldner zugerechneten Wirtschaftsgütern in wirtschaftlichem Zusammenhang stehen, werden bei den einzelnen Gesamtschuldnern nach gleichen Teilen abgesetzt, soweit sich ein bestimmter Schuldner nicht feststellen lässt.

§ 272 Aufteilungsmaßstab für Vorauszahlungen (S 0520)

(1) [1]Die rückständigen Vorauszahlungen sind im Verhältnis der Beträge aufzuteilen, die sich bei einer getrennten Festsetzung der Vorauszahlungen ergeben würden. [2]Ein Antrag auf Aufteilung von Vorauszahlungen gilt zugleich als Antrag auf Aufteilung der weiteren im gleichen Veranlagungszeitraum fällig werdenden Vorauszahlungen und einer etwaigen Abschlusszahlung. [3]Nach Durchführung der Veranlagung ist eine abschließende Aufteilung vorzunehmen. [4]Aufzuteilen ist die gesamte Steuer abzüglich der Beträge, die nicht in die Aufteilung der Vorauszahlungen einbezogen worden sind. [5]Dabei sind jedem Gesamtschuldner die von ihm auf die aufgeteilten Vorauszahlungen entrichteten Beträge anzurechnen. [6]Ergibt sich eine Überzahlung gegenüber dem Aufteilungsbetrag, so ist der überzahlte Betrag zu erstatten.

(2) Werden die Vorauszahlungen erst nach der Veranlagung aufgeteilt, so wird der für die veranlagte Steuer geltende Aufteilungsmaßstab angewendet.

§ 273 Aufteilungsmaßstab für Steuernachforderungen (S 0520)

(1) Führt die Änderung einer Steuerfestsetzung oder ihre Berichtigung nach § 129 zu einer Steuernachforderung, so ist die aus der Nachforderung herrührende rückständige Steuer im Verhältnis der Mehrbeträge aufzuteilen, die sich bei einem Vergleich der berichtigten Einzelveranlagungen mit den früheren Einzelveranlagungen ergeben.

(2) Der in Absatz 1 genannte Aufteilungsmaßstab ist nicht anzuwenden, wenn die bisher festgesetzte Steuer noch nicht getilgt ist.

§ 274 Besonderer Aufteilungsmaßstab (S 0520)

[1]Abweichend von den §§ 270 bis 273 kann die rückständige Steuer nach einem von den Gesamtschuldnern gemeinschaftlich vorgeschlagenen Maßstab aufgeteilt werden, wenn die Tilgung sichergestellt ist. [2]Der gemeinschaftliche Vorschlag ist schriftlich einzureichen oder zur Niederschrift zu erklären; er ist von allen Gesamtschuldnern zu unterschreiben.

§ 275 (weggefallen)

§ 276 Rückständige Steuer, Einleitung der Vollstreckung (S 0520)

(1) Wird der Antrag vor Einleitung der Vollstreckung bei der Finanzbehörde gestellt, so ist die im Zeitpunkt des Eingangs des Aufteilungsantrags geschuldete Steuer aufzuteilen.

(2) Wird der Antrag nach Einleitung der Vollstreckung gestellt, so ist die im Zeitpunkt der Einleitung der Vollstreckung geschuldete Steuer, derentwegen vollstreckt wird, aufzuteilen.

(3) Steuerabzugsbeträge und getrennt festgesetzte Vorauszahlungen sind in die Aufteilung auch dann einzubeziehen, wenn sie vor der Stellung des Antrags entrichtet worden sind.

(4) Zur rückständigen Steuer gehören auch Säumniszuschläge, Zinsen und Verspätungszuschläge.

(5) Die Vollstreckung gilt mit der Ausfertigung der Rückstandsanzeige als eingeleitet.

(6) [1]Zahlungen, die in den Fällen des Absatzes 1 nach Antragstellung, in den Fällen des Absatzes 2 nach Einleitung der Vollstreckung von einem Gesamtschuldner geleistet worden sind oder die nach Absatz 3 in die Aufteilung einzubeziehen sind, werden dem Schuldner angerechnet, der sie geleistet hat oder für den sie geleistet worden sind. [2]Ergibt sich dabei eine Überzahlung gegenüber dem Aufteilungsbetrag, so ist der überzahlte Betrag zu erstatten.

§ 277 Vollstreckung (S 0520)

Solange nicht über den Antrag auf Beschränkung der Vollstreckung unanfechtbar entschieden ist, dürfen Vollstreckungsmaßnahmen nur soweit durchgeführt werden, als dies zur Sicherung des Anspruchs erforderlich ist.

§ 278 Beschränkung der Vollstreckung (S 0520)

(1) Nach der Aufteilung darf die Vollstreckung nur nach Maßgabe der auf die einzelnen Schuldner entfallenden Beträge durchgeführt werden.

(2) [1]Werden einem Steuerschuldner von einer mit ihm zusammen veranlagten Person in oder nach dem Veranlagungszeitraum, für den noch Steuerrückstände bestehen, unentgeltlich Vermögensgegenstände zugewendet, so kann der Empfänger bis zum Ablauf des zehnten Kalenderjahres nach dem Zeitpunkt des Ergehens des Aufteilungsbescheids über den sich nach Absatz 1 ergebenden Betrag hinaus bis zur Höhe des gemeinen Werts dieser Zuwendung für die Steuer in Anspruch genommen werden. [2]Dies gilt nicht für gebräuchliche Gelegenheitsgeschenke.

§ 279 Form und Inhalt des Aufteilungsbescheids (S 0520)

(1) ¹Über den Antrag auf Beschränkung der Vollstreckung ist nach Einleitung der Vollstreckung durch schriftlich oder elektronisch zu erteilenden Aufteilungsbescheid gegenüber den Beteiligten einheitlich zu entscheiden. ²Eine Entscheidung ist jedoch nicht erforderlich, wenn keine Vollstreckungsmaßnahmen ergriffen oder bereits ergriffene Vollstreckungsmaßnahmen wieder aufgehoben werden.

(2) ¹Der Aufteilungsbescheid hat die Höhe der auf jeden Gesamtschuldner entfallenden anteiligen Steuer zu enthalten; ihm ist eine Belehrung beizufügen, welcher Rechtsbehelf zulässig ist und binnen welcher Frist und bei welcher Behörde er einzulegen ist. ²Er soll ferner enthalten:

1. die Höhe der aufzuteilenden Steuer,
2. den für die Berechnung der rückständigen Steuer maßgebenden Zeitpunkt,
3. die Höhe der Besteuerungsgrundlagen, die den einzelnen Gesamtschuldnern zugerechnet worden sind, wenn von den Angaben der Gesamtschuldner abgewichen ist,
4. die Höhe der bei Einzelveranlagung (§ 270) auf den einzelnen Gesamtschuldner entfallenden Steuer,
5. die Beträge, die auf die aufgeteilte Steuer des Gesamtschuldners anzurechnen sind.

§ 280 Änderung des Aufteilungsbescheids (S 0520)

(1) Der Aufteilungsbescheid kann außer in den Fällen des § 129 nur geändert werden, wenn

1. nachträglich bekannt wird, dass die Aufteilung auf unrichtigen Angaben beruht und die rückständige Steuer infolge falscher Aufteilung ganz oder teilweise nicht beigetrieben werden konnte,
2. sich die rückständige Steuer durch Aufhebung oder Änderung der Steuerfestsetzung oder ihre Berichtigung nach § 129 erhöht oder vermindert.

(2) Nach Beendigung der Vollstreckung ist eine Änderung des Aufteilungsbescheids oder seine Berichtigung nach § 129 nicht mehr zulässig.

3. Unterabschnitt - Vollstreckung in das bewegliche Vermögen

I. Allgemeines

§ 281 Pfändung (S 0530)

(1) Die Vollstreckung in das bewegliche Vermögen erfolgt durch Pfändung.

(2) Die Pfändung darf nicht weiter ausgedehnt werden, als es zur Deckung der beizutreibenden Geldbeträge und der Kosten der Vollstreckung erforderlich ist.

(3) Die Pfändung unterbleibt, wenn die Verwertung der pfändbaren Gegenstände einen Überschuss über die Kosten der Vollstreckung nicht erwarten lässt.

§ 282 Wirkung der Pfändung (S 0530)

(1) Durch die Pfändung erwirbt die Körperschaft, der die Vollstreckungsbehörde angehört, ein Pfandrecht an dem gepfändeten Gegenstand.

(2) Das Pfandrecht gewährt ihr im Verhältnis zu anderen Gläubigern dieselben Rechte wie ein Pfandrecht im Sinne des Bürgerlichen Gesetzbuchs; es geht Pfand- und Vorzugsrechten vor, die im Insolvenzverfahren diesem Pfandrecht nicht gleichgestellt sind.

(3) Das durch eine frühere Pfändung begründete Pfandrecht geht demjenigen vor, das durch eine spätere Pfändung begründet wird.

§ 283 Ausschluss von Gewährleistungsansprüchen (S 0530)

Wird ein Gegenstand auf Grund der Pfändung veräußert, so steht dem Erwerber wegen eines Mangels im Recht oder wegen eines Mangels der veräußerten Sache ein Anspruch auf Gewährleistung nicht zu.

§ 284 Vermögensauskunft des Vollstreckungsschuldners (S 0531)

(1) [1]Der Vollstreckungsschuldner muss der Vollstreckungsbehörde auf deren Verlangen für die Vollstreckung einer Forderung Auskunft über sein Vermögen nach Maßgabe der folgenden Vorschriften erteilen, wenn er die Forderung nicht binnen zwei Wochen begleicht, nachdem ihn die Vollstreckungsbehörde unter Hinweis auf die Verpflichtung zur Abgabe der Vermögensauskunft zur Zahlung aufgefordert hat. [2]Zusätzlich hat er seinen Geburtsnamen, sein Geburtsdatum und seinen Geburtsort anzugeben. [3]Handelt es sich bei dem Vollstreckungsschuldner um eine juristische Person oder um eine rechtsfähige Personenvereinigung, so hat er seine Firma oder den Namen, die Nummer des Registerblatts im Handels-, Genossenschafts-, Gesellschafts-, Partnerschafts- oder Vereinsregister und seinen Sitz anzugeben.

(2) [1]Zur Auskunftserteilung hat der Vollstreckungsschuldner alle ihm gehörenden Vermögensgegenstände anzugeben. [2]Bei Forderungen sind Grund und Beweismittel zu bezeichnen. [3]Ferner sind anzugeben:

1. die entgeltlichen Veräußerungen des Vollstreckungsschuldners an eine nahestehende Person (§ 138 der Insolvenzordnung), die dieser in den letzten zwei Jahren vor dem Termin nach Absatz 7 und bis zur Abgabe der Vermögensauskunft vorgenommen hat;

2. die unentgeltlichen Leistungen des Vollstreckungsschuldners, die dieser in den letzten vier Jahren vor dem Termin nach Absatz 7 und bis zur Abgabe der Vermögensauskunft vorgenommen hat, sofern sie sich nicht auf gebräuchliche Gelegenheitsgeschenke geringen Werts richteten.

⁴Sachen, die nach § 811 Absatz 1 Nummer 1 Buchstabe a und Nummer 2 der Zivilprozessordnung der Pfändung offensichtlich nicht unterworfen sind, brauchen nicht angegeben zu werden, es sei denn, dass eine Austauschpfändung in Betracht kommt.

(3) ¹Der Vollstreckungsschuldner hat zu Protokoll an Eides statt zu versichern, dass er die Angaben nach den Absätzen 1 und 2 nach bestem Wissen und Gewissen richtig und vollständig gemacht habe. ²Vor Abnahme der eidesstattlichen Versicherung ist der Vollstreckungsschuldner über die Bedeutung der eidesstattlichen Versicherung, insbesondere über die strafrechtlichen Folgen einer unrichtigen oder unvollständigen eidesstattlichen Versicherung, zu belehren.

(4) ¹Der Vollstreckungsschuldner ist innerhalb von zwei Jahren nach Abgabe der Vermögensauskunft nach dieser Vorschrift oder nach § 802c der Zivilprozessordnung nicht verpflichtet, eine weitere Vermögensauskunft abzugeben, es sei denn, es ist anzunehmen, dass sich die Vermögensverhältnisse des Vollstreckungsschuldners wesentlich geändert haben. ²Die Vollstreckungsbehörde hat von Amts wegen festzustellen, ob beim zentralen Vollstreckungsgericht nach § 802k Absatz 1 der Zivilprozessordnung in den letzten zwei Jahren ein auf Grund einer Vermögensauskunft des Schuldners erstelltes Vermögensverzeichnis hinterlegt wurde.

(5) ¹Für die Abnahme der Vermögensauskunft ist die Vollstreckungsbehörde zuständig, in deren Bezirk sich der Wohnsitz oder der Aufenthaltsort des Vollstreckungsschuldners befindet. ²Liegen diese Voraussetzungen bei der Vollstreckungsbehörde, die die Vollstreckung betreibt, nicht vor, so kann sie die Vermögensauskunft abnehmen, wenn der Vollstreckungsschuldner zu ihrer Abgabe bereit ist.

(6) ¹Die Ladung zu dem Termin zur Abgabe der Vermögensauskunft ist dem Vollstreckungsschuldner selbst zuzustellen; sie kann mit der Fristsetzung nach Absatz 1 Satz 1 verbunden werden. ²Der Termin zur Abgabe der Vermögensauskunft soll nicht vor Ablauf eines Monats nach Zustellung der Ladung bestimmt werden. ³Ein Rechtsbehelf gegen die Anordnung der Abgabe der Vermögensauskunft hat keine aufschiebende Wirkung. ⁴Der Vollstreckungsschuldner hat die zur Vermögensauskunft erforderlichen Unterlagen im Termin vorzulegen. ⁵Hierüber und über seine Rechte und Pflichten nach den Absätzen 2 und 3, über die Folgen einer unentschuldigten Terminssäumnis oder einer Verletzung seiner Auskunftspflichten sowie über die Möglichkeit der Eintragung in das Schuldnerverzeichnis bei Abgabe der Vermögensauskunft ist der Vollstreckungsschuldner bei der Ladung zu belehren.

(7) ¹Im Termin zur Abgabe der Vermögensauskunft erstellt die Vollstreckungsbehörde ein elektronisches Dokument mit den nach den Absätzen 1 und 2 erforderlichen Angaben (Vermögensverzeichnis). ²Diese Angaben sind dem Vollstreckungsschuldner vor Abgabe der Versicherung nach Absatz 3 vorzulesen oder zur Durchsicht auf einem Bildschirm wiederzugeben. ³Ihm ist auf Verlangen ein Ausdruck zu erteilen. ⁴Die Vollstreckungsbehörde hinterlegt das Vermögensverzeichnis bei dem zentralen Vollstreckungsgericht nach § 802k Absatz 1 der Zi-

vilprozessordnung. ⁵Form, Aufnahme und Übermittlung des Vermögensverzeichnisses haben den Vorgaben der Verordnung nach § 802k Absatz 4 der Zivilprozessordnung zu entsprechen.

(8) ¹Ist der Vollstreckungsschuldner ohne ausreichende Entschuldigung in dem zur Abgabe der Vermögensauskunft anberaumten Termin vor der in Absatz 5 Satz 1 bezeichneten Vollstreckungsbehörde nicht erschienen oder verweigert er ohne Grund die Abgabe der Vermögensauskunft, so kann die Vollstreckungsbehörde, die die Vollstreckung betreibt, die Anordnung der Haft zur Erzwingung der Abgabe beantragen. ²Zuständig für die Anordnung der Haft ist das Amtsgericht, in dessen Bezirk der Vollstreckungsschuldner im Zeitpunkt der Fristsetzung nach Absatz 1 Satz 1 seinen Wohnsitz oder in Ermangelung eines solchen seinen Aufenthaltsort hat. ³Die §§ 802g bis 802j der Zivilprozessordnung sind entsprechend anzuwenden. ⁴Die Verhaftung des Vollstreckungsschuldners erfolgt durch einen Gerichtsvollzieher. ⁵§ 292 dieses Gesetzes gilt entsprechend. ⁶Nach der Verhaftung des Vollstreckungsschuldners kann die Vermögensauskunft von dem nach § 802i der Zivilprozessordnung zuständigen Gerichtsvollzieher abgenommen werden, wenn sich der Sitz der in Absatz 5 bezeichneten Vollstreckungsbehörde nicht im Bezirk des für den Gerichtsvollzieher zuständigen Amtsgerichts befindet oder wenn die Abnahme der Vermögensauskunft durch die Vollstreckungsbehörde nicht möglich ist. ⁷Der Beschluss des Amtsgerichts, mit dem der Antrag der Vollstreckungsbehörde auf Anordnung der Haft abgelehnt wird, unterliegt der Beschwerde nach den §§ 567 bis 577 der Zivilprozessordnung.

(9) ¹Die Vollstreckungsbehörde kann die Eintragung des Vollstreckungsschuldners in das Schuldnerverzeichnis nach § 882h Absatz 1 der Zivilprozessordnung anordnen, wenn

1. der Vollstreckungsschuldner seiner Pflicht zur Abgabe der Vermögensauskunft nicht nachgekommen ist,

2. eine Vollstreckung nach dem Inhalt des Vermögensverzeichnisses offensichtlich nicht geeignet wäre, zu einer vollständigen Befriedigung der Forderung zu führen, wegen der die Vermögensauskunft verlangt wurde oder wegen der die Vollstreckungsbehörde vorbehaltlich der Fristsetzung nach Absatz 1 Satz 1 und der Sperrwirkung nach Absatz 4 eine Vermögensauskunft verlangen könnte, oder

3. der Vollstreckungsschuldner nicht innerhalb eines Monats nach Abgabe der Vermögensauskunft die Forderung, wegen der die Vermögensauskunft verlangt wurde, vollständig befriedigt.²Gleiches gilt, wenn die Vollstreckungsbehörde vorbehaltlich der Fristsetzung nach Absatz 1 Satz 1 und der Sperrwirkung nach Absatz 4 eine Vermögensauskunft verlangen kann, sofern der Vollstreckungsschuldner die Forderung nicht innerhalb eines Monats befriedigt, nachdem er auf die Möglichkeit der Eintragung in das Schuldnerverzeichnis hingewiesen wurde.

²Die Eintragungsanordnung soll kurz begründet werden. ³Sie ist dem Vollstreckungsschuldner zuzustellen. ⁴§ 882c Absatz 3 der Zivilprozessordnung gilt entsprechend.

(10) ¹Ein Rechtsbehelf gegen die Eintragungsanordnung nach Absatz 9 hat keine aufschiebende Wirkung. ²Nach Ablauf eines Monats seit der Zustellung hat die Vollstreckungsbehörde die Eintragungsanordnung dem zentralen Vollstreckungsgericht nach § 882h Absatz 1 der Zivilprozessordnung mit den in § 882b Absatz 2 und 3 der Zivilprozessordnung genannten Daten elektronisch zu übermitteln. ³Dies gilt nicht, wenn Anträge auf Gewährung einer Aussetzung der Vollziehung der Eintragungsanordnung nach § 361 dieses Gesetzes oder § 69 der Finanzgerichtsordnung anhängig sind, die Aussicht auf Erfolg haben.

(11) ¹Ist die Eintragung in das Schuldnerverzeichnis nach § 882h Absatz 1 der Zivilprozessordnung erfolgt, sind Entscheidungen über Rechtsbehelfe des Vollstreckungsschuldners gegen die Eintragungsanordnung durch die Vollstreckungsbehörde oder durch das Gericht dem zentralen Vollstreckungsgericht nach § 882h Absatz 1 der Zivilprozessordnung elektronisch zu übermitteln. ²Form und Übermittlung der Eintragungsanordnung nach Absatz 10 Satz 1 und 2 sowie der Entscheidung nach Satz 1 haben den Vorgaben der Verordnung nach § 882h Absatz 3 der Zivilprozessordnung zu entsprechen.

II. Vollstreckung in Sachen

§ 285 Vollziehungsbeamte (S 0532)

(1) Die Vollstreckungsbehörde führt die Vollstreckung in bewegliche Sachen durch Vollziehungsbeamte aus.

(2) Dem Vollstreckungsschuldner und Dritten gegenüber wird der Vollziehungsbeamte zur Vollstreckung durch schriftlichen oder elektronischen Auftrag der Vollstreckungsbehörde ermächtigt; der Auftrag ist auf Verlangen vorzuzeigen.

§ 286 Vollstreckung in Sachen (S 0530)

(1) Sachen, die im Gewahrsam des Vollstreckungsschuldners sind, pfändet der Vollziehungsbeamte dadurch, dass er sie in Besitz nimmt.

(2) ¹Andere Sachen als Geld, Kostbarkeiten und Wertpapiere sind im Gewahrsam des Vollstreckungsschuldners zu lassen, wenn die Befriedigung hierdurch nicht gefährdet wird. ²Bleiben die Sachen im Gewahrsam des Vollstreckungsschuldners, so ist die Pfändung nur wirksam, wenn sie durch Anlegung von Siegeln oder in sonstiger Weise ersichtlich gemacht ist.

(3) Der Vollziehungsbeamte hat dem Vollstreckungsschuldner die Pfändung mitzuteilen.

(4) Diese Vorschriften gelten auch für die Pfändung von Sachen im Gewahrsam eines Dritten, der zu ihrer Herausgabe bereit ist.

§ 287 Befugnisse des Vollziehungsbeamten (S 0532)

(1) Der Vollziehungsbeamte ist befugt, die Wohn- und Geschäftsräume sowie die Behältnisse des Vollstreckungsschuldners zu durchsuchen, soweit dies der Zweck der Vollstreckung erfordert.

(2) Er ist befugt, verschlossene Türen und Behältnisse öffnen zu lassen.

(3) Wenn er Widerstand findet, kann er Gewalt anwenden und hierzu um Unterstützung durch Polizeibeamte nachsuchen.

(4) ¹Die Wohn- und Geschäftsräume des Vollstreckungsschuldners dürfen ohne dessen Einwilligung nur auf Grund einer richterlichen Anordnung durchsucht werden. ²Dies gilt nicht, wenn die Einholung der Anordnung den Erfolg der Durchsuchung gefährden würde. ³Für die richterliche Anordnung einer Durchsuchung ist das Amtsgericht zuständig, in dessen Bezirk die Durchsuchung vorgenommen werden soll.

(5) ¹Willigt der Vollstreckungsschuldner in die Durchsuchung ein, oder ist eine Anordnung gegen ihn nach Absatz 4 Satz 1 ergangen oder nach Absatz 4 Satz 2 entbehrlich, so haben Personen, die Mitgewahrsam an den Wohn- oder Geschäftsräumen des Vollstreckungsschuldners haben, die Durchsuchung zu dulden. ²Unbillige Härten gegenüber Mitgewahrsaminhabern sind zu vermeiden.

(6) Die Anordnung nach Absatz 4 ist bei der Vollstreckung vorzuzeigen.

§ 288 Zuziehung von Zeugen (S 0532)

Wird bei einer Vollstreckungshandlung Widerstand geleistet oder ist bei einer Vollstreckungshandlung in den Wohn- oder Geschäftsräumen des Vollstreckungsschuldners weder der Vollstreckungsschuldner noch ein erwachsener Familienangehöriger, ein erwachsener ständiger Mitbewohner oder eine beim Vollstreckungsschuldner beschäftigte Person gegenwärtig, so hat der Vollziehungsbeamte zwei Erwachsene oder einen Gemeinde- oder Polizeibeamten als Zeugen zuzuziehen.

§ 289 Zeit der Vollstreckung (S 0532)

(1) Zur Nachtzeit (§ 758a Absatz 4 Satz 2 der Zivilprozessordnung) sowie an Sonntagen und staatlich anerkannten allgemeinen Feiertagen darf eine Vollstreckungshandlung nur mit schriftlicher oder elektronischer Erlaubnis der Vollstreckungsbehörde vorgenommen werden.

(2) Die Erlaubnis ist auf Verlangen bei der Vollstreckungshandlung vorzuzeigen.

§ 290 Aufforderungen und Mitteilungen des Vollziehungsbeamten
(S 0532)

Die Aufforderungen und die sonstigen Mitteilungen, die zu den Vollstreckungshandlungen gehören, sind vom Vollziehungsbeamten mündlich zu erlassen und vollständig in die Niederschrift aufzunehmen; können sie mündlich nicht erlassen werden, so hat die Vollstreckungsbehörde demjenigen, an den die Aufforderung oder Mitteilung zu richten ist, eine Abschrift der Niederschrift zu senden.

§ 291 Niederschrift (S 0532)

1) Der Vollziehungsbeamte hat über jede Vollstreckungshandlung eine Niederschrift aufzunehmen.

(2) Die Niederschrift muss enthalten:

1. Ort und Zeit der Aufnahme,

2. den Gegenstand der Vollstreckungshandlung unter kurzer Erwähnung der Vorgänge,

3. die Namen der Personen, mit denen verhandelt worden ist,

4. die Unterschriften der Personen und die Bemerkung, dass nach Vorlesung oder Vorlegung zur Durchsicht und nach Genehmigung unterzeichnet sei,

5. die Unterschrift des Vollziehungsbeamten.

(3) Hat einem der Erfordernisse unter Absatz 2 Nummer 4 nicht genügt werden können, so ist der Grund anzugeben.

(4) [1]Die Niederschrift kann auch elektronisch erstellt werden. [2]Absatz 2 Nummer 4 und 5 sowie § 87a Absatz 4 Satz 2 gelten nicht.

§ 292 Abwendung der Pfändung (S 0530)

(1) Der Vollstreckungsschuldner kann die Pfändung nur abwenden, wenn er den geschuldeten Betrag an den Vollziehungsbeamten zahlt oder nachweist, dass ihm eine Zahlungsfrist bewilligt worden ist oder dass die Schuld erloschen ist.

(2) Absatz 1 gilt entsprechend, wenn der Vollstreckungsschuldner eine Entscheidung vorlegt, aus der sich die Unzulässigkeit der vorzunehmenden Pfändung ergibt oder wenn er eine Post- oder Bankquittung vorlegt, aus der sich ergibt, dass er den geschuldeten Betrag eingezahlt hat.

§ 293 Pfand- und Vorzugsrechte Dritter (S 0530)

(1) [1]Der Pfändung einer Sache kann ein Dritter, der sich nicht im Besitz der Sache befindet, auf Grund eines Pfand- oder Vorzugsrechts nicht widersprechen. [2]Er kann jedoch vorzugsweise Befriedigung aus dem Erlös verlangen ohne Rücksicht darauf, ob seine Forderung fällig ist oder nicht.

(2) [1]Für eine Klage auf vorzugsweise Befriedigung ist ausschließlich zuständig das ordentliche Gericht, in dessen Bezirk gepfändet worden ist. [2]Wird die Klage gegen die Körperschaft, der die Vollstreckungsbehörde angehört, und gegen den Vollstreckungsschuldner gerichtet, so sind sie Streitgenossen.

§ 294 Ungetrennte Früchte (S 0530)

(1) [1]Früchte, die vom Boden noch nicht getrennt sind, können gepfändet werden, solange sie nicht durch Vollstreckung in das unbewegliche Vermögen in Beschlag genommen worden sind. [2]Sie dürfen nicht früher als einen Monat vor der gewöhnlichen Zeit der Reife gepfändet werden.

(2) Ein Gläubiger, der ein Recht auf Befriedigung aus dem Grundstück hat, kann der Pfändung nach § 262 widersprechen, wenn nicht für einen Anspruch gepfändet ist, der bei der Vollstreckung in das Grundstück vorgeht.

§ 295 Unpfändbarkeit von Sachen (S 0533)

[1]Die §§ 811 bis 811c, 813 Absatz 1 bis 3 und § 882a Absatz 4 der Zivilprozessordnung sowie die Beschränkungen und Verbote, die nach anderen gesetzlichen Vorschriften für die Pfändung von Sachen bestehen, gelten entsprechend. [2]An die Stelle des Vollstreckungsgerichts tritt die Vollstreckungsbehörde.

§ 296 Verwertung (S 0534)

(1) [1]Die gepfändeten Sachen sind auf schriftliche Anordnung der Vollstreckungsbehörde öffentlich zu versteigern. [2]Eine öffentliche Versteigerung ist

1. die Versteigerung vor Ort oder
2. die allgemein zugängliche Versteigerung im Internet über die Plattform www.zoll-auktion.de.

[3]Die Versteigerung erfolgt in der Regel durch den Vollziehungsbeamten. [4]§ 292 gilt entsprechend.

(2) Bei Pfändung von Geld gilt die Wegnahme als Zahlung des Vollstreckungsschuldners.

§ 297 Aussetzung der Verwertung (S 0534)

Die Vollstreckungsbehörde kann die Verwertung gepfändeter Sachen unter Anordnung von Zahlungsfristen zeitweilig aussetzen, wenn die alsbaldige Verwertung unbillig wäre.

§ 298 Versteigerung (S 0534)

(1) Die gepfändeten Sachen dürfen nicht vor Ablauf einer Woche seit dem Tag der Pfändung versteigert werden, sofern sich nicht der Vollstreckungsschuldner mit einer früheren Versteigerung einverstanden erklärt oder diese erforderlich ist, um die Gefahr einer beträchtlichen Wertverringerung abzuwenden oder unverhältnismäßige Kosten längerer Aufbewahrung zu vermeiden.

(2) [1]Zeit und Ort der Versteigerung sind öffentlich bekannt zu machen; dabei sind die Sachen, die versteigert werden sollen, im Allgemeinen zu bezeichnen. [2]Auf Ersuchen der Vollstreckungsbehörde hat ein Gemeindebediensteter oder ein Polizeibeamter der Versteigerung beizuwohnen. [3]Die Sätze 1 und 2 gelten nicht für eine Versteigerung nach § 296 Absatz 1 Satz 2 Nummer 2.

(3) § 1239 Absatz 1 Satz 1 des Bürgerlichen Gesetzbuchs gilt entsprechend; bei der Versteigerung vor Ort (§ 296 Absatz 1 Satz 2 Nummer 1) ist auch § 1239 Absatz 2 des Bürgerlichen Gesetzbuchs entsprechend anzuwenden.

§ 299 Zuschlag (S 0534)

(1) [1]Bei der Versteigerung vor Ort (§ 296 Absatz 1 Satz 2 Nummer 1) soll dem Zuschlag an den Meistbietenden ein dreimaliger Aufruf vorausgehen. [2]Bei einer Versteigerung im Internet (§ 296 Absatz 1 Satz 2 Nummer 2) ist der Zuschlag der Person erteilt, die am Ende der Versteigerung das höchste Gebot abgegeben hat, es sei denn, die Versteigerung wird vorzeitig abgebrochen; sie ist von dem Zuschlag zu benachrichtigen. [3]§ 156 des Bürgerlichen Gesetzbuchs gilt entsprechend.

(2) [1]Die Aushändigung einer zugeschlagenen Sache darf nur gegen bare Zahlung geschehen. [2]Bei einer Versteigerung im Internet darf die zugeschlagene Sache auch ausgehändigt werden, wenn die Zahlung auf dem Konto der Finanzbehörde gutgeschrieben ist. [3]Wird die zugeschlagene Sache übersandt, so gilt die Aushändigung mit der Übergabe an die zur Ausführung der Versendung bestimmte Person als bewirkt.

(3) [1]Hat der Meistbietende nicht zu der in den Versteigerungsbedingungen bestimmten Zeit oder in Ermangelung einer solchen Bestimmung nicht vor dem Schluss des Versteigerungstermins die Aushändigung gegen Zahlung des Kaufgeldes verlangt, so wird die Sache anderweitig versteigert. [2]Der Meistbietende wird zu einem weiteren Gebot nicht zugelassen; er haftet für den Ausfall, auf den Mehrerlös hat er keinen Anspruch.

(4) ¹Wird der Zuschlag dem Gläubiger erteilt, so ist dieser von der Verpflichtung zur baren Zahlung so weit befreit, als der Erlös nach Abzug der Kosten der Vollstreckung zu seiner Befriedigung zu verwenden ist. ²Soweit der Gläubiger von der Verpflichtung zur baren Zahlung befreit ist, gilt der Betrag als von dem Schuldner an den Gläubiger gezahlt.

§ 300 Mindestgebot (S 0534)

(1) ¹Der Zuschlag darf nur auf ein Gebot erteilt werden, das mindestens die Hälfte des gewöhnlichen Verkaufswerts der Sache erreicht (Mindestgebot). ²Der gewöhnliche Verkaufswert und das Mindestgebot sollen bei dem Ausbieten bekannt gegeben werden.

(2) ¹Wird der Zuschlag nicht erteilt, weil ein das Mindestgebot erreichendes Gebot nicht abgegeben worden ist, so bleibt das Pfandrecht bestehen. ²Die Vollstreckungsbehörde kann jederzeit einen neuen Versteigerungstermin bestimmen oder eine anderweitige Verwertung der gepfändeten Sachen nach § 305 anordnen. ³Wird die anderweitige Verwertung angeordnet, so gilt Absatz 1 entsprechend.

(3) ¹Gold- und Silbersachen dürfen auch nicht unter ihrem Gold- oder Silberwert zugeschlagen werden. ²Wird ein den Zuschlag gestattendes Gebot nicht abgegeben, so können die Sachen auf Anordnung der Vollstreckungsbehörde aus freier Hand verkauft werden. ³Der Verkaufspreis darf den Gold- oder Silberwert und die Hälfte des gewöhnlichen Verkaufswerts nicht unterschreiten.

§ 301 Einstellung der Versteigerung (S 0534)

(1) Die Versteigerung wird eingestellt, sobald der Erlös zur Deckung der beizutreibenden Beträge einschließlich der Kosten der Vollstreckung ausreicht.

(2) ¹Die Empfangnahme des Erlöses durch den versteigernden Beamten gilt als Zahlung des Vollstreckungsschuldners, es sei denn, dass der Erlös hinterlegt wird (§ 308 Absatz 4). ²Als Zahlung im Sinne von Satz 1 gilt bei einer Versteigerung im Internet auch der Eingang des Erlöses auf dem Konto der Finanzbehörde.

§ 302 Wertpapiere (S 0534)

Gepfändete Wertpapiere, die einen Börsen- oder Marktpreis haben, sind aus freier Hand zum Tageskurs zu verkaufen; andere Wertpapiere sind nach den allgemeinen Vorschriften zu versteigern.

§ 303 Namenspapiere (S 0534)

Lautet ein gepfändetes Wertpapier auf einen Namen, so ist die Vollstreckungsbehörde berechtigt, die Umschreibung auf den Namen des Käufers oder, wenn es sich um ein auf einen Namen umgeschriebenes Inhaberpapier handelt, die Rückverwandlung in ein Inhaberpapier zu erwirken und die hierzu erforderlichen Erklärungen an Stelle des Vollstreckungsschuldners abzugeben.

§ 304 Versteigerung ungetrennter Früchte (S 0534)

¹Gepfändete Früchte, die vom Boden noch nicht getrennt sind, dürfen erst nach der Reife versteigert werden. ²Der Vollziehungsbeamte hat sie abernten zu lassen, wenn er sie nicht vor der Trennung versteigert.

§ 305 Besondere Verwertung (S 0534)

Auf Antrag des Vollstreckungsschuldners oder aus besonderen Zweckmäßigkeitsgründen kann die Vollstreckungsbehörde anordnen, dass eine gepfändete Sache in anderer Weise oder an einem anderen Ort, als in den vorstehenden Paragraphen bestimmt ist, zu verwerten oder durch eine andere Person als den Vollziehungsbeamten zu versteigern sei.

§ 306 Vollstreckung in Ersatzteile von Luftfahrzeugen (S 0530)

(1) Für die Vollstreckung in Ersatzteile, auf die sich ein Registerpfandrecht an einem Luftfahrzeug nach § 71 des Gesetzes über Rechte an Luftfahrzeugen erstreckt, gilt § 100 des Gesetzes über Rechte an Luftfahrzeugen; an die Stelle des Gerichtsvollziehers tritt der Vollziehungsbeamte.

(2) Absatz 1 gilt für die Vollstreckung in Ersatzteile, auf die sich das Recht an einem ausländischen Luftfahrzeug erstreckt, mit der Maßgabe, dass die Vorschriften des § 106 Absatz 1 Nummer 2 und Absatz 4 des Gesetzes über Rechte an Luftfahrzeugen zu berücksichtigen sind.

§ 307 Anschlusspfändung (S 0530)

(1) ¹Zur Pfändung bereits gepfändeter Sachen genügt die in die Niederschrift aufzunehmende Erklärung des Vollziehungsbeamten, dass er die Sache für die zu bezeichnende Forderung pfändet. ²Dem Vollstreckungsschuldner ist die weitere Pfändung mitzuteilen.

(2) ¹Ist die erste Pfändung für eine andere Vollstreckungsbehörde oder durch einen Gerichtsvollzieher erfolgt, so ist dieser Vollstreckungsbehörde oder dem Gerichtsvollzieher eine Abschrift der Niederschrift zu übersenden. ²Die gleiche Pflicht hat ein Gerichtsvollzieher, der eine Sache pfändet, die bereits im Auftrag einer Vollstreckungsbehörde gepfändet ist.

§ 308 Verwertung bei mehrfacher Pfändung (S 0534)

(1) Wird dieselbe Sache mehrfach durch Vollziehungsbeamte oder durch Vollziehungsbeamte und Gerichtsvollzieher gepfändet, so begründet ausschließlich die erste Pfändung die Zuständigkeit zur Versteigerung.

(2) Betreibt ein Gläubiger die Versteigerung, so wird für alle beteiligten Gläubiger versteigert.

(3) Der Erlös wird nach der Reihenfolge der Pfändungen oder nach abweichender Vereinbarung der beteiligten Gläubiger verteilt.

(4) ¹Reicht der Erlös zur Deckung der Forderungen nicht aus und verlangt ein Gläubiger, für den die zweite oder eine spätere Pfändung erfolgt ist, ohne Zustimmung der übrigen beteiligten Gläubiger eine andere Verteilung als nach der Reihenfolge der Pfändungen, so ist die Sachlage unter Hinterlegung des Erlöses dem Amtsgericht, in dessen Bezirk gepfändet ist, anzuzeigen. ²Der Anzeige sind die Schriftstücke, die sich auf das Verfahren beziehen, beizufügen. ³Für das Verteilungsverfahren gelten die §§ 873 bis 882 der Zivilprozessordnung.

(5) Wird für verschiedene Gläubiger gleichzeitig gepfändet, so finden die Vorschriften der Absätze 2 bis 4 mit der Maßgabe Anwendung, dass der Erlös nach dem Verhältnis der Forderungen verteilt wird.

III. Vollstreckung in Forderungen und andere Vermögensrechte

§ 309 Pfändung einer Geldforderung (S 0535)

(1) ¹Soll eine Geldforderung gepfändet werden, so hat die Vollstreckungsbehörde dem Drittschuldner schriftlich zu verbieten, an den Vollstreckungsschuldner zu zahlen, und dem Vollstreckungsschuldner schriftlich zu gebieten, sich jeder Verfügung über die Forderung, insbesondere ihrer Einziehung, zu enthalten (Pfändungsverfügung). ²Die elektronische Form ist ausgeschlossen.

(2) ¹Die Pfändung ist bewirkt, wenn die Pfändungsverfügung dem Drittschuldner zugestellt ist. ²Die an den Drittschuldner zuzustellende Pfändungsverfügung soll den beizutreibenden Geldbetrag nur in einer Summe, ohne Angabe der Steuerarten und der Zeiträume, für die er geschuldet wird, bezeichnen. ³Die Zustellung ist dem Vollstreckungsschuldner mitzuteilen.

(3) Bei Pfändung des Guthabens eines Kontos des Vollstreckungsschuldners bei einem Kreditinstitut gelten die §§ 833a und 907 der Zivilprozessordnung entsprechend.

§ 310 Pfändung einer durch Hypothek gesicherten Forderung (S 0535)

(1) ¹Zur Pfändung einer Forderung, für die eine Hypothek besteht, ist außer der Pfändungsverfügung die Aushändigung des Hypothekenbriefs an die Vollstreckungsbehörde erforderlich. ²Die Übergabe gilt als erfolgt, wenn der Vollziehungsbeamte den Brief wegnimmt. ³Ist die Erteilung des Hypothekenbriefs ausgeschlossen, so muss die Pfändung in das Grundbuch eingetragen werden; die Eintragung erfolgt auf Grund der Pfändungsverfügung auf Ersuchen der Vollstreckungsbehörde.

(2) Wird die Pfändungsverfügung vor der Übergabe des Hypothekenbriefs oder der Eintragung der Pfändung dem Drittschuldner zugestellt, so gilt die Pfändung diesem gegenüber mit der Zustellung als bewirkt.

(3) ¹Diese Vorschriften gelten nicht, soweit Ansprüche auf die in § 1159 des Bürgerlichen Gesetzbuchs bezeichneten Leistungen gepfändet werden. ²Das Gleiche gilt bei einer Sicherungshypothek im Fall des § 1187 des Bürgerlichen Gesetzbuchs von der Pfändung der Hauptforderung.

§ 311 Pfändung einer durch Schiffshypothek oder Registerpfandrecht an einem Luftfahrzeug gesicherten Forderung (S 0535)

(1) Die Pfändung einer Forderung, für die eine Schiffshypothek besteht, bedarf der Eintragung in das Schiffsregister oder das Schiffsbauregister.

(2) Die Pfändung einer Forderung, für die ein Registerpfandrecht an einem Luftfahrzeug besteht, bedarf der Eintragung in das Register für Pfandrechte an Luftfahrzeugen.

(3) ¹Die Pfändung nach den Absätzen 1 und 2 wird auf Grund der Pfändungsverfügung auf Ersuchen der Vollstreckungsbehörde eingetragen. ²§ 310 Absatz 2 gilt entsprechend.

(4) ¹Die Absätze 1 bis 3 sind nicht anzuwenden, soweit es sich um die Pfändung der Ansprüche auf die in § 53 des Gesetzes über Rechte an eingetragenen Schiffen und Schiffsbauwerken und auf die in § 53 des Gesetzes über Rechte an Luftfahrzeugen bezeichneten Leistungen handelt. ²Das Gleiche gilt, wenn bei einer Schiffshypothek für eine Forderung aus einer Schuldverschreibung auf den Inhaber, aus einem Wechsel oder aus einem anderen durch Indossament übertragbaren Papier die Hauptforderung gepfändet ist.

(5) Für die Pfändung von Forderungen, für die ein Recht an einem ausländischen Luftfahrzeug besteht, gilt § 106 Absatz 1 Nummer 3 und Absatz 5 des Gesetzes über Rechte an Luftfahrzeugen.

§ 312 Pfändung einer Forderung aus indossablen Papieren (S 0535)

Forderungen aus Wechseln und anderen Papieren, die durch Indossament übertragen werden können, werden dadurch gepfändet, dass der Vollziehungsbeamte die Papiere in Besitz nimmt.

§ 313 Pfändung fortlaufender Bezüge (S 0535)

(1) Das Pfandrecht, das durch die Pfändung einer Gehaltsforderung oder einer ähnlichen in fortlaufenden Bezügen bestehenden Forderung erworben wird, erstreckt sich auch auf die Beträge, die später fällig werden.

(2) ¹Die Pfändung eines Diensteinkommens trifft auch das Einkommen, das der Vollstreckungsschuldner bei Versetzung in ein anderes Amt, Übertragung eines neuen Amts oder einer Gehaltserhöhung zu beziehen hat. ²Dies gilt nicht bei Wechsel des Dienstherrn.

(3) Endet das Arbeits- oder Dienstverhältnis und begründen Vollstreckungsschuldner und Drittschuldner innerhalb von neun Monaten ein solches neu, so erstreckt sich die Pfändung auf die Forderung aus dem neuen Arbeits- oder Dienstverhältnis.

§ 314 Einziehungsverfügung (S 0535)

(1) ¹Die Vollstreckungsbehörde ordnet die Einziehung der gepfändeten Forderung an. ²§ 309 Absatz 2 gilt entsprechend.

(2) Die Einziehungsverfügung kann mit der Pfändungsverfügung verbunden werden.

(3) Wird die Einziehung eines bei einem Geldinstitut gepfändeten Guthabens eines Vollstreckungsschuldners, der eine natürliche Person ist, angeordnet, so gelten § 835 Absatz 3 Satz 2 und § 900 Absatz 1 der Zivilprozessordnung entsprechend.

(4) Wird die Einziehung einer gepfändeten nicht wiederkehrend zahlbaren Vergütung eines Vollstreckungsschuldners, der eine natürliche Person ist, für persönlich geleistete Arbeiten oder Dienste oder sonstige Einkünfte, die kein Arbeitslohn sind, angeordnet, so gilt § 835 Absatz 4 der Zivilprozessordnung entsprechend.

§ 315 Wirkung der Einziehungsverfügung (S 0535)

(1) ¹Die Einziehungsverfügung ersetzt die förmlichen Erklärungen des Vollstreckungsschuldners, von denen nach bürgerlichem Recht die Berechtigung zur Einziehung abhängt. ²Sie genügt auch bei einer Forderung, für die eine Hypothek, Schiffshypothek oder ein Registerpfandrecht an einem Luftfahrzeug besteht. ³Zugunsten des Drittschuldners gilt eine zu Unrecht ergangene Einziehungsverfügung dem Vollstreckungsschuldner gegenüber solange als rechtmäßig, bis sie aufgehoben ist und der Drittschuldner hiervon erfährt.

(2) ¹Der Vollstreckungsschuldner ist verpflichtet, die zur Geltendmachung der Forderung nötige Auskunft zu erteilen und die über die Forderung vorhandenen Urkunden herauszugeben. ²Erteilt der Vollstreckungsschuldner die Auskunft nicht, ist er auf Verlangen der Vollstreckungsbehörde verpflichtet, sie zu Protokoll zu geben und seine Angaben an Eides statt zu versichern. ³Die Vollstreckungsbehörde kann die eidesstattliche Versicherung der Lage der Sache entsprechend ändern. ⁴§ 284 Absatz 5, 6 und 8 gilt sinngemäß. ⁵Die Vollstreckungsbehörde kann die Urkunden durch den Vollziehungsbeamten wegnehmen lassen oder ihre Herausgabe nach den §§ 328 bis 335 erzwingen.

(3) ¹Werden die Urkunden nicht vorgefunden, so hat der Vollstreckungsschuldner auf Verlangen der Vollstreckungsbehörde zu Protokoll an Eides statt zu versichern, dass er die Urkunden nicht besitze, auch nicht wisse, wo sie sich befinden. ²Absatz 2 Satz 3 und 4 gilt entsprechend.

(4) Hat ein Dritter die Urkunde, so kann die Vollstreckungsbehörde auch den Anspruch des Vollstreckungsschuldners auf Herausgabe geltend machen.

§ 316 Erklärungspflicht des Drittschuldners (S 0535)

(1) ¹Auf Verlangen der Vollstreckungsbehörde hat ihr der Drittschuldner binnen zwei Wochen, von der Zustellung der Pfändungsverfügung an gerechnet, zu erklären:

1. ob und inwieweit er die Forderung als begründet anerkenne und bereit sei zu zahlen,
2. ob und welche Ansprüche andere Personen an die Forderung erheben,
3. ob und wegen welcher Ansprüche die Forderung bereits für andere Gläubiger gepfändet sei;
4. ob innerhalb der letzten zwölf Monate im Hinblick auf das Konto, dessen Guthaben gepfändet worden ist, nach § 907 der Zivilprozessordnung die Unpfändbarkeit des Guthabens festgesetzt worden ist, und

5. ob es sich bei dem Konto, dessen Guthaben gepfändet worden ist, um ein Pfändungsschutzkonto im Sinne von § 850k der Zivilprozessordnung oder ein Gemeinschaftskonto im Sinne von § 850l der Zivilprozessordnung handelt; bei einem Gemeinschaftskonto ist zugleich anzugeben, ob der Schuldner nur gemeinsam mit einer anderen Person oder mehreren anderen Personen verfügungsbefugt ist.

²Die Erklärung des Drittschuldners zu Nummer 1 gilt nicht als Schuldanerkenntnis.

(2) ¹Die Aufforderung zur Abgabe dieser Erklärung kann in die Pfändungsverfügung aufgenommen werden. ²Der Drittschuldner haftet der Vollstreckungsbehörde für den Schaden, der aus der Nichterfüllung seiner Verpflichtung entsteht. ³Er kann zur Abgabe der Erklärung durch ein Zwangsgeld angehalten werden; § 334 ist nicht anzuwenden.

(3) Die §§ 841 bis 843 der Zivilprozessordnung sind anzuwenden.

§ 317 Andere Art der Verwertung (S 0535)

¹Ist die gepfändete Forderung bedingt oder betagt oder ihre Einziehung schwierig, so kann die Vollstreckungsbehörde anordnen, dass sie in anderer Weise zu verwerten ist; § 315 Absatz 1 gilt entsprechend. ²Der Vollstreckungsschuldner ist vorher zu hören, sofern nicht eine Bekanntgabe außerhalb des Geltungsbereichs des Gesetzes oder eine öffentliche Bekanntmachung erforderlich ist.

§ 318 Ansprüche auf Herausgabe oder Leistung von Sachen (S 0535)

(1) Für die Vollstreckung in Ansprüche auf Herausgabe oder Leistung von Sachen gelten außer den §§ 309 bis 317 die nachstehenden Vorschriften.

(2) ¹Bei der Pfändung eines Anspruchs, der eine bewegliche Sache betrifft, ordnet die Vollstreckungsbehörde an, dass die Sache an den Vollziehungsbeamten herauszugeben sei. ²Die Sache wird wie eine gepfändete Sache verwertet.

(3) ¹Bei Pfändung eines Anspruchs, der eine unbewegliche Sache betrifft, ordnet die Vollstreckungsbehörde an, dass die Sache an einen Treuhänder herauszugeben sei, den das Amtsgericht der belegenen Sache auf Antrag der Vollstreckungsbehörde bestellt. ²Ist der Anspruch auf Übertragung des Eigentums gerichtet, so ist dem Treuhänder als Vertreter des Vollstreckungsschuldners aufzulassen. ³Mit dem Übergang des Eigentums auf den Vollstreckungsschuldner erlangt die Körperschaft, der die Vollstreckungsbehörde angehört, eine Sicherungshypothek für die Forderung. ⁴Der Treuhänder hat die Eintragung der Sicherungshypothek zu bewilligen. ⁵Die Vollstreckung in die herausgegebene Sache wird nach den Vorschriften über die Vollstreckung in unbewegliche Sachen bewirkt.

(4) Absatz 3 gilt entsprechend, wenn der Anspruch ein im Schiffsregister eingetragenes Schiff, ein Schiffsbauwerk oder Schwimmdock, das im Schiffsbauregister eingetragen ist oder in dieses Register eingetragen werden kann oder ein

Luftfahrzeug betrifft, das in der Luftfahrzeugrolle eingetragen ist oder nach Löschung in der Luftfahrzeugrolle noch in dem Register für Pfandrechte an Luftfahrzeugen eingetragen ist.

(5) Dem Treuhänder ist auf Antrag eine Entschädigung zu gewähren. Die Entschädigung darf die nach der Zwangsverwalterverordnung festzusetzende Vergütung nicht übersteigen.

§ 319 Unpfändbarkeit von Forderungen (S 0536)

Beschränkungen und Verbote, die nach den §§ 850 bis 852 und 899 bis 907 der Zivilprozessordnung und anderen gesetzlichen Bestimmungen für die Pfändung von Forderungen und Ansprüchen bestehen, gelten sinngemäß.

§ 320 Mehrfache Pfändung einer Forderung (S 0535)

(1) Ist eine Forderung durch mehrere Vollstreckungsbehörden oder durch eine Vollstreckungsbehörde und ein Gericht gepfändet, so sind die §§ 853 bis 856 der Zivilprozessordnung und § 99 Absatz 1 Satz 1 des Gesetzes über Rechte an Luftfahrzeugen entsprechend anzuwenden.

(2) Fehlt es an einem Amtsgericht, das nach den §§ 853 und 854 der Zivilprozessordnung zuständig wäre, so ist bei dem Amtsgericht zu hinterlegen, in dessen Bezirk die Vollstreckungsbehörde ihren Sitz hat, deren Pfändungsverfügung dem Drittschuldner zuerst zugestellt worden ist.

§ 321 Vollstreckung in andere Vermögensrechte (S 0535)

(1) Für die Vollstreckung in andere Vermögensrechte, die nicht Gegenstand der Vollstreckung in das unbewegliche Vermögen sind, gelten die vorstehenden Vorschriften entsprechend.

(2) Ist kein Drittschuldner vorhanden, so ist die Pfändung bewirkt, wenn dem Vollstreckungsschuldner das Gebot, sich jeder Verfügung über das Recht zu enthalten, zugestellt ist.

(3) Ein unveräußerliches Recht ist, wenn nichts anderes bestimmt ist, insoweit pfändbar, als die Ausübung einem anderen überlassen werden kann.

(4) Die Vollstreckungsbehörde kann bei der Vollstreckung in unveräußerliche Rechte, deren Ausübung einem anderen überlassen werden kann, besondere Anordnungen erlassen, insbesondere bei der Vollstreckung in Nutzungsrechte eine Verwaltung anordnen; in diesem Fall wird die Pfändung durch Übergabe der zu benutzenden Sache an den Verwalter bewirkt, sofern sie nicht durch Zustellung der Pfändungsverfügung schon vorher bewirkt ist.

(5) Ist die Veräußerung des Rechts zulässig, so kann die Vollstreckungsbehörde die Veräußerung anordnen.

(6) Für die Vollstreckung in eine Reallast, eine Grundschuld oder eine Rentenschuld gelten die Vorschriften über die Vollstreckung in eine Forderung, für die eine Hypothek besteht.

(7) Die §§ 858 bis 863 der Zivilprozessordnung gelten sinngemäß.

4. Unterabschnitt - Vollstreckung in das unbewegliche Vermögen

§ 322 Verfahren (S 0540)

(1) ¹Der Vollstreckung in das unbewegliche Vermögen unterliegen außer den Grundstücken die Berechtigungen, für welche die sich auf Grundstücke beziehenden Vorschriften gelten, die im Schiffsregister eingetragenen Schiffe, die Schiffsbauwerke und Schwimmdocks, die im Schiffsbauregister eingetragen sind oder in dieses Register eingetragen werden können, sowie die Luftfahrzeuge, die in der Luftfahrzeugrolle eingetragen sind oder nach Löschung in der Luftfahrzeugrolle noch in dem Register für Pfandrechte an Luftfahrzeugen eingetragen sind. ²Auf die Vollstreckung sind die für die gerichtliche Zwangsvollstreckung geltenden Vorschriften, namentlich die §§ 864 bis 871 der Zivilprozessordnung und das Gesetz über die Zwangsversteigerung und die Zwangsverwaltung anzuwenden. ³Bei Stundung und Aussetzung der Vollziehung geht eine im Wege der Vollstreckung eingetragene Sicherungshypothek jedoch nur dann nach § 868 der Zivilprozessordnung auf den Eigentümer über und erlischt eine Schiffshypothek oder ein Registerpfandrecht an einem Luftfahrzeug jedoch nur dann nach § 870a Absatz 3 der Zivilprozessordnung sowie § 99 Absatz 1 des Gesetzes über Rechte an Luftfahrzeugen, wenn zugleich die Aufhebung der Vollstreckungsmaßnahme angeordnet wird.

(2) Für die Vollstreckung in ausländische Schiffe gilt § 171 des Gesetzes über die Zwangsversteigerung und die Zwangsverwaltung, für die Vollstreckung in ausländische Luftfahrzeuge § 106 Absatz 1, 2 des Gesetzes über Rechte an Luftfahrzeugen sowie die §§ 171h bis 171n des Gesetzes über die Zwangsversteigerung und die Zwangsverwaltung.

(3) ¹Die für die Vollstreckung in das unbewegliche Vermögen erforderlichen Anträge des Gläubigers stellt die Vollstreckungsbehörde. ²Sie hat hierbei zu bestätigen, dass die gesetzlichen Voraussetzungen für die Vollstreckung vorliegen. ³Diese Fragen unterliegen nicht der Beurteilung des Vollstreckungsgerichts oder des Grundbuchamts. ⁴Anträge auf Eintragung einer Sicherungshypothek, einer Schiffshypothek oder eines Registerpfandrechts an einem Luftfahrzeug sind Ersuchen im Sinne des § 38 der Grundbuchordnung und des § 45 der Schiffsregisterordnung.

(4) Zwangsversteigerung und Zwangsverwaltung soll die Vollstreckungsbehörde nur beantragen, wenn festgestellt ist, dass der Geldbetrag durch Vollstreckung in das bewegliche Vermögen nicht beigetrieben werden kann.

(5) Soweit der zu vollstreckende Anspruch gemäß § 10 Absatz 1 Nummer 3 des Gesetzes über die Zwangsversteigerung und die Zwangsverwaltung den Rechten am Grundstück im Rang vorgeht, kann eine Sicherungshypothek unter der aufschiebenden Bedingung in das Grundbuch eingetragen werden, dass das Vorrecht wegfällt.

§ 323 Vollstreckung gegen den Rechtsnachfolger (S 0540)

¹Ist nach § 322 eine Sicherungshypothek, eine Schiffshypothek oder ein Registerpfandrecht an einem Luftfahrzeug eingetragen worden, so bedarf es zur Zwangsversteigerung aus diesem Recht nur dann eines Duldungsbescheids, wenn nach der Eintragung dieses Rechts ein Eigentumswechsel eingetreten ist. ²Satz 1 gilt sinngemäß für die Zwangsverwaltung aus einer nach § 322 eingetragenen Sicherungshypothek.

5. Unterabschnitt - Arrest

§ 324 Dinglicher Arrest (S 0545)

(1) ¹Zur Sicherung der Vollstreckung von Geldforderungen nach den §§ 249 bis 323 kann die für die Steuerfestsetzung zuständige Finanzbehörde den Arrest in das bewegliche oder unbewegliche Vermögen anordnen, wenn zu befürchten ist, dass sonst die Beitreibung vereitelt oder wesentlich erschwert wird. ²Sie kann den Arrest auch dann anordnen, wenn die Forderung noch nicht zahlenmäßig feststeht oder wenn sie bedingt oder betagt ist. ³In der Arrestanordnung ist ein Geldbetrag zu bestimmen, bei dessen Hinterlegung die Vollziehung des Arrestes gehemmt und der vollzogene Arrest aufzuheben ist.

(2) ¹Die Arrestanordnung ist zuzustellen. ²Sie muss begründet und von dem anordnenden Bediensteten unterschrieben sein. ³Die elektronische Form ist ausgeschlossen.

(3) ¹Die Vollziehung der Arrestanordnung ist unzulässig, wenn seit dem Tag, an dem die Anordnung unterzeichnet worden ist, ein Monat verstrichen ist. ²Die Vollziehung ist auch schon vor der Zustellung an den Arrestschuldner zulässig, sie ist jedoch ohne Wirkung, wenn die Zustellung nicht innerhalb einer Woche nach der Vollziehung und innerhalb eines Monats seit der Unterzeichnung erfolgt. ³Bei Zustellung im Ausland und öffentlicher Zustellung gilt § 169 Absatz 1 Satz 3 entsprechend. ⁴Auf die Vollziehung des Arrestes finden die §§ 930 bis 932 der Zivilprozessordnung sowie § 99 Absatz 2 und § 106 Absatz 1, 3 und 5 des Gesetzes über Rechte an Luftfahrzeugen entsprechende Anwendung; an die Stelle des Arrestgerichts und des Vollstreckungsgerichts tritt die Vollstreckungsbehörde, an die Stelle des Gerichtsvollziehers der Vollziehungsbeamte. ⁵Soweit auf die Vorschriften über die Pfändung verwiesen wird, sind die entsprechenden Vorschriften dieses Gesetzes anzuwenden.

§ 325 Aufhebung des dinglichen Arrestes (S 0545)

Die Arrestanordnung ist aufzuheben, wenn nach ihrem Erlass Umstände bekannt werden, die die Arrestanordnung nicht mehr gerechtfertigt erscheinen lassen.

§ 326 Persönlicher Sicherheitsarrest (S 0545)

(1) ¹Auf Antrag der für die Steuerfestsetzung zuständigen Finanzbehörde kann das Amtsgericht einen persönlichen Sicherheitsarrest anordnen, wenn er erforderlich ist, um die gefährdete Vollstreckung in das Vermögen des Pflichtigen zu sichern. ²Zuständig ist das Amtsgericht, in dessen Bezirk die Finanzbehörde ihren Sitz hat oder sich der Pflichtige befindet.

(2) In dem Antrag hat die für die Steuerfestsetzung zuständige Finanzbehörde den Anspruch nach Art und Höhe sowie die Tatsachen anzugeben, die den Arrestgrund ergeben.

(3) ¹Für die Anordnung, Vollziehung und Aufhebung des persönlichen Sicherheitsarrestes gelten § 128 Absatz 4 und die §§ 922 bis 925, 927, 929, 933, 934 Absatz 1, 3 und 4 der Zivilprozessordnung sinngemäß. ²§ 802j Absatz 2 der Zivilprozessordnung ist nicht anzuwenden.

(4) Für Zustellungen gelten die Vorschriften der Zivilprozessordnung.

6. Unterabschnitt - Verwertung von Sicherheiten

§ 327 Verwertung von Sicherheiten (S 0546)

¹Werden Geldforderungen, die im Verwaltungsverfahren vollstreckbar sind (§ 251), bei Fälligkeit nicht erfüllt, kann sich die Vollstreckungsbehörde aus den Sicherheiten befriedigen, die sie zur Sicherung dieser Ansprüche erlangt hat. ²Die Sicherheiten werden nach den Vorschriften dieses Abschnitts verwertet. ³Die Verwertung darf erst erfolgen, wenn dem Vollstreckungsschuldner die Verwertungsabsicht bekannt gegeben und seit der Bekanntgabe mindestens eine Woche verstrichen ist.

Dritter Abschnitt - Vollstreckung wegen anderer Leistungen als Geldforderungen

1. Unterabschnitt - Vollstreckung wegen Handlungen, Duldungen oder Unterlassungen

§ 328 Zwangsmittel (S 0560)

(1) [1]Ein Verwaltungsakt, der auf Vornahme einer Handlung oder auf Duldung oder Unterlassung gerichtet ist, kann mit Zwangsmitteln (Zwangsgeld, Ersatzvornahme, unmittelbarer Zwang) durchgesetzt werden. [2]Für die Erzwingung von Sicherheiten gilt § 336. [3]Vollstreckungsbehörde ist die Behörde, die den Verwaltungsakt erlassen hat.

(2) [1]Es ist dasjenige Zwangsmittel zu bestimmen, durch das der Pflichtige und die Allgemeinheit am wenigsten beeinträchtigt werden. [2]Das Zwangsmittel muss in einem angemessenen Verhältnis zu seinem Zweck stehen.

§ 329 Zwangsgeld (S 0560)

Das einzelne Zwangsgeld darf 25 000 Euro nicht übersteigen

§ 330 Ersatzvornahme (S 0560)

Wird die Verpflichtung, eine Handlung vorzunehmen, deren Vornahme durch einen anderen möglich ist (vertretbare Handlung), nicht erfüllt, so kann die Vollstreckungsbehörde einen anderen mit der Vornahme der Handlung auf Kosten des Pflichtigen beauftragen.

§ 331 Unmittelbarer Zwang (S 0560)

Führen das Zwangsgeld oder die Ersatzvornahme nicht zum Ziel oder sind sie untunlich, so kann die Finanzbehörde den Pflichtigen zur Handlung, Duldung oder Unterlassung zwingen oder die Handlung selbst vornehmen.

§ 332 Androhung der Zwangsmittel (S 0560)

(1) [1]Die Zwangsmittel müssen schriftlich angedroht werden. [2]Wenn zu besorgen ist, dass dadurch der Vollzug des durchzusetzenden Verwaltungsakts vereitelt wird, genügt es, die Zwangsmittel mündlich oder auf andere nach der Lage gebotene Weise anzudrohen. [3]Zur Erfüllung der Verpflichtung ist eine angemessene Frist zu bestimmen.

(2) [1]Die Androhung kann mit dem Verwaltungsakt verbunden werden, durch den die Handlung, Duldung oder Unterlassung aufgegeben wird. [2]Sie muss sich auf ein bestimmtes Zwangsmittel beziehen und für jede einzelne Verpflichtung getrennt ergehen. [3]Zwangsgeld ist in bestimmter Höhe anzudrohen.

(3) [1]Eine neue Androhung wegen derselben Verpflichtung ist erst dann zulässig, wenn das zunächst angedrohte Zwangsmittel erfolglos ist. [1]Wird vom Pflichtigen

ein Dulden oder Unterlassen gefordert, so kann das Zwangsmittel für jeden Fall der Zuwiderhandlung angedroht werden.

(4) Soll die Handlung durch Ersatzvornahme ausgeführt werden, so ist in der Androhung der Kostenbetrag vorläufig zu veranschlagen.

§ 333 Festsetzung der Zwangsmittel (S 0530)

Wird die Verpflichtung innerhalb der Frist, die in der Androhung bestimmt ist, nicht erfüllt oder handelt der Pflichtige der Verpflichtung zuwider, so setzt die Finanzbehörde das Zwangsmittel fest.

§ 334 Ersatzzwangshaft (S 0530)

(1) ¹Ist ein gegen eine natürliche Person festgesetztes Zwangsgeld uneinbringlich, so kann das Amtsgericht auf Antrag der Finanzbehörde nach Anhörung des Pflichtigen Ersatzzwangshaft anordnen, wenn bei Androhung des Zwangsgelds hierauf hingewiesen worden ist. ²Ordnet das Amtsgericht Ersatzzwangshaft an, so hat es einen Haftbefehl auszufertigen, in dem die antragstellende Behörde, der Pflichtige und der Grund der Verhaftung zu bezeichnen sind.

(2) ¹Das Amtsgericht entscheidet nach pflichtgemäßem Ermessen durch Beschluss. ²Örtlich zuständig ist das Amtsgericht, in dessen Bezirk der Pflichtige seinen Wohnsitz oder in Ermangelung eines Wohnsitzes seinen gewöhnlichen Aufenthalt hat. ³Der Beschluss des Amtsgerichts unterliegt der Beschwerde nach den §§ 567 bis 577 der Zivilprozessordnung.

(3) ¹Die Ersatzzwangshaft beträgt mindestens einen Tag, höchstens zwei Wochen. ²Die Vollziehung der Ersatzzwangshaft richtet sich nach den § 802g Absatz 2 und § 802h der Zivilprozessordnung und den §§ 171 bis 175 und 179 bis 186 des Strafvollzugsgesetzes.

(4) Ist der Anspruch auf das Zwangsgeld verjährt, so darf die Haft nicht mehr vollstreckt werden.

§ 335 Beendigung des Zwangsverfahrens (S 0530)

Wird die Verpflichtung nach Festsetzung des Zwangsmittels erfüllt, so ist der Vollzug einzustellen

2. Unterabschnitt - Erzwingung von Sicherheiten

§ 336 Erzwingung von Sicherheiten (S 0561)

(1) Wird die Verpflichtung zur Leistung von Sicherheiten nicht erfüllt, so kann die Finanzbehörde geeignete Sicherheiten pfänden.

(2) ¹Der Erzwingung der Sicherheit muss eine schriftliche Androhung vorausgehen. ²Die §§ 262 bis 323 sind entsprechend anzuwenden.

Vierter Abschnitt - Kosten

§ 337 Kosten der Vollstreckung (S 0570)

(1) ¹Im Vollstreckungsverfahren werden Kosten (Gebühren und Auslagen) erhoben. ²Schuldner dieser Kosten ist der Vollstreckungsschuldner.

(2) Für das Mahnverfahren werden keine Kosten erhoben.

§ 338 Gebührenarten (S 0570)

Im Vollstreckungsverfahren werden Pfändungsgebühren (§ 339), Wegnahmegebühren (§ 340) und Verwertungsgebühren (§ 341) erhoben.

§ 339 Pfändungsgebühr (S 0570)

(1) Die Pfändungsgebühr wird erhoben für die Pfändung von beweglichen Sachen, von Tieren, von Früchten, die vom Boden noch nicht getrennt sind, von Forderungen und von anderen Vermögensrechten.

(2) Die Gebühr entsteht:

1. sobald der Vollziehungsbeamte Schritte zur Ausführung des Vollstreckungsauftrags unternommen hat,

2. mit der Zustellung der Verfügung, durch die eine Forderung oder ein anderes Vermögensrecht gepfändet werden soll.

(3) Die Gebühr beträgt 28,60 Euro.

(4) ¹Die Gebühr wird auch erhoben, wenn

1. die Pfändung durch Zahlung an den Vollziehungsbeamten abgewendet wird,

2. auf andere Weise Zahlung geleistet wird, nachdem sich der Vollziehungsbeamte an Ort und Stelle begeben hat,

3. ein Pfändungsversuch erfolglos geblieben ist, weil pfändbare Gegenstände nicht vorgefunden wurden, oder

4. die Pfändung in den Fällen des § 281 Absatz 3 dieses Gesetzes sowie der § 811 Absatz 4 und § 851b Absatz 1 der Zivilprozessordnung unterbleibt.

²Wird die Pfändung auf andere Weise abgewendet, wird keine Gebühr erhoben.

§ 340 Wegnahmegebühr (S 0570)

(1) ¹Die Wegnahmegebühr wird für die Wegnahme beweglicher Sachen einschließlich Urkunden in den Fällen der §§ 310, 315 Absatz 2 Satz 5, §§ 318, 321, 331 und 336 erhoben. ²Dies gilt auch dann, wenn der Vollstreckungsschuldner an den zur Vollstreckung erschienenen Vollziehungsbeamten freiwillig leistet.

(2) § 339 Absatz 2 Nummer 1 ist entsprechend anzuwenden.

(3) ¹Die Höhe der Wegnahmegebühr beträgt 28,60 Euro. ²Die Gebühr wird auch erhoben, wenn die in Absatz 1 bezeichneten Sachen nicht aufzufinden sind.

§ 341 Verwertungsgebühr (S 0570)

(1) Die Verwertungsgebühr wird für die Versteigerung und andere Verwertung von Gegenständen erhoben.

(2) Die Gebühr entsteht, sobald der Vollziehungsbeamte oder ein anderer Beauftragter Schritte zur Ausführung des Verwertungsauftrags unternommen hat.

(3) Die Gebühr beträgt 57,20 Euro.

(4) Wird die Verwertung abgewendet (§ 296 Absatz 1 Satz 4), ist eine Gebühr von 28,60 Euro zu erheben.

§ 342 Mehrheit von Schuldnern (S 0570)

(1) Wird gegen mehrere Schuldner vollstreckt, so sind die Gebühren, auch wenn der Vollziehungsbeamte bei derselben Gelegenheit mehrere Vollstreckungshandlungen vornimmt, von jedem Vollstreckungsschuldner zu erheben.

(2) ¹Wird gegen Gesamtschuldner wegen der Gesamtschuld bei derselben Gelegenheit vollstreckt, so werden Pfändungs-, Wegnahme- und Verwertungsgebühren nur einmal erhoben. ²Die in Satz 1 bezeichneten Personen schulden die Gebühren als Gesamtschuldner.

§ 343 (weggefallen)

§ 344 Auslagen (S 0570)

(1) Als Auslagen werden erhoben:

1. Schreibauslagen für nicht von Amts wegen zu erteilende oder per Telefax übermittelte Abschriften; die Schreibauslagen betragen unabhängig von der Art der Herstellung

    a) für die ersten 50 Seiten je Seite 0,50 Euro,

    b) für jede weitere Seite 0,15 Euro,

    c) für die ersten 50 Seiten in Farbe je Seite 1,00 Euro,

    d) für jede weitere Seite in Farbe 0,30 Euro.

    ²Werden anstelle von Abschriften elektronisch gespeicherte Dateien überlassen, betragen die Auslagen 1,50 Euro je Datei. ³Für die in einem Arbeitsgang überlassenen oder in einem Arbeitsgang auf einen Datenträger übertragenen Dokumente werden insgesamt höchstens 5 Euro erhoben. ⁴Werden zum Zweck der Überlassung von elektronisch gespeicherten Dateien Dokumente zuvor auf Antrag von der Papierform in die elektronische Form übertragen, beträgt die Pauschale für Schreibauslagen nach Satz 2 nicht weniger, als die Pauschale im Fall von Satz 1 betragen würde,

2. Entgelte für Post- und Telekommunikationsdienstleistungen, ausgenommen die Entgelte für Telefondienstleistungen im Orts- und Nahbereich,

3. Entgelte für Zustellungen durch die Post mit Zustellungsurkunde; wird durch die Behörde zugestellt (§ 5 des Verwaltungszustellungsgesetzes), so werden 7,50 Euro erhoben,

4. Kosten, die durch öffentliche Bekanntmachung entstehen,

5. an die zum Öffnen von Türen und Behältnissen sowie an die zur Durchsuchung von Vollstreckungsschuldnern zugezogenen Personen zu zahlende Beträge,

6. Kosten für die Beförderung, Verwahrung und Beaufsichtigung gepfändeter Sachen, Kosten für die Aberntung gepfändeter Früchte und Kosten für die Verwahrung, Fütterung, Pflege und Beförderung gepfändeter Tiere,

7. Beträge, die in entsprechender Anwendung des Justizvergütungs- und -entschädigungsgesetzes an Auskunftspersonen und Sachverständige (§ 107) sowie Beträge, die an Treuhänder (§ 318 Absatz 5) zu zahlen sind,

7a. Kosten, die von einem Kreditinstitut erhoben werden, weil ein Scheck des Vollstreckungsschuldners nicht eingelöst wurde,

7b. Kosten für die Umschreibung eines auf einen Namen lautenden Wertpapiers oder für die Wiederinkurssetzung eines Inhaberpapiers,

8. andere Beträge, die auf Grund von Vollstreckungsmaßnahmen an Dritte zu zahlen sind, insbesondere Beträge, die bei der Ersatzvornahme oder beim unmittelbaren Zwang an Beauftragte und an Hilfspersonen gezahlt werden,

und sonstige durch Ausführung des unmittelbaren Zwanges oder Anwendung der Ersatzzwangshaft entstandene Kosten.

(2) Steuern, die die Finanzbehörde auf Grund von Vollstreckungsmaßnahmen schuldet, sind als Auslagen zu erheben.

(3) ¹Werden Sachen oder Tiere, die bei mehreren Vollstreckungsschuldnern gepfändet worden sind, in einem einheitlichen Verfahren abgeholt und verwertet, so werden die Auslagen, die in diesem Verfahren entstehen, auf die beteiligten Vollstreckungsschuldner verteilt. ²Dabei sind die besonderen Umstände des einzelnen Falls, vor allem Wert, Umfang und Gewicht der Gegenstände, zu berücksichtigen.

§ 345 Reisekosten und Aufwandsentschädigungen (S 0570)

Im Vollstreckungsverfahren sind die Reisekosten des Vollziehungsbeamten und Auslagen, die durch Aufwandsentschädigungen abgegolten werden, von dem Vollstreckungsschuldner nicht zu erstatten.

§ 346 Unrichtige Sachbehandlung, Festsetzungsfrist (S 0570)

(1) Kosten, die bei richtiger Behandlung der Sache nicht entstanden wären, sind nicht zu erheben.

(2) ¹Die Frist für den Ansatz der Kosten und für die Aufhebung und Änderung des Kostenansatzes beträgt ein Jahr. ²Sie beginnt mit Ablauf des Kalenderjahrs, in dem die Kosten entstanden sind. ³Einem vor Ablauf der Frist gestellten Antrag auf Aufhebung oder Änderung kann auch nach Ablauf der Frist entsprochen werden.

Siebenter Teil - Außergerichtliches Rechtsbehelfsverfahren

Erster Abschnitt - Zulässigkeit

AEAO vor § 347 - Außergerichtliches Rechtsbehelfsverfahren:

1. Das außergerichtliche Rechtsbehelfsverfahren nach der AO (Einspruchsverfahren) ist abzugrenzen

    - von den in der AO nicht geregelten nichtförmlichen Rechtsbehelfen (Gegenvorstellung, Sachaufsichtsbeschwerde, Dienstaufsichtsbeschwerde),

    - von dem Antrag, einen Verwaltungsakt zu berichtigen, zurückzunehmen, zu widerrufen, aufzuheben oder zu ändern (Korrekturantrag; §§ 129 bis 132, 172 bis 177 AO).

    Der förmliche Rechtsbehelf (Einspruch) unterscheidet sich von den Korrekturanträgen in folgenden Punkten:

    - Er hindert den Eintritt der formellen und materiellen Bestandskraft (zum Begriff der Bestandskraft vgl. AEAO vor §§ 172 bis 177, Nr. 1);

    - er kann zur Verböserung führen (§ 367 Abs. 2 Satz 2 AO); der Verböserungsgefahr kann der Steuerpflichtige aber durch rechtzeitige Rücknahme des Einspruchs entgehen;

    - er ermöglicht die Aussetzung der Vollziehung.

    In Zweifelsfällen ist ein Einspruch anzunehmen, da er die Rechte des Steuerpflichtigen umfassender wahrt als ein Korrekturantrag.

2. Das Einspruchsverfahren ist nicht kostenpflichtig. Steuerpflichtige und Finanzbehörden haben jeweils ihre eigenen Aufwendungen zu tragen. Auf die Kostenerstattung nach § 139 FGO, auch für das außergerichtliche Vorverfahren, wird hingewiesen.

§ 347 Statthaftigkeit des Einspruchs (S 0610)

(1) [1]Gegen Verwaltungsakte

1. in Abgabenangelegenheiten, auf die dieses Gesetz Anwendung findet,

2. in Verfahren zur Vollstreckung von Verwaltungsakten in anderen als den in Nummer 1 bezeichneten Angelegenheiten, soweit die Verwaltungsakte durch Bundesfinanzbehörden oder Landesfinanzbehörden nach den Vorschriften dieses Gesetzes zu vollstrecken sind,

3. in öffentlich-rechtlichen und berufsrechtlichen Angelegenheiten, auf die dieses Gesetz nach § 164a des Steuerberatungsgesetzes Anwendung findet,

4. in anderen durch die Finanzbehörden verwalteten Angelegenheiten, soweit die Vorschriften über die außergerichtlichen Rechtsbehelfe durch Gesetz für anwendbar erklärt worden sind oder erklärt werden,

ist als Rechtsbehelf der Einspruch statthaft. ²Der Einspruch ist außerdem statthaft, wenn geltend gemacht wird, dass in den in Satz 1 bezeichneten Angelegenheiten über einen vom Einspruchsführer gestellten Antrag auf Erlass eines Verwaltungsakts ohne Mitteilung eines zureichenden Grundes binnen angemessener Frist sachlich nicht entschieden worden ist.

(2) Abgabenangelegenheiten sind alle mit der Verwaltung der Abgaben einschließlich der Abgabenvergütungen oder sonst mit der Anwendung der abgabenrechtlichen Vorschriften durch die Finanzbehörden zusammenhängenden Angelegenheiten einschließlich der Maßnahmen der Bundesfinanzbehörden zur Beachtung der Verbote und Beschränkungen für den Warenverkehr über die Grenze; den Abgabenangelegenheiten stehen die Angelegenheiten der Verwaltung der Finanzmonopole gleich.

(3) Die Vorschriften des Siebenten Teils finden auf das Straf- und Bußgeldverfahren keine Anwendung.

AEAO zu § 347 - Statthaftigkeit des Einspruchs:

1. Das Einspruchsverfahren ist nur eröffnet, wenn ein Verwaltungsakt (auch ein nichtiger Verwaltungsakt oder ein Scheinverwaltungsakt) angegriffen wird oder der Einspruchsführer sich gegen den Nichterlass eines Verwaltungsakts wendet. Verwaltungsakt ist z. B. auch die Ablehnung eines Realakts (vgl. AEAO zu § 364) oder die Ablehnung der Erteilung einer verbindlichen Auskunft.

2. Der Einspruch ist auch gegeben, wenn ein Verwaltungsakt aufgehoben, geändert, zurückgenommen oder widerrufen oder ein Antrag auf Erlass eines Verwaltungsakts abgelehnt wird. Gleiches gilt, wenn die Finanzbehörde einen Verwaltungsakt wegen einer offenbaren Unrichtigkeit gem. § 129 AO berichtigt oder es ablehnt, die beantragte Berichtigung eines Verwaltungsakts durchzuführen (BFH-Urteil vom 13.12.1983, VIII R 67/81, BStBl 1984 II S. 511). Gegen Entscheidungen über die schlichte Änderung (§ 172 Abs. 1 Satz 1 Nr. 2 Buchstabe a AO) ist ebenfalls der Einspruch gegeben (BFH-Urteil vom 27.10.1993, XI R 17/93, BStBl 1994 II S. 439); dies gilt nicht, soweit der Antrag auf schlichte Änderung durch eine Allgemeinverfügung nach § 172 Abs. 3 AO zurückgewiesen wurde (§ 348 Nr. 6 AO).

3. Beantragt der Steuerpflichtige bei einer Steuerfestsetzung unter Vorbehalt der Nachprüfung (§ 164 AO) oder bei einer vorläufigen Steuerfestsetzung (§ 165 AO) die Aufhebung dieser Nebenbestimmungen, ist gegen den ablehnenden Bescheid der Einspruch gegeben. Wird der Vorbehalt nach § 164 AO aufgehoben, kann der Steuerpflichtige gegen die dann als Steuerfestsetzung ohne Vorbehalt der Nachprüfung wirkende Steuerfestsetzung uneingeschränkt Einspruch einlegen. Soweit eine vorläufige Steuerfestsetzung endgültig durchgeführt oder für endgültig erklärt wird, gilt dies nur, soweit die Vorläufigkeit reichte.

Gegen die Aufhebung des Nachprüfungsvorbehalts in der Einspruchsentscheidung ist die Klage, nicht ein erneuter Einspruch gegeben (BFH-Urteil vom 4.8.1983, IV R 216/82, BStBl 1984 II S. 85). Das gilt entsprechend, wenn in einer Einspruchsentscheidung die bisher vorläufige Steuerfestsetzung für endgültig erklärt wird.

4. Gegen eine Ermessensentscheidung über eine Billigkeitsmaßnahme nach § 163 Abs. 1 AO ist auch dann ein gesonderter Einspruch gegeben, wenn sie mit der Steuerfestsetzung verbunden ist (§ 163 Abs. 2 AO). Entsprechendes gilt für die mit einer Zinsfestsetzung verbundene Billigkeitsentscheidung nach § 234 Abs. 2 oder § 237 Abs. 4 AO.

5. § 347 Abs. 1 Satz 1 Nr. 3 AO beschränkt i. V. m. § 348 Nr. 3 und 4 AO in Steuerberatungsangelegenheiten das Einspruchsverfahren auf Streitigkeiten über

- die Ausübung (insbesondere die Zulässigkeit) der Hilfe in Steuersachen einschließlich der Rechtsverhältnisse der Lohnsteuerhilfevereine,

- die Voraussetzungen für die Berufsausübung der Steuerberater und Steuerbevollmächtigten (mit Ausnahme der Entscheidungen der Zulassungs- und der Prüfungsausschüsse),

- die Vollstreckung wegen Handlungen und Unterlassungen.

6. In anderen Angelegenheiten (§ 347 Abs. 1 Satz 1 Nr. 4 AO) sind die Vorschriften über das Einspruchsverfahren z. B. für anwendbar erklärt worden durch:

- Landesgesetze, die Steuern betreffen, die der Landesgesetzgebung unterliegen und durch Landesfinanzbehörden verwaltet werden,

- Gesetze zur Durchführung der Verordnungen des Rates der Europäischen Union,

soweit diese Gesetze die Anwendbarkeit der AO-Vorschriften vorsehen.

Soweit Gesetze die für Steuervergütungen geltenden Vorschriften für entsprechend anwendbar erklären, ist das Einspruchsverfahren bereits nach § 347 Abs. 1 Satz 1 Nr. 1 AO eröffnet (z. B. EigZulG, InvZulG, WoPG und 5. VermBG).

§ 348 Ausschluss des Einspruchs (S 06-0)

Der Einspruch ist nicht statthaft

1. gegen Einspruchsentscheidungen (§ 367),
2. bei Nichtentscheidung über einen Einspruch,
3. gegen Verwaltungsakte der obersten Finanzbehörden des Bundes und der Länder, außer wenn ein Gesetz das Einspruchsverfahren vorschreibt,
4. gegen Entscheidungen in Angelegenheiten des Zweiten und Sechsten Abschnitts des Zweiten Teils des Steuerberatungsgesetzes,
5. (weggefallen)
6. in den Fällen des § 172 Absatz 3.

§ 349 (weggefallen)

§ 350 Beschwer (S 06-9)

Befugt, Einspruch einzulegen, ist nur, wer geltend macht, durch einen Verwaltungsakt oder dessen Unterlassung beschwert zu sein.

AEAO zu § 350 - Beschwer:

1. Eine Beschwer ist nicht nur dann schlüssig geltend gemacht, wenn eine Rechtsverletzung oder Ermessenswidrigkeit gerügt wird, sondern auch dann, wenn der Einspruchsführer eine günstigere Ermessensentscheidung begehrt. Aus nicht gesondert festgestellten Besteuerungsgrundlagen (§ 157 Abs. 2 AO) ergibt sich keine Beschwer.

2. Bei einer zu niedrigen Festsetzung kann eine Beschwer dann bestehen, wenn eine höhere Festsetzung, z. B. aufgrund des Bilanzzusammenhangs, sich in Folgejahren günstiger auswirkt (BFH-Urteil vom 27.5.1981, I R 123/77, BStBl 1982 II S. 211) oder wenn durch die begehrte höhere Steuerfestsetzung die Anrechnung von Steuerabzugsbeträgen ermöglicht wird und aufgrund dessen ein geringerer Betrag als bisher entrichtet werden muss (BFH-Urteil vom 8.11.1985, VI R 238/80, BStBl 1986 II S. 186 und BFH-Beschluss vom 3.2.1993, I B 90/92, BStBl II S. 426).

3. Bei einer Nullfestsetzung besteht grundsätzlich keine Beschwer. Dies gilt nicht in folgenden Fällen:

   a) Mit dem Einspruch wird eine Steuervergütung begehrt (z. B. die Festsetzung einer negativen Umsatzsteuer).

   b) Durch den Einspruch soll die Anwendung des § 10d Abs. 4 Satz 5 EStG i. d. F. des JStG 2010 (vom Steuerbescheid abweichende Berücksichtigung von Besteuerungsgrundlagen bei der Feststellung des verbleibenden Verlustvortrags) ermöglicht werden.

§ 350 Abgabenordnung

    c)   Es wird eine Steuerbefreiung nach § 5 Abs. 1 Nr. 9 KStG (BFH-Urteil vom 13.7.1994, I R 5/93, BStBl 1995 II S. 134) begehrt.

    d)   Die der Steuerfestsetzung zugrunde liegenden Besteuerungsgrundlagen sind für ein anderes steuerliches oder außersteuerliches Verfahren bindend (vgl. BFH-Urteil vom 20.12.1994, IX R 80/92, BStBl 1995 II S. 537). Eine derartige Bindungswirkung besteht beispielsweise für das BAföG-Verfahren oder einen Beihilfeanspruch nach der BBhV oder vergleichbaren landesrechtlichen Regelungen hinsichtlich der Einkünfte (vgl. BFH-Urteile vom 20.12.1994, IX R 124/92, BStBl 1995 II S. 628, und vom 19.2.2013, IX R 31/11, BFH/NV S. 1075), nicht aber hinsichtlich der außergewöhnlichen Belastungen (BFH-Urteil vom 29.5.1996, III R 49/93, BStBl II S. 654) und auch nicht für das Wohngeldverfahren nach dem WoGG (BFH-Urteil vom 24.1.1975, VI R 148/72, BStBl II S. 382).

4. Wird durch Einspruch die Änderung eines Grundlagenbescheids begehrt, kommt es für die schlüssige Geltendmachung der Beschwer nicht auf die Auswirkungen in den Folgebescheiden an.

5. Beschwert sein kann nicht nur derjenige, für den ein Verwaltungsakt bestimmt ist, sondern auch derjenige, der von ihm betroffen ist.

6. Eine weitere, in der AO nicht ausdrücklich genannte Zulässigkeitsvoraussetzung ist das Vorliegen eines Rechtsschutzbedürfnisses, d. h. eines schutzwürdigen, berücksichtigungswerten Interesses an der begehrten Entscheidung im Einspruchsverfahren.

Die Möglichkeit, einen Antrag auf schlichte Änderung (§ 172 Abs. 1 Satz 1 Nr. 2 Buchstabe a AO) zu stellen, beseitigt nicht das Rechtsschutzbedürfnis für einen Einspruch, da dieser die Rechte des Steuerpflichtigen umfassender wahrt (vgl. AEAO vor § 347, Nr. 1). Wendet sich der Steuerpflichtige gegen denselben Verwaltungsakt sowohl mit einem Einspruch als auch mit einem Antrag auf schlichte Änderung, ist nur das Einspruchsverfahren durchzuführen (BFH-Urteil vom 27.9.1994, VIII R 36/89, BStBl 1995 II S. 353).

Wird mit dem Einspruch ausschließlich die angebliche Verfassungswidrigkeit einer Rechtsnorm gerügt, fehlt grundsätzlich das Rechtsschutzbedürfnis, wenn die Finanzbehörde den angefochtenen Verwaltungsakt spätestens im Einspruchsverfahren hinsichtlich des strittigen Punktes für vorläufig erklärt hat (BFH-Beschlüsse vom 10.11.1993, X B 83/93, BStBl 1994 II S. 119, und vom 22.3.1996, III B 173/95, BStBl II S. 506). Trotz vorläufiger Steuerfestsetzung kann aber ein Rechtsschutzbedürfnis anzunehmen sein, wenn der Einspruchsführer besondere Gründe materiell-rechtlicher oder verfahrensrechtlicher Art substantiiert geltend macht oder Aussetzung der Vollziehung begehrt (BFH-Urteil vom 30.9.2010, III R 39/08, BStBl 2011 II S. 11; zur Aussetzung der Vollziehung wegen verfassungsrechtlicher Zweifel vgl. AEAO zu § 361, Nr. 2.5.4).

§ 351 Bindungswirkung anderer Verwaltungsakte (S 0619)

(1) Verwaltungsakte, die unanfechtbare Verwaltungsakte ändern, können nur insoweit angegriffen werden, als die Änderung reicht, es sei denn, dass sich aus den Vorschriften über die Aufhebung und Änderung von Verwaltungsakten etwas anderes ergibt.

(2) Entscheidungen in einem Grundlagenbescheid (§ 171 Absatz 10) können nur durch Anfechtung dieses Bescheids, nicht auch durch Anfechtung des Folgebescheids, angegriffen werden.

AEAO zu § 351 - Bindungswirkung anderer Verwaltungsakte:

1. Wird ein Bescheid angegriffen, der einen unanfechtbaren Bescheid geändert hat, ist die Sache nach § 367 Abs. 2 Satz 1 AO in vollem Umfang erneut zu prüfen. Geändert werden kann aber aufgrund der Anfechtung der Änderungsbescheid nur in dem Umfang, in dem er vom ursprünglichen Bescheid abweicht; diese Beschränkung bezieht sich z. B. beim Steuerbescheid auf den festgesetzten Steuerbetrag. Einwendungen, die bereits gegen die ursprüngliche Steuerfestsetzung vorgebracht werden konnten, können auch gegen den Änderungsbescheid vorgetragen werden. Ist z. B. im Änderungsbescheid eine höhere Steuer festgesetzt worden, kann die ursprünglich festgesetzte Steuer nicht unterschritten werden; ist dagegen im Änderungsbescheid eine niedrigere Steuer festgesetzt worden, kann der Steuerpflichtige nicht eine weitere Herabsetzung erreichen.

2. Etwas anderes gilt, soweit sich aus den Vorschriften über die Aufhebung oder die Änderung von Verwaltungsakten, z. B. wegen neuer Tatsachen, ein Rechtsanspruch auf Änderung des unanfechtbaren Bescheids ergibt.

   Beispiele:

   a) Ein Steuerbescheid wird nach § 173 Abs. 1 Nr. 1 AO zuungunsten des Steuerpflichtigen geändert. Der Steuerpflichtige kann mit dem Einspruch geltend machen, dass Tatsachen i. S. d. § 173 Abs. 1 Nr. 2 AO unberücksichtigt geblieben sind, die die Mehrsteuern im Ergebnis nicht nur ausgleichen, sondern sogar zu einer Erstattung führen.

   b) Ein Steuerbescheid wird nach § 173 Abs. 1 Nr. 2 AO zugunsten des Steuerpflichtigen geändert. Der Steuerpflichtige kann mit dem Einspruch geltend machen, dass Tatsachen i. S. d. Vorschrift, die zu einer weitergehenden Erstattung führen, unberücksichtigt geblieben sind.

3. § 351 Abs. 1 AO gilt nach seinem Wortlaut nur für änderbare Bescheide, nicht hingegen für die sonstigen Verwaltungsakte, die den Vorschriften über die Rücknahme (§ 130 AO) und den Widerruf (§ 131 AO) unterliegen (BFH-Urteil vom 24.7.1984, VII R 122/80, BStBl II S. 791). § 351 Abs. 1 AO bleibt aber zu beachten, wenn ein änderbarer Verwaltungsakt nach § 129 AO berichtigt worden ist (vgl. AEAO zu § 129, Nr. 5).

4. Ein Einspruch gegen einen Folgebescheid, mit welchem nur Einwendungen gegen den Grundlagenbescheid geltend gemacht werden, ist unbegründet, nicht unzulässig (BFH-Urteil vom 2.9.1987, I R 162/84, BStBl 1988 II S. 142; vgl. auch BFH-Urteil vom 27.6.2018, I R 13/16, BStBl 2019 II S. 632).

§ 352 Einspruchsbefugnis bei der gesonderten und einheitlichen Feststellung (S 0619)

(1) Gegen Bescheide über die gesonderte und einheitliche Feststellung von Besteuerungsgrundlagen können Einspruch einlegen:

1. bei rechtsfähigen Personenvereinigungen:
    a) die Personenvereinigung,
    b) wenn die rechtsfähige Personenvereinigung nicht mehr besteht, jeder Gesellschafter oder Gemeinschafter, gegen den der Feststellungsbescheid ergangen ist oder zu ergehen hätte;

2. bei nicht rechtsfähigen Personenvereinigungen und in sonstigen Fällen:
    a) der Einspruchsbefugte im Sinne des Absatzes 2,
    b) wenn Personen nach Buchstabe a nicht vorhanden sind, jeder Gesellschafter, Gemeinschafter oder Mitberechtigte, gegen den der Feststellungsbescheid ergangen ist oder zu ergehen hätte;

3. in den Fällen des § 183 Absatz 2 Satz 1 Nummer 2 oder des § 183a Absatz 2 Satz 1 Nummer 2 jeder Gesellschafter, Gemeinschafter oder Mitberechtigte, gegen den der Feststellungsbescheid ergangen ist oder zu ergehen hätte;

4. soweit es sich darum handelt, wer an dem festgestellten Betrag beteiligt ist und wie dieser sich auf die einzelnen Beteiligten verteilt, jeder, der durch die Feststellungen hierzu berührt wird;

5. soweit es sich um eine Frage handelt, die einen Beteiligten persönlich angeht, jeder, der durch die Feststellungen über die Frage berührt wird.

(2) ¹Einspruchsbefugt im Sinne des Absatzes 1 Nummer 2 Buchstabe a ist der gemeinsame Empfangsbevollmächtigte im Sinne des § 183a Absatz 1 Satz 1 oder des § 6 Absatz 1 Satz 1 der Verordnung über die gesonderte Feststellung von Besteuerungsgrundlagen nach § 180 Abs. 2 der Abgabenordnung. ²Haben die Feststellungsbeteiligten keinen gemeinsamen Empfangsbevollmächtigten bestellt, ist einspruchsbefugt im Sinne des Absatzes 1 Nummer 2 Buchstabe a der nach § 183a Absatz 1 Satz 2 und 3 oder nach § 6 Absatz 1 Satz 3 und 4 der Verordnung über die gesonderte Feststellung von Besteuerungsgrundlagen nach § 180 Abs. 2 der Abgabenordnung von der Finanzbehörde bestimmte Empfangsbevollmächtigte; Absatz 1 Nummer 3 bleibt unberührt. ³Die Sätze 1 und 2 sind nur anwendbar, wenn die Beteiligten in der Feststellungserklärung oder in der Aufforderung zur Benennung eines Empfangsbevollmächtigten über die Einspruchsbefugnis des Empfangsbevollmächtigten belehrt worden sind.

AEAO zu § 352 - Einspruchsbefugnis bei der gesonderten und einheitlichen Feststellung:

1. Die Regelungen des § 352 AO zur Einspruchsbefugnis bei gesonderten und einheitlichen Feststellungsbescheiden gelten unabhängig von der Art der in die Feststellung einbezogenen Besteuerungsgrundlagen.

2. Bei rechtsfähigen Personenvereinigungen (vgl. § 14a Abs. 2 und § 183 AO) kann grundsätzlich nur die rechtsfähige Personenvereinigung Einspruch gegen den Feststellungsbescheid einlegen (§ 352 Abs. 1 Nr. 1 Buchst. a) AO).

   Falls die rechtsfähige Personenvereinigung zivilrechtlich nicht mehr besteht (d. h. vol beendet ist), kann jeder Gesellschafter oder Gemeinschafter, gegen den der Feststellungsbescheid nach § 183 Abs. 2 AO ergangen ist oder zu ergehen hätte, Einspruch einlegen (§ 352 Abs. 1 Nr. 1 Buchst. b) AO).

   Die Einspruchsbefugnis der Gesellschafter, Gemeinschafter oder Mitberechtigten nach § 352 Abs. 1 Nr. 3 AO bleibt hierbei unberührt (vgl. Nr. 4 Buchst. a des AEAO zu § 352).

3. Bei nicht rechtsfähigen Personenvereinigungen (vgl. § 14a Abs. 3 und § 183a AO) und in sonstigen Fällen kann grundsätzlich nur der Einspruchsbefugte i. S. d. § 352 Abs. 2 AO Einspruch gegen den Feststellungsbescheid einlegen, wenn die Feststellungsbeteiligten in der Feststellungserklärung oder in der Aufforderung zur Benennung eines Empfangsbevollmächtigten über die Einspruchsbefugnis des Empfangsbevollmächtigten belehrt worden sind (§ 352 Abs. 1 Nr. 2 Buchst. a und Abs. 2 Satz 3 AO).

   Einspruchsbefugter ist der von den Feststellungsbeteiligten bestellte gemeinsame Empfangsbevollmächtigte i. S. d. § 183a Abs. 1 Satz 1 AO oder des § 6 Abs. 1 Satz 1 der V zu § 180 Abs. 2 AO (§ 352 Abs. 2 Satz 1 AO).

   Haben die Feststellungsbeteiligten keinen gemeinsamen Empfangsbevollmächtigten bestellt, ist der nach § 183a Abs. 1 Satz 2 und 3 AO oder nach § 6 Abs. 1 Satz 3 und 4 V zu § 180 Abs. 2 AO von der Finanzbehörde vorgeschlagene Empfangsbevollmächtigte einspruchsbefugt (§ 352 Abs. 2 Satz 2 AO).

   Die Einspruchsbefugnis der Gesellschafter, Gemeinschafter oder Mitberechtigten nach § 352 Abs. 1 Nr. 3 AO bleibt hierbei unberührt (vgl. Nr. 4 Buchst. a des AEAO zu § 352).

   Falls kein Einspruchsbefugter vorhanden ist, kann jeder Gesellschafter, Gemeinschafter oder Mitberechtigte, gegen den der Feststellungsbescheid nach § 183a Abs. 2 AO ergangen ist oder zu ergehen hätte, Einspruch einlegen (§ 352 Abs. 1 Nr. 2 Buchst. b AO).

4. Ferner können folgende Gesellschafter, Gemeinschafter oder Mitberechtigte - unabhängig von der Rechtsfähigkeit der Personenvereinigung - in folgenden Fällen Einspruch gegen den Feststellungsbescheid einlegen:

   a) in den Fällen des § 183 Abs. 2 Satz 1 Nr. 2 AO (vgl. Nr. 3 des AEAO zu § 183) oder des § 183a Abs. 2 Satz 1 Nr. 2 AO (vgl. Nr. 3 des

AEAO zu § 183a) jeder Gesellschafter, Gemeinschafter oder Mitberechtigte, gegen den der Feststellungsbescheid ergangen ist oder zu ergehen hätte, unabhängig davon, ob er der Bekanntgabe an die Personenvereinigung (§ 183 Abs. 2 Satz 2 AO) oder den Empfangsbevollmächtigten (§ 183a Abs. 2 Satz 2 AO) mit Wirkung für und gegen ihn widersprochen hat (§ 352 Abs. 1 Nr. 3 AO);

b) jeder von den Feststellungen berührte Feststellungsbeteiligte, soweit es sich darum handelt, wer an dem festgestellten Betrag beteiligt ist und wie dieser sich auf die einzelnen Beteiligten verteilt (§ 352 Abs. 1 Nr. 4 AO);

c) jeder von den Feststellungen berührte Feststellungsbeteiligte, soweit es sich um eine Frage handelt, die ihn persönlich angeht (§ 352 Abs. 1 Nr. 5 AO).

5. Wird ein vor dem 1.1.2024 wirksam gewordener Feststellungsbescheid angefochten, bestimmt sich die Einspruchsbefugnis auch nach dem 31.12.2023 nach § 352 AO in der am 31.12.2023 geltenden Fassung; vgl. Art. 97 § 39 Abs. 4 Satz 1 EGAO.

Das Gleiche gilt, wenn der eine rechtsfähige Personenvereinigung betreffende Feststellungsbescheid nach dem 31.12.2023 und vor dem 1.1.2026 nach Maßgabe von Art. 97 § 39 Abs. 3 EGAO dem Empfangsbevollmächtigten nach § 183 AO a. F. bekannt gegeben worden ist; vgl. Art. 97 § 39 Abs. 4 Satz 2 EGAO.

6. Ist über den Einspruch gegen einen vor dem 1.1.2024 wirksam gewordenen Bescheid nach dem 31.12.2023 zu entscheiden, richtet sich das weitere Verfahren nach den ab dem 1.1.2024 geltenden Vorschriften der AO (Art. 97 § 39 Abs. 4 Satz 3 EGAO). Bei rechtsfähigen Personenvereinigungen ist Beteiligter des Einspruchsverfahrens und Bekanntgabeadressat der Einspruchsentscheidung seit dem 1.1.2024 grds. nur die Personenvereinigung. Gleiches gilt, wenn der Einspruch gemäß Art. 97 § 39 Abs. 4 Satz 2 EGAO nach dem 31.12.2023 und vor dem 1.1.2026 wirksam vom früheren Empfangsbevollmächtigten eingelegt worden ist.

§ 353 Einspruchsbefugnis des Rechtsnachfolgers (S 0619)

Wirkt ein Feststellungsbescheid, ein Grundsteuermessbescheid oder ein Zerlegungs- oder Zuteilungsbescheid über einen Grundsteuermessbetrag gegenüber dem Rechtsnachfolger, ohne dass er diesem bekannt gegeben worden ist (§ 182 Absatz 2, § 184 Absatz 1 Satz 4, §§ 185 und 190), so kann der Rechtsnachfolger nur innerhalb der für den Rechtsvorgänger maßgebenden Einspruchsfrist Einspruch einlegen.

AEAO zu § 353 - Einspruchsbefugnis des Rechtsnachfolgers:

Die Rechtsnachfolge tritt ein,

1. bevor einer der in § 353 AO genannten Bescheide ergangen ist:

   Nach § 182 Abs. 2 Satz 2, § 184 Abs. 1 Satz 4, §§ 185 und 190 AO wirkt der Bescheid gegen den Rechtsnachfolger nur dann, wenn er ihm bekannt gegeben wird;

2. nach der Bekanntgabe eines in § 353 AO genannten Bescheids, aber noch innerhalb der Einspruchsfrist:

   Der Rechtsnachfolger kann innerhalb der - schon laufenden - Frist Einspruch einlegen (§ 353 AO);

3. nach Ablauf der Einspruchsfrist für einen in § 353 AO genannten Bescheid:

   Der Bescheid wirkt gegenüber dem Rechtsnachfolger, ohne dass dieser die Möglichkeit des Einspruchs hat (§ 182 Abs. 2 Satz 1, § 184 Abs. 1 Satz 4, §§ 185 und 190 AO);

4. während eines Einspruchsverfahrens gegen einen in § 353 AO genannten Bescheid:

   Der Gesamtrechtsnachfolger tritt in der Rechtsstellung des Rechtsvorgängers als Verfahrensbeteiligter ein; seiner Hinzuziehung bedarf es nicht. Beim Einzelrechtsnachfolger hat die Finanzbehörde seine Hinzuziehung zum Verfahren zu prüfen (§§ 359, 360 AO);

5. während die Frist zur Erhebung der Klage läuft:

   Da auch in diesem Fall der Bescheid gegen den Rechtsnachfolger wirkt (§ 353 AO), kann dieser nur innerhalb der für den Rechtsvorgänger maßgebenden Frist gem. § 40 Abs. 2 FGO Klage erheben;

6. während eines finanzgerichtlichen Verfahrens:

   Bei Gesamtrechtsnachfolge (z. B. bei Erbfolge oder bei Verschmelzung von Gesellschaften) wird das Verfahren bis zur Aufnahme durch den Rechtsnachfolger unterbrochen (§ 155 FGO; § 239 ZPO), es sei denn, der Rechtsvorgänger war durch einen Prozessbevollmächtigten vertreten (§ 155 FGO; §§ 239, 246 ZPO). Bei Einzelrechtsnachfolge (z. B. bei Kauf) hat das Finanzgericht zu prüfen, ob der Rechtsnachfolger beizuladen ist (§§ 57, 60 FGO).

§ 354 Einspruchsverzicht (S 0619)

(1) ¹Auf Einlegung eines Einspruchs kann nach Erlass des Verwaltungsakts verzichtet werden. ²Der Verzicht kann auch bei Abgabe einer Steueranmeldung für den Fall ausgesprochen werden, dass die Steuer nicht abweichend von der Steueranmeldung festgesetzt wird. ³Durch den Verzicht wird der Einspruch unzulässig.

(1a) ¹Soweit Besteuerungsgrundlagen für ein Verständigungs- oder ein Schiedsverfahren nach einem Vertrag im Sinne des § 2 von Bedeutung sein können, kann auf die Einlegung eines Einspruchs insoweit verzichtet werden. ²Die Besteuerungsgrundlage, auf die sich der Verzicht beziehen soll, ist genau zu bezeichnen.

(1b) ¹Auf die Einlegung eines Einspruchs kann bereits vor Erlass des Verwaltungsakts verzichtet werden, soweit durch den Verwaltungsakt eine Verständigungsvereinbarung oder ein Schiedsspruch nach einem Vertrag im Sinne des § 2 zutreffend umgesetzt wird. ²§ 89a Absatz 3 Satz 1 Nummer 2 bleibt unberührt.

(2) ¹Der Verzicht ist gegenüber der zuständigen Finanzbehörde schriftlich oder zur Niederschrift zu erklären; er darf keine weiteren Erklärungen enthalten. ²Wird nachträglich die Unwirksamkeit des Verzichts geltend gemacht, so gilt § 110 Absatz 3 sinngemäß.

Zweiter Abschnitt - Verfahrensvorschriften

§ 355 Einspruchsfrist (S 0622)

(1) ¹Der Einspruch nach § 347 Absatz 1 Satz 1 ist innerhalb eines Monats nach Bekanntgabe des Verwaltungsakts einzulegen. ²Ein Einspruch gegen eine Steueranmeldung ist innerhalb eines Monats nach Eingang der Steueranmeldung bei der Finanzbehörde, in den Fällen des § 168 Satz 2 innerhalb eines Monats nach Bekanntwerden der Zustimmung, einzulegen.

(2) Der Einspruch nach § 347 Absatz 1 Satz 2 ist unbefristet.

AEAO zu § 355 - Einspruchsfrist:

1. Die Einspruchsfrist beträgt einen Monat. Sie beginnt im Fall des § 355 Abs. 1 Satz 1 AO mit Bekanntgabe (§ 122 AO), im Fall des § 355 Abs. 1 Satz 2 erster Halbsatz AO mit Eingang der Steueranmeldung bei der Finanzbehörde und im Fall des § 355 Abs. 1 Satz 2 AO zweiter Halbsatz mit Bekanntwerden der formfreien Zustimmung des Finanzamts zu laufen. Wurde der Steuerpflichtige schriftlich bzw. elektronisch über die Zustimmung unterrichtet (z. B. zusammen mit einer Abrechnungsmitteilung), ist grundsätzlich davon auszugehen, dass ihm die Zustimmung am vierten Tag nach Aufgabe zur Post bzw. nach der Absendung bekannt geworden ist; zu diesem Zeitpunkt beginnt demnach auch erst die Einspruchsfrist zu laufen. Ist keine Mitteilung ergangen, ist regelmäßig davon auszugehen, dass dem Steuerpflichtigen die Zustimmung frühestens mit der Zahlung (§ 224 Abs. 3 AO) der Steuervergütung oder des Mindersolls bekannt geworden ist.

2. Zur Wiedereinsetzung in den vorigen Stand nach unterlassener Anhörung eines Beteiligten bzw. wegen fehlender Begründung des Verwaltungsakts (§ 126 Abs. 3 i. V. m. § 110 AO) vgl. AEAO zu § 91, Nr. 3 und AEAO zu § 121, Nr. 3.

3. Zur Unterbrechung der Einspruchsfrist durch Eröffnung des Insolvenzverfahrens vgl. AEAO zu § 251, Nr. 4.1.2 und Nr. 5.3.1.2.1.

4. Der Zulässigkeit des Einspruchs steht nicht entgegen, dass sich der Steuerpflichtige mit seinem Einspruch schon vor Ablauf der Bekanntgabefiktion (§ 122 Abs. 2, 2a, § 122a Abs. 4 AO) gegen einen Verwaltungsakt wendet, sofern der Verwaltungsakt tatsächlich zu einem früheren Zeitpunkt zugegangen ist bzw. abgerufen wurde; vgl. BFH-Urteil vom 18.7.2023, IX R 17/22, BStBl 2024 II S. 90.

§ 356 Rechtsbehelfsbelehrung (S 0622)

(1) Ergeht ein Verwaltungsakt schriftlich oder elektronisch, so beginnt die Frist für die Einlegung des Einspruchs nur, wenn der Beteiligte über den Einspruch und die Finanzbehörde, bei der er einzulegen ist, deren Sitz und die einzuhaltende Frist in der für den Verwaltungsakt verwendeten Form belehrt worden ist.

(2) ¹Ist die Belehrung unterblieben oder unrichtig erteilt, so ist die Einlegung des Einspruchs nur binnen eines Jahres seit Bekanntgabe des Verwaltungsakts zulässig, es sei denn, dass die Einlegung vor Ablauf der Jahresfrist infolge höherer Gewalt unmöglich war oder schriftlich oder elektronisch darüber belehrt wurde, dass ein Einspruch nicht gegeben sei. ²§ 110 Absatz 2 gilt für den Fall höherer Gewalt sinngemäß.

§ 357 Einlegung des Einspruchs (S 0622)

(1) ¹Der Einspruch ist schriftlich oder elektronisch einzureichen oder zur Niederschrift zu erklären. ²Es genügt, wenn aus dem Einspruch hervorgeht, wer ihn eingelegt hat. ³Unrichtige Bezeichnung des Einspruchs schadet nicht.

(2) ¹Der Einspruch ist bei der Behörde anzubringen, deren Verwaltungsakt angefochten wird oder bei der ein Antrag auf Erlass eines Verwaltungsakts gestellt worden ist. ²Ein Einspruch, der sich gegen die Feststellung von Besteuerungsgrundlagen oder gegen die Festsetzung eines Steuermessbetrags richtet, kann auch bei der zur Erteilung des Steuerbescheids zuständigen Behörde angebracht werden. ³Ein Einspruch, der sich gegen einen Verwaltungsakt richtet, den eine Behörde auf Grund gesetzlicher Vorschrift für die zuständige Finanzbehörde erlassen hat, kann auch bei der zuständigen Finanzbehörde angebracht werden. ⁴Die schriftliche oder elektronische Anbringung bei einer anderen Behörde ist unschädlich, wenn der Einspruch vor Ablauf der Einspruchsfrist einer der Behörden übermittelt wird, bei der er nach den Sätzen 1 bis 3 angebracht werden kann.

(3) ¹Bei der Einlegung soll der Verwaltungsakt bezeichnet werden, gegen den der Einspruch gerichtet ist. ²Es soll angegeben werden, inwieweit der Verwaltungsakt angefochten und seine Aufhebung beantragt wird. ³Ferner sollen die Tatsachen, die zur Begründung dienen, und die Beweismittel angeführt werden.

AEAO zu § 357 - Einlegung des Einspruchs:

1. Der Einspruch ist schriftlich oder elektronisch einzureichen oder zur Niederschrift zu erklären. Ein elektronisch erhobener Einspruch bedarf keiner qualifizierten elektronischen Signatur (BFH-Urteil vom 13.5.2015, III R 26/14, BStBl II S. 790; vgl. AEAO zu § 87a, Nr. 3.2.4). Ein Einspruch kann auch durch Telefax, auch durch Computerfax, eingelegt werden (vgl. BFH-Urteil vom 22.6.2010, VIII R 38/08, BStBl II S. 1017 zur Klageerhebung).

2. Nach § 357 Abs. 2 Satz 4 AO genügt die Einlegung des Einspruchs bei einer unzuständigen Behörde, sofern der Einspruch innerhalb der Einspruchsfrist einer der Behörden übermittelt wird, bei der er nach § 357 Abs. 2 Sätze 1 bis 3 AO angebracht werden kann; der Steuerpflichtige trägt jedoch das Risiko der rechtzeitigen Übermittlung. Kann eine Behörde leicht und einwandfrei erkennen, dass sie für einen bei ihr eingegangenen Einspruch nicht und welche Finanzbehörde zuständig ist, hat sie diesen Einspruch unverzüglich an die zuständige Finanzbehörde weiterzuleiten. Geschieht dies nicht und wird dadurch die Einspruchsfrist versäumt, kommt Wiedereinsetzung in den vorigen Stand (§ 110 AO) in Betracht (BVerfG-Beschluss vom 2.9.2002, 1 BvR 476/01, BStBl II S. 835).

3. Wird ein Einspruch bei einem Wechsel der örtlichen Zuständigkeit nach Erlass eines Verwaltungsakts entgegen § 357 Abs. 2 Satz 1 AO bereits bei der nach § 367 Abs. 1 Satz 2 AO zur Entscheidung berufenen anderen Finanzbehörde eingelegt, gilt auch in diesem Fall § 357 Abs. 2 Satz 4 AO. Der Einspruch muss der alten Behörde innerhalb der Einspruchsfrist übermittelt werden, damit diese die Anwendung des § 26 Satz 2 AO prüfen kann; wird der Einspruch nicht rechtzeitig übermittelt, können die Voraussetzungen des § 110 AO gegeben sein.

4. Wird gegen einen Bescheid, der mehrere Verwaltungsakte enthält, Einspruch eingelegt, ist ggf. durch Auslegung zu ermitteln, gegen welchen Verwaltungsakt sich der Einspruch richtet. Hierbei ist von Bedeutung, welches materiellrechtliche Begehren der Einspruchsführer mit seinem Rechtsbehelf verfolgt (vgl. BFH-Urteil vom 29.10.2019, IX R 4/19, BStBl 2020 II S. 368). Wird z. B. gegen einen Bescheid über Einkommensteuer, Solidaritätszuschlag und Kirchensteuer Einspruch eingelegt und erhebt der Einspruchsführer nur Einwendungen gegen die Rechtmäßigkeit der Festsetzung des Solidaritätszuschlags, werden damit nicht zugleich auch die Festsetzungen der Einkommensteuer und der Kirchensteuer angefochten (BFH-Urteil vom 19.8.2013, X R 44/11, BStBl 2014 II S. 234).

§ 358 Prüfung der Zulässigkeitsvoraussetzungen (S 0622)

¹Die zur Entscheidung über den Einspruch berufene Finanzbehörde hat zu prüfen, ob der Einspruch zulässig, insbesondere in der vorgeschriebenen Form und Frist eingelegt ist. ²Mangelt es an einem dieser Erfordernisse, so ist der Einspruch als unzulässig zu verwerfen.

§ 359 Beteiligte (S 0622)

Beteiligte am Verfahren sind:

1. wer den Einspruch eingelegt hat (Einspruchsführer),

2. wer zum Verfahren hinzugezogen worden ist.

§ 360 Hinzuziehung zum Verfahren (S 0622)

(1) ¹Die zur Entscheidung über den Einspruch berufene Finanzbehörde kann von Amts wegen oder auf Antrag andere hinzuziehen, deren rechtliche Interessen nach den Steuergesetzen durch die Entscheidung berührt werden, insbesondere solche, die nach den Steuergesetzen neben dem Steuerpflichtigen haften. ²Vor der Hinzuziehung ist derjenige zu hören, der den Einspruch eingelegt hat.

(2) Wird eine Abgabe für einen anderen Abgabenberechtigten verwaltet, so kann dieser nicht deshalb hinzugezogen werden, weil seine Interessen als Abgabenberechtigter durch die Entscheidung berührt werden.

(3) ¹Sind an dem streitigen Rechtsverhältnis Dritte derart beteiligt, dass die Entscheidung auch ihnen gegenüber nur einheitlich ergehen kann, so sind sie hinzuzuziehen. ²Dies gilt nicht für Mitberechtigte, die nach § 352 nicht befugt sind, Einspruch einzulegen.

(4) Wer zum Verfahren hinzugezogen worden ist, kann dieselben Rechte geltend machen, wie derjenige, der den Einspruch eingelegt hat.

(5) ¹Kommt nach Absatz 3 die Hinzuziehung von mehr als 50 Personen in Betracht, kann die Finanzbehörde anordnen, dass nur solche Personen hinzugezogen werden, die dies innerhalb einer bestimmten Frist beantragen. ²Von einer Einzelbekanntgabe der Anordnung kann abgesehen werden, wenn die Anordnung im Bundesanzeiger bekannt gemacht und außerdem in Tageszeitungen veröffentlicht wird, die in dem Bereich verbreitet sind, in dem sich die Entscheidung voraussichtlich auswirken wird. ³Die Frist muss mindestens drei Monate seit Veröffentlichung im Bundesanzeiger betragen. ⁴In der Veröffentlichung in Tageszeitungen ist mitzuteilen, an welchem Tage die Frist abläuft. ⁵Für die Wiedereinsetzung in den vorigen Stand wegen Versäumung der Frist gilt § 110 entsprechend. ⁶Die Finanzbehörde soll Personen, die von der Entscheidung erkennbar in besonderem Maße betroffen werden, auch ohne Antrag hinzuziehen.

AEAO zu § 360 - Hinzuziehung zum Verfahren:

1. Entsprechend der Regelung in § 60 FGO über die Beiladung wird zwischen notwendiger (§ 360 Abs. 3 AO) und einfacher Hinzuziehung (§ 360 Abs. 1 AO) unterschieden.

2. § 360 Abs. 1 Satz 2 AO ist entsprechend auf § 360 Abs. 3 AO anzuwenden; der Einspruchsführer erhält damit die Möglichkeit, durch Rücknahme seines Einspruchs die Hinzuziehung zu vermeiden.

3. Bei Zusammenveranlagung (z. B. von Ehegatten/Lebenspartnern bei der Einkommensteuer) wird es sich regelmäßig empfehlen, von der Möglichkeit der einfachen Hinzuziehung (§ 360 Abs. 1 AO) Gebrauch zu machen. Das gilt auch dann, wenn der hinzuzuziehende Ehegatte/Lebenspartner nicht über eigene Einkünfte verfügt.

4. Will das Finanzamt den angefochtenen Verwaltungsakt gem. § 172 Abs. 1 Satz 1 Nr. 2 Buchstabe a AO ändern, ohne dem Antrag des Einspruchsführers der Sache nach zu entsprechen, ist auch die Zustimmung des notwendig Hinzugezogenen einzuholen; Gleiches empfiehlt sich bei einfacher Hinzuziehung.

§ 361 Aussetzung der Vollziehung (S 0623)

(1) ¹Durch Einlegung des Einspruchs wird die Vollziehung des angefochtenen Verwaltungsakts vorbehaltlich des Absatzes 4 nicht gehemmt, insbesondere die Erhebung einer Abgabe nicht aufgehalten. ²Entsprechendes gilt bei Anfechtung von Grundlagenbescheiden für die darauf beruhenden Folgebescheide.

(2) ¹Die Finanzbehörde, die den angefochtenen Verwaltungsakt erlassen hat, kann die Vollziehung ganz oder teilweise aussetzen; § 367 Absatz 1 Satz 2 gilt sinngemäß. ²Auf Antrag soll die Aussetzung erfolgen, wenn ernstliche Zweifel an der Rechtmäßigkeit des angefochtenen Verwaltungsakts bestehen oder wenn die Vollziehung für die betroffene Person eine unbillige, nicht durch überwiegende öffentliche Interessen gebotene Härte zur Folge hätte. ³Ist der Verwaltungsakt schon vollzogen, tritt an die Stelle der Aussetzung der Vollziehung die Aufhebung der Vollziehung. ⁴Bei Steuerbescheiden sind die Aussetzung und die Aufhebung der Vollziehung auf die festgesetzte Steuer, vermindert um die anzurechnenden Steuerabzugsbeträge, um die anzurechnende Körperschaftsteuer und um die festgesetzten Vorauszahlungen, beschränkt; dies gilt nicht, wenn die Aussetzung oder Aufhebung der Vollziehung zur Abwendung wesentlicher Nachteile nötig erscheint. ⁵Die Aussetzung kann von einer Sicherheitsleistung abhängig gemacht werden.

(3) ¹Soweit die Vollziehung eines Grundlagenbescheids ausgesetzt wird, ist auch die Vollziehung eines Folgebescheids auszusetzen. ²Der Erlass eines Folgebescheids bleibt zulässig. ³Über eine Sicherheitsleistung ist bei der Aussetzung eines Folgebescheids zu entscheiden, es sei denn, dass bei der Aussetzung der Vollziehung des Grundlagenbescheids die Sicherheitsleistung ausdrücklich ausgeschlossen worden ist.

(4) ¹Durch Einlegung eines Einspruchs gegen die Untersagung des Gewerbebetriebs oder der Berufsausübung wird die Vollziehung des angefochtenen Verwaltungsakts gehemmt. ²Die Finanzbehörde, die den Verwaltungsakt erlassen hat, kann die hemmende Wirkung durch besondere Anordnung ganz oder zum Teil beseitigen, wenn sie es im öffentlichen Interesse für geboten hält; sie hat das öffentliche Interesse schriftlich zu begründen. ³§ 367 Absatz 1 Satz 2 gilt sinngemäß.

(5) Gegen die Ablehnung der Aussetzung der Vollziehung kann das Gericht nur nach § 69 Absatz 3 und 5 Satz 3 der Finanzgerichtsordnung angerufen werden.

AEAO zu § 361 - Aussetzung der Vollziehung:

Inhaltsübersicht

1. Anwendungsbereich des § 361 AO und des § 69 Abs. 2 FGO/Abgrenzung zur gerichtlichen Vollziehungsaussetzung und zur Stundung
2. Voraussetzungen für eine Vollziehungsaussetzung
3. Summarisches Verfahren/Vollstreckung bei anhängigem Vollziehungsaussetzungsantrag/Zuständigkeit

| § 361 | Abgabenordnung |

4. Berechnung der auszusetzenden Steuer

4.1 Die streitbefangene Steuer ist kleiner als die Abschlusszahlung

4.2 Die streitbefangene Steuer ist kleiner als die Abschlusszahlung einschließlich nicht geleisteter Vorauszahlungen

4.3 Die streitbefangene Steuer ist größer als die Abschlusszahlung

4.4 Die streitbefangene Steuer ist größer als die Abschlusszahlung einschließlich nicht geleisteter Vorauszahlungen

4.5 Die Steuerfestsetzung führt zu einer Erstattung

4.6 Sonderfälle

4.7 Außersteuerliche Verwaltungsakte

5. Aussetzung der Vollziehung von Grundlagenbescheiden

6. Aussetzung der Vollziehung von Folgebescheiden

7. Aufhebung der Vollziehung durch das Finanzamt

8. Dauer der Aussetzung/Aufhebung der Vollziehung

8.1 Beginn der Aussetzung/Aufhebung der Vollziehung

8.2 Ende der Aussetzung/Aufhebung der Vollziehung

9. Nebenbestimmungen zur Aussetzung/Aufhebung der Vollziehung

9.1 Widerrufsvorbehalt

9.2 Sicherheitsleistung

10. Ablehnung der Vollziehungsaussetzung

11. Rechtsbehelfe

12. Aussetzungszinsen

1. **Anwendungsbereich des § 361 AO und des § 69 Abs. 2 FGO/Abgrenzung zur gerichtlichen Vollziehungsaussetzung und zur Stundung**

1.1 § 361 AO regelt die Aussetzung der Vollziehung durch die Finanzbehörde während eines Einspruchsverfahrens. § 69 Abs. 2 FGO erlaubt es der Finanzbehörde, während eines Klageverfahrens die Vollziehung auszusetzen.

1.2 Die Rechtsgrundlagen für eine Vollziehungsaussetzung durch das Finanzgericht ergeben sich aus § 69 Abs. 3, 4, 6 und 7 FGO. Das Finanzgericht kann die Vollziehung - unter den einschränkenden Voraussetzungen des § 69 Abs. 4 FGO - auch schon vor Erhebung der Anfechtungsklage aussetzen (vgl. AEAO zu § 361, Nr. 11).

1.3 Demjenigen, der eine Verfassungsbeschwerde erhoben hat, kann für diesen Verfahrensabschnitt keine Aussetzung der Vollziehung gewährt werden (§ 32 BVerfGG; siehe BFH-Urteil vom 11.2.1987, II R 176/84, BStBl II S. 320).

1.4 Liegen nebeneinander die gesetzlichen Voraussetzungen sowohl für eine Stundung als auch für eine Aussetzung der Vollziehung vor, wird im Regelfall auszusetzen sein.

1.5 Zu den Auswirkungen der Eröffnung des Insolvenzverfahrens auf das Verfahren der Aussetzung der Vollziehung vgl. AEAO zu § 251, Nr. 4.1.3.

2. Voraussetzungen für eine Vollziehungsaussetzung

2.1 Die zuständige Finanzbehörde (vgl. AEAO zu § 361, Nr. 3.3) soll auf Antrag die Vollziehung aussetzen, wenn ernstliche Zweifel an der Rechtmäßigkeit des angefochtenen Verwaltungsakts bestehen oder wenn die Vollziehung für den Betroffenen eine unbillige, nicht durch überwiegende öffentliche Interessen gebotene Härte zur Folge hätte (§ 361 Abs. 2 Satz 2 AO; § 69 Abs. 2 Satz 2 FGO). Die Finanzbehörde kann auch ohne Antrag die Vollziehung aussetzen (§ 361 Abs. 2 Satz 1 AO; § 69 Abs. 2 Satz 1 FGO). Von dieser Möglichkeit ist insbesondere dann Gebrauch zu machen, wenn der Rechtsbehelf offensichtlich begründet ist, der Abhilfebescheid aber voraussichtlich nicht mehr vor Fälligkeit der geforderten Steuer ergehen kann.

2.2 Eine Vollziehungsaussetzung ist nur möglich, wenn der Verwaltungsakt, dessen Vollziehung ausgesetzt werden soll, angefochten und das Rechtsbehelfsverfahren noch nicht abgeschlossen ist (Ausnahme: Folgebescheide i. S. d. § 361 Abs. 3 Satz 1 AO und des § 69 Abs. 2 Satz 4 FGO; vgl. AEAO zu § 361, Nr. 6). Eine Vollziehungsaussetzung kommt daher nicht in Betracht, wenn der Steuerpflichtige statt eines Rechtsbehelfs einen Änderungsantrag, z. B. nach § 164 Abs. 2 Satz 2 AO oder nach § 172 Abs. 1 Satz 1 Nr. 2 Buchstabe a AO, bei der Finanzbehörde einreicht.

2.3 Die Aussetzung der Vollziehung setzt Vollziehbarkeit des Verwaltungsakts voraus.

2.3.1. Vollziehbar sind insbesondere

- die eine (positive) Steuer festsetzenden Steuerbescheide (vgl. AEAO zu § 361, Nr. 4),

- Steuerbescheide über 0 €, die einen vorhergehenden Steuerbescheid über einen negativen Betrag ändern (BFH-Beschluss vom 28.11.1974, V B 52/73, BStBl 1975 II S. 239),

- Vorauszahlungsbescheide bis zum Erlass des Jahressteuerbescheids (BFH-Beschluss vom 4.6.1981, VIII B 31/80, BStBl II S. 767; vgl. AEAO zu § 361, Nr. 8.2.2),

- Bescheide, mit denen der Vorbehalt der Nachprüfung aufgehoben wird (BFH-Beschluss vom 1.6.1983, III B 40/82, BStBl II S. 622),

- Verwaltungsakte nach § 218 Abs. 2 AO, die eine Zahlungsschuld feststellen (BFH-Beschluss vom 10.11.1987, VII B 137/87, BStBl 1988 II S. 43),

§ 361 Abgabenordnung

- Mitteilungen nach § 141 Abs. 2 AO über die Verpflichtung zur Buchführung (BFH-Beschluss vom 6.12.1979, IV B 32/79, BStBl 1980 II S. 427),

- Leistungsgebote (BFH-Beschluss vom 31.10.1975, VIII B 14/74, BStBl 1976 II S. 258),

- der Widerruf einer Stundung (BFH-Beschluss vom 8.6.1982, VIII B 29/82, BStBl II S. 608),

- die völlige oder teilweise Ablehnung eines Antrags auf einen Lohnsteuer-Freibetrag (§ 39a EStG; vgl. BFH-Beschlüsse vom 29.4.1992, VI B 152/91, BStBl II S. 752, und vom 17.3.1994, VI B 154/93, BStBl II S. 567),

- Außenprüfungsanordnungen (vgl. AEAO zu § 196, Nr. 1).

2.3.2 Nicht vollziehbar sind insbesondere

- erstmalige Steuerbescheide über 0 €, auch wenn der Steuerpflichtige die Festsetzung einer negativen Steuer begehrt (BFH-Urteil vom 17.12.1981, V R 81/81, BStBl 1982 II S. 149, BVerfG-Beschluss vom 23.6.1982, 1 BvR 254/82, StRK FGO § 69 R 244),

- auf eine negative Steuerschuld lautende Steuerbescheide, wenn der Steuerpflichtige eine Erhöhung des negativen Betrags begehrt (BFH-Beschluss vom 28.11.1974, V B 44/74, BStBl 1975 II S. 240),

- Verwaltungsakte, die den Erlass oder die Korrektur eines Verwaltungsakts ablehnen, z. B. Ablehnung eines Änderungsbescheids (BFH-Beschlüsse vom 24.11.1970, II B 42/70, BStBl 1971 II S. 110, und vom 25.3.1971, II B 47/69, BStBl II S. 334), Ablehnung der Herabsetzung bestandskräftig festgesetzter Vorauszahlungen (BFH-Beschluss vom 27.3.1991, I B 187/90, BStBl II S. 643), Ablehnung einer Stundung (BFH-Beschluss vom 8.6.1982, VIII B 29/82, BStBl II S. 608) oder eines Erlasses (BFH-Beschluss vom 24.9.1970, II B 28/70, BStBl II S. 813),

- die Ablehnung einer Billigkeitsmaßnahme i. S. d. § 163 AO,

- die Ablehnung der Erteilung einer Freistellungsbescheinigung nach § 44a Abs. 5 EStG (BFH-Beschluss vom 27.7.1994, I B 246/93, BStBl II S. 899) oder einer Freistellung vom Quellensteuerabzug nach § 50a Abs. 4 EStG (BFH-Beschluss vom 13.4.1994, I B 212/93, BStBl II S. 835),

- verbindliche Auskünfte (§ 89 Abs. 2 AO; § 2 StAuskV), verbindliche Zusagen (§§ 204 bis 207 AO) und Lohnsteueranrufungsauskünfte (§ 42e EStG), unabhängig davon, ob sie der Rechtsauffassung des Steuerpflichtigen entsprechen oder nicht, sowie die Ablehnung, eine verbindliche Auskunft, eine verbindliche Zusage oder eine Lohnsteueranrufungsauskunft zu erteilen.

2.3.3 Zur Vollziehbarkeit von Feststellungsbescheiden vgl. AEAO zu § 361, Nr. 5.1.

| Abgabenordnung | § 361 |

2.3.4 Vorläufiger Rechtsschutz gegen einen nicht vollziehbaren Verwaltungsakt kann nur durch eine einstweilige Anordnung nach § 114 FGO gewährt werden.

2.4 Bei der Entscheidung über Anträge auf Aussetzung der Vollziehung ist der gesetzliche Ermessensspielraum im Interesse der Steuerpflichtigen stets voll auszuschöpfen.

2.5 Zur Aussetzung berechtigende ernstliche Zweifel an der Rechtmäßigkeit des angefochtenen Verwaltungsakts bestehen, wenn eine summarische Prüfung (vgl. AEAO zu § 361, Nr. 3.4) ergibt, dass neben den für die Rechtmäßigkeit sprechenden Umständen gewichtige gegen die Rechtmäßigkeit sprechende Gründe zutage treten, die Unentschiedenheit oder Unsicherheit in der Beurteilung der Rechtsfragen oder Unklarheit in der Beurteilung der Tatfragen bewirken. Dabei brauchen die für die Unrechtmäßigkeit des Verwaltungsakts sprechenden Bedenken nicht zu überwiegen, d. h. ein Erfolg des Steuerpflichtigen muss nicht wahrscheinlicher sein als ein Misserfolg (BFH-Beschlüsse vom 10.2.1967, III B 9/66, BStBl III S. 182, und vom 28.11.1974, V B 52/73, BStBl 1975 II S. 239).

2.5.1 Bei der Abschätzung der Erfolgsaussichten sind nicht nur die BFH-Rechtsprechung und die einschlägigen Verwaltungsanweisungen, sondern auch die Entscheidungen des zuständigen Finanzgerichts zu beachten.

2.5.2 Ernstliche Zweifel an der Rechtmäßigkeit des Verwaltungsakts werden im Allgemeinen zu bejahen sein,

- wenn die Behörde bewusst oder unbewusst von einer für den Antragsteller günstigen Rechtsprechung des BFH abgewichen ist (BFH-Beschluss vom 15.2.1967, VI S 2/66, BStBl III S. 256),

- wenn der BFH noch nicht zu der Rechtsfrage Stellung genommen hat und die Finanzgerichte unterschiedliche Rechtsauffassungen vertreten (BFH-Beschluss vom 10.5.1968, III B 55/67, BStBl II S. 610),

- wenn die Gesetzeslage unklar ist, die streitige Rechtsfrage vom BFH noch nicht entschieden ist, im Schrifttum Bedenken gegen die Rechtsauslegung des Finanzamt erhoben werden und die Finanzverwaltung die Zweifelsfrage in der Vergangenheit nicht einheitlich beurteilt hat (BFH-Beschlüsse vom 22.9.1967, VI B 59/67, BStBl 1968 II S. 37, und vom 19.8.1987, V B 56/85, BStBl II S. 830),

- wenn eine Rechtsfrage von zwei obersten Bundesgerichten oder zwei Senaten des BFH unterschiedlich entschieden worden ist (BFH-Beschlüsse vom 22.11.1968, VI B 87/68, BStBl 1969 II S. 145, und vom 21.11.1974, IV B 39/74, BStBl 1975 II S. 175) oder widersprüchliche Urteile desselben BFH-Senats vorliegen (BFH-Beschluss vom 5.2.1986, I B 39/85, BStBl II S. 490).

2.5.3 Dagegen werden ernstliche Zweifel im Allgemeinen zu verneinen sein,

- wenn der Verwaltungsakt der höchstrichterlichen Rechtsprechung entspricht (BFH-Beschlüsse vom 24.2.1967, VI B 15/66, BStBl III S.

341, und vom 11.3.1970, I B 50/68, BStBl II S. 569), und zwar auch dann, wenn einzelne Finanzgerichte eine von der höchstrichterlichen Rechtsprechung abweichende Auffassung vertreten,

- wenn der Rechtsbehelf unzulässig ist (BFH-Beschlüsse vom 24.11.1970, II B 42/70, BStBl 1971 II S. 110, und vom 25.3.1971, II B 47/69, BStBl II S. 334).

2.5.4 An die Zweifel hinsichtlich der Rechtmäßigkeit des angefochtenen Verwaltungsakts sind, wenn die Verfassungswidrigkeit einer angewandten Rechtsnorm geltend gemacht wird, keine strengeren Anforderungen zu stellen als im Falle der Geltendmachung fehlerhafter Rechtsanwendung. Die Begründetheit des Aussetzungsantrags ist nicht nach den Grundsätzen zu beurteilen, die für eine einstweilige Anordnung durch das BVerfG nach § 32 BVerfGG gelten (BFH-Beschluss vom 10.2.1984, III B 40/83, BStBl II S. 454). Eine Aussetzung der Vollziehung ist nicht allein deshalb abzulehnen, weil im Fall einer tatsächlich festgestellten Verfassungswidrigkeit zu erwarten ist, dass das BVerfG lediglich die Unvereinbarkeit eines Gesetzes mit dem GG aussprechen und dem Gesetzgeber nur eine Nachbesserungspflicht für die Zukunft aufgeben wird (BFH-Beschluss vom 21.11.2013, II B 46/13, BStBl 2014 II S. 263).

Im Hinblick auf den Geltungsanspruch jedes formell verfassungsgemäß zustande gekommenen Gesetzes muss aber der Antragsteller zusätzlich ein besonderes berechtigtes Interesse an der Gewährung vorläufigen Rechtsschutzes haben. Geboten ist eine Interessenabwägung zwischen der einer Aussetzung der Vollziehung entgegenstehenden Gefährdung der öffentlichen Haushaltsführung und den für eine Aussetzung der Vollziehung sprechenden individuellen Interessen des Antragstellers an der Gewährung vorläufigen Rechtsschutzes (vgl. BFH-Beschlüsse vom 6.11.1987, III B 101/86, BStBl 1988 II S. 134, vom 1.4.2010, II B 168/09, BStBl II S. 558, und vom 25.11.2014, VII B 65/14, BStBl 2015 II S. 207). Als Ergebnis dieser Interessenabwägung kann somit trotz ernstlicher Zweifel an der Verfassungsmäßigkeit einer angewandten Vorschrift eine Aussetzung der Vollziehung abzulehnen sein. Diese Grundsätze gelten nicht nur, wenn zweifelhaft ist, ob eine Norm materiell verfassungsgemäß ist, sondern auch dann, wenn Zweifel an der formellen Verfassungsmäßigkeit einer Norm bestehen (BFH-Beschluss vom 9.3.2012, VII B 171/11, BStBl II S. 418). Würde eine Aussetzung der Vollziehung im Ergebnis zur vorläufigen Nichtanwendung eines ganzen Gesetzes führen, hat das Interesse an einer geordneten Haushaltsführung Vorrang, wenn der durch die Vollziehung des angefochtenen Verwaltungsakts eintretende Eingriff beim Steuerpflichtigen als eher gering einzustufen ist und dieser Eingriff keine dauerhaften nachteiligen Wirkungen hat; ob ernstliche Zweifel an der Verfassungsmäßigkeit des Gesetzes bestehen, muss dann i. d. R. nicht geprüft werden (vgl. BFH-Beschlüsse vom 1.4.2010, II B 168/09, und vom 25.11.2014, VII B 65/14, jeweils a. a. O.). Dem Interesse des Antragstellers an der Gewährung der Aussetzung der Vollziehung ist nicht allein deshalb der Vorrang einzuräumen, weil ein Gericht einen Beschluss über eine Vorlage an das BVerfG erlassen hat (BFH-Beschluss vom 25.11.2014, VII B 65/14, a. a. O.).

2.5.5 Auch Zweifel an der Vereinbarkeit einer deutschen Rechtsnorm mit dem Recht der Europäischen Union können „ernstliche Zweifel" begründen und somit zu einer Aussetzung der Vollziehung führen. Dem Interesse des Antragstellers an der Gewährung vorläufigen Rechtsschutzes ist nicht allein deshalb der Vorrang gegenüber dem Interesse an einer geordneten Haushaltsführung einzuräumen, weil ein Gericht ein Vorabentscheidungsersuchen an den EuGH beschlossen hat (BFH-Beschluss vom 25.11.2014, VII B 65/14, BStBl 2015 II S. 207). Eine derartige Interessenabwägung ist aber jedenfalls dann nicht vorzunehmen, wenn sich die europarechtlichen Zweifel aus einem möglichen Verstoß gegen die Grundfreiheiten ergeben, die in den EU-Mitgliedstaaten unmittelbar anwendbares Recht sind (BFH-Beschlüsse vom 14.2.2006, VIII B 107/04, BStBl II S. 523, und vom 25.11.2014, VII B 65/14, a. a. O.).

2.5.6 Die Gefährdung des Steueranspruchs ist - wenn ernstliche Zweifel an der Rechtmäßigkeit des Verwaltungsakts bestehen - für sich allein kein Grund, die Aussetzung der Vollziehung abzulehnen. Steuerausfälle können dadurch vermieden werden, dass die Aussetzung von einer Sicherheitsleistung abhängig gemacht wird (vgl. AEAO zu § 361, Nr. 9.2).

2.6 Eine Aussetzung der Vollziehung wegen unbilliger Härte kommt in Betracht, wenn bei sofortiger Vollziehung dem Betroffenen Nachteile drohen würden, die über die eigentliche Realisierung des Verwaltungsakts hinausgehen, indem sie vom Betroffenen ein Tun, Dulden oder Unterlassen fordern, dessen nachteilige Folgen nicht mehr oder nur schwer rückgängig gemacht werden können oder existenzbedrohend sind. Der Antragsteller muss seine wirtschaftliche Lage im Einzelnen vortragen und glaubhaft machen (BFH-Beschluss vom 25.11.2014, VII B 65/14, BStBl 2015 II S. 207). Eine Vollziehungsaussetzung wegen unbilliger Härte ist zu versagen, wenn der Rechtsbehelf offensichtlich keine Aussicht auf Erfolg hat (BFH-Beschlüsse vom 21.12.1967, V B 26/67, BStBl 1968 II S. 84, und vom 19.4.1968, IV B 3/66, BStBl II S. 538).

2.7 Durch Aussetzung der Vollziehung darf die Entscheidung in der Hauptsache nicht vorweggenommen werden (BFH-Beschluss vom 22.7.1980, VII B 3/80, BStBl II S. 592).

3. **Summarisches Verfahren/Vollstreckung bei anhängigem Vollziehungsaussetzungsantrag / Zuständigkeit**

3.1 Über Anträge auf Aussetzung der Vollziehung ist unverzüglich zu entscheiden. Solange über einen entsprechenden bei der Finanzbehörde gestellten Antrag noch nicht entschieden ist, sollen Vollstreckungsmaßnahmen unterbleiben, es sei denn, der Antrag ist aussichtslos, bezweckt offensichtlich nur ein Hinausschieben der Vollstreckung oder es besteht Gefahr im Verzug.

3.2 Stellt der Steuerpflichtige einen Antrag auf Aussetzung der Vollziehung nach § 69 Abs. 3 FGO beim Finanzgericht, ist die Vollstreckungsstelle darüber zu unterrichten. Die Vollstreckungsstelle entscheidet, ob im Einzelfall von Vollstreckungsmaßnahmen abzusehen ist. Vor Einleitung von Vollstreckungsmaßnahmen ist mit dem Finanzgericht Verbindung aufzunehmen (s. Abschn. 5 Abs. 4 Satz 3 VollstrA). Die Verpflichtung des Finanzamts, unverzüglich selbst zu prüfen, ob eine Aussetzung der Vollziehung in Betracht kommt, und ggf. die Aussetzung der Vollziehung selbst auszusprechen, bleibt unberührt.

3.3 Für die Entscheidung über die Aussetzung der Vollziehung ist ohne Rücksicht auf die Steuerart und die Höhe des Steuerbetrages das Finanzamt zuständig, das den angefochtenen Verwaltungsakt erlassen hat. Ein zwischenzeitlich eingetretener Zuständigkeitswechsel betrifft grundsätzlich auch das Aussetzungsverfahren (§ 367 Abs. 1 Satz 2 i. V. m. § 26 Satz 2 AO).

3.4 Die Entscheidung über die Aussetzung der Vollziehung ergeht in einem summarischen Verfahren. Die Begründetheit des Rechtsbehelfs ist im Rahmen dieses Verfahrens nur in einem begrenzten Umfang zu prüfen. Bei der Prüfung sind nicht präsente Beweismittel ausgeschlossen (vgl. BFH-Beschlüsse vom 23.7.1968, II B 17/68, BStBl II S. 589, und vom 19.5.1987, VIII B 104/85, BStBl 1988 II S. 5). Die Sachentscheidungsvoraussetzungen für die Vollziehungsaussetzung (z. B. Anhängigkeit eines förmlichen Rechtsbehelfs, Zuständigkeit) sind eingehend und nicht nur summarisch zu prüfen (vgl. BFH-Beschluss vom 21.4.1971, VII B 106/69, BStBl II S. 702).

4. **Berechnung der auszusetzenden Steuer**

Die Höhe der auszusetzenden Steuer ist in jedem Fall zu berechnen; eine pauschale Bestimmung (z. B. ausgesetzte Steuer = Abschlusszahlung) ist nicht vorzunehmen.

Bei Steuerbescheiden sind die Aussetzung und die Aufhebung der Vollziehung auf die festgesetzte Steuer, vermindert um die anzurechnenden Steuerabzugsbeträge, um die anzurechnende Körperschaftsteuer und um die festgesetzten Vorauszahlungen, beschränkt; dies gilt nicht, wenn die Aussetzung oder Aufhebung der Vollziehung zur Abwendung wesentlicher Nachteile nötig erscheint (§ 361 Abs. 2 Satz 4 AO; § 69 Abs. 2 Satz 8 und Abs. 3 Satz 4 FGO). Diese Regelung ist verfassungsgemäß (BFH-Beschlüsse vom 2.11.1999, I B 49/99, BStBl 2000 II S. 57, und vom 24.1.2000, X B 99/99, BStBl II S. 559). Zum Begriff „wesentliche Nachteile" vgl. AEAO zu § 361, Nr. 4.6.1.

Vorauszahlungen sind auch dann „festgesetzt" i. S. d. § 361 Abs. 2 Satz 4 AO, § 69 Abs. 2 Satz 8 FGO, wenn der Vorauszahlungsbescheid in der Vollziehung ausgesetzt war (BFH-Beschluss vom 24.1.2000, X B 99/99, BStBl II S. 559; vgl. AEAO zu § 361, Nrn. 4.2, 4.4 und 8.2.2).

Steuerabzugsbeträge sind bei der Ermittlung der auszusetzenden Steuer auch dann zu berücksichtigen, wenn sie erst im Rechtsbehelfsverfahren geltend gemacht werden und die Abrechnung des angefochtenen Steuerbescheids zu korrigieren ist.

Wird ein Steuerbescheid zum Nachteil des Steuerpflichtigen geändert oder gem. § 129 AO berichtigt, kann hinsichtlich des sich ergebenden Mehrbetrags die Aussetzung der Vollziehung unabhängig von den Beschränkungen des § 361 Abs. 2 Satz 4 AO bzw. des § 69 Abs. 2 Satz 8 FGO gewährt werden.

Es sind folgende Fälle zu unterscheiden (in den Beispielsfällen 4.1 bis 4.5 wird jeweils davon ausgegangen, dass ein Betrag von 5.000 € streitbefangen ist und in dieser Höhe auch ernstliche Zweifel an der Rechtmäßigkeit der angefochtenen Steuerfestsetzung bestehen sowie kein Ausnahmefall des Vorliegens wesentlicher Nachteile - vgl. AEAO zu § 361, Nr. 4.6.1 - gegeben ist):

4.1 Die streitbefangene Steuer ist kleiner als die Abschlusszahlung

Beispiel 1:

festgesetzte Steuer	15.000 €
festgesetzte und entrichtete Vorauszahlungen	8.000 €
Abschlusszahlung	7.000 €
streitbefangene Steuer	5.000 €

Die Vollziehung ist i. H. v. 5.000 € auszusetzen. Der Restbetrag i. H. v. 2.000 € ist am Fälligkeitstag zu entrichten.

Beispiel 2:

festgesetzte Umsatzsteuer	0 €
Summe der festgesetzten Umsatzsteuer-Vorauszahlungen	./. 7.000 €
Abschlusszahlung	7.000 €
streitbefangene Steuer	5.000 €

Die Vollziehung ist i. H. v. 5.000 € auszusetzen. Der Restbetrag i. H. v. 2.000 € ist am Fälligkeitstag zu entrichten.

4.2 Die streitbefangene Steuer ist kleiner als die Abschlusszahlung einschließlich nicht geleisteter Vorauszahlungen

Beispiel 1:

festgesetzte Steuer	15.000 €
festgesetzte Vorauszahlungen	8.000 €
entrichtete Vorauszahlungen	5.000 €
rückständige Vorauszahlungen	3.000 €
anzurechnende Steuerabzugsbeträge	4.000 €
Abschlusszahlung (einschließlich der rückständigen Vorauszahlungsbeträge, da nach § 36 Abs. 2 Nr. 1 EStG nur die entrichteten Vorauszahlungen anzurechnen sind)	6.000 €
streitbefangene Steuer	5.000 €

§ 361 Abgabenordnung

Die Vollziehung ist nur i. H. v. 3.000 € auszusetzen (15.000 € - festgesetzte Steuer - ./. 8.000 € - festgesetzte Vorauszahlungen - ./. 4.000 € - anzurechnende Steuerabzugsbeträge -). Die rückständigen Vorauszahlungen i. H. v. 3.000 € sind sofort zu entrichten.

Beispiel 2:

festgesetzte Steuer	15.000 €
festgesetzte Vorauszahlungen	8.000 €
Vollziehungsaussetzung des Vorauszahlungsbescheids i. H. v.	3.000 €
entrichtete Vorauszahlungen	5.000 €
anzurechnende Steuerabzugsbeträge	4.000 €
Abschlusszahlung (einschließlich der in der Vollziehung ausgesetzten Vorauszahlungen)	6.000 €
streitbefangene Steuer	5.000 €

Die Vollziehung ist nur i. H. v. 3.000 € auszusetzen (15.000 € - festgesetzte Steuer - ./. 8.000 € - festgesetzte Vorauszahlungen - ./. 4.000 € anzurechnende Steuerabzugsbeträge -). Die in der Vollziehung ausgesetzten Vorauszahlungen i. H. v. 3.000 € sind innerhalb der von der Finanzbehörde zu setzenden Frist (vgl. AEAO zu § 361, Nr. 8.2.2) zu entrichten. Der Restbetrag der Abschlusszahlung (3.000 €) muss nicht geleistet werden, solange die Aussetzung der Vollziehung wirksam ist.

4.3 Die streitbefangene Steuer ist größer als die Abschlusszahlung

Beispiel:

festgesetzte Steuer	15.000 €
festgesetzte und entrichtete Vorauszahlungen	8.000 €
anzurechnende Steuerabzugsbeträge	4.000 €
Abschlusszahlung	3.000 €
streitbefangene Steuer	5.000 €

Die Vollziehung ist nur i. H. v. 3.000 € auszusetzen (15.000 € - festgesetzte Steuer ./. 8.000 € - festgesetzte Vorauszahlungen - ./. 4.000 € - anzurechnende Steuerabzugsbeträge -). Die Abschlusszahlung muss nicht geleistet werden, solange die Aussetzung der Vollziehung wirksam ist.

4.4 Die streitbefangene Steuer ist größer als die Abschlusszahlung einschließlich nicht geleisteter Vorauszahlungen

Beispiel 1:

festgesetzte Steuer	15 000 €
festgesetzte Vorauszahlungen	8 000 €
entrichtete Vorauszahlungen	5.000 €
rückständige Vorauszahlungen	3.000 €
anzurechnende Steuerabzugsbeträge	6.000 €
Abschlusszahlung (einschließlich der rückständigen Vorauszahlungen)	4.000 €
streitbefangene Steuer	5.000 €

Die Vollziehung ist nur i. H. v. 1.000 € auszusetzen (15.000 € - festgesetzte Steuer -./. 8.000 €- festgesetzte Vorauszahlungen- ./. 6.000 € - anzurechnende Steuerabzugsbeträge -). Die rückständiger Vorauszahlungen i. H. v. 3.000 € sind sofort zu entrichten.

Beispiel 2:

festgesetzte Steuer	5.000 €
festgesetzte Vorauszahlungen	8.000 €
Vollziehungsaussetzung des Vorauszahlungsbescheids i. H. v.	3.000 €
entrichtete Vorauszahlungen	5.000 €
anzurechnende Steuerabzugsbeträge	6.000 €
Abschlusszahlung (einschließlich der in der Vollziehung ausgesetzten Vorauszahlungen)	4.000 €
streitbefangene Steuer	5.000 €

Die Vollziehung ist nur i. H. v. 1.000 € auszusetzen (15.000 € - festgesetzte Steuer - ./.8.000 € - festgesetzte Vorauszahlungen - ./. 6.000 € - anzurechnende Steuerabzugsbeträge -). Die in der Vollziehung ausgesetzten Vorauszahlungen i. H. v. 3.000 € sind innerhalb der von der Finanzbehörde zu setzenden Frist (vgl. AEAO zu § 361, Nr. 8.2.2) zu entrichten. Der Restbetrag der Abschlusszahlung (1.000 €) muss nicht geleistet werden, solange die Aussetzung der Vollziehung wirksam ist.

4.5 Die Steuerfestsetzung führt zu einer Erstattung

Beispiel 1:

festgesetzte Steuer	15.000 €
festgesetzte und entrichtete Vorauszahlungen	12.000 €
anzurechnende Steuerabzugsbeträge	5.000 €
Erstattungsbetrag	2.000 €
streitbefangene Steuer	5.000 €

Eine Aussetzung der Vollziehung ist nicht möglich (15.000 € - festgesetzte Steuer - ./.12.000 € - festgesetzte Vorauszahlungen ./.5.000 € - anzurechnende Steuerabzugsbeträge -).

Beispiel 2:

Nach einem Erstbescheid gem. Beispiel 1 ergeht ein Änderungsbescheid:

festgesetzte Steuer nunmehr	16.000 €
festgesetzte und entrichtete Vorauszahlungen	12.000 €
anzurechnende Steuerabzugsbeträge	5.000 €
neuer Erstattungsbetrag	1.000 €
Rückforderung der nach dem Erstbescheid geleisteten Erstattung (Leistungsgebot) i. H. v.	1.000 €
streitbefangene Steuer	5.000 €

Der Änderungsbescheid kann i. H. v. 1.000 € in der Vollziehung ausgesetzt werden.

Beispiel 3:

Nach einem Erstbescheid gem. Beispiel 1 ergeht ein Änderungsbescheid:

festgesetzte Steuer nunmehr	18.000 €
festgesetzte und entrichtete Vorauszahlungen	12.000 €
anzurechnende Steuerabzugsbeträge	5.000 €
Abschlusszahlung neu	1.000 €
Leistungsgebot über (Abschlusszahlung - 1.000 € - zuzüglich der nach dem Erstbescheid geleisteten Erstattung - 2000 € -)	3.000 €
streitbefangene Steuer	5.000 €

Der Änderungsbescheid kann i. H. v. 3.000 € in der Vollziehung ausgesetzt werden.

4.6 Sonderfälle

4.6.1 Die Beschränkung der Aussetzung bzw. Aufhebung der Vollziehung von Steuerbescheiden auf den Unterschiedsbetrag zwischen festgesetzter Steuer und Vorleistungen (festgesetzte Vorauszahlungen, anzurechnende Steuerabzugsbeträge, anzurechnende Körperschaftsteuer) gilt nicht, wenn die Aussetzung oder Aufhebung der Vollziehung zur Abwendung wesentlicher Nachteile nötig erscheint (vgl. AEAO zu § 361, Nr. 4 zweiter Absatz).

Für die Beurteilung, wann „wesentliche Nachteile" vorliegen, sind die von der BFH-Rechtsprechung zur einstweiligen Anordnung nach § 114 FGO entwickelten Grundsätze heranzuziehen (BFH-Beschluss vom 22.12.2003, IX B 177/02, BStBl 2004 II S. 367). „Wesentliche Nachteile" liegen demnach vor, wenn durch die Versagung der Vollziehungsaussetzung bzw. Vollziehungsaufhebung unmittelbar und ausschließlich die wirtschaftliche oder persönliche Existenz des Steuerpflichtigen bedroht sein würde (BFH-Beschluss vom 22.12.2003, IX B 177/02, a. a. O.).

Keine „wesentlichen Nachteile" sind - für sich allein gesehen - allgemeine Folgen, die mit der Steuerzahlung verbunden sind, beispielsweise

- ein Zinsverlust (BFH-Beschluss vom 27.7.1994, I B 246/93, BStBl II S. 899),

- eine zur Bezahlung der Steuern notwendige Kreditaufnahme (BFH-Beschlüsse vom 12.4.1984, VIII B 115/82, BStBl II S. 492, und vom 2.11.1999, I B 49/99, BStBl 2000 II S. 57),

- ein Zurückstellen betrieblicher Investitionen oder eine Einschränkung des gewohnten Lebensstandards (BFH-Beschluss vom 12.4.1984, VIII B 115/82, a. a. O.).

„Wesentliche Nachteile" liegen auch vor, wenn der BFH oder ein Finanzgericht von der Verfassungswidrigkeit einer streitentscheidenden Vorschrift überzeugt ist und deshalb diese Norm gem. Art. 100 Abs. 1 GG dem BVerfG zur Prüfung vorgelegt hat (BFH-Beschluss vom 22.12.2003, IX B 177/02, a. a. O.). Für eine Vorlage an den EuGH wegen europarechtlicher Zweifel (vgl. AEAO zu § 361, Nr. 2.5.5) gilt dies nicht, da das vorlegende Gericht nicht von einem Verstoß gegen Europarecht überzeugt sein muss.

Wurde ein Grundlagenbescheid angefochten, sind erst bei der Vollziehungsaussetzung des Folgebescheids die Regelungen des § 361 Abs. 2 Satz 4 AO bzw. des § 69 Abs. 2 Satz 8 und Abs. 3 Satz 4 FGO zu beachten (vgl. AEAO zu § 361, Nr. 4 zweiter Absatz, Nr. 5.1 letzter Absatz und Nr. 6 letzter Absatz). Folglich ist auch erst in diesem Verfahren zu prüfen, ob „wesentliche Nachteile" vorliegen.

4.6.2 In Fällen, in denen die Vollziehung des angefochtenen Steuerbescheids auszusetzen ist, bei Erfolg des Rechtsbehelfs aber andere Steuerbescheide zuungunsten des Rechtsbehelfsführers zu ändern sind, kann die Aussetzung der Vollziehung des angefochtenen Steuerbescheids nicht auf den Unterschiedsbetrag der steuerlichen Auswirkungen begrenzt werden (BFH-Urteil vom 10.11.1994, IV R 44/94, BStBl 1995 II S. 814).

4.7 Außersteuerliche Verwaltungsakte

Die vorstehenden Ausführungen gelten sinngemäß für außersteuerliche Verwaltungsakte, auf die die Vorschriften des § 361 AO und des § 69 FGO entsprechend anzuwenden sind (z. B. Bescheide für Investitionszulagen, Wohnungsbauprämien, Arbeitnehmer-Sparzulagen). Die Vollziehung eines Bescheids, der beispielsweise eine Investitionszulage nach Auffassung des Antragstellers zu niedrig festsetzt, kann daher nicht ausgesetzt werden. Ein Bescheid, der eine gewährte Investitionszulage zurückfordert, ist dagegen ein vollziehbarer und aussetzungsfähiger Verwaltungsakt.

5. Aussetzung der Vollziehung von Grundlagenbescheiden

5.1 Auch die Vollziehung von Grundlagenbescheiden (insbesondere Feststellungs- und Steuermessbescheiden) kann unter den allgemeinen Voraussetzungen - Anhängigkeit eines Rechtsbehelfs (vgl. AEAO zu § 361, Nr. 2.2), vollziehbarer Verwaltungsakt (vgl. AEAO zu § 361, Nr. 2.3), ernstliche Zweifel (vgl. AEAO zu § 361, Nr. 2.5) oder unbillige Härte (vgl. AEAO zu § 361, Nr. 2.6) - ausgesetzt werden.

Eine Aussetzung der Vollziehung ist daher insbesondere möglich bei

- Bescheiden über die gesonderte Feststellung von Besteuerungsgrundlagen nach § 180 Abs. 1 Satz 1 Nr. 2 AO,
- Feststellungsbescheiden nach der V zu § 180 Abs. 2 AO,
- Feststellungsbescheiden nach §§ 27, 28 und 38 KStG,
- Gewerbesteuermessbescheiden,
- Grundsteuermessbescheiden,
- Einheitswertbescheiden oder Grundsteuerwertbescheiden (§ 180 Abs. 1 Satz Nr. 1 AO i. V. m. § 19 BewG bzw. § 219 BewG),
- Bescheiden über die Feststellung von Bedarfswerten (§ 151 BewG) sowie Feststellungen nach § 13a Abs. 4, 9 i. V. m. Abs. 9a ErbStG und § 13b Abs. 10 ErbStG,
- Feststellungsbescheiden nach § 17 Abs. 2 und 3 GrEStG.

Nach der Rechtsprechung des BFH kommt eine Vollziehungsaussetzung auch in Betracht bei

- Verlustfeststellungsbescheiden, soweit die Feststellung eines höheren Verlustes begehrt wird (BFH-Beschlüsse vom 10.7.1979, VIII B 84/78, BStBl II S. 567, und vom 25.10.1979, IV B 68/79, BStBl 1980 II S. 66),
- Feststellungsbescheiden, die Anteile einzelner Gesellschafter auf 0 € feststellen und angefochten werden, weil diese Gesellschafter

den Ansatz von Verlustanteilen begehren (BFH-Beschluss vom 22.10.1980, I S 1/80, BStBl 1981 II S. 99),

- Feststellungsbescheiden, die eine Mitunternehmerschaft einzelner Beteiligter verneinen (BFH-Beschluss vom 10.7.1980, IV B 77/79, BStBl II S. 697),

- negativen Gewinn-/Verlustfeststellungsbescheiden, d. h. Bescheiden, die den Erlass eines Gewinn(Verlust-)feststellungsbescheids ablehnen (Beschluss des Großen Senats des BFH vom 14.4.1987, GrS 2/85, BStBl II S. 637),

- Bescheiden nach § 15a Abs. 4 EStG über die Feststellung eines verrechenbaren Verlustes (BFH-Beschluss vom 2.3.1988, IV B 95/87, BStBl II S. 617).

Soweit in einem Grundlagenbescheid Feststellungen enthalten sind, die Gegenstand eines anderen Feststellungsverfahrens waren, ist die Vollziehung des Grundlagenbescheids nach § 361 Abs. 3 Satz 1 AO bzw. § 69 Abs. 2 Satz 4 FGO auszusetzen (vgl. AEAO zu § 361, Nr. 6).

Die Beschränkungen des § 361 Abs. 2 Satz 4 AO bzw. des § 69 Abs. 2 Satz 8 und Abs. 3 Satz 4 FGO (vgl. AEAO zu § 361, Nr. 4 zweiter Absatz) sind erst bei der Aussetzung der Vollziehung des Folgebescheids zu beachten (vgl. AEAO zu § 361, Nr. 6 letzter Absatz).

5.2 Die Aussetzung der Vollziehung eines Feststellungsbescheids kann auf Gewinnanteile einzelner Gesellschafter beschränkt werden, auch wenn der Rechtsstreit die Gewinnanteile aller Gesellschafter berührt (BFH-Beschluss vom 7.1.1968, IV B 47/68, BStBl 1969 II S. 85). Wird vorläufiger Rechtsschutz nicht von der Gesellschaft, sondern nur von einzelnen Gesellschaftern beantragt, sind nur diese am Verfahren der Aussetzung der Vollziehung beteiligt; eine Hinzuziehung der übrigen Gesellschafter zum Verfahren ist nicht notwendig (BFH-Beschlüsse vom 22.10.1980, I S 1/80, BStBl 1981 II S. 99, und vom 5.5.1981, VIII B 26/80, BStBl II S. 574).

5.3 Im Verwaltungsakt über die Aussetzung der Vollziehung eines Feststellungsbescheids müssen im Falle der gesonderten und einheitlichen Feststellung die ausgesetzten Besteuerungsgrundlagen auf die einzelnen Beteiligten aufgeteilt werden. Außerdem sollte ggf. darauf hingewiesen werden, dass eine Erstattung von geleisteten Vorauszahlungen, Steuerabzugsbeträgen und anzurechnender Körperschaftsteuer im Rahmen der Aussetzung der Vollziehung des Folgebescheids grundsätzlich nicht erfolgt (AEAO zu § 361, Nr. 4 zweiter Absatz und Nr. 6 letzter Absatz). Die Vollziehung eines negativen Feststellungsbescheids (vgl. AEAO zu § 361, Nr. 5.1, vorletzter Beispielsfall) ist mit der Maßgabe auszusetzen, dass bis zur bestandskräftigen/rechtskräftigen Entscheidung im Hauptverfahren von einem Verlust von x € auszugehen sei, der sich auf die Beteiligten wie folgt verteile: ...... (Beschluss des Großen Senats des BFH vom 14.4.1987, GrS 2/85, BStBl II S. 637).

5.4 Unterrichtungspflicht

5.4.1 Ist die Aussetzung der Vollziehung eines Grundlagenbescheids beantragt worden, kann über den Antrag aber nicht kurzfristig entschieden werden, sollen die für die Erteilung der Folgebescheide zuständigen Finanzämter, ggf. Gemeinden, unterrichtet werden.

Wegen der Unterrichtung der Gemeinden über anhängige Einspruchsverfahren gegen Realsteuermessbescheide vgl. AEAO zu § 184.

5.4.2 Die Wohnsitzfinanzämter der Beteiligten sind von der Aussetzung der Vollziehung eines Feststellungsbescheids zu unterrichten. In diese Mitteilungen ist ggf. der Hinweis über die grundsätzliche Nichterstattung von Steuerbeträgen (vgl. AEAO zu § 361, Nr. 4 zweiter Absatz, Nr. 5.1 letzter Absatz und Nr. 6 letzter Absatz) aufzunehmen. Entsprechendes gilt für den Beginn und das Ende der Aussetzung der Vollziehung (vgl. AEAO zu § 361, Nr. 8.1.3 und 8.2.1).

5.4.3 Wird die Vollziehung eines Realsteuermessbescheids ausgesetzt, ist die Gemeinde hierüber zu unterrichten.

6. Aussetzung der Vollziehung von Folgebescheiden

Nach der Aussetzung der Vollziehung eines Grundlagenbescheids ist die Vollziehung der darauf beruhenden Folgebescheide von Amts wegen auszusetzen, und zwar auch dann, wenn die Folgebescheide nicht angefochten wurden (§ 361 Abs. 3 Satz 1 AO; § 69 Abs. 2 Satz 4 FGO). Entsprechendes gilt, wenn bei Rechtsbehelfen gegen außersteuerliche Grundlagenbescheide die aufschiebende Wirkung eintritt, angeordnet oder wiederhergestellt oder die Vollziehung ausgesetzt wird.

Ist der Folgebescheid vor Erlass des Grundlagenbescheids ergangen und berücksichtigt er nach Auffassung des Steuerpflichtigen die noch gesondert festzustellenden Besteuerungsgrundlagen nicht oder - bei einer Schätzung nach § 162 Abs. 5 AO - in unzutreffender Höhe, kann unter den allgemeinen Voraussetzungen die Vollziehung ausgesetzt werden. Dies gilt entsprechend, wenn Einwendungen gegen die Wirksamkeit der Bekanntgabe eines ergangenen Grundlagenbescheids erhoben werden (BFH-Beschluss vom 25.3.1986, III B 6/85, BStBl II S. 477, und BFH-Urteil vom 15.4.1988, III R 26/85, BStBl II S. 660).

Ein Antrag auf Vollziehungsaussetzung eines Einkommensteuerbescheids, der mit Zweifeln an der Rechtmäßigkeit der Entscheidungen in einem wirksam ergangenen positiven oder negativen Gewinnfeststellungsbescheid begründet wird, ist mangels Rechtsschutzbedürfnisses unzulässig (BFH-Urteil vom 29.10.1987, VIII R 413/83, BStBl 1988 II S. 240). Zulässig ist dagegen ein Antrag auf Vollziehungsaussetzung eines Folgebescheids, der mit ernstlichen Zweifeln an der wirksamen Bekanntgabe eines Grundlagenbescheids begründet wird (BFH-Beschluss vom 15.4.1988, III R 26/85, BStBl II S. 660).

Bei der Aussetzung der Vollziehung des Folgebescheids sind ggf. die Beschränkungen des § 361 Abs. 2 Satz 4 AO bzw. des § 69 Abs. 2 Satz 8 und Abs. 3 Satz 4 FGO (vgl. AEAO zu § 361, Nr. 4 zweiter Absatz) zu beachten.

Erst in diesem Verfahren ist ggf. auch zu prüfen, ob „wesentliche Nachteile" (vgl. AEAO zu § 361, Nr. 4.6.1) vorliegen.

7. Aufhebung der Vollziehung durch das Finanzamt

7.1 Die Finanzbehörden sind befugt, im Rahmen eines Verfahrens nach § 361 AO oder nach § 69 Abs. 2 FGO auch die Aufhebung der Vollziehung anzuordnen (§ 361 Abs. 2 Satz 3 AO; § 69 Abs. 2 Satz 7 FGO). Die Ausführungen in den Nrn. 2.1 bis 4.6 gelten entsprechend.

7.2 Die Aufhebung der Vollziehung bewirkt die Rückgängigmachung bereits durchgeführter Vollziehungsmaßnahmen. Dies gilt auch, soweit eine Steuer „freiwillig", d. h. abgesehen vom Leistungsgebot ohne besondere Einwirkungen des Finanzamts (wie Mahnung, Postnachnahme, Beitreibungsmaßnahmen), entrichtet worden ist (BFH-Beschluss vom 22.7.1977, III B 34/74, BStBl II S. 838). Durch die Aufhebung der Vollziehung erhält der Rechtsbehelfsführer einen Erstattungsanspruch (§ 37 Abs. 2 AO) in Höhe des Aufhebungsbetrags, da der rechtliche Grund für die Zahlung nachträglich weggefallen ist. Durch Aufhebung der Vollziehung kann aber grundsätzlich nicht die Erstattung von geleisteten Vorauszahlungsbeträgen, Steuerabzugsbeträgen oder anrechenbarer Körperschaftsteuer erreicht werden (vgl. AEAO zu § 361, Nr. 4 zweiter Absatz).

Beispiel:

festgesetzte Steuer	15.000 €
festgesetzte und entrichtete Vorauszahlungen	5.000 €
anzurechnende Steuerabzugsbeträge	7.000 €
entrichtete Abschlusszahlung	3.000 €

An der Rechtmäßigkeit der Steuerfestsetzung bestehen i. H. v. 5.000 € ernstliche Zweifel; der Sonderfall des Vorliegens „wesentlicher Nachteile" ist nicht gegeben. Nach Aufhebung der Vollziehung ist ein Betrag i. H. v. 3.000 € zu erstatten (15.000 € - festgesetzte Steuer - ./.5.000 € - festgesetzte Vorauszahlungen ./.7.000 € - anzurechnende Steuerabzugsbeträge -).

7.3 Wird die Vollziehung einer Steueranmeldung aufgehoben, dürfen die entrichteten Steuerbeträge nur an den Anmeldenden erstattet werden. Dies gilt auch, wenn - wie z. B. in den Fällen des Lohnsteuerabzugs nach § 38 EStG oder des Steuerabzugs nach § 50a Abs. 4 EStG - der Anmeldende lediglich Entrichtungspflichtiger, nicht aber Steuerschuldner ist (BFH-Beschluss vom 13.8.1997, I B 30/97, BStBl II S. 700).

7.4 Bei der Aufhebung der Vollziehung ist zu bestimmen, ob die Aufhebung rückwirken soll oder nicht. Für die Beurteilung dieser Frage ist maßgeblich, ab welchem Zeitpunkt ernstliche Zweifel an der Rechtmäßigkeit des Verwaltungsakts erkennbar vorlagen (BFH-Beschluss vom 10.12.1986, I B 121/86, BStBl 1987 II S. 389; vgl. AEAO zu § 361, Nr. 8.1.1). Durch rückwirkende Aufhebung der Vollziehung entfallen bereits entstandene Säumniszuschläge

(BFH-Beschluss vom 10.12.1986, I B 121/86, a. a. O.). Vollstreckungsmaßnahmen bleiben bestehen, soweit nicht ihre Aufhebung ausdrücklich angeordnet (§ 257 Abs. 1 Nr. 1 i. V. m. Abs. 2 Satz 3 AO) oder die Rückwirkung der Aufhebung der Vollziehung verfügt worden ist.

8. Dauer der Aussetzung/Aufhebung der Vollziehung

8.1 Beginn der Aussetzung/Aufhebung der Vollziehung

8.1.1 Wird der Antrag auf Aussetzung/Aufhebung der Vollziehung vor Fälligkeit der strittigen Steuerforderung bei der Finanzbehörde eingereicht und begründet, ist die Aussetzung/ Aufhebung der Vollziehung im Regelfall ab Fälligkeitstag der strittigen Steuerbeträge auszusprechen; vgl. AEAO zu § 361, Nr. 7.4. Ein späterer Zeitpunkt kommt in Betracht, wenn der Steuerpflichtige - z. B. in Schätzungsfällen - die Begründung des Rechtsbehelfs oder des Aussetzungsantrags unangemessen hinausgezögert hat und die Finanzbehörde deshalb vorher keine ernstlichen Zweifel an der Rechtmäßigkeit des angefochtenen Verwaltungsakts zu haben brauchte (vgl. BFH-Beschluss vom 10.12.1986, I B 121/86, BStBl 1987 II S. 389).

8.1.2 Wird die Aussetzung/Aufhebung der Vollziehung nach Fälligkeit der strittigen Steuerforderung beantragt und begründet, gilt Nr. 8.1.1 Satz 2 entsprechend.

8.1.3 Bei der Aussetzung/Aufhebung der Vollziehung von Grundlagenbescheiden (vgl. AEAO zu § 361, Nr. 5) ist als Beginn der Aussetzung/Aufhebung der Vollziehung der Tag der Bekanntgabe des Grundlagenbescheids zu bestimmen, wenn der Rechtsbehelf oder der Antrag auf Aussetzung/Aufhebung der Vollziehung vor Ablauf der Einspruchsfrist begründet wurde. Bei später eingehender Begründung gilt Nr. 8.1.1 Satz 2 des AEAO zu § 361 entsprechend.

8.1.4 Trifft die Finanzbehörde keine Aussage über den Beginn der Aussetzung/Aufhebung der Vollziehung, wirkt die Aussetzung/Aufhebung der Vollziehung ab Bekanntgabe der Aussetzungsverfügung/Aufhebungsverfügung (§ 124 Abs. 1 Satz 1 AO).

8.1.5 Der Beginn der Aussetzung/Aufhebung der Vollziehung eines Folgebescheids (vgl. AEAO zu § 361, Nr. 6 und 8.1.3) richtet sich nach dem Beginn der Aussetzung/Aufhebung der Vollziehung des Grundlagenbescheids (vgl. BFH-Beschluss vom 10.12.1986, I B 121/86, BStBl 1987 II S. 389).

8.2 Ende der Aussetzung/Aufhebung der Vollziehung

8.2.1 Die Aussetzung/Aufhebung der Vollziehung ist grundsätzlich nur für eine Rechtsbehelfsstufe zu bewilligen (BFH-Beschluss vom 3.1.1978, VII S 13/77, BStBl II S. 157). Das Ende der Aussetzung/Aufhebung der Vollziehung ist in der Verfügung zu bestimmen. Soweit nicht eine datumsmäßige Befristung angebracht ist, sollte das Ende bei Entscheidungen über die Aussetzung/Aufhebung der Vollziehung während des außergerichtlichen oder gerichtlichen Rechtsbehelfsverfahrens auf einen Monat nach Bekanntgabe der Einspruchsentscheidung bzw. nach Verkündung oder Zustellung des Urteils oder einen Monat nach dem Eingang einer Erklärung über die Rücknahme des Rechtsbehelfs festgelegt werden. Einer Aufhebung der Aussetzungs-/Aufhebungsverfügung bedarf es in einem solchen Fall nicht. Die Aussetzung/Aufhebung der Vollziehung eines Folgebescheids ist bis zur Beendigung der Aussetzung/Aufhebung der Vollziehung des Grundlagenbescheids und für den Fall, dass der Rechtsbehelf gegen den Grundlagenbescheid zu einer Änderung des Folgebescheids führt, bis zum Ablauf eines Monats nach Bekanntgabe des geänderten Folgebescheids zu befristen.

8.2.2 Wird der in der Vollziehung ausgesetzte Verwaltungsakt geändert oder ersetzt, erledigt sich die bisher gewährte Aussetzung/Aufhebung der Vollziehung, ohne dass es einer Aufhebung der Vollziehungsaussetzungs(aufhebungs)verfügung bedarf. Für eine eventuelle Nachzahlung der bisher in der Vollziehung ausgesetzten Beträge kann dem Steuerpflichtigen i. d. R. eine einmonatige Zahlungsfrist eingeräumt werden.

In den Fällen des § 365 Abs. 3 AO bzw. des § 68 FGO ist auf der Grundlage des neuen Verwaltungsakts erneut über die Aussetzung bzw. Aufhebung der Vollziehung zu entscheiden. Dies gilt auch, wenn ein in der Vollziehung ausgesetzter Vorauszahlungsbescheid durch die Jahressteuerfestsetzung ersetzt wird (vgl. AEAO zu § 365, Nr. 2).

9. Nebenbestimmungen zur Aussetzung/Aufhebung der Vollziehung

9.1 Widerrufsvorbehalt

Der Verwaltungsakt über die Aussetzung/Aufhebung der Vollziehung ist grundsätzlich mit dem Vorbehalt des Widerrufs zu versehen.

9.2 Sicherheitsleistung

9.2.1 Die Finanzbehörde kann die Aussetzung oder Aufhebung der Vollziehung von einer Sicherheitsleistung abhängig machen (§ 361 Abs. 2 Satz 5 AO; § 69 Abs. 2 Satz 3 FGO). Die Entscheidung hierüber ist nach pflichtgemäßem Ermessen zu treffen.

9.2.2 Die Anordnung der Sicherheitsleistung muss vom Grundsatz der Verhältnismäßigkeit bestimmt sein (BVerfG-Beschluss vom 24.10.1975, 1 BvR 266/75, StRK FGO § 69 R 171). Sie ist geboten, wenn die wirtschaftliche Lage des Steuerpflichtigen die Steuerforderung als gefährdet erscheinen lässt (BFH-Beschlüsse vom 8.3.1967, VI B 50/66, BStBl III S. 294, und vom 22.6.1967, I B 7/67, BStBl III S. 512). Die Anordnung einer Sicherheitsleistung ist z. B. gerechtfertigt, wenn der Steuerbescheid nach erfolglosem Rechtsbehelf im Ausland vollstreckt werden müsste (BFH-Urteil vom 27.8.1970, V R 102/67, BStBl 1971 II S. 1). Dies gilt auch, wenn in einem Mitgliedstaat der EU zu vollstrecken wäre, es sei denn, mit diesem Staat besteht ein Abkommen, welches eine Vollstreckung unter gleichen Bedingungen wie im Inland gewährleistet (BFH-Beschluss vom 3.2.1977, V B 6/76, BStBl II S. 351; zur zwischenstaatlichen Vollstreckungshilfe siehe BMF-Merkblatt vom 29.2.2012, BStBl I S. 244). Eine Sicherheitsleistung ist unzumutbar, wenn die Zweifel an der Rechtmäßigkeit des Verwaltungsakts so bedeutsam sind, dass mit großer Wahrscheinlichkeit seine Aufhebung zu erwarten ist (BFH-Beschluss vom 22.12.1969, V B 115/69, BStBl 1970 II S. 127).

9.2.3 Kann ein Steuerpflichtiger trotz zumutbarer Anstrengung eine Sicherheit nicht leisten, darf eine Sicherheitsleistung bei Aussetzung/Aufhebung der Vollziehung wegen ernstlicher Zweifel an der Rechtmäßigkeit des angefochtenen Verwaltungsakts nicht verlangt werden; Aussetzung/Aufhebung der Vollziehung wegen unbilliger Härte darf jedoch bei Gefährdung des Steueranspruchs nur gegen Sicherheitsleistung bewilligt werden (BFH-Beschluss vom 9.4.1968, I B 73/67, BStBl II S. 456).

9.2.4 Zur Sicherheitsleistung bei der Aussetzung der Vollziehung von Grundlagenbescheiden s. § 361 Abs. 3 Satz 3 AO und § 69 Abs. 2 Satz 6 FGO. Hiernach entscheiden über die Sicherheitsleistung die für den Erlass der Folgebescheide zuständigen Finanzämter bzw. Gemeinden. Das für den Erlass des Grundlagenbescheids zuständige Finanzamt darf jedoch anordnen, dass die Aussetzung der Vollziehung von keiner Sicherheitsleistung abhängig zu machen ist. Das kann z. B. der Fall sein, wenn der Rechtsbehelf wahrscheinlich erfolgreich sein wird.

9.2.5 Zu den möglichen Arten der Sicherheitsleistung s. § 241 AO.

9.2.6 Die Anordnung einer Sicherheitsleistung ist eine unselbständige Nebenbestimmung in Form einer aufschiebenden Bedingung; sie kann daher nicht selbständig, sondern nur zusammen mit der Entscheidung über die Aussetzung/Aufhebung der Vollziehung angefochten werden (BFH-Urteil vom 31.10.1973, I R 249/72, BStBl 1974 II S. 118, und BFH-Beschluss vom 20.6.1979, IV B 20/79, BStBl II S. 666). Eine Aussetzung/Aufhebung der Vollziehung gegen Sicherheitsleistung wird erst wirksam, wenn die Sicherheitsleistung erbracht worden ist. In dem Verwaltungsakt über die Aussetzung/Aufhebung der Vollziehung ist deshalb eine Frist für die Sicherheitsleistung zu setzen. Wird die Sicherheit innerhalb der Frist nicht erbracht, ist der Steuerpflichtige auf die Rechtsfolgen hinzuweisen und zur Zahlung aufzufordern.

10. Ablehnung der Vollziehungsaussetzung

Zur Erhebung von Säumniszuschlägen nach Ablehnung eines Antrags auf Vollziehungsaussetzung vgl. AEAO zu § 240, Nr. 6 Buchstabe b.

Hat das Finanzamt einen Aussetzungsantrag abgelehnt, ist i. d. R. unter Beachtung der Grundsätze des § 258 AO (siehe Abschn. 7 VollstrA) zu vollstrecken, auch wenn die Entscheidung des Finanzamts vom Steuerpflichtigen angefochten worden ist. Über die Ablehnung des Aussetzungsbegehrens ist die Vollstreckungsstelle zu unterrichten.

11. Rechtsbehelfe

Gegen die Entscheidung der Finanzbehörde über die Aussetzung/Aufhebung der Vollziehung ist der Einspruch gegeben. Das Gericht kann nur nach § 69 Abs. 3 FGO angerufen werden; eine Klagemöglichkeit ist insoweit nicht gegeben (§ 361 Abs. 5 AO; § 69 Abs. 7 FGO).

Der Antrag auf Aussetzung/Aufhebung der Vollziehung durch das Gericht ist nur zulässig, wenn die Finanzbehörde einen Antrag auf Aussetzung/Aufhebung der Vollziehung ganz oder zum Teil abgelehnt hat. Dies gilt nicht, wenn die Finanzbehörde über den Antrag ohne Mitteilung eines zureichenden

Grundes in angemessener Frist sachlich nicht entschieden hat oder eine Vollstreckung droht (§ 69 Abs. 4 FGO). Eine teilweise Antragsablehnung i. S. d. § 69 Abs. 4 Satz 1 FGO liegt auch vor, wenn die Finanzbehörde die Aussetzung/Aufhebung der Vollziehung von einer Sicherheitsleistung abhängig gemacht hat (vgl. AEAO zu § 361, Nr. 9.2), nicht aber, wenn eine im Übrigen antragsgemäße Aussetzung/Aufhebung der Vollziehung unter Widerrufsvorbehalt (vgl. AEAO zu § 361, Nr. 9.1) gewährt wurde (BFH-Beschluss vom 12.5.2000, VI B 266/98, BStBl II S. 536).

12. **Aussetzungszinsen**

Wegen der Erhebung von Aussetzungszinsen siehe § 237 AO, wegen der Festsetzungsfrist vgl. AEAO zu § 237, Nr. 4 und 8.

§ 362 Rücknahme des Einspruchs (S 0622)

(1) ¹Der Einspruch kann bis zur Bekanntgabe der Entscheidung über den Einspruch zurückgenommen werden. ²§ 357 Absatz 1 und 2 gilt sinngemäß.

(1a) ¹Soweit Besteuerungsgrundlagen für ein Verständigungs- oder ein Schiedsverfahren nach einem Vertrag im Sinne des § 2 von Bedeutung sein können, kann der Einspruch hierauf begrenzt zurückgenommen werden. ²§ 354 Absatz 1a Satz 2 gilt entsprechend.

(2) ¹Die Rücknahme hat den Verlust des eingelegten Einspruchs zur Folge. ²Wird nachträglich die Unwirksamkeit der Rücknahme geltend gemacht, so gilt § 110 Absatz 3 sinngemäß.

AEAO zu § 362 - Rücknahme des Einspruchs:

1. Für die Rücknahme eines Einspruchs gelten die Formvorschriften für einen Einspruch sinngemäß (§ 362 Abs. 1 Satz 2 AO). Die Rücknahme ist daher schriftlich oder elektronisch oder zur Niederschrift zu erklären. Eine elektronisch erklärte Rücknahme bedarf keiner qualifizierten elektronischen Signatur (vgl. AEAO zu § 357, Nr. 1).

2. Die Rücknahme führt nur zum Verlust des eingelegten Einspruchs, nicht der Einspruchsmöglichkeit schlechthin. Der Einspruch kann daher innerhalb der Einspruchsfrist erneut erhoben werden.

3. Eine Unwirksamkeit der Einspruchsrücknahme ist grundsätzlich innerhalb eines Jahres nach Eingang der Rücknahmeerklärung bei der für die Einlegung des Einspruchs zuständigen Finanzbehörde (§ 362 Abs. 1 Satz 2, § 357 Abs. 2 AO) geltend zu machen. Ein späteres Geltendmachen ist nur in Fällen höherer Gewalt zulässig (§ 362 Abs. 2 Satz 2, § 110 Abs. 3 AO). Nach einem fristgerechten Geltendmachen der Unwirksamkeit der Rücknahme ist das Einspruchsverfahren wieder aufzunehmen und in der Sache zu entscheiden. Sind die vorgetragenen Gründe für die Unwirksamkeit der Einspruchsrücknahme nicht stichhaltig, ist der Einspruch als unzulässig zu verwerfen.

§ 363 Aussetzung und Ruhen des Verfahrens (S 0622)

(1) Hängt die Entscheidung ganz oder zum Teil von dem Bestehen oder Nichtbestehen eines Rechtsverhältnisses ab, das den Gegenstand eines anhängigen Rechtsstreits bildet oder von einem Gericht oder einer Verwaltungsbehörde festzustellen ist, kann die Finanzbehörde die Entscheidung bis zur Erledigung des anderen Rechtsstreits oder bis zur Entscheidung des Gerichts oder der Verwaltungsbehörde aussetzen.

(2) ¹Die Finanzbehörde kann das Verfahren mit Zustimmung des Einspruchsführers ruhen lassen, wenn das aus wichtigen Gründen zweckmäßig erscheint. ²Ist wegen der Verfassungsmäßigkeit einer Rechtsnorm oder wegen einer Rechtsfrage ein Verfahren bei dem Gerichtshof der Europäischen Union, dem Bundesverfassungsgericht oder einem obersten Bundesgericht anhängig und wird der Einspruch hierauf gestützt, ruht das Einspruchsverfahren insoweit; dies gilt

nicht, soweit nach § 165 Absatz 1 Satz 2 Nummer 3 oder Nummer 4 die Steuer vorläufig festgesetzt wurde. ³Mit Zustimmung der obersten Finanzbehörde kann durch öffentlich bekannt zu gebende Allgemeinverfügung für bestimmte Gruppen gleichgelagerter Fälle angeordnet werden, dass Einspruchsverfahren insoweit auch in anderen als den in den Sätzen 1 und 2 genannten Fällen ruhen. ⁴Das Einspruchsverfahren ist fortzusetzen, wenn der Einspruchsführer dies beantragt oder die Finanzbehörde dies dem Einspruchsführer mitteilt.

(3) Wird ein Antrag auf Aussetzung oder Ruhen des Verfahrens abgelehnt oder die Aussetzung oder das Ruhen des Verfahrens widerrufen, kann die Rechtswidrigkeit der Ablehnung oder des Widerrufs nur durch Klage gegen die Einspruchsentscheidung geltend gemacht werden.

AEAO zu § 363 - Aussetzung und Ruhen des Verfahrens:

1. Die nach § 363 Abs. 2 Satz 1 AO erforderliche Zustimmung des Einspruchsführers zur Verfahrensruhe aus Zweckmäßigkeitsgründen sollte aus Gründen der Klarheit immer schriftlich oder elektronisch erteilt werden.

2. Voraussetzung für eine Verfahrensruhe nach § 363 Abs. 2 Satz 2 AO ist, dass der Einspruchsführer in der Begründung seines Einspruchs die strittige, auch für seinen Steuerfall entscheidungserhebliche Rechtsfrage darlegt und sich hierzu konkret auf ein beim EuGH, beim BVerfG oder bei einem obersten Bundesgericht anhängiges Verfahren beruft (BFH-Urteile vom 26.9.2006 X R 39/05, BStBl 2007 II S. 222, und vom 30.9.2010, III R 39/08, BStBl 2011 II S. 11). Eine nach § 363 Abs. 2 Satz 2 AO eingetretene Verfahrensruhe endet, wenn das Gerichtsverfahren, auf das sich der Einspruchsführer berufen hat, abgeschlossen ist. Dies gilt auch, wenn gegen diese Gerichtsentscheidung Verfassungsbeschwerde erhoben wird und der Einspruchsführer sich nicht auf dieses neue Verfahren beruft (BFH-Urteil vom 30.9.2010, III R 39/08, a. a. O.). Endet demnach die Verfahrensruhe, bedarf es insoweit keiner Fortsetzungsmitteilung nach § 363 Abs. 2 Satz 4 AO und somit grundsätzlich auch keiner Ermessensentscheidung (BFH-Urteil vom 26.9.2006, X R 39/05, a. a. O.), soweit nicht im Einzelfall eine Verfahrensruhe aus Zweckmäßigkeitsgründen nach § 363 Abs. 2 Satz 1 AO angemessen erscheint.

3. Sind die Voraussetzungen für eine Verfahrensaussetzung oder Verfahrensruhe erfüllt, kann über den Einspruch insoweit nicht entschieden werden, und zwar weder durch eine Einspruchsentscheidung noch durch den Erlass eines Änderungsbescheids. Über Fragen, die nicht Anlass der Verfahrensaussetzung oder Verfahrensruhe sind, kann dagegen durch Erlass einer Teil-Einspruchsentscheidung (§ 367 Abs. 2a AO) oder eines Teilabhilfebescheids entschieden werden. Dabei wird i. d. R. zur Herbeiführung der Bestandskraft eine Teil-Einspruchsentscheidung zweckmäßig sein (vgl. AEAO zu § 367, Nr. 6). Auch der Erlass von Änderungsbescheiden aus außerhalb des Einspruchsverfahrens liegenden Gründen (z. B. Folgeänderung gem. § 175 Abs. 1 Satz 1 Nr. 1 AO) bleibt zulässig. Änderungsbescheide werden gem. § 365 Abs. 3 AO Gegenstand des anhängigen Verfahrens.

4. Eine Fortsetzungsmitteilung gemäß § 363 Abs. 2 Satz 4 AO kann in sämtlichen Fällen des § 363 Abs. 2 AO ergehen. Über ihren Erlass ist nach pflichtgemäßem Ermessen zu entscheiden; die Ermessenserwägungen sind dem

Einspruchsführer mitzuteilen (BFH-Urteil vom 26.9.2006, X R 39/05, BStBl 2007 II S. 222). Ein zureichender Grund für den Erlass einer Fortsetzungsmitteilung liegt insbesondere dann vor, wenn ein weiteres gerichtliches Musterverfahren herbeigeführt werden soll, wenn bereits eine Entscheidung des EuGH, des BVerfG oder des obersten Bundesgerichts in einem Parallelverfahren ergangen ist oder wenn das Begehren des Einspruchsführers letztlich darauf abzielt, seinen Steuerfall „offen zu halten", um von künftigen Änderungen der höchstrichterlichen Rechtsprechung zu derzeit nicht strittigen Fragen zu „profitieren" (BFH-Urteil vom 26.9.2006, X R 39/05, a. a. O.).

Teilt die Finanzbehörde nach § 363 Abs. 2 Satz 4 AO die Fortsetzung des bisher ruhenden Einspruchsverfahrens mit, soll sie vor Erlass einer Einspruchsentscheidung den Beteiligten Gelegenheit geben, sich erneut zu äußern.

5. Zur Unterbrechung eines Einspruchsverfahrens durch eine Insolvenzeröffnung vgl. AEAO zu § 251, Nr. 4.1; zur Aufnahme eines unterbrochenen Einspruchsverfahrens sowie zur Erledigung eines Einspruchsverfahrens vgl. AEAO zu § 251, Nr. 5.3.

§ 364 Offenlegung der Besteuerungsunterlagen (S 0622)

Den Beteiligten sind, soweit es noch nicht geschehen ist, die Unterlagen der Besteuerung auf Antrag oder, wenn die Begründung des Einspruchs dazu Anlass gibt, von Amts wegen offenzulegen.

AEAO zu § 364 - Offenlegen der Besteuerungsunterlagen:

Den Beteiligten sind die Besteuerungsunterlagen mitzuteilen oder anderweitig offenzulegen, wenn sie dies beantragt haben oder wenn die Einspruchsbegründung dazu Anlass gibt. Wenn die Finanzbehörde es für zweckmäßig hält, kann sie Akteneinsicht gewähren. Hierbei ist sicherzustellen, dass Verhältnisse eines anderen nicht unbefugt offenbart werden. Die Ablehnung eines Antrags auf Akteneinsicht ist mit dem Einspruch anfechtbar. Für das finanzgerichtliche Verfahren gilt § 78 FGO.

§ 364a Erörterung des Sach- und Rechtsstands (S 0624)

(1) ¹Auf Antrag eines Einspruchsführers soll die Finanzbehörde vor Erlass einer Einspruchsentscheidung den Sach- und Rechtsstand erörtern. ²Weitere Beteiligte können hierzu geladen werden, wenn die Finanzbehörde dies für sachdienlich hält. ³Die Finanzbehörde kann auch ohne Antrag eines Einspruchsführers diesen und weitere Beteiligte zu einer Erörterung laden.

(2) ¹Von einer Erörterung mit mehr als zehn Beteiligten kann die Finanzbehörde absehen. ²Bestellen die Beteiligten innerhalb einer von der Finanzbehörde bestimmten angemessenen Frist einen gemeinsamen Vertreter, soll der Sach- und Rechtsstand mit diesem erörtert werden.

(3) ¹Die Beteiligten können sich durch einen Bevollmächtigten vertreten lassen. ²Sie können auch persönlich zur Erörterung geladen werden, wenn die Finanzbehörde dies für sachdienlich hält.

(4) Das Erscheinen kann nicht nach § 328 erzwungen werden.

AEAO zu § 364a - Erörterung des Sach- und Rechtsstands:

1. § 364a AO soll eine einvernehmliche Erledigung der Einspruchsverfahren fördern und Streitfälle von den Finanzgerichten fernhalten. Ziel einer mündlichen Erörterung kann auch eine „tatsächliche Verständigung" (vgl. BMF-Schreiben vom 30.7.2008, BStBl I S. 831, ergänzt durch BMF-Schreiben vom 15.4.2019, BStBl I S. 447[1]) sein.

2. Einem Antrag auf mündliche Erörterung soll grundsätzlich entsprochen werden. Dies gilt nicht, wenn bei mehr als 10 Beteiligten kein gemeinsamer Vertreter nach Absatz 2 bestellt wird oder wenn die beantragte Erörterung offensichtlich nur der Verfahrensverschleppung dient.

3. Antragsbefugt sind nur Einspruchsführer, nicht aber hinzugezogene Personen. Hinzugezogene können aber von Amts wegen zu einer mündlichen Erörterung geladen werden (§ 364a Abs. 1 Satz 2 und 3 AO).

4. Keine Verpflichtung zur mündlichen Erörterung besteht, wenn das Finanzamt dem Einspruch abhelfen will oder solange das Einspruchsverfahren nach § 363 AO ausgesetzt ist oder ruht.

5. Die mündliche Erörterung kann in geeigneten Fällen auch telefonisch durchgeführt werden. Im Hinblick auf die Pflicht zur Wahrung des Steuergeheimnisses (§ 30 AO) muss sich das Finanzamt dann aber über die Identität des Gesprächspartners vergewissern.

---
[1] Im Anhang 19 abgedruckt.

§ 364b Fristsetzung (S 0624)

(1) Die Finanzbehörde kann dem Einspruchsführer eine Frist setzen

1. zur Angabe der Tatsachen, durch deren Berücksichtigung oder Nichtberücksichtigung er sich beschwert fühlt,
2. zur Erklärung über bestimmte klärungsbedürftige Punkte,
3. zur Bezeichnung von Beweismitteln oder zur Vorlage von Urkunden, soweit er dazu verpflichtet ist.

(2) [1]Erklärungen und Beweismittel, die erst nach Ablauf der nach Absatz 1 gesetzten Frist vorgebracht werden, sind nicht zu berücksichtigen. [2]§ 367 Absatz 2 Satz 2 bleibt unberührt. [3]Bei Überschreitung der Frist gilt § 110 entsprechend.

(3) Der Einspruchsführer ist mit der Fristsetzung über die Rechtsfolgen nach Absatz 2 zu belehren.

AEAO zu § 364b - Fristsetzung:

1. § 364b AO soll dem Missbrauch des Einspruchsverfahrens zu rechtsbehelfsfremden Zwecken entgegenwirken. Von der Möglichkeit der Fristsetzung nach § 364b AO sollte daher insbesondere in Einspruchsverfahren, die einen Schätzungsbescheid nach Nichtabgabe der Steuererklärung betreffen, Gebrauch gemacht werden.

2. Eine Fristsetzung nach § 364b AO kann nur gegenüber einem Einspruchsführer, nicht gegenüber einem Hinzugezogenen (§ 360 AO) ergehen. Die Frist soll mindestens einen Monat betragen. Ein eventueller Nachprüfungsvorbehalt (§ 164 AO) ist spätestens mit der Fristsetzung aufzuheben.

3. Erklärungen und Beweismittel, die erst nach Ablauf der vom Finanzamt - insbesondere unter Beachtung des Belehrungsgebots (§ 364b Abs. 3 AO) - wirksam gesetzten Frist vorgebracht werden, können im Einspruchsverfahren allenfalls im Rahmen einer Verböserung nach § 367 Abs. 2 Satz 2 AO berücksichtigt werden. Außerhalb des Einspruchsverfahrens bestehende Korrekturvorschriften (z. B. § 173 AO) bleiben zwar unberührt, werden aber i. d. R. nicht einschlägig sein.

4. Geht ein Antrag auf Fristverlängerung vor Fristablauf beim Finanzamt ein, kann die Frist gem. § 109 AO verlängert werden. Geht der Antrag nach Ablauf der Frist beim Finanzamt ein, kann nur nach § 110 AO Wiedereinsetzung in den vorigen Stand gewährt werden. Über Einwendungen gegen die Fristsetzung ist - soweit nicht abgeholfen wird - im Rahmen der Entscheidung über den Einspruch gegen den Steuerbescheid zu entscheiden.

5. Zu den Wirkungen einer nach § 364b AO gesetzten Ausschlussfrist für ein nachfolgendes Klageverfahren vgl. § 76 Abs. 3 FGO. Die Finanzbehörde kann trotz einer rechtmäßigen Fristsetzung in einem nachfolgenden Klageverfahren einen Abhilfebescheid gem. § 172 Abs. 1 Satz 1 Nr. 2 Buchstabe a AO erlassen.

§ 365 Anwendung von Verfahrensvorschriften (S 0622)

(1) Für das Verfahren über den Einspruch gelten im Übrigen die Vorschriften sinngemäß, die für den Erlass des angefochtenen oder des begehrten Verwaltungsakts gelten.

(2) In den Fällen des § 93 Absatz 5, des § 96 Absatz 7 Satz 2 und der §§ 98 bis 100 ist den Beteiligten und ihren Bevollmächtigten und Beiständen (§ 80) Gelegenheit zu geben, an der Beweisaufnahme teilzunehmen.

(3) ¹Wird der angefochtene Verwaltungsakt geändert oder ersetzt, so wird der neue Verwaltungsakt Gegenstand des Einspruchsverfahrens. ²Satz 1 gilt entsprechend, wenn

1. ein Verwaltungsakt nach § 129 berichtigt wird oder
2. ein Verwaltungsakt an die Stelle eines angefochtenen unwirksamen Verwaltungsakts tritt.

AEAO zu § 365 - Anwendung von Verfahrensvorschriften:

1. Die Aufklärungspflicht der Einspruchsbehörde wird von der Zumutbarkeit begrenzt (vgl. AEAO zu § 88, Nr. 3).

   Nach dem BFH-Urteil vom 11.12.1984, VIII R 131/76, BStBl 1985 II S. 354 können im Hinblick auf die Gesetzmäßigkeit und Gleichmäßigkeit der Besteuerung keine Vergleiche über Steueransprüche abgeschlossen werden. Eine "tatsächliche Verständigung" über schwierig zu ermittelnde tatsächliche Umstände ist aber zulässig und bindend (vgl. BMF-Schreiben vom 30.7.2008, BStBl I S. 831, ergänzt durch BMF-Schreiben vom 15.4.2019, BStBl I S. 447[1]).

2. Wird während des Einspruchsverfahrens der angefochtene Verwaltungsakt geändert oder ersetzt, wird der neue Verwaltungsakt Gegenstand des Einspruchsverfahrens (§ 365 Abs. 3 Satz 1 AO); der Einspruch muss aber zulässig sein (BFH-Urteil vom 13.4.2000, V R 56/99, BStBl II S. 490). Dies gilt entsprechend, wenn ein Verwaltungsakt wegen einer offenbaren Unrichtigkeit gem. § 129 AO berichtigt wird oder wenn ein Verwaltungsakt an die Stelle eines angefochtenen - z. B. wegen eines Bekanntgabemangels - unwirksamen Verwaltungsakts tritt (§ 365 Abs. 3 Satz 2 AO).

   Bei einem Teilwiderruf oder einer Teilrücknahme bleibt der Verwaltungsakt - wenn auch eingeschränkt - bestehen und der Einspruch damit ebenfalls anhängig (BFH-Urteil vom 28.1.1982, V R 100/80, BStBl II S. 292).

   Eine Ersetzung i. S. d. § 365 Abs. 3 AO liegt auch vor, wenn sich ein mit dem Einspruch angefochtener Vorauszahlungsbescheid mit Wirksamwerden der Jahressteuerfestsetzung erledigt (BFH-Urteil vom 4.11.1999, V R 35/98, BStBl 2000 II S. 454).

---

[1] Im Anhang 19 abgedruckt.

Die Regelungen des § 365 Abs. 3 AO gelten nur für das Einspruchsverfahren; insbesondere bleiben Beitreibungsmaßnahmen nur auf der Grundlage eines wirksamen Verwaltungsakts zulässig.

Wegen des Erlasses eines Änderungsbescheids vor oder nach Ergehen einer Teil-Einspruchsentscheidung vgl. AEAO zu § 367, Nr. 6.5.

§ 366 Form, Inhalt und Erteilung der Einspruchsentscheidung (S 0625)

[1]Die Einspruchsentscheidung ist zu begründen, mit einer Rechtsbehelfsbelehrung zu versehen und den Beteiligten schriftlich oder elektronisch zu erteilen. [2]Betrifft die Einspruchsentscheidung eine gesonderte und einheitliche Feststellung im Sinne des § 180 Absatz 1 Satz 1 Nummer 2 Buchstabe a und sind mehr als 50 Personen gemäß § 359 am Verfahren beteiligt, so kann auf die Nennung sämtlicher Einspruchsführer und Hinzugezogenen im Rubrum der Einspruchsentscheidung verzichtet werden, wenn dort die Person, der diese Einspruchsentscheidung jeweils bekannt gegeben wird, und die Anzahl der übrigen nicht namentlich bezeichneten Beteiligten angegeben wird.

AEAO zu § 366 - Form, Inhalt und Erteilung der Einspruchsentscheidung:

1. Für die Bekanntgabe der Einspruchsentscheidung gelten §§ 122 und 122a AO. Wegen der Bekanntgabe an Bevollmächtigte vgl. AEAO zu § 122, Nr. 1.7; wegen der Bekanntgabe durch Telefax vgl. AEAO zu § 122, Nrn. 1.8.1.2 und 1.8.2.2.

2. Eine förmliche Zustellung der Einspruchsentscheidung ist nur erforderlich, wenn sie ausdrücklich angeordnet wird (§ 122 Abs. 5 Satz 1 AO). Sie sollte insbesondere dann angeordnet werden, wenn ein eindeutiger Nachweis des Zugangs für erforderlich gehalten wird. Zum Zustellungsverfahren vgl. AEAO zu § 122, Nrn. 3 und 4.5.

3. In den Gründen der Einspruchsentscheidung sollen Wiedergabe des Tatbestandes und Darlegung der rechtlichen Erwägungen der entscheidenden Behörde getrennt sein. Auf Zulässigkeitsfragen ist nur einzugehen, wenn hierzu begründeter Anlass besteht, etwa in den Fällen der §§ 354 Abs. 2, 362 Abs. 2 AO oder bei ernsthaften Zweifeln am Vorliegen einzelner Zulässigkeitsvoraussetzungen. Hinweis auf § 358 AO.

   Enthält die Einspruchsentscheidung entgegen § 366 AO keine oder eine unrichtige Rechtsbehelfsbelehrung, beträgt die Klagefrist nach § 55 Abs. 2 FGO ein Jahr statt eines Monats.

§ 367 Entscheidung über den Einspruch [S 0625]

(1) ¹Über den Einspruch entscheidet die Finanzbehörde, die den Verwaltungsakt erlassen hat, durch Einspruchsentscheidung. ²Ist für den Steuerfall nachträglich eine andere Finanzbehörde zuständig geworden, so entscheidet diese Finanzbehörde; § 26 Satz 2 bleibt unberührt.

(2) ¹Die Finanzbehörde, die über den Einspruch entscheidet, hat die Sache in vollem Umfang erneut zu prüfen. ²Der Verwaltungsakt kann auch zum Nachteil des Einspruchsführers geändert werden, wenn dieser auf die Möglichkeit einer verbösernden Entscheidung unter Angabe von Gründen hingewiesen und ihm Gelegenheit gegeben worden ist, sich hierzu zu äußern. ³Einer Einspruchsentscheidung bedarf es nur insoweit, als die Finanzbehörde dem Einspruch nicht abhilft.

(2a) ¹Die Finanzbehörde kann vorab über Teile des Einspruchs entscheiden, wenn dies sachdienlich ist. ²Sie hat in dieser Entscheidung zu bestimmen, hinsichtlich welcher Teile Bestandskraft nicht eintreten soll.

(2b) ¹Anhängige Einsprüche, die eine vom Gerichtshof der Europäischen Union, vom Bundesverfassungsgericht oder vom Bundesfinanzhof entschiedene Rechtsfrage betreffen und denen nach dem Ausgang des Verfahrens vor diesen Gerichten nicht abgeholfen werden kann, können durch Allgemeinverfügung insoweit zurückgewiesen werden. ²Sachlich zuständig für den Erlass der Allgemeinverfügung ist die oberste Finanzbehörde. ³Die Allgemeinverfügung ist im Bundessteuerblatt und auf den Internetseiten des Bundesministeriums der Finanzen zu veröffentlichen. ⁴Sie gilt am Tag nach der Herausgabe des Bundessteuerblattes, in dem sie veröffentlicht wird, als bekannt gegeben. ⁵Abweichend von § 47 Absatz 1 der Finanzgerichtsordnung endet die Klagefrist mit Ablauf eines Jahres nach dem Tag der Bekanntgabe. ⁶§ 63 Absatz 1 Nummer 1 der Finanzgerichtsordnung gilt auch, soweit ein Einspruch durch eine Allgemeinverfügung nach Satz 1 zurückgewiesen wurde.

(3) ¹Richtet sich der Einspruch gegen einen Verwaltungsakt, den eine Behörde auf Grund gesetzlicher Vorschrift für die zuständige Finanzbehörde erlassen hat, so entscheidet die zuständige Finanzbehörde über den Einspruch. ²Auch die für die zuständige Finanzbehörde handelnde Behörde ist berechtigt, dem Einspruch abzuhelfen.

AEAO zu § 367 - Entscheidung über den Einspruch:

1. Jeder nach Erlass eines Verwaltungsakts eintretende Zuständigkeitswechsel bewirkt auch eine Zuständigkeitsänderung im Einspruchsverfahren. Die Einspruchsvorgänge sind daher mit den übrigen Akten abzugeben. Die zunächst zuständige Behörde kann jedoch unter Wahrung der Interessen der Beteiligten aus Zweckmäßigkeitsgründen das Einspruchsverfahren fortführen, wenn das neu zuständige Finanzamt zustimmt. Zu den Auswirkungen eines Zuständigkeitswechsels auf das Einspruchsverfahren siehe auch BMF-Schreiben vom 10.10.1995, BStBl I S. 664.

2. Gem. § 132 AO gelten die Vorschriften über Rücknahme, Widerruf, Aufhebung und Änderung von Verwaltungsakten auch während des Einspruchsverfahrens (vgl. AEAO zu § 365, Nr. 2).

2.1 Aufgrund der im Einspruchsverfahren geltenden umfassenden Überprüfungsmöglichkeit nach § 367 Abs. 2 Satz 1 AO ist die Finanzbehörde jedoch nicht an die Voraussetzungen der Korrekturvorschriften §§ 130 ff., 172 ff. AO gebunden (BFH-Urteil vom 10.3.2016, III R 2/15, BStBl II S. 508).

2.2 Will die Finanzbehörde den angefochtenen Verwaltungsakt zum Nachteil des Einspruchsführers ändern, muss der Einspruchsführer auf die Möglichkeit einer verbösernden Entscheidung unter Angabe von Gründen hingewiesen und ihm Gelegenheit gegeben werden, sich hierzu zu äußern (§ 367 Abs. 2 Satz 2 AO). Dieser Hinweis ist nur dann - ausnahmsweise - entbehrlich, wenn sich die Änderung zum Nachteil des Einspruchsführers durch Einspruchsrücknahme nicht hätte vermeiden lassen. Ist zweifelhaft, ob eine solche Änderung noch möglich ist, darf auf diesen Hinweis nicht verzichtet werden (vgl. BFH-Urteil vom 22.3.2006, XI R 24/05, BStBl II S. 576).

2.3 Die Finanzbehörde ist auch dann noch zum Erlass einer verbösernden Einspruchsentscheidung gemäß § 367 Abs. 2 Satz 2 AO berechtigt, wenn

- sie zuvor einen Änderungsbescheid erlassen hat, in dem sie dem Einspruchsbegehren teilweise entsprochen, jedoch nicht in voller Höhe abgeholfen hat (sog. Teilabhilfebescheid; vgl. BFH-Urteil vom 6.9.2006, XI R 51/05, BStBl 2007 II S. 83) oder

- ein Verwaltungsakt, mit dem die Finanzbehörde einem Antrag auf eine Billigkeitsmaßnahme nach §§ 163, 222 oder 227 AO nur teilweise stattgegeben hat, mit dem Einspruch angefochten wird (BFH-Urteil vom 10.3.2016, III R 2/15, BStBl II S. 508).

2.4 Nimmt der Steuerpflichtige seinen Einspruch zurück, ist eine Änderung zum Nachteil des Steuerpflichtigen nur noch möglich, wenn dies nach den Vorschriften über Aufhebung, Änderung, Rücknahme oder Widerruf von Verwaltungsakten zulässig ist.

3. Zu den Auswirkungen einer Teilabhilfe auf das Einspruchsverfahren vgl. AEAO zu § 365, Nr. 2.

Stellt ein Steuerpflichtiger nach Einspruchseinlegung einen Antrag bezüglich eines bisher nicht geltend gemachten Streitpunkts, ist dieser Antrag als Erweiterung des Einspruchsantrags, verbunden mit der Anregung, dem Einspruch insoweit durch Erlass eines Teilabhilfebescheids stattzugeben, auszulegen. Ist der Antrag begründet, kann während des Einspruchsverfahrens ein geänderter Verwaltungsakt erlassen werden. Dieser wird dann gem. § 365 Abs. 3 AO Gegenstand des Einspruchsverfahrens. Ist der Antrag unbegründet, ist über ihn in der Einspruchsentscheidung zu befinden; die Ablehnung durch gesonderten Verwaltungsakt ist während eines anhängigen Einspruchsverfahrens nicht zulässig.

4. Zur Möglichkeit der Änderung eines im Einspruchsverfahren bestätigten oder geänderten Verwaltungsakts vgl. AEAO zu § 172, Nrn. 3 und 4.

5. Es ist zulässig, den Vorbehalt der Nachprüfung (§ 164 AO) auch in der Entscheidung über den Einspruch aufrechtzuerhalten (BFH-Urteil vom 12.6.1980, IV R 23/79, BStBl II S. 527). In diesen Fällen braucht die Angelegenheit nicht umfassender geprüft zu werden als in dem Verfahren, das dem Erlass der angefochtenen Vorbehaltsfestsetzung vorangegangen ist.

Der Vorbehalt der Nachprüfung ist jedoch aufzuheben, wenn im Einspruchsverfahren eine abschließende Prüfung i. S. d. § 164 Abs. 1 AO durchgeführt wird. Die Aufhebung des Vorbehalts bedarf regelmäßig keiner besonderen Begründung. Insbesondere kann insoweit auch ein Hinweis nach § 367 Abs. 2 Satz 2 AO unterbleiben (BFH-Urteil vom 10.7.1996, I R 5/96, BStBl 1997 II S. 5).

Es ist auch statthaft, nach Hinweis auf die Verböserungsmöglichkeit einen Verwaltungsakt erstmalig in der Einspruchsentscheidung mit einer Nebenbestimmung zu versehen (BFH-Urteil vom 12.6.1980, IV R 23/79, a. a. O.). Ist ein Bescheid, der auf einer Schätzung beruht, ohne Nachprüfungsvorbehalt ergangen und wird nach Klageerhebung die Steuererklärung eingereicht, kann der daraufhin ergehende Änderungsbescheid nur mit Zustimmung des Steuerpflichtigen unter Nachprüfungsvorbehalt gestellt werden (BFH-Urteil vom 30.10.1980, IV R 168-170/79, BStBl 1981 II S. 150).

6. Teil-Einspruchsentscheidung

6.1 Der Erlass einer Teil-Einspruchsentscheidung (§ 367 Abs. 2a AO) steht im Ermessen der Finanzbehörde, muss aber sachdienlich sein. Dies ist der Fall, wenn ein Teil des Einspruchs entscheidungsreif ist, während über einen anderen Teil des Einspruchs zunächst nicht entschieden werden kann, weil z. B. insoweit die Voraussetzungen für eine Verfahrensruhe nach § 363 Abs. 2 Satz 2 AO vorliegen oder hinsichtlich des nicht entscheidungsreifen Teils des Einspruchs noch Ermittlungen zur Sach- oder Rechtslage erforderlich sind. Zu unbenannten Streitpunkten besteht grundsätzlich Entscheidungsreife, es sei denn, die umfassende Prüfung des Steuerfalls (§ 367 Abs. 2 Satz 1 AO) ergibt Aufklärungsbedarf (BFH-Urteil vom 14.3.2012, X R 50/09, BStBl II S. 536).

Eine Teil-Einspruchsentscheidung wird somit insbesondere dann sachdienlich sein, wenn

- der Einspruchsführer strittige Rechtsfragen aufwirft, die Gegenstand eines beim EuGH, beim BVerfG oder bei einem obersten Bundesgericht anhängigen Verfahrens sind,
- der Einspruchsführer sich auf dieses Verfahren beruft,
- der Erlass einer Fortsetzungsmitteilung gem. § 363 Abs. 2 Satz 4 AO (vgl. AEAO zu § 363, Nr. 4) nicht in Betracht kommt und
- der Einspruch im Übrigen entscheidungsreif ist.

6.2. Eine Teil-Einspruchsentscheidung ist auch dann sachdienlich, wenn sie dem Interesse der Finanzverwaltung an einer zeitnahen Entscheidung über den entscheidungsreifen Teil eines Einspruchs dient, der ersichtlich nur zu dem Zweck eingelegt wurde, die Steuerfestsetzung nicht bestandskräftig werden zu lassen (BFH-Urteile vom 30.9.2010, III R 39/08, BStBl 2011 II S. 11, und vom 14.3.2012, X R 50/09, BStBl II S. 536). Um neuen Masseneinsprüchen entgegenzuwirken, soll in Fällen, in denen mit dem Einspruch ausschließlich das Ziel verfolgt wird, im Hinblick auf anhängige Gerichtsverfahren mit Breitenwirkung den angefochtenen Verwaltungsakt nicht bestandskräftig werden zu lassen, möglichst zeitnah eine Teil-Einspruchsentscheidung erlassen werden, wenn und soweit der Einspruch nicht durch die Beifügung eines Vorläufigkeitsvermerks gem. § 165 Abs. 1 Satz 2 Nr. 3 oder 4 AO erledigt werden kann.

6.3 Es besteht keine über § 367 Abs. 2 Satz 2 AO („Verböserungshinweis") hinausgehende Verpflichtung, dem Einspruchsführer vor Erlass einer Teil-Einspruchsentscheidung rechtliches Gehör zu gewähren, damit dieser prüfen kann, ob er noch Einwendungen vorträgt. Die Finanzbehörde ist auch nicht verpflichtet, dem Einspruchsführer vor Erlass einer Teil-Einspruchsentscheidung eine Frist nach § 364b Abs. 1 Nr. 1 AO zu setzen (BFH-Urteil vom 14.3.2012, X R 50/09, BStBl II S. 536).

6.4 In der Teil-Einspruchsentscheidung ist genau zu bestimmen, hinsichtlich welcher Teile des Verwaltungsakts Bestandskraft nicht eintreten soll, um die Reichweite der Teil-Einspruchsentscheidung zu definieren. Durch Angabe der betreffenden Besteuerungsgrundlage(n) wird hinreichend bestimmt, hinsichtlich welcher Teile Bestandskraft nicht eintreten soll; es ist nicht erforderlich und i. d. R. auch nicht möglich, den Teil der Steuer zu beziffern, dessen Festsetzung nicht bestandskräftig werden soll (BFH-Urteile vom 30.9.2010, III R 39/08, BStBl 2011 II S. 11, und vom 14.3.2012, X R 50/09, BStBl II S. 536). Die Bestimmung, hinsichtlich welcher Teile des Verwaltungsakts Bestandskraft nicht eintreten soll, ist Teil des Tenors der Teil-Einspruchsentscheidung und weder Nebenbestimmung noch Grundlagenbescheid. Sie kann daher nur durch Klage gegen die Teil-Einspruchsentscheidung angegriffen werden. Soweit anhängige Verfahren vor dem EuGH, dem BVerfG oder einem obersten Bundesgericht Anlass für eine Teil-Einspruchsentscheidung / Verfahrensruhe sind (vgl. AEAO zu § 367, Nr. 6.1 zweiter Absatz), sind diese nicht im Tenor, sondern in der Begründung der Teil-Einspruchsentscheidung zu benennen.

Ist der Erlass einer Teil-Einspruchsentscheidung sachdienlich (vgl. AEAO zu § 367, Nrn. 6.1 und 6.2), ist das der Finanzbehörde eingeräumte Entschließungsermessen in einer Weise vorgeprägt, dass es keiner über die Darlegung der Sachdienlichkeit hinausgehenden Begründung bedarf, warum eine Teil-Einspruchsentscheidung erlassen wird (BFH-Urteile vom 30.9.2010, III R 39/08, und vom 14.3.2012, X R 50/09, jeweils a. a. O.).

6.5 Ergeht vor Erlass der Teil-Einspruchsentscheidung ein Änderungsbescheid, wird dieser neue Bescheid Gegenstand des Einspruchsverfahrens (§ 365 Abs. 3 AO) und somit auch Gegenstand der Teil-Einspruchsentscheidung. Bei der Bestimmung, inwieweit Bestandskraft nicht eintreten soll, ist vom Inhalt des neuen Bescheids auszugehen. Soll nach Ergehen der Teil-Einspruchsentscheidung ein Änderungsbescheid erlassen werden, ist zuvor zu prüfen, inwieweit dem Änderungsbescheid die Bindungswirkung der Teil-Einspruchsentscheidung entgegensteht.

| | Abgabenordnung | § 367 |

6.6 Die Teil-Einspruchsentscheidung hat nicht zur Folge, dass stets noch eine förmliche „End-Einspruchsentscheidung" ergehen muss. Das Einspruchsverfahren kann beispielsweise auch dadurch abgeschlossen werden, dass die Finanzbehörde dem Einspruch hinsichtlich der zunächst „offen" gebliebenen Frage abhilft, der Steuerpflichtige seinen Einspruch zurücknimmt oder eine Allgemeinverfügung nach § 367 Abs. 2b AO ergeht. Wird die wirksam ergangene Teil-Einspruchsentscheidung bestandskräftig, kann im weiteren Verfahren über den „noch offenen" Teil der angefochtenen Steuerfestsetzung nicht mit Erfolg geltend gemacht werden, die in der Teil-Einspruchsentscheidung vertretene Rechtsauffassung entspreche nicht dem Gesetz. Dies ist auch in einem eventuellen Klageverfahren gegen eine „End-Einspruchsentscheidung" zu beachten.

7. Allgemeinverfügung

7.1 Wegen der Erledigung von Masseneinsprüchen und Massenanträgen durch eine Allgemeinverfügung vgl. § 367 Abs. 2b sowie § 172 Abs. 3 AO.

7.2 Ergeht eine Allgemeinverfügung nach § 367 Abs. 2b AO, bleibt das Einspruchsverfahren grundsätzlich im Übrigen anhängig. Gegenstand des Einspruchsverfahrens ist der angefochtene Verwaltungsakt und nicht ein Teil der Besteuerungsgrundlagen oder ein einzelner Streitpunkt. Auch wenn sich die Allgemeinverfügung auf sämtliche vom Einspruchsführer vorgebrachte Einwendungen erstreckt, ist deshalb das Einspruchsverfahren im Übrigen fortzuführen.

Dies gilt nicht, soweit bereits eine Teil-Einspruchsentscheidung (§ 367 Abs. 2a AO) ergangen ist, die den „noch offen bleibenden" Teil des Einspruchs auf den Umfang beschränkt hat, der Gegenstand der Allgemeinverfügung ist. Dies gilt zudem dann nicht, wenn Festsetzungen einer Annexsteuer oder Zinsfestsetzungen nach §§ 233 ff. AO ausschließlich im Hinblick auf die Frage der Verfassungsmäßigkeit der gesetzlichen Grundlage der Annexsteuer oder Zinsen angefochten sind; in diesem Fall erledigt die Allgemeinverfügung die anhängigen Einsprüche vollumfänglich (vgl. BFH-Urteil vom 20.2.2024, IX R 27/23 (II R 27/15), BStBl II S. 444).

Über die Rechtsfrage, die Gegenstand der Allgemeinverfügung war, kann in einer eventuell notwendig werdenden Einspruchsentscheidung (§ 366, § 367 Abs. 1 AO) nicht erneut entschieden werden. Zu berücksichtigen ist dann, dass für eine Klage nach einer Zurückweisung des Einspruchs durch Allgemeinverfügung und für eine Klage nach Erlass einer Einspruchsentscheidung durch die örtlich zuständige Finanzbehörde unterschiedliche Fristen gelten.

7.3 Unzulässige Einsprüche werden von einer nach § 367 Abs. 2b AO ergehenden Allgemeinverfügung grundsätzlich nicht erfasst, da der Ausgang des Verfahrens, das bei einem der in § 367 Abs. 2b Satz 1 AO angeführten Gerichte anhängig war, für diese Einsprüche i. d. R. nicht entscheidungserheblich ist. Wenn dagegen die Frage der Zulässigkeit eines Einspruchs Gegenstand des Verfahrens bei einem der in § 367 Abs. 2b Satz 1 AO angeführten Gerichte war, kann eine Allgemeinverfügung insoweit auch unzulässige Einsprüche erfassen. Ansonsten sind unzulässige Einsprüche möglichst zeitnah durch Einspruchsentscheidung zu verwerfen, falls sie vom Einspruchsführer nicht zurückgenommen werden.

8. Insolvenzverfahren

Zur Verfahrensweise in Insolvenzfällen vgl. AEAO zu § 251, Nrn. 5.3. ff. und Nr. 14.

§ 368 (weggefallen)

Achter Teil - Straf- und Bußgeldvorschriften, Straf- und Bußgeldverfahren

Erster Abschnitt - Strafvorschriften

§ 369 Steuerstraftaten (S 0700)

(1) Steuerstraftaten (Zollstraftaten) sind:
1. Taten, die nach den Steuergesetzen strafbar sind,
2. der Bannbruch,
3. die Wertzeichenfälschung und deren Vorbereitung, soweit die Tat Steuerzeichen betrifft,
4. die Begünstigung einer Person, die eine Tat nach den Nummern 1 bis 3 begangen hat.

(2) Für Steuerstraftaten gelten die allgemeinen Gesetze über das Strafrecht, soweit die Strafvorschriften der Steuergesetze nichts anderes bestimmen.

§ 370 Steuerhinterziehung (S 0701)

(1) Mit Freiheitsstrafe bis zu fünf Jahren oder mit Geldstrafe wird bestraft, wer
1. den Finanzbehörden oder anderen Behörden über steuerlich erhebliche Tatsachen unrichtige oder unvollständige Angaben macht,
2. die Finanzbehörden pflichtwidrig über steuerlich erhebliche Tatsachen in Unkenntnis lässt oder
3. pflichtwidrig die Verwendung von Steuerzeichen oder Steuerstempeln unterlässt

und dadurch Steuern verkürzt oder für sich oder einen anderen nicht gerechtfertigte Steuervorteile erlangt.

(2) Der Versuch ist strafbar.

(3) [1]In besonders schweren Fällen ist die Strafe Freiheitsstrafe von sechs Monaten bis zu zehn Jahren. [2]Ein besonders schwerer Fall liegt in der Regel vor, wenn der Täter
1. in großem Ausmaß Steuern verkürzt oder nicht gerechtfertigte Steuervorteile erlangt,
2. seine Befugnisse oder seine Stellung als Amtsträger oder Europäischer Amtsträger (§ 11 Absatz 1 Nummer 2a des Strafgesetzbuchs) missbraucht,

3. die Mithilfe eines Amtsträgers oder Europäischen Amtsträgers (§ 11 Absatz 1 Nummer 2a des Strafgesetzbuchs) ausnutzt, der seine Befugnisse oder seine Stellung missbraucht,

4. unter Verwendung nachgemachter oder verfälschter Belege fortgesetzt Steuern verkürzt oder nicht gerechtfertigte Steuervorteile erlangt,

5. als Mitglied einer Bande, die sich zur fortgesetzten Begehung von Taten nach Absatz 1 verbunden hat, Umsatz- oder Verbrauchssteuern verkürzt oder nicht gerechtfertigte Umsatz- oder Verbrauchssteuervorteile erlangt oder

6. eine Drittstaat-Gesellschaft im Sinne des § 138 Absatz 3, auf die er alleine oder zusammen mit nahestehenden Personen im Sinne des § 1 Absatz 2 des Außensteuergesetzes unmittelbar oder mittelbar einen beherrschenden oder bestimmenden Einfluss ausüben kann, zur Verschleierung steuerlich erheblicher Tatsachen nutzt und auf diese Weise fortgesetzt Steuern verkürzt oder nicht gerechtfertigte Steuervorteile erlangt.

(4) [1]Steuern sind namentlich dann verkürzt, wenn sie nicht, nicht in voller Höhe oder nicht rechtzeitig festgesetzt werden; dies gilt auch dann, wenn die Steuer vorläufig oder unter Vorbehalt der Nachprüfung festgesetzt wird oder eine Steueranmeldung einer Steuerfestsetzung unter Vorbehalt der Nachprüfung gleichsteht. [2]Steuervorteile sind auch Steuervergütungen; nicht gerechtfertigte Steuervorteile sind erlangt, soweit sie zu Unrecht gewährt oder belassen werden. [3]Die Voraussetzungen der Sätze 1 und 2 sind auch dann erfüllt, wenn die Steuer, auf die sich die Tat bezieht, aus anderen Gründen hätte ermäßigt oder der Steuervorteil aus anderen Gründen hätte beansprucht werden können.

(5) Die Tat kann auch hinsichtlich solcher Waren begangen werden, deren Einfuhr, Ausfuhr oder Durchfuhr verboten ist.

(6) [1]Die Absätze 1 bis 5 gelten auch dann, wenn sich die Tat auf Einfuhr- oder Ausfuhrabgaben bezieht, die von einem anderen Mitgliedstaat der Europäischen Union verwaltet werden oder die einem Mitgliedstaat der Europäischen Freihandelsassoziation oder einem mit dieser assoziierten Staat zustehen. [2]Das Gleiche gilt, wenn sich die Tat auf Umsatzsteuern oder auf die in Artikel 1 Absatz 1 der Richtlinie 2008/118/EG des Rates vom 16. Dezember 2008 über das allgemeine Verbrauchsteuersystem und zur Aufhebung der Richtlinie 92/12/EWG (ABl. L 9 vom 14.1.2009, S. 12) genannten harmonisierten Verbrauchsteuern bezieht, die von einem anderen Mitgliedstaat der Europäischen Union verwaltet werden.

(7) Die Absätze 1 bis 6 gelten unabhängig von dem Recht des Tatortes auch für Taten, die außerhalb des Geltungsbereiches dieses Gesetzes begangen werden.

§ 371 Selbstanzeige bei Steuerhinterziehung (S 0702)

(1) ¹Wer gegenüber der Finanzbehörde zu allen Steuerstraftaten einer Steuerart in vollem Umfang die unrichtigen Angaben berichtigt, die unvollständigen Angaben ergänzt oder die unterlassenen Angaben nachholt, wird wegen dieser Steuerstraftaten nicht nach § 370 bestraft. ²Die Angaben müssen zu allen unverjährten Steuerstraftaten einer Steuerart, mindestens aber zu allen Steuerstraftaten einer Steuerart innerhalb der letzten zehn Kalenderjahre erfolgen.

(2) ¹Straffreiheit tritt nicht ein, wenn

1. bei einer der zur Selbstanzeige gebrachten unverjährten Steuerstraftaten vor der Berichtigung, Ergänzung oder Nachholung

   a) dem an der Tat Beteiligten, seinem Vertreter, dem Begünstigten im Sinne des § 370 Absatz 1 oder dessen Vertreter eine Prüfungsanordnung nach § 196 bekannt gegeben worden ist, beschränkt auf den sachlichen und zeitlichen Umfang der angekündigten Außenprüfung, oder

   b) dem an der Tat Beteiligten oder seinem Vertreter die Einleitung des Straf- oder Bußgeldverfahrens bekannt gegeben worden ist oder

   c) ein Amtsträger der Finanzbehörde zur steuerlichen Prüfung erschienen ist, beschränkt auf den sachlichen und zeitlichen Umfang der Außenprüfung, oder

   d) ein Amtsträger zur Ermittlung einer Steuerstraftat oder einer Steuerordnungswidrigkeit erschienen ist oder

   e) ein Amtsträger der Finanzbehörde zu einer Umsatzsteuer-Nachschau nach § 27b des Umsatzsteuergesetzes, einer Lohnsteuer-Nachschau nach § 42g des Einkommensteuergesetzes oder einer Nachschau nach anderen steuerrechtlichen Vorschriften erschienen ist und sich ausgewiesen hat oder

2. eine der Steuerstraftaten im Zeitpunkt der Berichtigung, Ergänzung oder Nachholung ganz oder zum Teil bereits entdeckt war und der Täter dies wusste oder bei verständiger Würdigung der Sachlage damit rechnen musste,

3. die nach § 370 Absatz 1 verkürzte Steuer oder der für sich oder einen anderen erlangte nicht gerechtfertigte Steuervorteil einen Betrag von 25 000 Euro je Tat übersteigt, oder

4. ein in § 370 Absatz 3 Satz 2 Nummer 2 bis 6 genannter besonders schwerer Fall vorliegt.

²Der Ausschluss der Straffreiheit nach Satz 1 Nummer 1 Buchstabe a und c hindert nicht die Abgabe einer Berichtigung nach Absatz 1 für die nicht unter Satz 1 Nummer 1 Buchstabe a und c fallenden Steuerstraftaten einer Steuerart.

(2a) ¹Soweit die Steuerhinterziehung durch Verletzung der Pflicht zur rechtzeitigen Abgabe einer vollständigen und richtigen Umsatzsteuervoranmeldung oder

Lohnsteueranmeldung begangen worden ist, tritt Straffreiheit abweichend von den Absätzen 1 und 2 Satz 1 Nummer 3 bei Selbstanzeigen in dem Umfang ein, in dem der Täter gegenüber der zuständigen Finanzbehörde die unrichtigen Angaben berichtigt, die unvollständigen Angaben ergänzt oder die unterlassenen Angaben nachholt. ²Absatz 2 Satz 1 Nummer 2 gilt nicht, wenn die Entdeckung der Tat darauf beruht, dass eine Umsatzsteuervoranmeldung oder Lohnsteueranmeldung nachgeholt oder berichtigt wurde. ³Die Sätze 1 und 2 gelten nicht für Steueranmeldungen, die sich auf das Kalenderjahr beziehen. ⁴Für die Vollständigkeit der Selbstanzeige hinsichtlich einer auf das Kalenderjahr bezogenen Steueranmeldung ist die Berichtigung, Ergänzung oder Nachholung der Voranmeldungen, die dem Kalenderjahr nachfolgende Zeiträume betreffen, nicht erforderlich.

(3) ¹Sind Steuerverkürzungen bereits eingetreten oder Steuervorteile erlangt, so tritt für den an der Tat Beteiligten Straffreiheit nur ein, wenn er die aus der Tat zu seinen Gunsten hinterzogenen Steuern, die Hinterziehungszinsen nach § 235 und die Zinsen nach § 233a, soweit sie auf die Hinterziehungszinsen nach § 235 Absatz 4 angerechnet werden, sowie die Verzugszinsen nach Artikel 114 des Zollkodex der Union innerhalb der ihm bestimmten angemessenen Frist entrichtet. ²In den Fällen des Absatzes 2a Satz 1 gilt Satz 1 mit der Maßgabe, dass die fristgerechte Entrichtung von Zinsen nach § 233a oder § 235 unerheblich ist.

(4) ¹Wird die in § 153 vorgesehene Anzeige rechtzeitig und ordnungsmäßig erstattet, so wird ein Dritter, der die in § 153 bezeichneten Erklärungen abzugeben unterlassen oder unrichtig oder unvollständig abgegeben hat, strafrechtlich nicht verfolgt, es sei denn, dass ihm oder seinem Vertreter vorher die Einleitung eines Straf- oder Bußgeldverfahrens wegen der Tat bekannt gegeben worden ist. ²Hat der Dritte zum eigenen Vorteil gehandelt, so gilt Absatz 3 entsprechend.

§ 372 Bannbruch
(S 0701)

(1) Bannbruch begeht, wer Gegenstände entgegen einem Verbot einführt, ausführt oder durchführt.

(2) Der Täter wird nach § 370 Absatz 1, 2 bestraft, wenn die Tat nicht in anderen Vorschriften als Zuwiderhandlung gegen ein Einfuhr-, Ausfuhr- oder Durchfuhrverbot mit Strafe oder mit Geldbuße bedroht ist.

§ 373 Gewerbsmäßiger, gewaltsamer und bandenmäßiger Schmuggel
(S 0701)

(1) ¹Wer gewerbsmäßig Einfuhr- oder Ausfuhrabgaben hinterzieht oder gewerbsmäßig durch Zuwiderhandlungen gegen Monopolvorschriften Bannbruch begeht, wird mit Freiheitsstrafe von sechs Monaten bis zu zehn Jahren bestraft. ²In minder schweren Fällen ist die Strafe Freiheitsstrafe bis zu fünf Jahren oder Geldstrafe.

(2) Ebenso wird bestraft, wer

1. eine Hinterziehung von Einfuhr- oder Ausfuhrabgaben oder einen Bannbruch begeht, bei denen er oder ein anderer Beteiligter eine Schusswaffe bei sich führt,

2. eine Hinterziehung von Einfuhr- oder Ausfuhrabgaben oder einen Bannbruch begeht, bei denen er oder ein anderer Beteiligter eine Waffe oder sonst ein Werkzeug oder Mittel bei sich führt, um den Widerstand eines anderen durch Gewalt oder Drohung mit Gewalt zu verhindern oder zu überwinden, oder

3. als Mitglied einer Bande, die sich zur fortgesetzten Begehung der Hinterziehung von Einfuhr- oder Ausfuhrabgaben oder des Bannbruchs verbunden hat, eine solche Tat begeht.

(3) Der Versuch ist strafbar.

(4) § 370 Absatz 6 Satz 1 und Absatz 7 gilt entsprechend.

§ 374 Steuerhehlerei (S 0701)

(1) Wer Erzeugnisse oder Waren, hinsichtlich deren Verbrauchsteuern oder Einfuhr- und Ausfuhrabgaben nach Artikel 5 Nummer 20 und 21 des Zollkodex der Union hinterzogen oder Bannbruch nach § 372 Absatz 2, § 373 begangen worden ist, ankauft oder sonst sich oder einem Dritten verschafft, sie absetzt oder absetzen hilft, um sich oder einen Dritten zu bereichern, wird mit Freiheitsstrafe bis zu fünf Jahren oder mit Geldstrafe bestraft.

(2) ¹Handelt der Täter gewerbsmäßig oder als Mitglied einer Bande, die sich zur fortgesetzten Begehung von Straftaten nach Absatz 1 verbunden hat, so ist die Strafe Freiheitsstrafe von sechs Monaten bis zu zehn Jahren. ²In minder schweren Fällen ist die Strafe Freiheitsstrafe bis zu fünf Jahren oder Geldstrafe.

(3) Der Versuch ist strafbar.

(4) § 370 Absatz 6 und 7 gilt entsprechend.

§ 375 Nebenfolgen (S 0703)

(1) Neben einer Freiheitsstrafe von mindestens einem Jahr wegen

1. Steuerhinterziehung,

2. Bannbruchs nach § 372 Absatz 2, § 373,

3. Steuerhehlerei oder

4. Begünstigung einer Person, die eine Tat nach den Nummern 1 bis 3 begangen hat,

kann das Gericht die Fähigkeit, öffentliche Ämter zu bekleiden, und die Fähigkeit, Rechte aus öffentlichen Wahlen zu erlangen, aberkennen (§ 45 Absatz 2 des Strafgesetzbuchs).

(2) ¹Ist eine Steuerhinterziehung, ein Bannbruch nach § 372 Absatz 2, § 373 oder eine Steuerhehlerei begangen worden, so können

1. die Erzeugnisse, Waren und andere Sachen, auf die sich die Hinterziehung von Verbrauchsteuer oder Einfuhr- und Ausfuhrabgaben nach Artikel 5 Nummer 20 und 21 des Zollkodex der Union, der Bannbruch oder die Steuerhehlerei bezieht, und
2. die Beförderungsmittel, die zur Tat benutzt worden sind,

eingezogen werden. ²§ 74a des Strafgesetzbuchs ist anzuwenden.

§ 376 Verfolgungsverjährung (S 0704)

(1) In den in § 370 Absatz 3 Satz 2 Nummer 1 bis 6 genannten Fällen besonders schwerer Steuerhinterziehung beträgt die Verjährungsfrist 15 Jahre; § 78b Absatz 4 des Strafgesetzbuches gilt entsprechend.

(2) Die Verjährung der Verfolgung einer Steuerstraftat wird auch dadurch unterbrochen, dass dem Beschuldigten die Einleitung des Bußgeldverfahrens bekannt gegeben oder diese Bekanntgabe angeordnet wird.

(3) Abweichend von § 78c Absatz 3 Satz 2 des Strafgesetzbuches verjährt in den in § 370 Absatz 3 Satz 2 Nummer 1 bis 6 genannten Fällen besonders schwerer Steuerhinterziehung die Verfolgung spätestens, wenn seit dem in § 78a des Strafgesetzbuches bezeichneten Zeitpunkt das Zweieinhalbfache der gesetzlichen Verjährungsfrist verstrichen ist.

Zweiter Abschnitt - Bußgeldvorschriften

§ 377 Steuerordnungswidrigkeiten (S 0710)

(1) Steuerordnungswidrigkeiten (Zollordnungswidrigkeiten) sind Zuwiderhandlungen, die nach diesem Gesetz oder den Steuergesetzen mit Geldbuße geahndet werden können.

(2) Für Steuerordnungswidrigkeiten gelten die Vorschriften des Ersten Teils des Gesetzes über Ordnungswidrigkeiten, soweit die Bußgeldvorschriften dieses Gesetzes oder der Steuergesetze nichts anderes bestimmen.

§ 378 Leichtfertige Steuerverkürzung (S 0711 / 0712)

(1) ¹Ordnungswidrig handelt, wer als Steuerpflichtiger oder bei Wahrnehmung der Angelegenheiten eines Steuerpflichtigen eine der in § 370 Absatz 1 bezeichneten Taten leichtfertig begeht. ²§ 370 Absatz 4 bis 7 gilt entsprechend.

(2) Die Ordnungswidrigkeit kann mit einer Geldbuße bis zu fünfzigtausend Euro geahndet werden.

(3) ¹Eine Geldbuße wird nicht festgesetzt, soweit der Täter gegenüber der Finanzbehörde die unrichtigen Angaben berichtigt, die unvollständigen Angaben ergänzt oder die unterlassenen Angaben nachholt, bevor ihm oder seinem Vertreter die Einleitung eines Straf- oder Bußgeldverfahrens wegen der Tat bekannt gegeben worden ist. ²Sind Steuerverkürzungen bereits eingetreten oder Steuervorteile erlangt, so wird eine Geldbuße nicht festgesetzt, wenn der Täter die aus der Tat zu seinen Gunsten verkürzten Steuern innerhalb der ihm bestimmten angemessenen Frist entrichtet. ³§ 371 Absatz 4 gilt entsprechend.

§ 379 Steuergefährdung[1] (S 0711)

(1) ¹Ordnungswidrig handelt, wer vorsätzlich oder leichtfertig

1. Belege ausstellt, die in tatsächlicher Hinsicht unrichtig sind,

2. Belege gegen Entgelt in den Verkehr bringt,

3. nach Gesetz buchungs- oder aufzeichnungspflichtige Geschäftsvorfälle oder Betriebsvorgänge nicht oder in tatsächlicher Hinsicht unrichtig aufzeichnet oder aufzeichnen lässt, verbucht oder verbuchen lässt,

4. entgegen § 146a Absatz 1 Satz 1 ein dort genanntes System nicht oder nicht richtig verwendet,

---

[1] Gemäß Artikel 18 des Gesetzes vom 2.12.2024 (BGBl. 2024 I Nr. 387) werden § 379 Abs. 2 Nr. 1b und Abs. 8 aufgehoben. Diese Rechtsänderung tritt nach Artikel 56 Absatz 8 des Gesetzes vom 2.12.2024 (BGBl. 2024 I Nr. 387) an dem Tag in Kraft, an dem die Vorschriften der auf Grundlage von § 117c Abs. 1 Satz 1 Nr. 5 AO erlassenen Rechtsverordnung zur Änderung der FATCA-USA- Umsetzungsverordnung in Kraft treten. Das Bundesministerium der Finanzen gibt den Tag des Inkrafttretens gesondert im Bundesgesetzblatt bekannt.

5. entgegen § 146a Absatz 1 Satz 2 ein dort genanntes System nicht oder nicht richtig schützt,

6. entgegen § 146a Absatz 1 Satz 5 gewerbsmäßig ein dort genanntes System oder eine dort genannte Software bewirbt oder in den Verkehr bringt,

7. entgegen § 147 Absatz 1 Nummer 1 bis 3 oder 4 eine Unterlage nicht oder nicht für die vorgeschriebene Dauer aufbewahrt oder

8. entgegen § 147a Absatz 1 Satz 1 oder Absatz 2 Satz 1 eine Aufzeichnung oder eine Unterlage nicht oder nicht mindestens sechs Jahre aufbewahrt

und dadurch ermöglicht, Steuern zu verkürzen oder nicht gerechtfertigte Steuervorteile zu erlangen. ²Satz 1 Nummer 1 gilt auch dann, wenn Einfuhr- und Ausfuhrabgaben verkürzt werden können, die von einem anderen Mitgliedstaat der Europäischen Union verwaltet werden oder die einem Staat zustehen, der für Waren aus der Europäischen Union auf Grund eines Assoziations- oder Präferenzabkommens eine Vorzugsbehandlung gewährt; § 370 Absatz 7 gilt entsprechend. ³Das Gleiche gilt, wenn sich die Tat auf Umsatzsteuern bezieht, die von einem anderen Mitgliedstaat der Europäischen Union verwaltet werden.

(2) Ordnungswidrig handelt, wer vorsätzlich oder leichtfertig

1. der Mitteilungspflicht nach § 138 Absatz 2 Satz 1 nicht, nicht vollständig oder nicht rechtzeitig nachkommt,

1a. entgegen § 144 Absatz 1 oder Absatz 2 Satz 1, jeweils auch in Verbindung mit Absatz 5, eine Aufzeichnung nicht, nicht richtig oder nicht vollständig erstellt,

1b. einer Rechtsverordnung nach § 117c Absatz 1 oder einer vollziehbaren Anordnung auf Grund einer solchen Rechtsverordnung zuwiderhandelt, soweit die Rechtsverordnung für einen bestimmten Tatbestand auf diese Bußgeldvorschrift verweist,

1c. entgegen § 138a Absatz 1, 3 oder 4 eine Übermittlung des länderbezogenen Berichts oder entgegen § 138a Absatz 4 Satz 3 eine Mitteilung nicht, nicht vollständig oder nicht rechtzeitig (§ 138a Absatz 6) macht,

1d. der Mitteilungspflicht nach § 138b Absatz 1 bis 3 nicht, nicht vollständig oder nicht rechtzeitig nachkommt,

1e. entgegen § 138d Absatz 1 in Verbindung mit § 138f Absatz 1, 2, 3 Satz 1 Nummer 1 bis 7 sowie 9 und 10 oder § 138h Absatz 2, jeweils auch in Verbindung mit § 138f Absatz 6 Satz 1 und 2 oder § 138g Absatz 1 Satz 1, eine Mitteilung über eine grenzüberschreitende Steuergestaltung nicht oder nicht rechtzeitig macht oder zur Verfügung stehende Angaben nicht vollständig mitteilt,

1f. (weggefallen)

1g. entgegen § 138k Satz 1 in der Steuererklärung die Angabe der von ihm verwirklichten grenzüberschreitenden Steuergestaltung nicht, nicht richtig, nicht vollständig oder nicht rechtzeitig macht,

1h. einer vollziehbaren Anordnung nach § 147 Absatz 6 Satz 1 zuwiderhandelt,

1i. entgegen § 147 Absatz 6 Satz 2 Nummer 1 Einsicht nicht, nicht richtig oder nicht vollständig gewährt oder

2. die Pflichten nach § 154 Absatz 1 bis 2c verletzt.

(3) Ordnungswidrig handelt, wer vorsätzlich oder fahrlässig einer Auflage nach § 120 Absatz 2 Nummer 4 zuwiderhandelt, die einem Verwaltungsakt für Zwecke der besonderen Steueraufsicht (§§ 209 bis 217) beigefügt worden ist.

(4) Die Ordnungswidrigkeit nach Absatz 1 Satz 1 Nummer 1, 2 und 8, Absatz 2 Nummer 1a und 2 sowie Absatz 3 kann mit einer Geldbuße bis zu 5 000 Euro geahndet werden, wenn die Handlung nicht nach § 378 geahndet werden kann.

(5) Die Ordnungswidrigkeit nach Absatz 2 Nummer 1c kann mit einer Geldbuße bis zu 10 000 Euro geahndet werden, wenn die Handlung nicht nach § 378 geahndet werden kann.

(6) Die Ordnungswidrigkeit nach Absatz 1 Satz 1 Nummer 3 bis 7 und Absatz 2 Nummer 1h und 1i kann mit einer Geldbuße bis zu 25 000 Euro geahndet werden, wenn die Handlung nicht nach § 378 geahndet werden kann.

(7) Die Ordnungswidrigkeit nach Absatz 2 Nummer 1, 1d, 1e und 1g kann mit einer Geldbuße bis zu 25 000 Euro geahndet werden, wenn die Handlung nicht nach § 378 geahndet werden kann.

(8) Die Ordnungswidrigkeit nach Absatz 2 Nummer 1b kann mit einer Geldbuße bis zu 30 000 Euro geahndet werden, wenn die Handlung nicht nach § 378 geahndet werden kann.

§ 380 Gefährdung der Abzugsteuern (S 0711)

(1) Ordnungswidrig handelt, wer vorsätzlich oder leichtfertig seiner Verpflichtung, Steuerabzugsbeträge einzubehalten und abzuführen, nicht, nicht vollständig oder nicht rechtzeitig nachkommt.

(2) Die Ordnungswidrigkeit kann mit einer Geldbuße bis zu fünfundzwanzigtausend Euro geahndet werden, wenn die Handlung nicht nach § 378 geahndet werden kann.

§ 381 Verbrauchsteuergefährdung (S 0711)

(1) Ordnungswidrig handelt, wer vorsätzlich oder leichtfertig Vorschriften der Verbrauchsteuergesetze oder der dazu erlassenen Rechtsverordnungen

1. über die zur Vorbereitung, Sicherung oder Nachprüfung der Besteuerung auferlegten Pflichten,

2. über Verpackung und Kennzeichnung verbrauchsteuerpflichtiger Erzeugnisse oder Waren, die solche Erzeugnisse enthalten, oder über Verkehrs- oder Verwendungsbeschränkungen für solche Erzeugnisse oder Waren oder

3. über den Verbrauch unversteuerter Waren in den Freihäfen

zuwiderhandelt, soweit die Verbrauchsteuergesetze oder die dazu erlassenen Rechtsverordnungen für einen bestimmten Tatbestand auf diese Bußgeldvorschrift verweisen.

(2) Die Ordnungswidrigkeit kann mit einer Geldbuße bis zu fünftausend Euro geahndet werden, wenn die Handlung nicht nach § 378 geahndet werden kann.

§ 382 Gefährdung der Einfuhr- und Ausfuhrabgaben (S 0711)

(1) Ordnungswidrig handelt, wer als Pflichtiger oder bei der Wahrnehmung der Angelegenheiten eines Pflichtigen vorsätzlich oder fahrlässig Zollvorschriften, den dazu erlassenen Rechtsverordnungen oder den Verordnungen des Rates der Europäischen Union oder der Europäischen Kommission zuwiderhandelt, die

1. für die zollamtliche Erfassung des Warenverkehrs über die Grenze des Zollgebiets der Europäischen Union sowie über die Freizonengrenzen,

2. für die Überführung von Waren in ein Zollverfahren und dessen Durchführung oder für die Erlangung einer sonstigen zollrechtlichen Bestimmung von Waren,

3. für die Freizonen, den grenznahen Raum sowie die darüber hinaus der Grenzaufsicht unterworfenen Gebiete

gelten, soweit die Zollvorschriften, die dazu oder die auf Grund von Absatz 4 erlassenen Rechtsverordnungen für einen bestimmten Tatbestand auf diese Bußgeldvorschrift verweisen.

(2) Absatz 1 ist auch anzuwenden, soweit die Zollvorschriften und die dazu erlassenen Rechtsverordnungen für Verbrauchsteuern sinngemäß gelten.

(3) Die Ordnungswidrigkeit kann mit einer Geldbuße bis zu fünftausend Euro geahndet werden, wenn die Handlung nicht nach § 378 geahndet werden kann.

(4) Das Bundesministerium der Finanzen kann durch Rechtsverordnungen die Tatbestände der Verordnungen des Rates der Europäischen Union oder der Europäischen Kommission, die nach den Absätzen 1 bis 3 als Ordnungswidrigkeiten mit Geldbuße geahndet werden können, bezeichnen, soweit dies zur Durchführung dieser Rechtsvorschriften erforderlich ist und die Tatbestände Pflichten zur Gestellung, Vorführung, Lagerung oder Behandlung von Waren, zur Abgabe von Erklärungen oder Anzeigen, zur Aufnahme von Niederschriften sowie zur Ausfüllung oder Vorlage von Zolldokumenten oder zur Aufnahme von Vermerken in solchen Dokumenten betreffen.

§ 383 Unzulässiger Erwerb von Steuererstattungs- und Vergütungsansprüchen (S 0711)

(1) Ordnungswidrig handelt, wer entgegen § 46 Absatz 4 Satz 1 Erstattungs- oder Vergütungsansprüche erwirbt.

(2) Die Ordnungswidrigkeit kann mit einer Geldbuße bis zu fünfzigtausend Euro geahndet werden.

§ 383a (weggefallen)

§ 383b Pflichtverletzung bei Übermittlung von Vollmachtsdaten (S 0353-a)

(1) Ordnungswidrig handelt, wer den Finanzbehörden vorsätzlich oder leichtfertig

1. entgegen § 80a Absatz 1 Satz 3 unzutreffende Vollmachtsdaten übermittelt oder
2. entgegen § 80a Absatz 1 Satz 4 den Widerruf oder die Veränderung einer nach § 80a Absatz 1 übermittelten Vollmacht durch den Vollmachtgeber nicht unverzüglich mitteilt.

(2) Die Ordnungswidrigkeit kann mit einer Geldbuße bis zu zehntausend Euro geahndet werden.

§ 384 Verfolgungsverjährung (S 0713)

Die Verfolgung von Steuerordnungswidrigkeiten nach den §§ 378 bis 380 verjährt in fünf Jahren.

§ 384a Verstöße nach Artikel 83 Absatz 4 bis 6 der Verordnung (EU) 2016/679 (S 0715)

(1) Vorschriften dieses Gesetzes und der Steuergesetze über Steuerordnungswidrigkeiten finden keine Anwendung, soweit für eine Zuwiderhandlung zugleich Artikel 83 der Verordnung (EU) 2016/679 unmittelbar oder nach § 2a Absatz 5 entsprechend gilt.

(2) Für Verstöße nach Artikel 83 Absatz 4 bis 6 der Verordnung (EU) 2016/679 im Anwendungsbereich dieses Gesetzes gilt § 41 des Bundesdatenschutzgesetzes entsprechend.

(3) Eine Meldung nach Artikel 33 der Verordnung (EU) 2016/679 und eine Benachrichtigung nach Artikel 34 Absatz 1 der Verordnung (EU) 2016/679 dürfen in einem Straf- oder Bußgeldverfahren gegen die meldepflichtige Person oder einen ihrer in § 52 Absatz 1 der Strafprozessordnung bezeichneten Angehörigen nur mit Zustimmung der meldepflichtigen Person verwertet werden.

(4) Gegen Finanzbehörden und andere öffentliche Stellen werden im Anwendungsbereich dieses Gesetzes keine Geldbußen nach Artikel 83 Absatz 4 bis 6 der Verordnung (EU) 2016/679 verhängt.

Dritter Abschnitt - Strafverfahren

1. Unterabschnitt - Allgemeine Vorschriften

§ 385 Geltung von Verfahrensvorschriften (S 0721)

(1) Für das Strafverfahren wegen Steuerstraftaten gelten, soweit die folgenden Vorschriften nichts anderes bestimmen, die allgemeinen Gesetze über das Strafverfahren, namentlich die Strafprozessordnung, das Gerichtsverfassungsgesetz und das Jugendgerichtsgesetz.

(2) Die für Steuerstraftaten geltenden Vorschriften dieses Abschnitts, mit Ausnahme des § 386 Absatz 2 sowie der §§ 399 bis 401, sind bei dem Verdacht einer Straftat, die unter Vorspiegelung eines steuerlich erheblichen Sachverhalts gegenüber der Finanzbehörde oder einer anderen Behörde auf die Erlangung von Vermögensvorteilen gerichtet ist und kein Steuerstrafgesetz verletzt, entsprechend anzuwenden.

§ 386 Zuständigkeit der Finanzbehörde bei Steuerstraftaten (S 0721)

(1) ¹Bei dem Verdacht einer Steuerstraftat ermittelt die Finanzbehörde den Sachverhalt. ²Finanzbehörde im Sinne dieses Abschnitts sind das Hauptzollamt, das Finanzamt, das Bundeszentralamt für Steuern und die Familienkasse.

(2) Die Finanzbehörde führt das Ermittlungsverfahren in den Grenzen des § 399 Absatz 1 und der §§ 400, 401 selbständig durch, wenn die Tat

1. ausschließlich eine Steuerstraftat darstellt oder

2. zugleich andere Strafgesetze verletzt und deren Verletzung Kirchensteuern oder andere öffentlich-rechtliche Abgaben betrifft, die an Besteuerungsgrundlagen, Steuermessbeträge oder Steuerbeträge anknüpfen.

(3) Absatz 2 gilt nicht, sobald gegen einen Beschuldigten wegen der Tat ein Haftbefehl oder ein Unterbringungsbefehl erlassen ist.

(4) ¹Die Finanzbehörde kann die Strafsache jederzeit an die Staatsanwaltschaft abgeben. ²Die Staatsanwaltschaft kann die Strafsache jederzeit an sich ziehen. ³In beiden Fällen kann die Staatsanwaltschaft im Einvernehmen mit der Finanzbehörde die Strafsache wieder an die Finanzbehörde abgeben.

§ 387 Sachlich zuständige Finanzbehörde (S 0721)

(1) Sachlich zuständig ist die Finanzbehörde, welche die betroffene Steuer verwaltet.

(2) ¹Die Zuständigkeit nach Absatz 1 kann durch Rechtsverordnung einer Finanzbehörde für den Bereich mehrerer Finanzbehörden übertragen werden, soweit dies mit Rücksicht auf die Wirtschafts- oder Verkehrsverhältnisse, den Aufbau der Verwaltungsbehörden oder andere örtliche Bedürfnisse zweckmäßig erscheint. ²Die Rechtsverordnung erlässt, soweit die Finanzbehörde eine Landes-

behörde ist, die Landesregierung, im Übrigen das Bundesministerium der Finanzen. ³Die Rechtsverordnung des Bundesministeriums der Finanzen bedarf nicht der Zustimmung des Bundesrates. ⁴Das Bundesministerium der Finanzen kann die Ermächtigung nach Satz 1 durch Rechtsverordnung, die nicht der Zustimmung des Bundesrates bedarf, auf eine Bundesoberbehörde übertragen. ⁵Die Landesregierung kann die Ermächtigung auf die für die Finanzverwaltung zuständige oberste Landesbehörde übertragen.

§ 388 Örtlich zuständige Finanzbehörde (S 0721)

(1) Örtlich zuständig ist die Finanzbehörde,

1. in deren Bezirk die Steuerstraftat begangen oder entdeckt worden ist,
2. die zur Zeit der Einleitung des Strafverfahrens für die Abgabenangelegenheiten zuständig ist oder
3. in deren Bezirk der Beschuldigte zur Zeit der Einleitung des Strafverfahrens seinen Wohnsitz hat.

(2) ¹Ändert sich der Wohnsitz des Beschuldigten nach Einleitung des Strafverfahrens, so ist auch die Finanzbehörde örtlich zuständig, in deren Bezirk der neue Wohnsitz liegt. ²Entsprechendes gilt, wenn sich die Zuständigkeit der Finanzbehörde für die Abgabenangelegenheit ändert.

(3) Hat der Beschuldigte im räumlichen Geltungsbereich dieses Gesetzes keinen Wohnsitz, so wird die Zuständigkeit auch durch den gewöhnlichen Aufenthaltsort bestimmt.

§ 389 Zusammenhängende Strafsachen (S 0721)

¹Für zusammenhängende Strafsachen, die einzeln nach § 388 zur Zuständigkeit verschiedener Finanzbehörden gehören würden, ist jede dieser Finanzbehörden zuständig. ²§ 3 der Strafprozessordnung gilt entsprechend.

§ 390 Mehrfache Zuständigkeit (S 0721)

(1) Sind nach den §§ 387 bis 389 mehrere Finanzbehörden zuständig, so gebührt der Vorzug der Finanzbehörde, die wegen der Tat zuerst ein Strafverfahren eingeleitet hat.

(2) ¹Auf Ersuchen dieser Finanzbehörde hat eine andere zuständige Finanzbehörde die Strafsache zu übernehmen, wenn dies für die Ermittlungen sachdienlich erscheint. ²In Zweifelsfällen entscheidet die Behörde, der die ersuchte Finanzbehörde untersteht.

§ 391 Zuständiges Gericht (S 0721)

(1) ¹Ist das Amtsgericht sachlich zuständig, so ist örtlich zuständig das Amtsgericht, in dessen Bezirk das Landgericht seinen Sitz hat. ²Im vorbereitenden Verfahren gilt dies, unbeschadet einer weitergehenden Regelung nach § 58 Absatz 1 des Gerichtsverfassungsgesetzes, nur für die Zustimmung des Gerichts nach § 153 Absatz 1 und § 153a Absatz 1 der Strafprozessordnung.

(2) ¹Die Landesregierung kann durch Rechtsverordnung die Zuständigkeit abweichend von Absatz 1 Satz 1 regeln, soweit dies mit Rücksicht auf die Wirtschafts- oder Verkehrsverhältnisse, den Aufbau der Verwaltungsbehörden oder andere örtliche Bedürfnisse zweckmäßig erscheint. ²Die Landesregierung kann diese Ermächtigung auf die Landesjustizverwaltung übertragen.

(3) Strafsachen wegen Steuerstraftaten sollen beim Amtsgericht einer bestimmten Abteilung zugewiesen werden.

(4) Die Absätze 1 bis 3 gelten auch, wenn das Verfahren nicht nur Steuerstraftaten zum Gegenstand hat; sie gelten jedoch nicht, wenn dieselbe Handlung eine Straftat nach dem Betäubungsmittelgesetz darstellt, und nicht für Steuerstraftaten, welche die Kraftfahrzeugsteuer betreffen.

§ 392 Verteidigung (S 0721)

(1) Abweichend von § 138 Absatz 1 der Strafprozessordnung können auch Steuerberater, Steuerbevollmächtigte, Wirtschaftsprüfer und vereidigte Buchprüfer zu Verteidigern gewählt werden, soweit die Finanzbehörde das Strafverfahren selbständig durchführt; im Übrigen können sie die Verteidigung nur in Gemeinschaft mit einem Rechtsanwalt oder einem Rechtslehrer an einer deutschen Hochschule im Sinne des Hochschulrahmengesetzes mit Befähigung zum Richteramt führen.

(2) § 138 Absatz 2 der Strafprozessordnung bleibt unberührt.

§ 393 Verhältnis des Strafverfahrens zum Besteuerungsverfahren (S 0721)

(1) ¹Die Rechte und Pflichten der Steuerpflichtigen und der Finanzbehörde im Besteuerungsverfahren und im Strafverfahren richten sich nach den für das jeweilige Verfahren geltenden Vorschriften. ²Im Besteuerungsverfahren sind jedoch Zwangsmittel (§ 328) gegen den Steuerpflichtigen unzulässig, wenn er dadurch gezwungen würde, sich selbst wegen einer von ihm begangenen Steuerstraftat oder Steuerordnungswidrigkeit zu belasten. ³Dies gilt stets, soweit gegen ihn wegen einer solchen Tat das Strafverfahren eingeleitet worden ist. ⁴Der Steuerpflichtige ist hierüber zu belehren, soweit dazu Anlass besteht.

(2) ¹Soweit der Staatsanwaltschaft oder dem Gericht in einem Strafverfahren aus den Steuerakten Tatsachen oder Beweismittel bekannt werden, die der Steuerpflichtige der Finanzbehörde vor Einleitung des Strafverfahrens oder in Unkenntnis der Einleitung des Strafverfahrens in Erfüllung steuerrechtlicher Pflichten offenbart hat, dürfen diese Kenntnisse gegen ihn nicht für die Verfolgung einer Tat verwendet werden, die keine Steuerstraftat ist. ²Dies gilt nicht für Straftaten, an deren Verfolgung ein zwingendes öffentliches Interesse (§ 30 Absatz 4 Nummer 5) besteht.

(3) ¹Erkenntnisse, die die Finanzbehörde oder die Staatsanwaltschaft rechtmäßig im Rahmen strafrechtlicher Ermittlungen gewonnen hat, dürfen im Besteuerungsverfahren verwendet werden. ²Dies gilt auch für Erkenntnisse, die dem Brief-, Post- und Fernmeldegeheimnis unterliegen, soweit die Finanzbehörde diese rechtmäßig im Rahmen eigener strafrechtlicher Ermittlungen gewonnen hat oder soweit nach den Vorschriften der Strafprozessordnung Auskunft an die Finanzbehörden erteilt werden darf.

§ 394 Übergang des Eigentums (S 0721)

¹Hat ein Unbekannter, der bei einer Steuerstraftat auf frischer Tat betroffen wurde, aber entkommen ist, Sachen zurückgelassen und sind diese Sachen beschlagnahmt oder sonst sichergestellt worden, weil sie eingezogen werden können, so gehen sie nach Ablauf eines Jahres in das Eigentum des Staates über, wenn der Eigentümer der Sachen unbekannt ist und die Finanzbehörde durch eine öffentliche Bekanntmachung auf den drohenden Verlust des Eigentums hingewiesen hat. ²§ 10 Absatz 2 Satz 1 des Verwaltungszustellungsgesetzes ist mit der Maßgabe anzuwenden, dass anstelle einer Benachrichtigung der Hinweis nach Satz 1 bekannt gemacht oder veröffentlicht wird. ³Die Frist beginnt mit dem Aushang der Bekanntmachung.

§ 395 Akteneinsicht der Finanzbehörde (S 0721)

¹Die Finanzbehörde ist befugt, die Akten, die dem Gericht vorliegen oder im Fall der Erhebung der Anklage vorzulegen wären, einzusehen sowie beschlagnahmte oder sonst sichergestellte Gegenstände zu besichtigen. ²Die Akten werden der Finanzbehörde auf Antrag zur Einsichtnahme übersandt.

§ 396 Aussetzung des Verfahrens (S 0721)

(1) Hängt die Beurteilung der Tat als Steuerhinterziehung davon ab, ob ein Steueranspruch besteht, ob Steuern verkürzt oder ob nicht gerechtfertigte Steuervorteile erlangt sind, so kann das Strafverfahren ausgesetzt werden, bis das Besteuerungsverfahren rechtskräftig abgeschlossen ist.

(2) Über die Aussetzung entscheidet im Ermittlungsverfahren die Staatsanwaltschaft, im Verfahren nach Erhebung der öffentlichen Klage das Gericht, das mit der Sache befasst ist.

(3) Während der Aussetzung des Verfahrens ruht die Verjährung.

2. Unterabschnitt - Ermittlungsverfahren

I. Allgemeines

§ 397 Einleitung des Strafverfahrens (S 0722)

(1) Das Strafverfahren ist eingeleitet, sobald die Finanzbehörde, die Polizei, die Staatsanwaltschaft, eine ihrer Ermittlungspersonen oder der Strafrichter eine Maßnahme trifft, die erkennbar darauf abzielt, gegen jemanden wegen einer Steuerstraftat strafrechtlich vorzugehen.

(2) Die Maßnahme ist unter Angabe des Zeitpunkts unverzüglich in den Akten zu vermerken.

(3) Die Einleitung des Strafverfahrens ist dem Beschuldigten spätestens mitzuteilen, wenn er dazu aufgefordert wird, Tatsachen darzulegen oder Unterlagen vorzulegen, die im Zusammenhang mit der Straftat stehen, derer er verdächtig ist.

§ 398 Einstellung wegen Geringfügigkeit (S 0722)

¹Die Staatsanwaltschaft kann von der Verfolgung einer Steuerhinterziehung, bei der nur eine geringwertige Steuerverkürzung eingetreten ist oder nur geringwertige Steuervorteile erlangt sind, auch ohne Zustimmung des für die Eröffnung des Hauptverfahrens zuständigen Gerichts absehen, wenn die Schuld des Täters als gering anzusehen wäre und kein öffentliches Interesse an der Verfolgung besteht. ²Dies gilt für das Verfahren wegen einer Steuerhehlerei nach § 374 und einer Begünstigung einer Person, die eine der in § 375 Absatz 1 Nummer 1 bis 3 genannten Taten begangen hat, entsprechend.

§ 398a Absehen von Verfolgung in besonderen Fällen (S 0722-a)

(1) In Fällen, in denen Straffreiheit nur wegen § 371 Absatz 2 Satz 1 Nummer 3 oder 4 nicht eintritt, wird von der Verfolgung einer Steuerstraftat abgesehen, wenn der an der Tat Beteiligte innerhalb einer ihm bestimmten angemessenen Frist

1. die aus der Tat zu seinen Gunsten hinterzogenen Steuern, die Hinterziehungszinsen nach § 235 und die Zinsen nach § 233a, soweit sie auf die Hinterziehungszinsen nach § 235 Absatz 4 angerechnet werden, sowie die Verzugszinsen nach Artikel 114 des Zollkodex der Union entrichtet und

2. einen Geldbetrag in folgender Höhe zugunsten der Staatskasse zahlt:

    a) 10 Prozent der hinterzogenen Steuer, wenn der Hinterziehungsbetrag 100 000 Euro nicht übersteigt,

    b) 15 Prozent der hinterzogenen Steuer, wenn der Hinterziehungsbetrag 100 000 Euro übersteigt und 1 000 000 Euro nicht übersteigt,

    c) 20 Prozent der hinterzogenen Steuer, wenn der Hinterziehungsbetrag 1 000 000 Euro übersteigt.

(2) Die Bemessung des Hinterziehungsbetrags richtet sich nach den Grundsätzen in § 370 Absatz 4.

(3) Die Wiederaufnahme eines nach Absatz 1 abgeschlossenen Verfahrens ist zulässig, wenn die Finanzbehörde erkennt, dass die Angaben im Rahmen einer Selbstanzeige unvollständig oder unrichtig waren.

(4) ¹Der nach Absatz 1 Nummer 2 gezahlte Geldbetrag wird nicht erstattet, wenn die Rechtsfolge des Absatzes 1 nicht eintritt. ²Das Gericht kann diesen Betrag jedoch auf eine wegen Steuerhinterziehung verhängte Geldstrafe anrechnen.

II. Verfahren der Finanzbehörde bei Steuerstraftaten

§ 399 Rechte und Pflichten der Finanzbehörde (S 0723)

(1) Führt die Finanzbehörde das Ermittlungsverfahren auf Grund des § 386 Absatz 2 selbständig durch, so nimmt sie die Rechte und Pflichten wahr, die der Staatsanwaltschaft im Ermittlungsverfahren zustehen.

(2) ¹Ist einer Finanzbehörde nach § 387 Absatz 2 die Zuständigkeit für den Bereich mehrerer Finanzbehörden übertragen, so bleiben das Recht und die Pflicht dieser Finanzbehörden unberührt, bei dem Verdacht einer Steuerstraftat den Sachverhalt zu erforschen und alle unaufschiebbaren Anordnungen zu treffen, um die Verdunkelung der Sache zu verhüten. ²Sie können Beschlagnahmen, Notveräußerungen, Durchsuchungen, Untersuchungen und sonstige Maßnahmen nach den für Ermittlungspersonen der Staatsanwaltschaft geltenden Vorschriften der Strafprozessordnung anordnen.

§ 400 Antrag auf Erlass eines Strafbefehls (S 0723)

Bieten die Ermittlungen genügenden Anlass zur Erhebung der öffentlichen Klage, so beantragt die Finanzbehörde beim Richter den Erlass eines Strafbefehls, wenn die Strafsache zur Behandlung im Strafbefehlsverfahren geeignet erscheint; ist dies nicht der Fall, so legt die Finanzbehörde die Akten der Staatsanwaltschaft vor.

§ 401 Antrag auf Anordnung von Nebenfolgen im selbständigen Verfahren (S 0723)

Die Finanzbehörde kann den Antrag stellen, die Einziehung selbständig anzuordnen oder eine Geldbuße gegen eine juristische Person oder eine Personenvereinigung selbständig festzusetzen (§§ 435, 444 Absatz 3 der Strafprozessordnung).

III. Stellung der Finanzbehörde im Verfahren der Staatsanwaltschaft

§ 402 Allgemeine Rechte und Pflichten der Finanzbehörde (S 0724)

(1) Führt die Staatsanwaltschaft das Ermittlungsverfahren durch, so hat die sonst zuständige Finanzbehörde dieselben Rechte und Pflichten wie d e Behörden des Polizeidienstes nach der Strafprozessordnung sowie die Befugnisse nach § 399 Absatz 2 Satz 2.

(2) Ist einer Finanzbehörde nach § 387 Absatz 2 die Zuständigkeit für den Bere ch mehrerer Finanzbehörden übertragen, so gilt Absatz 1 für jede dieser Finanzbehörden.

§ 403 Beteiligung der Finanzbehörde (S 0724)

(1) [1]Führt die Staatsanwaltschaft oder die Polizei Ermittlungen durch, die Steuerstraftaten betreffen, so ist die sonst zuständige Finanzbehörde befugt, daran teilzunehmen. [2]Ort und Zeit der Ermittlungshandlungen sollen ihr rechtzeitig mitgeteilt werden. [3]Dem Vertreter der Finanzbehörde ist zu gestatten, Fragen an Beschuldigte, Zeugen und Sachverständige zu stellen.

(2) Absatz 1 gilt sinngemäß für solche richterlichen Verhandlungen, bei denen auch der Staatsanwaltschaft die Anwesenheit gestattet ist.

(3) Der sonst zuständigen Finanzbehörde sind die Anklageschrift und der Antrag auf Erlass eines Strafbefehls mitzuteilen.

(4) Erwägt die Staatsanwaltschaft, das Verfahren einzustellen, so hat sie die sonst zuständige Finanzbehörde zu hören.

IV. Steuer- und Zollfahndung

§ 404 Steuer- und Zollfahndung (S 0742)

(1) ¹Die Behörden des Zollfahndungsdienstes und die mit der Steuerfahndung betrauten Dienststellen der Landesfinanzbehörden sowie ihre Beamten haben im Strafverfahren wegen Steuerstraftaten dieselben Rechte und Pflichten wie die Behörden und Beamten des Polizeidienstes nach den Vorschriften der Strafprozessordnung. ²Ihre Beamten sind Ermittlungspersonen der Staatsanwaltschaft.

(2) ¹Die in Absatz 1 Satz 1 bezeichneten Stellen haben die Befugnisse nach § 399 Absatz 2 Satz 2 sowie die Befugnis zur Durchsicht der Papiere und elektronischen Speichermedien des von der Durchsuchung Betroffenen. ²§ 110 Absatz 3 Satz 2 und 3 und Absatz 4 der Strafprozessordnung gilt entsprechend.

V. Entschädigung der Zeugen und der Sachverständigen

§ 405 Entschädigung der Zeugen und der Sachverständigen (S 0725)

¹Werden Zeugen und Sachverständige von der Finanzbehörde zu Beweiszwecken herangezogen, so erhalten sie eine Entschädigung oder Vergütung nach dem Justizvergütungs- und -entschädigungsgesetz. ²Dies gilt auch in den Fällen des § 404.

3. Unterabschnitt - Gerichtliches Verfahren

§ 406 Mitwirkung der Finanzbehörde im Strafbefehlsverfahren und im selbständigen Verfahren (S 0726)

(1) Hat die Finanzbehörde den Erlass eines Strafbefehls beantragt, so nimmt sie die Rechte und Pflichten der Staatsanwaltschaft wahr, solange nicht nach § 408 Absatz 3 Satz 2 der Strafprozessordnung Hauptverhandlung anberaumt oder Einspruch gegen den Strafbefehl erhoben wird.

(2) Hat die Finanzbehörde den Antrag gestellt, die Einziehung selbständig anzuordnen oder eine Geldbuße gegen eine juristische Person oder eine Personenvereinigung selbständig festzusetzen (§ 401), so nimmt sie die Rechte und Pflichten der Staatsanwaltschaft wahr, solange nicht mündliche Verhandlung beantragt oder vom Gericht angeordnet wird.

§ 407 Beteiligung der Finanzbehörde in sonstigen Fällen (S 0726)

(1) ¹Das Gericht gibt der Finanzbehörde Gelegenheit, die Gesichtspunkte vorzubringen, die von ihrem Standpunkt für die Entscheidung von Bedeutung sind. ²Dies gilt auch, wenn das Gericht erwägt, das Verfahren einzustellen. ³Der Termin zur Hauptverhandlung und der Termin zur Vernehmung durch einen beauftragten oder ersuchten Richter (§§ 223, 233 der Strafprozessordnung) werden der Finanzbehörde mitgeteilt. ⁴Ihr Vertreter erhält in der Hauptverhandlung auf

Verlangen das Wort. ⁵Ihm ist zu gestatten, Fragen an Angeklagte, Zeugen und Sachverständige zu richten.

(2) Das Urteil und andere das Verfahren abschließende Entscheidungen sind der Finanzbehörde mitzuteilen.

4. Unterabschnitt - Kosten des Verfahrens

§ 408 Kosten des Verfahrens (S 0727)

¹Notwendige Auslagen eines Beteiligten im Sinne des § 464a Absatz 2 Nummer 2 der Strafprozessordnung sind im Strafverfahren wegen einer Steuerstraftat auch die gesetzlichen Gebühren und Auslagen eines Steuerberaters, Steuerbevollmächtigten, Wirtschaftsprüfers oder vereidigten Buchprüfers. ²Sind Gebühren und Auslagen gesetzlich nicht geregelt, so können sie bis zur Höhe der gesetzlichen Gebühren und Auslagen eines Rechtsanwalts erstattet werden.

Vierter Abschnitt - Bußgeldverfahren

§ 409 Zuständige Verwaltungsbehörde (S 0731)

¹Bei Steuerordnungswidrigkeiten ist zuständige Verwaltungsbehörde im Sinne des § 36 Absatz 1 Nummer 1 des Gesetzes über Ordnungswidrigkeiten die nach § 387 Absatz 1 sachlich zuständige Finanzbehörde. ²§ 387 Absatz 2 gilt entsprechend.

§ 410 Ergänzende Vorschriften für das Bußgeldverfahren
(S 0731 / S 0732 / S 0736 / S 0742)

(1) Für das Bußgeldverfahren gelten außer den verfahrensrechtlichen Vorschriften des Gesetzes über Ordnungswidrigkeiten entsprechend:

1. die §§ 388 bis 390 über die Zuständigkeit der Finanzbehörde,
2. § 391 über die Zuständigkeit des Gerichts,
3. § 392 über die Verteidigung,
4. § 393 über das Verhältnis des Strafverfahrens zum Besteuerungsverfahren,
5. § 396 über die Aussetzung des Verfahrens,
6. § 397 über die Einleitung des Strafverfahrens,
7. § 399 Absatz 2 über die Rechte und Pflichten der Finanzbehörde,
8. die §§ 402, 403 Absatz 1, 3 und 4 über die Stellung der Finanzbehörde im Verfahren der Staatsanwaltschaft,
9. § 404 Absatz 1 Satz 1 und Absatz 2 über die Steuer- und Zollfahndung,
10. § 405 über die Entschädigung der Zeugen und der Sachverständigen,
11. § 407 über die Beteiligung der Finanzbehörde und

12. § 408 über die Kosten des Verfahrens.

(2) Verfolgt die Finanzbehörde eine Steuerstraftat, die mit einer Steuerordnungswidrigkeit zusammenhängt (§ 42 Absatz 1 Satz 2 des Gesetzes über Ordnungswidrigkeiten), so kann sie in den Fällen des § 400 beantragen, den Strafbefehl auf die Steuerordnungswidrigkeit zu erstrecken.

§ 411 Bußgeldverfahren gegen Rechtsanwälte, Steuerberater, Steuerbevollmächtigte, Wirtschaftsprüfer oder vereidigte Buchprüfer

(S 0733)

Bevor gegen einen Rechtsanwalt, Steuerberater, Steuerbevollmächtigten, Wirtschaftsprüfer oder vereidigten Buchprüfer wegen einer Steuerordnungswidrigkeit, die er in Ausübung seines Berufs bei der Beratung in Steuersachen begangen hat, ein Bußgeldbescheid erlassen wird, gibt die Finanzbehörde der zuständigen Berufskammer Gelegenheit, die Gesichtspunkte vorzubringen, die von ihrem Standpunkt für die Entscheidung von Bedeutung sind.

§ 412 Zustellung, Vollstreckung, Kosten

(S 0735)

(1) [1]Für das Zustellungsverfahren gelten abweichend von § 51 Absatz 1 Satz 1 des Gesetzes über Ordnungswidrigkeiten die Vorschriften des Verwaltungszustellungsgesetzes auch dann, wenn eine Landesfinanzbehörde den Bescheid erlassen hat. [2]§ 51 Absatz 1 Satz 2 und Absatz 2 bis 5 des Gesetzes über Ordnungswidrigkeiten bleibt unberührt.

(2) [1]Für die Vollstreckung von Bescheiden der Finanzbehörden in Bußgeldverfahren gelten abweichend von § 90 Absatz 1 und 4, § 108 Absatz 2 des Gesetzes über Ordnungswidrigkeiten die Vorschriften des Sechsten Teils dieses Gesetzes. [2]Die übrigen Vorschriften des Neunten Abschnitts des Zweiten Teils des Gesetzes über Ordnungswidrigkeiten bleiben unberührt.

(3) Für die Kosten des Bußgeldverfahrens gilt § 107 Absatz 4 des Gesetzes über Ordnungswidrigkeiten auch dann, wenn eine Landesfinanzbehörde den Bußgeldbescheid erlassen hat; an Stelle des § 19 des Verwaltungskostengesetzes in der bis zum 14. August 2013 geltenden Fassung gelten § 227 und § 261 dieses Gesetzes.

Neunter Teil - Schlussvorschriften

§ 413 Einschränkung von Grundrechten

Die Grundrechte auf körperliche Unversehrtheit und Freiheit der Person (Artikel 2 Absatz 2 des Grundgesetzes), des Briefgeheimnisses sowie des Post- und Fernmeldegeheimnisses (Artikel 10 des Grundgesetzes) und der Unverletzlichkeit der Wohnung (Artikel 13 des Grundgesetzes) werden nach Maßgabe dieses Gesetzes eingeschränkt.

§ 414 (gegenstandslos)

§ 415 Inkrafttreten

Anlage 1 (zu § 60)

- Zu § 60 wiedergegeben -

Auszug aus dem

Einführungsgesetz zur Abgabenordnung (EGAO)

vom 14.12.1976 (BGBl. I S. 3341, I 1977 S. 667, BStBl I S. 694), zuletzt geändert durch Artikel 20 des Gesetzes vom 2.12.2024 (BGBl. 2024 I Nr. 387).

Artikel 97 - Übergangsvorschriften

§ 1 Begonnene Verfahren

(1) Verfahren, die am 1. Januar 1977 anhängig sind, werden nach den Vorschriften der Abgabenordnung zu Ende geführt, soweit in den nachfolgenden Vorschriften nichts anderes bestimmt ist.

(2) Durch das Steuerbereinigungsgesetz 1986 vom 19. Dezember 1985 (BGBl. I S. 2436) geänderte oder eingefügte Vorschriften sowie die auf diesen Vorschriften beruhenden Rechtsverordnungen sind auf alle bei Inkrafttreten dieser Vorschriften anhängigen Verfahren anzuwenden, soweit nichts anderes bestimmt ist. Soweit die Vorschriften die Bekanntgabe von schriftlichen Verwaltungsakten regeln, gelten sie für alle nach dem Inkrafttreten der Vorschriften zur Post gegebenen Verwaltungsakte.

(3) Die durch Artikel 15 des Steuerreformgesetzes 1990 vom 25. Juli 1988 (BGBl. I S. 1093) geänderten Vorschriften sind auf alle bei Inkrafttreten dieser Vorschriften anhängigen Verfahren anzuwenden, soweit nichts anderes bestimmt ist.

(4) Die durch Artikel 26 des Gesetzes vom 21. Dezember 1993 (BGBl. I S. 2310) geänderten Vorschriften sind auf alle bei Inkrafttreten dieser Vorschriften anhängigen Verfahren anzuwenden, soweit nichts anderes bestimmt ist.

(5) Die durch Artikel 26 des Gesetzes vom 11. Oktober 1995 (BGBl. I S. 1250) geänderten Vorschriften sind auf alle bei Inkrafttreten dieser Vorschriften anhängigen Verfahren anzuwenden, soweit nichts anderes bestimmt ist.

(6) Die durch Artikel 18 des Gesetzes vom 20. Dezember 1996 (BGBl. I S. 2049) geänderten Vorschriften sind auf alle bei Inkrafttreten dieser Vorschriften anhängigen Verfahren anzuwenden, soweit nichts anderes bestimmt ist.

(7) Die durch Artikel 17 des Gesetzes vom 22. Dezember 1999 (BGBl. I S. 2601) geänderten Vorschriften sind auf alle bei Inkrafttreten des Gesetzes anhängigen Verfahren anzuwenden, soweit nichts anderes bestimmt ist.

(8) Die durch Artikel 23 des Gesetzes vom 19. Dezember 2000 (BGBl. I S. 1790) geänderten Vorschriften sind auf alle bei Inkrafttreten des Gesetzes anhängigen Verfahren anzuwenden, soweit nichts anderes bestimmt ist.

(9) Rechtsverordnungen auf Grund des § 2 Absatz 2 der Abgabenordnung in der Fassung des Artikels 9 des Gesetzes vom 8. Dezember 2010 (BGBl. I 1796 S. 1768) können mit Wirkung für den Veranlagungszeitraum 2010 erlassen werden, sofern die dem Bundesrat zugeleitete Rechtsverordnung vor dem 1. Januar 2011 als Bundesratsdrucksache veröffentlicht worden ist. Rechtsverordnungen,

die dem Bundesrat nach diesem Zeitpunkt zugeleitet werden, können bestimmen, dass sie ab dem Zeitpunkt der Bekanntgabe der in § 2 Absatz 2 der Abgabenordnung genannten und nach dem 31. Dezember 2010 geschlossenen Konsultationsvereinbarung im Bundessteuerblatt gelten.

(10) Die durch Artikel 3 des Gesetzes vom 18. Juli 2014 (BGBl. I S. 1042) geänderten Vorschriften sind auf alle am 24. Juli 2014 anhängigen Verfahren anzuwenden, soweit nichts anderes bestimmt ist. § 122 Absatz 7 Satz 1 und § 183 Absatz 4 in der Fassung des Artikels 3 des Gesetzes vom 18. Juli 2014 (BGBl. I S. 1042) gelten für alle nach dem 23. Juli 2014 erlassenen Verwaltungsakte. § 15 und § 263 in der Fassung des Artikels 3 des Gesetzes vom 18. Juli 2014 (BGBl. I S. 1042) sind ab dem 24. Juli 2014 anzuwenden.

(11) Durch das Gesetz vom 18. Juli 2016 (BGBl. I S. 1679) geänderte oder eingefügte Vorschriften der Abgabenordnung sind auf alle bei Inkrafttreten dieser Vorschriften anhängigen Verfahren anzuwenden, soweit nichts anderes bestimmt ist.

(12) Die durch das Gesetz vom 23. Juni 2017 (BGBl. I S. 1682) geänderten oder eingefügten Vorschriften der Abgabenordnung sind auf alle am 25. Juni 2017 anhängigen Verfahren anzuwenden, soweit nichts anderes bestimmt ist. § 30a der Abgabenordnung in der am 24. Juni 2017 geltenden Fassung ist ab dem 25. Juni 2017 auch auf Sachverhalte, die vor diesem Zeitpunkt verwirklicht worden sind, nicht mehr anzuwenden.

(13) Die durch Artikel 21 des Gesetzes vom 12. Dezember 2019 (BGBl. I S. 2451) geänderten Vorschriften der Abgabenordnung sind auf alle am 18. Dezember 2019 anhängigen Verfahren anzuwenden, soweit nichts anderes bestimmt ist.

(14) § 93a Absatz 1 Satz 1 Nummer 1 Buchstabe a, Absatz 2 Satz 2 und Absatz 4 der Abgabenordnung in der Fassung des Artikels 27 des Gesetzes vom 21. Dezember 2020 (BGBl. I S. 3096) ist vorbehaltlich des Satzes 2 erstmals für nach dem 31. Dezember 2020 verwirklichte Sachverhalte anzuwenden. § 93a Absatz 1 Satz 1 Nummer 1 Buchstabe a, Absatz 2 Satz 2 und Absatz 4 der Abgabenordnung in der Fassung des Artikels 27 des Gesetzes vom 21. Dezember 2020 (BGBl. I S. 3096) ist für im Kalenderjahr 2020 verwirklichte Sachverhalte anzuwenden, soweit eine Mitteilungspflicht nach der Mitteilungsverordnung nach dem 1. Januar 2020 begründet wurde. § 93a Absatz 1 Satz 1 Nummer 1 Buchstabe e der Abgabenordnung in der Fassung des Artikels 27 des Gesetzes vom 21. Dezember 2020 (BGBl. I S. 3096) ist ab dem 1. Januar 2021 anzuwenden.

(15) § 122 Absatz 2 Nummer 1 und Absatz 2a, § 122a Absatz 4 und § 123 Satz 2 der Abgabenordnung in der am 1. Januar 2025 geltenden Fassung sind auf alle Verwaltungsakte anzuwenden, die nach dem 31. Dezember 2024 zur Post gegeben, elektronisch übermittelt oder elektronisch zum Abruf bereit gestellt werden.

§ 1a Steuerlich unschädliche Betätigungen

(1) § 58 Nr. 1 der Abgabenordnung in der Fassung des Artikels 1 des Gesetzes vom 21. Juli 2004 (BGBl. I S. 1753) ist ab dem 1. Januar 2001 anzuwenden.

(2) Die Vorschrift des § 58 Nr. 10 der Abgabenordnung über steuerlich unschädliche Betätigungen in der Fassung des Artikels 26 des Gesetzes vom 21. Dezember 1993 (BGBl. I S. 2310) ist erstmals ab dem 1. Januar 1993 anzuwenden.

(3) § 55 Abs. 1 Nr. 5, § 58 Nr. 7 Buchstabe a, Nr. 11 und 12 der Abgabenordnung in der Fassung des Gesetzes vom 14. Juli 2000 (BGBl. I S. 1034) sind ab dem 1. Januar 2000 anzuwenden.

§ 1b Steuerpflichtige wirtschaftliche Geschäftsbetriebe

§ 64 Abs. 6 der Abgabenordnung in der Fassung des Artikels 5 des Gesetzes vom 20. Dezember 2000 (BGBl. I S. 1850) ist ab dem 1. Januar 2000 anzuwenden.

§ 1c Krankenhäuser

(1) § 67 Abs. 1 der Abgabenordnung in der Fassung des Steuerbereinigungsgesetzes 1986 ist ab dem 1. Januar 1986 anzuwenden.

(2) § 67 Abs. 1 der Abgabenordnung in der Fassung des Gesetzes vom 20. Dezember 1996 (BGBl. I S. 2049) ist ab dem 1. Januar 1996 anzuwenden. Für Krankenhäuser, die mit Wirkung zum 1. Januar 1995 Fallpauschalen und Sonderentgelte nach § 11 Abs. 1 und 2 der Bundespflegesatzverordnung vom 26. September 1994 (BGBl. I S. 2750) angewandt haben, ist § 67 Abs. 1 der Abgabenordnung in der Fassung des in Satz 1 bezeichneten Gesetzes ab dem 1. Januar 1995 anzuwenden.

(3) § 67 der Abgabenordnung in der Fassung des Artikels 10 des Gesetzes vom 13. Dezember 2006 (BGBl. I S. 2878) ist ab dem 1. Januar 2003 anzuwenden.

§ 1d Steuerbegünstigte Zwecke

(1) Die §§ 52, 58, 61, 64 und 67a der Abgabenordnung in der Fassung des Artikels 5 des Gesetzes vom 10. Oktober 2007 (BGBl. I S. 2332) sind ab 1. Januar 2007 anzuwenden.

(2) § 51 der Abgabenordnung in der Fassung des Artikels 10 des Gesetzes vom 19. Dezember 2008 (BGBl. I S. 2794) ist ab dem 1. Januar 2009 anzuwenden.

(3) § 55 Absatz 3 der Abgabenordnung in der Fassung des Artikels 9 des Gesetzes vom 8. Dezember 2010 (BGBl. I S. 1768) ist ab dem 1. Januar 2011 anzuwenden. § 55 Absatz 1 Nummer 4 Satz 2 und § 58 Nummer 1 bis 4 der Abgabenordnung in der Fassung des Artikels 9 des Gesetzes vom 8. Dezember 2010 (BGBl. I S. 1768) sind auch für vor diesem Zeitraum beginnende Veranlagungszeiträume anzuwenden, soweit Steuerfestsetzungen noch nicht bestandskräftig sind oder unter dem Vorbehalt der Nachprüfung stehen.

§ 1e Zweckbetriebe

(1) § 68 Abs. 6 der Abgabenordnung in der Fassung des Artikels 5 des Gesetzes vom 20. Dezember 2000 (BGBl. I S. 1850) ist mit Wirkung vom 1. Januar 2000 an-

zuwenden. Die Vorschrift ist auch für vor diesem Zeitraum beginnende Veranlagungszeiträume anzuwenden, soweit Steuerfestsetzungen noch nicht bestandskräftig sind oder unter dem Vorbehalt der Nachprüfung stehen.

(2) Die Vorschrift des § 68 Nr. 9 der Abgabenordnung über die Zweckbetriebseigenschaft von Forschungseinrichtungen ist ab dem 1. Januar 1997 anzuwenden. Sie ist auch für vor diesem Zeitpunkt beginnende Kalenderjahre anzuwenden, soweit Steuerfestsetzungen noch nicht bestandskräftig sind oder unter dem Vorbehalt der Nachprüfung stehen.

(3) § 68 Nr. 3 der Abgabenordnung in der Fassung des Artikels 1a des Gesetzes vom 23. April 2004 (BGBl. I S. 606) ist ab dem 1. Januar 2003 anzuwenden. § 68 Nr. 3 Buchstabe c der Abgabenordnung ist auch für vor diesem Zeitraum beginnende Veranlagungszeiträume anzuwenden, soweit Steuerfestsetzungen noch nicht bestandskräftig sind oder unter dem Vorbehalt der Nachprüfung stehen.

§ 1f Satzung

(1) § 62 der Abgabenordnung in der Fassung des Artikels 10 des Gesetzes vom 13. Dezember 2006 (BGBl. I S. 2878) gilt für alle staatlich beaufsichtigten Stiftungen, die nach dem Inkrafttreten dieses Gesetzes errichtet werden. § 62 der Abgabenordnung in der am 31. Dezember 2008 geltenden Fassung ist letztmals anzuwenden auf Betriebe gewerblicher Art von Körperschaften des öffentlichen Rechts, bei den von einer Körperschaft des öffentlichen Rechts verwalteten unselbständigen Stiftungen und bei geistlichen Genossenschaften (Orden, Kongregationen), die vor dem 1. Januar 2009 errichtet wurden.

(2) § 60 Abs. 1 Satz 2 der Abgabenordnung in der Fassung des Artikels 10 des Gesetzes vom 19. Dezember 2008 (BGBl. I S. 2794) ist auf Körperschaften, die nach dem 31. Dezember 2008 gegründet werden, sowie auf Satzungsänderungen bestehender Körperschaften, die nach dem 31. Dezember 2008 wirksam werden, anzuwenden.

§ 2 Fristen

Fristen, deren Lauf vor dem 1. Januar 1977 begonnen hat, werden nach den bisherigen Vorschriften berechnet, soweit in den nachfolgenden Vorschriften nichts anderes bestimmt ist. Dies gilt auch in den Fällen, in denen der Lauf einer Frist nur deshalb nicht vor dem 1. Januar 1977 begonnen hat, weil der Beginn der Frist nach § 84 der Reichsabgabenordnung hinausgeschoben worden ist.

§ 3 Grunderwerbsteuer, Feuerschutzsteuer

(1) Die Abgabenordnung und die Übergangsvorschriften dieses Artikels gelten auch für die Grunderwerbsteuer und die Feuerschutzsteuer; abweichende landesrechtliche Vorschriften bleiben unberührt. Soweit die Grunderwerbsteuer nicht von Landesfinanzbehörden verwaltet wird, gilt § 1 Abs. 2 der Abgabenordnung sinngemäß.

(2) (weggefallen)

§ 4 Mitteilungsverordnung

§ 7 Abs. 2 Satz 1 der Mitteilungsverordnung vom 7. September 1993 (BGBl. I S. 1554) in der Fassung des Artikels 25 des Gesetzes vom 19. Dezember 2000 (BGBl. I S. 1790) ist erstmals auf im Kalenderjahr 2002 geleistete Zahlungen anzuwenden.

§ 5 Zeitpunkt der Einführung des steuerlichen Identifikationsmerkmals

(1) Das Bundesministerium der Finanzen bestimmt durch Rechtsverordnung mit Zustimmung des Bundesrates den Zeitpunkt der Einführung des Identifikationsmerkmals nach § 139a Abs. 1 der Abgabenordnung. Die Festlegung der Zeitpunkte für die ausschließliche Verwendung des Identifikationsmerkmals im Bereich der Einfuhr- und Ausfuhrabgaben sowie der Verbrauchsteuern bedarf nicht der Zustimmung des Bundesrates.

(2) Bis zur Bereitstellung eines maschinellen Anfrageverfahrens zur Wirtschafts-Identifikationsnummer sind Regelungen der Abgabenordnung oder anderer Gesetze, nach denen bei wirtschaftlich Tätigen die Wirtschafts-Identifikationsnummer zu erheben, aufzuzeichnen, anzugeben oder mitzuteilen ist, mit der Maßgabe anzuwenden, dass zur Identifizierung des betroffenen wirtschaftlich Tätigen weiterhin die Steuernummer ausreicht. § 154 Absatz 2c der Abgabenordnung ist bis zur Bereitstellung eines maschinellen Anfrageverfahrens zur Wirtschafts-Identifikationsnummer nicht anzuwenden, soweit das Kreditinstitut die Steuernummer eines wirtschaftlich Tätigen erhoben und aufgezeichnet hat. Das Bundesministerium der Finanzen gibt den Tag der erstmaligen Bereitstellung eines maschinellen Anfrageverfahrens zur Wirtschafts-Identifikationsnummer im Bundesgesetzblatt Teil I bekannt.

§ 5a Identifikationsnummer und Wirtschafts-Identifikationsnummer

(1) § 139b Absatz 8 der Abgabenordnung in der Fassung des Artikels 26 des Gesetzes vom 16. Dezember 2022 (BGBl. I S. 2294) ist ab dem Tag anzuwenden, an dem das Bundesministerium des Innern und für Heimat nach Artikel 22 Satz 3 des Gesetzes vom 28. März 2021 (BGBl. I S. 591) im Bundesgesetzblatt bekannt gibt, dass die technischen Voraussetzungen für die Verarbeitung der Identifikationsnummer nach Artikel 3 des Gesetzes vom 28. März 2021 (BGBl. I S. 591) vorliegen. Für Identifikationsnummern nach § 139b der Abgabenordnung, die vom Bundeszentralamt für Steuern vor diesem Tag bereits zugeteilt wurden und für die durch die Meldebehörden vergebenen vorläufigen Bearbeitungsmerkmale wird das Datum nach § 139b Absatz 6 Satz 1 Nummer 11 der Abgabenordnung dem Bundeszentralamt für Steuern von den Meldebehörden im Rahmen einer Bestandsdatenlieferung einmalig mitgeteilt.

(2) § 139b Absatz 3, 4a und 6 sowie § 139c Absatz 3, 4, 5 und 6a der Abgabenordnung in der Fassung des Artikels 8a Nummer 1 des Gesetzes vom 19. Juli 2024 (BGBl. 2024 I Nr. 245) sind ab dem Tag anzuwenden, der dem Tag folgt, an dem das Bundesministerium der Finanzen im Bundesgesetzblatt bekannt gibt, dass die technischen Voraussetzungen für die Verarbeitung des amtlichen Gemeindeschlüssels und des Altgerichts jeweils vorliegen.

§ 6 Zahlungszeitpunkt bei Scheckzahlung

§ 224 Abs. 2 Nr. 1 der Abgabenordnung in der Fassung des Artikels 10 des Gesetzes vom 13. Dezember 2006 (BGBl. I S. 2878) gilt erstmals, wenn ein Scheck nach dem 31. Dezember 2006 bei der Finanzbehörde eingegangen ist.

§ 7 Missbrauch von rechtlichen Gestaltungsmöglichkeiten

§ 42 der Abgabenordnung in der Fassung des Artikels 14 des Gesetzes vom 20. Dezember 2007 (BGBl. I S. 3150) ist ab dem 1. Januar 2008 für Kalenderjahre, die nach dem 31. Dezember 2007 beginnen, anzuwenden. Für Kalenderjahre, die vor dem 1. Januar 2008 liegen, ist § 42 der Abgabenordnung in der am 28. Dezember 2007 geltenden Fassung weiterhin anzuwenden.

§ 8 Verspätungszuschlag

(1) Die Vorschriften des § 152 der Abgabenordnung über Verspätungszuschläge sind erstmals auf Steuererklärungen anzuwenden, die nach dem 31. Dezember 1976 einzureichen sind; eine Verlängerung der Steuererklärungsfrist ist hierbei nicht zu berücksichtigen. Im übrigen gilt § 168 Abs. 2 der Reichsabgabenordnung mit der Maßgabe, dass ein nach dem 31. Dezember 1976 festgesetzter Verspätungszuschlag höchstens zehntausend Deutsche Mark betragen darf.

(2) § 152 Abs. 2 Satz 1 der Abgabenordnung in der Fassung des Artikels 17 des Gesetzes vom 22. Dezember 1999 (BGBl. I S. 2601) ist erstmals auf Steuererklärungen anzuwenden, die nach dem 31. Dezember 1999 einzureichen sind; eine Verlängerung der Steuererklärungsfrist ist hierbei nicht zu berücksichtigen.

(3) § 152 Abs. 2 Satz 1 der Abgabenordnung in der Fassung des Artikels 23 des Gesetzes vom 19. Dezember 2000 (BGBl. I S. 1790) ist erstmals auf Steuererklärungen anzuwenden, die Steuern betreffen, die nach dem 31. Dezember 2001 entstehen.

(4) § 152 der Abgabenordnung in der am 1. Januar 2017 geltenden Fassung ist vorbehaltlich des Satzes 4 erstmals auf Steuererklärungen anzuwenden, die nach dem 31. Dezember 2018 einzureichen sind. Eine Verlängerung der Steuererklärungsfrist ist hierbei nicht zu berücksichtigen. § 152 der Abgabenordnung in der am 31. Dezember 2016 geltenden Fassung ist weiterhin anzuwenden auf

1. Steuererklärungen, die vor dem 1. Januar 2019 einzureichen sind, und

2. Umsatzsteuererklärungen für den kürzeren Besteuerungszeitraum nach § 18 Absatz 3 Satz 1 und 2 des Umsatzsteuergesetzes, wenn die gewerbliche oder berufliche Tätigkeit im Laufe des Kalenderjahres 2018 endet.

Das Bundesministerium der Finanzen wird ermächtigt, mit Zustimmung des Bundesrates durch Rechtsverordnung einen abweichenden erstmaligen Anwendungszeitpunkt zu bestimmen, wenn bis zum 30. Juni 2018 erkennbar ist, dass die technischen oder organisatorischen Voraussetzungen für eine Anwendung des § 152 der Abgabenordnung in der am 1. Januar 2017 geltenden Fassung noch nicht erfüllt sind.

(5) § 152 Absatz 3 Nummer 4 und Absatz 8 Satz 1 der Abgabenordnung in der am 29. Dezember 2020 geltenden Fassung ist auf Versicherung- und Feuerschutzsteuer erstmals anzuwenden, soweit diese nach dem 31. Dezember 2020 anzumelden ist. Hinsichtlich anderer Steuern ist § 152 Absatz 3 Nummer 4 und Absatz 8 Satz 1 der Abgabenordnung in der am 29. Dezember 2020 geltenden Fassung in allen offenen Fällen anzuwenden.

(6) § 152 Absatz 2 der Abgabenordnung ist nicht auf Steuererklärungen zur gesonderten Feststellung des Grundsteuerwerts auf den 1. Januar 2022 anzuwenden.

§ 9 Aufhebung und Änderung von Verwaltungsakten

(1) Die Vorschriften der Abgabenordnung über die Aufhebung und Änderung von Verwaltungsakten sind erstmals anzuwenden, wenn nach dem 31. Dezember 1976 ein Verwaltungsakt aufgehoben oder geändert wird. Dies gilt auch dann, wenn der aufzuhebende oder zu ändernde Verwaltungsakt vor dem 1. Januar 1977 erlassen worden ist. Auf vorläufige Steuerbescheide nach § 100 Abs. 1 der Reichsabgabenordnung ist § 165 Abs. 2 der Abgabenordnung, auf Steuerbescheide nach § 100 Abs. 2 der Reichsabgabenordnung und § 28 des Erbschaftsteuergesetzes in der vor dem 1. Januar 1974 geltenden Fassung ist § 164 Abs. 2 und 3 der Abgabenordnung anzuwenden.

(2) § 173 Abs. 1 der Abgabenordnung in der Fassung des Steuerbereinigungsgesetzes 1986 vom 19. Dezember 1985 (BGBl. I S. 2436) gilt weiter, soweit Tatsachen oder Beweismittel vor dem 1. Januar 1994 nachträglich bekannt geworden sind.

(3) § 175 Abs. 2 Satz 2 der Abgabenordnung in der Fassung des Artikels 8 des Gesetzes vom 9. Dezember 2004 (BGBl. I S. 3310) ist erstmals anzuwenden, wenn die Bescheinigung oder Bestätigung nach dem 28. Oktober 2004 vorgelegt oder erteilt wird. § 175 Abs. 2 Satz 2 der Abgabenordnung in der in Satz 1 genannten Fassung ist nicht für die Bescheinigung der anrechenbaren Körperschaftsteuer bei verdeckten Gewinnausschüttungen anzuwenden.

(4) § 173a der Abgabenordnung in der am 1. Januar 2017 geltenden Fassung ist erstmals auf Verwaltungsakte anzuwenden, die nach dem 31. Dezember 2016 erlassen worden sind.

(5) Wurde eine Lebenspartnerschaft bis zum 31. Dezember 2019 gemäß § 20a des Lebenspartnerschaftsgesetzes in eine Ehe umgewandelt, sind § 175 Absatz 1 Satz 1 Nummer 2 und Satz 2 sowie § 233a Absatz 2a der Abgabenordnung entsprechend anzuwenden, soweit die Ehegatten bis zum 31. Dezember 2020 den Erlass, die Aufhebung oder Änderung eines Steuerbescheids zur nachträglichen Berücksichtigung an eine Ehe anknüpfender und bislang nicht berücksichtigter Rechtsfolgen beantragt haben.

§ 9a Absehen von Steuerfestsetzung, Abrundung

(1) Die Vorschriften der Kleinbetragsverordnung vom 10. Dezember 1980 (BGBl. I S. 2255) in der Fassung des Artikels 26 des Gesetzes vom 19. Dezember 2000 (BGBl. I S. 1790) sind auf Steuern anzuwenden, die nach dem 31. Dezember

2001 entstehen. Im Übrigen bleiben die Vorschriften der Kleinbetragsverordnung in der bis zum 31. Dezember 2001 geltenden Fassung vorbehaltlich des Absatzes 2 weiter anwendbar.

(2) § 8 Abs. 1 Satz 1 der Kleinbetragsverordnung vom 10. Dezember 1980 (BGBl. I S. 2255) in der bis zum 31. Dezember 2001 geltenden Fassung ist auf Zinsen letztmals anzuwenden, wenn die Zinsen vor dem 1. Januar 2002 festgesetzt werden.

(3) Die Vorschriften der Kleinbetragsverordnung vom 19. Dezember 2000 (BGBl. I S. 1790, 1805) in der am 1. Januar 2017 geltenden Fassung sind auf Steuern anzuwenden, die nach dem 31. Dezember 2016 entstehen. Für Steuern, die vor dem 1. Januar 2017 entstehen, sind die Vorschriften der Kleinbetragsverordnung in der am 31. Dezember 2016 geltenden Fassung weiter anzuwenden.

§ 10 Festsetzungsverjährung

(1) Die Vorschriften der Abgabenordnung über die Festsetzungsverjährung gelten erstmals für die Festsetzung sowie für die Aufhebung und Änderung der Festsetzung von Steuern, Steuervergütungen und - soweit für steuerliche Nebenleistungen eine Festsetzungsverjährung vorgesehen ist - von steuerlichen Nebenleistungen, die nach dem 31. Dezember 1976 entstehen. Für vorher entstandene Ansprüche gelten die Vorschriften der Reichsabgabenordnung über die Verjährung und über die Ausschlußfristen weiter, soweit sie für die Festsetzung einer Steuer, Steuervergütung oder steuerlichen Nebenleistung, für die Aufhebung oder Änderung einer solchen Festsetzung oder für die Geltendmachung von Erstattungsansprüchen von Bedeutung sind; § 14 Abs. 2 dieses Artikels bleibt unberührt.

(2) Absatz 1 gilt sinngemäß für die gesonderte Feststellung von Besteuerungsgrundlagen sowie für die Festsetzung, Zerlegung und Zuteilung von Steuermeßbeträgen. Bei der Einheitsbewertung tritt an die Stelle des Zeitpunkts der Entstehung des Steueranspruchs der Zeitpunkt, auf den die Hauptfeststellung, die Fortschreibung, die Nachfeststellung oder die Aufhebung eines Einheitswerts vorzunehmen ist. Satz 2 ist letztmals anzuwenden für gesonderte Feststellungen auf den 1. Januar 2024.

(3) Wenn die Schlußbesprechung oder die letzten Ermittlungen vor dem 1. Januar 1987 stattgefunden haben, beginnt der nach § 171 Abs. 4 Satz 3 der Abgabenordnung zu berechnende Zeitraum am 1. Januar 1987.

(4) Die Vorschrift des § 171 Abs. 14 der Abgabenordnung gilt für alle bei Inkrafttreten des Steuerbereinigungsgesetzes 1986 noch nicht abgelaufenen Festsetzungsfristen.

(5) § 170 Abs. 2 Satz 1 Nr. 1, Abs. 3 und 4, § 171 Abs. 3 Satz 1 und Abs. 3 Satz 2, § 175a Satz 2, § 181 Abs. 1 Satz 3 und Abs. 3 sowie § 239 Abs. 1 der Abgabenordnung in der Fassung des Artikels 26 des Gesetzes vom 21. Dezember 1993 (BGBl. I S. 2310) gelten für alle bei Inkrafttreten dieses Gesetzes noch nicht abgelaufenen Festsetzungsfristen.

(6) (weggefallen)

(7) § 171 Abs. 10 der Abgabenordnung in der Fassung des Gesetzes vom 20. Dezember 1996 (BGBl. I S. 2049) gilt für alle bei Inkrafttreten dieses Gesetzes noch nicht abgelaufenen Festsetzungsfristen.

(8) § 171 Abs. 10 Satz 2 der Abgabenordnung in der Fassung des Artikels 5 des Gesetzes vom 23. Juni 1998 (BGBl. I S. 1496) gilt für alle bei Inkrafttreten dieses Gesetzes noch nicht abgelaufenen Festsetzungsfristen.

(9) § 170 Abs. 2 Satz 2 und § 171 Abs. 3 und 3a der Abgabenordnung in der Fassung des Artikels 17 des Gesetzes vom 22. Dezember 1999 (BGBl. I S. 2601) gelten für alle bei Inkrafttreten dieses Gesetzes noch nicht abgelaufenen Festsetzungsfristen.

(10) § 170 Absatz 2 Satz 2 der Abgabenordnung in der Fassung des Artikels 9 des Gesetzes vom 8. Dezember 2010 (BGBl. I S. 1768) gilt für die Energiesteuer auf Erdgas für alle am 14. Dezember 2010 noch nicht abgelaufenen Festsetzungsfristen.

(11) § 171 Absatz 15 der Abgabenordnung in der Fassung des Artikels 11 des Gesetzes vom 26. Juni 2013 (BGBl. I S. 1809) gilt für alle am 30. Juni 2013 noch nicht abgelaufenen Festsetzungsfristen.

(12) § 171 Absatz 10 Satz 2 der Abgabenordnung in der Fassung des Artikels 1 des Gesetzes vom 22. Dezember 2014 (BGBl. I S. 2417) gilt für alle am 31. Dezember 2014 noch nicht abgelaufenen Festsetzungsfristen.

(13) § 170 Absatz 6 der Abgabenordnung in der Fassung des Artikels 1 des Gesetzes vom 22. Dezember 2014 (BGBl. I S. 2415) gilt für alle nach dem 31. Dezember 2014 beginnenden Festsetzungsfristen.

(14) § 171 Absatz 2 Satz 2 und Absatz 10 Satz 1 bis 3 der Abgabenordnung in der am 1. Januar 2017 geltenden Fassung gilt für alle am 31. Dezember 2016 noch nicht abgelaufenen Festsetzungsfristen.

(15) § 170 Absatz 7 der Abgabenordnung in der am 25. Juni 2017 geltenden Fassung gilt für alle nach dem 31. Dezember 2017 beginnenden Festsetzungsfristen.

§ 10a Erklärungspflicht

(1) § 150 Absatz 7 der Abgabenordnung in der Fassung des Artikels 3 des Gesetzes vom 1. November 2011 (BGBl. I S. 2131) ist erstmals für Besteuerungszeiträume anzuwenden, die nach dem 31. Dezember 2010 beginnen.

(2) § 181 Abs. 2a der Abgabenordnung in der Fassung des Artikels 10 des Gesetzes vom 20. Dezember 2008 (BGBl. I S. 2850) ist erstmals für Feststellungszeiträume anzuwenden, die nach dem 31. Dezember 2010 beginnen.

(3) § 149 Absatz 2 Satz 2 der Abgabenordnung in der Fassung des Artikels 3 des Gesetzes vom 1. November 2011 (BGBl. I S. 2131) ist erstmals für Besteuerungszeiträume anzuwenden, die nach dem 31. Dezember 2009 beginnen.

(4) Die §§ 109 und 149 der Abgabenordnung in der am 1. Januar 2017 geltenden Fassung sind erstmals anzuwenden für Besteuerungszeiträume, die nach dem 31. Dezember 2017 beginnen, und Besteuerungszeitpunkte, die nach dem 31.

Dezember 2017 liegen. § 150 Absatz 7 der Abgabenordnung in der am 1. Januar 2017 geltenden Fassung ist erstmals anzuwenden für Besteuerungszeiträume, die nach dem 31. Dezember 2016 beginnen, und Besteuerungszeitpunkte, die nach dem 31. Dezember 2016 liegen. § 8 Absatz 4 Satz 3 und 4 ist entsprechend anzuwenden.

(5) § 150 Absatz 7 Satz 2 der Abgabenordnung in der am 21. Dezember 2022 geltenden Fassung ist auf Steuererklärungen anzuwenden, die nach dem 21. Dezember 2022 abgegeben werden.

§ 10b Gesonderte Feststellungen

§ 180 Abs. 1 Nr. 2 Buchstabe a, Abs. 4 und Abs. 5 der Abgabenordnung in der Fassung des Artikels 26 des Gesetzes vom 21. Dezember 1993 (BGBl. I S. 2310) ist erstmals auf Feststellungszeiträume anzuwenden, die nach dem 31. Dezember 1994 beginnen. § 180 Absatz 1 Satz 2 der Abgabenordnung in der Fassung des Artikels 1 des Gesetzes vom 22. Dezember 2014 (BGBl. I S. 2417) ist erstmals auf Feststellungszeiträume anzuwenden, die nach dem 31. Dezember 2014 beginnen. § 180 Absatz 1 Satz 1 Nummer 1, § 181 Absatz 3 Satz 1 und 2 und Absatz 4, § 182 Absatz 2 Satz 1 und § 183a Absatz 4 der Abgabenordnung in der am 1. Januar 2025 geltenden Fassung sind erstmals auf Feststellungszeitpunkte nach dem 31. Dezember 2024 anzuwenden.

§ 10c Billigkeitsmaßnahmen bei der Festsetzung des Gewerbesteuermessbetrags

§ 184 Absatz 2 der Abgabenordnung in der Fassung des Artikels 1 des Gesetzes vom 22. Dezember 2014 (BGBl. I S. 2417) ist auch für nach dem 31. Dezember 2014 getroffene Maßnahmen nach § 163 Absatz 1 Satz 1 der Abgabenordnung anzuwenden, die Besteuerungszeiträume betreffen, die vor dem 1. Januar 2015 abgelaufen sind.

§ 11 Haftung

(1) Die Vorschriften der §§ 69 bis 76 und 191 Abs. 3 bis 5 der Abgabenordnung sind anzuwenden, wenn der haftungsbegründende Tatbestand nach dem 31. Dezember 1976 verwirklicht worden ist.

(2) Die Vorschriften der Abgabenordnung über die Haftung sind in der Fassung des Steuerbereinigungsgesetzes 1986 anzuwenden, wenn der haftungsbegründende Tatbestand nach dem 31. Dezember 1986 verwirklicht worden ist.

(3) § 71 der Abgabenordnung in der am 1. Januar 2017 geltenden Fassung ist erstmals anzuwenden, wenn der haftungsbegründende Tatbestand nach dem 31. Dezember 2016 verwirklicht worden ist.

(4) § 73 der Abgabenordnung in der am 18. Dezember 2019 geltenden Fassung ist erstmals anzuwenden, wenn der haftungsbegründende Tatbestand nach dem 17. Dezember 2019 verwirklicht worden ist. Haftungsbegründender Tatbestand im Sinne des Satzes 1 ist die Entstehung der Steuerschuld oder des Anspruchs auf Erstattung einer Steuervergütung.

§ 11a Insolvenzverfahren

In einem Insolvenzverfahren, das nach dem 31. Dezember 1998 beantragt wird, gelten § 75 Abs. 2, § 171 Abs. 12 und 13, § 231 Abs. 1 Satz 1 und Abs. 2 Satz 1, § 251 Abs. 2 Satz 1 und Abs. 3, §§ 266, 282 Abs. 2 und § 284 Abs. 2 Satz 1 der Abgabenordnung in der Fassung des Artikels 9 des Gesetzes vom 19. Dezember 1998 (BGBl. I S. 3836) sowie § 251 Abs. 2 Satz 2 der Abgabenordnung in der Fassung des Artikels 17 des Gesetzes vom 22. Dezember 1999 (BGBl. I S. 2601) auch für Rechtsverhältnisse und Rechte, die vor dem 1. Januar 1999 begründet worden sind. Auf Konkurs-, Vergleichs- und Gesamtvollstreckungsverfahren, die vor dem 1. Januar 1999 beantragt worden sind, und deren Wirkungen sind weiter die bisherigen gesetzlichen Vorschriften anzuwenden; gleiches gilt für Anschlußkonkursverfahren, bei denen der dem Verfahren vorausgehende Vergleichsantrag vor dem 1. Januar 1999 gestellt worden ist.

§ 11b Anfechtung außerhalb des Insolvenzverfahrens

§ 191 Abs. 1 Satz 2 der Abgabenordnung in der Fassung des Artikels 17 des Gesetzes vom 22. Dezember 1999 (BGBl. I S. 2601) ist mit Wirkung vom 1. Januar 1999 anzuwenden. § 20 Abs. 2 Satz 2 des Anfechtungsgesetzes vom 5. Oktober 1994 (BGBl. I S. 2911) ist mit der Maßgabe anzuwenden, dass der Erlass eines Duldungsbescheides vor dem 1. Januar 1999 der gerichtlichen Geltendmachung vor dem 1. Januar 1999 gleichsteht.

§ 12 Verbindliche Zusagen auf Grund einer Außenprüfung

Die Vorschriften der Abgabenordnung über verbindliche Zusagen auf Grund einer Außenprüfung (§§ 204 bis 207) sind anzuwenden, wenn die Schlussbesprechung nach dem 31. Dezember 1976 stattfindet oder, falls eine solche nicht erforderlich ist, wenn dem Steuerpflichtigen der Prüfungsbericht nach dem 31. Dezember 1976 zugegangen ist.

§ 13 Sicherungsgeld

Die Vorschriften des § 203 der Reichsabgabenordnung sind auch nach dem 31. Dezember 1976 anzuwenden, soweit die dort genannten besonderen Bedingungen vor dem 1. Januar 1977 nicht eingehalten wurden. Auf die Verwaltungsakte, die ein Sicherungsgeld festsetzen, ist § 100 Abs. 2 der Finanzgerichtsordnung nicht anzuwenden.

§ 13a Änderung widerstreitender Abrechnungsbescheide und Anrechnungsverfügungen

§ 218 Absatz 3 der Abgabenordnung in der Fassung des Artikels 1 des Gesetzes vom 22. Dezember 2014 (BGBl. I S. 2417) gilt ab dem 31. Dezember 2014 auch für Abrechnungsbescheide und Anrechnungsverfügungen, die vor dem 31. Dezember 2014 erlassen worden sind.

§ 14 Zahlungsverjährung

(1) Die Vorschriften der Abgabenordnung über die Zahlungsverjährung gelten für alle Ansprüche im Sinne des § 228 Satz 1 der Abgabenordnung, deren Verjährung nach § 229 der Abgabenordnung nach dem 31. Dezember 1976 beginnt.

(2) Liegen die Voraussetzungen des Absatzes 1 nicht vor, so gelten für die Ansprüche weiterhin die bisherigen Vorschriften über Verjährung und Ausschlußfristen. Die Verjährung wird jedoch ab 1. Januar 1977 nur noch nach den §§ 230 und 231 der Abgabenordnung gehemmt und unterbrochen. Auf die nach § 231 Abs. 3 der Abgabenordnung beginnende neue Verjährungsfrist sind die §§ 228 bis 232 der Abgabenordnung anzuwenden.

(3) § 229 Abs. 1 Satz 2 der Abgabenordnung in der Fassung des Artikels 26 des Gesetzes vom 21. Dezember 1993 (BGBl. I S. 2310) gilt für alle bei Inkrafttreten dieses Gesetzes noch nicht abgelaufenen Verjährungsfristen.

(4) § 231 Abs. 1 Satz 1 und Abs. 2 Satz 1 der Abgabenordnung in der Fassung des Artikels 17 des Gesetzes vom 22. Dezember 1999 (BGBl. I S. 2601) gilt für alle bei Inkrafttreten dieses Gesetzes noch nicht abgelaufenen Verjährungsfristen.

(5) § 228 Satz 2 sowie § 231 Absatz 1 Satz 1 und Absatz 2 Satz 1 der Abgabenordnung in der am 25. Juni 2017 geltenden Fassung gelten für alle am 24. Juni 2017 noch nicht abgelaufenen Verjährungsfristen.

(6) Die §§ 229 und 230 der Abgabenordnung in der am 21. Dezember 2022 geltenden Fassung gelten für alle am 21. Dezember 2022 noch nicht abgelaufenen Verjährungsfristen.

(7) § 230 Absatz 2 der Abgabenordnung in der am 28. März 2024 geltenden Fassung gilt für alle am 28. März 2024 noch nicht abgelaufenen Verjährungsfristen.

§ 15 Zinsen

(1) Zinsen entstehen für die Zeit nach dem 31. Dezember 1976 nach den Vorschriften der Abgabenordnung. Aussetzungszinsen entstehen nach § 237 der Abgabenordnung in der Fassung des Steuerbereinigungsgesetzes 1986 auch, soweit der Zinslauf vor dem 1. Januar 1987 begonnen hat.

(2) Ist eine Steuer über den 31. Dezember 1976 hinaus zinslos gestundet worden, so gilt dies als Verzicht auf Zinsen im Sinne des § 234 Abs. 2 der Abgabenordnung.

(3) Die Vorschriften des § 239 Abs. 1 der Abgabenordnung über die Festsetzungsfrist gelten in allen Fällen, in denen die Festsetzungsfrist auf Grund dieser Vorschrift nach dem 31. Dezember 1977 beginnt.

(4) Die Vorschriften der §§ 233a, 235, 236 und 239 der Abgabenordnung in der Fassung von Artikel 15 Nr. 3 bis 5 und 7 des Steuerreformgesetzes 1990 vom 25. Juli 1988 (BGBl. I S. 1093) und Artikel 9 des Wohnungsbauförderungsgesetzes vom 22. Dezember 1989 (BGBl. I S. 2408) gelten für alle Steuern, die nach dem 31. Dezember 1988 entstehen.

(5) § 233a Abs. 2 Satz 3 der Abgabenordnung in der Fassung des Artikels 4 Nr. 1 des Gesetzes vom 24. Juni 1994 (BGBl. I S. 1395) gilt in allen Fällen, in denen Zinsen nach dem 31. Dezember 1993 festgesetzt werden.

(6) § 233a Abs. 5 und §§ 234 bis 237 der Abgabenordnung in der Fassung des Artikels 26 des Gesetzes vom 21. Dezember 1993 (BGBl. I S. 2310) gelten in allen Fällen, in denen die Steuerfestsetzung nach Inkrafttreten dieses Gesetzes aufgehoben, geändert oder nach § 129 der Abgabenordnung berichtigt wird.

(7) (weggefallen)

(8) § 233a Abs. 2a der Abgabenordnung in der Fassung des Gesetzes vom 20. Dezember 1996 (BGBl. I S. 2049) gilt in allen Fällen, in denen der Verlust nach dem 31. Dezember 1995 entstanden oder das rückwirkende Ereignis nach dem 31. Dezember 1995 eingetreten ist.

(9) § 233a Abs. 2 Satz 3 der Abgabenordnung in der Fassung des Artikels 17 des Gesetzes vom 22. Dezember 1999 (BGBl. I S. 2601) gilt für alle Steuern, die nach dem 31. Dezember 1993 entstehen.

(10) § 238 Abs. 2 und § 239 Abs. 2 der Abgabenordnung in der Fassung des Artikels 23 Nr. 7 und 8 des Gesetzes vom 19. Dezember 2000 (BGBl. I S. 1790) gilt in allen Fällen, in denen Zinsen nach dem 31. Dezember 2001 festgesetzt werden.

(11) § 233a Absatz 2 Satz 2 der Abgabenordnung in der Fassung des Artikels 3 des Gesetzes vom 1. November 2011 (BGBl. I S. 2131) gilt für alle Steuern, die nach dem 31. Dezember 2009 entstehen.

(12) § 239 Absatz 3 der Abgabenordnung in der am 1. Januar 2017 geltenden Fassung ist erstmals auf Feststellungszeiträume anzuwenden, die nach dem 31. Dezember 2016 beginnen. § 239 Absatz 4 der Abgabenordnung in der am 1. Januar 2017 geltenden Fassung ist erstmals auf Zinsbescheide anzuwenden, die nach dem 31. Dezember 2016 erlassen worden sind.

(13) Die §§ 233 und 233a Absatz 2 Satz 2 zweiter Halbsatz, Absatz 3 Satz 4 und Absatz 5 Satz 4 der Abgabenordnung in der Fassung des Artikels 1 des Gesetzes vom 12. Juli 2022 (BGBl. I S. 1142) gelten in allen Fällen, in denen Zinsen nach dem 21. Juli 2022 festgesetzt werden.

(14) § 233a Absatz 8, § 238 Absatz 1a bis 1c und § 239 Absatz 5 der Abgabenordnung in der Fassung des Artikels 1 des Gesetzes vom 12. Juli 2022 (BGBl. I S. 1142) sind vorbehaltlich des § 176 Absatz 1 Satz 1 Nummer 1 der Abgabenordnung und des Absatzes 16 in allen am 21. Juli 2022 anhängigen Verfahren anzuwenden. Bei Anwendung des § 233a Absatz 5 Satz 3 zweiter Halbsatz der Abgabenordnung ist für die Minderung von Nachzahlungszinsen der Zinssatz maßgeblich, der bei der ursprünglichen Festsetzung der Nachzahlungszinsen zugrunde gelegt wurde. § 176 Absatz 1 Satz 1 Nummer 1 der Abgabenordnung ist dabei mit der Maßgabe anzuwenden, dass die Zinsen, die sich aufgrund der Neuberechnung bisher festgesetzter Zinsen nach den Sätzen 1 und 2 ergeben, die vor Anwendung der Neuberechnung festgesetzten Zinsen nicht übersteigen dürfen.

(15) § 239 Absatz 1 Satz 1 und 2 der Abgabenordnung in der Fassung des Artikels 1 des Gesetzes vom 12. Juli 2022 (BGBl. I S. 1142) gilt in allen Fällen, in denen die Festsetzungsfrist am 21. Juli 2022 noch nicht abgelaufen ist.

(16) § 165 Absatz 1 Satz 2 Nummer 2, Satz 4 und Absatz 2 sowie § 171 Absatz 8 der Abgabenordnung sind auf nach dem 21. Juli 2022 erlassene Zinsfestsetzungen nach § 233a der Abgabenordnung für Verzinsungszeiträume ab dem 1. Januar 2019 entsprechend anzuwenden, solange die technischen und organisatorischen Voraussetzungen für die Anwendung des § 238 Absatz 1a der Abgabenordnung in der am 22. Juli 2022 geltenden Fassung noch nicht vorliegen.

(17) § 237 Absatz 6 der Abgabenordnung in der am 28. März 2024 geltenden Fassung gilt für alle Haftungsansprüche, die nach dem 31. Dezember 2024 entstehen.

(18) § 234 Absatz 1, § 236 Absatz 6 und § 239 Absatz 1 Satz 2 Nummer 4 der Abgabenordnung in der am 6. Dezember 2024 geltenden Fassung gelten für alle Haftungsansprüche, die nach dem 31. Dezember 2024 entstehen.

(19) § 235 Absatz 5 der Abgabenordnung gilt in allen Fällen, in denen Zinsen zu hinterzogenen Vorauszahlungen nach dem 6. Dezember 2024 festgesetzt werden.

§ 16 Säumniszuschläge

(1) Die Vorschriften des § 240 der Abgabenordnung über Säumniszuschläge sind erstmals auf Säumniszuschläge anzuwenden, die nach dem 31. Dezember 1976 verwirkt werden.

(2) Bis zum 31. Dezember 1980 gilt für die Anwendung des § 240 der Abgabenordnung bei den Finanzämtern, die von den obersten Finanzbehörden der Länder dazu bestimmt sind, Rationalisierungsversuche im Erhebungsverfahren durchzuführen, folgendes:

1. Abweichend von § 240 Abs. 1 der Abgabenordnung tritt bei der Einkommensteuer, der Körperschaftsteuer, der Gewerbesteuer, der Vermögensteuer, der Grundsteuer, der Vermögensabgabe, der Kreditgewinnabgabe und der Umsatzsteuer für die Verwirkung des Säumniszuschlages an die Stelle des Fälligkeitstages jeweils der auf diesen folgende 20. eines Monats. § 240 Abs. 3 der Abgabenordnung gilt nicht.

2. Werden bei derselben Steuerart innerhalb eines Jahres Zahlungen wiederholt nach Ablauf des Fälligkeitstags entrichtet, so kann der Säumniszuschlag vom Ablauf des Fälligkeitstags an erhoben werden; dabei bleibt § 240 Abs. 3 der Abgabenordnung unberührt.

3. Für die Berechnung des Säumniszuschlags wird der rückständige Betrag jeder Steuerart zusammengerechnet und auf volle hundert Deutsche Mark nach unten abgerundet.

(3) Die Vorschrift des § 240 Abs. 3 der Abgabenordnung in der Fassung des Artikels 17 des Gesetzes vom 23. Juni 1993 (BGBl. I S. 944) ist erstmals auf Säumniszuschläge anzuwenden, die nach dem 31. Dezember 1993 verwirkt werden.

(4) § 240 Abs. 1 der Abgabenordnung in der Fassung des Artikels 5 des Gesetzes vom 23. Juni 1998 (BGBl. I S. 1496) ist erstmals auf Säumniszuschläge anzuwenden, die nach dem 31. Juli 1998 entstehen.

(5) § 240 Abs. 1 Satz 1 der Abgabenordnung in der Fassung des Artikels 23 Nr. 9 des Gesetzes vom 19. Dezember 2000 (BGBl. I S. 1790) gilt erstmals für Säumniszuschläge, die nach dem 31. Dezember 2001 entstehen.

(6) § 240 Abs. 3 Satz 1 der Abgabenordnung in der Fassung des Artikels 8 des Gesetzes vom 15. Dezember 2003 (BGBl. I S. 2645) gilt erstmals, wenn die Steuer, die zurückzuzahlende Steuervergütung oder die Haftungsschuld nach dem 31. Dezember 2003 fällig geworden ist.

§ 17 Angabe des Schuldgrunds

Für die Anwendung des § 260 der Abgabenordnung auf Ansprüche, die bis zum 31. Dezember 1980 entstanden sind, gilt folgendes:

Hat die Vollstreckungsbehörde den Vollstreckungsschuldner durch Kontoauszüge über Entstehung, Fälligkeit und Tilgung seiner Schulden fortlaufend unterrichtet, so genügt es, wenn die Vollstreckungsbehörde die Art der Abgabe und die Höhe des beizutreibenden Betrags angibt und auf den Kontoauszug Bezug nimmt, der den Rückstand ausweist.

§ 17a Kosten der Vollstreckung

Die Höhe der Gebühren und Auslagen im Vollstreckungsverfahren richtet sich nach dem Recht, das in dem Zeitpunkt gilt, in dem der Tatbestand verwirklicht ist, an den die Abgabenordnung die Entstehung der Gebühr oder der Auslage knüpft.

§ 17b Eidesstattliche Versicherung

§ 284 Abs. 1 Nr. 3 und 4 der Abgabenordnung in der Fassung des Artikels 2 Abs. 11 Nr. 1 Buchstabe a des Zweiten Gesetzes zur Änderung zwangsvollstreckungsrechtlicher Vorschriften vom 17. Dezember 1997 (BGBl. I S. 3039) gelten nicht für Verfahren, in denen der Vollziehungsbeamte die Vollstreckung vor dem Inkrafttreten dieses Gesetzes versucht hat.

§ 17c Pfändung fortlaufender Bezüge

§ 313 Abs. 3 der Abgabenordnung in der Fassung des Artikels 2 Abs. 11 Nr. 3 des Zweiten Gesetzes zur Änderung zwangsvollstreckungsrechtlicher Vorschriften vom 17. Dezember 1997 (BGBl. I S. 3039) gilt nicht für Arbeits- und Dienstverhältnisse, die vor Inkrafttreten dieses Gesetzes beendet waren.

§ 17d Zwangsgeld

§ 329 der Abgabenordnung in der Fassung des Artikels 17 des Gesetzes vom 22. Dezember 1999 (BGBl. I S. 2601) gilt in allen Fällen, in denen ein Zwangsgeld nach dem 31. Dezember 1999 angedroht wird.

§ 17e Aufteilung einer Gesamtschuld bei Ehegatten oder Lebenspartnern

(1) Die §§ 270, 273 Absatz 1 und § 279 Absatz 2 Nummer 4 der Abgabenordnung in der Fassung des Artikels 3 des Gesetzes vom 1. November 2011 (BGBl. I S. 2131) sind erstmals für den Veranlagungszeitraum 2013 anzuwenden.

(2) § 269 Absatz 1 der Abgabenordnung in der am 1. Januar 2017 geltenden Fassung ist ab dem 1. Januar 2017 anzuwenden. § 279 Absatz 1 Satz 1 der Abgabenordnung in der am 1. Januar 2017 geltenden Fassung ist erstmals auf Aufteilungsbescheide anzuwenden, die nach dem 31. Dezember 2016 erlassen worden sind; § 8 Absatz 4 Satz 4 gilt entsprechend.

§ 18 Außergerichtliche Rechtsbehelfe

(1) Wird ein Verwaltungsakt angefochten, der vor dem 1. Januar 1977 wirksam geworden ist, bestimmt sich die Zulässigkeit des außergerichtlichen Rechtsbehelfs nach den bisherigen Vorschriften; ist über den Rechtsbehelf nach dem 31. Dezember 1976 zu entscheiden, richten sich die Art des außergerichtlichen Rechtsbehelfs sowie das weitere Verfahren nach den neuen Vorschriften.

(2) Nach dem 31. Dezember 1976 ist eine Gebühr für einen außergerichtlichen Rechtsbehelf nur noch dann festzusetzen, wenn die Voraussetzungen für die Festsetzung einer Gebühr nach § 256 der Reichsabgabenordnung bereits vor dem 1. Januar 1977 eingetreten waren.

(3) Wird ein Verwaltungsakt angefochten, der vor dem 1. Januar 1996 wirksam geworden ist, bestimmt sich die Zulässigkeit des Rechtsbehelfs nach den bis zum 31. Dezember 1995 geltenden Vorschriften der Abgabenordnung. Ist über den Rechtsbehelf nach dem 31. Dezember 1995 zu entscheiden, richten sich die Art des außergerichtlichen Rechtsbehelfs sowie das weitere Verfahren nach den ab 1. Januar 1996 geltenden Vorschriften der Abgabenordnung.

(4) § 365 Abs. 3 Satz 2 Nr. 1 der Abgabenordnung in der Fassung des Artikels 4 Nr. 11 Buchstabe b des Gesetzes vom 24. Juni 1994 (BGBl. I S. 1395) ist auf berichtigende Verwaltungsakte anzuwenden, die nach dem 31. Dezember 1995 bekanntgegeben werden.

§ 18a Erledigung von Massenrechtsbehelfen und Massenanträgen

(1) Wurde mit einem vor dem 1. Januar 1995 eingelegten Einspruch die Verfassungswidrigkeit von Normen des Steuerrechts gerügt, derentwegen eine Entscheidung des Bundesverfassungsgerichts aussteht, gilt der Einspruch im Zeitpunkt der Veröffentlichung der Entscheidungsformel im Bundesgesetzblatt (§ 31 Abs. 2 des Gesetzes über das Bundesverfassungsgericht) ohne Einspruchsentscheidung als zurückgewiesen, soweit er nach dem Ausgang des Verfahrens vor dem Bundesverfassungsgericht als unbegründet abzuweisen wäre. Abweichend von § 47 Abs. 1 und § 55 der Finanzgerichtsordnung endet die Klagefrist mit Ablauf eines Jahres nach dem Zeitpunkt der Veröffentlichung gemäß Satz 1. Die Sätze 1 und 2 sind auch anzuwenden, wenn der Einspruch unzulässig ist.

(2) Absatz 1 gilt für Anträge auf Aufhebung oder Änderung einer Steuerfestsetzung außerhalb des außergerichtlichen Rechtsbehelfsverfahrens sinngemäß.

(3) Die Absätze 1 und 2 sind auch anzuwenden, wenn eine Entscheidung des Bundesverfassungsgerichts vor Inkrafttreten dieses Gesetzes ergangen ist. In diesen Fällen endet die Klagefrist mit Ablauf des 31. Dezember 1994.

(4) Wurde mit einem am 31. Dezember 2003 anhängigen Einspruch die Verfassungswidrigkeit der für Veranlagungszeiträume vor 2000 geltenden Regelungen des Einkommensteuergesetzes über die Abziehbarkeit von Kinderbetreuungskosten gerügt, gilt der Einspruch mit Wirkung vom 1. Januar 2004 ohne Einspruchsentscheidung insoweit als zurückgewiesen; dies gilt auch, wenn der Einspruch unzulässig ist. Abweichend von § 47 Abs. 1 und § 55 der Finanzgerichtsordnung endet die Klagefrist mit Ablauf des 31. Dezember 2004. Die Sätze 1 und 2 gelten nicht, soweit in der angefochtenen Steuerfestsetzung die Kinderbetreuungskosten um die zumutbare Belastung nach § 33 Abs. 3 des Einkommensteuergesetzes gekürzt worden sind.

(5) Wurde mit einem am 31. Dezember 2003 anhängigen und außerhalb eines Einspruchs oder Klageverfahrens gestellten Antrag auf Aufhebung oder Änderung einer Steuerfestsetzung die Verfassungswidrigkeit der für Veranlagungszeiträume vor 2000 geltenden Regelungen des Einkommensteuergesetzes über die Abziehbarkeit von Kinderbetreuungskosten gerügt, gilt der Antrag mit Wirkung vom 1. Januar 2004 insoweit als zurückgewiesen; dies gilt auch, wenn der Antrag unzulässig ist. Abweichend von § 355 Abs. 1 Satz 1 der Abgabenordnung endet die Frist für einen Einspruch gegen die Zurückweisung des Antrags mit Ablauf des 31. Dezember 2004. Die Sätze 1 und 2 gelten nicht, soweit in der Steuerfestsetzung, deren Aufhebung oder Änderung beantragt wurde, die Kinderbetreuungskosten um die zumutbare Belastung nach § 33 Abs. 3 des Einkommensteuergesetzes gekürzt worden sind.

(6) Wurde mit einem am 31. Dezember 2003 anhängigen Einspruch die Verfassungswidrigkeit der für Veranlagungszeiträume vor 2002 geltenden Regelungen des Einkommensteuergesetzes über die Abziehbarkeit eines Haushaltsfreibetrages gerügt, gilt der Einspruch mit Wirkung vom 1. Januar 2004 ohne Einspruchsentscheidung insoweit als zurückgewiesen; dies gilt auch, wenn der Einspruch unzulässig ist. Abweichend von § 47 Abs. 1 und § 55 der Finanzgerichtsordnung endet die Klagefrist mit Ablauf des 31. Dezember 2004.

(7) Wurde mit einem am 31. Dezember 2003 anhängigen und außerhalb eines Einspruchs oder Klageverfahrens gestellten Antrag auf Aufhebung oder Änderung einer Steuerfestsetzung die Verfassungswidrigkeit der für Veranlagungszeiträume vor 2002 geltenden Regelungen des Einkommensteuergesetzes über die Abziehbarkeit eines Haushaltsfreibetrages gerügt, gilt der Antrag mit Wirkung vom 1. Januar 2004 insoweit als zurückgewiesen; dies gilt auch, wenn der Antrag unzulässig ist. Abweichend von § 355 Abs. 1 Satz 1 der Abgabenordnung endet die Frist für einen Einspruch gegen die Zurückweisung des Antrags mit Ablauf des 31. Dezember 2004.

(8) Wurde mit einem am 31. Dezember 2003 anhängigen Einspruch die Verfassungswidrigkeit der für die Veranlagungszeiträume 1983 bis 1995 geltenden Re-

gelungen des Einkommensteuergesetzes über die Abziehbarkeit eines Kinderfreibetrages gerügt, gilt der Einspruch mit Wirkung vom 1. Januar 2005 ohne Einspruchsentscheidung insoweit als zurückgewiesen, soweit nicht der Einspruchsführer nach dem 31. Dezember 2003 und vor dem 1. Januar 2005 ausdrücklich eine Entscheidung beantragt. Der Antrag auf Entscheidung ist schriftlich bei dem für die Besteuerung nach dem Einkommen zuständigen Finanzamt zu stellen. Ist nach Einspruchseinlegung ein anderes Finanzamt zuständig geworden, kann der Antrag auf Entscheidung fristwahrend auch bei dem Finanzamt gestellt werden, das den angefochtenen Steuerbescheid erlassen hat; Artikel 97a § 1 Abs. 1 bleibt unberührt. Die Sätze 1 bis 3 gelten auch, wenn der Einspruch unzulässig ist. Gilt nach Satz 1 der Einspruch als zurückgewiesen, endet abweichend von § 47 Abs. 1 und § 55 der Finanzgerichtsordnung die Klagefrist mit Ablauf des 31. Dezember 2005. Satz 1 gilt nicht, soweit eine Neufestsetzung nach § 53 des Einkommensteuergesetzes von der Frage abhängig ist, ob bei der nach dieser Regelung gebotenen Steuerfreistellung auf den Jahressockelbetrag des Kindergeldes oder auf das dem Steuerpflichtigen tatsächlich zustehende Kindergeld abzustellen ist.

(9) Wurde mit einem am 31. Dezember 2003 anhängigen und außerhalb eines Einspruchs oder Klageverfahrens gestellten Antrag auf Aufhebung oder Änderung einer Steuerfestsetzung die Verfassungswidrigkeit der für die Veranlagungszeiträume 1983 bis 1995 geltenden Regelungen des Einkommensteuergesetzes über die Abziehbarkeit eines Kinderfreibetrages gerügt, gilt der Antrag mit Wirkung vom 1. Januar 2005 insoweit als zurückgewiesen, soweit nicht der Steuerpflichtige nach dem 31. Dezember 2003 und vor dem 1. Januar 2005 ausdrücklich eine Entscheidung beantragt. Der Antrag auf Entscheidung ist schriftlich bei dem für die Besteuerung nach dem Einkommen zuständigen Finanzamt zu stellen. Ist nach Erlass des Steuerbescheides ein anderes Finanzamt zuständig geworden, kann der Antrag auf Entscheidung fristwahrend auch bei dem Finanzamt gestellt werden, das den Steuerbescheid erlassen hat, dessen Aufhebung oder Änderung begehrt wird; Artikel 97a § 1 Abs. 1 bleibt unberührt. Die Sätze 1 bis 3 gelten auch, wenn der Antrag auf Aufhebung oder Änderung der Steuerfestsetzung unzulässig ist. Gilt nach Satz 1 der Antrag auf Aufhebung oder Änderung einer Steuerfestsetzung als zurückgewiesen, endet abweichend von § 355 Abs. 1 Satz 1 der Abgabenordnung die Frist für einen Einspruch gegen die Zurückweisung des Antrags mit Ablauf des 31. Dezember 2005. Satz 1 gilt nicht, soweit eine Neufestsetzung nach § 53 des Einkommensteuergesetzes von der Frage abhängig ist, ob bei der nach dieser Regelung gebotenen Steuerfreistellung auf den Jahressockelbetrag des Kindergeldes oder auf das dem Steuerpflichtigen tatsächlich zustehende Kindergeld abzustellen ist.

(10) Die Absätze 5, 7 und 9 gelten sinngemäß für Anträge auf abweichende Festsetzung von Steuern aus Billigkeitsgründen (§ 163 der Abgabenordnung) und für Erlassanträge (§ 227 der Abgabenordnung).

(11) Wurde mit einem am 31. Dezember 2006 anhängigen Einspruch gegen die Entscheidung über die Festsetzung von Kindergeld nach Abschnitt X des Einkommensteuergesetzes die Verfassungswidrigkeit der für die Jahre 1996 bis 2000 geltenden Regelungen zur Höhe des Kindergeldes gerügt, gilt der Einspruch mit Wirkung vom 1. Januar 2007 ohne Einspruchsentscheidung insoweit

als zurückgewiesen; dies gilt auch, wenn der Einspruch unzulässig ist. Abweichend von § 47 Abs. 1 und § 55 der Finanzgerichtsordnung endet die Klagefrist mit Ablauf des 31. Dezember 2007.

(12) § 172 Abs. 3 und § 367 Abs. 2b der Abgabenordnung in der Fassung des Artikels 10 Nr. 12 und 16 des Gesetzes vom 13. Dezember 2006 (BGBl. I S. 2878) gelten auch, soweit Aufhebungs- oder Änderungsanträge oder Einsprüche vor dem 19. Dezember 2006 gestellt oder eingelegt wurden und die Allgemeinverfügung nach dem 19. Dezember 2006 im Bundessteuerblatt veröffentlicht wird.

§ 18b Zuständigkeit für Klagen nach § 32i Absatz 2 der Abgabenordnung

§ 32i Absatz 5 Satz 2 der Abgabenordnung in der am 21. Dezember 2022 geltenden Fassung ist auf alle nach dem 20. Dezember 2022 anhängig gewordenen Klagen anzuwenden.

§ 19 Buchführungspflicht bestimmter Steuerpflichtiger

(1) § 141 Absatz 1 Satz 1 Nummer 1 der Abgabenordnung in der am 1. Januar 2016 geltenden Fassung ist auf Umsätze der Kalenderjahre anzuwenden, die nach dem 31. Dezember 2015 beginnen. Eine Mitteilung über den Beginn der Buchführungspflicht ergeht nicht, wenn die Voraussetzungen des § 141 Absatz 1 Satz 1 Nummer 1 der Abgabenordnung in der am 31. Dezember 2015 geltenden Fassung für Kalenderjahre, die vor dem 1. Januar 2016 liegen, erfüllt sind, jedoch im Kalenderjahr 2015 die Voraussetzungen des § 141 Absatz 1 Satz 1 Nummer 1 der Abgabenordnung in der am 1. Januar 2016 geltenden Fassung nicht erfüllt sind.

(2) Eine Mitteilung über den Beginn der Buchführungspflicht ergeht nicht, wenn die Voraussetzungen des § 141 Absatz 1 Satz 1 Nummer 4 und 5 der Abgabenordnung in der am 31. Dezember 2015 geltenden Fassung für Kalenderjahre, die vor dem 1. Januar 2016 liegen, erfüllt sind, jedoch im Kalenderjahr 2015 die Voraussetzungen des § 141 Absatz 1 Satz 1 Nummer 4 und 5 der Abgabenordnung in der am 1. Januar 2016 geltenden Fassung nicht erfüllt sind.

(3) § 141 Absatz 1 Satz 1 Nummer 1 der Abgabenordnung in der am 28. März 2024 geltenden Fassung ist auf Umsätze der Kalenderjahre anzuwenden, die nach dem 31. Dezember 2023 beginnen. Eine Mitteilung über den Beginn der Buchführungspflicht ergeht nicht, wenn die Voraussetzungen des § 141 Absatz 1 Satz 1 Nummer 1 der Abgabenordnung in der am 31. Dezember 2023 geltenden Fassung für Kalenderjahre, die vor dem 1. Januar 2024 liegen, erfüllt sind, jedoch im Kalenderjahr 2023 die Voraussetzungen des § 141 Absatz 1 Satz 1 Nummer 1 der Abgabenordnung in der am 28. März 2024 geltenden Fassung nicht erfüllt sind.

(4) § 141 Absatz 1 Satz 1 Nummer 4 und 5 der Abgabenordnung in der am 28. März 2024 geltenden Fassung ist auf Gewinne der Wirtschaftsjahre anzuwenden, die nach dem 31. Dezember 2023 beginnen. Eine Mitteilung über den Beginn der Buchführungspflicht ergeht nicht, wenn die Voraussetzungen des § 141 Absatz 1 Satz 1 Nummer 4 und 5 der Abgabenordnung in der am 31. Dezember 2023 geltenden Fassung für Kalenderjahre, die vor dem 1. Januar 2024 liegen, erfüllt

sind, jedoch im Kalenderjahr 2023 die Voraussetzungen des § 141 Absatz 1 Satz 1 Nummer 4 und 5 der Abgabenordnung in der am 28. März 2024 geltenden Fassung nicht erfüllt sind.

§ 19a Aufbewahrungsfristen

(1) § 147 Abs. 3 der Abgabenordnung in der Fassung des Artikels 2 des Gesetzes vom 19. Dezember 1998 (BGBl. I S. 3816) gilt erstmals für Unterlagen, deren Aufbewahrungsfrist nach § 147 Abs. 3 der Abgabenordnung in der bis zum 23. Dezember 1998 geltenden Fassung noch nicht abgelaufen ist. § 147 Absatz 3 Satz 3 und 4 der Abgabenordnung in der am 1. Januar 2017 geltenden Fassung gilt für alle Lieferscheine, deren Aufbewahrungsfrist nach § 147 Absatz 3 der Abgabenordnung in der bis zum 31. Dezember 2016 geltenden Fassung noch nicht abgelaufen ist.

(2) § 147 Absatz 3 Satz 1 der Abgabenordnung in der ab dem 1. Januar 2025 geltenden Fassung gilt vorbehaltlich des Absatzes 3 erstmals für alle Unterlagen, deren Aufbewahrungsfrist nach § 147 Absatz 3 der Abgabenordnung in der bis einschließlich 31. Dezember 2024 geltenden Fassung noch nicht abgelaufen ist.

(3) Bei Steuerpflichtigen, die

1. Institute im Sinne des § 1 Absatz 1b des Kreditwesengesetzes sind, einschließlich Zweigstellen nach § 53 des Kreditwesengesetzes,
2. der Aufsicht nach § 1 Absatz 1 des Versicherungsaufsichtsgesetzes unterliegen oder
3. Wertpapierinstitute im Sinne des § 2 Absatz 1 des Wertpapierinstitutsgesetzes sind,

ist § 147 Absatz 3 Satz 1 der Abgabenordnung in der ab dem 1. Januar 2025 geltenden Fassung abweichend von Absatz 2 erstmals auf Unterlagen anzuwenden, deren Aufbewahrungsfrist nach § 147 Absatz 3 Satz 1 der Abgabenordnung in der bis einschließlich 31. Dezember 2024 geltenden Fassung am 1. Januar 2026 noch nicht abgelaufen ist.

§ 19b Zugriff auf datenverarbeitungsgestützte Buchführungssysteme

(1) § 146 Abs. 5, § 147 Abs. 2, 5 und 6 und § 200 Abs. 1 der Abgabenordnung in der Fassung des Artikels 7 des Gesetzes vom 23. Oktober 2000 (BGBl. I S. 1433) sind ab dem 1. Januar 2002 anzuwenden.

(2) § 147 Absatz 6 Satz 6 der Abgabenordnung in der Fassung des Artikels 3 des Gesetzes vom 22. November 2019 (BGBl. I S. 1746) gilt für aufzeichnungs- und aufbewahrungspflichtige Daten, deren Aufbewahrungsfrist bis zum 1. Januar 2020 noch nicht abgelaufen ist.

§ 20 Verweisungserfordernis bei Blankettvorschriften

Die in § 381 Abs. 1, § 382 Abs. 1 der Abgabenordnung vorgeschriebene Verweisung ist nicht erforderlich, soweit die Vorschriften der dort genannten Gesetze und Rechtsverordnungen vor dem 1. Oktober 1968 erlassen sind.

§ 21 Steueranmeldungen in Euro

Für Besteuerungszeiträume nach dem 31. Dezember 1998 und vor dem 1. Januar 2002 ist § 168 der Abgabenordnung mit folgender Maßgabe anzuwenden:

Wird eine Steueranmeldung nach einem vom Bundesministerium der Finanzen im Einvernehmen mit den obersten Finanzbehörden der Länder bestimmten Vordruck in Euro abgegeben, gilt die Steuer als zu dem vom Rat der Europäischen Union gemäß Artikel 109l Abs. 4 Satz 1 des EG-Vertrages unwiderruflich festgelegten Umrechnungskurs in Deutscher Mark berechnet. Betrifft die Anmeldung eine von Bundesfinanzbehörden verwaltete Steuer, ist bei der Bestimmung des Vordrucks das Einvernehmen mit den obersten Finanzbehörden der Länder nicht erforderlich.

§ 22 Mitwirkungspflichten der Beteiligten; Schätzung von Besteuerungsgrundlagen

(1) § 90 Abs. 3 der Abgabenordnung in der Fassung des Artikels 9 des Gesetzes vom 16. Mai 2003 (BGBl. I S. 660) ist erstmals für Wirtschaftsjahre anzuwenden, die nach dem 31. Dezember 2002 beginnen. § 162 Abs. 3 und 4 der Abgabenordnung in der Fassung des Artikels 9 des Gesetzes vom 16. Mai 2003 (BGBl. I S. 660) ist erstmals für Wirtschaftsjahre anzuwenden, die nach dem 31. Dezember 2003 beginnen, frühestens sechs Monate nach Inkrafttreten der Rechtsverordnung im Sinne des § 90 Abs. 3 der Abgabenordnung in der Fassung des Artikels 9 des Gesetzes vom 16. Mai 2003 (BGBl. I S. 660). Gehören zu den Geschäftsbeziehungen im Sinne des § 90 Abs. 3 der Abgabenordnung in der Fassung des Artikels 9 des Gesetzes vom 16. Mai 2003 (BGBl. I S. 660) Dauerschuldverhältnisse, die als außergewöhnliche Geschäftsvorfälle im Sinne des § 90 Abs. 3 Satz 3 der Abgabenordnung in der Fassung des Artikels 9 des Gesetzes vom 16. Mai 2003 (BGBl. I S. 660) anzusehen sind und die vor Beginn der in Satz 1 bezeichneten Wirtschaftsjahre begründet wurden und bei Beginn dieser Wirtschaftsjahre noch bestehen, sind die Aufzeichnungen der sie betreffenden wirtschaftlichen und rechtlichen Grundlagen spätestens sechs Monate nach Inkrafttreten der Rechtsverordnung im Sinne des § 90 Abs. 3 der Abgabenordnung in der Fassung des Artikels 9 des Gesetzes vom 16. Mai 2003 (BGBl. I S. 660) zu erstellen. § 90 Absatz 3 der Abgabenordnung in der am 24. Dezember 2016 geltenden Fassung ist erstmals für Wirtschaftsjahre anzuwenden, die nach dem 31. Dezember 2016 beginnen.

(2) Die Bundesregierung bestimmt durch Rechtsverordnung mit Zustimmung des Bundesrates den Zeitpunkt der erstmaligen Anwendung von § 90 Absatz 2 Satz 3, § 147a, § 162 Absatz 2 Satz 3 und § 193 Absatz 1 und Absatz 2 Nummer 3 in der Fassung des Artikels 3 des Gesetzes vom 29. Juli 2009 (BGBl. I S. 2302).

(3) § 147a Absatz 2 der Abgabenordnung in der am 25. Juni 2017 geltenden Fassung ist erstmals auf Besteuerungszeiträume anzuwenden, die nach dem 31. Dezember 2017 beginnen.

(4) § 3 Absatz 4 Nummer 3, § 90 Absatz 2, § 147a Absatz 1 Satz 6, § 162 Absatz 2 Satz 3 und Absatz 4a sowie § 193 Absatz 2 Nummer 3 der Abgabenordnung in der ab 1. Juli 2021 geltenden Fassung sind erstmals auf Besteuerungszeiträume anzuwenden, die nach dem 31. Dezember 2021 beginnen.

§ 23 Verfolgungsverjährung

§ 376 der Abgabenordnung in der Fassung des Artikels 10 des Gesetzes vom 19. Dezember 2008 (BGBl. I S. 2794) gilt für alle bei Inkrafttreten dieses Gesetzes noch nicht abgelaufenen Verjährungsfristen.

§ 24 Selbstanzeige bei Steuerhinterziehung und leichtfertiger Steuerverkürzung

Bei Selbstanzeigen nach § 371 der Abgabenordnung, die bis zum 28. April 2011 bei der zuständigen Finanzbehörde eingegangen sind, ist § 371 der Abgabenordnung in der bis zu diesem Zeitpunkt geltenden Fassung mit der Maßgabe anzuwenden, dass im Umfang der gegenüber der zuständigen Finanzbehörde berichtigten, ergänzten oder nachgeholten Angaben Straffreiheit eintritt. Das Gleiche gilt im Fall der leichtfertigen Steuerverkürzung für die Anwendung des § 378 Absatz 3 der Abgabenordnung.

§ 25 Erteilung einer verbindlichen Auskunft

(1) § 89 Absatz 3 bis 7 der Abgabenordnung in der Fassung des Artikels 3 des Gesetzes vom 1.November 2011 (BGBl. I S. 2131) ist erstmals auf Anträge anzuwenden, die nach dem 4. November 2011 bei der zuständigen Finanzbehörde eingegangen sind.

(2) § 89 Absatz 2 Satz 4 in der am 1. Januar 2017 geltenden Fassung ist erstmals auf nach dem 31. Dezember 2016 bei der zuständigen Finanzbehörde eingegangene Anträge auf Erteilung einer verbindlichen Auskunft anzuwenden. § 89 Absatz 3 Satz 2 in der am 23. Juli 2016 geltenden Fassung ist erstmals auf nach dem 22. Juli 2016 bei der zuständigen Finanzbehörde eingegangene Anträge auf Erteilung einer einheitlichen verbindlichen Auskunft anzuwenden.

§ 26 Kontenabrufmöglichkeit und Kontenwahrheit

(1) § 93 Absatz 7 Satz 1 Nummer 2 der Abgabenordnung in der am 31. Dezember 2011 geltenden Fassung ist für Veranlagungszeiträume vor 2012 weiterhin anzuwenden.

(2) § 93 Absatz 7 Satz 1 Nummer 4 bis 4b und Satz 2 zweiter Halbsatz der Abgabenordnung in der am 25. Juni 2017 geltenden Fassung ist ab dem 1. Januar 2018 anzuwenden. Bis zum 31. Dezember 2017 ist § 93 Absatz 7 der Abgabenordnung in der am 24. Juni 2017 geltenden Fassung weiter anzuwenden.

(3) § 93 Absatz 7 Satz 2 erster Halbsatz sowie § 93b Absatz 1a und 2 der Abgabenordnung in der am 25. Juni 2017 geltenden Fassung sind ab dem 1. Januar 2020 anzuwenden. Bis zum 31. Dezember 2019 ist § 93 Absatz 7 Satz 2 Halbsatz 1 sowie § 93b Absatz 2 der Abgabenordnung in der am 24. Juni 2017 geltenden Fassung weiter anzuwenden.

(4) § 154 Absatz 2 bis 2c der Abgabenordnung in der am 25. Juni 2017 geltenden Fassung ist erstmals auf nach dem 31. Dezember 2017 begründete Geschäftsbeziehungen anzuwenden.

(5) Für Geschäftsbeziehungen zu Kreditinstituten im Sinne des § 154 Absatz 2 Satz 1 der Abgabenordnung in der am 25. Juni 2017 geltenden Fassung, die vor dem 1. Januar 2018 begründet worden sind und am 1. Januar 2018 noch bestehen, gilt Folgendes:

1. Kreditinstitute haben bis zum 31. Dezember 2019 für den Kontoinhaber, jeden anderen Verfügungsberechtigten und jeden wirtschaftlich Berechtigten im Sinne des Geldwäschegesetzes

    a) die Adresse,

    b) bei natürlichen Personen das Geburtsdatum sowie

    c) die in § 154 Absatz 2a Satz 1 der Abgabenordnung in der am 25. Juni 2017 geltenden Fassung genannten Daten

    in den Aufzeichnungen nach § 154 Absatz 2 bis 2c der Abgabenordnung in der am 25. Juni 2017 geltenden Fassung und in dem nach § 93b Absatz 1 und 1a der Abgabenordnung in der am 25. Juni 2017 geltenden Fassung zu führenden Dateisystem zu erfassen. § 154 Absatz 2a Satz 3 der Abgabenordnung in der am 25. Juni 2017 geltenden Fassung ist entsprechend anzuwenden.

2. Teilen der Vertragspartner oder gegebenenfalls für ihn handelnde Personen dem Kreditinstitut die nach § 154 Absatz 2a Satz 1 Nummer 1 der Abgabenordnung in der am 25. Juni 2017 geltenden Fassung zu erfassende Identifikationsnummer einer betroffenen Person bis zum 31. Dezember 2019 nicht mit und hat das Kreditinstitut die Identifikationsnummer dieser Person auch nicht aus anderem Anlass rechtmäßig erfasst, hat es sie bis zum 30. Juni 2020 in einem maschinellen Verfahren beim Bundeszentralamt für Steuern zu erfragen. § 154 Absatz 2b Satz 2 und 3 der Abgabenordnung in der am 25. Juni 2017 geltenden Fassung gilt entsprechend.

3. Soweit das Kreditinstitut die nach § 154 Absatz 2a der Abgabenordnung in der am 25. Juni 2017 geltenden Fassung zu erhebenden Daten auf Grund unzureichender Mitwirkung des Vertragspartners und gegebenenfalls für ihn handelnder Personen bis zum 30. Juni 2020 nicht ermitteln kann, hat es dies auf dem Konto festzuhalten. In diesem Fall hat das Kreditinstitut dem Bundeszentralamt für Steuern die betroffenen Konten sowie die hierzu nach § 154 Absatz 2 der Abgabenordnung in der am 25. Juni 2017 geltenden Fassung erhobenen Daten bis zum 30. September 2020 mitzuteilen.

4. § 154 Absatz 2d der Abgabenordnung in der am 25. Juni 2017 geltenden Fassung bleibt unberührt.

§ 27 Elektronische Datenübermittlung an Finanzbehörden

(1) § 72a Absatz 1 bis 3, § 87a Absatz 6, die §§ 87b bis 87e und 150 Absatz 6 der Abgabenordnung in der am 1. Januar 2017 geltenden Fassung sind erstmals anzuwenden, wenn Daten nach dem 31. Dezember 2016 auf Grund gesetzlicher Vorschriften nach amtlich vorgeschriebenem Datensatz über amtlich bestimmte Schnittstellen an Finanzbehörden zu übermitteln sind oder freiwillig übermittelt werden. Für Daten im Sinne des Satzes 1, die vor dem 1. Januar 2017 zu übermitteln sind oder freiwillig übermittelt werden, sind § 150 Absatz 6 und 7 der Abgabenordnung und die Vorschriften der Steuerdaten-Übermittlungsverordnung in der jeweils am 31. Dezember 2016 geltenden Fassung weiter anzuwenden.

(2) § 72a Absatz 4, die §§ 93c, 93d und 171 Absatz 10a sowie die §§ 175b und 203a der Abgabenordnung in der am 1. Januar 2017 geltenden Fassung sind erstmals anzuwenden, wenn steuerliche Daten eines Steuerpflichtigen für Besteuerungszeiträume nach 2016 oder Besteuerungszeitpunkte nach dem 31. Dezember 2016 auf Grund gesetzlicher Vorschriften von einem Dritten als mitteilungspflichtiger Stelle elektronisch an Finanzbehörden zu übermitteln sind.

(3) § 175b Absatz 4 der Abgabenordnung in der am 25. Juni 2017 geltenden Fassung ist erstmals anzuwenden, wenn Daten im Sinne des § 93c der Abgabenordnung der Finanzbehörde nach dem 24. Juni 2017 zugehen.

(4) Den Zeitpunkt der erstmaligen Anwendung des § 138 Absatz 1b Satz 2 der Abgabenordnung in der am 1. Januar 2020 geltenden Fassung bestimmt das Bundesministerium der Finanzen im Einvernehmen mit den obersten Finanzbehörden der Länder durch ein im Bundessteuerblatt zu veröffentlichendes Schreiben. Bis zu diesem Zeitpunkt sind die Auskünfte im Sinne des § 138 Absatz 1b Satz 1 der Abgabenordnung nach amtlich vorgeschriebenem Vordruck zu erteilen.

(5) § 175b Absatz 4 der Abgabenordnung in der am 6. Dezember 2024 geltenden Fassung ist erstmals auf Verwaltungsakte anzuwenden, die nach dem 5. Dezember 2024 erlassen worden sind.

§ 28 Elektronische Bekanntgabe von Verwaltungsakten

§ 87a Absatz 7 und 8, die §§ 122a und 169 Absatz 1 der Abgabenordnung in der am 1. Januar 2017 geltenden Fassung sind erstmals auf Verwaltungsakte anzuwenden, die nach dem 31. Dezember 2016 erlassen worden sind. § 8 Absatz 4 Satz 4 gilt entsprechend.

(2)[1] Die §§ 122a und 169 Absatz 1 Satz 3 Nummer 1 der Abgabenordnung in der am 1. Januar 2026 geltenden Fassung sind erstmals auf Verwaltungsakte anzuwenden, die nach dem 31. Dezember 2025 erlassen worden sind. § 8 Absatz 4 Satz 4 gilt entsprechend.

---

[1] Artikel 97 § 28 Abs. 2 EGAO in der Fassung des Artikel 4 Nr. 2 des Gesetzes vom 23.10.2024 (BGBl. I Nr. 323) tritt nach Artikel 74 Abs. 10 des Gesetzes vom 23.10.2024 (BGBl. I Nr. 323) am 1.1.2026 in Kraft.

§ 29 Abweichende Festsetzung von Steuern aus Billigkeitsgründen

§ 163 der Abgabenordnung in der am 1. Januar 2017 geltenden Fassung ist für nach dem 31. Dezember 2016 getroffene Billigkeitsmaßnahmen auch dann anzuwenden, wenn sie Besteuerungszeiträume oder Besteuerungszeitpunkte betreffen, die vor dem 1. Januar 2017 abgelaufen oder eingetreten sind.

§ 30 Ordnungsvorschrift für die Buchführung und für Aufzeichnungen mittels elektronischer Aufzeichnungssysteme

(1) Die §§ 146a und 379 Absatz 1 Satz 1 und Absatz 4 der Abgabenordnung in der am 29. Dezember 2016 geltenden Fassung sowie § 379 Absatz 5 und 6 der Abgabenordnung in der am 25. Juni 2017 geltenden Fassung sind erstmals für Kalenderjahre nach Ablauf des 31. Dezember 2019 anzuwenden. Die Mitteilung nach § 146a Absatz 4 der Abgabenordnung in der am 29. Dezember 2016 geltenden Fassung ist für elektronische Aufzeichnungssysteme, die der Steuerpflichtige vor dem 1. Januar 2020 angeschafft hat, bis zum 31. Januar 2020 zu erstatten.

(2) § 146b der Abgabenordnung in der am 29. Dezember 2016 geltenden Fassung ist nach Ablauf des 31. Dezember 2017 anzuwenden. § 146b Absatz 2 Satz 2 der Abgabenordnung ist in der am 29. Dezember 2016 geltenden Fassung vor dem 1. Januar 2020 mit der Maßgabe anzuwenden, dass keine Datenübermittlung über die einheitliche Schnittstelle verlangt werden kann oder dass diese auf einem maschinell auswertbaren Datenträger nach den Vorgaben der einheitlichen Schnittstelle zur Verfügung gestellt werden muss. § 146b Absatz 1 Satz 2 der Abgabenordnung in der am 29. Dezember 2016 geltenden Fassung ist erstmals für Kalenderjahre nach Ablauf des 31. Dezember 2019 anzuwenden.

(3) Wurden Registrierkassen nach dem 25. November 2010 und vor dem 1. Januar 2020 angeschafft, die den Anforderungen des BMF-Schreibens vom 26. November 2010 (BStBl. I S. 1342) entsprechen und die bauartbedingt nicht aufrüstbar sind, so dass sie die Anforderungen des § 146a der Abgabenordnung nicht erfüllen, dürfen diese Registrierkassen bis zum 31. Dezember 2022 abweichend von den § 146a und § 379 Absatz 1 Satz 1 und Absatz 4 der Abgabenordnung weiter verwendet werden.

§ 31 Länderbezogener Bericht multinationaler Unternehmensgruppen

§ 138a Absatz 1, 2, 3, 6 und 7 der Abgabenordnung in der am 24. Dezember 2016 geltenden Fassung ist erstmals für Wirtschaftsjahre anzuwenden, die nach dem 31. Dezember 2015 beginnen. § 138a Absatz 4 und 5 der Abgabenordnung in der am 24. Dezember 2016 geltenden Fassung ist erstmals für Wirtschaftsjahre anzuwenden, die nach dem 31. Dezember 2016 beginnen. § 138a Absatz 2 der Abgabenordnung in der am 29. Dezember 2020 geltenden Fassung ist auf alle offenen Fälle anzuwenden.

§ 32 Mitteilungspflicht über Beziehungen zu Drittstaat-Gesellschaften

(1) § 138 Absatz 2 bis 5, § 138b und § 379 Absatz 2 Nummer 1d der Abgabenordnung in der am 25. Juni 2017 geltenden Fassung sind erstmals auf mitteilungspflichtige Sachverhalte anzuwenden, die nach dem 31. Dezember 2017 verwirklicht worden sind. Auf Sachverhalte, die vor dem 1. Januar 2018 verwirklicht worden sind, ist § 138 Absatz 2 und 3 der Abgabenordnung in der am 24. Juni 2017 geltenden Fassung weiter anzuwenden.

(2) Inländische Steuerpflichtige im Sinne des § 138 Absatz 2 Satz 1 der Abgabenordnung in der am 25. Juni 2017 geltenden Fassung, die vor dem 1. Januar 2018 erstmals unmittelbar oder mittelbar einen beherrschenden oder bestimmenden Einfluss auf die gesellschaftsrechtlichen, finanziellen oder geschäftlichen Angelegenheiten einer Drittstaat-Gesellschaft im Sinne des § 138 Absatz 3 der Abgabenordnung in der am 25. Juni 2017 geltenden Fassung ausüben konnten, haben dies dem für sie nach den §§ 18 bis 20 der Abgabenordung zuständigen Finanzamt mitzuteilen, wenn dieser Einfluss auch noch am 1. Januar 2018 fortbesteht. § 138 Absatz 5 der Abgabenordnung in der am 25. Juni 2017 geltenden Fassung gilt in diesem Fall entsprechend.

(3) § 138 Absatz 2 und 5 der Abgabenordnung in der am 29. Dezember 2020 geltenden Fassung ist auf alle offenen Fälle anzuwenden.

§ 33 Mitteilungspflicht bei Steuergestaltungen

(1) § 102 Absatz 4 Satz 3 und die §§ 138d bis 138k der Abgabenordnung in der am 1. Januar 2020 geltenden Fassung sind ab dem 1. Juli 2020 in allen Fällen anzuwenden, in denen das nach § 138f Absatz 2 der Abgabenordnung in der am 1. Januar 2020 geltenden Fassung maßgebliche Ereignis nach dem 30. Juni 2020 eingetreten ist.

(2) Wurde der erste Schritt einer mitteilungspflichtigen grenzüberschreitenden Steuergestaltung nach dem 24. Juni 2018 und vor dem 1. Juli 2020 umgesetzt, sind § 102 Absatz 4 Satz 3 und die §§ 138d bis 138k der Abgabenordnung in der am 1. Januar 2020 geltenden Fassung ab dem 1. Juli 2020 mit der Maßgabe anzuwenden, dass die Mitteilung abweichend von § 138f Absatz 2 der Abgabenordnung in der am 1. Januar 2020 geltenden Fassung innerhalb von zwei Monaten nach dem 30. Juni 2020 zu erstatten ist.

(3) § 379 Absatz 2 Nummer 1e bis 1g sowie Absatz 7 der Abgabenordnung in der am 1. Januar 2020 geltenden Fassung ist ab dem 1. Juli 2020 in allen Fällen anzuwenden, in denen das nach § 138f Absatz 2 der Abgabenordnung in der am 1. Januar 2020 geltenden Fassung maßgebliche Ereignis nach dem 30. Juni 2020 eingetreten ist.

(4) Das Bundesministerium der Finanzen erstattet dem Finanzausschuss des Deutschen Bundestages jährlich zum 1. Juni, erstmals zum 1. Juni 2021, Bericht über

1. die Anzahl der im vorangegangen Kalenderjahr beim Bundeszentralamt für Steuern eingegangenen Mitteilungen über grenzüberschreitende Steuergestaltungen,

2. die Fallgestaltungen, deren Prüfung Anlass dafür war,

    a) dem Bundeskabinett im vorangegangenen Kalenderjahr eine Gesetzesinitiative vorzuschlagen,

    b) ein im Bundessteuerblatt zu veröffentlichendes Schreiben des Bundesministeriums der Finanzen oder einen im Bundessteuerblatt zu veröffentlichenden gleichlautenden Erlass der obersten Finanzbehörden der Länder im vorangegangenen Kalenderjahr zu erlassen oder zu ändern.

In den Fällen von Satz 1 Nummer 2 ist die Fallgestaltung im Bericht abstrakt zu beschreiben.

(5) Das Bundesministerium der Finanzen wird ermächtigt, zur zeitnahen Umsetzung unionsrechtlicher Bestimmungen hinsichtlich der Fristen zur Mitteilung grenzüberschreitender Steuergestaltungen durch ein im Bundessteuerblatt zu veröffentlichendes Schreiben von den Absätzen 1 und 2 abweichende Bestimmungen zu treffen.

(6) § 138e Absatz 3 Satz 6 bis 8 und § 138h Absatz 2 Satz 1 der Abgabenordnung in der Fassung des Artikels 1 des Gesetzes vom 12. Juli 2022 (BGBl. I S. 1142) sind in allen bei Inkrafttreten dieser Vorschriften anhängigen Verfahren anzuwenden.

§ 34 Vorabverständigungsverfahren

§ 89a der Abgabenordnung in der am 9. Juni 2021 geltenden Fassung ist erstmals auf Anträge anzuwenden, die nach dem 8. Juni 2021 bei der zuständigen Behörde eingegangen sind. § 178a der Abgabenordnung in der Fassung des Gesetzes vom 13. Dezember 2006 (BGBl. I S. 2878) ist letztmals auf Anträge anzuwenden, die am 8. Juni 2021 bei der zuständigen Behörde eingegangen sind.

§ 35 Abrufverfahren bei Steuermessbeträgen und Zerlegungsbescheiden

§ 184 Absatz 3 Satz 2 und § 188 Absatz 1 Satz 2 der Abgabenordnung finden erstmals für die Steuermessbeträge und Zerlegungsbescheide Anwendung, die für Realsteuern des Jahres 2025 maßgeblich sind. Für Zwecke der Grundsteuer findet § 188 Absatz 1 Satz 2 der Abgabenordnung erst Anwendung, wenn die technischen und organisatorischen Voraussetzungen für den elektronischen Abruf erfüllt sind, spätestens aber ab dem 1. Januar 2025.

§ 36 Sonderregelungen auf Grund der Corona-Pandemie

(1) § 149 Absatz 3 der Abgabenordnung in der am 19. Februar 2021 geltenden Fassung ist für den Besteuerungszeitraum 2019 mit der Maßgabe anzuwenden, dass an die Stelle des letzten Tages des Monats Februar 2021 der 31. August 2021 und an die Stelle des 31. Juli 2021 der 31. Dezember 2021 tritt; § 149 Absatz 4 der Abgabenordnung bleibt unberührt.

(2) Abweichend von § 233a Absatz 2 Satz 1 der Abgabenordnung in der am 19. Februar 2021 geltenden Fassung beginnt der Zinslauf für den Besteuerungszeitraum 2019 am 1. Oktober 2021. In den Fällen des § 233a Absatz 2 Satz 2 der Abgabenordnung in der am 19. Februar 2021 geltenden Fassung beginnt der Zinslauf für den Besteuerungszeitraum 2019 am 1. Mai 2022.

(3) Für die Besteuerungszeiträume 2020 bis 2024 sind die §§ 109, 149, 152 und 233a der Abgabenordnung in der am 23. Juni 2022 geltenden Fassung mit folgenden Maßgaben anzuwenden:

1. In § 109 Absatz 2 Satz 1 Nummer 1 und § 149 Absatz 3 und 4 Satz 1 und 3 der Abgabenordnung tritt jeweils an die Stelle des letzten Tags des Monats Februar des zweiten auf den Besteuerungszeitraum folgenden Kalenderjahres

    a) für den Besteuerungszeitraum 2020 der 31. August 2022,

    b) für den Besteuerungszeitraum 2021 der 31. August 2023,

    c) für den Besteuerungszeitraum 2022 der 31. Juli 2024,

    d) für den Besteuerungszeitraum 2023 der 31. Mai 2025 und

    e) für den Besteuerungszeitraum 2024 der 30. April 2026.

2. In § 109 Absatz 2 Satz 2 und § 149 Absatz 3 und 4 Satz 5 der Abgabenordnung tritt jeweils an die Stelle des 31. Juli des zweiten auf den Besteuerungszeitraum folgenden Kalenderjahres

    a) für den Besteuerungszeitraum 2020 der 31. Januar 2023,

    b) für den Besteuerungszeitraum 2021 der 31. Januar 2024,

    c) für den Besteuerungszeitraum 2022 der 31. Dezember 2024,

    d) für den Besteuerungszeitraum 2023 der 31. Oktober 2025 und

    e) für den Besteuerungszeitraum 2024 der 30. September 2026.

3. In § 149 Absatz 2 Satz 1 der Abgabenordnung tritt an die Stelle der Angabe „sieben Monate"

    a) für die Besteuerungszeiträume 2020 und 2021 die Angabe „zehn Monate",

    b) für den Besteuerungszeitraum 2022 die Angabe „neun Monate" und

    c) für den Besteuerungszeitraum 2023 die Angabe „acht Monate".

4. In § 149 Absatz 2 Satz 2 der Abgabenordnung tritt an die Stelle der Angabe „des siebten Monats"

    a) für die Besteuerungszeiträume 2020 und 2021 die Angabe „des zehnten Monats",

    b) für den Besteuerungszeitraum 2022 die Angabe „des neunten Monats" und

c) für den Besteuerungszeitraum 2023 die Angabe „des achten Monats".

5. In § 152 Absatz 2 Nummer 1 der Abgabenordnung tritt an die Stelle der Angabe „14 Monaten"

   a) für die Besteuerungszeiträume 2020 und 2021 die Angabe „20 Monaten",

   b) für den Besteuerungszeitraum 2022 die Angabe „19 Monaten",

   c) für den Besteuerungszeitraum 2023 die Angabe „17 Monaten" und

   d) für den Besteuerungszeitraum 2024 die Angabe „16 Monaten".

6. In § 152 Absatz 2 Nummer 2 der Abgabenordnung tritt an die Stelle der Angabe „19 Monaten"

   a) für die Besteuerungszeiträume 2020 und 2021 die Angabe „25 Monaten",

   b) für den Besteuerungszeitraum 2022 die Angabe „24 Monaten",

   c) für den Besteuerungszeitraum 2023 die Angabe „22 Monaten" und

   d) für den Besteuerungszeitraum 2024 die Angabe „21 Monaten".

7. In § 233a Absatz 2 Satz 1 der Abgabenordnung tritt an die Stelle der Angabe „15 Monate"

   a) für die Besteuerungszeiträume 2020 und 2021 die Angabe „21 Monate",

   b) für den Besteuerungszeitraum 2022 die Angabe „20 Monate",

   c) für den Besteuerungszeitraum 2023 die Angabe „18 Monate" und

   d) für den Besteuerungszeitraum 2024 die Angabe „17 Monate".

8. In § 233a Absatz 2 Satz 2 der Abgabenordnung tritt an die Stelle der Angabe „23 Monate"

   a) für die Besteuerungszeiträume 2020 und 2021 die Angabe „29 Monate",

   b) für den Besteuerungszeitraum 2022 die Angabe „28 Monate",

   c) für den Besteuerungszeitraum 2023 die Angabe „26 Monate" und

   d) für den Besteuerungszeitraum 2024 die Angabe „25 Monate".

§ 37 Modernisierung der Außenprüfung

(1) Die durch Artikel 3 des Gesetzes vom 20. Dezember 2022 (BGBl. I S. 2730) geänderten Vorschriften der Abgabenordnung sind auf alle am 1. Januar 2023 anhängigen Verfahren anzuwenden, soweit in den Absätzen 2 bis 5 nichts anderes bestimmt ist.

(2) § 3 Absatz 4 Nummer 3a, § 18 Absatz 1 Nummer 5, § 153 Absatz 4, § 162 Absatz 3, § 171 Absatz 4, § 180 Absatz 1a, § 181 Absatz 1 Satz 4, § 197 Absatz 5, § 199 Absatz 2 Satz 2 und 3, die §§ 200a, 202 Absatz 1 Satz 4 und Absatz 3 sowie § 204 Absatz 2 der Abgabenordnung in der am 1. Januar 2023 geltenden Fassung sind vorbehaltlich des Absatzes 3 erstmals auf Steuern und Steuervergütungen anzuwenden, die nach dem 31. Dezember 2024 entstehen. Für Steuern und Steuervergütungen, die vor dem 1. Januar 2025 entstehen, sind § 162 Absatz 3, § 171 Absatz 4 sowie § 204 der Abgabenordnung in der am 31. Dezember 2022 geltenden Fassung vorbehaltlich des Absatzes 3 weiterhin anzuwenden. Die Sätze 1 und 2 gelten für gesonderte Feststellungen von Besteuerungsgrundlagen entsprechend.

(3) § 3 Absatz 4 Nummer 3a, § 18 Absatz 1 Nummer 5, § 153 Absatz 4, § 162 Absatz 3, § 180 Absatz 1a, § 181 Absatz 1 Satz 4, § 199 Absatz 2 Satz 2 und 3, § 200a Absatz 1 bis 3 und 6,

§ 202 Absatz 1 Satz 4 und Absatz 3 sowie § 204 Absatz 2 der Abgabenordnung in der am 1. Januar 2023 geltenden Fassung sind abweichend von Absatz 2 auch für Steuern und Steuervergütungen anzuwenden, die vor dem 1. Januar 2025 entstehen, wenn für diese Steuern und Steuervergütungen nach dem 31. Dezember 2024 eine Prüfungsanordnung nach § 196 der Abgabenordnung bekanntgegeben wurde. Satz 1 gilt für gesonderte Feststellungen von Besteuerungsgrundlagen entsprechend.

(4) § 146 Absatz 2c der Abgabenordnung in der am 1. Januar 2025 geltenden Fassung ist vorbehaltlich des Satzes 3 erstmals auf Steuern und Steuervergütungen anzuwenden, die nach dem 31. Dezember 2024 entstehen. Für Steuern und Steuervergütungen, die vor dem 1. Januar 2025 entstehen, ist § 146 Absatz 2c der Abgabenordnung in der am 1. Januar 2023 geltenden Fassung vorbehaltlich des Satzes 3 weiterhin anzuwenden. § 146 Absatz 2c der Abgabenordnung in der am 1. Januar 2025 geltenden Fassung ist für Steuern und Steuervergütungen, die vor dem 1. Januar 2025 entstehen, abweichend von Satz 2 auch für Steuern und Steuervergütungen anzuwenden, die vor dem 1. Januar 2025 entstehen, wenn für diese Steuern und Steuervergütungen nach dem 31. Dezember 2024 eine Prüfungsanordnung nach § 196 der Abgabenordnung bekanntgegeben wurde. Die Sätze 1 bis 3 gelten für gesonderte Feststellungen von Besteuerungsgrundlagen entsprechend.

(5) Die durch Artikel 3 Nummer 2 und 5 des Gesetzes vom 23. Oktober 2024 (BGBl. 2024 I Nr. 323) geänderten §§ 90 und 162 Absatz 4 der Abgabenordnung sind ab dem 1. Januar 2025 anzuwenden. Bis zum 31. Dezember 2024 ist die am 31. Dezember 2022 geltende Fassung weiterhin anzuwenden

§ 38 Erprobung alternativer Prüfungsmethoden

(1) Soweit im Rahmen einer Außenprüfung eines Steuerpflichtigen nach den §§ 193 bis 202 der Abgabenordnung die Wirksamkeit eines von ihm eingesetzten Steuerkontrollsystems hinsichtlich der erfassten Steuerarten oder Sachverhalte überprüft wurde und kein oder nur ein unbeachtliches steuerliches Risiko für die in § 149 Absatz 3 der Abgabenordnung genannten Steuern und gesonderten Feststellungen besteht, kann die Finanzbehörde im Benehmen mit dem Bundeszentralamt für Steuern dem Steuerpflichtigen auf Antrag unter dem Vorbehalt

des Widerrufs für die nächste Außenprüfung nach § 193 Absatz 1 der Abgabenordnung Beschränkungen von Art und Umfang der Ermittlungen unter der Voraussetzung verbindlich zusagen, dass keine Änderungen der Verhältnisse eintreten. Der Steuerpflichtige hat Veränderungen des Kontrollsystems zu dokumentieren und sie der Finanzbehörde unverzüglich schriftlich oder elektronisch mitzuteilen.

(2) Ein Steuerkontrollsystem umfasst alle innerbetrieblichen Maßnahmen, die gewährleisten, dass

1. die Besteuerungsgrundlagen zutreffend aufgezeichnet und berücksichtigt werden sowie
2. die hierauf entfallenden Steuern fristgerecht und vollständig abgeführt werden.

Das Steuerkontrollsystem muss die steuerlichen Risiken laufend abbilden.

(3) Systemprüfungen von Steuerkontrollsystemen und daraufhin nach Absatz 1 Satz 1 zugesagte Erleichterungen sind von den Landesfinanzbehörden bis zum 30. April 2029 zu evaluieren. Die obersten Finanzbehörden der Länder haben die Ergebnisse der Evaluierung dem Bundesministerium der Finanzen bis zum 30. Juni 2029 mitzuteilen.

§ 39 Übergangs- und Anwendungsbestimmungen anlässlich der steuerverfahrensrechtlichen Umsetzung der Reform des Personengesellschaftsrechts

(1) § 152 Absatz 4 Satz 3 und § 181 Absatz 2 Satz 2 Nummer 1 und 4 der Abgabenordnung in der am 1. Januar 2024 geltenden Fassung sind erstmals auf Feststellungserklärungen anzuwenden, die nach dem 31. Dezember 2023 einzureichen sind; eine Verlängerung der Feststellungserklärungsfrist nach § 109 der Abgabenordnung ist hierbei nicht zu berücksichtigen.

(2) Wird die Feststellungserklärung für eine rechtsfähige Personenvereinigung nach dem 31. Dezember 2023 und vor dem 1. Januar 2026 durch eine Person im Sinne des § 181 Absatz 2 Satz 2 Nummer 1 oder 4 der Abgabenordnung in der am 31. Dezember 2023 geltenden Fassung abgegeben, ist die rechtsfähige Personenvereinigung von ihrer Erklärungspflicht nach § 181 Absatz 2 Satz 2 Nummer 1 der Abgabenordnung in der am 1. Januar 2024 geltenden Fassung befreit.

(3) Bei einer rechtsfähigen Personenvereinigung können Verwaltungsakte und Mitteilungen, die nach der Abgabenordnung und den Steuergesetzen mit der gesonderten und einheitlichen Feststellung zusammenhängen, nach dem 31. Dezember 2023 und vor dem 1. Januar 2026 abweichend von § 183 Absatz 1 bis 3 der Abgabenordnung in der am 1. Januar 2024 geltenden Fassung auch nach Maßgabe des § 183 der Abgabenordnung in der am 31. Dezember 2023 geltenden Fassung dem Empfangsbevollmächtigten wirksam bekannt gegeben werden.

(4) Wird gegen einen vor dem 1. Januar 2024 wirksam gewordenen Bescheid über die gesonderte und einheitliche Feststellung von Besteuerungsgrundlagen Einspruch eingelegt, bestimmt sich die Einspruchsbefugnis nach § 352 der Abgabenordnung in der am 31. Dezember 2023 geltenden Fassung. Das Gleiche

gilt, wenn der eine rechtsfähige Personenvereinigung betreffende Feststellungsbescheid nach dem 31. Dezember 2023 und vor dem 1. Januar 2026 nach Maßgabe von Absatz 3 dem Empfangsbevollmächtigten nach § 183 der Abgabenordnung in der bis zum 31. Dezember 2023 geltenden Fassung bekannt gegeben worden ist. Ist über den Einspruch gegen einen vor dem 1. Januar 2024 wirksam gewordenen Bescheid nach dem 31. Dezember 2023 zu entscheiden, richtet sich das weitere Verfahren nach den ab dem 1. Januar 2024 geltenden Vorschriften der Abgabenordnung.

(5) Wurde über das Vermögen einer Personenvereinigung vor dem 1. Januar 2024 das Insolvenzverfahren eröffnet, sind für Feststellungszeiträume und Feststellungszeitpunkte vor dem 1. Januar 2024 § 152 Absatz 4 Satz 3, § 181 Absatz 2 Satz 2 Nummer 1, die §§ 183 und 352 der Abgabenordnung in der am 31. Dezember 2023 geltenden Fassung weiterhin anzuwenden.

(6) Soweit für eine Körperschaft im Sinne des § 14b Absatz 1 Satz 2 der Abgabenordnung in der am 1. Januar 2024 geltenden Fassung vor dem 1. Januar 2024 Verwaltungsakte ergangen sind, wirken diese Verwaltungsakte ab dem 1. Januar 2024 auch gegenüber der Körperschaft. Ab dem 1. Januar 2024 bestimmt sich das weitere Verfahren nach den ab dem 1. Januar 2024 geltenden Vorschriften der Abgabenordnung. Die Sätze 1 und 2 gelten für Verwaltungsakte, die nach dem 31. Dezember 2023 und vor dem 1. Januar 2026 abweichend von § 14b der Abgabenordnung noch nach dem am 31. Dezember 2023 geltenden Recht bekannt gegeben wurden, entsprechend. Ist über einen Einspruch gegen einen vor dem 1. Januar 2024 wirksam gewordenen Verwaltungsakt nach dem 31. Dezember 2023 zu entscheiden, richtet sich das weitere Verfahren nach den ab dem 1. Januar 2024 geltenden Vorschriften der Abgabenordnung; dasselbe gilt für Einsprüche, die gegen Verwaltungsakte im Sinne des Satzes 3 eingelegt wurden.

(7) § 14b Absatz 1 Satz 1 der Abgabenordnung in der am 6. Dezember 2024 geltenden Fassung ist in allen Fällen anzuwenden, in denen der Anspruch aus dem Steuerschuldverhältnis nach dem 5. Dezember 2024 entstanden ist.

§ 40 Aufbewahrungsfristen bestimmter Steuerpflichtiger[1]

§ 147a Absatz 1 der Abgabenordnung in der am 1. Januar 2027 geltenden Fassung ist erstmals für den Veranlagungszeitraum 2027 anzuwenden. Soweit Steuerpflichtige die Voraussetzungen des § 147a Absatz 1 Satz 1 der Abgabenordnung in der bis zum 31. Dezember 2026 geltenden Fassung im Veranlagungszeitraum 2026 oder früher erfüllen, ist § 147a Absatz 1 Satz 1 der Abgabenordnung in der bis zum 31. Dezember 2026 geltenden Fassung bis zum Auslaufen der Aufbewahrungsfrist nach § 147a Absatz 1 Satz 4 der Abgabenordnung weiter anzuwenden, soweit der Steuerpflichtige nicht § 147a Absatz 1 Satz 1 der Abgabenordnung in der am 1. Januar 2027 geltenden Fassung ab dem Veranlagungszeitraum 2027 erfüllt.

---

[1] Artikel 97 § 40 EGAO in der Fassung des Artikel 16 des Gesetzes vom 27.3.2024 (BGBl. I Nr. 108) tritt nach Artikel 35 Abs. 8 des Gesetzes vom 27.3.2024 (BGBl. I Nr. 108) am 1.1.2027 in Kraft

Artikel 97a - Überleitungsregelungen aus Anlass der Herstellung der Einheit Deutschlands

§ 1 Zuständigkeit

(1) Für vor dem 1. Januar 1991 nach dem Recht der Bundesrepublik Deutschland oder der Deutschen Demokratischen Republik entstandene Besitz- und Verkehrsteuern, Zulagen und Prämien, auf die Abgabenrecht Anwendung findet, und dazugehörige steuerliche Nebenleistungen, bleiben die nach den bisher geltenden Vorschriften einschließlich der Vorschriften der Einzelsteuergesetze örtlich zuständigen Finanzbehörden weiterhin zuständig. Dies gilt auch für das Rechtsbehelfsverfahren.

(2) Würde durch einen Wechsel der örtlichen Zuständigkeit eine Finanzbehörde in dem in Artikel 3 des Einigungsvertrages genannten Gebiet für die gesonderte Feststellung nach § 180 Abs. 1 Nr. 1 der Abgabenordnung, für die gesonderte und einheitliche Feststellung nach der Anteilsbewertungsverordnung vom 19. Januar 1977 (BGBl. I S. 171) oder für die Besteuerung nach dem Vermögen zuständig, bleibt abweichend von § 26 Satz 1 der Abgabenordnung letztmals für Feststellungen zum 1. Januar 1998 oder für die Vermögensteuer des Kalenderjahrs 1998 die nach den bisherigen Verhältnissen zuständige Finanzbehörde insoweit zuständig. Dies gilt auch für das Rechtsbehelfsverfahren.

§ 2 Überleitungsbestimmungen für die Anwendung der Abgabenordnung in dem in Artikel 3 des Einigungsvertrages genannten Gebiet

Für die Anwendung der Abgabenordnung in dem in Artikel 3 des Einigungsvertrages genannten Gebiet gilt folgendes:

1. Verfahren, die beim Wirksamwerden des Beitritts anhängig sind, werden nach den Vorschriften der Abgabenordnung zu Ende geführt, soweit in den nachfolgenden Vorschriften nichts anderes bestimmt ist.

2. Fristen, deren Lauf vor dem Wirksamwerden des Beitritts begonnen hat, werden nach den Vorschriften der Abgabenordnung der Deutschen Demokratischen Republik (AO 1990) vom 22. Juni 1990 (Sonderdruck Nr. 1428 des Gesetzblattes) sowie des Einführungsgesetzes zur Abgabenordnung der Deutschen Demokratischen Republik vom 22. Juni 1990 (Sonderdruck Nr. 1428 des Gesetzblattes) berechnet, soweit in den nachfolgenden Vorschriften nichts anderes bestimmt ist.

3. § 152 ist erstmals auf Steuererklärungen anzuwenden, die nach dem Wirksamwerden des Beitritts einzureichen sind; eine Verlängerung der Steuererklärungsfrist ist hierbei nicht zu berücksichtigen.

4. Die Vorschriften über die Aufhebung und Änderung von Verwaltungsakten sind erstmals anzuwenden, wenn nach dem Wirksamwerden des Beitritts ein Verwaltungsakt aufgehoben oder geändert wird. Dies gilt auch dann, wenn der aufzuhebende oder zu ändernde Verwaltungsakt vor dem Wirk-

samwerden des Beitritts erlassen worden ist. Auf vorläufige Steuerbescheide nach § 100 Abs. 1 der Abgabenordnung (AO) der Deutschen Demokratischen Republik in der Fassung vom 18. September 1970 (Sonderdruck Nr. 681 des Gesetzblattes) ist § 165 Abs. 2, auf Steuerbescheide nach § 100 Abs. 2 der Abgabenordnung (AO) der Deutschen Demokratischen Republik in der Fassung vom 18. September 1970 (Sonderdruck Nr. 681 des Gesetzblattes) ist § 164 Abs. 2 und 3 anzuwenden.

5. Die Vorschriften über die Festsetzungsverjährung gelten für die Festsetzung sowie für die Aufhebung und Festsetzung von Steuern, Steuervergütungen und, soweit für steuerliche Nebenleistungen eine Festsetzungsverjährung vorgesehen ist, von steuerlichen Nebenleistungen, die nach dem Wirksamwerden des Beitritts entstehen. Für vorher entstandene Ansprüche sind die Vorschriften der Abgabenordnung der Deutschen Demokratischen Republik (AO 1990) vom 22. Juni 1990 (Sonderdruck Nr. 1428 des Gesetzblattes) sowie des Einführungsgesetzes zur Abgabenordnung der Deutschen Demokratischen Republik vom 22. Juni 1990 (Sonderdruck Nr. 1428 des Gesetzblattes) über die Verjährung und über die Ausschlußfristen weiter anzuwenden, soweit sie für die Festsetzung einer Steuer, Steuervergütung oder steuerlichen Nebenleistung, für die Aufhebung oder Änderung einer solchen Festsetzung oder für die Geltendmachung von Erstattungsansprüchen von Bedeutung sind; Nummer 9 Satz 2 bis 4 bleibt unberührt. Sätze 1 und 2 gelten sinngemäß für die gesonderte Feststellung von Besteuerungsgrundlagen sowie für die Festsetzung, Zerlegung und Zuteilung von Steuermeßbeträgen. Bei der Einheitsbewertung tritt an die Stelle des Zeitpunkts der Entstehung des Steueranspruchs der Zeitpunkt, auf den die Hauptfeststellung, die Fortschreibung, die Nachfeststellung oder die Aufhebung eines Einheitswertes vorzunehmen ist.

6. §§ 69 bis 76 und 191 Abs. 3 bis 5 sind anzuwenden, wenn der haftungsbegründende Tatbestand nach dem Wirksamwerden des Beitritts verwirklicht worden ist.

7. Bei der Anwendung des § 141 Abs. 1 Nr. 3 tritt an die Stelle des Wirtschaftswerts der Ersatzwirtschaftswert (§ 125 des Bewertungsgesetzes). Satz 1 ist letztmals für gesonderte Feststellungen auf den 1. Januar 2024 anzuwenden

8. Die Vorschriften über verbindliche Zusagen auf Grund einer Außenprüfung (§§ 204 bis 207) sind anzuwenden, wenn die Schlussbesprechung nach dem Wirksamwerden des Beitritts stattfindet oder, falls eine solche nicht erforderlich ist, wenn dem Steuerpflichtigen der Prüfungsbericht nach dem Wirksamwerden des Beitritts zugegangen ist. Hat die Schlussbesprechung nach dem 30. Juni 1990 und vor dem Wirksamwerden des Beitritts stattgefunden oder war eine solche nicht erforderlich und ist der Prüfungsbericht dem Steuerpflichtigen nach dem 30. Juni 1990 und vor dem Wirksamwerden des Beitritts zugegangen, sind die bisherigen Vorschriften der Abgabenordnung der Deutschen Demokratischen Republik (AO 1990) vom 22. Juni 1990 (Sonderdruck Nr. 1428 des Gesetzblattes) sowie des Einfüh-

rungsgesetzes zur Abgabenordnung der Deutschen Demokratischen Republik vom 22. Juni 1990 (Sonderdruck Nr. 1428 des Gesetzblattes) über verbindliche Zusagen auf Grund einer Außenprüfung weiter anzuwenden.

9. Die Vorschriften über die Zahlungsverjährung gelten für alle Ansprüche im Sinne des § 228 Satz 1, deren Verjährung gemäß § 229 nach dem Wirksamwerden des Beitritts beginnt. Liegen die Voraussetzungen des Satzes 1 nicht vor, so sind für die Ansprüche weiterhin die Vorschriften der Abgabenordnung der Deutschen Demokratischen Republik (AO 1990) vom 22. Juni 1990 (Sonderdruck Nr. 1428 des Gesetzblattes) sowie des Einführungsgesetzes zur Abgabenordnung der Deutschen Demokratischen Republik vom 22. Juni 1990 (Sonderdruck Nr. 1428 des Gesetzblattes) über die Verjährung und Ausschlußfristen anzuwenden. Die Verjährung wird jedoch ab Wirksamwerden des Beitritts nur noch nach den §§ 230 und 231 gehemmt und unterbrochen. Auf die nach § 231 Abs. 3 beginnende neue Verjährungsfrist sind die §§ 228 bis 232 anzuwenden.

10. Zinsen entstehen für die Zeit nach dem Wirksamwerden des Beitritts nach den Vorschriften der Abgabenordnung. Die Vorschriften des § 233a über die Verzinsung von Steuernachforderungen und Steuererstattungen sind erstmals für Steuern anzuwenden, die nach dem 31. Dezember 1990 entstehen. Ist eine Steuer über den Tag des Wirksamwerdens des Beitritts hinaus zinslos gestundet worden, so gilt dies als Verzicht auf Zinsen im Sinne des § 234 Abs. 2. Die Vorschriften des § 239 Abs. 1 über die Festsetzungsfrist gelten in allen Fällen, in denen die Festsetzungsfrist auf Grund dieser Vorschrift nach dem Wirksamwerden des Beitritts beginnt.

11. § 240 ist erstmals auf Säumniszuschläge anzuwenden, die nach dem Wirksamwerden des Beitritts verwirkt werden.

12. Wird ein Verwaltungsakt angefochten, der vor dem Wirksamwerden des Beitritts wirksam geworden ist, bestimmt sich die Zulässigkeit des außergerichtlichen Rechtsbehelfs nach den bisherigen Vorschriften; ist über den Rechtsbehelf nach dem Wirksamwerden des Beitritts zu entscheiden, richten sich die Art des außergerichtlichen Rechtsbehelfs sowie das weitere Verfahren nach den neuen Vorschriften.

13. Eine vor dem Wirksamwerden des Beitritts begonnene Maßnahme der Zwangsvollstreckung ist nach dem bisherigen Recht zu erledigen. Werden weitere selbständige Maßnahmen zur Fortsetzung der bereits begonnenen Zwangsvollstreckung nach dem Wirksamwerden des Beitritts eingeleitet, gelten die Vorschriften der Abgabenordnung. Als selbständige Maßnahme gilt auch die Verwertung eines gepfändeten Gegenstandes.

§ 3 Festsetzungsverjährung und D-Markbilanzgesetz

(1) Bei Steuerpflichtigen, die nach dem D-Markbilanzgesetz vom 31. August 1990 in der Fassung vom 28. Juli 1994 (BGBl. I S. 1842) eine Eröffnungsbilanz für den 1. Juli 1990 aufzustellen haben, beträgt die Festsetzungsfrist insoweit abweichend von § 169 Abs. 2 Satz 1 Nr. 2 der Abgabenordnung für Steuern vom Einkommen, die nach dem 30. Juni 1990 und vor dem 1. Januar 1993 entstehen, sechs Jahre. Soweit diese Steuern leichtfertig verkürzt worden sind, beträgt die

Festsetzungsfrist abweichend von § 169 Abs. 2 Satz 2 der Abgabenordnung sieben Jahre.

(2) Für Gesellschaften und Gemeinschaften, für die Einkünfte nach § 180 Abs. 1 Nr. 2 Buchstabe a der Abgabenordnung einheitlich und gesondert festzustellen sind, gilt Absatz 1 für die Feststellungsfrist sinngemäß.

(3) Die Festsetzungsfrist für Haftungsbescheide, denen die in den Absätzen 1 und 2 genannten Steueransprüche zugrunde liegen, beträgt abweichend von § 191 Abs. 3 Satz 2 der Abgabenordnung sechs Jahre, in den Fällen des § 70 der Abgabenordnung bei Steuerhinterziehung zehn Jahre, bei leichtfertiger Steuerverkürzung sieben Jahre, in den Fällen des § 71 der Abgabenordnung zehn Jahre.

§ 4 Verrechnung der für das zweite Halbjahr 1990 gezahlten Vermögensteuer

Die nach der Verordnung vom 27. Juni 1990 (GBl. I Nr. 41 S. 618) in der zusammengefassten Steuerrate für das zweite Halbjahr 1990 gezahlte Vermögensteuer ist in der Jahreserklärung 1990 innerhalb der Steuerrate mit der Körperschaftsteuer und Gewerbesteuer der in Kapitalgesellschaften umgewandelter ehemaligen volkseigenen Kombinate, Betriebe und Einrichtungen zu verrechnen.

§ 5 (weggefallen)

Finanzgerichtsordnung (FGO)

in der Fassung der Bekanntmachung vom 28.3.2001 (BGBl. I S. 442, 2262, 2002 S. 679), zuletzt geändert durch Artikel durch Artikel 6 des Gesetzes vom 24.10.2024 (BGBl. I Nr. 328).

Erster Teil Gerichtsverfassung

Abschnitt I Gerichte

§ 1

Die Finanzgerichtsbarkeit wird durch unabhängige, von den Verwaltungsbehörden getrennte, besondere Verwaltungsgerichte ausgeübt.

§ 2

Gerichte der Finanzgerichtsbarkeit sind in den Ländern die Finanzgerichte als obere Landesgerichte, im Bund der Bundesfinanzhof mit dem Sitz in München.

§ 3

(1) Durch Gesetz werden angeordnet

1. die Errichtung und Aufhebung eines Finanzgerichts,
2. die Verlegung eines Gerichtssitzes,
3. Änderungen in der Abgrenzung der Gerichtsbezirke,
4. die Zuweisung einzelner Sachgebiete an ein Finanzgericht für die Bezirke mehrerer Finanzgerichte,
5. die Errichtung einzelner Senate des Finanzgerichts an anderen Orten,
6. der Übergang anhängiger Verfahren auf ein anderes Gericht bei Maßnahmen nach den Nummern 1, 3 und 4, wenn sich die Zuständigkeit nicht nach den bisher geltenden Vorschriften richten soll.

(2) Mehrere Länder können die Errichtung eines gemeinsamen Finanzgerichts oder gemeinsamer Senate eines Finanzgerichts oder die Ausdehnung von Gerichtsbezirken über die Landesgrenzen hinaus, auch für einzelne Sachgebiete, vereinbaren.

§ 4

Für die Gerichte der Finanzgerichtsbarkeit gelten die Vorschriften des Zweiten Titels des Gerichtsverfassungsgesetzes entsprechend.

§ 5

(1) ¹Das Finanzgericht besteht aus dem Präsidenten, den Vorsitzenden Richtern und weiteren Richtern in erforderlicher Anzahl. ²Von der Ernennung eines Vorsitzenden Richters kann abgesehen werden, wenn bei einem Gericht nur ein Senat besteht.

(2) ¹Bei den Finanzgerichten werden Senate gebildet. ²Zoll-, Verbrauchsteuer- und Finanzmonopolsachen sind in besonderen Senaten zusammenzufassen.

(3) ¹Die Senate entscheiden in der Besetzung mit drei Richtern und zwei ehrenamtlichen Richtern, soweit nicht ein Einzelrichter entscheidet. ²Bei Beschlüssen außerhalb der mündlichen Verhandlung und bei Gerichtsbescheiden (§ 90a) wirken die ehrenamtlichen Richter nicht mit.

(4) Die Länder können durch Gesetz die Mitwirkung von zwei ehrenamtlichen Richtern an den Entscheidungen des Einzelrichters vorsehen. Absatz 3 Satz 2 bleibt unberührt.

§ 6

(1) Der Senat kann den Rechtsstreit einem seiner Mitglieder als Einzelrichter zur Entscheidung übertragen, wenn

1. die Sache keine besonderen Schwierigkeiten tatsächlicher oder rechtlicher Art aufweist und

2. die Rechtssache keine grundsätzliche Bedeutung hat.

(2) Der Rechtsstreit darf dem Einzelrichter nicht übertragen werden, wenn bereits vor dem Senat mündlich verhandelt worden ist, es sei denn, dass inzwischen ein Vorbehalts-, Teil- oder Zwischenurteil ergangen ist.

(3) ¹Der Einzelrichter kann nach Anhörung der Beteiligten den Rechtsstreit auf den Senat zurückübertragen, wenn sich aus einer wesentlichen Änderung der Prozesslage ergibt, dass die Rechtssache grundsätzliche Bedeutung hat oder die Sache besondere Schwierigkeiten tatsächlicher oder rechtlicher Art aufweist. ²Eine erneute Übertragung auf den Einzelrichter ist ausgeschlossen.

(4) Beschlüsse nach den Absätzen 1 und 3 sind unanfechtbar. Auf eine unterlassene Übertragung kann die Revision nicht gestützt werden.

§§ 7 bis 9

(weggefallen)

§ 10

(1) Der Bundesfinanzhof besteht aus dem Präsidenten und aus den Vorsitzenden Richtern und weiteren Richtern in erforderlicher Anzahl.

(2) ¹Beim Bundesfinanzhof werden Senate gebildet. ²§ 5 Abs. 2 Satz 2 gilt sinngemäß.

(3) Die Senate des Bundesfinanzhofs entscheiden in der Besetzung von fünf Richtern, bei Beschlüssen außerhalb der mündlichen Verhandlung in der Besetzung von drei Richtern.

§ 11

(1) Bei dem Bundesfinanzhof wird ein Großer Senat gebildet.

(2) Der Große Senat entscheidet, wenn ein Senat in einer Rechtsfrage von der Entscheidung eines anderen Senats oder des Großen Senats abweichen will.

(3) [1]Eine Vorlage an den Großen Senat ist nur zulässig, wenn der Senat, von dessen Entscheidung abgewichen werden soll, auf Anfrage des erkennenden Senats erklärt hat, dass er an seiner Rechtsauffassung festhält. [2]Kann der Senat, von dessen Entscheidung abgewichen werden soll, wegen einer Änderung des Geschäftsverteilungsplanes mit der Rechtsfrage nicht mehr befasst werden, tritt der Senat an seine Stelle, der nach dem Geschäftsverteilungsplan für den Fall, in dem abweichend entschieden wurde, nunmehr zuständig wäre. [3]Über die Anfrage und die Antwort entscheidet der jeweilige Senat durch Beschluss in der für Urteile erforderlichen Besetzung.

(4) Der erkennende Senat kann eine Frage von grundsätzlicher Bedeutung dem Großen Senat zur Entscheidung vorlegen, wenn das nach seiner Auffassung zur Fortbildung des Rechts oder zur Sicherung einer einheitlichen Rechtsprechung erforderlich ist.

(5) [1]Der Große Senat besteht aus dem Präsidenten und je einem Richter der Senate, in denen der Präsident nicht den Vorsitz führt. [2]Bei einer Verhinderung des Präsidenten tritt ein Richter aus dem Senat, dem er angehört, an seine Stelle.

(6) [1]Die Mitglieder und die Vertreter werden durch das Präsidium für ein Geschäftsjahr bestellt. [2]Den Vorsitz im Großen Senat führt der Präsident, bei Verhinderung das dienstälteste Mitglied. [3]Bei Stimmengleichheit gibt die Stimme des Vorsitzenden den Ausschlag.

(7) [1]Der Große Senat entscheidet nur über die Rechtsfrage. [2]Er kann ohne mündliche Verhandlung entscheiden. [3]Seine Entscheidung ist in der vorliegenden Sache für den erkennenden Senat bindend.

§ 12

[1]Bei jedem Gericht wird eine Geschäftsstelle eingerichtet. [2]Sie wird mit der erforderlichen Anzahl von Urkundsbeamten besetzt.

§ 13

Alle Gerichte und Verwaltungsbehörden leisten den Gerichten der Finanzgerichtsbarkeit Rechts- und Amtshilfe.

Abschnitt II - Richter

§ 14

(1) Die Richter werden auf Lebenszeit ernannt, soweit nicht in § 15 Abweichendes bestimmt ist.

(2) Die Richter des Bundesfinanzhofs müssen das 35. Lebensjahr vollendet haben.

§ 15

Bei den Finanzgerichten können Richter auf Probe oder Richter kraft Auftrags verwendet werden.

Abschnitt III - Ehrenamtliche Richter

§ 16

Der ehrenamtliche Richter wirkt bei der mündlichen Verhandlung und der Urteilsfindung mit gleichen Rechten wie der Richter mit.

§ 17

[1]Der ehrenamtliche Richter muss Deutscher sein. [2]Er soll das 25. Lebensjahr vollendet und seinen Wohnsitz oder seine gewerbliche oder berufliche Niederlassung innerhalb des Gerichtsbezirks haben.

§ 18

(1) Vom Amt des ehrenamtlichen Richters sind ausgeschlossen

1. Personen, die infolge Richterspruchs die Fähigkeit zur Bekleidung öffentlicher Ämter nicht besitzen oder wegen einer vorsätzlichen Tat zu einer Freiheitsstrafe von mehr als sechs Monaten oder innerhalb der letzten zehn Jahre wegen einer Steuer- oder Monopolstraftat verurteilt worden sind, soweit es sich nicht um eine Tat handelt, für die das nach der Verurteilung geltende Gesetz nur noch Geldbuße androht,

2. Personen, gegen die Anklage wegen einer Tat erhoben ist, die den Verlust der Fähigkeit zur Bekleidung öffentlicher Ämter zur Folge haben kann,

3. Personen, die nicht das Wahlrecht zu den gesetzgebenden Körperschaften des Landes besitzen.

(2) Personen, die in Vermögensverfall geraten sind, sollen nicht zu ehrenamtlichen Richtern berufen werden.

§ 19

Zum ehrenamtlichen Richter können nicht berufen werden

1. Mitglieder des Bundestages, des Europäischen Parlaments, der gesetzgebenden Körperschaften eines Landes, der Bundesregierung oder einer Landesregierung,
2. Richter,
3. Beamte und Angestellte der Steuerverwaltungen des Bundes und der Länder,
4. Berufssoldaten und Soldaten auf Zeit,
5. Rechtsanwälte, Notare, Patentanwälte, Steuerberater, Mitglieder Geschäftsführungs- und Aufsichtsorgane von Berufsausübungsgesellschaften im Sinne der Bundesrechtsanwaltsordnung, der Patentanwaltsordnung und des Steuerberatungsgesetzes, ferner Steuerbevollmächtigte, Wirtschaftsprüfer, vereidigte Buchprüfer und Personen, die fremde Rechtsangelegenheiten geschäftsmäßig besorgen.

§ 20

(1) Die Berufung zum Amt des ehrenamtlichen Richters dürfen ablehnen

1. Geistliche und Religionsdiener,
2. Schöffen und andere ehrenamtliche Richter,
3. Personen, die zwei Amtsperioden lang als ehrenamtliche Richter beim Finanzgericht tätig gewesen sind,
4. Ärzte, Krankenpfleger, Hebammen,
5. Apothekenleiter, die kein pharmazeutisches Personal beschäftigen,
6. Personen, die die Regelaltersgrenze nach dem Sechsten Buch Sozialgesetzbuch erreicht haben.

(2) In besonderen Härtefällen kann außerdem auf Antrag von der Übernahme des Amtes befreit werden.

§ 21

(1) Ein ehrenamtlicher Richter ist von seinem Amt zu entbinden, wenn er

1. nach den §§ 17 bis 19 nicht berufen werden konnte oder nicht mehr berufen werden kann oder
2. einen Ablehnungsgrund nach § 20 Abs. 1 geltend macht oder
3. seine Amtspflichten gröblich verletzt hat oder
4. die zur Ausübung seines Amtes erforderlichen geistigen oder körperlichen Fähigkeiten nicht mehr besitzt oder
5. seinen Wohnsitz oder seine gewerbliche oder berufliche Niederlassung im Gerichtsbezirk aufgibt.

(2) In besonderen Härtefällen kann außerdem auf Antrag von der weiteren Ausübung des Amtes entbunden werden.

(3) ¹Die Entscheidung trifft der vom Präsidium für jedes Geschäftsjahr im Voraus bestimmte Senat in den Fällen des Absatzes 1 Nr. 1, 3 und 4 auf Antrag des Präsidenten des Finanzgerichts, in den Fällen des Absatzes 1 Nr. 2 und 5 und des Absatzes 2 auf Antrag des ehrenamtlichen Richters. ²Die Entscheidung ergeht durch Beschluss nach Anhörung des ehrenamtlichen Richters.

(4) Absatz 3 gilt sinngemäß in den Fällen des § 20 Abs. 2.

(5) Auf Antrag des ehrenamtlichen Richters ist die Entscheidung nach Absatz 3 aufzuheben, wenn Anklage nach § 18 Nr. 2 erhoben war und der Angeschuldigte rechtskräftig außer Verfolgung gesetzt oder freigesprochen worden ist.

§ 22

Die ehrenamtlichen Richter werden für jedes Finanzgericht auf fünf Jahre durch einen Wahlausschuss nach Vorschlagslisten (§ 25) gewählt.

§ 23

(1) Bei jedem Finanzgericht wird ein Ausschuss zur Wahl der ehrenamtlichen Richter bestellt.

(2) ¹Der Ausschuss besteht aus dem Präsidenten des Finanzgerichts als Vorsitzendem, einem durch die Oberfinanzdirektion zu bestimmenden Beamten der Landesfinanzverwaltung und sieben Vertrauensleuten, die die Voraussetzungen zur Berufung als ehrenamtlicher Richter erfüllen. ²Die Vertrauensleute, ferner sieben Vertreter werden auf fünf Jahre vom Landtag oder von einem durch ihn bestimmten Landtagsausschuss oder nach Maßgabe der Landesgesetze gewählt. ³In den Fällen des § 3 Abs. 2 und bei Bestehen eines Finanzgerichts für die Bezirke mehrerer Oberfinanzdirektionen innerhalb eines Landes richtet sich die Zuständigkeit der Oberfinanzdirektion für die Bestellung des Beamten der Landesfinanzverwaltung sowie des Landes für die Wahl der Vertrauensleute nach dem Sitz des Finanzgerichts. ⁴Die Landesgesetzgebung kann in diesen Fällen vorsehen, dass jede beteiligte Oberfinanzdirektion einen Beamten der Finanzverwaltung in den Ausschuss entsendet und dass jedes beteiligte Land mindestens zwei Vertrauensleute bestellt. ⁵In Fällen, in denen ein Land nach § 2a Abs. 1 des Finanzverwaltungsgesetzes auf Mittelbehörden verzichtet hat, ist für die Bestellung des Beamten der Landesfinanzverwaltung die oberste Landesbehörde im Sinne des § 2 Abs. 1 Nr. 1 des Finanzverwaltungsgesetzes zuständig.

(3) Der Ausschuss ist beschlussfähig, wenn wenigstens der Vorsitzende, ein Vertreter der Finanzverwaltung und drei Vertrauensleute anwesend sind.

§ 24

Die für jedes Finanzgericht erforderliche Anzahl von ehrenamtlichen Richtern wird durch den Präsidenten so bestimmt, dass voraussichtlich jeder zu höchstens zwölf ordentlichen Sitzungstagen im Jahre herangezogen wird.

§ 25

¹Die Vorschlagsliste der ehrenamtlichen Richter wird in jedem fünften Jahr durch den Präsidenten des Finanzgerichts aufgestellt. ²Er soll zuvor die Berufsvertretungen hören. ³In die Vorschlagsliste soll die doppelte Anzahl der nach § 24 zu wählenden ehrenamtlichen Richter aufgenommen werden.

§ 26

(1) Der Ausschuss wählt aus den Vorschlagslisten mit einer Mehrheit von mindestens zwei Dritteln der Stimmen die erforderliche Anzahl von ehrenamtlichen Richtern.

(2) Bis zur Neuwahl bleiben die bisherigen ehrenamtlichen Richter im Amt.

§ 27

(1) ¹Das Präsidium des Finanzgerichts bestimmt vor Beginn des Geschäftsjahrs durch Aufstellung einer Liste die Reihenfolge, in der die ehrenamtlichen Richter heranzuziehen sind. ²Für jeden Senat ist eine Liste aufzustellen, die mindestens zwölf Namen enthalten muss.

(2) Für die Heranziehung von Vertretern bei unvorhergesehener Verhinderung kann eine Hilfsliste ehrenamtlicher Richter aufgestellt werden, die am Gerichtssitz oder in seiner Nähe wohnen.

§ 28

(weggefallen)

§ 29

Der ehrenamtliche Richter und der Vertrauensmann (§ 23) erhalten eine Entschädigung nach dem Justizvergütungs- und -entschädigungsgesetz.

§ 30

(1) ¹Gegen einen ehrenamtlichen Richter, der sich ohne genügende Entschuldigung zu einer Sitzung nicht rechtzeitig einfindet oder der sich seinen Pflichten auf andere Weise entzieht, kann ein Ordnungsgeld festgesetzt werden. ²Zugleich können ihm die durch sein Verhalten verursachten Kosten auferlegt werden.

(2) ¹Die Entscheidung trifft der Vorsitzende. ²Er kann sie bei nachträglicher Entschuldigung ganz oder zum Teil aufheben.

Abschnitt IV - Gerichtsverwaltung

§ 31

Der Präsident des Gerichts übt die Dienstaufsicht über die Richter, Beamten, Angestellten und Arbeiter aus.

§ 32

Dem Gericht dürfen keine Verwaltungsgeschäfte außerhalb der Gerichtsverwaltung übertragen werden.

Abschnitt V - Finanzrechtsweg und Zuständigkeit

Unterabschnitt 1 - Finanzrechtsweg

§ 33

(1) Der Finanzrechtsweg ist gegeben

1. in öffentlich-rechtlichen Streitigkeiten über Abgabenangelegenheiten, soweit die Abgaben der Gesetzgebung des Bundes unterliegen und durch Bundesfinanzbehörden oder Landesfinanzbehörden verwaltet werden,
2. in öffentlich-rechtlichen Streitigkeiten über die Vollziehung von Verwaltungsakten in anderen als den in Nummer 1 bezeichneten Angelegenheiten, soweit die Verwaltungsakte durch Bundesfinanzbehörden oder Landesfinanzbehörden nach den Vorschriften der Abgabenordnung zu vollziehen sind,
3. in öffentlich-rechtlichen und berufsrechtlichen Streitigkeiten über Angelegenheiten, die durch den Ersten Teil, den Zweiten und den Sechsten Abschnitt des Zweiten Teils und den Ersten Abschnitt des Dritten Teils des Steuerberatungsgesetzes geregelt werden,
4. in anderen als den in den Nummern 1 bis 3 bezeichneten öffentlich-rechtlichen Streitigkeiten, soweit für diese durch Bundesgesetz oder Landesgesetz der Finanzrechtsweg eröffnet ist.

(2) Abgabenangelegenheiten im Sinne dieses Gesetzes sind alle mit der Verwaltung der Abgaben einschließlich der Abgabenvergütungen oder sonst mit der Anwendung der abgabenrechtlichen Vorschriften durch die Finanzbehörden zusammenhängenden Angelegenheiten einschließlich der Maßnahmen der Bundesfinanzbehörden zur Beachtung der Verbote und Beschränkungen für den Warenverkehr über die Grenze; den Abgabenangelegenheiten stehen die Angelegenheiten der Verwaltung der Finanzmonopole gleich.

(3) Die Vorschriften dieses Gesetzes finden auf das Straf- und Bußgeldverfahren keine Anwendung.

§ 34

(weggefallen)

Unterabschnitt 2 Sachliche Zuständigkeit

§ 35

Das Finanzgericht entscheidet im ersten Rechtszug über alle Streitigkeiten, für die der Finanzrechtsweg gegeben ist.

§ 36

Der Bundesfinanzhof entscheidet über das Rechtsmittel

1. der Revision gegen Urteile des Finanzgerichts und gegen Entscheidungen, die Urteilen des Finanzgerichts gleichstehen,

2. der Beschwerde gegen andere Entscheidungen des Finanzgerichts, des Vorsitzenden oder des Berichterstatters.

§ 37

(weggefallen)

Unterabschnitt 3 - Örtliche Zuständigkeit

§ 38

(1) Örtlich zuständig ist das Finanzgericht, in dessen Bezirk die Behörde, gegen welche die Klage gerichtet ist, ihren Sitz hat.

(2) ¹Ist die in Absatz 1 bezeichnete Behörde eine oberste Finanzbehörde, so ist das Finanzgericht zuständig, in dessen Bezirk der Kläger seinen Wohnsitz, seine Geschäftsleitung oder seinen gewöhnlichen Aufenthalt hat; bei Zöllen, Verbrauchsteuern und Monopolabgaben ist das Finanzgericht zuständig, in dessen Bezirk ein Tatbestand verwirklicht wird, an den das Gesetz die Abgabe knüpft. ²Hat der Kläger im Bezirk der obersten Finanzbehörde keinen Wohnsitz, keine Geschäftsleitung und keinen gewöhnlichen Aufenthalt, so findet Absatz 1 Anwendung.

(2a) ¹In Angelegenheiten des Familienleistungsausgleichs nach Maßgabe der §§ 62 bis 78 des Einkommensteuergesetzes ist das Finanzgericht zuständig, in dessen Bezirk der Kläger seinen Wohnsitz oder seinen gewöhnlichen Aufenthalt hat. ²Hat der Kläger im Inland keinen Wohnsitz und keinen gewöhnlichen Aufenthalt, ist das Finanzgericht zuständig, in dessen Bezirk die Behörde, gegen welche die Klage gerichtet ist, ihren Sitz hat.

(3) Befindet sich der Sitz einer Finanzbehörde außerhalb ihres Bezirks, so richtet sich die örtliche Zuständigkeit abweichend von Absatz 1 nach der Lage des Bezirks.

§ 39

(1) Das zuständige Finanzgericht wird durch den Bundesfinanzhof bestimmt,

1. wenn das an sich zuständige Finanzgericht in einem einzelnen Fall an der Ausübung der Gerichtsbarkeit rechtlich oder tatsächlich verhindert ist,
2. wenn es wegen der Grenzen verschiedener Gerichtsbezirke ungewiss ist, welches Finanzgericht für den Rechtsstreit zuständig ist,
3. wenn verschiedene Finanzgerichte sich rechtskräftig für zuständig erklärt haben,
4. wenn verschiedene Finanzgerichte, von denen eines für den Rechtsstreit zuständig ist, sich rechtskräftig für unzuständig erklärt haben,
5. wenn eine örtliche Zuständigkeit nach § 38 nicht gegeben ist.

(2) [1]Jeder am Rechtsstreit Beteiligte und jedes mit dem Rechtsstreit befasste Finanzgericht kann den Bundesfinanzhof anrufen. [2]Dieser kann ohne mündliche Verhandlung entscheiden.

Zweiter Teil - Verfahren

Abschnitt I - Klagearten, Klagebefugnis, Klagevoraussetzungen, Klageverzicht

§ 40

(1) Durch Klage kann die Aufhebung, in den Fällen des § 100 Abs. 2 auch die Änderung eines Verwaltungsakts (Anfechtungsklage) sowie die Verurteilung zum Erlass eines abgelehnten oder unterlassenen Verwaltungsakts (Verpflichtungsklage) oder zu einer anderen Leistung begehrt werden.

(2) Soweit gesetzlich nichts anderes bestimmt ist, ist die Klage nur zulässig, wenn der Kläger geltend macht, durch den Verwaltungsakt oder durch die Ablehnung oder Unterlassung eines Verwaltungsakts oder einer anderen Leistung in seinen Rechten verletzt zu sein.

(3) Verwaltet eine Finanzbehörde des Bundes oder eines Landes eine Abgabe ganz oder teilweise für andere Abgabenberechtigte, so können diese in den Fällen Klage erheben, in denen der Bund oder das Land die Abgabe oder einen Teil der Abgabe unmittelbar oder mittelbar schulden würde.

§ 41

(1) Durch Klage kann die Feststellung des Bestehens oder Nichtbestehens eines Rechtsverhältnisses oder der Nichtigkeit eines Verwaltungsakts begehrt werden, wenn der Kläger ein berechtigtes Interesse an der baldigen Feststellung hat (Feststellungsklage).

(2) [1]Die Feststellung kann nicht begehrt werden, soweit der Kläger seine Rechte durch Gestaltungs- oder Leistungsklage verfolgen kann oder hätte verfolgen können. [2]Dies gilt nicht, wenn die Feststellung der Nichtigkeit eines Verwaltungsakts begehrt wird.

§ 42

Auf Grund der Abgabenordnung erlassene Änderungs- und Folgebescheide können nicht in weiterem Umfang angegriffen werden, als sie in dem außergerichtlichen Vorverfahren angefochten werden können.

§ 43

Mehrere Klagebegehren können vom Kläger in einer Klage zusammen verfolgt werden, wenn sie sich gegen denselben Beklagten richten, im Zusammenhang stehen und dasselbe Gericht zuständig ist.

§ 44

(1) In den Fällen, in denen ein außergerichtlicher Rechtsbehelf gegeben ist, ist die Klage vorbehaltlich der §§ 45 und 46 nur zulässig, wenn das Vorverfahren über den außergerichtlichen Rechtsbehelf ganz oder zum Teil erfolglos geblieben ist.

(2) Gegenstand der Anfechtungsklage nach einem Vorverfahren ist der ursprüngliche Verwaltungsakt in der Gestalt, die er durch die Entscheidung über den außergerichtlichen Rechtsbehelf gefunden hat.

§ 45

(1) ^{1}Die Klage ist ohne Vorverfahren zulässig, wenn die Behörde, die über den außergerichtlichen Rechtsbehelf zu entscheiden hat, innerhalb eines Monats nach Zustellung der Klageschrift dem Gericht gegenüber zustimmt. ^{2}Hat von mehreren Berechtigten einer einen außergerichtlichen Rechtsbehelf eingelegt, ein anderer unmittelbar Klage erhoben, ist zunächst über den außergerichtlichen Rechtsbehelf zu entscheiden.

(2) ^{1}Das Gericht kann eine Klage, die nach Absatz 1 ohne Vorverfahren erhoben worden ist, innerhalb von drei Monaten nach Eingang der Akten der Behörde bei Gericht, spätestens innerhalb von sechs Monaten nach Klagezustellung, durch Beschluss an die zuständige Behörde zur Durchführung des Vorverfahrens abgeben, wenn eine weitere Sachaufklärung notwendig ist, die nach Art oder Umfang erhebliche Ermittlungen erfordert, und die Abgabe auch unter Berücksichtigung der Belange der Beteiligten sachdienlich ist. ^{2}Der Beschluss ist unanfechtbar.

(3) Stimmt die Behörde im Falle des Absatzes 1 nicht zu oder gibt das Gericht die Klage nach Absatz 2 ab, ist die Klage als außergerichtlicher Rechtsbehelf zu behandeln.

(4) Die Klage ist außerdem ohne Vorverfahren zulässig, wenn die Rechtswidrigkeit der Anordnung eines dinglichen Arrests geltend gemacht wird.

§ 46

(1) ^{1}Ist über einen außergerichtlichen Rechtsbehelf ohne Mitteilung eines zureichenden Grundes in angemessener Frist sachlich nicht entschieden worden,

so ist die Klage abweichend von § 44 ohne vorherigen Abschluss des Vorverfahrens zulässig. ²Die Klage kann nicht vor Ablauf von sechs Monaten seit Einlegung des außergerichtlichen Rechtsbehelfs erhoben werden, es sei denn, dass wegen besonderer Umstände des Falles eine kürzere Frist geboten ist. ³Das Gericht kann das Verfahren bis zum Ablauf einer von ihm bestimmten Frist, die verlängert werden kann, aussetzen; wird dem außergerichtlichen Rechtsbehelf innerhalb dieser Frist stattgegeben oder der beantragte Verwaltungsakt innerhalb dieser Frist erlassen, so ist der Rechtsstreit in der Hauptsache als erledigt anzusehen.

(2) Absatz 1 Satz 2 und 3 gilt für die Fälle sinngemäß, in denen geltend gemacht wird, dass eine der in § 348 Nr. 3 und 4 der Abgabenordnung genannten Stellen über einen Antrag auf Vornahme eines Verwaltungsakts ohne Mitteilung eines zureichenden Grundes in angemessener Frist sachlich nicht entschieden hat.

§ 47

(1) ¹Die Frist für die Erhebung der Anfechtungsklage beträgt einen Monat; sie beginnt mit der Bekanntgabe der Entscheidung über den außergerichtlichen Rechtsbehelf, in den Fällen des § 45 und in den Fällen, in denen ein außergerichtlicher Rechtsbehelf nicht gegeben ist, mit der Bekanntgabe des Verwaltungsakts. ²Dies gilt für die Verpflichtungsklage sinngemäß, wenn der Antrag auf Vornahme des Verwaltungsakts abgelehnt worden ist.

(2) ¹Die Frist für die Erhebung der Klage gilt als gewahrt, wenn die Klage bei der Behörde, die den angefochtenen Verwaltungsakt oder die angefochtene Entscheidung erlassen oder den Beteiligten bekannt gegeben hat oder die nachträglich für den Steuerfall zuständig geworden ist, innerhalb der Frist angebracht oder zu Protokoll gegeben wird. ²Die Behörde hat die Klageschrift in diesem Fall unverzüglich dem Gericht zu übermitteln.

(3) Absatz 2 gilt sinngemäß bei einer Klage, die sich gegen die Feststellung von Besteuerungsgrundlagen oder gegen die Festsetzung eines Steuermessbetrags richtet, wenn sie bei der Stelle angebracht wird, die zur Erteilung des Steuerbescheids zuständig ist.

§ 48

(1) Gegen Bescheide über die gesonderte und einheitliche Feststellung von Besteuerungsgrundlagen können Klage erheben:

1. bei rechtsfähigen Personenvereinigungen:

    a) die Personenvereinigung,

    b) wenn die rechtsfähige Personenvereinigung nicht mehr besteht, jeder Gesellschafter oder Gemeinschafter, gegen den der Feststellungsbescheid ergangen ist oder zu ergehen hätte;

2. bei nicht rechtsfähigen Personenvereinigungen und in sonstigen Fällen:

    a) der Klagebefugte im Sinne des Absatzes 2,

b) wenn Personen nach Buchstabe a nicht vorhanden sind, jeder Gesellschafter, Gemeinschafter oder Mitberechtigte, gegen den der Feststellungsbescheid ergangen ist oder zu ergehen hätte;

3. in den Fällen des § 183 Absatz 2 Satz 1 Nummer 2 oder des § 183a Absatz 2 Satz 1 Nummer 2 der Abgabenordnung jeder Gesellschafter, Gemeinschafter oder Mitberechtigte, gegen den der Feststellungsbescheid ergangen ist oder zu ergehen hätte;

4. soweit es sich darum handelt, wer an dem festgestellten Betrag beteiligt ist und wie dieser sich auf die einzelnen Beteiligten verteilt, jeder, der durch die Feststellungen hierzu berührt wird;

5. soweit es sich um eine Frage handelt, die einen Beteiligten persönlich angeht, jeder, der durch die Feststellungen über die Frage berührt wird.

(2) ¹Klagebefugt im Sinne des Absatzes 1 Nummer 2 Buchstabe a ist der gemeinsame Empfangsbevollmächtigte im Sinne des § 183a Absatz 1 Satz 1 der Abgabenordnung oder des § 6 Absatz 1 Satz 1 der Verordnung über die gesonderte Feststellung von Besteuerungsgrundlagen nach § 180 Abs. 2 der Abgabenordnung. ²Haben die Feststellungsbeteiligten keinen gemeinsamen Empfangsbevollmächtigten bestellt, ist klagebefugt im Sinne des Absatzes 1 Nummer 2 Buchstabe a der von der Finanzbehörde nach § 183a Absatz 1 Satz 2 und 3 der Abgabenordnung oder nach § 6 Absatz 1 Satz 3 und 4 der Verordnung über die gesonderte Feststellung von Besteuerungsgrundlagen nach § 180 Abs. 2 der Abgabenordnung bestimmte Empfangsbevollmächtigte; Absatz 1 Nummer 3 bleibt unberührt. ³Die Sätze 1 und 2 sind nur anwendbar, wenn die Beteiligten spätestens bei Erlass der Einspruchsentscheidung über die Klagebefugnis des Empfangsbevollmächtigten belehrt worden sind.

§ 49

(weggefallen)

§ 50

(1) ¹Auf die Erhebung der Klage kann nach Erlass des Verwaltungsakts verzichtet werden. ²Der Verzicht kann auch bei Abgabe einer Steueranmeldung ausgesprochen werden, wenn er auf den Fall beschränkt wird, dass die Steuer nicht abweichend von der Steueranmeldung festgesetzt wird. ³Eine trotz des Verzichts erhobene Klage ist unzulässig.

(1a) ¹Soweit Besteuerungsgrundlagen für ein Verständigungs- oder ein Schiedsverfahren nach einem Vertrag im Sinne des § 2 der Abgabenordnung von Bedeutung sein können, kann auf die Erhebung der Klage insoweit verzichtet werden. ²Die Besteuerungsgrundlage, auf die sich der Verzicht beziehen soll, ist genau zu bezeichnen.

(2) ¹Der Verzicht ist gegenüber der zuständigen Behörde schriftlich oder zu Protokoll zu erklären; er darf keine weiteren Erklärungen enthalten. ²Wird nachträglich die Unwirksamkeit des Verzichts geltend gemacht, so gilt § 56 Abs. 3 sinngemäß.

Abschnitt II - Allgemeine Verfahrensvorschriften

§ 51

(1) ¹Für die Ausschließung und Ablehnung der Gerichtspersonen gelten §§ 41 bis 49 der Zivilprozessordnung sinngemäß. ²Gerichtspersonen können auch abgelehnt werden, wenn von ihrer Mitwirkung die Verletzung eines Geschäfts- oder Betriebsgeheimnisses oder Schaden für die geschäftliche Tätigkeit eines Beteiligten zu besorgen ist.

(2) Von der Ausübung des Amtes als Richter, als ehrenamtlicher Richter oder als Urkundsbeamter ist auch ausgeschlossen, wer bei dem vorausgegangenen Verwaltungsverfahren mitgewirkt hat.

(3) Besorgnis der Befangenheit nach § 42 der Zivilprozessordnung ist stets dann begründet, wenn der Richter oder ehrenamtliche Richter der Vertretung einer Körperschaft angehört oder angehört hat, deren Interessen durch das Verfahren berührt werden.

§ 52

(1) §§ 169, 171b bis 197 des Gerichtsverfassungsgesetzes über die Öffentlichkeit, Sitzungspolizei, Gerichtssprache, Beratung und Abstimmung gelten sinngemäß.

(2) Die Öffentlichkeit ist auch auszuschließen, wenn ein Beteiligter, der nicht Finanzbehörde ist, es beantragt.

(3) Bei der Abstimmung und Beratung dürfen auch die zu ihrer steuerrechtlichen Ausbildung beschäftigten Personen zugegen sein, soweit sie die Befähigung zum Richteramt besitzen und soweit der Vorsitzende ihre Anwesenheit gestattet.

§ 52a

(1) Vorbereitende Schriftsätze und deren Anlagen, schriftlich einzureichende Anträge und Erklärungen der Beteiligten sowie schriftlich einzureichende Auskünfte, Aussagen, Gutachten, Übersetzungen, Anträge und Erklärungen Dritter können nach Maßgabe der Absätze 2 bis 6 als elektronische Dokumente bei Gericht eingereicht werden.

(2) ¹Das elektronische Dokument muss für die Bearbeitung durch das Gericht geeignet sein. ²Die Bundesregierung bestimmt durch Rechtsverordnung mit Zustimmung des Bundesrates technische Rahmenbedingungen für die Übermittlung und die Eignung zur Bearbeitung durch das Gericht sowie das Nähere zur Verarbeitung von Daten der Postfachinhaber nach Absatz 4 Satz 1 Nummer 4 und 5 in einem sicheren elektronischen Verzeichnis.

(3) ¹Das elektronische Dokument muss mit einer qualifizierten elektronischen Signatur der verantwortenden Person versehen sein oder von der verantwortenden Person signiert und auf einem sicheren Übermittlungsweg eingereicht werden. ²Satz 1 gilt nicht für Anlagen, die vorbereitenden Schriftsätzen beigefügt

sind. ³Soll ein schriftlich einzureichender Antrag oder eine schriftlich einzureichende Erklärung eines Beteiligten oder eines Dritten als elektronisches Dokument eingereicht werden, so kann der unterschriebene Antrag oder die unterschriebene Erklärung in ein elektronisches Dokument übertragen und durch den Bevollmächtigten, den Vertreter oder den Beistand nach Satz 1 übermittelt werden.

(4) ¹Sichere Übermittlungswege sind

1. der Postfach- und Versanddienst eines De-Mail-Kontos, wenn der Absender bei Versand der Nachricht sicher im Sinne des § 4 Absatz 1 Satz 2 des De-Mail-Gesetzes angemeldet ist und er sich die sichere Anmeldung gemäß § 5 Absatz 5 des De-Mail-Gesetzes bestätigen lässt,

2. der Übermittlungsweg zwischen den besonderen elektronischen Anwaltspostfächern nach den §§ 31a und 31b der Bundesrechtsanwaltsordnung oder einem entsprechenden, auf gesetzlicher Grundlage errichteten elektronischen Postfach und der elektronischen Poststelle des Gerichts,

3. der Übermittlungsweg zwischen einem nach Durchführung eines Identifizierungsverfahrens eingerichteten Postfach einer Behörde oder einer juristischen Person des öffentlichen Rechts und der elektronischen Poststelle des Gerichts,

4. der Übermittlungsweg zwischen einem nach Durchführung eines Identifizierungsverfahrens eingerichteten elektronischen Postfach einer natürlichen oder juristischen Person oder einer sonstigen Vereinigung und der elektronischen Poststelle des Gerichts,

5. der Übermittlungsweg zwischen einem nach Durchführung eines Identifizierungsverfahrens genutzten Postfach- und Versanddienst eines Nutzerkontos im Sinne des § 2 Absatz 5 des Onlinezugangsgesetzes und der elektronischen Poststelle des Gerichts,

6. sonstige bundeseinheitliche Übermittlungswege, die durch Rechtsverordnung der Bundesregierung mit Zustimmung des Bundesrates festgelegt werden, bei denen die Authentizität und Integrität der Daten sowie die Barrierefreiheit gewährleistet sind.

²Das Nähere zu den Übermittlungswegen gemäß Satz 1 Nummer 3 bis 5 regelt die Rechtsverordnung nach Absatz 2 Satz 2.

(5) ¹Ein elektronisches Dokument ist eingegangen, sobald es auf der für den Empfang bestimmten Einrichtung des Gerichts gespeichert ist. ²Dem Absender ist eine automatisierte Bestätigung über den Zeitpunkt des Eingangs zu erteilen. ³Die Vorschriften dieses Gesetzes über die Beifügung von Abschriften für die übrigen Beteiligten finden keine Anwendung.

(6) ¹Ist ein elektronisches Dokument für das Gericht zur Bearbeitung nicht geeignet, ist dies dem Absender unter Hinweis auf die Unwirksamkeit des Eingangs unverzüglich mitzuteilen. ²Das Dokument gilt als zum Zeitpunkt der früheren Einreichung eingegangen, sofern der Absender es unverzüglich in einer für das Gericht zur Bearbeitung geeigneten Form nachreicht und glaubhaft macht, dass es mit dem zuerst eingereichten Dokument inhaltlich übereinstimmt.

(7) ¹Soweit eine handschriftliche Unterzeichnung durch den Richter oder den Urkundsbeamten der Geschäftsstelle vorgeschrieben ist, genügt dieser Form die Aufzeichnung als elektronisches Dokument, wenn die verantwortenden Personen am Ende des Dokuments ihren Namen hinzufügen und das Dokument mit einer qualifizierten elektronischen Signatur versehen. ²Der in Satz 1 genannten Form genügt auch ein elektronisches Dokument, in welches das handschriftlich unterzeichnete Schriftstück gemäß § 52b Absatz 6 Satz 4 übertragen worden ist.

§ 52b

(1) ¹Die Prozessakten können elektronisch geführt werden. ²Die Bundesregierung und die Landesregierungen bestimmen jeweils für ihren Bereich durch Rechtsverordnung den Zeitpunkt, von dem an die Prozessakten elektronisch geführt werden. ³In der Rechtsverordnung sind die organisatorisch-technischen Rahmenbedingungen für die Bildung, Führung und Verwahrung der elektronischen Akten festzulegen. ⁴Die Landesregierungen können die Ermächtigung auf die für die Finanzgerichtsbarkeit zuständigen obersten Landesbehörden übertragen. ⁵Die Zulassung der elektronischen Akte kann auf einzelne Gerichte oder Verfahren beschränkt werden; wird von dieser Möglichkeit Gebrauch gemacht, kann in der Rechtsverordnung bestimmt werden, dass durch Verwaltungsvorschrift, die öffentlich bekanntzumachen ist, geregelt wird, in welchen Verfahren die Prozessakten elektronisch zu führen sind. ⁶Die Rechtsverordnung der Bundesregierung bedarf nicht der Zustimmung des Bundesrates.

(1a) ¹Die Prozessakten werden ab dem 1. Januar 2026 elektronisch geführt. ²Die Bundesregierung und die Landesregierungen bestimmen jeweils für ihren Bereich durch Rechtsverordnung die organisatorischen und dem Stand der Technik entsprechenden technischen Rahmenbedingungen für die Bildung, Führung und Verwahrung der elektronischen Akten einschließlich der einzuhaltenden Anforderungen der Barrierefreiheit. ³Die Bundesregierung und die Landesregierungen können jeweils für ihren Bereich durch Rechtsverordnung bestimmen, dass Akten, die in Papierform angelegt wurden, in Papierform weitergeführt werden. ⁴Die Landesregierungen können die Ermächtigungen nach den Sätzen 2 und 3 auf die für die Finanzgerichtsbarkeit zuständigen obersten Landesbehörden übertragen. ⁵Die Rechtsverordnungen der Bundesregierung bedürfen nicht der Zustimmung des Bundesrates.

(1b) ¹Die Bundesregierung und die Landesregierungen können jeweils für ihren Bereich durch Rechtsverordnung bestimmen, dass Akten, die vor dem 1. Januar 2026 in Papierform angelegt wurden, ab einem bestimmten Stichtag oder Ereignis in elektronischer Form weitergeführt werden. ²Die Zulassung der Weiterführung in elektronischer Form kann auf einzelne Gerichte oder Verfahren beschränkt werden; wird von dieser Möglichkeit Gebrauch gemacht, kann in der Rechtsverordnung bestimmt werden, dass durch Verwaltungsvorschrift, die öffentlich bekanntzumachen ist, geregelt wird, in welchen Verfahren Akten in elektronischer Form weitergeführt werden. ³Die Rechtsverordnung der Bundesregierung bedarf nicht der Zustimmung des Bundesrates. ⁴Die Ermächtigung kann durch Rechtsverordnung auf die zuständige oberste Bundesbehörde oder auf die für die Finanzgerichtsbarkeit zuständigen obersten Landesbehörden übertragen werden.

(2) ¹Werden die Akten in Papierform geführt, ist von einem elektronischen Dokument ein Ausdruck für die Akten zu fertigen. ²Kann dies bei Anlagen zu vorbereitenden Schriftsätzen nicht oder nur mit unverhältnismäßigem Aufwand erfolgen, so kann ein Ausdruck unterbleiben. ³Die Daten sind in diesem Fall dauerhaft zu speichern; der Speicherort ist aktenkundig zu machen.

(3) Ist das elektronische Dokument auf einem sicheren Übermittlungsweg eingereicht, so ist dies aktenkundig zu machen.

(4) Wird das elektronische Dokument mit einer qualifizierten elektronischen Signatur versehen und nicht auf einem sicheren Übermittlungsweg eingereicht, muss der Ausdruck einen Vermerk darüber enthalten,

1. welches Ergebnis die Integritätsprüfung des Dokumentes ausweist,
2. wen die Signaturprüfung als Inhaber der Signatur ausweist,
3. welchen Zeitpunkt die Signaturprüfung für die Anbringung der Signatur ausweist.

(5) Ein eingereichtes elektronisches Dokument kann im Falle von Absatz 2 nach Ablauf von sechs Monaten gelöscht werden.

(6) ¹Werden die Prozessakten elektronisch geführt, sind in Papierform vorliegende Schriftstücke und sonstige Unterlagen nach dem Stand der Technik zur Ersetzung der Urschrift in ein elektronisches Dokument zu übertragen. ²Es ist sicherzustellen, dass das elektronische Dokument mit den vorliegenden Schriftstücken und sonstigen Unterlagen bildlich und inhaltlich übereinstimmt. ³Das elektronische Dokument ist mit einem Übertragungsnachweis zu versehen, der das bei der Übertragung angewandte Verfahren und die bildliche und inhaltliche Übereinstimmung dokumentiert. ⁴Wird ein von den verantwortenden Personen handschriftlich unterzeichnetes gerichtliches Schriftstück übertragen, ist der Übertragungsnachweis mit einer qualifizierten elektronischen Signatur des Urkundsbeamten der Geschäftsstelle zu versehen. ⁵Die in Papierform vorliegenden Schriftstücke und sonstigen Unterlagen können sechs Monate nach der Übertragung vernichtet werden, sofern sie nicht rückgabepflichtig sind.

(7) Die Bundesregierung kann durch Rechtsverordnung mit Zustimmung des Bundesrates die für die Übermittlung elektronischer Akten zwischen Behörden und Gerichten geltenden Standards bestimmen.

§ 52c - Formulare; Verordnungsermächtigung

¹Das Bundesministerium der Justiz und für Verbraucherschutz kann durch Rechtsverordnung mit Zustimmung des Bundesrates elektronische Formulare einführen. ²Die Rechtsverordnung kann bestimmen, dass die in den Formularen enthaltenen Angaben ganz oder teilweise in strukturierter maschinenlesbarer Form zu übermitteln sind. ³Die Formulare sind auf einer in der Rechtsverordnung zu bestimmenden Kommunikationsplattform im Internet zur Nutzung bereitzustellen. ⁴Die Rechtsverordnung kann bestimmen, dass eine Identifikation des Formularverwenders abweichend von § 52a Absatz 3 auch durch Nutzung des elektronischen Identitätsnachweises nach § 18 des Personalausweisgesetzes, §

12 des eID-Karte-Gesetzes oder § 78 Absatz 5 des Aufenthaltsgesetzes erfolgen kann.

§ 52d - Nutzungspflicht für Rechtsanwälte, Behörden und vertretungsberechtigte Personen

¹Vorbereitende Schriftsätze und deren Anlagen sowie schriftlich einzureichende Anträge und Erklärungen, die durch einen Rechtsanwalt, durch eine Behörde oder durch eine juristische Person des öffentlichen Rechts einschließlich der von ihr zur Erfüllung ihrer öffentlichen Aufgaben gebildeten Zusammenschlüsse eingereicht werden, sind als elektronisches Dokument zu übermitteln. ²Gleiches gilt für die nach diesem Gesetz vertretungsberechtigten Personen, für die ein sicherer Übermittlungsweg nach § 52a Absatz 4 Satz 1 Nummer 2 zur Verfügung steht. ³Ist eine Übermittlung aus technischen Gründen vorübergehend nicht möglich, bleibt die Übermittlung nach den allgemeinen Vorschriften zulässig. ⁴Die vorübergehende Unmöglichkeit ist bei der Ersatzeinreichung oder unverzüglich danach glaubhaft zu machen; auf Anforderung ist ein elektronisches Dokument nachzureichen.

§ 53

(1) Anordnungen und Entscheidungen, durch die eine Frist in Lauf gesetzt wird, sowie Terminbestimmungen und Ladungen sind den Beteiligten zuzustellen, bei Verkündung jedoch nur, wenn es ausdrücklich vorgeschrieben ist.

(2) Zugestellt wird von Amts wegen nach den Vorschriften der Zivilprozessordnung.

(3) ¹Wer seinen Wohnsitz oder seinen Sitz nicht im Geltungsbereich dieses Gesetzes hat, hat auf Verlangen einen Zustellungsbevollmächtigten zu bestellen. ²Geschieht dies nicht, so gilt eine Sendung mit der Aufgabe zur Post als zugestellt, selbst wenn sie als unbestellbar zurückkommt.

§ 54

(1) Der Lauf einer Frist beginnt, soweit nichts anderes bestimmt ist, mit der Bekanntgabe des Verwaltungsakts oder der Entscheidung oder mit dem Zeitpunkt, an dem die Bekanntgabe als bewirkt gilt.

(2) Für die Fristen gelten die Vorschriften der §§ 222, 224 Abs. 2 und 3, §§ 225 und 226 der Zivilprozessordnung.

§ 55

(1) Die Frist für einen Rechtsbehelf beginnt nur zu laufen, wenn der Beteiligte über den Rechtsbehelf, die Behörde oder das Gericht, bei denen der Rechtsbehelf anzubringen ist, den Sitz und die einzuhaltende Frist schriftlich oder elektronisch belehrt worden ist.

(2) ¹Ist die Belehrung unterblieben oder unrichtig erteilt, so ist die Einlegung des Rechtsbehelfs nur innerhalb eines Jahres seit Bekanntgabe im Sinne des § 54

Abs. 1 zulässig, es sei denn, dass die Einlegung vor Ablauf der Jahresfrist infolge höherer Gewalt unmöglich war oder eine schriftliche oder elektronische Belehrung dahin erfolgt ist, dass ein Rechtsbehelf nicht gegeben sei. ²§ 56 Abs. 2 gilt für den Fall höherer Gewalt sinngemäß.

§ 56

(1) Wenn jemand ohne Verschulden verhindert war, eine gesetzliche Frist einzuhalten, so ist ihm auf Antrag Wiedereinsetzung in den vorigen Stand zu gewähren.

(2) ¹Der Antrag ist binnen zwei Wochen nach Wegfall des Hindernisses zu stellen; bei Versäumung der Frist zur Begründung der Revision oder der Nichtzulassungsbeschwerde beträgt die Frist einen Monat. ²Die Tatsachen zur Begründung des Antrags sind bei der Antragstellung oder im Verfahren über den Antrag glaubhaft zu machen. ³Innerhalb der Antragsfrist ist die versäumte Rechtshandlung nachzuholen. ⁴Ist dies geschehen, so kann Wiedereinsetzung auch ohne Antrag gewährt werden.

(3) Nach einem Jahr seit dem Ende der versäumten Frist kann Wiedereinsetzung nicht mehr beantragt oder ohne Antrag bewilligt werden, außer wenn der Antrag vor Ablauf der Jahresfrist infolge höherer Gewalt unmöglich war.

(4) Über den Antrag auf Wiedereinsetzung entscheidet das Gericht, das über die versäumte Rechtshandlung zu befinden hat.

(5) Die Wiedereinsetzung ist unanfechtbar.

§ 57

Beteiligte am Verfahren sind

1. der Kläger,
2. der Beklagte,
3. der Beigeladene,
4. die Behörde, die dem Verfahren beigetreten ist (§ 122 Abs. 2).

§ 58

(1) Fähig zur Vornahme von Verfahrenshandlungen sind

1. die nach dem bürgerlichen Recht Geschäftsfähigen,
2. die nach dem bürgerlichen Recht in der Geschäftsfähigkeit Beschränkten, soweit sie durch Vorschriften des bürgerlichen oder öffentlichen Rechts für den Gegenstand des Verfahrens als geschäftsfähig anerkannt sind.

(2) ¹Für rechtsfähige und nichtrechtsfähige Personenvereinigungen, für Personen, die geschäftsunfähig oder in der Geschäftsfähigkeit beschränkt sind, für alle Fälle der Vermögensverwaltung und für andere einer juristischen Person ähnliche Gebilde, die als solche der Besteuerung unterliegen, sowie bei Wegfall

eines Steuerpflichtigen handeln die nach dem bürgerlichen Recht dazu befugten Personen. ²§§ 53 bis 58 der Zivilprozessordnung gelten sinngemäß.

(3) Betrifft ein Einwilligungsvorbehalt nach § 1825 des Bürgerlichen Gesetzbuchs den Gegenstand des Verfahrens, so ist ein geschäftsfähiger Betreuter nur insoweit zur Vornahme von Verfahrenshandlungen fähig, als er nach den Vorschriften des bürgerlichen Rechts ohne Einwilligung des Betreuers handeln kann oder durch Vorschriften des öffentlichen Rechts als handlungsfähig anerkannt ist.

§ 59

Die Vorschriften der §§ 59 bis 63 der Zivilprozessordnung über die Streitgenossenschaft sind sinngemäß anzuwenden.

§ 60

(1) ¹Das Finanzgericht kann von Amts wegen oder auf Antrag andere beiladen, deren rechtliche Interessen nach den Steuergesetzen durch die Entscheidung berührt werden, insbesondere solche, die nach den Steuergesetzen neben dem Steuerpflichtigen haften. ²Vor der Beiladung ist der Steuerpflichtige zu hören, wenn er am Verfahren beteiligt ist.

(2) Wird eine Abgabe für einen anderen Abgabenberechtigten verwaltet, so kann dieser nicht deshalb beigeladen werden, weil seine Interessen als Abgabenberechtigter durch die Entscheidung berührt werden.

(3) ¹Sind an dem streitigen Rechtsverhältnis Dritte derart beteiligt, dass die Entscheidung auch ihnen gegenüber nur einheitlich ergehen kann, so sind sie beizuladen (notwendige Beiladung). ²Dies gilt nicht für Mitberechtigte, die nach § 48 nicht klagebefugt sind.

(4) ¹Der Beiladungsbeschluss ist allen Beteiligten zuzustellen. ²Dabei sollen der Stand der Sache und der Grund der Beiladung angegeben werden.

(5) Die als Mitberechtigte Beigeladenen können aufgefordert werden, einen gemeinsamen Zustellungsbevollmächtigten zu benennen.

(6) ¹Der Beigeladene kann innerhalb der Anträge eines als Kläger oder Beklagter Beteiligten selbständig Angriffs- und Verteidigungsmittel geltend machen und alle Verfahrenshandlungen wirksam vornehmen. ²Abweichende Sachanträge kann er nur stellen, wenn eine notwendige Beiladung vorliegt.

§ 60a

¹Kommt nach § 60 Abs. 3 die Beiladung von mehr als 50 Personen in Betracht, kann das Gericht durch Beschluss anordnen, dass nur solche Personen beigeladen werden, die dies innerhalb einer bestimmten Frist beantragen. ²Der Beschluss ist unanfechtbar. ³Er ist im Bundesanzeiger bekannt zu machen. ⁴Er muss außerdem in Tageszeitungen veröffentlicht werden, die in dem Bereich verbreitet sind, in dem sich die Entscheidung voraussichtlich auswirken wird.

⁵Die Bekanntmachung kann zusätzlich in einem von dem Gericht für Bekanntmachungen bestimmten Informations- und Kommunikationssystem erfolgen. ⁶Die Frist muss mindestens drei Monate seit Veröffentlichung im Bundesanzeiger betragen. ⁷In der Veröffentlichung in Tageszeitungen ist mitzuteilen, an welchem Tage die Frist abläuft. ⁸Für die Wiedereinsetzung in den vorigen Stand wegen Versäumung der Frist gilt § 56 entsprechend. ⁹Das Gericht soll Personen, die von der Entscheidung erkennbar in besonderem Maße betroffen werden, auch ohne Antrag beiladen.

§ 61

(weggefallen)

§ 62

(1) Die Beteiligten können vor dem Finanzgericht den Rechtsstreit selbst führen.

(2) ¹Die Beteiligten können sich durch einen Rechtsanwalt, Steuerberater, Steuerbevollmächtigten, Wirtschaftsprüfer oder vereidigten Buchprüfer als Bevollmächtigten vertreten lassen; zur Vertretung berechtigt sind auch Gesellschaften im Sinne des § 3 Satz 1 Nummer 2 und 3 des Steuerberatungsgesetzes, die durch Personen im Sinne des § 3 Satz 2 des Steuerberatungsgesetzes handeln. ²Darüber hinaus sind als Bevollmächtigte vor dem Finanzgericht vertretungsbefugt nur

1. Beschäftigte des Beteiligten oder eines mit ihm verbundenen Unternehmens (§ 15 des Aktiengesetzes); Behörden und juristische Personen des öffentlichen Rechts einschließlich der von ihnen zur Erfüllung ihrer öffentlichen Aufgaben gebildeten Zusammenschlüsse können sich auch durch Beschäftigte anderer Behörden oder juristischer Personen des öffentlichen Rechts einschließlich der von ihnen zur Erfüllung ihrer öffentlichen Aufgaben gebildeten Zusammenschlüsse vertreten lassen,

2. volljährige Familienangehörige (§ 15 der Abgabenordnung, § 11 des Lebenspartnerschaftsgesetzes), Personen mit Befähigung zum Richteramt und Streitgenossen, wenn die Vertretung nicht im Zusammenhang mit einer entgeltlichen Tätigkeit steht,

3. Personen und Vereinigungen im Sinne der §§ 3a und 3c des Steuerberatungsgesetzes im Rahmen ihrer Befugnisse nach § 3a des Steuerberatungsgesetzes,

3a. zu beschränkter geschäftsmäßiger Hilfeleistung in Steuersachen nach den §§ 3d und 3e des Steuerberatungsgesetzes berechtigte Personen im Rahmen dieser Befugnisse,

4. landwirtschaftliche Buchstellen im Rahmen ihrer Befugnisse nach § 4 Nr. 8 des Steuerberatungsgesetzes,

5. Lohnsteuerhilfevereine im Rahmen ihrer Befugnisse nach § 4 Nr. 11 des Steuerberatungsgesetzes,

6. Gewerkschaften und Vereinigungen von Arbeitgebern sowie Zusammenschlüsse solcher Verbände für ihre Mitglieder oder für andere Verbände oder Zusammenschlüsse mit vergleichbarer Ausrichtung und deren Mitglieder,

7. juristische Personen, deren Anteile sämtlich im wirtschaftlichen Eigentum einer der in Nummer 6 bezeichneten Organisationen stehen, wenn die juristische Person ausschließlich die Rechtsberatung und Prozessvertretung dieser Organisation und ihrer Mitglieder oder anderer Verbände oder Zusammenschlüsse mit vergleichbarer Ausrichtung und deren Mitglieder entsprechend deren Satzung durchführt, und wenn die Organisation für die Tätigkeit der Bevollmächtigten haftet.

³Bevollmächtigte, die keine natürlichen Personen sind, handeln durch ihre Organe und mit der Prozessvertretung beauftragten Vertreter.

(3) ¹Das Gericht weist Bevollmächtigte, die nicht nach Maßgabe des Absatzes 2 vertretungsbefugt sind, durch unanfechtbaren Beschluss zurück. ²Prozesshandlungen eines nicht vertretungsbefugten Bevollmächtigten und Zustellungen oder Mitteilungen an diesen Bevollmächtigten sind bis zu seiner Zurückweisung wirksam. ²Das Gericht kann den in Absatz 2 Satz 2 bezeichneten Bevollmächtigten durch unanfechtbaren Beschluss die weitere Vertretung untersagen, wenn sie nicht in der Lage sind, das Sach- und Streitverhältnis sachgerecht darzustellen.

(4) ¹Vor dem Bundesfinanzhof müssen sich die Beteiligten durch Prozessbevollmächtigte vertreten lassen. ²Dies gilt auch für Prozesshandlungen, durch die ein Verfahren vor dem Bundesfinanzhof eingeleitet wird. ³Als Bevollmächtigte sind nur die in Absatz 2 Satz 1 bezeichneten Personen und Gesellschaften zugelassen. ⁴Behörden und juristische Personen des öffentlichen Rechts einschließlich der von ihnen zur Erfüllung ihrer öffentlichen Aufgaben gebildeten Zusammenschlüsse können sich durch eigene Beschäftigte mit Befähigung zum Richteramt oder durch Beschäftigte mit Befähigung zum Richteramt anderer Behörden oder juristischer Personen des öffentlichen Rechts einschließlich der von ihnen zur Erfüllung ihrer öffentlichen Aufgaben gebildeten Zusammenschlüsse vertreten lassen. ⁵Ein Beteiligter, der nach Maßgabe des Satzes 3 zur Vertretung berechtigt ist, kann sich selbst vertreten.

(5) ¹Richter dürfen nicht als Bevollmächtigte vor dem Gericht auftreten, dem sie angehören. ²Ehrenamtliche Richter dürfen, außer in den Fällen des Absatzes 2 Satz 2 Nr. 1, nicht vor einem Spruchkörper auftreten, dem sie angehören. ³Absatz 3 Satz 1 und 2 gilt entsprechend.

(6) ¹Die Vollmacht ist schriftlich zu den Gerichtsakten einzureichen. ²Sie kann nachgereicht werden; hierfür kann das Gericht eine Frist bestimmen. ³Der Mangel der Vollmacht kann in jeder Lage des Verfahrens geltend gemacht werden. ⁴Das Gericht hat den Mangel der Vollmacht von Amts wegen zu berücksichtigen, wenn nicht als Bevollmächtigter eine in Absatz 2 Satz 1 bezeichnete Person oder Gesellschaft auftritt. ⁵Ist ein Bevollmächtigter bestellt, sind die Zustellungen oder Mitteilungen des Gerichts an ihn zu richten.

(7) ¹In der Verhandlung können die Beteiligten mit Beiständen erscheinen. ²Beistand kann sein, wer in Verfahren, in denen die Beteiligten den Rechtsstreit selbst führen können, als Bevollmächtigter zur Vertretung in der Verhandlung befugt ist. ³Das Gericht kann andere Personen als Beistand zulassen, wenn dies sachdienlich ist und hierfür nach den Umständen des Einzelfalls ein Bedürfnis besteht. ⁴Absatz 3 Satz 1 und 3 und Absatz 5 gelten entsprechend. ⁵Das von dem Beistand Vorgetragene gelten als von dem Beteiligten vorgebracht, soweit es nicht von diesem sofort widerrufen oder berichtigt wird.

§ 62a

(weggefallen)

Abschnitt III - Verfahren im ersten Rechtszug

§ 63

(1) Die Klage ist gegen die Behörde zu richten,

1. die den ursprünglichen Verwaltungsakt erlassen oder
2. die den beantragten Verwaltungsakt oder die andere Leistung unterlassen oder abgelehnt hat oder
3. der gegenüber die Feststellung des Bestehens oder Nichtbestehens eines Rechtsverhältnisses oder der Nichtigkeit eines Verwaltungsakts begehrt wird.

(2) Ist vor Erlass der Entscheidung über den Einspruch eine andere als die ursprünglich zuständige Behörde für den Steuerfall örtlich zuständig geworden, so ist die Klage zu richten

1. gegen die Behörde, welche die Einspruchsentscheidung erlassen hat,
2. wenn über den Einspruch ohne Mitteilung eines zureichenden Grundes in angemessener Frist sachlich nicht entschieden worden ist (§ 46), gegen die Behörde, die im Zeitpunkt der Klageerhebung für den Steuerfall örtlich zuständig ist.

(3) Hat eine Behörde, die auf Grund gesetzlicher Vorschrift berechtigt ist, für die zuständige Behörde zu handeln, den ursprünglichen Verwaltungsakt erlassen oder den beantragten Verwaltungsakt oder die andere Leistung unterlassen oder abgelehnt, so ist die Klage gegen die zuständige Behörde zu richten.

§ 64

(1) ¹Die Klage ist bei dem Gericht schriftlich oder zu Protokoll des Urkundsbeamten der Geschäftsstelle zu erheben. ²§ 129a Absatz 2 der Zivilprozessordnung gilt entsprechend.

(2) Der Klage sollen Abschriften für die übrigen Beteiligten beigefügt werden; § 77 Abs. 2 gilt sinngemäß.

§ 65

(1) ¹Die Klage muss den Kläger, den Beklagten, den Gegenstand des Klagebegehrens, bei Anfechtungsklagen auch den Verwaltungsakt und die Entscheidung über den außergerichtlichen Rechtsbehelf bezeichnen. ²Sie soll einen bestimmten Antrag enthalten. ³Die zur Begründung dienenden Tatsachen und Beweismittel sollen angegeben werden. ⁴Der Klage soll eine Abschrift des angefochtenen Verwaltungsakts und der Einspruchsentscheidung beigefügt werden. ⁵§ 253 Absatz 3 Nummer 4 der Zivilprozessordnung gilt entsprechend.

(2) ¹Entspricht die Klage diesen Anforderungen nicht, hat der Vorsitzende oder der nach § 21g des Gerichtsverfassungsgesetzes zuständige Berufsrichter (Berichterstatter) den Kläger zu der erforderlichen Ergänzung innerhalb einer bestimmten Frist aufzufordern. ²Er kann dem Kläger für die Ergänzung eine Frist mit ausschließender Wirkung setzen, wenn es an einem der in Absatz 1 Satz 1 genannten Erfordernisse fehlt. ³Für die Wiedereinsetzung in den vorigen Stand wegen Versäumung der Frist gilt § 56 entsprechend.

§ 66

¹Durch Erhebung der Klage wird die Streitsache rechtshängig. ²In Verfahren nach dem Siebzehnten Titel des Gerichtsverfassungsgesetzes wegen eines überlangen Gerichtsverfahrens wird die Streitsache erst mit Zustellung der Klage rechtshängig.

§ 67

(1) Eine Änderung der Klage ist zulässig, wenn die übrigen Beteiligten einwilligen oder das Gericht die Änderung für sachdienlich hält; § 68 bleibt unberührt.

(2) Die Einwilligung des Beklagten in die Änderung der Klage ist anzunehmen, wenn er sich, ohne ihr zu widersprechen, in einem Schriftsatz oder in einer mündlichen Verhandlung auf die geänderte Klage eingelassen hat.

(3) Die Entscheidung, dass eine Änderung der Klage nicht vorliegt oder zuzulassen ist, ist nicht selbständig anfechtbar.

§ 68

¹Wird der angefochtene Verwaltungsakt nach Bekanntgabe der Einspruchsentscheidung geändert oder ersetzt, so wird der neue Verwaltungsakt Gegenstand des Verfahrens. ²Ein Einspruch gegen den neuen Verwaltungsakt ist insoweit ausgeschlossen. ³Die Finanzbehörde hat dem Gericht, bei dem das Verfahren anhängig ist, eine Abschrift des neuen Verwaltungsakts zu übermitteln. ⁴Satz 1 gilt entsprechend, wenn

1. ein Verwaltungsakt nach § 129 der Abgabenordnung berichtigt wird oder
2. ein Verwaltungsakt an die Stelle eines angefochtenen unwirksamen Verwaltungsakts tritt.

§ 69

(1) ¹Durch Erhebung der Klage wird die Vollziehung des angefochtenen Verwaltungsakts vorbehaltlich des Absatzes 5 nicht gehemmt, insbesondere die Erhebung einer Abgabe nicht aufgehalten. ²Entsprechendes gilt bei Anfechtung von Grundlagenbescheiden für die darauf beruhenden Folgebescheide.

(2) ¹Die zuständige Finanzbehörde kann die Vollziehung ganz oder teilweise aussetzen. ²Auf Antrag soll die Aussetzung erfolgen, wenn ernstliche Zweifel an der Rechtmäßigkeit des angefochtenen Verwaltungsakts bestehen oder wenn die Vollziehung für den Betroffenen eine unbillige, nicht durch überwiegende öffentliche Interessen gebotene Härte zur Folge hätte. ³Die Aussetzung kann von einer Sicherheitsleistung abhängig gemacht werden. ⁴Soweit die Vollziehung eines Grundlagenbescheides ausgesetzt wird, ist auch die Vollziehung eines Folgebescheides auszusetzen. ⁵Der Erlass eines Folgebescheides bleibt zulässig. ⁶Über eine Sicherheitsleistung ist bei der Aussetzung eines Folgebescheides zu entscheiden, es sei denn, dass bei der Aussetzung der Vollziehung des Grundlagenbescheides die Sicherheitsleistung ausdrücklich ausgeschlossen worden ist. ⁷Ist der Verwaltungsakt schon vollzogen, tritt an die Stelle der Aussetzung der Vollziehung die Aufhebung der Vollziehung. ⁸Bei Steuerbescheiden sind die Aussetzung und die Aufhebung der Vollziehung auf die festgesetzte Steuer, vermindert um die anzurechnenden Steuerabzugsbeträge, um die anzurechnende Körperschaftsteuer und um die festgesetzten Vorauszahlungen, beschränkt; dies gilt nicht, wenn die Aussetzung oder Aufhebung der Vollziehung zur Abwendung wesentlicher Nachteile nötig erscheint.

(3) ¹Auf Antrag kann das Gericht der Hauptsache die Vollziehung ganz oder teilweise aussetzen; Absatz 2 Satz 2 bis 6 und § 100 Abs. 2 Satz 2 gelten sinngemäß. ²Der Antrag kann schon vor Erhebung der Klage gestellt werden. ³Ist der Verwaltungsakt im Zeitpunkt der Entscheidung schon vollzogen, kann das Gericht ganz oder teilweise die Aufhebung der Vollziehung, auch gegen Sicherheit, anordnen. ⁴Absatz 2 Satz 8 gilt entsprechend. ⁵In dringenden Fällen kann der Vorsitzende entscheiden.

(4) ¹Der Antrag nach Absatz 3 ist nur zulässig, wenn die Behörde einen Antrag auf Aussetzung der Vollziehung ganz oder zum Teil abgelehnt hat. ²Das gilt nicht, wenn

1. die Finanzbehörde über den Antrag ohne Mitteilung eines zureichenden Grundes in angemessener Frist sachlich nicht entschieden hat oder

2. eine Vollstreckung droht.

(5) ¹Durch Erhebung der Klage gegen die Untersagung des Gewerbebetriebes oder der Berufsausübung wird die Vollziehung des angefochtenen Verwaltungsakts gehemmt. ²Die Behörde, die den Verwaltungsakt erlassen hat, kann die hemmende Wirkung durch besondere Anordnung ganz oder zum Teil beseitigen, wenn sie es im öffentlichen Interesse für geboten hält; sie hat das öffentliche Interesse schriftlich zu begründen. ³Auf Antrag kann das Gericht der Hauptsache die hemmende Wirkung wiederherstellen, wenn ernstliche Zweifel an der Rechtmäßigkeit des Verwaltungsakts bestehen. ⁴In dringenden Fällen kann der Vorsitzende entscheiden.

(6) ¹Das Gericht der Hauptsache kann Beschlüsse über Anträge nach den Absätzen 3 und 5 Satz 3 jederzeit ändern oder aufheben. ²Jeder Beteiligte kann die Änderung oder Aufhebung wegen veränderter oder im ursprünglichen Verfahren ohne Verschulden nicht geltend gemachter Umstände beantragen.

(7) Lehnt die Behörde die Aussetzung der Vollziehung ab, kann das Gericht nur nach den Absätzen 3 und 5 Satz 3 angerufen werden.

§ 70

¹Für die sachliche und örtliche Zuständigkeit gelten die §§ 17 bis 17b des Gerichtsverfassungsgesetzes entsprechend. ²Beschlüsse entsprechend § 17a Abs. 2 und 3 des Gerichtsverfassungsgesetzes sind unanfechtbar.

§ 71

(1) ¹Die Klageschrift ist dem Beklagten von Amts wegen zuzustellen. ²Zugleich mit der Zustellung der Klage ist der Beklagte aufzufordern, sich schriftlich oder zu Protokoll des Urkundsbeamten der Geschäftsstelle zu äußern. ³Hierfür kann eine Frist gesetzt werden. ⁴§ 277 Absatz 1 Satz 2 Nummer 2 der Zivilprozessordnung gilt entsprechend.

(2) Die beteiligte Finanzbehörde hat die den Streitfall betreffenden Akten nach Empfang der Klageschrift an das Gericht zu übermitteln.

§ 72

(1) ¹Der Kläger kann seine Klage bis zur Rechtskraft des Urteils zurücknehmen. ²Nach Schluss der mündlichen Verhandlung, bei Verzicht auf die mündliche Verhandlung und nach Ergehen eines Gerichtsbescheides ist die Rücknahme nur mit Einwilligung des Beklagten möglich. ³Die Einwilligung gilt als erteilt, wenn der Klagerücknahme nicht innerhalb von zwei Wochen seit Zustellung des die Rücknahme enthaltenden Schriftsatzes widersprochen wird; das Gericht hat auf diese Folge hinzuweisen.

(1a) ¹Soweit Besteuerungsgrundlagen für ein Verständigungs- oder ein Schiedsverfahren nach einem Vertrag im Sinne des § 2 der Abgabenordnung von Bedeutung sein können, kann die Klage hierauf begrenzt zurückgenommen werden. ²§ 50 Abs. 1a Satz 2 gilt entsprechend.

(2) ¹Die Rücknahme hat bei Klagen, deren Erhebung an eine Frist gebunden ist, den Verlust der Klage zur Folge. ²Wird die Klage zurückgenommen, so stellt das Gericht das Verfahren durch Beschluss ein. ³Wird nachträglich die Unwirksamkeit der Klagerücknahme geltend gemacht, so gilt § 56 Abs. 3 sinngemäß.

§ 73

(1) ¹Das Gericht kann durch Beschluss mehrere bei ihm anhängige Verfahren zu gemeinsamer Verhandlung und Entscheidung verbinden und wieder trennen. ²Es kann anordnen, dass mehrere in einem Verfahren zusammengefasste Klagegegenstände in getrennten Verfahren verhandelt und entschieden werden.

(2) Ist die Klage von jemandem erhoben, der wegen dieses Klagegegenstands nach § 60 Abs. 3 zu einem anderen Verfahren beizuladen wäre, so wird die notwendige Beiladung des Klägers dadurch ersetzt, dass die beiden Verfahren zu gemeinsamer Verhandlung und einheitlicher Entscheidung verbunden werden.

§ 74

Das Gericht kann, wenn die Entscheidung des Rechtsstreits ganz oder zum Teil von dem Bestehen oder Nichtbestehen eines Rechtsverhältnisses abhängt, das den Gegenstand eines anderen anhängigen Rechtsstreits bildet oder von einer Verwaltungsbehörde festzustellen ist, anordnen, dass die Verhandlung bis zur Erledigung des anderen Rechtsstreits oder bis zur Entscheidung der Verwaltungsbehörde auszusetzen sei.

§ 75

Den Beteiligten sind, soweit es noch nicht geschehen ist, die Unterlagen der Besteuerung auf Antrag oder, wenn der Inhalt der Klageschrift dazu Anlass gibt, von Amts wegen mitzuteilen.

§ 76

(1) ¹Das Gericht erforscht den Sachverhalt von Amts wegen. ²Die Beteiligten sind dabei heranzuziehen. ³Sie haben ihre Erklärungen über tatsächliche Umstände vollständig und der Wahrheit gemäß abzugeben und sich auf Anforderung des Gerichts zu den von den anderen Beteiligten vorgebrachten Tatsachen zu erklären. ⁴§ 90 Abs. 2, § 93 Abs. 3 Satz 2, § 97, §§ 99, 100 der Abgabenordnung gelten sinngemäß. 5Das Gericht ist an das Vorbringen und an die Beweisanträge der Beteiligten nicht gebunden.

(2) Der Vorsitzende hat darauf hinzuwirken, dass Formfehler beseitigt, sachdienliche Anträge gestellt, unklare Anträge erläutert, ungenügende tatsächliche Angaben ergänzt, ferner alle für die Feststellung und Beurteilung des Sachverhalts wesentlichen Erklärungen abgegeben werden.

(3) ¹Erklärungen und Beweismittel, die erst nach Ablauf der von der Finanzbehörde nach § 364b Abs. 1 der Abgabenordnung gesetzten Frist im Einspruchsverfahren oder im finanzgerichtlichen Verfahren vorgebracht werden, kann das Gericht zurückweisen und ohne weitere Ermittlungen entscheiden. ²§ 79b Abs. 3 gilt entsprechend.

(4) Die Verpflichtung der Finanzbehörde zur Ermittlung des Sachverhalts (§§ 88, 89 Abs. 1 der Abgabenordnung) wird durch das finanzgerichtliche Verfahren nicht berührt.

§ 77

(1) ¹Die Beteiligten sollen zur Vorbereitung der mündlichen Verhandlung Schriftsätze einreichen. ²Hierzu kann der Vorsitzende sie unter Fristsetzung auffordern. ³Den Schriftsätzen sollen Abschriften für die übrigen Beteiligten beigefügt werden. ⁴Die Schriftsätze sind den Beteiligten von Amts wegen zu übermitteln.

(2) ¹Den Schriftsätzen sind die Urkunden oder elektronischen Dokumente, auf die Bezug genommen wird, in Abschrift ganz oder im Auszug beizufügen. ²Sind die Urkunden dem Gegner bereits bekannt oder sehr umfangreich, so genügt die genaue Bezeichnung mit dem Anerbieten, Einsicht bei Gericht zu gewähren.

§ 77a

(weggefallen)

§ 78

(1) ¹Die Beteiligten können die Gerichtsakte und die dem Gericht vorgelegten Akten einsehen. ²Beteiligte können sich auf ihre Kosten durch die Geschäftsstelle Ausfertigungen, Auszüge, Ausdrucke und Abschriften erteilen lassen.

(2) ¹Werden die Prozessakten elektronisch geführt, wird Akteneinsicht durch Bereitstellung des Inhalts der Akten zum Abruf oder durch Übermittlung des Inhalts der Akten auf einem sicheren Übermittlungsweg gewährt. ²Auf besonderen Antrag wird Akteneinsicht durch Einsichtnahme in die Akten in Diensträumen gewährt. ³Ein Aktenausdruck oder ein Datenträger mit dem Inhalt der Akten wird auf besonders zu begründenden Antrag nur übermittelt, wenn der Antragsteller hieran ein berechtigtes Interesse darlegt. ⁴Stehen der Akteneinsicht in der nach Satz 1 vorgesehenen Form wichtige Gründe entgegen, kann die Akteneinsicht in der nach den Sätzen 2 und 3 vorgesehenen Form auch ohne Antrag gewährt werden. ⁵Über einen Antrag nach Satz 3 entscheidet der Vorsitzende; die Entscheidung ist unanfechtbar. ⁶§ 79a Absatz 4 gilt entsprechend.

(3) ¹Werden die Prozessakten in Papierform geführt, wird Akteneinsicht durch Einsichtnahme in die Akten in Diensträumen gewährt. ²Die Akteneinsicht kann, soweit nicht wichtige Gründe entgegenstehen, auch durch Bereitstellung des Inhalts der Akten zum Abruf oder durch Übermittlung des Inhalts der Akten auf einem sicheren Übermittlungsweg gewährt werden.

(4) Die Entwürfe zu Urteilen, Beschlüssen und Verfügungen, die Arbeiten zu ihrer Vorbereitung, ferner die Dokumente, die Abstimmungen oder Ordnungsstrafen des Gerichts betreffen, werden weder vorgelegt noch abschriftlich mitgeteilt.

§ 79

(1) ¹Der Vorsitzende oder der Berichterstatter hat schon vor der mündlichen Verhandlung alle Anordnungen zu treffen, die notwendig sind, um den Rechtsstreit möglichst in einer mündlichen Verhandlung zu erledigen. ²Er kann insbesondere

1. die Beteiligten zur Erörterung des Sach- und Streitstandes und zur gütlichen Beilegung des Rechtsstreits laden; § 128a der Zivilprozessordnung gilt entsprechend;

2. den Beteiligten die Ergänzung oder Erläuterung ihrer vorbereitenden Schriftsätze, die Vorlegung von Urkunden, die Übermittlung von elektronischen Dokumenten und die Vorlegung von anderen zur Niederlegung bei

Gericht geeigneten Gegenständen aufgeben, insbesondere eine Frist zur Erklärung über bestimmte klärungsbedürftige Punkte setzen;

3. Auskünfte einholen;
4. die Vorlage von Urkunden oder die Übermittlung von elektronischen Dokumenten anordnen;
5. das persönliche Erscheinen der Beteiligten anordnen; § 80 gilt entsprechend;
6. Zeugen und Sachverständige zur mündlichen Verhandlung laden.

(2) Die Beteiligten sind von jeder Anordnung zu benachrichtigen.

(3) ¹Der Vorsitzende oder der Berichterstatter kann einzelne Beweise erheben. ²Dies darf nur insoweit geschehen, als es zur Vereinfachung der Verhandlung vor dem Gericht sachdienlich und von vornherein anzunehmen ist, dass das Gericht das Beweisergebnis auch ohne unmittelbaren Eindruck von dem Verlauf der Beweisaufnahme sachgemäß zu würdigen vermag.

§ 79a

(1) Der Vorsitzende entscheidet, wenn die Entscheidung im vorbereitenden Verfahren ergeht,

1. über die Aussetzung und das Ruhen des Verfahrens;
2. bei Zurücknahme der Klage, auch über einen Antrag auf Prozesskostenhilfe;
3. bei Erledigung des Rechtsstreits in der Hauptsache, auch über einen Antrag auf Prozesskostenhilfe;
4. über den Streitwert;
5. über Kosten;
6. über die Beiladung.

(2) ¹Der Vorsitzende kann ohne mündliche Verhandlung durch Gerichtsbescheid (§ 90a) entscheiden. ²Dagegen ist nur der Antrag auf mündliche Verhandlung innerhalb eines Monats nach Zustellung des Gerichtsbescheides gegeben.

(3) Im Einverständnis der Beteiligten kann der Vorsitzende auch sonst anstelle des Senats entscheiden.

(4) Ist ein Berichterstatter bestellt, so entscheidet dieser anstelle des Vorsitzenden.

§ 79b

(1) ¹Der Vorsitzende oder der Berichterstatter kann dem Kläger eine Frist setzen zur Angabe der Tatsachen, durch deren Berücksichtigung oder Nichtberücksichtigung im Verwaltungsverfahren er sich beschwert fühlt. ²Die Fristsetzung nach Satz 1 kann mit der Fristsetzung nach § 65 Abs. 2 Satz 2 verbunden werden.

(2) Der Vorsitzende oder der Berichterstatter kann einem Beteiligten unter Fristsetzung aufgeben, zu bestimmten Vorgängen

1. Tatsachen anzugeben oder Beweismittel zu bezeichnen,
2. Urkunden oder andere bewegliche Sachen vorzulegen oder elektronische Dokumente zu übermitteln, soweit der Beteiligte dazu verpflichtet ist.

(3) [1]Das Gericht kann Erklärungen und Beweismittel, die erst nach Ablauf einer nach den Absätzen 1 und 2 gesetzten Frist vorgebracht werden, zurückweisen und ohne weitere Ermittlungen entscheiden, wenn

1. ihre Zulassung nach der freien Überzeugung des Gerichts die Erledigung des Rechtsstreits verzögern würde und
2. der Beteiligte die Verspätung nicht genügend entschuldigt und
3. der Beteiligte über die Folgen einer Fristversäumung belehrt worden ist.

[2]Der Entschuldigungsgrund ist auf Verlangen des Gerichts glaubhaft zu machen. [3]Satz 1 gilt nicht, wenn es mit geringem Aufwand möglich ist, den Sachverhalt auch ohne Mitwirkung des Beteiligten zu ermitteln.

§ 80

(1) [1]Das Gericht kann das persönliche Erscheinen eines Beteiligten anordnen. [2]§ 141 Absatz 1 Satz 2 der Zivilprozessordnung gilt entsprechend.[3]Für den Fall des Ausbleibens kann es Ordnungsgeld wie gegen einen im Vernehmungstermin nicht erschienenen Zeugen androhen. [4]Bei schuldhaftem Ausbleiben setzt das Gericht durch Beschluss das angedrohte Ordnungsgeld fest. [5]Androhung und Festsetzung des Ordnungsgelds können wiederholt werden.

(2) Ist Beteiligter eine juristische Person oder eine Vereinigung, so ist das Ordnungsgeld dem nach Gesetz oder Satzung Vertretungsberechtigten anzudrohen und gegen ihn festzusetzen.

(3) Das Gericht kann einer beteiligten öffentlich-rechtlichen Körperschaft oder Behörde aufgeben, zur mündlichen Verhandlung einen Beamten oder Angestellten zu entsenden, der mit einem schriftlichen Nachweis über die Vertretungsbefugnis versehen und über die Sach- und Rechtslage ausreichend unterrichtet ist.

§ 81

(1) [1]Das Gericht erhebt Beweis in der mündlichen Verhandlung. [2]Es kann insbesondere Augenschein einnehmen, Zeugen, Sachverständige und Beteiligte vernehmen und Urkunden heranziehen.

(2) Das Gericht kann in geeigneten Fällen schon vor der mündlichen Verhandlung durch eines seiner Mitglieder als beauftragten Richter Beweis erheben lassen oder durch Bezeichnung der einzelnen Beweisfragen ein anderes Gericht um die Beweisaufnahme ersuchen.

§ 82

Soweit §§ 83 bis 89 nicht abweichende Vorschriften enthalten, sind auf die Beweisaufnahme § 284 Absatz 2 und 3 sowie die §§ 358 bis 371, 372 bis 377, 380 bis 382, 386 bis 414 und 450 bis 494 der Zivilprozessordnung sinngemäß anzuwenden.

§ 83

[1]Die Beteiligten werden von allen Beweisterminen benachrichtigt und können der Beweisaufnahme beiwohnen. [2]Sie können an Zeugen und Sachverständige sachdienliche Fragen richten. [3]Wird eine Frage beanstandet, so entscheidet das Gericht.

§ 84

(1) Für das Recht zur Verweigerung des Zeugnisses und die Pflicht zur Belehrung über das Zeugnisverweigerungsrecht gelten die §§ 101 bis 103 der Abgabenordnung sinngemäß.

(2) Wer als Angehöriger zur Verweigerung des Zeugnisses berechtigt ist, kann die Ableistung des Eides verweigern.

§ 85

[1]Zeugen, die nicht aus dem Gedächtnis aussagen können, haben Dokumente und Geschäftsbücher, die ihnen zur Verfügung stehen, einzusehen und, soweit nötig, Aufzeichnungen daraus zu entnehmen. [2]Die Vorschriften der § 97, §§ 99, 100, 104 der Abgabenordnung gelten sinngemäß.

§ 86

(1) Behörden sind zur Vorlage von Urkunden und Akten, zur Übermittlung elektronischer Dokumente und zu Auskünften verpflichtet, soweit nicht durch das Steuergeheimnis (§ 30 der Abgabenordnung) geschützte Verhältnisse Dritter unbefugt offenbart werden.

(2) [1]Wenn das Bekanntwerden von Urkunden, elektronischer Dokumente oder Akten oder von Auskünften dem Wohle des Bundes oder eines deutschen Landes Nachteile bereiten würde oder wenn die Vorgänge aus anderen Gründen als nach Absatz 1 nach einem Gesetz oder ihrem Wesen nach geheimgehalten werden müssen, kann die zuständige oberste Aufsichtsbehörde die Vorlage von Urkunden oder Akten, die Übermittlung elektronischer Dokumente und die Erteilung der Auskünfte verweigern. [2]Satz 1 gilt in den Fällen des § 88 Absatz 3 Satz 3 und Absatz 5 Satz 4 sowie des § 156 Absatz 2 Satz 3 der Abgabenordnung entsprechend.

(3) [1]Auf Antrag eines Beteiligten stellt der Bundesfinanzhof in den Fällen der Absätze 1 und 2 ohne mündliche Verhandlung durch Beschluss fest, ob die Verweigerung der Vorlage der Urkunden oder Akten, der Übermittlung elektronischer Dokumente oder die Verweigerung der Erteilung von Auskünften rechtmä-

ßig ist. ²Der Antrag ist bei dem für die Hauptsache zuständigen Gericht zu stellen. ³Auf Aufforderung des Bundesfinanzhofs hat die oberste Aufsichtsbehörde die verweigerten Dokumente oder Akten vorzulegen oder zu übermitteln oder ihm die verweigerten Auskünfte zu erteilen. ⁴Sie ist zu diesem Verfahren beizuladen. ⁵Das Verfahren unterliegt den Vorschriften des materiellen Geheimschutzes. ⁶Können diese nicht eingehalten werden oder macht die zuständige oberste Aufsichtsbehörde geltend, dass besondere Gründe der Geheimhaltung oder des Geheimschutzes einer Übergabe oder Übermittlung der Dokumente oder der Akten an den Bundesfinanzhof entgegenstehen, wird die Vorlage nach Satz 3 dadurch bewirkt, dass die Dokumente oder Akten dem Bundesfinanzhof in von der obersten Aufsichtsbehörde bestimmten Räumlichkeiten zur Verfügung gestellt werden. ⁷Für die nach Satz 3 vorgelegten oder übermittelten Dokumente oder Akten und für die gemäß Satz 6 geltend gemachten besonderen Gründe gilt § 78 nicht. ⁸Die Mitglieder des Bundesfinanzhofs sind zur Geheimhaltung verpflichtet; die Entscheidungsgründe dürfen Art und Inhalt der geheim gehaltenen Dokumente oder Akten und Auskünfte nicht erkennen lassen. ⁹Für das nichtrichterliche Personal gelten die Regelungen des personellen Geheimschutzes.

§ 87

Wenn von Behörden, von Verbänden und Vertretungen von Betriebs- oder Berufszweigen, von geschäftlichen oder gewerblichen Unternehmungen, Gesellschaften oder Anstalten Zeugnis begehrt wird, ist das Ersuchen, falls nicht bestimmte Personen als Zeugen in Betracht kommen, an den Vorstand oder an die Geschäfts- oder Betriebsleitung zu richten.

§ 88

Die Beteiligten können Sachverständige auch ablehnen, wenn von deren Heranziehung eine Verletzung eines Geschäfts- oder Betriebsgeheimnisses oder Schaden für ihre geschäftliche Tätigkeit zu befürchten ist.

§ 89

Für die Erzwingung einer gesetzlich vorgeschriebenen Vorlage von Urkunden und elektronischen Dokumenten gelten § 380 der Zivilprozessordnung und § 255 der Abgabenordnung sinngemäß.

§ 90

(1) ¹Das Gericht entscheidet, soweit nichts anderes bestimmt ist, auf Grund mündlicher Verhandlung. ²Entscheidungen des Gerichts, die nicht Urteile sind, können ohne mündliche Verhandlung ergehen.

(2) Mit Einverständnis der Beteiligten kann das Gericht ohne mündliche Verhandlung entscheiden.

§ 90a

(1) Das Gericht kann in geeigneten Fällen ohne mündliche Verhandlung durch Gerichtsbescheid entscheiden.

(2) ¹Die Beteiligten können innerhalb eines Monats nach Zustellung des Gerichtsbescheides mündliche Verhandlung beantragen. ²Hat das Finanzgericht in dem Gerichtsbescheid die Revision zugelassen, können sie auch Revision einlegen. ³Wird von beiden Rechtsbehelfen Gebrauch gemacht, findet mündliche Verhandlung statt.

(3) Der Gerichtsbescheid wirkt als Urteil; wird rechtzeitig mündliche Verhandlung beantragt, gilt er als nicht ergangen.

(4) Wird mündliche Verhandlung beantragt, kann das Gericht in dem Urteil von einer weiteren Darstellung des Tatbestands und der Entscheidungsgründe absehen, soweit es der Begründung des Gerichtsbescheides folgt und dies in seiner Entscheidung feststellt.

§ 91

(1) ¹Sobald der Termin zur mündlichen Verhandlung bestimmt ist, sind die Beteiligten mit einer Ladungsfrist von mindestens zwei Wochen, beim Bundesfinanzhof von mindestens vier Wochen, zu laden. ²In dringenden Fällen kann der Vorsitzende die Frist abkürzen.

(2) Bei der Ladung ist darauf hinzuweisen, dass beim Ausbleiben eines Beteiligten auch ohne ihn verhandelt und entschieden werden kann.

(3) Das Gericht kann Sitzungen auch außerhalb des Gerichtssitzes abhalten, wenn dies zur sachdienlichen Erledigung notwendig ist.

(4) § 227 Abs. 3 Satz 1 der Zivilprozeßordnung ist nicht anzuwenden.

§ 91a

(weggefallen)

§ 92

(1) Der Vorsitzende eröffnet und leitet die mündliche Verhandlung.

(2) Nach Aufruf der Sache trägt der Vorsitzende oder der Berichterstatter den wesentlichen Inhalt der Akten vor.

(3) Hierauf erhalten die Beteiligten das Wort, um ihre Anträge zu stellen und zu begründen.

§ 93

(1) Der Vorsitzende hat die Streitsache mit den Beteiligten tatsächlich und rechtlich zu erörtern.

(2) ¹Der Vorsitzende hat jedem Mitglied des Gerichts auf Verlangen zu gestatten, Fragen zu stellen. ²Wird eine Frage beanstandet, so entscheidet das Gericht.

(3) ¹Nach Erörterung der Streitsache erklärt der Vorsitzende die mündliche Verhandlung für geschlossen. ²Das Gericht kann die Wiedereröffnung beschließen.

§ 93a

(weggefallen)

§ 94

Für das Protokoll gelten die §§ 159 bis 165 der Zivilprozessordnung entsprechend.

§ 94a

¹Das Gericht kann sein Verfahren nach billigem Ermessen bestimmen, wenn der Streitwert bei einer Klage, die eine Geldleistung oder einen hierauf gerichteten Verwaltungsakt betrifft, fünfhundert Euro nicht übersteigt. ²Auf Antrag eines Beteiligten muß mündlich verhandelt werden. ³Das Gericht entscheidet über die Klage durch Urteil; § 76 über den Untersuchungsgrundsatz und § 79a Abs. 2, § 90a über den Gerichtsbescheid bleiben unberührt.

Abschnitt IV - Urteile und andere Entscheidungen

§ 95

Über die Klage wird, soweit nichts anderes bestimmt ist, durch Urteil entschieden.

§ 96

(1) ¹Das Gericht entscheidet nach seiner freien, aus dem Gesamtergebnis des Verfahrens gewonnenen Überzeugung; die §§ 158, 160, 162 der Abgabenordnung gelten sinngemäß. ²Das Gericht darf über das Klagebegehren nicht hinausgehen, ist aber an die Fassung der Anträge nicht gebunden. ³In dem Urteil sind die Gründe anzugeben, die für die richterliche Überzeugung leitend gewesen sind.

(2) Das Urteil darf nur auf Tatsachen und Beweisergebnisse gestützt werden, zu denen die Beteiligten sich äußern konnten.

§ 97

Über die Zulässigkeit der Klage kann durch Zwischenurteil vorab entschieden werden.

§ 98

Ist nur ein Teil des Streitgegenstands zur Entscheidung reif, so kann das Gericht ein Teilurteil erlassen.

§ 99

(1) Ist bei einer Leistungsklage oder einer Anfechtungsklage gegen einen Verwaltungsakt ein Anspruch nach Grund und Betrag strittig, so kann das Gericht durch Zwischenurteil über den Grund vorab entscheiden.

(2) Das Gericht kann durch Zwischenurteil über eine entscheidungserhebliche Sach- oder Rechtsfrage vorab entscheiden, wenn dies sachdienlich ist und nicht der Kläger oder der Beklagte widerspricht.

§ 100

(1) ^{1}Soweit ein angefochtener Verwaltungsakt rechtswidrig und der Kläger dadurch in seinen Rechten verletzt ist, hebt das Gericht den Verwaltungsakt und die etwaige Entscheidung über den außergerichtlichen Rechtsbehelf auf; die Finanzbehörde ist an die rechtliche Beurteilung gebunden, die der Aufhebung zugrunde liegt, an die tatsächliche so weit, als nicht neu bekannt werdende Tatsachen und Beweismittel eine andere Beurteilung rechtfertigen. ^{2}Ist der Verwaltungsakt schon vollzogen, so kann das Gericht auf Antrag auch aussprechen, dass und wie die Finanzbehörde die Vollziehung rückgängig zu machen hat. ^{3}Dieser Ausspruch ist nur zulässig, wenn die Behörde dazu in der Lage und diese Frage spruchreif ist. ^{4}Hat sich der Verwaltungsakt vorher durch Zurücknahme oder anders erledigt, so spricht das Gericht auf Antrag durch Urteil aus, dass der Verwaltungsakt rechtswidrig gewesen ist, wenn der Kläger ein berechtigtes Interesse an dieser Feststellung hat.

(2) ^{1}Begehrt der Kläger die Änderung eines Verwaltungsakts, der einen Geldbetrag festsetzt oder eine darauf bezogene Feststellung trifft, kann das Gericht den Betrag in anderer Höhe festsetzen oder die Feststellung durch eine andere ersetzen. ^{2}Erfordert die Ermittlung des festzusetzenden oder festzustellenden Betrags einen nicht unerheblichen Aufwand, kann das Gericht die Änderung des Verwaltungsakts durch Angabe der zu Unrecht berücksichtigten oder nicht berücksichtigten tatsächlichen oder rechtlichen Verhältnisse so bestimmen, dass die Behörde den Betrag auf Grund der Entscheidung errechnen kann. ^{3}Die Behörde teilt den Beteiligten das Ergebnis der Neuberechnung unverzüglich formlos mit; nach Rechtskraft der Entscheidung ist der Verwaltungsakt mit dem geänderten Inhalt neu bekannt zu geben.

(3) ^{1}Hält das Gericht eine weitere Sachaufklärung für erforderlich, kann es, ohne in der Sache selbst zu entscheiden, den Verwaltungsakt und die Entscheidung über den außergerichtlichen Rechtsbehelf aufheben, soweit nach Art oder Umfang die noch erforderlichen Ermittlungen erheblich sind und die Aufhebung auch unter Berücksichtigung der Belange der Beteiligten sachdienlich ist. ^{2}Satz 1 gilt nicht, soweit der Steuerpflichtige seiner Erklärungspflicht nicht nachgekommen ist und deshalb die Besteuerungsgrundlagen geschätzt worden sind. ^{3}Auf Antrag kann das Gericht bis zum Erlass des neuen Verwaltungsakts eine

einstweilige Regelung treffen, insbesondere bestimmen, dass Sicherheiten geleistet werden oder ganz oder zum Teil bestehen bleiben und Leistungen zunächst nicht zurückgewährt werden müssen. ⁴Der Beschluss kann jederzeit geändert oder aufgehoben werden. ⁵Eine Entscheidung nach Satz 1 kann nur binnen sechs Monaten seit Eingang der Akten der Behörde bei Gericht ergehen.

(4) Kann neben der Aufhebung eines Verwaltungsakts eine Leistung verlangt werden, so ist im gleichen Verfahren auch die Verurteilung zur Leistung zulässig.

§ 101

¹Soweit die Ablehnung oder Unterlassung eines Verwaltungsakts rechtswidrig und der Kläger dadurch in seinen Rechten verletzt ist, spricht das Gericht die Verpflichtung der Finanzbehörde aus, den begehrten Verwaltungsakt zu erlassen, wenn die Sache spruchreif ist. ²Andernfalls spricht es die Verpflichtung aus, den Kläger unter Beachtung der Rechtsauffassung des Gerichts zu bescheiden.

§ 102

¹Soweit die Finanzbehörde ermächtigt ist, nach ihrem Ermessen zu handeln oder zu entscheiden, prüft das Gericht auch, ob der Verwaltungsakt oder die Ablehnung oder Unterlassung des Verwaltungsakts rechtswidrig ist, weil die gesetzlichen Grenzen des Ermessens überschritten sind oder von dem Ermessen in einer dem Zweck der Ermächtigung nicht entsprechenden Weise Gebrauch gemacht ist. ²Die Finanzbehörde kann ihre Ermessenserwägungen hinsichtlich des Verwaltungsaktes bis zum Abschluss der Tatsacheninstanz eines finanzgerichtlichen Verfahrens ergänzen.

§ 103

Das Urteil kann nur von den Richtern und ehrenamtlichen Richtern gefällt werden, die an der dem Urteil zugrunde liegenden Verhandlung teilgenommen haben.

§ 104

(1) ¹Das Urteil wird, wenn eine mündliche Verhandlung stattgefunden hat, in der Regel in dem Termin, in dem die mündliche Verhandlung geschlossen wird, verkündet, in besonderen Fällen in einem sofort anzuberaumenden Termin, der nicht über zwei Wochen hinaus angesetzt werden soll. ²Das Urteil wird durch Verlesung der Formel verkündet; es ist den Beteiligten zuzustellen. ³Der Vorsitzende kann den Beteiligten, ihren Bevollmächtigten und Beiständen gestatten, an der Urteilsverkündung per Bild- und Tonübertragung teilzunehmen.

(2) Statt der Verkündung ist die Zustellung des Urteils zulässig; dann ist das Urteil binnen zwei Wochen nach der mündlichen Verhandlung der Geschäftsstelle zu übermitteln.

(3) Entscheidet das Gericht ohne mündliche Verhandlung, so wird die Verkündung durch Zustellung an die Beteiligten ersetzt.

§ 105

(1) ¹Das Urteil ergeht im Namen des Volkes. ²Es ist schriftlich abzufassen und von den Richtern, die bei der Entscheidung mitgewirkt haben, zu unterzeichnen. ³Ist ein Richter verhindert, seine Unterschrift beizufügen, so wird dies mit dem Hinderungsgrund vom Vorsitzenden oder, wenn er verhindert ist, vom dienstältesten beisitzenden Richter unter dem Urteil vermerkt. ⁴Der Unterschrift der ehrenamtlichen Richter bedarf es nicht.

(2) Das Urteil enthält

1. die Bezeichnung der Beteiligten, ihrer gesetzlichen Vertreter und der Bevollmächtigten nach Namen, Beruf, Wohnort und ihrer Stellung im Verfahren,
2. die Bezeichnung des Gerichts und die Namen der Mitglieder, die bei der Entscheidung mitgewirkt haben,
3. die Urteilsformel,
4. den Tatbestand,
5. die Entscheidungsgründe,
6. die Rechtsmittelbelehrung.

(3) ¹Im Tatbestand ist der Sach- und Streitstand unter Hervorhebung der gestellten Anträge seinem wesentlichen Inhalt nach gedrängt darzustellen. ²Wegen der Einzelheiten soll auf Schriftsätze, Protokolle und andere Unterlagen verwiesen werden, soweit sich aus ihnen der Sach- und Streitstand ausreichend ergibt.

(4) ¹Ein Urteil, das bei der Verkündung noch nicht vollständig abgefasst war, ist vor Ablauf von zwei Wochen, vom Tag der Verkündung an gerechnet, vollständig abgefasst der Geschäftsstelle zu übermitteln. ²Kann dies ausnahmsweise nicht geschehen, so ist innerhalb dieser zwei Wochen das von den Richtern unterschriebene Urteil ohne Tatbestand, Entscheidungsgründe und Rechtsmittelbelehrung der Geschäftsstelle zu übermitteln. ³Tatbestand, Entscheidungsgründe und Rechtsmittelbelehrung sind alsbald nachträglich niederzulegen, von den Richtern besonders zu unterschreiben und der Geschäftsstelle zu übermitteln.

(5) Das Gericht kann von einer weiteren Darstellung der Entscheidungsgründe absehen, soweit es der Begründung des Verwaltungsakts oder der Entscheidung über den außergerichtlichen Rechtsbehelf folgt und dies in seiner Entscheidung feststellt.

(6) ¹Der Urkundsbeamte der Geschäftsstelle hat auf dem Urteil den Tag der Zustellung und im Fall des § 104 Abs. 1 Satz 1 den Tag der Verkündung zu vermerken und diesen Vermerk zu unterschreiben. ²Werden die Akten elektronisch geführt, hat der Urkundsbeamte der Geschäftsstelle den Vermerk in einem gesonderten Dokument festzuhalten. ³Das Dokument ist mit dem Urteil untrennbar zu verbinden.

§ 106

Die §§ 104 und 105 gelten für Gerichtsbescheide sinngemäß.

§ 107

(1) Schreibfehler, Rechenfehler und ähnliche offenbare Unrichtigkeiten im Urteil sind jederzeit vom Gericht zu berichtigen.

(2) ¹Über die Berichtigung kann ohne mündliche Verhandlung entschieden werden. ²Der Berichtigungsbeschluss wird auf dem Urteil und den Ausfertigungen vermerkt. ³Ist das Urteil elektronisch abgefasst, ist auch der Beschluss elektronisch abzufassen und mit dem Urteil untrennbar zu verbinden.

§ 108

(1) Enthält der Tatbestand des Urteils andere Unrichtigkeiten oder Unklarheiten, so kann die Berichtigung binnen zwei Wochen nach Zustellung des Urteils beantragt werden.

(2) ¹Das Gericht entscheidet ohne Beweisaufnahme durch Beschluss. ²Der Beschluss ist unanfechtbar. ³Bei der Entscheidung wirken nur die Richter mit, die beim Urteil mitgewirkt haben. ⁴Ist ein Richter verhindert, so gibt bei Stimmengleichheit die Stimme des Vorsitzenden den Ausschlag. ⁵Der Berichtigungsbeschluss wird auf dem Urteil und den Ausfertigungen vermerkt. ⁶Ist das Urteil elektronisch abgefasst, ist auch der Beschluss elektronisch abzufassen und mit dem Urteil untrennbar zu verbinden.

§ 109

(1) Wenn ein nach dem Tatbestand von einem Beteiligten gestellter Antrag oder die Kostenfolge bei der Entscheidung ganz oder zum Teil übergangen ist, so ist auf Antrag das Urteil durch nachträgliche Entscheidung zu ergänzen.

(2) ¹Die Entscheidung muss binnen zwei Wochen nach Zustellung des Urteils beantragt werden. ²Die mündliche Verhandlung hat nur den nicht erledigten Teil des Rechtsstreits zum Gegenstand. ³Von der Durchführung einer mündlichen Verhandlung kann abgesehen werden, wenn mit der Ergänzung des Urteils nur über einen Nebenanspruch oder über die Kosten entschieden werden soll und wenn die Bedeutung der Sache keine mündliche Verhandlung erfordert.

§ 110

(1) ¹Rechtskräftige Urteile binden, soweit über den Streitgegenstand entschieden worden ist,

1. die Beteiligten und ihre Rechtsnachfolger,
2. in den Fällen des § 48 Abs. 1 Nr. 1 die nicht klageberechtigten Gesellschafter oder Gemeinschafter und
3. im Fall des § 60a die Personen, die einen Antrag auf Beiladung nicht oder nicht fristgemäß gestellt haben.

²Die gegen eine Finanzbehörde ergangenen Urteile wirken auch gegenüber der öffentlich-rechtlichen Körperschaft, der die beteiligte Finanzbehörde angehört.

(2) Die Vorschriften der Abgabenordnung und anderer Steuergesetze über die Rücknahme, Widerruf, Aufhebung und Änderung von Verwaltungsakten sowie über die Nachforderung von Steuern bleiben unberührt, soweit sich aus Absatz 1 Satz 1 nichts anderes ergibt.

§§ 111 und 112

(weggefallen)

§ 113

(1) Für Beschlüsse gelten § 96 Abs. 1 Satz 1 und 2, § 105 Abs. 2 Nr. 6, §§ 107 bis 109 sinngemäß.

(2) ¹Beschlüsse sind zu begründen, wenn sie durch Rechtsmittel angefochten werden können oder über einen Rechtsbehelf entscheiden. ²Beschlüsse über die Aussetzung der Vollziehung (§ 69 Abs. 3 und 5) und über einstweilige Anordnungen (§ 114 Abs. 1), Beschlüsse nach Erledigung des Rechtsstreits in der Hauptsache (§ 138) sowie Beschlüsse, in denen ein Antrag auf Bewilligung von Prozesskostenhilfe zurückgewiesen wird (§ 142), sind stets zu begründen. ³Beschlüsse, die über ein Rechtsmittel entscheiden, bedürfen keiner weiteren Begründung, soweit das Gericht das Rechtsmittel aus den Gründen der angefochtenen Entscheidung als unbegründet zurückweist.

§ 114

(1) ¹Auf Antrag kann das Gericht, auch schon vor Klageerhebung, eine einstweilige Anordnung in Bezug auf den Streitgegenstand treffen, wenn die Gefahr besteht, dass durch eine Veränderung des bestehenden Zustands die Verwirklichung eines Rechts des Antragstellers vereitelt oder wesentlich erschwert werden könnte. ²Einstweilige Anordnungen sind auch zur Regelung eines vorläufigen Zustands in Bezug auf ein streitiges Rechtsverhältnis zulässig, wenn diese Regelung, vor allem bei dauernden Rechtsverhältnissen, um wesentliche Nachteile abzuwenden oder drohende Gewalt zu verhindern oder aus anderen Gründen nötig erscheint.

(2) ¹Für den Erlass einstweiliger Anordnungen ist das Gericht der Hauptsache zuständig. ²Dies ist das Gericht des ersten Rechtszugs. ³In dringenden Fällen kann der Vorsitzende entscheiden.

(3) Für den Erlass einstweiliger Anordnungen gelten die §§ 920, 921, 923, 926, 928 bis 932, 938, 939, 941 und 945 der Zivilprozessordnung sinngemäß.

(4) Das Gericht entscheidet durch Beschluss.

(5) Die Vorschriften der Absätze 1 bis 3 gelten nicht für die Fälle des § 69.

Abschnitt V - Rechtsmittel und Wiederaufnahme des Verfahrens

Unterabschnitt 1 - Revision

§ 115

(1) Gegen das Urteil des Finanzgerichts (§ 36 Nr. 1) steht den Beteiligten die Revision an den Bundesfinanzhof zu, wenn das Finanzgericht oder auf Beschwerde gegen die Nichtzulassung der Bundesfinanzhof sie zugelassen hat.

(2) Die Revision ist nur zuzulassen, wenn
1. die Rechtssache grundsätzliche Bedeutung hat,
2. die Fortbildung des Rechts oder die Sicherung einer einheitlichen Rechtsprechung eine Entscheidung des Bundesfinanzhofs erfordert oder
3. ein Verfahrensmangel geltend gemacht wird und vorliegt, auf dem die Entscheidung beruhen kann.

(3) Der Bundesfinanzhof ist an die Zulassung gebunden.

§ 116

(1) Die Nichtzulassung der Revision kann durch Beschwerde angefochten werden.

(2) ¹Die Beschwerde ist innerhalb eines Monats nach Zustellung des vollständigen Urteils bei dem Bundesfinanzhof einzulegen. ²Sie muss das angefochtene Urteil bezeichnen. ³Der Beschwerdeschrift soll eine Ausfertigung oder Abschrift des Urteils, gegen das Revision eingelegt werden soll, beigefügt werden. ⁴Satz 3 gilt nicht im Falle der elektronischen Beschwerdeeinlegung.

(3) ¹Die Beschwerde ist innerhalb von zwei Monaten nach der Zustellung des vollständigen Urteils zu begründen. ²Die Begründung ist bei dem Bundesfinanzhof einzureichen. ³In der Begründung müssen die Voraussetzungen des § 115 Abs. 2 dargelegt werden. ⁴Die Begründungsfrist kann von dem Vorsitzenden auf einen vor ihrem Ablauf gestellten Antrag um einen weiteren Monat verlängert werden.

(4) Die Einlegung der Beschwerde hemmt die Rechtskraft des Urteils.

(5) ¹Der Bundesfinanzhof entscheidet über die Beschwerde durch Beschluss. ²Der Beschluss soll kurz begründet werden; von einer Begründung kann abgesehen werden, wenn sie nicht geeignet ist, zur Klärung der Voraussetzungen beizutragen, unter denen eine Revision zuzulassen ist, oder wenn der Beschwerde stattgegeben wird. ³Mit der Ablehnung der Beschwerde durch den Bundesfinanzhof wird das Urteil rechtskräftig.

(6) Liegen die Voraussetzungen des § 115 Abs. 2 Nr. 3 vor, kann der Bundesfinanzhof in dem Beschluss das angefochtene Urteil aufheben und den Rechtsstreit zur anderweitigen Verhandlung und Entscheidung zurückverweisen.

(7) ¹Wird der Beschwerde gegen die Nichtzulassung der Revision stattgegeben, so wird das Beschwerdeverfahren als Revisionsverfahren fortgesetzt, wenn nicht der Bundesfinanzhof das angefochtene Urteil nach Absatz 6 aufhebt; der Einlegung einer Revision durch den Beschwerdeführer bedarf es nicht. ²Mit der Zustellung der Entscheidung beginnt für den Beschwerdeführer die Revisionsbegründungsfrist, für die übrigen Beteiligten die Revisions- und die Revisionsbegründungsfrist. ³Auf Satz 1 und 2 ist in dem Beschluss hinzuweisen.

§ 117

(weggefallen)

§ 118

(1) ¹Die Revision kann nur darauf gestützt werden, dass das angefochtene Urteil auf der Verletzung von Bundesrecht beruhe. ²Soweit im Fall des § 33 Abs. 1 Nr. 4 die Vorschriften dieses Unterabschnitts durch Landesgesetz für anwendbar erklärt werden, kann die Revision auch darauf gestützt werden, dass das angefochtene Urteil auf der Verletzung von Landesrecht beruhe.

(2) Der Bundesfinanzhof ist an die in dem angefochtenen Urteil getroffenen tatsächlichen Feststellungen gebunden, es sei denn, dass in bezug auf diese Feststellungen zulässige und begründete Revisionsgründe vorgebracht sind.

(3) ¹Wird die Revision auf Verfahrensmängel gestützt und liegt nicht zugleich eine der Voraussetzungen des § 115 Abs. 2 Nr. 1 und 2 vor, so ist nur über die geltend gemachten Verfahrensmängel zu entscheiden. ²Im Übrigen ist der Bundesfinanzhof an die geltend gemachten Revisionsgründe nicht gebunden.

§ 119

Ein Urteil ist stets als auf der Verletzung von Bundesrecht beruhend anzusehen, wenn

1. das erkennende Gericht nicht vorschriftsmäßig besetzt war,

2. bei der Entscheidung ein Richter mitgewirkt hat, der von der Ausübung des Richteramts kraft Gesetzes ausgeschlossen oder wegen Besorgnis der Befangenheit mit Erfolg abgelehnt war,

3. einem Beteiligten das rechtliche Gehör versagt war,

4. ein Beteiligter im Verfahren nicht nach Vorschrift des Gesetzes vertreten war, außer wenn er der Prozeßführung ausdrücklich oder stillschweigend zugestimmt hat,

5. das Urteil auf eine mündliche Verhandlung ergangen ist, bei der die Vorschriften über die Öffentlichkeit des Verfahrens verletzt worden sind, oder

6. die Entscheidung nicht mit Gründen versehen ist.

§ 120

(1) ¹Die Revision ist bei dem Bundesfinanzhof innerhalb eines Monats nach Zustellung des vollständigen Urteils schriftlich einzulegen. ²Die Revision muss das angefochtene Urteil bezeichnen. ³Eine Ausfertigung oder Abschrift des Urteils soll beigefügt werden, sofern dies nicht schon nach § 116 Abs. 2 Satz 3 geschehen ist. ⁴Satz 3 gilt nicht im Falle der elektronischen Revisionseinlegung.

(2) ¹Die Revision ist innerhalb von zwei Monaten nach Zustellung des vollständigen Urteils zu begründen; im Fall des § 116 Abs. 7 beträgt die Begründungsfrist für den Beschwerdeführer einen Monat nach Zustellung des Beschlusses über die Zulassung der Revision. ²Die Begründung ist bei dem Bundesfinanzhof einzureichen. ³Die Frist kann auf einen vor ihrem Ablauf gestellten Antrag von dem Vorsitzenden verlängert werden.

(3) Die Begründung muss enthalten:

1. die Erklärung, inwieweit das Urteil angefochten und dessen Aufhebung beantragt wird (Revisionsanträge);

2. die Angabe der Revisionsgründe, und zwar

    a) die bestimmte Bezeichnung der Umstände, aus denen sich die Rechtsverletzung ergibt;

    b) soweit die Revision darauf gestützt wird, dass das Gesetz in Bezug auf das Verfahren verletzt sei, die Bezeichnung der Tatsachen, die den Mangel ergeben.

§ 121

¹Für das Revisionsverfahren gelten die Vorschriften über das Verfahren im ersten Rechtszug und die Vorschriften über Urteile und andere Entscheidungen entsprechend, soweit sich aus den Vorschriften über die Revision nichts anderes ergibt. ²§ 79a über die Entscheidung durch den vorbereitenden Richter und § 94a über das Verfahren nach billigem Ermessen sind nicht anzuwenden. ³Erklärungen und Beweismittel, die das Finanzgericht nach § 79b zu Recht zurückgewiesen hat, bleiben auch im Revisionsverfahren ausgeschlossen.

§ 122

(1) Beteiligter am Verfahren über die Revision ist, wer am Verfahren über die Klage beteiligt war.

(2) ¹Betrifft das Verfahren eine auf Bundesrecht beruhende Abgabe oder eine Rechtsstreitigkeit über Bundesrecht, so kann das Bundesministerium der Finanzen dem Verfahren beitreten. ²Betrifft das Verfahren eine von den Landesfinanzbehörden verwaltete Abgabe oder eine Rechtsstreitigkeit über Landesrecht, so steht dieses Recht auch der zuständigen obersten Landesbehörde zu. ³Der Senat kann die zuständigen Stellen zum Beitritt auffordern. ⁴Mit ihrem Beitritt erlangt die Behörde die Rechtsstellung eines Beteiligten.

§ 123

(1) ¹Klageänderungen und Beiladungen sind im Revisionsverfahren unzulässig. ²Das gilt nicht für Beiladungen nach § 60 Abs. 3 Satz 1.

(2) ¹Ein im Revisionsverfahren nach § 60 Abs. 3 Satz 1 Beigeladener kann Verfahrensmängel nur innerhalb von zwei Monaten nach Zustellung des Beiladungsbeschlusses rügen. ²Die Frist kann auf einen vor ihrem Ablauf gestellten Antrag von dem Vorsitzenden verlängert werden.

§ 124

(1) ¹Der Bundesfinanzhof prüft, ob die Revision statthaft und ob sie in der gesetzlichen Form und Frist eingelegt und begründet worden ist. ²Mangelt es an einem dieser Erfordernisse, so ist die Revision unzulässig.

(2) Der Beurteilung der Revision unterliegen auch diejenigen Entscheidungen, die dem Endurteil vorausgegangen sind, sofern sie nicht nach den Vorschriften dieses Gesetzes unanfechtbar sind.

§ 125

(1) ¹Die Revision kann bis zur Rechtskraft des Urteils zurückgenommen werden. ²Nach Schluss der mündlichen Verhandlung, bei Verzicht auf die mündliche Verhandlung und nach Ergehen eines Gerichtsbescheides ist die Rücknahme nur mit Einwilligung des Revisionsbeklagten möglich.

(2) Die Zurücknahme bewirkt den Verlust des eingelegten Rechtsmittels.

§ 126

(1) Ist die Revision unzulässig, so verwirft der Bundesfinanzhof sie durch Beschluss.

(2) Ist die Revision unbegründet, so weist der Bundesfinanzhof sie zurück.

(3) ¹Ist die Revision begründet, so kann der Bundesfinanzhof

1. in der Sache selbst entscheiden oder
2. das angefochtene Urteil aufheben und die Sache zur anderweitigen Verhandlung und Entscheidung zurückverweisen.

²Der Bundesfinanzhof verweist den Rechtsstreit zurück, wenn der in dem Revisionsverfahren nach § 123 Abs. 1 Satz 2 Beigeladene ein berechtigtes Interesse daran hat.

(4) Ergeben die Entscheidungsgründe zwar eine Verletzung des bestehenden Rechts, stellt sich die Entscheidung selbst aber aus anderen Gründen als richtig dar, so ist die Revision zurückzuweisen.

(5) Das Gericht, an das die Sache zur anderweitigen Verhandlung und Entscheidung zurückverwiesen ist, hat seiner Entscheidung die rechtliche Beurteilung des Bundesfinanzhofs zugrunde zu legen.

(6) ¹Die Entscheidung über die Revision bedarf keiner Begründung, soweit der Bundesfinanzhof Rügen von Verfahrensmängeln nicht für durchgreifend erachtet. ²Das gilt nicht für Rügen nach § 119 und, wenn mit der Revision ausschließlich Verfahrensmängel geltend gemacht werden, für Rügen, auf denen die Zulassung der Revision beruht.

§ 126a

¹Der Bundesfinanzhof kann über die Revision in der Besetzung von fünf Richtern durch Beschluss entscheiden, wenn er einstimmig die Revision für unbegründet und eine mündliche Verhandlung nicht für erforderlich hält. ²Die Beteiligten sind vorher zu hören. ³Der Beschluss soll eine kurze Begründung enthalten; dabei sind die Voraussetzungen dieses Verfahrens festzustellen. ⁴§ 126 Abs. 6 gilt entsprechend.

§ 127

Ist während des Revisionsverfahrens ein neuer oder geänderter Verwaltungsakt Gegenstand des Verfahrens geworden (§§ 68, 123 Satz 2), so kann der Bundesfinanzhof das angefochtene Urteil aufheben und die Sache zur anderweitigen Verhandlung und Entscheidung an das Finanzgericht zurückverweisen.

Unterabschnitt 2 - Beschwerde, Erinnerung, Anhörungsrüge

§ 128

(1) Gegen die Entscheidungen des Finanzgerichts, des Vorsitzenden oder des Berichterstatters, die nicht Urteile oder Gerichtsbescheide sind, steht den Beteiligten und den sonst von der Entscheidung Betroffenen die Beschwerde an den Bundesfinanzhof zu, soweit nicht in diesem Gesetz etwas anderes bestimmt ist.

(2) Prozessleitende Verfügungen, Aufklärungsanordnungen, Beschlüsse über die Vertagung oder die Bestimmung einer Frist, Beweisbeschlüsse, Beschlüsse über die Ablehnung von Beweisanträgen, über Verbindung und Trennung von Verfahren und Ansprüchen und über die Ablehnung von Gerichtspersonen, Sachverständigen und Dolmetschern, Einstellungsbeschlüsse nach Klagerücknahme sowie Beschlüsse im Verfahren der Prozesskostenhilfe können nicht mit der Beschwerde angefochten werden.

(3) ¹Gegen die Entscheidung über die Aussetzung der Vollziehung nach § 69 Abs. 3 und 5 und über einstweilige Anordnungen nach § 114 Abs. 1 steht den Beteiligten die Beschwerde nur zu, wenn sie in der Entscheidung zugelassen worden ist. ²Für die Zulassung gilt § 115 Abs. 2 entsprechend.

(4) ¹In Streitigkeiten über Kosten ist die Beschwerde nicht gegeben. Das gilt nicht für die Beschwerde gegen die Nichtzulassung der Revision.

§ 129

(1) Die Beschwerde ist beim Finanzgericht schriftlich oder zu Protokoll des Urkundsbeamten der Geschäftsstelle innerhalb von zwei Wochen nach Bekanntgabe der Entscheidung einzulegen.

(2) Die Beschwerdefrist ist auch gewahrt, wenn die Beschwerde innerhalb der Frist beim Bundesfinanzhof eingeht.

§ 130

(1) Hält das Finanzgericht, der Vorsitzende oder der Berichterstatter, dessen Entscheidung angefochten wird, die Beschwerde für begründet, so ist ihr abzuhelfen; sonst ist sie unverzüglich dem Bundesfinanzhof vorzulegen.

(2) Das Finanzgericht soll die Beteiligten von der Vorlage der Beschwerde in Kenntnis setzen.

§ 131

(1) ¹Die Beschwerde hat nur dann aufschiebende Wirkung, wenn sie die Festsetzung eines Ordnungs- oder Zwangsmittels zum Gegenstand hat. ²Das Finanzgericht, der Vorsitzende oder der Berichterstatter, dessen Entscheidung angefochten wird, kann auch sonst bestimmen, dass die Vollziehung der angefochtenen Entscheidung einstweilen auszusetzen ist.

(2) Die §§ 178 und 181 Abs. 2 des Gerichtsverfassungsgesetzes bleiben unberührt.

§ 132

Über die Beschwerde entscheidet der Bundesfinanzhof durch Beschluss.

§ 133

(1) ¹Gegen die Entscheidung des beauftragten oder ersuchten Richters oder des Urkundsbeamten kann innerhalb von zwei Wochen nach Bekanntgabe die Entscheidung des Finanzgerichts beantragt werden. ²Der Antrag ist schriftlich oder zu Protokoll des Urkundsbeamten der Geschäftsstelle des Gerichts zu stellen. ³Die §§ 129 bis 131 gelten sinngemäß.

(2) Im Verfahren vor dem Bundesfinanzhof gilt Absatz 1 für Entscheidungen des beauftragten oder ersuchten Richters oder des Urkundsbeamten der Geschäftsstelle sinngemäß.

§ 133a

(1) ¹Auf die Rüge eines durch eine gerichtliche Entscheidung beschwerten Beteiligten ist das Verfahren fortzuführen, wenn

1. ein Rechtsmittel oder ein anderer Rechtsbehelf gegen die Entscheidung nicht gegeben ist und

2. das Gericht den Anspruch dieses Beteiligten auf rechtliches Gehör in entscheidungserheblicher Weise verletzt hat.

²Gegen eine der Endentscheidung vorausgehende Entscheidung findet die Rüge nicht statt.

(2) ¹Die Rüge ist innerhalb von zwei Wochen nach Kenntnis von der Verletzung des rechtlichen Gehörs zu erheben; der Zeitpunkt der Kenntniserlangung ist glaubhaft zu machen. ²Nach Ablauf eines Jahres seit Bekanntgabe der angegriffenen Entscheidung kann die Rüge nicht mehr erhoben werden. ³Formlos mitgeteilte Entscheidungen gelten mit dem vierten Tage nach Aufgabe zur Post als bekannt gegeben. ⁴Die Rüge ist schriftlich oder zu Protokoll des Urkundsbeamten der Geschäftsstelle bei dem Gericht zu erheben, dessen Entscheidung angegriffen wird. ⁵Die Rüge muss die angegriffene Entscheidung bezeichnen und das Vorliegen der in Absatz 1 Satz 1 Nr. 2 genannten Voraussetzungen darlegen.

(3) Den übrigen Beteiligten ist, soweit erforderlich, Gelegenheit zur Stellungnahme zu geben.

(4) ¹Ist die Rüge nicht statthaft oder nicht in der gesetzlichen Form oder Frist erhoben, so ist sie als unzulässig zu verwerfen. ²Ist die Rüge unbegründet, weist das Gericht sie zurück. ³Die Entscheidung ergeht durch unanfechtbaren Beschluss. ⁴Der Beschluss soll kurz begründet werden.

(5) ¹Ist die Rüge begründet, so hilft ihr das Gericht ab, indem es das Verfahren fortführt, soweit dies aufgrund der Rüge geboten ist. ²Das Verfahren wird in die Lage zurückversetzt, in der es sich vor dem Schluss der mündlichen Verhandlung befand. ³In schriftlichen Verfahren tritt an die Stelle des Schlusses der mündlichen Verhandlung der Zeitpunkt, bis zu dem Schriftsätze eingereicht werden können. ⁴Für den Ausspruch des Gerichts ist § 343 der Zivilprozessordnung entsprechend anzuwenden.

(6) § 131 Abs. 1 Satz 2 ist entsprechend anzuwenden.

Unterabschnitt 3 - Wiederaufnahme des Verfahrens

§ 134

Ein rechtskräftig beendetes Verfahren kann nach den Vorschriften des Vierten Buchs der Zivilprozessordnung wiederaufgenommen werden.

Dritter Teil - Kosten und Vollstreckung

Abschnitt I - Kosten

§ 135

(1) Der unterliegende Beteiligte trägt die Kosten des Verfahrens.

(2) Die Kosten eines ohne Erfolg eingelegten Rechtsmittels fallen demjenigen zur Last, der das Rechtsmittel eingelegt hat.

(3) Dem Beigeladenen können Kosten nur auferlegt werden, soweit er Anträge gestellt oder Rechtsmittel eingelegt hat.

(4) Die Kosten des erfolgreichen Wiederaufnahmeverfahrens können der Staatskasse auferlegt werden, soweit sie nicht durch das Verschulden eines Beteiligten entstanden sind.

(5) ¹Besteht der kostenpflichtige Teil aus mehreren Personen, so haften diese nach Kopfteilen. ²Bei erheblicher Verschiedenheit ihrer Beteiligung kann nach Ermessen des Gerichts die Beteiligung zum Maßstab genommen werden.

§ 136

(1) ¹Wenn ein Beteiligter teils obsiegt, teils unterliegt, so sind die Kosten gegeneinander aufzuheben oder verhältnismäßig zu teilen. ²Sind die Kosten gegeneinander aufgehoben, so fallen die Gerichtskosten jedem Teil zur Hälfte zur Last. ³Einem Beteiligten können die Kosten ganz auferlegt werden, wenn der andere nur zu einem geringen Teil unterlegen ist.

(2) Wer einen Antrag, eine Klage, ein Rechtsmittel oder einen anderen Rechtsbehelf zurücknimmt, hat die Kosten zu tragen.

(3) Kosten, die durch einen Antrag auf Wiedereinsetzung in den vorigen Stand entstehen, fallen dem Antragsteller zur Last.

§ 137

¹Einem Beteiligten können die Kosten ganz oder teilweise auch dann auferlegt werden, wenn er obsiegt hat, die Entscheidung aber auf Tatsachen beruht, die er früher hätte geltend machen oder beweisen können und sollen. ²Kosten, die durch Verschulden eines Beteiligten entstanden sind, können diesem auferlegt werden. ³Berücksichtigt das Gericht nach § 76 Abs. 3 Erklärungen und Beweismittel, die im Einspruchsverfahren nach § 364b der Abgabenordnung rechtmäßig zurückgewiesen wurden, sind dem Kläger insoweit die Kosten aufzuerlegen.

§ 138

(1) Ist der Rechtsstreit in der Hauptsache erledigt, so entscheidet das Gericht nach billigem Ermessen über die Kosten des Verfahrens durch Beschluss; der bisherige Sach- und Streitstand ist zu berücksichtigen.

(2) ¹Soweit ein Rechtsstreit dadurch erledigt wird, dass dem Antrag des Steuerpflichtigen durch Rücknahme oder Änderung des angefochtenen Verwaltungsakts stattgegeben oder dass im Fall der Untätigkeitsklage gemäß § 46 Abs. 1 Satz 3 Halbsatz 2 innerhalb der gesetzten Frist dem außergerichtlichen Rechtsbehelf stattgegeben oder der beantragte Verwaltungsakt erlassen wird, sind die Kosten der Behörde aufzuerlegen. ²§ 137 gilt sinngemäß.

(3) Der Rechtsstreit ist auch in der Hauptsache erledigt, wenn der Beklagte der Erledigungserklärung des Klägers nicht innerhalb von zwei Wochen seit Zustellung des die Erledigungserklärung enthaltenden Schriftsatzes widerspricht und er vom Gericht auf diese Folge hingewiesen worden ist.

§ 139

(1) Kosten sind die Gerichtskosten (Gebühren und Auslagen) und die zur zweckentsprechenden Rechtsverfolgung oder Rechtsverteidigung notwendigen Aufwendungen der Beteiligten einschließlich der Kosten des Vorverfahrens.

(2) Die Aufwendungen der Finanzbehörden sind nicht zu erstatten.

(3) ¹Gesetzlich vorgesehene Gebühren und Auslagen eines Bevollmächtigten oder Beistands, der nach den Vorschriften des Steuerberatungsgesetzes zur geschäftsmäßigen Hilfeleistung in Steuersachen befugt ist, sind stets erstattungsfähig. ²Aufwendungen für einen Bevollmächtigten oder Beistand, für den Gebühren und Auslagen gesetzlich nicht vorgesehen sind, können bis zur Höhe der gesetzlichen Gebühren und Auslagen der Rechtsanwälte erstattet werden. ³Soweit ein Vorverfahren geschwebt hat, sind die Gebühren und Auslagen erstattungsfähig, wenn das Gericht die Zuziehung eines Bevollmächtigten oder Beistands für das Vorverfahren für notwendig erklärt. ⁴Steht der Bevollmächtigte oder Beistand in einem Angestelltenverhältnis zu einem Beteiligten, so werden die durch seine Zuziehung entstandenen Gebühren nicht erstattet.

(4) Die außergerichtlichen Kosten des Beigeladenen sind nur erstattungsfähig, wenn das Gericht sie aus Billigkeit der unterliegenden Partei oder der Staatskasse auferlegt.

§§ 140 und 141

(weggefallen)

§ 142

(1) Die Vorschriften der Zivilprozessordnung über die Prozesskostenhilfe gelten sinngemäß.

(2) ¹Einem Beteiligten, dem Prozesskostenhilfe bewilligt worden ist, kann auch ein Steuerberater, Steuerbevollmächtigter, Wirtschaftsprüfer oder vereidigter Buchprüfer beigeordnet werden. ²Die Vergütung richtet sich nach den für den beigeordneten Rechtsanwalt geltenden Vorschriften des Rechtsanwaltsvergütungsgesetzes.

(3) ¹Die Prüfung der persönlichen und wirtschaftlichen Verhältnisse nach den §§ 114 bis 116 der Zivilprozessordnung einschließlich der in § 118 Absatz 2 der Zivilprozessordnung bezeichneten Maßnahmen und der Entscheidungen nach § 118 Absatz 2 Satz 4 der Zivilprozessordnung obliegt dem Urkundsbeamten der Geschäftsstelle des jeweiligen Rechtszugs, wenn der Vorsitzende ihm das Verfahren insoweit überträgt. ²Liegen die Voraussetzungen für die Bewilligung der

Prozesskostenhilfe hiernach nicht vor, erlässt der Urkundsbeamte die den Antrag ablehnende Entscheidung; anderenfalls vermerkt der Urkundsbeamte in den Prozessakten, dass dem Antragsteller nach seinen persönlichen und wirtschaftlichen Verhältnissen Prozesskostenhilfe gewährt werden kann und in welcher Höhe gegebenenfalls Monatsraten oder Beträge aus dem Vermögen zu zahlen sind.

(4) Dem Urkundsbeamten obliegen im Verfahren über die Prozesskostenhilfe ferner die Bestimmung des Zeitpunkts für die Einstellung und eine Wiederaufnahme der Zahlungen nach § 120 Absatz 3 der Zivilprozessordnung sowie die Änderung und die Aufhebung der Bewilligung der Prozesskostenhilfe nach den §§ 120a und 124 Absatz 1 Nummer 2 bis 5 der Zivilprozessordnung.

(5) ¹Der Vorsitzende kann Aufgaben nach den Absätzen 3 und 4 zu jedem Zeitpunkt an sich ziehen. ²§ 5 Absatz 1 Nummer 1, die §§ 6, 7, 8 Absatz 1 bis 4 und § 9 des Rechtspflegergesetzes gelten entsprechend mit der Maßgabe, dass an die Stelle des Rechtspflegers der Urkundsbeamte der Geschäftsstelle tritt.

(6) § 79a Absatz 4 gilt entsprechend.

(7) ¹Gegen Entscheidungen des Urkundsbeamten nach den Absätzen 3 und 4 ist die Erinnerung an das Gericht gegeben. ²Die Frist für die Einlegung der Erinnerung beträgt zwei Wochen. ³Über die Erinnerung entscheidet das Gericht durch Beschluss.

(8) Durch Landesgesetz kann bestimmt werden, dass die Absätze 3 bis 7 für die Gerichte des jeweiligen Landes nicht anzuwenden sind.

§ 143

(1) Das Gericht hat im Urteil oder, wenn das Verfahren in anderer Weise beendet worden ist, durch Beschluss über die Kosten zu entscheiden.

(2) Wird eine Sache vom Bundesfinanzhof an das Finanzgericht zurückverwiesen, so kann diesem die Entscheidung über die Kosten des Verfahrens übertragen werden.

§ 144

Ist ein Rechtsbehelf seinem vollen Umfang nach zurückgenommen worden, so wird über die Kosten des Verfahrens nur entschieden, wenn ein Beteiligter Kostenerstattung beantragt.

§ 145

Die Anfechtung der Entscheidung über die Kosten ist unzulässig, wenn nicht gegen die Entscheidung in der Hauptsache ein Rechtsmittel eingelegt wird.

§§ 146 bis 148

(weggefallen)

§ 149

(1) Die den Beteiligten zu erstattenden Aufwendungen werden auf Antrag von dem Urkundsbeamten des Gerichts des ersten Rechtszugs festgesetzt.

(2) ¹Gegen die Festsetzung ist die Erinnerung an das Gericht gegeben. ²Die Frist für die Einlegung der Erinnerung beträgt zwei Wochen. ³Über die Zulässigkeit der Erinnerung sind die Beteiligten zu belehren.

(3) Der Vorsitzende des Gerichts oder das Gericht können anordnen, dass die Vollstreckung einstweilen auszusetzen ist.

(4) Über die Erinnerung entscheidet das Gericht durch Beschluss.

Abschnitt II Vollstreckung

§ 150

¹Soll zugunsten des Bundes, eines Landes, eines Gemeindeverbands, einer Gemeinde oder einer Körperschaft, Anstalt oder Stiftung des öffentlichen Rechts als Abgabenberechtigte vollstreckt werden, so richtet sich die Vollstreckung nach den Bestimmungen der Abgabenordnung, soweit nicht durch Gesetz etwas anderes bestimmt ist. ²Vollstreckungsbehörden sind die Finanzämter und Hauptzollämter. ³Für die Vollstreckung gilt § 69 sinngemäß.

§ 151

(1) ¹Soll gegen den Bund, ein Land, einen Gemeindeverband, eine Gemeinde, eine Körperschaft, eine Anstalt oder Stiftung des öffentlichen Rechts vollstreckt werden, so gilt für die Zwangsvollstreckung das Achte Buch der Zivilprozessordnung sinngemäß; § 150 bleibt unberührt. ²Vollstreckungsgericht ist das Finanzgericht.

(2) Vollstreckt wird

1. aus rechtskräftigen und aus vorläufig vollstreckbaren gerichtlichen Entscheidungen,
2. aus einstweiligen Anordnungen,
3. aus Kostenfestsetzungsbeschlüssen.

(3) Urteile auf Anfechtungs- und Verpflichtungsklagen können nur wegen der Kosten für vorläufig vollstreckbar erklärt werden.

(4) Für die Vollstreckung können den Beteiligten auf ihren Antrag Ausfertigungen des Urteils ohne Tatbestand und ohne Entscheidungsgründe erteilt werden, deren Zustellung in den Wirkungen der Zustellung eines vollständigen Urteils gleichsteht.

§ 152

(1) ¹Soll im Fall des § 151 wegen einer Geldforderung vollstreckt werden, so verfügt das Vollstreckungsgericht auf Antrag des Gläubigers die Vollstreckung. ²Es bestimmt die vorzunehmenden Vollstreckungsmaßnahmen und ersucht die zuständigen Stellen um deren Vornahme. ³Die ersuchte Stelle ist verpflichtet, dem Ersuchen nach den für sie geltenden Vollstreckungsvorschriften nachzukommen.

(2) ¹Das Gericht hat vor Erlass der Vollstreckungsverfügung die Behörde oder bei Körperschaften, Anstalten und Stiftungen des öffentlichen Rechts, gegen die vollstreckt werden soll, die gesetzlichen Vertreter von der beabsichtigten Vollstreckung zu benachrichtigen mit der Aufforderung, die Vollstreckung innerhalb einer vom Gericht zu bemessenden Frist abzuwenden. ²Die Frist darf einen Monat nicht übersteigen.

(3) ¹Die Vollstreckung ist unzulässig in Sachen, die für die Erfüllung öffentlicher Aufgaben unentbehrlich sind oder deren Veräußerung ein öffentliches Interesse entgegensteht. ²Über Einwendungen entscheidet das Gericht nach Anhörung der zuständigen Aufsichtsbehörde oder bei obersten Bundes- oder Landesbehörden des zuständigen Ministers.

(4) Für öffentlich-rechtliche Kreditinstitute gelten die Absätze 1 bis 3 nicht.

(5) Der Ankündigung der Vollstreckung und der Einhaltung einer Wartefrist bedarf es nicht, wenn es sich um den Vollzug einer einstweiligen Anordnung handelt.

§ 153

In den Fällen der §§ 150, 152 Abs. 1 bis 3 bedarf es einer Vollstreckungsklausel nicht.

§ 154

¹Kommt die Finanzbehörde in den Fällen des § 100 Abs. 1 Satz 2 und der §§ 101 und 114 der ihr im Urteil oder in der einstweiligen Anordnung auferlegten Verpflichtung nicht nach, so kann das Gericht des ersten Rechtszugs auf Antrag unter Fristsetzung gegen sie ein Zwangsgeld bis eintausend Euro durch Beschluß androhen, nach fruchtlosem Fristablauf festsetzen und von Amts wegen vollstrecken. ²Das Zwangsgeld kann wiederholt angedroht, festgesetzt und vollstreckt werden.

Vierter Teil Übergangs- und Schlußbestimmungen

§ 155

¹Soweit dieses Gesetz keine Bestimmungen über das Verfahren enthält, sind das Gerichtsverfassungsgesetz und, soweit die grundsätzlichen Unterschiede der beiden Verfahrensarten es nicht ausschließen, die Zivilprozessordnung ein-

schließlich § 278 Absatz 5 und § 278a sinngemäß anzuwenden; das Leitentscheidungsverfahren nach den §§ 552b und 565 der Zivilprozessordnung ist nicht anzuwenden ²Die Vorschriften des Siebzehnten Titels des Gerichtsverfassungsgesetzes sind mit der Maßgabe entsprechend anzuwenden, dass an die Stelle des Oberlandesgerichts und des Bundesgerichtshofs der Bundesfinanzhof und an die Stelle der Zivilprozessordnung die Finanzgerichtsordnung tritt; die Vorschriften über das Verfahren im ersten Rechtszug sind entsprechend anzuwenden.

§ 156

§ 6 des Einführungsgesetzes zum Gerichtsverfassungsgesetz gilt entsprechend.

§ 157

¹Hat das Verfassungsgericht eines Landes die Nichtigkeit von Landesrecht festgestellt oder Vorschriften des Landesrechts für nichtig erklärt, so bleiben vorbehaltlich einer besonderen gesetzlichen Regelung durch das Land die nicht mehr anfechtbaren Entscheidungen der Gerichte der Finanzgerichtsbarkeit, die auf der für nichtig erklärten Norm beruhen, unberührt. ²Die Vollstreckung aus einer solchen Entscheidung ist unzulässig. ³§ 767 der Zivilprozessordnung gilt sinngemäß.

§ 158

¹Die eidliche Vernehmung eines Auskunftspflichtigen nach § 94 der Abgabenordnung oder die Beeidigung eines Sachverständigen nach § 96 Abs. 7 Satz 5 der Abgabenordnung durch das Finanzgericht findet vor dem dafür im Geschäftsverteilungsplan bestimmten Richter statt. ²Über die Rechtmäßigkeit einer Verweigerung des Zeugnisses, des Gutachtens oder der Eidesleistung entscheidet das Finanzgericht durch Beschluss.

§ 159

§ 43 des Einführungsgesetzes zum Gerichtsverfassungsgesetz gilt entsprechend.

§ 160

Soweit der Finanzrechtsweg auf Grund des § 33 Abs. 1 Nr. 4 eröffnet wird, können die Beteiligung am Verfahren und die Beiladung durch Gesetz abweichend von den Vorschriften dieses Gesetzes geregelt werden.

§ 161

(Aufhebung von Vorschriften)

§ 162

(1) ¹Dokumente und Aktenteile, die nach den Verschlusssachenanweisungen des Bundes oder der Länder als Verschlusssache höher als VS-NUR FÜR DEN DIENSTGEBRAUCH eingestuft sind, dürfen bis zum 31. Dezember 2035 abweichend von den §§ 52a bis 52d in Papierform erstellt, geführt und übermittelt werden. ²Dokumente und Aktenteile, die nach den Verschlusssachenanweisungen des Bundes oder der Länder als Verschlusssache VS-NUR FÜR DEN DIENSTGEBRAUCH eingestuft sind, dürfen bis zum 31. Dezember 2035 abweichend von den §§ 52a bis 52d in Papierform übermittelt werden. ³Die für die Handhabung von Verschlusssachen geltenden Geheimschutzvorschriften bleiben unberührt.

(2) ¹Die Bundesregierung und die Landesregierungen können abweichend von § 52b jeweils für ihren Bereich durch Rechtsverordnung bestimmen, dass Akten, die elektronisch angelegt wurden, ab einem bestimmten Ereignis bis zum 31. Dezember 2025 in Papierform weitergeführt werden. ²Die Zulassung der Weiterführung in Papierform kann auf einzelne Gerichte oder Verfahren beschränkt werden; wird von dieser Möglichkeit Gebrauch gemacht, kann in der Rechtsverordnung bestimmt werden, dass durch Verwaltungsvorschrift, die öffentlich bekanntzumachen ist, geregelt wird, in welchen Verfahren Akten in elektronischer Form weitergeführt werden. ³Die Rechtsverordnung der Bundesregierung bedarf nicht der Zustimmung des Bundesrates. ⁴Die Ermächtigung kann durch Rechtsverordnung auf die zuständige oberste Bundesbehörde oder auf die für die Finanzgerichtsbarkeit zuständigen obersten Landesbehörden übertragen werden.

§§ 163 bis 183

(weggefallen)

§ 184

(Inkrafttreten, Überleitungsvorschriften)

Anhang zur FGO:

Auszug aus dem Einigungsvertrag – Anlage I Kapitel III Sachgebiet A Abschnitte III und IV (BGBl. II 1990, 889, 928, 938)

Abschnitt III

Bundesrecht tritt ... vorbehaltlich der Sonderregelung für das Land Berlin in Abschnitt IV in dem in Artikel 3 des Vertrages genannten Gebiet mit folgenden Maßgaben in Kraft:

...

7. Finanzgerichtsordnung vom 6. Oktober 1965 (BGBl. I S. 1477), zuletzt geändert durch Artikel 10 des Gesetzes vom 18. Dezember 1986 (BGBl. I S. 2496), mit folgender Maßgabe:

   Im Einverständnis der Beteiligten kann der Vorsitzende oder ein von ihm bestimmter Richter den Rechtsstreit ganz oder teilweise anstelle des Senats ohne mündliche Verhandlung durch Vorbescheid entscheiden.

...

28. Im Übrigen gelten, falls in den Nummern 1 bis 27 nichts anderes bestimmt ist, die folgenden allgemeinen Maßgaben:

    a) Soweit in Vorschriften, die in dem in Artikel 3 des Vertrages genannten Gebiet in Kraft gesetzt werden oder auf Grund des Staatsvertrages vom 18. Mai 1990 in Kraft gesetzt worden sind, auf Recht der Bundesrepublik Deutschland verwiesen wird, das in diesem Gebiet keine Anwendung findet, sind die entsprechenden Vorschriften der Deutschen Demokratischen Republik anzuwenden. Bestehen solche Vorschriften nicht oder würde ihre Anwendung dem Sinn der Verweisung widersprechen, gelten die Vorschriften, auf die verwiesen wird, entsprechend.

    b) Soweit in fortgeltendem Recht der Deutschen Demokratischen Republik auf Vorschriften verwiesen wird, die keine Anwendung mehr finden, sind die entsprechenden Vorschriften des Rechts der Bundesrepublik Deutschland anzuwenden.

    c) Soweit in anderen Vorschriften auf Vorschriften verwiesen wird, die durch diesen Vertrag geändert werden, treten an deren Stelle die geänderten Vorschriften.

    d) Die Maßgaben a) bis c) gelten auch, wenn Vorschriften an bestimmte Verfahren anknüpfen.

    e) Werden in den Vorschriften, die in dem in Artikel 3 des Vertrages genannten Gebiet in Kraft gesetzt werden, und in dem in diesem Gebiet geltenden Recht vergleichbare Behörden, sonstige Stellen oder Verfahren unterschiedlich bezeichnet, so treten die im dort geltenden

Recht bezeichneten Stellen oder Verfahren an die Stelle derjenigen, die in den in Kraft gesetzten Vorschriften genannt sind; gleiches gilt bei Abweichungen in der Bezeichnung sonstiger Umstände, die inhaltlich vergleichbar sind.

f) Durch Verordnung eingeführte Vordrucke können in angepasster Form verwendet werden.

g) Die am Tag des Wirksamwerdens des Beitritts anhängigen Verfahren werden in der Lage, in der sie sich befinden, nach den in Kraft gesetzten Vorschriften fortgesetzt.

h) Der Lauf einer verfahrensrechtlichen Frist, der vor dem Wirksamwerden des Beitritts begonnen hat, richtet sich nach den in der Deutschen Demokratischen Republik geltenden Vorschriften.

i) Ist am Tag des Wirksamwerdens des Beitritts ein Rechtsmittel oder Rechtsbehelf bereits eingelegt oder zwar noch nicht eingelegt, aber die Frist zur Einlegung noch nicht abgelaufen, so richtet sich die Zulässigkeit des Rechtsmittels oder Rechtsbehelfs und das weitere Verfahren hierzu nach den in Kraft gesetzten Vorschriften. Jedoch führen, wenn ein Rechtsmittel oder Rechtsbehelf bereits unter Beachtung der Formvorschriften des Rechts der Deutschen Demokratischen Republik eingelegt ist, abweichende Formvorschriften nicht zur Unzulässigkeit; nach den in Kraft gesetzten Vorschriften erforderliche Rechtsmittelanträge und -gründe sind binnen eines Monats nach dem Wirksamwerden des Beitritts nachzureichen. Ist die Zulässigkeit eines Rechtsmittels nach den in Kraft gesetzten Vorschriften davon abhängig, dass es von dem Gericht, dessen Entscheidung angefochten ist, zugelassen wird, so entscheidet das Rechtsmittelgericht auch über die Zulassung des Rechtsmittels.

j) Ist vor dem Wirksamwerden des Beitritts ein Rechtsmittel oder Rechtsbehelf nach dem Recht der Deutschen Demokratischen Republik in zulässiger Weise eingelegt worden, jedoch nach den in Kraft gesetzten Vorschriften nicht mehr zulässig und deshalb zu verwerfen, so fallen die im Rechtsmittel- oder Rechtsbehelfsverfahren entstandenen Kosten und notwendigen Auslagen der Staatskasse zur Last. Entsprechendes gilt für Klagen, wenn die Klagebefugnis entfällt.

k) Geht durch das Inkraftsetzen des Bundesrechts in dem in Artikel 3 des Vertrages genannten Gebiet die Zuständigkeit für eine Sache auf eine andere Stelle über, so hat die bisher zuständige Stelle die bei ihr befindlichen Akten und Vorgänge dieser Sache unverzüglich der nunmehr zuständigen Stelle zuzuleiten. Entsprechendes gilt für Akten und Vorgänge, die von der bisher zuständigen Stelle anderen Stellen nur vorübergehend ausgehändigt sind.

l) Am Tag des Wirksamwerdens des Beitritts anhängige Kassationsverfahren werden nach dem Verfahrensrecht der Deutschen Demokratischen Republik zu Ende geführt.

Abschnitt IV

...

2. Folgende Rechtsvorschriften gelten in dem Teil des Landes Berlin, in dem das Grundgesetz bisher nicht galt, ohne die in Abschnitt III genannten Maßgaben:

...

d) Finanzgerichtsordnung vom 6. Oktober 1965 (BGBl. I S. 1477), zuletzt geändert durch Artikel 10 des Gesetzes vom 18. Dezember 1986 (BGBl. I S. 2496)

Verordnung (EU) 2016/679 des Europäischen Parlaments und des Rates vom 27. April 2016 zum Schutz natürlicher Personen bei der Verarbeitung personenbezogener Daten, zum freien Datenverkehr und zur Aufhebung der Richtlinie 95/46/EG*

- Auszug -

KAPITEL I   Allgemeine Bestimmungen

Artikel 1   Gegenstand und Ziele

(1) Diese Verordnung enthält Vorschriften zum Schutz natürlicher Personen bei der Verarbeitung personenbezogener Daten und zum freien Verkehr solcher Daten.

(2) Diese Verordnung schützt die Grundrechte und Grundfreiheiten natürlicher Personen und insbesondere deren Recht auf Schutz personenbezogener Daten.

(3) Der freie Verkehr personenbezogener Daten in der Union darf aus Gründen des Schutzes natürlicher Personen bei der Verarbeitung personenbezogener Daten weder eingeschränkt noch verboten werden.

Artikel 2   Sachlicher Anwendungsbereich

(1) Diese Verordnung gilt für die ganz oder teilweise automatisierte Verarbeitung personenbezogener Daten sowie für die nichtautomatisierte Verarbeitung personenbezogener Daten, die in einem Dateisystem gespeichert sind oder gespeichert werden sollen.

(2) Diese Verordnung findet keine Anwendung auf die Verarbeitung personenbezogener Daten

a)   im Rahmen einer Tätigkeit, die nicht in den Anwendungsbereich des Unionsrechts fällt,

b)   durch die Mitgliedstaaten im Rahmen von Tätigkeiten, die in den Anwendungsbereich von Titel V Kapitel 2 EUV fallen,

c)   durch natürliche Personen zur Ausübung ausschließlich persönlicher oder familiärer Tätigkeiten,

d)   durch die zuständigen Behörden zum Zwecke der Verhütung, Ermittlung, Aufdeckung oder Verfolgung von Straftaten oder der Strafvollstreckung, einschließlich des Schutzes vor und der Abwehr von Gefahren für die öffentliche Sicherheit.

---

* Der nachfolgende Text der Datenschutz-Grundverordnung entspricht der im Amtsblatt der Europäischen Union am 4.5.2016 unter L 119/1 veröffentlichten, im Amtsblatt der Europäischen Union am 22.11.2016 unter L 314/72 berichtigten amtlichen Fassung. Die im Amtsblatt der Europäischen Union vom 23.5.2018 L 127 S. 2 und vom 4.3.2021 L 74 S. 35 verkündeten Berichtigungen sind eingearbeitet.

(3) Für die Verarbeitung personenbezogener Daten durch die Organe, Einrichtungen, Ämter und Agenturen der Union gilt die Verordnung (EG) Nr. 45/2001. Die Verordnung (EG) Nr. 45/2001 und sonstige Rechtsakte der Union, die diese Verarbeitung personenbezogener Daten regeln, werden im Einklang mit Artkel 98 an die Grundsätze und Vorschriften der vorliegenden Verordnung angepasst.

(4) Die vorliegende Verordnung lässt die Anwendung der Richtlinie 2000/31/EG und speziell die Vorschriften der Artikel 12 bis 15 dieser Richtlinie zur Verantwortlichkeit der Vermittler unberührt.

Artikel 3 Räumlicher Anwendungsbereich

(1) Diese Verordnung findet Anwendung auf die Verarbeitung personenbezogener Daten, soweit diese im Rahmen der Tätigkeiten einer Niederlassung eines Verantwortlichen oder eines Auftragsverarbeiters in der Union erfolgt, unabhängig davon, ob die Verarbeitung in der Union stattfindet.

(2) Diese Verordnung findet Anwendung auf die Verarbeitung personenbezogener Daten von betroffenen Personen, die sich in der Union befinden, durch einen nicht in der Union niedergelassenen Verantwortlichen oder Auftragsverarbeiter, wenn die Datenverarbeitung im Zusammenhang damit steht

a) betroffenen Personen in der Union Waren oder Dienstleistungen anzubieten, unabhängig davon, ob von diesen betroffenen Personen eine Zahlung zu leisten ist;

b) das Verhalten betroffener Personen zu beobachten, soweit ihr Verhalten in der Union erfolgt.

(3) Diese Verordnung findet Anwendung auf die Verarbeitung personenbezogener Daten durch einen nicht in der Union niedergelassenen Verantwortlichen an einem Ort, der aufgrund Völkerrechts dem Recht eines Mitgliedstaats unterliegt.

Artikel 4 Begriffsbestimmungen

Im Sinne dieser Verordnung bezeichnet der Ausdruck:

1. „personenbezogene Daten" alle Informationen, die sich auf eine identifizierte oder identifizierbare natürliche Person (im Folgenden „betroffene Person") beziehen; als identifizierbar wird eine natürliche Person angesehen, die direkt oder indirekt, insbesondere mittels Zuordnung zu einer Kennung wie einem Namen, zu einer Kennnummer, zu Standortdaten, zu einer Online-Kennung oder zu einem oder mehreren besonderen Merkmalen, die Ausdruck der physischen, physiologischen, genetischen, psychischen, wirtschaftlichen, kulturellen oder sozialen Identität dieser natürlichen Person sind, identifiziert werden kann;

2. „Verarbeitung" jeden mit oder ohne Hilfe automatisierter Verfahren ausgeführten Vorgang oder jede solche Vorgangsreihe im Zusammenhang mit personenbezogenen Daten wie das Erheben, das Erfassen, die Organisation, das Ordnen, die Speicherung, die Anpassung oder Veränderung, das Auslesen, das Abfragen, die Verwendung, die Offenlegung durch Übermittlung, Verbreitung oder eine andere Form der Bereitstellung, den Abgleich

oder die Verknüpfung, die Einschränkung, das Löschen oder die Vernichtung;

3. „Einschränkung der Verarbeitung" die Markierung gespeicherter personenbezogener Daten mit dem Ziel, ihre künftige Verarbeitung einzuschränken;

4. „Profiling" jede Art der automatisierten Verarbeitung personenbezogener Daten, die darin besteht, dass diese personenbezogenen Daten verwendet werden, um bestimmte persönliche Aspekte, die sich auf eine natürliche Person beziehen, zu bewerten, insbesondere um Aspekte bezüglich Arbeitsleistung, wirtschaftliche Lage, Gesundheit, persönliche Vorlieben, Interessen, Zuverlässigkeit, Verhalten, Aufenthaltsort oder Ortswechsel dieser natürlichen Person zu analysieren oder vorherzusagen;

5. „Pseudonymisierung" die Verarbeitung personenbezogener Daten in einer Weise, dass die personenbezogenen Daten ohne Hinzuziehung zusätzlicher Informationen nicht mehr einer spezifischen betroffenen Person zugeordnet werden können, sofern diese zusätzlichen Informationen gesondert aufbewahrt werden und technischen und organisatorischen Maßnahmen unterliegen, die gewährleisten, dass die personenbezogenen Daten nicht einer identifizierten oder identifizierbaren natürlichen Person zugewiesen werden;

6. „Dateisystem" jede strukturierte Sammlung personenbezogener Daten, die nach bestimmten Kriterien zugänglich sind, unabhängig davon, ob diese Sammlung zentral, dezentral oder nach funktionalen oder geografischen Gesichtspunkten geordnet geführt wird;

7. „Verantwortlicher" die natürliche oder juristische Person, Behörde, Einrichtung oder andere Stelle, die allein oder gemeinsam mit anderen über die Zwecke und Mittel der Verarbeitung von personenbezogenen Daten entscheidet; sind die Zwecke und Mittel dieser Verarbeitung durch das Unionsrecht oder das Recht der Mitgliedstaaten vorgegeben, so kann der Verantwortliche beziehungsweise können die bestimmten Kriterien seiner Benennung nach dem Unionsrecht oder dem Recht der Mitgliedstaaten vorgesehen werden;

8. „Auftragsverarbeiter" eine natürliche oder juristische Person, Behörde, Einrichtung oder andere Stelle, die personenbezogene Daten im Auftrag des Verantwortlichen verarbeitet;

9. „Empfänger" eine natürliche oder juristische Person, Behörde, Einrichtung oder andere Stelle, der personenbezogene Daten offengelegt werden, unabhängig davon, ob es sich bei ihr um einen Dritten handelt oder nicht. Behörden, die im Rahmen eines bestimmten Untersuchungsauftrags nach dem Unionsrecht oder dem Recht der Mitgliedstaaten möglicherweise personenbezogene Daten erhalten, gelten jedoch nicht als Empfänger; die Verarbeitung dieser Daten durch die genannten Behörden erfolgt im Einklang mit den geltenden Datenschutzvorschriften gemäß den Zwecken der Verarbeitung;

10. „Dritter" eine natürliche oder juristische Person, Behörde, Einrichtung oder andere Stelle, außer der betroffenen Person, dem Verantwortlichen, dem

Auftragsverarbeiter und den Personen, die unter der unmittelbaren Verantwortung des Verantwortlichen oder des Auftragsverarbeiters befugt sind, die personenbezogenen Daten zu verarbeiten;

11. „Einwilligung" der betroffenen Person jede freiwillig für den bestimmten Fall, in informierter Weise und unmissverständlich abgegebene Willensbekundung in Form einer Erklärung oder einer sonstigen eindeutigen bestätigenden Handlung, mit der die betroffene Person zu verstehen gibt, dass sie mit der Verarbeitung der sie betreffenden personenbezogenen Daten einverstanden ist;

12. „Verletzung des Schutzes personenbezogener Daten" eine Verletzung der Sicherheit, die, ob unbeabsichtigt oder unrechtmäßig, zur Vernichtung, zum Verlust, zur Veränderung, oder zur unbefugten Offenlegung von beziehungsweise zum unbefugten Zugang zu personenbezogenen Daten führt, die übermittelt, gespeichert oder auf sonstige Weise verarbeitet wurden;

13. „genetische Daten" personenbezogene Daten zu den ererbten oder erworbenen genetischen Eigenschaften einer natürlichen Person, die eindeutige Informationen über die Physiologie oder die Gesundheit dieser natürlichen Person liefern und insbesondere aus der Analyse einer biologischen Probe der betreffenden natürlichen Person gewonnen wurden;

14. „biometrische Daten" mit speziellen technischen Verfahren gewonnene personenbezogene Daten zu den physischen, physiologischen oder verhaltenstypischen Merkmalen einer natürlichen Person, die die eindeutige Identifizierung dieser natürlichen Person ermöglichen oder bestätigen, wie Gesichtsbilder oder daktyloskopische Daten;

15. „Gesundheitsdaten" personenbezogene Daten, die sich auf die körperliche oder geistige Gesundheit einer natürlichen Person, einschließlich der Erbringung von Gesundheitsdienstleistungen, beziehen und aus denen Informationen über deren Gesundheitszustand hervorgehen;

16. „Hauptniederlassung"

    a) im Falle eines Verantwortlichen mit Niederlassungen in mehr als einem Mitgliedstaat den Ort seiner Hauptverwaltung in der Union, es sei denn, die Entscheidungen hinsichtlich der Zwecke und Mittel der Verarbeitung personenbezogener Daten werden in einer anderen Niederlassung des Verantwortlichen in der Union getroffen und diese Niederlassung ist befugt, diese Entscheidungen umsetzen zu lassen; in diesem Fall gilt die Niederlassung, die derartige Entscheidungen trifft, als Hauptniederlassung;

    b) im Falle eines Auftragsverarbeiters mit Niederlassungen in mehr als einem Mitgliedstaat den Ort seiner Hauptverwaltung in der Union oder, sofern der Auftragsverarbeiter keine Hauptverwaltung in der Union hat, die Niederlassung des Auftragsverarbeiters in der Union, in der die Verarbeitungstätigkeiten im Rahmen der Tätigkeiten einer Niederlassung eines Auftragsverarbeiters hauptsächlich stattfinden, soweit der Auftragsverarbeiter spezifischen Pflichten aus dieser Verordnung unterliegt;

17. „Vertreter" eine in der Union niedergelassene natürliche oder juristische Person, die von dem Verantwortlichen oder Auftragsverarbeiter schriftlich gemäß Artikel 27 bestellt wurde und den Verantwortlichen oder Auftragsverarbeiter in Bezug auf die ihnen jeweils nach dieser Verordnung obliegenden Pflichten vertritt;

18. „Unternehmen" eine natürliche oder juristische Person, die eine wirtschaftliche Tätigkeit ausübt, unabhängig von ihrer Rechtsform, einschließlich Personengesellschaften oder Vereinigungen, die regelmäßig einer wirtschaftlichen Tätigkeit nachgehen;

19. „Unternehmensgruppe" eine Gruppe, die aus einem herrschenden Unternehmen und den von diesem abhängigen Unternehmen besteht;

20. „verbindliche interne Datenschutzvorschriften" Maßnahmen zum Schutz personenbezogener Daten, zu deren Einhaltung sich ein im Hoheitsgebiet eines Mitgliedstaats niedergelassener Verantwortlicher oder Auftragsverarbeiter verpflichtet im Hinblick auf Datenübermittlungen oder eine Kategorie von Datenübermittlungen personenbezogener Daten an einen Verantwortlichen oder Auftragsverarbeiter derselben Unternehmensgruppe oder derselben Gruppe von Unternehmen, die eine gemeinsame Wirtschaftstätigkeit ausüben, in einem oder mehreren Drittländern;

21. „Aufsichtsbehörde" eine von einem Mitgliedstaat gemäß Artikel 51 eingerichtete unabhängige staatliche Stelle;

22. „betroffene Aufsichtsbehörde" eine Aufsichtsbehörde, die von der Verarbeitung personenbezogener Daten betroffen ist, weil

    a) der Verantwortliche oder der Auftragsverarbeiter im Hoheitsgebiet des Mitgliedstaats dieser Aufsichtsbehörde niedergelassen ist,

    b) diese Verarbeitung erhebliche Auswirkungen auf betroffene Personen mit Wohnsitz im Mitgliedstaat dieser Aufsichtsbehörde hat oder haben kann oder

    c) eine Beschwerde bei dieser Aufsichtsbehörde eingereicht wurde;

23. „grenzüberschreitende Verarbeitung" entweder

    a) eine Verarbeitung personenbezogener Daten, die im Rahmen der Tätigkeiten von Niederlassungen eines Verantwortlichen oder eines Auftragsverarbeiters in der Union in mehr als einem Mitgliedstaat erfolgt, wenn der Verantwortliche oder Auftragsverarbeiter in mehr als einem Mitgliedstaat niedergelassen ist, oder

    b) eine Verarbeitung personenbezogener Daten, die im Rahmen der Tätigkeiten einer einzelnen Niederlassung eines Verantwortlichen oder eines Auftragsverarbeiters in der Union erfolgt, die jedoch erhebliche Auswirkungen auf betroffene Personen in mehr als einem Mitgliedstaat hat oder haben kann;

24. „maßgeblicher und begründeter Einspruch" einen Einspruch gegen einen Beschlussentwurf im Hinblick darauf, ob ein Verstoß gegen diese Verord-

nung vorliegt oder ob beabsichtigte Maßnahmen gegen den Verantwortlichen oder den Auftragsverarbeiter im Einklang mit dieser Verordnung steht, wobei aus diesem Einspruch die Tragweite der Risiken klar hervorgeht, die von dem Beschlussentwurf in Bezug auf die Grundrechte und Grundfreiheiten der betroffenen Personen und gegebenenfalls den freien Verkehr personenbezogener Daten in der Union ausgehen;

25. „Dienst der Informationsgesellschaft" eine Dienstleistung im Sinne des Artikels 1 Nummer 1 Buchstabe b der Richtlinie (EU) 2015/1535 des Europäischen Parlaments und des Rates[1];

26. „internationale Organisation" eine völkerrechtliche Organisation und ihre nachgeordneten Stellen oder jede sonstige Einrichtung, die durch eine zwischen zwei oder mehr Ländern geschlossene Übereinkunft oder auf der Grundlage einer solchen Übereinkunft geschaffen wurde.

KAPITEL II   Grundsätze

Artikel 5   Grundsätze für die Verarbeitung personenbezogener Daten

(1) Personenbezogene Daten müssen

a) auf rechtmäßige Weise, nach Treu und Glauben und in einer für die betroffene Person nachvollziehbaren Weise verarbeitet werden („Rechtmäßigkeit, Verarbeitung nach Treu und Glauben, Transparenz");

b) für festgelegte, eindeutige und legitime Zwecke erhoben werden und dürfen nicht in einer mit diesen Zwecken nicht zu vereinbarenden Weise weiterverarbeitet werden; eine Weiterverarbeitung für im öffentlichen Interesse liegende Archivzwecke, für wissenschaftliche oder historische Forschungszwecke oder für statistische Zwecke gilt gemäß Artikel 89 Absatz 1 nicht als unvereinbar mit den ursprünglichen Zwecken („Zweckbindung");

c) dem Zweck angemessen und erheblich sowie auf das für die Zwecke der Verarbeitung notwendige Maß beschränkt sein („Datenminimierung");

d) sachlich richtig und erforderlichenfalls auf dem neuesten Stand sein; es sind alle angemessenen Maßnahmen zu treffen, damit personenbezogene Daten, die im Hinblick auf die Zwecke ihrer Verarbeitung unrichtig sind, unverzüglich gelöscht oder berichtigt werden („Richtigkeit");

e) in einer Form gespeichert werden, die die Identifizierung der betroffenen Personen nur so lange ermöglicht, wie es für die Zwecke, für die sie verarbeitet werden, erforderlich ist; personenbezogene Daten dürfen länger gespeichert werden, soweit die personenbezogenen Daten vorbehaltlich der Durchführung geeigneter technischer und organisatorischer Maßnahmen, die von dieser Verordnung zum Schutz der Rechte und Freiheiten der betroffenen Person gefordert werden, ausschließlich für im öffentlichen Interesse liegende Archivzwecke oder für wissenschaftliche und historische

---

[1] Richtlinie (EU) 2015/1535 des Europäischen Parlaments und des Rates vom 9.9.2015 über ein Informationsverfahren auf dem Gebiet der technischen Vorschriften und der Vorschriften für die Dienste der Informationsgesellschaft (ABl. L 241 vom 17.9.2015, S. 1).

Forschungszwecke oder für statistische Zwecke gemäß Artikel 89 Absatz 1 verarbeitet werden („Speicherbegrenzung");

f) in einer Weise verarbeitet werden, die eine angemessene Sicherheit der personenbezogenen Daten gewährleistet, einschließlich Schutz vor unbefugter oder unrechtmäßiger Verarbeitung und vor unbeabsichtigtem Verlust, unbeabsichtigter Zerstörung oder unbeabsichtigter Schädigung durch geeignete technische und organisatorische Maßnahmen („Integrität und Vertraulichkeit");

(2) Der Verantwortliche ist für die Einhaltung des Absatzes 1 verantwortlich und muss dessen Einhaltung nachweisen können („Rechenschaftspflicht").

Artikel 6 Rechtmäßigkeit der Verarbeitung

(1) Die Verarbeitung ist nur rechtmäßig, wenn mindestens eine der nachstehenden Bedingungen erfüllt ist:

a) Die betroffene Person hat ihre Einwilligung zu der Verarbeitung der sie betreffenden personenbezogenen Daten für einen oder mehrere bestimmte Zwecke gegeben;

b) die Verarbeitung ist für die Erfüllung eines Vertrags, dessen Vertragspartei die betroffene Person ist, oder zur Durchführung vorvertraglicher Maßnahmen erforderlich, die auf Anfrage der betroffenen Person erfolgen;

c) die Verarbeitung ist zur Erfüllung einer rechtlichen Verpflichtung erforderlich, der der Verantwortliche unterliegt;

d) die Verarbeitung ist erforderlich, um lebenswichtige Interessen der betroffenen Person oder einer anderen natürlichen Person zu schützen;

e) die Verarbeitung ist für die Wahrnehmung einer Aufgabe erforderlich, die im öffentlichen Interesse liegt oder in Ausübung öffentlicher Gewalt erfolgt, die dem Verantwortlichen übertragen wurde;

f) die Verarbeitung ist zur Wahrung der berechtigten Interessen des Verantwortlichen oder eines Dritten erforderlich, sofern nicht die Interessen oder Grundrechte und Grundfreiheiten der betroffenen Person, die den Schutz personenbezogener Daten erfordern, überwiegen, insbesondere dann, wenn es sich bei der betroffenen Person um ein Kind handelt.

Unterabsatz 1 Buchstabe f gilt nicht für die von Behörden in Erfüllung ihrer Aufgaben vorgenommene Verarbeitung.

(2) Die Mitgliedstaaten können spezifischere Bestimmungen zur Anpassung der Anwendung der Vorschriften dieser Verordnung in Bezug auf die Verarbeitung zur Erfüllung von Absatz 1 Buchstaben c und e beibehalten oder einführen, indem sie spezifische Anforderungen für die Verarbeitung sowie sonstige Maßnahmen präziser bestimmen, um eine rechtmäßig und nach Treu und Glauben erfolgende Verarbeitung zu gewährleisten, einschließlich für andere besondere Verarbeitungssituationen gemäß Kapitel IX.

(3) Die Rechtsgrundlage für die Verarbeitungen gemäß Absatz 1 Buchstaben c und e wird festgelegt durch

a) Unionsrecht oder

b) das Recht der Mitgliedstaaten, dem der Verantwortliche unterliegt.

Der Zweck der Verarbeitung muss in dieser Rechtsgrundlage festgelegt oder hinsichtlich der Verarbeitung gemäß Absatz 1 Buchstabe e für die Erfüllung einer Aufgabe erforderlich sein, die im öffentlichen Interesse liegt oder in Ausübung öffentlicher Gewalt erfolgt, die dem Verantwortlichen übertragen wurde. Diese Rechtsgrundlage kann spezifische Bestimmungen zur Anpassung der Anwendung der Vorschriften dieser Verordnung enthalten, unter anderem Bestimmungen darüber, welche allgemeinen Bedingungen für die Regelung der Rechtmäßigkeit der Verarbeitung durch den Verantwortlichen gelten, welche Arten von Daten verarbeitet werden, welche Personen betroffen sind, an welche Einrichtungen und für welche Zwecke die personenbezogenen Daten offengelegt werden dürfen, welcher Zweckbindung sie unterliegen, wie lange sie gespeichert werden dürfen und welche Verarbeitungsvorgänge und -verfahren angewandt werden dürfen, einschließlich Maßnahmen zur Gewährleistung einer rechtmäßig und nach Treu und Glauben erfolgenden Verarbeitung, wie solche für sonstige besondere Verarbeitungssituationen gemäß Kapitel IX. Das Unionsrecht oder das Recht der Mitgliedstaaten müssen ein im öffentlichen Interesse liegendes Ziel verfolgen und in einem angemessenen Verhältnis zu dem verfolgten legitimen Zweck stehen.

(4) Beruht die Verarbeitung zu einem anderen Zweck als zu demjenigen, zu dem die personenbezogenen Daten erhoben wurden, nicht auf der Einwilligung der betroffenen Person oder auf einer Rechtsvorschrift der Union oder der Mitgliedstaaten, die in einer demokratischen Gesellschaft eine notwendige und verhältnismäßige Maßnahme zum Schutz der in Artikel 23 Absatz 1 genannten Ziele darstellt, so berücksichtigt der Verantwortliche – um festzustellen, ob die Verarbeitung zu einem anderen Zweck mit demjenigen, zu dem die personenbezogenen Daten ursprünglich erhoben wurden, vereinbar ist – unter anderem

a) jede Verbindung zwischen den Zwecken, für die die personenbezogenen Daten erhoben wurden, und den Zwecken der beabsichtigten Weiterverarbeitung,

b) den Zusammenhang, in dem die personenbezogenen Daten erhoben wurden, insbesondere hinsichtlich des Verhältnisses zwischen den betroffenen Personen und dem Verantwortlichen,

c) die Art der personenbezogenen Daten, insbesondere ob besondere Kategorien personenbezogener Daten gemäß Artikel 9 verarbeitet werden oder ob personenbezogene Daten über strafrechtliche Verurteilungen und Straftaten gemäß Artikel 10 verarbeitet werden,

d) die möglichen Folgen der beabsichtigten Weiterverarbeitung für die betroffenen Personen,

e) das Vorhandensein geeigneter Garantien, wozu Verschlüsselung oder Pseudonymisierung gehören kann.

Artikel 7   Bedingungen für die Einwilligung

(1) Beruht die Verarbeitung auf einer Einwilligung, muss der Verantwortliche nachweisen können, dass die betroffene Person in die Verarbeitung ihrer personenbezogenen Daten eingewilligt hat.

(2) Erfolgt die Einwilligung der betroffenen Person durch eine schriftliche Erklärung, die noch andere Sachverhalte betrifft, so muss das Ersuchen um Einwilligung in verständlicher und leicht zugänglicher Form in einer klaren und einfachen Sprache so erfolgen, dass es von den anderen Sachverhalten klar zu unterscheiden ist. Teile der Erklärung sind dann nicht verbindlich, wenn sie einen Verstoß gegen diese Verordnung darstellen.

(3) Die betroffene Person hat das Recht, ihre Einwilligung jederzeit zu widerrufen. Durch den Widerruf der Einwilligung wird die Rechtmäßigkeit der aufgrund der Einwilligung bis zum Widerruf erfolgten Verarbeitung nicht berührt. Die betroffene Person wird vor Abgabe der Einwilligung hiervon in Kenntnis gesetzt. Der Widerruf der Einwilligung muss so einfach wie die Erteilung der Einwilligung sein.

(4) Bei der Beurteilung, ob die Einwilligung freiwillig erteilt wurde, muss dem Umstand in größtmöglichem Umfang Rechnung getragen werden, ob unter anderem die Erfüllung eines Vertrags, einschließlich der Erbringung einer Dienstleistung, von der Einwilligung zu einer Verarbeitung von personenbezogenen Daten abhängig ist, die für die Erfüllung des Vertrags nicht erforderlich sind.

Artikel 8   Bedingungen für die Einwilligung eines Kindes in Bezug auf Dienste der Informationsgesellschaft

(1) Gilt Artikel 6 Absatz 1 Buchstabe a bei einem Angebot von Diensten der Informationsgesellschaft, das einem Kind direkt gemacht wird, so ist die Verarbeitung der personenbezogenen Daten des Kindes rechtmäßig, wenn das Kind das sechzehnte Lebensjahr vollendet hat. Hat das Kind noch nicht das sechzehnte Lebensjahr vollendet, so ist diese Verarbeitung nur rechtmäßig, sofern und soweit diese Einwilligung durch den Träger der elterlichen Verantwortung für das Kind oder mit dessen Zustimmung erteilt wird.

Die Mitgliedstaaten können durch Rechtsvorschriften zu diesen Zwecken eine niedrigere Altersgrenze vorsehen, die jedoch nicht unter dem vollendeten dreizehnten Lebensjahr liegen darf.

(2) Der Verantwortliche unternimmt unter Berücksichtigung der verfügbaren Technik angemessene Anstrengungen, um sich in solchen Fällen zu vergewissern, dass die Einwilligung durch den Träger der elterlichen Verantwortung für das Kind oder mit dessen Zustimmung erteilt wurde.

(3) Absatz 1 lässt das allgemeine Vertragsrecht der Mitgliedstaaten, wie etwa die Vorschriften zur Gültigkeit, zum Zustandekommen oder zu den Rechtsfolgen eines Vertrags in Bezug auf ein Kind, unberührt.

Artikel 9 Verarbeitung besonderer Kategorien personenbezogener Daten

(1) Die Verarbeitung personenbezogener Daten, aus denen die rassische und ethnische Herkunft, politische Meinungen, religiöse oder weltanschauliche Überzeugungen oder die Gewerkschaftszugehörigkeit hervorgehen, sowie die Verarbeitung von genetischen Daten, biometrischen Daten zur eindeutigen Identifizierung einer natürlichen Person, Gesundheitsdaten oder Daten zum Sexualleben oder der sexuellen Orientierung einer natürlichen Person ist untersagt.

(2) Absatz 1 gilt nicht in folgenden Fällen:

a) Die betroffene Person hat in die Verarbeitung der genannten personenbezogenen Daten für einen oder mehrere festgelegte Zwecke ausdrücklich eingewilligt, es sei denn, nach Unionsrecht oder dem Recht der Mitgliedstaaten kann das Verbot nach Absatz 1 durch die Einwilligung der betroffenen Person nicht aufgehoben werden,

b) die Verarbeitung ist erforderlich, damit der Verantwortliche oder die betroffene Person die ihm bzw. ihr aus dem Arbeitsrecht und dem Recht der sozialen Sicherheit und des Sozialschutzes erwachsenden Rechte ausüben und seinen bzw. ihren diesbezüglichen Pflichten nachkommen kann, soweit dies nach Unionsrecht oder dem Recht der Mitgliedstaaten oder einer Kollektivvereinbarung nach dem Recht der Mitgliedstaaten, das geeignete Garantien für die Grundrechte und die Interessen der betroffenen Person vorsieht, zulässig ist,

c) die Verarbeitung ist zum Schutz lebenswichtiger Interessen der betroffenen Person oder einer anderen natürlichen Person erforderlich und die betroffene Person ist aus körperlichen oder rechtlichen Gründen außerstande, ihre Einwilligung zu geben,

d) die Verarbeitung erfolgt auf der Grundlage geeigneter Garantien durch eine politisch, weltanschaulich, religiös oder gewerkschaftlich ausgerichtete Stiftung, Vereinigung oder sonstige Organisation ohne Gewinnerzielungsabsicht im Rahmen ihrer rechtmäßigen Tätigkeiten und unter der Voraussetzung, dass sich die Verarbeitung ausschließlich auf die Mitglieder oder ehemalige Mitglieder der Organisation oder auf Personen, die im Zusammenhang mit deren Tätigkeitszweck regelmäßige Kontakte mit ihr unterhalten, bezieht und die personenbezogenen Daten nicht ohne Einwilligung der betroffenen Personen nach außen offengelegt werden,

e) die Verarbeitung bezieht sich auf personenbezogene Daten, die die betroffene Person offensichtlich öffentlich gemacht hat,

f) die Verarbeitung ist zur Geltendmachung, Ausübung oder Verteidigung von Rechtsansprüchen oder bei Handlungen der Gerichte im Rahmen ihrer justiziellen Tätigkeit erforderlich,

g) die Verarbeitung ist auf der Grundlage des Unionsrechts oder des Rechts eines Mitgliedstaats, das in angemessenem Verhältnis zu dem verfolgten Ziel steht, den Wesensgehalt des Rechts auf Datenschutz wahrt und angemessene und spezifische Maßnahmen zur Wahrung der Grundrechte und

Interessen der betroffenen Person vorsieht, aus Gründen eines erheblichen öffentlichen Interesses erforderlich,

h) die Verarbeitung ist für Zwecke der Gesundheitsvorsorge oder der Arbeitsmedizin, für die Beurteilung der Arbeitsfähigkeit des Beschäftigten, für die medizinische Diagnostik, die Versorgung oder Behandlung im Gesundheits- oder Sozialbereich oder für die Verwaltung von Systemen und Diensten im Gesundheits- oder Sozialbereich auf der Grundlage des Unionsrechts oder des Rechts eines Mitgliedstaats oder aufgrund eines Vertrags mit einem Angehörigen eines Gesundheitsberufs und vorbehaltlich der in Absatz 3 genannten Bedingungen und Garantien erforderlich,

i) die Verarbeitung ist aus Gründen des öffentlichen Interesses im Bereich der öffentlichen Gesundheit, wie dem Schutz vor schwerwiegenden grenzüberschreitenden Gesundheitsgefahren oder zur Gewährleistung hoher Qualitäts- und Sicherheitsstandards bei der Gesundheitsversorgung und bei Arzneimitteln und Medizinprodukten, auf der Grundlage des Unionsrechts oder des Rechts eines Mitgliedstaats, das angemessene und spezifische Maßnahmen zur Wahrung der Rechte und Freiheiten der betroffenen Person, insbesondere des Berufsgeheimnisses, vorsieht, erforderlich, oder

j) die Verarbeitung ist auf der Grundlage des Unionsrechts oder des Rechts eines Mitgliedstaats, das in angemessenem Verhältnis zu dem verfolgten Ziel steht, den Wesensgehalt des Rechts auf Datenschutz wahrt und angemessene und spezifische Maßnahmen zur Wahrung der Grundrechte und Interessen der betroffenen Person vorsieht, für im öffentlichen Interesse liegende Archivzwecke, für wissenschaftliche oder historische Forschungszwecke oder für statistische Zwecke gemäß Artikel 89 Absatz 1 erforderlich.

(3) Die in Absatz 1 genannten personenbezogenen Daten dürfen zu den in Absatz 2 Buchstabe h genannten Zwecken verarbeitet werden, wenn diese Daten von Fachpersonal oder unter dessen Verantwortung verarbeitet werden und dieses Fachpersonal nach dem Unionsrecht oder dem Recht eines Mitgliedstaats oder den Vorschriften nationaler zuständiger Stellen dem Berufsgeheimnis unterliegt, oder wenn die Verarbeitung durch eine andere Person erfolgt, die ebenfalls nach dem Unionsrecht oder dem Recht eines Mitgliedstaats oder den Vorschriften nationaler zuständiger Stellen einer Geheimhaltungspflicht unterliegt.

(4) Die Mitgliedstaaten können zusätzliche Bedingungen, einschließlich Beschränkungen, einführen oder aufrechterhalten, soweit die Verarbeitung von genetischen, biometrischen oder Gesundheitsdaten betroffen ist.

Artikel 10 Verarbeitung von personenbezogenen Daten über strafrechtliche Verurteilungen und Straftaten

Die Verarbeitung personenbezogener Daten über strafrechtliche Verurteilungen und Straftaten oder damit zusammenhängende Sicherungsmaßregeln aufgrund von Artikel 6 Absatz 1 darf nur unter behördlicher Aufsicht vorgenommen werden oder wenn dies nach dem Unionsrecht oder dem Recht der Mitgliedstaaten, das geeignete Garantien für die Rechte und Freiheiten der betroffenen Personen vorsieht, zulässig ist. Ein umfassendes Register der strafrechtlichen Verurteilungen darf nur unter behördlicher Aufsicht geführt werden.

Artikel 11 Verarbeitung, für die eine Identifizierung der betroffenen Person nicht erforderlich ist

(1) Ist für die Zwecke, für die ein Verantwortlicher personenbezogene Daten verarbeitet, die Identifizierung der betroffenen Person durch den Verantwortlichen nicht oder nicht mehr erforderlich, so ist dieser nicht verpflichtet, zur bloßen Einhaltung dieser Verordnung zusätzliche Informationen aufzubewahren, einzuholen oder zu verarbeiten, um die betroffene Person zu identifizieren.

(2) Kann der Verantwortliche in Fällen gemäß Absatz 1 des vorliegenden Artikels nachweisen, dass er nicht in der Lage ist, die betroffene Person zu identifizieren, so unterrichtet er die betroffene Person hierüber, sofern möglich. In diesen Fällen finden die Artikel 15 bis 20 keine Anwendung, es sei denn, die betroffene Person stellt zur Ausübung ihrer in diesen Artikeln niedergelegten Rechte zusätzliche Informationen bereit, die ihre Identifizierung ermöglichen.

KAPITEL III Rechte der betroffenen Person

Abschnitt 1 Transparenz und Modalitäten

Artikel 12 Transparente Information, Kommunikation und Modalitäten für die Ausübung der Rechte der betroffenen Person

(1) Der Verantwortliche trifft geeignete Maßnahmen, um der betroffenen Person alle Informationen gemäß den Artikeln 13 und 14 und alle Mitteilungen gemäß den Artikeln 15 bis 22 und Artikel 34, die sich auf die Verarbeitung beziehen, in präziser, transparenter, verständlicher und leicht zugänglicher Form in einer klaren und einfachen Sprache zu übermitteln; dies gilt insbesondere für Informationen, die sich speziell an Kinder richten. Die Übermittlung der Informationen erfolgt schriftlich oder in anderer Form, gegebenenfalls auch elektronisch. Falls von der betroffenen Person verlangt, kann die Information mündlich erteilt werden, sofern die Identität der betroffenen Person in anderer Form nachgewiesen wurde.

(2) Der Verantwortliche erleichtert der betroffenen Person die Ausübung ihrer Rechte gemäß den Artikeln 15 bis 22. In den in Artikel 11 Absatz 2 genannten Fällen darf sich der Verantwortliche nur dann weigern, aufgrund des Antrags der betroffenen Person auf Wahrnehmung ihrer Rechte gemäß den Artikeln 15 bis 22 tätig zu werden, wenn er glaubhaft macht, dass er nicht in der Lage ist, die betroffene Person zu identifizieren.

(3) Der Verantwortliche stellt der betroffenen Person Informationen über die auf Antrag gemäß den Artikeln 15 bis 22 ergriffenen Maßnahmen unverzüglich, in jedem Fall aber innerhalb eines Monats nach Eingang des Antrags zur Verfügung. Diese Frist kann um weitere zwei Monate verlängert werden, wenn dies unter Berücksichtigung der Komplexität und der Anzahl von Anträgen erforderlich ist. Der Verantwortliche unterrichtet die betroffene Person innerhalb eines

Monats nach Eingang des Antrags über eine Fristverlängerung, zusammen mit den Gründen für die Verzögerung. Stellt die betroffene Person den Antrag elektronisch, so ist sie nach Möglichkeit auf elektronischem Weg zu unterrichten, sofern sie nichts anderes angibt.

(4) Wird der Verantwortliche auf den Antrag der betroffenen Person hin nicht tätig, so unterrichtet er die betroffene Person ohne Verzögerung, spätestens aber innerhalb eines Monats nach Eingang des Antrags über die Gründe hierfür und über die Möglichkeit, bei einer Aufsichtsbehörde Beschwerde einzulegen oder einen gerichtlichen Rechtsbehelf einzulegen.

(5) Informationen gemäß den Artikeln 13 und 14 sowie alle Mitteilungen und Maßnahmen gemäß den Artikeln 15 bis 22 und Artikel 34 werden unentgeltlich zur Verfügung gestellt. Bei offenkundig unbegründeten oder- insbesondere im Fall von häufiger Wiederholung - exzessiven Anträgen einer betroffenen Person kann der Verantwortliche entweder

a) ein angemessenes Entgelt verlangen, bei dem die Verwaltungskosten für die Unterrichtung oder die Mitteilung oder die Durchführung der beantragten Maßnahme berücksichtigt werden, oder

b) sich weigern, aufgrund des Antrags tätig zu werden. Der Verantwortliche hat den Nachweis für den offenkundig unbegründeten oder exzessiven Charakter des Antrags zu erbringen.

(6) Hat der Verantwortliche begründete Zweifel an der Identität der natürlichen Person, die den Antrag gemäß den Artikeln 15 bis 21 stellt, so kann er unbeschadet des Artikels 11 zusätzliche Informationen anfordern, die zur Bestätigung der Identität der betroffenen Person erforderlich sind.

(7) Die Informationen, die den betroffenen Personen gemäß den Artikeln 13 und 14 bereitzustellen sind, können in Kombination mit standardisierten Bildsymbolen bereitgestellt werden, um in leicht wahrnehmbarer, verständlicher und klar nachvollziehbarer Form einen aussagekräftigen Überblick über die beabsichtigte Verarbeitung zu vermitteln. Werden die Bildsymbole in elektronischer Form dargestellt, müssen sie maschinenlesbar sein.

(8) Der Kommission wird die Befugnis übertragen, gemäß Artikel 92 delegierte Rechtsakte zur Bestimmung der Informationen, die durch Bildsymbole darzustellen sind, und der Verfahren für die Bereitstellung standardisierter Bildsymbole zu erlassen.

Abschnitt 2 Informationspflicht und Recht auf Auskunft zu personenbezogenen Daten

Artikel 13 Informationspflicht bei Erhebung von personenbezogenen Daten bei der betroffenen Person

(1) Werden personenbezogene Daten bei der betroffenen Person erhoben, so teilt der Verantwortliche der betroffenen Person zum Zeitpunkt der Erhebung dieser Daten Folgendes mit:

a) den Namen und die Kontaktdaten des Verantwortlichen sowie gegebenenfalls seines Vertreters;

b) gegebenenfalls die Kontaktdaten des Datenschutzbeauftragten;

c) die Zwecke, für die die personenbezogenen Daten verarbeitet werden sollen, sowie die Rechtsgrundlage für die Verarbeitung;

d) wenn die Verarbeitung auf Artikel 6 Absatz 1 Buchstabe f beruht, die berechtigten Interessen, die von dem Verantwortlichen oder einem Dritten verfolgt werden;

e) gegebenenfalls die Empfänger oder Kategorien von Empfängern der personenbezogenen Daten und

f) gegebenenfalls die Absicht des Verantwortlichen, die personenbezogenen Daten an ein Drittland oder eine internationale Organisation zu übermitteln, sowie das Vorhandensein oder das Fehlen eines Angemessenheitsbeschlusses der Kommission oder im Falle von Übermittlungen gemäß Artikel 46 oder Artikel 47 oder Artikel 49 Absatz 1 Unterabsatz 2 einen Verweis auf die geeigneten oder angemessenen Garantien und die Möglichkeit, wie eine Kopie von ihnen zu erhalten ist, oder wo sie verfügbar sind.

(2) Zusätzlich zu den Informationen gemäß Absatz 1 stellt der Verantwortliche der betroffenen Person zum Zeitpunkt der Erhebung dieser Daten folgende weitere Informationen zur Verfügung, die notwendig sind, um eine faire und transparente Verarbeitung zu gewährleisten:

a) die Dauer, für die die personenbezogenen Daten gespeichert werden oder, falls dies nicht möglich ist, die Kriterien für die Festlegung dieser Dauer;

b) das Bestehen eines Rechts auf Auskunft seitens des Verantwortlichen über die betreffenden personenbezogenen Daten sowie auf Berichtigung oder Löschung oder auf Einschränkung der Verarbeitung oder eines Widerspruchsrechts gegen die Verarbeitung sowie des Rechts auf Datenübertragbarkeit;

c) wenn die Verarbeitung auf Artikel 6 Absatz 1 Buchstabe a oder Artikel 9 Absatz 2 Buchstabe a beruht, das Bestehen eines Rechts, die Einwilligung jederzeit zu widerrufen, ohne dass die Rechtmäßigkeit der aufgrund der Einwilligung bis zum Widerruf erfolgten Verarbeitung berührt wird;

d) das Bestehen eines Beschwerderechts bei einer Aufsichtsbehörde;

e) ob die Bereitstellung der personenbezogenen Daten gesetzlich oder vertraglich vorgeschrieben oder für einen Vertragsabschluss erforderlich ist, ob die betroffene Person verpflichtet ist, die personenbezogenen Daten bereitzustellen, und welche mögliche Folgen die Nichtbereitstellung hätte und

f) das Bestehen einer automatisierten Entscheidungsfindung einschließlich Profiling gemäß Artikel 22 Absätze 1 und 4 und – zumindest in diesen Fällen – aussagekräftige Informationen über die involvierte Logik sowie die Tragweite und die angestrebten Auswirkungen einer derartigen Verarbeitung für die betroffene Person.

(3) Beabsichtigt der Verantwortliche, die personenbezogenen Daten für einen anderen Zweck weiterzuverarbeiten als den, für den die personenbezogenen Daten erhoben wurden, so stellt er der betroffenen Person vor dieser Weiterverarbeitung Informationen über diesen anderen Zweck und alle anderen maßgeblichen Informationen gemäß Absatz 2 zur Verfügung.

(4) Die Absätze 1, 2 und 3 finden keine Anwendung, wenn und soweit die betroffene Person bereits über die Informationen verfügt.

Artikel 14 Informationspflicht, wenn die personenbezogenen Daten nicht bei der betroffenen Person erhoben wurden

(1) Werden personenbezogene Daten nicht bei der betroffenen Person erhoben, so teilt der Verantwortliche der betroffenen Person Folgendes mit:

a) den Namen und die Kontaktdaten des Verantwortlichen sowie gegebenenfalls seines Vertreters;

b) zusätzlich die Kontaktdaten des Datenschutzbeauftragten;

c) die Zwecke, für die die personenbezogenen Daten verarbeitet werden sollen, sowie die Rechtsgrundlage für die Verarbeitung;

d) die Kategorien personenbezogener Daten, die verarbeitet werden;

e) gegebenenfalls die Empfänger oder Kategorien von Empfängern der personenbezogenen Daten;

f) gegebenenfalls die Absicht des Verantwortlichen, die personenbezogenen Daten an einen Empfänger in einem Drittland oder einer internationalen Organisation zu übermitteln, sowie das Vorhandensein oder das Fehlen eines Angemessenheitsbeschlusses der Kommission oder im Falle von Übermittlungen gemäß Artikel 46 oder Artikel 47 oder Artikel 49 Absatz 1 Unterabsatz 2 einen Verweis auf die geeigneten oder angemessenen Garantien und die Möglichkeit, eine Kopie von ihnen zu erhalten, oder wo sie verfügbar sind.

(2) Zusätzlich zu den Informationen gemäß Absatz 1 stellt der Verantwortliche der betroffenen Person die folgenden Informationen zur Verfügung, die erforderlich sind, um der betroffenen Person gegenüber eine faire und transparente Verarbeitung zu gewährleisten:

a) die Dauer, für die die personenbezogenen Daten gespeichert werden oder, falls dies nicht möglich ist, die Kriterien für die Festlegung dieser Dauer;

b) wenn die Verarbeitung auf Artikel 6 Absatz 1 Buchstabe f beruht, die berechtigten Interessen, die von dem Verantwortlichen oder einem Dritten verfolgt werden;

c) das Bestehen eines Rechts auf Auskunft seitens des Verantwortlichen über die betreffenden personenbezogenen Daten sowie auf Berichtigung oder Löschung oder auf Einschränkung der Verarbeitung und eines Widerspruchsrechts gegen die Verarbeitung sowie des Rechts auf Datenübertragbarkeit;

d) wenn die Verarbeitung auf Artikel 6 Absatz 1 Buchstabe a oder Artikel 9 Absatz 2 Buchstabe a beruht, das Bestehen eines Rechts, die Einwilligung jederzeit zu widerrufen, ohne dass die Rechtmäßigkeit der aufgrund der Einwilligung bis zum Widerruf erfolgten Verarbeitung berührt wird;

e) das Bestehen eines Beschwerderechts bei einer Aufsichtsbehörde;

f) aus welcher Quelle die personenbezogenen Daten stammen und gegebenenfalls ob sie aus öffentlich zugänglichen Quellen stammen;

g) das Bestehen einer automatisierten Entscheidungsfindung einschließlich Profiling gemäß Artikel 22 Absätze 1 und 4 und – zumindest in diesen Fällen – aussagekräftige Informationen über die involvierte Logik sowie die Tragweite und die angestrebten Auswirkungen einer derartigen Verarbeitung für die betroffene Person.

(3) Der Verantwortliche erteilt die Informationen gemäß den Absätzen 1 und 2

a) unter Berücksichtigung der spezifischen Umstände der Verarbeitung der personenbezogenen Daten innerhalb einer angemessenen Frist nach Erlangung der personenbezogenen Daten, längstens jedoch innerhalb eines Monats,

b) falls die personenbezogenen Daten zur Kommunikation mit der betroffenen Person verwendet werden sollen, spätestens zum Zeitpunkt der ersten Mitteilung an sie, oder,

c) falls die Offenlegung an einen anderen Empfänger beabsichtigt ist, spätestens zum Zeitpunkt der ersten Offenlegung.

(4) Beabsichtigt der Verantwortliche, die personenbezogenen Daten für einen anderen Zweck weiterzuverarbeiten als den, für den die personenbezogenen Daten erlangt wurden, so stellt er der betroffenen Person vor dieser Weiterverarbeitung Informationen über diesen anderen Zweck und alle anderen maßgeblichen Informationen gemäß Absatz 2 zur Verfügung.

(5) Die Absätze 1 bis 4 finden keine Anwendung, wenn und soweit

a) die betroffene Person bereits über die Informationen verfügt,

b) die Erteilung dieser Informationen sich als unmöglich erweist oder einen unverhältnismäßigen Aufwand erfordern würde; dies gilt insbesondere für die Verarbeitung für im öffentlichen Interesse liegende Archivzwecke, für wissenschaftliche oder historische Forschungszwecke oder für statistische Zwecke vorbehaltlich der in Artikel 89 Absatz 1 genannten Bedingungen und Garantien oder soweit die in Absatz 1 des vorliegenden Artikels genannte Pflicht voraussichtlich die Verwirklichung der Ziele dieser Verarbeitung unmöglich macht oder ernsthaft beeinträchtigt In diesen Fällen ergreift der Verantwortliche geeignete Maßnahmen zum Schutz der Rechte und Freiheiten sowie der berechtigten Interessen der betroffenen Person, einschließlich der Bereitstellung dieser Informationen für die Öffentlichkeit,

c) die Erlangung oder Offenlegung durch Rechtsvorschriften der Union oder der Mitgliedstaaten, denen der Verantwortliche unterliegt und die geeignete

Maßnahmen zum Schutz der berechtigten Interessen der betroffenen Person vorsehen, ausdrücklich geregelt ist oder

d) die personenbezogenen Daten gemäß dem Unionsrecht oder dem Recht der Mitgliedstaaten dem Berufsgeheimnis, einschließlich einer satzungsmäßigen Geheimhaltungspflicht, unterliegen und daher vertraulich behandelt werden müssen.

Artikel 15 Auskunftsrecht der betroffenen Person

(1) Die betroffene Person hat das Recht, von dem Verantwortlichen eine Bestätigung darüber zu verlangen, ob sie betreffende personenbezogene Daten verarbeitet werden; ist dies der Fall, so hat sie ein Recht auf Auskunft über diese personenbezogenen Daten und auf folgende Informationen:

a) die Verarbeitungszwecke;

b) die Kategorien personenbezogener Daten, die verarbeitet werden;

c) die Empfänger oder Kategorien von Empfängern, gegenüber denen die personenbezogenen Daten offengelegt worden sind oder noch offengelegt werden, insbesondere bei Empfängern in Drittländern oder bei internationalen Organisationen;

d) falls möglich die geplante Dauer, für die die personenbezogenen Daten gespeichert werden, oder, falls dies nicht möglich ist, die Kriterien für die Festlegung dieser Dauer;

e) das Bestehen eines Rechts auf Berichtigung oder Löschung der sie betreffenden personenbezogenen Daten oder auf Einschränkung der Verarbeitung durch den Verantwortlichen oder eines Widerspruchsrechts gegen diese Verarbeitung;

f) das Bestehen eines Beschwerderechts bei einer Aufsichtsbehörde;

g) wenn die personenbezogenen Daten nicht bei der betroffenen Person erhoben werden, alle verfügbaren Informationen über die Herkunft der Daten;

h) das Bestehen einer automatisierten Entscheidungsfindung einschließlich Profiling gemäß Artikel 22 Absätze 1 und 4 und – zumindest in diesen Fällen – aussagekräftige Informationen über die involvierte Logik sowie die Tragweite und die angestrebten Auswirkungen einer derartigen Verarbeitung für die betroffene Person.

(2) Werden personenbezogene Daten an ein Drittland oder an eine internationale Organisation übermittelt, so hat die betroffene Person das Recht, über die geeigneten Garantien gemäß Artikel 46 im Zusammenhang mit der Übermittlung unterrichtet zu werden.

(3) Der Verantwortliche stellt eine Kopie der personenbezogenen Daten, die Gegenstand der Verarbeitung sind, zur Verfügung. Für alle weiteren Kopien, die die betroffene Person beantragt, kann der Verantwortliche ein angemessenes Entgelt auf der Grundlage der Verwaltungskosten verlangen. Stellt die betroffene Person den Antrag elektronisch, so sind die Informationen in einem gängigen

elektronischen Format zur Verfügung zu stellen, sofern sie nichts anderes angibt.

(4) Das Recht auf Erhalt einer Kopie gemäß Absatz 3 darf die Rechte und Freiheiten anderer Personen nicht beeinträchtigen.

Abschnitt 3   Berichtigung und Löschung

Artikel 16   Recht auf Berichtigung

Die betroffene Person hat das Recht, von dem Verantwortlichen unverzüglich die Berichtigung sie betreffender unrichtiger personenbezogener Daten zu verlangen. Unter Berücksichtigung der Zwecke der Verarbeitung hat die betroffene Person das Recht, die Vervollständigung unvollständiger personenbezogener Daten – auch mittels einer ergänzenden Erklärung – zu verlangen.

Artikel 17   Recht auf Löschung („Recht auf Vergessenwerden")

(1) Die betroffene Person hat das Recht, von dem Verantwortlichen zu verlangen, dass sie betreffende personenbezogene Daten unverzüglich gelöscht werden, und der Verantwortliche ist verpflichtet, personenbezogene Daten unverzüglich zu löschen, sofern einer der folgenden Gründe zutrifft:

a) Die personenbezogenen Daten sind für die Zwecke, für die sie erhoben oder auf sonstige Weise verarbeitet wurden, nicht mehr notwendig.

b) Die betroffene Person widerruft ihre Einwilligung, auf die sich die Verarbeitung gemäß Artikel 6 Absatz 1 Buchstabe a oder Artikel 9 Absatz 2 Buchstabe a stützte, und es fehlt an einer anderweitigen Rechtsgrundlage für die Verarbeitung.

c) Die betroffene Person legt gemäß Artikel 21 Absatz 1 Widerspruch gegen die Verarbeitung ein und es liegen keine vorrangigen berechtigten Gründe für die Verarbeitung vor, oder die betroffene Person legt gemäß Artikel 21 Absatz 2 Widerspruch gegen die Verarbeitung ein.

d) Die personenbezogenen Daten wurden unrechtmäßig verarbeitet.

e) Die Löschung der personenbezogenen Daten ist zur Erfüllung einer rechtlichen Verpflichtung nach dem Unionsrecht oder dem Recht der Mitgliedstaaten erforderlich, dem der Verantwortliche unterliegt.

f) Die personenbezogenen Daten wurden in Bezug auf angebotene Dienste der Informationsgesellschaft gemäß Artikel 8 Absatz 1 erhoben.

(2) Hat der Verantwortliche die personenbezogenen Daten öffentlich gemacht und ist er gemäß Absatz 1 zu deren Löschung verpflichtet, so trifft er unter Berücksichtigung der verfügbaren Technologie und der Implementierungskosten angemessene Maßnahmen, auch technischer Art, um für die Datenverarbeitung Verantwortliche, die die personenbezogenen Daten verarbeiten, darüber zu informieren, dass eine betroffene Person von ihnen die Löschung aller Links zu diesen personenbezogenen Daten oder von Kopien oder Replikationen dieser personenbezogenen Daten verlangt hat.

(3) Die Absätze 1 und 2 gelten nicht, soweit die Verarbeitung erforderlich ist

a) zur Ausübung des Rechts auf freie Meinungsäußerung und Information;

b) zur Erfüllung einer rechtlichen Verpflichtung, die die Verarbeitung nach dem Recht der Union oder der Mitgliedstaaten, dem der Verantwortliche unterliegt, erfordert, oder zur Wahrnehmung einer Aufgabe, die im öffentlichen Interesse liegt oder in Ausübung öffentlicher Gewalt erfolgt, die dem Verantwortlichen übertragen wurde;

c) aus Gründen des öffentlichen Interesses im Bereich der öffentlichen Gesundheit gemäß Artikel 9 Absatz 2 Buchstaben h und i sowie Artikel 9 Absatz 3;

d) für im öffentlichen Interesse liegende Archivzwecke, wissenschaftliche oder historische Forschungszwecke oder für statistische Zwecke gemäß Artikel 89 Absatz 1, soweit das in Absatz 1 genannte Recht voraussichtlich die Verwirklichung der Ziele dieser Verarbeitung unmöglich macht oder ernsthaft beeinträchtigt, oder

e) zur Geltendmachung, Ausübung oder Verteidigung von Rechtsansprüchen.

Artikel 18 Recht auf Einschränkung der Verarbeitung

(1) Die betroffene Person hat das Recht, von dem Verantwortlichen die Einschränkung der Verarbeitung zu verlangen, wenn eine der folgenden Voraussetzungen gegeben ist:

a) die Richtigkeit der personenbezogenen Daten von der betroffenen Person bestritten wird, und zwar für eine Dauer, die es dem Verantwortlichen ermöglicht, die Richtigkeit der personenbezogenen Daten zu überprüfen,

b) die Verarbeitung unrechtmäßig ist und die betroffene Person die Löschung der personenbezogenen Daten ablehnt und stattdessen die Einschränkung der Nutzung der personenbezogenen Daten verlangt;

c) der Verantwortliche die personenbezogenen Daten für die Zwecke der Verarbeitung nicht länger benötigt, die betroffene Person sie jedoch zur Geltendmachung, Ausübung oder Verteidigung von Rechtsansprüchen benötigt, oder

d) die betroffene Person Widerspruch gegen die Verarbeitung gemäß Artikel 21 Absatz 1 eingelegt hat, solange noch nicht feststeht, ob die berechtigten Gründe des Verantwortlichen gegenüber denen der betroffenen Person überwiegen.

(2) Wurde die Verarbeitung gemäß Absatz 1 eingeschränkt, so dürfen diese personenbezogenen Daten – von ihrer Speicherung abgesehen – nur mit Einwilligung der betroffenen Person oder zur Geltendmachung, Ausübung oder Verteidigung von Rechtsansprüchen oder zum Schutz der Rechte einer anderen natürlichen oder juristischen Person oder aus Gründen eines wichtigen öffentlichen Interesses der Union oder eines Mitgliedstaats verarbeitet werden.

(3) Eine betroffene Person, die eine Einschränkung der Verarbeitung gemäß Absatz 1 erwirkt hat, wird von dem Verantwortlichen unterrichtet, bevor die Einschränkung aufgehoben wird.

Artikel 19 Mitteilungspflicht im Zusammenhang mit der Berichtigung oder Löschung personenbezogener Daten oder der Einschränkung der Verarbeitung

Der Verantwortliche teilt allen Empfängern, denen personenbezogenen Daten offengelegt wurden, jede Berichtigung oder Löschung der personenbezogenen Daten oder eine Einschränkung der Verarbeitung nach Artikel 16, Artikel 17 Absatz 1 und Artikel 18 mit, es sei denn, dies erweist sich als unmöglich oder ist mit einem unverhältnismäßigen Aufwand verbunden. Der Verantwortliche unterrichtet die betroffene Person über diese Empfänger, wenn die betroffene Person dies verlangt.

Artikel 20 Recht auf Datenübertragbarkeit

(1) Die betroffene Person hat das Recht, die sie betreffenden personenbezogenen Daten, die sie einem Verantwortlichen bereitgestellt hat, in einem strukturierten, gängigen und maschinenlesbaren Format zu erhalten, und sie hat das Recht, diese Daten einem anderen Verantwortlichen ohne Behinderung durch den Verantwortlichen, dem die personenbezogenen Daten bereitgestellt wurden, zu übermitteln, sofern

a) die Verarbeitung auf einer Einwilligung gemäß Artikel 6 Absatz 1 Buchstabe a oder Artikel 9 Absatz 2 Buchstabe a oder auf einem Vertrag gemäß Artikel 6 Absatz 1 Buchstabe b beruht und

b) die Verarbeitung mithilfe automatisierter Verfahren erfolgt.

(2) Bei der Ausübung ihres Rechts auf Datenübertragbarkeit gemäß Absatz 1 hat die betroffene Person das Recht, zu erwirken, dass die personenbezogenen Daten direkt von einem Verantwortlichen einem anderen Verantwortlichen übermittelt werden, soweit dies technisch machbar ist.

(3) Die Ausübung des Rechts nach Absatz 1 des vorliegenden Artikels lässt Artikel 17 unberührt. Dieses Recht gilt nicht für eine Verarbeitung, die für die Wahrnehmung einer Aufgabe erforderlich ist, die im öffentlichen Interesse liegt oder in Ausübung öffentlicher Gewalt erfolgt, die dem Verantwortlichen übertragen wurde.

(4) Das Recht gemäß Absatz 1 darf die Rechte und Freiheiten anderer Personen nicht beeinträchtigen.

Abschnitt 4 Widerspruchsrecht und automatisierte Entscheidungsfindung im Einzelfall

Artikel 21 Widerspruchsrecht

(1) Die betroffene Person hat das Recht, aus Gründen, die sich aus ihrer besonderen Situation ergeben, jederzeit gegen die Verarbeitung sie betreffender personenbezogener Daten, die aufgrund von Artikel 6 Absatz 1 Buchstaben e oder f erfolgt, Widerspruch einzulegen; dies gilt auch für ein auf diese Bestimmungen gestütztes Profiling. Der Verantwortliche verarbeitet die personenbezogenen Daten nicht mehr, es sei denn, er kann zwingende schutzwürdige Gründe für die Verarbeitung nachweisen, die die Interessen, Rechte und Freiheiten der betroffenen Person überwiegen, oder die Verarbeitung dient der Geltendmachung, Ausübung oder Verteidigung von Rechtsansprüchen.

(2) Werden personenbezogene Daten verarbeitet, um Direktwerbung zu betreiben, so hat die betroffene Person das Recht, jederzeit Widerspruch gegen die Verarbeitung sie betreffender personenbezogener Daten zum Zwecke derartiger Werbung einzulegen; dies gilt auch für das Profiling, soweit es mit solcher Direktwerbung in Verbindung steht.

(3) Widerspricht die betroffene Person der Verarbeitung für Zwecke der Direktwerbung, so werden die personenbezogenen Daten nicht mehr für diese Zwecke verarbeitet.

(4) Die betroffene Person muss spätestens zum Zeitpunkt der ersten Kommunikation mit ihr ausdrücklich auf das in den Absätzen 1 und 2 genannte Recht hingewiesen werden; dieser Hinweis hat in einer verständlichen und von anderen Informationen getrennten Form zu erfolgen.

(5) Im Zusammenhang mit der Nutzung von Diensten der Informationsgesellschaft kann die betroffene Person ungeachtet der Richtlinie 2002/58/EG ihr Widerspruchsrecht mittels automatisierter Verfahren ausüben, bei denen technische Spezifikationen verwendet werden.

(6) Die betroffene Person hat das Recht, aus Gründen, die sich aus ihrer besonderen Situation ergeben, gegen die sie betreffende Verarbeitung sie betreffender personenbezogener Daten, die zu wissenschaftlichen oder historischen Forschungszwecken oder zu statistischen Zwecken gemäß Artikel 89 Absatz 1 erfolgt, Widerspruch einzulegen, es sei denn, die Verarbeitung ist zur Erfüllung einer im öffentlichen Interesse liegenden Aufgabe erforderlich.

Artikel 22 Automatisierte Entscheidungen im Einzelfall einschließlich Profiling

(1) Die betroffene Person hat das Recht, nicht einer ausschließlich auf einer automatisierten Verarbeitung – einschließlich Profiling – beruhenden Entscheidung unterworfen zu werden, die ihr gegenüber rechtliche Wirkung entfaltet oder sie in ähnlicher Weise erheblich beeinträchtigt.

(2) Absatz 1 gilt nicht, wenn die Entscheidung

a) für den Abschluss oder die Erfüllung eines Vertrags zwischen der betroffenen Person und dem Verantwortlichen erforderlich ist,

b) aufgrund von Rechtsvorschriften der Union oder der Mitgliedstaaten, denen der Verantwortliche unterliegt, zulässig ist und diese Rechtsvorschriften angemessene Maßnahmen zur Wahrung der Rechte und Freiheiten sowie der berechtigten Interessen der betroffenen Person enthalten oder

c) mit ausdrücklicher Einwilligung der betroffenen Person erfolgt.

(3) In den in Absatz 2 Buchstaben a und c genannten Fällen trifft der Verantwortliche angemessene Maßnahmen, um die Rechte und Freiheiten sowie die berechtigten Interessen der betroffenen Person zu wahren, wozu mindestens das Recht auf Erwirkung des Eingreifens einer Person seitens des Verantwortlichen, auf Darlegung des eigenen Standpunkts und auf Anfechtung der Entscheidung gehört.

(4) Entscheidungen nach Absatz 2 dürfen nicht auf besonderen Kategorien personenbezogener Daten nach Artikel 9 Absatz 1 beruhen, sofern nicht Artikel 9 Absatz 2 Buchstabe a oder g gilt und angemessene Maßnahmen zum Schutz der Rechte und Freiheiten sowie der berechtigten Interessen der betroffenen Person getroffen wurden.

Abschnitt 5   Beschränkungen

Artikel 23   Beschränkungen

(1) Durch Rechtsvorschriften der Union oder der Mitgliedstaaten, denen der Verantwortliche oder der Auftragsverarbeiter unterliegt, können die Pflichten und Rechte gemäß den Artikeln 12 bis 22 und Artikel 34 sowie Artikel 5, insofern dessen Bestimmungen den in den Artikeln 12 bis 22 vorgesehenen Rechten und Pflichten entsprechen, im Wege von Gesetzgebungsmaßnahmen beschränkt werden, sofern eine solche Beschränkung den Wesensgehalt der Grundrechte und Grundfreiheiten achtet und in einer demokratischen Gesellschaft eine notwendige und verhältnismäßige Maßnahme darstellt, die Folgendes sicherstellt:

a) die nationale Sicherheit;

b) die Landesverteidigung;

c) die öffentliche Sicherheit;

d) die Verhütung, Ermittlung, Aufdeckung oder Verfolgung von Straftaten oder die Strafvollstreckung, einschließlich des Schutzes vor und der Abwehr von Gefahren für die öffentliche Sicherheit;

e) den Schutz sonstiger wichtiger Ziele des allgemeinen öffentlichen Interesses der Union oder eines Mitgliedstaats, insbesondere eines wichtigen wirtschaftlichen oder finanziellen Interesses der Union oder eines Mitgliedstaats, etwa im Währungs-, Haushalts- und Steuerbereich sowie im Bereich der öffentlichen Gesundheit und der sozialen Sicherheit;

f) den Schutz der Unabhängigkeit der Justiz und den Schutz von Gerichtsverfahren;

g) die Verhütung, Aufdeckung, Ermittlung und Verfolgung von Verstößen gegen die berufsständischen Regeln reglementierter Berufe;

h) Kontroll-, Überwachungs- und Ordnungsfunktionen, die dauernd oder zeitweise mit der Ausübung öffentlicher Gewalt für die unter den Buchstaben a bis e und g genannten Zwecke verbunden sind;

i) den Schutz der betroffenen Person oder der Rechte und Freiheiten anderer Personen;

j) die Durchsetzung zivilrechtlicher Ansprüche.

(2) Jede Gesetzgebungsmaßnahme im Sinne des Absatzes 1 muss insbesondere gegebenenfalls spezifische Vorschriften enthalten zumindest in Bezug auf

a) die Zwecke der Verarbeitung oder die Verarbeitungskategorien,

b) die Kategorien personenbezogener Daten,

c) den Umfang der vorgenommenen Beschränkungen,

d) die Garantien gegen Missbrauch oder unrechtmäßigen Zugang oder unrechtmäßige Übermittlung;

e) die Angaben zu dem Verantwortlichen oder den Kategorien von Verantwortlichen,

f) die jeweiligen Speicherfristen sowie die geltenden Garantien unter Berücksichtigung von Art, Umfang und Zwecken der Verarbeitung oder der Verarbeitungskategorien,

g) die Risiken für die Rechte und Freiheiten der betroffenen Personen und

h) das Recht der betroffenen Personen auf Unterrichtung über die Beschränkung, sofern dies nicht dem Zweck der Beschränkung abträglich ist.

Vorschriften in anderen Gesetzen
(vgl. Nr. 7 des AEAO zu § 30)

Auszug aus dem Gesetz über den Abbau der Fehlsubventionierung im Wohnungswesen (AFWoG):

§ 5 - Einkommensnachweis, Auskünfte

...

(3) Alle Behörden, insbesondere die Finanzbehörden, sowie die Arbeitgeber haben der zuständigen Stelle Auskunft über die Einkommensverhältnisse zu erteilen, soweit die Durchführung dieses Gesetzes es erfordert.

Auszug aus dem Gesetz über das Verfahren in Familiensachen und in Angelegenheiten der freiwilligen Gerichtsbarkeit (FamFG):

§ 236 - Verfahrensrechtliche Auskunftspflicht Dritter

(1) Kommt ein Beteiligter innerhalb der hierfür gesetzten Frist einer Verpflichtung nach § 235 Abs. 1 nicht oder nicht vollständig nach, kann das Gericht, soweit dies für die Bemessung des Unterhalts von Bedeutung ist, über die Höhe der Einkünfte Auskunft und bestimmte Belege anfordern bei

1. Arbeitgebern,
2. Sozialleistungsträgern sowie der Künstlersozialkasse,
3. sonstigen Personen oder Stellen, die Leistungen zur Versorgung im Alter und bei verminderter Erwerbsfähigkeit sowie Leistungen zur Entschädigung und zum Nachteilsausgleich zahlen,
4. Versicherungsunternehmen oder
5. Finanzämtern. § 379

...

§ 379 Mitteilungspflichten der Behörden

...

(2) Die Finanzbehörden haben den Registergerichten Auskunft über die steuerlichen Verhältnisse von Kaufleuten oder Unternehmen, insbesondere auf dem Gebiet der Gewerbe- und Umsatzsteuer, zu erteilen, soweit diese Auskunft zur Verhütung unrichtiger Eintragungen im Handels-, Gesellschafts- oder Partnerschaftsregister sowie zur Berichtigung, Vervollständigung oder Löschung von Eintragungen im Register benötigt wird. Die Auskünfte unterliegen nicht der Akteneinsicht (§ 13).

Auszug aus dem Aufenthaltsgesetz (AufenthG):

§ 88 Übermittlungen bei besonderen gesetzlichen Verarbeitungsregelungen

...

(3) Personenbezogene Daten, die nach § 30 der Abgabenordnung dem Steuergeheimnis unterliegen, dürfen übermittelt werden, wenn der Ausländer gegen eine Vorschrift des Steuerrechts einschließlich des Zollrechts oder des Monopolrechts oder des Außenwirtschaftsrechts oder gegen Einfuhr-, Ausfuhr-, Durchfuhr- oder Verbringungsverbote oder -beschränkungen verstoßen hat und wegen dieses Verstoßes ein strafrechtliches Ermittlungsverfahren eingeleitet oder eine Geldbuße von mindestens fünfhundert Euro verhängt worden ist. In den Fällen des Satzes 1

dürfen auch die mit der polizeilichen Kontrolle des grenzüberschreitenden Verkehrs beauftragten Behörden unterrichtet werden, wenn ein Ausreiseverbot nach § 46 Abs. 2 erlassen werden soll.

Auszug aus dem Baugesetzbuch (BauGB):

§ 197 Befugnisse des Gutachterausschusses

...

(2) Alle Gerichte und Behörden haben dem Gutachterausschuss Rechts- und Amtshilfe zu leisten. Die Finanzbehörden erteilen dem Gutachterausschuss auf Ersuchen Auskünfte über Grundstücke, soweit ihnen die Verhältnisse der Grundstücke bekannt sind und dies zur Ermittlung von Ausgleichsbeträgen und Enteignungsentschädigungen sowie zur Ermittlung von Verkehrswerten und der für die Wertermittlung erforderlichen Daten einschließlich der Bodenrichtwerte erforderlich ist. Die Auskunftspflicht besteht nicht, soweit deren Erfüllung mit einem unverhältnismäßigen Aufwand verbunden wäre.

Auszug aus dem Beamtenstatusgesetz (BeamtStG):

§ 49 Übermittlungen bei Strafverfahren

(1) Das Gericht, die Strafverfolgungs- oder die Strafvollstreckungsbehörde hat in Strafverfahren gegen Beamtinnen und Beamte zur Sicherstellung der erforderlichen dienstrechtlichen Maßnahmen im Fall der Erhebung der öffentlichen Klage

1. die Anklageschrift oder eine an ihre Stelle tretende Antragsschrift,
2. den Antrag auf Erlass eines Strafbefehls und
3. die einen Rechtszug abschließende Entscheidung mit Begründung

zu übermitteln. Ist gegen die Entscheidung ein Rechtsmittel eingelegt worden, ist die Entscheidung unter Hinweis auf das eingelegte Rechtsmittel zu übermitteln. Der Erlass und der Vollzug eines Haftbefehls oder eines Unterbringungsbefehls sind mitzuteilen.

(2) In Verfahren wegen fahrlässig begangener Straftaten werden die in Absatz 1 Satz 1 bestimmten Übermittlungen nur vorgenommen, wenn

1. es sich um schwere Verstöße handelt, namentlich Vergehen der Trunkenheit im Straßenverkehr oder der fahrlässigen Tötung, oder
2. in sonstigen Fällen die Kenntnis der Daten aufgrund der Umstände des Einzelfalls erforderlich ist, um zu prüfen, ob dienstrechtliche Maßnahmen zu ergreifen sind.

(3) Entscheidungen über Verfahrenseinstellungen, die nicht bereits nach Absatz 1 oder 2 zu übermitteln sind, sollen übermittelt werden, wenn die in Absatz 2 Nr. 2 genannten Voraussetzungen erfüllt sind. Dabei ist zu berücksichtigen, wie gesichert die zu übermittelnden Erkenntnisse sind.

(4) Sonstige Tatsachen, die in einem Strafverfahren bekannt werden, dürfen mitgeteilt werden, wenn ihre Kenntnis aufgrund besonderer Umstände des Einzelfalls für dienstrechtliche Maßnahmen gegen eine Beamtin oder einen Beamten erforderlich ist und soweit nicht für die übermittelnde Stelle erkennbar ist, dass schutzwürdige Interessen der Beamtin oder des Beamten an dem Ausschluss der Übermittlung überwiegen. Erforderlich ist die Kenntnis der Daten auch dann, wenn diese Anlass zur Prüfung bieten, ob dienstrechtliche Maßnahmen zu ergreifen sind. Absatz 3 Satz 2 ist entsprechend anzuwenden.

(5) Nach den Absätzen 1 bis 4 übermittelte Daten dürfen auch für die Wahrnehmung der Aufgaben nach dem Sicherheitsüberprüfungsgesetz oder einem entsprechenden Landesgesetz verwendet werden.

(6) Übermittlungen nach den Absätzen 1 bis 3 sind auch zulässig, soweit sie Daten betreffen, die dem Steuergeheimnis (§ 30 der Abgabenordnung) unterliegen. Übermittlungen nach Absatz 4 sind unter den Voraussetzungen des § 30 Abs. 4 Nr. 5 der Abgabenordnung zulässig.

Auszug aus dem Bundesbeamtengesetz (BBG):

§ 115 Übermittlungen in Strafverfahren

(1) Das Gericht, die Strafverfolgungs- oder die Strafvollstreckungsbehörde hat in Strafverfahren gegen Beamtinnen und Beamte zur Sicherstellung der erforderlichen dienstrechtlichen Maßnahmen im Fall der Erhebung der öffentlichen Klage
1. die Anklageschrift oder eine an ihre Stelle tretende Antragsschrift,
2. den Antrag auf Erlass eines Strafbefehls und
3. die einen Rechtszug abschließende Entscheidung mit Begründung

zu übermitteln. Ist gegen die Entscheidung ein Rechtsmittel eingelegt worden, ist die Entscheidung unter Hinweis auf das eingelegte Rechtsmittel zu übermitteln. Der Erlass und der Vollzug eines Haftbefehls oder eines Unterbringungsbefehls sind mitzuteilen.

(2) In Verfahren wegen fahrlässig begangener Straftaten werden die in Absatz 1 Satz 1 bestimmten Übermittlungen nur vorgenommen, wenn
1. es sich um schwere Verstöße handelt, namentlich Vergehen der Trunkenheit im Straßenverkehr oder der fahrlässigen Tötung, oder
2. in sonstigen Fällen die Kenntnis der Daten aufgrund der Umstände des Einzelfalls erforderlich ist, um zu prüfen, ob dienstrechtliche Maßnahmen zu ergreifen sind.

(3) Entscheidungen über Verfahrenseinstellungen, die nicht bereits nach Absatz 1 oder 2 zu übermitteln sind, sollen übermittelt werden, wenn die in Absatz 2 Nr. 2 genannten Voraussetzungen erfüllt sind. Dabei ist zu berücksichtigen, wie gesichert die Erkenntnisse sind, die der zu übermittelnden Entscheidung zugrunde liegen.

(4) Sonstige Tatsachen, die in einem Strafverfahren bekannt werden, dürfen mitgeteilt werden, wenn ihre Kenntnis aufgrund besonderer Umstände des Einzelfalls für dienstrechtliche Maßnahmen gegen eine Beamtin oder einen Beamten erforderlich ist und soweit nicht für die übermittelnde Stelle erkennbar ist, dass schutzwürdige Interessen der Beamtin oder des Beamten an dem Ausschluss der Übermittlung überwiegen. Erforderlich ist die Kenntnis der Daten auch dann, wenn diese Anlass zur Prüfung bieten, ob dienstrechtliche Maßnahmen zu ergreifen sind. Absatz 3 Satz 2 ist entsprechend anzuwenden.

(5) Nach den Absätzen 1 bis 4 übermittelte Daten dürfen auch für die Wahrnehmung der Aufgaben nach dem Sicherheitsüberprüfungsgesetz oder einem entsprechenden Gesetz verwendet werden.

(6) Übermittlungen nach den Absätzen 1 bis 3 sind auch zulässig, soweit sie Daten betreffen, die dem Steuergeheimnis (§ 30 der Abgabenordnung) unterliegen. Übermittlungen nach Absatz 4 sind unter den Voraussetzungen des § 30 Abs. 4 Nr. 5 der Abgabenordnung zulässig.

(7) Mitteilungen sind an die zuständigen Dienstvorgesetzten oder deren Vertretung im Amt zu richten und als „Vertrauliche Personalsache" zu kennzeichnen.

Auszug aus dem Bundesdatenschutzgesetz (BDSG):

§ 16 Befugnisse

...

(3) Die Befugnisse der oder des Bundesbeauftragten erstrecken sich auch auf
1. von öffentlichen Stellen des Bundes erlangte personenbezogene Daten über den Inhalt und die näheren Umstände des Brief-, Post- und Fernmeldeverkehrs und
2. personenbezogene Daten, die einem besonderen Amtsgeheimnis, insbesondere dem Steuergeheimnis nach § 30 der Abgabenordnung, unterliegen.

Das Grundrecht des Brief-, Post- und Fernmeldegeheimnisses des Artikels 10 des Grundgesetzes wird insoweit eingeschränkt.

(4) Die öffentlichen Stellen des Bundes sind verpflichtet, der oder dem Bundesbeauftragten und ihren oder seinen Beauftragten
1. jederzeit Zugang zu den Grundstücken und Diensträumen, einschließlich aller Datenverarbeitungsanlagen und -geräte, sowie zu allen personenbezogenen Daten und Informationen, die zur Erfüllung ihrer oder seiner Aufgaben notwendig sind, zu gewähren und
2. alle Informationen, die für die Erfüllung ihrer oder seiner Aufgaben erforderlich sind, bereitzustellen.

Für nichtöffentliche Stellen besteht die Verpflichtung des Satzes 1 Nummer 1 nur während der üblichen Betriebs- und Geschäftszeiten.

...

Auszug aus dem Erdölbevorratungsgesetz (ErdölBevG):

§ 39 Mitwirkung der Finanzverwaltung

Die Bundesfinanzbehörden sind berechtigt, die nach § 30 der Abgabenordnung geschützten Verhältnisse der Betroffenen dem Bundesamt für Wirtschaft und Ausfuhrkontrolle und dem Erdölbevorratungsverband mitzuteilen, soweit dies erforderlich ist, um die Erfüllung der in diesem Gesetz festgelegten Meldepflichten der Mitglieder sowie der Auskunfts- und Nachweispflichten der Mitglieder und Nichtmitglieder zu überwachen und die Richtigkeit der gemachten Angaben zu überprüfen.

Auszug aus dem Gesetz über das gerichtliche Verfahren in Landwirtschaftssachen (LwVfG):

§ 17

Alle Behörden sind auf Ersuchen des Gerichts zur Amtshilfe verpflichtet. Die Finanzämter haben auf Ersuchen des Gerichts Auskünfte über den Einheitswert oder den Wirtschaftswert land- oder forstwirtschaftlicher Grundstücke zu erteilen.

Auszug aus der Gewerbeordnung (GewO)

§ 14 Anzeigepflicht; Verordnungsermächtigung

...

(4) Die Finanzbehörden haben den zuständigen Behörden die nach § 30 der Abgabenordnung geschützten Daten von Unternehmern im Sinne des § 5 des Gewerbesteuergesetzes mitzuteilen, wenn deren Steuerpflicht nach dem Gewerbesteuergesetz erloschen ist; mitzuteilen sind
1. der Name,
2. die betriebliche Anschrift,
3. die Rechtsform,
4. der amtliche Gemeindeschlüssel,
5. die Wirtschaftsidentifikationsnummer nach § 139c der Abgabenordnung und, soweit vorhanden, das Unterscheidungsmerkmal nach § 139c Absatz 5a der Abgabenordnung sowie
6. der Tag, an dem die Steuerpflicht endet.

Absatz 5 Satz 1 gilt entsprechend.

...

§ 153a Mitteilungen zum Gewerbezentralregister

(1) Die Behörden und die Gerichte teilen dem Gewerbezentralregister die einzutragenden Entscheidungen, Feststellungen und Tatsachen mit. § 30 der Abgabenordnung steht den Mitteilungen von Entscheidungen im Sinne des § 149 Absatz 2 Satz 1 Nr. 3 nicht entgegen.

...

Auszug aus dem Güterkraftverkehrsgesetz (GüKG):

§ 3 Erlaubnispflicht

...

(5) Eine Erlaubnis ist zurückzunehmen, wenn nachträglich bekannt wird, dass die Erlaubnis hätte versagt werden müssen. Eine Erlaubnis ist zu widerrufen, wenn nachträglich Tatsachen eintreten, die zur Versagung hätten führen müssen. Die Finanzbehörden dürfen die nach Landesrecht zuständigen Behörden davon in Kenntnis setzen, dass der Unternehmer die ihm obliegenden steuerrechtlichen Verpflichtungen wiederholt nicht erfüllt hat oder eine eidesstattliche Versicherung nach § 284 der Abgabenordnung abgegeben hat.

...

Auszug aus dem Kreditwesengesetz (KWG):

§ 8 Zusammenarbeit mit anderen Stellen

...

(2) Werden gegen Inhaber oder Geschäftsleiter von Instituten sowie gegen Inhaber bedeutender Beteiligungen von Instituten oder deren gesetzliche oder satzungsmäßige Vertreter oder persönlich haftende Gesellschafter oder gegen Personen, die die Geschäfte einer Finanzholding-Gesellschaft oder einer gemischten Finanzholding-Gesellschaft tatsächlich führen, Steuerstrafverfahren eingeleitet oder unterbleibt dies auf Grund einer Selbstanzeige nach § 371 der Abgabenordnung, so steht § 30 der Abgabenordnung Mitteilungen an die Bundesanstalt über das Verfahren und über den zugrunde liegenden Sachverhalt nicht entgegen; das Gleiche gilt wenn sich das Verfahren gegen Personen richtet, die das Vergehen als Bedienstete eines Instituts oder eines Inhabers einer bedeutenden Beteiligung an einem Institut begangen habe.

...

Auszug aus dem Bundesmeldegesetz (BMG):

§ 6 Richtigkeit und Vollständigkeit des Melderegisters

...

(2) Soweit die in Absatz 1 Satz 2 genannten öffentlichen Stellen nicht Aufgaben der amtlichen Statistik wahrnehmen oder öffentlich-rechtliche Religionsgesellschaften sind, haben sie die Meldebehörden unverzüglich zu unterrichten, wenn ihnen konkrete Anhaltspunkte für die Unrichtigkeit oder Unvollständigkeit der übermittelten Daten vorliegen. Öffentliche Stellen, denen auf ihr Ersuchen hin Meldedaten übermittelt worden sind, haben die Meldebehörden zu unterrichten, wenn ihnen solche Anhaltspunkte vorliegen. Gesetzliche Geheimhaltungspflichten, insbesondere das Steuergeheimnis nach § 30 der Abgabenordnung, sowie Berufs oder besondere Amtsgeheimnisse stehen der Unterrichtung nicht entgegen, soweit sie sich auf die Angabe beschränkt, dass konkrete Anhaltspunkte für die Unrichtigkeit oder Unvollständigkeit übermittelter Daten vorliegen.

...

Auszug aus dem Personenbeförderungsgesetz (PBefG):

§ 25 Widerruf der Genehmigung

...

(3) Auf Verlangen der Genehmigungsbehörde hat der Unternehmer den Nachweis zu führen, dass die Voraussetzungen des § 13 Absatz 1 Satz 1 Nummer 4 vorliegen und die sonst in Absatz 2 bezeichneten Verpflichtungen erfüllt werden. Die Finanzbehörden dürfen den Genehmigungsbehörden Mitteilung über die wiederholte Nichterfüllung der sich aus dem Unternehmen ergebenden steuerrechtlichen Verpflichtungen oder die Abgabe der Vermögensauskunft nach § 284 der Abgabenordnung machen.

...

Auszug aus dem Gesetz über die Preisstatistik (PreisStatG):

§ 7

(1) Die Statistik nach § 2 Nummer 5 erfasst
1. die Preise für nach Arten und Merkmalen bezeichnete Grundstücke, Gebäude und Wohnungen,
2. Angaben darüber, ob es sich bei den Käuferinnen und Käufern sowie den Verkäuferinnen und Verkäufern jeweils um natürliche Personen, juristische Personen des öffentlichen und des Privatrechts handelt,
3. die Angabe über das Vorhandensein einer familiären Beziehung zwischen den Käuferinnen und Käufern und den Verkäuferinnen und Verkäufern sowie
4. für die Kaufwerte landwirtschaftlicher Grundstücke zusätzlich die Angabe darüber, ob es sich bei den Käuferinnen und Käufern sowie bei den Verkäuferinnen und Verkäufern um eine Landwirtin oder einen Landwirt oder eine Nichtlandwirtin oder einen Nichtlandwirt handelt.

(2) Auskunftspflichtig sind die Finanzämter oder die Geschäftsstellen der Gutachterausschüsse für Grundstückswerte.

Auszug aus dem Vermögensgesetz (VermG):

§ 27 Amts- und Rechtshilfe

(1) Alle Behörden und Gerichte haben den in diesem Abschnitt genannten Behörden unentgeltlich Amts- und Rechtshilfe zu leisten. Insbesondere sind die Finanzbehörden in dem in Artikel 3 des Einigungsvertrages genannten Gebiet verpflichtet, Auskünfte zu erteilen oder Einsicht in die Akten zu gewähren, soweit es zur Durchführung dieses Gesetzes erforderlich ist.

...

Auszug aus dem SGB X:

§ 21 Beweismittel

...

(4) Die Finanzbehörden haben, soweit es im Verfahren nach diesem Gesetzbuch erforderlich ist, Auskunft über die ihnen bekannten Einkommens- oder Vermögensverhältnisse des Antragstellers, Leistungsempfängers, Erstattungspflichtigen, Unterhaltsverpflichteten, Unterhaltsberechtigten oder der zum Haushalt rechnenden Familienmitglieder zu erteilen.

Auszug aus dem Steuerberatungsgesetz (StBerG):

siehe Anhang 7

Auszug aus dem Gesetz über Steuerstatistiken (StStatG):
§2a Statistische Aufbereitung von Daten aus der Einkommensbesteuerung
(1) Die Länderfinanzverwaltungen übermitteln die im Rahmen des automatisierten Besteuerungsverfahrens vorhandenen Angaben zur Lohn- und Einkommensteuer jährlich an das Bundesministerium der Finanzen. Die statistische Aufbereitung dieser Daten wird für die Veranlagungsjahre 2001 bis 2011 dem Statistischen Bundesamt übertragen.

...

§ 2b Statistische Aufbereitung von Daten aus der Umsatz-, Körperschaft- und Gewerbesteuer
(1) Die Länderfinanzverwaltungen übermitteln die im Rahmen des automatisierten Besteuerungsverfahrens vorhandenen Angaben zur Umsatz-, Körperschaft- und Gewerbesteuer jährlich an das Bundesministerium der Finanzen. Die statistische Aufbereitung der Daten zur Körperschaftsteuer für die Veranlagungsjahre 2004 bis 2012 sowie zur Gewerbesteuer für die Veranlagungsjahre 2004 bis 2009 wird dem Statistischen Bundesamt übertragen.

...

§ 4 Kindergeldstatistik

...

(4) (weggefallen)

...

§ 6 Auskunftspflicht
(1) Für die Statistiken nach diesem Gesetz besteht Auskunftspflicht. Auskunftspflichtig sind die Finanzbehörden der Länder und die zentrale Stelle.
(2) Für die Statistik nach § 1 Absatz 1 Nummer 2 und die Aufgaben nach § 1 Absatz 2 übermitteln die Finanzbehörden der Länder den statistischen Ämtern der Länder die elektronischen Lohnsteuerbescheinigungen und den amtlichen Gemeindeschlüssel. Dieser wird nach dem Wohnsitz im Sinn des § 7 Absatz 2 des Zerlegungsgesetzes ermittelt. Die elektronischen Lohnsteuerbescheinigungen sind zu löschen, sobald sie für die in Satz 1 genannten Zwecke nicht mehr benötigt werden.

...

§ 9 Statistische Aufbereitung von Daten aus dem Vollzug der Steuergesetze
(1) Soweit auf dem Gebiet der Verbrauchsteuern sowie der Kraftfahrzeugsteuer und der Versicherungsteuer dem Statistischen Bundesamt nach § 8 des Bundesstatistikgesetzes die statistische Aufbereitung von Angaben aus dem Verwaltungsvollzug übertragen wird, sind die Bundesfinanzbehörden berechtigt, dem Statistischen Bundesamt für diese Zwecke auch Einzelangaben zu übermitteln, die dem Steuergeheimnis nach § 30 der Abgabenordnung unterliegen.
(2) Absatz 1 gilt entsprechend, soweit den statistischen Ämtern der Länder die statistische Aufbereitung der Angaben zur Biersteuer übertragen wird.
(3) Zur Verprobung neuer Steuermodelle auf dem Gebiet der Grundsteuer und der Grunderwerbsteuer sind die Länderfinanzbehörden berechtigt, die dafür erforderlichen Einzelangaben einschließlich der grundstücksbezogenen Einzelangaben, die sie zur Durchführung der Feststellungen nach dem Bewertungsgesetz in der Fassung der Bekanntmachung vom 1. Februar 1991 (BGBl. I S. 230), das zuletzt durch Artikel 7 des Gesetzes vom 1. November 2011 (BGBl. I S. 2131) geändert worden ist, in der jeweils geltenden Fassung ermittelt haben, dem Statistischen Bundesamt und den statistischen Ämtern der Länder zu übermitteln, auch soweit diese dem Steuergeheimnis nach § 30 der Abgabenordnung unterliegen. Das Statistische Bundesamt und die statistischen Ämter der Länder dürfen die nach Satz 1 übermittelten Angaben nach den Vorgaben des Bundesministeriums der Finanzen und der obersten Finanzbehörden der Länder statistisch aufbereiten. Das Statistische Bundesamt und die statistischen Ämter der Länder stellen die das

Anhang 1 Gesetze zu § 30 — Steuergeheimnis außersteuerliche Gesetze i. S. d. § 30 Abs. 4 Nr. 2 AO

jeweilige Land betreffenden aufbereiteten Einzelangaben den obersten Finanzbehörden der Länder auf Ersuchen zur Verfügung.
...

Auszug aus der Strafprozessordnung (StPO):

§ 492 Zentrales staatsanwaltschaftliches Verfahrensregister

...

(3) Die Staatsanwaltschaften teilen die einzutragenden Daten der Registerbehörde zu dem in Absatz 2 Satz 2 genannten Zweck mit. Auskünfte aus dem Verfahrensregister dürfen nur Strafverfolgungsbehörden für Zwecke eines Strafverfahrens erteilt werden. Dem Bundeskriminalamt dürfen Auskünfte auch erteilt werden, soweit dies im Einzelfall zur Erfüllung seiner Aufgaben nach § 5 Absatz 1, § 6 Absatz 1 oder § 7 Absatz 1 und 2 des Bundeskriminalamtgesetzes erforderlich ist. § 5 Abs. 5 Satz 1 Nr. 2 des Waffengesetzes, § 8a Absatz 5 Satz 1 Nummer 2 des Sprengstoffgesetzes, § 7 Absatz 3 Satz 1 Nummer 3 des Luftsicherheitsgesetzes, § 12 Absatz 1 Nummer 2 des Sicherheitsüberprüfungsgesetzes und § 31 Absatz 4a Satz 1 des Geldwäschegesetzes bleiben unberührt; die Auskunft über die Eintragung wird insoweit im Einvernehmen mit der Staatsanwaltschaft, die die personenbezogenen Daten zur Eintragung in das Verfahrensregister mitgeteilt hat, erteilt, wenn hiervon eine Gefährdung des Untersuchungszwecks nicht zu besorgen ist.
...

Auszug aus dem Unterhaltssicherungsgesetz (USG):

§ 27 Auskunfts- und Mitteilungspflicht

...

(5) Die Finanzbehörden erteilen dem Bundesamt auf Ersuchen Auskunft über die ihnen bekannten Einkommens- und Vermögensverhältnisse der Leistungsempfängerinnen und Leistungsempfänger, soweit die Kenntnis dieser Verhältnisse für die Berechnung der Leistungen nach diesem Gesetz erforderlich ist.
...

Auszug aus der Verfahrensordnung für Höfesachen (HöfeVfO):

§ 3a

Das Finanzamt teilt dem Landwirtschaftsgericht den Grundsteuerwert für einen Betrieb der Land- und Forstwirtschaft mit, wenn dieser

1. sich von mindestens 27 000 Euro auf weniger als 27 000 Euro verringert hat,
2. sich von weniger als 54 000 Euro auf mindestens 54 000 Euro erhöht hat oder
3. erstmals ermittelt worden ist und mindestens 54 000 Euro beträgt.

Die Mitteilungen erfolgen mindestens einmal jährlich.

Auszug aus dem Wohnraumförderungsgesetz (WoFG):

§ 32 Sonstige Vorschriften der Sicherung

...

(4) Finanzbehörden und Arbeitgeber haben der zuständigen Stelle Auskunft über die Einkommensverhältnisse der Wohnungssuchenden zu erteilen, soweit dies zur Sicherung der Zweckbestimmung der Wohnungen und der sonstigen Bestimmungen der Förderzusage erforderlich ist und begründete Zweifel an der Richtigkeit der Angaben und der hierzu vorgelegten

Nachweise bestehen. Vor einem Auskunftsersuchen an den Arbeitgeber soll dem Wohnungssuchenden Gelegenheit zur Stellungnahme gegeben werden.

...

§ 35 Einkommensermittlung und Einkommensnachweis

...

(4) Finanzbehörden und Arbeitgeber haben der zuständigen Stelle Auskunft über die Einkommensverhältnisse zu erteilen, soweit dies für die Festsetzung der Ausgleichszahlung erforderlich ist und begründete Zweifel an der Richtigkeit der Angaben und der hierzu vorgelegten Nachweise bestehen. Vor einem Auskunftsersuchen an den Arbeitgeber soll dem Mieter oder der zur Angabe des Einkommens verpflichteten Person Gelegenheit zur Stellungnahme gegeben werden.

Auszug aus dem Wohnungsbindungsgesetz (WoBindG):

§ 2 Entziehung des Wohneigentums

Auf die Erhebung, Verarbeitung und Nutzung von Daten, die Erteilung von Auskünften, die Gewährung von Einsicht in Unterlagen, die Besichtigung von Grundstücken, Gebäuden und Wohnungen, die Erteilung von Auskünften durch Finanzbehörden und Arbeitgeber sowie die Mitteilungspflichten und die Einschränkung der Rechte zur Beendigung von Mietverhältnissen bei der Veräußerung und Umwandlung von öffentlich geförderten Wohnungen ist § 32 Abs. 2 bis 4 des Wohnraumförderungsgesetzes entsprechend anzuwenden.

Auszug aus dem Verwaltungsdatenverwendungsgesetz (VwDVG):

§ 2 Daten der Finanzbehörden

(1) Die Finanzbehörden übermitteln dem Statistischen Bundesamt und den statistischen Ämtern der Länder jeweils für deren Zuständigkeitsbereich folgende Daten zu Steuerpflichtigen, die zur Abgabe von Umsatzsteuervoranmeldungen verpflichtet sind:

1. Name oder Firma, Anschrift und Gemeindeschlüssel sowie Kennzeichnung als Sitzadresse,
2. Rechtsform,
3. Wirtschaftszweig,
4. Ort und Nummer der Eintragung in das Handels-, Genossenschafts-, Gesellschafts-, Partnerschafts- oder Vereinsregister,
5. Zugehörigkeit zu einer Organschaft,
6. Besteuerungsform,
7. Dauerfristverlängerung,
8. Voranmeldungszeitraum,
9. Umsätze, Umsatzsteuer und Vorsteuer mit den im Besteuerungsverfahren festgestellten Angaben,
10. Steuernummer einschließlich Nummer des Finanzamts, bei Änderungen auch die bisherige Steuernummer,
11. Umsatzsteuer-Identifikationsnummer,
12. Wirtschafts-Identifikationsnummer nach § 139c der Abgabenordnung,
13. Art der Umsatzsteuervoranmeldung,
14. Beginn und Ende der Voranmeldungspflicht und der Steuerpflicht.

Zusätzlich übermitteln die Finanzbehörden aktuelle Daten über die Zusammensetzung von umsatzsteuerlichen Organschaften, für die Daten nach Satz 1 geliefert werden.

Auszug aus der Bundesrechtsanwaltsordnung (BRAO):

§ 36 Ermittlung des Sachverhalts und Übermittlung personenbezogener Daten

...

(2) Gerichte und Behörden einschließlich der Berufskammern übermitteln der Rechtsanwaltskammer oder der für die Entscheidung zuständigen Stelle diejenigen Daten über Personen und Berufsausübungsgesellschaften, deren Kenntnis aus Sicht der übermittelnden Stelle erforderlich ist für

1. die Zulassung zur Rechtsanwaltschaft oder als Berufsausübungsgesellschaft oder die Rücknahme oder den Widerruf einer solchen Zulassung,
2. die Entstehung oder das Erlöschen der Mitgliedschaft in einer Rechtsanwaltskammer,
3. die Rücknahme oder den Widerruf einer Erlaubnis oder Befreiung oder
4. die Einleitung oder die Durchführung eines berufsaufsichtlichen Verfahrens.

(3) Die Übermittlung nach Absatz 2 unterbleibt, soweit

1. sie schutzwürdige Interessen einer betroffenen Person beeinträchtigen würde und das Informationsinteresse des Empfängers das Interesse der betroffenen Person am Unterbleiben der Übermittlung nicht überwiegt oder
2. besondere gesetzliche Verwendungsregelungen entgegenstehen.

Satz 1 Nummer 2 gilt nicht für die Verschwiegenheitspflichten der für eine Berufskammer eines freien Berufs im Geltungsbereich dieses Gesetzes tätigen Personen und für das Steuergeheimnis nach § 30 der Abgabenordnung.

...

Auszug aus dem Bundesverfassungsschutzgesetz (BVerfSchG):

§ 18 Übermittlung von Informationen an die Verfassungsschutzbehörden

...

(3a) Das Bundesamt für Verfassungsschutz und die Verfassungsschutzbehörden der Länder dürfen zur Erfüllung ihrer Aufgaben die Finanzbehörden um Auskunft ersuchen, ob eine Körperschaft, Personenvereinigung oder Vermögensmasse die Voraussetzungen des § 5 Abs. 1 Nr. 9 des Körperschaftsteuergesetzes erfüllt. Die Finanzbehörden haben der ersuchenden Behörde die Auskunft nach Satz 1 zu erteilen..

...

Auszug aus dem Bundesarchivgesetz (BArchG):

§ 6 Anbietung und Abgabe von Unterlagen, die einer Geheimhaltungs-, Vernichtungs- oder Löschungspflicht unterliegen

(1) Die öffentlichen Stellen des Bundes haben dem Bundesarchiv oder, im Fall des § 7, dem zuständigen Landes oder Kommunalarchiv auch Unterlagen zur Übernahme anzubieten, die den Rechtsvorschriften des Bundes über die Geheimhaltung oder § 30 der Abgabenordnung in der Fassung der Bekanntmachung vom 1. Oktober 2002 (BGBl. I S. 3866; 2003 I S. 61), die zuletzt durch Artikel 19 Absatz 12 des Gesetzes vom 23. Dezember 2016 (BGBl. I S. 3234) geändert worden ist, unterliegen. Unterlagen der Nachrichtendienste sind anzubieten, wenn sie deren Verfügungsberechtigung unterliegen und zwingende Gründe des nachrichtendienstlichen Quellen- und Methodenschutzes sowie der Schutz der Identität der bei ihnen beschäftigten Personen einer Abgabe nicht entgegenstehen.

...

(4) Unterlagen, die den Rechtsvorschriften des Bundes über die Geheimhaltung oder dem Steuergeheimnis nach § 30 der Abgabenordnung unterliegen oder Angaben über Verhältnisse eines anderen oder fremde Betriebs- oder Geschäftsgeheimnisse enthalten, dürfen dem Bundesarchiv

Steuergeheimnis — Anhang 1
außersteuerliche Gesetze i. S. d. § 30 Abs. 4 Nr. 2 AO — Gesetze zu § 30

oder, im Fall des § 7, dem zuständigen Landes- oder Kommunalarchiv auch von anderen Stellen als den öffentlichen Stellen des Bundes zur Archivierung angeboten und abgegeben werden.

Auszug aus der Wirtschaftsprüferordnung (WiPrO):

§ 36a Untersuchungsgrundsatz, Mitwirkungspflicht, Datenübermittlung

...

(3) Es übermitteln

1. die Wirtschaftsprüferkammer, Gerichte und Behörden an die für die Entscheidung zuständige Stelle: Diejenigen Daten über natürliche und juristische Personen sowie rechtsfähige Personengesellschaften, deren Kenntnis aus Sicht der übermittelnden Stelle für die Zulassung zur oder die Durchführung der Prüfung oder Eignungsprüfung, für die Erteilung einer Ausnahmegenehmigung nach § 28 Absatz 2 oder 3 oder für die Rücknahme oder den Widerruf dieser Entscheidung erforderlich ist,

2. Gerichte und Behörden einschließlich der Berufskammern an die Wirtschaftsprüferkammer oder die für die Entscheidung zuständige Stelle: Diejenigen Daten über natürliche und juristische Personen sowie rechtsfähige Personengesellschaften, deren Kenntnis aus Sicht der übermittelnden Stelle für die Bestellung, die Wiederbestellung oder die Anerkennung, für die Rücknahme oder den Widerruf einer solchen Entscheidung oder für die Einleitung oder Durchführung eines berufsaufsichtlichen Verfahrens erforderlich ist.

(4) Die Übermittlung nach Absatz 3 unterbleibt, soweit

1. sie schutzwürdige Interessen einer betroffenen Person beeinträchtigen würde und das Informationsinteresse des Empfängers das Interesse der betroffenen Person an dem Unterbleiben der Übermittlung nicht überwiegt oder

2. besondere gesetzliche Verwendungsregelungen entgegenstehen.

Satz 1 Nummer 2 gilt nicht für die Verschwiegenheitspflichten der für eine Berufskammer eines freien Berufs im Geltungsbereich dieses Gesetzes tätigen Personen, für das Steuergeheimnis nach § 30 der Abgabenordnung und für die Verschwiegenheitspflichten der in § 66b Absatz 1 Satz 1 dieses Gesetzes, in § 9 Absatz 1 des Kreditwesengesetzes und in § 21 des Wertpapierhandelsgesetzes benannten Personen und Stellen.

...

Auszug aus der Bundesnotarordnung (BNotO):

§ 64d Übermittlung von Daten

(1) Gerichte und Behörden einschließlich der Berufskammern übermitteln der für die Entscheidung zuständigen Stelle diejenigen Daten über Personen, deren Kenntnis aus der Sicht der übermittelnden Stelle erforderlich ist für

1. die Bestellung zum Notar, seine vorläufige Amtsenthebung oder das Erlöschen seines Amtes,
2. die Bestellung zur Notarvertretung oder zum Notariatsverwalter oder deren Widerruf,
3. die Ernennung zum Notarassessor oder dessen Entlassung aus dem Dienst,
4. die Rücknahme oder den Widerruf einer Erlaubnis, Genehmigung oder Befreiung oder
5. die Einleitung oder Durchführung eines wegen einer Amtspflichtverletzung zu führenden Verfahrens.

(2) Die Übermittlung unterbleibt, soweit

1. sie schutzwürdige Interessen einer betroffenen Person beeinträchtigen würde und das Informationsinteresse des Empfängers das Interesse der betroffenen Person an dem Unterbleiben der Übermittlung nicht überwiegt oder

2. besondere gesetzliche Verwendungsregelungen entgegenstehen.

Satz 1 Nummer 2 gilt nicht für die Verschwiegenheitspflichten der für eine Berufskammer eines freien Berufs im Geltungsbereich dieses Gesetzes tätigen Personen und für das Steuergeheimnis nach § 30 der Abgabenordnung.

Auszug aus der Patentanwaltsordnung (PAO):

§ 34 Ermittlung des Sachverhalts und Übermittlung von Daten

...

(2) Gerichte und Behörden einschließlich der Berufskammern übermitteln der Patentanwaltskammer oder der für die Entscheidung zuständigen Stelle diejenigen Daten über Personen und Berufsausübungsgesellschaften, deren Kenntnis aus Sicht der übermittelnden Stelle erforderlich ist für
1. die Zulassung zur Patentanwaltschaft oder als Berufsausübungsgesellschaft oder die Rücknahme oder den Widerruf einer solchen Zulassung,
2. die Rücknahme oder den Widerruf einer Erlaubnis oder Befreiung oder
3. die Einleitung oder Durchführung eines berufsaufsichtlichen Verfahrens.

(3) Die Übermittlung nach Absatz 2 unterbleibt, soweit
1. sie schutzwürdige Interessen einer betroffenen Person beeinträchtigen würde und das Informationsinteresse des Empfängers das Interesse der betroffenen Person an dem Unterbleiben der Übermittlung nicht überwiegt oder
2. besondere gesetzliche Verwendungsregelungen entgegenstehen.

Satz 1 Nummer 2 gilt nicht für die Verschwiegenheitspflichten der für eine Berufskammer eines freien Berufs im Geltungsbereich dieses Gesetzes tätigen Personen und für das Steuergeheimnis nach § 30 der Abgabenordnung.

Auszug aus dem Gerichtskostengesetz (GKG):

§ 54 Zwangsversteigerung

(1) Bei der Zwangsversteigerung von Grundstücken sind die Gebühren für das Verfahren im Allgemeinen und für die Abhaltung des Versteigerungstermins nach dem gemäß § 74a Absatz 5 des Gesetzes über die Zwangsversteigerung und die Zwangsverwaltung festgesetzten Wert zu berechnen. Ist ein solcher Wert nicht festgesetzt, ist der Einheitswert maßgebend. Weicht der Gegenstand des Verfahrens vom Gegenstand der Einheitsbewertung wesentlich ab oder hat sich der Wert infolge bestimmter Umstände, die nach dem Feststellungszeitpunkt des Einheitswerts eingetreten sind, wesentlich verändert oder ist ein Einheitswert noch nicht festgestellt, ist der nach den Grundsätzen der Einheitsbewertung geschätzte Wert maßgebend. Wird der Einheitswert nicht nachgewiesen, ist das Finanzamt um Auskunft über die Höhe des Einheitswerts zu ersuchen; § 30 der Abgabenordnung steht der Auskunft nicht entgegen.

...

Auszug aus dem Gerichts- und Notarkostengesetz (GNotKG)

§ 40 Erbschein, Europäisches Nachlasszeugnis, Zeugnis über die Fortsetzung der Gütergemeinschaft und Testamentsvollstreckerzeugnis

...

(6) Bei der Ermittlung des Werts und der Zusammensetzung des Nachlasses steht § 30 der Abgabenordnung einer Auskunft des Finanzamts nicht entgegen.

§ 46 Sache

...

Steuergeheimnis — Anhang 1
außersteuerliche Gesetze i. S. d. § 30 Abs. 4 Nr. 2 AO — Gesetze zu § 30

(3) Bei der Bestimmung des Verkehrswerts eines Grundstücks können auch herangezogen werden
1. im Grundbuch eingetragene Belastungen,
2. aus den Grundakten ersichtliche Tatsachen oder Vergleichswerte oder
3. für Zwecke der Steuererhebung festgesetzte Werte.

Im Fall der Nummer 3 steht § 30 der Abgabenordnung einer Auskunft des Finanzamts nicht entgegen.

...

Auszug aus dem Unterhaltsvorschussgesetz (UhVorschG)

§ 6 Auskunfts- und Anzeigepflicht

...

(5) Die nach § 69 des Zehnten Buches Sozialgesetzbuch zur Auskunft befugten Sozialleistungsträger und anderen Stellen sowie die Finanzämter sind verpflichtet, der zuständigen Stelle auf Verlangen Auskünfte über den Wohnort, den Arbeitgeber und die Höhe der Einkünfte des in Absatz 1 bezeichneten Elternteils zu erteilen, soweit die Durchführung dieses Gesetzes es erfordert.

...

Auszug aus dem Sicherheitsüberprüfungsgesetzes (SÜG)

§ 12 Maßnahmen bei den einzelnen Überprüfungsarten, Überprüfungszeitraum

...

(5) Soweit es eine sicherheitserhebliche Erkenntnis erfordert, können die betroffene und die mitbetroffene Person selbst befragt werden. Reicht diese Befragung nicht aus, stehen ihr schutzwürdige Interessen entgegen oder erfordert es die Prüfung der Identität, kann die mitwirkende Behörde neben den Maßnahmen nach den Absätzen 1 bis 3 weitere geeignete Auskunftspersonen oder andere geeignete Stellen befragen oder Einzelmaßnahmen der nächsthöheren Art der Sicherheitsüberprüfung durchführen. Ferner kann die betroffene Person aufgefordert werden, für die Aufklärung der sicherheitserheblichen Erkenntnis geeignete Unterlagen beizubringen. Zusätzlich können von öffentlichen Stellen Akten beigezogen werden, von Gerichten, Staatsanwaltschaften oder Finanzbehörden auch über Strafverfahren wegen einer Steuerstraftat im Sinne des § 369 der Abgabenordnung.

...

Auszug aus dem Geldwäschegesetz (GwG):

§ 42 Benachrichtigung von inländischen öffentlichen Stellen an die Zentralstelle für Finanztransaktionsuntersuchungen

...

(2) Leitet die Zentralstelle für Finanztransaktionsuntersuchungen Informationen an sonstige inländische öffentliche Stellen weiter, so benachrichtigt die empfangende Stelle die Zentralstelle für Finanztransaktionsuntersuchungen über die abschließende Verwendung der bereitgestellten Informationen und über die Ergebnisse der auf Grundlage der bereitgestellten Informationen durchgeführten Maßnahmen, soweit andere Rechtsvorschriften der Benachrichtigung nicht entgegenstehen. § 30 Absatz 1 der Abgabenordnung steht dem nicht entgegen.

Auszug aus dem Gesetz zur vorläufigen Regelung des Rechts der Industrie- und Handelskammern (IHKG)

§ 9 Abs. 2

...

(2) Die Industrie- und Handelskammern und ihre Gemeinschaftseinrichtungen, die öffentliche Stellen im Sinne des § 2 Absatz 2 des Bundesdatenschutzgesetzes sind, erheben zur Feststellung der Kammerzugehörigkeit und zur Festsetzung der Beiträge der Kammerzugehörigen Angaben zur Gewerbesteuerveranlagung, wie sie auch zur Feststellung der Kammerzugehörigkeit im Sinne des § 2 Absatz 1 erforderlich sind, sowie die nach § 3 Absatz 3 erforderlichen Bemessungsgrundlagen bei den Finanzbehörden.

...

Auszug aus dem Staatsangehörigkeitsgesetz (StAG)

§ 32a

§ 88 Absatz 3 Satz 1 des Aufenthaltsgesetzes gilt für Einbürgerungsverfahren entsprechend.

Auszug aus dem Wettbewerbsregistergesetz (WRegG)

§ 4 Mitteilungen

(1) Die Strafverfolgungsbehörden und die Behörden, die zur Verfolgung von Ordnungswidrigkeiten berufen sind, teilen bei Entscheidungen nach § 2 Absatz 1 und 2 der Registerbehörde unverzüglich die in § 3 Absatz 1 bezeichneten Daten mit. § 30 der Abgabenordnung steht der Mitteilung von Entscheidungen nach § 2 Absatz 1 Nummer 1 Buchstabe d sowie nach § 2 Absatz 1 Nummer 3 in Verbindung mit Absatz 1 Nummer 1 Buchstabe d nicht entgegen.

...

Auszug aus dem Hinweisgeberschutzgesetz (HinSchG)

§ 6 Verhältnis zu sonstigen Verschwiegenheits- und Geheimhaltungspflichten

...

(2) Vorbehaltlich der Vorgaben des § 5 dürfen Informationen, die einer vertraglichen Verschwiegenheitspflicht, einer Rechtsvorschrift des Bundes, eines Landes oder einem unmittelbar geltenden Rechtsakt der Europäischen Union über die Geheimhaltung oder über Verschwiegenheitspflichten, dem Steuergeheimnis nach § 30 der Abgabenordnung oder dem Sozialgeheimnis nach § 35 des Ersten Buches Sozialgesetzbuch unterliegen, an eine zuständige Meldestelle weitergegeben oder unter den Voraussetzungen des § 32 offengelegt werden, sofern

1. die hinweisgebende Person hinreichenden Grund zu der Annahme hatte, dass die Weitergabe oder die Offenlegung des Inhalts dieser Informationen notwendig ist, um einen Verstoß aufzudecken, und
2. die Voraussetzungen des § 33 Absatz 1 Nummer 2 und 3 erfüllt sind.

...

Betriebsprüfungsordnung Anhang 2
BpO 2000

Allgemeine Verwaltungsvorschrift für die Betriebsprüfung Betriebsprüfungsordnung - (BpO 2000)

vom 15.3.2000 (Bundesanzeiger Nr. 5, S. 368; BStBl I S. 368), zuletzt geändert durch die allgemeine Verwaltungsvorschrift vom 20.7.2011 (BStBl I S. 710).

Inhaltsübersicht

I.	**Allgemeine Vorschriften**
§ 1	Anwendungsbereich der Betriebsprüfungsordnung
§ 2	Aufgaben der Betriebsprüfungsstellen
§ 3	Größenklassen
II.	**Durchführung der Außenprüfung**
§ 4	Umfang der Außenprüfung
§ 4a	Zeitnahe Betriebsprüfung
§ 5	Anordnung der Außenprüfung
§ 6	Ort der Außenprüfung
§ 7	Prüfungsgrundsätze
§ 8	Mitwirkungspflichten
§ 9	Kontrollmitteilungen
§ 10	Verdacht einer Steuerstraftat oder - ordnungswidrigkeit
§ 11	Schlußbesprechung
§ 12	Prüfungsbericht und Auswertung der Prüfungsfeststellungen
III.	**Außenprüfung von Konzernen und sonstigen zusammenhängenden Unternehmen**
§ 13	Konzernprüfung
§ 14	Leitung der Konzernprüfung
§ 15	Einleitung der Konzernprüfung
§ 16	Richtlinien zur Durchführung der Konzernprüfung
§ 17	Abstimmung und Freigabe der Konzernprüfungsberichte
§ 18	Außenprüfung bei sonstigen zusammenhängenden Unternehmen
§ 19	Außenprüfung bei international verbundenen Unternehmen
IV.	**Mitwirkung des Bundes an Außenprüfungen der Landesfinanzbehörden**
§ 20	Art der Mitwirkung
§ 21	Auswahl der Betriebe und Unterrichtung über die vorgesehene Mitwirkung
§ 22	Mitwirkung durch Prüfungstätigkeit
§ 23	(weggefallen)
§ 24	Verfahren bei Meinungsverschiedenheiten zwischen dem Bundesamt für Finanzen und der Landesfinanzbehörde
V.	**Betriebsprüfer, Sachgebietsleiter für Betriebsprüfung, Prüferbesprechungen**
§ 25	Verwendung von Beamten als Betriebsprüfer
§ 26	Verwendung von Verwaltungsangestellten als Betriebsprüfer
§ 27	Einsatz als Betriebsprüfer und Sachgebietsleiter für Betriebsprüfung
§ 28	Betriebsprüfungshelfer
§ 29	Prüferausweis
§ 30	Prüferbesprechungen
§ 31	Fach-(Branchen-)Prüferbesprechungen

Anhang 2
BpO 2000   Betriebsprüfungsordnung

VI.	**Karteien, Konzernverzeichnisse**
§ 32	Betriebskartei
§ 33	Konzernverzeichnis
VII.	**Prüfungsgeschäftsplan, Jahresstatistik**
§ 34	Aufstellung von Prüfungsgeschäftsplänen
§ 35	Jahresstatistik
VIII.	**Betriebsprüfungsarchiv, Kennzahlen, Hauptorte**
§ 36	Betriebsprüfungsarchiv
§ 37	Kennzahlen
§ 38	Hauptorte
IX.	**Inkrafttreten**
§ 39	Inkrafttreten

I. Allgemeine Vorschriften

§ 1 – Anwendungsbereich der Betriebsprüfungsordnung

(1) Diese Verwaltungsvorschrift gilt für Außenprüfungen der Landesfinanzbehörden und des Bundeszentralamtes für Steuern.

(2) Für besondere Außenprüfungen der Landesfinanzbehörden und des Bundeszentralamtes für Steuern (z.B. Lohnsteueraußenprüfung und Umsatzsteuersonderprüfung) sind die §§ 5 bis 12, 20 bis 24, 29 und 30 mit Ausnahme des § 5 Abs. 4 Satz 2 sinngemäß anzuwenden.

§ 2 – Aufgaben der Betriebsprüfungsstellen

(1) Zweck der Außenprüfung ist die Ermittlung und Beurteilung der steuerlich bedeutsamen Sachverhalte, um die Gleichmäßigkeit der Besteuerung sicherzustellen (§§ 85, 199 Abs. 1 AO). Bei der Anordnung und Durchführung von Prüfungsmaßnahmen sind im Rahmen der Ermessensausübung die Grundsätze der Verhältnismäßigkeit der Mittel und des geringstmöglichen Eingriffs zu beachten.

(2) Den Betriebsprüfungsstellen können auch Außenprüfungen im Sinne des § 193 Abs. 2 AO, Sonderprüfungen sowie andere Tätigkeiten mit Prüfungscharakter, z.B. Liquiditätsprüfungen, übertragen werden; dies gilt nicht für Steuerfahndungsprüfungen.

(3) Die Finanzbehörde entscheidet nach pflichtgemäßem Ermessen, ob und wann eine Außenprüfung durchgeführt wird. Dies gilt auch, wenn der Steuerpflichtige eine baldige Außenprüfung begehrt.

§ 3 – Größenklassen

Steuerpflichtige, die der Außenprüfung unterliegen, werden in die Größenklassen

Großbetriebe (G)

Mittelbetriebe (M)

Kleinbetriebe (K) und

Kleinstbetriebe (Kst)

eingeordnet. Der Stichtag, der maßgebende Besteuerungszeitraum und die Merkmale für diese Einordnung werden jeweils von den obersten Finanzbehörden der Länder im Benehmen mit dem Bundesministerium der Finanzen festgelegt.

II. Durchführung der Außenprüfung

§ 4 – Umfang der Außenprüfung

(1) Die Finanzbehörde bestimmt den Umfang der Außenprüfung nach pflichtgemäßem Ermessen.

(2) Bei Großbetrieben und Unternehmen i.S.d. §§ 13 und 19 soll der Prüfungszeitraum an den vorhergehenden Prüfungszeitraum anschließen. Eine Anschlussprüfung ist auch in den Fällen des § 18 möglich.

(3) Bei anderen Betrieben soll der Prüfungszeitraum in der Regel nicht mehr als drei zusammenhängende Besteuerungszeiträume umfassen. Der Prüfungszeitraum kann insbesondere dann drei Besteuerungszeiträume übersteigen, wenn mit nicht unerheblichen Änderungen der Besteuerungsgrundlagen zu rechnen ist oder wenn der Verdacht einer Steuerstraftat oder einer Steuerordnungswidrigkeit besteht. Anschlussprüfungen sind zulässig.

(4) Für die Entscheidung, ob ein Betrieb nach Absatz 2 oder Absatz 3 geprüft wird, ist grundsätzlich die Größenklasse maßgebend, in die der Betrieb im Zeitpunkt der Bekanntgabe der Prüfungsanordnung eingeordnet ist.

(5) Hält die Finanzbehörde eine umfassende Ermittlung der steuerlichen Verhältnisse im Einzelfall nicht für erforderlich, kann sie eine abgekürzte Außenprüfung (§ 203 AO) durchführen. Diese beschränkt sich auf die Prüfung einzelner Besteuerungsgrundlagen eines Besteuerungszeitraums oder mehrerer Besteuerungszeiträume.

§ 4a – Zeitnahe Betriebsprüfung[1]

(1) Die Finanzbehörde kann Steuerpflichtige unter den Voraussetzungen des Absatzes 2 für eine zeitnahe Betriebsprüfung auswählen. Eine Betriebsprüfung ist zeitnah, wenn der Prüfungszeitraum einen oder mehrere gegenwartsnahe Besteuerungszeiträume umfasst.

(2) Grundlage zeitnaher Betriebsprüfungen sind die Steuererklärungen im Sinne des § 150 der Abgabenordnung der zu prüfenden Besteuerungszeiträume (Absatz 1 Satz 2). Zur Sicherstellung der Mitwirkungsrechte des Bundeszentralamtes für Steuern ist der von der Finanzbehörde ausgewählte Steuerpflichtige dem Bundeszentralamt für Steuern abweichend von der Frist des § 21 Absatz 1 Satz 1 unverzüglich zu benennen.

(3) Über das Ergebnis der zeitnahen Betriebsprüfung ist ein Prüfungsbericht oder eine Mitteilung über die ergebnislose Prüfung anzufertigen (§ 202 der Abgabenordnung).

§ 5 – Anordnung der Außenprüfung

(1) Die für die Besteuerung zuständige Finanzbehörde ordnet die Außenprüfung an. Die Befugnis zur Anordnung kann auch der beauftragten Finanzbehörde übertragen werden.

(2) Die Prüfungsanordnung hat die Rechtsgrundlagen der Außenprüfung, die zu prüfenden Steuerarten, Steuervergütungen, Prämien, Zulagen, ggf. zu prüfende bestimmte Sachverhalte sowie den Prüfungszeitraum zu enthalten. Ihr sind Hinweise auf die wesentlichen Rechte und Pflichten des Steuerpflichtigen bei der Außenprüfung beizufügen. Die Mitteilung über den voraussichtlichen Beginn und die Festlegung des Ortes der Außenprüfung kann mit der Prüfungsanordnung

---

[1] Erstmals anzuwenden für Außenprüfungen, die nach dem 1.1.2012 angeordnet werden.

verbunden werden. Handelt es sich um eine abgekürzte Außenprüfung nach § 203 AO, ist die Prüfungsanordnung um diese Rechtsgrundlage zu ergänzen. Soll der Umfang einer Außenprüfung nachträglich erweitert werden, ist eine ergänzende Prüfungsanordnung zu erlassen.

(3) Der Name des Betriebsprüfers, eines Betriebsprüfungshelfers und andere prüfungsleitende Bestimmungen können in die Prüfungsanordnung aufgenommen werden.

(4) Die Prüfungsanordnung und die Mitteilungen nach den Absätzen 2 und 3 sind dem Steuerpflichtigen angemessene Zeit vor Beginn der Prüfung bekanntzugeben, wenn der Prüfungszweck dadurch nicht gefährdet wird. In der Regel sind bei Großbetrieben 4 Wochen und in anderen Fällen 2 Wochen angemessen.

(5) Wird beantragt, den Prüfungsbeginn zu verlegen, können als wichtige Gründe z.B. Erkrankung des Steuerpflichtigen, seines steuerlichen Beraters oder eines für Auskünfte maßgeblichen Betriebsangehörigen, beträchtliche Betriebsstörungen durch Umbau oder höhere Gewalt anerkannt werden. Dem Antrag des Steuerpflichtigen kann auch unter Auflage, z.B. Erledigung von Vorbereitungsarbeiten für die Prüfung, stattgegeben werden.

(6) Werden die steuerlichen Verhältnisse von Gesellschaftern und Mitgliedern sowie von Mitgliedern der Überwachungsorgane in die Außenprüfung einbezogen, so ist für jeden Beteiligten eine Prüfungsanordnung unter Beachtung der Voraussetzungen des § 193 AO zu erteilen.

§ 6 – Ort der Außenprüfung

Die Außenprüfung ist in den Geschäftsräumen des Steuerpflichtigen durchzuführen. Ist ein geeigneter Geschäftsraum nachweislich nicht vorhanden und kann die Außenprüfung nicht in den Wohnräumen des Steuerpflichtigen stattfinden, ist an Amtsstelle zu prüfen (§ 200 Abs. 2 AO). Ein anderer Prüfungsort kommt nur ausnahmsweise in Betracht.

§ 7 – Prüfungsgrundsätze

Die Außenprüfung ist auf das Wesentliche abzustellen. Ihre Dauer ist auf das notwendige Maß zu beschränken. Sie hat sich in erster Linie auf solche Sachverhalte zu erstrecken, die zu endgültigen Steuerausfällen oder Steuererstattungen oder -vergütungen oder zu nicht unbedeutenden Gewinnverlagerungen führen können.

§ 8 – Mitwirkungspflichten

(1) Der Steuerpflichtige ist zu Beginn der Prüfung darauf hinzuweisen, dass er Auskunftspersonen benennen kann. Ihre Namen sind aktenkundig zu machen. Die Auskunfts- und sonstigen Mitwirkungspflichten des Steuerpflichtigen erlöschen nicht mit der Benennung von Auskunftspersonen.

(2) Der Betriebsprüfer darf im Rahmen seiner Ermittlungsbefugnisse unter den Voraussetzungen des § 200 Abs. 1 Sätze 3 und 4 AO auch Betriebsangehörige um Auskunft ersuchen, die nicht als Auskunftspersonen benannt worden sind.

(3) Die Vorlage von Büchern, Aufzeichnungen, Geschäftspapieren und anderen Unterlagen, die nicht unmittelbar den Prüfungszeitraum betreffen, kann ohne Erweiterung des Prüfungszeitraums verlangt werden, wenn dies zur Feststellung von Sachverhalten des Prüfungszeitraums für erforderlich gehalten wird.

§ 9 – Kontrollmitteilungen

Feststellungen, die nach § 194 Abs. 3 AO für die Besteuerung anderer Steuerpflichtiger ausgewertet werden können, sollen der zuständigen Finanzbehörde mitgeteilt werden. Kontrollmaterial über Auslandsbeziehungen ist auch dem Bundeszentralamt für Steuern zur Auswertung zu übersenden.

§ 10 – Verdacht einer Steuerstraftat oder -ordnungswidrigkeit

(1) Ergeben sich während einer Außenprüfung zureichende tatsächliche Anhaltspunkte für eine Straftat (§ 152 Abs. 2 StPO), deren Ermittlung der Finanzbehörde obliegt, so ist die für die Bearbeitung dieser Straftat zuständige Stelle unverzüglich zu unterrichten. Dies gilt auch, wenn lediglich die Möglichkeit besteht, dass ein Strafverfahren durchgeführt werden muss. Richtet sich der Verdacht gegen den Steuerpflichtigen, dürfen hinsichtlich des Sachverhalts, auf den sich der Verdacht bezieht, die Ermittlungen (§ 194 AO) bei ihm erst fortgesetzt werden, wenn ihm die Einleitung des Strafverfahrens mitgeteilt worden ist. Der Steuerpflichtige ist dabei, soweit die Feststellungen auch für Zwecke des Strafverfahrens verwendet werden können, darüber zu belehren, dass seine Mitwirkung im Besteuerungsverfahren nicht mehr erzwungen werden kann (§ 393 Abs. 1 AO). Die Belehrung ist unter Angabe von Datum und Uhrzeit aktenkundig zu machen und auf Verlangen schriftlich zu bestätigen (§ 397 Abs. 2 AO).

(2) Absatz 1 gilt beim Verdacht einer Ordnungswidrigkeit sinngemäß.

§ 11 – Schlussbesprechung

(1) Findet eine Schlussbesprechung statt, so sind die Besprechungspunkte und der Termin der Schlussbesprechung dem Steuerpflichtigen angemessene Zeit vor der Besprechung bekanntzugeben. Diese Bekanntgabe bedarf nicht der Schriftform.

(2) Hinweise nach § 201 Abs. 2 AO sind aktenkundig zu machen.

§ 12 – Prüfungsbericht und Auswertung der Prüfungsfeststellungen

(1) Wenn zu einem Sachverhalt mit einem Rechtsbehelf oder mit einem Antrag auf verbindliche Zusage zu rechnen ist, soll der Sachverhalt umfassend im Prüfungsbericht dargestellt werden.

(2) Ist bei der Auswertung des Prüfungsberichts oder im Rechtsbehelfsverfahren beabsichtigt, von den Feststellungen der Außenprüfung abzuweichen, so ist der Betriebsprüfungsstelle Gelegenheit zur Stellungnahme zu geben. Dies gilt auch für die Erörterung des Sach- und Rechtsstandes gem. § 364a AO. Bei wesentlichen Abweichungen zuungunsten des Steuerpflichtigen soll auch diesem Gelegenheit gegeben werden, sich hierzu zu äußern.

(3) In dem durch die Prüfungsanordnung vorgegebenen Rahmen muss die Außenprüfung entweder durch Steuerfestsetzung oder durch Mitteilung über eine ergebnislose Prüfung abgeschlossen werden.

III. Außenprüfung von Konzernen und sonstigen zusammenhängenden Unternehmen

§ 13 – Konzernprüfung

(1) Unternehmen, die zu einem Konzern im Sinne des § 18 AktG gehören, sind im Zusammenhang, unter einheitlicher Leitung und nach einheitlichen Gesichtspunkten zu prüfen, wenn die Außenumsätze der Konzernunternehmen insgesamt mindestens 25 Millionen Euro im Jahr betragen.

(2) Ein Unternehmen, das zu mehreren Konzernen gehört, ist mit dem Konzern zu prüfen, der die größte Beteiligung an dem Unternehmen besitzt. Bei gleichen Beteiligungsverhältnissen ist das Unternehmen für die Prüfung dem Konzern zuzuordnen, der in der Geschäftsführung des Unternehmens federführend ist.

§ 14 – Leitung der Konzernprüfung

(1) Bei Konzernprüfungen soll die Finanzbehörde, die für die Außenprüfung des herrschenden oder einheitlich leitenden Unternehmens zuständig ist, die Leitung der einheitlichen Prüfung übernehmen.

(2) Wird ein Konzern durch eine natürliche oder juristische Person, die selbst nicht der Außenprüfung unterliegt, beherrscht, soll die Finanzbehörde, die für die Außenprüfung des wirtschaftlich bedeutendsten abhängigen Unternehmens zuständig ist, die Leitung der einheitlichen Prüfung übernehmen. Im Einvernehmen der beteiligten Finanzbehörden kann hiervon abgewichen werden.

§ 15 – Einleitung der Konzernprüfung

(1) Die für die Leitung der Konzernprüfung zuständige Finanzbehörde regt die Konzernprüfung an und stimmt sich mit den beteiligten Finanzbehörden ab.

(2) Konzernunternehmen sollen erst nach Abstimmung mit der für die Leitung der Konzernprüfung zuständigen Finanzbehörde geprüft werden.

§ 16 – Richtlinien zur Durchführung der Konzernprüfung

(1) Die für die Leitung einer Konzernprüfung zuständige Finanzbehörde kann Richtlinien für die Prüfung aufstellen. Die Richtlinien können neben prüfungstechnischen Einzelheiten auch Vorschläge zur einheitlichen Beurteilung von Sachverhalten enthalten.

(2) Soweit Meinungsverschiedenheiten, die sich bei der Mitwirkung mehrerer Finanzbehörden im Rahmen der einheitlichen Prüfung ergeben, von den Beteiligten nicht ausgeräumt werden können, ist den zuständigen vorgesetzten Finanzbehörden zu berichten und die Entscheidung abzuwarten.

§ 17 – Abstimmung und Freigabe der Konzernprüfungsberichte

Die Berichte über die Außenprüfungen bei Konzernunternehmen sind aufeinander abzustimmen und den Steuerpflichtigen erst nach Freigabe durch die für die Leitung der Konzernprüfung zuständige Finanzbehörde zu übersenden.

§ 18 – Außenprüfung bei sonstigen zusammenhängenden Unternehmen

Eine einheitliche Prüfung kann auch durchgeführt werden

1. Konzernen, die die Umsatzgrenze des § 13 Abs. 1 nicht erreichen,
2. Unternehmen, die nicht zu einem Konzern gehören, aber eng miteinander verbunden sind, z.B. durch wirtschaftliche oder verwandtschaftliche Beziehungen der Beteiligten, gemeinschaftliche betriebliche Tätigkeit.

Die §§ 13 bis 17 gelten entsprechend.

§ 19 – Außenprüfung bei international verbundenen Unternehmen

(1) Die §§ 13 bis 18 gelten auch für die Prüfung mehrerer inländischer Unternehmen, die von einer ausländischen natürlichen oder juristischen Person, einer Mehrheit von Personen, einer Stiftung oder einem anderen Zweckvermögen beherrscht oder einheitlich geleitet werden oder die mit einem ausländischen Unternehmen wirtschaftlich verbunden sind.

(2) Die Leitung der einheitlichen Prüfung soll die Finanzbehörde übernehmen, die für die Außenprüfung des wirtschaftlich bedeutendsten inländischen Unternehmens zuständig ist. Im Einvernehmen der beteiligten Finanzbehörden kann hiervon abgewichen werden.

IV. Mitwirkung des Bundes an Außenprüfungen der Landesfinanzbehörden

§ 20 – Art der Mitwirkung

(1) Das Bundeszentralamt für Steuern wirkt an Außenprüfungen der Landesfinanzbehörden durch Prüfungstätigkeit und Beteiligung an Besprechungen mit.

(2) Art und Umfang der Mitwirkung werden jeweils von den beteiligten Behörden im gegenseitigen Einvernehmen festgelegt.

(3) Die Landesfinanzbehörde bestimmt den für den Ablauf der Außenprüfung verantwortlichen Prüfer.

§ 21 – Auswahl der Betriebe und Unterrichtung über die vorgesehene Mitwirkung

(1) Die Landesfinanzbehörden stellen dem Bundeszentralamt für Steuern die Prüfungsgeschäftspläne für Großbetriebe spätestens 10 Tage vor dem Beginn des Zeitraums, für den sie aufgestellt worden sind, zur Verfügung. Betriebe, bei deren Prüfung eine Mitwirkung des Bundeszentralamtes für Steuern von den Landesfinanzbehörden für zweckmäßig gehalten wird, sollen kenntlich gemacht werden. Das Bundeszentralamt für Steuern teilt den Landesfinanzbehörden unverzüglich die Betriebe mit, an deren Prüfung es mitwirken will.

(2) Sobald die Landesfinanzbehörde den Prüfungsbeginn mitgeteilt hat, wird sie vom Bundeszentralamt für Steuern über die vorgesehene Mitwirkung unterrichtet.

§ 22 – Mitwirkung durch Prüfungstätigkeit

(1) Wirkt das Bundeszentralamt für Steuern durch Prüfungstätigkeit mit, so hat der Bundesbetriebsprüfer regelmäßig in sich geschlossene Prüfungsfelder zu übernehmen und diesen Teil des Prüfungsberichts zu entwerfen. Der Prüfungsstoff wird im gegenseitigen Einvernehmen auf die beteiligten Betriebsprüfer aufgeteilt.

(2) Hat das Bundeszentralamt für Steuern an einer Außenprüfung mitgewirkt, so erhält es eine Ausfertigung des Prüfungsberichts.

§ 23

(weggefallen)

§ 24 – Verfahren bei Meinungsverschiedenheiten zwischen dem Bundesamt für Finanzen und der Landesfinanzbehörde

Soweit Meinungsverschiedenheiten, die sich bei der Mitwirkung an Außenprüfungen zwischen dem Bundeszentralamt für Steuern und der Landesfinanzbehörde ergeben, von den Beteiligten nicht ausgeräumt werden können, ist den obersten Finanzbehörden des Bundes und des Landes zu berichten und die Entscheidung abzuwarten.

V. Betriebsprüfer, Sachgebietsleiter für Betriebsprüfung, Prüferbesprechungen

§ 25 – Verwendung von Beamten als Betriebsprüfer

Die Verwendung eines Beamten als Betriebsprüfer, der grundsätzlich dem gehobenen Dienst angehören soll, ist nach einer mindestens sechsmonatigen Einarbeitung in der Außenprüfung nur mit Einwilligung der zuständigen vorgesetzten Finanzbehörde oder der von ihr benannten Stelle zulässig.

§ 26 – Verwendung von Verwaltungsangestellten als Betriebsprüfer

(1) Verwaltungsangestellte, die bereits in der Steuerverwaltung tätig sind, können als Betriebsprüfer verwendet werden, wenn folgende Voraussetzungen erfüllt sind:

1. eine mindestens dreijährige zeitnahe Tätigkeit in der Veranlagung, davon eine mindestens neunmonatige qualifizierte Tätigkeit,
2. die Ablegung einer Prüfung nach Erfüllung der Voraussetzung zu Nummer 1 und
3. eine mindestens sechsmonatige Einarbeitung in der Außenprüfung.

(2) Andere Bewerber können als Verwaltungsangestellte in der Außenprüfung verwendet werden, wenn folgende Voraussetzungen erfüllt werden:

1.
   a) ein abgeschlossenes einschlägiges Hochschulstudium (Rechtswissenschaft, Wirtschaftswissenschaft, Versicherungsmathematik, Land- und Forstwirtschaft) oder
   b) eine kaufmännische oder sonstige einschlägige Grundausbildung mit vorgeschriebener Abschlussprüfung und der Nachweis mehrjähriger kaufmännischer, betriebswirtschaftlicher oder revisionstechnischer Tätigkeit,
2. die Ablegung einer Prüfung nach Erfüllung der Voraussetzung zu Nummer 1 Buchstaben a oder b,
3. eine mindestens zwölfmonatige zeitnahe Tätigkeit außerhalb der Außenprüfung, davon eine mindestens neunmonatige qualifizierte Tätigkeit in der Veranlagung sowie
4. eine mindestens sechsmonatige Einarbeitung in der Außenprüfung.

(3) Die zuständige vorgesetzte Finanzbehörde kann zu Absatz 1 und zu Absatz 2 Nr. 2 bis 4 im Einzelfall Ausnahmen zulassen.

(4) Ein Rechtsanspruch auf Zulassung zur Prüfung besteht nicht.

(5) Die schriftliche Prüfung besteht mindestens aus zwei unter Aufsicht anzufertigenden Arbeiten aus dem Buchführungs- und Bilanzwesen.

(6) Die mündliche Prüfung erstreckt sich auf die Grundzüge des Abgabenrechts, des bürgerlichen Rechts und des Handelsrechts, insbesondere des Buchführungs- und Bilanzwesens sowie des kaufmännischen Rechnungswesens.

§ 27 – Einsatz als Betriebsprüfer und Sachgebietsleiter für Betriebsprüfung

(1) Beamte und Verwaltungsangestellte sollen nicht erstmals nach Vollendung des fünfundvierzigsten Lebensjahres als Betriebsprüfer eingesetzt werden.

(2) Sachgebietsleiter für Betriebsprüfung dürfen nur mit Einwilligung der zuständigen vorgesetzten Finanzbehörde eingesetzt werden.

(3) Sachgebietsleiter für Betriebsprüfung und Betriebsprüfer dürfen nur mit Einwilligung der zuständigen vorgesetzten Finanzbehörde für prüfungsfremde Aufgaben verwendet werden.

§ 28 – Betriebsprüfungshelfer

Zur Unterstützung der Betriebsprüfer können Betriebsprüfungshelfer eingesetzt werden. Diese haben nach den Weisungen des Betriebsprüfers zu verfahren.

§ 29 – Prüferausweis

Für Sachgebietsleiter für Betriebsprüfung und Betriebsprüfer ist jeweils ein Ausweis auszustellen. Der Ausweis hat zu enthalten:

1. die Bezeichnung der ausstellenden Landesfinanzverwaltung oder der ausstellenden Finanzbehörde
2. das Lichtbild des Inhabers
3. den Vor- und Familiennamen
4. die laufende Nummer
5. die Gültigkeitsdauer und
6. die Befugnisse des Inhabers.

§ 30 – Prüferbesprechungen

Die Sachgebietsleiter für Betriebsprüfung sollen mit den Prüfern ihrer Sachgebiete, die zuständigen vorgesetzten Finanzbehörden mit den Sachgebietsleitern für Betriebsprüfung oder mit den Betriebsprüfern ihrer Oberfinanzbezirke regelmäßig Zweifelsfragen aus der Prüfungstätigkeit erörtern, sie über neuere Rechtsprechung und neueres Schrifttum unterrichten sowie Richtlinien und Anregungen für ihre Arbeit geben.

§ 31 – Fach-(Branchen-)Prüferbesprechungen

(1) Für die Fach-(Branchen-)Prüfer sind nach Bedarf Besprechungen durchzuführen. Hierbei sollen die Branchenerfahrungen ausgetauscht und verglichen, zweckmäßige Prüfungsmethoden, Kennzahlen und Formblätter für das prüfungstechnische Vorgehen entwickelt und gemeinsame Richtlinien erarbeitet werden.

(2) Dem Bundeszentralamt für Steuern ist Gelegenheit zu geben, an Fachprüferbesprechungen, die von den zuständigen vorgesetzten Finanzbehörden (§ 38) durchgeführt werden, teilzunehmen.

VI. Karteien, Konzernverzeichnisse

§ 32 – Betriebskartei

(1) Die Betriebsprüfungsstellen haben über die Groß-, Mittel- und Kleinbetriebe eine Kartei (Betriebskartei) zu führen.

(2) Die Betriebskartei besteht aus der Namenskartei und der Branchenkartei. Die Namenskartei soll als alphabetische Suchkartei, die Branchenkartei nach der Klassifikation der Wirtschaftszweige (Tiefengliederung für Steuerstatistiken) geführt werden.

(3) Nebenbetriebe der Land- und Forstwirtschaft sind nur beim Hauptbetrieb zu vermerken.

(4) Für die Erfassung in der Betriebskartei ist jeweils die auf einen bestimmten Stichtag festgestellte Größenklasse der Betriebe - in der Regel für die Dauer von drei Jahren - maßgebend. Die

Betriebe werden nach den Ergebnissen der Veranlagung, hilfsweise nach den Angaben in den Steuererklärungen in die Größenklassen eingeordnet. Fehler, die bei der Einordnung der Betriebe unterlaufen, können jederzeit berichtigt werden.

(5) Änderungen der die Größenklasse bestimmenden Betriebsmerkmale bleiben bis zur nächsten Einordnung in Größenklassen unberücksichtigt. Bei sonstigen Änderungen ist die Kartei fortzuschreiben. Bei Abgängen aufgrund von Sitzverlegung (Wohnsitz oder Sitz der Geschäftsleitung) sind die Daten der Betriebskartei an die neu zuständige Finanzbehörde zu übermitteln; Zugänge von einer anderen Finanzbehörde und Neugründungen sind in der Betriebskartei zu erfassen.

§ 33 – Konzernverzeichnis

Jede zuständige Finanzbehörde hat die für ein Verzeichnis der Konzerne im Sinne der §§ 13, 18 und 19 erforderlichen Daten zu ermitteln und der zuständigen vorgesetzten Finanzbehörde zur Weiterleitung an das Bundeszentralamt für Steuern zur Aufnahme in eine zentrale Datenbank zu übermitteln. Gleiches gilt für spätere Änderungen oder Ergänzungen dieser Daten. Das zentrale Konzernverzeichnis enthält die einzelnen Konzernübersichten. Das Verfahren zur Übermittlung der Daten nach den Sätzen 1 und 2 sowie die Nutzung der Daten durch die Finanzbehörden der Länder wird vom Bundesministerium der Finanzen im Einvernehmen mit den obersten Finanzbehörden der Länder geregelt

VII. Prüfungsgeschäftsplan, Jahresstatistik

§ 34 – Aufstellung von Prüfungsgeschäftsplänen

(1) Die zur Prüfung vorgesehenen Fälle werden in regelmäßigen Abständen in Prüfungsgeschäftsplänen zusammengestellt. Der Abstand darf bei Großbetrieben nicht kürzer als 6 Monate und nicht länger als 12 Monate sein. Änderungen der Prüfungsgeschäftspläne sind jederzeit möglich. In den Prüfungsgeschäftsplänen ist auf Konzernzugehörigkeit hinzuweisen.

(2) aufgehoben

§ 35 – Jahresstatistik

(1) Die Betriebsprüfungsstellen haben eine Jahresstatistik aufzustellen und der vorgesetzten Finanzbehörde vorzulegen.

(2) Die obersten Finanzbehörden der Länder teilen dem Bundesministerium der Finanzen die Arbeitsergebnisse der Außenprüfung nach einem abgestimmten Muster bis zum 31. März eines jeden Jahres mit. Das Bundesministerium der Finanzen gibt das Gesamtergebnis in einer zusammengefassten Veröffentlichung jährlich bekannt.

(3) aufgehoben

VIII. Betriebsprüfungsarchiv, Kennzahlen, Hauptorte

§ 36 – Betriebsprüfungsarchiv

(1) Steuerliche, prüfungstechnische, branchentypische und allgemeine wirtschaftliche Erfahrungen sind den zuständigen vorgesetzten Finanzbehörden mitzuteilen. Diese sammeln die Erfahrungen und werten sie in einem Betriebsprüfungsarchiv aus.

(2) Das Bundeszentralamt für Steuern teilt den zuständigen vorgesetzten Finanzbehörden Prüfungserfahrungen von allgemeiner Bedeutung mit.

§ 37 – Kennzahlen

Die zuständigen Finanzbehörden haben die nach den Ergebnissen von Außenprüfungen ermittelten branchenbezogenen Kennzahlen der jeweils zuständigen vorgesetzten Finanzbehörde zur Weiterleitung an das Bundeszentralamt für Steuern zur Aufnahme in eine zentrale Datenbank zu übermitteln. Gleiches gilt für Änderungen dieser Daten. Das Verfahren zur Übermittlung der Daten nach den Sätzen 1 und 2 sowie die Nutzung der Daten durch die Finanzbehörden der Länder wird vom Bundesministerium der Finanzen im Einvernehmen mit den obersten Finanzbehörden der Länder geregelt

§ 38 – Hauptorte

(1) Die zuständigen vorgesetzten Finanzbehörden haben als Hauptorte die Aufgabe, für einzelne Berufs- oder Wirtschaftszweige Unterlagen zu sammeln und auszuwerten, die für die Besteuerung von Bedeutung sind. Zu den Aufgaben gehört auch die Mitwirkung bei der Aufstellung von AfA-Tabellen. Die Hauptorte werden durch Vereinbarung der obersten Finanzbehörden des Bundes und der Länder bestimmt.

(2) Das Ergebnis der Auswertung wird den anderen zuständigen vorgesetzten Finanzbehörden und dem Bundeszentralamt für Steuern regelmäßig mitgeteilt.

IX. Inkrafttreten

§ 39 – Inkrafttreten

Diese allgemeine Verwaltungsvorschrift tritt am Tage nach der Veröffentlichung im Bundesanzeiger in Kraft. Gleichzeitig tritt die allgemeine Verwaltungsvorschrift für die Betriebsprüfung - Betriebsprüfungsordnung - vom 17. Dezember 1987 (BAnz. Nr. 241a vom 24. Dezember 1987) außer Kraft.

Gesetz über die Durchführung der gegenseitigen Amtshilfe in Steuersachen zwischen den Mitgliedstaaten der Europäischen Union

(EU-Amtshilfegesetz - EUAHiG)

vom 26.6.2013 (BGBl. I S. 1809), zuletzt geändert durch Artikel 32 des Gesetzes vom 27.3.2024 (BGBl. I Nr. 108).

Inhaltsübersicht

Abschnitt 1 - Allgemeine Bestimmungen
§ 1 Anwendungsbereich und anzuwendendes Recht
§ 2 Begriffsbestimmungen
§ 3 Zuständigkeit und Prüfungsbefugnisse
§ 3a Automatisierter Abruf von Kontoinformationen

Abschnitt 2 - Übermittlung von Informationen auf Ersuchen
§ 4 Ersuchen von anderen Mitgliedstaaten
§ 5 Fristen
§ 6 Ersuchen an andere Mitgliedstaaten
§ 6a Voraussichtliche Erheblichkeit
§ 6b Gruppenersuchen

Abschnitt 3 - Weitere Übermittlung von Informationen
§ 7 Automatische Übermittlung von Informationen
§ 8 Spontane Übermittlung von Informationen an andere Mitgliedstaaten
§ 9 Spontane Übermittlung von Informationen durch andere Mitgliedstaaten

Abschnitt 4 - Sonstige Formen der Verwaltungszusammenarbeit
§ 10 Anwesenheit von Bediensteten anderer Mitgliedstaaten im Inland
§ 11 Anwesenheit von inländischen Bediensteten in anderen Mitgliedstaaten
§ 12 Gleichzeitige Prüfung
§ 12a Gemeinsame Prüfung
§ 13 Zustellungsersuchen an andere Mitgliedstaaten
§ 14 Zustellungsersuchen von anderen Mitgliedstaaten

Abschnitt 5 - Weitere Vorschriften
§ 15 Verwendung von Informationen und Dokumenten
§ 16 Rückmeldungen
§ 17 Standardformblätter und Kommunikationsmittel
§ 18 Informationsübermittlung an Drittstaaten
§ 19 Datenschutz und Zweckbestimmung
§ 19a Verletzung des Schutzes personenbezogener Daten
§ 20 Statistiken und Bewertungen
§ 21 Übergangsvorschriften

Abschnitt 1 - Allgemeine Bestimmungen

§ 1 - Anwendungsbereich und anzuwendendes Recht

(1) Dieses Gesetz regelt den Austausch von voraussichtlich erheblichen Informationen in Steuersachen zwischen Deutschland und den anderen Mitgliedstaaten der Europäischen Union (Mitgliedstaaten). Es ist anzuwenden für jede Art von Steuern, die von einem oder für einen Mitgliedstaat oder dessen Gebiets- oder Verwaltungseinheiten einschließlich der örtlichen Behörden erhoben werden.

(2) Dieses Gesetz ist nicht anzuwenden auf

1. die Umsatzsteuer, einschließlich der Einfuhrumsatzsteuer,
2. Zölle,
3. harmonisierte Verbrauchsteuern, sofern diese in Artikel 1 Absatz 1 der Richtlinie 2008/118/EG des Rates vom 16. Dezember 2008 über das allgemeine Verbrauchsteuersystem und zur Aufhebung der Richtlinie 92/12/ EWG (ABl. L 9 vom 14.1.2009 S. 12), die zuletzt durch die Richtlinie 2010/12/EU (ABl. L 50 vom 27.2.2010, S. 1) geändert worden ist, in der jeweils geltenden Fassung genannt werden,
4. Beiträge und Umlagen sowie damit verbundene Abgaben und Gebühren nach dem Sozialgesetzbuch, den in § 68 des Ersten Buches Sozialgesetzbuch genannten Gesetzen, dem Aufwendungsausgleichsgesetz und
5. Gebühren.

(3) Dieses Gesetz berührt nicht

1. die Vorschriften über die Rechtshilfe in Strafsachen und
2. die Wahrnehmung der Rechte und die Erfüllung der Pflichten, die Deutschland in Bezug auf eine umfassendere Zusammenarbeit der Verwaltungen aus anderen Rechtsinstrumenten erwachsen, einschließlich bi- oder multilateraler Abkommen.

(4) Für die Amtshilfe nach diesem Gesetz gelten die Vorschriften der Abgabenordnung entsprechend, soweit dieses Gesetz nichts anderes bestimmt.

§ 2 - Begriffsbestimmungen

(1) Person im Sinne dieses Gesetzes ist

1. eine natürliche Person,
2. eine juristische Person,
3. eine Personenvereinigung, der die Rechtsfähigkeit zuerkannt wurde, die aber nicht über die Rechtsstellung einer juristischen Person verfügt oder
4. jede andere Rechtsform gleich welcher Art, mit oder ohne allgemeine Rechtsfähigkeit, die Vermögensgegenstände besitzt oder verwaltet, welche einschließlich der daraus erzielten Einkünfte einer der von § 1 erfassten Steuern unterliegen.

(2) Automatischer Austausch im Sinne dieses Gesetzes ist die systematische Übermittlung zuvor festgelegter Informationen an einen anderen Mitgliedstaat der Europäischen Union ohne dessen vorheriges Ersuchen in regelmäßigen, im Voraus bestimmten Abständen; für die Zwecke des § 7 Absatz 1 sind verfügbare Informationen solche Informationen, die in den Steuerakten über Personen, die in anderen Mitgliedstaaten der Europäischen Union ansässig sind, enthalten sind und

die im Einklang mit den Verfahren für die Erhebung und Verarbeitung von Informationen abgerufen werden können.

(3) Ein grenzüberschreitender Vorbescheid im Sinne dieses Gesetzes ist eine Vereinbarung, eine Mitteilung oder eine andere Maßnahme mit ähnlicher Wirkung, die

1. von oder im Namen der Bundesrepublik Deutschland, einer zuständigen Landesfinanzbehörde oder von Gemeinden oder Gemeindeverbänden erteilt, geändert oder erneuert werden, unabhängig davon, ob die grenzüberschreitenden Vorbescheide tatsächlich verwendet werden,

2. für eine bestimmte Person oder eine Gruppe von Personen erteilt, geändert oder erneuert wird und sofern sich diese Person oder Gruppe von Personen darauf berufen kann,

3. die Auslegung oder Anwendung einer Rechts- oder Verwaltungsvorschrift der Steuergesetze der Bundesrepublik Deutschland, eines Landes oder entsprechender Regelungen einer Gemeinde oder eines Gemeindeverbandes betrifft,

4. sich auf eine grenzüberschreitende Transaktion oder auf die Frage bezieht, ob durch die Tätigkeiten, denen eine Person nicht im Inland nachgeht, eine Betriebstätte begründet wird oder nicht, und

5. vor den Transaktionen oder den Tätigkeiten im Ausland, die möglicherweise als Gründung einer Betriebstätte zu betrachten sind, oder vor Abgabe der Steuererklärung für den Zeitraum, in dem die Transaktion oder die Tätigkeiten erfolgten, erteilt wird.

Dies gilt auch, wenn der Vorbescheid im Zuge einer Außenprüfung erteilt oder geändert wird. Die grenzüberschreitende Transaktion kann unter anderem Investitionen, die Bereitstellung von Waren, Dienstleistungen oder Kapital oder den Einsatz materieller oder immaterieller Güter umfassen, wobei der Empfänger des grenzüberschreitenden Vorbescheids daran nicht unmittelbar beteiligt sein muss.

(4) Eine Vorabverständigung über die Verrechnungspreisgestaltung im Sinne dieses Gesetzes ist eine Vereinbarung, eine Mitteilung oder eine andere Maßnahme mit ähnlicher Wirkung, die

1. im Namen der Bundesrepublik Deutschland, einer zuständigen Landesfinanzbehörde oder einer Gemeinde oder eines Gemeindeverbandes getroffen, geändert oder erneuert wird, unabhängig davon, ob sie tatsächlich verwendet wird oder nicht,

2. für eine bestimmte Person oder eine Gruppe von Personen getroffen, geändert oder erneuert wird, und sofern sich diese Person oder Gruppe von Personen darauf berufen kann, und

3. im Vorfeld grenzüberschreitender Transaktionen zwischen verbundenen Unternehmen

    a) geeignete Kriterien zur Bestimmung der Verrechnungspreise für die betreffenden Transaktionen festlegt oder

    b) die Zuweisung von Gewinnen an eine Betriebstätte regelt.

Dies gilt auch, wenn der Vorbescheid im Zuge einer Außenprüfung erteilt oder geändert wird.

(5) Ein Unternehmen ist ein verbundenes Unternehmen im Sinne dieses Gesetzes, wenn es unmittelbar oder mittelbar an der Geschäftsleitung, der Kontrolle oder dem Kapital eines anderen Unternehmens beteiligt ist oder wenn ein und dieselben Personen unmittelbar oder mittelbar an der Geschäftsleitung, der Kontrolle oder dem Kapital beider Unternehmen beteiligt sind.

(6) Verrechnungspreise im Sinne dieses Gesetzes sind die Preise, zu denen ein Unternehmen materielle oder immaterielle Güter auf ein verbundenes Unternehmen überträgt oder Dienstleistungen für ein verbundenes Unternehmen erbringt.

(7) Eine grenzüberschreitende Transaktion im Sinne von Absatz 3 ist eine Transaktion oder eine Reihe von Transaktionen, bei der

1. nicht alle an der Transaktion oder an der Reihe von Transaktionen Beteiligten in der Bundesrepublik Deutschland, in der der grenzüberschreitende Vorbescheid erteilt oder geändert oder erneuert wird, steuerlich ansässig sind,

2. einer der an der Transaktion oder an der Reihe von Transaktionen Beteiligten gleichzeitig in mehreren Staaten oder Gebieten steuerlich ansässig ist,

3. einer der an der Transaktion oder an der Reihe von Transaktionen Beteiligten über eine Betriebstätte Geschäftätigkeiten in einem anderen Staat oder Gebiet nachgeht und bei der die Transaktion oder Reihe von Transaktionen Teil der Geschäftstätigkeiten der Betriebstätte ist oder deren gesamte Geschäftstätigkeiten ausmachen. Bei einer grenzüberschreitenden Transaktion oder einer Reihe von grenzüberschreitender Transaktionen kann es sich auch um Maßnahmen handeln, die von einer Person in Bezug auf Geschäftstätigkeiten in einem anderen Staat oder Gebiet getroffen werden, denen sie über eine Betriebstätte nachgeht, oder

4. es sich um eine Transaktion oder eine Reihe von Transaktionen handelt, die grenzüberschreitende Auswirkungen hat.

(8) Eine grenzüberschreitende Transaktion im Sinne von Absatz 4 ist eine Transaktion oder eine Reihe von Transaktionen, an denen verbundene Unternehmen beteiligt sind, die nicht im Gebiet ein und desselben Staates oder ein und desselben Gebietes steuerlich ansässig sind, oder die grenzüberschreitende Auswirkungen haben.

(9) Unternehmen im Sinne der Absätze 4 und 5 ist jede Form von Geschäftstätigkeit.

(10) Länderbezogener Bericht im Sinne von § 7 Absatz 10 bis 12 ist ein länderbezogener Bericht im Sinne von § 138a Absatz 2 der Abgabenordnung.

(11) Amtshilferichtlinie im Sinne dieses Gesetzes sowie des Einkommensteuergesetzes, der Abgabenordnung, des Außensteuergesetzes, des Körperschaftsteuergesetzes, des Gewerbesteuergesetzes, des Investmentsteuergesetzes und sonstiger Steuergesetze bezeichnet die Richtlinie 2011/16/EU des Rates vom 15. Februar 2011 über die Zusammenarbeit der Verwaltungsbehörden im Bereich der Besteuerung und zur Aufhebung der Richtlinie 77/799/EWG (ABl. L 64 vom 11.3.2011, S. 1) in der jeweils geltenden Fassung. Die auf Grund der Amtshilferichtlinie erlassenen europarechtlichen Durchführungsbestimmungen gelten in der im jeweiliger Besteuerungszeitraum aktuellen Fassung.

(12) Auf elektronischem Weg im Sinne dieses Gesetzes bezeichnet die Verwendung elektronischer Anlagen zur Übermittlung, Verarbeitung von Daten, einschließlich der Datenkomprimierung, und zum Speichern von Daten unter Einsatz von Draht, Funk, optischen Technologien oder anderen elektromagnetischen Verfahren.

(13) Behördliche Ermittlungen im Sinne dieses Gesetzes sind alle Maßnahmen, die zum Ziel haben, den für die Besteuerung relevanten Sachverhalt aufzuklären, und die ausgeübt werden

1. im Fall der Finanzbehörden, in Erfüllung der ihnen nach dem Finanzverwaltungsgesetz übertragenen Aufgaben,

2. im Fall der Behörden der anderen Mitgliedstaaten, in Erfüllung der ihnen nach dem Recht des jeweiligen Mitgliedstaates übertragenen Aufgaben.

§ 3 - Zuständigkeit und Prüfungsbefugnisse

(1) Zuständige Behörde im Sinne von Artikel 4 Absatz 1 der Amtshilferichtlinie ist das Bundesministerium der Finanzen.

Anhang 3
EUAHiG

EU-Amtshilfegesetz

(2) Zentrales Verbindungsbüro im Sinne von Artikel 4 Absatz 2 Unterabsatz 1 der Amtshilferichtlinie ist in den Fällen des § 5 Absatz 1 Nummer 5 des Finanzverwaltungsgesetzes das Bundeszentralamt für Steuern. Das Bundesministerium der Finanzen kann durch Schreiben weitere Bundes- oder Landesfinanzbehörden als Verbindungsstellen im Sinne von Artikel 4 Absatz 3 und Amtsträger einer Bundes- oder Landesfinanzbehörde als zuständige Bedienstete im Sinne von Artikel 4 Absatz 4 der Amtshilferichtlinie benennen. Das zentrale Verbindungsbüro kann schriftlich für den Einzelfall zuständige Bedienstete benennen. Die benannten Verbindungsstellen und zuständigen Bediensteten sind in dem jeweils festgelegten Umfang zum direkten Informationsaustausch mit dem anderen Mitgliedstaat nach Maßgabe dieses Gesetzes befugt.

(3) Das zentrale Verbindungsbüro übernimmt die Kommunikation mit den anderen Mitgliedstaaten und prüft eingehende und ausgehende Ersuchen auf Zulässigkeit nach diesem Gesetz. Eingehende zulässige Ersuchen und Informationen werden vom zentralen Verbindungsbüro entgegengenommen, gespeichert und zur Durchführung des Besteuerungsverfahrens an die zuständigen Finanzbehörden weitergeleitet. Zulässige Ersuchen und Informationen der Finanzbehörden werden vom zentralen Verbindungsbüro an die anderen Mitgliedstaaten weitergeleitet.

(3a) Sind gleichzeitige oder gemeinsame Prüfungen vereinbart, benennt das zentrale Verbindungsbüro die für die behördlichen Ermittlungen zuständigen Amtsträger der Bundes- und Landesfinanzbehörden für den jeweiligen Einzelfall als zuständige Bedienstete; Absatz 2 Satz 2 und 3 bleibt unberührt.

(4) Die im Zusammenhang mit den Ersuchen und Informationen beim Bundeszentralamt für Steuern gespeicherten Daten werden mit Ablauf des 15. Jahres, das dem Jahr der Weiterleitung folgt, gelöscht, soweit in diesem Gesetz keine anderen Vorgaben zur Speicherung und Löschung von Informationen geregelt sind. Geht zu einer gespeicherten Meldung eine Änderungsmitteilung ein, so ist die Ursprungsmeldung für 15 Jahre ab dem Zeitpunkt des Eingangs der Änderungsmitteilung vorzuhalten.

(5) Gehen Ersuchen nach diesem Gesetz bei einer anderen Stelle als dem zentralen Verbindungsbüro ein, so sind diese Ersuchen letzterem unverzüglich zuzuleiten.

(6) Die Gemeinden und Gemeindeverbände können Amtshilfe nach Maßgabe dieses Gesetzes in Anspruch nehmen. Sie gelten insoweit als Finanzbehörden im Sinne dieses Gesetzes.

§ 3a - Automatisierter Abruf von Kontoinformationen

(1) Das zentrale Verbindungsbüro nach § 3 Absatz 2 darf das Bundeszentralamt für Steuern ersuchen, bei den Kreditinstituten die in § 93b Absatz 1 und 1a der Abgabenordnung bezeichneten Daten abzurufen (§ 93 Absatz 7 Satz 1 Nummer 4c der Abgabenordnung), wenn der Abruf erforderlich ist zur Anwendung und Durchsetzung

1. dieses Gesetzes;
2. des Gesetzes zum automatischen Austausch von Informationen über Finanzkonten in Steuersachen in Bezug auf den automatischen Austausch von Informationen nach § 1 Absatz 1 Nummer 1 des Gesetzes zum automatischen Austausch von Informationen über Finanzkonten in Steuersachen oder
3. des Plattformen-Steuertransparenzgesetzes.

Ist eine andere Finanzbehörde für die Anwendung und Durchsetzung der in Satz 1 Nummer 1 bis 3 genannten Gesetze zuständig, darf auch diese ein Ersuchen nach Satz 1 stellen.

(2) § 93 Absatz 9 der Abgabenordnung findet mit der Maßgabe Anwendung, dass ein Hinweis nach § 93 Absatz 9 Satz 1 erster Halbsatz der Abgabenordnung und eine Benachrichtigung nach § 93 Absatz 9 Satz 2 der Abgabenordnung unterbleiben, wenn eine Anhörung Beteiligter nach § 117 Absatz 4 Satz 3 zweiter Halbsatz der Abgabenordnung nicht erfolgt. § 93b Absatz 2 Satz

2 der Abgabenordnung findet mit der Maßgabe Anwendung, dass als Finanzbehörde auch die zuständige Behörde eines anderen Mitgliedstaats gilt.

Abschnitt 2 - Übermittlung von Informationen auf Ersuchen

§ 4 - Ersuchen von anderen Mitgliedstaaten

(1) Auf Ersuchen erstellt die zuständige Finanzbehörde alle Antworten, die für die Festsetzung von Steuern nach § 1 voraussichtlich erheblich nach § 6a Absatz 1 sind. Die Antworten werden durch das zentrale Verbindungsbüro an den anderen Mitgliedstaat weitergeleitet. Die zuständige Finanzbehörde erstellt die Antworten nach Maßgabe dieses Gesetzes und unter Berücksichtigung des § 117 Absatz 4 der Abgabenordnung. Verfügt die Finanzbehörde nicht über die betreffenden Informationen, so führt sie nach pflichtgemäßem Ermessen behördliche Ermittlungen durch.

(2) Absatz 1 gilt auch für Ersuchen um Durchführung behördlicher Ermittlungen. Ist die Finanzbehörde der Auffassung, dass keine behördliche Ermittlung erforderlich ist, so teilt sie dies unverzüglich dem zentralen Verbindungsbüro mit. Originaldokumente sind auf Ersuchen des anderen Mitgliedstaats zu übermitteln, soweit dies nach deutschem Recht zulässig ist.

(3) Das zentrale Verbindungsbüro übermittelt keine Informationen, wenn

1. die Durchführung erforderlicher Ermittlungen oder die Beschaffung der betreffenden Informationen nach deutschem Recht nicht möglich ist,

2. der andere Mitgliedstaat die üblichen Informationsquellen nicht ausgeschöpft hat, die ihm zur Erlangung der erbetenen Informationen zur Verfügung stehen, ohne dabei die Erreichung des Ziels zu gefährden oder

3. die öffentliche Ordnung verletzt werden würde.

(4) Das zentrale Verbindungsbüro kann die Übermittlung von Informationen ablehnen, wenn

1. der andere Mitgliedstaat seinerseits aus rechtlichen Gründen nicht zur Übermittlung entsprechender Informationen in der Lage ist oder

2. ein Handels-, Gewerbe- oder Berufsgeheimnis oder ein Geschäftsverfahren preisgegeben werden würde.

(5) Absatz 3 Nummer 1 und 3 und Absatz 4 Nummer 2 ist in keinem Fall so auszulegen, dass die Übermittlung von Informationen nur deshalb abgelehnt werden kann, weil die betreffenden Informationen sich bei einer Bank, einem sonstigen Finanzinstitut, einem Bevollmächtigten, Vertreter oder Treuhänder befinden oder sich auf Eigentumsanteile an einer Person beziehen.

(6) Ein Ersuchen kann nicht aus dem Grund abgelehnt werden, dass die zu übermittelnden Informationen nach deutschem Recht nicht für steuerliche Zwecke benötigt werden. Lehnt das zentrale Verbindungsbüro ein Ersuchen aus anderen Gründen ab, so sind dem anderen Mitgliedstaat die Gründe hierfür mitzuteilen.

§ 5 - Fristen

(1) Das zentrale Verbindungsbüro übermittelt die Informationen nach § 4 unverzüglich, spätestens jedoch drei Monate, nachdem es das Ersuchen erhalten hat. Ist die Finanzbehörde bereits im Besitz der entsprechenden Informationen, verkürzt sich die Frist auf zwei Monate. In besonders gelagerten Fällen können das zentrale Verbindungsbüro und der andere Mitgliedstaat abweichende Fristen vereinbaren.

(2) Der Informationsaustausch nach § 7 erfolgt

| Anhang 3 | EU-Amtshilfegesetz |
| EUAHiG | |

1. in Bezug auf die gemäß § 7 Absatz 3 auszutauschenden Informationen unverzüglich, nachdem die grenzüberschreitenden Vorbescheide oder die Vorabverständigungen über die Verrechnungspreisgestaltung erteilt, getroffen, geändert oder erneuert worden sind und spätestens drei Monate nach Ablauf des Kalenderhalbjahres, in dem die grenzüberschreitenden Vorbescheide oder Vorabverständigungen über die Verrechnungspreisgestaltung erteilt, getroffen, geändert oder erneuert wurden;

2. in Bezug auf die gemäß § 7 Absatz 4 auszutauschenden Informationen vor dem 1. Januar 2018.

(3) Das zentrale Verbindungsbüro bestätigt der zuständigen Behörde des anderen Mitgliedstaats, die die Informationen nach § 7 Absatz 7 Nummer 10 übermittelt hat, unverzüglich, spätestens jedoch innerhalb von sieben Arbeitstagen den Erhalt der Informationen. Die Bestätigung erfolgt möglichst auf elektronischem Weg. Die Bestätigung ist so lange erforderlich, bis das Zentralverzeichnis einsatzbereit ist, das in Artikel 21 Absatz 5 der Amtshilferichtlinie, der durch die Richtlinie (EU) 2015/2376 (ABl. L 332 vom 18.12.2015, S. 1) eingefügt worden ist, genannt ist.

(4) Das zentrale Verbindungsbüro bestätigt dem anderen Mitgliedstaat unverzüglich, spätestens jedoch sieben Arbeitstage, nachdem es das Ersuchen erhalten hat, möglichst auf elektronischem Weg den Erhalt dieses Ersuchens.

(5) Weist das Ersuchen Mängel auf, so unterrichtet das zentrale Verbindungsbüro den anderen Mitgliedstaat darüber innerhalb eines Monats, nachdem es das Ersuchen erhalten hat, und fordert gegebenenfalls zusätzliche Hintergrundinformationen an. Die Fristen nach Absatz 1 beginnen am Tag nach dem Eingang der angeforderten zusätzlichen Hintergrundinformationen.

(6) Ist die Finanzbehörde nicht in der Lage, auf ein Ersuchen fristgerecht zu antworten, so teilt das zentrale Verbindungsbüro dies dem anderen Mitgliedstaat unverzüglich, spätestens jedoch drei Monate, nachdem das zentrale Verbindungsbüro das Ersuchen erhalten hat, unter Nennung der Gründe und des voraussichtlichen Erledigungsdatums mit. In diesem Fall erfolgt die Erledigung innerhalb von sechs Monaten, nachdem das zentrale Verbindungsbüro das Ersuchen erhalten hat.

(7) Ist die Finanzbehörde nicht im Besitz der erbetenen Informationen oder lehnt sie das Ersuchen aus den in § 4 Absatz 3 oder 4 genannten Gründen ab, so teilt das zentrale Verbindungsbüro dies dem anderen Mitgliedstaat unverzüglich, spätestens jedoch innerhalb eines Monats, nachdem das zentrale Verbindungsbüro das Ersuchen erhalten hat, unter Nennung der Gründe mit.

§ 6 - Ersuchen an andere Mitgliedstaaten

(1) Die Finanzbehörde ist befugt, ein Ersuchen zu stellen, welches das zentrale Verbindungsbüro dem anderen Mitgliedstaat nach den Vorschriften dieses Gesetzes weiterleitet. Darin kann um sachdienliche behördliche Ermittlungen ersucht werden. Originaldokumente können erbeten werden, soweit sie für das weitere Verfahren notwendig sind.

(2) Die Finanzbehörde ist befugt, ein Ersuchen um Übermittlung zusätzlicher Informationen, einschließlich des vollständigen Wortlauts eines grenzüberschreitenden Vorbescheids oder einer Vorabverständigung über die Verrechnungspreisgestaltung, zu stellen. Das zentrale Verbindungsbüro leitet das Ersuchen dem anderen Mitgliedstaat nach den Vorschriften dieses Gesetzes weiter.

(3) Bevor die Finanzbehörde ein Ersuchen stellt, hat sie alle nach der Abgabenordnung vorgesehenen Ermittlungsmöglichkeiten auszuschöpfen, es sei denn, die Durchführung der Ermittlungen wäre mit unverhältnismäßig großen Schwierigkeiten verbunden oder stellt sich als nicht Erfolg versprechend dar.

§ 6a - Voraussichtliche Erheblichkeit

(1) Für die Zwecke eines Ersuchens nach den §§ 4 und 6 sind Informationen voraussichtlich erheblich, wenn die zuständige Behörde des Mitgliedstaats, die um ihre Übermittlung ersucht, zum Zeitpunkt des Ersuchens der Auffassung ist, dass unter Berücksichtigung ihres nationalen Rechts die realistische Möglichkeit besteht, dass die Informationen für die Steuerangelegenheiten eines oder mehrerer Steuerpflichtiger erheblich und ihre Erhebung für Zwecke der Ermittung gerechtfertigt sein werden.

(2) Zum Nachweis der voraussichtlichen Erheblichkeit muss die zuständige Behörde, die um Informationen ersucht, zumindest die folgenden Angaben mitteilen:

1. den steuerlichen Zweck, zu dem die Informationen beantragt werden, und
2. eine Spezifizierung der für Verwaltungszwecke oder die Durchsetzung des nationalen Rechts erforderlichen Informationen.

§ 6b - Gruppenersuchen

Bezieht sich ein Ersuchen nach den §§ 4 und 6 auf eine Gruppe von Steuerpflichtigen, die nicht einzeln identifiziert werden können, muss die zuständige Behörde, die um Informationen ersucht, abweichend von § 6a Absatz 2 und unbeschadet des § 6a Absatz 1 zum Nachweis der voraussichtlichen Erheblichkeit zumindest die folgenden Angaben mitteilen:

1. eine ausführliche Beschreibung der Gruppe;
2. eine Erläuterung der steuerlichen Vorschriften und des Sachverhalts, die Anlass zu der Vermutung gibt, dass die Steuerpflichtigen dieser Gruppe die steuerlichen Vorschriften nicht eingehalten haben;
3. eine Erläuterung, wie die ersuchten Informationen dazu beitragen würden, die Einhaltung der steuerlichen Vorschriften durch die Steuerpflichtigen der Gruppe festzustellen und,
4. sofern relevant, eine Erläuterung des Sachverhalts und der Umstände in Bezug auf die Beteiligung eines Dritten, der aktiv zur potenziellen Nichteinhaltung der steuerlichen Vorschriften durch die Steuerpflichtigen der Gruppe beigetragen hat.

Abschnitt 3 - Weitere Übermittlung von Informationen

§ 7 - Automatische Übermittlung von Informationen

(1) Das zentrale Verbindungsbüro übermittelt an andere Mitgliedstaaten systematisch auf elektronischem Weg, ohne vorheriges Ersuchen, alle verfügbaren Informationen über in anderen Mitgliedstaaten ansässige Personen zu

1. Vergütungen aus unselbständiger Arbeit,
2. Aufsichtsrats- oder Verwaltungsratsvergütungen,
3. Lebensversicherungsprodukten, die nicht von anderen Rechtsakten der Europäischen Union über den Austausch von Informationen oder vergleichbaren Maßnahmen erfasst sind,
4. Ruhegehältern, Renten und ähnlichen Zahlungen,
5. Eigentum an unbeweglichem Vermögen und Einkünften daraus und
6. Lizenzgebühren.

Das zentrale Verbindungsbüro soll unbeschadet des § 2 Absatz 2 zweiter Teilsatz bei der Übermittlung der Informationen nach Satz 1 die Steueridentifikationsnummern übermitteln, die den in anderen Mitgliedstaaten ansässigen Personen durch die jeweiligen Mitgliedstaaten zugewiesen worden sind. Das zentrale Verbindungsbüro nimmt Informationen im Sinne von Satz 1 Nummer 1 bis 6, die ihm von anderen Mitgliedstaaten systematisch auf elektronischem Weg, ohne vorheriges Ersuchen übermittelt wurden, entgegen, speichert sie und leitet sie zur Durchführung des Besteuerungsverfahrens nach Maßgabe des § 88 Absatz 3 und 4 der Abgabenordnung an die zuständige Finanzbehörde weiter.

(2) Das zentrale Verbindungsbüro übermittelt an andere Mitgliedstaaten systematisch auf elektronischem Weg, ohne vorheriges Ersuchen, die Informationen über Finanzkonten gemäß § 2 des Gesetzes zum automatischen Austausch von Informationen über Finanzkonten in Steuersachen.

(3) Das zentrale Verbindungsbüro übermittelt zu nach dem 31. Dezember 2016 erteilten, getroffenen, geänderten oder erneuerten grenzüberschreitenden Vorbescheiden und zu nach dem 31. Dezember 2016 erteilten, getroffenen, geänderten oder erneuerten Vorabverständigungen über die Verrechnungspreisgestaltung im Weg des automatischen Austauschs die Informationen nach Absatz 7 an die zuständigen Behörden aller anderen Mitgliedstaaten sowie der Europäischen Kommission mit der Einschränkung, die für die Fälle nach Artikel 8a Absatz 8 der Amtshilferichtlinie gilt.

(4) Das zentrale Verbindungsbüro übermittelt den zuständigen Behörden aller anderen Mitgliedstaaten sowie der Europäischen Kommission, unter Berücksichtigung der Einschränkung, die für die Fälle nach Artikel 8a Absatz 8 der Amtshilferichtlinie gilt, Informationen über grenzüberschreitende Vorbescheide und Vorabverständigungen über die Verrechnungspreisgestaltung, die zwischen dem 1. Januar 2012 und dem 31. Dezember 2016 erteilt, getroffen, geändert oder erneuert wurden. Dabei gilt Folgendes:

1. zu grenzüberschreitenden Vorbescheiden und Vorabverständigungen über die Verrechnungspreisgestaltung, die in der Zeit zwischen dem 1. Januar 2012 und dem 31. Dezember 2013 erteilt, getroffen, geändert oder erneuert wurden und die am 1. Januar 2014 noch gültig waren, erfolgt die Informationsübermittlung nach Satz 1,

2. zu grenzüberschreitenden Vorbescheiden und Vorabverständigungen über die Verrechnungspreisgestaltung, die in der Zeit zwischen dem 1. Januar 2014 und dem 31. Dezember 2016 erteilt, getroffen, geändert oder erneuert wurden, erfolgt die Informationsübermittlung nach Satz 1, unabhängig davon, ob sie noch gültig sind oder nicht.

Ausgenommen von der genannten Übermittlung sind Informationen über grenzüberschreitende Vorbescheide und Vorabverständigungen über die Verrechnungspreisgestaltung, die vor dem 1. April 2016 für eine bestimmte Person oder für eine Gruppe von Personen erteilt, getroffen, geändert oder erneuert wurden, und deren gruppenweiter Jahresnettoumsatzerlös im Sinne von Artikel 2 Absatz 5 der Richtlinie 2013/34/EU des Europäischen Parlaments und des Rates vom 26. Juni 2013 über den Jahresabschluss, den konsolidierten Abschluss und damit verbundene Berichte von Unternehmen bestimmter Rechtsformen und zur Änderung der Richtlinie 2006/43/EG des Europäischen Parlaments und des Rates und zur Aufhebung der Richtlinien 78/660/EWG und 83/349/EWG des Rates (ABl. L 182 vom 29.6.2013, S. 19, L 369 vom 24.12.2014, S. 79), die zuletzt durch die Richtlinie 2014/102/EU (ABl. L 334 vom 21.11.2014, S. 86) geändert worden ist, in dem Geschäftsjahr, das vor dem Zeitpunkt liegt, zu dem der grenzüberschreitende Vorbescheid oder die Vorabverständigung über die Verrechnungspreisgestaltung erteilt, getroffen, geändert oder erneuert wird, weniger als 40 Millionen Euro oder dem entsprechenden Betrag in einer anderen Währung betragen hat. Satz 3 gilt nicht für eine bestimmte Person oder für eine Gruppe von Personen, die hauptsächlich Finanz- und Investitionstätigkeiten ausüben.

(5) Bilaterale oder multilaterale Vorabverständigungen über die Verrechnungspreisgestaltung mit Drittstaaten sind vom Geltungsbereich des automatischen Informationsaustauschs gemäß § 7 ausgenommen, sofern das internationale Steuerabkommen, in dessen Rahmen die Vorabverständigung über die Verrechnungspreisgestaltung ausgehandelt wurde, eine Weitergabe an

Dritte nicht erlaubt. Solche bilateralen oder multilateralen Vorabverständigungen über die Verrechnungspreisgestaltung werden nach § 8 ausgetauscht, sofern

1. das internationale Steuerabkommen, in dessen Rahmen die Vorabverständigung über die Verrechnungspreisgestaltung ausgehandelt wurde, eine Weitergabe erlaubt und
2. die zuständige Behörde des Drittstaates die Weitergabe der Informationen genehmigt.

Wenn bilaterale oder multilaterale Vorabverständigungen über die Verrechnungspreisgestaltung vom automatischen Informationsaustausch gemäß Satz 1 ausgenommen sind, werden stattdessen die Informationen nach Absatz 7, die in dem Antrag aufgeführt sind, der zu einer solchen bilateralen oder multilateralen Vorabverständigung über die Verrechnungspreisgestaltung geführt hat, nach den Absätzen 3 und 4 ausgetauscht.

(6) Die Absätze 3 und 4 gelten nicht in Fällen, in denen ein grenzüberschreitender Vorbescheid ausschließlich die Steuerangelegenheiten einer oder mehrerer natürlicher Personen betrifft.

(7) Die vom zentralen Verbindungsbüro gemäß den Absätzen 3 und 4 zu übermittelnden Informationen müssen Folgendes enthalten:

1. Angaben zu der Person, mit Ausnahme von natürlichen Personen, und gegebenenfalls Angaben zu der Gruppe von Personen, der sie angehört;
2. eine Zusammenfassung des Inhalts des grenzüberschreitenden Vorbescheids oder der Vorabverständigung über die Verrechnungspreisgestaltung, einschließlich einer Beschreibung der relevanten Geschäftstätigkeiten oder Transaktionen oder Reihen von Transaktionen und aller anderen Informationen, die der zuständigen Behörde bei der Bewertung eines potenziellen Steuerrisikos behilflich sein könnten, sofern dies nicht
   a) zur Preisgabe eines Handels-, Gewerbe- oder Berufsgeheimnisses oder eines Geschäftsverfahrens führt oder
   b) zur Preisgabe von Informationen führt, die die öffentliche Ordnung verletzen würden;
3. das jeweilige Datum der Erteilung oder des Abschlusses, der Änderung oder der Erneuerung des grenzüberschreitenden Vorbescheids oder der Vorabverständigung über die Verrechnungspreisgestaltung;
4. den Tag des Beginns der Geltungsdauer des grenzüberschreitenden Vorbescheids oder der Vorabverständigung über die Verrechnungspreisgestaltung, falls angegeben;
5. den Tag des Ablaufs der Geltungsdauer des grenzüberschreitenden Vorbescheids oder der Vorabverständigung über die Verrechnungspreisgestaltung, falls angegeben;
6. die Art des grenzüberschreitenden Vorbescheids oder der Vorabverständigung über die Verrechnungspreisgestaltung;
7. den Betrag der Transaktion oder Reihe von Transaktionen des grenzüberschreitenden Vorbescheids oder der Vorabverständigung über die Verrechnungspreisgestaltung, sofern ein solcher angegeben ist;
8. im Falle einer Vorabverständigung über die Verrechnungspreisgestaltung den Verrechnungspreis oder eine Beschreibung der bei der Festlegung der Verrechnungspreise zugrunde gelegten Kriterien;
9. im Falle einer Vorabverständigung über die Verrechnungspreisgestaltung Angaben zu dem der Festlegung der Verrechnungspreise zugrunde gelegten Verfahren oder den Verrechnungspreis;

10. gegebenenfalls Angaben dazu, welche anderen Mitgliedstaaten wahrscheinlich von dem grenzüberschreitenden Vorbescheid oder der Vorabverständigung über die Verrechnungspreisgestaltung betroffen sind;

11. gegebenenfalls Identifizierungsangaben zu allen Personen in den anderen Mitgliedstaaten, mit Ausnahme von natürlichen Personen, die wahrscheinlich von dem grenzüberschreitenden Vorbescheid oder der Vorabverständigung über die Verrechnungspreisgestaltung betroffen sind, sowie Angaben dazu, zu welchen Mitgliedstaaten die betreffenden Personen in Beziehung stehen, und

12. Angaben dazu, ob die übermittelten Informationen

    a) auf dem grenzüberschreitenden Vorbescheid oder der Vorabverständigung über die Verrechnungspreisgestaltung selbst beruhen oder

    b) auf einem Antrag gemäß Absatz 5 Satz 3 beruhen.

Auf die praktischen Regelungen, die zur Erleichterung des Austauschs der in diesem Absatz aufgezählten Informationen von der Europäischen Kommission zur Umsetzung von Artikel 8a der Amtshilferichtlinie erlassen worden sind, wird verwiesen. Hierzu zählen auch Maßnahmen zur standardisierten Übermittlung der in diesem Absatz genannten Informationen als Teil des Verfahrens zur Festlegung des Standardformblatts, das gemäß Artikel 20 Absatz 5 der Amtshilferichtlinie vorgesehenen ist. Ab dem Zeitpunkt seiner Bereitstellung ist das Zentralverzeichnis der Mitgliedstaaten gemäß Artikel 21 Absatz 5 der Amtshilferichtlinie zu nutzen.

(8) In den Fällen der Absätze 1 bis 5 und 9 bis 14a ist gemäß § 117 Absatz 4 Satz 3 der Abgabenordnung keine Anhörung der Beteiligten erforderlich.

(9) Das zentrale Verbindungsbüro nimmt die ihm von den zuständigen Behörden aller anderen Mitgliedstaaten der Europäischen Union gemäß Artikel 8a der Amtshilferichtlinie übermittelten Informationen entgegen; ab dem Zeitpunkt seiner Bereitstellung ist das Zentralverzeichnis der Mitgliedstaaten der Europäischen Union gemäß Artikel 21 Absatz 5 der Amtshilferichtlinie zu nutzen. Das zentrale Verbindungsbüro leitet die Informationen zur Durchführung des Besteuerungsverfahrens nach Maßgabe des § 88 Absatz 3 und 4 der Abgabenordnung an die jeweils zuständige Landesfinanzbehörde weiter. Unbeschadet des Satzes 2 greifen die zuständigen Stellen auf die Informationen nach Satz 1 zu; hierzu werden gemäß § 3 Absatz 2 Satz 2 Verbindungsstellen im Sinne des Artikels 4 Absatz 3 und zuständige Bedienstete im Sinne des Artikels 4 Absatz 4 der Amtshilferichtlinie unter Berücksichtigung der in Artikel 21 der Amtshilferichtlinie enthaltenen Regelungen zur Anwendung der dort genannten technischen Verfahren benannt.

(10) Das zentrale Verbindungsbüro übermittelt im Weg des automatischen Austauschs die ihm gemäß § 138a Absatz 6 der Abgabenordnung übermittelten länderbezogenen Berichte an die zuständigen Behörden der anderen Mitgliedstaaten, für die in dem länderbezogenen Bericht Angaben im Sinne des § 138a Absatz 2 der Abgabenordnung enthalten sind. Die Übermittlung erfolgt auf elektronischem Weg. Auf die von der Europäischen Kommission im Weg von Durchführungsrechtsakten erlassenen praktischen Regelungen wird verwiesen.

(11) In den Fällen des § 138a Absatz 4 Satz 1 der Abgabenordnung teilt das zentrale Verbindungsbüro den anderen Mitgliedstaaten zusätzlich automatisch mit, wenn sich die ausländische Konzernobergesellschaft der einbezogenen inländischen Konzerngesellschaft geweigert hat, die erforderlichen Informationen zur Erstellung des länderbezogenen Berichts bereitzustellen.

(12) Das zentrale Verbindungsbüro nimmt die Informationen im Sinne der Absätze 10 und 11 entgegen, die ihm von den anderen Mitgliedstaaten gemäß Artikel 8aa der Amtshilferichtlinie übermittelt wurden. Es übermittelt die Informationen an die zuständige Landesfinanzbehörde.

(13) Das zentrale Verbindungsbüro übermittelt im Weg des automatischen Austauschs die dem Bundeszentralamt für Steuern nach den §§ 138f bis 138h der Abgabenordnung übermittelten

Informationen über grenzüberschreitende Steuergestaltungen im Sinne des § 138d der Abgabenordnung den zuständigen Behörden der anderen Mitgliedstaaten der Europäischen Union. Die Übermittlung erfolgt innerhalb eines Monats nach Ablauf des Quartals, in dem die Informationen vorgelegt wurden, erstmals bis zum 31. Oktober 2020. Die praktischen Regelungen gemäß Artikel 20 Absatz 5 der Amtshilferichtlinie, die der Erleichterung des Austausches der in § 138f Absatz 3 der Abgabenordnung bezeichneten Informationen dienen, sind zu beachten. Für die Zwecke der Übermittlung an die zuständigen Behörden der anderen Mitgliedstaaten der Europäischen Union durch das zentrale Verbindungsbüro gelten die in § 138f Absatz 3 der Abgabenordnung bezeichneten Informationen als dem Bundeszentralamt für Steuern von einem Intermediär offengelegt, es sei denn, es liegt ein Fall des § 138d Absatz 6 oder des § 138g Absatz 1 Satz 1 der Abgabenordnung vor; in diesen Fällen gelten die Informationen als von einem Steuerpflichtigen offengelegt. Ab dem Zeitpunkt seiner Bereitstellung ist für die Übermittlung das Zentralverzeichnis der Mitgliedstaaten der Europäischen Union gemäß Artikel 21 Absatz 5 der Amtshilferichtlinie zu nutzen.

(14) Das zentrale Verbindungsbüro nimmt die ihm von den zuständigen Behörden aller anderen Mitgliedstaaten der Europäischen Union gemäß Artikel 8ab der Amtshilferichtlinie übermittelten Informationen entgegen; ab dem Zeitpunkt seiner Bereitstellung ist das Zentralverzeichnis der Mitgliedstaaten der Europäischen Union gemäß Artikel 21 Absatz 5 der Amtshilferichtlinie zu nutzen. Das zentrale Verbindungsbüro stellt die Informationen dem Bundeszentralamt für Steuern zur weiteren Aufgabenerledigung zur Verfügung; § 88 Absatz 3 und 4 und § 138i der Abgabenordnung gelten entsprechend. Unbeschadet des Satzes 2 greifen die zuständigen Stellen auf die Informationen nach Satz 1 zu; hierzu werden gemäß § 3 Absatz 2 Satz 2 Verbindungsstellen im Sinne des Artikels 4 Absatz 3 und zuständige Bedienstete im Sinne des Artikels 4 Absatz 4 der Amtshilferichtlinie unter Berücksichtigung der in Artikel 21 der Amtshilferichtlinie enthaltenen Regelungen zur Anwendung der dort genannten technischen Verfahren benannt. Das Bundesministerium der Finanzen legt im Einvernehmen mit den obersten Finanzbehörden der Länder die Einzelheiten zu dem Verfahren nach Satz 3 in einem Schreiben fest. Dieses Schreiben ist im Bundessteuerblatt zu veröffentlichen.

(14a) Das zentrale Verbindungsbüro übermittelt im Wege des automatischen Austauschs die ihm gemäß § 13 des Plattformen-Steuertransparenzgesetzes gemeldeten Informationen an:

1. die zuständigen Behörden aller Mitgliedstaaten, in denen der jeweilige meldepflichtige Anbieter als ansässig gilt, und

2. die zuständigen Behörden aller Mitgliedstaaten, in denen das unbewegliche Vermögen belegen ist, sofern der jeweilige meldepflichtige Anbieter relevante Tätigkeiten nach § 5 Absatz 1 Satz 1 Nummer 1 des Plattformen-Steuertransparenzgesetzes erbracht hat.

Die Übermittlung erfolgt auf elektronischem Weg. Auf die praktischen Regelungen, die zur Erleichterung des Austauschs der in Satz 1 genannten Informationen von der Europäischen Kommission zur Umsetzung von Artikel 8ac der Amtshilferichtlinie erlassen worden sind, wird verwiesen. Hierzu zählen auch Maßnahmen zur standardisierten Übermittlung der in Satz 1 genannten Informationen als Teil des Verfahrens zur Festlegung des Standardformats, das gemäß Artikel 20 Absatz 4 der Amtshilferichtlinie vorgesehen ist.

(15) Das Bundeszentralamt für Steuern ist berechtigt, die Informationen gemäß den Absätzen 1 bis 5, 7 und 9 bis 14a zur Erfüllung der ihm gesetzlich übertragenen Aufgaben auszuwerten. Auswertungen der Informationen nach Satz 1 durch die jeweils zuständige Landesfinanzbehörde bleiben hiervon unberührt. Für Informationen gemäß Absatz 14 Satz 2 finden § 138j der Abgabenordnung und § 21a Absatz 5 des Finanzverwaltungsgesetzes entsprechende Anwendung.

§ 8 - Spontane Übermittlung von Informationen an andere Mitgliedstaaten

(1) Die Finanzbehörde kann nach pflichtgemäßem Ermessen ohne Ersuchen alle Informationen an das zentrale Verbindungsbüro übermitteln, die für die anderen Mitgliedstaaten von Nutzen

sein können. Das zentrale Verbindungsbüro entscheidet nach pflichtgemäßem Ermessen über die Übermittlung der Informationen an die anderen Mitgliedstaaten.

(2) Informationen nach § 1 Absatz 1 sind zu übermitteln, wenn

1. Gründe für die Vermutung einer Steuerverkürzung in dem anderen Mitgliedstaat vorliegen,
2. ein Sachverhalt vorliegt, auf Grund dessen eine Steuerermäßigung oder Steuerbefreiung gewährt worden ist und die zu übermittelnden Informationen für den Steuerpflichtigen zu einer Besteuerung oder Steuererhöhung im anderen Mitgliedstaat führen könnten,
3. Geschäftsbeziehungen zwischen einem in Deutschland Steuerpflichtigen und einem in einem anderen Mitgliedstaat Steuerpflichtigen über ein oder mehrere weitere Staaten in einer Weise geleitet werden, die in einem oder beiden Mitgliedstaaten zur Steuerersparnis führen kann,
4. Gründe für die Vermutung vorliegen, dass durch künstliche Gewinnverlagerungen zwischen verbundenen Unternehmen eine Steuerersparnis eintritt, oder
5. ein Sachverhalt, der im Zusammenhang mit der Informationserteilung eines anderen Mitgliedstaats ermittelt wurde, auch für die zutreffende Steuerfestsetzung in einem weiteren Mitgliedstaat erheblich sein könnte.

(3) Die Übermittlung nach Absatz 2 soll unverzüglich erfolgen, spätestens jedoch einen Monat, nachdem die Informationen verfügbar geworden sind.

§ 9 - Spontane Übermittlung von Informationen durch andere Mitgliedstaaten

Das zentrale Verbindungsbüro leitet Informationen, die andere Mitgliedstaaten spontan übermittelt haben, den Finanzbehörden zur Auswertung weiter. Es bestätigt unverzüglich, spätestens jedoch sieben Arbeitstage nach Eingang der Informationen, dem anderen Mitgliedstaat möglichst auf elektronischem Weg deren Erhalt.

Abschnitt 4 - Sonstige Formen der Verwaltungszusammenarbeit

§ 10 - Anwesenheit von Bediensteten anderer Mitgliedstaaten im Inland

(1) Auf Ersuchen der zuständigen Behörde eines anderen Mitgliedstaats kann das zentrale Verbindungsbüro gestatten, dass unter den von ihm festgelegten Voraussetzungen befugte Bedienstete des anderen Mitgliedstaats für Zwecke des Informationsaustauschs

1. in den Amtsräumen zugegen sein dürfen, in denen die Finanzbehörden ihre Tätigkeit ausüben,
2. bei den behördlichen Ermittlungen zugegen sein dürfen, die auf deutschem Hoheitsgebiet von den Finanzbehörden durchgeführt werden, und
3. unter Einhaltung des deutschen Verfahrensrechts im Beisein eines zuständigen inländischen Bediensteten Personen befragen und Aufzeichnungen prüfen.

Sofern angezeigt, ist die Teilnahme an behördlichen Ermittlungen, einschließlich der Befragung von Personen und der Prüfung von Aufzeichnungen, mittels elektronischer Kommunikationsmittel zu gestatten; § 87a Absatz 1 Satz 3 der Abgabenordnung gilt entsprechend. Das zentrale Verbindungsbüro bestätigt dem anderen Mitgliedstaat sein Einverständnis zu Ersuchen nach den vorstehenden Sätzen innerhalb von 60 Tagen nach Erhalt des Ersuchens. Lehnt es das Ersuchen ab, sind dem anderen Mitgliedstaat die Gründe hierfür mitzuteilen.

(2) Bei dem Informationsaustausch gemäß Absatz 1 stellt die Finanzbehörde sicher, dass Bediensteten der anderen Mitgliedstaaten nur solche Informationen offenbart werden, die nach § 4 übermittelt werden dürfen. Sind die erbetenen Informationen in den Unterlagen enthalten, zu denen die Finanzbehörde Zugang hat, so werden den Bediensteten des anderen Mitgliedstaats Kopien dieser Unterlagen ausgehändigt.

(3) Die Befugnisse der Bediensteten der anderen Mitgliedstaaten bestimmen sich nach deutschem Verfahrensrecht; sie gehen nicht über das hinaus, was

1. für die in Absatz 1 Nummer 1 bis 3 genannten Zwecke erforderlich ist und

2. das Recht des jeweiligen anderen Mitgliedstaates seinen Bediensteten gestattet.

Verweigert eine Person in Fällen des Absatzes 1 Satz 1 Nummer 3 die Mitwirkung, gilt diese Verweigerung wie eine Verweigerung gegenüber inländischen Bediensteten.

(4) Befugte Bedienstete des anderen Mitgliedstaats müssen, wenn sie sich nach Absatz 1 auf deutschem Hoheitsgebiet aufhalten, jederzeit eine schriftliche Vollmacht vorlegen können, aus der ihre Identität und dienstliche Stellung hervorgehen.

§ 11 - Anwesenheit von inländischen Bediensteten in anderen Mitgliedstaaten

Sofern die Komplexität eines Ersuchens es erfordert, können bevollmächtigte inländische Bedienstete in andere Mitgliedstaaten entsandt werden. § 10 gilt sinngemäß.

§ 12 - Gleichzeitige Prüfung

(1) Auf Vorschlag der zuständigen Finanzbehörde kann das zentrale Verbindungsbüro einen anderen Mitgliedstaat oder mehrere andere Mitgliedstaaten ersuchen, eine gleichzeitige Prüfung durchzuführen. Das zentrale Verbindungsbüro kann ein Ersuchen eines anderen Mitgliedstaates oder mehrerer anderer Mitgliedstaaten um die Durchführung einer gleichzeitigen Prüfung annehmen.

(2) Eine gleichzeitige Prüfung im Sinne des Absatzes 1 sind behördliche Ermittlungen, die von der zuständigen Finanzbehörde gleichzeitig mit der entsprechenden Behörde eines anderen Mitgliedstaats im jeweils eigenen Hoheitsgebiet in Bezug auf eine Person oder mehrere Personen von gemeinsamem oder ergänzendem Interesse durchgeführt werden, um die dabei erlangten Informationen auszutauschen. Die im Vorfeld der gleichzeitigen Prüfung zur Stellung, Annahme oder Ablehnung eines Ersuchens erforderlichen sowie die bei der gleichzeitigen Prüfung erlangten Informationen werden, soweit dies nach § 4 zulässig ist, ausgetauscht. Abweichend von § 4 Absatz 1 Satz 2 bedarf es nicht der Weiterleitung durch das zentrale Verbindungsbüro, soweit in den in § 3 Absatz 3a geregelten Fällen ein direkter Informationsaustausch erfolgen darf. § 4 Absatz 3 Nummer 2 und § 6 Absatz 3 finden keine Anwendung. § 8 bleibt unberührt.

(3) Das zentrale Verbindungsbüro benennt einen seiner Bediensteten, der für die Beaufsichtigung und die Koordinierung der gleichzeitigen Prüfung verantwortlich ist.

(4) Im Fall des Absatzes 1 Satz 1 bestimmt die zuständige Finanzbehörde, für welche Person oder welche Personen eine gleichzeitige Prüfung durchgeführt werden soll, begründet die Auswahl und gibt den Zeitraum an, in dem die gleichzeitige Prüfung durchgeführt werden soll.

(5) Im Fall des Absatzes 1 Satz 2 entscheidet die zuständige Finanzbehörde, ob sie an der gleichzeitigen Prüfung teilnehmen wird. Das zentrale Verbindungsbüro teilt dem anderen Mitgliedstaat innerhalb von 60 Tagen nach Erhalt des Ersuchens das Einverständnis oder die begründete Ablehnung mit.

(6) Die inländische Person, auf die sich die gleichzeitige Prüfung bezieht, wird durch das zentrale Verbindungsbüro unverzüglich über die Durchführung der gleichzeitigen Prüfung informiert, sobald das Einverständnis in den Fällen des Absatzes 4 von dem anderen Mitgliedstaat oder in den

Fällen des Absatzes 5 durch das zentrale Verbindungsbüro übermittelt worden ist. Von der Information kann abgesehen werden, soweit die Interessen Dritter, der Finanzbehörde oder des anderen Mitgliedstaats an der Nichterteilung der Information die Interessen der betroffenen Person überwiegen.

(7) Eine Anhörung der Beteiligten gemäß § 117 Absatz 4 Satz 3 der Abgabenordnung ist nicht erforderlich.

§ 12a - Gemeinsame Prüfung

(1) Auf Vorschlag der zuständigen Finanzbehörden kann das zentrale Verbindungsbüro einen oder mehrere Mitgliedstaaten ersuchen, eine gemeinsame Prüfung durchzuführen. Das zentrale Verbindungsbüro kann ein Ersuchen eines anderen Mitgliedstaates oder mehrerer anderer Mitgliedstaaten um die Durchführung einer gemeinsamen Prüfung annehmen. Einem Ersuchen nach den Sätzen 1 und 2 steht nicht entgegen, dass eine gleichzeitige Prüfung in Bezug auf dieselbe Person zu dem identischen oder einem anderen Sachverhalt bereits durchgeführt wird. Mit Ausnahme des § 10 Absatz 1 Satz 3 und 4 sowie des § 12 Absatz 2 Satz 1 gelten die §§ 10 bis 11 und 12 Absatz 2 bis 7 entsprechend.

(2) Eine gemeinsame Prüfung im Sinne des Absatzes 1 sind behördliche Ermittlungen, die von der zuständigen Finanzbehörde gemeinsam mit der entsprechenden Behörde eines anderen Mitgliedstaats in Bezug auf eine Person oder mehrere Personen von gemeinsamem oder ergänzendem Interesse durchgeführt werden. Die gemeinsame Prüfung wird unter Koordinierung durch die zentralen Verbindungsbüros in zuvor vereinbarter Weise mit dem Ziel durchgeführt, eine Einigung über den Sachverhalt und die Umstände, die Gegenstand der behördlichen Ermittlungen sind, sowie eine einvernehmliche steuerliche Würdigung auf Basis dieses Sachverhaltes zu erzielen.

(3) Über die Einzelheiten der gemeinsamen Prüfung treffen die beteiligten Behörden mit der entsprechenden Behörde des anderen Mitgliedstaats eine Vereinbarung. Die Vereinbarung umfasst zumindest eine Regelung bezüglich der verwendeten Sprache; § 87 der Abgabenordnung bleibt unberührt.

(4) Die beteiligten Behörden bemühen sich, sich mit der entsprechenden Behörde des anderen Mitgliedstaats über den Sachverhalt und die Umstände, die Gegenstand der gemeinsamen Prüfung sind, zu einigen sowie eine einvernehmliche steuerliche Würdigung im Rahmen des jeweils geltenden Rechts auf Basis dieses Sachverhalts zu erreichen. Die Feststellungen, über die in der gemeinsamen Prüfung Einigung erzielt worden ist, sind in einem gemeinsamen Prüfungsbericht festzuhalten; die Feststellungen, über die in der gemeinsamen Prüfung keine Einigung erzielt worden ist, können in dem gemeinsamen Prüfungsbericht festgehalten werden. Die Umsetzung der Feststellungen im Inland bestimmt sich nach deutschem Recht. Die beteiligten Behörden stellen sicher, dass sie die Beweisführung der entsprechenden Behörde des anderen Mitgliedstaats, einschließlich in Beschwerde-, Einspruchs-, Gerichts- und Revisionsverfahren, unterstützen, sofern dies nach dem Recht des anderen Mitgliedstaats erforderlich ist.

(5) Die inländische Person, auf die sich die gemeinsame Prüfung bezieht, ist innerhalb von 60 Tagen nach der Erstellung des gemeinsamen Prüfungsberichtes im Sinne des Absatzes 4 Satz 2 durch die zuständige Finanzbehörde über das Ergebnis der gemeinsamen Prüfung zu unterrichten. Die Unterrichtung umfasst eine Kopie des gemeinsamen Prüfungsberichtes. § 30 der Abgabenordnung bleibt durch die Sätze 1 und 2 unberührt.

§ 13 - Zustellungsersuchen an andere Mitgliedstaaten

(1) Auf Ersuchen der zuständigen Finanzbehörde beantragt das zentrale Verbindungsbüro bei einem anderen Mitgliedstaat die Zustellung von Dokumenten und Entscheidungen der Finanzbehörde, die mit einer Steuer nach § 1 zusammenhängen.

(2) Ein Zustellungsersuchen ist nur dann zulässig, wenn

1. die Finanzbehörde nicht in der Lage ist, die Zustellung nach den Vorschriften des Verwaltungszustellungsgesetzes im anderen Mitgliedstaat vorzunehmen, oder

2. die Zustellung mit unverhältnismäßig großen Schwierigkeiten verbunden wäre.

(3) Im Zustellungsersuchen ist Folgendes anzugeben:

1. der Gegenstand des zuzustellenden Dokuments oder der zuzustellenden Entscheidung,

2. der Name und die Anschrift des Adressaten sowie

3. alle weiteren Informationen, die die Identifizierung des Adressaten erleichtern können.

(4) Einer in einem anderen Mitgliedstaat ansässigen Person kann jedes Dokument per Einschreiben oder auf elektronischem Weg direkt zugestellt werden.

(5) Das zentrale Verbindungsbüro leitet Informationen über veranlasste Zustellungen anderer Mitgliedstaaten den Finanzbehörden, die die Informationen verwenden, weiter.

§ 14 - Zustellungsersuchen von anderen Mitgliedstaaten

(1) Auf Ersuchen werden alle Dokumente zugestellt, die mit einer Steuer gemäß § 1 zusammenhängen, einschließlich der gerichtlichen Dokumente, die aus dem anderen Mitgliedstaat stammen. Das zentrale Verbindungsbüro leitet hierzu der Finanzbehörde das Ersuchen zwecks Zustellung zu. Die Zustellung richtet sich nach den Vorschriften des Verwaltungszustellungsgesetzes.

(2) Das zentrale Verbindungsbüro teilt dem anderen Mitgliedstaat unverzüglich mit, welche Maßnahme auf Grund des Zustellungsersuchens veranlasst wurde. Diese Mitteilung beinhaltet insbesondere die Angabe, an welchem Tag und an welche Anschrift dem Empfänger das Dokument zugestellt worden ist.

Abschnitt 5 - Weitere Vorschriften

§ 15 - Verwendung von Informationen und Dokumenten

(1) Übermittelt das zentrale Verbindungsbüro einem anderen Mitgliedstaat Informationen, so gestattet es diesem auf Anfrage, die Informationen für andere als die in § 19 Absatz 2 Satz 1 genannten Zwecke zu verwenden, wenn die Verwendung für einen vergleichbaren Zweck nach deutschem Recht unter Beachtung der §§ 30, 31, 31a und 31b der Abgabenordnung zulässig ist.

(2) Ist das zentrale Verbindungsbüro der Ansicht, dass Informationen und Dokumente von einem anderen Mitgliedstaat einem dritten Mitgliedstaat für die in § 19 Absatz 2 Satz 1 genannten Zwecke von Nutzen sein könnten, so kann es diese Informationen und Dokumente weitergeben, wenn

1. die Weitergabe im Einklang mit den in diesem Gesetz festgelegten Regeln und Verfahren steht,

2. es dem Mitgliedstaat, von dem die Informationen und Dokumente stammen, seine Absicht mitteilt, diese einem dritten Mitgliedstaat weiterzugeben, und

3. der Mitgliedstaat, von dem die Informationen stammen, nicht innerhalb von zehn Arbeitstagen nach Eingang der Mitteilung nach Nummer 2 der Weitergabe widerspricht.

(3) Sollen Informationen und Dokumente für andere als die in § 19 Absatz 2 Satz 1 genannten Zwecke nach Absatz 2 weitergegeben oder verwendet werden, so muss hierfür die Einwilligung jenes Mitgliedstaats eingeholt werden, von dem die Informationen und Dokumente stammen. Die

Weitergabe darf nur erfolgen, wenn die Verwendung für einen vergleichbaren Zweck nach deutschem Recht unter Beachtung der §§ 30, 31, 31a und 31b der Abgabenordnung zulässig ist.

(4) Sämtliche Informationen und Dokumente, die im Rahmen dieses Gesetzes erlangt werden, können von den Behörden, die die Informationen verwenden, wie vergleichbare inländische Informationen und Dokumente angeführt oder als Beweismittel verwendet werden.

(5) Von der Berichtigung übermittelter unrichtiger Daten und der Löschung oder Sperrung unzulässig gespeicherter oder unzulässig übermittelter Daten sind alle Mitgliedstaaten, die diese Daten im Rahmen einer Auskunft erhalten haben, durch das zentrale Verbindungsbüro unverzüglich zu unterrichten und anzuhalten, ebenfalls die Berichtigung, Sperrung oder Löschung dieser Daten vorzunehmen.

§ 16 - Rückmeldungen

(1) In den Fällen der §§ 4 und 8 kann das zentrale Verbindungsbüro den anderen Mitgliedstaat um Rückmeldung über die Verwendung der erbetenen Information bitten.

(2) Bittet in den Fällen der §§ 6 und 9 der andere Mitgliedstaat um Rückmeldung, so übermittelt das zentrale Verbindungsbüro dem anderen Mitgliedstaat die Rückmeldung unverzüglich, spätestens jedoch drei Monate, nachdem das Ergebnis über die Verwendung der erbetenen Information bekannt geworden ist. Eine Übermittlung ist nur zulässig, wenn ihr die Vorschriften zum Datenschutz und zum Schutz des Steuergeheimnisses insbesondere nach § 30 der Abgabenordnung nicht entgegenstehen. Die zuständige Finanzbehörde teilt dem zentralen Verbindungsbüro die erforderlichen Angaben mit.

§ 17 - Standardformblätter und Kommunikationsmittel

(1) Ersuchen nach § 4 Absatz 1 und 2 und § 6 Absatz 1, spontane Übermittlungen von Informationen nach § 8 Absatz 1 und 2 und § 9, Zustellungsersuchen nach § 13 Absatz 1 und § 14 Absatz 1, Rückmeldungen nach § 16 sowie sonstige Mitteilungen werden jeweils mittels eines zwischen den Mitgliedstaaten abgestimmten Standardformblatts auf elektronischem Weg übermittelt.

(2) Den Standardformblättern können Berichte, Bescheinigungen und andere Dokumente oder beglaubigte Kopien oder Auszüge daraus beigefügt werden.

(3) Die Absätze 1 und 2 gelten nicht für Informationen und Unterlagen, die nach den §§ 10 und 11 erlangt werden.

(4) Erfolgt die Übermittlung nicht auf elektronischem Weg durch Standardformblätter, so berührt dies nicht die Gültigkeit der erhaltenen Informationen oder der im Rahmen eines Ersuchens um Amtshilfe ergriffenen Maßnahmen.

§ 18 - Informationsübermittlung an Drittstaaten

(1) Erhält das zentrale Verbindungsbüro von einem Drittstaat Informationen, die für die Anwendung und Durchsetzung des deutschen Rechts über die in § 1 genannten Steuern voraussichtlich erheblich sind, kann das zentrale Verbindungsbüro diese Informationen an andere Mitgliedstaaten, für die diese Informationen von Nutzen sein können, und an alle ersuchenden Behörden weitergeben, sofern dies auf Grund einer Vereinbarung mit dem Drittstaat zulässig ist.

(2) Das zentrale Verbindungsbüro kann die im Einklang mit diesem Gesetz erhaltenen Informationen an einen Drittstaat weitergeben, wenn

1. die Weitergabe im Einklang mit den deutschen Bestimmungen über die Weitergabe personenbezogener Daten an Drittstaaten steht,

2. die Informationen für die zutreffende Steuerfestsetzung in diesem Drittstaat erheblich sein können,

3. der Mitgliedstaat, von dem die Informationen stammen, mit der Weitergabe einverstanden ist und

4. sich der Drittstaat zum Informationsaustausch verpflichtet hat.

§ 19 - Datenschutz und Zweckbestimmung

(1) Die Informationen, die im Rahmen dieses Gesetzes an Deutschland übermittelt werden, unterliegen dem Steuergeheimnis und genießen den Schutz, den die Abgabenordnung für Informationen dieser Art gewährt.

(2) Diese Informationen können für folgende Zwecke verwendet werden:

1. zur Bewertung, Anwendung und Durchsetzung des nationalen Steuerrechts über die in § 1 genannten Steuern sowie die Umsatzsteuer und andere indirekte Steuern,

2. zur Wahrnehmung gesetzlicher Kontroll- und Aufsichtsbefugnisse,

3. zur Festsetzung und Beitreibung anderer Steuern und Abgaben nach § 1 des EU-Beitreibungsgesetzes sowie

4. zur Verwertung im Zusammenhang mit Gerichts- und Verwaltungsverfahren, die Sanktionen wegen Nichtbeachtung des Steuerrechts zur Folge haben können; hierbei sind die allgemeinen Regelungen und Vorschriften über die Rechte der Personen, gegen die sich das jeweilige Verfahren richtet, und Zeugen in solchen Verfahren zu beachten.

Sollen Informationen für einen anderen Zweck verwendet werden, ist die Einwilligung des anderen Mitgliedstaats einzuholen. Eine Einwilligung ist entbehrlich, wenn der andere Mitgliedstaat der zuständigen Behörde eine Liste mit anderen als den in Satz 1 genannten Zwecken, für die Informationen und Schriftstücke gemäß seinem nationalen Recht verwendet werden dürfen, übermittelt hat und die beabsichtigte Verwendung von den in der Liste genannten Zwecken umfasst ist.

§ 19a - Verletzung des Schutzes personenbezogener Daten

(1) Kommt es in Bezug auf Informationen, die im Rahmen dieses Gesetzes verarbeitet werden, zu einer Verletzung des Datenschutzes, unterrichtet das zentrale Verbindungsbüro unverzüglich die Europäische Kommission hierüber und über alle getroffenen Abhilfemaßnahmen. Das zentrale Verbindungsbüro veranlasst alles, um die Ursachen und die Auswirkungen der Verletzung des Datenschutzes zu ermitteln und einzudämmen sowie um notwendige Abhilfe zu schaffen. Sofern die Verletzung des Datenschutzes nicht umgehend und angemessen eingedämmt werden kann, beantragt das zentrale Verbindungsbüro schriftlich gegenüber der Europäischen Kommission, seinen Zugang zum CCN-Netz nach Artikel 3 Nummer 13 der Amtshilferichtlinie für die Zwecke der Anwendung dieses Gesetzes auszusetzen. Das zentrale Verbindungsbüro unterrichtet die Europäische Kommission unverzüglich, sobald die Verletzung des Datenschutzes behoben worden ist und beantragt die Wiederherstellung seines Zugangs zum CCN-Netz.

(2) Benachrichtigt die Europäische Kommission das zentrale Verbindungsbüro über eine Verletzung des Datenschutzes, die sich in einem anderen Mitgliedstaat ereignet hat, kann das zentrale Verbindungsbüro den Informationsaustausch mit diesem Mitgliedstaat aussetzen. Die Aussetzung ist der Europäischen Kommission und den zuständigen Behörden aller anderer Mitgliedstaaten schriftlich mitzuteilen. Wurde der Zugang der zuständigen Behörde des anderen Mitgliedstaats zum CCNNetz ausgesetzt, kann das zentrale Verbindungsbüro die Europäische Kommission ersuchen, die Behebung der Verletzung des Datenschutzes in dem anderen Mitgliedstaat zu überprüfen.

(3) Das zentrale Verbindungsbüro berücksichtigt bei der Anwendung der Absätze 1 und 2 Vereinbarungen, die die Mitgliedstaaten gemäß Artikel 25 Absatz 7 der Amtshilferichtlinie getroffen haben.

(4) Pflichten nach anderen Gesetzen, insbesondere die Meldeverpflichtung nach den Artikeln 33 und 34 der Verordnung (EU) 2016/679 des Europäischen Parlaments und des Rates vom 27. April 2016 zum Schutz natürlicher Personen bei der Verarbeitung personenbezogener Daten, zum freien Datenverkehr und zur Aufhebung der Richtlinie 95/46/EG (Datenschutz-Grundverordnung) (ABl. L 119 vom 4.5.2016, S. 1; L 314 vom 22.11.2016, S. 72; L 127 vom 23.5.2018, S. 2) in ihrer jeweils geltenden Fassung, bleiben unberührt.

§ 20 - Statistiken und Bewertungen

(1) Die zuständige Behörde übermittelt

1. der Europäischen Kommission

    a) jährlich Statistiken zum Umfang des automatischen Informationsaustauschs gemäß § 7 Absatz 1, 2, 10, 11 und 14a und Angaben zu den administrativen und anderen einschlägigen Kosten und Nutzen des erfolgten Austauschs und zu allen möglichen Änderungen, sowohl für die Steuerverwaltung als auch für Dritte,

    b) eine jährliche Bewertung der Wirksamkeit des automatischen Austauschs von Informationen gemäß den Artikeln 8, 8a, 8aa, 8ab und 8ac der Amtshilferichtlinie sowie einen Überblick über die erreichten praktischen Ergebnisse,

    c) alle sachdienlichen Informationen, die für die Bewertung der Wirksamkeit der Zusammenarbeit der Verwaltungsbehörden gemäß der Amtshilferichtlinie bei der Bekämpfung von Steuerhinterziehung und -umgehung notwendig sind,

    d) statistische Angaben, die der Bewertung der Amtshilferichtlinie dienen;

2. den anderen betroffenen Mitgliedstaaten der Europäischen Union einmal jährlich eine Rückmeldung zum automatischen Austausch von Informationen.

Bei der Übermittlung ist die Durchführungsverordnung (EU) 2015/2378 der Kommission vom 15. Dezember 2015 zur Festlegung von Durchführungsbestimmungen zu bestimmten Artikeln der Richtlinie 2011/16/EU des Rates über die Zusammenarbeit der Verwaltungsbehörden im Bereich der Besteuerung und zur Aufhebung der Durchführungsverordnung (EU) Nr. 1156/2012 (ABl. L 332 vom 18.12.2015, S. 19) zu berücksichtigen.

(2) Das Bundesministerium der Finanzen legt im Einvernehmen mit den obersten Finanzbehörden der Länder die Einzelheiten zur Übermittlung im Sinne des Absatzes 1 in einem Schreiben fest. Dieses Schreiben ist im Bundessteuerblatt zu veröffentlichen.

§ 21 - Übergangsvorschriften

(1) Die automatische Übermittlung von Informationen gemäß § 7 Absatz 1 ist ab dem 1. Januar 2015 vorzunehmen und erstmals auf Informationen der Besteuerungszeiträume ab dem 1. Januar 2014 anzuwenden. § 7 Absatz 1 Satz 2 ist auf Besteuerungszeiträume anzuwenden, die am oder nach dem 1. Januar 2024 beginnen.

(1a) Ungeachtet des § 2 Absatz 2 zweiter Teilsatz unterrichtet das zentrale Verbindungsbüro die Europäische Kommission jährlich, beginnend ab dem 1. Januar 2023, über zwei oder mehr der in § 7 Absatz 1 Satz 1 Nummer 1 bis 6 genannten Kategorien, zu denen es Informationen an zuständige Behörden anderer Mitgliedstaaten übermittelt. Abweichend von Satz 1 unterrichtet das zentrale Verbindungsbüro die Europäische Kommission vor dem 1. Januar 2024 über vier oder mehr der in § 7 Absatz 1 Satz 1 Nummer 1 bis 6 genannten Kategorien, zu denen es Informationen für Besteuerungszeiträume, die am oder nach dem 1. Januar 2025 beginnen, an zuständige Behörden anderer Mitgliedstaaten übermittelt.

(2) Die automatische Übermittlung von Informationen gemäß § 7 Absatz 2 ist ab dem 30. September 2017 vorzunehmen und für zum 31. Dezember 2015 bestehende Konten und nach dem 31. Dezember 2015 neu eröffnete Konten im Sinne der in § 7 Absatz 2 angeführten Melde- und Sorgfaltspflichten und ergänzenden Melde- und Sorgfaltsvorschriften erstmals auf Informationen der Besteuerungszeiträume ab dem 1. Januar 2016 anzuwenden.

(3) Die automatische Übermittlung von Informationen gemäß § 7 Absatz 3 und 4 erfolgt erstmals ab dem 1. Januar 2017.

(4) § 7 Absatz 10 bis 12 und 14 ist erstmals ab dem 1. Januar 2017 anzuwenden.

(5) § 7 Absatz 13 ist erstmals ab dem 1. Januar 2018 anzuwenden.

(6) § 7 Absatz 14a ist erstmals ab dem 1. Januar 2023 anzuwenden.

Gesetz über die Durchführung der Amtshilfe bei der Beitreibung von Forderungen in Bezug auf bestimmte Steuern, Abgaben und sonstige Maßnahmen zwischen den Mitgliedstaaten der Europäischen Union

(EU-Beitreibungsgesetz – EUBeitrG)

vom 7.12.2011 (BGBl. I S. 2592), zuletzt geändert durch Artikel 21 des Gesetzes vom 26.6.2013 (BGBl. I S. 1809)

Inhaltsverzeichnis

Abschnitt 1 - Allgemeine Bestimmungen
§ 1 Anwendungsbereich und anzuwendendes Recht
§ 2 Begriffsbestimmungen
§ 3 Zuständigkeit und Prüfungsbefugnisse für Ersuchen
§ 4 Zuständigkeit für die Vollstreckung eingehender Ersuchen

Abschnitt 2 - Erteilen von Auskünften
§ 5 Erteilen von Auskünften an andere Mitgliedstaaten auf Ersuchen
§ 6 Erteilen von Auskünften an andere Mitgliedstaaten ohne Ersuchen

Abschnitt 3 - Zustellung von Dokumenten
§ 7 Zustellungsersuchen von anderen Mitgliedstaaten
§ 8 Zustellungsersuchen in andere Mitgliedstaaten

Abschnitt 4 - Beitreibungs- und Sicherungsmaßnahmen
§ 9 Beitreibungsersuchen von anderen Mitgliedstaaten
§ 10 Beitreibungsersuchen in andere Mitgliedstaaten
§ 11 Änderung oder Rücknahme des Beitreibungsersuchens
§ 12 Ersuchen um Sicherungsmaßnahmen
§ 13 Streitigkeiten
§ 14 Ablehnungsgründe
§ 15 Verjährung
§ 16 Kosten

Abschnitt 5 - Allgemeine Vorschriften
§ 17 Anwesenheit von Bediensteten anderer Mitgliedstaaten im Inland
§ 18 Anwesenheit von deutschen Bediensteten in anderen Mitgliedstaaten
§ 19 Standardformblätter und Kommunikationsmittel
§ 20 Sprachen
§ 21 Weiterleitung von Auskünften und Dokumenten

Abschnitt 6 - Schlussbestimmungen
§ 22 Anwendung anderer Abkommen zur Unterstützung bei der Beitreibung

Abschnitt 1 - Allgemeine Bestimmungen

§ 1 - Anwendungsbereich und anzuwendendes Recht

(1) Dieses Gesetz regelt die Einzelheiten der Amtshilfe zwischen Deutschland und den anderen Mitgliedstaaten der Europäischen Union (Mitgliedstaaten) zur Geltendmachung von in den Mitgliedstaaten entstandenen Forderungen. Forderungen im Sinne dieses Gesetzes sind

1. Steuern und Abgaben aller Art, die erhoben werden
    a) von einem oder für einen Mitgliedstaat oder dessen Gebiets- oder Verwaltungseinheiten einschließlich der lokalen Behörden oder
    b) für die Europäische Union;
2. Erstattungen, Interventionen und andere Maßnahmen, die Bestandteil des Systems der vollständigen Finanzierung oder Teilfinanzierung des Europäischen Garantiefonds für die Landwirtschaft oder des Europäischen Landwirtschaftsfonds für die Entwicklung des ländlichen Raums sind, einschließlich der im Rahmen dieser Aktionen zu erhebenden Beiträge;
3. Abschöpfungen und andere Abgaben im Rahmen der gemeinsamen Organisation der Agrarmärkte für den Sektor Zucker.

(2) Der Anwendungsbereich dieses Gesetzes umfasst auch

1. Geldstrafen, Geldbußen, Gebühren und Zuschläge in Bezug auf Forderungen,
    a) für deren Beitreibung gemäß Absatz 1 um Amtshilfe ersucht werden kann und
    b) die von den Behörden, die für die Erhebung der betreffenden Steuern oder Abgaben oder die Durchführung der dafür erforderlichen behördlichen Ermittlungen zuständig sind, verhängt wurden oder von Verwaltungsorganen oder Gerichten auf Antrag dieser Behörden bestätigt wurden;
2. Gebühren für Bescheinigungen und ähnliche Dokumente, die im Zusammenhang mit Verwaltungsverfahren in Bezug auf Steuern oder Abgaben ausgestellt werden;
3. Zinsen und Kosten im Zusammenhang mit Forderungen, für deren Beitreibung gemäß Absatz 1 oder gemäß den Nummern 1 und 2 um Amtshilfe ersucht werden kann.

(3) Der Anwendungsbereich dieses Gesetzes umfasst nicht

1. Beiträge und Umlagen sowie damit verbundene Abgaben und Gebühren nach dem Sozialgesetzbuch, den in § 68 des Ersten Buches Sozialgesetzbuch genannten Gesetzen und dem Aufwendungsausgleichsgesetz;
2. andere als die in Absatz 2 genannten Gebühren;
3. vertragliche Gebühren, wie Zahlungen an öffentliche Versorgungsbetriebe;
4. strafrechtliche Sanktionen, die auf der Grundlage einer Anklageerhebung im Strafverfahren verhängt werden, oder andere strafrechtliche Sanktionen, die nicht von Absatz 2 Nummer 1 erfasst sind.

(4) Für Ersuchen nach diesem Gesetz gelten die Vorschriften der Abgabenordnung entsprechend, soweit dieses Gesetz nicht etwas anderes bestimmt. Zur Ausführung der Abgabenordnung hat das Bundesministerium der Finanzen Verwaltungsvorschriften erlassen.

§ 2 - Begriffsbestimmungen

(1) „Person" ist
1. eine natürliche Person,
2. eine juristische Person,

3. eine Personenvereinigung, der die Rechtsfähigkeit zuerkannt wurde, die aber nicht über die Rechtsstellung einer juristischen Person verfügt, oder
4. jede andere Rechtsform gleich welcher Art, mit oder ohne allgemeine Rechtsfähigkeit, die Vermögensgegenstände besitzt oder verwaltet, welche einschließlich der daraus erzielten Einkünfte einer der in § 1 erfassten Steuern unterliegen.

(2) Beitreibungsrichtlinie im Sinne dieses Gesetzes sowie des Einkommensteuergesetzes, des Körperschaftsteuergesetzes und des Gewerbesteuergesetzes bezeichnet die Richtlinie 2010/24/EU des Rates vom 16. März 2010 über die Amtshilfe bei der Beitreibung von Forderungen in Bezug auf bestimmte Steuern, Abgaben und sonstige Maßnahmen (ABl. L 84 vom 31.3.2010, S. 1) in der jeweils geltenden Fassung.

§ 3 - Zuständigkeit und Prüfungsbefugnisse für Ersuchen

(1) Das Bundesministerium der Finanzen ist zuständige Behörde ausschließlich im Sinne von Artikel 4 Absatz 1 der Beitreibungsrichtlinie und zentrales Verbindungsbüro im Sinne von Artikel 4 Absatz 2 der Beitreibungsrichtlinie. Für die Prüfung und Bearbeitung von Ersuchen werden die folgenden Verbindungsbüros benannt:
1. in den Fällen des § 5 Absatz 1 Nummer 5 des Finanzverwaltungsgesetzes das Bundeszentralamt für Steuern,
2. für den Bereich der Zollverwaltung gemäß § 12 Absatz 2 des Finanzverwaltungsgesetzes die Bundesstelle Vollstreckung Zoll beim Hauptzollamt Hannover.

Die Verbindungsbüros übernehmen die Kommunikation mit den ersuchenden Behörden, den anderen Verbindungsbüros oder der Europäischen Kommission. Die Verbindungsbüros prüfen Ersuchen auf ihre Zulässigkeit nach diesem Gesetz und bearbeiten diese. Ihnen obliegt außerdem die Prüfung, ob die Amtshilfe gemäß § 14 Absatz 2 zu unterbleiben hat.

(2) Eingehende Ersuchen werden nach entsprechender Prüfung gemäß Absatz 1 Satz 4 und 5 von den Verbindungsbüros an die für die Durchführung der Amtshilfe in § 4 Absatz 1 genannten Vollstreckungsbehörden weitergeleitet. Ausgehende Ersuchen werden von den in § 4 Absatz 1 oder Absatz 2 genannten Vollstreckungsbehörden erstellt und über die Verbindungsbüros nach entsprechender Prüfung gemäß Absatz 1 Satz 4 an die zuständige ausländische Behörde geleitet.

§ 4 - Zuständigkeit für die Vollstreckung eingehender Ersuchen

(1) Folgende Behörden nehmen nach Maßgabe dieses Gesetzes Amtshilfe in Anspruch und leisten danach Amtshilfe (Vollstreckungsbehörden):
1. die Finanzämter für Forderungen
    a) von Steuern vom Einkommen, Ertrag oder Vermögen,
    b) von Umsatzsteuern, soweit diese nicht als Einfuhrabgaben geschuldet werden,
    c) von sonstigen Steuern und Abgaben im Sinne des § 1 Absatz 1 Nummer 1, soweit nicht die Hauptzollämter zuständig sind,
    d) gemäß § 1 Absatz 2, soweit sie mit den in den Buchstaben a bis c genannten Steuern zusammenhängen;
2. die Hauptzollämter für
    a) Erstattungen, Interventionen und andere Maßnahmen des Europäischen Garantiefonds für die Landwirtschaft und des Europäischen Landwirtschaftsfonds für die Entwicklung des ländlichen Raums nach den Verordnungen (EG) Nr. 1290/2005 des Rates vom 21. Juni 2005 über die Finanzierung der Gemeinsamen Agrarpolitik (ABl. L 209 vom 11.8.2005, S. 1), die zuletzt durch die Verordnung (EG) Nr. 473/2009 (ABl. L 144 vom 9.6.2009, S. 3)

geändert worden ist, und (EG) Nr. 1698/2005 des Rates vom 20. September 2005 über die Förderung der Entwicklung des ländlichen Raums durch den Europäischen Landwirtschaftsfonds für die Entwicklung des ländlichen Raums (ABl. L 277 vom 21.10.2005, S. 1, L 67 vom 11.3.2008, S 22), die zuletzt durch die Verordnung (EG) Nr. 473/2009 (ABl. L 144 vom 9.6.2009, S. 3) geändert worden ist, in der jeweils geltenden Fassung,

b) Abschöpfungen und andere Abgaben im Sektor Zucker nach der Verordnung (EG) Nr. 1234/2007 des Rates vom 22. Oktober 2007 über eine gemeinsame Organisation der Agrarmärkte und mit Sondervorschriften für bestimmte landwirtschaftliche Erzeugnisse (ABl. L 299 vom 16.11.2007, S. 1) in der jeweils geltenden Fassung,

c) Einfuhr- und Ausfuhrabgaben,

d) Verbrauchsteuern,

e) sonstige Steuern, deren Festsetzung, Erhebung oder Vollstreckung ebenfalls in die Zuständigkeit der Zollverwaltung fallen,

f) Forderungen gemäß § 1 Absatz 2, soweit sie mit den in den Buchstaben a bis e genannten Abgaben und Steuern zusammenhängen.

Die örtliche Zuständigkeit richtet sich nach dem Dritten Abschnitt des Ersten Teils der Abgabenordnung entsprechend.

(2) Die Gemeinden und Gemeindeverbände können Amtshilfe nach Maßgabe dieses Gesetzes in Anspruch nehmen. Sie gelten insoweit als Vollstreckungsbehörde im Sinne dieses Gesetzes.

(3) Das Bundesministerium der Finanzen kann mit Zustimmung der zuständigen obersten Landesbehörden die Amtshilfe bei der Vollstreckung auf weitere als die in Absatz 1 Nummer 1 genannten Landesbehörden übertragen. Die Übertragung ist im Bundessteuerblatt zu veröffentlichen.

Abschnitt 2 - Erteilen von Auskünften

§ 5 - Erteilen von Auskünften an andere Mitgliedstaaten auf Ersuchen

(1) Auf Ersuchen teilt das Verbindungsbüro dem Mitgliedstaat alle Auskünfte mit, die bei der Beitreibung einer Forderung gemäß § 1 voraussichtlich erheblich sein werden. Zur Beschaffung dieser Auskünfte veranlasst die Vollstreckungsbehörde alle dafür erforderlichen behördlichen Ermittlungen, die nach der Abgabenordnung in vergleichbaren Fällen vorgesehen sind.

(2) Das Verbindungsbüro erteilt keine Auskünfte,

1. die für die Beitreibung derartiger Forderungen nicht beschafft werden könnten, wenn sie in Deutschland entstanden wären;
2. mit denen ein Handels-, Gewerbe- oder Berufsgeheimnis preisgegeben würde;
3. die die Sicherheit oder die öffentliche Ordnung des Bundes oder eines Landes verletzen würden.

(3) Absatz 2 ist in keinem Fall so auszulegen, dass die Erteilung von Auskünften nur deshalb abgelehnt werden kann, weil die betreffenden Informationen sich bei einer Bank, einem sonstigen Finanzinstitut, einem Bevollmächtigten, Vertreter oder Treuhänder befinden oder sich auf Eigentumsrechte an einer Person beziehen.

(4) Kann das Verbindungsbüro dem Auskunftsersuchen nicht stattgeben, so sind dem anderen Mitgliedstaat die Gründe hierfür mitzuteilen.

§ 6 - Erteilen von Auskünften an andere Mitgliedstaaten ohne Ersuchen

(1) Bei einer Erstattung von Steuern oder Abgaben an eine Person, die in einem anderen Mitgliedstaat niedergelassen oder wohnhaft ist, kann die Vollstreckungsbehörde, die die Erstattung vornehmen soll, den Mitgliedstaat der Niederlassung oder des Wohnsitzes durch das Verbindungsbüro über die bevorstehende Erstattung informieren. Dies gilt nicht für die Umsatzsteuer, mit Ausnahme der Einfuhrumsatzsteuer.

(2) Das Verbindungsbüro muss die anderen Mitgliedstaaten informieren, soweit Steuern und Abgaben im Sinne des § 4 Absatz 1 Nummer 2 betroffen sind.

(3) Im Falle einer Informationserteilung nach Absatz 1 oder Absatz 2 wird die Erstattung nicht fällig vor dem Ablauf von zehn Arbeitstagen nach Übermittlung der Information an den anderen Mitgliedstaat.

Abschnitt 3 - Zustellung von Dokumenten

§ 7 - Zustellungsersuchen von anderen Mitgliedstaaten

(1) Auf Ersuchen veranlasst die Vollstreckungsbehörde die Zustellung aller Dokumente, die mit einer Forderung gemäß § 1 oder mit deren Vollstreckung zusammenhängen, einschließlich der gerichtlichen Dokumente, die aus dem anderen Mitgliedstaat stammen. Die Zustellung richtet sich nach den Vorschriften des Verwaltungszustellungsgesetzes. Dem Ersuchen muss ein Standardformblatt beigefügt sein. Eine Ausfertigung des Standardformblatts mit den zuzustellenden Dokumenten ist dem Empfänger auszuhändigen.

(2) Unverzüglich nachdem die Vollstreckungsbehörde auf Grund des Zustellungsersuchens tätig geworden ist, teilt sie dem anderen Mitgliedstaat über das Verbindungsbüro das Veranlasste mit. Diese Mitteilung beinhaltet insbesondere die Angabe, an welchem Tag und an welche Anschrift dem Empfänger das Dokument zugestellt worden ist.

§ 8 - Zustellungsersuchen in andere Mitgliedstaaten

(1) Das Verbindungsbüro kann um die Zustellung aller Dokumente ersuchen, die mit einer Forderung gemäß § 1 oder mit deren Vollstreckung zusammenhängen, einschließlich der Dokumente, die von deutschen Gerichten stammen. Dem Zustellungsersuchen ist ein Standardformblatt beizufügen.

(2) Ein Zustellungsersuchen darf nur dann nach dieser Vorschrift erfolgen, wenn es der Vollstreckungsbehörde nicht möglich ist, das betreffende Dokument gemäß den Vorschriften des Verwaltungszustellungsgesetzes zuzustellen oder wenn eine solche Zustellung mit unverhältnismäßigen Schwierigkeiten verbunden wäre.

Abschitt 4 - Beitreibungs – und Sicherungsmaßnahmen

§ 9 - Beitreibungsersuchen von anderen Mitgliedstaaten

(1) Auf Ersuchen nimmt die Vollstreckungsbehörde die Vollstreckung von Forderungen vor, für die in einem anderen Mitgliedstaat ein Vollstreckungstitel besteht. Die Forderung wird wie eine inländische Forderung behandelt. Als vollstreckbarer Verwaltungsakt gilt der dem Ersuchen beigefügte einheitliche Vollstreckungstitel.

(2) Die Vollstreckung erfolgt nach den Vorschriften, die für Forderungen aus gleichen oder, in Ermangelung gleicher, aus vergleichbaren Steuern oder Abgaben vorgesehen sind. Ist das Verbindungsbüro der Auffassung, dass in Deutschland keine gleichen oder vergleichbaren Steuern oder Abgaben erhoben werden, so handelt die Vollstreckungsbehörde nach den Vorschriften, die für die Vollstreckung von Einkommensteuerforderungen gelten. Die Forderungen werden in Euro vollstreckt.

(3) Das Verbindungsbüro teilt dem anderen Mitgliedstaat die Maßnahmen mit, die die Vollstreckungsbehörde in Bezug auf das Beitreibungsersuchen ergriffen hat.

(4) § 240 der Abgabenordnung gilt entsprechend. Fälligkeitstag ist der Tag, an dem das Ersuchen bei einem Verbindungsbüro im Sinne des § 3 Absatz 1 eingeht, so dass Säumniszuschläge ab diesem Tag berechnet werden können. Wenn die Vollstreckungsbehörde dem Schuldner eine Zahlungsfrist einräumt oder Ratenzahlung gewährt, unterrichtet das Verbindungsbüro den anderen Mitgliedstaat hiervon.

(5) Die Vollstreckungsbehörde überweist die im Zusammenhang mit der Forderung beigetriebenen Beträge sowie die Säumniszuschläge und gegebenenfalls entstehende Zinsen. Die in § 16 Absatz 1 genannten Kosten können vorher einbehalten werden.

§ 10 - Beitreibungsersuchen in andere Mitgliedstaaten

(1) Ein Verbindungsbüro kann Beitreibungsersuchen in einen anderen Mitgliedstaat stellen, wenn
1. die Voraussetzungen für die Vollstreckung gegeben sind und
2. die Forderung nicht angefochten ist oder nicht mehr angefochten werden kann.

Satz 1 Nummer 2 gilt nicht, sofern der Einspruch offensichtlich aussichtslos ist beziehungsweise nicht in angemessener Zeit begründet wird und lediglich der Verzögerung der Vollstreckung dient. Ersuchen um Beitreibung angefochtener Forderungen sind nur ausnahmsweise zu stellen und auch nur zulässig, sofern die geltenden Rechts- und Verwaltungsvorschriften und die Verwaltungspraxis des ersuchten Mitgliedstaates dies zulassen; ein solches Ersuchen ist zu begründen.

(2) Die Vollstreckungsbehörde muss zuvor alle nach der Abgabenordnung vorgesehenen Vollstreckungsmöglichkeiten ausgeschöpft haben, es sei denn,
1. es ist offensichtlich, dass
    a) keine Vermögensgegenstände für die Vollstreckung in Deutschland vorhanden sind oder
    b) Vollstreckungsverfahren in Deutschland nicht zur vollständigen Begleichung der Forderung führen,

    und der Vollstreckungsbehörde oder dem Verbindungsbüro konkrete Informationen vorliegen, wonach Vermögensgegenstände der betreffenden Person im ersuchten Mitgliedstaat vorhanden sind;
2. die Durchführung solcher Vollstreckungsmaßnahmen wäre in Deutschland mit unverhältnismäßigen Schwierigkeiten verbunden.

(3) Jedem Beitreibungsersuchen ist der für alle Mitgliedstaaten einheitliche Vollstreckungstitel, dessen Inhalt im Wesentlichen dem des ursprünglichen Vollstreckungstitels entspricht, beizufügen, der die alleinige Grundlage für die im anderen Mitgliedstaat zu ergreifenden Beitreibungs- und Sicherungsmaßnahmen ist. Er muss im anderen Mitgliedstaat weder durch einen besonderen Akt anerkannt noch ergänzt oder ersetzt werden. Dem Beitreibungsersuchen können weitere Dokumente, die im Zusammenhang mit der Forderung stehen, beigefügt werden.

(4) Erlangt die Vollstreckungsbehörde im Zusammenhang mit der Angelegenheit, die dem Beitreibungsersuchen zu Grunde liegt, zweckdienliche Informationen, so teilt sie diese dem Verbindungsbüro zur unverzüglichen Weiterleitung an den anderen Mitgliedstaat mit.

§ 11 - Änderung oder Rücknahme des Beitreibungsersuchens

(1) Das Verbindungsbüro teilt unverzüglich nach entsprechender Erstellung durch die Vollstreckungsbehörde dem anderen Mitgliedstaat jede Änderung oder Rücknahme ihres Beitreibungsersuchens mit. Dabei sind die Gründe für die Änderung oder Rücknahme anzugeben. Bei Änderungen übersendet sie zusätzlich eine entsprechend geänderte Fassung des einheitlichen Vollstreckungstitels.

(2) Geht die Änderung oder Rücknahme des Ersuchens auf eine Rechtsbehelfsentscheidung gemäß § 13 Absatz 1 zurück, so teilt die Vollstreckungsbehörde diese Entscheidung dem Verbindungsbüro mit. Bei Änderungen übersendet sie zusätzlich eine entsprechend geänderte Fassung des einheitlichen Vollstreckungstitels. Das Verbindungsbüro sendet die Unterlagen an die ersuchte Behörde.

(3) Wird ein gemäß § 13 Absatz 1 geänderter einheitlicher Vollstreckungstitel an ein Verbindungsbüro als ersuchte Behörde übermittelt, ergreift die mit der Durchführung der Amtshilfe beauftragte Vollstreckungsbehörde weitere Beitreibungsmaßnahmen auf der Grundlage dieses Vollstreckungstitels.

(4) Beitreibungs- und Sicherungsmaßnahmen, die bereits auf der Grundlage des ursprünglichen einheitlichen Vollstreckungstitels ergriffen wurden, können auf Grund des geänderten einheitlichen Vollstreckungstitels fortgeführt werden, sofern die Änderung des Ersuchens nicht darauf zurückzuführen ist, dass der ursprüngliche Vollstreckungstitel oder der ursprüngliche einheitliche Vollstreckungstitel unwirksam ist.

(5) Für die neue Fassung des Vollstreckungstitels gelten § 10 Absatz 3 und 4 sowie § 13 entsprechend.

§ 12 - Ersuchen um Sicherungsmaßnahmen

(1) Um die Vollstreckung sicherzustellen, führt die Vollstreckungsbehörde auf Ersuchen des anderen Mitgliedstaates Sicherungsmaßnahmen durch, sofern und soweit diese nach dem Sechsten Teil der Abgabenordnung zulässig sind. Hierfür ist Voraussetzung, dass Sicherungsmaßnahmen sowohl des Mitgliedstaates der ersuchenden als auch der ersuchten deutschen Behörde in einer vergleichbaren Situation getroffen werden können.

(2) Das Verbindungsbüro kann nach entsprechender Erstellung durch die Vollstreckungsbehörde ein Ersuchen um Sicherungsmaßnahmen stellen, wenn

1. die Forderung oder der Vollstreckungstitel zum Zeitpunkt der Stellung des Ersuchens angefochten ist oder
2. ein Ersuchen um Beitreibung aus anderen Gründen noch nicht gestellt werden kann.

(3) Einem ausgehenden Ersuchen um Sicherungsmaßnahmen ist das Dokument, das in Deutschland Sicherungsmaßnahmen in Bezug auf die Forderung ermöglicht, beizufügen. Dem Ersuchen können weitere in Deutschland ausgestellte Dokumente beigefügt werden.

(4) § 9 Absatz 1 bis 3, § 10 Absatz 4 sowie die §§ 11 und 13 gelten entsprechend.

§ 13 - Streitigkeiten

(1) Stellt das Verbindungsbüro ein Ersuchen, so sind die nach dem Dritten Abschnitt des Ersten Teils der Abgabenordnung zuständigen Behörden oder die nach Abschnitt V des Ersten Teils der Finanzgerichtsordnung zuständigen Gerichte zuständig für

1. Rechtsbehelfe in Bezug auf
    a) die Forderung,
    b) den ursprünglichen Vollstreckungstitel für die Vollstreckung in Deutschland und
    c) den einheitlichen Vollstreckungstitel für die Vollstreckung im anderen Mitgliedstaat;
2. Streitigkeiten in Bezug auf die Gültigkeit einer Zustellung durch eine zuständige deutsche Behörde.

Dies gilt auch für Streitigkeiten bei in Deutschland ergriffenen Vollstreckungsmaßnahmen oder Auseinandersetzungen im Zusammenhang mit der Gültigkeit einer Zustellungshilfe durch eine zuständige deutsche Behörde. Wurde ein Rechtsbehelf eingelegt, teilt das Verbindungsbüro dies nach Mitteilung durch die Vollstreckungsbehörde dem anderen Mitgliedstaat mit. Hierbei hat es insbesondere mitzuteilen, in welchem Umfang die Forderung nicht angefochten wird.

(2) Ist Deutschland der ersuchte Mitgliedstaat und werden im Verlauf des Beitreibungsverfahrens die Forderung, der ursprüngliche Vollstreckungstitel oder der einheitliche Vollstreckungstitel von einer betroffenen Partei durch Rechtsbehelf angegriffen, so unterrichtet das Verbindungsbüro nach Mitteilung durch die Vollstreckungsbehörde diese Partei darüber, dass sie den Rechtsbehelf bei der zuständigen Instanz des anderen Mitgliedstaates nach dessen Recht einzulegen hat. Wurde von der ersuchenden Behörde eine Mitteilung entsprechend Absatz 1 Satz 3 erteilt, setzt die Vollstreckungsbehörde das Beitreibungsverfahren für den angefochtenen Teilbetrag der Forderung bis zur Entscheidung über den jeweiligen Rechtsbehelf aus. Satz 2 gilt nicht, wenn die ersuchende Behörde im Einklang mit Absatz 3 ein anderes Vorgehen wünscht. Die Vollstreckungsbehörde kann selbständig oder auf Ersuchen Maßnahmen für die Sicherstellung der Beitreibung treffen, soweit dies zulässig ist. Die Regelungen des § 12 bleiben unberührt.

(3) Eingehende Beitreibungsersuchen aus anderen Mitgliedstaaten können auch die Beitreibung einer angefochtenen Forderung oder eines angefochtenen Teilbetrags einer Forderung beinhalten. Ein solches Ersuchen ist durch die ersuchende Behörde zu begründen. Wird dem Rechtsbehelf später stattgegeben, haftet die ersuchende ausländische Behörde für die Erstattung bereits beigetriebener Beträge samt etwaig geschuldeter Entschädigungsleistungen.

(4) Durch die Einleitung eines Verständigungsverfahrens, das auf die Höhe der beizutreibenden Forderung Auswirkungen haben kann, werden die Beitreibungsmaßnahmen bis zum Abschluss dieses Verfahrens unterbrochen. § 231 Absatz 3 und 4 der Abgabenordnung gilt entsprechend. Dies gilt nicht, wenn auf Grund von Betrug oder Insolvenz unmittelbare Dringlichkeit gegeben ist. Werden die Beitreibungsmaßnahmen unterbrochen, so ist Absatz 2 Satz 4 und 5 anzuwenden.

§ 14 - Ablehnungsgründe

(1) Die in den §§ 9 bis 13 vorgesehene Amtshilfe wird nicht geleistet, wenn die Vollstreckung oder die Anordnung von Sicherungsmaßnahmen unbillig wäre oder die Forderungen insgesamt weniger als 1 500 Euro betragen.

(2) Die in den §§ 5 bis 13, 17 und 18 vorgesehene Amtshilfe wird nicht geleistet, wenn

1. sich das ursprüngliche Ersuchen um Amtshilfe auf Forderungen bezieht, die älter als fünf Jahre waren;
2. die Forderungen älter als zehn Jahre sind. Die Frist wird ab dem Zeitpunkt der Fälligkeit gerechnet.

Die Frist nach Nummer 1 beginnt ab dem Zeitpunkt, zu dem die Forderung in dem Mitgiedsstaat der ersuchenden Behörde fällig wurde, und endet zu dem Zeitpunkt, in dem das ursprüngliche Amtshilfeersuchen gestellt wurde. Wird gegen die Forderung oder den ursprünglichen Vollstreckungstitel ein Rechtsbehelf eingelegt, beginnt für die Vollstreckung im Mitgliedstaat der ersuchenden Behörde die Fünfjahresfrist ab dem Zeitpunkt, zu dem festgestellt wird, dass eine Anfechtung der Forderung oder des Vollstreckungstitels nicht mehr möglich ist. Gewähren die zuständigen Behörden des Mitgliedstaates der ersuchenden Behörde einen Zahlungsaufschub oder einen Aufschub des Ratenzahlungsplans, beginnt die Fünfjahresfrist mit Ablauf der gesamten Zahlungsfrist.

(3) Gründe für die Ablehnung eines Ersuchens um Amtshilfe teilt das Verbindungsbüro dem anderen Mitgliedstaat mit.

§ 15 - Verjährung

(1) Für die Verjährung von Forderungen, hinsichtlich derer um Amtshilfe ersucht wird, sind die §§ 228 bis 232 der Abgabenordnung entsprechend anzuwenden.

(2) Führt eine Behörde eines anderen Mitgliedstaates auf Grund eines deutschen Ersuchens Beitreibungsmaßnahmen durch oder lässt diese in ihrem Namen durchführen und bewirken die Bei-

treibungsmaßnahmen nach dem Recht dieses Mitgliedstaates eine Hemmung oder Unterbrechung der Verjährung oder Verlängerung der Verjährungsfrist, so gelten die Beitreibungsmaßnahmen im Hinblick auf die Hemmung oder Unterbrechung der Verjährung oder Verlängerung der Verjährungsfrist als Maßnahmen, die in Deutschland dieselbe Wirkung entfalten, sofern die §§ 228 bis 232 der Abgabenordnung die entsprechende Wirkung vorsehen.

(3) Ist nach dem Recht des Mitgliedstaates der ersuchten Behörde die Hemmung oder Unterbrechung der Verjährung oder Verlängerung der Verjährungsfrist nicht zulässig, so gelten die Beitreibungsmaßnahmen als von Deutschland vorgenommen, sofern diese

1. die ersuchte Behörde durchgeführt hat oder in ihrem Namen hat durchführen lassen und

2. im Fall der Durchführung eine Hemmung oder Unterbrechung der Verjährung nach den §§ 230, 231 der Abgabenordnung bewirkt hätten.

(4) Die nach § 231 der Abgabenordnung zulässigen rechtlichen Maßnahmen zur Unterbrechung der Verjährung bleiben unberührt.

(5) Die Vollstreckungsbehörden teilen über das Verbindungsbüro dem anderen Mitgliedstaat jede Maßnahme mit, die die Verjährung der Forderung, hinsichtlich derer um Beitreibung oder Sicherungsmaßnahmen ersucht wurde, unterbricht oder hemmt.

§ 16 - Kosten

(1) Die Vollstreckungsbehörde bemüht sich bei den betreffenden Personen, neben den in § 9 Absatz 5 genannten Beträgen auch die ihr nach den §§ 337 bis 346 der Abgabenordnung entstandenen Kosten beizutreiben, und behält diese ein.

(2) Deutschland verzichtet gegenüber dem ersuchenden Mitgliedstaat auf jegliche Erstattung der Kosten der Amtshilfe nach diesem Gesetz. In den Fällen, in denen die Beitreibung besondere Probleme bereitet, sehr hohe Kosten verursacht oder im Rahmen der Bekämpfung der organisierten Kriminalität erfolgt, kann das in § 3 Absatz 1 genannte Verbindungsbüro mit der entsprechenden Behörde des anderen Mitgliedstaates einzelfallbezogen eine Erstattung vereinbaren.

(3) Deutschland haftet einem ersuchten Mitgliedstaat für alle Schäden aus Handlungen, die im Hinblick auf die tatsächliche Begründetheit der Forderung oder auf die Wirksamkeit des von der ersuchenden Behörde ausgestellten Vollstreckungstitels oder des Titels, der zur Ergreifung von Sicherungsmaßnahmen ermächtigt, für nicht angemessen befunden werden.

Abschnitt 5 Allgemeine Vorschriften

§ 17 - Anwesenheit von Bediensteten anderer Mitgliedstaaten im Inland

(1) Die Verbindungsbüros können zur Förderung der Amtshilfe gemäß der Beitreibungsrichtlinie vereinbaren, dass unter den von ihr festgelegten Voraussetzungen befugte Bedienstete des anderen Mitgliedstaates

1. in den Amtsräumen anwesend sein dürfen, in denen die deutsche Vollstreckungsbehörde ihre Tätigkeit ausübt;

2. bei den behördlichen Ermittlungen anwesend sein dürfen, die auf deutschem Hoheitsgebiet geführt werden;

3. Gerichtsverfahren, die auf deutschem Hoheitsgebiet geführt werden, unterstützen dürfen.

Dabei stellt das Verbindungsbüro sicher, dass dem befugten Bediensteten der ersuchenden Behörde nur solche Informationen offenbart werden, die nach § 5 Absatz 1 erteilt werden dürfen und nicht unter § 5 Absatz 2 fallen.

(2) Zur Ausübung der Möglichkeiten nach Absatz 1 ist die jederzeitige Vorlage einer schriftlichen Vollmacht notwendig. Aus der Vollmacht müssen die Identität und dienstliche Stellung des Bediensteten der ersuchenden Behörde hervorgehen.

§ 18 - Anwesenheit von deutschen Bediensteten in anderen Mitgliedstaaten

Sofern die Komplexität eines Ersuchens es erfordert, können ordnungsgemäß bevollmächtigte deutsche Bedienstete in andere Mitgliedstaaten entsandt werden. Die Voraussetzungen und Bedingungen des § 17 gelten sinngemäß.

§ 19 - Standardformblätter und Kommunikationsmittel

(1) Ersuchen um Auskünfte gemäß § 5 Absatz 1, um Zustellung gemäß § 7 Absatz 1 und § 8 Absatz 1, um Beitreibung gemäß § 9 Absatz 1 und § 10 Absatz 1 oder um Sicherungsmaßnahmen gemäß § 12 Absatz 1 und 3 werden jeweils mittels eines Standardformblatts auf elektronischem Weg übermittelt. Diese Formblätter werden, soweit möglich, auch für jede weitere Mitteilung im Zusammenhang mit dem Ersuchen verwendet.

(2) Der einheitliche Vollstreckungstitel für die Vollstreckung im Mitgliedstaat der ersuchten Behörde und das Dokument für das Ergreifen von Sicherungsmaßnahmen im Mitgliedstaat der ersuchenden Behörde sowie die anderen in § 10 Absatz 3 und 4 sowie den §§ 12 bis 15 genannten Dokumente sind ebenfalls auf elektronischem Weg zu übermitteln.

(3) Den Standardformblättern können gegebenenfalls Berichte, Bescheinigungen und andere Dokumente oder beglaubigte Kopien oder Auszüge daraus beigefügt werden, die ebenfalls auf elektronischem Weg zu übermitteln sind. Auch der Informationsaustausch gemäß § 6 hat auf Standardformblättern und in elektronischer Form zu erfolgen.

(4) Die Absätze 1 bis 3 gelten nicht für Auskünfte und Unterlagen, die auf Grund der Anwesenheit in den Amtsräumen in einem anderen Mitgliedstaat oder auf Grund der Teilnahme an behördlichen Ermittlungen in einem anderen Mitgliedstaat gemäß § 18 erlangt werden.

(5) Erfolgt die Übermittlung nicht auf elektronischem Weg oder auf Standardformblättern, so berührt dies nicht die Gültigkeit der erhaltenen Auskünfte oder der im Rahmen eines Ersuchens um Amtshilfe ergriffenen Maßnahmen.

§ 20 - Sprachen

(1) Alle Ersuchen um Amtshilfe, Standardformblätter für die Zustellung sowie einheitliche Vollstreckungstitel für die Vollstreckung werden entweder in der Amtssprache oder einer der Amtssprachen des Mitgliedstaates der ersuchten Behörde übermittelt oder es wird ihnen eine Übersetzung in der entsprechenden Amtssprache beigefügt. Der Umstand, dass bestimmte Teile davon in einer Sprache verfasst sind, die nicht Amtssprache oder eine der Amtssprachen des Mitgliedstaates der ersuchten Behörde ist, berührt nicht deren Gültigkeit oder die Gültigkeit des Verfahrens, sofern es sich bei dieser anderen Sprache um eine zwischen den betroffenen Mitgliedstaaten vereinbarte Sprache handelt.

(2) Die Dokumente um deren Zustellung gemäß § 8 in einem anderen Mitgliedstaat ersucht wird, können in einer der Amtssprachen des ersuchenden Mitgliedstaates übermittelt werden.

(3) Legt die deutsche Behörde dem Ersuchen andere Dokumente, als die in den Absätzen 1 und 2 genannten bei, so hat sie auf Verlangen der ersuchten Behörde die Übersetzung in die Amtssprache, in eine der Amtssprachen oder in eine zwischen beiden Staaten vereinbarte Sprache beizufügen.

§ 21 - Weiterleitung von Auskünften und Dokumenten

(1) Die Auskünfte, die im Rahmen der Durchführung dieses Gesetzes an Deutschland übermittelt werden, unterliegen dem Steuergeheimnis und genießen den Schutz, den die Abgabenordnung

für Auskünfte dieser Art gewährt. Solche Auskünfte können für Vollstreckungs- und Sicherungsmaßnahmen mit Bezug auf Forderungen, die unter dieses Gesetz fallen, verwendet werden. Eine Verwendung für einen anderen Zweck ist nur mit Einwilligung des Mitgliedstaates, von dem die Auskünfte stammen, zulässig.

(2) Erteilt Deutschland einem anderen Mitgliedstaat Auskünfte, so gestattet es diesem auf Anfrage, die Auskünfte für andere als die in Absatz 1 genannten Zwecke zu verwenden, wenn die Verwendung für einen vergleichbaren Zweck nach deutschem Recht unter Beachtung der §§ 30, 31, 31a und 31b der Abgabenordnung zulässig ist.

(3) Ist die zuständige Behörde der Auffassung, dass auf Grund dieses Gesetzes erhaltene Auskünfte einem dritten Mitgliedstaat für die Zwecke des Absatzes 1 nützlich sein könnten, so kann sie diese Auskünfte an den dritten Mitgliedstaat unter der Voraussetzung weiterleiten, dass die Weiterleitung im Einklang mit diesem Gesetz erfolgt. Sie teilt dem Mitgliedstaat, von dem die Auskünfte stammen, ihre Weiterleitungsabsicht mit. Stammen die Auskünfte aus Deutschland, so kann die Vollstreckungsbehörde innerhalb von zehn Arbeitstagen über das Verbindungsbüro mitteilen, dass sie dieser Weiterleitung nicht zustimmt. Diese Frist beginnt mit dem Tag, an dem die Mitteilung über die beabsichtigte Weiterleitung bei einem Verbindungsbüro eingeht.

(4) Die Einwilligung der Verwendung von Auskünften gemäß Absatz 2, die nach Absatz 3 weitergeleitet worden sind, darf nur durch den Mitgliedstaat erteilt werden, aus dem die Auskünfte stammen.

(5) Auskünfte, die in jedweder Form im Rahmen dieses Gesetzes übermittelt werden, können von allen Behörden des Mitgliedstaates, die die Auskünfte erhalten, auf der gleichen Grundlage wie vergleichbare Auskünfte, die in diesem Staat erlangt wurden, angeführt oder als Beweismittel verwendet werden.

Abschnitt 6 Schlussbestimmungen

§ 22 - Anwendung anderer Abkommen zur Unterstützung bei der Beitreibung

(1) Dieses Gesetz gilt unbeschadet der Erfüllung von Verpflichtungen zur Leistung von Amtshilfe in größerem Umfang, die sich aus bilateralen oder multilateralen Übereinkünften oder Vereinbarungen ergeben. Das gilt auch für die Zustellung gerichtlicher oder sonstiger Dokumente.

(2) Auch in diesen Fällen können das elektronische Kommunikationsnetz und die Standardformblätter im Sinne des § 19 genutzt werden.

Finanzverwaltungsgesetz (FVG)

in der Neufassung vom 4.4.2006 (BGBl I S. 846, 1202), zuletzt geändert durch Artikel 22 des Gesetzes vom 2.12.2024 (BGBl. I Nr. 387).

Abschnitt I – Allgemeine Vorschriften

§ 1 Bundesfinanzbehörden

Bundesfinanzbehörden sind
1. als oberste Behörde:

    das Bundesministerium der Finanzen;
2. als Oberbehörden:

    das Bundeszentralamt für Steuern, das Informationstechnikzentrum Bund und die Generalzolldirektion;
3. als örtliche Behörden:

    die Hauptzollämter einschließlich ihrer Dienststellen (Zollämter) und die Zollfahndungsämter.

§ 2 Landesfinanzbehörden

(1) Landesfinanzbehörden sind
1. als oberste Behörde:

    die für die Finanzverwaltung zuständige oberste Landesbehörde;
2. Oberbehörden, soweit nach diesem Gesetz oder nach Landesrecht als Landesfinanzbehörden eingerichtet;
3. als Mittelbehörden, soweit eingerichtet:

    die Oberfinanzdirektionen; anstelle der Oberfinanzdirektionen können Oberbehörden nach Nummer 2 oder andere nach Landesrecht eingerichtete Mittelbehörden treten;
4. als örtliche Behörden:

    die Finanzämter.

(2) Durch Rechtsverordnung der zuständigen Landesregierung kann ein Rechenzentrum der Landesfinanzverwaltung als Teil der für die Finanzverwaltung zuständigen obersten Landesbehörde, als Oberbehörde oder als Teil einer Oberbehörde, die nach Landesrecht als Landesfinanzbehörde nach Absatz 1 Nr. 2 oder 3 eingerichtet ist, als Teil einer Mittelbehörde, als Finanzamt oder als Teil eines Finanzamtes eingerichtet werden. Die Landesregierung kann die Ermächtigung durch Rechtsverordnung auf die für die Finanzverwaltung zuständige oberste Landesbehörde übertragen. Soweit ein Rechenzentrum der Finanzverwaltung eingerichtet ist, können ihm weitere Aufgaben, auch aus dem Geschäftsbereich einer anderen obersten Landesbehörde, übertragen werden.

(3) Durch Rechtsverordnung der zuständigen Landesregierung können für Kassengeschäfte andere örtliche Landesbehörden zu Landesfinanzbehörden bestimmt werden (besondere Landesfinanzbehörden). Absatz 2 Satz 2 ist anzuwenden.

§ 2a Verzicht auf Mittelbehörden, Aufgabenwahrnehmung durch andere Finanzbehörden

(1) Durch Rechtsverordnung kann auf Mittelbehörden verzichtet werden. Die Rechtsverordnung erlässt für den Bereich von Aufgaben des Landes die zuständige Landesregierung. Die Landesregierung kann die Ermächtigung durch Rechtsverordnung auf die für die Finanzverwaltung zuständige oberste Landesbehörde übertragen.

(2) Wird auf Mittelbehörden verzichtet, gehen die diesen zugewiesenen Aufgaben der Landesfinanzverwaltung auf die oberste Behörde nach § 2 Abs. 1 Nr. 1 über. Durch Rechtsverordnung der zuständigen Landesregierung können Landesaufgaben nach Satz 1 einer anderen Landesfinanzbehörde übertragen werden. Die Landesregierung kann die Ermächtigung durch Rechtsverordnung auf die für die Finanzverwaltung zuständige oberste Landesbehörde übertragen.

§ 2b
(weggefallen)

§ 3 Leitung der Finanzverwaltung

(1) Das Bundesministerium der Finanzen leitet die Bundesfinanzverwaltung. Soweit die Bundesfinanzbehörden Aufgaben aus dem Geschäftsbereich eines anderen Bundesministeriums zu erledigen haben, erteilt dieses die fachlichen Weisungen. Fachliche Weisungen, die wesentliche organisatorische Auswirkungen haben, ergehen im Benehmen mit dem Bundesministerium der Finanzen.

(2) Die für die Finanzverwaltung zuständige oberste Landesbehörde leitet die Landesfinanzverwaltung. Soweit Landesfinanzbehörden Aufgaben aus dem Geschäftsbereich einer anderen obersten Landesbehörde zu erledigen haben, erteilt diese die fachlichen Weisungen. Fachliche Weisungen, die wesentliche organisatorische Auswirkungen haben, ergehen im Benehmen mit der für die Finanzverwaltung zuständigen obersten Landesbehörde.

Abschnitt II – Oberbehörden

§ 4 Sitz und Aufgaben der Bundesoberbehörden

(1) Das Bundesministerium der Finanzen bestimmt den Sitz der Bundesoberbehörden, soweit durch Gesetz nichts anderes bestimmt ist.

(2) Die Bundesoberbehörden erledigen in eigener Zuständigkeit Aufgaben, die ihnen durch dieses Gesetz, durch andere oder aufgrund anderer Bundesgesetze zugewiesen werden.

(3) Die Bundesoberbehörden erledigen als beauftragte Behörden Aufgaben des Bundes, mit deren Durchführung sie vom Bundesministerium der Finanzen oder mit dessen Zustimmung von dem fachlich zuständigen Bundesministerium beauftragt werden.

§ 5 Aufgaben des Bundeszentralamtes für Steuern

(1) Das Bundeszentralamt für Steuern hat unbeschadet des § 4 Abs. 2 und 3 folgende Aufgaben:

1. die Mitwirkung an Außenprüfungen (§ 19);
2. die Erstattung von Kapitalertragsteuer und von im Wege des Steuerabzugs nach § 50a des Einkommensteuergesetzes erhobener Steuer an beschränkt Steuerpflichtige, soweit die Einkommensteuer oder die Körperschaftsteuer mit dem Steuerabzug abgegolten ist und die beschränkte Steuerpflicht nicht auf § 2 Nummer 2 des Körperschaftsteuergesetzes beruht;
2a. die Entgegennahme der Anträge nach § 1a Absatz 1 Satz 4 des Körperschaftsteuergesetzes und Berücksichtigung des Status der optierenden Gesellschaft in den Verfahren zur Entlastung von deutschen Abzugsteuern (Erstattungen und Freistellungen) auf Grund von Abkommen zur Vermeidung der Doppelbesteuerung;

3. die Entlastung bei deutschen Besitz- oder Verkehrsteuern gegenüber internationalen Organisationen, amtlichen zwischenstaatlichen Einrichtungen, ausländischer Missionen, berufskonsularischen Vertretungen und deren Mitgliedern auf Grund völkerrechtlicher Vereinbarung oder besonderer gesetzlicher Regelung nach näherer Weisung des Bundesministeriums der Finanzen sowie die Durchführung des Besteuerungsverfahrens nach § 18 Absatz 5a des Umsatzsteuergesetzes einschließlich der damit im Zusammenhang stehenden Tätigkeiten für ausländische Missionen, berufskonsularische Vertretungen und deren Mitglieder;

4. die Besteuerung von Investmentfonds und Spezial-Investmentfonds sowie die Feststellung der Besteuerungsgrundlagen von Spezial-Investmentfonds, soweit es nach § 4 Absatz 2 Nummer 2 des Investmentsteuergesetzes zuständig ist. Daneben stellt das Bundeszentralamt für Steuern auf Anforderung den für die Besteuerung von Investmentfonds, Spezial-Investmentfonds oder deren Anlegern zuständigen Landesfinanzbehörden seine Erkenntnisse über ausländische Rechtsformen und ausländisches Recht zur Verfügung;

5. die Ausübung der Funktion der zuständigen Behörde
    a) auf dem Gebiet der steuerlichen Rechts- und Amtshilfe,
    b) bei der Durchführung von Verständigungs- und Schiedsverfahren im Einvernehmen mit der zuständigen obersten Landesfinanzbehörde oder mit der von dieser beauftragten Behörde nach
        aa) den Doppelbesteuerungsabkommen,
        bb) dem Übereinkommen Nr. 90/436/EWG über die Beseitigung der Doppelbesteuerung im Falle von Gewinnberichtigungen zwischen verbundenen Unternehmen (ABl. L 225 vom 20.8.1990, S. 10) in der jeweils geltenden Fassung,
        cc) dem EU-Doppelbesteuerungsabkommen-Streitbeilegungsgesetz vom 10. Dezember 2019 (BGBl. I S. 2103) in der jeweils geltenden Fassung,
        dd) dem BEPS-MLI-Anwendungsgesetz vom 19. Juni 2024 (BGBl. 2024 I Nr. 205) in der jeweils geltenden Fassung und
    c) bei der Durchführung von Vorabverständigungsverfahren nach § 89a der Abgabenordnung,
    soweit das zuständige Bundesministerium seine Befugnisse in diesem Bereich delegiert;

5a. die Entgegennahme und Weiterleitung von Meldungen nach auf der Grundlage von § 117c der Abgabenordnung ergangenen Rechtsverordnungen und die Durchführung von Bußgeldverfahren in den Fällen des § 379 Absatz 2 Nummer 1b der Abgabenordnung und in den Fällen der auf Grundlage von § 117c Absatz 1 Satz 1 Nummer 5 der Abgabenordnung ergangenen Rechtsverordnung sowie die Auswertung dieser Meldungen im Rahmen der dem Bundeszentralamt für Steuern gesetzlich übertragenen Aufgaben;

5b. die Entgegennahme und Weiterleitung von Meldungen und Auswertungen im Rahmen der nach § 2 des Gesetzes zum automatischen Austausch von Informationen über Finanzkonten in Steuersachen auszutauschenden Informationen und die Durchführung von Bußgeldverfahren nach § 28 des vorgenannten Gesetzes;

5c. die Einstellung von Informationen zu grenzüberschreitenden Vorbescheiden oder Vorabverständigungen über die Verrechnungspreisgestaltung gemäß § 7 Absatz 3 bis 5 des EU-Amtshilfegesetzes in das Zentralverzeichnis der Mitgliedstaaten der Europäischen Union gemäß Artikel 21 Absatz 5 der Richtlinie 2011/16/EU des Rates vom 15. Februar 2011 über die Zusammenarbeit der Verwaltungsbehörden im Bereich der Besteuerung und zur Aufhebung der Richtlinie 77/799/EWG (ABl. L 64 vom 11.3.2011, S.

	1) in der jeweils geltenden Fassung sowie die Entgegennahme der von den anderen Mitgliedstaaten der Europäischen Union in das Zentralverzeichnis eingestellten Informationen im Sinne des Artikels 8a der Richtlinie 2011/16/EU und ihre Weiterleitung an die jeweils zuständige Landesfinanzbehörde nach Maßgabe des § 7 Absatz 9 des EU-Amtshilfegesetzes;
5d.	die automatische Übermittlung der länderbezogenen Berichte, die dem Bundeszentralamt für Steuern hierzu von den Unternehmen nach § 138a Absatz 6 der Abgabenordnung übermittelt worden sind, an

    a) die jeweils zuständige Landesfinanzbehörde,

    b) die zuständigen Behörden der Vertragsstaaten der am 27. Januar 2016 unterzeichneten „Mehrseitigen Vereinbarung zwischen den zuständigen Behörden über den Austausch länderbezogener Berichte" (BGBl. 2016 II S. 1178, 1179),

    c) die zuständigen Behörden der anderen Mitgliedstaaten gemäß Artikel 8aa der Richtlinie 2011/16/EU sowie

    d) die zuständigen Behörden der Drittstaaten, mit denen die Bundesrepublik Deutschland ein Abkommen über den steuerlichen Informationsaustausch geschlossen hat, nach dem ein automatischer Austausch von Informationen vereinbart werden kann;

5e.   die Entgegennahme und Weiterleitung

    a) der länderbezogenen Berichte, die dem zentralen Verbindungsbüro von den zuständigen Behörden der anderen Mitgliedstaaten gemäß Artikel 8aa der Richtlinie 2011/16/EU übersandt wurden, an die zuständigen Landesfinanzbehörden,

    b) der länderbezogenen Berichte im Sinne des § 138a Absatz 2 der Abgabenordnung, die dem zentralen Verbindungsbüro von den zuständigen Behörden der Vertragsstaaten der am 27. Januar 2016 unterzeichneten „Mehrseitigen Vereinbarung zwischen den zuständigen Behörden über den Austausch länderbezogener Berichte" (BGBl. 2016 II S. 1178, 1179) übermittelt wurden, an die jeweils zuständige Landesfinanzbehörde sowie

    c) der länderbezogenen Berichte im Sinne des § 138a Absatz 2 der Abgabenordnung, die dem zentralen Verbindungsbüro von den zuständigen Behörden der Drittstaaten, mit denen die Bundesrepublik Deutschland ein Abkommen über den steuerlichen Informationsaustausch geschlossen hat, nach dem ein automatischer Austausch von Informationen vereinbart werden kann, übermittelt wurden, an die jeweils zuständige Landesfinanzbehörde;

5f.   die automatische Übermittlung von Informationen zu grenzüberschreitenden Steuergestaltungen gemäß § 7 Absatz 13 des EU-Amtshilfegesetzes sowie die Entgegennahme von Informationen im Sinne des Artikels 8ab der Richtlinie 2011/16/EU gemäß § 7 Absatz 14 des EU-Amtshilfegesetzes;

5g.   die Entgegennahme, die Weiterleitung und die Übermittlung von Informationen nach § 9 Absatz 1 bis 3 und die Durchführung der Verfahren gemäß den §§ 10 bis 12 und 25 bis 27 des Plattformen-Steuertransparenzgesetzes;

5h.

    a) die Entgegennahme der Mindeststeuer-Berichte nach § 75 des Mindeststeuergesetzes und ihre Weiterleitung an die jeweils zuständige Landesfinanzbehörde,

    b) die Entgegennahme der Meldungen nach § 3 Absatz 4 des Mindeststeuergesetzes und Weiterleitung an die jeweils zuständige Länderfinanzbehörde sowie

    c) die Durchführung von Bußgeldverfahren nach § 98 des Mindeststeuergesetzes;

5i.	die Auswertung der Informationen nach den Nummern 5c bis 5h im Rahmen der dem Bundeszentralamt für Steuern gesetzlich übertragenen Aufgaben; Auswertungen der Informationen nach den Nummern 5c bis 5h durch die jeweils zuständige Landesfinanzbehörde bleiben hiervon unberührt;
6.	die zentrale Sammlung und Auswertung von Unterlagen über steuerliche Auslandsbeziehungen nach näherer Weisung des Bundesministeriums der Finanzen;
7.	bei Personen, die nicht im Geltungsbereich dieses Gesetzes ansässig sind, die Bestimmung des für die Besteuerung örtlich zuständigen Finanzamts, wenn sich mehrere Finanzämter für örtlich zuständig oder für örtlich unzuständig halten oder wenn sonst Zweifel über die örtliche Zuständigkeit bestehen;
8.	die Vergütung der Vorsteuerbeträge in dem besonderen Verfahren nach § 13 Abs. 9 des Umsatzsteuergesetzes;.
9.	auf Grund der Verordnung (EU) Nr. 904/2010 des Rates vom 7. Oktober 2010 über die Zusammenarbeit der Verwaltungsbehörden und die Betrugsbekämpfung auf dem Gebiet der Mehrwertsteuer (ABl. L 268 vom 12.10.2010, S. 1)

    a) die Vergabe der Umsatzsteuer-Identifikationsnummer (§ 27a des Umsatzsteuergesetzes),

    b) die Entgegennahme der Zusammenfassenden Meldungen (§ 18a des Umsatzsteuergesetzes) und Speicherung der Daten,

    c) den Austausch von gespeicherten Informationen mit anderen Mitgliedstaaten;

10.	die Erteilung von Bescheinigungen in Anwendung des Artikels 151 der Richtlinie 2006/112/EG des Rates vom 28. November 2006 über das gemeinsame Mehrwertsteuersystem (ABl. L 347 vom 11.12.2006, S. 1, L 335 vom 20.12.2007, S. 60), die zuletzt durch die Richtlinie 2013/61/EU (ABl. L 353 vom 28.12.2013, S. 5) geändert worden ist, in der jeweils geltenden Fassung zum Nachweis der Umsatzsteuerbefreiung der Umsätze, die an in anderen Mitgliedstaaten der Europäischen Union an im Geltungsbereich dieses Gesetzes ansässige zwischenstaatliche Einrichtungen, ständige diplomatische Missionen und berufskonsularische Vertretungen sowie deren Mitglieder ausgeführt werden;
11.	die Durchführung des Familienleistungsausgleichs nach Maßgabe der §§ 31,62 bis 78 des Einkommensteuergesetzes. Die Bundesagentur für Arbeit stellt dem Bundeszentralamt für Steuern zur Durchführung dieser Aufgaben ihre Dienststellen als Familienkassen zur Verfügung. Das Nähere, insbesondere die Höhe der Verwaltungskostenerstattung, wird durch Verwaltungsvereinbarung geregelt. Der Vorstand der Bundesagentur für Arbeit kann innerhalb seines Zuständigkeitsbereichs abweichend von den Vorschriften der Abgabenordnung über die örtliche Zuständigkeit von Finanzbehörden die Entscheidung über den Anspruch auf Kindergeld für bestimmte Bezirke oder Gruppen von Berechtigten einer anderen Familienkasse übertragen. Für die besonderen Belange der Personen, die in einem öffentlich-rechtlichen Dienst-, Amts- oder Ausbildungsverhältnis zum Bund stehen oder Versorgungsbezüge nach bundesbeamten- oder soldatenrechtlichen Vorschriften oder Grundsätzen erhalten oder Arbeitnehmer des Bundes oder einer sonstigen Körperschaft, einer Anstalt oder einer Stiftung des öffentlichen Rechts im Bereich des Bundes sind, benennt die Bundesagentur für Arbeit als Familienkasse zentrale Ansprechpartner. Die Familienkassen gelten als Bundesfinanzbehörden, soweit sie den Familienleistungsausgleich durchführen, und unterliegen insoweit der Fachaufsicht des Bundeszentralamtes für Steuern;
12.	die Durchführung der Veranlagung nach § 50 Absatz 2 Satz 2 Nummer 5 des Einkommensteuergesetzes und § 32 Absatz 2 Nummer 2 des Körperschaftsteuergesetzes sowie die Durchführung des Steuerabzugsverfahrens nach § 50a Absatz 1 des Einkommensteuergesetzes und nach § 10 des Steueroasen-Abwehrgesetzes; einschließlich des Erlasses von Haftungs- und Nachforderungsbescheiden und deren Vollstreckung;

13. die zentrale Sammlung und Auswertung der von den Finanzbehörden der Länder übermittelten Informationen über Betrugsfälle im Bereich der Umsatzsteuer;
14. die Sammlung, Auswertung und Weitergabe der Daten, die nach § 45d des Einkommensteuergesetzes in den dort genannten Fällen zu übermitteln sind sowie die Übermittlung der Identifikationsnummer (§ 139b der Abgabenordnung) in dem Anfrageverfahren nach § 44a Absatz 2a Satz 3 bis 7 des Einkommensteuergesetzes;
14a. die Sammlung, Auswertung und Bereitstellung der Daten, die nach den §§ 45b und 45c des Einkommensteuergesetzes in den dort genannten Fällen zu übermitteln sind; das Bundeszentralamt für Steuern unterrichtet die Finanzbehörden der Länder über die Ergebnisse der Datenauswertung und stellt den Finanzbehörden der Länder Daten für die Verwendung in Besteuerungsverfahren zur Verfügung;
15. die Koordinierung von Umsatzsteuerprüfungen der Landesfinanzbehörden in grenz- und länderübergreifenden Fällen;
16. das Zusammenführen und Auswerten von umsatzsteuerlich erheblichen Informationen zur Identifizierung prüfungswürdiger Sachverhalte;
17. die Beobachtung von elektronisch angebotenen Dienstleistungen zur Unterstützung der Landesfinanzverwaltungen bei der Umsatzbesteuerung des elektronischen Handels;
18. a) die Weiterleitung der Daten, die nach § 10 Absatz 2a, 2b, 2c und 4b des Einkommensteuergesetzes in den dort genannten Fällen zu übermitteln sind,
    b) die Sammlung, Auswertung und Weitergabe der Daten, die nach § 10a Abs. 5 des Einkommensteuergesetzes in den dort genannten Fällen zu übermitteln sind,
    c) die Sammlung, Auswertung und Weitergabe der Daten, die nach § 22a des Einkommensteuergesetzes in den dort genannten Fällen zu übermitteln sind,
    d) bei einer Datenübermittlung nach § 22a Absatz 1 des Einkommensteuergesetzes die Prüfung nach § 93c Absatz 4 Satz 1 der Abgabenordnung und die Erhebung des Verspätungsgeldes nach § 22a Absatz 5 des Einkommensteuergesetzes,
    e) die Übermittlung der Identifikationsnummer (§ 139b der Abgabenordnung) im Anfrageverfahren nach § 22a Absatz 2 in Verbindung mit § 10 Absatz 2a, 2b, 2c und 4b, § 10a Absatz 5 und § 32b Absatz 3 Satz 1 sowie nach § 52 Absatz 30b des Einkommensteuergesetzes,
    f) die Gewährung der Altersvorsorgezulage nach Abschnitt XI des Einkommensteuergesetzes,
    g) die Durchführung von Bußgeldverfahren nach § 50f des Einkommensteuergesetzes.

    Das Bundeszentralamt für Steuern bedient sich zur Durchführung dieser Aufgaben der Deutschen Rentenversicherung Bund, soweit diese zentrale Stelle im Sinne des § 81 des Einkommensteuergesetzes ist, im Wege der Organleihe. Die Deutsche Rentenversicherung Bund unterliegt insoweit der Fachaufsicht des Bundeszentralamtes für Steuern. Das Nähere, insbesondere die Höhe der Verwaltungskostenerstattung, wird durch Verwaltungsvereinbarung geregelt;
19. die zentrale Sammlung der von den Finanzbehörden übermittelten Angaben über erteilte Freistellungsbescheinigungen nach § 48b des Einkommensteuergesetzes und die Erteilung von Auskünften im Wege einer elektronischen Abfrage an den Leistungsempfänger im Sinne des § 48 Abs. 1 Satz 1 des Einkommensteuergesetzes über die übermittelten Freistellungsbescheinigungen;
20. den Einzug der einheitlichen Pauschsteuer nach § 40a Abs. 2 des Einkommensteuergesetzes. Das Bundeszentralamt für Steuern bedient sich zur Durchführung dieser Aufgabe der Deutschen Rentenversicherung Knappschaft-Bahn-See als Träger der

knappschaftlichen Rentenversicherung im Wege der Organleihe. Das Nähere, insbesondere die Höhe der Verwaltungskostenerstattung, wird durch Verwaltungsvereinbarung geregelt. Die Deutsche Rentenversicherung Knappschaft-Bahn-See als Träger der knappschaftlichen Rentenversicherung gilt für die Durchführung dieser Aufgabe als Bundesfinanzbehörde und unterliegt insoweit der Fachaufsicht des Bundeszentralamtes für Steuern;

21. für vor dem 1. Juli 2021 ausgeführte Umsätze die Durchführung des Besteuerungsverfahrens nach § 18 Absatz 4c des Umsatzsteuergesetzes in der bis zum 30. Juni 2021 geltenden Fassung einschließlich der damit im Zusammenhang stehenden Tätigkeiten auf Grund von Kapitel XI Abschnitt 1 und 2 der Verordnung (EU) Nr. 904/2010 des Rates vom 7. Oktober 2010 über die Zusammenarbeit der Verwaltungsbehörden und die Betrugsbekämpfung auf dem Gebiet der Mehrwertsteuer (ABl. L 268 vom 12.10.2010, S. 1) sowie für nach dem 30. Juni 2021 ausgeführte Umsätze die Entgegennahme und Weiterleitung von Anzeigen, Umsatzsteuererklärungen und Zahlungen von nicht im Gemeinschaftsgebiet ansässigen Unternehmern in Anwendung der Artikel 360 bis 367 und 369 der Richtlinie 2006/112/EG des Rates in der Fassung von Artikel 2 Nummer 17 bis 19 der Richtlinie (EU) 2017/2455 des Rates vom 5. Dezember 2017 zur Änderung der Richtlinie 2006/112/EG und der Richtlinie 2009/132/EG in Bezug auf bestimmte mehrwertsteuerliche Pflichten für die Erbringung von Dienstleistungen und für Fernverkäufe von Gegenständen (ABl. L 348 vom 29.12.2017, S. 7) einschließlich der mit der Durchführung des Besteuerungsverfahrens nach § 18i des Umsatzsteuergesetzes zusammenhängenden Tätigkeiten auf Grund der Kapitel V und XI der Verordnung (EU) Nr. 904/2010 des Rates in der Fassung von Artikel 1 der Verordnung (EU) 2017/2454 des Rates vom 5. Dezember 2017 zur Änderung der Verordnung (EU) Nr. 904/2010 des Rates über die Zusammenarbeit der Verwaltungsbehörden und die Betrugsbekämpfung auf dem Gebiet der Mehrwertsteuer (ABl. L 348 vom 29.12.2017, S. 1);

22. die Vergabe und die Verwaltung des Identifikationsmerkmals nach den §§ 139a bis 139d der Abgabenordnung;

23. die Bestätigungen nach § 18e des Umsatzsteuergesetzes 1999;

24. den Abruf von Daten aus den nach § 93b der Abgabenordnung in Verbindung mit § 24c Abs. 1 Satz 1 des Kreditwesengesetzes von den Kreditinstituten geführten Dateien und die Weiterleitung der abgerufenen Daten an die zuständigen Finanzbehörden;

25. die Verwaltung der Versicherung- und Feuerschutzsteuer und die zentrale Sammlung und Auswertung der Informationen für die Verwaltung der Versicherung- und Feuerschutzsteuer;

26. Entgegennahme von Meldungen und Zahlungen von Zinsabschlag nach der Zinsinformationsverordnung und deren Weiterleitung;

27. die Erteilung von verbindlichen Auskünften nach § 89 Abs. 2 Satz 3 der Abgabenordnung;

28. die Unterstützung der Finanzbehörden der Länder bei der Verhütung und Verfolgung von Steuerstraftaten mit länderübergreifender, internationaler oder erheblicher Bedeutung sowie bei Anzeigen nach § 116 Abs. 1 der Abgabenordnung. Das Bundeszentralamt für Steuern hat zur Wahrnehmung dieser Aufgabe alle hierfür erforderlichen Informationen zu sammeln und auszuwerten und die Behörden der Länder über die sie betreffenden Informationen und die in Erfahrung gebrachten Zusammenhänge von Straftaten zu unterrichten;

28a. die Weiterleitung von Mitteilungen nach § 116 Abs. 1 der Abgabenordnung an die zuständigen Finanzbehörden der Zollverwaltung;

28b. die Unterstützung der Finanzbehörden der Länder bei der Ermittlung von Steuergestaltungen, die die Erlangung eines Steuervorteils aus der Erhebung oder Entlastung von

Kapitalertragsteuer mit länderübergreifender, internationaler oder erheblicher Bedeutung zum Gegenstand haben; das Bundeszentralamt für Steuern hat zur Wahrnehmung dieser Aufgabe alle hierfür erforderlichen Informationen zu sammeln und auszuwerten und die Behörden der Länder über die sie betreffenden Informationen zu unterrichten;

29. die Durchführung der gesonderten Feststellung der Einlagenrückgewähr nach § 27 Absatz 8 des Körperschaftsteuergesetzes;

29a. Entgegennahme, Verarbeitung und Weiterleitung der Versicherungsdaten bei privaten Krankenversicherungen und privaten Pflege-Pflichtversicherungen nach § 39 Absatz 4a des Einkommensteuergesetzes;

30. die Bildung, Speicherung und Bereitstellung elektronischer Lohnsteuerabzugsmerkmale;

31. die zentrale Sammlung der von den Finanzbehörden der Länder übermittelten Daten zu Konzernübersichten (Konzernverzeichnis) sowie die Erteilung von Auskünften daraus im Wege einer elektronischen Abfrage durch die Finanzbehörden der Länder;

32. die zentrale Sammlung der von den Finanzbehörden der Länder übermittelten branchenbezogenen Kennzahlen sowie die Erteilung von Auskünften daraus im Wege einer elektronischen Abfrage durch die Finanzbehörden der Länder;

33. die Registrierung eines Vor-REIT nach § 2 des REIT-Gesetzes;

34. die Zertifizierung von Altersvorsorge- und Basisrentenverträgen nach dem Altersvorsorgeverträge-Zertifizierungsgesetz und die Durchführung von Bußgeldverfahren nach § 13 des Altersvorsorgeverträge-Zertifizierungsgesetzes;

35. die Prüfung der Vollständigkeit und Zulässigkeit von Anträgen auf Vorsteuer-Vergütung für im Inland ansässige Unternehmer in Anwendung von Artikel 18 der Richtlinie 2008/9/EG des Rates vom 12. Februar 2008 zur Regelung der Erstattung der Mehrwertsteuer gemäß der Richtlinie 2006/112/EG an nicht im Mitgliedstaat der Erstattung, sondern in einem anderen Mitgliedstaat ansässige Steuerpflichtige (ABl. EU Nr. L 44 S. 23);

36. die Prüfung nach § 93c Absatz 4 Satz 1 der Abgabenordnung der nach § 10 Absatz 2b des Einkommensteuergesetzes zu übermittelnden Daten sowie bei dieser Datenübermittlung die Festsetzung und Erhebung des Haftungsbetrages nach § 72a Absatz 4 der Abgabenordnung;

37. Ausstellung der Bescheinigung an Unternehmer über die Erfüllung der Voraussetzungen des § 4 Nummer 11b des Umsatzsteuergesetzes;

38. ab 14. Dezember 2010 die Weiterleitung von Anzeigen nach § 9 der Erbschaftsteuer-Durchführungsverordnung an die zuständigen Finanzbehörden der Länder;

39. (weggefallen)

40. für vor dem 1. Juli 2021 ausgeführte Umsätze die mit der Durchführung des Besteuerungsverfahrens nach § 18 Absatz 4e des Umsatzsteuergesetzes in Zusammenhang stehenden Tätigkeiten auf Grund der Kapitel V und XI Abschnitt 2 der Verordnung (EU) Nr. 904/2010 des Rates vom 7. Oktober 2010 über die Zusammenarbeit der Verwaltungsbehörden und die Betrugsbekämpfung auf dem Gebiet der Mehrwertsteuer (ABl. L 268 vom 12.10.2010, S. 1) und die Entgegennahme und Weiterleitung von Anzeigen und Umsatzsteuererklärungen für im Inland ansässige Unternehmer in Anwendung der Artikel 369c bis 369i der Richtlinie 2006/112/EG des Rates in der Fassung des Artikels 5 Nummer 15 der Richtlinie 2008/8/EG des Rates vom 12. Februar 2008 zur Änderung der Richtlinie 2006/112/EG bezüglich des Ortes der Dienstleistung (ABl. L 44 vom 20.2.2008, S. 11) einschließlich der damit zusammenhängenden Tätigkeiten auf Grund von Artikel 17 Absatz 1 Buchstabe d und Artikel 21 Absatz 1 sowie Kapitel XI Abschnitt 2 der Verordnung (EU) Nr. 904/2010 des Rates vom 7. Oktober 2010 über die Zusammenarbeit der Verwaltungsbehörden und die Betrugsbekämpfung auf dem Gebiet der

Mehrwertsteuer (ABl. L 268 vom 12.10.2010, S. 1) sowie für nach dem 30. Juni 2021 ausgeführte Umsätze die Entgegennahme und Weiterleitung von Anzeigen, Umsatzsteuererklärungen und Zahlungen von im Inland oder nicht im Gemeinschaftsgebiet ansässigen Unternehmern in Anwendung der Artikel 369c bis 369i und 369k der Richtlinie 2006/112/EG des Rates in der Fassung von Artikel 1 Nummer 11 bis 13 der Richtlinie (EU) 2019/1995 des Rates vom 21. November 2019 zur Änderung der Richtlinie 2006/112/EG des Rates vom 28. November 2006 in Bezug auf Vorschriften für Fernverkäufe von Gegenständen und bestimmte inländische Lieferungen von Gegenständen (ABl. L 310 vom 2.12.2019, S. 1) einschließlich der mit der Durchführung des Besteuerungsverfahrens nach § 18j des Umsatzsteuergesetzes zusammenhängenden Tätigkeiten auf Grund der Kapitel V und XI Abschnitt 2 und 3 der Verordnung (EU) Nr. 904/2010 des Rates in der Fassung von Artikel 1 der Verordnung (EU) 2017/2454 des Rates vom 5. Dezember 2017 zur Änderung der Verordnung (EU) Nr. 904/2010 des Rates über die Zusammenarbeit der Verwaltungsbehörden und die Betrugsbekämpfung auf dem Gebiet der Mehrwertsteuer (ABl. L 348 vom 29.12.2017, S. 1);

41. die Entgegennahme und Weiterleitung von Anzeigen, Umsatzsteuererklärungen und Zahlungen von im Inland oder nicht im Gemeinschaftsgebiet ansässigen Unternehmern oder von im Auftrag handelnden im Inland ansässigen Vertretern in Anwendung der Artikel 369o bis 369v und 369x der Richtlinie 2006/112/EG des Rates in der Fassung von Artikel 2 Nummer 30 der Richtlinie (EU) 2017/2455 des Rates vom 5. Dezember 2017 zur Änderung der Richtlinie 2006/112/EG und der Richtlinie 2009/132/EG in Bezug auf bestimmte mehrwertsteuerliche Pflichten bei der Erbringung von Dienstleistungen und für Fernverkäufe von Gegenständen (ABl. L 348 vom 29.12.2017, S. 7) einschließlich der mit der Durchführung des Besteuerungsverfahrens nach § 18k des Umsatzsteuergesetzes zusammenhängenden Tätigkeiten auf Grund der Kapitel V und XI Abschnitt 3 der Verordnung (EU) Nr. 904/2010 des Rates in der Fassung von Artikel 1 der Verordnung (EU) 2017/2454 des Rates vom 5. Dezember 2017 zur Änderung der Verordnung (EU) Nr. 904/2010 des Rates über die Zusammenarbeit der Verwaltungsbehörden und die Betrugsbekämpfung auf dem Gebiet der Mehrwertsteuer (ABl. L 348 vom 29.12.2017, S. 1);

41a. die Durchführung des Meldeverfahrens für Kleinunternehmer im übrigen Gemeinschaftsgebiet nach § 19a des Umsatzsteuergesetzes;

41b. die Zusammenarbeit mit anderen Mitgliedstaaten nach Kapitel Xa der Verordnung (EU) Nr. 904/2010 des Rates vom 7. Oktober 2010 über die Zusammenarbeit der Verwaltungsbehörden und die Betrugsbekämpfung auf dem Gebiet der Mehrwertsteuer (ABl. L 268 vom 12.10.2010, S. 1) in der jeweils geltenden Fassung;

42. die Einrichtung und Pflege des Online-Zugriffs der Finanzämter auf ATLAS-Ein- und Ausfuhrdaten;

43. die Unterstützung des Bundesministeriums der Finanzen bei der Gesetzesfolgenabschätzung im Steuerrecht;

44. die Sammlung, Sortierung, Zuordnung und Auswertung der ihm nach den §§ 138d bis 138h der Abgabenordnung und § 7 Absatz 14 Satz 2 des EU-Amtshilfegesetzes zugegangenen Mitteilungen über grenzüberschreitende Steuergestaltungen, ihre Weiterleitung an die Generalzolldirektion nach § 138j Absatz 1 Satz 2 der Abgabenordnung, die Information der Landesfinanzbehörden nach § 138i und § 138j Absatz 3 der Abgabenordnung sowie die Unterrichtung des Bundesministeriums der Finanzen über die Ergebnisse der Auswertung nach § 138j Absatz 1 der Abgabenordnung;

44a. die Durchführung des Bußgeldverfahrens in den Fällen des § 379 Absatz 2 Nummer 1e und 1f der Abgabenordnung;

45. die Übermittlung von Daten im Rahmen des automatisierten Datenabrufverfahrens mit den Trägern der gesetzlichen Rentenversicherung in dem in § 151b Absatz 2 Satz 2 des Sechsten Buches Sozialgesetzbuch genannten Fall;

45a.		die Durchführung des Besteuerungsverfahrens nach dem Gesetz zur Einführung eines EU-Energiekrisenbeitrags nach der Verordnung (EU) 2022/1854;
46.		Mitwirkung bei der Festlegung der Einzelheiten der Risikomanagementsysteme zur Gewährleistung eines bundeseinheitlichen Vollzugs auf dem Gebiet der Steuern, die von den Landesfinanzbehörden im Auftrag des Bundes verwaltet werden;
46a.		die Prüfung nach § 7 Absatz 1 Satz 1 und 2 des Gesetzes über steuerrechtliche Maßnahmen bei Erhöhung des Nennkapitals aus Gesellschaftsmitteln, wenn im Zeitpunkt der Antragstellung keine Finanzbehörde nach § 20 der Abgabenordnung für die Besteuerung der ausländischen Gesellschaft nach dem Einkommen örtlich zuständig ist;
46b.		die Koordinierung von und Mitwirkung an internationalen Risikobewertungsverfahren im Sinne des § 89b der Abgabenordnung;
47	a)	die zentrale Sammlung sowohl der von den Finanzbehörden der Länder nach § 60b der Abgabenordnung übermittelten Daten als auch der Zuwendungsempfänger des Buchstaben b,
	b)	für Körperschaften, juristische Personen des öffentlichen Rechts oder öffentliche Dienststellen ohne Sitz im Geltungsbereich des Grundgesetzes, die die Voraussetzungen des § 10b Absatz 1 Satz 2 Nummer 1 oder Nummer 3, Satz 3 bis 6 des Einkommensteuergesetzes erfüllen und nachweislich Zuwendungen von Personen mit Wohnsitz, Aufenthalt, Sitz oder Geschäftsleitung im Geltungsbereich dieses Gesetzes erhalten haben, auf Antrag nach amtlich vorgeschriebenem Datensatz durch Datenfernübertragung des Zuwendungsempfängers die Aufnahme in das Zuwendungsempfängerregister für die Zwecke des § 50 Absatz 1 der Einkommensteuer- Durchführungsverordnung,
	c)	der Abgleich der in den Verfassungsschutzberichten des Bundes und der Länder als „extremistisch" eingestuften Organisationen mit den im Zuwendungsempfängerregister aufgeführten Körperschaften auf die Voraussetzungen des § 51 Absatz 3 der Abgabenordnung und die Mitteilung des Ergebnisses der Prüfung an die zuständige Landesfinanzbehörde,
	d)	die Bereitstellung für Zwecke des Sonderausgabenabzugs nach § 10b des Einkommensteuergesetzes und der Steuerermäßigung des § 34g des Einkommensteuergesetzes der in § 60b Absatz 2 der Abgabenordnung als automatisiert abrufbare Merkmale der im Zuwendungsempfängerregister geführten Körperschaften, Personenvereinigungen, Vermögensmassen, juristischen Personen des öffentlichen Rechts oder öffentlichen Dienststellen für die Finanzbehörden der Länder und für Dritte,
	e)	die Erteilung von Auskünften aus der zentralen Sammlung nach Buchstabe a im Wege einer elektronischen Abfrage durch die Finanzbehörden der Länder und durch Dritte;
48.		die Wahrnehmung der Aufgaben der Direktauszahlungsbehörde nach § 139e der Abgabenordnung.

Das Bundeszentralamt für Steuern hat Daten, die von ihm oder der zentralen Stelle im Sinne des § 81 des Einkommensteuergesetzes nach § 88 Absatz 4 der Abgabenordnung nicht an die Landesfinanzbehörden weitergeleitet wurden, bis zum Ablauf des 15. Jahres nach dem Jahr des Zugangs der Daten zur Durchführung von Verfahren im Sinne des § 30 Absatz 2 Nummer 1 Buchstabe a und b der Abgabenordnung sowie zur Datenschutzkontrolle zu speichern.

(1a) Soweit durch Absatz 1 Aufgaben der Steuerverwaltung übertragen wurden, ist hiervon auch die Durchführung von Vorfeldermittlungen nach § 208 Absatz 1 Satz 1 Nummer 3 der Abgabenordnung umfasst. Dies gilt nicht für Fälle des Absatzes 1 Satz 1 Nummer 1, 5, 5c bis 5f, 6, 7, 9, 10, 13 bis 17, 19, 22 bis 24, 28, 28a, 28b, 29a bis 34, 36, 38, 42 bis 45, 46 und 46b.

(2) Die vom Bundeszentralamt für Steuern auf Grund gesetzlicher Vorschriften gewährten Steuererstattungen und Steuervergütungen sowie die nach § 44b Absatz 6 Satz 1 bis 3 des Einkommensteuergesetzes erstattete Kapitalertragsteuer werden von den Ländern in dem Verhältnis getragen, in dem sie an dem Aufkommen der betreffenden Steuern beteiligt sind. Kapitalertragsteuer, die das Bundeszentralamt für Steuern anlässlich der Vergütung von Körperschaftsteuer vereinnahmt hat, steht den Ländern in demselben Verhältnis zu. Für die Aufteilung ist das Aufkommen der betreffenden Steuern in den einzelnen Ländern maßgebend, das sich ohne Berücksichtigung der in den Sätzen 1 und 2 bezeichneten Steuerbeträge für das Vorjahr ergibt. Das Nähere bestimmt das Bundesministerium der Finanzen durch Rechtsverordnung, die der Zustimmung des Bundesrates bedarf.

(3) Die von den Familienkassen bei der Durchführung des Familienleistungsausgleichs nach Absatz 1 Nr. 11 ausgezahlten Steuervergütungen im Sinne des § 31 des Einkommensteuergesetzes werden jeweils von den Ländern und Gemeinden, in denen der Gläubiger der Steuervergütung seinen Wohnsitz hat, nach den für die Verteilung des Aufkommens der Einkommensteuer maßgebenden Vorschriften mitgetragen. Das Bundeszentralamt für Steuern stellt nach Ablauf eines jeden Monats die Anteile der einzelnen Länder einschließlich ihrer Gemeinden an den gewährten Leistungen fest. Die nach Satz 2 festgestellten Anteile sind dem Bund von den Ländern bis zum 15. des dem Zahlungsmonat folgenden Monats zu erstatten. Für den Monat Dezember ist dem Bund von den Ländern ein Abschlag auf der Basis der Abrechnung des Vormonats zu leisten. Die Abrechnung für den Monat Dezember hat bis zum 15. Januar des Folgejahres zu erfolgen. Das Bundesministerium der Finanzen wird ermächtigt, durch Rechtsverordnung mit Zustimmung des Bundesrates das Nähere zu bestimmen.

(4) Die von der zentralen Stelle (§ 81 des Einkommensteuergesetzes) veranlassten Auszahlungen von Altersvorsorgezulagen (§ 83 des Einkommensteuergesetzes) werden nach den für die Verteilung des Aufkommens der Einkommensteuer maßgebenden Vorschriften von den Ländern und Gemeinden mitgetragen, in denen der Gläubiger der Steuervergütung seinen inländischen Wohnsitz hat; bei Gläubigern mit ausländischem Wohnsitz wird der letzte bekannte inländische Wohnsitz zugrunde gelegt. Die sich aus Satz 1 ergebenden Finanzierungsanteile gelten auch, wenn der Wohnsitz nicht nach Satz 1 zugeordnet werden kann Die zentrale Stelle stellt nach Ablauf des Kalendervierteljahres folgenden Monats die Anteile der einzelnen Länder einschließlich ihrer Gemeinden an den zu gewährenden Leistungen fest. Die nach Satz 2 festgestellten Anteile sind dem Bund von den Ländern bis zum 15. des zweiten, dem Kalendervierteljahr folgenden Monats zu erstatten. Das Bundesministerium der Finanzen wird ermächtigt, durch Rechtsverordnung mit Zustimmung des Bundesrates das Nähere zu bestimmen.

(5) An dem Aufkommen der von der vereinnahmten pauschalen Lohnsteuer (§ 40a Abs. 6 des Einkommensteuergesetzes) sind die Länder und Gemeinden, in denen die Steuerpflichtigen ihren Wohnsitz haben, nach den für die Verteilung des Aufkommens der Einkommensteuer maßgebenden Vorschriften zu beteiligen. Nach Ablauf eines jeden Monats werden die Anteile der einzelnen Länder einschließlich ihrer Gemeinden an der vereinnahmten pauschalen Lohnsteuer festgestellt. Die nach Satz 2 festgestellten Anteile sind an die Länder bis zum 15. des darauf folgenden Monats auszuzahlen. Das Bundesministerium der Finanzen wird ermächtigt, durch Rechtsverordnung mit Zustimmung des Bundesrates das Nähere zur Verwaltung und Auszahlung der einheitlichen Pauschsteuer zu bestimmen.

(6) (weggefallen)

(7) Das Aufkommen der in Ausübung der Aufgaben nach Absatz 1 Nummer 12 zugeflossenen Einkommen- und Körperschaftsteuer steht den Ländern und Gemeinden nach den für die Verteilung des Aufkommens der Einkommen- und Körperschaftsteuer maßgebenden Vorschriften zu. Nach Ablauf eines jeden Monats werden die Anteile der einzelnen Länder einschließlich ihrer Gemeinden an den Einnahmen durch das Bundeszentralamt für Steuern festgestellt. Die nach Satz 2 festgestellten Anteile sind an die Länder bis zum 15. des darauf folgenden Monats auszuzahlen. Das Bundesministerium der Finanzen wird ermächtigt, durch Rechtsverordnung mit Zustimmung des Bundesrates das Nähere zur Verwaltung und Auszahlung der Einnahmen in Ausübung der Aufgaben nach Absatz 1 Nummer 12 zu bestimmen.

§ 5a Aufgaben und Gliederung der Generalzolldirektion

(1) Unbeschadet des § 4 Absatz 2 und 3 leitet die Generalzolldirektion bundesweit die Durchführung der Aufgaben der Zollverwaltung. Sie übt die Dienst- und Fachaufsicht über die Hauptzollämter und Zollfahndungsämter aus. Sie wertet die ihr nach § 138j Absatz 1 Satz 2 der Abgabenordnung vom Bundeszentralamt für Steuern übermittelten Daten über grenzüberschreitende Steuergestaltungen aus, unterrichtet nach § 138j Absatz 2 der Abgabenordnung das Bundesministerium der Finanzen über die Ergebnisse der Auswertung und stellt dem zuständigen Hauptzollamt die zur Durchführung des Besteuerungsverfahrens und des Bußgeldverfahrens erforderlichen Informationen zur Verfügung. Außerdem nimmt die Generalzolldirektion die ihr sonst übertragenen Aufgaben wahr.

(2) Die Generalzolldirektion gliedert sich in Direktionen. Es wird neben der für den Zollfahndungsdienst zuständigen Direktion (Zollkriminalamt) eine für die Aufgaben nach dem Gesetz über das Aufspüren von Gewinnen aus schweren Straftaten (Geldwäschegesetz) zuständige Direktion (Zentralstelle für Finanztransaktionsuntersuchungen) eingerichtet. Für die Aufgaben nach § 1 des Sanktionsdurchsetzungsgesetzes wird eine zuständige Direktion (Zentralstelle für Sanktionsdurchsetzung) eingerichtet. Andere Organisationseinheiten können eingerichtet werden.

(3) Die Zuständigkeiten und Aufgaben der Direktionen und der anderen Organisationseinheiten bestimmt das Bundesministerium der Finanzen. Aufgaben des Zollfahndungsdienstes werden durch das Zollkriminalamt wahrgenommen.

(4) (weggefallen)

§ 5b Übertragung von Bauaufgaben

Durch Verwaltungsvereinbarung mit dem jeweiligen Land kann der Bund die Leitung und Erledigung seiner Bauaufgaben im Wege der Organleihe Landesbehörden sowie Landesbetrieben, Sondervermögen des Landes und landesunmittelbaren juristischen Personen des öffentlichen Rechts übertragen. Die Verwaltungsvereinbarung muss vorsehen, dass die Landesbehörden die Anordnungen der fachlich zuständigen Bundesbehörde zu befolgen haben.

§ 6 Sitz und Aufgaben der Landesoberbehörde

(1) Die für die Finanzverwaltung zuständige oberste Landesbehörde bestimmt den Sitz der Landesoberbehörde, soweit durch Gesetz nichts anderes bestimmt ist.

(2) Die Landesoberbehörde erledigt Aufgaben, die ihr nach Maßgabe des § 17 Abs. 3 Satz 1 zugewiesen werden und die ihr sonst übertragenen Aufgaben.

(3) Für die Ernennung und Entlassung des Leiters einer Oberbehörde, die nach § 2 Abs. 1 Nr. 3 anstelle einer Oberfinanzdirektion tritt, gilt § 9a Abs. Satz 3 entsprechend.

Abschnitt III – Mittelbehörden

§ 7 Bezirk und Sitz

Die obersten Landesbehörden bestimmen den Bezirk und Sitz der Mittelbehörde, die ihnen jeweils untersteht.

§§ 8

(weggefallen)

§ 8a Aufgaben und Gliederung

(1) Die Mittelbehörden leiten die Finanzverwaltung des jeweiligen Landes in ihrem Bezirk. Einer Mittelbehörde kann auch die Leitung der Finanzverwaltung eines Landes für mehrere Oberfinanzbezirke übertragen werden. Die Mittelbehörden können weitere Aufgaben erledigen.

(2) Die Mittelbehörden können sich in eine Besitz- und Verkehrsteuerabteilung und eine Landesbauabteilung oder Landesvermögens- und Bauabteilung gliedern. Außerdem können weitere Landesabteilungen oder andere Organisationseinheiten des Landes eingerichtet werden.

(3) Durch Rechtsverordnung können Aufgaben einer Mittelbehörde für den ganzen Bezirk oder einen Teil davon auf andere Mittelbehörden übertragen werden, wenn dadurch der Vollzug der Aufgaben verbessert oder erleichtert wird. Die Rechtsverordnung erlässt die zuständige Landesregierung. Die Landesregierung kann die Ermächtigung auf die für die Finanzverwaltung zuständige oberste Landesbehörde übertragen.

(4) Die Besitz- und Verkehrsteuerabteilung leitet die Durchführung der Aufgaben, für deren Erledigung die Finanzämter zuständig sind. Außerdem erledigt sie die ihr sonst übertragenen Aufgaben.

§ 9
(weggefallen)

§ 9a Leitung
Der Präsident oder die Präsidentin leitet die jeweilige Mittelbehörde. Ihm oder ihr kann auch die Leitung einer Abteilung übertragen werden. Er oder sie wird auf Vorschlag der für die Finanzverwaltung zuständigen obersten Landesbehörde im Einvernehmen mit der Bundesregierung durch die zuständige Stelle des Landes ernannt und entlassen.

§ 10
(weggefallen)

§ 10a Landeskassen
Werden oder sind bei einer Mittelbehörde eine oder mehrere Landeskassen errichtet, so kann eine Landeskasse Kassengeschäfte für mehrere Bezirke oder für Teile davon wahrnehmen. Die Landeskassen können unmittelbar dem zuständigen Präsidenten oder der zuständigen Präsidentin unterstellt werden.

§ 11
(weggefallen)

Abschnitt IV - Örtliche Behörden

§ 12 Bezirk und Sitz der Hauptzollämter und Zollfahndungsämter sowie Aufgaben der Hauptzollämter

(1) Die Generalzolldirektion bestimmt den Bezirk und den Sitz der Hauptzollämter und der Zollfahndungsämter.

(2) Die Hauptzollämter sind als örtliche Bundesbehörden für die Verwaltung der Zölle, der bundesgesetzlich geregelten Verbrauchsteuern einschließlich der Einfuhrumsatzsteuer und der Biersteuer, der Luftverkehrsteuer, der Kraftfahrzeugsteuer, der Abgaben im Rahmen der Europäischen Gemeinschaften, für die zollamtliche Überwachung des Warenverkehrs über die Grenze, für die Grenzaufsicht, für die Bekämpfung der Schwarzarbeit und der illegalen Beschäftigung und für die ihnen sonst übertragenen Aufgaben zuständig.

(3) Das Bundesministerium der Finanzen kann durch Rechtsverordnung ohne Zustimmung des Bundesrates die Zuständigkeit eines Hauptzollamts nach Absatz 2 auf einzelne Aufgaben beschränken oder Zuständigkeiten nach Absatz 2 einem Hauptzollamt für den Bereich mehrerer Hauptzollämter übertragen, wenn dadurch der Vollzug der Aufgaben verbessert oder erleichtert wird. Das Bundesministerium der Finanzen kann die Ermächtigung nach Satz 1 durch Rechtsverordnung auf die Generalzolldirektion übertragen.

(4) (weggefallen)

§ 12a - 12d
(weggefallen)

§ 13 Beistandspflicht der Ortsbehörden

(1) Die Gemeindebehörden, die Ortspolizeibehörden und die sonstigen Ortsbehörden haben den Hauptzollämtern auch neben der in § 111 der Abgabenordnung vorgesehenen Beistandspflicht Hilfe zu leisten, soweit dies wegen ihrer Kenntnis der örtlichen Verhältnisse oder zur Ersparung von Kosten oder Zeit zweckmäßig ist.

(2) Für Hilfeleistungen nach Absatz 1 werden Entschädigungen nicht gewährt.

§§ 14 - 16

(weggefallen)

§ 17 Bezirk, Sitz und Aufgaben der Finanzämter

(1) Die für die Finanzverwaltung zuständige oberste Landesbehörde bestimmt den Bezirk und den Sitz der Finanzämter.

(2) Die Finanzämter sind als örtliche Landesbehörden für die Verwaltung der Steuern mit Ausnahme der Kraftfahrzeugsteuer, der sonstigen auf motorisierte Verkehrsmittel bezogenen Verkehrsteuern, der Zölle und der bundesgesetzlich geregelten Verbrauchsteuern (§ 12) zuständig, soweit die Verwaltung nicht auf Grund des Artikels 108 Absatz 4 Satz 1 des Grundgesetzes den Bundesfinanzbehörden oder auf Grund des Artikels 108 Absatz 4 Satz 2 des Grundgesetzes den Gemeinden (Gemeindeverbänden) übertragen worden ist. Sie sind ferner für die ihnen sonst übertragenen Aufgaben zuständig. Soweit es sich um Aufgaben der Finanzverwaltung handelt und der Vollzug der Aufgaben verbessert oder erleichtert wird, kann die zuständige Landesregierung durch Rechtsverordnung

1. die Zuständigkeit eines Finanzamts oder einer besonderen Landesfinanzbehörde (§ 2 Absatz 3) auf einzelne Aufgaben beschränken,
2. einem Finanzamt oder einer besonderen Landesfinanzbehörde (§ 2 Absatz 3) Zuständigkeiten für die Bezirke mehrerer Finanzämter übertragen oder
3. einer Landesoberbehörde (§ 6) die landesweite Zuständigkeit für Kassengeschäfte und das Erhebungsverfahren einschließlich der Vollstreckung übertragen.

Die Landesregierung kann die Ermächtigung durch Rechtsverordnung auf die für die Finanzverwaltung zuständige oberste Landesbehörde übertragen.

(3) Wenn im Besteuerungsverfahren automatische Einrichtungen eingesetzt werden, können durch Rechtsverordnung der zuständigen Landesregierung damit zusammenhängende Steuerverwaltungstätigkeiten auf ein nach § 2 Abs. 2 eingerichtetes Rechenzentrum übertragen werden. Dieses handelt insoweit für das jeweils örtlich zuständige Finanzamt. Absatz 2 Satz 4 gilt entsprechend.

(4) Auf Grund eines Staatsvertrages zwischen mehreren Ländern können Zuständigkeiten nach Absatz 2 Satz 1 und 2 auf ein Finanzamt, ein nach § 2 Abs. 2 eingerichtetes Rechenzentrum der Landesfinanzverwaltung oder eine besondere Landesfinanzbehörde (§ 2 Abs. 3) außerhalb des Landes übertragen werden.

(5) Das Bundesministerium der Finanzen kann zur Effizienzsteigerung im Verwaltungsvollzug auf Antrag von und im Einvernehmen mit allen unmittelbar betroffenen Ländern durch Rechtsverordnung mit Zustimmung des Bundesrates jeweils Zuständigkeiten nach Absatz 2 Satz 1 eines Landes oder mehrerer Länder auf ein Finanzamt, ein nach § 2 Absatz 2 eingerichtetes Rechenzentrum der Landesfinanzverwaltung oder eine besondere Landesfinanzbehörde (§ 2 Absatz 3) eines anderen Landes übertragen. Absatz 4 bleibt unberührt. Durch die Rechtsverordnung nach Satz 1 kann zugleich die Kostentragung geregelt werden.

Abschnitt V – Zusammenwirken von Bundes- und Landesfinanzbehörden

§ 18 Verwaltung der Umsatzsteuer

Die Hauptzollämter und ihre Dienststellen wirken bei der Verwaltung der Umsatzsteuer nach Maßgabe der für diese Steuer geltenden Vorschriften mit. Sie handeln hierbei für die Finanzbehörde, die für die Besteuerung örtlich zuständig ist.

§ 18a
(weggefallen)

§ 19 Mitwirkung des Bundeszentralamtes für Steuern an Außenprüfungen

(1) Das Bundeszentralamt für Steuern ist zur Mitwirkung an Außenprüfungen berechtigt, die durch Landesfinanzbehörden durchgeführt werden. Es kann verlangen, dass bestimmte von ihm namhaft gemachte Betriebe zu einem bestimmten Zeitpunkt geprüft werden.

(2) Das Bundeszentralamt für Steuern bestimmt Art und Umfang seiner Mitwirkung. Die Landesfinanzbehörden machen dem Bundeszentralamt für Steuern auf Anforderung alle den Prüfungsfall betreffenden Unterlagen zugänglich und erteilen die erforderlichen Auskünfte.

(3) Im Einvernehmen mit den zuständigen Landesfinanzbehörden kann das Bundeszentralamt für Steuern im Auftrag des zuständigen Finanzamtes Außenprüfungen durchführen. Das gilt insbesondere bei Prüfungen von Auslandsbeziehungen und bei Prüfungen, die sich über das Gebiet eines Landes hinaus erstrecken.

(4) Ist bei der Auswertung des Prüfungsberichts oder im Rechtsbehelfsverfahren beabsichtigt, von den Feststellungen des Bundeszentralamts für Steuern abzuweichen, so ist hierüber Einvernehmen mit dem Bundeszentralamt für Steuern zu erzielen. Dies gilt auch für die in diesen Fällen zu erteilenden verbindlichen Zusagen nach § 204 der Abgabenordnung. Wird kein Einvernehmen erzielt, kann die Frage dem Bundesministerium der Finanzen zur Entscheidung vorgelegt werden.

(5) Das Bundeszentralamt für Steuern kann verlangen, dass bestimmte von ihm namhaft gemachte Steuerpflichtige, die nach § 193 der Abgabenordnung oder § 5 des Investmentsteuergesetzes der Außenprüfung unterliegen, geprüft werden und Regelungen zur Durchführung und zu Inhalten der Außenprüfung dieser Steuerpflichtigen festlegen. Es wirkt in diesen Fällen an der jeweiligen Außenprüfung mit. Dies gilt insbesondere in Fällen, in denen die Gleichmäßigkeit der Rechtsanwendung in mehreren Betrieben sicherzustellen ist, sowie in den Fällen des Absatzes 3 Satz 2.

§ 20 Einsatz von automatischen Einrichtungen

(1) Die für die Finanzverwaltung zuständigen obersten Landesbehörden bestimmen Art, Umfang und Organisation des Einsatzes der automatischen Einrichtungen für die Festsetzung und Erhebung von Steuern, die von den Landesfinanzbehörden verwaltet werden; zur Gewährleistung gleicher Programmergebnisse und eines ausgewogenen Leistungsstandes ist Einvernehmen mit dem Bundesministerium der Finanzen herbeizuführen.

(2) Werden Steuern von den Landesfinanzbehörden im Auftrag des Bundes verwaltet, wirken die obersten Finanzbehörden des Bundes und der Länder zur Verbesserung oder Erleichterung des gleichmäßigen Vollzugs der Steuergesetze zusammen. Art, Umfang und Organisation des Einsatzes der automatischen Einrichtung für die Festsetzung und Erhebung der Steuern bedürfen des Einvernehmens des Bundesministeriums der Finanzen. Wird dieses nicht erzielt, kann das Bundesministerium der Finanzen Vorgaben hierzu erlassen, wenn nicht mindestens elf Länder widersprechen. Im Falle von Vorgaben sind die Länder verpflichtet, die für die Umsetzung erforderlichen Voraussetzungen zu schaffen.

(3) Die für die Finanzverwaltung zuständigen obersten Landesbehörden können technische Hilfstätigkeiten durch automatische Einrichtungen der Finanzbehörden des Bundes, eines anderen Landes oder anderer Verwaltungsträger verrichten lassen. Das Bundesministerium der Finanzen

kann technische Hilfstätigkeiten durch automatische Einrichtungen der Finanzbehörden eines Landes oder anderer Verwaltungsträger verrichten lassen. Technische Hilfstätigkeiten sind unterstützende Dienstleistungen, insbesondere die Entgegennahme elektronischer Steuererklärungen einschließlich der Authentifizierung des Datenübermittlers, die Bereitstellung des Zugangs zum Abruf von Steuerdaten durch die Steuerpflichtigen, die elektronische Übermittlung von Steuerverwaltungsakten und anderer Mitteilungen und die elektronische Übermittlung von Daten innerhalb der Finanzverwaltung. Die technischen Hilfstätigkeiten der beauftragten Stelle oder Einrichtung sind der sachlich und örtlich zuständigen Finanzbehörde zuzurechnen. In diesen Fällen ist sicherzustellen, dass die technischen Hilfstätigkeiten entsprechend den fachlichen Weisungen der für die Finanzverwaltung zuständigen obersten Behörde oder der von ihr bestimmten Finanzbehörde der Gebietskörperschaft verrichtet werden, die die Aufgabenwahrnehmung übertragen hat.

(4) Das Bundesministerium der Finanzen erstattet dem Haushalts- und dem Finanzausschuss des Deutschen Bundestages jährlich zum 1. März Bericht über den aktuellen Stand und die Fortschritte des Zusammenwirkens von Bund und Ländern nach Absatz 2.

§ 20a Druckdienstleistungen für Bundes- oder Landesfinanzbehörden

(1) Das Bundesministerium der Finanzen darf sich zum Drucken und Kuvertieren von schriftlichen Verwaltungsakten im Sinne des § 118 der Abgabenordnung und sonstigen Schreiben im Verwaltungsverfahren nach der Abgabenordnung der Bundesfinanzbehörden und zu deren anschließenden verschlossenen Übergabe an einen Postdienstleister (Druckdienstleistung) nur dann einer nicht öffentlichen Stelle als Auftragsverarbeiter im Sinne des Artikels 4 Nummer 8 der Verordnung (EU) 2016/679 des Europäischen Parlaments und des Rates vom 27. April 2016 zum Schutz natürlicher Personen bei der Verarbeitung personenbezogener Daten, zum freien Datenverkehr und zur Aufhebung der Richtlinie 95/46/EG (Datenschutz-Grundverordnung) (ABl. L 119 vom 4.5.2016, S. 1; L 314 vom 22.11.2016, S. 72; L 127 vom 23.5.2018, S. 2; L 47 vom 4.3.2021, S. 35) in der jeweils geltenden Fassung im Rahmen eines Vertrages bedienen, wenn

1. die Druckdienstleistung insoweit weder von der Bundesverwaltung noch durch automatische Einrichtungen der Behörden eines Landes oder eines anderen Verwaltungsträgers in wirtschaftlich vertretbarer Weise geleistet werden kann,
2. geschützte Daten im Sinne des § 30 der Abgabenordnung ausschließlich durch Amtsträger oder nach § 11 Absatz 1 Nummer 4 des Strafgesetzbuchs für den öffentlichen Dienst besonders verpflichtete Personen verarbeitet werden,
3. die zur Erbringung der Druckdienstleistung überlassenen Daten sowie die Protokolldaten nicht für andere Zwecke verarbeitet werden,
4. die Druckdienstleistung im Inland stattfindet,
5. der Auftragsverarbeiter im Rahmen der Artikel 25 und 32 der Verordnung (EU) 2016/679 ein vom Bundesministerium der Finanzen freizugebendes IT-Sicherheitskonzept nach dem Standard des aktuellen IT-Grundschutzkompendiums des Bundesamtes für Sicherheit in der Informationstechnik erstellt hat,
6. der Auftragsverarbeiter die überlassenen Daten entsprechend der vertraglich festgelegten Frist nach Abschluss der Druckdienstleistung löscht und
7. das Ergebnis der Druckdienstleistung vom Auftragsverarbeiter protokolliert und diese Protokolldaten entsprechend der vertraglich festgelegten Frist an die vom Auftraggeber benannte Stelle übermittelt werden.

Satz 1 gilt für die obersten Finanzbehörden der Länder entsprechend.

(2) Absatz 1 gilt entsprechend, wenn der Auftragsverarbeiter sich eines weiteren Auftragsverarbeiters bedienen will.

§ 21 Auskunfts- und Teilnahmerechte

(1) Soweit die den Ländern zustehenden Steuern von Bundesfinanzbehörden verwaltet werden, haben die für die Finanzverwaltung zuständigen obersten Landesbehörden das Recht, sich über

die für diese Steuern erheblichen Vorgänge bei den zuständigen Bundesfinanzbehörden zu unterrichten. Zu diesem Zweck steht ihnen das Recht auf Akteneinsicht und auf mündliche und schriftliche Auskunft zu.

(2) Die für die Finanzverwaltung zuständigen obersten Landesbehörden sind berechtigt, durch Landesbedienstete an Außenprüfungen teilzunehmen, die durch Bundesfinanzbehörden durchgeführt werden und die in Absatz 1 genannten Steuern betreffen.

(3) Die in den Absätzen 1 und 2 genannten Rechte stehen den Gemeinden hinsichtlich der Realsteuern insoweit zu, als diese von den Landesfinanzbehörden verwaltet werden. Die Gemeinden sind jedoch abweichend von Absatz 2 nur dann berechtigt, durch Gemeindebedienstete an Außenprüfungen bei Steuerpflichtigen teilzunehmen, wenn diese in der Gemeinde eine Betriebsstätte unterhalten oder Grundbesitz haben und die Außenprüfungen im Gemeindebezirk erfolgen.

(4) Das Bundeszentralamt für Steuern, die Familienkassen, soweit sie den Familienleistungsausgleich nach Maßgabe der §§ 31 und 62 bis 78 des Einkommensteuergesetzes durchführen, und die Landesfinanzbehörden stellen sich gegenseitig die für die Durchführung des § 31 des Einkommensteuergesetzes erforderlichen Daten und Auskünfte zur Verfügung.

(5) Das Bundeszentralamt für Steuern, die Deutsche Rentenversicherung Knappschaft- Bahn- See als Träger der knappschaftlichen Rentenversicherung, soweit sie den Einzug der einheitlichen Pauschalsteuer nach § 40a Abs. 2 des Einkommensteuergesetzes durchführt, und die Landesfinanzbehörden stellen sich gegenseitig die für die Durchführung des § 40a Abs. 6 des Einkommensteuergesetzes erforderlichen Daten und Auskünfte zur Verfügung.

(6) Soweit die dem Bund ganz oder zum Teil zufließenden Steuern von Landesfinanzbehörden verwaltet werden, stellen die Länder den Bundesfinanzbehörden Daten des Steuervollzugs zur eigenständigen Auswertung, insbesondere zur Zwecke der Gesetzesfolgenabschätzung, zur Verfügung. Dies gilt unter den Voraussetzungen des § 29c Absatz 1 Satz 1 Nummer 5 der Abgabenordnung auch für nach § 30 der Abgabenordnung geschützte Daten.

(7) Zur Durchführung der Verpflichtungen des Bundeszentralamtes für Steuern nach § 7 Absatz 3 bis 5 des EU-Amtshilfegesetzes stellen die zuständigen Landesfinanzbehörden dem Bundeszentralamt für Steuern die erforderlichen Informationen nach Maßgabe der in § 7 Absatz 7 Satz 2 des EU-Amtshilfegesetzes angeführten praktischen Regelungen der Europäischen Kommission zur Verfügung. Hierzu nutzen die Landesfinanzbehörden das Zentralverzeichnis der Mitgliedstaaten der Europäischen Kommission gemäß Artikel 21 Absatz 5 der Richtlinie 2011/16/EU ab dem Zeitpunkt seiner Bereitstellung.

§ 21a Allgemeine Verfahrensgrundsätze

(1) Zur Verbesserung und Erleichterung des Vollzugs von Steuergesetzen und im Interesse des Zieles der Gleichmäßigkeit der Besteuerung bestimmt das Bundesministerium der Finanzen mit Zustimmung der obersten Finanzbehörden der Länder einheitliche Verwaltungsgrundsätze, Regelungen zur Zusammenarbeit des Bundes mit den Ländern und erteilt allgemeine fachliche Weisungen. Die Zustimmung gilt als erteilt, wenn nicht mindestens elf Länder widersprechen. Initiativen zur Festlegung der Angelegenheiten des Satzes 1 kann das Bundesministerium der Finanzen allein oder auf gemeinsame Veranlassung von mindestens vier Ländern ergreifen. Die Vertraulichkeit der Sitzungen ist zu wahren, wenn nicht im Einzelfall einstimmig etwas anderes beschlossen wurde. Für Beratungen im schriftlichen Verfahren gilt Entsprechendes.

(2) Die oberste Finanzbehörde jedes Landes vereinbart mit dem Bundesministerium der Finanzen bilateral Vollzugsziele für die Steuerverwaltung des Landes auf der Grundlage eines vom Bundesministerium der Finanzen mit Zustimmung der obersten Finanzbehörden der Länder bestimmten Rahmenkatalogs maßgebender Leistungskennzahlen. Die Zustimmung gilt als erteilt, wenn eine Mehrheit der Länder nicht widerspricht.

(3) Die obersten Finanzbehörden des Bundes und der Länder überprüfen regelmäßig die Erfüllung der vereinbarten Vollzugsziele. Hierzu übermitteln die obersten Finanzbehörden der Länder dem Bundesministerium der Finanzen die erforderlichen Daten.

(4) Vereinbarungen nach Absatz 2 sind für die obersten Finanzbehörden des Bundes und der Länder verbindlich.

(5) Die Finanzbehörden der Länder wirken bei der Auswertung von Mitteilungen über grenzüberschreitende Steuergestaltungen nach § 138j Absatz 1 Satz 1 der Abgabenordnung durch das Bundeszentralamt für Steuern mit, soweit Steuern betroffen sind, die von den Ländern oder Gemeinden verwaltet werden.

Abschnitt VI - Übergangsregelungen aus Anlass des Zweiten Gesetzes zur Änderung des Finanzverwaltungsgesetzes und anderer Gesetze vom 13. Dezember 2007

§ 22 Dienstrechtliche Folgen und Regelung der Versorgungslasten

(1) Für die am 31. Dezember 2007 vorhandenen Oberfinanzpräsidenten und Oberfinanzpräsidentinnen der Oberfinanzdirektionen Chemnitz, Hannover, Karlsruhe und Koblenz endet das Beamtenverhältnis zur Bundesrepublik Deutschland mit Ablauf dieses Tages. § 107b des Beamtenversorgungsgesetzes in der Fassung der Bekanntmachung vom 24. Februar 2010 (BGBl. I S. 150) gilt entsprechend mit der Maßgabe, dass der in § 107b Absatz 1 Satz 1 des Beamtenversorgungsgesetzes genannte Dienstherrenwechsel sowie der dort genannte Zeitraum von mindestens fünf Jahren unberücksichtigt bleiben und dass abgeleistete ruhegehaltfähige Dienstzeiten, in denen die Oberfinanzpräsidenten oder Oberfinanzpräsidentinnen sowohl beim Bund als auch beim Land beamtet waren, vom Bund und vom Land je zur Hälfte getragen werden. Für die Zeit ab 1. Januar 2008 trägt das jeweilige Bundesland, dem die genannte Oberfinanzdirektion untersteht, die vollen Versorgungslasten.

(2) Für die übrigen Personen, die

1. das Amt des Oberfinanzpräsidenten oder der Oberfinanzpräsidentin am oder vor dem 31. Dezember 2007 innehatten und
2. an diesem Tag noch nicht im Ruhestand waren,

gilt Absatz 1 Satz 2 entsprechend.

§ 23 Übergangsregelung Kosten der Oberfinanzdirektion

Die Kosten der Oberfinanzdirektion werden vom Bund getragen, soweit sie auf den Bund entfallen.

Abschnitt VI - Überleitungs- und Übergangsregelungen aus Anlass des Gesetzes zur Neuorganisation der Zollverwaltung vom 3. Dezember 2015 (BGBl. I S. 2178)

§ 24 Überleitung der Beschäftigten der Bundesfinanzdirektionen, des Zollkriminalamtes und des Bildungs- und Wissenschaftszentrums der Bundesfinanzverwaltung

Auf Grund der mit Inkrafttreten des Gesetzes zur Neuorganisation der Zollverwaltung vom 3. Dezember 2015 (BGBl. I S. 2178) vollzogenen Überführung der Bundesfinanzdirektionen Nord, Mitte, West, Südwest und Südost, des Zollkriminalamtes und des Bildungs- und Wissenschaftszentrums der Bundesfinanzverwaltung in die Generalzolldirektion sind die Beamtinnen und Beamten sowie die Arbeitnehmerinnen und Arbeitnehmer, die bei diesen Bundesfinanzdirektionen, dem Zollkriminalamt oder dem Bildungs- und Wissenschaftszentrum der Bundesfinanzverwaltung am 31. Dezember 2015 beschäftigt waren, ab dem 1. Januar 2016 Beschäftigte der Generalzolldirektion. Satz 1 gilt für die Auszubildenden bei den zuvor genannten Behörden entsprechend.

§ 25 Übergangsregelung Personalvertretung, Jugend- und Auszubildendenvertretung

(1) Die erstmaligen Wahlen zu den Personalvertretungen finden bei der Generalzolldirektion spätestens bis zum 31 Mai 2016 statt. Bis zu diesen Wahlen werden die Personalratsaufgaben des örtlichen Personalrats und des Bezirkspersonalrats übergangsweise vom Hauptpersonalrat beim Bundesministerium der Finanzen wahrgenommen.

(2) Die am 31. Dezember 2015 bestehenden Dienstvereinbarungen zwischen den aufgelösten Dienststellen und den dort gebildeten Personalvertretungen gelten bis zum Abschluss neuer Dienstvereinbarungen fort, längstens aber für die Dauer von 18 Monaten.

(3) Für die Jugend- und Auszubildendenvertretungen bei der Generalzolldirektion gelten die Absätze 1 und 2 entsprechend. Bis zu den erstmaligen Wahlen werden die Aufgaben der örtlichen Jugend- und Auszubildendenvertretung und der Bezirksjugend- und Auszubildendenvertretung übergangsweise von der Hauptjugend- und Auszubildendenvertretung beim Bundesministerium der Finanzen wahrgenommen.

§ 26 Übergangsregelung Schwerbehindertenvertretung

(1) Die erstmaligen Wahlen zur örtlichen Schwerbehindertenvertretung nach dem Neunten Buch Sozialgesetzbuch finden in der Generalzolldirektion spätestens bis zum 30. Juni 2016 statt. Bis die Schwerbehindertenvertretung ihre Tätigkeit aufnimmt, werden deren Aufgaben übergangsweise von der Hauptschwerbehindertenvertretung im Geschäftsbereich des Bundesministeriums der Finanzen wahrgenommen. Die Hauptvertrauensperson der schwerbehinderten Menschen in der Bundesfinanzverwaltung bestellt unter Beachtung der gesetzlichen Bestimmungen unverzüglich den Wahlvorstand für die erstmaligen Wahlen nach Satz 1.

(2) Die erstmalige Wahl zur Bezirksschwerbehindertenvertretung nach dem Neunten Buch Sozialgesetzbuch findet in der Generalzolldirektion zeitnah nach den Wahlen zur örtlichen Schwerbehindertenvertretung spätestens bis zum 30. September 2016 statt. Bis die Bezirksschwerbehindertenvertretung ihre Tätigkeit aufnimmt, werden deren Aufgaben übergangsweise von der Hauptschwerbehindertenvertretung im Geschäftsbereich des Bundesministeriums der Finanzen wahrgenommen. Die Hauptvertrauensperson der schwerbehinderten Menschen in der Bundesfinanzverwaltung bestellt unverzüglich den Wahlvorstand für die erstmalige Wahl nach Satz 1.

§ 27 Übergangsregelung Gleichstellungsbeauftragte

(1) Die erstmalige Wahl der Gleichstellungsbeauftragten der Generalzolldirektion sowie der Stellvertreterinnen findet spätestens bis zum 31. März 2016 statt.

(2) Bis zur erstmaligen Wahl führen die bisherigen Gleichstellungsbeauftragten der Bundesfinanzdirektionen, des Zollkriminalamtes und des Bildungs- und Wissenschaftszentrums der Bundesfinanzverwaltung sowie die Stellvertreterinnen ihr Amt bei der Generalzolldirektion fort. Bis zur erstmaligen Wahl bleiben sie für die Beschäftigten derjenigen Dienststellen zuständig, für die sie vor der Einrichtung der Generalzolldirektion zuständig waren. Sofern Entscheidungen getroffen und Maßnahmen durchgeführt werden, die die gesamte Generalzolldirektion betreffen, sind bis zur erstmaligen Wahl alle bisherigen Gleichstellungsbeauftragten zu beteiligen.

Insolvenzordnung - mit Einführungsgesetz

vom 5.10.1994 (BGBl. I S. 2866), zuletzt geändert durch Artikel 6 des Gesetzes vom 15.7.2024 (BGBl. I Nr. 236).

Inhaltsübersicht

Erster Teil – Allgemeine Vorschriften

§ 1	Ziele des Insolvenzverfahrens
§ 2	Amtsgericht als Insolvenzgericht
§ 3	Örtliche Zuständigkeit
§ 3a	Gruppen-Gerichtsstand
§ 3b	Fortbestehen des Gruppen-Gerichtsstands
§ 3c	Zuständigkeit für Gruppen-Folgeverfahren
§ 3d	Verweisung an den Gruppen-Gerichtsstand
§ 3e	Unternehmensgruppe
§ 4	Anwendbarkeit der Zivilprozeßordnung
§ 4a	Stundung der Kosten des Insolvenzverfahrens
§ 4b	Rückzahlung und Anpassung der gestundeten Beträge
§ 4c	Aufhebung der Stundung
§ 4d	Rechtsmittel
§ 5	Verfahrensgrundsätze
§ 6	Sofortige Beschwerde
§ 7	(weggefallen)
§ 8	Zustellungen
§ 9	Öffentliche Bekanntmachung
§ 10	Anhörung des Schuldners

Zweiter Teil – Eröffnung des Insolvenzverfahrens. Erfaßtes Vermögen und Verfahrensbeteiligte

Erster Abschnitt – Eröffnungsvoraussetzungen und Eröffnungsverfahren

§ 11	Zulässigkeit des Insolvenzverfahrens
§ 12	Juristische Personen des öffentlichen Rechts
§ 13	Eröffnungsantrag
§ 13a	Antrag zur Begründung eines Gruppen-Gerichtsstands
§ 14	Antrag eines Gläubigers
§ 15	Antragsrecht bei juristischen Personen und Gesellschaften ohne Rechtspersönlichkeit
§ 15a	Antragspflicht bei juristischen Personen und Gesellschaften ohne Rechtspersönlichkeit
§ 15b	Zahlungen bei Zahlungsunfähigkeit und Überschuldung; Verjährung
§ 16	Eröffnungsgrund
§ 17	Zahlungsunfähigkeit
§ 18	Drohende Zahlungsunfähigkeit

§ 19	Überschuldung
§ 20	Auskunftspflicht im Eröffnungsverfahren, Hinweis auf Restschuldbefreiung
§ 21	Anordnung vorläufiger Maßnahmen
§ 22	Rechtsstellung des vorläufigen Insolvenzverwalters
§ 22a	Bestellung eines vorläufigen Gläubigerausschusses
§ 23	Bekanntmachung der Verfügungsbeschränkungen
§ 24	Wirkungen der Verfügungsbeschränkungen
§ 25	Aufhebung der Sicherungsmaßnahmen
§ 26	Abweisung mangels Masse
§ 26a	Vergütung des vorläufigen Insolvenzverwalters
§ 27	Eröffnungsbeschluß
§ 28	Aufforderungen an die Gläubiger und die Schuldner
§ 29	Terminbestimmungen
§ 30	Bekanntmachung des Eröffnungsbeschlusses
§ 31	Handels-, Genossenschafts-, Partnerschafts- und Vereinsregister
§ 32	Grundbuch
§ 33	Register für Schiffe und Luftfahrzeuge
§ 34	Rechtsmittel

Zweiter Abschnitt – Insolvenzmasse, Einteilung der Gläubiger

§ 35	Begriff der Insolvenzmasse
§ 36	Unpfändbare Gegenstände
§ 37	Gesamtgut bei Gütergemeinschaft
§ 38	Begriff der Insolvenzgläubiger
§ 39	Nachrangige Insolvenzgläubiger
§ 40	Unterhaltsansprüche
§ 41	Nicht fällige Forderungen
§ 42	Auflösend bedingte Forderungen
§ 43	Haftung mehrerer Personen
§ 44	Rechte der Gesamtschuldner und Bürgen
§ 44a	Gesicherte Darlehen
§ 45	Umrechnung von Forderungen
§ 46	Wiederkehrende Leistungen
§ 47	Aussonderung
§ 48	Ersatzaussonderung
§ 49	Abgesonderte Befriedigung aus unbeweglichen Gegenständen
§ 50	Abgesonderte Befriedigung der Pfandgläubiger
§ 51	Sonstige Absonderungsberechtigte
§ 52	Ausfall der Absonderungsberechtigten
§ 53	Massegläubiger
§ 54	Kosten des Insolvenzverfahrens
§ 55	Sonstige Masseverbindlichkeiten

Dritter Abschnitt Insolvenzverwalter, Organe der Gläubiger

§ 56	Bestellung des Insolvenzverwalters
§ 56a	Gläubigerbeteiligung bei der Verwalterbestellung
§ 56b	Verwalterbestellung bei Schuldnern derselben Unternehmensgruppe
§ 57	Wahl eines anderen Insolvenzverwalters
§ 58	Aufsicht des Insolvenzgerichts
§ 59	Entlassung des Insolvenzverwalters
§ 60	Haftung des Insolvenzverwalters
§ 61	Nichterfüllung von Masseverbindlichkeiten
§ 62	Verjährung
§ 63	Vergütung des Insolvenzverwalters
§ 64	Festsetzung durch das Gericht
§ 65	Verordnungsermächtigung
§ 66	Rechnungslegung
§ 67	Einsetzung des Gläubigerausschusses
§ 68	Wahl anderer Mitglieder
§ 69	Aufgaben des Gläubigerausschusses
§ 70	Entlassung
§ 71	Haftung der Mitglieder des Gläubigerausschusses
§ 72	Beschlüsse des Gläubigerausschusses
§ 73	Vergütung der Mitglieder des Gläubigerausschusses
§ 74	Einberufung der Gläubigerversammlung
§ 75	Antrag auf Einberufung
§ 76	Beschlüsse der Gläubigerversammlung
§ 77	Feststellung des Stimmrechts
§ 78	Aufhebung eines Beschlusses der Gläubigerversammlung
§ 79	Unterrichtung der Gläubigerversammlung

Dritter Teil – Wirkungen der Eröffnung des Insolvenzverfahrens
Erster Abschnitt – Allgemeine Wirkungen

§ 80	Übergang des Verwaltungs- und Verfügungsrechts
§ 81	Verfügungen des Schuldners
§ 82	Leistungen an den Schuldner
§ 83	Erbschaft, Fortgesetzte Gütergemeinschaft
§ 84	Auseinandersetzung einer Gesellschaft oder Gemeinschaft
§ 85	Aufnahme von Aktivprozessen
§ 86	Aufnahme bestimmter Passivprozesse
§ 87	Forderungen der Insolvenzgläubiger
§ 88	Vollstreckung vor Verfahrenseröffnung
§ 89	Vollstreckungsverbot
§ 90	Vollstreckungsverbot bei Masseverbindlichkeiten
§ 91	Ausschluß sonstigen Rechtserwerbs
§ 92	Gesamtschaden

§ 93	Persönliche Haftung der Gesellschafter
§ 94	Erhaltung einer Aufrechnungslage
§ 95	Eintritt der Aufrechnungslage im Verfahren
§ 96	Unzulässigkeit der Aufrechnung
§ 97	Auskunfts- und Mitwirkungspflichten des Schuldners
§ 98	Durchsetzung der Pflichten des Schuldners
§ 99	Postsperre
§ 100	Unterhalt aus der Insolvenzmasse
§ 101	Organschaftliche Vertreter. Angestellte
§ 102	Einschränkung eines Grundrechts

Zweiter Abschnitt – Erfüllung der Rechtsgeschäfte, Mitwirkung des Betriebsrats

§ 103	Wahlrecht des Insolvenzverwalters
§ 104	Fixgeschäfte, Finanzleistungen, vertragliches Liquidationsnetting
§ 105	Teilbare Leistungen
§ 106	Vormerkung
§ 107	Eigentumsvorbehalt
§ 108	Fortbestehen bestimmter Schuldverhältnisse
§ 109	Schuldner als Mieter oder Pächter
§ 110	Schuldner als Vermieter oder Verpächter
§ 111	Veräußerung des Miet- oder Pachtobjekts
§ 112	Kündigungssperre
§ 113	Kündigung eines Dienstverhältnisses
§ 114	(weggefallen)
§ 115	Erlöschen von Aufträgen
§ 116	Erlöschen von Geschäftsbesorgungsverträgen
§ 117	Erlöschen von Vollmachten
§ 118	Auflösung von Gesellschaften
§ 119	Unwirksamkeit abweichender Vereinbarungen
§ 120	Kündigung von Betriebsvereinbarungen
§ 121	Betriebsänderungen und Vermittlungsverfahren
§ 122	Gerichtliche Zustimmung zur Durchführung einer Betriebsänderung
§ 123	Umfang des Sozialplans
§ 124	Sozialplan vor Verfahrenseröffnung
§ 125	Interessenausgleich und Kündigungsschutz
§ 126	Beschlußverfahren zum Kündigungsschutz
§ 127	Klage des Arbeitnehmers
§ 128	Betriebsveräußerung

Dritter Abschnitt – Insolvenzanfechtung

§ 129	Grundsatz
§ 130	Kongruente Deckung
§ 131	Inkongruente Deckung

§ 132	Unmittelbar nachteilige Rechtshandlungen
§ 133	Vorsätzliche Benachteiligung
§ 134	Unentgeltliche Leistung
§ 135	Gesellschafterdarlehen
§ 136	Stille Gesellschaft
§ 137	Wechsel- und Scheckzahlungen
§ 138	Nahestehende Personen
§ 139	Berechnung der Fristen vor dem Eröffnungsantrag
§ 140	Zeitpunkt der Vornahme einer Rechtshandlung
§ 141	Vollstreckbarer Titel
§ 142	Bargeschäft
§ 143	Rechtsfolgen
§ 144	Ansprüche des Anfechtungsgegners
§ 145	Anfechtung gegen Rechtsnachfolger
§ 146	Verjährung des Anfechtungsanspruchs
§ 147	Rechtshandlungen nach Verfahrenseröffnung

Vierter Teil – Verwaltung und Verwertung der Insolvenzmasse

Erster Abschnitt – Sicherung der Insolvenzmasse

§ 148	Übernahme der Insolvenzmasse
§ 149	Wertgegenstände
§ 150	Siegelung
§ 151	Verzeichnis der Massegegenstände
§ 152	Gläubigerverzeichnis
§ 153	Vermögensübersicht
§ 154	Niederlegung in der Geschäftsstelle
§ 155	Handels- und steuerrechtliche Rechnungslegung

Zweiter Abschnitt – Entscheidung über die Verwertung

§ 156	Berichtstermin
§ 157	Entscheidung über den Fortgang des Verfahrens
§ 158	Maßnahmen vor der Entscheidung
§ 159	Verwertung der Insolvenzmasse
§ 160	Besonders bedeutsame Rechtshandlungen
§ 161	Vorläufige Untersagung der Rechtshandlung
§ 162	Betriebsveräußerung an besonders Interessierte
§ 163	Betriebsveräußerung unter Wert
§ 164	Wirksamkeit der Handlung

Dritter Abschnitt – Gegenstände mit Absonderungsrechten

§ 165	Verwertung unbeweglicher Gegenstände
§ 166	Verwertung beweglicher Gegenstände
§ 167	Unterrichtung des Gläubigers
§ 168	Mitteilung der Veräußerungsabsicht
§ 169	Schutz des Gläubigers vor einer Verzögerung der Verwertung

§ 170	Verteilung des Erlöses
§ 171	Berechnung des Kostenbeitrags
§ 172	Sonstige Verwendung beweglicher Sachen
§ 173	Verwertung durch den Gläubiger

Fünfter Teil – Befriedigung der Insolvenzgläubiger. Einstellung des Verfahrens
Erster Abschnitt – Feststellung der Forderungen

§ 174	Anmeldung der Forderungen
§ 175	Tabelle
§ 176	Verlauf des Prüfungstermins
§ 177	Nachträgliche Anmeldungen
§ 178	Voraussetzungen und Wirkungen der Feststellung
§ 179	Streitige Forderungen
§ 180	Zuständigkeit für die Feststellung
§ 181	Umfang der Feststellung
§ 182	Streitwert
§ 183	Wirkung der Entscheidung
§ 184	Klage gegen einen Widerspruch des Schuldners
§ 185	Besondere Zuständigkeiten
§ 186	Wiedereinsetzung in den vorigen Stand

Zweiter Abschnitt – Verteilung

§ 187	Befriedigung der Insolvenzgläubiger
§ 188	Verteilungsverzeichnis
§ 189	Berücksichtigung bestrittener Forderungen
§ 190	Berücksichtigung absonderungsberechtigter Gläubiger
§ 191	Berücksichtigung aufschiebend bedingter Forderungen
§ 192	Nachträgliche Berücksichtigung
§ 193	Änderung des Verteilungsverzeichnisses
§ 194	Einwendungen gegen das Verteilungsverzeichnis
§ 195	Festsetzung des Bruchteils
§ 196	Schlußverteilung
§ 197	Schlußtermin
§ 198	Hinterlegung zurückbehaltener Beträge
§ 199	Überschuß bei der Schlußverteilung
§ 200	Aufhebung des Insolvenzverfahrens
§ 201	Rechte der Insolvenzgläubiger nach Verfahrensaufhebung
§ 202	Zuständigkeit bei der Vollstreckung
§ 203	Anordnung der Nachtragsverteilung
§ 204	Rechtsmittel
§ 205	Vollzug der Nachtragsverteilung
§ 206	Ausschluß von Massegläubigern

Dritter Abschnitt – Einstellung des Verfahrens

| § 207 | Einstellung mangels Masse |

§ 208	Anzeige der Masseunzulänglichkeit
§ 209	Befriedigung der Massegläubiger
§ 210	Vollstreckungsverbot
§ 210a	Insolvenzplan bei Masseunzulänglichkeit
§ 211	Einstellung nach Anzeige der Masseunzulänglichkeit
§ 212	Einstellung wegen Wegfalls des Eröffnungsgrunds
§ 213	Einstellung mit Zustimmung der Gläubiger
§ 214	Verfahren bei der Einstellung
§ 215	Bekanntmachung und Wirkungen der Einstellung
§ 216	Rechtsmittel

Sechster Teil – Insolvenzplan
Erster Abschnitt – Aufstellung des Plans

§ 217	Grundsatz
§ 218	Vorlage des Insolvenzplans
§ 219	Gliederung des Plans
§ 220	Darstellender Teil
§ 221	Gestaltender Teil
§ 222	Bildung von Gruppen
§ 223	Rechte der Absonderungsberechtigten
§ 224	Rechte der Insolvenzgläubiger
§ 225	Rechte der nachrangigen Insolvenzgläubiger
§ 225a	Rechte der Anteilsinhaber
§ 226	Gleichbehandlung der Beteiligten
§ 227	Haftung des Schuldners
§ 228	Änderung sachenrechtlicher Verhältnisse
§ 229	Vermögensübersicht. Ergebnis- und Finanzplan
§ 230	Weitere Anlagen
§ 231	Zurückweisung des Plans
§ 232	Stellungnahmen zum Plan
§ 233	Aussetzung von Verwertung und Verteilung
§ 234	Niederlegung des Plans

Zweiter Abschnitt – Annahme und Bestätigung des Plans

§ 235	Erörterungs- und Abstimmungstermin
§ 236	Verbindung mit dem Prüfungstermin
§ 237	Stimmrecht der Insolvenzgläubiger
§ 238	Stimmrecht der absonderungsberechtigten Gläubiger
§ 238a	Stimmrecht der Anteilsinhaber
§ 239	Stimmliste
§ 240	Änderung des Plans
§ 241	Gesonderter Abstimmungstermin
§ 242	Schriftliche Abstimmung
§ 243	Abstimmung in Gruppen

§ 244	Erforderliche Mehrheiten
§ 245	Obstruktionsverbot
§ 246	Zustimmung nachrangiger Insolvenzgläubiger
§ 246a	Zustimmung der Anteilsinhaber
§ 247	Zustimmung des Schuldners
§ 248	Gerichtliche Bestätigung
§ 248a	Gerichtliche Bestätigung einer Planberichtigung
§ 249	Bedingter Plan
§ 250	Verstoß gegen Verfahrensvorschriften
§ 251	Minderheitenschutz
§ 252	Bekanntgabe der Entscheidung
§ 253	Rechtsmittel

Dritter Abschnitt – Wirkungen des bestätigten Plans, Überwachung der Planerfüllung

§ 254	Allgemeine Wirkungen des Plans
§ 254a	Rechte an Gegenständen. Sonstige Wirkungen des Plans
§ 254b	Wirkung für alle Beteiligten
§ 255	Wiederauflebensklausel
§ 256	Streitige Forderungen. Ausfallforderungen
§ 257	Vollstreckung aus dem Plan
§ 258	Aufhebung des Insolvenzverfahrens
§ 259	Wirkungen der Aufhebung
§ 259a	Vollstreckungsschutz
§ 259b	Besondere Verjährungsfrist
§ 260	Überwachung der Planerfüllung
§ 261	Aufgaben und Befugnisse des Insolvenzverwalters
§ 262	Anzeigepflicht des Insolvenzverwalters
§ 263	Zustimmungsbedürftige Geschäfte
§ 264	Kreditrahmen
§ 265	Nachrang von Neugläubigern
§ 266	Berücksichtigung des Nachrangs
§ 267	Bekanntmachung der Überwachung
§ 268	Aufhebung der Überwachung
§ 269	Kosten der Überwachung

Siebter Teil – Koordinierung der Verfahren von Schuldnern, die derselben Unternehmensgruppe angehören

Erster Abschnitt - Allgemeine Bestimmungen

§ 269a	Zusammenarbeit der Insolvenzverwalter
§ 269b	Zusammenarbeit der Gerichte
§ 269c	Zusammenarbeit der Gläubigerausschüsse

Zweiter Abschnitt - Koordinationsverfahren

§ 269d	Koordinationsgericht
§ 269e	Verfahrenskoordinator
§ 269f	Aufgaben und Rechtsstellung des Verfahrenskoordinators
§ 269g	Vergütung des Verfahrenskoordinators
§ 269h	Koordinationsplan
§ 269i	Abweichungen vom Koordinationsplan

Achter Teil – Eigenverwaltung

§ 270	Voraussetzungen
§ 270a	Eröffnungsverfahren
§ 270b	Vorbereitung einer Sanierung
§ 270c	Bestellung des Sachwalters
§ 270d	Eigenverwaltung bei gruppenangehörigen Schuldnern
§ 271	Nachträgliche Anordnung
§ 272	Aufhebung der Anordnung
§ 273	Öffentliche Bekanntmachung
§ 274	Rechtsstellung des Sachwalters
§ 275	Mitwirkung des Sachwalters
§ 276	Mitwirkung des Gläubigerausschusses
§ 276a	Mitwirkung der Überwachungsorgane
§ 277	Anordnung der Zustimmungsbedürftigkeit
§ 278	Mittel zur Lebensführung des Schuldners
§ 279	Gegenseitige Verträge
§ 280	Haftung, Insolvenzanfechtung
§ 281	Unterrichtung der Gläubiger
§ 282	Verwertung von Sicherungsgut
§ 283	Befriedigung der Insolvenzgläubiger
§ 284	Insolvenzplan
§ 285	Masseunzulänglichkeit

Neunter Teil – Restschuldbefreiung

§ 286	Grundsatz
§ 287	Antrag des Schuldners
§ 287a	Entscheidung des Insolvenzgerichts
§ 287b	Erwerbsobliegenheit des Schuldners
§ 288	Bestimmung des Treuhänders
§ 289	Einstellung des Insolvenzverfahrens
§ 290	Versagung der Restschuldbefreiung
§ 291	(weggefallen)
§ 292	Rechtsstellung des Treuhänders
§ 293	Vergütung des Treuhänders
§ 294	Gleichbehandlung der Gläubiger
§ 295	Obliegenheiten des Schuldners

§ 296	Verstoß gegen Obliegenheiten
§ 297	Insolvenzstraftaten
§ 297a	Nachträglich bekannt gewordene Versagungsgründe
§ 298	Deckung der Mindestvergütung des Treuhänders
§ 299	Vorzeitige Beendigung
§ 300	Entscheidung über die Restschuldbefreiung
§ 300a	Neuerwerb im laufenden Insolvenzverfahren
§ 301	Wirkung der Restschuldbefreiung
§ 302	Ausgenommene Forderungen
§ 303	Widerruf der Restschuldbefreiung
§ 303a	Eintragung in das Schuldnerverzeichnis

Zehnter Teil – Verbraucherinsolvenzverfahren

§ 304	Grundsatz
§ 305	Eröffnungsantrag des Schuldners
§ 305a	Scheitern der außergerichtlichen Schuldenbereinigung
§ 306	Ruhen des Verfahrens
§ 307	Zustellung an die Gläubiger
§ 308	Annahme des Schuldenbereinigungsplans
§ 309	Ersetzung der Zustimmung
§ 310	Kosten
§ 311	Aufnahme des Verfahrens über den Eröffnungsantrag
§ 312	(weggefallen)
§ 313	(weggefallen)
§ 314	(weggefallen)

Elfter Teil – Besondere Arten des Insolvenzverfahrens
Erster Abschnitt – Nachlaßinsolvenzverfahren

§ 315	Örtliche Zuständigkeit
§ 316	Zulässigkeit der Eröffnung
§ 317	Antragsberechtigte
§ 318	Antragsrecht beim Gesamtgut
§ 319	Antragsfrist
§ 320	Eröffnungsgründe
§ 321	Zwangsvollstreckung nach Erbfall
§ 322	Anfechtbare Rechtshandlungen des Erben
§ 323	Aufwendungen des Erben
§ 324	Masseverbindlichkeiten
§ 325	Nachlaßverbindlichkeiten
§ 326	Ansprüche des Erben
§ 327	Nachrangige Verbindlichkeiten
§ 328	Zurückgewährte Gegenstände
§ 329	Nacherbfolge
§ 330	Erbschaftskauf

§ 331 Gleichzeitige Insolvenz des Erben

Zweiter Abschnitt – Insolvenzverfahren über das Gesamtgut einer fortgesetzten Gütergemeinschaft

§ 332 Verweisung auf das Nachlaßinsolvenzverfahren

Dritter Abschnitt – Insolvenzverfahren über das gemeinschaftlich verwaltete Gesamtgut einer Gütergemeinschaft

§ 333 Antragsrecht, Eröffnungsgründe
§ 334 Persönliche Haftung der Ehegatten

Zwölfter Teil - Internationales Insolvenzrecht

Erster Abschnitt - Allgemeine Vorschriften

§ 335 Grundsatz
§ 336 Vertrag
§ 337 Arbeitsverhältnis
§ 338 Aufrechnung
§ 339 Insolvenzanfechtung
§ 340 Organisierte Märkte. Pensionsgeschäfte
§ 341 Ausübung von Gläubigerrechten
§ 342 Herausgabepflicht. Anrechnung

Zweiter Abschnitt - Ausländisches Insolvenzverfahren

§ 343 Anerkennung
§ 344 Sicherungsmaßnahmen
§ 345 Öffentliche Bekanntmachung
§ 346 Grundbuch
§ 347 Nachweis der Verwalterbestellung. Unterrichtung des Gerichts
§ 348 Zuständiges Insolvenzgericht. Zusammenarbeit der Insolvenzgerichte
§ 349 Verfügungen über unbewegliche Gegenstände
§ 350 Leistung an den Schuldner
§ 351 Dingliche Rechte
§ 352 Unterbrechung und Aufnahme eines Rechtsstreits
§ 353 Vollstreckbarkeit ausländischer Entscheidungen

Dritter Abschnitt - Partikularverfahren über das Inlandsvermögen

§ 354 Voraussetzungen des Partikularverfahrens
§ 355 Restschuldbefreiung. Insolvenzplan
§ 356 Sekundärinsolvenzverfahren
§ 357 Zusammenarbeit der Insolvenzverwalter
§ 358 Überschuss bei der Schlussverteilung

Dreizehnter – Inkrafttreten

§ 359 Verweisung auf das Einführungsgesetz

EGInsO

Artikel 102 § 1-11	Durchführung der Verordnung (EG) Nr. 1346/2000 über Insolvenzverfahren
Artikel 102a	Insolvenzverwalter aus anderen Mitgliedstaaten der Europäischen Union
Artikel 102b § 1-2	Durchführung der Verordnung (EU) Nr. 648/2012
Artikel 102c § 1-26	Durchführung der Verordnung (EU) 2015/848 über Insolvenzverfahren
Artikel 103	Anwendung des bisherigen Rechts
Artikel 103a - j	Überleitungsvorschriften
Artikel 104	Anwendung des neuen Rechts
Artikel 106	Insolvenzanfechtung
Artikel 107	(weggefallen)
Artikel 108	Fortbestand der Vollstreckungsbeschränkung
Artikel 110	Inkrafttreten

Erster Teil – Allgemeine Vorschriften

§ 1 Ziele des Insolvenzverfahrens

Das Insolvenzverfahren dient dazu, die Gläubiger eines Schuldners gemeinschaftlich zu befriedigen, indem das Vermögen des Schuldners verwertet und der Erlös verteilt oder in einem Insolvenzplan eine abweichende Regelung insbesondere zum Erhalt des Unternehmens getroffen wird. Dem redlichen Schuldner wird Gelegenheit gegeben, sich von seinen restlichen Verbindlichkeiten zu befreien.

§ 2 Amtsgericht als Insolvenzgericht

(1) Für das Insolvenzverfahren ist das Amtsgericht, in dessen Bezirk ein Landgericht seinen Sitz hat, als Insolvenzgericht für den Bezirk dieses Landgerichts ausschließlich zuständig.
(2) Die Landesregierungen werden ermächtigt, zur sachdienlichen Förderung oder schnelleren Erledigung der Verfahren durch Rechtsverordnung andere oder zusätzliche Amtsgerichte zu Insolvenzgerichten zu bestimmen und die Bezirke der Insolvenzgerichte abweichend festzulegen. Die Landesregierungen können die Ermächtigung auf die Landesjustizverwaltungen übertragen.
(3) Rechtsverordnungen nach Absatz 2 sollen je Bezirk eines Oberlandesgerichts ein Insolvenzgericht bestimmen, an dem ein Gruppen-Gerichtsstand nach § 3a begründet werden kann. Die Zuständigkeit des bestimmten Insolvenzgerichts kann innerhalb eines Landes auch über den Bezirk eines Oberlandesgerichts erstreckt werden.

§ 3 Örtliche Zuständigkeit

(1) Örtlich zuständig ist ausschließlich das Insolvenzgericht, in dessen Bezirk der Schuldner seinen allgemeinen Gerichtsstand hat. Liegt der Mittelpunkt einer selbständigen wirtschaftlichen Tätigkeit des Schuldners an einem anderen Ort, so ist ausschließlich das Insolvenzgericht zuständig, in dessen Bezirk dieser Ort liegt.
(2) Hat der Schuldner in den letzten sechs Monaten vor der Antragstellung Instrumente gemäß § 29 des Unternehmensstabilisierungs- und -restrukturierungsgesetzes in Anspruch genommen, ist auch das Gericht örtlich zuständig, das als Restrukturierungsgericht für die Maßnahmen zuständig war.
(3) Sind mehrere Gerichte zuständig, so schließt das Gericht, bei dem zuerst die Eröffnung des Insolvenzverfahrens beantragt worden ist, die übrigen aus.

§ 3a Gruppen-Gerichtsstand

(1) Auf Antrag eines Schuldners, der einer Unternehmensgruppe im Sinne von § 3e angehört (gruppenangehöriger Schuldner), erklärt sich das angerufene Insolvenzgericht für die Insolvenzverfahren über die anderen gruppenangehörigen Schuldner (Gruppen-Folgeverfahren) für zuständig, wenn in Bezug auf den Schuldner ein zulässiger Eröffnungsantrag vorliegt und der Schuldner nicht offensichtlich von untergeordneter Bedeutung für die gesamte Unternehmensgruppe ist. Eine untergeordnete Bedeutung ist in der Regel nicht anzunehmen, wenn im vorangegangenen abgeschlossenen Geschäftsjahr die Zahl der vom Schuldner im Jahresdurchschnitt beschäftigten Arbeitnehmer mehr als 15 Prozent der in der Unternehmensgruppe im Jahresdurchschnitt beschäftigten Arbeitnehmer ausmachte und
1. die Bilanzsumme des Schuldners mehr als 15 Prozent der zusammengefassten Bilanzsumme der Unternehmensgruppe betrug oder
2. die Umsatzerlöse des Schuldners mehr als 15 Prozent der zusammengefassten Umsatzerlöse der Unternehmensgruppe betrugen.

Haben mehrere gruppenangehörige Schuldner zeitgleich einen Antrag nach Satz 1 gestellt oder ist bei mehreren Anträgen unklar, welcher Antrag zuerst gestellt worden ist, ist der Antrag des Schuldners maßgeblich, der im vergangenen abgeschlossenen Geschäftsjahr die meisten Arbeitnehmer beschäftigt hat; die anderen Anträge sind unzulässig. Erfüllt keiner der gruppenangehörigen Schuldner die Voraussetzungen des Satzes 2, kann der Gruppen-Gerichtsstand jedenfalls bei dem Gericht begründet werden, das für die Eröffnung des Verfahrens für den gruppenangehörigen Schuldner zuständig ist, der im vorangegangenen abgeschlossenen Geschäftsjahr im Jahresdurchschnitt die meisten Arbeitnehmer beschäftigt hat.

(2) Bestehen Zweifel daran, dass eine Verfahrenskonzentration am angerufenen Insolvenzgericht im gemeinsamen Interesse der Gläubiger liegt, kann das Gericht den Antrag nach Absatz 1 Satz 1 ablehnen.

(3) Das Antragsrecht des Schuldners geht mit der Eröffnung des Insolvenzverfahrens auf den Insolvenzverwalter und mit der Bestellung eines vorläufigen Insolvenzverwalters, auf den die Verwaltungs- und Verfügungsbefugnis über das Vermögen des Schuldners übergeht, auf diesen über.

(4) Auf Antrag des Schuldners erklärt sich unter den Voraussetzungen des Absatzes 1 das für Gruppen-Folgeverfahren zuständige Gericht, sofern es nach § 34 des Unternehmensstabilisierungs- und -restrukturierungsgesetzes für Entscheidungen in Restrukturierungssachen zuständig ist, als Restrukturierungsgericht auch für Gruppen-Folgeverfahren in Insolvenzsachen nach Absatz 1 für zuständig.

§ 3b Fortbestehen des Gruppen-Gerichtsstands

Ein nach § 3a begründeter Gruppen-Gerichtsstand bleibt von der Nichteröffnung, Aufhebung oder Einstellung des Insolvenzverfahrens über den antragstellenden Schuldner unberührt, solange an diesem Gerichtsstand ein Verfahren über einen anderen gruppenangehörigen Schuldner anhängig ist.

§ 3c Zuständigkeit für Gruppen-Folgeverfahren

(1) Am Gericht des Gruppen-Gerichtsstands ist für Gruppen-Folgeverfahren die Abteilung zuständig, die für das Verfahren zuständig ist, in dem der Gruppen-Gerichtsstand begründet wurde.
(2) Der Antrag auf Eröffnung eines Gruppen-Folgeverfahrens kann auch bei dem nach § 3 Absatz 1 zuständigen Gericht gestellt werden.

§ 3d Verweisung an den Gruppen-Gerichtsstand

(1) Wird die Eröffnung eines Insolvenzverfahrens über das Vermögen eines gruppenangehörigen Schuldners bei einem anderen Insolvenzgericht als dem Gericht des Gruppen-Gerichtsstands beantragt, kann das angerufene Gericht das Verfahren an das Gericht des Gruppen-Gerichtsstands verweisen. Eine Verweisung hat auf Antrag zu erfolgen, wenn der Schuldner unverzüglich

nachdem er Kenntnis von dem Eröffnungsantrag eines Gläubigers erlangt hat, einen zulässigen Eröffnungsantrag bei dem Gericht des Gruppen-Gerichtsstands stellt.
(2) Antragsberechtigt ist der Schuldner. § 3a Absatz 3 gilt entsprechend.
(3) Das Gericht des Gruppen-Gerichtsstands kann den vom Erstgericht bestellten vorläufigen Insolvenzverwalter entlassen, wenn dies erforderlich ist, um nach § 56b eine Person zum Insolvenzverwalter in mehreren oder allen Verfahren über die gruppenangehörigen Schuldner zu bestellen.

§ 3e Unternehmensgruppe

(1) Eine Unternehmensgruppe im Sinne dieses Gesetzes besteht aus rechtlich selbständigen Unternehmen, die den Mittelpunkt ihrer hauptsächlichen Interessen im Inland haben und die unmittelbar oder mittelbar miteinander verbunden sind durch
1. die Möglichkeit der Ausübung eines beherrschenden Einflusses oder
2. eine Zusammenfassung unter einheitlicher Leitung.
(2) Als Unternehmensgruppe im Sinne des Absatzes 1 gelten auch eine Gesellschaft und ihre persönlich haftenden Gesellschafter, wenn zu diesen weder eine natürliche Person noch eine Gesellschaft zählt, an der eine natürliche Person als persönlich haftender Gesellschafter beteiligt ist, oder sich die Verbindung von Gesellschaften in dieser Art fortsetzt.

§ 4   Anwendbarkeit der Zivilprozeßordnung

Für das Insolvenzverfahren gelten, soweit dieses Gesetz nichts anderes bestimmt, die Vorschriften der Zivilprozeßordnung entsprechend. § 128a der Zivilprozessordnung gilt mit der Maßgabe, dass bei Gläubigerversammlungen sowie sonstigen Versammlungen und Terminen die Beteiligten in der Ladung auf die Verpflichtung hinzuweisen sind, wissentliche Ton- und Bildaufzeichnungen zu unterlassen und durch geeignete Maßnahmen sicherzustellen, dass Dritte die Ton- und Bildübertragung nicht wahrnehmen können.

§ 4a   Stundung der Kosten des Insolvenzverfahrens

(1) Ist der Schuldner eine natürliche Person und hat er einen Antrag auf Restschuldbefreiung gestellt, so werden ihm auf Antrag die Kosten des Insolvenzverfahrens bis zur Erteilung der Restschuldbefreiung gestundet, soweit sein Vermögen voraussichtlich nicht ausreichen wird, um diese Kosten zu decken. Die Stundung nach Satz 1 umfasst auch die Kosten des Verfahrens über den Schuldenbereinigungsplan und des Verfahrens zur Restschuldbefreiung. Der Schuldner hat dem Antrag eine Erklärung beizufügen, ob ein Versagungsgrund nach § 290 Absatz 1 Nummer 1 vorliegt. Liegt ein solcher Grund vor, ist eine Stundung ausgeschlossen.
(2) Werden dem Schuldner die Verfahrenskosten gestundet, so wird ihm auf Antrag ein zur Vertretung bereiter Rechtsanwalt seiner Wahl beigeordnet, wenn die Vertretung durch einen Rechtsanwalt trotz der dem Gericht obliegenden Fürsorge erforderlich erscheint. § 121 Abs. 3 bis 5 der Zivilprozessordnung gilt entsprechend.
(3) Die Stundung bewirkt, dass
1. die Bundes- oder Landeskasse
   a) die rückständigen und die entstehenden Gerichtskosten,
   b) die auf sie übergegangenen Ansprüche des beigeordneten Rechtsanwalts nur nach den Bestimmungen, die das Gericht trifft, gegen den Schuldner geltend machen kann;
2. der beigeordnete Rechtsanwalt Ansprüche auf Vergütung gegen den Schuldner nicht geltend machen kann.
Die Stundung erfolgt für jeden Verfahrensabschnitt besonders. Bis zur Entscheidung über die Stundung treten die in Satz 1 genannten Wirkungen einstweilig ein. § 4b Abs. 2 gilt entsprechend.

§ 4b Rückzahlung und Anpassung der gestundeten Beträge

(1) Ist der Schuldner nach Erteilung der Restschuldbefreiung nicht in der Lage, den gestundeten Betrag aus seinem Einkommen und seinem Vermögen zu zahlen, so kann das Gericht die Stundung verlängern und die zu zahlenden Monatsraten festsetzen. § 115 Absatz 1 bis 3 sowie § 120 Absatz 2 der Zivilprozessordnung gelten entsprechend.
(2) Das Gericht kann die Entscheidung über die Stundung und die Monatsraten jederzeit ändern, soweit sich die für sie maßgebenden persönlichen oder wirtschaftlichen Verhältnisse wesentlich geändert haben. Der Schuldner ist verpflichtet, dem Gericht eine wesentliche Änderung dieser Verhältnisse unverzüglich anzuzeigen. § 120a Abs. 1 Satz 1 und 2 der Zivilprozessordnung gilt entsprechend. Eine Änderung zum Nachteil des Schuldners ist ausgeschlossen, wenn seit der Beendigung des Verfahrens vier Jahre vergangen sind.

§ 4c Aufhebung der Stundung

Das Gericht kann die Stundung aufheben, wenn
1. der Schuldner vorsätzlich oder grob fahrlässig unrichtige Angaben über Umstände gemacht hat, die für die Eröffnung des Insolvenzverfahrens oder die Stundung maßgebend sind, oder eine vom Gericht verlangte Erklärung über seine Verhältnisse nicht abgegeben hat;
2. die persönlichen oder wirtschaftlichen Voraussetzungen für die Stundung nicht vorgelegen haben; in diesem Fall ist die Aufhebung ausgeschlossen, wenn seit der Beendigung des Verfahrens vier Jahre vergangen sind;
3. der Schuldner länger als drei Monate mit der Zahlung einer Monatsrate oder mit der Zahlung eines sonstigen Betrages schuldhaft in Rückstand ist;
4. der Schuldner keine angemessene Erwerbstätigkeit ausübt und, wenn er ohne Beschäftigung ist, sich nicht um eine solche bemüht oder eine zumutbare Tätigkeit ablehnt und dadurch die Befriedigung der Insolvenzgläubiger beeinträchtigt; dies gilt nicht, wenn den Schuldner kein Verschulden trifft; § 296 Absatz 2 Satz 2 und 3 gilt entsprechend;
5. die Restschuldbefreiung versagt oder widerrufen wird.

§ 4d Rechtsmittel

(1) Gegen die Ablehnung der Stundung oder deren Aufhebung sowie gegen die Ablehnung der Beiordnung eines Rechtsanwalts steht dem Schuldner die sofortige Beschwerde zu.
(2) Wird die Stundung bewilligt, so steht der Staatskasse die sofortige Beschwerde zu. Diese kann nur darauf gestützt werden, dass nach den persönlichen oder wirtschaftlichen Verhältnissen des Schuldners die Stundung hätte abgelehnt werden müssen.

§ 5 Verfahrensgrundsätze

(1) Das Insolvenzgericht hat von Amts wegen alle Umstände zu ermitteln, die für das Insolvenzverfahren von Bedeutung sind. Es kann zu diesem Zweck insbesondere Zeugen und Sachverständige vernehmen.
(2) Sind die Vermögensverhältnisse des Schuldners überschaubar und ist die Zahl der Gläubiger oder die Höhe der Verbindlichkeiten gering, wird das Verfahren schriftlich durchgeführt. Das Insolvenzgericht kann anordnen, dass das Verfahren oder einzelne seiner Teile mündlich durchgeführt werden, wenn dies zur Förderung des Verfahrensablaufs angezeigt ist. Es kann diese Anordnung jederzeit aufheben oder ändern. Die Anordnung, ihre Aufhebung oder Abänderung sind öffentlich bekannt zu machen.
(3) Die Entscheidungen des Gerichts können ohne mündliche Verhandlung ergehen. Findet eine mündliche Verhandlung statt, so ist § 227 Abs. 3 Satz 1 der Zivilprozeßordnung nicht anzuwenden.
(4) Tabellen und Verzeichnisse können maschinell hergestellt und bearbeitet werden. Die Landesregierungen werden ermächtigt, durch Rechtsverordnung nähere Bestimmungen über die Führung der Tabellen und Verzeichnisse, ihre elektronische Einreichung sowie die elektronische Einreichung der dazugehörigen Dokumente und deren Aufbewahrung zu treffen. Dabei können

sie auch Vorgaben für die Datenformate der elektronischen Einreichung machen. Die Landesregierungen können die Ermächtigung auf die Landesjustizverwaltungen übertragen.
(5) Insolvenzverwalter haben ein elektronisches Gläubigerinformationssystem vorzuhalten und darin jedem Insolvenzgläubiger, der eine Forderung angemeldet hat, alle Entscheidungen des Insolvenzgerichts, alle Rechtsmittelentscheidungen, alle an das Insolvenzgericht übersandten Berichte, welche nicht ausschließlich die Forderungen anderer Gläubiger betreffen, und alle die eigenen Forderungen betreffenden Unterlagen unverzüglich in einem gängigen Dateiformat zum elektronischen Abruf zur Verfügung zu stellen. Über das Gläubigerinformationssystem müssen auch die Dokumente zugänglich sein, die dem Insolvenzgläubiger nach § 8 Absatz 3 zugestellt wurden; sie sind besonders kenntlich zu machen. Dem Insolvenzgericht ist ein Zugang zur Ausübung der Aufsicht nach § 58 zu gewähren. Den Einsichtsberechtigten stellt der Verwalter die für den Zugang erforderlichen Daten unverzüglich zur Verfügung.
(6) Ist die Eigenverwaltung angeordnet, gilt Absatz 5 mit der Maßgabe, dass den Schuldner die Pflicht zur Verfügungstellung sämtlicher in das System einzustellender Informationen und Dokumente trifft; verfügt der Schuldner selbst nicht über ein geeignetes System, so kann die Gläubigerinformation über ein vom Sachwalter geführtes System bewerkstelligt werden

§ 6 Sofortige Beschwerde

(1) Die Entscheidungen des Insolvenzgerichts unterliegen nur in den Fällen einem Rechtsmittel, in denen dieses Gesetz die sofortige Beschwerde vorsieht. Die sofortige Beschwerde ist bei dem Insolvenzgericht einzulegen
(2) Die Beschwerdefrist beginnt mit der Verkündung der Entscheidung oder, wenn diese nicht verkündet wird, mit deren Zustellung.
(3) Die Entscheidung über die Beschwerde wird erst mit der Rechtskraft wirksam. Das Beschwerdegericht kann jedoch die sofortige Wirksamkeit der Entscheidung anordnen.

§ 7 (weggefallen)

§ 8 Zustellungen

(1) Die Zustellungen erfolgen von Amts wegen, ohne dass es einer Beglaubigung des zuzustellenden Schriftstücks bedarf. Sie können dadurch bewirkt werden, dass das Schriftstück unter der Anschrift des Zustellungsadressaten zur Post gegeben wird; § 184 Abs. 2 Satz 1, 2 und 4 der Zivilprozessordnung gilt entsprechend. Soll die Zustellung im Inland bewirkt werden, gilt das Schriftstück am vierten Tag nach Aufgabe zur Post als zugestellt.
(2) An Personen, deren Aufenthalt unbekannt ist, wird nicht zugestellt. Haben sie einen zur Entgegennahme von Zustellungen berechtigten Vertreter, so wird dem Vertreter zugestellt.
(3) Das Insolvenzgericht kann den Insolvenzverwalter beauftragen, die Zustellungen nach Absatz 1 durchzuführen. Zur Durchführung der Zustellung und zur Erfassung in den Akten kann er sich Dritter, insbesondere auch eigenen Personals, bedienen. Die Zustellung kann auch elektronisch nach Maßgabe des § 173 der Zivilprozessordnung erfolgen. Der Insolvenzverwalter hat die von ihm nach § 184 Abs. 2 Satz 4 der Zivilprozessordnung angefertigten Vermerke unverzüglich zu den Gerichtsakten zu reichen. Im Fall des Satzes 3 hat er die Zustellnachweise zu den Akten zu nehmen und einen Vermerk über die erfolgte Zustellung mit dem Zeitpunkt der Zustellung und mit der genutzten Adresse des Zustellungsadressaten unverzüglich zu den Gerichtsakten zu reichen.

§ 9 Öffentliche Bekanntmachung

(1) Die öffentliche Bekanntmachung erfolgt durch eine zentrale und länderübergreifende Veröffentlichung im Internet*; diese kann auszugsweise geschehen. Dabei ist der Schuldner genau zu

---

* www.insolvenzbekanntmachungen.de

bezeichnen, insbesondere sind seine Anschrift und sein Geschäftszweig anzugeben. Die Bekanntmachung gilt als bewirkt, sobald nach dem Tag der Veröffentlichung zwei weitere Tage verstrichen sind.
(2) Das Insolvenzgericht kann weitere Veröffentlichungen veranlassen, soweit dies landesrechtlich bestimmt ist. Das Bundesministerium der Justiz und für Verbraucherschutz wird ermächtigt, durch Rechtsverordnung mit Zustimmung des Bundesrates die Einzelheiten der zentralen und länderübergreifenden Veröffentlichung im Internet zu regeln. Dabei sind insbesondere Löschungsfristen vorzusehen sowie Vorschriften, die sicherstellen, dass die Veröffentlichungen
1. unversehrt, vollständig und aktuell bleiben,
2. jederzeit ihrem Ursprung nach zugeordnet werden können.
(3) Die öffentliche Bekanntmachung genügt zum Nachweis der Zustellung an alle Beteiligten, auch wenn dieses Gesetz neben ihr eine besondere Zustellung vorschreibt.

§ 10 Anhörung des Schuldners

(1) Soweit in diesem Gesetz eine Anhörung des Schuldners vorgeschrieben ist, kann sie unterbleiben, wenn sich der Schuldner im Ausland aufhält und die Anhörung das Verfahren übermäßig verzögern würde oder wenn der Aufenthalt des Schuldners unbekannt ist. In diesem Fall soll ein Vertreter oder Angehöriger des Schuldners gehört werden.
(2) Ist der Schuldner keine natürliche Person, so gilt Absatz 1 entsprechend für die Anhörung von Personen, die zur Vertretung des Schuldners berechtigt oder an ihm beteiligt sind. Ist der Schuldner eine juristische Person und hat diese keinen organschaftlichen Vertreter (Führungslosigkeit), so können die an ihm beteiligten Personen gehört werden; Absatz 1 Satz 1 gilt entsprechend.

§ 10a Vorgespräch

(1) Ein Schuldner, der mindestens zwei der drei in § 22a Absatz 1 genannten Voraussetzungen erfüllt, hat an dem für ihn zuständigen Insolvenzgericht Anspruch auf ein Vorgespräch über die für das Verfahren relevanten Gegenstände, insbesondere die Voraussetzungen für eine Eigenverwaltung, die Eigenverwaltungsplanung, die Besetzung des vorläufigen Gläubigerausschusses, die Person des vorläufigen Insolvenzverwalters oder Sachwalters, etwaige weitere Sicherungsanordnungen und die Ermächtigung zur Begründung von Masseverbindlichkeiten. Wenn der Schuldner nach Satz 1 keinen Anspruch auf ein Vorgespräch hat, liegt das Angebot eines Vorgesprächs im Ermessen des Gerichts.
(2) Mit Zustimmung des Schuldners kann das Gericht Gläubiger anhören, insbesondere um deren Bereitschaft für eine Mitgliedschaft in einem vorläufigen Gläubigerausschuss zu erörtern.
(3) Die Abteilung, für die der Richter das Vorgespräch nach Absatz 1 Satz 1 führt, ist in den sechs Monaten nach dem Vorgespräch für das Insolvenzverfahren über das Vermögen des Schuldners zuständig.

Zweiter Teil – Eröffnung des Insolvenzverfahrens. Erfaßtes Vermögen und Verfahrensbeteiligte

Erster Abschnitt – Eröffnungsvoraussetzungen und Eröffnungsverfahren

§ 11 Zulässigkeit des Insolvenzverfahrens

(1) Ein Insolvenzverfahren kann über das Vermögen jeder natürlichen und jeder juristischen Person eröffnet werden. Der Verein ohne Rechtspersönlichkeit steht insoweit einer juristischen Person gleich.
(2) Ein Insolvenzverfahren kann ferner eröffnet werden:

1. über das Vermögen einer rechtsfähigen Personengesellschaft (offene Handelsgesellschaft, Kommanditgesellschaft, Partnerschaftsgesellschaft, Gesellschaft des Bürgerlichen Rechts, Partenreederei, Europäische wirtschaftliche Interessenvereinigung);
2. nach Maßgabe der §§ 315 bis 334 über einen Nachlaß, über das Gesamtgut einer fortgesetzten Gütergemeinschaft oder über das Gesamtgut einer Gütergemeinschaft, das von den Ehegatten oder Lebenspartnern gemeinschaftlich verwaltet wird.

(3) Nach Auflösung einer juristischen Person oder einer rechtsfähigen Personengesellschaft ist die Eröffnung des Insolvenzverfahrens zulässig, solange die Verteilung des Vermögens nicht vollzogen ist.

§ 12 Juristische Personen des öffentlichen Rechts

(1) Unzulässig ist das Insolvenzverfahren über das Vermögen
1. des Bundes oder eines Landes;
2. einer juristischen Person des öffentlichen Rechts, die der Aufsicht eines Landes untersteht, wenn das Landesrecht dies bestimmt.

(2) Hat ein Land nach Absatz 1 Nr. 2 das Insolvenzverfahren über das Vermögen einer juristischen Person für unzulässig erklärt, so können im Falle der Zahlungsunfähigkeit oder der Überschuldung dieser juristischen Person deren Arbeitnehmer von dem Land die Leistungen verlangen, die sie im Falle der Eröffnung eines Insolvenzverfahrens nach den Vorschriften des Dritten Buches Sozialgesetzbuch über das Insolvenzgeld vom Arbeitsamt und nach den Vorschriften des Gesetzes zur Verbesserung der betrieblichen Altersversorgung vom Träger der Insolvenzversicherung beanspruchen könnten.

§ 13 Eröffnungsantrag

(1) Das Insolvenzverfahren wird nur auf schriftlichen Antrag eröffnet. Antragsberechtigt sind die Gläubiger und der Schuldner. Dem Antrag des Schuldners ist ein Verzeichnis der Gläubiger und ihrer Forderungen beizufügen. Wenn der Schuldner einen Geschäftsbetrieb hat, der nicht eingestellt ist, sollen in dem Verzeichnis besonders kenntlich gemacht werden
1. die höchsten Forderungen,
2. die höchsten gesicherten Forderungen,
3. die Forderungen der Finanzverwaltung,
4. die Forderungen der Sozialversicherungsträger sowie
5. die Forderungen aus betrieblicher Altersversorgung.

Der Schuldner hat in diesem Fall auch Angaben zur Bilanzsumme, zu den Umsatzerlösen und zur durchschnittlichen Zahl der Arbeitnehmer des vorangegangenen Geschäftsjahres zu machen. Die Angaben nach Satz 4 sind verpflichtend, wenn
1. der Schuldner Eigenverwaltung beantragt,
2. der Schuldner die Merkmale des § 22a Absatz 1 erfüllt oder
3. die Einsetzung eines vorläufigen Gläubigerausschusses beantragt wurde.

Dem Verzeichnis nach Satz 3 und den Angaben nach den Sätzen 4 und 5 ist die Erklärung beizufügen, dass die enthaltenen Angaben richtig und vollständig sind.

(2) Der Antrag kann zurückgenommen werden, bis das Insolvenzverfahren eröffnet oder der Antrag rechtskräftig abgewiesen ist.

(3) Ist der Eröffnungsantrag unzulässig, so fordert das Insolvenzgericht den Antragsteller unverzüglich auf, den Mangel zu beheben und räumt ihm hierzu eine angemessene Frist ein.

(4) Das Bundesministerium der Justiz und für Verbraucherschutz wird ermächtigt, durch Rechtsverordnung mit Zustimmung des Bundesrates für die Antragstellung durch den Schuldner ein Formular einzuführen. Soweit nach Satz 1 ein Formular eingeführt ist, muss der Schuldner dieses benutzen. Für Verfahren, die von den Gerichten maschinell bearbeitet werden, und für solche, die nicht maschinell bearbeitet werden, können unterschiedliche Formulare eingeführt werden.

§ 13a Antrag zur Begründung eines Gruppen-Gerichtsstands

(1) In einem Antrag nach § 3a Absatz 1 sind anzugeben:
1. Name, Sitz, Unternehmensgegenstand sowie Bilanzsumme, Umsatzerlöse und die durchschnittliche Zahl der Arbeitnehmer des letzten Geschäftsjahres der anderen gruppenangehörigen Unternehmen, die nicht lediglich von untergeordneter Bedeutung für die Unternehmensgruppe sind; für die übrigen gruppenangehörigen Unternehmen sollen entsprechende Angaben gemacht werden,
2. aus welchen Gründen eine Verfahrenskonzentration am angerufenen Insolvenzgericht im gemeinsamen Interesse der Gläubiger liegt,
3. ob eine Fortführung oder Sanierung der Unternehmensgruppe oder eines Teils davon angestrebt wird,
4. welche gruppenangehörigen Unternehmen Institute im Sinne des § 1 Absatz 1b des Kreditwesengesetzes, Finanzholding-Gesellschaften im Sinne des § 1 Absatz 3a des Kreditwesengesetzes, Kapitalverwaltungsgesellschaften im Sinne des § 17 Absatz 1 des Kapitalanlagegesetzbuches, Zahlungsdienstleister im Sinne des § 1 Absatz 1 des Zahlungsdiensteaufsichtsgesetzes oder Versicherungsunternehmen im Sinne des § 7 Nummer 33 des Versicherungsaufsichtsgesetzes sind, und
5. die gruppenangehörigen Schuldner, über deren Vermögen die Eröffnung eines Insolvenzverfahrens beantragt oder ein Verfahren eröffnet wurde, einschließlich des zuständigen Insolvenzgerichts und des Aktenzeichens.

(2) Dem Antrag nach § 3a Absatz 1 ist der letzte konsolidierte Abschluss der Unternehmensgruppe beizufügen. Liegt ein solcher nicht vor, sind die letzten Jahresabschlüsse der gruppenangehörigen Unternehmen beizufügen, die nicht lediglich von untergeordneter Bedeutung für die Unternehmensgruppe sind. Die Jahresabschlüsse der übrigen gruppenangehörigen Unternehmen sollen beigefügt werden.

§ 14 Antrag eines Gläubigers

(1) Der Antrag eines Gläubigers ist zulässig, wenn der Gläubiger ein rechtliches Interesse an der Eröffnung des Insolvenzverfahrens hat und seine Forderung und den Eröffnungsgrund glaubhaft macht. Der Antrag wird nicht allein dadurch unzulässig, dass die Forderung erfüllt wird.
(2) Ist der Antrag zulässig, so hat das Insolvenzgericht den Schuldner zu hören.
(3) Wird die Forderung des Gläubigers nach Antragstellung erfüllt, so hat der Schuldner die Kosten des Verfahrens zu tragen, wenn der Antrag als unbegründet abgewiesen wird. Der Schuldner hat die Kosten auch dann zu tragen, wenn der Antrag eines Gläubigers wegen einer zum Zeitpunkt der Antragstellung wirksamen nichtöffentlichen Stabilisierungsanordnung nach dem Unternehmensstabilisierungs- und -restrukturierungsgesetz abgewiesen wird und der Gläubiger von der Stabilisierungsanordnung keine Kenntnis haben konnte.

§ 15 Antragsrecht bei juristischen Personen und Gesellschaften rechtsfähigen Personengesellschaften

(1) Zum Antrag auf Eröffnung eines Insolvenzverfahrens über das Vermögen einer juristischen Person oder einer rechtsfähigen Personengesellschaft ist außer den Gläubigern jedes Mitglied des Vertretungsorgans, bei einer Gesellschaft ohne Rechtspersönlichkeit oder bei einer Kommanditgesellschaft auf Aktien jeder persönlich haftende Gesellschafter, sowie jeder Abwickler berechtigt. Bei einer juristischen Person ist im Fall der Führungslosigkeit auch jeder Gesellschafter, bei einer Aktiengesellschaft oder einer Genossenschaft zudem auch jedes Mitglied des Aufsichtsrats zur Antragstellung berechtigt.
(2) Wird der Antrag nicht von allen Mitgliedern des Vertretungsorgans, allen persönlich haftenden Gesellschaftern, allen Gesellschaftern der juristischen Person, allen Mitgliedern des Aufsichtsrats oder allen Abwicklern gestellt, so ist er zulässig, wenn der Eröffnungsgrund glaubhaft gemacht wird. Zusätzlich ist bei Antragstellung durch Gesellschafter einer juristischen Person oder Mitglieder des Aufsichtsrats auch die Führungslosigkeit glaubhaft zu machen. Das Insolvenzgericht hat

die übrigen Mitglieder des Vertretungsorgans, persönlich haftenden Gesellschafter, Gesellschafter der juristischen Person, Mitglieder des Aufsichtsrats oder Abwickler zu hören.
(3) Ist bei einer rechtsfähigen Personengesellschaft kein persönlich haftender Gesellschafter eine natürliche Person, so gelten die Absätze 1 und 2 entsprechend für die organschaftlichen Vertreter und die Abwickler der zur Vertretung der Gesellschaft ermächtigten Gesellschafter. Entsprechendes gilt, wenn sich die Verbindung von Gesellschaften in dieser Art fortsetzt.

§ 15a Antragspflicht bei juristischen Personen und rechtsfähigen Personengesellschaften

(1) Wird eine juristische Person zahlungsunfähig oder überschuldet, haben die Mitglieder des Vertretungsorgans oder die Abwickler ohne schuldhaftes Zögern einen Eröffnungsantrag zu stellen. Der Antrag ist spätestens drei Wochen nach Eintritt der Zahlungsunfähigkeit und sechs Wochen nach Eintritt der Überschuldung zu stellen. Das Gleiche gilt für die organschaftlichen Vertreter der zur Vertretung der Gesellschaft ermächtigten Gesellschafter oder die Abwickler bei einer rechtsfähigen Personengesellschaft, bei der kein persönlich haftender Gesellschafter eine natürliche Person ist; dies gilt nicht, wenn zu den persönlich haftenden Gesellschaftern eine andere Gesellschaft gehört, bei der ein persönlich haftender Gesellschafter eine natürliche Person ist.
(2) Bei einer Gesellschaft im Sinne des Absatzes 1 Satz 3 gilt Absatz 1 sinngemäß, wenn die organschaftlichen Vertreter der zur Vertretung der Gesellschaft ermächtigten Gesellschafter ihrerseits Gesellschaften sind, bei denen kein persönlich haftender Gesellschafter eine natürliche Person ist, oder sich die Verbindung von Gesellschaften in dieser Art fortsetzt.
(3) Im Fall der Führungslosigkeit einer Gesellschaft mit beschränkter Haftung ist auch jeder Gesellschafter, im Fall der Führungslosigkeit einer Aktiengesellschaft oder einer Genossenschaft ist auch jedes Mitglied des Aufsichtsrats zur Stellung des Antrags verpflichtet, es sei denn, diese Person hat von der Zahlungsunfähigkeit und der Überschuldung oder der Führungslosigkeit keine Kenntnis.
(4) Mit Freiheitsstrafe bis zu drei Jahren oder mit Geldstrafe wird bestraft, wer entgegen Absatz 1 Satz 1 und 2, auch in Verbindung mit Satz 3 oder Absatz 2 oder Absatz 3, einen Eröffnungsantrag
1. nicht oder nicht rechtzeitig stellt oder
2. nicht richtig stellt.
(5) Handelt der Täter in den Fällen des Absatzes 4 fahrlässig, ist die Strafe Freiheitsstrafe bis zu einem Jahr oder Geldstrafe.
(6) Im Falle des Absatzes 4 Nummer 2, auch in Verbindung mit Absatz 5, ist die Tat nur strafbar, wenn der Eröffnungsantrag rechtskräftig als unzulässig zurückgewiesen wurde.
(7) Auf Vereine und Stiftungen, für die § 42 Absatz 2 des Bürgerlichen Gesetzbuchs gilt, sind die Absätze 1 bis 6 nicht anzuwenden.

§ 15b Zahlungen bei Zahlungsunfähigkeit und Überschuldung; Verjährung

(1) Die nach § 15a Absatz 1 Satz 1 antragspflichtigen Mitglieder des Vertretungsorgans und Abwickler einer juristischen Person dürfen nach dem Eintritt der Zahlungsunfähigkeit oder der Überschuldung der juristischen Person keine Zahlungen mehr für diese vornehmen. Dies gilt nicht für Zahlungen, die mit der Sorgfalt eines ordentlichen und gewissenhaften Geschäftsleiters vereinbar sind.
(2) Zahlungen, die im ordnungsgemäßen Geschäftsgang erfolgen, insbesondere solche Zahlungen, die der Aufrechterhaltung des Geschäftsbetriebs dienen, gelten vorbehaltlich des Absatzes 3 als mit der Sorgfalt eines ordentlichen und gewissenhaften Geschäftsleiters vereinbar. Im Rahmen des für eine rechtzeitige Antragstellung maßgeblichen Zeitraums nach § 15a Absatz 1 Satz 1 und 2 gilt dies nur, solange die Antragspflichtigen Maßnahmen zur nachhaltigen Beseitigung der Insolvenzreife oder zur Vorbereitung eines Insolvenzantrags mit der Sorgfalt eines ordentlichen und gewissenhaften Geschäftsleiters betreiben. Zahlungen, die im Zeitraum zwischen der Stellung des Antrags und der Eröffnung des Verfahrens geleistet werden, gelten auch dann als

mit der Sorgfalt eines ordentlichen und gewissenhaften Geschäftsleiters vereinbar, wenn diese mit Zustimmung eines vorläufigen Insolvenzverwalters vorgenommen wurden.
(3) Ist der nach § 15a Absatz 1 Satz 1 und 2 für eine rechtzeitige Antragstellung maßgebliche Zeitpunkt verstrichen und hat der Antragspflichtige keinen Antrag gestellt, sind Zahlungen in der Regel nicht mit der Sorgfalt eines ordentlichen und gewissenhaften Geschäftsleiters vereinbar.
(4) Werden entgegen Absatz 1 Zahlungen geleistet, sind die Antragspflichtigen der juristischen Person zur Erstattung verpflichtet. Ist der Gläubigerschaft der juristischen Person ein geringerer Schaden entstanden, beschränkt sich die Ersatzpflicht auf den Ausgleich dieses Schadens. Soweit die Erstattung oder der Ersatz zur Befriedigung der Gläubiger der juristischen Person erforderlich ist, wird die Pflicht nicht dadurch ausgeschlossen, dass dieselben in Befolgung eines Beschlusses eines Organs der juristischen Person gehandelt haben. Ein Verzicht der juristischen Person auf Erstattungs- oder Ersatzansprüche oder ein Vergleich der juristischen Person über diese Ansprüche ist unwirksam. Dies gilt nicht, wenn der Erstattungs- oder Ersatzpflichtige zahlungsunfähig ist und sich zur Abwendung des Insolvenzverfahrens mit seinen Gläubigern vergleicht, wenn die Erstattungs- oder Ersatzpflicht in einem Insolvenzplan geregelt wird oder wenn ein Insolvenzverwalter für die juristische Person handelt.
(5) Absatz 1 Satz 1 und Absatz 4 gelten auch für Zahlungen an Personen, die an der juristischen Person beteiligt sind, soweit diese zur Zahlungsunfähigkeit der juristischen Person führen mussten, es sei denn, dies war auch bei Beachtung der in Absatz 1 Satz 2 bezeichneten Sorgfalt nicht erkennbar. Satz 1 ist auf Genossenschaften nicht anwendbar.
(6) Die Absätze 1 bis 5 gelten auch für die nach § 15a Absatz 1 Satz 3 und Absatz 2 zur Stellung des Antrags verpflichteten organschaftlichen Vertreter der zur Vertretung der Gesellschaft ermächtigten Gesellschafter.
(7) Die Ansprüche aufgrund der vorstehenden Bestimmungen verjähren in fünf Jahren. Besteht zum Zeitpunkt der Pflichtverletzung eine Börsennotierung, verjähren die Ansprüche in zehn Jahren.
(8) Eine Verletzung steuerrechtlicher Zahlungspflichten liegt nicht vor, wenn zwischen dem Eintritt der Zahlungsunfähigkeit nach § 17 oder der Überschuldung nach § 19 und der Entscheidung des Insolvenzgerichts über den Insolvenzantrag Ansprüche aus dem Steuerschuldverhältnis nicht oder nicht rechtzeitig erfüllt werden, sofern die Antragspflichtigen ihren Verpflichtungen nach § 15a nachkommen. Wird entgegen der Verpflichtung nach § 15a ein Insolvenzantrag verspätet gestellt, gilt dies nur für die nach Bestellung eines vorläufigen Insolvenzverwalters oder Anordnung der vorläufigen Eigenverwaltung fällig werdenden Ansprüche aus dem Steuerschuldverhältnis. Wird das Insolvenzverfahren nicht eröffnet und ist dies auf eine Pflichtverletzung der Antragspflichtigen zurückzuführen, gelten die Sätze 1 und 2 nicht.

§ 16 Eröffnungsgrund

Die Eröffnung des Insolvenzverfahrens setzt voraus, daß ein Eröffnungsgrund gegeben ist.

§ 17 Zahlungsunfähigkeit

(1) Allgemeiner Eröffnungsgrund ist die Zahlungsunfähigkeit.
(2) Der Schuldner ist zahlungsunfähig, wenn er nicht in der Lage ist, die fälligen Zahlungspflichten zu erfüllen. Zahlungsunfähigkeit ist in der Regel anzunehmen, wenn der Schuldner seine Zahlungen eingestellt hat.

§ 18 Drohende Zahlungsunfähigkeit

(1) Beantragt der Schuldner die Eröffnung des Insolvenzverfahrens, so ist auch die drohende Zahlungsunfähigkeit Eröffnungsgrund.
(2) Der Schuldner droht zahlungsunfähig zu werden, wenn er voraussichtlich nicht in der Lage sein wird, die bestehenden Zahlungspflichten im Zeitpunkt der Fälligkeit zu erfüllen. In aller Regel ist ein Prognosezeitraum von 24 Monaten zugrunde zu legen.

(3) Wird bei einer juristischen Person oder einer rechtsfähigen Personengesellschaft der Antrag nicht von allen Mitgliedern des Vertretungsorgans, allen persönlich haftenden Gesellschaftern oder allen Abwicklern gestellt, so ist Absatz 1 nur anzuwenden, wenn der oder die Antragsteller zur Vertretung der juristischen Person oder der Gesellschaft berechtigt sind.

§ 19 Überschuldung

(1) Bei einer juristischen Person ist auch die Überschuldung Eröffnungsgrund.
(2) Überschuldung liegt vor, wenn das Vermögen des Schuldners die bestehenden Verbindlichkeiten nicht mehr deckt, es sei denn, die Fortführung des Unternehmens in den nächsten zwölf Monaten ist nach den Umständen überwiegend wahrscheinlich. Forderungen auf Rückgewähr von Gesellschafterdarlehen oder aus Rechtshandlungen, die einem solchen Darlehen wirtschaftlich entsprechen, für die gemäß § 39 Abs. 2 zwischen Gläubiger und Schuldner der Nachrang im Insolvenzverfahren hinter den in § 39 Abs. 1 Nr. 1 bis 5 bezeichneten Forderungen vereinbart worden ist, sind nicht bei den Verbindlichkeiten nach Satz 1 zu berücksichtigen.
(3) Ist bei einer rechtsfähigen Personengesellschaft kein persönlich haftender Gesellschafter eine natürliche Person, so gelten die Absätze 1 und 2 entsprechend. Dies gilt nicht, wenn zu den persönlich haftenden Gesellschaftern eine andere Gesellschaft gehört, bei der ein persönlich haftender Gesellschafter eine natürliche Person ist.

§ 20 Auskunfts- und Mitwirkungspflicht im Eröffnungsverfahren. Hinweis auf Restschuldbefreiung.

(1) Ist der Antrag zulässig, so hat der Schuldner dem Insolvenzgericht die Auskünfte zu erteilen, die zur Entscheidung über den Antrag erforderlich sind. Die §§ 97, 98, 101 Abs. 1 Satz 1, 2, Abs. 2 gelten entsprechend, und es auch sonst bei der Erfüllung seiner Aufgaben zu unterstützen.
(2) Ist der Schuldner eine natürliche Person, so soll er darauf hingewiesen werden, dass er nach Maßgabe der §§ 286 bis 303a Restschuldbefreiung erlangen kann.

§ 21 Anordnung vorläufiger Maßnahmen

(1) Das Insolvenzgericht hat alle Maßnahmen zu treffen, die erforderlich erscheinen, um bis zur Entscheidung über den Antrag eine den Gläubigern nachteilige Veränderung in der Vermögenslage des Schuldners zu verhüten. Gegen die Anordnung der Maßnahme steht dem Schuldner die sofortige Beschwerde zu.
(2) Das Gericht kann insbesondere
1. einen vorläufigen Insolvenzverwalter bestellen, für den § 8 Absatz 3 und die §§ 56 bis 56b, 58 bis 66 und 269a entsprechend gelten;
1a. einen vorläufigen Gläubigerausschuss einsetzen, für den § 67 Absatz 2, 3 und die §§ 69 bis 73 entsprechend gelten; zu Mitgliedern des Gläubigerausschusses können auch Personen bestellt werden, die erst mit Eröffnung des Verfahrens Gläubiger werden;
2. dem Schuldner ein allgemeines Verfügungsverbot auferlegen oder anordnen, daß Verfügungen des Schuldners nur mit Zustimmung des vorläufigen Insolvenzverwalters wirksam sind;
3. Maßnahmen der Zwangsvollstreckung gegen den Schuldner untersagen oder einstweilen einstellen, soweit nicht unbewegliche Gegenstände betroffen sind;
4. eine vorläufige Postsperre anordnen, für die die §§ 99, 101 Abs. 1 Satz 1 entsprechend gelten;
5. anordnen, dass Gegenstände, die im Falle der Eröffnung des Verfahrens von § 166 erfasst würden oder deren Aussonderung verlangt werden könnte, vom Gläubiger nicht verwertet oder eingezogen werden dürfen und dass solche Gegenstände zur Fortführung des Unternehmens des Schuldners eingesetzt werden können, soweit sie hierfür von erheblicher Bedeutung sind; § 169 Satz 2 und 3 gilt entsprechend; ein durch die Nutzung eingetretener Wertverlust ist durch laufende Zahlungen an den Gläubiger auszugleichen. Die Verpflich-

tung zu Ausgleichszahlungen besteht nur, soweit der durch die Nutzung entstehende Wertverlust die Sicherung des absonderungsberechtigten Gläubigers beeinträchtigt. Zieht der vorläufige Insolvenzverwalter eine zur Sicherung eines Anspruchs abgetretene Forderung anstelle des Gläubigers ein, so gelten die §§ 170, 171 entsprechend.
Die Anordnung von Sicherungsmaßnahmen berührt nicht die Wirksamkeit von Verfügungen über Finanzsicherheiten nach § 1 Abs. 17 des Kreditwesengesetzes und die Wirksamkeit der Verrechnung von Ansprüchen und Leistungen aus Zahlungsaufträgen, Aufträgen zwischen Zahlungsdienstleistern oder zwischengeschalteten Stellen oder Aufträgen zur Übertragung von Wertpapieren, die in ein Systeme nach § 1 Abs. 16 des Kreditwesengesetzes eingebracht wurden. Dies gilt auch dann, wenn ein solches Rechtsgeschäft des Schuldners am Tag der Anordnung getätigt und verrechnet oder eine Finanzsicherheit bestellt wird und der andere Teil nachweist, dass er die Anordnung weder kannte noch hätte kennen müssen; ist der andere Teil ein Systembetreiber oder Teilnehmer in dem System, bestimmt sich der Tag der Anordnung nach dem Geschäftstag im Sinne des § 1 Absatz 16b des Kreditwesengesetzes.
(3) Reichen andere Maßnahmen nicht aus, so kann das Gericht den Schuldner zwangsweise vorführen und nach Anhörung in Haft nehmen lassen. Ist der Schuldner keine natürliche Person, so gilt entsprechendes für seine organschaftlichen Vertreter. Für die Anordnung von Haft gilt § 98 Abs. 3 entsprechend.

§ 22 Rechtsstellung des vorläufigen Insolvenzverwalters

(1) Wird ein vorläufiger Insolvenzverwalter bestellt und dem Schuldner ein allgemeines Verfügungsverbot auferlegt, so geht die Verwaltungs- und Verfügungsbefugnis über das Vermögen des Schuldners auf den vorläufigen Insolvenzverwalter über. In diesem Fall hat der vorläufige Insolvenzverwalter:
1. das Vermögen des Schuldners zu sichern und zu erhalten;
2. ein Unternehmen, das der Schuldner betreibt, bis zur Entscheidung über die Eröffnung des Insolvenzverfahrens fortzuführen, soweit nicht das Insolvenzgericht einer Stilllegung zustimmt, um eine erhebliche Verminderung des Vermögens zu vermeiden;
3. zu prüfen, ob das Vermögen des Schuldners die Kosten des Verfahrens decken wird; das Gericht kann ihn zusätzlich beauftragen, als Sachverständiger zu prüfen, ob ein Eröffnungsgrund vorliegt und welche Aussichten für eine Fortführung des Unternehmens des Schuldners bestehen.

(2) Wird ein vorläufiger Insolvenzverwalter bestellt, ohne daß dem Schuldner ein allgemeines Verfügungsverbot auferlegt wird, so bestimmt das Gericht die Pflichten des vorläufigen Insolvenzverwalters. Sie dürfen nicht über die Pflichten nach Absatz 1 Satz 2 hinausgehen.
(3) Der vorläufige Insolvenzverwalter ist berechtigt, die Geschäftsräume des Schuldners zu betreten und dort Nachforschungen anzustellen. Der Schuldner hat dem vorläufigen Insolvenzverwalter Einsicht in seine Bücher und Geschäftspapiere zu gestatten. Er hat ihm alle erforderlichen Auskünfte zu erteilen und ihn bei der Erfüllung seiner Aufgaben zu unterstützen; die §§ 97, 98, 101 Abs. 1 Satz 1, 2, Abs. 2 gelten entsprechend.

§ 22a Bestellung eines vorläufigen Gläubigerausschusses

(1) Das Insolvenzgericht hat einen vorläufigen Gläubigerausschuss nach § 21 Absatz 2 Nummer 1a einzusetzen, wenn der Schuldner im vorangegangenen Geschäftsjahr mindestens zwei der drei nachstehenden Merkmale erfüllt hat:
1. mindestens 6 000 000 Euro Bilanzsumme nach Abzug eines auf der Aktivseite ausgewiesenen Fehlbetrags im Sinne des § 268 Absatz 3 des Handelsgesetzbuchs;
2. mindestens 12 000 000 Euro Umsatzerlöse in den zwölf Monaten vor dem Abschlussstichtag;
3. im Jahresdurchschnitt mindestens fünfzig Arbeitnehmer.

(2) Das Gericht soll auf Antrag des Schuldners, des vorläufigen Insolvenzverwalters oder eines Gläubigers einen vorläufigen Gläubigerausschuss nach § 21 Absatz 2 Nummer 1a einsetzen,

wenn Personen benannt werden, die als Mitglieder des vorläufigen Gläubigerausschusses in Betracht kommen und dem Antrag Einverständniserklärungen der benannten Personen beigefügt werden.
(3) Ein vorläufiger Gläubigerausschuss ist nicht einzusetzen, wenn der Geschäftsbetrieb des Schuldners eingestellt ist, die Einsetzung des vorläufigen Gläubigerausschusses im Hinblick auf die zu erwartende Insolvenzmasse unverhältnismäßig ist oder die mit der Einsetzung verbundene Verzögerung zu einer nachteiligen Veränderung der Vermögenslage des Schuldners führt.
(4) Auf Aufforderung des Gerichts hat der Schuldner oder der vorläufige Insolvenzverwalter Personen zu benennen, die als Mitglieder des vorläufigen Gläubigerausschusses in Betracht kommen.

§ 23 Bekanntmachung der Verfügungsbeschränkungen

(1) Der Beschluß, durch den eine der in § 21 Abs. 2 Nr. 2 vorgesehenen Verfügungsbeschränkungen angeordnet und ein vorläufiger Insolvenzverwalter bestellt wird, ist öffentlich bekanntzumachen. Er ist dem Schuldner, den Personen, die Verpflichtungen gegenüber dem Schuldner haben, und dem vorläufigen Insolvenzverwalter besonders zuzustellen. Die Schuldner des Schuldners sind zugleich aufzufordern, nur noch unter Beachtung des Beschlusses zu leisten.
(2) Ist der Schuldner im Handels-, Genossenschafts-, Gesellschafts-, Partnerschafts- oder Vereinsregister eingetragen, so hat die Geschäftsstelle des Insolvenzgerichts dem Registergericht eine Ausfertigung des Beschlusses zu übermitteln.
(3) Für die Eintragung der Verfügungsbeschränkung im Grundbuch, im Schiffsregister, im Schiffsbauregister und im Register über Pfandrechte an Luftfahrzeugen gelten die §§ 32, 33 entsprechend.

§ 24 Wirkungen der Verfügungsbeschränkungen

(1) Bei einem Verstoß gegen eine der in § 21 Abs. 2 Nr. 2 vorgesehenen Verfügungsbeschränkungen gelten die §§ 81, 82 entsprechend.
(2) Ist die Verfügungsbefugnis über das Vermögen des Schuldners auf einen vorläufigen Insolvenzverwalter übergegangen, so gelten für die Aufnahme anhängiger Rechtsstreitigkeiten § 85 Abs. 1 Satz 1 und § 86 entsprechend.

§ 25 Aufhebung der Sicherungsmaßnahmen

(1) Werden die Sicherungsmaßnahmen aufgehoben, so gilt für die Bekanntmachung der Aufhebung einer Verfügungsbeschränkung § 23 entsprechend.
(2) Ist die Verfügungsbefugnis über das Vermögen des Schuldners auf einen vorläufigen Insolvenzverwalter übergegangen, so hat dieser vor der Aufhebung seiner Bestellung aus dem von ihm verwalteten Vermögen die entstandenen Kosten zu berichtigen und die von ihm begründeten Verbindlichkeiten zu erfüllen. Gleiches gilt für die Verbindlichkeiten aus einem Dauerschuldverhältnis, soweit der vorläufige Insolvenzverwalter für das von ihm verwaltete Vermögen die Gegenleistung in Anspruch genommen hat.

§ 26 Abweisung mangels Masse

(1) Das Insolvenzgericht weist den Antrag auf Eröffnung des Insolvenzverfahrens ab, wenn das Vermögen des Schuldners voraussichtlich nicht ausreichen wird, um die Kosten des Verfahrens zu decken. Die Abweisung unterbleibt, wenn ein ausreichender Geldbetrag vorgeschossen wird oder die Kosten nach § 4a gestundet werden. Der Beschluss ist unverzüglich öffentlich bekannt zu machen.
(2) Das Gericht hat die Schuldner, bei denen der Eröffnungsantrag mangels Masse abgewiesen worden ist, in ein Verzeichnis einzutragen (Schuldnerverzeichnis). Die Vorschriften über das Schuldnerverzeichnis nach der Zivilprozeßordnung gelten entsprechend; jedoch beträgt die Löschungsfrist fünf Jahre.

(3) Wer nach Absatz 1 Satz 2 einen Vorschuß geleistet hat, kann die Erstattung des vorgeschossenen Betrages von jeder Person verlangen, die entgegen den Vorschriften des Insolvenz- oder Gesellschaftsrechts den Antrag auf Eröffnung des Insolvenzverfahrens pflichtwidrig und schuldhaft nicht gestellt hat. Ist streitig, ob die Person pflichtwidrig und schuldhaft gehandelt hat, so trifft sie die Beweislast.
(4) Zur Leistung eines Vorschusses nach Absatz 1 Satz 2 ist jede Person verpflichtet, die entgegen den Vorschriften des Insolvenz- oder Gesellschaftsrechts pflichtwidrig und schuldhaft keinen Antrag auf Eröffnung des Insolvenzverfahrens gestellt hat. Ist streitig, ob die Person pflichtwidrig und schuldhaft gehandelt hat, so trifft sie die Beweislast. Die Zahlung des Vorschusses kann der vorläufige Insolvenzverwalter sowie jede Person verlangen, die einen begründeten Vermögensanspruch gegen den Schuldner hat.

§ 26a Vergütung des vorläufigen Insolvenzverwalters

(1) Wird das Insolvenzverfahren nicht eröffnet, setzt das Insolvenzgericht die Vergütung und die zu erstattenden Auslagen des vorläufigen Insolvenzverwalters durch Beschluss fest.
(2) Die Festsetzung erfolgt gegen den Schuldner, es sei denn, der Eröffnungsantrag ist unzulässig oder unbegründet und den antragstellenden Gläubiger trifft ein grobes Verschulden. In diesem Fall sind die Vergütung und die zu erstattenden Auslagen des vorläufigen Insolvenzverwalters ganz oder teilweise dem Gläubiger aufzuerlegen und gegen ihn festzusetzen. Ein grobes Verschulden ist insbesondere dann anzunehmen, wenn der Antrag von vornherein keine Aussicht auf Erfolg hatte und der Gläubiger dies erkennen musste. Der Beschluss ist dem vorläufigen Verwalter und demjenigen, der die Kosten des vorläufigen Insolvenzverwalters zu tragen hat, zuzustellen. Die Vorschriften der Zivilprozessordnung über die Zwangsvollstreckung aus Kostenfestsetzungsbeschlüssen gelten entsprechend.
(3) Gegen den Beschluss steht dem vorläufigen Verwalter und demjenigen, der die Kosten des vorläufigen Insolvenzverwalters zu tragen hat, die sofortige Beschwerde zu. § 567 Absatz 2 der Zivilprozessordnung gilt entsprechend.

§ 27 Eröffnungsbeschluß

(1) Wird das Insolvenzverfahren eröffnet, so ernennt das Insolvenzgericht einen Insolvenzverwalter. § 270 bleibt unberührt.
(2) Der Eröffnungsbeschluß enthält:
1. Firma oder Namen und Vornamen, Geburtsdatum, Registergericht und Registernummer, unter der der Schuldner eingetragen ist, Geschäftszweig oder Beschäftigung, gewerbliche Niederlassung oder Wohnung des Schuldners;
2. Namen und Anschrift des Insolvenzverwalters;
3. die Stunde der Eröffnung;
4. die Gründe, aus denen das Gericht von einem einstimmigen Vorschlag des vorläufigen Gläubigerausschusses zur Person des Verwalters abgewichen ist; dabei ist der Name der vorgeschlagenen Person nicht zu nennen;
5. eine abstrakte Darstellung der für personenbezogene Daten geltenden Löschungsfristen nach § 3 der Verordnung zu öffentlichen Bekanntmachungen in Insolvenzverfahren im Internet vom 12. Februar 2002 (BGBl. I S. 677), die zuletzt durch Artikel 2 des Gesetzes vom 13. April 2007 (BGBl. I S. 509) geändert worden ist.

(3) Ist die Stunde der Eröffnung nicht angegeben, so gilt als Zeitpunkt der Eröffnung die Mittagsstunde des Tages, an dem der Beschluß erlassen worden ist.

§ 28 Aufforderungen an die Gläubiger und die Schuldner

(1) Im Eröffnungsbeschluß sind die Gläubiger aufzufordern, ihre Forderungen innerhalb einer bestimmten Frist unter Beachtung des § 174 beim Insolvenzverwalter anzumelden. Die Frist ist auf einen Zeitraum von mindestens zwei Wochen und höchstens drei Monaten festzusetzen.

(2) Im Eröffnungsbeschluß sind die Gläubiger aufzufordern, dem Verwalter unverzüglich mitzuteilen, welche Sicherungsrechte sie an beweglichen Sachen oder an Rechten des Schuldners in Anspruch nehmen. Der Gegenstand, an dem das Sicherungsrecht beansprucht wird, die Art und der Entstehungsgrund des Sicherungsrechts sowie die gesicherte Forderung sind zu bezeichnen. Wer die Mitteilung schuldhaft unterläßt oder verzögert, haftet für den daraus entstehenden Schaden.
(3) Im Eröffnungsbeschluß sind die Personen, die Verpflichtungen gegenüber dem Schuldner haben, aufzufordern, nicht mehr an den Schuldner zu leisten, sondern an den Verwalter.
(4) Der Eröffnungsbeschluss hat den Hinweis darauf zu enthalten, dass Gläubiger, die elektronische Dokumente über sichere elektronische Übermittlungswege (§ 130a der Zivilprozessordnung) empfangen können, unter Angabe des über einen solchen Weg erreichbaren Postfachs ihre Zustimmung zu elektronischen Zustellungen erklären können; die Möglichkeit der elektronischen Zustellung an die in § 173 Absatz 2 der Zivilprozessordnung Genannten bleibt unberührt.

§ 29 Terminbestimmungen

(1) Im Eröffnungsbeschluß bestimmt das Insolvenzgericht Termine für:
1. eine Gläubigerversammlung, in der auf der Grundlage eines Berichts des Insolvenzverwalters über den Fortgang des Insolvenzverfahrens beschlossen wird (Berichtstermin); der Termin soll nicht über sechs Wochen und darf nicht über drei Monate hinaus angesetzt werden;
2. eine Gläubigerversammlung, in der die angemeldeten Forderungen geprüft werden (Prüfungstermin); der Zeitraum zwischen dem Ablauf der Anmeldefrist und dem Prüfungstermin soll mindestens eine Woche und höchstens zwei Monate betragen.
(2) Die Termine können verbunden werden. Das Gericht soll auf den Berichtstermin verzichten, wenn die Vermögensverhältnisse des Schuldners überschaubar sind und die Zahl der Gläubiger oder die Höhe der Verbindlichkeiten gering ist.

§ 30 Bekanntmachung des Eröffnungsbeschlusses

(1) Die Geschäftsstelle des Insolvenzgerichts hat den Eröffnungsbeschluß sofort öffentlich bekanntzumachen.
(2) Den Gläubigern und Schuldnern des Schuldners und dem Schuldner selbst ist der Beschluß besonders zuzustellen.
(3) - aufgehoben -

§ 31 Handels-, Genossenschafts-,Gesellschafts-, Partnerschafts- oder Vereinsregister

Ist der Schuldner im Handels-, Genossenschafts-, Gesellschafts-, Partnerschafts- oder Vereinsregister eingetragen, so hat die Geschäftsstelle des Insolvenzgerichts dem Registergericht zu übermitteln:
1. im Falle der Eröffnung des Insolvenzverfahrens eine Ausfertigung des Eröffnungsbeschlusses;
2. im Falle der Abweisung des Eröffnungsantrags mangels Masse eine Ausfertigung des abweisenden Beschlusses, wenn der Schuldner eine juristische Person oder eine rechtsfähige Personengesellschaft ist, die durch die Abweisung mangels Masse aufgelöst wird

§ 32 Grundbuch

(1) Die Eröffnung des Insolvenzverfahrens ist in das Grundbuch einzutragen:
1. bei Grundstücken, als deren Eigentümer der Schuldner eingetragen ist;
2. bei den für den Schuldner eingetragenen Rechten an Grundstücken und an eingetragenen Rechten, wenn nach der Art des Rechts und den Umständen zu befürchten ist, daß ohne die Eintragung die Insolvenzgläubiger benachteiligt würden.

(2) Soweit dem Insolvenzgericht solche Grundstücke oder Rechte bekannt sind, hat es das Grundbuchamt von Amts wegen um die Eintragung zu ersuchen. Die Eintragung kann auch vom Insolvenzverwalter beim Grundbuchamt beantragt werden.
(3) Werden ein Grundstück oder ein Recht, bei denen die Eröffnung des Verfahrens eingetragen worden ist, vom Verwalter freigegeben oder veräußert, so hat das Insolvenzgericht auf Antrag das Grundbuchamt um Löschung der Eintragung zu ersuchen. Die Löschung kann auch vom Verwalter beim Grundbuchamt beantragt werden.

§ 33 Register für Schiffe und Luftfahrzeuge

Für die Eintragung der Eröffnung des Insolvenzverfahrens in das Schiffsregister, das Schiffsbauregister und das Register für Pfandrechte an Luftfahrzeugen gilt § 32 entsprechend. Dabei treten an die Stelle der Grundstücke die in diese Register eingetragenen Schiffe, Schiffsbauwerke und Luftfahrzeuge, an die Stelle des Grundbuchamts das Registergericht.

§ 34 Rechtsmittel

(1) Wird die Eröffnung des Insolvenzverfahrens abgelehnt, so steht dem Antragsteller und, wenn die Abweisung des Antrags nach § 26 erfolgt, dem Schuldner die sofortige Beschwerde zu.
(2) Wird das Insolvenzverfahren eröffnet, so steht dem Schuldner die sofortige Beschwerde zu.
(3) Sobald eine Entscheidung, die den Eröffnungsbeschluß aufhebt, Rechtskraft erlangt hat, ist die Aufhebung des Verfahrens öffentlich bekanntzumachen. § 200 Abs. 2 Satz 2 gilt entsprechend. Die Wirkungen der Rechtshandlungen, die vom Insolvenzverwalter oder ihm gegenüber vorgenommen worden sind, werden durch die Aufhebung nicht berührt.

Zweiter Abschnitt – Insolvenzmasse, Einteilung der Gläubiger

§ 35 Begriff der Insolvenzmasse

(1) Das Insolvenzverfahren erfaßt das gesamte Vermögen, das dem Schuldner zur Zeit der Eröffnung des Verfahrens gehört und das er während des Verfahrens erlangt (Insolvenzmasse).
(2) Übt der Schuldner eine selbstständige Tätigkeit aus oder beabsichtigt er, demnächst eine solche Tätigkeit auszuüben, hat der Insolvenzverwalter ihm gegenüber zu erklären, ob Vermögen aus der selbstständigen Tätigkeit zur Insolvenzmasse gehört und ob Ansprüche aus dieser Tätigkeit im Insolvenzverfahren geltend gemacht werden können. § 295a gilt entsprechend. Auf Antrag des Gläubigerausschusses oder, wenn ein solcher nicht bestellt ist, der Gläubigerversammlung ordnet das Insolvenzgericht die Unwirksamkeit der Erklärung an.
(3) Der Schuldner hat den Verwalter unverzüglich über die Aufnahme oder Fortführung einer selbständigen Tätigkeit zu informieren. Ersucht der Schuldner den Verwalter um die Freigabe einer solchen Tätigkeit, hat sich der Verwalter unverzüglich, spätestens nach einem Monat zu dem Ersuchen zu erklären.
(4) Die Erklärung des Insolvenzverwalters ist dem Gericht gegenüber anzuzeigen. Das Gericht hat die Erklärung und den Beschluss über ihre Unwirksamkeit öffentlich bekannt zu machen.

§ 36 Unpfändbare Gegenstände

(1) Gegenstände, die nicht der Zwangsvollstreckung unterliegen, gehören nicht zur Insolvenzmasse. Die §§ 850, 850a, 850c, 850e, 850f Abs. 1, 850g bis 850l, 851c, 851d, 899 bis 904, 905 Satz 1 und 3 sowie § 906 Absatz 2 bis 4 der Zivilprozessordnung gelten entsprechend. Verfügungen des Schuldners über Guthaben, das nach den Vorschriften der Zivilprozessordnung über die Wirkungen des Pfändungsschutzkontos nicht von der Pfändung erfasst wird, bedürfen zu ihrer Wirksamkeit nicht der Freigabe dieses Kontoguthabens durch den Insolvenzverwalter.
(2) Zur Insolvenzmasse gehören jedoch
1. die Geschäftsbücher des Schuldners; gesetzliche Pflichten zur Aufbewahrung von Unterlagen bleiben unberührt;

2. im Fall einer selbständigen Tätigkeit des Schuldners die Sachen nach § 811 Absatz 1 Nummer 1 Buchstabe b und Tiere nach § 811 Absatz 1 Nummer 8 Buchstabe b der Zivilprozessordnung; hiervon ausgenommen sind Sachen, die für die Fortsetzung einer Erwerbstätigkeit erforderlich sind, welche in der Erbringung persönlicher Leistungen besteht.

(3) Sachen, die zum gewöhnlichen Hausrat gehören und im Haushalt des Schuldners gebraucht werden, gehören nicht zur Insolvenzmasse, wenn ohne weiteres ersichtlich ist, daß durch ihre Verwertung nur ein Erlös erzielt werden würde, der zu dem Wert außer allem Verhältnis steht.
(4) Für Entscheidungen, ob eine Gegenstand nach den in Absatz 1 Satz 2 genannten Vorschriften der Zwangsvollstreckung unterliegt, ist das Insolvenzgericht zuständig. Anstelle eines Gläubigers ist der Insolvenzverwalter antragsberechtigt. Für das Eröffnungsverfahren gelten die Sätze 1 und 2 entsprechend.

§ 37 Gesamtgut bei Gütergemeinschaft

(1) Wird bei dem Güterstand der Gütergemeinschaft das Gesamtgut von einem Ehegatten allein verwaltet und über das Vermögen dieses Ehegatten das Insolvenzverfahren eröffnet, so gehört das Gesamtgut zur Insolvenzmasse. Eine Auseinandersetzung des Gesamtguts findet nicht statt. Durch das Insolvenzverfahren über das Vermögen des anderen Ehegatten wird das Gesamtgut nicht berührt.
(2) Verwalten die Ehegatten das Gesamtgut gemeinschaftlich, so wird das Gesamtgut durch das Insolvenzverfahren über das Vermögen eines Ehegatten nicht berührt.
(3) Absatz 1 ist bei der fortgesetzten Gütergemeinschaft mit der Maßgabe anzuwenden, daß an die Stelle des Ehegatten, der das Gesamtgut allein verwaltet, der überlebende Ehegatte, an die Stelle des anderen Ehegatten die Abkömmlinge treten.
(4) Die Absätze 1 bis 3 gelten für Lebenspartner entsprechend.

§ 38 Begriff der Insolvenzgläubiger

Die Insolvenzmasse dient zur Befriedigung der persönlichen Gläubiger, die einen zur Zeit der Eröffnung des Insolvenzverfahrens begründeten Vermögensanspruch gegen den Schuldner haben (Insolvenzgläubiger).

§ 39 Nachrangige Insolvenzgläubiger

(1) Im Rang nach den übrigen Forderungen der Insolvenzgläubiger werden in folgender Rangfolge, bei gleichem Rang nach dem Verhältnis ihrer Beträge, berichtigt:
1. die seit der Eröffnung des Insolvenzverfahrens laufenden Zinsen und Säumniszuschläge auf Forderungen der Insolvenzgläubiger;
2. die Kosten, die den einzelnen Insolvenzgläubigern durch ihre Teilnahme am Verfahren erwachsen;
3. Geldstrafen, Geldbußen, Ordnungsgelder und Zwangsgelder sowie solche Nebenfolgen einer Straftat oder Ordnungswidrigkeit, die zu einer Geldzahlung verpflichten;
4. Forderungen auf eine unentgeltliche Leistung des Schuldners;
5. nach Maßgabe der Absätze 4 und 5 Forderungen auf Rückgewähr eines Gesellschafterdarlehens oder Forderungen aus Rechtshandlungen, die einem solchen Darlehen wirtschaftlich entsprechen.

Satz 1 Nummer 5 ist nicht anzuwenden, wenn eine staatliche Förderbank oder eines ihrer Tochterunternehmen einem Unternehmen, an dem die staatliche Förderbank oder eines ihrer Tochterunternehmen beteiligt ist, ein Darlehen gewährt oder eine andere einer Darlehensgewährung wirtschaftlich entsprechende Rechtshandlung vorgenommen hat.
(2) Forderungen, für die zwischen Gläubiger und Schuldner der Nachrang im Insolvenzverfahren vereinbart worden ist, werden im Zweifel nach den in Absatz 1 bezeichneten Forderungen berichtigt.

(3) Die Zinsen der Forderungen nachrangiger Insolvenzgläubiger und die Kosten, die diesen Gläubigern durch ihre Teilnahme am Verfahren entstehen, haben den gleichen Rang wie die Forderungen dieser Gläubiger.
(4) Absatz 1 Nr. 5 gilt für Gesellschaften, die weder eine natürliche Person noch eine Gesellschaft als persönlich haftenden Gesellschafter haben, bei der ein persönlich haftender Gesellschafter eine natürliche Person ist. Erwirbt ein Gläubiger bei drohender oder eingetretener Zahlungsunfähigkeit der Gesellschaft oder bei Überschuldung Anteile zum Zweck ihrer Sanierung, führt dies bis zur nachhaltigen Sanierung nicht zur Anwendung von Absatz 1 Nr. 5 auf seine Forderungen aus bestehenden oder neu gewährten Darlehen oder auf Forderungen aus Rechtshandlungen, die einem solchen Darlehen wirtschaftlich entsprechen.
(5) Absatz 1 Nr. 5 gilt nicht für den nicht geschäftsführenden Gesellschafter einer Gesellschaft im Sinne des Absatzes 4 Satz 1, der mit 10 Prozent oder weniger am Haftkapital beteiligt ist.

§ 40 Unterhaltsansprüche

Familienrechtliche Unterhaltsansprüche gegen den Schuldner können im Insolvenzverfahren für die Zeit nach der Eröffnung nur geltend gemacht werden, soweit der Schuldner als Erbe des Verpflichteten haftet. § 100 bleibt unberührt.

§ 41 Nicht fällige Forderungen

(1) Nicht fällige Forderungen gelten als fällig.
(2) Sind sie unverzinslich, so sind sie mit dem gesetzlichen Zinssatz abzuzinsen. Sie vermindern sich dadurch auf den Betrag, der bei Hinzurechnung der gesetzlichen Zinsen für die Zeit von der Eröffnung des Insolvenzverfahrens bis zur Fälligkeit dem vollen Betrag der Forderung entspricht.

§ 42 Auflösend bedingte Forderungen

Auflösend bedingte Forderungen werden, solange die Bedingung nicht eingetreten ist, im Insolvenzverfahren wie unbedingte Forderungen berücksichtigt.

§ 43 Haftung mehrerer Personen

Ein Gläubiger, dem mehrere Personen für dieselbe Leistung auf das Ganze haften, kann im Insolvenzverfahren gegen jeden Schuldner bis zu seiner vollen Befriedigung den ganzen Betrag geltend machen, den er zur Zeit der Eröffnung des Verfahrens zu fordern hatte.

§ 44 Rechte der Gesamtschuldner und Bürgen

Der Gesamtschuldner und der Bürge können die Forderung, die sie durch eine Befriedigung des Gläubigers künftig gegen den Schuldner erwerben könnten, im Insolvenzverfahren nur dann geltend machen, wenn der Gläubiger seine Forderung nicht geltend macht.

§ 44a Gesicherte Darlehen

In dem Insolvenzverfahren über das Vermögen einer Gesellschaft kann ein Gläubiger nach Maßgabe des § 39 Abs. 1 Nr. 5 für eine Forderung auf Rückgewähr eines Darlehens oder für eine gleichgestellte Forderung, für die ein Gesellschafter eine Sicherheit bestellt oder für die er sich verbürgt hat, nur anteilsmäßige Befriedigung aus der Insolvenzmasse verlangen, soweit er bei der Inanspruchnahme der Sicherheit oder des Bürgen ausgefallen ist.

§ 45 Umrechnung von Forderungen

Forderungen, die nicht auf Geld gerichtet sind oder deren Geldbetrag unbestimmt ist, sind mit dem Wert geltend zu machen, der für die Zeit der Eröffnung des Insolvenzverfahrens geschätzt werden kann. Forderungen, die in ausländischer Währung oder in einer Rechnungseinheit ausgedrückt sind, sind nach dem Kurswert, der zur Zeit der Verfahrenseröffnung für den Zahlungsort maßgeblich ist, in inländische Währung umzurechnen.

§ 46 Wiederkehrende Leistungen

Forderungen auf wiederkehrende Leistungen, deren Betrag und Dauer bestimmt sind, sind mit dem Betrag geltend zu machen, der sich ergibt, wenn die noch ausstehenden Leistungen unter Abzug des in § 41 bezeichneten Zwischenzinses zusammengerechnet werden. Ist die Dauer der Leistungen unbestimmt, so gilt § 45 Satz 1 entsprechend.

§ 47 Aussonderung

Wer auf Grund eines dinglichen oder persönlichen Rechts geltend machen kann, daß ein Gegenstand nicht zur Insolvenzmasse gehört, ist kein Insolvenzgläubiger. Sein Anspruch auf Aussonderung des Gegenstands bestimmt sich nach den Gesetzen, die außerhalb des Insolvenzverfahrens gelten.

§ 48 Ersatzaussonderung

Ist ein Gegenstand, dessen Aussonderung hätte verlangt werden können, vor der Eröffnung des Insolvenzverfahrens vom Schuldner oder nach der Eröffnung vom Insolvenzverwalter unberechtigt veräußert worden, so kann der Aussonderungsberechtigte die Abtretung des Rechts auf die Gegenleistung verlangen, soweit diese noch aussteht. Er kann die Gegenleistung aus der Insolvenzmasse verlangen, soweit sie in der Masse unterscheidbar vorhanden ist.

§ 49 Abgesonderte Befriedigung aus unbeweglichen Gegenständen

Gläubiger, denen ein Recht auf Befriedigung aus Gegenständen zusteht, die der Zwangsvollstreckung in das unbewegliche Vermögen unterliegen (unbewegliche Gegenstände), sind nach Maßgabe des Gesetzes über die Zwangsversteigerung und die Zwangsverwaltung zur abgesonderten Befriedigung berechtigt.

§ 50 Abgesonderte Befriedigung der Pfandgläubiger

(1) Gläubiger, die an einem Gegenstand der Insolvenzmasse ein rechtsgeschäftliches Pfandrecht, ein durch Pfändung erlangtes Pfandrecht oder ein gesetzliches Pfandrecht haben, sind nach Maßgabe der §§ 166 bis 173 für Hauptforderung, Zinsen und Kosten zur abgesonderten Befriedigung aus dem Pfandgegenstand berechtigt.
(2) Das gesetzliche Pfandrecht des Vermieters oder Verpächters kann im Insolvenzverfahren wegen der Miete oder Pacht für eine frühere Zeit als die letzten zwölf Monate vor der Eröffnung des Verfahrens sowie wegen der Entschädigung, die infolge einer Kündigung des Insolvenzverwalters zu zahlen ist, nicht geltend gemacht werden. Das Pfandrecht des Verpächters eines landwirtschaftlichen Grundstücks unterliegt wegen der Pacht nicht dieser Beschränkung.

§ 51 Sonstige Absonderungsberechtigte

Den in § 50 genannten Gläubigern stehen gleich:
1. Gläubiger, denen der Schuldner zur Sicherung eines Anspruchs eine bewegliche Sache übereignet oder ein Recht übertragen hat;
2. Gläubiger, denen ein Zurückbehaltungsrecht an einer Sache zusteht, weil sie etwas zum Nutzen der Sache verwendet haben, soweit ihre Forderung aus der Verwendung den noch vorhandenen Vorteil nicht übersteigt;
3. Gläubiger, denen nach dem Handelsgesetzbuch ein Zurückbehaltungsrecht zusteht;

4. Bund, Länder, Gemeinden und Gemeindeverbände, soweit ihnen zoll- und steuerpflichtige Sachen nach gesetzlichen Vorschriften als Sicherheit für öffentliche Abgaben dienen.

§ 52 Ausfall der Absonderungsberechtigten

Gläubiger, die abgesonderte Befriedigung beanspruchen können, sind Insolvenzgläubiger, soweit ihnen der Schuldner auch persönlich haftet. Sie sind zur anteilsmäßigen Befriedigung aus der Insolvenzmasse jedoch nur berechtigt, soweit sie auf eine abgesonderte Befriedigung verzichten oder bei ihr ausgefallen sind.

§ 53 Massegläubiger

Aus der Insolvenzmasse sind die Kosten des Insolvenzverfahrens und die sonstigen Masseverbindlichkeiten vorweg zu berichtigen.

§ 54 Kosten des Insolvenzverfahrens

Kosten des Insolvenzverfahrens sind:
1. die Gerichtskosten für das Insolvenzverfahren;
2. die Vergütungen und die Auslagen des vorläufigen Insolvenzverwalters, des Insolvenzverwalters und der Mitglieder des Gläubigerausschusses.

§ 55 Sonstige Masseverbindlichkeiten

(1) Masseverbindlichkeiten sind weiter die Verbindlichkeiten:
1. die durch Handlungen des Insolvenzverwalters oder in anderer Weise durch die Verwaltung, Verwertung und Verteilung der Insolvenzmasse begründet werden, ohne zu den Kosten des Insolvenzverfahrens zu gehören;
2. aus gegenseitigen Verträgen, soweit deren Erfüllung zur Insolvenzmasse verlangt wird oder für die Zeit nach der Eröffnung des Insolvenzverfahrens erfolgen muß;
3. aus einer ungerechtfertigten Bereicherung der Masse.

(2) Verbindlichkeiten, die von einem vorläufigen Insolvenzverwalter begründet worden sind, auf den die Verfügungsbefugnis über das Vermögen des Schuldners übergegangen ist, gelten nach der Eröffnung des Verfahrens als Masseverbindlichkeiten. Gleiches gilt für Verbindlichkeiten aus einem Dauerschuldverhältnis, soweit der vorläufige Insolvenzverwalter für das von ihm verwaltete Vermögen die Gegenleistung in Anspruch genommen hat.

(3) Gehen nach Absatz 2 begründete Ansprüche auf Arbeitsentgelt nach § 169 des Dritten Buches Sozialgesetzbuch auf die Bundesanstalt für Arbeit über, so kann die Bundesanstalt diese nur als Insolvenzgläubiger geltend machen. Satz 1 gilt entsprechend für die in § 175 Absatz 1 des Dritten Buches Sozialgesetzbuch bezeichneten Ansprüche, soweit diese gegenüber dem Schuldner bestehen bleiben.

(4) Umsatzsteuerverbindlichkeiten des Insolvenzschuldners, die von einem vorläufigen Insolvenzverwalter oder vom Schuldner mit Zustimmung eines vorläufigen Insolvenzverwalters oder vom Schuldner nach Bestellung eines vorläufigen Sachwalters begründet worden sind, gelten nach Eröffnung des Insolvenzverfahrens als Masseverbindlichkeit. Den Umsatzsteuerverbindlichkeiten stehen die folgenden Verbindlichkeiten gleich:
1. sonstige Ein- und Ausfuhrabgaben,
2. bundesgesetzlich geregelte Verbrauchsteuern,
3. die Luftverkehr- und die Kraftfahrzeugsteuer und
4. die Lohnsteuer.

Dritter Abschnitt Insolvenzverwalter, Organe der Gläubiger

§ 56 Bestellung des Insolvenzverwalters

(1) Zum Insolvenzverwalter ist eine für den jeweiligen Einzelfall geeignete, insbesondere geschäftskundige und von den Gläubigern und dem Schuldner unabhängige natürliche Person zu bestellen, die aus dem Kreis aller zur Übernahme von Insolvenzverwaltungen bereiten Personen auszuwählen ist. Wer als Restrukturierungsbeauftragter oder Sanierungsmoderator in einer Restrukturierungssache des Schuldners tätig war, kann, wenn der Schuldner mindestens zwei der drei in § 22a Absatz 1 genannten Voraussetzungen erfüllt, nur dann zum Insolvenzverwalter bestellt werden, wenn der vorläufige Gläubigerausschuss zustimmt. Die Bereitschaft zur Übernahme von Insolvenzverwaltungen kann auf bestimmte Verfahren beschränkt werden. Die erforderliche Unabhängigkeit wird nicht schon dadurch ausgeschlossen, dass die Person
1. vom Schuldner oder von einem Gläubiger vorgeschlagen worden ist oder
2. den Schuldner vor dem Eröffnungsantrag in allgemeiner Form über den Ablauf eines Insolvenzverfahrens und dessen Folgen beraten hat

(2) Der Verwalter erhält eine Urkunde über seine Bestellung. Bei Beendigung seines Amtes hat er die Urkunde dem Insolvenzgericht zurückzugeben.

§ 56a Gläubigerbeteiligung bei der Verwalterbestellung

(1) Vor der Bestellung des Verwalters ist dem vorläufigen Gläubigerausschuss Gelegenheit zu geben, sich zu den Anforderungen, die an den Verwalter zu stellen sind, und zur Person des Verwalters zu äußern, soweit dies nicht innerhalb von zwei Werktagen offensichtlich zu einer nachteiligen Veränderung der Vermögenslage des Schuldners führt.
(2) Das Gericht darf von einem einstimmigen Vorschlag des vorläufigen Gläubigerausschusses zur Person des Verwalters nur abweichen, wenn die vorgeschlagene Person für die Übernahme des Amtes nicht geeignet ist. Das Gericht hat bei der Auswahl des Verwalters die vom vorläufigen Gläubigerausschuss beschlossenen Anforderungen an die Person des Verwalters zugrunde zu legen.
(3) Sieht das Gericht mit Rücksicht auf eine nachteilige Veränderung der Vermögenslage des Schuldners von einer Anhörung nach Absatz 1 ab, hat es seine Entscheidung schriftlich zu begründen. Der vorläufige Gläubigerausschuss kann in seiner ersten Sitzung einstimmig eine andere Person als die bestellte zum Insolvenzverwalter wählen.

§ 56b Verwalterbestellung bei Schuldnern derselben Unternehmensgruppe

(1) Wird über das Vermögen von gruppenangehörigen Schuldnern die Eröffnung eines Insolvenzverfahrens beantragt, so haben die angegangenen Insolvenzgerichte sich darüber abzustimmen, ob es im Interesse der Gläubiger liegt, lediglich eine Person zum Insolvenzverwalter zu bestellen. Bei der Abstimmung ist insbesondere zu erörtern, ob diese Person alle Verfahren über die gruppenangehörigen Schuldner mit der gebotenen Unabhängigkeit wahrnehmen kann und ob mögliche Interessenkonflikte durch die Bestellung von Sonderinsolvenzverwaltern ausgeräumt werden können.
(2) Von dem Vorschlag oder den Vorgaben eines vorläufigen Gläubigerausschusses nach § 56a kann das Gericht abweichen, wenn der für einen anderen gruppenangehörigen Schuldner bestellte vorläufige Gläubigerausschuss eine andere Person einstimmig vorschlägt, die sich für eine Tätigkeit nach Absatz 1 Satz 1 eignet. Vor der Bestellung dieser Person ist der vorläufige Gläubigerausschuss anzuhören. Ist zur Auflösung von Interessenkonflikten ein Sonderinsolvenzverwalter zu bestellen, findet § 56a entsprechende Anwendung.

§ 57 Wahl eines anderen Insolvenzverwalters

In der ersten Gläubigerversammlung, die auf die Bestellung des Insolvenzverwalters folgt, können die Gläubiger an dessen Stelle eine andere Person wählen. Die andere Person ist gewählt, wenn neben der in § 76 Abs. 2 genannten Mehrheit auch die Mehrheit der abstimmenden Gläubiger für sie gestimmt hat. Das Gericht kann die Bestellung des Gewählten nur versagen, wenn dieser für die Übernahme des Amtes nicht geeignet ist. Gegen die Versagung steht jedem Insolvenzgläubiger die sofortige Beschwerde zu.

§ 58 Aufsicht des Insolvenzgerichts

(1) Der Insolvenzverwalter steht unter der Aufsicht des Insolvenzgerichts. Das Gericht kann jederzeit einzelne Auskünfte oder einen Bericht über den Sachstand und die Geschäftsführung von ihm verlangen.
(2) Erfüllt der Verwalter seine Pflichten nicht, so kann das Gericht nach vorheriger Androhung Zwangsgeld gegen ihn festsetzen. Das einzelne Zwangsgeld darf den Betrag von fünfundzwanzigtausend Euro nicht übersteigen. Gegen den Beschluß steht dem Verwalter die sofortige Beschwerde zu.
(3) Absatz 2 gilt entsprechend für die Durchsetzung der Herausgabepflichten eines entlassenen Verwalters.

§ 59 Entlassung des Insolvenzverwalters

(1) Das Insolvenzgericht kann den Insolvenzverwalter aus wichtigem Grund aus dem Amt entlassen. Die Entlassung kann von Amts wegen oder auf Antrag des Verwalters, des Schuldners, des Gläubigerausschusses, der Gläubigerversammlung oder eines Insolvenzgläubigers erfolgen. Auf Antrag des Schuldners oder eines Insolvenzgläubigers erfolgt die Entlassung nur, wenn dies innerhalb von sechs Monaten nach der Bestellung beantragt wird und der Verwalter nicht unabhängig ist; dies ist von dem Antragsteller glaubhaft zu machen. Vor der Entscheidung des Gerichts ist der Verwalter zu hören.
(2) Gegen die Entlassung steht dem Verwalter die sofortige Beschwerde zu. Gegen die Ablehnung des Antrags steht dem Antragsteller die sofortige Beschwerde zu. Hat die Gläubigerversammlung den Antrag gestellt, steht auch jedem Insolvenzgläubiger die sofortige Beschwerde zu.

§ 60 Haftung des Insolvenzverwalters

(1) Der Insolvenzverwalter ist allen Beteiligten zum Schadenersatz verpflichtet, wenn er schuldhaft die Pflichten verletzt, die ihm nach diesem Gesetz obliegen. Er hat für die Sorgfalt eines ordentlichen und gewissenhaften Insolvenzverwalters einzustehen.
(2) Soweit er zur Erfüllung der ihm als Verwalter obliegenden Pflichten Angestellte des Schuldners im Rahmen ihrer bisherigen Tätigkeit einsetzen muß und diese Angestellten nicht offensichtlich ungeeignet sind, hat der Verwalter ein Verschulden dieser Personen nicht gemäß § 278 des Bürgerlichen Gesetzbuchs zu vertreten, sondern ist nur für deren Überwachung und für Entscheidungen von besonderer Bedeutung verantwortlich.

§ 61 Nichterfüllung von Masseverbindlichkeiten

Kann eine Masseverbindlichkeit, die durch eine Rechtshandlung des Insolvenzverwalters begründet worden ist, aus der Insolvenzmasse nicht voll erfüllt werden, so ist der Verwalter dem Massegläubiger zum Schadenersatz verpflichtet. Dies gilt nicht, wenn der Verwalter bei der Begründung der Verbindlichkeit nicht erkennen konnte, daß die Masse voraussichtlich zur Erfüllung nicht ausreichen würde.

§ 62 Verjährung

Die Verjährung des Anspruchs auf Ersatz des Schadens, der aus einer Pflichtverletzung des Insolvenzverwalters entstanden ist, richtet sich nach den Regelungen über die regelmäßige Verjährung nach dem Bürgerlichen Gesetzbuch. Der Anspruch verjährt spätestens in drei Jahren von der Aufhebung oder der Rechtskraft der Einstellung des Insolvenzverfahrens an. Für Pflichtverletzungen, die im Rahmen einer Nachtragsverteilung (§ 203) oder einer Überwachung der Planerfüllung (§ 260) begangen worden sind, gilt Satz 2 mit der Maßgabe, daß an die Stelle der Aufhebung des Insolvenzverfahrens der Vollzug der Nachtragsverteilung oder die Beendigung der Überwachung tritt.

§ 63 Vergütung des Insolvenzverwalters

(1) Der Insolvenzverwalter hat Anspruch auf Vergütung für seine Geschäftsführung und auf Erstattung angemessener Auslagen. Der Regelsatz der Vergütung wird nach dem Wert der Insolvenzmasse zur Zeit der Beendigung des Insolvenzverfahrens berechnet. Dem Umfang und der Schwierigkeit der Geschäftsführung des Verwalters wird durch Abweichungen vom Regelsatz Rechnung getragen.
(2) Sind die Kosten des Verfahrens nach § 4a gestundet, steht dem Insolvenzverwalter für seine Vergütung und seine Auslagen ein Anspruch gegen die Staatskasse zu, soweit die Insolvenzmasse dafür nicht ausreicht.
(3) Die Tätigkeit des vorläufigen Insolvenzverwalters wird gesondert vergütet. Er erhält in der Regel 25 Prozent der Vergütung des Insolvenzverwalters bezogen auf das Vermögen, auf das sich seine Tätigkeit während des Eröffnungsverfahrens erstreckt. Maßgebend für die Wertermittlung ist der Zeitpunkt der Beendigung der vorläufigen Verwaltung oder der Zeitpunkt, ab dem der Gegenstand nicht mehr der vorläufigen Verwaltung unterliegt. Beträgt die Differenz des tatsächlichen Werts der Berechnungsgrundlage der Vergütung zu dem der Vergütung zugrunde gelegten Wert mehr als 20 Prozent, so kann das Gericht den Beschluss über die Vergütung des vorläufigen Insolvenzverwalters bis zur Rechtskraft der Entscheidung über die Vergütung des Insolvenzverwalters ändern.

§ 64 Festsetzung durch das Gericht

(1) Das Insolvenzgericht setzt die Vergütung und die zu erstattenden Auslagen des Insolvenzverwalters durch Beschluß fest.
(2) Der Beschluß ist öffentlich bekanntzumachen und dem Verwalter, dem Schuldner und, wenn ein Gläubigerausschuß bestellt ist, den Mitgliedern des Ausschusses besonders zuzustellen. Die festgesetzten Beträge sind nicht zu veröffentlichen; in der öffentlichen Bekanntmachung ist darauf hinzuweisen, daß der vollständige Beschluß in der Geschäftsstelle eingesehen werden kann.
(3) Gegen den Beschluß steht dem Verwalter, dem Schuldner und jedem Insolvenzgläubiger die sofortige Beschwerde zu. § 567 Abs. 2 der Zivilprozeßordnung gilt entsprechend.

§ 65 Verordnungsermächtigung

Das Bundesministerium der Justiz und für Verbraucherschutz wird ermächtigt, die Vergütung und die Erstattung der Auslagen des vorläufigen Insolvenzverwalters und des Insolvenzverwalters sowie das hierfür maßgebliche Verfahren durch Rechtsverordnung zu regeln.

§ 66 Rechnungslegung

(1) Der Insolvenzverwalter hat bei der Beendigung seines Amtes einer Gläubigerversammlung Rechnung zu legen.
(2) Vor der Gläubigerversammlung prüft das Insolvenzgericht die Schlußrechnung des Verwalters. Es legt die Schlußrechnung mit den Belegen, mit einem Vermerk über die Prüfung und, wenn ein Gläubigerausschuß bestellt ist, mit dessen Bemerkungen zur Einsicht der Beteiligten aus; es kann dem Gläubigerausschuß für dessen Stellungnahme eine Frist setzen. Der Zeitraum zwischen der Auslegung der Unterlagen und dem Termin der Gläubigerversammlung soll mindestens eine Woche betragen.
(3) Die Gläubigerversammlung kann dem Verwalter aufgeben, zu bestimmten Zeitpunkten während des Verfahrens Zwischenrechnung zu legen. Die Absätze 1 und 2 gelten entsprechend.

(4) Der Insolvenzplan kann eine abweichende Regelung treffen.

§ 67 Einsetzung des Gläubigerausschusses

(1) Vor der ersten Gläubigerversammlung kann das Insolvenzgericht einen Gläubigerausschuß einsetzen.
(2) Im Gläubigerausschuß sollen die absonderungsberechtigten Gläubiger, die Insolvenzgläubiger mit den höchsten Forderungen und die Kleingläubiger vertreten sein. Dem Ausschuß soll ein Vertreter der Arbeitnehmer angehören.
(3) Zu Mitgliedern des Gläubigerausschusses können auch Personen bestellt werden, die keine Gläubiger sind.

§ 68 Wahl anderer Mitglieder

(1) Die Gläubigerversammlung beschließt, ob ein Gläubigerausschuß eingesetzt werden soll. Hat das Insolvenzgericht bereits einen Gläubigerausschuß eingesetzt, so beschließt sie, ob dieser beibehalten werden soll.
(2) Sie kann vom Insolvenzgericht bestellte Mitglieder abwählen und andere oder zusätzliche Mitglieder des Gläubigerausschusses wählen.

§ 69 Aufgaben des Gläubigerausschusses

Die Mitglieder des Gläubigerausschusses haben den Insolvenzverwalter bei seiner Geschäftsführung zu unterstützen und zu überwachen. Sie haben sich über den Gang der Geschäfte zu unterrichten sowie die Bücher und Geschäftspapiere einsehen und den Geldverkehr und -bestand prüfen zu lassen.

§ 70 Entlassung

Das Insolvenzgericht kann ein Mitglied des Gläubigerausschusses aus wichtigem Grund aus dem Amt entlassen. Die Entlassung kann von Amts wegen, auf Antrag des Mitglieds des Gläubigerausschusses oder auf Antrag der Gläubigerversammlung erfolgen. Vor der Entscheidung des Gerichts ist das Mitglied des Gläubigerausschusses zu hören; gegen die Entscheidung steht ihm die sofortige Beschwerde zu.

§ 71 Haftung der Mitglieder des Gläubigerausschusses

Die Mitglieder des Gläubigerausschusses sind den absonderungsberechtigten Gläubigern und den Insolvenzgläubigern zum Schadenersatz verpflichtet, wenn sie schuldhaft die Pflichten verletzen, die ihnen nach diesem Gesetz obliegen. § 62 gilt entsprechend.

§ 72 Beschlüsse des Gläubigerausschusses

Ein Beschluß des Gläubigerausschusses ist gültig, wenn die Mehrheit der Mitglieder an der Beschlußfassung teilgenommen hat und der Beschluß mit der Mehrheit der abgegebenen Stimmen gefaßt worden ist.

§ 73 Vergütung der Mitglieder des Gläubigerausschusses

(1) Die Mitglieder des Gläubigerausschusses haben Anspruch auf Vergütung für ihre Tätigkeit und auf Erstattung angemessener Auslagen. Dabei ist dem Zeitaufwand und dem Umfang der Tätigkeit Rechnung zu tragen.
(2) § 63 Abs. 2 sowie die §§ 64 und 65 gelten entsprechend.

§ 74 Einberufung der Gläubigerversammlung

(1) Die Gläubigerversammlung wird vom Insolvenzgericht einberufen. Zur Teilnahme an der Versammlung sind alle absonderungsberechtigten Gläubiger, alle Insolvenzgläubiger, der Insolvenzverwalter, die Mitglieder des Gläubigerausschusses und der Schuldner berechtigt.
(2) Die Zeit, der Ort und die Tagesordnung der Gläubigerversammlung sind öffentlich bekanntzumachen. Die öffentliche Bekanntmachung kann unterbleiben, wenn in einer Gläubigerversammlung die Verhandlung vertagt wird.

§ 75 Antrag auf Einberufung

(1) Die Gläubigerversammlung ist einzuberufen, wenn dies beantragt wird:
1. vom Insolvenzverwalter;
2. vom Gläubigerausschuß;
3. von mindestens fünf absonderungsberechtigten Gläubigern oder nicht nachrangigen Insolvenzgläubigern, deren Absonderungsrechte und Forderungen nach der Schätzung des Insolvenzgerichts zusammen ein Fünftel der Summe erreichen, die sich aus dem Wert aller Absonderungsrechte und den Forderungsbeträgen aller nicht nachrangigen Insolvenzgläubiger ergibt;
4. von einem oder mehreren absonderungsberechtigten Gläubigern oder nicht nachrangigen Insolvenzgläubigern, deren Absonderungsrechte und Forderungen nach der Schätzung des Gerichts zwei Fünftel der in Nummer 3 bezeichneten Summe erreichen.

(2) Der Zeitraum zwischen dem Eingang des Antrags und dem Termin der Gläubigerversammlung soll höchstens drei Wochen betragen.
(3) Wird die Einberufung abgelehnt, so steht dem Antragsteller die sofortige Beschwerde zu.

§ 76 Beschlüsse der Gläubigerversammlung

(1) Die Gläubigerversammlung wird vom Insolvenzgericht geleitet.
(2) Ein Beschluß der Gläubigerversammlung kommt zustande, wenn die Summe der Forderungsbeträge der zustimmenden Gläubiger mehr als die Hälfte der Summe der Forderungsbeträge der abstimmenden Gläubiger beträgt; bei absonderungsberechtigten Gläubigern, denen der Schuldner nicht persönlich haftet, tritt der Wert des Absonderungsrechts an die Stelle des Forderungsbetrags.

§ 77 Feststellung des Stimmrechts

(1) Ein Stimmrecht gewähren die Forderungen, die angemeldet und weder vom Insolvenzverwalter noch von einem stimmberechtigten Gläubiger bestritten worden sind. Nachrangige Gläubiger sind nicht stimmberechtigt.
(2) Die Gläubiger, deren Forderungen bestritten werden, sind stimmberechtigt, soweit sich in der Gläubigerversammlung der Verwalter und die erschienenen stimmberechtigten Gläubiger über das Stimmrecht geeinigt haben. Kommt es nicht zu einer Einigung, so entscheidet das Insolvenzgericht. Es kann seine Entscheidung auf den Antrag des Verwalters oder eines in der Gläubigerversammlung erschienenen Gläubigers ändern.
(3) Absatz 2 gilt entsprechend
1. für die Gläubiger aufschiebend bedingter Forderungen;
2. für die absonderungsberechtigten Gläubiger.

§ 78 Aufhebung eines Beschlusses der Gläubigerversammlung

(1) Widerspricht ein Beschluß der Gläubigerversammlung dem gemeinsamen Interesse der Insolvenzgläubiger, so hat das Insolvenzgericht den Beschluß aufzuheben, wenn ein absonderungsberechtigter Gläubiger, ein nicht nachrangiger Insolvenzgläubiger oder der Insolvenzverwalter dies in der Gläubigerversammlung beantragt.

(2) Die Aufhebung des Beschlusses ist öffentlich bekanntzumachen. Gegen die Aufhebung steht jedem absonderungsberechtigten Gläubiger und jedem nicht nachrangigen Insolvenzgläubiger die sofortige Beschwerde zu. Gegen die Ablehnung des Antrags auf Aufhebung steht dem Antragsteller die sofortige Beschwerde zu.

§ 79 Unterrichtung der Gläubigerversammlung

Die Gläubigerversammlung ist berechtigt, vom Insolvenzverwalter einzelne Auskünfte und einen Bericht über den Sachstand und die Geschäftsführung zu verlangen. Ist ein Gläubigerausschuß nicht bestellt, so kann die Gläubigerversammlung den Geldverkehr und -bestand des Verwalters prüfen lassen.

Dritter Teil – Wirkungen der Eröffnung des Insolvenzverfahrens

Erster Abschnitt – Allgemeine Wirkungen

§ 80 Übergang des Verwaltungs- und Verfügungsrechts

(1) Durch die Eröffnung des Insolvenzverfahrens geht das Recht des Schuldners, das zur Insolvenzmasse gehörende Vermögen zu verwalten und über es zu verfügen, auf den Insolvenzverwalter über.
(2) Ein gegen den Schuldner bestehendes Veräußerungsverbot, das nur den Schutz bestimmter Personen bezweckt (§§ 135, 136 des Bürgerlichen Gesetzbuchs), hat im Verfahren keine Wirkung. Die Vorschriften über die Wirkungen einer Pfändung oder einer Beschlagnahme im Wege der Zwangsvollstreckung bleiben unberührt.

§ 81 Verfügungen des Schuldners

(1) Hat der Schuldner nach der Eröffnung des Insolvenzverfahrens über einen Gegenstand der Insolvenzmasse verfügt, so ist diese Verfügung unwirksam. Unberührt bleiben die §§ 892, 893 des Bürgerlichen Gesetzbuchs, §§ 16, 17 des Gesetzes über Rechte an eingetragenen Schiffen und Schiffsbauwerken und §§ 16, 17 des Gesetzes über Rechte an Luftfahrzeugen. Dem anderen Teil ist die Gegenleistung aus der Insolvenzmasse zurückzugewähren, soweit die Masse durch sie bereichert ist.
(2) Für eine Verfügung über künftige Forderungen auf Bezüge aus einem Dienstverhältnis des Schuldners oder an deren Stelle tretende laufende Bezüge gilt Absatz 1 auch insoweit, als die Bezüge für die Zeit nach der Beendigung des Insolvenzverfahrens betroffen sind. Das Recht des Schuldners zur Abtretung dieser Bezüge an einen Treuhänder mit dem Ziel der gemeinschaftlichen Befriedigung der Insolvenzgläubiger bleibt unberührt.
(3) Hat der Schuldner am Tag der Eröffnung des Verfahrens verfügt, so wird vermutet, daß er nach der Eröffnung verfügt hat. Eine Verfügung des Schuldners über Finanzsicherheiten im Sinne des § 1 Abs. 17 des Kreditwesengesetzes nach der Eröffnung ist, unbeschadet der §§ 129 bis 147, wirksam, wenn sie am Tag der Eröffnung erfolgt und der andere Teil nachweist, dass er die Eröffnung des Verfahrens weder kannte noch kennen musste.

§ 82 Leistungen an den Schuldner

Ist nach der Eröffnung des Insolvenzverfahrens zur Erfüllung einer Verbindlichkeit an den Schuldner geleistet worden, obwohl die Verbindlichkeit zur Insolvenzmasse zu erfüllen war, so wird der Leistende befreit, wenn er zur Zeit der Leistung die Eröffnung des Verfahrens nicht kannte. Hat er vor der öffentlichen Bekanntmachung der Eröffnung geleistet, so wird vermutet, daß er die Eröffnung nicht kannte.

§ 83 Erbschaft, Fortgesetzte Gütergemeinschaft

(1) Ist dem Schuldner vor der Eröffnung des Insolvenzverfahrens eine Erbschaft oder ein Vermächtnis angefallen oder geschieht dies während des Verfahrens, so steht die Annahme oder Ausschlagung nur dem Schuldner zu. Gleiches gilt von der Ablehnung der fortgesetzten Gütergemeinschaft.
(2) Ist der Schuldner Vorerbe, so darf der Insolvenzverwalter über die Gegenstände der Erbschaft nicht verfügen, wenn die Verfügung im Falle des Eintritts der Nacherbfolge nach § 2115 des Bürgerlichen Gesetzbuchs dem Nacherben gegenüber unwirksam ist.

§ 84 Auseinandersetzung einer Gesellschaft oder Gemeinschaft

(1) Besteht zwischen dem Schuldner und Dritten eine Gemeinschaft nach Bruchteilen, eine andere Gemeinschaft oder eine rechtsfähige Personengesellschaft, so erfolgt die Teilung oder sonstige Auseinandersetzung außerhalb des Insolvenzverfahrens. Aus dem dabei ermittelten Anteil des Schuldners kann für Ansprüche aus dem Rechtsverhältnis abgesonderte Befriedigung verlangt werden.
(2) Eine Vereinbarung, durch die bei einer Gemeinschaft nach Bruchteilen das Recht, die Aufhebung der Gemeinschaft zu verlangen, für immer oder auf Zeit ausgeschlossen oder eine Kündigungsfrist bestimmt worden ist, hat im Verfahren keine Wirkung. Gleiches gilt für eine Anordnung dieses Inhalts, die ein Erblasser für die Gemeinschaft seiner Erben getroffen hat, und für eine entsprechende Vereinbarung der Miterben.

§ 85 Aufnahme von Aktivprozessen

(1) Rechtsstreitigkeiten über das zur Insolvenzmasse gehörende Vermögen, die zur Zeit der Eröffnung des Insolvenzverfahrens für den Schuldner anhängig sind, können in der Lage, in der sie sich befinden, vom Insolvenzverwalter aufgenommen werden. Wird die Aufnahme verzögert, so gilt § 239 Abs. 2 bis 4 der Zivilprozeßordnung entsprechend.
(2) Lehnt der Verwalter die Aufnahme des Rechtsstreits ab, so können sowohl der Schuldner als auch der Gegner den Rechtsstreit aufnehmen.

§ 86 Aufnahme bestimmter Passivprozesse

(1) Rechtsstreitigkeiten, die zur Zeit der Eröffnung des Insolvenzverfahrens gegen den Schuldner anhängig sind, können sowohl vom Insolvenzverwalter als auch vom Gegner aufgenommen werden, wenn sie betreffen:
1. die Aussonderung eines Gegenstands aus der Insolvenzmasse,
2. die abgesonderte Befriedigung oder
3. eine Masseverbindlichkeit.

(2) Erkennt der Verwalter den Anspruch sofort an, so kann der Gegner einen Anspruch auf Erstattung der Kosten des Rechtsstreits nur als Insolvenzgläubiger geltend machen.

§ 87 Forderungen der Insolvenzgläubiger

Die Insolvenzgläubiger können ihre Forderungen nur nach den Vorschriften über das Insolvenzverfahren verfolgen.

§ 88 Vollstreckung vor Verfahrenseröffnung

(1) Hat ein Insolvenzgläubiger im letzten Monat vor dem Antrag auf Eröffnung des Insolvenzverfahrens oder nach diesem Antrag durch Zwangsvollstreckung eine Sicherung an dem zur Insolvenzmasse gehörenden Vermögen des Schuldners erlangt, so wird diese Sicherung mit der Eröffnung des Verfahrens unwirksam.

(2) Die in Absatz 1 genannte Frist beträgt drei Monate, wenn ein Verbraucherinsolvenzverfahren nach § 304 eröffnet wird.

§ 89 Vollstreckungsverbot

(1) Zwangsvollstreckungen für einzelne Insolvenzgläubiger sind während der Dauer des Insolvenzverfahrens weder in die Insolvenzmasse noch in das sonstige Vermögen des Schuldners zulässig.
(2) Zwangsvollstreckungen in künftige Forderungen auf Bezüge aus einem Dienstverhältnis des Schuldners oder an deren Stelle tretende laufende Bezüge sind während der Dauer des Verfahrens auch für Gläubiger unzulässig, die keine Insolvenzgläubiger sind. Dies gilt nicht für die Zwangsvollstreckung wegen eines Unterhaltsanspruchs oder einer Forderung aus einer vorsätzlichen unerlaubten Handlung in den Teil der Bezüge, der für andere Gläubiger nicht pfändbar ist.
(3) Über Einwendungen, die auf Grund des Absatzes 1 oder 2 gegen die Zulässigkeit einer Zwangsvollstreckung erhoben werden, entscheidet das Insolvenzgericht. Das Gericht kann vor der Entscheidung eine einstweilige Anordnung erlassen; es kann insbesondere anordnen, daß die Zwangsvollstreckung gegen oder ohne Sicherheitsleistung einstweilen einzustellen oder nur gegen Sicherheitsleistung fortzusetzen sei.

§ 90 Vollstreckungsverbot bei Masseverbindlichkeiten

(1) Zwangsvollstreckungen wegen Masseverbindlichkeiten, die nicht durch eine Rechtshandlung des Insolvenzverwalters begründet worden sind, sind für die Dauer von sechs Monaten seit der Eröffnung des Insolvenzverfahrens unzulässig.
(2) Nicht als derartige Masseverbindlichkeiten gelten die Verbindlichkeiten:
1. aus einem gegenseitigen Vertrag, dessen Erfüllung der Verwalter gewählt hat;
2. aus einem Dauerschuldverhältnis für die Zeit nach dem ersten Termin, zu dem der Verwalter kündigen konnte;
3. aus einem Dauerschuldverhältnis, soweit der Verwalter für die Insolvenzmasse die Gegenleistung in Anspruch nimmt.

§ 91 Ausschluß sonstigen Rechtserwerbs

(1) Rechte an den Gegenständen der Insolvenzmasse können nach der Eröffnung des Insolvenzverfahrens nicht wirksam erworben werden, auch wenn keine Verfügung des Schuldners und keine Zwangsvollstreckung für einen Insolvenzgläubiger zugrunde liegt.
(2) Unberührt bleiben die §§ 878, 892, 893 des Bürgerlichen Gesetzbuchs, § 3 Abs. 3, §§ 16, 17 des Gesetzes über Rechte an eingetragenen Schiffen und Schiffsbauwerken, § 5 Abs. 3, §§ 16, 17 des Gesetzes über Rechte an Luftfahrzeugen und § 20 Abs. 3 der Schiffahrtsrechtlichen Verteilungsordnung.

§ 92 Gesamtschaden

Ansprüche der Insolvenzgläubiger auf Ersatz eines Schadens, den diese Gläubiger gemeinschaftlich durch eine Verminderung des zur Insolvenzmasse gehörenden Vermögens vor oder nach der Eröffnung des Insolvenzverfahrens erlitten haben (Gesamtschaden), können während der Dauer des Insolvenzverfahrens nur vom Insolvenzverwalter geltend gemacht werden. Richten sich die Ansprüche gegen den Verwalter, so können sie nur von einem neu bestellten Insolvenzverwalter geltend gemacht werden.

§ 93 Persönliche Haftung der Gesellschafter

Ist das Insolvenzverfahren über das Vermögen einer rechtsfähigen Personengesellschaft oder einer Kommanditgesellschaft auf Aktien eröffnet, so kann die persönliche Haftung eines Gesellschafters für die Verbindlichkeiten der Gesellschaft während der Dauer des Insolvenzverfahrens nur vom Insolvenzverwalter geltend gemacht werden.

§ 94 Erhaltung einer Aufrechnungslage

Ist ein Insolvenzgläubiger zur Zeit der Eröffnung des Insolvenzverfahrens kraft Gesetzes oder auf Grund einer Vereinbarung zur Aufrechnung berechtigt, so wird dieses Recht durch das Verfahren nicht berührt.

§ 95 Eintritt der Aufrechnungslage im Verfahren

(1) Sind zur Zeit der Eröffnung des Insolvenzverfahrens die aufzurechnenden Forderungen oder eine von ihnen noch aufschiebend bedingt oder nicht fällig oder die Forderungen noch nicht auf gleichartige Leistungen gerichtet, so kann die Aufrechnung erst erfolgen, wenn ihre Voraussetzungen eingetreten sind. Die §§ 41, 45 sind nicht anzuwenden. Die Aufrechnung ist ausgeschlossen, wenn die Forderung, gegen die aufgerechnet werden soll, unbedingt und fällig wird, bevor die Aufrechnung erfolgen kann.

(2) Die Aufrechnung wird nicht dadurch ausgeschlossen, daß die Forderungen auf unterschiedliche Währungen oder Rechnungseinheiten lauten, wenn diese Währungen oder Rechnungseinheiten am Zahlungsort der Forderung, gegen die aufgerechnet wird, frei getauscht werden können. Die Umrechnung erfolgt nach dem Kurswert, der für diesen Ort zur Zeit des Zugangs der Aufrechnungserklärung maßgeblich ist.

§ 96 Unzulässigkeit der Aufrechnung

(1) Die Aufrechnung ist unzulässig,
1. wenn ein Insolvenzgläubiger erst nach der Eröffnung des Insolvenzverfahrens etwas zur Insolvenzmasse schuldig geworden ist,
2. wenn ein Insolvenzgläubiger seine Forderung erst nach der Eröffnung des Verfahrens von einem anderen Gläubiger erworben hat,
3. wenn ein Insolvenzgläubiger die Möglichkeit der Aufrechnung durch eine anfechtbare Rechtshandlung erlangt hat,
4. wenn ein Gläubiger, dessen Forderung aus dem freien Vermögen des Schuldners zu erfüllen ist, etwas zur Insolvenzmasse schuldet.

(2) Absatz 1 sowie § 95 Abs. 1 Satz 3 stehen nicht der Verfügung über Finanzsicherheiten im Sinne des § 1 Abs. 17 des Kreditwesengesetzes oder der Verrechnung von Ansprüchen und Leistungen aus Zahlungsaufträgen, Aufträgen zwischen Zahlungsdienstleistern oder zwischengeschalteten Stellen oder Aufträgen zur Übertragung von Wertpapieren entgegen, die in Systeme im Sinne des § 1 Abs. 16 des Kreditwesengesetzes eingebracht wurden, das der Ausführung solcher Verträge dient, sofern die Verrechnung spätestens am Tage der Eröffnung des Insolvenzverfahrens erfolgt; ist der andere Teil ein Systembetreiber oder Teilnehmer in dem System, bestimmt sich der Tag der Eröffnung nach dem Geschäftstag im Sinne des § 1 Absatz 16b des Kreditwesengesetzes

§ 97 Auskunfts- und Mitwirkungspflichten des Schuldners

(1) Der Schuldner ist verpflichtet, dem Insolvenzgericht, dem Insolvenzverwalter, dem Gläubigerausschuß und auf Anordnung des Gerichts der Gläubigerversammlung über alle das Verfahren betreffenden Verhältnisse Auskunft zu geben. Er hat auch Tatsachen zu offenbaren, die geeignet sind, eine Verfolgung wegen einer Straftat oder einer Ordnungswidrigkeit herbeizuführen. Jedoch darf eine Auskunft, die der Schuldner gemäß seiner Verpflichtung nach Satz 1 erteilt, in einem

Strafverfahren oder in einem Verfahren nach dem Gesetz über Ordnungswidrigkeiten gegen den Schuldner oder einen in § 52 Abs. 1 der Strafprozeßordnung bezeichneten Angehörigen des Schuldners nur mit Zustimmung des Schuldners verwendet werden.
(2) Der Schuldner hat den Verwalter bei der Erfüllung von dessen Aufgaben zu unterstützen.
(3) Der Schuldner ist verpflichtet, sich auf Anordnung des Gerichts jederzeit zur Verfügung zu stellen, um seine Auskunfts- und Mitwirkungspflichten zu erfüllen. Er hat alle Handlungen zu unterlassen, die der Erfüllung dieser Pflichten zuwiderlaufen.

§ 98 Durchsetzung der Pflichten des Schuldners

(1) Wenn es zur Herbeiführung wahrheitsgemäßer Aussagen erforderlich erscheint, ordnet das Insolvenzgericht an, daß der Schuldner zu Protokoll an Eides Statt versichert, er habe die von ihm verlangte Auskunft nach bestem Wissen und Gewissen richtig und vollständig erteilt. Die §§ 478 bis 480, 483 der Zivilprozeßordnung gelten entsprechend.
(1a) Das Gericht kann an Stelle des Gerichtsvollziehers die Maßnahmen nach § 802l Absatz 1 Satz 1 der Zivilprozessordnung durchführen, wenn
1. eine Aufforderung zur Auskunftserteilung nach § 97 Absatz 1 nicht zustellbar ist und
   a) die Anschrift, unter der die Zustellung ausgeführt werden sollte, mit der Anschrift übereinstimmt, die von einer der in § 755 Absatz 1 und 2 der Zivilprozessordnung genannten Stellen innerhalb von drei Monaten vor oder nach dem Zustellungsversuch mitgeteilt wurde, oder
   b) die Meldebehörde nach dem Zustellungsversuch die Auskunft erteilt, dass ihr keine derzeitige Anschrift des Schuldners bekannt ist, oder
   c) die Meldebehörde innerhalb von drei Monaten vor der Aufforderung zur Auskunftserteilung die Auskunft erteilt hat, dass ihr keine derzeitige Anschrift des Schuldners bekannt ist;
2. der Schuldner seiner Auskunftspflicht nach § 97 nicht nachkommt oder
3. dies aus anderen Gründen zur Erreichung der Zwecke des Insolvenzverfahrens erforderlich erscheint.
§ 802l Absatz 2 der Zivilprozessordnung ist entsprechend anzuwenden.
(2) Das Gericht kann den Schuldner zwangsweise vorführen und nach Anhörung in Haft nehmen lassen,
1. wenn der Schuldner eine Auskunft oder die eidesstattliche Versicherung oder die Mitwirkung bei der Erfüllung der Aufgaben des Insolvenzverwalters verweigert;
2. wenn der Schuldner sich der Erfüllung seiner Auskunfts- und Mitwirkungspflichten entziehen will, insbesondere Anstalten zur Flucht trifft, oder
3. wenn dies zur Vermeidung von Handlungen des Schuldners, die der Erfüllung seiner Auskunfts- und Mitwirkungspflichten zuwiderlaufen, insbesondere zur Sicherung der Insolvenzmasse, erforderlich ist.
(3) Für die Anordnung von Haft gelten die §§ 904 bis 906, 909, 910 und 913 der Zivilprozeßordnung entsprechend. Der Haftbefehl ist von Amts wegen aufzuheben, sobald die Voraussetzungen für die Anordnung von Haft nicht mehr vorliegen. Gegen die Anordnung der Haft und gegen die Abweisung eines Antrags auf Aufhebung des Haftbefehls wegen Wegfalls seiner Voraussetzungen findet die sofortige Beschwerde statt.

§ 99 Postsperre

(1) Soweit dies erforderlich erscheint, um für die Gläubiger nachteilige Rechtshandlungen des Schuldners aufzuklären oder zu verhindern, ordnet das Insolvenzgericht auf Antrag des Insolvenzverwalters oder von Amts wegen durch begründeten Beschluß an, dass die in dem Beschluss bezeichneten Unternehmen bestimmte oder alle Postsendungen für den Schuldner dem Verwalter zuzuleiten haben. Die Anordnung ergeht nach Anhörung des Schuldners, sofern dadurch nicht wegen besonderer Umstände des Einzelfalls der Zweck der Anordnung gefährdet wird. Unterbleibt die vorherige Anhörung des Schuldners, so ist dies in dem Beschluß gesondert zu begründen und die Anhörung unverzüglich nachzuholen.

(2) Der Verwalter ist berechtigt, die ihm zugeleiteten Sendungen zu öffnen. Sendungen, deren Inhalt nicht die Insolvenzmasse betrifft, sind dem Schuldner unverzüglich zuzuleiten. Die übrigen Sendungen kann der Schuldner einsehen.
(3) Gegen die Anordnung der Postsperre steht dem Schuldner die sofortige Beschwerde zu. Das Gericht hat die Anordnung nach Anhörung des Verwalters aufzuheben, soweit ihre Voraussetzungen fortfallen.

§ 100 Unterhalt aus der Insolvenzmasse

(1) Die Gläubigerversammlung beschließt, ob und in welchem Umfang dem Schuldner und seiner Familie Unterhalt aus der Insolvenzmasse gewährt werden soll.
(2) Bis zur Entscheidung der Gläubigerversammlung kann der Insolvenzverwalter mit Zustimmung des Gläubigerausschusses, wenn ein solcher bestellt ist, dem Schuldner den notwendigen Unterhalt gewähren. In gleicher Weise kann den minderjährigen unverheirateten Kindern des Schuldners, seinem Ehegatten, seinem früheren Ehegatten, seinem Lebenspartner, seinem früheren Lebenspartner und dem anderen Elternteils seines Kindes hinsichtlich des Anspruchs nach den §§ 1615l, 1615n des Bürgerlichen Gesetzbuchs Unterhalt gewährt werden.

§ 101 Organschaftliche Vertreter. Angestellte

(1) Ist der Schuldner keine natürliche Person, so gelten die §§ 97 bis 99 entsprechend für die Mitglieder des Vertretungs- oder Aufsichtsorgans und die vertretungsberechtigten persönlich haftenden Gesellschafter des Schuldners. § 97 Abs. 1 und § 98 gelten außerdem entsprechend für Personen, die nicht früher als zwei Jahre vor dem Antrag auf Eröffnung des Insolvenzverfahrens aus einer in Satz 1 genannten Stellung ausgeschieden sind; verfügt der Schuldner über keinen Vertreter, gilt dies auch für die Personen, die an ihm beteiligt sind. § 100 gilt entsprechend für die vertretungsberechtigten persönlich haftenden Gesellschafter des Schuldners.
(2) § 97 Abs. 1 Satz 1 gilt entsprechend für Angestellte und frühere Angestellte des Schuldners, sofern diese nicht früher als zwei Jahre vor dem Eröffnungsantrag ausgeschieden sind.
(3) Kommen die in den Absätzen 1 und 2 genannten Personen ihrer Auskunfts- und Mitwirkungspflicht nicht nach, können ihnen im Fall der Abweisung des Antrags auf Eröffnung des Insolvenzverfahrens die Kosten des Verfahrens auferlegt werden.

§ 102 Einschränkung eines Grundrechts

Durch § 21 Abs. 2 Nr. 4 und die §§ 99, 101 Abs. 1 Satz 1 wird das Grundrecht des Briefgeheimnisses sowie des Post- und Fernmeldegeheimnisses (Artikel 10 Grundgesetz) eingeschränkt.

Zweiter Abschnitt – Erfüllung der Rechtsgeschäfte, Mitwirkung des Betriebsrats

§ 103 Wahlrecht des Insolvenzverwalters

(1) Ist ein gegenseitiger Vertrag zur Zeit der Eröffnung des Insolvenzverfahrens vom Schuldner und vom anderen Teil nicht oder nicht vollständig erfüllt, so kann der Insolvenzverwalter anstelle des Schuldners den Vertrag erfüllen und die Erfüllung vom anderen Teil verlangen.
(2) Lehnt der Verwalter die Erfüllung ab, so kann der andere Teil eine Forderung wegen der Nichterfüllung nur als Insolvenzgläubiger geltend machen. Fordert der andere Teil den Verwalter zur Ausübung seines Wahlrechts auf, so hat der Verwalter unverzüglich zu erklären, ob die Erfüllung verlangen will. Unterläßt er dies, so kann er auf der Erfüllung nicht bestehen.

§ 104 Fixgeschäfte, Finanzleistungen, vertragliches Liquidationsnetting

(1) War die Lieferung von Waren, die einen Markt- oder Börsenpreis haben, genau zu einer festbestimmten Zeit oder innerhalb einer festbestimmten Frist vereinbart und tritt die Zeit oder der Ablauf der Frist erst nach Eröffnung des Insolvenzverfahrens ein, so kann nicht Erfüllung verlangt, sondern nur eine Forderung wegen Nichterfüllung geltend gemacht werden. Dies gilt auch für Geschäfte über Finanzleistungen, die einen Markt- oder Börsenpreis haben und für die eine bestimmte Zeit oder eine bestimmte Frist vereinbart war, die nach der Eröffnung des Verfahrens eintritt oder abläuft. Als Finanzleistungen gelten insbesondere
1. die Lieferung von Edelmetallen,
2. die Lieferung von Finanzinstrumenten oder vergleichbaren Rechten, soweit nicht der Erwerb einer Beteiligung an einem Unternehmen zur Herstellung einer dauernden Verbindung beabsichtigt ist,
3. Geldleistungen,
   a) die in ausländischer Währung oder in einer Rechnungseinheit zu erbringen sind oder
   b) deren Höhe unmittelbar oder mittelbar durch den Kurs einer ausländischen Währung oder einer Rechnungseinheit, durch den Zinssatz von Forderungen oder durch den Preis anderer Güter oder Leistungen bestimmt wird,
4. von Nummer 2 nicht ausgeschlossene Lieferungen und Geldleistungen aus derivativen Finanzinstrumenten,
5. Optionen und andere Rechte auf Lieferungen nach Satz 1 oder auf Lieferungen, Geldleistungen, Optionen und Rechte im Sinne der Nummern 1 bis 5,
6. Finanzsicherheiten im Sinne des § 1 Absatz 17 des Kreditwesengesetzes.

Finanzinstrumente im Sinne von Satz 3 Nummer 2 und 4 sind die in Anhang I Abschnitt C der Richtlinie 2014/65/ EU des Europäischen Parlaments und des Rates vom 15. Mai 2014 über Märkte für Finanzinstrumente sowie zur Änderung der Richtlinien 2002/92/EG und 2011/61/EU (ABl. L 173 vom 12.6.2014, S. 349; L 74 vom 18.3.2015, S. 38; L 188 vom 13.7.2016, S. 28; L 273 vom 8.10.2016, S. 35), die zuletzt durch die Richtlinie (EU) 2016/1034 (ABl. L 175 vom 30.6.2016, S. 8) geändert worden ist, genannten Instrumente.

(2) Die Forderung wegen Nichterfüllung bestimmt sich nach dem Markt- oder Börsenwert des Geschäfts. Als Markt- oder Börsenwert gilt
1. der Markt- oder Börsenpreis für ein Ersatzgeschäft, das unverzüglich, spätestens jedoch am fünften Werktag nach der Eröffnung des Verfahrens abgeschlossen wird, oder
2. falls kein Ersatzgeschäft nach Nummer 1 abgeschlossen wird, der Markt- oder Börsenpreis für ein Ersatzgeschäft, das am zweiten Werktag nach der Verfahrenseröffnung hätte abgeschlossen werden können.

Sofern das Marktgeschehen den Abschluss eines Ersatzgeschäfts nach Satz 2 Nummer 1 oder 2 nicht zulässt, ist der Markt- und Börsenwert nach Methoden und Verfahren zu bestimmen, die Gewähr für eine angemessene Bewertung des Geschäfts bieten.

(3) Werden Geschäfte nach Absatz 1 durch einen Rahmenvertrag oder das Regelwerk einer zentralen Gegenpartei im Sinne von § 1 Absatz 31 des Kreditwesengesetzes zu einem einheitlichen Vertrag zusammengefasst, der vorsieht, dass die einbezogenen Geschäfte bei Vorliegen bestimmter Gründe nur einheitlich beendet werden können, gilt die Gesamtheit der einbezogenen Geschäfte als ein Geschäft im Sinne des Absatzes 1. Dies gilt auch dann, wenn zugleich andere Geschäfte einbezogen werden; für letztere gelten die allgemeinen Bestimmungen.

(4) Die Vertragsparteien können abweichende Bestimmungen treffen, sofern diese mit den wesentlichen Grundgedanken der jeweiligen gesetzlichen Regelung vereinbar sind, von der abgewichen wird. Sie können insbesondere vereinbaren,
1. dass die Wirkungen nach Absatz 1 auch vor der Verfahrenseröffnung eintreten, insbesondere bei Stellung des Antrags einer Vertragspartei auf Eröffnung eines Insolvenzverfahrens über das eigene Vermögen oder bei Vorliegen eines Eröffnungsgrundes (vertragliche Beendigung),
2. dass einer vertraglichen Beendigung auch solche Geschäfte nach Absatz 1 unterliegen, bei denen die Ansprüche auf die Lieferung der Ware oder die Erbringung der Finanzleistung vor der Verfahrenseröffnung, aber nach dem für die vertragliche Beendigung vorgesehenen Zeitpunkt fällig werden,

3. dass zwecks Bestimmung des Markt- oder Börsenwerts des Geschäfts
   a) der Zeitpunkt der vertraglichen Beendigung an die Stelle der Verfahrenseröffnung tritt,
   b) die Vornahme des Ersatzgeschäfts nach Absatz 2 Satz 2 Nummer 1 bis zum Ablauf des 20. Werktags nach der vertraglichen Beendigung erfolgen kann, soweit dies für eine wertschonende Abwicklung erforderlich ist,
   c) anstelle des in Absatz 2 Satz 2 Nummer 2 genannten Zeitpunkts ein Zeitpunkt oder Zeitraum zwischen der vertraglichen Beendigung und dem Ablauf des fünften darauf folgenden Werktags maßgeblich ist.

(5) Der andere Teil kann die Forderung wegen Nichterfüllung nur als Insolvenzgläubiger geltend machen.

§ 105 Teilbare Leistungen

Sind die geschuldeten Leistungen teilbar und hat der andere Teil die ihm obliegende Leistung zur Zeit der Eröffnung des Insolvenzverfahrens bereits teilweise erbracht, so ist er mit dem der Teilleistung entsprechenden Betrag seines Anspruchs auf die Gegenleistung Insolvenzgläubiger, auch wenn der Insolvenzverwalter wegen der noch ausstehenden Leistung Erfüllung verlangt. Der andere Teil ist nicht berechtigt, wegen der Nichterfüllung seines Anspruchs auf die Gegenleistung die Rückgabe einer vor der Eröffnung des Verfahrens in das Vermögen des Schuldners übergegangenen Teilleistung aus der Insolvenzmasse zu verlangen.

§ 106 Vormerkung

(1) Ist zur Sicherung eines Anspruchs auf Einräumung oder Aufhebung eines Rechts an einem Grundstück des Schuldners oder an einem für den Schuldner eingetragenen Recht oder zur Sicherung eines Anspruchs auf Änderung des Inhalts oder des Ranges eines solchen Rechts eine Vormerkung im Grundbuch eingetragen, so kann der Gläubiger für seinen Anspruch Befriedigung aus der Insolvenzmasse verlangen. Dies gilt auch, wenn der Schuldner dem Gläubiger gegenüber weitere Verpflichtungen übernommen hat und diese nicht oder nicht vollständig erfüllt sind.
(2) Für eine Vormerkung, die im Schiffsregister, Schiffsbauregister oder Register für Pfandrechte an Luftfahrzeugen eingetragen ist, gilt Absatz 1 entsprechend.

§ 107 Eigentumsvorbehalt

(1) Hat vor der Eröffnung des Insolvenzverfahrens der Schuldner eine bewegliche Sache unter Eigentumsvorbehalt verkauft und dem Käufer den Besitz an der Sache übertragen, so kann der Käufer die Erfüllung des Kaufvertrages verlangen. Dies gilt auch, wenn der Schuldner dem Käufer gegenüber weitere Verpflichtungen übernommen hat und diese nicht oder nicht vollständig erfüllt sind.
(2) Hat vor der Eröffnung des Insolvenzverfahrens der Schuldner eine bewegliche Sache unter Eigentumsvorbehalt gekauft und vom Verkäufer den Besitz an der Sache erlangt, so braucht der Insolvenzverwalter, den der Verkäufer zur Ausübung des Wahlrechts aufgefordert hat, die Erklärung nach § 103 Abs. 2 Satz 2 erst unverzüglich nach dem Berichtstermin abzugeben. Dies gilt nicht, wenn in der Zeit bis zum Berichtstermin eine erhebliche Verminderung des Wertes der Sache zu erwarten ist und der Gläubiger den Verwalter auf diesen Umstand hingewiesen hat.

§ 108 Fortbestehen bestimmter Schuldverhältnisse

(1) Miet- und Pachtverhältnisse des Schuldners über unbewegliche Gegenstände oder Räume sowie Dienstverhältnisse des Schuldners bestehen mit Wirkung für die Insolvenzmasse fort. Dies gilt auch für Miet- und Pachtverhältnisse, die der Schuldner als Vermieter oder Verpächter eingegangen war und die sonstige Gegenstände betreffen, die einem Dritten, der ihre Anschaffung oder Herstellung finanziert hat, zur Sicherheit übertragen wurden.

(2) Ein vom Schuldner als Darlehensgeber eingegangenes Darlehensverhältnis besteht mit Wirkung für die Masse fort, soweit dem Darlehensnehmer der geschuldete Gegenstand zur Verfügung gestellt wurde.
(3) Ansprüche für die Zeit vor der Eröffnung des Insolvenzverfahrens kann der andere Teil nur als Insolvenzgläubiger geltend machen.

§ 109 Schuldner als Mieter oder Pächter

(1) Ein Miet- oder Pachtverhältnis über einen unbeweglichen Gegenstand oder über Räume, das der Schuldner als Mieter oder Pächter eingegangen war, kann der Insolvenzverwalter ohne Rücksicht auf die vereinbarte Vertragsdauer oder einen vereinbarten Ausschluss des Rechts zur ordentlichen Kündigung kündigen; die Kündigungsfrist beträgt drei Monate zum Monatsende, wenn nicht eine kürzere Frist maßgeblich ist. Ist Gegenstand des Mietverhältnisses die Wohnung des Schuldners, so tritt an die Stelle der Kündigung das Recht des Insolvenzverwalters zu erklären, dass Ansprüche, die nach Ablauf der in Satz 1 genannten Frist fällig werden, nicht im Insolvenzverfahren geltend gemacht werden können. Kündigt der Verwalter nach Satz 1 oder gibt er die Erklärung nach Satz 2 ab, so kann der andere Teil wegen der vorzeitigen Beendigung des Vertragsverhältnisses oder wegen der Folgen der Erklärung als Insolvenzgläubiger Schadenersatz verlangen.
(2) Waren dem Schuldner der unbewegliche Gegenstand oder die Räume zur Zeit der Eröffnung des Verfahrens noch nicht überlassen, so kann sowohl der Verwalter als auch der andere Teil vom Vertrag zurücktreten. Tritt der Verwalter zurück, so kann der andere Teil wegen der vorzeitigen Beendigung des Vertragsverhältnisses als Insolvenzgläubiger Schadenersatz verlangen. Jeder Teil hat dem anderen auf dessen Verlangen binnen zwei Wochen zu erklären, ob er vom Vertrag zurücktreten will; unterläßt er dies, so verliert er das Rücktrittsrecht.

§ 110 Schuldner als Vermieter oder Verpächter

(1) Hatte der Schuldner als Vermieter oder Verpächter eines unbeweglichen Gegenstands oder von Räumen vor der Eröffnung des Insolvenzverfahrens über die Miet- oder Pachtforderung für die spätere Zeit verfügt, so ist diese Verfügung nur wirksam, soweit sie sich auf die Miete oder Pacht für den zur Zeit der Eröffnung des Verfahrens laufenden Kalendermonat bezieht. Ist die Eröffnung nach dem fünfzehnten Tag des Monats erfolgt, so ist die Verfügung auch für den folgenden Kalendermonat wirksam.
(2) Eine Verfügung im Sinne des Absatzes 1 ist insbesondere die Einziehung der Miete oder Pacht. Einer rechtsgeschäftlichen Verfügung steht eine Verfügung gleich, die im Wege der Zwangsvollstreckung erfolgt.
(3) Der Mieter oder der Pächter kann gegen die Miet- oder Pachtforderung für den in Absatz 1 bezeichneten Zeitraum eine Forderung aufrechnen, die ihm gegen den Schuldner zusteht. Die §§ 95 und 96 Nr. 2 bis 4 bleiben unberührt.

§ 111 Veräußerung des Miet- oder Pachtobjekts

Veräußert der Insolvenzverwalter einen unbeweglichen Gegenstand oder Räume, die der Schuldner vermietet oder verpachtet hatte, und tritt der Erwerber anstelle des Schuldners in das Miet- oder Pachtverhältnis ein, so kann der Erwerber das Miet- oder Pachtverhältnis unter Einhaltung der gesetzlichen Frist kündigen. Die Kündigung kann nur für den ersten Termin erfolgen, für den sie zulässig ist.

§ 112 Kündigungssperre

Ein Miet- oder Pachtverhältnis, das der Schuldner als Mieter oder Pächter eingegangen war, kann der andere Teil nach dem Antrag auf Eröffnung des Insolvenzverfahrens nicht kündigen:
1. wegen eines Verzugs mit der Entrichtung der Miete oder Pacht, der in der Zeit vor dem Eröffnungsantrag eingetreten ist;

2. wegen einer Verschlechterung der Vermögensverhältnisse des Schuldners.

§ 113 Kündigung eines Dienstverhältnisses

(1) Ein Dienstverhältnis, bei dem der Schuldner der Dienstberechtigte ist, kann vom Insolvenzverwalter und vom anderen Teil ohne Rücksicht auf eine vereinbarte Vertragsdauer oder einen vereinbarten Ausschluß des Rechts zur ordentlichen Kündigung gekündigt werden. Die Kündigungsfrist beträgt drei Monate zum Monatsende, wenn nicht eine kürzere Frist maßgeblich ist. Kündigt der Verwalter, so kann der andere Teil wegen der vorzeitigen Beendigung des Dienstverhältnisses als Insolvenzgläubiger Schadenersatz verlangen.

§ 114 (weggefallen)

§ 115 Erlöschen von Aufträgen

(1) Ein vom Schuldner erteilter Auftrag, der sich auf das zur Insolvenzmasse gehörende Vermögen bezieht, erlischt durch die Eröffnung des Insolvenzverfahrens.
(2) Der Beauftragte hat, wenn mit dem Aufschub Gefahr verbunden ist, die Besorgung des übertragenen Geschäfts fortzusetzen, bis der Insolvenzverwalter anderweitig Fürsorge treffen kann. Der Auftrag gilt insoweit als fortbestehend. Mit seinen Ersatzansprüchen aus dieser Fortsetzung ist der Beauftragte Massegläubiger.
(3) Solange der Beauftragte die Eröffnung des Verfahrens ohne Verschulden nicht kennt, gilt der Auftrag zu seinen Gunsten als fortbestehend. Mit den Ersatzansprüchen aus dieser Fortsetzung ist der Beauftragte Insolvenzgläubiger.

§ 116 Erlöschen von Geschäftsbesorgungsverträgen

Hat sich jemand durch einen Dienst- oder Werkvertrag mit dem Schuldner verpflichtet, ein Geschäft für diesen zu besorgen, so gilt § 115 entsprechend. Dabei gelten die Vorschriften für die Ersatzansprüche aus der Fortsetzung der Geschäftsbesorgung auch für die Vergütungsansprüche. Satz 1 findet keine Anwendung auf Überweisungsverträge sowie auf Zahlungsaufträge sowie auf Aufträge zwischen Zahlungsdienstleistern oder zwischengeschalteten Stellen und Aufträge zur Übertragung von Wertpapieren; diese bestehen mit Wirkung für die Masse fort.

§ 117 Erlöschen von Vollmachten

(1) Eine vom Schuldner erteilte Vollmacht, die sich auf das zur Insolvenzmasse gehörende Vermögen bezieht, erlischt durch die Eröffnung des Insolvenzverfahrens.
(2) Soweit ein Auftrag oder ein Geschäftsbesorgungsvertrag nach § 115 Abs. 2 fortbesteht, gilt auch die Vollmacht als fortbestehend.
(3) Solange der Bevollmächtigte die Eröffnung des Verfahrens ohne Verschulden nicht kennt, haftet er nicht nach § 179 des Bürgerlichen Gesetzbuchs.

§ 118 Auflösung von Gesellschaften

Wird eine rechtsfähige Personengesellschaft oder eine Kommanditgesellschaft auf Aktien durch die Eröffnung des Insolvenzverfahrens über das Vermögen eines Gesellschafters aufgelöst, so ist der geschäftsführende Gesellschafter mit den Ansprüchen, die ihm aus der einstweiligen Fortführung eilbedürftiger Geschäfte zustehen, Massegläubiger. Mit den Ansprüchen aus der Fortführung der Geschäfte während der Zeit, in der er die Eröffnung des Insolvenzverfahrens ohne sein Verschulden nicht kannte, ist er Insolvenzgläubiger; § 84 Abs. 1 bleibt unberührt.

§ 119 Unwirksamkeit abweichender Vereinbarungen

Vereinbarungen, durch die im voraus die Anwendung der §§ 103 bis 118 ausgeschlossen oder beschränkt wird, sind unwirksam.

§ 120 Kündigung von Betriebsvereinbarungen

(1) Sind in Betriebsvereinbarungen Leistungen vorgesehen, welche die Insolvenzmasse belasten, so sollen Insolvenzverwalter und Betriebsrat über eine einvernehmliche Herabsetzung der Leistungen beraten. Diese Betriebsvereinbarungen können auch dann mit einer Frist von drei Monaten gekündigt werden, wenn eine längere Frist vereinbart ist.
(2) Unberührt bleibt das Recht, eine Betriebsvereinbarung aus wichtigem Grund ohne Einhaltung einer Kündigungsfrist zu kündigen.

§ 121 Betriebsänderungen und Vermittlungsverfahren

Im Insolvenzverfahren über das Vermögen des Unternehmers gilt § 112 Abs. 2 Satz 1 des Betriebsverfassungsgesetzes mit der Maßgabe, daß dem Verfahren vor der Einigungsstelle nur dann ein Vermittlungsversuch des Präsidenten des Landesarbeitsamts vorangeht, wenn der Insolvenzverwalter und der Betriebsrat gemeinsam um eine solche Vermittlung ersuchen.

§ 122 Gerichtliche Zustimmung zur Durchführung einer Betriebsänderung

(1) Ist eine Betriebsänderung geplant und kommt zwischen Insolvenzverwalter und Betriebsrat der Interessenausgleich nach § 112 des Betriebsverfassungsgesetzes nicht innerhalb von drei Wochen nach Verhandlungsbeginn oder schriftlicher Aufforderung zur Aufnahme von Verhandlungen zustande, obwohl der Verwalter den Betriebsrat rechtzeitig und umfassend unterrichtet hat, so kann der Verwalter die Zustimmung des Arbeitsgerichts dazu beantragen, daß die Betriebsänderung durchgeführt wird, ohne daß das Verfahren nach § 112 Abs. 2 des Betriebsverfassungsgesetzes vorangegangen ist. § 113 Abs. 3 des Betriebsverfassungsgesetzes ist insoweit nicht anzuwenden. Unberührt bleibt das Recht des Verwalters, einen Interessenausgleich nach § 125 zustande zu bringen oder einen Feststellungsantrag nach § 126 zu stellen.
(2) Das Gericht erteilt die Zustimmung, wenn die wirtschaftliche Lage des Unternehmens auch unter Berücksichtigung der sozialen Belange der Arbeitnehmer erfordert, daß die Betriebsänderung ohne vorheriges Verfahren nach § 112 Abs. 2 des Betriebsverfassungsgesetzes durchgeführt wird. Die Vorschriften des Arbeitsgerichtsgesetzes über das Beschlußverfahren gelten entsprechend; Beteiligte sind der Insolvenzverwalter und der Betriebsrat. Der Antrag ist nach Maßgabe des § 61a Abs. 3 bis 6 des Arbeitsgerichtsgesetzes vorrangig zu erledigen.
(3) Gegen den Beschluß des Gerichts findet die Beschwerde an das Landesarbeitsgericht nicht statt. Die Rechtsbeschwerde an das Bundesarbeitsgericht findet statt, wenn sie in dem Beschluß des Arbeitsgerichts zugelassen wird; § 72 Abs. 2 und 3 des Arbeitsgerichtsgesetzes gilt entsprechend. Die Rechtsbeschwerde ist innerhalb eines Monats nach Zustellung der in vollständiger Form abgefaßten Entscheidung des Arbeitsgerichts beim Bundesarbeitsgericht einzulegen und zu begründen.

§ 123 Umfang des Sozialplans

(1) In einem Sozialplan, der nach der Eröffnung des Insolvenzverfahrens aufgestellt wird, kann für den Ausgleich oder die Milderung der wirtschaftlichen Nachteile, die den Arbeitnehmern infolge der geplanten Betriebsänderung entstehen, ein Gesamtbetrag von bis zu zweieinhalb Monatsverdiensten (§ 10 Abs. 3 des Kündigungsschutzgesetzes) der von einer Entlassung betroffenen Arbeitnehmer vorgesehen werden.
(2) Die Verbindlichkeiten aus einem solchen Sozialplan sind Masseverbindlichkeiten. Jedoch darf, wenn nicht ein Insolvenzplan zustande kommt, für die Berichtigung von Sozialplanforderungen nicht mehr als ein Drittel der Masse verwendet werden, die ohne einen Sozialplan für die

Verteilung an die Insolvenzgläubiger zur Verfügung stünde. Übersteigt der Gesamtbetrag aller Sozialplanforderungen diese Grenze, so sind die einzelnen Forderungen anteilig zu kürzen.
(3) Sooft hinreichende Barmittel in der Masse vorhanden sind, soll der Insolvenzverwalter mit Zustimmung des Insolvenzgerichts Abschlagszahlungen auf die Sozialplanforderungen leisten. Eine Zwangsvollstreckung in die Masse wegen einer Sozialplanforderung ist unzulässig.

§ 124 Sozialplan vor Verfahrenseröffnung

(1) Ein Sozialplan, der vor der Eröffnung des Insolvenzverfahrens, jedoch nicht früher als drei Monate vor dem Eröffnungsantrag aufgestellt worden ist, kann sowohl vom Insolvenzverwalter als auch vom Betriebsrat widerrufen werden.
(2) Wird der Sozialplan widerrufen, so können die Arbeitnehmer, denen Forderungen aus dem Sozialplan zustanden, bei der Aufstellung eines Sozialplans im Insolvenzverfahren berücksichtigt werden.
(3) Leistungen, die ein Arbeitnehmer vor der Eröffnung des Verfahrens auf seine Forderung aus dem widerrufenen Sozialplan erhalten hat, können nicht wegen des Widerrufs zurückgefordert werden. Bei der Aufstellung eines neuen Sozialplans sind derartige Leistungen an einen von einer Entlassung betroffenen Arbeitnehmer bei der Berechnung des Gesamtbetrags der Sozialplanforderungen nach § 123 Abs. 1 bis zur Höhe von zweieinhalb Monatsverdiensten abzusetzen.

§ 125 Interessenausgleich und Kündigungsschutz

(1) Ist eine Betriebsänderung (§ 111 des Betriebsverfassungsgesetzes) geplant und kommt zwischen Insolvenzverwalter und Betriebsrat ein Interessenausgleich zustande, in dem die Arbeitnehmer, denen gekündigt werden soll, namentlich bezeichnet sind, so ist § 1 des Kündigungsschutzgesetzes mit folgenden Maßgaben anzuwenden:
1. es wird vermutet, daß die Kündigung der Arbeitnehmer durch dringende betriebliche Erfordernisse, die einer Weiterbeschäftigung in diesem Betrieb oder einer Weiterbeschäftigung zu unveränderten Arbeitsbedingungen entgegenstehen, bedingt ist;
2. die soziale Auswahl der Arbeitnehmer kann nur im Hinblick auf die Dauer der Betriebszugehörigkeit, das Lebensalter und die Unterhaltspflichten und auch insoweit nur auf grobe Fehlerhaftigkeit nachgeprüft werden; sie ist nicht als grob fehlerhaft anzusehen, wenn eine ausgewogene Personalstruktur erhalten oder geschaffen wird.

Satz 1 gilt nicht, soweit sich die Sachlage nach Zustandekommen des Interessenausgleichs wesentlich geändert hat.
(2) Der Interessenausgleich nach Absatz 1 ersetzt die Stellungnahme des Betriebsrats nach § 17 Abs. 3 Satz 2 des Kündigungsschutzgesetzes.

§ 126 Beschlußverfahren zum Kündigungsschutz

(1) Hat der Betrieb keinen Betriebsrat oder kommt aus anderen Gründen innerhalb von drei Wochen nach Verhandlungsbeginn oder schriftlicher Aufforderung zur Aufnahme von Verhandlungen ein Interessenausgleich nach § 125 Abs. 1 nicht zustande, obwohl der Verwalter den Betriebsrat rechtzeitig und umfassend unterrichtet hat, so kann der Insolvenzverwalter beim Arbeitsgericht beantragen festzustellen, daß die Kündigung der Arbeitsverhältnisse bestimmter, im Antrag bezeichneter Arbeitnehmer durch dringende betriebliche Erfordernisse bedingt und sozial gerechtfertigt ist. Die soziale Auswahl der Arbeitnehmer kann nur im Hinblick auf die Dauer der Betriebszugehörigkeit, das Lebensalter und die Unterhaltspflichten nachgeprüft werden.
(2) Die Vorschriften des Arbeitsgerichtsgesetzes über das Beschlußverfahren gelten entsprechend; Beteiligte sind der Insolvenzverwalter, der Betriebsrat und die bezeichneten Arbeitnehmer, soweit sie nicht mit der Beendigung der Arbeitsverhältnisse oder mit den geänderten Arbeitsbedingungen einverstanden sind. § 122 Abs. 2 Satz 3, Abs. 3 gilt entsprechend.

(3) Für die Kosten, die den Beteiligten im Verfahren des ersten Rechtszugs entstehen, gilt § 12a Abs. 1 Satz 1 und 2 des Arbeitsgerichtsgesetzes entsprechend. Im Verfahren vor dem Bundesarbeitsgericht gelten die Vorschriften der Zivilprozeßordnung über die Erstattung der Kosten des Rechtsstreits entsprechend.

§ 127 Klage des Arbeitnehmers

(1) Kündigt der Insolvenzverwalter einem Arbeitnehmer, der in dem Antrag nach § 126 Abs. 1 bezeichnet ist, und erhebt der Arbeitnehmer Klage auf Feststellung, daß das Arbeitsverhältnis durch die Kündigung nicht aufgelöst oder die Änderung der Arbeitsbedingungen sozial ungerechtfertigt ist, so ist die rechtskräftige Entscheidung im Verfahren nach § 126 für die Parteien bindend. Dies gilt nicht, soweit sich die Sachlage nach dem Schluß der letzten mündlichen Verhandlung wesentlich geändert hat.
(2) Hat der Arbeitnehmer schon vor der Rechtskraft der Entscheidung im Verfahren nach § 126 Klage erhoben, so ist die Verhandlung über die Klage auf Antrag des Verwalters bis zu diesem Zeitpunkt auszusetzen.

§ 128 Betriebsveräußerung

(1) Die Anwendung der §§ 125 bis 127 wird nicht dadurch ausgeschlossen, daß die Betriebsänderung, die dem Interessenausgleich oder dem Feststellungsantrag zugrundeliegt, erst nach einer Betriebsveräußerung durchgeführt werden soll. An dem Verfahren nach § 126 ist der Erwerber des Betriebs beteiligt.
(2) Im Falle eines Betriebsübergangs erstreckt sich die Vermutung nach § 125 Abs. 1 Satz 1 Nr. 1 oder die gerichtliche Feststellung nach § 126 Abs. 1 Satz 1 auch darauf, daß die Kündigung der Arbeitsverhältnisse nicht wegen des Betriebsübergangs erfolgt.

Dritter Abschnitt – Insolvenzanfechtung

§ 129 Grundsatz

(1) Rechtshandlungen, die vor der Eröffnung des Insolvenzverfahrens vorgenommen worden sind und die Insolvenzgläubiger benachteiligen, kann der Insolvenzverwalter nach Maßgabe der §§ 130 bis 146 anfechten.
(2) Eine Unterlassung steht einer Rechtshandlung gleich.

§ 130 Kongruente Deckung

(1) Anfechtbar ist eine Rechtshandlung, die einem Insolvenzgläubiger eine Sicherung oder Befriedigung gewährt oder ermöglicht hat,
1. wenn sie in den letzten drei Monaten vor dem Antrag auf Eröffnung des Insolvenzverfahrens vorgenommen worden ist, wenn zur Zeit der Handlung der Schuldner zahlungsunfähig war und wenn der Gläubiger zu dieser Zeit die Zahlungsunfähigkeit kannte oder
2. wenn sie nach dem Eröffnungsantrag vorgenommen worden ist und wenn der Gläubiger zur Zeit der Handlung die Zahlungsunfähigkeit oder den Eröffnungsantrag kannte.

Dies gilt nicht, soweit die Rechtshandlung auf einer Sicherungsvereinbarung beruht, die die Verpflichtung enthält, eine Finanzsicherheit, eine andere oder eine zusätzliche Finanzsicherheit im Sinne des § 1 Abs. 17 des Kreditwesengesetzes zu bestellen, um das in der Sicherungsvereinbarung festgelegte Verhältnis zwischen dem Wert der gesicherten Verbindlichkeiten und dem Wert der geleisteten Sicherheiten wiederherzustellen (Margensicherheit).
(2) Der Kenntnis der Zahlungsunfähigkeit oder des Eröffnungsantrags steht die Kenntnis von Umständen gleich, die zwingend auf die Zahlungsunfähigkeit oder den Eröffnungsantrag schließen lassen.
(3) Gegenüber einer Person, die dem Schuldner zur Zeit der Handlung nahestand (§ 138), wird vermutet, daß sie die Zahlungsunfähigkeit oder den Eröffnungsantrag kannte.

§ 131 Inkongruente Deckung

(1) Anfechtbar ist eine Rechtshandlung, die einem Insolvenzgläubiger eine Sicherung oder Befriedigung gewährt oder ermöglicht hat, die er nicht oder nicht in der Art oder nicht zu der Zeit zu beanspruchen hatte,
1. wenn die Handlung im letzten Monat vor dem Antrag auf Eröffnung des Insolvenzverfahrens oder nach diesem Antrag vorgenommen worden ist,
2. wenn die Handlung innerhalb des zweiten oder dritten Monats vor dem Eröffnungsantrag vorgenommen worden ist und der Schuldner zur Zeit der Handlung zahlungsunfähig war oder
3. wenn die Handlung innerhalb des zweiten oder dritten Monats vor dem Eröffnungsantrag vorgenommen worden ist und dem Gläubiger zur Zeit der Handlung bekannt war, daß sie die Insolvenzgläubiger benachteiligte.

(2) Für die Anwendung des Absatzes 1 Nr. 3 steht der Kenntnis der Benachteiligung der Insolvenzgläubiger die Kenntnis von Umständen gleich, die zwingend auf die Benachteiligung schließen lassen. Gegenüber einer Person, die dem Schuldner zur Zeit der Handlung nahestand (§ 138), wird vermutet, daß sie die Benachteiligung der Insolvenzgläubiger kannte.

§ 132 Unmittelbar nachteilige Rechtshandlungen

(1) Anfechtbar ist ein Rechtsgeschäft des Schuldners, das die Insolvenzgläubiger unmittelbar benachteiligt,
1. wenn es in den letzten drei Monaten vor dem Antrag auf Eröffnung des Insolvenzverfahrens vorgenommen worden ist, wenn zur Zeit des Rechtsgeschäfts der Schuldner zahlungsunfähig war und wenn der andere Teil zu dieser Zeit die Zahlungsunfähigkeit kannte oder
2. wenn es nach dem Eröffnungsantrag vorgenommen worden ist und wenn der andere Teil zur Zeit des Rechtsgeschäfts die Zahlungsunfähigkeit oder den Eröffnungsantrag kannte.

(2) Einem Rechtsgeschäft, das die Insolvenzgläubiger unmittelbar benachteiligt, steht eine andere Rechtshandlung des Schuldners gleich, durch die der Schuldner ein Recht verliert oder nicht mehr geltend machen kann oder durch die ein vermögensrechtlicher Anspruch gegen ihn erhalten oder durchsetzbar wird.

(3) § 130 Abs. 2 und 3 gilt entsprechend.

§ 133 Vorsätzliche Benachteiligung

(1) Anfechtbar ist eine Rechtshandlung, die der Schuldner in den letzten zehn Jahren vor dem Antrag auf Eröffnung des Insolvenzverfahrens oder nach diesem Antrag mit dem Vorsatz, seine Gläubiger zu benachteiligen, vorgenommen hat, wenn der andere Teil zur Zeit der Handlung den Vorsatz des Schuldners kannte. Diese Kenntnis wird vermutet, wenn der andere Teil wußte, daß die Zahlungsunfähigkeit des Schuldners drohte und daß die Handlung die Gläubiger benachteiligte.

(2) Hat die Rechtshandlung dem anderen Teil eine Sicherung oder Befriedigung gewährt oder ermöglicht, beträgt der Zeitraum nach Absatz 1 Satz 1 vier Jahre.

(3) Hat die Rechtshandlung dem anderen Teil eine Sicherung oder Befriedigung gewährt oder ermöglicht, welche dieser in der Art und zu der Zeit beanspruchen konnte, tritt an die Stelle der drohenden Zahlungsunfähigkeit des Schuldners nach Absatz 1 Satz 2 die eingetretene. Hatte der andere Teil mit dem Schuldner eine Zahlungsvereinbarung getroffen oder diesem in sonstiger Weise eine Zahlungserleichterung gewährt, wird vermutet, dass er zur Zeit der Handlung die Zahlungsunfähigkeit des Schuldners nicht kannte.

(4) Anfechtbar ist ein vom Schuldner mit einer nahestehenden Person (§ 138) geschlossener entgeltlicher Vertrag, durch den die Insolvenzgläubiger unmittelbar benachteiligt werden. Die Anfechtung ist ausgeschlossen, wenn der Vertrag früher als zwei Jahre vor dem Eröffnungsantrag geschlossen worden ist oder wenn dem anderen Teil zur Zeit des Vertragsschlusses ein Vorsatz des Schuldners, die Gläubiger zu benachteiligen, nicht bekannt war.

§ 134 Unentgeltliche Leistung

(1) Anfechtbar ist eine unentgeltliche Leistung des Schuldners, es sei denn, sie ist früher als vier Jahre vor dem Antrag auf Eröffnung des Insolvenzverfahrens vorgenommen worden.
(2) Richtet sich die Leistung auf ein gebräuchliches Gelegenheitsgeschenk geringen Werts, so ist sie nicht anfechtbar.

§ 135 Gesellschafterdarlehen

(1) Anfechtbar ist eine Rechtshandlung, die für die Forderung eines Gesellschafters auf Rückgewähr eines Darlehens im Sinne des § 39 Abs. 1 Nr. 5 oder für eine gleichgestellte Forderung
1. Sicherung gewährt hat, wenn die Handlung in den letzten zehn Jahren vor dem Antrag auf Eröffnung des Insolvenzverfahrens oder nach diesem Antrag vorgenommen worden ist, oder
2. Befriedigung gewährt hat, wenn die Handlung im letzten Jahr vor dem Eröffnungsantrag oder nach diesem Antrag vorgenommen worden ist.

(2) Anfechtbar ist eine Rechtshandlung, mit der eine Gesellschaft einem Dritten für eine Forderung auf Rückgewähr eines Darlehens innerhalb der in Absatz 1 Nr. 2 genannten Fristen Befriedigung gewährt hat, wenn ein Gesellschafter für die Forderung eine Sicherheit bestellt hatte oder als Bürge haftete; dies gilt sinngemäß für Leistungen auf Forderungen, die einem Darlehen wirtschaftlich entsprechen.
(3) Wurde dem Schuldner von einem Gesellschafter ein Gegenstand zum Gebrauch oder zur Ausübung überlassen, so kann der Aussonderungsanspruch während der Dauer des Insolvenzverfahrens, höchstens aber für eine Zeit von einem Jahr ab der Eröffnung des Insolvenzverfahrens nicht geltend gemacht werden, wenn der Gegenstand für die Fortführung des Unternehmens des Schuldners von erheblicher Bedeutung ist. Für den Gebrauch oder die Ausübung des Gegenstandes gebührt dem Gesellschafter ein Ausgleich; bei der Berechnung ist der Durchschnitt der im letzten Jahr vor Verfahrenseröffnung geleisteten Vergütung in Ansatz zu bringen, bei kürzerer Dauer der Überlassung ist der Durchschnitt während dieses Zeitraums maßgebend.
(4) § 39 Abs. 4 und 5 gilt entsprechend.

§ 136 Stille Gesellschaft

(1) Anfechtbar ist eine Rechtshandlung, durch die einem stillen Gesellschafter die Einlage ganz oder teilweise zurückgewährt oder sein Anteil an dem entstandenen Verlust ganz oder teilweise erlassen wird, wenn die zugrundeliegende Vereinbarung im letzten Jahr vor dem Antrag auf Eröffnung des Insolvenzverfahrens über das Vermögen des Inhabers des Handelsgeschäfts oder nach diesem Antrag getroffen worden ist. Dies gilt auch dann, wenn im Zusammenhang mit der Vereinbarung die stille Gesellschaft aufgelöst worden ist.
(2) Die Anfechtung ist ausgeschlossen, wenn ein Eröffnungsgrund erst nach der Vereinbarung eingetreten ist.

§ 137 Wechsel- und Scheckzahlungen

(1) Wechselzahlungen des Schuldners können nicht auf Grund des § 130 vom Empfänger zurückgefordert werden, wenn nach Wechselrecht der Empfänger bei einer Verweigerung der Annahme der Zahlung den Wechselanspruch gegen andere Wechselverpflichtete verloren hätte.
(2) Die gezahlte Wechselsumme ist jedoch vom letzten Rückgriffsverpflichteten oder, wenn dieser den Wechsel für Rechnung eines Dritten begeben hatte, von dem Dritten zu erstatten, wenn der letzte Rückgriffsverpflichtete oder der Dritte zu der Zeit, als er den Wechsel begab oder begeben ließ, die Zahlungsunfähigkeit des Schuldners oder den Eröffnungsantrag kannte. § 130 Abs. 2 und 3 gilt entsprechend.
(3) Die Absätze 1 und 2 gelten entsprechend für Scheckzahlungen des Schuldners.

§ 138 Nahestehende Personen

(1) Ist der Schuldner eine natürliche Person, so sind nahestehende Personen:
1. der Ehegatte des Schuldners, auch wenn die Ehe erst nach der Rechtshandlung geschlossen oder im letzten Jahr vor der Handlung aufgelöst worden ist;
1a. der Lebenspartner des Schuldners, auch wenn die Lebenspartnerschaft erst nach der Rechtshandlung eingegangen oder im letzten Jahr vor der Handlung aufgelöst worden ist;
2. Verwandte des Schuldners oder des in Nummer 1 bezeichneten Ehegatten oder des in Nummer 1a bezeichneten Lebenspartners in auf- und absteigender Linie und voll- und halbbürtige Geschwister des Schuldners oder des in Nummer 1 bezeichneter Ehegatten oder des in Nummer 1a bezeichneten Lebenspartners sowie die Ehegatten oder Lebenspartner dieser Personen;
3. Personen, die in häuslicher Gemeinschaft mit dem Schuldner leben oder im letzten Jahr vor der Handlung in häuslicher Gemeinschaft mit dem Schuldner gelebt haben sowie Personen, die sich auf Grund einer dienstvertraglichen Verbindung zum Schuldner über dessen wirtschaftliche Verhältnisse unterrichten können;
4. eine juristische Person oder eine rechtsfähige Personengesellschaft, wenn der Schuldner oder eine der in den Nummern 1 bis 3 genannten Personen Mitglied des Vertretungs- oder Aufsichtsorgans, persönlich haftender Gesellschafter oder zu mehr als einem Viertel an deren Kapital beteiligt ist oder auf Grund einer vergleichbaren gesellschaftsrechtlichen oder dienstvertraglichen Verbindung die Möglichkeit hat, sich über die wirtschaftlichen Verhältnisse des Schuldners zu unterrichten.

(2) Ist der Schuldner eine juristische Person oder eine rechtsfähige Personengesellschaft, so sind nahestehende Personen:
1. die Mitglieder des Vertretungs- oder Aufsichtsorgans und persönlich haftende Gesellschafter des Schuldners sowie Personen, die zu mehr als einem Viertel am Kapital des Schuldners beteiligt sind;
2. eine Person oder eine Gesellschaft, die auf Grund einer vergleichbaren gesellschaftsrechtlichen oder dienstvertraglichen Verbindung zum Schuldner die Möglichkeit haben, sich über dessen wirtschaftliche Verhältnisse zu unterrichten;
3. eine Person, die zu einer der in Nummer 1 oder 2 bezeichneten Personen in einer in Absatz 1 bezeichneten persönlichen Verbindung steht; dies gilt nicht, soweit die in Nummer 1 oder 2 bezeichneten Personen kraft Gesetzes in den Angelegenheiten des Schuldners zur Verschwiegenheit verpflichtet sind.

§ 139 Berechnung der Fristen vor dem Eröffnungsantrag

(1) Die in den §§ 88, 130 bis 136 bestimmten Fristen beginnen mit dem Anfang des Tages, der durch seine Zahl dem Tag entspricht, an dem der Antrag auf Eröffnung des Insolvenzverfahrens beim Insolvenzgericht eingegangen ist. Fehlt ein solcher Tag, so beginnt die Frist mit dem Anfang des folgenden Tages.
(2) Sind mehrere Eröffnungsanträge gestellt worden, so ist der erste zulässige und begründete Antrag maßgeblich, auch wenn das Verfahren auf Grund eines späteren Antrags eröffnet worden ist. Ein rechtskräftig abgewiesener Antrag wird nur berücksichtigt, wenn er mangels Masse abgewiesen worden ist.

§ 140 Zeitpunkt der Vornahme einer Rechtshandlung

(1) Eine Rechtshandlung gilt als in dem Zeitpunkt vorgenommen, in dem ihre rechtlichen Wirkungen eintreten.
(2) Ist für das Wirksamwerden eines Rechtsgeschäfts eine Eintragung im Grundbuch, im Schiffsregister, im Schiffsbauregister oder im Register für Pfandrechte an Luftfahrzeugen erforderlich, so gilt das Rechtsgeschäft als vorgenommen, sobald die übrigen Voraussetzungen für das Wirksamwerden erfüllt sind, die Willenserklärung des Schuldners für ihn bindend geworden ist und der andere Teil den Antrag auf Eintragung der Rechtsänderung gestellt hat. Ist der Antrag auf

Eintragung einer Vormerkung zur Sicherung des Anspruchs auf die Rechtsänderung gestellt worden, so gilt Satz 1 mit der Maßgabe, daß dieser Antrag an die Stelle des Antrags auf Eintragung der Rechtsänderung tritt.
(3) Bei einer bedingten oder befristeten Rechtshandlung bleibt der Eintritt der Bedingung oder des Termins außer Betracht.

§ 141 Vollstreckbarer Titel

Die Anfechtung wird nicht dadurch ausgeschlossen, daß für die Rechtshandlung ein vollstreckbarer Schuldtitel erlangt oder daß die Handlung durch Zwangsvollstreckung erwirkt worden ist.

§ 142 Bargeschäft

(1) Eine Leistung des Schuldners, für die unmittelbar eine gleichwertige Gegenleistung in sein Vermögen gelangt, ist nur anfechtbar, wenn die Voraussetzungen des § 133 Absatz 1 bis 3 gegeben sind und der andere Teil erkannt hat, dass der Schuldner unlauter handelte.
(2) Der Austausch von Leistung und Gegenleistung ist unmittelbar, wenn er nach Art der ausgetauschten Leistungen und unter Berücksichtigung der Gepflogenheiten des Geschäftsverkehrs in einem engen zeitlichen Zusammenhang erfolgt. Gewährt der Schuldner seinem Arbeitnehmer Arbeitsentgelt, ist ein enger zeitlicher Zusammenhang gegeben, wenn der Zeitraum zwischen Arbeitsleistung und Gewährung der Arbeitsentgelts drei Monate nicht übersteigt. Der Gewährung des Arbeitsentgelts durch den Schuldner steht die Gewährung dieses Arbeitsentgelts durch einen Dritten nach § 267 des Bürgerlichen Gesetzbuchs gleich, wenn für den Arbeitnehmer nicht erkennbar war, dass ein Dritter die Leistung bewirkt hat.

§ 143 Rechtsfolgen

(1) Was durch die anfechtbare Handlung aus dem Vermögen des Schuldners veräußert, weggegeben oder aufgegeben ist, muß zur Insolvenzmasse zurückgewährt werden. Die Vorschriften über die Rechtsfolgen einer ungerechtfertigten Bereicherung, bei der dem Empfänger der Mangel des rechtlichen Grundes bekannt ist, gelten entsprechend. Eine Geldschuld ist nur zu verzinsen, wenn die Voraussetzungen des Schuldnerverzugs oder des § 291 des Bürgerlichen Gesetzbuchs vorliegen; ein darüber hinausgehender Anspruch auf Herausgabe von Nutzungen eines erlangten Geldbetrags ist ausgeschlossen.
(2) Der Empfänger einer unentgeltlichen Leistung hat diese nur zurückzugewähren, soweit er durch sie bereichert ist. Dies gilt nicht, sobald er weiß oder den Umständen nach wissen muß, daß die unentgeltliche Leistung die Gläubiger benachteiligt.
(3) Im Fall der Anfechtung nach § 135 Abs. 2 hat der Gesellschafter, der die Sicherheit bestellt hatte oder als Bürge haftete, die dem Dritten gewährte Leistung zur Insolvenzmasse zu erstatten. Die Verpflichtung besteht nur bis zur Höhe des Betrags, mit dem der Gesellschafter als Bürge haftete oder der dem Wert der von ihm bestellten Sicherheit im Zeitpunkt der Rückgewähr des Darlehens oder der Leistung auf die gleichgestellte Forderung entspricht. Der Gesellschafter wird von der Verpflichtung frei, wenn er die Gegenstände, die dem Gläubiger als Sicherheit gedient hatten, der Insolvenzmasse zur Verfügung stellt.

§ 144 Ansprüche des Anfechtungsgegners

(1) Gewährt der Empfänger einer anfechtbaren Leistung das Erlangte zurück, so lebt seine Forderung wieder auf.
(2) Eine Gegenleistung ist aus der Insolvenzmasse zu erstatten, soweit sie in dieser noch unterscheidbar vorhanden ist oder soweit die Masse um ihren Wert bereichert ist. Darüber hinaus kann der Empfänger der anfechtbaren Leistung die Forderung auf Rückgewähr der Gegenleistung nur als Insolvenzgläubiger geltend machen.

§ 145 Anfechtung gegen Rechtsnachfolger

(1) Die Anfechtbarkeit kann gegen den Erben oder einen anderen Gesamtrechtsnachfolger des Anfechtungsgegners geltend gemacht werden.
(2) Gegen einen sonstigen Rechtsnachfolger kann die Anfechtbarkeit geltend gemacht werden:
1. wenn dem Rechtsnachfolger zur Zeit seines Erwerbs die Umstände bekannt waren, welche die Anfechtbarkeit des Erwerbs seines Rechtsvorgängers begründen;
2. wenn der Rechtsnachfolger zur Zeit seines Erwerbs zu den Personen gehörte, die dem Schuldner nahestehen (§ 138), es sei denn, daß ihm zu dieser Zeit die Umstände unbekannt waren, welche die Anfechtbarkeit des Erwerbs seines Rechtsvorgängers begründen;
3. wenn dem Rechtsnachfolger das Erlangte unentgeltlich zugewendet worden ist.

§ 146 Verjährung des Anfechtungsanspruchs

(1) Die Verjährung des Anfechtungsanspruchs richtet sich nach den Regelungen über die regelmäßige Verjährung nach dem Bürgerlichen Gesetzbuch.
(2) Auch wenn der Anfechtungsanspruch verjährt ist, kann der Insolvenzverwalter die Erfüllung einer Leistungspflicht verweigern, die auf einer anfechtbaren Handlung beruht.

§ 147 Rechtshandlungen nach Verfahrenseröffnung

Eine Rechtshandlung, die nach der Eröffnung des Insolvenzverfahrens vorgenommen worden ist und die nach § 81 Abs. 3 Satz 2, §§ 892, 893 des Bürgerlichen Gesetzbuchs, §§ 16, 17 des Gesetzes über Rechte an eingetragenen Schiffen und Schiffsbauwerken und §§ 16, 17 des Gesetzes über Rechte an Luftfahrzeugen wirksam ist, kann nach den Vorschriften angefochten werden, die für die Anfechtung einer vor der Verfahrenseröffnung vorgenommenen Rechtshandlung gelten. Satz 1 findet auf die den in § 96 Abs. 2 genannten Ansprüchen und Leistungen zugrunde liegenden Rechtshandlungen mit der Maßgabe Anwendung, dass durch die Anfechtung nicht die Verrechnung einschließlich des Saldenausgleichs rückgängig gemacht wird oder die betreffenden Zahlungsaufträge, Aufträge zwischen Zahlungsdienstleistern oder zwischengeschalteten Stellen oder Aufträge zur Übertragung von Wertpapieren unwirksam werden.

Vierter Teil – Verwaltung und Verwertung der Insolvenzmasse

Erster Abschnitt – Sicherung der Insolvenzmasse

§ 148 Übernahme der Insolvenzmasse

(1) Nach der Eröffnung des Insolvenzverfahrens hat der Insolvenzverwalter das gesamte zur Insolvenzmasse gehörende Vermögen sofort in Besitz und Verwaltung zu nehmen.
(2) Der Verwalter kann auf Grund einer vollstreckbaren Ausfertigung des Eröffnungsbeschlusses die Herausgabe der Sachen, die sich im Gewahrsam des Schuldners befinden, im Wege der Zwangsvollstreckung durchsetzen. § 766 der Zivilprozeßordnung gilt mit der Maßgabe, daß an die Stelle des Vollstreckungsgerichts das Insolvenzgericht tritt.

§ 149 Wertgegenstände

(1) Der Gläubigerausschuß kann bestimmen, bei welcher Stelle und zu welchen Bedingungen Geld, Wertpapiere und Kostbarkeiten hinterlegt oder angelegt werden sollen. Ist kein Gläubigerausschuß bestellt oder hat der Gläubigerausschuß noch keinen Beschluß gefaßt, so kann das Insolvenzgericht entsprechendes anordnen.

(2) Die Gläubigerversammlung kann abweichende Regelungen beschließen.

§ 150 Siegelung

Der Insolvenzverwalter kann zur Sicherung der Sachen, die zur Insolvenzmasse gehören, durch den Gerichtsvollzieher oder eine andere dazu gesetzlich ermächtigte Person Siegel anbringen lassen. Das Protokoll über eine Siegelung oder Entsiegelung hat der Verwalter auf der Geschäftsstelle zur Einsicht der Beteiligten niederzulegen.

§ 151 Verzeichnis der Massegegenstände

(1) Der Insolvenzverwalter hat ein Verzeichnis der einzelnen Gegenstände der Insolvenzmasse aufzustellen. Der Schuldner ist hinzuzuziehen, wenn dies ohne eine nachteilige Verzögerung möglich ist.
(2) Bei jedem Gegenstand ist dessen Wert anzugeben. Hängt der Wert davon ab, ob das Unternehmen fortgeführt oder stillgelegt wird, sind beide Werte anzugeben. Besonders schwierige Bewertungen können einem Sachverständigen übertragen werden.
(3) Auf Antrag des Verwalters kann das Insolvenzgericht gestatten, daß die Aufstellung des Verzeichnisses unterbleibt; der Antrag ist zu begründen. Ist ein Gläubigerausschuß bestellt, so kann der Verwalter den Antrag nur mit Zustimmung des Gläubigerausschusses stellen.

§ 152 Gläubigerverzeichnis

(1) Der Insolvenzverwalter hat ein Verzeichnis aller Gläubiger des Schuldners aufzustellen, die ihm aus den Büchern und Geschäftspapieren des Schuldners, durch sonstige Angaben des Schuldners, durch die Anmeldung ihrer Forderungen oder auf andere Weise bekannt geworden sind.
(2) In dem Verzeichnis sind die absonderungsberechtigten Gläubiger und die einzelnen Rangklassen der nachrangigen Insolvenzgläubiger gesondert aufzuführen. Bei jedem Gläubiger sind die Anschrift sowie der Grund und der Betrag seiner Forderung anzugeben. Bei den absonderungsberechtigten Gläubigern sind zusätzlich der Gegenstand, an dem das Absonderungsrecht besteht, und die Höhe des mutmaßlichen Ausfalls zu bezeichnen; § 151 Abs. 2 Satz 2 gilt entsprechend.
(3) Weiter ist anzugeben, welche Möglichkeiten der Aufrechnung bestehen. Die Höhe der Masseverbindlichkeiten im Falle einer zügigen Verwertung des Vermögens des Schuldners ist zu schätzen.

§ 153 Vermögensübersicht

(1) Der Insolvenzverwalter hat auf den Zeitpunkt der Eröffnung des Insolvenzverfahrens eine geordnete Übersicht aufzustellen, in der die Gegenstände der Insolvenzmasse und die Verbindlichkeiten des Schuldners aufgeführt und einander gegenübergestellt werden. Für die Bewertung der Gegenstände gilt § 151 Abs. 2 Satz 2 entsprechend, für die Gliederung der Verbindlichkeiten § 152 Abs. 2 Satz 2.
(2) Nach der Aufstellung der Vermögensübersicht kann das Insolvenzgericht auf Antrag des Verwalters oder eines Gläubigers dem Schuldner aufgeben, die Vollständigkeit der Vermögensübersicht eidesstattlich zu versichern. Die §§ 98, 101 Abs. 1 Satz 1, 2 gelten entsprechend.

§ 154 Niederlegung in der Geschäftsstelle

Das Verzeichnis der Massegegenstände, das Gläubigerverzeichnis und die Vermögensübersicht sind spätestens eine Woche vor dem Berichtstermin in der Geschäftsstelle zur Einsicht der Beteiligten niederzulegen.

§ 155 Handels- und steuerrechtliche Rechnungslegung

(1) Handels- und steuerrechtliche Pflichten des Schuldners zur Buchführung und zur Rechnungslegung bleiben unberührt. In bezug auf die Insolvenzmasse hat der Insolvenzverwalter diese Pflichten zu erfüllen.
(2) Mit der Eröffnung des Insolvenzverfahrens beginnt ein neues Geschäftsjahr. Jedoch wird die Zeit bis zum Berichtstermin in gesetzliche Fristen für die Aufstellung oder die Offenlegung eines Jahresabschlusses nicht eingerechnet.
(3) Für die Bestellung des Abschlußprüfers im Insolvenzverfahren gilt § 318 des Handelsgesetzbuchs mit der Maßgabe, daß die Bestellung ausschließlich durch das Registergericht auf Antrag des Verwalters erfolgt. Ist für das Geschäftsjahr vor der Eröffnung des Verfahrens bereits ein Abschlußprüfer bestellt, so wird die Wirksamkeit dieser Bestellung durch die Eröffnung nicht berührt.

Zweiter Abschnitt – Entscheidung über die Verwertung

§ 156 Berichtstermin

(1) Im Berichtstermin hat der Insolvenzverwalter über die wirtschaftliche Lage des Schuldners und ihre Ursachen zu berichten. Er hat darzulegen, ob Aussichten bestehen, das Unternehmen des Schuldners im ganzen oder in Teilen zu erhalten, welche Möglichkeiten für einen Insolvenzplan bestehen und welche Auswirkungen jeweils für die Befriedigung der Gläubiger eintreten würden.
(2) Dem Schuldner, dem Gläubigerausschuß, dem Betriebsrat und dem Sprecherausschuß der leitenden Angestellten ist im Berichtstermin Gelegenheit zu geben, zu dem Bericht des Verwalters Stellung zu nehmen. Ist der Schuldner Handels- oder Gewerbetreibender oder Landwirt, so kann auch der zuständigen amtlichen Berufsvertretung der Industrie, des Handels, des Handwerks oder der Landwirtschaft im Termin Gelegenheit zur Äußerung gegeben werden.

§ 157 Entscheidung über den Fortgang des Verfahrens

Die Gläubigerversammlung beschließt im Berichtstermin, ob das Unternehmen des Schuldners stillgelegt oder vorläufig fortgeführt werden soll. Sie kann den Verwalter beauftragen, einen Insolvenzplan auszuarbeiten, und ihm das Ziel des Plans vorgeben. Sie kann ihre Entscheidungen in späteren Terminen ändern.

§ 158 Maßnahmen vor der Entscheidung

(1) Will der Insolvenzverwalter vor dem Berichtstermin das Unternehmen des Schuldners stillegen oder veräußern, so hat er die Zustimmung des Gläubigerausschusses einzuholen, wenn ein solcher bestellt ist.
(2) Vor der Beschlußfassung des Gläubigerausschusses oder, wenn ein solcher nicht bestellt ist, vor der Stillegung oder Veräußerung des Unternehmens hat der Verwalter den Schuldner zu unterrichten. Das Insolvenzgericht untersagt auf Antrag des Schuldners und nach Anhörung des Verwalters die Stillegung, wenn diese ohne eine erhebliche Verminderung der Insolvenzmasse bis zum Berichtstermin aufgeschoben werden kann.

§ 159 Verwertung der Insolvenzmasse

Nach dem Berichtstermin hat der Insolvenzverwalter unverzüglich das zur Insolvenzmasse gehörende Vermögen zu verwerten, soweit die Beschlüsse der Gläubigerversammlung nicht entgegenstehen.

§ 160 Besonders bedeutsame Rechtshandlungen

(1) Der Insolvenzverwalter hat die Zustimmung des Gläubigerausschusses einzuholen, wenn er Rechtshandlungen vornehmen will, die für das Insolvenzverfahren von besonderer Bedeutung sind. Ist ein Gläubigerausschuß nicht bestellt, so ist die Zustimmung der Gläubigerversammlung einzuholen. Ist die einberufene Gläubigerversammlung beschlussunfähig, gilt die Zustimmung als erteilt; auf diese Folgen sind die Gläubiger bei der Einladung zur Gläubigerversammlung hinzuweisen.
(2) Die Zustimmung nach Absatz 1 ist insbesondere erforderlich,
1. wenn das Unternehmen oder ein Betrieb, das Warenlager im ganzen, ein unbeweglicher Gegenstand aus freier Hand, die Beteiligung des Schuldners an einem anderen Unternehmen, die der Herstellung einer dauernden Verbindung zu diesem Unternehmen dienen soll, oder das Recht auf den Bezug wiederkehrender Einkünfte veräußert werden soll;
2. wenn ein Darlehen aufgenommen werden soll, das die Insolvenzmasse erheblich belasten würde;
3. wenn ein Rechtsstreit mit erheblichem Streitwert anhängig gemacht oder aufgenommen, die Aufnahme eines solchen Rechtsstreits abgelehnt oder zur Beilegung oder zur Vermeidung eines solchen Rechtsstreits ein Vergleich oder ein Schiedsvertrag geschlossen werden soll.

§ 161 Vorläufige Untersagung der Rechtshandlung

In den Fällen des § 160 hat der Insolvenzverwalter vor der Beschlußfassung des Gläubigerausschusses oder der Gläubigerversammlung den Schuldner zu unterrichten, wenn dies ohne nachteilige Verzögerung möglich ist. Sofern nicht die Gläubigerversammlung ihre Zustimmung erteilt hat, kann das Insolvenzgericht auf Antrag des Schuldners oder einer in § 75 Abs. 1 Nr. 3 bezeichneten Mehrzahl von Gläubigern und nach Anhörung des Verwalters die Vornahme der Rechtshandlung vorläufig untersagen und eine Gläubigerversammlung einberufen, die über die Vornahme beschließt.

§ 162 Betriebsveräußerung an besonders Interessierte

(1) Die Veräußerung des Unternehmens oder eines Betriebs ist nur mit Zustimmung der Gläubigerversammlung zulässig, wenn der Erwerber oder eine Person, die an seinem Kapital zu mindestens einem Fünftel beteiligt ist,
1. zu den Personen gehört, die dem Schuldner nahestehen (§ 138),
2. ein absonderungsberechtigter Gläubiger oder ein nicht nachrangiger Insolvenzgläubiger ist, dessen Absonderungsrechte und Forderungen nach der Schätzung des Insolvenzgerichts zusammen ein Fünftel der Summe erreichen, die sich aus dem Wert aller Absonderungsrechte und den Forderungsbeträgen aller nicht nachrangigen Insolvenzgläubiger ergibt.
(2) Eine Person ist auch insoweit im Sinne des Absatzes 1 am Erwerber beteiligt, als ein von der Person abhängiges Unternehmen oder ein Dritter für Rechnung der Person oder des abhängigen Unternehmens am Erwerber beteiligt ist.

§ 163 Betriebsveräußerung unter Wert

(1) Auf Antrag des Schuldners oder einer in § 75 Abs. 1 Nr. 3 bezeichneten Mehrzahl von Gläubigern und nach Anhörung des Insolvenzverwalters kann das Insolvenzgericht anordnen, daß die geplante Veräußerung des Unternehmens oder eines Betriebs nur mit Zustimmung der Gläubigerversammlung zulässig ist, wenn der Antragsteller glaubhaft macht, daß eine Veräußerung an einen anderen Erwerber für die Insolvenzmasse günstiger wäre.
(2) Sind dem Antragsteller durch den Antrag Kosten entstanden, so ist er berechtigt, die Erstattung dieser Kosten aus der Insolvenzmasse zu verlangen, sobald die Anordnung des Gerichts ergangen ist.

§ 164 Wirksamkeit der Handlung

Durch einen Verstoß gegen die §§ 160 bis 163 wird die Wirksamkeit der Handlung des Insolvenzverwalters nicht berührt.

Dritter Abschnitt – Gegenstände mit Absonderungsrechten

§ 165 Verwertung unbeweglicher Gegenstände

Der Insolvenzverwalter kann beim zuständigen Gericht die Zwangsversteigerung oder die Zwangsverwaltung eines unbeweglichen Gegenstands der Insolvenzmasse betreiben, auch wenn an dem Gegenstand ein Absonderungsrecht besteht.

§ 166 Verwertung beweglicher Gegenstände

(1) Der Insolvenzverwalter darf eine bewegliche Sache, an der ein Absonderungsrecht besteht, freihändig verwerten, wenn er die Sache in seinem Besitz hat.
(2) Der Verwalter darf eine Forderung, die der Schuldner zur Sicherung eines Anspruchs abgetreten hat, einziehen oder in anderer Weise verwerten.
(3) Die Absätze 1 und 2 finden keine Anwendung
1. auf Gegenstände, an denen eine Sicherheit zu Gunsten des Betreibers oder des Teilnehmers eines Systems nach § 1 Abs. 16 des Kreditwesengesetzes zur Sicherung seiner Ansprüche aus dem System besteht,
2. auf Gegenstände, an denen eine Sicherheit zu Gunsten der Zentralbank eines Mitgliedstaats der Europäischen Union oder Vertragsstaats des Europäischen Wirtschaftsraums oder zu Gunsten der Europäischen Zentralbank besteht, und
3. auf eine Finanzsicherheit im Sinne des § 1 Abs. 17 des Kreditwesengesetzes.

§ 167 Unterrichtung des Gläubigers

(1) Ist der Insolvenzverwalter nach § 166 Abs. 1 zur Verwertung einer beweglichen Sache berechtigt, so hat er dem absonderungsberechtigten Gläubiger auf dessen Verlangen Auskunft über den Zustand der Sache zu erteilen. Anstelle der Auskunft kann er dem Gläubiger gestatten, die Sache zu besichtigen.
(2) Ist der Verwalter nach § 166 Abs. 2 zur Einziehung einer Forderung berechtigt, so hat er dem absonderungsberechtigten Gläubiger auf dessen Verlangen Auskunft über die Forderung zu erteilen. Anstelle der Auskunft kann er dem Gläubiger gestatten, Einsicht in die Bücher und Geschäftspapiere des Schuldners zu nehmen.

§ 168 Mitteilung der Veräußerungsabsicht

(1) Bevor der Insolvenzverwalter einen Gegenstand, zu dessen Verwertung er nach § 166 berechtigt ist, an einen Dritten veräußert, hat er dem absonderungsberechtigten Gläubiger mitzuteilen, auf welche Weise der Gegenstand veräußert werden soll. Er hat dem Gläubiger Gelegenheit zu geben, binnen einer Woche auf eine andere, für den Gläubiger günstigere Möglichkeit der Verwertung des Gegenstands hinzuweisen.
(2) Erfolgt ein solcher Hinweis innerhalb der Wochenfrist oder rechtzeitig vor der Veräußerung, so hat der Verwalter die vom Gläubiger genannte Verwertungsmöglichkeit wahrzunehmen oder den Gläubiger so zu stellen, wie wenn er sie wahrgenommen hätte.
(3) Die andere Verwertungsmöglichkeit kann auch darin bestehen, daß der Gläubiger den Gegenstand selbst übernimmt. Günstiger ist eine Verwertungsmöglichkeit auch dann, wenn Kosten eingespart werden.

§ 169 Schutz des Gläubigers vor einer Verzögerung der Verwertung

Solange ein Gegenstand, zu dessen Verwertung der Insolvenzverwalter nach § 166 berechtigt ist, nicht verwertet wird, sind dem Gläubiger vom Berichtstermin an laufend die geschuldeten Zinsen aus der Insolvenzmasse zu zahlen. Ist der Gläubiger schon vor der Eröffnung des Insolvenzverfahrens auf Grund einer Anordnung nach § 21 an der Verwertung des Gegenstands gehindert worden, so sind die geschuldeten Zinsen spätestens von dem Zeitpunkt an zu zahlen, der drei Monate nach dieser Anordnung liegt. Die Sätze 1 und 2 gelten nicht, soweit nach der Höhe der Forderung sowie dem Wert und der sonstigen Belastung des Gegenstands nicht mit einer Befriedigung des Gläubigers aus dem Verwertungserlös zu rechnen ist.

§ 170 Verteilung des Erlöses

(1) Nach der Verwertung einer beweglichen Sache oder einer Forderung durch den Insolvenzverwalter sind aus dem Verwertungserlös die Kosten der Feststellung und der Verwertung des Gegenstands vorweg für die Insolvenzmasse zu entnehmen. Aus dem verbleibenden Betrag ist unverzüglich der absonderungsberechtigte Gläubiger zu befriedigen.
(2) Überläßt der Insolvenzverwalter einen Gegenstand, zu dessen Verwertung er nach § 166 berechtigt ist, dem Gläubiger zur Verwertung, so hat dieser aus dem von ihm erzielten Verwertungserlös einen Betrag in Höhe der Kosten der Feststellung sowie des Umsatzsteuerbetrages (§ 171 Abs. 2 Satz 3) vorweg an die Masse abzuführen.

§ 171 Berechnung des Kostenbeitrags

(1) Die Kosten der Feststellung umfassen die Kosten der tatsächlichen Feststellung des Gegenstands und der Feststellung der Rechte an diesem. Sie sind pauschal mit vier vom Hundert des Verwertungserlöses anzusetzen.
(2) Als Kosten der Verwertung sind pauschal fünf vom Hundert des Verwertungserlöses anzusetzen. Lagen die tatsächlich entstandenen, für die Verwertung erforderlichen Kosten erheblich niedriger oder erheblich höher, so sind diese Kosten anzusetzen. Führt die Verwertung zu einer Belastung der Masse mit Umsatzsteuer, so ist der Umsatzsteuerbetrag zusätzlich zu der Pauschale nach Satz 1 oder den tatsächlich entstandenen Kosten nach Satz 2 anzusetzen.

§ 172 Sonstige Verwendung beweglicher Sachen

(1) Der Insolvenzverwalter darf eine bewegliche Sache, zu deren Verwertung er berechtigt ist, für die Insolvenzmasse benutzen, wenn er den dadurch entstehenden Wertverlust von der Eröffnung des Insolvenzverfahrens an durch laufende Zahlungen an den Gläubiger ausgleicht. Die Verpflichtung zu Ausgleichszahlungen besteht nur, soweit der durch die Nutzung entstehende Wertverlust die Sicherung des absonderungsberechtigten Gläubigers beeinträchtigt.
(2) Der Verwalter darf eine solche Sache verbinden, vermischen und verarbeiten, soweit dadurch die Sicherung des absonderungsberechtigten Gläubigers nicht beeinträchtigt wird. Setzt sich das Recht des Gläubigers an einer anderen Sache fort, so hat der Gläubiger die neue Sicherheit insoweit freizugeben, als sie den Wert der bisherigen Sicherheit übersteigt.

§ 173 Verwertung durch den Gläubiger

(1) Soweit der Insolvenzverwalter nicht zur Verwertung einer beweglichen Sache oder einer Forderung berechtigt ist, an denen ein Absonderungsrecht besteht, bleibt das Recht des Gläubigers zur Verwertung unberührt.
(2) Auf Antrag des Verwalters und nach Anhörung des Gläubigers kann das Insolvenzgericht eine Frist bestimmen, innerhalb welcher der Gläubiger den Gegenstand zu verwerten hat. Nach Ablauf der Frist ist der Verwalter zur Verwertung berechtigt.

Fünfter Teil – Befriedigung der Insolvenzgläubiger. Einstellung des Verfahrens

Erster Abschnitt – Feststellung der Forderungen

§ 174 Anmeldung der Forderungen

(1) Die Insolvenzgläubiger haben ihre Forderungen schriftlich beim Insolvenzverwalter anzumelden. Der Anmeldung sollen die Urkunden, aus denen sich die Forderung ergibt, in Abdruck beigefügt werden. Zur Vertretung des Gläubigers im Verfahren nach diesem Abschnitt sind auch Personen befugt, die Inkassodienstleistungen erbringen (registrierte Personen nach § 10 Abs. 1 Satz 1 Nr. 1 des Rechtsdienstleistungsgesetzes).
(2) Bei der Anmeldung sind der Grund und der Betrag der Forderung anzugeben sowie die Tatsachen, aus denen sich nach Einschätzung des Gläubigers ergibt, dass ihr eine vorsätzlich begangene unerlaubte Handlung, eine vorsätzliche pflichtwidrige Verletzung einer gesetzlichen Unterhaltspflicht oder eine Steuerstraftat des Schuldners nach den §§ 370, 373 oder § 374 der Abgabenordnung zugrunde liegt.
(3) Die Forderungen nachrangiger Gläubiger sind nur anzumelden, soweit das Insolvenzgericht besonders zur Anmeldung dieser Forderungen auffordert. Bei der Anmeldung solcher Forderungen ist auf den Nachrang hinzuweisen und die dem Gläubiger zustehende Rangstelle zu bezeichnen.
(4) Die Anmeldung kann durch Übermittlung eines elektronischen Dokuments erfolgen; der Insolvenzverwalter kann einen gängigen elektronischen Übermittlungsweg sowie ein gängiges Dateiformat vorgeben. Der Insolvenzverwalter muss daneben einen sicheren Übermittlungsweg im Sinne des § 130a der Zivilprozessordnung für die Übermittlung anbieten. Als Urkunde im Sinne des Absatzes 1 Satz 2 kann in diesen Fällen auch eine elektronische Rechnung übermittelt werden. Auf Verlangen des Insolvenzverwalters oder des Insolvenzgerichts sind Ausdrucke, Abschriften oder Originale von Urkunden einzureichen.

§ 175 Tabelle

(1) Der Insolvenzverwalter hat jede angemeldete Forderung mit den in § 174 Abs. 2 und 3 genannten Angaben in eine Tabelle einzutragen. Die Tabelle ist mit den Anmeldungen sowie den beigefügten Urkunden innerhalb des ersten Drittels des Zeitraums, der zwischen dem Ablauf der Anmeldefrist und dem Prüfungstermin liegt, in der Geschäftsstelle des Insolvenzgerichts zur Einsicht der Beteiligten niederzulegen.
(2) Hat ein Gläubiger eine Forderung aus einer vorsätzlich begangenen unerlaubten Handlung, aus einer vorsätzlich pflichtwidrig verletzten gesetzlichen Unterhaltspflicht oder aus einer Steuerstraftat nach den §§ 370, 373 oder § 374 der Abgabenordnung angemeldet, so hat das Insolvenzgericht den Schuldner auf die Rechtsfolgen des § 302 und auf die Möglichkeit des Widerspruchs hinzuweisen.

§ 176 Verlauf des Prüfungstermins

Im Prüfungstermin werden die angemeldeten Forderungen ihrem Betrag und ihrem Rang nach geprüft. Die Forderungen, die vom Insolvenzverwalter, vom Schuldner oder von einem Insolvenzgläubiger bestritten werden, sind einzeln zu erörtern.

§ 177 Nachträgliche Anmeldungen

(1) Im Prüfungstermin sind auch die Forderungen zu prüfen, die nach dem Ablauf der Anmeldefrist angemeldet worden sind. Widerspricht jedoch der Insolvenzverwalter oder ein Insolvenzgläubiger dieser Prüfung oder wird eine Forderung erst nach dem Prüfungstermin angemeldet, so hat das Insolvenzgericht auf Kosten des Säumigen entweder einen besonderen Prüfungstermin zu bestimmen oder die Prüfung im schriftlichen Verfahren anzuordnen. Für nachträgliche Änderungen der Anmeldung gelten die Sätze 1 und 2 entsprechend.
(2) Hat das Gericht nachrangige Gläubiger nach § 174 Abs. 3 zur Anmeldung ihrer Forderungen aufgefordert und läuft die für diese Anmeldung gesetzte Frist später als eine Woche vor dem Prüfungstermin ab, so ist auf Kosten der Insolvenzmasse entweder ein besonderer Prüfungstermin zu bestimmen oder die Prüfung im schriftlichen Verfahren anzuordnen.
(3) Der besondere Prüfungstermin ist öffentlich bekanntzumachen. Zu dem Termin sind die Insolvenzgläubiger, die eine Forderung angemeldet haben, der Verwalter und der Schuldner besonders zu laden. § 74 Abs. 2 Satz 2 gilt entsprechend.

§ 178 Voraussetzungen und Wirkungen der Feststellung

(1) Eine Forderung gilt als festgestellt, soweit gegen sie im Prüfungstermin oder im schriftlichen Verfahren (§ 177) ein Widerspruch weder vom Insolvenzverwalter noch von einem Insolvenzgläubiger erhoben wird oder soweit ein erhobener Widerspruch beseitigt ist. Ein Widerspruch des Schuldners steht der Feststellung der Forderung nicht entgegen.
(2) Das Insolvenzgericht trägt für jede angemeldete Forderung in die Tabelle ein, inwieweit die Forderung ihrem Betrag und ihrem Rang nach festgestellt ist oder wer der Feststellung widersprochen hat. Auch ein Widerspruch des Schuldners ist einzutragen. Auf Wechseln und sonstigen Schuldurkunden ist vom Urkundsbeamten der Geschäftsstelle die Feststellung zu vermerken.
(3) Die Eintragung in die Tabelle wirkt für die festgestellten Forderungen ihrem Betrag und ihrem Rang nach wie ein rechtskräftiges Urteil gegenüber dem Insolvenzverwalter und allen Insolvenzgläubigern.

§ 179 Streitige Forderungen

(1) Ist eine Forderung vom Insolvenzverwalter oder von einem Insolvenzgläubiger bestritten worden, so bleibt es dem Gläubiger überlassen, die Feststellung gegen den Bestreitenden zu betreiben.
(2) Liegt für eine solche Forderung ein vollstreckbarer Schuldtitel oder ein Endurteil vor, so obliegt es dem Bestreitenden, den Widerspruch zu verfolgen.
(3) Das Insolvenzgericht erteilt dem Gläubiger, dessen Forderung bestritten worden ist, einen beglaubigten Auszug aus der Tabelle. Im Falle des Absatzes 2 erhält auch der Bestreitende einen solchen Auszug. Die Gläubiger, deren Forderungen festgestellt worden sind, werden nicht benachrichtigt; hierauf sollen die Gläubiger vor dem Prüfungstermin hingewiesen werden.

§ 180 Zuständigkeit für die Feststellung

(1) Auf die Feststellung ist im ordentlichen Verfahren Klage zu erheben. Für die Klage ist das Amtsgericht ausschließlich zuständig, bei dem das Insolvenzverfahren anhängig ist oder anhängig war. Gehört der Streitgegenstand nicht zur Zuständigkeit der Amtsgerichte, so ist das Landgericht ausschließlich zuständig, zu dessen Bezirk das Insolvenzgericht gehört.
(2) War zur Zeit der Eröffnung des Insolvenzverfahrens ein Rechtsstreit über die Forderung anhängig, so ist die Feststellung durch Aufnahme des Rechtsstreits zu betreiben.

§ 181 Umfang der Feststellung

Die Feststellung kann nach Grund, Betrag und Rang der Forderung nur in der Weise begehrt werden, wie die Forderung in der Anmeldung oder im Prüfungstermin bezeichnet worden ist.

§ 182 Streitwert

Der Wert des Streitgegenstands einer Klage auf Feststellung einer Forderung, deren Bestand vom Insolvenzverwalter oder von einem Insolvenzgläubiger bestritten worden ist, bestimmt sich nach dem Betrag, der bei der Verteilung der Insolvenzmasse für die Forderung zu erwarten ist.

§ 183 Wirkung der Entscheidung

(1) Eine rechtskräftige Entscheidung, durch die eine Forderung festgestellt oder ein Widerspruch für begründet erklärt wird, wirkt gegenüber dem Insolvenzverwalter und allen Insolvenzgläubigern.
(2) Der obsiegenden Partei obliegt es, beim Insolvenzgericht die Berichtigung der Tabelle zu beantragen.
(3) Haben nur einzelne Gläubiger, nicht der Verwalter, den Rechtsstreit geführt, so können diese Gläubiger die Erstattung ihrer Kosten aus der Insolvenzmasse insoweit verlangen, als der Masse durch die Entscheidung ein Vorteil erwachsen ist.

§ 184 Klage gegen einen Widerspruch des Schuldners

(1) Hat der Schuldner im Prüfungstermin oder im schriftlichen Verfahren (§ 177) eine Forderung bestritten, so kann der Gläubiger Klage auf Feststellung der Forderung gegen den Schuldner erheben. War zur Zeit der Eröffnung des Insolvenzverfahrens ein Rechtsstreit über die Forderung anhängig, so kann der Gläubiger diesen Rechtsstreit gegen den Schuldner aufnehmen.
(2) Liegt für eine solche Forderung ein vollstreckbarer Schuldtitel oder ein Endurteil vor, so obliegt es dem Schuldner binnen einer Frist von einem Monat, die mit dem Prüfungstermin oder im schriftlichen Verfahren mit dem Bestreiten der Forderung beginnt, den Widerspruch zu verfolgen. Nach fruchtlosem Ablauf dieser Frist gilt ein Widerspruch als nicht erhoben. Das Insolvenzgericht erteilt dem Schuldner und dem Gläubiger, dessen Forderung bestritten worden ist, einen beglaubigten Auszug aus der Tabelle und weist den Schuldner auf die Folgen einer Fristversäumung hin. Der Schuldner hat dem Gericht die Verfolgung des Anspruchs nachzuweisen.

§ 185 Besondere Zuständigkeiten

Ist für die Feststellung einer Forderung der Rechtsweg zum ordentlichen Gericht nicht gegeben, so ist die Feststellung bei dem zuständigen anderen Gericht zu betreiben oder von der zuständigen Verwaltungsbehörde vorzunehmen. § 180 Abs. 2 und die §§ 181, 183 und 184 gelten entsprechend. Ist die Feststellung bei einem anderen Gericht zu betreiben, so gilt auch § 182 entsprechend.

§ 186 Wiedereinsetzung in den vorigen Stand

(1) Hat der Schuldner den Prüfungstermin versäumt, so hat ihm das Insolvenzgericht auf Antrag die Wiedereinsetzung in den vorigen Stand zu gewähren. § 51 Abs. 2, § 85 Abs. 2, §§ 233 bis 236 der Zivilprozeßordnung gelten entsprechend.
(2) Die den Antrag auf Wiedereinsetzung betreffenden Schriftsätze sind dem Gläubiger zuzustellen, dessen Forderung nachträglich bestritten werden soll. Das Bestreiten in diesen Schriftsätzen steht, wenn die Wiedereinsetzung erteilt wird, dem Bestreiten im Prüfungstermin gleich.

Zweiter Abschnitt – Verteilung

§ 187 Befriedigung der Insolvenzgläubiger

(1) Mit der Befriedigung der Insolvenzgläubiger kann erst nach dem allgemeinen Prüfungstermin begonnen werden.

(2) Verteilungen an die Insolvenzgläubiger können stattfinden, sooft hinreichende Barmittel in der Insolvenzmasse vorhanden sind. Nachrangige Insolvenzgläubiger sollen bei Abschlagsverteilungen nicht berücksichtigt werden.
(3) Die Verteilungen werden vom Insolvenzverwalter vorgenommen. Vor jeder Verteilung hat er die Zustimmung des Gläubigerausschusses einzuholen, wenn ein solcher bestellt ist.

§ 188 Verteilungsverzeichnis

Vor einer Verteilung hat der Insolvenzverwalter ein Verzeichnis der Forderungen aufzustellen, die bei der Verteilung zu berücksichtigen sind. Das Verzeichnis ist auf der Geschäftsstelle zur Einsicht der Beteiligten niederzulegen. Der Verwalter zeigt dem Gericht die Summe der Forderungen und den für die Verteilung verfügbaren Betrag aus der Insolvenzmasse an; das Gericht hat die angezeigte Summe der Forderungen und den für die Verteilung verfügbaren Betrag öffentlich bekannt zu machen.

§ 189 Berücksichtigung bestrittener Forderungen

(1) Ein Insolvenzgläubiger, dessen Forderung nicht festgestellt ist und für dessen Forderung ein vollstreckbarer Titel oder ein Endurteil nicht vorliegt, hat spätestens innerhalb einer Ausschlußfrist von zwei Wochen nach der öffentlichen Bekanntmachung dem Insolvenzverwalter nachzuweisen, daß und für welchen Betrag die Feststellungsklage erhoben oder das Verfahren in dem früher anhängigen Rechtsstreit aufgenommen ist.
(2) Wird der Nachweis rechtzeitig geführt, so wird der auf die Forderung entfallende Anteil bei der Verteilung zurückbehalten, solange der Rechtsstreit anhängig ist.
(3) Wird der Nachweis nicht rechtzeitig geführt, so wird die Forderung bei der Verteilung nicht berücksichtigt.

§ 190 Berücksichtigung absonderungsberechtigter Gläubiger

(1) Ein Gläubiger, der zur abgesonderten Befriedigung berechtigt ist, hat spätestens innerhalb der in § 189 Abs. 1 vorgesehenen Ausschlußfrist dem Insolvenzverwalter nachzuweisen, daß und für welchen Betrag er auf abgesonderte Befriedigung verzichtet hat oder bei ihr ausgefallen ist. Wird der Nachweis nicht rechtzeitig geführt, so wird die Forderung bei der Verteilung nicht berücksichtigt.
(2) Zur Berücksichtigung bei einer Abschlagsverteilung genügt es, wenn der Gläubiger spätestens innerhalb der Ausschlußfrist dem Verwalter nachweist, daß die Verwertung des Gegenstands betrieben wird, an dem das Absonderungsrecht besteht, und den Betrag des mutmaßlichen Ausfalls glaubhaft macht. In diesem Fall wird der auf die Forderung entfallende Anteil bei der Verteilung zurückbehalten. Sind die Voraussetzungen des Absatzes 1 bei der Schlußverteilung nicht erfüllt, so wird der zurückbehaltene Anteil für die Schlußverteilung frei.
(3) Ist nur der Verwalter zur Verwertung des Gegenstands berechtigt, an dem das Absonderungsrecht besteht, so sind die Absätze 1 und 2 nicht anzuwenden. Bei einer Abschlagsverteilung hat der Verwalter, wenn er den Gegenstand noch nicht verwertet hat, den Ausfall des Gläubigers zu schätzen und den auf die Forderung entfallenden Anteil zurückzubehalten.

§ 191 Berücksichtigung aufschiebend bedingter Forderungen

(1) Eine aufschiebend bedingte Forderung wird bei einer Abschlagsverteilung mit ihrem vollen Betrag berücksichtigt. Der auf die Forderung entfallende Anteil wird bei der Verteilung zurückbehalten.
(2) Bei der Schlußverteilung wird eine aufschiebend bedingte Forderung nicht berücksichtigt, wenn die Möglichkeit des Eintritts der Bedingung so fernliegt, daß die Forderung zur Zeit der Verteilung keinen Vermögenswert hat. In diesem Fall wird ein gemäß Absatz 1 Satz 2 zurückbehaltener Anteil für die Schlußverteilung frei.

§ 192 Nachträgliche Berücksichtigung

Gläubiger, die bei einer Abschlagsverteilung nicht berücksichtigt worden sind und die Voraussetzungen der §§ 189, 190 nachträglich erfüllen, erhalten bei der folgenden Verteilung aus der restlichen Insolvenzmasse vorab einen Betrag, der sie mit den übrigen Gläubigern gleichstellt.

§ 193 Änderung des Verteilungsverzeichnisses

Der Insolvenzverwalter hat die Änderungen des Verzeichnisses, die auf Grund der §§ 189 bis 192 erforderlich werden, binnen drei Tagen nach Ablauf der in § 189 Abs. 1 vorgesehenen Ausschlußfrist vorzunehmen.

§ 194 Einwendungen gegen das Verteilungsverzeichnis

(1) Bei einer Abschlagsverteilung sind Einwendungen eines Gläubigers gegen das Verzeichnis bis zum Ablauf einer Woche nach dem Ende der in § 189 Abs. 1 vorgesehenen Ausschlußfrist bei dem Insolvenzgericht zu erheben.
(2) Eine Entscheidung des Gerichts, durch die Einwendungen zurückgewiesen werden, ist dem Gläubiger und dem Insolvenzverwalter zuzustellen. Dem Gläubiger steht gegen den Beschluß die sofortige Beschwerde zu.
(3) Eine Entscheidung des Gerichts, durch die eine Berichtigung des Verzeichnisses angeordnet wird, ist dem Gläubiger und dem Verwalter zuzustellen und in der Geschäftsstelle zur Einsicht der Beteiligten niederzulegen. Dem Verwalter und den Insolvenzgläubigern steht gegen den Beschluß die sofortige Beschwerde zu. Die Beschwerdefrist beginnt mit dem Tag, an dem die Entscheidung niedergelegt worden ist.

§ 195 Festsetzung des Bruchteils

(1) Für eine Abschlagsverteilung bestimmt der Gläubigerausschuß auf Vorschlag des Insolvenzverwalters den zu zahlenden Bruchteil. Ist kein Gläubigerausschuß bestellt, so bestimmt der Verwalter den Bruchteil.
(2) Der Verwalter hat den Bruchteil den berücksichtigten Gläubigern mitzuteilen.

§ 196 Schlußverteilung

(1) Die Schlußverteilung erfolgt, sobald die Verwertung der Insolvenzmasse mit Ausnahme eines laufenden Einkommens beendet ist.
(2) Die Schlußverteilung darf nur mit Zustimmung des Insolvenzgerichts vorgenommen werden.

§ 197 Schlußtermin

(1) Bei der Zustimmung zur Schlußverteilung bestimmt das Insolvenzgericht den Termin für eine abschließende Gläubigerversammlung. Dieser Termin dient
1. zur Erörterung der Schlußrechnung des Insolvenzverwalters,
2. zur Erhebung von Einwendungen gegen das Schlußverzeichnis und
3. zur Entscheidung der Gläubiger über die nicht verwertbaren Gegenstände der Insolvenzmasse.

(2) Zwischen der öffentlichen Bekanntmachung des Termins und dem Termin soll eine Frist von mindestens einem Monat und höchstens zwei Monaten liegen.
(3) Für die Entscheidung des Gerichts über Einwendungen eines Gläubigers gilt § 194 Abs. 2 und 3 entsprechend.

§ 198 Hinterlegung zurückbehaltener Beträge

Beträge, die bei der Schlußverteilung zurückzubehalten sind, hat der Insolvenzverwalter für Rechnung der Beteiligten bei einer geeigneten Stelle zu hinterlegen.

§ 199 Überschuß bei der Schlußverteilung

Können bei der Schlußverteilung die Forderungen aller Insolvenzgläubiger in voller Höhe berichtigt werden, so hat der Insolvenzverwalter einen verbleibenden Überschuß dem Schuldner herauszugeben. Ist der Schuldner keine natürliche Person, so hat der Verwalter jeder am Schuldner beteiligten Person den Teil des Überschusses herauszugeben, der ihr bei einer Abwicklung außerhalb des Insolvenzverfahrens zustünde.

§ 200 Aufhebung des Insolvenzverfahrens

(1) Sobald die Schlußverteilung vollzogen ist, beschließt das Insolvenzgericht die Aufhebung des Insolvenzverfahrens.
(2) Der Beschluß und der Grund der Aufhebung sind öffentlich bekanntzumachen. Die §§ 31 bis 33 gelten entsprechend.

§ 201 Rechte der Insolvenzgläubiger nach Verfahrensaufhebung

(1) Die Insolvenzgläubiger können nach der Aufhebung des Insolvenzverfahrens ihre restlichen Forderungen gegen den Schuldner unbeschränkt geltend machen.
(2) Die Insolvenzgläubiger, deren Forderungen festgestellt und nicht vom Schuldner im Prüfungstermin bestritten worden sind, können aus der Eintragung in die Tabelle wie aus einem vollstreckbaren Urteil die Zwangsvollstreckung gegen den Schuldner betreiben. Einer nicht bestrittenen Forderung steht eine Forderung gleich, bei der ein erhobener Widerspruch beseitigt ist. Der Antrag auf Erteilung einer vollstreckbaren Ausfertigung aus der Tabelle kann erst nach Aufhebung des Insolvenzverfahrens gestellt werden.
(3) Die Vorschriften über die Restschuldbefreiung bleiben unberührt.

§ 202 Zuständigkeit bei der Vollstreckung

(1) Im Falle des § 201 ist das Amtsgericht, bei dem das Insolvenzverfahren anhängig ist oder anhängig war, ausschließlich zuständig für Klagen:
1. auf Erteilung der Vollstreckungsklausel;
2. durch die nach der Erteilung der Vollstreckungsklausel bestritten wird, daß die Voraussetzungen für die Erteilung eingetreten waren;
3. durch die Einwendungen geltend gemacht werden, die den Anspruch selbst betreffen.

(2) Gehört der Streitgegenstand nicht zur Zuständigkeit der Amtsgerichte, so ist das Landgericht ausschließlich zuständig, zu dessen Bezirk das Insolvenzgericht gehört.

§ 203 Anordnung der Nachtragsverteilung

(1) Auf Antrag des Insolvenzverwalters oder eines Insolvenzgläubigers oder von Amts wegen ordnet das Insolvenzgericht eine Nachtragsverteilung an, wenn nach dem Schlußtermin
1. zurückbehaltene Beträge für die Verteilung frei werden,
2. Beträge, die aus der Insolvenzmasse gezahlt sind, zurückfließen oder
3. Gegenstände der Masse ermittelt werden.

(2) Die Aufhebung des Verfahrens steht der Anordnung einer Nachtragsverteilung nicht entgegen.
(3) Das Gericht kann von der Anordnung absehen und den zur Verfügung stehenden Betrag oder den ermittelten Gegenstand dem Schuldner überlassen, wenn dies mit Rücksicht auf die Gering-

fügigkeit des Betrags oder den geringen Wert des Gegenstands und die Kosten einer Nachtragsverteilung angemessen erscheint. Es kann die Anordnung davon abhängig machen, daß ein Geldbetrag vorgeschossen wird, der die Kosten der Nachtragsverteilung deckt.

§ 204 Rechtsmittel

(1) Der Beschluß, durch den der Antrag auf Nachtragsverteilung abgelehnt wird, ist dem Antragsteller zuzustellen. Gegen den Beschluß steht dem Antragsteller die sofortige Beschwerde zu.
(2) Der Beschluß, durch den eine Nachtragsverteilung angeordnet wird, ist dem Insolvenzverwalter, dem Schuldner und, wenn ein Gläubiger die Verteilung beantragt hatte, diesem Gläubiger zuzustellen. Gegen den Beschluß steht dem Schuldner die sofortige Beschwerde zu.

§ 205 Vollzug der Nachtragsverteilung

Nach der Anordnung der Nachtragsverteilung hat der Insolvenzverwalter den zur Verfügung stehenden Betrag oder den Erlös aus der Verwertung des ermittelten Gegenstands auf Grund des Schlußverzeichnisses zu verteilen. Er hat dem Insolvenzgericht Rechnung zu legen.

§ 206 Ausschluß von Massegläubigern

Massegläubiger, deren Ansprüche dem Insolvenzverwalter
1. bei einer Abschlagsverteilung erst nach der Festsetzung des Bruchteils,
2. bei der Schlußverteilung erst nach der Beendigung des Schlußtermins oder
3. bei einer Nachtragsverteilung erst nach der öffentlichen Bekanntmachung
bekanntgeworden sind, können Befriedigung nur aus den Mitteln verlangen, die nach der Verteilung in der Insolvenzmasse verbleiben.

Dritter Abschnitt – Einstellung des Verfahrens

§ 207 Einstellung mangels Masse

(1) Stellt sich nach der Eröffnung des Insolvenzverfahrens heraus, daß die Insolvenzmasse nicht ausreicht, um die Kosten des Verfahrens zu decken, so stellt das Insolvenzgericht das Verfahren ein. Die Einstellung unterbleibt, wenn ein ausreichender Geldbetrag vorgeschossen wird oder die Kosten nach § 4a gestundet werden; § 26 Abs. 3 gilt entsprechend.
(2) Vor der Einstellung sind die Gläubigerversammlung, der Insolvenzverwalter und die Massegläubiger zu hören.
(3) Soweit Barmittel in der Masse vorhanden sind, hat der Verwalter vor der Einstellung die Kosten des Verfahrens, von diesen zuerst die Auslagen, nach dem Verhältnis ihrer Beträge zu berichtigen. Zur Verwertung von Massegegenständen ist er nicht mehr verpflichtet.

§ 208 Anzeige der Masseunzulänglichkeit

(1) Sind die Kosten des Insolvenzverfahrens gedeckt, reicht die Insolvenzmasse jedoch nicht aus, um die fälligen sonstigen Masseverbindlichkeiten zu erfüllen, so hat der Insolvenzverwalter dem Insolvenzgericht anzuzeigen, daß Masseunzulänglichkeit vorliegt. Gleiches gilt, wenn die Masse voraussichtlich nicht ausreichen wird, um die bestehenden sonstigen Masseverbindlichkeiten im Zeitpunkt der Fälligkeit zu erfüllen.
(2) Das Gericht hat die Anzeige der Masseunzulänglichkeit öffentlich bekanntzumachen. Den Massegläubigern ist sie besonders zuzustellen.
(3) Die Pflicht des Verwalters zur Verwaltung und zur Verwertung der Masse besteht auch nach der Anzeige der Masseunzulänglichkeit fort.

§ 209 Befriedigung der Massegläubiger

(1) Der Insolvenzverwalter hat die Masseverbindlichkeiten nach folgender Rangordnung zu berichtigen, bei gleichem Rang nach dem Verhältnis ihrer Beträge:
1. die Kosten des Insolvenzverfahrens;
2. die Masseverbindlichkeiten, die nach der Anzeige der Masseunzulänglichkeit begründet worden sind, ohne zu den Kosten des Verfahrens zu gehören;
3. die übrigen Masseverbindlichkeiten, unter diesen zuletzt der nach den §§ 100, 101 Abs. 1 Satz 3 bewilligte Unterhalt.

(2) Als Masseverbindlichkeiten im Sinne des Absatzes 1 Nr. 2 gelten auch die Verbindlichkeiten
1. aus einem gegenseitigen Vertrag, dessen Erfüllung der Verwalter gewählt hat, nachdem er die Masseunzulänglichkeit angezeigt hatte;
2. aus einem Dauerschuldverhältnis für die Zeit nach dem ersten Termin, zu dem der Verwalter nach der Anzeige der Masseunzulänglichkeit kündigen konnte;
3. aus einem Dauerschuldverhältnis, soweit der Verwalter nach der Anzeige der Masseunzulänglichkeit für die Insolvenzmasse die Gegenleistung in Anspruch genommen hat.

§ 210 Vollstreckungsverbot

Sobald der Insolvenzverwalter die Masseunzulänglichkeit angezeigt hat, ist die Vollstreckung wegen einer Masseverbindlichkeit im Sinne des § 209 Abs. 1 Nr. 3 unzulässig.

§ 210a Insolvenzplan bei Masseunzulänglichkeit

Bei Anzeige der Masseunzulänglichkeit gelten die Vorschriften über den Insolvenzplan mit der Maßgabe, dass
1. an die Stelle der nicht nachrangigen Insolvenzgläubiger die Massegläubiger mit dem Rang des § 209 Absatz 1 Nummer 3 treten und
2. an die Stelle der nachrangigen Insolvenzgläubiger die nicht nachrangigen Insolvenzgläubiger treten.

§ 211 Einstellung nach Anzeige der Masseunzulänglichkeit

(1) Sobald der Insolvenzverwalter die Insolvenzmasse nach Maßgabe des § 209 verteilt hat, stellt das Insolvenzgericht das Insolvenzverfahren ein.
(2) Der Verwalter hat für seine Tätigkeit nach der Anzeige der Masseunzulänglichkeit gesondert Rechnung zu legen.
(3) Werden nach der Einstellung des Verfahrens Gegenstände der Insolvenzmasse ermittelt, so ordnet das Gericht auf Antrag des Verwalters oder eines Massegläubigers oder von Amts wegen eine Nachtragsverteilung an. § 203 Abs. 3 und die §§ 204 und 205 gelten entsprechend.

§ 212 Einstellung wegen Wegfalls des Eröffnungsgrunds

Das Insolvenzverfahren ist auf Antrag des Schuldners einzustellen, wenn gewährleistet ist, daß nach der Einstellung beim Schuldner weder Zahlungsunfähigkeit noch drohende Zahlungsunfähigkeit noch, soweit die Überschuldung Grund für die Eröffnung des Insolvenzverfahrens ist, Überschuldung vorliegt. Der Antrag ist nur zulässig, wenn das Fehlen der Eröffnungsgründe glaubhaft gemacht wird.

§ 213 Einstellung mit Zustimmung der Gläubiger

(1) Das Insolvenzverfahren ist auf Antrag des Schuldners einzustellen, wenn er nach Ablauf der Anmeldefrist die Zustimmung aller Insolvenzgläubiger beibringt, die Forderungen angemeldet haben. Bei Gläubigern, deren Forderungen vom Schuldner oder vom Insolvenzverwalter bestritten werden, und bei absonderungsberechtigten Gläubigern entscheidet das Insolvenzgericht nach

freiem Ermessen, inwieweit es einer Zustimmung dieser Gläubiger oder einer Sicherheitsleistung gegenüber ihnen bedarf.
(2) Das Verfahren kann auf Antrag des Schuldners vor dem Ablauf der Anmeldefrist eingestellt werden, wenn außer den Gläubigern, deren Zustimmung der Schuldner beibringt, andere Gläubiger nicht bekannt sind.

§ 214 Verfahren bei der Einstellung

(1) Der Antrag auf Einstellung des Insolvenzverfahrens nach § 212 oder § 213 ist öffentlich bekanntzumachen. Er ist in der Geschäftsstelle zur Einsicht der Beteiligten niederzulegen; im Falle des § 213 sind die zustimmenden Erklärungen der Gläubiger beizufügen. Die Insolvenzgläubiger können binnen einer Woche nach der öffentlichen Bekanntmachung schriftlich Widerspruch gegen den Antrag erheben.
(2) Das Insolvenzgericht beschließt über die Einstellung nach Anhörung des Antragstellers, des Insolvenzverwalters und des Gläubigerausschusses, wenn ein solcher bestellt ist. Im Falle eines Widerspruchs ist auch der widersprechende Gläubiger zu hören.
(3) Vor der Einstellung hat der Verwalter die unstreitigen Masseansprüche zu berichtigen und für die streitigen Sicherheit zu leisten.

§ 215 Bekanntmachung und Wirkungen der Einstellung

(1) Der Beschluß, durch den das Insolvenzverfahren nach § 207, 211, 212 oder 213 eingestellt wird, und der Grund der Einstellung sind öffentlich bekanntzumachen. Der Schuldner der Insolvenzverwalter und die Mitglieder des Gläubigerausschusses sind vorab über den Zeitpunkt des Wirksamwerdens der Einstellung (§ 9 Abs. 1 Satz 3) zu unterrichten. § 200 Abs. 2 Satz 2 gilt entsprechend.
(2) Mit der Einstellung des Insolvenzverfahrens erhält der Schuldner das Recht zurück, über die Insolvenzmasse frei zu verfügen. Die §§ 201, 202 gelten entsprechend.

§ 216 Rechtsmittel

(1) Wird das Insolvenzverfahren nach § 207, 212 oder 213 eingestellt, so steht jedem Insolvenzgläubiger und, wenn die Einstellung nach § 207 erfolgt, dem Schuldner die sofortige Beschwerde zu.
(2) Wird ein Antrag nach § 212 oder § 213 abgelehnt, so steht dem Schuldner die sofortige Beschwerde zu.

Sechster Teil – Insolvenzplan

Erster Abschnitt – Aufstellung des Plans

§ 217 Grundsatz

(1) Die Befriedigung der absonderungsberechtigten Gläubiger und der Insolvenzgläubiger, die Verwertung der Insolvenzmasse und deren Verteilung an die Beteiligten sowie die Verfahrensabwicklung und die Haftung des Schuldners nach der Beendigung des Insolvenzverfahrens können in einem Insolvenzplan abweichend von den Vorschriften dieses Gesetzes geregelt werden. Ist der Schuldner keine natürliche Person, so können auch die Anteils- oder Mitgliedschaftsrechte der am Schuldner beteiligten Personen in den Plan einbezogen werden.
(2) Der Insolvenzplan kann ferner die Rechte der Inhaber von Insolvenzforderungen gestalten, die diesen aus einer von einem verbundenen Unternehmen im Sinne des § 15 des Aktiengesetzes als Bürge, Mitschuldner oder aufgrund einer anderweitig übernommenen Haftung oder an Gegenständen des Vermögens dieses Unternehmens (gruppeninterne Drittsicherheit) zustehen.

§ 218 Vorlage des Insolvenzplans

(1) Zur Vorlage eines Insolvenzplans an das Insolvenzgericht sind der Insolvenzverwalter und der Schuldner berechtigt. Die Vorlage durch den Schuldner kann mit dem Antrag auf Eröffnung des Insolvenzverfahrens verbunden werden. Ein Plan, der erst nach dem Schlußtermin beim Gericht eingeht, wird nicht berücksichtigt.
(2) Hat die Gläubigerversammlung den Verwalter beauftragt, einen Insolvenzplan auszuarbeiten, so hat der Verwalter den Plan binnen angemessener Frist dem Gericht vorzulegen.
(3) Bei der Aufstellung des Plans durch den Verwalter wirken der Gläubigerausschuß, wenn ein solcher bestellt ist, der Betriebsrat, der Sprecherausschuß der leitenden Angestellten und der Schuldner beratend mit.

§ 219 Gliederung des Plans

Der Insolvenzplan besteht aus dem darstellenden Teil und dem gestaltenden Teil. Ihm sind die in den §§ 229 und 230 genannten Anlagen beizufügen.

§ 220 Darstellender Teil

(1) Im darstellenden Teil des Insolvenzplans wird beschrieben, welche Maßnahmen nach der Eröffnung des Insolvenzverfahrens getroffen worden sind oder noch getroffen werden sollen, um die Grundlagen für die geplante Gestaltung der Rechte der Beteiligten zu schaffen.
(2) Der darstellende Teil muss alle sonstigen Angaben zu den Grundlagen und den Auswirkungen des Plans enthalten, die für die Entscheidung der Beteiligten über die Zustimmung zum Plan und für dessen gerichtliche Bestätigung erheblich sind. Er enthält insbesondere eine Vergleichsrechnung, in der die Auswirkungen des Plans auf die voraussichtliche Befriedigung der Gläubiger dargestellt werden. Sieht der Plan eine Fortführung des Unternehmens vor, ist für die Ermittlung der voraussichtlichen Befriedigung ohne Plan in der Regel zu unterstellen, dass das Unternehmen fortgeführt wird. Dies gilt nicht, wenn ein Verkauf des Unternehmens oder eine anderweitige Fortführung aussichtslos ist.
(3) Sieht der Insolvenzplan Eingriffe in die Rechte von Insolvenzgläubigern aus gruppeninternen Drittsicherheiten (§ 217 Absatz 2) vor, sind in die Darstellung auch die Verhältnisse des die Sicherheit gewährenden verbundenen Unternehmens und die Auswirkungen des Plans auf dieses Unternehmen einzubeziehen.

§ 221 Gestaltender Teil

Im gestaltenden Teil des Insolvenzplans wird festgelegt, wie die Rechtsstellung der Beteiligten durch den Plan geändert werden soll. Der Insolvenzverwalter kann durch den Plan bevollmächtigt werden, die zur Umsetzung notwendigen Maßnahmen zu ergreifen und offensichtliche Fehler des Plans zu berichtigen.

§ 222 Bildung von Gruppen

(1) Bei der Festlegung der Rechte der Beteiligten im Insolvenzplan sind Gruppen zu bilden, soweit Beteiligte mit unterschiedlicher Rechtsstellung betroffen sind. Es ist zu unterscheiden zwischen
1. den absonderungsberechtigten Gläubigern, wenn durch den Plan in deren Rechte eingegriffen wird;
2. den nicht nachrangigen Insolvenzgläubigern;
3. den einzelnen Rangklassen der nachrangigen Insolvenzgläubiger, soweit deren Forderungen nicht nach § 225 als erlassen gelten sollen;
4. den am Schuldner beteiligten Personen, wenn deren Anteils- oder Mitgliedschaftsrechte in den Plan einbezogen werden;
5. den Inhabern von Rechten aus gruppeninternen Drittsicherheiten.

(2) Aus den Beteiligten mit gleicher Rechtsstellung können Gruppen gebildet werden, in denen Beteiligte mit gleichartigen wirtschaftlichen Interessen zusammengefaßt werden. Die Gruppen

müssen sachgerecht voneinander abgegrenzt werden. Die Kriterien für die Abgrenzung sind im Plan anzugeben.
(3) Die Arbeitnehmer sollen eine besondere Gruppe bilden, wenn sie als Insolvenzgläubiger mit nicht unerheblichen Forderungen beteiligt sind. Für Kleingläubiger und geringfügig beteiligte Anteilsinhaber mit einer Beteiligung am Haftkapital von weniger als 1 Prozent oder weniger als 1 000 Euro können besondere Gruppen gebildet werden.

§ 223 Rechte der Absonderungsberechtigten

(1) Ist im Insolvenzplan nichts anderes bestimmt, so wird das Recht der absonderungsberechtigten Gläubiger zur Befriedigung aus den Gegenständen, an denen Absonderungsrechte bestehen, vom Plan nicht berührt. Eine abweichende Bestimmung ist hinsichtlich der Finanzsicherheiten im Sinne von § 1 Abs. 17 des Kreditwesengesetzes sowie der Sicherheiten ausgeschlossen, die
1. dem Betreiber oder dem Teilnehmer eines Systems nach § 1 Abs. 16 des Kreditwesengesetzes zur Sicherung seiner Ansprüche aus dem System oder
2. der Zentralbank eines Mitgliedstaats der Europäischen Union oder der Europäischen Zentralbank

gestellt wurden.
(2) Soweit im Plan eine abweichende Regelung getroffen wird, ist im gestaltenden Teil für die absonderungsberechtigten Gläubiger anzugeben, um welchen Bruchteil die Rechte gekürzt, für welchen Zeitraum sie gestundet oder welchen sonstigen Regelungen sie unterworfen werden sollen.

§ 223a Gruppeninterne Drittsicherheiten

Ist im Insolvenzplan nichts anderes bestimmt, so wird das Recht eines Insolvenzgläubigers aus einer gruppeninternen Drittsicherheit (§ 217 Absatz 2) durch den Insolvenzplan nicht berührt. Wird eine Regelung getroffen, ist der Eingriff angemessen zu entschädigen. § 223 Absatz 1 Satz 2 und Absatz 2 gilt entsprechend.

§ 224 Rechte der Insolvenzgläubiger

Für die nicht nachrangigen Gläubiger ist im gestaltenden Teil des Insolvenzplans anzugeben, um welchen Bruchteil die Forderungen gekürzt, für welchen Zeitraum sie gestundet, wie sie gesichert oder welchen sonstigen Regelungen sie unterworfen werden sollen.

§ 225 Rechte der nachrangigen Insolvenzgläubiger

(1) Die Forderungen nachrangiger Insolvenzgläubiger gelten, wenn im Insolvenzplan nichts anderes bestimmt ist, als erlassen.
(2) Soweit im Plan eine abweichende Regelung getroffen wird, sind im gestaltenden Teil für jede Gruppe der nachrangigen Gläubiger die in § 224 vorgeschriebenen Angaben zu machen.
(3) Die Haftung des Schuldners nach der Beendigung des Insolvenzverfahrens für Geldstrafen und die diesen in § 39 Abs. 1 Nr. 3 gleichgestellten Verbindlichkeiten kann durch einen Plan weder ausgeschlossen noch eingeschränkt werden.

§ 225a Rechte der Anteilsinhaber

(1) Die Anteils- oder Mitgliedschaftsrechte der am Schuldner beteiligten Personen bleiben vom Insolvenzplan unberührt, es sei denn, dass der Plan etwas anderes bestimmt.
(2) Im gestaltenden Teil des Plans kann vorgesehen werden, dass Forderungen von Gläubigern in Anteils- oder Mitgliedschaftsrechte am Schuldner umgewandelt werden. Eine Umwandlung gegen den Willen der betroffenen Gläubiger ist ausgeschlossen. Insbesondere kann der Plan eine Kapitalherabsetzung oder -erhöhung, die Leistung von Sacheinlagen, den Ausschluss von Bezugsrechten oder die Zahlung von Abfindungen an ausscheidende Anteilsinhaber vorsehen.

(3) Im Plan kann jede Regelung getroffen werden, die gesellschaftsrechtlich zulässig ist, insbesondere die Fortsetzung einer aufgelösten Gesellschaft oder die Übertragung von Anteils- oder Mitgliedschaftsrechten.
(4) Maßnahmen nach Absatz 2 oder 3 berechtigen nicht zum Rücktritt oder zur Kündigung von Verträgen, an denen der Schuldner beteiligt ist. Sie führen auch nicht zu einer anderweitigen Beendigung der Verträge. Entgegenstehende vertragliche Vereinbarungen sind unwirksam. Von den Sätzen 1 und 2 bleiben Vereinbarungen unberührt, welche an eine Pflichtverletzung des Schuldners anknüpfen, sofern sich diese nicht darin erschöpft, dass eine Maßnahme nach Absatz 2 oder 3 in Aussicht genommen oder durchgeführt wird.
(5) Stellt eine Maßnahme nach Absatz 2 oder 3 für eine am Schuldner beteiligte Person einen wichtigen Grund zum Austritt aus der juristischen Person oder rechtsfähigen Personengesellschaft dar und wird von diesem Austrittsrecht Gebrauch gemacht, so ist für die Bestimmung der Höhe eines etwaigen Abfindungsanspruches die Vermögenslage maßgeblich, die sich bei einer Abwicklung des Schuldners eingestellt hätte. Die Auszahlung des Abfindungsanspruches kann zur Vermeidung einer unangemessenen Belastung der Finanzlage des Schuldners über einen Zeitraum von bis zu drei Jahren gestundet werden. Nicht ausgezahlte Abfindungsguthaben sind zu verzinsen.

§ 226 Gleichbehandlung der Beteiligten

(1) Innerhalb jeder Gruppe sind allen Beteiligten gleiche Rechte anzubieten.
(2) Eine unterschiedliche Behandlung der Beteiligten einer Gruppe ist nur mit Zustimmung aller betroffenen Beteiligten zulässig. In diesem Fall ist dem Insolvenzplan die zustimmende Erklärung eines jeden betroffenen Beteiligten beizufügen.
(3) Jedes Abkommen des Insolvenzverwalters, des Schuldners oder anderer Personen mit einzelnen Beteiligten, durch das diesen für ihr Verhalten bei Abstimmungen oder sonst im Zusammenhang mit dem Insolvenzverfahren ein nicht im Plan vorgesehener Vorteil gewährt wird, ist nichtig.

§ 227 Haftung des Schuldners

(1) Ist im Insolvenzplan nichts anderes bestimmt, so wird der Schuldner mit der im gestaltenden Teil vorgesehenen Befriedigung der Insolvenzgläubiger von seinen restlichen Verbindlichkeiten gegenüber diesen Gläubigern befreit.
(2) Ist der Schuldner eine rechtsfähige Personengesellschaft oder eine Kommanditgesellschaft auf Aktien, so gilt Absatz 1 entsprechend für die persönliche Haftung der Gesellschafter.

§ 228 Änderung sachenrechtlicher Verhältnisse

Sollen Rechte an Gegenständen begründet, geändert, übertragen oder aufgehoben werden, so können die erforderlichen Willenserklärungen der Beteiligten in den gestaltenden Teil des Insolvenzplans aufgenommen werden. Sind im Grundbuch eingetragene Rechte an einem Grundstück oder an eingetragenen Rechten betroffen, so sind diese Rechte unter Beachtung des § 28 der Grundbuchordnung genau zu bezeichnen. Für Rechte, die im Schiffsregister, im Schiffsbauregister oder im Register für Pfandrechte an Luftfahrzeugen eingetragen sind, gilt Satz 2 entsprechend.

§ 229 Vermögensübersicht. Ergebnis- und Finanzplan

Sollen die Gläubiger aus den Erträgen des vom Schuldner oder von einem Dritten fortgeführten Unternehmens befriedigt werden, so ist dem Insolvenzplan eine Vermögensübersicht beizufügen, in der die Vermögensgegenstände und die Verbindlichkeiten, die sich bei einem Wirksamwerden des Plans gegenüberstünden, mit ihren Werten aufgeführt werden. Ergänzend ist darzustellen, welche Aufwendungen und Erträge für den Zeitraum, während dessen die Gläubiger befriedigt werden sollen, zu erwarten sind und durch welche Abfolge von Einnahmen und Ausgaben die

Zahlungsfähigkeit des Unternehmens während dieses Zeitraums gewährleistet werden soll. Dabei sind auch die Gläubiger zu berücksichtigen, die zwar ihre Forderungen nicht angemeldet haben, jedoch bei der Ausarbeitung des Plans bekannt sind.

§ 230 Weitere Anlagen

(1) Ist im Insolvenzplan vorgesehen, daß der Schuldner sein Unternehmen fortführt, und ist der Schuldner eine natürliche Person, so ist dem Plan die Erklärung des Schuldners beizufügen, daß er zur Fortführung des Unternehmens auf der Grundlage des Plans bereit ist. Ist der Schuldner eine Gesellschaft ohne Rechtspersönlichkeit oder eine Kommanditgesellschaft auf Aktien, so ist dem Plan eine entsprechende Erklärung der Personen beizufügen, die nach dem Plan persönlich haftende Gesellschafter des Unternehmens sein sollen. Die Erklärung des Schuldners nach Satz 1 ist nicht erforderlich, wenn dieser selbst den Plan vorlegt.
(2) Sollen Gläubiger Anteils- oder Mitgliedschaftsrechte oder Beteiligungen an einer juristischen Person, einem Verein ohne Rechtspersönlichkeit oder einer Gesellschaft ohne Rechtspersönlichkeit übernehmen, so ist dem Plan die zustimmende Erklärung eines jeden dieser Gläubiger beizufügen.
(3) Hat ein Dritter für den Fall der Bestätigung des Plans Verpflichtungen gegenüber den Gläubigern übernommen, so ist dem Plan die Erklärung des Dritten beizufügen.
(4) Sieht der Insolvenzplan Eingriffe in die Rechte von Gläubigern aus gruppeninternen Drittsicherheiten vor, so ist dem Plan die Zustimmung des verbundenen Unternehmens beizufügen, das die Sicherheit gestellt hat.

§ 231 Zurückweisung des Plans

(1) Das Insolvenzgericht weist den Insolvenzplan von Amts wegen zurück,
1. wenn die Vorschriften über das Recht zur Vorlage und den Inhalt des Plans, insbesondere zur Bildung von Gruppen, nicht beachtet sind und der Vorlegende den Mangel nicht beheben kann oder innerhalb einer angemessenen, vom Gericht gesetzten Frist nicht behebt,
2. wenn ein vom Schuldner vorgelegter Plan offensichtlich keine Aussicht auf Annahme durch die Beteiligten oder auf Bestätigung durch das Gericht hat oder
3. wenn die Ansprüche, die den Beteiligten nach dem gestaltenden Teil eines vom Schuldner vorgelegten Plans zustehen, offensichtlich nicht erfüllt werden können.

Die Entscheidung des Gerichts soll innerhalb von zwei Wochen nach Vorlage des Plans erfolgen.
(2) Hatte der Schuldner in dem Insolvenzverfahren bereits einen Plan vorgelegt, der von den Beteiligten abgelehnt, vom Gericht nicht bestätigt oder vom Schuldner nach der öffentlichen Bekanntmachung des Erörterungstermins zurückgezogen worden ist, so hat das Gericht einen neuen Plan des Schuldners zurückzuweisen, wenn der Insolvenzverwalter mit Zustimmung des Gläubigerausschusses, wenn ein solcher bestellt ist, die Zurückweisung beantragt.
(3) Gegen den Beschluß, durch den der Plan zurückgewiesen wird, steht dem Vorlegenden die sofortige Beschwerde zu.

§ 232 Stellungnahmen zum Plan

(1) Wird der Insolvenzplan nicht zurückgewiesen, so leitet das Insolvenzgericht ihn zur Stellungnahme, insbesondere zur Vergleichsrechnung, zu:
1. dem Gläubigerausschuß, wenn ein solcher bestellt ist, dem Betriebsrat und dem Sprecherausschuß der leitenden Angestellten;
2. dem Schuldner, wenn der Insolvenzverwalter den Plan vorgelegt hat;
3. dem Verwalter, wenn der Schuldner den Plan vorgelegt hat.

(2) Das Gericht kann auch der für den Schuldner zuständigen amtlichen Berufsvertretung der Industrie, des Handels, des Handwerks oder der Landwirtschaft oder anderen sachkundigen Stellen Gelegenheit zur Äußerung geben.
(3) Das Gericht bestimmt eine Frist für die Abgabe der Stellungnahmen. Die Frist soll zwei Wochen nicht überschreiten.

(4) Das Gericht kann den in den Absätzen 1 und 2 Genannten den Plan bereits vor der Entscheidung nach § 231 zur Stellungnahme zuleiten. Enthält eine daraufhin eingehende Stellungnahme neuen Tatsachenvortrag, auf den das Gericht eine Zurückweisungsentscheidung stützen will, hat das Gericht die Stellungnahme dem Planvorleger und den anderen nach Absatz 1 zur Stellungnahme Berechtigten zur Stellungnahme binnen einer Frist von höchstens einer Woche zuzuleiten.

§ 233 Aussetzung von Verwertung und Verteilung

Soweit die Durchführung eines vorgelegten Insolvenzplans durch die Fortsetzung der Verwertung und Verteilung der Insolvenzmasse gefährdet würde, ordnet das Insolvenzgericht auf Antrag des Schuldners oder des Insolvenzverwalters die Aussetzung der Verwertung und Verteilung an. Das Gericht sieht von der Aussetzung ab oder hebt sie auf, soweit mit ihr die Gefahr erheblicher Nachteile für die Masse verbunden ist oder soweit der Verwalter mit Zustimmung des Gläubigerausschusses oder der Gläubigerversammlung die Fortsetzung der Verwertung und Verteilung beantragt.

§ 234 Niederlegung des Plans

Der Insolvenzplan ist mit seinen Anlagen und den eingegangenen Stellungnahmen in der Geschäftsstelle zur Einsicht der Beteiligten niederzulegen.

Zweiter Abschnitt – Annahme und Bestätigung des Plans

§ 235 Erörterungs- und Abstimmungstermin

(1) Das Insolvenzgericht bestimmt einen Termin, in dem der Insolvenzplan und das Stimmrecht der Beteiligten erörtert werden und anschließend über den Plan abgestimmt wird (Erörterungs- und Abstimmungstermin). Der Termin soll nicht über einen Monat hinaus angesetzt werden. Er kann gleichzeitig mit der Einholung der Stellungnahmen nach § 232 anberaumt werden.
(2) Der Erörterungs- und Abstimmungstermin ist öffentlich bekanntzumachen. Dabei ist darauf hinzuweisen, daß der Plan und die eingegangenen Stellungnahmen in der Geschäftsstelle eingesehen werden können. § 74 Abs. 2 Satz 2 gilt entsprechend.
(3) Die Insolvenzgläubiger, die Forderungen angemeldet haben, die absonderungsberechtigten Gläubiger, der Insolvenzverwalter, der Schuldner, der Betriebsrat und der Sprecherausschuß der leitenden Angestellten sind besonders zu laden. Mit der Ladung ist ein Abdruck des Plans oder eine Zusammenfassung seines wesentlichen Inhalts, die der Vorlegende auf Aufforderung einzureichen hat, zu übersenden. Sind die Anteils- oder Mitgliedschaftsrechte der am Schuldner beteiligten Personen in den Plan einbezogen, so sind auch diese Personen gemäß den Sätzen 1 und 2 zu laden; dies gilt nicht für Aktionäre oder Kommanditaktionäre. § 8 Absatz 3 gilt entsprechend. Für börsennotierte Gesellschaften findet § 121 Absatz 4a des Aktiengesetzes entsprechende Anwendung; sie haben eine Zusammenfassung des wesentlichen Inhalts des Plans über ihre Internetseite zugänglich zu machen.

§ 236 Verbindung mit dem Prüfungstermin

Der Erörterungs- und Abstimmungstermin darf nicht vor dem Prüfungstermin stattfinden. Beide Termine können jedoch verbunden werden.

§ 237 Stimmrecht der Insolvenzgläubiger

(1) Für das Stimmrecht der Insolvenzgläubiger bei der Abstimmung über den Insolvenzplan gilt § 77 Abs. 1 Satz 1, Abs. 2 und 3 Nr. 1 entsprechend. Absonderungsberechtigte Gläubiger sind nur insoweit zur Abstimmung als Insolvenzgläubiger berechtigt, als ihnen der Schuldner auch persönlich haftet und sie auf die abgesonderte Befriedigung verzichten oder bei ihr ausfallen; solange der Ausfall nicht feststeht, sind sie mit dem mutmaßlichen Ausfall zu berücksichtigen.

(2) Gläubiger, deren Forderungen durch den Plan nicht beeinträchtigt werden, haben kein Stimmrecht.

§ 238 Stimmrecht der absonderungsberechtigten Gläubiger

(1) Soweit im Insolvenzplan auch die Rechtsstellung absonderungsberechtigter Gläubiger geregelt wird, sind im Termin die Rechte dieser Gläubiger einzeln zu erörtern. Ein Stimmrecht gewähren die Absonderungsrechte, die weder vom Insolvenzverwalter noch von einem absonderungsberechtigten Gläubiger noch von einem Insolvenzgläubiger bestritten werden. Für das Stimmrecht bei streitigen, aufschiebend bedingten oder nicht fälligen Rechten gelten die §§ 41, 77 Abs. 2, 3 Nr. 1 entsprechend.
(2) § 237 Abs. 2 gilt entsprechend.

§ 238a Stimmrecht der Anteilsinhaber

(1) Das Stimmrecht der Anteilsinhaber des Schuldners bestimmt sich allein nach deren Beteiligung am gezeichneten Kapital oder Vermögen des Schuldners. Stimmrechtsbeschränkungen, Sonder- oder Mehrstimmrechte bleiben außer Betracht.
(2) § 237 Absatz 2 gilt entsprechend.

§ 238b Stimmrecht der Berechtigten aus gruppeninternen Drittsicherheiten

Sieht der Plan Eingriffe in Rechte aus gruppeninternen Drittsicherheiten vor, richtet sich das Stimmrecht nach dem Befriedigungsbeitrag, der aus der Geltendmachung der Rechte aus der Drittsicherheit mutmaßlich zu erwarten ist.

§ 239 Stimmliste

Der Urkundsbeamte der Geschäftsstelle hält in einem Verzeichnis fest, welche Stimmrechte den Beteiligten nach dem Ergebnis der Erörterung im Termin zustehen.

§ 240 Änderung des Plans

Der Vorlegende ist berechtigt, einzelne Regelungen des Insolvenzplans auf Grund der Erörterung im Termin inhaltlich zu ändern. Über den geänderten Plan kann noch in demselben Termin abgestimmt werden.

§ 241 Gesonderter Abstimmungstermin

(1) Das Insolvenzgericht kann einen gesonderten Termin zur Abstimmung über den Insolvenzplan bestimmen. In diesem Fall soll der Zeitraum zwischen dem Erörterungstermin und dem Abstimmungstermin nicht mehr als einen Monat betragen.
(2) Zum Abstimmungstermin sind die stimmberechtigten Beteiligten und der Schuldner zu laden. Dies gilt nicht für Aktionäre oder Kommanditaktionäre. Für diese reicht es aus, den Termin öffentlich bekannt zu machen. Für börsennotierte Gesellschaften findet § 121 Absatz 4a des Aktiengesetzes entsprechende Anwendung. Im Fall einer Änderung des Plans ist auf die Änderung besonders hinzuweisen.

§ 242 Schriftliche Abstimmung

(1) Ist ein gesonderter Abstimmungstermin bestimmt, so kann das Stimmrecht schriftlich ausgeübt werden.
(2) Das Insolvenzgericht übersendet den stimmberechtigten Beteiligten nach dem Erörterungstermin den Stimmzettel und teilt ihnen dabei ihr Stimmrecht mit. Die schriftliche Stimmabgabe

wird nur berücksichtigt, wenn sie dem Gericht spätestens am Tag vor dem Abstimmungstermin zugegangen ist; darauf ist bei der Übersendung des Stimmzettels hinzuweisen.

§ 243 Abstimmung in Gruppen

Jede Gruppe der stimmberechtigten Beteiligten stimmt gesondert über den Insolvenzplan ab.

§ 244 Erforderliche Mehrheiten

(1) Zur Annahme des Insolvenzplans durch die Gläubiger ist erforderlich, daß in jeder Gruppe
1. die Mehrheit der abstimmenden Gläubiger dem Plan zustimmt und
2. die Summe der Ansprüche der zustimmenden Gläubiger mehr als die Hälfte der Summe der Ansprüche der abstimmenden Gläubiger beträgt.

(2) Gläubiger, denen ein Recht gemeinschaftlich zusteht oder deren Rechte bis zum Eintritt des Eröffnungsgrunds ein einheitliches Recht gebildet haben, werden bei der Abstimmung als ein Gläubiger gerechnet. Entsprechendes gilt, wenn an einem Recht ein Pfandrecht oder ein Nießbrauch besteht.

(3) Für die am Schuldner beteiligten Personen gilt Absatz 1 Nummer 2 entsprechend mit der Maßgabe, dass an die Stelle der Summe der Ansprüche die Summe der Beteiligungen tritt.

§ 245 Obstruktionsverbot

(1) Auch wenn die erforderlichen Mehrheiten nicht erreicht worden sind, gilt die Zustimmung einer Abstimmungsgruppe als erteilt, wenn
1. die Angehörigen dieser Gruppe durch den Insolvenzplan voraussichtlich nicht schlechter gestellt werden, als sie ohne einen Plan stünden,
2. die Angehörigen dieser Gruppe angemessen an dem wirtschaftlichen Wert beteiligt werden, der auf der Grundlage des Plans den Beteiligten zufließen soll, und
3. die Mehrheit der abstimmenden Gruppen dem Plan mit den erforderlichen Mehrheiten zugestimmt hat.

(2) Für eine Gruppe der Gläubiger liegt eine angemessene Beteiligung im Sinne des Absatzes 1 Nummer 2 vor, wenn nach dem Plan
1. kein anderer Gläubiger wirtschaftliche Werte erhält, die den vollen Betrag seines Anspruchs übersteigen,
2. weder ein Gläubiger, der ohne einen Plan mit Nachrang gegenüber den Gläubigern der Gruppe zu befriedigen wäre, noch der Schuldner oder eine an ihm beteiligte Person einen durch Leistung in das Vermögen des Schuldners nicht vollständig ausgeglichenen wirtschaftlichen Wert erhält und
3. kein Gläubiger, der ohne einen Plan gleichrangig mit den Gläubigern der Gruppe zu befriedigen wäre, bessergestellt wird als diese Gläubiger.

Handelt es sich bei dem Schuldner um eine natürliche Person, deren Mitwirkung bei der Fortführung des Unternehmens infolge besonderer, in der Person des Schuldners liegender Umstände unerlässlich ist, um den Planmehrwert zu verwirklichen, und hat sich der Schuldner im Plan zur Fortführung des Unternehmens sowie dazu verpflichtet, die wirtschaftlichen Werte, die er erhält oder behält, zu übertragen, wenn seine Mitwirkung aus von ihm zu vertretenden Gründen vor Ablauf von fünf Jahren oder einer kürzeren, für den Planvollzug vorgesehenen Frist endet, kann eine angemessene Beteiligung der Gläubigergruppe auch dann vorliegen, wenn der Schuldner in Abweichung von Satz 1 Nummer 2 wirtschaftliche Werte erhält. Satz 2 gilt entsprechend für an der Geschäftsführung beteiligte Inhaber von Anteils- oder Mitgliedschaftsrechten.

(2a) Wird die erforderliche Mehrheit in der nach § 222 Absatz 1 Satz 2 Nummer 5 zu bildenden Gruppe nicht erreicht, gelten die Absätze 1 und 2 für diese Gruppe nur, wenn die für den Eingriff vorgesehene Entschädigung die Inhaber der Rechte aus der gruppeninternen Drittsicherheit für den zu erleidenden Rechtsverlust angemessen entschädigt.

(3) Für eine Gruppe der Anteilsinhaber liegt eine angemessene Beteiligung im Sinne des Absatzes 1 Nummer 2 vor, wenn nach dem Plan

1. kein Gläubiger wirtschaftliche Werte erhält, die den vollen Betrag seines Anspruchs übersteigen, und
2. kein Anteilsinhaber, der ohne einen Plan den Anteilsinhabern der Gruppe gleichgestellt wäre, bessergestellt wird als diese.

§ 245a Schlechterstellung bei natürlichen Personen

Ist der Schuldner eine natürliche Person, ist für die Prüfung einer voraussichtlichen Schlechterstellung nach § 245 Absatz 1 Nummer 1 im Zweifel davon auszugehen, dass die Einkommens-, Vermögens- und Familienverhältnisse des Schuldners zum Zeitpunkt der Abstimmung über den Insolvenzplan für die Verfahrensdauer und den Zeitraum, in dem die Insolvenzgläubiger ihre restlichen Forderungen gegen den Schuldner unbeschränkt geltend machen können, maßgeblich bleiben. Hat der Schuldner einen zulässigen Antrag auf Restschuldbefreiung gestellt, ist im Zweifel zudem anzunehmen, dass die Restschuldbefreiung zum Ablauf der Abtretungsfrist des § 287 Absatz 2 erteilt wird.

§ 246 Zustimmung nachrangiger Insolvenzgläubiger

Für die Annahme des Insolvenzplans durch die nachrangigen Insolvenzgläubiger gelten ergänzend folgende Bestimmungen:
1. Die Zustimmung der Gruppen mit einem Rang hinter § 39 Abs. 1 Nr. 3 gilt als erteilt, wenn kein Insolvenzgläubiger durch den Plan besser gestellt wird als die Gläubiger dieser Gruppen.
2. Beteiligt sich kein Gläubiger einer Gruppe an der Abstimmung, so gilt die Zustimmung der Gruppe als erteilt.

§ 246a Zustimmung der Anteilsinhaber

Beteiligt sich keines der Mitglieder einer Gruppe der Anteilsinhaber an der Abstimmung, so gilt die Zustimmung der Gruppe als erteilt.

§ 247 Zustimmung des Schuldners

(1) Die Zustimmung des Schuldners zum Plan gilt als erteilt, wenn der Schuldner dem Plan nicht spätestens im Abstimmungstermin schriftlich widerspricht.
(2) Ein Widerspruch ist im Rahmen des Absatzes 1 unbeachtlich, wenn
1. der Schuldner durch den Plan voraussichtlich nicht schlechter gestellt wird, als er ohne einen Plan stünde, und
2. kein Gläubiger einen wirtschaftlichen Wert erhält, der den vollen Betrag seines Anspruchs übersteigt.

§ 248 Gerichtliche Bestätigung

(1) Nach der Annahme des Insolvenzplans durch die Beteiligten (§§ 244 bis 246a) und der Zustimmung des Schuldners bedarf der Plan der Bestätigung durch das Insolvenzgericht.
(2) Das Gericht soll vor der Entscheidung über die Bestätigung den Insolvenzverwalter, den Gläubigerausschuß, wenn ein solcher bestellt ist, und den Schuldner hören.

§ 248a Gerichtliche Bestätigung einer Planberichtigung

(1) Eine Berichtigung des Insolvenzplans durch den Insolvenzverwalter nach § 221 Satz 2 bedarf der Bestätigung durch das Insolvenzgericht.
(2) Das Gericht soll vor der Entscheidung über die Bestätigung den Insolvenzverwalter, den Gläubigerausschuss, wenn ein solcher bestellt ist, die Gläubiger und die Anteilsinhaber, sofern ihre Rechte betroffen sind, sowie den Schuldner hören.

(3) Die Bestätigung ist auf Antrag zu versagen, wenn ein Beteiligter durch die mit der Berichtigung einhergehende Planänderung voraussichtlich schlechtergestellt wird, als er nach den mit dem Plan beabsichtigten Wirkungen stünde.
(4) Gegen den Beschluss, durch den die Berichtigung bestätigt oder versagt wird, steht den in Absatz 2 genannten Gläubigern und Anteilsinhabern sowie dem Verwalter die sofortige Beschwerde zu. § 253 Absatz 4 gilt entsprechend.

§ 249 Bedingter Plan

Ist im Insolvenzplan vorgesehen, daß vor der Bestätigung bestimmte Leistungen erbracht oder andere Maßnahmen verwirklicht werden sollen, so darf der Plan nur bestätigt werden, wenn diese Voraussetzungen erfüllt sind. Die Bestätigung ist von Amts wegen zu versagen, wenn die Voraussetzungen auch nach Ablauf einer angemessenen, vom Insolvenzgericht gesetzten Frist nicht erfüllt sind.

§ 250 Verstoß gegen Verfahrensvorschriften

Die Bestätigung ist von Amts wegen zu versagen,
1. wenn die Vorschriften über den Inhalt und die verfahrensmäßige Behandlung des Insolvenzplans sowie über die Annahme durch die Beteiligten und die Zustimmung des Schuldners in einem wesentlichen Punkt nicht beachtet worden sind und der Mangel nicht behoben werden kann oder
2. wenn die Annahme des Plans unlauter, insbesondere durch Begünstigung eines Beteiligten, herbeigeführt worden ist.

§ 251 Minderheitenschutz

(1) Auf Antrag eines Gläubigers oder, wenn der Schuldner keine natürliche Person ist, einer am Schuldner beteiligten Person ist die Bestätigung des Insolvenzplans zu versagen, wenn
1. der Antragsteller dem Plan spätestens im Abstimmungstermin schriftlich oder zu Protokoll widersprochen hat und
2. der Antragsteller durch den Plan voraussichtlich schlechtergestellt wird, als er ohne einen Plan stünde; ist der Schuldner eine natürliche Person, gilt § 245a entsprechend.
(2) Der Antrag ist nur zulässig, wenn der Antragsteller spätestens im Abstimmungstermin glaubhaft macht, dass er durch den Plan voraussichtlich schlechtergestellt wird.
(3) Der Antrag ist abzuweisen, wenn im gestaltenden Teil des Plans Mittel für den Fall bereitgestellt werden, dass ein Beteiligter eine Schlechterstellung nachweist. Ob der Beteiligte einen Ausgleich aus diesen Mitteln erhält, ist außerhalb des Insolvenzverfahrens zu klären.

§ 252 Bekanntgabe der Entscheidung

(1) Der Beschluß, durch den der Insolvenzplan bestätigt oder seine Bestätigung versagt wird, ist im Abstimmungstermin oder in einem alsbald zu bestimmenden besonderen Termin zu verkünden. § 74 Abs. 2 Satz 2 gilt entsprechend.
(2) Wird der Plan bestätigt, so ist den Insolvenzgläubigern, die Forderungen angemeldet haben, und den absonderungsberechtigten Gläubigern unter Hinweis auf die Bestätigung ein Abdruck des Plans oder eine Zusammenfassung seines wesentlichen Inhalts zu übersenden. Sind die Anteils- oder Mitgliedschaftsrechte der am Schuldner beteiligten Personen in den Plan einbezogen, so sind auch diesen die Unterlagen zu übersenden; dies gilt nicht für Aktionäre oder Kommanditaktionäre. Die Übersendung eines Abdrucks des Plans oder einer Zusammenfassung seines wesentlichen Inhalts nach den Sätzen 1 und 2 kann unterbleiben, wenn ein Abdruck des Plans mit der Ladung nach § 235 Absatz 2 Satz 2 übersendet und der Plan unverändert angenommen wurde. § 8 Absatz 3 gilt entsprechend. Börsennotierte Gesellschaften haben eine Zusammenfassung des wesentlichen Inhalts des Plans über ihre Internetseite zugänglich zu machen.

§ 253 Rechtsmittel

(1) Gegen den Beschluss, durch den der Insolvenzplan bestätigt oder durch den die Bestätigung versagt wird, steht den Gläubigern, dem Schuldner und, wenn dieser keine natürliche Person ist, den am Schuldner beteiligten Personen die sofortige Beschwerde zu.
(2) Die sofortige Beschwerde gegen die Bestätigung ist nur zulässig, wenn der Beschwerdeführer
1. dem Plan spätestens im Abstimmungstermin schriftlich oder zu Protokoll widersprochen hat,
2. gegen den Plan gestimmt hat und
3. glaubhaft macht, dass er durch den Plan wesentlich schlechtergestellt wird, als er ohne einen Plan stünde, und dass dieser Nachteil nicht durch eine Zahlung aus den in § 251 Absatz 3 genannten Mitteln ausgeglichen werden kann, ist der Schuldner eine natürliche Person, gilt § 245a entsprechend.

(3) Absatz 2 Nummer 1 und 2 gilt nur, wenn in der öffentlichen Bekanntmachung des Termins (§ 235 Absatz 2) und in den Ladungen zum Termin (§ 235 Absatz 3) auf die Notwendigkeit des Widerspruchs und der Ablehnung des Plans besonders hingewiesen wurde.
(4) Auf Antrag des Insolvenzverwalters weist das Landgericht die Beschwerde unverzüglich zurück, wenn das alsbaldige Wirksamwerden des Insolvenzplans vorrangig erscheint, weil die Nachteile einer Verzögerung des Planvollzugs nach freier Überzeugung des Gerichts die Nachteile für den Beschwerdeführer überwiegen; ein Abhilfeverfahren nach § 572 Absatz 1 Satz 1 der Zivilprozessordnung findet nicht statt. Dies gilt nicht, wenn ein besonders schwerer Rechtsverstoß vorliegt. Weist das Gericht die Beschwerde nach Satz 1 zurück, ist dem Beschwerdeführer aus der Masse der Schaden zu ersetzen, der ihm durch den Planvollzug entsteht; die Rückgängigmachung der Wirkungen des Insolvenzplans kann nicht als Schadensersatz verlangt werden. Für Klagen, mit denen Schadensersatzansprüche nach Satz 3 geltend gemacht werden, ist das Landgericht ausschließlich zuständig, das die sofortige Beschwerde zurückgewiesen hat.

Dritter Abschnitt – Wirkungen des bestätigten Plans, Überwachung der Planerfüllung

§ 254 Allgemeine Wirkungen des Plans

(1) Mit der Rechtskraft der Bestätigung des Insolvenzplans treten die im gestaltenden Teil festgelegten Wirkungen für und gegen alle Beteiligten ein.
(2) Die Rechte der Insolvenzgläubiger gegen Mitschuldner und Bürgen des Schuldners sowie die Rechte dieser Gläubiger an Gegenständen, die nicht zur Insolvenzmasse gehören, oder aus einer Vormerkung, die sich auf solche Gegenstände bezieht, werden mit Ausnahme der nach § 223a gestalteten Rechte aus gruppeninternen Drittsicherheiten (§ 217 Absatz 2) durch den Plan nicht berührt. Der Schuldner wird jedoch durch den Plan gegenüber dem Mitschuldner, dem Bürgen oder anderen Rückgriffsberechtigten in gleicher Weise befreit wie gegenüber dem Gläubiger.
(3) Ist ein Gläubiger weitergehend befriedigt worden, als er nach dem Plan zu beanspruchen hat, so begründet dies keine Pflicht zur Rückgewähr des Erlangten.
(4) Werden Forderungen von Gläubigern in Anteils- oder Mitgliedschaftsrechte am Schuldner umgewandelt, kann der Schuldner nach der gerichtlichen Bestätigung keine Ansprüche wegen einer Überbewertung der Forderungen im Plan gegen die bisherigen Gläubiger geltend machen.

§ 254a Rechte an Gegenständen. Sonstige Wirkungen des Plans

(1) Wenn Rechte an Gegenständen begründet, geändert, übertragen oder aufgehoben oder Geschäftsanteile an einer Gesellschaft mit beschränkter Haftung abgetreten werden sollen, gelten die in den Insolvenzplan aufgenommenen Willenserklärungen der Beteiligten als in der vorgeschriebenen Form abgegeben.
(2) Wenn die Anteils- oder Mitgliedschaftsrechte der am Schuldner beteiligten Personen in den Plan einbezogen sind (§ 225a), gelten die in den Plan aufgenommenen Beschlüsse der Ante ls-

inhaber oder sonstigen Willenserklärungen der Beteiligten als in der vorgeschriebenen Form abgegeben. Gesellschaftsrechtlich erforderliche Ladungen, Bekanntmachungen und sonstige Maßnahmen zur Vorbereitung von Beschlüssen der Anteilsinhaber gelten als in der vorgeschriebenen Form bewirkt. Der Insolvenzverwalter ist berechtigt, die erforderlichen Anmeldungen beim jeweiligen Registergericht vorzunehmen.
(3) Entsprechendes gilt für die in den Plan aufgenommenen Verpflichtungserklärungen, die einer Maßnahme nach Absatz 1 oder 2 zugrunde liegen.

§ 254b Wirkung für alle Beteiligten

Die §§ 254 und 254a gelten auch für Insolvenzgläubiger, die ihre Forderungen nicht angemeldet haben, und für Beteiligte, die dem Insolvenzplan widersprochen haben.

§ 255 Wiederauflebensklausel

(1) Sind auf Grund des gestaltenden Teils des Insolvenzplans Forderungen von Insolvenzgläubigern gestundet oder teilweise erlassen worden, so wird die Stundung oder der Erlaß für den Gläubiger hinfällig, gegenüber dem der Schuldner mit der Erfüllung des Plans erheblich in Rückstand gerät. Ein erheblicher Rückstand ist erst anzunehmen, wenn der Schuldner eine fällige Verbindlichkeit nicht bezahlt hat, obwohl der Gläubiger ihn schriftlich gemahnt und ihm dabei eine mindestens zweiwöchige Nachfrist gesetzt hat.
(2) Wird vor vollständiger Erfüllung des Plans über das Vermögen des Schuldners ein neues Insolvenzverfahren eröffnet, so ist die Stundung oder der Erlaß für alle Insolvenzgläubiger hinfällig.
(3) Im Plan kann etwas anderes vorgesehen werden. Jedoch kann von Absatz 1 nicht zum Nachteil des Schuldners abgewichen werden.

§ 256 Streitige Forderungen. Ausfallforderungen

(1) Ist eine Forderung im Prüfungstermin bestritten worden oder steht die Höhe der Ausfallforderung eines absonderungsberechtigten Gläubigers noch nicht fest, so ist ein Rückstand mit der Erfüllung des Insolvenzplans im Sinne des § 255 Abs. 1 nicht anzunehmen, wenn der Schuldner die Forderung bis zur endgültigen Feststellung ihrer Höhe in dem Ausmaß berücksichtigt, das der Entscheidung des Insolvenzgerichts über das Stimmrecht des Gläubigers bei der Abstimmung über den Plan entspricht. Ist keine Entscheidung über das Stimmrecht getroffen worden, so hat das Gericht auf Antrag des Schuldners oder des Gläubigers nachträglich festzustellen, in welchem Ausmaß der Schuldner vorläufig die Forderung zu berücksichtigen hat.
(2) Ergibt die endgültige Feststellung, daß der Schuldner zuwenig gezahlt hat, so hat er das Fehlende nachzuzahlen. Ein erheblicher Rückstand mit der Erfüllung des Plans ist erst anzunehmen, wenn der Schuldner das Fehlende nicht nachzahlt, obwohl der Gläubiger ihn schriftlich gemahnt und ihm dabei eine mindestens zweiwöchige Nachfrist gesetzt hat.
(3) Ergibt die endgültige Feststellung, daß der Schuldner zuviel gezahlt hat, so kann er den Mehrbetrag nur insoweit zurückfordern, als dieser auch den nicht fälligen Teil der Forderung übersteigt, die dem Gläubiger nach dem Insolvenzplan zusteht.

§ 257 Vollstreckung aus dem Plan

(1) Aus dem rechtskräftig bestätigten Insolvenzplan in Verbindung mit der Eintragung in die Tabelle können die Insolvenzgläubiger, deren Forderungen festgestellt und nicht vom Schuldner im Prüfungstermin bestritten worden sind, wie aus einem vollstreckbaren Urteil die Zwangsvollstreckung gegen den Schuldner betreiben. Einer nicht bestrittenen Forderung steht eine Forderung gleich, bei der ein erhobener Widerspruch beseitigt ist. § 202 gilt entsprechend.
(2) Gleiches gilt für die Zwangsvollstreckung gegen einen Dritten, der durch eine dem Insolvenzgericht eingereichte schriftliche Erklärung für die Erfüllung des Plans neben dem Schuldner ohne Vorbehalt der Einrede der Vorausklage Verpflichtungen übernommen hat.

(3) Macht ein Gläubiger die Rechte geltend, die ihm im Falle eines erheblichen Rückstands des Schuldners mit der Erfüllung des Plans zustehen, so hat er zur Erteilung der Vollstreckungsklausel für diese Rechte und zur Durchführung der Vollstreckung die Mahnung und den Ablauf der Nachfrist glaubhaft zu machen, jedoch keinen weiteren Beweis für den Rückstand des Schuldners zu führen.

§ 258 Aufhebung des Insolvenzverfahrens

(1) Sobald die Bestätigung des Insolvenzplans rechtskräftig ist und der Insolvenzplan nicht etwas anderes vorsieht, beschließt das Insolvenzgericht die Aufhebung des Insolvenzverfahrens.
(2) Vor der Aufhebung hat der Verwalter die unstreitigen fälligen Masseansprüche zu berichtigen und für die streitigen oder nicht fälligen Sicherheit zu leisten. Für die nicht fälligen Masseansprüche kann auch ein Finanzplan vorgelegt werden, aus dem sich ergibt, dass ihre Erfüllung gewährleistet ist.
(3) Der Beschluss enthält den Zeitpunkt der Aufhebung, der frühestens zwei Tage nach der Beschlussfassung liegen soll. Der Beschluss und der Grund der Aufhebung sind öffentlich bekanntzumachen. Der Schuldner, der Insolvenzverwalter und die Mitglieder des Gläubigerausschusses sind vorab über den Zeitpunkt der Aufhebung zu unterrichten. Die §§ 31 bis 33 gelten entsprechend. Ist der Zeitpunkt der Aufhebung nicht angegeben, wird die Aufhebung wirksam, sobald nach dem Tag der Veröffentlichung zwei weitere Tage verstrichen sind:

§ 259 Wirkungen der Aufhebung

(1) Mit der Aufhebung des Insolvenzverfahrens erlöschen die Ämter des Insolvenzverwalters und der Mitglieder des Gläubigerausschusses. Der Schuldner erhält das Recht zurück, über die Insolvenzmasse frei zu verfügen.
(2) Die Vorschriften über die Überwachung der Planerfüllung bleiben unberührt.
(3) Einen anhängigen Rechtsstreit, der die Insolvenzanfechtung zum Gegenstand hat, kann der Verwalter auch nach der Aufhebung des Verfahrens fortführen, wenn dies im gestaltenden Teil des Plans vorgesehen ist. In diesem Fall wird der Rechtsstreit für Rechnung des Schuldners geführt, wenn im Plan keine abweichende Regelung getroffen wird.

§ 259a Vollstreckungsschutz

(1) Gefährden nach der Aufhebung des Verfahrens Zwangsvollstreckungen einzelner Insolvenzgläubiger, die ihre Forderungen bis zum Abstimmungstermin nicht angemeldet haben, die Durchführung des Insolvenzplans, kann das Insolvenzgericht auf Antrag des Schuldners eine Maßnahme der Zwangsvollstreckung ganz oder teilweise aufheben oder längstens für drei Jahre untersagen. Der Antrag ist nur zulässig, wenn der Schuldner die tatsächlichen Behauptungen, die die Gefährdung begründen, glaubhaft macht.
(2) Ist die Gefährdung glaubhaft gemacht, kann das Gericht die Zwangsvollstreckung auch einstweilen einstellen.
(3) Das Gericht hebt seinen Beschluss auf Antrag auf oder ändert ihn ab, wenn dies mit Rücksicht auf eine Änderung der Sachlage geboten ist.

§ 259b Besondere Verjährungsfrist

(1) Die Forderung eines Insolvenzgläubigers, die nicht bis zum Abstimmungstermin angemeldet worden ist, verjährt in einem Jahr.
(2) Die Verjährungsfrist beginnt, wenn die Forderung fällig und der Beschluss rechtskräftig ist, durch den der Insolvenzplan bestätigt wurde.
(3) Die Absätze 1 und 2 sind nur anzuwenden, wenn dadurch die Verjährung einer Forderung früher vollendet wird als bei Anwendung der ansonsten geltenden Verjährungsvorschriften.

(4) Die Verjährung einer Forderung eines Insolvenzgläubigers ist gehemmt, solange wegen Vollstreckungsschutzes nach § 259a nicht vollstreckt werden darf. Die Hemmung endet drei Monate nach Beendigung des Vollstreckungsschutzes

§ 260 Überwachung der Planerfüllung

(1) Im gestaltenden Teil des Insolvenzplans kann vorgesehen werden, daß die Erfüllung des Plans überwacht wird.
(2) Im Falle des Absatzes 1 wird nach der Aufhebung des Insolvenzverfahrens überwacht, ob die Ansprüche erfüllt werden, die den Gläubigern nach dem gestaltenden Teil gegen den Schuldner zustehen.
(3) Wenn dies im gestaltenden Teil vorgesehen ist, erstreckt sich die Überwachung auf die Erfüllung der Ansprüche, die den Gläubigern nach dem gestaltenden Teil gegen eine juristische Person oder rechtsfähige Personengesellschaft zustehen, die nach der Eröffnung des Insolvenzverfahrens gegründet worden ist, um das Unternehmen oder einen Betrieb des Schuldners zu übernehmen und weiterzuführen (Übernahmegesellschaft).

§ 261 Aufgaben und Befugnisse des Insolvenzverwalters

(1) Die Überwachung ist Aufgabe des Insolvenzverwalters. Die Ämter des Verwalters und der Mitglieder des Gläubigerausschusses und die Aufsicht des Insolvenzgerichts bestehen insoweit fort. § 22 Abs. 3 gilt entsprechend.
(2) Während der Zeit der Überwachung hat der Verwalter dem Gläubigerausschuß, wenn ein solcher bestellt ist, und dem Gericht jährlich über den jeweiligen Stand und die weiteren Aussichten der Erfüllung des Insolvenzplans zu berichten. Unberührt bleibt das Recht des Gläubigerausschusses und des Gerichts, jederzeit einzelne Auskünfte oder einen Zwischenbericht zu verlangen.

§ 262 Anzeigepflicht des Insolvenzverwalters

Stellt der Insolvenzverwalter fest, daß Ansprüche, deren Erfüllung überwacht wird, nicht erfüllt werden oder nicht erfüllt werden können, so hat er dies unverzüglich dem Gläubigerausschuß und dem Insolvenzgericht anzuzeigen. Ist ein Gläubigerausschuß nicht bestellt, so hat der Verwalter an dessen Stelle alle Gläubiger zu unterrichten, denen nach dem gestaltenden Teil des Insolvenzplans Ansprüche gegen den Schuldner oder die Übernahmegesellschaft zustehen.

§ 263 Zustimmungsbedürftige Geschäfte

Im gestaltenden Teil des Insolvenzplans kann vorgesehen werden, daß bestimmte Rechtsgeschäfte des Schuldners oder der Übernahmegesellschaft während der Zeit der Überwachung nur wirksam sind, wenn der Insolvenzverwalter ihnen zustimmt. § 81 Abs. 1 und § 82 gelten entsprechend.

§ 264 Kreditrahmen

(1) Im gestaltenden Teil des Insolvenzplans kann vorgesehen werden, daß die Insolvenzgläubiger nachrangig sind gegenüber Gläubigern mit Forderungen aus Darlehen und sonstigen Krediten, die der Schuldner oder die Übernahmegesellschaft während der Zeit der Überwachung aufnimmt oder die ein Massegläubiger in die Zeit der Überwachung hinein stehen läßt. In diesem Fall ist zugleich ein Gesamtbetrag für derartige Kredite festzulegen (Kreditrahmen). Dieser darf den Wert der Vermögensgegenstände nicht übersteigen, die in der Vermögensübersicht des Plans (§ 229 Satz 1) aufgeführt sind.

(2) Der Nachrang der Insolvenzgläubiger gemäß Absatz 1 besteht nur gegenüber Gläubigern mit denen vereinbart wird, daß und in welcher Höhe der von ihnen gewährte Kredit nach Hauptforderung, Zinsen und Kosten innerhalb des Kreditrahmens liegt, und gegenüber denen der Insolvenzverwalter diese Vereinbarung schriftlich bestätigt.
(3) § 39 Abs. 1 Nr. 5 bleibt unberührt.

§ 265 Nachrang von Neugläubigern

Gegenüber den Gläubigern mit Forderungen aus Krediten, die nach Maßgabe des § 264 aufgenommen oder stehen gelassen werden, sind nachrangig auch die Gläubiger mit sonstigen vertraglichen Ansprüchen, die während der Zeit der Überwachung begründet werden. Als solche Ansprüche gelten auch die Ansprüche aus einem vor der Überwachung vertraglich begründeten Dauerschuldverhältnis für die Zeit nach dem ersten Termin, zu dem der Gläubiger nach Beginn der Überwachung kündigen konnte.

§ 266 Berücksichtigung des Nachrangs

(1) Der Nachrang der Insolvenzgläubiger und der in § 265 bezeichneten Gläubiger wird nur in einem Insolvenzverfahren berücksichtigt, das vor der Aufhebung der Überwachung eröffnet wird.
(2) In diesem neuen Insolvenzverfahren gehen diese Gläubiger den übrigen nachrangigen Gläubigern im Range vor.

§ 267 Bekanntmachung der Überwachung

(1) Wird die Erfüllung des Insolvenzplans überwacht, so ist dies zusammen mit dem Beschluß über die Aufhebung des Insolvenzverfahrens öffentlich bekanntzumachen.
(2) Ebenso ist bekanntzumachen:
1. im Falle des § 260 Abs. 3 die Erstreckung der Überwachung auf die Übernahmegesellschaft;
2. im Falle des § 263, welche Rechtsgeschäfte an die Zustimmung des Insolvenzverwalters gebunden werden;
3. im Falle des § 264, in welcher Höhe ein Kreditrahmen vorgesehen ist.
(3) § 31 gilt entsprechend. Soweit im Falle des § 263 das Recht zur Verfügung über ein Grundstück, ein eingetragenes Schiff, Schiffsbauwerk oder Luftfahrzeug, ein Recht an einem solchen Gegenstand oder ein Recht an einem solchen Recht beschränkt wird, gelten die §§ 32 und 33 entsprechend.

§ 268 Aufhebung der Überwachung

(1) Das Insolvenzgericht beschließt die Aufhebung der Überwachung,
1. wenn die Ansprüche, deren Erfüllung überwacht wird, erfüllt sind oder die Erfüllung dieser Ansprüche gewährleistet ist oder
2. wenn seit der Aufhebung des Insolvenzverfahrens drei Jahre verstrichen sind und kein Antrag auf Eröffnung eines neuen Insolvenzverfahrens vorliegt.
(2) Der Beschluß ist öffentlich bekanntzumachen. § 267 Abs. 3 gilt entsprechend.

§ 269 Kosten der Überwachung

Die Kosten der Überwachung trägt der Schuldner. Im Falle des § 260 Abs. 3 trägt die Übernahmegesellschaft die durch ihre Überwachung entstehenden Kosten. Siebter Teil Eigenverwaltung

Siebter Teil – Koordinierung der Verfahren von Schuldnern, die derselben Unternehmensgruppe angehören

Erster Abschnitt Allgemeine Bestimmungen

§ 269a Zusammenarbeit der Insolvenzverwalter

Die Insolvenzverwalter gruppenangehöriger Schuldner sind untereinander zur Unterrichtung und Zusammenarbeit verpflichtet, soweit hierdurch nicht die Interessen der Beteiligten des Verfahrens beeinträchtigt werden, für das sie bestellt sind. Insbesondere haben sie auf Anforderung unverzüglich alle Informationen mitzuteilen, die für das andere Verfahren von Bedeutung sein können.

§ 269b Zusammenarbeit der Gerichte

Werden die Insolvenzverfahren über das Vermögen von gruppenangehörigen Schuldnern bei verschiedenen Insolvenzgerichten geführt, sind die Gerichte zur Zusammenarbeit und insbesondere zum Austausch von Informationen verpflichtet, die für das andere Verfahren von Bedeutung sein können. Dies gilt insbesondere für:
1. die Anordnung von Sicherungsmaßnahmen,
2. die Eröffnung des Verfahrens,
3. die Bestellung eines Insolvenzverwalters,
4. wesentliche verfahrensleitende Entscheidungen,
5. den Umfang der Insolvenzmasse und
6. die Vorlage von Insolvenzplänen sowie sonstige Maßnahmen zur Beendigung des Insolvenzverfahrens.

§ 269c Zusammenarbeit der Gläubigerausschüsse

(1) Auf Antrag eines Gläubigerausschusses, der in einem Verfahren über das Vermögen eines gruppenangehörigen Schuldners bestellt ist, kann das Gericht des Gruppen-Gerichtsstands nach Anhörung der anderen Gläubigerausschüsse einen Gruppen-Gläubigerausschuss einsetzen. Jeder Gläubigerausschuss oder vorläufige Gläubigerausschuss eines gruppenangehörigen Schuldners, der nicht von offensichtlich untergeordneter Bedeutung für die gesamte Unternehmensgruppe ist, stellt ein Mitglied des Gruppen-Gläubigerausschusses. Ein weiteres Mitglied dieses Ausschusses wird aus dem Kreis der Vertreter der Arbeitnehmer bestimmt.
(2) Der Gruppen-Gläubigerausschuss unterstützt die Insolvenzverwalter und die Gläubigerausschüsse in den einzelnen Verfahren, um eine abgestimmte Abwicklung dieser Verfahren zu erleichtern. Die §§ 70 bis 73 gelten entsprechend. Hinsichtlich der Vergütung gilt die Tätigkeit als Mitglied im Gruppen-Gläubigerausschuss als Tätigkeit in dem Gläubigerausschuss, den das Mitglied im Gruppen-Gläubigerausschuss vertritt.
(3) Dem Gläubigerausschuss steht in den Fällen der Absätze 1 und 2 ein vorläufiger Gläubigerausschuss gleich.

Zweiter Abschnitt Koordinationsverfahren

§ 269d Koordinationsgericht

(1) Wird über die Vermögen von gruppenangehörigen Schuldnern die Eröffnung von Insolvenzverfahren beantragt oder wurden solche Verfahren eröffnet, kann das für die Eröffnung von Gruppen-Folgeverfahren zuständige Gericht (Koordinationsgericht) auf Antrag ein Koordinationsverfahren einleiten.

(2) Antragsberechtigt ist jeder gruppenangehörige Schuldner. § 3a Absatz 3 findet entsprechende Anwendung. Antragsberechtigt ist auch jeder Gläubigerausschuss oder vorläufige Gläubigerausschuss eines gruppenangehörigen Schuldners auf der Grundlage eines einstimmigen Beschlusses.

§ 269e Verfahrenskoordinator

(1) Das Koordinationsgericht bestellt eine von den gruppenangehörigen Schuldnern und deren Gläubigern unabhängige Person zum Verfahrenskoordinator. Die zu bestellende Person soll von den Insolvenzverwaltern und Sachwaltern der gruppenangehörigen Schuldner unabhängig sein. Die Bestellung eines gruppenangehörigen Schuldners ist ausgeschlossen.
(2) Vor der Bestellung des Verfahrenskoordinators gibt das Koordinationsgericht einem bestellten Gruppen-Gläubigerausschuss Gelegenheit, sich zu der Person des Verfahrenskoordinators und den an ihn zu stellenden Anforderungen zu äußern.

§ 269f Aufgaben und Rechtsstellung des Verfahrenskoordinators

(1) Der Verfahrenskoordinator hat für eine abgestimmte Abwicklung der Verfahren über die gruppenangehörigen Schuldner zu sorgen, soweit dies im Interesse der Gläubiger liegt. Zu diesem Zweck kann er insbesondere einen Koordinationsplan vorlegen. Er kann diesen in den jeweiligen Gläubigerversammlungen erläutern oder durch eine von ihm bevollmächtigte Person erläutern lassen.
(2) Die Insolvenzverwalter und vorläufigen Insolvenzverwalter der gruppenangehörigen Schuldner sind zur Zusammenarbeit mit dem Verfahrenskoordinator verpflichtet. Sie haben ihm auf Aufforderung insbesondere die Informationen mitzuteilen, die er für eine zweckentsprechende Ausübung seiner Tätigkeit benötigt.
(3) Soweit in diesem Teil nichts anderes bestimmt ist, gelten für die Bestellung des Verfahrenskoordinators, für die Aufsicht durch das Insolvenzgericht sowie für die Haftung und Vergütung § 27 Absatz 2 Nummer 4 und die §§ 56 bis 60, 62 bis 65 entsprechend.

§ 269g Vergütung des Verfahrenskoordinators

(1) Der Verfahrenskoordinator hat Anspruch auf Vergütung für seine Tätigkeit und auf Erstattung angemessener Auslagen. Der Regelsatz der Vergütung wird nach dem Wert der zusammengefassten Insolvenzmassen der in das Koordinationsverfahren einbezogenen Verfahren über gruppenangehörige Schuldner berechnet. Dem Umfang und der Schwierigkeit der Koordinationsaufgabe wird durch Abweichungen vom Regelsatz Rechnung getragen. Die §§ 64 und 65 gelten entsprechend.
(2) Die Vergütung des Verfahrenskoordinators ist anteilig aus den Insolvenzmassen der gruppenangehörigen Schuldner zu berichten, wobei im Zweifel das Verhältnis des Werts der einzelnen Massen zueinander maßgebend ist.

§ 269h Koordinationsplan

(1) Zur abgestimmten Abwicklung der Insolvenzverfahren über das Vermögen von gruppenangehörigen Schuldnern können der Verfahrenskoordinator und, wenn ein solcher noch nicht bestellt ist, die Insolvenzverwalter der gruppenangehörigen Schuldner gemeinsam dem Koordinationsgericht einen Koordinationsplan zur Bestätigung vorlegen. Der Koordinationsplan bedarf der Zustimmung eines bestellten Gruppen-Gläubigerausschusses. Das Gericht weist den Plan von Amts wegen zurück, wenn die Vorschriften über das Recht zur Vorlage, den Inhalt des Plans oder über die verfahrensmäßige Behandlung nicht beachtet worden sind und die Vorlegenden den Mangel nicht beheben können oder innerhalb einer angemessenen vom Gericht gesetzten Frist nicht beheben.

(2) In dem Koordinationsplan können alle Maßnahmen beschrieben werden, die für eine abgestimmte Abwicklung der Verfahren sachdienlich sind. Insbesondere kann der Plan Vorschläge enthalten:
1. zur Wiederherstellung der wirtschaftlichen Leistungsfähigkeit der einzelnen gruppenangehörigen Schuldner und der Unternehmensgruppe,
2. zur Beilegung gruppeninterner Streitigkeiten,
3. zu vertraglichen Vereinbarungen zwischen den Insolvenzverwaltern.

(3) Gegen den Beschluss, durch den die Bestätigung des Koordinationsplans versagt wird, steht jedem Vorlegenden die sofortige Beschwerde zu. Die übrigen Vorlegenden sind in dem Verfahren zuzuziehen.

§ 269i Abweichungen vom Koordinationsplan

(1) Der Insolvenzverwalter eines gruppenangehörigen Schuldners hat im Berichtstermin den Koordinationsplan zu erläutern, wenn dies nicht durch den Verfahrenskoordinator oder eine von diesem bevollmächtigte Person erfolgt. Der Insolvenzverwalter hat im Anschluss an die Erläuterung zu begründen, von welchen im Plan beschriebenen Maßnahmen er abweichen will. Liegt zum Zeitpunkt des Berichtstermins noch kein Koordinationsplan vor, so kommt der Insolvenzverwalter seinen Pflichten nach den Sätzen 1 und 2 in einer Gläubigerversammlung nach, für die das Insolvenzgericht alsbald einen Termin bestimmt.

(2) Auf Beschluss der Gläubigerversammlung ist der Koordinationsplan einem vom Insolvenzverwalter auszuarbeitenden Insolvenzplan zugrunde zu legen.

Achter Teil - Eigenverwaltung

§ 270 Grundsatz

(1) Der Schuldner ist berechtigt, unter der Aufsicht eines Sachwalters die Insolvenzmasse zu verwalten und über sie zu verfügen, wenn das Insolvenzgericht in dem Beschluss über die Eröffnung des Insolvenzverfahrens die Eigenverwaltung anordnet. Für das Verfahren gelten die allgemeinen Vorschriften, soweit in diesem Teil nichts anderes bestimmt ist.

(2) Die Vorschriften dieses Teils sind auf Verbraucherinsolvenzverfahren nach § 304 nicht anzuwenden.

§ 270a Antrag; Eigenverwaltungsplanung

(1) Der Schuldner fügt dem Antrag auf Anordnung der Eigenverwaltung eine Eigenverwaltungsplanung bei, welche umfasst:
1. einen Finanzplan, der den Zeitraum von sechs Monaten abdeckt und eine fundierte Darstellung der Finanzierungsquellen enthält, durch welche die Fortführung des gewöhnlichen Geschäftsbetriebes und die Deckung der Kosten des Verfahrens in diesem Zeitraum sichergestellt werden soll,
2. ein Konzept für die Durchführung des Insolvenzverfahrens, welches auf Grundlage einer Darstellung von Art, Ausmaß und Ursachen der Krise das Ziel der Eigenverwaltung und die Maßnahmen beschreibt, welche zur Erreichung des Ziels in Aussicht genommen werden,
3. eine Darstellung des Stands von Verhandlungen mit Gläubigern, den am Schuldner beteiligten Personen und Dritten zu den in Aussicht genommenen Maßnahmen,
4. eine Darstellung der Vorkehrungen, die der Schuldner getroffen hat, um seine Fähigkeit sicherzustellen, insolvenzrechtliche Pflichten zu erfüllen, und
5. eine begründete Darstellung etwaiger Mehr- oder Minderkosten, die im Rahmen der Eigenverwaltung im Vergleich zu einem Regelverfahren und im Verhältnis zur Insolvenzmasse voraussichtlich anfallen werden.

(2) Des Weiteren hat der Schuldner zu erklären,

1. ob, in welchem Umfang und gegenüber welchen Gläubigern er sich mit der Erfüllung von Verbindlichkeiten aus Arbeitsverhältnissen, Pensionszusagen oder dem Steuerschuldverhältnis, gegenüber Sozialversicherungsträgern oder Lieferanten in Verzug befindet,
2. ob und in welchen Verfahren zu seinen Gunsten innerhalb der letzten drei Jahre vor dem Antrag Vollstreckungs- oder Verwertungssperren nach diesem Gesetz oder nach dem Unternehmensstabilisierungs- und -restrukturierungsgesetz angeordnet wurden und
3. ob er für die letzten drei Geschäftsjahre seinen Offenlegungspflichten, insbesondere nach den §§ 325 bis 328 oder 339 des Handelsgesetzbuchs nachgekommen ist.

§ 270b Anordnung der vorläufigen Eigenverwaltung

(1) Das Gericht bestellt einen vorläufigen Sachwalter, auf den die §§ 274 und 275 anzuwerden sind (vorläufige Eigenverwaltung), wenn
1. die Eigenverwaltungsplanung des Schuldners vollständig und schlüssig ist und
2. keine Umstände bekannt sind, aus denen sich ergibt, dass die Eigenverwaltungsplanung in wesentlichen Punkten auf unzutreffenden Tatsachen beruht.

Weist die Eigenverwaltungsplanung behebbare Mängel auf, kann das Gericht die vorläufige Eigenverwaltung einstweilen anordnen; in diesem Fall setzt es dem Schuldner eine Frist zur Nachbesserung, die 20 Tage nicht übersteigt.
(2) Sind nach dem gemäß § 270a Absatz 1 Nummer 1 übermittelten Finanzplan die Kosten der Eigenverwaltung und der Fortführung des gewöhnlichen Geschäftsbetriebs nicht gedeckt, übersteigen die nach § 270a Absatz 1 Nummer 5 ausgewiesenen voraussichtlichen Kosten der Eigenverwaltung in wesentlicher Weise die voraussichtlichen Kosten des Regelverfahrens oder sind Umstände bekannt, aus denen sich ergibt, dass
1. Zahlungsrückstände gegenüber Arbeitnehmern oder erhebliche Zahlungsrückstände gegenüber den weiteren in § 270a Absatz 2 Nummer 1 genannten Gläubigern bestehen,
2. zugunsten des Schuldners in den letzten drei Jahren vor der Stellung des Antrags Vollstreckungs- oder Verwertungssperren nach diesem Gesetz oder nach dem Unternehmensstabilisierungs- und -restrukturierungsgesetz angeordnet worden sind oder
3. der Schuldner in einem der letzten drei Jahre vor der Antragstellung gegen die Offenlegungsverpflichtungen, insbesondere nach den §§ 325 bis 328 oder 339 des Handelsgesetzbuchs verstoßen hat,

erfolgt die Bestellung des vorläufigen Sachwalters nur, wenn trotz dieser Umstände zu erwarten ist, dass der Schuldner bereit und in der Lage ist, seine Geschäftsführung an den Interessen der Gläubiger auszurichten.
(3) Einem vorläufigen Gläubigerausschuss ist vor Erlass der Entscheidung nach Absatz 1 oder Absatz 2 Gelegenheit zur Äußerung zu geben. Ohne Äußerung des Gläubigerausschusses darf eine Entscheidung nur ergehen, wenn seit der Antragstellung zwei Werktage vergangen sind oder wenn offensichtlich mit nachteiligen Veränderungen der Vermögenslage des Schuldners zu rechnen ist, die sich nicht anders als durch Bestellung eines vorläufigen Insolvenzverwalters abwenden lassen. An einen die vorläufige Eigenverwaltung unterstützenden einstimmigen Beschluss des Gläubigerausschusses ist das Gericht gebunden. Stimmt der vorläufige Gläubigerausschuss einstimmig gegen die vorläufige Eigenverwaltung, unterbleibt die Anordnung.
(4) Bestellt das Gericht einen vorläufigen Insolvenzverwalter, sind die Gründe hierfür schriftlich darzulegen. § 27 Absatz 2 Nummer 4 gilt entsprechend.

§ 270c Vorläufiges Eigenverwaltungsverfahren

(1) Das Gericht kann den vorläufigen Sachwalter beauftragen, Bericht zu erstatten über
1. die vom Schuldner vorgelegte Eigenverwaltungsplanung, insbesondere, ob diese von den erkannten und erkennbaren tatsächlichen Gegebenheiten ausgeht, schlüssig ist und durchführbar erscheint,
2. die Vollständigkeit und Geeignetheit der Rechnungslegung und Buchführung als Grundlage für die Eigenverwaltungsplanung, insbesondere für die Finanzplanung,

3. das Bestehen von Haftungsansprüchen des Schuldners gegen amtierende oder ehemalige Mitglieder der Organe.
(2) Der Schuldner hat dem Gericht und dem vorläufigen Sachwalter unverzüglich wesentliche Änderungen mitzuteilen, welche die Eigenverwaltungsplanung betreffen.
(3) Das Gericht kann vorläufige Maßnahmen nach § 21 Absatz 1 und 2 Satz 1 Nummer 1a, 3 bis 5 anordnen. Ordnet das Gericht die vorläufige Eigenverwaltung nach § 270b Absatz 1 Satz 2 an, kann es zudem anordnen, dass Verfügungen des Schuldners der Zustimmung durch den vorläufigen Sachwalter bedürfen.
(4) Auf Antrag des Schuldners hat das Gericht anzuordnen, dass der Schuldner Masseverbindlichkeiten begründet. Soll sich die Ermächtigung auf Verbindlichkeiten erstrecken, die im Finanzplan nicht berücksichtigt sind, bedarf dies einer besonderen Begründung. § 55 Absatz 2 gilt entsprechend.
(5) Hat der Schuldner den Eröffnungsantrag bei drohender Zahlungsunfähigkeit gestellt und die Eigenverwaltung beantragt, sieht das Gericht jedoch die Voraussetzungen der Eigenverwaltung als nicht gegeben an, so hat es seine Bedenken dem Schuldner mitzuteilen und diesem Gelegenheit zu geben, den Eröffnungsantrag vor der Entscheidung über die Eröffnung zurückzunehmen.

§ 270d Vorbereitung einer Sanierung; Schutzschirm

(1) Hat der Schuldner mit dem Antrag eine mit Gründen versehene Bescheinigung eines in Insolvenzsachen erfahrenen Steuerberaters, Wirtschaftsprüfers oder Rechtsanwalts oder einer Person mit vergleichbarer Qualifikation vorgelegt, aus der sich ergibt, dass drohende Zahlungsunfähigkeit oder Überschuldung, aber keine Zahlungsunfähigkeit vorliegt und die angestrebte Sanierung nicht offensichtlich aussichtslos ist, so bestimmt das Insolvenzgericht auf Antrag des Schuldners eine Frist zur Vorlage eines Insolvenzplans. Die Frist darf höchstens drei Monate betragen.
(2) Der Aussteller der Bescheinigung nach Absatz 1 darf nicht zum vorläufigen Sachwalter bestellt werden. Der Schuldner kann dem Gericht Vorschläge für die Person des vorläufigen Sachwalters unterbreiten. Das Gericht kann von einem Vorschlag des Schuldners nur abweichen, wenn die vorgeschlagene Person offensichtlich für die Übernahme des Amtes nicht geeignet ist; dies ist vom Gericht schriftlich zu begründen.
(3) Das Gericht hat Maßnahmen nach § 21 Absatz 2 Satz 1 Nummer 3 anzuordnen, wenn der Schuldner dies beantragt.
(4) Der Schuldner oder der vorläufige Sachwalter haben dem Gericht den Eintritt der Zahlungsunfähigkeit unverzüglich anzuzeigen. Nach Aufhebung der Anordnung nach Absatz 1 oder nach Ablauf der Frist entscheidet das Gericht über die Eröffnung des Insolvenzverfahrens.

§ 270e Aufhebung der vorläufigen Eigenverwaltung

(1) Die vorläufige Eigenverwaltung wird durch
Bestellung eines vorläufigen Insolvenzverwalters
aufgehoben, wenn
1. der Schuldner in schwerwiegender Weise gegen insolvenzrechtliche Pflichten verstößt oder sich auf sonstige Weise zeigt, dass er nicht bereit oder in der Lage ist, seine Geschäftsführung am Interesse der Gläubiger auszurichten, insbesondere, wenn sich erweist, dass
    a) der Schuldner die Eigenverwaltungsplanung in wesentlichen Punkten auf unzutreffende Tatsachen gestützt hat oder seinen Pflichten nach § 270c Absatz 2 nicht nachkommt,
    b) die Rechnungslegung und Buchführung so unvollständig oder mangelhaft sind, dass sie keine Beurteilung der Eigenverwaltungsplanung, insbesondere des Finanzplans, ermöglichen,
    c) Haftungsansprüche des Schuldners gegen amtierende oder ehemalige Mitglieder seiner Organe bestehen, deren Durchsetzung in der Eigenverwaltung erschwert werden könnte,

2. Mängel der Eigenverwaltungsplanung nicht innerhalb der gemäß § 270b Absatz 1 Satz 2 gesetzten Frist behoben werden,
3. die Erreichung des Eigenverwaltungsziels, insbesondere eine angestrebte Sanierung sich als aussichtslos erweist,
4. der vorläufige Sachwalter dies mit Zustimmung des vorläufigen Gläubigerausschusses oder der vorläufige Gläubigerausschuss dies beantragt,
5. der Schuldner dies beantragt.

(2) Die vorläufige Eigenverwaltung wird durch Bestellung eines vorläufigen Insolvenzverwalters zudem aufgehoben, wenn ein absonderungsberechtigter Gläubiger oder Insolvenzgläubiger die Aufhebung beantragt und glaubhaft macht, dass die Voraussetzungen für eine Anordnung der vorläufigen Eigenverwaltung nicht vorliegen und ihm durch die Eigenverwaltung erhebliche Nachteile drohen. Vor der Entscheidung über den Antrag ist der Schuldner zu hören. Gegen die Entscheidung steht dem Gläubiger und dem Schuldner die sofortige Beschwerde zu.
(3) Zum vorläufigen Insolvenzverwalter kann der bisherige vorläufige Sachwalter bestellt werden.
(4) Dem vorläufigen Gläubigerausschuss ist vor Erlass der Entscheidung nach Absatz 1 Nummer 1 oder 3 Gelegenheit zur Äußerung zu geben. § 270b Absatz 3 Satz 2 gilt entsprechend. Bestellt das Gericht einen vorläufigen Insolvenzverwalter, sind die Gründe hierfür schriftlich darzulegen. § 27 Absatz 2 Nummer 4 gilt entsprechend.

§ 270f Anordnung der Eigenverwaltung

(1) Die Eigenverwaltung wird auf Antrag des Schuldners angeordnet, es sei denn, eine vorläufige Eigenverwaltung wäre nach § 270b nicht anzuordnen oder nach § 270e aufzuheben.
(2) Anstelle eines Insolvenzverwalters wird ein Sachwalter bestellt. Die Forderungen der Insolvenzgläubiger sind beim Sachwalter anzumelden. Die §§ 32 und 33 sind nicht anzuwenden.
(3) § 270b Absatz 3 und 4 ist entsprechend anzuwenden.

§ 270g Eigenverwaltung bei gruppenangehörigen Schuldnern

Wird die Eigenverwaltung oder die vorläufige Eigenverwaltung bei einem gruppenangehörigen Schuldner angeordnet, unterliegt der Schuldner den Kooperationspflichten des § 269a. Dem eigenverwaltenden Schuldner stehen nach Verfahrenseröffnung die Antragsrechte nach § 3a Absatz 1, § 3d Absatz 2 und § 269d Absatz 2 Satz 2 zu.

§ 271 Nachträgliche Anordnung

Beantragt die Gläubigerversammlung mit der in § 76 Absatz 2 genannten Mehrheit und der Mehrheit der abstimmenden Gläubiger die Eigenverwaltung, so ordnet das Gericht diese an, sofern der Schuldner zustimmt. Zum Sachwalter kann der bisherige Insolvenzverwalter bestellt werden.

§ 272 Aufhebung der Anordnung

(1) Das Insolvenzgericht hebt die Anordnung der Eigenverwaltung auf, wenn
1. der Schuldner in schwerwiegender Weise gegen insolvenzrechtliche Pflichten verstößt oder sich auf sonstige Weise zeigt, dass er nicht bereit oder in der Lage ist, seine Geschäftsführung am Interesse der Gläubiger auszurichten; dies gilt auch dann, wenn sich erweist, dass
    a) der Schuldner die Eigenverwaltungsplanung in wesentlichen Punkten auf unzutreffende Tatsachen gestützt hat,
    b) die Rechnungslegung und Buchführung so unvollständig oder mangelhaft sind, dass sie keine Beurteilung der Eigenverwaltungsplanung, insbesondere des Finanzplans, ermöglichen,
    c) Haftungsansprüche des Schuldners gegen amtierende oder ehemalige Mitglieder des vertretungsberechtigten Organs bestehen, deren Durchsetzung in der Eigenverwaltung erschwert werden könnte,

2. die Erreichung des Eigenverwaltungsziels, insbesondere eine angestrebte Sanierung sich als aussichtslos erweist,
3. dies von der Gläubigerversammlung mit der in § 76 Absatz 2 genannten Mehrheit und der Mehrheit der abstimmenden Gläubiger beantragt wird,
4. dies von einem absonderungsberechtigten Gläubiger oder von einem Insolvenzgläubiger beantragt wird, die Voraussetzungen der Anordnung der Eigenverwaltung des § 270f Absatz 1 in Verbindung mit § 270b Absatz 1 Satz 1 weggefallen sind und dem Antragsteller durch die Eigenverwaltung erhebliche Nachteile drohen,
5. dies vom Schuldner beantragt wird.

(2) Der Antrag eines Gläubigers ist nur zulässig, wenn die in Absatz 1 Nummer 4 genannten Voraussetzungen glaubhaft gemacht werden. Vor der Entscheidung über den Antrag ist der Schuldner zu hören. Gegen die Entscheidung steht dem Gläubiger und dem Schuldner die sofortige Beschwerde zu.

(3) Zum Insolvenzverwalter kann der bisherige Sachwalter bestellt werden.

§ 273 Öffentliche Bekanntmachung

Der Beschluß des Insolvenzgerichts, durch den nach der Eröffnung des Insolvenzverfahrens die Eigenverwaltung angeordnet oder die Anordnung aufgehoben wird, ist öffentlich bekanntzumachen.

§ 274 Rechtsstellung des Sachwalters

(1) Für die Bestellung des Sachwalters, für die Aufsicht des Insolvenzgerichts sowie für die Haftung und die Vergütung des Sachwalters gelten § 27 Absatz 2 Nummer 4, § 54 Nummer 2 und die §§ 56 bis 60, 62 bis 65 entsprechend.

(2) Der Sachwalter hat die wirtschaftliche Lage des Schuldners zu prüfen und die Geschäftsführung sowie die Ausgaben für die Lebensführung zu überwachen. Das Gericht kann anordnen, dass der Sachwalter den Schuldner im Rahmen der Insolvenzgeldvorfinanzierung, der insolvenzrechtlichen Buchführung und der Verhandlungen mit Kunden und Lieferanten unterstützen kann.§ 22 Abs. 3 gilt entsprechend.

(3) Stellt der Sachwalter Umstände fest, die erwarten lassen, daß die Fortsetzung der Eigenverwaltung zu Nachteilen für die Gläubiger führen wird, so hat er dies unverzüglich dem Gläubigerausschuß und dem Insolvenzgericht anzuzeigen. Ist ein Gläubigerausschuß nicht bestellt, so hat der Sachwalter an dessen Stelle die Insolvenzgläubiger, die Forderungen angemeldet haben, und die absonderungsberechtigten Gläubiger zu unterrichten.

§ 275 Mitwirkung des Sachwalters

(1) Verbindlichkeiten, die nicht zum gewöhnlichen Geschäftsbetrieb gehören, soll der Schuldner nur mit Zustimmung des Sachwalters eingehen. Auch Verbindlichkeiten, die zum gewöhnlichen Geschäftsbetrieb gehören, soll er nicht eingehen, wenn der Sachwalter widerspricht.

(2) Der Sachwalter kann vom Schuldner verlangen, daß alle eingehenden Gelder nur vom Sachwalter entgegengenommen und Zahlungen nur vom Sachwalter geleistet werden.

§ 276 Mitwirkung des Gläubigerausschusses

Der Schuldner hat die Zustimmung des Gläubigerausschusses einzuholen, wenn er Rechtshandlungen vornehmen will, die für das Insolvenzverfahren von besonderer Bedeutung sind. § 160 Abs. 1 Satz 2, Abs. 2, § 161 Satz 2 und § 164 gelten entsprechend.

§ 276a Mitwirkung der Überwachungsorgane

(1) Ist der Schuldner eine juristische Person oder eine rechtsfähige Personengesellschaft, so haben der Aufsichtsrat, die Gesellschafterversammlung oder entsprechende Organe keinen Einfluss auf die Geschäftsführung des Schuldners. Die Abberufung und Neubestellung von Mitgliedern der Geschäftsleitung ist nur wirksam, wenn der Sachwalter zustimmt. Die Zustimmung ist zu erteilen, wenn die Maßnahme nicht zu Nachteilen für die Gläubiger führt.
(2) Ist der Schuldner als juristische Person verfasst, so haften auch die Mitglieder des Vertretungsorgans nach Maßgabe der §§ 60 bis 62. Bei einer rechtsfähigen Personengesellschaft gilt dies für die zur Vertretung der Gesellschaft ermächtigten Gesellschafter. Ist kein zur Vertretung der Gesellschaft ermächtigter Gesellschafter eine natürliche Person, gilt dies für die organschaftlichen Vertreter der zur Vertretung ermächtigten Gesellschafter. Satz 3 gilt sinngemäß, wenn es sich bei den organschaftlichen Vertretern um rechtsfähige Personengesellschaften handelt, bei denen keine natürliche Person zur organschaftlichen Vertretung ermächtigt ist, oder wenn sich die Verbindung von Gesellschaften in dieser Art fortsetzt.
(3) Die Absätze 1 und 2 finden im Zeitraum zwischen der Anordnung der vorläufigen Eigenverwaltung oder der Anordnung vorläufiger Maßnahmen nach § 270c Absatz 3 und der Verfahrenseröffnung entsprechende Anwendung.

§ 277 Anordnung der Zustimmungsbedürftigkeit

(1) Auf Antrag der Gläubigerversammlung ordnet das Insolvenzgericht an, daß bestimmte Rechtsgeschäfte des Schuldners nur wirksam sind, wenn der Sachwalter ihnen zustimmt. § 81 Abs. 1 Satz 2 und 3 und § 82 gelten entsprechend. Stimmt der Sachwalter der Begründung einer Masseverbindlichkeit zu, so gilt § 61 entsprechend.
(2) Die Anordnung kann auch auf den Antrag eines absonderungsberechtigten Gläubigers oder eines Insolvenzgläubigers ergehen, wenn sie unaufschiebbar erforderlich ist, um Nachteile für die Gläubiger zu vermeiden. Der Antrag ist nur zulässig, wenn diese Voraussetzung der Anordnung glaubhaft gemacht wird.
(3) Die Anordnung ist öffentlich bekanntzumachen. § 31 gilt entsprechend. Soweit das Recht zur Verfügung über ein Grundstück, ein eingetragenes Schiff, Schiffsbauwerk oder Luftfahrzeug ein Recht an einem solchen Gegenstand oder ein Recht an einem solchen Recht beschränkt wird, gelten die §§ 32 und 33 entsprechend.

§ 278 Mittel zur Lebensführung des Schuldners

(1) Der Schuldner ist berechtigt, für sich und die in § 100 Abs. 2 Satz 2 genannten Familienangehörigen aus der Insolvenzmasse die Mittel zu entnehmen, die unter Berücksichtigung der bisherigen Lebensverhältnisse des Schuldners eine bescheidene Lebensführung gestatten.
(2) Ist der Schuldner keine natürliche Person, so gilt Absatz 1 entsprechend für die vertretungsberechtigten persönlich haftenden Gesellschafter des Schuldners.

§ 279 Gegenseitige Verträge

Die Vorschriften über die Erfüllung der Rechtsgeschäfte und die Mitwirkung des Betriebsrats (§§ 103 bis 128) gelten mit der Maßgabe, daß an die Stelle des Insolvenzverwalters der Schuldner tritt. Der Schuldner soll seine Rechte nach diesen Vorschriften im Einvernehmen mit dem Sachwalter ausüben. Die Rechte nach den §§ 120, 122 und 126 kann er wirksam nur mit Zustimmung des Sachwalters ausüben.

§ 280 Haftung, Insolvenzanfechtung

Nur der Sachwalter kann die Haftung nach den §§ 92 und 93 für die Insolvenzmasse geltend machen und Rechtshandlungen nach den §§ 129 bis 147 anfechten.

§ 281 Unterrichtung der Gläubiger

(1) Das Verzeichnis der Massegegenstände, das Gläubigerverzeichnis und die Vermögensübersicht (§§ 151 bis 153) hat der Schuldner zu erstellen. Der Sachwalter hat die Verzeichnisse und die Vermögensübersicht zu prüfen und jeweils schriftlich zu erklären, ob nach dem Ergebnis seiner Prüfung Einwendungen zu erheben sind.
(2) Im Berichtstermin hat der Schuldner den Bericht zu erstatten. Der Sachwalter hat zu dem Bericht Stellung zu nehmen.
(3) Zur Rechnungslegung (§§ 66, 155) ist der Schuldner verpflichtet. Für die Schlußrechnung des Schuldners gilt Absatz 1 Satz 2 entsprechend.

§ 282 Verwertung von Sicherungsgut

(1) Das Recht des Insolvenzverwalters zur Verwertung von Gegenständen, an denen Absonderungsrechte bestehen, steht dem Schuldner zu. Kosten der Feststellung der Gegenstände und der Rechte an diesen werden jedoch nicht erhoben. Als Kosten der Verwertung können nur die tatsächlich entstandenen, für die Verwertung erforderlichen Kosten und der Umsatzsteuerbetrag angesetzt werden.
(2) Der Schuldner soll sein Verwertungsrecht im Einvernehmen mit dem Sachwalter ausüben.

§ 283 Befriedigung der Insolvenzgläubiger

(1) Bei der Prüfung der Forderungen können außer den Insolvenzgläubigern der Schuldner und der Sachwalter angemeldete Forderungen bestreiten. Eine Forderung, die ein Insolvenzgläubiger, der Schuldner oder der Sachwalter bestritten hat, gilt nicht als festgestellt.
(2) Die Verteilungen werden vom Schuldner vorgenommen. Der Sachwalter hat die Verteilungsverzeichnisse zu prüfen und jeweils schriftlich zu erklären, ob nach dem Ergebnis seiner Prüfung Einwendungen zu erheben sind.

§ 284 Insolvenzplan

(1) Ein Auftrag der Gläubigerversammlung zur Ausarbeitung eines Insolvenzplans ist an den Sachwalter oder an den Schuldner zu richten. Der vorläufige Gläubigerausschuss kann einen Auftrag zur Ausarbeitung eines Insolvenzplans an den vorläufigen Sachwalter oder den Schuldner richten. Wird der Auftrag an den Schuldner gerichtet, so wirkt der vorläufige Sachwalter oder der Sachwalter beratend mit.
(2) Eine Überwachung der Planerfüllung ist Aufgabe des Sachwalters.

§ 285 Masseunzulänglichkeit

Masseunzulänglichkeit ist vom Sachwalter dem Insolvenzgericht anzuzeigen.

Neunter Teil – Restschuldbefreiung

§ 286 Grundsatz

Ist der Schuldner eine natürliche Person, so wird er nach Maßgabe der §§ 287 bis 303a von den im Insolvenzverfahren nicht erfüllten Verbindlichkeiten gegenüber den Insolvenzgläubigern befreit.

§ 287 Antrag des Schuldners

(1) Die Restschuldbefreiung setzt einen Antrag des Schuldners voraus, der mit seinem Antrag auf Eröffnung des Insolvenzverfahrens verbunden werden soll. Wird er nicht mit diesem verbunden, so ist er innerhalb von zwei Wochen nach dem Hinweis gemäß § 20 Abs. 2 zu stellen. Der Schuldner hat dem Antrag eine Erklärung beizufügen, ob ein Fall des § 287a Absatz 2 Satz 1 Nummer 1 oder 2 vorliegt. Die Richtigkeit und Vollständigkeit der Erklärung nach Satz 3 hat der Schuldner zu versichern.
(2) Dem Antrag ist die Erklärung des Schuldners beizufügen, dass dieser seine pfändbaren Forderungen auf Bezüge aus einem Dienstverhältnis oder auf an deren Stelle tretende laufende Bezüge für den Zeitraum von drei Jahren nach der Eröffnung des Insolvenzverfahrens (Abtretungsfrist) an einen vom Gericht zu bestimmenden Treuhänder abtritt. Ist dem Schuldner auf Grund eines nach dem 30. September 2020 gestellten Antrags bereits einmal Restschuldbefreiung erteilt worden, so beträgt die Abtretungsfrist in einem erneuten Verfahren fünf Jahre; der Schuldner hat dem Antrag eine entsprechende Abtretungserklärung beizufügen.
(3) Vereinbarungen des Schuldners sind insoweit unwirksam, als sie die Abtretungserklärung nach Absatz 2 vereiteln oder beeinträchtigen würden.
(4) Die Insolvenzgläubiger, die Forderungen angemeldet haben, sind bis zum Schlusstermin zu dem Antrag des Schuldners zu hören.

§ 287a Entscheidung des Insolvenzgerichts

(1) Ist der Antrag auf Restschuldbefreiung zulässig, so stellt das Insolvenzgericht durch Beschluss fest, dass der Schuldner Restschuldbefreiung erlangt, wenn er den Obliegenheiten nach den §§ 295 und 295a nachkommt und die Voraussetzungen für eine Versagung nach den §§ 290, 297 bis 298 nicht vorliegen. Der Beschluss ist öffentlich bekannt zu machen. Gegen den Beschluss steht dem Schuldner die sofortige Beschwerde zu.
(2) Der Antrag auf Restschuldbefreiung ist unzulässig, wenn
1. dem Schuldner in den letzten elf Jahren vor dem Antrag auf Eröffnung des Insolvenzverfahrens oder nach diesem Antrag Restschuldbefreiung erteilt oder wenn ihm die Restschuldbefreiung in den letzten fünf Jahren vor dem Antrag auf Eröffnung des Insolvenzverfahrens oder nach diesem Antrag nach § 297 versagt worden ist oder
2. dem Schuldner in den letzten drei Jahren vor dem Antrag auf Eröffnung des Insolvenzverfahrens oder nach diesem Antrag Restschuldbefreiung nach § 290 Absatz 1 Nummer 5, 6 oder 7 oder nach § 296 versagt worden ist; dies gilt auch im Falle des § 297a, wenn die nachträgliche Versagung auf Gründe nach § 290 Absatz 1 Nummer 5, 6 oder 7 gestützt worden ist.

In diesen Fällen hat das Gericht dem Schuldner Gelegenheit zu geben, den Eröffnungsantrag vor der Entscheidung über die Eröffnung zurückzunehmen.

§ 287b Erwerbsobliegenheit des Schuldners

Ab Beginn der Abtretungsfrist bis zur Beendigung des Insolvenzverfahrens obliegt es dem Schuldner, eine angemessene Erwerbstätigkeit auszuüben und, wenn er ohne Beschäftigung ist, sich um eine solche zu bemühen und keine zumutbare Tätigkeit abzulehnen.

§ 288 Bestimmung des Treuhänders

Der Schuldner und die Gläubiger können dem Insolvenzgericht als Treuhänder eine für den jeweiligen Einzelfall geeignete natürliche Person vorschlagen. Wenn noch keine Entscheidung über die Restschuldbefreiung ergangen ist, bestimmt das Gericht zusammen mit der Entscheidung, mit der es die Aufhebung oder die Einstellung des Insolvenzverfahrens wegen Masseunzulänglichkeit beschließt, den Treuhänder, auf den die pfändbaren Bezüge des Schuldners nach Maßgabe der Abtretungserklärung (§ 287 Absatz 2) übergehen.

§ 289 Einstellung des Insolvenzverfahrens

Im Fall der Einstellung des Insolvenzverfahrens kann Restschuldbefreiung nur erteilt werden, wenn nach Anzeige der Masseunzulänglichkeit die Insolvenzmasse nach § 209 verteilt worden ist und die Einstellung nach § 211 erfolgt.

§ 290 Versagung der Restschuldbefreiung

(1) Die Restschuldbefreiung ist durch Beschluss zu versagen, wenn dies von einem Insolvenzgläubiger, der seine Forderung angemeldet hat, beantragt worden ist und wenn
1. der Schuldner in den letzten fünf Jahren vor dem Antrag auf Eröffnung des Insolvenzverfahrens oder nach diesem Antrag wegen einer Straftat nach den §§ 283 bis 283c des Strafgesetzbuchs rechtskräftig zu einer Geldstrafe von mehr als 90 Tagessätzen oder einer Freiheitsstrafe von mehr als drei Monaten verurteilt worden ist,
2. der Schuldner in den letzten drei Jahren vor dem Antrag auf Eröffnung des Insolvenzverfahrens oder nach diesem Antrag vorsätzlich oder grob fahrlässig schriftlich unrichtige oder unvollständige Angaben über seine wirtschaftlichen Verhältnisse gemacht hat, um einen Kredit zu erhalten, Leistungen aus öffentlichen Mitteln zu beziehen oder Leistungen an öffentliche Kassen zu vermeiden,
3. (weggefallen),
4. der Schuldner in den letzten drei Jahren vor dem Antrag auf Eröffnung des Insolvenzverfahrens oder nach diesem Antrag vorsätzlich oder grob fahrlässig die Befriedigung der Insolvenzgläubiger dadurch beeinträchtigt hat, daß er unangemessene Verbindlichkeiten begründet oder Vermögen verschwendet oder ohne Aussicht auf eine Besserung seiner wirtschaftlichen Lage die Eröffnung des Insolvenzverfahrens verzögert hat,
5. der Schuldner Auskunfts- oder Mitwirkungspflichten nach diesem Gesetz vorsätzlich oder grob fahrlässig verletzt hat,
6. der Schuldner in der nach § 287 Absatz 1 Satz 3 vorzulegenden Erklärung und in den nach § 305 Absatz 1 Nummer 3 vorzulegenden Verzeichnissen seines Vermögens und seines Einkommens, seiner Gläubiger und der gegen ihn gerichteten Forderungen vorsätzlich oder grob fahrlässig unrichtige oder unvollständige Angaben gemacht hat oder
7. der Schuldner seine Erwerbsobliegenheit nach § 287b verletzt und dadurch die Befriedigung der Insolvenzgläubiger beeinträchtigt; dies gilt nicht, wenn den Schuldner kein Verschulden trifft; § 296 Absatz 2 Satz 2 und 3 gilt entsprechend.

(2) Der Antrag des Gläubigers kann bis zum Schlusstermin oder bis zur Entscheidung nach § 211 Absatz 1 schriftlich gestellt werden; er ist nur zulässig, wenn ein Versagungsgrund glaubhaft gemacht wird. Die Entscheidung über den Versagungsantrag erfolgt nach dem gemäß Satz 1 maßgeblichen Zeitpunkt.

(3) Gegen den Beschluss steht dem Schuldner und jedem Insolvenzgläubiger, der die Versagung der Restschuldbefreiung beantragt hat, die sofortige Beschwerde zu. Der Beschluss ist öffentlich bekannt zu machen.

§ 291 (weggefallen)

§ 292 Rechtsstellung des Treuhänders

(1) Der Treuhänder hat den zur Zahlung der Bezüge Verpflichteten über die Abtretung zu unterrichten. Er hat die Beträge, die er durch die Abtretung erlangt, und sonstige Leistungen des Schuldners oder Dritter von seinem Vermögen getrennt zu halten und einmal jährlich auf Grund des Schlußverzeichnisses an die Insolvenzgläubiger zu verteilen, sofern die nach § 4a gestundeten Verfahrenskosten abzüglich der Kosten für die Beiordnung eines Rechtsanwalts berichtigt sind. § 36 Abs. 1 Satz 2, Abs. 4 gilt entsprechend. „Der Treuhänder kann die Verteilung längstens bis zum Ende der Abtretungsfrist aussetzen, wenn dies angesichts der Geringfügigkeit der zu verteilenden Beträge angemessen erscheint; er hat dies dem Gericht einmal jährlich unter Angabe der Höhe der erlangten Beträge mitzuteilen.

(2) Die Gläubigerversammlung kann dem Treuhänder zusätzlich die Aufgabe übertragen, die Erfüllung der Obliegenheiten des Schuldners zu überwachen. In diesem Fall hat der Treuhänder die Gläubiger unverzüglich zu benachrichtigen, wenn er einen Verstoß gegen diese Obliegenheiten feststellt. Der Treuhänder ist nur zur Überwachung verpflichtet, soweit die ihm dafür zustehende zusätzliche Vergütung gedeckt ist oder vorgeschossen wird.
(3) Der Treuhänder hat bei der Beendigung seines Amtes dem Insolvenzgericht Rechnung zu legen. Die §§ 58 und 59 gelten entsprechend, § 59 jedoch mit der Maßgabe, daß die Entlassung auch wegen anderer Entlassungsgründe als der fehlenden Unabhängigkeit von jedem Insolvenzgläubiger beantragt werden kann und daß die sofortige Beschwerde jedem Insolvenzgläubiger zusteht.

§ 293 Vergütung des Treuhänders

(1) Der Treuhänder hat Anspruch auf Vergütung für seine Tätigkeit und auf Erstattung angemessener Auslagen. Dabei ist dem Zeitaufwand des Treuhänders und dem Umfang seiner Tätigkeit Rechnung zu tragen.
(2) § 63 Abs. 2 sowie die §§ 64 und 65 gelten entsprechend.

§ 294 Gleichbehandlung der Gläubiger

(1) Zwangsvollstreckungen für einzelne Insolvenzgläubiger in das Vermögen des Schuldners sind in dem Zeitraum zwischen Beendigung des Insolvenzverfahrens und dem Ende der Abtretungsfrist nicht zulässig.
(2) Jedes Abkommen des Schuldners oder anderer Personen mit einzelnen Insolvenzgläubigern, durch das diesen ein Sondervorteil verschafft wird, ist nichtig.
(3) Eine Aufrechnung gegen die Forderung auf die Bezüge, die von der Abtretungserklärung erfasst werden, ist nicht zulässig.

§ 295 Obliegenheiten des Schuldners

Dem Schuldner obliegt es, in dem Zeitraum zwischen Beendigung des Insolvenzverfahrens und dem Ende der Abtretungsfrist
1. eine angemessene Erwerbstätigkeit auszuüben und, wenn er ohne Beschäftigung ist, sich um eine solche zu bemühen und keine zumutbare Tätigkeit abzulehnen;
2. Vermögen, das er von Todes wegen oder mit Rücksicht auf ein künftiges Erbrecht oder durch Schenkung erwirbt, zur Hälfte des Wertes sowie Vermögen, das er als Gewinn in einer Lotterie, Ausspielung oder in einem anderen Spiel mit Gewinnmöglichkeit erwirbt, zum vollen Wert an den Treuhänder herauszugeben; von der Herausgabepflicht sind gebräuchliche Gelegenheitsgeschenke und Gewinne von geringem Wert ausgenommen;
3. jeden Wechsel des Wohnsitzes oder der Beschäftigungsstelle unverzüglich dem Insolvenzgericht und dem Treuhänder anzuzeigen, keine von der Abtretungserklärung erfaßten Bezüge und kein von Nummer 2 erfaßtes Vermögen zu verheimlichen und dem Gericht und dem Treuhänder auf Verlangen Auskunft über seine Erwerbstätigkeit oder seine Bemühungen um eine solche sowie über seine Bezüge und sein Vermögen zu erteilen;
4. Zahlungen zur Befriedigung der Insolvenzgläubiger nur an den Treuhänder zu leisten und keinem Insolvenzgläubiger einen Sondervorteil zu verschaffen.
5. keine unangemessenen Verbindlichkeiten im Sinne des § 290 Absatz 1 Nummer 4 zu begründen.
Auf Antrag des Schuldners stellt das Insolvenzgericht fest, ob ein Vermögenserwerb nach Satz 1 Nummer 2 von der Herausgabeobliegenheit ausgenommen ist.

§ 295a Obliegenheiten des Schuldners bei selbständiger Tätigkeit

(1) Soweit der Schuldner eine selbständige Tätigkeit ausübt, obliegt es ihm, die Insolvenzgläubiger durch Zahlungen an den Treuhänder so zu stellen, als wenn er ein angemessenes Dienstverhältnis eingegangen wäre. Die Zahlungen sind kalenderjährlich bis zum 31. Januar des Folgejahres zu leisten.
(2) Auf Antrag des Schuldners stellt das Gericht den Betrag fest, der den Bezügen aus dem nach Absatz 1 zugrunde zu legenden Dienstverhältnis entspricht. Der Schuldner hat die Höhe der Bezüge, die er aus einem angemessenen Dienstverhältnis erzielen könnte, glaubhaft zu machen. Der Treuhänder und die Insolvenzgläubiger sind vor der Entscheidung anzuhören. Gegen die Entscheidung steht dem Schuldner und jedem Insolvenzgläubiger die sofortige Beschwerde zu.

§ 296 Verstoß gegen Obliegenheiten

(1) Das Insolvenzgericht versagt die Restschuldbefreiung auf Antrag eines Insolvenzgläubigers, wenn der Schuldner in dem Zeitraum zwischen Beendigung des Insolvenzverfahrens und dem Ende der Abtretungsfrist eine seiner Obliegenheiten verletzt und dadurch die Befriedigung der Insolvenzgläubiger beeinträchtigt; dies gilt nicht, wenn den Schuldner kein Verschulden trifft; im Fall des § 295 Satz 1 Nummer 5 bleibt einfache Fahrlässigkeit außer Betracht. Der Antrag kann nur binnen eines Jahres nach dem Zeitpunkt gestellt werden, in dem die Obliegenheitsverletzung dem Gläubiger bekanntgeworden ist. Er ist nur zulässig, wenn die Voraussetzungen der Sätze 1 und 2 glaubhaft gemacht werden.
(2) Vor der Entscheidung über den Antrag sind der Treuhänder, der Schuldner und die Insolvenzgläubiger zu hören. Der Schuldner hat über die Erfüllung seiner Obliegenheiten Auskunft zu erteilen und, wenn es der Gläubiger beantragt, die Richtigkeit dieser Auskunft an Eides Statt zu versichern. Gibt er die Auskunft oder die eidesstattliche Versicherung ohne hinreichende Entschuldigung nicht innerhalb der ihm gesetzten Frist ab oder erscheint er trotz ordnungsgemäßer Ladung ohne hinreichende Entschuldigung nicht zu einem Termin, den das Gericht für die Erteilung der Auskunft oder die eidesstattliche Versicherung anberaumt hat, so ist die Restschuldbefreiung zu versagen.
(3) Gegen die Entscheidung steht dem Antragsteller und dem Schuldner die sofortige Beschwerde zu. Die Versagung der Restschuldbefreiung ist öffentlich bekanntzumachen.

§ 297 Insolvenzstraftaten

(1) Das Insolvenzgericht versagt die Restschuldbefreiung auf Antrag eines Insolvenzgläubigers, wenn der Schuldner in dem Zeitraum zwischen Schlusstermin und Aufhebung des Insolvenzverfahrens oder in dem Zeitraum zwischen Beendigung des Insolvenzverfahrens und dem Ende der Abtretungsfrist wegen einer Straftat nach den §§ 283 bis 283c des Strafgesetzbuchs rechtskräftig zu einer Geldstrafe von mehr als 90 Tagessätzen oder einer Freiheitsstrafe von mehr als drei Monaten verurteilt wird.
(2) § 296 Absatz 1 Satz 2 und 3, Absatz 3 gilt entsprechend.

§ 297a Nachträglich bekannt gewordene Versagungsgründe

(1) Das Insolvenzgericht versagt die Restschuldbefreiung auf Antrag eines Insolvenzgläubigers, wenn sich nach dem Schlusstermin oder im Falle des § 211 nach der Einstellung herausstellt, dass ein Versagungsgrund nach § 290 Absatz 1 vorgelegen hat. Der Antrag kann nur binnen sechs Monaten nach dem Zeitpunkt gestellt werden, zu dem der Versagungsgrund dem Gläubiger bekannt geworden ist. Er ist nur zulässig, wenn glaubhaft gemacht wird, dass die Voraussetzungen der Sätze 1 und 2 vorliegen und dass der Gläubiger bis zu dem gemäß Satz 1 maßgeblichen Zeitpunkt keine Kenntnis von ihnen hatte.
(2) § 296 Absatz 3 gilt entsprechend.

§ 298 Deckung der Mindestvergütung des Treuhänders

(1) Das Insolvenzgericht versagt die Restschuldbefreiung auf Antrag des Treuhänders, wenn die an diesen abgeführten Beträge für das vorangegangene Jahr seiner Tätigkeit die Mindestvergütung nicht decken und der Schuldner den fehlenden Betrag nicht einzahlt, obwohl ihn der Treuhänder schriftlich zur Zahlung binnen einer Frist von mindestens zwei Wochen aufgefordert und ihn dabei auf die Möglichkeit der Versagung der Restschuldbefreiung hingewiesen hat. Dies gilt nicht, wenn die Kosten des Insolvenzverfahrens nach § 4a gestundet werden.
(2) Vor der Entscheidung ist der Schuldner zu hören. Die Versagung unterbleibt, wenn der Schuldner binnen zwei Wochen nach Aufforderung durch das Gericht den fehlenden Betrag einzahlt oder ihm dieser entsprechend § 4a gestundet wird.
(3) § 296 Abs. 3 gilt entsprechend.

§ 299 Vorzeitige Beendigung

Wird die Restschuldbefreiung nach § 296, 297, 297a oder 298 versagt, so enden die Laufzeit der Abtretungserklärung, das Amt des Treuhänders und die Beschränkung der Rechte der Gläubiger mit der Rechtskraft der Entscheidung.

§ 300 Entscheidung über die Restschuldbefreiung

(1) Das Insolvenzgericht entscheidet nach dem regulären Ablauf der Abtretungsfrist über die Erteilung der Restschuldbefreiung. Der Beschluss ergeht nach Anhörung der Insolvenzgläubiger, des Insolvenzverwalters oder Treuhänders und des Schuldners. Eine nach Satz 1 erteilte Restschuldbefreiung gilt als mit Ablauf der Abtretungsfrist erteilt.
(2) Wurden im Insolvenzverfahren keine Forderungen angemeldet oder sind die Insolvenzforderungen befriedigt worden und hat der Schuldner die Kosten des Verfahrens und die sonstigen Masseverbindlichkeiten berichtigt, so entscheidet das Gericht auf Antrag des Schuldners schon vor Ablauf der Abtretungsfrist über die Erteilung der Restschuldbefreiung. Absatz 1 Satz 2 gilt entsprechend. Das Vorliegen der Voraussetzungen nach Satz 1 ist vom Schuldner glaubhaft zu machen. Wird die Restschuldbefreiung nach Satz 1 erteilt, so gelten die §§ 299 und 300a entsprechend.
(3) Das Insolvenzgericht versagt die Restschuldbefreiung auf Antrag eines Insolvenzgläubigers, wenn die Voraussetzungen des § 290 Absatz 1, des § 296 Absatz 1 oder Absatz 2 Satz 3, des § 297 oder des § 297a vorliegen, oder auf Antrag des Treuhänders, wenn die Voraussetzungen des § 298 vorliegen.
(4) Der Beschluss ist öffentlich bekannt zu machen. Gegen den Beschluss steht dem Schuldner und jedem Insolvenzgläubiger, der bei der Anhörung nach Absatz 1 oder Absatz 2 die Versagung der Restschuldbefreiung beantragt oder der das Nichtvorliegen der Voraussetzungen einer vorzeitigen Restschuldbefreiung nach Absatz 2 geltend gemacht hat, die sofortige Beschwerde zu.

§ 300a Neuerwerb im laufenden Insolvenzverfahren

(1) Wird dem Schuldner Restschuldbefreiung erteilt, gehört das Vermögen, das der Schuldner nach Ende der Abtretungsfrist oder nach Eintritt der Voraussetzungen des § 300 Absatz 2 Satz 2 erwirbt, nicht mehr zur Insolvenzmasse. Satz 1 gilt nicht für Vermögensbestandteile, die auf Grund einer Anfechtung des Insolvenzverwalters zur Insolvenzmasse zurückgewährt werden oder die auf Grund eines vom Insolvenzverwalter geführten Rechtsstreits oder auf Grund Verwertungshandlungen des Insolvenzverwalters zur Insolvenzmasse gehören.
(2) Bis zur rechtskräftigen Erteilung der Restschuldbefreiung hat der Verwalter den Neuerwerb, der dem Schuldner zusteht, treuhänderisch zu vereinnahmen und zu verwalten. Nach rechtskräftiger Erteilung der Restschuldbefreiung findet die Vorschrift des § 89 keine Anwendung. Der Insolvenzverwalter hat bei Rechtskraft der Erteilung der Restschuldbefreiung dem Schuldner den Neuerwerb herauszugeben und über die Verwaltung des Neuerwerbs Rechnung zu legen.

(3) Der Insolvenzverwalter hat für seine Tätigkeit nach Absatz 2, sofern Restschuldbefreiung rechtskräftig erteilt wird, gegenüber dem Schuldner Anspruch auf Vergütung und auf Erstattung angemessener Auslagen. § 293 gilt entsprechend.

§ 301 Wirkung der Restschuldbefreiung

(1) Wird die Restschuldbefreiung erteilt, so wirkt sie gegen alle Insolvenzgläubiger. Dies gilt auch für Gläubiger, die ihre Forderungen nicht angemeldet haben.
(2) Die Rechte der Insolvenzgläubiger gegen Mitschuldner und Bürgen des Schuldners sowie die Rechte dieser Gläubiger aus einer zu ihrer Sicherung eingetragenen Vormerkung oder aus einem Recht, das im Insolvenzverfahren zur abgesonderten Befriedigung berechtigt, werden durch die Restschuldbefreiung nicht berührt. Der Schuldner wird jedoch gegenüber dem Mitschuldner, dem Bürgen oder anderen Rückgriffsberechtigten in gleicher Weise befreit wie gegenüber den Insolvenzgläubigern.
(3) Wird ein Gläubiger befriedigt, obwohl er auf Grund der Restschuldbefreiung keine Befriedigung zu beanspruchen hat, so begründet dies keine Pflicht zur Rückgewähr des Erlangten.
(4) Ein allein aufgrund der Insolvenz des Schuldners erlassenes Verbot, eine gewerbliche, geschäftliche, handwerkliche oder freiberufliche Tätigkeit aufzunehmen oder auszuüben, tritt mit Rechtskraft der Erteilung der Restschuldbefreiung außer Kraft. Satz 1 gilt nicht für die Versagung und die Aufhebung einer Zulassung zu einer erlaubnispflichtigen Tätigkeit.

§ 302 Ausgenommene Forderungen

Von der Erteilung der Restschuldbefreiung werden nicht berührt:
1. Verbindlichkeiten des Schuldners aus einer vorsätzlich begangenen unerlaubten Handlung, aus rückständigem gesetzlichen Unterhalt, den der Schuldner vorsätzlich pflichtwidrig nicht gewährt hat, oder aus einem Steuerschuldverhältnis, sofern der Schuldner im Zusammenhang damit wegen einer Steuerstraftat nach den §§ 370, 373 oder § 374 der Abgabenordnung rechtskräftig verurteilt worden ist; der Gläubiger hat die entsprechende Forderung unter Angabe dieses Rechtsgrundes nach § 174 Absatz 2 anzumelden;
2. Geldstrafen und die diesen in § 39 Abs. 1 Nr. 3 gleichgestellten Verbindlichkeiten des Schuldners;
3. Verbindlichkeiten aus zinslosen Darlehen, die dem Schuldner zur Begleichung der Kosten des Insolvenzverfahrens gewährt wurden.

§ 303 Widerruf der Restschuldbefreiung

(1) Auf Antrag eines Insolvenzgläubigers widerruft das Insolvenzgericht die Erteilung der Restschuldbefreiung, wenn
1. sich nachträglich herausstellt, dass der Schuldner eine seiner Obliegenheiten vorsätzlich verletzt und dadurch die Befriedigung der Insolvenzgläubiger erheblich beeinträchtigt hat,
2. sich nachträglich herausstellt, dass der Schuldner während der Abtretungsfrist nach Maßgabe von § 297 Absatz 1 verurteilt worden ist, oder wenn der Schuldner erst nach Erteilung der Restschuldbefreiung wegen einer bis zum Ende der Abtretungsfrist begangenen Straftat nach Maßgabe von § 297 Absatz 1 verurteilt wird oder
3. der Schuldner nach Erteilung der Restschuldbefreiung Auskunfts- oder Mitwirkungspflichten vorsätzlich oder grob fahrlässig verletzt hat, die ihm nach diesem Gesetz während des Insolvenzverfahrens obliegen.

(2) Der Antrag des Gläubigers ist nur zulässig, wenn er innerhalb eines Jahres nach der Rechtskraft der Entscheidung über die Restschuldbefreiung gestellt wird; ein Widerruf nach Absatz 1 Nummer 3 kann bis zu sechs Monate nach rechtskräftiger Aufhebung des Insolvenzverfahrens beantragt werden. Der Gläubiger hat die Voraussetzungen des Widerrufsgrundes glaubhaft zu machen. In den Fällen des Absatzes 1 Nummer 1 hat der Gläubiger zudem glaubhaft zu machen, dass er bis zur Rechtskraft der Entscheidung keine Kenntnis vom Widerrufsgrund hatte.

(3) Vor der Entscheidung sind der Schuldner und in den Fällen des Absatzes 1 Nummer 1 und 3 auch der Treuhänder oder Insolvenzverwalter zu hören. Gegen die Entscheidung steht dem Antragsteller und dem Schuldner die sofortige Beschwerde zu. Die Entscheidung, durch welche die Restschuldbefreiung widerrufen wird, ist öffentlich bekanntzumachen.

§ 303a Eintragung in das Schuldnerverzeichnis

Das Insolvenzgericht ordnet die Eintragung in das Schuldnerverzeichnis nach § 882b der Zivilprozessordnung an. Eingetragen werden Schuldner,
1. denen die Restschuldbefreiung nach den §§ 290, 296, 297 oder 297a oder auf Antrag eines Insolvenzgläubigers nach § 300 Absatz 3 versagt worden ist,
2. deren Restschuldbefreiung widerrufen worden ist.

Es übermittelt die Anordnung unverzüglich elektronisch dem zentralen Vollstreckungsgericht nach § 882h Absatz 1 der Zivilprozessordnung. § 882c Absatz 2 und 3 der Zivilprozessordnung gilt entsprechend.

Zehnter Teil – Verbraucherinsolvenzverfahren

§ 304 Grundsatz

(1) Ist der Schuldner eine natürliche Person, die keine selbständige wirtschaftliche Tätigkeit ausübt oder ausgeübt hat, so gelten für das Verfahren die allgemeinen Vorschriften, soweit in diesem Teil nichts anderes bestimmt ist. Hat der Schuldner eine selbständige wirtschaftliche Tätigkeit ausgeübt, so findet Satz 1 Anwendung, wenn seine Vermögensverhältnisse überschaubar sind und gegen ihn keine Forderungen aus Arbeitsverhältnissen bestehen.
(2) Überschaubar sind die Vermögensverhältnisse im Sinne von Absatz 1 Satz 2 nur wenn der Schuldner zu dem Zeitpunkt, zu dem der Antrag auf Eröffnung des Insolvenzverfahrens gestellt wird, weniger als 20 Gläubiger hat.

§ 305 Eröffnungsantrag des Schuldners

(1) Mit dem schriftlich einzureichenden Antrag auf Eröffnung des Insolvenzverfahrens oder unverzüglich nach diesem Antrag hat der Schuldner vorzulegen:
1. eine Bescheinigung, die von einer geeigneten Person oder Stelle auf der Grundlage persönlicher Beratung und eingehender Prüfung der Einkommens- und Vermögensverhältnisse des Schuldners ausgestellt ist und aus der sich ergibt, daß eine außergerichtliche Einigung mit den Gläubigern über die Schuldenbereinigung auf der Grundlage eines Plans innerhalb der letzten sechs Monate vor dem Eröffnungsantrag erfolglos versucht worden ist, der Plan ist beizufügen und die wesentlichen Gründe für sein Scheitern sind darzulegen; die Länder können bestimmen, welche Personen oder Stellen als geeignet anzusehen sind;
2. den Antrag auf Erteilung von Restschuldbefreiung (§ 287) oder die Erklärung, daß Restschuldbefreiung nicht beantragt werden soll;
3. ein Verzeichnis des vorhandenen Vermögens und des Einkommens (Vermögensverzeichnis), eine Zusammenfassung des wesentlichen Inhalts dieses Verzeichnisses (Vermögensübersicht), ein Verzeichnis der Gläubiger und ein Verzeichnis der gegen ihn gerichteten Forderungen; den Verzeichnissen und der Vermögensübersicht ist die Erklärung beizufügen, dass die enthaltenen Angaben richtig und vollständig sind;
4. einen Schuldenbereinigungsplan; dieser kann alle Regelungen enthalten, die unter Berücksichtigung der Gläubigerinteressen sowie der Vermögens-, Einkommens- und Familienverhältnisse des Schuldners geeignet sind, zu einer angemessenen Schuldenbereinigung zu führen; in den Plan ist aufzunehmen, ob und inwieweit Bürgschaften, Pfandrechte und andere Sicherheiten der Gläubiger vom Plan berührt werden sollen.

(2) In dem Verzeichnis der Forderungen nach Absatz 1 Nr. 3 kann auch auf beigefügte Forderungsaufstellungen der Gläubiger Bezug genommen werden. Auf Aufforderung des Schuldners

sind die Gläubiger verpflichtet, auf ihre Kosten dem Schuldner zur Vorbereitung des Forderungsverzeichnisses eine schriftliche Aufstellung ihrer gegen diesen gerichteten Forderungen zu erteilen; insbesondere haben sie ihm die Höhe ihrer Forderungen und deren Aufgliederung in Hauptforderung, Zinsen und Kosten anzugeben. Die Aufforderung des Schuldners muß einen Hinweis auf einen bereits bei Gericht eingereichten oder in naher Zukunft beabsichtigten Antrag auf Eröffnung eines Insolvenzverfahrens enthalten.

(3) Hat der Schuldner die amtlichen Formulare nach Absatz 5 nicht vollständig ausgefüllt abgegeben, fordert ihn das Insolvenzgericht auf, das Fehlende unverzüglich zu ergänzen Kommt der Schuldner dieser Aufforderung nicht binnen eines Monats nach, so gilt sein Antrag auf Eröffnung des Insolvenzverfahrens als zurückgenommen. Im Falle des § 306 Abs. 3 Satz 3 beträgt die Frist drei Monate.

(4) Der Schuldner kann sich vor dem Insolvenzgericht von einer geeigneten Person oder einem Angehörigen einer als geeignet anerkannten Stelle im Sinne des Absatzes 1 Nr. 1 vertreten lassen. Für die Vertretung des Gläubigers gilt § 174 Abs. 1 Satz 3 entsprechend.

(5) Das Bundesministerium der Justiz und für Verbraucherschutz wird ermächtigt, durch Rechtsverordnung mit Zustimmung des Bundesrates zur Vereinfachung des Verbraucherinsolvenzverfahrens für die Beteiligten Formulare für die nach Absatz 1 Nummer 1 bis 4 vorzulegenden Bescheinigungen, Anträge und Verzeichnisse einzuführen. Soweit nach Satz 1 Formulare eingeführt sind, muß sich der Schuldner ihrer bedienen. Für Verfahren bei Gerichten, die die Verfahren maschinell bearbeiten, und für Verfahren bei Gerichten, die die Verfahren nicht maschinell bearbeiten, können unterschiedliche Formulare eingeführt werden.

§ 305a Scheitern der außergerichtlichen Schuldenbereinigung

Der Versuch, eine außergerichtliche Einigung mit den Gläubigern über die Schuldenbereinigung herbeizuführen, gilt als gescheitert, wenn ein Gläubiger die Zwangsvollstreckung betreibt, nachdem die Verhandlungen über die außergerichtliche Schuldenbereinigung aufgenommen wurden.

§ 306 Ruhen des Verfahrens

(1) Das Verfahren über den Antrag auf Eröffnung des Insolvenzverfahrens ruht bis zur Entscheidung über den Schuldenbereinigungsplan. Dieser Zeitraum soll drei Monate nicht überschreiten. Das Gericht ordnet nach Anhörung des Schuldners die Fortsetzung des Verfahrens über den Eröffnungsantrag an, wenn nach seiner freien Überzeugung der Schuldenbereinigungsplan voraussichtlich nicht angenommen wird.

(2) Absatz 1 steht der Anordnung von Sicherungsmaßnahmen nicht entgegen. Ruht das Verfahren, so hat der Schuldner in der für die Zustellung erforderlichen Zahl Abschriften des Schuldenbereinigungsplans und der Vermögensübersicht innerhalb von zwei Wochen nach Aufforderung durch das Gericht nachzureichen. § 305 Abs. 3 Satz 2 gilt entsprechend.

(3) Beantragt ein Gläubiger die Eröffnung des Verfahrens, so hat das Insolvenzgericht vor der Entscheidung über die Eröffnung dem Schuldner Gelegenheit zu geben, ebenfalls einen Antrag zu stellen. Stellt der Schuldner einen Antrag, so gilt Absatz 1 auch für den Antrag des Gläubigers. In diesem Fall hat der Schuldner zunächst eine außergerichtliche Einigung nach § 305 Abs. 1 Nr. 1 zu versuchen.

§ 307 Zustellung an die Gläubiger

(1) Das Insolvenzgericht stellt den vom Schuldner genannten Gläubigern den Schuldenbereinigungsplan sowie die Vermögensübersicht zu und fordert die Gläubiger zugleich auf, binnen einer Notfrist von einem Monat zu den in § 305 Abs. 1 Nr. 3 genannten Verzeichnissen und zu dem Schuldenbereinigungsplan Stellung zu nehmen; die Gläubiger sind darauf hinzuweisen, dass die Verzeichnisse beim Insolvenzgericht zur Einsicht niedergelegt sind. Zugleich ist jedem Gläubiger mit ausdrücklichem Hinweis auf die Rechtsfolgen des § 308 Abs. 3 Satz 2 Gelegenheit zu geben, binnen der Frist nach Satz 1 die Angaben über seine Forderungen in dem beim Insolvenzgericht

zur Einsicht niedergelegten Forderungsverzeichnis zu überprüfen und erforderlichenfalls zu ergänzen. Auf die Zustellung nach Satz 1 ist § 8 Abs. 1 Satz 2, 3, Abs. 2 und 3 nicht anzuwenden.
(2) Geht binnen der Frist nach Absatz 1 Satz 1 bei Gericht die Stellungnahme eines Gläubigers nicht ein, so gilt dies als Einverständnis mit dem Schuldenbereinigungsplan. Darauf ist in der Aufforderung hinzuweisen.
(3) Nach Ablauf der Frist nach Absatz 1 Satz 1 ist dem Schuldner Gelegenheit zu geben, den Schuldenbereinigungsplan binnen einer vom Gericht zu bestimmenden Frist zu ändern oder zu ergänzen, wenn dies auf Grund der Stellungnahme eines Gläubigers erforderlich oder zur Förderung einer einverständlichen Schuldenbereinigung sinnvoll erscheint. Die Änderungen oder Ergänzungen sind den Gläubigern zuzustellen, soweit dies erforderlich ist. Absatz 1 Satz 1, 3 und Absatz 2 gelten entsprechend.

§ 308 Annahme des Schuldenbereinigungsplans

(1) Hat kein Gläubiger Einwendungen gegen den Schuldenbereinigungsplan erhoben oder wird die Zustimmung nach § 309 ersetzt, so gilt der Schuldenbereinigungsplan als angenommen; das Insolvenzgericht stellt dies durch Beschluß fest. Der Schuldenbereinigungsplan hat die Wirkung eines Vergleichs im Sinne des § 794 Abs. 1 Nr. 1 der Zivilprozeßordnung. Den Gläubigern und dem Schuldner ist eine Ausfertigung des Schuldenbereinigungsplans und des Beschlusses nach Satz 1 zuzustellen.
(2) Die Anträge auf Eröffnung des Insolvenzverfahrens und auf Erteilung von Restschuldbefreiung gelten als zurückgenommen.
(3) Soweit Forderungen in dem Verzeichnis des Schuldners nicht enthalten sind und auch nicht nachträglich bei dem Zustandekommen des Schuldenbereinigungsplans berücksichtigt worden sind, können die Gläubiger von dem Schuldner Erfüllung verlangen. Dies gilt nicht, soweit ein Gläubiger die Angaben über seine Forderung in dem beim Insolvenzgericht zur Einsicht niedergelegten Forderungsverzeichnis nicht innerhalb der gesetzten Frist ergänzt hat, obwohl ihm der Schuldenbereinigungsplan übersandt wurde und die Forderung vor dem Ablauf der Frist entstanden war; insoweit erlischt die Forderung.

§ 309 Ersetzung der Zustimmung

(1) Hat dem Schuldenbereinigungsplan mehr als die Hälfte der benannten Gläubiger zugestimmt und beträgt die Summe der Ansprüche der zustimmenden Gläubiger mehr als die Hälfte der Summe der Ansprüche der benannten Gläubiger, so ersetzt das Insolvenzgericht auf Antrag eines Gläubigers oder des Schuldners die Einwendungen eines Gläubigers gegen den Schuldenbereinigungsplan durch eine Zustimmung. Dies gilt nicht, wenn
1. der Gläubiger, der Einwendungen erhoben hat, im Verhältnis zu den übrigen Gläubigern nicht angemessen beteiligt wird oder
2. dieser Gläubiger durch den Schuldenbereinigungsplan voraussichtlich wirtschaftlich schlechter gestellt wird, als er bei Durchführung des Verfahrens über die Anträge auf Eröffnung des Insolvenzverfahrens und Erteilung von Restschuldbefreiung stünde; hierbei ist im Zweifel zugrunde zu legen, daß die Einkommens-, Vermögens- und Familienverhältnisse des Schuldners zum Zeitpunkt des Antrags nach Satz 1 während der gesamten Dauer des Verfahrens maßgeblich bleiben.
(2) Vor der Entscheidung ist der Gläubiger zu hören. Die Gründe, die gemäß Absatz 1 Satz 2 einer Ersetzung seiner Einwendungen durch eine Zustimmung entgegenstehen, hat er glaubhaft zu machen. Gegen den Beschluß steht dem Antragsteller und dem Gläubiger, dessen Zustimmung ersetzt wird, die sofortige Beschwerde zu. § 4a Abs. 2 gilt entsprechend.
(3) Macht ein Gläubiger Tatsachen glaubhaft, aus denen sich ernsthafte Zweifel ergeben, ob eine vom Schuldner angegebene Forderung besteht oder sich auf einen höheren oder niedrigeren Betrag richtet als angegeben, und hängt vom Ausgang des Streits ab, ob der Gläubiger im Verhältnis zu den übrigen Gläubigern angemessen beteiligt wird (Absatz 1 Satz 2 Nr. 1), so kann die Zustimmung dieses Gläubigers nicht ersetzt werden.

§ 310 Kosten

Die Gläubiger haben gegen den Schuldner keinen Anspruch auf Erstattung der Kosten, die ihnen im Zusammenhang mit dem Schuldenbereinigungsplan entstehen.

§ 311 Aufnahme des Verfahrens über den Eröffnungsantrag

Werden Einwendungen gegen den Schuldenbereinigungsplan erhoben, die nicht gemäß § 309 durch gerichtliche Zustimmung ersetzt werden, so wird das Verfahren über den Eröffnungsantrag von Amts wegen wieder aufgenommen.

§ 312 (weggefallen)

§ 313 (weggefallen)

§ 314 (weggefallen)

Elfter Teil – Besondere Arten des Insolvenzverfahrens

Erster Abschnitt – Nachlaßinsolvenzverfahren

§ 315 Örtliche Zuständigkeit

Für das Insolvenzverfahren über einen Nachlaß ist ausschließlich das Insolvenzgericht örtlich zuständig, in dessen Bezirk der Erblasser zur Zeit seines Todes seinen allgemeinen Gerichtsstand hatte. Lag der Mittelpunkt einer selbständigen wirtschaftlichen Tätigkeit des Erblassers an einem anderen Ort, so ist ausschließlich das Insolvenzgericht zuständig, in dessen Bezirk dieser Ort liegt.

§ 316 Zulässigkeit der Eröffnung

(1) Die Eröffnung des Insolvenzverfahrens wird nicht dadurch ausgeschlossen, daß der Erbe die Erbschaft noch nicht angenommen hat oder daß er für die Nachlaßverbindlichkeiten unbeschränkt haftet.
(2) Sind mehrere Erben vorhanden, so ist die Eröffnung des Verfahrens auch nach der Teilung des Nachlasses zulässig.
(3) Über einen Erbteil findet ein Insolvenzverfahren nicht statt.

§ 317 Antragsberechtigte

(1) Zum Antrag auf Eröffnung des Insolvenzverfahrens über einen Nachlaß ist jeder Erbe, der Nachlaßverwalter sowie ein anderer Nachlaßpfleger, ein Testamentsvollstrecker, dem die Verwaltung des Nachlasses zusteht, und jeder Nachlaßgläubiger berechtigt.
(2) Wird der Antrag nicht von allen Erben gestellt, so ist er zulässig, wenn der Eröffnungsgrund glaubhaft gemacht wird. Das Insolvenzgericht hat die übrigen Erben zu hören.
(3) Steht die Verwaltung des Nachlasses einem Testamentsvollstrecker zu, so ist, wenn der Erbe die Eröffnung beantragt, der Testamentsvollstrecker, wenn der Testamentsvollstrecker den Antrag stellt, der Erbe zu hören.

§ 318 Antragsrecht beim Gesamtgut

(1) Gehört der Nachlaß zum Gesamtgut einer Gütergemeinschaft, so kann sowohl der Ehegatte, der Erbe ist, als auch der Ehegatte, der nicht Erbe ist, aber das Gesamtgut allein oder mit seinem Ehegatten gemeinschaftlich verwaltet, die Eröffnung des Insolvenzverfahrens über den Nachlaß beantragen. Die Zustimmung des anderen Ehegatten ist nicht erforderlich. Die Ehegatten behalten das Antragsrecht, wenn die Gütergemeinschaft endet.
(2) Wird der Antrag nicht von beiden Ehegatten gestellt, so ist er zulässig, wenn der Eröffnungsgrund glaubhaft gemacht wird. Das Insolvenzgericht hat den anderen Ehegatten zu hören.
(3) Die Absätze 1 und 2 gelten für Lebenspartner entsprechend.

§ 319 Antragsfrist

Der Antrag eines Nachlaßgläubigers auf Eröffnung des Insolvenzverfahrens ist unzulässig, wenn seit der Annahme der Erbschaft zwei Jahre verstrichen sind.

§ 320 Eröffnungsgründe

Gründe für die Eröffnung des Insolvenzverfahrens über einen Nachlaß sind die Zahlungsunfähigkeit und die Überschuldung. Beantragt der Erbe, der Nachlaßverwalter oder ein anderer Nachlaßpfleger oder ein Testamentsvollstrecker die Eröffnung des Verfahrens, so ist auch die drohende Zahlungsunfähigkeit Eröffnungsgrund.

§ 321 Zwangsvollstreckung nach Erbfall

Maßnahmen der Zwangsvollstreckung in den Nachlaß, die nach dem Eintritt des Erbfalls erfolgt sind, gewähren kein Recht zur abgesonderten Befriedigung.

§ 322 Anfechtbare Rechtshandlungen des Erben

Hat der Erbe vor der Eröffnung des Insolvenzverfahrens aus dem Nachlaß Pflichtteilsansprüche, Vermächtnisse oder Auflagen erfüllt, so ist diese Rechtshandlung in gleicher Weise anfechtbar wie eine unentgeltliche Leistung des Erben.

§ 323 Aufwendungen des Erben

Dem Erben steht wegen der Aufwendungen, die ihm nach den §§ 1978, 1979 des Bürgerlichen Gesetzbuchs aus dem Nachlaß zu ersetzen sind, ein Zurückbehaltungsrecht nicht zu.

§ 324 Masseverbindlichkeiten

(1) Masseverbindlichkeiten sind außer den in den §§ 54, 55 bezeichneten Verbindlichkeiten:
1. die Aufwendungen, die dem Erben nach den §§ 1978, 1979 des Bürgerlichen Gesetzbuchs aus dem Nachlaß zu ersetzen sind;
2. die Kosten der Beerdigung des Erblassers;
3. die im Falle der Todeserklärung des Erblassers dem Nachlaß zur Last fallenden Kosten des Verfahrens;
4. die Kosten der Eröffnung einer Verfügung des Erblassers von Todes wegen, der gerichtlichen Sicherung des Nachlasses, einer Nachlaßpflegschaft, des Aufgebots der Nachlaßgläubiger und der Inventarerrichtung;
5. die Verbindlichkeiten aus den von einem Nachlaßpfleger oder einem Testamentsvollstrecker vorgenommenen Rechtsgeschäften;

6. die Verbindlichkeiten, die für den Erben gegenüber einem Nachlaßpfleger, einem Testamentsvollstrecker oder einem Erben, der die Erbschaft ausgeschlagen hat, aus der Geschäftsführung dieser Personen entstanden sind, soweit die Nachlaßgläubiger verpflichtet wären, wenn die bezeichneten Personen die Geschäfte für sie zu besorgen gehabt hätten.
(2) Im Falle der Masseunzulänglichkeit haben die in Absatz 1 bezeichneten Verbindlichkeiten den Rang des § 209 Abs. 1 Nr. 3.

§325 Nachlaßverbindlichkeiten

Im Insolvenzverfahren über einen Nachlaß können nur die Nachlaßverbindlichkeiten geltend gemacht werden.

§ 326 Ansprüche des Erben

(1) Der Erbe kann die ihm gegen den Erblasser zustehenden Ansprüche geltend machen.
(2) Hat der Erbe eine Nachlaßverbindlichkeit erfüllt, so tritt er, soweit nicht die Erfüllung nach § 1979 des Bürgerlichen Gesetzbuchs als für Rechnung des Nachlasses erfolgt gilt, an die Stelle des Gläubigers, es sei denn, daß er für die Nachlaßverbindlichkeiten unbeschränkt haftet.
(3) Haftet der Erbe einem einzelnen Gläubiger gegenüber unbeschränkt, so kann er dessen Forderung für den Fall geltend machen, daß der Gläubiger sie nicht geltend macht.

§ 327 Nachrangige Verbindlichkeiten

(1) Im Rang nach den in § 39 bezeichneten Verbindlichkeiten und in folgender Rangfolge, bei gleichem Rang nach dem Verhältnis ihrer Beträge, werden erfüllt:
1. die Verbindlichkeiten gegenüber Pflichtteilsberechtigten;
2. die Verbindlichkeiten aus den vom Erblasser angeordneten Vermächtnissen und Auflagen;
3. (weggefallen)
(2) Ein Vermächtnis, durch welches das Recht des Bedachten auf den Pflichtteil nach § 2307 des Bürgerlichen Gesetzbuchs ausgeschlossen wird, steht, soweit es den Pflichtteil nicht übersteigt, im Rang den Pflichtteilsrechten gleich. Hat der Erblasser durch Verfügung von Todes wegen angeordnet, daß ein Vermächtnis oder eine Auflage vor einem anderen Vermächtnis oder einer anderen Auflage erfüllt werden soll, so hat das Vermächtnis oder die Auflage den Vorrang.
(3) Eine Verbindlichkeit, deren Gläubiger im Wege des Aufgebotsverfahrens ausgeschlossen ist oder nach § 1974 des Bürgerlichen Gesetzbuchs einem ausgeschlossenen Gläubiger gleichsteht, wird erst nach den in § 39 bezeichneten Verbindlichkeiten und, soweit sie zu den in Absatz 1 bezeichneten Verbindlichkeiten gehört, erst nach den Verbindlichkeiten erfüllt, mit denen sie ohne die Beschränkung gleichen Rang hätte. Im übrigen wird durch die Beschränkungen an der Rangordnung nichts geändert.

§ 328 Zurückgewährte Gegenstände

(1) Was infolge der Anfechtung einer vom Erblasser oder ihm gegenüber vorgenommenen Rechtshandlung zur Insolvenzmasse zurückgewährt wird, darf nicht zur Erfüllung der in § 327 Abs. 1 bezeichneten Verbindlichkeiten verwendet werden.
(2) Was der Erbe auf Grund der §§ 1978 bis 1980 des Bürgerlichen Gesetzbuchs zur Masse zu ersetzen hat, kann von den Gläubigern, die im Wege des Aufgebotsverfahrens ausgeschlossen sind oder nach § 1974 des Bürgerlichen Gesetzbuchs einem ausgeschlossenen Gläubiger gleichstehen, nur insoweit beansprucht werden, als der Erbe auch nach den Vorschriften über die Herausgabe einer ungerechtfertigten Bereicherung ersatzpflichtig wäre.

§ 329 Nacherbfolge

Die §§ 323, 324 Abs. 1 Nr. 1 und § 326 Abs. 2, 3 gelten für den Vorerben auch nach dem Eintritt der Nacherbfolge.

§ 330 Erbschaftskauf

(1) Hat der Erbe die Erbschaft verkauft, so tritt für das Insolvenzverfahren der Käufer an seine Stelle.
(2) Der Erbe ist wegen einer Nachlaßverbindlichkeit, die im Verhältnis zwischen ihm und dem Käufer diesem zur Last fällt, wie ein Nachlaßgläubiger zum Antrag auf Eröffnung des Verfahrens berechtigt. Das gleiche Recht steht ihm auch wegen einer anderen Nachlaßverbindlichkeit zu, es sei denn, daß er unbeschränkt haftet oder daß eine Nachlaßverwaltung angeordnet ist. Die §§ 323, 324 Abs. 1 Nr. 1 und § 326 gelten für den Erben auch nach dem Verkauf der Erbschaft.
(3) Die Absätze 1 und 2 gelten entsprechend für den Fall, daß jemand eine durch Vertrag erworbene Erbschaft verkauft oder sich in sonstiger Weise zur Veräußerung einer ihm angefallenen oder anderweitig von ihm erworbenen Erbschaft verpflichtet hat.

§ 331 Gleichzeitige Insolvenz des Erben

(1) Im Insolvenzverfahren über das Vermögen des Erben gelten, wenn auch über den Nachlaß das Insolvenzverfahren eröffnet oder wenn eine Nachlaßverwaltung angeordnet ist, die §§ 52, 190, 192, 198, 237 Abs. 1 Satz 2 entsprechend für Nachlaßgläubiger, denen gegenüber der Erbe unbeschränkt haftet.
(2) Gleiches gilt, wenn ein Ehegatte der Erbe ist und der Nachlaß zum Gesamtgut gehört, das vom anderen Ehegatten allein verwaltet wird, auch im Insolvenzverfahren über das Vermögen des anderen Ehegatten und, wenn das Gesamtgut von den Ehegatten gemeinschaftlich verwaltet wird, auch im Insolvenzverfahren über das Gesamtgut und im Insolvenzverfahren über das sonstige Vermögen des Ehegatten, der nicht Erbe ist. Satz 1 gilt für Lebenspartner entsprechend.

Zweiter Abschnitt – Insolvenzverfahren über das Gesamtgut einer fortgesetzten Gütergemeinschaft

§ 332 Verweisung auf das Nachlaßinsolvenzverfahren

(1) Im Falle der fortgesetzten Gütergemeinschaft gelten die §§ 315 bis 331 entsprechend für das Insolvenzverfahren über das Gesamtgut.
(2) Insolvenzgläubiger sind nur die Gläubiger, deren Forderungen schon zur Zeit des Eintritts der fortgesetzten Gütergemeinschaft als Gesamtgutsverbindlichkeiten bestanden.
(3) Die anteilsberechtigten Abkömmlinge sind nicht berechtigt, die Eröffnung des Verfahrens zu beantragen. Sie sind jedoch vom Insolvenzgericht zu einem Eröffnungsantrag zu hören.

Dritter Abschnitt – Insolvenzverfahren über das gemeinschaftlich verwaltete Gesamtgut einer Gütergemeinschaft

§ 333 Antragsrecht, Eröffnungsgründe

(1) Zum Antrag auf Eröffnung des Insolvenzverfahrens über das Gesamtgut einer Gütergemeinschaft, das von den Ehegatten gemeinschaftlich verwaltet wird, ist jeder Gläubiger berechtigt, der die Erfüllung einer Verbindlichkeit aus dem Gesamtgut verlangen kann.
(2) Antragsberechtigt ist auch jeder Ehegatte. Wird der Antrag nicht von beiden Ehegatten gestellt, so ist er zulässig, wenn die Zahlungsunfähigkeit des Gesamtguts glaubhaft gemacht wird; das Insolvenzgericht hat den anderen Ehegatten zu hören. Wird der Antrag von beiden Ehegatten gestellt, so ist auch die drohende Zahlungsunfähigkeit Eröffnungsgrund.
(3) Die Absätze 1 und 2 gelten für Lebenspartner entsprechend.

§ 334 Persönliche Haftung der Ehegatten

(1) Die persönliche Haftung der Ehegatten oder Lebenspartner für die Verbindlichkeiten, deren Erfüllung aus dem Gesamtgut verlangt werden kann, kann während der Dauer des Insolvenzverfahrens nur vom Insolvenzverwalter oder vom Sachwalter geltend gemacht werden.
(2) Im Falle eines Insolvenzplans gilt für die persönliche Haftung der Ehegatten § 227 Abs. 1 entsprechend.

Zwölfter Teil - Internationales Insolvenzrecht

Erster Abschnitt - Allgemeine Vorschriften

§ 335 Grundsatz

Das Insolvenzverfahren und seine Wirkungen unterliegen, soweit nichts anderes bestimmt ist, dem Recht des Staats, in dem das Verfahren eröffnet worden ist.

§ 336 Vertrag

über einen unbeweglichen Gegenstand Die Wirkungen des Insolvenzverfahrens auf einen Vertrag, der ein dingliches Recht an einem unbeweglichen Gegenstand oder ein Recht zur Nutzung eines unbeweglichen Gegenstandes betrifft, unterliegen dem Recht des Staats, in dem der Gegenstand belegen ist. Bei einem im Schiffsregister, Schiffsbauregister oder Register für Pfandrechte an Luftfahrzeugen eingetragenen Gegenstand ist das Recht des Staats maßgebend, unter dessen Aufsicht das Register geführt wird.

§ 337 Arbeitsverhältnis

Die Wirkungen des Insolvenzverfahrens auf ein Arbeitsverhältnis unterliegen dem Recht, das nach dem der Verordnung (EG) Nr. 593/2008 des Europäischen Parlaments und des Rates vom 17. Juni 2008 über das auf vertragliche Schuldverhältnisse anzuwendende Recht (Rom I) (ABl. L 177 vom 4.7.2008, S. 6 für das Arbeitsverhältnis maßgebend ist.

§ 338 Aufrechnung

Das Recht eines Insolvenzgläubigers zur Aufrechnung wird von der Eröffnung des Insolvenzverfahrens nicht berührt, wenn er nach dem für die Forderung des Schuldners maßgebenden Recht zur Zeit der Eröffnung des Insolvenzverfahrens zur Aufrechnung berechtigt ist.

§ 329 Insolvenzanfechtung

Eine Rechtshandlung kann angefochten werden, wenn die Voraussetzungen der Insolvenzanfechtung nach dem Recht des Staats der Verfahrenseröffnung erfüllt sind, es sei denn, der Anfechtungsgegner weist nach, dass für die Rechtshandlung das Recht eines anderen Staats maßgebend und die Rechtshandlung nach diesem Recht in keiner Weise angreifbar ist.

§ 340 Organisierte Märkte. Pensionsgeschäfte

(1) Die Wirkungen des Insolvenzverfahrens auf die Rechte und Pflichten der Teilnehmer an einem organisierten Markt nach § 2 Abs. 11 des Wertpapierhandelsgesetzes unterliegen dem Recht des Staats, das für diesen Markt gilt.
(2) Die Wirkungen des Insolvenzverfahrens auf Pensionsgeschäfte im Sinne des § 340b des Handelsgesetzbuchs sowie auf Schuldumwandlungsverträge und Aufrechnungsvereinbarungen unterliegen dem Recht des Staats, das für diese Verträge maßgebend ist.

(3) Für die Teilnehmer an einem System im Sinne von § 1 Abs. 16 des Kreditwesengesetzes gilt Absatz 1 entsprechend.

§ 341 Ausübung von Gläubigerrechten

(1) Jeder Gläubiger kann seine Forderungen im Hauptinsolvenzverfahren und in jedem Sekundärinsolvenzverfahren anmelden.
(2) Der Insolvenzverwalter ist berechtigt, eine in dem Verfahren, für das er bestellt ist, angemeldete Forderung in einem anderen Insolvenzverfahren über das Vermögen des Schuldners anzumelden. Das Recht des Gläubigers, die Anmeldung abzulehnen oder zurückzunehmen, bleibt unberührt.
(3) Der Verwalter gilt als bevollmächtigt, das Stimmrecht aus einer Forderung, die in dem Verfahren, für das er bestellt ist, angemeldet worden ist, in einem anderen Insolvenzverfahren über das Vermögen des Schuldners auszuüben, sofern der Gläubiger keine anderweitige Bestimmung trifft.

§ 342 Herausgabepflicht. Anrechnung

(1) Erlangt ein Insolvenzgläubiger durch Zwangsvollstreckung, durch eine Leistung des Schuldners oder in sonstiger Weise etwas auf Kosten der Insolvenzmasse aus dem Vermögen, das nicht im Staat der Verfahrenseröffnung belegen ist, so hat er das Erlangte dem Insolvenzverwalter herauszugeben. Die Vorschriften über die Rechtsfolgen einer ungerechtfertigten Bereicherung gelten entsprechend.
(2) Der Insolvenzgläubiger darf behalten, was er in einem Insolvenzverfahren erlangt hat, das in einem anderen Staat eröffnet worden ist. Er wird jedoch bei den Verteilungen erst berücksichtigt, wenn die übrigen Gläubiger mit ihm gleichgestellt sind.
(3) Der Insolvenzgläubiger hat auf Verlangen des Insolvenzverwalters Auskunft über das Erlangte zu geben.

Zweiter Abschnitt - Ausländisches Insolvenzverfahren

§ 343 Anerkennung

(1) Die Eröffnung eines ausländischen Insolvenzverfahrens wird anerkannt. Dies gilt nicht,
1. wenn die Gerichte des Staats der Verfahrenseröffnung nach deutschem Recht nicht zuständig sind;
2. soweit die Anerkennung zu einem Ergebnis führt, das mit wesentlichen Grundsätzen des deutschen Rechts offensichtlich unvereinbar ist, insbesondere soweit sie mit den Grundrechten unvereinbar ist.

(2) Absatz 1 gilt entsprechend für Sicherungsmaßnahmen, die nach dem Antrag auf Eröffnung des Insolvenzverfahrens getroffen werden, sowie für Entscheidungen, die zur Durchführung oder Beendigung des anerkannten Insolvenzverfahrens ergangen sind.

§344 Sicherungsmaßnahmen

(1) Wurde im Ausland vor Eröffnung eines Hauptinsolvenzverfahrens ein vorläufiger Verwalter bestellt, so kann auf seinen Antrag das zuständige Insolvenzgericht die Maßnahmen nach § 21 anordnen, die zur Sicherung des von einem inländischen Sekundärinsolvenzverfahren erfassten Vermögens erforderlich erscheinen.
(2) Gegen den Beschluss steht auch dem vorläufigen Verwalter die sofortige Beschwerde zu.

§ 345 Öffentliche Bekanntmachung

(1) Sind die Voraussetzungen für die Anerkennung der Verfahrenseröffnung gegeben so hat das Insolvenzgericht auf Antrag des ausländischen Insolvenzverwalters den wesentlichen Inhalt der

Entscheidung über die Verfahrenseröffnung und der Entscheidung über die Bestellung des Insolvenzverwalters im Inland bekannt zu machen. § 9 Abs. 1 und 2 und § 30 Abs. 1 gelten entsprechend. Ist die Eröffnung des Insolvenzverfahrens bekannt gemacht worden, so ist die Beendigung in gleicher Weise bekannt zu machen.
(2) Hat der Schuldner im Inland eine Niederlassung, so erfolgt die öffentliche Bekanntmachung von Amts wegen. Der Insolvenzverwalter oder ein ständiger Vertreter nach § 13e Abs. 2 Satz 5 Nr. 3 des Handelsgesetzbuchs unterrichtet das nach § 348 Abs. 1 zuständige Insolvenzgericht.
(3) Der Antrag ist nur zulässig, wenn glaubhaft gemacht wird, dass die tatsächlichen Voraussetzungen für die Anerkennung der Verfahrenseröffnung vorliegen. Dem Verwalter ist eine Ausfertigung des Beschlusses, durch den die Bekanntmachung angeordnet wird, zu erteilen. Gegen die Entscheidung des Insolvenzgerichts, mit der die öffentliche Bekanntmachung abgelehnt wird, steht dem ausländischen Verwalter die sofortige Beschwerde zu.

§ 346 Grundbuch

(1) Wird durch die Verfahrenseröffnung oder durch Anordnung von Sicherungsmaßnahmen nach § 343 Abs. 2 oder § 344 Abs. 1 die Verfügungsbefugnis des Schuldners eingeschränkt, so hat das Insolvenzgericht auf Antrag des ausländischen Insolvenzverwalters das Grundbuchamt zu ersuchen, die Eröffnung des Insolvenzverfahrens und die Art der Einschränkung der Verfügungsbefugnis des Schuldners in das Grundbuch einzutragen:
1. bei Grundstücken, als deren Eigentümer der Schuldner eingetragen ist;
2. bei den für den Schuldner eingetragenen Rechten an Grundstücken und an eingetragenen Rechten, wenn nach der Art des Rechts und den Umständen zu befürchten ist, dass ohne die Eintragung die Insolvenzgläubiger benachteiligt würden.
(2) Der Antrag nach Absatz 1 ist nur zulässig, wenn glaubhaft gemacht wird, dass die tatsächlichen Voraussetzungen für die Anerkennung der Verfahrenseröffnung vorliegen. Gegen die Entscheidung des Insolvenzgerichts steht dem ausländischen Verwalter die sofortige Beschwerde zu. Für die Löschung der Eintragung gilt § 32 Abs. 3 Satz 1 entsprechend.
(3) Für die Eintragung der Verfahrenseröffnung in das Schiffsregister, das Schiffsbauregister und das Register für Pfandrechte an Luftfahrzeugen gelten die Absätze 1 und 2 entsprechend.

§ 347 Nachweis der Verwalterbestellung. Unterrichtung des Gerichts

(1) Der ausländische Insolvenzverwalter weist seine Bestellung durch eine beglaubigte Abschrift der Entscheidung, durch die er bestellt worden ist, oder durch eine andere von der zuständigen Stelle ausgestellte Bescheinigung nach. Das Insolvenzgericht kann eine Übersetzung verlangen, die von einer hierzu im Staat der Verfahrenseröffnung befugten Person zu beglaubigen ist.
(2) Der ausländische Insolvenzverwalter, der einen Antrag nach den §§ 344 bis 346 gestellt hat, unterrichtet das Insolvenzgericht über alle wesentlichen Änderungen in dem ausländischen Verfahren und über alle ihm bekannten weiteren ausländischen Insolvenzverfahren über das Vermögen des Schuldners.

§ 348 Zuständiges Insolvenzgericht. Zusammenarbeit der Insolvenzgerichte

(1) Für die Entscheidungen nach den §§ 344 bis 346 ist ausschließlich das Insolvenzgericht zuständig, in dessen Bezirk die Niederlassung oder, wenn eine Niederlassung fehlt, Vermögen des Schuldners belegen ist. § 3 Abs. 3 gilt entsprechend.
(2) Sind die Voraussetzungen für die Anerkennung eines ausländischen Insolvenzverfahrens gegeben oder soll geklärt werden, ob die Voraussetzungen vorliegen, so kann das Insolvenzgericht mit dem ausländischen Insolvenzgericht zusammenarbeiten, insbesondere Informationen weitergeben, die für das ausländische Verfahren von Bedeutung sind.
(3) Die Landesregierungen werden ermächtigt, zur sachdienlichen Förderung oder schnelleren Erledigung der Verfahren durch Rechtsverordnung die Entscheidungen nach den §§ 344 bis 346 für die Bezirke mehrerer Insolvenzgerichte einem von diesen zuzuweisen. Die Landesregierungen können die Ermächtigungen auf die Landesjustizverwaltungen übertragen.

(4) Die Länder können vereinbaren, dass die Entscheidungen nach den §§ 344 bis 346 für mehrere Länder den Gerichten eines Landes zugewiesen werden. Geht ein Antrag nach den §§ 344 bis 346 bei einem unzuständigen Gericht ein, so leitet dieses den Antrag unverzüglich an das zuständige Gericht weiter und unterrichtet hierüber den Antragsteller.

§ 349 Verfügungen über unbewegliche Gegenstände

(1) Hat der Schuldner über einen Gegenstand der Insolvenzmasse, der im Inland im Grundbuch, Schiffsregister, Schiffsbauregister oder Register für Pfandrechte an Luftfahrzeugen eingetragen ist, oder über ein Recht an einem solchen Gegenstand verfügt, so sind die §§ 878, 892, 893 des Bürgerlichen Gesetzbuchs, § 3 Abs. 3, §§ 16, 17 des Gesetzes über Rechte an eingetragenen Schiffen und Schiffsbauwerken und § 5 Abs. 3, §§ 16, 17 des Gesetzes über Rechte an Luftfahrzeugen anzuwenden.
(2) Ist zur Sicherung eines Anspruchs im Inland eine Vormerkung im Grundbuch, Schiffsregister, Schiffsbauregister oder Register für Pfandrechte an Luftfahrzeugen eingetragen, so bleibt § 106 unberührt.

§ 350 Leistung an den Schuldner

Ist im Inland zur Erfüllung einer Verbindlichkeit an den Schuldner geleistet worden, obwohl die Verbindlichkeiten zur Insolvenzmasse des ausländischen Insolvenzverfahrens zu erfüllen war, so wird der Leistende befreit, wenn er zur Zeit der Leistung die Eröffnung des Verfahrens nicht kannte. Hat er vor der öffentlichen Bekanntmachung nach § 345 geleistet, so wird vermutet, dass er die Eröffnung nicht kannte.

§ 351 Dingliche Rechte

(1) Das Recht eines Dritten an einem Gegenstand der Insolvenzmasse, der zur Zeit der Eröffnung des ausländischen Insolvenzverfahrens im Inland belegen war, und das nach inländischem Recht einen Anspruch auf Aussonderung oder auf abgesonderte Befriedigung gewährt, wird von der Eröffnung des ausländischen Insolvenzverfahrens nicht berührt.
(2) Die Wirkungen des ausländischen Insolvenzverfahrens auf Rechte des Schuldners an unbeweglichen Gegenständen, die im Inland belegen sind, bestimmen sich, unbeschadet des § 336 Satz 2, nach deutschem Recht.

§ 352 Unterbrechung und Aufnahme eines Rechtsstreits

(1) Durch die Eröffnung des ausländischen Insolvenzverfahrens wird ein Rechtsstreit unterbrochen, der zur Zeit der Eröffnung anhängig ist und die Insolvenzmasse betrifft. Die Unterbrechung dauert an, bis der Rechtsstreit von einer Person aufgenommen wird, die nach dem Recht des Staats der Verfahrenseröffnung zur Fortführung des Rechtsstreits berechtigt ist, oder bis das Insolvenzverfahren beendet ist.
(2) Absatz 1 gilt entsprechend, wenn die Verwaltungs- und Verfügungsbefugnis über das Vermögen des Schuldners durch die Anordnung von Sicherungsmaßnahmen nach § 343 Abs. 2 auf einen vorläufigen Insolvenzverwalter übergeht.

§ 353 Vollstreckbarkeit ausländischer Entscheidungen

(1) Aus einer Entscheidung, die in dem ausländischen Insolvenzverfahren ergeht, findet die Zwangsvollstreckung nur statt, wenn ihre Zulässigkeit durch ein Vollstreckungsurteil ausgesprochen ist. § 722 Abs. 2 und § 723 Abs. 1 der Zivilprozessordnung gelten entsprechend.
(2) Für die in § 343 Abs. 2 genannten Sicherungsmaßnahmen gilt Absatz 1 entsprechend.

Dritter Abschnitt - Partikularverfahren über das Inlandsvermögen

§ 354 Voraussetzungen des Partikularverfahrens

(1) Ist die Zuständigkeit eines deutschen Gerichts zur Eröffnung eines Insolvenzverfahrens über das gesamte Vermögen des Schuldners nicht gegeben, hat der Schuldner jedoch im Inland eine Niederlassung oder sonstiges Vermögen, so ist auf Antrag eines Gläubigers ein besonderes Insolvenzverfahren über das inländische Vermögen des Schuldners (Partikularverfahren) zulässig.
(2) Hat der Schuldner im Inland keine Niederlassung, so ist der Antrag eines Gläubigers auf Eröffnung eines Partikularverfahrens nur zulässig, wenn dieser ein besonderes Interesse an der Eröffnung des Verfahrens hat, insbesondere, wenn er in einem ausländischen Verfahren voraussichtlich erheblich schlechter stehen wird als in einem inländischen Verfahren. Das besondere Interesse ist vom Antragsteller glaubhaft zu machen.
(3) Für das Verfahren ist ausschließlich das Insolvenzgericht zuständig, in dessen Bezirk die Niederlassung oder, wenn eine Niederlassung fehlt, Vermögen des Schuldners belegen ist. § 3 Abs. 3 gilt entsprechend.

§ 355 Restschuldbefreiung. Insolvenzplan

(1) Im Partikularverfahren sind die Vorschriften über die Restschuldbefreiung nicht anzuwenden.
(2) Ein Insolvenzplan, in dem eine Stundung, ein Erlass oder sonstige Einschränkungen der Rechte der Gläubiger vorgesehen sind, kann in diesem Verfahren nur bestätigt werden, wenn alle betroffenen Gläubiger dem Plan zugestimmt haben.

§ 356 Sekundärinsolvenzverfahren

(1) Die Anerkennung eines ausländischen Hauptinsolvenzverfahrens schließt ein Sekundärinsolvenzverfahren über das inländische Vermögen nicht aus. Für das Sekundärinsolvenzverfahren gelten ergänzend die §§ 357 und 358.
(2) Zum Antrag auf Eröffnung des Sekundärinsolvenzverfahrens ist auch der ausländische Insolvenzverwalter berechtigt.
(3) Das Verfahren wird eröffnet, ohne dass ein Eröffnungsgrund festgestellt werden muss.

§ 357 Zusammenarbeit der Insolvenzverwalter

(1) Der Insolvenzverwalter hat dem ausländischen Verwalter unverzüglich alle Umstände mitzuteilen, die für die Durchführung des ausländischen Verfahrens Bedeutung haben können. Er hat dem ausländischen Verwalter Gelegenheit zu geben, Vorschläge für die Verwertung oder sonstige Verwendung des inländischen Vermögens zu unterbreiten.
(2) Der ausländische Verwalter ist berechtigt, an den Gläubigerversammlungen teilzunehmen.
(3) Ein Insolvenzplan ist dem ausländischen Verwalter zur Stellungnahme zuzuleiten. Der ausländische Verwalter ist berechtigt, selbst einen Plan vorzulegen. § 218 Abs. 1 Satz 2 und 3 gilt entsprechend.

§ 358 Überschuss bei der Schlussverteilung

Können bei der Schlussverteilung im Sekundärinsolvenzverfahren alle Forderungen in voller Höhe berichtigt werden, so hat der Insolvenzverwalter einen verbleibenden Überschuss dem ausländischen Verwalter des Hauptinsolvenzverfahrens herauszugeben.

Dreizehnter Teil – Inkrafttreten

§ 359 Verweisung auf das Einführungsgesetz

Dieses Gesetz tritt an dem Tage in Kraft, der durch das Einführungsgesetz zur Insolvenzordnung bestimmt wird.

Auszug aus dem Einführungsgesetz zur Insolvenzordnung (EGInsO)

vom 5.10.1994 (BGBl. I S. 2911), zuletzt geändert durch Artikel 36 des Gesetzes vom 10.8.2021 (BGBl. I S. 3436).

Art 102 Durchführung der Verordnung (EG) Nr. 1346/2000 über Insolvenzverfahren

§ 1 Örtliche Zuständigkeit

(1) Kommt in einem Insolvenzverfahren den deutschen Gerichten nach Artikel 3 Abs. 1 der Verordnung (EG) Nr. 1346/2000 des Rates vom 29. Mai 2000 über Insolvenzverfahren (ABl. EG Nr. L 160 S. 1) die internationale Zuständigkeit zu, ohne dass nach § 3 der Insolvenzordnung ein inländischer Gerichtsstand begründet wäre, so ist das Insolvenzgericht ausschließlich zuständig, in dessen Bezirk der Schuldner den Mittelpunkt seiner hauptsächlichen Interessen hat.
(2) Besteht eine Zuständigkeit der deutschen Gerichte nach Artikel 3 Abs. 2 der Verordnung (EG) Nr. 1346/2000, so ist ausschließlich das Insolvenzgericht zuständig, in dessen Bezirk die Niederlassung des Schuldners liegt. § 3 Abs. 2 der Insolvenzordnung gilt entsprechend.
(3) Unbeschadet der Zuständigkeit nach den Absätzen 1 und 2 ist für Entscheidungen oder sonstige Maßnahmen nach der Verordnung (EG) Nr. 1346/2000 jedes inländische Insolvenzgericht zuständig, in dessen Bezirk Vermögen des Schuldners belegen ist. Die Landesregierungen werden ermächtigt, zur sachdienlichen Förderung oder schnelleren Erledigung der Verfahren durch Rechtsverordnung die Entscheidungen oder Maßnahmen nach der Verordnung (EG) Nr. 1346/2000 für die Bezirke mehrerer Insolvenzgerichte einem von diesen zuzuweisen. Die Landesregierungen können die Ermächtigung auf die Landesjustizverwaltungen übertragen.

§ 2 Begründung des Eröffnungsbeschlusses

Ist anzunehmen, dass sich Vermögen des Schuldners in einem anderen Mitgliedstaat der Europäischen Union befindet, sollen im Eröffnungsbeschluss die tatsächlichen Feststellungen und rechtlichen Erwägungen kurz dargestellt werden, aus denen sich eine Zuständigkeit nach Artikel 3 der Verordnung (EG) Nr. 1346/2000 für die deutschen Gerichte ergibt.

§ 3 Vermeidung von Kompetenzkonflikten

(1) Hat das Gericht eines anderen Mitgliedstaats der Europäischen Union ein Hauptinsolvenzverfahren eröffnet, so ist, solange dieses Insolvenzverfahren anhängig ist, ein bei einem inländischen Insolvenzgericht gestellter Antrag auf Eröffnung eines solchen Verfahrens über das zur Insolvenzmasse gehörende Vermögen unzulässig. Ein entgegen Satz 1 eröffnetes Verfahren darf nicht fortgesetzt werden. Gegen die Eröffnung des inländischen Verfahrens ist auch der Verwalter des ausländischen Hauptinsolvenzverfahrens beschwerdebefugt.

(2) Hat das Gericht eines Mitgliedstaats der Europäischen Union die Eröffnung des Insolvenzverfahrens abgelehnt, weil nach Artikel 3 Abs. 1 der Verordnung (EG) Nr. 1346/2000 die deutschen Gerichte zuständig seien, so darf ein deutsches Insolvenzgericht die Eröffnung des Insolvenzverfahrens nicht ablehnen, weil die Gerichte des anderen Mitgliedstaats zuständig seien.

§ 4 Einstellung des Insolvenzverfahrens zugunsten der Gerichte eines anderen Mitgliedstaats

(1) Darf das Insolvenzgericht ein bereits eröffnetes Insolvenzverfahren nach § 3 Abs. 1 nicht fortsetzen, so stellt es von Amts wegen das Verfahren zugunsten der Gerichte des anderen Mitgliedstaats der Europäischen Union ein. Das Insolvenzgericht soll vor der Einstellung den Insolvenzverwalter, den Gläubigerausschuss, wenn ein solcher bestellt ist, und den Schuldner hören. Wird das Insolvenzverfahren eingestellt, so ist jeder Insolvenzgläubiger beschwerdebefugt.
(2) Wirkungen des Insolvenzverfahrens, die vor dessen Einstellung bereits eingetreten und nicht auf die Dauer dieses Verfahrens beschränkt sind, bleiben auch dann bestehen, wenn sie Wirkungen eines in einem anderen Mitgliedstaat der Europäischen Union eröffneten Insolvenzverfahrens widersprechen, die sich nach der Verordnung (EG) Nr. 1346/2000 auf das Inland erstrecken. Dies gilt auch für Rechtshandlungen, die während des eingestellten Verfahrens vom Insolvenzverwalter oder ihm gegenüber in Ausübung seines Amtes vorgenommen worden sind.
(3) Vor der Einstellung nach Absatz 1 hat das Insolvenzgericht das Gericht des anderen Mitgliedstaats der Europäischen Union, bei dem das Verfahren anhängig ist, über die bevorstehende Einstellung zu unterrichten; dabei soll angegeben werden, wie die Eröffnung des einzustellenden Verfahrens bekannt gemacht wurde, in welchen öffentlichen Büchern und Registern die Eröffnung eingetragen und wer Insolvenzverwalter ist. In dem Einstellungsbeschluss ist das Gericht des anderen Mitgliedstaats zu bezeichnen, zu dessen Gunsten das Verfahren eingestellt wird. Diesem Gericht ist eine Ausfertigung des Einstellungsbeschlusses zu übersenden. § 215 Abs. 2 der Insolvenzordnung ist nicht anzuwenden.

§ 5 Öffentliche Bekanntmachung

(1) Der Antrag auf öffentliche Bekanntmachung des wesentlichen Inhalts der Entscheidungen nach Artikel 21 Abs. 1 der Verordnung (EG) Nr. 1346/2000 ist an das nach § 1 zuständige Gericht zu richten. Das Gericht kann eine Übersetzung verlangen, die von einer hierzu in einem der Mitgliedstaaten der Europäischen Union befugten Person zu beglaubigen ist. § 9 Abs. 1 und 2 und § 30 Abs. 1 der Insolvenzordnung gelten entsprechend.
(2) Besitzt der Schuldner im Inland eine Niederlassung, so erfolgt die öffentliche Bekanntmachung nach Absatz 1 von Amts wegen. Ist die Eröffnung des Insolvenzverfahrens bekannt gemacht worden, so ist die Beendigung in gleicher Weise bekannt zu machen.

§ 6 Eintragung in öffentliche Bücher und Register

(1) Der Antrag auf Eintragung nach Artikel 22 der Verordnung (EG) Nr. 1346/2000 ist an das nach § 1 zuständige Gericht zu richten. Dieses ersucht die Register führende Stelle um Eintragung, wenn nach dem Recht des Staats, in dem das Hauptinsolvenzverfahren eröffnet wurde, die Verfahrenseröffnung ebenfalls eingetragen wird. § 32 Abs. 2 Satz 2 der Insolvenzordnung findet keine Anwendung.
(2) Die Form und der Inhalt der Eintragung richten sich nach deutschem Recht. Kennt das Recht des Staats der Verfahrenseröffnung Eintragungen, die dem deutschen Recht unbekannt sind, so hat das Insolvenzgericht eine Eintragung zu wählen, die der des Staats der Verfahrenseröffnung am nächsten kommt.
(3) Geht der Antrag nach Absatz 1 oder nach § 5 Abs. 1 bei einem unzuständigen Gericht ein, so leitet dieses den Antrag unverzüglich an das zuständige Gericht weiter und unterrichtet hierüber den Antragsteller.

§ 7 Rechtsmittel

Gegen die Entscheidung des Insolvenzgerichts nach § 5 oder § 6 findet die sofortige Beschwerde statt. Die §§ 574 bis 577 der Zivilprozessordnung gelten entsprechend.

§ 8 Vollstreckung aus der Eröffnungsentscheidung

(1) Ist der Verwalter eines Hauptinsolvenzverfahrens nach dem Recht des Staats der Verfahrenseröffnung befugt, auf Grund der Entscheidung über die Verfahrenseröffnung die Herausgabe der Sachen, die sich im Gewahrsam des Schuldners befinden, im Wege der Zwangsvollstreckung durchzusetzen, so gilt für die Vollstreckbarerklärung im Inland Artikel 25 Abs. 1 Unterabs. 1 der Verordnung (EG) Nr. 1346/2000. Für die Verwertung von Gegenständen der Insolvenzmasse im Wege der Zwangsvollstreckung gilt Satz 1 entsprechend.
(2) § 6 Abs. 3 findet entsprechend Anwendung.

§ 9 Insolvenzplan

Sieht ein Insolvenzplan eine Stundung, einen Erlass oder sonstige Einschränkungen der Rechte der Gläubiger vor, so darf er vom Insolvenzgericht nur bestätigt werden, wenn alle betroffenen Gläubiger dem Plan zugestimmt haben.

§ 10 Aussetzung der Verwertung

Wird auf Antrag des Verwalters des Hauptinsolvenzverfahrens nach Artikel 33 der Verordnung (EG) Nr. 1346/2000 in einem inländischen Sekundärinsolvenzverfahren die Verwertung eines Gegenstandes ausgesetzt, an dem ein Absonderungsrecht besteht, so sind dem Gläubiger laufend die geschuldeten Zinsen aus der Insolvenzmasse zu zahlen.

§ 11 Unterrichtung der Gläubiger

Neben dem Eröffnungsbeschluss ist den Gläubigern, die in einem anderen Mitgliedstaat der Europäischen Union ihren gewöhnlichen Aufenthalt, Wohnsitz oder Sitz haben, ein Hinweis zuzustellen, mit dem sie über die Folgen einer nachträglichen Forderungsanmeldung nach § 177 der Insolvenzordnung unterrichtet werden. § 8 der Insolvenzordnung gilt entsprechend.

Art 102a Insolvenzverwalter aus anderen Mitgliedstaaten der Europäischen Union

Angehörige eines anderen Mitgliedstaates der Europäischen Union oder Vertragsstaates des Abkommens über den Europäischen Wirtschaftsraum und Personen, die in einem dieser Staaten ihre berufliche Niederlassung haben, können das Verfahren zur Aufnahme in eine von dem Insolvenzgericht geführte Vorauswahlliste für Insolvenzverwalter über eine einheitliche Stelle nach den Vorschriften des Verwaltungsverfahrensgesetzes abwickeln. Über Anträge auf Aufnahme in eine Vorauswahlliste ist in diesen Fällen innerhalb einer Frist von drei Monaten zu entscheiden. § 42a Absatz 2 Satz 2 bis 4 des Verwaltungsverfahrensgesetzes gilt entsprechend.

Art 102b Durchführung der Verordnung (EU) Nr. 648/2012

§ 1 Ausfallbestimmungen von zentralen Gegenparteien

(1) Die Eröffnung des Insolvenzverfahrens hindert nicht
1. die Durchführung der nach Artikel 48 Absatz 2, 4, 5 Satz 3 und Absatz 6 Satz 3 der Verordnung (EU) Nr. 648/2012 des Europäischen Parlaments und des Rates vom 4. Juli 2012 über OTC-Derivate, zentrale Gegenparteien und Transaktionsregister (ABl. L 201 vom

27.7.2012, S. 1) gebotenen Maßnahmen zur Verwaltung, Glattstellung und sonstigen Abwicklung von Kundenpositionen und Eigenhandelspositionen des Clearingmitglieds,
2. die Durchführung der nach Artikel 48 Absatz 4 bis 6 der Verordnung (EU) Nr. 648/2012 gebotenen Maßnahmen der Übertragung von Kundenpositionen sowie
3. die nach Artikel 48 Absatz 7 der Verordnung (EU) Nr. 648/2012 gebotene Verwendung und Rückgewähr von Kundensicherheiten.

(2) Absatz 1 gilt entsprechend für die Anordnung von Sicherungsmaßnahmen nach § 21 der Insolvenzordnung.

§ 2 Unanfechtbarkeit

Die nach § 1 zulässigen Maßnahmen unterliegen nicht der Insolvenzanfechtung.

Artikel 102c Durchführung der Verordnung (EU) 2015/848 über Insolvenzverfahren

Teil 1 Allgemeine Bestimmungen

§ 1 Örtliche Zuständigkeit; Verordnungsermächtigung

(1) Kommt in einem Insolvenzverfahren den deutschen Gerichten nach Artikel 3 Absatz 1 der Verordnung (EU) 2015/848 des Europäischen Parlaments und des Rates vom 20. Mai 2015 über Insolvenzverfahren (ABl. L 141 vom 5.6.2015, S. 19; L 349 vom 21.12.2016, S. 6), die zuletzt durch die Verordnung (EU) 2017/353 (ABl. L 57 vom 3.3.2017, S. 19) geändert worden ist, die internationale Zuständigkeit zu, ohne dass nach § 3 der Insolvenzordnung ein Gerichtsstand begründet wäre, so ist das Insolvenzgericht ausschließlich örtlich zuständig, in dessen Bezirk der Schuldner den Mittelpunkt seiner hauptsächlichen Interessen hat.
(2) Besteht eine Zuständigkeit der deutschen Gerichte nach Artikel 3 Absatz 2 der Verordnung (EU) 2015/848, so ist das Insolvenzgericht ausschließlich örtlich zuständig, in dessen Bezirk die Niederlassung des Schuldners liegt. § 3 Absatz 2 der Insolvenzordnung gilt entsprechend.
(3) Unbeschadet der Zuständigkeiten nach diesem Artikel ist für Entscheidungen oder sonstige Maßnahmen nach der Verordnung (EU) 2015/848 jedes Insolvenzgericht örtlich zuständig, in dessen Bezirk sich Vermögen des Schuldners befindet. Zur sachdienlichen Förderung oder schnelleren Erledigung von Verfahren nach der Verordnung (EU) 2015/848 werden die Landesregierungen ermächtigt, diese Verfahren durch Rechtsverordnung für die Bezirke mehrerer Insolvenzgerichte einem von diesen zuzuweisen. Die Landesregierungen können die Ermächtigung auf die Landesjustizverwaltungen übertragen.

§ 2 Vermeidung von Kompetenzkonflikten

(1) Hat das Gericht eines anderen Mitgliedstaats der Europäischen Union ein Hauptinsolvenzverfahren eröffnet, so ist, solange dieses Insolvenzverfahren anhängig ist, ein bei einem deutschen Insolvenzgericht gestellter Antrag auf Eröffnung eines solchen Verfahrens über das zur Insolvenzmasse gehörende Vermögen unzulässig. Ein entgegen Satz 1 eröffnetes Verfahren ist nach Maßgabe der Artikel 34 bis 52 der Verordnung (EU) 2015/848 als Sekundärinsolvenzverfahren fortzuführen, wenn eine Zuständigkeit der deutschen Gerichte nach Artikel 3 Absatz 2 der Verordnung (EU) 2015/848 besteht; liegen die Voraussetzungen für eine Fortführung nicht vor, ist es einzustellen.
(2) Hat das Gericht eines Mitgliedstaats der Europäischen Union die Eröffnung des Insolvenzverfahrens abgelehnt, weil nach Artikel 3 Absatz 1 der Verordnung (EU) 2015/848 die deutschen Gerichte zuständig seien, so darf ein deutsches Insolvenzgericht die Eröffnung des Insolvenzverfahrens nicht mit der Begründung ablehnen, dass die Gerichte des anderen Mitgliedstaats zuständig seien.

§ 3 Einstellung des Insolvenzverfahrens zugunsten eines anderen Mitgliedstaats

(1) Vor der Einstellung eines bereits eröffneten Insolvenzverfahrens nach § 2 Absatz 1 Satz 2 soll das Insolvenzgericht den Insolvenzverwalter, den Gläubigerausschuss, wenn ein solcher bestellt ist, und den Schuldner hören. Wird das Insolvenzverfahren eingestellt, so ist jeder Insolvenzgläubiger beschwerdebefugt.
(2) Wirkungen des Insolvenzverfahrens, die vor dessen Einstellung bereits eingetreten und nicht auf die Dauer dieses Verfahrens beschränkt sind, bleiben auch dann bestehen, wenn sie Wirkungen eines in einem anderen Mitgliedstaat der Europäischen Union eröffneten Insolvenzverfahrens widersprechen, die sich nach der Verordnung (EU) 2015/848 auf die Bundesrepublik Deutschland erstrecken. Dies gilt auch für Rechtshandlungen, die während des eingestellten Verfahrens vom Insolvenzverwalter oder ihm gegenüber in Ausübung seines Amtes vorgenommen worden sind.
(3) Vor der Einstellung nach § 2 Absatz 1 Satz 2 hat das Insolvenzgericht das Gericht des anderen Mitgliedstaats der Europäischen Union, bei dem das Verfahren anhängig ist, und der Insolvenzverwalter, der in dem anderen Mitgliedstaat bestellt wurde, über die bevorstehende Einstellung zu unterrichten. Dabei soll angegeben werden, wie die Eröffnung des einzustellenden Verfahrens bekannt gemacht wurde, in welchen öffentlichen Büchern und Registern die Eröffnung eingetragen wurde und wer Insolvenzverwalter ist. In dem Einstellungsbeschluss ist das Gericht des anderen Mitgliedstaats zu bezeichnen, zu dessen Gunsten das Verfahren eingestellt wird. Diesem Gericht ist eine Ausfertigung des Einstellungsbeschlusses zu übersenden. § 215 Absatz 2 der Insolvenzordnung ist nicht anzuwenden.

§ 4 Rechtsmittel nach Artikel 5 der Verordnung (EU) 2015/848

Unbeschadet des § 21 Absatz 1 Satz 2 und des § 34 der Insolvenzordnung steht dem Schuldner und jedem Gläubiger gegen die Entscheidung über die Eröffnung des Hauptinsolvenzverfahrens nach Artikel 3 Absatz 1 der Verordnung (EU) 2015/848 die sofortige Beschwerde zu, wenn nach Artikel 5 Absatz 1 der Verordnung (EU) 2015/848 das Fehlen der internationalen Zuständigkeit für die Eröffnung eines Hauptinsolvenzverfahrens gerügt werden soll. Die §§ 574 bis 577 der Zivilprozessordnung gelten entsprechend, wobei die Entscheidung über die Beschwerde gemäß § 6 Absatz 3 der Insolvenzordnung erst mit Rechtskraft wirksam wird.

§ 5 Zusätzliche Angaben im Eröffnungsantrag des Schuldners

Bestehen Anhaltspunkte dafür, dass auch die internationale Zuständigkeit eines anderen Mitgliedstaats der Europäischen Union für die Eröffnung eines Hauptinsolvenzverfahrens nach Artikel 3 Absatz 1 der Verordnung (EU) 2015/848 begründet sein könnte, so soll der Eröffnungsantrag des Schuldners auch folgende Angaben enthalten:
1. seit wann der Sitz, die Hauptniederlassung oder der gewöhnliche Aufenthalt an dem im Antrag genannten Ort besteht,
2. Tatsachen, aus denen sich ergibt, dass der Schuldner gewöhnlich der Verwaltung seiner Interessen in der Bundesrepublik Deutschland nachgeht,
3. in welchen anderen Mitgliedstaaten sich Gläubiger oder wesentliche Teile des Vermögens befinden oder wesentliche Teile der Tätigkeit ausgeübt werden und
4. ob bereits in einem anderen Mitgliedstaat ein Eröffnungsantrag gestellt oder ein Hauptinsolvenzverfahren eröffnet wurde.

Satz 1 findet keine Anwendung auf die im Verbraucherinsolvenzverfahren nach § 305 Absatz 1 der Insolvenzordnung zu stellenden Anträge.

§ 6 Örtliche Zuständigkeit für Annexklagen

(1) Kommt den deutschen Gerichten infolge der Eröffnung eines Insolvenzverfahrens die Zuständigkeit für Klagen nach Artikel 6 Absatz 1 der Verordnung (EU) 2015/848 zu, ohne dass sich aus

anderen Vorschriften eine örtliche Zuständigkeit ergibt, so wird der Gerichtsstand durch den Sitz des Insolvenzgerichts bestimmt.
(2) Für Klagen nach Artikel 6 Absatz 1 der Verordnung (EU) 2015/848, die nach Artikel 6 Absatz 2 der Verordnung in Zusammenhang mit einer anderen zivil oder handelsrechtlichen Klage gegen denselben Beklagten stehen, ist auch das Gericht örtlich zuständig, das für die andere zivil- oder handelsrechtliche Klage zuständig ist.

§ 7 Öffentliche Bekanntmachung

(1) Der Antrag auf öffentliche Bekanntmachung nach Artikel 28 Absatz 1 der Verordnung (EU) 2015/848 ist an das nach § 1 Absatz 2 zuständige Gericht zu richten.
(2) Der Antrag auf öffentliche Bekanntmachung nach Artikel 28 Absatz 2 der Verordnung (EU) 2015/848 ist an das Insolvenzgericht zu richten, in dessen Bezirk sich der wesentliche Teil des Vermögens des Schuldners befindet. Hat der Schuldner in der Bundesrepublik Deutschland kein Vermögen, so kann der Antrag bei jedem Insolvenzgericht gestellt werden.
(3) Das Gericht kann eine Übersetzung des Antrags verlangen, die von einer hierzu in einem der Mitgliedstaaten der Europäischen Union befugten Person zu beglaubigen ist. § 9 Absatz 1 und 2 und § 30 Absatz 1 der Insolvenzordnung gelten entsprechend. Ist die Eröffnung des Insolvenzverfahrens bekannt gemacht worden, so ist dessen Beendigung in gleicher Weise von Amts wegen bekannt zu machen.
(4) Geht der Antrag nach Absatz 1 bei einem unzuständigen Gericht ein, so leitet dieses den Antrag unverzüglich an das zuständige Gericht weiter und unterrichtet den Antragsteller hierüber.

§ 8 Eintragung in öffentliche Bücher und Register

(1) Der Antrag auf Eintragung nach Artikel 29 Absatz 1 der Verordnung (EU) 2015/848 ist an das nach § 1 Absatz 2 zuständige Gericht zu richten. Er soll mit dem Antrag nach Artikel 28 Absatz 1 der Verordnung (EU) 2015/848 verbunden werden. Das Gericht ersucht die registerführende Stelle um Eintragung. § 32 Absatz 2 Satz 2 der Insolvenzordnung findet keine Anwendung.
(2) Der Antrag auf Eintragung nach Artikel 29 Absatz 2 der Verordnung (EU) 2015/848 ist an das nach § 7 Absatz 2 zuständige Gericht zu richten. Er soll mit dem Antrag nach Artikel 28 Absatz 2 der Verordnung (EU) 2015/848 verbunden werden.
(3) Die Form und der Inhalt der Eintragung richten sich nach deutschem Recht. Kennt das Recht des Mitgliedstaats der Europäischen Union, in dem das Insolvenzverfahren eröffnet worden ist, Eintragungen, die dem deutschen Recht unbekannt sind, so hat das Insolvenzgericht eine Eintragung zu wählen, die der des Mitgliedstaats der Verfahrenseröffnung am nächsten kommt.
(4) § 7 Absatz 4 gilt entsprechend.

§ 9 Rechtsmittel gegen eine Entscheidung nach § 7 oder § 8

Gegen die Entscheidung des Insolvenzgerichts nach § 7 oder § 8 findet die sofortige Beschwerde statt. Die §§ 574 bis 577 der Zivilprozessordnung gelten entsprechend, wobei die Entscheidung über die Beschwerde gemäß § 6 Absatz 3 der Insolvenzordnung erst mit Rechtskraft wirksam wird.

§ 10 Vollstreckung aus der Eröffnungsentscheidung

Ist der Verwalter eines Hauptinsolvenzverfahrens nach dem Recht des Mitgliedstaats der Europäischen Union, in dem das Insolvenzverfahren eröffnet worden ist, befugt, auf Grund der Entscheidung über die Verfahrenseröffnung die Herausgabe der Sachen, die sich im Gewahrsam des Schuldners befinden, im Wege der Zwangsvollstreckung durchzusetzen, so gilt für die Vollstreckung in der Bundesrepublik Deutschland Artikel 32 Absatz 1 Unterabsatz 1 der Verordnung (EU) 2015/848. Für die Verwertung von Gegenständen der Insolvenzmasse im Wege der Zwangsvollstreckung gilt Satz 1 entsprechend.

Teil 2 Sekundärinsolvenzverfahren

Abschnitt 1 Hauptinsolvenzverfahren in der Bundesrepublik Deutschland

§ 11 Voraussetzungen für die Abgabe der Zusicherung

(1) Soll in einem in der Bundesrepublik Deutschland anhängigen Insolvenzverfahren eine Zusicherung nach Artikel 36 der Verordnung (EU) 2015/848 abgegeben werden, hat der Insolvenzverwalter zuvor die Zustimmung des Gläubigerausschusses oder des vorläufigen Gläubigerausschusses nach § 21 Absatz 2 Satz 1 Nummer 1a der Insolvenzordnung einzuholen, sofern ein solcher bestellt ist.
(2) Hat das Insolvenzgericht die Eigenverwaltung angeordnet, gilt Absatz 1 entsprechend.

§ 12 Öffentliche Bekanntmachung der Zusicherung

Der Insolvenzverwalter hat die öffentliche Bekanntmachung der Zusicherung sowie den Termin und das Verfahren zu deren Billigung zu veranlassen. Den bekannten lokalen Gläubigern ist die Zusicherung durch den Insolvenzverwalter besonders zuzustellen; § 8 Absatz 3 Satz 2 und 3 der Insolvenzordnung gilt entsprechend.

§ 13 Benachrichtigung über die beabsichtigte Verteilung

Für die Benachrichtigung nach Artikel 36 Absatz 7 Satz 1 der Verordnung (EU) 2015/848 gilt § 12 Satz 2 entsprechend.

§ 14 Haftung des Insolvenzverwalters bei einer Zusicherung

Für die Haftung des Insolvenzverwalters nach Artikel 36 Absatz 10 der Verordnung (EU) 2015/848 in einem in der Bundesrepublik Deutschland anhängigen Insolvenzverfahren gilt § 92 der Insolvenzordnung entsprechend.

Abschnitt 2 Hauptinsolvenzverfahren in einem anderen Mitgliedstaat der Europäischen Union

§ 15 Insolvenzplan

Sieht ein Insolvenzplan in einem in der Bundesrepublik Deutschland eröffneten Sekundärinsolvenzverfahren eine Stundung, einen Erlass oder sonstige Einschränkungen der Rechte der Gläubiger vor, so darf er vom Insolvenzgericht nur bestätigt werden, wenn alle betroffenen Gläubiger dem Insolvenzplan zugestimmt haben. Satz 1 gilt nicht für Planregelungen, mit denen in Absonderungsrechte eingegriffen wird.

§ 16 Aussetzung der Verwertung

Wird auf Antrag des Verwalters des Hauptinsolvenzverfahrens nach Artikel 46 der Verordnung (EU) 2015/848 in einem in der Bundesrepublik Deutschland eröffneten Sekundärinsolvenzverfahren die Verwertung eines Gegenstandes ausgesetzt, an dem ein Absonderungsrecht besteht, so sind dem Gläubiger laufend die geschuldeten Zinsen aus der Insolvenzmasse zu zahlen.

§ 17 Abstimmung über die Zusicherung

(1) Der Verwalter des Hauptinsolvenzverfahrens führt die Abstimmung über die Zusicherung nach Artikel 36 der Verordnung (EU) 2015/848 durch. Die §§ 222, 243, 244 Absatz 1 und 2 sowie die §§ 245 und 246 der Insolvenzordnung gelten entsprechend.

(2) Im Rahmen der Unterrichtung nach Artikel 36 Absatz 5 Satz 4 der Verordnung (EU) 2015/848 informiert der Verwalter des Hauptinsolvenzverfahrens die lokalen Gläubiger, welche Fernkommunikationsmittel bei der Abstimmung zulässig sind und welche Gruppen für die Abstimmung gebildet wurden. Er hat ferner darauf hinzuweisen, dass diese Gläubiger bei der Anmeldung ihrer Forderungen Urkunden beifügen sollen, aus denen sich ergibt, dass sie lokale Gläubiger im Sinne von Artikel 2 Nummer 11 der Verordnung (EU) 2015/848 sind.

§ 18 Stimmrecht bei der Abstimmung über die Zusicherung

(1) Der Inhaber einer zur Teilnahme an der Abstimmung über die Zusicherung angemeldeten Forderung gilt vorbehaltlich des Satzes 2 auch dann als stimmberechtigt, wenn der Verwalter des Hauptinsolvenzverfahrens oder ein anderer lokaler Gläubiger bestreitet, dass die Forderung besteht oder dass es sich um die Forderung eines lokalen Gläubigers handelt. Hängt das Abstimmungsergebnis von Stimmen ab, die auf bestrittene Forderungen entfallen, kann der Verwalter oder der bestreitende lokale Gläubiger bei dem nach § 1 Absatz 2 zuständigen Gericht eine Entscheidung über das Stimmrecht erwirken, das durch die bestrittenen Forderungen oder eines Teils davon gewährt wird; § 77 Absatz 2 Satz 2 der Insolvenzordnung gilt entsprechend. Die Sätze 1 und 2 gelten auch für aufschiebend bedingte Forderungen. § 237 Absatz 1 Satz 2 der Insolvenzordnung gilt entsprechend.
(2) Im Rahmen des Verfahrens über eine Zusicherung gilt die Bundesagentur für Arbeit als lokaler Gläubiger nach Artikel 36 Absatz 11 der Verordnung (EU) 2015/848.

§ 19 Unterrichtung über das Ergebnis der Abstimmung

Für die Unterrichtung nach Artikel 36 Absatz 5 Satz 4 der Verordnung (EU) 2015/848 gilt § 12 Satz 2 entsprechend.

§ 20 Rechtsbehelfe gegen Entscheidungen über die Eröffnung eines Sekundärinsolvenzverfahrens

(1) Wird unter Hinweis auf die Zusicherung die Eröffnung eines Sekundärinsolvenzverfahrens nach Artikel 38 Absatz 2 der Verordnung (EU) 2015/848 abgelehnt, so steht dem Antragsteller die sofortige Beschwerde zu. Die §§ 574 bis 577 der Zivilprozessordnung gelten entsprechend, wobei die Entscheidung über die Beschwerde gemäß § 6 Absatz 3 der Insolvenzordnung erst mit Rechtskraft wirksam wird.
(2) Wird in der Bundesrepublik Deutschland ein Sekundärinsolvenzverfahren eröffnet, ist der Rechtsbehelf nach Artikel 39 der Verordnung (EU) 2015/848 als sofortige Beschwerde zu behandeln. Die §§ 574 bis 577 der Zivilprozessordnung gelten entsprechend, wobei die Entscheidung über die Beschwerde gemäß § 6 Absatz 3 der Insolvenzordnung erst mit Rechtskraft wirksam wird.

Abschnitt 3 Maßnahmen zur Einhaltung einer Zusicherung

§ 21 Rechtsbehelfe und Anträge nach Artikel 36 der Verordnung (EU) 2015/848

(1) Für Entscheidungen über Anträge nach Artikel 36 Absatz 7 Satz 2 oder Absatz 8 der Verordnung (EU) 2015/848 ist das Insolvenzgericht ausschließlich örtlich zuständig, bei dem das Hauptinsolvenzverfahren anhängig ist. Der Antrag nach Artikel 36 Absatz 7 Satz 2 der Verordnung (EU) 2015/848 muss binnen einer Notfrist von zwei Wochen bei dem Insolvenzgericht gestellt werden. Die Notfrist beginnt mit der Zustellung der Benachrichtigung über die beabsichtigte Verteilung.
(2) Für die Entscheidung über Anträge nach Artikel 36 Absatz 9 der Verordnung (EU) 2015/848 ist das Gericht nach § 1 Absatz 2 zuständig.
(3) Unbeschadet des § 58 Absatz 2 Satz 3 der Insolvenzordnung entscheidet das Gericht durch unanfechtbaren Beschluss.

Teil 3 Insolvenzverfahren über das Vermögen von Mitgliedern einer Unternehmensgruppe

§ 22 Eingeschränkte Anwendbarkeit des § 56b und der §§ 269a bis 269i der Insolvenzordnung

(1) Gehören Unternehmen einer Unternehmensgruppe im Sinne von § 3e der Insolvenzordnung auch einer Unternehmensgruppe im Sinne von Artikel 2 Nummer 13 der Verordnung (EU) 2015/848 an,
1. findet § 269a der Insolvenzordnung keine Anwendung, soweit Artikel 56 der Verordnung (EU) 2015/848 anzuwenden ist,
2. finden § 56b Absatz 1 und § 269b der Insolvenzordnung keine Anwendung, soweit Artikel 57 der Verordnung (EU) 2015/848 anzuwenden ist.

(2) Gehören Unternehmen einer Unternehmensgruppe im Sinne von § 3e der Insolvenzordnung auch einer Unternehmensgruppe im Sinne von Artikel 2 Nummer 13 der Verordnung (EU) 2015/848 an, ist die Einleitung eines Koordinationsverfahrens nach den §§ 269d bis 269 der Insolvenzordnung ausgeschlossen, wenn die Durchführung des Koordinationsverfahrens die Wirksamkeit eines Gruppen-Koordinationsverfahrens nach den Artikeln 61 bis 77 der Verordnung (EU) 2015/848 beeinträchtigen würde.

§ 23 Beteiligung der Gläubiger

(1) Beabsichtigt der Verwalter, die Einleitung eines Gruppen-Koordinationsverfahrens nach Artikel 61 Absatz 1 der Verordnung (EU) 2015/848 zu beantragen und ist die Durchführung eines solchen Verfahrens von besonderer Bedeutung für das Insolvenzverfahren, hat er die Zustimmung nach den §§ 160 und 161 der Insolvenzordnung einzuholen. Dem Gläubigerausschuss sind die in Artikel 61 Absatz 3 der Verordnung (EU) 2015/848 genannten Unterlagen vorzulegen.

(2) Absatz 1 gilt entsprechend
1. für die Erklärung eines Einwands nach Artikel 64 Absatz 1 Buchstabe a der Verordnung (EU) 2015/848 gegen die Einbeziehung des Verfahrens in das Gruppen-Koordinationsverfahren,
2. für den Antrag auf Einbeziehung des Verfahrens in ein bereits eröffnetes Gruppen-Koordinationsverfahren nach Artikel 69 Absatz 1 der Verordnung (EU) 2015/848 sowie
3. für die Zustimmungserklärung zu einem entsprechenden Antrag eines Verwalters, der in einem Verfahren über das Vermögen eines anderen gruppenangehörigen Unternehmens bestellt wurde (Artikel 69 Absatz 2 Buchstabe b der Verordnung (EU) 2015/848).

§ 24 Aussetzung der Verwertung

§ 16 gilt entsprechend bei der Aussetzung
1. der Verwertung auf Antrag des Verwalters eines anderen gruppenangehörigen Unternehmens nach Artikel 60 Absatz 1 Buchstabe b der Verordnung (EU) 2015/848 und
2. des Verfahrens auf Antrag des Koordinators nach Artikel 72 Absatz 2 Buchstabe e der Verordnung (EU) 2015/848.

§ 25 Rechtsbehelf gegen die Entscheidung nach Artikel 69 Absatz 2 der Verordnung (EU) 2015/848

Gegen die Entscheidung des Koordinators nach Artikel 69 Absatz 2 der Verordnung (EU) 2015/848 ist die Erinnerung statthaft. § 573 der Zivilprozessordnung gilt entsprechend.

§ 26 Rechtsmittel gegen die Kostenentscheidung nach Artikel 77 Absatz 4 der Verordnung (EU) 2015/848

Gegen die Entscheidung über die Kosten des Gruppen- Koordinationsverfahrens nach Artikel 77 Absatz 4 der Verordnung (EU) 2015/848 ist die sofortige Beschwerde statthaft. Die §§ 574 bis 577 der Zivilprozessordnung gelten entsprechend, wobei die Entscheidung über die Beschwerde gemäß § 6 Absatz 3 der Insolvenzordnung erst mit Rechtskraft wirksam wird.

Artikel 103 Anwendung des bisherigen Rechts

Auf Konkurs-, Vergleichs- und Gesamtvollstreckungsverfahren, die vor dem 1. Januar 1999 beantragt worden sind, und deren Wirkungen sind weiter die bisherigen gesetzlichen Vorschriften anzuwenden. Gleiches gilt für Anschlußkonkursverfahren, bei denen der dem Verfahren vorausgehende Vergleichsantrag vor dem 1. Januar 1999 gestellt worden ist.

Artikel 103a Überleitungsvorschrift

Auf Insolvenzverfahren, die vor dem 1. Dezember 2001 eröffnet worden sind, sind die bis dahin geltenden gesetzlichen Vorschriften weiter anzuwenden.

Art 103b Überleitungsvorschrift zum Gesetz zur Umsetzung der Richtlinie 2002/47/EG vom 6. Juni 2002 über Finanzsicherheiten und zur Änderung des Hypothekenbankgesetzes und anderer Gesetze

Auf Insolvenzverfahren, die vor dem 9. April 2004 eröffnet worden sind, sind die bis dahin geltenden gesetzlichen Vorschriften weiter anzuwenden.

Art 103c Überleitungsvorschrift zum Gesetz zur Vereinfachung des Insolvenzverfahrens

(1) Auf Insolvenzverfahren, die vor dem Inkrafttreten des Gesetzes zur Vereinfachung des Insolvenzverfahrens vom 13. April 2007 (BGBl. I S. 509) am 1. Juli 2007 eröffnet worden sind, sind mit Ausnahme der §§ 8 und 9 der Insolvenzordnung und der Verordnung zu öffentlichen Bekanntmachungen in Insolvenzverfahren im Internet die bis dahin geltenden gesetzlichen Vorschriften weiter anzuwenden. In solchen Insolvenzverfahren erfolgen alle durch das Gericht vorzunehmenden öffentlichen Bekanntmachungen unbeschadet von Absatz 2 nur nach Maßgabe des § 9 der Insolvenzordnung. § 188 Satz 3 der Insolvenzordnung ist auch auf Insolvenzverfahren anzuwenden, die vor dem Inkrafttreten des Gesetzes zur Neuregelung des Rechtsberatungsrechts vom 12. Dezember 2007 (BGBl. I S. 2840) am 18. Dezember 2007 eröffnet worden sind. In solchen Insolvenzverfahren erfolgen alle durch das Gericht vorzunehmenden öffentlichen Bekanntmachungen unbeschadet von Absatz 2 nur nach Maßgabe des § 9 der Insolvenzordnung. § 188 Satz 3 der Insolvenzordnung ist auch auf Insolvenzverfahren anzuwenden, die vor dem Inkrafttreten des Gesetzes zur Neuregelung des Rechtsberatungsrechts vom 12. Dezember 2007 (BGBl. I S. 2840) am 18. Dezember 2007 eröffnet worden sind.
(2) Die öffentliche Bekanntmachung kann bis zum 31. Dezember 2008 zusätzlich zu der elektronischen Bekanntmachung nach § 9 Abs. 1 Satz 1 der Insolvenzordnung in einem am Wohnort oder Sitz des Schuldners periodisch erscheinenden Blatt erfolgen; die Veröffentlichung kann auszugsweise geschehen. Für den Eintritt der Wirkungen der Bekanntmachung ist ausschließlich die Bekanntmachung im Internet nach § 9 Abs. 1 Satz 1 der Insolvenzordnung maßgebend.

Artikel 103e Überleitungsvorschrift zum Haushaltsbegleitgesetz 2011

Auf Insolvenzverfahren, die vor dem 1. Januar 2011 beantragt worden sind, sind die bis dahin geltenden Vorschriften weiter anzuwenden.

Artikel 103f Überleitungsvorschrift zum Gesetz zur Änderung des § 522 der Zivilprozessordnung

Für Entscheidungen über die sofortige Beschwerde nach § 6 der Insolvenzordnung, bei denen die Frist des § 575 der Zivilprozessordnung am 27. Oktober 2011 noch nicht abgelaufen ist, ist die Insolvenzordnung in der bis zum 27. Oktober 2011 geltenden Fassung weiter anzuwenden. Für Entscheidungen über die sofortige Beschwerde nach Artikel 102 § 7 Satz 1 des Einführungsgesetzes zur Insolvenzordnung gilt Satz 1 entsprechend.

Artikel 103g Überleitungsvorschrift zum Gesetz zur weiteren Erleichterung der Sanierung von Unternehmen

Auf Insolvenzverfahren, die vor dem 1. März 2012 beantragt worden sind, sind die bis dahin geltenden Vorschriften weiter anzuwenden. § 18 Absatz 1 Nummer 2 des Rechtspflegergesetzes in der ab dem 1. Januar 2013 geltenden Fassung ist nur auf Insolvenzverfahren anzuwenden, die ab dem 1. Januar 2013 beantragt werden.

Artikel 103h Überleitungsvorschrift zum Gesetz zur Verkürzung des Restschuldbefreiungsverfahrens und zur Stärkung der Gläubigerrechte

Auf Insolvenzverfahren, die vor dem 1. Juli 2014 beantragt worden sind, sind vorbehaltlich der Sätze 2 und 3 die bis dahin geltenden gesetzlichen Vorschriften weiter anzuwenden. Auf Insolvenzverfahren nach den §§ 304 bis 314 der Insolvenzordnung in der vor dem 1. Juli 2014 geltenden Fassung, die vor diesem Datum beantragt worden sind, sind auch die §§ 217 bis 269 der Insolvenzordnung anzuwenden. § 63 Absatz 3 und § 65 der Insolvenzordnung in der ab dem 19. Juli 2013 geltenden Fassung sind auf Insolvenzverfahren, die ab dem 19. Juli 2013 beantragt worden sind, anzuwenden.

Artikel 103i Überleitungsvorschrift zum Bilanzrichtlinie-Umsetzungsgesetz

§ 22a Absatz 1 der Insolvenzordnung in der Fassung des Bilanzrichtlinie-Umsetzungsgesetzes vom 17. Juli 2015 (BGBl. I S. 1245) ist erstmals auf Verfahren anzuwenden, deren Eröffnung nach dem 31. Dezember 2015 beantragt worden ist.

Artikel 103j Überleitungsvorschrift zum Gesetz zur Verbesserung der Rechtssicherheit bei Anfechtungen nach der Insolvenzordnung und nach dem Anfechtungsgesetz

(1) Auf Insolvenzverfahren, die vor dem 5. April 2017 eröffnet worden sind, sind vorbehaltlich des Absatzes 2 die bis dahin geltenden Vorschriften weiter anzuwenden.
(2) Im Rahmen einer Insolvenzanfechtung entstandene Ansprüche auf Zinsen oder die Herausgabe von Nutzungen unterliegen vor dem 5. April 2017 den bis dahin geltenden Vorschriften. Für die Zeit ab dem 5. April 2017 ist auf diese Ansprüche § 143 Absatz 1 Satz 3 der Insolvenzordnung in der ab dem 5. April 2017 geltenden Fassung anzuwenden.

Artikel 103k Überleitungsvorschrift zu Artikel 2 des Gesetzes zur weiteren Verkürzung des Restschuldbefreiungsverfahrens und zur Anpassung pandemiebedingter Vorschriften im Gesellschafts-, Genossenschafts-, Vereins- und Stiftungsrecht sowie im Miet- und Pachtrecht

(1) Auf Insolvenzverfahren, die vor dem 1. Oktober 2020 beantragt worden sind, sind vorbehaltlich des Absatzes 2 die bis dahin geltenden Vorschriften weiter anzuwenden.
(2) Auf Insolvenzverfahren, die im Zeitraum vom 17. Dezember 2019 bis einschließlich 30. September 2020 beantragt worden sind, verkürzt sich die Abtretungsfrist im Sinne des § 287 Absatz 2

Anhang 6
EGInsO

Einführungsgesetz zur Insolvenzordnung

der Insolvenzordnung für jeden vollen Monat, der seit dem 16. Juli 2019 bis zur Stellung des Insolvenzantrages vergangen ist, um denselben Zeitraum. Demgemäß beträgt die Abtretungsfrist:

Datum der Stellung des Insolvenzantrages:	Abtretungsfrist:
zwischen dem 17. Dezember 2019 und 16. Januar 2020	fünf Jahre und sieben Monate
zwischen dem 17. Januar 2020 und 16. Februar 2020	fünf Jahre und sechs Monate
zwischen dem 17. Februar 2020 und 16. März 2020	fünf Jahre und fünf Monate
zwischen dem 17. März 2020 und 16. April 2020	fünf Jahre und vier Monate
zwischen dem 17. April 2020 und 16. Mai 2020	fünf Jahre und drei Monate
zwischen dem 17. Mai 2020 und 16. Juni 2020	fünf Jahre und zwei Monate
zwischen dem 17. Juni 2020 und 16. Juli 2020	fünf Jahre und ein Monat
zwischen dem 17. Juli 2020 und 16. August 2020	fünf Jahre
zwischen dem 17. August 2020 und 16. September 2020	vier Jahre und elf Monate
zwischen dem 17. September 2020 und 30. September 2020	vier Jahre und zehn Monate

In Verfahren nach Satz 1 ist eine in der Abtretungserklärung erklärte, anderslautende Abtretungsfrist insoweit unbeachtlich.

(3) Wurde dem Schuldner letztmalig nach den bis einschließlich 30. September 2020 geltenden Vorschriften eine Restschuldbefreiung erteilt, so ist § 287a Absatz 2 Satz 1 Nummer 1 der Insolvenzordnung in der bis einschließlich 30. September 2020 geltenden Fassung weiter anzuwenden.

(4) Wird ein Antrag auf Eröffnung eines Verbraucherinsolvenzverfahrens zwischen dem 31. Dezember 2020 und dem 30. Juni 2021 gestellt, genügt die vom Schuldner vorzulegende Bescheinigung auch dann den in § 305 Absatz 1 Nummer 1 der Insolvenzordnung genannten Anforderungen, wenn sich aus ihr ergibt, dass eine außergerichtliche Einigung mit den Gläubigern über die Schuldenbereinigung auf der Grundlage eines Plans innerhalb der letzten zwölf Monate vor dem Eröffnungsantrag erfolglos versucht worden ist.

Artikel 103m Überleitungsvorschrift zum Sanierungs- und Insolvenzrechtsfortentwicklungsgesetz

Auf Insolvenzverfahren, die vor dem 1. Januar 2021 beantragt worden sind, sind die bis dahin geltenden Vorschriften weiter anzuwenden. § 15b der Insolvenzordnung in der Fassung des Sanierungs- und Insolvenzrechtsfortentwicklungsgesetzes vom 22. Dezember 2020 (BGBl. I S. 3256) ist erstmals auf Zahlungen anzuwenden, die nach dem 31. Dezember 2020 vorgenommen worden sind. Auf Zahlungen, die vor dem 1. Januar 2021 vorgenommen worden sind, sind die bis zum 31. Dezember 2020 geltenden gesetzlichen Vorschriften weiterhin anzuwenden.

Artikel 103n Überleitungsvorschrift zum Gesetz zur weiteren Digitalisierung der Justiz

(1) Auf Insolvenzverfahren, die vor dem 17. Juli 2024 eröffnet worden sind, sind § 5 Absatz 5 und § 8 Absatz 3 der Insolvenzordnung in der bis dahin geltenden Fassung weiter anzuwenden. § 5 Absatz 6 und § 28 Absatz 4 der Insolvenzordnung sind nicht anzuwenden.
(2) § 174 Absatz 4 Satz 1 und 2 der Insolvenzordnung in der ab dem 17. Juli 2024 geltenden Fassung ist auch auf solche Insolvenzverfahren anzuwenden, die vor dem 17. Juli 2024 eröffnet worden sind.

Artikel 104 Anwendung des neuen Rechts

In einem Insolvenzverfahren, das nach dem 31. Dezember 1998 beantragt wird, gelten die Insolvenzordnung und dieses Gesetz auch für Rechtsverhältnisse und Rechte, die vor dem 1. Januar 1999 begründet worden sind.

Artikel 105a Überleitungsvorschrift zum Gesetz zur Änderung der Insolvenzordnung und zur Änderung des Gesetzes, betreffend die Einführung der Zivilprozessordnung

(1) Auf Insolvenzverfahren, die vor dem 10. Juni 2016 beantragt worden sind, ist § 104 der Insolvenzordnung in der bis dahin geltenden Fassung anzuwenden.
(2) Auf Insolvenzverfahren, die vor dem 29. Dezember 2016 beantragt worden sind, ist § 104 der Insolvenzordnung in der bis dahin geltenden Fassung anzuwenden.

Artikel 106 Insolvenzanfechtung

Die Vorschriften der Insolvenzordnung über die Anfechtung von Rechtshandlungen sind auf die vor dem 1. Januar 1999 vorgenommenen Rechtshandlungen nur anzuwenden, soweit diese nicht nach dem bisherigen Recht der Anfechtung entzogen oder in geringerem Umfang unterworfen sind.

Artikel 107 Evaluierungsvorschrift zum Gesetz zur Verkürzung des Restschuldbefreiungsverfahrens und zur Stärkung der Gläubigerrechte

(1) Die Bundesregierung berichtet dem Deutschen Bundestag bis zum 30. Juni 2018, in wie vielen Fällen bereits nach drei Jahren eine Restschuldbefreiung erteilt werden konnte. Der Bericht hat auch Angaben über die Höhe der im Insolvenz- und Restschuldbefreiungsverfahren erzielten Befriedigungsquoten zu enthalten.
(2) Sofern sich aus dem Bericht die Notwendigkeit gesetzgeberischer Maßnahmen ergibt, soll die Bundesregierung diese vorschlagen.

Artikel 107a Evaluationsvorschrift zum Gesetz zur weiteren Verkürzung des Restschuldbefreiungsverfahrens und zur Anpassung pandemiebedingter Vorschriften im Gesellschafts-, Genossenschafts-, Vereins- und Stiftungsrecht sowie im Miet- und Pachtrecht

(1) Die Bundesregierung berichtet dem Deutschen Bundestag bis zum 30. Juni 2024, wie sich die Verkürzung des Restschuldbefreiungsverfahrens auf das Antrags-, Zahlungs- und Wirtschaftsverhalten von Verbraucherinnen und Verbrauchern ausgewirkt hat. Der Bericht geht auch auf etwaige Hindernisse ein, die von den bestehenden Möglichkeiten der Speicherung insolvenzbezogener Informationen durch Auskunfteien für einen wirtschaftlichen Neustart nach Erteilung der Restschuldbefreiung ausgehen.
(2) Sofern sich aus dem Bericht die Notwendigkeit gesetzgeberischer Maßnahmen ergibt, soll die Bundesregierung diese vorschlagen.

Artikel 108 Fortbestand der Vollstreckungsbeschränkung

(1) Bei der Zwangsvollstreckung gegen einen Schuldner, über dessen Vermögen ein Gesamtvollstreckungsverfahren durchgeführt worden ist, ist auch nach dem 31. Dezember 1998 die Vollstreckungsbeschränkung des § 18 Abs. 2 Satz 3 der Gesamtvollstreckungsordnung zu beachten.
(2) Wird über das Vermögen eines solchen Schuldners nach den Vorschriften der Insolvenzordnung ein Insolvenzverfahren eröffnet, so sind die Forderungen, die der Vollstreckungsbeschränkung unterliegen, im Rang nach den in § 39 Abs. 1 der Insolvenzordnung bezeichneten Forderungen zu berichtigen.

Artikel 110 Inkrafttreten

(1) Die Insolvenzordnung und dieses Gesetz treten, soweit nichts anderes bestimmt ist, am 1. Januar 1999 in Kraft.
(2) § 2 Abs. 2 und § 7 Abs. 3 der Insolvenzordnung sowie die Ermächtigung der Länder in § 305 Abs. 1 Nr. 1 der Insolvenzordnung treten am Tage nach der Verkündung in Kraft. Gleiches gilt für § 65 der Insolvenzordnung und für § 21 Abs. 2 Nr. 1, § 73 Abs. 2, § 274 Abs. 1, § 293 Abs. 2 und § 313 der Insolvenzordnung, soweit sie § 65 der Insolvenzordnung für entsprechend anwendbar erklären.
(3) Artikel 2 Nr. 9 dieses Gesetzes, soweit darin die Aufhebung von § 2 Abs. 1 Satz 2 des Gesetzes über die Auflösung und Löschung von Gesellschaften und Genossenschaften angeordnet wird, Artikel 22, Artikel 24 Nr. 2, Artikel 32 Nr. 3, Artikel 48 Nr. 4, Artikel 54 Nr. 4 und Artikel 85 Nr. 1 und 2 Buchstabe e, Artikel 87 Nr. 8 Buchstabe d und Artikel 105 dieses Gesetzes treten am Tage nach der Verkündung in Kraft.

Steuerberatungsgesetz

in der Fassung der Bekanntmachung vom 4.11.1975 (BGBl. I S. 2735, BStBl I S. 1082), zuletzt geändert durch Artikel 32 des Gesetzes vom 23.10.2024 (BGBl. I Nr. 323).

- Auszug -

§ 1 Anwendungsbereich

(1) Dieses Gesetz ist anzuwenden auf die Hilfeleistung
1. in Angelegenheiten, die durch Bundesrecht, Recht der Europäischen Union oder der Vertragsstaaten des Abkommens über den Europäischen Wirtschaftsraum geregelte Steuern und Vergütungen betreffen, soweit diese durch Bundesfinanzbehörden oder durch Landesfinanzbehörden verwaltet werden,
2. in Angelegenheiten, die die Realsteuern oder die Grunderwerbsteuer betreffen,
3. in Angelegenheiten, die durch Landesrecht oder auf Grund einer landesrechtlicher Ermächtigung geregelte Steuern betreffen,
4. in Monopolsachen,
5. in sonstigen von Bundesfinanzbehörden oder Landesfinanzbehörden verwalteten Angelegenheiten, soweit für diese durch Bundesgesetz oder Landesgesetz der Finanzrechtsweg eröffnet ist.

(2) Die Hilfeleistung in Steuersachen umfaßt auch
1. die Hilfeleistung in Steuerstrafsachen und in Bußgeldsachen wegen einer Steuerordnungswidrigkeit,
2. die Hilfeleistung bei der Führung von Büchern und Aufzeichnungen sowie bei der Aufstellung von Abschlüssen, die für die Besteuerung von Bedeutung sind,
3. die Hilfeleistung bei der Einziehung von Steuererstattungs- oder Vergütungsansprüchen.

(3) Die Vorschriften der einzelnen Verfahrensordnungen über die Zulassung von Bevollmächtigten und Beiständen bleiben unberührt.
(4) Das Berufsqualifikationsfeststellungsgesetz findet mit Ausnahme des § 17 keine Anwendung.

§ 2 Geschäftsmäßige Hilfeleistung

(1) Die Hilfeleistung in Steuersachen darf geschäftsmäßig nur von Personen und Vereinigungen ausgeübt werden, die hierzu befugt sind. Dies gilt ohne Unterschied für hauptberufliche, nebenberufliche, entgeltliche oder unentgeltliche Tätigkeiten und dient dem Schutz der Rechtssuchenden, des Rechtsverkehrs und der Rechtsordnung vor unqualifizierter Hilfeleistung in Steuersachen.
(2) Geschäftsmäßige Hilfeleistung in Steuersachen ist jede Tätigkeit in fremden Angelegenheiten im Anwendungsbereich dieses Gesetzes, sobald sie eine rechtliche Prüfung des Einzelfalls erfordert.

§ 3 Befugnis zu unbeschränkter Hilfeleistung in Steuersachen

Zur geschäftsmäßigen Hilfeleistung in Steuersachen sind befugt:
1. Steuerberater, Steuerbevollmächtigte, Rechtsanwälte, niedergelassene europäische Rechtsanwälte, Wirtschaftsprüfer und vereidigte Buchprüfer,
2. Berufsausübungsgesellschaften nach den §§ 49 und 50 und im Sinne der Bundesrechtsanwaltsordnung,
3. Gesellschaften nach § 44b Absatz 1 der Wirtschaftsprüferordnung, deren Gesellschafter oder Partner ausschließlich Wirtschaftsprüfer oder vereidigte Buchprüfer sind, sowie Wirtschaftsprüfungsgesellschaften und Buchprüfungsgesellschaften.

4. (weggefallen)
Gesellschaften nach Satz 1 Nummer 2 und 3 handeln durch ihre Gesellschafter und Vertreter, in deren Person die für die Erbringung der geschäftsmäßigen Hilfeleistung in Steuersachen gesetzlich vorgeschriebenen Voraussetzungen im Einzelfall vorliegen müssen.

§ 3a Befugnis zu vorübergehender und gelegentlicher Hilfeleistung in Steuersachen

(1) Personen, die in einem anderen Mitgliedstaat der Europäischen Union oder in einem anderen Vertragsstaat des Abkommens über den Europäischen Wirtschaftsraum oder in der Schweiz beruflich niedergelassen sind und dort befugt geschäftsmäßig Hilfe in Steuersachen nach dem Recht des Niederlassungsstaates leisten, sind zur vorübergehenden und gelegentlichen geschäftsmäßigen Hilfeleistung in Steuersachen in der Bundesrepublik Deutschland befugt. Die vorübergehende und gelegentliche geschäftsmäßige Hilfeleistung in Steuersachen kann vom Staat der Niederlassung aus erfolgen. Der Umfang der Befugnis zur Hilfeleistung in Steuersachen im Inland richtet sich nach dem Umfang dieser Befugnis im Niederlassungsstaat. Bei ihrer Tätigkeit im Inland unterliegen sie denselben Berufsregeln wie die in § 3 genannten Personen. Wenn weder der Beruf noch die Ausbildung zu diesem Beruf im Staat der Niederlassung reglementiert ist, gilt die Befugnis zur geschäftsmäßigen Hilfeleistung in Steuersachen im Inland nur, wenn die Person den Beruf in einem oder in mehreren Mitgliedstaaten oder Vertragsstaaten oder der Schweiz während der vorhergehenden zehn Jahre mindestens ein Jahr lang ausgeübt hat. Ob die geschäftsmäßige Hilfeleistung in Steuersachen vorübergehend und gelegentlich erfolgt, ist insbesondere anhand ihrer Dauer, Häufigkeit, regelmäßiger Wiederkehr und Kontinuität zu beurteilen.

(2) Die geschäftsmäßige Hilfeleistung in Steuersachen nach Absatz 1 ist nur zulässig, wenn die Person vor der ersten Erbringung im Inland der zuständigen Stelle schriftlich oder elektronisch Meldung erstattet. Zuständige Stelle ist für Personen aus:
1. Finnland die Steuerberaterkammer Berlin,
2. Polen die Steuerberaterkammer Brandenburg,
3. Zypern die Steuerberaterkammer Bremen,
4. den Niederlanden und Bulgarien die Steuerberaterkammer Düsseldorf,
5. Schweden und Island die Steuerberaterkammer Hamburg,
6. Portugal und Spanien die Steuerberaterkammer Hessen,
7. Belgien die Steuerberaterkammer Köln,
8. Estland, Lettland, Litauen die Steuerberaterkammer Mecklenburg-Vorpommern,
9. Italien, Kroatien und Österreich die Steuerberaterkammer München,
10. Rumänien und Liechtenstein die Steuerberaterkammer Nordbaden,
11. Tschechien die Steuerberaterkammer Nürnberg,
12. Frankreich die Steuerberaterkammer Rheinland-Pfalz,
13. Luxemburg die Steuerberaterkammer Saarland,
14. Ungarn die Steuerberaterkammer des Freistaates Sachsen,
15. der Slowakei die Steuerberaterkammer Sachsen-Anhalt,
16. Dänemark und Norwegen die Steuerberaterkammer Schleswig-Holstein,
17. Griechenland die Steuerberaterkammer Stuttgart,
18. der Schweiz die Steuerberaterkammer Südbaden,
19. Malta und Slowenien die Steuerberaterkammer Thüringen,
20. Irland die Steuerberaterkammer Westfalen-Lippe.

Die Meldung der Person muss enthalten:
1. den Familiennamen und die Vornamen, den Namen oder die Firma einschließlich der gesetzlichen Vertreter,
2. das Geburts- oder Gründungsjahr,
3. die Geschäftsanschrift einschließlich der Anschriften aller Zweigstellen,
4. die Berufsbezeichnung, unter der die Tätigkeit im Inland zu erbringen ist,

5. eine Bescheinigung darüber, dass die Person in einem Mitgliedstaat der Europäischen Union, in einem anderen Vertragsstaat des Abkommens über den Europäischen Wirtschaftsraum oder in der Schweiz rechtmäßig zur geschäftsmäßigen Hilfeleistung in Steuersachen niedergelassen ist und dass ihr die Ausübung dieser Tätigkeit zum Zeitpunkt der Vorlage der Bescheinigung nicht, auch nicht vorübergehend, untersagt ist,
6. einen Nachweis über die Berufsqualifikation,
7. einen Nachweis darüber, dass die Person den Beruf in einem oder in mehreren Mitgliedstaaten oder Vertragsstaaten oder der Schweiz während der vorhergehenden zehn Jahre mindestens ein Jahr lang ausgeübt hat, wenn weder der Beruf noch die Ausbildung zu diesem Beruf im Staat der Niederlassung reglementiert ist,
8. eine Information über Einzelheiten zur Berufshaftpflichtversicherung oder eines anderen individuellen oder kollektiven Schutzes in Bezug auf die Berufshaftpflicht.

Die Meldung ist jährlich zu wiederholen, wenn die Person nach Ablauf eines Kalenderjahres erneut nach Absatz 1 geschäftsmäßig Hilfeleistung in Steuersachen im Inland erbringen will. In diesem Fall sind die Bescheinigung nach Satz 3 Nr. 5 und die Information nach Satz 3 Nr. 8 erneut vorzulegen. Die Meldung berechtigt die Person zur geschäftsmäßigen Hilfeleistung in Steuersachen nach Absatz 1 im gesamten Hoheitsgebiet der Bundesrepublik Deutschland. § 74a gilt entsprechend.

(3) Sobald die Meldung nach Absatz 2 vollständig vorliegt, veranlasst die zuständige Stelle eine vorübergehende Eintragung der Angaben nach Absatz 2 Satz 3 Nr. 1 bis 4 im Berufsregister oder ihre Verlängerung um ein Jahr. Die jeweilige Eintragung erfolgt unter Angabe der zuständigen Stelle und des Datums der Eintragung. Das Verfahren ist kostenfrei.

(4) Registrierte Personen nach Absatz 3 oder ihre Rechtsnachfolger müssen der zuständigen Stelle alle Änderungen der Angaben nach Absatz 2 Satz 3 Nr. 1 bis 4 unverzüglich schriftlich oder elektronisch mitteilen.

(5) Personen, die nach Absatz 1 geschäftsmäßig Hilfeleistung in Steuersachen im Inland erbringen, dürfen dabei nur unter der Berufsbezeichnung in den Amtssprachen des Niederlassungsstaates tätig werden, unter der sie ihre Dienste im Niederlassungsstaat anbieten. Wer danach berechtigt ist, die Berufsbezeichnung „Steuerberater" / „Steuerberaterin", „Steuerbevollmächtigter" / „Steuerbevollmächtigte" oder „Steuerberatungsgesellschaft" zu führen, hat zusätzlich die Berufsorganisation, der er im Niederlassungsstaat angehört, sowie den Niederlassungsstaat anzugeben. Eine Verwechslung mit den genannten Berufsbezeichnungen muss ausgeschlossen sein.

(6) Die zuständige Stelle kann einer nach Absatz 1 geschäftsmäßig Hilfe in Steuersachen leistenden Person die weitere Erbringung ihrer Dienste im Inland untersagen, wenn
1. die Person im Staat der Niederlassung nicht mehr rechtmäßig niedergelassen ist oder ihr die Ausübung der Tätigkeit dort untersagt wird,
2. sie nicht über die für die Ausübung der Berufstätigkeit im Inland erforderlichen deutschen Sprachkenntnisse verfügt,
3. sie wiederholt eine unrichtige Berufsbezeichnung führt oder
4. sie die Befugnis zu vorübergehender und gelegentlicher geschäftsmäßiger Hilfeleistung in Steuersachen überschreitet.

Die vorübergehende Eintragung im Berufsregister gemäß Absatz 3 Satz 1 wird gelöscht, wenn die Untersagungsverfügung nach Satz 1 unanfechtbar geworden ist. Über die Löschung aus dem Berufsregister wegen Überschreitens der Befugnis zu vorübergehender und gelegentlicher geschäftsmäßigen Hilfeleistung in Steuersachen sind diejenigen Finanzbehörden zu unterrichten, die eine Mitteilung nach § 5 Absatz 4 erstattet haben.

(7) Die zuständigen Stellen arbeiten mit den zuständigen Stellen in den anderen Mitgliedstaaten der Europäischen Union, in den anderen Vertragsstaaten des Abkommens über den Europäischen Wirtschaftsraum und in der Schweiz zusammen und übermitteln auf Anfrage:
1. Informationen über die Rechtmäßigkeit der Niederlassung und die gute Führung des Dienstleisters;
2. Informationen darüber, dass keine berufsbezogenen disziplinarischen oder strafrechtlichen Sanktionen vorliegen;

3. Informationen, die im Falle von Beschwerden eines Dienstleistungsempfängers gegen einen Dienstleister für ein ordnungsgemäßes Beschwerdeverfahren erforderlich sind.

Die zuständigen Stellen können bei berechtigten Zweifeln an der Rechtmäßigkeit der Niederlassung des Dienstleisters in einem anderen Staat, an seiner guten Führung oder daran, dass keine berufsbezogenen disziplinarischen oder strafrechtlichen Sanktionen vorliegen, alle aus ihrer Sicht zur Beurteilung des Sachverhalts erforderlichen Informationen bei den zuständigen Stellen des anderen Staates anfordern. § 30 der Abgabenordnung steht den Sätzen 1 und 2 nicht entgegen.

§ 3b Verzeichnis der nach § 3a zur vorübergehenden und gelegentlichen Hilfeleistung in Steuersachen befugten Personen

(1) Die Bundessteuerberaterkammer führt ein elektronisches Verzeichnis aller Personen, die gemäß § 3a Absatz 3 Satz 1 als zur vorübergehenden und gelegentlichen Hilfeleistung in Steuersachen befugt vorübergehend im Berufsregister der zuständigen Steuerberaterkammer eingetragen sind. Das Verzeichnis dient der Information der Behörden und Gerichte, der Rechtsuchenden sowie anderer am Rechtsverkehr Beteiligter. Die Steuerberaterkammern geben die im Berufsregister gemäß § 3a Absatz 3 Satz 1 vorübergehend gespeicherten Daten im automatisierten Verfahren in das von der Bundessteuerberaterkammer geführte Verzeichnis ein. Die zuständige Steuerberaterkammer trägt die datenschutzrechtliche Verantwortung für die von ihr in das Verzeichnis eingegebenen Daten, insbesondere für die Rechtmäßigkeit der Erhebung, die Vollständigkeit und die Richtigkeit der Daten. Der Abruf einzelner Daten aus dem Gesamtverzeichnis steht jedem unentgeltlich zu.

(2) In das Verzeichnis sind einzutragen:
1. bei natürlichen Personen der Familienname und die Vornamen, das Geburtsjahr, die Geschäftsanschrift einschließlich der Anschriften aller Zweigstellen, die Berufsbezeichnung, unter der die Tätigkeit nach § 3a Absatz 5 im Inland zu erbringen ist, sowie der Name und die Anschrift der nach § 3a Absatz 2 Satz 2 zuständigen Steuerberaterkammer;
2. bei juristischen Personen und Personengesellschaften der Name oder die Firma, das Gründungsjahr, die Geschäftsanschrift einschließlich der Anschriften aller Zweigstellen, der Familienname und die Vornamen der gesetzlichen Vertreter, die Berufsbezeichnung, unter der die Tätigkeit nach § 3a Absatz 5 im Inland zu erbringen ist, der Name und die Anschrift der nach § 3a Absatz 2 Satz 2 zuständigen Steuerberaterkammer.

§ 3c Befugnis juristischer Personen und Vereinigungen zu vorübergehender und gelegentlicher Hilfeleistung in Steuersachen

Die §§ 3a und 3b gelten entsprechend für juristische Personen und Vereinigungen.

§ 3d Partieller Zugang, Voraussetzungen und Antrag

(1) Eine Erlaubnis zu beschränkter geschäftsmäßiger Hilfeleistung in Steuersachen (partieller Zugang) wird im Einzelfall auf Antrag erteilt, wenn
1. der Antragsteller in einem anderen Mitgliedstaat der Europäischen Union oder in einem anderen Vertragsstaat des Abkommens über den Europäischen Wirtschaftsraum oder in der Schweiz (Herkunftsmitgliedstaat) zur Ausübung der beantragten Hilfeleistung in Steuersachen uneingeschränkt qualifiziert ist,
2. die Unterschiede zwischen der Tätigkeit des Antragstellers und der Tätigkeit eines Steuerberaters oder Steuerbevollmächtigten im Sinne des § 3 so groß sind, dass deren Ausgleich der Anforderung gleichkäme, die Befähigung für den Beruf des Steuerberaters nach § 37 zu erwerben und
3. die Tätigkeit des Antragstellers sich von den anderen Tätigkeiten, die von einem Steuerberater oder Steuerbevollmächtigten im Sinne des § 3 zu erbringen sind, objektiv trennen lässt.

Für die Prüfung der Trennbarkeit der Tätigkeiten nach Satz 1 Nummer 3 berücksichtigt die zuständige Stelle, ob die Tätigkeit im Herkunftsmitgliedstaat eigenständig ausgeübt werden kann.

(2) Der partielle Zugang ist bei der zuständigen Stelle zu beantragen. Die zuständige Stelle bestimmt sich nach Maßgabe des § 3a Absatz 2 Satz 2. Im Einvernehmen mit dieser, kann eine andere Steuerberaterkammer über die Gewährung des partiellen Zugangs entscheiden. Das Einvernehmen ist in die Satzungen der beteiligten Steuerberaterkammern aufzunehmen.
(3) Der Antrag nach Absatz 1 muss enthalten:
1. den Familiennamen und den oder die Vornamen des Antragstellers,
2. das Geburtsdatum,
3. die Anschrift der beruflichen Niederlassung,
4. die Berufsbezeichnung, unter der die Tätigkeit im Inland erbracht werden soll,
5. die Tätigkeiten oder Tätigkeitsbereiche, die im Inland erbracht werden sollen,
6. einen Nachweis über die Berufsqualifikation,
7. eine Information über Einzelheiten zur Berufshaftpflichtversicherung oder eines anderen individuellen oder kollektiven Schutzes in Bezug auf die Berufshaftpflicht.

§ 3e Erlaubnis zum partiellen Zugang

(1) Die Gewährung des partiellen Zugangs berechtigt die Person zur geschäftsmäßigen Hilfeleistung in Steuersachen im gesamten Hoheitsgebiet der Bundesrepublik Deutschland, beschränkt auf die Tätigkeit, für die partieller Zugang gewährt wurde. Der Umfang der Befugnis zur Hilfeleistung in Steuersachen in dem betreffenden Teilbereich im Inland richtet sich nach dem Umfang dieser Befugnis im Herkunftsmitgliedstaat. Bei der Ausübung der Tätigkeit sind die Berufsbezeichnung des Herkunftsmitgliedstaates und der Herkunftsmitgliedstaat anzugeben. Eine Verwechslung mit der Berufsbezeichnung nach § 43 muss ausgeschlossen sein. Dem Auftraggeber ist der Umfang des Tätigkeitsbereichs vor Leistungsbeginn in Textform mitzuteilen. Im Übrigen gelten die Vorschriften des Dritten Abschnitts des Zweiten Teils sowie die auf Grund von § 85a Absatz 2 Nummer 2 erlassene Satzung entsprechend.
(2) Die nach § 3d Absatz 2 Satz 2 zuständige Stelle kann alle aus ihrer Sicht zur Beurteilung des Antrags erforderlichen Informationen bei den zuständigen Stellen im Herkunftsmitgliedstaat einholen bei berechtigten Zweifeln
1. an der Befugnis des Antragstellers zur Hilfeleistung in Steuersachen im Herkunftsmitgliedstaat (§ 3d Absatz 1 Nummer 1),
2. an der guten Führung des Antragstellers oder
3. daran, dass keine berufsbezogenen disziplinarischen oder strafrechtlichen Sanktionen gegen den Antragsteller vorliegen.
§ 30 der Abgabenordnung steht Satz 1 nicht entgegen.
(3) Der partielle Zugang kann verweigert werden, wenn die Verweigerung
1. durch zwingende Gründe des Allgemeininteresses gerechtfertigt ist,
2. geeignet ist, die Erreichung des verfolgten Ziels nach § 2 Absatz 1 Satz 2 zu gewährleisten, und
3. nicht über das hinausgeht, was zur Erreichung dieses Ziels erforderlich ist.
(4) Die partiell zugelassene Person ist mit den Angaben nach § 3d Absatz 3 Nummer 1 bis 4, der zuständigen Stelle und dem Datum der Erteilung des partiellen Zugangs in das Berufsregister einzutragen. Änderungen der Angaben nach § 3d Absatz 3 Nummer 1, 3 bis 5 und 7 sind der zuständigen Stelle unverzüglich schriftlich oder elektronisch mitzuteilen. Die Eintragung der partiell zugelassenen Person ist zu löschen, wenn die partiell zugelassene Person auf diese Erlaubnis verzichtet oder der partielle Zugang unanfechtbar untersagt worden ist.
(5) Das Verfahren ist gebührenfrei.

§ 3f Untersagung des partiellen Zugangs

Die zuständige Stelle kann einer partiell zugelassenen Person die weitere Hilfeleistung in Steuersachen untersagen, wenn
1. der Person im Herkunftsmitgliedstaat die Ausübung der Tätigkeit untersagt wurde,

2. die Person im Einzelfall nicht über die für die konkrete Ausübung der Berufstätigkeit im Inland erforderlichen deutschen Sprachkenntnisse verfügt,
3. die Person wiederholt eine unrichtige Berufsbezeichnung führt,
4. die Person die Befugnis zu beschränkter geschäftsmäßiger Hilfeleistung in Steuersachen nach § 3e Absatz 1 Satz 1 und 2 überschreitet oder
5. die Person besonders schwerwiegend oder wiederholt gegen die Pflichten nach § 3e Absatz 1 Satz 3 bis 6 verstößt.

§ 3g Elektronisches Verzeichnis der partiell zugelassenen Personen

(1) Die Bundessteuerberaterkammer führt ein elektronisches Verzeichnis aller Personen, denen nach § 3d Absatz 1 ein partieller Zugang erteilt worden ist und die nach § 3e Absatz 4 in das Berufsregister eingetragen sind. Das Verzeichnis dient der Information der Behörden und Gerichte, der Rechtsuchenden sowie anderer am Rechtsverkehr Beteiligter. Die Steuerberaterkammern geben die im Berufsregister nach § 3e Absatz 4 gespeicherten Daten im automatisierten Verfahren in das von der Bundessteuerberaterkammer geführte Verzeichnis ein. Die zuständige Steuerberaterkammer trägt die datenschutzrechtliche Verantwortung für die von ihr in das Verzeichnis eingegebenen Daten, insbesondere für die Rechtmäßigkeit der Erhebung, die Vollständigkeit und die Richtigkeit der Daten. Der Abruf einzelner Daten aus dem Gesamtverzeichnis steht jedermann unentgeltlich zu.
(2) In das elektronische Verzeichnis sind einzutragen
1. der Familienname und der oder die Vornamen,
2. das Geburtsdatum,
3. die Anschrift der beruflichen Niederlassung einschließlich der Anschriften aller Beratungsstellen,
4. die Berufsbezeichnung, unter der die Tätigkeit nach § 3e Absatz 1 Satz 2 im Inland zu erbringen ist, sowie
5. der Name und die Anschrift der nach § 3d Absatz 2 Satz 2 zuständigen Steuerberaterkammer.

§ 4 Befugnis zu beschränkter Hilfeleistung in Steuersachen

Zur geschäftsmäßigen Hilfeleistung in Steuersachen sind ferner befugt:
1. Notare im Rahmen ihrer Befugnisse nach der Bundesnotarordnung,
2. Patentanwälte im Rahmen ihrer Befugnisse nach der Patentanwaltsordnung,
3. Behörden und Körperschaften des öffentlichen Rechts sowie die überörtlichen Prüfungseinrichtungen für Körperschaften und Anstalten des öffentlichen Rechts im Rahmen ihrer Zuständigkeit,
4. Verwahrer und Verwalter fremden oder zu treuen Händen oder zu Sicherungszwecken übereigneten Vermögens, soweit sie hinsichtlich dieses Vermögens Hilfe in Steuersachen leisten,
5. Unternehmer, die ein Handelsgewerbe betreiben, soweit sie in unmittelbarem Zusammenhang mit einem Geschäft, das zu ihrem Handelsgewerbe gehört, ihren Kunden Hilfe in Steuersachen leisten,
6. genossenschaftliche Prüfungs- und Spitzenverbände und genossenschaftliche Treuhandstellen, soweit sie im Rahmen ihres Aufgabenbereichs den Mitgliedern der Prüfungs- und Spitzenverbände Hilfe in Steuersachen leisten,
7. als Berufsvertretung oder auf ähnlicher Grundlage gebildete Vereinigungen, soweit sie im Rahmen ihres Aufgabenbereichs ihren Mitgliedern Hilfe in Steuersachen leisten; § 95 des Bundesvertriebenengesetzes bleibt unberührt,
8. als Berufsvertretung oder auf ähnlicher Grundlage gebildete Vereine von Land- und Forstwirten, zu deren satzungsmäßiger Aufgabe die Hilfeleistung für land- und forstwirtschaftliche Betriebe im Sinne des Bewertungsgesetzes gehört, soweit sie diese Hilfe durch Personen leisten, die berechtigt sind, die Bezeichnung „Landwirtschaftliche Buchstelle" zu füh-

ren, und die Hilfe nicht die Ermittlung der Einkünfte aus selbständiger Arbeit oder aus Gewerbebetrieb betrifft, es sei denn, daß es sich hierbei um Nebeneinkünfte handelt, die üblicherweise bei Landwirten vorkommen,

9.
a) Speditionsunternehmen, soweit sie Hilfe in Eingangsabgabensachen oder bei der verbrauchsteuerlichen Behandlung von Waren im Warenverkehr mit anderen Mitgliedstaaten der Europäischen Union leisten,
b) sonstige gewerbliche Unternehmen, soweit sie im Zusammenhang mit der Zolbehandlung Hilfe in Eingangsabgabensachen leisten,
c) die in den Buchstaben a und b genannten Unternehmen, soweit sie für Unternehmer im Sinne des § 22a des Umsatzsteuergesetzes Hilfe in Steuersachen nach § 22b des Umsatzsteuergesetzes leisten und im Geltungsbereich dieses Gesetzes ansässig sind, nicht Kleinunternehmer im Sinne des § 19 des Umsatzsteuergesetzes und nicht von der Fiskalvertretung nach § 22e des Umsatzsteuergesetzes ausgeschlossen sind,

10. Arbeitgeber, soweit sie für ihre Arbeitnehmer Hilfe bei lohnsteuerlichen Sachverhalten oder bei Sachverhalten des Familienleistungsausgleichs im Sinne des Einkommensteuergesetzes leisten,

11. Lohnsteuerhilfevereine, soweit sie für ihre Mitglieder Hilfe in Steuersachen leisten, wenn diese
a) Einkünfte aus nichtselbständiger Arbeit, sonstige Einkünfte aus wiederkehrenden Bezügen (§ 22 Nr. 1 des Einkommensteuergesetzes), Einkünfte aus Unterhaltsleistungen (§ 22 Nr. 1a des Einkommensteuergesetzes) oder Einkünfte aus Leistungen nach § 22 Nr. 5 des Einkommensteuergesetzes erzielen,
b) keine Einkünfte aus Land- und Forstwirtschaft, aus Gewerbebetrieb oder aus selbständiger Arbeit erzielen oder umsatzsteuerpflichtige Umsätze ausführen, es sei denn, die den Einkünften zugrunde liegenden Einnahmen sind nach § 3 Nummer 3 Nummer 12, 26, 26a, 26b oder 72 des Einkommensteuergesetzes in voller Höhe steuerfrei, und
c) Einnahmen aus anderen Einkunftsarten haben, die insgesamt die Höhe von achtzehntausend Euro, im Falle der Zusammenveranlagung von sechsunddreißigtausend Euro, nicht übersteigen und im Veranlagungsverfahren zu erklären sind oder auf Grund eines Antrags des Steuerpflichtigen erklärt werden. An die Stelle der Einnahmen tritt in Fällen des § 20 Absatz 2 des Einkommensteuergesetzes der Gewinn im Sinne des § 20 Absatz 4 des Einkommensteuergesetzes und in den Fällen des § 23 Absatz 1 des Einkommensteuergesetzes der Gewinn im Sinne des § 23 Absatz 3 Satz 1 des Einkommensteuergesetzes; Verluste bleiben unberücksichtigt

Die Befugnis erstreckt sich nur auf die Hilfeleistung bei der Einkommensteuer und ihren Zuschlagsteuern. Soweit zulässig, berechtigt sie auch zur Hilfeleistung bei der Eigenheimzulage und der Investitionszulage nach den §§ 3 bis 4 des Investitionszulagengesetzes 1999, bei mit Kinderbetreuungskosten im Sinne von § 10 Absatz 1 Nummer 5 des Einkommensteuergesetzes sowie bei mit haushaltsnahen Beschäftigungsverhältnissen im Sinne des § 35a des Einkommensteuergesetzes zusammenhängenden Arbeitgeberaufgaben sowie zur Hilfe bei Sachverhalten des Familienleistungsausgleichs im Sinne des Einkommensteuergesetzes und der sonstigen Zulagen und Prämien, auf die die Vorschriften der Abgabenordnung anzuwenden sind Mitglieder, die arbeitslos geworden sind, dürfen weiterhin beraten werden.

12. Kreditinstitute, soweit sie in Vertretung der Gläubiger von Kapitalerträgen Anträge auf Erstattung von Kapitalertragsteuer nach § 44a Absatz 9 oder § 50c des Einkommensteuergesetzes oder nach § 11 Absatz 1 des Investmentsteuergesetzes stellen,

13. öffentlich bestellte versicherungsmathematische Sachverständige, soweit sie in unmittelbarem Zusammenhang mit der Berechnung von Pensionsrückstellungen, versicherungstechnischen Rückstellungen und Zuführungen zu Pensions- und Unterstützungskassen ihren Auftraggebern Hilfe in Steuersachen leisten,

14. diejenigen, die Verträge im Sinne des § 2 Abs. 1 Wohnungsbau-Prämiengesetz schließen oder vermitteln, soweit sie bei der Ausfüllung von Anträgen auf Wohnungsbauprämie Hilfe leisten,
15. Stellen, die durch Landesrecht als geeignet im Sinne des § 305 Abs. 1 Nr. 1 der Insolvenzordnung anerkannt sind, im Rahmen ihres Aufgabenbereichs,
16. a) diejenigen, die Verträge im Sinne des § 1 Abs. 1 und 1a des Altersvorsorgeverträge-Zertifizierungsgesetzes schließen oder vermitteln,
    b) die in § 82 Abs. 2 Satz 1 Buchstabe a des Einkommensteuergesetzes genannten Versorgungseinrichtungen,
soweit sie im Rahmen des Vertragsabschlusses, der Durchführung des Vertrages oder der Antragstellung nach § 89 des Einkommensteuergesetzes Hilfe leisten.

§ 5 Verbot der unbefugten Hilfeleistung in Steuersachen, Missbrauch von Berufsbezeichnungen

(1) Andere als die in den §§ 3, 3a, § 3d oder 4 bezeichneten Personen und Vereinigungen dürfen nicht geschäftsmäßig Hilfe in Steuersachen leisten, insbesondere nicht geschäftsmäßig Rat in Steuersachen erteilen. Die in den §§ 3a, § 3d und 4 bezeichneten Personen und Vereinigungen dürfen nur im Rahmen ihrer Befugnis geschäftsmäßig Hilfe in Steuersachen leisten.
(2) Werden den Finanzbehörden oder den Steuerberaterkammern Tatsachen bekannt, die den Verdacht begründen, dass eine Person oder Vereinigung entgegen Absatz 1 geschäftsmäßig Hilfe in Steuersachen leistet, so haben sie diese Tatsachen der für das Bußgeldverfahren zuständigen Stelle mitteilen. Werden den Finanzbehörden oder dem Bundesamt für Justiz Tatsachen bekannt, die darauf hinweisen, dass eine Person oder Vereinigung entgegen Absatz 1 geschäftsmäßig Hilfe in Steuersachen leistet, so können sie diese Tatsachen der zuständigen Steuerberaterkammer zum Zwecke der Prüfung der Geltendmachung von Ansprüchen nach den Vorschriften des Gesetzes gegen den unlauteren Wettbewerb (§ 76 Absatz 11) mitteilen. Liegen tatsächliche Anhaltspunkte dafür vor, dass die unbefugte Hilfeleistung in Steuersachen fortgesetzt wird, so ist das Bundesamt für Justiz verpflichtet, die zuständige Steuerberaterkammer über den Ausgang eines nach § 20 Absatz 1 Nummer 1 des Rechtsdienstleistungsgesetzes eingeleiteten Bußgeldverfahrens zu unterrichten. Eine entsprechende Verpflichtung besteht für die Finanzbehörden in Bezug auf Bußgeldverfahren nach § 160. Zuständige Steuerberaterkammer im Sinne der Sätze 2 und 3 ist diejenige, in deren Bezirk die unbefugt hilfeleistende Person oder Vereinigung ihren Sitz hat. Besteht kein Sitz im Inland, jedoch in einem der in § 3a Absatz 2 Satz 2 genannten Staaten, so ist die nach dieser Vorschrift für den jeweiligen Staat zuständige Steuerberaterkammer zuständig. Kann nach den Sätzen 5 und 6 keine Zuständigkeit bestimmt werden, so ist diejenige Steuerberaterkammer zuständig, in deren Bezirk die unbefugte Hilfeleistung erbracht wurde.
(3) Die Finanzbehörden oder die Steuerberaterkammern haben der für das Strafverfahren, das Bußgeldverfahren oder ein berufsaufsichtliches Verfahren zuständigen Stelle ihnen bekannte Tatsachen mitzuteilen, die den Verdacht begründen, dass
1. Personen, die geschäftsmäßig Hilfe in Steuersachen leisten, entgegen § 132a Absatz 1 Nummer 2 des Strafgesetzbuches die Berufsbezeichnungen „Steuerberater", „Steuerbevollmächtigter", „Rechtsanwalt", „Wirtschaftsprüfer" oder „vereidigter Buchprüfer" führen,
2. Vereinigungen, die geschäftsmäßig Hilfe in Steuersachen leisten, entgegen § 161 dieses Gesetzes unbefugt die Bezeichnungen „Steuerberatungsgesellschaft", „Lohnsteuerhilfeverein", „Landwirtschaftliche Buchstelle" oder unbefugt den Zusatz „und Partner", „Partnerschaft" (§ 2 Absatz 1 des Partnerschaftsgesellschaftsgesetzes), „mit beschränkter Berufshaftung" oder jeweilige Abkürzungen (§ 8 Absatz 4 des Partnerschaftsgesellschaftsgesetzes) oder entgegen § 133 der Wirtschaftsprüferordnung die Bezeichnungen „Wirtschaftsprüfungsgesellschaft" oder „Buchprüfungsgesellschaft" führen
(4) Werden den Finanzbehörden Tatsachen bekannt, die darauf hinweisen, dass Personen oder Vereinigungen die ihnen nach § 3a zustehende Befugnis zu vorübergehender und gelegentlicher geschäftsmäßiger Hilfeleistung in Steuersachen überschreiten, so haben die Finanzbehörden diese Tatsachen der zuständigen Steuerberaterkammer mitzuteilen. Satz 1 gilt entsprechend,

wenn den Finanzbehörden Tatsachen bekannt werden, die darauf hinweisen, dass Personen oder Vereinigungen die ihnen erteilte Erlaubnis zum partiellen Zugang nach § 3d überschreiten.
(5) § 30 der Abgabenordnung steht den Mitteilungen nach den Absätzen 2, 3 und 4 nicht entgegen.

§ 6   Ausnahmen vom Verbot der unbefugten Hilfeleistung in Steuersachen

Das Verbot des § 5 gilt nicht für
1. die Erstattung wissenschaftlich begründeter Gutachten,
2. die unentgeltliche Hilfeleistung in Steuersachen für Angehörige im Sinne des § 15 der Abgabenordnung,
3. die Durchführung mechanischer Arbeitsgänge bei der Führung von Büchern und Aufzeichnungen, die für die Besteuerung von Bedeutung sind; hierzu gehören nicht das Kontieren von Belegen und das Erteilen von Buchungsanweisungen,
4. das Buchen laufender Geschäftsvorfälle, die laufende Lohnabrechnung und das Fertigen der Lohnsteuer-Anmeldungen, soweit diese Tätigkeiten verantwortlich durch Personen erbracht werden, die nach Bestehen der Abschlußprüfung in einem kaufmännischen Ausbildungsberuf oder nach Erwerb einer gleichwertigen Vorbildung mindestens drei Jahre auf dem Gebiet des Buchhaltungswesens in einem Umfang von mindestens 16 Wochenstunden praktisch tätig gewesen sind.

§ 7   Untersagung der Hilfeleistung in Steuersachen

(1) Die Finanzbehörde kann die Hilfeleistung in Steuersachen untersagen, wenn
1. bei einer Tätigkeit nach den §§ 3a, 3d, 4 oder 6 die jeweiligen Befugnisse überschritten werden oder
2. eine Tätigkeit als Arbeitnehmer zur Umgehung des Verbots nach § 5 missbraucht wird.
(2) Die für die Finanzverwaltung zuständige oberste Landesbehörde kann den in § 4 Nr. 7 bezeichneten Vereinigungen im Einvernehmen mit den fachlich beteiligten obersten Landesbehörden die Hilfeleistung in Steuersachen ganz oder teilweise untersagen, wenn eine sachgemäße Tätigkeit nicht gewährleistet ist. Dies gilt nicht, wenn eine der in § 3 Satz 1 Nummer 1 aufgeführten Personen die Hilfeleistung in Steuersachen leitet.
(3) Diejenige Finanzbehörde, in deren Zuständigkeitsbereich die nach Absatz 1 zu untersagende Hilfeleistung in Steuersachen geleistet wird, kann diese Hilfeleistung in Steuersachen in ihrem Zuständigkeitsbereich untersagen. Die Finanzbehörde ist befugt, andere Finanzbehörden über die Untersagung nach Satz 1 zu unterrichten. § 30 der Abgabenordnung steht dem nicht entgegen.

§ 8   Werbung

(1) Auf eigene Dienste oder Dienste Dritter zur geschäftsmäßigen Hilfeleistung in Steuersachen darf hingewiesen werden, soweit über die Tätigkeit in Form und Inhalt sachlich unterrichtet wird.
(2) Werbung, die auf die Erteilung eines Auftrags zur geschäftsmäßigen Hilfeleistung in Steuersachen im Einzelfall gerichtet ist, ist verboten. Dies gilt nicht für die Durchführung der Tätigkeiten nach § 6 Nr. 3 und 4.
(3) Die in § 3 Satz 1 bezeichneten Personen und Gesellschaften dürfen auf ihre Befugnis zur Hilfeleistung in Steuersachen nach den für sie geltenden berufsrechtlichen Vorschriften hinweisen.
(4) Die in § 6 Nr. 4 bezeichneten Personen dürfen auf ihre Befugnisse zur Hilfeleistung in Steuersachen hinweisen und sich als Buchhalter bezeichnen. Personen, die den anerkannten Abschluss „Geprüfter Bilanzbuchhalter/Geprüfte Bilanzbuchhalterin" oder „Steuerfachwirt/ Steuerfachwirtin" erworben haben, dürfen unter dieser Bezeichnung werben. Die genannten Personen dürfen dabei nicht gegen das Gesetz gegen den unlauteren Wettbewerb verstoßen.

§ 9 Vergütung

Die Abgabe oder Entgegennahme eines Teils der Gebühren oder sonstiger Vorteile für die Vermittlung von Aufträgen, gleichviel ob im Verhältnis zu einem Steuerberater oder Steuerbevollmächtigten oder zu einem Dritten gleich welcher Art, ist unzulässig.

§ 9a Erfolgshonorar

(1) Vereinbarungen, durch die eine Vergütung für eine Hilfeleistung in Steuersachen oder ihre Höhe vom Ausgang der Sache oder vom Erfolg der Tätigkeit abhängig gemacht wird oder nach denen der Steuerberater oder Steuerbevollmächtigte einen Teil der zu erzielenden Steuerermäßigung, Steuerersparnis oder Steuervergütung als Honorar erhält (Erfolgshonorar), sind unzulässig, soweit nachfolgend nichts anderes bestimmt ist. Vereinbarungen, durch die der Steuerberater oder Steuerbevollmächtigte sich verpflichtet, Gerichtskosten, Verwaltungskosten oder Kosten anderer Beteiligter zu tragen, sind unzulässig.
(2) Ein Erfolgshonorar darf nur für den Einzelfall und nur dann vereinbart werden, wenn der Auftraggeber bei verständiger Betrachtung ohne die Vereinbarung eines Erfolgshonorars von der Rechtsverfolgung abgehalten würde. Dabei darf für den Fall des Misserfolgs vereinbart werden, dass keine oder eine geringere als die gesetzliche Vergütung zu zahlen ist, wenn für den Erfolgsfall ein angemessener Zuschlag auf die gesetzliche Vergütung vereinbart wird.
(3) Die Vereinbarung bedarf der Textform. Sie muss als Vergütungsvereinbarung oder in vergleichbarer Weise bezeichnet werden, von anderen Vereinbarungen deutlich abgesetzt sein und darf nicht in der Vollmacht enthalten sein. Die Vereinbarung muss enthalten:
1. die voraussichtliche gesetzliche Vergütung und gegebenenfalls die erfolgsunabhängige vertragliche Vergütung, zu der der Steuerberater oder Steuerbevollmächtigte bereit wäre, den Auftrag zu übernehmen, sowie
2. die Angabe, welche Vergütung bei Eintritt welcher Bedingungen verdient sein soll.

(4) In der Vereinbarung sind außerdem die wesentlichen Gründe anzugeben, die für die Bemessung des Erfolgshonorars bestimmend sind. Ferner ist ein Hinweis aufzunehmen, dass die Vereinbarung keinen Einfluss auf die gegebenenfalls vom Auftraggeber zu zahlenden Gerichtskosten, Verwaltungskosten und die von ihm zu erstattenden Kosten anderer Beteiligter hat.
(5) Aus einer Vergütungsvereinbarung, die nicht den Anforderungen der Absätze 2 und 3 entspricht, kann der Steuerberater oder Steuerbevollmächtigte keine höhere als die gesetzliche Vergütung fordern. Die Vorschriften des bürgerlichen Rechts über die ungerechtfertigte Bereicherung bleiben unberührt.

§ 10 Übermittlung von Daten

(1) Gerichte und Behörden einschließlich der Berufskammern übermitteln der für die Entscheidung zuständigen Stelle diejenigen Daten über Personen und Berufsausübungsgesellschaften, deren Kenntnis aus Sicht der übermittelnden Stelle erforderlich ist für
1. die Zulassung zur Prüfung oder die Befreiung von der Prüfung zum Steuerberater,
2. die Bestellung oder Wiederbestellung oder die Rücknahme oder den Widerruf der Bestellung als Steuerberater oder Steuerbevollmächtigter,
3. die Anerkennung, die Rücknahme oder den Widerruf der Anerkennung als Berufsausübungsgesellschaft oder als Lohnsteuerhilfeverein,
4. die Einleitung oder Durchführung eines berufsaufsichtlichen Verfahrens,
5. die Überprüfung der Voraussetzungen für die Bestellung eines Beratungsstellenleiters im Sinne des § 23 Absatz 3 oder
6. eine Untersagung nach § 3f.

(2) Die Übermittlung nach Absatz 1 unterbleibt,
1. soweit sie schutzwürdige Interessen einer betroffenen Person beeinträchtigen würde und das Informationsinteresse des Empfängers das Interesse der betroffenen Person an dem Unterbleiben der Übermittlung nicht überwiegt oder
2. soweit besondere gesetzliche Verwendungsregelungen entgegenstehen.

Satz 1 Nummer 2 gilt nicht für die Verschwiegenheitspflichten der für eine Berufskammer eines freien Berufs im Geltungsbereich dieses Gesetzes tätigen Personen und für das Steuergeheimnis nach § 30 der Abgabenordnung.

§ 10a (weggefallen)

§ 10b Vorwarnmechanismus

(1) Wird bei einer Person, die die Anerkennung einer Berufsqualifikation nach der Richtlinie 2005/36/EG des Europäischen Parlaments und des Rates vom 7. September 2005 über die Anerkennung von Berufsqualifikationen (ABl. L 255 vom 30.9.2005, S. 22) in der jeweils geltenden Fassung beantragt hat, gerichtlich festgestellt, dass sie dabei gefälschte Berufsqualifikationsnachweise verwendet hat, unterrichtet die zuständige Steuerberaterkammer, soweit die Unterrichtung nicht bereits durch das zuständige Gericht erfolgt ist, die zuständigen Behörden der anderen Mitgliedstaaten der Europäischen Union, der anderen Vertragsstaaten des Abkommens über den Europäischen Wirtschaftsraum oder der Schweiz über die Identität dieser Person, insbesondere über Name, Vorname, Geburtsdatum und Geburtsort, und den Umstand, dass diese Person gefälschte Berufsqualifikationsnachweise verwendet hat (Warnmitteilung). Die Warnmitteilung erfolgt unverzüglich, spätestens jedoch drei Tage nach Unanfechtbarkeit der Feststellung. Sie ist über das durch die Verordnung (EU) Nr. 1024/2012 des Europäischen Parlaments und des Rates vom 25. Oktober 2012 über die Verwaltungszusammenarbeit mit Hilfe des Binnenmarkt-Informationssystems und zur Aufhebung der Entscheidung 2008/49/EG der Kommission (ABl. L 316 vom 14.11.2012, S. 1) eingerichtete Binnenmarkt-Informationssystem zu übermitteln.
(2) Zeitgleich mit der Warnmitteilung nach Absatz 1 Satz 1 unterrichtet die zuständige Stelle, die die Warnmitteilung getätigt hat, die betroffene Person über die Warnmitteilung und ihren Inhalt schriftlich unter Beifügung einer Rechtsbehelfsbelehrung. Wird ein Rechtsbehelf gegen die Warnmitteilung eingelegt, ergänzt die Stelle, die die Warnmitteilung getätigt hat, die Warnmitteilung um einen entsprechenden Hinweis.

§ 11 Verarbeitung personenbezogener Daten

(1) Soweit es zur Erfüllung der Aufgaben nach diesem Gesetz erforderlich ist, dürfen personenbezogene Daten verarbeitet werden. Personenbezogene Daten dürfen auch für Zwecke künftiger Verfahren nach diesem Gesetz verarbeitet werden. Besondere Kategorien personenbezogener Daten gemäß Artikel 9 Absatz 1 der Verordnung (EU) 2016/679 des Europäischen Parlaments und des Rates vom 27. April 2016 zum Schutz natürlicher Personen bei der Verarbeitung personenbezogener Daten, zum freien Datenverkehr und zur Aufhebung der Richtlinie 95/46/EG (Datenschutz-Grundverordnung) (ABl. L 119 vom 4.5.2016, S. 1; L 314 vom 22.11.2016 S. 72) dürfen gemäß Artikel 9 Absatz 2 Buchstabe g der Datenschutz-Grundverordnung (EU) 2016/679 in diesem Rahmen verarbeitet werden.
(2) Die Verarbeitung personenbezogener Daten durch Personen und Gesellschaften nach § 3 erfolgt unter Beachtung der für sie geltenden Berufspflichten weisungsfrei. Die Personen und Gesellschaften nach § 3 sind bei Verarbeitung sämtlicher personenbezogener Daten ihrer Mandanten Verantwortliche gemäß Artikel 4 Nummer 7 der Datenschutz-Grundverordnung (EU) 2016/679. Besondere Kategorien personenbezogener Daten gemäß Artikel 9 Absatz 1 der Verordnung (EU) 2016/679 dürfen gemäß Artikel 9 Absatz 2 Buchstabe g der Datenschutz-Grundverordnung (EU) 2016/679 in diesem Rahmen verarbeitet werden.
(3) § 30 der Abgabenordnung steht dem nicht entgegen.

§ 12 Hilfeleistung im Abgabenrecht fremder Staaten

Personen und Vereinigungen im Sinne des § 3 Satz 1 sind in Angelegenheiten, die das Abgabenrecht fremder Staaten betreffen, zur geschäftsmäßigen Hilfe in Steuersachen befugt. Die entsprechenden Befugnisse Dritter auf Grund anderer Rechtsvorschriften bleiben unberührt.

...

§ 154 Bestehende Gesellschaften

(1) Steuerberatungsgesellschaften, die am 16. Juni 1989 anerkannt sind, bleiben anerkannt. Dies gilt auch, wenn die Gesellschaft zur Übernahme der Mandanten einer Einrichtung gemäß § 4 Nr. 3, 7 und 8 gegründet wurde oder später die Mandanten einer solchen Einrichtung übernommen hat. Verändert sich nach dem 31. Dezember 1990 der Bestand der Gesellschafter oder das Verhältnis ihrer Beteiligungen oder Stimmrechte durch Rechtsgeschäft oder Erbfall und geht der Anteil oder das Stimmrecht nicht auf einen Gesellschafter über, der die Voraussetzungen des §§ 49 und 50 erfüllt, so hat die zuständige Steuerberaterkammer nach § 55 Absatz 3 zu verfahren. Sie kann vom Widerruf der Anerkennung absehen, wenn Anteile von einer Körperschaft des öffentlichen Rechts im Zusammenhang mit der Überragung von Aufgaben auf eine andere Körperschaft des öffentlichen Rechts übergehen.

(2) Absatz 1 Satz 3 und 4 gilt auch für unmittelbar oder mittelbar an Berufsausübungsgesellschaften beteiligte Gesellschaften, wenn sie nicht die Kapitalbindungsvorschriften des §§ 49 und 50 dieses Gesetzes oder des § 28 Abs. 4 der Wirtschaftsprüferordnung erfüllen. Auf Antrag kann auf Grund einer von der zuständigen Steuerberaterkammer erteilten Ausnahmegenehmigung von der Anwendung des Satzes 1 abgesehen werden, wenn

1. sich der Bestand der Gesellschafter einer beteiligten Gesellschaft und das Verhältnis ihrer Beteiligungen oder Stimmrechte dadurch ändert, dass ein Gesellschafter aus der beteiligten Gesellschaft ausscheidet und infolgedessen sein Anteil oder Stimmrecht auf einen Gesellschafter übergeht, der vor dem 19. Mai 1994 Gesellschafter der beteiligten Gesellschaft war, und die beteiligte Gesellschaft, bei der die Änderung eintritt, vor der Änderung von Berufsvertretungen desselben Berufs gebildet wurde, oder
2. sich der Bestand der Gesellschafter einer beteiligten Gesellschaft und das Verhältnis ihrer Beteiligungen oder Stimmrechte in den vorangegangenen Jahren jeweils nur geringfügig geändert hat, oder
3. sich der Bestand der Gesellschafter einer beteiligten Gesellschaft und das Verhältnis ihrer Beteiligungen oder Stimmrechte ändert und dies auf einen Strukturwandel im landwirtschaftlichen Bereich zurückzuführen ist.

§ 155 Übergangsvorschriften aus Anlass des Vierten Gesetzes zur Änderung des Steuerberatungsgesetzes

(1) Gesellschaften und Personenvereinigungen, die nach § 4 Nr. 8 in der am 15. Juni 1989 geltenden Fassung zur geschäftsmäßigen Hilfeleistung in Steuersachen befugt waren, behalten diese Befugnis, soweit diese Hilfe durch gesetzliche Vertreter oder leitende Angestellte geleistet wird, die unter § 3 fallen, und die Hilfe nicht die Ermittlung der Einkünfte aus selbständiger Arbeit oder aus Gewerbebetrieb betrifft, es sei denn, dass es sich hierbei um Nebeneinkünfte handelt, die üblicherweise bei Landwirten vorkommen. Die Befugnis zur geschäftsmäßigen Hilfeleistung in Steuersachen erlischt, wenn sie nicht mehr nach dem 16. Juni 1999 durch Personen geleistet wird, die berechtigt sind, die Bezeichnung "Landwirtschaftliche Buchstelle" zu führen. Die für die Finanzverwaltung zuständige oberste Landesbehörde kann die Frist um bis zu zwei Jahre verlängern, wenn dies nach Lage des einzelnen Falles angemessen ist.

(2) Vereinigungen im Sinne des Absatzes 1, die am 16. Juni 1989 befugt waren, die Bezeichnung "Landwirtschaftliche Buchstelle" zu führen, dürfen diese Bezeichnung als Zusatz zum Namen der Vereinigung weiter führen, wenn mindestens ein leitender Angestellter berechtigt ist, diese Bezeichnung als Zusatz zur Berufsbezeichnung zu führen.

(3) Die in § 36 Absatz 1 Satz 1 Nummer 2 und Absatz 2 Nummer 1 bestimmte Reihenfolge der Vorbildungsvoraussetzungen gilt nicht für Tätigkeiten, die vor dem 16. Juni 1989 ausgeübt worden sind.

§ 156 Übergangsvorschriften aus Anlass des Sechsten Gesetzes zur Änderung des Steuerberatungsgesetzes

§ 36 Absatz 1 Satz 1 Nummer 2 und Absatz 3 gilt für Bewerber, die in dem in Artikel 3 des Einigungsvertrages genannten Gebiet einen Fachschulabschluss erworben und mit der Fachschulausbildung vor dem 1. Januar 1991 begonnen haben, mit der Maßgabe, dass sie nach dem Fachschulabschluss vier Jahre praktisch tätig gewesen sind.

§ 157 Übergangsvorschriften aus Anlass des Gesetzes zur Änderung von Vorschriften über die Tätigkeit der Steuerberater

(1) Prozessagenten im Sinne des § 11 in der bis zum 30. Juni 2000 geltenden Fassung sind weiterhin zur geschäftsmäßigen Hilfeleistung in Steuersachen befugt.
(2) Stundenbuchhalter im Sinne von § 12 Abs. 2 in der bis zum 30. Juni 2000 geltenden Fassung sind weiterhin zur beschränkten geschäftsmäßigen Hilfe in Steuersachen befugt.
(3) Die vorläufige Bestellung von Steuerberatern und Steuerbevollmächtigten, deren Bestellung nach Maßgabe des § 40a Abs. 1 Satz 6 in der bis zum 30. Juni 2000 geltenden Fassung nicht mit Ablauf des 31. Dezember 1997 erloschen ist, gilt weiter und erlischt erst mit Eintritt der Bestandskraft der Rücknahmeentscheidung nach § 46 Abs. 1 Satz 2 in der bis zum 30. Juni 2000 geltenden Fassung. Soweit in diesen Fällen auf Grund rechtskräftiger Gerichtsentscheidungen endgültige Bestellungen vorzunehmen sind, gilt § 40a Abs. 1 Satz 3 bis 5 in der bis zum 30. Juni 2000 geltenden Fassung weiter.
(4) Die Vorschriften dieses Gesetzes über die Zulassung zur Prüfung in der ab dem 1. Juli 2000 geltenden Fassung sind erstmals auf die Zulassung zur Prüfung im Jahr 2001 anzuwenden.
(5) Auf Prüfungen, die vor dem 1. November 2000 begonnen haben, sind die Vorschriften dieses Gesetzes in der bis zum 30. Juni 2000 geltenden Fassung weiter anzuwenden.
(6) Die den Steuerberaterkammern zugewiesenen Aufgaben des Ersten und Zweiten Unterabschnitts des Zweiten Abschnitts des Zweiten Teils dieses Gesetzes in der ab dem 1. Juli 2000 geltenden Fassung werden bis zum 31. Dezember 2000 von den bisher zuständigen Behörden der Finanzverwaltung wahrgenommen.
(7) (weggefallen)
...

§ 157b Anwendungsvorschrift

§ 154 Absatz 2 Satz 2 Nummer 2 in der Fassung des Artikels 14 des Gesetzes vom 16. Juli 2009 (BGBl. I S. 1959) ist auf alle bei Inkrafttreten dieser Vorschrift nicht bestandskräftig abgeschlossenen Verfahren anzuwenden.
...

§ 160 Unbefugte Hilfeleistung in Steuersachen

(1) Ordnungswidrig handelt, wer einer vollziehbaren Anordnung nach § 7 Absatz 1 oder 2 Satz 1 zuwiderhandelt.
(2) Die Ordnungswidrigkeit kann mit einer Geldbuße bis zu fünftausend Euro geahndet werden.
...

§ 163 Pflichtverletzung von Personen, deren sich der Verein bei der Hilfeleistung in Steuersachen im Rahmen der Befugnis nach § 4 Nr. 11 bedient

(1) Ordnungswidrig handelt, wer entgegen § 26 Abs. 2 in Verbindung mit der Hilfeleistung in Steuersachen im Rahmen der Befugnis nach § 4 Nr. 11 eine andere wirtschaftliche Tätigkeit ausübt.

(2) Die Ordnungswidrigkeit kann mit einer Geldbuße bis zu fünfundzwanzigtausend Euro geahndet werden.
...

§ 164a Verwaltungsverfahren

(1) Die Durchführung des Verwaltungsverfahrens in öffentlich-rechtlichen und berufsrechtlichen Angelegenheiten, die durch den Ersten Teil, den Zweiten und Sechsten Abschnitt des Zweiten Teils und den Ersten Abschnitt des Dritten Teils dieses Gesetzes geregelt werden, richtet sich nach der Abgabenordnung. Das Verfahren kann über eine einheitliche Stelle abgewickelt werden. Dafür gelten die Vorschriften des Verwaltungsverfahrensgesetzes entsprechend.
(2) Die Vollziehung der Rücknahme oder des Widerrufs der Anerkennung als Lohnsteuerhilfeverein (§ 20), der Anordnung der Schließung einer Beratungsstelle (§ 28 Abs. 3), der Rücknahme oder des Widerrufs der Bestellung als Steuerberater oder Steuerbevollmächtigter (§ 46) oder der Anerkennung als Steuerberatungsgesellschaft (§ 55) ist bis zum Eintritt der Unanfechtbarkeit gehemmt; § 361 Abs. 4 Sätze 2 und 3 der Abgabenordnung und § 69 Abs. 5 Sätze 2 bis 4 der Finanzgerichtsordnung bleiben unberührt. In den Fällen des Satzes 1 kann daneben die Ausübung der Hilfeleistung in Steuersachen mit sofortiger Wirkung untersagt werden, wenn es das öffentliche Interesse erfordert.
(3) In finanzgerichtlichen Verfahren in Angelegenheiten der §§ 37, 37a und 39a wird die für die Finanzverwaltung zuständige oberste Landesbehörde durch die zuständige Steuerberaterkammer vertreten. Die der für die Finanzverwaltung zuständigen obersten Landesbehörde in Verfahren nach Satz 1 auferlegten Kosten werden von der zuständigen Steuerberaterkammer unmittelbar an den Kostengläubiger gezahlt. Die für die Finanzverwaltung zuständige oberste Landesbehörde wird insoweit von ihrer Zahlungsverpflichtung gegenüber dem Kostengläubiger befreit. Die zuständige Steuerberaterkammer kann für eigene Aufwendungen in Verfahren nach Satz 1 und für die Zahlung nach Satz 2 keinen Ersatz von der für die Finanzverwaltung zuständigen obersten Landesbehörde verlangen.

Allgemeine Verwaltungsvorschrift über die Durchführung der Vollstreckung nach der Abgabenordnung - Vollstreckungsanweisung (VollstrA) -

vom 13. März 1980 (BStBl I S. 112), zuletzt geändert durch Artikel 1 der Allgemeiner Verwatungsvorschrift vom 23.10.2017 (BStBl I S. 1374)

Inhaltsübersicht

Erster Teil - Allgemeine Vorschriften

Allgemeines
1 Anwendungsbereich
2 Vollstreckungsbehörden
3 Vollstreckungsschuldner

Vollstreckbarkeit von Verwaltungsakten
4 Vollstreckbarkeit von Verwaltungsakten

Einstellung, Beschränkung, Aufhebung und Unbilligkeit der Vollstreckung
5 Einstellung und Beschränkung der Vollstreckung
6 Aufhebung von Vollstreckungsmaßnahmen
7 Unbilligkeit der Vollstreckung

Vollstreckungsersuchen
8 Amtshilfe
9 Ausführung von Vollstreckungsersuchen
10 Zwischenstaatliche Vollstreckungshilfe

Einwendungen gegen die Vollstreckung, Rechtsbehelfe
11 Einwendungen gegen die Vollstreckung
12 Rechtsbehelfsverfahren
13 Rechte Dritter

Niederschlagung
14 Niederschlagung
15 Entscheidung über die Niederschlagung
16 Anzeige der Niederschlagung
17 Überwachung der Niederschlagung

Vollstreckung gegen juristische Personen des öffentlichen Rechts
18 Vollstreckung gegen juristische Personen des öffentlichen Rechts

Zweiter Teil - Anordnung und Durchführung der Vollstreckung

Allgemeines
19 Voraussetzungen für den Beginn der Vollstreckung
20 Vorbereitung der Vollstreckung
21 Anfechtung außerhalb des Insolvenzverfahrens
22 Anordnung der Vollstreckung
23 Einleitung der Vollstreckung
24 Ausführung der Vollstreckung durch Vollziehungsbeamte
25 Ausführung der Vollstreckung durch die Vollstreckungsstelle
26 Vollstreckungs- und Insolvenzantrag

Anhang 8   Vollstreckungsanweisung
VollstrA

Vollstreckung gegen Ehegatten, Lebenspartner, Nießbraucher, Erben, nichtrechtsfähige Personenvereinigungen

27	Vollstreckung gegen Ehegatten oder Lebenspartner
28	Vollstreckung in Nießbrauch an einem Vermögen
29	Vollstreckung in einen Nachlass und gegen Erben; Grundsatz
30	Vollstreckung in den Nachlass vor und nach Annahme der Erbschaft
31	Beschränkung der Haftung des Erben und des Vermächtnisnehmers
32	aufgehoben
33	Vollstreckung gegen eine nichtrechtsfähige Personenvereinigung

Dritter Teil - Vollstreckung in das bewegliche und unbewegliche Vermögen

Vollstreckung in Sachen

34	Vollstreckungsauftrag
35	Vollstreckung in bewegliche Sachen
36	Verwertung gepfändeter Sachen
37	Verwertung gepfändeter Wertpapiere
38	Verwertung von Kostbarkeiten
39	Besondere Verwertung
40	Aussetzung der Verwertung gepfändeter Sachen

Vollstreckung in Forderungen und andere Vermögensrechte

41	Pfändung und Einziehung einer Geldforderung
42	Pfändung und Einziehung eines Herausgabeanspruchs und anderer Vermögensrechte
43	Pfändung einer durch Hypothek gesicherten Forderung
44	Weiteres Verfahren bei der Pfändung von Forderungen

Vollstreckung in das unbewegliche Vermögen

45	Gegenstand und Voraussetzung der Vollstreckung in das unbewegliche Vermögen
46	Verfahren
47	Verfahren in Erbfällen
48	Verfahren bei nachfolgendem Eigentumswechsel
49	Rechtsmittel gegen Entscheidungen des Grundbuchamts und des Vollstreckungsgerichts
50	Behandlung öffentlicher Lasten bei der Zwangsversteigerung oder Zwangsverwaltung
51	Versteigerungstermin

Eidesstattliche Versicherung

52	Eidesstattliche Versicherung
53	Eidesstattliche Versicherung in anderen Fällen

Vierter Teil - Arrest

54	Dinglicher Arrest
55	Vollziehung des Arrestes
56	Persönlicher Sicherheitsarrest

Fünfter Teil - Insolvenzverfahren

57	Verfahrensarten
58	Eröffnungsantrag der Vollstreckungsstelle
59	Kostenvorschuss
60	Steuerforderungen im Insolvenzverfahren
61	Insolvenzplan
62	Gläubigerausschuss
63	Verbraucherinsolvenzverfahren
64	Restschuldbefreiung

Sechster Teil - Löschung, gewerbe- und berufsrechtliche Verfahren, Maßnahmen nach dem Pass- sowie Aufenthaltsgesetz, Abmeldung von Fahrzeugen von Amts wegen

65 Löschung im Handelsregister oder im Genossenschaftsregister
66 Gewerbe- und berufsrechtliche, pass- und ausländerrechtliche Maßnahmen
67 Abmeldung von Fahrzeugen von Amts wegen

Siebenter Teil - Schlussvorschriften

68 Inkrafttreten

Erster Teil - Allgemeine Vorschriften

Allgemeines

1 Anwendungsbereich

(1) Die Vollstreckungsanweisung gilt für das Vollstreckungsverfahren der Bundes- und Landesfinanzbehörden. In gerichtlichen Vollstreckungsverfahren ist die Vollstreckungsanweisung nicht anzuwenden.

(2) Die Vollstreckungsanweisung gilt namentlich für die Vollstreckung von

1. Steuern einschließlich Zöllen und Abschöpfungen (§ 3 Abs. 1 AO) sowie Steuervergütungen,
2. steuerlichen Nebenleistungen (§ 3 Abs. 4 AO),
3. vom Vollstreckungsschuldner zurückzuzahlenden Beträgen, die ihm ohne rechtlichen Grund erstattet oder vergütet worden sind (§ 37 Abs. 2 AO),
4. Geldbußen (§§ 377 bis 383, § 412 Abs. 2 AO),
5. Ordnungsgeldern und
6. Kosten des Bußgeldverfahrens (§ 412 Abs. 2 AO).

Für die Vollstreckung der in Satz 1 Nr. 4 bis 6 bezeichneten Geldleistungen gelten die Vorschriften der Vollstreckungsanweisung nur, soweit sich aus dem Gesetz nichts anderes ergibt (vgl. §§ 89 bis 104 OWiG i. V. m. § 412 Abs. 2 AO; Artikel 7, 8 und 9 Abs. 2 EGStGB).

(3) Über die Ausführung der Vollstreckung durch Vollziehungsbeamte enthält die allgemeine Verwaltungsvorschrift für Vollziehungsbeamte der Finanzverwaltung (Vollziehungsanweisung) nähere Bestimmungen.

2 Vollstreckungsbehörden

Vollstreckungsbehörden sind die Finanzämter und die Hauptzollämter sowie die Landesfinanzbehörden, denen durch eine Rechtsverordnung nach § 17 Absatz 2 Satz 3 Nummer 3 des Finanzverwaltungsgesetzes die landesweite Zuständigkeit für Kassengeschäfte und das Erhebungsverfahren einschließlich der Vollstreckung übertragen worden ist (§ 249 Absatz 1 Satz 3 der Abgabenordnung).

3 Vollstreckungsschuldner

(1) Als Vollstreckungsschuldner im Sinne dieser Bestimmungen gilt derjenige, gegen den sich ein Vollstreckungsverfahren tatsächlich richtet, unabhängig davon, ob seine Inanspruchnahme zu Recht erfolgt (§ 253 AO).

(2) Das Vollstreckungsverfahren kann sich auch gegen denjenigen richten, der kraft Gesetzes, zum Beispiel nach den §§ 69 bis 75 der Abgabenordnung, den § 2382 des Bürgerlichen Gesetzbuches, den §§ 25, 128 des Handelsgesetzbuches oder nach den Einzelsteuergesetzen, für eine

Steuer haftet und durch Haftungsbescheid in Anspruch genommen worden ist (§ 191 Abs. 1 AO). Wer sich auf Grund eines Vertrages verpflichtet hat, für die Steuer eines anderen einzustehen, kann nur nach den Vorschriften des bürgerlichen Rechts in Anspruch genommen werden (§ 192 AO).

(3) Vollstreckungsschuldner ist auch derjenige, der kraft Gesetzes verpflichtet ist, die Vollstreckung zu dulden und durch Duldungsbescheid in Anspruch genommen worden ist (§§ 77, 191 Abs. 1 AO); zum Beispiel Ehegatten und Lebenspartner (Abschnitt 27), Nießbraucher (Abschnitt 28), Erben (Abschnitte 29 bis 31) und Rechtsnachfolger im Sinne des § 323 der Abgabenordnung.

Vollstreckbarkeit von Verwaltungsakten

4   Vollstreckbarkeit von Verwaltungsakten

Verwaltungsakte können vollstreckt werden, soweit nicht ihre Vollziehung ausgesetzt ist (§ 251 Abs. 1 AO). In Insolvenzverfahren (Abschnitt 57 bis 64) ist § 251 Abs. 2, 3 der Abgabenordnung zu beachten.

Einstellung, Beschränkung, Aufhebung und Unbilligkeit der Vollstreckung

5   Einstellung und Beschränkung der Vollstreckung

(1) Die Vollstreckung ist nach § 257 der Abgabenordnung einzustellen oder zu beschränken, sobald

1. die Vollstreckbarkeitsvoraussetzung des § 251 Abs. 1 der Abgabenordnung weggefallen ist,
2. der Verwaltungsakt, aus dem vollstreckt wird, aufgehoben wird,
3. der Anspruch auf die Leistung erloschen ist, zum Beispiel durch Zahlung, Aufrechnung, Erlass, Verjährung (§ 47 AO),
4. die Leistung gestundet worden ist (§ 222 AO).

(2) In den Fällen des Absatzes 1 Nr. 2 und 3 sind bereits getroffene Vollstreckungsmaßnahmen aufzuheben. Ist der Verwaltungsakt durch eine gerichtliche Entscheidung aufgehoben worden, so gilt dies nur, soweit die Entscheidung unanfechtbar geworden ist und nicht auf Grund der Entscheidung ein neuer Verwaltungsakt zu erlassen ist. Ist die Leistung gestundet oder die Vollziehung eines angefochtenen Verwaltungsaktes ausgesetzt worden, bleiben die Vollstreckungsmaßnahmen bestehen, soweit nicht ihre Aufhebung ausdrücklich angeordnet oder die Rückwirkung der Aufhebung der Vollziehung verfügt worden ist. Bleiben Vollstreckungsmaßnahmen bestehen, unterbleiben für die Dauer einer Stundung oder Aussetzung der Vollziehung weitere Maßnahmen zur Durchführung der Vollstreckung, wie zum Beispiel die Verwertung gepfändeter Sachen.

(3) Ist die Aufteilung einer Gesamtschuld nach den §§ 268 bis 280 der Abgabenordnung beantragt worden, dürfen Vollstreckungsmaßnahmen, solange über den Antrag durch die für die Steuerfestsetzung zuständige Stelle nicht unanfechtbar entschieden worden ist, nur insoweit durchgeführt werden, als dies zur Sicherung des Anspruchs erforderlich ist. Sicherungsmaßnahmen können gegen jeden der Schuldner wegen des Gesamtanspruchs ergriffen werden. Nach der Aufteilung darf die Vollstreckung nur nach Maßgabe der auf die einzelnen Schuldner entfallenden Beträge durchgeführt werden (§ 278 Abs. 1 AO), soweit nicht nach § 278 Abs. 2 der Abgabenordnung eine weitergehende Inanspruchnahme möglich ist.

(4) Hat der Vollstreckungsschuldner wegen Rückständen, die der Vollstreckungsstelle bereits mitgeteilt worden sind, Stundung (§ 222 AO), Erlass (§ 227 AO) oder Aussetzung der Vollziehung (§ 361 AO, § 69 Abs. 2 FGO) beantragt, soll über die Anträge unverzüglich entschieden werden.

Vollstreckungsanweisung　　　　　　　　　　　　　　Anhang 8
　　　　　　　　　　　　　　　　　　　　　　　　　　　　VollstrA

Die für die Entscheidung über den Antrag zuständige Stelle soll die Vollstreckungsstelle über das Vorliegen des Antrags unterrichten - soweit der Antrag der Vollstreckungsstelle nicht bereits bekannt ist - und sich zu den Erfolgsaussichten des Antrags äußern. Hat der Vollstreckungsschuldner bei Gericht Antrag auf vorläufigen Rechtsschutz gestellt (§ 69 Abs. 3, § 114 FGO), hat die Vollstreckungsstelle mit dem Gericht wegen des weiteren Vorgehens Verbindung aufzunehmen. Die Vollstreckungsstelle hat sodann zu entscheiden, ob Vollstreckungsmaßnahmen eingeleitet oder bereits begonnene Vollstreckungsverfahren eingestellt, beschränkt oder fortgeführt werden sollen. Das Vollstreckungsverfahren ist einzuleiten oder fortzuführen, wenn die Anträge aussichtslos erscheinen, wenn sie offensichtlich nur den Zweck verfolgen, das Vollstreckungsverfahren hinauszuschieben oder wenn Gefahr im Verzug besteht; entsprechendes gilt, wenn bei Gericht Antrag auf vorläufigen Rechtsschutz gestellt worden ist (§§ 69, 114 FGO).

6　Aufhebung von Vollstreckungsmaßnahmen

(1) Soweit nach Abschnitt 5 Abs. 2 bereits getroffene Vollstreckungsmaßnahmen aufzuheben sind, ist im Einzelnen wie folgt zu verfahren:

1. Pfändungen (Sachpfändungen, Pfändungen von Forderungen und anderen Vermögensrechten) sind aufzuheben.
2. Ist dem Vollziehungsbeamten Vollstreckungsauftrag erteilt worden (vgl. Abschnitt 34), ist er anzuweisen, keine weiteren Vollstreckungsmaßnahmen mehr zu ergreifen.
3. Der Antrag auf Eintragung einer Sicherungshypothek (Abschnitte 45 bis 47) ist durch schriftliche Erklärung gegenüber dem Grundbuchamt zurückzunehmen, wenn die Sicherungshypothek noch nicht eingetragen ist (§§ 29, 31 GBO). Ist die Sicherungshypothek bereits eingetragen, bleibt es dem Grundstückseigentümer überlassen, das Grundbuch berichtigen zu lassen. Dem Vollstreckungsschuldner oder einem anderen Berechtigten, zum Beispiel einem Dritten, auf den durch Entrichtung des beizutreibenden Betrages der Anspruch des Gläubigers gemäß §§ 268, 1150 des Bürgerlichen Gesetzbuches übergegangen ist, ist eine Zahlungsbestätigung und löschungsfähige Quittung oder Löschungsbewilligung zu erteilen.
4. Der Antrag auf Zwangsversteigerung oder Zwangsverwaltung (Abschnitte 45 bis 48) ist durch schriftliche Erklärung gegenüber dem Vollstreckungsgericht, durch mündliche Erklärung im Versteigerungstermin (zur Aufnahme in die Sitzungsniederschrift) oder zu Protokoll des Urkundsbeamten des Vollstreckungsgerichts zurückzunehmen. Der Antrag auf Zwangsversteigerung kann bis zur Erteilung des Zuschlags, der Antrag auf Zwangsverwaltung kann jederzeit zurückgenommen werden. Der Insolvenzantrag (Abschnitt 58) ist - im Hinblick auf die Kostenfolge (§ 91a ZPO) - schriftlich gegenüber dem Insolvenzgericht für erledigt zu erklären. Der Insolvenzantrag kann nicht mehr für erledigt erklärt werden, wenn das Gericht den Beschluss über die Eröffnung verkündet, einem Beteiligten zugestellt oder öffentlich bekannt gemacht hat. Bei Erlöschen des Anspruchs durch Zahlung wird auf § 14 Absatz 1 Satz 2 der Insolvenzordnung sowie § 14 Absatz 3 der Insolvenzordnung hingewiesen.

(2) Sind die Voraussetzungen für eine Aufhebung oder Beschränkung der Vollstreckung nur zum Teil gegeben, so sind die Vollstreckungsmaßnahmen entsprechend zu beschränken. In den Fällen des Absatzes 1 Nr. 3 ist ein Eintragungsantrag immer zurückzunehmen, wenn der verbleibende Betrag siebenhundertfünfzig Euro nicht übersteigt (vgl. § 866 Abs. 3 ZPO).

7　Unbilligkeit der Vollstreckung

(1) Soweit im Einzelfall die Vollstreckung unbillig ist, kann die Vollstreckungsbehörde die Vollstreckung über die in den Abschnitten 5, 6 gezogenen Grenzen hinaus einstweilen einstellen, beschränken oder eine Vollstreckungsmaßnahme aufheben (§ 258 AO). Die Entscheidung hierüber ist von der Vollstreckungsbehörde nach pflichtgemäßem Ermessen (§ 5 AO) zu treffen. Die Einstellung oder Beschränkung ist nicht von einem Antrag des Vollstreckungsschuldners abhängig.

(2) Unbilligkeit im Sinne des Absatzes 1 ist anzunehmen, wenn die Vollstreckung oder eine einzelne Vollstreckungsmaßnahme dem Vollstreckungsschuldner einen unangemessenen Nachteil

1325

bringen würde, der durch kurzfristiges Zuwarten oder durch eine andere Vollstreckungsmaßnahme vermieden werden könnte. Nachteile, die üblicherweise mit der Vollstreckung oder der einzelnen Vollstreckungsmaßnahme verbunden sind, begründen keine Unbilligkeit.

(3) Bei Maßnahmen nach Absatz 1 Satz 1 sind grundsätzlich Säumniszuschläge weiter zu erheben. Wird die Maßnahme dem Vollstreckungsschuldner mitgeteilt, so ist er hierauf hinzuweisen.

Vollstreckungsersuchen

8   Amtshilfe

(1) Wird die Ausführung von Vollstreckungsmaßnahmen außerhalb der örtlichen Zuständigkeit der Vollstreckungsbehörde erforderlich, so ist die örtlich zuständige Vollstreckungsbehörde um die Durchführung zu ersuchen. Das gleiche gilt für Maßnahmen, die nicht Vollstreckungshandlungen sind, aber mit der Vollstreckung im Zusammenhang stehen, zum Beispiel die Vernehmung von Auskunftspersonen. Unberührt bleiben die Vorschriften der §§ 111 bis 115 der Abgabenordnung über die Rechts- und Amtshilfe sowie entsprechende bundes- und landesrechtliche Regelungen, soweit Geldleistungen, die nicht auf Grund von Steuergesetzen gefordert werden, von den Finanzämtern, den Hauptzollämtern oder den Landesfinanzbehörden, denen durch eine Rechtsverordnung nach § 17 Absatz 2 Satz 3 Nummer 3 des Finanzverwaltungsgesetzes die landesweite Zuständigkeit für Kassengeschäfte und das Erhebungsverfahren einschließlich der Vollstreckung übertragen worden ist, als Vollstreckungsbehörden zu vollstrecken sind.

(2) Amtshilfe kommt regelmäßig in Betracht, wenn in bewegliche Sachen außerhalb der örtlichen Zuständigkeit der Vollstreckungsbehörde vollstreckt werden soll. Bei der Vollstreckung in Forderungen, andere Vermögensrechte und in das unbewegliche Vermögen soll um Amtshilfe nur ersucht werden, wenn dies nach Sachlage geboten erscheint.

(3) Bei Gefahr im Verzug kann die Vollstreckungsbehörde auch ohne Ersuchen tätig werden. Die örtlich zuständige Vollstreckungsbehörde ist hiervon unverzüglich zu unterrichten (§ 29 AO).

(4) Das Ersuchen um Amtshilfe soll von der Vollstreckungsbehörde schriftlich gestellt werden. Bei Gefahr im Verzug kann das Ersuchen auch mündlich erfolgen. In diesem Fall ist das Ersuchen jedoch unverzüglich schriftlich zu bestätigen. Das Ersuchen kann auf eine bestimmte genau zu bezeichnende Maßnahme beschränkt werden. Wird das Ersuchen lediglich aus Zweckmäßigkeitsgründen gestellt, ist dies besonders zu begründen. Im Übrigen soll das Ersuchen die in Abschnitt 34 Abs. 2 Nr. 1 bis 8 und 11 genannten Angaben enthalten. Die Vollstreckbarkeit des Anspruchs ist zu bestätigen.

(5) Vollstreckungsersuchen der Vollstreckungsbehörden sollen nicht gestellt werden, wenn die Summe der rückständigen Beträge weniger als sechsunddreißig Euro beträgt.

9   Ausführung von Vollstreckungsersuchen

(1) Soweit eine Vollstreckungsbehörde auf Ersuchen einer anderen Vollstreckungsbehörde Vollstreckungsmaßnahmen ausführt, tritt sie an die Stelle der anderen Vollstreckungsbehörde. Die ersuchte Vollstreckungsbehörde hat die Vollstreckung im eigenen Namen zu betreiben. Pfändungspfandrechte werden von der Körperschaft erworben, der die ersuchte Vollstreckungsbehörde angehört. Für die Vollstreckbarkeit des Anspruchs bleibt die ersuchende Vollstreckungsbehörde verantwortlich (§ 250 Abs. 1 AO). Sind die Voraussetzungen für eine Einstellung oder Beschränkung der Vollstreckung nach Abschnitt 5 gegeben, ist dies der ersuchten Vollstreckungsbehörde unverzüglich mitzuteilen.

(2) Hält sich die ersuchte Vollstreckungsbehörde für unzuständig oder hält sie die Handlung, um die sie ersucht worden ist, für unzulässig oder unzweckmäßig, teilt sie ihre Bedenken der ersuchenden Vollstreckungsbehörde mit. Kommt zwischen den Vollstreckungsbehörden eine Einigung nicht zustande, entscheidet die Aufsichtsbehörde der ersuchten Vollstreckungsbehörde (§ 250 Abs. 2 AO). Steht zweifelsfrei fest, dass für die Durchführung des Vollstreckungsersu-

chens eine andere als die ersuchte Vollstreckungsbehörde zuständig ist, ist das Vollstreckungsersuchen an die zuständige Vollstreckungsbehörde weiterzuleiten. Die ersuchende Vollstreckungsbehörde ist über die Abgabe zu unterrichten.

10 Zwischenstaatliche Vollstreckungshilfe

Die Erledigung zwischenstaatlicher Rechts- und Amtshilfeersuchen ist in § 117 der Abgabenordnung geregelt. Vollstreckungsersuchen anderer Staaten sind nach den Vorschriften der Abgabenordnung zu erledigen, soweit die Voraussetzungen für die Gewährung von Amtshilfe gegeben sind.

Einwendungen gegen die Vollstreckung, Rechtsbehelfe

11 Einwendungen gegen die Vollstreckung

(1) Die Durchführung der Vollstreckung wird nicht dadurch gehindert, dass der Vollstreckungsschuldner Einwendungen gegen den zu vollstreckenden Verwaltungsakt, zum Beispiel gegen die Steuerfestsetzung erhebt. Einwendungen dieser Art sind außerhalb des Vollstreckungsverfahrens mit den hierfür zugelassenen Rechtsbehelfen zu verfolgen (§ 256 AO).

(2) Bei Einwendungen gegen die Zulässigkeit der Vollstreckung selbst ist die Vollstreckung gegebenenfalls nach Maßgabe des Abschnitts 5 einzustellen oder zu beschränken, wenn die Voraussetzungen hierfür nachgewiesen werden. Kann der Nachweis nicht geführt werden, ist die Vollstreckung in der Regel fortzusetzen. Der Vollstreckungsschuldner kann gegebenenfalls außerhalb des Vollstreckungsverfahrens den Erlass eines Verwaltungsaktes nach § 218 Abs. 2 der Abgabenordnung beantragen.

(3) Absatz 2 gilt entsprechend, wenn der Steuerpflichtige gegen den zu vollstreckenden Anspruch die Aufrechnung erklärt. Die Aufrechnung ist nur zulässig mit unbestrittenen oder rechtskräftig festgestellten fälligen Gegenansprüchen (§ 226 Abs. 3 AO). Das Erfordernis der Kassengleichheit (§ 395 BGB) findet keine Anwendung. Besteht keine Kassengleichheit, ist die Behörde, die den geschuldeten Betrag auszuzahlen hat, um Auskunft zu ersuchen, ob der Anspruch des Steuerpflichtigen unbestritten oder rechtskräftig festgestellt und fällig ist. Will der Steuerpflichtige mit einer noch nicht fälligen, aber in Kürze fällig werdenden Gegenforderung aufrechnen, ist in der Regel zu prüfen, ob die Vollstreckung einstweilen einzustellen oder zu beschränken ist (vgl. Abschnitt 7). Wegen der Aufrechnung gegenüber dem Steuerpflichtigen wird auf Abschnitt 22 Abs. 4 hingewiesen.

(4) Ist die Vollziehung des Verwaltungsaktes gegen Sicherheitsleistung ausgesetzt ist die Vollstreckung in der Regel erst einzustellen oder zu beschränken, wenn die Leistung der Sicherheit nachgewiesen ist.

12 Rechtsbehelfsverfahren

(1) Bei Streitigkeiten wegen Vollstreckungsmaßnahmen sind die Rechtsbehelfe der Abgabenordnung und der Finanzgerichtsordnung gegeben, soweit nichts anderes bestimmt ist.

(2) Rechtsbehelf gegen Maßnahmen der Vollstreckung ist vorbehaltlich des Abschnitts 13 der Einspruch (§ 347 AO). Er ist unzulässig vor Beginn und nach Beendigung der Vollstreckungsmaßnahme, gegen die er sich richtet. Auf die Bestimmungen der Abschnitte 22 Abs. 5 und 34 Abs. 5 Satz 2 wird hingewiesen.

(3) Zur Einlegung des Einspruchs ist nur befugt, wer geltend macht, durch eine Vollstreckungsmaßnahme beschwert zu sein. Durch Einlegung des Einspruchs wird die Vollstreckung vorbehaltlich des Abschnitts 52 Abs. 3 Satz 1 Nr. 2 nicht gehemmt.

13 Rechte Dritter

(1) Über Einwendungen Dritter nach §§ 262, 293 der Abgabenordnung hat die Vollstreckungsstelle unverzüglich zu entscheiden. Gibt die Vollstreckung den Einwendungen nicht statt, soll sie auf die Möglichkeit der Klage vor den ordentlichen Gerichten hinweisen.

(2) Für die Klage ist ausschließlich das ordentliche Gericht zuständig, in dessen Bezirk die Vollstreckung erfolgt (§ 262 Abs. 3 AO). Bei der Pfändung einer Forderung oder eines sonstigen Vermögensrechts richtet sich die Zuständigkeit nach dem Sitz der pfändenden Vollstreckungsbehörde. Bei der Vollstreckung in das unbewegliche Vermögen ist das Gericht der belegenen Sache zuständig.

(3) Die Vollstreckung wird durch Einwendungen und durch Klage nach Absatz 1 und 2 nicht gehemmt. Das Prozessgericht kann die Einstellung der Vollstreckung und die Aufhebung von Vollstreckungsmaßnahmen nach §§ 769, 770 der Zivilprozessordnung einstweilig anordnen (§ 262 Abs. 2 AO).

(4) Besteht das Recht des Dritten in einem Pfand- oder Vorzugsrecht an einer Sache, die nicht in seinem Besitz ist, kann er der Pfändung nicht widersprechen, sondern lediglich vorzugsweise Befriedigung verlangen (§ 293 AO). Macht der Pfandberechtigte sein Recht gegenüber der Vollstreckungsstelle geltend, ist entsprechend Absatz 1 zu verfahren. Die Vollstreckung ist auch dann fortzusetzen, wenn der Dritte seinen Anspruch auf vorzugsweise Befriedigung im Wege der Klage geltend macht. Für die Klage auf vorzugsweise Befriedigung ist das ordentliche Gericht zuständig, in dessen Bezirk gepfändet worden ist (§ 293 Abs. 2 AO).

Niederschlagung

14 Niederschlagung

(1) Ansprüche aus dem Steuerschuldverhältnis (§ 37 der Abgabenordnung) sollen niedergeschlagen werden, wenn zu erwarten ist, dass
1. die Erhebung keinen Erfolg haben wird (§ 261 Nummer 1 der Abgabenordnung) oder
2. die Kosten der Erhebung außer Verhältnis zu dem zu erhebenden Betrag stehen werden (§ 261 Nummer 2 der Abgabenordnung).

Dies gilt auch für Ordnungsgelder sowie für Kosten auf Grund von Bescheiden der Finanzbehörden im Bußgeldverfahren (§ 412 Absatz 2, 3 der Abgabenordnung).

(2) Die Niederschlagung ist eine verwaltungsinterne Maßnahme der Vollstreckungsbehörde; sie führt nicht zum Erlöschen der Ansprüche. Bis zum Erlöschen des Anspruchs (§ 47 AO) ist seine jederzeitige Geltendmachung möglich.

(3) Die Niederschlagung soll dem Vollstreckungsschuldner nicht mitgeteilt werden. Wird sie dennoch mitgeteilt, soll zum Ausdruck gebracht werden, dass die Niederschlagung nicht die Wirkung einer Stundung oder eines Erlasses hat.

15 Entscheidung über die Niederschlagung

(1) Ob die Kosten der Erhebung außer Verhältnis zum niederzuschlagenden Betrag stehen, ist nach den Verhältnissen des Einzelfalles zu entscheiden. Im Regelfall kann davon ausgegangen werden, dass die Kosten der Erhebung außer Verhältnis zu dem geschuldeten Betrag stehen, wenn
1. die Summe der rückständigen Beträge weniger als sechsunddreißig Euro beträgt, es sei denn, der Vollstreckungsauftrag kann zusammen mit Vollstreckungsaufträgen gegen andere Vollstreckungsschuldner ohne übermäßigen Zeitaufwand ausgeführt werden,
2. die Summe der rückständigen Beträge weniger als zweihundertfünfzig Euro beträgt, die Vollstreckung in das bewegliche Vermögen durch den Vollziehungsbeamten erfolglos verlaufen

ist und andere Vollstreckungsmöglichkeit, zum Beispiel Lohn- oder Kontenpfändungen, auch nach Auswertung der Steuerakten, nicht ersichtlich ist,
3. die Summe der rückständigen Beträge weniger als zweihundertfünfzig Euro beträgt, der Vollstreckungsschuldner aber unbekannt verzogen ist, Aufenthaltsermittlungen bei den zuständigen Behörden erfolglos verlaufen sind und im Übrigen auch keine Vollstreckungsmöglichkeiten nach Nummer 2 bestehen.

(2) Erkennt die Vollstreckungsbehörde, dass die Erhebung keinen Erfolg haben wird, zum Beispiel wegen Zahlungsunfähigkeit des Vollstreckungsschuldners oder weil der Vollstreckungsschuldner unbekannt verzogen ist und Aufenthaltsermittlungen erfolglos geblieben sind, soll die Prüfung, ob andere Personen den rückständigen Betrag schulden oder dafür haften, möglichst frühzeitig veranlasst werden. Die Niederschlagung ist erst zu verfügen, wenn zu erwarten ist, dass die rückständigen Beträge weder vom Vollstreckungsschuldner noch von einem Dritten eingezogen werden können. Nach der Eröffnung eines Verfahrens nach der Insolvenzordnung sind Abgabenforderungen, soweit es sich um Insolvenzforderungen handelt, mit Überwachung niederzuschlagen; die Prüfung der Inanspruchnahme Dritter bleibt unberührt.

(3) Die Niederschlagung bedarf der Genehmigung der vorgesetzten Finanzbehörde, wenn der niedergeschlagene Betrag die von den obersten Finanzbehörden festgesetzte Grenze überschreitet oder die Genehmigung aus sonstigen Gründen der vorgesetzten Finanzbehörde vorbehalten ist. Der Genehmigungsvorbehalt gilt nicht für Niederschlagungen im Sinne des Absatzes 2 Satz 3.

(4) Der Grund für die Niederschlagung ist festzuhalten.

16 Anzeige der Niederschlagung

Die Vollstreckungsstelle hat die Kasse, bei der die niedergeschlagenen Beträge zum Soll stehen, von der Niederschlagung zu unterrichten. Im automatisierten Verfahren ist die Niederschlagung der Datenerfassungsstelle zur Datenerfassung mitzuteilen; diese Mitteilung entfällt, wenn der Rückstand in einem vereinfachten maschinellen Verfahren niedergeschlagen worden ist. Die Veranlagungs- oder Festsetzungsstelle ist mit Ausnahme der Fälle des Abschnitts 15 Abs. 1 Satz 2 ebenfalls über die Niederschlagung in Kenntnis zu setzen. Im Bereich der Zollverwaltung gilt die in Satz 3 enthaltene Ausnahmeregelung grundsätzlich nicht. Bei der Niederschlagung von Kraftfahrzeugsteuer ist eine Mitteilung an die Festsetzungsstelle nicht erforderlich.

17 Überwachung der Niederschlagung

(1) In Fällen der Niederschlagung wegen mangelnder Erfolgsaussicht der Vollstreckung hat die Vollstreckungsstelle - insbesondere bei größeren Rückständen - stichprobenweise vor dem Eintritt der Verjährung die Vermögens- und Einkommensverhältnisse des Vollstreckungsschuldners zu prüfen (Abschnitt 20 Abs. 2), gegebenenfalls die Verjährung durch Maßnahmen nach § 231 der Abgabenordnung zu unterbrechen und die Vollstreckung fortzusetzen. Das Ergebnis der Prüfung ist in geeigneter Form festzuhalten. Auf eine Überwachung kann verzichtet werden, sobald feststeht, dass mit einer künftigen Realisierung der Ansprüche mit Sicherheit nicht mehr zu rechnen ist, z.B. im Falle des Nachlassinsolvenzverfahrens oder der aufgelösten Gesellschaft ohne Haftungsschuldner.

(2) Zahlungen auf niedergeschlagene Rückstände sollen auf der Rückstandsanzeige oder auf der Niederschlagungsverfügung vermerkt werden, sofern ihre Berücksichtigung nicht in anderer Form sichergestellt ist.

18 Vollstreckung gegen juristische Personen des öffentlichen Rechts

(1) Gegen den Bund oder ein Land ist die Vollstreckung nicht zulässig (§ 255 Abs. 1 Satz 1 AO).

(2) Gegen juristische Personen des öffentlichen Rechts, die der Staatsaufsicht unterliegen, zum Beispiel Gemeinden, Gemeindeverbände, Handels- und Handwerkskammern und Sozialversicherungsträger, ist die Vollstreckung nur mit Zustimmung der Aufsichtsbehörde des Vollstreckungsschuldners zulässig. Die Aufsichtsbehörde bestimmt den Zeitpunkt der Vollstreckung und die Vermögensgegenstände, in die vollstreckt werden kann (§ 255 Abs. 1 Satz 2 und 3 AO).

(3) Ist der Vollstreckungsstelle ein Rückstand angezeigt worden, der von einem der in Absatz 1 und Absatz 2 Satz 1 genannten Schuldner zu entrichten ist, wendet sich die Vollstreckungsstelle zunächst an die Stelle, der es obliegt, zur Zahlung des Rückstands Anweisung zu erteilen. Wird dabei kein Einvernehmen erreicht, berichtet die Vollstreckungsstelle hierüber der vorgesetzten Finanzbehörde. Diese versucht sodann, gegebenenfalls durch Einschaltung der obersten Finanzbehörde, zu einer Regelung der Angelegenheit zu gelangen.

(4) Gegenüber öffentlich-rechtlichen Kreditinstituten gelten die Beschränkungen der Absätze 2 und 3 nicht (§ 255 Abs. 2 AO).

Zweiter Teil - Anordnung und Durchführung der Vollstreckung

Allgemeines

19 Voraussetzungen für den Beginn der Vollstreckung

(1) Soweit nichts anderes bestimmt ist, darf die Vollstreckung nach § 254 Abs. 1 der Abgabenordnung erst beginnen, wenn die Leistung fällig ist, der Vollstreckungsschuldner zur Leistung aufgefordert worden (Leistungsgebot) und seit der Aufforderung mindestens eine Woche verstrichen ist. Der Erlass des Leistungsgebotes ist keine Maßnahme der Vollstreckung; es wird regelmäßig mit dem zu vollstreckenden Verwaltungsakt verbunden. Ein besonderes Leistungsgebot ist jedoch dann erforderlich, wenn der Verwaltungsakt gegen den Rechtsnachfolger wirkt, ohne ihm bekannt gegeben zu sein (§ 254 i.V.m. § 45 AO); dies gilt nicht im Fall der Vollstreckung nach Abschnitt 30 Abs. 2. Hat der Vollstreckungsschuldner eine von ihm auf Grund einer Steueranmeldung geschuldete Leistung nicht erbracht, ist weder ein Leistungsgebot noch die Einhaltung der Wochenfrist erforderlich.

(2) Ein Leistungsgebot wegen der Säumniszuschläge, Zinsen und Vollstreckungskosten ist nicht erforderlich, wenn sie zusammen mit dem Hauptanspruch beigetrieben werden (§ 254 Abs. 2 AO).

(3) Vollstreckungsmaßnahmen sind nicht deshalb unzulässig, weil eine nach § 259 der Abgabenordnung gebotene Mahnung unterblieben oder vor Ablauf der Mahnfrist mit der Vollstreckung begonnen worden ist.

20 Vorbereitung der Vollstreckung

(1) Nach Eingang der Rückstandsanzeige prüft die Vollstreckungsstelle, ob und welche Vollstreckungsmaßnahmen ergriffen werden sollen.

(2) Zur Vorbereitung der Vollstreckung können die Finanzbehörden die Vermögens- und Einkommensverhältnisse des Vollstreckungsschuldners ermitteln (§ 249 Abs. 2 Satz 1 AO); §§ 85 bis 107 und §§ 111 bis 117 der Abgabenordnung sind insoweit anwendbar. Unter den Voraussetzungen des § 93 der Abgabenordnung können auch Dritte und Vorlagepflichtige zur Auskunft herangezogen werden. Zur Ermittlung der Vermögens- und Einkommensverhältnisse kann die Vollstreckungsstelle auch die Durchführung einer Außenprüfung anregen (§§ 193 bis 203 AO) oder gegebenenfalls die Steuerfahndung oder Zollfahndung um Mitwirkung ersuchen (§ 208 Abs. 2 Nr. 1 AO).

(3) Werden nichtsteuerliche Geldleistungen vollstreckt, darf die Finanzbehörde alle ihr bekannt gewordenen und nach § 30 der Abgabenordnung geschützten Daten verwenden (§ 249 Abs. 2 Satz 2 AO). Soweit die Finanzbehörde zur Vorbereitung der Vollstreckung Ermittlungen auf

Grund außersteuerlicher Rechtsvorschriften durchführt, stehen ihr die Ermittlungsbefugnisse nach Absatz 2 nicht zur Verfügung.

(4) Die Vollstreckung soll nicht versucht werden, wenn sie nach den Vermögens- und Einkommensverhältnissen des Vollstreckungsschuldners aussichtslos erscheint. Die Vollstreckungsstelle kann in geeigneten Fällen vom Vollstreckungsschuldner die Vorlage eines Vermögensverzeichnisses verlangen.

21 Anfechtung außerhalb des Insolvenzverfahrens

(1) Erlangt die Finanzbehörde Kenntnis von Vermögensübertragungen durch den Steuerpflichtigen auf Dritte, so ist die Anfechtung der zugrunde liegenden Rechtshandlungen nach dem Gesetz über die Anfechtung von Rechtshandlungen eines Schuldners außerhalb des Insolvenzverfahrens (AnfG) zu prüfen. Bestehen keine fälligen Ansprüche, ist zu prüfen, ob Leistungsgebote als Voraussetzung für das Anfechtungsverfahren zu erlassen sind.

(2) Die Anfechtung wegen Ansprüchen aus dem Steuerschuldverhältnis erfolgt durch Duldungsbescheid (§ 191 AO in Verbindung mit den Vorschriften des Anfechtungsgesetzes), soweit sie nicht einredeweise (§ 9 AnfG) geltend zu machen ist. Durch Duldungsbescheid kann auch Wertersatz gefordert werden (Hinweise auf §§ 812 ff. BGB), wenn der Dritte nicht in der Lage ist, der Vollstreckungsbehörde den erhaltenen Gegenstand zur Verfügung zu stellen.

22 Anordnung der Vollstreckung

(1) Vor Anordnung der Vollstreckung hat die Vollstreckungsstelle, soweit dies nach dem Inhalt der Rückstandsanzeige oder des der Vollstreckungsstelle zugeleiteten Leistungsgebotes möglich ist, zu prüfen,

1. ob dem Vollstreckungsschuldner das Leistungsgebot bekannt gegeben und seit der Bekanntgabe mindestens eine Woche verstrichen ist,
2. ob die Leistung fällig und
3. ob der Vollstreckungsschuldner gemahnt oder vor Eintritt der Fälligkeit an die Zahlung erinnert worden ist.

Bei der Vollstreckung von Geldbußen und Kosten des Bußgeldverfahrens (Abschnitt 1 Abs. 2 Nr. 4 und 6) ist außerdem zu prüfen, ob die Rechtskraft eingetreten ist. Führt die Prüfung zu Beanstandungen, hat sich die Vollstreckungsstelle mit der Kasse oder der für den Erlass des Leistungsgebotes zuständigen Stelle (Veranlagungsstelle, Festsetzungsstelle) in Verbindung zu setzen.

(2) Stellt die Vollstreckungsstelle fest, dass ein nach Abschnitt 19 erforderliches Leistungsgebot dem Vollstreckungsschuldner nicht bekannt gegeben worden ist, holt sie die Bekanntgabe nach oder ersucht die Veranlagungs- oder Festsetzungsstelle um Bekanntgabe des Leistungsgebots. Ist die Mahnung unterblieben, soll die Vollstreckungsstelle sie nachholen, wenn zu erwarten ist, dass sich dadurch Vollstreckungsmaßnahmen erübrigen.

(3) Ergibt die Prüfung nach Absatz 1, dass die Voraussetzungen für den Beginn der Vollstreckung gegeben sind, ordnet die Vollstreckungsstelle die Vollstreckung durch Erlass der Pfändungsverfügung, Erteilung des Vollstreckungsauftrages oder Einleitung sonstiger Vollstreckungsmaßnahmen an. Eine besondere Anordnungsverfügung wird in der Regel nicht erlassen.

(4) Die Vollstreckung soll nicht angeordnet werden, wenn mit der zu vollstreckenden Forderung gegen Ansprüche des Vollstreckungsschuldners aufgerechnet werden kann; der Grundsatz der Kassengleichheit (§ 395 BGB) und das Erfordernis des Unbestrittenseins oder der rechtskräftigen Feststellung der Forderung des Vollstreckungsschuldners gilt insoweit nicht. Gegen Ansprüche des Vollstreckungsschuldners, die von der Kasse einer anderen Finanzbehörde oder von einer anderen öffentlichen Kasse zu begleichen sind, soll eine Aufrechnung nur erklärt werden, wenn die Kasse, die den geschuldeten Betrag auszuzahlen hat, nicht mit eigenen Gegenforderungen aufrechnen kann. Die Aufrechnung ist schriftlich zu erklären. In der Aufrechnungserklärung sind

die Ansprüche, die gegeneinander aufgerechnet werden, nach Grund und Betrag genau zu bezeichnen. Je eine Ausfertigung der Aufrechnungserklärung ist dem Vollstreckungsschuldner und den beteiligten Kassen zu übersenden.

(5) Die Anordnung der Vollstreckung ist eine verwaltungsinterne - nicht anfechtbare - Maßnahme, die dem Vollstreckungsschuldner nicht bekannt gegeben wird. Die Vollstreckungsstelle kann jedoch aus Gründen der Zweckmäßigkeit dem Vollstreckungsschuldner ankündigen, dass demnächst Vollstreckungsmaßnahmen ergriffen werden, wenn damit zu rechnen ist, dass er daraufhin leisten wird; auch gegen diese Ankündigung ist kein förmlicher Rechtsbehelf gegeben.

23 Einleitung der Vollstreckung

(1) Mit Einleitung der Vollstreckung hat die Vollstreckungsstelle zu entscheiden, welche Maßnahmen ergriffen werden sollen. In Betracht kommen folgende Möglichkeiten:

1. Die Vollstreckungsstelle führt die Vollstreckung selbst aus (Abschnitt 25; zum Beispiel Vollstreckung in Forderungen und andere Vermögensrechte).
2. Die Vollstreckungsstelle beauftragt den Vollziehungsbeamten, die Vollstreckung auszuführen (Abschnitte 24, 34; zum Beispiel Vollstreckung in bewegliche Sachen).
3. Die Vollstreckungsstelle stellt beim Amtsgericht als Vollstreckungs- oder Insolvenzgericht oder beim Grundbuchamt den Antrag, Vollstreckungsmaßnahmen zu ergreifen (Abschnitte 26, 45 bis 51, 58; zum Beispiel Antrag auf Zwangsversteigerung, Zwangsverwaltung oder Eintragung einer Sicherungshypothek).
4. Die Vollstreckungsstelle macht den Anspruch des Vollstreckungsgläubigers in einem Insolvenzverfahren geltend (Abschnitte 57 ff.; zum Beispiel durch Anmeldung beim Insolvenzverwalter).
5. Die Vollstreckungsstelle ersucht eine andere Behörde, die Vollstreckung auszuführen (Abschnitte 8 bis 10; zum Beispiel Vollstreckung im Bezirk einer anderen Vollstreckungsbehörde).
6. Die Vollstreckungsstelle nimmt einen Dritten nach dem Anfechtungsgesetz in Anspruch (Abschnitt 21; zum Beispiel auf Grund eines Duldungsbescheides, § 191 AO i.V.m. den Vorschriften des Anfechtungsgesetzes).

(2) Soweit die Zulässigkeit einzelner Vollstreckungsmaßnahmen nicht durch besondere Bestimmungen (Abschnitt 45 Abs. 3 Satz 1 und Abs. 4, Abschnitt 60 Abs. 1) eingeschränkt ist, entscheidet die Vollstreckungsstelle nach pflichtgemäßem Ermessen über die zu treffenden Vollstreckungsmaßnahmen. In erster Linie sollen solche Vollstreckungsmaßnahmen ergriffen werden, von denen nach den besonderen Umständen des Falles bei angemessener Berücksichtigung der Belange des Vollstreckungsschuldners am schnellsten und sichersten ein Erfolg zu erwarten ist. Die beabsichtigte Vollstreckungsmaßnahme muss in angemessenem Verhältnis zu dem erstrebten Erfolg stehen; die Höhe der Forderung den mit ihr verbundenen Verwaltungsaufwand rechtfertigen.

(3) Mehrere Vollstreckungsmaßnahmen können gleichzeitig ergriffen werden, wenn es zur Deckung der Rückstände einschließlich der Kosten der Vollstreckung erforderlich ist. Besteht für den Anspruch des Vollstreckungsgläubigers ein Pfandrecht an einer beweglichen Sache des Vollstreckungsschuldners und hat der Vollstreckungsgläubiger das Pfand im Besitz (im unmittelbaren oder mittelbaren Besitz, im Alleinbesitz oder Mitbesitz), soll in das übrige Vermögen des Vollstreckungsschuldners oder in das Vermögen eines anderen Gesamtschuldners insoweit nicht vollstreckt werden, als der Anspruch des Vollstreckungsgläubigers durch den Wert des Pfandes gedeckt ist. Haftet das Pfand noch für andere Ansprüche des Vollstreckungsgläubigers, gilt Satz 2 insoweit, als die anderen Ansprüche durch den Wert des Pfandes gedeckt sind. Außer einer derartigen Überpfändung ist auch jede andere Übersicherung, zum Beispiel durch Sicherungsübereignung, zu vermeiden. Sätze 2 und 3 gelten nicht im Rahmen der Sachhaftung nach § 76 der Abgabenordnung. Inhaberpapiere und Orderpapiere gelten als bewegliche Sachen im Sinne der Sätze 2 und 3.

(4) Führen Vollstreckungsmaßnahmen nicht zum Erfolg oder erscheinen sie aussichtslos, ist zu prüfen, ob die Löschung im Handels- oder Genossenschaftsregister (Abschnitt 65), ein gewerbe- und berufsrechtliches Untersagungsverfahren, eine Maßnahme nach dem Pass- oder Aufenthaltsgesetz (Abschnitt 66) oder eine Abmeldung von Fahrzeugen von Amts wegen (Abschnitt 67) in Betracht kommt.

24 Ausführung der Vollstreckung durch Vollziehungsbeamte

(1) Mit der Ausführung der Vollstreckung kann die Vollstreckungsstelle einen Vollziehungsbeamten insbesondere in folgenden Fällen beauftragen:

1. Vollstreckung in bewegliche Sachen einschließlich der auf den Inhaber oder auf Namen lautenden Wertpapiere sowie der vom Boden noch nicht getrennten Früchte (§§ 285 bis 308 AO),
2. Pfändung von Forderungen aus Wechseln und anderen Papieren, die durch Indossament übertragen werden können, zum Beispiel Wechsel, kaufmännische Orderpapiere (§ 312 AO),
3. Vollstreckung zur Herausgabe von Sachen (§ 310 Absatz 1 Satz 2, § 315 Absatz 2 Satz 5, § 321 Absatz 4 zweiter Halbsatz AO),
4. Entgegennahme und Verwertung von Sachen in den Fällen des § 318 Abs. 2 der Abgabenordnung,
5. Verwertung von Forderungen und anderen Vermögensrechten in den Fällen des § 317 der Abgabenordnung.

(2) Ein Vollziehungsbeamter kann auch beauftragt werden, zur Feststellung von Forderungen und anderen Vermögensrechten in die Geschäftsbücher Einsicht zu nehmen.

(3) Vollziehungsbeamte im Sinne des Absatzes 1 sind Amtsträger, die zur Ausführung von Vollstreckungsmaßnahmen ständig eingesetzt oder mit der Ausführung solcher Vollstreckungsmaßnahmen in Einzelfällen beauftragt worden sind.

25 Ausführung der Vollstreckung durch die Vollstreckungsstelle

Der Vollstreckungsstelle obliegen namentlich folgende Maßnahmen:

1. Pfändung und Einziehung von Forderungen und anderen Vermögensrechten (Abschnitte 41 bis 44); dies gilt nicht, soweit die Vollstreckung in Forderungen, die in Wertpapieren verbrieft sind, durch den Vollziehungsbeamten auszuführen ist (Abschnitt 24 Absatz 1 Nummer 1, 2),
2. Antrag auf Eintragung einer Sicherungshypothek, auf Zwangsverwaltung oder Zwangsversteigerung (Abschnitte 45 bis 51),
3. Abnahme der Vermögensauskunft und Anordnung der Eintragung in das Schuldnerverzeichnis (Abschnitt 52),
4. Abnahme der eidesstattlichen Versicherung (Abschnitt 53),
5. Anmeldung von Steuerforderungen im Insolvenzverfahren (Abschnitte 60, 63),
6. Antrag auf Eröffnung des Insolvenzverfahrens (Abschnitt 58).

26 Vollstreckungs- und Insolvenzantrag

(1) Die Vollstreckungsstelle stellt bei der zuständigen Stelle die erforderlichen Anträge, wenn

1. in das unbewegliche Vermögen vollstreckt (§ 322 AO) oder
2. über das Vermögen des Vollstreckungsschuldners das Insolvenzverfahren eröffnet

werden soll. Zuständig für die Entgegennahme von Anträgen auf Zwangsversteigerung, Zwangsverwaltung oder die Eröffnung des Insolvenzverfahrens ist das zuständige Amtsgericht als Vollstreckungs- oder Insolvenzgericht, für die Entgegennahme von Anträgen auf Eintragung einer Sicherungshypothek das zuständige Grundbuchamt.

(2) Der Antrag ist schriftlich zu stellen. Er soll die in Abschnitt 34 Abs. 2 Nr. 1 bis 7 und 11 erster Halbsatz bezeichneten Angaben enthalten. Bei der Vollstreckung in das unbewegliche Vermögen ist zu bestätigen, dass die gesetzlichen Voraussetzungen für die Vollstreckung vorliegen (§ 322 Abs. 3 Satz 2 AO).

(3) Die Frage, ob der zu vollstreckende Anspruch besteht und vollstreckbar ist, unterliegt nicht der Beurteilung der in Absatz 1 Satz 2 genannten Stellen (vgl. § 322 Abs. 3 Satz 3 AO).

(4) Ein Antrag im vorstehenden Sinne liegt nicht vor, wenn die in Absatz 1 Satz 2 genannten Stellen um Mitwirkung bei Vollstreckungsmaßnahmen ersucht werden. Dies gilt namentlich für Ersuchen um

1. Eintragung in das Grundbuch, wenn die Vollstreckungsstelle eine Forderung, für die eine Hypothek besteht, oder eine Grundschuld, eine Rentenschuld oder eine Reallast pfändet (§ 310 Abs. 1 Satz 3, § 321 Abs. 6 AO, §§ 29, 30 GBO),
2. Bestellung eines Treuhänders in den Fällen des § 318 Abs. 3 der Abgabenordnung,
3. Einleitung des gerichtlichen Verteilungsverfahrens (§ 308 Abs. 4, § 320 AO),
4. Berichtigung des Grundbuchs (vgl. Abschnitt 46 Abs. 2 Satz 2 und Abs. 3 Satz 1).

Ersuchen der in Nummern 1 und 4 bezeichneten Art sind an das Grundbuchamt und Ersuchen der in Nummern 2 und 3 genannten Art sind an das Amtsgericht als Vollstreckungsgericht zu richten.

Vollstreckung gegen Ehegatten, Lebenspartner, Nießbraucher, Erben, nichtrechtsfähige Personenvereinigungen

27 Vollstreckung gegen Ehegatten oder Lebenspartner

(1) Für die Vollstreckung gegen Ehegatten oder gegen Lebenspartner sind die Vorschriften der §§ 739, 740, 741, 743, 744a und 745 der Zivilprozessordnung entsprechend anzuwenden (§ 263 AO).

(2) Zugunsten der Gläubiger eines Ehegatten oder eines Lebenspartners wird vermutet, dass die im Besitz eines Ehegatten oder eines Lebenspartners oder beider Ehegatten oder beider Lebenspartner befindlichen beweglichen Sachen dem Schuldner gehören (§ 1362 BGB, § 8 LPartG). Soweit die Eigentumsvermutung nach § 1362 des Bürgerlichen Gesetzbuches reicht, gilt, unbeschadet der Rechte Dritter, für die Durchführung der Vollstreckung nur der Schuldner als Gewahrsamsinhaber und Besitzer (§ 739 ZPO). Bei ausschließlich zum persönlichen Gebrauch eines Ehegatten oder eines Lebenspartners bestimmten Sachen wird im Verhältnis der Ehegatten oder der Lebenspartner zueinander und zu den Gläubigern vermutet, dass sie dem Ehegatten oder dem Lebenspartner gehören, für dessen Gebrauch sie bestimmt sind. Leben die Ehegatten oder die Lebenspartner getrennt, so gilt die Eigentumsvermutung nicht hinsichtlich der Sachen, die sich im Besitz des Ehegatten oder des Lebenspartners befinden, der nicht Schuldner ist. In diesem Fall ist davon auszugehen, dass der Schuldner nur an den Sachen Gewahrsam hat, die sich in seiner tatsächlichen Gewalt befinden.

(3) Die Vollstreckung gegen Ehegatten oder gegen Lebenspartner, die im Güterstand der Zugewinngemeinschaft (gesetzlicher Güterstand) oder in Gütertrennung leben, findet nur in das Vermögen des zur Leistung verpflichteten Ehegatten oder des zur Leistung verpflichteten Lebenspartners statt.

(4) Leben die Ehegatten oder die Lebenspartner in Gütergemeinschaft (§§ 1415 bis 1518 BGB, § 7 LPartG) und verwaltet einer von ihnen das Gesamtgut allein, ist zur Vollstreckung in das Gesamtgut ein Leistungsgebot (Haftungsbescheid/Duldungsbescheid) gegen diesen Ehegatten

oder gegen diesen Lebenspartner erforderlich und genügend. Verwalten die Ehegatten oder die Lebenspartner das Gesamtgut gemeinschaftlich, ist die Vollstreckung in das Gesamtgut nur zulässig, wenn gegen beide Ehegatten oder gegen beide Lebenspartner ein Leistungsgebot vorliegt (§ 740 ZPO). Betreibt ein Ehegatte oder ein Lebenspartner, der das Gesamtgut nicht oder nicht allein verwaltet, selbständig ein Erwerbsgeschäft, so genügt zur Vollstreckung in das Gesamtgut ein Leistungsgebot gegen diesen Ehegatten oder gegen diesen Lebenspartner, es sei denn, dass bei Bekanntgabe des Leistungsgebots ein Einspruch gegen den Betrieb des Erwerbsgeschäfts oder ein Widerruf der Einwilligung des anderen Ehegatten oder des anderen Lebenspartners zu dessen Betrieb im Güterrechtsregister eingetragen war (§ 741 ZPO).

(5) Nach Beendigung der Gütergemeinschaft ist vor der Auseinandersetzung die Vollstreckung in das Gesamtgut nur zulässig, wenn sich das Leistungsgebot gegen beide Ehegatten oder gegen beide Lebenspartner richtet oder der eine Ehegatte oder der eine Lebenspartner zur Leistung und der andere zur Duldung der Vollstreckung verpflichtet ist (§ 743 ZPO). Eine Duldungspflicht des anderen Ehegatten oder des anderen Lebenspartners besteht in Ansehung des Gesamtgutes nur hinsichtlich einer Gesamtgutsverbindlichkeit (§ 1437 BGB). Wird eine Gesamtgutsverbindlichkeit in diesem Fall nicht vor der Auseinandersetzung berichtigt (§ 1475 BGB), so haftet der zuvor duldungspflichtige Ehegatte oder der zuvor duldungspflichtige Lebenspartner auch persönlich als Gesamtschuldner mit den zugeteilten Gegenständen (§ 1480 BGB).

(6) Für Ehegatten, die bis zum Ablauf des 2. Oktober 1990 im gesetzlichen Güterstand der Eigentums- und Vermögensgemeinschaft des Familiengesetzbuchs der Deutschen Demokratischen Republik gelebt haben, gelten mit Wirkung vom 3. Oktober 1990 die Bestimmungen des Bürgerlichen Gesetzbuches über den gesetzlichen Güterstand der Zugewinngemeinschaft. Dies gilt nicht, wenn die Ehegatten vor der zuständigen Stelle in der vorgeschriebenen Form bis zum 2. Oktober 1992 erklärt haben, dass der bisherige gesetzliche Güterstand weitergelten soll. Ist eine Erklärung nach Satz 2 nicht abgegeben worden, gilt die widerlegbare Vermutung, dass das gemeinschaftliche Eigentum der Ehegatten Bruchteilseigentum zu gleichen Bruchteilen geworden ist, sofern sich nicht aus dem Grundbuch andere Bruchteile ergeben oder im Güterrechtsregister des Amtsgerichts keine Eintragung über die Beibehaltung des alten Güterstands erfolgt ist (Artikel 234 §§ 4, 4a EGBGB). Leben die Ehegatten im Güterstand der Eigentums- und Vermögensgemeinschaft, sind für die Vollstreckung in das Gesamtgut die Vorschriften der §§ 740 bis 744, 774 und 860 der Zivilprozessordnung entsprechend anzuwenden (§ 744a ZPO).

(7) Im Fall der fortgesetzten Gütergemeinschaft ist zur Vollstreckung in das Gesamtgut ein gegen den überlebenden Ehegatten oder gegen den überlebenden Lebenspartner ergangenes Leistungsgebot erforderlich und genügend (§ 745 Absatz 1 ZPO). Ein vor Eintritt der fortgesetzten Gütergemeinschaft ergangenes Leistungsgebot ist zur Vollstreckung in das Gesamtgut nur dann hinreichend, wenn es gegen den überlebenden Ehegatten oder gegen den überlebenden Lebenspartner gerichtet war oder die Vollstreckung in das Gesamtgut bereits begonnen hatte. Andernfalls ist das Leistungsgebot dem überlebenden Ehegatten oder dem überlebenden Lebenspartner nochmals bekanntzugeben.

(8) Nach Beendigung der fortgesetzten Gütergemeinschaft gelten die Vorschriften des Absatzes 5 mit der Maßgabe, dass an die Stelle des Ehegatten oder des Lebenspartners, der das Gesamtgut allein verwaltet, der überlebende Ehegatte oder der überlebende Lebenspartner und an die Stelle des anderen Ehegatten oder des anderen Lebenspartners die anteilsberechtigten Abkömmlinge treten (§ 745 Absatz 2 ZPO).

28   Vollstreckung in Nießbrauch an einem Vermögen

(1) Für die Vollstreckung in Gegenstände, die dem Nießbrauch an einem Vermögen unterliegen, ist § 737 der Zivilprozessordnung entsprechend anzuwenden (§ 264 AO).

(2) Aus Leistungsgeboten wegen Forderungen, die vor der Bestellung eines Nießbrauchs an einem Vermögen (§ 1085 BGB) gegen den Besteller entstanden sind, kann in Gegenstände des dem Nießbrauch unterliegenden Vermögens vollstreckt werden, wenn gegen den Nießbraucher ein vollstreckbares Leistungsgebot auf Duldung der Vollstreckung ergangen ist (§ 737 Abs. 1 ZPO; § 1086 BGB) Für die Dauer des Nießbrauchs haftet der Nießbraucher persönlich neben

dem Besteller gesamtschuldnerisch für Zinsen solcher Forderungen gegen den Besteller, die vor Bestellung des Nießbrauchs an dem Vermögen entstanden und verzinslich waren, sowie unter den gleichen Voraussetzungen für diejenigen wiederkehrenden Leistungen, die bei ordnungsgemäßer Verwaltung aus den Einkünften des Vermögens bestritten werden (§ 1088 BGB). Die Haftung nach Satz 2 ist durch Haftungsbescheid geltend zu machen (§§ 191, 219 AO).

(3) Absatz 2 gilt bei dem Nießbrauch an einer Erbschaft für die Nachlassverbindlichkeiten entsprechend (§ 737 Abs. 2 ZPO).

29 Vollstreckung in einen Nachlass und gegen Erben; Grundsatz

Für die Vollstreckung gegen Erben sind die Vorschriften der §§ 1958, 1960 Abs. 3, § 1961 des Bürgerlichen Gesetzbuches sowie der §§ 747, 748, 778, 779, 781 bis 784 der Zivilprozessordnung entsprechend anzuwenden (§ 265 AO). Für die Vollstreckung gegen einen Vermächtnisnehmer sind § 781 der Zivilprozessordnung und § 2187 des Bürgerlichen Gesetzbuches entsprechend anzuwenden (§ 266 AO).

30 Vollstreckung in den Nachlass vor und nach Annahme der Erbschaft

(1) Solange der Erbe die Erbschaft nicht angenommen hat, ist eine Vollstreckung wegen eines Anspruchs, der sich gegen den Nachlass richtet, nur in den Nachlass zulässig (§ 778 Abs. 1 ZPO).

(2) Eine Vollstreckung, die vor dem Tode des Schuldners bereits begonnen hatte, wird in seinen Nachlass fortgesetzt, ohne dass es eines weiteren Leistungsgebots oder dessen erneuter Bekanntgabe gegen den Erben, Nachlasspfleger oder ähnliche Personen bedarf. Die Vollstreckung kann auf alle Gegenstände ausgedehnt werden, die zum Nachlass gehören. Ist bei einer Vollstreckungshandlung die Zuziehung des Schuldners nötig, so hat, wenn die Erbschaft noch nicht angenommen oder der Erbe unbekannt oder es ungewiss ist, ob er die Erbschaft angenommen hat, die Vollstreckungsstelle bei dem Amtsgericht, in dessen Bezirk die Vollstreckung ausgeführt werden soll, die Bestellung eines einstweiligen besonderen Vertreters zu beantragen. Die Bestellung hat zu unterbleiben, wenn ein Nachlasspfleger bestellt ist oder wenn die Verwaltung des Nachlasses einem Testamentsvollstrecker zusteht (§ 779 ZPO).

(3) Hat die Vollstreckung zu Lebzeiten des Schuldners noch nicht begonnen, ist sie in den Nachlass vor Annahme der Erbschaft nur zulässig, wenn auf Antrag der Vollstreckungsbehörde ein Nachlasspfleger bestellt (§ 1961 BGB) und diesem das Leistungsgebot, aus dem vollstreckt werden soll, bekannt gegeben worden ist. Die Bestellung eines Nachlasspflegers ist nicht erforderlich, wenn ein verwaltungsbefugter Testamentsvollstrecker vorhanden ist (§ 2213 BGB). Der Testamentsvollstrecker tritt insoweit an die Stelle eines Nachlasspflegers. Steht dem Testamentsvollstrecker keine Verwaltungsbefugnis oder eine solche nur hinsichtlich einzelner Nachlassgegenstände zu, so bedarf es vor Annahme der Erbschaft durch den Erben der Bestellung eines Nachlasspflegers, dem das Leistungsgebot bekannt zu geben ist; zur Vollstreckung in die der Verwaltung des Testamentsvollstreckers unterliegenden Nachlassgegenstände ist das Leistungsgebot auch ihm bekannt zu geben.

(4) Zur Vollstreckung in einen Nachlass wegen einer Forderung, die vor dem Tode des Erblassers begründet, jedoch diesem gegenüber noch nicht geltend gemacht worden ist, bedarf es eines Leistungsgebots gegen den Nachlasspfleger oder den verwaltungsbefugten Testamentsvollstrecker, solange der Erbe die Erbschaft noch nicht angenommen hat. Die Bestellung eines Nachlasspflegers ist gegebenenfalls zu beantragen. Absatz 2 Satz 4 gilt entsprechend.

(5) Ist der Schuldner von mehreren Personen beerbt worden, ist zur Vollstreckung in den Nachlass ein gegen alle Erben ergangenes Leistungsgebot erforderlich (§ 747 ZPO). Im Übrigen sind die Absätze 1 bis 4, 6 entsprechend anzuwenden.

(6) Unterliegt ein Nachlass der Verwaltung eines Testamentsvollstreckers, so ist zur Vollstreckung in den Nachlass ein Leistungsgebot gegen den Testamentsvollstrecker auch dann erforderlich und genügend, wenn der Erbe die Erbschaft angenommen hat. Nach Annahme der Erbschaft durch den Erben ist zur Vollstreckung in den der Verwaltung eines Testamentsvollstreckers unterliegenden Nachlass ein auf Duldung gerichtetes Leistungsgebot gegen diesen genügend, wenn dem Erben das auf Zahlung gerichtete Leistungsgebot bekannt gegeben worden ist (§ 748 ZPO).

(7) Wegen eigener Verbindlichkeiten des Erben ist eine Vollstreckung in den Nachlass vor Annahme der Erbschaft nicht zulässig (§ 778 Abs. 2 ZPO).

(8) Ein Leistungsgebot gegen den Erben wegen Steuerschulden des Erblassers ist vor Annahme der Erbschaft nicht zulässig (§ 1958 BGB). In diesen Fällen ist nach Absatz 3 zu verfahren (§§ 1960, 1961 BGB). Der Annahme der Erbschaft steht der Ablauf der Ausschlagungsfrist des § 1944 des Bürgerlichen Gesetzbuches gleich.

31 Beschränkung der Haftung des Erben und des Vermächtnisnehmers

(1) Der Erbe kann auch nach Annahme der Erbschaft oder Ablauf der Ausschlagungsfrist die Haftung auf den Nachlass beschränken. Die Beschränkung der Erbenhaftung bleibt unberücksichtigt, als auf Grund derselben von dem Erben Einwendungen gegen die Vollstreckung erhoben werden (§ 781 ZPO). Einwendungen dieser Art sind als Einspruch nach § 347 der Abgabenordnung zu behandeln und können sein:

1. die Dreimonatseinrede nach § 2014 des Bürgerlichen Gesetzbuches; danach ist der Erbe berechtigt, die Berichtigung einer Steuerschuld des Erblassers bis zum Ablauf der ersten drei Monate nach der Annahme der Erbschaft, jedoch nicht über die Errichtung des Inventars hinaus (Absatz 3 Nr. 1), zu verweigern,

2. die Aufgebotseinrede nach § 2015 des Bürgerlichen Gesetzbuches; danach ist der Erbe berechtigt, die Berichtigung einer Steuerschuld des Erblassers bis zur Beendigung des Aufgebotsverfahrens zu verweigern, wenn er innerhalb eines Jahres nach Annahme der Erbschaft Antrag auf Erlass des Aufgebots der Nachlassgläubiger gestellt hat und der Antrag zugelassen ist,

3. die Beschränkung der Haftung für Steuerschulden des Erblassers, wenn Nachlassverwaltung angeordnet oder Nachlassinsolvenzverfahren eröffnet ist (§ 1975 BGB),

4. die Ausschließungseinrede nach § 1973 des Bürgerlichen Gesetzbuches; danach kann der Erbe die Befriedigung eines im Aufgebotsverfahren ausgeschlossenen Steuergläubigers verweigern, soweit der Nachlass durch die Befriedigung der nicht ausgeschlossenen Gläubiger erschöpft wird,

5. die Verschweigungseinrede nach § 1974 des Bürgerlichen Gesetzbuches; danach kann der Erbe die Berichtigung einer Steuerschuld des Erblassers verweigern, wenn der Steuergläubiger seine Forderung später als fünf Jahre nach dem Erbfall dem Erben gegenüber geltend macht, soweit der Nachlass durch die Befriedigung der übrigen Nachlassgläubiger erschöpft wird, es sei denn, dass dem Erben die Forderung vor Ablauf der fünf Jahre bekannt geworden ist oder diese im Aufgebotsverfahren angemeldet worden ist,

6. die Erschöpfungseinrede nach § 1990 des Bürgerlichen Gesetzbuches; danach kann der Erbe die Berichtigung einer Steuerschuld des Erblassers insoweit verweigern, als der Nachlass hierzu nicht ausreicht,

7. die Auseinandersetzungseinrede nach § 2059 des Bürgerlichen Gesetzbuches; danach kann bei mehreren Miterben jeder Erbe bis zur Teilung des Nachlasses die Berichtigung von Steuerschulden des Erblassers aus seinem persönlichen Vermögen verweigern.

Die Einreden des Erben nach Nummern 1 und 2 führen dazu, dass die Vollstreckung innerhalb der genannten Fristen auf solche Maßnahmen beschränkt wird, die zur Vollziehung eines Arrests zulässig sind (§ 782 ZPO). Die Einreden des Erben nach Nummer 3 schließen auch nach Beendigung der Nachlassverwaltung oder des Nachlassinsolvenzverfahrens die Vollstreckung in das persönliche Vermögen des Erben aus. Im Falle der Nummern 4 und 5 ist der Erbe weiterhin verpflichtet, einen Überschuss aus der Verwertung des Nachlasses nach den Vorschriften über die ungerechtfertigte Bereicherung herauszugeben. Pfandgläubiger und Gläubiger, die im Insolvenzverfahren Pfandgläubigern gleichstehen, sowie Gläubiger, für die dingliche Rechte an unbeweglichen Nachlassgegenständen bestehen, werden hinsichtlich dieser Gegenstände in ihrem Befriedigungsrecht nicht berührt. Unabhängig von der rechtlichen Wirkung der Einreden des Erben bleibt die Vollstreckung in den Nachlass nach Abschnitt 30 zulässig.

(2) Hinsichtlich der Nachlassgegenstände kann der Erbe die Beschränkung der Vollstreckung nach Absatz 1 Nr. 1 und 2 auch wegen seiner persönlichen Steuerschulden verlangen, es sei denn, er haftet für die Nachlassverbindlichkeiten unbeschränkt (§ 783 ZPO). Soweit Nachlassverwaltung angeordnet oder ein Nachlassinsolvenzverfahren eröffnet ist, kann der Erbe verlangen, dass Vollstreckungsmaßnahmen wegen Steuerschulden des Erblassers in sein nicht zum Nachlass gehörendes Vermögen aufgehoben werden, es sei denn, dass er für die Nachlassverbindlichkeiten unbeschränkt haftet (§ 784 ZPO). Die Rechte aus den Sätzen 1 und 2 kann der Erbe mit dem Einspruch nach § 347 der Abgabenordnung geltend machen.

(3) Der Erbe haftet unbeschränkt mit dem Nachlass und seinem eigenen Vermögen für Steuerschulden des Erblassers, wenn er

1. die nach § 1994 des Bürgerlichen Gesetzbuches auf Antrag des Gläubigers gesetzte Frist zur Inventarerrichtung versäumt hat,
2. Inventaruntreue im Sinne des § 2005 des Bürgerlichen Gesetzbuches begangen hat,
3. auf die Beschränkung der Erbenhaftung gegenüber den Nachlassgläubigern oder dem Verfahren betreibenden Gläubiger verzichtet hat.

Die Vollstreckungsstelle hat gegebenenfalls auf die Errichtung eines Inventars hinzuwirken (§ 1994 BGB).

(4) Der Vermächtnisnehmer haftet bei geltend gemachter Erschöpfungseinrede (§ 2187 Abs. 3, § 1992 BGB) nur mit dem Wert des vermachten Gegenstandes. Im Übrigen gilt Absatz 1 Nr. 6 entsprechend.

32

(weggefallen)

33 Vollstreckung gegen eine nichtrechtsfähige Personenvereinigung

(1) Zur Vollstreckung in das Vermögen einer nichtrechtsfähigen Personenvereinigung, die als solche steuerpflichtig ist, ist ein Leistungsgebot gegen diese Personenvereinigung erforderlich. Das gleiche gilt für Zweckvermögen und sonstige einer juristischen Person ähnliche steuerpflichtige Gebilde (§ 267 AO).

(2) Die Vollstreckung in das Vermögen eines Gesellschafters oder eines Mitglieds einer Vereinigung im Sinne des Absatzes 1 ist nur auf Grund eines gegen den einzelnen Gesellschafter oder das einzelne Mitglied gerichteten Haftungsbescheides und Leistungsgebots möglich (§ 191 Abs. 1 und 4, § 249 Abs. 1 und § 254 Abs. 1 AO).

Dritter Teil - Vollstreckung in das bewegliche und unbewegliche Vermögen

Vollstreckung in Sachen

34 Vollstreckungsauftrag

(1) Der Vollstreckungsauftrag ist dem Vollziehungsbeamten schriftlich oder elektronisch zu erteilen.

(2) Der Vollstreckungsauftrag soll enthalten:
1. die Steuernummer oder Sollbuchnummer, unter der der Rückstand zum Soll steht. Steht der Rückstand bei einer anderen Kasse als der für die Vollstreckungsstelle zuständigen Kasse zum Soll, soll die andere Kasse in dem Vollstreckungsauftrag angegeben werden,
2. Familienname, Vornamen und Anschrift, gegebenenfalls auch Betriebsanschrift, des Vollstreckungsschuldners,
3. die Bezeichnung des beizutreibenden Geldbetrages und des Schuldgrundes, zum Beispiel Steuerart, Entrichtungszeitraum (§ 260 AO),
4. die Angabe des Tages, bis zu dem die aufgeführten Säumniszuschläge berechnet worden sind,
5. (weggefallen)
6. den Betrag der Kosten der Vollstreckung, die vor Erteilung des Vollstreckungsauftrages entstanden sind,
7. die Feststellung, dass der Vollstreckungsschuldner die Leistung (Nummer 3) sowie die Kosten (Nummern 5, 6) schuldet,
8. die Bezeichnung der Vollstreckungsmaßnahmen, die getroffen werden sollen, zum Beispiel die Pfändung beweglicher Sachen; richtet sich die Vollstreckung gegen die in Abschnitt 3 Abs. 3 bezeichneten Personen oder ist die Vollstreckung gegenständlich zu beschränken, zum Beispiel nach §§ 74, 75 der Abgabenordnung, ist auch das Vermögen, in das vollstreckt werden soll, aufzuführen,
9. die Anweisung an den Vollziehungsbeamten, den Auftrag innerhalb einer bestimmten Frist auszuführen,
10. den Hinweis, dass der Vollziehungsbeamte befugt ist, die geschuldete Leistung anzunehmen und über den Empfang Quittung zu erteilen,
11. die Unterschrift eine zuständigen Bediensteten der Vollstreckungsstelle der Vollstreckungsbehörde; bei mit Hilfe automatischer Einrichtungen erstellten Vollstreckungsaufträgen kann die Unterschrift fehlen.

(3) Soweit die in Absatz 2 geforderten Angaben bereits in der Rückstandsanzeige oder dem Vollstreckungsersuchen enthalten sind, kann in dem Vollstreckungsauftrag, wenn er damit fest verbunden ist, darauf Bezug genommen werden.

(4) Für die in einer Rückstandsanzeige zusammengefassten Rückstände wird nur ein Vollstreckungsauftrag erteilt. Liegen für einen Vollstreckungsschuldner mehrere Rückstandsanzeigen vor, kann für sämtliche Rückstände ein gemeinsamer Vollstreckungsauftrag erteilt werden.

(5) Der Vollstreckungsauftrag soll dem Vollziehungsbeamten nicht vor Ablauf der in Abschnitt 22 Abs. 1 Nr. 1 genannten Frist ausgehändigt werden. Der Vollstreckungsauftrag ist nicht anfechtbar (vgl. Abschnitt 22 Abs. 5 Satz 1).

35 Vollstreckung in bewegliche Sachen

Die Vollstreckung in bewegliche Sachen obliegt den Vollziehungsbeamten (§ 285 Abs. 1 AO). Das Verfahren regelt die allgemeine Verwaltungsvorschrift für Vollziehungsbeamte der Finanzverwaltung. Die Vollstreckungsstelle bestimmt den Einsatz und überwacht die Tätigkeit der Vollziehungsbeamten. Die Überprüfung hat sich auch darauf zu erstrecken, dass von den Vollziehungsbeamten die Vorschriften über Kosten, Pfändungsverbote und -beschränkungen, Vorwegpfändungen, Austauschpfändungen, vorläufige Austauschpfändungen und Schätzung der Sachen (§ 295 AO, § 811 bis 812 und 813 Abs. 1 bis 3 ZPO) eingehalten werden und Niederschriften und andere öffentliche Urkunden (§§ 415 bis 418 ZPO) in ihrer Beweiskraft nicht durch Mängel (vgl. § 419 ZPO) beeinträchtigt sind.

36 Verwertung gepfändeter Sachen

(1) Gepfändete Sachen und Sicherheiten (§ 327 AO) sind auf schriftliche Anordnung der Vollstreckungsstelle zu versteigern (§ 296 Abs. 1 AO). In der Versteigerungsanordnung ist eine Frist zu bestimmen, innerhalb welcher die Versteigerung auszuführen ist. Die gepfändeten Sachen dürfen nicht vor Ablauf einer Woche seit dem Tag der Pfändung versteigert werden, sofern sich nicht der Vollstreckungsschuldner mit einer früheren Versteigerung einverstanden erklärt oder diese erforderlich ist, um die Gefahr einer beträchtlichen Wertverringerung abzuwenden oder unverhältnismäßige Kosten längerer Aufbewahrung zu vermeiden (§ 298 Abs. 1 AO).

(2) Die Versteigerung wird durch den Vollziehungsbeamten oder eine andere Person ausgeführt. Ist die andere Person Angehöriger der Vollstreckungsbehörde, sind die Vorschriften der Abschnitte 51 bis 55 der Vollziehungsanweisung zu beachten. Wird nach Maßgabe des § 305 der Abgabenordnung eine andere Person mit der Versteigerung beauftragt, ist in der Versteigerungsanordnung zu bestimmen, dass der Versteigerungserlös an die Kasse der Vollstreckungsbehörde abzuliefern ist.

37 Verwertung gepfändeter Wertpapiere

(1) Gepfändete Wertpapiere, die einen Börsen- oder Marktpreis haben, sind von der Vollstreckungsstelle unverzüglich durch ein Kreditinstitut zum Tageskurs zu verkaufen. Wertpapiere ohne Börsen- oder Marktpreis sind nach Abschnitt 36 nach den allgemeinen Vorschriften zu versteigern, sofern keine besondere Verwertung (Abschnitt 39, § 305 AO) zweckmäßig ist.

(2) Lautet ein gepfändetes Wertpapier auf einen Namen, so ist die Vollstreckungsstelle berechtigt, die Umschreibung auf den Namen des Käufers oder, wenn es sich um ein auf einen Namen umgeschriebenes Inhaberpapier handelt, die Rückverwandlung in ein Inhaberpapier zu erwirken und die hierzu erforderlichen Erklärungen an Stelle des Vollstreckungsschuldners abzugeben (§ 303 AO).

(3) Sind Forderungen aus Wechseln und anderen Papieren, die durch Indossament übertragen werden können, gepfändet worden (§ 312 AO), ordnet die Vollstreckungsstelle die Einziehung der Forderung durch besondere Verfügung an (§ 314 AO). Die Bestimmungen der Abschnitte 41 bis 44 gelten entsprechend.

38 Verwertung von Kostbarkeiten

Hat der Vollziehungsbeamte Kostbarkeiten gepfändet, lässt die Vollstreckungsstelle die Pfandsachen nach ihrem Verkaufswert, Gold- und Silbersachen auch nach ihrem Metallwert, durch einen Sachverständigen schätzen (§ 295 Satz 1 AO i.V.m. § 813 Abs. 1 Satz 2 ZPO. In der Versteigerungsanordnung ist anzugeben, wie hoch der Sachverständige den Verkaufswert, bei Gold- und Silbersachen auch den Metallwert, der Pfandsachen geschätzt hat. Der mit der Versteigerung Beauftragte darf Gold- oder Silbersachen nicht unter ihrem Metallwert zuschlagen (§ 300 Abs. 3 Satz 1 AO). Wird ein Gebot, das den Metallwert erreicht, nicht abgegeben, so lässt die Vollstreckungsstelle die Gold- oder Silbersachen aus freier Hand verkaufen. Der Verkaufspreis darf den Gold- oder Silberwert und die Hälfte des gewöhnlichen Verkaufswerts nicht unterschreiten.

39 Besondere Verwertung

Auf Antrag des Vollstreckungsschuldners oder aus besonderen Zweckmäßigkeitsgründen kann die Vollstreckungsstelle anordnen, dass eine gepfändete Sache in anderer Weise, als in den vorstehenden Abschnitten bestimmt ist, zu verwerten ist (§ 305 AO). Als andere Art der Verwertung kommt zum Beispiel der freihändige Verkauf einer Pfandsache in Betracht. Besondere Zweckmäßigkeitsgründe für eine abweichende Verwertung liegen in der Regel vor, wenn durch sie der Zweck der Verwertung, die Erzielung eines möglichst hohen Erlöses - unter Vermeidung ungebührlicher Nachteile für den Vollstreckungsschuldner -, besser erreicht wird. Über einen Antrag des Vollstreckungsschuldners hat die Vollstreckungsstelle nach pflichtgemäßem Ermessen zu entscheiden. Liegt kein Antrag des Vollstreckungsschuldners vor, soll der Vollstreckungsschuldner vor Anordnung der besonderen Verwertung angehört werden.

40 Aussetzung der Verwertung gepfändeter Sachen

Die Vollstreckungsstelle kann die Verwertung gepfändeter Sachen unter Anordnung von Zahlungsfristen zeitweilig aussetzen, wenn die alsbaldige Verwertung unbillig wäre (§ 297 AO). Neben dem Vorliegen von Billigkeitsgründen ist weitere Voraussetzung für eine Aussetzung der Verwertung, dass hinreichende Anhaltspunkte dafür vorliegen, dass der Vollstreckungsschuldner die in Aussicht genommenen Zahlungsfristen einhalten kann und will. Keine Billigkeitsgründe liegen vor, wenn der Vollstreckungsschuldner nur die Verwertung hinauszögern will.

Vollstreckung in Forderungen und andere Vermögensrechte

41 Pfändung und Einziehung einer Geldforderung

(1) Soll eine Geldforderung, die dem Vollstreckungsschuldner gegen einen Dritten (Drittschuldner) zusteht, gepfändet und eingezogen werden, hat die Vollstreckungsstelle die Pfändung schriftlich zu verfügen und die Einziehung der gepfändeten Forderung anzuordnen (§ 309 Abs. 1, § 314 Abs. 1 AO). Hierbei sind Beschränkungen und Verbote, die nach §§ 850 bis 852 der Zivilprozessordnung und anderen gesetzlichen Bestimmungen für die Pfändung von Forderungen und Ansprüchen bestehen, zu beachten (§ 319 AO).

(2) Die Pfändungsverfügung muss enthalten:
1. Familienname, Vornamen, Anschrift des Vollstreckungsschuldners,
2. den beizutreibenden Geldbetrag und den Schuldgrund, zum Beispiel Steuerart, Entrichtungszeitraum (§ 260 AO), wobei es genügt, wenn diese Angaben aus einer der Pfändungsverfügung beigefügten Anlage hervorgehen; in der an den Drittschuldner zuzustellenden Pfändungsverfügung ist der beizutreibende Geldbetrag nur in einer Summe, ohne Angabe der Steuerarten und der Zeiträume, für die er geschuldet wird, anzugeben (§ 309 Abs. 2 Satz 2 AO).
3. die Kosten für bisher ergriffene Vollstreckungsmaßnahmen und die Kosten für den Erlass der Pfändungsverfügung,
4. die Feststellung, dass der Vollstreckungsschuldner die in Nummern 2, 3 bezeichneten Beträge schuldet,
5. die Bezeichnung der Forderung, die dem Vollstreckungsschuldner gegen den Drittschuldner zusteht (Absatz 4), sowie den Ausspruch, dass wegen der in Nummern 2, 3 bezeichneten Beträge die Forderung gepfändet wird,
6. das an den Drittschuldner zu richtende Verbot, an den Vollstreckungsschuldner zu zahlen, sowie das an den Vollstreckungsschuldner zu richtende Gebot, sich jeder Verfügung über die Forderung, insbesondere ihrer Einziehung, zu enthalten,

7. die Unterschrift eines zuständigen Bediensteten der Vollstreckungsstelle; dies gilt nicht, wenn die Pfändungsverfügung formularmäßig oder mit Hilfe automatisierter Einrichtungen erlassen wird.

(3) Die Pfändungsverfügung soll ferner die Aufforderung an den Drittschuldner enthalten, binnen zwei Wochen, von der Zustellung der Pfändungsverfügung an gerechnet, zu erklären:
1. ob und inwieweit er die Forderung als begründet anerkenne und bereit sei zu zahlen,
2. ob und welche Ansprüche andere Personen an die Forderung erheben,
3. ob und wegen welcher Ansprüche die Forderung bereits für andere Gläubiger gepfändet sei,
4. ob innerhalb der letzten zwölf Monate im Hinblick auf das Konto, dessen Guthaben gepfändet worden ist, nach § 850l der Zivilprozessordnung die Unpfändbarkeit des Guthabens angeordnet worden ist, und
5. ob es sich bei dem Konto, dessen Guthaben gepfändet worden ist, um ein Pfändungsschutzkonto im Sinne des § 850k Absatz 7 der Zivilprozessordnung handelt.

(4) In der Pfändungsverfügung ist die Forderung, die gepfändet wird (Absatz 2 Nr. 5), so eindeutig zu bezeichnen, dass kein Zweifel am Gegenstand der Pfändung möglich ist. Dazu gehört die Angabe des Drittschuldners und des Schuldgrundes, zum Beispiel Lohn, Darlehen, Mietzins, Pachtzins, Kaufpreis, Sparkasseneinlage. Bei Pfändung einer Forderung, für die eine Hypothek besteht, sind, soweit nicht nach § 310 Abs. 3 der Abgabenordnung zu verfahren ist, außer den Angaben, die zur Bezeichnung der Forderung dienen, eine Angabe über die Art der Hypothek, zum Beispiel Briefhypothek oder Buchhypothek, und die Bezeichnung des belasteten Grundstücks in die Pfändungsverfügung aufzunehmen.

(5) Die Anordnung der Einziehung (Einziehungsverfügung) soll regelmäßig mit der Pfändungsverfügung verbunden werden. Sie soll die Aufforderung an den Drittschuldner enthalten, in Höhe der Pfändung den von ihm geschuldeten Betrag bei Eintritt der Fälligkeit an die zuständige Kasse zu zahlen.

(6) Eine Zahlungsaufforderung an den Drittschuldner (Absatz 5 Satz 2) ist in die Einziehungsverfügung nicht aufzunehmen, wenn der Drittschuldner nur gegen Aushändigung oder Vorlegung einer über die Forderung ausgestellten Urkunde, zum Beispiel eines Sparkassenbuchs, zur Zahlung verpflichtet ist und die Urkunde dem Drittschuldner nicht zusammen mit der Einziehungsverfügung ausgehändigt werden kann. In diesem Fall muss die Vollstreckungsstelle zunächst die Einziehungsverfügung dem Drittschuldner zustellen und dies dem Vollstreckungsschuldner mitteilen, sich die Urkunde verschaffen (§ 315 Abs. 2 AO) und nach Eintritt der Fälligkeit gegen Aushändigung oder unter Vorlage der Urkunde die gepfändete Forderung bei dem Drittschuldner einziehen.

(7) Die Pfändungsverfügung und die Einziehungsverfügung sind dem Drittschuldner in der Regel durch die Post mit Zustellungsurkunde zuzustellen. Richtet sich die gepfändete Forderung gegen mehrere Drittschuldner, zum Beispiel gegen Miterben, ist die Zustellung an jeden erforderlich.

(8) Nach Zustellung der Pfändungsverfügung und Einziehungsverfügung an den Drittschuldner hat die Vollstreckungsstelle dem Vollstreckungsschuldner eine Abschrift der Pfändungsverfügung und Einziehungsverfügung zu übersenden und mitzuteilen, an welchem Tag die Zustellung an den Drittschuldner erfolgt ist.

42 Pfändung und Einziehung eines Herausgabeanspruchs und anderer Vermögensrechte

(1) Für die Pfändung von Ansprüchen auf Herausgabe oder Leistung von Sachen, zum Beispiel beweglichen Sachen, Liegenschaften, Schiffen, Luftfahrzeugen, die dem Vollstreckungsschuldner gegen einen Dritten - Drittschuldner - zustehen, gelten die Bestimmungen des Abschnitts 41 entsprechend. In der Einziehungsverfügung ordnet die Vollstreckungsstelle an, dass der Drittschuldner nach Eintritt der Fälligkeit
1. bewegliche Sachen an einen in der Einziehungsverfügung zu bezeichnenden Vollziehungsbeamten,

Vollstreckungsanweisung Anhang 8
VollstrA

2. unbewegliche Sachen an einen vom Amtsgericht als Vollstreckungsgericht zu bestellenden Treuhänder herauszugeben hat (§ 318 Abs. 2 bis 4 AO).

(2) Die Vollstreckungsstelle hat

1. in den Fällen des Absatzes 1 Nr. 1 den Vollziehungsbeamten mit der Entgegennahme der Sache zu beauftragen (Abschnitt 24 Nr. 4),
2. in den Fällen des Absatzes 1 Nr. 2 bei dem zuständigen Amtsgericht als Vollstreckungsgericht die Bestellung eines Treuhänders zu beantragen. Dem Antrag ist eine Ausfertigung der Pfändungsverfügung und Einziehungsverfügung beizufügen. Den Beschluss, durch den das Amtsgericht als Vollstreckungsgericht den Treuhänder bestellt, lässt die Vollstreckungsstelle dem Drittschuldner und dem Vollstreckungsschuldner zustellen; dies kann zusammen mit der Zustellung der Pfändungsverfügung und Einziehungsverfügung geschehen.

(3) Die Pfändung in andere Vermögensrechte, die nicht Gegenstand der Vollstreckung in das unbewegliche Vermögen sind, zum Beispiel Anteilsrechte an einer OHG, KG, GmbH, Urheberrechte, Patentrechte, richtet sich nach § 321 der Abgabenordnung.

43 Pfändung einer durch Hypothek gesicherten Forderung

(1) Wird eine Forderung gepfändet, für die eine Buchhypothek (§ 1116 Abs. 2, § 1185 Abs. 1 BGB) besteht, ersucht die Vollstreckungsbehörde, soweit nicht § 1159 oder § 1187 des Bürgerlichen Gesetzbuches anzuwenden ist (vgl. § 310 Abs. 3 AO), das Grundbuchamt, die Pfändung in das Grundbuch einzutragen. Dem Ersuchen ist eine Ausfertigung der Pfändungsverfügung beizufügen (§§ 29, 30 GBO).

(2) Wird eine Forderung gepfändet, für die eine Briefhypothek (§ 1116 Abs. 1 BGB) besteht, stellt die Vollstreckungsbehörde, soweit nicht § 1159 des Bürgerlichen Gesetzbuches anzuwenden ist (vgl. § 310 Abs. 3 AO), dem Vollstreckungsschuldner die Pfändungsverfügung mit der Aufforderung zu, den Hypothekenbrief unverzüglich an die Vollstreckungsbehörde herauszugeben. Wird mit der Zustellung ein Vollziehungsbeamter beauftragt, kann ihm gleichzeitig der Auftrag auf Wegnahme des Hypothekenbriefes erteilt werden (§ 310 Absatz 1 Satz 2, § 315 Absatz 2 Satz 2 AO).

(3) Wird die Pfändungsverfügung und Einziehungsverfügung vor der Übergabe des Hypothekenbriefes oder der Eintragung der Pfändung in das Grundbuch dem Drittschuldner zugestellt, so gilt die Pfändung diesem gegenüber mit der Zustellung als bewirkt (§ 310 Abs. 2 AO). In einer mit der Pfändungsverfügung verbundenen Einziehungsverfügung ist darauf hinzuweisen, dass die Einziehungsverfügung erst mit der Eintragung der Pfändung im Grundbuch oder der Übergabe des Hypothekenbriefes an die Vollstreckungsbehörde wirksam wird. Der Hinweis nach Satz 2 ist nicht erforderlich, wenn der Hypothekenbrief bereits vom Vollziehungsbeamten im Wege der Hilfspfändung in Besitz genommen worden ist. Sobald die Einziehungsverfügung wirksam geworden ist, hat die Vollstreckungsstelle den Drittschuldner hierüber unverzüglich zu unterrichten.

44 Weiteres Verfahren bei der Pfändung von Forderungen

(1) Hängt die Fälligkeit der vom Drittschuldner geschuldeten Leistung von einer Kündigung ab, ist die Vollstreckungsbehörde auf Grund der Einziehungsverfügung (§ 315 Abs. 1 AO) berechtigt, das dem Vollstreckungsschuldner zustehende Kündigungsrecht auszuüben.

(2) Die Vollstreckungsstelle hat den Eingang der Drittschuldnererklärung zu überwachen. Sie kann ein Zwangsgeld festsetzen, wenn die Erklärung nicht abgegeben wird (§ 316 Abs. 2 Satz 3 AO).

(3) Leistet der Drittschuldner nicht oder erhebt er unbegründete Einwendungen, soll die Vollstreckungsbehörde unverzüglich gegen ihn vorgehen (§ 316 Abs. 3 AO, § 842 ZPO). Klagt die Vollstreckungsbehörde gegen den Drittschuldner, ist dem Vollstreckungsschuldner der Streit zu verkünden (§ 316 Abs. 3 AO, § 841 ZPO). Erscheint es nicht angebracht, gegen den Drittschuldner vorzugehen, ist die Pfändung insoweit aufzuheben. Die Aufhebung ist dem Drittschuldner und dem Vollstreckungsschuldner mitzuteilen.

(4) Die Vollstreckungsstelle soll dem Vollstreckungsschuldner eine Bescheinigung erteilen, dass seine Rückstände in Höhe der vom Drittschuldner geleisteten Zahlungen getilgt worden sind. Urkunden über die gepfändete Forderung sind, soweit sie nicht dem Drittschuldner auszuhändigen sind, dem Vollstreckungsschuldner zurückzugeben, sobald die Pfändung erledigt oder aufgehoben ist. Dies gilt auch für Gegenstände, die zur Sicherung der dem Vollstreckungsschuldner gegen den Drittschuldner zustehenden Forderung dienen. Ist die Pfändung einer Forderung, für die eine Hypothek besteht, in das Grundbuch eingetragen worden, bleibt nach Erledigung oder Aufhebung der Pfändung die Berichtigung des Grundbuchs dem Vollstreckungsschuldner überlassen. Dem Vollstreckungsschuldner ist eine Bescheinigung in grundbuchmäßiger Form (§ 29 GBO) zu erteilen.

Vollstreckung in das unbewegliche Vermögen

45 Gegenstand und Voraussetzung der Vollstreckung in das unbewegliche Vermögen

(1) Der Vollstreckung in das unbewegliche Vermögen unterliegen außer den Grundstücken die Berechtigungen, für welche die sich auf Grundstücke beziehenden Vorschriften gelten (sog. grundstücksgleiche Rechte, wie zum Beispiel Erbbaurechte, Kohlenabbaugerechtigkeiten), die im Schiffsregister eingetragenen Schiffe, die Schiffsbauwerke und Schwimmdocks, die im Schiffsbauregister eingetragen sind oder in dieses Register eingetragen werden können, sowie die Luftfahrzeuge, die in der Luftfahrzeugrolle eingetragen sind oder nach Löschung in der Luftfahrzeugrolle noch in dem Register für Pfandrechte an Luftfahrzeugen eingetragen sind (§ 322 Abs. 1 AO). Wegen der anzuwendenden Vorschriften wird auf § 322 Abs. 1 Satz 2, Abs. 2 der Abgabenordnung verwiesen.

(2) Soll in das unbewegliche Vermögen vollstreckt werden, hat die Vollstreckungsstelle zu entscheiden, ob die Eintragung einer Sicherungshypothek, Zwangsversteigerung, Zwangsverwaltung oder mehrere dieser Vollstreckungsmaßnahmen nebeneinander beantragt werden sollen.

(3) Die Eintragung einer Sicherungshypothek darf nur beantragt werden, wenn der rückständige Betrag siebenhundertfünfzig Euro übersteigt; Zinsen (Abschnitt 1 Abs. 2 Nr. 2) bleiben dabei unberücksichtigt, soweit sie als Nebenforderungen geltend gemacht sind. Verschiedene Forderungen der Vollstreckungsbehörde werden bei der Berechnung der Wertgrenze zusammengerechnet (§ 866 Abs. 3 ZPO).

(4) Zwangsversteigerung oder Zwangsverwaltung soll nur beantragt werden, wenn festgestellt ist, dass der Geldbetrag durch Vollstreckung in das bewegliche Vermögen nicht beigetrieben werden kann (§ 322 Abs. 4 AO), oder wenn die Vollstreckung in das bewegliche Vermögen die Belange des Vollstreckungsschuldners in nicht vertretbarer Weise beeinträchtigen würde.

46 Verfahren

(1) Die Eintragung einer Sicherungshypothek, die Zwangsversteigerung oder die Zwangsverwaltung eines Grundstücks kann beantragt werden, wenn der Vollstreckungsschuldner im Grundbuch als Eigentümer eingetragen ist (§ 39 Abs. 1 GBO; § 17 Abs. 1, § 146 Abs. 1 ZVG). Wegen eines Anspruchs aus einem im Grundbuch eingetragenen Rechts kann die Zwangsverwaltung eines dem Vollstreckungsschuldner gehörigen Grundstücks auch dann beantragt werden, wenn der Vollstreckungsschuldner zwar nicht als Eigentümer im Grundbuch eingetragen ist, aber das Grundstück im Eigenbesitz hat (§ 147 Abs. 1 ZVG).

(2) Ist ein Grundstück, dessen Eigentümer der Vollstreckungsschuldner ist, im Grundbuch nicht auf seinen Namen eingetragen, kann die Eintragung einer Sicherungshypothek, die Zwangsversteigerung oder die Zwangsverwaltung unbeschadet Abschnitt 48 erst beantragt werden, nachdem seine Eintragung als Eigentümer des Grundstücks erfolgt ist. Die Vollstreckungsstelle kann die Berichtigung des Grundbuchs beantragen, wenn sie seine Unrichtigkeit durch öffentliche Urkunden (§ 415 ZPO) nachweisen kann (§§ 14, 22 Abs. 1, § 29 Abs. 1 Satz 2 GBO; vgl. § 792

ZPO). Kann die Vollstreckungsstelle diesen Nachweis nicht führen, kann sie den Anspruch auf Zustimmung zur Berichtigung des Grundbuchs, der dem Vollstreckungsschuldner gegen den im Grundbuch Eingetragenen zusteht, pfänden (§ 894 BGB; § 321 Abs. 1, 3 AO).

(3) Bei gemeinschaftlichem Eigentum von Ehegatten ist die Berichtigung des Grundbuchs zu beantragen, wenn die Ehegatten keine Erklärung nach Artikel 234 § 4 Abs. 2 Satz 1 des Einführungsgesetzes zum Bürgerlichen Gesetzbuch abgegeben haben und gemeinschaftliches Eigentum zu Eigentum zu gleichen Bruchteilen geworden ist (§ 14 GBBerG, § 14 GBO). Der für die Berichtigung des Grundbuchs erforderliche Nachweis, dass eine Erklärung nach Artikel 234 § 4 Abs. 2 und 3 des Einführungsgesetzes zum Bürgerlichen Gesetzbuch nicht abgegeben wurde, kann durch Berufung auf die Vermutung nach Artikel 234 § 4a Abs. 3 des Einführungsgesetzes zum Bürgerlichen Gesetzbuch, durch übereinstimmende Erklärung beider Ehegatten oder bei dem Ableben eines von ihnen durch Versicherung des überlebenden Ehegatten erbracht werden. Beim Ableben beider Ehegatten genügt eine entsprechende Versicherung der Erben. Die Erklärung, die Versicherung und der Antrag bedürfen nicht der in § 29 Grundbuchordnung vorgesehenen Form.

(4) Der Antrag, der auf Eintragung einer Sicherungshypothek gerichtet ist, muss das zu belastende Grundstück übereinstimmend mit dem Grundbuch oder durch Hinweis auf das Grundbuchblatt bezeichnen (§ 28 Satz 1 GBO). Sollen mehrere Grundstücke des Vollstreckungsschuldners mit der Sicherungshypothek belastet werden, hat die Vollstreckungsstelle in dem Antrag zu bestimmen, wie der Geldbetrag auf die einzelnen Grundstücke verteilt werden soll (§ 867 Abs. 2 Satz 1 ZPO); die Mindestsumme von siebenhundertfünfzig Euro (§ 866 Abs. 3 Satz 1 ZPO) muss auch für die entsprechenden Teile jeweils eingehalten werden.

(5) In dem Antrag auf Zwangsversteigerung oder auf Zwangsverwaltung eines Grundstücks ist das Grundstück, in das vollstreckt werden soll, zu bezeichnen (§ 16 Abs. 1, § 146 Abs. 1 ZVG). Dem Antrag ist eine Bescheinigung des Grundbuchamts darüber beizufügen, wer als Eigentümer des Grundstücks im Grundbuch eingetragen ist. Gehören Vollstreckungsgericht und Grundbuchamt demselben Amtsgericht an, kann die Beibringung durch Bezugnahme auf das Grundbuch ersetzt werden (§ 17 Abs. 2 Satz 2, § 146 Abs. 1 ZVG).

(6) In dem Antrag auf Eintragung einer Sicherungshypothek, auf Zwangsversteigerung oder Zwangsverwaltung ist zu bestätigen, dass die gesetzlichen Voraussetzungen für die Vollstreckung vorliegen (§ 322 Abs. 3 Satz 2 AO). Der Antrag ist dem Vollstreckungsgericht oder Grundbuchamt in der Regel gegen Empfangsbekenntnis - zuzustellen. Nach der Zustellung hat die Vollstreckungsstelle dem Vollstreckungsschuldner eine Durchschrift des Antrags zu übersenden.

47 Verfahren in Erbfällen

(1) Wird bei Vollstreckung gegen einen Erben die Eintragung einer Sicherungshypothek auf ein Grundstück beantragt, das im Grundbuch noch auf den Namen des Erblassers eingetragen ist, ist zum Zwecke der vorherigen Umschreibung die Erbfolge durch öffentliche Urkunden nachzuweisen (§ 29 Abs. 1, § 35 GBO). Soweit die nach Satz 1 erforderlichen Urkunden bei den Akten des Grundbuchamts sind, soll die Vollstreckungsstelle in dem Antrag auf die Urkunden Bezug nehmen. Befinden sich die Urkunden bei den Akten eines anderen Grundbuchamts, hat die Vollstreckungsstelle die Urkunden zu beschaffen (vgl. § 792 ZPO) und sie mit dem Antrag dem Grundbuchamt vorzulegen. Abweichend von Satz 1 kann die Eintragung einer Sicherungshypothek für Rückstände des Erblassers, für die der Vollstreckungsschuldner als Gesamtrechtsnachfolger in Anspruch genommen wird, auch ohne vorherige Umschreibung beantragt werden, wenn dem Erblasser bereits das Leistungsgebot bekannt gegeben worden war (vgl. § 40 Abs. 1 GEO).

(2) Die Zwangsversteigerung oder Zwangsverwaltung eines ererbten Grundstücks kann auch dann beantragt werden, wenn anstelle des Vollstreckungsschuldners noch der Erblasser als Eigentümer eingetragen ist (§ 17 Abs. 1, § 146 Abs. 1 ZVG). Es genügt, wenn die Erbfolge durch Urkunden glaubhaft gemacht wird, sofern sie nicht bei dem Amtsgericht als Vollstreckungsgericht offenkundig ist (§ 17 Abs. 3 ZVG).

(3) Richtet sich die Vollstreckung gegen einen Nachlasspfleger oder Nachlassverwalter, kann die Eintragung einer Sicherungshypothek, die Zwangsversteigerung oder die Zwangsverwaltung

auch in ein zum Nachlass gehöriges Grundstück beantragt werden, das im Grundbuch noch auf den Namen des Erblassers eingetragen ist, selbst wenn gegen den Erblasser kein Leistungsgebot ergangen war. Entsprechendes gilt, wenn gegen einen Testamentsvollstrecker in ein Grundstück vollstreckt werden soll, das seiner Verwaltung unterliegt (§ 40 GBO; § 17 Abs. 1, § 146 Abs. 1 ZVG). Die Erbfolge und die Bestellung zum Nachlasspfleger oder Nachlassverwalter bzw. die Befugnis des Testamentsvollstreckers, über das Grundstück zu verfügen, sind bei Eintragung einer Sicherungshypothek entsprechend Absatz 1 Sätze 1 bis 3 und bei Zwangsversteigerung oder Zwangsverwaltung entsprechend Absatz 2 Satz 2 darzulegen.

48 Verfahren bei nachfolgendem Eigentumswechsel

Ist nach Eintragung einer Sicherungshypothek, einer Schiffshypothek oder eines Registerpfandrechts an einem Luftfahrzeug ein Eigentumswechsel eingetreten, hat die Vollstreckungsstelle gegen den Rechtsnachfolger einen Duldungsbescheid zu erlassen (Abschnitte 3 Abs. 3, 19 Abs. 1), bevor sie die Zwangsversteigerung oder die Zwangsverwaltung aus diesem Recht beantragt (§ 323 AO). Ein Duldungsbescheid ist in den Fällen des Abschnitts 30 Abs. 2 Satz 1 nicht erforderlich.

49 Rechtsmittel gegen Entscheidungen des Grundbuchamts und des Vollstreckungsgerichts

(1) Lehnt das Grundbuchamt einen Antrag auf Eintragung einer Sicherungshypothek ab, so steht der Vollstreckungsbehörde gegen die Entscheidung die Beschwerde zu (§§ 71 bis 81 GBO). Die Beschwerde kann durch Beschwerdeschrift beim Grundbuchamt oder beim Beschwerdegericht (Landgericht) eingelegt werden (§ 73 GBO). Gegen die Entscheidung des Beschwerdegerichts ist die weitere Beschwerde gegeben, wenn die Entscheidung auf einer Verletzung des Rechts beruht (§ 78 GBO). Die weitere Beschwerde kann beim Grundbuchamt, Landgericht oder Oberlandesgericht eingelegt werden (§ 80 GBO). Beschwerde und weitere Beschwerde sind unbefristet.

(2) Gegen Entscheidungen des Amtsgerichts als Vollstreckungsgericht über einen Antrag auf Anordnung der Zwangsversteigerung oder der Zwangsverwaltung oder auf Zulassung des Beitritts zu einem Zwangsversteigerungs- oder Zwangsverwaltungsverfahren steht der Vollstreckungsbehörde der Rechtsbehelf der sofortigen Beschwerde zu. Die sofortige Beschwerde ist binnen einer Notfrist von zwei Wochen bei dem Gericht, dessen Entscheidung angefochten wird, oder bei dem Beschwerdegericht einzulegen; die Frist beginnt mit der Zustellung der Entscheidung, spätestens mit Ablauf von fünf Monaten nach der Verkündung des Beschlusses (§ 96 ZVG, § 569 ZPO). Gegen die Entscheidung des Beschwerdegerichts über die sofortige Beschwerde ist die Rechtsbeschwerde gegeben, wenn sie im Beschluss zugelassen ist (§ 574 Abs. 1 Nr. 2 ZPO). Die Rechtsbeschwerde ist binnen einer Notfrist von einem Monat nach Zustellung des Beschlusses über die sofortige Beschwerde bei dem Rechtsbeschwerdegericht einzulegen (§ 575 ZPO).

50 Behandlung öffentlicher Lasten bei der Zwangsversteigerung oder Zwangsverwaltung

(1) Ansprüche auf Entrichtung öffentlicher Lasten eines Grundstücks gewähren im Zwangsversteigerungsverfahren ein Recht auf Befriedigung aus dem Grundstück (§ 10 Abs. 1 Nr. 3, 7 ZVG). Im Zwangsverwaltungsverfahren werden laufende Beträge öffentlicher Lasten ohne weiteres Verfahren aus den Überschüssen gezahlt (§ 155 Abs. 2, § 156 Abs. 1 ZVG). Zu den öffentlichen Lasten des Grundstücks gehört eine Steuer dann, wenn das Bestehen und der Umfang der Steuerpflicht von dem Vorhandensein und von den Eigenschaften des Grundstücks abhängt, zum Beispiel die Grundsteuer und Hypothekengewinnabgabe. Steuern, die an die persönlichen Verhältnisse des Steuerpflichtigen anknüpfen (wie beispielsweise die Einkommensteuer oder die Körperschaftsteuer), sind vom Zwangsverwalter als Vermögensverwalter im Sinne des § 34 Ab-

satz 3 in Verbindung mit Absatz 1 der Abgabenordnung zu entrichten, soweit sie aus steuerpflichtigen Einkünften, die aus dem im Zwangsverwaltungsverfahren beschlagnahmten Grundstück erzielt werden, herrühren.

(2) Die in Absatz 1 Satz 1 bezeichneten Ansprüche werden - soweit sie nicht aus dem Grundbuch ersichtlich sind - bei der Verteilung des Versteigerungserlöses nur dann berücksichtigt, wenn sie spätestens in dem Termin, den das Amtsgericht als Vollstreckungsgericht zur Verteilung des Versteigerungserlöses anberaumt hat, bei diesem angemeldet worden sind (§ 114 ZVG). Zwecks Rangwahrung sind die Ansprüche spätestens bis zum Versteigerungstermin anzumelden (§ 37 Nr. 4, § 110 ZVG).

(3) Verwaltet die Finanzbehörde Abgaben, die unter die Bestimmung des Absatzes 1 Satz 1 fallen, hat die Vollstreckungsstelle sobald sie von der Anordnung der Zwangsversteigerung oder Zwangsverwaltung Kenntnis erlangt, bei der Kasse und der Veranlagungs- oder Festsetzungsstelle festzustellen inwieweit rückständige oder laufende Ansprüche beim Amtsgericht als Vollstreckungsgericht anzumelden sind. Die Anmeldung hat schriftlich zu erfolgen. Sie soll die in Abschnitt 34 Abs. 2 Nr. 1 bis 7 und 11 erster Halbsatz genannten Angaben sowie die Bezeichnung des Grundstücks enthalten. Soweit nicht nur laufende, sondern auch rückständige Beträge angemeldet werden, sollen die Zeitpunkte, an denen die Beträge fällig geworden sind, in der Anmeldung angegeben werden.

51 Versteigerungstermin

(1) Die Vollstreckungsbehörde soll in dem Versteigerungstermin vertreten sein. Wird das Mindestgebot nicht erreicht, so soll sie unter den Voraussetzungen des § 74 a des Gesetzes über die Zwangsversteigerung und die Zwangsverwaltung die Versagung des Zuschlags beantragen, soweit der Zuschlag nicht bereits nach § 85 a dieses Gesetzes zu versagen ist.

(2) In geeigneten Fällen kann die Vollstreckungsbehörde mit vorheriger Zustimmung der vorgesetzten Finanzbehörde im Versteigerungstermin auch als Mitbietender auftreten. Die obersten Finanzbehörden des Bundes und der Länder können das Verfahren im Einzelnen in eigener Zuständigkeit und auch abweichend von Satz 1 regeln.

Eidesstattliche Versicherung

52 Vermögensauskunft

(1) Der Vollstreckungsschuldner hat der Vollstreckungsbehörde auf deren Verlangen für die Vollstreckung einer Forderung Auskunft über sein Vermögen nach Maßgabe des § 284 der Abgabenordnung zu erteilen, wenn er die Forderung nicht binnen zwei Wochen begleicht, nachdem ihn die Vollstreckungsbehörde unter Hinweis auf die Verpflichtung zur Abgabe der Vermögensauskunft zur Zahlung aufgefordert hat. Die Ladung zu dem Termin zur Abgabe der Vermögensauskunft liegt im Ermessen der Vollstreckungsbehörde und kann mit der Fristsetzung zur Begleichung der Forderung verbunden werden. Sie ist dem Vollstreckungsschuldner selbst zuzustellen. Der Termin zur Abgabe der Vermögensauskunft soll nicht vor Ablauf eines Monats nach Zustellung der Ladung bestimmt werden. Ein Rechtsbehelf gegen die Anordnung der Abgabe der Vermögensauskunft hat keine aufschiebende Wirkung. Der Vollstreckungsschuldner hat die zur Vermögensauskunft erforderlichen Unterlagen im Termin vorzulegen. Hierüber, über seine Rechte und Pflichten nach § 284 Absatz 2 und 3 der Abgabenordnung, über die Folgen einer unentschuldigten Terminversäumnis oder einer Verletzung seiner Auskunftspflichten sowie über die Möglichkeit einer Eintragung in das Schuldnerverzeichnis bei Abgabe der Vermögensauskunft ist der Vollstreckungsschuldner bei der Ladung zu belehren (§ 284 Absatz 6 AO).

(2) Die Vollstreckungsbehörde hat von Amts wegen festzustellen, ob beim zentralen Vollstreckungsgericht nach § 802k Absatz 1 der Zivilprozessordnung in den letzten zwei Jahren ein auf Grund einer Vermögensauskunft des Schuldners erstelltes Vermögensverzeichnis hinterlegt

wurde. Hat der Vollstreckungsschuldner innerhalb der letzten zwei Jahre eine Vermögensauskunft abgegeben, ist eine erneute Abgabe nur zulässig, wenn anzunehmen ist, dass sich seine Vermögensverhältnisse wesentlich geändert haben (§ 284 Absatz 4 AO).

(3) Für die Abnahme der Vermögensauskunft ist grundsätzlich die Vollstreckungsbehörde zuständig, in deren Bezirk sich der Wohnsitz oder der gewöhnliche Aufenthaltsort des Vollstreckungsschuldners befindet (§ 284 Absatz 5 AO). Die Abnahme der Vermögensauskunft darf nicht erzwungen werden, wenn der Vollstreckungsschuldner nicht bereit ist, die Vermögensauskunft vor einer anderen als der für seinen Wohnsitz örtlich zuständigen Vollstreckungsbehörde abzugeben. In diesem Falle hat die Vollstreckungsbehörde, die die Vollstreckung betreibt, die für den Wohnsitz des Vollstreckungsschuldners zuständige Vollstreckungsbehörde um Abnahme der Vermögensauskunft zu ersuchen.

(4) Im Termin zur Abgabe der Vermögensauskunft erstellt die Vollstreckungsbehörde anhand der vom Vollstreckungsschuldner nach § 284 Absatz 1 und 2 der Abgabenordnung zu machenden Angaben ein elektronisches Dokument (Vermögensverzeichnis). Das elektronische Dokument sollte maschinenschriftlich erstellt werden. Das erstellte Vermögensverzeichnis ist dem Vollstreckungsschuldner vorzulesen oder zur Durchsicht auf dem Bildschirm wiederzugeben. Auf Verlangen ist ihm ein Ausdruck zu erteilen. Der Vollstreckungsschuldner hat zu Protokoll an Eides statt zu versichern, dass er seine im Vermögensverzeichnis gemachten Angaben nach bestem Wissen und Gewissen richtig und vollständig gemacht hat. Die Abnahme der eidesstattlichen Versicherung liegt nicht im Ermessen der Vollstreckungsbehörde. Vor Abnahme der eidesstattlichen Versicherung hat die Vollstreckungsbehörde den Vollstreckungsschuldner über die strafrechtlichen Folgen einer unrichtigen oder unvollständigen Vermögensauskunft zu belehren. Das Vermögensverzeichnis ist von der Vollstreckungsbehörde bei dem zentralen Vollstreckungsgericht nach § 802k Absatz 1 der Zivilprozessordnung zu hinterlegen. Die Vollstreckungsbehörde hat das Vermögensverzeichnis auszuwerten und sich hieraus ergebende Vollstreckungsmöglichkeiten zeitnah zu nutzen.

(5) Verweigert der Vollstreckungsschuldner ohne Grund die Abgabe der Vermögensauskunft oder erscheint er ohne ausreichende Entschuldigung nicht zu dem zur Abgabe der Vermögensauskunft anberaumten Termin vor der zuständigen Vollstreckungsbehörde (§ 284 Absatz 5 Satz 1 AO), kann die Vollstreckungsbehörde, die die Vollstreckung betreibt, das Amtsgericht, in dessen Bezirk der Vollstreckungsschuldner zum Zeitpunkt der Zahlungsaufforderung nach § 284 Absatz 1 Satz 1 der Abgabenordnung seinen Wohnsitz oder in Ermangelung eines solchen seinen Aufenthaltsort hat, um Anordnung der Erzwingungshaft ersuchen (§ 284 Absatz 8 AO). Das Ersuchen ist dem Amtsgericht zuzustellen, in der Regel gegen Empfangsbekenntnis. Gleichzeitig ist dem Vollstreckungsschuldner eine Durchschrift des Ersuchens zu übersenden. Lehnt das Amtsgericht den Antrag der Vollstreckungsbehörde auf Anordnung der Erzwingungshaft ab, ist gegen den Beschluss die sofortige Beschwerde (§ 567 ZPO) sowie gegen eine ablehnende Beschwerdeentscheidung die Rechtsbeschwerde (§ 574 ZPO), soweit diese zugelassen worden ist, möglich.

(6) Für die Verhaftung des Vollstreckungsschuldners auf Grund der Haftanordnung des Amtsgerichts ist der Gerichtsvollzieher zuständig. Die Vorschriften der §§ 802g bis 802j der Zivilprozessordnung sind entsprechend anzuwenden. Die Vollstreckungsbehörde hat dem Gerichtsvollzieher den geschuldeten Betrag sowie den Schuldgrund mitzuteilen und ihn zu ermächtigen, den geschuldeten Betrag anzunehmen und über den Empfang Quittung zu erteilen. Über Rückstandsminderungen nach dem Antrag auf Vollzug des Haftbefehls ist der zuständige Gerichtsvollzieher unverzüglich zu informieren. Der Vollstreckungsschuldner kann die Verhaftung dadurch abwenden, dass er den geschuldeten Betrag in voller Höhe an den Gerichtsvollzieher zahlt oder nachweist, dass er den Betrag entrichtet hat oder dass ihm eine Zahlungsfrist bewilligt worden oder die Schuld erloschen ist. Die Verhaftung kann auch dadurch abgewendet werden, dass der Vollstreckungsschuldner dem Gerichtsvollzieher eine Entscheidung vorlegt, aus der sich die Unzulässigkeit der Maßnahme ergibt. Ist der verhaftete Vollstreckungsschuldner zur Abgabe der Vermögensauskunft bereit (§ 802i ZPO), hat ihn der Gerichtsvollzieher grundsätzlich der Vollstreckungsbehörde zur Abnahme der Vermögensauskunft vorzuführen. Abweichend hiervon kann die Vermögensauskunft von dem Gerichtsvollzieher abgenommen werden, wenn sich der Sitz

der Vollstreckungsbehörde nicht im Bezirk des für den Gerichtsvollzieher zuständigen Amtsgerichts befindet oder die Abnahme der Vermögensauskunft durch die Vollstreckungsbehörde nicht möglich ist. Gibt der Vollstreckungsschuldner nicht innerhalb einer sechsmonatigen Haftzeit die Vermögensauskunft beim Gerichtsvollzieher ab, kann der Vollstreckungsschuldner auch auf Antrag eines anderen Gläubigers innerhalb der folgenden zwei Jahre nur unter den Voraussetzungen des § 802d der Zivilprozessordnung erneut zur Abgabe einer Vermögensauskunft durch Haft angehalten werden (§ 802j Absatz 3 ZPO). Entfallen die Voraussetzungen für den Vollzug des Haftbefehls nachträglich endgültig, ist das zuständige Amtsgericht um Aufhebung des Haftbefehls zu ersuchen.

(7) Die Vollstreckungsbehörde kann nach § 284 Absatz 9 der Abgabenordnung die Eintragung des Vollstreckungsschuldners in das Schuldnerverzeichnis anordnen wenn

1. der Vollstreckungsschuldner seiner Verpflichtung zur Abgabe der Vermögensauskunft nicht nachgekommen ist,
2. eine Vollstreckung nach dem Inhalt des Vermögensverzeichnisses offensichtlich nicht geeignet wäre, zu einer vollständigen Befriedigung der Forderung zu führen oder
3. der Vollstreckungsschuldner nicht innerhalb eines Monats nach Abgabe der Vermögensauskunft die Forderung, wegen derer die Vermögensauskunft verlangt wurde, vollständig befriedigt.

In Fällen, in denen der Vollstreckungsschuldner innerhalb der letzten zwei Jahre bereits eine Vermögensauskunft nach § 284 der Abgabenordnung oder § 802c der Zivilprozessordnung abgegeben hat und dadurch die Sperrwirkung für die Abnahme einer neuen Vermögensauskunft eingetreten ist (§ 284 Absatz 4 AO), kann die Vollstreckungsbehörde eine isolierte Eintragung des Vollstreckungsschuldners in das Schuldnerverzeichnis ohne vorherige Zahlungsaufforderung nach § 284 Absatz 1 Satz 1 der Abgabenordnung anordnen, wenn vollstreckbare Ansprüche bestehen und

1. eine Vollstreckung dieser Forderungen nach dem Inhalt des Vermögensverzeichnisses nicht zur vollständigen Befriedigung der Ansprüche führen würde (§ 284 Absatz 9 Nummer 2 zweite Alternative AO)

oder

2. der Vollstreckungsschuldner diese Ansprüche nicht innerhalb eines Monats befriedigt, nachdem er auf die Möglichkeit der Eintragung in das Schuldnerverzeichnis hingewiesen worden ist (§ 284 Absatz 9 Nummer 3 Satz 2 AO).

(8) Die Eintragungsanordnung, welche dem Vollstreckungsschuldner zuzustellen ist, ist eine Ermessensentscheidung, die kurz begründet werden soll. Nach Ablauf eines Monats seit der Zustellung hat die Vollstreckungsbehörde die Eintragungsanordnung dem zentralen Vollstreckungsgericht nach § 882h Absatz 1 der Zivilprozessordnung mit den folgenden Daten (§ 882b Absatz 2 und 3 ZPO) elektronisch zu übermitteln:

- den Namen, den Vornamen und den Geburtsnamen des Vollstreckungsschuldners sowie die Firma und deren Nummer im Handelsregister,
- das Geburtsdatum, den Geburtsort des Vollstreckungsschuldners,
- die Wohnsitze oder den Sitz des Vollstreckungsschuldners,
- das Aktenzeichen der Finanzbehörde.
- das Datum der Eintragungsanordnung,
- den Grund für die Eintragungsanordnung,
- einschließlich abweichender Personendaten.

Ein Rechtsbehelf gegen die Eintragungsanordnung hat keine aufschiebende Wirkung. Liegen allerdings Anträge auf Aussetzung der Vollziehung gemäß § 361 der Abgabenordnung, § 69 der Finanzgerichtsordnung vor, die Aussicht auf Erfolg haben, ist die Übermittlung an das zentrale Vollstreckungsgericht zunächst zurück zu stellen (§ 284 Absatz 10 AO).

Nach der Eintragung in das Schuldnerverzeichnis sind Entscheidungen über Rechtsbehelfe gegen die Eintragungsanordnung dem zentralen Vollstreckungsgericht elektronisch zu übermitteln (§ 284 Absatz 11 AO).

(9) Ist der Vollstreckungsschuldner nicht selbst handlungsfähig (§ 79 AO), ist die Vermögensauskunft vom Vertreter des Vollstreckungsschuldners abzugeben.

(10) Hat ein Vollstreckungsschuldner in einer auf Betreiben der Vollstreckungsbehörde abgelegten Vermögensauskunft vorsätzlich unvollständige oder falsche Angaben gemacht (§ 156 StGB), darf nach § 30 Absatz 5 der Abgabenordnung bei der Strafverfolgungsbehörde Strafanzeige erstattet werden.

53   Eidesstattliche Versicherung

Die Abgabe einer eidesstattlichen Versicherung kann verlangt werden, wenn der Vollstreckungsschuldner die zur Geltendmachung einer von der Vollstreckungsbehörde gepfändeten Forderung nötige Auskunft verweigert. Sie kann auch verlangt werden, wenn wegen Herausgabe einer Urkunde, die über eine gepfändete Forderung des Vollstreckungsschuldners besteht, die Vollstreckung gegen den Vollstreckungsschuldner versucht, die Urkunde aber nicht vorgefunden worden ist (§ 315 Absatz 2, 3 AO). Die Abnahme der eidesstattlichen Versicherung steht im Ermessen der Finanzbehörde. Die Vorschriften des Abschnitts 52 Absatz 1, 3, 5, 6, 9 und 10 sind sinngemäß anzuwenden.

Vierter Teil - Arrest

54   Dinglicher Arrest

(1) Gegen den Steuerschuldner und den Haftungsschuldner sowie gegen den Duldungspflichtigen kann die für die Steuerfestsetzung zuständige Finanzbehörde den dinglichen Arrest (§ 324 AO) anordnen, wenn folgende Voraussetzungen vorliegen:

1. Ein Arrestanspruch: Es muss glaubhaft sein, dass der Finanzbehörde ein Anspruch auf eine Geldleistung gegen den Schuldner oder Duldungspflichtigen zusteht. Es ist nicht erforderlich, dass der Anspruch zahlenmäßig feststeht; es genügt, dass er begründet ist, auch wenn er bedingt oder betagt ist.
2. Ein Arrestgrund: Es muss zu besorgen sein, dass ohne die Anordnung des Arrestes die Vollstreckung des Anspruchs vereitelt oder wesentlich erschwert würde. Liegt ein Leistungsgebot oder eine Steueranmeldung vor (Abschnitt 19), auf Grund deren vollstreckt werden kann, besteht kein Arrestgrund.

(2) Der dingliche Arrest wird schriftlich angeordnet. Die Arrestanordnung muss enthalten:

1. Familienname, Vornamen, Wohnort und Wohnung des Arrestschuldners,
2. die Tatsachen, aus denen sich Bestehen und Höhe des Arrestanspruchs (Absatz 1 Nr. 1) ergeben. Umfasst eine Arrestanordnung mehrere Ansprüche, sind die Beträge einzeln anzugeben,
3. die Tatsachen, aus denen sich der Arrestgrund (Absatz 1 Nr. 2) ergibt,
4. den Ausspruch, dass zur Sicherung des Arrestanspruchs der dingliche Arrest in das Vermögen des Arrestschuldners angeordnet wird. Die Arrestanordnung muss einen bestimmten Geldbetrag (Arrestsumme) bezeichnen, bis zu dessen Höhe der Arrest vollzogen werden kann. Ein Leistungsgebot (Abschnitt 19) darf in die Arrestanordnung nicht aufgenommen werden,
5. die Angabe des Geldbetrages, bei dessen Hinterlegung die Vollziehung des Arrestes gehemmt und der vollzogene Arrest aufzuheben ist (Hinterlegungssumme). Die Hinterlegungssumme ist so zu bemessen, dass Hauptanspruch und Nebenleistungen gedeckt sind,

6. die Unterschrift eines zuständigen Bediensteten und den Abdruck des Dienststempels der Finanzbehörde.

(3) Die Arrestanordnung hat eine Rechtsbehelfsbelehrung zu enthalten. Als Rechtsbehelf ist sowohl der Einspruch nach § 347 Abs. 1 der Abgabenordnung als auch die Anfechtungsklage nach § 45 Abs. 4 der Finanzgerichtsordnung gegeben.

(4) Die Arrestanordnung ist dem Arrestschuldner zuzustellen. Eine Ausfertigung der Arrestanordnung ist zum Zwecke der Vollziehung (Abschnitt 55) unverzüglich der Vollstreckungsstelle zuzuleiten.

(5) Die Arrestanordnung ist aufzuheben, wenn nach ihrem Erlass Umstände bekannt werden, die die Arrestanordnung nicht mehr gerechtfertigt erscheinen lassen (§ 325 AO). Absatz 2 Satz 1 und Absatz 4 Satz 2 finden entsprechende Anwendung. Die Aufhebung der Arrestanordnung ist dem Arrestschuldner mitzuteilen.

55 Vollziehung des Arrestes

(1) Die Vollziehung einer Arrestanordnung obliegt der Vollstreckungsstelle. Die Vollziehung wird nicht dadurch gehemmt, dass der Arrestschuldner gegen die Arrestanordnung Einspruch einlegt oder Anfechtungsklage erhebt (§ 361 Abs. 1 AO, § 69 Abs. 1 FGO). Auf die Vollziehung des Arrestes sind die §§ 930 bis 932 der Zivilprozessordnung sowie § 99 Abs. 2 und § 106 Abs. 1, 3 und 5 des Gesetzes über Rechte an Luftfahrzeugen entsprechend anzuwenden. An die Stelle des Arrestgerichts und des Vollstreckungsgerichts tritt die Vollstreckungsbehörde, an die Stelle des Gerichtsvollziehers der Vollziehungsbeamte. Soweit auf die Vorschriften über die Pfändung verwiesen wird, sind die entsprechenden Vorschriften der Abgabenordnung anzuwenden. Gepfändete bewegliche Sachen dürfen grundsätzlich nicht verwertet werden. Bei der Pfändung von Forderungen und anderen Vermögensrechten darf grundsätzlich die Einziehung nicht angeordnet werden. Es kann jedoch verlangt werden, dass die geschuldete Leistung bei Fälligkeit der Schuld hinterlegt wird. Soll der Arrest in ein Grundstück vollzogen werden, kann nur Eintragung einer Sicherungshypothek (Arresthypothek) beantragt werden; Zwangsverwaltung oder Zwangsversteigerung sind nicht statthaft (§ 932 ZPO).

(2) Die Vorschriften der §§ 254, 259 der Abgabenordnung gelten für die Arrestvollziehung nicht. Die Vollziehung der Arrestanordnung ist unzulässig, wenn seit dem Tag, an dem die Anordnung unterzeichnet worden ist, ein Monat verstrichen ist (§ 324 Abs. 3 AO). Die Vollziehung ist auch schon vor der Zustellung an den Arrestschuldner zulässig; sie ist jedoch ohne Wirkung, wenn die Zustellung nicht innerhalb einer Woche nach der Vollziehung und innerhalb eines Monats seit der Unterzeichnung erfolgt. Bei Zustellung im Ausland und öffentlicher Zustellung gilt § 169 Abs. 1 Satz 3 der Abgabenordnung entsprechend.

(3) Auf Grund der Arrestanordnung kann der Arrestschuldner unter den Voraussetzungen des § 284 der Abgabenordnung zur Abgabe der Vermögensauskunft geladen werden. § 284 der Abgabenordnung und der Abschnitt 52 sind entsprechend anzuwenden. Ferner kann der Arrestschuldner zur Leistung der eidesstattlichen Versicherung herangezogen werden, wenn ein Versuch, den Arrest in das bewegliche Vermögen des Arrestschuldners zu vollziehen oder nach Maßgabe des § 315 Absatz 2 Satz 2 der Abgabenordnung eine Urkunde, zum Beispiel einen Hypotheken- oder Grundschuldbrief gem. § 310 Absatz 1 Satz 1 oder § 321 Absatz 6 der Abgabenordnung, zu erlangen, erfolglos geblieben ist. Die Vorschriften des § 315 Absatz 3, 4 der Abgabenordnung und des Abschnitts 53 Sätze 2 und 3 sind entsprechend anzuwenden.

(4) Hat der Arrestschuldner oder ein Dritter den Betrag der Hinterlegungssumme (Abschnitt 54 Abs. 2 Nr. 5 Satz 1) in Geld hinterlegt, hat die Vollstreckungsstelle von Maßnahmen der Arrestvollziehung Abstand zu nehmen. Das gleiche gilt, wenn mit Genehmigung der Vollstreckungsstelle in anderer Weise als durch Hinterlegung von Geld Sicherheit für den Betrag der Hinterlegungssumme geleistet wird (§§ 241, 246, 247 AO).

(5) Wird der Anspruch, zu dessen Sicherung der dingliche Arrest angeordnet worden ist, nicht erfüllt, hat die Vollstreckungsbehörde, sobald für den Anspruch ein vollstreckbares Leistungsge-

bot vorliegt (§ 254 AO), Sicherheiten, die der Arrestschuldner zur Abwendung der Arrestvollziehung (Absatz 4) bestellt oder die Vollstreckungsbehörde durch Vollziehung des Arrestes erlangt hat, zu verwerten (vgl. § 327 AO). Die Verwertung der Sicherheiten obliegt der Vollstreckungsstelle. Mit der Verwertung darf erst begonnen werden, wenn dem Vollstreckungsschuldner die Verwertungsabsicht schriftlich bekannt gegeben und seit der Bekanntgabe mindestens eine Woche verstrichen ist. Ein Pfandrecht, das an einem Vermögensgegenstand des Vollstreckungsschuldners besteht, wird in gleicher Weise verwertet wie ein durch Vollstreckung erlangtes Pfandrecht. Bei der Pfändung von Forderungen und anderen Vermögensrechten ist die Einziehung anzuordnen, sofern nicht auf andere Art zu verwerten ist.

56 Persönlicher Sicherheitsarrest

(1) Die für die Steuerfestsetzung zuständige Finanzbehörde kann bei dem Amtsgericht, in dessen Bezirk die Finanzbehörde ihren Sitz hat oder sich der Pflichtige befindet, einen Antrag auf Anordnung eines persönlichen Sicherheitsarrestes (§ 326 AO) stellen, wenn ein Arrestanspruch und ein Arrestgrund (vgl. Abschnitt 54 Abs. 1 Nr. 1 und 2) vorliegen. Der Antrag ist nur zulässig, wenn andere Mittel zur Sicherung der Vollstreckung, namentlich der dingliche Arrest, ohne Erfolg waren oder voraussichtlich keinen Erfolg haben werden.

(2) In dem Antrag hat die Finanzbehörde den Anspruch nach Art und Höhe sowie die Tatsachen anzugeben, die den besonderen Arrestgrund für den persönlichen Sicherheitsarrest ergeben.

(3) Die Finanzbehörde bedarf für den Antrag auf Anordnung des persönlichen Sicherheitsarrestes der Zustimmung der vorgesetzten Finanzbehörde. Die Zustimmung soll vor Absendung des Antrages eingeholt werden. Ist Gefahr im Verzug, darf der Antrag auch ohne vorherige Zustimmung gestellt werden. In diesem Falle ist die Genehmigung der vorgesetzten Finanzbehörde unverzüglich einzuholen. Wird diese versagt, ist der Antrag umgehend zurückzunehmen.

(4) Die Anordnung und Aufhebung des persönlichen Sicherheitsarrestes erfolgen durch das Amtsgericht, in dessen Bezirk die Finanzbehörde ihren Sitz hat oder sich der Pflichtige befindet.

Fünfter Teil - Insolvenzverfahren

57 Verfahrensarten

(1) Das Insolvenzrecht unterscheidet zwischen

1. dem Regelinsolvenzverfahren (§§ 1 bis 285 InsO),
2 dem Verbraucherinsolvenzverfahren (§§ 304 bis 311 InsO),
3. besonderen Arten eines Insolvenzverfahrens (§§ 315 bis 334 InsO; zum Beispiel der Nachlassinsolvenz).

(2) Das Regelinsolvenzverfahren wird durchgeführt, soweit nicht ein Verbraucherinsolvenzverfahren (Absatz 3) oder ein Verfahren nach §§ 315 bis 334 der Insolvenzordnung in Betracht kommt. Im Regel- und Verbraucherinsolvenzverfahren wird die gemeinschaftliche Befriedigung der Gläubiger dadurch erreicht, dass entweder das Vermögen des Schuldners verwertet und der Erlös verteilt oder in einem Insolvenzplan eine abweichende Regelung getroffen wird (Abschnitte 60, 61).

(3) Bei natürlichen Personen, die keine selbständige wirtschaftliche Tätigkeit ausüben oder ausgeübt haben (§ 304 Abs. 1 Satz 1 InsO), wird das Verbraucherinsolvenzverfahren durchgeführt (Abschnitt 63). Bei natürlichen Personen, die eine selbständige wirtschaftliche Tätigkeit ausgeübt haben, wird das Verbraucherinsolvenzverfahren durchgeführt, wenn ihre Vermögensverhältnisse überschaubar sind und gegen sie keine Forderungen aus Arbeitsverhältnissen bestehen (§ 304 Abs. 1 Satz 2 InsO).

(4) Ist der Schuldner eine natürliche Person, so kann er im Regel- oder Verbraucherinsolvenzverfahren einen Antrag auf Durchführung des Restschuldbefreiungsverfahrens stellen (Abschnitt 64)"

58 Eröffnungsantrag der Vollstreckungsbehörde

(1) Der Antrag, über das Vermögen des Vollstreckungsschuldners das Insolvenzverfahren zu eröffnen, kann gestellt werden, wenn dem Vollstreckungsgläubiger eine Geldforderung zusteht bei der die Voraussetzungen für die Einzelvollstreckung vorliegen (Abschnitt 4, § 254 AO) und ein Insolvenzgrund (Absatz 2) glaubhaft gemacht werden kann (§ 14 InsO).

(2) Die Eröffnung des Insolvenzverfahrens setzt die Zahlungsunfähigkeit des Vollstreckungsschuldners voraus, soweit nicht auch Überschuldung als Insolvenzgrund bestimmt ist. Zahlungsunfähigkeit liegt vor, wenn der Schuldner nicht in der Lage ist, seine fälligen Zahlungspflichten zu erfüllen. In der Regel ist Zahlungsunfähigkeit anzunehmen, wenn Zahlungseinstellung erfolgt ist (§ 17 Abs. 2 InsO). Für die Eröffnung des Insolvenzverfahrens über das Vermögen von juristischen Personen des Privatrechts, von Personengesellschaften (§ 11 Abs. 2 Nr. 1 InsO), wenn kein persönlich haftender Gesellschafter eine natürliche Person ist, oder eines nicht rechtsfähigen Vereins, der als Verein verklagt werden kann (§ 11 Abs. 1 Satz 2 InsO, § 54 BGB, § 50 Abs. 2 ZPO), oder einen Nachlass (§ 320 InsO) bildet sowohl die Zahlungsunfähigkeit als auch die Überschuldung einen Insolvenzgrund. Überschuldung liegt vor, wenn das Vermögen die bestehenden Verbindlichkeiten nicht mehr deckt (§ 19 Abs. 2 InsO). Für eingetragene Genossenschaften enthält § 98 des Genossenschaftsgesetzes Sondervorschriften

(3) Ein Antrag auf Eröffnung des Insolvenzverfahrens obliegt grundsätzlich der Vollstreckungsbehörde, die die Vollstreckung betreibt. Er muss Angaben zu den geschuldeten Beträgen und zum Insolvenzgrund enthalten.

(4) Lehnt das Insolvenzgericht (§ 3 InsO) einen Antrag auf Eröffnung des Insolvenzverfahrens ab, steht der Vollstreckungsbehörde gegen die Entscheidung das Rechtsmittel der sofortigen Beschwerde zu (§ 34 Absatz 1 InsO). Die Beschwerde ist binnen einer Notfrist von zwei Wochen bei dem Insolvenzgericht, dessen Entscheidung angefochten wird (§ 6 Absatz 1 Satz 2 InsO), durch Beschwerdeschrift einzureichen (§ 4 InsO, § 569 ZPO). Die Frist beginnt mit der Verkündung der Entscheidung (§ 6 Absatz 2 InsO)."

59 Kostenvorschuss

(1) Macht das Insolvenzgericht die Eröffnung des Insolvenzverfahrens von der Leistung eines Kostenvorschusses abhängig, so ist dieser in der Regel erst dann einzuzahlen, wenn sich aus den Ermittlungen des Insolvenzgerichts oder nach Aktenlage ergibt, dass voraussichtlich mit einer Insolvenzmasse zu rechnen ist, die eine nennenswerte Befriedigung erwarten lässt (zum Beispiel durch Insolvenzanfechtung). Das kann der Fall sein, wenn durch weitere Sachverhaltsaufklärung, zum Beispiel durch eidliche Vernehmung des Schuldners oder auf Grund der Auskunfts- und Mitwirkungspflichten des Schuldners oder Dritter gemäß §§ 5, 97 ff. InsO, mit Hinweisen auf verwertbares Vermögen gerechnet werden kann, oder Auslandsvermögen zu vermuten ist.

(2) Hat die Vollstreckungsbehörde einen Vorschuss geleistet, so kann dieser im Fall der nicht vollständigen Rückerstattung aus der Masse von Personen zurückverlangt werden, die eine rechtzeitige Antragstellung pflichtwidrig und schuldhaft unterlassen haben (§ 26 Abs. 3 InsO).

60 Steuerforderungen im Insolvenzverfahren

(1) Die persönlichen Ansprüche des Vollstreckungsgläubigers gegen den Vollstreckungsschuldner (Abschnitt 3 Absatz 1, 2) sind, soweit sie zur Zeit der Eröffnung des Insolvenzverfahrens begründet sind - vorbehaltlich § 55 Absatz 2 und 4 der Insolvenzordnung -, in der Regel Insolvenzforderungen (§ 38 InsO). Dies gilt auch, wenn dem Vollstreckungsgläubiger neben dem persönlichen Anspruch ein Recht auf abgesonderte Befriedigung zusteht (§§ 49 bis 51, 165 bis 173 InsO). Geldbußen, Ordnungsgelder, Zwangsgelder sowie ab Verfahrenseröffnung anfallende Zinsen und Säumniszuschläge sind nachrangige Insolvenzforderungen im Sinne von § 39 der Insolvenzordnung.

(2) Ist über das Vermögen eines Vollstreckungsschuldners das Insolvenzverfahren eröffnet worden, können die Insolvenzgläubiger ihre Ansprüche während der Dauer des Verfahrens weder in

das zum Zeitpunkt der Eröffnung vorhandene noch in das danach vom Schuldner erworbene Vermögen (sog. Neuerwerb) im Wege der Einzelzwangsvollstreckung verfolgen (§ 89 InsO). Für die Geltendmachung der Abgabenforderungen sind grundsätzlich die Vorschriften der Insolvenzordnung maßgeblich (§ 251 Abs. 2 Satz 1 AO). Während des Insolvenzverfahrens dürfen hinsichtlich der Insolvenzforderungen Verwaltungsakte über die Festsetzung und Anforderung von Ansprüchen aus dem Steuerschuldverhältnis nicht mehr ergehen. Bescheide, die einen Erstattungsanspruch zugunsten der Insolvenzmasse festsetzen, können bekannt gegeben werden. Durch die Eröffnung des Insolvenzverfahrens wird der Erlass von Steuermess- und Feststellungsbescheiden gehindert, soweit diese ausschließlich Besteuerungsgrundlagen feststellen, auf deren Grundlage Insolvenzforderungen anzumelden sind. In Gewerbesteuerfällen teilt die Festsetzungsstelle der steuerberechtigten Körperschaft den berechneten Messbetrag formlos für Zwecke der Anmeldung im Insolvenzverfahren mit.

(3) Sobald die Vollstreckungsstelle von der Eröffnung des Insolvenzverfahrens (§ 30 InsO) Kenntnis erlangt, sind alle in Betracht kommenden Festsetzungsstellen, evtl. auch Stellen anderer Finanzbehörden (zum Beispiel der für die Festsetzung der Erbschaft- und Schenkungsteuer zuständigen Finanzbehörde), zu informieren. Diese haben zu ermitteln, ob außer den bereits angezeigten Ansprüchen noch weitere Abgabenforderungen gegen den Schuldner bestehen. Dazu gehören auch Forderungen, die noch nicht festgesetzt, aber im Zeitpunkt der Eröffnung bereits begründet sind.

(4) Verbindlichkeiten des Insolvenzschuldners aus dem Steuerschuldverhältnis, die von einem vorläufigen Insolvenzverwalter oder vom Schuldner mit Zustimmung eines vorläufigen Insolvenzverwalters begründet worden sind, gelten nach Eröffnung des Insolvenzverfahrens als Masseverbindlichkeit (§ 55 Absatz 4 der Insolvenzordnung). Hat dagegen das Insolvenzgericht im Antragsverfahren zur Sicherung der Masse einen vorläufigen Insolvenzverwalter bestellt und dem Schuldner ein allgemeines Verfügungsverbot auferlegt (§ 21 Absatz 2 Nummer 1, 2 erste Alternative der Insolvenzordnung), ist Absatz 2 Satz 2 bis 5 entsprechend anzuwenden. Ab diesem Zeitpunkt begründete Abgabenansprüche gelten nach der Eröffnung des Verfahrens als sonstige Masseverbindlichkeiten (§ 55 Absatz 2 der Insolvenzordnung). Nur die bis zum Zeitpunkt der Bestellung des vorläufigen Verwalters begründeten Abgabenforderungen sind Insolvenzforderungen. Wird das Verfahren nicht eröffnet, hat der vorläufige Insolvenzverwalter die von ihm begründeten Abgabenforderungen aus dem von ihm verwalteten Vermögen zu erfüllen (§ 25 Absatz 2 der Insolvenzordnung).

(5) Hat das Insolvenzgericht im Eröffnungsbeschluss angeordnet, dass dem Verwalter vorab mitzuteilen ist, ob Sicherungsrechte an Sachen und Rechten des Schuldners in Anspruch genommen werden, sind die erforderlichen Angaben zu Pfändungspfand- und sonstigen Sicherungsrechten unverzüglich dem Insolvenzverwalter bekannt zu geben (§ 28 Abs. 2 InsO).

(6) Die Abgabenforderungen sind innerhalb der gesetzten Frist schriftlich beim Insolvenzverwalter - im Fall der Eigenverwaltung beim Sachwalter - anzumelden (§§ 87, 27, 28 Absatz 1, § 174 Absatz 1, § 270c Satz 2 InsO), soweit nicht die Möglichkeit einer Aufrechnung (§§ 94 bis 96 InsO) besteht. Dies gilt auch, soweit außer dem Schuldner noch ein anderer die Leistung schuldet oder dafür haftet. Die Anmeldung soll die in Abschnitt 34 Absatz 2 Nrn. 1 bis 7 und 11 erster Halbsatz bezeichneten Angaben sowie eine Erklärung darüber enthalten, ob für die Abgabenforderung abgesonderte Befriedigung begehrt wird (§§ 49 bis 52, 174 InsO). Die Anmeldung soll ferner einen Hinweis darauf enthalten, welche Forderungen vor der Eröffnung festgesetzt oder vorangemeldet und welche unanfechtbar sind. Nachrangige Abgabenforderungen im Sinne des § 39 der Insolvenzordnung sind nur anzumelden, soweit das Insolvenzgericht hierzu ausdrücklich auffordert (§ 174 Absatz 3 InsO); das Vollstreckungsverbot (§ 89 InsO) bleibt unberührt. Abgabenansprüche können auch nach Ablauf der Frist jederzeit nachgemeldet werden (§ 177 InsO). Liegt der Forderung eine Steuerstraftat des Schuldners nach den §§ 370, 373 oder § 374 der Abgabenordnung zugrunde, sind neben dem Grund und dem Betrag der Forderung auch die Tatsachen, aus denen sich nach Einschätzung der Finanzbehörde eine entsprechende Steuerstraftat ergibt, anzugeben.

(7) Ist eine zur Tabelle angemeldete Abgabenforderung vom Verwalter oder einem Insolvenzgläubiger im Prüfungstermin bestritten worden, erteilt das Insolvenzgericht einen beglaubigten

Auszug aus der Tabelle. Die Vollstreckungsbehörde hat den Anspruch zeitnah durch Erlass eines Feststellungsbescheides gemäß § 251 Abs. 3 der Abgabenordnung selbst zu verfolgen, soweit die Eigenschaft als Insolvenzforderung bestritten wird oder der Schuldner vor Eröffnung des Insolvenzverfahrens weder einen Festsetzungsbescheid noch ein Leistungsgebot erhalten oder - wenn die Vollstreckbarkeit von einer Steueranmeldung (§§ 167, 168 AO) abhängt - keine Steueranmeldung abgegeben hat (nicht titulierte Forderungen, § 179 Abs. 1 InsO). Es bleibt jedoch der Vollstreckungsbehörde - insbesondere zur Erlangung des Stimmrechts (§ 77 InsO) - unbenommen, dem Widerspruch auch dann zu verfolgen, wenn der Schuldner bereits vor der Eröffnung des Insolvenzverfahrens einen Festsetzungsbescheid bzw. ein Leistungsgebot erhalten oder eine Steueranmeldung abgegeben hat (titulierte Forderung, § 179 Abs. 2 InsO). Die Verfolgung der bestrittenen und im Zeitpunkt der Verfahrenseröffnung bereits bestandskräftigen titulierten Forderungen kann durch Feststellungsbescheid gemäß § 251 Abs. 3 der Abgabenordnung geschehen; festzustellen ist lediglich, dass die angemeldete Forderung bestandskräftig festgesetzt ist und die Voraussetzungen für eine Wiedereinsetzung (§ 110 AO) oder eine Korrektur (§§ 129 ff., 164, 165, 172 ff. AO) nicht vorliegen. Eine durch die Verfahrenseröffnung oder die Bestellung eines vorläufigen Insolvenzverwalters mit Verwaltungs- und Verfügungsbefugnis (§ 22 Abs. 1 InsO) unterbrochene Rechtsbehelfsfrist wird durch schriftliche Erklärung gegenüber dem Bestreitenden in Lauf gesetzt. § 240 Satz 1 und § 249 Abs. 1 ZPO sind entsprechend anzuwenden. War zu diesem Zeitpunkt bereits ein Einspruch anhängig, ist das Steuerstreitverfahren aufzunehmen (§ 180 Abs. 2 InsO). Die für eine Feststellung der bestrittenen Forderungen erforderlichen Maßnahmen werden auf Veranlassung der Vollstreckungsstelle von den Festsetzungsstellen oder den Rechtsbehelfsstellen betrieben. Das Bestreiten der Abgabenforderungen durch den Schuldner hindert deren Feststellung nicht (§ 178 Abs. 1 InsO). Verfolgt die Vollstreckungsbehörde den Anspruch gegenüber dem Schuldner, um nach Beendigung oder Aufhebung des Insolvenzverfahrens über einen vollstreckbaren Titel zu verfügen, sind während der Verfahrensdauer lediglich feststellende Verwaltungsakte zulässig.

61 Insolvenzplan

(1) In einem Insolvenzplan, der nur vom Verwalter oder vom Schuldner eingebracht werden kann, können die Beteiligten - insbesondere mit dem Ziel der (Teil-)Sanierung - von den Regelungen der Insolvenzordnung abweichende Vereinbarungen treffen. Von den Forderungen werden durch die Regelungen des Insolvenzplans ausschließlich Insolvenzforderungen im Sinne der §§ 38, 39 der Insolvenzordnung betroffen Die Vollstreckungsbehörde kann im Rahmen der Gläubigerversammlung auf die Erstellung und den Inhalt eines Insolvenzplans einwirken (§§ 74 ff., 157 InsO).

(2) Weist das Insolvenzgericht den Plan nicht gemäß § 231 der Insolvenzordnung zurück, hat es diesen mit den Stellungnahmen der Beteiligten (§ 232 InsO) in der Geschäftsstelle zur Einsichtnahme niederzulegen (§ 234 InsO), einen Erörterungs- und Abstimmungstermin zu bestimmen (§ 235 Abs. 1 InsO) und die Insolvenzgläubiger unter Beifügung des Plans beziehungsweise einer Zusammenfassung des wesentlichen Inhalts zu laden (§ 235 Abs. 3 InsO). Nach Eingang des Plans hat die Vollstreckungsstelle unter Einbindung der weiterhin beteiligten Dienststellen zu prüfen, ob sämtliche angemeldeten Ansprüche enthalten sind, der Planvorschlag nach den im Plan beziehungsweise in den Anlagen hierzu dargestellten wirtschaftlichen Verhältnissen auf der voraussichtlichen Entwicklung der wirtschaftlichen Lage realisierbar ist und die Regelungen im gestaltenden Teil des Plans (Zahlungen, Verzichte) im Verhältnis zu den anderen Gläubigern angemessen sind. Es ist insbesondere darauf zu achten, dass die Vollstreckungsbehörde durch den Plan nicht schlechter gestellt wird, als sie ohne den Plan stünde. Soweit absehbar ist, dass zum Beispiel infolge erheblicher Steuerforderungen oder der Beteiligung mehrerer Vollstreckungsbehörden eine zeitaufwendige Prüfung notwendig ist, sollte die Vollstreckungsstelle den Insolvenzplan und die von den Beteiligten eingegangenen Stellungnahmen auch vorab bei der Geschäftsstelle des Gerichts einsehen (§ 235 Abs. 2 InsO).

(3) Hat der Insolvenzverwalter oder ein stimmberechtigter Gläubiger angemeldete Forderungen oder Absonderungsrechte bestritten, ist das Feststellungsverfahren zeitnah zu betreiben (Ab-

schnitt 60 Abs. 7), weil zunächst nur die bereits festgestellten Forderungen und Absonderungsrechte ein Stimmrecht gewähren (§§ 237, 238 in Verbindung mit § 77 Abs. 1 Satz 1, Abs. 2 und Abs. 3 Nr. 1 InsO).

(4) Für die Zustimmung zum Insolvenzplan sind weitgehend wirtschaftliche Gesichtspunkte maßgeblich. Eine Zustimmung kommt regelmäßig dann nicht in Betracht, wenn
- auf Grund des bisherigen Verhaltens nicht mit der ordnungsgemäßen Erfüllung steuerlicher Pflichten zu rechnen ist,
- die Planvereinbarungen voraussichtlich nicht eingehalten werden oder
- die Vollstreckungsbehörde durch den Insolvenzplan schlechter gestellt wäre, als sie bei Fortführung des Insolvenzverfahrens stünde.

Neben der ausdrücklichen Ablehnung bei der Abstimmung hat die Vollstreckungsbehörde dem Insolvenzplan spätestens im Abstimmungstermin schriftlich oder zu Protokoll der Geschäftsstelle zu widersprechen (§ 251 InsO). Bei der Zustimmung zu einem Insolvenzplan hat die Vollstreckungsbehörde darauf zu achten, dass die Wiederauflebensklausel des § 255 der Insolvenzordnung nicht ausgeschlossen ist (Absatz 7).

(5) Die Annahme des Insolvenzplans setzt voraus, dass die Gläubiger beziehungsweise - im Regelfall der Einteilung der Gläubiger in mehrere Gruppen (§ 222 InsO) - die einzelnen Gruppen mehrheitlich (Kopf- und Summenmehrheit) zugestimmt haben (§§ 243, 244 InsO) oder die fehlende Zustimmung einer Abstimmungsgruppe ersetzt worden ist (§ 245 InsO). Der Plan bedarf außerdem der Bestätigung durch das Insolvenzgericht (§ 248 InsO). Die gerichtliche Prüfung umfasst auf Antrag auch die Rechte der Vollstreckungsbehörde, die dem Plan auf Grund ihrer wirtschaftlichen Schlechterstellung nicht zugestimmt und spätestens im Abstimmungstermin widersprochen hat (Minderheitenschutz, § 251 InsO). Die Vollstreckungsbehörde hat die Voraussetzungen des Minderheitenschutzes im Antrag glaubhaft zu machen. Gegen die Entscheidung des Gerichts ist die sofortige Beschwerde zulässig (§ 253 InsO; vgl. Abschnitt 58 Abs. 4).

(6) Die im bestätigten Insolvenzplan festgelegten Rechtswirkungen treten kraft Gesetzes ein (§ 254 Absatz 1 der Insolvenzordnung). Nach der rechtskräftigen Bestätigung eines Insolvenzplanes und der damit verbundenen Aufhebung des Insolvenzverfahrens ist eine Änderung der Steuerfestsetzung, die zum Wegfall der bereits in der Tabelle und dem Insolvenzplan festgestellten Forderung der Finanzbehörde führen soll, unzulässig. Soweit auf Abgabenforderungen verzichtet wurde, werden diese zu so genannten unvollkommenen Forderungen, die gegenüber dem Schuldner nicht mehr geltend gemacht werden können (Vollstreckungs- und Aufrechnungsverbot). Etwaige Haftungsschuldner können aber weiterhin in Anspruch genommen werden, soweit nicht ein Haftungsausschluss nach § 227 Absatz 2 der Insolvenzordnung in Betracht kommt. § 191 Absatz 5 Nummer 2 der Abgabenordnung ist insoweit nicht anwendbar.

(7) Die Vollstreckungsstelle hat die Erfüllung des Plans zu überwachen. Hält der Schuldner die Zahlungsverpflichtungen gegenüber der Vollstreckungsbehörde nicht ein, ist er schriftlich zu mahnen und ihm eine Frist von mindestens zwei Wochen zur Nachentrichtung des Betrags zu setzen (§ 255 Abs. 1 Satz 2 InsO). Wird der Rückstand nicht beglichen, ist die Insolvenzplanstundung oder der Insolvenzplanerlass - vorbehaltlich anders lautender Regelungen im Insolvenzplan - gegenüber der Vollstreckungsbehörde hinfällig. In diesem Fall ist der Schuldner zur Zahlung des gesamten Rückstandes einschließlich der nach dem Plan als erlassen geltenden Beträge aufzufordern. Erforderlichenfalls ist die Vollstreckung wegen der Gesamtrückstände zu veranlassen. Auf Grund der Erkenntnisse aus dem bisherigen Verfahren kommt auch ein erneuter Insolvenzantrag in Betracht.

(8) Die Vollstreckungsstelle hat darauf zu achten, dass der Insolvenzverwalter die steuerlichen Masseansprüche pflichtgemäß erfüllt beziehungsweise Sicherheit leistet (§ 258 Abs. 2 InsO).

62 Gläubigerausschuss

(1) Wird im Insolvenzverfahren ein (vorläufiger) Gläubigerausschuss bestellt (§§ 22a, 67 bis 73 InsO) und ist das Insolvenzverfahren für den Insolvenzgläubiger von besonderer Bedeutung, kann die Vollstreckungsbehörde darauf hinwirken, dass die erhebungsberechtigte Körperschaft -

vertreten durch die Vollstreckungsbehörde - in den Gläubigerausschuss gewählt wird. Eine besondere Bedeutung kann sich namentlich daraus ergeben, dass erhebliche Abgabenforderungen bestehen und ein Insolvenzplan eingereicht wurde oder aufgestellt werden soll.

(2) Ist ein Gläubigerausschuss nicht bestellt und liegen Umstände nach Absatz 1 vor, die eine Bestellung als zweckmäßig erscheinen lassen, soll die Vollstreckungsbehörde gegebenenfalls die Bestellung eines Gläubigerausschusses anregen.

63 Verbraucherinsolvenzverfahren

(1) Bevor ein Schuldner einen Antrag auf Eröffnung eines Insolvenzverfahrens stellen kann, muss er versuchen eine außergerichtliche Einigung mit den Gläubigern über die Schuldenbereinigung herbeizuführen (§ 305 Absatz 1 Nummer 1 InsO). Der Versuch gilt als gescheitert, wenn ein Gläubiger die Zwangsvollstreckung betreibt, nachdem Verhandlungen über die außergerichtliche Schuldenbereinigung aufgenommen wurden (§ 305a InsO). Hat der Schuldner nach dem Scheitern eines außergerichtlichen Einigungsversuches einen Antrag auf Eröffnung des Insolvenzverfahrens unter Beifügung eines Schuldenbereinigungsplans gestellt (§ 305 InsO), ruht die Entscheidung über den Insolvenzantrag (§ 306 Absatz 1 InsO). Das Insolvenzgericht stellt den vom Schuldner eingereichten Schuldenbereinigungsplan sowie die Vermögensübersicht an die Gläubiger zu, sofern es nicht nach Anhörung des Schuldners zu der Überzeugung gelangt ist, dass der Schuldenbereinigungsplan voraussichtlich nicht angenommen wird (Absatz 4). Die übrigen in § 305 Absatz 1 Nummer 3 der Insolvenzordnung genannten Verzeichnisse werden beim Insolvenzgericht zur Einsicht niedergelegt (§ 307 Absatz 1 InsO).

(2) Der angenommene Schuldenbereinigungsplan hat die Wirkung eines (Prozess-)Vergleichs im Sinne des § 794 Abs. 1 Nr. 1 der Zivilprozessordnung (§ 308 Abs. 1 Satz 2 InsO). Diese Rechtswirkung tritt kraft Gesetzes auch für Abgabenforderungen ein. Stehen der Vollstreckungsbehörde aus dem angenommenen Schuldenbereinigungsplan Zahlungsansprüche oder sonstige Rechte zu, hat sie die im Plan festgelegte Befriedigung zu überwachen. Abgabenansprüche, die nach Ablauf der Notfrist entstanden sind, werden vom Schuldenbereinigungsplan nicht berührt und können uneingeschränkt geltend gemacht werden. Gleiches gilt, wenn der Vollstreckungsbehörde ein Schuldenbereinigungsplan nicht zugestellt wurde und daher keine Möglichkeit zur Mitwirkung bestand (§ 308 Abs. 3 InsO).

(3) Hat die Vollstreckungsbehörde dem Schuldenbereinigungsplan widersprochen und teilt das Insolvenzgericht mit, dass es beabsichtige, die Zustimmung der Vollstreckungsbehörde zum Schuldenbereinigungsplan zu ersetzen, hat diese die Gründe, die einer Zustimmungsersetzung entgegenstehen (§ 309 Abs. 1 Satz 2 und Abs. 3 InsO), dem Gericht vorzutragen und glaubhaft zu machen; gegen den Beschluss des Gerichts ist die sofortige Beschwerde zulässig (§ 309 Abs. 2 InsO; vgl. Abschnitt 58 Abs. 4).

(4) Das Verfahren über den Eröffnungsantrag wird wieder aufgenommen, wenn das Insolvenzgericht nach Anhörung des Schuldners zu der Überzeugung gelangt, dass der Schuldenbereinigungsplan voraussichtlich nicht angenommen wird (§ 306 Absatz 1 Satz 3 InsO) oder Einwendungen gegen den Schuldenbereinigungsplan erhoben werden, die vom Gericht nicht gemäß § 309 der Insolvenzordnung durch gerichtliche Zustimmung ersetzt werden (§ 311 InsO). Für das Insolvenzverfahren finden grundsätzlich die allgemeinen Vorschriften Anwendung. Auch ein Insolvenzplan kann durchgeführt werden. Die Regelungen zur Eigenverwaltung gelten jedoch nicht (§ 270 Absatz 1 Satz 3 InsO).

64 Restschuldbefreiung

(1) Ist ein Antrag auf Restschuldbefreiung zulässig, so stellt das Insolvenzgericht durch Beschluss fest, dass der Schuldner Restschuldbefreiung erlangt, wenn er den Obliegenheiten nach § 295 der Insolvenzordnung nachkommt und die Voraussetzungen für eine Versagung nach den §§ 290, 297 bis 298 der Insolvenzordnung nicht vorliegen (§ 287a Absatz 1 InsO). Liegen Versagungsgründe nach § 290 der Insolvenzordnung vor, so soll die Finanzbehörde bis zum

Schlusstermin oder bis zur Entscheidung der Einstellung des Verfahrens wegen Masseunzulänglichkeit die Versagung der Restschuldbefreiung schriftlich beantragen und glaubhaft machen (§ 290 Absatz 2 InsO). Stellt sich nach dem Schlusstermin heraus, dass Versagungsgründe vorlagen, kann ein Antrag auf Versagung der Restschuldbefreiung binnen sechs Monaten nach Kenntniserlangung durch den Gläubiger nachgeholt werden (§ 297a InsO).

(2) Vollstreckungsmaßnahmen wegen der Insolvenzforderungen in das Vermögen des Schuldners sind in dem Zeitraum zwischen Beendigung des Insolvenzverfahrens und dem Ende der Abtretungsfrist unzulässig (§ 294 Absatz 1 InsO). Wird der Vollstreckungsstelle oder einer anderen beteiligten Dienststelle bekannt, dass der Schuldner Obliegenheiten verletzt und dadurch die Befriedigung der Insolvenzgläubiger beeinträchtigt, soll die Vollstreckungsbehörde beim Insolvenzgericht einen schriftlichen Antrag auf Versagung der Restschuldbefreiung stellen und ihre Angaben durch entsprechende Unterlagen glaubhaft machen (§§ 295, 296 InsO). Gegen die Entscheidung des Gerichts ist die sofortige Beschwerde gegeben. Unter den Voraussetzungen des § 303 der Insolvenzordnung kann die Restschuldbefreiung widerrufen werden.

(3) Das Insolvenzgericht entscheidet nach Anhörung der Insolvenzgläubiger, des Insolvenzverwalters oder Treuhänders und des Schuldners durch Beschluss über die Erteilung der Restschuldbefreiung, wenn die Abtretungsfrist ohne vorzeitige Beendigung des Restschuldbefreiungsverfahrens verstrichen ist (§ 300 Absatz 1 Satz 1 InsO). Die Abtretungsfrist kann unter den weiteren Voraussetzungen des § 300 Absatz 1 Satz 2 und Absatz 2 der Insolvenzordnung vorzeitig beendet und dem Schuldner die Restschuldbefreiung erteilt werden. Gegen den Beschluss über die Erteilung der Restschuldbefreiung steht den Gläubigern unter den Voraussetzungen des § 300 Absatz 4 der Insolvenzordnung die sofortige Beschwerde zu. Wird die Restschuldbefreiung erteilt, wirkt sie gegen alle Insolvenzgläubiger, auch wenn diese ihre Forderungen nicht angemeldet haben (§ 301 InsO). Die Vollstreckungsbehörde kann deshalb die vom Verfahren betroffenen Abgabenforderungen nicht mehr gegen den Schuldner geltend machen. Haftungs- oder andere Gesamtschuldner können jedoch weiterhin in Anspruch genommen werden (§ 301 Absatz 2 InsO).

(4) Von der Restschuldbefreiung werden unter anderem Geldstrafen, Geldbußen, Zwangsgelder sowie Ansprüche aus dem Steuerschuldverhältnis, sofern der Schuldner im Zusammenhang damit wegen einer Steuerstraftat nach den §§ 370, 373 oder 374 der Abgabenordnung rechtskräftig verurteilt worden ist und die Finanzbehörde die entsprechende Forderung unter Angabe dieses Rechtsgrundes gem. § 174 Absatz 2 der Insolvenzordnung angemeldet hat, nicht berührt (§ 302 InsO).

Sechster Teil - Löschung, gewerbe- und berufsrechtliche Verfahren, Maßnahmen nach dem Pass- sowie Aufenthaltsgesetz, Abmeldung von Fahrzeugen von Amts wegen

65 Löschung im Handelsregister oder im Genossenschaftsregister

Während des Vollstreckungsverfahrens ist bei gegebenem Anlass zu prüfen, ob Tatbestände vorliegen, die zur Einleitung eines Verfahrens nach den §§ 393 ff. des Gesetzes über das Verfahren in Familiensachen und in den Angelegenheiten der freiwilligen Gerichtsbarkeit führen können. Gegebenenfalls ist beim zuständigen Handelsregister die Löschung zu beantragen. Das Registergericht ist darauf hinzuweisen, dass die im Rahmen der Auskunftserteilung übersandten Unterlagen nicht der Akteneinsicht unterliegen (§ 379 Absatz 2 Satz 2 FamFG).

66 Gewerbe- und berufsrechtliche, pass- und ausländerrechtliche Maßnahmen

(1) Ergibt sich aus der Art der zu vollstreckenden Rückstände, den Umständen ihres Entstehens, ihrer Höhe oder aus Eigenschaften der zur Vertretung berechtigten Person (vgl. § 45 GewO),

dass Unzuverlässigkeit in gewerbe- oder berufsrechtlichem Sinne vorliegt, sind bei der zuständigen Behörde
1. die Untersagung der Ausübung eines Gewerbes oder
2. die Rücknahme oder der Widerruf einer gewerberechtlichen Erlaubnis oder ähnliche gewerberechtliche Maßnahmen oder
3. ein berufsrechtliches Verfahren

anzuregen.

(2) Ist der Vollstreckungsschuldner eine ausländische natürliche Person, so ist, gegebenenfalls neben den Maßnahmen nach Absatz 1, die zuständige Ausländerbehörde nach § 87 Abs. 2 Nr. 3 des Aufenthaltsgesetzes über den Ausweisungsgrund (§ 55 Abs. 1 in Verbindung mit § 55 Abs. 2 Nr. 2 des Aufenthaltsgesetzes) zu unterrichten und zu bitten, die Möglichkeit einer Ausweisung zu prüfen. Die für eine Ausweisung nach dem Aufenthaltsgesetz erforderlichen Daten sind nach Maßgabe des § 88 Abs. 3 des Aufenthaltsgesetzes mitzuteilen.

(3) Rechtfertigen Tatsachen die Annahme, dass eine natürliche Person versucht, sich durch Verlassen des Geltungsbereichs der Abgabenordnung Vollstreckungsmaßnahmen zu entziehen, oder ist dies bereits eingetreten, so ist die jeweils zuständige Behörde um Entziehung des Passes nach § 7 Absatz 1 Nummer 4 und § 8 des Passgesetzes, um die Anordnung nach § 6 Absatz 7 des Personalausweisgesetzes oder um Erlass eines Ausreiseverbots nach § 46 Absatz 2 in Verbindung mit § 88 Absatz 3 des Aufenthaltsgesetzes zu ersuchen. Hält sich der Vollstreckungsschuldner im Ausland auf, so kann die zuständige deutsche diplomatische Vertretung als Passbehörde ersucht werden, die Gültigkeit des Reisepasses des Vollstreckungsschuldners dahin zu beschränken, dass er nur für die Rückreise in die Bundesrepublik Deutschland gültig ist.

67 Abmeldung von Fahrzeugen von Amts wegen

Bei der Vollstreckung wegen Kraftfahrzeugsteuer kann die Abmeldung eines Fahrzeugs nach § 14 des Kraftfahrzeugsteuergesetzes betrieben werden. Die Abmeldung soll in der Regel erst nach einem erfolglosen Vollstreckungsversuch erfolgen; abweichend hiervon kann das Abmeldungsverfahren bereits nach der ersten erfolglosen Mahnung eingeleitet werden, wenn der Vollstreckungsschuldner die Kraftfahrzeugsteuer wiederholt erst nach Beginn der Vollstreckung entrichtet hat oder feststeht, dass die Vollstreckung keinen Erfolg verspricht.

Siebenter Teil - Schlussvorschriften

68 Inkrafttreten

Diese allgemeine Verwaltungsvorschrift tritt am 1. März 1980 in Kraft.

Anhang 9
VollzA   Vollziehungsanweisung

Allgemeine Verwaltungsvorschrift für Vollziehungsbeamte der Finanzverwaltung - Vollziehungsanweisung (VollzA) -

vom 29.4.1980 (BStBl I S. 194), zuletzt geändert durch Artikel 2 der Allgemeinen Verwaltungsvorschrift vom 23.10.2017 (BStBl I S. 1374).

Erster Teil - Allgemeines

1. Inhalt; Anwendungsbereich
2. Örtliche Abgrenzung der Amtstätigkeit
3. Ausschließung von der Amtstätigkeit
4. Amtsenthaltung wegen Befangenheit
5. Steuergeheimnis
6. Ausweise

Zweiter Teil - Ausführung der Vollstreckung

Vollstreckungsauftrag

7. Vollstreckungsauftrag
8. Rücksichtnahme auf die Belange des Vollstreckungsgläubigers und des Vollstreckungsschuldners
9. Frist für die Erledigung des Vollstreckungsauftrags
10. Zeit der Vollstreckung
11. Einstellung und Beschränkung der Vollstreckung
12. Tod des Vollstreckungsschuldners
13. Insolvenzverfahren
14. Vollstreckung gegen deutsche Soldaten

Hauptleistung; Nebenleistungen

15. Grundbegriffe
16. Säumniszuschläge
17. Kosten
18. Entschädigung von Zeugen und Sachverständigen, Vergütung an Hilfspersonen

Aufnahme von Urkunden

19. Aufnahme von Urkunden
20. Niederschrift
21. Quittungen
22. Nachweisung Vz
23. Rechenschaftsvermerk

Leistung zur Abwendung der Vollstreckung

24. Aufforderung zur Leistung
25. Annahme der Leistung (Allgemeines)
26. Annahme der Leistung (Einzelheiten)
27. Anrechnung von Teilzahlungen und Teilerlösen

Verhalten des Vollziehungsbeamten bei Nichtleistung, Widerstand und Einwendungen; Durchsuchung, Öffnen von Wohnungen

28. Verhalten bei Nichtleistung; Durchsuchung
29. Öffnen von Wohnungen
30. Verhalten bei Widerstand
31. Verhalten bei Einwendungen

Pfändung

32. Allgemeines
33. Unpfändbare Sachen und Tiere
34. Künftiger Wegfall der Unpfändbarkeit, Vorwegpfändung; künftiger Wegfall der Pfändbarkeit
35. Austauschpfändung
36. Vorläufige Austauschpfändung
37. Unpfändbarkeit von Gegenständen, deren Veräußerung unzulässig ist
38. Pfändung von Barmitteln aus Miet- und Pachtzinszahlungen
39. Unpfändbarkeit von Grundstücksbestandteilen; Pfändbarkeit von Früchten, die vom Boden noch nicht getrennt sind
40. Unpfändbarkeit von Grundstückszubehör und Schiffszubehör; Pfändbarkeit der vom Boden bereits getrennten Grundstückserzeugnisse und sonstigen Grundstücksbestandteile
41. Unzulässigkeit von Überpfändungen
42. Auswahl der zu pfändenden Sachen
43. Beachtung des Gewahrsams
44. Durchführung der Pfändung
45. Pfändung bei Landwirten
46. Pfändung von Kraftfahrzeugen
47. Pfändung bereits gepfändeter Sachen
48. Niederschrift über die Pfändung
49. Niederschrift über eine fruchtlose Pfändung
49a. Ermittlung der persönlichen und wirtschaftlichen Verhältnisse

Wegnahme von Sachen; Entgegennahme von Sachen

50. Wegnahme von Sachen, Entgegennahme von Sachen

Verwertung

51. Versteigerungsauftrag; Auftrag zum freihändigen Verkauf
52. Vorbereitung der Versteigerung
53. Gesetzliche Versteigerungsbedingungen
54. Versteigerung
55. Niederschrift über die Versteigerung
56. Freihändiger Verkauf

Aufhebung der Pfändung; Rückgabe von Pfandstücken

57. Aufhebung der Pfändung; Rückgabe von Pfandstücken

Abführung an die zuständige Kasse
58. Abführung von Zahlungsmitteln
59. Abführung anderer Sachen

Rechenschaftsablegung
60. Rechenschaftsablegung

Sondervorschriften für die Zollverwaltung
61. Sondervorschriften für die Zollverwaltung

Dritter Teil - Schlussvorschriften
62. Inkrafttreten

Erster Teil - Allgemeines

1. Inhalt; Anwendungsbereich

(1) Die Vollziehungsanweisung enthält nähere Bestimmungen über die Ausführung der Vollstreckung, soweit sie durch Vollziehungsbeamte der Vollstreckungsbehörden (Finanzämter, Hauptzollämter und Landesfinanzbehörden, denen durch eine Rechtsverordnung nach § 17 Absatz 2 Satz 3 Nummer 3 des Finanzverwaltungsgesetzes die landesweite Zuständigkeit für Kassengeschäfte und das Erhebungsverfahren einschließlich der Vollstreckung übertragen worden ist) durchgeführt wird. Die Vollziehungsanweisung ist für die Vollziehungsbeamten der Bundes- und Landesfinanzbehörden verbindlich.

(2) Die Vollziehungsanweisung enthält keine Bestimmungen über die Dienstverrichtungen, die den Vollziehungsbeamten außerhalb der Vollstreckung, zum Beispiel bei Zustellungen, obliegt.

(3) Die Vollziehungsanweisung soll dem Vollziehungsbeamten das Verständnis der gesetzlichen Vorschriften erleichtern. Hat der Vollziehungsbeamte bei der Anwendung der Vollziehungsanweisung Zweifel, so hat er sich an die Vollstreckungsstelle zu wenden.

(4) In den Fällen, in denen die Vollziehungsanweisung den Begriff Vollstreckungsstelle verwendet, gilt dies uneingeschränkt auch für Erhebungsstellen.

2. Örtliche Abgrenzung der Amtstätigkeit

Der Vollziehungsbeamte führt die ihm erteilten Aufträge nur im Bezirk der Vollstreckungsbehörde aus, der er angehört. Außerhalb dieses Bezirks darf er nur auf Grund eines besonderen Auftrags der Vollstreckungsbehörde, der er angehört, tätig werden.

3. Ausschließung von der Amtstätigkeit

(1) Nach § 82 der Abgabenordnung darf der Vollziehungsbeamte bei der Vollstreckung nicht mitwirken, wenn

1. er selbst beteiligt ist,
2. ein Angehöriger von ihm beteiligt ist,
3. er einen Beteiligten kraft Gesetzes oder Vollmacht allgemein oder in der gleichen Sache vertritt,

4. ein Angehöriger von ihm für einen Beteiligten in der gleichen Sache Hilfe in Steuersachen leistet,

5. er bei einem Beteiligten gegen Entgelt beschäftigt ist oder bei ihm als Mitglied des Vorstandes, des Aufsichtsrates oder eines gleichartigen Organs tätig ist; dies gilt nicht, wenn seine Anstellungskörperschaft Beteiligte ist,

6. er außerhalb seiner amtlichen Eigenschaft in der Angelegenheit ein Gutachten abgegeben oder sonst tätig geworden ist.

Bei Gefahr in Verzug dürfen jedoch unaufschiebbare Maßnahmen getroffen werden.

(2) Beteiligt ist insbesondere derjenige, dessen Belange durch die Vollstreckungsmaßnahme berührt werden, weil er selbst die beizutreibende Leistung schuldet oder neben dem Schuldner für die Leistung haftet oder zur Duldung der Vollstreckung verpflichtet ist.

(3) Nach § 15 der Abgabenordnung sind Angehörige des Vollziehungsbeamten im Sinne des Absatzes 1 Nr. 2 und 4:

1. der Verlobte,

2. der Ehegatte, oder der Lebenspartner

3. Verwandte und Verschwägerte gerader Linie, zum Beispiel Kinder, Enkel, Eltern, Großeltern oder Schwiegereltern, Schwiegersöhne, Schwiegertöchter, Stiefeltern, Stiefkinder,

4. Geschwister,

5. Kinder der Geschwister,

6. Ehegatten oder Lebenspartner der Geschwister und Geschwister der Ehegatten oder der Lebenspartner,

7. Geschwister der Eltern,

8. Personen, die durch ein auf längere Dauer angelegtes Pflegeverhältnis mit häuslicher Gemeinschaft wie Eltern und Kind miteinander verbunden sind (Pflegeeltern und Pflegekinder).

Angehörige sind die in Satz 1 aufgeführten Personen auch dann, wenn

1. in den Fällen der Nummern 2, 3 und 6 die die Beziehung begründende Ehe oder Lebenspartnerschaft nicht mehr besteht,

2. in den Fällen der Nummern 3 bis 7 die Verwandtschaft oder Schwägerschaft durch Annahme als Kind erloschen ist,

3. im Falle der Nummer 8 die häusliche Gemeinschaft nicht mehr besteht, sofern die Personen weiterhin wie Eltern und Kind miteinander verbunden sind.

(4) Hat der Vollziehungsbeamte einen Auftrag in einer Vollstreckungssache erhalten, bei der er nach den Absätzen 1 bis 3 nicht mitwirken darf, so hat er unverzüglich den Sachverhalt der Vollstreckungsstelle darzulegen.

4. Amtsenthaltung wegen Befangenheit

(1) Hält sich der Vollziehungsbeamte für befangen oder wird von einem Beteiligten Befangenheit des Vollziehungsbeamten behauptet, hat der Vollziehungsbeamte unverzüglich die Vollstreckungsstelle und den Leiter der Behörde oder den von ihm Beauftragten zu unterrichten und sich auf dessen Anordnung der Mitwirkung zu enthalten (§ 83 Abs. 1 Satz 1 der Abgabenordnung).

(2) Befangenheit ist anzunehmen, wenn ein Grund vorliegt, der geeignet ist, Mißtrauen gegen die Unparteilichkeit des Vollziehungsbeamten zu rechtfertigen. Dies gilt insbesondere, wenn der Vollziehungsbeamte wegen persönlicher oder wirtschaftlicher Beziehungen nicht ohne Vorurteil dem Beteiligten (Abschnitt 3 Abs. 2) gegenübersteht.

5. Steuergeheimnis

(1) Nach § 30 der Abgabenordnung darf der Vollziehungsbeamte Verhältnisse eines anderen sowie Betriebs- oder Geschäftsgeheimnisse, die ihm dienstlich bekanntgeworden sind, nicht unbefugt offenbaren oder verwerten. Diese Pflichten enden auch nicht, wenn der Vollziehungsbeamte aus dem Vollstreckungsdienst oder aus dem Dienst der Finanzverwaltung ausscheidet.

(2) Die Verletzung der Steuergeheimnisse (Absatz 1) ist mit Strafe bedroht (§ 355 StGB).

6. Ausweise

Als Ausweise dienen dem Vollziehungsbeamten:

1. ein den Vollziehungsbeamten zur Vornahme von Vollstreckungshandlungen allgemein ermächtigender Ausweis (Dienstausweis). Der Vollziehungsbeamte hat den Dienstausweis im Dienst bei sich zu führen und auf Verlangen vorzuzeigen. Der Dienstausweis ist mit einem Lichtbild des Vollziehungsbeamten und mit dem Abdruck des Dienststempels der Vollstreckungsbehörde zu versehen.

2. ein den Vollziehungsbeamten zur Vornahme der einzelnen Vollstreckungshandlung ermächtigender schriftlicher oder elektronischer Vollstreckungsauftrag. Der Vollstreckungsauftrag ist auf Verlangen bei Vornahme der Vollstreckungshandlung vorzuzeigen.

Zweiter Teil - Ausführung der Vollstreckung

Vollstreckungsauftrag

7. Vollstreckungsauftrag

(1) Der Vollziehungsbeamte hat die Aufträge auszuführen, die ihm die Vollstreckungsstelle erteilt.

(2) Der Vollziehungsbeamte darf eine Vollstreckungsmaßnahme nur auf Grund eines besonderen schriftlichen oder elektronischen Auftrags (Vollstreckungsauftrag) der Vollstreckungsstelle ergreifen. Er darf nur die in dem Vollstreckungsauftrag angeordneten Vollstreckungsmaßnahmen, zum Beispiel Pfändung, Versteigerung, freihändigen Verkauf, und diese Maßnahmen nur gegen denjenigen Vollstreckungsschuldner treffen, der in dem Vollstreckungsauftrag bezeichnet ist. Der Vollziehungsbeamte darf also zum Beispiel auf Grund eines Vollstreckungsauftrags gegen eine offene Handelsgesellschaft nicht gegen deren Gesellschafter persönlich vorgehen.

(3) Soweit bei Ausführung des Vollstreckungsauftrags der Vollziehungsbeamte Entscheidungen nach seinem Ermessen zu treffen hat, zum Beispiel darüber, welche Sachen des Vollstreckungsschuldners zu pfänden sind, hat er nach Recht und Billigkeit zu entscheiden.

(4) Dem Vollziehungsbeamten steht kein Prüfungsrecht darüber zu, ob die Voraussetzungen erfüllt sind, die nach der Abgabenordnung und der Vollstreckungsanweisung für den Vollstreckungsauftrag bestehen. Auf offensichtliche Unrichtigkeiten und Unzweckmäßigkeiten hat jedoch der Vollziehungsbeamte die Vollstreckungsstelle aufmerksam zu machen.

(5) Gegenüber dem Vollstreckungsschuldner hat sich der Vollziehungsbeamte jeder Stellungnahme zu der Entstehung und der Berechtigung der beizutreibenden Leistung zu enthalten. Er ist nicht berechtigt, Zahlungsvereinbarungen mit ihm zu treffen. Bezüglich möglicher Billigkeitsmaßnahmen ist an den Innendienst zu verweisen.

8. Rücksichtnahme auf die Belange des Vollstreckungsgläubigers und des Vollstreckungsschuldners

(1) Der Vollziehungsbeamte hat den ihm erteilten Vollstreckungsauftrag ohne Rücksicht auf die für die Erledigung bestimmte Frist (Abschnitt 9) schnell und nachdrücklich auszuführen.

(2) Neben den Belangen des Vollstreckungsgläubigers hat der Vollziehungsbeamte die Belange des Vollstreckungsschuldners zu wahren, soweit hierdurch der Erfolg der Vollstreckung nicht beeinträchtigt wird. Der Vollziehungsbeamte hat auch auf Wünsche, die der Vollstreckungsschuldner hinsichtlich der Ausführung der Vollstreckung, insbesondere hinsichtlich der Auswahl der zu pfändenden Sachen, äußert, Rücksicht zu nehmen, wenn dies ohne besondere Kosten und Schwierigkeiten und ohne Beeinträchtigung des Erfolgs der Vollstreckung möglich ist.

(3) Der Vollziehungsbeamte hat alle nicht unbedingt erforderlichen Kosten und Aufwendungen zu vermeiden.

(4) Pfandstücke sind pfleglich zu behandeln.

(5) Der Vollziehungsbeamte hat auch sonst jede unnötige Schädigung des Vollstreckungsschuldners zu vermeiden. Insbesondere hat er darauf zu achten, daß die Vollstreckungshandlung möglichst wenig Aufsehen erregt.

9. Frist für die Erledigung des Vollstreckungsauftrags

(1) In jedem Vollstreckungsauftrag ist eine Frist bestimmt, innerhalb welcher der Vollstreckungsauftrag auszuführen und über die Ausführung Rechenschaft abzulegen ist.

(2) Kann der Vollziehungsbeamte einen Vollstreckungsauftrag ausnahmsweise nicht fristgerecht erledigen, so hat er ihn bis zum Ablauf der Frist der Vollstreckungsstelle zurückzugeben; dabei hat er die Gründe der Nichtausführung schriftlich oder elektronisch anzugeben. Eine Verzögerung kann zu Nachteilen für den Vollstreckungsgläubiger führen, selbst wenn die dem Vollziehungsbeamten gesetzte Frist nicht überschritten wird. Bei einer Verzögerung ist der Vollziehungsbeamte unter Umständen schadensersatzpflichtig.

(3) Den Empfang der Vollstreckungsaufträge hat der Vollziehungsbeamte zu bescheinigen. Im Bereich der Zollverwaltung bedarf es dieser Empfangsbescheinigung nicht, wenn dem Vollziehungsbeamten die Vollstreckungsaufträge übersandt werden. Die pünktliche Rückgabe aller Vollstreckungsaufträge durch den Vollziehungsbeamten wird überwacht.

(4) Für die Abführung von Zahlungsmitteln (Abschnitt 15 Abs. 1, Abschnitt 58) und anderen Sachen (Abschnitt 59) an die zuständige Kasse gelten die besonderen Fristbestimmungen des Abschnitts 58 Abs. 2.

10. Zeit der Vollstreckung

(1) Nach § 289 der Abgabenordnung darf eine Vollstreckungshandlung zur Nachtzeit (21 bis 6 Uhr) sowie an Sonntagen und staatlich anerkannten allgemeinen Feiertagen nur mit schriftlicher oder elektronischer Erlaubnis der Vollstreckungsbehörde vorgenommen werden. Die Erlaubnis ist auf Verlangen bei der Vollstreckungshandlung vorzuzeigen.

(2) Rechnet der Vollziehungsbeamte damit, daß eine zur Tageszeit begonnene Vollstreckungshandlung sich in die Nachtzeit erstrecken wird, so hat er dies rechtzeitig der Vollstreckungsstelle anzuzeigen. Die Vollstreckungsstelle wird gegebenenfalls vorsorglich anordnen, daß die Vollstreckung in die Nachtzeit fortzusetzen ist.

(3) (weggefallen)

11. Einstellung und Beschränkung der Vollstreckung

(1) Der Vollziehungsbeamte darf die Vollstreckung grundsätzlich nur auf ausdrückliche Weisung der Vollstreckungsstelle einstellen und beschränken (§§ 257, 258 AO) sowie die Verwertung gepfändeter Sachen aussetzen (§ 297 AO).

(2) Auch ohne eine derartige Weisung hat der Vollziehungsbeamte den Vollstreckungsauftrag vorläufig nicht auszuführen, wenn

1. ihm durch eine Mitteilung der zuständigen Stelle, durch Vorlage eines Verwaltungsaktes oder einer gerichtlichen Entscheidung nachgewiesen wird, daß

    a) die beizutreibende Hauptschuld erloschen ist, zum Beispiel durch Zahlung, Aufrechnung, Erlaß und Verjährung (§ 47 AO),

    b) die beizutreibende Hauptschuld gestundet ist (§ 222 AO),

    c) die Vollziehung des zu vollstreckenden Verwaltungsaktes ausgesetzt ist (§ 361 AO, § 69 FGO),

    d) die Vollstreckung eingestellt oder beschränkt ist (§§ 257, 258 AO),

    e) der Verwaltungsakt, der vollstreckt werden soll, aufgehoben worden ist,

    f) im Falle der Vollstreckung eines festgesetzten Zwangsgeldes der Vollzug einzustellen ist (§ 335 AO),

2. ihm nachgewiesen wird, daß die beizutreibende Hauptschuld eingezahlt worden ist. Als Nachweis können zum Beispiel in Betracht kommen: Bestätigung eines Kreditinstituts, Quittung einer Kasse oder Zahlstelle. Durch Vorlage einer Einlieferungsbescheinigung für einen Brief mit Wertangabe kann die Vollstreckung nicht abgewendet werden,

3. ihm gegenüber die einer Zwangsgeldfestsetzung zugrundeliegende Anordnung erfüllt, zum Beispiel eine angeforderte Steuererklärung abgegeben wird.

In den Fällen der Nummer 1 Buchstabe a, b und e sowie der Nummer 2 sind noch bestehende steuerliche Nebenleistungen beizutreiben, wenn die Voraussetzungen für die Vollstreckung nach § 254 Abs. 1 der Abgabenordnung vorliegen.

(3) Beziehen sich die Nachweise, nach denen nach Absatz 2 der Vollstreckungsauftrag vorläufig nicht auszuführen ist, nur auf einen Teil der beizutreibenden Hauptschuld, hat der Vollziehungsbeamte den Vollstreckungsauftrag hinsichtlich des verbleibenden Rückstands auszuführen.

(4) Von einer Pfändung in Vollziehung eines Arrestes hat der Vollziehungsbeamte abzusehen, wenn die Hinterlegungssumme (der in der Arrestanordnung bezeichnete Geldbetrag, durch dessen Hinterlegung der Arrestschuldner die Einstellung der Arrestvollziehung erreichen kann) gezahlt wird oder wenn dem Vollziehungsbeamten urkundlich nachgewiesen wird, daß sie hinterlegt worden ist. Absatz 3 gilt entsprechend.

(5) Führt der Vollziehungsbeamte den Vollstreckungsauftrag vorläufig nicht oder nur zum Teil aus, hat er dies der Vollstreckungsstelle unverzüglich anzuzeigen. Gerichtliche Entscheidungen sind unter Angabe des Gerichts, des Datums und des Aktenzeichens genau zu bezeichnen.

12. Tod des Vollstreckungsschuldners

(1) Ist der Vollstreckungsschuldner gestorben, bevor der Vollziehungsbeamte mit der Ausführung des Vollstreckungsauftrags gegen den Vollstreckungsschuldner begonnen hatte, so hat der Vollziehungsbeamte von Vollstreckungsmaßnahmen abzusehen und dies der Vollstreckungsstelle unverzüglich anzuzeigen.

(2) Ist der Vollstreckungsschuldner nach Ausführung des Vollstreckungsauftrags, aber vor Ausführung eines Ergänzungsauftrags, insbesondere eines Versteigerungsauftrags oder eines Auftrags zum freihändigen Verkauf, gestorben, so hat der Vollziehungsbeamte den Ergänzungsauftrag auszuführen.

13. Insolvenzverfahren

(1) Der Vollziehungsbeamte hat von Vollstreckungsmaßnahmen abzusehen, wenn ihm vor Ausführung des Vollstreckungsauftrags nachgewiesen wird, dass über das Vermögen, in das vollstreckt werden soll, das Insolvenzverfahren eröffnet worden ist.

(2) Vor Eröffnung des Insolvenzverfahrens hat der Vollziehungsbeamte von der Ausführung des Vollstreckungsauftrags nur dann abzusehen, wenn ihm die Anordnung des Gerichts über die Einstellung oder Untersagung der Vollstreckung gemäß § 21 Abs. 2 Nr. 3 der Insolvenzordnung nachgewiesen wird.

(3) Die Gründe, warum der Vollziehungsbeamte den Auftrag nicht ausgeführt hat, sind im Rechenschaftsvermerk über die Ausführung des Vollstreckungsauftrags (Abschnitt 23) anzugeben. Insbesondere hat der Vollziehungsbeamte dabei den Beschluss über die Eröffnung des Insolvenzverfahrens und andere gerichtliche Anordnungen, welche die Vollstreckung betreffen (Absatz 2), unter Angabe des Gerichts, des Datums und des Aktenzeichens aufzuführen

(4) Ist der Vollstreckungsauftrag nach Eröffnung des Insolvenzverfahrens erteilt worden und enthält er die Weisung, trotz Eröffnung des Insolvenzverfahrens zu vollstrecken, insbesondere in bestimmte Gegenstände, die in dem Vollstreckungsauftrag bezeichnet sind, so hat der Vollziehungsbeamte nach dieser Weisung zu verfahren.

(5) Wird nach Durchführung des Vollstreckungsauftrags das Insolvenzverfahren eröffnet, so hat der Vollziehungsbeamte einen Ergänzungsauftrag, insbesondere einen Versteigerungsauftrag oder einen Auftrag zum freihändigen Verkauf, auszuführen, den die Vollstreckungsstelle in Kenntnis der Eröffnung des Insolvenzverfahrens erteilt hat.

14. Vollstreckung gegen deutsche Soldaten

Für die Vollstreckung gegen deutsche Soldaten gelten keine gesetzlichen Sondervorschriften. Es ist jedoch folgendes zu beachten:

1. Ist ein Vollstreckungsauftrag in Räumen der Bundeswehr oder an Bord eines Schiffes der Bundeswehr durchzuführen, so ist eine vorherige Anzeige an die militärische Dienststelle des Vollstreckungsschuldners erforderlich.

2. Der Vollziehungsbeamte ist befugt, in Sachen zu vollstrecken, die sich im Alleingewahrsam, das heißt in der tatsächlichen Gewalt des Vollstreckungsschuldners, befinden. Ein Soldat, der in einer Gemeinschaftsunterkunft wohnt, hat Alleingewahrsam an ihm gehörenden Sachen, die sich in dem ihm zugewiesenen Wohnraum befinden. Der Vollziehungsbeamte kann verlangen, daß ihm Zutritt zu dem Wohnraum des Soldaten gewährt wird, gegen den vollstreckt werden soll. An Sachen, die sich in anderen militärischen Räumen befinden, hat ein Soldat regelmäßig keinen Alleingewahrsam. Alleingewahrsam liegt jedoch vor, wenn der Soldat diese Sachen so aufbewahrt, daß sie nur seinem Zugriff unterliegen. Zur Durchsuchung benötigt der Vollziehungsbeamte eine richterliche Durchsuchungsanordnung, es sei denn, der Vollstreckungsschuldner willigt ein oder es besteht Gefahr im Verzug.

3. Wird dem Vollziehungsbeamten aus Gründen des Geheimnisschutzes das Betreten von Räumen, Anlagen, Schiffen oder sonstigen Fahrzeugen verweigert, so hat er sich mit dem Disziplinarvorgesetzten des Soldaten in Verbindung zu setzen, damit die Voll-

streckung trotzdem durchgeführt werden kann. Dies kann zum Beispiel dadurch geschehen, daß dem Vollziehungsbeamten die gesamte Habe des Soldaten an einem Ort vorgelegt wird, den der Vollziehungsbeamte betreten darf.

4. Zur Wahrung des Steuergeheimnisses (Abschnitt 5) dürfen der Dienststelle und einem Vorgesetzten Verhältnisse des Vollstreckungsschuldners nur insoweit offenbart werden, als es zur Durchführung des Vollstreckungsauftrags notwendig ist.

Hauptleistung, Nebenleistung

15. Grundbegriffe

(1) Zahlungsmittel sind:

1. Bargeld (amtliche Banknoten und Münzen in Euro und Cent).
2. Schecks, die auf Euro lauten und auf Kreditinstitute im Inland gezogen sind (Schecks, die von dem Zahlenden oder von einem anderen ausgestellt sind).

(2) Wertpapiere sind Urkunden, die das in ihnen verbriefte Recht derart verkörpern, dass sie selbst zum Träger des Rechts werden und dass der Besitz der Urkunden zur Ausübung des Rechts notwendig ist.

(3) Bei den Wertpapieren unterscheidet man:

1. Wertpapiere, die auf den Inhaber oder auf den Namen lauten. Beispiele: Aktien, Kuxe, Schuldverschreibungen auf den Inhaber (auch Grundschuld- und Rentenschuldbriefe, die auf den Inhaber lauten), Zinsscheine, Gewinnanteilscheine, Erneuerungsscheine.
2. Wertpapiere, die an den Order lauten. Beispiele: Wechsel, an Order gestellte kaufmännische Anweisungen und Verpflichtungsscheine, an Order gestellte Konnossemente der Seeschiffer, an Order gestellte Lagerscheine, Ladescheine, Bodmereibriefe und Transportversicherungspolicen.

(4) Urkunden, die nicht Träger eines Rechts sind, gehören auch dann nicht zu den Wertpapieren, wenn in den Urkunden ein Recht verbrieft ist. Beispiele: Sparbücher, auf den Inhaber lautende Versicherungsscheine, Hypothekenbriefe, nicht auf den Inhaber lautende Grundschuld- und Rentenschuldbriefe.

(5) Wertzeichen sind: Steuer- und Stempelmarken, Postwertzeichen, Versicherungsmarken, statistische Marken und Steuerzeichen.

(6) Kostbarkeiten sind: Gold- und Silbersachen, Gegenstände aus anderem Edelmetall, zum Beispiel Schmucksachen und Uhren aus Platin, Edelsteine, Kunstgegenstände und andere bewegliche Sachen, die im Verhältnis zu ihrem Umfang oder Gewicht einen außerordentlich hohen Wert haben.

16. Säumniszuschläge

Im Vollstreckungsauftrag ist der Tag angegeben, bis zu dem die darin aufgeführten Säumniszuschläge berechnet worden sind. Die für eine spätere Zeit beizutreibenden Säumniszuschläge hat der Vollziehungsbeamte nach § 240 der Abgabenordnung zu berechnen.

17. Kosten

(1) Mit dem beizutreibenden Hauptanspruch hat der Vollziehungsbeamte auch die Kosten der Vollstreckung beizutreiben.

(2) Die Kosten der Vollstreckung sind ihrem Betrag nach in dem Vollstreckungsauftrag anzugeben, soweit sie vor Erteilung des Vollstreckungsauftrags entstanden sind.

(3) Die Kosten der Vollstreckung, die durch die Ausführung des Vollstreckungsauftrags entstehen, hat der Vollziehungsbeamte nach den §§ 337 bis 345 der Abgabenordnung zu berechnen.

(4) Die Kosten, die dadurch entstehen, daß der Vollziehungsbeamte Zahlungsmittel oder Sachen, mit deren Wegnahme er beauftragt worden ist (Abschnitt 50 Abs. 1), an die zuständige Kasse abführt, gehören nicht zu den Kosten der Vollstreckung.

18. Entschädigung von Zeugen und Sachverständigen, Vergütung an Hilfspersonen

(1) Zieht der Vollziehungsbeamte bei der Ausführung der Vollstreckung Zeugen, Auskunftspersonen oder Sachverständige hinzu, bestimmt sich deren Vergütung oder Entschädigung nach § 107 der Abgabenordnung in Verbindung mit dem Justizvergütungs- und -entschädigungsgesetz

(2) Zieht der Vollziehungsbeamte bei der Ausführung der Vollstreckung eine andere Hilfsperson, zum Beispiel einen Handwerker, Hüter oder Fuhrunternehmer, hinzu, so soll er mit der Hilfsperson, sofern sie ihre Dienste nicht unentgeltlich zur Verfügung stellt, bei Vertragsschluss eine Vergütung vereinbaren.

(3) Wird ein gepfändetes Tier einem Hüter übergeben oder in dem Gewahrsam des Vollstreckungsschuldners oder des sonstigen Gewahrsamsinhabers belassen, so kann der Vollziehungsbeamte mit dem Betreffenden vereinbaren, daß dieser als Entgelt für die Fütterung und Pflege des Tieres dessen gewöhnliche Nutzung, zum Beispiel die Milch einer gepfändeten Kuh, verbrauchen darf.

(4) In allen Fällen, in denen eine Vergütung vereinbart oder bestimmt wird, sind die Preise zu Grunde zu legen, die für derartige Leistungen ortsüblich sind. Beansprucht die Hilfsperson eine Vergütung und kann über deren Höhe bei Vertragsschluss keine Einigung erzielt werden, so hat der Vollziehungsbeamte zu vereinbaren, dass ihm die Bestimmung der Gegenleistung (§ 316 des Bürgerlichen Gesetzbuchs) zusteht. Nachdem die Hilfsperson ihre Tätigkeit ausgeübt hat, bestimmt der Vollziehungsbeamte unverzüglich den Vergütungsbetrag (Gegenleistung). Bei Einwendungen gegen die Höhe der Vergütung hat er die Hilfsperson an die Vollstreckungsstelle zu verweisen.

(5) Die Vergütung soll in der Regel erst ausgezahlt werden, nachdem die Hilfsperson ihre Tätigkeit beendet hat. Die Geldbeträge hierfür hat der Vollziehungsbeamte erforderlichenfalls (Hinweis auf Abschnitt 58 Abs. 1 Satz 1) bei der Vollstreckungsstelle anzufordern.

(6) Der Vollziehungsbeamte hat sich die bei Ausführung der Vollstreckung geleisteten Zahlungen für Auslagen quittieren zu lassen.

(7) In die Niederschrift über eine Vollstreckungshandlung, bei der eine Entschädigung oder Vergütung nach Zeit in Betracht kommt, sind die für das Bemessen der Entschädigung oder Vergütung erforderlichen Zeitangaben aufzunehmen.

Aufnahme von Urkunden

19. Aufnahme von Urkunden

(1) Bei der Vollstreckung hat der Vollziehungsbeamte auch Urkunden aufzunehmen, zum Beispiel Niederschriften, Quittungen, Nachweisungen, Rechenschaftsvermerke, Pfandanzeigen. Diese Tätigkeit erfordert besondere Sorgfalt und Gewissenhaftigkeit. Jede Verletzung der Wahrheit - selbst in nebensächlichen Punkten - kann eine disziplinarrechtliche, unter Umständen auch strafrechtliche Ahndung zur Folge haben.

(2) Bei der Aufnahme von Urkunden hat der Vollziehungsbeamte vorbehaltlich besonderer Bestimmungen, die für einzelne Urkunden getroffen sind (z. B. Abschnitt 21 und 44 VollzA), die folgenden allgemeinen Regeln zu beachten:

1. Urkunden können schriftlich oder elektronisch aufgenommen werden. Die Urkunde muss den Ort und das Datum der Aufnahme, den Namen und die Dienststelle des Vollziehungsbeamten sowie die Angabe „Vollziehungsbeamter" enthalten.

    Schriftliche Urkunden sind vom Vollziehungsbeamten zu unterschreiben.

2. Die Urkunde, insbesondere auch die Unterschrift des Vollziehungsbeamten, muß leserlich sein. Es dürfen nur urkundenechte Tinte, Kugelschreiber mit Mine auf der Grundlage der Norm DIN 16554 / ISO 12757-2 oder sonstige von den für die Finanzverwaltung zuständigen obersten Bundes- oder Landesbehörden zugelassene Schreibmittel, nicht dagegen Bleistift oder ein anderer Trockenstift, verwendet werden. DIN-Normen, auf die in dieser Vorschrift Bezug genommen wird, sind im Beuth-Verlag GmbH, Berlin und Köln (www.beuth.de) erschienen und beim Deutschen Patent- und Markenamt archivmäßig gesichert. Ein Stempel darf zur Unterschrift nicht gebraucht werden. Eine Pfandanzeige im Freien kann mit Farbe geschrieben werden.

3. Radieren oder Überkleben ist untersagt. Bei Änderungen muß der ursprüngliche Text lesbar bleiben; Datum und Namenszeichen sind beizufügen.

4. Urkunden aus mehreren Bogen oder Blättern sind zu heften oder in sonst geeigneter Weise zu verbinden.

5. Bei der Aufnahme elektronischer Urkunden dürfen ausschließlich solche technischen Hilfsmittel verwendet werden, die von der zuständigen Bundes- oder Landesbehörde zu diesen Zwecken zugelassen wurden.

20. Niederschrift

(1) Der Vollziehungsbeamte hat über jede Vollstreckungshandlung eine auf den Vollstreckungsschuldner bezogene Niederschrift aufzunehmen. Bei mehreren Vollstreckungsaufträgen gegen einen Vollstreckungsschuldner und bei ein und derselben Vollstreckungsmaßnahme, zum Beispiel Pfändung oder Versteigerung, hat der Vollziehungsbeamte, wenn er diese Vollstreckungsaufträge gleichzeitig ausführt, nur eine Niederschrift aufzunehmen. Wird der beizutreibende Geldbetrag nach der Aufforderung zur Leistung ohne Vorbehalt oder Bedingung an den Vollziehungsbeamten gezahlt, ohne daß der Vollziehungsbeamte eine Vollstreckungsmaßnahme ergriffen hat, so ist keine Niederschrift erforderlich. Sie wird in diesem Fall durch die für die zuständige Kasse bestimmte Ausfertigung der Quittung ersetzt.

(2) Eine Niederschrift ist insbesondere aufzunehmen über

1. die Annahme von Zahlungen mit Vorbehalt oder von anderen Leistungen,

2. die Durchsuchung des Besitztums des Vollstreckungsschuldners, zum Beispiel der Räume und Behältnisse, erforderlichenfalls auch der Kleidung am Körper des Vollstreckungsschuldners,

3. die Pfändung sowie eine Anschlußpfändung,

4. das Wegschaffen gepfändeter Sachen, auch wenn gepfändete Sachen, die zunächst im Gewahrsam des Vollstreckungsschuldners belassen worden waren, nachträglich weggeschafft werden,

5. die Wegnahme und die Entgegennahme von Sachen,

6. die Aufhebung der Pfändung und die Rückgabe von Pfandstücken,

7. die Verwertung (die Versteigerung oder den freihändigen Verkauf) gepfändeter Sachen.

(3) Die Niederschrift soll in unmittelbarem Anschluß an die Vollstreckungshandlung, und zwar, wenn nicht besondere Umstände etwas anderes gebieten, an Ort und Stelle aufgenommen werden. Dauert die Vollstreckungshandlung, zum Beispiel eine Versteigerung, mehrere Tage, so ist die Niederschrift an jedem Tag abzuschließen und zu unterzeichnen.

(4) Die Niederschrift muß folgende Angaben enthalten:

1. die Bezeichnung der Vollstreckungshandlung unter Hervorheben der wesentlichen Vorgänge. Hierzu gehören die Aufforderungen und Mitteilungen des Vollziehungsbeamten, zum Beispiel die Aufforderung zur Leistung und das Vorzeigen des Vollstreckungsauftrags. Konnten diese nicht mündlich abgegeben werden, so soll er auch dies in der Niederschrift vermerken,

2. die Namen der Personen, mit denen verhandelt worden ist, sowie die Namen der zugezogenen Zeugen, Sachverständigen und sonstigen Hilfspersonen. Erklärungen zur Vollstreckung, die von dem Vollstreckungsschuldner oder einer anderen Person abgegeben werden, sollen in die Niederschrift aufgenommen werden,

3. das Ergebnis der Vollstreckung, und zwar auch bei fruchtloser Vollstreckung. Beispiele: eine Pfändung ist nicht möglich, eine wegzunehmende Sache wird nicht vorgefunden, eine entgegenzunehmende Sache wird nicht herausgegeben,

4. die Unterschriften der in Nummer 2 Satz 1 bezeichneten Personen sowie die Feststellung, dass die Niederschrift den Unterzeichnern vorgelesen oder zur Durchsicht vorgelegt und genehmigt worden ist. Hat eine der Personen nicht unterzeichnet, so ist der Grund anzugeben. Bei elektronisch erstellten Niederschriften ist die Unterschrift der in Nr. 2 Satz 1 bezeichneten Personen nicht erforderlich (§ 291 Abs. 4 AO).

(5) In den Vordrucken ist Nichtzutreffendes zu streichen. Wird in einem Vordruck ein Raum nicht für Eintragungen verwendet, so ist der Raum durch Striche derart auszufüllen, daß spätere Eintragungen nicht möglich sind. Reicht der in einem Vordruck vorgesehene Raum nicht aus, so sind Eintragungen, die auf dem Vordruck selbst nicht untergebracht werden können, in einer Anlage zur Niederschrift aufzunehmen. Die Anlage ist ebenfalls von dem Vollziehungsbeamten und den in Absatz 4 Nr. 2 Satz 1 bezeichneten Personen zu unterschreiben.

(6) Der Vollziehungsbeamte darf eine von ihm bereits unterschriebene Niederschrift nachträglich nicht eigenmächtig ändern. Spätere Zusätze sind in der Regel auf den Rand oder hinter den Schluß der Urkunde zu setzen und von dem Vollziehungsbeamten unter Angabe des Datums besonders zu unterschreiben.

(7) Im übrigen wird auf die besonderen Bestimmungen über die Niederschriften bei den verschiedenen Vollstreckungsmaßnahmen verwiesen (Hinweis insbesondere auf Abschnitt 18 Abs. 7, Abschnitt 25 Abs. 2, Abschnitt 28 Abs. 2, Abschnitt 34 Abs. 1, Abschnitt 35 Abs. 5, Abschnitt 36 Abs. 2, Abschnitte 38, 43 Abs. 6, Abschnitt 46 Abs. 2 und 3, Abschnitt 47 Abs. 4, Abschnitte 48, 49, 50 Abs. 3, Abschnitte 55, 56 Abs. 2).

(8) Die Vollstreckungsstelle kann den in Absatz 4 Nr. 2 Satz 1 bezeichneten Zeugen eine Mehrausfertigung der Urkunde erteilen.

21. Quittungen

(1) Der Vollziehungsbeamte hat unaufgefordert eine Quittung auf einem Vordruck des amtlichen Quittungsblocks zu erteilen, wenn er

1. eine Leistung - auch den Erlös aus einer Versteigerung oder aus einem freihändigen Verkauf - annimmt oder

Anhang 9	Vollziehungsanweisung
VollzA	

2. gepfändetes Geld oder sonstige Pfandstücke an sich nimmt (Abschnitt 44 Abs. 2 Nr. 1 und Abs. 6, Abschnitt 52 Abs. 1) oder

3. eine Sache wegnimmt (Abschnitt 50 Abs. 1) oder entgegennimmt (Abschnitt 50 Abs. 2).

(2) Bei Zahlungsmitteln hat der Vollziehungsbeamte in der Quittung anzugeben, wie er den beigebrachten Geldbetrag auf Hauptschuld, Zinsen, Säumniszuschläge und Kosten, gegebenenfalls auch auf die einzelnen Steuerarten und Zeitabschnitte, anrechnet (wegen der Anrechnung selbst vgl. Abschnitt 27). Dies gilt nicht für den Erlös aus einer Versteigerung oder aus einem freihändigen Verkauf; hier hat die Quittung, die dem Ersteigerer oder dem Käufer zu erteilen ist, nur den gezahlten Betrag zu enthalten. Erstreckt sich eine Quittung über mehrere Geldbeträge, so ist die Gesamtsumme zu bilden.

(3) Wird durch Übergabe eines Schecks gezahlt, ist auf beide Ausfertigungen der Quittung zu setzen: "Mit Scheck gezahlt. Eingang vorbehalten. Ohne Gewähr für rechtzeitige Vorlegung." Ist nur zum Teil mit Scheck gezahlt worden, ist vor den Vermerk der Betrag zu setzen.

(4) Bei Sachen, die nicht Zahlungsmittel sind, hat der Vollziehungsbeamte in der Quittung die Sachen - gegebenenfalls unter Angabe des Zustands - genau zu bezeichnen. Bescheinigungen über die Echtheit oder den Wert dürfen nicht abgegeben werden. Insbesondere sind anzugeben

1. bei vertretbaren Sachen:

    Maß, Zahl oder Gewicht, wobei nur gleichartige und gleichwertige Gegenstände zusammenzufassen sind,

2. bei Wertpapieren, die auf den Inhaber oder auf den Namen lauten:

    Nennwert, Nummer oder sonstige Unterscheidungsmerkmale sowie Zins- oder Gewinnanteil- und Erneuerungsscheine, die sich bei dem Stammpapier befinden,

3. bei Wechseln oder anderen Wertpapieren, die an Order lauten:

    Art und Umfang der Forderung, Namen des Gläubigers und Schuldners, Ort und Tag der Ausstellung, Fälligkeitstag, falls er aus der Urkunde ersichtlich ist.

(5) Der Vollziehungsbeamte hat die Quittung im Durchschreibeverfahren auszustellen und zu unterschreiben. Die erste Ausfertigung erhält der Leistende, die zweite Ausfertigung behält der Vollziehungsbeamte zur Übergabe an die zuständige Kasse. Händigt der Vollziehungsbeamte die für den Leistenden bestimmte Ausfertigung nicht aus, so hat der Vollziehungsbeamte auch diese der zuständigen Kasse zu übergeben.

(6) Den Quittungsblock gibt die zuständige Kasse gegen Empfangsbescheinigung aus. Der Vollziehungsbeamte erhält in der Regel nur einen Block. In der Empfangsbescheinigung ist die Nummer des Blocks anzugeben. Wird ein unvollständiger Block zugeteilt, so sind auch die Nummern der in ihm enthaltenen Quittungsblätter zu vermerken. Bei Aushändigen des Blocks haben der aushändigende Beamte und der Vollziehungsbeamte zu prüfen, ob in dem Block sämtliche Blätter enthalten sind, die nach der Empfangsbescheinigung vorhanden sein sollen.

(7) Der Vollziehungsbeamte hat bei Beendigung oder längerer Unterbrechung seiner Verwendung im Vollstreckungsaußendienst, zum Beispiel durch Urlaub oder Krankheit, einen nicht vollständig aufgebrauchten Quittungsblock gegen Empfangsbescheinigung an die zuständige Kasse zurückzugeben.

(8) Verschriebene oder unbrauchbar gewordene Quittungsvordrucke darf der Vollziehungsbeamte nicht vernichten. In diesen Fällen hat er beide Ausfertigungen der Vordrucke mit zugelassenem Schreibmittel (Abschnitt 19 Abs. 2 Nr. 2 Satz 2) zu durchkreuzen und der zuständigen Kasse zusammen mit den Zweitausfertigungen der übrigen Quittungen zu übergeben.

(9) Den Verlust eines Quittungsblocks oder einzelner Quittungsvordrucke hat der Vollziehungsbeamte unverzüglich dem Kassenleiter oder dem zuständigen Sachgebietsleiter und dem Kassenaufsichtsbeamten anzuzeigen.

22. Nachweisung Vz

(1) Der Vollziehungsbeamte hat alle Zahlungsmittel, die er an die zuständige Kasse abzuführen hat (Abschnitt 58), in eine Nachweisung Vz einzutragen. Im Bereich der Zollverwaltung darf der Vollziehungsbeamte nach näherer Weisung des Zahlstellenverwalters von dem Aufstellen einer Nachweisung Vz absehen.

(2) Der Vollziehungsbeamte hat für die in Absatz 1 bezeichneten Zahlungsmittel die Nachweisung Vz in der Weise aufzustellen, daß er an Hand der Quittungen die Zahlungsmittel, die er im Laufe des Tages bei dem Ausführen der verschiedenen Vollstreckungsaufträge beigebracht hat, einzeln in die Nachweisung Vz einträgt. Erlöse, die der Vollziehungsbeamte durch Versteigerung oder freihändigen Verkauf erzielt hat, sind nach Abzug der Auslagen (Abschnitt 18 Abs. 6; Hinweis auch auf Abschnitt 58 Abs. 1) in der Nachweisung Vz in die Spalte für Verwahrungen einzutragen.

(3) Die Zahlung durch Scheck hat der Vollziehungsbeamte in der Vermerkspalte der Nachweisung Vz anzugeben.

(4) Die für die Finanzverwaltung zuständige oberste Bundes- oder Landesbehörde bestimmt, in welcher Art und Weise der Vollziehungsbeamte täglich Nachweisungen Vz aufzustellen hat.

(5) Der Vollziehungsbeamte hat die Zahlungsmittel in der Nachweisung Vz zusammenzurechnen. Hat er an einem Tag mehrere Nachweisungen Vz aufgestellt, so hat er auf einer von ihnen die Summen der Zahlungsmittel, die in den einzelnen Nachweisungen Vz eingetragen sind, zusammenzustellen und die Gesamtsumme zu bilden.

(6) In den Nachweisungen Vz sind die Block- und Blattnummern der Quittungen anzugeben.

(7) Auf den Zweitausfertigungen der Quittungen sind die Nummer der Nachweisung Vz und die laufende Nummer, unter der der Betrag in der Nachweisung Vz eingetragen ist, zu vermerken.

23. Rechenschaftsvermerk

Der Vollziehungsbeamte hat auf den Vollstreckungsauftrag oder auf ein damit zu verbindendes Blatt einen Rechenschaftsvermerk zu setzen. Bei elektronisch erteilten Vollstreckungsaufträgen ist der Rechenschaftsvermerk elektronisch zu erstellen und zu übermitteln. Der Rechenschaftsvermerk hat Folgendes zu enthalten:

1. Angaben über die Ausführung des Vollstreckungsauftrags, insbesondere über das Ergebnis der Vollstreckung. Hält der Vollziehungsbeamte besondere Maßnahmen für erforderlich, zum Beispiel alsbaldige Versteigerung gepfändeter Tiere oder Versteigerung außerhalb des Pfändungsorts, so soll er dies in dem Rechenschaftsvermerk angeben,

2. eine Zusammenstellung über die Verwendung des beigebrachten Gesamtbetrags. Aus dieser Zusammenstellung muß hervorgehen, welche Beträge der Vollziehungsbeamte

   a) für Auslagen (Abschnitt 18 Abs. 6) verwendet,

   b) an die zuständige Kasse oder

   c) an den Vollstreckungsschuldner oder einen sonstigen Berechtigten abgeführt hat.

Anhang 9
VollzA
Vollziehungsanweisung

Leistung zur Abwendung der Vollstreckung

24. Aufforderung zur Leistung

(1) Bevor der Vollziehungsbeamte pfändet oder Sachen wegnimmt, hat er den Vollstreckungsschuldner zur Leistung aufzufordern. Dies kann nicht nur innerhalb des Besitztums, zum Beispiel Wohnung, Geschäftsräume, Werkstatt, Stallung, Hof, des Vollstreckungsschuldners geschehen, sondern auch außerhalb, wenn es kein größeres Aufsehen erregt.

(2) Wird nicht der Vollstreckungsschuldner, in dessen Besitztum aber eine erwachsene Person (Familienangehöriger, Mitbewohner, Bevollmächtigter oder Beschäftigter) angetroffen, von der angenommen werden kann, daß sie befugt ist, über die Geldmittel des Vollstreckungsschuldners zu verfügen, so fordert der Vollziehungsbeamte diese Person zur Leistung auf. Ist niemand im Besitztum des Vollstreckungsschuldners anwesend, so verfährt der Vollziehungsbeamte nach Abschnitt 29.

25. Annahme der Leistung (Allgemeines)

(1) Der Vollziehungsbeamte ist, solange er mit der Vollstreckung beauftragt ist und soweit nicht Absatz 4 Platz greift, berechtigt und verpflichtet, die beizutreibende Leistung, insbesondere den beizutreibenden Geldbetrag, anzunehmen. Dies gilt auch für eine angebotene Teilleistung. Die Annahme durch den Vollziehungsbeamten bewirkt, daß der Vollstreckungsschuldner der Leistung entsprechend befreit wird. Bei Zahlung mit Scheck hängt die Befreiung von der Einlösung ab.

(2) Macht der Leistende dem Vollziehungsbeamten gegenüber einen Vorbehalt oder stellt er eine Bedingung, so hat der Vollziehungsbeamte den Vorbehalt oder die Bedingung in die Niederschrift aufzunehmen und den Leistenden darauf hinzuweisen, daß ihm die Vollstreckungsstelle schriftlich mitteilen wird, ob die Vollstreckungsbehörde den Vorbehalt oder die Bedingung annimmt.

(3) Der Vollziehungsbeamte darf nur mit schriftlichem oder elektronischem Vollstreckungsauftrag Leistungen, insbesondere Zahlungsmittel, zur Abführung an die zuständige Kasse annehmen. Wird dem Vollziehungsbeamten eine Leistung angeboten, zu deren Annahme er nicht befugt ist, hat er den Anbietenden aufzufordern, den Betrag an die zuständige Kasse zu überweisen.

(4) Ist die zuständige Kasse für die Übergabe von Zahlungsmitteln gegen Quittung geschlossen, kann der Vollziehungsbeamte mit Zustimmung des Sachgebietsleiters in Ausnahmefällen Zahlungsmittel im Dienstgebäude annehmen, sofern er mit der Beitreibung des ihm angebotenen Betrages beauftragt ist.

26. Annahme der Leistung (Einzelheiten)

(1) Der Vollziehungsbeamte darf die im Abschnitt 15 Abs. 1 bezeichneten Zahlungsmittel als Einzahlung annehmen, soweit nicht im folgenden Einschränkungen gemacht sind.

(2) Schecks darf der Vollziehungsbeamte als Einzahlung nicht annehmen, wenn

1. in Orderschecks ein anderer als die zuständige Kasse vom Aussteller als Zahlungsempfänger bezeichnet ist, es sei denn, dass sich der Vollstreckungsschuldner durch eine ununterbrochene Reihe von Indossamenten - auch Blankoindossamenten - als rechtmäßiger Inhaber ausweist und sein Recht durch Indossament - auch Blankoindossament - auf die zuständige Kasse überträgt,

2. sie mit dem Vermerk "nicht an Order" oder mit einem gleichbedeutenden Vermerk versehen sind (Rektaschecks),

Vollziehungsanweisung   Anhang 9
                                                  VollzA

3.   sie bei dem Vermerk "nur zur Verrechnung" einen Zusatz wie "nur zur Verrechnung mit ..." (Angabe einer Firma oder einer sonstigen Stelle, mit der allein die Verrechnung stattfindet) enthalten, auch wenn dieser Zusatz gestrichen ist,

4.   deren Ausstellungsdatum so weit zurückliegt, dass sie von der zuständigen Kasse innerhalb der Vorlegungsfrist, das heißt binnen acht Tagen vom Beginn des Ausstellungstages an gerechnet, weder dem bezogenen Kreditinstitut vorgelegt, noch in eine Abrechnungsstelle (Artikel 31 ScheckG) eingeliefert werden könnten.

Der Vollziehungsbeamte hat darüber hinausgehende einschränkende Regelungen der zuständigen obersten Bundes- oder Landesfinanzbehörde über die Annahme von Schecks zu beachten.

(3) Der Vollziehungsbeamte soll Schecks nicht als Einzahlung annehmen, wenn

1.   zu befürchten ist, dass sie mangels Deckung nicht sofort eingelöst werden,

2.   ihm bekannt ist, dass der Vollstreckungsschuldner und Aussteller des Papiers wiederholt ungedeckte Schecks eingereicht hat.

Dies gilt nicht für Schecks, die von einer Stelle der Deutschen Bundesbank bestätigt sind, wenn sie der Deutschen Bundesbank innerhalb der in dem Bestätigungsvermerk angegebenen Frist vorgelegt werden können.

(4) Schecks, die bei Annahme durch den Vollziehungsbeamten nicht den Vermerk "nur zur Verrechnung" tragen, sind sofort mit diesem Vermerk zu versehen. Ein Blankoindossament ist bei Orderschecks durch den Vermerk "an ... (Bezeichnung der zuständigen Kasse)" zu vervollständigen.

(5) Bei Annahme von Zahlungsmitteln hat der Vollziehungsbeamte in Gegenwart des Einzahlers Bargeld auf Echtheit und Vollzähligkeit, Schecks auf Echtheit und Vollständigkeit (Rechtsgültigkeit) zu prüfen. Nachgemachtes, verfälschtes oder verdächtiges Bargeld ist anzuhalten und mit einer schriftlichen Anzeige an die zuständige Kasse abzuführen; dem Betroffenen ist darüber eine Bescheinigung folgenden Inhalts zu erteilen:

Die Münze(n)/Banknote(n) über ..... Euro mit der Kennzeichnung (Buchstabe, Jahreszahl, Nummer, Ausgabedatum)

....

wurde(n) als Falschstück(e)/wegen Zweifels an der Echtheit angehalten.

Ort, Tag, Unterschrift des Vollziehungsbeamten, Vollziehungsbeamter des/der (- Bezeichnung der Vollstreckungsbehörde -).

Schecks, deren Rechtsgültigkeit zweifelhaft ist, sind zurückzuweisen.

(6) Mehrbeträge an Bargeld sind dem Einzahler zurückzugeben; Minderbeträge sind sofort nachzufordern. Ist die sofortige Rückgabe von Mehrbeträgen nicht möglich, hat der Vollziehungsbeamte sie mit den übrigen angenommenen Zahlungsmitteln an die zuständige Kasse abzuführen. Wird mit Scheck gezahlt, werden Mehrbeträge dem Einzahler nicht von dem Vollziehungsbeamten, sondern von der zuständigen Kasse zurückgezahlt oder entsprechend den Angaben des Vollstreckungsschuldners gebucht, sobald der Scheck eingelöst worden ist.

27. Anrechnung von Teilzahlungen und Teilerlösen

(1) Eine Zahlung des Vollstreckungsschuldners nach Aufforderung durch den Vollziehungsbeamten zur Abwendung der Vollstreckung, die nicht sämtliche Schulden deckt, erfolgt in der Regel

1375

nicht freiwillig. Der Vollziehungsbeamte bestimmt in diesen Fällen die Reihenfolge der Tilgung (§ 225 Absatz 3 AO).

(2) Liegt abweichend von Absatz 1 eine freiwillige Zahlung vor, ist diese auf die Schuld anzurechnen, die der Einzahler bestimmt. Dies gilt auch dann, wenn bereits Vollstreckungsmaßnahmen ergriffen worden sind, zum Beispiel wenn schon gepfändet oder mit der Versteigerung begonnen worden ist. Trifft der Einzahler keine Zahlungsbestimmung, ist nach § 225 Absatz 2 der Abgabenordnung zu verfahren.

(3) Deckt der Erlös, den der Vollziehungsbeamte durch Versteigerung oder freihändigen Verkauf erzielt hat, nach Abzug der Auslagen (Abschnitt 18 Absatz 6; Hinweis auf Abschnitt 58 Absatz 1) nicht sämtliche Schulden, so bestimmt die Vollstreckungsstelle die Reihenfolge der Tilgung.

Verhalten des Vollziehungsbeamten bei Nichtleistung, Widerstand und Einwendungen; Durchsuchung, Öffnen von Wohnungen

28. Verhalten bei Nichtleistung; Durchsuchung

(1) Soweit nicht geleistet wird oder eine Aufforderung zur Leistung nach Abschnitt 24 Abs. 2 Satz 1 nicht erfolgen kann, hat der Vollziehungsbeamte die Pfändung, in den Fällen des Abschnitts 50 Abs. 1 die Wegnahme, von Sachen zu versuchen.

(2) Die Durchsuchung von Wohnungen (Wohn-, Betriebs-, Arbeits- und Geschäftsräume, dazugehörige Nebenräume sowie das angrenzende befriedete Besitztum wie zum Beispiel Hofraum, Hofgarten), das heißt das Eindringen in die Wohnung oder das Verweilen darin zum Zwecke der Durchführung von Vollstreckungsmaßnahmen, ist nur zulässig,

1. wenn die angetroffene Person (der Vollstreckungsschuldner, ein erwachsener Familienangehöriger, Mitbewohner, Bevollmächtigter oder Beschäftigter) die Durchsuchung freiwillig gestattet. Wird die Einwilligung zur Durchsuchung verweigert oder eine erteilte Einwilligung widerrufen, hat der Vollziehungsbeamte, außer bei Gefahr im Verzug, von weiteren Vollstreckungsmaßnahmen abzusehen;

2. wenn Gefahr im Verzug besteht. Gefahr im Verzug liegt vor, wenn anzunehmen ist, dass infolge der Verzögerung, die durch die Erwirkung der richterlichen Anordnung eintreten würde, der Erfolg der Durchsuchung gefährdet wäre, zum Beispiel weil Anhaltspunkte dafür sprechen, dass der Schuldner pfändbare Sachen in der Zwischenzeit beiseite schafft. Das Vorliegen von Gefahr im Verzug ist insbesondere zu prüfen, wenn an pfändbaren Sachen offensichtlich nur Bargeld oder Kostbarkeiten vorhanden sind oder bei der Vollziehung einer Arrestanordnung;

3. oder wenn eine richterliche Anordnung zur Durchsuchung der Wohnung vorliegt. Den erforderlichen Antrag stellt die Vollstreckungsstelle. Die Anordnung ist bei der Vollstreckungshandlung vorzuzeigen.

Das Vorzeigen der Durchsuchungsanordnung, die Erklärungen der angetroffenen Personen sowie festgestellte Anhaltspunkte für das Vorliegen einer Gefahr im Verzug sind in die Niederschrift (Abschnitt 20 Abs. 7, Abschnitt 49 Abs. 2) aufzunehmen.

(3) Liegt eine der Voraussetzungen des Absatzes 2 vor, ist der Vollziehungsbeamte befugt, die Wohnung des Vollstreckungsschuldners zu durchsuchen, soweit der Zweck der Vollstreckung es erfordert. Die Durchsuchung kann sich erforderlichenfalls auch auf die Kleidung am Körper des Vollstreckungsschuldners erstrecken. In diesem Fall hat der Vollziehungsbeamte Durchsuchungen bei Personen anderen Geschlechts durch eine zuverlässige Hilfsperson des entsprechenden Geschlechts vornehmen zu lassen.

(4) Verschlossene Türen und Behältnisse darf der Vollziehungsbeamte von einem geeigneten Handwerker oder einer anderen geeigneten Hilfskraft öffnen lassen. Türen und Behältnisse, für die der Vollziehungsbeamte die Schlüssel erhält, kann er selbst öffnen.

29. Öffnen von Wohnungen

(1) Wird in den Wohn- und Geschäftsräumen des Vollstreckungsschuldners weder der Vollstreckungsschuldner noch ein erwachsener Familienangehöriger, Mitbewohner, Bevollmächtigter oder Beschäftigter angetroffen, hat der Vollziehungsbeamte die Wohn- und Geschäftsräume des Vollstreckungsschuldners nur dann gewaltsam öffnen zu lassen, wenn Gefahr im Verzug besteht (Abschnitt 28 Abs. 2 Nr. 2) oder der Vollziehungsbeamte bei einem vorhergegangenen Vollstreckungsversuch eine entsprechende Ankündigung (unter Hinweis auf § 287 der Abgabenordnung, § 288 des Strafgesetzbuchs und eine - gegebenenfalls. noch zu beantragende - Durchsuchungsanordnung) und eine Zahlungsaufforderung verschlossen hinterlassen hat, die Voraussetzungen des Abschnitts 28 Abs. 2 Nr. 3 vorliegen und keine Anhaltspunkte bestehen, dass die Vollstreckung erfolglos bleiben wird Im übrigen kann der Vollziehungsbeamte von der gewaltsamen Öffnung der Wohn- und Geschäftsräume absehen, wenn dies nach Lage der Verhältnisse angebracht erscheint.

(2) Bei der Öffnung der Wohn- und Geschäftsräume in den Fällen des Absatzes 1 Satz 1 hat der Vollziehungsbeamte zwei Erwachsene oder einen Gemeinde- oder Polizeibeamten als Zeugen zuzuziehen. Die Zeugen sollen die Niederschrift mit unterschreiben. Bei einer elektronisch erstellten Niederschrift ist die Unterschrift der Zeugen nicht erforderlich.

(3) Die Vollstreckungsstelle kann den Zeugen eine Mehrausfertigung der Urkunde erteilen.

30. Verhalten bei Widerstand

(1) Trifft der Vollziehungsbeamte bei einer Vollstreckung auf Widerstand, so darf er Gewalt anwenden. Widerstand ist dann gegeben, wenn die Ausführung des Amtsgeschäfts nicht ohne Gewalt möglich erscheint. Abschnitt 28 Abs. 2 ist zu beachten.

(2) Bei Widerstand hat der Vollziehungsbeamte zwei Erwachsene oder einen Gemeinde- oder Polizeibeamten als Zeugen zuzuziehen. Dies gilt auch dann, wenn der Vollziehungsbeamte den Widerstand allein brechen könnte.

(3) Rechnet der Vollziehungsbeamte damit, daß er bei einer Vollstreckung Widerstand finden und zur Überwindung des Widerstandes polizeilicher Unterstützung bedürfen wird, so hat er dies der Vollstreckungsstelle anzuzeigen, die das Weitere veranlaßt. In dringenden Fällen und in Fällen, in denen dem Vollziehungsbeamten bei einer bereits begonnenen Vollstreckung Widerstand angedroht oder geleistet wird, kann der Vollziehungsbeamte die Unterstützung durch die Polizei unmittelbar anfordern.

(4) In Gegenwart der zugezogenen Zeugen soll der Vollziehungsbeamte darauf hinweisen, daß das Leisten von Widerstand schwere strafrechtliche Folgen hat. Die Zeugen sollen die Niederschrift mit unterschreiben, wenn in ihrer Gegenwart Widerstand geleistet wurde. Bei einer elektronisch erstellten Niederschrift ist die Unterschrift der Zeugen nicht erforderlich.

(5) Die Vollstreckungsstelle kann den Zeugen eine Mehrausfertigung der Urkunde erteilen.

31. Verhalten bei Einwendungen

(1) Durch Einwendungen des Vollstreckungsschuldners oder eines Dritten darf sich der Vollziehungsbeamte regelmäßig nicht von der Ausführung der Vollstreckung abhalten lassen.

(2) Der Vollziehungsbeamte hat den Vollstreckungsschuldner an die zuständige Stelle, die den der Vollstreckung zu Grunde liegenden Verwaltungsakt erlassen hat, zu verweisen, den Vollstreckungsauftrag aber auszuführen, wenn der Vollstreckungsschuldner

1. einwendet, der Anspruch auf die beizutreibende Leistung sei nicht oder nicht in voller Höhe entstanden, oder

2. bei Einkommensteuer- oder Vermögensteuerrückständen beantragt, nach § 268 der Abgabenordnung die Vollstreckung auf den Steuerbetrag zu beschränken, der sich bei einer Aufteilung der im Zeitpunkt der Einleitung der Vollstreckung rückständigen Steuer ergibt.

Dasselbe gilt vorbehaltlich des Abschnitts 11 auch, wenn der Vollstreckungsschuldner einwendet, dass

1. der Anspruch erloschen oder gestundet,
2. die Anordnung der Vollstreckung unzulässig oder
3. der Vollzug eines Zwangsgeldes nach § 335 der Abgabenordnung einzustellen sei.

In diesen Fällen ist der Vollstreckungsschuldner an die zuständige Vollstreckungsbehörde zu verweisen, die den Vollstreckungsauftrag erteilt hat.

(3) Wendet sich der Vollstreckungsschuldner gegen Vollstreckungsmaßnahmen, so hat der Vollziehungsbeamte ihn an die Vollstreckungsstelle zu verweisen. Dies hat insbesondere zu geschehen, wenn geltend gemacht wird,

1. der Vollziehungsbeamte sei zur Ausführung der Vollstreckung nicht zuständig,
2. der Vollziehungsbeamte sei bei Ausführung der Vollstreckung nicht im Besitz eines Vollstreckungsauftrags oder habe die Grenzen überschritten, die sich aus dem Vollstreckungsauftrag ergäben,
3. mit der Ausführung der Vollstreckung sei vorzeitig begonnen worden,
4. eine Überpfändung sei erfolgt,
5. Gegenstände, die der Pfändung nicht unterlägen, seien gepfändet worden,
6. der Vollstreckungsschuldner sei nicht verpflichtet, die Kosten der Vollstreckung zu tragen, oder die Kosten seien nicht richtig berechnet.

Wendet der Vollstreckungsschuldner ein, einem Dritten stehe an dem Gegenstand der Vollstreckung ein die Veräußerung hinderndes Recht zu oder zugunsten eines Dritten bestehe ein Veräußerungsverbot, hat der Vollziehungsbeamte ihn darauf hinzuweisen, daß der Berechtigte seine Ansprüche gegenüber der Vollstreckungsstelle geltend zu machen hat.

(4) Auch einen Dritten, der Einwendungen gegen die vorgenommene Pfändung erhebt, hat der Vollziehungsbeamte an die Vollstreckungsstelle zu verweisen. Dies gilt insbesondere, wenn geltend gemacht wird,

1. der Vollziehungsbeamte habe eine im Gewahrsam des Dritten befindliche Sache gepfändet, zu deren Herausgabe der Dritte nicht bereit gewesen sei,
2. dem Dritten stehe an dem Gegenstand der Vollstreckung ein die Veräußerung hinderndes Recht zu oder zugunsten des Dritten bestehe ein Veräußerungsverbot.

Der Vollziehungsbeamte hat aber die sofortige Entscheidung der Vollstreckungsstelle - gegebenenfalls fernmündlich - herbeizuführen und erforderlichenfalls den betreffenden Gegenstand von der Versteigerung auszunehmen, wenn der Dritte die Einwendungen erst in dem Versteigerungstermin vorbringt und glaubhaft macht, daß seine Einwendungen berechtigt sind.

Vollziehungsanweisung	Anhang 9
	VollzA

Pfändung

32. Allgemeines

(1) Der Pfändung unterliegen die im Gewahrsam des Vollstreckungsschuldners oder eines zur Herausgabe bereiten Dritten befindlichen beweglichen Sachen des Vollstreckungsschuldners, sofern sie nicht nach den Abschnitten 33 bis 40 von der Pfändung ausgenommen sind.

(2) Der Auftrag zur Pfändung beweglicher Sachen bezieht sich auch auf

1. Wertpapere, die auf den Inhaber oder auf den Namen lauten (Abschnitt 15 Abs. 3 Nr. 1).
2. Früchte, die vom Boden noch nicht getrennt sind (Abschnitt 39).

(3) Lautet der Vollstreckungsauftrag lediglich auf Pfändung beweglicher Sachen, so darf der Vollziehungsbeamte Wechsel und sonstige Wertpapiere, die an Order lauten (Abschnitt 15 Absatz 3 Nummer 2), nicht wegnehmen. Regelmäßig erteilt jedoch die Vollstreckungsstelle mit dem Auftrag, bewegliche Sachen zu pfänden, zugleich auch den Auftrag, Wechsel und sonstige Werpapiere, die an Order lauten, wegzunehmen.

(4) Auch der erweiterte Auftrag nach Absatz 3 Satz 2 ermächtigt den Vollziehungsbeamten an sich nicht, die in Abschnitt 15 Abs. 4 bezeichneten Urkunden, sog. Beweisurkunden, wie zum Beispiel Sparbücher, auf den Inhaber lautende Versicherungsscheine usw., wegzunehmen, da es sich bei diesen Urkunden nicht um Wertpapiere handelt. Der Vollziehungsbeamte darf diese Urkunden vielmehr grundsätzlich nur auf Grund eines besonderen Auftrags der Vollstreckungsstelle (Abschnitt 50 Abs. 1) wegnehmen. Findet der Vollziehungsbeamte aber solche Urkunden bei dem Vollstreckungsschuldner vor, ohne mit ihrer Wegnahme ausdrücklich beauftragt zu sein, so kann er die Urkunden unter unverzüglicher Anzeige an die Vollstreckungsstelle vorläufig in Besitz nehmen (Hilfspfändung). Abschnitte 21, 48 und 59 sind anzuwenden. Das Weitere veranlaßt die Vollstreckungsstelle.

33. Unpfändbare Sachen und Tiere

(1) Die folgenden Sachen darf der Vollziehungsbeamte nicht pfänden, und zwar auch dann nicht, wenn der Vollstreckungsschuldner der Pfändung zustimmt:

1. die dem persönlichen Gebrauch oder dem Haushalt dienenden Sachen, insbesondere Kleidungsstücke, Wäsche, Betten, Haus- und Küchengerät, soweit der Vollstreckungsschuldner ihrer zu einer seiner Berufstätigkeit und seiner Verschuldung angemessenen, bescheidenen Lebens- und Haushaltsführung bedarf; ferner Gartenhäuser, Wohnlauben und ähnliche, Wohnzwecken dienende Einrichtungen, die der Vollstreckung in das bewegliche Vermögen unterliegen und deren der Vollstreckungsschuldner oder seine Familie zur ständigen Unterkunft bedarf,

2. die für den Vollstreckungsschuldner, seine Familie und seine Hausangehörigen, die ihm im Haushalt helfen, auf vier Wochen erforderlichen Nahrungs-, Feuerungs- und Beleuchtungsmittel oder, soweit für diesen Zeitraum solche Vorräte nicht vorhanden sind und ihre Beschaffung auf anderem Wege nicht gesichert ist, den zur Beschaffung erforderlichen Geldbetrag. Zur Familie im Sinne dieser Bestimmung gehören nur die mit dem Vollstreckungsschuldner in häuslicher Gemeinschaft zusammenwohnenden und wirtschaftlich von ihm abhängigen Familienmitglieder,

3. Kleintiere in beschränkter Zahl sowie eine Milchkuh oder nach Wahl des Vollstreckungsschuldners statt einer Milchkuh insgesamt zwei Schweine, Ziegen oder Schafe, wenn diese Tiere für die Ernährung des Vollstreckungsschuldners, seiner Familie (Nummer 2 Satz 2) oder Hausangehörigen, die ihm im Haushalt, in der Landwirtschaft oder im Gewerbe helfen, erforderlich sind; ferner die zur Fütterung und zur Streu auf

Anhang 9	Vollziehungsanweisung
VollzA	

          vier Wochen erforderlichen Vorräte oder, soweit solche Vorräte nicht vorhanden sind und ihre Beschaffung für diesen Zeitraum auf anderem Wege nicht gesichert ist, der zu ihrer Beschaffung erforderliche Geldbetrag,

4.   a)   bei Personen, die Landwirtschaft betreiben, zum Beispiel auch beim Pächter, das zum Wirtschaftsbetrieb erforderliche Gerät und Vieh nebst dem nötigen Dünger sowie die landwirtschaftlichen Erzeugnisse, soweit sie zur Sicherung des Unterhalts des Vollstreckungsschuldners, seiner Familie (Nummer 2 Satz 2) und seiner Arbeitnehmer oder zur Fortführung der Wirtschaft bis zur nächsten Ernte gleicher oder ähnlicher Erzeugnisse erforderlich sind. Das auf einem Landgut befindliche, zum Landwirtschaftsbetrieb bestimmte - also nicht bloß das zu dem Landwirtschaftsbetrieb notwendige - Gerät und Vieh ist Zubehör des Landguts (Abschnitt 40 Abs. 3 Nr. 2) und kann insoweit nicht gepfändet werden, als die Zubehörstücke dem Grundstückseigentümer gehören,

       b)   bei Arbeitnehmern in landwirtschaftlichen Betrieben die ihnen als Vergütung gelieferten Naturalien, soweit der Vollstreckungsschuldner ihrer zu seinem und seiner Familie (Nummer 2 Satz 2) Unterhalt bedarf,

5.   bei Personen, die aus ihrer körperlichen oder geistigen Arbeit oder sonstigen persönlichen Leistungen ihren Erwerb ziehen, die zur Fortsetzung dieser Erwerbstätigkeit erforderlichen Gegenstände,

6.   bei den Witwen und minderjährigen Erben der unter Nummer 5 bezeichneten Personen, wenn sie die Erwerbstätigkeit für ihre Rechnung durch einen Stellvertreter fortführen, die zur Fortführung dieser Erwerbstätigkeit erforderlichen Gegenstände,

7.   Dienstkleidungsstücke sowie Dienstausrüstungsgegenstände, soweit sie dem Gebrauch des Vollstreckungsschuldners bestimmt sind, sowie bei Beamten, Geistlichen, Rechtsanwälten, Notaren, Ärzten und Hebammen die zur Ausübung des Berufs erforderlichen Gegenstände einschließlich angemessener Kleidung,

8.   bei Personen, die wiederkehrende Einkünfte der in den §§ 850 bis 850 b der Zivilprozeßordnung bezeichneten Art beziehen, ein Geldbetrag, der dem der Pfändung nicht unterworfenen Teil der Einkünfte für die Zeit von der Pfändung bis zu dem nächsten Zahlungstermin entspricht,

9.   die zu dem Betrieb einer Apotheke unentbehrlichen Geräte, Gefäße und Waren,

10.   die Bücher, die zum Gebrauch des Vollstreckungsschuldners und seiner Familie (Nummer 2 Satz 2) in der Kirche, Schule, sonstigen Unterrichtsanstalten oder bei der häuslichen Andacht bestimmt sind,

11.   die in Gebrauch genommenen Haushaltungs- und Geschäftsbücher, die Familienpapiere sowie die Trauringe, Orden und Ehrenzeichen,

12.   künstliche Gliedmaßen, Brillen und andere wegen körperlicher Gebrechen notwendige Hilfsmittel, soweit diese Gegenstände zum Gebrauch des Vollstreckungsschuldners und seiner Familie (Nummer 2 Satz 2) bestimmt sind,

13.   die zur unmittelbaren Verwendung für die Bestattung bestimmten Gegenstände,

14.   die Nutzungen der Erbschaft bei Einsetzung eines Nacherben sowie die Nutzungen des Gesamtguts einer fortgesetzten Gütergemeinschaft in den Fällen des § 863 der Zivilprozeßordnung.

Vollziehungsanweisung Anhang 9
VollzA

15. die Fahrbetriebsmittel aller Eisenbahnen, die Güter oder Personen im öffentlichen Verkehr befördern (Gesetz betreffend die Unzulässigkeit der Pfändung von Eisenbahnfahrbetriebsmitteln in der im Bundesgesetzblatt Teil III, Gliederungs-Nr. 310-11 veröffentlichten bereinigten Fassung),

16. Vorrichtungen, die ausschließlich zur Vervielfältigung oder Funksendung eines Werkes im Sinne des Urheberrechtsgesetzes, sowie zur Vorführung eines Filmwerkes bestimmt sind, wie Formen, Platten, Steine, Druckstöcke, Matrizen, Negative, Filmstreifen und dergleichen. Gleiches gilt nach näherer Bestimmung des § 119 Abs. 2 des Urheberrechtsgesetzes für bestimmte Ausgaben, Lichtbilder und Bild- und Tonträger.

(2) Originale von Werken im Sinne des Urheberrechtsgesetzes dürfen im Vollstreckungsverfahren gegen den Urheber oder dessen Rechtsnachfolger nur gepfändet werden, wenn der Urheber oder dessen Rechtsnachfolger oder im Falle des § 28 Abs. 2 des Urheberrechtsgesetzes der Testamentsvollstrecker einwilligt oder wenn es einer Einwilligung nach § 114 Abs. 2 oder § 116 Abs. 2 des Urheberrechtsgesetzes nicht bedarf. Dies gilt nach Maßgabe des § 118 des Urheberrechtsgesetzes sinngemäß für wissenschaftliche Ausgaben und Lichtbilder.

(3) Tiere, die im häuslichen Bereich und nicht zu Erwerbszwecken gehalten werden, sind der Pfändung nicht unterworfen. Eine Pfändung ist jedoch wegen des hohen Wertes des Tieres zulässig, wenn die Unpfändbarkeit für den Vollstreckungsgläubiger eine Härte bedeuten würde, die auch unter Würdigung der Belange des Tierschutzes und der berechtigten Interessen des Schuldners nicht zu rechtfertigen ist.

34. Künftiger Wegfall der Unpfändbarkeit, Vorwegpfändung; künftiger Wegfall der Pfändbarkeit

(1) Ist zu erwarten, daß eine nach Abschnitt 33 unpfändbare Sache demnächst pfändbar wird, zum Beispiel wegen eines bevorstehenden Berufswechsels des Vollstreckungsschuldners, so kann sie der Vollstreckungsbeamte pfänden (Vorwegpfändung). Er soll dies insbesondere tun, wenn er andere pfändbare Sachen von ausreichendem Wert nicht vorfindet. Er muß die gepfändete Sache aber im Gewahrsam des Vollstreckungsschuldners belassen. In der Pfändungsniederschrift (Abschnitt 48) muß der Vollziehungsbeamte ausführen, daß es sich um eine vorweggenommene Pfändung handelt; ferner soll er angeben, wann die Sache voraussichtlich pfändbar wird. Die Vollstreckung darf nur auf schriftliche oder elektronische Weisung der Vollstreckungsstelle fortgesetzt, insbesondere die Sache weggenommen und verwertet werden, wenn die Sache pfändbar geworden ist. Ist die Sache nicht binnen eines Jahres pfändbar geworden, so ist die Pfändung auf schriftliche Weisung der Vollstreckungsstelle aufzuheben. Hierbei ist nach Abschnitt 57 Abs. 1, 2 und 4 bis 7 zu verfahren.

(2) Der Vollziehungsbeamte ist nicht berechtigt, eine Pfändung deshalb zu unterlassen, weil die zu pfändende Sache wahrscheinlich demnächst unpfändbar wird.

35. Austauschpfändung

(1) Die Vollstreckungsstelle kann die Pfändung einer nach Abschnitt 33 Abs. 1 Nrn. 1, 5 und 6 unpfändbaren Sache mit der Maßgabe anordnen, daß dem Vollstreckungsschuldner vor der Wegnahme der Sache ein Ersatzstück, das dem geschützten Verwendungszweck genügt, oder der zur Beschaffung eines solchen Ersatzstücks erforderliche Geldbetrag überlassen wird. Die Vollstreckungsstelle setzt den Wert des Ersatzstücks oder den zur Ersatzbeschaffung erforderlichen Geldbetrag fest.

(2) Ist die rechtzeitige Ersatzbeschaffung dem Vollstreckungsgläubiger nicht möglich oder nicht zuzumuten, so kann die Vollstreckungsstelle die Pfändung mit der Maßgabe anordnen daß dem Vollstreckungsschuldner der zur Ersatzbeschaffung notwendige - und von der Vollstreckungsstelle festgesetzte - Geldbetrag aus dem Verwertungserlös überlassen wird.

(3) Der Verwaltungsakt, mit dem die Vollstreckungsstelle die Austauschpfändung anordnet, ist dem Vollstreckungsschuldner und den sonst Beteiligten zuzustellen. Mit der Zustellung kann der Vollziehungsbeamte - in der Regel gleichzeitig mit der Aushändigung des Vollstreckungsauftrags zur Pfändung der Sache - beauftragt werden; die Zustellung erfolgt nach § 5 des Verwaltungszustellungsgesetzes gegen Empfangsbekenntnis. Der Vollziehungsbeamte soll in diesem Fall zunächst den Verwaltungsakt zustellen und anschließend die Sache pfänden.

(4) Ordnet die Vollstreckungsstelle die Austauschpfändung nach Absatz 1 an, so veranlaßt sie auch die vorschußweise Auszahlung des zur Beschaffung notwendigen Geldbetrags durch die zuständige Kasse und gegebenenfalls die Beschaffung des erforderlichen Ersatzstücks. Mit der Entgegennahme des Geldbetrags und der Beschaffung des Ersatzstücks kann der Vollziehungsbeamte beauftragt werden.

(5) Abgesehen von den Fällen des Abschnitts 36 führt der Vollziehungsbeamte die Austauschpfändung und die damit zusammenhängenden Maßnahmen nur auf besondere Weisung der Vollstreckungsstelle durch. Er übergibt in den Fällen des Absatzes 1 dem Vollstreckungsschuldner spätestens bei der Wegnahme der Sache das Ersatzstück oder den zur Ersatzbeschaffung erforderlichen Geldbetrag gegen Quittung und vermerkt dies in der Pfändungsniederschrift (Abschnitt 48).

(6) Soll dem Vollstreckungsschuldner der zur Ersatzbeschaffung notwendige Geldbetrag nach Absatz 2 aus dem Verwertungserlös überlassen werden, so hat der Vollziehungsbeamte die Sache zu pfänden und sie zunächst im Gewahrsam des Vollstreckungsschuldners zu belassen. Zur Wegnahme der Sache ist der Vollziehungsbeamte nur auf Grund eines besonderen Auftrags der Vollstreckungsstelle befugt, der ihm erst erteilt werden kann, nachdem die Entscheidung, mit der die Vollstreckungsstelle die Austauschpfändung angeordnet hat, unanfechtbar geworden ist. Wird der Vollziehungsbeamte mit der Verwertung der Sache beauftragt (Abschnitt 51), so wird er gleichzeitig angewiesen, den zur Ersatzbeschaffung erforderlichen Geldbetrag vorweg aus dem Erlös zu entnehmen und dem Vollstreckungsschuldner gegen Quittung auszuhändigen. Den ausgehändigten Betrag hat der Vollziehungsbeamte in der Zusammenstellung nach Abschnitt 23 Nr. 2 nach den "Auslagen" besonders auszuweisen.

(7) Der dem Vollstreckungsschuldner an Stelle eines Ersatzstücks überlassene Geldbetrag ist unpfändbar.

36. Vorläufige Austauschpfändung

(1) Ohne vorherige Anordnung der Vollstreckungsstelle darf der Vollziehungsbeamte eine Austauschpfändung durchführen (vorläufige Austauschpfändung), wenn die folgenden Voraussetzungen gleichzeitig gegeben sind:

1. im Gewahrsam des Vollstreckungsschuldners dürfen außerhalb der beabsichtigten Austauschpfändung pfändbare Sachen nicht vorgefunden werden oder aber zur Befriedigung nicht ausreichen.

2. Es muß zu erwarten sein, daß der Verwertungserlös den Wert des Ersatzstücks erheblich übersteigen wird.

3. Die vorläufige Austauschpfändung muß nach Lage der Verhältnisse angemessen erscheinen.

(2) Der Vollziehungsbeamte hat die vorläufig gepfändeten Sachen im Gewahrsam des Vollstreckungsschuldners zu belassen. In der Pfändungsniederschrift (Abschnitt 48) hat er zu vermerken, daß es sich um eine vorläufige Austauschpfändung handelt. Außerdem hat er in jedem Fall den gewöhnlichen Verkaufswert und den Schätzwert der gepfändeten Sachen (Abschnitt 48 Abs. 1 Nr. 4) anzugeben und vorzuschlagen, welches Ersatzstück nach Art und besonderen Eigenschaften dem geschützten Verwendungszweck genügt.

Vollziehungsanweisung Anhang 9
VollzA

(3) Für die weiteren Maßnahmen (Wegnahme und Verwertung der Pfandsachen oder Aufhebung der Pfändung) erhält der Vollziehungsbeamte nähere Weisungen durch die Vollstreckungsstelle. Er darf von sich aus die Pfändung nur unter den Voraussetzungen des Abschnitts 57 Abs. 1 aufheben.

37. Unpfändbarkeit von Gegenständen, deren Veräußerung unzulässig ist

Gegenstände, deren Veräußerung unzulässig ist, dürfen nicht gepfändet werden; das gilt insbesondere für Sachen, die gewerbliche Schutzrechte, Vorschriften zum Schutz geographischer Angaben und Ursprungsbezeichnungen sowie Alleinverkaufsrechte verletzen. Gewerbliche Schutzrechte sind Marken-, Patent-, Gebrauchsmuster- und Urheberrechte sowie die Rechte über Geschmacksmuster, Sortenschutz und Halbleitertopographie. Lebensmittel dürfen nur gepfändet werden, wenn sie nach den Vorschriften des Lebensmittelrechts als solche in Verkehr gebracht werden dürfen oder wenn anderweitige Verwertungsmöglichkeiten in Betracht kommen.

38. Pfändung von Barmitteln aus Miet- und Pachtzinszahlungen

Barmittel aus Miet- und Pachtzinszahlungen sollen nicht gepfändet werden, wenn offenkundig ist, daß sie für den Vollstreckungsschuldner zur laufenden Unterhaltung des Grundstücks, zur Vornahme notwendiger Instandsetzungsarbeiten und zur Befriedigung von Ansprüchen unentbehrlich sind, die bei einer Vollstreckung in das Grundstück dem Anspruch des Vollstreckungsgläubigers nach § 10 des Gesetzes über die Zwangsversteigerung und die Zwangsverwaltung vorgehen würden. Sind diese Voraussetzungen nicht offenkundig, so hat der Vollziehungsbeamte die Pfändung durchzuführen. Erhebt der Vollstreckungsschuldner gegen die Pfändung Einwendungen nach Satz 1, so hat ihn der Vollziehungsbeamte an die Vollstreckungsstelle zu verweisen. Außerdem hat er ihn darüber zu belehren, daß die Vollstreckungsstelle einen Antrag auf Aufhebung der Pfändung, der nicht binnen zwei Wochen nach der Pfändung gestellt wird, unter Umständen ohne sachliche Prüfung zurückweisen kann. Die Belehrung ist in der Pfändungsniederschrift (Abschnitt 48) zu vermerken.

39. Unpfändbarkeit von Grundstücksbestandteilen; Pfändbarkeit von Früchten, die vom Boden noch nicht getrennt sind

(1) Der Vollziehungsbeamte darf grundsätzlich Bestandteile eines Grundstücks nicht pfänden. Dazu gehören unter anderem:

1. Gebäude und Maschinen, es sei denn, daß sie nur zu einem vorübergehenden Zweck mit dem Grund und Boden fest verbunden sind, zum Beispiel, wenn sie ein Mieter auf die Dauer des Mietvertrags mit dem Grundstück des Vermieters verbunden hat, oder daß sie in Ausübung eines Rechts an einem fremden Grundstück, zum Beispiel Erbbaurecht, Nießbrauch, Grunddienstbarkeit, Überbaurecht und ähnlichem dinglichen Recht, von dem Berechtigten mit dem Grundstück verbunden worden sind. Der Vollziehungsbeamte darf aber auch auf Grund eines Erbbaurechts oder eines Überbaurechts errichtete Gebäude nicht pfänden, weil diese der Vollstreckung in das unbewegliche Vermögen unterliegen,

2. Grundstückserzeugnisse, solange sie mit dem Boden zusammenhängen, zum Beispiel das auf dem Grundstück stehende schlagbare Holz,

3. Mineralien, Torf und dergleichen, solange sie noch nicht gewonnen (von dem Grundstück noch nicht getrennt) sind.

(2) Pfändbar sind hingegen Garten-, Feld- und ähnliche Früchte, die vom Boden noch nicht getrennt sind, wenn

1. ihre Reife innerhalb eines Monats bevorsteht,

1333

2. sie nicht nach Abschnitt 33 Abs. 1 Nr. 4 Buchst a unpfändbar sind und

3. sie nicht bereits durch Vollstreckung in das unbewegliche Vermögen beschlagnahmt worden sind.

Die Beschlagnahme im Weg der Vollstreckung in das unbewegliche Vermögen des Verpächters berührt nicht das Recht des Pächters auf Fruchtgenuß und schließt deshalb auch nicht eine Vollstreckung gegen den Pächter durch Pfändung ungetrennter Garten-, Feld- und ähnlicher Früchte aus.

40. Unpfändbarkeit von Grundstückszubehör und Schiffszubehör; Pfändbarkeit der vom Boden bereits getrennten Grundstückserzeugnisse und sonstigen Grundstücksbestandteile

(1) Das Zubehör eines Grundstücks kann nicht gepfändet werden, soweit die Zubehörstücke dem Grundstückseigentümer gehören.

(2) Zubehör eines Grundstücks sind bewegliche Sachen, die, ohne Bestandteile des Grundstücks zu sein, dem wirtschaftlichen Zweck des Grundstücks zu dienen bestimmt sind und zu dem Grundstück in einem dieser Bestimmung entsprechenden räumlichen Verhältnis stehen. Eine Sache ist nicht Grundstückszubehör, wenn sie im Verkehr nicht als solches angesehen wird. Wird eine Sache vorübergehend für den wirtschaftlichen Zweck eines Grundstücks benutzt, so wird sie dadurch noch nicht Zubehör des Grundstücks. Wird eine zum Zubehör eines Grundstücks gehörende Sache vorübergehend von dem Grundstück entfernt, so verliert sie dadurch nicht die Eigenschaft als Zubehör dieses Grundstücks.

(3) Beispiele von Grundstückszubehör:

1. Zubehör eines für einen gewerblichen Betrieb dauernd eingerichteten Gebäudes sind insbesondere die in dem Gebäude befindlichen, zu dem Gewerbebetrieb bestimmten Maschinen und sonstigen Gerätschaften, wenn sie nicht Bestandteile des Grundstücks geworden sind,

2. Zubehör eines Landguts sind insbesondere

    a) das auf dem Landgut befindliche, zum Landwirtschaftsbetrieb bestimmte - also nicht bloß das zu dem Landwirtschaftsbetrieb notwendige - Gerät und Vieh,

    b) die landwirtschaftlichen Erzeugnisse, soweit sie zur Fortführung der Landwirtschaft bis zu der Zeit erforderlich sind, zu der gleiche oder ähnliche Erzeugnisse voraussichtlich gewonnen werden,

    c) der vorhandene, auf dem Gut gewonnene Dünger.

(4) Das Zubehör eines im Schiffsregister eingetragenen Schiffs kann insoweit nicht gepfändet werden, als die Zubehörstücke dem Schiffseigentümer gehören. Zubehör eines Seeschiffs sind auch die Schiffsboote.

(5) Sind Erzeugnisse eines Grundstücks oder sonstige Bestandteile eines Grundstücks von dem Boden getrennt worden, so können sie - vorbehaltlich des Abschnitts 33 Abs. 1 Nr. 4 Buchstabe a - gepfändet werden, solange sie nicht durch Vollstreckung in das unbewegliche Vermögen beschlagnahmt worden sind.

41. Unzulässigkeit von Überpfändungen

(1) Die Pfändung darf nicht weiter ausgedehnt werden, als es zur Deckung der beizutreibenden Geldbeträge erforderlich ist. Der Vollziehungsbeamte rechnet deshalb den von ihm geschätzten, voraussichtlich erzielbaren Erlös der Pfandstücke (Abschnitt 48 Abs. 1 Nr. 4) laufend zusammen

Vollziehungsanweisung   Anhang 9
                                     VollzA

und vergleicht diese Summe mit der Summe der beizutreibenden Geldbeträge, um Überpfändungen zu vermeiden.

(2) Der Vollziehungsbeamte darf die Pfändung über die im Absatz 1 bezeichnete Grenze hinaus erstrecken, wenn der Vollstreckungsschuldner oder ein Dritter Einwendungen gegen die Pfändung bestimmter Sachen erhebt oder ankündigt und der Vollziehungsbeamte im Zweifel darüber ist, welche Pfandstücke zur Deckung der beizutreibenden Geldbeträge verwendbar bleiben werden.

42. Auswahl der zu pfändenden Sachen

(1) Der Vollziehungsbeamte hat in erster Linie bares Geld, Kostbarkeiten und Wertpapiere, die auf den Inhaber oder auf Namen lauten, zu pfänden. Deckt der gepfändete Geldbetrag nicht die gesamten beizutreibenden Geldbeträge, hat der Vollziehungsbeamte den Teilbetrag nach Abschnitt 27 Absatz 1 anzurechnen.

(2) Die Pfändung hat zu unterbleiben, wenn die Verwertung der Sachen einen Überschuß über die Kosten der Vollstreckung nicht erwarten läßt. Auch pfändbare Gegenstände, die zum gewöhnlichen Hausrat gehören und im Haushalt des Vollstreckungsschuldners gebraucht werden, sollen nicht gepfändet werden, wenn ohne weiteres ersichtlich ist, daß durch ihre Verwertung nur ein Erlös erzielt werden würde, der zu dem Wert außer allem Verhältnis steht.

(3) Sachen, deren Aufbewahren, Unterhalten oder Fortschaffen unverhältnismäßige Kosten verursachen würden oder deren Verwerten schwierig oder nur mit großem Verlust für den Vollstreckungsschuldner möglich wäre, und Gegenstände, deren Pfändbarkeit zweifelhaft ist, sind nur zu pfänden, wenn andere Sachen nicht in ausreichendem Maß vorhanden sind.

(4) Sachen, die bereits für andere Gläubiger gepfändet sind, soll der Vollziehungsbeamte nur dann pfänden, wenn

1. andere zur Befriedigung des Vollstreckungsgläubigers ausreichende pfändbare Sachen nicht vorgefunden werden; in diesem Fall ist die weitere Pfändung regelmäßig auch dann vorzunehmen, wenn nicht zu erwarten ist, daß nach Befriedigung der vorausgehenden Gläubiger noch ein Überschuß verbleiben wird,

2. die Vollstreckungsstelle die weitere Pfändung ausdrücklich angeordnet hat oder

3. der Vollziehungsbeamte aus besonderen Gründen die weitere Pfändung für zweckentsprechender hält als die Pfändung anderer noch nicht gepfändeter Sachen.

(5) Lautet der Vollstreckungsauftrag nicht nur auf Pfändung beweglicher Sachen, sondern auch auf Wegnahme von Wechseln und sonstigen Wertpapieren, die an Order lauten (vgl. Abschnitt 32 Abs. 3 Satz 2), so soll der Vollziehungsbeamte solche Wertpapiere nur dann wegnehmen, wenn andere Pfandstücke nicht vorhanden sind oder zur Befriedigung des Vollstreckungsgläubigers voraussichtlich nicht ausreichen.

(6) Sachen, die dem Vollstreckungsgläubiger zur Sicherung übereignet sind, soll der Vollziehungsbeamte nur auf besondere Anordnung der Vollstreckungsstelle pfänden.

43. Beachtung des Gewahrsams

(1) Bei Sachen, die sich im Gewahrsam (in der tatsächlichen Gewalt) des Vollstreckungsschuldners befinden, hat der Vollziehungsbeamte nicht zu prüfen, ob sie zum Vermögen des Vollstreckungsschuldners gehören.

(2) Bei den im Besitz eines Ehegatten oder beider Ehegatten befindlichen beweglichen Sachen gilt zugunsten des Vollstreckungsgläubigers nur der Vollstreckungsschuldner oder die Vollstreckungsschuldnerin, unbeschadet der Rechte Dritter, für die Durchführung der Vollstreckung als Gewahrsamsinhaber und Besitzer, es sei denn, die Ehegatten leben getrennt und die Sachen

befinden sich im Besitz des Ehegatten, der nicht Vollstreckungsschuldner ist. Inhaberpapiere und Orderpapiere, die mit Blankoindossament versehen sind, stehen den beweglichen Sachen gleich. Bei den ausschließlich zum persönlichen Gebrauch eines Ehegatten bestimmten Sachen gilt für die Durchführung der Vollstreckung, unbeschadet der Rechte Dritter, nur der Ehegatte zugunsten des Vollstreckungsgläubigers als Gewahrsamsinhaber und Besitzer, für dessen Gebrauch sie bestimmt sind. Die Sätze 1 bis 3 gelten für Lebenspartner im Sinne des Lebenspartnerschaftsgesetzes entsprechend.

(3) Gewahrsam kann der Vollstreckungsschuldner unter Umständen auch an Sachen haben, sie sich in den Räumen eines Dritten befinden. Beispiel: Der Untermieter, gegen den sich die Vollstreckung richtet, verwahrt einen Teil seiner Sachen, die er in dem ihm vermieteten Zimmer nicht unterbringen kann, in anderen Räumen des Vermieters. In solchen Fällen ist der Vollziehungsbeamte auch berechtigt, die Räume des Dritten zur Durchführung der Vollstreckung zu betreten. Abschnitt 28 gilt entsprechend. Sachen, die der gesetzliche Vertreter des Vollstreckungsschuldners für diesen im Gewahrsam hat, sind so zu behandeln, als ob sie sich im Gewahrsam des Vollstreckungsschuldners befänden.

(4) Hausangestellte, Gewerbegehilfen und andere Personen in ähnlich abhängiger Stellung, zum Beispiel Kellner, erlangen als Besitzdiener keinen Gewahrsam an Sachen, die ihnen von dem Dienstherrn überlassen worden sind. Der Vollziehungsbeamte darf solche Sachen auch gegen den Willen des Besitzdieners auf Grund eines Vollstreckungsauftrags gegen den Dienstherrn pfänden. Abschnitt 28 ist zu beachten. Den Widerstand des Besitzdieners kann der Vollziehungsbeamte mit Gewalt brechen (Abschnitt 30).

(5) Von der Vollstreckung in Sachen, die sich im Gewahrsam des Vollstreckungsschuldners befinden, soll sich der Vollziehungsbeamte in der Regel nicht dadurch abhalten lassen, daß geltend gemacht wird, einem Dritten stehe an der Sache ein die Veräußerung hinderndes Recht zu oder es bestehe ein Veräußerungsverbot zugunsten eines Dritten. Findet jedoch der Vollziehungsbeamte im Gewahrsam des Vollstreckungsschuldners Sachen, die nach den besonderen Umständen des Falls, insbesondere nach den Geschäftsgebräuchen, zweifellos nicht dem Vollstreckungsschuldner gehören, zum Beispiel dem Handwerker zur Reparatur, dem Frachtführer zum Transport oder dem Pfandleiher zum Pfand übergebene Sachen; als Eigentum eines Dritten gekennzeichnetes Leergut; Filmkopien bei einem Lichtspielhausbesitzer; Klagewechsel in den Akten eines Rechtsanwalts, so hat der Vollziehungsbeamte von der Pfändung dieser Sachen abzusehen.

(6) Der Pfändung unterliegen auch diejenigen beweglichen Sachen des Vollstreckungsschuldners, die sich im Gewahrsam der Vollstreckungsbehörde oder eines zur Herausgabe bereiten Dritten befinden. Eine im gemeinsamen Gewahrsam des Vollstreckungsschuldners und eines Dritten befindliche Sache kann nur mit Zustimmung des Dritten gepfändet werden. Die Erklärung des Dritten, daß er zur Herausgabe bereit sei (der Pfändung zustimme), muß unbedingt sein, wenn nicht die Bedingungen von allen Beteiligten angenommen werden. Die Erklärung muß auch ergeben, daß der Dritte mit der Verwertung der Sache einverstanden ist. Nach der Pfändung kann die Erklärung nicht mehr wirksam widerrufen werden.

(7) Soll nicht in das Vermögen des Vollstreckungsschuldners vollstreckt werden, sondern in ein von ihm verwaltetes fremdes Vermögen, zum Beispiel in den von einem Testamentsvollstrecker verwalteten Nachlaß, so reicht die Feststellung, daß sich pfändbare Sachen im Gewahrsam des Vollstreckungsschuldners befinden, als Voraussetzung für deren Pfändung nicht aus. Der Vollziehungsbeamte hat vielmehr in diesen Fällen auch zu prüfen, ob die Sachen zu dem der Vollstreckung unterworfenen Vermögen gehören, das in dem Vollstreckungsauftrag besonders bezeichnet ist.

Vollziehungsanweisung — Anhang 9 VollzA

44. Durchführung der Pfändung

(1) Der Erfolg einer Pfändung hängt vom rechtzeitigen Ausführen und genauen Beachten aller Formvorschriften ab. Durch die ordnungsmäßige Pfändung erwirbt die Körperschaft, der die Vollstreckungsbehörde angehört, ein Pfandrecht an der Sache. Für den Rang des Pfandrechts ist der Zeitpunkt der Pfändung maßgebend. Das durch eine frühere Pfändung begründete Pfandrecht geht also dem durch eine spätere Pfändung entstandenen vor.

(2) Der Vollziehungsbeamte pfändet indem er

1. Zahlungsmittel (Abschnitt 15 Abs. 1), fremde Geldsorten, Wertpapiere (Abschnitt 15 Abs. 2 und 3), Wertzeichen (Abschnitt 15 Abs. 5) und Kostbarkeiten (Abschnitt 15 Abs. 6) an sich nimmt,

2. andere Sachen mit dem Pfandzeichen versieht.

(3) Pfandzeichen sind an einer nicht zu übersehenden Stelle so anzubringen, daß sie ohne näheres Nachforschen für jedermann erkennbar sind. Für eine Mehrzahl von Pfandstücken, insbesondere eine Menge von Waren oder anderen vertretbaren Sachen, die sich in einem Behältnis oder einer Umhüllung befinden oder mit Zustimmung des Vollstreckungsschuldners in einem abgesonderten Raum untergebracht werden, genügt ein gemeinschaftliches Pfandzeichen nur dann, wenn ohne seine Zerstörung kein Stück aus dem Behältnis, der Umhüllung oder dem Raum entfernt werden kann. Die Schlüssel versiegelter Behältnisse oder Räume hat der Vollziehungsbeamte an sich zu nehmen.

(4) Kann an einer Sache, die unter Absatz 2 Nr. 2 fällt, ein Pfandzeichen nicht angebracht werden oder reicht das Pfandzeichen nicht aus, um die Pfändung erkennbar zu machen, so ist an dem Ort, an dem sich die gepfändete Sache befindet, zum Beispiel auf dem Lagerboden, auf dem Speicher, im Viehstall oder - bei Pfändung von Früchten, die vom Boden noch nicht getrennt sind - auf oder bei dem Grundstück, ein auf die Pfändung hinweisendes Schriftstück (Pfandanzeige) so anzubringen, daß jedermann davon Kenntnis nehmen und daraus ersehen kann, welche Sache gepfändet ist. Die Pfandanzeige muß die im Abschnitt 19 Abs. 2 Nr. 1 bezeichneten Angaben und eine genaue Bezeichnung des Pfandstücks oder der Pfandstücke enthalten. Wird von den Vorräten des Vollstreckungsschuldners nur ein Teil gepfändet (Abschnitt 33 Abs. 1 Nrn. 2 bis 4, Abschnitt 40 Abs. 3 Nr. 2, Abschnitt 40 Abs. 5), so ist dieser von dem Teil, der dem Vollstreckungsschuldner belassen wird, erkennbar zu trennen.

(5) Ist nach der Pfändung ein Pfandzeichen oder eine Pfandanzeige beschädigt oder entfernt worden oder abgefallen, so hat der Vollziehungsbeamte, sobald er davon Kenntnis erhält, ein neues Pfandzeichen oder eine neue Pfandanzeige unter Aufnahme einer kurzen Niederschrift anzubringen. Besteht der Verdacht des Pfandbruchs, so hat der Vollziehungsbeamte dies der Vollstreckungsbehörde unverzüglich anzuzeigen.

(6) Eine Sache, die unter Absatz 2 Nr. 2 fällt, kann der Vollziehungsbeamte auch pfänden, indem er die Sache an sich nimmt. Dies hat der Vollziehungsbeamte aber nur zu tun, wenn

1. die Befriedigung des Vollstreckungsgläubigers andernfalls gefährdet wäre oder

2. der Vollstreckungsschuldner oder Gewahrsamsinhaber die Fortschaffung der Sache verlangt.

Wird die Sache dem Vollstreckungsschuldner zurückgegeben, so hat der Vollziehungsbeamte Pfandzeichen oder aber eine Pfandanzeige anzubringen, wenn die Pfändung aufrechterhalten werden soll.

(7) Eine unter Absatz 2 Nr. 2 fallende Sache, die der Vollziehungsbeamte an sich nimmt, jedoch nicht der zuständigen Kasse übergibt oder übergeben kann, hat er unverzüglich in die von der Vollstreckungsstelle bestimmte Pfandkammer oder in eine öffentliche Niederlage einzuliefern. Ist dies nicht möglich oder zweckmäßig, so hat er einen zuverlässigen Verwahrer oder Hüter zu

bestellen, der auch im Dienst des Vollstreckungsschuldners stehen kann. Den Empfang der Sachen hat der Vollziehungsbeamte sich von dem Verwahrer oder Hüter quittieren zu lassen. Bei Tieren hat der Vollziehungsbeamte den Hüter auch mit der Pflege und Fütterung zu beauftragen. Wegen der Vergütung Hinweis auf Abschnitt 18.

(8) Nimmt der Vollziehungsbeamte die Pfandstücke nicht an sich, so hat er den Vollstreckungsschuldner oder den Gewahrsamsinhaber darauf hinzuweisen, daß

1. durch das Anbringen des Pfandzeichens oder der Pfandanzeige der Besitz der Pfandstücke auf den Vollstreckungsgläubiger übergegangen ist,
2. die gepfändete Sache nicht veräußert, weggeschafft, verbraucht, beschädigt oder zerstört werden darf,
3. das Pfandzeichen oder die Pfandanzeige nicht beschädigt oder entfernt werden darf,
4. auch sonst alles unterbleiben muß, was die Rechte des Vollstreckungsgläubigers beeinträchtigen könnte,
5. vorstehendes nicht nur für den Vollstreckungsschuldner, sondern auch für jeden anderen gilt und
6. Zuwiderhandlungen strafbar sind.

Ist bei einer Pfändung nicht der Vollstreckungsschuldner, wohl aber eine erwachsene Person anwesend, die zur Familie des Vollstreckungsschuldners gehört oder bei ihm oder seiner Familie beschäftigt ist, so ist dieser Person gegenüber entsprechend zu verfahren.

45. Pfändung bei Landwirten

(1) Sollen in einem landwirtschaftlichen Betrieb Gerät, Vieh, Dünger oder landwirtschaftliche Erzeugnisse gepfändet werden (wegen der Einschränkungen, denen solche Pfändungen unterliegen, Hinweis auf Abschnitt 33 Abs. 1 Nrn. 3 und 4 Buchstabe a, Abschnitt 37 Satz 2, Abschnitt 39 Abs. 2 und Abschnitt 40), so soll der Vollziehungsbeamte einen landwirtschaftlichen Sachverständigen zuziehen, wenn anzunehmen ist, dass der Wert der zu pfändenden Sachen den Betrag von 1 000 Euro übersteigt. Das gleiche gilt, wenn - auch bei einem Nichtlandwirt - Früchte gepfändet werden sollen, die vom Boden noch nicht getrennt sind. Haben die zu pfändenden Sachen voraussichtlich einen niedrigeren Wert, so kann der Vollziehungsbeamte einen landwirtschaftlichen Sachverständigen zuziehen. Der Vollziehungsbeamte soll dies tun, wenn der Vollstreckungsschuldner es verlangt und wenn dadurch weder die Vollstreckung verzögert wird noch unverhältnismäßige Kosten entstehen.

(2) Der Vollziehungsbeamte hat mit dem Sachverständigen hinsichtlich der in Aussicht genommenen Pfändung zu erörtern:

1. ob die Sachen nach Abschnitt 33 Abs. 1 Nr. 4 Buchstabe a oder Abschnitt 40 von der Pfändung ausgenommen sind oder der Pfändung unterliegen,
2. ob die gewöhnliche Zeit der Reife der von dem Boden noch nicht getrennten Früchte binnen einem Monat zu erwarten ist und ob die Früchte ganz oder zum Teil zur Fortführung der Landwirtschaft des Vollstreckungsschuldners bis zu der Zeit erforderlich sind, zu der gleiche oder ähnliche Erzeugnisse voraussichtlich gewonnen werden,
3. welchen Wert die Sachen haben.

(3) Über die in Absatz 2 bezeichneten Fragen hat der Sachverständige sich gutachtlich (mündlich oder schriftlich) zu äußern. Wegen einer etwaigen Entschädigung Hinweis auf Abschnitt 18. Das Gutachten ist für den Vollziehungsbeamten nicht bindend. Er soll jedoch von dem Gutachten nur aus besonderen, gewichtigen Gründen abweichen. Das Gutachten ist in die Pfändungsniederschrift aufzunehmen, wenn es mündlich erstattet wird (Abschnitt 48 Abs. 1 Nr. 10).

(4) Erscheint der Sachverständige nicht oder verweigert er das Gutachten, so stehen dem Vollziehungsbeamten gegen ihn keine Zwangsmittel zu. Der Vollziehungsbeamte ist auch nicht befugt, von dem Sachverständigen eine Beeidigung des Gutachtens, eine eidesstattliche Versicherung oder eine sonstige Versicherung der Richtigkeit zu fordern.

46. Pfändung von Kraftfahrzeugen

(1) Bei der Pfändung von Kraftfahrzeugen oder Kraftfahrzeuganhängern, die sich im Gewahrsam des Vollstreckungsschuldners befinden, wird in der Regel davon auszugehen sein, daß die Befriedigung des Vollstreckungsgläubigers gefährdet ist, wenn die Fahrzeuge im Gewahrsam des Vollstreckungsschuldners verbleiben (Abschnitt 44 Abs. 6 Nr. 1). Der Vollziehungsbeamte soll daher Kraftfahrzeuge oder Kraftfahrzeuganhänger, insbesondere wenn die Zulassungsbescheinigung Teil I nicht vorgefunden wird (Absatz 3), nicht durch Anbringen eines Pfandzeichens oder einer Pfandanzeige, sondern durch Wegnahme pfänden (Abschnitt 44 Abs. 6 und 7), außer wenn die Vollstreckungsstelle damit einverstanden ist, daß die Fahrzeuge im Gewahrsam des Vollstreckungsschuldners bleiben.

(2) Der Vollziehungsbeamte hat bei der Pfändung von Kraftfahrzeugen oder Kraftfahrzeuganhängern die Fahrzeugdokumente (Zulassungsbescheinigung Teil I -*vormals Fahrzeugschein*- und die Zulassungsbescheinigung Teil II -*vormals Fahrzeugbrief*-) an sich zu nehmen, wenn er diese Papiere bei dem Vollstreckungsschuldner vorfindet.

(3) Findet er die Zulassungsbescheinigung Teil I nicht, so hat er dies in der Pfändungsniederschrift (Abschnitt 48) zu vermerken.

(4) Findet er die Zulassungsbescheinigung Teil II nicht, so hat er den Vollstreckungsschuldner oder bei der Vollstreckung anwesende Personen, zum Beispiel Familienangehörige, beim Vollstreckungsschuldner Beschäftigte, nach dem Verbleib der Bescheinigung zu befragen und das Ergebnis in die Pfändungsniederschrift aufzunehmen. Befindet sich die Zulassungsbescheinigung Teil II angeblich bei einem Dritten, so vermerkt der Vollziehungsbeamte in der Pfändungsniederschrift auch dessen Namen und Anschrift sowie die Gründe, weshalb die Bescheinigung sich dort befinden soll, zum Beispiel: "Eigentumsvorbehalt".

Hat der Vollziehungsbeamte die Zulassungsbescheinigung Teil II nicht an sich nehmen können, so kann er den Vollstreckungsschuldner darauf hinweisen, daß die Vollstreckungsstelle die Pfändung voraussichtlich der Kraftfahrzeugzulassungsstelle mitteilen wird.

(5) Der Vollziehungsbeamte soll ein gepfändetes Kraftfahrzeug nicht selbst steuern, auch wenn er einen Führerschein hat. Ist der Vollstreckungsschuldner nicht bereit, selbst das Fahrzeug sofort zu überführen, so hat der Vollziehungsbeamte eine geeignete Hilfsperson, zum Beispiel ein Abschleppunternehmen, damit zu beauftragen.

(6) Kann der Vollziehungsbeamte, obwohl die Voraussetzungen hierfür gegeben wären, das Kraftfahrzeug nicht nach den Absätzen 1 und 5 wegnehmen, zum Beispiel wegen fehlender Unterbringungsmöglichkeiten, und erscheint die Wegnahme der Zulassungsdokumente nicht ausreichend, um die missbräuchliche Benutzung des Kraftfahrzeugs zu verhindern, so hat der Vollziehungsbeamte zusätzlich noch andere geeignete Sicherungsmaßnahmen zu treffen, wie zum Beispiel die Abnahme und Verwahrung des amtlichen Kennzeichens, wenn das Kraftfahrzeug auf privatem Gelände abgestellt ist, oder das Anbringen einer „Parkkralle".

47. Pfändung bereits gepfändeter Sachen

(1) Sind Sachen bereits gepfändet worden, so sind dadurch weitere Pfändungen nicht ausgeschlossen. Die weiteren Pfändungen können wie eine Erstpfändung vorgenommen werden. Es genügt aber auch die Erklärung des Vollziehungsbeamten, daß er die schon gepfändeten Sachen zur Deckung der ihrer Art und Höhe nach zu bezeichnenden Beträge pfändet (Anschlußpfändung). Die Erklärung soll regelmäßig angesichts der Pfandsache abgegeben werden.

(2) Eine Anschlußpfändung ist nur dann rechtswirksam, wenn eine rechtswirksame Erstpfändung vorliegt. Der Vollziehungsbeamte hat sich deshalb zu vergewissern, daß die Erstpfändung rechtswirksam erfolgt ist und noch besteht und welche Sachen von ihr betroffen sind. Er hat deshalb möglichst die Niederschrift über die Erstpfändung einzusehen, auch bei Pfandstücken, die sich im Gewahrsam des Vollstreckungsschuldners oder eines Dritten befinden, an Ort und Stelle nachzusehen, ob die Pfandstücke noch vorhanden sind und die Pfändung noch ersichtlich ist. Hat ein Dritter die Pfandstücke in Gewahrsam, so ist zur Anschlußpfändung seine Zustimmung nicht erforderlich, wenn er in die Erstpfändung eingewilligt hatte.

(3) Der Vollziehungsbeamte soll schon gepfändete Sachen regelmäßig durch Anschlußpfändung und nicht in den Formen einer Erstpfändung pfänden, es sei denn, daß die Rechtswirksamkeit oder das Fortbestehen der vorangegangenen Pfändung zweifelhaft oder die Wirksamkeit einer Anschlußpfändung aus sonstigen Gründen fraglich ist.

(4) Nimmt der Vollziehungsbeamte eine Anschlußpfändung vor, so hat er die Erklärung unter genauer Bezeichnung der Zeit und des Orts in die Pfändungsniederschrift aufzunehmen. Eine Mehrausfertigung der Pfändungsniederschrift erhält der Vollstreckungsschuldner nur nach Maßgabe des Abschnitts 48 Abs. 2 Nr. 1.

(5) Ist die Erstpfändung im Auftrag einer anderen Vollstreckungsbehörde oder durch einen Gerichtsvollzieher erfolgt, übersendet die Vollstreckungsstelle dieser Vollstreckungsbehörde oder dem Gerichtsvollzieher eine Abschrift der Niederschrift über die weitere Pfändung (§ 307 Abs. 2 AO). Die Anschlußpfändung ist unabhängig von der Übersendung bereits mit der Abgabe der im Absatz 1 Satz 3 vorgesehenen Erklärung bewirkt.

48. Niederschrift über die Pfändung

(1) Der Vollziehungsbeamte muß in der Pfändungsniederschrift die in Abschnitt 19 Abs. 2 Nr. 1 bezeichneten Angaben machen. Darüber hinaus hat die Niederschrift - außer den allgemeinen Angaben nach Abschnitt 20 Abs. 4 und den besonderen Angaben im Einzelfall nach Abschnitt 18 Abs. 7, Abschnitt 25 Abs. 2, Abschnitt 28 Abs. 2, Abschnitt 29 Abs. 2, Abschnitt 30 Abs. 4, Abschnitt 34 Abs. 1, Abschnitt 35 Abs. 5, Abschnitt 36 Abs. 2, Abschnitte 38, 46 Abs. 3 und 4 sowie Abschnitt 47 Abs. 4 - noch die folgenden Angaben zu enthalten:

1. die Uhrzeit, zu der die Pfändung erfolgt,

2. die beizutreibenden Geldbeträge,

3. die genaue Bezeichnung der gepfändeten Sachen (Abschnitt 21 Abs. 5 ist entsprechend anzuwenden),

4. den gewöhnlichen Verkaufswert (den im freien Verkehr am Ort für Sachen gleicher Art und Güte durchschnittlich erzielbaren Preis) und den Schätzwert (den bei einer Versteigerung voraussichtlich erzielbaren Erlös) der einzelnen gepfändeten Sachen; dabei sollen die Schätzwerte, die der Vollziehungsbeamte für die einzelnen Sachen ansetzt, zusammengerechnet werden, damit eine Überpfändung (Abschnitt 41) vermieden wird,

5. die Art, wie der Vollziehungsbeamte die Pfändung kenntlich gemacht hat, zum Beispiel durch Pfandzeichen; hat der Vollziehungsbeamte eine Pfandanzeige angebracht, so soll er die gepfändeten Sachen nach Nummern 3 und 4 einzeln aufführen und bewerten sowie der Niederschrift eine Mehrausfertigung der Pfandanzeige beifügen,

6. das mit einem Hüter oder Verwahrer bei deren Bestellung Vereinbarte,

7. den Grund, weshalb der Vollziehungsbeamte Pfandstücke aus dem Gewahrsam des Vollstreckungsschuldners entfernt hat, sofern es sich nicht um Zahlungsmittel fremde Geldsorten, Wertpapiere, Wertzeichen oder Kostbarkeiten handelt Abschnitt 44 Abs. 6; Hinweis auch auf Abschnitt 46 Abs. 4),

8. die genaue Bezeichnung der durch Hilfspfändung nach Abschnitt 32 Abs. 4 weggenommenen Beweisurkunden (Abschnitt 15 Abs. 4),

9. die Lage des Grundstücks und seinen ungefähren Flächeninhalt, wenn der Vollziehungsbeamte Früchte gepfändet hat, die vom Boden noch nicht getrennt sind, sowie den Zeitpunkt, wann die Reife der Früchte voraussichtlich eintritt,

10. den Inhalt des von einem Sachverständigen, insbesondere einem landwirtschaftlichen Sachverständigen erstatteten Gutachtens, wenn es nicht schriftlich abgegeben wurde und gegebenenfalls der Grund, warum der Vollziehungsbeamte dem Gutachten nicht gefolgt ist,

11. den Namen des Verkäufers oder Sicherungsnehmers, die diesen gegenüber bestehende Restschuld des Vollstreckungsschuldners und die Tilgungsvereinbarungen, wenn der Vollstreckungsschuldner unter Vorlage des Vertrags geltend macht, daß die gepfändete Sache unter Eigentumsvorbehalt geliefert oder vom Vollstreckungsschuldner sicherungshalber einem Dritten (Sicherungsnehmer) übereignet worden ist.

(2) Eine Mehrausfertigung der Niederschrift, die über eine Pfändung oder auch weitere Pfändungen aufgenommen worden ist, erteilt die Vollstreckungsstelle

1. dem Vollstreckungsschuldner, wenn er es verlangt oder wenn in seiner Abwesenheit gepfändet worden ist oder wenn Sachen gepfändet worden sind, die sich nicht in seinem Gewahrsam befinden,

2. dem Gewahrsamsinhaber, wenn er es verlangt,

3. der anderen Vollstreckungsbehörde oder dem Gerichtsvollzieher, der die Erstpfändung durchgeführt hatte (Abschnitt 47 Abs. 5).

49. Niederschrift über eine fruchtlose Pfändung

(1) Bleibt die Pfändung ganz oder teilweise fruchtlos, kann sich die Niederschrift - mit Ausnahme der Angaben nach Absatz 2 - auf die allgemeine Bemerkung beschränken, daß der Vollstreckungsschuldner keine Sachen oder nur solche Sachen besitze, die der Pfändung nicht unterworfen sind oder durch deren Verwertung ein Überschuß über die Kosten der Vollstreckung nicht zu erwarten ist.

(2) Der Vollziehungsbeamte muß in der Niederschrift über eine fruchtlose Pfändung die Angaben nach Abschnitt 19 Abs. 2 Nr. 1 machen. Darüber hinaus hat die Niederschrift - außer den Angaben nach Abschnitt 20 Abs. 4 und Abschnitt 28 Abs. 2 - noch die folgenden Angaben enthalten:

1. die Bezeichnung der vorgefundenen unpfändbaren Sachen von besonderem Wert,

2. die genaue Bezeichnung vorgefundener Beweisurkunden (Abschnitt 15 Abs. 4); wegen der Niederschrift bei ihrer Hilfspfändung Hinweis auf Abschnitt 48 Abs. 1 Nr. 8.

49a. Ermittlung der persönlichen und wirtschaftlichen Verhältnisse

Ist die Pfändung ganz oder teilweise fruchtlos geblieben, hat der Vollziehungsbeamte Feststellungen über die persönlichen und wirtschaftlichen Verhältnisse des Vollstreckungsschuldners zu treffen. Er hat den Vollstreckungsschuldner insbesondere danach zu fragen, ob er weitere Sachen, pfändbare Forderungen oder andere Vermögenswerte besitzt und ob und wann er oder der gesetzliche Vertreter für den Vollstreckungsschuldner eine Vermögensauskunft abgegeben hat. Bekannt gewordene Forderungen sind unter Angabe des Schuldners nach Grund und Höhe möglichst genau zu bezeichnen.

Wegnahme von Sachen, Entgegennahme von Sachen

50. Wegnahme von Sachen; Entgegennahme von Sachen

(1) Von den Fällen, in denen der Vollziehungsbeamte Sachen pfändet und an sich nimmt (Abschnitt 44 Abs. 2 Nr. 1 und Abs. 6) oder gepfändete Sachen zur Verwertung abholt (Abschnitt 52 Abs. 1), sind die Fälle zu unterscheiden, in denen die Vollstreckungsstelle den Vollziehungsbeamten damit beauftragt, die Herausgabe von Sachen zu erwirken (die Sachen nötigenfalls mit Gewalt wegzunehmen). In der Regel handelt es sich hierbei um die Wegnahme von Wertpapieren, die an Order lauten, oder um die Wegnahme von Beweisurkunden (Abschnitt 15 Abs. 4). Soll die Herausgabe von Sachen erwirkt werden oder die Wegnahme von Sachen erfolgen, so erhält der Vollziehungsbeamte von der Vollstreckungsstelle außer dem Vollstreckungsauftrag erforderlichenfalls nähere mündliche Weisungen. Abschnitte 28 und 29 gelten entsprechend.

(2) Wird der Vollziehungsbeamte mit der Entgegennahme von Sachen bei einem Dritten beauftragt, weil der Anspruch des Vollstreckungsschuldners gegen den Drittschuldner auf Herausgabe der Sachen gepfändet wurde, so ist der Vollziehungsbeamte nicht befugt, die Sachen dem Drittschuldner wegzunehmen; der Vollziehungsbeamte darf also nicht Gewalt anwenden.

(3) In der Niederschrift, die in den Fällen der Absätze 1 und 2 aufzunehmen ist, sind die weg- oder entgegengenommenen Sachen genau zu bezeichnen. Abschnitt 21 Abs. 5 ist entsprechend anzuwenden.

(4) Der Vollziehungsbeamte hat mit Sachen, die er weg- oder entgegengenommen hat, nach Abschnitt 44 Abs. 7 und Abschnitt 59 zu verfahren.

Verwertung

51. Versteigerungsauftrag; Auftrag zum freihändigen Verkauf

(1) Ist der Vollziehungsbeamte beauftragt worden, bewegliche Sachen zu pfänden, weg- oder entgegenzunehmen, so ist er auf Grund dieses Auftrags nicht befugt, die Sachen zu verwerten. Dies darf er nur, wenn er einen besonderen schriftlichen Verwertungsauftrag (Versteigerungsauftrag oder Auftrag zum freihändigen Verkauf) von der Vollstreckungsstelle erhalten hat. Die Entscheidung darüber, ob Sachen verwertet werden sollen, steht ausschließlich der Vollstreckungsstelle zu.

(2) Soll eine Sache verwertet werden, die zuerst von dem Vollziehungsbeamten der Vollstreckungsbehörde und alsdann von einem anderen Vollziehungsbeamten oder von einem Gerichtsvollzieher gepfändet worden ist, so enthält der von der Vollstreckungsstelle erteilte Verwertungsauftrag die Anordnung, dass die Verwertung zur Begleichung sämtlicher Ansprüche zu erfolgen hat, derentwegen die Sache gepfändet worden ist, also auch zum Zweck der Befriedigung des Gläubigers, in dessen Auftrag die weitere Pfändung - Abschnitt 47 - vorgenommen worden ist.

(3) Sind vom Boden noch nicht getrennte Früchte gepfändet worden, so bestimmt die Vollstreckungsstelle auch, wenn sie die Verwertung der Früchte anordnet, ob die Früchte vor ihrer Verwertung abzuernten sind.

(4) Die Vollstreckungsstelle bestimmt Art und Weise sowie Ort und Zeit der Versteigerung und benachrichtigt den Vollstreckungsschuldner, gegebenenfalls auch die Gläubiger, die eine weitere Pfändung vorgenommen haben. Bei einer Versteigerung nach § 296 Abs. 1 Satz 2 Nr. 1 AO werden Ort und Zeit der Versteigerung öffentlich bekannt gemacht. Über die Möglichkeit von Versteigerungen nach § 296 Abs. 1 Satz 2 Nr. 2 AO wird durch ständigen Aushang in der Finanzbehörde allgemein informiert.

(5) Sind Kostbarkeiten gepfändet worden, so lässt die Vollstreckungsstelle, bevor sie den Versteigerungsauftrag oder den Auftrag zum freihändigen Verkauf erteilt, die Pfandstücke auf ihren gewöhnlichen Verkaufswert, Gold- und Silbersachen auch auf ihren Gold- oder Silberwert durch

einen Sachverständigen schätzen. Im übrigen kann die Vollstreckungsstelle, insbesondere bei anderen Pfandstücken mit einem Schätzwert von mehr als 1 000 Euro für das Einzelstück, einen Sachverständigen damit beauftragen, die gewöhnlichen Verkaufswerte und die Schätzwerte nachzuprüfen, die der Vollziehungsbeamte angesetzt hat (Abschnitt 48 Abs. 1 Nr. 4).

(6) Zusammen mit dem Verwertungsauftrag erhält der Vollziehungsbeamte von der Vollstreckungsstelle die Urkunden, die im bisherigen Verlauf der Vollstreckung entstanden und für die Durchführung des Verwertungsauftrags erforderlich sind, zum Beispiel Pfändungsniederschrift - Abschnitt 48 -; Gutachten, welche die Vollstreckungsstelle nach Absatz 5 eingeholt hat; Urkunden über weitere Pfändungen in den Fällen des Absatzes 2; die Fahrzeugdokumente - Abschnitt 46 - , die dem Erwerber übergeben werden sollen usw.

(7) Mit dem Verwertungsauftrag erteilt die Vollstreckungsstelle ferner dem Vollziehungsbeamten, soweit erforderlich, genauere Anweisungen nach Maßgabe der Richtlinien für die Verwertung von beweglichen Sachen, zum Beispiel „Dienstvorschrift für die Verwertungsstellen der Bundesfinanzverwaltung", Elektronische Vorschriftensammlung Bundesfinanzverwaltung - E-VSF S 16 25.

52. Vorbereitung der Versteigerung

(1) Der Vollziehungsbeamte hat die zur Versteigerung bestimmten Sachen rechtzeitig bereitzustellen. Er ist auf Grund des Versteigerungsauftrags befugt, die im Gewahrsam der Vollstreckungsbehörde oder des Vollstreckungsschuldners oder eines Dritten befindlichen Pfandstücke an sich zu nehmen. Abschnitt 28 Abs. 2 ist zu beachten.

(2) An Hand der Pfändungsniederschrift (Abschnitt 48) und der sonstigen Aktenvorgänge hat der Vollziehungsbeamte die Pfandstücke, die er zur Versteigerung bereitstellt auf ihre Vollständigkeit und Unversehrtheit zu prüfen. Bei Nahrungs- und Genußmitteln sowie anderen dem Verderben ausgesetzten Verbrauchsgegenständen muß sich der Vollziehungsbeamte davon überzeugen, daß die Sachen unverdorben sind. In Zweifelsfällen ist ein Sachverständiger zur Prüfung zuzuziehen. Fehlen einzelne Pfandstücke oder sind sie beschädigt oder verdorben, so hat der Vollziehungsbeamte dem Versteigerungsauftrag einen entsprechenden Vermerk beizufügen und dies außerdem der Vollstreckungsstelle zur Bekanntgabe an den Vollstreckungsschuldner mitzuteilen. Ist der Vollstreckungsschuldner im Versteigerungstermin anwesend, so macht der Vollziehungsbeamte ihn auf die Mängel der Pfandstücke aufmerksam.

(3) Hat die Vollstreckungsstelle angeordnet, daß Früchte, die zur Zeit der Pfändung noch nicht vom Boden getrennt waren, abgeerntet und alsdann erst versteigert werden, so hat der Vollziehungsbeamte die Früchte abernten zu lassen. Diese Arbeiten hat er soweit zu beaufsichtigen, als es erforderlich ist, um den Ernteertrag mit Sicherheit festzustellen. Er hat auch dafür zu sorgen, daß die geernteten Früchte bis zur Versteigerung sicher untergebracht und verwahrt werden

53. Gesetzliche Versteigerungsbedingungen

(1) Der Versteigerung werden die gesetzlichen Versteigerungsbedingungen zugrunde gelegt (Absätze 2 bis 7). Außer diesen kann der Vollziehungsbeamte für eine Versteigerung noch weitere Versteigerungsbedingungen setzen, wenn dies nach den besonderen Umständen des Falls zweckmäßig ist.

(2) Der Zuschlag ist dem Meistbietenden zu erteilen. Dem Zuschlag soll ein dreimaliger Aufruf vorausgehen. Die Verpflichtung eines jeden Bieters erlischt, wenn ein Übergebot abgegeben oder die Versteigerung ohne Erteilung des Zuschlags geschlossen wird.

(3) Der Vollstreckungsschuldner und, falls ein zu versteigernder Gegenstand einem anderen als dem Vollstreckungsschuldner gehört, der Eigentümer dürfen bei der Versteigerung mitbieten. Das Gebot des Vollstreckungsschuldners oder des Eigentümers darf zurückgewiesen werden, wenn der von ihm gebotene Betrag nicht sofort bar gezahlt wird.

(4) Der Vollziehungsbeamte und etwa zugezogene Gehilfen dürfen in der Versteigerung nicht mitbieten. Der Vollziehungsbeamte darf auch seinen Angehörigen (Abschnitt 3 Abs. 3) das Bieten nicht gestatten.

(5) Eine zugeschlagene Sache darf gegen Barzahlung ausgehändigt werden.

(6) Hat der Vollziehungsbeamte nicht nach Absatz 1 Satz 2 einen früheren Zeitpunkt bekanntgegeben, so muß der Meistbietende die Ablieferung der Sache gegen Zahlung des beim Zuschlag genannten Betrags vor dem Schluß des Versteigerungstermins verlangen. Wird das Verlangen nicht rechtzeitig gestellt, so wird die Sache anderweitig versteigert. Der Meistbietende wird dabei zu einem weiteren Gebot nicht zugelassen. Er haftet für einen etwaigen Ausfall; auf den Mehrerlös hat er keinen Anspruch.

(7) Der Erwerber eines Pfandstücks hat keinen Anspruch auf Gewährleistung wegen eines Mangels im Recht oder wegen eines Sachmangels.

(8) Bei einer Versteigerung nach § 296 Abs. 1 Satz 2 Nr. 2 AO gelten abweichend von den Absätzen 1 bis 6 die Bedingungen der Internetplattform www.zoll-auktion.de.

54. Versteigerung

(1) Nach Eröffnung des Versteigerungstermins hat der Vollziehungsbeamte zunächst die gesetzlichen Versteigerungsbedingungen (insbesondere Abschnitt 53 Abs. 7) und etwaige weitere Versteigerungsbedingungen bekannt zu geben. Bei einer Versteigerung nach § 296 Abs. 1 Satz 2 Nr. 2 AO sind die Bedingungen auf der Internetplattform www.zoll-auktion.de einsehbar.

(2) Der Vollziehungsbeamte darf von den Versteigerungsbedingungen nach Abschnitt 53 nur hinsichtlich der Entrichtung des beim Zuschlag genannten Betrags absehen. Er bedarf hierzu der vorherigen Zustimmung der Vollstreckungsstelle. Insbesondere darf der Vollziehungsbeamte eine Frist zur Entrichtung des Geldes nur mit Einwilligung der Vollstreckungsstelle einräumen.

(3) Für jede zu versteigernde Sache hat der Vollziehungsbeamte einen Betrag festzusetzen, unter dem ein Gebot nicht angenommen wird (Mindestgebot). Das Mindestgebot hat mindestens die Hälfte des gewöhnlichen Verkaufswerts (Abschnitt 48 Abs. 1 Nr. 4) zu erreichen. Bei Gold- und Silbersachen darf es darüber hinaus nicht unter dem Gold- oder Silberwert liegen. Wurden bei einfuhrabgaben- und/oder verbrauchsteuerpflichtigen Waren die Einfuhrabgaben und/oder die Verbrauchsteuer noch nicht entrichtet, so muss das Mindestgebot so hoch sein, dass diese gedeckt sind. Der gewöhnliche Verkaufswert und das Mindestgebot sind beim Ausbieten bekannt zu geben.

(4) Bei einer Versteigerung nach § 296 Abs. 1 Satz 2 Nr. 1 AO hat der Vollziehungsbeamte nach Bekanntgabe der Versteigerungsbedingungen die Sachen den Erschienenen zur Besichtigung vorzuzeigen und die Anwesenden zum Bieten aufzufordern. Bei einer Versteigerung nach § 296 Abs. 1 Satz 2 Nr. 2 AO sind die Sachen nach Art, Güte und Beschaffenheit zutreffend zu beschreiben. Diese Beschreibung ist durch Fotografien und ggf. durch Gutachten zu ergänzen. In der Beschreibung können Angaben zu Art und Kosten eines möglichen Versands gemacht werden.

(5) Bei Bestimmung der Reihenfolge, in der die Sachen ausgeboten werden, hat der Vollziehungsbeamte Wünsche des Vollstreckungsschuldners nach Möglichkeit zu berücksichtigen. Die Sachen können einzeln, in Teilposten oder zusammen ausgeboten werden. Insbesondere können Sachen gleicher Art oder Sachen, die zu einem Sachinbegriff gehören, zum Beispiel eine Zimmereinrichtung, zusammengefasst werden. Bei Einzelausgebot von Sachen, die sich zum Gesamtausgebot eignen, kann der Zuschlag davon abhängig gemacht werden, dass bei einem Gesamtausgebot kein höherer Gesamterlös erzielt wird, dies gilt nicht bei einer Versteigerung nach § 296 Abs. 1 Satz 2 Nr. 2 AO.

(6) Der Zuschlag ist unparteiisch zu erteilen. Insbesondere darf der Zuschlag nicht zugunsten des einen oder des anderen Bieters übereilt erteilt werden. Der Zuschlag ist zu versagen, wenn das

Mindestgebot nicht erreicht wird. In diesem Fall ordnet die Vollstreckungsstelle weitere Maßnahmen an.

(7) Die Versteigerung mehrerer gepfändeter Sachen eines Vollstreckungsschuldners ist einzustellen, sobald der Erlös ausreicht, um alle beizutreibenden Beträge einschließlich der Kosten der Vollstreckung zu decken.

(8) Wurden für einfuhrabgaben- und/oder verbrauchsteuerpflichtige Waren die Einfuhrabgaben und/oder die Verbrauchsteuer noch nicht entrichtet, so dürfen die Gegenstände erst ausgehändigt werden, nachdem die Einfuhrabgaben- und/oder Verbrauchsteuerbelange gewahrt sind.

(9) Alle Sachen sind grundsätzlich nur gegen Empfangsbescheinigung auszuhändigen. Im Falle der Versendung genügt der Nachweis der Übergabe des Versandgutes an die zur Ausführung der Versendung bestimmte Person.

(10) Dem Ersteher eines Kraftfahrzeugs oder Kraftfahrzeuganhängers hat der Vollziehungsbeamte bei der Übergabe die Fahrzeugdokumente gegen Empfangsbescheinigung auszuhändigen, soweit diese nicht im Falle einer Versteigerung nach § 296 Abs. 1 Satz 2 Nr. 2 AO bereits vorher an den Ersteher zugestellt wurden. Hat der Vollziehungsbeamte die Fahrzeugdokumente nicht in Händen (Abschnitt 51 Abs. 6), so verweist er den Ersteher an die Vollstreckungsstelle.

55. Niederschrift über die Versteigerung

Der Vollziehungsbeamte muß in der Niederschrift über eine Versteigerung die Angaben nach Abschnitt 19 Abs. 2 Nr. 1 machen. Darüber hinaus hat die Niederschrift - außer den Angaben nach Abschnitt 20 Abs. 4 - noch folgendes zu enthalten:

1. den beizutreibenden Geldbetrag, bei mehreren Pfändungen alle beizutreibenden Geldbeträge,

2. bei einer Versteigerung nach § 296 Abs. 1 Satz 2 Nr. 1 AO die Angabe, daß die gesetzlichen Versteigerungsbedingungen bekannt gegeben worden sind; hat der Vollziehungsbeamte für eine Versteigerung außer den gesetzlichen Versteigerungsbedingungen noch weitere Versteigerungsbedingungen bekannt gegeben, so sind auch diese in die Niederschrift aufzunehmen,

3. die Bezeichnung der ausgebotenen Sachen und die dafür vom Vollziehungsbeamten und gegebenenfalls von einem Sachverständigen (Abschnitt 51 Abs. 5) angegebenen gewöhnlichen Verkaufswerte (Abschnitt 48 Abs. 1 Nr. 4), bei Gold- und Silbersachen auch den von einem Sachverständigen geschätzten Gold- oder Silberwert,

4. bei einer Versteigerung nach § 296 Abs. 1 Satz 2 Nr. 2 AO den Zeitraum, in dem die Sache angeboten wurde,

5. im Fall des Zuschlags das Meistgebot, Name und Anschrift des Erstehers sowie die Angabe, ob der Betrag entrichtet und die Sache dem Ersteher ausgehändigt worden ist; weiter die Unterschrift von Personen, denen ein Zuschlag erteilt worden ist, oder, wenn eine dieser Personen nicht unterschrieben hat, den Grund dafür,

6. die Angabe, warum für eine ausgebotene Sache der Zuschlag nicht erteilt worden ist. Beispiel: es ist kein Gebot abgegeben worden, welches das Mindestgebot erreicht.

56. Freihändiger Verkauf

(1) Beim freihändigen Verkauf von Sachen hat der Vollziehungsbeamte darauf bedacht zu sein, daß er einen möglichst hohen Preis erzielt. Die Vollstreckungsstelle setzt einen Mindestpreis fest. Abschnitt 53 Abs. 4, 5 und 7 und Abschnitt 54 Abs. 2 und 3 gelten entsprechend.

(2) Der Vollziehungsbeamte muß in der Niederschrift über einen freihändigen Verkauf die Angaben nach Abschnitt 19 Abs. 2 Nr. 1 machen. Darüber hinaus hat die Niederschrift - außer den Angaben nach Abschnitt 20 Abs. 4 - noch folgendes zu enthalten:

1. den beizutreibenden Geldbetrag, bei mehreren Pfändungen alle beizutreibenden Geldbeträge,
2. die Bezeichnung der verkauften Sachen und die dafür vom Vollziehungsbeamten und gegebenenfalls von einem Sachverständigen (Abschnitt 51 Abs. 5) angegebenen gewöhnlichen Verkaufswerte (Abschnitt 48 Abs. 1 Nr. 4), bei Gold- und Silbersachen auch den von einem Sachverständigen geschätzten Gold- oder Silberwert,
3. die Abreden mit dem Käufer,
4. die Angabe, daß der Käufer eines Pfandstücks auf den Ausschluß jedes Gewährleistungsanspruchs wegen eines Mangels im Recht oder wegen eines Sachmangels hingewiesen worden ist,
5. eine Angabe darüber, ob das Kaufgeld entrichtet und die Sache dem Käufer ausgehändigt worden ist,
6. die Unterschrift des Käufers unter Angabe seiner Anschrift oder, wenn der Käufer nicht unterschrieben hat, den Grund dafür. Bei Kleinverkäufen kann die Vollstreckungsstelle auf das namentliche Festhalten des Käufers verzichten.

Aufhebung der Pfändung, Rückgabe von Pfandstücken

57. Aufhebung der Pfändung; Rückgabe von Pfandstücken

(1) Sind durch eine Zahlung, die nach der Pfändung an den Vollziehungsbeamten geleistet wird, oder durch den Erlös, den der Vollziehungsbeamte durch die Verwertung eines Teils der Pfandstücke erzielt, alle beizutreibenden Geldbeträge gedeckt, so hat der Vollziehungsbeamte die Pfandstücke, deren Verwertung nun nicht mehr erforderlich ist, freizugeben, wenn sie sich in seinem Gewahrsam oder aber im Gewahrsam des Vollstreckungsschuldners oder eines Dritten befinden. Gepfändete Sachen, die in den Büchern der zuständigen Kasse gebucht sind, darf der Vollziehungsbeamte erst freigeben, wenn die zuständige Kasse ihm die Sachen wieder herausgegeben hat.

(2) Sind die Voraussetzungen des Absatzes 1 Satz 1 nicht gegeben, so darf der Vollziehungsbeamte eine Pfändung nur auf schriftliche Weisung der Vollstreckungsstelle aufheben. Dies gilt zum Beispiel auch dann, wenn der Vollziehungsbeamte sich nachträglich davon überzeugt, daß eine von ihm vorgenommene Pfändung unrechtmäßig gewesen ist.

(3) Befinden sich die freizugebenden Sachen im Gewahrsam des Vollziehungsbeamten, so hat er sie dem Empfangsberechtigten gegen Quittung zu übergeben. Abschnitt 21 Abs. 5 gilt entsprechend. Ist der Empfangsberechtigte nicht anwesend, oder ist er zur Entgegennahme der Sachen nicht bereit, so hat der Vollziehungsbeamte dies der Vollstreckungsstelle unverzüglich anzuzeigen. Abschnitt 44 Abs. 7 und Abschnitt 59 sind zu beachten.

(4) Befinden sich die freizugebenden Sachen im Gewahrsam des Vollstreckungsschuldners, so wird ihm die Aufhebung der Pfändung mitgeteilt. Befinden sich die freizugebenden Sachen im Gewahrsam eines Dritten, so wird dem Vollstreckungsschuldner und dem Dritten mitgeteilt, daß die Pfändung der Sachen aufgehoben wird. Hatte ein Gerichtsvollzieher oder ein Vollziehungsbeamter eine weitere Pfändung (Abschnitt 47) vorgenommen, so ist die Aufhebung der Pfändung auch diesem Gerichtsvollzieher oder aber der betreffenden Vollstreckungsbehörde mitzuteilen.

(5) Die Eröffnungen nach Absatz 4 teilt die Vollstreckungsstelle in der Regel schriftlich mit. In den Fällen des Absatzes 1 Satz 1 ist der Vollziehungsbeamte zuständig.

(6) Die Mitteilung an den Vollstreckungsschuldner (Absatz 4 Sätze 1 und 2) enthält in der Regel den Hinweis, daß der Vollstreckungsschuldner ermächtigt ist, die Pfandzeichen zu entfernen. Wird der Vollziehungsbeamte jedoch beauftragt, die Pfandzeichen zu entfernen, so darf er nicht seinerseits den Vollstreckungsschuldner zur Entfernung der Pfandzeichen ermächtigen.

(7) Die Mitteilung an den Dritten (Absatz 4 Satz 2) enthält die Ermächtigung, die Pfandstücke an den Vollstreckungsschuldner herauszugeben.

Abführung an die zuständige Kasse

58. Abführung von Zahlungsmitteln

(1) Aus dem beigebrachten (an den Vollziehungsbeamten gezahlten oder durch ihn beigetriebenen) Geldbetrag hat der Vollziehungsbeamte die Auslagen zu begleichen, die ihm bei Ausführung des Vollstreckungsauftrags und eines etwaigen Ergänzungsauftrags, zum Beispiel eines Verwertungsauftrags, entstanden sind. Übersteigt der nach Begleichung der Auslagen verbleibende Betrag die beizutreibenden Geldbeträge, so hat der Vollziehungsbeamte den Überschuß an den Berechtigten gegen Quittung abzuliefern.

(2) Die beigebrachten Zahlungsmittel sind - gegebenenfalls nach Abzug der Auslagen - an die zuständige Kasse der Vollstreckungsbehörde abzuführen, dem der Vollziehungsbeamte angehört. Die oberste Landesfinanzbehörde kann bestimmen, daß der Vollziehungsbeamte die für andere Stellen aufgrund von Vollstreckungsersuchen beigebrachten Geldbeträge unmittelbar an die für diese Stellen zuständigen Kassen abführt, und hierzu Einzelheiten des Verfahrens regeln. Kann der Vollziehungsbeamte die beigebrachten Geldbeträge nicht mehr am selben Tag be der zuständigen Kasse einzahlen oder ist diese nach § 224 Abs. 4 der Abgabenordnung für der baren Zahlungsverkehr geschlossen, sind die Geldbeträge gebührenfrei bei einer Zweigstelle der Deutschen Bundesbank oder, falls dies nicht möglich ist, bei einem Kreditinstitut oder bei der nächstgelegenen Postfiliale auf das Konto der zuständigen Kasse einzuzahlen. Ist dies am selben Tag nicht möglich, sind die Beträge spätestens am nächsten Werktag unverzüglich bei der zuständigen Kasse oder nach Satz 3 einzuzahlen. Der Einlieferungsschein oder die Einzahlungsbescheinigung verbleibt beim Vollziehungsbeamten. Schecks, die der Vollziehungsbeamte nicht persönlich der zuständigen Kasse übergibt, hat er, nachdem er sie als Verrechnungsscheck gekennzeichnet hat (Abschnitt 26 Abs. 4), unverzüglich der zuständigen Kasse durch einfachen Brief zu übersenden.

(3) Die im Laufe eines Tages bei der Ausführung der verschiedenen Vollstreckungsaufträge beigebrachten Zahlungsmittel, die der Vollziehungsbeamte nach Absatz 2 an die zuständige Kasse abzuführen hat, soll er möglichst in einer Summe abliefern. Es hat also abzuführen:

1. an Tagen, an denen er nur eine Nachweisung Vz aufzustellen hat (Abschnitt 22 Abs. 4 und 5); die Summe der in dieser Nachweisung Vz eingetragenen Zahlungsmittel,

2. an Tagen, an denen er mehrere Nachweisungen Vz aufzustellen hat (Abschnitt 22 Abs. 5 und 6); die Gesamtsumme der in diese Nachweisungen Vz eingetragenen Zahlungsmittel.

(4) Bei der Abführung an die zuständige Kasse hat der Vollziehungsbeamte die Nachweisungen Vz zu übergeben und ihnen beizufügen:

1. die Vollstreckungsaufträge, soweit diese von der zuständigen Kasse benötigt werden, zum Beispiel zur Abwicklung des Zahlungsverkehrs bei Vollstreckungsersuchen.

2. die Zweitausfertigungen und die nicht ausgehändigten Erstausfertigungen der Quittungen.

(5) Zahlt der Vollziehungsbeamte Geldbeträge, die er an die zuständige Kasse abzuführen hat, auf deren Konto ein (Absatz 2), hat er danach die Nachweisungen Vz zusammen mit den in Absatz 4 genannten Unterlagen unverzüglich der zuständigen Kasse einzusenden, wenn er nicht diese Urkunden am Vormittag des auf die Einzahlung folgenden oder übernächsten Arbeitstag persönlich der zuständigen Kasse übergeben kann. Setzt sich der eingezahlte Betrag aus den Summen mehrerer Nachweisungen Vz zusammen, sind auf dem Gutschriftsbeleg für den Empfänger die Summen anzugeben, die auf die einzelnen Nachweisungen Vz entfallen.

(6) Bis zur Abführung hat der Vollziehungsbeamte die Zahlungsmittel sicher aufzubewahren und von seinen eigenen Zahlungsmitteln getrennt zu halten.

(7) Für die Beförderung von Zahlungsmitteln wird im Hinblick auf die einzuhaltenden Sicherungsmaßnahmen auf die von den für die Finanzverwaltung zuständigen obersten Bundes- oder Landesbehörden hierzu getroffenen besonderen Bestimmungen hingewiesen.

(8) Der Vollziehungsbeamte erhält von der zuständigen Kasse über die persönlich übergebenen Zahlungsmittel eine Empfangsbescheinigung.

(9) Die Oberfinanzdirektion kann anordnen, daß die vom Vollziehungsbeamten beigebrachten Zahlungsmittel an eine andere Zollzahlstelle anstatt an die Zahlstelle seines Hauptzollamts abgeführt werden.

59. Abführung anderer Sachen

(1) Wertpapiere, Beweisurkunden, Wertzeichen oder Kostbarkeiten (wegen der Begriffe Hinweis auf Abschnitt 15 Abs. 2 bis 6), die der Vollziehungsbeamte entweder gepfändet und an sich genommen (Abschnitt 44 Abs. 2 Nr. 1), vorläufig in Besitz genommen (Abschnitt 32 Abs. 4), weggenommen (Abschnitt 50 Abs. 1) oder entgegengenommen (Abschnitt 50 Abs. 2) hat, sind an die zuständige Kasse abzuführen. Soweit nötig, sind die Sachen dabei zu kennzeichnen, daß eine Verwechslung ausgeschlossen ist.

(2) Bei anderen, nicht unter Absatz 1 fallenden Sachen, die der Vollziehungsbeamte entweder gepfändet und an sich genommen (Abschnitt 44 Abs. 6), weggenommen (Abschnitt 50 Abs. 1) oder entgegengenommen (Abschnitt 50 Abs. 2) hat, muß der Vollziehungsbeamte nach Abschnitt 44 Abs. 7 verfahren.

(3) Bei der Abführung an die zuständige Kasse sind die Zweitausfertigungen und nicht ausgehändigten Erstausfertigungen der Quittungen mit zu übergeben. In den übrigen Fällen sind die Zweitausfertigungen und nicht ausgehändigten Erstausfertigungen der Quittungen der zuständigen Kasse zu übergeben, alle anderen Unterlagen verbleiben bei der Vollstreckungsstelle.

(4) Die Absätze 1 bis 3 gelten auch, wenn

1. die Vollstreckung für eine andere Stelle als die Vollstreckungsbehörde, der der Vollziehungsbeamte angehört, ausgeführt worden ist,

2. die zuständige Kasse eine Sache dem Vollziehungsbeamten zur Verwertung herausgegeben hatte, der Vollziehungsbeamte aber die Sache nicht versteigert oder freihändig verkauft hat.

(5) Bei der Abführung von anderen Sachen als Zahlungsmitteln (Absätze 1, 2 und 4) sind vor allem die Fristbestimmungen des Abschnitts 58 Abs. 2 und die Bestimmungen des Abschnitts 58 Abs. 7 bis 9 entsprechend anzuwenden.

Rechenschaftsablegung

60. Rechenschaftsablegung

(1) Über die Ausführung des Vollstreckungsauftrags und eines etwaigen Ergänzungsauftrags, zum Beispiel eines Verwertungsauftrags, hat der Vollziehungsbeamte der Vollstreckungsstelle schriftlich oder elektronisch Rechenschaft abzulegen. Dies hat alsbald nach Ausführung des Auftrags und innerhalb der im Auftrag gesetzten Frist dadurch zu geschehen, dass der Vollziehungsbeamte den Rechenschaftsvermerk (Abschnitt 23) der Vollstreckungsstelle vorlegt oder elektronisch übersendet.

(2) Hat der Vollziehungsbeamte nach Abschnitt 58 Abs. 4 den Vollstreckungsauftrag der zuständigen Kasse zu übergeben, leitet die zuständige Kasse den Vollstreckungsauftrag mit dem Rechenschaftsvermerk der Vollstreckungsstelle zu.

(3) Bei der Vorlage (Absatz 1 Satz 2) oder Weiterleitung (Absatz 2) an die Vollstreckungsstelle sind dem Vollstreckungsauftrag oder dem Ergänzungsauftrag, der den Rechenschaftsvermerk enthält, als Anlagen beizufügen:

1. Niederschriften, die bei der Ausführung des Vollstreckungsauftrags entstanden sind,
2. Feststellungen des Vollziehungsbeamten über die persönlichen und wirtschaftlichen Verhältnisse des Vollstreckungsschuldners,
3. Quittungen oder sonstige Belege über Auslagen, die dem Vollziehungsbeamten bei Ausführung der Vollstreckung entstanden sind,
4. Quittungen oder sonstige Belege über einen Überschuß, den der Vollziehungsbeamte an den Berechtigten abgeführt hat (Abschnitt 58 Abs. 1).

(4) Ergeben sich beim Nachprüfen durch die Vollstreckungsstelle an Hand der Rechenschaftsablegung Beanstandungen, so hat der Vollziehungsbeamte diesen nach den Weisungen der Vollstreckungsstelle abzuhelfen.

Sondervorschriften für die Zollverwaltung

61. Sondervorschriften für die Zollverwaltung

Im Bereich der Zollverwaltung tritt an die Stelle der zuständigen Kasse die Zahlstelle des Hauptzollamts.

Dritter Teil - Schlußvorschriften

62. Inkrafttreten

Diese allgemeine Verwaltungsvorschrift tritt am 1. Mai 1980 in Kraft. Gleichzeitig tritt die Geschäftsanweisung für die Vollziehungsbeamten der Finanzverwaltung vom 17. März 1960 (Beilage zum BAnz Nr. 58 vom 24. März 1960) außer Kraft.

Verwaltungszustellungsgesetz

vom 12.8.2005 (BGBl. I S. 2354; BStBl I S. 855), zuletzt geändert durch Artikel 3 des Gesetzes vom 15.7.2024 (BGBl. I Nr. 236)

§ 1 Anwendungsbereich

(1) Die Vorschriften dieses Gesetzes gelten für das Zustellungsverfahren der Bundesbehörden, der bundesunmittelbaren Körperschaften, Anstalten und Stiftungen des öffentlichen Rechts und der Landesfinanzbehörden.

(2) Zugestellt wird, soweit dies durch Rechtsvorschrift oder behördliche Anordnung bestimmt ist.

§ 2 Allgemeines

(1) Zustellung ist die Bekanntgabe eines schriftlichen oder elektronischen Dokuments in der in diesem Gesetz bestimmten Form.

(2) Die Zustellung wird durch einen Erbringer von Postdienstleistungen (Post), einen nach § 17 des De-Mail-Gesetzes akkreditierten Diensteanbieter oder durch die Behörde ausgeführt. Daneben gelten die in den §§ 9 und 10 geregelten Sonderarten der Zustellung.

(3) Die Behörde hat die Wahl zwischen den einzelnen Zustellungsarten. § 5 Absatz 5 Satz 2 bleibt unberührt.

§ 3 Zustellung durch die Post mit Zustellungsurkunde

(1) Soll durch die Post mit Zustellungsurkunde zugestellt werden, übergibt die Behörde der Post den Zustellungsauftrag, das zuzustellende Dokument in einem verschlossenen Umschlag und einen vorbereiteten Vordruck einer Zustellungsurkunde.

(2) Für die Ausführung der Zustellung gelten die §§ 177 bis 182 der Zivilprozessordnung entsprechend. Im Fall des § 181 Abs. 1 der Zivilprozessordnung kann das zuzustellende Dokument bei einer von der Post dafür bestimmten Stelle am Ort der Zustellung oder am Ort des Amtsgerichts, in dessen Bezirk der Ort der Zustellung liegt, niedergelegt werden oder bei der Behörde, die den Zustellungsauftrag erteilt hat, wenn sie ihren Sitz an einem der vorbezeichneten Orte hat. Für die Zustellungsurkunde, den Zustellungsauftrag, den verschlossenen Umschlag nach Absatz 1 und die schriftliche Mitteilung nach § 181 Abs. 1 Satz 3 der Zivilprozessordnung sind die Vordrucke nach der Zustellungsvordruckverordnung zu verwenden.

§ 4 Zustellung durch die Post mittels Einschreiben

(1) Ein Dokument kann durch die Post mittels Einschreiben durch Übergabe oder mittels Einschreiben mit Rückschein zugestellt werden.

(2) Zum Nachweis der Zustellung genügt der Rückschein. Im Übrigen gilt das Dokument am vierten Tag nach der Aufgabe zur Post als zugestellt, es sei denn, dass es nicht oder zu einem späteren Zeitpunkt zugegangen ist. Im Zweifel hat die Behörde den Zugang und dessen Zeitpunkt nachzuweisen. Der Tag der Aufgabe zur Post ist in den Akten zu vermerken.

§ 5 Zustellung durch die Behörde gegen Empfangsbekenntnis; elektronische Zustellung

(1) Bei der Zustellung durch die Behörde händigt der zustellende Bedienstete das Dokument dem Empfänger in einem verschlossenen Umschlag aus. Das Dokument kann auch offen ausgehändigt werden, wenn keine schutzwürdigen Interessen des Empfängers entgegenstehen. Der Empfänger hat ein mit dem Datum der Aushändigung versehenes Empfangsbekenntnis zu unterschreiben. Der Bedienstete vermerkt das Datum der Zustellung auf dem Umschlag des auszuhändigenden Dokuments oder bei offener Aushändigung auf dem Dokument selbst.

(2) Die §§ 177 bis 181 der Zivilprozessordnung sind anzuwenden. Zum Nachweis der Zustellung ist in den Akten zu vermerken:

1. im Fall der Ersatzzustellung in der Wohnung, in Geschäftsräumen und Einrichtungen nach § 178 der Zivilprozessordnung der Grund, der diese Art der Zustellung rechtfertigt,

2. im Fall der Zustellung bei verweigerter Annahme nach § 179 der Zivilprozessordnung, wer die Annahme verweigert hat und dass das Dokument am Ort der Zustellung zurückgelassen oder an den Absender zurückgesandt wurde sowie der Zeitpunkt und der Ort der verweigerten Annahme,

3. in den Fällen der Ersatzzustellung nach den §§ 180 und 181 der Zivilprozessordnung der Grund der Ersatzzustellung sowie wann und wo das Dokument in einen Briefkasten eingelegt oder sonst niedergelegt und in welcher Weise die Niederlegung schriftlich mitgeteilt wurde.

Im Fall des § 181 Abs. 1 der Zivilprozessordnung kann das zuzustellende Dokument bei der Behörde, die den Zustellungsauftrag erteilt hat, niedergelegt werden, wenn diese Behörde ihren Sitz am Ort der Zustellung oder am Ort des Amtsgerichts hat, in dessen Bezirk der Ort der Zustellung liegt.

(3) Zur Nachtzeit, an Sonntagen und allgemeinen Feiertagen darf nach den Absätzen 1 und 2 im Inland nur mit schriftlicher oder elektronischer Erlaubnis des Behördenleiters zugestellt werden. Die Nachtzeit umfasst die Stunden von 21 bis 6 Uhr. Die Erlaubnis ist bei der Zustellung abschriftlich mitzuteilen. Eine Zustellung, bei der diese Vorschriften nicht beachtet sind, ist wirksam, wenn die Annahme nicht verweigert wird.

(4) Das Dokument kann an Behörden, Körperschaften, Anstalten und Stiftungen des öffentlichen Rechts, an Rechtsanwälte, Patentanwälte, Notare, Steuerberater, Steuerbevollmächtigte, Wirtschaftsprüfer, vereidigte Buchprüfer, Berufsausübungsgesellschaften im Sinne der Bundesrechtsanwaltsordnung, der Patentanwaltsordnung und des Steuerberatungsgesetzes, Wirtschaftsprüfungsgesellschaften und Buchprüfungsgesellschaften auch auf andere Weise, auch elektronisch, gegen Empfangsbekenntnis zugestellt werden.

(5) Ein elektronisches Dokument kann im Übrigen unbeschadet des Absatzes 4 elektronisch zugestellt werden, soweit der Empfänger hierfür einen Zugang eröffnet. Es ist elektronisch zuzustellen, wenn auf Grund einer Rechtsvorschrift ein Verfahren auf Verlangen des Empfängers in elektronischer Form abgewickelt wird. Für die Übermittlung ist das Dokument mit einer qualifizierten elektronischen Signatur zu versehen und gegen unbefugte Kenntnisnahme Dritter zu schützen.

(6) Bei der elektronischen Zustellung ist die Übermittlung mit dem Hinweis „Zustellung gegen Empfangsbekenntnis" einzuleiten. Die Übermittlung muss die absendende Behörde, den Namen und die Anschrift des Zustellungsadressaten sowie den Namen des Bediensteten erkennen lassen, der das Dokument zur Übermittlung aufgegeben hat.

(7) Zum Nachweis der Zustellung nach den Absätzen 4 und 5 genügt das mit Datum und Unterschrift versehene Empfangsbekenntnis, das an die Behörde durch die Post oder elektronisch zurückzusenden ist. Ein elektronisches Dokument gilt in den Fällen des Absatzes 5 Satz 2 am

vierten Tag nach der Absendung an den vom Empfänger hierfür eröffneten Zugang als zugestellt, wenn der Behörde nicht spätestens an diesem Tag ein Empfangsbekenntnis nach Satz 1 zugeht. Satz 2 gilt nicht, wenn der Empfänger nachweist, dass das Dokument nicht oder zu einem späteren Zeitpunkt zugegangen ist. Der Empfänger ist in den Fällen des Absatzes 5 Satz 2 vor der Übermittlung über die Rechtsfolgen nach den Sätzen 2 und 3 zu belehren. Zum Nachweis der Zustellung ist von der absendenden Behörde in den Akten zu vermerken, zu welchem Zeitpunkt und an welchen Zugang das Dokument gesendet wurde. Der Empfänger ist über den Eintritt der Zustellungsfiktion nach Satz 2 zu benachrichtigen.

§ 5a Elektronische Zustellung gegen Abholbestätigung über De-Mail-Dienste

(1) Die elektronische Zustellung kann unbeschadet des § 5 Absatz 4 und 5 Satz 1 und 2 durch Übermittlung der nach § 17 des De-Mail-Gesetzes akkreditierten Diensteanbieter gegen Abholbestätigung nach § 5 Absatz 9 des De-Mail-Gesetzes an das De-Mail-Postfach des Empfängers erfolgen. Für die Zustellung nach Satz 1 ist § 5 Absatz 4 und 6 mit der Maßgabe anzuwenden, dass an die Stelle des Empfangsbekenntnisses die Abholbestätigung tritt.

(2) Der nach § 17 des De-Mail-Gesetzes akkreditierte Diensteanbieter hat eine Versandbestätigung nach § 5 Absatz 7 des De-Mail-Gesetzes und eine Abholbestätigung nach § 5 Absatz 9 des De-Mail-Gesetzes zu erzeugen. Er hat diese Bestätigungen unverzüglich der absendenden Behörde zu übermitteln.

(3) Zum Nachweis der elektronischen Zustellung genügt die Abholbestätigung nach § 5 Absatz 9 des De-Mail-Gesetzes. Für diese gelten § 371 Absatz 1 Satz 2 und § 371a Absatz 3 der Zivilprozessordnung.

(4) Ein elektronisches Dokument gilt in den Fällen des § 5 Absatz 5 Satz 2 am vierten Tag nach der Absendung an das De-Mail-Postfach des Empfängers als zugestellt, wenn er dieses Postfach als Zugang eröffnet hat und der Behörde nicht spätestens an diesem Tag eine elektronische Abholbestätigung nach § 5 Absatz 9 des De-Mail-Gesetzes zugeht. Satz 1 gilt nicht, wenn der Empfänger nachweist, dass das Dokument nicht oder zu einem späteren Zeitpunkt zugegangen ist. Der Empfänger ist in den Fällen des § 5 Absatz 5 Satz 2 vor der Übermittlung über die Rechtsfolgen nach den Sätzen 1 und 2 zu belehren. Als Nachweis der Zustellung nach Satz 1 dient die Versandbestätigung nach § 5 Absatz 7 des De-Mail-Gesetzes oder ein Vermerk der absendenden Behörde in den Akten, zu welchem Zeitpunkt und an welches De-Mail-Postfach das Dokument gesendet wurde. Der Empfänger ist über den Eintritt der Zustellungsfiktion nach Satz 1 elektronisch zu benachrichtigen.

§ 6 Zustellung an gesetzliche Vertreter

(1) Bei Geschäftsunfähigen oder beschränkt Geschäftsfähigen ist an ihre gesetzlichen Vertreter zuzustellen. Gleiches gilt bei Personen, für die ein Betreuer bestellt ist, soweit der Aufgabenkreis des Betreuers reicht. Das zugestellte Dokument ist der betreuten Person nach Wahl der Behörde abschriftlich mitzuteilen oder elektronisch zu übermitteln.

(2) Bei Behörden wird an den Behördenleiter, bei juristischen Personen, nicht rechtsfähigen Personenvereinigungen und Zweckvermögen an ihre gesetzlichen Vertreter zugestellt. § 34 Abs. 2 der Abgabenordnung bleibt unberührt.

(3) Bei mehreren gesetzlichen Vertretern oder Behördenleitern genügt die Zustellung an einen von ihnen.

(4) Der zustellende Bedienstete braucht nicht zu prüfen, ob die Anschrift den Vorschriften der Absätze 1 bis 3 entspricht.

§ 7 Zustellung an Bevollmächtigte

(1) Zustellungen können an den allgemeinen oder für bestimmte Angelegenheiten bestellten Bevollmächtigten gerichtet werden. Sie sind an ihn zu richten, wenn er schriftliche Vollmacht vorgelegt hat. Ist ein Bevollmächtigter für mehrere Beteiligte bestellt, so genügt die Zustellung eines Dokuments an ihn für alle Beteiligten.

(2) Einem Zustellungsbevollmächtigten mehrerer Beteiligter sind so viele Ausfertigungen oder Abschriften zuzustellen, als Beteiligte vorhanden sind.

(3) Auf § 180 Abs. 2 der Abgabenordnung beruhende Regelungen und die §§ 183 und 183a der Abgabenordnung bleiben unberührt.

§ 8 Heilung von Zustellungsmängeln

Lässt sich die formgerechte Zustellung eines Dokuments nicht nachweisen oder ist es unter Verletzung zwingender Zustellungsvorschriften zugegangen, gilt es als in dem Zeitpunkt zugestellt, in dem es dem Empfangsberechtigten tatsächlich zugegangen ist, im Fall des § 5 Abs. 5 in dem Zeitpunkt, in dem der Empfänger das Empfangsbekenntnis zurückgesendet hat.

§ 9 Zustellung im Ausland

(1) Eine Zustellung im Ausland erfolgt
1. durch Einschreiben mit Rückschein, soweit die Zustellung von Dokumenten unmittelbar durch die Post völkerrechtlich zulässig ist,
2. auf Ersuchen der Behörde durch die Behörden des fremden Staates oder durch die zuständige diplomatische oder konsularische Vertretung der Bundesrepublik Deutschland,
3. auf Ersuchen der Behörde durch das Auswärtige Amt an eine Person, die das Recht der Immunität genießt und zu einer Vertretung der Bundesrepublik Deutschland im Ausland gehört, sowie an Familienangehörige einer solchen Person, wenn diese das Recht der Immunität genießen, oder
4. durch Übermittlung elektronischer Dokumente, soweit dies völkerrechtlich zulässig ist.

(2) Zum Nachweis der Zustellung nach Absatz 1 Nr. 1 genügt der Rückschein. Die Zustellung nach Absatz 1 Nr. 2 und 3 wird durch das Zeugnis der ersuchten Behörde nachgewiesen. Der Nachweis der Zustellung gemäß Absatz 1 Nr. 4 richtet sich nach § 5 Abs. 7 Satz 1 bis 3 und 5 sowie nach § 5a Absatz 3 und 4 Satz 1, 2 und 4.

(3) Die Behörde kann bei der Zustellung nach Absatz 1 Nr. 2 und 3 anordnen, dass die Person, an die zugestellt werden soll, innerhalb einer angemessenen Frist einen Zustellungsbevollmächtigten benennt, der im Inland wohnt oder dort einen Geschäftsraum hat. Wird kein Zustellungsbevollmächtigter benannt, können spätere Zustellungen bis zur nachträglichen Benennung dadurch bewirkt werden, dass das Dokument unter der Anschrift der Person, an die zugestellt werden soll, zur Post gegeben wird. Das Dokument gilt am siebenten Tag nach Aufgabe zur Post als zugestellt, wenn nicht feststeht, dass es den Empfänger nicht oder zu einem späteren Zeitpunkt erreicht hat. Die Behörde kann eine längere Frist bestimmen. In der Anordnung nach Satz 1 ist auf diese Rechtsfolgen hinzuweisen. Zum Nachweis der Zustellung ist in den Akten zu vermerken, zu welcher Zeit und unter welcher Anschrift das Dokument zur Post gegeben wurde. Ist durch Rechtsvorschrift angeordnet, dass ein Verwaltungsverfahren über eine einheitliche Stelle nach den Vorschriften des Verwaltungsverfahrensgesetzes abgewickelt werden kann, finden die Sätze 1 bis 6 keine Anwendung.

§ 10 Öffentliche Zustellung

(1) Die Zustellung kann durch öffentliche Bekanntmachung erfolgen, wenn
1. der Aufenthaltsort des Empfängers unbekannt ist und eine Zustellung an einen Vertreter oder Zustellungsbevollmächtigten nicht möglich ist,

2. bei juristischen Personen, die zur Anmeldung einer inländischen Geschäftsanschrift zum Handelsregister verpflichtet sind, eine Zustellung weder unter der eingetragenen Anschrift noch unter einer im Handelsregister eingetragenen Anschrift einer für Zustellungen empfangsberechtigten Person oder einer ohne Ermittlungen bekannten anderen inländischen Anschrift möglich ist,
3. bei eingetragenen Personengesellschaften eine Zustellung weder unter der eingetragenen Anschrift noch unter einer im Handels- oder Gesellschaftsregister eingetragenen Anschrift einer für Zustellungen empfangsberechtigten Person oder einer ohne Ermittlungen bekannten anderen Anschrift innerhalb eines Mitgliedstaates der Europäischen Union möglich ist oder
4. sie im Fall des § 9 nicht möglich ist oder keinen Erfolg verspricht.

Die Anordnung über die öffentliche Zustellung trifft ein zeichnungsberechtigter Bediensteter.

(2) Die öffentliche Zustellung erfolgt durch Bekanntmachung einer Benachrichtigung an der Stelle, die von der Behörde hierfür allgemein bestimmt ist, oder durch Veröffentlichung einer Benachrichtigung im Bundesanzeiger. Die Benachrichtigung muss

1. die Behörde, für die zugestellt wird,
2. den Namen und die letzte bekannte Anschrift des Zustellungsadressaten,
3. das Datum und das Aktenzeichen des Dokuments sowie
4. die Stelle, wo das Dokument eingesehen werden kann,

erkennen lassen. Die Benachrichtigung muss den Hinweis enthalten, dass das Dokument öffentlich zugestellt wird und Fristen in Gang gesetzt werden können, nach deren Ablauf Rechtsverluste drohen können. Bei der Zustellung einer Ladung muss die Benachrichtigung den Hinweis enthalten, dass das Dokument eine Ladung zu einem Termin enthält, dessen Versäumung Rechtsnachteile zur Folge haben kann. In den Akten ist zu vermerken, wann und wie die Benachrichtigung bekannt gemacht wurde. Das Dokument gilt als zugestellt, wenn seit dem Tag der Bekanntmachung der Benachrichtigung zwei Wochen vergangen sind.

Zivilprozessordnung

in der Neufassung vom 5.12.2005 (BGBl. I S. 3202), zuletzt geändert durch Artikel 1 des Gesetzes vom 24.10.2024 (BGBl. I Nr. 328).

- Auszug -

§ 707 Einstweilige Einstellung der Zwangsvollstreckung

(1) Wird die Wiedereinsetzung in den vorigen Stand oder eine Wiederaufnahme des Verfahrens beantragt oder die Rüge nach § 321a erhoben oder wird der Rechtsstreit nach der Verkündung eines Vorbehaltsurteils fortgesetzt, so kann das Gericht auf Antrag anordnen, dass die Zwangsvollstreckung gegen oder ohne Sicherheitsleistung einstweilen eingestellt werde oder nur gegen Sicherheitsleistung stattfinde und dass die Vollstreckungsmaßregeln gegen Sicherheitsleistung aufzuheben seien. Die Einstellung der Zwangsvollstreckung ohne Sicherheitsleistung ist nur zulässig, wenn glaubhaft gemacht wird, dass der Schuldner zur Sicherheitsleistung nicht in der Lage ist und die Vollstreckung einen nicht zu ersetzenden Nachteil bringen würde.

(2) Die Entscheidung ergeht durch Beschluss. Eine Anfechtung des Beschlusses findet nicht statt.

§ 737 Zwangsvollstreckung bei Vermögens- oder Erbschaftsnießbrauch

(1) Bei dem Nießbrauch an einem Vermögen ist wegen der vor der Bestellung des Nießbrauchs entstandenen Verbindlichkeiten des Bestellers die Zwangsvollstreckung in die dem Nießbrauch unterliegenden Gegenstände ohne Rücksicht auf den Nießbrauch zulässig, wenn der Besteller zu der Leistung und der Nießbraucher zur Duldung der Zwangsvollstreckung verurteilt ist.

(2) Das Gleiche gilt bei dem Nießbrauch an einer Erbschaft für die Nachlassverbindlichkeiten.

§ 739 Gewahrsamsvermutung bei Zwangsvollstreckung gegen Ehegatten und Lebenspartner

(1) Wird zugunsten der Gläubiger eines der Ehegatten gemäß § 1362 des Bürgerlichen Gesetzbuchs vermutet, dass der Schuldner Eigentümer beweglicher Sachen ist, so gilt, unbeschadet der Rechte Dritter, für die Durchführung der Zwangsvollstreckung nur der Schuldner als Gewahrsamsinhaber und Besitzer.

(2) Absatz 1 gilt entsprechend für die Vermutung des § 8 Abs. 1 des Lebenspartnerschaftsgesetzes zugunsten der Gläubiger eines der Lebenspartner.

§ 740 Zwangsvollstreckung in das Gesamtgut

(1) Leben die Ehegatten oder Lebenspartner in Gütergemeinschaft und verwaltet einer von ihnen das Gesamtgut allein, so ist zur Zwangsvollstreckung in das Gesamtgut ein Urteil gegen diesen Ehegatten oder Lebenspartner erforderlich und genügend.

(2) Verwalten die Ehegatten oder Lebenspartner das Gesamtgut gemeinschaftlich, so ist die Zwangsvollstreckung in das Gesamtgut nur zulässig, wenn beide Ehegatten oder Lebenspartner zur Leistung verurteilt sind.

§ 741 Zwangsvollstreckung in das Gesamtgut bei Erwerbsgeschäft

Betreibt ein Ehegatte, der in Gütergemeinschaft lebt und das Gesamtgut nicht oder nicht allein verwaltet, selbständig ein Erwerbsgeschäft, so genügt zur Zwangsvollstreckung in das Gesamtgut ein gegen ihn ergangenes Urteil.

§ 742 Vollstreckbare Ausfertigung bei Gütergemeinschaft während des Rechtsstreits

Ist die Gütergemeinschaft erst eingetreten, nachdem ein von einem Ehegatten oder Lebenspartner oder gegen einen Ehegatten oder Lebenspartner geführter Rechtsstreit rechtshängig geworden ist, und verwaltet dieser Ehegatte oder Lebenspartner das Gesamtgut nicht oder nicht allein, so sind auf die Erteilung einer in Ansehung des Gesamtgutes vollstreckbaren Ausfertigung des Urteils für oder gegen den anderen Ehegatten oder Lebenspartner die Vorschriften der §§ 727, 730 bis 732 entsprechend anzuwenden.

§ 743 Beendete Gütergemeinschaft

Nach der Beendigung der Gütergemeinschaft ist vor der Auseinandersetzung die Zwangsvollstreckung in das Gesamtgut nur zulässig, wenn

1. beide Ehegatten oder Lebenspartner zu der Leistung verurteilt sind oder
2. der eine Ehegatte oder Lebenspartner zu der Leistung verurteilt ist und der andere zur Duldung der Zwangsvollstreckung.

§ 744 Vollstreckbare Ausfertigung bei beendeter Gütergemeinschaft

Ist die Beendigung der Gütergemeinschaft nach der Beendigung eines Rechtsstreits des Ehegatten oder Lebenspartners eingetreten, der das Gesamtgut allein verwaltet, so sind auf die Erteilung einer in Ansehung des Gesamtgutes vollstreckbaren Ausfertigung des Urteils gegen den anderen Ehegatten oder Lebenspartner die Vorschriften der §§ 727, 730 bis 732 entsprechend anzuwenden.

§ 744a Zwangsvollstreckung bei Eigentums- und Vermögensgemeinschaft

Leben die Ehegatten gemäß Artikel 234 § 4 Abs. 2 des Einführungsgesetzes zum Bürgerlichen Gesetzbuch im Güterstand der Eigentums- und Vermögensgemeinschaft, sind für die Zwangsvollstreckung in Gegenstände des gemeinschaftlichen Eigentums und Vermögens die §§ 740 bis 744, 774 und 860 entsprechend anzuwenden.

§ 745 Zwangsvollstreckung bei fortgesetzter Gütergemeinschaft

(1) Im Falle der fortgesetzten Gütergemeinschaft ist zur Zwangsvollstreckung in das Gesamtgut ein gegen den überlebenden Ehegatten oder Lebenspartner ergangenes Urteil erforderlich und genügend.

(2) Nach der Beendigung der fortgesetzten Gütergemeinschaft gelten die §§ 743 und 744 mit der Maßgabe, dass

1. an die Stelle desjenigen Ehegatten oder Lebenspartners, der das Gesamtgut allein verwaltet, der überlebende Ehegatte oder Lebenspartner tritt und
2. an die Stelle des anderen Ehegatten oder Lebenspartners die anteilsberechtigten Abkömmlinge treten.

§ 747 Zwangsvollstreckung in ungeteilten Nachlass

Zur Zwangsvollstreckung in einen Nachlass ist, wenn mehrere Erben vorhanden sind, bis zur Teilung ein gegen alle Erben ergangenes Urteil erforderlich.

§ 748 Zwangsvollstreckung bei Testamentsvollstrecker

(1) Unterliegt ein Nachlass der Verwaltung eines Testamentsvollstreckers, so ist zur Zwangsvollstreckung in den Nachlass ein gegen den Testamentsvollstrecker ergangenes Urteil erforderlich und genügend.

(2) Steht dem Testamentsvollstrecker nur die Verwaltung einzelner Nachlassgegenstände zu, so ist die Zwangsvollstreckung in diese Gegenstände nur zulässig, wenn der Erbe zu der Leistung, der Testamentsvollstrecker zur Duldung der Zwangsvollstreckung verurteilt ist.

(3) Zur Zwangsvollstreckung wegen eines Pflichtteilanspruchs ist im Falle des Absatzes 1 wie im Falle des Absatzes 2 ein sowohl gegen den Erben als gegen den Testamentsvollstrecker ergangenes Urteil erforderlich.

§ 757a Auskunfts- und Unterstützungsersuchen

(1) Der Gerichtsvollzieher kann die zuständige Polizeidienststelle um Auskunft ersuchen, ob nach polizeilicher Einschätzung bei einer durchzuführenden Vollstreckungshandlung eine Gefahr für Leib oder Leben des Gerichtsvollziehers oder einer weiteren an der Vollstreckungshandlung beteiligten Person besteht.

(2) In dem Auskunftsersuchen nach Absatz 1 ist Folgendes anzugeben:

1. Art und Ort der Vollstreckungshandlung,
2. Vornamen und Name des Schuldners,
3. soweit bekannt Geburtsname, Geburtsdatum und Geburtsort des Schuldners sowie
4. Wohnanschrift des Schuldners.

(3) Erteilt die Polizeidienststelle die Auskunft, dass nach polizeilicher Einschätzung eine Gefahr nach Absatz 1 besteht, so kann der Gerichtsvollzieher um Unterstützung durch die polizeilichen Vollzugsorgane bei der durchzuführenden Vollstreckungshandlung nachsuchen. Ein Unterstützungsersuchen kann der Gerichtsvollzieher auch zusammen mit einem Auskunftsersuchen nach Absatz 1 stellen.

(4) Der Gerichtsvollzieher kann auch ohne Auskunftsersuchen ein Unterstützungsersuchen stellen, wenn

1. Anhaltspunkte für das Bestehen einer Gefahr nach Absatz 1 vorliegen oder
2. sich die Gefahr aus der Art der Vollstreckungshandlung ergibt.

Auf Unterstützungsersuchen nach Satz 1 ist Absatz 2 entsprechend anzuwenden; bei Unterstützungsersuchen nach Satz 1 Nummer 1 hat der Gerichtsvollzieher zusätzlich die tatsächlichen Anhaltspunkte für das Vorliegen einer Gefahr nach Absatz 1 und, sofern die Gefahr von einer dritten Person ausgeht, die ihm bekannten Daten nach Absatz 2 Nummer 2 bis 4 über die dritte Person anzugeben.

(5) Über die Durchführung eines Auskunfts- oder eines Unterstützungsersuchens setzt der Gerichtsvollzieher den Schuldner oder, sofern Daten einer dritten Person nach Absatz 4 Satz 2 Halbsatz 2 übermittelt worden sind, die dritte Person unverzüglich nach Erledigung des Vollstreckungsauftrags in Kenntnis. Abweichend von § 760 Satz 1 darf in Bezug auf Inhalte der Akten des Gerichtsvollziehers, die in Zusammenhang mit einem Auskunfts- oder einem Unterstützungsersuchen stehen, neben dem Schuldner nur der dritten Person, deren Daten übermittelt worden sind, Akteneinsicht gestattet und eine Abschrift erteilt werden; § 760 Satz 2 bleibt unberührt.

§ 758a Richterliche Durchsuchungsanordnung; Vollstreckung zur Unzeit

(1) Die Wohnung des Schuldners darf ohne dessen Einwilligung nur auf Grund einer Anordnung des Richters bei dem Amtsgericht durchsucht werden, in dessen Bezirk die Durchsuchung erfolgen soll. Dies gilt nicht, wenn die Einholung der Anordnung den Erfolg der Durchsuchung gefährden würde.

(2) Auf die Vollstreckung eines Titels auf Räumung oder Herausgabe von Räumen und auf die Vollstreckung eines Haftbefehls nach § 802g ist Absatz 1 nicht anzuwenden.

(3) Willigt der Schuldner in die Durchsuchung ein oder ist eine Anordnung gegen ihn nach Absatz 1 Satz 1 ergangen oder nach Absatz 1 Satz 2 entbehrlich, so haben Personen, die Mitgewahrsam an der Wohnung des Schuldners haben, die Durchsuchung zu dulden. Unbillige Härten gegenüber Mitgewahrsamsinhabern sind zu vermeiden.

(4) Der Gerichtsvollzieher nimmt eine Vollstreckungshandlung zur Nachtzeit und an Sonn- und Feiertagen nicht vor, wenn dies für den Schuldner und die Mitgewahrsamsinhaber eine unbillige Härte darstellt oder der zu erwartende Erfolg in einem Missverhältnis zu dem Eingriff steht, in Wohnungen nur auf Grund einer besonderen Anordnung des Richters bei dem Amtsgericht. Die Nachtzeit umfasst die Stunden von 21 bis 6 Uhr.

(5) Die Anordnung nach Absatz 1 ist bei der Zwangsvollstreckung vorzuzeigen.

(6) Das Bundesministerium der Justiz und für Verbraucherschutz wird ermächtigt, durch Rechtsverordnung mit Zustimmung des Bundesrates Formulare für den Antrag auf Erlass einer richterlichen Durchsuchungsanordnung nach Absatz 1 einzuführen. Soweit nach Satz 1 Formulare eingeführt sind, muss sich der Antragsteller ihrer bedienen. Für Verfahren bei Gerichten, die die Verfahren elektronisch bearbeiten, und für Verfahren bei Gerichten, die die Verfahren nicht elektronisch bearbeiten, können unterschiedliche Formulare eingeführt werden.

§ 759 Zuziehung von Zeugen

Wird bei einer Vollstreckungshandlung Widerstand geleistet oder ist bei einer in der Wohnung des Schuldners vorzunehmenden Vollstreckungshandlung weder der Schuldner noch ein erwachsener Familienangehöriger, eine in der Familie beschäftigte Person oder ein erwachsener ständiger Mitbewohner anwesend, so hat der Gerichtsvollzieher zwei erwachsene Personen oder einen Gemeinde- oder Polizeibeamten als Zeugen zuzuziehen.

§ 767 Vollstreckungsabwehrklage

(1) Einwendungen, die den durch das Urteil festgestellten Anspruch selbst betreffen, sind von dem Schuldner im Wege der Klage bei dem Prozessgericht des ersten Rechtszuges geltend zu machen.

(2) Sie sind nur insoweit zulässig, als die Gründe, auf denen sie beruhen, erst nach dem Schluss der mündlichen Verhandlung, in der Einwendungen nach den Vorschriften dieses Gesetzes spätestens hätten geltend gemacht werden müssen, entstanden sind und durch Einspruch nicht mehr geltend gemacht werden können.

(3) Der Schuldner muss in der von ihm zu erhebenden Klage alle Einwendungen geltend machen, die er zur Zeit der Erhebung der Klage geltend zu machen imstande war.

§ 769 Einstweilige Anordnungen

(1) Das Prozessgericht kann auf Antrag anordnen, dass bis zum Erlass des Urteils über die in den §§ 767, 768 bezeichneten Einwendungen die Zwangsvollstreckung gegen oder ohne Sicherheitsleistung eingestellt oder nur gegen Sicherheitsleistung fortgesetzt werde und dass Vollstreckungsmaßregeln gegen Sicherheitsleistung aufzuheben seien. Es setzt eine Sicherheitsleistung für die Einstellung der Zwangsvollstreckung nicht fest, wenn der Schuldner zur Sicherheitsleistung nicht in der Lage ist und die Rechtsverfolgung durch ihn hinreichende Aussicht auf Erfolg bietet. Die tatsächlichen Behauptungen, die den Antrag begründen, sind glaubhaft zu machen.

(2) In dringenden Fällen kann das Vollstreckungsgericht eine solche Anordnung erlassen, unter Bestimmung einer Frist, innerhalb der die Entscheidung des Prozessgerichts beizubringen sei. Nach fruchtlosem Ablauf der Frist wird die Zwangsvollstreckung fortgesetzt.

(3) Die Entscheidung über diese Anträge ergeht durch Beschluss.

(4) Im Fall der Anhängigkeit einer auf Herabsetzung gerichteten Abänderungsklage gelten die Absätze 1 bis 3 entsprechend.

§ 770 Einstweilige Anordnungen im Urteil

Das Prozessgericht kann in dem Urteil, durch das über die Einwendungen entschieden wird, die in dem vorstehenden Paragraphen bezeichneten Anordnungen erlassen oder die bereits erlassenen Anordnungen aufheben, abändern der bestätigen. Für die Anfechtung einer solchen Entscheidung gelten die Vorschriften des § 718 entsprechend.

§ 771 Drittwiderspruchsklage

(1) Behauptet ein Dritter, dass ihm an dem Gegenstand der Zwangsvollstreckung ein die Veräußerung hinderndes Recht zustehe, so ist der Widerspruch gegen die Zwangsvollstreckung im Wege der Klage bei dem Gericht geltend zu machen, in dessen Bezirk die Zwangsvollstreckung erfolgt.

(2) Wird die Klage gegen den Gläubiger und den Schuldner gerichtet, so sind diese als Streitgenossen anzusehen.

(3) Auf die Einstellung der Zwangsvollstreckung und die Aufhebung der bereits getroffenen Vollstreckungsmaßregeln sind die Vorschriften der §§ 769, 770 entsprechend anzuwenden. Die Aufhebung einer Vollstreckungsmaßregel ist auch ohne Sicherheitsleistung zulässig.

§ 772 Drittwiderspruchsklage bei Veräußerungsverbot

Solange ein Veräußerungsverbot der in den §§ 135, 136 des Bürgerlichen Gesetzbuchs bezeichneten Art besteht, soll der Gegenstand, auf den es sich bezieht, wegen eines persönlichen Anspruchs oder auf Grund eines infolge des Verbots unwirksamen Rechts nicht im Wege der Zwangsvollstreckung veräußert oder überwiesen werden. Auf Grund des Veräußerungsverbots kann nach Maßgabe des § 771 Widerspruch erhoben werden.

§ 773 Drittwiderspruchsklage des Nacherben

Ein Gegenstand, der zu einer Vorerbschaft gehört, soll nicht im Wege der Zwangsvollstreckung veräußert oder überwiesen werden, wenn die Veräußerung oder die Überweisung im Falle des Eintritts der Nacherbfolge nach § 2115 des Bürgerlichen Gesetzbuchs dem Nacherben gegenüber unwirksam ist. Der Nacherbe kann nach Maßgabe des § 771 Widerspruch erheben.

§ 774 Drittwiderspruchsklage des Ehegatten oder Lebenspartners

Findet nach § 741 die Zwangsvollstreckung in das Gesamtgut statt, so kann ein Ehegatte oder Lebenspartner nach Maßgabe des § 771 Widerspruch erheben, wenn das gegen den anderen Ehegatten ergangene Urteil in Ansehung des Gesamtgutes ihm gegenüber unwirksam ist.

§ 778 Zwangsvollstreckung vor Erbschaftsannahme

(1) Solange der Erbe die Erbschaft nicht angenommen hat, ist eine Zwangsvollstreckung wegen eines Anspruchs, der sich gegen den Nachlass richtet, nur in den Nachlass zulässig.

(2) Wegen eigener Verbindlichkeiten des Erben ist eine Zwangsvollstreckung in den Nachlass vor der Annahme der Erbschaft nicht zulässig.

§ 779 Fortsetzung der Zwangsvollstreckung nach dem Tod des Schuldners

(1) Eine Zwangsvollstreckung, die zur Zeit des Todes des Schuldners gegen ihn bereits begonnen hatte, wird in seinen Nachlass fortgesetzt.

(2) Ist bei einer Vollstreckungshandlung die Zuziehung des Schuldners nötig, so hat, wenn die Erbschaft noch nicht angenommen oder wenn der Erbe unbekannt oder es ungewiss ist, ob er die Erbschaft angenommen hat, das Vollstreckungsgericht auf Antrag des Gläubigers dem Erben einen einstweiligen besonderen Vertreter zu bestellen. Die Bestellung hat zu unterbleiben, wenn ein Nachlasspfleger bestellt ist oder wenn die Verwaltung des Nachlasses einem Testamentsvollstrecker zusteht.

§ 781 Beschränkte Erbenhaftung in der Zwangsvollstreckung

Bei der Zwangsvollstreckung gegen den Erben des Schuldners bleibt die Beschränkung der Haftung unberücksichtigt, bis auf Grund derselben gegen die Zwangsvollstreckung von dem Erben Einwendungen erhoben werden.

§ 782 Einreden des Erben gegen Nachlassgläubiger

Der Erbe kann auf Grund der ihm nach den §§ 2014, 2015 des Bürgerlichen Gesetzbuchs zustehenden Einreden nur verlangen, dass die Zwangsvollstreckung für die Dauer der dort bestimmten Fristen auf solche Maßregeln beschränkt wird, die zur Vollziehung eines Arrestes zulässig sind. Wird vor dem Ablauf der Frist die Eröffnung des Nachlassinsolvenzverfahrens beantragt, so ist auf Antrag die Beschränkung der Zwangsvollstreckung auch nach dem Ablauf der Frist aufrechtzuerhalten, bis über die Eröffnung des Insolvenzverfahrens rechtskräftig entschieden ist.

§ 783 Einreden des Erben gegen persönliche Gläubiger

In Ansehung der Nachlassgegenstände kann der Erbe die Beschränkung der Zwangsvollstreckung nach § 782 auch gegenüber den Gläubigern verlangen, die nicht Nachlassgläubiger sind, es sei denn, dass er für die Nachlassverbindlichkeiten unbeschränkt haftet.

§ 784 Zwangsvollstreckung bei Nachlassverwaltung und -insolvenzverfahren

(1) Ist eine Nachlassverwaltung angeordnet oder das Nachlassinsolvenzverfahren eröffnet, so kann der Erbe verlangen, dass Maßregeln der Zwangsvollstreckung, die zugunsten eines Nachlassgläubigers in sein nicht zum Nachlass gehörendes Vermögen erfolgt sind, aufgehoben werden, es sei denn, dass er für die Nachlassverbindlichkeiten unbeschränkt haftet.

(2) Im Falle der Nachlassverwaltung steht dem Nachlassverwalter das gleiche Recht gegenüber Maßregeln der Zwangsvollstreckung zu, die zugunsten eines anderen Gläubigers als eines Nachlassgläubigers in den Nachlass erfolgt sind.

§ 786 Vollstreckungsabwehrklage bei beschränkter Haftung

(1) Die Vorschriften des § 780 Abs. 1 und der §§ 781 bis 785 sind auf die nach § 1489 des Bürgerlichen Gesetzbuchs eintretende beschränkte Haftung, die Vorschriften des § 780 Abs. 1 und der §§ 781, 785 sind auf die nach den §§ 1480, 1504, 1629a, 2187 des Bürgerlichen Gesetzbuchs eintretende beschränkte Haftung entsprechend anzuwenden.

(2) Bei der Zwangsvollstreckung aus Urteilen, die bis zum Inkrafttreten des Minderjährigenhaftungsbeschränkungsgesetzes vom 25. August 1998 (BGBl. I S. 2487) am 1. Juli 1999 ergangen sind, kann die Haftungsbeschränkung nach § 1629a des Bürgerlichen Gesetzbuchs auch dann geltend gemacht werden, wenn sie nicht gemäß § 780 Abs. 1 dieses Gesetzes im Urteil vorbehalten ist.

§ 792 Erteilung von Urkunden an Gläubiger

Bedarf der Gläubiger zum Zwecke der Zwangsvollstreckung eines Erbscheins oder einer anderen Urkunde, die dem Schuldner auf Antrag von einer Behörde, einem Beamten oder einem Notar zu erteilen ist, so kann er die Erteilung an Stelle des Schuldners verlangen.

§ 793 Sofortige Beschwerde

Gegen Entscheidungen, die im Zwangsvollstreckungsverfahren ohne mündliche Verhandlung ergehen können, findet sofortige Beschwerde statt.

§ 802a Grundsätze der Vollstreckung; Regelbefugnisse des Gerichtsvollziehers

(1) Der Gerichtsvollzieher wirkt auf eine zügige, vollständige und Kosten sparende Beitreibung von Geldforderungen hin.

Zivilprozessordnung Anhang 11
ZPO

(2) Auf Grund eines entsprechenden Vollstreckungsauftrags und der Übergabe der vollstreckbaren Ausfertigung ist der Gerichtsvollzieher unbeschadet weiterer Zuständigkeiten befugt,

1. eine gütliche Erledigung der Sache (§ 802b) zu versuchen,
2. eine Vermögensauskunft des Schuldners (§ 802c) einzuholen,
3. Auskünfte Dritter über das Vermögen des Schuldners (§ 802l) einzuholen,
4. die Pfändung und Verwertung körperlicher Sachen zu betreiben,
5. eine Vorpfändung (§ 845) durchzuführen; hierfür bedarf es nicht der vorherigen Erteilung einer vollstreckbaren Ausfertigung und der Zustellung des Schuldtitels.

Die Maßnahmen sind in dem Vollstreckungsauftrag zu bezeichnen, die Maßnahme nach Satz 1 Nr. 1 jedoch nur dann, wenn sich der Auftrag hierauf beschränkt.

§ 802b Gütliche Erledigung; Vollstreckungsaufschub bei Zahlungsvereinbarung

(1) Der Gerichtsvollzieher soll in jeder Lage des Verfahrens auf eine gütliche Erledigung bedacht sein.

(2) Hat der Gläubiger eine Zahlungsvereinbarung nicht ausgeschlossen, so kann der Gerichtsvollzieher dem Schuldner eine Zahlungsfrist einräumen oder eine Tilgung durch Teilleistungen (Ratenzahlung) gestatten, sofern der Schuldner glaubhaft darlegt, die nach Höhe und Zeitpunkt festzusetzenden Zahlungen erbringen zu können. Soweit ein Zahlungsplan nach Satz 1 festgesetzt wird, ist die Vollstreckung aufgeschoben. Die Tilgung soll binnen zwölf Monaten abgeschlossen sein.

(3) Der Gerichtsvollzieher unterrichtet den Gläubiger unverzüglich über den gemäß Absatz 2 festgesetzten Zahlungsplan und den Vollstreckungsaufschub. Widerspricht der Gläubiger unverzüglich, so wird der Zahlungsplan mit der Unterrichtung des Schuldners hinfällig; zugleich endet der Vollstreckungsaufschub. Dieselben Wirkungen treten ein, wenn der Schuldner mit einer festgesetzten Zahlung ganz oder teilweise länger als zwei Wochen in Rückstand gerät.

§ 802c Vermögensauskunft des Schuldners

(1) Der Schuldner ist verpflichtet, zum Zwecke der Vollstreckung einer Geldforderung auf Verlangen des Gerichtsvollziehers Auskunft über sein Vermögen nach Maßgabe der folgenden Vorschriften zu erteilen sowie seinen Geburtsnamen, sein Geburtsdatum und seinen Geburtsort anzugeben. Handelt es sich bei dem Vollstreckungsschuldner um eine juristische Person oder um eine Personenvereinigung, so hat er seine Firma, die Nummer des Registerblatts im Handelsregister und seinen Sitz anzugeben.

(2) Zur Auskunftserteilung hat der Schuldner alle ihm gehörenden Vermögensgegenstände anzugeben. Bei Forderungen sind Grund und Beweismittel zu bezeichnen. Ferner sind anzugeben:

1. die entgeltlichen Veräußerungen des Schuldners an eine nahestehende Person (§ 138 der Insolvenzordnung), die dieser in den letzten zwei Jahren vor dem Termin nach § 802f Abs. 2 und bis zur Abgabe der Vermögensauskunft vorgenommen hat;
2. die unentgeltlichen Leistungen des Schuldners, die dieser in den letzten vier Jahren vor dem Termin nach § 802f Abs. 2 und bis zur Abgabe der Vermögensauskunft vorgenommen hat, sofern sie sich nicht auf gebräuchliche Gelegenheitsgeschenke geringen Wertes richteten.

Sachen, die nach § 811 Absatz 1 Nummer 1 Buchstabe a und Nummer 2 der Pfändung offensichtlich nicht unterworfen sind, brauchen nicht angegeben zu werden, es sei denn, dass eine Austauschpfändung in Betracht kommt.

(3) Der Schuldner hat zu Protokoll an Eides statt zu versichern, dass er die Angaben nach den Absätzen 1 und 2 nach bestem Wissen und Gewissen richtig und vollständig gemacht habe. Die Vorschriften der §§ 478 bis 480, 483 gelten entsprechend.

§ 802d Weitere Vermögensauskunft

(1) Der Schuldner ist innerhalb von zwei Jahren nach Abgabe der Vermögensauskunft nach § 802c oder nach § 284 der Abgabenordnung nicht verpflichtet, eine weitere Vermögensauskunft abzugeben, es sei denn, ein Gläubiger macht Tatsachen glaubhaft, die auf eine wesentliche Veränderung der Vermögensverhältnisse des Schuldners schließen lassen. Besteht keine Pflicht zur Abgabe einer Vermögensauskunft nach Satz 1, leitet der Gerichtsvollzieher dem Gläubiger einen Ausdruck des letzten abgegebenen Vermögensverzeichnisses zu; ein Verzicht des Gläubigers auf die Zuleitung ist unbeachtlich. Der Gläubiger darf die erlangten Daten nur zu Vollstreckungszwecken verarbeiten und hat die Daten nach Zweckerreichung zu löschen; hierauf ist er vom Gerichtsvollzieher hinzuweisen. Von der Zuleitung eines Ausdrucks nach Satz 2 setzt der Gerichtsvollzieher den Schuldner in Kenntnis und belehrt ihn über die Möglichkeit der Eintragung in das Schuldnerverzeichnis (§ 882c).

(2) Anstelle der Zuleitung eines Ausdrucks kann dem Gläubiger auf Antrag das Vermögensverzeichnis als elektronisches Dokument übermittelt werden, wenn dieses mit einer qualifizierten elektronischen Signatur versehen und gegen unbefugte Kenntnisnahme geschützt ist.

§ 802e Zuständigkeit

(1) Für die Abnahme der Vermögensauskunft und der eidesstattlichen Versicherung ist der Gerichtsvollzieher bei dem Amtsgericht zuständig, in dessen Bezirk der Schuldner im Zeitpunkt der Auftragserteilung seinen Wohnsitz oder in Ermangelung eines solchen seinen Aufenthaltsort hat.

(2) Ist der angegangene Gerichtsvollzieher nicht zuständig, so leitet er die Sache auf Antrag des Gläubigers an den zuständigen Gerichtsvollzieher weiter.

§ 802f Abnahme der Vermögensauskunft

(1) Die Abnahme der Vermögensauskunft ist nur zulässig, wenn

1. der Gerichtsvollzieher zuvor den Schuldner zur Zahlung aufgefordert hat,

2. seit der Zahlungsaufforderung nach Nummer 1 mindestens zwei Wochen vergangen sind und

3. die Forderung nicht vollständig beglichen worden ist.

(2) Der Gerichtsvollzieher bestimmt einen Termin zur Abnahme der Vermögensauskunft und lädt den Schuldner zu diesem Termin. Der Termin findet alsbald nach Ablauf der Frist nach Absatz 1 Nummer 2 statt. Die Ladung des Schuldners zu dem Termin darf frühestens mit der Zahlungsaufforderung nach Absatz 1 Nummer 1 erfolgen. Der Gerichtsvollzieher bestimmt, ob der Termin

1. in seinen Geschäftsräumen,

2. in der Wohnung des Schuldners,

3. an einem nicht in den Nummern 1 und 2 genannten geeigneten Ort oder

4. per Bild- und Tonübertragung

stattfindet.

(3) Bei einem Termin per Bild- und Tonübertragung nach Absatz 2 Satz 4 Nummer 4 wird die Übertragung nicht aufgezeichnet. Der Gerichtsvollzieher weist zu Beginn des Termins alle Teilnehmer auf das Aufzeichnungsverbot hin.

Zivilprozessordnung

(4) Bestimmt der Gerichtsvollzieher, dass der Termin nach Absatz 2 Satz 4 Nummer 2, 3 oder 4 stattfindet, kann der Schuldner dieser Bestimmung innerhalb einer Woche gegenüber dem Gerichtsvollzieher widersprechen. Der Schuldner hat die zur Abnahme der Vermögensauskunft erforderlichen Unterlagen in dem Termin beizubringen. Wird die Vermögensauskunft in dem Termin nicht abgegeben, so ist dies nur dann nicht pflichtwidrig, wenn

1. der Schuldner nachweist, dass er die Nichtabgabe der Vermögensauskunft in diesem Termin nicht zu vertreten hat,

2. der Schuldner einer Bestimmung des Termins nach Absatz 2 Satz 4 Nummer 2 bis 4 innerhalb der Frist des Satzes 1 widersprochen hat oder

3. der Schuldner im Fall einer Bestimmung des Termins nach Absatz 2 Satz 4 Nummer 4 darlegt, dass die Nichtabgabe der Vermögensauskunft auf technischen Problemen beruht hat.

(5) Mit der Terminsladung ist der Schuldner über Folgendes zu belehren:

1. die nach § 802c Absatz 1 und 2 erforderlichen Angaben,

2. im Fall der Terminsbestimmung nach Absatz 2 Satz 4 Nummer 2 bis 4 sein Recht, der Terminsbestimmung nach Absatz 4 Satz 1 zu widersprechen,

3. im Fall der Terminsbestimmung nach Absatz 2 Satz 4 Nummer 4 das Aufzeichnungsverbot des Absatzes 3 Satz 1,

4. die Pflicht nach Absatz 4 Satz 2, die erforderlichen Unterlagen beizubringen,

5. die Folgen einer pflichtwidrigen Nichtabgabe der Vermögensauskunft,

6. die Möglichkeit der Einholung von Auskünften Dritter nach § 802l und

7. die Eintragung in das Schuldnerverzeichnis nach § 882c bei Abgabe der Vermögensauskunft.

(6) Zahlungsaufforderungen, Ladungen, Bestimmungen und Belehrungen nach den Absätzen 1 bis 5 sind dem Schuldner zuzustellen, auch wenn dieser einen Prozessbevollmächtigten bestellt hat; einer Mitteilung an den Prozessbevollmächtigten bedarf es nicht. Dem Gläubiger ist die Terminsbestimmung nach Maßgabe des § 357 Absatz 2 mitzuteilen sowie im Fall der Terminsbestimmung nach Absatz 2 Satz 4 Nummer 4 ein Hinweis auf das Aufzeichnungsverbot zu geben.

(7) Der Gerichtsvollzieher errichtet in einem elektronischen Dokument eine Aufstellung mit den nach § 802c Absatz 1 und 2 erforderlichen Angaben (Vermögensverzeichnis). Diese Angaben sind dem Schuldner vor Abgabe der Versicherung nach § 802c Absatz 3 vorzulesen oder zur Durchsicht auf einem Bildschirm anzuzeigen. Dem Schuldner ist auf Verlangen ein Ausdruck zu erteilen; § 802d Absatz 2 gilt entsprechend.

(8) Der Gerichtsvollzieher hinterlegt das Vermögensverzeichnis bei dem zentralen Vollstreckungsgericht nach § 802k Absatz 1. Er leitet dem Gläubiger unverzüglich einen Ausdruck zu; § 802d Absatz 2 gilt entsprechend. Der Ausdruck und das elektronische Dokument müssen den Vermerk enthalten, dass sie mit dem Inhalt des Vermögensverzeichnisses übereinstimmen. § 802d Absatz 1 Satz 3 gilt entsprechend.

§ 802g Erzwingungshaft

(1) Auf Antrag des Gläubigers erlässt das Gericht gegen den Schuldner, der dem Termin zur Abgabe der Vermögensauskunft unentschuldigt fernbleibt oder die Abgabe der Vermögensauskunft gemäß § 802c ohne Grund verweigert, zur Erzwingung der Abgabe einen Haftbefehl. In dem Haftbefehl sind der Gläubiger, der Schuldner und der Grund der Verhaftung zu bezeichnen. Einer Zustellung des Haftbefehls vor seiner Vollziehung bedarf es nicht.

(2) Die Verhaftung des Schuldners erfolgt durch einen Gerichtsvollzieher. Der Gerichtsvollzieher händigt dem Schuldner von Amts wegen bei der Verhaftung eine beglaubigte Abschrift des Haftbefehls aus.

§ 802h Unzulässigkeit der Haftvollstreckung

(1) Die Vollziehung des Haftbefehls ist unstatthaft, wenn seit dem Tag, an dem der Haftbefehl erlassen wurde, zwei Jahre vergangen sind.

(2) Gegen einen Schuldner, dessen Gesundheit durch die Vollstreckung der Haft einer nahen und erheblichen Gefahr ausgesetzt würde, darf, solange dieser Zustand dauert, die Haft nicht vollstreckt werden.

§ 802i Vermögensauskunft des verhafteten Schuldners

(1) Der verhaftete Schuldner kann zu jeder Zeit bei dem Gerichtsvollzieher des Amtsgerichts des Haftortes verlangen, ihm die Vermögensauskunft abzunehmen. Dem Verlangen ist unverzüglich stattzugeben; § 802f Abs. 7 gilt entsprechend. Dem Gläubiger wird die Teilnahme ermöglicht, wenn er dies beantragt hat und seine Teilnahme nicht zu einer Verzögerung der Abnahme führt.

(2) Nach Abgabe der Vermögensauskunft wird der Schuldner aus der Haft entlassen. § 802f Abs. 7 und 8 gilt entsprechend.

(3) Kann der Schuldner vollständige Angaben nicht machen, weil er die erforderlichen Unterlagen nicht bei sich hat, so kann der Gerichtsvollzieher einen neuen Termin bestimmen und die Vollziehung des Haftbefehls bis zu diesem Termin aussetzen. § 802f gilt entsprechend; der Setzung einer Zahlungsfrist bedarf es nicht.

§ 802j Dauer der Haft; erneute Haft

(1) Die Haft darf die Dauer von sechs Monaten nicht übersteigen. Nach Ablauf der sechs Monate wird der Schuldner von Amts wegen aus der Haft entlassen.

(2) Gegen den Schuldner, der ohne sein Zutun auf Antrag des Gläubigers aus der Haft entlassen ist, findet auf Antrag desselben Gläubigers eine Erneuerung der Haft nicht statt.

(3) Ein Schuldner, gegen den wegen Verweigerung der Abgabe der Vermögensauskunft eine Haft von sechs Monaten vollstreckt ist, kann innerhalb der folgenden zwei Jahre auch auf Antrag eines anderen Gläubigers nur unter den Voraussetzungen des § 802d von neuem zur Abgabe einer solchen Vermögensauskunft durch Haft angehalten werden.

§ 802k Zentrale Verwaltung der Vermögensverzeichnisse

(1) Nach § 802f Abs. 8 dieses Gesetzes oder nach § 284 Abs. 7 Satz 4 der Abgabenordnung zu hinterlegende Vermögensverzeichnisse werden landesweit von einem zentralen Vollstreckungsgericht in elektronischer Form verwaltet. Die Vermögensverzeichnisse können über eine zentrale und länderübergreifende Abfrage im Internet eingesehen und abgerufen werden. Gleiches gilt für Vermögensverzeichnisse, die auf Grund einer § 284 Abs. 1 bis 7 der Abgabenordnung gleichwertigen bundesgesetzlichen oder landesgesetzlichen Regelung errichtet wurden, soweit diese Regelung die Hinterlegung anordnet. Ein Vermögensverzeichnis nach Satz 1 oder Satz 2 ist nach Ablauf von zwei Jahren seit Abgabe der Auskunft oder bei Eingang eines neuen Vermögensverzeichnisses zu löschen.

(2) Die Gerichtsvollzieher können die von den zentralen Vollstreckungsgerichten nach Absatz 1 verwalteten Vermögensverzeichnisse zu Vollstreckungszwecken abrufen. Den Gerichtsvollziehern stehen Vollstreckungsbehörden gleich, die

1. Vermögensauskünfte nach § 284 der Abgabenordnung verlangen können,

2. durch Bundesgesetz oder durch Landesgesetz dazu befugt sind, vom Schuldner Auskunft über sein Vermögen zu verlangen, wenn diese Auskunftsbefugnis durch die Errichtung eines nach Absatz 1 zu hinterlegenden Vermögensverzeichnisses ausgeschlossen wird, oder

3. durch Bundesgesetz oder durch Landesgesetz dazu befugt sind, vom Schuldner die Abgabe einer Vermögensauskunft nach § 802c gegenüber dem Gerichtsvollzieher zu verlangen.

Zur Einsicht befugt sind ferner Vollstreckungsgerichte, Insolvenzgerichte und Registergerichte sowie Strafverfolgungsbehörden, soweit dies zur Erfüllung der ihnen obliegenden Aufgaben erforderlich ist.

(3) Die Landesregierungen bestimmen durch Rechtsverordnung, welches Gericht die Aufgaben des zentralen Vollstreckungsgerichts nach Absatz 1 wahrzunehmen hat. Sie können diese Befugnis auf die Landesjustizverwaltungen übertragen. Das zentrale Vollstreckungsgericht nach Absatz 1 kann andere Stellen mit der Datenverarbeitung beauftragen; die datenschutzrechtlichen Vorschriften über die Verarbeitung personenbezogener Daten im Auftrag sind zu beachten.

(4) Das Bundesministerium der Justiz wird ermächtigt, durch Rechtsverordnung mit Zustimmung des Bundesrates die Einzelheiten des Inhalts, der Form, Aufnahme, Übermittlung, Verwaltung und Löschung der Vermögensverzeichnisse nach § 802f Abs. 7 dieses Gesetzes und nach § 284 Abs. 7 der Abgabenordnung oder gleichwertigen Regelungen im Sinne von Absatz 1 Satz 2 sowie der Einsichtnahme, insbesondere durch ein automatisiertes Abrufverfahren, zu regeln. Die Rechtsverordnung hat geeignete Regelungen zur Sicherung des Datenschutzes und der Datensicherheit vorzusehen. Insbesondere ist sicherzustellen, dass die Vermögensverzeichnisse

1. bei der Übermittlung an das zentrale Vollstreckungsgericht nach Absatz 1 sowie bei der Weitergabe an die anderen Stellen nach Absatz 3 Satz 3 gegen unbefugte Kenntnisnahme geschützt sind,

2. unversehrt und vollständig wiedergegeben werden,

3. jederzeit ihrem Ursprung nach zugeordnet werden können und

4. nur von registrierten Nutzern abgerufen werden können und jeder Abrufvorgang protokolliert wird.

(5) Macht eine betroffene Person das Auskunftsrecht nach Artikel 15 Absatz 1 der Verordnung (EU) 2016/679 des Europäischen Parlaments und des Rates vom 27. April 2016 zum Schutz natürlicher Personen bei der Verarbeitung personenbezogener Daten, zum freien Datenverkehr und zur Aufhebung der Richtlinie 95/46/EG (Datenschutz-Grundverordnung) (ABl. L 119 vom 4.5.2016, S. 1; L 314 vom 22.11.2016, S. 72; L 127 vom 23.5.2018, S. 2) in Bezug auf personenbezogene Daten geltend, die in den von den zentralen Vollstreckungsgerichten nach Absatz 1 verwalteten Vermögensverzeichnissen enthalten sind, so sind der betroffenen Person im Hinblick auf die Empfänger, denen die personenbezogenen Daten offengelegt worden sind oder noch offengelegt werden, nur die Kategorien berechtigter Empfänger mitzuteilen. Das Widerspruchsrecht gemäß Artikel 21 der Verordnung (EU) 2016/679 findet in Bezug auf die personenbezogenen Daten, die in den von den zentralen Vollstreckungsgerichten nach Absatz 1 verwalteten Vermögensverzeichnissen enthalten sind, keine Anwendung.

§ 802l Auskunftsrechte des Gerichtsvollziehers

(1) Der Gerichtsvollzieher darf vorbehaltlich der Sätze 2 und 3 folgende Maßnahmen durchführen, soweit sie zur Vollstreckung erforderlich sind:

1. Erhebung des Namens und der Vornamen oder der Firma sowie der Anschrift der derzeitigen Arbeitgeber des Schuldners bei den Trägern der gesetzlichen Rentenversicherung und bei einer berufsständischen Versorgungseinrichtung im Sinne des § 6 Absatz 1 Satz 1 Nummer 1 des Sechsten Buches Sozialgesetzbuch;

2.	Ersuchen an das Bundeszentralamt für Steuern, bei den Kreditinstituten die in § 93b Absatz 1 und 1a der Abgabenordnung bezeichneten Daten, ausgenommen die Identifikationsnummer nach § 139b der Abgabenordnung, abzurufen (§ 93 Absatz 8 der Abgabenordnung);
3.	Erhebung der Fahrzeug- und Halterdaten nach § 33 Absatz 1 des Straßenverkehrsgesetzes beim Kraftfahrt-Bundesamt zu einem Fahrzeug, als dessen Halter der Schuldner eingetragen ist.

Maßnahmen nach Satz 1 sind nur zulässig, wenn

1. die Ladung zu dem Termin zur Abgabe der Vermögensauskunft an den Schuldner nicht zustellbar ist und

   a) die Anschrift, unter der die Zustellung ausgeführt werden sollte, mit der Anschrift übereinstimmt, die von einer der in § 755 Absatz 1 und 2 genannten Stellen innerhalb von drei Monaten vor oder nach dem Zustellungsversuch mitgeteilt wurde, oder

   b) die Meldebehörde nach dem Zustellungsversuch die Auskunft erteilt, dass ihr keine derzeitige Anschrift des Schuldners bekannt ist, oder

   c) die Meldebehörde innerhalb von drei Monaten vor Erteilung des Vollstreckungsauftrags die Auskunft erteilt hat, dass ihr keine derzeitige Anschrift des Schuldners bekannt ist;

2. der Schuldner seiner Pflicht zur Abgabe der Vermögensauskunft in dem der Maßnahme nach Satz 1 zugrundeliegenden Vollstreckungsverfahren nicht nachkommt oder

3. bei einer Vollstreckung in die in der Vermögensauskunft aufgeführten Vermögensgegenstände eine vollständige Befriedigung des Gläubigers nicht zu erwarten ist.

Die Erhebung nach Satz 1 Nummer 1 bei einer berufsständischen Versorgungseinrichtung ist zusätzlich zu den Voraussetzungen des Satzes 2 nur zulässig, wenn der Gläubiger die berufsständische Versorgungseinrichtung bezeichnet und tatsächliche Anhaltspunkte nennt, die nahelegen, dass der Schuldner Mitglied dieser berufsständischen Versorgungseinrichtung ist.

(2) Daten, die für die Zwecke der Vollstreckung nicht erforderlich sind, hat der Gerichtsvollzieher unverzüglich zu löschen oder deren Verarbeitung einzuschränken. Die Löschung ist zu protokollieren.

(3) Über das Ergebnis einer Erhebung oder eines Ersuchens nach Absatz 1 setzt der Gerichtsvollzieher den Gläubiger unter Beachtung des Absatzes 2 unverzüglich und den Schuldner innerhalb von vier Wochen nach Erhalt in Kenntnis. § 802d Absatz 1 Satz 3 und Absatz 2 gilt entsprechend.

(4) Nach Absatz 1 Satz 1 erhobene Daten, die innerhalb der letzten drei Monate bei dem Gerichtsvollzieher eingegangen sind, darf dieser auch einem weiteren Gläubiger übermitteln, wenn die Voraussetzungen für die Datenerhebung auch bei diesem Gläubiger vorliegen. Der Gerichtsvollzieher hat dem weiteren Gläubiger die Tatsache, dass die Daten in einem anderen Verfahren erhoben wurden, und den Zeitpunkt ihres Eingangs bei ihm mitzuteilen. Eine erneute Auskunft ist auf Antrag des weiteren Gläubigers einzuholen, wenn Anhaltspunkte dafür vorliegen, dass seit dem Eingang der Auskunft eine Änderung der Vermögensverhältnisse, über die nach Absatz 1 Satz 1 Auskunft eingeholt wurde, eingetreten ist.

(5) Übermittelt der Gerichtsvollzieher Daten nach Absatz 4 Satz 1 an einen weiteren Gläubiger, so hat er den Schuldner davon innerhalb von vier Wochen nach der Übermittlung in Kenntnis zu setzen; § 802d Absatz 1 Satz 3 und Absatz 2 gilt entsprechend.

§ 807 Abnahme der Vermögensauskunft nach Pfändungsversuch

(1) Hat der Gläubiger die Vornahme der Pfändung beim Schuldner beantragt und

1. hat der Schuldner die Durchsuchung (§ 758) verweigert oder
2. ergibt der Pfändungsversuch, dass eine Pfändung voraussichtlich nicht zu einer vollständigen Befriedigung des Gläubigers führen wird,

so kann der Gerichtsvollzieher dem Schuldner die Vermögensauskunft auf Antrag des Gläubigers abweichend von § 802f sofort abnehmen. § 802f Abs. 7 und 8 findet Anwendung.

(2) Der Schuldner kann einer sofortigen Abnahme widersprechen. In diesem Fall verfährt der Gerichtsvollzieher nach § 802f; der Setzung einer Zahlungsfrist bedarf es nicht.

§ 811 Unpfändbare Sachen und Tiere

(1) Nicht der Pfändung unterliegen

1. Sachen, die der Schuldner oder eine Person, mit der er in einem gemeinsamen Haushalt zusammenlebt, benötigt
    a) für eine bescheidene Lebens- und Haushaltsführung;
    b) für die Ausübung einer Erwerbstätigkeit oder eine damit in Zusammenhang stehende Aus- oder Fortbildung;
    c) aus gesundheitlichen Gründen;
    d) zur Ausübung von Religion oder Weltanschauung oder als Gegenstand religiöser oder weltanschaulicher Verehrung, wenn ihr Wert 500 Euro nicht übersteigt;
2. Gartenhäuser, Wohnlauben und ähnliche Einrichtungen, die der Schuldner oder dessen Familie als ständige Unterkunft nutzt und die der Zwangsvollstreckung in das bewegliche Vermögen unterliegen;
3. Bargeld
    a) für den Schuldner, der eine natürliche Person ist, in Höhe von einem Fünftel,
    b) für jede weitere Person, mit der der Schuldner in einem gemeinsamen Haushalt zusammenlebt, in Höhe von einem Zehntel

    des täglichen Freibetrages nach § 850c Absatz 1 Nummer 3 in Verbindung mit Absatz 4 Nummer 1 für jeden Kalendertag ab dem Zeitpunkt der Pfändung bis zu dem Ende des Monats, in dem die Pfändung bewirkt wird; der Gerichtsvollzieher kann im Einzelfall nach pflichtgemäßem Ermessen einen abweichenden Betrag festsetzen;
4. Unterlagen, zu deren Aufbewahrung eine gesetzliche Verpflichtung besteht oder die der Schuldner oder eine Person, mit der er in einem gemeinsamen Haushalt zusammenlebt, zu Buchführungs- oder Dokumentationszwecken benötigt;
5. private Aufzeichnungen, durch deren Verwertung in Persönlichkeitsrechte eingegriffen wird;
6. öffentliche Urkunden, die der Schuldner, dessen Familie oder eine Person, mit der er in einem gemeinsamen Haushalt zusammenlebt, für Beweisführungszwecke benötigt;
7. Trauringe, Orden und Ehrenzeichen;
8. Tiere, die der Schuldner oder eine Person, mit der er in einem gemeinsamen Haushalt zusammenlebt,

a) nicht zu Erwerbszwecken hält oder

b) für die Ausübung einer Erwerbstätigkeit benötigt,

sowie das für diese Tiere erforderliche Futter und die erforderliche Streu.

(2) Eine in Absatz 1 Nummer 1 Buchstabe a und b sowie Nummer 2 bezeichnete Sache oder ein in Absatz 1 Nummer 8 Buchstabe b bezeichnetes Tier kann abweichend von Absatz 1 gepfändet werden, wenn der Verkäufer wegen einer durch Eigentumsvorbehalt gesicherten Geldforderung aus dem Verkauf der Sache oder des Tieres vollstreckt. Die Vereinbarung des Eigentumsvorbehaltes ist durch eine Urkunde nachzuweisen.

(3) Auf Antrag des Gläubigers lässt das Vollstreckungsgericht die Pfändung eines in Absatz 1 Nummer 8 Buchstabe a bezeichneten Tieres zu, wenn dieses einen hohen Wert hat und die Unpfändbarkeit für den Gläubiger eine Härte bedeuten würde, die auch unter Würdigung der Belange des Tierschutzes und der berechtigten Interessen des Schuldners nicht zu rechtfertigen ist.

(4) Sachen, die der Schuldner für eine Lebens- und Haushaltsführung benötigt, die nicht als bescheiden angesehen werden kann, sollen nicht gepfändet werden, wenn offensichtlich ist, dass durch ihre Verwertung nur ein Erlös erzielt würde, der in keinem Verhältnis zum Anschaffungswert steht.

§ 811a Austauschpfändung

(1) Die Pfändung einer nach § 811 Absatz 1 Nummer 1 Buchstabe a und b und Nummer 2 unpfändbaren Sache kann zugelassen werden, wenn der Gläubiger dem Schuldner vor der Wegnahme der Sache ein Ersatzstück, das dem geschützten Verwendungszweck genügt, oder den zur Beschaffung eines solchen Ersatzstückes erforderlichen Geldbetrag überlässt; ist dem Gläubiger die rechtzeitige Ersatzbeschaffung nicht möglich oder nicht zuzumuten, so kann die Pfändung mit der Maßgabe zugelassen werden, dass dem Schuldner der zur Ersatzbeschaffung erforderliche Geldbetrag aus dem Vollstreckungserlös überlassen wird (Austauschpfändung).

(2) Über die Zulässigkeit der Austauschpfändung entscheidet das Vollstreckungsgericht auf Antrag des Gläubigers durch Beschluss. Das Gericht soll die Austauschpfändung nur zulassen, wenn nach Lage der Verhältnisse angemessen ist, insbesondere wenn zu erwarten ist, dass der Vollstreckungserlös den Wert des Ersatzstückes erheblich übersteigen werde. Das Gericht setzt den Wert eines vom Gläubiger angebotenen Ersatzstückes oder den zur Ersatzbeschaffung erforderlichen Betrag fest. Bei der Austauschpfändung nach Absatz 1 Halbsatz 1 ist der festgesetzte Betrag dem Gläubiger aus dem Vollstreckungserlös zu erstatten; er gehört zu den Kosten der Zwangsvollstreckung.

(3) Der dem Schuldner überlassene Geldbetrag ist unpfändbar.

(4) Bei der Austauschpfändung nach Absatz 1 Halbsatz 2 ist die Wegnahme der gepfändeten Sache erst nach Rechtskraft des Zulassungsbeschlusses zulässig.

§ 811b Vorläufige Austauschpfändung

(1) Ohne vorgängige Entscheidung des Gerichts ist eine vorläufige Austauschpfändung zulässig, wenn eine Zulassung durch das Gericht zu erwarten ist. Der Gerichtsvollzieher soll die Austauschpfändung nur vornehmen, wenn zu erwarten ist, dass der Vollstreckungserlös den Wert des Ersatzstückes erheblich übersteigen wird.

(2) Die Pfändung ist aufzuheben, wenn der Gläubiger nicht binnen einer Frist von zwei Wochen nach Benachrichtigung von der Pfändung einen Antrag nach § 811a Abs. 2 bei dem Vollstreckungsgericht gestellt hat oder wenn ein solcher Antrag rechtskräftig zurückgewiesen ist.

(3) Bei der Benachrichtigung ist dem Gläubiger unter Hinweis auf die Antragsfrist und die Folgen ihrer Versäumung mitzuteilen, dass die Pfändung als Austauschpfändung erfolgt ist.

(4) Die Übergabe des Ersatzstückes oder des zu seiner Beschaffung erforderlichen Geldbetrages an den Schuldner und die Fortsetzung der Zwangsvollstreckung erfolgen erst nach Erlass des Beschlusses gemäß § 811a Abs. 2 auf Anweisung des Gläubigers. § 811a Abs. 4 gilt entsprechend.

§ 811c Vorwegpfändung

(1) Ist zu erwarten, dass eine Sache demnächst pfändbar wird, so kann sie gepfändet werden, ist aber im Gewahrsam des Schuldners zu belassen. Die Vollstreckung darf erst fortgesetzt werden, wenn die Sache pfändbar geworden ist.

(2) Die Pfändung ist aufzuheben, wenn die Sache nicht binnen eines Jahres pfändbar geworden ist.

§ 812 Pfändung von Hausrat

Gegenstände, die zum gewöhnlichen Hausrat gehören und im Haushalt des Schuldners gebraucht werden, sollen nicht gepfändet werden, wenn ohne weiteres ersichtlich ist, dass durch ihre Verwertung nur ein Erlös erzielt werden würde, der zu dem Wert außer allem Verhältnis steht.

§ 813 Schätzung

(1) Die gepfändeten Sachen sollen bei der Pfändung auf ihren gewöhnlichen Verkaufswert geschätzt werden. Die Schätzung des Wertes von Kostbarkeiten soll einem Sachverständigen übertragen werden. In anderen Fällen kann das Vollstreckungsgericht auf Antrag des Gläubigers oder des Schuldners die Schätzung durch einen Sachverständigen anordnen.

(2) Ist die Schätzung des Wertes bei der Pfändung nicht möglich, so soll sie unverzüglich nachgeholt und ihr Ergebnis nachträglich in dem Pfändungsprotokoll vermerkt werden. Werden die Akten des Gerichtsvollziehers elektronisch geführt, so ist das Ergebnis der Schätzung in einem gesonderten elektronischen Dokument zu vermerken. Das Dokument ist mit dem Pfändungsprotokoll untrennbar zu verbinden.

(3) Sollen bei Personen, die Landwirtschaft betreiben,

1. Früchte, die vom Boden noch nicht getrennt sind,
2. Sachen nach § 811 Absatz 1 Nummer 1 Buchstabe b,
3. Tiere nach § 811 Absatz 1 Nummer 8 Buchstabe b oder
4. landwirtschaftliche Erzeugnisse

gepfändet werden, so soll ein landwirtschaftlicher Sachverständiger herangezogen werden, sofern anzunehmen ist, dass der Wert dieser Sachen und Tiere insgesamt den Betrag von 2 000 Euro übersteigt.

(4) Die Landesjustizverwaltung kann bestimmen, dass auch in anderen Fällen ein Sachverständiger zugezogen werden soll.

§ 828 Zuständigkeit des Vollstreckungsgerichts

(1) Die gerichtlichen Handlungen, welche die Zwangsvollstreckung in Forderungen und andere Vermögensrechte zum Gegenstand haben, erfolgen durch das Vollstreckungsgericht

(2) Als Vollstreckungsgericht ist das Amtsgericht, bei dem der Schuldner im Inland seinen allgemeinen Gerichtsstand hat, und sonst das Amtsgericht zuständig, bei dem nach § 23 gegen den Schuldner Klage erhoben werden kann.

(3) Ist das angegangene Gericht nicht zuständig, gibt es die Sache auf Antrag des Gläubigers an das zuständige Gericht ab. Die Abgabe ist nicht bindend.

§ 829 Pfändung einer Geldforderung

(1) Soll eine Geldforderung gepfändet werden, so hat das Gericht dem Drittschuldner zu verbieten, an den Schuldner zu zahlen. Zugleich hat das Gericht an den Schuldner das Gebot zu erlassen, sich jeder Verfügung über die Forderung, insbesondere ihrer Einziehung, zu enthalten. Die Pfändung mehrerer Geldforderungen gegen verschiedene Drittschuldner soll auf Antrag des Gläubigers durch einheitlichen Beschluss ausgesprochen werden, soweit dies für Zwecke der Vollstreckung geboten erscheint und kein Grund zu der Annahme besteht, dass schutzwürdige Interessen der Drittschuldner entgegenstehen.

(2) Der Gläubiger hat den Beschluss dem Drittschuldner zustellen zu lassen. Der Gerichtsvollzieher hat dem Schuldner den Beschluss mit dem Zustellungsnachweis sofort zuzustellen, sofern nicht eine öffentliche Zustellung erforderlich ist. An Stelle einer an den Schuldner im Ausland zu bewirkenden Zustellung erfolgt die Zustellung durch Aufgabe zur Post, sofern die Zustellung nicht nach unmittelbar anwendbaren Regelungen der Europäischen Union zu bewirken ist.

(3) Mit der Zustellung des Beschlusses an den Drittschuldner ist die Pfändung als bewirkt anzusehen.

(4) Das Bundesministerium der Justiz und für Verbraucherschutz wird ermächtigt, durch Rechtsverordnung mit Zustimmung des Bundesrates Formulare für den Antrag auf Erlass eines Pfändungs- und Überweisungsbeschlusses einzuführen. Soweit nach Satz 1 Formulare eingeführt sind, muss sich der Antragsteller ihrer bedienen. Für Verfahren bei Gerichten, die die Verfahren elektronisch bearbeiten, und für Verfahren bei Gerichten, die die Verfahren nicht elektronisch bearbeiten, können unterschiedliche Formulare eingeführt werden.

§ 833a Pfändungsumfang bei Kontoguthaben

Die Pfändung des Guthabens eines Kontos bei einem Kreditinstitut umfasst das am Tag der Zustellung des Pfändungsbeschlusses bei dem Kreditinstitut bestehende Guthaben sowie die Tagesguthaben der auf die Pfändung folgenden Tage.

§ 835 Überweisung einer Geldforderung

(1) Die gepfändete Geldforderung ist dem Gläubiger nach seiner Wahl zur Einziehung oder an Zahlungs statt zum Nennwert zu überweisen.

(2) Im letzteren Fall geht die Forderung auf den Gläubiger mit der Wirkung über, dass er, soweit die Forderung besteht, wegen seiner Forderung an den Schuldner als befriedigt anzusehen ist.

(3) Die Vorschriften des § 829 Abs. 2, 3 sind auf die Überweisung entsprechend anzuwenden. Wird ein bei einem Kreditinstitut gepfändetes Guthaben eines Schuldners, der eine natürliche

Person ist, dem Gläubiger überwiesen, so darf erst vier Wochen nach der Zustellung des Überweisungsbeschlusses an den Drittschuldner aus dem Guthaben an den Gläubiger geleistet oder der Betrag hinterlegt werden; ist künftiges Guthaben gepfändet worden, ordnet das Vollstreckungsgericht auf Antrag zusätzlich an, dass erst einen Monat nach der Gutschrift von eingehenden Zahlungen an den Gläubiger geleistet oder der Betrag hinterlegt werden darf.

(4) Wenn nicht wiederkehrend zahlbare Vergütungen eines Schuldners, der eine natürliche Person ist, für persönlich geleistete Arbeiten oder Dienste oder sonstige Einkünfte, die kein Arbeitseinkommen sind, dem Gläubiger überwiesen werden, so darf der Drittschuldner erst einen Monat nach der Zustellung des Überweisungsbeschlusses an den Gläubiger leisten oder den Betrag hinterlegen.

§ 841 Pflicht zur Streitverkündung

Der Gläubiger, der die Forderung einklagt, ist verpflichtet, dem Schuldner gerichtlich den Streit zu verkünden, sofern nicht eine Zustellung im Ausland oder eine öffentliche Zustellung erforderlich wird.

§ 842 Schadenersatz bei verzögerter Beitreibung

Der Gläubiger, der die Beitreibung einer ihm zur Einziehung überwiesenen Forderung verzögert, haftet dem Schuldner für den daraus entstehenden Schaden.

§ 843 Verzicht des Pfandgläubigers

Der Gläubiger kann auf die durch Pfändung und Überweisung zur Einziehung erworbenen Rechte unbeschadet seines Anspruchs verzichten. Die Verzichtleistung erfolgt durch eine dem Schuldner zuzustellende Erklärung. Die Erklärung ist auch dem Drittschuldner zuzustellen.

§ 845 Vorpfändung

(1) Schon vor der Pfändung kann der Gläubiger auf Grund eines vollstreckbaren Schuldtitels durch den Gerichtsvollzieher dem Drittschuldner und dem Schuldner die Benachrichtigung, dass die Pfändung bevorstehe, zustellen lassen mit der Aufforderung an den Drittschuldner, nicht an den Schuldner zu zahlen, und mit der Aufforderung an den Schuldner, sich jeder Verfügung über die Forderung, insbesondere ihrer Einziehung, zu enthalten. Der Gerichtsvollzieher hat die Benachrichtigung mit den Aufforderungen selbst anzufertigen, wenn er von dem Gläubiger hierzu ausdrücklich beauftragt worden ist. An Stelle einer an den Schuldner im Ausland zu bewirkenden Zustellung erfolgt die Zustellung durch Aufgabe zur Post, sofern die Zustellung nicht nach unmittelbar anwendbaren Regelungen der Europäischen Union zu bewirken ist.

(2) Die Benachrichtigung an den Drittschuldner hat die Wirkung eines Arrestes (§ 930), sofern die Pfändung der Forderung innerhalb eines Monats bewirkt wird. Die Frist beginnt mit dem Tag an dem die Benachrichtigung zugestellt ist.

§ 850 Pfändungsschutz für Arbeitseinkommen

(1) Arbeitseinkommen, das in Geld zahlbar ist, kann nur nach Maßgabe der §§ 850a bis 850i gepfändet werden.

(2) Arbeitseinkommen im Sinne dieser Vorschrift sind die Dienst- und Versorgungsbezüge der Beamten, Arbeits- und Dienstlöhne, Ruhegelder und ähnliche nach dem einstweiligen oder dauernden Ausscheiden aus dem Dienst- oder Arbeitsverhältnis gewährte fortlaufende Einkünfte, ferner Hinterbliebenenbezüge sowie sonstige Vergütungen für Dienstleistungen aller Art, die die Erwerbstätigkeit des Schuldners vollständig oder zu einem wesentlichen Teil in Anspruch nehmen.

(3) Arbeitseinkommen sind auch die folgenden Bezüge, soweit sie in Geld zahlbar sind:

- a) Bezüge, die ein Arbeitnehmer zum Ausgleich für Wettbewerbsbeschränkungen für die Zeit nach Beendigung seines Dienstverhältnisses beanspruchen kann;
- b) Renten, die auf Grund von Versicherungsverträgen gewährt werden, wenn diese Verträge zur Versorgung des Versicherungsnehmers oder seiner unterhaltsberechtigten Angehörigen eingegangen sind.

(4) Die Pfändung des in Geld zahlbaren Arbeitseinkommens erfasst alle Vergütungen, die dem Schuldner aus der Arbeits- oder Dienstleistung zustehen, ohne Rücksicht auf ihre Benennung oder Berechnungsart.

§ 850a Unpfändbare Bezüge

Unpfändbar sind

1. zur Hälfte die für die Leistung von Mehrarbeitsstunden gezahlten Teile des Arbeitseinkommens;

2. die für die Dauer eines Urlaubs über das Arbeitseinkommen hinaus gewährten Bezüge, Zuwendungen aus Anlass eines besonderen Betriebsereignisses und Treugelder, soweit sie den Rahmen des Üblichen nicht übersteigen;

3. Aufwandsentschädigungen, Auslösungsgelder und sonstige soziale Zulagen für auswärtige Beschäftigungen, das Entgelt für selbstgestelltes Arbeitsmaterial, Gefahrenzulagen sowie Schutz- und Erschwerniszulagen, soweit diese Bezüge den Rahmen des Üblichen nicht übersteigen;

4. Weihnachtsvergütungen bis zu der Hälfte des Betrages, dessen Höhe sich nach Aufrundung des monatlichen Freibetrages nach § 850c Absatz 1 in Verbindung mit Absatz 4 auf den nächsten vollen 10-Euro-Betrag ergibt;

5. Geburtsbeihilfen sowie Beihilfen aus Anlass der Eingehung einer Ehe oder Begründung einer Lebenspartnerschaft, sofern die Vollstreckung wegen anderer als der aus Anlass der der Geburt, der Eingehung einer Ehe oder der Begründung einer Lebenspartnerschaft entstandenen Ansprüche betrieben wird;

6. Erziehungsgelder, Studienbeihilfen und ähnliche Bezüge;

7. Sterbe- und Gnadenbezüge aus Arbeits- oder Dienstverhältnissen;

8. Blindenzulagen.

§ 850b Bedingt pfändbare Bezüge

(1) Unpfändbar sind ferner

1. Renten, die wegen einer Verletzung des Körpers oder der Gesundheit zu entrichten sind;

2. Unterhaltsrenten, die auf gesetzlicher Vorschrift beruhen, sowie die wegen Entziehung einer solchen Forderung zu entrichtenden Renten;

3. fortlaufende Einkünfte, die ein Schuldner aus Stiftungen oder sonst auf Grund der Fürsorge und Freigebigkeit eines Dritten oder auf Grund eines Altenteils oder Auszugsvertrags bezieht;

4. Bezüge aus Witwen-, Waisen-, Hilfs- und Krankenkassen, die ausschließlich oder zu einem wesentlichen Teil zu Unterstützungszwecken gewährt werden, ferner Ansprüche aus Lebensversicherungen, die nur auf den Todesfall des Versicherungsnehmers abgeschlossen sind, wenn die Versicherungssumme 5 400 Euro nicht übersteigt.

(2) Diese Bezüge können nach den für Arbeitseinkommen geltenden Vorschriften gepfändet werden, wenn die Vollstreckung in das sonstige bewegliche Vermögen des Schuldners zu einer vollständigen Befriedigung des Gläubigers nicht geführt hat oder voraussichtlich nicht führen wird und wenn nach den Umständen des Falles, insbesondere nach der Art des beizutreibenden Anspruchs und der Höhe der Bezüge, die Pfändung der Billigkeit entspricht.

(3) Das Vollstreckungsgericht soll vor seiner Entscheidung die Beteiligten hören.

§ 850c Pfändungsgrenzen für Arbeitseinkommen

(1) Arbeitseinkommen ist unpfändbar, wenn es, je nach dem Zeitraum, für den es gezahlt wird, nicht mehr als

1. 1 178,59 Euro monatlich,

2. 271,24 Euro wöchentlich oder

3. 54,25 Euro täglich

beträgt.

(2) Gewährt der Schuldner auf Grund einer gesetzlichen Verpflichtung seinem Ehegatten, einem früheren Ehegatten, seinem Lebenspartner, einem früheren Lebenspartner, einem Verwandten oder nach den §§ 1615l und 1615n des Bürgerlichen Gesetzbuchs einem Elternteil Unterhalt, so erhöht sich der Betrag nach Absatz 1 für die erste Person, der Unterhalt gewährt wird, und zwar um

1. 443,57 Euro monatlich,
2. 102,08 Euro wöchentlich oder
3. 20,42 Euro täglich.

Für die zweite bis fünfte Person, der Unterhalt gewährt wird, erhöht sich der Betrag nach Absatz 1 um je

1. 247,12 Euro monatlich,
2. 56,87 Euro wöchentlich oder
3. 11,37 Euro täglich.

(3) Übersteigt das Arbeitseinkommen den Betrag nach Absatz 1, so ist es hinsichtlich des überschießenden Teils in Höhe von drei Zehnteln unpfändbar. Gewährt der Schuldner nach Absatz 2 Unterhalt, so sind für die erste Person weitere zwei Zehntel und für die zweite bis fünfte Person jeweils ein weiteres Zehntel unpfändbar. Der Teil des Arbeitseinkommens, der

1. 3 613,08 Euro monatlich,
2. 831,50 Euro wöchentlich oder
3. 166,30 Euro täglich

übersteigt, bleibt bei der Berechnung des unpfändbaren Betrages unberücksichtigt.

(4) Das Bundesministerium der Justiz und für Verbraucherschutz macht im Bundesgesetzblatt Folgendes bekannt (Pfändungsfreigrenzenbekanntmachung[1]):

1. die Höhe des unpfändbaren Arbeitseinkommens nach Absatz 1,
2. die Höhe der Erhöhungsbeträge nach Absatz 2,
3. die Höhe der in Absatz 3 Satz 3 genannten Höchstbeträge.

Die Beträge werden jeweils zum 1. Juli eines Jahres entsprechend der im Vergleich zum jeweiligen Vorjahreszeitraum sich ergebenden prozentualen Entwicklung des Grundfreibetrages nach § 32a Absatz 1 Satz 2 Nummer 1 des Einkommensteuergesetzes angepasst; der Berechnung ist die am 1. Januar des jeweiligen Jahres geltende Fassung des § 32a Absatz 1 Satz 2 Nummer 1 des Einkommensteuergesetzes zugrunde zu legen.

(5) Um den nach Absatz 3 pfändbaren Teil des Arbeitseinkommens zu berechnen, ist das Arbeitseinkommen, gegebenenfalls nach Abzug des nach Absatz 3 Satz 3 pfändbaren Betrages, auf eine Zahl abzurunden, die bei einer Auszahlung für

1. Monate bei einer Teilung durch 10 eine natürliche Zahl ergibt,
2. Wochen bei einer Teilung durch 2,5 eine natürliche Zahl ergibt,
3. Tage bei einer Teilung durch 0,5 eine natürliche Zahl ergibt.

---

[1] Pfändungsfreigrenzenbekanntmachung 2023 vom 15.3.2023 (BGBl. I Nr. 79) im Anhang 12 abgedruckt.

Die sich aus der Berechnung nach Satz 1 ergebenden Beträge sind in der Pfändungsfreigrenzenbekanntmachung als Tabelle enthalten. Im Pfändungsbeschluss genügt die Bezugnahme auf die Tabelle.

(6) Hat eine Person, welcher der Schuldner auf Grund gesetzlicher Verpflichtung Unterhalt gewährt, eigene Einkünfte, so kann das Vollstreckungsgericht auf Antrag des Gläubigers nach billigem Ermessen bestimmen, dass diese Person bei der Berechnung des unpfändbaren Teils des Arbeitseinkommens ganz oder teilweise unberücksichtigt bleibt; soll die Person nur teilweise berücksichtigt werden, so ist Absatz 5 Satz 3 nicht anzuwenden.

§ 850d Pfändbarkeit bei Unterhaltsansprüchen

(1) Wegen der Unterhaltsansprüche, die kraft Gesetzes einem Verwandten, dem Ehegatten, einem früheren Ehegatten, dem Lebenspartner, einem früheren Lebenspartner oder nach §§ 1615l, 1615n des Bürgerlichen Gesetzbuchs einem Elternteil zustehen, sind das Arbeitseinkommen und die in § 850a Nr. 1, 2 und 4 genannten Bezüge ohne die in § 850c bezeichneten Beschränkungen pfändbar. Dem Schuldner ist jedoch so viel zu belassen, als er für seinen notwendigen Unterhalt und zur Erfüllung seiner laufenden gesetzlichen Unterhaltspflichten gegenüber den dem Gläubiger vorgehenden Berechtigten oder zur gleichmäßigen Befriedigung der dem Gläubiger gleichstehenden Berechtigten bedarf; von den in § 850a Nr. 1, 2 und 4 genannten Bezügen hat ihm mindestens die Hälfte des nach § 850a unpfändbaren Betrages zu verbleiben. Der dem Schuldner hiernach verbleibende Teil seines Arbeitseinkommens darf den Betrag nicht übersteigen, der ihm nach den Vorschriften des § 850c gegenüber nicht bevorrechtigten Gläubigern zu verbleiben hätte. Für die Pfändung wegen der Rückstände, die länger als ein Jahr vor dem Antrag auf Erlass des Pfändungsbeschlusses fällig geworden sind, gelten die Vorschriften dieses Absatzes insoweit nicht, als nach Lage der Verhältnisse nicht anzunehmen ist, dass der Schuldner sich seiner Zahlungspflicht absichtlich entzogen hat.

(2) Mehrere nach Absatz 1 Berechtigte sind mit ihren Ansprüchen in der Reihenfolge nach § 1609 des Bürgerlichen Gesetzbuchs und § 16 des Lebenspartnerschaftsgesetzes zu berücksichtigen, wobei mehrere gleich nahe Berechtigte untereinander den gleichen Rang haben.

(3) Bei der Vollstreckung wegen der in Absatz 1 bezeichneten Ansprüche sowie wegen der aus Anlass einer Verletzung des Körpers oder der Gesundheit zu zahlenden Renten kann zugleich mit der Pfändung wegen fälliger Ansprüche auch künftig fällig werdendes Arbeitseinkommen wegen der dann jeweils fällig werdenden Ansprüche gepfändet und überwiesen werden.

§ 850e Berechnung des pfändbaren Arbeitseinkommens

Für die Berechnung des pfändbaren Arbeitseinkommens gilt Folgendes:

1. Nicht mitzurechnen sind die nach § 850a der Pfändung entzogenen Bezüge, ferner Beträge, die unmittelbar auf Grund steuerrechtlicher oder sozialrechtlicher Vorschriften zur Erfüllung gesetzlicher Verpflichtungen des Schuldners abzuführen sind. Diesen Beträgen stehen gleich die auf den Auszahlungszeitraum entfallenden Beträge, die der Schuldner

    a) nach den Vorschriften der Sozialversicherungsgesetze zur Weiterversicherung entrichtet oder

    b) an eine Ersatzkasse oder an ein Unternehmen der privaten Krankenversicherung leistet, soweit sie den Rahmen des Üblichen nicht übersteigen.

2. Mehrere Arbeitseinkommen sind auf Antrag vom Vollstreckungsgericht bei der Pfändung zusammenzurechnen. Der unpfändbare Grundbetrag ist in erster Linie dem Arbeitseinkommen zu entnehmen, das die wesentliche Grundlage der Lebenshaltung des Schuldners bildet.

2a. Mit Arbeitseinkommen sind auf Antrag auch Ansprüche auf laufende Geldleistungen nach dem Sozialgesetzbuch zusammenzurechnen, soweit diese der Pfändung unterworfen sind. Der unpfändbare Grundbetrag ist, soweit die Pfändung nicht wegen gesetzlicher Unterhaltsansprüche erfolgt, in erster Linie den laufenden Geldleistungen nach dem Sozialgesetzbuch zu entnehmen. Ansprüche auf Geldleistungen für Kinder dürfen mit Arbeitseinkommen nur zusammengerechnet werden, soweit sie nach § 76 des Einkommensteuergesetzes oder nach § 54 Abs. 5 des Ersten Buches Sozialgesetzbuch gepfändet werden können.

3. Erhält der Schuldner neben seinem in Geld zahlbaren Einkommen auch Naturalleistungen, so sind Geld- und Naturalleistungen zusammenzurechnen. In diesem Fall ist der in Geld zahlbare Betrag insoweit pfändbar, als der nach § 850c unpfändbare Teil des Gesamteinkommens durch den Wert der dem Schuldner verbleibenden Naturalleistungen gedeckt ist.

4. Trifft eine Pfändung, eine Abtretung oder eine sonstige Verfügung wegen eines der in § 850d bezeichneten Ansprüche mit einer Pfändung wegen eines sonstigen Anspruchs zusammen, so sind auf die Unterhaltsansprüche zunächst die gemäß § 850d der Pfändung in erweitertem Umfang unterliegenden Teile des Arbeitseinkommens zu verrechnen. Die Verrechnung nimmt auf Antrag eines Beteiligten das Vollstreckungsgericht vor. Der Drittschuldner kann, solange ihm eine Entscheidung des Vollstreckungsgerichts nicht zugestellt ist, nach dem Inhalt der ihm bekannten Pfändungsbeschlüsse, Abtretungen und sonstigen Verfügungen mit befreiender Wirkung leisten.

§ 850f Änderung des unpfändbaren Betrages

(1) Das Vollstreckungsgericht kann dem Schuldner auf Antrag von dem nach den Bestimmungen der §§ 850c, 850d und 850i pfändbaren Teil seines Arbeitseinkommens einen Teil belassen, wenn

1. der Schuldner nachweist, dass bei Anwendung der Pfändungsfreigrenzen entsprechend § 850c der notwendige Lebensunterhalt im Sinne des Dritten und Vierten Kapitels des Zwölften Buches Sozialgesetzbuch oder nach Kapitel 3 Abschnitt 2 des Zweiten Buches Sozialgesetzbuch für sich und für die Personen, denen er gesetzlich zum Unterhalt verpflichtet ist, nicht gedeckt ist,

2. besondere Bedürfnisse des Schuldners aus persönlichen oder beruflichen Gründen oder

3. der besondere Umfang der gesetzlichen Unterhaltspflichten des Schuldners, insbesondere die Zahl der Unterhaltsberechtigten, dies erfordern

und überwiegende Belange des Gläubigers nicht entgegenstehen.

(2) Wird die Zwangsvollstreckung wegen einer Forderung aus einer vorsätzlich begangenen unerlaubten Handlung betrieben, so kann das Vollstreckungsgericht auf Antrag des Gläubigers den pfändbaren Teil des Arbeitseinkommens ohne Rücksicht auf die in § 850c vorgesehenen Beschränkungen bestimmen; dem Schuldner ist jedoch so viel zu belassen, wie er für seinen notwendigen Unterhalt und zur Erfüllung seiner laufenden gesetzlichen Unterhaltspflichten bedarf.

(3) weggefallen

§ 850g Änderung der Unpfändbarkeitsvoraussetzungen

Ändern sich die Voraussetzungen für die Bemessung des unpfändbaren Teils des Arbeitseinkommens, so hat das Vollstreckungsgericht auf Antrag des Schuldners oder des Gläubigers den Pfändungsbeschluss entsprechend zu ändern. Antragsberechtigt ist auch ein Dritter, dem der Schuldner kraft Gesetzes Unterhalt zu gewähren hat. Der Drittschuldner kann nach dem Inhalt des früheren Pfändungsbeschlusses mit befreiender Wirkung leisten, bis ihm der Änderungsbeschluss zugestellt wird.

§ 850h Verschleiertes Arbeitseinkommen

(1) Hat sich der Empfänger der vom Schuldner geleisteten Arbeiten oder Dienste verpflichtet, Leistungen an einen Dritten zu bewirken, die nach Lage der Verhältnisse ganz oder teilweise eine Vergütung für die Leistung des Schuldners darstellen, so kann der Anspruch des Drittberechtigten insoweit auf Grund des Schuldtitels gegen den Schuldner gepfändet werden, wie wenn der Anspruch dem Schuldner zustände. Die Pfändung des Vergütungsanspruchs des Schuldners umfasst ohne weiteres den Anspruch des Drittberechtigten. Der Pfändungsbeschluss ist dem Drittberechtigten ebenso wie dem Schuldner zuzustellen.

(2) Leistet der Schuldner einem Dritten in einem ständigen Verhältnis Arbeiten oder Dienste, die nach Art und Umfang üblicherweise vergütet werden, unentgeltlich oder gegen eine unverhältnismäßig geringe Vergütung, so gilt im Verhältnis des Gläubigers zu dem Empfänger der Arbeits- und Dienstleistungen eine angemessene Vergütung als geschuldet. Bei der Prüfung, ob diese Voraussetzungen vorliegen, sowie bei der Bemessung der Vergütung ist auf alle Umstände des Einzelfalles, insbesondere die Art der Arbeits- und Dienstleistung, die verwandtschaftlichen oder sonstigen Beziehungen zwischen dem Dienstberechtigten und dem Dienstverpflichteten und die wirtschaftliche Leistungsfähigkeit des Dienstberechtigten Rücksicht zu nehmen.

§ 850i Pfändungsschutz bei sonstigen Einkünften

(1) Werden nicht wiederkehrend zahlbare Vergütungen für persönlich geleistete Arbeiten oder Dienste oder sonstige Einkünfte, die kein Arbeitseinkommen sind, gepfändet, so hat das Gericht dem Schuldner auf Antrag während eines angemessenen Zeitraums so viel zu belassen, als ihm nach freier Schätzung des Gerichts verbleiben würde, wenn sein Einkommen aus laufendem Arbeits- oder Dienstlohn bestünde. Bei der Entscheidung sind die wirtschaftlichen Verhältnisse des Schuldners, insbesondere seine sonstigen Verdienstmöglichkeiten, frei zu würdigen. Der Antrag des Schuldners ist insoweit abzulehnen, als überwiegende Belange des Gläubigers entgegenstehen.

(2) Die Vorschriften des § 27 des Heimarbeitsgesetzes vom 14. März 1951 (BGBl. I S. 191) bleiben unberührt.

(3) Die Bestimmungen der Versicherungs-, Versorgungs- und sonstigen gesetzlichen Vorschriften über die Pfändung von Ansprüchen bestimmter Art bleiben unberührt.

§ 850k Einrichtung und Beendigung des Pfändungsschutzkontos

(1) Eine natürliche Person kann jederzeit von dem Kreditinstitut verlangen, dass ein von ihr dort geführtes Zahlungskonto als Pfändungsschutzkonto geführt wird. Satz 1 gilt auch, wenn das Zahlungskonto zum Zeitpunkt des Verlangens einen negativen Saldo aufweist. Ein Pfändungsschutzkonto darf jedoch ausschließlich auf Guthabenbasis geführt werden.

(2) Ist Guthaben auf dem Zahlungskonto bereits gepfändet worden, kann der Schuldner die Führung dieses Kontos als Pfändungsschutzkonto zum Beginn des vierten auf sein Verlangen folgenden Geschäftstages fordern. Das Vertragsverhältnis zwischen dem Kontoinhaber und dem Kreditinstitut bleibt im Übrigen unberührt.

(3) Jede Person darf nur ein Pfändungsschutzkonto unterhalten. Bei dem Verlangen nach Absatz 1 hat der Kunde gegenüber dem Kreditinstitut zu versichern, dass er kein weiteres Pfändungsschutzkonto unterhält.

(4) Unterhält ein Schuldner entgegen Absatz 3 Satz 1 mehrere Zahlungskonten als Pfändungsschutzkonten, ordnet das Vollstreckungsgericht auf Antrag des Gläubigers an, dass nur das von dem Gläubiger in seinem Antrag bezeichnete Zahlungskonto dem Schuldner als Pfändungsschutzkonto verbleibt. Der Gläubiger hat den Umstand, dass ein Schuldner entgegen Satz 1 mehrere Zahlungskonten als Pfändungsschutzkonten unterhält, durch Vorlage entsprechender Erklärungen der Drittschuldner glaubhaft zu machen. Eine Anhörung des Schuldners durch das Vollstreckungsgericht unterbleibt. Die Anordnung nach Satz 1 ist allen Drittschuldnern zuzustellen.

Mit der Zustellung der Anordnung an diejenigen Kreditinstitute, deren Zahlungskonten nicht zum Pfändungsschutzkonto bestimmt sind, entfallen die Wirkungen dieser Pfändungsschutzkonten.

(5) Der Kontoinhaber kann mit einer Frist von mindestens vier Geschäftstagen zum Monatsende von dem Kreditinstitut verlangen, dass das dort geführte Pfändungsschutzkonto als Zahlungskonto ohne Pfändungsschutz geführt wird. Absatz 2 Satz 2 gilt entsprechend.

§ 850l Pfändung des Gemeinschaftskontos

(1) Unterhält der Schuldner, der eine natürliche Person ist, mit einer anderen natürlichen oder mit einer juristischen Person oder mit einer Mehrheit von Personen ein Gemeinschaftskonto und wird Guthaben auf diesem Konto gepfändet, so darf das Kreditinstitut erst nach Ablauf von einem Monat nach Zustellung des Überweisungsbeschlusses aus dem Guthaben an den Gläubiger eisten oder den Betrag hinterlegen. Satz 1 gilt auch für künftiges Guthaben.

(2) Ist der Schuldner eine natürliche Person, kann er innerhalb des Zeitraums nach Absatz 1 Satz 1 von dem Kreditinstitut verlangen, bestehendes oder künftiges Guthaben von dem Gemeinschaftskonto auf ein bei dem Kreditinstitut allein auf seinen Namen lautendes Zahlungskonto zu übertragen. Wird Guthaben nach Satz 1 übertragen und verlangt der Schuldner innerhalb des Zeitraums nach Absatz 1 Satz 1, dass das Zahlungskonto als Pfändungsschutzkonto geführt wird, so gelten für die Einrichtung des Pfändungsschutzkontos § 850k und für das übertragene Guthaben die Regelungen des Buches 8 Abschnitt 4. Für die Übertragung nach Satz 1 ist eine Mitwirkung anderer Kontoinhaber oder des Gläubigers nicht erforderlich. Der Übertragungsbetrag beläuft sich auf den Kopfteil des Schuldners an dem Guthaben. Sämtliche Kontoinhaber und der Gläubiger können sich auf eine von Satz 4 abweichende Aufteilung des Übertragungsbetrages einigen; die Vereinbarung ist dem Kreditinstitut in Textform mitzuteilen.

(3) Absatz 2 Satz 1 und 3 bis 5 ist auf natürliche Personen, mit denen der Schuldner das Gemeinschaftskonto unterhält, entsprechend anzuwenden.

(4) Die Wirkungen von Pfändung und Überweisung von Guthaben auf dem Gemeinschaftskonto setzen sich an dem nach Absatz 2 Satz 1 auf ein Einzelkonto des Schuldners übertragenen Guthaben fort; sie setzen sich nicht an dem Guthaben fort, das nach Absatz 3 übertragen wird.

§ 851 Nicht übertragbare Forderungen

(1) Eine Forderung ist in Ermangelung besonderer Vorschriften der Pfändung nur insoweit unterworfen, als sie übertragbar ist.

(2) Eine nach § 399 des Bürgerlichen Gesetzbuchs nicht übertragbare Forderung kann insoweit gepfändet und zur Einziehung überwiesen werden, als der geschuldete Gegenstand der Pfändung unterworfen ist.

§ 851a Pfändungsschutz für Landwirte

(1) Die Pfändung von Forderungen, die einem die Landwirtschaft betreibenden Schuldner aus dem Verkauf von landwirtschaftlichen Erzeugnissen zustehen, ist auf seinen Antrag vom Vollstreckungsgericht insoweit aufzuheben, als die Einkünfte zum Unterhalt des Schuldners, seiner Familie und seiner Arbeitnehmer oder zur Aufrechterhaltung einer geordneten Wirtschaftsführung unentbehrlich sind.

(2) Die Pfändung soll unterbleiben, wenn offenkundig ist, dass die Voraussetzungen für die Aufhebung der Zwangsvollstreckung nach Absatz 1 vorliegen.

§ 851b Pfändungsschutz bei Miet- und Pachtzinsen

(1) Die Pfändung von Miete und Pacht ist auf Antrag des Schuldners vom Vollstreckungsgericht insoweit aufzuheben, als diese Einkünfte für den Schuldner zur laufenden Unterhaltung des Grundstücks, zur Vornahme notwendiger Instandsetzungsarbeiten und zur Befriedigung von Ansprüchen unentbehrlich sind, die bei einer Zwangsvollstreckung in das Grundstück dem Anspruch

des Gläubigers nach § 10 des Gesetzes über die Zwangsversteigerung und die Zwangsverwaltung vorgehen würden. Das Gleiche gilt von der Pfändung von Barmitteln und Guthaben, die aus Miet- oder Pachtzahlungen herrühren und zu den in Satz 1 bezeichneten Zwecken unentbehrlich sind.

(2) Wird der Antrag nicht binnen einer Frist von zwei Wochen gestellt, so ist er ohne sachliche Prüfung zurückzuweisen, wenn das Vollstreckungsgericht der Überzeugung ist, dass der Schuldner den Antrag in der Absicht der Verschleppung oder aus grober Nachlässigkeit nicht früher gestellt hat. Die Frist beginnt mit der Pfändung.

(3) Anordnungen nach Absatz 1 können mehrmals ergehen und, soweit es nach Lage der Verhältnisse geboten ist, auf Antrag aufgehoben oder abgeändert werden.

(4) Vor den in den Absätzen 1 und 3 bezeichneten Entscheidungen ist, soweit dies ohne erhebliche Verzögerung möglich ist, der Gläubiger zu hören. Die für die Entscheidung wesentlichen tatsächlichen Verhältnisse sind glaubhaft zu machen. Die Pfändung soll unterbleiben, wenn offenkundig ist, dass die Voraussetzungen für die Aufhebung der Zwangsvollstreckung nach Absatz 1 vorliegen.

§ 851c Pfändungsschutz bei Altersrenten

(1) Ansprüche auf Leistungen, die auf Grund von Verträgen gewährt werden, dürfen nur wie Arbeitseinkommen gepfändet werden, wenn

1. die Leistung in regelmäßigen Zeitabständen lebenslang und nicht vor Vollendung des 60. Lebensjahres oder nur bei Eintritt der Berufsunfähigkeit gewährt wird,
2. über die Ansprüche aus dem Vertrag nicht verfügt werden darf,
3. die Bestimmung von Dritten mit Ausnahme von Hinterbliebenen als Berechtigte ausgeschlossen ist und
4. die Zahlung einer Kapitalleistung, ausgenommen eine Zahlung für den Todesfall, nicht vereinbart wurde.

(2) Beträge, die der Schuldner anspart, um in Erfüllung eines Vertrages nach Absatz 1 eine angemessene Alterssicherung aufzubauen, unterliegen nicht der Pfändung, soweit sie

1. jährlich nicht mehr betragen als

    a) 6 000 Euro bei einem Schuldner vom 18. bis zum vollendeten 27. Lebensjahr und

    b) 7 000 Euro bei einem Schuldner vom 28. bis zum vollendeten 67. Lebensjahr und

2. einen Gesamtbetrag von 340 000 Euro nicht übersteigen.

Die in Satz 1 genannten Beträge werden jeweils zum 1. Juli eines jeden fünften Jahres entsprechend der Entwicklung auf dem Kapitalmarkt, des Sterblichkeitsrisikos und der Höhe der Pfändungsfreigrenze angepasst und die angepassten Beträge vom Bundesministerium der Justiz und für Verbraucherschutz in der Pfändungsfreigrenzenbekanntmachung im Sinne des § 850c Absatz 4 Satz 1 bekannt gemacht. Übersteigt der Rückkaufwert der Alterssicherung den unpfändbaren Betrag, sind drei Zehntel des überschießenden Betrags unpfändbar. Satz 3 gilt nicht für den Teil des Rückkaufwerts, der den dreifachen Wert des in Satz 1 Nummer 2 genannten Betrags übersteigt.

(3) § 850e Nr. 2 und 2a gilt entsprechend.

§ 851d Pfändungsschutz bei steuerlich gefördertem Altersvorsorgevermögen

Monatliche Leistungen in Form einer lebenslangen Rente oder monatlicher Ratenzahlungen im Rahmen eines Auszahlungsplans nach § 1 Abs. 1 Satz 1 Nr. 4 des Altersvorsorgeverträge-Zertifizierungsgesetzes aus steuerlich gefördertem Altersvorsorgevermögen sind wie Arbeitseinkommen pfändbar.

§ 852 Beschränkt pfändbare Forderungen

(1) Der Pflichtteilsanspruch ist der Pfändung nur unterworfen, wenn er durch Vertrag anerkannt oder rechtshängig geworden ist.

(2) Das Gleiche gilt für den nach § 528 des Bürgerlichen Gesetzbuchs dem Schenker zustehenden Anspruch auf Herausgabe des Geschenkes sowie für den Anspruch eines Ehegatten oder Lebenspartners auf den Ausgleich des Zugewinns.

§ 853 Mehrfache Pfändung einer Geldforderung

Ist eine Geldforderung für mehrere Gläubiger gepfändet, so ist der Drittschuldner berechtigt und auf Verlangen eines Gläubigers, dem die Forderung überwiesen wurde, verpflichtet, unter Anzeige der Sachlage und unter Aushändigung der ihm zugestellten Beschlüsse an das Amtsgericht, dessen Beschluss ihm zuerst zugestellt ist, den Schuldbetrag zu hinterlegen.

§ 854 Mehrfache Pfändung eines Anspruchs auf bewegliche Sachen

(1) Ist ein Anspruch, der eine bewegliche körperliche Sache betrifft, für mehrere Gläubiger gepfändet, so ist der Drittschuldner berechtigt und auf Verlangen eines Gläubigers, dem der Anspruch überwiesen wurde, verpflichtet, die Sache unter Anzeige der Sachlage und unter Aushändigung der ihm zugestellten Beschlüsse dem Gerichtsvollzieher herauszugeben, der nach dem ihm zuerst zugestellten Beschluss zur Empfangnahme der Sache ermächtigt ist. Hat der Gläubiger einen solchen Gerichtsvollzieher nicht bezeichnet, so wird dieser auf Antrag des Drittschuldners von dem Amtsgericht des Ortes ernannt, wo die Sache herauszugeben ist.

(2) Ist der Erlös zur Deckung der Forderungen nicht ausreichend und verlangt der Gläubiger, für den die zweite oder eine spätere Pfändung erfolgt ist, ohne Zustimmung der übrigen beteiligten Gläubiger eine andere Verteilung als nach der Reihenfolge der Pfändungen, so hat der Gerichtsvollzieher die Sachlage unter Hinterlegung des Erlöses dem Amtsgericht anzuzeigen, dessen Beschluss dem Drittschuldner zuerst zugestellt ist. Dieser Anzeige sind die Dokumente beizufügen, die sich auf das Verfahren beziehen.

(3) In gleicher Weise ist zu verfahren, wenn die Pfändung für mehrere Gläubiger gleichzeitig bewirkt ist.

§ 855 Mehrfache Pfändung eines Anspruchs auf eine unbewegliche Sache

Betrifft der Anspruch eine unbewegliche Sache, so ist der Drittschuldner berechtigt und auf Verlangen eines Gläubigers, dem der Anspruch überwiesen wurde, verpflichtet, die Sache unter Anzeige der Sachlage und unter Aushändigung der ihm zugestellten Beschlüsse an den von dem Amtsgericht der belegenen Sache ernannten oder auf seinen Antrag zu ernennenden Sequester herauszugeben.

§ 855a Mehrfache Pfändung eines Anspruchs auf ein Schiff

(1) Betrifft der Anspruch ein eingetragenes Schiff, so ist der Drittschuldner berechtigt und auf Verlangen eines Gläubigers, dem der Anspruch überwiesen wurde, verpflichtet, das Schiff unter Anzeige der Sachlage und unter Aushändigung der Beschlüsse dem Treuhänder herauszugeben, der in dem ihm zuerst zugestellten Beschluss bestellt ist.

(2) Absatz 1 gilt sinngemäß, wenn der Anspruch ein Schiffsbauwerk betrifft, das im Schiffsbauregister eingetragen ist oder in dieses Register eingetragen werden kann.

§ 856 Klage bei mehrfacher Pfändung

(1) Jeder Gläubiger, dem der Anspruch überwiesen wurde, ist berechtigt, gegen den Drittschuldner Klage auf Erfüllung der nach den Vorschriften der §§ 853 bis 855 diesem obliegenden Verpflichtungen zu erheben.

(2) Jeder Gläubiger, für den der Anspruch gepfändet ist, kann sich dem Kläger in jeder Lage des Rechtsstreits als Streitgenosse anschließen.

(3) Der Drittschuldner hat bei dem Prozessgericht zu beantragen, dass die Gläubiger, welche die Klage nicht erhoben und dem Kläger sich nicht angeschlossen haben, zum Termin zur mündlichen Verhandlung geladen werden.

(4) Die Entscheidung, die in dem Rechtsstreit über den in der Klage erhobenen Anspruch erlassen wird, ist für und gegen sämtliche Gläubiger wirksam.

(5) Der Drittschuldner kann sich gegenüber einem Gläubiger auf die ihm günstige Entscheidung nicht berufen, wenn der Gläubiger zum Termin zur mündlichen Verhandlung nicht geladen worden ist.

§ 858 Zwangsvollstreckung in Schiffspart

(1) Für die Zwangsvollstreckung in die Schiffspart (§§ 489 ff. des Handelsgesetzbuchs) gilt § 857 mit folgenden Abweichungen.

(2) Als Vollstreckungsgericht ist das Amtsgericht zuständig, bei dem das Register für das Schiff geführt wird.

(3) Die Pfändung bedarf der Eintragung in das Schiffsregister; die Eintragung erfolgt auf Grund des Pfändungsbeschlusses. Der Pfändungsbeschluss soll dem Korrespondentreeder zugestellt werden; wird der Beschluss diesem vor der Eintragung zugestellt, so gilt die Pfändung ihm gegenüber mit der Zustellung als bewirkt.

(4) Verwertet wird die gepfändete Schiffspart im Wege der Veräußerung. Dem Antrag auf Anordnung der Veräußerung ist ein Auszug aus dem Schiffsregister beizufügen, der alle das Schiff und die Schiffspart betreffenden Eintragungen enthält; der Auszug darf nicht älter als eine Woche sein.

(5) Ergibt der Auszug aus dem Schiffsregister, dass die Schiffspart mit einem Pfandrecht belastet ist, das einem anderen als dem betreibenden Gläubiger zusteht, so ist die Hinterlegung des Erlöses anzuordnen. Der Erlös wird in diesem Fall nach den Vorschriften der §§ 873 bis 882 verteilt; Forderungen, für die ein Pfandrecht an der Schiffspart eingetragen ist, sind nach dem Inhalt des Schiffsregisters in den Teilungsplan aufzunehmen.

§ 859 Pfändung von Gesamthandanteilen

Der Anteil eines Miterben an dem Nachlass ist der Pfändung unterworfen. Der Anteil des Miterben an den einzelnen Nachlassgegenständen ist der Pfändung nicht unterworfen.

§ 860 Pfändung von Gesamtgutanteilen

(1) Bei dem Güterstand der Gütergemeinschaft ist der Anteil eines Ehegatten oder Lebenspartners an dem Gesamtgut und an den einzelnen dazu gehörenden Gegenständen der Pfändung nicht unterworfen. Das gleiche gilt bei der fortgesetzten Gütergemeinschaft von den Anteilen des überlebenden Ehegatten oder Lebenspartners und der Abkömmlinge.

(2) Nach der Beendigung der Gemeinschaft ist der Anteil an dem Gesamtgut zugunsten der Gläubiger des Anteilsberechtigten der Pfändung unterworfen.

§§ 861 u. 862

- aufgehoben -

§ 863 Pfändungsbeschränkungen bei Erbschaftsnutzungen

(1) Ist der Schuldner als Erbe nach § 2338 des Bürgerlichen Gesetzbuchs durch die Einsetzung eines Nacherben beschränkt, so sind die Nutzungen der Erbschaft der Pfändung nicht unterworfen, soweit sie zur Erfüllung der dem Schuldner seinem Ehegatten, seinem früheren Ehegatten, seinem Lebenspartner, einem früheren Lebenspartner oder seinen Verwandten gegenüber gesetzlich obliegenden Unterhaltspflicht und zur Bestreitung seines standesmäßigen Unterhalts erforderlich sind. Das Gleiche gilt, wenn der Schuldner nach § 2338 des Bürgerlichen Gesetzbuchs durch die Ernennung eines Testamentsvollstreckers beschränkt ist, für seinen Anspruch auf den jährlichen Reinertrag.

(2) Die Pfändung ist unbeschränkt zulässig, wenn der Anspruch eines Nachlassgläubigers oder ein auch dem Nacherben oder dem Testamentsvollstrecker gegenüber wirksames Recht geltend gemacht wird.

(3) Diese Vorschriften gelten entsprechend, wenn der Anteil eines Abkömmlings an dem Gesamtgut der fortgesetzten Gütergemeinschaft nach § 1513 Abs. 2 des Bürgerlichen Gesetzbuchs einer Beschränkung der im Absatz 1 bezeichneten Art unterliegt.

§ 864 Gegenstand der Immobiliarvollstreckung

(1) Der Zwangsvollstreckung in das unbewegliche Vermögen unterliegen außer den Grundstücken die Berechtigungen, für welche die sich auf Grundstücke beziehenden Vorschriften gelten, die im Schiffsregister eingetragenen Schiffe und die Schiffsbauwerke, die im Schiffsbauregister eingetragen sind oder in dieses Register eingetragen werden können.

(2) Die Zwangsvollstreckung in den Bruchteil eines Grundstücks, einer Berechtigung der im Absatz 1 bezeichneten Art oder eines Schiffes oder Schiffsbauwerks ist nur zulässig, wenn der Bruchteil in dem Anteil eines Miteigentümers besteht oder wenn sich der Anspruch des Gläubigers auf ein Recht gründet, mit dem der Bruchteil als solcher belastet ist.

§ 865 Verhältnis zur Mobiliarvollstreckung

(1) Die Zwangsvollstreckung in das unbewegliche Vermögen umfasst auch die Gegenstände, auf die sich bei Grundstücken und Berechtigungen die Hypothek, bei Schiffen oder Schiffsbauwerken die Schiffshypothek erstreckt.

(2) Diese Gegenstände können, soweit sie Zubehör sind, nicht gepfändet werden. Im Übrigen unterliegen sie der Zwangsvollstreckung in das bewegliche Vermögen, solange nicht ihre Beschlagnahme im Wege der Zwangsvollstreckung in das unbewegliche Vermögen erfolgt ist.

§ 866 Arten der Vollstreckung

(1) Die Zwangsvollstreckung in ein Grundstück erfolgt durch Eintragung einer Sicherungshypothek für die Forderung, durch Zwangsversteigerung und durch Zwangsverwaltung.

(2) Der Gläubiger kann verlangen, dass eine dieser Maßregeln allein oder neben den übrigen ausgeführt werde.

(3) Eine Sicherungshypothek (Absatz 1) darf nur für einen Betrag von mehr als 750 Euro eingetragen werden; Zinsen bleiben dabei unberücksichtigt, soweit sie als Nebenforderung geltend gemacht sind. Auf Grund mehrerer demselben Gläubiger zustehender Schuldtitel kann eine einheitliche Sicherungshypothek eingetragen werden.

§ 867 Zwangshypothek

(1) Die Sicherungshypothek wird auf Antrag des Gläubigers in das Grundbuch eingetragen; die Eintragung ist auf dem vollstreckbaren Titel zu vermerken. Mit der Eintragung entsteht die Hypothek. Das Grundstück haftet auch für die dem Schuldner zur Last fallenden Kosten der Eintragung.

(2) Sollen mehrere Grundstücke des Schuldners mit der Hypothek belastet werden, so ist der Betrag der Forderung auf die einzelnen Grundstücke zu verteilen. Die Größe der Teile bestimmt der Gläubiger; für die Teile gilt § 866 Abs. 3 Satz 1 entsprechend.

(3) Zur Befriedigung aus dem Grundstück durch Zwangsversteigerung genügt der vollstreckbare Titel, auf dem die Eintragung vermerkt ist.

§ 868 Erwerb der Zwangshypothek durch den Eigentümer

(1) Wird durch eine vollstreckbare Entscheidung die zu vollstreckende Entscheidung oder ihre vorläufige Vollstreckbarkeit aufgehoben oder die Zwangsvollstreckung für unzulässig erklärt oder deren Einstellung angeordnet, so erwirbt der Eigentümer des Grundstücks die Hypothek.

(2) Das Gleiche gilt, wenn durch eine gerichtliche Entscheidung die einstweilige Einstellung der Vollstreckung und zugleich die Aufhebung der erfolgten Vollstreckungsmaßregeln angeordnet wird oder wenn die zur Abwendung der Vollstreckung nachgelassene Sicherheitsleistung oder Hinterlegung erfolgt.

§ 869 Zwangsversteigerung und Zwangsverwaltung

Die Zwangsversteigerung und die Zwangsverwaltung werden durch ein besonderes Gesetz geregelt.

§ 870 Grundstücksgleiche Rechte

Auf die Zwangsvollstreckung in eine Berechtigung, für welche die sich auf Grundstücke beziehenden Vorschriften gelten, sind die Vorschriften über die Zwangsvollstreckung in Grundstücke entsprechend anzuwenden.

§ 870a Zwangsvollstreckung in ein Schiff oder Schiffsbauwerk

(1) Die Zwangsvollstreckung in ein eingetragenes Schiff oder in ein Schiffsbauwerk, das im Schiffsbauregister eingetragen ist oder in dieses Register eingetragen werden kann, erfolgt durch Eintragung einer Schiffshypothek für die Forderung oder durch Zwangsversteigerung. Die Anordnung einer Zwangsversteigerung eines Seeschiffs ist unzulässig, wenn sich das Schiff auf der Reise befindet und nicht in einem Hafen liegt.

(2) § 866 Abs. 2, 3, § 867 gelten entsprechend.

(3) Wird durch eine vollstreckbare Entscheidung die zu vollstreckende Entscheidung oder ihre vorläufige Vollstreckbarkeit aufgehoben oder die Zwangsvollstreckung für unzulässig erklärt oder deren Einstellung angeordnet, so erlischt die Schiffshypothek; § 57 Abs. 3 des Gesetzes über Rechte an eingetragenen Schiffen und Schiffsbauwerken vom 15. November 1940 (RGBl. I S. 1499) ist anzuwenden. Das Gleiche gilt, wenn durch eine gerichtliche Entscheidung die einstweilige Einstellung der Zwangsvollstreckung und zugleich die Aufhebung der erfolgten Vollstreckungsmaßregeln angeordnet wird oder wenn die zur Abwendung der Vollstreckung nachgelassene Sicherheitsleistung oder Hinterlegung erfolgt.

§ 871 Landesrechtlicher Vorbehalt bei Eisenbahnen

Unberührt bleiben die landesgesetzlichen Vorschriften, nach denen, wenn ein anderer als der Eigentümer einer Eisenbahn oder Kleinbahn den Betrieb der Bahnkraft eigenen Nutzungsrechts ausübt, das Nutzungsrecht und gewisse dem Betriebe gewidmete Gegenstände in Ansehung der Zwangsvollstreckung zum unbeweglichen Vermögen gehören und die Zwangsvollstreckung abweichend von den Vorschriften des Bundesrechts geregelt ist.

§ 873 Aufforderung des Verteilungsgerichts

Das zuständige Amtsgericht (§§ 853, 854) hat nach Eingang der Anzeige über die Sachlage an jeden der beteiligten Gläubiger die Aufforderung zu erlassen, binnen zwei Wochen eine Berechnung der Forderung an Kapital, Zinsen, Kosten und sonstigen Nebenforderungen einzureichen.

§ 874 Teilungsplan

(1) Nach Ablauf der zweiwöchigen Fristen wird von dem Gericht ein Teilungsplan angefertigt.

(2) Der Betrag der Kosten des Verfahrens ist von dem Bestand der Masse vorweg in Abzug zu bringen.

(3) Die Forderung eines Gläubigers, der bis zur Anfertigung des Teilungsplanes der an ihn gerichteten Aufforderung nicht nachgekommen ist, wird nach der Anzeige und deren Unterlagen berechnet. Eine nachträgliche Ergänzung der Forderung findet nicht statt.

§ 875 Terminsbestimmung

(1) Das Gericht hat zur Erklärung über den Teilungsplan sowie zur Ausführung der Verteilung einen Termin zu bestimmen. Der Teilungsplan muss spätestens drei Tage vor dem Termin auf der Geschäftsstelle zur Einsicht der Beteiligten niedergelegt werden.

(2) Die Ladung des Schuldners zu dem Termin ist nicht erforderlich, wenn sie durch Zustellung im Ausland oder durch öffentliche Zustellung erfolgen müsste.

§ 876 Termin zur Erklärung und Ausführung

Wird in dem Termin ein Widerspruch gegen den Plan nicht erhoben, so ist dieser zur Ausführung zu bringen. Erfolgt ein Widerspruch, so hat sich jeder dabei beteiligte Gläubiger sofort zu erklären. Wird der Widerspruch von den Beteiligten als begründet anerkannt oder kommt anderweit eine Einigung zustande, so ist der Plan demgemäß zu berichtigen. Wenn ein Widerspruch sich nicht erledigt, so wird der Plan insoweit ausgeführt, als er durch den Widerspruch nicht betroffen wird.

§ 877 Säumnisfolgen

(1) Gegen einen Gläubiger, der in dem Termin weder erschienen ist noch vor dem Termin bei dem Gericht Widerspruch erhoben hat, wird angenommen, dass er mit der Ausführung des Planes einverstanden sei.

(2) Ist ein in dem Termin nicht erschienener Gläubiger bei dem Widerspruch beteiligt, den ein anderer Gläubiger erhoben hat, so wird angenommen, dass er diesen Widerspruch nicht als begründet anerkenne.

§ 878 Widerspruchsklage

(1) Der widersprechende Gläubiger muss ohne vorherige Aufforderung binnen einer Frist von einem Monat, die mit dem Terminstag beginnt, dem Gericht nachweisen, dass er gegen die beteiligten Gläubiger Klage erhoben habe. Nach fruchtlosem Ablauf dieser Frist wird die Ausführung des Planes ohne Rücksicht auf den Widerspruch angeordnet.

(2) Die Befugnis des Gläubigers, der dem Plan widersprochen hat, ein besseres Recht gegen den Gläubiger, der einen Geldbetrag nach dem Plan erhalten hat, im Wege der Klage geltend zu machen, wird durch die Versäumung der Frist und durch die Ausführung des Planes nicht ausgeschlossen.

§ 879 Zuständigkeit für die Widerspruchsklage

(1) Die Klage ist bei dem Verteilungsgericht und, wenn der Streitgegenstand zur Zuständigkeit der Amtsgerichte nicht gehört, bei dem Landgericht zu erheben, in dessen Bezirk das Verteilungsgericht seinen Sitz hat.

(2) Das Landgericht ist für sämtliche Klagen zuständig, wenn seine Zuständigkeit nach dem Inhalt der erhobenen und in dem Termin nicht zur Erledigung gelangten Widersprüche auch nur bei einer Klage begründet ist, sofern nicht die sämtlichen beteiligten Gläubiger vereinbaren, dass das Verteilungsgericht über alle Widersprüche entscheiden solle.

§ 880 Inhalt des Urteils

In dem Urteil, durch das über einen erhobenen Widerspruch entschieden wird, ist zugleich zu bestimmen, an welche Gläubiger und in welchen Beträgen der streitige Teil der Masse auszuzahlen sei. Wird dies nicht für angemessen erachtet, so ist die Anfertigung eines neuen Planes und ein anderweites Verteilungsverfahren in dem Urteil anzuordnen.

§ 881 Versäumnisurteil

Das Versäumnisurteil gegen einen widersprechenden Gläubiger ist dahin zu erlassen, dass der Widerspruch als zurückgenommen anzusehen sei.

§ 882 Verfahren nach dem Urteil

Auf Grund des erlassenen Urteils wird die Auszahlung oder das anderweite Verteilungsverfahren von dem Verteilungsgericht angeordnet.

§ 882b Inhalt des Schuldnerverzeichnisses

(1) Das zentrale Vollstreckungsgericht nach § 882h Abs. 1 führt ein Verzeichnis (Schuldnerverzeichnis) derjenigen Personen,

1. deren Eintragung der Gerichtsvollzieher nach Maßgabe des § 882c angeordnet hat;

2. deren Eintragung die Vollstreckungsbehörde nach Maßgabe des § 284 Abs. 9 der Abgabenordnung angeordnet hat; einer Eintragungsanordnung nach § 284 Abs. 9 der Abgabenordnung steht die Anordnung der Eintragung in das Schuldnerverzeichnis durch eine Vollstreckungsbehörde gleich, die auf Grund einer gleichwertigen Regelung durch Bundesgesetz oder durch Landesgesetz ergangen ist;

3. deren Eintragung das Insolvenzgericht nach Maßgabe des § 26 Absatz 2 oder des § 303a der Insolvenzordnung angeordnet hat.

(2) Im Schuldnerverzeichnis werden angegeben:

1. Name, Vorname und Geburtsname des Schuldners sowie die Firma und deren Nummer des Registerblatts im Handelsregister,

2. Geburtsdatum und Geburtsort des Schuldners,

3. Wohnsitze des Schuldners oder Sitz des Schuldners,

einschließlich abweichender Personendaten.

(3) Im Schuldnerverzeichnis werden weiter angegeben:

1. Aktenzeichen und Gericht oder Vollstreckungsbehörde der Vollstreckungssache oder des Insolvenzverfahrens,

2. im Fall des Absatzes 1 Nr. 1 das Datum der Eintragungsanordnung und der gemäß § 882c zur Eintragung führende Grund,

3. im Fall des Absatzes 1 Nr. 2 das Datum der Eintragungsanordnung und der gemäß § 284 Abs. 9 der Abgabenordnung oder einer gleichwertigen Regelung im Sinne von Absatz 1 Nr. 2 Halbsatz 2 zur Eintragung führende Grund,

4. im Fall des Absatzes 1 Nummer 3 das Datum der Eintragungsanordnung sowie die Feststellung, dass ein Antrag auf Eröffnung des Insolvenzverfahrens über das Vermögen des Schuldners mangels Masse gemäß § 26 Absatz 1 Satz 1 der Insolvenzordnung abgewiesen wurde, oder bei einer Eintragung gemäß § 303a der Insolvenzordnung der zur Eintragung führende Grund und das Datum der Entscheidung des Insolvenzgerichts.

§ 882c Eintragungsanordnung

(1) Der zuständige Gerichtsvollzieher ordnet von Amts wegen die Eintragung des Schuldners in das Schuldnerverzeichnis an, wenn

1. der Schuldner seiner Pflicht zur Abgabe der Vermögensauskunft nicht nachgekommen ist;

2. eine Vollstreckung nach dem Inhalt des Vermögensverzeichnisses offensichtlich nicht geeignet wäre, zu einer vollständigen Befriedigung des Gläubigers zu führen, auf dessen Antrag die Vermögensauskunft erteilt oder dem die erteilte Auskunft zugeleitet wurde, oder

3. der Schuldner dem Gerichtsvollzieher nicht innerhalb eines Monats nach Abgabe der Vermögensauskunft oder Bekanntgabe der Zuleitung nach § 802d Abs. 1 Satz 2 die vollständige Befriedigung des Gläubigers nachweist, auf dessen Antrag die Vermögensauskunft erteilt oder dem die erteilte Auskunft zugeleitet wurde. Dies gilt nicht, solange ein Zahlungsplan nach § 802b festgesetzt und nicht hinfällig ist.

Die Anordnung der Eintragung des Schuldners in das Schuldnerverzeichnis ist Teil des Vollstreckungsverfahrens.

(2) Die Eintragungsanordnung soll kurz begründet werden. Der Gerichtsvollzieher stellt sie dem Schuldner von Amts wegen zu, soweit sie ihm nicht mündlich bekannt gegeben und in das Protokoll aufgenommen wird (§ 763 Absatz 1). Über die Bewilligung der öffentlichen Zustellung entscheidet abweichend von § 186 Absatz 1 Satz 1 der Gerichtsvollzieher.

(3) Die Eintragungsanordnung hat die in § 882b Abs. 2 und 3 genannten Daten zu enthalten. Sind dem Gerichtsvollzieher die nach § 882b Abs. 2 Nr. 1 bis 3 im Schuldnerverzeichnis anzugebenden Daten nicht bekannt, holt er Auskünfte bei den in § 755 Abs. 1 und 2 Satz 1 Nr. 1 genannten Stellen ein, um die erforderlichen Daten zu beschaffen. Hat der Gerichtsvollzieher Anhaltspunkte dafür, dass zugunsten des Schuldners eine Auskunftssperre gemäß § 51 des Bundesmeldegesetzes eingetragen oder ein bedingter Sperrvermerk gemäß § 52 des Bundesmeldegesetzes eingerichtet wurde, hat der Gerichtsvollzieher den Schuldner auf die Möglichkeit eines Vorgehens nach § 882f Absatz 2 hinzuweisen.

§ 882d Vollziehung der Eintragungsanordnung

(1) Gegen die Eintragungsanordnung nach § 882c kann der Schuldner binnen zwei Wochen seit Bekanntgabe Widerspruch beim zuständigen Vollstreckungsgericht einlegen. Der Widerspruch hemmt nicht die Vollziehung. Nach Ablauf der Frist des Satzes 1 übermittelt der Gerichtsvollzieher die Anordnung unverzüglich elektronisch dem zentralen Vollstreckungsgericht nach § 882h Abs. 1. Dieses veranlasst die Eintragung des Schuldners. Wird dem Gerichtsvollzieher vor der Übermittlung der Anordnung nach Satz 3 bekannt, dass die Voraussetzungen für die Eintragung nicht oder nicht mehr vorliegen, hebt er die Anordnung auf und unterrichtet den Schuldner hierüber.

(2) Auf Antrag des Schuldners kann das Vollstreckungsgericht anordnen, dass die Eintragung einstweilen ausgesetzt wird. Das zentrale Vollstreckungsgericht nach § 882h Abs. 1 hat von einer Eintragung abzusehen, wenn ihm die Ausfertigung einer vollstreckbaren Entscheidung vorgelegt wird, aus der sich ergibt, dass die Eintragungsanordnung einstweilen ausgesetzt ist.

(3) Über die Rechtsbehelfe nach den Absätzen 1 und 2 ist der Schuldner mit der Bekanntgabe der Eintragungsanordnung zu belehren. Das Gericht, das über die Rechtsbehelfe entschieden hat, übermittelt seine Entscheidung dem zentralen Vollstreckungsgericht nach § 882h Abs. 1 elektronisch.

§ 882e Löschung

(1) Eine Eintragung im Schuldnerverzeichnis wird nach Ablauf von drei Jahren seit dem Tag der Eintragungsanordnung von dem zentralen Vollstreckungsgericht nach § 882h Abs. 1 gelöscht.

(2) Über Einwendungen gegen die Löschung nach Absatz 1 oder ihre Versagung entscheidet der Urkundsbeamte der Geschäftsstelle. Gegen seine Entscheidung findet die Erinnerung nach § 573 statt.

(3) Abweichend von Absatz 1 wird eine Eintragung auf Anordnung des zentralen Vollstreckungsgerichts nach § 882h Abs. 1 gelöscht, wenn diesem

1. die vollständige Befriedigung des Gläubigers nachgewiesen worden ist;
2. das Fehlen oder der Wegfall des Eintragungsgrundes bekannt geworden ist oder
3. die Ausfertigung einer vollstreckbaren Entscheidung vorgelegt wird, aus der sich ergibt, dass die Eintragungsanordnung aufgehoben oder einstweilen ausgesetzt ist.

(4) Wird dem zentralen Vollstreckungsgericht nach § 882h Abs. 1 bekannt, dass der Inhalt einer Eintragung von Beginn an fehlerhaft war, wird die Eintragung durch den Urkundsbeamten der Geschäftsstelle geändert. Wird der Schuldner oder ein Dritter durch die Änderung der Eintragung beschwert, findet die Erinnerung nach § 573 statt.

§ 882f Einsicht in das Schuldnerverzeichnis

(1) Die Einsicht in das Schuldnerverzeichnis ist jedem gestattet, der darlegt, Angaben nach § 882b zu benötigen:

1. für Zwecke der Zwangsvollstreckung;
2. um gesetzliche Pflichten zur Prüfung der wirtschaftlichen Zuverlässigkeit zu erfüllen;
3. um Voraussetzungen für die Gewährung von öffentlichen Leistungen zu prüfen;
4. um wirtschaftliche Nachteile abzuwenden, die daraus entstehen können, dass Schuldner ihren Zahlungsverpflichtungen nicht nachkommen;
5. für Zwecke der Strafverfolgung und der Strafvollstreckung;
6. zur Auskunft über ihn selbst betreffende Eintragungen;
7. für Zwecke der Dienstaufsicht über Justizbedienstete, die mit dem Schuldnerverzeichnis befasst sind.

Die Informationen dürfen nur für den Zweck verarbeitet werden, für den sie übermittelt worden sind; sie sind nach Zweckerreichung zu löschen. Nichtöffentliche Stellen sind darauf bei der Übermittlung hinzuweisen.

(2) Das Recht auf Einsichtnahme durch Dritte erstreckt sich nicht auf Angaben nach § 882b Absatz 2 Nummer 3, wenn glaubhaft gemacht wird, dass zugunsten des Schuldners eine Auskunftssperre gemäß § 51 des Bundesmeldegesetzes eingetragen oder ein bedingter Sperrvermerk gemäß § 52 des Bundesmeldegesetzes eingerichtet wurde. Der Schuldner hat das Bestehen einer solchen Auskunftssperre oder eines solchen Sperrvermerks gegenüber dem Gerichtsvollzieher glaubhaft zu machen. Satz 2 gilt entsprechend gegenüber dem zentralen Vollstreckungsgericht, wenn die Eintragungsanordnung an dieses gemäß § 882d Absatz 1 Satz 3 übermittelt worden ist. Satz 1 ist nicht anzuwenden auf die Einsichtnahme in das Schuldnerverzeichnis durch Gerichte und Behörden für die in Absatz 1 Satz 1 Nummer 2 und 5 bezeichneten Zwecke.

§ 882g Erteilung von Abdrucken

(1) Aus dem Schuldnerverzeichnis können auf Antrag Abdrucke zum laufenden Bezug erteilt werden, auch durch Übermittlung in einer nur maschinell lesbaren Form. Bei der Übermittlung in einer nur maschinell lesbaren Form gelten die von der Landesjustizverwaltung festgelegten Datenübertragungsregeln. Liegen die Voraussetzungen des § 882f Absatz 2 vor, dürfen Abdrucke insoweit nicht erteilt werden.

(2) Abdrucke erhalten:

1. Industrie- und Handelskammern sowie Körperschaften des öffentlichen Rechts, in denen Angehörige eines Berufes kraft Gesetzes zusammengeschlossen sind (Kammern),

2. Antragsteller, die Abdrucke zur Errichtung und Führung nichtöffentlicher zentraler Schuldnerverzeichnisse verwenden, oder

3. Antragsteller, deren berechtigtem Interesse durch Einzeleinsicht in die Länderschuldnerverzeichnisse oder durch den Bezug von Listen nach Absatz 5 nicht hinreichend Rechnung getragen werden kann.

(3) Die Abdrucke sind vertraulich zu behandeln und dürfen Dritten nicht zugänglich gemacht werden. Nach der Beendigung des laufenden Bezugs sind die Abdrucke unverzüglich zu vernichten; Auskünfte dürfen nicht mehr erteilt werden.

(4) Die Kammern dürfen ihren Mitgliedern oder den Mitgliedern einer anderen Kammer Auskünfte erteilen. Andere Bezieher von Abdrucken dürfen Auskünfte erteilen, soweit dies zu ihrer ordnungsgemäßen Tätigkeit gehört. Absatz 3 gilt entsprechend. Die Auskünfte dürfen auch im automatisierten Abrufverfahren erteilt werden, soweit dieses Verfahren unter Berücksichtigung der schutzwürdigen Interessen der Betroffenen und der Geschäftszwecke der zum Abruf berechtigten Stellen angemessen ist.

(5) Die Kammern dürfen die Abdrucke in Listen zusammenfassen oder hiermit Dritte beauftragen; sie haben diese bei der Durchführung des Auftrags zu beaufsichtigen. Die Listen dürfen den Mitgliedern von Kammern auf Antrag zum laufenden Bezug überlassen werden. Für den Bezug der Listen gelten Absatz 2 Nr. 3 und Absatz 3 entsprechend. Die Bezieher der Listen dürfen Auskünfte nur jemandem erteilen, dessen Belange sie kraft Gesetzes oder Vertrages wahrzunehmen haben.

(6) Für Abdrucke, Listen und Aufzeichnungen über eine Eintragung im Schuldnerverzeichnis, die auf der Verarbeitung von Abdrucken oder Listen oder auf Auskünften über Eintragungen im Schuldnerverzeichnis beruhen, gilt § 882e Abs. 1 entsprechend. Über vorzeitige Löschungen (§ 882e Abs. 3) sind die Bezieher von Abdrucken innerhalb eines Monats zu unterrichten. Sie unterrichten unverzüglich die Bezieher von Listen (Absatz 5 Satz 2). In den auf Grund der Abdrucke und Listen erstellten Aufzeichnungen sind die Eintragungen unverzüglich zu löschen. Listen sind auch unverzüglich zu vernichten, soweit sie durch neue ersetzt werden.

(7) In den Fällen des Absatzes 2 Nr. 2 und 3 sowie des Absatzes 5 gilt für nichtöffentliche Stellen § 40 des Bundesdatenschutzgesetzes mit der Maßgabe, dass die Aufsichtsbehörde auch die Verarbeitung dieser personenbezogenen Daten in oder aus Akten überwacht. Entsprechendes gilt für nichtöffentliche Stellen, die von den in Absatz 2 genannten Stellen Auskünfte erhalten haben.

(8) Das Bundesministerium der Justiz und für Verbraucherschutz wird ermächtigt, durch Rechtsverordnung mit Zustimmung des Bundesrates

1. Vorschriften über den Bezug von Abdrucken nach den Absätzen 1 und 2 und das Bewilligungsverfahren sowie den Bezug von Listen nach Absatz 5 zu erlassen;

2. Einzelheiten der Einrichtung und Ausgestaltung automatisierter Abrufverfahren nach Absatz 4 Satz 4, insbesondere der Protokollierung der Abrufe für Zwecke der Datenschutzkontrolle, zu regeln;

3. die Erteilung und Aufbewahrung von Abdrucken aus dem Schuldnerverzeichnis, die Anfertigung, Verwendung und Weitergabe von Listen, die Mitteilung und den Vollzug von Löschungen und den Ausschluss vom Bezug von Abdrucken und Listen näher zu regeln, um die ordnungsgemäße Behandlung der Mitteilungen, den Schutz vor unbefugter Verwendung und die rechtzeitige Löschung von Eintragungen sicherzustellen;

4. zur Durchsetzung der Vernichtungs- und Löschungspflichten im Fall des Widerrufs der Bewilligung die Verhängung von Zwangsgeldern vorzusehen; das einzelne Zwangsgeld darf den Betrag von 25 000 Euro nicht übersteigen

§ 882h Zuständigkeit; Ausgestaltung des Schuldnerverzeichnisses

(1) Das Schuldnerverzeichnis wird für jedes Land von einem zentralen Vollstreckungsgericht geführt. Der Inhalt des Schuldnerverzeichnisses kann über eine zentrale und länderübergreifende Abfrage im Internet eingesehen werden. Die Länder können Einzug und Verteilung der Gebühren sowie weitere Abwicklungsaufgaben im Zusammenhang mit der Abfrage nach Satz 2 auf die zuständige Stelle eines Landes übertragen.

(2) Die Landesregierungen bestimmen durch Rechtsverordnung, welches Gericht die Aufgaben des zentralen Vollstreckungsgerichts nach Absatz 1 wahrzunehmen hat. § 802k Abs. 3 Satz 2 und 3 gilt entsprechend. Die Führung des Schuldnerverzeichnisses stellt eine Angelegenheit der Justizverwaltung dar.

(3) Das Bundesministerium der Justiz und für Verbraucherschutz wird ermächtigt, durch Rechtsverordnung mit Zustimmung des Bundesrates die Einzelheiten zu Form und Übermittlung der Eintragungsanordnungen nach § 882b Abs. 1 und der Entscheidungen nach § 882d Abs. 3 Satz 2 dieses Gesetzes und § 284 Abs. 10 Satz 2 der Abgabenordnung oder gleichwertigen Regelungen im Sinne von § 882b Abs. 1 Nr. 2 Halbsatz 2 dieses Gesetzes sowie zum Inhalt des Schuldnerverzeichnisses und zur Ausgestaltung der Einsicht insbesondere durch ein automatisiertes Abrufverfahren zu regeln. Die Rechtsverordnung hat geeignete Regelungen zur Sicherung des Datenschutzes und der Datensicherheit vorzusehen. Insbesondere ist sicherzustellen, dass die Daten

1. bei der elektronischen Übermittlung an das zentrale Vollstreckungsgericht nach Absatz 1 sowie bei der Weitergabe an eine andere Stelle nach Absatz 2 Satz 2 gegen unbefugte Kenntnisnahme geschützt sind,

2. unversehrt und vollständig wiedergegeben werden,

3. jederzeit ihrem Ursprung nach zugeordnet werden können und

4. nur von registrierten Nutzern nach Angabe des Verwendungszwecks abgerufen werden können, jeder Abrufvorgang protokolliert wird und Nutzer im Fall des missbräuchlichen Datenabrufs oder einer missbräuchlichen Datenverarbeitung von der Einsichtnahme ausgeschlossen werden können.

Die Daten der Nutzer dürfen nur für die in Satz 3 Nr. 4 genannten Zwecke verarbeitet werden.

§ 882i Rechte der Betroffenen

(1) Das Auskunftsrecht nach Artikel 15 Absatz 1 und das Recht auf Erhalt einer Kopie nach Artikel 15 Absatz 3 der Verordnung (EU) 2016/679 wird in Bezug auf die personenbezogenen Daten, die im Schuldnerverzeichnis und in den an das zentrale Vollstreckungsgericht übermittelten Anordnungen der Eintragung in das Schuldnerverzeichnis enthalten sind, dadurch gewährt, dass die betroffene Person Einsicht in das Schuldnerverzeichnis über die zentrale und länderübergreifende Abfrage im Internet nach § 882h Absatz 1 Satz 2 nehmen kann. Eine Information der betroffenen Person über konkrete Empfänger, gegenüber denen die in Satz 1 genannten personenbezogenen Daten offengelegt werden, erfolgt nur insoweit, als Daten zu diesen Empfängern nach den Vorschriften für Zwecke der Datenschutzkontrolle zu speichern sind.

(2) Hinsichtlich der im Schuldnerverzeichnis enthaltenen personenbezogenen Daten kann das Recht auf Berichtigung nach Artikel 16 der Verordnung (EU) 2016/679 nur unter den Voraussetzungen ausgeübt werden, die in § 882e für Löschungen von Eintragungen oder die Änderung fehlerhafter Eintragungen vorgesehen sind.

(3) Das Widerspruchsrecht gemäß Artikel 21 der Verordnung (EU) 2016/679 gilt nicht in Bezug auf die personenbezogenen Daten, die im Schuldnerverzeichnis und in den an das zentrale Vollstreckungsgericht übermittelten Anordnungen der Eintragung in das Schuldnerverzeichnis enthalten sind.

§ 899 Pfändungsfreier Betrag; Übertragung

(1) Wird Guthaben auf dem Pfändungsschutzkonto des Schuldners gepfändet, kann der Schuldner jeweils bis zum Ende des Kalendermonats aus dem Guthaben über einen Betrag verfügen, dessen Höhe sich nach Aufrundung des monatlichen Freibetrages nach § 850c Absatz 1 in Verbindung mit Absatz 4 auf den nächsten vollen 10-Euro-Betrag ergibt; insoweit wird das Guthaben nicht von der Pfändung erfasst. Satz 1 gilt entsprechend, wenn Guthaben auf einem Zahlungskonto des Schuldners gepfändet ist, das vor Ablauf von einem Monat seit der Zustellung des Überweisungsbeschlusses an den Drittschuldner in ein Pfändungsschutzkonto umgewandelt wird. § 900 Absatz 2 bleibt unberührt.

(2) Hat der Schuldner in dem jeweiligen Kalendermonat nicht über Guthaben in Höhe des gesamten nach Absatz 1 pfändungsfreien Betrages verfügt, wird dieses nicht verbrauchte Guthaben in den drei nachfolgenden Kalendermonaten zusätzlich zu dem nach Absatz 1 geschützten Guthaben nicht von der Pfändung erfasst. Verfügungen sind jeweils mit dem Guthaben zu verrechnen, das zuerst dem Pfändungsschutzkonto gutgeschrieben wurde.

(3) Einwendungen gegen die Höhe eines pfändungsfreien Betrages hat der Schuldner dem Kreditinstitut spätestens bis zum Ablauf des sechsten auf die Berechnung des jeweiligen pfändungsfreien Betrages folgenden Kalendermonats mitzuteilen. Nach Ablauf dieser Frist kann der Schuldner nur Einwendungen geltend machen, deren verspätete Geltendmachung er nicht zu vertreten hat.

§ 900 Moratorium bei Überweisung an den Gläubiger

(1) Wird künftiges Guthaben auf einem Pfändungsschutzkonto gepfändet und dem Gläubiger überwiesen, darf der Drittschuldner erst nach Ablauf des Kalendermonats, der auf die jeweilige Gutschrift folgt, an den Gläubiger leisten oder den Betrag hinterlegen; eine Verlängerung des in § 899 Absatz 2 bezeichneten Zeitraums erfolgt dadurch nicht. Auf Antrag des Gläubigers kann das Vollstreckungsgericht eine von Satz 1 erster Halbsatz abweichende Anordnung treffen, wenn sonst unter Würdigung des Schutzbedürfnisses des Schuldners für den Gläubiger eine unzumutbare Härte entstünde.

(2) Guthaben, aus dem bis zum Ablauf der Frist des Absatzes 1 nicht an den Gläubiger geleistet oder das bis zu diesem Zeitpunkt nicht hinterlegt werden darf, ist in dem auf die Gutschrift folgenden Kalendermonat Guthaben im Sinne des § 899 Absatz 1 Satz 1.

§ 901 Verbot der Aufrechnung und Verrechnung

(1) Verlangt eine natürliche Person von dem Kreditinstitut, dass ein von ihr dort geführtes Zahlungskonto, das einen negativen Saldo aufweist, als Pfändungsschutzkonto geführt wird, darf das Kreditinstitut ab dem Verlangen nicht mit seinen Forderungen gegen Forderungen des Kontoinhabers aufrechnen oder einen zugunsten des Kontoinhabers bestehenden Saldo mit einem zugunsten des Kreditinstituts bestehenden Saldo verrechnen, soweit die Gutschrift auf dem Zahlungskonto als Guthaben auf einem Pfändungsschutzkonto nicht von der Pfändung erfasst sein würde.

(2) Das Verbot der Aufrechnung und Verrechnung nach Absatz 1 gilt für ein Zahlungskonto, auf das sich eine Pfändung erstreckt, bereits ab dem Zeitpunkt der Kenntnis des Kreditinstituts von

der Pfändung. Das Verbot der Aufrechnung oder Verrechnung entfällt jedoch, wenn der Schuldner nicht gemäß § 899 Absatz 1 Satz 2 verlangt, dass das Zahlungskonto als Pfändungsschutzkonto geführt wird.

(3) Gutschriften auf dem Zahlungskonto, die nach Absatz 1 oder 2 dem Verbot der Aufrechnung und Verrechnung unterliegen, sind als Guthaben auf das Pfändungsschutz-konto zu übertragen. Im Fall des Absatzes 2 erfolgt die Übertragung jedoch nur, wenn der Schuldner gemäß § 899 Absatz 1 Satz 2 verlangt, dass das Zahlungskonto als Pfändungsschutzkonto geführt wird.

§ 902 Erhöhungsbeträge

Neben dem pfändungsfreien Betrag nach § 899 Absatz 1 Satz 1 werden folgende Erhöhungsbeträge nicht von der Pfändung des Guthabens auf einem Pfändungsschutzkonto erfasst:

1. die pfändungsfreien Beträge nach § 850c Absatz 2 in Verbindung mit Absatz 4, wenn der Schuldner

    a) einer Person oder mehreren Personen auf Grund gesetzlicher Verpflichtung Unterhalt gewährt;

    b) Geldleistungen nach dem Zweiten oder Zwölften Buch Sozialgesetzbuch für Personen entgegennimmt, die mit ihm in einer Bedarfsgemeinschaft im Sinne des § 7 Absatz 3 des Zweiten Buches Sozialgesetzbuch oder in einer Gemeinschaft nach den §§ 19, 20, 27, 39 Satz 1 oder § 43 des Zwölften Buches Sozialgesetzbuch leben und denen er nicht auf Grund gesetzlicher Vorschriften zum Unterhalt verpflichtet ist;

    c) Geldleistungen nach dem Asylbewerberleistungsgesetz für Personen entgegennimmt, mit denen er in einem gemeinsamen Haushalt zusammenlebt und denen er nicht auf Grund gesetzlicher Vorschriften zum Unterhalt verpflichtet ist;

2. Geldleistungen im Sinne des § 54 Absatz 2 oder Absatz 3 Nummer 3 des Ersten Buches Sozialgesetzbuch;

3. Geldleistungen gemäß § 5 Absatz 1 des Gesetzes zur Errichtung einer Stiftung „Mutter und Kind – Schutz des ungeborenen Lebens";

4. Geldleistungen, die dem Schuldner selbst nach dem Zweiten oder Zwölften Buch Sozialgesetzbuch oder dem Asylbewerberleistungsgesetz gewährt werden, in dem Umfang, in dem diese den pfändungsfreien Betrag nach § 899 Absatz 1 Satz 1 übersteigen;

5. das Kindergeld nach dem Einkommensteuergesetz und andere gesetzliche Geldleistungen für Kinder, es sei denn, dass wegen einer Unterhaltsforderung des Kindes, für das die Leistungen gewährt oder bei dem sie berücksichtigt werden, gepfändet wird;

6. Geldleistungen, die dem Schuldner nach landesrechtlichen oder anderen als in den Nummern 1 bis 5 genannten bundesrechtlichen Rechtsvorschriften gewährt werden, in welchen die Unpfändbarkeit der Geldleistung festgelegt wird.

Für die Erhöhungsbeträge nach Satz 1 gilt § 899 Absatz 2 entsprechend.

§ 903 Nachweise über Erhöhungsbeträge

(1) Das Kreditinstitut kann aus Guthaben, soweit es als Erhöhungsbetrag unpfändbar ist, mit befreiender Wirkung gegenüber dem Schuldner an den Gläubiger leisten, bis der Schuldner dem Kreditinstitut nachweist, dass es sich um Guthaben handelt, das nach § 902 nicht von der Pfändung erfasst wird. Der Nachweis ist zu führen durch Vorlage einer Bescheinigung

1. der Familienkasse, des Sozialleistungsträgers oder einer mit der Gewährung von Geldleistungen im Sinne des § 902 Satz 1 befassten Einrichtung,

2. des Arbeitgebers oder

3. einer geeigneten Person oder Stelle im Sinne des § 305 Absatz 1 Nummer 1 der Insolvenzordnung.

(2) Das Kreditinstitut hat Bescheinigungen nach Absatz 1 Satz 2 für die Dauer zu beachten, für die sie ausgestellt sind. Unbefristete Bescheinigungen hat das Kreditinstitut für die Dauer von zwei Jahren zu beachten. Nach Ablauf des in Satz 2 genannten Zeitraums kann das Kreditinstitut von dem Kontoinhaber, der eine Bescheinigung nach Absatz 1 Satz 2 vorgelegt hat, die Vorlage einer neuen Bescheinigung verlangen. Vor Ablauf des in Satz 2 genannten Zeitraums kann das Kreditinstitut eine neue Bescheinigung verlangen, wenn tatsächliche Anhaltspunkte bestehen die die Annahme rechtfertigen, dass die Angaben in der Bescheinigung unrichtig sind oder nicht mehr zutreffen.

(3) Jede der in Absatz 1 Satz 2 Nummer 1 genannten Stellen, die Leistungen im Sinne des § 902 Satz 1 Nummer 1 Buchstabe b und c sowie Nummer 2 bis 6 durch Überweisung auf ein Zahlungskonto des Schuldners erbringt, ist verpflichtet, auf Antrag des Schuldners eine Bescheinigung nach Absatz 1 Satz 2 über ihre Leistungen auszustellen. Die Bescheinigung muss folgende Angaben enthalten:

1. die Höhe der Leistung,

2. in welcher Höhe die Leistung zu welcher der in § 902 Satz 1 Nummer 1 Buchstabe b und c sowie Nummer 2 bis 6 genannten Leistungsarten gehört,

3. für welchen Zeitraum die Leistung gewährt wird.

Darüber hinaus ist die in Absatz 1 Satz 2 Nummer 1 genannte Stelle verpflichtet, soweit sie Kenntnis hiervon hat, Folgendes zu bescheinigen:

1. die Anzahl der Personen, denen der Schuldner auf Grund gesetzlicher Verpflichtung Unterhalt gewährt,

2. das Geburtsdatum der minderjährigen unterhaltsberechtigten Personen.

(4) Das Kreditinstitut hat die Angaben in der Bescheinigung nach Absatz 1 Satz 2 ab dem zweiten auf die Vorlage der Bescheinigung folgenden Geschäftstag zu beachten.

§ 904 Nachzahlung von Leistungen

(1) Werden laufende Geldleistungen zu einem späteren Zeitpunkt als dem Monat, auf den sich die Leistungen beziehen, ausbezahlt, so werden sie von der Pfändung des Guthabens auf dem Pfändungsschutzkonto nicht erfasst, wenn es sich um Geldleistungen gemäß § 902 Satz 1 Nummer 1 Buchstabe b oder c oder Nummer 4 bis 6 handelt.

(2) Laufende Geldleistungen nach dem Sozialgesetzbuch, die nicht in Absatz 1 genannt sind, sowie Arbeitseinkommen nach § 850 Absatz 2 und 3 werden von der Pfändung des Guthabens auf dem Pfändungsschutzkonto nicht erfasst, wenn der nachgezahlte Betrag 500 Euro nicht übersteigt.

(3) Laufende Geldleistungen nach Absatz 2, bei denen der nachgezahlte Betrag 500 Euro übersteigt, werden von der Pfändung des Guthabens auf dem Pfändungsschutzkonto nicht erfasst, soweit der für den jeweiligen Monat nachgezahlte Betrag in dem Monat, auf den er sich bezieht, nicht zu einem pfändbaren Guthaben geführt hätte. Wird die Nachzahlung pauschal und für einen Bewilligungszeitraum gewährt, der länger als ein Monat ist, ist die Nachzahlungssumme zu gleichen Teilen auf die Zahl der betroffenen Monate aufzuteilen.

(4) Für Nachzahlungen von Leistungen nach den Absätzen 1 und 2 gilt § 903 Absatz 1, 3 Satz 1 und Absatz 4 entsprechend.

(5) Für die Festsetzung der Höhe des pfändungsfreien Betrages in den Fällen des Absatzes 3 ist das Vollstreckungsgericht zuständig. Entscheidungen nach Satz 1 ergehen auf Antrag des Schuldners durch Beschluss. Der Beschluss nach Satz 2 gilt als Bescheinigung im Sinne des § 903 Absatz 1 Satz 2.

§ 905 Festsetzung der Erhöhungsbeträge durch das Vollstreckungsgericht

Macht der Schuldner glaubhaft, dass er eine Bescheinigung im Sinne des § 903 Absatz 1 Satz 2, um deren Erteilung er

1. zunächst bei einer in § 903 Absatz 1 Satz 2 Nummer 1 genannten Stelle, von der er eine Leistung bezieht, und nachfolgend

2. bei einer weiteren Stelle, die zur Erteilung der Bescheinigung berechtigt ist,

nachgesucht hat, nicht in zumutbarer Weise von diesen Stellen erlangen konnte, hat das Vollstreckungsgericht in dem Beschluss auf Antrag die Erhöhungsbeträge nach § 902 festzusetzen und die Angaben nach § 903 Absatz 3 Satz 2 zu bestimmen. Dabei hat das Vollstreckungsgericht den Schuldner auf die Möglichkeit der Stellung eines Antrags nach § 907 Absatz 1 Satz 1 hinzuweisen, wenn nach dem Vorbringen des Schuldners unter Beachtung der von ihm vorgelegten Unterlagen die Voraussetzungen dieser Vorschrift erfüllt sein könnten. Der Beschluss des Vollstreckungsgerichts nach Satz 1 gilt als Bescheinigung im Sinne des § 903 Absatz 1 Satz 2.

§ 906 Festsetzung eines abweichenden pfändungsfreien Betrages durch das Vollstreckungsgericht

(1) Wird Guthaben wegen einer der in § 850d oder § 850f Absatz 2 bezeichneten Forderungen gepfändet, tritt an die Stelle der nach § 899 Absatz 1 und § 902 Satz 1 pfändungs-freien Beträge der vom Vollstreckungsgericht im Pfändungsbeschluss belassene Betrag. In den Fällen des § 850d Absatz 1 und 2 kann das Vollstreckungsgericht auf Antrag einen von Satz 1 abweichenden pfändungsfreien Betrag festlegen.

(2) Das Vollstreckungsgericht setzt auf Antrag einen von § 899 Absatz 1 und § 902 Satz 1 abweichenden pfändungsfreien Betrag fest, wenn sich aus einer bundes- oder landesrechtlichen Vorschrift eine solche Abweichung ergibt.

(3) In den Fällen des Absatzes 1 Satz 2 und des Absatzes 2

1. ist der Betrag in der Regel zu beziffern,

2. hat das Vollstreckungsgericht zu prüfen, ob eine der in § 732 Absatz 2 bezeichneten Anordnungen zu erlassen ist, und

3. gilt § 905 Satz 2 entsprechend.

(4) Für Beträge, die nach den Absätzen 1 oder 2 festgesetzt sind, gilt § 899 Absatz 2 entsprechend.

§ 907 Festsetzung der Unpfändbarkeit von Kontoguthaben auf dem Pfändungsschutzkonto

(1) Auf Antrag des Schuldners kann das Vollstreckungsgericht festsetzen, dass das Guthaben auf dem Pfändungsschutzkonto für die Dauer von bis zu zwölf Monaten der Pfändung nicht unterworfen ist, wenn der Schuldner

1. nachweist, dass dem Konto in den letzten sechs Monaten vor Antragstellung ganz überwiegend nur unpfändbare Beträge gutgeschrieben worden sind, und

2. glaubhaft macht, dass auch innerhalb der nächsten sechs Monate ganz überwiegend nur die Gutschrift unpfändbarer Beträge zu erwarten ist.

Die Festsetzung ist abzulehnen, wenn ihr überwiegende Belange des Gläubigers entgegenstehen.

(2) Auf Antrag jedes Gläubigers ist die Festsetzung der Unpfändbarkeit aufzuheben, wenn deren Voraussetzungen nicht mehr vorliegen oder die Festsetzung den überwiegenden Belangen des den Antrag stellenden Gläubigers entgegensteht. Der Schuldner hat die Gläubiger auf eine wesentliche Veränderung seiner Vermögensverhältnisse unverzüglich hinzuweisen.

§ 908 Aufgaben des Kreditinstituts

(1) Das Kreditinstitut ist dem Schuldner zur Leistung aus dem nicht von der Pfändung erfassten Guthaben im Rahmen des vertraglich Vereinbarten verpflichtet.

(2) Das Kreditinstitut informiert den Schuldner in einer für diesen geeigneten und zumutbaren Weise über

1. das im laufenden Kalendermonat noch verfügbare von der Pfändung nicht erfasste Guthaben und

2. den Betrag, der mit Ablauf des laufenden Kalendermonats nicht mehr pfändungsfrei ist.

(3) Das Kreditinstitut hat dem Kontoinhaber die Absicht, eine neue Bescheinigung nach § 903 Absatz 2 Satz 3 zu verlangen, mindestens zwei Monate vor dem Zeitpunkt, ab dem es die ihm vorliegende Bescheinigung nicht mehr berücksichtigen will, mitzuteilen.

§ 909 Datenweitergabe; Löschungspflicht

(1) Das Kreditinstitut darf zum Zwecke der Überprüfung der Richtigkeit der Versicherung nach § 850k Absatz 3 Satz 2 Auskunfteien mitteilen, dass es für den Kontoinhaber ein Pfändungsschutzkonto führt. Nur zu diesem Zweck dürfen die Auskunfteien diese Angabe verarbeiten und sie nur auf Anfrage anderer Kreditinstitute an diese übermitteln. Die Verarbeitung zu einem anderen Zweck ist auch mit Einwilligung des Kontoinhabers unzulässig.

(2) Wird das Pfändungsschutzkonto für den Kontoinhaber nicht mehr geführt, hat das Kreditinstitut die Auskunfteien, die nach Absatz 1 Satz 1 eine Mitteilung erhalten haben, unverzüglich zu unterrichten. Die Auskunfteien haben nach Erhalt dieser Unterrichtung die Angabe über die Führung des Pfändungsschutzkontos unverzüglich zu löschen.

§ 910 Verwaltungsvollstreckung

Die §§ 850k und 850l sowie die Regelungen dieses Abschnitts gelten auch bei einer Pfändung von Kontoguthaben wegen Forderungen, die im Wege der Verwaltungsvoll-streckung nach Bundesrecht beigetrieben werden. Mit Ausnahme der Fälle des § 850k Absatz 4 Satz 1, des § 904 Absatz 5 und des § 907 tritt die Vollstreckungsbehörde an die Stelle des Vollstreckungsgerichts.

§ 920 Arrestgesuch

(1) Das Gesuch soll die Bezeichnung des Anspruchs unter Angabe des Geldbetrages oder des Geldwertes sowie die Bezeichnung des Arrestgrundes enthalten.

(2) Der Anspruch und der Arrestgrund sind glaubhaft zu machen.

(3) Das Gesuch kann vor der Geschäftsstelle zu Protokoll erklärt werden.

§ 921 Entscheidung über das Arrestgesuch

Das Gericht kann, auch wenn der Anspruch oder der Arrestgrund nicht glaubhaft gemacht ist, den Arrest anordnen, sofern wegen der dem Gegner drohenden Nachteile Sicherheit geleistet wird. Es kann die Anordnung des Arrestes von einer Sicherheitsleistung abhängig machen, selbst wenn der Anspruch und der Arrestgrund glaubhaft gemacht sind.

§ 922 Arresturteil und Arrestbeschluss

(1) Die Entscheidung über das Gesuch ergeht im Falle einer mündlichen Verhandlung durch Endurteil, andernfalls durch Beschluss. Die Entscheidung, durch die der Arrest angeordnet wird, ist zu begründen, wenn sie im Ausland geltend gemacht werden soll.

(2) Den Beschluss, durch den ein Arrest angeordnet wird, hat die Partei, die den Arrest erwirkt hat, zustellen zu lassen.

(3) Der Beschluss, durch den das Arrestgesuch zurückgewiesen oder vorherige Sicherheitsleistung für erforderlich erklärt wird, ist dem Gegner nicht mitzuteilen.

§ 923 Abwendungsbefugnis

In dem Arrestbefehl ist ein Geldbetrag festzustellen, durch dessen Hinterlegung die Vollziehung des Arrestes gehemmt und der Schuldner zu dem Antrag auf Aufhebung des vollzogenen Arrestes berechtigt wird.

§ 924 Widerspruch

(1) Gegen den Beschluss, durch den ein Arrest angeordnet wird, findet Widerspruch statt.

(2) Die widersprechende Partei hat in dem Widerspruch die Gründe darzulegen, die sie für die Aufhebung des Arrestes geltend machen will. Das Gericht hat Termin zur mündlichen Verhandlung von Amts wegen zu bestimmen. Ist das Arrestgericht ein Amtsgericht, so ist der Widerspruch unter Angabe der Gründe, die für die Aufhebung des Arrestes geltend gemacht werden sollen, schriftlich oder zum Protokoll der Geschäftsstelle zu erheben.

(3) Durch Erhebung des Widerspruchs wird die Vollziehung des Arrestes nicht gehemmt. Das Gericht kann aber eine einstweilige Anordnung nach § 707 treffen; § 707 Abs. 1 Satz 2 ist nicht anzuwenden.

§ 925 Entscheidung nach Widerspruch

(1) Wird Widerspruch erhoben, so ist über die Rechtmäßigkeit des Arrestes durch Endurteil zu entscheiden.

(2) Das Gericht kann den Arrest ganz oder teilweise bestätigen, abändern oder aufheben, auch die Bestätigung, Abänderung oder Aufhebung von einer Sicherheitsleistung abhängig machen.

§ 926 Anordnung der Klageerhebung

(1) Ist die Hauptsache nicht anhängig, so hat das Arrestgericht auf Antrag ohne mündliche Verhandlung anzuordnen, dass die Partei, die den Arrestbefehl erwirkt hat, binnen einer zu bestimmenden Frist Klage zu erheben habe.

(2) Wird dieser Anordnung nicht Folge geleistet, so ist auf Antrag die Aufhebung des Arrestes durch Endurteil auszusprechen.

§ 927 Aufhebung wegen veränderter Umstände

(1) Auch nach der Bestätigung des Arrestes kann wegen veränderter Umstände, insbesondere wegen Erledigung des Arrestgrundes oder auf Grund des Erbietens zur Sicherheitsleistung die Aufhebung des Arrestes beantragt werden.

(2) Die Entscheidung ist durch Endurteil zu erlassen; sie ergeht durch das Gericht, das den Arrest angeordnet hat, und wenn die Hauptsache anhängig ist, durch das Gericht der Hauptsache.

§ 928 Vollziehung des Arrestes

Auf die Vollziehung des Arrestes sind die Vorschriften über die Zwangsvollstreckung entsprechend anzuwenden, soweit nicht die nachfolgenden Paragraphen abweichende Vorschriften enthalten.

§ 929 Vollstreckungsklausel; Vollziehungsfrist

(1) Arrestbefehle bedürfen der Vollstreckungsklausel nur, wenn die Vollziehung für einen anderen als den in dem Befehl bezeichneten Gläubiger oder gegen einen anderen als den in dem Befehl bezeichneten Schuldner erfolgen soll.

(2) Die Vollziehung des Arrestbefehls ist unstatthaft, wenn seit dem Tag, an dem der Befehl verkündet oder der Partei, auf deren Gesuch er erging, zugestellt ist, ein Monat verstrichen ist. Kann ein ausländischer Sicherungstitel im Inland ohne vorherige Vollstreckbarerklärung vollzogen werden, so beträgt die Frist nach Satz 1 zwei Monate.

(3) Die Vollziehung ist vor der Zustellung des Arrestbefehls an den Schuldner zulässig. Sie ist jedoch ohne Wirkung, wenn die Zustellung nicht innerhalb einer Woche nach der Vollziehung und vor Ablauf der für diese im vorhergehenden Absatz bestimmten Frist erfolgt.

§ 930 Vollziehung in bewegliches Vermögen und Forderungen

(1) Die Vollziehung des Arrestes in bewegliches Vermögen wird durch Pfändung bewirkt. Die Pfändung erfolgt nach denselben Grundsätzen wie jede andere Pfändung und begründet ein Pfandrecht mit den im § 804 bestimmten Wirkungen. Für die Pfändung einer Forderung ist das Arrestgericht als Vollstreckungsgericht zuständig.

(2) Gepfändetes Geld und ein im Verteilungsverfahren auf den Gläubiger fallender Betrag des Erlöses werden hinterlegt.

(3) Das Vollstreckungsgericht kann auf Antrag anordnen, dass eine bewegliche körperliche Sache, wenn sie der Gefahr einer beträchtlichen Wertverringerung ausgesetzt ist oder wenn ihre Aufbewahrung unverhältnismäßige Kosten verursachen würde, versteigert und der Erlös hinterlegt werde.

(4) Die Vollziehung des Arrestes in ein nicht eingetragenes Seeschiff ist unzulässig, wenn sich das Schiff auf der Reise befindet und nicht in einem Hafen liegt

§ 931 Vollziehung in eingetragenes Schiff oder Schiffsbauwerk

(1) Die Vollziehung des Arrestes in ein eingetragenes Schiff oder Schiffsbauwerk wird durch Pfändung nach den Vorschriften über die Pfändung beweglicher Sachen mitfolgenden Abweichungen bewirkt.

(2) Die Pfändung begründet ein Pfandrecht an dem gepfändeten Schiff oder Schiffsbauwerk; das Pfandrecht gewährt dem Gläubiger im Verhältnis zu anderen Rechten dieselben Rechte wie eine Schiffshypothek.

(3) Die Pfändung wird auf Antrag des Gläubigers vom Arrestgericht als Vollstreckungsgericht angeordnet; das Gericht hat zugleich das Registergericht um die Eintragung einer Vormerkung zur Sicherung des Arrestpfandrechts in das Schiffsregister oder Schiffsbauregister zu ersuchen die Vormerkung erlischt, wenn die Vollziehung des Arrestes unstatthaft wird.

(4) Der Gerichtsvollzieher hat bei der Vornahme der Pfändung das Schiff oder Schiffsbauwerk in Bewachung und Verwahrung zu nehmen.

(5) Ist zur Zeit der Arrestvollziehung die Zwangsversteigerung des Schiffes oder Schiffsbauwerks eingeleitet, so gilt die in diesem Verfahren erfolgte Beschlagnahme des Schiffes oder Schiffsbauwerks als erste Pfändung im Sinne des § 826; die Abschrift des Pfändungsprotokolls ist dem Vollstreckungsgericht einzureichen.

(6) Das Arrestpfandrecht wird auf Antrag des Gläubigers in das Schiffsregister oder Schiffsbauregister eingetragen; der nach § 923 festgestellte Geldbetrag ist als der Höchstbetrag zu bezeichnen, für den das Schiff oder Schiffsbauwerk haftet. Im Übrigen gelten der § 867 Abs. 1 und 2 und der § 870a Abs. 3 entsprechend, soweit nicht vorstehend etwas anderes bestimmt ist.

(7) Die Vollziehung des Arrestes in ein eingetragenes Seeschiff ist unzulässig, wenn sich das Schiff auf der Reise befindet und nicht in einem Hafen liegt.

§ 932 Arresthypothek

(1) Die Vollziehung des Arrestes in ein Grundstück oder in eine Berechtigung, für welche die sich auf Grundstücke beziehenden Vorschriften gelten, erfolgt durch Eintragung einer Sicherungshypothek für die Forderung; der nach § 923 festgestellte Geldbetrag ist als der Höchstbetrag zu bezeichnen, für den das Grundstück oder die Berechtigung haftet. Ein Anspruch nach § 1179a oder § 1179b des Bürgerlichen Gesetzbuchs steht dem Gläubiger oder im Grundbuch eingetragenen Gläubiger der Sicherungshypothek nicht zu.

(2) Im Übrigen gelten die Vorschriften des § 866 Abs. 3 Satz 1, des § 867 Abs. 1 und 2 und des § 868.

(3) Der Antrag auf Eintragung der Hypothek gilt im Sinne des § 929 Abs. 2, 3 als Vollziehung des Arrestbefehls.

§ 933 Vollziehung des persönlichen Arrestes

Die Vollziehung des persönlichen Sicherheitsarrestes richtet sich, wenn sie durch Haft erfolgt, nach den Vorschriften der §§ 802g, 802h und 802j Abs. 1 und 2 und, wenn sie durch sonstige Beschränkung der persönlichen Freiheit erfolgt, nach den vom Arrestgericht zu treffenden besonderen Anordnungen, für welche die Beschränkungen der Haft maßgebend sind. In den Haftbefehl ist der nach § 923 festgestellte Geldbetrag aufzunehmen.

§ 934 Aufhebung der Arrestvollziehung

(1) Wird der in dem Arrestbefehl festgestellte Geldbetrag hinterlegt, so wird der vollzogene Arrest von dem Vollstreckungsgericht aufgehoben.

(2) Das Vollstreckungsgericht kann die Aufhebung des Arrestes auch anordnen, wenn die Fortdauer besondere Aufwendungen erfordert und die Partei, auf deren Gesuch der Arrest verhängt wurde, den nötigen Geldbetrag nicht vorschießt.

(3) Die in diesem Paragraphen erwähnten Entscheidungen ergehen durch Beschluss.

(4) Gegen den Beschluss, durch den der Arrest aufgehoben wird, findet sofortige Beschwerde statt.

§ 938 Inhalt der einstweiligen Verfügung

(1) Das Gericht bestimmt nach freien Ermessen, welche Anordnungen zur Erreichung des Zweckes erforderlich sind.

(2) Die einstweilige Verfügung kann auch in einer Sequestration sowie darin bestehen, dass dem Gegner eine Handlung geboten oder verboten, insbesondere die Veräußerung, Belastung oder Verpfändung eines Grundstücks oder eines eingetragenen Schiffes oder Schiffsbauwerks untersagt wird.

§ 939 Aufhebung gegen Sicherheitsleistung

Nur unter besonderen Umständen kann die Aufhebung einer einstweiligen Verfügung gegen Sicherheitsleistung gestattet werden.

§ 941 Ersuchen um Eintragungen im Grundbuch usw.

Hat auf Grund der einstweiligen Verfügung eine Eintragung in das Grundbuch, das Schiffsregister oder das Schiffsbauregister zu erfolgen, so ist das Gericht befugt, das Grundbuchamt oder die Registerbehörde um die Eintragung zu ersuchen.

§ 945 Schadensersatzpflicht

Erweist sich die Anordnung eines Arrestes oder einer einstweiligen Verfügung als von Anfang an ungerechtfertigt oder wird die angeordnete Maßregel auf Grund des § 926 Abs. 2 oder des § 942 Abs. 3 aufgehoben, so ist die Partei, welche die Anordnung erwirkt hat, verpflichtet, dem Gegner den Schaden zu ersetzen, der ihm aus der Vollziehung der angeordneten Maßregel oder dadurch entsteht, dass er Sicherheit leistet, um die Vollziehung abzuwenden oder die Aufhebung der Maßregel zu erwirken.

§ 946 Zuständigkeit

(1) Für den Erlass des Beschlusses zur vorläufigen Kontenpfändung nach der Verordnung (EU) Nr. 655/2014 des Europäischen Parlaments und des Rates vom 15. Mai 2014 zur Einführung eines Verfahrens für einen Europäischen Beschluss zur vorläufigen Kontenpfändung im Hinblick auf die Erleichterung der grenzüberschreitenden Eintreibung von Forderungen in Zivil- und Handelssachen (ABl. L 189 vom 27.6.2014, S. 59) ist das Gericht der Hauptsache zuständig. Die §§ 943 und 944 gelten entsprechend.

(2) Hat der Gläubiger bereits eine öffentliche Urkunde (Artikel 4 Nummer 10 der Verordnung (EU) Nr. 655/2014) erwirkt, in der der Schuldner verpflichtet wird, die Forderung zu erfüllen, ist das Gericht zuständig, in dessen Bezirk die Urkunde errichtet worden ist.

§ 947 Verfahren

(1) Der Gläubiger kann sich in dem Verfahren auf Erlass des Beschlusses zur vorläufigen Kontenpfändung aller Beweismittel sowie der Versicherung an Eides statt bedienen. Nur eine Beweisaufnahme, die sofort erfolgen kann, ist statthaft.

(2) Das Gericht darf die ihm nach Artikel 14 Absatz 6 der Verordnung (EU) Nr. 655/2014 übermittelten Kontoinformationen für die Zwecke des jeweiligen Verfahrens auf Erlass eines Beschlusses zur vorläufigen Kontenpfändung speichern, übermitteln und nutzen. Soweit übermittelte Kontoinformationen für den Erlass des Beschlusses zur vorläufigen Kontenpfändung nicht erforderlich sind, sind sie unverzüglich zu löschen oder ist deren Verarbeitung einzuschränken. Die Löschung ist zu protokollieren. § 802d Absatz 1 Satz 3 gilt entsprechend.

§ 948 Ersuchen um Einholung von Kontoinformationen

(1) Zuständige Auskunftsbehörde gemäß Artikel 14 der Verordnung (EU) Nr. 655/2014 für die Einholung von Kontoinformationen ist das Bundesamt für Justiz.

(2) Zum Zweck der Einholung von Kontoinformationen nach Artikel 14 der Verordnung (EU) Nr. 655/2014 darf das Bundesamt für Justiz das Bundeszentralamt für Steuern ersuchen, bei den Kreditinstituten die in § 93b Absatz 1 der Abgabenordnung bezeichneten Daten abzurufen (§ 93 Absatz 8 der Abgabenordnung).

(3) Das Bundesamt für Justiz protokolliert die eingehenden Ersuchen um Einholung von Kontoinformationen gemäß Artikel 14 der Verordnung (EU) Nr. 655/2014. Zu protokollieren sind ebenfalls die Bezeichnung der ersuchenden Stelle eines anderen Mitgliedstaates der Europäischen Union, der Abruf der in § 93b Absatz 1 der Abgabenordnung bezeichneten Daten und der Zeitpunkt des Eingangs dieser Daten sowie die Weiterleitung der eingegangenen Daten an die ersuchende Stelle. Das Bundesamt für Justiz löscht den Inhalt der eingeholten Kontoinformationen unverzüglich nach deren Übermittlung an die ersuchende Stelle; die Löschung ist zu protokollieren.

§ 949 Nicht rechtzeitige Einleitung des Hauptsacheverfahrens

(1) Ein im Inland erlassener Beschluss zur vorläufigen Kontenpfändung wird nach Artikel 10 Absatz 2 Unterabsatz 1 der Verordnung (EU) Nr. 655/2014 durch Beschluss widerrufen.

(2) Zuständige Stelle, an die gemäß Artikel 10 Absatz 2 Unterabsatz 3 der Verordnung (EU) Nr. 655/2014 das Widerrufsformblatt zu übermitteln ist, ist das Amtsgericht, in dessen Bezirk das

Vollstreckungsverfahren stattfinden soll oder stattgefunden hat. Ist ein in einem anderen Mitgliedstaat der Europäischen Union erlassener Beschluss zur vorläufigen Kontenpfändung im Inland zu vollziehen, hat das Amtsgericht nach Satz 1 den Beschluss, durch das Gericht den Beschluss zur vorläufigen Kontenpfändung widerrufen hat, der Bank im Sinne des Artikels 4 Nummer 2 der Verordnung (EU) Nr. 655/2014 zuzustellen.

§ 950 Anwendbare Vorschriften

Auf die Vollziehung des Beschlusses zur vorläufigen Kontenpfändung sind die Vorschriften des Achten Buchs über die Zwangsvollstreckung sowie § 930 Absatz 1 Satz 2 entsprechend anzuwenden, soweit die Verordnung (EU) Nr. 655/2014 und die §§ 951 bis 957 keine abweichenden Vorschriften enthalten.

§ 951 Vollziehung von im Inland erlassenen Beschlüssen

(1) Ist ein im Inland erlassener Beschluss zur vorläufigen Kontenpfändung im Inland zu vollziehen, hat der Gläubiger, der seinen Wohnsitz in einem anderen Mitgliedstaat der Europäischen Union hat, den Beschluss der Bank zustellen zu lassen. Ist der Beschluss in einem anderen Mitgliedstaat der Europäischen Union zu vollziehen, hat der Gläubiger die Zustellung gemäß Artikel 23 Absatz 3 Unterabsatz 1 der Verordnung (EU) Nr. 655/2014 an die Bank zu veranlassen.

(2) Das Gericht, das den Beschluss erlassen hat, lässt dem Schuldner den Beschluss nach Artikel 28 der Verordnung (EU) Nr. 655/2014 zustellen; diese Zustellung gilt als Zustellung auf Betreiben des Gläubigers (§ 191). Eine Übersetzung oder Transliteration, die nach Artikel 28 Absatz 5 in Verbindung mit Artikel 49 Absatz 1 der Verordnung (EU) Nr. 655/2014 erforderlich ist, hat der Gläubiger bereitzustellen.

§ 952 Vollziehung von in einem anderen Mitgliedstaat erlassenen Beschlüssen

(1) Zuständige Stelle ist

1. in den in Artikel 23 Absatz 3, 5 und 6, Artikel 25 Absatz 3 und Artikel 27 Absatz 2 der Verordnung (EU) Nr. 655/2014 bezeichneten Fällen das Amtsgericht, in dessen Bezirk das Vollstreckungsverfahren stattfinden soll oder stattgefunden hat,

2. in den in Artikel 28 Absatz 3 der Verordnung (EU) Nr. 655/2014 bezeichneten Fällen das Amtsgericht, in dessen Bezirk der Schuldner seinen Wohnsitz hat.

(2) Das nach Absatz 1 Nummer 1 zuständige Amtsgericht hat

1. in den in Artikel 23 Absatz 3 der Verordnung (EU) Nr. 655/2014 bezeichneten Fällen der Bank den Beschluss zur vorläufigen Kontenpfändung zuzustellen,

2. in den in Artikel 27 Absatz 2 der Verordnung (EU) Nr. 655/2014 bezeichneten Fällen der Bank die Freigabeerklärung des Gläubigers zuzustellen.

§ 953 Rechtsbehelfe des Gläubigers

(1) Gegen die Ablehnung des Antrags auf Erlass eines Beschlusses zur vorläufigen Kontenpfändung und gegen den Widerruf des Beschlusses zur vorläufigen Kontenpfändung (§ 949 Absatz 1), soweit sie durch das Gericht des ersten Rechtszuges erfolgt sind, findet die sofortige Beschwerde statt.

(2) Die in Artikel 21 Absatz 2 Satz 1 der Verordnung (EU) Nr. 655/2014 bezeichnete Frist von 30 Tagen für die Einlegung des Rechtsbehelfs beginnt mit der Zustellung der Entscheidung an den Gläubiger. Dies gilt auch in den Fällen des § 321a Absatz 2 für die Ablehnung des Antrags auf Erlass des Beschlusses durch das Berufungsgericht.

(3) Die sofortige Beschwerde gegen den Widerruf des Beschlusses zur vorläufigen Kontenpfändung ist innerhalb einer Notfrist von einem Monat ab Zustellung einzulegen.

§ 954 Rechtsbehelfe nach den Artikeln 33 bis 35 der Verordnung (EU) Nr. 655/2014

(1) Über den Rechtsbehelf des Schuldners gegen einen im Inland erlassenen Beschluss zur vorläufigen Kontenpfändung nach Artikel 33 Absatz 1 der Verordnung (EU) Nr. 655/2014 (Widerspruch) entscheidet das Gericht, das den Beschluss erlassen hat. Die Entscheidung ergeht durch Beschluss. Die Sätze 1 und 2 gelten entsprechend für den Widerspruch des Schuldners gemäß Artikel 33 Absatz 2 der Verordnung (EU) Nr. 655/2014 gegen die Entscheidung nach Artikel 12 der Verordnung (EU) Nr. 655/2014.

(2) Über den Rechtsbehelf des Schuldners wegen Einwendungen gegen die Vollziehung eines Beschlusses zur vorläufigen Kontenpfändung im Inland nach Artikel 34 der Verordnung (EU) Nr. 655/2014 entscheidet das Vollstreckungsgericht (§ 764 Absatz 2). Für den Antrag nach Artikel 34 Absatz 1 Buchstabe a der Verordnung (EU) Nr. 655/2014 gelten § 906 Absatz 1 Satz 2, Absatz 2 und § 907 entsprechend.

(3) Über Rechtsbehelfe, die nach Artikel 35 Absatz 3 und 4 der Verordnung (EU) Nr. 655/2014 im Vollstreckungsmitgliedstaat eingelegt werden, entscheidet ebenfalls das Vollstreckungsgericht. Sofern nach Artikel 35 der Verordnung (EU) Nr. 655/2014 das Gericht zuständig ist, das den Beschluss zur vorläufigen Kontenpfändung erlassen hat, ergeht die Entscheidung durch Beschluss.

(4) Zuständige Stelle ist in den Fällen des Artikels 36 Absatz 5 Unterabsatz 2 der Verordnung (EU) Nr. 655/2014 das Amtsgericht, in dessen Bezirk das Vollstreckungsverfahren stattfinden soll oder stattgefunden hat. Dieses hat den Beschluss der Bank zuzustellen.

§ 955 Sicherheitsleistung nach Artikel 38 der Verordnung (EU) Nr. 655/2014

Für die Entscheidung über Anträge des Schuldners auf Beendigung der Vollstreckung wegen erbrachter Sicherheitsleistung nach Artikel 38 Absatz 1 Buchstabe b der Verordnung (EU) Nr. 655/2014 ist das Vollstreckungsgericht zuständig. Die Entscheidung nach Artikel 38 Absatz 1 der Verordnung (EU) Nr. 655/Anhang ergeht durch Beschluss.

§ 956 Rechtsmittel gegen die Entscheidungen nach § 954 Absatz 1 bis 3 und § 955

(1) Gegen die Entscheidungen des Vollstreckungsgerichts nach § 954 Absatz 2 und 3 Satz 1 sowie nach § 955 Satz 1 findet die sofortige Beschwerde statt. Dies gilt auch für Entscheidungen des Gerichts des ersten Rechtszugs in den Fällen des § 954 Absatz 1 und 3 Satz 2 sowie des § 955 Satz 2.

(2) Die sofortige Beschwerde ist innerhalb einer Notfrist von einem Monat ab Zustellung der Entscheidung einzulegen.

§ 957 Ausschluss der Rechtsbeschwerde

In Verfahren zur grenzüberschreitenden vorläufigen Kontenpfändung nach der Verordnung (EU) Nr. 655/2014 findet die Rechtsbeschwerde nicht statt.

§ 958 Schadensersatz

Erweist sich die Anordnung eines Beschlusses zur vorläufigen Kontenpfändung, der im Inland vollzogen worden ist, als von Anfang an ungerechtfertigt, so ist der Gläubiger verpflichtet, dem Schuldner den Schaden zu ersetzen, der dadurch aus der Vollziehung des Beschlusses oder dadurch entsteht, dass er Sicherheit leistet, um die Freigabe der vorläufig gepfändeten Gelder oder die Beendigung der Vollstreckung zu erwirken. Im Übrigen richtet sich die Haftung des Gläubigers gegenüber dem Schuldner nach Artikel 13 Absatz 1 und 2 der Verordnung (EU) Nr. 655/2014.

§ 959 Verordnungsermächtigung

(1) Die Landesregierungen können die Aufgaben nach Artikel 10 Absatz 2, Artikel 23 Absatz 3, 5 und 6, Artikel 25 Absatz 3, Artikel 27 Absatz 2, Artikel 28 Absatz 3 sowie Artikel 36 Absatz 5 Unterabsatz 2 und 3 der Verordnung (EU) Nr. 655/2014 einem Amtsgericht für die Bezirke mehrerer Amtsgerichte durch Rechtsverordnung zuweisen.

(2) Die Landesregierungen können die Ermächtigung nach Absatz 1 durch Rechtsverordnung einer obersten Landesbehörde übertragen.

Bekanntmachung zu den Pfändungsfreigrenzen 2024 nach § 850c der Zivilprozessordnung (Pfändungsfreigrenzenbekanntmachung 2024)

vom 10.5.2024 (BGBl. I Nr. 160).

– Anhänge hier nicht wiedergegeben –

Auf Grund des § 850c Absatz 4 Satz 1 der Zivilprozessordnung in der Fassung der Bekanntmachung vom 5. Dezember 2005 (BGBl. I S. 3202; 2006 I S. 431; 2007 I S. 1781), die zuletzt durch Artikel 3 des Gesetzes vom 22. Dezember 2023 (BGBl. 2023 I Nr. 411) geändert worden ist, in Verbindung mit § 1 Absatz 2 des Zuständigkeitsanpassungsgesetzes vom 16. August 2002 (BGBl. I S. 3165) und dem Organisationserlass vom 8. Dezember 2021 (BGBl. I S. 5176) wird bekannt gemacht:

1. Die unpfändbaren Beträge nach § 850c der Zivilprozessordnung erhöhen sich zum 1. Juli 2024

    a) in Absatz 1

    Nummer 1 von 1 402,28 auf 1 491,75 Euro monatlich,

    Nummer 2 von 322,72 auf 343,31 Euro wöchentlich,

    Nummer 3 von 64,54 auf 68,66 Euro täglich,

    b) in Absatz 2 Satz 1

    Nummer 1 von 527,76 auf 561,43 Euro monatlich,

    Nummer 2 von 121,46 auf 129,21 Euro wöchentlich,

    Nummer 3 von 24,29 auf 25,84 Euro täglich,

    c) in Absatz 2 Satz 2

    Nummer 1 von 294,02 auf 312,78 Euro monatlich,

    Nummer 2 von 67,67 auf 71,99 Euro wöchentlich,

    Nummer 3 von 13,54 auf 14,40 Euro täglich,

    d) in Absatz 3 Satz 3

    Nummer 1 von 4 298,81 auf 4 573,10 Euro monatlich,

    Nummer 2 von 989,31 auf 1 052,43 Euro wöchentlich,

    Nummer 3 von 197,87 auf 210,50 Euro täglich.

2. Die ab 1. Juli 2024 geltenden Pfändungsfreibeträge ergeben sich im Übrigen aus den als Anhang abgedruckten Tabellen.

Datenschutz im Steuerverwaltungsverfahren seit dem 25. Mai 2018;
Neuregelungen durch die Datenschutz-Grundverordnung und Änderungen der AO durch das Gesetz zur Änderung des Bundesversorgungsgesetzes und anderer Vorschriften vom 17. Juli 2017

(BMF-Schreiben vom 13.1.2020 - IV A 3 - S 0130/19/10017:004 -, BStBl I S. 143, geändert durch das BMF-Schreiben vom 17.6.2021 - IV A 3 - S 0130/19/10017:004 -, BStBl I S. 809)*

Seit dem 25. Mai 2018 ist die Verordnung (EU) 2016/679 des Europäischen Parlaments und des Rates vom 27. April 2016 zum Schutz natürlicher Personen bei der Verarbeitung personenbezogener Daten, zum freien Datenverkehr und zur Aufhebung der Richtlinie 95/46/EG (Datenschutz-Grundverordnung) (ABl. L 119 vom 4. Mai 2016, S. 1; L 314 vom 22. November 2016, S. 72) - im Folgenden: DSGVO - unmittelbar geltendes Recht in allen Mitgliedstaaten der Europäischen Union. Ziel der DSGVO ist ein gleichwertiges Schutzniveau für die Rechte und Freiheiten von natürlichen Personen bei der Verarbeitung von Daten in allen Mitgliedstaaten.

Ihrem Charakter als Grundverordnung folgend, enthält die DSGVO konkrete, an die Mitgliedstaaten gerichtete Regelungsaufträge sowie mehrere Öffnungsklauseln für den nationalen Gesetzgeber. Durch das Datenschutz-Anpassungs- und -Umsetzungsgesetz EU vom 30. Juni 2017 (BGBl. I S. 2097) und das Gesetz zur Änderung des Bundesversorgungsgesetzes und anderer Vorschriften vom 17. Juli 2017 (BGBl. I S. 2541) wurden das Bundesdatenschutzgesetz (BDSG), das FVG und die AO mit Wirkung ab dem 25. Mai 2018 an die DSGVO angepasst.

Im Einvernehmen mit den obersten Finanzbehörden der Länder gilt bei Anwendung der DSGVO und der AO seit dem 25. Mai 2018 in allen offenen Fällen Folgendes:

I. Anwendungsbereich der DSGVO und der Datenschutzvorschriften der AO sowie der Steuergesetze

1. Unmittelbare Anwendung der DSGVO

1 Seit DSGVO gilt in ihrem Anwendungsbereich (vgl. Art. 2 DSGVO) unmittelbar. Dies bedeutet, dass ihre Regelungen in den Mitgliedstaaten der EU verbindlich sind, ohne dass es einer nationalen Umsetzung bedarf. Sie gehen nationalen Rechtsvorschriften vor. Dies ergibt sich aus Art. 288 des Vertrages über die Arbeitsweise der Europäischen Union (AEUV). Darin heißt es: „Die Verordnung hat allgemeine Geltung. Sie ist in allen ihren Teilen verbindlich und gilt unmittelbar in jedem Mitgliedstaat." Dies ist in § 2a Abs. 3 AO nochmals ausdrücklich als Hinweis aufgenommen worden (Anwendungsvorrang). Die Regelungen der DSGVO dürfen im nationalen Recht grundsätzlich nicht wiederholt werden (**Wiederholungsverbot**).

2 Die Regelungen der DSGVO sind auch im Verwaltungsverfahren in Steuersachen **nach der AO** unmittelbar anzuwenden. Sie gelten damit insbesondere für

---

* Inhaltsverzeichnis hier nicht abgedruckt

- Bundesfinanzbehörden, soweit sie bundesgesetzlich geregelte Steuern verwalten (§ 1 Abs. 1 Satz 1 AO) oder den grenzüberschreitenden Warenverkehr überwachen (§ 2a Abs. 2 AO),

- Landesfinanzbehörden, soweit sie bundesgesetzlich geregelte Steuern verwalten (§ 1 Abs. 1 Satz 1 AO) und

- Gemeinden, soweit sie Realsteuern verwalten (§ 1 Abs. 2 Nr. 1 AO).

3 Zum Verwaltungsverfahren in Steuersachen nach der AO gehören insbesondere die **Ermittlung der Steuerpflichtigen und der steuerrelevanten Sachverhalte** (ggf. auch im Rahmen einer Außenprüfung, Lohnsteuer-Außenprüfung, Umsatzsteuer-Sonderprüfung, Lohnsteuer-Nachschau, Umsatzsteuer-Nachschau oder Kassen-Nachschau), die **Festsetzung und Erhebung** von Steuern, Steuervergütungen und steuerlichen Nebenleistungen einschließlich der **Vollstreckung** dieser Ansprüche, die Inanspruchnahme von **Haftungsschuldnern** sowie das **außergerichtliche Rechtsbehelfsverfahren**.

4 Die AO und die Steuergesetze enthalten **ergänzende bereichsspezifische Regelungen** zur Rechtmäßigkeit der Verarbeitung und Weiterverarbeitung personenbezogener Daten durch Finanzbehörden sowie andere öffentliche oder nicht-öffentliche Stellen (vgl. § 2a Abs. 1 Satz 1 AO). Außerdem enthält die AO Beschränkungen der Rechte der Betroffenen nach Kapitel III der DSGVO (siehe Rn. 29 ff.).

5 Die **Regelungen des BDSG** gelten für Finanzbehörden im Anwendungsbereich der AO nur, soweit dies in der AO ausdrücklich bestimmt ist (§ 2a Abs. 1 Satz 2 AO). **Landesdatenschutzgesetze** gelten im Anwendungsbereich der AO nicht.

2. Entsprechende Anwendung der DSGVO - § 2a Abs. 5 AO

6 Die DSGVO gilt unmittelbar nur für personenbezogene Daten **lebender natürlicher Personen**. § 2a Abs. 5 AO erweitert diesen Anwendungsbereich. Hiernach gelten die datenschutzrechtlichen Vorschriften der DSGVO, der AO und der Steuergesetze über die Verarbeitung personenbezogener Daten (lebender) natürlicher Personen des Weiteren entsprechend für Informationen, die sich auf identifizierte oder identifizierbare (vgl. Rn. 9)

1. **verstorbene natürliche Personen** oder

2. **Körperschaften, rechtsfähige oder nicht rechtsfähige Personenvereinigungen oder Vermögensmassen**

beziehen.

Soweit die AO (z. B. in § 30 Abs. 2 AO) oder dieses Schreiben die Begriffe „personenbezogene Daten" oder „betroffene Person" verwendet, gelten die jeweiligen Bestimmungen somit auch für Informationen entsprechend, die sich auf eine verstorbene natürliche Person oder auf eine Körperschaft, rechtsfähige oder nicht rechtsfähige Personenvereinigung oder Vermögensmasse beziehen.

3. Keine Anwendung der DSGVO in Steuerstraf- und -bußgeldverfahren - § 2a Abs. 4 AO

7 Die DSGVO gilt nicht für die Verarbeitung personenbezogener Daten zum Zweck der Verhütung, Ermittlung, Aufdeckung, Verfolgung oder Ahndung von **Steuerstraftaten**

oder Steuerordnungswidrigkeiten (Art. 2 Abs. 2 Buchst. d DSGVO). Insoweit gelten die Vorschriften des Ersten und des Dritten Teils des BDSG, soweit gesetzlich nichts anderes bestimmt ist (§ 2a Abs. 4 AO). Abweichende gesetzliche Regelungen können sich z. B. aus der AO, der StPO oder über § 1 Abs. 1 Nr. 2 BDSG aus den Landesdatenschutzgesetzen ergeben.

II. Verarbeitung und Weiterverarbeitung personenbezogener Daten durch Finanzbehörden

1. Begriffsdefinitionen - Art. 4 und 9 Abs. 1 DSGVO

8 Soweit die AO oder die Steuergesetze Begriffe i. S. d. Art. 4 DSGVO verwenden (z. B. „personenbezogene Daten", „Verarbeitung", „Verantwortlicher" oder „Dateisystem"), sind die **Legaldefinitionen der DSGVO** verbindlich.

9 „**Personenbezogene Daten**" definiert Art. 4 Nr. 1 DSGVO als Informationen, die sich auf eine identifizierte oder identifizierbare (lebende) natürliche Person (= „betroffene Person") beziehen. Als identifizierbar wird eine natürliche Person angesehen, die direkt oder indirekt, insbesondere mittels Zuordnung zu einer Kennung wie einem Namen, zu einer Kennnummer, zu Standortdaten, zu einer Online-Kennung oder zu einem oder mehreren besonderen Merkmalen, die Ausdruck der physischen, physiologischen, genetischen, psychischen, wirtschaftlichen, kulturellen oder sozialen Identität dieser natürlichen Person sind, identifiziert werden kann.

10 „**Besondere Kategorien personenbezogener Daten**" definiert Art. 9 Abs. 1 DSGVO als Daten, aus denen die rassische und ethnische Herkunft, politische Meinungen, religiöse oder weltanschauliche Überzeugungen oder die Gewerkschaftszugehörigkeit hervorgeht, sowie genetische oder biometrische Daten zur eindeutigen Identifizierung einer natürlichen Person, Gesundheitsdaten oder Daten zum Sexualleben oder der sexuellen Orientierung einer natürlichen Person. Laut Erwägungsgrund 10 Satz 5 der DSGVO werden besondere Kategorien personenbezogener Daten auch als **sensible Daten** bezeichnet. Im Folgenden sollen diese Daten der besseren Lesbarkeit halber als „sensible Daten" bezeichnet werden.

11 Die „**Verarbeitung personenbezogener Daten**" ist der Oberbegriff und umfasst nach Art. 4 Nr. 2 DSGVO insbesondere folgende **Vorgänge oder Vorgangsreihen**:

- das Erheben (vgl. Rn. 12),
- das Erfassen,
- die Organisation,
- das Ordnen,
- die Speicherung,
- die Anpassung oder Veränderung,
- das Auslesen,
- das Abfragen,
- die Verwendung,

- die Offenlegung (vgl. Rn.13),

- den Abgleich oder die Verknüpfung,

- die Einschränkung, das Löschen oder die Vernichtung.

Dabei ist es unbeachtlich, ob diese Verarbeitung mit Hilfe automatisierter Verfahren oder manuell ausgeführt werden.

12 Unter **„Erheben"** ist das Beschaffen von personenbezogenen Daten zu verstehen, wenn die erhebende Stelle Kenntnis von den personenbezogenen Daten oder Verfügungsmacht über die Daten erlangt, beispielsweise durch die Steuererklärung, eine Auskunft nach § 93 AO, eine Außenprüfung, eine gesetzlich vorgeschriebene Anzeige/Mitteilung oder eine Recherche in Zeitungen oder in elektronischen Medien/Abrufverfahren.

13 Die **„Offenlegung"** kann durch Übermittlung, Verbreitung oder eine andere Form der Bereitstellung erfolgen. Sie umfasst jeden bewussten Vorgang, durch den personenbezogene Daten vom Bereich des Verantwortlichen in den Bereich eines Dritten gelangen können. Anlass, Zweck und Rechtsgrundlage des Offenlegens sind unerheblich. Der im Steuerrecht verwendete Begriff des **Offenbarens** i. S. d. § 30 AO ist eine Form des Offenlegens geschützter Daten i. S. d. Art. 4 Nr. 2 DSGVO (vgl. Nr. 3 des AEAO zu § 30).

14 **„Verantwortlicher"** ist nach Art. 4 Nr. 7 DSGVO die natürliche oder juristische Person, Behörde, Einrichtung oder andere Stelle, die allein oder gemeinsam mit anderen über die Zwecke und Mittel der Verarbeitung von personenbezogenen Daten entscheidet. Soweit im Folgenden die **„verantwortliche Finanzbehörde"** angesprochen wird, ist die Finanzbehörde gemeint, die jeweils über die Zwecke und Mittel der Verarbeitung von personenbezogenen Daten entscheidet. Im Regelfall ist dies die im Einzelfall sachlich und örtlich zuständige Finanzbehörde. Stellen, die nach § 20 Abs. 3 FVG technische Hilfstätigkeiten für die sachlich und örtlich zuständigen Finanzbehörden erbringen, sind nicht „Verantwortliche" i. S. d. Art. 4 Nr. 7 DSGVO, sondern „Auftragsverarbeiter" i. S. d. Art. 4 Nr. 8 DSGVO. In den Fällen des § 29a AO bleibt also verantwortliche Finanzbehörde das örtlich zuständige Finanzamt und nicht das unterstützende Finanzamt.

2. Allgemeine Grundsätze für die Verarbeitung personenbezogener Daten - Art. 5 DSGVO

15 Art. 5 DSGVO bestimmt **folgende Grundsätze für die Verarbeitung personenbezogener Daten:**

- Rechtmäßigkeit,

- Verarbeitung nach Treu und Glauben,

- Transparenz,

- Zweckbindung,

- Datenminimierung,

- Richtigkeit,

- Speicherbegrenzung,
- Integrität und Vertraulichkeit sowie
- Rechenschaftspflicht des Verantwortlichen.

3. Zulässigkeit der Verarbeitung personenbezogener Daten durch Finanzbehörden - § 29b AO

16 Die DSGVO ist gesetzestechnisch als „Verbot mit Erlaubnisvorbehalt" konzipiert worden. Deswegen benötigen rechtmäßige Datenverarbeitungen immer eine Erlaubnis, andernfalls sind sie „datenschutzwidrig" und damit rechtswidrig. Im öffentlichen Bereich (d.h. auch in Verwaltungsverfahren in Steuersachen nach der AO) ist die **Verarbeitung** personenbezogener Daten nur **rechtmäßig, wenn** die Verarbeitung

- zur Erfüllung einer rechtlichen Verpflichtung erforderlich ist, der der Verantwortliche unterliegt (Art. 6 Abs. 1 Satz 1 Buchst. c DSGVO) oder

- für die Wahrnehmung einer Aufgabe erforderlich ist, die im öffentlichen Interesse liegt oder in Ausübung öffentlicher Gewalt erfolgt, die dem Verantwortlichen übertragen wurde (Art. 6 Abs. 1 Satz 1 Buchst. e DSGVO).

17 Die **Rechtsgrundlage für Verarbeitungen** gem. Art. 6 Abs. 1 Satz 1 Buchst. c und e DSGVO muss durch Unionsrecht (z. B. EU-Verordnungen wie die Zusammenarbeitsverordnung - VO EU 904/2010) oder das Recht der Mitgliedstaaten, dem der Verantwortliche unterliegt, festgelegt sein (Art. 6 Abs. 3 Satz 1 DSGVO).

18 **§ 29b Abs. 1 AO ist die nationale Rechtsgrundlage für die Verarbeitung personenbezogener Daten** i. S. d. Art. 6 Abs. 3 Satz 1 DSGVO durch Finanzbehörden in Verwaltungsverfahren in Steuersachen nach der AO. Hiernach dürfen Finanzbehörden personenbezogene Daten verarbeiten, wenn dies zur Erfüllung der ihnen obliegenden Aufgaben oder in Ausübung öffentlicher Gewalt, die ihnen übertragen wurde, erforderlich ist. Die den Finanzbehörden obliegenden Aufgaben und öffentlich-rechtlichen Befugnisse ergeben sich aus der AO (vgl. § 85 AO) und den Steuergesetzen. Die Zulässigkeit der Verarbeitung personenbezogener Daten zu anderen Zwecken durch Finanzbehörden richtet sich nach § 29c AO (siehe Rn. 23 ff.).

19 **Sensible Daten** (siehe Rn. 10) dürfen nur in den in Art. 9 Abs. 2 DSGVO genannten Fällen verarbeitet werden.

20 **§ 29b Abs. 2 AO ist die nationale Rechtsgrundlage für die Verarbeitung sensibler Daten** i. S. d. Art. 9 Abs. 2 Buchst. g DSGVO in Verwaltungsverfahren in Steuersachen nach der AO durch Finanzbehörden. Die Verarbeitung sensibler Daten durch eine Finanzbehörde ist hiernach zulässig, soweit die Verarbeitung aus Gründen eines erheblichen öffentlichen Interesses erforderlich ist und soweit die Interessen des Verantwortlichen an der Datenverarbeitung die Interessen der betroffenen Person überwiegen. Ein erhebliches öffentliches Interesse liegt insbesondere vor, wenn Steuergesetze ausdrücklich an sensible Daten anknüpfen (sei es z. B. beim Abzug von Werbungskosten, Sonderausgaben oder außergewöhnlichen Belastungen).

21 In diesem Fall sind **angemessene und spezifische Maßnahmen zur Wahrung der Interessen der betroffenen Person** vorzusehen. § 22 Abs. 2 Satz 2 BDSG ist dabei entsprechend anzuwenden (§ 29b Abs. 2 Satz 2 2. HS AO). Im Hinblick auf den Schutz personenbezogener Daten nach § 30 AO und § 355 StGB ist sowohl für sensible Daten als auch für die übrigen personenbezogenen Daten das gleiche Datenschutzniveau zu

wählen und es sind entsprechende Maßnahmen zu treffen. Das Datenschutzniveau orientiert sich am Schutzniveau für die Verarbeitung sensibler Daten.

Bei Verarbeitungstätigkeiten im Anwendungsbereich der AO ist daher aus rechtlicher Sicht keine zusätzliche Einteilung in datenschutzrechtliche Schutzstufen erforderlich.

22 Art. 6 Abs. 4 DSGVO i. V. m. § 29b AO gestattet die **Verarbeitung der Daten lediglich zu dem Zweck, zu dem sie erhoben worden sind.** Zweck ist die Durchführung des jeweiligen Verwaltungsverfahrens in Steuersachen nach der AO (vgl. Rn. 2 und 3), differenziert nach Abgabeart (Steuer zuzüglich steuerliche Nebenleistungen), Besteuerungszeitraum/-zeitpunkt und Steuerschuldner. Für gesonderte und gesonderte und einheitliche Feststellungen gilt Entsprechendes.

So ist z. B. **Zweck der Verarbeitung** der im Rahmen der Einkommensteuererklärung erhobenen personenbezogenen Daten für das Jahr 2017 die Festsetzung und Erhebung der Einkommensteuer für 2017 (ggf. einschließlich der Ermittlung der Besteuerungsgrundlagen durch eine Außenprüfung oder durch ein Auskunftsersuchen gegenüber einem Dritten, der Vollstreckung, der Haftungsinanspruchnahme eines Dritten oder der Durchführung eines außergerichtlichen Rechtsbehelfsverfahrens).

4. Weiterverarbeitung personenbezogener Daten durch Finanzbehörden - § 29c AO

23 Personenbezogene Daten, die zu einem bestimmten Zweck erhoben wurden, dürfen nicht einfach für andere Zwecke weiterverwendet werden. Werden personenbezogene Daten zu einem anderen Zweck als zu demjenigen, zu dem sie erhoben oder erfasst wurden, verarbeitet (sogen. **Weiterverarbeitung**), muss eine entsprechende Ermächtigung durch eine Rechtsvorschrift der Union (z. B. EU-Verordnungen wie die Zusammenarbeitsverordnung - VO EU 904/2010) oder der Mitgliedstaaten, die in einer demokratischen Gesellschaft eine notwendige und verhältnismäßige Maßnahme zum Schutz der in Art. 23 Abs. 1 DSGVO genannten Ziele darstellt, vorhanden sein (Art. 6 Abs. 4 DSGVO).

24 **§ 29c Abs. 1 AO ist die nationale Rechtsgrundlage für die Weiterverarbeitung** personenbezogener Daten i. S. d. Art. 6 Abs. 4 DSGVO durch Finanzbehörden.

25 Die Weiterverarbeitung personenbezogener Daten durch Finanzbehörden ist im Rahmen ihrer Aufgabenerfüllung insbesondere in folgenden Fällen zulässig:

- Die Weiterverarbeitung dient einem

    - anderen **Verwaltungsverfahren in Steuersachen,**

    - **Rechnungsprüfungsverfahren in Steuersachen,**

    - **gerichtlichen Verfahren in Steuersachen,**

    - **Strafverfahren wegen einer Steuerstraftat oder**

    - **Bußgeldverfahren wegen einer Steuerordnungswidrigkeit**

    (§ 29c Abs. 1 Satz 1 Nr. 1 AO).

- Es liegen die gesetzlichen Voraussetzungen vor, die nach § 30 Abs. 4 oder 5 AO eine **Offenbarung der Daten** zulassen würden, oder es ist zu prüfen, ob diese Voraussetzungen vorliegen (§ 29c Abs. 1 Satz 1 Nr. 2 AO).

- Die Weiterverarbeitung ist für die **Wahrnehmung von Aufsichts-, Steuerungs- und Disziplinarbefugnissen der Finanzbehörde** erforderlich (§ 29c Abs. 1 Satz 1 Nr. 6 1. Alt. AO). Hierbei dürfen die Daten nur durch Personen verarbeitet werden, die nach § 30 AO zur Wahrung des Steuergeheimnisses verpflichtet sind (§ 29c Abs. 1 Satz 3 AO). Eine Weiterverarbeitung für die **Wahrnehmung von Disziplinarbefugnissen anderer Behörden** ist unter den Voraussetzungen des § 29c Abs. 1 Satz 1 Nr. 2 AO i. V. m. § 30 Abs. 4 Nr. 5 AO zulässig.

- Die Veränderung oder Nutzung personenbezogener Daten ist zu **Ausbildungs- und Prüfungszwecken** durch die Finanzbehörde erforderlich und überwiegende schutzwürdige Interessen der betroffenen Person stehen dem nicht entgegen (§ 29c Abs. 1 Satz 1 Nr. 6 2. Alt. AO). Hierbei dürfen die Daten nur durch Personen verarbeitet werden, die nach § 30 AO zur Wahrung des Steuergeheimnisses verpflichtet sind (§ 29c Abs. 1 Satz 3 AO).

26 Eine **Weiterverarbeitung** i. S. d. § 29c Abs. 1 AO liegt auch dann vor, wenn sie **durch denselben Amtsträger** erfolgt, der die ursprüngliche Verarbeitung i. S. d. § 29b AO ausgeführt hat (z. B. Daten aus der ESt-Veranlagung werden durch denselben Amtsträger i. R. d. USt-Festsetzung verwendet). Sofern die Daten darüber hinaus einem Dritten offenbart werden sollen, muss eine Befugnis i. S. d. § 30 Abs. 4 oder 5 AO gegeben sein.

27 Die **Weiterverarbeitung sensibler Daten** ist unter den Voraussetzungen des § 29c Abs. 2 AO zulässig.

III. Steuergeheimnis - § 30 AO

28 Auf die Regelungen im AEAO zu § 30 (vgl. BMF-Schreiben vom 12. Januar 2018 - IV A 3 - S 0062/18/10001-) wird verwiesen.

IV. Rechte der betroffenen Person - Art. 12 bis 22 DSGVO, §§ 32a bis 32f AO

29 Die von der Datenverarbeitung betroffenen Personen haben nach Art. 12 bis 22 DSGVO verschiedene Rechte, bzw. den Verantwortlichen obliegen hiernach gegenüber den betroffenen Personen bestimmte Pflichten. Der nationale Gesetzgeber hat im Anwendungsbereich der AO von der ihm eingeräumten Regelungsbefugnis Gebrauch gemacht und die Betroffenenrechte modifiziert. Die Betroffenenrechte werden ergänzend zur DSGVO durch §§ 32a bis 32f AO eingeschränkt.

1. Transparente Information, Kommunikation und Modalitäten für die Ausübung der Rechte der betroffenen Person - Art. 12 DSGVO, § 32d AO

30 Die verantwortliche Finanzbehörde muss nach Art. 12 Abs. 1 Satz 1 DSGVO der betroffenen Person alle Informationen gem. den Art. 13 und 14 DSGVO und alle Mitteilungen gem. den Art. 15 bis 22 und Art. 34 DSGVO, die sich auf die Verarbeitung beziehen, **in präziser, transparenter, verständlicher und leicht zugänglicher Form in einer klaren und einfachen Sprache** übermitteln.

31	Die **Übermittlung der Informationen** erfolgt nach Art. 12 Abs. 1 Satz 2 DSGVO **schriftlich** oder in anderer Form, ggf. auch **elektronisch**. Bei der elektronischen Übermittlung personenbezogener Daten ist § 87a Abs. 7 oder 8 AO entsprechend anzuwenden (§ 32d Abs. 3 AO).
32	Soweit der Erteilung der Information oder Auskunft keine Rechtsgründe entgegenstehen, bestimmt die Finanzbehörde die Form der Informations- oder Auskunftserteilung gem. § 32d AO grundsätzlich nach pflichtgemäßem Ermessen. Wenn sie es für zweckmäßig hält, kann die Information oder Auskunft auch im Wege der Akteneinsicht erteilt werden.
33	Hat die betroffene Person einen Bevollmächtigten i. S. d. § 80 Abs. 1 AO bestellt, soll die Information bzw. die Auskunft dem Bevollmächtigten erteilt werden, sofern keine Anhaltspunkte für einen abweichenden Willen der betroffenen Person zu erkennen sind. Von einem abweichenden Willen der betroffenen Person ist z. B. auszugehen, wenn sie persönlich einen Auskunftsantrag nach Art. 15 DSGVO gestellt hat.
34	Die verantwortliche Finanzbehörde muss der betroffenen Person nach Art 12 Abs. 3 Satz 1 DSGVO **Informationen** über die auf Antrag gem. den Art. 15 bis 22 DSGVO ergriffenen Maßnahmen **unverzüglich, in jedem Fall aber innerhalb eines Monats nach Eingang des Antrags** zur Verfügung stellen.
35	Kann diese **Frist** wegen der Komplexität und der Anzahl der Anträge nicht eingehalten werden, sind die Informationen innerhalb von zwei weiteren Monaten zur Verfügung zu stellen (Art. 12 Abs. 3 Satz 2 DSGVO). Die betroffene Person ist hierüber innerhalb eines Monats nach Eingang des Antrags, zusammen mit den Gründen für die Verzögerung, zu unterrichten (Art. 12 Abs. 3 Satz 3 DSGVO).
36	Wird die verantwortliche Finanzbehörde auf den Antrag der betroffenen Person hin nicht tätig, muss sie die betroffene Person ohne Verzögerung, spätestens aber innerhalb eines Monats nach Eingang des Antrags über die Gründe hierfür und über die Möglichkeit unterrichten, Beschwerde bei der Datenschutzaufsichtsbehörde (vgl. Art. 77 DSGVO) oder einen gerichtlichen Rechtsbehelf (vgl. Art. 79 DSGVO) einzulegen (Art. 12 Abs. 4 DSGVO).
37	Informationen gem. Art. 13 und 14 DSGVO sowie alle Mitteilungen und Maßnahmen gem. Art. 15 bis 22 und Art. 34 DSGVO werden grundsätzlich unentgeltlich zur Verfügung gestellt (Art. 12 Abs. 5 Satz 1 DSGVO).
38	Bei **offenkundig unbegründeten oder** - insbesondere im Fall von häufiger Wiederholung - **exzessiven Anträgen** einer betroffenen Person kann die verantwortliche Finanzbehörde nach Art. 12 Abs. 5 Satz 2 Buchst. b DSGVO sich weigern, aufgrund des Antrags tätig zu werden. Die verantwortliche Finanzbehörde hat den Nachweis für den offenkundig unbegründeten oder exzessiven Charakter des Antrags zu erbringen (Art. 12 Abs. 5 Satz 3 DSGVO).

2. Informationspflicht bei Erhebung von personenbezogenen Daten

39	Nach Art. 13 und 14 DSGVO obliegen der verantwortlichen Finanzbehörde Informationspflichten gegenüber der betroffenen Person, wenn sie personenbezogene Daten zu dieser Person **erhebt** oder beabsichtigt, diese **weiterzuverarbeiten**. Siehe dazu auch die Übersicht in Anlage 1.

a) Bei der betroffenen Person erhobene personenbezogene Daten - Art. 13 DSGVO, § 32a AO

aa) Informationspflicht von Amts wegen

40 Im Fall der Erhebung personenbezogener Daten bei der betroffenen Person muss die verantwortliche Finanzbehörde nach Art. 13 Abs. 1 und 2 DSGVO der betroffenen Person die in diesen Regelungen genannten Daten und Informationen spätestens im Zeitpunkt der Erhebung **von Amts wegen mitteilen**.

41 Mitzuteilen sind hiernach insbesondere:

- der Name und die Kontaktdaten der verantwortlichen Finanzbehörde sowie ggf. ihres Vertreters oder ihres Datenschutzbeauftragten;

- die Zwecke, für die die personenbezogenen Daten verarbeitet werden sollen (vgl. Rn. 25);

- die Rechtsgrundlage für die Verarbeitung;

- ggf. die Empfänger oder Kategorien von Empfängern der personenbezogenen Daten;

- die Dauer, für die die personenbezogenen Daten gespeichert werden oder, falls dies nicht möglich ist, die Kriterien für die Festlegung dieser Dauer;

- das Bestehen eines Rechts auf Auskunft über die betreffenden personenbezogenen Daten sowie auf Berichtigung oder Löschung oder auf Einschränkung der Verarbeitung oder eines Widerspruchsrechts gegen die Verarbeitung;

- das Bestehen eines Beschwerderechts bei der oder dem Bundesbeauftragen für den Datenschutz und die Informationsfreiheit (BfDI);

- ggf. das Bestehen einer gesetzlichen Pflicht zur Bereitstellung der personenbezogenen Daten durch die betroffene Person;

- ggf. welche mögliche Folgen die Nichtbereitstellung hätte.

42 Beabsichtigt die verantwortliche Finanzbehörde, die personenbezogenen Daten für einen anderen Zweck weiterzuverarbeiten als den, für den die personenbezogenen Daten erhoben wurden, muss sie der betroffenen Person vor dieser **Weiterverarbeitung** von Amts wegen Informationen über diesen anderen Zweck und alle anderen maßgeblichen Informationen zur Verfügung stellen (Art. 13 Abs. 3 DSGVO).

43 Diese Informationspflichten (Rn. 40 bis 42) können soweit möglich auch in allgemeiner Form (beispielsweise durch ein allgemeines Informationsschreiben mit Hinweis auf ein - z. B. im Internet - veröffentlichtes Merkblatt) erfüllt werden (§ 32d Abs. 2 AO). Im Fall elektronischer Übermittlung der Information ist § 87a Abs. 7 oder 8 AO entsprechend anzuwenden (§ 32d Abs. 3 AO).

bb) Ausnahmen von der Informationspflicht

44 Die o. g. Informationspflichten gem. Art. 13 Abs. 1 bis 3 DSGVO bestehen nach Art. 13 Abs. 4 DSGVO nicht, wenn und soweit die betroffene Person bereits über die Informationen verfügt. Hiervon ist auszugehen, soweit ein allgemeines Informations-schreiben

gem. § 32d Abs. 2 AO mit Hinweis auf ein - z. B. im Internet - veröffentlichtes Merkblatt übermittelt worden ist.

45 Darüber hinaus besteht die Informationspflicht bei beabsichtigter Weiterverarbeitung (vgl. Art. 13 Abs. 3 DSGVO) nach Art. 23 Abs. 1 DSGVO i. V. m. § 32a Abs. 1 AO **in folgenden Fällen nicht:**

46 - die Erteilung der Information würde die ordnungsgemäße Erfüllung der in der Zuständigkeit der Finanzbehörden liegenden Aufgaben gefährden (vgl. Rn. 50 und 51) und die Interessen der Finanzbehörden an der Nichterteilung der Information überwiegen die Interessen der betroffenen Person (§ 32a Abs. 1 Nr. 1 i. V. m. Abs. 2 AO),

47 - die Erteilung der Information würde die öffentliche Sicherheit oder Ordnung gefährden oder sonst dem Wohl des Bundes oder eines Landes Nachteile bereiten und die Interessen der Finanzbehörde an der Nichterteilung der Information überwiegen die Interessen der betroffenen Person (§ 32a Abs. 1 Nr. 2 AO),

48 - die Erteilung der Information würde den Rechtsträger der Finanzbehörde (d. h. Bund, Land oder Gemeinde) in der Geltendmachung, Ausübung oder Verteidigung zivilrechtlicher Ansprüche oder in der Verteidigung gegen ihn geltend gemachter zivilrechtlicher Ansprüche (z. B. Amtshaftungsansprüche, Schadenersatzansprüche, Insolvenzanfechtungsansprüche) beeinträchtigen (§ 32a Abs. 1 Nr. 3 AO); diese Ausnahme gilt allerdings nicht, wenn die Finanzbehörde nach dem Zivilrecht zur Information verpflichtet ist, oder

49 - die Erteilung der Information würde eine vertrauliche Offenbarung geschützter Daten gegenüber öffentlichen Stellen gefährden (§ 32a Abs. 1 Nr. 4 AO). Beispiele:

- Mitteilungen zur Bekämpfung der illegalen Beschäftigung und des Leistungsmissbrauchs (§ 31a AO),

- Mitteilungen zur Bekämpfung der Geldwäsche und der Terrorismusfinanzierung (§ 31b AO) und

- Mitteilungen an Strafverfolgungsbehörden.

50 Die ordnungsgemäße Erfüllung der in der Zuständigkeit der Finanzbehörden liegenden Aufgaben wird nach § 32a Abs. 2 Nr. 1 AO insbesondere gefährdet, wenn die Erteilung der Information den Betroffenen oder Dritte in die Lage versetzen könnte,

a) steuerlich bedeutsame Sachverhalte zu verschleiern,

b) steuerlich bedeutsame Spuren zu verwischen oder

c) Art und Umfang der Erfüllung steuerlicher Mitwirkungspflichten auf der Kenntnisstand der Finanzbehörden einzustellen,

und damit die Aufdeckung steuerlich bedeutsamer Sachverhalte wesentlich erschwert würde.

Beispiele:

- Mitteilungen an die Steuerfahndung,

- Mitteilungen an die für Steuerstrafverfahren und Steuerordnungswidrigkeitenverfahren zuständigen Stellen,

- Kontrollmitteilungen,

- Verwendung von Informationen (Bankverbindung, Vermögen usw.) für die Vollstreckung anderer Steuern derselben betroffenen Person.

51 Die ordnungsgemäße Erfüllung der in der Zuständigkeit der Finanzbehörden liegenden Aufgaben wird nach § 32a Abs. 2 Nr. 2 AO insbesondere auch dann gefährdet, wenn die Erteilung der Information Rückschlüsse auf die Ausgestaltung automationsgestützter Risikomanagementsysteme oder auf geplante Kontroll- oder Prüfungsmaßnahmen zulassen und damit die Aufdeckung steuerlich bedeutsamer Sachverhalte wesentlich erschwert würde.

52 **Unterbleibt eine Information** der betroffenen Person nach § 32a Abs. 1 Nr. 1 bis 4 AO, muss die verantwortliche Finanzbehörde nach § 32a Abs. 3 AO **geeignete Maßnahmen** zum Schutz der berechtigten Interessen der betroffenen Person (Recht auf Information) treffen (z. B. Wiedervorlage und erneute Prüfung bei einem nur vorübergehenden Hinderungsgrund). Die Gründe für die Entscheidung, die betroffene Person nicht zu informieren, sind zu dokumentieren.

53 Im Fall eines vorübergehenden Hinderungsgrundes muss die verantwortliche Finanzbehörde der Informationspflicht unter Berücksichtigung der spezifischen Umstände der Verarbeitung innerhalb einer angemessenen Frist nach Fortfall des Hinderungsgrundes (z. B. Durchführung der Vollstreckungsmaßnahme) nachkommen, spätestens jedoch innerhalb von zwei Wochen (§ 32a Abs. 4 AO).

54 Bezieht sich die Informationserteilung auf die Übermittlung personenbezogener Daten durch Finanzbehörden an Verfassungsschutzbehörden, den Bundesnachrichtendienst, den Militärischen Abschirmdienst und, soweit die Sicherheit des Bundes berührt wird, andere Behörden des Bundesministeriums der Verteidigung, ist sie nach § 32a Abs. 5 AO nur mit Zustimmung dieser Stellen zulässig.

b) **Bei Dritten erhobene personenbezogene Daten - Art. 14 DSGVO, § 32b AO**

aa) **Informationspflicht von Amts wegen**

55 Im Fall der Erhebung personenbezogener Daten bei Dritten muss die verantwortliche **Finanzbehörde** nach Art. 14 Abs. 1 und 2 DSGVO der betroffenen Person die in diesen Regelungen genannten Daten und **Informationen von Amts wegen** mitteilen.

56 Ergänzend zu den nach Art. 13 DSGVO mitzuteilenden Daten und Informationen (vgl. Rn. 40 ff.) müssen der betroffenen Person hiernach **insbesondere** auch **folgende Daten und Informationen** mitgeteilt werden:

- die Kategorien personenbezogener Daten,

- aus welcher Quelle die personenbezogenen Daten stammen und

- ggf. ob sie aus öffentlich zugänglichen Quellen stammen.

57 Die verantwortliche Finanzbehörde muss die vorgenannten Informationen grundsätzlich innerhalb einer angemessenen Frist nach Erlangung der personenbezogenen Daten, spätestens jedoch **innerhalb eines Monats** mitteilen (Art. 14 Abs. 3 Buchst. a DSGVO). Falls die personenbezogenen Daten zur Kommunikation mit der betroffenen

Person verwendet werden sollen, müssen die vorgenannten Informationen spätestens zum Zeitpunkt der ersten Mitteilung an sie mitgeteilt werden (Art. 14 Abs. 3 Buchst. b DSGVO). Falls die Offenlegung an einen anderen Empfänger beabsichtigt ist, müssen die vorgenannten Informationen spätestens zum Zeitpunkt der ersten Offenlegung mitgeteilt werden (Art. 14 Abs. 3 Buchst. c DSGVO).

58 Im Fall elektronischer Übermittlung der Information ist § 87a Abs. 7 oder 8 AO entsprechend anzuwenden (§ 32d Abs. 3 AO).

59 Beabsichtigt die verantwortliche Finanzbehörde, die personenbezogenen Daten für einen anderen Zweck weiterzuverarbeiten als den, für den die personenbezogenen Daten erhoben wurden, muss sie der betroffenen Person vor dieser **Weiterverarbeitung** von Amts wegen Informationen über diesen anderen Zweck und alle anderen maßgeblichen Informationen zur Verfügung stellen (Art. 14 Abs. 4 DSGVO).

bb) Ausnahmen von der Informationspflicht

60 Die o. g. Informationspflichten gem. Art. 14 Abs. 1 bis 4 DSGVO bestehen nach Art. 14 Abs. 5 DSGVO nicht, wenn und soweit

a) die betroffene Person bereits über die Informationen verfügt (hiervor ist auszugehen, soweit ein allgemeines Informationsschreiben gem. § 32d Abs. 2 AO mit Hinweis auf ein - z. B. im Internet - veröffentlichtes Merkblatt übermittelt worden ist);

b) die Erteilung dieser Informationen sich als unmöglich erweist oder einen unverhältnismäßigen Aufwand erfordern würde (vgl. dazu im Einzelnen Art. 14 Abs. 5 Buchst. b DSGVO);

c) die Erlangung der Information durch die Finanzbehörde oder die Offenlegung der Information gegenüber Dritten durch Rechtsvorschriften der Union oder der Mitgliedstaaten ausdrücklich geregelt ist (z. B. § 22a EStG i. V. m. § 93c AO) oder

d) die personenbezogenen Daten gemäß dem Unionsrecht oder dem Recht der Mitgliedstaaten dem Berufsgeheimnis, einschließlich einer satzungsmäßigen Geheimhaltungspflicht, unterliegen und daher vertraulich behandelt werden müssen.

61 Darüber hinaus besteht nach Art. 23 Abs. 1 DSGVO i. V. m. § 32b Abs. 1 AO in folgenden Fällen keine Informationspflicht:

- soweit die Erteilung der Information

    a) die ordnungsgemäße Erfüllung der in der Zuständigkeit der Finanzbehörden (vgl. dazu § 32a Abs. 2 AO sowie Rn. 50 und 51) oder anderer öffentlicher Stellen liegenden Aufgaben i. S. d. Art. 23 Abs. 1 Buchst. d bis h DSGVO gefährden würde oder

    b) die öffentliche Sicherheit oder Ordnung gefährden oder sonst dem Wohl des Bundes oder eines Landes Nachteile bereiten würde

    oder

- wenn die Daten, ihre Herkunft, ihre Empfänger oder die Tatsache ihrer Verarbeitung nach § 30 AO oder einer anderen Rechtsvorschrift oder ihrem Wesen nach, insbesondere wegen überwiegender berechtigter Interessen eines Dritten i. S. d. Art. 23 Abs. 1 Buchst. i DSGVO, geheim gehalten werden müssen

und deswegen das Interesse der betroffenen Person an der Informationserteilung zurücktreten muss.

62 Bezieht sich die Informationserteilung auf die Übermittlung personenbezogener Daten durch Finanzbehörden an Verfassungsschutzbehörden, den Bundesnachrichtendienst, den Militärischen Abschirmdienst und, soweit die Sicherheit des Bundes berührt wird, andere Behörden des Bundesministeriums der Verteidigung, ist sie nur mit Zustimmung dieser Stellen zulässig (§ 32b Abs. 2 AO).

63 Unterbleibt eine Information der betroffenen Person nach § 32b Abs. 1 Nr. 1 und 2 AO, gelten die Regelungen in Rn. 52 entsprechend.

3. Auskunftsrecht der betroffenen Person - Art. 15 DSGVO, § 32c AO

a) Auskunftspflicht auf Antrag

64 Die **betroffene Person hat das Recht**, von der verantwortlichen Finanzbehörde eine Bestätigung darüber zu verlangen, ob sie betreffende personenbezogene Daten von der Finanzbehörde verarbeitet werden; ist dies der Fall, hat sie ein Recht auf Auskunft über diese personenbezogenen Daten und auf die in Art. 15 Abs. 1 Buchst. a bis h DSGVO genannten Informationen (**Auskunft auf Antrag**). Der Antrag kann formlos gestellt werden und bedarf keiner Begründung (zur Benennung der Daten, über die Auskunft erteilt werden soll, vgl. Rn. 69). Der Insolvenzverwalter ist hinsichtlich der Steuerdaten des Insolvenzschuldners nicht „betroffene Person" im Sinne des Art. 4 Nr. 1, Art. 15 Abs. 1 DSGVO, weil der Auskunftsanspruch des Insolvenzschuldners aus Art. 15 DSGVO nicht gemäß § 80 Abs. 1 InsO in die Verwaltungs- und Verfügungsbefugnis des Insolvenzverwalters übergeht (BVerwG-Urteil vom 16. September 2020, 6 C 10/19, BFH/NV 2021 S. 287).

65 Soweit sich aus dem Antrag nicht etwas anderes ergibt, sind der betroffenen Person neben den verarbeiteten personenbezogenen Daten **insbesondere folgende Informationen mitzuteilen:**

- die Zwecke der Verarbeitung (vgl. Rn. 25);

- die Empfänger, gegenüber denen die personenbezogenen Daten offengelegt worden sind oder noch offengelegt werden, insbesondere Empfänger in Drittländern oder internationale Organisationen;

- falls möglich die geplante Dauer, für die die personenbezogenen Daten gespeichert werden, oder, falls dies nicht möglich ist, die Kriterien für die Festlegung dieser Dauer (vgl. hierzu § 17 BuchO i. V. m. AufbewBest-FV).

66 Die verantwortliche Finanzbehörde muss der betroffenen Person eine **Zusammenstellung der personenbezogenen Daten**, die Gegenstand der Verarbeitung sind, unentgeltlich **zur Verfügung stellen** (Art. 15 Abs. 3 Satz 1 DSGVO). Die Rechte Dritter - insbesondere auf Wahrung des Steuergeheimnisses - sind hierbei zu schützen (Art. 15 Abs. 4 DSGVO).

Die Pflicht nach Art. 15 Abs. 3 Satz 1 DSGVO ist nicht mit einem allgemeinen Akteneinsichtsrecht gleichzusetzen. Ein grundsätzlicher Anspruch auf Akteneinsicht besteht im Verwaltungsverfahren in Steuersachen nach der AO nicht. Hält die Finanzbehörde es für zweckmäßig, kann sie eine Auskunft im Wege der Akteneinsicht erteilen (§ 32d Abs. 1 AO, vgl. Rn. 32).

§ 78 FGO, wonach die Beteiligten im finanzgerichtlichen Verfahren das Recht haben, die dem Gericht vorgelegten Akten einzusehen, bleibt unberührt. Zu diesen Akten gehören die den Streitfall betreffenden Akten, die die Finanzbehörde nach Empfang der Klageschrift an das Gericht zu übermitteln hat (§ 71 Abs. 2 FGO).

67 Stellt die betroffene Person den Auskunftsantrag elektronisch, sind die Informationen in einem gängigen elektronischen Format zur Verfügung zu stellen, sofern s e nichts anderes angibt (Art. 15 Abs. 3 Satz 3 DSGVO). Hierbei ist § 87a Abs. 7 oder 8 AO entsprechend anzuwenden (§ 32d Abs. 3 AO).

b) Ausnahmen von der Auskunftspflicht

68 Der nationale Gesetzgeber hat Ausnahmen von diesem Auskunftsrecht festgelegt. Nach Art. 23 Abs. 1 DSGVO i. V. m. § 32c Abs. 1 AO besteht insbesondere **kein Auskunftsrecht der betroffenen Person, soweit**

- die betroffene Person nach § 32b Abs. 1 Nr. 1 oder 2 oder Abs. 2 AO nicht zu informieren ist (vgl. dazu im Einzelnen Rn. 61 f.),

- die Auskunftserteilung den Rechtsträger der Finanzbehörde in der Geltendmachung, Ausübung oder Verteidigung zivilrechtlicher Ansprüche oder der Verteidigung gegen ihn geltend gemachter zivilrechtlicher Ansprüche i. S. d. Art. 23 Abs. 1 Buchst. j DSGVO beeinträchtigen würde; Auskunftspflichten der Finanzbehörde nach dem Zivilrecht bleiben hiervon allerdings unberührt (vgl. Rn. 46),

- die personenbezogenen Daten ausschließlich Zwecken der Datensicherung oder der Datenschutzkontrolle dienen (vgl. z. B. § 6 StDAV) und die Auskunftserteilung einen unverhältnismäßigen Aufwand erfordern würde und eine Verarbeitung zu anderen Zwecken durch geeignete technische und organisatorische Maßnahmen ausgeschlossen ist.

69 Pauschal gestellte Auskunftsanträge müssen im Regelfall durch die betroffene Person präzisiert werden. Denn die betroffene Person soll in dem Auskunftsantrag die Art der personenbezogenen Daten, über die Auskunft erteilt werden soll, näher bezeichner (§ 32c Abs. 2 AO i. V. m. Erwägungsgrund 63 Satz 7 der DSGVO). Ein präzisierer Auskunftsantrag ist erforderlich, weil die Finanzbehörde zu einer betroffenen Person in der Regel eine große Menge personenbezogener Daten verarbeitet. Macht die betroffene Person auch auf Nachfrage keine sachdienlichen Angaben, kann ein Fall des Art. 12 Abs. 5 Satz 2 DSGVO vorliegen (vgl. Rn. 38).

70 Die **Ablehnung der Auskunftserteilung ist** gegenüber der betroffenen Person **zu begründen**. Eine Begründung unterbleibt, soweit der mit der Auskunftsablehnung verfolgte Zweck gefährdet würde (§ 32c Abs. 4 Satz 1 AO).

71 Die zum Zweck der Auskunftserteilung an die betroffene Person und zu deren Vorbereitung gespeicherten Daten dürfen nur für diesen Zweck sowie für Zwecke der Datenschutzkontrolle verarbeitet werden; für andere Zwecke ist die Verarbeitung nach Maßgabe des Art. 18 DSGVO einzuschränken (§ 32c Abs. 4 Satz 2 AO; vgl. Rn. 83 f.).

72 Soweit eine Finanzbehörde die Erteilung einer **Auskunft** ablehnt, ist die Auskunft **auf Verlangen** der betroffenen Person grundsätzlich der oder dem **BfDI zu erteilen**. Dies gilt nicht, soweit die jeweils zuständige oberste Finanzbehörde im Einzelfall feststellt,

dass dadurch die Sicherheit des Bundes oder eines Landes gefährdet würde (§ 32c Abs. 5 Satz 1 AO).

73 Die Mitteilung der oder des BfDI an die betroffene Person über das **Ergebnis der datenschutzrechtlichen Prüfung** der Auskunftsverweigerung **darf keine Rückschlüsse** auf den Erkenntnisstand der Finanzbehörde **zulassen**, sofern diese nicht einer weitergehenden Auskunft zustimmt (§ 32c Abs. 5 Satz 2 AO).

4. Auskunfts- und Informationsrechte nach dem Informationsfreiheitsgesetz (IFG) oder entsprechenden Landesgesetzen - § 32e AO

74 Soweit die betroffene Person oder ein Dritter nach dem IFG oder nach entsprechenden Gesetzen der Länder gegenüber der Finanzbehörde einen Anspruch auf Zugang zu geschützten Daten i. S. d. § 30 Abs. 2 AO hat, gelten Art. 12 bis 15 DSGVO i. V. m. mit den §§ 32a bis 32d AO entsprechend (§ 32e Satz 1 AO). Weitergehende Informationsansprüche über geschützte Daten sind insoweit ausgeschlossen. Damit soll sichergestellt werden, dass anderweitige Informationszugangsansprüche insoweit nicht weitergehen als die Rechte der betroffenen Personen nach der DSGVO und der AO. Zum Rechtsweg siehe Rn. 106.

5. Recht auf Berichtigung - Art. 16 DSGVO, § 32f Abs. 1 AO

75 Nach Art. 16 DSGVO hat die **betroffene Person das Recht**, von der verantwortlichen Finanzbehörde unverzüglich die **Berichtigung** sie betreffender unrichtiger personenbezogener Daten **zu verlangen**. Unter Berücksichtigung der Zwecke der Verarbeitung hat die betroffene Person außerdem das Recht, die Vervollständigung unvollständiger personenbezogener Daten - auch mittels einer ergänzenden Erklärung - zu verlangen.

76 Bestreitet die betroffene Person die Richtigkeit sie betreffender personenbezogener Daten und lässt sich weder die Richtigkeit noch die Unrichtigkeit der Daten feststellen, bewirkt dies nach § 32f Abs. 1 AO **keine Einschränkung der Verarbeitung** (vgl. Art. 4 Nr. 3 DSGVO), **soweit die Daten einem Verwaltungsakt zugrunde liegen**, der nicht mehr aufgehoben, geändert oder berichtigt werden kann. Die ungeklärte Sach-lage ist in diesem Fall allerdings **in geeigneter Weise festzuhalten (z. B. schriftlicher oder elektronischer Aktenvermerk)**. Die bestrittenen Daten dürfen nur mit einem Hinweis hierauf verarbeitet werden.

6. Recht auf Löschung - Art. 17 DSGVO, § 32f Abs. 2 AO

77 Die **betroffene Person hat das Recht**, von der verantwortlichen Finanzbehörde zu verlangen, dass sie betreffende personenbezogene **Daten** unverzüglich **gelöscht werden**, und der Verantwortliche ist dann verpflichtet, personenbezogene Daten unverzüglich zu löschen, sofern einer der in Art. 17 Abs. 1 Buchst. a bis f DSGVO genannten Gründe zutrifft. In Betracht kommen insbesondere folgende **Gründe**:

- Die personenbezogenen Daten sind für die Zwecke, für die sie erhoben oder auf sonstige Weise verarbeitet wurden, nicht mehr notwendig. Anhaltspunkte für die Dauer der Notwendigkeit der Datenspeicherung ergeben sich aus § 17 BuchO i. V. m. AufbewBest-FV.

- Die betroffene Person legt gem. Art. 21 Abs. 1 DSGVO Widerspruch gegen die Verarbeitung ein und es liegen keine vorrangigen berechtigten Gründe für die Verarbeitung vor (vgl. Rn. 88).

- Die personenbezogenen Daten wurden unrechtmäßig verarbeitet.

78 **Das Recht** der betroffenen Person, die **Löschung** personenbezogener Daten verlangen zu dürfen, und die damit verbundene Pflicht der verantwortlichen Finanzbehörde zur Löschung nach Art. 17 Abs. 1 DSGVO gelten nach Art. 17 Abs. 3 DSGVO allerdings **insbesondere nicht, soweit** die Verarbeitung erforderlich ist

- zur Erfüllung einer rechtlichen Verpflichtung, die die Verarbeitung nach dem Recht der Union oder der Mitgliedstaaten durch die verantwortliche Finanzbehörde erfordert,

- zur Wahrnehmung einer Aufgabe, die im öffentlichen Interesse liegt oder in Ausübung öffentlicher Gewalt erfolgt, die der verantwortlichen Finanzbehörde übertragen wurde, oder

- zur Geltendmachung, Ausübung oder Verteidigung von Rechtsansprüchen.

79 Sind die personenbezogenen Daten für die Zwecke, für die sie erhoben oder auf sonstige Weise verarbeitet wurden, nicht mehr notwendig, oder wurden sie unrechtmäßig verarbeitet, ist **anstelle ihrer Löschung die Verarbeitung einzuschränken,**

a) soweit die Daten einem Verwaltungsakt zugrunde liegen, der nicht mehr aufgehoben, geändert oder berichtigt werden kann, und

b) die Finanzbehörde Grund zu der Annahme hat, dass durch eine Löschung schutzwürdige Interessen der betroffenen Person beeinträchtigt würden

(§ 32f Abs. 3 Satz 1 AO). Dies ist in geeigneter Weise festzuhalten **(z. B. schriftlicher oder elektronischer Aktenvermerk).** Die **Finanzbehörde unterrichtet außerdem die betroffene Person** über die Einschränkung der Verarbeitung, sofern sich die Unterrichtung nicht als unmöglich erweist oder einen unverhältnismäßigen Aufwand erfordern würde.

80 Im Fall nicht automatisierter Datenverarbeitung besteht das Recht der betroffenen Person auf und die Pflicht der Finanzbehörde zur Löschung personenbezogener Daten nicht, wenn eine Löschung wegen der besonderen Art der Speicherung nicht oder nur mit unverhältnismäßig hohem Aufwand möglich (z. B. Verfilmung) und das Interesse der betroffenen Person an der Löschung als gering anzusehen ist (§ 32f Abs. 2 Satz 1 AO). In diesem Fall tritt an die Stelle einer Löschung die Einschränkung der Verarbeitung gem. Art. 18 DSGVO (§ 32f Abs. 2 Satz 2 AO). Die Sätze 1 und 2 gelten nach § 32f Abs. 2 Satz 3 AO allerdings nicht, wenn die personenbezogenen Daten unrechtmäßig verarbeitet wurden.

7. Recht auf Einschränkung der Verarbeitung - Art. 18 DSGVO

81 Die betroffene Person hat nach Art. 18 Abs. 1 DSGVO das Recht, von der verantwortlichen Finanzbehörde die Einschränkung der Verarbeitung zu verlangen, wenn eine der in Art. 18 Abs. 1 Buchst. a bis d DSGVO genannten Voraussetzungen gegeben ist. Die Einschränkung der Verarbeitung bedeutet die Markierung gespeicherter personenbezogener Daten mit dem Ziel, ihre künftige Verarbeitung einzuschränken (Art. 4 Nr. 3 DSGVO).

82 Eine Einschränkung der Verarbeitung kommt nach Art. 18 Abs. 1 DSGVO insbesondere in Betracht, wenn

a) die Richtigkeit der personenbezogenen Daten von der betroffenen Person bestritten wird (vgl. Rn. 75), und zwar für eine Dauer, die es der verantwortlichen Finanzbehörde ermöglicht, die Richtigkeit der personenbezogenen Daten zu überprüfen,

b) die Verarbeitung unrechtmäßig ist und die betroffene Person die Löschung der personenbezogenen Daten nach Art. 17 DSGVO ablehnt und stattdessen die Einschränkung der Nutzung der personenbezogenen Daten verlangt,

c) die verantwortliche Finanzbehörde die personenbezogenen Daten für die Zwecke der Verarbeitung nicht länger benötigt, die betroffene Person sie jedoch zur Geltendmachung, Ausübung oder Verteidigung von Rechtsansprüchen benötigt, oder

d) die betroffene Person Widerspruch gegen die Verarbeitung gem. Art. 21 Abs. 1 DSGVO eingelegt hat, solange noch nicht feststeht, ob die berechtigten Gründe der verantwortlichen Finanzbehörde gegenüber denen der betroffenen Person überwiegen.

83 Wurde die Verarbeitung personenbezogener Daten gem. Art. 18 Abs. 1 DSGVO eingeschränkt, dürfen diese Daten - von ihrer Speicherung abgesehen - nach Art. 18 Abs. 2 DSGVO nur

- zur Geltendmachung, Ausübung oder Verteidigung von Rechtsansprüchen oder zum Schutz der Rechte einer anderen natürlichen oder juristischen Person oder

- aus Gründen eines wichtigen öffentlichen Interesses der Union oder eines Mitgliedstaats

verarbeitet werden. Ein wichtiges öffentliches Interesse in diesem Sinne ist die gesetzmäßige und gleichmäßige Besteuerung (vgl. Art. 23 Abs. 1 Buchst. e DSGVO).

84 Die betroffene Person, die eine Einschränkung der Verarbeitung gem. Art. 18 Abs. 1 DSGVO erwirkt hat, wird von der verantwortlichen Finanzbehörde unterrichtet, bevor die Einschränkung der Verarbeitung aufgehoben wird (Art. 18 Abs. 3 DSGVO).

8. Mitteilungspflicht der verantwortlichen Finanzbehörde im Zusammenhang mit der Berichtigung oder Löschung personenbezogener Daten oder der Einschränkung der Verarbeitung - Art. 19 DSGVO

85 Die verantwortliche **Finanzbehörde muss** nach Art. 19 DSGVO allen Empfängern, denen personenbezogene Daten offengelegt wurden, **jede auf Verlangen der betroffenen Person nach Art. 16, Art. 17 Abs. 1 und Art. 18 DSGVO erfolgte Berichtigung oder Löschung** der personenbezogenen Daten oder Einschränkung ihrer Verarbeitung **mitteilen**, es sei denn, dies erweist sich als unmöglich oder ist mit einem unverhältnismäßigen Aufwand verbunden. Die verantwortliche Finanzbehörde muss die betroffene Person über diese Empfänger informieren, wenn die betroffene Person dies verlangt.

9. Recht auf Datenübertragbarkeit - Art. 20 DSGVO

86 Art. 20 DSGVO ist im Verwaltungsverfahren in Steuersachen nach der AO nicht anzuwenden, da die Verarbeitung personenbezogener Daten nicht auf Grundlage einer Einwilligung erfolgt (vgl. Erwägungsgrund 68 Satz 3 ff. der DSGVO).

10. Widerspruchsrecht - Art. 21 DSGVO, § 32f Abs. 5 AO

87 Die **betroffene Person** hat nach Art. 21 Abs. 1 Satz 1 DSGVO das Recht aus Gründen, die sich aus ihrer besonderen Situation ergeben, **jederzeit gegen die Verarbeitung** sie betreffender personenbezogener Daten, die aufgrund von Art. 6 Abs. 1 Buchst. e oder f DSGVO erfolgt, **Widerspruch einzulegen**. Die betroffene Person muss spätestens zum Zeitpunkt der ersten Kommunikation mit ihr ausdrücklich auf das Widerspruchsrecht hingewiesen werden; dieser Hinweis hat in einer verständlichen und von anderen Informationen getrennten Form zu erfolgen (Art. 21 Abs. 4 DSGVO), beispielsweise durch Aufnahme in ein allgemeines Informationsschreiben gem. § 32d Abs. 2 AO mit Hinweis auf ein - z. B. im Internet - veröffentlichtes Merkblatt.

88 Die **verantwortliche Finanzbehörde verarbeitet** nach Eingang eines solchen Widerspruchs die personenbezogenen **Daten nicht mehr, es sei denn**, sie kann zwingende **schutzwürdige Gründe für die Verarbeitung nachweisen**, die die Interessen, Rechte und Freiheiten der betroffenen Person überwiegen, oder die Verarbeitung dient der Geltendmachung, Ausübung oder Verteidigung von Rechtsansprüchen (Art. 21 Abs. 1 Satz 2 DSGVO).

89 Das **Recht auf Widerspruch** gem. Art. 21 Abs. 1 DSGVO gegenüber einer Finanzbehörde besteht nach § 32f Abs. 5 AO außerdem **nicht, soweit**

- an der Verarbeitung ein **zwingendes öffentliches Interesse besteht**, das die Interessen der betroffenen Person überwiegt, oder

- eine Rechtsvorschrift zur Verarbeitung verpflichtet.

Ein zwingendes öffentliches Interesse liegt insbesondere in den Fällen des § 30 Abs. 4 Nr. 5 AO vor. Rechtsvorschriften, die zur Verarbeitung verpflichten, sind z. B. §§ 85, 88 AO, aber auch gesetzliche Regelungen, die die Finanzbehörde zur Offenbarung verpflichten (z. B. §§ 31a, 31b AO).

11. Automatisierte Entscheidungen im Einzelfall - Art. 22 DSGVO

90 Die betroffene Person hat nach Art. 22 Abs. 1 DSGVO das **Recht, nicht** einer ausschließlich auf **einer automatisierten** Verarbeitung beruhenden **Entscheidung unterworfen zu werden**, die ihr gegenüber rechtliche Wirkung entfaltet oder sie in ähnlicher Weise erheblich beeinträchtigt. Art. 22 Abs. 1 DSGVO gilt nach Art. 22 Abs. 2 DSGVO allerdings nicht, wenn die Entscheidung aufgrund von Rechtsvorschriften der Union oder der Mitgliedstaaten, denen die verantwortliche Finanzbehörde unterliegt, zulässig ist und diese Rechtsvorschriften angemessene Maßnahmen zur Wahrung der Rechte und Freiheiten sowie der berechtigten Interessen der betroffenen Person enthalten (vgl. § 155 Abs. 4 AO).

91 Nach Art. 22 Abs. 2 DSGVO zulässige, auf einer **automatisierten Verarbeitung** beruhende Entscheidungen dürfen auch auf der Verarbeitung **sensibler Daten** beruhen, sofern Art. 9 Abs. 2 Buchst. g DSGVO i. V. m. § 29b Abs. 2 AO gilt und angemessene Maßnahmen zum Schutz der Rechte und Freiheiten sowie der berechtigten Interessen der betroffenen Person getroffen wurden (Art. 22 Abs. 4 DSGVO i. V. m. § 155 Abs. 4 AO).

V. Datenschutzaufsicht

1. Datenschutzbeauftragte der Finanzbehörden - Art. 37 ff. DSGVO, § 32g AO, §§ 5 ff. BDSG

92 **Alle öffentlichen Stellen** die personenbezogene Daten verarbeiten - mit Ausnahme der Gerichte, soweit sie im Rahmen ihrer justiziellen Tätigkeit handeln - **müssen** nach Art. 37 Abs. 1 DSGVO einen **Datenschutzbeauftragten bestimmen**.

93 Nach § 32g AO sind für die Benennung, Stellung und Aufgaben des **Datenschutzbeauftragten der Finanzbehörden** im Anwendungsbereich der AO § 5 Abs. 2 bis 5 sowie §§ 6 und 7 des **BDSG entsprechend anzuwenden**.

94 In diesem Zusammenhang gilt u. a. das Folgende:

- Für mehrere Finanzbehörden kann unter Berücksichtigung ihrer Organisationsstruktur und ihrer Größe **ein gemeinsamer Datenschutzbeauftragter** benannt werden (§ 5 Abs. 2 BDSG).

- Der Datenschutzbeauftragte kann gem. Art. 37 Abs. 6 DSGVO Beschäftigter des Verantwortlichen bzw. des Auftragsverarbeiters sein oder seine Aufgaben auf der Grundlage eines Dienstleistungsvertrags erfüllen (§ 5 Abs. 4 BDSG).

- Der Verantwortliche oder der Auftragsverarbeiter hat die **Kontaktdaten des Datenschutzbeauftragten zu veröffentlichen** und diese der Datenschutzaufsichtsbehörde mitzuteilen (§ 5 Abs. 5 BDSG).

- Die Finanzbehörde hat sicherzustellen, dass der Datenschutzbeauftragte bei der Erfüllung seiner Aufgaben keine Anweisungen bezüglich der Ausübung dieser Aufgaben erhält (§ 6 Abs. 3 BDSG). Er handelt insoweit weisungsfrei.

2. Datenschutzaufsicht über Finanzbehörden - Art. 51 ff. DSGVO, § 32h Abs. 1 AO

95 Für die datenschutzrechtliche **Aufsicht über die Finanzbehörden** hinsichtlich der Verarbeitung personenbezogener Daten im **Anwendungsbereich der AO** ist die oder der **BfDI** nach § 8 BDSG zuständig. Die §§ 13 bis 16 des BDSG gelten entsprechend (§ 32h Abs. 1 AO).

3. Datenschutzaufsicht über andere öffentliche sowie nicht-öffentliche Stellen

96 Nach § 9 BDSG ist die oder der BfDI für die Aufsicht über die anderen öffentlichen Stellen des Bundes zuständig, auch soweit sie als öffentlich-rechtliche Unternehmen am Wettbewerb teilnehmen. Dies gilt auch für Auftragsverarbeiter, soweit sie nicht-öffentliche Stellen sind, bei denen dem Bund die Mehrheit der Anteile gehört oder die Mehrheit der Stimmen zusteht und der Auftraggeber eine öffentliche Stelle des Bundes ist.

97 Die Datenschutzaufsicht über andere öffentliche Stellen der Länder sowie nicht-öffentliche Stellen regeln die jeweiligen Landesdatenschutzgesetze. Dies gilt auch soweit diese anderen öffentlichen und nicht-öffentlichen Stellen gem. § 2a Abs. 1 Satz 1 AO die Vorschriften der AO und der Steuergesetze über die Verarbeitung personenbezogener Daten zu beachten haben.

4. Datenschutz-Folgenabschätzung - Art. 35 DSGVO, § 32h Abs. 2 AO

98 Die bisherige Vorabkontrolle wird durch die Datenschutz-Folgenabschätzung ersetzt. Die Datenschutz-Folgenabschätzung hat die Funktion, besonders gelagerte Datenverarbeitungsvorgänge bereits im Vorfeld auf mögliche Folgen hin zu untersuchen. Die Vorschriften sind Ausfluss des technischen und organisatorischen Datenschutzes. Sie richten sich nicht nur an die Verantwortlichen, sondern beziehen ebenso den Datenschutzbeauftragten und die Datenschutzaufsicht mit ein. Verantwortlicher ist insoweit nicht das örtlich zuständige Finanzamt, sondern die nach landesrechtlichen Bestimmungen für die datenschutzrechtliche Freigabe von automatisierten Datenverarbeitungsprogrammen zuständige Stelle.

99 Hat eine **Form der Verarbeitung**, insbesondere bei Verwendung neuer Technologien, aufgrund der Art, des Umfangs, der Umstände und der Zwecke der Verarbeitung voraussichtlich ein **hohes Risiko für die Rechte und Freiheiten** potentiell betroffener Personen zur Folge, so führt der **Verantwortliche** vorab eine **Abschätzung der Folgen** der vorgesehenen Verarbeitungsvorgänge für den Schutz personenbezogener Daten durch. Eine Datenschutz-Folgenabschätzung ist nach Art. 35 Abs. 3 Buchst. b DSGVO immer erforderlich, wenn eine umfangreiche Verarbeitung besonderer Kategorien von personenbezogenen Daten erfolgt.

100 Für die Untersuchung mehrerer ähnlicher Verarbeitungsvorgänge mit ähnlich hohen Risiken kann eine einzige Datenschutz-Folgenabschätzung vorgenommen werden (Art. 35 Abs. 1 DSGVO).

101 Der Verantwortliche holt bei der Durchführung einer Datenschutz-Folgenabschätzung gem. Art. 35 Abs. 2 DSGVO den **Rat des Datenschutzbeauftragten** ein.

102 Eine Pflicht zur Durchführung einer Datenschutz-Folgenabschätzung kann darüber hinaus durch die Datenschutzaufsichtsbehörde begründet werden. Diese kann besondere Verarbeitungsvorgänge in eine Liste aufnehmen, für die eine Datenschutz-Folgenabschätzung durchzuführen ist. Die Liste wird veröffentlicht.

103 Nach Art. 35 Abs. 7 DSGVO muss die **Datenschutz-Folgenabschätzung zumindest Folgendes enthalten:**

- eine systematische Beschreibung der geplanten Verarbeitungsvorgänge und der Zwecke der Verarbeitung, ggf. einschließlich der von dem Verantwortlichen verfolgten berechtigten Interessen;

- eine Bewertung der Notwendigkeit und Verhältnismäßigkeit der Verarbeitungsvorgänge in Bezug auf den Zweck;

- eine Bewertung der Risiken für die Rechte und Freiheiten der betroffenen Personen und

- die zur Bewältigung der Risiken geplanten Abhilfemaßnahmen, einschließlich Garantien, Sicherheitsvorkehrungen und Verfahren, durch die der Schutz personenbezogener Daten sichergestellt und der Nachweis dafür erbracht wird, dass diese Verordnung eingehalten wird, wobei den Rechten und berechtigten Interessen der betroffenen Personen und sonstiger Betroffener Rechnung getragen wird.

104 Entwickelt **eine Finanzbehörde automatisierte Verfahren** zur Verarbeitung personenbezogener Daten im Anwendungsbereich dieses Gesetzes **für Finanzbehörden anderer Länder oder des Bundes**, so ist von ihr die Datenschutz-Folgenabschätzung nach Art. 35 DSGVO durchzuführen. Soweit die Verfahren, insbesondere bundeseinheitliche Programmbestandteile, von den Finanzbehörden der Länder und des Bundes im Hinblick auf die datenschutzrelevanten Funktionen unverändert übernommen werden, gilt diese **Datenschutz-Folgenabschätzung auch für die übernehmenden Finanzbehörden** (§ 32h Abs. 2 AO). In der Finanzverwaltung betrifft dies maßgeblich den Einsatz neuer IT-Verfahren, welche i. d. R. durch die Finanzbehörde eines Landes für den bundeseinheitlichen Einsatz entwickelt werden (§ 4 Abs. 1 KONSENS-Gesetz). Gleiches gilt für wesentliche Änderungen bereits eingesetzter IT-Verfahren.

VI. Rechtsschutz

1. Beschwerdemöglichkeit - Art. 77 DSGVO

105 Jede betroffene Person, die der Ansicht ist, dass die Verarbeitung sie betreffender personenbezogener Daten gegen das steuerliche Datenschutzrecht verstößt, kann sich unbeschadet eines anderweitigen verwaltungsrechtlichen oder gerichtlichen Rechtsbehelfs mit ihrem Anliegen an die nach Art. 77 Abs. 1 DSGVO zuständige Datenschutzaufsichtsbehörde wenden (Beschwerderecht).

2. Gerichtliches Rechtsbehelfsverfahren - Art. 78 und 79 DSGVO, § 32i AO

a) Verfahrensrechtliche Regelungen

106 Für Streitigkeiten, die das steuerliche Datenschutzrecht betreffen, ist grundsätzlich der **Finanzrechtsweg** gegeben. Dies gilt gleichermaßen für Klagen von betroffenen Personen (Steuerpflichtigen oder Dritten) gegenüber der verantwortlichen Finanzbehörde (z. B. auf Auskunft) oder zuständigen Datenschutzaufsichtsbehörde, wie für die gerichtliche Überprüfung von Anordnungen der Datenschutzaufsichtsbehörden gegenüber den Finanzbehörden oder einer anderen öffentlichen oder nicht-öffentlichen Stelle. Der Finanzrechtsweg ist ebenso für Auskunfts- und Informationszugangsansprüche gegeben, deren Umfang nach § 32e AO begrenzt wird. Es ist insoweit aber zu beachten, dass diese mit dem Jahressteuergesetz 2020 (BGBl. I 2020 S. 3096) geänderte Rechtswegzuweisung keine Auswirkung auf am 29. Dezember 2020 bereits anhängige Verfahren hat, da die Zulässigkeit des beschrittenen Rechtsweges nicht durch eine nach Rechtshängigkeit eintretende Veränderung der sie begründenden Umstände berührt wird (§ 17 Abs. 1 Satz 1 GVG).

Der Finanzrechtsweg ist darüber hinaus auch hinsichtlich Streitigkeiten über Schadenersatzansprüche nach Art. 82 DSGVO gegeben, soweit diese die Verarbeitung personenbezogener Daten durch Finanzbehörden im Anwendungsbereich der AO betreffen (Art. 82 Abs. 6 und Art. 79 Abs. 2 DSGVO i. V. m. § 32i Abs. 2 AO).

107 Für sämtliche Verfahren ist die **Finanzgerichtsordnung** (FGO) nach Maßgabe des § 32i Abs. 5 bis 10 AO, d. h. unter Berücksichtigung der Rn. 110 ff. **anzuwenden (§ 32i Abs. 4 AO)**.

108 Für datenschutzrechtliche Streitigkeiten i. S. d. § 32i Abs. 1 bis 3 AO findet gem. § 32i Abs. 9 AO kein Vorverfahren (z. B. in Form eines außergerichtlichen Rechtsbehelfsverfahrens) statt. Daher ist z. B. gegen die Ablehnung einer Auskunft nach Art. 15 DSGVO

(Rn. 70) kein Einspruch gegeben. Auseinandersetzungen sind ausschließlich gerichtlich zu klären. Dies gilt jedoch nicht für Auskunfts- und Informationszugangsansprüche, deren Umfang nach § 32e AO begrenzt wird.

b) Klage gegen den Beschluss einer Datenschutzaufsichtsbehörde - Art. 78 DSGVO, § 32i Abs. 1 AO

109 Nach Art. 78 Abs. 1 und 2 DSGVO i. V. m. § 32i Abs. 1 AO kann gegen einen rechtsverbindlichen **Beschluss einer Datenschutzaufsichtsbehörde** ein gerichtlicher **Rechtsbehelf eingelegt werden. Rechtsbehelfsbefugt sind die betroffene Finanzbehörde oder ihr Rechtsträger sowie jede betroffene Person**. Es kann daher künftig auch Klageverfahren zwischen öffentlichen Stellen zur Streitbeilegung geben.

110 Nach § 32i Abs. 5 Satz 1 AO ist **das Finanzgericht örtlich zuständig**, in dessen Bezirk die jeweils zuständige **Datenschutzaufsichtsbehörde ihren Sitz hat**. Da nach § 32h Abs. 1 AO die Datenschutzaufsicht über Finanzbehörden der oder dem BfDI mit Sitz in Bonn obliegt, ist das Finanzgericht Köln örtlich zuständig.

111 **Beteiligte** in dem o. g. Verfahren sind gem. § 32i Abs. 6 AO

- die öffentliche oder nicht-öffentliche Stelle oder die betroffene Person als Klägerin oder Antragstellerin,

- die zuständige Datenschutzaufsichtsbehörde des Bundes oder eines Landes als Beklagte oder Antragsgegnerin,

- der nach § 60 FGO Beigeladene sowie

- die oberste Bundes- oder Landesfinanzbehörde, die dem Verfahren nach § 122 Abs. 2 FGO beigetreten ist.

112 Eine **Klage** oder ein Antrag in dem o. g. Verfahren haben **aufschiebende Wirkung**.

113 Die **Datenschutzaufsichtsbehörde** kann nach § 32i Abs. 10 Satz 2 AO gegenüber einer Finanzbehörde oder ihrem Rechtsträger nicht die sofortige Vollziehung anordnen.

c) Klage der betroffenen Person gegen Finanzbehörden oder gegen deren Auftragsverarbeiter wegen eines Verstoßes gegen datenschutzrechtliche Bestimmungen - Art. 79 DSGVO, § 32i Abs. 2 AO

114 Jede betroffene Person hat gem. Art. 79 Abs. 1 DSGVO das **Recht auf einen gerichtlichen Rechtsbehelf**, wenn sie der Ansicht ist, dass die ihr aufgrund dieser Verordnung zustehenden Rechte **infolge** einer **nicht im Einklang mit dieser Verordnung stehenden Verarbeitung** ihrer personenbezogenen Daten verletzt wurden.

115 Nach § 32i Abs. 5 Satz 2 AO ist **das Finanzgericht örtlich zuständig**, in dessen Bezirk die beklagte **Finanzbehörde ihren Sitz** oder der beklagte Auftragsverarbeiter seinen Sitz hat.

116 **Beteiligte** in dem o. g. Verfahren sind gem. § 32i Abs. 7 AO

- die betroffene Person als Klägerin oder Antragstellerin,

- die Finanzbehörde oder der Auftragsverarbeiter als Beklagte oder Antragsgegnerin,

- der nach § 60 FGO Beigeladene sowie

- die oberste Bundes- oder Landesfinanzbehörde, die dem Verfahren nach § 122 Abs. 2 FGO beigetreten ist.

d) **Feststellungsklage gegen einen Beschluss der Datenschutzaufsicht gegenüber einer anderen öffentlichen Stelle oder einer nicht-öffentlichen Stelle - § 32i Abs. 3 AO**

117 Die datenschutzrechtliche Aufsicht über öffentliche Stellen, die keine Finanzbehörden sind, sowie über nicht-öffentliche Stellen obliegt den nach dem BDSG oder den entsprechenden Landesgesetzen zuständigen Datenschutzaufsichtsbehörden. Dies gilt auch für Datenschutzfragen hinsichtlich steuerlicher Mitwirkungspflichten.

118 Vertritt die Datenschutzaufsichtsbehörde in einem solchen Fall eine andere Rechtsauffassung als die jeweils zuständige Finanzbehörde, kann diese nach § 32i Abs. 3 AO auf Feststellung des Bestehens einer Mitwirkungspflicht klagen, wenn die zuständige Datenschutzaufsichtsbehörde einen rechtsverbindlichen Beschluss erlassen hat, der eine Mitwirkungspflicht nach der AO oder den Einzelsteuergesetzen ganz oder teilweise verneint.

119 Die **Feststellungsklage** hat **keine aufschiebende Wirkung**.

120 **Beteiligte** in dem o. g. Verfahren sind gem. § 32i Abs. 8 AO

- die zuständige Finanzbehörde als Klägerin oder Antragstellerin,

- die Datenschutzaufsichtsbehörde des Bundes oder eines Landes, die den rechtsverbindlichen Beschluss erlassen hat, als Beklagte oder Antragsgegnerin,

- die Stelle, deren Pflicht zur Mitwirkung die Finanzbehörde geltend macht, als Beigeladene und

- die oberste Bundes- oder Landesfinanzbehörde, die dem Verfahren nach § 122 Abs. 2 FGO beigetreten ist.

121 **Klagen vor dem Finanzgericht** können - die o. g. Rechte betreffend - beispielsweise in folgender **Fallkonstellation** auftreten:

- Vertritt die zuständige Datenschutzaufsichtsbehörde die Auffassung, dass ein zur Datenübermittlung nach den Steuergesetzen verpflichteter Arbeitgeber (z. B. bzgl. der Lohndaten der betroffenen Person) mit seiner Mitteilung gegen das Datenschutzrecht verstößt, kann er diesem die Datenübermittlung an die Finanzbehörde untersagen. Damit in diesem Zusammenhang rechtsverbindlich geklärt wird, ob eine steuerliche Mitwirkungspflicht besteht, kann die zuständige Finanzbehörde im finanzgerichtlichen Verfahren Klage auf Feststellung des Bestehens einer Mitwirkungspflicht erheben.

122 Nach § 32i Abs. 5 Satz 1 AO ist **das Finanzgericht örtlich zuständig**, in dessen Bezirk die zuständige **Datenschutzaufsichtsbehörde ihren Sitz hat**.

VII. Informationspflichten bei Verletzung des Schutzes personenbezogener Daten - Art. 33 und 34 DSGVO

1. Verletzung des Schutzes personenbezogener Daten

123 Nach Art. 4 Nr. 12 DSGVO ist eine „Verletzung des Schutzes personenbezogener Daten" eine Verletzung der Sicherheit, die, ob unbeabsichtigt oder unrechtmäßig, zur Vernichtung, zum Verlust, zur Veränderung, oder zur unbefugten Offenlegung von beziehungsweise zum unbefugten Zugang zu personenbezogenen Daten führt, die übermittelt, gespeichert oder auf sonstige Weise verarbeitet wurden.

2. Meldepflicht gegenüber der oder dem BfDI

124 Im Falle einer solchen Verletzung des Schutzes personenbezogener Daten muss die verantwortliche Finanzbehörde nach Art. 33 Abs. 1 DSGVO unverzüglich und möglichst binnen 72 Stunden, nachdem ihr die Verletzung bekannt wurde, diese der oder dem BfDI melden. Ausgenommen sind nur die Fälle, in denen die Verletzung des Schutzes personenbezogener Daten voraussichtlich nicht zu einem Risiko für die Rechte und Freiheiten betroffener Personen führt. Erfolgt die Meldung nicht binnen 72 Stunden ist ihr eine Begründung für die Verzögerung beizufügen.

125 Diese Meldung muss nach Art. 33 Abs. 4 DSGVO zumindest folgende Informationen enthalten:

a) eine Beschreibung der Art der Verletzung des Schutzes personenbezogener Daten, soweit möglich mit Angabe der Kategorien und der ungefähren Zahl der betroffenen Personen, der betroffenen Kategorien und der ungefähren Zahl der betroffenen personenbezogenen Datensätze;

b) der Namen und die Kontaktdaten des Datenschutzbeauftragten oder einer sonstigen Anlaufstelle für weitere Informationen;

c) eine Beschreibung der wahrscheinlichen Folgen der Verletzung des Schutzes personenbezogener Daten;

d) eine Beschreibung der von der verantwortlichen Finanzbehörde ergriffenen oder vorgeschlagenen Maßnahmen zur Behebung der Verletzung des Schutzes personenbezogener Daten und ggf. Maßnahmen zur Abmilderung ihrer möglichen nachteiligen Auswirkungen.

Wenn und soweit diese Informationen nicht zur gleichen Zeit bereitgestellt werden können, kann die verantwortliche Finanzbehörde diese Informationen ohne unangemessene weitere Verzögerung schrittweise zur Verfügung stellen (Art. 33 Abs. 4 DSGVO).

126 Die verantwortliche Finanzbehörde muss nach Art. 33 Abs. 5 DSGVO Verletzungen des Schutzes personenbezogener Daten einschließlich aller im Zusammenhang mit der Verletzung des Schutzes personenbezogener Daten stehenden Fakten, die Auswirkungen der Schutzverletzung und die ergriffenen Abhilfemaßnahmen dokumentieren. Diese Dokumentation muss der oder dem BfDI die Überprüfung der Einhaltung der Bestimmungen dieses Artikels ermöglichen.

127 Wird dem Auftragsverarbeiter einer Finanzbehörde eine Verletzung des Schutzes personenbezogener Daten bekannt, muss er ihr diese unverzüglich melden (Art. 33 Abs. 2 DSGVO).

3. Benachrichtigung der betroffenen Person

128 Hat die Verletzung des Schutzes personenbezogener Daten voraussichtlich ein **hohes Risiko** für die persönlichen Rechte und Freiheiten betroffener Personen zur Folge, muss die verantwortliche Finanzbehörde über die Meldung nach Art. 33 DSGVO hinaus auch die betroffene Person unverzüglich von der Verletzung benachrichtigen (Art. 34 Abs. 1 DSGVO). Diese Benachrichtigung muss in klarer und einfacher Sprache die Art der Verletzung des Schutzes personenbezogener Daten beschreiben und zumindest die in Art. 33 Abs. 3 Buchst. b, c und d DSGVO genannten Informationen und Maßnahmen enthalten (Art. 34 Abs. 2 DSGVO).

129 Eine Benachrichtigung der betroffenen Person ist nach Art. 34 Abs. 3 DSGVO allerdings nicht erforderlich, wenn eine der folgenden Bedingungen erfüllt ist:

a) die verantwortliche Finanzbehörde hat geeignete technische und organisatorische Sicherheitsvorkehrungen getroffen und diese Vorkehrungen wurden auf die von der Verletzung betroffenen personenbezogenen Daten angewandt, insbesondere solche, durch die die personenbezogenen Daten für alle Personen, die nicht zum Zugang zu den personenbezogenen Daten befugt sind, unzugänglich gemacht werden, etwa durch Verschlüsselung;

b) die verantwortliche Finanzbehörde hat durch zeitlich nachfolgende Maßnahmen sichergestellt, dass das hohe Risiko für die Rechte und Freiheiten der betroffenen Personen gem. Art. 34 Abs. 1 DSGVO aller Wahrscheinlichkeit nach nicht mehr besteht;

c) die Benachrichtigung wäre mit einem unverhältnismäßigen Aufwand verbunden. In diesem Fall hat stattdessen eine öffentliche Bekanntmachung oder eine ähnliche Maßnahme zu erfolgen, durch die die betroffenen Personen vergleichbar wirksam informiert werden.

130 Wenn die verantwortliche Finanzbehörde die betroffene Person nicht bereits über die Verletzung des Schutzes personenbezogener Daten benachrichtigt hat, kann die oder der BfDI nach Art. 34 Abs. 4 DSGVO unter Berücksichtigung der Wahrscheinlichkeit, mit der die Verletzung des Schutzes personenbezogener Daten zu einem hohen Risiko führt, von der verantwortlichen Finanzbehörde verlangen, dies nachzuholen, oder sie kann mit einem Beschluss feststellen, dass bestimmte der in Art. 34 Abs. 3 DSGVO genannten Voraussetzungen erfüllt sind.

Dieses Schreiben tritt mit sofortiger Wirkung an die Stelle des BMF-Schreibens vom 12. Januar 2018 - IV A 3 - S 0030/16/10004-07 - (BStBl 2018 I S. 185). Die materiellen Änderungen gegenüber diesem Schreiben sind durch einen Randstrich gekennzeichnet.

Dieses Schreiben wird im Bundessteuerblatt Teil I veröffentlicht und steht ab sofort für eine Übergangszeit auf den Internetseiten des Bundesministeriums der Finanzen (http://www.bundesfinanzministerium.de) unter der Rubrik „Themen - Steuern - Steuerverwaltung & Steuerrecht - Abgabenordnung - BMF-Schreiben / Allgemeines" zum Download bereit.

Anlage

**Informationspflicht der Finanzbehörden
im Fall der Erhebung personenbezogener Daten**

	Datenerhebung bei der betroffenen Person (Art. 13 DSGVO + § 32a AO)	Datenerhebung bei Dritten (Art. 14 DSGVO + § 32b AO)
Zeitpunkt der Mitteilung	bei Erhebung der Daten	a) innerhalb einer angemessenen Frist nach Erlangung der personenbezogenen Daten, längstens jedoch innerhalb eines Monats, b) falls die personenbezogenen Daten zur Kommunikation mit der betroffenen Person verwendet werden sollen, spätestens zum Zeitpunkt der ersten Mitteilung an sie, c) falls die Offenlegung an einen anderen Empfänger beabsichtigt ist, spätestens zum Zeitpunkt der ersten Offenlegung.

Mitzuteilende Daten:	Datenerhebung bei der betroffenen Person (Art. 13 DSGVO + § 32a AO)	Datenerhebung bei Dritten (Art. 14 DSGVO + § 32b AO)
• Name und die Kontaktdaten des Verantwortlichen sowie ggf. seines Vertreters	Ja	Ja
• Ggf. die Kontaktdaten des Datenschutzbeauftragten	Ja	Ja
• die Zwecke, für die die personenbezogenen Daten verarbeitet werden sollen	Ja	Ja
• Rechtsgrundlage für die Verarbeitung	Ja	Ja
• die Kategorien personenbezogener Daten, die verarbeitet werden	Nein	Ja
• ggf. die Empfänger oder Kategorien von Empfängern der personenbezogenen Daten	Ja	Ja
• ggf. die Absicht der Finanzbehörde, die personenbezogenen Daten an ein Drittland oder eine internationale Organisation zu übermitteln, sowie das Vorhandensein oder das Fehlen eines Angemessenheitsbeschlusses der Kommission oder im Falle von Übermittlungen gem. Art. 46 oder Art. 47 oder	Ja	Ja

Mitzuteilende Daten:	Datenerhebung bei der betroffenen Person (Art. 13 DSGVO + § 32a AO)	Datenerhebung bei Dritten (Art. 14 DSGVO + § 32b AO)
Art. 49 Abs. 1 Unterabs. 2 DSGVO einen Verweis auf die geeigneten oder angemessenen Garantien und die Möglichkeit, wie eine Kopie von ihnen zu erhalten ist, oder wo sie verfügbar sind		
• die Dauer, für die die personenbezogenen Daten gespeichert werden oder, falls dies nicht möglich ist, die Kriterien für die Festlegung dieser Dauer	Ja	Ja
• das Bestehen eines Rechts auf Auskunft seitens des Verantwortlichen über die betreffenden personenbezogenen Daten sowie auf Berichtigung oder Löschung oder auf Einschränkung der Verarbeitung und eines Widerspruchsrechts gegen die Verarbeitung sowie des Rechts auf Datenübertragbarkeit	Ja	Ja
• das Bestehen eines Beschwerderechts bei einer Datenschutzaufsichtsbehörde	Ja	Ja
• aus welcher Quelle die personenbezogenen Daten stammen und ggf. ob sie aus öffentlich zugänglichen Quellen stammen	Nein	Ja
• ob die Bereitstellung der personenbezogenen Daten gesetzlich oder vertraglich vorgeschrieben oder für einen Vertragsabschluss erforderlich ist, ob die betroffene Person verpflichtet ist, die personenbezogenen Daten bereitzustellen, und welche möglichen Folgen die Nichtbereitstellung hätte	Ja	Nein
• das Bestehen einer automatisierten Entscheidungsfindung	Ja	Ja
• beabsichtigt die Finanzbehörde, die personenbezogenen Daten für einen anderen Zweck weiterzuverarbeiten als den, für den die personenbezogenen Daten erhoben wurden, so stellt er der betroffenen Person vor dieser Weiterverarbeitung Informationen über diesen anderen Zweck und alle anderen maßgeblichen Informationen gem. Art. 13 Abs. 2 bzw. Art. 14 Abs. 2 DSGVO zur Verfügung	Ja	Ja

Keine Information der betroffenen Person, wenn und soweit	Datenerhebung bei der betroffenen Person (Art. 13 DSGVO + § 32a AO)	Datenerhebung bei Dritten (Art. 14 DSGVO + § 32b AO)
• die betroffene Person bereits über die Informationen verfügt	Ja	Ja
• die Erteilung dieser Informationen sich als unmöglich erweist oder einen unverhältnismäßigen Aufwand erfordern würde	Nein	Ja
• die Erlangung oder Offenlegung durch Rechtsvorschriften der Union oder der Mitgliedstaaten, denen der Verantwortliche unterliegt und die geeignete Maßnahmen zum Schutz der berechtigten Interessen der betroffenen Person vorsehen, ausdrücklich geregelt ist oder	Nein	Ja
• die personenbezogenen Daten gemäß dem Unionsrecht oder dem Recht der Mitgliedstaaten dem Berufsgeheimnis, einschließlich einer satzungsmäßigen Geheimhaltungspflicht, unterliegen und daher vertraulich behandelt werden müssen	Nein	Ja
• die beabsichtigte Weiterverarbeitung oder Offenbarung würde die ordnungsgemäße Erfüllung der in der Zuständigkeit der Finanzbehörden liegenden Aufgaben i. S. d. Art. 23 Abs. 1 Buchst. d bis h DSGVO gefährden und die Interessen der Finanzbehörden an der Nichterteilung der Information überwiegen die Interessen der betroffenen Person	Ja	Nein
• die Erteilung der Information würde die ordnungsgemäße Erfüllung der in der Zuständigkeit der Finanzbehörden oder anderer öffentlicher Stellen liegenden Aufgaben i. S. d. Art. 23 Abs. 1 Buchst. d bis h DSGVO gefährden	Nein	Ja
• die beabsichtigte Weiterverarbeitung oder Offenbarung würde die öffentliche Sicherheit oder Ordnung gefährden oder sonst dem Wohl des Bundes oder eines Landes Nachteile bereiten und die Interessen der Finanzbehörde an der Nichterteilung der Information überwiegen die Interessen der betroffenen Person	Ja	Nein
• die beabsichtigte Weiterverarbeitung oder Offenbarung würde die öffentliche Sicherheit oder Ordnung gefährden oder sonst dem Wohl des Bundes oder eines Landes Nachteile bereiten und das Interesse der betroffenen Person an der Informationserteilung muss deswegen zurücktreten	Nein	Ja

Keine Information der betroffenen Person, wenn und soweit	Datenerhebung bei der betroffenen Person (Art. 13 DSGVO + § 32a AO)	Datenerhebung bei Dritten (Art. 14 DSGVO + § 32b AO)
• die Erteilung der Information würde die öffentliche Sicherheit oder Ordnung gefährden oder sonst dem Wohl des Bundes oder eines Landes Nachteile bereiten	Nein	Ja
• die beabsichtigte Weiterverarbeitung oder Offenbarung würde den Rechtsträger der Finanzbehörde in der Geltendmachung, Ausübung oder Verteidigung zivilrechtlicher Ansprüche or in der der Verteidigung gegen ihn geltend gemachter zivilrechtlicher Ansprüche i. S. d. Art. 23 Abs. 1 Buchst. j DSGVO beeinträchtigen und die Finanzbehörde ist nach dem Zivilrecht nicht zur Information verpflichtet	Ja	Nein
• die beabsichtigte Weiterverarbeitung oder Offenbarung würde eine vertrauliche Offenbarung geschützter Daten gegenüber öffentlichen Stellen gefährden	Ja	Nein
• die Daten, ihre Herkunft, ihre Empfänger oder die Tatsache ihrer Verarbeitung müssen nach § 30 AO oder einer anderen Rechtsvorschrift oder ihrem Wesen nach, insbesondere wegen überwiegender berechtigter Interessen eines Dritten i. S. d. Art. 23 Abs. 1 Buchst. i DSGVO, geheim gehalten werden	Nein	Ja
• Bezieht sich die Informationserteilung auf die Übermittlung personenbezogener Daten durch Finanzbehörden an Verfassungsschutzbehörden, den Bundesnachrichtendienst, den Militärischen Abschirmdienst und, soweit die Sicherheit des Bundes berührt wird, andere Behörden des Bundesministeriums der Verteidigung, ist sie nur mit Zustimmung dieser Stellen zulässig.	Ja	Ja

Auskünfte an Gewerbebehörden in gewerberechtlichen Verfahren und Mitteilungen bei Betriebsaufgaben und Betriebsveräußerungen

(BMF-Schreiben vom 19.12.2013 - IV A 3 - S 0130/10/10019 -, BStBl 2014 I S. 19)

Unter Bezugnahme auf das Ergebnis der Erörterungen mit den obersten Finanzbehörden der Länder gilt Folgendes:

1. Mitteilungen an Gewerbebehörden von Amts wegen

1.1 Das Gewerberecht sieht die Versagung, Rücknahme oder den Widerruf einer gewerberechtlichen Erlaubnis sowie die Untersagung eines Gewerbes bei gewerberechtlicher Unzuverlässigkeit vor (z. B. §§ 33c, 34a bis 34f, 35, 38 GewO, § 15 GastG bzw. entsprechende landesrechtliche Vorschriften). Die gewerberechtliche Unzuverlässigkeit kann auch aus steuerrechtlichen Sachverhalten hergeleitet werden. Die Gewerbebehörden sind verpflichtet, mit den Mitteln der Gewerbeuntersagung gegen solche Gewerbetreibende einzuschreiten, die ihre steuerlichen Pflichten nicht erfüllen, um so das Vertrauen der Allgemeinheit auf die Redlichkeit des Geschäftsverkehrs und die ordnungsgemäße Arbeit der Gewerbebehörden zu bewahren.

1.2 Die gewerberechtlichen Vorschriften über die Versagung, Rücknahme oder den Widerruf einer gewerberechtlichen Erlaubnis sowie die Untersagung eines Gewerbes bei gewerberechtlicher Unzuverlässigkeit rechtfertigen keine Durchbrechung des Steuergeheimnisses nach § 30 Abs. 4 Nr. 2 AO. Die Finanzbehörden sind aber aufgrund eines zwingenden öffentlichen Interesses an der Durchbrechung des Steuergeheimnisses zur Offenbarung von steuerlichen Verhältnissen im Hinblick auf diejenigen Tatsachen befugt, aus denen sich die Unzuverlässigkeit des Gewerbetreibenden im Sinne des Gewerberechts ergeben kann (vgl. BFH-Urteile vom 10. Februar 1987, VII R 77/84, BStBl II S. 545 und vom 29. Juli 2003, VII R 39/02, VII R 43/02, BStBl II S. 828). Die richtige Auslegung und Anwendung des Gewerberechts in einem gewerberechtlichen Erlaubnis- oder Untersagungsverfahren obliegt dabei den Gewerbebehörden, nicht den Finanzbehörden. Die Finanzbehörde hat aber nach § 30 Abs. 4 Nr. 5 AO in eigener Verantwortung zu prüfen, ob ein zwingendes öffentliches Interesse die Durchbrechung des Steuergeheimnisses rechtfertigt.

1.3 Das von § 30 Abs. 4 Nr. 5 AO verlangte zwingende öffentliche Interesse ist dabei nicht davon abhängig, ob die Voraussetzungen des Gewerberechts (z. B. § 33c, 34a bis 34f 35, 38 GewO, § 15 GastG bzw. entsprechende landesrechtliche Regelungen) tatsächlich vorliegen. Das zu beurteilen gestattet § 30 Abs. 4 Nr. 5 AO der Finanzbehörde nicht, da damit vielmehr dem Vollzug des Gewerberechts, der allein der Gewerbebehörde obliegt, unzulässig vorgreifen würde. Tatsachen, die eindeutig nicht geeignet sind, alleine oder in Verbindung mit anderen Tatsachen eine Versagung, Rücknahme oder den Widerruf einer gewerberechtlichen Erlaubnis oder eine Gewerbeuntersagung zu rechtfertigen, dürfen nicht mitgeteilt werden. Dabei muss die Finanzbehörde die Maßstäbe anlegen, die von den Verwaltungsbehörden und -gerichten aufgestellt worden sind (BFH-Urteil vom 29. Juli 2003, VII R 39/02, VII R 43/02, BStBl II S. 828).

1.4 Ein zwingendes öffentliches Interesse an der Mitteilung von steuerlichen Verhältnissen gegenüber den Gewerbebehörden liegt grundsätzlich nur vor, soweit es sich um Steuern handelt, die durch die gewerbliche Tätigkeit ausgelöst wurden (insbesondere Lohnsteuer, Umsatzsteuer - vgl. BFH-Urteil vom 10. Februar 1987, VII 77/84, BStBl II S. 545). Bei Personensteuern (insbesondere Einkommensteuer, Kirchensteuer) besteht ein solcher Zusammenhang, soweit diese Steuern durch die gewerbliche Tätigkeit ausgelöst wurden. Unabhängig davon ist ein zwingendes öffentliches Interesse an der Mitteilung hinsichtlich der Personensteuern auch dann

Anhang 14 — Auskünfte an Gewerbebehörden

zu bejahen, wenn Versagung, Rücknahme oder Widerruf einer gewerberechtlichen Erlaubnis oder Gewerbeuntersagung wegen Unzuverlässigkeit infolge wirtschaftlicher Leistungsunfähigkeit im Raume stehen (z. B. hohe Schuldenlast, kein Sanierungskonzept - vgl. OVG Münster, Urteil vom 2. September 1987, 4 A 152/87, juris).

1.5   Zu Mitteilungen in den Fällen des § 14 Abs. 4 GewO siehe Tz. 6.

2. Voraussetzungen der Unzuverlässigkeit

Die Verletzung steuerrechtlicher Pflichten, die mit der Ausübung des Gewerbes im Zusammenhang stehen, begründet die gewerberechtliche Unzuverlässigkeit nicht in jedem Fall, wohl aber dann, wenn das Verhalten des Steuerpflichtigen darauf schließen lässt, dass er nicht willens oder in der Lage ist, seine öffentlichen Berufspflichten zu erfüllen. Wegen der weittragenden Bedeutung, die die Versagung einer Erlaubnis oder die Unterbindung der gewerblichen Tätigkeit für den Betroffenen hat, muss es sich um erhebliche Verstöße handeln. Wann jeweils Unzuverlässigkeit vorliegt, kann nur unter Würdigung aller Umstände des Einzelfalles entschieden werden. Anhaltspunkte für die Entscheidung bieten folgende Kriterien:

2.1   Nichtabgabe von Steuererklärungen

Die Nichtabgabe von Steuererklärungen begründet für sich allein eine Unzuverlässigkeit nur dann, wenn die Erklärungen trotz Erinnerung hartnäckig über längere Zeit nicht abgegeben werden (vgl. BVerwG-Urteil vom 16. März 1982, 1 C 124/80, juris). Die Nichtabgabe von Lohnsteueranmeldungen oder von Umsatzsteuer-Voranmeldungen hat in der Regel besonderes Gewicht. Die Nichtabgabe von Steuererklärungen in den übrigen Fällen wird regelmäßig nur in Verbindung mit der Nichtentrichtung von Steuern nach Tz. 2.2 von Belang sein.

Der bloße Erlass von Schätzungsbescheiden infolge Nichterfüllung steuerlicher Erklärungspflichten reicht noch nicht aus, um eine Unzuverlässigkeitsprognose gemäß § 35 GewO zu begründen. Eine gemäß § 162 AO schätzungsweise festgesetzte Steuerschuld ist im Übrigen aber im Rahmen des § 35 GewO grundsätzlich nicht anders zu würdigen als eine solche, die sich aus ermittelten Besteuerungsgrundlagen ergibt (BVerwG-Beschluss vom 26. September 1991, 1 B 115/91; juris).

2.2   Nichtentrichtung von Steuern

Die Nichtentrichtung von Steuern, insbesondere ein erheblicher Steuerrückstand, wird vielfach die Unzuverlässigkeit begründen. Mitgeteilt werden können dabei nicht nur bestandskräftig festgesetzte Steuerforderungen, sondern auch fällige, aber noch nicht bestandskräftig festgesetzte Steuerforderungen (BFH-Urteil vom 29. Juli 2003, BStBl II S. 828). Nur wenn die Vollziehung eines Steuerbescheides nach § 361 AO oder § 69 FGO ausgesetzt ist, darf die Nichtzahlung der festgesetzten Steuer im gewerberechtlichen Untersagungsverfahren nicht berücksichtigt werden (vgl. BVerwG-Beschluss vom 30. September 1998, 1 B 100/98, juris, mit Hinweis auf den Beschluss vom 5. März 1997, 1 B 56/97, juris).

In diesem Zusammenhang sind folgende Gesichtspunkte zu berücksichtigen:

2.2.1   Umfang und Art der Steuerrückstände

Erforderlich ist in jedem Fall ein für die Verhältnisse des Betriebes erheblicher Steuerrückstand. Beträge unter 5.000 € reichen in aller Regel nicht aus.

Von Bedeutung ist ferner die Entwicklung der Steuerrückstände - getrennt nach Steuerarten - über längere Zeit. Ständig schleppender Zahlungseingang kann auch bei verhältnismäßig geringen Steuerrückständen die Unzuverlässigkeit begründen, während etwa eine hohe Steuerschuld im Anschluss an eine Außenprüfung nicht ohne weiteres auf steuerliche Unzuverlässigkeit schließen lässt.

Beruhen die Steuerrückstände ganz oder teilweise darauf, dass einbehaltene Steuerabzugsbeträge (insbesondere Lohnsteuerbeträge) mehrfach nicht abgeführt worden sind, so begründet dies in der Regel Unzuverlässigkeit.

2.2.2 Vollstreckungsversuch

Ein Vollstreckungsversuch des Finanzamts ist in aller Regel unabdingbare Voraussetzung für die Einleitung eines gewerberechtlichen Untersagungsverfahrens wegen Steuerrückständen.

2.3 Subjektive und objektive Seite der Verstöße

Unzuverlässigkeit ist u. a. anzunehmen, wenn der Gewerbetreibende nicht willens ist, seine steuerrechtlichen Verpflichtungen zu erfüllen. Hierauf lässt eine ständige Missachtung der ihm obliegenden Verpflichtungen schließen, z. B. die Weigerung, Steuererklärungen abzugeben, Steuerrückstände zu begleichen, einen Abzahlungsplan zu vereinbaren oder einzuhalten sowie der Versuch, Vollstreckungsmaßnahmen des Finanzamts zu vereiteln.

Aber auch eine unverschuldet eingetretene Notlage, die z. B. auf allgemeine oder strukturelle wirtschaftliche Schwierigkeiten zurückzuführen ist, kann die Annahme der Unzuverlässigkeit rechtfertigen. Unzuverlässigkeit setzt weder ein Verschulden im Sinne eines moralischen oder ethischen Vorwurfs noch einen Charaktermangel voraus. Die gewerberechtlichen Bestimmungen über die Versagung, die Rücknahme oder den Widerruf einer Erlaubnis sowie über die Untersagung eines Gewerbes sind wertneutral und keine Strafvorschriften. Der Schutz der Allgemeinheit gebietet es, bei unzuverlässigen Gewerbetreibenden die weitere Ausübung des Gewerbes zu unterbinden, wobei es im Hinblick auf etwaige Schädigungen des zu schützenden Personenkreises belanglos ist, ob Verschulden vorliegt oder nicht (BVerwG-Beschluss vom 12. Juli 1990, 1 B 110/90, juris). Die Unzuverlässigkeit kann auch allein durch wirtschaftliche Leistungsunfähigkeit begründet werden. Eine Gewerbeuntersagung setzt damit kein Verschulden des Gewerbetreibenden oder sonst einen ihn persönlich treffenden Vorwurf der Unredlichkeit voraus, sondern ist nach der verwaltungsgerichtlichen Rechtsprechung auch dann gerechtfertigt, wenn der Gewerbetreibende lediglich objektiv nicht in der Lage ist, seinen steuerlichen Zahlungspflichten zumindest im Rahmen eines realistischen Planes zur finanzieller Sanierung seines Gewerbebetriebes nachzukommen (vgl. BVerwG-Urteil vom 2. Februar 1982, 1 C 146/80, BVerwGE 65, 1; BVerwG-Beschluss vom 11. November 1996, 1 B 226/96, juris).

2.4 Steuerliche Straf- und Bußgeldverfahren

Wichtige Anhaltspunkte für die Unzuverlässigkeit können steuerliche Straf- oder Bußgeldverfahren sein, die im Zusammenhang mit der Ausübung eines Gewerbebetriebes stehen. Für die Prüfung der Zuverlässigkeit des Gewerbetreibenden sind sowohl der Sachverhalt, der zur Einleitung des Verfahrens geführt hat, als auch das Ergebnis des Verfahrens sowie das Verhalten des Steuerpflichtigen nach dem Verfahren erheblich.

2.5 Künftiges Verhalten

Maßgebend für die Beurteilung der gewerberechtlichen Unzuverlässigkeit ist stets, ob der Gewerbetreibende keine Gewähr dafür bietet, dass er das Gewerbe künftig ordnungsgemäß ausüben wird. Steuerrechtliche Sachverhalte sind nur dann gewerberechtlich von Bedeutung, wenn aus ihnen auf ein künftiges nicht ordnungsmäßiges Verhalten geschlossen werden kann.

2.6 Sondervorschriften

Besondere gesetzliche Bestimmungen über die Berücksichtigung steuerlichen Verhaltens (z. B. § 3 Abs. 5 des Güterkraftverkehrsgesetzes, § 25 Abs. 3 des Personenbeförderungsgesetzes) bleiben unberührt.

3. Auskunftsersuchen der Gewerbebehörde an das Finanzamt

3.1 Anwendungsbereich

Ergeben sich im Rahmen eines Verfahrens auf Erteilung einer Erlaubnis, eines Verfahrens auf Rücknahme oder Widerruf einer Erlaubnis oder auf Gewerbeuntersagung Anhaltspunkte für eine Verletzung steuerrechtlicher Pflichten, so bittet die Gewerbebehörde das zuständige Finanzamt um Auskunft, soweit nicht die Erteilung einer Bescheinigung an den Betroffenen über seine steuerlichen Verhältnisse vorgesehen ist.

Anhaltspunkte für die Verletzung steuerrechtlicher Pflichten bestehen insbesondere dann, wenn ein Gewerbetreibender sonstige öffentlich-rechtliche Zahlungsverpflichtungen, z. B. zur Abführung von Sozialversicherungsbeiträgen, nicht erfüllt. Die Gewerbebehörde muss in ihrer Anfrage das Vorliegen derartiger Anhaltspunkte darlegen.

3.2 Voraussetzungen der Auskunft

Die gewerberechtlichen Bestimmungen enthalten keine ausdrückliche Auskunftsermächtigung im Sinne des § 30 Abs. 4 Nr. 2 AO (siehe Tz. 1.2).

Auskünfte der Finanzämter an die Gewerbebehörden, die in gewerberechtlichen Verfahren für die Versagung einer beantragten Erlaubnis, die Rücknahme oder den Widerruf einer Erlaubnis oder eine Gewerbeuntersagung mitentscheidend sein können, sind daher nur in folgenden Fällen zulässig:

a) Der Gewerbetreibende stimmt einer Auskunft durch das Finanzamt zu (§ 30 Abs. 4 Nr. 3 AO).

b) Die Auskunftserteilung liegt im zwingenden öffentlichen Interesse (§ 30 Abs. 4 Nr. 5 AO). Dies ist der Fall, wenn die Voraussetzungen der Tz. 1, 2, 2.1 bis 2.6 erfüllt sind.

3.3 Erteilung der Auskunft

3.3.1 Liegen die Voraussetzungen für eine Offenbarung vor, hat das Finanzamt der Gewerbebehörde die steuerlichen Verhältnisse des Steuerpflichtigen mitzuteilen, die für das gewerberechtliche Verfahren von Bedeutung sein können (vgl. Tz. 2.1 ff.). Tatsachen, die eindeutig nicht geeignet sind, alleine oder in Verbindung mit anderen Tatsachen eine Versagung, Rücknahme oder den Widerruf einer gewerberechtlichen Erlaubnis oder eine Gewerbeuntersagung zu rechtfertigen, dürfen nicht mitgeteilt werden.

Vergleiche aber Tz. 5.

3.3.2 Ist der Betroffene steuerlich zuverlässig oder fallen seine steuerlichen Verhältnisse bei der Beurteilung seiner gewerberechtlichen Zuverlässigkeit nicht ins Gewicht, teilt das Finanzamt der Gewerbebehörde lediglich mit, dass eine Offenbarung mangels zwingenden öffentlichen Interesses im Sinne des § 30 Abs. 4 Nr. 5 AO nicht zulässig ist, soweit keine Zustimmung des Steuerpflichtigen im Sinne des § 30 Abs. 4 Nr. 3 AO vorliegt.

4. Anregung des Finanzamts an die Gewerbebehörde auf Einleitung eines Untersagungsverfahrens

4.1 Anwendungsbereich

Vor Ausübung seiner Befugnis, die Rücknahme oder den Widerruf einer gewerberechtlichen Erlaubnis oder die Untersagung eines Gewerbes bei der zuständigen Behörde anzuregen und dazu die steuerlichen Verhältnisse des Betroffenen zu offenbaren, soll das Finanzamt wegen des Gebotes der Verhältnismäßigkeit der Mittel zunächst prüfen, ob das Besteuerungsverfahren auch mit anderen, den Steuerpflichtigen weniger hart treffenden Maßnahmen gefördert werden kann (Zwangsvollstreckung in das bewegliche oder unbewegliche Vermögen, Festsetzung von Zwangsgeld, Inanspruchnahme von Haftungsschuldnern). Ist dies nicht der Fall, ist abzuwägen, ob die Pflichtverstöße des Steuerpflichtigen oder seine Rückstände derart schwer wiegen, dass ihm die Möglichkeit eigener wirtschaftlicher Betätigung ganz oder teilweise entzogen werden muss.

4.2 Voraussetzungen für die Mitteilung steuerlicher Verhältnisse

Die Auskunftserteilung ist nur zulässig, wenn neben den unter Tz. 4.1 dargestellten Voraussetzungen auch die in Tz. 3.2 genannten Bedingungen erfüllt sind.

5. Auswirkungen der Insolvenzordnung (InsO) auf gewerberechtliche Maßnahmen

Nach § 12 GewO finden Vorschriften, welche die Untersagung eines Gewerbes oder die Rücknahme oder den Widerruf einer Zulassung wegen Unzuverlässigkeit des Gewerbetreibenden, die auf ungeordnete Vermögensverhältnisse zurückzuführen ist, ermöglichen, während eines Insolvenzverfahrens, während der Zeit, in der Sicherungsmaßnahmen nach § 21 InsO angeordnet sind, und während der Überwachung der Erfüllung eines Insolvenzplans (§ 260 InsO) keine Anwendung in Bezug auf das Gewerbe, das zurzeit des Antrags auf Eröffnung des Insolvenzverfahrens ausgeübt wurde. Innerhalb der in § 12 GewO genannten Zeiträume ist die Anregung einer Gewerbeuntersagung bezüglich des insolvenzbefangenen Gewerbes daher nicht zulässig und die Offenbarung entsprechender Daten nicht durch § 30 Abs. 4 Nr. 5 AO (zwingendes öffentliches Interesse) gestattet. Tritt in einem Fall, in dem das Finanzamt die Gewerbeuntersagung angeregt hat, einer der Tatbestände des § 12 GewO ein, soll das Finanzamt die Gewerbebehörde entsprechend informieren.

Dies gilt nicht für eine nach § 35 Abs. 2 Satz 1 InsO freigegebene selbstständige Tätigkeit des Gewerbetreibenden, wenn dessen Unzuverlässigkeit mit Tatsachen begründet wird, die nach der Freigabe eingetreten sind.

6. Mitteilung bei Betriebsaufgabe und Betriebsveräußerung

Nach § 14 Abs. 4 GewO teilen die Finanzbehörden den zuständigen Behörden die nach § 30 AO geschützten Verhältnisse von Unternehmen im Sinne des § 5 GewStG mit, wenn deren Steuerpflicht erloschen ist; mitzuteilen sind lediglich Name und Anschrift des Unternehmers und der Tag, an dem die Steuerpflicht endete. Die Mitteilungspflicht besteht nicht, soweit ihre Erfüllung mit einem unverhältnismäßigen Aufwand verbunden wäre.

Anhang 14	Auskünfte an Gewerbebehörden

Solange ein automationsunterstützter Mitteilungsdienst noch nicht eingerichtet ist, ist regelmäßig davon auszugehen, dass die gesonderte Übermittlung der Daten mit einem unverhältnismäßigen Aufwand verbunden ist. Eine Verpflichtung der Finanzbehörden, für die Gewerbebehörden weitere als die aus steuerlichen Gründen notwendigen Nachforschungen anzustellen, besteht nicht.

Dieses Schreiben tritt an die Stelle des BMF-Schreibens vom 14. Dezember 2010 - IV A 3 - S 0130/10/10019 - BStBl I S. 1430.

Wahrung des Steuergeheimnisses gegenüber Parlamenten

(BMF-Schreiben vom 13.5.1987 - IV A 5 - S 0130 - 35/87 -)

Mit der Bitte um Kenntnisnahme übersende ich Erläuterungen zur Wahrung des Steuergeheimnisses gegenüber parlamentarischen Untersuchungsausschüssen.

Erläuterungen zur Wahrung des Steuergeheimnisses gegenüber parlamentarischen Untersuchungsausschüssen

Das Bundesverfassungsgericht hat mit Urteil vom 17. Juli 1984 (BVerfGE 67, 100) zur Wahrung des Steuergeheimnisses gegenüber einem Untersuchungsausschuß des Deutscher Bundestages Stellung genommen. Zur Anwendung dieses Urteils vertrete ich die folgende Auffassung die entsprechend auch für die Wahrung des Steuergeheimnisses gegenüber Untersuchungsausschüssen der Gesetzgebungskörperschaften der Länder gilt.

1. Anwendungsbereich des § 30 AO
1.1 Amtsträger

Das Steuergeheimnis haben Amtsträger im Sinne von § 7 AO zu wahren. Amtsträger sind nicht nur Angehörige der Finanz- und Wirtschaftsverwaltungen, sondern z.b. auch Staatsanwälte und Richter sowie die Angehörigen der Rechnungshöfe. Zu den Amtsträgern zählen auch Minister und parlamentarische Staatssekretäre. Die Pflicht zur Wahrung des Steuergeheimnisses hat der Amtsträger auch dann noch zu beachten, wenn er aus dem Dienst ausgeschieden ist.

Mitglieder der Parlamente sind keine Amtsträger im Sinne von § 7 AO. Eine Verpflichtung zur Wahrung des Steuergeheimnisses kann sich deshalb für sie nicht unmittelbar aus § 30 AO ergeben. Auch Parlamentsmitglieder sind jedoch nach Maßgabe der verfassungsgerichtlichen Rechtsprechung zur Geheimhaltung verpflichtet, falls sie ausnahmsweise Kenntnis von Tatsachen erlangen, die in den Schutzbereich des § 30 AO fallen.

1.2 Verwaltungsverfahren in Steuersachen

Dem Steuergeheimnis unterliegen insbesondere die Tatsachen, die in einem „Verwaltungsverfahren in Steuersachen" oder aus anderem Anlaß durch Mitteilung einer Finanzbehörde bekannt geworden sind. Dies gilt auch für die Akten und Unterlagen, die auf Ersuchen oder von Amts wegen durch eine das steuerliche Verwaltungsverfahren durchführende Behörde einer anderen Stelle zur Verfügung gestellt worden sind (z.B. Staatsanwaltschaft, Sozialversicherungsträger, Religionsgemeinschaften, Anerkennungsbehörden nach dem WGG usw.).

1.3 Bescheinigungsverfahren

Ein Verwaltungsverfahren in Steuersachen liegt auch dann vor, wenn Behörden außerhalb der Finanzverwaltung Bescheinigungen erteilen, sofern die Erteilung der Bescheinigung nach einem Steuergesetz erforderlich ist und ausschließlich für steuerliche Zwecke erfolgt. Deshalb sind auch die in dem Bescheinigungsverfahren tätig gewordenen Amtsträger dieser Behörden an das Steuergeheimnis gebunden (BVerfGE 67, 141).

1.4 Mitteilungen einer Finanzbehörde

Amtsträger, z.B. im Bereich der Staatsanwaltschaft, sind auch dann an das Steuergeheimnis gebunden, wenn sie „Mitteilungen" (Auskünfte, Unterlagen und Akten aus einem Verwaltungsverfahren in Steuersachen) von anderen Behörden als den in § 30 Abs. 2 Nr. 1 Buchst. c AO genannten „Finanzbehörden" (z.B. einer Wirtschaftsbehörde) erhalten haben. Nach dem Sinn und Zweck der o.a. Vorschrift kann nicht davon ausgegangen werden, daß der Gesetzgeber den in

Anhang 15   **Steuergeheimnis gegenüber Parlamenten**

§ 30 Abs. 1 AO enthaltenen Grundsatz der umfassenden Wahrung des Steuergeheimnisses eingrenzen wollte. Daher unterliegen diejenigen Verhältnisse des Steuerpflichtigen, die den Wirtschaftsbehörden in Bescheinigungsverfahren bekannt geworden sind, auch dann noch dem Steuergeheimnis, wenn sie später der Staatsanwaltschaft im Zuge strafrechtlicher Ermittlungen bekannt werden. Dies gilt auch dann, wenn sie in deren Akten mit anderweitig erlangten Informationen verbunden werden.

1.5 Verhältnisse

Durch § 30 AO werden nicht nur Geheimnisse im engeren Sinne, sondern alle „Verhältnisse" des Beteiligten geschützt, d.h. grundsätzlich alles, was im Besteuerungsverfahren bekanntgeworden ist. Dabei macht es keinen Unterschied, ob diese Tatsachen für die Besteuerung relevant sind oder nicht. Das Steuergeheimnis erstreckt sich demnach auf die gesamten persönlichen, wirtschaftlichen, rechtlichen, öffentlichen und privaten Verhältnisse einer natürlichen oder juristischen Person.

Zu den „Verhältnissen" zählen auch das Verwaltungsverfahren selbst, die Art der Beteiligung am Verwaltungsverfahren und die Maßnahmen, die vom Beteiligten getroffen wurden. So unterliegt es z.B. schon dem Steuergeheimnis, ob und bei welcher Finanzbehörde ein Beteiligter steuerlich geführt wird, ob ein Steuerfahndungsverfahren oder eine Außenprüfung stattgefunden hat. Geschützt ist auch die Information darüber, wer für einen Beteiligten im Verfahren aufgetreten ist, welche Anträge gestellt worden sind und in welcher Form das Verfahren von dem Beteiligten betrieben worden ist.

1.6 Verwaltungsinterne Vorgänge

Unter den Schutz des Steuergeheimnisses fallen nur die Verhältnisse eines „anderen", nicht aber verwaltungsinterne Vorgänge oder die Verhältnisse des Amtsträgers, der im Verwaltungsverfahren in Steuersachen tätig geworden ist. Allerdings sind Auskünfte nicht zulässig, soweit sie, und sei es auch nur mittelbar, Rückschlüsse auf Verhältnisse des Steuerpflichtigen oder einer anderen Person zulassen, die durch das Steuergeheimnis geschützt sind.

1.7 Offenbarung

Offenbarung ist jedes Verhalten, auf Grund dessen Verhältnisse eines anderen bekannt werden oder bekannt werden können. Eine Offenbarung kann sich aus mündlichen oder schriftlichen Erklärungen, aber auch aus anderen Handlungen (Gewährung von Akteneinsicht, Kopfnicken usw.) oder Unterlassungen ergeben (z.B. Schweigen auf Fragen anstelle der Erklärung, daß weder bestätigt noch verneint werden darf usw.). Um eine Offenbarung handelt es sich auch, wenn durch die Mitteilung von einzelnen Tatsachen oder von Rechtsauffassungen im Zusammenhang mit bereits bekannten Tatsachen Schlüsse auf geschützte Verhältnisse eines Beteiligten möglich sind.

Das Steuergeheimnis erstreckt sich nicht auf Vorgänge, die bereits „offenbar" sind. „Offenbarung" im Sinne des § 30 AO setzt begrifflich voraus, daß das, was offenbart wird, nicht offenkundig und auch dem Empfänger der Mitteilung noch nicht bekannt ist. Offenkundig ist, was jedem Interessenten ohne größere Schwierigkeiten und Opfer zugänglich ist.

Hat ein Dritter über geschützte Verhältnisse nur eine unbestätigte Information oder eine Vermutung, so liegt in einer bestätigenden Auskunft ihm gegenüber eine Offenbarung im Sinne des § 30 AO. Solange Zweifel bestehen, ob eine Tatsache offenkundig ist, ist das Steuergeheimnis zu wahren.

2. Ausnahmen von Steuergeheimnis

Für die Offenbarung der in den Schutzbereich des § 30 AO fallenden Kenntnisse gegenüber Untersuchungsausschüssen des Bundes und der Länder gilt folgendes:

2.1 Allgemeines
2.1.1 Durchführung des Besteuerungsverfahrens
Nach § 30 Abs. 4 Nr. 1 AO ist eine Offenbarung geschützter Verhältnisse auch dann zulässig, wenn sie der Überprüfung des Besteuerungsverfahrens in Einzelfällen dient. Die Überprüfung des Besteuerungsverfahrens im Rahmen dieser Bestimmung obliegt jedoch nicht den Parlamenten. Sie obliegt vielmehr den Rechnungshöfen, die den Parlamenten zu berichten haben.

2.1.2 Ausdrückliche Zulassung durch Gesetz (§ 30 Abs. 4 Nr. 2 AO)
Gesetzliche Vorschriften, die eine Offenbarung gegenüber Gesetzgebungskörperschaften des Bundes und der Länder, deren Ausschüssen und Mitgliedern ausdrücklich gestatten, sind nicht vorhanden. Bundesregierung und Landesregierungen sind nach Artikel 20 Abs. 3 GG an Gesetz und Recht gebunden. Zu den gesetzlichen Bestimmungen, die beachtet werden müssen, gehören unter anderem die Vorschriften über das Steuergeheimnis. § 30 AO steht nicht in Widerspruch zu Art. 35 Abs. 1 GG, da sich aus dieser Verfassungsvorschrift nicht die näheren Einzelheiten über Voraussetzungen sowie Umfang und Grenzen der Rechts- und Amtshilfe ergeben, insofern ist vielmehr das einfache Recht maßgebend (BVerwGE 38, 336, 340; 50, 301, 310).

Die Tatsache, daß der Empfänger einer Information verpflichtet ist, diese Information vertraulich zu behandeln, oder sich hierzu freiwillig bereit erklärt, ist in der Abgabenordnung nicht als Voraussetzung für eine Durchbrechung des Steuergeheimnisses erwähnt. Die zugesicherte vertrauliche Behandlung einer Angelegenheit durch ein Parlament oder seine Ausschüsse allein rechtfertigt deshalb die Durchbrechung des Steuergeheimnisses nicht.

2.1.3 Zustimmung des Betroffenen (§ 30 Abs. 4 Nr. 3 AO)
Nach § 30 Abs. 4 Nr. 3 AO ist eine Auskunft an Parlamente, deren Ausschüsse oder einzelne Mitglieder der Parlamente zulässig, soweit der Betroffene zustimmt. Von der Zustimmung des Betroffenen kann in der Regel ausgegangen werden, wenn er sich mit einer Petition an das Parlament wendet oder ein einzelnes Mitglied des Parlaments bittet, sich seines Anliegers anzunehmen.

„Betroffener" ist nicht nur der Verfahrensbeteiligte selbst, sondern auch jeder „andere", dessen Verhältnisse durch § 30 AO geschützt werden (z.B. Geschäftspartner, Geschäftsführer, Arbeitnehmer und Bevollmächtigte als Einzelpersonen, Empfänger von Zahlungen und anderen Vorteilen). Wenn nur einige von mehreren „Betroffenen" ihre Zustimmung zur Offenbarung eines komplexen Sachverhaltes erteilen, darf nur offenbart werden, soweit dies ohne Verletzung der Rechte Dritter möglich ist. Geschützte steuerliche Verhältnisse Dritter, die ihre Zustimmung nicht erteilt haben, dürfen nicht mitgeteilt werden.

2.1.4 Zwingendes öffentliches Interesse (§ 30 Abs. 4 Nr. 5 AO)
2.1.4.1 Allgemeines
§ 30 Abs. 4 Nr. 5 AO läßt eine Auskunftserteilung bei zwingendem öffentlichen Interesse zu. Der Begriff des zwingenden öffentlichen Interesses ist in der Abgabenordnung zwar nicht abschließend geregelt; jedoch hat der Gesetzgeber durch die Aufzählung von Regelbeispielen in § 30 Abs. 4 Nr. 5 AO die Richtung angegeben, in dieser Begriff auszulegen ist. Ein zwingendes öffentliches Interesse besteht danach an der Verfolgung von Verbrechen und vorsätzlichen und schweren Vergehen gegen Leib und Leben oder gegen den Staat und seine Einrichtungen sowie bei schweren Wirtschaftsstraftaten; es ist außerdem gegeben, wenn eine Offenbarung steuerlicher Verhältnisse erforderlich ist zur Richtigstellung in der Öffentlichkeit verbreiteter unwahrer Tatsachen, die geeignet sind, das Vertrauen in die Verwaltung erheblich zu erschüttern. Aus dieser Aufzählung ergibt sich, daß nach dem Willen des Gesetzgebers weder das Informationsinteresse einzelner noch die allgemeinen Kontrollrechte des Parlaments ein zwingendes öffentliches Interesse im Sinne des § 30 AO begründen. Unter dem Gesichtspunkt des zwingenden öffentlichen Interesses ist deshalb eine Bekanntgabe steuerlicher Verhältnisse auch an Parlamente nur

Anhang 15 — Steuergeheimnis gegenüber Parlamenten

zulässig, soweit die Unterrichtung zum Schutz der in § 30 Abs. 4 Nr. 5 AO genannten Rechtsgüter notwendig ist.

2.1.4.2 Regelbeispiele für zwingendes öffentliches Interesse

Die vom Gesetzgeber gebildeten drei Regelbeispiele in § 30 Abs. 4 Nr. 5 AO machen die Wertigkeit derjenigen Rechtsgüter deutlich, die eine Offenbarung gestatten.

Für Auskünfte an das Parlament läßt sich aus den beiden ersten Regelbeispielen eine Offenbarungsbefugnis nicht ableiten.

Das Regelbeispiel in § 30 Abs. 4 Nr. 5 Buchst. c AO begründet nur ein Abwehrrecht der Verwaltung. Adressat dieser Norm ist die Verwaltung selbst. Sie hat zu entscheiden, ob und in welchem Umfang sie richtigstellen will. Sie hat dabei den Grundsatz der Verhältnismäßigkeit zu wahren und sich auf die zur Richtigstellung erforderliche Offenbarung zu beschränken.

Abgesehen von der Bedeutung der Vorschrift für Untersuchungsausschüsse (BVerfGE 67, 142) dient die Vorschrift nicht dem Aufklärungsinteresse der Öffentlichkeit oder der Parlamente. Nach ihrem Wortlaut geht es lediglich um die Richtigstellung von unwahren Tatsachenbehauptungen, nicht um die Sachaufklärung als solche. Bei der Beratung der Vorschrift im Deutschen Bundestag sind als Anwendungsbeispiele vor allem solche Fälle genannt worden, in denen der Steuerpflichtige selbst unwahre Tatsachen über seinen eigenen Steuerfall verbreitet hatte. Bereits damals ist die Gefahr gesehen worden, daß durch Angriffe Dritter gegen die Verwaltung das Steuergeheimnis des beteiligten Steuerpflichtigen gefährdet werden könne.

2.1.4.3 Offenbarungsbefugnis auf Grund anderen „zwingenden öffentlichen Interesses"

Aus dem unbestimmten Rechtsbegriff des „zwingenden öffentlichen Interesses" kann auf dem Hintergrund der Wertigkeit der in den Regelbeispielen des § 30 Abs. 4 Nr. 5 AO genannten Rechtsgüter eine Offenbarungsbefugnis abgeleitet werden. Wenn Sachverhalte auftreten, die von ihrem Gewicht den in § 30 Abs. 4 Nr. 5 AO genannten Sachverhalten vergleichbar sind, ist zu prüfen, ob ihre Nichtaufklärung schwere Nachteile für das öffentliche Wohl befürchten läßt. Nur wenn dies zu bejahen ist, kann ein zwingendes öffentliches Interesse an einer Offenbarung steuerlicher Verhältnisse angenommen werden.

2.1.5 Umfang der Offenbarung

2.1.5.1 Verhältnismäßigkeit der Mittel

Ist eine Offenbarung dem Grunde nach zulässig, so hat dies nicht zur Folge, daß sämtliche Erkenntnisse, die im Besteuerungsverfahren gewonnen wurden, bekanntgegeben werden dürfen. Nach dem Einleitungssatz zu § 30 Abs. 4 AO ist die Offenbarung nur zulässig, „soweit" sie der Erfüllung des Offenbarungszweckes dient. Mit dieser Formulierung trägt § 30 AO der Tatsache Rechnung, daß bei jeder Auskunftserteilung der Grundsatz der Verhältnismäßigkeit der Mittel gilt. Es muß daher jeweils eine Einzelprüfung stattfinden, ob und wie weit die vorgesehene Offenbarung dem sie rechtfertigenden Zweck dient. Außerdem muß jeweils diejenige Form der Information gewählt werden (z.B. mündliche Auskunft), die die geheimhaltungsbedürftigen Verhältnisse der Beteiligten am besten schützt.

2.1.5.2 Vorlage von Akten

Soweit Auskünfte nur eingeschränkt zulässig sind, weil in den Akten enthaltene Angaben teilweise dem Steuergeheimnis unterliegen und teilweise nicht oder weil sich die festgestellten Offenbarungsgründe nur auf einen Teil der Angaben beziehen, ist jede Auskunft unzulässig, die teilweise eine unzulässige Offenbarung bewirkt.

Während es bei mündlichen Auskünften in der Regel möglich ist, zwischen geschützten und nicht geschützten Tatsachen zu unterscheiden, ist es häufig nicht möglich, Akten in schutzwürdige und in nicht schutzwürdige Teile zu trennen. Wenn die Trennung auch durch Unlesbarmachung oder Abtrennung schutzwürdiger Teile nicht zu bewirken ist oder zu unsinnigen Ergebnissen führt weil nur völlig nichtssagende Aktenteile übrigbleiben, ist es zweckmäßig, von der Vorlage der Akten abzusehen und die Information auf mündliche Auskünfte zu beschränken.

Bei der Vorlage von Akten oder Aktenauszügen einer anderen Behörde bedarf es deren Einverständnisses.

2.1.6 Anhörung

In entsprechender Anwendung des § 30 Abs. 4 Nr. 5 Buchst. c AO erscheint es zweckdienlich, vor einer Offenbarung, die unter dem Gesichtspunkt des zwingenden öffentlichen Interesses erfolgt, dem Betroffenen Gelegenheit zur Stellungnahme zu geben. Er hat dann ggf. die Möglichkeit, Rechtsbehelfe gegen die vermeintliche Rechtsverletzung einzulegen, eine einstweilige Anordnung gegen die Maßnahme zu beantragen oder durch die Zustimmung zur Offenbarung Zweifel an der Zulässigkeit auszuschließen.

2.2 Besonderheiten bei Untersuchungsausschüssen

2.2.1 Grundsätze des Bundesverfassungsgerichts (BVerfGE 67, 100)

Wird ein Untersuchungsausschuß zur Kontrolle der Regierung eingesetzt, schließt seir Beweiserhebungsrecht auch das Recht auf Vorlage der Akten ein. Die Regierung hat die verfassungsrechtliche Pflicht, die Ausübung des Kontrollrechts des Parlaments in geeigneter Weise zu unterstützen. Sie muß grundsätzlich dem Untersuchungsausschuß alle für seine Entscheidungen erheblichen Unterlagen zugänglich machen und hat sich dabei von dem Interesse der vollständigen Aufklärung des Sachverhalts leiten zu lassen.

Das Wohl des Bundes oder eines Landes ist im parlamentarischen Regierungssystem des Grundgesetzes dem Parlament und der Regierung gemeinsam anvertraut. Die Berufung auf das Wohl des Bundes oder eines Landes gegenüber dem Parlament kann mithin in aller Regel dann nicht in Betracht kommen, wenn beiderseits wirksame Vorkehrungen gegen das Bekanntwerden von Dienstgeheimnissen getroffen werden.

Das Recht auf Wahrung des in § 30 AO gesetzlich umschriebenen Steuergeheimnisses ist als solches kein Grundrecht. Die Geheimhaltung bestimmter steuerlicher Angaben und Verhältnisse kann indessen durch grundrechtliche Verbürgungen geboten sein.

Die Bedeutung, die das Kontrollrecht des Parlaments sowohl für die parlamentarische Demokratie als auch für das Ansehen des Staates hat, gestattet in der Regel dann keine Verkürzung des Aktenherausgabeanspruchs zugunsten des Schutzes des allgemeinen Persönlichkeitsrechts und des Eigentumsschutzes, wenn Parlament und Regierung Vorkehrungen für den Geheimschutz getroffen haben, die das ungestörte Zusammenwirken beider Verfassungsorgane auf diesem Gebiete gewährleisten, und wenn der Grundsatz der Verhältnismäßigkeit gewahrt ist.

2.2.2 Allgemeine Voraussetzungen

In einem parlamentarischen Untersuchungsverfahren steht die Entscheidung darüber welche Auskünfte und welche Unterlagen zur Aufklärung des Sachverhalts benötigt werden, dem Untersuchungsausschuß zu. Soweit der Untersuchungsausschuß Auskünfte oder Unterlagen anfordert, die dem Steuergeheimnis unterliegende Angaben enthalten, hat die Regierung die Pflicht, auf der Grundlage der Rechtsprechung des Bundesverfassungsgerichts zu prüfen, in welchem Umfang und unter welchen Voraussetzungen dem Begehren des Untersuchungsausschusses zu entsprechen ist; bei dieser Entscheidung hat die Regierung das Interesse des Untersuchungsausschusses an der vollständigen Sachaufklärung zu beachten:

Anhang 15   Steuergeheimnis
gegenüber Parlamenten

a) Das Auskunfts- oder Vorlagebegehren geht dem Steuergeheimnis grundsätzlich nur dann vor, wenn der Untersuchungsausschuß im im Rahmen politischer Kontrolle zur Aufklärung von Sachverhalten handelt (BVerfGE 67, 140).

b) Die Kontrollkompetenz des Parlaments erstreckt sich grundsätzlich nur auf bereits abgeschlossene Vorgänge; sie enthält nicht die Befugnis, in laufende Verhandlungen und Entscheidungsvorbereitungen einzugreifen (BVerfGE 67, 139).

c) Es muß ein sachlicher Zusammenhang zwischen dem Untersuchungsauftrag und der erbetenen Auskunft bestehen (BVerfGE 67, 134).

d) Das Auskunftsbegehren darf sich nicht auf solche Informationen erstrecken, deren Weitergabe wegen ihres streng persönlichen Charakters für die Betroffenen unzumutbar ist (BVerfGE 67, 144). Soweit dies der Fall ist, ist die Auskunft abzulehnen.

Ob die vorstehenden Ausführungen auch gelten, soweit ein Untersuchungsausschuß gegenüber Behörden tätig wird, die nicht seiner Kontrolle unterliegen, ist höchstrichterlich noch nicht entschieden. Das Bundesverfassungsgericht (BVerfGE 67, 129) läßt diese Frage offen. Ersucht ein Untersuchungsausschuß Behörden einer anderen, gleichgestellten und nicht seiner Kontrolle unterliegenden Körperschaft um Erteilung von Auskünften und Vorlage von Akten, so ist nach Auffassung der Finanzverwaltung das Ersuchen nach Amtshilferecht zu erledigen. Dem Ersuchen darf deshalb nur entsprochen werden, soweit die Pflicht zur Wahrung des Steuergeheimnisses es zuläßt.

2.2.3 Wahrung des Steuergeheimnisses

Ist die Auskunft oder die Vorlage von Akten an den Untersuchungsausschuß grundsätzlich gerechtfertigt, so ist zu beachten, daß die nach § 30 AO bestehende Verpflichtung zur Geheimhaltung durch das Begehren des Untersuchungsausschusses nicht aufgehoben wird. Die Regierung hat festzulegen, welche der angeforderten Akten und Unterlagen im Untersuchungsverfahren wegen des Steuergeheimnisses geheimzuhalten sind; der Geheimhaltungsgrad wird davon abhängen, ob und ggf. in welchem Umfang durch eine mit § 30 AO unvereinbare Offenbarung zugleich Grundrechte Betroffener verletzt würden (BVerfGE 67, 138, 142).

Die Regierung kann die von ihr notwendig gehaltene Geheimhaltung durch den Untersuchungsausschuß nicht erzwingen. Der Untersuchungsausschuß ist vielmehr Herr über die Öffentlichkeit seiner Verhandlungen. Es steht in seiner Entscheidung und Verantwortung, ob er dem Schutz geheimhaltungsbedürftiger Tatsachen Vorrang vor dem Grundsatz der Öffentlichkeit einräumt. Andererseits ist die Regierung nicht verpflichtet, dem Untersuchungsausschuß geheimhaltungsbedürftige Unterlagen vorzulegen, wenn dieser nicht den von der Regierung für notwendig erachteten Geheimschutz gewährleistet.

Die Verantwortung für die Wahrung der Vertraulichkeit obliegt demnach der Regierung und dem Untersuchungsausschuß gemeinsam , wobei in jedem Stadium des Verfahrens die miteinander konkurrierenden Belange des Geheimschutzes und des Öffentlichkeitsgrundsatzes gegeneinander abzuwägen sind. Um die Vertraulichkeit zu sichern, ist in der Regel Einvernehmen über die zu treffenden Maßnahmen erforderlich. Schriftliche Unterlagen können nach den Bestimmungen der Verschlußsachenanweisung oder ähnlicher Geheimschutzvorschriften eingestuft werden. Diese Einstufung gilt grundsätzlich auch für mündliche Auskünfte über denselben Sachverhalt.

Die Regierung wird in der Regel von der Geheimhaltung der dem Untersuchungsausschuß von ihr zu gebenden Auskünfte und Unterlagen ausgehen können, wenn

a) der Untersuchungsausschuß beschlossen hat, über die dem Steuergeheimnis unterliegenden Verhältnisse nur in nicht-öffentlicher Sitzung zu beraten und Beweis zu erheben und

b) die Geheimhaltung aller Teile von Niederschriften und Berichten beschlossen worden ist, die dem Steuergeheimnis unterliegenden Angaben betreffen.

Vor allem aber kann die Regierung die Geheimhaltung als gewährleistet ansehen, wenn ein Beschluß gefaßt worden ist, der alle Mitglieder des Untersuchungsausschusses, dessen Mitarbeiter und etwaige Sachverständige in strafrechtlich relevanter Form (§ 353 b Abs. 2 Nr. 1 StGB) zur Geheimhaltung der dem Steuergeheimnis unterliegenden Angaben verpflichtet.

Auskünfte dürfen nicht erteilt und Unterlagen nicht vorgelegt werden, bis die erforderlichen Maßnahmen getroffen worden sind. Dies gilt auch, wenn im Zuge der Vernehmung eines Amtsträgers als Zeuge in öffentlicher oder nicht-öffentlicher Sitzung unerwartet dem Steuergeheimnis unterliegende Bereiche berührt werden.

2.2.4 Verfahren bei Ablehnung der Offenbarung

Die Verweigerung der Auskunft oder der Aktenherausgabe ist gegenüber dem Untersuchungsausschuß zu begründen. Die Regierung hat den Untersuchungsausschuß, ggf. in vertraulicher Sitzung, im einzelnen und umfassend über die Art der zurückgehaltenen Schriftstücke oder sonstigen Informationen, die Notwendigkeit der Geheimhaltung und den Grad der Geheimhaltungsbedürftigkeit zu unterrichten, der diesen Tatsachen ihrer Auffassung nach zukommt (BVerfGE 67, 138). Nach Möglichkeit sollen andere Mittel zur Aufklärung des Sachverhalts angeboten werden, die das Steuergeheimnis nicht verletzen.

Hat der Untersuchungsausschuß Grund zu der Annahme, daß zurückgehaltene Informationen mit dem ihm erteilten Kontrollauftrag zu tun haben und besteht er deshalb auf Herausgabe der Akten, so hat die Regierung die vom Untersuchungsausschuß genannten Gründen zu erwägen und, sollten sie ihre Auffassung nicht erschüttern können, zu prüfen, welche Wege beschritten werden können, um den Untersuchungsausschuß davon zu überzeugen, daß seine Annahme nicht zutrifft. So kann als eine der möglichen Verfahrensweisen dem Vorsitzenden des Untersuchungsausschusses und seinem Stellvertreter Akteneinsicht gewährt werden.

2.2.5 Aussagegenehmigung

Für eine Aussage vor einem Untersuchungsausschuß bedarf ein Amtsträger einer Aussagegenehmigung. Die Aussage ist, auch wenn im übrigen keiner der genannten Gründe entgegensteht, nur im Rahmen der Aussagegenehmigung zulässig. Geht eine Frage über diesen Rahmen hinaus, hat der Amtsträger sich um eine Erweiterung der Aussagegenehmigung zu bemühen. Wird sie versagt (z.B. weil im Staatsinteresse eine Sperr-Erklärung abgegeben werden soll), darf er selbst dann nicht aussagen, wenn der Untersuchungsausschuß die Verweigerung der Aussage für unbegründet hält.

Mit der Aussagegenehmigung hat die jeweils zuständige oberste Dienstbehörde auch darüber zu befinden, ob der einzelne Amtsträger dem Steuergeheimnis unterliegende Verhältnisse eines anderen gegenüber dem Untersuchungsausschuß offenbaren darf. Die oberste Dienstbehörde wird eine Offenbarungsbefugnis bejahen, wenn die allgemeinen Voraussetzungen der Tz. 2.2.2 erfüllt sind und der Untersuchungsausschuß wirksame Vorkehrungen gegen das Bekanntwerden von dem Steuergeheimnis unterliegenden Tatsachen getroffen hat (vgl. Tz. 2.2.3). Der Amtsträger ist allerdings an die Auffassung der obersten Dienstbehörde nicht gebunden, wenn er selbst eine Offenbarung für unzulässig hält (vgl. § 38 Abs. 2 BRRG).

Übermittlung von Daten nach § 10 StBerG

Gleich lautende Erlasse der obersten Finanzbehörden der Länder vom 1.9.2021 (BStBl I S. 1521)

§ 10 StBerG ist durch das Gesetz zur Neuregelung des Berufsrechts der anwaltlichen und steuerberatenden Berufsausübungsgesellschaften sowie zur Änderung weiterer Vorschriften im Bereich der rechtsberatenden Berufe vom 7. Juli 2021 (BGBl. I S. 2363) neu gefasst worden und hat die Überschrift „Übermittlung von Daten" erhalten.

I. Allgemein

Nach § 10 Absatz 1 StBerG haben Gerichte und Behörden einschließlich der Berufskammern der zuständigen Stelle Daten über Personen und Berufsausübungsgesellschaften zu übermitteln, deren Kenntnis für die in den dortigen Nummern 1 bis 6 StBerG aufgeführten Verfahren bzw. Prüfungen erforderlich sind. Ob Daten zu übermitteln sind, ist aus Sicht der übermittelnden Stelle zu beurteilen. Ein Ermessensspielraum besteht nicht. Das Steuergeheimnis steht der Mitteilungspflicht nach § 10 Absatz 2 Satz 2 StBerG nicht entgegen (§ 30 Absatz 4 Nummer 2 AO; vgl. Abschnitt III.).

Der Begriff der Behörden umfasst auch die Finanzbehörden. Im Interesse einer einheitlichen Handhabung erfolgen die Mitteilungen nach § 10 StBerG durch die Oberfinanzdirektionen oder durch die durch die Landesregierung bestimmte Landesfinanzbehörde. Diesen bleibt es überlassen zu regeln, in welcher Weise die nachgeordneten Dienststellen über bekannt gewordene Tatsachen im Sinne des § 10 StBerG zu berichten haben.

Zu den Berufskammern zählen alle berufsständischen Körperschaften des öffentlichen Rechts (z. B. Steuerberaterkammern, Rechtsanwaltskammern, Notarkammern, Wirtschaftsprüferkammer, Patentanwaltskammer).

II. Anwendungsbereich des § 10 Absatz 1 StBerG

1. Zulassung zur Prüfung / Befreiung von der Prüfung zum Steuerberater

Die Daten, die nach § 10 Absatz 1 Nummer 1 StBerG zu übermitteln sind, müssen aus Sicht der übermittelnden Stelle für die Beurteilung der Voraussetzungen der §§ 36 und 38 StBerG erforderlich sein.

Die Bestellung zum Steuerberater kann nur mit einer bestandenen Prüfung oder einer Befreiung von der Prüfung erfolgen. Über die Anträge auf Zulassung zur Prüfung bzw. auf Befreiung von der Prüfung entscheidet die zuständige Steuerberaterkammer. Die persönlichen Voraussetzungen für die Zulassung zur Prüfung ergeben sich aus § 36 StBerG, der bestimmte Aus- und Vorbildungen sowie eine mehrjährige praktische Tätigkeit voraussetzt. Wer von der Steuerberaterprüfung befreit werden kann, bestimmt § 38 StBerG. Diese Regelung betrifft Professoren, ehemalige Finanzrichter, ehemalige Beamte des höheren und des gehobenen Dienstes und vergleichbare Angestellte.

Zuständige Stelle, an die die Daten zu übermitteln sind, ist die jeweils zuständige Steuerberaterkammer.

2. Bestellung / Wiederbestellung / Rücknahme der Bestellung / Widerruf der Bestellung als Steuerberater oder Steuerbevollmächtigter

Nach § 10 Absatz 1 Nummer 2 StBerG hat eine Datenübermittlung zu erfolgen, sofern diese für die Bestellung (§ 40 StBerG), die Wiederbestellung (§ 48 StBerG), die Rücknahme oder den Widerruf (§ 46 StBerG) als Steuerberater oder Steuerbevollmächtigter erforderlich ist.

Für die Beurteilung der Erforderlichkeit sind insbesondere die jeweiligen Voraussetzungen zu betrachten. Die Bestellung als Steuerberater ist nach § 40 Absatz 2 und 3 StBerG u. a. zu versagen, wenn der Bewerber

- nicht in geordneten wirtschaftlichen Verhältnissen lebt,
- infolge strafgerichtlicher Verurteilung die Fähigkeit zur Bekleidung öffentlicher Ämter nicht besitzt,
- aus gesundheitlichen Gründen nicht nur vorübergehend unfähig ist der Beruf des Steuerberaters ordnungsgemäß auszuüben,
- sich so verhalten hat, dass die Besorgnis begründet ist, er werde den Berufspflichten als Steuerberater nicht genügen, oder
- eine Tätigkeit ausübt, die mit dem Beruf des Steuerberaters oder Steuerbevollmächtigten unvereinbar ist.

Diese Versagungsgründe decken sich inhaltlich zum Teil mit den Widerrufsgründen nach § 46 Absatz 2 StBerG.

Als relevante Daten kommen beispielsweise in Betracht:

- Vermögensverfall,
- Ermittlungsverfahren wegen des Verdachts der Steuerhinterziehung, sofern die öffentliche Klage erhoben wird oder das Verfahren nach § 153a StPO eingestellt wird,
- Sucht oder lang andauernde Erkrankung oder
- Verstoß gegen Pflichten eines Steuerberaters oder Steuerbevollmächtigten als Mitglied des Geschäftsführungs- oder Aufsichtsorgans einer Berufsausübungsgesellschaft durch sog. Strohmannverhältnisse.

Zuständige Stelle, an die die Daten zu übermitteln sind, ist die jeweils zuständige Steuerberaterkammer. Soweit ein Steuerberater oder Steuerbevollmächtigter gleichzeitig Rechtsanwalt, Notar, Patentanwalt, Wirtschaftsprüfer und / oder vereidigter Buchprüfer ist, sind die Daten aufgrund der in der Bundesrechtsanwaltsordnung, der Bundesnotarordnung, der Patentanwaltsordnung oder Wirtschaftsprüferordnung enthaltenen, dem § 10 StBerG vergleichbaren Vorschriften (vgl. dazu unter IV.), in der Regel auch an die für diese Berufe zuständige Berufskammer zu übermitteln.

3. Anerkennung / Rücknahme der Anerkennung / Widerruf der Anerkennung als Berufsausübungsgesellschaft oder als Lohnsteuerhilfeverein

Die Datenübermittlung nach § 10 Absatz 1 Nummer 3 StBerG bezieht sich auf Lohnsteuerhilfevereine und Berufsausübungsgesellschaften. Beiden ist gemeinsam, dass sie ein Anerkennungsverfahren durchlaufen müssen und die Anerkennung zurückgenommen oder widerrufen werden kann.

Anhang 16   Übermittlung von Daten
nach § 10 StBerG

Die Daten müssen im Zusammenhang stehen mit der Anerkennung nach § 14 bzw. § 53 StBerG oder der Rücknahme oder dem Widerruf nach § 20 bzw. § 55 StBerG.

Als relevante Daten im Zusammenhang mit Lohnsteuerhilfevereinen kommen beispielsweise in Betracht:

- wiederholter Verstoß gegen § 4 Nummer 11 StBerG,

- Vermögensverfall (Eröffnung eines Insolvenzverfahrens gegen den Verein oder Eintragung des Vereins in das Schuldnerverzeichnis),

- Ausübung einer anderen wirtschaftlichen Tätigkeit in Verbindung mit der Hilfeleistung in Steuersachen (z. B. Mitwirkung bei der Vorfinanzierung von Steuererstattungsansprüchen),

- steuerliche Pflichtverletzungen des Lohnsteuerhilfevereins,

- Beratung / Erklärungsabgabe durch einen Verein / eine Beratungsstelle, ohne im Verzeichnis eingetragen zu sein (§ 14 Absatz 3, § 23 Absatz 6 StBerG),

- Zahlung von Honorar lt. Rechnung / Quittung in Zusammenhang mit Beratung (leistungsabhängige Mitgliedsbeiträge),

- fehlende Berufshaftpflichtversicherung (keine Versicherungsbeiträge in der Gewinnermittlung ersichtlich) oder

- Leitung von mehr als zwei Beratungsstellen durch den Beratungsstellenleiter (Einkünfte aus mehreren „Filialen" erklärt).

Im Zusammenhang mit Berufsausübungsgesellschaften kommen beispielsweise als relevante Daten in Betracht:

- Vermögensverfall der Berufsausübungsgesellschaft,

- Handlungen eines Mitglieds des Geschäftsführungs- oder Aufsichtsorgans der Berufsausübungsgesellschaft, die einen der Versagungstatbestände des § 40 Absatz 2 StBerG erfüllen (vgl. Ausführungen zu Nummer 2), oder

- Halten von Anteilen an einer Berufsausübungsgesellschaft für fremde Rechnung (§ 50a Absatz 1 Nummer 2 StBerG).

Zuständige Stelle bezüglich Berufsausübungsgesellschaften ist die jeweils zuständige Steuerberaterkammer, bezüglich Lohnsteuerhilfevereinen die jeweils zuständige Aufsichtsbehörde (§ 27 StBerG).

4.   Einleitung oder Durchführung eines berufsaufsichtlichen Verfahrens

§ 10 Absatz 1 Nummer 4 StBerG entspricht inhaltlich weitestgehend § 10 Absatz 1 StBerG und § 10 Absatz 2 Satz 1 Nummer 3 StBerG in seiner bisherigen Fassung. Der Terminus des „berufsaufsichtlichen Verfahrens" wurde im Sinne eines Gleichklangs mit § 92 Satz 1 Nummer 1, § 93 Absatz 2 Nummer 2 und § 110 StBerG und den entsprechenden Vorschriften in den anderen Berufsgesetzen verwendet, ohne dass damit eine inhaltliche Änderung zur bisherigen Formulierung verbunden ist. Die zu übermittelnden Daten können sich demnach weiterhin sowohl auf ein etwaiges Rügeverfahren (§§ 81 ff. StBerG) als auch auf ein mögliches berufsgerichtliches Verfahren (§§ 89 ff. StBerG) beziehen. Erweiternd sollen der zuständigen Stelle künftig auch solche

Übermittlung von Daten nach § 10 StBerG — Anhang 16

Daten übermittelt werden, die für die Durchführung eines laufenden berufsaufsichtlichen Verfahrens von Bedeutung sein können.

Die Daten müssen grundsätzlich solche Tatsachen betreffen, die den Verdacht begründen, dass eine der in den §§ 3, 3a, 3d oder 4 Nummer 1 oder 2 StBerG genannte Person oder Gesellschaft eine Berufspflicht verletzt hat. Hierbei ist zu berücksichtigen, dass nicht jede berufliche Fehlleistung eine Berufspflichtverletzung darstellt. Vielmehr muss der konkrete Verdacht bestehen, dass der Berufsangehörige seine Berufspflichten schuldhaft verletzt hat. In der Regel ist das der Fall, wenn der Berufsangehörige unter Berücksichtigung der gebotenen Sorgfalt fahrlässig, leichtfertig oder gar vorsätzlich gehandelt hat. Der Verdacht muss so stark sein, dass er aus Sicht der übermittelnden Stelle die Einleitung eines Verfahrens durch die zuständige Stelle rechtfertigen würde. Eine darüber hinausgehende Sicherheit ist nicht erforderlich; insbesondere kann die Ermittlung weiteren Sachverhalts der zuständigen Stelle überlassen bleiben.

Ein außerhalb des Berufs liegendes Verhalten des Steuerberaters oder des Steuerbevollmächtigten kann nur dann eine berufsgerichtlich zu ahndende Pflichtverletzung darstellen, wenn es nach den Umständen des Einzelfalls in besonderem Maße geeignet ist, Achtung und Vertrauen in einer für die Ausübung der Berufstätigkeit oder für das Ansehen des Berufs bedeutsamen Weise zu beeinträchtigen.

Die Pflicht zur Unabhängigkeit kann z. B. durch wiederkehrende oder nicht beitreibbare Steuerrückstände, häufige Zwangsvollstreckungen, Vermögensverfall, die Eintragung ins Schuldnerverzeichnis (§ 284 Absatz 9 Satz 1 AO), den Erlass eines Haftbefehls zur Erzwingung einer solchen Maßnahme, bei wirtschaftlicher Beteiligung an Geschäften des Auftraggebers (z. B. Gesellschaftsbeteiligung, auch stille Gesellschaft, Darlehen), bei der Übernahme von Bürgschaften für Verpflichtungen des Auftraggebers oder bei Zusicherung wirtschaftlicher Vorteile, um Mandanten an sich zu binden, gefährdet sein.

Ein Verstoß gegen die Pflicht zur Gewissenhaftigkeit kann z. B. bei der Nichtanmeldung und Nichtabführung der Lohnsteuer für die Angestellten vorliegen. Dies stellt eine berufliche Verfehlung dar, die dem Ansehen des Berufsstandes schadet. Entsprechendes gilt für Verfehlungen in eigenen Steuerangelegenheiten (z. B. Steuerrückstände, Steuerhinterziehung oder Nichtabgabe von Steuererklärungen).

Sofern die übermittelnde Behörde eine Finanzbehörde ist, müssen sich die den Verdacht begründenden Tatsachen oder Umstände aus Feststellungen der Finanzbehörde im Besteuerungsverfahren oder sonstigen in ihre Zuständigkeit fallende Angelegenheiten ergeben.

Es ist nicht Aufgabe der Finanzbehörde, aufgrund von Anzeigen und Beschwerden von Steuerpflichtigen und anderen Berufsangehörigen tätig zu werden. Vielmehr sind diese an die zuständige Berufskammer zu verweisen.

Die Berufspflichten sind in den jeweiligen Berufsgesetzen und den ggf. hierzu ergangenen Berufsordnungen geregelt.

Zu den wesentlichen Berufspflichten gehören:

a) Steuerberater, Steuerbevollmächtigte (§§ 57 bis 69 StBerG, § 86 Absatz 2 Nummer 2 StBerG in Verbindung mit der Berufsordnung der Bundessteuerberaterkammer, BOStB):

- Pflicht zur Unabhängigkeit (§ 57 Absatz 1 StBerG, § 2 BOStB)

- Pflicht zur Eigenverantwortlichkeit (§ 57 Absatz 1, § 60 StBerG, § 3 BOStB)

- Pflicht zur Gewissenhaftigkeit (§ 57 Absatz 1 StBerG, § 4 BOStB)

Anhang 16   Übermittlung von Daten
                               nach § 10 StBerG

- Pflicht zur Verschwiegenheit (§ 57 Absatz 1 StBerG, § 5 BOStB)
- Verbot von Interessenkollisionen (§ 57 Absatz 1a und 1b StBerG, § 6 BOStB)
- Pflicht zur Sachlichkeit (§ 7 BOStB)
- Verzicht auf berufswidrige Werbung (§ 57 Absatz 1, § 57a StBerG, § 9 BOStB)
- Pflicht zur Wahrung des Ansehens des Berufs (§ 57 Absatz 2 StBerG)
- Pflicht zur Wahrung fremder Vermögensinteressen (§ 86 Absatz 4 Nr. 8 StBerG, § 8 BOStB)
- Pflicht zur Fortbildung (§ 57 Absatz 2a StBerG)
- Verbot einer gewerblichen Tätigkeit (außer bei Ausnahmegenehmigung der zuständigen Steuerberaterkammer) oder einer Tätigkeit als Arbeitnehmer mit Ausnahme der Fälle des § 57 Absatz 3 Nummer 4 sowie der §§ 58 und 59 StBerG (§ 57 Absatz 4 StBerG, § 16 BOStB)
- Pflicht zur unverzüglichen Mitteilung der Ablehnung eines Auftrags (§ 63 StBerG)
- Pflicht zur Aufbewahrung der Handakten bzw. zur Herausgabe bei Beendigung des Auftrags (§ 66 StBerG, § 13 Absatz 4 BOStB)
- Pflicht zum Abschluss einer Berufshaftpflichtversicherung (§ 67 StBerG)
- Pflicht zur Bestellung eines allgemeinen Vertreters bei Verhinderung der Berufsausübung (§ 69 StBerG)
- Pflicht zur Begründung und Unterhaltung einer beruflichen Niederlassung, mit Ausnahme der Personenkreise der §§ 3a und 3d StBerG (§ 34 StBerG)

Personen im Sinne des § 3a oder § 3d StBerG unterliegen bei ihrer Tätigkeit im Inland denselben Berufsregeln wie Steuerberater und Steuerbevollmächtigte.

b) Berufsausübungsgesellschaften im Sinne des Steuerberatungsgesetzes:

- Berufspflichten bei beruflicher Zusammenarbeit (§ 51 StBerG)
- Berufspflichten der Berufsausübungsgesellschaft (§ 52 StBerG)
- Pflicht zur beruflichen Niederlassung (§ 55e StBerG)
- Pflicht zum Abschluss einer Berufshaftpflichtversicherung (§ 55f StBerG)
- Verbot von Interessenkollisionen (§ 57 Absatz 1c StBerG)

c) Rechtsanwälte (§§ 43 bis 59 der Bundesrechtsanwaltsordnung (BRAO); § 59b BRAO in Verbindung mit der Berufsordnung für Rechtsanwälte (BORA):

- Pflicht zur gewissenhaften Berufsausübung und zum würdigen Auftreten innerhalb und außerhalb des Berufes (§ 43 BRAO)

- Pflicht zur Unabhängigkeit (§ 43a Absatz 1 BRAO)
- Pflicht zur Verschwiegenheit (§ 43a Absatz 2 BRAO, § 2 BORA)
- Tätigkeitsverbot bei widerstreitenden Interessen (§ 43a Absatz 4 bis 6 BRAO, § 3 BORA)
- Pflicht zur Wahrung fremder Vermögensinteressen (§ 43a Absatz 7 BRAO)
- Pflicht zur unverzüglichen Zurückweisung eines Mandats, welches der Rechtsanwalt nicht übernehmen möchte (§ 44 BRAO)
- Tätigkeitsverbote bei nichtanwaltlicher Vorbefassung (§ 45 BRAO)
- Pflicht zur Führung von Handakten (§ 50 Absatz 1 BRAO)
- Pflicht zum Abschluss einer Berufshaftpflichtversicherung (§ 51 Absatz 1 und 4 BRAO)
- Pflicht, für eine Vertretung zu sorgen, wenn der Rechtsanwalt länger als eine Woche daran gehindert ist, seinen Beruf auszuüben oder sich länger als zwei Wochen von seiner Kanzlei entfernen will (§ 53 Absatz 1 BRAO)
- Pflicht, den Mandanten über alle für den Fortgang der Sache wesentlichen Vorgänge und Maßnahmen, insbesondere über alle wesentlichen erhaltenen oder versandten Schriftstücke, unverzüglich zu unterrichten (§ 11 BORA)

d) Berufsausübungsgesellschaften im Sinne der Bundesrechtsanwaltsordnung:

- Berufspflichten bei beruflicher Zusammenarbeit (§ 59d BRAO)
- Berufspflichten der Berufsausübungsgesellschaft (§ 59e BRAO)
- Pflicht zur Unterhaltung einer Kanzlei (§ 59m BRAO)
- Pflicht, eine Berufshaftpflichtversicherung abzuschließen und während der Dauer seiner Zulassung aufrechtzuerhalten (§§ 59n, 59o BRAO)
- Tätigkeitsverbot bei widerstreitenden Interessen (§ 43a Absatz 4 Satz 2 BRAO)
- Pflichten für ausländische Berufsausübungsgesellschaften (§ 207a BRAO)

e) Wirtschaftsprüfer und vereidigte Buchprüfer (§§ 43 bis 55a, 130 Wirtschaftsprüferordnung (WPO); § 57 Absatz 3 und 4 WPO in Verbindung mit der Berufssatzung der Wirtschaftsprüferkammer über die Rechte und Pflichten bei der Ausübung der Berufe des Wirtschaftsprüfers und des vereidigten Buchprüfers):

- Pflicht zur Unabhängigkeit (§ 43 Absatz 1 Satz 1 WPO, § 2 der Berufssatzung)
- Pflicht zur Gewissenhaftigkeit (§ 43 Absatz 1 Satz 1 WPO, § 4 der Berufssatzung)
- Pflicht zur Verschwiegenheit (§ 43 Absatz 1 Satz 1 WPO, § 10 der Berufssatzung)

Anhang 16 Übermittlung von Daten nach § 10 StBerG

- Pflicht zur Eigenverantwortlichkeit (§ 43 Absatz 1 Satz 1 WPO, § 12 der Berufssatzung)
- Pflicht zur Wahrung des Ansehens des Berufs (§ 43 Absatz 2 Satz 1 und 3 WPO, § 1 Absatz 1 Satz 3 der Berufssatzung)
- Pflicht zum Abschluss einer Berufshaftpflichtversicherung (§ 54 WPO, § 23 der Berufssatzung)
- Tätigkeitsverbot bei widerstreitenden Interessen (§ 53 WPO, § 3 der Berufssatzung)
- Pflicht zur Unparteilichkeit und Unbefangenheit (§ 43 Absatz 1 Satz 2 WPO, §§ 28, 29 der Berufssatzung)
- Pflicht zur Wahrung fremder Vermögensinteressen (§ 57 Absatz 4 Nummer 1 Buchstabe g WPO, § 9 der Berufssatzung)

Die Berufspflichten gelten sinngemäß für Vorstandsmitglieder, Geschäftsführer und persönlich haftende Gesellschafter von Wirtschaftsprüfungs- und Buchprüfungsgesellschaften, die nicht Wirtschaftsprüfer oder vereidigte Buchprüfer sind (§ 56 Absatz 1, §§ 71, 130 WPO).

f) Notare (§§ 14 bis 19, 25 bis 32 der Bundesnotarordnung (BNotO))

- Pflicht zur Unabhängigkeit und Unparteilichkeit (§ 14 Absatz 1 Satz 2 BNotO)
- Pflicht, sich durch sein Verhalten innerhalb und außerhalb seines Amts der Achtung und des Vertrauens, die dem Notaramt entgegengebracht werden, würdig zu zeigen (§ 14 Absatz 3 BNotO)
- Verschwiegenheitspflicht (§ 18 Absatz 1 BNotO)
- Pflicht zur Wahrung fremder Vermögensinteressen (§ 67 Absatz 2 Nummer 3 BNotO)
- Pflicht zum Abschluss einer Berufshaftpflichtversicherung (§ 19a Absatz 1 BNotO)
- Prüfungs- und Belehrungspflichten (§§ 17 bis 21 BeurkG)
- Anzeigepflicht gegenüber dem Finanzamt (§ 18 GrEStG, § 34 Absatz 1 und 2 Nummer 2 und 3 ErbStG)

g) Patentanwälte (§§ 39 bis 52 der Patentanwaltsordnung (PAO); § 52b PAO in Verbindung mit der Berufsordnung der Patentanwälte)

- Pflicht zur gewissenhaften Berufsausübung und zum würdigen Auftreten innerhalb und außerhalb des Berufs (§ 39 PAO)
- Pflicht zur Unabhängigkeit (§ 39a Absatz 1 PAO, § 1 der Berufsordnung)
- Pflicht zur Verschwiegenheit (§ 39a Absatz 2 PAO, § 4 der Berufsordnung)
- Pflicht zur Sachlichkeit (§ 39a Absatz 3 PAO)

- Tätigkeitsverbot bei widerstreitenden Interessen (§ 39a Absatz 4 PAO, § 5 der Berufsordnung)
- Pflicht zur Wahrung fremder Vermögensinteressen (§ 39a Absatz 5 PAO)
- Pflicht zur unverzüglichen Mitteilung bei Ablehnung eines Auftrags (§ 40 PAO)
- Pflicht zum Führen von Handakten (§ 44 PAO, § 12 der Berufsordnung)
- Pflicht zum Abschluss und zur Aufrechterhaltung einer Berufshaftpflichtversicherung (§ 45 PAO)
- Pflicht zur Bestellung eines allgemeinen Vertreters bei Verhinderung der Berufsausübung (§ 46 PAO)

h) Berufsausübungsgesellschaften im Sinne der Patentanwaltsordnung:

- Berufspflichten bei beruflicher Zusammenarbeit (§ 52d PAO)
- Berufspflichten der Berufsausübungsgesellschaft (§ 52e PAO)
- Pflicht zur Unterhaltung einer Kanzlei (§ 52l PAO)
- Pflicht, eine Berufshaftpflichtversicherung abzuschließen und während der Dauer seiner Zulassung aufrechtzuerhalten (§ 52m, 52n PAO)
- Tätigkeitsverbot bei widerstreitenden Interessen (§ 41 Absatz 2 PAO)
- Pflichten für ausländische Berufsausübungsgesellschaften (§ 159 PAO)

Zuständige Stelle:

Die den Verdacht einer Berufspflichtverletzung begründenden Tatsachen sind der zuständigen Stelle mitzuteilen. Das sind zum einen die Berufskammern, zum anderen die für das berufsgerichtliche Verfahren oder das Disziplinarverfahren zuständigen Stellen. Grundsätzlich ist die Mitteilung an die zuständige Berufskammer zu richten, damit diese prüfen kann, ob zunächst eine außergerichtliche Maßnahme ausreichend ist oder ob die Einleitung eines berufsgerichtlichen Verfahrens wegen schwerwiegender oder weiterer ihr bekannt gewordener Pflichtverletzungen durch die Staatsanwaltschaft beim Oberlandesgericht angezeigt ist. Ist erkennbar, dass bereits ein berufsgerichtliches Verfahren oder ein Disziplinarverfahren bei der hierfür zuständigen Stelle anhängig ist, so erfolgt die Mitteilung unmittelbar auch dieser gegenüber.

Vor Erlass eines Bußgeldbescheides wegen einer begangenen Steuerordnungswidrigkeit und vor Erlass eines Haftungsbescheids nach § 69 AO gegen eine Person oder Gesellschaft im Sinne der §§ 3, 3a, 3d, 4 Nummer 1 oder 2 StBerG ist die zuständige Berufskammer nach § 411 bzw. § 191 Absatz 2 AO zu hören, auch wenn ihr die zugrundeliegende Pflichtverletzung bereits nach § 10 Absatz 1 Nummer 4 StBerG von der Finanzbehörde mitgeteilt wurde.

Zuständige Stellen sind

- die Steuerberaterkammer, in deren Bezirk der Berufsangehörige seine berufliche Niederlassung bzw. die Berufsausübungsgesellschaft ihren Sitz hat (§ 74 StBerG) bzw. die für Personen nach den §§ 3a und 3d StBerG zuständige Steuerberaterkammer im Sinne der §§ 3a Absatz 2 Satz 2 und 3d Absatz 2 StBerG,

- die Rechtsanwaltskammer, in deren Bezirk der Rechtsanwalt oder die Berufsausübungsgesellschaft zugelassen ist (§ 60 BRAO),

- die Wirtschaftsprüferkammer (§ 58 WPO),

- bei Notaren die Aufsichtsbehörde (§ 92 BNotO, in der Regel das Landgericht) und die Notarkammer (§ 65 BNotO), in deren Bezirk der Notar jeweils bestellt ist und

- die Patentanwaltskammer (§ 53 PAO).

5. Überprüfung der Voraussetzungen für die Bestellung eines Beratungsstellenleiters im Sinne des § 23 Absatz 3 StBerG

Nach § 10 Absatz 1 Nummer 5 StBerG hat eine Datenübermittlung zu erfolgen, sofern diese für die Überprüfung der Voraussetzungen nach § 23 Absatz 3 StBerG erforderlich ist. Neben der fachlichen Qualifikation und der praktischen Berufserfahrung verlangt § 23 Absatz 3 Satz 2 StBerG auch die persönliche Integrität des Beratungsstellenleiters. Zum Leiter einer Beratungsstelle darf demnach nicht bestellt werden, wer sich so verhalten hat, dass die Besorgnis begründet ist, er werde die Pflichten des Lohnsteuerhilfevereins nicht erfüllen.

Als relevante Daten kommen beispielsweise in Betracht:

- Vermögensverfall (bestehende Steuerschulden, Vollstreckungsmaßnahmen, Eröffnung eines Insolvenzverfahrens oder Eintragung in das Schuldnerverzeichnis),

- Steuerhinterziehung zu Gunsten eines Vereinsmitglieds oder zu eigenen Gunsten,

- andere gewerbliche Tätigkeiten des Beratungsstellenleiters in personellem, räumlichem oder organisatorischem Zusammenhang mit der Tätigkeit für den Lohnsteuerhilfeverein,

- Verstöße gegen berufsrechtliche Pflichten,

- Verstöße gegen die Beratungsbefugnis nach § 4 Nummer 11 StBerG,

- bekannt gewordene Verurteilungen wegen Straftaten, die bei oder im Zusammenhang mit der Ausübung eines Gewerbes etc. begangen worden sind,

- Erteilung eines Berufsverbots,

- wiederholt verspätete Zahlungen oder

- verspätete oder fehlende Erklärungsabgaben, Dauerschätzungen.

Zuständige Stelle ist die jeweils zuständige Aufsichtsbehörde (§ 27 StBerG).

6. Untersagung nach § 3f StBerG

Unter den Voraussetzungen des § 3d StBerG kann die zuständige Steuerberaterkammer eine Person partiell zulassen, d. h. dieser Person wird die Erlaubnis zu beschränkter geschäftsmäßiger Hilfeleistung in Steuersachen (partieller Zugang) erteilt. Sofern ein Untersagungsgrund nach § 3f StBerG vorliegt, kann die zuständige Steuerberaterkammer die weitere beschränkte geschäftsmäßige Hilfeleistung in Steuersachen einer partiell zugelassenen Person untersagen.

Zu den Untersagungsgründen nach § 3f StBerG gehören:

- Der partiell zugelassenen Person wird die Ausübung der Tätigkeit im Herkunftsmitgliedstaat untersagt (§ 3f Nummer 1 StBerG).

- Die partiell zugelassene Person verfügt nicht über die erforderlichen deutschen Sprachkenntnisse, die zur Ausführung der beschränkten geschäftsmäßigen Hilfeleistungen in Steuersachen erforderlich sind (§ 3f Nummer 2 StBerG).

- Die partiell zugelassene Person führt entgegen ihrer Pflicht nach § 3e Absatz 1 Satz 2 StBerG wiederholt eine unrichtige Berufsbezeichnung (§ 3f Nummer 3 StBerG).

- Die partiell zugelassene Person überschreitet die Befugnis zu beschränkter geschäftsmäßiger Hilfeleistung in Steuersachen nach § 3e Absatz 1 Satz 1 StBerG (§ 3f Nummer 4 StBerG).

- Die partiell zugelassene Person verstößt wiederholt gegen die Pflicht, u. a. den Auftraggeber über den Umfang des Tätigkeitsbereichs vor Leistungsbeginn zu informieren. Untersagungsgründe sind auch Pflichtverstöße gegen die Berufspflichten, die sich aus dem Dritten Abschnitt des Zweiten Teils des StBerG ergeben (§ 3f Nummer 5 StBerG).

Daten, die im Zusammenhang mit den Untersagungsgründen nach § 3f StBerG stehen, sind nach § 10 Absatz 1 Nummer 6 StBerG der zuständigen Stelle zu übermitteln. Zuständige Stelle ist die Steuerberaterkammer, die die Erlaubnis zum partiellen Zugang erteilt hat (vgl. § 3d Absatz 2 . V. m. § 3a Absatz 2 StBerG).

III. Unterbleiben einer Übermittlung von Daten nach § 10 Absatz 2 StBerG

Die Regelung des § 10 Absatz 2 StBerG entspricht inhaltlich § 10 Absatz 2 Satz 2 StBerG in seiner alten Fassung.

Eine Übermittlung der Daten hat nach § 10 Absatz 2 Satz 1 Nummer 1 StBerG zu unterbleiben, soweit die Übermittlung schutzwürdige Interessen einer betroffenen Person beeinträchtigen würde und das Informationsinteresse des Empfängers das Interesse der betroffenen Person an dem Unterbleiben der Übermittlung nicht überwiegt. Unter schutzwürdigen Interessen sind insbesondere die Intim- und Privatsphäre zu verstehen. Erforderlich ist aber stets eine einzelfallbezogene Abwägung. Je erheblicher die Maßnahme der zuständigen Stelle sein wird, desto eher wird das Informationsinteresse des Empfängers das Interesse der betroffenen Person überwegen.

Ein weiterer Hinderungsgrund für die Übermittlung von Daten liegt nach § 10 Absatz 2 Satz 1 Nummer 2 StBerG vor, soweit besondere gesetzliche Verwendungsregelungen entgegenstehen (z. B. Berufs- oder Amtsgeheimnisse). Nach § 10 Absatz 2 Satz 2 StBerG sind hiervon allerdings ausdrücklich ausgenommen:

- die Verschwiegenheitspflichten der für eine Berufskammer eines freien Berufs im Geltungsbereich des Steuerberatungsgesetzes tätigen Personen sowie

- das Steuergeheimnis nach § 30 AO.

Bei Akteneinsicht ist zu beachten, dass nur die die Berufspflichtverletzung betreffender Vorgänge eingesehen werden dürfen.

IV. Datenübermittlungen aufgrund anderer Rechtsvorschriften

Eine Verpflichtung zur Übermittlung von Daten kann sich auch aus folgenden Vorschriften ergeben:

- § 36 BRAO (Ermittlung des Sachverhalts und Übermittlung von Daten)
- §§ 36a, 130 WPO (Untersuchungsgrundsatz, Mitwirkungspflicht, Datenübermittlung)
- § 64d BNotO (Übermittlung von Daten)
- § 34 PAO (Ermittlung des Sachverhalts und Übermittlung von Daten)

Das Steuergeheimnis nach § 30 AO steht einer Übermittlung von Daten nach den vorgenannten Vorschriften nicht entgegen (§ 30 Absatz 4 Nummer 2 AO).

Diese Erlasse treten mit Inkrafttreten des neugefassten § 10 StBerG am 1. August 2022 (vgl. Artikel 4 Nummer 7 in Verbindung mit Artikel 36 Absatz 1 des Gesetzes zur Neuregelung des Berufsrechts der anwaltlichen und steuerberatenden Berufsausübungsgesellschaften sowie zur Änderung weiterer Vorschriften im Bereich der rechtsberatenden Berufe vom 7. Juli 2021, BGBl. I S. 2363) an die Stelle der Erlasse der obersten Finanzbehörden der Länder zu Mitteilungen der Finanzbehörden über Pflichtverletzungen und andere Informationen gemäß § 10 StBerG vom 22. Juli 2014 (BStBl I S. 1195).

Mitteilungen der Finanzbehörden zur Durchführung dienstrechtlicher Maßnahmen bei Beamten und Richtern Anhang 17

Steuergeheimnis; Mitteilungen der Finanzbehörden zur Durchführung dienstrechtlicher Maßnahmen bei Beamten und Richtern

(BMF-Schreiben vom 12.1.2018 - IV A 3 - S 0130/08/10006 -, BStBl I S. 201, zuletzt geändert durch BMF-Schreiben vom 13.1.2023, BStBl I S. 182)

Unter Bezugnahme auf das Ergebnis der Erörterungen mit den obersten Finanzbehörden der Länder gilt ab dem 25. Mai 2018 Folgendes:

1. Mitteilungen im Zusammenhang mit einem Strafverfahren

1.1 Nach § 49 Abs. 1 i. V. m. Abs. 6 Satz 1 Beamtenstatusgesetz (BeamtStG) sowie nach § 115 Abs. 1 i. V. m. Abs. 6 Satz 1 Bundesbeamtengesetz (BBG) ist die Strafverfolgungsbehörde verpflichtet, in Strafverfahren - einschl. Steuerstrafverfahren - gegen Beamte zur Sicherstellung der erforderlichen dienstrechtlichen Maßnahmen im Fall der Erhebung der öffentlichen Klage die Anklageschrift oder eine an ihre Stelle tretende Antragsschrift, den Antrag auf Erlass eines Strafbefehls und die einen Rechtszug abschließende Entscheidung mit Begründung der für die Durchführung dienstrechtlicher Maßnahmen zuständigen Stelle zu übermitteln, auch soweit sie Daten enthalten, die dem Steuergeheimnis unterliegen.

1.2 Nach § 49 Abs. 2 i. V. m. Abs. 6 Satz 1 BeamtStG sowie nach § 115 Abs. 2 i. V. m. Abs. 6 Satz 1 BBG besteht eine Verpflichtung zur Übermittlung der in Nr. 1.1 genannten Unterlagen in Verfahren wegen fahrlässig begangener Straftaten nur bei schweren Verstößen (genannt sind Trunkenheit im Straßenverkehr und fahrlässige Tötung) oder in sonstigen Fällen, wenn die Kenntnis der Daten aufgrund der Umstände des Einzelfalls erforderlich ist, um zu prüfen, ob dienstrechtliche Maßnahmen zu ergreifen sind, auch soweit sie Daten enthalten, die dem Steuergeheimnis unterliegen.

1.3 Nach § 49 Abs. 3 i. V. m. Abs. 6 Satz 1 BeamtStG sowie nach § 115 Abs. 3 i. V. m. Abs. 6 Satz 1 BBG sollen Entscheidungen über Verfahrenseinstellungen, auch soweit sie Daten enthalten, die dem Steuergeheimnis unterliegen und die nicht bereits nach Nr. 1.1 und 1.2 zu übermitteln sind, übermittelt werden, wenn die Kenntnis der Daten auf Grund der Umstände des Einzelfalls erforderlich ist, um zu prüfen, ob dienstrechtliche Maßnahmen zu ergreifen sind. Hierbei ist zu berücksichtigen, wie gesichert die zu übermittelnden Erkenntnisse sind.

Von der Strafverfolgungsbehörde ist keine vorweggenommene Prüfung der gebotenen disziplinarrechtlichen Behandlung des Falles gefordert, sondern nur die Abwägung ob die Daten für eine solche disziplinarrechtliche Prüfung von Belang sein können und deshalb für den Dienstherrn des Beamten von Interesse sind (vgl. BFH-Beschluss vom 15.1.2003, VII B 149/07, BStBl II S. 337). Dies gilt auch für Fälle, in denen das Strafverfahren nach § 153 StPO, nach § 170 Abs. 2 StPO i. V. m. § 371 AO oder nach § 153a StPO eingestellt wurde. Im Falle des Entschlusses zur Übermittlung sind der Gegenstand des Verfahrens, die damit unmittelbar zusammenhängenden Erkenntnisse und die Verfahrenseinstellung als solche mitzuteilen.

1.4 Darüber hinaus dürfen nach § 49 Abs. 4 i. V. m. Abs. 6 Satz 2 BeamtStG sowie nach § 115 Abs. 4 i. V. m. Abs. 6 Satz 1 BBG sonstige Tatsachen, die dem Steuergeheimnis

Anhang 17   Mitteilungen der Finanzbehörden zur Durchführung dienstrechtlicher Maßnahmen bei Beamten und Richtern

unterliegen und in einem Steuerstrafverfahren bekannt geworden sind, mitgeteilt werden, wenn

- ihre Kenntnis aufgrund besonderer Umstände des Einzelfalls für dienstrechtliche Maßnahmen gegen einen Beamten erforderlich ist (erforderlich ist die Kenntnis der Daten auch dann, wenn diese Anlass zur Prüfung bieten, ob dienstrechtliche Maßnahmen zu ergreifen sind)

und

- eine Offenbarung innerhalb der Finanzverwaltung nach § 49 Satz 2 BDSG i. V. m. § 30 Abs. 4 Nr. 1a und § 29c Abs. 1 Satz 1 Nr. 6 Satz 1 AO zulässig ist (vgl. Nr. 1.5)

oder

an der Mitteilung ein zwingendes öffentliches Interesse i. S. d. § 49 Satz 2 BDSG i. V. m. § 30 Abs. 4 Nr. 5 AO besteht (vgl. Nr. 1.6) und für die Strafverfolgungsbehörde erkennbar ist, dass schutzwürdige Interessen des Beamten an dem Ausschluss der Übermittlung nicht überwiegen.

1.5   Eine Offenbarung ist nach § 30 Abs. 4 Nr. 1a i. V. m. § 29c Abs. 1 Satz 1 Nr. 6 AO zulässig, wenn sie für die Wahrnehmung von Disziplinarbefugnissen durch Finanzbehörden erforderlich ist (vgl. dazu Nr. 5.1 des AEAO zu § 30). In diesem Fall dürfen die nach § 30 Abs. 2 AO geschützten Daten nur durch Personen verarbeitet werden, die nach § 30 AO zur Wahrung des Steuergeheimnisses verpflichtet sind (vgl. § 29c Abs. 1 Satz 3 AO).

1.6   Ein zwingendes öffentliches Interesse an der Übermittlung i. S. v. § 30 Abs. 4 Nr. 5 AO besteht insbesondere, wenn die mitteilende Stelle zur Überzeugung gelangt ist, dass ein schweres Dienstvergehen vorliegt, der Sachverhalt mithin nach ihrer Auffassung geeignet erscheint, eine im Disziplinarverfahren zu verhängende Maßnahme von Gewicht, das heißt grundsätzlich eine Zurückstufung oder die Entfernung aus dem Dienst, zu tragen (vgl. BVerfG-Beschluss vom 6.5.2008, 2 BvR 336/07, NJW S. 3489).

Ein relevanter Verstoß gegen Dienstpflichten und damit ein zwingendes öffentliches Interesse an einer Datenübermittlung kann auch darin liegen, dass das in Rede stehende Delikt das Ansehen und die Funktionsfähigkeit des Beamtentums nachhaltig schädigen könnte (BVerwG-Beschluss vom 5.3.2010, 2 B 22/09, NJW S. 2229). Dies kann der Fall sein, wenn der Kernbereich der dienstlichen Pflichten betroffen ist oder wenn es um Bereiche der öffentlichen Verwaltung geht, die - wie insbesondere die Finanzverwaltung - für das Vertrauen der Öffentlichkeit in die Integrität der Verwaltung von besonders hoher Bedeutung sind. Für diese Prüfung sind nicht allein der Umfang der Steuerhinterziehung (Höhe der verkürzten Steuern), sondern auch Art und Dauer der Straftat(en) zu berücksichtigen. Ein zwingendes öffentliches Interesse kann z. B. auch bei einem geringen Steuerausfallschaden dann vorliegen, wenn die Steuerhinterziehung durch Beamte der Finanzverwaltung begangen und von weiteren Delikten, insbesondere von geschäftsmäßiger Hilfeleistung in Steuersachen, begleitet wird, die über einen längeren Zeitraum begangen wurden (vgl. BVerwG-Beschluss vom 5.3.2010, a.a.O.).

1.7   Die vorstehenden Regelungen gelten für Richter entsprechend, soweit nichts anderes bestimmt ist (vgl. §§ 46, 71 DRiG).

Mitteilungen der Finanzbehörden zur Durchführung dienstrechtlicher Anhang 17
Maßnahmen bei Beamten und Richtern

2. Mitteilungen außerhalb eines Strafverfahrens

2.1 Werden außerhalb eines Strafverfahrens, d. h. in einem sonstigen Verfahren nach § 30 Abs. 4 Nr. 1 AO (z. B. im Besteuerungsverfahren), Verfehlungen eines Beamten oder Richters festgestellt, die dieser im Zusammenhang mit seiner dienstlichen Tätigkeit begangen hat, z. B. Straftaten im Amt (§§ 331 ff. StGB), ist die Zulässigkeit einer Mitteilung zu prüfen.

2.2 Auch das Verhalten eines Beamten außerhalb des Dienstes stellt ein Dienstvergehen dar, wenn es nach den Umständen des Einzelfalles in besonderem Maße geeignet ist, Achtung und Vertrauen in einer für sein Amt oder das Ansehen des Beamtentums bedeutsamen Weise zu beeinträchtigen (vgl. § 77 Abs. 1 Satz 2 BBG).

2.3 Eine Offenbarung ist insbesondere geboten, wenn ein Beamter oder Richter - innerhalb oder außerhalb des Dienstes - seine Verfassungstreuepflicht nachhaltig verletzt. Dies kann z. B. vorliegen, wenn er das Bestehen der Bundesrepublik Deutschland nachhaltig leugnet (Urteil des BVerwG vom 2.12.2021, Az. 2 A 7/21, NVwZ 2022, S. 1379).

2.4 Bei einem Beamten der Finanzverwaltung oder einem Richter stellt eine Steuerstraftat in eigener Sache ein Dienstvergehen dar, das eine Weitergabe der Daten an die für die Durchführung eines Disziplinarverfahrens oder sonstiger dienstrechtlicher Maßnahmen zuständige Stelle nach § 30 Abs. 4 Nr. 1a und § 29c Abs. 1 Satz 1 Nr. 6 Satz 1 AO oder nach § 30 Abs. 4 Nr. 5 AO rechtfertigen kann.

2.5 Ein Dienstvergehen stellt auch die unerlaubte Hilfeleistung in Steuersachen durch Beamte der Finanzverwaltung dar.

2.6 Bei den unter Nr. 2.1 bis 2.5 genannten Sachverhalten ist zu prüfen, ob ein schweres Dienstvergehen vorliegt. Die Regelungen in Nr. 1.5 und 1.6 gelten entsprechend. Ist dies zur Überzeugung der mitteilenden Stelle nicht der Fall, ist eine Offenbarung der in einem Verfahren nach § 30 Abs. 2 Nr. 1 AO bekannt gewordenen Daten nicht zulässig.

3. Dritte

Die steuerlichen Verhältnisse Dritter dürfen anlässlich einer Mitteilung nach Nr. 1 oder 2 nur mitgeteilt werden, soweit dienstrechtliche Maßnahmen gegen den Beamten oder Richter ohne die Mitteilung dieser Daten nicht ergriffen werden können.

Dieses Schreiben tritt mit Wirkung ab 25. Mai 2018 an die Stelle des BMF-Schreibens vom 12. März 2010 - IV A 3 - S 0130/08/10006 - (BStBl I S. 222) und des BMF-Schreibens vom 20. Juni 2011 - IV A 3 - S 0130/08/10006 - (BStBl I S. 574).

Dieses Schreiben wird im Bundessteuerblatt Teil I veröffentlicht und steht ab sofort für eine Übergangszeit auf den Internetseiten des Bundesministeriums der Finanzen (http://www.bundesfinanzministerium.de) unter der Rubrik Themen - Steuern - Steuerverwaltung & Steuerrecht - Abgabenordnung - Übersicht - BMF-Schreiben / Allgemeines zum Download bereit.

Erstattungsanspruch nach § 37 Abs. 2 AO bei der Einkommensteuer; Erstattungsberechtigung und Reihenfolge der Anrechnung in Nachzahlungsfällen

(BMF-Schreiben vom 14.1.2015 - IV A 3 - S 0160/11/10001 - , BStBl I S. 83)[1]

Unter Bezugnahme auf das Ergebnis der Erörterung mit den obersten Finanzbehörden der Länder richtet sich die Ermittlung von Einkommensteuer-Erstattungsansprüchen nach § 37 Abs. 2 AO bzw. die Erstattungsberechtigung - einschließlich der Reihenfolge der Anrechnung - nach folgenden Grundsätzen:

1. Allgemeines

1.1 Öffentlich-rechtlicher Erstattungsanspruch

§ 37 Abs. 2 AO enthält eine allgemeine Umschreibung des öffentlich-rechtlichen Erstattungsanspruchs, der einem Steuerpflichtigen dadurch erwächst, dass eine Leistung aus dem Steuerschuldverhältnis ohne rechtlichen Grund erfolgt ist oder der Grund hierfür später wegfällt (vgl. dazu AEAO zu § 37, Nr. 2).

1.2 Einkommensteuer-Erstattungsanspruch

Im Bereich der Einkommensteuer können sich Erstattungsansprüche nach § 37 Abs. 2 AO insbesondere ergeben

- infolge der Anrechnung von Einkommensteuer-Vorauszahlungen (§ 36 Abs. 2 Nr. 1 EStG),

- infolge der Anrechnung von Steuerabzugsbeträgen (z.B. Lohnsteuer, Kapitalertragsteuer, vgl. § 36 Abs. 2 Nr. 2 EStG) sowie

- im Falle der Aufhebung der Einkommensteuerfestsetzung oder der Durchführung von Änderungs- bzw. Berichtigungsveranlagungen, wenn die ursprünglich festgesetzte Steuer bereits entrichtet war.

1.3 Annexsteuern

Die Ausführungen dieses Schreibens gelten für Annexsteuern entsprechend.

1.4 Lebenspartner und Lebenspartnerschaften

Die nachfolgenden Ausführungen gelten bei Lebenspartnern und Lebenspartnerschaften entsprechend (§ 2 Abs. 8 EStG).

---

[1] Inhaltsverzeichnis hier nicht abgedruckt.

1.5 Getrennte Veranlagung nach § 26a EStG a.F.

Soweit im Folgenden Ausführungen zur Einzelveranlagung nach § 26a EStG gemacht werden, gelten sie bis Veranlagungszeitraum 2012 für getrennte Veranlagungen nach § 26a EStG a.F. entsprechend.

2. Erstattungsberechtigung bei zusammen veranlagten Ehegatten

2.1 Wirkung einer Erstattung nach § 36 Abs. 4 Satz 3 EStG

§ 36 Abs. 4 Satz 3 EStG, wonach die Auszahlung des Erstattungsbetrags (Überschuss im Sinne des § 36 Abs. 4 Satz 2 EStG) aus der Einkommensteuer-Zusammenveranlagung an einen Ehegatten auch für und gegen den anderen Ehegatten wirkt, lässt die materielle Rechtslage hinsichtlich der Erstattungsberechtigung zusammen veranlagter Ehegatten unberührt. In Bezug auf den Erstattungsanspruch sind zusammen veranlagte Ehegatten weder Gesamtgläubiger i. S. d. § 428 BGB noch Mitgläubiger i. S. d. § 432 BGB (BFH-Beschluss vom 17.2.2010, VII R 37/08, BFH/NV S. 1078). Die Regelung, der die Annahme zugrunde liegt, dass bei einer intakten Ehe die Erstattung an einen Ehegatten vom anderen Ehegatten gebilligt wird, will dem Finanzamt für Fälle, in denen diese Annahme zutrifft, Nachforschungen zur Erstattungsberechtigung der Ehegatten ersparen (BFH-Urteil vom 5.4.1990,VII R 2/89, BStBl II S. 719). Sie findet ihre Rechtfertigung darin, dass sich Ehegatten, die die Zusammenveranlagung beantragen, durch ihre beiderseitigen Unterschriften auf der Steuererklärung gegenseitig bevollmächtigen können, nicht nur den Steuerbescheid, sondern auch einen etwaigen Erstattungsbetrag in Empfang zu nehmen. Die Vorschrift des § 36 Abs. 4 Satz 3 EStG enthält demnach eine widerlegbare gesetzliche Vermutung hinsichtlich einer Einziehungsvollmacht.

2.2 Ausnahmen von § 36 Abs. 4 Satz 3 EStG

2.2.1 Bei zusammen veranlagten Ehegatten kann es trotz der Vorschrift des § 36 Abs. 4 Satz 3 EStG, wonach die Auszahlung an einen Ehegatten auch für und gegen den anderen Ehegatten wirkt, erforderlich werden, Entscheidungen zur Erstattungsberechtigung der beiden Ehegatten zu treffen und ggf. die Höhe des auf jeden entfallenden Erstattungsbetrags zu ermitteln. Soweit das Finanzamt nach Aktenlage erkennt oder erkennen musste, dass ein Ehegatte aus beachtlichen Gründen nicht mit der Auszahlung des gesamten Erstattungsbetrags an den anderen Ehegatten einverstanden ist, darf es nicht mehr an den anderen Ehegatten auszahlen. Das ist z.B. dann der Fall, wenn die Ehegatten inzwischen geschieden sind oder getrennt leben oder wenn dem Finanzamt aus sonstigen Umständen bekannt ist, dass ein Ehegatte die Erstattung an den anderen nicht billigt (BFH-Urteile vom 5.4.1990, VII R 2/89, BStBl II S. 719, und vom 8.1.1991, VII R 18/90, BStBl II S. 442).

2.2.2 § 36 Abs. 4 Satz 3 EStG ist aber auch dann nicht anzuwenden,

- wenn das Finanzamt mit Abgabenrückständen eines der beiden Ehegatten aufrechnen will oder

- wenn der Erstattungsanspruch nur eines der beiden Ehegatten abgetreten, gepfändet oder verpfändet worden ist.

In solchen Fällen muss die materielle Anspruchsberechtigung nach § 37 Abs. 2 AO selbst dann geprüft werden, wenn die Ehegatten übereinstimmend davon ausgehen, dass der steuerliche Erstattungsanspruch ihnen gemeinsam zusteht (BFH-Beschluss vom 12.3.1991, VII S 30/90, BFH/NV 1992 S. 145). Zahlt das Finanzamt bei der Zusammenveranlagung aufgrund des gegenüber einem Ehegatten ergangenen Pfändungs- und Überweisungsbeschlusses auch den auf den anderen Ehegatten entfallenden Erstattungsbetrag an den Pfändungsgläubiger aus, kann es von diesem jedoch die Rückzahlung dieses ohne Rechtsgrund gezahlten Betrages verlangen (BFH-Urteil vom 13.2.1996, VII R 89/95, BStBl II S. 436).

2.3 Ermittlung des Erstattungsberechtigten

Der Erstattungsanspruch steht demjenigen Ehegatten zu, auf dessen Rechnung die Zahlung bewirkt worden ist (vgl. BFH-Urteil vom 30.9.2008, VII R 18/08, BStBl 2009 II S. 38 m.w.N.). Unerheblich ist dagegen, welcher der Ehegatten den Steuerermäßigungstatbestand verwirklicht hat, der im Rahmen des Veranlagungsverfahrens zu der Steuererstattung geführt hat. Dies gilt auch in Fällen des Verlustabzugs nach § 10d EStG (BFH-Urteile vom 19.10.1982, VII R 55/80, BStBl II S. 162, und vom 18.9.1990, VII R 99/89, BStBl 1991 II S. 47). Unerheblich ist auch, auf wessen Einkünften die festgesetzten Steuern (Vorauszahlungen und Jahressteuer) beruhen.

2.4 Tilgungsbestimmung

2.4.1 Liegen keine Anhaltspunkte oder ausdrücklichen Absichtsbekundungen für eine Tilgungsbestimmung vor, kann das Finanzamt als Zahlungsempfänger, solange die Ehe besteht und die Ehegatten nicht dauernd getrennt leben (§ 26 Abs. 1 EStG), aufgrund der zwischen ihnen bestehenden Lebens- und Wirtschaftsgemeinschaft allerdings davon ausgehen, dass derjenige Ehegatte, der auf die gemeinsame Steuerschuld zahlt, mit seiner Zahlung auch die Steuerschuld des anderen mit ihm zusammen veranlagten Ehegatten begleichen will (vgl. BFH-Urteil vom 15.11.2005, VII R 16/05, BStBl 2006 II S. 453, m.w.N.); das gilt grundsätzlich auch dann, wenn über das Vermögen des anderen Ehegatten das Insolvenzverfahren eröffnet worden ist (BFH-Urteil vom 30.9.2008, VII R 18/08, BStBl 2009 II S. 38).

Ob die Ehegatten sich später trennen oder einer der Ehegatten nachträglich die Einzelveranlagung nach § 26a EStG beantragt, ist für die Beurteilung der Tilgungsabsicht nicht maßgeblich, denn es kommt nur darauf an, wie sich die Umstände dem Finanzamt zum Zeitpunkt der Zahlung darstellten (vgl. BFH-Urteil vom 26.6.2007, VII R 35/06, BStBl II S. 742). Haben sich die Ehegatten vor der Zahlung getrennt, war dies dem Finanzamt zum Zeitpunkt der Zahlung aber noch nicht bekannt, kann das Finanzamt weiterhin davon ausgehen, dass der Ehegatte, der ohne individuelle Tilgungsbestimmung auf die gemeinsame Steuerschuld (Vorauszahlungsschuld) gezahlt hat, mit seiner Zahlung auch die Steuerschuld des anderen Ehegatten begleichen wollte.

2.4.2 Die Angabe einer Tilgungsbestimmung muss dabei nicht „ausdrücklich" erfolgen, sondern kann sich aus den Umständen des Einzelfalls ergeben (als Indiz z.B. Angabe des eigenen Namens im Feld „Verwendungszweck" einer Überweisung; vgl. BFH-Urteil vom 25.7.1989, VII R 118/87, BStBl 1990 II S. 41). Eine spätere „Interpretation" (d. h. eine nachträglich geltend gemachte Tilgungsbestimmung) durch den zahlenden Ehegatten kann keine Berücksichtigung finden.

Rechnet ein Ehegatte mit einem ihm allein zustehenden Erstattungsanspruch gegen die gemeinsame ESt-Schuld auf, kann das Finanzamt davon ausgehen, dass der Ehegatte, der ohne individuelle Tilgungsbestimmung auf die gemeinsame Steuerschuld geleistet hat, mit seiner Zahlung auch die Steuerschuld des anderen Ehegatten begleichen wollte. Im Fall der Aufrechnung durch das Finanzamt ergibt sich die Tilgungsbestimmung wegen der nach § 387 BGB erforderlichen Gegenseitigkeit dagegen nach der individuellen Gläubigerschaft des Steuererstattungsanspruchs.

Bei Zahlungen im Wege des Lastschrifteinzugs ist das Finanzamt gesondert über den Tilgungswillen zu informieren. Wird ein Verrechnungsvertrag geschlossen (vgl. AEAO zu § 226, Nr. 5), ergibt sich die Tilgungsbestimmung aus den vertraglichen Vereinbarungen.

2.4.3 Die von einem Ehegatten im Vollstreckungsweg beigetriebene Steuerforderung kann nicht als eine auch auf Rechnung des anderen Ehegatten bewirkte Zahlung angesehen werden (vgl. BFH-Beschluss v. 18.4.2013, VII B 66/12, BFH/NV S. 1217). Sie ist wie eine Zahlung mit individueller Tilgungsbestimmung zugunsten des Vollstreckungsschuldners zu behandeln.

2.5 Zahlungsanweisung

Bitten die Ehegatten zu einem späteren Zeitpunkt, zum Beispiel bei Abgabe der Steuererklärung, um Überweisung des Erstattungsanspruchs an einen bestimmten Zahlungsempfänger, liegt lediglich eine Zahlungsanweisung vor, die den materiell-rechtlichen Erstattungsanspruch unberührt lässt. Die auf Wunsch eines der Ehegatten erfolgte Auszahlung des ihm materiell-rechtlich zustehenden Erstattungsanspruchs an den anderen Ehegatten oder einen Dritten führt ihm gegenüber zum Erlöschen seines Erstattungsanspruchs. Denn auch in einem derartigen Fall erbringt die Finanzbehörde ihre Leistung mit dem Willen, eine Forderung gegenüber dem Rechtsinhaber zu erfüllen.

2.6 Bedeutung von Einkommensteuer-Vorauszahlungen

Einkommensteuer-Vorauszahlungen sind nach § 37 Abs. 1 EStG - unabhängig davon, wer sie zahlt oder von wessen Konto sie abgebucht werden - auf die für den laufenden Veranlagungszeitraum voraussichtlich geschuldete Einkommensteuer zu entrichten. Bei Vorauszahlungen ohne Tilgungsbestimmung ist davon auszugehen, dass sich der Ehegatte, der auf einen an ihn und seinen Ehegatten gerichteten Vorauszahlungsbescheid leistet, nicht nur bewusst ist, dass seine Zahlungen in Höhe der später festgesetzten Einkommensteuer endgültig beim Fiskus verbleiben sollen, sondern dass er die - wenn auch unmittelbar zur Erfüllung der Gesamtschuld aus dem Vorauszahlungsbescheid entrichteten - Zahlungen auch leistet, um damit die zu erwartende Einkommensteuer beider Ehegatten zu tilgen. Ist die im Zeitpunkt der Vorauszahlungen nach Kenntnisstand des Finanzamts noch bestehende Wirtschaftsgemeinschaft hinreichender Anknüpfungspunkt dafür, die Vorauszahlungen als für Rechnung beider Ehegatten geleistet zu unterstellen, dann ist daraus auch der in diesem Zeitpunkt übereinstimmende Wille abzuleiten, dass diese Vorauszahlungen später dafür verwendet werden sollen, die auf beide Ehegatten später entfallenden Steuerschulden auszugleichen (vgl. BFH-Urteil vom 22.3.2011, VII R 42/10, BStBl II, S. 607).

3. Aufteilung eines Einkommensteuer-Erstattungsanspruchs bei Ehegatten

Übersteigen die anzurechnenden Steuerabzugsbeträge, die geleisteten Vorauszahlungen und die sonstigen Zahlungen der Ehegatten die Summe der gegen die beiden Ehegatten insgesamt (im Wege der Zusammenveranlagung oder im Wege der Einzelveranlagung nach § 26a EStG) festgesetzten Steuern, ist wie folgt zu verfahren:

Zunächst sind für jeden Ehegatten die bei ihm anzurechnenden Steuerabzugsbeträge sowie seine mit individueller Tilgungsbestimmung geleisteten Vorauszahlungen und sonstigen Zahlungen zu ermitteln. Daneben sind alle übrigen Zahlungen zu ermitteln, die beiden Ehegatten gemeinsam zuzurechnen sind. Die auf diese Weise ermittelten Zahlungen sind dem jeweiligen Ehegatten gemäß den Nrn. 3.1 bis 3.4 an Hand der materiellen Erstattungsberechtigung zuzuordnen.

Bei der weiteren Bearbeitung ist zwischen der Zusammenveranlagung (Nr. 3.5) und der Einzelveranlagung nach § 26a EStG (Nr. 3.6) zu unterscheiden.

3.1 Steuerabzugsbeträge

Hinsichtlich einbehaltener Steuerabzugsbeträge (insbesondere Lohnsteuer, Kapitalertragsteuer) ist derjenige Ehegatte erstattungsberechtigt, von dessen Einnahmen (z. B. Arbeitslohn oder Kapitaleinnahme) die Abzugssteuer einbehalten wurde (vgl. BFH-Urteil vom 19.10.1982, VII R 55/80, BStBl 1983 I S. 162); denn diese Steuer ist für seine Rechnung an das Finanzamt abgeführt worden (BFH-Urteil vom 5.4.1990, VII R 2/89, BStBl II S. 719). Wurden für beide Ehegatten Steuerabzugsbeträge einbehalten und wurden keine Vorauszahlungen geleistet, ist die Aufteilung des Erstattungsanspruchs im Verhältnis des jeweiligen Steuerabzugs des Ehegatten zum Gesamtabzug durchzuführen (vgl. BFH-Urteil vom 1.3.1990, VII R 103/88, BStBl II S. 520).

3.2 Vorauszahlungen mit Tilgungsbestimmung

Hat der zahlende Ehegatte im Zeitpunkt einer Vorauszahlung kenntlich gemacht, dass er nur seine eigene Steuerschuld tilgen will, ist er im Falle der Erstattung dieses Betrags allein erstattungsberechtigt.

Erfolgt eine Vorauszahlung aufgrund eines an beide Ehegatten gemeinsam gerichteten Vorauszahlungsbescheids durch einen Ehegatten ab dem Zeitpunkt, zu dem das dauernde Getrenntleben der Ehegatten dem Finanzamt bekannt geworden ist, ist davon auszugehen, dass der Zahlende nur auf eigene Rechnung leisten will. Im Falle einer Erstattung einer solchen Zahlung ist er allein erstattungsberechtigt (BFH-Urteil vom 25.7.1989, a.a.O.).

3.3 Vorauszahlungen ohne Tilgungsbestimmung

Vorauszahlungen aufgrund eines an beide Ehegatten gemeinsam gerichteten Vorauszahlungsbescheids ohne individuelle Tilgungsbestimmung sind unabhängig davon, ob die Ehegatten später zusammen oder nach § 26a EStG einzeln veranlagt werden, zunächst auf die festgesetzten Steuern beider Ehegatten anzurechnen (BFH-Urteil vom 22.3.2011, VII R 42/10, BStBl II, S. 607). Daher ist nur ein nach der Anrechnung der „gemeinsamen" Vorauszahlungen verbleibender Überschuss nach Köpfen an die Ehegatten auszukehren.

Vorauszahlungen ohne individuelle Tilgungsbestimmung aufgrund eines nur an einen Ehegatten gerichteten Vorauszahlungsbescheids sind nur diesem Ehegatten zuzurechnen (zur Wirkung siehe Nr. 3.2).

3.4 Sonstige Zahlungen

Für sonstige Zahlungen (z.B. Abschlusszahlungen) gelten Nrn. 3.2 und 3.3 entsprechend.

3.5 Reihenfolge der Anrechnung bei Zusammenveranlagung

Übersteigt die Summe der im Rahmen einer Zusammenveranlagung anzurechnenden Steuerabzugsbeträge (Nr. 3.1), geleisteten Vorauszahlungen (Nrn. 3.2 und 3.3) und sonstigen Zahlungen (Nr. 3.4) der Ehegatten die festgesetzte Steuer und ist die Aufteilung des Erstattungsbetrages erforderlich (vgl. Nr. 2.2), ist wie folgt zu verfahren:

Zunächst sind für jeden Ehegatten die bei ihm anzurechnenden Steuerabzugsbeträge sowie seine mit individueller Tilgungsbestimmung geleisteten Vorauszahlungen und sonstigen Zahlungen zu ermitteln. Daneben sind alle übrigen Zahlungen zu ermitteln, die beiden Ehegatten gemeinsam zuzurechnen sind.

Anschließend sind in Abhängigkeit von der Fallgestaltung folgende Ermittlungen und Berechnungen anzustellen:

a) Wurden **ausschließlich** Steuerabzugsbeträge einbehalten und Zahlungen geleistet, die individuell zuzurechnen sind, ist die Aufteilung des Erstattungsanspruchs im Verhältnis der Summe der jeweiligen Steuerabzugsbeträge und Zahlungen jedes Ehegatten zur Summe der Steuerabzugsbeträge und Zahlungen beider Ehegatten durchzuführen.

b) Wurden **ausschließlich** Vorauszahlungen aufgrund eines an beide Ehegatten gemeinsam gerichteten Vorauszahlungsbescheids ohne Tilgungsbestimmungen geleistet, ist die Aufteilung des Erstattungsanspruchs nach Köpfen durchzuführen.

c) Wurden für die Ehegatten **sowohl** Steuerabzugsbeträge einbehalten und/oder Zahlungen geleistet, die individuell zuzurechnen sind, **als auch** Vorauszahlungen aufgrund eines an beide Ehegatten gemeinsam gerichteten Vorauszahlungsbescheids ohne Tilgungsbestimmungen geleistet, ist

Erstattungsanspruch nach § 37 Abs. 2 AO bei der Einkommensteuer   Anhang 18

- zunächst für jeden Ehegatten die Summe der bei ihm anzurechnenden Zahlungen zu ermitteln (Steuerabzugsbeträge nach Nr. 3.1, direkt zuzuordnende Zahlungen nach Nrn. 3.2 und 3.4 und **nach Köpfen ermittelter Anteil an** Zahlungen im Sinne der Nrn. 3.3 und 3.4) und anschließend
- der Erstattungsanspruch **der Ehegatten** im Verhältnis der Summe der bei dem einzelnen Ehegatten zuzurechnenden Zahlungen zur Summe aller Zahlungen aufzuteilen.

Beispiel zu Fallgruppe c)

Gegen die Ehegatten M und F hatte das Finanzamt gemeinsam Einkommensteuer-Vorauszahlungen in Höhe von insgesamt 14.000 € festgesetzt. Hierauf wurden 8.000 € ohne Tilgungsbestimmung entrichtet. In Höhe von 5.000 € hat M Vorauszahlungen mit individueller Tilgungsbestimmung geleistet. F hat in Höhe von 1.000 € Vorauszahlungen mit individueller Tilgungsbestimmung geleistet.

Vom Arbeitslohn des M wurden 10.000 € Lohnsteuer einbehalten. Vom Arbeitslohn der F wurden 5.000 € Lohnsteuer einbehalten.

Im Rahmen einer Zusammenveranlagung wurde gegen die Ehegatten Einkommensteuer in Höhe von 20.000 € festgesetzt. Aufgrund der anzurechnenden Lohnsteuerbeträge (10.000 € + 5.000 € = 15.000 €) und der geleisteten Vorauszahlungen (8.000 € + 5.000 € + 1.000 € = 14.000 €) ergibt sich ein Erstattungsanspruch von insgesamt 9.000 €.

Lösung:

Die individuellen Erstattungsansprüche der Ehegatten M und F sind wie folgt zu ermitteln:

(1) individuelle Ermittlung der bei den Ehegatten nach Nr. 3.1 jeweils anzurechnenden Steuerabzugsbeträge:

    M: 10.000 €
    F: 5.000 €

(2) individuelle Ermittlung der bei den Ehegatten nach Nr. 3.2 jeweils anzurechnenden Zahlungen mit individueller Tilgungsbestimmung:

    M: 5.000 €
    F: 1.000 €

(3) hälftige Aufteilung der „gemeinsamen" Zahlungen i. S. d. Nr. 3.3 und Zurechnung des jeweiligen Anteils wie eine Zahlung i. S. d. Nr. 3.2:

    M: ½ von 8.000 € = 4.000 €
    F: ½ von 8.000 € = 4.000 €

(4) für jeden Ehegatten sind die nach (1) bis (3) ermittelten Anrechnungsbeträge jeweils zu addieren:

	M:		F:	
	10.000 €		5.000 €	
	+ 5.000 €		+ 1.000 €	
	+ 4.000 €		+ 4.000 €	
Summe:	19.000 €	Summe:	10.000 €	

Anhang 18   Erstattungsanspruch nach § 37 Abs. 2 AO
bei der Einkommensteuer

(5)   Die Aufteilung des Erstattungsanspruchs (9.000€) auf die Ehegatten erfolgt im Verhältnis der Summe der dem einzelnen Ehegatten zuzurechnenden Zahlungen zur Summe aller Zahlungen:

         ⇨   M: 9.000€ x (19.000/29.000) =   5.896,55€

         ⇨   F: 9.000€ x (10.000/29.000) =   3.103,45€

3.6 Reihenfolge der Anrechnung bei Einzelveranlagung nach § 26a EStG

3.6.1 Erstattungsüberhang

Übersteigen die im Rahmen von Einzelveranlagungen nach § 26a EStG anzurechnenden Steuerabzugsbeträge (Nr. 3.1), geleisteten Vorauszahlungen (Nrn. 3.2 und 3.3) und sonstigen Zahlungen (Nr. 3.4) der Ehegatten die Summe der gegen beide Ehegatten individuell festgesetzten Steuern, ist wie folgt zu verfahren:

a)   Wurden **ausschließlich** Steuerabzugsbeträge einbehalten und Zahlungen geleistet, die individuell zuzurechnen sind, sind bei jedem Ehegatten die jeweiligen Steuerabzugsbeträge und Zahlungen anzurechnen.

b)   Wurden **ausschließlich** Vorauszahlungen aufgrund eines an beide Ehegatten gemeinsam gerichteten Vorauszahlungsbescheids ohne Tilgungsbestimmung geleistet und übersteigt deren Summe die Summe der in den Einzelveranlagungen nach § 26a EStG festgesetzten Einkommensteuerbeträge, ist der die Summe der in den Einzelveranlagungen individuell festgesetzten Einkommensteuerbeträge übersteigende Erstattungsbetrag nach Köpfen aufzuteilen.

c)   Wurden für die Ehegatten **sowohl** Steuerabzugsbeträge einbehalten und/oder Zahlungen geleistet, die individuell zuzurechnen sind, **als auch** Vorauszahlungen aufgrund eines an beide Ehegatten gemeinsam gerichteten Vorauszahlungsbescheids ohne Tilgungsbestimmungen geleistet, ist wie folgt zu verfahren:

- Zuerst sind von den gegen die Ehegatten jeweils individuell festgesetzten Einkommensteuerbeträgen jeweils die anzurechnenden Steuerabzugsbeträge (Nr. 3.1) abzuziehen (Zwischensumme I = Soll);

- danach sind von diesen Sollbeträgen (Zwischensumme I) jeweils die (Voraus-)Zahlungen abzuziehen, die der einzelne Ehegatte mit individueller Tilgungsbestimmung geleistet hat (Nr. 3.2), und die für jeden Ehegatten danach individuell verbleibenden Beträge zu ermitteln (Zwischensumme II);

- die (aufgrund eines gegen beide Ehegatten gerichteten Vorauszahlungsbescheids) geleisteten „gemeinsamen" Vorauszahlungen ohne individuelle Tilgungsbestimmung (Nr. 3.3) werden nun zunächst auf die Steuern beider Ehegatten maximal bis zum vollständigen „Verbrauch" der jeweiligen (positiven) Zwischensumme II aufgeteilt, der danach verbleibende Restbetrag ist nach Köpfen auszukehren.

Erstattungsanspruch nach § 37 Abs. 2 AO bei der Einkommensteuer

Anhang 18

Beispiel:

Die Ehegatten M und F haben die gegen sie gemeinsam festgesetzten Vorauszahlungen (4 x 4.000 € = 16.000 €) ohne individuelle Tilgungsbestimmung entrichtet. Vom Arbeitslohr wurden jeweils folgende Lohnsteuerbeträge einbehalten:

    M: 5.000€

    F: 1.000€

Es werden Einzelveranlagungen nach § 26a EStG durchgeführt:

M:	festgesetzte Einkommensteuer =	15.000€
F:	festgesetzte Einkommensteuer =	5.000€
Summe der getrennt festgesetzten Steuerbeträge =		20.000€
Summe der hierauf anzurechnenden Beträge =		./. 22.000€
Erstattungsüberhang		./. 2.000€

Lösung:

Der Betrag von 2.000 € ist nach Köpfen auszukehren.

Die Zurechnung erfolgt wie folgt:

(1) Bei jedem Ehegatten sind von den festgesetzten Einkommensteuerbeträgen zunächst jeweils die anzurechnenden Lohnsteuerbeträge abzuziehen (= Sollbeträge):

    M: 15.000€ ./. 5.000€ =   10.000€

    F: 5.000€ ./. 1.000€ =   4.000€

(2) Im zweiten Schritt werden - mangels Zahlungen mit individueller Tilgungsbestimmung i. S. d. Nr. 3.2 - die gemeinsamen Vorauszahlungen nun jeweils bis zur Höhe der Sollbeträge (hier identisch mit Zwischensumme II) bei M und F aufgeteilt, der danach verbleibende Restbetrag (2.000€) ist jedem Ehegatten zur Hälfte zuzurechnen:

„gemeinsame" Vorauszahlungen			16.000€
⇨ M:			
Sollbetrag:	10.000€		
„vorab" anzurechnen	./. 10.000€		./. 10.000€
vorläufiger Restbetrag	0€		
⇨ F:			
Sollbetrag:	4.000€		
„vorab" anzurechnen	./. 4.000€		./. 4.000€
vorläufiger Restbetrag	0€		
nicht verbrauchte, gemeinsame Vorauszahlungen		2.000€	

(3) Im dritten Schritt werden die nicht verbrauchten gemeinsamen Vorauszahlurgen nach Köpfen zugerechnet:

1515

Anhang 18 Erstattungsanspruch nach § 37 Abs. 2 AO
bei der Einkommensteuer

⇨ M: ½ von 2.000€ = 1.000€

⇨ F: ½ von 2.000€ = 1.000€

(4) Die Abrechnungsverfügungen der Steuerbescheide sehen wie folgt aus:

M:

15.000€	festgesetzte Einkommensteuer
./. 5.000€	anzurechnende Lohnsteuer
./. 11.000€	anzurechnende Vorauszahlungen
= ./. 1.000€	Erstattung

F:

5.000€	festgesetzte Einkommensteuer
./. 1.000€	anzurechnende Lohnsteuer
./. 5.000€	anzurechnende Vorauszahlungen
= ./. 1.000€	Erstattung

3.6.2 Nachzahlungsüberhang

Werden Ehegatten nach § 26a EStG einzeln zur Einkommensteuer veranlagt und ist die Summe der anzurechnenden Steuerabzugsbeträge und (Voraus-)Zahlungen geringer als die Summe der individuell festgesetzten Steuern, sind aufgrund eines gegen beide Ehegatten gerichteten Vorauszahlungsbescheids geleistete Vorauszahlungen ohne individuelle Tilgungsbestimmung (Nr. 3.3) wie folgt aufzuteilen und zuzuordnen:

- Zuerst sind von den gegen die Ehegatten individuell festgesetzten Einkommensteuerbeträgen jeweils die anzurechnenden Steuerabzugsbeträge (Nr. 3.1) abzuziehen (Zwischensumme I = Soll);

- danach sind von diesen Sollbeträgen (Zwischensumme I) jeweils die (Voraus-)Zahlungen abzuziehen, die der einzelne Ehegatte mit individueller Tilgungsbestimmung geleistet hat (Nr. 3.2), und die für jeden Ehegatten danach individuell verbleibenden Beträge zu ermitteln (Zwischensumme II);

- die (aufgrund eines gegen beide Ehegatten gerichteten Vorauszahlungsbescheids) geleisteten „gemeinsamen" Vorauszahlungen ohne individuelle Tilgungsbestimmung (Nr. 3.3) werden nun nach Köpfen - allerdings maximal bis zum vollständigen „Verbrauch" der jeweiligen (positiven) Zwischensumme II - aufgeteilt, ein danach verbleibender Restbetrag ist dem Ehegatten mit der höheren Zwischensumme II allein zuzurechnen.

Erstattungsanspruch nach § 37 Abs. 2 AO bei der Einkommensteuer

Anhang 18

Beispiel:

Die Ehegatten M und F haben die gegen sie gemeinsam festgesetzten Vorauszahlungen (4 x 2.500 € = 10.000 €) ohne individuelle Tilgungsbestimmung entrichtet.

Vom Arbeitslohn wurden jeweils folgende Lohnsteuerbeträge einbehalten:

M: 5.000€

F: 1.000€

Es werden Einzelveranlagungen nach § 26a EStG durchgeführt:

M:	festgesetzte Einkommensteuer =	15.000€
F:	festgesetzte Einkommensteuer =	5.000€
Summe der individuell festgesetzten Steuerbeträge =		20.000€
Summe der hierauf anzurechnenden Beträge =		./. 16.000€
Nachzahlungsüberhang		4.000€

Lösung:

(1) Von den gegen die Ehegatten festgesetzten Einkommensteuerbeträgen sind zunächst jeweils die anzurechnenden Lohnsteuerbeträge abzuziehen (= Sollbeträge):

    M: 15.000€ ./. 5.000€ =   10.000€

    F: 5.000€ ./. 1.000€ =   4.000€

(2) Im zweiten Schritt werden - mangels Zahlungen mit individueller Tilgungsbestimmung i. S. d. Nr. 3.2 - die gemeinsamen Vorauszahlungen nun nach Köpfen - allerdings maximal bis zur Höhe des jeweiligen Sollbetrags (hier identisch mit Zwischensumme II) - aufgeteilt, der danach verbleibende Restbetrag ist dem Ehegatten mit dem höheren Soll allein zuzurechnen:

    ⇨ F: ½ von 10.000€, maximal aber 4.000€ =   4.000€

    ⇨ M: ½ von 10.000€, maximal aber 10.000€ =   5.000€

            zuzüglich Restbetrag   1.000€

            Summe der bei M anzurechnenden Beträge: 6.000€

(3) Die Abrechnungsverfügungen der Steuerbescheide sehen wie folgt aus:

M:	15.000€	festgesetzte Einkommensteuer
	./. 5.000€	anzurechnende Lohnsteuer
	./. 6.000€	anzurechnende Vorauszahlungen
	= 4.000€	Abschlusszahlung

Anhang 18   Erstattungsanspruch nach § 37 Abs. 2 AO
             bei der Einkommensteuer

F:	5.000€	festgesetzte Einkommensteuer
	./. 1.000€	anzurechnende Lohnsteuer
	./. 4.000€	anzurechnende Vorauszahlungen
	= 0€	Abschlusszahlung

3.7 Keine Berücksichtigung der Zeitabfolge von Zahlungen

Bei der Zuordnung und Aufteilung von Zahlungen auf die Steuerschuld ist der jeweilige Zahlungszeitpunkt unbeachtlich. Alle bis zum Abrechnungsstichtag geleisteten Zahlungen (Vorauszahlungen, Abschlagszahlungen oder sonstige Zahlungen) sind nach den vorstehenden Grundsätzen zuzuordnen und aufzuteilen. Dies hat zum Beispiel zur Folge, dass für die Zuordnung und Aufteilung eines Erstattungsanspruchs, der sich aus einer Änderung einer Einkommensteuerfestsetzung zugunsten des/der Steuerpflichtigen ergibt, die Abschlusszahlung nicht vorrangig zu berücksichtigen ist. Vielmehr ist die Zuordnung und Aufteilung von Zahlungen im Wege einer Gesamtaufrollung neu vorzunehmen.

Beispiel:

Im Rahmen einer Zusammenveranlagung wurde gegen die Ehegatten M und F Einkommensteuer in Höhe von 10.000 € festgesetzt. Nach Anrechnung der vom Arbeitslohn des Ehemannes einbehaltenen Lohnsteuer von 6.000 € ergab sich eine Abschlusszahlung von 4.000 €, die von den Eheleuten für beider Rechnung entrichtet wurde.

Später wird die Einkommensteuerfestsetzung gemäß § 175 Abs. 1 Satz 1 Nr. 1 AO geändert und die Einkommensteuer auf 9.000 € herabgesetzt. Es ergibt sich somit ein Erstattungsanspruch von 1.000 €.

Lösung:
Die individuellen Erstattungsansprüche der Ehegatten M und F sind wie folgt zu ermitteln:

(1) individuelle Ermittlung der bei den Ehegatten nach Nr. 3.1 jeweils anzurechnenden Steuerabzugsbeträge:

    M: 6.000€

    F: 0€

(2) mangels Zahlungen mit individueller Tilgungsbestimmung i. S. d. Nr. 3.2 hälftige Aufteilung der „gemeinsamen" Zahlungen i. S. d. Nr. 3.3 und Zurechnung des jeweiligen Anteils wie eine Zahlung i. S. d. Nr. 3.2:

    ⇨   M: ½ von 4.000€ =   2.000€

    ⇨   F: ½ von 4.000€ =   2.000€

(3) für jeden Ehegatten sind die nach (1) und (2) ermittelten Anrechnungsbeträge jeweils zu addieren:

M:	6.000€		F:	0€
	+ 2.000€			+ 2.000€
Summe:	8.000€		Summe:	2.000€

(4) Die Aufteilung des Erstattungsanspruchs (1.000€) auf die Ehegatten erfolgt im Verhältnis der Summe der dem einzelnen Ehegatten zuzurechnenden Zahlungen zur Summe aller Zahlungen:

⇨ M: 1.000€ x (8.000/10.000) = <u>800€</u>

⇨ F: 1.000€ x (2.000/10.000) = <u>200€</u>

4. Zuordnung und Aufteilung von Zahlungen in Trennungsfolgejahren

Für die Zuordnung und Aufteilung von Zahlungen, denen eine an beide Ehegatten als Gesamtschuldner gerichtete Vorauszahlungsfestsetzung für Trennungsfolgejahre zugrunde liegt, gelten die Regelungen in Nummern 2.3 bis 2.5 entsprechend. War dem Finanzamt die Trennung im Zahlungszeitpunkt noch nicht bekannt und lag zu diesem Zeitpunkt auch keine individuelle Tilgungsbestimmung vor, sind die Zahlungen deshalb genauso als Zahlungen für gemeinsame Rechnung zu behandeln wie im Fall von Einzelveranlagungen nach § 26a EStG (vgl. Nr. 3.6).

5. Vorläufige Zuordnung und Aufteilung von Zahlungen für gemeinsame Rechnung

5.1   Kann in den Fällen der Nummer 3.6 nur einer der Ehegatten bereits zur Einkommensteuer veranlagt werden (sei es auf Antrag oder wegen Veranlagungspflicht), während bei dem anderen Ehegatten, der von Amts wegen zu veranlagen ist, die Veranlagung noch nicht erfolgen kann (z. B. weil die Erklärungsfrist noch nicht abgelaufen ist, so dass auch noch keine Steuerfestsetzung im Wege einer Schätzung möglich ist), kann für Zwecke der vorläufigen Aufteilung der Vorauszahlungen hinsichtlich des Ehegatten, für den keine Veranlagung erfolgen kann, eine fiktive Veranlagung auf der Grundlage der vorliegenden bzw. der Vorauszahlungsfestsetzung zugrunde gelegten Besteuerungsgrundlagen durchgeführt werden.

5.2   Kann in den Fällen der Nummer 4 zunächst nur einer der Ehegatten zur Einkommensteuer veranlagt werden, während bei dem anderen Ehegatten zu diesem Zeitpunkt weder die Voraussetzungen für eine Veranlagung von Amts wegen noch für eine Antragsveranlagung vorliegen, ist für Zwecke der vorläufigen Aufteilung der für gemeinsame Rechnung der Ehegatten geleisteter Vorauszahlungen hinsichtlich des Ehegatten, für den (noch) keine Veranlagung erfolgen kann, eine fiktive Veranlagung auf der Grundlage der dem Finanzamt vorliegenden bzw. der Vorauszahlungsfestsetzung zugrunde gelegten Besteuerungsgrundlagen durchzuführen.

5.3   Bei dem Ehegatten, für den nur eine fiktive Veranlagung durchgeführt wird, ergeht in beiden vorgenannten Fällen (noch) kein Einkommensteuerbescheid, vielmehr bleibt der Vorauszahlungsbescheid ihm gegenüber wirksam, bis ein Einkommensteuerbescheid oder ein Nichtveranlagungsbescheid ergangen ist.

5.4   In den Fällen der Nummern 5.1 oder 5.2 ist die bereits für einen Ehegatten durchgeführte Anrechnung von Zahlungen für gemeinsame Rechnung nach Ergehen des noch ausstehenden Einkommensteuerbescheides oder eines Nichtveranlagungsbescheids des anderen Ehegatten zu korrigieren (§ 130 i. V. m. § 131 Abs. 2 Satz 1 Nr. 3 AO). Unter den Voraussetzungen des § 218 Abs. 3 AO kann die Anrechnungsverfügung oder ein Abrechnungsbescheid nach § 218 Abs. 2 AO auch zur Beseitigung einer widerstreitenden Anrechnung von Zahlungen geändert werden (vgl. Nr. 6).

6. Änderung von Anrechnungsverfügungen oder Abrechnungsbescheiden nach § 218 Abs. 3 AO

6.1 Wird eine Anrechnungsverfügung oder ein Abrechnungsbescheid (§ 218 Abs. 2 AO) zur Einkommensteuer auf Grund eines Rechtsbehelfs oder auf Antrag eines Ehegatten oder eines Dritten zurückgenommen und ein für ihn günstigerer Verwaltungsakt erlassen, können nachträglich gegenüber beiden Ehegatten durch Änderung der Anrechnungsverfügungen oder von Abrechnungsbescheiden die entsprechenden steuerlichen Folgerungen gezogen werden (§ 218 Abs. 3 Satz 1 AO). § 174 Abs. 4 und 5 AO gilt in diesen Fällen entsprechend (§ 218 Abs. 3 Satz 2 AO). Vgl. im Übrigen auch AEAO zu § 218, Nr. 4.

6.2 Gegenüber dem anderen Ehegatten ist nur dann eine für ihn nachteilige Korrektur seiner Anrechnungsverfügung oder seines Abrechnungsbescheids nach § 218 Abs. 3 AO möglich, wenn er an dem Verfahren, das zur Aufhebung oder Änderung der fehlerhaften Anrechnungsverfügung bzw. des fehlerhaften Abrechnungsbescheids des anderen Ehegatten geführt hat, beteiligt wurde.

6.3 § 218 Abs. 3 AO gilt ab dem 31. Dezember 2014 für alle zu diesem Zeitpunkt noch nicht zahlungsverjährten Anrechnungsverfügungen und Abrechnungsbescheide (Art. 97 § 13a EGAO). Die Regelung gilt damit auch in den Fällen, in denen Anrechnungsverfügungen bislang unter Widerrufsvorbehalt ergangen sind, soweit noch keine Zahlungsverjährung eingetreten ist.

7. Abstimmungsbedarf

Sind in Fällen der Ehegattenveranlagung mehrere Finanzämter für die Veranlagungen zuständig, haben sich diese - auch länderübergreifend - abzustimmen.

Dieses Schreiben tritt mit sofortiger Wirkung an die Stelle des BMF-Schreibens vom 31. Januar 2013 - IV A 3 - S 0160/11/10001 - (BStBl I S. 70).

Tatsächliche Verständigung über den der Steuerfestsetzung zugrunde liegenden Sachverhalt

(BMF-Schreiben vom 30.7.2008 - IV A 3 - S 223/07/10002 -, BStBl I S. 831, ergänzt durch die BMF-Schreiben vom 15.4.2019 - IV A 3-S 0223/07/10002 -, BStBl I S. 447 und vom 23.6.2023 - IV D 1 - 0223/20/0001:003, BStBl I S. 1074)

Unter Bezugnahme auf das Ergebnis der Erörterungen mit den obersten Finanzbehörden der Länder gilt Folgendes:

1. Einleitung

Der Untersuchungsgrundsatz in § 88 Abs. 1 Satz 1 AO bestimmt, dass die Finanzbehörden den Sachverhalt von Amts wegen zu ermitteln hat. Nach § 88 Abs. 1 Satz 2 AO bestimmt sie Art und Umfang der Ermittlungen. Die Finanzbehörde ist an das Vorbringen und an die Beweisanträge der Beteiligten nicht gebunden. Der Umfang dieser Pflichten richtet sich nach den Umständen des Einzelfalls.

Unter Zugrundelegung des Prinzips der Gesetzmäßigkeit der Verwaltung und der Gleichmäßigkeit der Besteuerung sind Vergleiche über Steueransprüche nicht möglich. Jedoch ist in Fällen erschwerter Sachverhaltsermittlung unter bestimmten Voraussetzungen zur Förderung der Effektivität der Besteuerung als auch zur Sicherung des Rechtsfriedens eine die Beteiligten bindende Einigung über die Annahme eines bestimmten Sachverhalts und über eine bestimmte Sachbehandlung (AEAO, Nr. 1 zu § 88 AO) möglich. Derartige Vereinbarungen zwischen dem Steuerpflichtigen und der Finanzbehörde werden als „tatsächliche Verständigung" bezeichnet.

Diese tatsächliche Verständigung kann nach ständiger Rechtsprechung des Bundesfinanzhofes (BFH-Urteile vom 11.12.1984 - VIII R 131/76 - BStBl II 1985, S. 354, vom 05.10.1990 - III R 19/88 - BStBl II 1991, S. 45 und vom 06.02.1991 - I R 13/86 - BStBl 1991 II, S. 673, vom 08.09.1994 - V R 70/91 - BStBl II 1995, S. 32, vom 13.12.1995 - XI R 43 - 45/89 - BStBl II 1996, S. 232, vom 31.07.1996 - XI R 78/95 - BStBl II 1996, S. 625) in jedem Stadium des Veranlagungsverfahrens, insbesondere auch anlässlich einer Außenprüfung und während eines anhängigen Rechtsbehelfs- bzw. Rechtsmittelverfahrens (z.B. im Rahmen einer Erörterung nach § 364a AO) getroffen werden. Von ihr kann auch bei Steuerfahndungsprüfungen bzw. nach Einleitung eines Steuerstrafverfahrens Gebrauch gemacht werden. In solchen Fällen ist frühzeitig die für Straf- und Bußgeldverfahren zuständige Stelle bzw. die Staatsanwaltschaft einzubeziehen.

Beabsichtigen die Beteiligten, sich auf diese Weise über eine bestimmte Sachbehandlung zu verständigen, sind die folgenden Grundsätze zu beachten.

2. Zulässigkeit

2.1 Die tatsächliche Verständigung ist ausschließlich im Bereich der Sachverhaltsermittlung zulässig.

2.2 Die tatsächliche Verständigung ist nicht zulässig:

- zur Klärung zweifelhafter Rechtsfragen,

- über den Eintritt bestimmter Rechtsfolgen,

Anhang 19   **Tatsächliche Verständigung**

- über die Anwendung bestimmter Rechtsvorschriften und
- wenn sie zu einem offensichtlich unzutreffenden Ergebnis führt.

2.3 Eine tatsächliche Verständigung ist aber insoweit möglich, als im Rahmen einer rechtlichen Beurteilung über eine Vorfrage zum Sachverhalt zu entscheiden ist (BFH-Urteil vom 01.02.2001 - IV R 3/00 - BStBl II 2001, S. 520).

3. Voraussetzungen

Voraussetzung für eine tatsächliche Verständigung ist das Vorliegen eines Sachverhalts, der nur unter erschwerten Umständen ermittelt werden kann. Das ist z.B. der Fall, wenn sich einzelne Sachverhalte nur mit einem nicht mehr vertretbaren Arbeits- oder Zeitaufwand ermitteln lassen (vgl. AEAO zu § 88 AO, Nr. 1 Abs. 2). Allein die Kompliziertheit eines Sachverhalts begründet für sich noch nicht die Annahme einer erschwerten Sachverhaltsermittlung.

Bei der Frage, ob eine erschwerte Sachverhaltsermittlung vorliegt, kann auch auf das Verhältnis zwischen voraussichtlichem Arbeitsaufwand und steuerlichem Erfolg abgestellt und ferner berücksichtigt werden, in welchem Maß das Finanzamt durch ein zu erwartendes finanzgerichtliches Verfahren belastet wird, sofern es bei vorhandenen tatsächlichen Zweifeln dem Begehren des Steuerpflichtigen nicht entspricht und zu seinem Nachteil entscheidet.

4. Anwendungsbereich

4.1 Die tatsächliche Verständigung kommt insbesondere in Fällen in Betracht, in denen ein

- Schätzungsspielraum,
- Bewertungsspielraum,
- Beurteilungsspielraum oder
- Beweiswürdigungsspielraum

besteht.

Bei Vorliegen grenzüberschreitender Sachverhalte ist das Instrument der tatsächlichen Verständigung nur zurückhaltend anzuwenden. Auf die bestehenden Instrumente der internationalen Verwaltungszusammenarbeit, z. B. die Möglichkeit einer grenzüberschreitenden Betriebsprüfung, sowie insbesondere § 162 Absatz 2 bis 4 AO wird hingewiesen.

4.2 Im Gegensatz zur verbindlichen Auskunft (§ 89 Abs. 2 AO) bezieht sich die tatsächliche Verständigung ausschließlich auf abgeschlossene Sachverhalte. Wirkt sich der in der tatsächlichen Verständigung festgelegte Sachverhalt auch in die Zukunft aus und sollte sie sich nach dem Willen der Beteiligten auch hierauf erstrecken, tritt - gleich bleibende tatsächliche Verhältnisse vorausgesetzt - insoweit ebenfalls eine Bindung ein. Das ist z.B. der Fall bei der Festlegung der Nutzungsdauer eines Wirtschaftsgutes oder der Abgrenzung von Erhaltungs- und Herstellungsaufwendungen.

4.3 Hinsichtlich der Besteuerungsgrundlagen, die von der tatsächlichen Verständigung nicht umfasst sind, bestehen die gesetzlich festgelegten Pflichten des Finanzamts zur Ermittlung des Sachverhalts von Amts wegen (§§ 85, 88 AO), des Steuerpflichtigen zur Mitwirkung (§ 90 AO) sowie des Finanzamts und des Finanzgerichts zur Schätzung nicht ermittelbarer Besteuerungsgrundlagen (§ 162 AO, § 96 Abs. 1 FGO) fort.

5. Durchführung

Die tatsächliche Verständigung dient der Herstellung des Rechtsfriedens und der Vermeidung von Rechtsbehelfen, indem der Arbeits- und Zeitaufwand für die Ermittlung des maßgeblichen Sachverhalts auf ein vertretbares Maß beschränkt werden soll. In Fällen, denen keine wesentliche Bedeutung zukommt, soll eine Einigung außerhalb einer tatsächlichen Verständigung angestrebt werden. Es kann z.B. eine (ggf. auch fernmündliche) Einigung in Form einer Absprache für die Behandlung im Besteuerungsverfahren mit anschließendem Aktenvermerk getroffen werden.

Die Abgrenzung hat sich an der Bedeutung des Gesamtsteuerfalles zu orientieren; hierbei ist nicht kleinlich zu verfahren.

In anderen Fällen ist bei der Durchführung der tatsächlichen Verständigung Folgendes zu beachten:

5.1 Die Beteiligten müssen zu einer abschließenden Regelung befugt sein.

5.2 Wird der Steuerpflichtige durch einen Bevollmächtigten (§ 80 Abs. 1 Satz 1 AO) vertreten, muss eine entsprechende Vollmacht vorliegen. Eine uneingeschränkte Vollmacht gemäß § 80 Abs. 1 Satz 2 AO umfasst auch die Befugnis zu einer tatsächlichen Verständigung.

5.3 Auf Seiten des Finanzamts muss mindestens der für die Entscheidung über die Steuerfestsetzung zuständige, d.h. der zur abschließenden Zeichnung berechtigte Amtsträger beteiligt sein. War an dem Abschluss einer tatsächlichen Verständigung ein für die Entscheidung über die Steuerfestsetzung zuständiger Amtsträger nicht bereit gt, kann dieser Mangel durch ausdrückliche nachträgliche Zustimmung gegenüber allen Beteiligten geheilt werden.

5.4 Eine tatsächliche Verständigung soll sich grundsätzlich nur auf einen einzelnen Sachverhalt beziehen. Sollen tatsächliche Verständigungen über mehrere Sachverhalte herbeigeführt werden, sind in der Regel auch mehrere, voneinander unabhängige tatsächliche Verständigungen anzustreben. Im Hinblick auf den denkbaren Einwand des Wegfalls der Geschäftsgrundlage sollten „Paketlösungen" (Einzelregelungen, die in ihrem Bestand voneinander abhängig gemacht werden) nur dann in Erwägung gezogen werden, wenn eine Klärung der offenen Sachverhaltsfragen nur auf diesem Wege erreichbar erscheint.

5.5 Der Inhalt der tatsächlichen Verständigung ist in einfacher, aber beweissicherer Form unter Darstellung der Sachlage schriftlich festzuhalten und von den Beteiligten aus Beweisgründen zu unterschreiben. Soll im Einzelfall der Abschluss einer tatsächlichen Verständigung in grenzüberschreitenden Sachverhalten erfolgen (Tz. 4.1. Absatz 2), sollte die tatsächliche Verständigung zusätzlich auch von der (ggf. im Ausland ansässigen) Konzernspitze unterzeichnet werden. Es genügt, wenn die Ergebnisse der tatsächlichen Verständigung in dieser Form festgehalten werden. Ausführungen zu den Rechtsfolgen einer tatsächlichen Verständigung sind in der Regel nicht aufzunehmen. In dieser Niederschrift sind die Beteiligten in eindeutiger und zweifelsfreier Form auf die Bindungswirkung der tatsächlichen Verständigung hinzuweisen. Dies dient der Vermeidung von Irrtümern und den sich daraus unter Umständen ergebenden Anfechtungsmöglichkeiten. Den Beteiligten ist eine Ausfertigung der Vereinbarung auszuhändigen. Das Dokument über den Abschluss der tatsächlichen Verständigung hat in dem Falle, in dem der für die Entscheidung zuständige Amtsträger an ihrem Abschluss ausnahmsweise nicht mitgewirkt hat, zusätzlich einen Hinweis darauf zu enthalten, dass die tatsächliche Verständigung bis zur nachträglichen Zustimmung durch den für die Steuerfestsetzung zuständigen Amtsträger schwebend unwirksam ist. Darüber hinaus muss bis zum Zeitpunkt der nachträglichen Zustimmung auch dem Steuerpflichtigen ein Widerrufsrecht eingeräumt werden.

Anhang 19   Tatsächliche Verständigung

<u>Beispiel einer Niederschrift:</u>

Nach Erörterung der Sachlage erklären das Finanzamt ..., vertreten durch ..., - und der Steuerpflichtige ..., vertreten durch ..., übereinstimmend und verbindlich, dass [Sachverhalt].... Die tatsächliche Verständigung ist für alle Beteiligten bindend. Die Beteiligten bzw. ihre durch Vollmacht ausgewiesenen Vertreter haben am [Datum einsetzen] eine Ausfertigung der Niederschrift erhalten.

[Unterzeichnung durch die Beteiligten]

6. Rechtsfolgen

6.1 Die Bindungswirkung ergibt sich nicht erst durch die Berücksichtigung der tatsächlichen Verständigung im Steuerbescheid (BFH-Urteile vom 06.02.1991 - I R 13/86 - BStBl II S. 673, vom 31.07.1996 - XI R 78/95 - BStBl II 1996, S. 625). Mit Abschluss der tatsächlichen Verständigung sind die Beteiligten an die vereinbarte Tatsachenbehandlung nach dem Grundsatz von Treu und Glauben gebunden, wenn sie wirksam geworden und unanfechtbar zustande gekommen ist. Eine tatsächliche Verständigung bindet nur die an ihrem Zustandekommen Beteiligten, nicht jedoch Dritte (Ausnahme: Gesamtrechtsnachfolger).

Nachträglich bekannt gewordene Tatsachen, die die tatsächliche Verständigung hätten beeinflussen können, wenn sie vorher bekannt geworden wären, beseitigen die Bindungswirkung der tatsächlichen Verständigung regelmäßig nicht. Insoweit ist das Rechtsschutzbedürfnis für einen Rechtsbehelf bzw. ein Rechtsmittel gegen die entsprechende Steuerfestsetzung entfallen.

Eine im Rahmen einer Außenprüfung getroffene zulässige und wirksame tatsächliche Verständigung über eine bestimmte Behandlung eines Sachverhalts bindet die Finanzbehörde bereits vor Erlass der darauf beruhenden Bescheide (BFH-Urteil vom 31.07.1996 - XI R 78/95 - BStBl II 1996, S. 625).

6.2 Die Vereinbarung ist dem Verwaltungsakt zugrunde zu legen, für den die tatsächliche Verständigung bestimmt ist. Eine Änderung des die tatsächliche Verständigung enthaltenden Verwaltungsaktes lässt die Bindungswirkung der Vereinbarung grundsätzlich unberührt.

7. Aufhebung/Änderung der tatsächlichen Verständigung

7.1 Die tatsächliche Verständigung kann von den Beteiligten einvernehmlich aufgehoben oder geändert werden. Im Hinblick auf den Zweck dieses Rechtsinstituts sollte dies jedoch auf Ausnahmefälle beschränkt bleiben.

7.2 Die Aufhebung oder Änderung des Verwaltungsaktes, dessen Bestandteil die tatsächliche Verständigung ist, kommt nur dann in Betracht, wenn dies nach den verfahrensrechtlichen Bestimmungen zulässig ist.

8. Unwirksamkeit der tatsächlichen Verständigung

8.1 Die tatsächliche Verständigung ist dann unwirksam, wenn sie unter Ausübung unzulässigen Drucks auf den Steuerpflichtigen oder durch dessen unzulässige Beeinflussung zustande gekommen ist.

Andererseits kann eine Willenserklärung des Steuerpflichtigen, die zu einer tatsächlichen Verständigung mit dem Finanzamt geführt hat, nicht deshalb angefochten werden, weil die Erklärung nur aus Sorge vor weiteren lästigen Ermittlungen und unter dem Druck eines laufenden Steuerstrafverfahrens abgegeben worden ist.

Eine tatsächliche Verständigung ist außerdem unwirksam, wenn sie zu einem offensichtlich unzutreffenden Ergebnis führt (BFH-Urteil vom 06.02.1991 - I R 13/86 - BStBl II

1991, S. 673), d. h., wenn die Vereinbarung gegen die Regeln der Logik oder gegen allgemeine Erfahrungssätze verstößt.

8.2 Als weitere Gründe für die Unwirksamkeit der tatsächlichen Verständigung kommen die im BGB über die Willenserklärung aufgeführten Gründe zum Tragen:

- Scheingeschäft, § 117 BGB,

- Anfechtung, §§ 119, 120, 123 BGB,

- offener Einigungsmangel, § 154 BGB,

- Vertretungsmängel, z.B. nach §§ 164 ff. BGB,

- Störung der Geschäftsgrundlage, § 313 BGB.

Unwirksamkeit kann auch bei Vorliegen der Tatbestände des § 130 Abs. 2 AO gegeben sein.

Beispiel:

Wird von einem Steuerpflichtigen bei den zugrunde liegenden Erörterungen bewusst der Sachverhalt verfälscht oder verschleiert und werden für die Besteuerung wesentliche Tatsachen gegenüber der Finanzbehörde verschwiegen, so kann die tatsächliche Verständigung keine Bindungswirkung entfalten.

8.3 Werden derartige Gründe von einem der Beteiligten geltend gemacht, so ist für die weitere Behandlung der tatsächlichen Verständigung von Bedeutung, ob diese bereits in einem Verwaltungsakt berücksichtigt worden sind oder nicht.

8.3.1 Die tatsächliche Verständigung ist noch nicht in einem Verwaltungsakt berücksichtigt worden:

Variante 1:

Macht der Steuerpflichtige die Unwirksamkeit der tatsächlichen Verständigung mit zutreffenden Gründen geltend, so teilt ihm das Finanzamt mit, dass sie einvernehmlich als aufgehoben anzusehen ist.

Geht das Finanzamt weiterhin vom Bestehen und der Bindungswirkung der tatsächlichen Verständigung aus, so teilt es dem Steuerpflichtigen mit, dass dessen Rechtsauffassung nicht geteilt wird und berücksichtigt die Vereinbarung bei der entsprechenden Steuerfestsetzung. Der Steuerpflichtige kann seine Rechtsauffassung in einem sich anschließenden Rechtsbehelfsverfahren gegen den Steuerbescheid weiterverfolgen.

Variante 2:

Hält das Finanzamt die tatsächliche Verständigung für unwirksam, teilt es dies dem Steuerpflichtigen mit und gibt ihm Gelegenheit zur Stellungnahme. Geht das Finanzamt entgegen der Rechtsauffassung des Steuerpflichtigen weiterhin von der Unwirksamkeit der tatsächlichen Verständigung aus, ist sie bei der Steuerfestsetzung nicht zu berücksichtigen. Der Steuerpflichtige kann seine Rechtsauffassung in einem sich anschließenden Rechtsbehelfsverfahren gegen den Steuerbescheid weiterverfolgen.

8.3.2 Die tatsächliche Verständigung ist bereits in einem Verwaltungsakt berücksichtigt worden:

Die Unwirksamkeit der tatsächlichen Verständigung kann sich nur dann steuerlich auswirken, wenn die betreffende Steuerfestsetzung verfahrensrechtlich noch geändert werden kann (z.B. gemäß §§ 164, 172 ff., 367 Abs. 2 Satz 2 AO).

| | Verschweigt z.B. der Steuerpflichtige dem Finanzamt steuererhebliche Tatsachen bei Abschluss der tatsächlichen Verständigung, kann der daraus erwachsene Steuerbescheid gemäß § 173 Abs. 1 Nr. 1 AO geändert werden. Eine Änderung kann auch bei Vorliegen der Voraussetzungen des § 172 Abs. 1 Nr. 2 Buchstabe c AO erfolgen.

8.4 Nach Wegfall der tatsächlichen Verständigung sind jedoch regelmäßig weitere Ermittlungen zur Feststellung der Besteuerungsgrundlagen erforderlich. Die hierbei erstmalig bekannt gewordenen Tatsachen oder Beweismittel können z.B. eine Änderung der Steuerfestsetzung nach § 173 AO zur Folge haben.

Verwaltungsgrundsätze 2020

(BMF-Schreiben vom 3.12.2020 - I V B 5 - S 1341/19/10018 :001 -, BStBl I S. 1325)[1]

Unter Bezugnahme auf das Ergebnis der Erörterung mit den Vertretern der obersten Finanzbehörden der Länder gilt für die Prüfung der Einkunftsabgrenzung zwischen international verbundenen Unternehmen in Bezug auf Mitwirkungspflichten sowie Schätzung von Besteuerungsgrundlagen und Zuschlägen Folgendes:

1. Mitwirkungspflichten der Beteiligten (§ 90 AO)

1.1 Allgemeines zu den Mitwirkungspflichten

1 Die Amtsermittlungspflicht der Finanzbehörde und die Mitwirkungspflicht der Beteiligten stehen nebeneinander (BFH-Urteil vom 15.2.1989, X R 16/86, BStBl II S. 462). Die Pflicht des Beteiligten zur Mitwirkung an der Sachverhaltsaufklärung hängt nicht davon ab, dass die Finanzbehörde diesen zur Mitwirkung auffordert.

2 Die allgemeine Mitwirkungspflicht des § 90 Abs. 1 Satz 1 AO betrifft die Ermittlung des Sachverhalts und wird für bestimmte Sachverhaltskonstellationen in § 90 Abs. 2 und Abs. 3 AO erweitert. Die Mitwirkungspflicht wird zudem durch gesonderte verfahrensrechtliche (z. B. in §§ 93 bis 100, 140 ff., 149, 150, 153, 154, 160, 200, 210 ff. AO) und einzelsteuergesetzliche Regelungen (z. B. in §§ 16, 17 AStG; §§ 33, 34 ErbStG; §§ 18, 19 GrEStG und § 22 UStG) ausgestaltet.

3 § 200 AO tritt im Rahmen der Außenprüfung neben § 90 AO und ergänzt und erweitert die gemäß §§ 90 ff. AO bereits bestehenden allgemeinen Mitwirkungspflichten für die Außenprüfung (BFH-Urteil vom 6.6.2012, I R 99/10, BStBl II 2013 S. 196; BFH-Urteil vom 4.11.2003, VII R 28/01, BStBl II 2004 S. 1032). Auch die Pflichten des Steuerpflichtigen mit Bezug zum Datenzugriff gemäß § 147 Abs. 6 AO werden durch § 200 Abs. 1 Satz 2 AO erweitert. Die Vorlagepflicht gemäß § 200 Abs. 1 Satz 2 AO erfasst ferner auch solche Urkunden, für welche den Steuerpflichtigen zwar keine gesetzliche Aufbewahrungspflicht gemäß § 147 Abs. 1 AO trifft, diese Urkunden aber vorhanden sind und folglich vorgelegt werden können (BFH-Urteil vom 28.10.2009, VIII R 78/05, BStBl II 2010 S. 455).

4 Hinsichtlich des durch § 393 AO geregelten Verhältnisses des Strafverfahrens zum Besteuerungsverfahren und den damit einhergehenden Pflichten zur Mitwirkung des Steuerpflichtigen, vgl. Nr. 16 der AStBV (St) 2020.

5 Der Umfang der Mitwirkungspflicht richtet sich nach den Umständen des Einzelfalls. Die Verantwortung des Beteiligten für die Aufklärung des Sachverhalts ist umso größer, je mehr Tatsachen und Beweismittel der von ihm beherrschten Informations- oder Tätigkeitssphäre angehören (BFH-Urteil vom 15.2.1989, X R 16/86, BStBl II S. 462). Der Umfang der allgemeinen Mitwirkungspflicht wird durch den Verhältnismäßigkeitsgrundsatz begrenzt.

6 Ist ein Bevollmächtigter bestellt, so soll sich die Finanzbehörde an ihn wenden. Nur bei Vorliegen besonderer Gründe soll sich die Finanzbehörde an den Beteiligten selbst

---

[1] Inhaltsverzeichnis hier nicht abgedruckt.

wenden, z. B. um ihn um Auskünfte zu bitten, die nur er selbst als Wissensträger geben kann. In diesem Fall ist der Bevollmächtigte zu unterrichten (vgl. AEAO zu § 80).

7 Ein Mitwirkungsverweigerungsrecht für Beteiligte besteht nicht. Ein Mitwirkungsverweigerungsrecht steht nach §§ 101 bis 106 AO nur Dritten zu.

8 Die Möglichkeit der Durchführung eines Verständigungsverfahrens nach den DBA, der EU-Schiedskonvention (EWG/90/463; ABl. L 225 vom 20.8.1990, S. 10) oder dem Streitbeilegungsgesetz (12.12.2019, BGBl. I S. 2103) oder der Antrag auf Eröffnung oder die tatsächliche Eröffnung eines Verständigungs- oder Schiedsverfahrens im Laufe einer Außenprüfung entbindet die Beteiligten nicht von ihren Mitwirkungspflichten gemäß § 90 AO.

1.2 Erhöhte Mitwirkungspflichten bei Auslandssachverhalten (§ 90 Abs. 2 AO)

9 § 90 Abs. 2 AO bestimmt eine gegenüber § 90 Abs. 1 AO erhöhte Mitwirkungs- und Aufklärungspflicht bei Sachverhalten mit Auslandsbezug (Auslandssachverhalte). § 90 Abs. 2 AO soll insbesondere verhindern, dass die Aufklärung von Auslandssachverhalten an der Beschränkung der Hoheitsrechte der deutschen Gerichte und Behörden auf das Inland scheitert oder durch sie erschwert wird. Der Beteiligte hat den Auslandssachverhalt aufzuklären und die erforderlichen Beweismittel zu beschaffen (BFH-Urteil vom 16.4.1980, I R 75/78, BStBl II 1981 S. 492). Dies verlangt eine vollständige und wahrheitsgemäße Darstellung des gesamten besteuerungsrelevanten Sachverhalts, und zwar unabhängig davon, ob sich die einzelnen Umstände und Tatsachen zugunsten oder zuungunsten des Beteiligten auswirken. Die Erforderlichkeit eines Beweismittels hängt vom jeweiligen Einzelfall ab (BFH-Urteil vom 3.6.1987, III R 205/81, BStBl II S. 675; BFH-Urteil vom 2.12.2004, III R 49/03, BStBl II 2005 S. 483).

10 Der Beteiligte ist bei Auslandssachverhalten insbesondere zur Sachverhaltsaufklärung, Beweismittelbeschaffung und Beweisvorsorge verpflichtet. Im Verfahren vor den Finanzgerichten gelten diese Pflichten nach § 76 Abs. 1 Satz 4 FGO sinngemäß.

11 Der Beteiligte muss deshalb unter anderem zum Zweck der Beweisvorsorge im Rahmen seiner rechtlichen und tatsächlichen Möglichkeiten (§ 90 Abs. 2 Satz 2 AO) sicherstellen, dass Aufzeichnungen, Unterlagen und Daten einer ausländischen nahestehenden Person, welche für seine Besteuerung relevant sind, nicht vor Ablauf der inländischen Aufbewahrungsfristen vernichtet werden.

12 Bei der Sachverhaltsaufklärung und Beweismittelbeschaffung genügt es nicht, wenn der Beteiligte solche im Ausland befindlichen bzw. verfügbaren Beweismittel nur benennt. Der Beteiligte hat alle für ihn bestehenden rechtlichen und tatsächlichen Möglichkeiten auszuschöpfen. Danach hat der Beteiligte den zur Aufklärung des Auslandssachverhalts und Beschaffung der erforderlichen Beweismittel im jeweiligen Einzelfall zumutbaren Aufwand zu betreiben. Die erhöhte Mitwirkungspflicht bei der Aufklärung von Auslandssachverhalten unterliegt dem Grundsatz der Verhältnismäßigkeit.

13 Zu den Beweismitteln gehören auch die Bücher, Aufzeichnungen, Geschäftspapiere oder andere Unterlagen sowie Daten ausländischer nahestehender Personen, ohne die eine vollständige Ermittlung des Sachverhalts nicht möglich ist. Dies gilt auch für die Unterlagen und Daten nahestehender Personen, die der Finanzbehörde unabhängig von der vom Beteiligten angewandten Methode eine Verprobung der Angemessenheit der Preise bzw. Ergebnisse von Geschäftsvorfällen ermöglichen. Die Vorlagepflicht gilt auch für Gutachten und Stellungnahmen zu Verrechnungspreisen (vgl. § 1 Abs. 1 Satz 1 AStG), soweit sie für die Festsetzung von Verrechnungspreisen oder für die Einkünfteermittlung in Zusammenhang mit Verrechnungspreisen für

bedeutsam erachtet werden, sowie für E-Mails, Messengerdienstnachrichten oder Nachrichten mittels anderer elektronischer Kommunikationsmedien, soweit diese geschäftliche Inhalte mit steuerlichem Bezug aufweisen und damit insbesondere als Handels- oder Geschäftsbrief anzusehen sind.

14 Bei Auslandssachverhalten hat der Beteiligte Beweisvorsorge zu treffen, damit er seine erhöhte Mitwirkungspflicht erfüllen kann. Er kann sich daher nicht darauf berufen, einen entsprechenden Sachverhalt nicht aufklären oder Beweismittel nicht beschaffen zu können, wenn er sich bei der Gestaltung seiner Verhältnisse die Möglichkeit dazu hätte einräumen lassen können (§ 90 Abs. 2 Satz 4 AO). Der Beteiligte ist während und nach der Verwirklichung eines Auslandssachverhalts verpflichtet, alle Möglichkeiten auszuschöpfen, um im Verwaltungsverfahren seiner erhöhten Mitwirkungspflicht nachkommen zu können (BFH-Urteil vom 14.5.1982, VI R 266/80, BStBl II S. 772). Die Verpflichtung zur Beweismittelvorsorge beschränkt sich auf das im Einzelfall für den Beteiligten zumutbare Maß sowie die rechtliche und tatsächliche Möglichkeit der Vorsorge. Der Beteiligte muss daher z. B. schon bei Abschluss eines Vertrages durch entsprechende vertragliche Regelungen dafür Sorge tragen, dass er auch später auf die im Ausland befindlichen Beweismittel zugreifen kann, um diese der Finanzbehörde vorlegen zu können. Dies gilt insbesondere dann, wenn Geschäftsbeziehungen zwischen nahestehenden Personen vereinbart werden, da die Vorlage der im Ausland befindlichen Beweismittel eine notwendige Voraussetzung dafür ist, die Angemessenheit der der Geschäftsbeziehung zugrunde liegenden Verrechnungspreise zu prüfen und eine derartige Beweisvorsorge auch für die Beteiligten rechtlich und tatsächlich möglich ist. Der Beteiligte kann im Einzelfall zur Vorlage derjenigen Unterlagen eines Dritten verpflichtet sein, auf deren Überlassung er zwar keinen Anspruch hat, welche er sich aber tatsächlich mit zumutbarem Aufwand beschaffen kann. Ein ordentlicher Geschäftsleiter würde sich beispielsweise in folgenden Fällen eine Vorlage der Unterlagen vertraglich vorbehalten:

a. Nachweise über Abgabepreise einer nahestehenden Vertriebsgesellschaft gegenüber fremden Dritten bei Anwendung der Wiederverkaufspreismethode,

b. Kalkulationsunterlagen einer ausländischen Dienstleistungsgesellschaft bei Anwendung der Kostenaufschlagsmethode,

c. Nachweise über die geleisteten Beiträge der zusammenwirkenden Unternehmen bei Beteiligung an einer Kostenumlagevereinbarung,

d. Nachweise über die vom Lizenznehmer mit diesen Werten erwirtschafteten Umsatzerlöse bei Überlassung von immateriellen Werten gegen umsatzabhängige Lizenzgebühren oder

e. Unterlagen über den Gesamtgewinn bzw. -verlust sowie den Aufteilungsschlüssel bei Anwendung der geschäftsvorfallbezogenen Gewinnaufteilungsmethode.

15 Ist der Beteiligte unmittelbar oder mittelbar Mehrheitsgesellschafter einer Gesellschaft oder kontrolliert er die Mehrheit der Stimmrechte einer Gesellschaft, ist davon auszugehen, dass er über (gesellschafts-)rechtliche Möglichkeiten der Informations- und Beweismittelbeschaffung von dieser ihm nahestehenden Gesellschaft verfügt. Er kann sich in diesen Fällen nicht mit Erfolg auf eine Verweigerung der Mitwirkung der ihm nahestehenden Gesellschaft berufen.

16 Beruft sich ein Beteiligter darauf, dass er Informationen nicht erteilen oder Beweismittel nicht vorlegen kann, weil ausschließlich eine nahestehende Person darüber verfügt und diese die Herausgabe verweigert, liegt nur insoweit kein Verstoß des Beteiligten gegen seine Mitwirkungspflichten vor, als er weder rechtlich (z. B. gesellschaftsrechtlich) noch

tatsächlich die Möglichkeiten hat, die Informationen oder Unterlagen bei dem Nahestehenden zu beschaffen und ihm auch eine Beweisvorsorge nicht möglich oder nicht zumutbar war. Die Verweigerung der Mitwirkung einer nahestehenden Person kann durch Vorlage des entsprechenden Schriftverkehrs glaubhaft gemacht werden. Verweigert eine nahestehende Person nachweislich ihre Mitwirkung, hat der Steuerpflichtige seine erhöhten Mitwirkungspflichten dennoch zu erfüllen, soweit ihm dies möglich ist. Die Möglichkeiten der internationalen Rechts- und Amtshilfe bleiben davon unberührt.

17   Sind in einer inländischen Gesellschaft und einer ihr nahestehenden ausländischen Gesellschaft, zwischen denen Geschäftsbeziehungen bestehen, dieselben natürlichen Personen als Geschäftsführer tätig (Personalunion), kann davon ausgegangen werden, dass diese Personen über tatsächliche Möglichkeiten zur Auskunftserteilung und zur Nachweisbeschaffung verfügen. Ist in solchen Fällen eine Prüfungsanordnung nicht nur gegen die inländische Gesellschaft, sondern auch gegen die ausländische Gesellschaft erlassen worden, können die inländische Gesellschaft und die ausländische Gesellschaft jeweils in ihren eigenen Steuerangelegenheiten (einschließlich der steuerlichen Aspekte der Geschäftsbeziehung zur jeweils anderen Gesellschaft) als Beteiligte nach § 93 Abs. 1 Satz 1 AO um Auskunft ersucht werden; dabei ist unerheblich, ob die beiden Gesellschaften durch dieselbe Person als Geschäftsführer vertreten werden.

18   Ist die Erteilung bestimmter Auskünfte an die Behörden nach den Vorschriften anderer Staaten unzulässig oder sogar strafbewehrt, entbindet dieses Verbot den Beteiligten nicht von seiner Mitwirkungspflicht nach § 90 Abs. 2 AO (BFH-Urteil vom 16.4.1980, I R 75/78, BStBl II 1981 S. 492; BFH-Urteil vom 31.5.2006, II R 66/04, BStBl II 2007 S. 49). Die den Beteiligten treffende Pflichtenkollision ist von der Finanzbehörde im Rahmen der Schätzung nach § 162 Abs. 1 AO zu berücksichtigen.

19   Die Berücksichtigung des ausländischen Rechts sowie die Auslegung von Verträgen oder ähnlichen Dokumenten und deren Würdigung obliegen der Finanzbehörde. Das ausländische Recht ist dabei so anzuwenden, wie es der ausländische Staat auslegt und anwendet. Die erhöhte Mitwirkungspflicht gemäß § 90 Abs. 2 AO trifft den Beteiligten aber insoweit, als er nachzuweisen hat, dass er die Voraussetzungen der ausländischen Rechtsnorm erfüllt oder aber nicht.

20   § 90 Abs. 2 AO bezieht sich auf sämtliche Sachverhalte, die für die Festsetzung von Steuern oder steuerlichen Nebenleistungen im Sinne des § 3 AO relevant sind. Dass ein für die Anwendung einer steuerlichen Norm maßgeblicher Sachverhalt nur zum Teil Auslandsbezug hat, ist für die Anwendung von § 90 Abs. 2 AO ohne Bedeutung.

21   Die Finanzbehörde hat dem Beteiligten für die Sachverhaltsaufklärung und die Nachweisbeschaffung eine angemessene Frist einzuräumen.

22   Die Finanzbehörde kann Dokumente in fremder Sprache entgegennehmen. Auf Anforderung sind diese unabhängig von ihrer Form in die deutsche Sprache zu übersetzen. Ein Übersetzungsverlangen ist auf das notwendige Maß zu beschränken. Ist bei umfangreichen Dokumenten eine Übersetzung ins Deutsche tatsächlich notwendig, ist eine Anforderung von Übersetzungen regelmäßig auf die wesentlichen Teile zu beschränken.

Wurden Dokumente nur teilweise übersetzt, führt dies nicht dazu, dass der Finanzbehörde Informationen aus den nicht übersetzten Teilen der vorgelegten Unterlagen als bekannt gelten müssen.

In begründeten Fällen kann die Vorlage einer beglaubigten oder von einem öffentlich bestellten oder vereidigten Dolmetscher oder Übersetzer angefertigte Übersetzung verlangt werden. Wird eine angeforderte und für die Prüfung notwendige Übersetzung nicht unverzüglich vorgelegt, kann die Finanzbehörde eine Übersetzung auf Kosten des Beteiligten anfertigen lassen (§ 87 Abs. 2 Satz 3 AO) oder die Unterlagen als unbeachtlich behandeln. Die Finanzbehörde soll den Beteiligten vorher auf diese Folgen hinweisen.

Die Amtssprache ist Deutsch. Die Finanzbehörde äußert sich gegenüber ausländischen Beteiligten oder deren Bevollmächtigten oder Beiständen grundsätzlich nicht in einer anderen Sprache. Die Finanzbehörde zieht bei Verhandlungen mit dem Beteiligten deshalb auch keinen Dolmetscher auf eigene Kosten hinzu.

23 Verletzt ein Steuerpflichtiger seine Pflichten gemäß § 90 Abs. 2 AO und ist der Sachverhalt nicht anderweitig aufklärbar, so kann zu seinem Nachteil von einem Sachverhalt ausgegangen werden, für den unter Berücksichtigung der Beweisnähe des Steuerpflichtigen und seiner Verantwortung für die Aufklärung des Sachverhalts eine gewisse Wahrscheinlichkeit spricht. Insbesondere dann, wenn die Mitwirkungspflicht sich auf Tatsachen und Beweismittel aus dem alleinigen Verantwortungsbereich des Steuerpflichtigen bezieht, können aus seiner Pflichtverletzung für ihn nachteilige Schlussfolgerungen gezogen werden. Siehe insbesondere § 162 Abs. 2 AO zur Schätzung (vgl. AEAO zu § 162).

24 Bei Nichterfüllung der Mitwirkungspflicht können Zwangsmittel (§ 328 AO) oder ein Verzögerungsgeld (§ 146 Abs. 2b AO) festgesetzt werden.

1.3 Besondere Mitwirkungspflichten (§ 90 Abs. 3 AO)

1.3.1 Grundsätze der Aufzeichnungspflicht (§ 90 Abs. 3 Satz 1 AO)

25 Die Verordnung zu Art, Inhalt und Umfang von Aufzeichnungen im Sinne des § 90 Absatz 3 der Abgabenordnung (Gewinnabgrenzungsaufzeichnungs-Verordnung - GAufzV; 12.7.2017, BGBl. I S. 2367) bestimmt Art, Inhalt und Umfang der zu erstellenden Aufzeichnungen. Ergänzend hierzu enthalten die Anhänge I und II zu Kapitel V der OECD-Verrechnungspreisleitlinien für multinationale Unternehmen Steuerverwaltungen 2017 (OECD-Verrechnungspreisleitlinien 2017) eine Auflistung von Informationen, die regelmäßig in der Verrechnungspreisdokumentation enthalten sein sollten.

26 Die Aufzeichnungspflicht als besondere Ausprägung der allgemeinen Mitwirkungspflichten zielt insbesondere darauf ab (vgl. auch Tz. 5.5 ff. OECD-Verrechnungspreisleitlinien 2017), dass

   a. sichergestellt wird, dass der Steuerpflichtige die Anforderungen des Fremdvergleichsgrundsatzes berücksichtigt,

   b. die Steuerverwaltung die notwendigen Informationen erhält, um eine sachverständige Risikobeurteilung vornehmen zu können und

   c. die Steuerverwaltung die steuerlich relevanten Informationen erhält, die sie bei der Durchführung einer Prüfung der grenzüberschreitenden Geschäftsbeziehungen zwischen einander nahestehenden Personen (Verrechnungspreisprüfungen) benötigt.

   Demzufolge tragen die Aufzeichnungen gemäß § 90 Abs. 3 AO (sog. Verrechnungspreisdokumentation) dazu bei, dass es einem sachverständigen Dritten ermöglicht wird, innerhalb einer angemessenen Frist festzustellen, welche Sachverhalte der Steuerpflichtige im Zusammenhang mit seinen Geschäftsbeziehungen tatsächlich verwirklicht hat und ob und inwieweit er dabei den Fremdvergleichsgrundsatz beachtet hat (siehe auch BT-Drs. 15/119, S. 52).

27 Die Aufzeichnungspflicht ist mit dem Unionsrecht vereinbar (BFH-Urteil vom 10.4.2013, I R 45/11, BStBl II S. 771).

28 Unter § 90 Abs. 3 AO fallen die Geschäftsbeziehungen im Sinne des § 1 Abs. 4 AStG eines Steuerpflichtigen. Im Einklang mit § 1 AStG ist ein Steuerpflichtiger in diesem Sinne auch eine Personengesellschaft oder eine Mitunternehmerschaft.

29 Gesellschaftsvertragliche Vereinbarungen (z. B. Vermögenseinlagen) gehören nicht zu den Geschäftsbeziehungen. Damit die Finanzbehörde prüfen kann, ob ein Vorgang als gesellschaftsrechtliche Vereinbarung oder als Geschäftsbeziehung anzusehen ist, hat der Steuerpflichtige entsprechende Unterlagen aller Beteiligten (z. B. Bilanzen) vorzulegen.

30 Die Aufzeichnungspflichten gelten auch für anzunehmende schuldrechtliche Beziehungen zwischen einer Betriebsstätte und dem übrigen Unternehmen gemäß § 1 Abs. 4 Nr. 2 AStG.

31 Die Aufzeichnungspflicht nach § 90 Abs. 3 AO ersetzt nicht die Pflicht zu Erstellung einer Hilfs- und Nebenrechnung gemäß § 3 Betriebsstättengewinnaufteilungsverordnung (BsGaV; 13.10.2014, BGBl. I S. 1603, die zuletzt durch Artikel 5 der Verordnung vom 12.7.2017, BGBl. I S. 2360 geändert worden ist) und umgekehrt.

32 Auf grenzüberschreitende Geschäftsbeziehungen einer Personengesellschaft oder Mitunternehmerschaft mit ihr nahestehenden Personen ist der Fremdvergleichsgrundsatz anzuwenden; entsprechend sind Aufzeichnungen im Sinne des § 90 Abs. 3 AO und der GAufzV vorzulegen. Dies gilt für grenzüberschreitende Beziehungen im Bereich des Sonderbetriebsvermögens gleichermaßen.

33 Für Geschäftsbeziehungen einer nicht buchführungspflichtigen Personengesellschaft ist auch die Personengesellschaft oder Mitunternehmerschaft selbst aufzeichnungspflichtig. Ist für die inländischen Gesellschafter der Personengesellschaft ein Treuhänder oder ein anderer Vertreter bestellt, reicht es aus, wenn die Aufzeichnungen von dieser Person erstellt werden und der inländische Gesellschafter die fristgerechte Vorlage sicherstellt.

34 Aufzeichnungen sind grundsätzlich in deutscher Sprache vorzulegen. Auf Antrag des Steuerpflichtigen kann die Finanzbehörde die Vorlage der Aufzeichnungen in einer anderen lebenden Sprache (insbesondere in englischer Sprache) zulassen, wenn ein sachgerechtes Verständnis innerhalb eines angemessenen Zeitraums sichergestellt werden kann. Bei Aufzeichnungen gemäß § 90 Abs. 3 Satz 3 AO (Stammdokumentation - master file) gilt dies im Besonderen.

Einem solchen Antrag ist jedoch nur unter der Bedingung zu entsprechen, dass von einer Finanzbehörde später angeforderte Übersetzungen innerhalb einer angemessenen Frist vorgelegt werden. Über den Antrag hat die im Zeitpunkt des Eingangs des Antrags für die Festsetzung oder Feststellung der Einkünfte, auf die der Antrag sich bezieht, örtlich und sachlich zuständige Finanzbehörde unverzüglich zu entscheiden. Wird der Antrag nach Bekanntgabe der Prüfungsanordnung gestellt, entscheidet die für die Prüfung zuständige Finanzbehörde. Wird dem Antrag entsprochen, befreit dies den Steuerpflichtigen nicht davon, in einem etwaigen finanzgerichtlichen Verfahren die Aufzeichnungen in deutscher Sprache vorzulegen; § 52 Abs. 1 FGO, § 184 GVG.

Der Antrag kann bereits vor der Anfertigung der Aufzeichnungen gestellt werden. Er ist vom Steuerpflichtigen spätestens unverzüglich nach der Anforderung von Aufzeichnungen durch die Finanzbehörde zu stellen. Die Antragstellung hat keine Auswirkung auf den Fristlauf des § 90 Abs. 3 Satz 7 und 8 AO.

Bei der Anforderung von Übersetzungen ist der Grundsatz der Verhältnismäßigkeit zu beachten. Aufzeichnungen, die in fremder Sprache vorgelegt werden, können unverwertbar sein. So ist z. B. eine Verrechnungspreisdokumentation im Wesentlichen unverwertbar, wenn die Aufzeichnungen ohne Zustimmung der Finanzbehörde in

	fremder Sprache vorgelegt werden und der Steuerpflichtige diese trotz Aufforderung nicht übersetzt.
35	Für die Erstellung der Aufzeichnungen sind die wirtschaftlichen und rechtlichen Verhältnisse in dem Zeitpunkt maßgeblich, in dem der Vertrag (Verpflichtungsgeschäft) für den Geschäftsvorfall abgeschlossen worden ist bzw. in dem sich die wirtschaftlichen Bedingungen ggf. so wesentlich geändert haben, dass fremde Dritte eine Anpassung der Geschäftsbedingungen vereinbart oder den Vertrag gekündigt hätten. Hierbei ist unerheblich, ob der Vertrag mündlich, schriftlich oder durch konkludentes Handeln geschlossen wurde.
36	Die Aufzeichnungen gemäß § 90 Abs. 3 AO müssen das ernsthafte Bemühen des Steuerpflichtigen belegen, seine Geschäftsbeziehungen unter Beachtung des Fremdvergleichsgrundsatzes zu gestalten (§ 2 Abs. 1 GAufzV). Das ernsthafte Bemühen ist anhand objektivierter Umstände glaubhaft zu machen.
37	Hinsichtlich der Folgen der Verletzung der Aufzeichnungspflicht wird auf § 162 Abs. 3 und 4 AO verwiesen (Rn. 80 ff.).
38	Die Erleichterungen des § 6 Abs. 1 GAufzV bestehen in erster Linie darin, dass die Verpflichtung zur Vorlage von Aufzeichnungen auch dadurch erfüllt werden kann, fristgerecht (§ 90 Abs. 3 Satz 7 AO) mündliche Auskünfte zu erteilen und bereits vorhandene Unterlagen vorzulegen. § 93 Abs. 4 Satz 2 AO bleibt davon unberührt.
39	Bei der Prüfung, ob die Betragsgrenzen im Sinne des § 6 Abs. 2 GAufzV überschritten werden, sind die Entgelte für die von ausländischen nahestehenden Personen empfangenen und für die an sie erbrachten Lieferungen bzw. Leistungen aller zusammenhängenden inländischen Unternehmen im Sinne der §§ 13, 18 und 19 der allgemeinen Verwaltungsvorschrift für die Betriebsprüfung – Betriebsprüfungsordnung (BpO 2000 vom 15.3.2000, BStBl I S. 368, zuletzt geändert durch die allgemeine Verwaltungsvorschrift vom 20.7.2011, BStBl I S. 710) zusammenzurechnen. Güter und Waren im Sinne der Vorschrift können alle materiellen Wirtschaftsgüter und immateriellen Werte sein. Geschäftsbeziehungen zu inländischen nahestehenden Personen bleiben bei der Berechnung unberücksichtigt.
1.3.2	Sachverhalts- und Angemessenheitsdokumentation (§ 90 Abs. 3 Satz 2 AO)
1.3.2.1.	Sachverhaltsdokumentation
40	Für die Sachverhaltsdokumentation hat der Steuerpflichtige Aufzeichnungen über Art, Inhalt und Umfang seiner Geschäftsbeziehungen zu nahestehenden Personen sowie über die wirtschaftlichen und rechtlichen Rahmenbedingungen zu erstellen (vgl. § 1 Abs. 2 und § 4 GAufzV).
41	Zum Beispiel können folgende Informationen in Abhängigkeit von der Art der Geschäftsbeziehung von besonderer Bedeutung sein:

Aktivität	Funktionen	Eingesetzte Vermögenswerte	Risiken
Forschung und Entwicklung (als eigenständige Aktivität)	Grundlagenforschung, Produktentwicklung, Produktdesign, Lizenzierung, Patententwicklung, Kontrolle und Management der Risiken	Patente, Lizenzen, wesentliche immaterielle Werte	Fehlgeschlagene Forschung, Marktvorteile aus erfolgreicher Forschung, Chance auf Lizenzeinnahme Substitutionsrisiko, Marktrisiko, Patentrisiken
Herstellung von Produkten	Design, Forschung und Entwicklung, Produktmanagement, Produktionsplanung, Einkauf Rohstoffe etc., Lagerhaltung Rohstoffe etc., Fertigung, Verpackung, Montage, Qualitätssicherung, Beschaffung, Lagerhaltung Produkte, Logistik, ggf. Vertrieb, Verwaltung, Kontrolle und Management der Risiken	Lizenzen, Produkt- und/oder Prozess-Know-how, Marken, Grundstücke, Fertigungsanlagen, Abnahmegarantien	Investitionsrisiko, Kapazitäts- oder Auslastungsrisiko, Qualitätsrisiken, Umweltrisiken, Produkthaftungs- risiken, Risiko staatlicher Eingriffe (z. B. Umweltschutzbestimmungen, Mindestlöhne), Gewährleistungsrisiko
Vertrieb	Lagerhaltung, Werbung, Vertrieb, Finanzierung, Transport, Verzollung, Montage, technische Unterstützung, Kundendienst, Preisgestaltung, Kontrolle und Management der Risiken	Vertriebsrecht, Markenrecht, Kundenstamm, Fahrzeuge, Lagervorrichtung	Absatzrisiko (Änderung des Publikumsgeschmacks, Konjunkturschwäche), Chance auf einen Reingewinn aus Handels- bzw. Vertriebstätigkeit, Marktpreisrisiko, Inkassorisiko, Wechselkursrisiko, Transportrisiko, Lagerrisiko
Unternehmens- verwaltung	Leitung, Koordination, Strategieentwicklung, Controlling, Finanzierung, Rechnungslegung, Mitarbeitersuche und -schulung, Kontrolle und Management der Risiken	spezifische Software, Know-how, Grundstücke, Gebäude	Geschäftsrisiko, Liquiditätsrisiko
Finanzierung	Kreditgeschäft, Diskontgeschäft, Garantiegeschäft, Kryptoverwahrgeschäft, Factoring, Leasing, Kontrolle und Management der Risiken	Sicherungsübereignete Vermögenswerte, Know-how	Wechselkursrisiko, Fristentransformationsrisiko, Liquiditätsrisiko, Debitorenrisiko
Versicherung	Absicherung Risiken, Vermittlung, Kontrolle und Management der Risiken	-	Risikotransfer, versicherungstechnisches Risiko

42 Die Aufzeichnungen müssen einem sachverständigen Dritten in angemessener Zeit ein grundlegendes Verständnis der Wertschöpfung innerhalb der Unternehmersgruppe (vgl. Tz. 1.51 OECD-Verrechnungspreisleitlinien 2017) bzw. innerhalb des einheitlichen Unternehmens (Rn. 30), des Geschäftsmodells und des Funktions- und Risikoprofils der Transaktionspartner vermitteln. Nur dann ist eine Beurteilung der Angemessenheit des Verrechnungspreises möglich.

43 Die mit den einzelnen nahestehenden Personen abgewickelten Geschäftsbeziehungen sind in einer Übersicht hinsichtlich ihrer Art und des betragsmäßigen Umfangs der Entgelte darzustellen (Transaktionsübersicht). Bei Darlehensverhältnissen ist auch die Darlehenssumme aufzuzeichnen. Die Vorlage der zugrunde liegenden Verträge ist zur Beurteilung grundsätzlich erforderlich.

1.3.2.2. Angemessenheitsdokumentation

44 Daneben sind Aufzeichnungen über die Angemessenheit der Verrechnungspreise zu erstellen (Angemessenheitsdokumentation; vgl. § 1 Abs. 3 und § 4 GAufzV). Diese beziehen sich auf die wirtschaftlichen und rechtlichen Grundlagen, aus denen sich ergibt, dass der Steuerpflichtige den Fremdvergleichsgrundsatz beachtet hat.

Die Angemessenheitsdokumentation muss das ernsthafte Bemühen des Steuerpflichtigen belegen, für Zwecke der steuerlichen Einkünfteermittlung den Fremdvergleichsgrundsatz zu beachten. Die Aufzeichnungen haben die angestellten Überlegungen widerzuspiegeln und für einen sachverständigen Dritten innerhalb einer angemessenen Frist nachvollziehbar zu machen.

45 Hierfür muss der Steuerpflichtige die Eignung der tatsächlich angewendeten Verrechnungspreismethode bzw. des hypothetischen Fremdvergleichs sowie die Angemessenheit der steuerlich zugrunde gelegten Preise bzw. des Ergebnisses begründen (§ 4 Abs. 1 Nr. 4 Buchstabe d GAufzV). Der Steuerpflichtige ist daher verpflichtet, aufzuzeichnen, weshalb er die von ihm jeweils angewandte Verrechnungspreismethode für die am besten geeignete Methode hält bzw. weshalb der hypothetische Fremdvergleich anzuwenden ist. Zu einer Verprobung seiner Ergebnisse nach anderen Methoden ist der Steuerpflichtige nicht verpflichtet.

46 Die Finanzbehörden wählen die richtige Verrechnungspreismethode selbst aus, und zwar diejenige, die sich als geeignetste Methode erweist. Verwendet die Finanzbehörde bei ihrer Prüfung eine andere Methode als der Steuerpflichtige, kann dies nur zu einer Berichtigung führen, wenn die Ergebnisse der Alternativmethode wahrscheinlicher sind. Die hierfür erforderlichen Informationen sind vom Steuerpflichtigen der Finanzbehörde gegenüber vorzulegen. Können beispielsweise Unsicherheiten über die Vergleichbarkeit von Daten im Zuge einer Außenprüfung nicht beseitigt werden, kann die Finanzbehörde ihrerseits Verprobungsrechnungen durchführen, um zu beurteilen, ob das Ergebnis des Steuerpflichtigen anzuerkennen oder zu verwerfen ist. Die Zulässigkeit und das Erfordernis, die Ergebnisse einer Methode mit Hilfe des Einsatzes einer anderen Methode zu ermitteln, zu konkretisieren bzw. zu verproben, ergibt sich auch aus der ständigen Rechtsprechung (BFH-Urteil vom 17.10.2001, I R 103/00, BStBl 2004 II S. 171; BFH-Urteil vom 6.4.2005, I R 22/04, BStBl 2007 II S. 658).

47 Bei der Anwendung des hypothetischen Fremdvergleichs ist aufgrund der Bedeutung der zugrunde gelegten Annahmen und Bewertungsparameter eine sachgerechte Beurteilung der Bewertung nur dann möglich, wenn alle bei der Erstellung des Bewertungsmodells zugrunde gelegten relevanten Annahmen genau dargelegt und die Basis für die Auswahl der Bewertungsparameter beschrieben werden. Die Angemessenheit dieser Annahmen und Bewertungsparameter für den konkreten Geschäftsvorfall ist darzulegen. Darüber hinaus sollten Sensitivitätsanalysen Aufschluss darüber geben, wie sich der ermittelte Wert des Bewertungsobjekts

verändert, wenn für das Modell alternative Annahmen und Parameter gewählt werden (siehe auch Tz. 6.160 OECD-Verrechnungspreisleitlinien 2017).

48 Die Angemessenheitsdokumentation hat sich auf die tatsächlich abgeschlossene und durchgeführte Vereinbarung des Steuerpflichtigen mit der ihm nahestehenden Person zu beziehen. Hat der Steuerpflichtige beispielsweise einen anderen als den zivilrechtlich vereinbarten Preis der Besteuerung zugrunde gelegt, müssen die Aufzeichnungen den für die Besteuerung angesetzten Verrechnungspreis darstellen. Hat der Steuerpflichtige Verträge geschlossen, diese aber nicht entsprechend dem Vereinbarten durchgeführt, haben sich die Aufzeichnungen auf die tatsächlichen Verhältnisse und damit die tatsächlich durchgeführte Geschäftsbeziehung zu beziehen.

49 Maßgebender Zeitpunkt für den Fremdvergleich ist grundsätzlich der Abschluss des Vertrages, nicht der Erfüllungszeitpunkt (BFH-Urteil vom 9.3.1983, I R 182/78, BStBl II S. 744). Abzustellen ist daher auf die Verhältnisse zum Zeitpunkt der Vereinbarung des Geschäftsvorfalls. Der Steuerpflichtige kann sich auf nachträglich bekannt gewordene externe Fremdvergleichsdaten stützen, soweit sich diese auf den Zeitpunkt der Vereinbarung des Geschäftsvorfalls beziehen. Maßgebend bleiben daher die Verhältnisse zum Zeitpunkt der Vereinbarung des Geschäftsvorfalls. Entsprechend soll die Angabe über den Zeitpunkt der Verrechnungspreisbestimmung der Finanzverwaltung die Möglichkeit eröffnen, eine bessere Einschätzung vornehmen zu können, mit welcher zeitlichen Distanz die tatsächlich durchgeführten Geschäftsbeziehungen auf ihre Fremdüblichkeit hin überprüft wurden.

50 Eine Angemessenheitsdokumentation, welche auf Planrechnungen zurückgreift, ist soweit wie möglich auf Vergleichsdaten, wie fremdübliche Gewinnaufschläge oder eine marktübliche Kapitalverzinsung, zu stützen. Die zugrunde gelegten Planannahmen sind anhand der Erfahrungen aus bereits abgelaufenen Zeiträumen und auf Basis kaufmännischer, betriebswirtschaftlich fundierter, vorsichtiger Prognosen im Einzelnen zu begründen (BFH-Urteil vom 17.2.1993, I R 3/92, BStBl II S. 457). Der Steuerpflichtige hat regelmäßig einen Abgleich zwischen den Planzahlen und den tatsächlichen Zahlen durchzuführen, um rechtzeitig auf einen geänderten Geschäftsverlauf reagieren zu können. Dazu getroffene Maßnahmen sind zu begründen und aufzuzeichnen. Weicht die tatsächlich eingetretene Entwicklung erheblich von der erstellten Prognose ab, hat der Steuerpflichtige die Abweichungen aufzuzeichnen und darzulegen, dass diese auf unerwarteten Umständen (z. B. außergewöhnlichen Kosten, Wirtschaftskrisen, Naturkatastrophen) beruhen, die er in seiner vorsichtigen kaufmännischen Prognose nicht berücksichtigen konnte.

51 Für die Durchführung der Angemessenheitsprüfung sind die steuerlich relevanten Unterlagen und Bilanzen aller Beteiligten unter Einschluss der konsolidierungsfähigen Einzelabschlüsse (sog. Handelsbilanzen II) vorzulegen.

52 Verrechnungspreisrichtlinien des Steuerpflichtigen und der Unternehmensgruppe, zu der dieser gehört, sind Bestandteil der Aufzeichnungen (§ 2 Abs. 3 Satz 5 GAufzV). Für sie gelten die entsprechenden Anforderungen. Weicht der Steuerpflichtige im Einzelfall von der Verrechnungspreisrichtlinie ab, muss er die Abweichung begründen und die Gründe bezogen auf den jeweiligen Geschäftsvorfall aufzeichnen und die Angemessenheit der abweichenden Preisbestimmung darlegen.

53 Werden Informationen aus Datenbanken herangezogen, ist Voraussetzung für eine Prüfung durch die Finanzbehörde, dass der in einer Datenbank vorgenommene Suchprozess im Rahmen des technisch Möglichen nachvollziehbar und prüfbar ist. Es muss der Finanzbehörde ermöglicht werden, auf Basis der vom Steuerpflichtigen genutzten Daten selbständig Alternativrechnungen vornehmen und feststellen zu können, ob der Steuerpflichtige alle relevanten Informationen unter Verwendung verschiedener, angemessener Suchkriterien berücksichtigt hat. Da Ergebnisse eines reinen Datenbankscreenings für die Prüfung der Vergleichbarkeit der Sachverhalte und

somit der Angemessenheitsdokumentation regelmäßig nicht ausreichen, sind ergänzende Suchschritte und Auswahlverfahren entsprechend aufzuzeichnen und zu dokumentieren (vgl. § 4 Abs. 3 GAufzV). Die hierzu vom Steuerpflichtigen erstellten und zusammengetragenen Daten sind der Finanzbehörde im Rahmen des § 147 Abs. 5 und 6 AO in elektronischer Form zugänglich zu machen.

1.3.3 Stammdokumentation (§ 90 Abs. 3 Satz 3-4 AO)

54 Im Rahmen der Verrechnungspreisdokumentation hat der Steuerpflichtige nach § 90 Abs. 3 Satz 3 AO unter bestimmten Voraussetzungen eine sog. Stammdokumentation („master file") für ein Unternehmen zu erstellen. Mit dieser Regelung hat Deutschland die Empfehlungen des OECD/G20-Abschlussberichtes zu Aktionspunkt 13 des BEPS-Projekts vom 5. Oktober 2015 in nationales Recht umgesetzt. Die Inhalte dieses Abschlussberichtes wurden in das Kapitel V und den Anhang I zu Kapitel V der OECD-Verrechnungspreisleitlinien 2017 übernommen. Das Ziel der Stammdokumentation besteht darin, den Steuerverwaltungen einen Überblick über die Art der weltweiten Geschäftstätigkeit und über die Systematik der Verrechnungspreisbestimmung der multinationalen Unternehmensgruppe zu geben.

55 Für die Voraussetzungen zur Erstellung der Stammdokumentation gilt Folgendes:

    a. Das Unternehmen ist Teil einer multinationalen Unternehmensgruppe.

    b. Als Unternehmen im Sinne dieser Vorschrift sind Betriebe zu verstehen, die Einkünfte aus Gewerbebetrieb gemäß § 15 Abs. 1 Satz 1 Nr. 1 EStG erzielen.

    c. Der Umsatz des Unternehmens betrug im vorangegangenen Wirtschaftsjahr mindestens 100 Millionen Euro. Der Umsatzbegriff richtet sich nach § 277 Abs. 1 HGB. Maßgeblich sind die nicht-konsolidierten Inlands- und Auslandsumsätze des Unternehmens mit fremden Dritten sowie mit nahestehenden Personen im Sinne des § 1 Abs. 2 AStG. Innenumsätze zwischen dem Unternehmen und seiner Betriebsstätte sind nicht einzubeziehen. Für die Überschreitung der Umsatzgrenze von 100 Millionen Euro ist es unerheblich, wie hoch der Anteil der Auslandsumsätze an den Gesamtumsätzen ist. Eine Stammdokumentation ist auch zu erstellen, wenn die Auslandsumsätze nur einen geringfügigen Teil der relevanten Gesamtumsätze ausmachen.

56 Der Umfang der Stammdokumentation ist in § 5 Abs. 1 Satz 1 GAufzV und der Anlage zu § 5 GAufzV geregelt. Die Anlage listet die vorzulegenden Aufzeichnungen und Unterlagen im Einzelnen auf. Die Liste ist abschließend, § 90 Abs. 3 Satz 10 AO (Rn. 66) und § 2 Abs. 5 GAufzV sind dennoch zu beachten.

57 Nach § 5 Abs. 2 GAufzV soll das Ziel der Stammdokumentation mit angemessenem Aufwand für den Steuerpflichtigen erreicht werden können (Verhältnismäßigkeitsgrundsatz). Der Überblickscharakter der Stammdokumentation soll gewahrt werden. Unterlagen, die im Rahmen der Stammdokumentation gefordert sind, den Finanzbehörden aber bereits vorliegen, müssen vom Steuerpflichtigen daher nicht erneut eingereicht werden (z. B. der Konzernabschluss); ein entsprechender Verweis in der Stammdokumentation genügt.

58 Der in Satz 2 der Anlage zu § 5 GAufzV eingeräumte Beurteilungsspielraum bei der Auslegung der unbestimmten Rechtsbegriffe, die in der Anlage enthalten sind, soll sich an den Empfehlungen des OECD/G20 Abschlussberichtes zu Aktionspunkt 13 des BEPS-Projekts und Kapitel V der OECD-Verrechnungspreisleitlinien 2017 orientieren. Dadurch wird eine international einheitliche Umsetzung der Stammdokumentation gewährleistet.

59 Die Stammdokumentation nach § 90 Abs. 3 Satz 3 AO ergänzt zwar inhaltlich die landesspezifische unternehmensbezogene Verrechnungspreisdokumentation nach

§ 90 Abs. 3 Satz 1 und Satz 2 AO. Für die Stammdokumentation nach § 90 Abs. 3 Satz 3 AO ist aber ein gesonderter Bericht oder Berichtsteil zu erstellen, in welchem ggf. auf die länderspezifische, unternehmensbezogene Verrechnungspreisdokumentation und bei der Finanzbehörde bereits vorliegende Unterlagen verwiesen werden kann.

60 Bei Nichterfüllung der Aufzeichnungspflicht gemäß § 90 Abs. 3 Satz 3 AO können Zwangsmittel (§ 328 AO) oder ein Verzögerungsgeld (§ 146 Abs. 2b AO) festgesetzt werden.

1.3.4 Vorlageverlangen (§ 90 Abs. 3 Satz 5-6 AO, § 2 Abs. 6 GAufzV)

61 Nach § 90 Abs. 3 Satz 5 AO in Verbindung mit § 2 Abs. 6 GAufzV liegt es im Ermessen der Finanzbehörde, ob und wann sie die Vorlage der Aufzeichnungen verlangt. In der Regel soll dies nur für die Durchführung einer Außenprüfung erfolgen. In begründeten Einzelfällen können die Aufzeichnungen auch außerhalb der Außenprüfung angefordert werden. So kann die Durchführung eines Verständigungsverfahrens Anlass sein, im Sinne von § 90 Abs. 3 Satz 5 AO die Vorlage von Aufzeichnungen auch außerhalb einer Außenprüfung zu verlangen.

62 Zur Beschleunigung eines etwaigen Verständigungsverfahrens, kann der Steuerpflichtige der hierfür zuständigen Behörde bereits vorab mitteilen, dass bei einer nahestehenden Person oder einer Betriebsstätte im Ausland eine Einkünftekorrektur vorgenommen wurde. Es ist seitens dieser Behörde dann anzuregen, dass der Steuerpflichtige alle erforderlichen Unterlagen (§ 90 Abs. 2 AO) vorlegt und Aufzeichnungen nach § 90 Abs. 3 AO auch außerhalb einer Außenprüfung erstellt.

1.3.5 Vorlagefrist und Verlängerung (§ 90 Abs. 3 Sätze 7 und 9 AO)

63 Die Vorlagefrist beginnt mit der Bekanntgabe der Anforderung, nicht mit dem Prüfungsbeginn im Unternehmen des Steuerpflichtigen. Die Finanzbehörde kann die Vorlage auch dann innerhalb der Frist verlangen, wenn die Außenprüfung auf Antrag des Steuerpflichtigen verschoben wird.

64 Es obliegt dem Steuerpflichtigen, die erforderlichen Vorkehrungen zu treffen, um die Vorlagefrist einhalten zu können. Die Finanzbehörde geht davon aus, dass der Steuerpflichtige die für die Verrechnungspreisbestimmung wesentlichen Daten und Fakten regelmäßig und zeitnah sammelt sowie sachgerecht und geordnet verfügbar hält.

65 Zeichnen sich im konkreten Fall bei den Bemühungen des Steuerpflichtigen, sich auf die Erfüllung der Aufzeichnungspflichten vorzubereiten, erhebliche Schwierigkeiten ab, können diese im Vorhinein mit der für die Außenprüfung zuständigen Finanzbehörde erörtert werden. Eine Anerkennung der vom Steuerpflichtigen angesetzten Verrechnungspreise ist damit nicht verbunden.

1.3.6 Ergänzung auf Anforderung (§ 90 Abs. 3 Satz 10 AO)

66 Die Finanzbehörde kann den Steuerpflichtigen gemäß § 90 Abs. 3 Satz 10 AO dazu auffordern, die vorgelegten Aufzeichnungen innerhalb einer angemessenen Frist um detailliertere oder weitere Unterlagen zu ergänzen. Eine Ergänzung ist insbesondere dann notwendig, wenn sich aus Sicht der Finanzbehörde aufgrund der bereits vorgelegten Aufzeichnungen Anhaltspunkte für weitere Nachfragen ergeben.

2. Schätzung von Besteuerungsgrundlagen und Zuschläge (§ 162 AO)

2.1 Allgemeines

67	Die Mitwirkungspflichten nach §§ 90 Abs. 1 bis 3 Satz 1 und 2, 200 AO sind insbesondere verletzt, wenn ein Beteiligter Tatsachen, die ausschließlich oder überwiegend seiner Wissenssphäre zugehören, nicht gegenüber der Finanzbehörde offenlegt. Die Finanzbehörde ist dann befugt zu schätzen. Der „Beweisverderber" soll aus seinem Verhalten keinen Vorteil ziehen (BFH-Urteil vom 15.2.1989, X R 16/86, BStBl II S. 462).
68	Grundsätzlich trägt die Finanzbehörde die Feststellungslast für diejenigen Tatsachen, die einen Steueranspruch begründen bzw. erhöhen. Die Frage der Feststellungslast stellt sich, wenn ein entscheidungserheblicher Sachverhalt trotz Ausschöpfung aller zugänglichen und zumutbaren Ermittlungsmöglichkeiten nicht vollständig aufgeklärt werden kann. Aus der gemeinsamen Verantwortung des Steuerpflichtigen einerseits und der Finanzbehörde andererseits für die vollständige Sachaufklärung folgt u. a., dass sich dann, wenn ein Steuerpflichtiger ihm obliegende allgemeine oder besondere Mitwirkungs-, Informations- oder Nachweispflichten verletzt, grundsätzlich die Ermittlungspflicht der Finanzbehörde entsprechend reduziert. Kriterien und Ausmaß der Reduzierung von Sachaufklärungspflicht und Beweismaß lassen sich nicht generell festlegen, sondern nur im Einzelfall bestimmen. Die Verletzung der Mitwirkungspflichten kann insbesondere dann, wenn sie Tatsachen oder Beweismittel aus dem alleinigen Verantwortungsbereich des Steuerpflichtigen betrifft, dazu führen, dass aus seinem Verhalten für ihn nachteilige Schlüsse gezogen werden. Besondere Bedeutung kommt in diesem Zusammenhang dem Gedanken der Beweisnähe zu: Die Verantwortung des Steuerpflichtigen für die Aufklärung des Sachverhalts ist umso größer, je mehr Tatsachen oder Beweismittel der von ihm beherrschten Informations- und/oder Tätigkeitssphäre angehören (BFH-Urteil vom 15.2.1989, X R 16/86, BStBl II S. 462). Die Finanzbehörde hat dennoch auch in diesen Fällen den Sachverhalt aufzuklären, soweit ihr dies zumutbar ist.
69	Wirkt sich die Verletzung der Mitwirkungspflichten auf mehrere Tatbestandsmerkmale einer Einkünftekorrekturvorschrift aus, tritt eine Beweismaßreduzierung für alle betroffenen Tatbestandsmerkmale der Berichtigungsvorschrift ein.
70	Grundlage der Schätzung ist es, in einem Akt wertenden Schlussfolgerns (BFH-Urteil vom 26.2.2002, X R 59/98, BStBl II S. 450) von dem Sachverhalt auszugehen, der der Wirklichkeit am nächsten kommt. Das Schätzungsergebnis soll dem wahren Sachverhalt möglichst nahekommen (BFH-Urteil vom 11.3.1999, V R 78/98, BFHE 188 S. 160). Die Schätzergebnisse müssen daher schlüssig, wirtschaftlich möglich und vernünftig sein (BFH-Urteil vom 20.3.2017, X R 11/16, BStBl II S. 992). Unschärfen aufgrund der Schätzung gehen zulasten des Steuerpflichtigen.
71	Für die Überprüfung des tatsächlich vereinbarten Verrechnungspreises und als Grundlage für die Schätzung nach § 162 Abs. 1 AO kann im konkreten Einzelfall der Fremdvergleichspreis mittels einer geeigneten Verrechnungspreismethode mit der größtmöglichen Wahrscheinlichkeit der Richtigkeit ermittelt werden (BFH-Urteil vom 17.10.2001, I R 103/00, BStBl II 2004 S. 171).
72	Datenbankstudien sind eine zulässige Schätzungsmethode im Sinne des § 162 AO. Bei Vergleichsunternehmen handelt es sich um einzeln festzustellende Grundlagen. Schätzungen müssen insoweit insgesamt in sich schlüssig sein.
73	Die Vorlage verwertbarer Aufzeichnungen schließt Einkünfteberichtigungen nicht aus. Die Finanzbehörde kann über solche Aufzeichnungen hinaus weitere Auskünfte und Unterlagen anfordern (§ 88 AO) und Verprobungen nach anderer Methoden vornehmen. Dabei kann die Finanzbehörde die Verprobung im Einklang mit Rn. 49 auch auf nachträglich bekannt gewordene externe Fremdvergleichsdaten stützen. Verwertbare Aufzeichnungen sind lediglich Ausgangspunkt für die Prüfung. Die Vorlage verwertbarer Aufzeichnungen schließt daher auch die Schätzungsbefugnis der Finanzbehörde gemäß § 162 Abs. 1 und 2 AO nicht aus. Für eine Einkünfteberichtigung

reichen allein Mängel in der Begründung für deren Angemessenheit seitens des Steuerpflichtigen nicht aus. Voraussetzung einer Einkünfteberichtigung ist vielmehr, dass die vom Steuerpflichtigen angewandten Verrechnungspreise mit hoher Wahrscheinlichkeit nicht dem Fremdvergleich entsprechen und dass der von der Finanzbehörde ermittelte Verrechnungspreis zumindest wahrscheinlicher ist.

74 Die Finanzverwaltung des Staates, die die Erstkorrektur vornimmt, trägt die Feststellungslast im Verständigungsverfahren (vgl. Tz. 4.17 OECD-Verrechnungspreisleitlinien 2017).

2.2 Schätzungen nach § 162 Abs. 1 AO

75 Eine Schätzung ist nicht schon deswegen unrechtmäßig, weil sie nicht den tatsächlichen Verhältnissen entspricht. Abweichungen von den tatsächlichen Verhältnissen sind nicht zu vermeiden, weil die volle Kenntnis der wahren Gegebenheiten fehlt. Eine Schätzung ist erst dann rechtswidrig, wenn der Schätzungsrahmen überschritten wird, der durch die Kenntnisse der Finanzbehörde über den Fall vorgegeben ist. Schätzt die Finanzbehörde bewusst und willkürlich zum Nachteil des Steuerpflichtigen (Strafschätzung), kann dies zur Nichtigkeit des Schätzungsbescheides führen (BFH-Urteil vom 1.10.1992, IV R 34/90, BStBl 1993 II S. 259; BFH-Urteil vom 20.12.2000, I R 50/00, BStBl 2001 II S. 381).

2.3 Schätzungen nach § 162 Abs. 2 AO

76 Hat es der Steuerpflichtige zu vertreten, dass die Besteuerungsgrundlagen geschätzt werden müssen, weil er z. B. seine Mitwirkungspflichten nach § 90 Abs. 2 AO verletzt, gehen Unsicherheiten zu seinen Lasten (gemindertes Beweismaß). Bei groben Verstößen des Steuerpflichtigen, die erhebliche Änderungen gegenüber seinen Angaben in der Steuererklärung notwendig machen, ist die Finanzbehörde im Allgemeinen berechtigt und verpflichtet, die Besteuerungsgrundlagen nach dem für den Steuerpflichtigen ungünstigsten, aber noch möglichen Sachverhalt festzustellen (BFH-Urteil vom 9.3.1967, IV 184/63, BStBl II S. 349). Strafschätzungen sind auch in diesen Fällen nicht zulässig.

77 In Verrechnungspreisfällen soll eine Schätzung nach § 162 Abs. 2 AO zur Besteuerung des Gewinns führen, der erzielt worden wäre, wenn dem Fremdvergleich entsprechende Verrechnungspreise angesetzt worden wären. An die Nachweise, die von der Finanzbehörde dafür zu erbringen sind, dürfen keine überspitzten Anforderungen gestellt werden (BFH-Urteil vom 23.6.1993, I R 72/92, BStBl II S. 801).

78 Sind die Voraussetzungen für eine Schätzung nach § 162 Abs. 2 AO erfüllt, dürfen die Besteuerungsgrundlagen nach Methoden und aufgrund von Daten geschätzt werden, deren Beweiswert außerhalb einer solchen Schätzung nicht für eine Einkünfteberichtigung ausreicht (z. B. Richtsatzvergleich, Branchendurchschnittswerte).

79 Die Berechtigung zur Vornahme einer Schätzung ist nicht davon abhängig, dass die Finanzbehörde vorher die internationale Rechts- und Amtshilfe in Anspruch genommen hat.

2.4 Schätzungen nach § 162 Abs. 3 AO und Zuschlag nach § 162 Abs. 4 AO

80 Verstößt der Steuerpflichtige dadurch gegen seine Aufzeichnungspflichten nach § 90 Abs. 3 AO, dass er

    a. trotz Anforderung durch die Finanzbehörde keine Aufzeichnungen oder im Wesentlichen unverwertbare Aufzeichnungen vorlegt oder

b. verwertbare Aufzeichnungen für außergewöhnliche Geschäftsvorfälle nicht zeitnah (§ 3 GAufzV) erstellt hat,

wird nach § 162 Abs. 3 Satz 1 AO widerlegbar vermutet, dass die Einkünfte aus Geschäftsbeziehungen im Sinne des § 1 Abs. 4 AStG durch eine nicht fremdübliche Gestaltung gemindert worden sind. In diesen Fällen trifft den Steuerpflichtiger die Beweisführungslast, dass es zu keiner Einkünfteminderung gekommen ist.

81 Im Fall der verspäteten Erstellung von Aufzeichnungen für außergewöhnliche Geschäftsvorfälle ist deren Beweiswert unter Berücksichtigung der Tatsache der Verspätung (Indiz) zu würdigen.

82 Im Wesentlichen unverwertbar sind die Aufzeichnungen dann, wenn sie es einem sachverständigen Dritten innerhalb eines angemessenen Zeitraums nicht ermöglichen, festzustellen und zu prüfen, welchen Sachverhalt der Steuerpflichtige verwirklicht und ob er dabei den Fremdvergleichsgrundsatz beachtet hat. Die Frage der Verwertbarkeit bezieht sich damit sowohl auf die Sachverhalts- als auch auf die Angemessenheitsdokumentation. Die Maßstäbe für eine ordnungsmäßige Buchführung (vgl. AEAO zu § 158) gelten entsprechend. Unverwertbar sind die Aufzeichnungen insbesondere dann, wenn

a. eine Sachverhaltsdokumentation fehlt oder ein unzutreffender Sachverhalt dargestellt wird (verbunden mit erheblichen Auswirkungen auf das Funktions- und Risikoprofil, z. B. Entrepreneur wird als Routineunternehmen beschrieben, Beschreibung der vertraglichen Situation anstelle des tatsächlich abweichend Verwirklichten),

b. eine Angemessenheitsdokumentation fehlt oder die vorgelegten Fremddaten nicht zum Funktions- und Risikoprofil passen,

c. die Angemessenheitsanalyse keine hinreichende Begründung der Vergleichbarkeit der verwendeten Fremddaten (z. B. Fremdpreise oder Fremdunternehmen) enthält (Vergleichbarkeitsanalyse, Tz. 3.1 f. OECD-Verrechnungspreisleitlinien 2017), oder

d. die Anwendung der gewählten Verrechnungspreismethode nicht dargestellt wird.

Aufzeichnungen sind nicht deshalb in jedem Fall im Wesentlichen unverwertbar, weil sich die Angemessenheitsdokumentation auf eine geringe Anzahl von Fremdvergleichsdaten stützt. Für die Entscheidung im Allgemeinen kommt es nicht auf die Quantität der vorgelegten Aufzeichnungen, sondern auf ihre Qualität an. Die Unvollständigkeit oder Fehlerhaftigkeit von Aufzeichnungen in einzelnen Punkten allein führt regelmäßig nicht dazu, dass Aufzeichnungen im Wesentlichen unverwertbar sind.

83 Von einer Entscheidung über die Verwertbarkeit bestimmter Aufzeichnungen sind die Aufzeichnungen zu anderen Prüfungsgegenständen nicht betroffen.

84 Stellt die Finanzbehörde fest, dass Aufzeichnungen im Wesentlichen unverwertbar sind, hat sie den Steuerpflichtigen unverzüglich darauf hinzuweisen und ihm Gelegenheit zur Nachbesserung zu geben. Unabhängig davon ist im Einzelfall zu prüfen, ob es der Finanzbehörde möglich und zumutbar ist, die Verwertbarkeit ohne weitere Mitwirkung des Steuerpflichtigen herbeizuführen, um Steuerzuschläge zu vermeiden oder so gering wie möglich zu halten (Verhältnismäßigkeitsgrundsatz).

85 Die Rechtsfolgen der Verletzung der Aufzeichnungspflicht nach § 90 Abs. 3 Satz 1 und 2 AO treten gemäß § 162 Abs. 3 und 4 AO geschäftsvorfallbezogen ein. Damit lösen die nicht zeitnah erfolgte Aufzeichnung eines außergewöhnlichen Geschäftsvorfalls, die Nichtvorlage von Aufzeichnungen oder die Unverwertbarkeit von Aufzeichnungen

über einen Geschäftsvorfall keine Rechtsfolgen bezüglich anderer Geschäftsvorfälle aus. Die grundsätzlich zulässige Zusammenfassung von Geschäftsvorfällen ist zu beachten (§ 3 GAufzV). Kommt der Steuerpflichtige dem Ergänzungsverlangen der Finanzbehörde entsprechend § 90 Abs. 3 Satz 10 AO (Rn. 66) nicht nach oder sind die dann vorgelegten Aufzeichnungen im Wesentlichen unverwertbar, greifen § 162 Abs. 3 und 4 AO ebenfalls geschäftsvorfallbezogen. § 162 Abs. 3 und 4 AO gelten nicht für die Aufzeichnungspflicht nach § 90 Abs. 3 Satz 3 AO.

86 Wird wegen der in § 162 Abs. 3 Satz 1 AO genannten Verstöße des Steuerpflichtigen eine Schätzung nach § 162 Abs. 3 Satz 2 AO notwendig und hat die Finanzbehörde einen Schätzungsrahmen festgestellt, kann sie diesen Rahmen zu Lasten des Steuerpflichtigen ausschöpfen.

87 Eine Schätzung kann in einem sich anschließenden Verständigungs- oder Schiedsverfahren (EU) überprüft und berichtigt werden. Dem Steuerpflichtigen obliegt es dabei jedoch, durch die Darlegung seiner Verhältnisse, Bezeichnung und ggf. Beibringung seiner Beweisunterlagen zu dem Verfahren beizutragen.

88 § 162 Abs. 3 und 4 sind auch anwendbar, wenn der Steuerpflichtige die Voraussetzungen des § 6 GAufzV erfüllt, aber seine hieraus resultierenden Pflichten verletzt.

89 Bei der Festsetzung und der rechtlichen Beurteilung des Zuschlags ist Folgendes zu beachten:

    a. Der Zuschlag ist eine steuerliche Nebenleistung gemäß § 3 Abs. 4 AO, der auf die Einkommen- bzw. Körperschaftsteuer entfällt. Er ist nicht abzugsfähig (§ 12 Nr. 3 EStG und § 10 Nr. 2 KStG).

    b. Die Festsetzung eines Zuschlags nach § 162 Abs. 4 AO schließt weder die Festsetzung eines Verspätungszuschlags (§ 152 AO) noch die Durchführung eines Straf- oder Ordnungswidrigkeitsverfahrens (§§ 369 ff. AO) aus.

    c. Der Zuschlag kann gegen jeden durch § 90 Abs. 3 AO Verpflichteten festgesetzt werden, von dem die Finanzbehörde die Vorlage der Aufzeichnungen verlangt hat, auf die sich § 162 Abs. 4 Satz 1 AO bezieht, nicht aber für denselben Sachverhalt doppelt, z. B. gegen eine Personengesellschaft und gegen die an ihr beteiligten Gesellschafter, wenn Aufzeichnungen für denselben Sachverhalt sowohl von der Personengesellschaft als auch von deren Gesellschaftern angefordert worden sind. In solchen Fällen besteht ein Gesamtschuldverhältnis im Sinne des § 44 AO.

    d. Der Zuschlag ist einheitlich für jeden Veranlagungszeitraum, für den Aufzeichnungen angefordert wurden, festzusetzen. Die Anforderung kann sich z. B. auf Aufzeichnungen für das von der Finanzbehörde ausgewählte Prüfungsfeld und letztlich auf Aufzeichnungen für einen einzelnen (z. B. außergewöhnlichen) Geschäftsvorfall beziehen. Die grundsätzlich zulässige Zusammenfassung von Geschäftsvorfällen ist zu beachten (§ 3 GAufzV). Deswegen kann der Zuschlag nebeneinander und jeweils in Bezug zu verschiedenen Anforderungen der Finanzbehörde auf mehreren Pflichtverletzungen beruhen: auf der Nichtvorlage von Aufzeichnungen, auf der Vorlage unverwertbarer Aufzeichnungen, auf der verspäteten Vorlage verwertbarer Aufzeichnungen. Die Zusammensetzung des Zuschlags ist bei der Festsetzung jeweils im Einzelnen darzulegen. Die Ermessensausübung ist jeweils zu begründen. Dabei sind vor allem das Verschulden des Steuerpflichtigen, die Dauer der Fristüberschreitung und insbesondere die vom Steuerpflichtigen gezogenen Vorteile zu berücksichtigen.

	e.	Soweit ein nach § 162 Abs. 4 Satz 1 und 2 AO festgesetzter Zuschlag darauf beruht, dass der Steuerpflichtige in einer Außenprüfung keine bzw. nur im Wesentlichen unverwertbare Aufzeichnungen vorgelegt hat und dass eine Einkünfteerhöhung aufgrund einer rechtmäßigen Schätzung nach § 162 Abs. 3 AO vorgenommen wurde, können im Rahmen der §§ 130 ff. AO Änderungen des Zuschlags möglich sein, wenn die betreffenden Einkünfte in einem Rechtsbehelfsverfahren, in einem Verständigungsverfahren oder in einem Schiedsverfahren (EU) niedriger angesetzt werden als aufgrund der Außenprüfung. Eine Änderung des Zuschlags (Neuberechnung) kommt in diesen Fällen nur in Betracht, soweit der Steuerpflichtige verwertbare Aufzeichnungen vorlegt. Werden in den genannten Verfahren nachträglich verwertbare Aufzeichnungen vorgelegt, ist der Zuschlag als solcher aufgrund des § 162 Abs. 4 Satz 3 und 4 AO wegen verspäteter Vorlage neu zu berechnen, wenn im Rahmen der §§ 130 ff. AO Änderungen des Zuschlags möglich sind.
	f.	Der Zuschlag nach § 162 Abs. 4 Satz 3 AO wegen verspäteter Vorlage kann höher sein als der Zuschlag nach § 162 Abs. 4 Satz 1 AO bei einer Nichtvorlage oder einer Vorlage im Wesentlichen unverwertbarer Unterlagen.
90		§ 162 Abs. 4 Satz 1 bis 3 AO sind nicht anwendbar, wenn die Nichterfüllung der Pflichten nach § 90 Abs. 3 AO entschuldbar erscheint oder nur ein geringfügiges Verschulden vorliegt. Ein solcher Fall kann z. B. vorliegen, wenn Aufzeichnungen deswegen erst nach Ablauf der 60-Tage-Frist in deutscher Sprache vorgelegt werden, weil die Finanzbehörde nach Anforderung der Aufzeichnungen nicht unverzüglich über einen Antrag auf Erstellung und Vorlage in fremder Sprache entschieden hat oder höhere Gewalt es dem Steuerpflichtigen unmöglich gemacht hat, seine Pflichten rechtzeitig zu erfüllen.

3. Aufhebung von Verwaltungsregelungen

91		Das BMF-Schreiben vom 12. April 2005 (IV B 4 - S 1341 - 1/05; BStBl 2005 I S. 570) ist weiterhin anzuwenden, soweit nicht Fragen der Anwendung der §§ 90 und 162 AO betroffen sind. Dies gilt insbesondere bezüglich der Textziffern
	a.	1 (entsprechende Anwendung des BMF-Schreibens auf Betriebsstätten),
	b.	2 (Pflichten der Finanzbehörden),
	c.	3.4.10.2 (Unternehmenscharakterisierung und Verrechnungspreisbildung),
	d.	3.4.10.3 (Verrechnungspreismethoden),
	e.	3.4.12.5 (Bandbreiten und ihre Einengung),
	f.	3.4.12.7 (Vergleichbarkeit),
	g.	3.4.12.8 (Nachträgliche Preisfestlegungen bzw. -anpassungen),
	h.	3.4.12.9 (Mehrjahresanalysen),
	i.	5 (Durchführung von Berichtigungen und ihre steuerliche Behandlung),
	j.	6 (Abwicklung von Verrechnungspreisberichtigungen und Verständigungs- bzw. Schiedsverfahren) und
	k.	7 (Aufhebung von Verwaltungsregelungen).

Dieses Schreiben wird im Bundessteuerblatt Teil I veröffentlicht. Es steht ab sofort auf den Internetseiten des Bundesministeriums der Finanzen zum Herunterladen bereit.

Anwendung der Mitteilungsverordnung (MV) ab dem 1. Januar 2025;
Anpassung an die Änderung der §§ 2, 4a, 7, 8 und 13 MV durch die Siebte Verordnung zur Änderung der Mitteilungsverordnung und die Änderung des § 4 MV durch das Jahressteuergesetz 2024

(BMF-Schreiben vom 12.12.2024 – IV D 1-S 0229/22/10002:005–, BStBl I S. 1618)[1]

Aufgrund der Ermächtigung in § 93a Absatz 1 AO hat die Bundesregierung am 7. September 1993 die Mitteilungsverordnung erlassen (BGBl. I Seite 1554). Diese Verordnung wurde zuletzt durch die Siebte Verordnung zur Änderung der Mitteilungsverordnung vom 25. November 2024 (BGBl. I Nr. 364) und Artikel 23 des Jahressteuergesetzes 2024 vom 2. Dezember 2024 (BGBl. I Nr. 387) geändert.

Nach der Erörterung mit den obersten Finanzbehörden der Länder gelten für die **Anwendung der Mitteilungsverordnung (MV) ab dem 1. Januar 2025** die nachfolgenden Regelungen.

<u>Hinweis:</u> Die nachfolgenden Ausführungen gelten auch für in 2024 verwirklichte und ab 1. Januar 2025 mitzuteilende Zahlungen, Honorare, Verwaltungsakte und sonstige mitteilungspflichtige Sachverhalte, soweit im BMF-Schreiben nichts anderes bestimmt ist.

1. Zweck der Verordnung

1 Die MV, die ihre Ermächtigungsgrundlage in § 93a AO hat, regelt die Übermittlung von Mitteilungen von Behörden und anderen öffentlichen Stellen einschließlich den öffentlich-rechtlichen Rundfunkanstalten an die Finanzbehörden ohne Ersuchen. Sie enthält genaue Anweisungen für die mitteilungspflichtigen Stellen, was zu welchem Zeitpunkt und in welchem Umfang sowie in welcher Form der Finanzverwaltung mitzuteilen ist. Damit geht sie über § 93 AO hinaus, wonach - abgesehen von Sammelauskunftsersuchen nach § 93 Absatz 1a AO - Mitteilungen im konkreten Einzelfall nur auf Anfrage (Auskunftsersuchen) zu erteilen sind.

2. Mitteilungsverpflichtete (§ 1 MV)

2 § 1 MV bestimmt, dass Behörden und andere öffentliche Stellen einschließlich öffentlich-rechtlicher Rundfunkanstalten (§ 6 Absatz 1 bis 1c AO) den Finanzbehörden Mitteilungen in den in der MV bestimmten Fällen zu übermitteln haben.

2.1 Behörden und andere öffentliche Stellen

3 Unter einer Behörde i. S. d. § 6 Absatz 1 AO ist jede in den Organismus der Staats-verwaltung eingeordnete, organisatorische Einheit von Personen und sächlichen Mitteln zu verstehen, die mit einer gewissen Selbstständigkeit ausgestattet dazu berufen ist, unter öffentlicher Autorität für

---

[1] Inhaltsverzeichnis hier nicht abgedruckt

die Erreichung der Zwecke des Staates oder von ihm geförderter Zwecke tätig zu sein. Um Behörde zu sein, muss diese öffentliche Stelle Aufgaben der öffentlichen Verwaltung wahrnehmen; hierbei handelt es sich um die Aufgaben, die nach dem öffentlichen Recht dem Staat zugewiesen sind.

Zu den Behörden im Sinne des § 6 Absatz 1 AO und der MV gehören auch sogenannte beliehene Unternehmen, wenn das Unternehmen die ihm aufgrund einer öffentlich-rechtlichen Regelung übertragene Aufgabe öffentlicher Verwaltung selbstständig im eigenen Namen wahrnimmt (Behörde im funktionalen Sinn).

Öffentliche Stellen des Bundes sind nach § 6 Absatz 1a AO neben den Bundesbehörden auch die Organe der Rechtspflege und andere öffentlich-rechtlich organisierte Einrichtungen des Bundes, der bundesunmittelbaren Körperschaften, der Anstalten und Stiftungen des öffentlichen Rechts sowie deren Vereinigungen ungeachtet ihrer Rechtsform.

Öffentliche Stellen der Länder sind nach § 6 Absatz 1b AO neben den Landesbehörden auch die Organe der Rechtspflege und andere öffentlich-rechtlich organisierte Einrichtungen eines Landes, einer Gemeinde, eines Gemeindeverbandes oder sonstiger der Aufsicht des Landes unterstehender juristischer Personen des öffentlichen Rechts sowie deren Vereinigungen ungeachtet ihrer Rechtsform..

4 Öffentlich-rechtliche Religionsgemeinschaften unterliegen nicht der Mitteilungspflicht nach der MV.

2.2 Öffentlich-rechtliche Rundfunkanstalten

5 Auch öffentlich-rechtliche Rundfunkanstalten unterliegen der Verpflichtung, unter den sie betreffenden Voraussetzungen der MV Mitteilungen an die Finanzbehörden zu übersenden (§ 1 Absatz 1 Satz 1 i. V. m. § 3 MV).

3. Ausnahmen von der Mitteilungspflicht

3.1 Ausnahmen von der Mitteilungspflicht nach § 93a Absatz 2 AO

6 Nach § 93a Absatz 2 Satz 1 AO sind folgende öffentlichen Stellen grundsätzlich von der Mitteilungspflicht ausgenommen:

- Schuldenverwaltungen,

- Kreditinstitute (auch Sparkassen- und Giroverbände),

- Betriebe gewerblicher Art von juristischen Personen des öffentlichen Rechts im Sinne des KStG,

- öffentliche Beteiligungsunternehmen ohne Hoheitsbefugnisse,

- Berufskammern (auch Industrie- und Handelskammern) und

- Versicherungsunternehmen.

7 Unter die Befreiung fallen nicht nur typische, sondern sämtliche Zahlungen (z. B. auch Zuschüsse eines Kreditinstitutes zum Wohnungsbau).

8   Die Befreiung von der Mitteilungspflicht gilt allerdings nicht, soweit die vorgenannten Stellen Aufgaben der öffentlichen Verwaltung, z. B. die Verwaltung öffentlicher Subventionen und vergleichbarer Fördermaßnahmen, wahrnehmen (§ 93a Absatz 2 Satz 2 AO).

3.2 Ausnahmen von der Mitteilungspflicht nach §§ 1 und 7 Absatz 1 und Absatz 2 MV

9   Zu den besonderen Ausnahmen von den allgemeinen Zahlungsmitteilungspflichten der Behörden (§ 2 MV) s. Tz. 4.1.1.2, zu den besonderen Ausnahmen von den Mitteilungspflichten der öffentlich-rechtlichen Rundfunkanstalten (§ 3 MV) s. Tz. 4.2.2.

3.3 Mitteilungen aufgrund anderer Vorschriften (§ 1 Absatz 1 Satz 2 MV)

10 Zur Vermeidung von Doppelmitteilungen entfällt die Mitteilungspflicht nach der MV, wenn personenbezogene Daten Dritter bereits aufgrund anderer steuerlicher Vorschriften den Finanzbehörden (ggf. nach Maßgabe des § 93c AO) mitzuteilen sind.

3.4 Nachteile für das Wohl des Bundes oder eines deutschen Landes (§ 1 Absatz 1 Sätze 3 und 4 MV)

11 Eine Mitteilungspflicht besteht auch dann nicht, wenn die Gefahr besteht, dass das Bekanntwerden des Inhalts der Mitteilung dem Wohl des Bundes oder eines deutschen Landes (z. B. Verbrechensbekämpfung) Nachteile bereiten würde (§ 1 Absatz 1 Satz 3 MV).

12 Um hierbei eine einheitliche Rechtsanwendung sicherzustellen und Missbräuchen vorzubeugen, ist bei nachgeordneten Behörden die Zustimmung der obersten Dienstbehörde erforderlich (§ 1 Absatz 1 Satz 4 MV).

3.5 Sozialgeheimnis; nach Landesrecht zu erbringende Sozialleistungen (§ 1 Absatz 2 MV)

13 Soweit die dem Grunde nach mitteilungspflichtigen Angaben zu den durch § 35 Absatz 1 SGB I geschützten personenbezogenen Daten gehören, sind sie ebenfalls nicht mitzuteilen (Sozialgeheimnis; Ausnahme: § 6 Absatz 2 MV, s. Tz. 4.1.5.2). Dies gilt auch für nach Landesrecht zu erbringende Sozialleistungen. Nicht mitteilungspflichtige Sozialdaten sind personenbezogene Daten (Artikel 4 Nummer 1 DSGVO), die von einer in § 35 SGB I genannten Stelle im Hinblick auf ihre Aufgaben nach dem SGB verarbeitet werden (§ 67 Absatz 1 Satz 1 SGB X), also insbesondere:

- Leistungen der Ausbildungsförderung,

- Leistungen der Arbeitsförderung,

- Leistungen der Grundsicherung für Arbeitsuchende,

- Leistungen bei gleitendem Übergang älterer Arbeitnehmer in den Ruhestand,

- Leistungen der gesetzlichen Krankenversicherung,

- Leistungen der sozialen Pflegeversicherung,

- Leistungen bei Schwangerschaftsabbrüchen,

- Leistungen der gesetzlichen Unfallversicherung,

- Leistungen der gesetzlichen Rentenversicherung einschließlich der Alterssicherung der Landwirte,
- Leistungen der Sozialen Entschädigung,
- Kindergeld nach dem BKGG, Kinderzuschlag, Elterngeld und Leistungen für Bildung und Teilhabe,
- Wohngeld,
- Leistungen der Kinder- und Jugendhilfe,
- Leistungen der Sozialhilfe,
- Leistungen der Eingliederungshilfe und
- Leistungen zur Rehabilitation und Teilhabe behinderter Menschen.

14 Nicht unter den Sozialdatenschutz fallen andere personenbezogene Daten, die die n § 35 SGB I genannte Stelle bspw. als Arbeitgeber oder für fiskalische Handlungen (z. B. Honorarzahlungen, die von Sozialbehörden an Leistungserbringer erbracht werden, und Zahlungen an ehrenamtlich Tätige) verarbeitet.

3.6 Besondere Zahlungsempfänger (§ 7 Absatz 1 MV)

15 Nach § 7 Absatz 1 Satz 1 Halbsatz 1 MV sind Zahlungen an Behörden und andere öffentliche Stellen, an Betriebe gewerblicher Art von Körperschaften des öffentlichen Rechts oder an Körperschaften, die steuerbegünstigte Zwecke im Sinne des Zweiten Teils Dritter Abschnitt der AO verfolgen nicht mitzuteilen. Insoweit besteht kein erhöhtes steuerliches Aufsichts- und Kontrollbedürfnis. Bei der Prüfung, ob diese Ausnahmeregelung greift, sind die Verhältnisse zum Zeitpunkt der Zahlung maßgebend (§ 7 Absatz 1 Satz 1 Halbsatz 2 MV).

Gleiches gilt auch für Mitteilungen über Leistungen, die von Körperschaften des öffentlichen Rechts im Rahmen ihrer Beteiligungen an Unternehmen oder Einrichtungen des privaten Rechts erbracht werden (§ 7 Absatz 1 Satz 2 MV).

16 Bestehen Zweifel, ob der Zahlungsempfänger zum Zeitpunkt der Zahlung eine steuerbegünstigte Zwecke verfolgende Körperschaft ist, ist die Vorlage des vom zuständigen Finanzamt erteilten Freistellungsbescheids bzw. bei neugegründeten Vereinen die Vorlage des vom zuständigen Finanzamt erteilter Feststellungsbescheids nach § 60a AO zu verlangen. Dabei ist darauf zu achten, dass das Datum des vorgelegten Freistellungsbescheids nicht länger als fünf Jahre bzw. das Datum des jeweiligen Feststellungsbescheids nicht länger als drei Jahre seit dem Tag der Zahlung zurückliegt. Es genügt grundsätzlich, eine elektronische Kopie des Freistellungs- oder Feststellungsbescheids vorzulegen.

3.7 Bagatellgrenze (§ 7 Absatz 2 Satz 1 MV)

17 Nach § 7 Absatz 2 MV sind Zahlungen derselben mitteilungspflichtigen Stelle an denselben Zahlungsempfänger nicht mitteilungspflichtig, wenn sie pro Kalenderjahr weniger als 3.000 Euro betragen (Bagatellgrenze).

Es ist darauf zu achten, dass bei der gebündelten Auszahlung von Zahlungen verschiedener mitteilungspflichtiger Stellen durch eine öffentliche Kasse die jeweilige mitteilungspflichtige Stelle als leistende Stelle anzugeben und das Überschreiten der Bagatellgrenze jeweils gesondert zu prüfen ist.

18 Bei der Anwendung der Bagatellgrenze sind sämtliche von einer mitteilungspflichtigen Stelle an einen Empfänger innerhalb eines Kalenderjahres geleisteten Zahlungen in einer Summe zu betrachten. Zahlungen, die nach § 1 Absatz 2 MV oder § 2 MV nicht mitzuteilen sind, sind dabei nicht zu berücksichtigen.

19 Bei der Berechnung des mitzuteilenden Betrages sind auch im gleichen Kalenderjahr geleistete Vorauszahlungen zu berücksichtigen.

4. Mitteilungen nach §§ 2 bis 6 MV

20 §§ 2 bis 6 MV regeln, über welche Vorgänge Behörden und öffentlich-rechtliche Rundfunkanstalten Mitteilungen an die Finanzverwaltung übermitteln müssen, sofern keine Ausnahme von der Mitteilungspflicht (s. Tz. 3, 4.1.1.2 und 4.2.2) greift.

4.1 Mitteilungen von Behörden

4.1.1 Allgemeine Zahlungsmitteilungen (§ 2 MV)

4.1.1.1 Mitteilungen nach § 2 Absatz 1 Sätze 1 und 2 MV

21 Die Mitteilungspflicht erstreckt sich grundsätzlich auf alle Zahlungen von Behörden und anderen öffentlichen Stellen (mit Ausnahme öffentlich-rechtlicher Rundfunkanstalten) an Dritte. Im Einzelnen wird auf die nachfolgenden Ausführungen sowie auf die Anlage 3 zu diesem Schreiben (Schema für die Prüfung der Mitteilungspflicht nach § 2 MV für Behörden und andere öffentliche Stellen (einschließlich Stellen nach § 93a Absatz 2 Satz 2 AO)) verwiesen.

22 Diese Mitteilungspflicht gilt nach § 2 Absatz 1 Satz 1 Nummer 1 MV grundsätzlich nicht,

- wenn der Zahlungsempfänger zweifelsfrei im Rahmen einer land- und forstwirtschaftlichen, gewerblichen oder freiberuflichen Haupttätigkeit gehandelt hat und

- die Zahlung zweifelsfrei auf das Geschäftskonto des Zahlungsempfängers erfolgt ist. Als Geschäftskonto kann in der Regel das auf den Geschäftsbriefen angegebene Konto angesehen werden.

23 Mitzuteilen sind daher vor allem Zahlungen

- an Privatpersonen/Nichtunternehmer oder

- an Unternehmer, wenn sie nicht im Rahmen ihres Unternehmens gehandelt haben oder die Zahlung nicht auf ihr Geschäftskonto vereinnahmt haben (z. B. Zahlungen auf ein Konto, dass nicht in den Geschäftsbriefen angegeben wurde, Zahlung durch Aufrechnung).

Betroffen sind insbesondere Zahlungen an Arbeitnehmer im Sinne des § 1 der Lohnsteuer-Durchführungsverordnung (LStDV), die diesen nicht für eine Leistung im Rahmen ihrer Arbeitnehmertätigkeit (für die mitteilungspflichtige Stelle) zufließen, Mietzahlungen für Gebäude und Grundstücke an Privatpersonen, Zahlungen für ehrenamtliche und nebenberufliche Tätigkeiten. Damit wird dem Umstand Rechnung getragen, dass die steuerliche Erfassung von Zahlungen im nichtunternehmerischen Bereich nicht in dem Maße abgesichert ist, wie dies im unternehmerischen Bereich - insbesondere aufgrund der Kontrollmöglichkeiten im Rahmen von Außenprüfungen - möglich ist.

24 Bestehen bei der mitteilungspflichtigen Stelle Zweifel, ob der Zahlungsempfänger im Rahmen einer land- und forstwirtschaftlichen, gewerblichen oder freiberuflichen Haupttätigkeit gehandelt hat und die Zahlung auf das Geschäftskonto erfolgt ist, ist eine Mitteilung vorzunehmen.

| | Anwendung der MV | Anhang 21 |

25 Die Mitteilungspflicht erfasst auch Zahlungen, die keiner konkreten Gegenleistung an die mitteilungspflichtige Stelle zugeordnet werden können (u. a. Subventionen und ähnliche Fördermaßnahmen, wie z. B. für private Bau- und Sanierungsmaßnahmen; Zahlungen an Abgeordnete und Ratsmitglieder, siehe aber Anlage 1, Zahlungen nach dem Gesetz über die Entschädigungen für Strafverfolgungsmaßnahmen), da die Mitteilungspflicht keinen Leistungsaustausch zwischen der mitteilungspflichtigen Stelle und dem Zahlungsempfänger voraussetzt.

26 Durch mitteilungspflichtige Stellen ausgezahlte Darlehen stellen grundsätzlich keine Zahlung i. S. d. § 2 MV dar.

Eine Zahlung i. S. d. § 2 MV liegt allerdings vor, soweit und sobald ein Tilgungsnachlass/-zuschuss gewährt wird.

Wurde bei einer Darlehensgewährung (ohne Tilgungsnachlass/-zuschuss) ein Zinsverzicht oder eine Zinsvergünstigung zugesagt, ist dieser Vorteil nur mitzuteilen, wenn die Darlehensgewährung durch einen Verwaltungsakt oder durch öffentlich-rechtlichen Vertrag i. S. d. § 4 MV erfolgt ist.

27 Zahlungen sind immer in vollem Umfang mitteilungspflichtig, und zwar unabhängig von etwaigen Steuerbefreiungen. Die Steuerfreiheit von Zahlungen entbindet die mitteilungspflichtige Stelle nur dann von ihrer Mitteilungspflicht, wenn die Finanzbehörde eine Ausnahme von der Mitteilungspflicht nach § 2 Absatz 2 MV zugelassen hat (Tz. 4.1.1.2.2) und in den Fällen der Tz 4.1.1.2.1 letzter Absatz. Die steuerrechtliche Qualifikation von Zahlungen ist nicht Aufgabe der mitteilungspflichtigen Stelle, sondern der zuständigen Finanzbehörde und erfolgt grundsätzlich erst im Besteuerungsverfahren.

Sind Ehegatten oder Lebenspartner die Empfänger der Zahlung, ist die Zahlung entsprechend der jeweiligen Anteile auf die Ehegatten oder Lebenspartner aufzuteilen und es ist für jeden Ehegatten oder Lebenspartner eine Mitteilung zu übermitteln (s. Tz. 5.2.2). Ist die Aufteilung zwischen den Ehegatten oder Lebenspartnern nicht bekannt, sind die Zahlungen hilfsweise hälftig auf die Ehegatten oder Lebenspartner aufzuteilen.

28 **Sonderregelung für Zahlungen an Berufsbetreuer, Sachverständige, Dolmetscher und Übersetzer**

Nach § 2 Absatz 1 Satz 3 MV gilt die Ausnahmeregelung in Satz 2 Nummer 1 nicht für Zahlungen an Berufsbetreuer im Sinne von § 292 des Gesetzes über das Verfahren in Familiensachen und in den Angelegenheiten der freiwilligen Gerichtsbarkeit sowie für Vergütungen an Sachverständige, Dolmetscher und Übersetzer im Sinne von Abschnitt 3 des Justizvergütungs- und -entschädigungsgesetzes. Solche Zahlungen sind deshalb auch dann mitzuteilen, wenn sie der Zahlungsempfänger aufgrund einer hauptberuflichen Tätigkeit erhalten hat und sie auf das Geschäftskonto des Zahlungsempfängers überwiesen werden. Diese Mitteilungspflicht gilt allerdings erstmals für nach dem 31. Dezember 2024 geleistete Zahlungen

4.1.1.2 Besondere Ausnahmen nach § 2 Absatz 1 Satz 2 Nummer 2 und 3 und Absatz 2 MV

29 Von den allgemeinen Zahlungsmitteilungspflichten der mitteilungspflichtigen Stellen bestehen - über die in Tz. 3 genannten Ausnahmen hinaus - folgende besondere Ausnahmen:

4.1.1.2.1 Steuerabzug oder anderweitige Mitteilungspflicht (§ 2 Absatz 1 Satz 2 Nummer 2 und 3 MV)

30 Eine Mitteilungspflicht besteht nicht, wenn ein Steuerabzug durchgeführt wird oder wenn die Zahlungen bereits aufgrund anderweitiger Rechtsvorschriften den Finanzbehörden mitzuteilen sind

31 Somit entfällt eine Mitteilung z. B. in den Fällen des Lohnsteuerabzugs durch den Arbeitgeber im Rahmen eines Dienstverhältnisses einschließlich der Lohnsteuer-Pauschalierung für Teilzeitbeschäftigte nach § 40a des Einkommensteuergesetzes (EStG), sowie in den Fällen des Steuerabzugs bei beschränkt Steuerpflichtigen nach § 50a EStG.

32 Von der Ausnahme sind auch Zahlungen erfasst, bei denen der Steuerabzug allein wegen der Steuerfreiheit nicht durchzuführen ist, wie zum Beispiel bei Zahlungen von Beihilfebezügen i. S. d. § 3 Nummer 11 EStG oder Reisekostenvergütungen i. S. d. § 3 Nummer 13 EStG.

4.1.1.2.2   Geringe oder keine steuerliche Bedeutung (§ 2 Absatz 2 MV)

33 Nach § 2 Absatz 2 MV können die Finanzbehörden Ausnahmen von der Mitteilungspflicht zulassen, wenn die Zahlungen geringe oder keine steuerliche Bedeutung haben. Ob Zahlungen geringe oder keine steuerliche Bedeutung haben, ist bei an denselben Empfänger im Kalenderjahr geleisteten Zahlungen ab 3.000 Euro von der jeweils zuständigen obersten Landesfinanzbehörde nach Abstimmung mit den obersten Finanzbehörden des Bundes und der Länder zu entscheiden.

34 Entsprechende Anträge sind an die oberste Finanzbehörde des Landes zu richten, in dessen Bezirk die mitteilungspflichtige Behörde ihren Sitz hat.

35 Die bundeseinheitlich zugelassenen Ausnahmen von der Mitteilungspflicht ergeben sich aus der **Anlage 1**.

4.1.2   Wegfall oder Einschränkung einer steuerlichen Vergünstigung (§ 4 MV)

36 Nach § 4 MV haben Behörden und andere öffentliche Stellen (mit Ausnahme öffentlich-rechtlicher Rundfunkanstalten) Verwaltungsakte und öffentlich-rechtliche Verträge mitzuteilen, die den Wegfall oder die Einschränkung einer steuerlichen Vergünstigung zur Folge haben können.

37 Sinn dieser Regelung ist es, den Finanzbehörden durch frühzeitige Kenntnis von Verwaltungsakten und öffentlich-rechtlichen Verträgen, die in der Regel Steuernachforderungen zur Folge haben, die Möglichkeit zu geben, Maßnahmen ergreifen zu können, um zum Teil erhebliche und für den Betroffenen zumeist nicht im Voraus erkennbare Steuernachzahlungen, z. B. durch Anpassung der Vorauszahlungen, zu vermeiden.

38 Die mitteilungspflichtige Stelle ist bereits dann zur Mitteilung verpflichtet, wenn nur die Möglichkeit einer steuerlichen Auswirkung besteht.

39 Anwendungsbeispiele können sich in den Fällen ergeben, in denen die Gewährung einer steuerlichen Vergünstigung die Vorlage einer Bescheinigung, Genehmigung oder Anerkennung einer anderen Behörde voraussetzt (z. B. § 4 Nummer 20 Buchst. a UStG, § 4 Nummer 21 UStG, § 3 Nummer 23 GewStG, §§ 7h, 7i, 10f, 10g, 11b, EStG und § 82i EStDV).

40 Bei den entsprechenden Bescheinigungen handelt es sich um Verwaltungsakte, die als Grundlagenbescheide im Sinne des § 171 Absatz 10 AO Bindungswirkung für die entsprechenden steuerlichen Folgebescheide entfalten. Wird die Bescheinigung von der zuständigen öffentlichen Stelle zurückgenommen oder widerrufen, entfällt die Steuerbefreiung oder sonstige steuerliche Vergünstigung, und die Folgebescheide sind gemäß § 175 Absatz 1 Satz 1 Nummer 1 AO zu erlassen, aufzuheben oder zu ändern.

41 Im Hinblick auf § 35 EStG sind Verwaltungsakte über Billigkeitsmaßnahmen nach §§ 163 oder 227 AO hinsichtlich der Gewerbesteuer den Finanzbehörden mitzuteilen. Bei einer gewerblichen Billigkeitsmaßnahme im Festsetzungsverfahren (§ 163 AO) sind die Einkommensteuerbescheide nach § 175 Absatz 1 Satz 1 Nummer 1 AO, im Erhebungsverfahren (§ 227 AO) nach § 175 Absatz 1 Satz 1 Nummer 2 AO zu ändern.

4.1.3 Ordnungsgelder nach § 335 HGB (§ 4a MV)

42 Das Bundesamt für Justiz (BfJ) hat den Finanzbehörden als mitteilungspflichtige Stelle (§ 93c Absatz 1 AO) die Adressaten und die Höhe von im Verfahren nach § 335 HGB festgesetzten Ordnungsgeldern mitzuteilen, sofern das festgesetzte Ordnungsgeld mindestens 5.000 Euro beträgt (§ 4a Absatz 1 MV). Zur Rechtslage nach § 4a MV in der Fassung der Siebten Verordnung zur Änderung der Mitteilungsverordnung s. Tz. 6.2.

43 Die Mitteilungen sind sowohl im Veranlagungsverfahren als auch bei Außenprüfungen eine Grundlage zur Feststellung, ob die Betroffenen diese Beträge zu Unrecht als Betriebsausgabe berücksichtigt haben.

44 Zu Besonderheiten des Mitteilungsverfahrens s. Tz. 6.

4.1.4 Ausgleichs- und Abfindungszahlungen nach dem Flurbereinigungsgesetz (§ 5 MV)

45 Die Flurbereinigungsbehörden haben den Finanzbehörden Ausgleichs- und Abfindungszahlungen nach dem Flurbereinigungsgesetz mitzuteilen. Unerheblich ist dabei, ob der Zahlungsempfänger im Rahmen einer land- und forstwirtschaftlichen, gewerblichen oder freiberuflichen Haupttätigkeit gehandelt hat und die Zahlung auf dessen Geschäftskonto erfolgt ist.

46 Bei diesen Leistungen handelt es sich regelmäßig um steuerpflichtige Einkünfte. Der Empfängern der Leistungen ist jedoch oftmals nicht bekannt, welche steuerlichen Folgerungen zu ziehen sind. Es besteht deshalb Gefahr, dass die Einkünfte aus Unwissenheit nicht ordnungsgemäß erklärt werden.

4.1.5 Gewerberechtliche Erlaubnisse und Gestattungen (§ 6 MV)

4.1.5.1 Mitteilungen nach § 6 Absatz 1 MV

47 Die Mitteilungspflicht nach § 6 Absatz 1 MV stellt eine Ergänzung zu § 138 AO dar.

48 Nach § 6 Absatz 1 MV haben Behörden und andere öffentliche Stellen (mit Ausnahme öffentlich-rechtlicher Rundfunkanstalten) mitzuteilen:

- die Erteilung von Reisegewerbekarten,

- zeitlich befristete Erlaubnisse sowie Gestattungen nach dem Gaststättengesetz,

- Bescheinigungen über die Geeignetheit der Aufstellungsorte für Spielgeräte,

- Erlaubnisse zur Veranstaltung anderer Spiele mit Gewinnmöglichkeit,

- Festsetzungen von Messen, Ausstellungen und Märkten sowie Volksfesten,

- Genehmigungen nach dem Personenbeförderungsgesetz zur Beförderung von Personen mit Kraftfahrzeugen im Linienverkehr, die Unternehmern mit Wohnsitz oder Sitz außerhalb des Geltungsbereichs des Personenbeförderungsgesetzes erteilt werden,

- Erlaubnisse zur gewerbsmäßigen Arbeitnehmerüberlassung und

- die gemäß der Verordnung (EWG) Nr. 2408/92 des Rates vom 23. Juli 1992 über den Zugang von Luftfahrtunternehmen der Gemeinschaft zu Strecken des innergemeinschaftlichen Flugverkehrs erteilten Genehmigungen, Verkehrsrechte auszuüben.

4.1.5.2 Mitteilungen der Bundesagentur für Arbeit nach § 6 Absatz 2 MV

49 Nach § 6 Absatz 2 MV hat die Bundesagentur für Arbeit - abweichend von § 1 Absatz 2 MV (s. Tz. 3.5) - nach Erteilung der erforderlichen Zusicherung folgende Daten der ausländischen Unternehmen mitzuteilen, die aufgrund bilateraler Regierungsvereinbarungen über die Beschäftigung von Arbeitnehmern zur Ausführung von Werkverträgen tätig werden:

- die Namen und Anschriften der ausländischen Vertragspartner des Werkvertrages,

- den Beginn und die Ausführungsdauer des Werkvertrages und

- den Ort der Durchführung des Werkvertrages.

50 Die Mitteilungen erfolgen unter Durchbrechung des Sozialgeheimnisses nach § 35 des Sozialgesetzbuches I (SGB I; s. Tz. 3.5). Die Zulässigkeit dieser Durchbrechung ergibt sich aus § 71 Absatz 1 Satz 1 Nummer 3 SGB X.

4.2 Mitteilungen von öffentlich-rechtlichen Rundfunkanstalten (§ 3 MV)

4.2.1 Mitteilungen nach § 3 Absatz 1 Satz 1 i. V. m. Absatz 2 MV

51 Die öffentlich-rechtlichen Rundfunkanstalten haben Honorare für Leistungen freier Mitarbeiter (z. B. freiberuflich tätige Mitarbeiter, Sportler und Künstler) mitzuteilen, die in unmittelbarem Zusammenhang mit der Vorbereitung, Herstellung oder Verbreitung von Hörfunk- oder Fernsehsendungen erbracht werden (§ 3 Absatz 1 Satz 1 MV). Keine Hörfunk- oder Fernsehsendungen im Sinne dieser Vorschrift sind Beiträge, die ausschließlich in sozialen Medien oder Printmedien verbreitet werden.

Honorare in diesem Sinne sind alle Güter, die in Geld oder Geldeswert (Sachleistungen) bestehen und dem Steuerpflichtigen für eine persönliche Leistung oder eine Verwertung im Sinne des Urheberrechtsgesetzes zufließen (§ 3 Absatz 2 MV).

4.2.2 Besondere Ausnahmen nach § 3 Absatz 1 Satz 2 MV

52 Von den Mitteilungspflichten der öffentlich-rechtlichen Rundfunkanstalten bestehen - über die in Tz. 3 genannten Ausnahmen hinaus - folgende besondere Ausnahmen:

53 Die Pflicht zur Mitteilung besteht nicht, wenn

- die Besteuerung den Regeln eines Abzugsverfahrens (s. Tz. 4.1.1.2.1) unterliegt

oder

- die Finanzbehörde aufgrund anderweitiger Regelungen Mitteilungen über die Honorare erhält (s. a. Tz. 3.3).

5. Verfahren bei Mitteilungen nach §§ 2, 3, 4, 5 und 6 MV

5.1 Form der Mitteilungen (§ 8 Absatz 1 MV)

54 Die Mitteilungen sind den Finanzbehörden ab dem 1. Januar 2025 (vgl. § 13 MV) nach Maßgabe des § 93c AO nach amtlich vorgeschriebenem Datensatz über die amtlich bestimmte Schnittstelle elektronisch zu übermitteln, getrennt nach den jeweiligen Empfängern (§ 8 Absatz 1 Satz 1 MV). Die Pflicht zur elektronischen Übermittlung gilt in allen Fällen, in denen eine Mitteilung nach dem 31. Dezember 2024 erfolgt. Dabei ist unerheblich, zu welchem Zeitpunkt der mitzuteilende Sachverhalt verwirklicht wurde. Soweit einzelne Regelungen der MV am 1. Januar 2025 außer Kraft

treten, sind vor dem 1. Januar 2025 verwirklichte Sachverhalte (Zahlungen) auch noch nach 2024 weiterhin gemäß den bisherigen Bestimmungen der Finanzverwaltung elektronisch mitzuteilen.

Zur Bestimmung des amtlich vorgeschriebenen Datensatzes vgl. § 87b Absatz 1 AO.

Zur Bestimmung der Schnittstelle vgl. § 87b Absatz 2 AO.

Der amtlich bestimmte Datensatz ist unter www.eSteuer.de veröffentlicht. Die mitteilungspflichtigen Stellen können den Datensatz hier einsehen. Außerdem wird es mitteilungspflichtigen Stellen ermöglicht, die Mitteilungen nach entsprechender Anmeldung durch Eingabe in ein formularbasiertes Portal der Finanzverwaltung zu erstatten (sogenannte „Kleinmelderlösung").

5.2 Inhalt der Mitteilungen (§ 8 Absatz 1 MV)

55 Nach § 8 Absatz 1 Satz 2 MV i. V. m. § 93c Absatz 1 Nr. 2 AO sind die nachfolgenden Daten elektronisch zu übermitteln, wobei sich der konkrete Umfang und das Format der Daten nach dem amtlich bestimmten Datensatz richtet.

5.2.1 Daten zur mitteilungspflichtigen Stelle (§ 93c Absatz 1 Nummer 2 Buchst. a und b AO)

56 Folgende Daten zur mitteilungspflichtigen Stelle sind zu übermitteln:

- Name, Anschrift, Ordnungsmerkmal (z. B. eine Behördennummer, Aktenzeichen) und Kontaktdaten der mitteilungspflichtigen Stelle (z. B. Bearbeiter, Telefonnummer, E-Mail-Adresse),

- Identifikationsmerkmal nach §§ 139a bis 139c AO oder – sofern dieses nicht vergeben ist – die Steuernummer, sowie

- entsprechende Angaben zu einem etwaigen Auftragsdatenverarbeiter.

5.2.2 Daten zur Identifizierung des von der Mitteilung betroffenen Steuerpflichtigen (§ 93c Absatz 1 Nummer 2 Buchst. c und d AO)

57 Folgende Daten sind zur Identifizierung des von der Mitteilung betroffenen Steuerpflichtigen zu übermitteln:

- bei natürlichen Personen: Familienname, Vorname, Geburtsdatum, Anschrift und Identifikationsnummer nach § 139b AO,

- bei juristischen Personen, Personenvereinigungen oder Vermögensmassen: Firma oder Name, Anschrift und Wirtschafts-Identifikationsnummer nach § 139c AO bzw. Steuernummer, sofern die Wirtschafts-Identifikationsnummer noch nicht vergeben wurde.

Maßgebend ist der von dem mitteilungspflichtigen Vorgang Betroffene. Bei Mitteilungen über Zahlungen ist dies der ursprüngliche Gläubiger der Zahlung, wenn der Anspruch abgetreten, gepfändet oder verpfändet wurde. Bei Zahlungen für Leistungen von Personen, die unter der Anschrift einer öffentlichen Einrichtung oder eines Unternehmens tätig werden (z. B. Arzt eines Universitätsklinikums, der als Sachverständiger bestellt wird), ist festzustellen, wem die Zahlung wirtschaftlich zuzurechnen ist. Lässt sich dies nicht zweifelsfrei feststellen, ist in der Mitteilung die Person anzugeben, die tätig geworden ist.

Sind Ehegatten oder Lebenspartner die Empfänger der Zahlung, ist für jeden Ehegatten oder Lebenspartner eine Mitteilung unter Angabe der jeweiligen Identifikationsnummer zu übermitteln.

Sind die Ehegatten oder Lebenspartner im Einzelfall als GbR aufgetreten und ist die Zahlung an die GbR erfolgt, liegt eine Zahlung an eine nicht natürliche Person vor. In diesem Fall ist die Zahlung unter Angabe der Wirtschaft-Identifikationsnummer oder Steuernummer der Ehegatten-GbR oder Lebenspartner-GbR mitzuteilen.

Bei Bekanntgabe von Verwaltungsakten an Bevollmächtigte ist der Inhaltsadressat des Verwaltungsaktes anzugeben.

Die mitteilungspflichtige Stelle hat sicherzustellen, dass die Identifikationsnummer bei natürlichen Personen und die Wirtschafts-Identifikationsnummer oder Steuernummer bei juristischen Personen, Personenvereinigungen oder Vermögensmassen bei den Betroffenen erhoben werden.

Sofern im Einzelfall der Betroffene seine Identifikationsnummer auf Anforderung nicht innerhalb von zwei Wochen mitteilt, kann diese beim Bundeszentralamt für Steuern nach § 93a Absatz 4 Satz 2 AO abgerufen werden. Für diesen Abruf wird das Geburtsdatum benötigt, welches ebenfalls beim Betroffenen zu erfragen oder ggf. durch Rückfrage bei den Meldebehörden zu ermitteln ist.

5.2.3 Daten zur Einordnung der übermittelten Daten (§ 93c Absatz 1 Nummer 2 Buchst. e AO)

58   Folgende Daten zur Einordnung der Mitteilungen sind zu übersenden:

- Zeitpunkt der Erstellung des Datensatzes (oder anderes Ereignis, anhand dessen Daten in zeitlicher Reihenfolge geordnet werden können),

- Angaben zur Art der Mitteilung (z. B. Mitteilung über Zahlungen nach § 2 MV)

- Angaben zum betroffenen Besteuerungszeitraum oder Besteuerungszeitpunkt (z. B. bei Mitteilungen über Zahlungen, die im Jahr 2025 geleistet wurden: 2025)

- Angabe, ob es sich um eine erstmalige, korrigierte oder stornierende Mitteilung bzw. um eine Mitteilung gemäß § 8 Abs. 1 Satz 3 MV handelt.

5.2.4 Daten zum mitteilungspflichtigen Vorgang (§ 93c Absatz 1 Nummer 2 AO i. V. m. § 8 Absatz 1 Satz 2 MV)

59   Neben den in § 93c Absatz 1 Nummer 2 AO genannten Angaben sind nach § 8 Absatz 1 Satz 2 MV folgende Angaben zu übermitteln:

1. bei Mitteilungen über Zahlungen (§§ 2, 3 und 5 MV):

    a) der Grund der Zahlung oder die Art des der Zahlung zugrundeliegenden Anspruchs,

    b) die Höhe der jeweils gewährten Zahlung,

    c) der Zeitraum oder Zeitpunkt, für den die Zahlung gewährt wird,

    d) das Datum der Zahlung oder der Zahlungsanordnung sowie

    e) bei unbarer Zahlung die Bankverbindung für das Konto, auf das die Leistung erbracht wurde.

    Werden mitzuteilende Zahlungen in einem späteren Kalenderjahr ganz oder teilweise zurückerstattet, ist die Rückzahlung abweichend von § 93c Absatz 3 AO eigenständig und unter Angabe des Datums, an dem die Zahlung bei der mitteilungspflichtigen Stelle eingegangen ist, mitzuteilen (§ 8 Absatz 1 Satz 3 MV).

2. bei Mitteilungen über Verwaltungsakte (§§ 4 und 6 MV) der Gegenstand und der Umfang der Genehmigung, Erlaubnis oder gewährten Leistung.

5.3 Zeitpunkt der Mitteilung

60 Die mitteilungspflichtige Stelle muss die Daten grundsätzlich nach Ablauf des Besteuerungszeitraums bis zum letzten Tag des Monats Februar des folgenden Jahres nach amtlich vorgeschriebenem Datensatz durch Datenfernübertragung über die amtlich bestimmte Schnittstelle übermitteln (§ 93c Absatz 1 Nummer 1 AO). Hiervon gelten folgende Ausnahmen:

- Mitteilungen nach § 6 Absatz 2 MV sind unverzüglich zu übermitteln (§ 8 Absatz 2 Satz 1 MV).

- Mitteilungen nach den §§ 4 und 6 Absatz 1 MV sind mindestens vierteljährlich zu übermitteln (§ 8 Absatz 2 Satz 2 MV).

5.4 Berichtigung der elektronischen Mitteilungen

61 Werden Mitteilungen an die Finanzbehörden versandt, die in tatsächlicher Hinsicht unrichtig sind, müssen diese nach § 93c Absatz 3 Nummer 1 AO korrigiert werden.

5.5 Übergangsregelung

62 Mitteilungen nach den §§ 2 bis 6 MV für das Kalenderjahr 2024 sind bis zum 2. März 2026 elektronisch zu übermitteln (§ 8 Absatz 3 Satz 1 MV). Ein Antrag auf Fristverlängerung ist nicht erforderlich. Die verlängerte Frist gilt auch in den Fällen des § 8 Absatz 2 Satz 1 und 2 MV.

Liegen die Voraussetzungen für die elektronische Übermittlung von Mitteilungen nach der §§ 2 bis 6 MV für die Kalenderjahre 2024 und 2025 bei der mitteilungspflichtigen Stelle am 2. März 2026 immer noch nicht vor, kann die oberste Finanzbehörde des Landes, in dem die mitteilungspflichtige Stelle ihren Sitz hat, die Frist zur elektronischen Übermittlung der Mitteilungen auf begründeten Antrag höchstens bis zum 1. März 2027 verlängern (§ 8 Absatz 3 Satz 2 MV).

63 Soweit die mitteilungspflichtige Stelle Mitteilungen nach den §§ 2 bis 6 MV nicht elektronisch übermitteln kann, weil sie den nach dem amtlich vorgeschriebenen Datensatz zwingend erforderlichen Daten auch nach Ausschöpfung der ihr zumutbaren Ermittlungsmöglichkeiten nicht beschaffen kann, kann die oberste Finanzbehörde des Landes, in dem die mitteilungspflichtige Stelle ihren Sitz hat, außerdem auf begründeten Antrag unter Vorbehalt des Widerrufs mit Wirkung für die Zukunft gestatten, Mitteilungen nach den §§ 2 bis 6 MV für die Kalenderjahre ab 2024 nach amtlich vorgeschriebenem Formular an die oberste Landesfinanzbehörde oder die von ihr bestimmte Finanzbehörde schriftlich zu übersenden (§ 8 Absatz 3 Satz 3 MV).

5.6 Unterrichtung der Betroffenen

64 Die mitteilungspflichtige Stelle hat den betroffenen Steuerpflichtigen darüber zu informieren, welche für seine Besteuerung relevanten Daten sie an die Finanzbehörden übermittelt hat oder übermitteln wird (§ 93c Absatz 1 Nummer 3 Satz 1 AO). Diese Information hat in geeigneter Weise, mit Zustimmung des Steuerpflichtigen elektronisch, und binnen angemessener Frist zu erfolgen (§ 93c Absatz 1 Nummer 3 Satz 2 AO).

6. Elektronische Mitteilungen des Bundesamts für Justiz nach § 4a MV

6.1 Form und Empfänger der Mitteilung

65 Das BfJ hat die in § 4a Absatz 1 MV bezeichneten Daten (Adressaten und Höhe im Verfahren nach § 335 HGB festgesetzter Ordnungsgelder) den Finanzbehörden elektronisch nach Maßgabe des § 93c AO nach amtlich vorgeschriebenem Datensatz über die amtlich bestimmte Schnittstelle zu übermitteln (siehe § 8 Absatz 1 Satz 1 MV). Zur Bestimmung des amtlich vorgeschriebenen Datensatzes vgl. § 87b Absatz 1 AO. Zur Bestimmung der Schnittstelle vgl. § 87b Absatz 2 AO.

6.2 Inhalt der Mitteilung

66 Die Mitteilung an die Finanzverwaltung hat grundsätzlich die in § 93c Absatz 1 Nummer 2 AO genannten Daten zu enthalten (insbes. Angaben zur mitteilungspflichtigen Stelle sowie Angaben zur Identifizierung des Betroffenen). Außerdem sind die Angaben nach § 8 Absatz 1 Satz 2 MV zu übermitteln.

67 Die in § 93c Absatz 1 Nummer. 2 Buchstaben c und d AO bezeichneten Daten (insbesondere Identifikationsnummer natürlicher Personen sowie Wirtschafts-Identifikationsnummer nicht natürlicher Personen) sind den Finanzbehörden nach § 4a Absatz 2 Satz 1 MV allerdings nur mitzuteilen, soweit sie dem BfJ bei Festsetzung des Ordnungsgelds bekannt sind. Sind ihm nicht alle diese Daten bekannt, soll es den Finanzbehörden aber andere ihm bekannte und zur automationsgestützten Identifizierung des Adressaten der Ordnungsgeldfestsetzung durch die Finanzbehörden geeignete Daten übermitteln. Insoweit kommt insbesondere die Mitteilung der Handelsregisternummer in Betracht.

68 Darüber hinaus sind die in § 4a MV genannten Daten aufzunehmen. Hierzu wird auf die Ausführungen unter Tz. 4.1.3 verwiesen.

69 § 4a MV in der Fassung der Siebten Verordnung zur Änderung der Mitteilungsverordnung vom 25. November 2024, BGBl. I Nr. 364, ist erstmals ab 1. Januar 2027 anzuwenden. Bis 31. Dezember 2026 ist § 4a MV in der am 31. Dezember 2024 geltenden Fassung weiterhin anzuwenden. Wenn die technischen und organisatorischen Voraussetzungen für die Anwendung von § 4a MV in der Fassung der Siebten Verordnung zur Änderung der Mitteilungsverordnung bereits zu einem früheren Zeitpunkt vorliegen, kann das Bundesministerium der Finanzen im Benehmen mit dem Bundesministerium der Justiz einen früheren erstmaligen Anwendungszeitpunkt bestimmen (§ 13 Absatz 2 MV).

6.3 Zeitpunkt der Mitteilung

70 Die Mitteilung hat nach § 93c Absatz 1 Nummer 1 AO spätestens bis zum letzten Tag des Monats Februar des auf die Festsetzung des Ordnungsgelds folgenden Kalenderjahres zu erfolgen (siehe § 8 Absatz 1 Satz 1 MV i. V. m. § 93c Absatz 1 Nummer 1 AO). Zur verlängerten Übermittlungsfrist für 2024 nach § 8 Absatz 3 MV siehe Tz. 5.5.

6.4 Unterrichtung des Betroffenen

71 Das BfJ hat den betroffenen Steuerpflichtigen darüber zu informieren, welche für seine Besteuerung relevanten Daten es an die Finanzbehörden übermittelt hat oder übermitteln wird (§ 93c Absatz 1 Nummer 3 Satz 1 AO). Diese Information hat in geeigneter Weise, mit Zustimmung des Steuerpflichtigen elektronisch, und binnen angemessener Frist zu erfolgen (§ 93c Absatz 1 Nummer 3 Satz 2 AO). Die Information kann danach auch mit der Festsetzung des Ordnungsgeldes verbunden werden

6.5 Sonstiges

72 Das BfJ muss die den Finanzbehörden übermittelten Daten abweichend von § 93c Absatz 1 Nummer 4 AO mindestens bis zum Ablauf des fünften auf das Kalenderjahr der Festsetzung des

Ordnungsgelds folgenden Kalenderjahrs aufbewahren; weitergehende Aufbewahrungsbestimmungen aufgrund anderer Rechtsvorschriften bleiben unberührt (§ 4a Absatz 2 Satz 2 und 3 MV).

73 Wird die Festsetzung eines Ordnungsgelds in einem späteren Kalenderjahr ganz oder teilweise widerrufen, zurückgenommen oder aufgehoben, ist § 93c Absatz 3 AO nicht anzuwenden (§ 4a Absatz 2 Satz 4 MV).

7. Elektronische Mitteilungen über Billigkeitsleistungen zur temporären Kostendämpfung des Erdgas- und Strompreisanstiegs nach dem Energiekostendämpfungsprogramm (§ 13a MV)

7.1 Form und Empfänger der Mitteilung

74 Aus Anlass des Erdgas- und Strompreisanstiegs nach dem Energiekostendämpfungsprogramm bewilligte Leistungen hat das Bundesamt für Wirtschaft und Ausfuhrkontrolle nach amtlich vorgeschriebenem Datensatz (§ 87b Absatz 1 AO) über die amtlich bestimmte Schnittstelle (§ 87b Absatz 2 AO) nach Maßgabe des § 93c AO den Finanzbehörden mitzuteilen (§ 13a Absatz 1 Satz 1 MV). Zur Bestimmung der Schnittstelle vgl. § 87b Absatz 2 AO.

7.2 Inhalt der Mitteilung

75 Die Mitteilung an die Finanzverwaltung hat die in § 93c Absatz 1 Nummer 2 AO genannten Daten zu enthalten (insbes. Angaben zur mitteilenden Stelle sowie Angaben zur Identifizierung des betroffenen Steuerpflichtigen).

76 Neben den in § 93c Absatz 1 Nummer 2 AO genannten Angaben sind nach § 13a Absatz 2 Satz 1 MV auch folgende Angaben mitzuteilen:

1. die Art und die Höhe der jeweils gewährten Zahlung,

2. das Datum, an dem die Zahlung bewilligt wurde,

3. das Datum der Zahlung und

4. bei unbarer Zahlung die Bankverbindung für das Konto, auf das die Zahlung geleistet wurde.

77 Werden nach § 13a Absatz 2 Satz 1 MV mitzuteilende Zahlungen im Kalenderjahr ihrer Auszahlung ganz oder teilweise (freiwillig oder aufgrund einer geltend gemachten Rückforderung) an die mitteilungspflichtige Stelle zurückerstattet, ist diese Minderung der mitzuteilenden Zahlungen bereits bei Erstellung des Datensatzes zu berücksichtigen. Wurde der Datensatz aber bereits übermittelt, ist er nach § 93c Absatz 3 AO zu korrigieren.

78 Werden nach § 13a Absatz 2 Satz 1 MV mitzuteilende Zahlungen dagegen erst in einem späteren Kalenderjahr ganz oder teilweise zurückerstattet, ist die Rückzahlung abweichend von § 93c Absatz 3 AO eigenständig und unter Angabe des Datums, an dem die Zahlung bei der mitteilungspflichtigen Stelle eingegangen ist, mitzuteilen (§ 13a Absatz 2 Satz 2 MV).

7.3 Zeitpunkt der Mitteilung

79 Mitteilungen nach § 13a Absatz 1 MV sind abweichend von § 93c Absatz 1 Nr. 1 AO erst nach Veröffentlichung des amtlich vorgeschriebenen Datensatzes und der Freigabe der amtlich bestimmten Schnittstelle

- für im Kalenderjahr 2022 ausgezahlte Leistungen bis zum 31. Dezember 2025 (§ 13a Absatz 3 Satz 1 MV),

- für im Kalenderjahr 2023 und 2024 ausgezahlte Leistungen ebenfalls bis zum 31. Dezember 2025 (§ 13a Absatz 3 Satz 2 MV), sowie

- für in den Folgejahren ausgezahlte Leistungen jeweils bis zum letzten Tag des Monats Februar des auf das Jahr der Auszahlung folgenden Jahres (§ 93c Absatz 1 Nummer 1 AO)

zu übermitteln.

80 Das BMF kann im Einvernehmen mit den obersten Finanzbehörden der Länder die Frist für in 2022 ausgezahlte Leistungen durch ein im BStBl Teil I zu veröffentlichendes Schreiben verlängern, sofern die technischen Voraussetzungen für die Annahme der Mitteilungen nicht rechtzeitig vorliegen (§ 13a Absatz 3 Satz 2 MV).

81 Auf begründeten Antrag des Bundesamtes für Wirtschaft und Ausfuhrkontrolle kann die oberste Finanzbehörde des Landes, in dem das Bundesamt für Wirtschaft und Ausfuhrkontrolle seinen Sitz hat, diesem die nach § 13a Absatz 3 Satz 1 oder Satz 2 MV geltende Frist zur Übersendung der Mitteilungen für im Kalenderjahr 2022 ausgezahlte Leistungen um längstens zehn Monate verlängern, wenn die technischen Voraussetzungen für die Übersendung der Mitteilungen an die Finanzbehörden nicht rechtzeitig vorliegen (§ 13a Absatz 3 Satz 3 MV).

7.4 Unterrichtung des Betroffenen

82 Das Bundesamt für Wirtschaft und Ausfuhrkontrolle hat den betroffenen Steuerpflichtigen darüber zu informieren, welche für seine Besteuerung relevanten Daten an die Finanzbehörden übermittelt wurden oder noch übermittelt werden (§ 93c Absatz 1 Nummer 3 Satz 1 AO). Diese Information hat in geeigneter Weise, mit Zustimmung des Steuerpflichtigen elektronisch, und binnen angemessener Frist zu erfolgen (§ 93c Absatz 1 Nummer 3 Satz 2 AO).

8. Elektronische Mitteilungen über öffentliche Hilfsleistungen aus Anlass der Starkregen- und Hochwasserkatastrophe im Juli 2021 (§ 14 MV)

8.1 Form und Empfänger der Mitteilung

83 An bestimmte Empfänger aus Anlass der Starkregen- und Hochwasserkatastrophe im Juli 2021 als Aufbauhilfen des Bundes und der Länder aus den Mitteln des Fonds „Aufbauhilfe 2021" bewilligte Leistungen sind nach amtlich vorgeschriebenem Datensatz (§ 87b Absatz 1 AO) über die amtlich bestimmte Schnittstelle (§ 87b Absatz 2 AO) nach Maßgabe des § 93c AO den Finanzbehörden mitzuteilen (§ 14 Absatz 1 Halbsatz 1 MV). Zur Bestimmung der Schnittstelle vgl. § 87b Absatz 2 AO.

84 Mitzuteilen sind nach § 14 Absatz 1 Halbsatz 2 MV allerdings nur Leistungen an

1. Privathaushalte,

2. gewerbliche Unternehmen, Selbständige und Angehörige der freien Berufe,

3. Wohnungsunternehmen und Vermieter von Wohnraum,

4. Vermieter und Verpächter von ganz oder teilweise für eine gewerbliche, selbständige oder freiberufliche Tätigkeit genutzte Gebäude oder Gebäudeteile,

5. Betriebe der Land- und Forstwirtschaft und ähnliche Betriebe, Betriebe der Fischerei und Aquakultur.

85 Nach § 14 Absatz 4 Satz 3 MV können das BMF oder die obersten Finanzbehörder der Länder – über § 2 Absatz 2 MV hinaus – Ausnahmen von der Mitteilungspflicht nach § 14 Absatz 1 MV zulassen. Vgl. hierzu Anlage 2.

8.2 Inhalt der Mitteilung

86 Die Mitteilung an die Finanzverwaltung hat die in § 93c Absatz 1 Nummer 2 AO genannten Daten zu enthalten (insbes. Angaben zur mitteilenden Stelle sowie Angaben zur Identifizierung des betroffenen Steuerpflichtigen).

87 Neben den in § 93c Absatz 1 Nummer 2 AO genannten Angaben sind nach § 14 Absatz 2 Satz 1 MV auch folgende Angaben mitzuteilen:

1. die Art und die Höhe der im jeweils vorangegangenen Kalenderjahr gewährten Zahlung,

2. soweit vorhanden, das Objekt, für das die Zahlung bewilligt wurde,

3. das Datum, an dem die Zahlung bewilligt wurde,

4. das Datum der Zahlung und

5. bei unbarer Zahlung die Bankverbindung für das Konto, auf das die Zahlung geleistet wurde.

88 Werden nach § 14 Absatz 2 Satz 1 MV mitzuteilende Zahlungen im Kalenderjahr ihrer Auszahlung ganz oder teilweise (freiwillig oder aufgrund einer geltend gemachten Rückforderung) an die mitteilungspflichtige Stelle zurückerstattet, ist diese Minderung der mitzuteilenden Zahlungen bereits bei Erstellung des Datensatzes zu berücksichtigen. Wurde der Datensatz aber bereits übermittelt, ist er nach § 93c Absatz 3 AO zu korrigieren.

89 Werden nach § 14 Absatz 2 Satz 1 MV mitzuteilende Zahlungen dagegen erst in einem späteren Kalenderjahr ganz oder teilweise zurückerstattet, ist die Rückzahlung abweichend von § 93c Absatz 3 AO eigenständig und unter Angabe des Datums, an dem die Zahlung bei der mitteilungspflichtigen Stelle eingegangen ist, mitzuteilen (§ 14 Absatz 2 Satz 2 MV).

8.3 Zeitpunkt der Mitteilung

90 Mitteilungen nach § 14 Absatz 1 MV sind abweichend von § 93c Absatz 1 Nr. 1 AO erst nach Veröffentlichung des amtlich vorgeschriebenen Datensatzes und der Freigabe der amtlich bestimmten Schnittstelle

- für im Kalenderjahr 2021 ausgezahlte Leistungen bis zum 31. Dezember 2022 sowie

- für in den Folgejahren ausgezahlte Leistungen jeweils bis zum 30. April des auf das Jahr der Auszahlung folgenden Jahres

zu übermitteln (§ 14 Absatz 3 Satz 1 MV).

91 Das BMF kann im Einvernehmen mit den obersten Finanzbehörden der Länder diese Frist durch ein im BStBl Teil I zu veröffentlichendes Schreiben verlängern, sofern die technischen Voraussetzungen für die Annahme der Mitteilungen nicht rechtzeitig vorliegen (§ 14 Absatz 3 Satz 2 MV).

92 Auf begründeten Antrag einer mitteilungspflichtigen Stelle kann ihr die oberste Finanzbehörde des Landes, in dem die Stelle ihren Sitz hat, die nach § 14 Absatz 3 Satz 1 oder Satz 2 MV geltende Frist zur Übersendung der Mitteilungen

- für im Kalenderjahr 2021 ausgezahlte Leistungen um längstens zehn Monate und

- für im Kalenderjahr 2022 ausgezahlte Leistungen um längstens sechs Monate

verlängern, wenn die technischen Voraussetzungen für die Übersendung der Mittei-lungen an die Finanzbehörden nicht rechtzeitig vorliegen (§ 14 Absatz 3 Satz 3 MV).

8.4 *Unterrichtung des Betroffenen*

93 Die mitteilungspflichtige Stelle hat den betroffenen Steuerpflichtigen darüber zu informieren, welche für seine Besteuerung relevanten Daten sie an die Finanzbehörden übermittelt hat oder noch übermitteln wird (§ 93c Absatz 1 Nummer 3 Satz 1 AO). Diese Information hat in geeigneter Weise, mit Zustimmung des Steuerpflichtigen elektronisch, und binnen angemessener Frist zu erfolgen (§ 93c Absatz 1 Nummer 3 Satz 2 AO).

Dieses Schreiben tritt mit sofortiger Wirkung an die Stelle des BMF-Schreibens vom 26. September 2023 - IV D 1 - S0229/22/10002: 003, BStBl I S. 1663.

Anlage 1

Bundeseinheitlich zugelassene Ausnahmen von der Mitteilungspflicht nach § 2 Absatz 2 MV

Abgeordnete

- Steuerfreie Aufwandsentschädigungen nach § 3 Nummer 12 Satz 1 EStG,
- steuerfreier Reisekostenersatz nach § 3 Nummer 13 EStG,
- steuerfreie Beihilfe nach § 3 Nummer 11 EStG.

Arbeitsentgelt an Strafgefangene im Justizvollzug

Zahlungen nach § 43 StVollzG oder vergleichbaren landesrechtlichen Regelungen an Strafgefangene, wenn sie einen Betrag von 10.000 EUR pro Kalenderjahr nicht übersteigen.

Entschädigungsgesetze

- Gesetz über die Entschädigung nach dem Gesetz zur Regelung offener Vermögensfragen (Entschädigungsgesetz)
- Gesetz über staatliche Ausgleichsleistungen für Enteignungen auf besatzungsrechtlicher oder besatzungshoheitlicher Grundlage, die nicht mehr rückgängig gemacht werden können (Ausgleichsleistungsgesetz)
- NS-Verfolgtenentschädigungsgesetz

Zahlungen nach diesen Gesetzen; dies gilt nicht, soweit die Zahlungen Kapitalerträge i. S. d. § 20 Absatz 1 Nummer 7 oder Absatz 2 EStG sind und an eine unbeschränkt steuerpflichtige Person geleistet werden.

Entschädigungszahlungen der Justiz, die echten Schadenersatz darstellen

- Schadensersatzansprüche aus öffentlich-rechtlichem Verwahrvertrag (§§ 280, 688 BGB),
- Entschädigungszahlungen wegen konventionswidriger Haft (Art. 5 EMRK),
- Entschädigungsansprüche wegen der überlangen Dauer von Gerichtsverfahren (§ 198 GVG) und
- Entschädigungen nach dem Gesetz über die Entschädigung für Strafverfolgungsmaßnahmen (StrEG).

Fremdsprachenassistenten

Zuwendungen aufgrund des Fulbright-Abkommens (§ 3 Nummer 42 EStG) sowie Stipendien i. S. d. § 3 Nummer 44 EStG an ausländische Fremdsprachenassistenten.

Gesetz über die Rehabilitierung und Entschädigung von Opfern rechtsstaatswidriger Strafverfolgungsmaßnahmen im Beitrittsgebiet (Strafrechtliches Rehabilitierungsgesetz

Besondere Zuwendung für Haftopfer nach § 17a dieses Gesetzes.

Härtefallhilfen für Privathaushalte wegen stark gestiegener Energiekosten für nicht leitungsgebundene Energieträger

Unterhaltssicherungsgesetz (USG)

Zahlungen nach § 6 USG, die für einen Zeitraum von nicht mehr als einem Kalenderjahr geleistet werden und weniger als 3.000 EUR betragen.

Zeuginnen und Zeugen

Zahlungen für die Entschädigung von Zeuginnen und Zeugen nach § 19 des Justizvergütungs- und -entschädigungsgesetzes (JVEG)

Anlage 2

Bundeseinheitlich zugelassene Ausnahmen von der Mitteilungspflicht nach § 14 Absatz 4 Satz 3 MV

Soweit folgende, anlässlich der Flutkatastrophe im Juli 2021 aus den Mitteln des Fonds „Aufbauhilfe 2021" bewilligte Leistungen der Mitteilungspflicht nach § 14 Absatz 1 MV unterliegen, sind gemäß § 14 Absatz 4 Satz 3 MV keine Mitteilungen an die Finanzbehörden zu übermitteln:

- Zahlungen an Vereine,
- Zahlungen an Stiftungen,
- Zahlungen an Religionsgemeinschaften in der Rechtsform einer Körperschaft des öffentlichen Rechts,
- Zahlungen an Körperschaften und Anstalten des öffentlichen Rechts (z. B. Land, Kommune) und
- Zahlungen an sonstige Träger öffentlicher Infrastruktur, an der die öffentliche Hand unmittelbar oder mittelbar mehrheitlich beteiligt ist (z. B. Stadtwerke GmbH).

Anlage 3

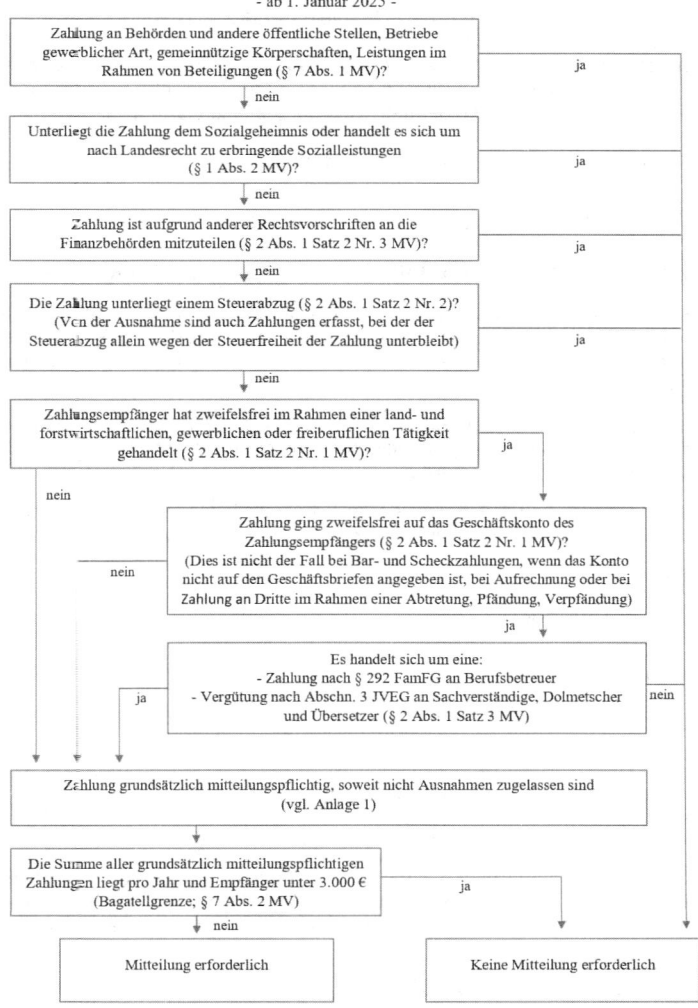

Schema für die Prüfung der Mitteilungspflicht nach § 2 MV für Behörden und andere öffentliche Stellen (einschließlich Stellen nach § 93a Abs. 2 Satz 2 AO)
- ab 1. Januar 2025 -

```
┌─────────────────────────────────────────────────────┐
│ Zahlung an Behörden und andere öffentliche Stellen, │
│ Betriebe gewerblicher Art, gemeinnützige            │──ja──┐
│ Körperschaften, Leistungen im Rahmen von            │      │
│ Beteiligungen (§ 7 Abs. 1 MV)?                      │      │
└────────────────────┬────────────────────────────────┘      │
                    nein                                     │
┌─────────────────────────────────────────────────────┐      │
│ Unterliegt die Zahlung dem Sozialgeheimnis oder     │      │
│ handelt es sich um nach Landesrecht zu erbringende  │──ja──┤
│ Sozialleistungen (§ 1 Abs. 2 MV)?                   │      │
└────────────────────┬────────────────────────────────┘      │
                    nein                                     │
┌─────────────────────────────────────────────────────┐      │
│ Zahlung ist aufgrund anderer Rechtsvorschriften an  │──ja──┤
│ die Finanzbehörden mitzuteilen (§ 2 Abs. 1 Satz 2   │      │
│ Nr. 3 MV)?                                          │      │
└────────────────────┬────────────────────────────────┘      │
                    nein                                     │
┌─────────────────────────────────────────────────────┐      │
│ Die Zahlung unterliegt einem Steuerabzug (§ 2 Abs.  │      │
│ 1 Satz 2 Nr. 2)? (Von der Ausnahme sind auch        │──ja──┤
│ Zahlungen erfasst, bei der der Steuerabzug allein   │      │
│ wegen der Steuerfreiheit der Zahlung unterbleibt)   │      │
└────────────────────┬────────────────────────────────┘      │
                    nein                                     │
┌─────────────────────────────────────────────────────┐      │
│ Zahlungsempfänger hat zweifelsfrei im Rahmen einer  │      │
│ land- und forstwirtschaftlichen, gewerblichen oder  │──ja──┤
│ freiberuflichen Tätigkeit gehandelt                 │      │
│ (§ 2 Abs. 1 Satz 2 Nr. 1 MV)?                       │      │
└────────────────────┬────────────────────────────────┘      │
                    nein                                     │
       ┌─────────────────────────────────────────────┐       │
       │ Zahlung ging zweifelsfrei auf das           │       │
       │ Geschäftskonto des Zahlungsempfängers       │       │
       │ (§ 2 Abs. 1 Satz 2 Nr. 1 MV)? (Dies ist     │──ja──┤
       │ nicht der Fall bei Bar- und Scheckzahlungen,│       │
       │ wenn das Konto nicht auf den Geschäfts-     │       │
       │ briefen angegeben ist, bei Aufrechnung oder │       │
       │ bei Zahlung an Dritte im Rahmen einer       │       │
       │ Abtretung, Pfändung, Verpfändung)           │       │
       └────────────────────┬────────────────────────┘       │
                          nein                               │
              ┌──────────────────────────────────┐           │
              │ Es handelt sich um eine:         │           │
              │ - Zahlung nach § 292 FamFG an    │           │
              │   Berufsbetreuer                 │──nein─────┤
              │ - Vergütung nach Abschn. 3 JVEG  │           │
              │   an Sachverständige, Dolmetscher│           │
              │   und Übersetzer                 │           │
              │   (§ 2 Abs. 1 Satz 3 MV)         │           │
              └────────────────┬─────────────────┘           │
                              ja                             │
┌─────────────────────────────────────────────────────┐      │
│ Zahlung grundsätzlich mitteilungspflichtig, soweit  │      │
│ nicht Ausnahmen zugelassen sind (vgl. Anlage 1)     │      │
└────────────────────┬────────────────────────────────┘      │
                                                             │
┌─────────────────────────────────────────────────────┐      │
│ Die Summe aller grundsätzlich mitteilungspflichtigen│      │
│ Zahlungen liegt pro Jahr und Empfänger unter        │──ja──┤
│ 3.000 € (Bagatellgrenze; § 7 Abs. 2 MV)             │      │
└────────────────────┬────────────────────────────────┘      │
                    nein                                     │
        ┌──────────────────────┐         ┌──────────────────────────┐
        │ Mitteilung           │         │ Keine Mitteilung         │
        │ erforderlich         │         │ erforderlich             │
        └──────────────────────┘         └──────────────────────────┘
```

Anhang 22 — Zwischenstaatliche Amtshilfe Beitreibung

Merkblatt zur zwischenstaatlichen Amtshilfe bei der Steuererhebung (Beitreibung)

Stand: 1. Juli 2013

(BMF-Schreiben vom 23.1.2014 - IV B 6 - S 1320/07/10011 :011 -, BStBl I S. 188)*

Unter Bezugnahme auf das Ergebnis der Erörterungen mit den Vertretern der obersten Finanzbehörden der Länder gelten für die Amtshilfe, die in- und ausländische Finanzbehörden bei der Steuererhebung leisten, die in nachfolgendem Text dargestellten Grundsätze.

Dieses Schreiben richtet sich nicht an die Zollverwaltung.

1. Allgemeines

1.1 Zwischenstaatliche Amtshilfe bei der Steuererhebung

Die deutschen Finanzbehörden beanspruchen und gewähren zwischenstaatliche Amtshilfe bei der Steuererhebung nach Maßgabe der in diesem Schreiben dargestellten Grundsätze. Deutsche Finanzbehörden im Sinne dieses Schreibens sind das BMF, das BZSt und die Landesfinanzbehörden (§ 2 Abs. 1 FVG).

Zwischenstaatliche Amtshilfe können auch Gemeinden (Gemeindeverbände) nach Maßgabe der in diesem Schreiben dargestellten Grundsätze beanspruchen, soweit Steuern und Abgaben betroffen sind, die von ihnen verwaltet werden.

Zwischenstaatliche Amtshilfe für Steuern, deren Erhebung in die Zuständigkeit der deutschen Zollverwaltung fällt oder fallen würde, wird nach den für die Zollverwaltung geltenden Vorschriften durchgeführt.

1.2 Rechtsgrundlagen

1.2.1 Überblick

Rechtsgrundlagen für die zwischenstaatliche Amtshilfe bei der Steuererhebung sind:

- EUBeitrRL[1] (Anlage 2),
- eine Reihe von DBA mit Erhebungsklauseln,
- Verträge über Amts- und Rechtshilfe in Steuersachen

Die EUBeitrRL ist durch das EUBeitrG[2] (Anlage 5) in innerstaatliches Recht umgesetzt worden. Gemeinsame Rechtsgrundlage für alle EU-MS ist die EUBeitrRL. Deutsche Finanzbehörden gewähren den Finanzbehörden der anderen EU-MS Amtshilfe bei der Steuererhebung nach dem

---

* Inhaltsverzeichnis, Abkürzungsverzeichnis und Anlagen hier nicht abgedruckt.
[1] Richtlinie 2010/24/EU des Rates vom 16. März 2010 über die Amtshilfe bei der Beitreibung von Forderungen in Bezug auf bestimmte Steuern, Abgaben und sonstige Maßnahmen, ABl. EU Nr. L 84 vom 31. März 2010, S. 1 – 12
[2] Gesetz über die Durchführung der Amtshilfe bei der Beitreibung von Forderungen in Bezug auf bestimmte Steuern, Abgaben und sonstige Maßnahmen zwischen den Mitgliedstaaten der Europäischen Union vom 7. Dezember 2011 (BGBl. I S. 2592)

EUBeitrG. Die DBA bzw. die Verträge über Amts- und Rechtshilfe sind völkerrechtliche Vereinbarungen, die durch Zustimmungsgesetz innerstaatliches Recht werden (Art. 59 Abs. 2 Satz 1 GG).

1.2.2 EUBeitrG/EUBeitrRL

Die EU-MS leisten sich über entsprechende Verbindungsstellen gegenseitig Amtshilfe be der Steuererhebung nach Maßgabe der EUBeitrRL. Dabei sind die von der EU-KOM erlassene EU-BeitrDV[3] (Anlage 3), sowie der nicht im ABI. veröffentlichte EUBeitrBeschl[4] (Anlage 4) zu beachten. Soweit innerstaatliche Rechtsgrundlagen den Vorschriften der EUBeitrDV entgegenstehen, ist die Verordnung vorrangig anzuwenden.

Die Amtshilfe im Bereich der Beitreibung erstreckt sich nach § 1 EUBeitrG (Art. 2 EUBeitrRL) auf Forderungen im Zusammenhang mit Steuern und Abgaben aller Art. Steuern sind Geldleistungen im Sinne des § 3 Abs. 1 AO. Der Anwendungsbereich umfasst auch Forderungen aus Haftungsbescheiden. Ebenfalls umfasst sind die mit den Steuern und Abgaben im Zusammenhang stehenden verhängten Geldstrafen, Geldbußen, und Zuschläge auf Forderungen, insbesondere die steuerlichen Nebenleistungen (§ 3 Abs. 4 AO). Die für eine Verwaltungsleistung in Bezug auf Steuern und Abgaben festgesetzten Gebühren fallen ebenso unter den Anwendungsbereich.

Abgaben, die nicht steuerlicher Art sind, sowie mit diesen Abgaben im Zusammenhang stehende und verhängte Geldstrafen, Geldbußen, Zuschläge auf Forderungen und Nebenleistungen, sind nicht umfasst.

Auch nicht unter den Anwendungsbereich von EUBeitrG/EUBeitrRL fallen:

– Pflichtbeiträge zur Sozialversicherung,

– Gebühren die nicht im Zusammenhang mit Steuern und Abgaben aller Art erhoben werden wie z. B.

  - Kostenerstattungen für Feuerwehreinsätze
  - Rettungsdienstgebühren für Notarzteinsatzwagen oder Krankentransporte
  - Entwässerungsbeiträge
  - Grundbesitzabgaben (davon ausgenommen Grundsteuer),

– Müll-, Wasser- und Abwassergebühren sowie sonstige vertragliche Gebühren,

– Sanktionen i. V. m. einem Strafverfahren,

– Rückforderung der Eigenheimzulage und der Investitionszulage.

1.2.3 DBA bzw. Amts- und Rechtshilfeabkommen

Neben EUBeitrG/EUBeitrRL enthalten einige DBA bzw. Amts- und Rechtshilfeabkommen Vereinbarungen über die Amtshilfe bei der Steuererhebung. Die Amtshilfe erstreckt sich regelmäßig

---

[3] Durchführungsverordnung (EU) Nr. 1189/2011 der Kommission vom 18. November 2011 zur Festlegung der Durchführungsbestimmungen zu bestimmten Artikeln der Richtlinie 2010/24/EU des Rates über die Amtshilfe bei der Beitreibung von Forderungen in Bezug auf Steuern, Abgaben und sonstige Maßnahmen, ABl. EU Nr. L 302 vom 19. November 2011, S. 16
[4] Durchführungsbeschluss der Kommission vom 18. November 2011 zur Festlegung der Durchführungsbestimmungen zu bestimmten Artikeln der Richtlinie 2010/24/EU über die Amtshilfe bei der Beitreibung von Forderungen in Bezug auf Steuern, Abgaben und sonstigen Maßnahmen

auf die Steuern, für die das jeweilige DBA bzw. Amts- und Rechtshilfeabkommen gilt, in der Regel also die Einkommen- und

Körperschaftsteuer, zum Teil auch die Umsatz-, Gewerbe-, Vermögen-, Erbschaft-, Kirchen-, Schenkung- und Grundsteuer sowie weitere Steuern. Zu Einzelheiten wird auf die Anlage 1 sowie auf Tz. 5 hingewiesen.

Bei Auskunftsersuchen zu Beitreibungszwecken nach DBA gelten die Regelungen des jeweiligen DBA über den Informationsaustausch (siehe auch Tz. 3.4.1).

1.2.4 Verhältnis der Rechtsgrundlagen zueinander

Soweit im Verhältnis zu einem Vertragsstaat Amtshilfe bei der Steuererhebung für eine Steuer oder Abgabe nach mehreren Rechtsgrundlagen in Anspruch genommen oder geleistet werden kann, stehen diese Rechtsgrundlagen gleichwertig nebeneinander. Im Verhältnis zu den EU-MS sollen die Finanzbehörden Amtshilfe in der Regel auf der Grundlage der EUBeitrRL in Anspruch nehmen. Hinsichtlich der Besonderheiten bei einzelnen Staaten siehe Tz. 5.

1.3 Arten der Amtshilfeersuchen für Zwecke der Beitreibung

Folgende Ersuchen kommen in Betracht:

– Beitreibungsersuchen (Tz. 3.1 und Tz. 4.2),

– Ersuchen um Sicherungsmaßnahmen (Tz. 3.2 und Tz. 4.3),

– Zustellungsersuchen zu Beitreibungszwecken (Tz. 3.3 und Tz. 4.4),

– Auskunftsersuchen zu Beitreibungszwecken (Tz. 3.4 und Tz. 4.5).

1.4 Zuständigkeiten

Im Rahmen der EUBeitrRL kann die zuständige Behörde jedes EU-MS Verbindungsstellen benennen, die für die Verbindung zu anderen EU-MS zuständig sind. Das BMF ist die zuständige Behörde und zentrales Verbindungsbüro im Sinne von § 3 Abs. 1 EUBeitrG. Die Kommunikation mit den Verbindungsbüros anderer

EU-MS wurde an das BZSt delegiert, das als Verbindungsbüro in den Fällen des § 5 Abs. 1 Nr. 5 FVG benannt wurde (§ 3 Abs. 1 Nr. 1 EUBeitrG). Vollstreckungsbehörden sind nach § 4 Abs. 1 Nr. 1 EUBeitrG die Finanzämter und in Fällen des § 4 Abs. 1 Nr. 2 EUBeitrG die Hauptzollämter.

Durch Erlass vom 13. Dezember 1976 - Z C 3 - O 1755 - 59/76 -, BStBl 1977 I S. 33, hat das BMF nach § 5 Abs. 1 Nr. 5 FVG den Teilbereich Vollstreckungs- und Zustellungssachen aus dem Aufgabengebiet der zwischenstaatlichen Amtshilfe bei der Steuererhebung auf das BZSt übertragen. Sowohl für Ersuchen nach

EUBeitrG/EUBeitrRL als auch für Ersuchen nach DBA bzw. Amts- und Rechtshilfeabkommen übernimmt das BZSt die Kommunikation mit den ausländischen Behörden sowie die Prüfung und Bearbeitung von eingehenden und ausgehenden Ersuchen. Darüber hinaus achtet das BZSt auf die Einhaltung der einschlägigen Verwaltungsvorschriften und Fristen.

Die Finanzämter führen den Schriftverkehr mit dem BZSt über die OFD bzw. die unmittelbar vorgesetzte Behörde vorbehaltlich anderer Weisung in dem jeweiligen Land.

Die Gemeinden (Gemeindeverbände) übermitteln Ersuchen unmittelbar an das BZSt.

Bei Ersuchen für Steuern auf Versicherungsprämien übernimmt das BZSt die Kommunikation mit den ausländischen Behörden sowie die Prüfung und Bearbeitung eingehender und ausgehender Ersuchen.[5]

1.5 Übermittlung von Informationen und Ersuchen

1.5.1 Einsatz von elektronischen Formblättern

Ersuchen aufgrund EUBeitrG/EUBeitrRL sind mittels der durch die EU-KOM in elektronischer Fassung zur Verfügung gestellten Formblätter für Ersuchen um Beitreibung oder Sicherungsmaßnahmen, Zustellung und Auskunft (siehe

Anhang I - III des EUBeitrBeschl) zu erstellen. Ersuchen aufgrund DBA bzw. Amts- und Rechtshilfeabkommen ar EU-MS können ebenfalls mithilfe dieser elektronischen Formblätter erstellt werden. Wegen der Besonderheiten bei Ersuchen nach Kanada siehe Tz. 5.2.3.

Die Programmdateien für die elektronischen Formblätter werden den zuständigen Landesfinanzbehörden durch das auftragnehmende Land Niedersachsen im Rahmen des Vorhabens KONSENS zur Verfügung gestellt.

Gemeinden und Gemeindeverbände können die Programmdateien für die elektronischen Formblätter bei Bedarf auf den Internetseiten des BZSt unter http://www.bzst.de abrufen.

Die Programmdateien und die elektronischen Formblätter sind Eigentum der EU-KOM. Die EU-KOM behält sich alle Rechte vor.

1.5.2 Geschäftsverkehr

1.5.2.1 Zwischen dem BZSt und ausländischen Verbindungsbüros bzw. zuständigen Behörden

Der Geschäftsverkehr mit den Verbindungsbüros anderer EU-MS aufgrund der EUBeitrRL obliegt ausschließlich dem BZSt und erfolgt in der Regel auf elektronischem Weg unter Nutzung des CCN-Netzes. Für das Senden und Empfangen elektronischer Ersuchen zwischen den Verbindungsbüros wurden in den jeweiligen EU-MS entsprechende Mailboxen eingerichtet.

Der Geschäftsverkehr mit ausländischen zuständigen Behörden aufgrund DBA bzw. Amts- und Rechtshilfeabkommen ist ebenfalls ausschließlich dem BZSt vorbehalten.

1.5.2.2 Zwischen dem BZSt und den zuständigen Landesfinanzbehörden

Der Geschäftsverkehr zwischen dem BZSt und den zuständigen Landesfinanzbehörden betreffend Ersuchen aufgrund EUBeitrG/EUBeitrRL erfolgt ausschließlich elektronisch.

Der Geschäftsverkehr zwischen dem BZSt und den zuständigen Landesfinanzbehörden betreffend Ersuchen aufgrund der Beitreibungsklausel in den DBA bzw. den Amts- und Rechtshilfeabkommen soll (mit Ausnahme der in Tz. 3.1.2.2 genannten Ersuchen) ebenfalls ausschließlich elektronisch erfolgen.

---

[5] Einzelheiten dazu gehen aus der ergänzenden Geschäftswegregelung für die Amtshilfe insbesondere bei der Beitreibung von Steuern auf Versicherungsprämien vom 24. Juli 2013 - IV D 5- S 6356/12/10001:001, 2013/0372854; III B 4 – Z 4608/10/10004 hervor. Die Ausführungen in Tz. 4.2.3, Tz. 4.2.4 und Tz. 4.2.6 bis 4.6 dieses Merkblatts gelten folglich nicht für die Steuern auf Versicherungsprämien.

1.5.3 Übersetzungen

1.5.3.1 Ausgehende (inländische) Ersuchen und sonstiger Schriftverkehr

Die mit den elektronischen Formblättern erstellten Ersuchen sind in sämtlichen Amtssprachen der EU abrufbar, sodass lediglich Freitexte oder sonstige Anlagen in eine andere Amtssprache der EU zu übersetzen sind. Die elektronischen Formblätter sind in deutscher Sprache auszufüllen und an das BZSt zu übermitteln. Auch Ersuchen aufgrund von DBA bzw. Amts- und Rechtshilfeabkommen sind in deutscher Sprache auszufüllen. Über eventuell notwendige Übersetzungen der Freitexte und sonstigen Anlagen entscheidet das BZSt und veranlasst diese.

1.5.3.2 Eingehende (ausländische) Ersuchen und sonstiger Schriftverkehr

Eingehende Ersuchen bzw. die Freitexte, sonstigen Anlagen der eingehenden elektronischen Formblätter und sonstiger Schriftverkehr ausländischer zuständiger Behörden werden, soweit erforderlich, vom BZSt in die deutsche Sprache übersetzt. Aus der englischen Sprache wird in einfach gelagerten Fällen nicht übersetzt.

1.5.4 Verwendung von Abkürzungen

Im Ersuchen und im folgenden Schriftverkehr sind keine Abkürzungen zu verwenden.

1.6 Anwesenheit von Bediensteten in anderen Staaten nach EUBeitrG/EUBeitrRL

Das BZSt kann mit anderen Verbindungsbüros vereinbaren, dass Bedienstete in begründeten Fällen und unter den in § 17 EUBeitrG oder ggf. § 18 i. V. m. § 17 EUBeitrG genannten Voraussetzungen an Amtshandlungen der Behörde des ersuchten EU-MS teilnehmen. Bei einer Teilnahme von deutschen Bediensteten erteilt das BZSt eine schriftliche Vollmacht, aus der die Identität und die dienstliche Stellung des Bediensteten hervorgehen (siehe § 18 i. V. m. § 17 Abs. 2 EUBeitrG). Eine entsprechende Vollmacht ist bei Anwesenheit von Bediensteten anderer EU-MS im Inland dem BZSt vorzulegen (§ 17 Abs. 2 EUBeitrG).

1.7 Steuergeheimnis

1.7.1 Allgemein

Das Steuergeheimnis steht einem Ersuchen (Tz. 1.3) an eine ausländische Finanzbehörde nicht entgegen. Die mit dem Ersuchen verbundene notwendige Mitteilung steuerlicher Verhältnisse ist nach § 30 Abs. 4 Nr. 1 AO zulässig. Ebenso wenig verbietet das Steuergeheimnis die Erledigung ausländischer Ersuchen, sofern die Mitteilung steuerlicher Verhältnisse an die ausländische Finanzbehörde durch völkerrechtliche Vereinbarungen oder das EUBeitrG ausdrücklich zugelassen ist (§ 30 Abs. 4 Nr. 2 AO).

Alle Angaben, die den deutschen Finanzbehörden im Zusammenhang mit einem Ersuchen zugehen, unterliegen dem Steuergeheimnis. Außerdem unterliegen sie dem besonderen Geheimhaltungsschutz des EUBeitrG/der EUBeitrRL und den besonderen Geheimhaltungs- sowie den Datenschutzbestimmungen in den völkerrechtlichen Vereinbarungen.

1.7.2 Besonderheiten aufgrund EUBeitrG/EUBeitrRL

Eine Weiterleitung der Angaben an einen dritten EU-MS ist nach EUBeitrG/EUBeitrRL grundsätzlich möglich. Es muss jedoch eine Zustimmung des EU-MS eingeholt werden, von dem die Angaben stammen. Ist Deutschland der Staat, der die Zustimmung zu erteilen hat, so ist Folgendes zu beachten:

Soll der Weiterleitung der Angaben an einen dritten EU-MS nicht zugestimmt werden, ist dies über das Verbindungsbüro innerhalb von zehn Arbeitstagen mitzuteilen, nachdem die Mitteilung über die Weiterleitungsabsicht dort eingegangen ist (§ 21 Abs. 3 EUBeitrG bzw. Art. 23 Abs. 4 EUBeitrRL).

1.8 Verjährung

Die Verjährung richtet sich grundsätzlich nach dem Recht des Staates, in dem die ersuchende Behörde ihren Sitz hat (siehe § 15 EUBeitrG). Maßnahmen einer ausländischen (ersuchten) Behörde haben für die Unterbrechung der Verjährung (§ 231 AO) die gleiche Wirkung wie entsprechende Maßnahmen einer deutschen Finanzbehörde. Wegen der Ausnahme bei Ersuchen nach dem DBA-Dänemark siehe Tz. 5.1.4.

1.9 Kosten

Für die Amtshilfe, die aufgrund EUBeitrG/EUBeitrRL geleistet wird, kommt eine Kostenerstattung für Unterstützungsmaßnahmen grundsätzlich nicht in Betracht. Eine Weiterbelastung von Kosten eines finanzgerichtlichen oder zivilgerichtlichen Verfahrens ist ebenfalls ausgeschlossen.

In Fällen, in denen die Beitreibung besondere Probleme bereitet, sehr hohe Kosten verursacht oder im Rahmen der Bekämpfung der organisierten Kriminalität erfolgt, können jedoch besondere Erstattungsmodalitäten zwischen der ersuchenden und der ersuchten Behörde vereinbart werden (§ 16 Abs. 2 EUBeitrG bzw. Art. 20 Abs. 2 EUBeitrRL). Wenn ein Ersuchen eines anderen EU-MS Kosten verursachen könnte, die den üblichen Rahmen deutlich übersteigen, ist dem EZSt unter Angabe der Gründe und Beifügung einer Schätzung der Kosten zu berichten. Das EZSt prüft die Voraussetzungen für eine Kostenerstattung (unter Beachtung des Grundsatzes der Gegenseitigkeit) und fertigt ggf. einen entsprechenden Antrag an die ersuchende Behörde.

Stellt die ersuchte Behörde im Fall eines inländischen Ersuchens einen Antrag auf Kostenerstattung, leitet das BZSt diesen Antrag an die zuständige Landesfinanzbehörde mit der Bitte um Stellungnahme und Entscheidungsvorschlag weiter. Das BZSt trifft daraufhin eine Entscheidung und teilt sie der ersuchten Behörde mit.

Auch wenn die ersuchende und die ersuchte Behörde keine Einigung über die Erstattungsmodalitäten erzielen, führt die ersuchte Behörde das Beitreibungsverfahren weiter.

Das BZSt benennt die Bediensteten, die als ordnungsgemäß Bevollmächtigte Erstattungsvereinbarungen treffen dürfen.

Nach den Abkommen mit Dänemark, Finnland, Italien, Kanada, den Niederlanden, Polen und Schweden trägt der ersuchte Staat die durch die Unterstützungsleistung entstehenden üblichen Kosten. Außergewöhnliche Kosten, z. B. Entschädigungen, die Auskunftspersonen zu gewähren sind, gehen jedoch zu Lasten des ersuchenden Staates. Wegen der Besonderheiten bei Ersuchen nach Kanada siehe Tz. 5.2.3.

Unberührt bleibt das Recht der ersuchten Behörde bzw. des ersuchten Staates, entsprechend seinen Rechtsvorschriften vom Vollstreckungsschuldner Kosten zu erheben.

2 Erteilen von Auskünften ohne vorheriges Ersuchen nach EUBeitrG/EUBeitrRL

Bei einer Erstattung von Steuern[6] oder Abgaben an eine Person, die in einem anderen EU-MS niedergelassen oder wohnhaft ist, können die Finanzbehörden den anderen EU-MS über die bevorstehende Erstattung informieren (§ 6 EUBeitrG). Bei den zu erstattenden Beträgen darf es

---

[6] Bei Steuern auf Versicherungsprämien siehe Fußnote 5 unter Tz. 1.4.

sich jedoch nicht um Umsatzsteuer handeln. Die Fälligkeit der jeweiligen Erstattung verschiebt sich insoweit um zehn Arbeitstage nach Übermittlung der Information an den anderen EU-MS (§ 6 Abs. 3 EUBeitrG).

Hat der andere EU-MS Forderungen gegen den Schuldner, kann von dort zielgerichtet ein Ersuchen um Beitreibung oder Sicherungsmaßnahmen gestellt werden.

Eingehende Auskünfte ohne vorheriges Ersuchen aus anderen EU-MS über dort bevorstehende Erstattungen nach Art. 6 EUBeitrRL sind vom BZSt auf dem vorgesehenen Geschäftsweg an das zuständige Finanzamt weiterzuleiten. Bestehen in diesem Zusammenhang Forderungen ist dem BZSt ein Ersuchen um Beitreibung oder Sicherungsmaßnahmen zu übermitteln. Bestehen keine Forderungen ist das BZSt darüber zu informieren.

3 Ausgehende (inländische) Ersuchen[7]

3.1 Beitreibungsersuchen

3.1.1 Zulässigkeit

3.1.1.1 Allgemeine Voraussetzungen

Beitreibungsersuchen sind unter folgenden Voraussetzungen zulässig:

a) Die Forderungen fallen unter den Anwendungsbereich nach § 1 EUBeitrG (Art. 2 EUBeitrRL) oder den jeweiligen Anwendungsbereich der DBA bzw. Amts- und Rechtshilfeabkommen.

b) Die Voraussetzungen für die Vollstreckung sind nach deutschem Recht gegeben (§§ 251, 254 AO).

c) Im Inland getroffene Maßnahmen werden nicht zur vollständigen Tilgung der Forderung führen. Nach § 10 Abs. 2 EUBeitrG muss die Vollstreckungsbehörde jedoch vor Stellung eines Beitreibungsersuchens an einen EU-MS grundsätzlich alle nach der AO vorgesehenen Vollstreckungsmöglichkeiten ausgeschöpft haben, es sei denn die Ausnahmen der § 10 Abs. 2 Nr. 1 und Nr. 2 EUBeitrG liegen vor.

d) Der zu vollstreckende Verwaltungsakt oder das Leistungsgebot muss formell bestandskräftig (unanfechtbar, vgl. AEAO vor §§ 172 bis 177, Nr. 1) sein. Für Beitreibungsersuchen aufgrund des EUBeitrG/der EUBeitrRL reicht es aus, dass der zu vollstreckende Verwaltungsakt oder das Leistungsgebot nicht angefochten ist. Nach § 10 Abs. 1 Satz 2 EUBeitrG (Art. 11 Abs. 1 Unterabsatz 1 i. V. m. Art. 14 Abs. 4 der EUBeitrRL) kann im Einzelfall ein Beitreibungsersuchen auch in Betracht kommen, wenn der zu vollstreckende Verwaltungsakt oder das Leistungsgebot angefochten ist; ein solches Ersuchen ist zu begründen. In diesem Zusammenhang ist zu beachten, dass der ersuchende gegenüber dem ersuchten EU-MS für die Erstattung bereits beigetriebener Beträge samt etwaig geschuldeten Entschädigungsleistungen haftet. Anlage 1 zeigt auf, in welchen EU-MS die Vollstreckung angefochtener Forderungen möglich ist.

e) Bei Ersuchen aufgrund EUBeitrG/EUBeitrRL ist die ersuchte Behörde nicht verpflichtet, Amtshilfe zu leisten, wenn sich das ursprüngliche Ersuchen auf Forderungen bezieht, die gerechnet ab dem Datum der Fälligkeit älter als fünf Jahre sind. Bei Anfechtung der Forderung oder des Vollstreckungstitels sowie in Fällen von Ratenzahlungen oder Stundungen verlängert sich diese Frist auf zehn Jahre (vgl. § 14 Abs. 2 EUBeitrG bzw. Art. 18 Abs. 2 der EUBeitrRL). Zu Einzelheiten wird auf die Anlage 1 hingewiesen.

---

[7] Bei Steuern auf Versicherungsprämien siehe Fußnote 5 unter Tz. 1.4.

Auch Steuerbescheide unter dem Vorbehalt der Nachprüfung (§ 164 AO) - einschließlich der Vorauszahlungsbescheide (§ 164 Abs. 1 Satz 2 AO) und der Steueranmeldungen, soweit diese einer Steuerfestsetzung gleichstehen (§§ 167, 168 AO) - und vorläufige Bescheide (§ 165 AO) erwachsen in formelle Bestandskraft, vgl. AEAO vor § 172 bis § 177, Nr. 1.Vor Eintritt der formellen Bestandskraft kann um Sicherungsmaßnahmen ersucht werden (Tz. 3.2).

3.1.1.2 Mindestbeträge

Für Beitreibungsersuchen aufgrund EUBeitrG/EUBeitrRL beträgt der Mindestbetrag nach § 14 Abs. 1 EUBeitrG bzw. Art. 18 Abs. 3 der EUBeitrRL 1.500 Euro.

Für Ersuchen aufgrund von DBA bzw. Amts- und Rechtshilfeabkommen gelten keine bzw. folgende Mindestbeträge:

Belgien	766 Euro
Niederlande	700 Euro
Norwegen	1.022 Euro
Schweden	1.022 Euro

Ansonsten sollen Ersuchen aufgrund von DBA bzw. Amts- und Rechtshilfeabkommen regelmäßig erst gestellt werden, wenn ein Betrag von 1.500 Euro erreicht ist. Wegen der Besonderheit im Verhältnis zur Schweiz siehe Tz. 5.2.6.

Ersuchen, die auf das EUBeitrG/EUBeitrRL einerseits und auf DBA bzw. Amts- und Rechtshilfeabkommen andererseits gestützt werden müssen, können nicht zusammengefasst werden, um den jeweiligen Mindestbetrag zu erreichen.

3.1.2 Form und Inhalt des Beitreibungsersuchens

3.1.2.1 Beitreibungsersuchen aufgrund EUBeitrG/EUBeitrRL

3.1.2.1.1 Allgemein

Das Ersuchen ist mittels des elektronischen Formblatts „Ersuchen um Beitreibung oder Sicherungsmaßnahmen" (siehe Anhang III des EUBeitrBeschl) zu erstellen und dem BZSt elektronisch zu übermitteln.

Im Beitreibungsersuchen sind Angaben erforderlich:

- zur Identifizierung der vom Ersuchen betroffenen Person,
- zur ersuchenden und ersuchten Behörde,
- zu den Forderungen (z. B. Alter, Art, Höhe, Bestandskraft, Verjährung),
- zur Art des Schuldverhältnisses (Haupt-, Gesamt-, Haftungsschuldner),
- zur Zulässigkeit von Ratenzahlungen

sowie alle sonstigen sachdienlichen Informationen (z. B. Hinweis auf vorhandene Vermögenswerte).

Für jede Forderungsart ist grundsätzlich ein eigenes Ersuchen zu erstellen. Ist im ersuchten EU-MS eine Behörde für mehrere Forderungsarten zuständig, können diese Forderungen in einem

Anhang 22	Zwischenstaatliche Amtshilfe
	Beitreibung

Ersuchen zusammengefasst werden. Ob Behörden in den anderen EU-MS für mehrere Forderungsarten zuständig sind, kann der Anlage 1 entnommen werden. Insbesondere bei Belgien, Luxemburg und Zypern ist zu beachten, dass für die Beitreibung von Einkommensteuer und Umsatzsteuer getrennte Ersuchen gestellt werden müssen. Dies hat jedoch keine Auswirkung auf die Berechnung des Mindestbetrages. Die Beträge der einzelnen Ersuchen werden für diesen Zweck zusammengerechnet.

Nach Art. 13 Abs. 3 der EUBeitrRL werden von der ersuchten Behörde nach dem für sie maßgebenden Recht Verzugszinsen (Säumniszuschläge) berechnet und erhoben. Die bis zum Zeitpunkt des Ergehens des Beitreibungsersuchens entstandenen Säumniszuschläge sind unter Angabe des Datums, bis zu dem sie berechnet wurden, im Ersuchen aufzuführen. Für danach entstandene Säumniszuschläge kann zu einem späteren Zeitpunkt ein neues Ersuchen gestellt werden, wenn im Übrigen die Voraussetzungen für ein Beitreibungsersuchen vorliegen. Hat die ersuchte Behörde von dem Schuldner Zinsen erhoben und über die Verbindungsbüros an das ersuchende Finanzamt - bei Steuern auf Versicherungsprämien an das zuständige Referat im BZSt - weitergeleitet, sind diese mit den neu entstandenen Säumniszuschlägen zu verrechnen.

3.1.2.1.2 Einheitlicher Vollstreckungstitel (UIPE)

Nach § 10 Abs. 3 EUBeitrG bzw. Art. 12 Abs. 1 der EUBeitrRL ist jedem Ersuchen der einheitliche Vollstreckungstitel (UIPE) beizufügen (siehe Anhang II der EUBeitrDV). Dieser ist im ersuchten EU-MS die alleinige Grundlage für die zu ergreifenden Beitreibungsmaßnahmen. Der einheitliche Vollstreckungstitel (UIPE) kann aus den Daten im übermittelten elektronischen Formblatt „Ersuchen um Beitreibung oder Sicherungsmaßnahmen" von der ersuchten Behörde generiert werden, wodurch eine gesonderte Übermittlung des ursprünglichen Vollstreckungstitels entfällt.

3.1.2.2 Beitreibungsersuchen in anderen Fällen

Als Beitreibungsersuchen aufgrund von DBA bzw. Amts- und Rechtshilfeabkommen genügt das Weiterleitungsschreiben an das BZSt (Anlage 8) sowie eine Rückstandsanzeige (Anlagen 7a und 7b) in Papierform. Eines besonderen Ersuchensvordrucks bedarf es in diesen Fällen nicht.

Eine Weiterberechnung von Säumniszuschlägen bei Beitreibungsersuchen aufgrund von DBA bzw. Amts- und Rechtshilfeabkommen durch die ersuchte Behörde ist nicht vorzunehmen. Für nach der Stellung des Beitreibungsersuchens entstandene Säumniszuschläge kann ein neues Beitreibungsersuchen gestellt werden, wenn im Übrigen die Voraussetzungen für ein Beitreibungsersuchen vorliegen.

Wegen der Besonderheiten bei der Erstellung von Beitreibungsersuchen nach Polen siehe Tz. 5.1.13 und nach Kanada siehe Tz. 5.2.3.

3.1.3 Insolvenzverfahren

Ist über das Vermögen des Vollstreckungsschuldners in einem EU-MS das Insolvenzverfahren eröffnet worden, werden die Steueransprüche durch die Finanzämter unmittelbar im betreffenden EU-MS angemeldet (Art. 39 bis 41 der EUInsVO[8] (Anlage 6)).

Zur Vermeidung verspäteter Forderungsanmeldungen ist in Beitreibungsersuchen an EU-MS die ersuchte Behörde in der Regel um vorsorgliche Anmeldung der Forderungen im dortigen Insolvenzverfahren zu ersuchen. Entsprechendes gilt bei Ersuchen in Fällen, in denen die EUInsVO nicht anwendbar ist.

---

[8] Verordnung (EG) Nr. 1346/2000 des Rates vom 29. Mai 2000 über Insolvenzverfahren, ABl. Nr. L 160 vom 30. Juni 2000 S. 1

In Dänemark ist die EUInsVO nicht anwendbar (siehe Tz. 5.1.4).

3.1.4 Gesamtschuld

Soll die Abgabenschuld bei mehreren im ersuchten Staat ansässigen Gesamtschuldnern (§ 44 AO) beigetrieben werden, muss für jeden Gesamtschuldner ein eigenes Ersuchen gestellt werden. Das Ersuchen muss das Gesamtschuldverhältnis erkennen lassen. Insbesondere muss erkennbar sein, inwieweit die Zahlung eines Betrages durch einen Gesamtschuldner zur Entlastung der anderen Gesamtschuldner führt. Das Wesen der Gesamtschuldnerschaft ist kurz zu erläutern. Sind Ehegatten Gesamtschuldner, ist hierauf ebenfalls hinzuweisen.

3.1.5 Währung, Umrechnung

Bei Ersuchen aufgrund EUBeitrG/EUBeitrRL sind alle Forderungen in Euro und soweit der ersuchte Staat nicht zum Euro-Währungsgebiet gehört, zusätzlich in der Währung des ersuchten Staates anzugeben. Für die Umrechnung ist der letzte vor dem Tag der Übermittlung des Ersuchens im ABl. veröffentlichte Umrechnungskurs maßgeblich (Art. 18 Nr. 2 EUBeitrDV).

Der Umrechnungskurs kann tagesaktuell auf folgender Internetseite unter „C (Mitteilungen und Bekanntmachungen)" abgerufen werden:

http://eur-lex.europa.eu/JOIndex.do?ihmlang=de.

3.1.6 Rechtsbehelfe, Erlassantrag

Wird im Fall eines Ersuchens aufgrund EUBeitrG/EUBeitrRL die Forderung, der ursprüngliche Vollstreckungstitel oder der einheitliche Vollstreckungstitel (UIPE) nach Ausgang des Ersuchens angefochten, ist dem BZSt mittels der entsprechenden Felder in Teil 7 des elektronischen Formblatts „Ersuchen um Beitreibung oder Sicherungsmaßnahmen" zu berichten. Gleichzeitig ist mitzuteilen, in welchem Umfang die Forderung nicht angefochten ist und ob um Weiterführung des Vollstreckungsverfahrens oder um Sicherungsmaßnahmen ersucht werden soll (vgl. Tz. 3.1.1.1). Bei Änderungen ist dem BZSt mittels der entsprechenden Felder in Teil 7 des elektronischen Formblatts „Ersuchen um Beitreibung oder Sicherungsmaßnahmen" das geänderte Beitreibungsersuchen zuzuleiten, aus dem die entsprechend geänderte Fassung des einheitlichen Vollstreckungstitels (UIPE) generiert werden kann (§ 11 Abs. 2 EUBeitrG). Nach dieser Mitteilung übermittelt das BZSt die erhaltenen Informationen an den ersuchten EU-MS.

Bei Ersuchen, die auf einer anderen Rechtsgrundlage als EUBeitrG/EUBeitrRL gestellt wurden, ist dem BZSt wegen eines eingelegten Rechtsbehelfs nur zu berichten, wenn dadurch ein Anlass für die einstweilige Einschränkung oder Beschränkung der Vollstreckung gegeben ist.

Bei einem Antrag auf Erlass aus Billigkeitsgründen, der offensichtlich nicht unbegründet ist, ist dem BZSt zu berichten.

3.1.7 Wegfall der Vollstreckungsvoraussetzungen/Minderung der Rückstände

Liegen die Voraussetzungen für eine Einstellung oder Beschränkung der Vollstreckung nach § 257 AO vor (z. B. durch Zahlungen oder durch behördliche oder gerichtliche Entscheidungen) oder ist das Ersuchen aus sonstigen Gründen ganz oder teilweise gegenstandslos geworden, ist dem BZSt unverzüglich zu berichten. Bei Ersuchen aufgrund EUBeitrG/EUBeitrRL erfolgt dies über die entsprechenden Felder in Teil 7 des elektronischen Formblatts „Ersuchen um Beitreibung oder Sicherungsmaßnahmen". Ausgenommen sind Rückstandsminderungen aufgrund von Zahlungen der ersuchten Behörde. Ebenfalls zu berichten ist in Fällen des § 258 AO.

Bei Änderung von Ersuchen aufgrund EUBeitrG/EUBeitrRL ist dem BZSt mittels der entsprechenden Felder in Teil 7 des elektronischen Formblatts „Ersuchen um Beitreibung oder Sicherungsmaßnahmen" das geänderte Beitreibungsersuchen zuzuleiten, aus dem die geänderte Fassung des einheitlichen Vollstreckungstitels (UIPE) generiert werden kann (§ 11 Abs. 1 EUBeitrG). Zahlungen der ersuchten Behörde bleiben dabei unberücksichtigt und mindern nicht den Forderungsbetrag.

Mindert sich ein Rückstand bei Ersuchen, die bis zum 31. Dezember 2008 nach der Richtlinie 76/308/EWG[9] in Papierform versandt worden sind, ist dem BZSt darüber Mitteilung zu machen und eine geänderte Rückstandsaufstellung beizufügen.

Mindert sich ein Rückstand durch Zahlung der ersuchten Behörde bei Ersuchen, die bis zum 31. Dezember 2011 nach der EG-Beitreibungsrichtlinie[10] versandt worden sind und bei Ersuchen, die nach DBA bzw. Amts- und Rechtshilfeabkommen gestellt worden sind, ist dem BZSt darüber Mitteilung zu machen. Es ist jedoch darauf zu achten, dass keine geänderte Rückstandsanzeige übersandt wird.

Hinsichtlich der Besonderheiten einzelner Staaten siehe Tz. 5.

3.1.8 Erhöhung der Rückstände

Erhöht sich nachträglich der Rückstand, so kann ein ergänzendes Ersuchen gestellt werden. Bei einem ergänzenden Ersuchen aufgrund EUBeitrG/EUBeitrRL ist der Mindestbetrag (Tz. 3.1.1.2) unbeachtlich, wenn anzunehmen ist, dass es von der ersuchten Behörde noch zusammen mit dem ersten Ersuchen bearbeitet werden kann (Art. 22 Nr. 5 EUBeitrDV).

Bei ergänzenden Ersuchen nach DBA bzw. Amts- und Rechtshilfeabkommen sind die Mindestbeträge (Tz. 3.1.1.2) zu beachten.

3.1.9 Getilgte Beträge

Soweit ein nicht zum Euro-Währungsgebiet gehörender EU-MS um Beitreibung nach EUBeitrG/EUBeitrRL ersucht wird, gilt der im Ersuchen ausgewiesene Gesamtbetrag für die ersuchte Behörde in Höhe des Betrags als getilgt, der dem in ausländischer Währung beigetriebenen Betrag unter Anwendung des Kurses nach Tz. 3.1.5 entspricht.

Bei Ersuchen nach DBA bzw. Amts- und Rechtshilfeabkommen richtet sich der für die ersuchte Behörde als getilgt geltende Betrag nach dem bei Eingang des Ersuchens bei der zuständigen ausländischen Behörde maßgebenden Kurs.

Als Tag der Zahlung gilt der Eingang der Zahlung bei der zuständigen ausländischen Behörde.

3.1.10 Sachstandsanfrage bei drohender Verjährung

Im Falle drohender Verjährung sollte eine Sachstandsanfrage an das BZSt gestellt werden, das daraufhin die erforderlichen Auskünfte im anderen EU-MS einholt.

---

[9] Richtlinie 76/308/EWG des Rates vom 15. März 1976 über die gegenseitige Unterstützung bei der Beitreibung von Forderungen im Zusammenhang mit Maßnahmen, die Bestandteil des Finanzierungssystems des Europäischen Ausrichtungs- und Garantiefonds für die Landwirtschaft sind, sowie von Abschöpfungen und Zöllen, ABl. EG Nr. L 73 S. 18.

[10] Richtlinie 2008/55/EG vom 26. Mai 2008 über die gegenseitige Unterstützung bei der Beitreibung von Forderungen in Bezug auf bestimmte Abgaben, Zölle, Steuern und sonstigen Maßnahmen, ABl. EU Nr. L 150 vom 10. Juni 2008 S. 28.

3.1.11 Verbleib der Unterlagen

Die Beitreibungsunterlagen verbleiben grundsätzlich bei der ersuchten Behörde. Von Aufforderungen zur Rücksendung dieser Unterlagen ist abzusehen.

3.2 Ersuchen um Sicherungsmaßnahmen

Um Sicherungsmaßnahmen kann ersucht werden, wenn

– die Voraussetzungen für die Vollstreckung (§§ 251, 254 AO) gegeben sind der zu vollstreckende Verwaltungsakt oder das Leistungsgebot noch nicht formell bestandskräftig oder bereits angefochten ist und zu befürchten ist, dass ohne Sicherungsmaßnahmen die Vollstreckung vereitelt oder wesentlich erschwert werden würde;

– ein angeordneter dinglicher Arrest im Ausland vollzogen werden soll.

Das Ersuchen ist zwingend, ggf. in einer besonderen Anlage, zu begründen.

Im Fall des Arrestes ist eine Ausfertigung der Arrestanordnung beizufügen.

Wird um Sicherungsmaßnahmen aufgrund einer Arrestanordnung ersucht, ist das Ersuchen innerhalb der Vollziehungsfrist des § 324 Abs. 3 Satz 1 AO dem BZSt vorzulegen.

Aus der Anlage 1 ist ersichtlich, in welchen Staaten grundsätzlich Sicherungsmaßnahmen möglich sind. Besonderheiten zu einzelnen Staaten ergeben sich aus Tz. 5.

Die Regelungen für Beitreibungsersuchen gelten sinngemäß.

Bei der Begründung des Ersuchens sind auch bekannte Vermögenswerte des Schuldners im ersuchten EU-MS anzugeben.

3.3 Zustellungsersuchen zu Beitreibungszwecken

3.3.1 Zulässigkeit

Nach § 8 EUBeitrG (Art. 8 Abs. 1 der EUBeitrRL) kann die ausländische Finanzbehörde um Zustellung aller mit einer Forderung oder deren Vollstreckung zusammenhängenden Verfügungen und Entscheidungen ersucht werden, wenn eine Zustellung

– gemäß den Vorschriften des VwZG nicht möglich ist oder

– mit unverhältnismäßigen Schwierigkeiten verbunden wäre

und folgende Voraussetzungen vorliegen:

a) Die Forderungen, auf die sich das Schriftstück bezieht, unter den Anwendungsbereich nach § 1 EUBeitrG (Art. 2 EUBeitrRL) fallen,

b) die Fünfjahresfrist eingehalten ist,

c) und die Zehnjahresfrist nicht überschritten ist (§ 14 EUBeitrG).

Dänemark, Finnland, Niederlande und Schweden können auch nach den geltenden Regelungen in den DBA bzw. den Amts- und Rechtshilfeabkommen um Zustellung ersucht werden.

3.3.2 Form und Inhalt

3.3.2.1 Allgemein

Das Ersuchen nach § 8 Abs. 1 EUBeitrG ist mittels des elektronischen Formblatts „Zustellungsersuchen" (siehe Anhang II des EUBeitrBeschl) zu erstellen und dem BZSt nebst dem eingescannten zuzustellenden Verwaltungsakt elektronisch zu übermitteln.

Zustellungsersuchen nach DBA bzw. Amts- und Rechtshilfeabkommen können formlos erstellt und an das BZSt übermittelt werden. Tz. 1.5.2.2 bleibt unberührt.

Die Zustellung richtet sich nach den Rechtsvorschriften für die Zustellung entsprechender Rechtsakte der ersuchten Behörde.

3.3.2.2 Einheitliches Zustellungsformblatt (UNF)

Nach § 8 Abs. 1 EUBeitrG ist jedem Ersuchen das einheitliche Zustellungsformblatt (UNF) beizufügen (siehe Anhang I EUBeitrDV). Das einheitliche Zustellungsformblatt (UNF) kann aus den Daten im übermittelten elektronischen Formblatt „Zustellungsersuchen" von der ersuchten Behörde generiert werden. Dadurch entfallen eine gesonderte Übermittlung und eine eventuell notwendige Übersetzung.

3.4 Auskunftsersuchen zu Beitreibungszwecken

3.4.1 Zulässigkeit

Nach Art. 5 Abs. 1 der EUBeitrRL kann für Zwecke der Beitreibung einer Forderung um Auskünfte ersucht werden wenn,

a) die erbetenen Auskünfte in Zusammenhang mit Forderungen stehen, die unter den Anwendungsbereich nach Art. 2 EUBeitrRL fallen,

b) die Fünfjahresfrist eingehalten, und

c) die Zehnjahresfrist nicht überschritten ist (Art. 18 Abs. 2 EUBeitrRL).

Zur Vorbereitung der Vollstreckung gehört auch die Informationsgewinnung (insbesondere Feststellung von Adressen) für Zustellung(sersuch)en und Beitreibungs- oder Sicherungsersuchen.

Das Auskunftsersuchen kann folgende Personen betreffen:

1. den Hauptschuldner oder
2. jede andere Person, die nach den Rechtsvorschriften des EU-MS, in dem die ersuchende Behörde ihren Sitz hat, für die Erfüllung der Forderung haftet oder
3. jede andere dritte Person, die im Besitz von Vermögenswerten der unter Nr. 1 oder 2 bezeichneten Personen ist (Art. 3 Nr. 2 der EUBeitrDV).

Wenn ein Beitreibungsersuchen oder ein Ersuchen um Sicherungsmaßnahmen (Tz. 3.1 bzw. Tz. 3.2) gestellt werden kann, ist ein Auskunftsersuchen regelmäßig nicht erforderlich.

Entsprechendes gilt nach den Regelungen in den Amts- und Rechtshilfeabkommen mit Dänemark, Finnland, Niederlande und Schweden.

Bei Auskunftsersuchen zu Beitreibungszwecken nach DBA gelten die Regelungen des jeweiligen DBA über den Informationsaustausch (entsprechend Art. 26 OECD-MA).

3.4.2 Form und Inhalt

Das Ersuchen nach Art. 5 Abs. 1 der EUBeitrRL ist mittels des elektronischen Formblatts „Auskunftsersuchen" (siehe Anhang I des EUBeitrBeschl) zu erstellen und dem BZSt elektronisch zu übermitteln.

Ersuchen nach DBA bzw. Amts- und Rechtshilfeabkommen können formlos erstellt und an das BZSt übermittelt werden. Tz. 1.5.2.2 bleibt unberührt.

3.5 Unzureichende Erledigung eines Ersuchens

Ist ein Ersuchen nach Auffassung der zuständigen Landesfinanzbehörde bzw. bei Steuern auf Versicherungsprämien des dafür zuständigen Referats im BZSt nicht ausreichend erledigt worden, beantragt sie/es innerhalb einer Frist von zwei Monaten nach Erhalt der Erledigungsmitteilung die Fortsetzung der gewünschten Maßnahme beim BZSt.

4 Eingehende (ausländische) Ersuchen

4.1 Allgemeines

Die Finanzbehörden der anderen Staaten können Amtshilfe nach der EUBeitrRL, den DBA und den Amts- und Rechtshilfeabkommen beanspruchen (Anlage 1).

Die Zulässigkeit wird vom BZSt geprüft.

4.2 Beitreibungsersuchen

4.2.1 Zulässigkeit

Dem BZSt ist umgehend zu berichten, wenn Anhaltspunkte dafür vorliegen, dass

- der ersuchende Staat unzureichende Maßnahmen zur Tilgung der Forderung getroffen hat (Art. 11 Abs. 2 Buchstabe a) der EUBeitrRL);
- bei Durchführung der erbetenen Vollstreckungsmaßnahmen aus Gründen, die auf die Verhältnisse des Vollstreckungsschuldners zurückzuführen sind, erhebliche Schwierigkeiten wirtschaftlicher oder sozialer Art in der Bundesrepublik Deutschland hervorgerufen werden könnten (z. B. Verlust von Arbeitsplätzen infolge der Vollstreckung - Art. 11 Abs. 2 Buchstabe b) und Art. 18 Abs. 1 EUBeitrRL);
- bei der Begründung des Steueranspruchs, bei der Behandlung von Rechtsbehelfen oder bei der Abrechnung erkennbare erhebliche Verfahrensmängel vorliegen.

Für Ersuchen aufgrund von DBA und Amts- und Rechtshilfeabkommen gilt Entsprechendes.

4.2.2 Übermittlung von Beitreibungsersuchen

Eingehende Ersuchen übermittelt das BZSt, nachdem es die Zulässigkeit geprüft hat, der OFD bzw. der dem Finanzamt unmittelbar vorgesetzten Landesfinanzbehörde.[11]

Ist in einem Land der unmittelbare Schriftverkehr zwischen den Finanzämtern und dem BZSt gestattet, leitet das BZSt das Ersuchen direkt an das zuständige Finanzamt weiter.

---

[11] Bei Steuern auf Versicherungsprämien siehe Fußnote 5 unter Tz. 1.4.

Das BZSt bestätigt gegenüber der ersuchenden ausländischen Behörde den Empfang des Ersuchens. Bei Ersuchen aufgrund EUBeitrG/EUBeitrRL sollte die Bestätigung so bald wie möglich, spätestens nach sieben Tagen erfolgen (Art. 19 Nr. 1 EUBeitrDV). Wegen der Besonderheiten bei Ersuchen nach Kanada siehe Tz. 5.2.3.

Das zuständige Finanzamt ergreift unverzüglich die zur Erledigung des Ersuchens erforderlichen Maßnahmen.

4.2.3 Anzuwendendes Recht

Für die Erledigung ausländischer Beitreibungsersuchen gelten die Vorschriften der AO, der Vollstreckungsanweisung und der Vollziehungsanweisung entsprechend. Ein automatisierter Abruf von Konteninformationen nach § 93 Abs. 7 AO (Kontenabrufverfahren) ist zulässig, sofern es sich bei der beizutreibenden ausländischen Steuer um eine Steuer handelt, die einer bundesgesetzlich geregelten inländischen Steuer entspricht und in Fällen, in denen die beizutreibende Steuer keiner inländischen Steuer entspricht oder mit dieser vergleichbar ist, da die Vollstreckung dieser Forderungen nach den Vorschriften erfolgt, die für die Vollstreckung von Einkommensteuer gelten. In Fällen, in denen die beizutreibende Steuer einer landesgesetzlich geregelten Steuer entspricht, ist ein Kontenabruf unzulässig.

Ab dem Zeitpunkt des Eingangs des Ersuchens beim BZSt sind auf die rückständigen Steuerbeträge Säumniszuschläge nach § 240 AO zu erheben und an den Staat, in dem die ersuchende Behörde ihren Sitz hat, zu überweisen (§ 9 Abs. 5 EUBeitrG bzw. Art. 13 Abs. 3 der EUBeitrRL). Dies gilt nicht für Ersuchen nach DBA bzw. Amts- und Rechtshilfeabkommen.

Wird dem Vollstreckungsschuldner ein Vollstreckungsaufschub gewährt, ist auf die Entstehung weiterer Säumniszuschläge hinzuweisen.

Unberührt bleibt die Verantwortlichkeit der ersuchenden ausländischen Behörde für die Rechtmäßigkeit der Forderung.

4.2.4 Einleitung von Vollstreckungsmaßnahmen

Vor Einleitung von Vollstreckungsmaßnahmen ist der Vollstreckungsschuldner mit einer 14-tägigen Frist zur Zahlung aufzufordern (Anlage 9).

Nach § 9 Abs. 1 EUBeitrG ist der Zahlungsaufforderung, der in deutscher Sprache ausgedruckte einheitliche Vollstreckungstitel (UIPE) sowie die Mitteilung an den Empfänger (Anlage 10) beizufügen. Der Empfänger kann einmalig beantragen, den einheitlichen Vollstreckungstitel (UIPE) in einer der anderen Amtssprachen der EU zu erhalten (§ 20 EUBeitrG). Ein solcher Antrag ist innerhalb von sieben Arbeitstagen nach dem Tag, an dem ihm der einheitliche Vollstreckungstitel (UIPE) für die Vollstreckung im ersuchten EU-MS zugestellt wurde, zu stellen. Das zuständige Finanzamt druckt den einheitlichen Vollstreckungstitel (UIPE) daraufhin in der vom Empfänger beantragten Amtssprache aus und übermittelt diesen erneut an den Empfänger. Eine solche spätere Übermittlung einer Übersetzung des einheitlichen Vollstreckungstitels (UIPE) für die Vollstreckung im ersuchten EU-MS wirkt sich nicht auf die Gültigkeit der Beitreibungs- oder Sicherungsmaßnahmen aus, die auf der Grundlage des einheitlichen Vollstreckungstitels (UIPE) für die Vollstreckung im ersuchten EU-MS bereits ergriffen wurden. Es ergeht damit keine zweite Zahlungsaufforderung und dementsprechend wird auch kein neuer Zahlungstermin bestimmt.

4.2.5 Insolvenzverfahren

Nach Art. 39 der EUInsVO können EU-MS Steueransprüche unmittelbar im anderen EU-MS zum Insolvenzverfahren anmelden. Das zuständige Finanzamt bzw. bei Steuern auf Versicherungsprämien das dafür zuständige Referat im BZSt hat die ausländische Steuerforderung vorsorglich zur Tabelle anzumelden, sofern sich aus dem Ersuchen eines EU-MS nicht ergibt, dass die Anmeldung nach Art 39 der EUInsVO bereits unmittelbar durch die ersuchende Behörde vorgenommen worden ist.

Bei Ersuchen aus Dänemark (vgl. Tz. 3.1.3) und Nicht-EU-MS sind ausländische Steuerforderungen grundsätzlich zur Tabelle anzumelden.

Über das Insolvenzverfahren und die Anmeldung zur Tabelle ist unter Angabe der Anschrift des zuständigen Insolvenzgerichts, des Aktenzeichens sowie des Namens und der Anschrift des Insolvenzverwalters dem BZSt unverzüglich zu berichten. Bestreitet ein Gläubiger oder der Insolvenzverwalter im Prüfungstermin die angemeldete titulierte Forderung, obliegt es dem Bestreitenden, den Widerspruch zu verfolgen (§ 179 Abs. 2 InsO). Die Zustimmung zu einem (außergerichtlichen) Schuldenbereinigungs- und/oder Insolvenzplan obliegt der ersuchenden Behörde.

4.2.6 Zwischen- und Sachstandsberichte

Nach Art. 20 Nr. 2 der EUBeitrDV ist die ersuchende Behörde jeweils spätestens nach Ablauf von sechs Monaten seit Eingang des Ersuchens beim BZSt über den Stand der Beitreibung zu unterrichten, wenn das Beitreibungsersuchen noch nicht erledigt werden konnte. Das zuständige Finanzamt berichtet dem BZSt je nach Landesregelung entweder unmittelbar oder über die OFD bzw. die ihm unmittelbar vorgesetzte Behörde vor Ablauf jeder Sechsmonatsfrist über den Sachstand. Dies geschieht grundsätzlich unter Verwendung der entsprechenden Antwortfelder in Teil 7 des elektronischen Formblatts „Ersuchen um Beitreibung oder Sicherungsmaßnahmen".

Bei Ersuchen nach DBA und Amts- und Rechtshilfeabkommen ist entsprechend zu verfahren. Die Mitteilungen sind formlos zu erstellen und elektronisch auf dem vorgesehenen Geschäftsweg zu übermitteln. Wegen der Besonderheiten bei Ersuchen nach Kanada siehe Tz. 5.2.3.

4.2.7 Währung, Umrechnung

Ausländische Forderungen werden in Euro vollstreckt. In Beitreibungsersuchen aufgrund der EU-BeitrRL ist der einzuziehende Betrag in Euro anzugeben. Sofern die ausländische Forderung nicht in Euro angegeben ist, rechnet das zuständige Finanzamt diese Forderung nach dem am Tag des Eingangs des Ersuchens beim BZSt geltenden Umrechnungskurs in Euro um. Zur Ermittlung der Kurse siehe Tz. 3.1.5.

4.2.8 Rechtsbehelfe

Rechtsbehelfe gegen die Rechtmäßigkeit der ausländischen Forderung, des ursprünglichen Vollstreckungstitels oder des einheitlichen Vollstreckungstitels (UIPE) sind bei der zuständigen ausländischen Finanzbehörde einzulegen. Wenn Rechtsbehelfe bei den inländischen Finanzbehörden eingelegt werden, ist das BZSt darüber zu informieren. Das BZSt teilt dem Vollstreckungsschuldner mit, dass er den Rechtsbehelf bei der zuständigen ausländischen Finanzbehörde einzulegen hat (§ 13 Abs. 2 Satz 1 EUBeitrG).

Sobald die ersuchende Behörde mitteilt, dass der Vollstreckungsschuldner einen Rechtsbehelf eingelegt hat, und nicht gleichzeitig um Weiterführung des Vollstreckungsverfahrens ersucht, setzt das Finanzamt das Vollstreckungsverfahren aus bzw. sieht von der Einleitung der Vollstreckung ab. Dies gilt entsprechend, wenn der Vollstreckungsschuldner mitteilt, dass er bei der ersuchenden Behörde einen Rechtsbehelf eingelegt hat und dies durch geeignete Unterlagen nachweist. In diesem Fall ist dem BZSt zu berichten. Ist zu befürchten, dass durch das Aussetzen der Vollstreckung bzw. das Absehen von deren Einleitung die Vollstreckung vereitelt oder wesentlich erschwert wird, kann das zuständige Finanzamt in Fällen des § 13 Abs. 2 EUBeitrG bzw. des Art. 14 Abs. 4 Unterabsatz 2 EUBeitrRL Sicherungsmaßnahmen nach den Vorschriften der AO durchführen. Sicherungsmaßnahmen unterbleiben, wenn der zu vollstreckende Betrag hinterlegt oder auf andere Weise Sicherheit geleistet wird (vgl. §§ 241 ff. AO). Bereits getroffene Sicherungsmaßnahmen sind in diesem Fall aufzuheben.

Sofern die ersuchende Behörde die Weiterführung des Vollstreckungsverfahrens beantragt, entscheidet das zuständige Finanzamt, ob und ggf. welche Vollstreckungsmaßnahmen zu treffen sind. In den Fällen des § 13 Abs. 3 EUBeitrG bzw. Art. 14 Abs. 4 EUBeitrRL ist ein solcher Antrag zu begründen. Die Anwendung des § 258 AO bleibt unberührt.

4.2.9 Aufteilung einer Gesamtschuld

Das zuständige Finanzamt setzt das Vollstreckungsverfahren aus und berichtet, wenn der Vollstreckungsschuldner Einwendungen erhebt, die nach deutschem Recht die Aufteilung einer Gesamtschuld rechtfertigen würden (§§ 268 ff. AO). Das BZSt bittet die ersuchende Behörde um Mitteilung, wie sich die beizutreibende Steuer auf die Gesamtschuldner verteilt.

4.2.10 Überweisung eingezogener Beträge

Eingezogene Beträge sind grundsätzlich innerhalb von zwei Monaten auf das im Ersuchen angegebene Bankkonto unter Angabe von IBAN und BIC zu überweisen (Art. 23 EUBeitrDV). Bei Bewilligung von Ratenzahlungen oder bei Pfändungen mit nur geringen Beträgen können Vereinbarungen darüber getroffen werden, dass die Zahlungen gesammelt und halbjährlich überwiesen werden. Hierüber ist das BZSt zu informieren. Der Betrag und das Datum der Zahlung sind der ersuchenden Behörde durch Eintragung in die entsprechenden Felder in Teil 7 des elektronischen Formblatts „Ersuchen um Beitreibung oder Sicherungsmaßnahmen" mitzuteilen.

4.2.11 Änderung der rückständigen Beträge

Teilt die ersuchende Behörde mit, dass sich der Rückstand geändert hat, so ist das Vollstreckungsverfahren, nach Vorlage von geänderten Vollstreckungsunterlagen, hinsichtlich der geänderten Forderung weiterzuführen. Erhöht sich der Rückstand durch ein ergänzendes Ersuchen, ist über den Differenzbetrag eine Zahlungsaufforderung zu erteilen (Tz. 4.2.4). Ermäßigt sich der Rückstand, sind die zu viel erhobenen Beträge zu erstatten, wenn sie noch nicht weitergeleitet worden sind.

4.2.12 Abschlussbericht

Das zuständige Finanzamt berichtet dem BZSt nach Erledigung eines Beitreibungsersuchens über das Ergebnis. Der Bericht soll enthalten:

– den Tag der Zahlung des Rückstandes und den Tag der Überweisung an die ersuchende Behörde;

– den maßgebenden Umrechnungskurs, wenn die ausländische Forderung umzurechnen war;

– die Gründe, warum Vollstreckungsmaßnahmen ganz oder teilweise erfolglos verlaufen sind;

– eine Auflistung der ausgebrachten Vollstreckungsmaßnahmen.

Bei Ersuchen nach der EUBeitrRL erfolgt der Bericht durch Ausfüllen der entsprechenden Felder in Teil 7 des elektronischen Formblatts „Ersuchen um Beitreibung oder Sicherungsmaßnahmen". In allen anderen Fällen kann der Bericht formlos erstattet werden.

4.2.13 Verbleib der Unterlagen

Die Beitreibungsunterlagen verbleiben grundsätzlich bei dem zuständigen Finanzamt, es sei denn, die ausländische Behörde bittet um Rücksendung dieser Unterlagen.

4.3 Ersuchen um Sicherungsmaßnahmen

Die zuständige ausländische Behörde kann um Sicherungsmaßnahmen ersuchen. Für die Durchführung von Sicherungsmaßnahmen gelten die Vorschriften der AO, der Vollstreckungsanweisung und der Vollziehungsanweisung entsprechend.

Wenn die Forderung noch nicht fällig und vollstreckbar ist, erfolgt die Sicherung durch Anordnung und Vollziehung des dinglichen Arrestes (§ 324 AO).

Die Anordnung des dinglichen Arrestes obliegt dem Finanzamt, in dessen Bezirk der Vollstreckungsschuldner seinen Wohnsitz/gewöhnlichen Aufenthalt hat oder Vermögen besitzt, in das vollstreckt werden soll (§ 19 AO). Kommen mehrere Finanzämter in Betracht, so ist das zuerst mit der Angelegenheit befasste Finanzamt zuständig. Die - erst nach Eingang eines Beitreibungsersuchens zulässige - Zahlungsaufforderung (Tz. 4.2.4) und die Mitteilung der Verwertungsabsicht (§ 327 AO) obliegen dem für die Arrestvollziehung zuständigen Finanzamt.

Die Vollziehung der Arrestanordnung kann mit Genehmigung der Vollstreckungsbehörde auch in anderer Weise als durch Hinterlegung von Geld, z. B. durch Sicherheitsleistung (vgl. §§ 241 ff. AO), abgewendet werden. Kommt das zuständige Finanzamt zu der Auffassung, dass kein Arrestgrund vorliegt, ist das Ersuchen mit entsprechender Begründung zurückzugeben.

In allen anderen Fällen sind beantragte Sicherungsmaßnahmen ohne Arrestanordnung auszubringen.

Die Ausführungen hinsichtlich der Form, Übermittlungs- und Berichtspflicht zu Beitreibungsersuchen gelten sinngemäß.

4.4 Zustellungsersuchen zu Beitreibungszwecken

Auf Ersuchen der zuständigen Behörde eines EU-MS veranlasst die Vollstreckungsbehörde die Zustellung aller mit einer Forderung oder mit deren Vollstreckung zusammenhängenden Verfügungen und Entscheidungen, die von dem EU-MS ausgehen, in dem die ersuchende Behörde ihren Sitz hat (§ 7 Abs. 1 EUBeitrG bzw. Art. 8 EUBeitrRL i.V. m. Art. 10 EUBeitrDV).

Über die Erledigung ist dem BZSt umgehend zu berichten.

Für Ersuchen aufgrund von DBA und Amts- und Rechtshilfeabkommen gilt Entsprechendes.

Die Zustellung richtet sich nach den Vorschriften des VwZG.

Bei Ersuchen nach der EUBeitrRL ist dem zuzustellenden Dokument das in deutscher Sprache ausgedruckte einheitliche Zustellungsformblatt (UNF) nach § 7 Abs. 1 EUBeitrG sowie die Mitteilung an den Empfänger (Anlage 11) beizufügen.

Der Empfänger kann einmalig beantragen, das einheitliche Zustellungsformblatt (UNF) in einer der anderen Amtssprachen der EU zu erhalten (§ 20 EUBeitrG). Ein solcher Antrag ist innerhalb von sieben Arbeitstagen nach dem Tag, an dem ihm das einheitliche Zustellungsformblatt (UNF) zugestellt wurde, zu stellen. Das zuständige Finanzamt druckt das einheitliche Zustellungsformblatt (UNF) daraufhin in der vom Empfänger beantragten Amtssprache der EU aus und übermittelt dieses erneut an den Empfänger. Eine solche spätere Übermittlung einer weiteren Übersetzung des einheitlichen Zustellungsformblatts (UNF) in einer anderen Amtssprache der EU, gilt nicht als neue Zustellung und wirkt sich nicht auf das Datum der ursprünglichen Zustellung des einheitlichen Zustellungsformblatts (UNF) aus.

4.5 Auskunftsersuchen zu Beitreibungszwecken

Die zuständige ausländische Behörde kann zur Vorbereitung der Vollstreckung um Auskünfte ersuchen. Zur Vorbereitung der Vollstreckung gehört auch die Informationsgewinnung (insbesondere Feststellung von Adressen) für Zustellung(sersuch)en und Beitreibungs- oder Sicherungsersuchen. Die Ermittlungsbefugnis für die Auskunftserteilung ergibt sich aus § 249 Abs. 2 AO. In der Regel genügt es, die Auskunft auf die Aktenlage und die am Arbeitsplatz zur Verfügung stehenden elektronischen Abfragemöglichkeiten zu beschränken.

Ein automatisierter Abruf von Konteninformationen nach § 93 Abs. 7 AO (siehe Tz. 4.2.3) ist bei einem Ersuchen um Auskunft zu Einkünften und Vermögenswerten für die Beitreibung zwar zulässig, dürfte aber aufgrund der Informationspflicht über den durchgeführten Kontenabruf unzweckmäßig sein.

Eine Auskunft kann verweigert werden, wenn durch die Erteilung der Auskunft die Sicherheit oder die öffentliche Ordnung verletzt sein könnte oder ein Handels-, Gewerbe- oder Berufsgeheimnis preisgegeben würde (§ 5 Abs. 2 EUBeitrG, § 117 Abs. 3 Satz 1 Nr. 4 AO). Von einer Anhörung des Vollstreckungsschuldners kann regelmäßig abgesehen werden (§ 117 Abs. 4 AO i. V. m. § 91 Abs. 2 Nr. 5 AO).

Über die Erledigung ist dem BZSt umgehend, spätestens nach sechs Monaten zu berichten.

Für Ersuchen aufgrund von DBA und Amts- und Rechtshilfeabkommen gilt Entsprechendes.

4.6 Änderung der örtlichen Zuständigkeit

Ändert sich die örtliche Zuständigkeit, ist das Ersuchen, ggf. über die OFD bzw. die dem Finanzamt unmittelbar vorgesetzte Landesfinanzbehörde, an das nunmehr zuständige Finanzamt weiterzuleiten. Dem BZSt ist eine Abgabenachricht zu erteilen.

5 Besonderheiten zu einzelnen Staaten

5.1 EU-MS

5.1.1 AT - Österreich

Nach der zwischen dem Bundesministerium für Finanzen der Republik Österreich und dem BMF getroffenen Konsultationsvereinbarung[12] hat die EUBeitrRL im Bereich der Amtshilfe bei der Vollstreckung ab dem 01. Juni 2012 grundsätzlich Vorrang gegenüber dem deutsch-österreichischen Amtshilfevertrag[13]. Insbesondere finden die Regelungen in Bezug auf die Zustellung von Dokumenten sowie die Behördenzuständigkeit des deutsch-österreichischen Amtshilfevertrags keine Anwendung mehr. Auf vereinbarte Amtshilfe im Insolvenzverfahren sowie im Bereich Finanzstrafen ist nach der Konsultationsvereinbarung, der deutsch-österreichische Amtshilfevertrag weiterhin anzuwenden.

---

[12] Konsultationsvereinbarung vom 6. September 2012 zwischen dem Bundesministerium für Finanzen der Republik Österreich und dem Bundesministerium der Finanzen der Bundesrepublik Deutschland nach Artikel 15 Absatz 1 des Vertrags vom 4. Oktober 1954 zwischen der Republik Österreich und der Bundesrepublik Deutschland über Rechtsschutz und Rechtshilfe in Abgabensachen zur Neugestaltung der verwaltungsbehördlichen Zusammenarbeit im Bereich der Vollstreckungsamtshilfe (BStBl 2012 I S. 882).
[13] Vertrag vom 4. Oktober 1954 zwischen der Bundesrepublik Deutschland und der Republik Österreich über Rechtsschutz und Rechtshilfe in Abgabensachen (BGBl. II Nr. 833/1955).

5.1.2 BE - Belgien

In Belgien sind für die Beitreibung nach der EUBeitrRL verschiedene Behörden zuständig. Für Umsatzsteuerforderungen ist daher ein gesondertes Ersuchen erforderlich. Dies hat keine Auswirkung auf die Berechnung des Mindestbetrages. Es gilt der Mindestbetrag von 1.500 Euro für den Gesamtbetrag der Forderungen der zeitgleich gestellten Ersuchen.

Belgien kann auch dann um Unterstützung nach der EUBeitrRL ersucht werden, wenn die Forderungen älter als fünf Jahre sind und hierfür besondere sachliche Umstände vorliegen (z. B. Betrug, der Vollstreckungsschuldner kann im Ausland nicht ausfindig gemacht werden, Durchführung besonders lang andauernder Beitreibungsverfahren). Entsprechende Ersuchen sind zu begründen.

Frauen werden in Belgien in Registern und Verzeichnissen unter ihrem Geburtsnamen erfasst. Um die Erfolgsaussichten zu erhöhen und die Ermittlungen zu erleichtern, sollte der Geburtsname - soweit bekannt - und der Name und Vorname sowie das Geburtsdatum des Ehemannes angegeben werden.

5.1.3 CZ - Tschechische Republik

In Altfällen (Ersuchen, die vor dem 1. Januar 2012 übersandt wurden) ist eine geänderte Rückstandsanzeige erforderlich, wenn sich der Rückstand durch eine behördliche oder gerichtliche Entscheidung oder durch eine Zahlung, die nicht durch die ersuchte Behörde überwiesen wurde, mindert.

5.1.4 DK - Dänemark

Nach Art. 34 Abs. 1 des DBA-Dänemark ist grundsätzlich für Fragen im Zusammenhang mit Verjährungsfristen das Recht des ersuchenden Vertragsstaats maßgebend. Der ersuchte Vertragsstaat ist jedoch nicht zur Beitreibung verpflichtet, wenn der Anspruch nicht nach seinem eigenen Recht beigetrieben werden könnte, d. h. wenn er nach dem Recht des ersuchten Vertragsstaats bereits verjährt wäre.

In Dänemark beträgt die Verjährungsfrist drei Jahre. Bei einer Übermittlung eines Beitreibungsersuchens nach Dänemark über inländische Forderungen die älter als drei Jahre sind, wird daher vorausgesetzt, dass Maßnahmen ergriffen worden sind, die eine Unterbrechung der Verjährungsfrist in beiden Vertragsstaaten bewirken. Die in Deutschland ergriffenen Maßnahmen zur Unterbrechung der Verjährung sind im Ersuchen mitzuteilen und entsprechende Kopien der Unterbrechungsmaßnahmen sind beizufügen. Des Weiteren sind den Ersuchen neben der Rückstandsanzeige stets beglaubigte Ablichtungen der zugrunde liegenden Steuer- oder Haftungsbescheide beizufügen.

Dänemark kann auch dann nach der EUBeitrRL ersucht werden, wenn die Forderungen älter als drei Jahre sind und keine Unterbrechungshandlung stattgefunden hat, da hier das Recht des ersuchenden Vertragsstaats maßgebend ist.

Für aus Dänemark eingehende Ersuchen gilt im übrigen Tz. 1.8.

Das DBA-Dänemark umfasst nicht die Färöer und Grönland (Art. 3 des DBA-Dänemark).

In Dänemark ist die EUInsVO nicht anwendbar (siehe Tz. 3.1.3).

5.1.5 EE - Estland

Estland kann auch dann um Unterstützung nach der EUBeitrRL ersucht werden, wenn die Forderungen älter als fünf Jahre sind. Entsprechende Ersuchen sind zu begründen.

5.1.6 EL - Griechenland

Griechenland kann auch dann um Unterstützung nach der EUBeitrRL ersucht werden, wenn die Forderungen älter als fünf Jahre sind. Entsprechende Ersuchen sind zu begründen.

Wegen des andersartigen Aufbaus des griechischen Melderegisters haben Vollstreckungs- und Sicherungsersuchen dann größere Aussichten auf Erfolg, wenn sie zusätzlich sämtliche über den Vollstreckungsschuldner bekannten Informationen, insbesondere Geburtsdatum und -ort des Vollstreckungsschuldners sowie Name und Geburtsdatum der Eltern des Vollstreckungsschuldners enthalten. Des Weiteren sollten die Ersuchen den Hinweis enthalten, dass im ersuchenden EU-MS außer den im Ersuchen mitgeteilten Informationen keine weiteren Angaben zum Vollstreckungsschuldner vorliegen.

Die Beschlagnahme und Pfändung von Bankguthaben sind in Griechenland unzulässig. Vollstreckungs- und Sicherungsersuchen sind daher nur bei anderen bekannten Vermögenswerten sinnvoll.

5.1.7 ES - Spanien

Spanien kann auch dann um Unterstützung nach der EUBeitrRL ersucht werden, wenn die Forderungen älter als fünf Jahre sind. Entsprechende Ersuchen sind zu begründen.

In Spanien besteht eine zeitliche Befristung für jede Sicherungsmaßnahme. Grundsätzlich beträgt diese Frist sechs Monate. Auf Antrag der ersuchenden Behörde kann sie in begründeten Fällen um weitere sechs Monate verlängert werden.

5.1.8 FI - Finnland

Finnland kann auch dann um Unterstützung nach der EUBeitrRL ersucht werden, wenn die Forderungen älter als fünf Jahre sind. Entsprechende Ersuchen sind zu begründen.

Ersuchen nach Finnland, die nicht auf die EUBeitrRL gestützt werden können, sind nach Art. 14 des Amts- und Rechtshilfeabkommens nicht zulässig, wenn der Vollstreckungsschuldner finnischer Staatsangehöriger ist und seinen Wohnsitz oder dauernden Aufenthalt in Finnland hat. Das gilt nicht,

a) wenn der Vollstreckungsschuldner im Zeitpunkt der Entstehung der Forderung deutscher Staatsangehöriger war oder den Wohnsitz, den dauernden Aufenthalt oder eine Betriebsstätte in der Bundesrepublik Deutschland hatte

 oder

b) wenn das Ersuchen einen Fall betrifft, in dem eine Doppelbesteuerung aufgrund des DBA beseitigt oder gemildert ist.

Die Einschränkungen gelten für juristische Personen und Personenvereinigungen sinngemäß.

Die Ausnahmeregelung unter Buchstabe a) gilt nicht für Sicherungsmaßnahmen.

Ersuchen, die sich auf einen Ausnahmetatbestand stützen, sind zu begründen.

Des Weiteren ist die Zuständigkeit des Finanzamts zu bescheinigen.

5.1.9 GB - Vereinigtes Königreich

Es können nur bestehende, keine zukünftigen Forderungen gepfändet werden.

Sicherungsersuchen an das Vereinigte Königreich sind zwar zulässig, aufgrund der dortigen hohen gerichtlichen Anforderungen aber von vornherein aussichtslos.

Die EUBeitrRL ist nicht für die Isle of Man sowie die Kanalinseln anwendbar.

Ersuchen nach Gibraltar werden vom Vereinigten Königreich derzeit noch nicht bearbeitet.

In England, Wales und Nordirland gibt es keine Zahlungsverjährung für direkte und indirekte Steuern. In Schottland beträgt die Frist 20 Jahre, kann aber durch eine Vielzahl von Maßnahmen unterbrochen werden. Eingehende Ersuchen aus dem Vereinigten Königreich enthalten daher keine Angaben über den Eintritt der Verjährung.

In Altfällen (Ersuchen, die vor dem 1. Januar 2012 übersandt wurden) ist eine geänderte Rückstandsanzeige erforderlich, wenn sich der Rückstand durch eine behördliche oder gerichtliche Entscheidung oder durch eine Zahlung, die nicht durch die ersuchte Behörde überwiesen wurde, mindert.

5.1.10 IE - Irland

Sicherungsersuchen nach Irland sind nicht zulässig.

In Irland gibt es keine Zahlungsverjährung für direkte und indirekte Steuern. Eingehende Ersuchen enthalten daher keine Angaben über den Eintritt der Verjährung.

5.1.11 IT - Italien

Vollstreckungs- und Sicherungsersuchen haben dann größere Aussichten auf Erfolg, wenn sie zusätzlich sämtliche über den Vollstreckungsschuldner bekannte Informationen, insbesondere sämtliche Vornamen, Geburtsdatum und -ort des Vollstreckungsschuldners enthalten

Ersuchen nach Italien, die nicht auf die EUBeitrRL gestützt werden können, sind nach Art. 13 des Amts- und Rechtshilfeabkommens nicht zulässig, wenn der Vollstreckungsschuldner italienischer Staatsangehöriger ist und seinen Wohnsitz oder dauernden Aufenthalt in Italien hat. Das gilt nicht,

a) wenn der Vollstreckungsschuldner im Zeitpunkt der Entstehung der Forderung deutscher Staatsangehöriger war oder den Wohnsitz, den dauernden Aufenthalt oder eine Betriebsstätte in der Bundesrepublik Deutschland hatte

    oder

b) wenn das Ersuchen einen Fall betrifft, in dem eine Doppelbesteuerung aufgrund des DBA-Italien beseitigt oder gemildert ist.

Die Einschränkungen gelten für juristische Personen und Personenvereinigungen sinngemäß. Ersuchen, die sich auf einen Ausnahmetatbestand stützen, sind zu begründen.

Die Zuständigkeit des Finanzamts ist zu bescheinigen.

Grundstücke können in Italien mit einer Sicherungshypothek belastet werden, wenn der Gesamtbetrag der betreffenden Forderung(en) insgesamt mindestens 20.000 Euro beträgt. Wenn sich auf dem Grundstück keine Hauptwohnung befindet, liegt die Grenze bei mindestens 8 000 Euro.

Das Amts- und Rechtshilfeabkommen findet keine Anwendung auf Ersuchen zur Vollziehung des dinglichen Arrestes.

5.1.12 LU - Luxemburg

In Luxemburg sind für die Beitreibung nach der EUBeitrRL verschiedene Behörden zuständig. Für Umsatzsteuerforderungen ist daher ein gesondertes Ersuchen erforderlich. Dies hat keine Auswirkung auf die Berechnung des Mindestbetrages. Es gilt der Mindestbetrag von 1.500 Euro für den Gesamtbetrag der Forderungen der zeitgleich gestellten Ersuchen.

Soll eine Kontopfändung durchgeführt werden, müssen aktuelle Beweise vorgelegt werden, die den Vollstreckungsschuldner als Kontoinhaber ausweisen.

Eine Pfändung von Forderungen aus Lebensversicherungsverträgen mit dem Recht der Auflösung des Versicherungsverhältnisses und der Auszahlung des Rückkaufs-wertes ist nach luxemburgischem Versicherungsrecht ausgeschlossen.

Das DBA-Luxemburg ist nicht auf Holdinggesellschaften anwendbar.

5.1.13 PL - Polen

Ersuchen nach dem DBA-Polen sind wie Ersuchen nach der EUBeitrRL unter Nutzung des EU-Programms „Elektronische Formulare der Beitreibung" zu erstellen und elektronisch zu übermitteln. Zusätzlich ist zwingend anzugeben, dass es sich um ein Ersuchen nach Art. 28 Amtshilfe bei der Beitreibung von Steuern des DBA-Polen handelt.

5.1.14 RO - Rumänien

In Altfällen (Ersuchen, die vor dem 1. Januar 2012 übersandt wurden) ist eine geänderte Rückstandsanzeige erforderlich, wenn sich der Rückstand durch eine behördliche oder gerichtliche Entscheidung oder durch eine Zahlung, die nicht durch die ersuchte Behörde überwiesen wurde, mindert.

5.1.15 SE - Schweden

Schweden kann auch dann um Unterstützung nach der EUBeitrRL ersucht werden, wenn die Forderungen älter als fünf, aber nicht älter als zehn Jahre sind. Entsprechende Ersuchen sind zu begründen.

5.1.16 SK - Slowakische Republik

In Altfällen (Ersuchen, die vor dem 1. Januar 2012 übersandt wurden) ist eine geänderte Rückstandsanzeige erforderlich, wenn sich der Rückstand durch eine behördliche oder gerichtliche Entscheidung oder durch eine Zahlung, die nicht durch die ersuchte Behörde überwiesen wurde, mindert.

5.2 Drittstaaten

5.2.1 Albanien

Die Einzelheiten zur Durchführung der Amtshilfe bei der Steuererhebung nach dem DBA-Albanien werden noch von den Vertragsstaaten festgelegt.

5.2.2 Algerien

Die Einzelheiten zur Durchführung der Amtshilfe bei der Steuererhebung nach dem DBA-Algerien werden noch von den Vertragsstaaten festgelegt.

5.2.3 Kanada

Die Einzelheiten zur Durchführung der Amtshilfe bei der Steuererhebung sind in der Vereinbarung über die Zusammenarbeit zwischen den zuständigen Behörden Deutschlands und Kanadas nach Art. 27 des deutsch-kanadischen DBA vom 22. Oktober 2013 (BStBl I 2013 S. 1483) festgelegt.

Ersuchen sind unter Nutzung der Anlagen A und B zur vorgenannten Vereinbarung zu erstellen und elektronisch zu übermitteln. Amtshilfefähig sind nur steuerliche Ansprüche, die in Veranlagungszeiträumen ab dem 1. Januar 2001 entstanden sind. Sicherungsersuchen nach Kanada sind nicht zulässig.

Das BZSt teilt der ersuchenden kanadischen Behörde spätestens innerhalb von drei Monaten nach Eingang des Ersuchens schriftlich mit, dass der steuerliche Anspruch zur Beitreibung angenommen wurde. Des Weiteren unterrichtet das BZSt die ersuchende kanadische Behörde spätestens innerhalb von neun Monaten nach der Annahme des Ersuchens über die getroffenen Maßnahmen und ihre Ergebnisse.

Die in Abschnitt V. der vorgenannten Vereinbarung zur Frage der Kostenerstattung enthaltenen Bestimmungen sind zu beachten.

5.2.4 Mauritius

Die Einzelheiten zur Durchführung der Amtshilfe bei der Steuererhebung nach dem DBA-Mauritius werden noch von den Vertragsstaaten festgelegt.

5.2.5 Mexiko

Die Einzelheiten zur Durchführung der Amtshilfe bei der Steuererhebung nach dem DBA-Mexiko werden noch von den Vertragsstaaten festgelegt.

5.2.6 Schweiz

Ersuchen in die Schweiz nach dem Abkommen über die Zusammenarbeit zwischen der Europäischen Gemeinschaft und ihren Mitgliedstaaten einerseits und der Schweizerischen Eidgenossenschaft andererseits zur Bekämpfung von Betrug und sonstigen rechtswidrigen Handlungen, die ihre finanziellen Interessen beeinträchtigen[14], sind nur in Umsatzsteuerbetrugsfällen möglich. Ein Ersuchen kann nach Art. 3 des Abkommens abgelehnt werden, wenn der verkürzte Betrag 25.000 Euro voraussichtlich nicht überschreiten wird.

5.2.7 Türkei

Die Einzelheiten zur Durchführung der Amtshilfe bei der Steuererhebung nach dem DBA-Türkei werden noch von den Vertragsstaaten festgelegt.

5.2.8 Uruguay

Die Einzelheiten zur Durchführung der Amtshilfe bei der Steuererhebung nach dem DBA-Uruguay werden noch von den Vertragsstaaten festgelegt.

5.2.9 USA

Amtshilfe bei der Steuererhebung nach dem DBA-USA wird nur bei abkommenswidriger Inanspruchnahme von DBA-Vergünstigungen (Art. 26 Abs. 4 und 5 des DBA-USA 2008) gewährt.

Dieses Schreiben wird im Bundessteuerblatt Teil I veröffentlicht und ist dauerhaft auf der Internetseite des BZSt unter http://www.bzst.de abrufbar. Es ersetzt das Merkblatt zur zwischenstaatlichen Amtshilfe bei der Steuererhebung (Beitreibung) vom 29. Februar 2012 - IV B 6 - S 1320/07/10011 :010 -, BStBl I S. 244.

---

[14] Das Abkommen wurde mit Vertragsgesetz vom 26. März 2008 im BGBl. 2008 II S. 182 veröffentlicht. Es wurde noch nicht von allen Vertragsparteien ratifiziert. Sowohl die Schweiz als auch Deutschland haben jedoch die Erklärung zur vorläufigen Anwendung des Abkommens notifiziert. Die Veröffentlichung der vorläufigen Anwendung des Abkommens erfolgte am 12. Oktober 2009 (BGBl. 2009 II S. 1117). Seit diesem Zeitpunkt ist das Abkommen zwischen der Schweiz und Deutschland anwendbar.

Merkblatt zur zwischenstaatlichen Amtshilfe durch Informationsaustausch in Steuersachen

(BMF-Schreiben vom 29.5.2019 - IV B 6 - 1320/07/10004:008 -, BStBl I S. 480)[1]

Stand: 1 Januar 2019

Unter Bezugnahme auf das Ergebnis der Erörterungen mit den Vertretern der obersten Finanzbehörden der Länder gelten für die Amtshilfe, die in- und ausländische Finanzbehörden einander zur Festsetzung ihrer Steuern, mit Ausnahme der Mehrwertsteuer, durch Informationsaustausch leisten, die nachfolgenden Grundsätze.

Innerhalb der Zollverwaltung nimmt das Zollkriminalamt (Generalzolldirektion - Direktion VIII) die Aufgaben einer Zentralstelle für die in ihren Zuständigkeitsbereich fallenden Steuern auf dem Gebiet der internationalen Amts- und Rechtshilfe wahr (§ 3 Abs. 6 Nr. 1 ZFdG, § 11 Abs. 3 ZollVG). Ferner ist die Bundesstelle Vollstreckung Zoll (BVZ) beim Hauptzollamt Hannover für diese Steuern die Kontaktstelle der Zollverwaltung für die gegenseitige Amtshilfe bei der Zustellung und Beitreibung nach zwei- und mehrseitigen völkerrechtlichen Verträgen.

Für die Zollverwaltung gelten gesonderte Dienstvorschriften, Erlasse und Verfügungen.

Abschnitt 1 - Allgemeine Regelungen

1. Allgemeines

Dieses Schreiben gilt für die zwischenstaatliche Amtshilfe bei der Festsetzung von Steuern. Ausgenommen ist die Mehrwertsteuer.

Die Durchführung des Informationsaustauschs nach den TIEAs, die sowohl Informationsaustausch im Wege der Amtshilfe wie auch im Wege der Rechtshilfe vorsehen, ist in dem gesonderten BMF-Schreiben "Anwendung der Abkommen über den steuerlichen Informationsaustausch (Tax Information Exchange Agreement - TIEA)" vom 10. November 2015 - IV B 6 - S 1301/11/10002 -, BStBl 2016 I S. 138, geregelt.

Die Grundsätze für die Durchführung koordinierter steuerlicher Außenprüfungen sind in dem BMF-Schreiben "Merkblatt über koordinierte steuerliche Außenprüfungen mit Steuerverwaltungen anderer Staaten und Gebiete" vom 9. Januar 2017 - IV B 6 - S 1315/16/10016 :002 -, BStBl 2017 I S. 89, beschrieben.

Anwendungsfragen im Zusammenhang mit dem verpflichtenden automatischen und spontanen Austausch zu sog. "Tax Rulings/steuerliche Vorbescheide" sind in dem BMF-Schreiben "Merkblatt zum verpflichtenden automatischen und spontanen Austausch verbindlicher Auskünfte, verbindlicher Zusagen und Vorabzusagen zu Verrechnungspreisen im Zusammenhang mit grenzüberschreitenden Sachverhalten" vom 17. August 2017 - IV B 6 - S 1320/16/10002 :014 -, BStBl 2017 I S. 1228, geregelt.

Hinweise zu den Anforderungen an den länderbezogenen Bericht multinationaler Unternehmensgruppen (CbCR) sind dem BMF-Schreiben vom 11. Juli 2017 - IV B 5 - S 1300/16/10010 :002 -, BStBl 2017 I S. 974, zu entnehmen.

---

[1] Inhaltsverzeichnis, Abkürzungsverzeichnis und Anlagen hier nicht abgedruckt.

Zwischenstaatliche Amtshilfe Informationsaustausch

Anwendungsfragen im Zusammenhang mit einem gemeinsamen Meldestandard sowie dem FATCA-Abkommen sind in dem BMF-Schreiben vom 1. Februar 2017 - IV B 6 - S 1315/13/10021 :044 -, BStBl 2017 I S. 305, geändert durch BMF-Schreiben vom 21. September 2018, BStBl 2018 I S. 1026, zum Standard für den automatischen Austausch von Finanzinformationen in Steuersachen erläutert.

Für die Durchführung der zwischenstaatlichen Amtshilfe bei der Steuererhebung gilt das mit BMF-Schreiben vom 23. Januar 2014 - IV B 6 - S 1320/07/ 10011 :011 -, BStBl 2014 I S. 188, veröffentlichte Merkblatt zur zwischenstaatlichen Amtshilfe bei der Steuererhebung (Beitreibung) Stand: 1. Juli 2013.

Für die Durchführung der zwischenstaatlichen Rechtshilfe in Steuerstrafsachen gilt das mit BMF-Schreiben vom 16. November 2006 - IV B 1 - S 1320 - 66/06 -, BStBl 2006 I S. 698, veröffentlichte Merkblatt zur zwischenstaatlichen Rechtshilfe in Steuerstrafsachen. Der Informationsaustausch zwischen den Strafverfolgungsbehörden der EU-MS im Bereich der Steuerfahndung (sog. "Schwedische Initiative") wird in gesonderten gleich lautenden Erlassen der obersten Finanzbehörden der Länder geregelt.

1.1 Zwischenstaatliche Amtshilfe durch Informationsaustausch

Die deutschen Finanzbehörden beanspruchen und gewähren zwischenstaatliche Amtshilfe durch Informationsaustausch nach Maßgabe der in diesem Schreiben dargestellten Grundsätze.

Zwischenstaatliche Amtshilfe durch Informationsaustausch wird beansprucht und gewährt, wenn die Finanzbehörden grenzüberschreitende Sachverhalte nicht angemessen aufklären können, weil sie bei ihren Ermittlungen auf das eigene Staatsgebiet beschränkt sind. Der zwischenstaatliche Informationsaustausch dient auch der Sachverhaltsaufklärung zugunsten des Steuerpflichtigen.

Der zwischenstaatliche Informationsaustausch soll auch bei grenzüberschreitenden Sachverhalten den deutschen Finanzbehörden eine den deutschen Steuergesetzen und den Finanzbehörden des anderen Staates eine den dort geltenden Steuergesetzen entsprechende gleichmäßige und wettbewerbsneutrale Besteuerung ermöglichen (BFH vom 20. Februar 1979, BStBl 1979 II S. 268, und vom 8. Februar 1995, BStBl 1995 II S. 358).

Bei der Durchführung des Informationsaustauschs haben die Finanzbehörden den Grundsatz der Verhältnismäßigkeit, den gesetzmäßigen Schutz des Steuerbürgers (einschließlich der Wahrung des Steuergeheimnisses) sowie die Gegenseitigkeit und Ausgewogenheit des Informationsaustauschs zu wahren.

1.2 Verhältnis zur Rechtshilfe im Steuerstraf- und Bußgeldverfahren

Zwischenstaatliche Amtshilfe liegt vor, wenn Behörden und Gerichte für Zwecke des Besteuerungsverfahrens Informationen austauschen. Von der zwischenstaatlichen Amtshilfe in Steuersachen ist die zwischenstaatliche Rechtshilfe in Steuerstrafsachen zu unterscheiden. Zwischenstaatliche Rechtshilfe in Steuerstrafsachen ist jede Unterstützung, die für ein Steuerstrafverfahren beansprucht oder gewährt wird, unabhängig davon, ob das Verfahren von einem Gericht oder einer Behörde betrieben wird und ob die Rechtshilfehandlung von einem Gericht oder einer Behörde durchgeführt werden soll. Insoweit wird auf das Merkblatt zur zwischenstaatlichen Rechtshilfe in Steuerstrafsachen vom 16. November 2006 - IV B 1 - S 1320 - 66/06 -, BStBl 2006 S. 698, hingewiesen. Auch nach Einleitung eines Steuerstraf- oder Bußgeldverfahrens können noch Informationen auf dem Amtshilfeweg zum Zweck der Ermittlung der Besteuerungsgrundlagen unter Beachtung des § 393 Abs. 1 AO eingeholt und erteilt werden. In Frage kommen Behörden oder Gerichten bereits vorliegende Informationen, z. B. aus Steuerakten oder öffentlichen Registern. Grundlage hierfür sind § 117 AO, die DBA mit großer bzw. umfassender Auskunftsklausel, zweiseitige Amtshilfe-Verträge, TIEAs, die EUAHiRL und das Übereinkommen. Die so erlangten

Anhang 23   Zwischenstaatliche Amtshilfe
Informationsaustausch

Erkenntnisse können nach dem EUAHiG (§ 19 Abs. 2 Satz 1 Nr. 4 EUAHiG) sowie einer Vielzahl von DBA und dem Übereinkommen auch unmittelbar für das Steuerstraf- oder Bußgeldverfahren verwendet werden. Eine Bekanntgabe erhaltener Informationen in öffentlichen Gerichtsverhandlungen oder Gerichtsentscheidungen ist nach dem EUAHiG , einer Vielzahl der DBA und TIEAs sowie dem Übereinkommen zulässig (Anlage 1).

Wird die Finanzbehörde ausschließlich als Strafverfolgungsbehörde in einem Steuerstrafverfahren zur Ermittlung einer Steuerstraftat (§ 386 Abs. 2, § 399 Abs. 1, § 208 Abs. 1 Satz 1 Nr. 1 AO) oder als zuständige Verwaltungsbehörde in einem Bußgeldverfahren zur Ermittlung einer Steuerordnungswidrigkeit (§§ 409, 410, 208 Abs. 1 Satz 1 Nr. 1 AO) tätig, sind Informationen nach den Regeln über die zwischenstaatliche Rechtshilfe in Strafsachen einzuholen (insbesondere zur Vermeidung von Verwertungsverboten) bzw. Ermittlungen aufgrund eines ausländischen Rechtshilfeersuchens nur nach den straf- und bußgeldrechtlichen Vorschriften vorzunehmen. Das gilt z. B. für die Durchsuchung von Personen und Räumen, die Beschlagnahme von Beweismitteln und die Vernehmung von Beschuldigten, Zeugen und Sachverständigen.

Die Ermittlungsergebnisse des Steuerstraf- oder Bußgeldverfahrens können in der Regel unmittelbar im Besteuerungsverfahren verwendet werden (zur Ausnahme Schweiz vgl. Tz. 6.4 des Merkblatts zur zwischenstaatlichen Rechtshilfe in Steuerstrafsachen vom 16. November 2006 - IV B 1 - S 1320 - 66/06 -, BStBl 2006 I S. 698).

1.3 Rechtsgrundlagen der zwischenstaatlichen Amtshilfe durch Informationsaustausch

1.3.1 Überblick/ Allgemeines

Völkerrechtliche Vereinbarungen2 mit zahlreichen Staaten oder Gebieten (z. B. DBA, TIEAs, das FATCA-Abkommen , das Übereinkommen), sowie Rechtsakte der EU enthalten Regelungen über die zwischenstaatliche Amtshilfe durch Informationsaustausch in Steuersachen (vgl. § 117 Abs. 2 AO). Die völkerrechtlichen Vereinbarungen werden durch Zustimmungsgesetz innerstaatliches Recht (Art. 59 Abs. 2 Satz 1 GG). Auf das jährlich aktualisierte BMF-Schreiben zum "Stand der Doppelbesteuerungsabkommen und Doppelbesteuerungsverhandlungen", veröffentlicht im BStBl und aufgenommen in das vom BMF herausgegebene "Amtliches Einkommensteuer-Handbuch", dort Anhang 12 I, wird hingewiesen.

Inländische Rechtsgrundlage für die Gewährung und Inanspruchnahme von Amtshilfe nach dem Recht der EU ist das EUAHiG .

Außerdem kann Amtshilfe unter den Voraussetzungen des § 117 Abs. 3 AO geleistet werden.

Soweit Amtshilfe durch Informationsaustausch nach mehreren Rechtsgrundlagen in Anspruch genommen bzw. geleistet werden kann, stehen diese Rechtsgrundlagen gleichwertig nebeneinander. Im Verhältnis zu anderen EU-MS wird Amtshilfe jedoch grundsätzlich nur dann nach einer anderen Rechtsgrundlage als dem EUAHiG geleistet bzw. in Anspruch genommen, wenn und soweit diese eine umfassendere Zusammenarbeit mit dem anderen EU-MS ermöglicht.

1.3.2 Abkommen zur Vermeidung der Doppelbesteuerung

Die DBA sehen regelmäßig den Informationsaustausch in Steuersachen vor. Dieser bezieht sich entweder auf die unter das DBA fallenden Steuern, also stets auf die Einkommen- und Körperschaftsteuer, regelmäßig auch auf die Gewerbe-, Vermögen- und Grundsteuer (direkte Steuern) sowie die Erbschaftsteuer oder auf alle Steuern, die von den Vertragsstaaten und ihren Gebietskörperschaften erhoben werden (Anlage 1). Der Informationsaustausch in Erbschaftsteuersachen kann dabei auch in einem gesonderten Erbschaftsteuer-DBA geregelt sein.

Soweit sich die DBA am Aufbau des OECD-MA orientieren, ist der Informationsaustausch regelmäßig in Art. 26 des jeweiligen DBA geregelt.

1.3.3 Amts- und Rechtshilfevereinbarungen/Informationsaustauschabkommen

Mit einigen Staaten/Gebieten bestehen eigenständige Rechts- und Amtshilfevereinbarunger (z. B. mit Österreich, vgl. Tz. 1.5.1.3), oder besondere Vereinbarungen zur Unterstützung in Steuer- und Steuerstrafsachen durch Informationsaustausch (TIEAs).

Eine Aufstellung über die Abkommen auf dem Gebiet der Rechts- und Amtshilfe und der TIEAs ist dem jährlich aktualisierten BMF-Schreiben zum "Stand der Doppelbesteuerungsabkommen und Doppelbesteuerungsverhandlungen", dort unter "4.", zu entnehmen (vgl. Tz. 1.3.1).

1.3.4 EU-Amtshilferichtlinie und EU-Amtshilfegesetz

Nach Maßgabe der EUAHiRL gewähren sich die Finanzbehörden der EU-MS gegenseitig Amtshilfe durch Informationsaustausch und können Amtshilfe in Anspruch nehmen. Die deutschen Finanzbehörden gewähren Amtshilfe durch Informationsaustausch nach dem EUAHiG. Die Amtshilfe erstreckt sich auf jede Art von Steuern, die von einem oder für einen EU-MS oder dessen Gebiets- oder Verwaltungseinheiten einschließlich der örtlichen Behörden erhoben werden. Das EUAHiG ist allerdings nicht auf die Umsatzsteuer, die Einfuhrumsatzsteuer, Zölle und die harmonisierten Verbrauchsteuern anzuwenden. Es umfasst ferner nicht Beiträge, Umlagen und Gebühren.

Die EUAHiRL und das EUAHiG umfassen mittlerweile auch Regelungen zum verpflichtenden automatischen Informationsaustausch zu bestimmten Einkunftskategorien, über Finanzkonten in Steuersachen (CRS) sowie zur Umsetzung der BEPS-Empfehlungen zu den Aktionspunkten 5 ("Tax Rulings/steuerliche Vorbescheide") und 13 (Austausch länderbezogener Berichte [CbCR]). Die EUAHiRL regelt auch den Zugang der Steuerbehörden zu Informationen zur Bekämpfung der Geldwäsche.

Zur praktischen Umsetzung der Regelungen der EUAHiRL hat die EU-KOM gemeinsam mit den EU-MS Regelungen getroffen, die in den EUAHiDV veröffentlicht werden.

1.3.5 FATCA-Abkommen

Durch das FATCA-Abkommen verpflichten sich die Bundesrepublik Deutschland und die Vereinigten Staaten von Amerika, bestimmte Daten über Finanzkonten von inländischen und US-amerikanischen Finanzinstituten zu erheben und regelmäßig auszutauschen. Die FATCA-USA-UmsV regelt die Erhebung der erforderlichen Daten durch die Finanzinstitute und deren Übermittlungsform. Meldende deutsche Finanzinstitute sind verpflichtet, sich beim IRS zu registrieren und die zu erhebenden Daten zu US-amerikanischen meldepflichtigen Konten an das BZSt zu melden. Das BZSt übermittelt die gemeldeten Daten im Rahmen des vereinbarten automatischen Informationsaustauschs an die zuständige Behörde der Vereinigten Staaten von Amerika. Die von der zuständigen Behörde der Vereinigten Staaten von Amerika dem BZSt automatisch übermittelten Daten werden vom BZSt an die inländischen Landesfinanzverwaltungen weitergeleitet.

1.3.6 Übereinkommen über die gegenseitige Amtshilfe in Steuersachen

Das Übereinkommen über die gegenseitige Amtshilfe in Steuersachen ist für die Bundesrepublik Deutschland nach seinem Art. 28 am 1. Dezember 2015 in Kraft getreten.

Zum 1. Dezember 2015 ist das Übereinkommen jeweils zweiseitig gegenüber den folgender 70 Staaten und Gebieten unter Berücksichtigung der hinterlegten Vorbehalte und Erklärungen

Anhang 23	Zwischenstaatliche Amtshilfe
	Informationsaustausch

grundsätzlich anwendbar: Albanien, Anguilla, Argentinien, Aruba, Australien, Österreich, Aserbaidschan, Belgien, Belize, Bermuda, Britische Jungferninseln, Kamerun, Kanada, Kaimaninseln, Kolumbien, Costa Rica, Kroatien, Curaçao, Zypern, Tschechien, Dänemark, Estland, Färöer, Finnland, Frankreich, Georgien, Ghana, Gibraltar, Griechenland, Grönland, Guernsey, Ungarn, Island, Indien, Indonesien, Irland, Isle of Man, Italien, Japan, Jersey, Kasachstan, Südkorea, Lettland, Litauen, Luxemburg, Malta, Mauritius, Mexiko, Moldawien, Montserrat, Niederlande, Neuseeland, Nigeria, Norwegen, Polen, Portugal, Rumänien, Russland, San Marino, Seychellen, Sint Maarten, Slowakei, Slowenien, Südafrika, Spanien, Schweden, Tunesien, Turks- und Caicosinseln, Ukraine, Großbritannien.

Da die Vereinigten Staaten von Amerika das Protokoll zum Übereinkommen bisher nicht ratifiziert haben, ist zweiseitig das Übereinkommen in seiner Fassung vom 25. Januar 1988, das am 1. April 1995 in Kraft getreten ist, ab dem 1. Dezember 2015 anzuwenden.

Der aktuelle Stand der Unterzeichnungen und Ratifizierungen des Übereinkommens kann auf der Internetseite der OECD eingesehen werden (vgl. Tz. 2.3).

1.3.7 MCAA CRS und Finanzkonten-Informationsaustauschgesetz

Am 29. Oktober 2014 haben die Finanzminister von 51 OECD-Partnerstaaten die Mehrseitige Vereinbarung über den automatischen Informationsaustausch in Steuersachen (MCAA) unterzeichnet. Diese definiert den globalen Standard für den automatischen Informationsaustausch über Finanzkonten (CRS). Mit der MCAA verpflichtet sich die Bundesrepublik Deutschland, Informationen über Finanzkonten mit den Vertragsstaaten auszutauschen, beginnend im September 2017 für den Meldezeitraum 2016. Der MCAA sind zwischenzeitlich weitere Staaten und Gebiete beigetreten (vgl. Tz. 6.3.1.2).

Auf EU-Ebene wurde der CRS im Rahmen der Revision der EUAHiRL umgesetzt. Die nationale Umsetzung der MCAA und der EUAHiRL erfolgte durch das FKAustG. Die von den zuständigen Behörden anderer Staaten und Gebiete dem BZSt automatisch übermittelten Daten werden vom BZSt an die inländischen Landesfinanzverwaltungen weitergeleitet.

1.3.8 MCAA CbC

Am 5. Oktober 2015 veröffentlichte die OECD die Ergebnisse zum gemeinsamen Projekt BEPS von G20 und OECD, welche u. a. ein Maßnahmenpaket gegen Gewinnkürzungen und -verlagerungen vorschlagen. Der BEPS-Aktionspunkt 13 sieht die Erstellung von länderbezogenen Berichten für multinational tätige Unternehmen und deren automatischen Austausch (CbCR) vor.

Zwischen den EU-MS wurde die BEPS-Empfehlung zum Aktionspunkt 13 durch entsprechende Änderungen der EUAHiRL und national durch die Änderung des EUAHiG durch das "Gesetz zur Umsetzung der Änderungen der EU-Amtshilferichtlinie und von weiteren Maßnahmen gegen Gewinnkürzungen und -verlagerungen" vom 20. Dezember 2016 (BGBl. 2016 I S. 3000) umgesetzt.

Der Austausch der länderbezogenen Berichte mit Drittstaaten erfolgt auf Grundlage der am 27. Januar 2016 unterzeichneten Mehrseitigen Vereinbarung (MCAA CbC). Die Maßnahmen wurden durch das vorgenannte "Gesetz zur Umsetzung der Änderungen der EU-Amtshilferichtlinie und von weiteren Maßnahmen gegen Gewinnkürzungen und -verlagerungen" u. a. durch die Aufnahme des § 138a AO "Länderbezogener Bericht multinationaler Unternehmensgruppen" in nationales Recht umgesetzt.

Die meldepflichtigen deutschen Unternehmen i. S. d. § 138a Abs. 1 AO haben einen länderbezogenen Bericht des Konzerns zu erstellen und an das BZSt nach amtlich vorgeschriebenem Datensatz durch Datenfernübertragung zu übermitteln. Es besteht die Möglichkeit der Beauftragung i. S. d. § 138a Abs. 3 AO. Die meldepflichtigen deutschen Unternehmen haben den länderbezogenen Bericht erstmalig für Wirtschaftsjahre, die nach dem 31. Dezember 2015 beginnen, bis zum 31. Dezember 2017 und in den Folgejahren jeweils bis zum 31. Dezember des auf den Meldezeitraum folgenden Kalenderjahres an das BZSt zu übermitteln.

Das BZSt übermittelt alle ihm zugegangenen länderbezogenen Berichte im Rahmen des automatischen Informationsaustauschs an die jeweils zuständige Finanzbehörde des Empfängerstaates.

1.3.9 Informationsaustausch aufgrund von zweiseitigen Verwaltungsabsprachen

Die folgenden Verwaltungsabsprachen sind weiterhin gültig:

- Niederlande vom 16. Oktober 1997, BStBl 1997 I S. 970,

- Frankreich vom 18. Oktober 2001, BStBl 2001 I S. 801,

- Dänemark vom 24. Februar 2005, BStBl 2005 I S. 498,

- Tschechien vom 30. August 2005, BStBl 2005 I S. 904,

- Litauen vom 27. Oktober 2005, BStBl 2005 I S. 1008,

- Estland vom 10. Mai 2006, BStBl 2006 I S. 355,

- Lettland vom 18. Mai 2006, BStBl 2006 I S. 359,

- Ungarn vom 26. Oktober 2006, BStBl 2006 I S. 694,

- Spanien vom 9. April 2013, BStBl 2013 I S. 364,

- Österreich vom 6. November 2013, BStBl 2013 I S. 1460,

- Niederlande vom 14. Juli 2015, BStBl 2015 I S. 555.

1.3.10 Informationsaustausch ohne völkerrechtliche Vereinbarungen und Rechtsakte der Europäischen Union (§ 117 Abs. 1 und 3 AO)

Ausländische Finanzbehörden können gemäß § 117 Abs. 1 AO auch um Informationen ersucht werden, wenn die unter Tz. 1.3.2 bis 1.3.4 und 1.3.6 genannten Rechtsgrundlagen nicht gegeben sind oder ein Ersuchen durch diese Rechtsgrundlage nicht gedeckt ist. Es besteht jedoch grundsätzlich keine völkerrechtliche Verpflichtung des ersuchten Staates zur Erteilung von Informationen.

Ausländischen Ersuchen kann auch dann entsprochen werden, wenn die unter Tz. 1.3.2 bis 1.3.4 und 1.3.6 genannten Rechtsgrundlagen nicht gegeben sind oder ein Ersuchen durch diese Rechtsgrundlagen nicht gedeckt ist. Antworten werden in diesen Fällen nur unter den Voraussetzungen des § 117 Abs. 3 AO erteilt.

Die Aufnahme eines Informationsaustauschs mit Staaten/Gebieten, die nicht unter den Anwendungsbereich der EUAHiRL fallen, das Übereinkommen nicht ratifiziert haben und mit denen auch kein Informationsaustausch in einem DBA, einem Amts- und Rechtshilfevertrag oder TIEA vereinbart worden ist, beschränkt sich auf Fälle mit besonderer Bedeutung.

Einer ausländischen Finanzbehörde können außerdem Informationen zur Entlastung einer Person auf deren Antrag übermittelt werden.

Anhang 23   Zwischenstaatliche Amtshilfe
Informationsaustausch

1.4 Auskunftsarten

Zu unterscheiden sind folgende Auskünfte:

- Auskünfte auf Ersuchen in Einzelfällen (Tz. 4 und 5)

- Spontanauskünfte (Tz. 6.1 und 6.2)

- Automatischer Informationsaustausch (Tz. 6.3)

- Informationsaustausch im Rahmen einer gleichzeitigen Prüfung (Tz. 7)

- Gemeinsame Prüfungstätigkeiten mehrerer Steuerverwaltungen (Tz. 8)

Abschnitt 2 - Informationsaustausch auf Ersuchen und Spontanauskünfte

1.5 Zuständigkeiten und Amtshilfeweg des Informationsaustauschs auf Ersuchen und bei Spontanauskünften

1.5.1 Zuständigkeiten für den Informationsaustausch mit ausländischen Finanzbehörden

1.5.1.1 BMF/BZSt/ZKA

Das BMF hat seine Zuständigkeit für die zwischenstaatliche Amtshilfe bei der Steuerfestsetzung gemäß § 5 Abs. 1 Satz 1 Nr. 5 FVG auf das BZSt übertragen (siehe zuletzt BMF-Schreiben vom 20. Juni 2011 - IV B 5 - O 1000/09/10507-04 -, BStBl 2011 I S. 674). Das BZSt ist zuständige Behörde für den Informationsaustausch in Einzelfällen nach den DBA, den TIEAs und dem Übereinkommen (Art. 3 Abs. 1 Buchstabe d i. V. m. Anlage B des Übereinkommens).

Das BMF hat das BZSt als zentrales Verbindungsbüro im Sinne von Art. 4 Abs. 2 Satz 1 EUAHiRL und § 3 Abs. 2 Satz 1 EUAHiG benannt. Das BZSt übernimmt als zentrales Verbindungsbüro die Kommunikation mit den anderen EU-MS und prüft eingehende und ausgehende Ersuchen bzw. Spontanauskünfte auf die Zulässigkeit nach dem EUAHiG (§ 3 Abs. 3 Satz 1 EUAHiG).

Das BMF hat das ZKA als Verbindungsstelle gemäß Art. 4 Abs. 3 EUAHiRL bzw. § 3 Abs. 2 Satz 2 EUAHiG sowie als zuständige Behörde für den Informationsaustausch nach den DBA, den TIEAs und nach dem Übereinkommen (Art. 3 Abs. 1 Buchstabe d i. V. m. Anlage B des Übereinkommens) für die Steuern im Zuständigkeitsbereich des Zolls benannt. Einzelheiten können dem nicht veröffentlichten BMF-Schreiben vom 16. August 2017 - III B 2 - Z 4601/16/10019 - 2017/0058975 - (Anlage 4) entnommen werden.

1.5.1.2 Landesfinanzbehörden

Das BMF (BZSt) kann im Einzelfall beim Informationsaustausch auf Ersuchen die Auskunftserteilung durch die zuständige oberste Landesfinanzbehörde zulassen. Das gilt nicht für Steuern auf Versicherungsprämien, da sie vom BZSt selbst verwaltet werden (§ 5 Abs. 1 Satz 1 Nr. 25 FVG).

Im Einzelfall kann mit Zustimmung der zuständigen obersten Landesfinanzbehörde die Befugnis zum Informationsaustausch mit den zuständigen ausländischen Finanzbehörden auf eine der obersten Landesfinanzbehörde nachgeordnete Behörde übertragen werden (vgl. z. B. Tz. 5.2.4).

Zwischenstaatliche Amtshilfe Informationsaustausch

Zum Informationsaustausch im Rahmen einer gleichzeitigen Prüfung siehe Tz. 7. Zum Informationsaustausch im Rahmen einer gemeinsamen Prüfungstätigkeit mehrerer Steuerverwaltungen siehe Tz. 8.

Das BMF kann in Abstimmung mit der zuständigen obersten Landesfinanzbehörde den Informationsaustausch auf eine Landesfinanzbehörde übertragen (vgl. Tz. 1.5.1.4).

1.5.1.3 Unmittelbarer Informationsaustausch mit Österreich

Durch die deutsch-österreichische Konsultationsvereinbarung vom 6. November 2013, BStBl 2013 I S. 1460 wurde die Zusammenarbeit der Verwaltungsbehörden im Bereich des Informationsaustauschs in Steuersachen an die neue Rechtslage in der EU angepasst. Danach sind mit Wirkung vom 1. Januar 2013 für den Informationsaustausch in Steuersachen mit Österreich die Bestimmungen der EUAHiRL vorrangig gegenüber dem deutsch-österreichischen Vertrag über Rechtsschutz und Rechtshilfe in Abgabensachen vom 4. Oktober 1954, BStBl 1955 I S. 434 (AHV-1954) und dem zwischen den Vertragsstaaten abgeschlossenen DBA vom 24. August 2000 (DBA-Österreich) in der Fassung des Änderungsprotokolls vom 29. Dezember 2010, anzuwenden. Die Bestimmungen des AHV-1954, die sich auf die Leistung von Amtshilfe durch Informationsaustausch in Steuersachen beziehen, finden daher grundsätzlich mit Wirkung vom 1. Januar 2013 keine Anwendung mehr. Ergänzend wurde vereinbart, dass der unmittelbare Verkehr zwischen den örtlich zuständigen Finanzbehörden in dringenden Fällen nach Art. 4 Abs. 2 des AHV-1954 weiter zulässig ist, sofern dieser Verkehr nicht die durch die EUAHiRL vorgesehenen elektronischen Verfahren betrifft. Die Entsendung von Bediensteten und gleichzeitige oder gemeinsame Prüfungen erfolgen nach den Bestimmungen der EUAHiRL .

1.5.1.4 Delegation von Zuständigkeiten

Den Finanzämtern im Zuständigkeitsbereich des Ministeriums für Finanzen Baden-Württemberg, des Ministeriums der Finanzen Rheinland-Pfalz und des Ministeriums für Finanzen und Europa des Saarlandes wurde die Aufgabe der zuständigen Behörde für den Informationsaustausch mit den Steuerbehörden der französischen Interrégion Est im Bereich der Steuern vom Einkommen und Vermögen mit Wirkung ab 1. Januar 2005 übertragen, BMF-Schreiben vom 7. Dezember 2004 - IV B 4 - S 1320 - 12/04 -, BStBl 2004 I S. 1184.

Dem Bayerischen Landesamt für Steuern im Zuständigkeitsbereich des Bayerischen Staatsministeriums der Finanzen und für Heimat und dem Finanzamt Chemnitz-Süd im Zuständigkeitsbereich des Sächsischen Staatsministeriums der Finanzen wurde die Aufgabe der zuständigen Behörde für den Informationsaustausch mit dem Ministerium der Finanzen der Tschechischen Republik im Bereich der Steuern vom Einkommen und Vermögen mit Wirkung ab 1. Januar 2006 übertragen, BMF-Schreiben vom 6. Oktober 2005 - IV B 1 - S 1321 CZE - 1/05 -, BStBl 2005 I S. 904, und vom 18. August 2006 - IV B 1 - S 1321 CZE - 3/06 -, BStBl 2006 I S. 487.

1.5.1.5 Gemeinden und Gemeindeverbände

Zwischenstaatliche Amtshilfe können auch Gemeinden und Gemeindeverbände nach Maßgabe der in diesem Schreiben dargestellten Grundsätze beanspruchen, soweit ihnen gemäß Art. 108 Abs. 4 Satz 2 GG die Verwaltung von Steuern durch die Länder übertragen worden ist. Sie gelten insoweit als Finanzbehörden im Sinne dieses Schreibens. Eine Verpflichtung der Gemeinden und Gemeindeverbände zur Leistung von Amtshilfe besteht nicht.

1.5.2 Amtshilfeweg

Der Amtshilfeweg beim Informationsaustausch bestimmt sich nach Tz. 1.5.1 sowie den Dienstwegregelungen der Länder. Darüber hinaus ist Folgendes zu beachten:

Anhang 23   Zwischenstaatliche Amtshilfe
Informationsaustausch

a)   Ersuchen an ausländische Finanzbehörden

Die mit der Sache befasste inländische Finanzbehörde legt das Ersuchen dem BZSt auf dem Dienstweg mit Übersendungsschreiben (Anlagen 2a, 2b oder EU-Standardformblatt RIF jeweils mit Anlage 2e) vor. Das BZSt übermittelt das Ersuchen an das Ausland und leitet die Antwort der ausländischen Finanzbehörde auf dem Dienstweg der anfragenden inländischen Finanzbehörde zu.

Die Gemeinden und Gemeindeverbände übermitteln Ersuchen in Fällen der Tz. 1.5.1.5 unmittelbar an das BZSt.

b)   Ersuchen an deutsche Finanzbehörden

Die zuständige ausländische Finanzbehörde übermittelt das Ersuchen dem BZSt. Von dort gelangt das Ersuchen auf dem Dienstweg an die mit den Ermittlungen zu betrauende örtliche Finanzbehörde, die Vornahmebehörde (vgl. Tz. 5.2.6). Das Ermittlungsergebnis wird dem BZSt auf dem Dienstweg mit Übersendungsschreiben (Anlage 2e) vorgelegt.

Ersuchen, die Gemeinden oder Gemeindeverbände betreffen, sind den Landesfinanzbehörden zu übermitteln. Die zuständige Landesfinanzbehörde kann von der Gemeinde oder dem Gemeindeverband Informationen im Wege der allgemeinen Amtshilfe erbitten.

Gehen Ersuchen bei einer anderen Behörde als dem BZSt ein, so sind diese Ersuchen (mit Ausnahme der Ersuchen bei Delegation der Zuständigkeiten nach Tz. 1.5.1.4) dem BZSt unverzüglich zuzuleiten (§ 3 Abs. 4 EUAHiG).

c)   Spontanauskünfte deutscher Finanzbehörden

Für ausländische Finanzbehörden bestimmte Spontanauskünfte werden dem BZSt auf dem Dienstweg mit Übersendungsschreiben (EU-Standardformblatt SIF, ggf. mit Anlage 2c und mit Anlage 2e) vorgelegt. Die Dienstwegregelungen der Länder sind zu beachten, insbesondere die Ausnahmeregelungen, z. B. wenn der inländische Beteiligte nicht angehört wurde oder Einwendungen erhoben hat.

Spontanauskünfte über Arbeitslöhne von in der Bundesrepublik Deutschland ansässigen und in anderen EU-MS tätigen Arbeitnehmern im Zusammenhang mit einem Freistellungsantrag im Lohnsteuer-Abzugsverfahren können direkt von den Finanzämtern dem BZSt vorgelegt werden (Tz. 2.3.5 "Informationsaustausch" des Merkblatts zur steuerlichen Behandlung des Arbeitslohns nach den Doppelbesteuerungsabkommen vom 3. Mai 2018 - IV B 2 - S 1300/08/10027 -, BStBl 2018 I S. 643).

Die Gemeinden und Gemeindeverbände übermitteln Spontanauskünfte unmittelbar an das BZSt.

d)   Spontanauskünfte ausländischer Finanzbehörden

Das BZSt übersendet Spontanauskünfte ausländischer Finanzbehörden der zuständigen Oberfinanzdirektion bzw. den Landesämtern für Steuern und in den Ländern, in denen keine Oberfinanzdirektionen bzw. Landesämter für Steuern bestehen, der obersten Landesfinanzbehörde bzw. im Land Sachsen-Anhalt dem Finanzamt Magdeburg und in der Freien und Hansestadt Hamburg dem Finanzamt für Großunternehmen in Hamburg. Spontanauskünfte über Steuern auf Versicherungsprämien sind dem im BZSt zuständigen Referat zu übermitteln.

Zu den Ausnahmen beim Amtshilfeweg wird auf die Tz. 1.5.1.4 (Delegation von Zuständigkeiten) hingewiesen.

Spontanauskünfte, die ausschließlich Gemeinden oder Gemeindeverbände betreffen, d. h., die für Besteuerungszwecke der ausschließlich von diesen verwalteten Steuern übermittelt werden, sind diesen unmittelbar zuzuleiten.

e) Amtshilfeweg der Zollverwaltung

Zollseitig ist ausschließlich die Geschäftsweg- und Delegierungsregelung nach § 3 Abs. 6 ZFdG anzuwenden (Anlage 4).

1.6 Steuergeheimnis und Geheimhaltung

1.6.1 Geheimhaltung im Inland

Das Steuergeheimnis (§ 30 AO) gilt auch gegenüber ausländischen Finanzbehörden. Es steht jedoch dem Informationsaustausch nicht entgegen, soweit

a) die mit einem deutschen Ersuchen notwendigerweise verbundene Mitteilung steuerlicher Verhältnisse nach § 30 Abs. 4 Nr. 1 AO zulässig ist;

b) die mit der Erledigung eines ausländischen Ersuchens oder der Erteilung einer Spontanauskunft notwendigerweise verbundene Mitteilung steuerlicher Verhältnisse durch völkerrechtliche Vereinbarungen, das EUAHiG oder § 117 Abs. 3 AO ausdrücklich zugelassen ist (§ 30 Abs. 4 Nr. 2 AO).

Alle Angaben, die die deutschen Finanzbehörden im Zusammenhang mit dem Informationsaustausch erhalten, unterliegen dem Steuergeheimnis. Außerdem unterliegen sie dem besonderen - ggf. weitergehenden - Geheimhaltungsschutz der völkerrechtlichen Vereinbarungen und des § 19 EUAHiG. Sollen erhaltene Informationen für andere Zwecke verwendet werden, als in den völkerrechtlichen Vereinbarungen oder dem EUAHiG festgelegt wurde, ist dies nur zulässig, wenn der übermittelnde Staat seine Einwilligung erteilt (§ 19 Abs. 2 Satz 2 EUAHiG).

Informationen, die von einem EU-MS oder einem Drittstaat im Rahmen eines Informationsaustauschs übermittelt wurden, können vom BZSt bzw. ZKA an einen anderen EU-MS oder einen Drittstaat weitergegeben werden, wenn diese Informationen für die zutreffende Steuerfestsetzung des anderen Staates von Nutzen oder erheblich sein können. Regelungen zu den Voraussetzungen für die Weitergabe von Informationen wurden u. a. in § 15 Abs. 2, § 18 EUAHiG sowie Art. 22 Abs. 4 Satz 2 des Übereinkommens getroffen.

Die zuständigen Landesfinanzbehörden werden durch das BZSt in geeigneter Form auf die Einhaltung der Geheimhaltungsbestimmungen hingewiesen, es sei denn, der Hinweis ist bereits im Anschreiben der ausländischen Behörde enthalten. Gleiches gilt zollseitig für das ZKA.

1.6.2 Geheimhaltung im Ausland

Alle Angaben, die deutsche Finanzbehörden im Zusammenhang mit dem Informationsaustausch gegenüber ausländischen Finanzbehörden machen, unterliegen den dort bestehenden Bestimmungen über die Geheimhaltung. Darüber hinaus unterliegen sie dem besonderen Geheimhaltungsschutz der völkerrechtlichen Vereinbarungen und der EUAHiRL. Darauf wird grundsätzlich in allen Äußerungen gegenüber ausländischen Finanzbehörden hingewiesen. Dieser besondere Geheimhaltungsschutz ist im Ausland auch dann zu wahren, wenn nach dortigem nationalen Recht die Finanzbehörde Informationen an andere Stellen weitergeben könnte oder müsste.

Erfährt die Landesfinanzbehörde oder die Dienststelle der Zollverwaltung von besonderen Vorkommnissen im Ausland, die die Geheimhaltung berühren, oder befürchten inländische Beteiligte, dass die Geheimhaltung im Ausland aufgrund besonderer Umstände im Einzelfall nicht gewährleistet ist, unterrichtet die Landesfinanzbehörde oder die Dienststelle der Zollverwaltung hierüber das BZSt bzw. das ZKA. Falls erforderlich, wird das BZSt bzw. das ZKA von Amts wegen die Angelegenheit aufklären und ggf. in Abstimmung mit dem BMF unter Berücksichtigung der Ergebnisse der Datenschutz- und Geheimhaltungsüberprüfung des Global Forums die zur Wahrung der Rechte, einschließlich der Rechte der Beteiligten, notwendigen Schritte einleiten. Dazu gehört ggf. auch die zusätzliche Einholung einer Zusicherung der ausländischen Steuerbehörde über die Geheimhaltung im Ausland.

Ist eine Landesfinanzbehörde für den Informationsaustausch unmittelbar zuständig (vgl. Tz. 1.5.1.4), obliegt es dieser Landesfinanzbehörde, die erforderlichen rechtlichen Schritte einzuleiten und ggf. die entsprechende Zusicherung der ausländischen Steuerbehörde einzuholen. Das BZSt ist in diesen Fällen lediglich zu unterrichten.

1.7 Übersetzungen

Übersetzungen von Ersuchen und Spontanauskünften deutscher Finanzbehörden werden durch das BZSt bzw. das ZKA veranlasst. Ersuchen und Spontanauskünfte ausländischer Finanzbehörden werden regelmäßig vom BZSt bzw. ZKA in die deutsche Sprache übersetzt. Aus der englischen Sprache wird in einfach gelagerten Fällen nicht übersetzt. Die Landesfinanzbehörden können in der vorgenannten Fallkonstellation jederzeit eine vollständige oder Teilübersetzung der Antwort unmittelbar beim BZSt nachfordern.

1.8 Vordrucke und Formblätter

Bei der zwischenstaatlichen Amtshilfe sind grundsätzlich die EU-Standardformblätter und die in den Anlagen 2a bis 2f aufgeführten Formulare zu verwenden.

Die elektronischen EU-Standardformblätter, die für deren Nutzung erforderlichen Programmdateien sowie ein E-Learning-Modul, das die Handhabung der Formblätter erläutert, wurden den zuständigen Landesfinanzbehörden durch das Auftrag nehmende Land Niedersachsen im Rahmen des Vorhabens KONSENS bis zum 31. Dezember 2018 zur Verfügung gestellt. Für ihre Zuständigkeitsbereiche stehen den Zollbehörden die elektronischen EU-Standardformblätter, die erforderlichen Programmdateien sowie ein E-Learning-Modul zur Verfügung. Das BZSt informiert die zuständigen Landesfinanzbehörden sowie das ZKA jeweils über die Änderungen der EU-KOM an den Standardformblättern und Programmdateien.

Gemeinden und Gemeindeverbände können die EU-Standardformblätter sowie die Programmdateien und das E-Learning-Modul bei Bedarf und nach Anforderung eines Passwortes beim BZSt auf den Internetseiten des BZSt unter http://www.bzst.de/DE/Steuern_International/Internationale_Amtshilfe/Direkte_Steuern/direkte_ steuern_node.html;jsessionid=633DA85B0E2B1F2E924C83E81B 821A63.live6812[2] abrufen.

Ab dem 1. Januar 2019 hat die EU-KOM den EU-MS die zentrale Webanwendung, die eFCA, zur Nutzung der EU-Standardformblätter verpflichtend zur Verfügung gestellt. Ein Parallelbetrieb der eFCA und des bisherigen Verfahrens ist so lange gewährleistet, bis inhaltliche Änderungen an den EU-Standardformblättern durch die EU-KOM erfolgen. Der Zugang zur eFCA wird den zuständigen Landesfinanzbehörden durch das auftragnehmende Land Niedersachsen im Rahmen des Vorhabens KONSENS im Laufe des Jahres 2019 bereitgestellt.

---

[2] Der Link wurde geändert. Der aktuelle Link lautet:
https://www.bzst.de/DE/Behoerden/InternationaleAmtshilfe/AmtshilfeDirekteSteuern/amtshilfe_direkte_steuern_node.html

Die EU-Standardformblätter, die Programmdateien und das E-Learning-Modul sind Eigentum der EU-KOM. Die EU-KOM behält sich alle Rechte daran vor.

2 Umfang des zwischenstaatlichen Informationsaustauschs

Es ist im Allgemeinen zwischen dem großen bzw. umfassenden und dem kleinen Informationsaustausch nach den DBA zu unterscheiden. Die Tz. 2.1 und 2.2 geben einen allgemeinen Überblick. Die Abgrenzung im Einzelnen ist der jeweiligen Rechtsgrundlage zu entnehmen (Anlage 1).

2.1 Großer bzw. umfassender Informationsaustausch

Nach einer Vielzahl von DBA (Anlage 1) können auf dem Gebiet der Steuern vom Einkommen und vom Vermögen alle Informationen übermittelt werden, die zur Anwendung der DBA oder des innerstaatlichen Rechts eines Vertragsstaates über die unter das Abkommen fallenden Steuern erforderlich sind (großer Informationsaustausch). Neuere Abkommen lassen entsprechend Art. 26 OECD-MA "Informationsaustausch" in der aktuellen Fassung vom 17. Juli 2012 einen Informationsaustausch auch bei Steuern jeder Art und Bezeichnung zu, die für Rechnung der Vertragsstaaten oder ihrer Gebietskörperschaften erhoben werden (umfassender Informationsaustausch). Informationen können z. B. über die Richtigkeit von Tatsachenbehauptungen oder über Beweismittel angefordert werden, die zur steuerlichen Beurteilung erforderlich sind.

Das EUAHiG (Tz. 1.3.4) sieht den umfassenden Informationsaustausch vor.

Fallbeispiele zur Anwendung des innerstaatlichen Rechts (siehe Tz. 8 des OECD-Kommentars zu Art. 26 OECD-MA):

a) Eine Gesellschaft in Deutschland liefert Waren an eine unabhängige Gesellschaft im Staat B. Deutschland möchte vom Staat B Auskunft darüber, welchen Preis die Gesellschaft im Staat B für die Waren gezahlt hat, um das innerstaatliche Recht richtig anwenden zu können. Es bestehen Zweifel, ob der gesamte "Kaufpreis" ins Inland bezahlt wurde oder ob noch weitere Zahlungen erfolgt sind, die nicht in der inländischen Buchhaltung erfasst sind.

b) "Dreiecksverhältnisse": Eine Gesellschaft in Deutschland verkauft Waren über eine Gesellschaft im Staat C (möglicherweise ein Staat mit einem niedrigen Steuerniveau, sog. "Steueroasenland") an eine Gesellschaft im Staat B. Die Gesellschaften können, müssen aber nicht, miteinander verbunden sein. Weder zwischen Deutschland und dem Staat C noch zwischen den Staaten B und C bestehen DBA. Aufgrund des DBA zwischen Deutschland und dem Staat B ersucht Deutschland zwecks richtiger Anwendung seines innerstaatlichen Rechts auf die Gewinne, die die in seinem Gebiet bestehende Gesellschaft erzielt hat, den Staat B um Auskunft über die von der Gesellschaft im Staat B für die Waren gezahlten Preise.

c) Deutschland ersucht für die Zwecke der Besteuerung einer in seinem Gebiet bestehenden Gesellschaft den Staat B aufgrund des zwischen Deutschland und dem Staat B bestehenden DBA um Auskunft über die Preise, die eine Gesellschaft oder ein Konzern im Staat B ohne Geschäftsbeziehungen zur Gesellschaft in Deutschland berechnet, um durch Vergleich die von der Gesellschaft in Deutschland geforderten Preise (z. B. Preise, die von einer Gesellschaft oder einem Konzern in beherrschender Stellung berechnet werden) zu überprüfen.

2.2 Kleiner Informationsaustausch

Beinhaltet ein DBA noch die kleine Auskunftsklausel, können nur Informationen erbeten oder übermittelt werden, die zur Durchführung des DBA selbst notwendig sind. Eine Auskunft wird dann zur Durchführung des DBA benötigt, wenn die abkommensrechtliche Rechtsfolge je nach dem Ergebnis der Auskunft eine andere ist. Dazu zählen beispielsweise Informationen über die Ansässigkeit eines Steuerpflichtigen und das Vorliegen einer Betriebsstätte.

Tz. 7 des OECD-Kommentars zu Art. 26 OECD-MA nennt u. a. folgende Fallbeispiele:

a) Bei Anwendung des Art. 12 OECD-MA ersucht Deutschland, in dem der Empfänger ansässig ist, den Staat B, in dem der Schuldner ansässig ist, um Auskünfte über die Höhe der gezahlten Lizenzgebühren.

b) Staat B ersucht Deutschland um Auskunft, ob der Empfänger der Zahlungen tatsächlich in Deutschland ansässig ist und Nutzungsberechtigter der Lizenzgebühren ist, um die in Art. 12 OECD-MA vorgesehene Befreiung gewähren zu können.

c) Ferner können Informationen benötigt werden, um verbundenen Unternehmen in verschiedenen Staaten einen angemessenen Gewinn zuzurechnen oder die Gewinne zu berichtigen, die in den Büchern einer Betriebsstätte in dem einen Staat und den Büchern des Hauptsitzes in dem anderen Staat ausgewiesen sind (Art. 7 OECD-MA "Unternehmensgewinne", Art. 9 OECD-MA "Verbundene Unternehmen", Art. 23 A OECD-MA "Befreiungsmethode" und Art. 23 B OECD-MA "Anrechnungsmethode").

Informationen zur Durchführung rein innerstaatlichen Rechts können im Rahmen des kleinen Informationsaustauschs nicht erbeten oder übermittelt werden.

2.3 Informationsaustausch nach dem Übereinkommen

Das Übereinkommen gilt für die bestehenden Steuern, die ein Vertragsstaat in Anlage A des Übereinkommens aufgelistet hat, sofern keine Vorbehalte nach Art. 30 Abs. 1 Buchstabe a des Übereinkommens hinterlegt wurden. Vorbehalte und Erklärungen nach Art. 30 Abs. 1 des Übereinkommens können jederzeit neu angebracht sowie ganz oder teilweise zurückgenommen werden. Neue Vorbehalte treten am ersten Tag des Monats in Kraft, der auf einen Zeitabschnitt von drei Monaten nach Eingang des Vorbehalts bei einem der Verwahrer des Übereinkommens folgt. Rücknahmen werden mit dem Eingang der Notifikation bei dem Verwahrer des Übereinkommens wirksam.

Ein Informationsaustausch mit dem jeweils anderen Vertragsstaat nach dem Übereinkommen erfordert insofern die Gegenseitigkeit.

Eine nicht amtliche konsolidierte Fassung des Übereinkommens ist als Anlage 3 in englischer, französischer und deutscher Sprache beigefügt. Das Übereinkommen sowie der Kommentar zum Übereinkommen können in englischer Sprache auf der Internetseite der OECD unter http://www.oecd.org/ctp/exchange-of-tax-information/Explanatory_Report_ENG_%2015_04_20 10.pdf eingesehen werden.

Der tagesaktuelle Stand der Unterzeichnungen und Ratifikationen des Übereinkommens kann auf der Webseite der OECD unter http://www.oecd.org/tax/exchange-of-tax-information/Status_of_convention.pdf eingesehen werden. Der tagesaktuelle Stand der Vorbehalte und Erklärungen der Vertragsstaaten nach Art. 30 des Übereinkommens ist in englischer und französischer Sprache auf der Internetseite des Europarats unter http://www.coe.int/en/web/conventions/search-on-treaties/ -/conventions/treaty/127/declarations veröffentlicht.

2.4 Informationsaustausch mit mehreren Staaten und/ oder Gebieten

Berührt ein steuerlicher Sachverhalt mehrere Staaten und/oder Gebiete, so kann mit jedem dieser Staaten oder Gebiete nach Maßgabe der bestehenden Rechtsgrundlagen (Tz. 1.3) ein Informationsaustausch durchgeführt werden. Die Bestimmungen über die Geheimhaltung sind zu beachten.

2.5 Anwendungszeiträume

Für die Bewilligung und Durchführung der zwischenstaatlichen Amtshilfe sind die spezifischen Anwendungszeiträume der jeweiligen Rechtsgrundlagen zu beachten.

2.5.1 Anwendungszeiträume nach EUAHiRL und EUAHiG

Die EUAHiRL und das EUAHiG gelten grundsätzlich auch für Auskünfte, die Besteuerungszeiträume vor dem Inkrafttreten dieser Rechtsgrundlagen betreffen.

Nach Art. 18 Abs. 3 EUAHiRL kann ein anderer EU-MS die Übermittlung der erbetenen Informationen verweigern, wenn diese Informationen vor dem 1. Januar 2011 liegende Besteuerungszeiträume betreffen und die Übermittlung nach Art. 8 Abs. 1 der Richtlinie 77/799/EWG hätte verweigert werden können, wenn das Ersuchen vor dem 11. März 2011 gestellt worden wäre.

2.5.2 Anwendungszeiträume nach DBA

Nach den meisten von der Bundesrepublik Deutschland abgeschlossenen DBA kann grundsätzlich nur um Informationen für Besteuerungszeiträume ersucht werden, die am Tag oder nach dem Tag des Inkrafttretens des DBA beginnen. Einige von der Bundesrepublik Deutschland abgeschlossene DBA sehen einen abweichenden Beginn des Informationsaustauschs vor.

2.5.3 Anwendungszeiträume nach TIEA

Ausführungen zu den Anwendungszeiträumen der TIEA können dem BMF-Schreiben vom 10. November 2015 zur "Anwendung der Abkommen über den steuerlichen Informationsaustausch (Tax Information Exchange Agreement - TIEA)" - IV B 6 - S 1301/11/10002 -, BStBl 2016 I S. 138 (vgl. Tz. 1) entnommen werden.

2.5.4 Anwendungszeiträume nach dem Übereinkommen

Das Übereinkommen ist nach seinem Art. 28 Abs. 3 sowie das Protokoll nach seinem Art. IX Abs. 3 für die Bundesrepublik Deutschland zum 1. Dezember 2015 in Kraft getreten. Der aktuelle Stand der Unterzeichnungen und Ratifikationen des Übereinkommens durch die anderen Vertragsstaaten sowie das Datum des Inkrafttretens im jeweiligen Vertragsstaat kann auf der Internetseite der OECD (vgl. Tz. 2.3) eingesehen werden.

Nach seinem Art. 28 Abs. 6 Satz 1 gilt das Übereinkommen im Inland für Besteuerungszeiträume, die am oder nach dem 1. Januar 2016 beginnen, bzw. wenn es keinen Besteuerungszeitraum gibt, für Steuerverbindlichkeiten, die am oder nach dem 1. Januar 2016 entstanden sind. Im Verhältnis zu Vertragsstaaten, die das Übereinkommen nach dem 1. Januar 2016 in Kraft gesetzt haben, gilt das Übereinkommen für Besteuerungszeiträume oder Steuerverbindlichkeiten des späteren Zeitpunktes. Vereinbarungen nach Art. 28 Abs. 6 Satz 2 des Übereinkommens über die Ausdehnung der Amtshilfe auf frühere Besteuerungszeiträume oder Steuerverbindlichkeiten wurden von der Bundesrepublik Deutschland nicht getroffen.

Nach Art. 28 Abs. 7 des Übereinkommens leistet die Bundesrepublik Deutschland auf Ersuchen Amtshilfe für Steuersachen in Zusammenhang mit vorsätzlichem Verhalten, das nach dem Strafrecht des ersuchenden Vertragsstaates der strafrechtlichen Verfolgung unterliegt, für frühere Besteuerungszeiträume oder Steuerverbindlichkeiten. Deutsche Finanzbehörden können nach Art. 28 Abs. 7 des Übereinkommens um Amtshilfe für Steuersachen in Zusammenhang mit vorsätzlichem Verhalten, das nach deutschem Strafrecht der strafrechtlichen Verfolgung unterliegt, für frühere Besteuerungszeiträume oder Steuerverbindlichkeiten ersuchen, es sei denn, der andere Vertragsstaat hat einen Vorbehalt nach Art. 30 Abs. 1 Buchstabe f zu Art. 28 Abs. 7 des Übereinkommens hinterlegt und damit den Anwendungszeitraum der Rückwirkung auf drei Jahre vor Inkrafttreten begrenzt.

3 Rechtliches Gehör

3.1 Anhörung inländischer Beteiligter

3.1.1 Grundsatz

Zwischenstaatliche Amtshilfe durch Informationsaustausch, auch im Rahmen einer gleichzeitigen Prüfung bzw. einer gemeinsamen Prüfungstätigkeit mehrerer Steuerverwaltungen, kann einen Eingriff in die Rechte eines oder mehrerer betroffenen inländischen Beteiligten darstellen. Um seine Rechte als Verfahrensbeteiligter wahren zu können, muss jeder inländische Beteiligte grundsätzlich rechtzeitig darüber informiert werden, dass und in welchem Umfang Informationen an eine ausländische Steuerverwaltung übermittelt werden sollen. Dem inländischen Beteiligten soll durch die Gewährung rechtlichen Gehörs in Form der Anhörung - unabhängig davon, ob die Informationen/Unterlagen aus den Steuerakten oder aus besonderen Ermittlungen stammen - die Gelegenheit gegeben werden, sich zu äußern und ggf. begründete Einwände vorzubringen. Sind auch Daten Dritter, die als inländische Beteiligte i. S. d. Tz. 3.1.3 anzusehen sind, zu übermitteln, sind diese Dritten ebenfalls anzuhören. Sofern Informationen zu Personen übermittelt werden, die keine inländischen Beteiligten sind, ist eine Anhörung nicht erforderlich.

Für die Durchführung der Anhörung ist die Behörde zuständig, die die Informationen/Unterlagen bereitstellt (die Vornahmebehörde). Sie informiert die für die Übermittlung ins Ausland zuständige Finanzbehörde (Tz. 1.5.1) über das Ergebnis der Anhörung bzw. den Verzicht auf eine Anhörung mittels Übersendungsschreiben (Anlage 2e). Enthalten die zu übermittelnden Unterlagen Informationen aus Steuerakten oder steuerlichen Ermittlungen, die nicht voraussichtlich steuerlich erheblich sind, sind diese durch die zuständige Vornahmebehörde zu entfernen und/oder zu anonymisieren.

3.1.2 Ausnahmen von der Anhörungspflicht

a) § 117 Abs. 4 Satz 3 AO

Nach § 117 Abs. 4 Satz 3 AO hat abweichend von § 91 AO eine Anhörung aller inländischen Beteiligten stets stattzufinden, es sei denn,

aa) es findet ein Informationsaustausch aufgrund des EUAHiG statt oder

bb) es liegt eine Ausnahme nach § 91 Abs. 2 oder 3 AO vor (z. B. bei Gefahr im Verzug oder wenn der Anhörung ein zwingendes öffentliches Interesse entgegensteht).

Ob auf die Anhörung nach den Doppelbuchstaben aa oder bb verzichtet werden kann, hat die Vornahmebehörde in jedem Einzelfall nach pflichtgemäßem Ermessen unter Berücksichtigung der allgemeinen Grundsätze des § 91 AO zu entscheiden. Die Ermessensausübung ist aktenkundig zu machen. Hierfür kann der Aktenbogen (Anlage 2g) genutzt werden.

Bei der Entscheidung über den Verzicht auf eine Anhörung hat die Vornahmebehörde die berechtigten Interessen des/der inländischen Beteiligten zu berücksichtigen. Bestehen Zweifel, ob die berechtigten Interessen des/der Beteiligten berücksichtigt wurden, ist anzuhören. Eine Anhörung hat grundsätzlich zu erfolgen, wenn die Gefahr besteht, dass dem/den inländischen Beteiligten bei Übermittlung von Informationen und Unterlagen im Rahmen des Informationsaustauschs ein mit dem Informationsaustausch nicht zu vereinbarender Schaden drohen könnte (vgl. z. B. Tz. 5.3.1.3), bzw. wenn die in Tz. 5.3.1.1 aufgeführten Rechte des/der inländischen Beteiligten berührt sein könnten.

Ermessensgerecht erscheint in Fällen des EUAHiG (Doppelbuchstabe aa) grundsätzlich der Verzicht auf eine Anhörung z. B.:

- wenn Informationen übermittelt werden, die auf eigenen Angaben des Steuerpflichtigen basieren, die dieser zu Besteuerungszwecken erteilt hat,
- bei Anschriftenübermittlungen oder
- wenn bei Außenprüfungen oder bei sonstigen Prüfungen, die sich auf Auslandsbeziehungen erstrecken, bereits ein Hinweis gegeben wurde, dass sich die Finanzbehörden die Nachprüfung der Angaben des Steuerpflichtigen und die weitere Aufklärung des Sachverhalts durch ein Ersuchen im Rahmen der zwischenstaatlichen Amtshilfe vorbehalten.

Zur Anhörung bei Ankündigung einer gleichzeitigen Prüfung bzw. einer gemeinsamen Prüfungstätigkeit mehrerer Steuerverwaltungen vgl. BMF-Schreiben "Merkblatt über koordinierte steuerliche Außenprüfungen mit Steuerverwaltungen anderer Staaten und Gebiete" vom 9. Januar 2017 - IV B 6 - S 1315/16/10016 :002 -, BStBl 2017 I S. 89, sowie auch Tz. 7 bzw. Tz. 8.

Im Hinblick auf § 91 Abs. 2 AO (Doppelbuchstabe bb) ist ein Verzicht auf die Anhörung beispielsweise ermessensgerecht, wenn aufgrund einer Anhörung der Erfolg des Informationsaustauschs, insbesondere die Auswertung der ausgetauschten Informationen, gefährdet erscheint. Die Aufzählung in § 91 Abs. 2 AO ist nicht abschließend.

b) weitere Ausnahmen, in denen von einer Anhörung abgesehen werden kann, liegen u. a. vor:

- bei der Beschaffung von allgemein zugänglichem Material und dessen Weitergabe an ausländische Finanzbehörden (z. B. Name und Anschrift aufgrund einfacher Melderegisterauskunft oder Angaben aus Veröffentlichungen in Amtsblättern, Zeitungen und elektronischen Medien);
- bei Weitergabe von Informationen, die auf tatsächlichen Angaben eines Steuerpflichtigen beruhen, die dieser in einem Antrag oder einer Erklärung gemacht hat. Dies gilt jedoch bei der Weitergabe von Informationen über unbeschränkt Steuerpflichtige an Drittstaaten nur, soweit auf die Möglichkeit einer entsprechenden Informationsweitergabe an den anderen Staat bereits im entsprechenden Steuererklärungs- oder Antragsvordruck hingewiesen worden ist;
- bei der Weitergabe von Informationen über Grundstücksveräußerungen und Anteilsübertragungen (z. B. bei Kapitalgesellschaften), soweit diese Informationen auf Angaben des Steuerpflichtigen beruhen (z. B. aufgrund § 54 EStDV, § 29 Abs. 4 BewG);
- bei Geldwäscheverdachtsmitteilungen nach dem Geldwäschegesetz, sofern diese keine Informationen zu inländischen Beteiligten enthalten;
- bei der Weitergabe von Daten aus dem Rentenbezugsmitteilungsverfahren (§ 22a EStG);
- bei Mitteilungen aufgrund der Mitteilungsverordnung zu § 93a AO;
- bei Übermittlung von Informationen, die der inländische Arbeitgeber im Rahmen der elektronischen Lohnsteuerbescheinigung nach § 41b Abs. 1 EStG gemeldet hat, wenn der Arbeitnehmer kein inländischer Beteiligter ist.

Für das Vorliegen dieser Ausnahmetatbestände trägt die Vornahmebehörde die Feststellungslast.

3.1.3 Inländischer Beteiligter

Inländischer Beteiligter i. S. d. § 117 Abs. 4 Satz 3 AO ist derjenige, der im Zeitpunkt des Informationsaustauschs z. B. seinen Wohnsitz, seinen gewöhnlichen Aufenthalt, seine Geschäftsleitung oder seinen Sitz, eine Betriebsstätte oder einen ständigen Vertreter im Inland hat und in dessen Rechte eingegriffen wird (z. B. ein von der Informationserteilung Betroffener oder ein Dritter, dessen Informationen übermittelt werden sollen). Regelmäßig handelt es sich bei unbeschränkt Steuerpflichtigen, aus deren Steuerakten die erbetenen Auskünfte oder Unterlagen entnommen werden, um inländische Beteiligte. Es können aber auch Dritte inländische Beteiligte sein. Letztlich ist derjenige, den die Vornahmebehörde nach den §§ 93 bis 100 AO in Anspruch nimmt oder der von der Informationserteilung betroffen ist und der einen Anspruch auf Schutz vor der unbefugten Weitergabe von Daten hat, als inländischer Beteiligter anzusehen.

3.1.4 Formen der Anhörung

Die Anhörung kann schriftlich (Anlage 2f) oder mündlich erfolgen. Bei mündlicher Anhörung sind die Anhörung und die Stellungnahme des/der inländischen Beteiligten unbedingt aktenkundig zu machen.

In Fällen, in denen für die Beantwortung eines ausländischen Ersuchens die Anforderung von Informationen bzw. Unterlagen beim inländischen Beteiligten erforderlich ist, sollte die Anhörung zur Beschleunigung des Verfahrens grundsätzlich gemeinsam mit dem Anschreiben an den Beteiligten zur Anforderung der Informationen/ Unterlagen vorgenommen werden.

3.1.5 Anhörungsfrist

Die Anhörungsfrist soll im Regelfall zwei Wochen betragen, wenn nicht im Einzelfall eine längere Frist geboten erscheint.

3.2 Rechtsschutz

3.2.1 Behandlung von Einwendungen

Einwendungen gegen

a) ein Ersuchen an eine ausländische Finanzbehörde,

b) die Erteilung von Auskünften oder die Übermittlung von Unterlagen an ausländische Finanzbehörden bei Erledigung eines Ersuchens,

c) die Erteilung einer Spontanauskunft

sind der Vornahmebehörde vorzutragen. Hält sie die Einwendungen für unbegründet, hat sie die Einwendungen der zuständigen Finanzbehörde (vgl. Tz. 1.5.1) auf dem Dienstweg zur Entscheidung vorzulegen (Anlage 2e) und den Beteiligten hierüber zu unterrichten. Der zuständigen Finanzbehörde sind sämtliche Unterlagen zu übermitteln, die zur Entscheidung über die Einwendungen sachdienlich sind. Dazu gehören auch der Schriftverkehr (Anlage 2f), bzw. die Aktenvermerke zur Anhörung des inländischen Beteiligten, der gegen die Übermittlung der Informationen Einwendungen erhebt.

Hält die Vornahmebehörde in den Fällen der Buchstaben a und c die Einwendungen für begründet, so kann sie von einer Vorlage an die zuständige Finanzbehörde absehen.

In Fällen des Buchstabens b sind die Einwendungen der zuständigen Finanzbehörde stets vorzulegen.

Über das Ergebnis der Prüfung der Einwendungen wird die zuständige Finanzbehörde den Beteiligten informieren. In Fällen unbegründeter Einwendungen erfolgt die Mitteilung des Ergebnisses der Prüfung rechtzeitig vor der tatsächlichen Übersendung ins Ausland.

Der Beteiligte hat die Möglichkeit, sich gegen Maßnahmen i. S. d. Buchstaben a bis c durch vorbeugende Unterlassungsklage (§ 40 FGO) gegen die zuständige Finanzbehörde (Tz. 1.5.1) zu wenden. Ggf. kann eine einstweilige Anordnung (§ 114 FGO) beantragt werden. Dieses Recht steht in den Fällen der Buchstaben b und c auch dem betroffenen ausländischen Steuerpflichtigen zu (BFH vom 20. Januar 1988, BStBl 1988 II S. 412, und BFH vom 17. Mai 1995, BStBl 1995 II S. 497). Einwendungen gegen den ausländischen Steueranspruch, der einem ausländischen Ersuchen zugrunde liegt, können nur gegenüber dem ausländischen Staat oder Gebiet erhoben werden.

3.2.2 Rechtsbehelfe gegen Ermittlungsmaßnahmen

Ermittlungsmaßnahmen der Vornahmebehörde aufgrund eines ausländischen Ersuchens, die sich gegen einen inländischen Beteiligten richten, sind Verwaltungsakte, die dieser gemäß § 347 AO mit dem Einspruch anfechten kann.

Über den Einspruch gegen die Ermittlungsmaßnahmen hat die Vornahmebehörde zu entscheiden.

4 Ersuchen an ausländische Finanzbehörden

4.1 Einleitung des Auskunftsverfahrens

4.1.1 Allgemeines

Die Finanzbehörden können bei der Sachverhaltsermittlung (§§ 85, 88 AO) zwischenstaatliche Amtshilfe in Anspruch nehmen (§ 117 Abs. 1 AO). Dabei ist, wie auch bei inländischen Ermittlungen, der Grundsatz der Verhältnismäßigkeit zu beachten. Die Gefahr, dass dem inländischen Beteiligten ein mit dem Zweck der Amtshilfe nicht zu vereinbarender Schaden entstehen kann, ist zu berücksichtigen (§ 117 Abs. 3 Satz 1 Nr. 4 AO analog). Ob eine ausländische Finanzbehörde um Auskunft oder Übersendung von Unterlagen ersucht wird, ist nach pflichtgemäßem Ermessen zu entscheiden (§§ 88, 92, 112 Abs. 1 AO). Im Rahmen eines Ersuchens können Informationen erbeten werden, die für die Besteuerung voraussichtlich erheblich sind (s ehe § 6 Abs. 1 Satz 1 i. V. m. § 1 Satz 1 EUAHiG, Art. 26 OECD-MA sowie Art. 1 TIEA-MA, Art. 4 Abs. 1 i. V. m. Art. 5 Abs. 1 des Übereinkommens).

Als voraussichtlich erheblich sind Informationen anzusehen, die der Ermittlung von steuerlichen Sachverhalten eines oder mehrerer Steuerpflichtiger dienen, die entweder namentlich benannt oder anderweitig konkret identifiziert werden können (vgl. Tz. 5 ff. des OECD-Kommentars zu Art. 26 OECD-MA und Tz. 50 des Übereinkommen-Kommentars zu Art. 4 Abs. 1 des Übereinkommens). Maßgeblich ist, dass zum Zeitpunkt des Ersuchens eine realistische Möglichkeit besteht, dass die erbetenen Informationen für die Besteuerung erheblich sein werden. Ob die erteilten Informationen dann tatsächlich steuerlich erheblich sind, ist nicht von Bedeutung.

Nicht zulässig sind Ersuchen zur bloßen Beweisausforschung (sog. "fishing expeditions"), d. h. Ersuchen ohne eine offensichtliche Verbindung zu einer Sachverhaltsermittlung in Steuerangelegenheiten eines bestimmten Steuerpflichtigen oder einer konkreten Gruppe von Steuerpflichtigen (vgl. Tz. 4.1.3 Gruppenersuchen). Entsprechend Art. 26 Abs. 5 OECD-MA, Art. 5 Abs. 4 TIEA-MA, Art. 18 Abs. 2 EUAHiRL sowie Art. 21 Abs. 4 des Übereinkommens kann ein ersuchter

Staat die Erteilung von Informationen jedoch nicht nur deshalb ablehnen, weil sich diese bei einer Bank, einem sonstigen Finanzinstitut, einem Bevollmächtigten, Vertreter oder Treuhänder befinden oder sich auf Eigentumsanteile an einer Person beziehen. Ein ersuchter Staat kann ferner die Ermittlung von Informationen nicht deshalb ablehnen, weil er diese nicht für die eigene Besteuerung benötigt (vgl. u. a. Art. 18 Abs. 1 EUAHiRL, Art. 21 Abs. 3 des Übereinkommens).

Nach § 6 Abs. 1 Satz 3 EUAHiG können auch Originaldokumente erbeten werden, wenn diese für das weitere Verfahren benötigt werden.

4.1.2 Vorherige Ermittlungen

Die nach der AO vorgesehenen inländischen Ermittlungsmöglichkeiten sind grundsätzlich zunächst auszuschöpfen. Amtshilfe soll erst in Anspruch genommen werden, wenn die Sachverhaltsaufklärung durch den Beteiligten (§ 90 Abs. 2 AO) mit unverhältnismäßig großen Schwierigkeiten verbunden wäre oder keinen Erfolg verspricht (vgl. auch § 6 Abs. 3 EUAHiG).

Dabei entscheiden die Finanzbehörden nach pflichtgemäßem Ermessen, inwieweit Ermittlungen als zweckmäßig und Erfolg versprechend anzusehen sind. Wird z. B. die Steuerfahndung im Besteuerungsverfahren tätig (§ 208 Abs. 1 Satz 1 Nr. 2 und 3 AO), kann ein Ersuchen auch ohne vorherige Ermittlungen beim Steuerpflichtigen gestellt werden, wenn ansonsten die Erreichung des Ermittlungsziels gefährdet erscheint.

4.1.3 Gruppenersuchen

Ein Ersuchen kann auch zur Ermittlung steuerlicher Sachverhalte gestellt werden, die eine Gruppe von Steuerpflichtigen (Gruppenersuchen) betreffen. Bezieht sich das Ersuchen auf eine Gruppe von nicht einzeln identifizierbaren Steuerpflichtigen, ist es zur Abgrenzung, dass es sich bei dem Ersuchen nicht um eine bloße Beweisausforschung handelt, erforderlich, dass im Ersuchen die Gruppe anhand des konkreten Sachverhalts, der ein bestimmtes Verhaltensmuster beinhaltet, und der Umstände, die zu dem Ersuchen geführt haben, ausführlich beschrieben wird, und anhand von Fakten erläutert wird, warum Grund zu der Annahme besteht, dass die Steuerpflichtigen der Gruppe, über die Informationen eingeholt werden, ihre steuerlichen Pflichten verletzt haben (Tz. 5.2 des OECD-Kommentars zu Art. 26 OECD-MA). Für Gruppenersuchen ist das Formular der Anlage 2b zu nutzen.

Tz. 8 des OECD-Kommentars zu Art. 26 OECD-MA führt folgende Fallbeispiele zulässiger Gruppenersuchen auf:

a) Die Steuerbehörden eines Staates A führen eine steuerliche Prüfung der Angelegenheiten des Steuerpflichtigen X durch. Auf der Grundlage dieser Prüfung erhalten die Steuerbehörden Hinweise, dass der Steuerpflichtige X ein nicht angegebenes Bankkonto oder mehrere nicht angegebene Bankkonten bei Bank B im Staat B besitzt. Nach der Erfahrung von Staat A ist es nicht unwahrscheinlich, dass die Bankkonten, um eine Aufdeckung zu verhindern, auf Namen von Verwandten des Nutzungsberechtigten geführt werden. Staat A ersucht daher um Informationen über alle bei der Bank B geführten Konten, für die der Steuerpflichtige X Nutzungsberechtigter ist, sowie über alle auf den Namen seiner Ehefrau und seiner Kinder geführten Konten.

b) Die im Staat A ansässige Gesellschaft A befindet sich im Besitz der im Staat B ansässigen ausländischen nicht börsennotierten Gesellschaft B. Die Steuerbehörden des Staates A vermuten, dass sich Gesellschaft B mittelbar oder unmittelbar im Besitz der Geschäftsführer X, Y und Z der Gesellschaft A befindet. In diesem Fall wären die von Gesellschaft A an die Gesellschaft B ausgezahlten Dividenden auf Ebene der Geschäftsführer zu versteuern, da sie im Staat A ansässige Anteilseigner sind und daher die dort geltenden Regelungen für durch unbeschränkt Steuerpflichtige beherrschte ausländische Gesellschaften Anwendung finden. Der Verdacht beruht auf Informationen, die ein ehemaliger Angestellter der

Gesellschaft A an die Steuerbehörden des Staates A übermittelt hat. Als die drei Geschäftsführer der Gesellschaft A mit den Behauptungen konfrontiert werden, leugnen sie, Eigentumsanteile an Gesellschaft B zu besitzen. Die Steuerbehörden des Staates A haben sämtliche innerstaatlichen Mittel zur Beschaffung von Informationen über die Eigentumsverhältnisse von Gesellschaft B ausgeschöpft. Staat A ersucht Staat B um Auskunft darüber, ob X, Y und Z Anteilseigner der Gesellschaft B sind. Da sich Eigentumsrechte in diesen Fällen häufig z. B. in den Händen von Briefkastengesellschaften und nominellen Anteilseignern befinden, ersucht er Staat B ferner um Auskunft darüber, ob X, Y und Z mittelbar an Gesellschaft B beteiligt sind. Kann Staat B nicht ermitteln, ob X, Y oder Z mittelbar beteiligt sind, ersucht er um Auskunft über die Anteilseigner, sodass er seine Ermittlungen fortführen kann.

c) Der Finanzdienstleister B ist im Staat B niedergelassen. Die Steuerbehörden des Staates A haben festgestellt, dass B ein Finanzprodukt an im Staat A ansässige Personen mithilfe irreführender Informationen vermarktet, die nahelegen, dass durch das Produkt die im Staat A geltende Einkommensteuerpflicht für die mit dem Produkt akkumulierten Einkünfte entfällt. Das Produkt erfordert die Eröffnung eines Kontos bei Finanzdienstleister B zur Tätigung der Investition. Die Steuerbehörden des Staates A haben eine Warnung an Steuerpflichtige herausgegeben, in der sämtliche Steuerpflichtige vor dem Produkt gewarnt werden und klargestellt wird, dass der implizierte Steuereffekt damit nicht erzielt wird und die durch das Produkt erzielten Einkünfte zu erklären sind. B vermarktet das Produkt jedoch weiterhin auf seiner Internetseite und Staat A hat Beweise, dass B das Produkt ebenfalls durch ein Netzwerk von Beratern vermarktet. Staat A hat bereits verschiedene in seinem Hoheitsgebiet ansässige Steuerpflichtige ermittelt, die in das Produkt investiert haben und die Einkünfte aus ihren Investitionen nicht erklärt haben. Staat A hat alle inländischen Ermittlungsmöglichkeiten zur Beschaffung von Informationen über die Identität der in seinem Hoheitsgebiet ansässigen Personen, die in das Produkt investiert haben, ausgeschöpft. Staat A ersucht die zuständige Behörde des Staates B um Auskunft über sämtliche in Staat A ansässiger Personen, die (i) ein Konto bei B besitzen und (ii) in das Finanzprodukt investiert haben. Staat A übermittelt in dem Ersuchen die oben genannten Informationen einschließlich Einzelheiten zum Finanzprodukt und zum Stand der Untersuchung.

Nach Tz. 8.1 des OECD-Kommentars zu Art. 26 OECD-MA besteht hingegen für einen ersuchten Staat keine Verpflichtung, folgende Ersuchen zu beantworten, falls diese nicht durch weitere Informationen begründet werden:

a) Ersuchen zu Kontoinformationen (Namen, Geburtsdaten und -orte sowie Kontoständen) von im ersuchenden Staat ansässigen Personen, die ein Konto bei einer Bank B in dem ersuchten Staat besitzen, wenn im Ersuchen lediglich ausgeführt wird, dass bekannt ist, dass Bank B über eine große Gruppe ausländischer Kontoinhaber verfügt.

b) Ersuchen um Mitteilung von Informationen über Anteilseigner einer im ersuchten Staat ansässigen Gesellschaft B (Namen aller im ersuchenden Staat ansässigen Anteilseigner sowie alle Dividendenzahlungen an diese Anteilseigner), wenn im Ersuchen lediglich ausgeführt wird, dass die Gesellschaft B erhebliche Geschäftstätigkeiten im ersuchenden Staat ausübt und daher vermutlich Anteilseigner hat, die im ersuchenden Staat ansässig sind, bzw. wenn im Ersuchen ausgeführt wird, dass allgemein bekannt ist, dass Steuerpflichtige im ersuchenden Staat häufig Einkünfte oder Vermögen aus ausländischen Quellen nicht steuerlich erklären.

4.1.4 Zustellungsersuchen nach dem EUAHiG

Ein Ersuchen um Zustellung bezieht sich nach § 13 Abs. 1 EUAHiG auf die Zustellung von Dokumenten und Verwaltungsakten im anderen EU-MS. Die Finanzbehörden übermitteln das Zustellungsersuchen an das BZSt zur Weiterleitung an den anderen EU-MS.

Anhang 23	Zwischenstaatliche Amtshilfe
	Informationsaustausch

Die Finanzbehörden können grundsätzlich ansässigen Personen in anderen EU-MS Dokumente per Einschreiben oder auf elektronischem Weg übermitteln (§ 13 Abs. 4 EUAHiG i. V. m. § 9 Abs. 1 Nr. 1 bzw. § 9 Abs. 1 Nr. 4 VwZG).

Daher ist ein Zustellungsersuchen nur dann zulässig, wenn die inländische Finanzbehörde nicht in der Lage ist, die Zustellung nach den oben genannten Vorschriften des VwZG im anderen EU-MS vorzunehmen, oder die Zustellung mit unverhältnismäßig großen Schwierigkeiten verbunden wäre (§ 13 EUAHiG).

4.1.5 Zustellungsersuchen nach dem Übereinkommen

Ein Ersuchen um Zustellung bezieht sich nach Art. 17 Abs. 1 des Übereinkommens auf die Zustellung von Dokumenten und Verwaltungsakten im anderen Vertragsstaat des Übereinkommens. Eine Zustellung nach Art. 17 Abs. 1 des Übereinkommens ist nur zulässig, sofern der andere Vertragsstaat keinen Vorbehalt nach Art. 30 Abs. 1 Buchstabe d des Übereinkommens hinterlegt hat. Die Finanzbehörden übermitteln das Zustellungsersuchen an das BZSt zur Weiterleitung an den anderen Vertragsstaat.

Die Finanzbehörden können grundsätzlich ansässigen Personen in anderen Vertragsstaaten des Übereinkommens Dokumente per Post übermitteln oder per Einschreiben zustellen (Art. 17 Abs. 3 des Übereinkommens i. V. m. § 9 Abs. 1 Nr. 1 VwZG), sofern der andere Vertragsstaat keinen Vorbehalt nach Art. 30 Abs. 1 Buchstabe e des Übereinkommens hinterlegt hat.

Daher ist ein Zustellungsersuchen nach Art. 17 Abs. 1 des Übereinkommens nur dann an den anderen Vertragsstaat zu übermitteln, wenn die inländische Finanzbehörde nicht in der Lage ist, die Zustellung nach den oben genannten Vorschriften des VwZG im anderen Vertragsstaat des Übereinkommens vorzunehmen (Tz. 162 des Übereinkommen-Kommentars zu Art. 17 Abs. 3 des Übereinkommens, vgl. Tz. 2.3).

4.2 Form, Inhalt, Übermittlung und Erledigung des Ersuchens

4.2.1 Form und Inhalt des Ersuchens

Für Ersuchen nach einem TIEA ist das Formular der Anlage 2a (für das Fürstentum Liechtenstein speziell das Formular der Anlage 2aa), für Gruppenersuchen das Formular der Anlage 2b und bei Ersuchen zu Steuern auf Versicherungsprämien das Formular der Anlage 2d zu nutzen. Für Ersuchen nach allen anderen Rechtsgrundlagen ist das EU-Standardformblatt RIF (Anhang I der EUAHiDV) zu verwenden. Für Zustellungsersuchen nach dem EUAHiG ist das EU-Standardformblatt (Anhang III der EUAHiDV) zu verwenden.

Auf ein nach deutschem Recht bestehendes Auskunfts- und Vorlageverweigerungsrecht (§§ 101 bis 106 AO) sowie auf das im deutschen Recht bestehende Verbot, im Besteuerungsverfahren Zwangsmittel gegen den Steuerpflichtigen zu verwenden, wenn dieser dadurch gezwungen würde, sich selbst wegen einer von ihm begangenen Steuerstraftat oder Steuerordnungswidrigkeit zu belasten (§ 393 Abs. 1 AO), ist hinzuweisen. Ggf. ist der einschlägige Gesetzestext, soweit er von Bedeutung sein kann, in Kopie beizufügen.

Beim Ausfüllen der Formulare und EU-Standardformblätter sind folgende Grundsätze zu beachten:

- deutsche Sprache,

- einfache Satzstruktur,

- Fachausdrücke vermeiden,

Zwischenstaatliche Amtshilfe Informationsaustausch — Anhang 23

- keine Abkürzungen verwenden,
- Angabe der betroffenen Jahre und Steuerarten,
- knappe, präzise Sachverhaltsdarstellung,
- steuerrechtliche Zusammenhänge verständlich darstellen,
- detaillierte, zielführende Fragestellung,
- genaue Angabe von benötigten Unterlagen,
- keine bloße Benennung von gesetzlichen Vorschriften und keine Hinweise auf behördeninterne Datenbankabfragen.

Das Ersuchen ist so zu formulieren, dass der ersuchten Behörde die Beantwortung so weit wie möglich erleichtert wird.

Es ist darauf zu achten, dass Informationen zum Ausschöpfen der inländischen Ermittlungsmöglichkeiten sowie die Versicherung der Geheimhaltung der erlangten Informationen stets enthalten sind.

Die Eintragungen zu der Gegenseitigkeit nimmt die für den Informationsaustausch zuständige Finanzbehörde (Tz. 1.5) vor. Zur Frage des Erfordernisses der Anhörung des inländischen Beteiligten vgl. Tz. 3.1.

4.2.2 Übermittlung des Ersuchens

Die mit der Sache befasste Finanzbehörde übermittelt das Ersuchen elektronisch einschließlich Anlagen und Übersendungsschreiben dem BZSt bzw. dem ZKA (Ausnahme: Delegation von Zuständigkeiten Tz. 1.5.1.4) auf dem Dienstweg (Anlage 2e).

4.2.3 Entsendung von Bediensteten deutscher Finanzbehörden in andere Staaten oder Gebiete

Die ausländische Finanzbehörde führt die zur Erteilung einer Auskunft erforderlichen Ermittlungen nach dem für sie maßgebenden nationalen Recht durch.

Zur Beschleunigung und Erleichterung des Informationsaustauschs kann die für den Informationsaustausch zuständige Finanzbehörde Bedienstete zur ausländischen Ermittlungsbehörde entsenden, die dort das Ersuchen erläutern, die Ermittlungsergebnisse entgegennehmen und etwaige Hinweise für weitere Ermittlungen geben.

Der Informationsaustausch mit Bediensteten des ersuchten Staates oder Gebietes erfolgt entweder im Beisein eines Vertreters des BZSt oder wird an die entsandten Bediensteten durch das BZSt oder die nach Tz. 1.5.1.4 zuständige Behörde delegiert. Die Offenbarung von Informationen ist nur insoweit zulässig, wie dies durch die völkerrechtlichen Vereinbarungen bzw. das EUAHiG gedeckt ist.

Die Entsendung bedarf der Zustimmung der zuständigen ausländischen Finanzbehörde und des BZSt oder der nach Tz. 1.5.1.4 zuständigen Behörde.

Die mit der Sache befasste Finanzbehörde trägt die mit der Entsendung zusammenhängenden Kosten.

In Bezug auf die weiterreichenden Regelungen zwischen den EU-MS gilt das Folgende:

Nach § 11 i. V. m. § 10 Abs. 1 Nr. 1 und 2 EUAHiG können inländische Bedienstete auch in den Amtsräumen der ausländischen Behörde eines anderen EU-MS sowie bei behördlichen Ermittlungen zugegen sein, die in einem anderen EU-MS durchgeführt werden, wenn dies die Komplexität des Ersuchens erfordert. Sofern dies nach dem nationalen Recht des anderen EU-MS zulässig ist, können die entsandten Bediensteten, die bei einer behördlichen Ermittlung in einem anderen EU-MS zugegen sind, auch Personen befragen und Aufzeichnungen prüfen (§ 11 i. V. m. § 10 Abs. 3 EUAHiG).

4.2.4 Erledigung des Ersuchens

Die Antwort der ausländischen Finanzbehörde - mit der Übersetzung, vgl. Tz. 1.7 - wird der ersuchenden Finanzbehörde auf dem Dienstweg übersandt.

Durch ein Ersuchen wird die Festsetzungsverjährung nicht gehemmt. Deswegen ist durch geeignete Maßnahmen sicherzustellen, dass zwischenzeitlich keine Festsetzungsverjährung eintritt. Eine solche Maßnahme kann die vorläufige Steuerfestsetzung nach § 165 Abs. 1 Satz 1 AO darstellen. Der Grund und der Umfang der Vorläufigkeit sind dabei möglichst genau anzugeben.

4.2.5 Anschlussersuchen, Richtigstellung

Ist die Auskunft unzureichend oder ergibt sich in diesem Zusammenhang ein zusätzliches Aufklärungsbedürfnis, so kann ein ergänzendes Ersuchen (Anschlussersuchen) gestellt werden. Ergeben sich bei der Auswertung einer Auskunft Anhaltspunkte, dass sich der Sachverhalt anders darstellt, als von der ausländischen Finanzbehörde übermittelt, so ist sie davon zu unterrichten.

4.2.6 Rückmeldungen an andere EU-MS

Bittet ein anderer EU-MS um eine Rückmeldung des Ergebnisses der Verwendung der von ihm übermittelten Antwort, hat die zuständige Finanzbehörde die Rückmeldung unverzüglich, spätestens jedoch drei Monate, nachdem das Ergebnis bekannt geworden ist, an das BZSt bzw. das ZKA, mit Ausnahme bei Delegation der Zuständigkeit nach Tz. 1.5.1.4, zu übermitteln (§ 16 Abs. 2 Satz 1 EUAHiG). Für die Rückmeldung und die Mitteilung des steuerlichen Mehrergebnisses ist grundsätzlich das EU-Standardformblatt FIF (Anhang IV der EUAHiDV) zu verwenden. Es ist dem BZSt bzw. dem ZKA elektronisch zu übermitteln. Das BZSt wird die von der zuständigen Finanzbehörde übermittelten Angaben an den anderen EU-MS weiterleiten, sofern die Vorschriften zum Datenschutz und zum Schutz des Steuergeheimnisses dem nicht entgegenstehen (§ 16 Abs. 2 Satz 2 und 3 EUAHiG).

5 Ersuchen an deutsche Finanzbehörden

5.1 Zulässigkeitsprüfung

Die deutschen Finanzbehörden leisten aufgrund innerstaatlich anwendbarer völkerrechtlicher Vereinbarungen oder des EUAHiG zwischenstaatliche Amtshilfe durch Auskunftserteilung. Sie können außerdem unter den Voraussetzungen des § 117 Abs. 3 AO Auskünfte erteilen. Auf Ersuchen werden alle Antworten übermittelt, die für die Festsetzung von Steuern nach Tz. 1 voraussichtlich erheblich sind (§ 4 Abs. 1 Satz 1 i. V. m. § 1 Abs. 1 Satz 1 EUAHiG, Art. 26 OECD-MA sowie Art. 1 TIEA-MA, Art. 4 Abs. 1 i. V. m. Art. 5 Abs. 1 des Übereinkommens).

Die zuständigen Finanzbehörden (Tz. 1.5.1; in den Fällen des § 117 Abs. 3 AO auch das BZSt und die oberste Finanzbehörde des Landes) prüfen, ob einem ausländischen Ersuchen entsprochen werden kann, bzw. es vollständig ist. Ergeben sich bei der Erledigung des Ersuchens Anhaltspunkte dafür, dass der Auskunftserteilung Hinderungsgründe entgegenstehen könnten, so ist das BZSt bzw. das ZKA (Ausnahmen: Delegation von Zuständigkeiten Tz. 1.5.1.4) unverzüglich zu unterrichten; zu den Versagungsgründen vgl. Tz. 5.3.

Zwischenstaatliche Amtshilfe
Informationsaustausch

Anhang 23

Falls das ausländische Ersuchen unter Verwendung des EU-Standardformblattes R F (Anhang I der EUAHiDV) übermittelt wurde, sind die Eintragungen zu Hinderungs- oder Ablehnungsgründen sowie zusätzlich anzufordernde Unterlagen in dieses Formblatt einzutragen und auf dem Dienstweg elektronisch weiterzuleiten. In Drittstaatenfällen sind die Hinderungsgründe bzw. für die Auskunftserteilung zusätzlich benötigte Informationen dem BZSt bzw. dem ZKA mittels EU-Standardformblatt ACK auf dem Dienstweg elektronisch zu übermitteln.

5.2 Erledigung des Ersuchens

5.2.1 Ermittlungsbefugnisse

Die Vornahmebehörde beschafft die Informationen, die der andere Staat benötigt, in derselben Weise, als wäre die deutsche Besteuerung betroffen (§ 117 Abs. 4 AO). Sie kann dazu sowohl eigene Erkenntnisquellen nutzen als auch nach den Vorschriften der AO ermitteln (§§ 88, 92 bis 100, 208 Abs. 1 AO).

Ein Kontenabruf nach § 93 Abs. 7 AO ist für die Erledigung eines ausländischen Ersuchens nicht zulässig.

Bei Vorliegen der Voraussetzungen nach Maßgabe der AO sind z. B. dritte Personen zur Auskunft auch im Interesse der ausländischen Besteuerung verpflichtet (BFH vom 20. Februar 1979, EStBl 1979 II S. 268). Die Verpflichtung, den inländischen Beteiligten anzuhören (Tz. 3.1) und jeweils über seine Rechtsstellung zu unterrichten (§ 89 Abs. 1 Satz 2 AO), ist zu beachten. Vgl. ferner Tz. 5.3.2.1.

5.2.2 Verfahren

Die Vornahmebehörde entscheidet nach pflichtgemäßem Ermessen, ob Ermittlungen durchzuführen sind (§ 86 AO). Sie bestimmt Art und Umfang der erforderlichen Ermittlungen (§ 88 AO). Sie kann insbesondere

- Akten beiziehen (§ 92 AO),
- Auskünfte einholen (§ 93 AO),
- die Vorlage von Urkunden verlangen (§ 97 AO),
- den Augenschein einnehmen (§§ 98, 99 AO).

Die Vornahmebehörde fordert, soweit notwendig, den Beteiligten oder andere Personen zur Mitwirkung auf (§§ 93 bis 100 AO). Gegen diese Maßnahme sind die Rechtsbehelfe zulässig, die bei Ermittlungen für deutsche Besteuerungszwecke gegeben sind (vgl. Tz. 3.2).

Die Erfüllung der Mitwirkungspflichten kann erzwungen werden (§§ 328 bis 335 AO). Die Rechte der zur Mitwirkung Verpflichteten sind zu beachten (Tz. 5.3.1.1).

Die Vornahmebehörde erteilt die Auskünfte so schnell wie möglich. Bei Übersendung des Ersuchens wird der Vornahmebehörde das unter Berücksichtigung der internationalen Standards ermittelte Fristende durch die nach Tz. 1.5 für den Informationsaustausch zuständige Finanzbehörde mitgeteilt.

Liegen die Informationen bereits bei der Vornahmebehörde vor und ist eine Anhörung nicht erforderlich, so ist die Auskunft umgehend zu erteilen. Dies gilt auch für Teilantworten.

Ist die Vornahmebehörde nicht in der Lage, auf ein Ersuchen fristgerecht zu antworten, unterrichtet sie die nach Tz. 1.5 für den Informationsaustausch zuständige Finanzbehörde auf dem Dienstweg unverzüglich über die Gründe für eine nicht fristgerechte Beantwortung sowie über den Zeitpunkt, an dem sie dem Ersuchen voraussichtlich nachkommen kann.

5.2.3 Außenprüfung

Es ist grundsätzlich nicht zulässig, eine Außenprüfung nach den §§ 193, 194 AO ausschließlich zum Zweck der Erledigung eines Ersuchens bei einem inländischen Steuerpflichtigen durchzuführen.

Zur Erledigung eines Ersuchens kann eine Außenprüfung unter den Voraussetzungen des § 193 AO nur bei einem ebenfalls am ausländischen Besteuerungsverfahren Beteiligten durchgeführt werden (z. B. der Wohnsitzstaat ersucht um Prüfung der deutschen Betriebsstätte eines ausländischen Steuerpflichtigen), nicht aber bei einer anderen Person.

Eine Außenprüfung ist unter den Voraussetzungen der §§ 193, 194 und 208 AO bei einer anderen Person auch dann zulässig, wenn sich aus dem Ersuchen Anhaltspunkte dafür ergeben, dass ein Sachverhalt bei der Besteuerung dieser Person unzutreffend behandelt wurde.

Soweit eine Außenprüfung bei einem am inländischen Besteuerungsverfahren Beteiligten zulässig ist, kann ein Ersuchen im Einzelfall auch Anlass für eine gleichzeitige Prüfung (Tz. 7) oder eine gemeinsame Prüfungstätigkeit mehrerer Steuerverwaltungen (Tz. 8) sein.

Ermittlungen zur Erledigung eines Ersuchens sind ferner im Rahmen von Außenprüfungen zulässig, die zeitgleich aus anderen Gründen durchgeführt werden.

5.2.4 Anwesenheit von Bediensteten anderer Staaten oder Gebiete im Inland

Zur Beschleunigung und Erleichterung des Verfahrens können Bedienstete des ersuchenden Staates oder Gebietes mit Zustimmung des BZSt bzw. des ZKA und der zuständigen obersten Landesfinanzbehörde anwesend sein. Sie können das Ersuchen erläutern, die Ermittlungsergebnisse entgegennehmen und etwaige Hinweise für weitere Ermittlungen geben. Bedienstete anderer EU-MS dürfen Amtshandlungen vornehmen (z. B. Personen befragen und Bücher oder Geschäftspapiere prüfen), sofern dies im Rahmen der Entsendung gesondert vereinbart wurde und die befragten Personen der Befragung und Prüfung zustimmen (vgl. § 10 Abs. 3 EUAHiG).

Der Informationsaustausch mit Bediensteten des ersuchenden Staates oder Gebietes erfolgt entweder im Beisein eines Vertreters des BZSt bzw. des ZKA oder wird an die entsprechende Vornahmebehörde delegiert. Die zuständige Landesfinanzbehörde darf Auskünfte nur erteilen, wenn das BZSt bzw. das ZKA zuvor der Auskunftserteilung zugestimmt hat. Die Tz. 1.5.1.4 bleibt unberührt. Die Offenbarung von Informationen ist im Übrigen nur insoweit zulässig, wie dies durch die völkerrechtlichen Vereinbarungen bzw. das EUAHiG gedeckt ist.

Bedienstete anderer EU-MS, die sich im Inland zur Durchführung eines Informationsaustauschs aufhalten, müssen zu ihrer Legitimation jederzeit eine schriftliche Vollmacht des zentralen Verbindungsbüros vorlegen können (§ 10 Abs. 4 EUAHiG).

5.2.5 Zustellungsersuchen nach dem EUAHiG bzw. dem Übereinkommen

Die Erledigung von Zustellungsersuchen anderer EU-MS nach Art. 13 EUAHiRL bzw. anderer Vertragsstaaten des Übereinkommens nach Art. 17 Abs. 1 des Übereinkommens erfolgt nach den Vorschriften des VwZG (vgl. § 14 Abs. 1 Satz 3 EUAHiG).

5.2.6 Zuständigkeit

Für die Ermittlungen ist die Finanzbehörde zuständig, in deren Bezirk die Ermittlungshandlungen vorzunehmen sind (§ 24 AO); bei Steuern auf Versicherungsprämien das BZSt selbst. Sind im Bezirk mehrerer Finanzbehörden Ermittlungen durchzuführen, so wird die zuständige Finanzbehörde durch die gemeinsame fachlich zuständige Aufsichtsbehörde bestimmt. Fehlt eine gemeinsame Aufsichtsbehörde, so treffen die fachlich zuständigen Aufsichtsbehörden die Entscheidung gemeinsam (§ 25 AO). Die Koordinierung kann dem BZSt bzw. dem ZKA übertragen werden.

5.2.7 Antwort

Die zuständige Finanzbehörde legt dem BZSt bzw. dem ZKA (Ausnahme: Delegation Tz. 1.5.1.4) die Antwort ggf. mit Anlagen auf dem Dienstweg vor (Anlage 2e). Tz. 5.3.1 ist zu beachten. Führen Ermittlungen zu steuerlich erheblichen Feststellungen, auf die das Ersuchen nicht zielte, z. B. weil die anfragende Finanzbehörde einen abweichenden Geschehensablauf vermutet hat, so sind auch diese Feststellungen mitzuteilen. Zur Anhörung des inländischen Beteiligten vgl. Tz. 3.1.

Es ist darauf zu achten, dass alle Fragen vollständig beantwortet werden. Ggf. ist anzugeben, aus welchen Gründen eine Beantwortung nicht möglich ist. Dies gilt für angeforderte Unterlagen entsprechend.

Für Antworten auf Ersuchen anderer EU-MS, die mit EU-Standardformblättern RIF (Anhang I der EUAHiDV) übermittelt wurden, sind diese zu verwenden. Die Antworten sind in das vom anderen EU-MS übermittelte EU-Standardformblatt einzutragen und dem BZSt bzw. dem ZKA auf dem Dienstweg elektronisch zu übermitteln (§ 17 EUAHiG).

Die Vornahmebehörde kann die ersuchende Behörde um eine Rückmeldung über die Verwendung der erbetenen Informationen bitten (Art. 14 Abs. 1 Satz 1 EUAHiRL).

5.2.8 Gegenersuchen

Ergeben sich bei der Bearbeitung des Ersuchens Anhaltspunkte, dass deutsche Steuern verkürzt worden sein könnten, so kann die ausländische Finanzbehörde um die zur Aufklärung erforderlichen Informationen gebeten werden. Hierfür ist ein gesondertes Ersuchen an die ausländische Finanzbehörde zu richten. Es gelten die allgemeinen Voraussetzungen nach Tz. 4. Auf das ursprüngliche Ersuchen der ausländischen Finanzbehörde ist zu verweisen.

5.2.9 Kosten

Die durch die Erledigung des ausländischen Ersuchens der zuständigen Finanzbehörde entstehenden Kosten gehen zu deren Lasten (z. B. in den Fällen des § 107 AO). Außergewöhnliche Kosten gehen zu Lasten der ersuchenden Behörde. Bevor Maßnahmen getroffen werden, die außergewöhnliche Kosten verursachen, ist die Zusicherung der Kostenübernahme durch den ersuchenden Staat auf dem Dienstweg einzuholen.

5.3 Grenzen der Informationsübermittlung

Die Informationsübermittlung ist in den Fällen des § 4 Abs. 3 EUAHiG untersagt (vgl. Tz. 5.3.1.1 und Tz. 5.3.1.3 bis Tz. 5.3.1.5). In den Fällen des § 4 Abs. 4 EUAHiG kann sie verweigert werden (vgl. Tz. 5.3.2.1).

Bei einer Informationsübermittlung, die auf einer anderen Rechtsgrundlage als dem EUAHiG beruht (z. B. DBA, TIEA, Übereinkommen), sind die im jeweiligen Abkommen genannten Grenzen zu beachten.

Anhang 23   Zwischenstaatliche Amtshilfe
Informationsaustausch

Die Bundesrepublik Deutschland hat in ihrer "Auslegungserklärung und Erklärung zu Schutzbestimmungen unter Bezugnahme auf Art. 21 des Übereinkommens und Art. V des Protokolls des Übereinkommens sowie auf Art. 22 des Übereinkommens und Art. VI des Protokolls" Festlegungen zum Schutz der Person und Grenzen der Verpflichtung zur Leistung von Amtshilfe und Geheimhaltung mit Hinterlegung der deutschen Ratifikationsurkunde am 28. August 2015 beim Generaldirektor der OECD in Paris getroffen (vgl. Tz. 2.3).

5.3.1 Verbot der Informationsübermittlung

5.3.1.1 Beschränkungen aufgrund nationalen Rechts

Informationen, die nach deutschem Recht nicht beschafft werden können oder deren Beschaffung der deutschen Verwaltungspraxis widerspricht (Tz. 5.2.1), dürfen nicht übermittelt werden (§ 4 Abs. 3 Nr. 1 EUAHiG, Art. 26 Abs. 3 Buchstabe b OECD-MA, Art. 21 Abs. 2 Buchstabe c des Übereinkommens). Danach sind insbesondere

- die Auskunfts- und Vorlageverweigerungsrechte nach §§ 101 bis 106 AO zu beachten (z. B. Angehörige des Steuerpflichtigen sollen über dessen Verhältnisse Auskunft geben);

- Mitteilungen von Daten über einen Vergleichsbetrieb nur zulässig, wenn sie keine Rückschlüsse auf die Identität des Betroffenen zulassen, es sei denn, der Betroffene stimmt zu;

- Zwangsmittel unzulässig, wenn der Betroffene dadurch gezwungen würde, sich wegen einer von ihm begangenen Steuerstraftat oder Steuerordnungswidrigkeit zu belasten (§ 393 Abs. 1 Satz 2, § 410 Abs. 1 Nr. 4 AO).

5.3.1.2 Abkommenswidrige Besteuerung

Informationen dürfen nicht übermittelt werden, wenn dies zu einer Besteuerung führen würde, die gegen völkerrechtliche Vereinbarungen, insbesondere DBA, verstößt (Art. 26 Abs. 1 Satz 1 OECD-MA: "Die zuständigen Behörden ... tauschen die Informationen aus, die ... erforderlich sind, soweit die diesem Recht entsprechende Besteuerung nicht dem Abkommen widerspricht."). Deshalb sind keine Informationen zu übermitteln, die erkennbar auf eine abkommenswidrige Besteuerung durch den anderen Vertragsstaat abzielen. Die bloße Möglichkeit einer Doppelbesteuerung, z. B. in Folge unterschiedlicher Einkünftequalifikationen durch die Vertragsstaaten, ist jedoch kein rechtliches Hindernis für die Informationsübermittlung (BFH vom 10. Mai 2005, I B 218/04, BFH/NV S. 1503).

5.3.1.3 Geschäfts- und Betriebsgeheimnis

Ein Geschäfts- oder Betriebsgeheimnis liegt vor, wenn es sich um Tatsachen und Umstände handelt, die von erheblicher wirtschaftlicher Bedeutung und praktisch nutzbar sind und deren unbefugte Nutzung zu beträchtlichen Schäden führen kann (BFH vom 20. Februar 1979, BStBl 1979 II S. 268). Die Art der Abwicklung der Geschäftsbeziehungen zwischen zwei Unternehmen, die vom Informationsaustausch betroffen sind, ist kein Geschäfts- oder Betriebsgeheimnis. Das gilt auch dann, wenn die Geschäftsbeziehung unter Einschaltung eines Dritten bzw. über einen dritten Staat oder ein Gebiet abgewickelt wird.

Erstreckt sich das ausländische Ersuchen auf ein Handels-, Industrie-, Gewerbe- oder Berufsgeheimnis oder ein Geschäftsverfahren (Geschäfts- oder Betriebsgeheimnis), so darf eine Auskunft nicht erteilt werden, wenn die Gefahr besteht, dass dem inländischen Beteiligten (Tz. 3.1.3) dadurch ein mit dem Zweck der Auskunft nicht zu vereinbarender Schaden entstehen kann (vgl. § 4 Abs. 3 Nr. 3 EUAHiG, Art. 26 Abs. 3 Buchstabe c OECD-MA , Art. 7 Nr. 2 TIEA-MA, Art. 21 Abs. 2 Buchstabe d des Übereinkommens).

Eine Preisgabe oder Offenbarung, die zu einem Schaden führen könnte, droht aufgrund der gegenseitigen Zusicherung der Geheimhaltung i. S. d. Art. 16 Abs. 1 EUAHiRL (internationales Steuergeheimnis) grundsätzlich nicht bei der Weiterleitung von Informationen an Steuerbehörden innerhalb der EU. Der Beteiligte kann im Rahmen einer Anhörung (Tz. 3.1) geltend machen, dass in seinem Einzelfall die konkrete Gefahr einer unbefugten Offenbarung oder Preisgabe i. S. d. § 4 Abs. 3 Nr. 3 EUAHiG durch die empfangende Steuerverwaltung des anderen EU-MS droht. In diesem Fall gelten die Ausführungen zu Tz. 1.6.2. Ein Schaden liegt dabei jedenfalls nicht in der Erwartung einer angemessenen und zutreffenden Besteuerung.

5.3.1.4 Ausschöpfen der ausländischen Ermittlungsmöglichkeiten

Informationen sind nicht zu übermitteln, wenn der ersuchende Staat die üblichen Ermittlungsquellen, die ihm zur Erlangung der erbetenen Informationen zur Verfügung stehen, ohne dabei die Erreichung des Ziels zu gefährden, nicht ausgeschöpft hat (z. B. § 4 Abs. 3 Nr. 2 EUAHiG, Art. 21 Abs. 2 Buchstabe g des Übereinkommens).

5.3.1.5 Ordre Public

Informationen sind nicht zu übermitteln, wenn hierdurch die öffentliche Ordnung verletzt werden würde (§ 4 Abs. 3 Nr. 4 EUAHiG, Art. 26 Abs. 3 Buchstabe c OECD-MA, Art. 7 Nr. 4 TIEA-MA, Art. 21 Abs. 2 Buchstabe b des Übereinkommens).

5.3.2 Verweigerung der Informationsübermittlung

5.3.2.1 Beschränkungen aufgrund ausländischen Rechts

Es besteht keine Verpflichtung, Informationen zu übermitteln, wenn die Informationen durch Verwaltungsmaßnahmen beschafft werden müssten, die das Recht des ersuchenden Staates oder Gebietes nicht vorsieht (vgl. z. B. § 4 Abs. 4 EUAHiG).

5.3.2.2 Vorbehalt der Streitschlichtung

Sofern kein Verbot der Informationsübermittlung nach Tz. 5.3.1 vorliegt, aber eine Doppelbesteuerung möglich erscheint (Tz. 5.3.1.2), kann der Beteiligte schon während des Auskunftsverfahrens ein Verständigungsverfahren beantragen, wenn die Voraussetzungen hierfür vorliegen. Dies kann z. B. bei der Überprüfung von Verrechnungspreisen zwischen verbundenen Unternehmen in Betracht kommen (Merkblatt zum internationalen Verständigungs- und Schiedsverfahren auf dem Gebiet der Steuern vom Einkommen und vom Vermögen vom 9. Oktober 2018 - IV B 2 - S 1304/17/10001 -, BStBl 2018 I S. 1122).

6 Informationsaustausch ohne Ersuchen

6.1 Spontanauskünfte deutscher Finanzbehörden

Spontaner Informationsaustausch ist die nicht systematische Übermittlung von Informationen an einen anderen Staat ohne dessen vorheriges Ersuchen.

6.1.1 Spontanauskünfte nach dem EUAHiG

Einem anderen EU-MS können nach pflichtgemäßem Ermessen alle Informationen übermittelt werden, wenn diese für die zutreffende Besteuerung eines Steuerpflichtigen im anderen EU-MS von Nutzen sein können (§ 8 Abs. 1 EUAHiG).

Informationen sind nach § 8 Abs. 2 EUAHiG zu übermitteln, wenn

a) Gründe für die Vermutung einer Steuerverkürzung in dem anderen EU-MS vorliegen,

b) ein Sachverhalt vorliegt, aufgrund dessen eine Steuerermäßigung oder Steuerbefreiung gewährt worden ist, und die zu übermittelnden Informationen für den Steuerpflichtigen zu einer Besteuerung oder Steuererhöhung im anderen EU-MS führen könnten,

c) Geschäftsbeziehungen zwischen einem in Deutschland Steuerpflichtigen und einem in einem anderen EU-MS Steuerpflichtigen über einen oder mehrere weitere Staaten in einer Weise geleitet werden, die in einem oder beiden EU-MS zur Steuerersparnis führen kann,

d) Gründe für die Vermutung vorliegen, dass durch künstliche Gewinnverlagerungen zwischen verbundenen Unternehmen eine Steuerersparnis eintritt, oder

e) ein Sachverhalt, der im Zusammenhang mit der Informationserteilung eines anderen EU-MS ermittelt wurde, auch für die zutreffende Steuerfestsetzung in einem weiteren EU-MS erheblich sein könnte.

Sollte in Fällen der Tz. 6.1.1 Buchstabe e die Weitergabe von Informationen und Dokumenten beabsichtigt sein, die im Rahmen der Informationserteilung des anderen EU-MS übermittelt wurden, so ist dieser EU-MS vom BZSt bzw. dem ZKA oder von der nach Tz. 1.5.1.4 für den Informationsaustausch zuständigen Behörde zu informieren und eine Weitergabe der Informationen und Unterlagen nur dann zulässig, wenn dieser EU-MS nicht innerhalb von zehn Arbeitstagen nach Eingang der Mitteilung widerspricht (§ 15 Abs. 2 EUAHiG).

Für die Vermutung, dass die in § 8 Abs. 2 EUAHiG genannten Sachverhalte vorliegen, reicht es aus, wenn das Verhalten des Steuerpflichtigen nach der allgemeinen Lebenserfahrung den Schluss erlaubt, er wolle verhindern, dass die zuständigen Finanzbehörden Kenntnis von einem steuerlich relevanten Sachverhalt erlangen (BFH vom 17. Mai 1995, BStBl 1995 II S. 497).

Informationen sind grundsätzlich unter Verwendung des EU-Standardformblattes SIF (Anhang II der EUAHiDV) sowie Anlage 2e zu übermitteln. Die Regelungen zur Anhörung (Tz. 3.1) sind zu beachten. Die Übermittlung von Informationen an EU-MS erfolgt auf elektronischem Weg. Die Auskünfte müssen der ausländischen Steuerverwaltung eine Identifizierung des Betroffenen ermöglichen.

Spontanauskünfte nach § 8 Abs. 2 EUAHiG sollen unverzüglich übermittelt werden, spätestens jedoch einen Monat, nachdem die Informationen verfügbar geworden sind (§ 8 Abs. 3 EUAHiG).

Die inländischen Finanzbehörden können in Spontanauskünften an andere EU-MS um eine Rückmeldung der ausländischen Behörde zu den übermittelten Informationen bitten (Art. 14 Abs. 1 Satz 1 EUAHiRL).

6.1.2 Spontanauskünfte nach anderen Rechtsgrundlagen

Spontanauskünfte nach den DBA sind auch gegenüber Drittstaaten zulässig, mit denen eine große bzw. umfassende Auskunftsklausel vereinbart ist. Sie sind gegenüber Staaten zulässig, mit denen eine kleine Auskunftsklausel vereinbart ist, soweit sie zur Durchführung des DBA erforderlich sind, z. B. in den Fällen der Freistellung des Arbeitslohnes vom Steuerabzug aufgrund eines DBA, und die Gegenseitigkeit vorliegt.

Nach Art. 7 Abs. 1 des Übereinkommens sind Spontanauskünfte auch dem jeweils anderen Vertragsstaat zu übermitteln, wenn

a) Gründe für die Vermutung einer Steuerverkürzung in dem anderen Vertragsstaat vorliegen,

b) ein Sachverhalt vorliegt, aufgrund dessen eine Steuerermäßigung oder Steuerbefreiung gewährt worden ist, und die zu übermittelnden Informationen für den Steuerpflichtigen zu einer Besteuerung oder Steuererhöhung im anderen Vertragsstaat führen könnten,

c) Geschäftsbeziehungen zwischen einem in Deutschland Steuerpflichtigen und einem in einem anderen Vertragsstaat Steuerpflichtigen über einen oder mehrere weitere Staaten in einer Weise geleitet werden, die in einem oder beiden Vertragsstaaten zur Steuerersparnis führen kann,

d) ein Vertragsstaat Gründe für die Vermutung einer künstlichen Gewinnverlagerung innerhalb eines Konzerns hat, oder

e) im Zusammenhang mit Informationen, die der deutschen Finanzbehörde von einem anderen Vertragsstaat übermittelt worden sind, ein Sachverhalt ermittelt ist, der für die Steuerfestsetzung in dem anderen Vertragsstaat erheblich sein kann.

Spontaninformationen gegenüber Drittstaaten sind grundsätzlich ebenfalls unter Verwendung des EU-Standardformblattes SIF (Anhang II der EUAHiDV) sowie Anlage 2e zu übermitteln (vgl. Tz. 6.1.1). Die Regelungen zur Anhörung (Tz. 3.1) sind zu beachten.

Bei TIEAs sind Spontanauskünfte nur bei ausdrücklichen Vereinbarungen im jeweiligen Abkommen zulässig.

6.1.3 Spontanauskünfte und Ermessen der Finanzbehörden

Die Informationserteilung steht zwar - mit Ausnahme der Informationsübermittlung nach § 8 Abs. 2 EUAHiG und Art. 7 Abs. 1 des Übereinkommens - im Ermessen der Finanzbehörden, sie liegt aber im überwiegenden öffentlichen Interesse, wenn die Bundesrepublik Deutschland in einem DBA auf die Besteuerung von Einkünften zugunsten des anderen Staates verzichtet hat Der deutsche Steuerverzicht beruht auf der Erwartung der Besteuerung im anderen Staat. Kommt es insoweit nicht zu einer Besteuerung, findet eine Ungleichbehandlung statt, die sowohl die Steuergerechtigkeit berührt als auch wettbewerbsverzerrend wirken kann (BFH vom 8. Februar 1995, BStBl 1995 II S. 358). Eine Spontanauskunft ist schon dann rechtmäßig, wenn die ernstliche Möglichkeit besteht, dass der andere Vertragsstaat abkommensrechtlich ein Besteuerungsrecht hat und ohne die Auskunft von dem Gegenstand dieses Besteuerungsrechts keine Kenntnis erlangen würde (BFH vom 10. Mai 2005, I B 218/04, BFH/NV S. 1503).

Die Auskünfte können sich auf steuerlich bedeutsame Fälle beschränken (z. B. hohe Zahlungsbeträge oder Verdacht einer Steuerstraftat oder einer Steuerordnungswidrigkeit). Die Übersendung einer Spontanauskunft ist nicht grundsätzlich von dem Überschreiten bestimmter Betragsgrenzen abhängig.

6.1.4 Verpflichtender spontaner Informationsaustausch zu "Tax Rulings/steuerliche Vorbescheide"

Ein verpflichtender spontaner Informationsaustausch entsprechend den Vereinbarungen zu BEPS Aktionspunkt 5 besteht mit OECD-, G20- sowie IF-Staaten. Die von Aktionspunkt 5 des BEPS Projekts erfassten "steuerlichen Vorbescheide" (vgl. Tz. 1 des BMF-Schreibens "Merkblatt zum verpflichtenden automatischen und spontanen Austausch verbindlicher Auskünfte, verbindlicher Zusagen und Vorabzusagen zu Verrechnungspreisen im Zusammenhang mit grenzüberschreitenden Sachverhalten" (sog. "Tax Rulings") vom 17. August 2017 - IV B 6 - S 1320/16/10002 :014 -, BStBl 2017 I S. 1228) sind nach Maßgabe der im Verhältnis zu den anderen Staat, der nicht EU-MS ist, geltenden Rechtsgrundlage spontan auszutauschen.

Im Verhältnis zu anderen EU-MS sind die "steuerlichen Vorbescheide" i. S. d. BEPS Aktionspunktes 5 bei Unternehmen natürlicher Personen nach den Vorgaben von § 8 EUAHiG verpflichtend spontan auszutauschen, soweit der steuerliche Vorbescheid ausschließlich die Steuerangelegenheiten von natürlichen Personen betrifft, da in diesen Fällen ein automatischer Informationsaustausch nicht vorgesehen ist (vgl. Tz. 7 und 37 des vorgenannten BMF-Schreibens vom 17. August 2017).

Für den verpflichtenden spontanen Informationsaustausch nach Aktionspunkt 5 des BEPS Projekts ist das ausgefüllte Formular (Anlage 2c) in Form einer pdf-Datei dem EU-Standardformblatt SIF für den spontanen Informationsaustausch zu "Tax Rulings/steuerliche Vorbescheide" beizufügen.

6.1.5 Grenzen der Informationserteilung

Die Ausführungen über die Grenzen der Informationserteilung in Tz. 5.3 gelten entsprechend. Dabei ist zu beachten, dass § 4 Abs. 3 Nr. 1 EUAHiG grundsätzlich darauf abstellt, dass die inländische Finanzbehörde die Informationen in einem Besteuerungsverfahren nach den Vorschriften der AO beschaffen könnte. Es ist jedoch zulässig, Zufallserkenntnisse und Zufallsfunde, die in einem - auch gegen Dritte gerichteten - Steuerstrafverfahren gewonnen werden, mitzuteilen. Dies gilt auch, wenn diese in keinem Besteuerungsverfahren nach den Vorschriften der AO hätten mitgeteilt werden müssen. Insoweit besteht bezüglich der Weitergabe der erlangten Kenntnisse kein Verwertungsverbot, solange die Informationsgewinnung auf einer Durchsuchungsanordnung beruht, gegen die kein Rechtsmittel mehr möglich ist (BFH vom 17. Mai 1995 , BStBl 1995 II S. 497).

6.2 Spontanauskünfte ausländischer Finanzbehörden

Spontanauskünfte ausländischer Finanzbehörden werden vom BZSt bzw. ZKA geprüft, regelmäßig übersetzt (vgl. Tz. 1.7) und an die zuständigen inländischen Finanzbehörden oder bei Steuern auf Versicherungsprämien an das zuständige Referat im BZSt weitergeleitet.

Die Informationen sind zeitgerecht auszuwerten. Hierbei gelten die gleichen Grundsätze wie bei der Auswertung inländischen Kontrollmaterials. Wird der Inhalt vom betroffenen inländischen Steuerpflichtigen bestritten (z. B. bei dem Empfang einer Zahlung oder dem Erwerb bzw. dem Verkauf von Vermögen) ist von der örtlich zuständigen Finanzbehörde zu entscheiden, ob zur Überprüfung der Angaben des Steuerpflichtigen ein formelles Ersuchen an die ausländische Finanzbehörde nach Tz. 4.1 zu richten ist.

Bittet ein anderer EU-MS um eine Rückmeldung des Ergebnisses der Verwendung der Informationen aus einer Spontanauskunft, hat die zuständige Finanzbehörde die Rückmeldung unverzüglich, spätestens jedoch drei Monate, nachdem das Ergebnis bekannt geworden ist, an das BZSt bzw. ZKA weiterzuleiten (§ 16 Abs. 2 Satz 1 EUAHiG). Die Rückmeldung ist dem BZSt bzw. ZKA elektronisch auf dem Dienstweg weiterzuleiten. Für die Rückmeldung sowie die Mitteilung des steuerlichen Mehrergebnisses ist grundsätzlich das EU-Standardformblatt FIF (Anhang IV der EUAHiDV) zu verwenden. Das BZSt wird die von der zuständigen Finanzbehörde übermittelten Angaben an den anderen EU-MS weiterleiten, sofern die Vorschriften zum Datenschutz und zum Schutz des Steuergeheimnisses dem nicht entgegenstehen (§ 16 Abs. 2 Satz 2 und 3 EUAHiG).

Abschnitt 3 - Verpflichtender automatischer Informationsaustausch

6.3 Automatischer Austausch von Informationen - Umfang, Allgemeines, Grenzen und Geheimhaltungsvorschriften

Bei verpflichtenden automatischen Auskünften handelt es sich um die systematische Übermittlung zuvor festgelegter Informationen über gleichartige Sachverhalte in regelmäßigen, im Voraus festgelegten Abständen.

Das BZSt ist gemäß § 3 Abs. 2 Satz 1 i. V. m. § 7 Abs. 1 Satz 2 EUAHiG und § 5 Abs. 1 Nr. 5a - 5e FVG für die Entgegennahme und ggf. Weiterleitung der dort genannten Informationen zuständig. Bei dem verpflichtenden automatischen Austausch von Informationen über grenzüberschreitende steuerliche Vorbescheide und Vorabverständigungen über Verrechnungspreise zwischen international verbundenen Unternehmen (sog. "Tax Rulings/steuerliche Vorbesche de") ist das Verfahren nach Art. 21 Abs. 5 der EUAHiRL anzuwenden (§ 5 Abs. 1 Satz 1 Nr. 5c FVG), vg . Tz. 6.3.2.3 letzter Absatz.

In den Fällen des verpflichtenden automatischen Informationsaustauschs findet eine Anhörung der Beteiligten nicht statt (§ 91 Abs. 2 Nr. 4, § 117c Abs. 2 Satz 1, § 117c Abs. 4 Satz 2 AO, § 7 Abs. 8 EUAHiG).

Die Ausführungen über die Grenzen der Informationserteilung (vgl. Tz. 5.3) und zur Geheimhaltung (vgl. Tz. 1.6) gelten entsprechend.

6.3.1 Automatische Übermittlung von Informationen an andere Staaten

6.3.1.1 Automatische Übermittlung von Informationen nach dem EUAHiG/DAC1

Ab dem Besteuerungszeitraum 2014 sind jährlich folgende verfügbare Informationen über im anderen EU-MS ansässige Personen an den anderen EU-MS zu übermitteln (§ 7 Abs. 1 Satz 1 EUAHiG):

- Vergütungen aus unselbständiger Arbeit,

- Aufsichtsrats- oder Verwaltungsratsvergütungen,

- Lebensversicherungsprodukte, die nicht von anderen Rechtsakten der EU über den Austausch von Informationen oder vergleichbaren Maßnahmen erfasst sind,

- Ruhegehälter, Renten und ähnliche Zahlungen und

- Eigentum an unbeweglichem Vermögen und Einkünfte daraus.

Verfügbare Informationen i. S. d. § 7 Abs. 1 Satz 1 EUAHiG sind Informationen, die in den Steuerakten enthalten sind und die im Einklang mit den Verfahren für die Erhebung und Verarbeitung von Informationen abgerufen werden können.

Die Übermittlung an den anderen Staat erfolgt durch das BZSt auf elektronischem Weg (§ 7 Abs. 1 Satz 1 EUAHiG). Das elektronische Format für den verpflichtenden automatischen Informationsaustausch über bestimmte Arten von Einkünften und Vermögen wurde in Art. 2 Abs. 1 EUA-HiDV festgelegt. Die Übermittlung der Daten erfolgte erstmals ab dem 1. Januar 2015 (§ 21 Abs. 1 EUAHiG).

6.3.1.2 Automatische Übermittlung von Informationen über Finanzkonten

FATCA

Der verpflichtende automatische Informationsaustausch über Finanzkonten mit den Vereinigten Staaten von Amerika wird durch das FATCA-Abkommen umgesetzt. Von den darin festgelegten Pflichten sind nur Finanzinstitute i. S. d. FATCA-USA-UmsV betroffen. Finanzinstitute sind grundsätzlich meldende Finanzinstitute. Einige Finanzinstitute werden als "nicht meldende Finanzinstitute" jedoch von diesen Pflichten ausgenommen. Meldende deutsche Finanzinstitute sind verpflichtet, mit Beginn des Kalenderjahres 2014 für jedes meldepflichtige Konto die in der FATCA-

Anhang 23   *Zwischenstaatliche Amtshilfe*
                                              Informationsaustausch

USA-UmsV aufgeführten Daten zu erheben und bis zum 31. Juli des jeweiligen folgenden Kalenderjahres nach amtlich vorgeschriebenem Datensatz an das BZSt zu übermitteln. Das BZSt übermittelt die von den Finanzinstituten gemeldeten Informationen automatisch elektronisch bis zum 30. September des Kalenderjahres, das auf das Kalenderjahr folgt, auf das sich die Daten beziehen, an den IRS.

Der amtlich vorgeschriebene Datensatz und die Nichtbeanstandungsregelung bei Meldungen der Finanzinstitute für das Kalenderjahr 2016 wurde mit BMF-Schreiben vom 2. Juni 2017 - IV B 6 - S 1316/11/10052 :124 -, BStBl 2017 I S. 877, bekannt gegeben. Die Veröffentlichung von Änderungen am amtlich vorgeschriebenen Datensatz erfolgt grundsätzlich ausschließlich auf der Internetseite des BZSt, http://www.bzst.de. Eine Veröffentlichung des amtlich vorgeschriebenen Datensatzes im BStBl erfolgt zukünftig nur noch bei weitreichenden Änderungen des Datensatzes.

CRS

Zur Bekämpfung grenzüberschreitender Steuerhinterziehung sowie sonstiger Formen mangelnder Steuerdisziplin entwickelte die OECD den weltweiten Standard für den verpflichtenden automatischen Austausch von Informationen über Finanzkonten (CRS). Der Meldestandard ist demjenigen, der für den Austausch nach dem FATCA-Abkommen verwendet wird, angelehnt. Die Einzelheiten bestimmt das FKAustG. Meldende deutsche Finanzinstitute sind verpflichtet, mit Beginn des Kalenderjahres 2016 für jedes meldepflichtige Konto die im FKAustG aufgeführten Daten zu erheben und bis zum 31. Juli des jeweiligen folgenden Kalenderjahres nach amtlich vorgeschriebenem Datensatz an das BZSt, welches als zuständige Behörde bestimmt wurde, zu übermitteln. Das BZSt übermittelt diese Informationen automatisch elektronisch an den anderen Vertragsstaat.

Zwischen den EU-MS wurde der CRS durch die Änderung der EUAHiRL (DAC2) umgesetzt. Informationen nach dem CRS werden den anderen EU-MS automatisch elektronisch übermittelt. Die Übermittlung erfolgt nach dem in der EUAHiDV vorgeschriebenen Datensatz. Der Austausch erfolgte erstmalig ab dem 30. September 2017 für Informationen der Besteuerungszeiträume ab dem 1. Januar 2016 (§ 21 Abs. 2 EUAHiG).

Der automatische Austausch von Informationen über Finanzkonten mit Vertragsstaaten des Übereinkommens wurde durch das MCAA CRS geregelt. Danach sind Informationen über Finanzkonten automatisch zu übermitteln, sofern die Vertragsstaaten zweiseitig die Voraussetzungen des § 7 Abs. 1 MCAA CRS erfüllen. Die Vertragsstaaten haben die Erfüllung der Voraussetzungen dem Sekretariat des Koordinierungsgremiums des Übereinkommens zu notifizieren. Das Sekretariat des Koordinierungsgremiums überwacht die Notifizierungen und veröffentlicht auf der Internetseite der OECD eine Liste der zuständigen Behörden der Vertragsstaaten, für die die Vereinbarung eine wirksame Vereinbarung darstellt. Der Mehrseitigen Vereinbarung sind auch Staaten beigetreten, die das Übereinkommen nicht gezeichnet haben.

Der Austausch mit Vertragsstaaten der Mehrseitigen Vereinbarung erfolgte erstmalig ab dem 30. September 2017 für Informationen der Besteuerungszeiträume ab dem 1. Januar 2016. Die Übermittlung erfolgt nach amtlich vorgeschriebenem Datensatz (BMF-Schreiben vom 6. Juni 2017 - IV B 6 - S 1315/13/10021 :036 -, BStBl 2017 I S. 847). In seiner aktuellsten Fassung ist der amtlich vorgeschriebene Datensatz auf der Internetseite des BZSt http://www.bzst.de veröffentlicht. Für den ersten automatischen Austausch von Informationen über Finanzkonten in Steuersachen am 30. September 2017 wurde die finale Staatenaustauschliste 2017 mit BMF-Schreiben vom 2. Juni 2017[3] - IV B 6 - S 1315/13/10021 :046 -, BStBl 2017 I S. 866, bekannt gegeben. Aktualisierungen der Staatenaustauschliste sind auf der Internetseite des BZSt http://www.bzst.de einzusehen.

---

[3] Das BMF Schreiben datiert auf den 22. Juni 2017

6.3.1.3 Automatische Übermittlung von Informationen über "Tax Rulings/steuerliche Vorbescheide" nach dem EUAHiG/DAC3

Für den verpflichtenden automatischen Austausch von Informationen über grenzüberschreitende steuerliche Vorbescheide und Vorabverständigungen über Verrechnungspreise zwischen international verbundenen Unternehmen ("Tax Rulings/steuerliche Vorbescheide") erfolgte eine Änderung der EUAHiRL zum 1. Januar 2017. Das EUAHiG ist zur Umsetzung dieser Änderungen in nationales Recht mit dem Gesetz zur Umsetzung der Änderungen der EU-Amtshilferichtlinie und von weiteren Maßnahmen gegen Gewinnkürzungen und -verlagerungen vom 20. Dezember 2016 (BGBl. 2016 I S. 3000) geändert worden.

Weitere Einzelheiten zum sachlichen, persönlichen und zeitlichen Anwendungsbereich und das Verfahren der Übermittlung sind im BMF-Schreiben "Merkblatt zum verpflichtenden automatischen und spontanen Austausch verbindlicher Auskünfte, verbindlicher Zusagen und Vorabzusagen zu Verrechnungspreisen im Zusammenhang mit grenzüberschreitenden Sachverhalten" vom 17. August 2017 - IV B 6 - S 1320/16/10002 :014 -, BStBl 2017 I S. 1228, veröffentlicht

6.3.1.4 Automatische Übermittlung länderbezogener Berichte

Am 5. Oktober 2015 veröffentlichte die OECD die Ergebnisse zum gemeinsamen Projekt BEPS von G20 und OECD, welche u. a. ein Maßnahmenpaket gegen Gewinnkürzungen und Gewinnverlagerungen vorschlagen. Der BEPS Aktionspunkt 13 sieht die Erstellung von länderbezogenen Berichten für multinational tätige Unternehmen und deren automatischen Austausch (CbCR) vor. Meldepflichtige deutsche Unternehmen i. S. d. § 138a Abs. 1 AO haben einen länderbezogenen Bericht des Konzerns zu erstellen und an das BZSt nach amtlich vorgeschriebenem Datensatz durch Datenfernübertragung zu übermitteln. Es besteht die Möglichkeit der Beauftragung i. S. d. § 138a Abs. 3 AO. Die meldepflichtigen deutschen Unternehmen haben den länderbezogenen Bericht erstmalig für Wirtschaftsjahre, die nach dem 31. Dezember 2015 beginnen, bis zum 31. Dezember 2017 und in den Folgejahren jeweils bis zum 31. Dezember des auf den Meldezeitraum folgenden Kalenderjahres an das BZSt zu übermitteln.

Das BZSt übermittelt alle ihm zugegangenen länderbezogenen Berichte im Rahmen des automatischen elektronischen Informationsaustauschs zum einen an die jeweils zuständige inländische Finanzbehörde (§ 138a Abs. 7 Satz 1 AO) bzw. im Rahmen des automatischen Informationsaustauschs automatisch elektronisch an die anderen Vertragsstaaten (§ 138a Abs. 7 Satz 2 AO).

Im Verhältnis zu anderen EU-MS wurde die BEPS-Empfehlung zum Aktionspunkt 13 durch entsprechende Änderungen der EUAHiRL (DAC4) und national durch die Änderung des EUAHiG umgesetzt. Nach § 7 Abs. 10 EUAHiG übermittelt das BZSt die länderbezogenen Berichte, die ihm nach § 138a Abs. 6 AO übermittelt wurden, automatisch elektronisch an die zuständige Behörde des anderen EU-MS, sofern Angaben nach § 138a Abs. 2 AO in dem länderbezogenen Bericht enthalten sind. Nach § 7 Abs. 11 EUAHiG teilt das BZSt den anderen EU-MS zusätzlich automatisch mit, wenn sich die ausländische Konzernobergesellschaft der einbezogenen inländischen Konzerngesellschaft geweigert hat, die erforderlichen Informationen zur Erstellung des länderbezogenen Berichts bereitzustellen (§ 138a Abs. 4 Satz 1 AO).

Der verpflichtende automatische Austausch länderbezogener Berichte mit Vertragsstaaten des Übereinkommens wird durch das MCAA CbC geregelt. Danach sind diese Informationen automatisch zu übermitteln, sofern die Vertragsstaaten zweiseitig die Voraussetzungen des § 8 Nr. 2 MCAA CbC erfüllen. Die Vertragsstaaten haben die Erfüllung der Voraussetzungen dem Sekretariat des Koordinierungsgremiums des Übereinkommens zu notifizieren. Das Sekretariat des Koordinierungsgremiums überwacht die Notifizierungen und veröffentlicht auf der Internetseite der OECD eine Liste der zuständigen Behörden der Vertragsstaaten, für die die Vereinbarung eine wirksame Vereinbarung darstellt. Dieser Mehrseitigen Vereinbarung sind auch Staaten beigetreten, die das Übereinkommen nicht gezeichnet haben.

Nach § 4 MCAA CbC teilt das BZSt den anderen Vertragsstaaten Fehler, unvollständige Informationsmeldungen sowie Fälle der Nichteinhaltung ebenfalls mit.

6.3.2 Automatische Informationen von anderen Staaten und Gebieten

Automatisch entgegengenommene Informationen sind zeitgerecht auszuwerten. Hierbei gelten grundsätzlich die gleichen Grundsätze wie bei der Auswertung inländischen Kontrollmaterials. Wird der Inhalt vom betroffenen inländischen Steuerpflichtigen bestritten (z. B. der Empfang einer Zinszahlung), ist von der örtlich zuständigen Finanzbehörde zu entscheiden, ob zur Überprüfung der Angaben des Steuerpflichtigen ein formelles Ersuchen an die ausländische Finanzbehörde nach Tz. 4.1 zu richten ist.

Die automatisch entgegengenommenen Informationen dürfen nur für die in den völkerrechtlichen Vereinbarungen oder dem EUAHiG festgelegten Zwecke verwendet werden. Sollen erhaltene Informationen für andere Zwecke verwendet werden, als in den völkerrechtlichen Vereinbarungen oder dem EUAHiG festgelegt wurde, ist dies nur zulässig, wenn der übermittelnde Staat seine Einwilligung erteilt (§ 19 Abs. 2 Satz 2 EUAHiG). Dies ist auf Seiten der Landesfinanzbehörden entsprechend zu beachten und sicherzustellen.

6.3.2.1 Automatische Informationen von anderen EU-MS nach DAC1

Das BZSt nimmt Informationen nach § 7 Abs. 1 Satz 2 EUAHiG (vgl. Tz. 6.3.1.1), die von anderen EU-MS automatisch übermittelt wurden, entgegen, speichert sie und leitet sie zur Durchführung des Besteuerungsverfahrens nach Maßgabe des § 88 Abs. 3 und 4 AO an die zuständige Finanzbehörde weiter.

Auf die Bestimmungen zum Geheimhaltungsschutz und zur Verwendungsbeschränkung (vgl. Tz. 6.3 und Tz. 6.3.2) wird verwiesen. Im Rahmen der automatisierten Weiterleitung der Informationen nach § 7 Abs. 1 Satz 2 EUAHiG an die Landesfinanzbehörden erfolgt kein gesonderter Hinweis zum Geheimhaltungsschutz durch das BZSt.

6.3.2.2 Automatische Informationen über Finanzkonten von anderen Staaten und Gebieten

Das BZSt nimmt nach § 9 Abs. 2 FATCA-USA-UmsV und § 5 Abs. 3 FKAustG die von anderen Staaten und Gebieten übermittelten Daten (vgl. Tz. 6.3.1.2) entgegen, speichert sie und leitet sie zur Durchführung des Besteuerungsverfahrens nach Maßgabe des § 88 Abs. 3 und 4 AO an die zuständige Landesfinanzbehörde weiter.

Auf die Bestimmungen zum Geheimhaltungsschutz und zur Verwendungsbeschränkung (vgl. Tz. 6.3 und Tz. 6.3.2) wird verwiesen. Im Rahmen der automatisierten Weiterleitung der Informationen nach § 9 Abs. 2 FATCA-USA-UmsV und § 5 Abs. 3 FKAustG an die Landesfinanzbehörden erfolgt kein gesonderter Hinweis zum Geheimhaltungsschutz durch das BZSt.

6.3.2.3 Automatische Informationen über "Tax Rulings/steuerliche Vorbescheide" von anderen EU-MS nach DAC3

Das BZSt und die Landesfinanzbehörden nutzen für die Entgegennahme von Informationen nach Art. 8a der EUAHiRL (DAC3) das Zentralverzeichnis, § 7 Abs. 9 Satz 2 EUAHiG.

Das BZSt leitet die die Bundesrepublik Deutschland betreffenden und eindeutig zuordnungsfähigen Daten an die zuständigen Landesfinanzbehörden weiter.

6.3.2.4 Automatische Übermittlung länderbezogener Berichte von anderen Staaten und Gebieten

Das BZSt nimmt die von anderen Staaten und Gebieten übermittelten länderbezogenen Berichte entgegen und leitet die eindeutig zuzuordnenden Daten der jeweils zuständigen Landesfinanzbehörde zu (§ 7 Abs. 12 Satz 1 und 2 EUAHiG, § 138a Abs. 7 Satz 3 AO).

Abschnitt 4 - Besondere Formen der Zusammenarbeit

7 Informationsaustausch im Rahmen einer gleichzeitigen Prüfung

In- und ausländische Finanzbehörden können einander die gleichzeitige Prüfung eines Steuerpflichtigen oder mehrerer Steuerpflichtiger vorschlagen, um

- Doppelbesteuerungen bzw. -belastungen zu verhindern, besonders durch übereinstimmende Abgrenzung der Gewinne verbundener Unternehmen;
- grenzüberschreitende Sachverhalte durch Informationsaustausch aufzuklären.

Rechtsgrundlage für den Informationsaustausch anlässlich einer gleichzeitigen Prüfung in zwei oder mehreren EU-MS ist § 12 EUAHiG. Im Übrigen gelten für den Informationsaustausch die allgemeinen Grundsätze. Danach ist ein Informationsaustausch im Rahmen einer gleichzeitigen Prüfung auch im Verhältnis zu Staaten oder Gebieten zulässig, die nicht EU-MS sind, soweit der Informationsaustausch auf der Grundlage einer Informationsaustauschklausel in einem DBA, einem besonderen Rechts- und Amtshilfeabkommen, einem TIEA, dem Übereinkommen oder § 117 Abs. 1 oder 3 AO erfolgt.

Weitere Einzelheiten, auch zu gleichzeitigen Prüfungen mit Staaten oder Gebieten, die nicht EU-MS sind, ergeben sich aus dem BMF-Schreiben "Merkblatt über koordinierte steuerliche Außenprüfungen mit Steuerverwaltungen anderer Staaten und Gebiete" vom 9. Januar 2017 - IV B 6 - S 1315/16/10016 :002 -, BStBl 2017 I S. 89.

8 Gemeinsame Prüfungstätigkeit mehrerer Steuerverwaltungen

Für gleichzeitige Prüfungen mit einem oder mehreren EU-MS kann im Rahmen der §§ 10 bis 12 EUAHiG zum Zweck des Informationsaustauschs vereinbart werden, dass befugte Bedienstete des anderen EU-MS

- in den Amtsräumen zugegen sein dürfen, in denen die deutsche Finanzbehörde ihre Tätigkeit ausübt, oder
- bei den behördlichen Ermittlungen zugegen sein dürfen, die auf deutschem Hoheitsgebiet durchgeführt werden.

Für die Anwesenheit inländischer Bediensteter im anderen EU-MS gelten nach § 11 EUAHiG diese Regelungen sinngemäß.

Das BZSt trifft hierüber eine Vereinbarung mit den zuständigen in- und ausländischen Behörden.

Weitere Einzelheiten, auch zu gemeinsamen Prüfungen mit Staaten, die nicht EU-MS sind, ergeben sich aus dem BMF-Schreiben "Merkblatt über koordinierte steuerliche Außenprüfungen mit Steuerverwaltungen anderer Staaten und Gebiete" vom 9. Januar 2017 - IV B 6 - S 1315/16/10016 :002 -, BStBl 2017 I S. 89.

9 JITSIC/SPOC

JITSIC ist ein seit März 2015 bestehendes Netzwerk der zwei- oder mehrseitigen Zusammenarbeit von Steuerverwaltungen zwischen 38 Mitgliedstaaten und Nicht-Mitgliedstaaten der OECD. Deutschland nimmt an dieser Zusammenarbeit teil. Im Rahmen des Netzwerkes benennt jeder teilnehmende Staat einen Ansprechpartner, den JITSIC SPOC. Die Funktion des JITSIC SPOC für Deutschland wird durch das BMF, Referat IV B 6, wahrgenommen.

Ziel von JITSIC ist es, mittels initiierter Projekte bzw. durch koordinierte zwei- oder mehrseitige Kontakte Strategien zur besseren Zusammenarbeit bei konkreten internationalen Steuersachverhalten zu erarbeiten. Dies erfolgt im Rahmen der entsprechenden gesetzlichen Regelungen zur internationalen Zusammenarbeit in Steuersachen.

Dieses Schreiben ist auf den Internetseiten des BZSt (http://www.bzst.de) abrufbar. Es ersetzt das Merkblatt zur zwischenstaatlichen Amtshilfe durch Informationsaustausch in Steuersachen vom 23. November 2015 - IV B 6 - S 1320/07/10004 :007 -, BStBl 2015 I S. 928 ff.

Merkblatt zur Internationalen Rechtshilfe in Steuerstrafsachen

(BMF-Schreiben vom 15.6.2022 - IV B 6 - S 1320/19/10011 :001 -, BStBl I S. 972)[1]

Nach Erörterung mit den obersten Finanzbehörden der Länder gelten für den internationalen Rechtshilfeverkehr in Steuerstrafsachen (einschließlich Steuerordnungswidrigkeiten) die nachfolgenden Grundsätze. Dieses Schreiben findet keine Anwendung auf den Zuständigkeitsbereich der Zollverwaltung.

1 Allgemeines

1.1 Internationale Rechtshilfe in Steuerstrafsachen

Die deutschen Finanzbehörden beanspruchen und leisten im Rahmen ihrer Zuständigkeiten internationale Rechtshilfe bei der Ermittlung und Verfolgung von Steuerstraftaten und Steuerordnungswidrigkeiten nach Maßgabe der gesetzlichen Grundlagen. Die maßgebenden Grundsätze sind in diesem Schreiben dargestellt. Sie gelten für Straftaten, deren Verfolgung den Finanzbehörden nach § 386 Abs. 2 AO zugewiesen ist, sowie für die Ahndung von Steuerordnungswidrigkeiten (§§ 377, 409 ff. AO).

Die Grundsätze aus dem IRG gelten entsprechend für Verfahren wegen Taten, die nach deutschem Recht als Ordnungswidrigkeit mit Geldbuße oder die nach ausländischem Recht mit einer vergleichbaren Sanktion bedroht sind, sofern über deren Festsetzung ein auch für Strafsachen zuständiges Gericht entscheiden kann (§ 1 Abs. 2 IRG).

Dieses Schreiben gilt für die internationale Rechtshilfe in Form von eingehenden und ausgehenden Ersuchen; es gilt nicht für die Überstellung einer Person zur Strafverfolgung bzw. Strafvollstreckung (Auslieferung) und die Vollstreckungshilfe, mit Ausnahme der Einziehungsentscheidung.

Rechtshilfe ist jede Unterstützung, die für ein in einem anderen Staat anhängiges Verfahren in einer strafrechtlichen Angelegenheit gewährt wird, unabhängig davon, ob das Verfahren von einem Gericht oder einer anderen Behörde betrieben wird und ob die Rechtshilfe von einem Gericht oder von einer anderen Behörde zu leisten ist (§ 59 Abs. 2 IRG). Bei der internationalen Rechtshilfe ist zwischen der justiziellen und der polizeilichen Rechtshilfe zu unterscheiden. Die justizielle Rechtshilfe zwischen den Mitgliedstaaten der Europäischen Union stützt sich grundsätzlich auf den Grundsatz der gegenseitigen Anerkennung gerichtlicher Urteile und Entscheidungen, sowie Entscheidungen der Strafverfolgungsbehörden zur Durchführung und Förderung von Strafverfahren.

Die „polizeiliche Rechtshilfe" (vgl. Abschn. 8) ist demgegenüber auf einen internationalen Informationsaustausch beschränkt, vgl. Nr. 123 ff. RiVASt (Informationsrechtshilfe). Danach können bereits vorhandene und ohne Zwang zu beschaffende personenbezogene Daten zur Verfolgung von Straftaten zwischen EU-MS und mit Drittstaaten ausgetauscht werden.

---

[1] Inhaltsverzeichnis, Abkürzungsverzeichnis und Anlagen hier nicht abgedruckt.

1.2 Verhältnis zur Amtshilfe in Steuersachen

Von der internationalen Rechtshilfe in Steuerstrafsachen ist die zwischenstaatliche Amtshilfe in Steuersachen zu unterscheiden; insoweit wird auf das Merkblatt zur zwischenstaatlichen Amtshilfe durch Auskunftsaustausch in Steuersachen vom 29. Mai 2019 (BStBl 2019 I S. 480) hingewiesen.

Zwischenstaatliche Amtshilfe in Steuersachen liegt vor, wenn Behörden und Gerichte für Zwecke des Besteuerungsverfahrens, insbesondere für die Feststellung der steuerlich relevanten Sachverhalte und Besteuerungsgrundlagen, Informationen austauschen. Ein anhängiges Steuerstrafverfahren sperrt nicht den Amtshilfeweg. Auch nach Einleitung eines Steuerstraf- oder Bußgeldverfahrens kann im Wege der zwischenstaatlichen Amtshilfe um Auskünfte ersucht werden, beispielsweise wenn das Besteuerungsverfahren gefördert werden soll. In Betracht kommen Auskunftsersuchen zu Informationen, die bei Behörden oder Gerichten bereits vorliegen, z. B. aus Steuerakten oder öffentlichen Registern. Sofern die gewünschten Informationen von den ersuchten Stellen erst noch beschafft werden müssen, sollte zur Vermeidung von Verwertungsverboten im Strafverfahren das Ersuchen auf dem Rechtshilfeweg gestellt werden.

Wird die Finanzbehörde als Strafverfolgungsbehörde in einem Steuerstrafverfahren zur Ermittlung einer Steuerstraftat (§§ 386 Abs. 2, 399 Abs. 1 und 208 Abs. 1 S. 1 Nr. 1 AO) oder als zuständige Verwaltungsbehörde in einem Bußgeldverfahren zur Ermittlung einer Steuerordnungswidrigkeit (§§ 409, 410, 208 Abs. 1 S. 1 Nr. 1 AO) tätig, sind strafprozessuale Maßnahmen für Zwecke dieser Verfahren, wie z. B. die Durchsuchung, Beschlagnahme und Zeugenvernehmung, allein nach den Regeln über die internationale Rechtshilfe in Strafsachen durchzuführen. Daneben können zur Förderung eines Strafverfahrens auch bloße Auskunftsersuchen nach den Regeln über die zwischenstaatliche Rechtshilfe in Strafsachen gestellt werden.

Die Ermittlung der Besteuerungsgrundlagen im Steuerstrafverfahren ist untrennbarer Bestandteil des Strafverfahrens. Nach § 393 Abs. 3 AO können die auf Rechtshilfeersuchen beruhenden Ermittlungsergebnisse des Steuerstrafverfahrens deshalb grundsätzlich im Besteuerungsverfahren verwendet werden. Etwas anderes gilt nur dann, wenn die jeweilige Rechtsgrundlage, auf der die Rechtshilfe beruht, eine solche Verwendung ausschließt oder wenn der ersuchte Staat die Verwendung der übermittelten Unterlagen und Informationen mit einer Verwendungsbeschränkung (sog. Spezialitätsvorbehalt) versehen hat, dessen Inhalt eine Verwendung für Besteuerungszwecke explizit untersagt.

Im Gegenzug können auch die durch die Amtshilfe erlangten Erkenntnisse unmittelbar für das Steuerstraf- oder Bußgeldverfahren verwendet werden, sofern eine solche Verwendung durch die jeweilige Rechtsgrundlage der angewandten Amtshilfe vorgesehen ist (vgl. bspw. § 19 Abs. 2 Nr. 4 EUAHiG). Auch eine Bekanntgabe erhaltener Informationen in öffentlichen Gerichtsverhandlungen oder Gerichtsentscheidungen ist nach dem EUAHiG, einer Vielzahl der DBA und TIEAs sowie dem Übereinkommen über die gegenseitige Amtshilfe in Steuersachen zulässig.

1.3 Umfang des internationalen Rechtshilfeverkehrs

Die Verpflichtung zur Leistung der internationalen Rechtshilfe in Steuerstrafsachen bestimmt sich nach den einschlägigen völkerrechtlichen Vereinbarungen (§ 1 Abs. 3 IRG), den im IRG umgesetzten EU-Rechtsakten (§ 1 Abs. 4 IRG), den §§ 117a und 117b AO oder im vertragslosen Verkehr unmittelbar nach §§ 1 Abs. 1, 59 ff. IRG. Soweit völkerrechtliche Vereinbarungen keine abschließenden Regelungen enthalten, finden ebenfalls die Vorschriften des IRG ergänzend Anwendung.

Folgende Maßnahmen kommen insbesondere in Betracht:

- Durchsuchung von Personen und Räumen;
- Beschlagnahme und Herausgabe von Beweismitteln, auch elektronischer Daten;
- Vernehmung von Beschuldigten, Zeugen und Sachverständigen;

- Einnahme richterlichen Augenscheins;
- Zustellung von Verfahrensurkunden;
- Ermittlungen zu Bankkonten;
- Maßnahmen zur Sicherstellung von Vermögenswerten zwecks Sicherung späterer Einziehungen; und
- Auskunftsersuchen.

1.4 Rechtshilfeverkehr und Steuergeheimnis

Das Steuergeheimnis (§ 30 AO) gilt auch gegenüber ausländischen Behörden. Es steht jedoch dem Rechtshilfeverkehr nicht entgegen, soweit

a) die mit einem deutschen Rechtshilfeersuchen verbundene Offenbarung steuerlicher Verhältnisse der Durchführung eines Steuerstraf- oder Bußgeldverfahrens dient (§ 30 Abs. 4 Nr. 1 AO) oder

b) die mit der Erledigung eines ausländischen Rechtshilfeersuchens verbundene Offenbarung steuerlicher Verhältnisse durch ein Bundesgesetz wie § 117 AO i. V. m. § 59 Abs. 3 IRG oder durch völkerrechtliche Vereinbarungen ausdrücklich zugelassen ist (§ 30 Abs. 4 Nr. 2 AO).

Alle Angaben, die den deutschen Finanzbehörden im Zusammenhang mit einem Rechtshilfeersuchen zugehen, unterliegen wiederum dem Steuergeheimnis.

2 Rechtsgrundlagen bei der justiziellen Rechtshilfe in Steuerstrafsachen

2.1 Überblick

Die Rechtsgrundlagen der internationalen Rechtshilfe in Steuerstrafsachen ergeben sich aus bi- und multilateralen Verträgen, aus Rechtsakten der EU und ergänzend insbesondere aus dem IRG. Sofern keine bi- und multilateralen Verträge bestehen, ist der Rechtshilfeverkehr auch bei vertragslosem Zustand möglich; in diesem Fall richtet er sich ausschließlich nach nationalem Recht, vorrangig dem IRG. Das IRG stellt somit eine Art Auffanggesetz dar, welches greift, wenn keine anderweitige Regelung gegeben ist.

Daneben sind bei der internationalen Rechtshilfe in Steuerstrafsachen die RiVASt und die AStBV zu beachten. Sie sind ihrer Rechtsnatur nach Verwaltungsvorschriften, die zwischen Bund und Ländern abgestimmt und anschließend mit identischem Inhalt von den Bundes- und Landesbehörden erlassen wurden. Sie sind für Regelfälle ausgelegt und entfalten hinsichtlich richterlicher Entscheidungen ausschließlich Hinweischarakter (Nr. 1 Abs. 1 RiVASt). Sie binden lediglich die Verwaltung und dienen der Orientierung in Rechtshilfeangelegenheiten.

Nach § 1 Abs. 3 IRG sind Regelungen in völkerrechtlichen Vereinbarungen vorrangig anzuwenden, soweit sie unmittelbar anwendbares innerstaatliches Recht geworden sind. Sofern im Verhältnis zu einem Staat mehrere Regelungen zur Rechtshilfe bestehen, ist nach den konkreten Umständen des Einzelfalls zu entscheiden, welche Rechtsgrundlage für die Rechtshilfe heranzuziehen ist.

Als vertragliche Rechtsgrundlagen und als EU-Rechtsinstrumente im Bereich der justiziellen Rechtshilfe kommen insbesondere in Betracht:

- RL-EEA (Abschn. 2.2): Vorrangiges Instrument für Maßnahmen der Beweiserhebung innerhalb der EU-MS.
- EuRhÜbk (Abschn. 2.3): Rechtsgrundlagen für sämtliche Maßnahmen innerhalb der Staatengruppe der Europaratsstaaten und sog. Basisübereinkommen in Bezug auf das EuRhÜbk und das SDÜ.

- **EU-RhÜbk** (Abschn. 2.4): Rechtsgrundlage für Maßnahmen außerhalb des sachlichen bzw. räumlichen Anwendungsbereichs der RL-EEA und der VO SE.

- **OECD-AHiÜbk** (Abschn. 2.5): Regelt die gegenseitige Amtshilfe aller Unterzeichnerstaaten und kann auch für reine Steuerstrafverfahren herangezogen werden.

- **Verordnung (EU) 2018/1805** (Abschn. 2.6): Rechtsgrundlage für die grenzüberschreitende Vermögenssicherung und -einziehung innerhalb der EU-MS.

- **Bilaterale Verträge; TIEA** (Abschn. 2.7): Mit zahlreichen Staaten bestehen die Rechtshilfe erlaubende bilaterale Einzelverträge.

2.2 Richtlinie über die Europäische Ermittlungsanordnung in Strafsachen (RL-EEA)

Die EEA ist eine Entscheidung, die von einer Anordnungsbehörde eines EU-MS („Anordnungsstaat") zur Durchführung einer oder mehrerer spezifischer Ermittlungsmaßnahme(n) in einem anderen EU-MS zur Erlangung von Beweisen erlassen wird[2]. Sie ist geregelt in der Richtlinie 2014/41/EU des Europäischen Parlaments und des Rates vom 3. April 2014 (RL-EEA; ABl. EU vom 1. Mai 2014 Nr. L 130, S. 1). Die Richtlinie wurde in Deutschland durch das Vierte Gesetz zur Änderung des Gesetzes über die internationale Rechtshilfe in Strafsachen vom 5. Januar 2017 (BGBl. 2017 I S. 31 ff.) in den §§ 91a bis 91j IRG umgesetzt. Die RL-EEA gilt seit dem 22. Mai 2017 im Verhältnis zu allen EU-MS – mit Ausnahme von Dänemark und Irland. Die RL-EEA gilt nur für Ermittlungsmaßnahmen, die der Beweiserhebung (also insb. Durchsuchung, Beschlagnahme zur Sicherung von Beweismitteln und Vernehmung) dienen.

Die RL-EEA soll der Vereinfachung und Beschleunigung der Rechtshilfe bei der Erhebung von Beweisen in einem anderen EU-MS dienen. Der ersuchte Mitgliedstaat („Vollstreckungsstaat") erkennt die EEA ohne jede weitere Formalität an und gewährleistet deren Vollstreckung in derselben Weise und unter denselben Modalitäten wie eine auf seinem Hoheitsgebiet getroffene justizielle Entscheidung (vgl. Art. 1 Abs. 2 und Art. 9 Abs. 1 RL-EEA).

Grundsätzlich geht die RL-EEA den Regelungen bestehender bi- und multilateraler Verträge der EU-MS vor. Sie ersetzt damit die Bestimmungen des SDÜ, des EuRhÜbk und des EU-RhÜbk einschließlich der Zusatzprotokolle in Bezug auf die EU-MS im Geltungsbereich der RL-EEA. Die Übereinkommen bleiben jedoch anwendbar, wenn sie die Vorschriften der RL-EEA weiter verstärken oder zu weiteren Vereinfachungen oder Erleichterungen beitragen und deren Schutzniveau gewahrt ist (vgl. Art. 34 Abs. 3 RL-EEA). Es kommt dabei auf den jeweiligen Einzelfall und die konkreten Bestimmungen in den Übereinkommen an. Zu beachten ist, dass die RL-EEA nur im Rahmen der justiziellen Rechtshilfe gilt, sodass die bi- und multilateralen Verträge über die polizeiliche Zusammenarbeit anwendbar bleiben.

Die RL-EEA ist für nachstehende Maßnahmen nicht anzuwenden:

- Bildung einer Gemeinsamen Ermittlungsgruppe und die Beweiserhebung im Rahmen einer solchen Gruppe (§ 91a Abs. 2 Nr. 1 IRG),

- Grenzüberschreitende Observationen (§ 91a Abs. 2 Nr. 2 IRG) oder

- Vernehmung von Beschuldigten im Wege einer Telefonkonferenz (§ 91a Abs. 2 Nr. 3 IRG).

Für Maßnahmen im Zusammenhang mit der Vermögenssicherung und -einziehung, welche keine originären Maßnahmen der Beweiserhebung darstellen, gilt die RL-EEA nicht. Mit Ausnahme von Dänemark und Irland, für die insoweit das EU-RhÜbk Anwendung findet, ist innerhalb der übrigen

---

[2] Texte sämtlicher EU-Rechtsakte nebst ausfüllbaren Formularen im Word-Format finden sich auf der Seite des EJN (https://www.ejn-crimjust.europa.eu). Formulare zur RL-EEA finden sich hier: https://www.ejn-crimjust.europa.eu/ejn/libcategories/DE/341/-1/-1/-1

EU-MS vorrangig die Verordnung zur Anerkennung von Sicherstellungs- und Einziehungsentscheidungen vom 14. November 2018 (VO (EU) 2018/1805) anwendbar (vgl. Abschn. 2.6).

Auf die Übersicht in Anlage 1, aus welcher sich ergibt, welche Länder die RL-EEA umgesetzt haben, wird verwiesen.

2.3 Europäisches[3] Übereinkommen über die Rechtshilfe in Strafsachen (EuRhÜbk)

Das Europäische Übereinkommen über die Rechtshilfe in Strafsachen vom 20. April 1959 (EuRhÜbk; BGBl. 1964 II S. 1369) gilt im Verhältnis zu sämtlichen Mitgliedstaaten des Europarates (derzeit 47 Staaten aus allen Teilen Europas) und den assoziierten Staaten Israel, Chile und Südkorea (s. Abschn. 13)[4]. Das EuRhÜbk wird ergänzt durch das Zusatzprotokoll EuRhÜbk (ZP-EuRhÜbk; BGBl. 1990 II S. 124; BGBl. 1991 II S. 909), das zweite Zusatzprotokoll EuRhÜbk (2. ZP- EuRhÜbk; BGBl. 2014 II S. 1038; BGBl. 2015 II S. 520) sowie durch bilaterale Ergänzungsverträge gem. Art. 26 Abs. 3 EuRhÜbk (vgl. Abschn. 2.6). Das 2. ZP-EuRhÜbk soll der effektiveren Rechtshilfe dienen, indem darin grenzüberschreitende Video- und Telefonvernehmungen sowie die Möglichkeit transnationaler verdeckter Ermittlungen und Ermittlungsgruppen geregelt sind.

Das EuRhÜbk begründet die Verpflichtung, einander so weit wie möglich Rechtshilfe zu leisten. Reichweite und Schranken ergeben sich unmittelbar aus den Bestimmungen des Übereinkommens, aus den Zusatzprotokollen, aus Vorbehalten und Erklärungen einzelner Unterzeichnerstaaten zum EuRhÜbk bzw. zu den Zusatzprotokollen und ggf. aus bilateralen Ergänzungsverträgen. Nach Art. 26 Abs. 3 EuRhÜbk und Art. 28 2. ZP-EuRhÜbk bleiben ergänzende und erleichternde Regelungen bi- oder multilateraler Verträge der Parteien unberührt. Es ist daher notwendig, die Texte der Vorbehalte und Erklärungen beizuziehen[5] (vgl. auch Abschn. 3.7.1).

2.4 Übereinkommen über die Rechtshilfe in Strafsachen zwischen den Mitgliedstaaten der Europäischen Union (EU-RhÜbk) und Schengener Durchführungsübereinkommen (SDÜ)

Vom EuRhÜbk zu unterscheiden ist das EU-RhÜbk vom 29. Mai 2000 (ABl. EG vom 12. Juli 2000 Nr. C 197, S. 1; BGBl. II 2005, S. 650), ergänzt durch das Zusatzprotokoll vom 16. Oktober 2001 (ZP-EU-RhÜbk, umgesetzt durch das Gesetz vom 22. Juli 2005[6], BGBl. II 2005, S. 662), welches innerhalb der EU-MS zur Anwendung kommt, soweit die RL-EEA und die VO SE innerhalb ihrer räumlichen und sachlichen Anwendungsbereiche nicht dem EU-RhÜbk und dessen ZP vorgehen[7]. Zweck des EU-RhÜbk ist es, im Verhältnis zwischen den EU-MS die Anwendung des EuRhÜbk vom 20. April 1959 und dessen Zusatzprotokolle zu erleichtern.

Durch das EU-RhÜbk werden Anwendungserleichterungen fortgeschrieben, die bislang durch das ZP- EuRhÜbk sowie das SDÜ erfolgten. Das EU-RhÜbk ist – bis auf Griechenland und Kroatien – in allen EU-MS in Kraft getreten. Darüber hinaus gilt es nach Art. 29 Abs. 4 EU-RhÜbk auch für Island und Norwegen (zu Einschränkungen siehe das Übereinkommen zwischen der

---

[3] Hierbei handelt es sich um einen Rechtsakt des Europarats, der mit Staaten unabhängig von ihrer Zugehörigkeit zur EU geschlossen wurde.
[4] Vgl. Länderverzeichnis im Anhang
[5] Diese können auf der Internetseite des Europarats aufgerufen werden:
https://www.coe.int/de/web/conventions/full-list?module=declarations-by-treaty&numSte=030&codeNature=0 (EuRhÜbk);
https://www.coe.int/de/web/conventions/full-list?module=declarations-by-treaty&numSte=099&codeNature=0 (ZP- EuRhÜbk) und
https://www.coe.int/de/web/conventions/full-list?module=declarations-by-treaty&numSte=182&codeNature=0 (2. ZP-EuRhÜbk).
[6] Hinweis für die digitalen Anwenderinnen und Anwender: Um auf die Fundstellen aus dem EGBl. zu gelangen ist es erforderlich, auf der Startseite www.bgbl.de einmalig rechts oben dem Link „kostenloser Bürgerzugang" zu folgen.
[7] Formulare und weitere Hinweise finden sich auf der Seite des EJN (https://www.ejn-crimjust.europa.eu).

Anhang 24   **Zwischenstaatliche Rechtshilfe in Steuerstrafsachen**

Europäischen Union sowie der Republik Island und dem Königreich Norwegen über die Anwendung einiger Bestimmungen des Übereinkommens vom 29. Mai 2000, ABl. EU 29. Januar 2004 Nr. L 26, S.3).

Das EU-RhÜbk enthält eine Reihe von formellen Erleichterungen für Rechtshilfeersuchen. Darüber hinaus haben sich die EU-MS in Art. 1 ff. ZP-EU-RhÜbk verpflichtet, Auskünfte über Bankkonten im Rahmen der Rechtshilfe in Strafsachen zu erteilen.

Das Schengener Durchführungsübereinkommen (SDÜ, ABl. EG vom 22. September 2000 Nr. L 239, S. 19) zur Rechtshilfe in Fiskalsachen diente u. a. der Ermöglichung von Rechtshilfe in Strafsachen im Bereich der Verbrauchsteuern, der Mehrwertsteuern und des Zolls. Die für die Rechtshilfe relevanten Regelungen der Art. 48 bis 53 SDÜ wurden überwiegend in das EU-RhÜbk überführt und dort neu gefasst. Art. 8 Abs. 3 ZP-EU-RhÜbk bestimmt insoweit die Aufhebung des Art. 50 SDÜ. Bei der Anwendung des SDÜ verbleibt es gegenüber denjenigen EU-MS, die das ZP-EU-RhÜbk nicht ratifiziert haben[8], gegenüber den Schengen-assoziierten Staaten Island und Norwegen, und im Übrigen für alle genannten Staaten bezüglich der Art. 51 und 54 SDÜ.

2.5 Übereinkommen vom 25. Januar 1988 über die gegenseitige Amtshilfe in Steuersachen und das Protokoll vom 27. Mai 2010 (OECD-AHiÜbk)

Das OECD-AHiÜbk in der Fassung des Änderungsprotokolls vom 27. Mai 2010 (umgesetzt durch Gesetz vom 16. Juli 2015, BGBl. 2015 II S. 966) betrifft die gegenseitige Amtshilfe in Steuersachen. Die Bestimmungen des Übereinkommens stehen im eingeleiteten Steuerstrafverfahren ebenso wie für Vorfeldermittlungen zur Verfügung (vgl. Art. 4 OECD-AHiÜbk). Es ermöglicht u. a. einen zwischenstaatlichen Informationsaustausch, simultane Betriebsprüfungen und die Zustellung von Schriftstücken.

Der sachliche Anwendungsbereich des Übereinkommens, insb. die in den Anwendungsbereich fallenden Steuern kann durch Vorbehalte und Erklärungen der Unterzeichnerstaaten eingeschränkt werden. Diesbezüglich ist im Einzelfall sowohl die deutsche als auch die jeweils maßgebliche einseitige Erklärung des anderen Staats zu prüfen, um Anwendungsbereich und Unterstützungsumfang zu bestimmen.

Nach Art. 4 OECD-AHiÜbk sowie der deutschen Erklärung (BT-Drs. 18/5173 S. 49) ist eine Verwendung bereits erlangter Informationen auf Grundlage des OECD-AHiÜbk nur für reine Steuersachen und für spätere reine Steuerstrafverfahren zulässig.

Hinsichtlich der Ratifikation des Übereinkommens durch die einzelnen Staaten wird auf die Internetseite zum OECD-AHiÜbk verwiesen[9].

2.6 VO Sicherstellung und Einziehung (VO SE)

Die Finanzbehörden müssen im Rahmen der Ermittlungen entsprechende Maßnahmen zur Sicherung einer späteren Einziehung (§§ 73 ff. StGB) treffen (vgl. § 399 Abs. 1 AO, aber auch § 401 AO). Die Verordnung (EU) 2018/1805 des Europäischen Parlaments und des EU-Rates vom 14. November 2018 über die gegenseitige Anerkennung von Sicherstellungs- und Einziehungsentscheidungen (VO SE, ABl. L 303 S. 1) legt fest, nach welchen Vorschriften die EU-MS in ihrem Hoheitsgebiet Sicherstellungs- und Einziehungsentscheidungen anerkennen und vollstrecken, die von anderen EU-MS im Rahmen von Verfahren in Strafsachen erlassen wurden. Sie ist seit dem 19. Dezember 2020 für alle EU-MS, mit Ausnahme von Irland und Dänemark, anwendbar (vgl. Erwägungsgrund 38 und 39 der VO Sicherstellung und Einziehung) und gilt unmittelbar (vgl. Durchführungsvorschriften in §§ 96a ff. IRG).

Der Rahmenbeschluss 2003/577/JI des Rates vom 22. Juli 2003 über die Vollstreckung von Entscheidungen über die Sicherstellung von Vermögensgegenständen oder Beweismitteln in der Europäischen Union (RB Sicherstellung, ABl. L 196, S. 45) und der Rahmenbeschluss

---

[8] Dies sind bislang Estland, Griechenland, Irland, Italien und Kroatien.
[9] http://www.oecd.org/ctp/exchange-of-tax-information/Status_of_convention.pdf.

2006/783/JI des Rates vom 6. Oktober 2006 über die Anwendung des Grundsatzes der gegenseitigen Anerkennung auf Einziehungsentscheidungen (RB Einziehung, ABl. L 328, S. 59) regeln ebenfalls die Anerkennung von Sicherstellungs- und Einziehungsentscheidungen. Beide Rahmenbeschlüsse sind mit Wirkung vom 18. Dezember 2020 außer Kraft getreten, indem sie durch die oben genannte VO SE ersetzt wurden; im Verhältnis zu Dänemark und Irland gelten sie fort, da beide Länder nicht durch die VO Sicherstellung und Einziehung gebunden sind (vgl. §§ 38 und 94 IRG). In diesen Fällen sind die §§ 58 Abs. 3 und 67 IRG hinsichtlich der Sicherstellung und die §§ 88a bis 88f IRG hinsichtlich der Einziehung ergänzend anzuwenden.

Außerhalb des Anwendungsbereichs der VO SE (Nicht-EU-MS) enthalten die bilateralen (Ergänzungs-)Verträge mit anderen Staaten vereinzelt Bestimmungen zur Sicherstellung und Einziehung.

2.7 Bilaterale Rechtshilfeabkommen

2.7.1 Übersicht

Mit zahlreichen Staaten bestehen bilaterale Abkommen über die Rechtshilfe in Strafsachen[10], welche nachfolgend dargestellt werden[11].

Die Bundesrepublik Deutschland unterhält bilaterale Ergänzungsverträge zum EuRhÜbk u. a. mit:

- der Republik Frankreich vom 24. Oktober 1974 (F-ErgV EuRhÜbk; BGBl. 1978 II S. 328),
- der Republik Italien vom 24. Oktober 1979 (I-ErgV EuRhÜbk; BGBl. 1982 II S. 111),
- dem Königreich der Niederlande vom 30. August 1979 (NL-ErgV EuRhÜbk; BGBl. 1981 II S. 1158),
- der Republik Österreich vom 31. Januar 1972 (A-ErgV EuRhÜbk; BGBl. 1975 II S. 1157),
- der Republik Polen vom 17. Juli 2003 (PL-ErgV EuRhÜbk; BGBl. 2004 II S. 530) und
- der Tschechischen Republik in der Fassung des Änderungsvertrages vom 28. April 2015 (ÄndV CZ-ErgV EuRhÜbk; BGBl. 2016 II S. 474).

Diese Ergänzungsverträge finden entsprechend der Notifikation an die Europäische Kommission ergänzend zur RL-EEA Anwendung, soweit sie dem Art. 34 Abs. 3 RL-EEA entsprechende Regelungen treffen (s. Abschn. 2.2) und die Notifikation (auch) des anderen EU-MS dies vorsieht.

Ferner bestehen bilaterale Ergänzungsverträge zum EuRhÜbk außerhalb der EU mit:

- dem Staat Israel vom 20. Juli 1977 (IL-ErgV EuRhÜbk; BGBl. 1980 II S. 354) und
- der Schweizerischen Eidgenossenschaft in der Fassung des Änderungsvertrages vom 8. Juli 1999 (CH-ErgV EuRhÜbk; BGBl. 2001 II S. 946).

Zudem unterhält die Bundesrepublik Deutschland bilaterale Rechtshilfeabkommen mit:

- Kanada vom 13. Mai 2002 (RhV D-Kanada; BGBl. 2004 II S. 962),
- den Vereinigten Staaten von Amerika vom 14. Oktober 2003

in der Fassung des Zusatzvertrags vom 18. April 2006 (BGBl. 2007 II S. 1618),

---

[10] Vgl. Länderverzeichnis in der Anlage.
[11] Abkommen, die eine ausschließliche Rechtsgrundlage mit dem jeweiligen Staat darstellen und daher für die Praxis relevant sind, sind die nachfolgend dargestellten Abkommen mit Kanada, den Vereinigten Staaten von Amerika, der Republik Tunesien, Japan und der Schweiz.

Anhang 24 Zwischenstaatliche Rechtshilfe in Steuerstrafsachen

- der Sonderverwaltungsregion Hongkong vom 26. Mai 2006 (RhAbk D-Hongkong; BGBl. 2009 II S. 62; ausgesetzt mit Notifikation Hongkongs vom 5. November 2020),
- der Republik Tunesien vom 19. Juli 1966 (TUN-AuslRhV; BGBl. 1969 II S. 1157) und
- der Republik Kosovo vom 29. Juni 2015 (RhAbk D-Kos; BGBl. 2016 II S. 938).

Die EU hat Rechtshilfeabkommen abgeschlossen mit:

- Japan vom 11. Oktober 2010 (RhAbk EU-Japan; ABl. EU vom 12. Februar 2010 Nr. L 39, S. 20),
- den Vereinigten Staaten von Amerika vom 25. Juni 2003 (RhAbk EU-USA; ABl. EU vom 19. Juli 2003 Nr. L 181, S. 34) vgl. Abschn. 11.7,
- der Schweizerischen Eidgenossenschaft vom 26. Oktober 2004 (Betrugsbekämpfungs-Abk EU-CH/BBA; ABl. EU vom 17. Februar 2009 Nr. L 46, S. 8) und
- der Republik Island und dem Königreich Norwegen vom 29. Mai 2000 einschließlich des dazugehörigen Protokolls (RhÜbk EU-ISL/NOR; ABl. EU vom 29. Januar 2004 Nr. L 26, S. 4).

Daneben hat die EU mit Austritt des Vereinigten Königreichs (UK) aus der EU („Brexit") am 30. April 2021 das Abkommen über Handel und Zusammenarbeit zwischen der Europäischen Union und der Europäischen Atomgemeinschaft einerseits und dem Vereinigten Königreich Großbritannien und Nordirland andererseits (Handels- und Kooperationsabkommen, HKA, ABl. EU Nr. L 149) geschlossen, welches in Teil Drei, Titel VIII Regelungen zur Rechtshilfe und in Titel XI Regelungen zur Sicherstellung und Einziehung von Vermögenswerten enthält. In Anhang 46 sind entsprechende, zwingend zu verwendende Formulare zur Sicherstellung und Einziehung zu finden[12].

2.7.2 TIEA

Mit zahlreichen Staaten bestehen bilaterale „Tax Information Exchange Agreements" (TIEA) zur Informationsrechtshilfe. Zur Anwendung der TIEA siehe BMF-Schreiben vom 10. November 2015 (BStBl 2016 I S. 138). Eine Übersicht über die geschlossenen TIEAs enthält das jährlich aktualisierte BMF-Schreiben zum „Stand der Doppelbesteuerungsabkommen und Doppelbesteuerungs-verhandlungen", veröffentlicht im BStBl [13]. Eine tabellarische Übersicht ist darüber hinaus dem Länderverzeichnis in der Anlage zu entnehmen.

2.8 Rechtshilfe ohne völkerrechtliche Vereinbarung

Eine ausländische Justizbehörde kann grundsätzlich auch dann um Rechtshilfe ersucht werden, wenn keine völkerrechtliche Vereinbarung besteht. Ein zwischenstaatlicher Anspruch darauf, dass der ersuchte Staat vertragslose Rechtshilfe auch tatsächlich leistet, besteht gleichwohl nicht. Der Fall ist dem BfJ vorzulegen, welches für die Entscheidung über das Stellen des Ersuchens zuständig ist (s. Abschn. 3.2.1), es sei denn, die Zuständigkeit wurde durch die Zuständigkeitsvereinbarung 2004 vom 19. April 2004 vom Bund auf die Länder übertragen. Der Geschäftsweg des Ersuchens erfolgt dann auf Veranlassung des BfJ über das AA an die diplomatische Vertretung des ausländischen Staats (diplomatischer Geschäftsweg). Bei Stellung von Ersuchen ohne völkerrechtliche Vereinbarung empfiehlt es sich, durch eine Voranfrage beim BfJ zu klären, ob ein Rechtshilfeersuchen überhaupt Aussicht auf Erfolg hat.

---

[12] Alle Texte und Formulare können auf der Seite des EJN abgerufen werden: https://www.ejn-crimjust.europa.eu/ejn/libcategories/EN/473/-1/-1/-1.
[13] Eine Übersicht der geschlossen TIEAs ist auch über die Internetseite der OECD abrufbar (https://www.oecd.org/ctp/exchange-of-tax-information/taxinformationexchangeagreementstieas.htm). Auf der Internetseite des Bundesfinanzministeriums können in der Länderübersicht die aktuellen deutschen Fassungen der TIEAs abgerufen werden (https://www.bundesfinanzminiium.de/Web/DE/Themen/Steuern/Internationales_Steuerrecht/Staatenbezogene_Informationen/staatenbezogene_info.html).

Zwischenstaatliche Rechtshilfe in Steuerstrafsachen Anhang 24

In Deutschland ist eine vertragslose Rechtshilfe für eingehende Ersuchen möglich, soweit eine entsprechende Gegenseitigkeitserklärung möglich erscheint. Die Entscheidung darüber, ob vertragslose Rechtshilfe geleistet wird, obliegt dem BfJ, welches das Ersuchen zur Bearbeitung an die jeweils zuständige Stelle weiterleitet. In diesen Fällen sind die innerstaatlichen Vorschriften (IRG und RiVASt) anzuwenden.

3 Verfahren bei ausgehenden Rechtshilfeersuchen in Steuerstrafsachen

3.1 Allgemeines

Um Rechtshilfe in Steuerstrafsachen kann erst ersucht werden, wenn ein Steuerstrafverfahren förmlich eingeleitet ist. Der Grundsatz der Verhältnismäßigkeit ist zu beachten. Bei Vorermittlungen und Vorfeldermittlungen nach § 208 Abs. 1 S. 1 Nr. 3 AO kommen nur Amtshilfe und polizeiliche Rechtshilfe in Betracht.

Das Verfahren richtet sich nach den entsprechenden völkerrechtlichen Vereinbarungen sowie den Regelungen in §§ 117a, 117b, 385 ff. AO, der StPO und dem IRG. Einzelheiten hinsichtlich der innerstaatlichen Zuständigkeit ergeben sich aus § 74 IRG, den RiVASt und der Vereinbarung vom 4. Mai 2004 zwischen der Bundesregierung und den Landesregierungen über die Zuständigkeit im Rechtshilfeverkehr mit dem Ausland in strafrechtlichen Angelegenheiten (Zuständigkeitsvereinbarung 2004, BAnz. 2004 S. 11494; vgl. Abschn. 3.2.1), sowie den darauf basierenden landesspezifischen (Folge-)Bestimmungen.

3.2 Zuständigkeit für das Stellen eines Ersuchens

3.2.1 Allgemeine Zuständigkeitsregeln

Die generelle Befugnis, wer zur verantwortlichen Stellung ausgehender Rechtshilfeersuchen in Steuerstrafsachen befugt ist, bestimmt sich nach dem nationalen Verfahrensrecht. Soweit die Finanzbehörde das Verfahren selbständig gemäß §§ 386 Abs. 2, 399 Abs. 1 AO führt, nimmt sie die Rechtsstellung der Staatsanwaltschaft ein. Sie ist damit nach nationalem Recht auch „Justizbehörde" im Sinne des § 23 EGGVG und nimmt diese Funktion auch in Bezug auf das Rechtshilferecht wahr, vgl. § 77 Abs. 1 IRG. Dementsprechend regelt Nr. 127 RiVASt, dass die Finanzbehörden im Rahmen ihrer Zuständigkeit Rechtshilfeersuchen erledigen und stellen dürfen.

Diese den Finanzbehörden im nationalen Recht eingeräumte Befugnis ist völkerrechtlich jedoch teilweise nicht entsprechend zum Ausdruck gebracht worden, sodass die Finanzbehörden vom Ausland teilweise nicht als Justizbehörden anerkannt werden, vgl. dazu näher Abschnitt 3.2.2 - 3.2.4.

3.2.2 RL-EEA

Anordnungs- und Vollstreckungsbehörden zum Erlass und zur Entgegennahme einer EEA sind sämtliche Justizbehörden (insb. Gerichte und Staatsanwaltschaften) der EU-MS. Darüber hinaus können Anordnungs- und Vollstreckungsbehörden aber auch andere Behörden sein, die in ihrer Eigenschaft als Ermittlungsbehörden in einem Strafverfahren nach nationalem Recht für die Anordnung der Erhebung von Beweismitteln zuständig sind. In diesen Fällen ist grundsätzlich eine Bestätigung („Validierung") durch eine Justizbehörde notwendig (§ 91j Abs. 2 IRG). Im Regelfall wird dies die Staatsanwaltschaft bei dem Landgericht sein, in dessen Bezirk die Verwaltungsbehörde ihren Sitz hat. Die Länder können die Zuständigkeit für die Bestätigung abweichend hiervon einem Gericht zuweisen oder die örtliche Zuständigkeit der bestätigenden Staatsanwaltschaft abweichend regeln (§ 91j Abs. 2 S. 3 IRG).

Nach der Erklärung der Bundesregierung gemäß Art. 33 Abs. 1 Buchstabe a RL-EEA vom 14. März 2017 bedürfen Ersuchen von Finanzbehörden, die ein strafrechtliches Ermittlungsverfahren nach § 386 Abs. 2 AO führen, keiner Bestätigung („Validierung") durch eine Justizbehörde. Die Finanzbehörden nehmen in diesem Fall gemäß § 399 Abs. 1 AO i. V. m. § 77 Abs. 1 IRG die

1633

Rechte und Pflichten einer Staatsanwaltschaft wahr und handeln somit selbst als Anordnungsbehörde in Form einer Justizbehörde i. S. v. Art. 2 Buchstabe c RL-EEA. Entsprechendes gilt für Ersuchen von Finanzbehörden in Ordnungswidrigkeitenverfahren.

Es wird darauf hingewiesen, dass einige EU-MS diese Gleichstellung der Finanzbehörden mit Justizbehörden ablehnen. Diese sehen die Finanzbehörden als reine Verwaltungsbehörden an und bestehen auf eine Validierung durch die zuständige Justizbehörde (Staatsanwaltschaft).

Die Frage der Einstufung einer Finanzbehörde als Justizbehörde war Gegenstand eines EuGH-Vorabentscheidungsverfahrens aus dem Jahr 2020 (Rechtssache C-66/20, EuGH (Vierte Kammer), Urt. v. 2. September 2021), in welchem mangels Zulässigkeit des Vorabentscheidungsersuchens keine Entscheidung in der Sache getroffen wurde. Nunmehr ist zum selben Thema beim EuGH das Vorabentscheidungsersuchen in der Rechtssache C-16/22 (vorlegende Behörde: Staatsanwaltschaft Graz) anhängig. Bis zu einer Entscheidung in dieser Sache ist die bislang in den Ländern unterschiedlich gehandhabte Praxis über die Entscheidung, ob eine Validierung über eine Staatsanwaltschaft erfolgt oder nicht, weiter fortzuführen. In den Ländern, in denen üblicherweise keine Validierung erfolgt, sind die Erfahrungen aus der Vergangenheit über die Anerkennung der Steuerbehörde als Justizbehörde zu berücksichtigen, sodass ggf. in Fällen der vorhersehbaren Ablehnung der Weg über die Staatsanwaltschaft gewählt werden sollte[14].

Auf der Internetseite des EJN wurde für die Europäische Ermittlungsanordnung (dort als „EIO" - European Investigation Order bezeichnet) ein eigener Bereich geschaffen, in dem die Vordrucke (Anhang A - C) in sämtlichen Sprachen abgerufen werden können.

3.2.3 EuRhÜbk und daran anknüpfende Abkommen (EU-RhÜbk, SDÜ)

Nach dem EuRhÜbk sind Ersuchen von Justizbehörden zu stellen. In der deutschen Erklärung zu Art. 24 EuRhÜbk (BGBl. 1976 II S. 1799), zu Art. 6 des 2. ZP EuRhÜbk (BGBl. 2015 II S. 520) und zu Art. 6 EU-RhÜbk sind u.a. die Staatsanwaltschaften als Justizbehörden aufgeführt, nicht jedoch die Finanzbehörden und ihre Straf- und Bußgeldsachenstellen. Hält die Finanzbehörde die Stellung eines Rechtshilfeersuchens für erforderlich, leitet sie dieses in der Regel zwecks Stellung des Ersuchens an die zuständige Staatsanwaltschaft weiter, vgl. Nr. 127 RiVASt. Praxisbewährte Absprachen innerhalb der Länder bzw. mit den jeweiligen Staatsanwaltschaften vor Ort sollten hiervon unberührt bleiben und beachtet werden.

3.2.4 Bilaterale Verträge und vertragsloser Zustand

Einzelne Staaten erkennen Rechtshilfeersuchen nur dann an, wenn diese von einer Justizbehörde gestellt werden. Ermittelt die Finanzbehörde im Steuerstrafverfahren selbst, kann sie Ersuchen auf der Grundlage bilateraler Verträge stellen, sofern die Finanzbehörde in dem betreffenden Vertrag bzw. in entsprechenden Erklärungen als berechtigte Behörde angesehen wird. Andernfalls muss sie sich an die zuständige Staatsanwaltschaft wenden. Bei vertragslosem Zustand stellt die Finanzbehörde das Ersuchen selbst, sofern sie das Verfahren nach §§ 386, 399 AO selbständig führt.

3.3 Bewilligungsbefugnis und Geschäftswege

Rechtshilfeersuchen bedürfen der völkerrechtlichen Bewilligung durch die Bundesregierung oder durch die von ihr durch Delegation bestimmten Stellen. Die Bewilligungsbehörde prüft, ob das Ersuchen die völkerrechtlichen Beziehungen zu dem anderen Staat beeinträchtigen kann, in erster Linie werden aber die formellen Anforderungen und die materiellen Zulässigkeitsvoraussetzungen geprüft. Wenn ein ausgehendes Ersuchen nicht ordnungsgemäß abgefasst ist, besteht ein (behebbares) Bewilligungshindernis. Mit der abschließenden Zeichnung des Ersuchens dokumentiert sie konkludent auch die diesbezüglich vorgenommene Prüfung.

---

[14] Aufgrund der sich stark unterscheidenden Handhabungen in den Ländern wird davon abgesehen, diese hier darzustellen.

Zwischenstaatliche Rechtshilfe in Steuerstrafsachen   Anhang 24

Die internationale Rechtshilfe ist als Pflege der Beziehungen zu ausländischen Staaten anzusehen und damit grundsätzlich Bundessache (Art. 32 Abs. 1 GG). § 74 Abs. 1 S. 1 IRG stellt klar, dass über ausgehende Rechtshilfeersuchen das BMJ im Einvernehmen mit dem AA und mit anderen von den Ersuchen betroffenen Bundesministerien entscheidet. Seit dem 1. Januar 2007 nimmt – soweit nicht auf die Länder delegiert – das BfJ die Aufgaben des Bundes auf dem Gebiet der Rechtshilfe wahr (vgl. § 2 Abs. 3 des Gesetzes zur Errichtung und zur Regelung der Aufgaben des BfJ vom 17. Dezember 2006, BGBl. I 2006 S. 3171 und die Übertragungsanordnung des BMJ vom 2. Januar 2007 – II B 6-BfJ). Soweit steuerstrafrechtliche Angelegenheiten von einem Rechtshilfeersuchen betroffen sind, ist seitens des BfJ grundsätzlich Einvernehmen mit dem BMF zu erzielen. Das BMF hat die Ausübung seiner Befugnisse insoweit auf das BZSt übertragen (vgl. § 5 Abs. 1 S. 1 Nr. 5 FVG und BMF v. 20. Juni 2011, IV B 5-O 1000/09/10507-04, BStBl I 2011, S. 674). Ersuchen von Steuerstrafbehörden sind daher grundsätzlich an das BfJ zu richten.

Nach § 74 Abs. 2 IRG kann die Bundesregierung die Ausübung der Befugnisse im Zusammenhang mit der Rechtshilfe weiter an die Landesregierungen delegieren, welche wiederum das Recht zur weiteren Übertragung haben. Hiervon hat die Bundesregierung mit der Vereinbarung zwischen der Bundesregierung und den Landesregierungen über die Zuständigkeit im Rechtshilfeverfahren mit dem Ausland in strafrechtlichen Angelegenheiten vom 28. April 2004 (Zuständigkeitsvereinbarung 2004, BAnz 2004, 11494) Gebrauch gemacht. Hinsichtlich steuerlicher Angelegenheiten bestimmt Nr. 5 Buchst. c) der Zuständigkeitsvereinbarung 2004, dass eine Übertragung der Ausübung der Befugnis bei Steuerstraftaten grundsätzlich nicht erfolgt, es sei denn, dass

- es sich um ein Ersuchen von oder an einen EU-MS handelt,

- Gefahr im Verzug ist,

- aufgrund einer vertraglichen Pflicht eine Zustellung erfolgen soll oder

- es sich um ein Ersuchen im Rechtshilfeverkehr mit denjenigen Staaten, die das Zusatzprotokoll zum EuRhÜbk ratifiziert haben, oder der Schweiz handelt.

Da die Anwendungsfälle des zweiten und dritten Spiegelstrichs vergleichsweise gering sein dürften, üben die Länder die Befugnisse insbesondere in steuerstrafrechtlichen Rechtshilfeangelegenheiten mit EU-MS, mit den Ratifizierungsstaaten des ZP-EuRhÜbk und der Schweiz aus. Im Übrigen (übrige Drittstaaten und vertragsloser Bereich) erfolgt eine Ausübung durch das BfJ, gegebenenfalls im Einvernehmen mit dem BZSt (vgl. Abschn. 3.3.1).

In den bilateralen Verträgen mit einzelnen Staaten wurden teilweise hiervon abweichende Regelungen getroffen, welche vorrangig zu beachten sind (z. B. Hongkong). Aus dem Länderteil der RiVASt ergibt sich jeweils, welcher Geschäftsweg erforderlich ist.

3.3.1 Im Rahmen der Bundeszuständigkeit

Bei ausgehenden Ersuchen, für die die Bundeszuständigkeit gegeben ist, sendet die das Ersuchen stellende Verwaltungs- oder Justizbehörde (in Fällen des § 386 Abs. 2 AO ist dies das Finanzamt selbst) ihr Ersuchen über die sich nach dem jeweiligen Landesrecht ergebende Prüfungsbehörde an das BfJ (vgl. Nr. 7 Abs. 1 Buchst. b RiVASt: die Prüfungsbehörde prüft bei eingehenden Ersuchen, ob sie ordnungsgemäß erledigt worden sind und bei ausgehenden Ersuchen, ob sie gestellt werden dürfen und ordnungsgemäß abgefasst sind). Das BfJ leitet das Ersuchen im Falle eines (teilweise) steuerstrafrechtlichen Bezuges zwecks Stellungnahme zur Frage der Bewilligungsfähigkeit an das BZSt weiter. Ergeben sich bei Prüfung des Ersuchens Rückfragen, meldet das BZSt diese zur Klärung an das BfJ zurück. Im Übrigen teilt das BZSt dem BfJ das Ergebnis der Prüfung der Bewilligungsfähigkeit mit. BfJ leitet das Ersuchen nach den Bestimmungen über den Geschäftsweg, ggf. unter Einschaltung des AA, an den jeweiligen Drittstaat weiter.

3.3.2 Im Rahmen der Länderzuständigkeit

Die Länder haben von ihrer Möglichkeit, die Ausübung der Befugnisse weiter an nachgeordnete Behörden zu übertragen, in unterschiedlichem Umfang Gebrauch gemacht. Insoweit ist auf die jeweiligen Ländererlasse zu verweisen. Wichtig ist, dass durch die Weiterübertragung keine Befugnisübertragung einhergeht, sondern vielmehr lediglich die Ausübung der Befugnis delegiert wird.

3.4 Inhalt des Ersuchens

Bei der Abfassung des Ersuchens sind die RiVASt zu beachten; auf die in Kapitel C Zweiter Teil der RiVASt aufgeführten Muster wird hingewiesen.

Soweit eine EEA erlassen wird, ist zwingend das in Anhang A der RL-EEA wiedergegebene Formblatt zu verwenden (§ 91j IRG). Zu den formellen Anforderungen im Übrigen vgl. Abschnitt 1 der RiVASt.

Im Sachverhalt ist darzustellen, welche Person in welchem Zeitraum welche strafrechtlich relevante Handlung vorgenommen hat und welcher Tatbestand dadurch erfüllt ist. In den Ersuchen sollte angegeben werden, für welchen Zweck und für welche Verfahren die Informationen oder Maßnahmen erbeten werden. Es empfiehlt sich, auf eine zugleich angestrebte Verwendung der erhaltenen Informationen im Besteuerungsverfahren hinzuweisen. Schwierige steuerrechtliche Zusammenhänge sind zu erläutern. Fachausdrücke und Abkürzungen sind zu vermeiden oder kurz zu erläutern. Einem Ersuchen und seinen Anlagen sind Übersetzungen in der jeweiligen Landessprache (siehe Länderteil der RiVASt) beizufügen, sofern in den entsprechenden völkerrechtlichen Vereinbarungen nichts anderes bestimmt ist. Insbesondere sind die anzuwendenden Vorschriften zu übersetzen[15]. Ist ein Übersetzungsverzicht vereinbart, empfiehlt es sich in besonders bedeutsamen oder eilbedürftigen Fällen gleichwohl, eine Übersetzung beizufügen. Auf Nr. 14 RiVASt wird hingewiesen.

Auf die nach deutschem Recht bestehenden Aussage-, Zeugnis- und Auskunftsverweigerungsrechte kann in den Ersuchen hingewiesen und die ausländische Behörde zugleich gebeten werden, die zu vernehmende Person entsprechend zu belehren (§§ 136 Abs. 1, 52 ff. StPO). Da Ersuchen nach dem Recht des ersuchten Staats erledigt werden, ist dieser Staat hieran jedoch nicht gebunden.

Die Finanzbehörde kann besondere Wünsche für die Erledigung in dem Ersuchen äußern. Sie kann z. B. um die Erledigung durch eine bestimmte ausländische Dienststelle, die Anwesenheit deutscher Beamter oder die Vernehmung von Zeugen bitten.

Änderungen der Sachlage nach Stellen des Ersuchens sind der ausländischen Behörde sofort anzuzeigen (Nr. 31 RiVASt).

3.5 Unmittelbare Zustellung von Schriftstücken ins Ausland

Sofern keine Regelungen über die Zustellung von Schriftstücken in den entsprechenden Abkommen vorgesehen sind, dürfen die deutschen Behörden in strafrechtlichen Angelegenheiten mit Personen, die im Ausland wohnen – gleichgültig ob sie Deutsche oder Ausländer sind – unmittelbar schriftlich oder fernmündlich nur dann in Verbindung treten, wenn nicht damit zu rechnen ist, dass der ausländische Staat dieses Verfahren als einen unzulässigen Eingriff in seine Hoheitsrechte beanstandet (vgl. zur unmittelbaren Kontaktaufnahme mit Personen im Ausland Nr. 121 Abs. 1 RiVASt).

Sofern eine unmittelbare Zustellung im entsprechenden Abkommen vorgesehen ist (u. a. Art. 5 EU-RhÜbk, Art. 52 SDÜ, bilaterale Abkommen) oder der andere Staat die Möglichkeit einseitig eingeräumt hat, bedarf die Zustellung von Schriftstücken im Rahmen der justiziellen Rechtshilfe

---

[15] Englische Übersetzungen der meist einschlägigen Gesetze können auf der BMJ-Webseite https://www.gesetze-im-internet.de/ abgerufen werden.

keines Zustellungsersuchens. Anders ist dies im praktisch relevanten Fall der Schweiz: Hier existiert eine Liste[16] mit gerichtlichen und behördlichen Schriftstücken, die unmittelbar an die betroffenen Personen übersandt werden können. Im steuerstrafrechtlichen Bereich ist zu beachten, dass Schriftstücke in der Schweiz nur dann zugestellt werden dürfen, wenn es sich bei dem Tatvorwurf um eine Umsatzsteuerhinterziehung handelt. Im Übrigen können Schriftstücke über den Postweg mit einfachem Brief oder, soweit ein Zugangsnachweis gewünscht wird, mit internationalem Rückschein direkt an den Empfänger zugesandt werden. Die Zustellung kann sämtliche Schriftstücke umfassen, die der Durchführung eines Steuerstrafverfahrens dienen oder die im Rahmen von Vorermittlungen zur Entscheidung über einen Anfangsverdacht zweckdienlich erscheinen.

Wenn Anhaltspunkte dafür vorliegen, dass der Zustellungsempfänger der Sprache in der das Schriftstück abgefasst ist, unkundig ist, ist das Schriftstück in eine für ihn verständliche Sprache zu übersetzen und die Übersetzung zusammen mit dem deutschen Original des Schriftstücks zu übersenden.

3.6   Erledigung des Ersuchens durch den ersuchten Staat

Der ersuchte Staat erledigt das Ersuchen nach seinem Recht. Ist eine EEA erlassen worden oder das EU-RhÜbk anzuwenden, sind die vom ersuchenden EU-MS ausdrücklich angegebenen Form- und Verfahrensvorschriften einzuhalten, soweit nichts anderes bestimmt ist und die angegebenen Vorschriften nicht den Grundprinzipien des Rechts des ersuchten EU-MS zuwiderlaufen. (Art. 9 Abs. 2 RL-EEA; Art. 4 Abs. 1 EU-RhÜbk). Gleiches gilt nach Art. 8 des 2. ZP-EuRhÜbk im Verhältnis zu Staaten, die das 2. ZP-EuRhÜbk ebenfalls ratifiziert haben.

Der auf der Grundlage der RL-EEA ersuchte EU-MS darf auf eine weniger einschneidende Ermittlungsmaßnahme zurückgreifen, wenn diese nach seinem Recht ebenso geeignet ist, den erbetenen Ermittlungszweck sicherzustellen. Soweit von einer erbetenen Ermittlungsmaßnahme abgewichen werden soll, ist die zuständige Behörde des ersuchenden EU-MS vorab schriftlich zu unterrichten (Art. 10 Abs. 4 RL-EEA; § 91f Abs. 4 IRG).

Der ersuchte Staat kann bei Übersendung der Erledigungsstücke, deren Verwendung an Bedingungen knüpfen, die Verwendung also für bestimmte Zwecke beschränken (§ 72 IRG).

3.7   Anschlussersuchen, Richtigstellung

Ist die Erledigung des Ersuchens unzureichend, kann eine informelle Überprüfungsbitte an den betroffenen Staat gesandt werden. Ergibt sich ein zusätzliches Aufklärungsbedürfnis, so ist ein neues Ersuchen erforderlich. Hierbei kann ein ergänzendes Ersuchen (Anschlussersuchen) gestellt werden, sofern das Ersuchen sich auf dieselben Ermittlungen oder dasselbe Strafverfahren bezieht. Es ist auf das ursprüngliche Ersuchen hinzuweisen und es sind die notwendigen zusätzlichen Angaben hinzuzufügen.

3.8   Unterrichtung des Beschuldigten

Eine Verpflichtung der Finanzbehörde, den Beschuldigten über die beabsichtigten Ermittlungsmaßnahmen zu unterrichten, besteht nicht. Bei ausgehenden Ersuchen findet die nationale Vorschrift des § 117 Abs. 4 AO keine Anwendung. Da der ersuchte Staat das Ersuchen nach seinem Recht erledigt, kann er den Beschuldigten auf das Ersuchen hinweisen, wenn dies nach dem jeweiligen ausländischen Recht vorgesehen ist. Ggf. kann eine entsprechende im Einzelfall zu begründende Bitte, den Beschuldigten nicht zu unterrichten, in das Ersuchen aufgenommen werden.

---

[16] Liste der gerichtlichen und behördlichen Schriftstücke für die unmittelbare Übersendung zur Ausführung des Art. 1 Abs. 1 des Änderungsvertrags vom 8. Juli 1999 zum deutsch-schweizerischen Ergänzungsabkommen vom 13. November 1969 zum Europäischen Rechtshilfeübereinkommen und für die unmittelbare Übersendung zur Ausführung des Art. 12 Abs. 1 des deutsch-schweizerischen Vertrags über die grenzüberschreitende polizeiliche und justizielle Zusammenarbeit vom 27. April 1999.

3.9 Anwesenheit deutscher Beamter im Ausland

Deutsche Beamte/Richter dürfen im Ausland keine strafrechtlichen Amtshandlungen vornehmen. Sie können jedoch mit Zustimmung des jeweiligen ausländischen Staats bei Amtshandlungen im Ausland anwesend sein. Die Zustimmung ist im Rahmen des Rechtshilfeersuchens zu beantragen. Auf die Nrn. 140 bis 142 RiVASt sowie Art. 9 Abs. 4 RL-EEA wird hingewiesen.

Art. 13 EU-RhÜbk und Art. 20 des 2. ZP-EuRhÜbk räumen die Möglichkeit zur Bildung gemeinsamer Ermittlungsgruppen zum Zweck von strafrechtlichen Ermittlungen ein; dabei können ausländischen Mitgliedern der Ermittlungsgruppe gemäß § 93 IRG bzw. § 61b Abs. 1 IRG unter der Leitung des zuständigen deutschen Mitglieds die Durchführung von Ermittlungshandlungen übertragen werden, sofern dies vom entsendenden Staat gebilligt worden ist.

4 Verfahren bei eingehenden Rechtshilfeersuchen in Steuerstrafsachen

4.1 Allgemeine Zuständigkeit

Hinsichtlich der Zuständigkeit bei eingehenden Rechtshilfeersuchen gelten die Ausführungen in Abschn. 3.2 entsprechend.

Bei eingehenden Ersuchen aus den Staatengruppen des Europarates, des bilateralen Bereichs und der vertragslosen Rechtshilfe liegt die generelle Rechtshilfezuständigkeit und damit die Verfahrensherrschaft regelmäßig bei den Staatsanwaltschaften.

Bei eingehenden EEAs ist die Finanzbehörde entsprechend der deutschen Erklärung den Staatsanwaltschaften als Justizbehörde gleichgestellt. Aufgrund des aber auch insoweit bestehenden Evokationsrechts (§ 386 Abs. 4 S. 2 AO) kann die Staatsanwaltschaft entscheiden, ob sie eine eingehende EEA an sich ziehen will oder ob sie diese der Finanzbehörde zur Erledigung in eigener Zuständigkeit überlässt.

4.2 Bewilligungsbefugnis und Geschäftswege

Im Rahmen der Bundeszuständigkeit (bilaterale Vertragsstaaten und vertragsloser Bereich) gehen Rechtshilfeersuchen aus Drittstaaten beim BfJ als zentrale Stelle ein. Im Falle eines steuerstrafrechtlichen Kontextes erfolgt eine Weiterleitung an das BZSt zwecks Stellungnahme zur Frage der Bewilligungsfähigkeit. Das BZSt teilt dem BfJ das Ergebnis der Prüfung der Bewilligungsfähigkeit mit. Im Falle eines weiteren Ermittlungsbedarfs leitet das BfJ das Ersuchen zwecks Ausführung an das Justizministerium des Landes weiter, welches das Ersuchen – in eigener Zuständigkeit – an die Behörde weiterleitet, die für die Erledigung des Ersuchens zuständig wäre (Vornahmebehörde).

Eingehende Rechtshilfeersuchen, die im Rahmen der Länderzuständigkeit direkt an die Behörden der Länder gesandt werden, werden nach der jeweiligen Zuständigkeitsregelung in den Ländern weiterbearbeitet. Auch die Bewilligung des Ersuchens erfolgt hierbei regelmäßig - abhängig von der Staatengruppe - durch originäre Dienststellen der Justiz. Soweit die Staatsanwaltschaft entscheidet, erbetene Ermittlungshandlungen durch die Steuerfahndungsstellen durchführen zu lassen, agiert diese lediglich als sogenannte „Vornahmebehörde", die die erhobenen Erledigungsstücke anschließend der Staatsanwaltschaft entsprechend zuleitet.

Gibt die Staatsanwaltschaft im Bereich der EU-MS eine EEA an die Finanzbehörde zur Erledigung in eigener Zuständigkeit weiter oder sieht sie bei einem direkt bei der Finanzbehörde eingegangenen EEA von einer Evokation ab, so obliegt der Finanzbehörde nicht nur die Verfahrensherrschaft und die vollumfängliche Verantwortlichkeit für die Erledigung der EEA sondern ebenso auch die Ausübung der Bewilligungskompetenz entsprechend dem aufgrund des § 74 Abs. 2 S. 2 IRG ergangenen Bewilligungserlasses des jeweiligen Landesjustizministeriums.

4.3 Erledigung der Ersuchen

Das Ersuchen ist in derselben Weise und nach denselben Vorschriften zu erledigen, wie bei einem innerstaatlich geführten Verfahren. Dies gilt auch für Zwangsmaßnahmen, die bei der Erledigung des Ersuchens notwendig werden. Daher sind z. B. auch etwaige Richtervorbehalte nach dem deutschen Strafprozessrecht zu beachten (bspw. § 105 Abs. 1 StPO). Besonderen Wünschen des ersuchenden Staats um Beachtung seines Verfahrensrechts ist zu entsprechen, soweit diese nicht gegen fundamentale Rechtsgrundsätze des deutschen Rechts verstoßen (sog. „Ordre Public"). Teilnahmebitten der Behörde des ersuchenden Staats an einer Amtshandlung sind nach Möglichkeit zu entsprechen (§ 91h Abs. 2 IRG, Art. 4 Abs. 1 EU-RhÜbk; Art. 8 2. ZP-EuRhÜbk; Nr. 22 RiVASt).

Besonderheiten gelten u.a. im Rahmen der EEA. Der ersuchte Staat kann auf eine weniger einschneidende Ermittlungsmaßnahme nur dann zurückgreifen, wenn diese nach seinem Recht ebenso geeignet ist, den erbetenen Ermittlungszweck zu erreichen. Wenn von einer mittels der EEA erbetenen Ermittlungsmaßnahme abgewichen werden soll, ist die zuständige Behörde des ersuchenden EU-MS hierüber vorab schriftlich zu unterrichten (§ 91f Abs. 4 IRG). Weitere Besonderheiten ergeben sich aus der VO (EU) 2018/1805 zur Anerkennung von Sicherstellungs- und Einziehungsentscheidungen (vgl. Abschn. 5).

Die Unterlagen, die in Erledigung des Ersuchens erlangt bzw. zusammengestellt wurden, sind mit einem Begleitschreiben auf dem vorgesehenen Geschäftsweg an die ersuchende Behörde zu übersenden.

4.4 Inländische Strafverfolgungs- oder Verwaltungsmaßnahmen

Ersuchen sind stets auch darauf zu prüfen, ob eine inländische Strafverfolgungs- oder Verwaltungsmaßnahme in Betracht kommt (vgl. Nr. 24 RiVASt), insbesondere ob ein Ermittlungsverfahren eingeleitet werden muss.

4.5 Herausgabe von Beweismitteln

Soweit der Finanzbehörde die Erledigung eines Rechtshilfeersuchens in eigener Zuständigkeit obliegt, entscheidet sie auch über die Herausgabe sichergestellter Gegenstände, die als Beweismittel für ein ausländisches Verfahren dienen können (§ 66 Abs. 1 Nr. 1 IRG). Stets zu prüfen ist, ob die Beweismittel ggf. für das eigene Verfahren benötigt werden. Sofern dies der Fall ist, sind entsprechende Absprachen mit dem anderen Staat vorzunehmen.

Soweit Bedienstete des ersuchenden Staats bei der Sicherstellung zugegen waren, können ihnen die Beweisstücke ganz oder teilweise vor Ort überlassen werden, soweit dem keine Hinderungsgründe entgegenstehen. Vor einer direkten Übergabe der Erledigungsstücke bzw. der Beweismittel sollte die Rücksprache mit der verfahrensleitenden Behörde gehalten werden. Die Übergabe oder Übermittlung von Beweismitteln, die im Rahmen der Vollstreckung einer EEA sichergestellt wurden, kann bis zur Entscheidung über ein eingelegtes Rechtsmittel ausgesetzt werden (§ 91i Abs. 2 IRG).

Soweit Erledigungsstücke postalisch an die ersuchende Behörde übersandt werden sollen, erfolgt dies auf dem gleichen Geschäftsweg, über den das Ersuchen eingegangen ist. Dies gilt nicht, wenn der gewählte Geschäftsweg fehlerhaft war (vgl. Nr. 17 Abs. 1 S. 2 RiVASt).

4.6 Anwesenheit ausländischer Beamter/Richter im Inland

Die Anwesenheit ausländischer Beamter/Richter bei Amtshandlungen im Inland erfordert eine Genehmigung der Bewilligungsbehörde. In den Fällen, in denen ausländische Beamte im Inland anwesend sind, führt der deutsche Ermittlungsbeamte die Amtshandlung(en) selbst aus. Der ausländische Beamte/Richter kann durch sachdienliche Hinweise auf den Gang der Ermittlungen Einfluss nehmen, z. B. kann er vorschlagen, in bestimmter Weise zu verfahren. Auf die Nrn. 22 Abs. 3, 138, 139 RiVASt wird hingewiesen.

4.7 Grenzen der Rechtshilfe (Ordre Public)

Soweit eine umfassende gegenseitige Verpflichtung zur Gewährung von Rechtshilfe in Steuerstrafsachen besteht, sind die Beteiligten nach den innerstaatlichen Vorschriften sowie internationalen Vereinbarungen geschützt. Die Leistung von Rechtshilfe ist unzulässig, wenn sie wesentlichen Grundsätzen der deutschen Rechtsordnung oder - beim Rechtshilfeverkehr mit EU-MS aufgrund des Achten, Neunten, oder Zehnten Teils des IRG - den in Art 6 des Vertrages über die Europäische Union enthaltenen Grundsätzen widerspricht (§ 73 IRG – „Ordre Public").

4.8 Unterrichtung des Beschuldigten

Bei eingehenden Ersuchen findet vor der Übermittlung von Auskünften und Unterlagen grundsätzlich die nationale Vorschrift des § 117 Abs. 4 AO, einschließlich der Pflicht zur Anhörung der inländischen Beteiligten nach § 91 AO, Anwendung.

5 Verfahren bei der Vermögensabschöpfung

Im Anwendungsbereich der VO SE (vgl. Abschn. 2.6), konkretisiert durch die §§ 96a ff. IRG, ist zwischen der Entscheidungs- und der Vollstreckungsbehörde und zwischen Sicherstellungs- und Einziehungsentscheidung zu unterscheiden. Die nationalen Finanzbehörden können nach Art. 2 Nr. 8 Buchst. a) der VO SE Entscheidungsbehörde im Rahmen einer Sicherstellungsentscheidung sein. Hinsichtlich einer etwaigen Validierung durch ein Gericht oder durch eine Staatsanwaltschaft wird auf die diesbezüglichen Ausführungen in Abschn. 3.2.2 verwiesen. Demnach bedürfen Ersuchen von Finanzbehörden, die ein strafrechtliches Ermittlungsverfahren nach § 386 Abs. 2 AO selbständig führen, keiner Bestätigung („Validierung") durch eine Justizbehörde. Die Sicherstellungsentscheidung wird durch eine Sicherstellungsbescheinigung und die Einziehungsentscheidung wird durch eine Einziehungsbescheinigung übermittelt, Art. 4 Abs. 1 S. 1, 14 Abs. 1 S. 1 VO SE[17].

6 Rechtsschutz

Die Möglichkeiten des Rechtsschutzes richten sich danach, ob er sich gegen die Entscheidung für eine im Rechtshilfeverfahren begehrte Maßnahme oder gegen deren Vornahme/Vollzug richtet. Rechtsbehelfe gegen die Entscheidung für eine bestimmte Maßnahme sind im ersuchenden Staat einzulegen. Rechtsbehelfe, die sich gegen den Vollzug einer Maßnahme richten, sind hingegen allein im ersuchten Staat einzulegen.

Für Rechtsbehelfe gegen Maßnahmen im Rechtshilfeverkehr sind die Strafgerichte zuständig (vgl. § 33 Abs. 3 FGO). Gegen Maßnahmen aufgrund eingehender Rechtshilfeersuchen stehen insoweit die Rechtsbehelfe nach der StPO und den §§ 1, 2, 22, 23 ff. GVGEG zur Verfügung.

Soweit es um andere Maßnahmen der sonstigen Rechtshilfe als die Herausgabe von Gegenständen nach § 66 IRG geht, können Betroffene Einwendungen gegen die Zulässigkeit der Rechtshilfe im ersuchten Staat gegen die Vornahmehandlung vorbringen (sog. „Integrationslösung").

Ist für die Leistung der Rechtshilfe keine Vornahmehandlung erforderlich, etwa bei einer Auskunft aus einem behördlichen Register, ist ein Antrag auf gerichtliche Entscheidung (§ 77 Abs. 1 IRG i. V. m. §§ 23 ff. GVGEG) möglich.

Sofern die Bewilligungsentscheidung individualschützende Aspekte (insbesondere § 91e IRG) berührt, kann die Entscheidung im Hinblick auf Ermessensfehler angefochten worden. Auf § 91i IRG wird verwiesen. Ansonsten scheidet eine gerichtliche Überprüfung der Bewilligung aus.

Werden im Zusammenhang mit einer EEA im Anordnungs- oder Vollstreckungsstaat Rechtsmittel eingelegt, unterrichten sich die EU-MS gegenseitig (Art. 14 RL-EEA; § 91i Abs. 3 IRG).

---

[17] Auf die sich in Anhang I und II der VO 2018/1805 befindlichen Muster der Sicherstellungs- und Einziehungsbescheinigungen wird hingewiesen.

Trägt eine beteiligte Person im Vollstreckungsstaat sachliche Gründe gegen die erlassene EEA vor, so soll die ersuchte Behörde diese Einwendungen der Anordnungsbehörde übermitteln und die beteiligte Person über die Übermittlung unterrichten (sog. „Brückenkopfmodell"; BT-Drs. 18/9757 S. 31).

Die Einlegung eines Rechtsmittels bewirkt nicht, dass die Durchführung der Ermittlungsmaßnahme aufgeschoben wird, es sei denn, dies ist in vergleichbaren innerstaatlichen Fällen vorgesehen (Art. 14 Abs. 6 RL-EEA).

Rechtsbehelfe im Rahmen der Sicherstellung und Einziehung sind in Art. 33 VO SE i. V. m. § 96d IRG geregelt.

7 Kosten des internationalen Rechtshilfeverkehrs

Die Kostenfrage entscheidet sich nach dem jeweiligen Übereinkommen (z. B. Art. 21 RL-EEA, Art. 5 2. ZP-EuRhÜbk). In der Regel trägt der ersuchte Staat die Kosten für die Erledigung des Rechtshilfeersuchens. Ausnahmen sind z. B. die Kosten und Honorare von Sachverständigen. Auf die Geltendmachung der Kosten kann nach § 75 IRG verzichtet werden. Einzelheiten zur Kostentragung und -berechnung ergeben sich aus Nr. 15 RiVASt.

8 Polizeiliche Rechtshilfe

Polizeiliche Rechtshilfeersuchen können sowohl in einem eingeleiteten Strafverfahren als auch in Vorermittlungen/Vorfelddermittlungen und zu präventiven Zwecken gestellt und beantwortet werden. Die Steuerfahndungsstellen können in diesen Fällen die Ermittlungsmöglichkeiten der Polizei oder des LKA in Anspruch nehmen.

Innerhalb der EU richtet sich die Zusammenarbeit nach dem derzeit geltenden Rahmenbeschluss 2006/960/JI des Rates über die Vereinfachung des Austauschs von Informationen und Erkenntnissen zwischen den Strafverfolgungsbehörden der Mitgliedstaaten der Europäischen Union vom 18. Dezember 2006 (RB-Informationsaustausch, sog. „Schwedische Initiative"; ABl. EU vom 29. Dezember 2006 Nr. L 386, S. 89). Für die Umsetzung der Schwedischen Initiative wurde die AO um die §§ 117a und 117b AO ergänzt, ebenso erfolgten Änderungen im IRG (§ 92 IRG, § 92a IRG, § 92b IRG) und anderen Gesetzen. Die Steuerfahndungsstellen können als zuständige Strafverfolgungsbehörde Ersuchen selbständig stellen und erledigen (Nr. 127 RiVASt). Es ist darauf hinzuweisen, dass Justizbehörden wie Staatsanwaltschaften keine Polizeibehörden im Sinne des Rahmenbeschlusses sind (BT-Drs. 17/5096 S. 20).

Der Informationsaustausch nach der Schwedischen Initiative beschränkt sich grundsätzlich auf vorhandene Informationen. Darüber hinaus kann die Gewinnung von Erkenntnissen auf freiwilliger Basis erbeten werden, soweit dies ohne Zwangsmaßnahmen möglich ist[18]. Die landesspezifisch geregelten Bewilligungsbefugnisse und Geschäftswege (s. Abschn. 3.3) sind zu beachten. Die im Wege des polizeilichen Informationsaustausches erlangten Informationen werden in den meisten Fällen mit einer Verwendungsbeschränkung versehen und können daher nicht ohne Weiteres als Beweis vor Gericht verwendet werden. Zur Verwendung als Beweismittel bedarf es in der Regel eines justiziellen Ersuchens, sofern die ersuchte Behörde der Verwendung als Beweismittel nicht zugestimmt hat.

Auch in Bezug auf Drittstaaten kann polizeiliche Rechtshilfe in Anspruch genommen werden. Der Umfang, in dem diese gewährt wird, richtet sich nach dem jeweiligen Recht des ersuchten Staats. Mit einigen Staaten[19] bestehen Abkommen und Ergänzungsverträge über die polizeiliche Zusammenarbeit, welche hier anzuwenden sind.

---

[18] Im Einzelnen wird insoweit auf den gemeinsamen Ländererlasse vom 28. Januar 2014 (BStBl 2014 I S. 538) verwiesen.
[19] So z. B. Frankreich, Luxemburg, Schweiz, Polen, Belgien, Dänemark.

9 Spontanauskunft

Informationen, die eine zuständige Behörde im Rahmen ihrer eigenen Ermittlung gesammelt hat, können an eine ausländische Behörde ohne vorheriges Ersuchen übermittelt werden, wenn sie der Meinung ist, dass die Informationen dem anderen Staat helfen könnten, Ermittlungen oder Verfahren einzuleiten oder durchzuführen (Spontanauskunft).

Im Rahmen der justiziellen Rechtshilfe richtet sich die Weitergabe von Informationen nach dem jeweils geltenden Übereinkommen (Art. 7 EU-RhÜbk; Art. 11 des 2. ZP-EuRhÜbk; § 61a (allgemein) bzw. § 92c IRG (EU-MS)). Im Rahmen der polizeilichen Rechtshilfe für EU-MS können Spontanauskünfte sowohl zum Zweck der Strafverfolgung (§ 92c IRG) als auch zur Verhütung von Straftaten (§ 117a Abs. 3 AO) erfolgen. In allen genannten Fällen ist die Zweckverwendungsbeschränkung des § 61a Abs. 2 IRG zwingend zu beachten. Für die Spontanauskünfte auf Grundlage steuerlicher Abkommen wird auf die diesbezüglichen Ausführungen im Merkblatt zur zwischenstaatlichen Amtshilfe durch Informationsaustausch in Steuersachen verwiesen.

Die geltenden Bewilligungsbefugnisse und Geschäftswege (s. Abschn. 3.3) sind zu beachten. Vor der Übermittlung von Informationen ist die Vorschrift § 117 Abs. 4 AO zur Anhörung des inländischen Beteiligten zu beachten.

10 Auskunfts- und Unterstützungsmöglichkeiten

10.1 Deutsche Auslandsvertretungen

Die deutschen Auslandsvertretungen (Botschaften, Generalkonsulate, Konsulate) können im Einzelfall sowohl im Strafverfahren als auch im Besteuerungsverfahren um Unterstützung ersucht werden (Art. 35 Abs. 1 GG, § 111 AO, Nrn. 128, 131 RiVASt)[20]. Der Verkehr mit den Auslandsvertretungen ist innerstaatlicher Verkehr (Nr. 129 RiVASt).

Die deutschen Auslandsvertretungen können die Ersuchen in eigener Zuständigkeit erledigen, soweit dies mit dem Recht des Aufenthaltsstaats vereinbar ist. Im Allgemeinen beschränkt sich ihre Befugnis auf die Erteilung von Auskünften, die Vornahme von Zustellungen an Deutsche und die Vernehmung von Deutschen als Zeugen, Sachverständige oder Beschuldigte (Nr. 129 RiVASt). Einzelne Staaten lassen ein weitergehendes Tätigwerden bis hin zur Vernehmung von Angehörigen des anderen Staats zu, sofern diese dazu bereit sind. Hinweise hierzu enthält der Länderteil der RiVASt.

Zu beachten ist, dass in den deutschen Auslandsvertretungen neben dem entsandten Personal auch sog. Lokalbeschäftigte tätig sind, also Personen des jeweiligen Gaststaats. Die Hinzuziehung deutscher Auslandsvertretungen ist daher nur in besonders begründeten Einzelfällen möglich. Anfragen an deutsche Auslandsvertretungen sind über das Auswärtige Amt in Berlin zu stellen.

10.2 Europäische Staatsanwaltschaft (EUStA)

Die Europäische Staatsanwaltschaft ist eine nach Art. 86 AEUV gegründete EU-weit tätige Behörde, die gegen grenzüberschreitende Großkriminalität zu Lasten des EU-Haushalts vorgeht. Sie beruht auf der Verordnung (EU) 2017/1939 des Rates vom 12. Oktober 2017 zur Durchführung einer verstärkten Zusammenarbeit zur Errichtung der Europäischen Staatsanwaltschaft (EUStA-VO), deren nationale Durchführung im Europäischen-Staatsanwaltschaft-Gesetz geregelt ist (EUStAG, BT-Drs. 19/17963). Die EUStA hat ihre Arbeit im Juni 2021 in 22 teilnehmenden EU-MS[21] aufgenommen.

---

[20] Die Anschriften sind im Internet-Angebot des Auswärtigen Amtes aufgeführt (www.auswaertiges-amt.de).
[21] Derzeit nehmen teil: Belgien, Bulgarien, Deutschland, Estland, Finnland, Frankreich, Griechenland, Italien, Kroatien, Lettland, Litauen, Luxemburg, Malta, Niederlande, Österreich, Portugal, Rumänien, Slowakei, Spanien, Slowenien, Tschechien und Zypern (Stand Februar 2022).

Jeder an der EUStA teilnehmende EU-MS hat Delegierte Europäische Staatsanwältinnen und Staatsanwälte (DEStA) an die EUStA entsandt, die in dem jeweiligen Mitgliedstaat arbeiten, von dem sie entsandt sind und dort unter Anwendung der EUStA-VO und des nationaler Rechts für die Durchführung der Ermittlungsmaßnahmen zuständig sind sowie ggf. entsprechende Anklagen vor Gericht vertreten[22]. Die sachliche Zuständigkeit der EUStA beschränkt sich gem. Art. 22 Abs. 1 EUStA-VO auf die Verfolgung von bestimmten Straftaten gegen die finanziellen Interessen der EU, die nach dem 20. November 2017 begangen worden sind. Hierunter fallen im Wesentlichen Straftaten zum Nachteil der finanziellen Interessen der EU, die in der Richtlinie (EU) 2017/1371 vom 5. Juli 2017 in ihrer Umsetzung in nationales Recht festgelegt sind. Für Fälle des Umsatzsteuerbetruges im Sinne des Artikels 3 Abs. 2 Buchstabe d der Richtlinie (EU) 2017/1371 (PIF-RL) sieht Artikel 22 Abs. 1 Satz 2 EUStA-VO vor, dass die EUStA nur zuständig ist, wenn die Tat mit dem Hoheitsgebiet von zwei oder mehr MS verbunden ist und einen Gesamtschaden von mindestens 10 Mio. Euro umfassen.

Auf die diesbezüglichen Ausführungen in Nr. 140a AStBV wird hingewiesen.

10.3 Europäisches Justizielles Netz für Strafsachen (EJN)

Das EJN besteht aus Kontaktstellen in den einzelnen EU-MS, bei der Europäischen Kommission sowie dem in Den Haag ansässigen Sekretariat. Jeder EU-MS benennt eine Kontaktstelle, die als nationale Anlaufstelle fungiert. Dem EJN haben sich auch Island, Liechtenstein, Norwegen und die Schweiz angeschlossen.

Die Bundesrepublik Deutschland hat mit Rücksicht auf ihre föderale Struktur von der in dem EJN-Beschluss (Rahmenbeschluss 2008/976/JI, ABl. EU v. 24. Dezember 2008 Nr. L 348 S. 130) vorgesehenen Möglichkeit Gebrauch gemacht, nicht nur eine Kontaktstelle einzurichten, sondern die Aufgaben der Kontaktstelle auf Bund und Länder zu verteilen. In Deutschland gibt es neben den zwei bei den Bundesbehörden BfJ und GBA angesiedelten Bundeskontaktstellen weitere 16 Landeskontaktstellen.

Das EJN dient dazu, die Herstellung sachdienlicher Kontakte zwischen den im Rahmen der internationalen Zusammenarbeit der EU-MS zuständigen Justizbehörden zu erleichtern und die örtlichen Justizbehörden ihres Landes sowie die anderen Kontaktstellen mit sämtlicher Informationen zu versorgen, die für die reibungslose justizielle Zusammenarbeit zwischen den EU-MS, insbesondere im Rahmen von Rechtshilfeersuchen, erforderlich sind.

Über die Internetseite des EJN (www.ejn-crimjust.europa.eu) sind nähere Informationen über die Kontaktstellen, nationale Umsetzungsgesetze und die Verfahrenspraxis abrufbar. Daneben können dort alle rechtshilferelevanten Abkommen abgerufen werden.

10.4 Eurojust

Rechtsgrundlage für die Tätigkeit von Eurojust ist die Verordnung (EU) 2018/1727 vom 14. November 2018, die den bisherigen Beschluss ersetzt hat. Das Eurojust-Gesetz wurde mit Gesetz zur Durchführung der Eurojust-Verordnung vom 9. Dezember 2019 (BGBl. 2019 I S. 2010) entsprechend angepasst.

Eurojust ist die Agentur der Europäischen Union für justizielle Zusammenarbeit in Strafsachen mit Sitz in Den Haag. Aufgabe von Eurojust ist es, die Koordinierung von grenzüberschreitenden Strafverfolgungsmaßnahmen zwischen den EU-MS zu fördern und zu verbessern, strafrechtliche Ermittlungen zu unterstützen und die Erledigung von Rechtshilfeersuchen zu erleichtern. Bei Eurojust arbeiten Staatsanwältinnen und Staatsanwälte, Richterinnen und Richter sowie Polizeibeamtinnen und Polizeibeamte, die von den EU-MS nach Maßgabe ihres nationalen Rechts nach Den Haag entsandt werden.

---

[22] In Deutschland wurden fünf Zentren für die DStA eingerichtet: in Berlin, Frankfurt, Hamburg, Köln und München.

Eurojust arbeitet eng mit dem EJN und mit anderen EU-Agenturen, wie Europol, OLAF und Frontex (Europäische Agentur für die Grenz- und Küstenwache) zusammen. Mit der EUStA wird ebenfalls eine Kooperation etabliert. Auf der Grundlage von Zusammenarbeitsvereinbarungen kann Eurojust auch mit internationalen Organisationen und anderen Staaten einen Informationsaustausch pflegen.

Verbindungsstaatsanwältinnen und -staatsanwälte aus Drittstaaten wurden unter anderem von Norwegen, der Schweiz, den USA, Nordmazedonien, Montenegro, Serbien, Ukraine und Albanien zu Eurojust entsandt. Mit zwölf Staaten bestehen bislang Kooperationsabkommen[23].

Insbesondere auf der Internetseite von Eurojust (www.eurojust.europa.eu) können weitere Informationen eingeholt werden.

10.5 Europol

Europol hat gemäß der Verordnung (EU) 2016/794 des Europäischen Parlaments und des Rates vom 11. Mai 2016 (ABl. EU v. 24. Mai 2016 Nr. L 135, S. 53) u. a. die Aufgaben, Informationen und Erkenntnisse zu sammeln, zu analysieren und auszuwerten und die EU-MS über die sie betreffenden Informationen unverzüglich zu unterrichten. Auch koordiniert, organisiert und führt Europol mit den EU-MS gemeinsame Ermittlungs- und operative Maßnahmen durch.

Europol unterstützt die EU-MS bei der Bekämpfung organisierter Kriminalität, Terrorismus und anderen Formen der schweren Kriminalität, wenn zwei oder mehr Mitgliedstaaten betroffen sind. Hierzu gehört auch die Steuerhinterziehung als Sonderform des Betruges.

Jeder EU-MS unterhält eine nationale Stelle, die als Verbindungsstelle zwischen Europol und den zuständigen Behörden dieses EU-MS dient. Das deutsche Verbindungsbüro ist dem BKA angegliedert.

Weitere Informationen können der Internetseite von Europol (www.europol.europa.eu) entnommen werden.

10.6 Weitere Netzwerke und Plattformen

Bei den Verfahren INPOL, EUCARIS und SIENA handelt es sich um Abfragemodule und Kommunikationsplattformen, die von Strafverfolgungsbehörden des Bundes und der Länder für Zwecke der Strafverfolgung genutzt werden. Im Falle von SIENA sind Abfragemöglichkeiten über andere EU-MS und einige Drittstaaten möglich. Ebenso umfasst EUCARIS ein Verfahren zum EU-weiten Austausch von Fahrzeug- und Fahrerlaubnisregisterdaten. Angeschlossen sind in Deutschland die Bundes-, Landes- und Zollkriminalämter und teilweise die einzelnen Polizeibehörden. Die Anbindung der Steuerfahndungsstellen ist derzeit in Planung.

Die beim BZSt geführte Datenbank ZAUBER enthält eine Rubrik „Rechtshilfe", in der zur effektiven Bekämpfung des Umsatzsteuerbetrugs Umsatzsteuerbetrugsfälle gespeichert und ausgewertet werden und die Entwicklung von Risikoprofilen eingerichtet ist. Die Landesfinanzbehörden haben einen direkten Zugriff auf diese Datenbank.

Daneben bestehen die beiden Netzwerke der Vermögensabschöpfung ARO für EU-MS und CARIN weltweit, an denen Deutschland jeweils in Gestalt der Kontaktstellen beim BfJ und dem BKA beteiligt ist. Diese Netzwerke unterstützen etwaige Rechtshilfeersuchen im Zusammenhang mit Maßnahmen der Vermögensabschöpfung[24].

11 Aufhebung von Verwaltungsanweisungen

Das BMF-Schreiben vom 16. November 2006, BStBl 2006 I S. 698, wird aufgehoben und durch dieses Schreiben ersetzt.

---

[23] Stand Januar 2022.
[24] Nähere Informationen zu ARO und CARIN sind auf der Internetseite des BMJ zu finden (www.bmj.de).

Mitteilungspflichten bei Auslandsbeziehungen nach § 138 Absatz 2 AO und § 138b AO in der Fassung des Steuerumgehungsbekämpfungsgesetzes (StUmgBG)

(BMF-Schreiben vom 26.4.2022 - IV B 5-S 0301/19/10009:001 - BStBl I S. 576)

Nach Erörterung mit den obersten Finanzbehörden der Länder gilt für die Mitteilungspflicht der Steuerpflichtigen nach § 138 Absatz 2 AO und die Mitteilungspflicht Dritter nach § 138b AO Folgendes:

1. Anwendungsregelungen

1 Nach Artikel 97 § 32 EGAO gelten folgende Anwendungsregelungen:

    1. § 138 Absatz 2 bis 5, § 138b und § 379 Absatz 2 Nummer 1d AO in der Fassung des StUmgBG sind erstmals auf mitteilungspflichtige Sachverhalte anzuwenden, die nach dem 31. Dezember 2017 verwirklicht worden sind.

    2. Auf Sachverhalte, die vor dem 1. Januar 2018 verwirklicht worden sind ist § 138 Absatz 2 und 3 AO alte Fassung weiterhin anzuwenden.

    3. Inländische Steuerpflichtige (§ 138 Absatz 2 Satz 1 AO), die vor dem 1. Januar 2018 erstmals unmittelbar oder mittelbar einen beherrschenden oder bestimmenden Einfluss auf die gesellschaftsrechtlichen, finanziellen oder geschäftlichen Angelegenheiten einer Drittstaat-Gesellschaft im Sinne des § 138 Absatz 3 AO ausüben konnten, ohne dass bisher eine Mitteilungspflicht nach § 138 Absatz 2 AO alte Fassung bestand, haben das Bestehen des beherrschenden oder bestimmenden Einflusses dem für sie nach den §§ 18 bis 20 AO zuständigen Finanzamt mitzuteilen, wenn dieser Einfluss auch noch am 1. Januar 2018 fortbesteht. § 138 Absatz 5 AO in der Fassung des StUmgBG gilt in diesem Fall entsprechend.

2 Dieses Schreiben ersetzt die BMF-Schreiben vom 5. Februar 2018 (BStBl I 2018 S. 289), vom 18. Juli 2018 (BStBl I 2018 S. 815), vom 18. September 2020 (BStBl I 2020 S. 971) und vom 28. Dezember 2020 (BStBl I 2021 S. 55) mit Wirkung vom 1. Januar 2022. Es wird im Bundessteuerblatt Teil I veröffentlicht und auf den Internetseiten des BMF zur Ansicht und zum Herunterladen bereitgestellt. Der dem BMF-Schreiben vom 5. Februar 2018 (BStBl I 2018 S. 289) als Anlage 2 beigefügte Vordruck „Mitteilung nach § 138b der Abgabenordnung (AO)" gilt unverändert fort.

2. Mitteilungspflicht nach § 138 Absatz 2 AO

2.1 Allgemeines

3 Nach § 138 Absatz 2 Satz 1 AO haben Steuerpflichtige mit Wohnsitz, gewöhnlichem Aufenthalt, Geschäftsleitung oder Sitz im Inland (inländische Steuerpflichtige) dem für sie nach den §§ 18 bis 20 AO zuständigen Finanzamt mitzuteilen, wenn sie einen der in § 138 Absatz 2 Satz 1 Nummer 1 bis 4 AO genannten Tatbestände erfüllen. Daneben haben sie die Art der wirtschaftlichen Tätigkeit des Betriebs, der Betriebsstätte, der

Anhang 25   Mitteilungspflichten bei Auslandsbeziehungen nach
§ 138 Absatz 2 und § 138b Abgabenordnung

Personengesellschaft, Körperschaft, Personenvereinigung, Vermögensmasse oder der Drittstaat-Gesellschaft anzugeben (§ 138 Absatz 2 Satz 1 Nummer 5 AO).

4   Steuerpflichtige im Sinne der Vorschrift sind auch Personengesellschaften.

2.2 Mitteilungspflicht in den Fällen des § 138 Absatz 2 Satz 1 Nummer 2 AO

5   Sind im Falle des Erwerbs, der Aufgabe oder der Veränderung einer Beteiligung im Sinne des § 138 Absatz 2 Satz 1 Nummer 2 AO die Einkünfte der inländischen Beteiligten aus einer ausländischen Personengesellschaft gesondert und einheitlich festzustellen, bestehen keine Bedenken, wenn die Mitteilungspflicht von der ausländischen Personengesellschaft, einem Treuhänder oder einer anderen die Interessen der inländischen Beteiligten vertretenden Person wahrgenommen wird. Voraussetzung ist, dass die ausländische Personengesellschaft, der Treuhänder oder die andere Person dem für die gesonderte und einheitliche Feststellung der Einkünfte zuständigen Finanzamt innerhalb der nach § 138 Absatz 5 AO genannten Frist Namen, Anschrift, Eintritts- oder Austrittsdatum, Wohnsitzfinanzamt, Steuernummer und Identifikationsnummer nach § 139b AO bzw. Wirtschafts-Identifikationsnummer nach § 139c AO sowie die Höhe der Beteiligung des inländischen Steuerpflichtigen mitteilt. Die Mitteilung ist auf die meldepflichtigen Ereignisse zu beschränken (keine Übersendung fortgeschriebener Listen). Unterlässt die ausländische Personengesellschaft, der Treuhänder oder die andere Person die Mitteilung, treffen die Rechtsfolgen den Beteiligten persönlich (vergleiche Textziffer 4). Zur Zuständigkeit der Finanzämter für Personengesellschaften vergleiche Nummer 6 des Anwendungserlasses zu § 18 AO.

2.3 Mitteilungspflicht in den Fällen des § 138 Absatz 2 Satz 1 Nummer 3 AO

2.3.1 Erwerb von Beteiligungen

6   Der Ausdruck „Vermögensmasse" schließt ausländische Investmentfonds und Spezial-Investmentfonds (§ 6 Absatz 1 InvStG) ein. Der Ausdruck „Körperschaft" umfasst auch inländische Investmentfonds, bei denen sich die Geschäftsleitung des gesetzlichen Vertreters außerhalb des Geltungsbereichs dieses Gesetzes befindet (§ 4 Absatz 2 InvStG). Unmittelbare und mittelbare Beteiligungen sind zusammenzurechnen (§ 138 Absatz 2 Satz 2 AO).

2.3.1.1 Mitteilung bei Überschreiten der Beteiligungsgrenze

7   Die Mitteilungspflicht nach § 138 Absatz 2 Satz 1 Nummer 3 AO besteht nur dann, wenn beim Erwerb einer Beteiligung die maßgebenden Beteiligungsgrenzen (erstmalig oder nach zwischenzeitlichem Unterschreiten der Grenze erneut) erreicht bzw. überschritten werden. Die Mitteilungspflicht besteht bei Vorliegen der Voraussetzungen nur für die Beteiligungen, die der inländische Steuerpflichtige selbst entgeltlich oder unentgeltlich erworben hat. Eine mittelbare Beteiligung ist immer dann mitzuteilen, wenn sie gleichzeitig durch den Erwerb einer unmittelbaren Beteiligung an einer Körperschaft, Personenvereinigung oder Vermögensmasse miterworben wurde, soweit die übrigen Voraussetzungen für die Mitteilungspflicht vorliegen; dies gilt auch bei Beteiligung an einer Personengesellschaft.

Beispiel 1: Die B-Inc. ist seit Jahren an der C-Inc. zu 100 Prozent beteiligt. Im Jahr 2018 erwirbt die A-GmbH sämtliche Anteile an der B-Inc. Somit erwirbt die A-GmbH unmittelbar 100 Prozent der Anteile an der B-Inc. und ist mitteilungspflichtig. Sie erwirbt aber auch mittelbar 100 Prozent der Anteile an der C-Inc., wofür sie ebenfalls mitteilungspflichtig ist.

Beispiel 2: Im Jahr 2019 erwirbt die B-Inc. 100 Prozent der Anteile an der D-Inc. Eine Mitteilungspflicht für die A-GmbH ergibt sich hieraus jedoch nicht, da die A-GmbH als inländischer Steuerpflichtiger die Beteiligung nicht selbst entgeltlich oder unentgeltlich erworben hat.

2.3.1.2 10 Prozent-Grenze

8 Für die Ermittlung der 10 Prozent-Grenze sind die unmittelbaren und mittelbaren Beteiligungen zusammenzurechnen.

Beispiel: Die A-GmbH ist seit Jahren an der B-Inc. zu 100 Prozent beteiligt. Die B-Inc. hält 5 Prozent der Anteile an der C-Inc. Im Jahr 2018 erwirbt die A-GmbH unmittelbar 5 Prozent der Anteile an der C-Inc. Sie ist damit unmittelbar und mittelbar an der C-Inc. zu insgesamt 10 Prozent beteiligt und damit mitteilungspflichtig.

2.3.1.3 150.000 Euro-Grenze

9 Für die Ermittlung der 150.000 Euro-Grenze sind die Anschaffungskosten aller - also auch mittelbarer - Beteiligungen im Sinne des § 138 Absatz 2 Satz 1 Nummer 3 AO zu berücksichtigen. Die 150.000 Euro-Grenze ist gesellschaftsbezogen zu ermitteln. Die Anschaffungskosten früher erworbener Beteiligungen sind ebenfalls in die Berechnung einzubeziehen. Aus Vereinfachungsgründen kann auf die Anschaffungskosten der unmittelbaren Beteiligung des Mitteilungspflichtigen abgestellt werden, wenn der Erwerb einer weiteren mittelbaren Beteiligung an der Gesellschaft innerhalb eines Jahres erfolgt.

Beispiel: Der Steuerpflichtige A ist zu 8 Prozent an einer ausländischen Kapitalgesellschaft B unmittelbar beteiligt (Anschaffungskosten = 100.000 Euro). Ferner erwirbt A eine weitere unmittelbare Beteiligung von ebenfalls 8 Prozent an der ausländischen Kapitalgesellschaft C zu Anschaffungskosten in Höhe von 60.000 Euro, die ihrerseits mit 4 Prozent an der Kapitalgesellschaft B beteiligt ist. Der Steuerpflichtige A ist somit unmittelbar zu 8 Prozent und mittelbar zu 0,32 Prozent (8 Prozent x 4 Prozent / 100 Prozent) beteiligt. Die unmittelbare und mittelbare Beteiligung des Steuerpflichtigen A an der B beträgt somit insgesamt 8,32 Prozent.

Für die Berechnung der Anschaffungskosten muss folgerichtig auf die mittelbaren Anschaffungskosten des Steuerpflichtigen A an der B abgestellt werden. Dieser Wert lässt sich aus den vorliegenden Angaben jedoch nicht ableiten. Aus Vereinfachungsgründen kann der Wert der mittelbaren Beteiligung des Steuerpflichtigen A an der B somit aus den Anschaffungskosten für die 8-prozentige Beteiligung des A an der B in Höhe von 100.000 Euro bei unterstelltem Erwerb innerhalb eines Jahres ermittelt werden und beträgt demzufolge 0,32 Prozent / 8 Prozent von 100.000 Euro = 4.000 Euro.

10 Der Erwerb oder die Veräußerung von Beteiligungen an einer Gesellschaft von weniger als 1 Prozent muss trotz Überschreitens der 150.000 Euro-Grenze nicht mitgeteilt werden, wenn mit der Hauptgattung der Aktien der ausländischen Gesellschaft ein wesentlicher und regelmäßiger Handel an einer Börse in einem EU-/EWR-Staat oder an einer in einem anderen Staat nach § 193 Absatz 1 Satz 1 Nummer 2 und 4 KAGB von der

Anhang 25   Mitteilungspflichten bei Auslandsbeziehungen nach
§ 138 Absatz 2 und § 138b Abgabenordnung

Bundesanstalt für Finanzdienstleistungsaufsicht (BaFin) zugelassenen Börse stattfindet. Ein wesentlicher und regelmäßiger Handel an einer Börse liegt vor, wenn der Handel aktiv erfolgt und in kurzen Zeitabständen wiederholt stattfindet; die bloße Notierung an der Börse und nur vereinzelte Aktienübertragungen reichen hierfür nicht aus. Für die Ermittlung der 1 Prozent-Grenze sind alle gehaltenen Beteiligungen zu berücksichtigen. Wird die 150.000 Euro-Grenze mittels börsennotiertem Erwerb bzw. Veräußerung überschritten, so dass deshalb keine Meldepflicht besteht, und folgt darauf ein Erwerb bzw. eine Veräußerung, der bzw. die nicht unter die sogenannte Börsenklausel fällt, ist der vorangegangene börsennotierte Erwerb bzw. die Veräußerung hinsichtlich der 150.000 Euro-Grenze außer Betracht zu lassen. Die sogenannte Börsenklausel gilt sinngemäß auch für Investmentanteile, wenn deren übrige Voraussetzungen erfüllt sind. Die aktuelle Liste der nach § 193 Absatz 1 Satz 1 Nummer 2 und 4 KAGB zugelassenen Börsen ist auf der Internetseite der BaFin abrufbar: (derzeit https://www.bafin.de/SharedDocs/Veroeffentlichungen/DE/Auslegungsentscheidung/WA/ae_080208_boersenInvG.html).

2.3.2 Veräußerung von Beteiligungen

11   Die Veräußerung einer Beteiligung ist nach § 138 Absatz 2 Satz 1 Nummer 3 AO mitteilungspflichtig, wenn die Anschaffungskosten aller veräußerten Beteiligungen an einer ausländischen Körperschaft, Personenvereinigung oder Vermögensmasse 150.000 Euro überschreiten oder mindestens eine 10-prozentige Beteiligung veräußert wird. Die Mitteilungspflicht besteht bei Vorliegen dieser Voraussetzungen nur für die unmittelbaren Beteiligungen, die der Steuerpflichtige selbst veräußert hat. Im Fall der Veräußerung einer unmittelbaren Beteiligung an einer Körperschaft, Personenvereinigung oder Vermögensmasse hat der inländische Steuerpflichtige auch die hierdurch gleichzeitig mitveräußerten mittelbaren Beteiligungen mitzuteilen, soweit die übrigen Voraussetzungen hierfür vorliegen; dies gilt auch bei der Beteiligung an einer Personengesellschaft.

2.3.3 Mitteilungspflichten der Kreditinstitute und Finanzdienstleistungsinstitute

12   Die Mitteilungspflichten nach § 138 Absatz 2 Satz 1 Nummer 3 AO gelten nicht für Anteile an Kapitalgesellschaften, die bei Kreditinstituten und Finanzdienstleistungsinstituten im Sinne des Gesetzes über das Kreditwesen (KWG) dem Handelsbuch zuzurechnen sind.

2.3.4 Mitteilungspflichten der Versicherungsunternehmen und der berufsständischen Versorgungseinrichtungen

13   Die Mitteilungspflichten nach § 138 Absatz 2 Satz 1 Nummer 3 AO gelten nicht für Anteile an Kapitalgesellschaften, die auf der Aktivseite der Bilanz der Versicherungsunternehmen entsprechend Formblatt 1 zu § 2 der Verordnung über die Rechnungslegung von Versicherungsunternehmen vom 8. November 1994 (BGBl. I S. 3378), die zuletzt durch Artikel 2 Absatz 5 des Gesetzes vom 1. April 2015 (BGBl. I S. 434) geändert worden ist, in der jeweils geltenden Fassung unter C Nummer III 1 und D auszuweisen sind.

14   Ausgenommen von der Mitteilungspflicht nach § 138 Absatz 2 Satz 1 Nummer 3 AO sind auch die in § 341b Absatz 4 HGB aufgeführten Verträge, die von Pensionsfonds bei Lebensversicherungsunternehmen zur Deckung von Verpflichtungen gegenüber Versorgungsberechtigten eingegangen werden, sowie Anteile an Kapitalgesellschaften, die berufsständische Versorgungseinrichtungen unter der Bilanzposition „Aktien, Investmentanteile und andere nicht rechtsverzinsliche Wertpapiere" ausweisen.

2.3.5 Mitteilungspflicht eines Anlegers in Bezug auf die vom Investmentfonds und vom Spezial-Investmentfonds gehaltenen ausländischen Beteiligungen

15 Die Mitteilungspflicht nach § 138 Absatz 2 Satz 1 Nummer 3 AO besteht für Anleger in- und ausländischer Investmentfonds und Spezial-Investmentfonds nicht in Bezug auf die mittelbar über diese Investmentfonds bzw. Spezial-Investmentfonds erworbenen und veräußerten Beteiligungen; sie besteht bei Vorliegen der Voraussetzungen dieser Vorschrift jedoch für Erwerbe und Veräußerungen unmittelbarer und mittelbarer Beteiligungen an ausländischen Investmentfonds und Spezial-Investmentfonds.

2.3.6 Mitteilungspflicht inländischer Investmentfonds und Spezial-Investmentfonds

16 Inländische Investmentfonds und Spezial-Investmentfonds im Sinne des § 6 Absatz 1 Satz 1 InvStG sind als inländische Steuerpflichtige im Sinne des § 133 Absatz 2 Satz 1 AO mitteilungspflichtig.

2.4 Mitteilungspflicht in den Fällen des § 138 Absatz 2 Satz 1 Nummer 4 AO

2.4.1 Drittstaat-Gesellschaft

17 Drittstaat-Gesellschaft ist nach § 138 Absatz 3 AO eine Personengesellschaft, Körperschaft, Personenvereinigung oder Vermögensmasse mit Sitz oder Geschäftsleitung in Staaten oder Territorien, die nicht Mitglieder der Europäischen Union (EU) oder der Europäischen Freihandelsassoziation (EFTA) sind. Dementsprechend gilt als Drittstaat-Gesellschaft auch eine Personengesellschaft, Körperschaft, Personenvereinigung oder Vermögensmasse, die zwar ihren Sitz in Deutschland, ihre Geschäftsleitung aber in einem Staat oder Territorium hat, der oder das nicht Mitglied der EU oder der EFTA ist (und umgekehrt).

2.4.2 Beherrschender oder bestimmender Einfluss

18 Die Mitteilungspflicht besteht, wenn der Steuerpflichtige allein oder zusammen mit Personen im Sinne des § 1 Absatz 2 AStG unmittelbar oder mittelbar einen beherrschenden oder bestimmenden Einfluss auf die gesellschaftsrechtlichen, finanziellen oder geschäftlichen Angelegenheiten einer Drittstaat-Gesellschaft ausüben kann. Ein beherrschender oder bestimmender Einfluss kann auf rechtlicher oder tatsächlicher Grundlage beruhen oder auf dem Zusammenwirken beider. Rechtlicher Einfluss kann insbesondere auf beteiligungsähnlichen Rechten beruhen (Kapitalbeteiligung, Stimmrechte) oder auf vertraglichen Beziehungen, z. B. einem Treuhandvertrag. Einfluss außerhalb rechtlicher Einflussmöglichkeiten kann z. B. aufgrund der finanziellen Abhängigkeit der Drittstaat-Gesellschaft bestehen oder aufgrund anderer tatsächlicher Abhängigkeiten der Gesellschaft bzw. ihrer Geschäftsführung.

19 Ein beherrschender oder bestimmender Einfluss auf die gesellschaftsrechtlichen, finanziellen oder geschäftlichen Angelegenheiten einer Gesellschaft äußert sich insbesondere in der Möglichkeit, alle wesentlichen Entscheidungen der Geschäftsführung, der Geschäftspolitik sowie sonstige wesentliche unternehmerische Entscheidungen zu treffen, und zwar auch unabhängig vom Bestehen einer unmittelbaren oder mittelbaren Beteiligung am Kapital oder am Vermögen oder dem Innehaben von Stimmrechten der Drittstaat-Gesellschaft.

Anhang 25	Mitteilungspflichten bei Auslandsbeziehungen nach § 138 Absatz 2 und § 138b Abgabenordnung

20 Die Einflussnahmemöglichkeiten von Personen, die dem inländischen Steuerpflichtigen im Sinne des § 1 Absatz 2 AStG nahestehen, sind dem inländischen Steuerpflichtigen zuzurechnen.

21 Es ist nicht erforderlich, dass der inländische Steuerpflichtige tatsächlich beherrschenden oder bestimmenden Einfluss nimmt oder genommen hat; die objektive Möglichkeit einer solchen Einflussnahme reicht aus.

2.5 Form und Frist für die Mitteilungen

22 Die Mitteilungen nach § 138 Absatz 2 AO sind grundsätzlich zusammen mit der Einkommensteuer-, Körperschaftsteuer- oder Feststellungserklärung für den Besteuerungszeitraum, in dem der mitzuteilende Sachverhalt verwirklicht wurde, spätestens jedoch bis zum Ablauf von 14 Monaten nach Ablauf dieses Besteuerungszeitraums, nach amtlich vorgeschriebenem Datensatz über die amtlich bestimmten Schnittstellen zu erstatten (§ 138 Absatz 5 Satz 1 AO). Diese Frist ist nicht nach § 109 AO verlängerbar, da es sich weder um eine behördlich bestimmte Frist noch um eine Steuererklärungsfrist handelt.

23 Inländische Steuerpflichtige, die nicht verpflichtet sind, ihre Einkommensteuer-, Körperschaftsteuer- oder Feststellungserklärung nach amtlich vorgeschriebenem Datensatz über die amtlich bestimmte Schnittstelle abzugeben, haben die Mitteilungen nach § 138 Absatz 2 AO nach amtlich vorgeschriebenem Vordruck zu erstatten (Vordruck BZSt 2), es sei denn, sie geben ihre Einkommensteuer-, Körperschaftsteuer- oder Feststellungserklärung freiwillig nach amtlich vorgeschriebenem Datensatz über die amtlich bestimmte Schnittstelle ab (§ 138 Absatz 5 Satz 2 AO).

24 Inländische Steuerpflichtige, die nicht zur Abgabe einer Einkommensteuer-, Körperschaftsteuer- oder Feststellungserklärung verpflichtet sind, haben die Mitteilungen nach § 138 Absatz 2 AO nach amtlich vorgeschriebenem Vordruck (BZSt 2) bis zum Ablauf von 14 Monaten nach Ablauf des Kalenderjahrs zu erstatten, in dem der mitzuteilende Sachverhalt verwirklicht worden ist (§ 138 Absatz 5 Satz 3 AO). Diese Frist ist nicht nach § 109 AO verlängerbar, da es sich weder um eine behördlich bestimmte Frist noch um eine Steuererklärungsfrist handelt.

25 Die alleinige Übersendung von Depotauszügen bzw. Transaktionslisten reicht zur Erfüllung der Mitteilungspflicht nach § 138 Absatz 2 AO nicht aus. Sind die den Steuerpflichtigen zur Verfügung stehenden Informationen zu den meldepflichtigen Beteiligungen in dem amtlich vorgeschriebenen Datensatz bzw. Vordruck nicht ordnungsgemäß darstellbar, können Depotauszüge bzw. Transaktionslisten im Anhang des elektronischen Datensatzes bzw. als Anlage zu dem amtlich vorgeschriebenen Vordruck (BZSt 2) übersandt werden. Die Pflichtfelder in dem amtlich vorgeschriebenen Datensatz sind stets auszufüllen.

3. Mitteilungspflicht nach § 138b AO

3.1 Allgemeines

26 Verpflichtete im Sinne des § 2 Absatz 1 Nummer 1 bis 3 und 6 Geldwäschegesetz (GwG) in der ab 26. Juni 2017 geltenden Fassung (mitteilungspflichtige Stelle) haben dem für sie nach den §§ 18 bis 20 AO zuständigen Finanzamt von ihnen hergestellte oder vermittelte Beziehungen inländischer Steuerpflichtiger im Sinne des § 138 Absatz 2 Satz 1 AO zu Drittstaat-Gesellschaften im Sinne des § 138 Absatz 3 AO mitzuteilen.

Mitteilungspflichten bei Auslandsbeziehungen nach § 138 Absatz 2 und § 138b Abgabenordnung — Anhang 25

27 Mitteilungspflichtige Stellen sind damit:

- Kreditinstitute nach § 1 Absatz 1 KWG, mit Ausnahme der in § 2 Absatz 1 Nummer 3 bis 8 KWG genannten Unternehmen, und im Inland gelegene Zweigstellen und Zweigniederlassungen von Kreditinstituten mit Sitz im Ausland,

- Finanzdienstleistungsinstitute nach § 1 Absatz 1a KWG, mit Ausnahme der in § 2 Absatz 6 Satz 1 Nummer 3 bis 10 und 12 und Absatz 10 des KWG genannten Unternehmen, und im Inland gelegene Zweigstellen und Zweigniederlassungen von Finanzdienstleistungsinstituten mit Sitz im Ausland,

- Zahlungsinstitute und E-Geld-Institute nach § 1 Absatz 2a des Zahlungsdiensteaufsichtsgesetzes (ZAG) und im Inland gelegene Zweigstellen und Zweigniederlassungen von Instituten im Sinne des § 1 Absatz 2a ZAG mit Sitz im Ausland,

- Finanzunternehmen nach § 1 Absatz 3 KWG, die nicht unter § 2 Absatz 1 Nummer 1 oder Nummer 4 GwG fallen und deren Haupttätigkeit einer der in § 1 Absatz 3 Satz 1 KWG genannten Haupttätigkeiten oder einer Haupttätigkeit eines durch Rechtsverordnung nach § 1 Absatz 3 Satz 2 KWG bezeichneten Unternehmens entspricht, und im Inland gelegene Zweigstellen und Zweigniederlassungen solcher Unternehmen mit Sitz im Ausland.

28 Die Mitteilungspflicht gilt nach § 138b Absatz 1 Satz 2 AO allerdings nur für solche Fälle, in denen

1. der mitteilungspflichtigen Stelle bekannt ist, dass der inländische Steuerpflichtige auf Grund der von ihr hergestellten oder vermittelten Beziehung allein oder zusammen mit nahestehenden Personen im Sinne des § 1 Absatz 2 AStG erstmals unmittelbar oder mittelbar einen beherrschenden oder bestimmenden Einfluss auf die gesellschaftsrechtlichen, finanziellen oder geschäftlichen Angelegenheiten einer Drittstaat-Gesellschaft ausüber kann (vgl. dazu Tz. 2.4.2),

   oder

2. der inländische Steuerpflichtige eine von der mitteilungspflichtigen Stelle hergestellte oder vermittelte Beziehung zu einer Drittstaat-Gesellschaft erlangt, wodurch eine unmittelbare Beteiligung von insgesamt mindestens 30 Prozent am Kapital oder am Vermögen der Drittstaat-Gesellschaft erreicht wird. Anderweitige Erwerbe des inländischen Steuerpflichtigen hinsichtlich der gleichen Drittstaat-Gesellschaft sind hierbei miteinzubeziehen, soweit sie der mitteilungspflichtigen Stelle bekannt sind oder bekannt sein mussten.

29 Die Mitteilungspflicht umfasst die Herstellung und Vermittlung von Beziehungen sowohl im Rahmen eines persönlichen Kontakts zwischen inländischem Steuerpflichtigen und mitteilungspflichtiger Stelle als auch im Rahmen des Onlinegeschäftes. Voraussetzung sind aktive Tätigkeiten der mitteilungspflichtigen Stellen. Darunter fallen z. B. die Anschaffung und die Veräußerung von Anteilen und Beteiligungen an Drittstaat-Gesellschaften im eigenen Namen und auf eigene Rechnung, die Anschaffung und die Veräußerung von Anteilen und Beteiligungen an Drittstaat-Gesellschaften im eigenen Namen und auf fremde Rechnung sowie die Vermittlung von Geschäften über die Anschaffung und Veräußerung von Anteilen und Beteiligungen an Drittstaat-Gesellschaften.

Anhang 25	Mitteilungspflichten bei Auslandsbeziehungen nach § 138 Absatz 2 und § 138b Abgabenordnung

30   Mitteilungen nach § 138b AO sind für jeden inländischen Steuerpflichtigen und jeden mitteilungspflichtigen Sachverhalt gesondert zu erstatten (§ 138b Absatz 2 AO).

31   Das für die mitteilungspflichtige Stelle zuständige Finanzamt hat die Mitteilung an das für den inländischen Steuerpflichtigen nach den §§ 18 bis 20 AO zuständige Finanzamt weiterzuleiten (§ 138b Absatz 5 Satz 1 AO).

3.2 Inhalt der Mitteilung und Mitwirkungspflicht der inländischen Steuerpflichtigen

32   Die mitteilungspflichtige Stelle hat bei Vorliegen der Voraussetzungen des § 138b Absatz 1 Satz 2 AO nach § 138b Absatz 3 AO anzugeben:

    1. die Identifikationsnummer des inländischen Steuerpflichtigen nach § 139b AO und

    2. die Wirtschafts-Identifikationsnummer des inländischen Steuerpflichtigen nach § 139c AO oder, solange noch keine Wirtschafts-Identifikationsnummer vergeben wurde und es sich bei dem inländischen Steuerpflichtigen nicht um eine natürliche Person handelt, die für die Besteuerung des inländischen Steuerpflichtigen nach dem Einkommen geltende Steuernummer.

33   Der inländische Steuerpflichtige hat der mitteilungspflichtigen Stelle nach § 138b Absatz 6 AO diese Daten mitzuteilen.

34   Kann die mitteilungspflichtige Stelle die Identifikationsnummer und die Wirtschafts-Identifikationsnummer oder die Steuernummer des inländischen Steuerpflichtigen nicht in Erfahrung bringen, hat sie nach § 138b Absatz 3 Satz 2 AO in der Mitteilung ein amtlich bestimmtes Ersatzmerkmal anzugeben.

Das Ersatzmerkmal ist bei natürlichen Personen wie folgt zu bilden:

    1. bis 4. Stelle: Erste vier Buchstaben des Familiennamens des inländischen Steuerpflichtigen

        - Hat ein Name weniger als vier Buchstaben, sind fehlende Stellen mit „X" aufzufüllen.

        - Statt Ä, Ö und Ü ist AE, OE oder UE zu verwenden.

    5. bis 8. Stelle: Erste vier Buchstaben des Vornamens des inländischen Steuerpflichtigen

        - Hat ein Vorname weniger als vier Buchstaben, sind fehlende Stellen mit „X" aufzufüllen.

        - Statt Ä, Ö und Ü ist AE, OE oder UE zu verwenden.

    9. und 10. Stelle: Geburtsjahr des inländischen Steuerpflichtigen

        - Es sind nur die beiden letzten Ziffern zu verwenden (Beispiel: aus 1960 wird 60).

    11. und 12. Stelle: Geburtsmonat des inländischen Steuerpflichtigen in Ziffern (immer zweistellig, ggf. mit führender „0")

13. und 14. Stelle: Geburtstag des inländischen Steuerpflichtigen in Ziffern (immer zweistellig, ggf. mit führender „0")

15. bis 19. Stelle: fünfstellige Postleitzahl der Adresse des inländischen Steuerpflichtigen.

35 Handelt es sich bei dem inländischen Steuerpflichtigen nicht um eine natürliche Person, ist kein Ersatzmerkmal zu bilden. In diesem Fall sind lediglich die vollständigen Angaben zum inländischen Steuerpflichtigen entsprechend dem Vordruck „Mitteilung nach § 138b der Abgabenordnung (AO)" anzugeben.

3.3 Form und Frist für die Mitteilungen

36 Die Mitteilungen sind dem Finanzamt nach dem amtlich vorgeschriebenen Vordruck „Mitteilung nach § 138b der Abgabenordnung (AO)" bis zum Ablauf des Monats Februar des Jahres, das auf das Kalenderjahr folgt, in dem der mitzuteilende Sachverhalt verwirklicht wurde, zu erstatten (§ 138b Absatz 4 AO).

4. Rechtsfolgen bei Verstößen gegen die Mitteilungspflichten nach § 138 Absatz 2 und § 138b AO

37 Wer vorsätzlich oder leichtfertig seiner Mitteilungspflicht nach § 138 Absatz 2 Satz 1 AO oder § 138b Absatz 1 bis 3 AO nicht, nicht vollständig oder nicht rechtzeitig nachkommt, begeht eine Ordnungswidrigkeit im Sinne des § 379 Absatz 2 Nummer 1 oder 1d AO, die vorbehaltlich des § 378 AO mit einer Geldbuße bis zu 25.000 Euro geahndet werden kann (§ 379 Absatz 7 AO).

38 Die Verfolgungsverjährung infolge Unterlassens der Mitteilung nach § 138 Absatz 2 AO und § 138b Absatz 1 bis 3 AO beginnt nicht mit dem Ablauf der Frist nach § 138 Absatz 5 AO bzw. der Frist nach § 138b Absatz 4 Satz 1 AO, sondern gewöhnlich zu dem Zeitpunkt, zu dem an der Erfüllung kein Interesse mehr besteht, zum Beispiel wenn im Rahmen einer Betriebsprüfung die entsprechenden Feststellungen getroffen worden sind.

39 Bei Verstößen gegen diese Mitteilungspflichten ist im Regelfall die zuständige Bußgeld- und Strafsachenstelle einzuschalten.

5. Beachtung und Auswertung der Mitteilungen nach § 138 Absatz 2 und § 138b AO

40 Die Mitteilungspflichten dienen der zutreffenden steuerlichen Erfassung und Überwachung grenzüberschreitender Sachverhalte. Auf die Erfüllung der Mitteilungspflichten ist nachdrücklich zu achten.

41 Die für die inländischen Steuerpflichtigen zuständigen Finanzämter werten Mitteilungen nach § 138 Absatz 2 und § 138b AO aus und leiten diese bzw. einen Abdruck hiervon bei einer Meldung in Papierform dem BZSt, Informationszentrale für steuerliche Auslandsbeziehungen - IZA zu.

42 Das BZSt sammelt die Informationen und wertet sie aus (§ 5 Absatz 1 Satz 1 Nummer 6 Finanzverwaltungsgesetz).

Steuererklärungen nach amtlich vorgeschriebenem Vordruck (§ 150 Absatz 1 der Abgabenordnung - AO);

Vorgaben für Erklärungen in Papierform

(BMF-Schreiben vom 12.8.2022 - IV A 5 - O 1561/19/10001 :004, BStBl I S. 1334)[1]

Steuererklärungen sind dem Finanzamt in der Regel nach amtlich vorgeschriebenem Datensatz durch Datenfernübertragung elektronisch zu übermitteln. Sie dürfen auch in Papierform abgegeben werden, wenn

- die elektronische Übermittlung gesetzlich nicht angeordnet ist (z. B. § 25 Absatz 4 Satz 1 in Verbindung mit § 46 Absatz 2 Nummer 2 bis 8 des Einkommensteuergesetzes – EStG) oder

- ein durch das Finanzamt anerkannter Härtefall vorliegt (z. B. § 25 Absatz 4 Satz 2 EStG in Verbindung mit § 150 Absatz 8 – AO).

Anwendungsregelung

Dieses Schreiben ersetzt das BMF-Schreiben vom 3. April 2012, BStBl. I S. 522.

Nach Erörterung mit den obersten Finanzbehörden der Länder gilt für Steuererklärungen in Papierform Folgendes:

1. Amtlich vorgeschriebene Vordrucke

Steuererklärungen in Papierform müssen nach „amtlich vorgeschriebenem Vordruck" übermittelt werden (§ 150 Absatz 1 AO). Diese Anforderung erfüllen

- Vordrucke, die mit den von der Steuerverwaltung freigegebenen Druckvorlagen hergestellt worden sind und z. B. in Finanzämtern zur Mitnahme ausliegen (amtliche Vordrucke);

- Vordrucke, die auf den Internetseiten der Steuerverwaltung bereitgestellt und ausgedruckt werden (amtliche Internet-Vordrucke) und

- Vordrucke, die nach dem Muster einer amtlich freigegebenen Druckvorlage – insbesondere durch Steuererklärungssoftware – erzeugt und ausgedruckt werden (nichtamtliche Vordrucke).

---

[1] Inhaltsverzeichnis und Anlage hier nicht abgedruckt.

Steuererklärungen nach amtlich vorgeschriebenem Vordruck Anhang 26

2. Herstellung nichtamtlicher Vordrucke

2   Auch wer Steuererklärungssoftware oder Internetformulare herstellt, mit denen Steuererklärungen ausgedruckt und ggf. zuvor maschinell ausgefüllt werden können, stellt nichtamtliche Vordrucke her.

3   Wer nichtamtliche Steuererklärungsvordrucke herstellt, muss insbesondere

- die drucktechnische Ausgestaltung (Layout) und die Abmessung der amtlichen Vordrucke einhalten,

- Wortlaut und Kennzahlenbeschriftung der amtlichen Druckvorlagen in vollem Umfang übernehmen,

- die Zeilennummerierung sowie Seitenzahl und -folge der amtlichen Druckvorlagen in vollem Umfang übernehmen,

- einen Gründruck im amtlichen Vordruck durch entsprechende Graustufen ersetzen und

- in der Fußzeile den Herstellernamen angeben.

4   Diese und weitere Anforderungen werden im anliegenden „Merkblatt zur Herstellung nichtamtlicher Vordrucke für Steuererklärungen" näher erläutert (Anlage).

3. Druck amtlicher Internetvordrucke und nichtamtlicher Vordrucke

5   Internet-Vordrucke und nichtamtliche Vordrucke müssen im DIN A4 Hochformat ausgedruckt werden. Die Ausdrucke müssen über einen Zeitraum von mindestens 15 Jahren haltbar und ebenso lange gut lesbar sein.

4. Eintragungen in Steuererklärungen

6   Steuererklärungen in Papierform müssen wie folgt ausgefüllt sein:

- Feldeinteilungen müssen eingehalten werden.

- Die Zuordnung von Beträgen zu Kennzahlen muss eindeutig sein und die Kennzahlen dürfen nicht überschrieben werden.

- Eintragungen müssen deutlich erkennbar sein (z. B. Druckschrift bei handschriftlichen Eintragungen oder Fettdruck bei maschinellen Eintragungen).

- (Firmen-)Stempel, z. B. zur Eintragung von Adressen, sind nicht zu verwenden.

- Felder, in denen kein Eintrag erforderlich ist, bleiben leer – sie sollen weder durchgestrichen noch ausgenullt noch mit sonstigen Vermerken ausgefüllt werden.

- Bei negativen Beträgen ist das Minuszeichen vor den Betrag zu setzen.

5. Umgang mit mehrseitigen Vordrucken

7   Steuerpflichtige müssen bei der Abgabe von Steuererklärungen in Papierform Folgendes beachten:

Anhang 26 Steuererklärungen nach amtlich vorgeschriebenem Vordruck

- Mehrseitige Steuererklärungsvordrucke sind vollständig abzugeben. Dazu gehören auch Seiten ohne Eintragungen. Nicht abgegeben werden müssen Anlagen ohne jegliche Eintragung, z. B. eine leere Anlage N für den im Veranlagungszeitraum nicht berufstätigen Ehegatten.

- Die Seiten mehrseitiger Vordrucke dürfen nicht miteinander verbunden werden (z. B. durch Heft- oder Büroklammern).

Schlussbestimmungen

Dieses Schreiben steht für eine Übergangszeit auf den Internetseiten des Bundesministeriums der Finanzen (www.bundesfinanzministerium.de) zur Verfügung.

Vorläufige Steuerfestsetzung im Hinblick auf anhängige Musterverfahren; (§ 165 Absatz 1 Satz 2 AO); Aussetzung der Steuerfestsetzung nach § 165 Absatz 1 Satz 4 AO; Ruhenlassen von außergerichtlichen Rechtsbehelfsverfahren (§ 363 Absatz 2 AO); Aussetzung der Vollziehung (§ 361 AO, § 69 Absatz 2 FGO)[1]

(BMF-Schreiben vom 15.1.2018 - IV A 3 - S 0338/17/10007 -, BStBl I S. 2, zuletzt geändert durch das BMF-Schreiben vom 25.11.2024 – IV D 1-S 0338/19/10006:001 – BStBl I S. 1407)

Unter Bezugnahme auf das Ergebnis der Erörterung mit den obersten Finanzbehörden der Länder gilt Folgendes:

I. Vorläufige Steuerfestsetzungen

1. Erstmalige Steuerfestsetzung

Erstmalige Steuerfestsetzungen sind hinsichtlich der in der Anlage zu diesem BMF-Schreiben unter Abschnitt A aufgeführten Punkte nach § 165 Absatz 1 Satz 2 AO vorläufig durchzuführen.

In die Bescheide ist folgender **Erläuterungstext** aufzunehmen:

> „Die Festsetzung der Steuer ist gemäß § 165 Absatz 1 Satz 2 Nummer 3 AO vorläufig hinsichtlich …
>
> Die Vorläufigkeitserklärung erfasst sowohl die Frage, ob die angeführten gesetzlichen Vorschriften mit höherrangigem Recht vereinbar sind, als auch den Fall, dass das Bundesverfassungsgericht oder der Bundesfinanzhof die streitige verfassungsrechtliche Frage durch verfassungskonforme Auslegung der angeführten gesetzlichen Vorschriften entscheidet (BFH-Urteil vom 30. September 2010 - III R 39/08 - BStBl 2011 I S. 11). Die Vorläufigkeitserklärung erfolgt lediglich aus verfahrenstechnischen Gründen. Sie ist nicht dahin zu verstehen, dass die im Vorläufigkeitsvermerk angeführten gesetzlichen Vorschriften als verfassungswidrig oder als gegen Unionsrecht verstoßend angesehen werden. Soweit die Vorläufigkeitserklärung die Frage der Verfassungsmäßigkeit einer Norm betrifft, ist sie außerdem nicht dahingehend zu verstehen, dass die Finanzverwaltung es für möglich hält, das Bundesverfassungsgericht oder der Bundesfinanzhof könne die im Vorläufigkeitsvermerk angeführte Rechtsnorm gegen ihren Wortlaut auslegen.
>
> Die Festsetzung der Steuer ist ferner gemäß § 165 Absatz 1 Satz 2 Nummer 4 AO vorläufig hinsichtlich …
>
> Sollte aufgrund einer diesbezüglichen Entscheidung des Gerichtshofs der Europäischen Union, des Bundesverfassungsgerichts oder des Bundesfinanzhofs diese Steuerfestsetzung aufzuheben oder zu ändern sein, wird die Aufhebung oder Änderung von Amts wegen vorgenommen; ein Einspruch ist daher insoweit nicht erforderlich."

---

[1] Anlage hier nicht abgedruckt.

2. Geänderte oder berichtigte Steuerfestsetzungen

Bei Änderungen oder Berichtigungen von Steuerfestsetzungen ist wie folgt zu verfahren:

a) Werden Steuerfestsetzungen nach § **164 Absatz 2 AO** geändert oder wird der Vorbehalt der Nachprüfung nach § **164 Absatz 3 AO** aufgehoben, sind die Steuerfestsetzungen in demselben Umfang wie erstmalige Steuerfestsetzungen vorläufig vorzunehmen. In die Bescheide ist unter Berücksichtigung der aktuellen Anlage zu diesem BMF-Schreiben derselbe Erläuterungstext wie bei erstmaligen Steuerfestsetzungen aufzunehmen (vgl. Abschnitt I Nummer 1).

b) Werden Steuerfestsetzungen nach anderen Vorschriften (einschließlich des § 165 Absatz 2 Satz 2 AO) **zugunsten** der **Steuerpflichtigen** geändert oder berichtigt, sind die den jeweils letzten vorangegangenen Steuerfestsetzungen beigefügten Vorläufigkeitsvermerke zu wiederholen, soweit die Voraussetzungen des § 165 AO für eine vorläufige Steuerfestsetzung noch erfüllt sind. Soweit dies nicht mehr der Fall ist, sind die Steuerfestsetzungen endgültig durchzuführen.

c) Werden Steuerfestsetzungen nach anderen Vorschriften (einschließlich des § 165 Absatz 2 Satz 2 AO) **zuungunsten** der **Steuerpflichtigen** geändert oder berichtigt, sind die den jeweils letzten vorangegangenen Steuerfestsetzungen beigefügten Vorläufigkeitsvermerke zu wiederholen, soweit die Voraussetzungen des § 165 AO für eine vorläufige Steuerfestsetzung noch erfüllt sind. Soweit dies nicht mehr der Fall ist, sind die Steuerfestsetzungen endgültig durchzuführen. Soweit aufgrund der aktuellen Anlage zu diesem BMF-Schreiben weitere Vorläufigkeitsvermerke in Betracht kommen, sind diese den Bescheiden nur beizufügen, soweit die Änderung reicht.

In die Bescheide ist folgender **Erläuterungstext** aufzunehmen:

„Die Festsetzung der Steuer ist gemäß § 165 Absatz 1 Satz 2 Nummer 3 AO vorläufig hinsichtlich
...

Die Vorläufigkeitserklärung erfasst sowohl die Frage, ob die angeführten gesetzlichen Vorschriften mit höherrangigem Recht vereinbar sind, als auch den Fall, dass das Bundesverfassungsgericht oder der Bundesfinanzhof die streitige verfassungsrechtliche Frage durch verfassungskonforme Auslegung der angeführten gesetzlichen Vorschriften entscheidet (BFH-Urteil vom 30. September 2010 - III R 39/08 - BStBl 2011 II S. 11). Die Vorläufigkeitserklärung erfolgt lediglich aus verfahrenstechnischen Gründen. Sie ist nicht dahin zu verstehen, dass die im Vorläufigkeitsvermerk angeführten gesetzlichen Vorschriften als verfassungswidrig oder als gegen Unionsrecht verstoßend angesehen werden. Soweit die Vorläufigkeitserklärung die Frage der Verfassungsmäßigkeit einer Norm betrifft, ist sie außerdem nicht dahingehend zu verstehen, dass die Finanzverwaltung es für möglich hält, das Bundesverfassungsgericht oder der Bundesfinanzhof könne die im Vorläufigkeitsvermerk angeführte Rechtsnorm gegen ihren Wortlaut auslegen.

Die Festsetzung der Steuer ist ferner gemäß § 165 Absatz 1 Satz 2 Nummer 4 AO vorläufig hinsichtlich

Soweit diese Festsetzung gegenüber der vorangegangenen in weiteren Punkten vorläufig ist, erstreckt sich der Vorläufigkeitsvermerk nur auf den betragsmäßigen Umfang der Änderung der Steuerfestsetzung.

Sollte aufgrund einer diesbezüglichen Entscheidung des Gerichtshofs der Europäischen Union, des Bundesverfassungsgerichts oder des Bundesfinanzhofs diese Steuerfestsetzung aufzuheben oder zu ändern sein, wird die Aufhebung oder Änderung von Amts wegen vorgenommen; ein Einspruch ist daher insoweit nicht erforderlich."

d) Werden bisher vorläufig durchgeführte Steuerfestsetzungen nach Beseitigung der Ungewissheit **ohne** eine **betragsmäßige Änderung** gemäß **§ 165 Absatz 2 Satz 2 AO** für **end-gültig** erklärt, sind die den jeweils letzten vorangegangenen Steuerfestsetzungen beigefügten übrigen Vorläufigkeitsvermerke zu wiederholen, soweit die Voraussetzungen des § 165 AO für eine vorläufige Steuerfestsetzung noch erfüllt sind.

II. Aussetzung der Steuerfestsetzung nach § 165 Absatz 1 Satz 4 AO

1. Allgemeines

Nach § 165 Absatz 1 Satz 4 AO kann die Festsetzung der Steuer unter den Voraussetzungen des § 165 Absatz 1 Satz 1 oder 2 AO (ganz oder teilweise) ausgesetzt werden. Die Aussetzung der Steuerfestsetzung kann von einer Sicherheitsleistung abhängig gemacht werden.

Angesichts des Geltungsanspruchs jedes formell verfassungsgemäß zustande gekommenen Gesetzes kommt eine Aussetzung der Steuerfestsetzung allerdings grundsätzlich nur in Betracht, wenn das Bundesverfassungsgericht die weitere Anwendung einer Norm bis zum Inkrafttreten der von ihm geforderten (rückwirkenden) Gesetzesänderung untersagt hat.

Aussetzung der Steuerfestsetzung bedeutet, dass die bei Anwendung einer nach der Entscheidung des Bundesverfassungsgerichts nicht mehr anwendbaren Norm entstehende Steuer nicht festgesetzt wird. Nur die darüber hinaus entstehende Steuer ist dann Gegenstand der Festsetzung. Die ausgesetzte Steuerfestsetzung ist gegebenenfalls nachzuholen, sobald die Ungewissheit durch eine rückwirkende Gesetzesänderung beseitigt ist (§ 165 Absatz 2 Satz 2 Halbsatz 2 AO).

2. Erstmalige Steuerfestsetzungen

Bei erstmaligen Steuerfestsetzungen ist die Steuerfestsetzung hinsichtlich der in der Anlage zu diesem BMF-Schreiben unter Abschnitt B aufgeführten Punkten nach § 165 Absatz 1 Satz 4 AO auszusetzen.

In die Bescheide ist folgender **Erläuterungstext** aufzunehmen:

„Die Festsetzung der Steuer ist gemäß § 165 Absatz 1 Satz 4 in Verbindung mit Satz 2 Nummer 2 AO ausgesetzt, soweit

...

Die Aussetzung der Steuerfestsetzung erfolgt aufgrund der Entscheidung des Bundesverfassungsgerichts, dass die genannte Rechtsnorm im Umfang der festgestellten Verfassungswidrigkeit bis zu einer rückwirkenden Gesetzesänderung nicht mehr angewendet werden darf. Nach Verkündung der vom Bundesverfassungsgericht geforderten rückwirkenden Gesetzesänderung wird die Steuerfestsetzung gegebenenfalls nachgeholt."

3. Geänderte oder berichtigte Steuerfestsetzungen

Bei Änderungen oder Berichtigungen von Steuerfestsetzungen ist wie folgt zu verfahren:

a) Werden Steuerfestsetzungen nach **§ 164 Absatz 2 AO** geändert oder wird der Vorbehalt der Nachprüfung nach **§ 164 Absatz 3 AO** aufgehoben, ist die Steuerfestsetzung in demselben Umfang wie erstmalige Steuerfestsetzungen auszusetzen. In die Bescheide ist unter Berücksichtigung der aktuellen Anlage zu diesem BMF-Schreiben derselbe Erläuterungstext wie bei erstmaligen Steuerfestsetzungen aufzunehmen (vgl. Abschnitt II Nummer 2).

b) Werden Steuerfestsetzungen nach anderen Vorschriften (einschließlich des § 165 Absatz 2 Satz 2 AO) **zugunsten** der **Steuerpflichtigen** geändert oder berichtigt, sind die den jeweils letzten vorangegangenen Steuerfestsetzungen beigefügten Vermerke über eine Aussetzung der Steuerfestsetzung zu wiederholen, soweit die Voraussetzungen des § 165 Absatz 1 Satz 4 AO für eine Aussetzung der Steuerfestsetzung noch erfüllt sind. Soweit dies nicht mehr der Fall ist, sind die ausgesetzten Steuerfestsetzungen gegebenenfalls nachzuholen.

c) Werden Steuerfestsetzungen nach anderen Vorschriften (einschließlich des § 165 Absatz 2 Satz 2 AO) **zuungunsten** der **Steuerpflichtigen** geändert oder berichtigt, sind die den jeweils letzten vorangegangenen Steuerfestsetzungen beigefügten Vermerke über eine Aussetzung der Steuerfestsetzung zu wiederholen, soweit die Voraussetzungen des § 165 Absatz 1 Satz 4 AO für eine Aussetzung der Steuerfestsetzung noch erfüllt sind. Soweit dies nicht mehr der Fall ist, sind die ausgesetzten Steuerfestsetzungen gegebenenfalls nachzuholen.

Soweit aufgrund der aktuellen Anlage zu diesem BMF-Schreiben weitere Vermerke über eine Aussetzung der Steuerfestsetzung in Betracht kommen, sind diese den Bescheiden nur beizufügen, soweit die Änderung reicht.

In die Bescheide ist folgender **Erläuterungstext** aufzunehmen:

„Die Festsetzung der Steuer ist gemäß § 165 Absatz 1 Satz 4 in Verbindung mit Satz 2 Nummer 2 AO ausgesetzt, soweit

...

Die Aussetzung der Steuerfestsetzung erfolgt aufgrund der Entscheidung des Bundesverfassungsgerichts, dass die genannte Rechtsnorm bis zu einer rückwirkenden Gesetzesänderung nicht mehr angewendet werden darf.

Soweit die Steuerfestsetzung gegenüber der vorangegangenen in weiteren Punkten ausgesetzt ist, erstreckt sich der Vermerk über eine Aussetzung der Steuerfestsetzung nur auf den betragsmäßigen Umfang der Änderung der Steuerfestsetzung.

Nach Verkündung der vom Bundesverfassungsgericht geforderten rückwirkenden Gesetzesänderung wird die Steuerfestsetzung gegebenenfalls nachgeholt."

III. Einspruchsfälle

In Fällen eines zulässigen Einspruchs ist wie folgt zu verfahren:

1. Wird mit einem Einspruch geltend gemacht, der Vorläufigkeitsvermerk bzw. der Vermerk über eine Aussetzung der Steuerfestsetzung berücksichtige nicht die aktuelle Anlage zu diesem BMF-Schreiben, und ist dieser Einwand begründet, ist dem Einspruch insoweit durch eine Erweiterung des Vorläufigkeitsvermerks bzw. durch entsprechende Aussetzung der Steuerfestsetzung abzuhelfen. Ist Gegenstand des Einspruchsverfahrens ein

Vorläufigkeit; Anhang 27
Ruhenlassen von außergerichtlichen Rechtsbehelfsverfahren

Änderungsbescheid, sind die Regelungen in Abschnitt I Nummer 2 und Abschnitt II Nummer 3 zu beachten. Mit der Erweiterung des Vorläufigkeitsvermerks bzw. der Aussetzung der Steuerfestsetzung ist das Einspruchsverfahren erledigt, falls nicht auch andere Einwendungen gegen die Steuerfestsetzung erhoben werden. Dies gilt entsprechend bei einem rechtzeitig gestellten Antrag auf schlichte Änderung (§ 172 Absatz 1 Satz 1 Nummer 2 Buchstabe a AO).

Wird der Einspruch auch wegen anderer, vom Vorläufigkeitsvermerk bzw. von der Aussetzung der Steuerfestsetzung nicht erfasster Fragen erhoben, wird ein den Vorläufigkeitsvermerk bzw. die Aussetzung der Steuerfestsetzung erweiternder Bescheid Gegenstand des anhängig bleibenden Einspruchsverfahrens (§ 365 Absatz 3 AO).

2. Wird gegen eine nach Abschnitt I vorläufig durchgeführte Steuerfestsetzung oder eine nach Abschnitt II ausgesetzte Steuerfestsetzung Einspruch eingelegt und betrifft die vom Einspruchsführer vorgetragene Begründung ausschließlich Fragen, die vom Vorläufigkeitsvermerk bzw. der Aussetzung der Steuerfestsetzung erfasst sind, ist der Einspruch als unzulässig zu verwerfen (vgl. AEAO zu § 350, Nummer 6 dritter Absatz). Ein Ruhenlassen des Einspruchsverfahrens kommt insoweit nicht in Betracht, es sei denn, dass nach Abschnitt V dieses BMF-Schreibens die Vollziehung auszusetzen ist.

3. Spätestens in der (Teil-)Einspruchsentscheidung ist die Steuerfestsetzung im Umfang der aktuellen Anlage zu diesem BMF-Schreiben für vorläufig zu erklären oder auszusetzen. Ist Gegenstand des Einspruchsverfahrens ein Änderungsbescheid, sind die Regelungen in Abschnitt I Nummer 2 und Abschnitt II Nummer 3 zu beachten.

IV. Rechtshängige Fälle

In Fällen, in denen Verfahren bei einem Finanzgericht oder beim Bundesfinanzhof anhängig sind, sind rechtzeitig vor der Entscheidung des Gerichts die Steuerfestsetzungen hinsichtlich der in der aktuellen Anlage zu diesem BMF-Schreiben aufgeführten Punkte vorläufig vorzunehmen oder auszusetzen (§ 172 Absatz 1 Satz 1 Nummer 2 Buchstabe a in Verbindung mit § 132 AO). Dies gilt nicht, wenn die Klage oder das Rechtsmittel (Revision, Nichtzulassungs-beschwerde) unzulässig ist oder die Klage sich gegen eine Einspruchsentscheidung richtet, die den Einspruch als unzulässig verworfen hat.

Ist Gegenstand des gerichtlichen Verfahrens ein Änderungsbescheid, sind die Regelungen in Abschnitt I Nummer 2 und Abschnitt II Nummer 3 zu beachten. Die hinsichtlich des Vorläufigkeitsvermerks nach § 165 Absatz 1 Satz 2 AO bzw. der Aussetzung nach § 165 Absatz 1 Satz 4 AO geänderte Steuerfestsetzung wird nach § 68 FGO Gegenstand des gerichtlichen Verfahrens.

V. Aussetzung der Vollziehung

In den Fällen von Abschnitt A der Anlage zu diesem BMF-Schreiben kommt eine Aussetzung der Vollziehung nur in Betracht, soweit die Finanzbehörden hierzu durch BMF-Schreiben oder gleich lautende Erlasse der obersten Finanzbehörden der Länder angewiesen worden sind.

In den Fällen von Abschnitt B der Anlage zu diesem BMF-Schreiben kommt eine Aussetzung der Vollziehung mangels entsprechender Steuerfestsetzung nicht in Betracht.

VI. Anwendung

Dieses Schreiben tritt an die Stelle des BMF-Schreibens vom 16. Mai 2011 - IV A 3 - S 0338/07/10010 - Dok. 2011/0314156 - (BStBl I S. 464) und der zuletzt durch das BMF-Schreiben vom 20. Januar 2017 - IV A 3 - S 0338/07/10010 - Dok. 2016/1155366 - (BStBl I S. 66) neugefassten Anlage zum vorgenannten BMF-Schreiben.

Verjährungshemmende Wirkung sog. „ressortfremder" Grundlagenbescheide; Vertrauensschutzregelung zur BFH-Entscheidung vom 21. Februar 2013 - V R 27/11 -

(BMF-Schreiben vom 31.1.2014 - IV A 3 - S 0342/09/10001-08 -, BStBl I S. 159)

Nach dem BFH-Urteil vom 21. Februar 2013 - V R 27/11 - (BStBl II S. 529) bewirken die von ressortfremden Behörden erlassenen Grundlagenbescheide, die nicht dem Anwendungsbereich der §§ 179 ff AO unterliegen, eine Ablaufhemmung nach § 171 Abs. 10 AO nur, wenn sie vor Ablauf der Festsetzungsfrist der im Einzelfall betroffenen Steuer erlassen worden sind.

Da das vorgenannte BFH-Urteil eine rückwirkende Verschärfung der Steuerrechtsprechung beinhaltet, gilt auf der Grundlage des § 163 AO im Einvernehmen mit den obersten Finanzbehörden der Länder folgende Vertrauensschutzregelung:

Ressortfremde Grundlagenbescheide, die nicht dem Anwendungsbereich der §§ 179 ff AO unterliegen, bewirken auch dann eine Ablaufhemmung der Festsetzungsfrist des Folge-bescheids nach § 171 Abs. 10 AO,

- soweit der Grundlagenbescheid vor Ablauf der Festsetzungsfrist des Folgebescheids bei der zuständigen (ressortfremden) Behörde beantragt worden ist (analog zu § 171 Absatz 3 AO) und

- die Finanzverwaltung vor Veröffentlichung des oben genannten BFH-Urteils durch Verwaltungsanweisungen (z. B. H 33b EStH 2012 „Allgemeines" und gleich lautende Vorgängerregelungen) einen von ihr zu verantwortenden Vertrauenstatbestand dahingehend gesetzt hatte, dass der Folgebescheid auch ohne entsprechenden Antrag bei der für den Folgebescheid zuständigen Finanzbehörde unabhängig vom Zeitpunkt des Erlasses des ressortfremden Grundlagenbescheides an diesen angepasst werden wird.

Ein derartiger Vertrauenstatbestand besteht nur, wenn der zu ändernde Steuerbescheid nach Veröffentlichung der maßgeblichen Verwaltungsanweisung und vor Veröffentlichung des o. g. BFH-Urteils am 31. Juli 2013 im BStBl II (Nr. 13/2013) ergangen ist.

Dieses Schreiben wird im Bundessteuerblatt Teil I veröffentlicht.

Gesonderte Feststellung bei gleichen Sachverhalten

(BMF-Schreiben vom 2.5.2001 - IV A 4 - S 0361 - 4/01 -, BStBl I S. 256)

Unter Bezugnahme auf das Ergebnis der Erörterungen mit den obersten Finanzbehörden der Länder gilt für gesonderte Feststellungen bei gleichen Sachverhalten Folgendes:

1. Allgemeines

1.1 §§ 1 - 7 der Verordnung über die gesonderte Feststellung von Besteuerungsgrundlagen nach § 180 Abs. 2 der Abgabenordnung (V zu § 180 Abs. 2 AO) regeln die gesonderte Feststellung von Einkünften in Fällen, in denen die Voraussetzungen des § 180 Abs. 1 AO nicht vorliegen. Sie ermöglichen auch die gesonderte Feststellung anderer Besteuerungsgrundlagen (vgl. zum Begriff § 199 Abs. 1 AO) für Zwecke der Einkommensteuer, Körperschaftsteuer und Umsatzsteuer sowie für die Eigenheimzulage und die Investitionszulage. Feststellungen für andere Steuerarten, Zulagen oder Prämien sind nicht vorzunehmen.

1.2 Nach § 1 V zu § 180 Abs. 2 AO können insbesondere festgestellt werden:

a) die Betriebsausgaben und -einnahmen der Beteiligten an Gesellschaften oder Gemeinschaften ohne Gewinnerzielungsabsicht, die den Beteiligten Anlagen oder Einrichtungen zur betrieblichen oder freiberuflichen Nutzung zur Verfügung stellen, wie z.B. Laborgemeinschaften, Maschinengemeinschaften (§ 1 Abs. 1 Satz 1 Nr. 1 V zu § 180 Abs. 2 AO);

b) die Einkünfte der Feststellungsbeteiligten bei Gesamtobjekten (§ 1 Abs. 1 Satz 1 Nr. 2 V zu § 180 Abs. 2 AO; vgl. BFH-Urteil vom 17. August 1989, BStBl 1990 II S. 411);

c) die Höhe der Vorsteuer aus Umsätzen, die Hersteller oder Erwerber im Rahmen eines Gesamtobjektes (§ 1 Abs. 1 Satz 1 Nr. 2 V zu § 180 Abs. 2 AO) empfangen haben, soweit ein Vorsteuerabzug nach § 15 UStG oder eine Berichtigung des Vorsteuerabzugs nach § 15a UStG in Betracht kommt, sowie die Optionsfähigkeit (§ 9 UStG) der Umsätze, die durch Vermietung oder Verpachtung des Objektes (§ 4 Nr. 12 UStG) bewirkt werden;

d) die bei Wohneigentum wie Sonderausgaben abziehbaren Beträge (z.B. nach §§ 10f, 10g EStG) und die Bemessungsgrundlage der Eigenheimzulage oder der Investitionszulage nach § 4 InvZulG 1999 vor Abzug des Selbstbehalts bei Gesamtobjekten, soweit diese nicht der Einkunftserzielung dienen (§ 1 Abs. 1 Satz 2 Buchstabe a V zu § 180 Abs. 2 AO);

e) die Voraussetzungen für die Inanspruchnahme der Eigenheimzulage bei der Anschaffung von Genossenschaftsanteilen i. S. des § 17 EigZulG (§ 1 Abs. 1 Satz 2 Buchstabe b V zu § 180 Abs. 2 AO);

f) die Bemessungsgrundlage der Investitionszulage bei Mietwohngebäuden nach § 3 InvZulG 1999 vor Abzug des Selbstbehalts (§ 1 Abs. 1 Satz 2 Buchstabe c V zu § 180 Abs. 2 AO).

Anhang 29 — Gesonderte Feststellung bei gleichen Sachverhalten

2. Voraussetzungen gesonderter Feststellungen bei Gesamtobjekten

2.1 Eine gesonderte Feststellung nach § 1 Abs. 1 Satz 1 Nr. 2 V zu § 180 Abs. 2 AO kommt in Betracht, wenn folgende Voraussetzungen sämtlich gegeben sind:

   a) Mehrere Steuerpflichtige erzielen Einkünfte aus Wirtschaftsgütern, Anlagen oder Einrichtungen, die ihnen getrennt zuzurechnen sind.

   b) Die Steuerpflichtigen unterhalten bei der Planung, Herstellung, dem Erwerb, der Erhaltung, Verwaltung, Vermietung oder der sonstigen Nutzung dieser Wirtschaftsgüter, Anlagen oder Einrichtungen zu demselben Dritten (Treuhänder, Baubetreuer, Verwalter, Garantiegeber, Finanzierungsvermittler) Rechtsbeziehungen (z.B. Treuhand-, Baubetreuungs-, Bewirtschaftungs- oder Verwaltungsverträge).

   c) Die Rechtsbeziehungen sind gleichartig, z.B. bei Verwendung einheitlicher Musterverträge oder aufgrund gleichartiger Geschäftsbedingungen.

   Dies gilt in den Fällen des § 1 Abs. 1 Satz 2 Buchstaben a bis c V zu § 180 Abs. 2 AO (vgl. Tz. 1.2 Buchstaben d bis f) entsprechend.

   Hiernach können gesonderte Feststellungen vorgenommen werden insbesondere bei

   - Bauherrenmodellen, die die Errichtung von Einfamilienhäusern, Eigentumswohnungen oder sonstigen Gebäuden zum Gegenstand haben,

   - Erwerbermodellen, einschließlich Bauträgermodellen und Sanierungsmodellen.

2.2 Die gesonderte Feststellung für die Umsatzsteuer setzt zusätzlich voraus, dass mehrere Unternehmer (§ 2 UStG) an dem Gesamtobjekt beteiligt sind (§ 1 Abs. 2 V zu § 180 Abs. 2 AO).

3. Umfang der gesonderten Feststellung bei Gesamtobjekten

3.1 Gesonderte Feststellung von Besteuerungsgrundlagen für die Steuern vom Einkommen

3.1.1 Nach § 1 V zu § 180 Abs. 2 AO ist die teilweise gesonderte Feststellung zulässig. Die Feststellung soll sich in der Regel nur auf die Besteuerungsgrundlagen (z.B. Einkünfte, wie Sonderausgaben abziehbare Beträge) erstrecken, die sich aus dem vertraglichen Gesamtaufwand ergeben (vgl. Tzn. 3 und 4 des BMF-Schreibens vom 31. August 1990 - IV B 3 - S 2253 a - 49/90 -, BStBl I S. 366 -; sog. Bauherrenerlass). Neben den sofort abziehbaren Werbungskosten können insbesondere auch die Grundlagen zur Bemessung der AfA, der Sonderbehandlung von Erhaltungsaufwendungen und des wie Sonderausgaben abziehbaren Betrages (z.B. nach §§ 3 und 4 FördG oder §§ 7, 7h, 7i, 10f, 11a und 11b EStG) gesondert festgestellt werden, wenn die Aufwendungen im Rahmen des Gesamtaufwandes entstanden sind. Bei einheitlicher Finanzierung soll auch das Disagio einbezogen werden; nicht einzubeziehen sind die außerhalb des Gesamtaufwandes entstandenen Aufwendungen, z.B. Kosten einer als Werbungskosten abziehbaren Individualfinanzierung, auch wenn diese über eine der in § 3 Abs. 1 Nr. 2 V zu § 180 Abs. 2 AO genannten Personen abgewickelt wird. Nicht einzubeziehen in die gesonderte Feststellung der Besteuerungsgrundlagen sind ferner die als Werbungskosten abziehbaren Vorsteuern bzw. die als Einnahme anzusetzenden Vorsteuererstattungen.

Gehören die Wirtschaftsgüter, Anlagen oder Einrichtungen zum Betriebsvermögen des Beteiligten, ist die gesonderte Feststellung auf die Höhe der sofort in voller Höhe absetzbaren Betriebsausgaben und die Bemessungsgrundlage der AfA zu beschränken.

Kommt die Bildung eines Rechnungsabgrenzungspostens in Betracht, sind auch die hierfür maßgeblichen Besteuerungsgrundlagen festzustellen.

3.1.2 Es ist zulässig, nur für einige der Steuerpflichtigen, die an dem Gesamtobjekt beteiligt sind, eine gesonderte Feststellung durchzuführen.

3.1.3 Die Feststellung soll nur für den Zeitraum bis zur Bezugsfertigkeit (bei Bauherrenmodellen) oder der erstmaligen Vermietung oder Eigennutzung durch den Steuerpflichtigen (bei Erwerbermodellen) durchgeführt werden.

3.1.4 Umfang und Zeitraum der gesonderten Feststellung sind in dem Feststellungsbescheid genau zu bezeichnen. Nachrichtliche Mitteilungen, z.B. über Besteuerungsgrundlagen für nachfolgende Zeiträume, können in den Bescheid aufgenommen werden.

3.1.5 In Zusammenhang mit den festzustellenden Besteuerungsgrundlagen stehende Steuerabzugsbeträge und Körperschaftsteuer, die auf die festgesetzte Steuer anzurechnen sind, können nach § 180 Abs. 5 Nr. 2 AO gesondert festgestellt werden. Diese Feststellung kann mit der Feststellung nach der V zu § 180 Abs. 2 AO verbunden werden.

3.2 Gesonderte Feststellung für die Umsatzsteuer

3.2.1 Gesondert festgestellt werden soll, ob die Voraussetzungen für den Vorsteuerabzug vorliegen (§ 15 UStG). Liegen diese Voraussetzungen vor, so soll sich die Feststellung der Vorsteuerbeträge in der Regel auf die Vorsteuern beschränken, die sich aus dem vertraglichen Gesamtaufwand ergeben (vgl. Tz. 3.1.1). In jedem Fall sind jedoch die für eine Berichtigung des Vorsteuerabzugs nach § 15a UStG in Betracht kommenden Vorsteuerbeträge auf Anschaffungs-/Herstellungskosten gesondert festzustellen.

3.2.2 Werden Wirtschaftsgüter, Anlagen oder Einrichtungen von Beteiligten für eigene gewerbliche oder berufliche Zwecke verwendet, ist die Feststellung auf die Höhe der Vorsteuerbeträge zu beschränken. Ob die festgestellten Vorsteuerbeträge ganz oder teilweise vom Abzug ausgeschlossen sind (§ 15 Abs. 2 bis 4 UStG), entscheidet in diesen Fällen das für die Umsatzbesteuerung des Beteiligten zuständige Finanzamt (§ 21 AO).

3.2.3 Die Regelungen zur zeitlichen Begrenzung (Tz. 3.1.3) und zu den Angaben im Feststellungsbescheid (Tz. 3.1.4) gelten entsprechend. Hiervon unberührt bleibt die Durchführung von Amtshilfemaßnahmen, insbesondere zur einheitlichen Anwendung des § 15a UStG nach dem BMF-Schreiben vom 24. April 1992 - IV A 3 - S 7340 - 45/92 - (BStBl I S. 291).

3.3 Gesonderte Feststellung für die Eigenheimzulage oder die Investitionszulage

3.3.1 Feststellungen für Zwecke der Eigenheimzulage oder der Investitionszulage (§ 1 Abs. 1 Satz 2 V zu § 180 Abs. 2 AO) sind nur durchzuführen, wenn und soweit dies für deren Festsetzung erforderlich ist. Umfang und Zeitraum der gesonderten Feststellung sind im Feststellungsbescheid genau zu bezeichnen.

3.3.2 Bei Wohneigentum bzw. Wohngebäuden (§ 1 Abs. 1 Satz 2 Buchstaben a und c V zu § 180 Abs. 2 AO) soll sich die Feststellung nur auf den Teil der Bemessungsgrundlage erstrecken, der sich aus dem vertraglichen Gesamtaufwand ergibt.

3.3.3 Bei der Anschaffung von Genossenschaftsanteilen im Sinne des § 17 EigZulG (§ 1 Abs. 1 Satz 2 Buchstabe b V zu § 180 Abs. 2 AO) ist insbesondere festzustellen, ob von der Genossenschaft mehr als zwei Drittel des Geschäftsguthabens der Genossen zu wohnungswirtschaftlichen Zwecken verwandt wird, ob die Genossenschaft unverzüglich mit der Investitionstätigkeit begonnen hat und ob die Wohnungen überwiegend an Genossenschaftsmitglieder überlassen werden (vgl. BMF-Schreiben vom

Anhang 29 Gesonderte Feststellung bei gleichen Sachverhalten

11. Mai 1999, BStBl I S. 490). Sofern einzelne Voraussetzungen noch nicht sofort vorliegen, jedoch glaubhaft dargelegt wird, dass sie alsbald erfüllt sein werden, ist die Feststellung insoweit nach § 165 Abs. 1 AO vorläufig durchzuführen.

4. Einleitung des Feststellungsverfahrens

4.1 Sofern die Erklärung zur gesonderten Feststellung nicht unaufgefordert abgegeben wird, wird das Feststellungsverfahren durch Aufforderung des Finanzamts, eine Erklärung abzugeben, eingeleitet (vgl. Tz. 6).

4.2 Die Durchführung des Feststellungsverfahrens liegt nach § 4 V zu § 180 Abs. 2 AO im pflichtgemäßen Ermessen des Finanzamts. Ein Feststellungsverfahren soll nur durchgeführt werden, wenn dies der einheitlichen Rechtsanwendung und gleichzeitig der Erleichterung des Besteuerungsverfahrens dient. Von der Durchführung eines Feststellungsverfahrens kann auch abgesehen werden, wenn es sich um einen Fall von geringer Bedeutung handelt.

Hinsichtlich der Feststellung von Besteuerungsgrundlagen für die Steuern vom Einkommen kann bei Bauherrenmodellen und vergleichbaren Modellen ein Feststellungsbedarf angenommen werden, wenn zumindest für einen Veranlagungszeitraum die Besteuerungsgrundlagen von mindestens drei Beteiligten festzustellen sind und der einzelne Beteiligte insgesamt Werbungskosten, Betriebsausgaben oder wie Sonderausgaben abziehbare Beträge (ausgenommen Finanzierungskosten und Notarkosten) von mehr als 5.000 DM (ab Veranlagungs-/Feststellungszeitraum 2002: 2.500 Euro) geltend macht. Dies gilt - mit Ausnahme der Aufgriffsgrenze von 5.000 DM/ 2.500 Euro - bei Feststellungen für die Festsetzung von Eigenheim- oder Investitionszulage entsprechend.

4.3 Zur Beseitigung von Zweifeln, ob ein Feststellungsverfahren durchgeführt wird, kann ein Negativbescheid erteilt werden (§ 4 Satz 2 V zu § 180 Abs. 2 AO). Die Ermittlungspflicht geht in diesem Fall in vollem Umfang auf das für die Steuerfestsetzung zuständige Finanzamt über.

4.4 Über einen Antrag auf Durchführung einer gesonderten Feststellung ist durch Bescheid zu entscheiden.

5. Verfahrensbeteiligte

5.1 Verfahrensbeteiligte sind:

- die Feststellungsbeteiligten, denen die gesondert festzustellenden Besteuerungsgrundlagen zuzurechnen sind,

- bei Gesamtobjekten auch die in § 3 Abs. 1 Nr. 2 V zu § 180 Abs. 2 AO genannten Personen (Betreuungsunternehmer, Treuhänder, Initiator, Verwalter u.a.).

Bei Gesamtobjekten sollen Ermittlungen und Verfahrenshandlungen gegenüber den in § 3 Abs. 1 Nr. 2 V zu § 180 Abs. 2 AO genannten Personen vorgenommen werden.

5.2 Das Steuergeheimnis steht der Offenbarung von Verhältnissen der Verfahrensbeteiligten gegenüber anderen Verfahrensbeteiligten nicht entgegen, soweit dies der Durchführung des Feststellungsverfahrens, z.B. bei der Bekanntgabe, dient (§ 30 Abs. 4 Nr. 1 AO).

6. Erklärungspflicht

6.1 Zur Abgabe der Erklärung zur gesonderten und einheitlichen Feststellung sind die Verfahrensbeteiligten i. S. der Tz. 5.1 verpflichtet. Eine Erklärungspflicht besteht nur nach ausdrücklicher Aufforderung durch das Finanzamt; bei Gesamtobjekten sind die in § 3

Abs. 1 Nr. 2 V zu § 180 Abs. 2 AO genannten Personen zur Abgabe der Erklärung aufzufordern (vgl. BFH-Urteile vom 1. Dezember 1987, BStBl 1988 II S. 319, und vom 17. August 1989, BStBl 1990 II S. 411).

6.2 Steht von vornherein fest, dass nur eine teilweise gesonderte Feststellung getroffen wird, soll das Finanzamt bei der Aufforderung zur Abgabe der Steuererklärung den Umfang der Erklärung entsprechend einschränken (§ 3 Abs. 3 V zu § 180 Abs. 2 AO).

6.3 Die Erklärungspflicht besteht auch in den Fällen, in denen der Betrieb, die Nutzung, Betreuung (Treuhandschaft), Geschäftsführung, Verwaltung usw. nicht mehr besteht (§ 3 Abs. 1 V zu § 180 Abs. 2 AO).

6.4 Kommen für die Abgabe der Erklärung mehrere Personen in Betracht, sind Überschneidungen bei der Aufforderung zur Abgabe der Erklärung zu vermeiden. Im Übrigen wird auf § 3 Abs. 4 V zu § 180 Abs. 2 AO hingewiesen.

6.5 Die Aufforderung des Finanzamts zur Abgabe einer Feststellungserklärung hat eine Anlaufhemmung der Feststellungsfrist nach § 170 Abs. 2 Satz 1 Nr. 1 AO zur Folge. Wird eine Feststellungserklärung dagegen unaufgefordert abgegeben, beginnt die Frist für die Aufhebung oder Änderung der gesonderten Feststellung oder ihrer Berichtigung nach § 129 AO nicht vor Ablauf des Kalenderjahres, in dem die Feststellungserklärung abgegeben worden ist (§ 181 Abs. 1 Satz 3 AO).

7. Bekanntgabe

7.1 Der Feststellungsbescheid und andere im Feststellungsverfahren zu erlassene Verwaltungsakte können an einen Empfangsbevollmächtigten mit Wirkung für und gegen alle Feststellungsbeteiligten bekanntgegeben werden. Die Feststellungsbeteiligten sollen hierzu einen gemeinsamen Empfangsbevollmächtigten bestellen (§ 6 Abs 1 Satz 1 V zu § 180 Abs. 2 AO).

7.2 Benennen die Feststellungsbeteiligten keinen Empfangsbevollmächtigten, so kann das Finanzamt sie dazu auffordern und gleichzeitig einen Verfahrensbeteiligten als Empfangsbevollmächtigten vorschlagen. Bei Gesamtobjekten sollen in der Regel die in § 3 Abs. 1 Nr. 2 V zu § 180 Abs. 2 AO genannten Personen als Empfangsbevollmächtigte vorgeschlagen werden.

Äußern sich die Feststellungsbeteiligten nicht innerhalb einer angemessenen, in der Aufforderung anzugebenden Frist, so gilt der von der Finanzbehörde Vorgeschlagene als Empfangsbevollmächtigter. Dies gilt jedoch nur insoweit, als einer oder mehrere der Feststellungsbeteiligten für sich nicht einen anderen Empfangsbevollmächtigten benennen.

7.3 Das Finanzamt darf keinen Verfahrensbeteiligten als Empfangsbevollmächtigter vorschlagen, von dem ihm bekannt ist, dass er ernstliche Meinungsverschiedenheiten mit Feststellungsbeteiligten hat. Soweit ernstliche Meinungsverschiedenheiten zwischen den Feststellungsbeteiligten bekannt sind, ist insoweit eine gesonderte Bekanntgabe des Feststellungsbescheids (Einzelbekanntgabe) erforderlich.

7.4 Ist Einzelbekanntgabe erforderlich, sind nur diejenigen Besteuerungsgrundlagen bekanntzugeben, die den jeweiligen Feststellungsbeteiligten unmittelbar betreffen (§ 6 Abs. 4 V zu § 180 Abs. 2 AO).

7.5 Sind keine ernstlichen Meinungsverschiedenheiten zwischen den Verfahrensbeteiligten bekannt, sollen auch nach Beendigung des Betriebs, der Nutzung, Betreuung (Treuhandschaft), Geschäftsführung, Verwaltung usw. oder beim Ausscheiden von Feststellungsbeteiligten Feststellungsbescheide weiterhin nur an den bestellten Empfangsbevollmächtigten bekannt gegeben werden, soweit und solange Feststellungsbeteiligte oder der Empfangsbevollmächtigte nicht widersprochen haben.

Die Bekanntgabe eines Feststellungsbescheides an einen Empfangsbevollmächtigten i.S. des § 6 Abs.1 Satz 1 V zu § 180 Abs. 2 AO ist auch gegenüber einem aus der Bauherrengemeinschaft ausgeschiedenen Feststellungsbeteiligten wirksam, solange dieser die Vollmacht nicht gegenüber der für die Feststellung zuständigen Finanzbehörde widerrufen hat (BFH-Urteil vom 7. Februar 1995, BStBl II S. 357). Der Widerruf einer Empfangsvollmacht gegenüber der Finanzbehörde ist nicht an eine bestimmte Form gebunden, er kann schriftlich oder auch mündlich erfolgen.

7.6 Bei Gesamtobjekten ist der Feststellungsbescheid nach § 6 Abs. 2 V zu § 180 Abs. 2 AO auch den in § 3 Abs. 1 Nr. 2 V zu § 180 Abs. 2 AO genannten Personen bekanntzugeben, wenn sie die Erklärung abgegeben haben, aber nicht gleichzeitig Empfangsbevollmächtigte sind.

8. Rechtsbehelfsbefugnis

Zur Einspruchsbefugnis vgl. § 352 AO, zur Klagebefugnis vgl. § 48 FGO. Vgl. auch die Regelungen im Anwendungserlass zu § 352 AO.

9. Außenprüfung

9.1 Eine Außenprüfung kann bei allen Verfahrensbeteiligten durchgeführt werden. Bei Gesamtobjekten soll sie bei einem Feststellungsbeteiligten nur durchgeführt werden, wenn eine Außenprüfung bei den in § 3 Abs. 1 Nr. 2 V zu § 180 Abs. 2 AO genannten Personen keine hinreichende Sachaufklärung verspricht oder ergibt.

9.2 Die Prüfungsanordnung ist an denjenigen zu richten und bekanntzugeben, bei dem die Außenprüfung durchgeführt werden soll (§ 197 AO, § 7 V zu § 180 Abs. 2 AO). Ergeht die Prüfungsanordnung an eine in § 3 Abs. 1 Nr. 2 V zu § 180 Abs. 2 AO genannte Person, ist darauf hinzuweisen, dass sie die Prüfung nach § 7 Abs. 1 i. V. m. § 5 und § 3 Abs. 1 Nr. 2 V zu § 180 Abs. 2 AO zu dulden hat (vgl. BFH-Beschluss vom 14. März 1989, BStBl II S. 590).

10. Zuständigkeit

Örtlich zuständig ist in den Fällen des § 1 Abs. 1 Satz 1 Nr. 1 V zu § 180 Abs. 2 AO das Betriebsfinanzamt (§ 2 Abs. 1 V zu § 180 Abs. 2 AO), in den Fällen des § 1 Abs. 1 Satz 1 Nr. 2 und Satz 2 sowie § 1 Abs. 2 V zu § 180 Abs. 2 AO das für den Erklärungspflichtigen zuständige Finanzamt (§ 2 Abs. 2 und 3 V zu § 180 Abs. 2 AO).

Bei Bauherrenmodellen und vergleichbaren Modellen ist dies in der Regel das für die Besteuerung des Verfahrensbeteiligten, der die Erklärung abgibt oder zur Abgabe der Erklärung aufgefordert wird, nach dem Einkommen zuständige Finanzamt (§§ 19, 20 AO). In Fällen der Anschaffung von Genossenschaftsanteilen im Sinne des § 17 EigZulG (§ 1 Abs. 1 Satz 2 V zu § 180 Abs. 2 AO) ist das für die Besteuerung der Genossenschaft nach dem Einkommen zuständige Finanzamt (§ 20 AO) für die Feststellung nach der V zu § 180 Abs. 2 AO zuständig.

11. Geltendmachung von negativen Einkünften oder der wie Sonderausgaben abziehbaren Beträge

Zur Berücksichtigung negativer Einkünfte oder der wie Sonderausgaben abziehbaren Beträge bei Gesamtobjekten ist das BMF-Schreiben vom 13. Juli 1992 - IV A 5 - S 0361 - 19/92 - (BStBl I S. 404), geändert durch BMF-Schreiben vom 28. Juni 1994 - IV A 4 - S 0361 - 14/94 - (BStBl I S. 420), anzuwenden.

12. Anwendung des § 2b EStG

Bei Gesamtobjekten sind die Voraussetzungen für die Anwendung des § 2b EStG und die sich aus der Anwendung des § 2b EStG ggf. ergebenden Folgerungen im Feststellungsverfahren nach der V zu § 180 Abs. 2 AO zu prüfen.

13. Schlussbestimmungen

13.1   Die vorstehenden Regelungen sind vorbehaltlich der Tz. 13.3 in allen anhängigen Verfahren anzuwenden (Artikel 97 § 1 Abs. 2 EGAO in der Fassung des Steuerbereinigungsgesetzes 1986 vom 19. Dezember 1985, BStBl I S. 2436). Dies gilt auch für Feststellungszeiträume vor dem In-Kraft-Treten der Neuregelungen (vgl. BFH-Urteil vom 1. Dezember 1987, BStBl 1988 II S. 319).

13.2   Anhängige Verfahren in diesem Sinne sind neben bereits eingeleiteten und noch nicht abgeschlossenen Feststellungsverfahren auch solche Verfahren, in denen die maßgebliche Steuerfestsetzung noch nicht materiell bestandskräftig ist. Ein Verfahren ist insbesondere dann anhängig, wenn noch keine Steuerfestsetzung oder nur eine Steuerfestsetzung unter dem Vorbehalt der Nachprüfung nach § 164 AO erfolgt ist bzw. über einen gegen die Steuerfestsetzung eingelegten Rechtsbehelf noch nicht entschieden ist. Soweit nicht die Verfahren aller Beteiligten anhängig sind, ist die Feststellung auf die noch anhängigen Fälle zu begrenzen.

Die Anwendung der Neuregelung auf anhängige Verfahren führt nicht zu einer Durchbrechung der Verjährung (vgl. BFH-Urteil vom 17. August 1989, BStBl 1990 II S. 411).

13.3   Bei Feststellungen nach § 1 Abs. 1 Satz 2 V zu § 180 Abs. 2 AO gilt zur Anwendung der vorstehenden Regelungen Folgendes:

- Feststellungen für die Einkommensteuerfestsetzung sind ab dem 1. Januar 1991 durchzuführen (Artikel 3 der Ersten Verordnung zur Änderung der Verordnung zu § 180 Abs. 2 AO vom 22. Oktober 1990, BGBl I S. 2275, BStBl I S. 724);

- Feststellungen für die Eigenheimzulagenfestsetzung sind ab dem 23. Dezember 1995 durchzuführen (Artikel 15 des Gesetzes zur Neuregelung der steuerrechtlichen Wohneigentumsförderung vom 15. Dezember 1995, BGBl I S. 1783, BStBl I S. 775).

- Bei der Anschaffung von Genossenschaftsanteilen i.S. des § 17 EigZulG sind die vorstehenden Regelungen ab dem 30. Dezember 1999 anzuwenden (Artikel 28 Abs. 2 des Steuerbereinigungsgesetzes 1999 vom 22. Dezember 1999, BGBl. I S. 2601, BStBl 2000 I S. 13).

- Feststellungen für die Festsetzung der Investitionszulage sind ab dem 28. Dezember 2000 (Artikel 11 Abs. 1 des Gesetzes zur Änderung des Investitionszulagengesetzes 1999 vom 20. Dezember 2000, BGBl I S. 1850, BStBl 2001 I S. 28) durchzuführen.

Die Neuregelungen sind jeweils ab den genannten Zeitpunkten in allen anhängigen Verfahren anzuwenden (vgl. Tz. 13.1 und 13.2).

Anhang 30 Feststellung
Verlustzuweisungsgesellschaften

Verfahren bei der Geltendmachung von negativen Einkünften aus der Beteiligung an Verlustzuweisungsgesellschaften und vergleichbaren Modellen

(BMF-Schreiben vom 13.7.1992 - IV A 5 - S 0361 - 19/92 -, BStBl. I S. 404, geändert durch BMF-Schreiben vom 28.6.1994 - IV A 4 - S 0361 - 14/94 -, BStBl I S. 420)

Unter Bezugnahme auf das Ergebnis der Erörterung mit den obersten Finanzbehörden der Länder gilt für die gesonderte Feststellung und zur ertragsteuerlichen Berücksichtigung von negativen Einkünften aus der Beteiligung an Verlustzuweisungsgesellschaften und vergleichbaren Modellen folgendes:

1 Anwendungsbereich

1.1 Die nachstehenden Verfahrensgrundsätze gelten insbesondere für Beteiligungen an Verlustzuweisungsgesellschaften und an Gesamtobjekten i.S.d. § 1 Abs. 1 Satz 1 Nr. 2 und Satz 2 der Verordnung über die gesonderte Feststellung von Besteuerungsgrundlagen nach § 180 Abs. 2 AO (V zu § 180 Abs. 2 AO) sowie für vergleichbare Modelle mit nur einem Kapitalanleger.

1.2 Verlustzuweisungsgesellschaften

1.2.1 Es handelt sich hierbei um Personenzammenschlüsse in gesellschafts- oder gemeinschaftsrechtlicher Form, deren Gegenstand insbesondere die Herstellung oder die Anschaffung eines Anlageobjekts und dessen Nutzungsüberlassung ist und an der eine Beteiligung in der Absicht erworben wird, Verluste aus den Einkunftsarten des § 2 Abs. 1 Nr. 1 - 3 EStG oder negative Einkünfte i.S. des § 20 Abs. 1 Nr. 4 oder des § 21 EStG zu erzielen. Die Kapitalanleger werden dadurch zum Beitritt zur Verlustzuweisungsgesellschaft bewogen, daß sie auf der Basis eines im voraus gefertigten Konzepts zwecks Erzielung steuerlicher Vorteile - zumindest für eine gewisse Zeit - an den von der Gesellschaft erzielten negativen Einkünften beteiligt werden sollen. Verlustzuweisungsgesellschaften in diesem Sinne sind daher insbesondere sog. gewerbliche Abschreibungsgesellschaften sowie vermögensverwaltende Gesellschaften, wenn von den Initiatoren mit negativen Einkünften geworben wird.

1.2.2 Die im Rahmen einer mit Einkünfteerzielungsabsicht betriebenen Verlustzuweisungsgesellschaft erzielten negativen Einkünfte sind nach § 180 Abs. 1 Nr. 2 Buchstabe a oder Abs. 5 AO gesondert und einheitlich festzustellen. Ist eine Einkünfteerzielungsabsicht nicht anzunehmen, ist ein negativer Feststellungsbescheid nach § 181 Abs. 1 Satz 1 i.V.m. § 155 Abs. 1 Satz 3 AO zu erlassen.

1.3 Gesamtobjekte

Es handelt sich hierbei insbesondere um Beteiligungen an Bauherrenmodellen und Erwerbermodellen, einschließlich der Bauträger- und Sanierungsmodelle (vgl. hierzu BMF-Schreiben vom 31. August 1990 - IV B 3 - S 2253 a - 49/90 -, BStBl I S. 366 und vom 5. Dezember 1990 - IV A 5 - S 0361 - 20/90 -, BStBl I S. 764). Gesondert und einheitlich festgestellt werden nur die auf den gleichartigen Rechtsbeziehungen und Verhältnissen beruhenden Besteuerungsgrundlagen. Soweit im folgenden die Behandlung von Einkünften geregelt ist, gilt dies für die nach der V zu § 180 Abs. 2 AO festzustellenden Besteuerungsgrundlagen entsprechend.

Feststellung Anhang 30
Verlustzuweisungsgesellschaften

1.4 Modelle mit nur einem Kapitalanleger

Sind die Einkünfte eines vergleichbaren Modells nur einem Steuerpflichtigen zuzurechnen, kommt nur in den Fällen des § 180 Abs. 1 Nr. 2 Buchstabe b AO (Einkünfte aus Land- und Forstwirtschaft, Gewerbebetrieb oder freiberuflicher Tätigkeit) eine gesonderte Feststellung in Betracht. In den übrigen Fällen - insbesondere bei Einkünften aus Vermietung und Verpachtung - obliegt die Ermittlungskompetenz allein dem für den Erlaß des Einkommensteuerbescheides zuständigen Finanzamt.

2 Allgemeines

2.1 Rechtsfragen, die im Zusammenhang mit der Beteiligung an einem Modell i. S. d. Tz. 1 gestellt werden, dürfen nur im Rahmen des nachfolgend dargestellten Prüfungs- oder Feststellungsverfahrens beantwortet werden.

2.2 Eine verbindliche Auskunft aufgrund des BMF-Schreibens vom 24. Juni 1987 - IV A 5 - S 0430 - 9/87 - (BStBl I S. 474) kommt bei diesen Modellen nicht in Betracht.

2.3 Die Bezeichnung "Betriebsfinanzamt" wird im folgenden zur Kennzeichnung des für die gesonderte Feststellung der Einkünfte zuständigen Finanzamts verwendet. Die Bezeichnung "Wohnsitzfinanzamt" gilt für jedes Finanzamt, das die Mitteilung über die Einkünfte des Beteiligten auszuwerten hat.

2.4 Die Beteiligten haben bei der Ermittlung des Sachverhaltes, unbeschadet der Untersuchungspflicht der Finanzbehörde, mitzuwirken (§ 90 Abs. 1 AO). Wird die Mitwirkungspflicht verletzt, sind gegebenenfalls die Besteuerungsgrundlagen zu schätzen (§ 162 AO). Bei Auslandsinvestitionen besteht eine gesteigerte Mitwirkungsverpflichtung. Hier haben die Beteiligten Beweisvorsorge zu treffen, unter Ausschöpfung aller bestehenden rechtlichen und tatsächlichen Möglichkeiten selbst den Sachverhalt aufzuklären und Beweismittel nicht nur zu benennen, sondern auch zu beschaffen (§ 90 Abs. 2 AO). Werden diese Pflichten nicht oder nicht ausreichend erfüllt und bleiben deshalb Unklarheiten im Sachverhalt, gehen diese zu Lasten der Beteiligten.

2.5 Bei Gesamtobjekten sind auch die Verfahrensregelungen des BMF-Schreibens vom 5. Dezember 1990 - IV A 5 - S 0361 - 20/90 - (BStBl I S. 764) zu beachten

3 Verfahren beim Betriebsfinanzamt

3.1 Geltendmachung von negativen Einkünften für Zwecke des Vorauszahlungsverfahrens/der Lohnsteuerermäßigung

3.1.1 Wird beim Betriebsfinanzamt zum Zwecke der Herabsetzung der Vorauszahlungen oder zur Eintragung eines Freibetrags auf der Lohnsteuerkarte der Beteiligten an einem Modell i. S. d. Tz. 1 geltend gemacht, daß negative Einkünfte eintreten werden, so ermittelt das Betriebsfinanzamt im Wege der Amtshilfe (§§ 111 - 115 AO) für die Wohnsitzfinanzämter die Höhe der voraussichtlichen negativen Einkünfte der Beteiligten (Vorprüfung).

3.1.2 Ein Vorprüfungsverfahren findet nicht statt, soweit negative Einkünfte aus Vermietung und Verpachtung bei der Festsetzung der Einkommensteuervorauszahlungen oder im Lohnsteuerermäßigungsverfahren nicht berücksichtigt werden dürfen (§ 37 Abs. 3 Sätze 6 ff. und § 39 a Abs. 1 Nr. 5 EStG). Wird gleichwohl ein Antrag i. S. d. Tz. 3.1.1 beim Betriebsfinanzamt gestellt, so sind die Wohnsitzfinanzämter hierüber zu unterrichten.

3.1.3 Das Betriebsfinanzamt beginnt mit der Vorprüfung erst, wenn nachgewiesen ist, daß die Planung des Investitionsvorhabens abgeschlossen und durch konkrete Maßnahmen bereits mit ihrer Umsetzung begonnen worden ist (z.B. Beginn der Bau- oder Herstellungsmaßnahmen). Bei Verlustzuweisungsgesellschaften (Tz. 1.2) ist zusätzlich

Anhang 30 Feststellung Verlustzuweisungsgesellschaften

        Voraussetzung, daß mindestens 75 v.H. des von den Beteiligten selbst aufzubringenden Kapitals rechtsverbindlich gezeichnet sind; der Beitritt eines Treuhänders für noch zu werbende Treugeber reicht nicht aus.

3.1.4   Weitere Voraussetzung ist, daß sämtliche Unterlagen vorgelegt werden, die für die Beurteilung der geltend gemachten voraussichtlichen negativen Einkünfte dem Grunde und der Höhe nach sowie hinsichtlich ihrer Ausgleichsfähigkeit erforderlich sind. In einer Fremdsprache abgefaßte Verträge und Unterlagen sind ggf. in beglaubigter deutscher Übersetzung vorzulegen (vgl. § 87 AO).

3.1.5   Zu diesen Unterlagen gehören insbesondere

    a)   Prospekte, Objektbeschreibungen und Unterlagen für den Vertrieb (z.B. Baubeschreibungen, Musterverträge);

    b)   alle von den Projektanbietern und sonstigen Personen abgeschlossenen Verträge mit den Beteiligten (z.B. Beitrittserklärungen und Nebenabreden über Zahlungen), mit den an der Planung und Ausführung des Investitionsobjekts beteiligten Unternehmen, mit den in die Finanzierung eingeschalteten Firmen und ggf. mit den Personen, die das Investitionsobjekt nutzen;

    c)   ein spezifizierter Finanzierungsplan (mit Kreditzusagen und Kreditverträgen) über den Gesamtfinanzierungsaufwand und den voraussichtlichen Einsatz der Finanzierungsmittel (Objektkalkulation);

    d)   Angaben über den Projektstand (z.B. Baugenehmigung, Baubeginnanzeige, Baufortschrittsanzeige, Teilungserklärung);

    e)   eine voraussichtliche Gewinn- und Verlustrechnung/ Einnahmen-Überschußrechnung, aus der sich die Betriebsausgaben/Werbungskosten im einzelnen ergeben, bzw. bei Gesamtobjekten (Tz. 1.3) eine entsprechende Aufstellung über die voraussichtlichen Besteuerungsgrundlagen aus den gleichgelagerten Sachverhalten;

    f)   eine Darstellung des angestrebten Totalgewinns/-überschusses;

    g)   ein Verzeichnis der Beteiligten mit Anschrift, Angabe des zuständigen Finanzamtes und der Steuernummer. Die Antragsteller haben schriftlich zu versichern, daß die Unterlagen vollständig sind und daneben keine weiteren Vereinbarungen getroffen worden sind.

3.1.6   Das Betriebsfinanzamt kann von den Projektanbietern, der Verlustzuweisungsgesellschaft, den Verfahrensbeteiligten i.S.d. V zu § 180 Abs. 2 AO oder sonstigen Personen (ggf. auf der Grundlage des § 93 AO) auch Erklärungen verlangen, wonach bestimmte Verträge nicht abgeschlossen oder bestimmte Unterlagen nicht vorhanden sind (Negativ-Erklärungen).

3.1.7   Soweit es sich bei den Projektanbietern und den von ihnen zur Ausführung oder Finanzierung des Investitionsvorhabens sowie zur Nutzung des Investitionsobjekts beauftragten Unternehmen um nahestehende Personen i.S. des § 1 Abs. 2 AStG handelt, sind diese Beziehungen bekanntzugeben.

3.1.8   Innerhalb eines Zeitraums von sechs Monaten nach Vorlage aller erforderlichen prüfungsfähigen Unterlagen (Tzn. 3.1.3 - 3.1.7) sollen die Vorprüfung der geltend gemachten negativen Einkünfte vorgenommen und das Ergebnis den Wohnsitzfinanzämtern mitgeteilt werden. Hierbei ist auch mitzuteilen, ob eine gesonderte und einheitliche Feststellung nach § 180 Abs. 1 Nr. 2 Buchstabe a AO oder nach § 1 Abs. 1 Satz 1 Nr. 2 und Satz 2 V zu § 180 Abs. 2 AO durchgeführt wird. Sind Sachverhalte vor Ort zu ermitteln, soll das Betriebsfinanzamt einen Betriebsprüfer hiermit beauftragen, sobald alle erforderlichen Unterlagen vorliegen.

Feststellung
Verlustzuweisungsgesellschaften

Anhang 30

3.1.9 Werden die geltend gemachten negativen Einkünfte ganz oder teilweise nicht anerkannt, so soll die Mitteilung eine für das Wohnsitzfinanzamt in einem etwaigen Rechtsbehelfsverfahren verwertbare Begründung und eine Aussage darüber enthalten, ob und ggf. in welcher Höhe eine Aussetzung der Vollziehung in Betracht kommt. Die Entscheidung über einen Antrag auf Aussetzung der Vollziehung obliegt dem Wohnsitzfinanzamt.

3.1.10 Kann eine Vorprüfung nicht innerhalb von sechs Monaten nach Vorlage sämtlicher Unterlagen (Tzn. 3.1.3 - 3.1.7) abgeschlossen werden und liegen auch die Voraussetzungen der Tz. 3.1.12 nicht vor, teilt das Betriebsfinanzamt den Wohnsitzfinanzämtern nach Ablauf dieser Frist mit, ob und in welchem Umfang nach dem gegenwärtigen Stand der Prüfung die geltend gemachten negativen Einkünfte anerkannt werden können. Bei Mitteilung soll eine im Rechtsbehelfsverfahren verwertbare Begründung enthalten (= begründeter Schätzungsvorschlag).

3.1.11 Eingehende Anfragen der Wohnsitzfinanzämter (Tz.4.1.1) sind vom Betriebsfinanzamt unverzüglich nach dem gegenwärtigen Verfahrensstand zu beantworten. Hierbei ist der Ablauf der Sechsmonatsfrist mitzuteilen sowie anzugeben, ob die prüfungsfähigen Unterlagen vorliegen. Hierbei ist auch mitzuteilen, ob eine gesonderte und einheitliche Feststellung nach § 180 Abs. 1 Nr. 2 Buchstabe a AO oder nach § 1 Abs. 1 Satz 1 Nr. 2 und Satz 2 V zu § 180 Abs. 2 AO durchgeführt wird.

3.1.12 Das Betriebsfinanzamt kann auf die Vorprüfung verzichten und dem Wohnsitzfinanzamt die Höhe der voraussichtlichen negativen Einkünfte des Steuerpflichtigen mitteilen, wenn es keine ernstlichen Zweifel hinsichtlich der Entstehung und der Höhe der geltend gemachten negativen Einkünfte hat, weil es sich

a) um ein Projekt handelt, das in tatsächlicher und rechtlicher Hinsicht mit vom Betriebsfinanzamt bereits überprüften anderen Projekten derselben Projektanbieter vergleichbar ist und die negativen Einkünfte ohne wesentliche Beanstandung anerkannt worden sind, oder

b) um negative Einkünfte aus einem Projekt handelt, für das bereits für Vorjahre negative Einkünfte überprüft und ohne wesentliche Beanstandung anerkannt worden sind.

3.2 Gesonderte Feststellung der negativen Einkünfte durch das Betriebsfinanzamt

3.2.1 Das Betriebsfinanzamt soll die gesonderte Feststellung der Einkünfte bei Modellen i.S.d. Tz. 1 beschleunigt durchführen.

3.2.2 Im Rahmen der Feststellungserklärung sind grundsätzlich die gleichen Angaben zu machen und die gleichen Unterlagen vorzulegen wie im Vorauszahlungsverfahren (vgl. Tzn. 3.1.4 - 3.1.7). Soweit einzelne nach der Konzeption vorgesehene Verträge noch nicht abgeschlossen sind oder bestimmte Angaben nicht oder noch nicht gemacht werden können, ist hierauf besonders hinzuweisen.

3.2.3 Die Fristen für die Abgabe der Erklärungen zur gesonderten Feststellung der Einkünfte sind in der Regel nicht zu verlängern.

3.2.4 Wird die Erklärung trotz Erinnerung nicht abgegeben oder werden die nach den Tzn. 3.1.3 - 3.1.7 vorzulegenden Unterlagen und Angaben trotz ergänzender Rückfragen nicht eingereicht, sollen die negativen Einkünfte im Feststellungsverfahren geschätzt werden (ggf. auf 0,- DM). Gleiches gilt bei Auslandssachverhalten, wenn die Beteiligten ihrer erhöhten Mitwirkungspflicht nicht nachkommen (vgl. Tz. 2.4).

3.2.5 Für die Bearbeitung und Prüfung vorliegender Feststellungserklärungen und für die Beantwortung von Anfragen der Wohnsitzfinanzämter gelten die für das Vorprüfungsverfahren getroffenen Regelungen (vgl. Tzn. 3.1.8 und 3.1.10 bis 3.1.12 entsprechend. Ist

1673

Anhang 30 Feststellung
Verlustzuweisungsgesellschaften

innerhalb der Sechsmonatsfrist eine abschließende Überprüfung des Sachverhalts nicht möglich, kann aufgrund einer vorläufigen Beurteilung ein unter dem Vorbehalt der Nachprüfung (§ 164 AO) stehender Feststellungsbescheid erlassen werden. Unsicherheiten bei der Ermittlung der festzustellenden Einkünfte, die die Beteiligten (z.B. wegen ausstehender Unterlagen oder Angaben i.S.d. Tzn. 3.1.3 - 3.1.7) zu vertreten haben, sind zu deren Lasten bei der vorläufigen Beurteilung zu berücksichtigen. Die abschließende Prüfung der festzustellenden Einkünfte ist rechtzeitig vor Eintritt der Feststellungsverjährung nachzuholen.

3.2.6 Bei Feststellungen nach der V zu § 180 Abs. 2 AO ist der sachliche und zeitliche Umgang der Feststellung im Feststellungsbescheid und in der Feststellungsmitteilung zu erläutern (vgl. BMF-Schreiben vom 5. Dezember 1990 - IV A 5 - S 0361 - 20/90 -, BStBl I S. 764). Wird eine gesonderte Feststellung abgelehnt, kann das Betriebsfinanzamt im Wege der Amtshilfe Ermittlungen für das Wohnsitzfinanzamt vornehmen.

3.2.7 Ist bei einer Verlustzuweisungsgesellschaft keine Einkünfteerzielungsabsicht anzunehmen, dürfen negative Einkünfte nicht gesondert und einheitlich festgestellt werden (vgl. Tz. 1.2.2). Beantragen die Beteiligten oder die Gesellschaft die Durchführung einer Vorprüfung, ist dies abzulehnen. Wird eine gesonderte und einheitliche Feststellung beantragt, ist ein negativer Feststellungsbescheid zu erlassen. Die Wohnsitzfinanzämter sind hierüber zu unterrichten.

3.2.8 Sind bei Modellen mit nur einem Kapitalanleger (Tz. 1.4) die Voraussetzungen für eine gesonderte Feststellung nach § 180 Abs. 1 Nr. 2 Buchstabe b AO nicht erfüllt, kann bei Einkünften aus Vermietung und Verpachtung das Betriebsfinanzamt bei der Festsetzung der Vorauszahlungen und der Jahressteuer zu berücksichtigende Besteuerungsgrundlagen im Wege der Amtshilfe für das Wohnsitzfinanzamt ermitteln. Die Regelungen der Tzn. 3.1 bis 3.2.5 gelten sinngemäß. Die Entscheidungskompetenz hinsichtlich der zu berücksichtigenden Besteuerungsgrundlagen hat allein das Wohnsitzfinanzamt. Als Betriebsfinanzamt gilt hierbei das Finanzamt, von dessen Bezirk die Verwaltung der Einkünfte aus Vermietung und Verpachtung ausgeht.

3.2.9 Hat ein Wohnsitzfinanzamt eine Anfrage an das Betriebsfinanzamt nach Tz. 4.2.1 gerichtet und stellt dieses fest, daß die Voraussetzungen für eine gesonderte Feststellung nach § 180 Abs. 1 Nr. 2 Buchstabe a AO nicht erfüllt sind, so muß das Betriebsfinanzamt einen negativen Feststellungsbescheid erlassen. Gleiches gilt, wenn das Betriebsfinanzamt nach § 4 der V zu § 180 Abs. 2 AO auf die Durchführung eines Feststellungsverfahrens verzichtet. Die Wohnsitzfinanzämter sind hierüber zu unterrichten.

4 Verfahren beim Wohnsitzfinanzamt

4.1 Geltendmachung von negativen Einkünften für Zwecke des Vorauszahlungsverfahrens/der Lohnsteuerermäßigung

4.1.1 Beantragt ein Beteiligter unter Hinweis auf seine voraussichtlichen negativen Einkünfte Vorauszahlungen herabzusetzen, hat das Wohnsitzfinanzamt im Rahmen seiner Pflicht zur Ermittlung der voraussichtlichen Jahreseinkommensteuer unverzüglich eine Anfrage an das Betriebsfinanzamt zu richten.

4.1.2 Legt der Beteiligte Unterlagen vor, die den Schluß zulassen, daß das Betriebsfinanzamt noch nicht eingeschaltet ist, so leitet das Wohnsitzfinanzamt eine Ausfertigung dieser Unterlagen mit seiner Anfrage dem Betriebsfinanzamt zu.

4.1.3 Während der dem Betriebsfinanzamt zur Verfügung stehenden Bearbeitungszeit von sechs Monaten (Tz. 3.1.8) soll das Wohnsitzfinanzamt in der Regel von weiteren Rückfragen nach dem Stand der Bearbeitung absehen.

Feststellung Verlustzuweisungsgesellschaften — Anhang 30

4.1.4 Eine Anfrage an das Betriebsfinanzamt unterbleibt, wenn die Prüfung des Wohnsitzfinanzamts ergibt, daß eine Herabsetzung der Vorauszahlungen oder eine Lohnsteuerermäßigung aus Rechtsgründen nicht in Betracht kommt (vgl. Tz. 3.1.2). Bei der Einkunftsart Vermietung und Verpachtung ist eine Herabsetzung der Vorauszahlungen danach erstmals für Jahre möglich, die dem Jahr der Fertigstellung oder Anschaffung des Objekts folgen. Bei Inanspruchnahme erhöhter Absetzungen nach §§ 14 a, 14 c oder 14 d BerlinFG oder Sonderabschreibungen nach § 4 Fördergebietsgesetz kommt eine Herabsetzung der Vorauszahlungen bereits für das Jahr der Fertigstellung/Anschaffung oder für das Jahr, in dem Teilherstellungskosten/Anzahlungen auf Anschaffungskosten als Bemessungsgrundlage geltend gemacht werden, in Betracht.

4.1.5 Nach Eingang des Antrags auf Herabsetzung der Vorauszahlungen kann das Wohnsitzfinanzamt zwischenzeitlich fällig werdende Vorauszahlungen solange stunden, bis das Betriebsfinanzamt verwertbare Angaben mitgeteilt hat, längstens jedoch für sechs Monate. Die Stundung kann über diesen Zeitraum hinaus gewährt werden, wenn die Gründe für die Verlängerung nicht von den Beteiligten zu vertreten sind. Die gestundeten Steuerbeträge sind nicht zu verzinsen, soweit der Herabsetzungsantrag Erfolg hat.

4.1.6 Teilt das Betriebsfinanzamt die Höhe der voraussichtlichen negativen Einkünfte mit, so berücksichtigt das Wohnsitzfinanzamt diese Mitteilung bei der Entscheidung über den Antrag auf Herabsetzung der Vorauszahlungen.

4.1.7 Teilt das Betriebsfinanzamt mit, daß ihm die nach Tzn. 3.1.3 - 3.1.7 erforderlichen Unterlagen und Angaben nicht oder nicht vollständig vorliegen, und hat sie auch der Beteiligte selbst nicht beigebracht, ist der Antrag auf Herabsetzung der Vorauszahlungen abzulehnen. Das gilt auch, wenn die Voraussetzungen der Tz. 3.1.3 nicht vorliegen. § 30 AO steht entsprechenden begründenden Erläuterungen nicht entgegen.

4.1.8 Liegt dem Wohnsitzfinanzamt - entgegen den in Tz. 3.1.10 vorgesehenen Regelungen - nach Ablauf der dem Betriebsfinanzamt eingeräumten Sechsmonatsfrist keine Mitteilung über die Höhe der voraussichtlichen negativen Einkünfte vor und kommt eine Verlängerung der Stundung nach Tz. 4.1.5 nicht in Betracht, entscheidet das Wohnsitzfinanzamt aufgrund überschlägiger Prüfung, in welcher - ggf. geschätzten - Höhe die negativen Einkünfte des Beteiligten als glaubhaft gemacht anzusehen sind (BFH-Beschluß vom 26.10.1978, BStBl 1979 II S. 46).

4.1.9 Die bei einer Veranlagung berücksichtigten negativen Einkünfte dürfen nicht ungeprüft bei der Festsetzung der Vorauszahlungen für Folgejahre übernommen werden.

4.1.10 Die vorstehenden Grundsätze gelten entsprechend, wenn ein Steuerpflichtiger im Hinblick auf negative Einkünfte aus der Beteiligung an einem Modell i.S.d. Tz. 1 die Eintragung eines Freibetrags auf der Lohnsteuerkarte beantragt (§ 39 a EStG). Das Wohnsitzfinanzamt kann einen Freibetrag - ggf. in geschätzter Höhe - bereits dann eintragen, wenn die Voraussetzungen vorliegen, unter denen nach Tz. 4.1.5 Vorauszahlungen gestundet werden können. Teilt das Betriebsfinanzamt die Höhe der voraussichtlichen Einkünfte mit, sind nach Maßgabe des § 37 EStG Vorauszahlungen festzusetzen, wenn die negativen Einkünfte aus der Beteiligung bei Bemessung des Freibetrags zu hoch angesetzt worden sind.

4.2 Veranlagungsverfahren beim Wohnsitzfinanzamt

4.2.1 Liegt dem Wohnsitzfinanzamt bei der Bearbeitung der Steuererklärung des Beteiligten weder eine Feststellungs-Mitteilung noch eine sonstige - vorläufige Mitteilung für Veranlagungszwecke vor, ist unverzüglich eine entsprechende Anfrage an das Betriebsfinanzamt zu richten; Tzn. 4.1.1 und 4.1.2 gelten entsprechend.

4.2.2 Teilt das Betriebsfinanzamt mit, daß es die Besteuerungsgrundlagen innerhalb der ihm nach Tz. 3.2.5 eingeräumten Bearbeitungsfrist von 6 Monaten nicht (auch nicht vorläufig) ermitteln kann, oder äußert sich das Betriebsfinanzamt entgegen der in Tzn. 3.1.10

und 3.1.11 getroffenen Regelung nach Ablauf dieser Frist nicht, hat das Wohnsitzfinanzamt die Höhe des Anteils an den negativen Einkünften bei der Veranlagung des Beteiligten - ggf. aufgrund einer überschlägigen Überprüfung - selbst zu schätzen (§ 162 Abs. 3 AO). Ein noch ausstehender Grundlagenbescheid hindert den Erlaß eines Folgebescheides nicht (§ 155 Abs. 2 AO). Von dem Beteiligten sind geeignete Unterlagen (z.B. unterschriebene Bilanz, Einnahme-Überschußrechnung, Angaben über das Beteiligungsverhältnis usw.; vgl. Tz. 3.1.5) anzufordern, die es ermöglichen, den erklärten Anteil an den negativen Einkünften dem Grund und der Höhe nach zu beurteilen.

4.2.3 Veranlagungen mit voraussichtlich hoher Abschlußzahlung sollen nicht wegen noch fehlender Grundlagenbescheide zurückgestellt werden. Die geltend gemachten negativen Einkünfte können - trotz noch ausstehender Mitteilung des Betriebsfinanzamts - in geschätzter Höhe berücksichtigt werden.

4.2.4 Hat das Betriebsfinanzamt bereits im Vorauszahlungsverfahren eine Mitteilung über die Höhe des Anteils an den negativen Einkünften übersandt, soll regelmäßig bei der Schätzung dieser Anteil an den negativen Einkünften angesetzt werden, höchstens aber die in der Steuererklärung angegebenen negativen Einkünfte. In diesen Fällen kann die Veranlagung auch vor Ablauf der Sechsmonatsfrist durchgeführt werden.

4.2.5 Beruht die zu erwartende gesonderte Feststellung auf § 1 Abs. 1 Satz 1 Nr. 2 und Satz 2 V zu § 180 Abs. 2 AO, ist die Einkommensteuer hinsichtlich der negativen Einkünfte aus der Beteiligung vorläufig festzusetzen (§ 165 AO), damit nach der späteren, ggf. nur einen Teil des Veranlagungszeitraums oder nur einen Teil der negativen Einkünfte betreffenden gesonderten Feststellung auch die durch sie nicht erfaßten Aufwendungen (z.B. Sonderwerbungskosten, als Werbungskosten abziehbare Vorsteuerbeträge) bei der Änderung der Einkommensteuerfestsetzung noch berücksichtigt werden können.

4.2.6 Nach Eingang der Feststellungsmitteilung wertet das Wohnsitzfinanzamt das Ergebnis der gesonderten Feststellung der negativen Einkünfte durch das Betriebsfinanzamt möglichst umgehend aus. Liegt bereits ein Steuerbescheid vor, so kann die Auswertung bei nur geringfügigen steuerlichen Auswirkungen bis zu einer aus anderen Gründen erforderlichen Änderung der Einkommensteuerfestsetzung zurückgestellt werden. Die Anpassung des Folgebescheides muß rechtzeitig vor Eintritt der Festsetzungsverjährung nachgeholt werden.

4.2.7 Hat das Betriebsfinanzamt einen negativen Feststellungsbescheid erlassen (Tzn. 3.2.7 oder 3.2.9), muß das Wohnsitzfinanzamt die betreffenden Einkünfte des Beteiligten selbst ermitteln und diese im Steuerbescheid oder ggf. in einem nach § 175 Abs. 1 Satz 1 Nr. 1 AO zu erlassenden Änderungsbescheid berücksichtigen (BFH-Urteil vom 11. Mai 1993, BStBl II S. 820). Hat das Betriebsfinanzamt die Durchführung eines Feststellungsverfahrens wegen fehlender Einkünfteerzielungsabsicht abgelehnt, ist dieser Entscheidung auch im Veranlagungsverfahren zu folgen.

4.2.8 Kann bei einem Modell mit nur einem Kapitalanleger (Tz. 1.4) aus formellen Gründen keine gesonderte Feststellung durchgeführt werden und leistet das Betriebsfinanzamt nach Tz. 3.2.8 Amtshilfe, gelten die Regelungen der Tzn. 4.1 bis 4.2.4 sinngemäß. Dabei ist zu beachten, daß der Mitteilung des Betriebsfinanzamts keine Bindungswirkung i.S. des § 171 Abs. 10 und des § 175 Abs. 1 Satz 1 Nr. 1 AO zukommt. Daher ist sicherzustellen, daß Steuerbescheide des Kapitalanlegers vor Abschluß der Ermittlungen des Betriebsfinanzamts unter dem Vorbehalt der Nachprüfung (§ 164 AO) ergehen und die endgültige Überprüfung vor Eintritt der Festsetzungsverjährung und Wegfall des Vorbehalts der Nachprüfung erfolgt.

Gesonderte Feststellung der Steuerpflicht von Zinsen aus einer Lebensversicherung nach § 9 der V zu § 180 Abs. 2 AO

(BMF-Schreiben vom 16.7.2012 - IV A 3 - S 0361/12/10001, BStBl I S. 686)

Unter Bezugnahme auf das Ergebnis der Erörterungen mit den obersten Finanzbehörden der Länder gilt für gesonderte Feststellungen nach § 9 der Verordnung zu § 180 Abs. 2 AO Folgendes:

I. Allgemeines

Setzt ein Steuerpflichtiger nach dem 31. Dezember 2004 Ansprüche aus einer vor dem 1. Januar 2005 abgeschlossenen Lebensversicherung i. S. d. § 10 Abs. 1 Nr. 2 Buchst. b Doppelbuchstaben bb, cc und dd EStG (in der bis 31. Dezember 2004 geltenden Fassung) während der Dauer der Versicherung im Erlebensfall zur Tilgung oder Sicherung von Darlehen ein, deren Finanzierungskosten Betriebsausgaben oder Werbungskosten sind, gehören die Zinsen aus den in den Beiträgen enthaltenen Sparanteilen zu den Einkünften aus Kapitalvermögen (§ 20 Abs. 1 Nr. 6 EStG in der bis 31. Dezember 2004 geltenden Fassung i. V. m. § 52 Abs. 36 Satz 5 EStG). In diesen Fällen muss das Versicherungsunternehmen bei Verrechnung oder Auszahlung von Zinsen (z. B. bei Fälligkeit der Versicherung) Kapitalertragsteuer einbehalten (§ 43 Abs. 1 Nr. 4 Satz 2 EStG). Nach § 29 EStDV haben der Sicherungsnehmer, das Versicherungsunternehmen und der Versicherungsnehmer dem zuständigen Finanzamt unverzüglich die Fälle anzuzeigen, in denen Ansprüche aus Versicherungsverträgen zur Tilgung oder Sicherung von Darlehen eingesetzt werden.

II. Gesonderte Feststellung der Steuerpflicht der Zinsen

Nach § 9 der Verordnung über die gesonderte Feststellung von Besteuerungsgrundlagen nach § 180 Abs. 2 der Abgabenordnung (V zu § 180 Abs. 2 AO) ist die Steuerpflicht der außerrechnungsmäßigen und rechnungsmäßigen Zinsen aus den in den Versicherungsbeiträgen enthaltenen Sparanteiler gesondert festzustellen. Der Feststellungsbescheid ergeht gegenüber dem Versicherungsnehmer als Steuerschuldner. Außerdem ergeht an das Versicherungsunternehmen eine Mitteilung über die Verpflichtung zur Einbehaltung und Abführung von Kapitalertragsteuer. Mit Eintritt der Unanfechtbarkeit des Feststellungsbescheids ist die Entscheidung über die künftige Steuerpflicht der Zinserträge für den Steuerpflichtigen, das Versicherungsunternehmen und die Finanzbehörden verbindlich. Dies gilt nicht nur für die Einbehaltung und Abführung der Kapitalertragsteuer, sondern auch für die spätere Festsetzung der Einkommensteuer. Eine Korrektur des Feststellungsbescheides ist nur nach Maßgabe der §§ 129, 164, 165, 172 - 175 AO zulässig.

III. Regelungsinhalt des Feststellungsbescheids

Gegenstand der gesonderten Feststellung nach § 9 der V zu § 180 Abs. 2 AO ist die verbindliche Entscheidung über die aus einer bestimmten Verwendung der Ansprüche aus der Lebensversicherung sich ergebenden steuerlichen Folgen hinsichtlich der rechnungsmäßigen und außerrechnungsmäßigen Zinsen aus den in den Versicherungsbeiträgen enthaltenen Sparanteilen.

Die Steuerpflicht umfasst grundsätzlich sämtliche Zinsen für die gesamte Vertragslaufzeit. In diesem Fall ergeht nur ein Feststellungsbescheid, der die uneingeschränkte Steuerpflicht aller Zinsen feststellt.

In den Fällen des § 10 Abs. 2 Satz 2 Buchst. c EStG (in der bis 31. Dezember 2004 geltenden Fassung) sind nur die anteiligen Zinsen für bestimmte Kalenderjahre steuerpflichtig. Insoweit ist die Regelung des Feststellungsbescheids auf die Feststellung der Steuerpflicht der anteiligen Zinsen für das betroffene Kalenderjahr beschränkt. Deshalb können bei „partieller" Steuerpflicht mehrere Feststellungsbescheide, jeweils bezogen auf die anteiligen Zinsen für die im Einzelnen benannten Kalenderjahre, ergehen.

IV. Gesonderte Feststellung bei steuerunschädlicher Verwendung

Soweit die Zinsen aufgrund einer bestimmten Verwendung der Ansprüche aus der Lebensversicherung nicht steuerpflichtig sind, liegen die Voraussetzungen für eine gesonderte Feststellung nach § 9 der V zu § 180 Abs. 2 AO nicht vor. In diesen Fällen ist auf Antrag ein negativer Feststellungsbescheid zu erteilen. Das Finanzamt ist bei der späteren Einkommensteuerveranlagung an die Entscheidung im negativen Feststellungsbescheid gebunden. Seine Bindungswirkung wird nur eingeschränkt, wenn er nach §§ 129, 164, 165 oder 172 ff. AO berichtigt, aufgehoben oder geändert wird und ein Feststellungsbescheid über die steuerschädliche Verwendung ergeht oder wenn aufgrund einer anderen, steuerschädlichen Verwendung ein Feststellungsbescheid ergeht. Hat der Steuerpflichtige einen Feststellungsbescheid erfolgreich angefochten oder wurde er aus anderen Gründen aufgehoben, steht der Aufhebungsbescheid einem negativen Feststellungsbescheid gleich.

V. Änderung der Verwendung nach zunächst steuerunschädlicher Verwendung

Bei zunächst steuerunschädlicher Verwendung kann sich aus einer späteren anderweitigen Verfügung (z. B. erneute Beleihung oder Umwidmung des begünstigt angeschafften oder hergestellten Wirtschaftsgutes) eine erstmalige partielle oder umfassende Steuerpflicht der Zinsen ergeben. In diesem Fall ist der negative Feststellungsbescheid bzw. der entsprechende Aufhebungsbescheid im Hinblick auf die Rückwirkung der materiellrechtlichen Folgen des neu hinzugetretenen Sachverhaltes nach § 175 Abs. 1 Satz 1 Nr. 2 AO aufzuheben und zugleich ein (neuer) Feststellungsbescheid zu erlassen.

VI. Überschreitung des Drei-Jahres-Zeitraums

Überschreitet die Verwendung der Ansprüche aus der Lebensversicherung den Drei-Jahres-Zeitraum nach § 10 Abs. 2 Satz 2 Buchst. c EStG (in der bis 31. Dezember 2004 geltenden Fassung), führt dies zur umfassenden Steuerpflicht aller Zinsen für die gesamte Laufzeit des Versicherungsvertrages. In diesem Fall sind die bisher ergangenen Feststellungsbescheide über die partielle Steuerpflicht nach § 175 Abs. 1 Satz 1 Nr. 2 AO aufzuheben und ein Feststellungsbescheid über die umfassende Steuerpflicht zu erteilen.

VII. Unterschreitung des Drei-Jahres-Zeitraums

Ist ein Feststellungsbescheid über die umfassende Steuerpflicht der Zinsen ergangen, weil der Einsatz der Ansprüche aus der Lebensversicherung zur Sicherung eines Betriebsmittelkredits zunächst für einen Zeitraum von mehr als drei Jahren (z. B. unbefristet) vereinbart war, kann die vorzeitige Beendigung dieses Einsatzes (z. B. bei Kündigung des Darlehensvertrages oder bei Sicherheitentausch innerhalb des Drei-Jahres-Zeitraums) zu einer rückwirkenden Änderung des Umfangs der Steuerpflicht der Zinsen führen. In diesem Fall sind der Feststellungsbescheid über die umfassende Steuerpflicht nach § 175 Abs. 1 Satz 1 Nr. 2 AO aufzuheben und zugleich neue Feststellungsbescheide über die partielle Steuerpflicht zu erlassen.

VIII. Örtliche Zuständigkeit

Die gesonderte Feststellung nach § 9 der V zu § 180 Abs. 2 AO obliegt dem für die Einkommensbesteuerung des Versicherungsnehmers örtlich zuständigen Finanzamt. Dies gilt auch für den Erlass eines negativen Feststellungsbescheides.

IX. Schlussbestimmungen

Dieses Schreiben tritt mit Wirkung ab Veranlagungszeitraum 2005 an die Stelle des BMF-Schreibens vom 27. Juli 1995 - IV A 4 - S 0361 - 10/95 -.

Bekämpfung des Schwarzeinkaufs; Aufzeichnung des Warenausgangs gem. § 144 AO

(BMF-Schreiben vom 13.7.1992 - IV A 7 - S 0314 - 1/92 -, BStBl I S. 490)

§ 144 AO verpflichtet gewerbliche Unternehmer, die nach Art ihres Geschäftsbetriebs Waren regelmäßig an andere Unternehmen zur Weiterveräußerung oder zum Verbrauch als Hilfsstoffe liefern, zu gesonderten Aufzeichnungen über diesen Warenausgang. Die Vorschrift, die sinngemäß auch für die nach § 144 AO buchführungspflichtigen Land- und Forstwirte gilt, soll es u.a. den Finanzbehörden ermöglichen, den Warenausgang vom Großhandel zum Abnehmer (Wiederverkäufer) nachzuvollziehen.

Nach den Erfahrungen der Finanzbehörden wird in zunehmendem Umfang gegen die Aufzeichnungspflichten des § 144 AO verstoßen, um Warenabgaben an Wiederverkäufer zu verdecken. Den Abnehmern wird dadurch die Möglichkeit eröffnet, den Wareneingang und den damit zusammenhängenden Umsatz nicht zu erfassen. Der Verstoß gegen die Aufzeichnungspflicht kann eine Steuerordnungswidrigkeit nach § 379 AO oder Beihilfe zur Steuerhinterziehung des Abnehmers darstellen.

Vor diesem Hintergrund weise ich darauf hin, daß bei Betriebsprüfungen bei Betrieben i.S.d. § 144 Abs. 1 und 5 AO verstärkt auf die Einhaltung der Aufzeichnungspflichten nach § 144 AO geachtet werden muß. Insbesondere gibt ein unverhältnismäßig hoher Anteil von Barverkäufen am Gesamtumsatz des Großhändlers Anlaß zu erhöhter Aufmerksamkeit.

Von der Möglichkeit der Fertigung von Kontrollmaterial (§ 194 Abs. 3 AO) ist zumindest stichprobenartig Gebrauch zu machen. Sofern sich Hinweise auf mögliche Steuerverkürzungen durch den Abnehmer ergeben, ist gegebenenfalls die Steuerfahndung einzuschalten.

Grundsätze zur ordnungsmäßigen Führung und Aufbewahrung Anhang 33
von Büchern, Aufzeichnungen und Unterlagen in elektronischer GoBD
Form sowie zum Datenzugriff

Grundsätze zur ordnungsmäßigen Führung und Aufbewahrung von Büchern, Aufzeichnungen und Unterlagen in elektronischer Form sowie zum Datenzugriff (GoBD)

(BMF-Schreiben vom 28.11.2019 - IV A 4 - 0316/19/10003:001 -, BStBl I S. 1269, geändert durch BMF-Schreiben vom 11.3.2024 – IV D 2-S 0316/21/10001:002-, BStBl I S. 374)

Unter Bezugnahme auf das Ergebnis der Erörterungen mit den obersten Finanzbehörden der Länder gilt für die Anwendung dieser Grundsätze Folgendes:

Inhalt

1.	**Allgemeines**
1.1	Nutzbarmachung außersteuerlicher Buchführungs- und Aufzeichnungspflichten für das Steuerrecht
1.2	Steuerliche Buchführungs- und Aufzeichnungspflichten
1.3	Aufbewahrung von Unterlagen zu Geschäftsvorfällen und von solchen Unterlagen, die zum Verständnis und zur Überprüfung der für die Besteuerung gesetzlich vorgeschriebenen Aufzeichnungen von Bedeutung sind
1.4	Ordnungsvorschriften
1.5	Führung von Büchern und sonst erforderlichen Aufzeichnungen auf Datenträgern
1.6	Beweiskraft von Buchführung und Aufzeichnungen, Darstellung von Beanstandungen durch die Finanzbehörde
1.7	Aufzeichnungen
1.8	Bücher
1.9	Geschäftsvorfälle
1.10	Grundsätze ordnungsmäßiger Buchführung (gob)
1.11	Datenverarbeitungssystem; Haupt-, Vor- und Nebensysteme
2.	**Verantwortlichkeit**
3.	**Allgemeine Anforderungen**
3.1	Grundsatz der Nachvollziehbarkeit und Nachprüfbarkeit (§ 145 Absatz 1 AO, § 238 Absatz 1 Satz 2 und Satz 3 HGB)
3.2	Grundsätze der Wahrheit, Klarheit und fortlaufenden Aufzeichnung
3.2.1	Vollständigkeit (§ 146 Absatz 1 AO, § 239 Absatz 2 HGB)
3.2.2	Richtigkeit (§ 146 Absatz 1 AO, § 239 Absatz 2 HGB)
3.2.3	Zeitgerechte Buchungen und Aufzeichnungen (§ 146 Absatz 1 AO, § 239 Absatz 2 HGB)

Anhang 33	Grundsätze zur ordnungsmäßigen Führung und Aufbewahrung von
GoBD	Büchern, Aufzeichnungen und Unterlagen in elektronischer Form sowie zum Datenzugriff

3.2.4	Ordnung (§ 146 Absatz 1 AO, § 239 Absatz 2 HGB)
3.2.5	Unveränderbarkeit (§ 146 Absatz 4 AO, § 239 Absatz 3 HGB)
4.	**Belegwesen (Belegfunktion)**
4.1	Belegsicherung
4.2	Zuordnung zwischen Beleg und Grund(buch)aufzeichnung oder Buchung
4.3	Erfassungsgerechte Aufbereitung der Buchungsbelege
4.4	Besonderheiten
5.	**Aufzeichnung der Geschäftsvorfälle in zeitlicher Reihenfolge und in sachlicher Ordnung (Grund(Buch)Aufzeichnungen, Journal- und Kontenfunktion)**
5.1	Erfassung in Grund(buch)aufzeichnungen
5.2	Digitale Grund(buch)aufzeichnungen
5.3	Verbuchung im Journal (Journalfunktion)
5.4	Aufzeichnung der Geschäftsvorfälle in sachlicher Ordnung (Hauptbuch)
6.	**Internes Kontrollsystem (IKS)**
7.	**Datensicherheit**
8.	**Unveränderbarkeit, Protokollierung von Änderungen**
9.	**Aufbewahrung**
9.1	Maschinelle Auswertbarkeit (§ 147 Absatz 2 Nummer 2 AO)
9.2	Elektronische Aufbewahrung
9.3	Bildliche Erfassung von Papierdokumenten
9.4	Auslagerung von Daten aus dem Produktivsystem und Systemwechsel
10.	**Nachvollziehbarkeit und Nachprüfbarkeit**
10.1	Verfahrensdokumentation
10.2	Lesbarmachung von elektronischen Unterlagen
11.	**Datenzugriff**
11.1	Umfang und Ausübung des Rechts auf Datenzugriff nach § 147 Absatz 6 AO
11.2	Umfang der Mitwirkungspflicht nach §§ 147 Absatz 6 und 200 Absatz 1 Satz 2 AO
12.	**Zertifizierung und Software-Testate**
13.	**Anwendungsregelung**

1. Allgemeines

1   Die betrieblichen Abläufe in den Unternehmen werden ganz oder teilweise unter Einsatz von Informations- und Kommunikations-Technik abgebildet.

2   Auch die nach außersteuerlichen oder steuerlichen Vorschriften zu führenden Bücher und sonst erforderlichen Aufzeichnungen werden in den Unternehmen zunehmend in

elektronischer Form geführt (z. B. als Datensätze). Darüber hinaus werden in den Unternehmen zunehmend die aufbewahrungspflichtigen Unterlagen in elektronischer Form (z. B. als elektronische Dokumente) aufbewahrt.

1.1 Nutzbarmachung außersteuerlicher Buchführungs- und Aufzeichnungspflichten für das Steuerrecht

3   Nach § 140 AO sind die außersteuerlichen Buchführungs- und Aufzeichnungspflichten, die für die Besteuerung von Bedeutung sind, auch für das Steuerrecht zu erfüllen Außersteuerliche Buchführungs- und Aufzeichnungspflichten ergeben sich insbesondere aus den Vorschriften der §§ 238 ff. HGB und aus den dort bezeichneten handelsrechtlichen Grundsätzen ordnungsmäßiger Buchführung (GoB). Für einzelne Rechtsformen ergeben sich flankierende Aufzeichnungspflichten z. B. aus §§ 91 ff. Aktiengesetz, §§ 41 ff. GmbH-Gesetz oder § 33 Genossenschaftsgesetz. Des Weiteren sind zahlreiche gewerberechtliche oder branchenspezifische Aufzeichnungsvorschriften vorhanden, die gem. § 140 AO im konkreten Einzelfall für die Besteuerung von Bedeutung sind, wie z. B. Apothekenbetriebsordnung, Eichordnung, Fahrlehrergesetz, Gewerbeordnung, § 26 Kreditwesengesetz oder § 55 Versicherungsaufsichtsgesetz.

1.2 Steuerliche Buchführungs- und Aufzeichnungspflichten

4   Steuerliche Buchführungs- und Aufzeichnungspflichten ergeben sich sowohl aus der Abgabenordnung (z. B. §§ 90 Absatz 3, 141 bis 144 AO) als auch aus Einzelsteuergesetzen (z. B. § 22 UStG, § 4 Absatz 3 Satz 5, § 4 Absatz 4a Satz 6, § 4 Absatz 7 und § 41 EStG).

5   Neben den außersteuerlichen und steuerlichen Büchern, Aufzeichnungen und Unterlagen zu Geschäftsvorfällen sind alle Unterlagen aufzubewahren, die zum Verständnis und zur Überprüfung der für die Besteuerung gesetzlich vorgeschriebenen Aufzeichnungen im Einzelfall von Bedeutung sind (vgl. BFH-Urteil vom 24. Juni 2009, BStBl II 2010 S. 452).

Dazu zählen neben Unterlagen in Papierform auch alle Unterlagen in Form von Daten, Datensätzen und elektronischen Dokumenten, die dokumentieren, dass die Ordnungsvorschriften umgesetzt und deren Einhaltung überwacht wurde. Nicht aufbewahrungspflichtig sind z. B. reine Entwürfe von Handels- oder Geschäftsbriefen, sofern diese nicht tatsächlich abgesandt wurden.

Beispiel 1:

Dienen Kostenstellen der Bewertung von Wirtschaftsgütern, von Rückstellungen oder als Grundlage für die Bemessung von Verrechnungspreisen sind diese Aufzeichnungen aufzubewahren, soweit sie zur Erläuterung steuerlicher Sachverhalte benötigt werden.

6   Form, Umfang und Inhalt dieser im Sinne der Rzn. 3 bis 5 nach außersteuerlichen und steuerlichen Rechtsnormen aufzeichnungs- und aufbewahrungspflichtigen Unterlagen (Daten, Datensätze sowie Dokumente in elektronischer oder Papierform) und der zu ihrem Verständnis erforderlichen Unterlagen werden durch den Steuerpflichtigen bestimmt. Eine abschließende Definition der aufzeichnungs- und aufbewahrungspflichtigen Unterlagen und Unterlagen ist nicht Gegenstand der nachfolgenden Ausführungen. Die Finanzbehörde kann diese Unterlagen nicht abstrakt im Vorfeld für alle Unternehmen abschließend definieren, weil die betrieblichen Abläufe, die aufzeichnungs- und aufbewahrungspflichtigen Aufzeichnungen und Unterlagen sowie die eingesetzten Buchführungs- und Aufzeichnungssysteme in den Unternehmen zu unterschiedlich sind.

Anhang 33	Grundsätze zur ordnungsmäßigen Führung und Aufbewahrung von
GoBD	Büchern, Aufzeichnungen und Unterlagen in elektronischer Form sowie zum Datenzugriff

1.4 Ordnungsvorschriften

7 Die Ordnungsvorschriften der §§ 145 bis 147 AO gelten für die vorbezeichneten Bücher und sonst erforderlichen Aufzeichnungen und der zu ihrem Verständnis erforderlichen Unterlagen (vgl. Rzn. 3 bis 5; siehe auch Rzn. 23, 25 und 28).

1.5 Führung von Büchern und sonst erforderlichen Aufzeichnungen auf Datenträgern

8 Bücher und die sonst erforderlichen Aufzeichnungen können nach § 146 Absatz 5 AO auch auf Datenträgern geführt werden, soweit diese Form der Buchführung einschließlich des dabei angewandten Verfahrens den GoB entspricht (siehe unter 1.4.). Bei Aufzeichnungen, die allein nach den Steuergesetzen vorzunehmen sind, bestimmt sich die Zulässigkeit des angewendeten Verfahrens nach dem Zweck, den die Aufzeichnungen für die Besteuerung erfüllen sollen (§ 145 Absatz 2 AO; § 146 Absatz 5 Satz 1 2. HS AO). Unter diesen Voraussetzungen sind auch Aufzeichnungen auf Datenträgern zulässig.

9 Somit sind alle Unternehmensbereiche betroffen, in denen betriebliche Abläufe durch DV-gestützte Verfahren abgebildet werden und ein Datenverarbeitungssystem (DV-System, siehe auch Rz. 20) für die Erfüllung der in den Rzn. 3 bis 5 bezeichneten außersteuerlichen oder steuerlichen Buchführungs-, Aufzeichnungs- und Aufbewahrungspflichten verwendet wird (siehe auch unter 11.1 zum Datenzugriffsrecht).

10 Technische Vorgaben oder Standards (z. B. zu Archivierungsmedien oder Kryptografieverfahren) können angesichts der rasch fortschreitenden Entwicklung und der ebenfalls notwendigen Betrachtung des organisatorischen Umfelds nicht festgelegt werden. Im Zweifel ist über einen Analogieschluss festzustellen, ob die Ordnungsvorschriften eingehalten wurden, z. B. bei einem Vergleich zwischen handschriftlich geführten Handelsbüchern und Unterlagen in Papierform, die in einem verschlossenen Schrank aufbewahrt werden, einerseits und elektronischen Handelsbüchern und Unterlagen, die mit einem elektronischen Zugriffsschutz gespeichert werden, andererseits.

1.6 Beweiskraft von Buchführung und Aufzeichnungen, Darstellung von Beanstandungen durch die Finanzbehörde

11 Nach § 158 Absatz 1 AO sind die Buchführung und die Aufzeichnungen des Steuerpflichtigen, die den Vorschriften der §§ 140 bis 148 AO entsprechen, der Besteuerung zugrunde zu legen. Der Grundsatz gilt nicht, soweit nach den Umständen des Einzelfalls Anlass besteht, die sachliche Richtigkeit der Buchführung oder der Aufzeichnungen zu beanstanden (§ 158 Absatz 2 Nummer 1 AO) oder soweit die elektronischen Daten nicht nach den Vorgaben einer der vorgeschriebenen digitalen Schnittstellen der Finanzbehörde zur Verfügung gestellt werden (§ 158 Absatz 2 Nummer 2 AO). Werden Buchführung oder Aufzeichnungen des Steuerpflichtigen im Einzelfall durch die Finanzbehörde beanstandet, so ist durch die Finanzbehörde der Grund der Beanstandung in geeigneter Form darzustellen.

1.7 Aufzeichnungen

12 Aufzeichnungen sind alle dauerhaft verkörperten Erklärungen über Geschäftsvorfälle in Schriftform oder auf Medien mit Schriftersatzfunktion (z. B. auf Datenträgern). Der Begriff der Aufzeichnungen umfasst Darstellungen in Worten, Zahlen, Symbolen und Grafiken.

13 Werden Aufzeichnungen nach verschiedenen Rechtsnormen in einer Aufzeichnung zusammengefasst (z. B. nach §§ 238 ff. HGB und nach § 22 UStG), müssen die zusammengefassten Aufzeichnungen den unterschiedlichen Zwecken genügen. Erfordern

verschiedene Rechtsnormen gleichartige Aufzeichnungen, so ist eine mehrfache Aufzeichnung für jede Rechtsnorm nicht erforderlich.

1.8 Bücher

14 Der Begriff ist funktional unter Anknüpfung an die handelsrechtliche Bedeutung zu verstehen. Die äußere Gestalt (gebundenes Buch, Loseblattsammlung oder Datenträger) ist unerheblich.

15 Der Kaufmann ist verpflichtet, in den Büchern seine Handelsgeschäfte und die Lage des Vermögens ersichtlich zu machen (§ 238 Absatz 1 Satz 1 HGB). Der Begriff Bücher umfasst sowohl die Handelsbücher der Kaufleute (§§ 238 ff. HGB) als auch die diesen entsprechenden Aufzeichnungen von Geschäftsvorfällen der Nichtkaufleute. Bei Kleinunternehmen, deren Jahresumsatz die Vorjahresgrenze des § 19 Absatz 1 Satz 1 UStG in seiner jeweils gültigen Fassung nicht übersteigt und die ihren Gewinn durch Einnahmen-Überschussrechnung ermitteln, ist die Erfüllung der Anforderungen an die Aufzeichnungen nach den GoBD regelmäßig auch mit Blick auf die Unternehmensgröße zu bewerten.

1.9 Geschäftsvorfälle

16 Geschäftsvorfälle sind alle rechtlichen und wirtschaftlichen Vorgänge, die innerhalb eines bestimmten Zeitabschnitts den Gewinn bzw. Verlust oder die Vermögenszusammensetzung in einem Unternehmen dokumentieren oder beeinflussen bzw. verändern (z. B. zu einer Veränderung des Anlage- und Umlaufvermögens sowie des Eigen- und Fremdkapitals führen).

1.10 Grundsätze ordnungsmäßiger Buchführung (GoB)

17 Die GoB sind ein unbestimmter Rechtsbegriff, der insbesondere durch Rechtsnormen und Rechtsprechung geprägt ist und von der Rechtsprechung und Verwaltung jeweils im Einzelnen auszulegen und anzuwenden ist (BFH-Urteil vom 12. Mai 1966, BStBl III S. 371; BVerfG-Beschluss vom 10. Oktober 1961, 2 BvL 1/59, BVerfGE 13 S. 153).

18 Die GoB können sich durch gutachterliche Stellungnahmen, Handelsbrauch, ständige Übung, Gewohnheitsrecht, organisatorische und technische Änderungen weiterentwickeln und sind einem Wandel unterworfen.

19 Die GoB enthalten sowohl formelle als auch materielle Anforderungen an eine Buchführung. Die formellen Anforderungen ergeben sich insbesondere aus den §§ 238 ff. HGB für Kaufleute und aus den §§ 145 bis 147 AO für Buchführungs- und Aufzeichnungspflichtige (siehe unter 3.). Materiell ordnungsmäßig sind Bücher und Aufzeichnungen, wenn die Geschäftsvorfälle einzeln, nachvollziehbar, vollständig, richtig, zeitgerecht und geordnet in ihrer Auswirkung erfasst und anschließend gebucht bzw. verarbeitet sind (vgl. § 239 Absatz 2 HGB, § 145 AO, § 146 Absatz 1 AO). Siehe Rz. 11 zur Beweiskraft von Buchführung und Aufzeichnungen.

1.11 Datenverarbeitungssystem; Haupt-, Vor- und Nebensysteme

20 Unter DV-System wird die im Unternehmen oder für Unternehmenszwecke zur elektronischen Datenverarbeitung eingesetzte Hard- und Software verstanden, mit denen Daten und Dokumente im Sinne der Rzn. 3 bis 5 erfasst, erzeugt, empfangen, übernommen, verarbeitet, gespeichert oder übermittelt werden. Dazu gehören das Hauptsystem sowie Vor- und Nebensysteme (z. B. Finanzbuchführungssystem, Anlagenbuchhaltung, Lohnbuchhaltungssystem, Kassensystem, Warenwirtschaftssystem, Zahlungsverkehrssystem, Taxameter, Geldspielgeräte, elektronische Waagen, Materialwirtschaft, Fakturierung, Zeiterfassung, Archivsystem, Dokumenten-Management-System) einschließlich der Schnittstellen zwischen den Systemen. Auf die Bezeichnung

Anhang 33   Grundsätze zur ordnungsmäßigen Führung und Aufbewahrung von
GoBD   Büchern, Aufzeichnungen und Unterlagen in elektronischer Form sowie zum Datenzugriff

des DV-Systems oder auf dessen Größe (z. B. Einsatz von Einzelgeräten oder von Netzwerken) kommt es dabei nicht an. Ebenfalls kommt es nicht darauf an, ob die betreffenden DV-Systeme vom Steuerpflichtigen als eigene Hardware bzw. Software erworben und genutzt oder in einer Cloud bzw. als eine Kombination dieser Systeme betrieben werden.

2. Verantwortlichkeit

21   Für die Ordnungsmäßigkeit elektronischer Bücher und sonst erforderlicher elektronischer Aufzeichnungen im Sinne der Rzn. 3 bis 5, einschließlich der eingesetzten Verfahren, ist allein der Steuerpflichtige verantwortlich. Dies gilt auch bei einer teilweisen oder vollständigen organisatorischen und technischen Auslagerung von Buchführungs- und Aufzeichnungsaufgaben auf Dritte (z. B. Steuerberater oder Rechenzentrum).

3. Allgemeine Anforderungen

22   Die Ordnungsmäßigkeit elektronischer Bücher und sonst erforderlicher elektronischer Aufzeichnungen im Sinne der Rzn. 3 bis 5 ist nach den gleichen Prinzipien zu beurteilen wie die Ordnungsmäßigkeit bei manuell erstellten Büchern oder Aufzeichnungen.

23   Das Erfordernis der Ordnungsmäßigkeit erstreckt sich - neben den elektronischen Büchern und sonst erforderlichen Aufzeichnungen - auch auf die damit in Zusammenhang stehenden Verfahren und Bereiche des DV-Systems (siehe unter 1.11), da die Grundlage für die Ordnungsmäßigkeit elektronischer Bücher und sonst erforderlicher Aufzeichnungen bereits bei der Entwicklung und Freigabe von Haupt-, Vor- und Nebensystemen einschließlich des dabei angewandten DV-gestützten Verfahrens gelegt wird. Die Ordnungsmäßigkeit muss bei der Einrichtung und unternehmensspezifischen Anpassung des DV-Systems bzw. der DV-gestützten Verfahren im konkreten Unternehmensumfeld und für die Dauer der Aufbewahrungsfrist erhalten bleiben.

24   Die Anforderungen an die Ordnungsmäßigkeit ergeben sich aus:

- außersteuerlichen Rechtsnormen (z. B. den handelsrechtlichen GoB gem. §§ 238, 239, 257, 261 HGB), die gem. § 140 AO für das Steuerrecht nutzbar gemacht werden können, wenn sie für die Besteuerung von Bedeutung sind, und

- steuerlichen Ordnungsvorschriften (insbesondere gem. §§ 145 bis 147 AO).

25   Die allgemeinen Ordnungsvorschriften in den §§ 145 bis 147 AO gelten nicht nur für Buchführungs- und Aufzeichnungspflichten nach § 140 AO und nach den §§ 141 bis 144 AO. Insbesondere § 145 Absatz 2 AO betrifft alle zu Besteuerungszwecken gesetzlich geforderten Aufzeichnungen, also auch solche, zu denen der Steuerpflichtige aufgrund anderer Steuergesetze verpflichtet ist, wie z. B. nach § 4 Absatz 3 Satz 5, Absatz 7 EStG und nach § 22 UStG (BFH-Urteil vom 24. Juni 2009, BStBl II 2010 S. 452).

26   Demnach sind bei der Führung von Büchern in elektronischer oder in Papierform und sonst erforderlicher Aufzeichnungen in elektronischer oder in Papierform im Sinne der Rzn. 3 bis 5 die folgenden Anforderungen zu beachten:

- Grundsatz der Nachvollziehbarkeit und Nachprüfbarkeit (siehe unter 3.1),

- Grundsätze der Wahrheit, Klarheit und fortlaufenden Aufzeichnung (siehe unter 3.2):

    - Vollständigkeit (siehe unter 3.2.1),

    - Einzelaufzeichnungspflicht (siehe unter 3.2.1),

- Richtigkeit (siehe unter 3.2.2),
- zeitgerechte Buchungen und Aufzeichnungen (siehe unter 3.2.3),
- Ordnung (siehe unter 3.2.4),
- Unveränderbarkeit (siehe unter 3.2.5).

27 Diese Grundsätze müssen während der Dauer der Aufbewahrungsfrist nachweisbar erfüllt werden und erhalten bleiben.

28 Nach § 146 Absatz 6 AO gelten die Ordnungsvorschriften auch dann, wenn der Unternehmer elektronische Bücher und Aufzeichnungen führt, die für die Besteuerung von Bedeutung sind, ohne hierzu verpflichtet zu sein.

29 Der Grundsatz der Wirtschaftlichkeit rechtfertigt es nicht, dass Grundprinzipien der Ordnungsmäßigkeit verletzt und die Zwecke der Buchführung erheblich gefährdet werden. Die zur Vermeidung einer solchen Gefährdung erforderlichen Kosten muss der Steuerpflichtige genauso in Kauf nehmen wie alle anderen Aufwendungen, die die Art seines Betriebes mit sich bringt (BFH-Urteil vom 26. März 1968, BStBl II S. 527).

3.1 Grundsatz der Nachvollziehbarkeit und Nachprüfbarkeit (§ 145 Absatz 1 AO, § 238 Absatz 1 Satz 2 und Satz 3 HGB)

30 Die Verarbeitung der einzelnen Geschäftsvorfälle sowie das dabei angewandte Buchführungs- oder Aufzeichnungsverfahren müssen nachvollziehbar sein. Die Buchungen und die sonst erforderlichen Aufzeichnungen müssen durch einen Beleg nachgewiesen sein oder nachgewiesen werden können (Belegprinzip, siehe auch unter 4.).

31 Aufzeichnungen sind so vorzunehmen, dass der Zweck, den sie für die Besteuerung erfüllen sollen, erreicht wird. Damit gelten die nachfolgenden Anforderungen der progressiven und retrograden Prüfbarkeit - soweit anwendbar - sinngemäß.

32 Die Buchführung muss so beschaffen sein, dass sie einem sachverständigen Dritten innerhalb angemessener Zeit einen Überblick über die Geschäftsvorfälle und über die Lage des Unternehmens vermitteln kann. Die einzelnen Geschäftsvorfälle müssen sich in ihrer Entstehung und Abwicklung lückenlos verfolgen lassen (progressive und retrograde Prüfbarkeit).

33 Die progressive Prüfung beginnt beim Beleg, geht über die Grund(buch)aufzeichnungen und Journale zu den Konten, danach zur Bilanz mit Gewinn- und Verlustrechnung und schließlich zur Steueranmeldung bzw. Steuererklärung. Die retrograde Prüfung verläuft umgekehrt. Die progressive und retrograde Prüfung muss für die gesamte Dauer der Aufbewahrungsfrist und in jedem Verfahrensschritt möglich sein.

34 Die Nachprüfbarkeit der Bücher und sonst erforderlichen Aufzeichnungen erfordert eine aussagekräftige und vollständige Verfahrensdokumentation (siehe unter 10.1), die sowohl die aktuellen als auch die historischen Verfahrensinhalte für die Dauer der Aufbewahrungsfrist nachweist und den in der Praxis eingesetzten Versionen des DV-Systems entspricht.

35 Die Nachvollziehbarkeit und Nachprüfbarkeit muss für die Dauer der Aufbewahrungsfrist gegeben sein. Dies gilt auch für die zum Verständnis der Buchführung oder Aufzeichnungen erforderliche Verfahrensdokumentation.

Anhang 33
GoBD Grundsätze zur ordnungsmäßigen Führung und Aufbewahrung von Büchern, Aufzeichnungen und Unterlagen in elektronischer Form sowie zum Datenzugriff

3.2 Grundsätze der Wahrheit, Klarheit und fortlaufenden Aufzeichnung

3.2.1 Vollständigkeit (§ 146 Absatz 1 AO, § 239 Absatz 2 HGB)

36 Die Geschäftsvorfälle sind vollzählig und lückenlos aufzuzeichnen (Grundsatz der Einzelaufzeichnungspflicht; vgl. AEAO zu § 146 AO Nr. 2.1). Eine vollzählige und lückenlose Aufzeichnung von Geschäftsvorfällen ist auch dann gegeben, wenn zulässigerweise nicht alle Datenfelder eines Datensatzes gefüllt werden.

37 Die GoB erfordern in der Regel die Aufzeichnung jedes Geschäftsvorfalls - also auch jeder Betriebseinnahme und Betriebsausgabe, jeder Einlage und Entnahme - in einem Umfang, der eine Überprüfung seiner Grundlagen, seines Inhalts und seiner Bedeutung für den Betrieb ermöglicht. Das bedeutet nicht nur die Aufzeichnung der in Geld bestehenden Gegenleistung, sondern auch des Inhalts des Geschäfts und des Namens des Vertragspartners (BFH-Urteil vom 12. Mai 1966, BStBl III S. 371) - soweit zumutbar, mit ausreichender Bezeichnung des Geschäftsvorfalls (BFH-Urteil vom 1. Oktober 1969, BStBl 1970 II S. 45). Branchenspezifische Mindestaufzeichnungspflichten und Zumutbarkeitsgesichtspunkte sind zu berücksichtigen.

Beispiele 2 zu branchenspezifisch entbehrlichen Aufzeichnungen und zur Zumutbarkeit:

- In einem Einzelhandelsgeschäft kommt zulässigerweise eine PC-Kasse ohne Kundenverwaltung zum Einsatz. Die Namen der Kunden werden bei Bargeschäften nicht erfasst und nicht beigestellt. - Keine Beanstandung.

- Bei einem Taxiunternehmer werden Angaben zum Kunden im Taxameter nicht erfasst und nicht beigestellt. - Keine Beanstandung.

38 Dies gilt auch für Bareinnahmen; der Umstand der sofortigen Bezahlung rechtfertigt keine Ausnahme von diesem Grundsatz (BFH-Urteil vom 26. Februar 2004, BStBl II S. 599).

39 Die Aufzeichnung jedes einzelnen Geschäftsvorfalls ist nur dann nicht zumutbar, wenn es technisch, betriebswirtschaftlich und praktisch unmöglich ist, die einzelnen Geschäftsvorfälle aufzuzeichnen (BFH-Urteil vom 12. Mai 1966, IV 472/60, BStBl III S. 371). Das Vorliegen dieser Voraussetzungen ist durch den Steuerpflichtigen nachzuweisen.

Beim Verkauf von Waren an eine Vielzahl von nicht bekannten Personen gegen Barzahlung gilt die Einzelaufzeichnungspflicht nach § 146 Absatz 1 Satz 1 AO aus Zumutbarkeitsgründen nicht, wenn kein elektronisches Aufzeichnungssystem, sondern eine offene Ladenkasse verwendet wird (§ 146 Absatz 1 Satz 3 und 4 AO, vgl. AEAO zu § 146, Nr. 2.2.2.) Bei Vorliegen der übrigen Voraussetzungen des § 146 Absatz 1 Satz 3 AO ist die Zumutbarkeit nicht gesondert zu prüfen. Wird hingegen ein elektronisches Aufzeichnungssystem verwendet, gilt die Einzelaufzeichnungspflicht nach § 146 Absatz 1 Satz 1 AO unabhängig davon, ob das elektronische Aufzeichnungssystem und die digitalen Aufzeichnungen nach § 146a Absatz 3 AO i. V. m. der KassenSichV mit einer zertifizierten technischen Sicherheitseinrichtung zu schützen sind. Die Zumutbarkeitsüberlegungen, die der Ausnahmeregelung nach § 146 Absatz 1 Satz 3 AO zugrunde liegen, sind grundsätzlich auch auf Dienstleistungen übertragbar (vgl. AEAO zu § 146, Nr. 2.2.6).

40 Die vollständige und lückenlose Erfassung und Wiedergabe aller Geschäftsvorfälle ist bei DV-Systemen durch ein Zusammenspiel von technischen (einschließlich programmierten) und organisatorischen Kontrollen sicherzustellen (z. B. Erfassungskontrollen,

Plausibilitätskontrollen bei Dateneingaben, inhaltliche Plausibilitätskontrollen, automatisierte Vergabe von Datensatznummern, Lückenanalyse oder Mehrfachbelegungsanalyse bei Belegnummern).

41   Ein und derselbe Geschäftsvorfall darf nicht mehrfach aufgezeichnet werden.

Beispiel 3:

Ein Wareneinkauf wird gewinnwirksam durch Erfassung des zeitgleichen Lieferscheins und später nochmals mittels Erfassung der (Sammel)Rechnung erfasst und verbucht. Keine mehrfache Aufzeichnung eines Geschäftsvorfalles in verschiedenen Systemen oder mit verschiedenen Kennungen (z. B. für Handelsbilanz, für steuerliche Zwecke) liegt vor soweit keine mehrfache bilanzielle oder gewinnwirksame Auswirkung gegeben ist.

42   Zusammengefasste oder verdichtete Aufzeichnungen im Hauptbuch (Konto) sind zulässig, sofern sie nachvollziehbar in ihre Einzelpositionen in den Grund(buch)aufzeichnungen oder des Journals aufgegliedert werden können. Andernfalls ist die Nachvollziehbarkeit und Nachprüfbarkeit nicht gewährleistet.

43   Die Erfassung oder Verarbeitung von tatsächlichen Geschäftsvorfällen darf nicht unterdrückt werden. So ist z. B. eine Bon- oder Rechnungserteilung ohne Registrierung der bar vereinnahmten Beträge (Abbruch des Vorgangs) in einem DV-System unzulässig. Auf § 146a Absatz 2 AO wird hingewiesen.

3.2.2 Richtigkeit (§ 146 Absatz 1 AO, § 239 Absatz 2 HGB)

44   Geschäftsvorfälle sind in Übereinstimmung mit den tatsächlichen Verhältnissen und im Einklang mit den rechtlichen Vorschriften inhaltlich zutreffend durch Belege abzubilden (BFH-Urteil vom 24. Juni 1997, BStBl II 1998 S. 51), der Wahrheit entsprechend aufzuzeichnen und bei kontenmäßiger Abbildung zutreffend zu kontieren.

3.2.3 Zeitgerechte Buchungen und Aufzeichnungen (§ 146 Absatz 1 AO, § 239 Absatz 2 HGB)

45   Das Erfordernis „zeitgerecht" zu buchen verlangt, dass ein zeitlicher Zusammenhang zwischen den Vorgängen und ihrer buchmäßigen Erfassung besteht (BFH-Urteil vom 25. März 1992, BStBl II S. 1010; BFH-Urteil vom 5. März 1965, BStBl III S. 235).

46   Jeder Geschäftsvorfall ist zeitnah, d. h. möglichst unmittelbar nach seiner Entstehung in einer Grundaufzeichnung oder in einem Grundbuch zu erfassen. Nach den GoB müssen die Geschäftsvorfälle grundsätzlich laufend gebucht werden (Journal). Es widerspricht dem Wesen der kaufmännischen Buchführung, sich zunächst auf die Sammlung von Belegen zu beschränken und nach Ablauf einer langen Zeit auf Grund dieser Belege die Geschäftsvorfälle in Grundaufzeichnungen oder Grundbüchern einzutragen (vgl. BFH-Urteil vom 10. Juni 1954, BStBl III S. 298). Die Funktion der Grund(buch)aufzeichnungen kann auf Dauer auch durch eine geordnete und übersichtliche Belegablage erfüllt werden (§ 239 Absatz 4 HGB; § 146 Absatz 5 AO; H 5.2 „Grundbuchaufzeichnungen" EStH).

47   Jede nicht durch die Verhältnisse des Betriebs oder des Geschäftsvorfalls zwingend bedingte Zeitspanne zwischen dem Eintritt des Vorganges und seiner laufenden Erfassung in Grund(buch)aufzeichnungen ist bedenklich. Eine Erfassung von unbaren Geschäftsvorfällen innerhalb von zehn Tagen ist unbedenklich. Wegen der Forderung nach zeitnaher chronologischer Erfassung der Geschäftsvorfälle ist zu verhindern dass die Geschäftsvorfälle buchmäßig für längere Zeit in der Schwebe gehalten werden und sich hierdurch die Möglichkeit eröffnet, sie später anders darzustellen, als sie richtigerweise darzustellen gewesen wären, oder sie ganz außer Betracht zu lassen

Anhang 33 GoBD — Grundsätze zur ordnungsmäßigen Führung und Aufbewahrung von Büchern, Aufzeichnungen und Unterlagen in elektronischer Form sowie zum Datenzugriff

und im privaten, sich in der Buchführung nicht niederschlagenden Bereich abzuwickeln. Bei zeitlichen Abständen zwischen der Entstehung eines Geschäftsvorfalls und seiner Erfassung sind daher geeignete Maßnahmen zur Sicherung der Vollständigkeit zu treffen.

48 Kasseneinnahmen und Kassenausgaben sind nach § 146 Absatz 1 Satz 2 AO täglich festzuhalten.

49 Es ist nicht zu beanstanden, wenn Waren- und Kostenrechnungen, die innerhalb von acht Tagen nach Rechnungseingang oder innerhalb der ihrem gewöhnlichen Durchlauf durch den Betrieb entsprechenden Zeit beglichen werden, kontokorrentmäßig nicht (z. B. Geschäftsfreundebuch, Personenkonten) erfasst werden (vgl. R 5.2 Absatz 1 EStR).

50 Werden bei der Erstellung der Bücher Geschäftsvorfälle nicht laufend, sondern nur periodenweise gebucht bzw. den Büchern vergleichbare Aufzeichnungen der Nichtbuchführungspflichtigen nicht laufend, sondern nur periodenweise erstellt, dann ist dies unter folgenden Voraussetzungen nicht zu beanstanden:

- Die Geschäftsvorfälle werden vorher zeitnah (bare Geschäftsvorfälle täglich, unbare Geschäftsvorfälle innerhalb von zehn Tagen) in Grund(buch)aufzeichnungen oder Grundbüchern festgehalten und durch organisatorische Vorkehrungen ist sichergestellt, dass die Unterlagen bis zu ihrer Erfassung nicht verloren gehen, z. B. durch laufende Nummerierung der eingehenden und ausgehenden Rechnungen, durch Ablage in besonderen Mappen und Ordnern oder durch elektronische Grund(buch)aufzeichnungen in Kassensystemen, Warenwirtschaftssystemen, Fakturierungssystemen etc.,

- die Vollständigkeit der Geschäftsvorfälle wird im Einzelfall gewährleistet und

- es wurde zeitnah eine Zuordnung (Kontierung, mindestens aber die Zuordnung betrieblich / privat, Ordnungskriterium für die Ablage) vorgenommen.

51 Jeder Geschäftsvorfall ist periodengerecht der Abrechnungsperiode zuzuordnen, in der er angefallen ist. Zwingend ist die Zuordnung zum jeweiligen Geschäftsjahr oder zu einer nach Gesetz, Satzung oder Rechnungslegungszweck vorgeschriebenen kürzeren Rechnungsperiode.

52 Erfolgt die Belegsicherung oder die Erfassung von Geschäftsvorfällen unmittelbar nach Eingang oder Entstehung mittels DV-System (elektronische Grund(buch)aufzeichnungen), so stellt sich die Frage der Zumutbarkeit und Praktikabilität hinsichtlich der zeitgerechten Erfassung/Belegsicherung und längerer Fristen nicht. Erfüllen die Erfassungen Belegfunktion bzw. dienen sie der Belegsicherung (auch für Vorsysteme, wie Kasseneinzelaufzeichnungen und Warenwirtschaftssystem), dann ist eine unprotokollierte Änderung nicht mehr zulässig (siehe unter 3.2.5). Bei zeitlichen Abständen zwischen Erfassung und Buchung, die über den Ablauf des folgenden Monats hinausgehen, sind die Ordnungsmäßigkeitsanforderungen nur dann erfüllt, wenn die Geschäftsvorfälle vorher fortlaufend richtig und vollständig in Grund(buch)aufzeichnungen oder Grundbüchern festgehalten werden (vgl. Rz. 50). Zur Erfüllung der Funktion der Grund(buch)aufzeichnung vgl. Rz. 46.

3.2.4 Ordnung (§ 146 Absatz 1 AO, § 239 Absatz 2 HGB)

53 Der Grundsatz der Klarheit verlangt u. a. eine systematische Erfassung und übersichtliche, eindeutige und nachvollziehbare Buchungen.

Grundsätze zur ordnungsmäßigen Führung und Aufbewahrung von Büchern, Aufzeichnungen und Unterlagen in elektronischer Form sowie zum Datenzugriff	Anhang 33 GoED

54 Die geschäftlichen Unterlagen dürfen nicht planlos gesammelt und aufbewahrt werden. Ansonsten würde dies mit zunehmender Zahl und Verschiedenartigkeit der Geschäftsvorfälle zur Unübersichtlichkeit der Buchführung führen, einen jederzeitigen Anschluss unangemessen erschweren und die Gefahr erhöhen, dass Unterlagen verlorengehen oder später leicht aus dem Buchführungswerk entfernt werden können. Hieraus folgt, dass die Bücher und Aufzeichnungen nach bestimmten Ordnungsprinzipien geführt werden müssen und eine Sammlung und Aufbewahrung der Belege notwendig ist, durch die im Rahmen des Möglichen gewährleistet wird, dass die Geschäftsvorfälle leicht und identifizierbar feststellbar und für einen die Lage des Vermögens darstellenden Abschluss unverlierbar sind (BFH-Urteil vom 26. März 1968, BStBl II S. 527).

55 In der Regel verstößt die nicht getrennte Verbuchung von baren und unbaren Geschäftsvorfällen oder von nicht steuerbaren, steuerfreien und steuerpflichtigen Umsätzen ohne genügende Kennzeichnung gegen die Grundsätze der Wahrheit und Klarheit einer kaufmännischen Buchführung. Die nicht getrennte Aufzeichnung von nicht steuerbaren, steuerfreien und steuerpflichtigen Umsätzen ohne genügende Kennzeichnung verstößt in der Regel gegen steuerrechtliche Anforderungen (z. B. § 22 UStG). Eine kurzzeitige gemeinsame Erfassung von baren und unbaren Tagesgeschäften im Kassenbuch ist regelmäßig nicht zu beanstanden, wenn die ursprünglich im Kassenbuch erfassten unbaren Tagesumsätze (z. B. EC-Kartenumsätze) gesondert kenntlich gemacht sind und nachvollziehbar unmittelbar nachfolgend wieder aus dem Kassenbuch auf ein gesondertes Konto aus- bzw. umgetragen werden, soweit die Kassensturzfähigkeit der Kasse weiterhin gegeben ist.

56 Bei der doppelten Buchführung sind die Geschäftsvorfälle so zu verarbeiten, dass sie geordnet darstellbar sind und innerhalb angemessener Zeit ein Überblick über die Vermögens- und Ertragslage gewährleistet ist.

57 Die Buchungen müssen einzeln und sachlich geordnet nach Konten dargestellt (Kontenfunktion) und unverzüglich lesbar gemacht werden können. Damit bei Bedarf für einen zurückliegenden Zeitpunkt ein Zwischenstatus oder eine Bilanz mit Gewinn- und Verlustrechnung aufgestellt werden kann, sind die Konten nach Abschlusspositionen zu sammeln und nach Kontensummen oder Salden fortzuschreiben (Hauptbuch, siehe unter 5.4).

3.2.5 Unveränderbarkeit (§ 146 Absatz 4 AO, § 239 Absatz 3 HGB)

58 Eine Buchung oder eine Aufzeichnung darf nicht in einer Weise verändert werden, dass der ursprüngliche Inhalt nicht mehr feststellbar ist. Auch solche Veränderungen dürfen nicht vorgenommen werden, deren Beschaffenheit es ungewiss lässt, ob sie ursprünglich oder erst später gemacht worden sind (§ 146 Absatz 4 AO, § 239 Absatz 3 HGB).

59 Veränderungen und Löschungen von und an elektronischen Buchungen oder Aufzeichnungen (vgl. Rzn. 3 bis 5) müssen daher so protokolliert werden, dass die Voraussetzungen des § 146 Absatz 4 AO bzw. § 239 Absatz 3 HGB erfüllt sind (siehe auch unter 8). Für elektronische Dokumente und andere elektronische Unterlagen, die gem. § 147 AO aufbewahrungspflichtig und nicht Buchungen oder Aufzeichnungen sind, gilt dies sinngemäß.

Beispiel 4:

Der Steuerpflichtige erstellt über ein Fakturierungssystem Ausgangsrechnungen und bewahrt die inhaltlichen Informationen elektronisch auf (zum Beispiel in seinem Fakturierungssystem). Die Lesbarmachung der abgesandten Handels- und Geschäftsbriefe aus dem Fakturierungssystem erfolgt jeweils unter Berücksichtigung der in den aktuellen Stamm- und Bewegungsdaten enthaltenen Informationen.

Anhang 33
GoBD

Grundsätze zur ordnungsmäßigen Führung und Aufbewahrung von Büchern, Aufzeichnungen und Unterlagen in elektronischer Form sowie zum Datenzugriff

In den Stammdaten ist im Jahr 01 der Steuersatz 16 % und der Firmenname des Kunden A hinterlegt. Durch Umfirmierung des Kunden A zu B und Änderung des Steuersatzes auf 19 % werden die Stammdaten im Jahr 02 geändert. Eine Historisierung der Stammdaten erfolgt nicht.

Der Steuerpflichtige ist im Jahr 02 nicht mehr in der Lage, die inhaltliche Übereinstimmung der abgesandten Handels- und Geschäftsbriefe mit den ursprünglichen Inhalten bei Lesbarmachung sicher zu stellen.

60 Der Nachweis der Durchführung der in dem jeweiligen Verfahren vorgesehenen Kontrollen ist u. a. durch Verarbeitungsprotokolle sowie durch die Verfahrensdokumentation (siehe unter 6. und unter 10.1) zu erbringen.

4. Belegwesen (Belegfunktion)

61 Jeder Geschäftsvorfall ist urschriftlich bzw. als Kopie der Urschrift zu belegen. Ist kein Fremdbeleg vorhanden, muss ein Eigenbeleg erstellt werden. Zweck der Belege ist es, den sicheren und klaren Nachweis über den Zusammenhang zwischen den Vorgängen in der Realität einerseits und dem aufgezeichneten oder gebuchten Inhalt in Büchern oder sonst erforderlichen Aufzeichnungen und ihre Berechtigung andererseits zu erbringen (Belegfunktion). Auf die Bezeichnung als „Beleg" kommt es nicht an. Die Belegfunktion ist die Grundvoraussetzung für die Beweiskraft der Buchführung und sonst erforderlicher Aufzeichnungen. Sie gilt auch bei Einsatz eines DV-Systems.

62 Inhalt und Umfang der in den Belegen enthaltenen Informationen sind insbesondere von der Belegart (z. B. Aufträge, Auftragsbestätigungen, Bescheide über Steuern oder der Gebühren, betriebliche Kontoauszüge, Gutschriften, Lieferscheine, Lohn- und Gehaltsabrechnungen, Barquittungen, Rechnungen, Verträge, Zahlungsbelege) und der eingesetzten Verfahren abhängig.

63 Empfangene oder abgesandte Handels- oder Geschäftsbriefe erhalten erst mit dem Kontierungsvermerk und der Verbuchung auch die Funktion eines Buchungsbelegs.

64 Zur Erfüllung der Belegfunktionen sind deshalb Angaben zur Kontierung, zum Ordnungskriterium für die Ablage und zum Buchungsdatum auf dem Papierbeleg erforderlich. Bei einem elektronischen Beleg kann dies auch durch die Verbindung mit einem Datensatz mit Angaben zur Kontierung oder durch eine elektronische Verknüpfung (z. B. eindeutiger Index, Barcode) erfolgen. Ein Steuerpflichtiger hat andernfalls durch organisatorische Maßnahmen sicherzustellen, dass die Geschäftsvorfälle auch ohne Angaben auf den Belegen in angemessener Zeit progressiv und retrograd nachprüfbar sind.

Korrektur- bzw. Stornobuchungen müssen auf die ursprüngliche Buchung rückbeziehbar sein.

65 Ein Buchungsbeleg in Papierform oder in elektronischer Form (z. B. Rechnung) kann einen oder mehrere Geschäftsvorfälle enthalten.

66 Aus der Verfahrensdokumentation (siehe unter 10.1) muss ersichtlich sein, wie die elektronischen Belege erfasst, empfangen, verarbeitet, ausgegeben und aufbewahrt (zur Aufbewahrung siehe unter 9.) werden.

4.1 Belegsicherung

67 Die Belege in Papierform oder in elektronischer Form sind zeitnah, d. h. möglichst unmittelbar nach Eingang oder Entstehung gegen Verlust zu sichern (vgl. zur zeitgerechten Belegsicherung unter 3.2.3, vgl. zur Aufbewahrung unter 9.).

68 Bei Papierbelegen erfolgt eine Sicherung z. B. durch laufende Nummerierung der eingehenden und ausgehenden Lieferscheine und Rechnungen, durch laufende Ablage in besonderen Mappen und Ordnern, durch zeitgerechte Erfassung in Grund(buch)aufzeichnungen oder durch laufende Vergabe eines Barcodes und anschließende bildliche Erfassung der Papierbelege im Sinne des § 147 Absatz 2 AO (siehe Rz. 130).

69 Bei elektronischen Belegen (z. B. Abrechnung aus Fakturierung) kann die laufende Nummerierung automatisch vergeben werden (z. B. durch eine eindeutige Belegnummer).

70 Die Belegsicherung kann organisatorisch und technisch mit der Zuordnung zwischen Beleg und Grund(buch)aufzeichnung oder Buchung verbunden werden.

4.2 Zuordnung zwischen Beleg und Grund(buch)aufzeichnung oder Buchung

71 Die Zuordnung zwischen dem einzelnen Beleg und der dazugehörigen Grund(buch)aufzeichnung oder Buchung kann anhand von eindeutigen Zuordnungsmerkmalen (z. B. Index, Paginiernummer, Dokumenten-ID) und zusätzlichen Identifikationsmerkmalen für die Papierablage oder für die Such- und Filtermöglichkeit bei elektronischer Belegablage gewährleistet werden. Gehören zu einer Grund(buch)aufzeichnung oder Buchung mehrere Belege (z. B. Rechnung verweist für Menge und Art der gelieferten Gegenstände nur auf Lieferschein), bedarf es zusätzlicher Zuordnungs- und Identifikationsmerkmale für die Verknüpfung zwischen den Belegen und der Grund(buch)aufzeichnung oder Buchung.

72 Diese Zuordnungs- und Identifizierungsmerkmale aus dem Beleg müssen bei der Aufzeichnung oder Verbuchung in die Bücher oder Aufzeichnungen übernommen werden, um eine progressive und retrograde Prüfbarkeit zu ermöglichen.

73 Die Ablage der Belege und die Zuordnung zwischen Beleg und Aufzeichnung müssen in angemessener Zeit nachprüfbar sein. So kann z. B. Beleg- oder Buchungsdatum, Kontoauszugnummer oder Name bei umfangreichem Beleganfall mangels Eindeutigkeit in der Regel kein geeignetes Zuordnungsmerkmal für den einzelnen Geschäftsvorfall sein.

74 **Beispiel 5:**

Ein Steuerpflichtiger mit ausschließlich unbaren Geschäftsvorfällen erhält nach Abschluss eines jeden Monats von seinem Kreditinstitut einen Kontoauszug in Papierform mit vielen einzelnen Kontoblättern. Für die Zuordnung der Belege und Aufzeichnungen erfasst der Unternehmer ausschließlich die Kontoauszugsnummer. Allein anhand der Kontoauszugsnummer - ohne zusätzliche Angabe der Blattnummer und der Positionsnummer - ist eine Zuordnung von Beleg und Aufzeichnung oder Buchung in angemessener Zeit nicht nachprüfbar.

4.3 Erfassungsgerechte Aufbereitung der Buchungsbelege

75 Eine erfassungsgerechte Aufbereitung der Buchungsbelege in Papierform oder die entsprechende Übernahme von Beleginformationen aus elektronischen Belegen (Daten, Datensätze, elektronische Dokumente und elektronische Unterlagen) ist sicherzustellen. Diese Aufbereitung der Belege ist insbesondere bei Fremdbelegen von Bedeutung, da der Steuerpflichtige im Allgemeinen keinen Einfluss auf die Gestaltung der ihm zugesandten Handels- und Geschäftsbriefe (z. B. Eingangsrechnungen) hat.

76 Werden neben bildhaften Urschriften auch elektronische Meldungen bzw. Datensätze ausgestellt (identische Mehrstücke derselben Belegart), ist die Aufbewahrung der tatsächlich weiterverarbeiteten Formate (buchungsbegründende Belege) ausreichend,

Anhang 33
GoBD

Grundsätze zur ordnungsmäßigen Führung und Aufbewahrung von Büchern, Aufzeichnungen und Unterlagen in elektronischer Form sowie zum Datenzugriff

sofern diese über die höchste maschinelle Auswertbarkeit verfügen. In diesem Fall erfüllt das Format mit der höchsten maschinellen Auswertbarkeit mit dessen vollständigem Dateninhalt die Belegfunktion und muss mit dessen vollständigem Inhalt gespeichert werden. Andernfalls sind beide Formate aufzubewahren. Dies gilt entsprechend, wenn mehrere elektronische Meldungen bzw. mehrere Datensätze ohne bildhafte Urschrift ausgestellt werden. Dies gilt auch für elektronische Meldungen (strukturierte Daten, wie z. B. ein monatlicher Kontoauszug im CSV-Format oder als XML-File), für die inhaltsgleiche bildhafte Dokumente zusätzlich bereitgestellt werden. Eine zusätzliche Archivierung der inhaltsgleichen Kontoauszüge in PDF oder Papier kann bei Erfüllung der Belegfunktion durch die strukturierten Kontoumsatzdaten entfallen.

Bei Einsatz eines Fakturierungsprogramms muss unter Berücksichtigung der vorgenannten Voraussetzungen keine bildhafte Kopie der Ausgangsrechnung (z. B. in Form einer PDF-Datei) ab Erstellung gespeichert bzw. aufbewahrt werden, wenn jederzeit auf Anforderung ein entsprechendes Doppel der Ausgangsrechnung erstellt werden kann.

Hierfür sind u. a. folgende Voraussetzungen zu beachten:

- Entsprechende Stammdaten (z. B. Debitoren, Warenwirtschaft etc.) werden laufend historisiert

- AGB werden ebenfalls historisiert und aus der Verfahrensdokumentation ist ersichtlich, welche AGB bei Erstellung der Originalrechnung verwendet wurden

- Originallayout des verwendeten Geschäftsbogens wird als Muster (Layer) gespeichert und bei Änderungen historisiert. Zudem ist aus der Verfahrensdokumentation ersichtlich, welches Format bei Erstellung der Originalrechnung verwendet wurde (idealerweise kann bei Ausdruck oder Lesbarmachung des Rechnungsdoppels dieses Originallayout verwendet werden).

- Weiterhin sind die Daten des Fakturierungsprogramms in maschinell auswertbarer Form und unveränderbar aufzubewahren.

77 Jedem Geschäftsvorfall muss ein Beleg zugrunde liegen, mit folgenden Inhalten:

Bezeichnung	Begründung
Eindeutige Belegnummer (z. B. Index, Paginiernummer, Dokumenten-ID, fortlaufende Rechnungsausgangsnummer)	Angabe zwingend (§ 146 Absatz 1 Satz 1 AO, einzeln, vollständig, geordnet) Kriterium für Vollständigkeitskontrolle (Belegsicherung) Bei umfangreichem Beleganfall ist Zuordnung und Identifizierung regelmäßig nicht aus Belegdatum oder anderen Merkmalen eindeutig ableitbar. Sofern die Fremdbelegnummer eine eindeutige Zuordnung zulässt, kann auch diese verwendet werden.

Belegaussteller und -empfänger	Soweit dies zu den branchenüblichen Mindestaufzeichnungspflichten gehört und keine Aufzeichnungserleichterungen bestehen (z. B. § 33 UStDV)
Betrag bzw. Mengen- oder Wertangaben, aus denen sich der zu buchende Betrag ergibt	Angabe zwingend (BFH vom 12. Mai 1966, BStBl III S. 371); Dokumentation einer Veränderung des Anlage- und Umlaufvermögens sowie des Eigen- und Fremdkapitals
Währungsangabe und Wechselkurs bei Fremdwährung	Ermittlung des Buchungsbetrags
Hinreichende Erläuterung des Geschäftsvorfalls	Hinweis auf BFH-Urteil vom 12. Mai 1966, BStBl III S. 371; BFH-Urteil vom 1. Oktober 1969, BStBl II 1970 S. 45
Belegdatum	Angabe zwingend (§ 146 Absatz 1 Satz 1 AO, zeitgerecht). Identifikationsmerkmale für eine chronologische Erfassung, bei Bargeschäften regelmäßig Zeitpunkt des Geschäftsvorfalls Evtl. zusätzliche Erfassung der Belegzeit bei umfangreichem Beleganfall erforderlich
Verantwortlicher Aussteller, soweit vorhanden	Z. B. Bediener der Kasse

Vgl. Rz. 85 zu den Inhalten der Grund(buch)aufzeichnungen.

Vgl. Rz. 94 zu den Inhalten des Journals.

78 Für umsatzsteuerrechtliche Zwecke können weitere Angaben erforderlich sein. Dazu gehören beispielsweise die Rechnungsangaben nach §§ 14, 14a UStG und § 33 UStDV.

79 Buchungsbelege sowie abgesandte oder empfangene Handels- oder Geschäftsbriefe in Papierform oder in elektronischer Form enthalten darüber hinaus vielfach noch weitere Informationen, die zum Verständnis und zur Überprüfung der für die Besteuerung gesetzlich vorgeschriebenen Aufzeichnungen im Einzelfall von Bedeutung und damit ebenfalls aufzubewahren sind. Dazu gehören z. B.:

- Mengen- oder Wertangaben zur Erläuterung des Buchungsbetrags, sofern nicht bereits unter Rz. 77 berücksichtigt,

- Einzelpreis (z. B. zur Bewertung),

- Valuta, Fälligkeit (z. B. zur Bewertung),

Anhang 33
GoBD

Grundsätze zur ordnungsmäßigen Führung und Aufbewahrung von Büchern, Aufzeichnungen und Unterlagen in elektronischer Form sowie zum Datenzugriff

- Angaben zu Skonti, Rabatten (z. B. zur Bewertung),
- Zahlungsart (bar, unbar),
- Angaben zu einer Steuerbefreiung.

4.4 Besonderheiten

80 Bei DV-gestützten Prozessen wird der Nachweis der zutreffenden Abbildung von Geschäftsvorfällen oft nicht durch konventionelle Belege erbracht (z. B. Buchungen aus Fakturierungssätzen, die durch Multiplikation von Preisen mit entnommenen Mengen aus der Betriebsdatenerfassung gebildet werden). Die Erfüllung der Belegfunktion ist dabei durch die ordnungsgemäße Anwendung des jeweiligen Verfahrens wie folgt nachzuweisen:

- Dokumentation der programminternen Vorschriften zur Generierung der Buchungen,
- Nachweis oder Bestätigung, dass die in der Dokumentation enthaltenen Vorschriften einem autorisierten Änderungsverfahren unterlegen haben (u. a. Zugriffsschutz, Versionsführung, Test- und Freigabeverfahren),
- Nachweis der Anwendung des genehmigten Verfahrens sowie
- Nachweis der tatsächlichen Durchführung der einzelnen Buchungen.

81 Bei Dauersachverhalten sind die Ursprungsbelege Basis für die folgenden Automatikbuchungen. Bei (monatlichen) AfA-Buchungen nach Anschaffung eines abnutzbaren Wirtschaftsguts ist der Anschaffungsbeleg mit der AfA-Bemessungsgrundlage und weiteren Parametern (z. B. Nutzungsdauer) aufbewahrungspflichtig. Aus der Verfahrensdokumentation und der ordnungsmäßigen Anwendung des Verfahrens muss der automatische Buchungsvorgang nachvollziehbar sein.

5. Aufzeichnung der Geschäftsvorfälle in zeitlicher Reihenfolge und in sachlicher Ordnung (Grund(buch)aufzeichnungen, Journal- und Kontenfunktion)

82 Der Steuerpflichtige hat organisatorisch und technisch sicherzustellen, dass die elektronischen Buchungen und sonst erforderlichen elektronischen Aufzeichnungen einzeln, vollständig, richtig, zeitgerecht und geordnet vorgenommen werden (§ 146 Absatz 1 Satz 1 AO, § 239 Absatz 2 HGB). Jede Buchung oder Aufzeichnung muss im Zusammenhang mit einem Beleg stehen (BFH-Urteil vom 24. Juni 1997, BStBl II 1998 S. 51).

83 Bei der doppelten Buchführung müssen alle Geschäftsvorfälle in zeitlicher Reihenfolge (Grund(buch)aufzeichnung, Journalfunktion) und in sachlicher Gliederung (Hauptbuch, Kontenfunktion, siehe unter 5.4) darstellbar sein. Im Hauptbuch bzw. bei der Kontenfunktion verursacht jeder Geschäftsvorfall eine Buchung auf mindestens zwei Konten (Soll- und Habenbuchung).

84 Die Erfassung der Geschäftsvorfälle in elektronischen Grund(buch)aufzeichnungen (siehe unter 5.1 und 5.2) und die Verbuchung im Journal (siehe unter 5.3) kann organisatorisch und zeitlich auseinanderfallen (z. B. Grund(buch)aufzeichnung in Form von Kassenauftragszeilen). Erfüllen die Erfassungen Belegfunktion bzw. dienen sie der Belegsicherung, dann ist eine unprotokollierte Änderung nicht mehr zulässig (vgl. Rzn. 58 und 59). In diesen Fällen gelten die Ordnungsvorschriften bereits mit der ersten Erfassung der Geschäftsvorfälle und der Daten und müssen über alle nachfolgenden Prozesse erhalten bleiben (z. B. Übergabe von Daten aus Vor- in Hauptsysteme).

5.1 Erfassung in Grund(buch)aufzeichnungen

85 Die fortlaufende Aufzeichnung der Geschäftsvorfälle erfolgt zunächst in Papierform oder in elektronischen Grund(buch)aufzeichnungen (Grundaufzeichnungsfunktion), um die Belegsicherung und die Garantie der Unverlierbarkeit des Geschäftsvorfalls zu gewährleisten. Sämtliche Geschäftsvorfälle müssen der zeitlichen Reihenfolge nach und materiell mit ihrem richtigen und erkennbaren Inhalt festgehalten werden.

Zu den aufzeichnungspflichtigen Inhalten gehören

- die in Rzn. 77, 78 und 79 enthaltenen Informationen,
- das Erfassungsdatum, soweit abweichend vom Buchungsdatum

   Begründung:
   - Angabe zwingend (§ 146 Absatz 1 Satz 1 AO, zeitgerecht),
   - Zeitpunkt der Buchungserfassung und -verarbeitung,
   - Angabe der „Festschreibung" (Veränderbarkeit nur mit Protokollierung) zwingend, soweit nicht Unveränderbarkeit automatisch mit Erfassung und Verarbeitung in Grund(buch)aufzeichnung.

Vgl. Rz. 94 zu den Inhalten des Journals.

86 Die Grund(buch)aufzeichnungen sind nicht an ein bestimmtes System gebunden.

Jedes System, durch das die einzelnen Geschäftsvorfälle fortlaufend, vollständig und richtig festgehalten werden, so dass die Grundaufzeichnungsfunktion erfüllt wird, ist ordnungsmäßig (vgl. BFH-Urteil vom 26. März 1968, BStBl II S. 527 für Buchführungspflichtige).

5.2 Digitale Grund(buch)aufzeichnungen

87 Sowohl beim Einsatz von Haupt- als auch von Vor- oder Nebensystemen ist eine Verbuchung im Journal des Hauptsystems (z. B. Finanzbuchhaltung) bis zum Ablauf des folgenden Monats nicht zu beanstanden, wenn die einzelnen Geschäftsvorfälle bereits in einem Vor- oder Nebensystem die Grundaufzeichnungsfunktion erfüllen und die Einzeldaten aufbewahrt werden.

88 Durch Erfassungs-, Übertragungs- und Verarbeitungskontrollen ist sicherzustellen, dass alle Geschäftsvorfälle vollständig erfasst oder übermittelt werden und danach nicht unbefugt (d. h. nicht ohne Zugriffsschutzverfahren) und nicht ohne Nachweis des vorausgegangenen Zustandes verändert werden können. Die Durchführung der Kontrollen ist zu protokollieren. Die konkrete Ausgestaltung der Protokollierung ist abhängig von der Komplexität und Diversifikation der Geschäftstätigkeit und der Organisationsstruktur sowie des eingesetzten DV-Systems.

89 Neben den Daten zum Geschäftsvorfall selbst müssen auch alle für die Verarbeitung erforderlichen Tabellendaten (Stammdaten, Bewegungsdaten, Metadaten wie z. B. Grund- oder Systemeinstellungen, geänderte Parameter), deren Historisierung und Programme gespeichert sein. Dazu gehören auch Informationen zu Kriterien, die eine Abgrenzung zwischen den steuerrechtlichen, den handelsrechtlichen und anderen Buchungen (z. B. nachrichtliche Datensätze zu Fremdwährungen, alternative Bewertungsmethoden, statistische Buchungen, GuV-Kontennullstellungen, Summenkonten) ermöglichen.

Anhang 33 GoBD — Grundsätze zur ordnungsmäßigen Führung und Aufbewahrung von Büchern, Aufzeichnungen und Unterlagen in elektronischer Form sowie zum Datenzugriff

5.3 Verbuchung im Journal (Journalfunktion)

90 Die Journalfunktion erfordert eine vollständige, zeitgerechte und formal richtige Erfassung, Verarbeitung und Wiedergabe der eingegebenen Geschäftsvorfälle. Sie dient dem Nachweis der tatsächlichen und zeitgerechten Verarbeitung der Geschäftsvorfälle.

91 Werden die unter 5.1 genannten Voraussetzungen bereits mit fortlaufender Verbuchung im Journal erfüllt, ist eine zusätzliche Erfassung in Grund(buch)aufzeichnungen nicht erforderlich. Eine laufende Aufzeichnung unmittelbar im Journal genügt den Erfordernissen der zeitgerechten Erfassung in Grund(buch)aufzeichnungen (vgl. BFH-Urteil vom 16. September 1964, BStBl III S. 654). Zeitversetzte Buchungen im Journal genügen nur dann, wenn die Geschäftsvorfälle vorher fortlaufend richtig und vollständig in Grundaufzeichnungen oder Grundbüchern aufgezeichnet werden. Die Funktion der Grund(buch)aufzeichnungen kann auf Dauer auch durch eine geordnete und übersichtliche Belegablage erfüllt werden (§ 239 Absatz 4 HGB, § 146 Absatz 5 AO, H 5.2 „Grundbuchaufzeichnungen" EStH; vgl. Rz. 46).

92 Die Journalfunktion ist nur erfüllt, wenn die gespeicherten Aufzeichnungen gegen Veränderung oder Löschung geschützt sind.

93 Fehlerhafte Buchungen können wirksam und nachvollziehbar durch Stornierungen oder Neubuchungen geändert werden (siehe unter 8.). Es besteht deshalb weder ein Bedarf noch die Notwendigkeit für weitere nachträgliche Veränderungen einer einmal erfolgten Buchung. Bei der doppelten Buchführung kann die Journalfunktion zusammen mit der Kontenfunktion erfüllt werden, indem bereits bei der erstmaligen Erfassung des Geschäftsvorfalls alle für die sachliche Zuordnung notwendigen Informationen erfasst werden.

94 Zur Erfüllung der Journalfunktion und zur Ermöglichung der Kontenfunktion sind bei der Buchung insbesondere die nachfolgenden Angaben zu erfassen oder bereit zu stellen:

- Eindeutige Belegnummer (siehe Rz. 77),
- Buchungsbetrag (siehe Rz. 77),
- Währungsangabe und Wechselkurs bei Fremdwährung (siehe Rz. 77),
- Hinreichende Erläuterung des Geschäftsvorfalls (siehe Rz. 77) - kann (bei Erfüllung der Journal- und Kontenfunktion) im Einzelfall bereits durch andere in Rz. 94 aufgeführte Angaben gegeben sein,
- Belegdatum, soweit nicht aus den Grundaufzeichnungen ersichtlich (siehe Rzn. 77 und 85)
- Buchungsdatum,
- Erfassungsdatum, soweit nicht aus der Grundaufzeichnung ersichtlich (siehe Rz. 85),
- Autorisierung soweit vorhanden,
- Buchungsperiode/Voranmeldungszeitraum (Ertragsteuer/Umsatzsteuer),
- Umsatzsteuersatz (siehe Rz. 78),
- Steuerschlüssel, soweit vorhanden (siehe Rz. 78),
- Umsatzsteuerbetrag (siehe Rz. 78),
- Umsatzsteuerkonto (siehe Rz. 78),

Grundsätze zur ordnungsmäßigen Führung und Aufbewahrung von Büchern, Aufzeichnungen und Unterlagen in elektronischer Form sowie zum Datenzugriff — Anhang 33 GoED

- Umsatzsteuer-Identifikationsnummer (siehe Rz. 78),
- Steuernummer (siehe Rz. 78),
- Konto und Gegenkonto,
- Kontoart (Aktiva, Passiva, Kapital, Aufwand, Ertrag, sonstige),
- Kontotyp (Bilanz, GuV, Debitor, Kreditor, steuerlicher Gewinn / außerbilanzielle Zu- und Abrechnungen, sonstige),
- Buchungsschlüssel (soweit vorhanden),
- Soll- und Haben-Betrag,
- eindeutige Identifikationsnummer (Schlüsselfeld) des Geschäftsvorfalls (soweit Aufteilung der Geschäftsvorfälle in Teilbuchungssätze [Buchungs-Halbsätze] oder zahlreiche Soll- oder Habenkonten [Splitbuchungen] vorhanden). Über die einheitliche und je Wirtschaftsjahr eindeutige Identifikationsnummer des Geschäftsvorfalls muss die Identifizierung und Zuordnung aller Teilbuchungen einschließlich Steuer-, Sammel-, Verrechnungs- und Interimskontenbuchungen eines Geschäftsvorfalls gewährleistet sein.

5.4 Aufzeichnung der Geschäftsvorfälle in sachlicher Ordnung (Hauptbuch)

95 Die Geschäftsvorfälle sind so zu verarbeiten, dass sie geordnet darstellbar sind (Kontenfunktion) und damit die Grundlage für einen Überblick über die Vermögens- und Ertragslage darstellen. Zur Erfüllung der Kontenfunktion bei Bilanzierenden müssen Geschäftsvorfälle nach Sach- und Personenkonten geordnet dargestellt werden.

96 Die Kontenfunktion verlangt, dass die im Journal in zeitlicher Reihenfolge einzeln aufgezeichneten Geschäftsvorfälle auch in sachlicher Ordnung auf Konten dargestellt werden. Damit bei Bedarf für einen zurückliegenden Zeitpunkt ein Zwischenstatus oder eine Bilanz mit Gewinn- und Verlustrechnung aufgestellt werden kann, müssen Eröffnungsbilanzbuchungen und alle Abschlussbuchungen in den Konten enthalten sein. Die Konten sind nach Abschlussposition zu sammeln und nach Kontensummen oder Salden fortzuschreiben.

97 Werden innerhalb verschiedener Bereiche des DV-Systems oder zwischen unterschiedlichen DV-Systemen differierende Ordnungskriterien verwendet, so müssen entsprechende Zuordnungstabellen (z. B. elektronische Mappingtabellen) vorgehalten werden (z. B. Wechsel des Kontenrahmens, unterschiedliche Nummernkreise in Vor- und Hauptsystem). Dies gilt auch bei einer elektronischen Übermittlung von Daten an die Finanzbehörde (z. B. unterschiedliche Ordnungskriterien in Bilanz/GuV und EÜR einerseits und USt-Voranmeldung, LSt-Anmeldung, Anlage EÜR und E-Bilanz andererseits). Sollte die Zuordnung mit elektronischen Verlinkungen oder Schlüsselfeldern erfolgen, sind die Verlinkungen in dieser Form vorzuhalten.

98 Die vorstehenden Ausführungen gelten für die Nebenbücher entsprechend.

99 Bei der Übernahme verdichteter Zahlen ins Hauptsystem müssen die zugehörigen Einzelaufzeichnungen aus den Vor- und Nebensystemen erhalten bleiben.

6. Internes Kontrollsystem (IKS)

100 Für die Einhaltung der Ordnungsvorschriften des § 146 AO (siehe unter 3.) hat der Steuerpflichtige Kontrollen einzurichten, auszuüben und zu protokollieren.

Hierzu gehören beispielsweise

Anhang 33 GoBD — Grundsätze zur ordnungsmäßigen Führung und Aufbewahrung von Büchern, Aufzeichnungen und Unterlagen in elektronischer Form sowie zum Datenzugriff

- Zugangs- und Zugriffsberechtigungskontrollen auf Basis entsprechender Zugangs- und Zugriffsberechtigungskonzepte (z. B. spezifische Zugangs- und Zugriffsberechtigungen),
- Funktionstrennungen,
- Erfassungskontrollen (Fehlerhinweise, Plausibilitätsprüfungen),
- Abstimmungskontrollen bei der Dateneingabe,
- Verarbeitungskontrollen,
- Schutzmaßnahmen gegen die beabsichtigte und unbeabsichtigte Verfälschung von Programmen, Daten und Dokumenten.

Die konkrete Ausgestaltung des Kontrollsystems ist abhängig von der Komplexität und Diversifikation der Geschäftstätigkeit und der Organisationsstruktur sowie des eingesetzten DV-Systems.

101 Im Rahmen eines funktionsfähigen IKS muss auch anlassbezogen (z. B. Systemwechsel) geprüft werden, ob das eingesetzte DV-System tatsächlich dem dokumentierten System entspricht (siehe Rz. 155 zu den Rechtsfolgen bei fehlender oder ungenügender Verfahrensdokumentation).

102 Die Beschreibung des IKS ist Bestandteil der Verfahrensdokumentation (siehe unter 10.1).

7. Datensicherheit

103 Der Steuerpflichtige hat sein DV-System gegen Verlust (z. B. Unauffindbarkeit, Vernichtung, Untergang und Diebstahl) zu sichern und gegen unberechtigte Eingaben und Veränderungen (z. B. durch Zugangs- und Zugriffskontrollen) zu schützen.

104 Werden die Daten, Datensätze, elektronischen Dokumente und elektronischen Unterlagen nicht ausreichend geschützt und können deswegen nicht mehr vorgelegt werden, so ist die Buchführung formell nicht mehr ordnungsmäßig.

105 **Beispiel 6:**

Unternehmer überschreibt unwiderruflich die Finanzbuchhaltungsdaten des Vorjahres mit den Daten des laufenden Jahres.

Die sich daraus ergebenden Rechtsfolgen sind vom jeweiligen Einzelfall abhängig.

106 Die Beschreibung der Vorgehensweise zur Datensicherung ist Bestandteil der Verfahrensdokumentation (siehe unter 10.1). Die konkrete Ausgestaltung der Beschreibung ist abhängig von der Komplexität und Diversifikation der Geschäftstätigkeit und der Organisationsstruktur sowie des eingesetzten DV-Systems.

8. Unveränderbarkeit, Protokollierung von Änderungen

107 Nach § 146 Absatz 4 AO darf eine Buchung oder Aufzeichnung nicht in einer Weise verändert werden, dass der ursprüngliche Inhalt nicht mehr feststellbar ist. Auch solche Veränderungen dürfen nicht vorgenommen werden, deren Beschaffenheit es ungewiss lässt, ob sie ursprünglich oder erst später gemacht worden sind.

108 Das zum Einsatz kommende DV-Verfahren muss die Gewähr dafür bieten, dass alle Informationen (Programme und Datenbestände), die einmal in den Verarbeitungsprozess eingeführt werden (Beleg, Grundaufzeichnung, Buchung), nicht mehr unterdrückt oder ohne Kenntlichmachung überschrieben, gelöscht, geändert oder verfälscht werden können. Bereits in den Verarbeitungsprozess eingeführte Informationen (Beleg,

Grundaufzeichnung, Buchung) dürfen nicht ohne Kenntlichmachung durch neue Daten ersetzt werden.

109 **Beispiele 7** für unzulässige Vorgänge:

- Elektronische Grund(buch)aufzeichnungen aus einem Kassen- oder Warenwirtschaftssystem werden über eine Datenschnittstelle in ein Officeprogramm exportiert, dort unprotokolliert editiert und anschließend über eine Datenschnittstelle reimportiert.

- Vorerfassungen und Stapelbuchungen werden bis zur Erstellung des Jahresabschlusses und darüber hinaus offengehalten. Alle Eingaben können daher unprotokolliert geändert werden.

110 Die Unveränderbarkeit der Daten, Datensätze, elektronischen Dokumente und elektronischen Unterlagen (vgl. Rzn. 3 bis 5) kann sowohl hardwaremäßig (z. B. unveränderbare und fälschungssichere Datenträger) als auch softwaremäßig (z. B. Sicherungen, Sperren, Festschreibung, Löschmerker, automatische Protokollierung, Historisierungen, Versionierungen) als auch organisatorisch (z. B. mittels Zugriffsberechtigungskonzepten) gewährleistet werden. Die Ablage von Daten und elektronischer Dokumenten in einem Dateisystem erfüllt die Anforderungen der Unveränderbarkeit regelmäßig nicht, soweit nicht zusätzliche Maßnahmen ergriffen werden, die eine Unveränderbarkeit gewährleisten.

111 Spätere Änderungen sind ausschließlich so vorzunehmen, dass sowohl der ursprüngliche Inhalt als auch die Tatsache, dass Veränderungen vorgenommen wurden, erkennbar bleiben. Bei programmgenerierten bzw. programmgesteuerten Aufzeichnungen (automatisierte Belege bzw. Dauerbelege) sind Änderungen an den der Aufzeichnung zugrunde liegenden Generierungs- und Steuerungsdaten ebenfalls aufzuzeichnen. Dies betrifft insbesondere die Protokollierung von Änderungen in Einstellungen oder die Parametrisierung der Software. Bei einer Änderung von Stammdaten (z. B. Abkürzungs- oder Schlüsselverzeichnisse, Organisationspläne) muss die eindeutige Bedeutung in den entsprechenden Bewegungsdaten (z. B. Umsatzsteuerschlüssel, Währungseinheit, Kontoeigenschaft) erhalten bleiben. Ggf. müssen Stammdatenänderungen ausgeschlossen oder Stammdaten mit Gültigkeitsangaben historisiert werden um mehrdeutige Verknüpfungen zu verhindern. Auch eine Änderungshistorie darf nicht nachträglich veränderbar sein.

112 Werden Systemfunktionalitäten oder Manipulationsprogramme eingesetzt die diesen Anforderungen entgegenwirken, führt dies zur Ordnungswidrigkeit der elektronischen Bücher und sonst erforderlicher elektronischer Aufzeichnungen.

Beispiel 8:

Einsatz von Zappern, Phantomware, Backofficeprodukten mit dem Ziel unprotokollierter Änderungen elektronischer Einnahmenaufzeichnungen.

9. Aufbewahrung

113 Der sachliche Umfang der Aufbewahrungspflicht in § 147 Absatz 1 AO besteht grundsätzlich nur im Umfang der Aufzeichnungspflicht (BFH-Urteil vom 24. Juni 2009, BStBl II 2010 S. 452; BFH-Urteil vom 26. Februar 2004, BStBl II S. 599).

114 Müssen Bücher für steuerliche Zwecke geführt werden, sind sie in vollem Umfang aufbewahrungs- und vorlagepflichtig (z. B. Finanzbuchhaltung hinsichtlich Drohverlustrückstellungen, nicht abziehbare Betriebsausgaben, organschaftliche Steuerumlagen; BFH-Beschluss vom 26. September 2007, BStBl II 2008 S. 415).

Anhang 33
GoBD

Grundsätze zur ordnungsmäßigen Führung und Aufbewahrung von Büchern, Aufzeichnungen und Unterlagen in elektronischer Form sowie zum Datenzugriff

115 Auch Steuerpflichtige, die nach § 4 Absatz 3 EStG als Gewinn den Überschuss der Betriebseinnahmen über die Betriebsausgaben ansetzen, sind verpflichtet, Aufzeichnungen und Unterlagen nach § 147 Absatz 1 AO aufzubewahren (BFH-Urteil vom 24. Juni 2009, BStBl II 2010 S. 452; BFH-Urteil vom 26. Februar 2004, BStBl II S. 599).

116 Aufbewahrungspflichten können sich auch aus anderen Rechtsnormen (z. B. § 14b UStG) ergeben.

117 Die aufbewahrungspflichtigen Unterlagen müssen geordnet aufbewahrt werden. Ein bestimmtes Ordnungssystem ist nicht vorgeschrieben. Die Ablage kann z. B. nach Zeitfolge, Sachgruppen, Kontenklassen, Belegnummern oder alphabetisch erfolgen. Bei elektronischen Unterlagen ist ihr Eingang, ihre Archivierung und ggf. Konvertierung sowie die weitere Verarbeitung zu protokollieren. Es muss jedoch sichergestellt sein, dass ein sachverständiger Dritter innerhalb angemessener Zeit prüfen kann.

118 Die nach außersteuerlichen und steuerlichen Vorschriften aufzeichnungspflichtigen und nach § 147 Absatz 1 AO aufbewahrungspflichtigen Unterlagen können nach § 147 Absatz 2 AO bis auf wenige Ausnahmen auch als Wiedergabe auf einem Bildträger oder auf anderen Datenträgern aufbewahrt werden, wenn dies den GoB entspricht und sichergestellt ist, dass die Wiedergabe oder die Daten

1. mit den empfangenen Handels- oder Geschäftsbriefen und den Buchungsbelegen bildlich und mit den anderen Unterlagen inhaltlich übereinstimmen, wenn sie lesbar gemacht werden,

2. während der Dauer der Aufbewahrungsfrist jederzeit verfügbar sind, unverzüglich lesbar gemacht und maschinell ausgewertet werden können.

119 Sind aufzeichnungs- und aufbewahrungspflichtige Daten, Datensätze, elektronische Dokumente und elektronische Unterlagen im Unternehmen entstanden oder dort eingegangen, sind sie auch in dieser Form aufzubewahren und dürfen vor Ablauf der Aufbewahrungsfrist nicht gelöscht werden. Sie dürfen daher nicht mehr ausschließlich in ausgedruckter Form aufbewahrt werden und müssen für die Dauer der Aufbewahrungsfrist unveränderbar erhalten bleiben (z. B. per E-Mail eingegangene Rechnung im PDF-Format oder bildlich erfasste Papierbelege). Dies gilt unabhängig davon, ob die Aufbewahrung im Produktivsystem oder durch Auslagerung in ein anderes DV-System erfolgt. Unter Zumutbarkeitsgesichtspunkten ist es nicht zu beanstanden, wenn der Steuerpflichtige elektronisch erstellte und in Papierform abgesandte Handels- und Geschäftsbriefe nur in Papierform aufbewahrt.

120 **Beispiel 9** zu Rz. 119:

Ein Steuerpflichtiger erstellt seine Ausgangsrechnungen mit einem Textverarbeitungsprogramm. Nach dem Ausdruck der jeweiligen Rechnung wird die hierfür verwendete Maske (Dokumentenvorlage) mit den Inhalten der nächsten Rechnung überschrieben. Es ist in diesem Fall nicht zu beanstanden, wenn das Doppel des versendeten Schreibens in diesem Fall nur als Papierdokument aufbewahrt wird. Werden die abgesandten Handels- und Geschäftsbriefe jedoch tatsächlich in elektronischer Form aufbewahrt (z. B. im File-System oder einem DMS-System), so ist eine ausschließliche Aufbewahrung in Papierform nicht mehr zulässig. Das Verfahren muss dokumentiert werden. Werden Handels- oder Geschäftsbriefe mit Hilfe eines Fakturierungssystems oder ähnlicher Anwendungen erzeugt, bleiben die elektronischen Daten aufbewahrungspflichtig.

121 Bei den Daten und Dokumenten ist - wie bei den Informationen in Papierbelegen - auf deren Inhalt und auf deren Funktion abzustellen, nicht auf deren Bezeichnung. So sind beispielsweise E-Mails mit der Funktion eines Handels- oder Geschäftsbriefs oder eines Buchungsbelegs in elektronischer Form aufbewahrungspflichtig. Dient eine E-Mail nur als „Transportmittel", z. B. für eine angehängte elektronische Rechnung, und

enthält darüber hinaus keine weitergehenden aufbewahrungspflichtigen Informationen, so ist diese nicht aufbewahrungspflichtig (wie der bisherige Papierbriefumschlag).

122 Ein elektronisches Dokument ist mit einem nachvollziehbaren und eindeutigen Index zu versehen. Der Erhalt der Verknüpfung zwischen Index und elektronischem Dokument muss während der gesamten Aufbewahrungsfrist gewährleistet sein. Es ist sicherzustellen, dass das elektronische Dokument unter dem zugeteilten Index verwaltet werden kann. Stellt ein Steuerpflichtiger durch organisatorische Maßnahmen sicher, dass das elektronische Dokument auch ohne Index verwaltet werden kann, und ist dies in angemessener Zeit nachprüfbar, so ist aus diesem Grund die Buchführung nicht zu beanstanden.

123 Das Anbringen von Buchungsvermerken, Indexierungen, Barcodes, farblichen Hervorhebungen usw. darf - unabhängig von seiner technischen Ausgestaltung - keinen Einfluss auf die Lesbarmachung des Originalzustands haben. Die elektronischen Bearbeitungsvorgänge sind zu protokollieren und mit dem elektronischen Dokument zu speichern, damit die Nachvollziehbarkeit und Prüfbarkeit des Originalzustands und seiner Ergänzungen gewährleistet ist.

124 (weggefallen)

9.1 Maschinelle Auswertbarkeit (§ 147 Absatz 2 Nummer 2 AO)

125 Art und Umfang der maschinellen Auswertbarkeit sind nach den tatsächlichen Informations- und Dokumentationsmöglichkeiten zu beurteilen.

Beispiel 10:

Datenformat für elektronische Rechnungen ZUGFeRD (Zentraler User Guide des Forums elektronische Rechnung Deutschland)

Hier ist vorgesehen, dass Rechnungen im PDF/A-3-Format versendet werden. Diese bestehen aus einem Rechnungsbild (dem augenlesbaren, sichtbaren Teil der PDF-Datei) und den in die PDF-Datei eingebetteten Rechnungsdaten im standardisierten XML-Format.

Entscheidend ist hier jetzt nicht, ob der Rechnungsempfänger nur das Rechnungsbild (Image) nutzt, sondern, dass auch noch tatsächlich XML-Daten vorhanden sind die nicht durch eine Formatumwandlung (z. B. in TIFF) gelöscht werden dürfen.

Die maschinelle Auswertbarkeit bezieht sich auf sämtliche Inhalte der PDF/A-3-Datei.

126 Eine maschinelle Auswertbarkeit ist nach diesem Beurteilungsmaßstab bei aufzeichnungs- und aufbewahrungspflichtigen Daten, Datensätzen, elektronischen Dokumenten und elektronischen Unterlagen (vgl. Rzn. 3 bis 5) u. a. gegeben, die

- mathematisch-technische Auswertungen ermöglichen,

- eine Volltextsuche ermöglichen,

- auch ohne mathematisch-technische Auswertungen eine Prüfung im weitesten Sinne ermöglichen (z. B. Bildschirmabfragen, die Nachverfolgung von Verknüpfungen und Verlinkungen oder die Textsuche nach bestimmten Eingabekriterien).

127 Mathematisch-technische Auswertung bedeutet, dass alle in den aufzeichnungs- und aufbewahrungspflichtigen Daten, Datensätzen, elektronischen Dokumenten und elektronischen Unterlagen (vgl. Rzn. 3 bis 5) enthaltenen Informationen automatisiert (DV-gestützt) interpretiert, dargestellt, verarbeitet sowie für andere Datenbankanwendun-

Anhang 33 GoBD — Grundsätze zur ordnungsmäßigen Führung und Aufbewahrung von Büchern, Aufzeichnungen und Unterlagen in elektronischer Form sowie zum Datenzugriff

gen und eingesetzte Prüfsoftware direkt, ohne weitere Konvertierungs- und Bearbeitungsschritte und ohne Informationsverlust nutzbar gemacht werden können (z. B. für wahlfreie Sortier-, Summier-, Verbindungs- und Filterungsmöglichkeiten).

Mathematisch-technische Auswertungen sind z. B. möglich bei:

- Elektronischen Grund(buch)aufzeichnungen (z. B. Kassendaten, Daten aus Warenwirtschaftssystem, Inventurlisten),
- Journaldaten aus Finanzbuchhaltung oder Lohnbuchhaltung,
- Textdateien oder Dateien aus Tabellenkalkulationen mit strukturierten Daten in tabellarischer Form (z. B. Reisekostenabrechnung, Überstundennachweise).

128 Neben den Daten in Form von Datensätzen und den elektronischen Dokumenten sind auch alle zur maschinellen Auswertung der Daten im Rahmen des Datenzugriffs notwendigen Strukturinformationen (z. B. über die Dateiherkunft [eingesetztes System], die Dateistruktur, die Datenfelder, verwendete Zeichensatztabellen) in maschinell auswertbarer Form sowie die internen und externen Verknüpfungen vollständig und in unverdichteter, maschinell auswertbarer Form aufzubewahren. Im Rahmen einer Datenüberlassung ist der Erhalt technischer Verlinkungen nicht erforderlich, sofern dies nicht möglich ist.

129 Die Reduzierung einer bereits bestehenden maschinellen Auswertbarkeit, beispielsweise durch Umwandlung des Dateiformats oder der Auswahl bestimmter Aufbewahrungsformen, ist nicht zulässig (siehe unter 9.2).

Beispiele 11:

- Umwandlung von PDF/A-Dateien ab der Norm PDF/A-3 in ein Bildformat (z. B. TIFF, JPEG etc.), da dann die in den PDF/A-Dateien enthaltenen XML-Daten und ggf. auch vorhandene Volltextinformationen gelöscht werden.
- Umwandlung von elektronischen Grund(buch)aufzeichnungen (z. B. Kasse, Warenwirtschaft) in ein PDF-Format.
- Umwandlung von Journaldaten einer Finanzbuchhaltung oder Lohnbuchhaltung in ein PDF-Format.

Eine Umwandlung in ein anderes Format (z. B. Inhouse-Format) ist zulässig, wenn die maschinelle Auswertbarkeit nicht eingeschränkt wird und keine inhaltliche Veränderung vorgenommen wird (siehe Rz. 135).

Der Steuerpflichtige muss dabei auch berücksichtigen, dass entsprechende Einschränkungen in diesen Fällen zu seinen Lasten gehen können (z. B. Speicherung einer E-Mail als PDF-Datei; die Informationen des Headers [z. B. Informationen zum Absender] gehen dabei verloren und es ist nicht mehr nachvollziehbar, wie der tatsächliche Zugang der E-Mail erfolgt ist).

9.2 Elektronische Aufbewahrung

130 Werden Handels- oder Geschäftsbriefe und Buchungsbelege in Papierform empfangen und danach elektronisch bildlich erfasst (z. B. gescannt oder fotografiert), ist das hierdurch entstandene elektronische Dokument so aufzubewahren, dass die Wiedergabe mit dem Original bildlich übereinstimmt, wenn es lesbar gemacht wird (§ 147 Absatz 2 AO). Eine bildliche Erfassung kann hierbei mit den verschiedensten Arten von Geräten (z. B. Smartphones, Multifunktionsgeräten oder Scan-Straßen) erfolgen, wenn die Anforderungen dieses Schreibens erfüllt sind. Werden bildlich erfasste Dokumente per Optical-Character-Recognition-Verfahren (OCR-Verfahren)

um Volltextinformationen angereichert (zum Beispiel volltextrecherchierbare PDFs) so ist dieser Volltext nach Verifikation und Korrektur über die Dauer der Aufbewahrungsfrist aufzubewahren und auch für Prüfzwecke verfügbar zu machen. § 146 Absatz 2 AO steht einer bildlichen Erfassung durch mobile Geräte (z. B. Smartphones) im Ausland nicht entgegen, wenn die Belege im Ausland entstanden sind bzw. empfangen wurden und dort direkt erfasst werden (z. B. bei Beleger über eine Dienstreise im Ausland).

131 Eingehende elektronische Handels- oder Geschäftsbriefe und Buchungsbelege müssen in dem Format aufbewahrt werden, in dem sie empfangen wurden (z. B. Rechnungen oder Kontoauszüge im PDF- oder Bildformat). Eine Umwandlung in ein anderes Format (z. B. MSG in PDF) ist dann zulässig, wenn die maschinelle Auswertbarkeit nicht eingeschränkt wird und keine inhaltlichen Veränderungen vorgenommen werden (siehe Rz. 135). Erfolgt eine Anreicherung der Bildinformationen, z. B. durch OCR (Beispiel: Erzeugung einer volltextrecherchierbaren PDF-Datei im Erfassungsprozess), sind die dadurch gewonnenen Informationen nach Verifikation und Korrektur ebenfalls aufzubewahren.

132 Im DV-System erzeugte Daten im Sinne der Rzn. 3 bis 5 (z. B. Grund(buch)aufzeichnungen in Vor- und Nebensystemen, Buchungen, generierte Datensätze zur Erstellung von Ausgangsrechnungen) oder darin empfangene Daten (z. B. EDI-Verfahren) müssen im Ursprungsformat aufbewahrt werden.

133 Im DV-System erzeugte Dokumente (z. B. als Textdokumente erstellte Ausgangsrechnungen [§ 14b UStG], elektronisch abgeschlossene Verträge, Handels- und Geschäftsbriefe, Verfahrensdokumentation) sind im Ursprungsformat aufzubewahren. Unter Zumutbarkeitsgesichtspunkten ist es nicht zu beanstanden, wenn der Steuerpflichtige elektronisch erstellte und in Papierform abgesandte Handels- und Geschäftsbriefe nur in Papierform aufbewahrt (Hinweis auf Rzn. 119, 120). Eine Umwandlung in ein anderes Format (z. B. Inhouse-Format) ist zulässig wenn die maschinelle Auswertbarkeit nicht eingeschränkt wird und keine inhaltliche Veränderung vorgenommen wird (siehe Rz. 135).

134 Bei Einsatz von Kryptografietechniken ist sicherzustellen, dass die verschlüsselten Unterlagen im DV-System in entschlüsselter Form zur Verfügung stehen. Werden Signaturprüfschlüssel verwendet, sind die eingesetzten Schlüssel aufzubewahren. Die Aufbewahrungspflicht endet, wenn keine der mit den Schlüsseln signierten Unterlagen mehr aufbewahrt werden müssen.

135 Bei Umwandlung (Konvertierung) aufbewahrungspflichtiger Unterlagen in ein unternehmenseigenes Format (sog. Inhouse-Format) sind beide Versionen zu archivieren, derselben Aufzeichnung zuzuordnen und mit demselben Index zu verwalten sowie die konvertierte Version als solche zu kennzeichnen.

Die Aufbewahrung beider Versionen ist bei Beachtung folgender Anforderungen nicht erforderlich, sondern es ist die Aufbewahrung der konvertierten Fassung ausreichend:

- Es wird keine bildliche oder inhaltliche Veränderung vorgenommen.

- Bei der Konvertierung gehen keine sonstigen aufbewahrungspflichtigen Informationen verloren.

- Die ordnungsgemäße und verlustfreie Konvertierung wird dokumentiert (Verfahrensdokumentation).

- Die maschinelle Auswertbarkeit und der Datenzugriff durch die Finanzbehörde werden nicht eingeschränkt; dabei ist es zulässig, wenn bei der Konvertierung

Anhang 33 Grundsätze zur ordnungsmäßigen Führung und Aufbewahrung von
GoBD Büchern, Aufzeichnungen und Unterlagen in elektronischer Form
sowie zum Datenzugriff

Zwischenaggregationsstufen nicht gespeichert, aber in der Verfahrensdokumentation so dargestellt werden, dass die retrograde und progressive Prüfbarkeit sichergestellt ist.

Nicht aufbewahrungspflichtig sind die während der maschinellen Verarbeitung durch das Buchführungssystem erzeugten Dateien, sofern diese ausschließlich einer temporären Zwischenspeicherung von Verarbeitungsergebnissen dienen und deren Inhalte im Laufe des weiteren Verarbeitungsprozesses vollständig Eingang in die Buchführungsdaten finden. Voraussetzung ist jedoch, dass bei der weiteren Verarbeitung keinerlei „Verdichtung" aufzeichnungs- und aufbewahrungspflichtiger Daten (vgl. Rzn. 3 bis 5) vorgenommen wird.

9.3 Bildliche Erfassung von Papierdokumenten

136 Papierdokumente werden durch die bildliche Erfassung (siehe Rz. 130) in elektronische Dokumente umgewandelt. Das Verfahren muss dokumentiert werden. Der Steuerpflichtige sollte daher eine Organisationsanweisung erstellen, die unter anderem regelt:

- wer erfassen darf,

- zu welchem Zeitpunkt erfasst wird oder erfasst werden soll (z. B. beim Posteingang, während oder nach Abschluss der Vorgangsbearbeitung),

- welches Schriftgut erfasst wird,

- ob eine bildliche oder inhaltliche Übereinstimmung mit dem Original erforderlich ist,

- wie die Qualitätskontrolle auf Lesbarkeit und Vollständigkeit und

- wie die Protokollierung von Fehlern zu erfolgen hat.

Die konkrete Ausgestaltung dieser Verfahrensdokumentation ist abhängig von der Komplexität und Diversifikation der Geschäftstätigkeit und der Organisationsstruktur sowie des eingesetzten DV-Systems.

Aus Vereinfachungsgründen (z. B. bei Belegen über eine Dienstreise im Ausland) steht § 146 Absatz 2 AO einer bildlichen Erfassung durch mobile Geräte (z. B. Smartphones) im Ausland nicht entgegen, wenn die Belege im Ausland entstanden sind bzw. empfangen wurden und dort direkt erfasst werden.

Erfolgt im Zusammenhang mit einer auf § 146 Absatz 2a AO beruhenden oder nach § 146 Absatz 2b AO genehmigten Verlagerung der elektronischen Buchführung in einen oder mehrere ausländische Staaten eine ersetzende bildliche Erfassung, wird es nicht beanstandet, wenn die papierenen Ursprungsbelege zu diesem Zweck an den Ort der elektronischen Buchführung verbracht werden. Die bildliche Erfassung hat zeitnah zur Verbringung der Papierbelege ins Ausland zu erfolgen.

137 Eine vollständige Farbwiedergabe ist erforderlich, wenn der Farbe Beweisfunktion zukommt (z. B. Minusbeträge in roter Schrift, Sicht-, Bearbeitungs- und Zeichnungsvermerke in unterschiedlichen Farben).

138 Für Besteuerungszwecke ist eine elektronische Signatur oder ein Zeitstempel nicht erforderlich.

139 Im Anschluss an den Erfassungsvorgang (siehe Rz. 130) darf die weitere Bearbeitung nur mit dem elektronischen Dokument erfolgen. Die Papierbelege sind dem weiteren Bearbeitungsgang zu entziehen, damit auf diesen keine Bemerkungen, Ergänzungen usw. vermerkt werden können, die auf dem elektronischen Dokument nicht enthalten

sind. Sofern aus organisatorischen Gründen nach dem Erfassungsvorgang eine weitere Vorgangsbearbeitung des Papierbeleges erfolgt, muss nach Abschluss der Bearbeitung der bearbeitete Papierbeleg erneut erfasst und ein Bezug zur ersten elektronischen Fassung des Dokuments hergestellt werden (gemeinsamer Index).

140 Nach der bildlichen Erfassung im Sinne der Rz. 130 dürfen Papierdokumente vernichtet werden, soweit sie nicht nach außersteuerlichen oder steuerlichen Vorschriften im Original aufzubewahren sind. Der Steuerpflichtige muss entscheiden, ob Dokumente, deren Beweiskraft bei der Aufbewahrung in elektronischer Form nicht erhalten bleibt, zusätzlich in der Originalform aufbewahrt werden sollen.

141 Der Verzicht auf einen Papierbeleg darf die Möglichkeit der Nachvollziehbarkeit und Nachprüfbarkeit nicht beeinträchtigen.

9.4 Auslagerung von Daten aus dem Produktivsystem und Systemwechsel

142 Im Falle eines Systemwechsels (z. B. Abschaltung Altsystem, Datenmigration), einer Systemänderung (z. B. Änderung der OCR-Software, Update der Finanzbuchhaltung etc.) oder einer Auslagerung von aufzeichnungs- und aufbewahrungspflichtigen Daten (vgl. Rzn. 3 bis 5) aus dem Produktivsystem ist es nur dann nicht erforderlich, die ursprüngliche Hard- und Software des Produktivsystems über die Dauer der Aufbewahrungsfrist vorzuhalten, wenn die folgenden Voraussetzungen erfüllt sind:

1. Die aufzeichnungs- und aufbewahrungspflichtigen Daten (einschließlich Metadaten, Stammdaten, Bewegungsdaten und der erforderlichen Verknüpfungen) müssen unter Beachtung der Ordnungsvorschriften (vgl. §§ 145 bis 147 AO) quantitativ und qualitativ gleichwertig in ein neues System, in eine neue Datenbank, in ein Archivsystem oder in ein anderes System überführt werden.

   Bei einer erforderlichen Datenumwandlung (Migration) darf ausschließlich das Format der Daten (z. B. Datums- und Währungsformat) umgesetzt, nicht aber eine inhaltliche Änderung der Daten vorgenommen werden. Die vorgenommenen Änderungen sind zu dokumentieren.

   Die Reorganisation von OCR-Datenbanken ist zulässig, soweit die zugrunde liegenden elektronischen Dokumente und Unterlagen durch diesen Vorgang unverändert bleiben und die durch das OCR-Verfahren gewonnenen Informationen mindestens in quantitativer und qualitativer Hinsicht erhalten bleiben.

2. Das neue System, das Archivsystem oder das andere System muss in quantitativer und qualitativer Hinsicht die gleichen Auswertungen der aufzeichnungs- und aufbewahrungspflichtigen Daten ermöglichen als wären die Daten noch im Produktivsystem.

143 Andernfalls ist die ursprüngliche Hard- und Software des Produktivsystems - neben den aufzeichnungs- und aufbewahrungspflichtigen Daten - für die Dauer der Aufbewahrungsfrist vorzuhalten. Auf die Möglichkeit der Bewilligung von Erleichterungen nach § 148 AO wird hingewiesen.

144 Eine Aufbewahrung in Form von Datenextrakten, Reports oder Druckdateien ist unzulässig, soweit nicht mehr alle aufzeichnungs- und aufbewahrungspflichtigen Daten übernommen werden.

10. Nachvollziehbarkeit und Nachprüfbarkeit

145 Die allgemeinen Grundsätze der Nachvollziehbarkeit und Nachprüfbarkeit sind unter 3.1 aufgeführt.

Anhang 33 GoBD — Grundsätze zur ordnungsmäßigen Führung und Aufbewahrung von Büchern, Aufzeichnungen und Unterlagen in elektronischer Form sowie zum Datenzugriff

Die Prüfbarkeit der formellen und sachlichen Richtigkeit bezieht sich sowohl auf einzelne Geschäftsvorfälle (Einzelprüfung) als auch auf die Prüfbarkeit des gesamten Verfahrens (Verfahrens- oder Systemprüfung anhand einer Verfahrensdokumentation, siehe unter 10.1).

146 Auch an die DV-gestützte Buchführung wird die Anforderung gestellt, dass Geschäftsvorfälle für die Dauer der Aufbewahrungsfrist retrograd und progressiv prüfbar bleiben müssen.

147 Die vorgenannten Anforderungen gelten für sonst erforderliche elektronische Aufzeichnungen sinngemäß (§ 145 Absatz 2 AO).

148 Von einem sachverständigen Dritten kann zwar Sachverstand hinsichtlich der Ordnungsvorschriften der §§ 145 bis 147 AO und allgemeiner DV-Sachverstand erwartet werden, nicht jedoch spezielle, produktabhängige System- oder Programmierkenntnisse.

149 Nach § 146 Absatz 3 Satz 3 AO muss im Einzelfall die Bedeutung von Abkürzungen, Ziffern, Buchstaben und Symbolen eindeutig festliegen und sich aus der Verfahrensdokumentation ergeben.

150 Für die Prüfung ist eine aussagefähige und aktuelle Verfahrensdokumentation notwendig, die alle System- bzw. Verfahrensänderungen inhaltlich und zeitlich lückenlos dokumentiert.

10.1 Verfahrensdokumentation

151 Da sich die Ordnungsmäßigkeit neben den elektronischen Büchern und sonst erforderlichen Aufzeichnungen auch auf die damit in Zusammenhang stehenden Verfahren und Bereiche des DV-Systems bezieht (siehe unter 3.), muss für jedes DV-System eine übersichtlich gegliederte Verfahrensdokumentation vorhanden sein, aus der Inhalt, Aufbau, Ablauf und Ergebnisse des DV-Verfahrens vollständig und schlüssig ersichtlich sind. Der Umfang der im Einzelfall erforderlichen Dokumentation wird dadurch bestimmt, was zum Verständnis des DV-Verfahrens, der Bücher und Aufzeichnungen sowie der aufbewahrten Unterlagen notwendig ist. Die Verfahrensdokumentation muss verständlich und damit für einen sachverständigen Dritten in angemessener Zeit nachprüfbar sein. Die konkrete Ausgestaltung der Verfahrensdokumentation ist abhängig von der Komplexität und Diversifikation der Geschäftstätigkeit und der Organisationsstruktur sowie des eingesetzten DV-Systems.

152 Die Verfahrensdokumentation beschreibt den organisatorisch und technisch gewollten Prozess, z. B. bei elektronischen Dokumenten von der Entstehung der Informationen über die Indizierung, Verarbeitung und Speicherung, dem eindeutigen Wiederfinden und der maschinellen Auswertbarkeit, der Absicherung gegen Verlust und Verfälschung und der Reproduktion.

153 Die Verfahrensdokumentation besteht in der Regel aus einer allgemeinen Beschreibung, einer Anwenderdokumentation, einer technischen Systemdokumentation und einer Betriebsdokumentation.

154 Für den Zeitraum der Aufbewahrungsfrist muss gewährleistet und nachgewiesen sein, dass das in der Dokumentation beschriebene Verfahren dem in der Praxis eingesetzten Verfahren voll entspricht. Dies gilt insbesondere für die eingesetzten Versionen der Programme (Programmidentität). Änderungen einer Verfahrensdokumentation müssen historisch nachvollziehbar sein. Dem wird genügt, wenn die Änderungen versioniert sind und eine nachvollziehbare Änderungshistorie vorgehalten wird. Aus der Verfahrensdokumentation muss sich ergeben, wie die Ordnungsvorschriften (z. B. §§ 145 ff. AO, §§ 238 ff. HGB) und damit die in diesem Schreiben enthaltenen Anforderungen

beachtet werden. Die Aufbewahrungsfrist für die Verfahrensdokumentation läuft nicht ab, soweit und solange die Aufbewahrungsfrist für die Unterlagen noch nicht abgelaufen ist, zu deren Verständnis sie erforderlich ist.

155 Soweit eine fehlende oder ungenügende Verfahrensdokumentation die Nachvollziehbarkeit und Nachprüfbarkeit nicht beeinträchtigt, liegt kein formeller Mangel mit sachlichem Gewicht vor, der zum Verwerfen der Buchführung führen kann.

10.2 Lesbarmachung von elektronischen Unterlagen

156 Wer aufzubewahrende Unterlagen in der Form einer Wiedergabe auf einem Bildträger oder auf anderen Datenträgern vorlegt, ist nach § 147 Absatz 5 AO verpflichtet, auf seine Kosten diejenigen Hilfsmittel zur Verfügung zu stellen, die erforderlich sind, um die Unterlagen lesbar zu machen. Auf Verlangen der Finanzbehörde hat der Steuerpflichtige auf seine Kosten die Unterlagen unverzüglich ganz oder teilweise auszudrucken oder ohne Hilfsmittel lesbare Reproduktionen beizubringen.

157 Der Steuerpflichtige muss durch Erfassen im Sinne der Rz. 130 digitalisierte Unterlagen über sein DV-System per Bildschirm lesbar machen. Ein Ausdruck auf Papier ist nicht ausreichend. Die elektronischen Dokumente müssen für die Dauer der Aufbewahrungsfrist jederzeit lesbar sein (BFH-Beschluss vom 26. September 2007, BStBl II 2008 S. 415).

11. Datenzugriff

158 Die Finanzbehörde hat das Recht, die mit Hilfe eines DV-Systems erstellten und nach § 147 Absatz 1 AO aufbewahrungspflichtigen Unterlagen durch Datenzugriff zu prüfen. Das Recht auf Datenzugriff steht der Finanzbehörde nur im Rahmen der gesetzlichen Regelungen zu (z.B. Außenprüfung und Nachschauen). Durch die Regelungen zum Datenzugriff wird der sachliche Umfang der Außenprüfung (§ 194 AO) nicht erweitert; er wird durch die Prüfungsanordnung (§ 196 AO, § 5 BpO) bestimmt.

11.1 Umfang und Ausübung des Rechts auf Datenzugriff nach § 147 Absatz 6 AO

159 Das Recht auf Datenzugriff nach § 147 Absatz 6 Satz 1 AO ist in allen dort genannten Ausgestaltungen auf den Rahmen der jeweiligen Außenprüfung beschränkt. Gegenstand der Prüfung sind die nach außersteuerlichen und steuerlichen Vorschriften aufzeichnungspflichtigen und die nach § 147 Absatz 1 AO aufbewahrungspflichtigen Unterlagen. Hierfür sind insbesondere die Daten der Finanzbuchhaltung, der Anlagenbuchhaltung, der Lohnbuchhaltung und aller Vor- und Nebensysteme, die aufzeichnungs- und aufbewahrungspflichtige Unterlagen enthalten (vgl. Rzn 3 bis 5), für den Datenzugriff bereitzustellen. Die Art der Außenprüfung ist hierbei unerheblich, so dass z. B. die Daten der Finanzbuchhaltung auch Gegenstand der Lohnsteuer-Außenprüfung sein können.

160 Neben den Daten müssen insbesondere auch die Teile der Verfahrensdokumentation auf Verlangen zur Verfügung gestellt werden können, die einen vollständigen Systemüberblick ermöglichen und für das Verständnis des DV-Systems erforderlich sind. Dazu gehört auch ein Überblick über alle im DV-System vorhandenen Informationen, die aufzeichnungs- und aufbewahrungspflichtige Unterlagen betreffen (vgl. Rzn. 3 bis 5); z. B. Beschreibungen zu Tabellen, Feldern, Verknüpfungen und Auswertungen. Diese Angaben sind erforderlich, damit die Finanzbehörde das durch den Steuerpflichtigen ausgeübte Erstqualifikationsrecht (vgl. Rz. 161) prüfen und Aufbereitungen für die überlassenen Daten erstellen kann.

Anhang 33 Grundsätze zur ordnungsmäßigen Führung und Aufbewahrung von
GoBD   Büchern, Aufzeichnungen und Unterlagen in elektronischer Form
                              sowie zum Datenzugriff

161 Soweit in Bereichen des Unternehmens betriebliche Abläufe mit Hilfe eines DV-Systems abgebildet werden, sind die betroffenen DV-Systeme durch den Steuerpflichtigen zu identifizieren, die darin enthaltenen Daten nach Maßgabe der außersteuerlichen und steuerlichen Aufzeichnungs- und Aufbewahrungspflichten (vgl. Rzn. 3 bis 5) zu qualifizieren (Erstqualifizierung) und für den Datenzugriff in geeigneter Weise vorzuhalten (siehe auch unter 9.4). Bei unzutreffender Qualifizierung von Daten kann die Finanzbehörde im Rahmen ihres pflichtgemäßen Ermessens verlangen, dass der Steuerpflichtige den Datenzugriff auf diese nach außersteuerlichen und steuerlichen Vorschriften tatsächlich aufgezeichneten und aufbewahrten Daten nachträglich ermöglicht.

Beispiele 12:

- Ein Steuerpflichtiger stellt aus dem PC-Kassensystem nur Tagesendsummen zur Verfügung. Die digitalen Grund(buch)aufzeichnungen (Kasseneinzeldaten) wurden archiviert, aber nicht zur Verfügung gestellt.

- Ein Steuerpflichtiger stellt für die Datenüberlassung nur einzelne Sachkonten aus der Finanzbuchhaltung zur Verfügung. Die Daten der Finanzbuchhaltung sind archiviert.

- Ein Steuerpflichtiger ohne Auskunftsverweigerungsrecht stellt Belege in Papierform zur Verfügung. Die empfangenen und abgesandten Handels- und Geschäftsbriefe und Buchungsbelege stehen in einem Dokumenten-Management-System zur Verfügung.

162 Das allgemeine Auskunftsrecht des Prüfers (§§ 88, 199 Absatz 1 AO) und die Mitwirkungspflichten des Steuerpflichtigen (§§ 90, 200 AO) bleiben unberührt.

163 Bei der Ausübung des Rechts auf Datenzugriff stehen der Finanzbehörde nach dem Gesetz drei gleichberechtigte Möglichkeiten zur Verfügung.

164 Die Entscheidung, von welcher Möglichkeit des Datenzugriffs die Finanzbehörde Gebrauch macht, steht in ihrem pflichtgemäßen Ermessen; falls erforderlich, kann sie auch kumulativ mehrere Möglichkeiten in Anspruch nehmen (Rzn. 165 bis 170). Sofern noch nicht mit der Außenprüfung begonnen wurde, ist es im Falle eines Systemwechsels oder einer Auslagerung von aufzeichnungs- und aufbewahrungspflichtigen Daten aus dem Produktivsystem ausreichend, wenn nach Ablauf des 5. Kalenderjahres, das auf die Umstellung folgt, nur noch der Z3-Zugriff (Rzn. 167 bis 170) zur Verfügung gestellt wird.

165 **Unmittelbarer Datenzugriff (Z1)**

Die Finanzbehörde hat das Recht, selbst unmittelbar auf das DV-System dergestalt zuzugreifen, dass sie in Form des Nur-Lesezugriffs Einsicht in die aufzeichnungs- und aufbewahrungspflichtigen Daten nimmt und die vom Steuerpflichtigen oder von einem beauftragten Dritten eingesetzte Hard- und Software zur Prüfung der gespeicherten Daten einschließlich der jeweiligen Meta-, Stamm- und Bewegungsdaten sowie der entsprechenden Verknüpfungen (z. B. zwischen den Tabellen einer relationalen Datenbank) nutzt.

Dabei darf sie nur mit Hilfe dieser Hard- und Software auf die elektronisch gespeicherten Daten zugreifen. Dies schließt eine Fernabfrage (Online-Zugriff) der Finanzbehörde auf das DV-System des Steuerpflichtigen durch die Finanzbehörde aus.

Der Nur-Lesezugriff umfasst das Lesen und Analysieren der Daten unter Nutzung der im DV-System vorhandenen Auswertungsmöglichkeiten (z. B. Filtern und Sortieren).

Grundsätze zur ordnungsmäßigen Führung und Aufbewahrung von Büchern, Aufzeichnungen und Unterlagen in elektronischer Form sowie zum Datenzugriff	Anhang 33 GoBD

166 **Mittelbarer Datenzugriff (Z2)**

Die Finanzbehörde kann vom Steuerpflichtigen auch verlangen, dass er an ihrer Stelle die aufzeichnungs- und aufbewahrungspflichtigen Daten nach ihren Vorgaben maschinell auswertet oder von einem beauftragten Dritten maschinell auswerten lässt, um anschließend einen Nur-Lesezugriff durchführen zu können. Es kann nur eine maschinelle Auswertung unter Verwendung der im DV-System des Steuerpflichtigen oder des beauftragten Dritten vorhandenen Auswertungsmöglichkeiten verlangt werden.

167 **Datenüberlassung (Z3)**

Die Finanzbehörde kann ferner verlangen, dass ihr die aufzeichnungs- und aufbewahrungspflichtigen Daten, einschließlich der jeweiligen Meta-, Stamm- und Bewegungsdaten sowie der internen und externen Verknüpfungen (z. B. zwischen den Tabellen einer relationalen Datenbank), und elektronische Dokumente und Unterlagen in einem maschinell lesbaren und auswertbaren Format zur Auswertung überlassen werden. Dies kann z. B. auf einem Datenträger oder durch Zurverfügungstellung der Daten über eine Datenaustauschplattform erfolgen, für die die Finanzbehörde einen Zugang eröffnet hat (§ 87a Absatz 1 AO). Dieses Verlangen kann gem. § 197 Absatz 3 AO mit der Prüfungsanordnung innerhalb einer angemessenen Frist bereits vor dem Beginn der Prüfung geltend gemacht werden. Die Finanzbehörde ist nicht berechtigt, selbst Daten aus dem DV-System herunterzuladen oder Kopien vorhandener Datensicherungen vorzunehmen.

168 Die Datenüberlassung umfasst die Mitnahme der Daten aus der Sphäre des Steuerpflichtigen. Eine Verarbeitung und Aufbewahrung der Daten ist auch auf mobilen Datenverarbeitungssystemen der Finanzbehörden unabhängig von deren Einsatzort zulässig. Die Finanzbehörde darf die Daten bis zur Unanfechtbarkeit der die Daten betreffenden Verwaltungsakte auch auf den mobilen Datenverarbeitungssystemen unabhängig vom Einsatzort aufbewahren (vgl. § 147 Absatz 7 AO).

169 Spätestens nach Bestandskraft der aufgrund der Außenprüfung ergangenen Bescheide sind die vom Steuerpflichtigen überlassenen Daten zu löschen und ggf. zur Auswertung überlassene Datenträger an diesen zurückzugeben.

170 Die Finanzbehörde hat bei Anwendung der Regelungen zum Datenzugriff den Grundsatz der Verhältnismäßigkeit zu beachten.

11.2 Umfang der Mitwirkungspflicht nach §§ 147 Absatz 6 und 200 Absatz 1 Satz 2 AO

171 Der Steuerpflichtige hat die Finanzbehörde bei Ausübung ihres Rechts auf Datenzugriff zu unterstützen (§ 200 Absatz 1 AO). Dabei entstehende Kosten hat der Steuerpflichtige zu tragen (§ 147 Absatz 6 Satz 3 AO).

172 Enthalten elektronisch gespeicherte Datenbestände z. B. nicht aufzeichnungs- und aufbewahrungspflichtige, personenbezogene oder dem Berufsgeheimnis (§ 102 AO) unterliegende Daten, so obliegt es dem Steuerpflichtigen oder dem von ihm beauftragten Dritten, die Datenbestände so zu organisieren, dass der Prüfer nur auf die aufzeichnungs- und aufbewahrungspflichtigen Daten des Steuerpflichtigen zugreifen kann. Dies kann z. B. durch geeignete Zugriffsbeschränkungen oder „digitales Schwärzen" der zu schützenden Informationen erfolgen. Für versehentlich überlassene Daten besteht kein Verwertungsverbot.

1711

Anhang 33 Grundsätze zur ordnungsmäßigen Führung und Aufbewahrung von
GoBD   Büchern, Aufzeichnungen und Unterlagen in elektronischer Form
           sowie zum Datenzugriff

173 Mangels Nachprüfbarkeit akzeptiert die Finanzbehörde keine Reports oder Druckdateien, die vom Unternehmen ausgewählte („vorgefilterte") Datenfelder und -sätze aufführen, jedoch nicht mehr alle aufzeichnungs- und aufbewahrungspflichtigen Daten (vgl. Rzn. 3 bis 5) enthalten.

Im Einzelnen gilt Folgendes:

174 Beim unmittelbaren Datenzugriff hat der Steuerpflichtige dem Prüfer die für den Datenzugriff erforderlichen Hilfsmittel zur Verfügung zu stellen und ihn für den Nur-Lesezugriff in das DV-System einzuweisen. Die Zugangsberechtigung muss so ausgestaltet sein, dass dem Prüfer dieser Zugriff auf alle aufzeichnungs- und aufbewahrungspflichtigen Daten eingeräumt wird. Sie umfasst die im DV-System genutzten Auswertungsmöglichkeiten (z. B. Filtern, Sortieren, Konsolidieren) für Prüfungs-zwecke (z. B. in Revisionstools, Standardsoftware, Backofficeprodukten). In Abhängigkeit vom konkreten Sachverhalt kann auch eine vom Steuerpflichtigen nicht genutzte, aber im DV-System vorhandene Auswertungsmöglichkeit verlangt werden.

Eine Volltextsuche, eine Ansichtsfunktion oder ein selbsttragendes System, das in einer Datenbank nur die für archivierte Dateien vergebenen Schlagworte als Indexwerte nachweist, reicht regelmäßig nicht aus.

Eine Unveränderbarkeit des Datenbestandes und des DV-Systems durch die Finanzbehörde muss seitens des Steuerpflichtigen oder eines von ihm beauftragten Dritten gewährleistet werden.

175 Beim mittelbaren Datenzugriff gehört zur Mithilfe des Steuerpflichtigen beim Nur-Lesezugriff neben der Zurverfügungstellung von Hard- und Software die Unterstützung durch mit dem DV-System vertraute Personen. Der Umfang der zumutbaren Mithilfe richtet sich nach den betrieblichen Gegebenheiten des Unternehmens. Hierfür können z. B. seine Größe oder Mitarbeiterzahl Anhaltspunkte sein.

176 Bei der Datenüberlassung sind der Finanzbehörde mit den gespeicherten Unterlagen und Aufzeichnungen alle zur Auswertung der Daten notwendigen Informationen (z. B. über die Dateiherkunft [eingesetztes System], die Dateistruktur, die Datenfelder, verwendete Zeichensatztabellen sowie interne und externe Verknüpfungen) in maschinell auswertbarer Form zur Verfügung zu stellen. Dies gilt auch in den Fällen, in denen sich die Daten bei einem Dritten befinden.

Auch die zur Auswertung der Daten notwendigen Strukturinformationen müssen in maschinell auswertbarer Form zur Verfügung gestellt werden.

Bei unvollständigen oder unzutreffenden Datenlieferungen kann die Finanzbehörde neue Datenüberlassungen mit vollständigen und zutreffenden Daten verlangen. Im Verlauf der Prüfung kann die Finanzbehörde auch weitere Datenüberlassungen mit aufzeichnungs- und aufbewahrungspflichtigen Unterlagen anfordern.

Das Einlesen der Daten muss ohne Installation von Fremdsoftware auf den Rechnern der Finanzbehörde möglich sein. Eine Entschlüsselung der übergebenen Daten muss spätestens bei der Datenübernahme auf die Systeme der Finanzbehörde erfolgen.

177 Der Grundsatz der Wirtschaftlichkeit rechtfertigt nicht den Einsatz einer Software, die den in diesem Schreiben niedergelegten Anforderungen zur Datenüberlassung nicht oder nur teilweise genügt und damit den Datenzugriff einschränkt. Die zur Herstellung des Datenzugriffs erforderlichen Kosten muss der Steuerpflichtige genauso in Kauf nehmen wie alle anderen Aufwendungen, die die Art seines Betriebes mit sich bringt.

178 Ergänzende Informationen zur Datenüberlassung sind in der Anlage zusammengefasst. Die Digitalen Schnittstellen der Finanzverwaltung (DSFinV bzw. DLS) stehen auf

der Internet-Seite des Bundeszentralamts für Steuern (www.bzst.de) zum Download bereit.

12. Zertifizierung und Software-Testate

179 Die Vielzahl und unterschiedliche Ausgestaltung und Kombination der DV-Systeme für die Erfüllung außersteuerlicher oder steuerlicher Aufzeichnungs- und Aufbewahrungspflichten lassen keine allgemein gültigen Aussagen der Finanzbehörde zur Konformität der verwendeten oder geplanten Hard- und Software zu. Dies gilt umso mehr, als weitere Kriterien (z. B. Releasewechsel, Updates, die Vergabe von Zugriffsrechten oder Parametrisierungen, die Vollständigkeit und Richtigkeit der eingegebenen Daten) erheblichen Einfluss auf die Ordnungsmäßigkeit eines DV-Systems und damit auf Bücher und die sonst erforderlichen Aufzeichnungen haben können.

180 Positivtestate zur Ordnungsmäßigkeit der Buchführung - und damit zur Ordnungsmäßigkeit DV-gestützter Buchführungssysteme - werden weder im Rahmen einer steuerlichen Außenprüfung noch im Rahmen einer verbindlichen Auskunft erteilt.

181 „Zertifikate" oder „Testate" Dritter können bei der Auswahl eines Softwareproduktes dem Unternehmen als Entscheidungskriterium dienen, entfalten jedoch aus den in Rz. 179 genannten Gründen gegenüber der Finanzbehörde keine Bindungswirkung.

13. Anwendungsregelung

182 Die GoBD in der Fassung vom 28. November 2019 treten mit Wirkung vom 1. Januar 2020 an die Stelle des BMF-Schreibens vom 14. November 2014 - IV A 4 - S 0316/13/10003 -, BStBl I S. 1450.

183 Die GoBD in der Fassung vom 28. November 2019 sind auf Besteuerungszeiträume anzuwenden, die nach dem 31. Dezember 2019 beginnen. Es wird nicht beanstandet, wenn der Steuerpflichtige diese Grundsätze auf Besteuerungszeiträume anwendet, die vor dem 1. Januar 2020 enden.

184 Die GoBD in der Fassung vom 11. März 2024 gelten ab dem 1. April 2024

Anlage

Ergänzende Informationen zur Datenüberlassung

Die „Grundsätze zur ordnungsmäßigen Führung und Aufbewahrung von Büchern, Aufzeichnungen und Unterlagen in elektronischer Form sowie zum Datenzugriff (GoBD)" in Form der Neufassung durch das BMF-Schreiben vom 28. November 2019 (BStBl I S. 1269), geändert durch das BMF-Schreiben vom 11. März 2024 regeln die Datenüberlassung.

Auf Verlangen der Finanzbehörde müssen aufzeichnungs- und aufbewahrungspflichtige Daten und zur Auswertung der Daten notwendige Strukturinformationen in maschinell auswertbarer Form durch das geprüfte Unternehmen bereitgestellt werden.

Da gerade die Datenüberlassung dem geprüften Unternehmen erhebliche Probleme bereiten kann, werden nachfolgende Informationen zur Datenüberlassung als Hilfe bereitgestellt.

Anhang 33   Grundsätze zur ordnungsmäßigen Führung und Aufbewahrung von
GoBD   Büchern, Aufzeichnungen und Unterlagen in elektronischer Form
sowie zum Datenzugriff

1. Beschreibungsstandard für die Datenüberlassung

Die Finanzbehörde hat mit Softwareherstellern sowie dem deutschen Vertrieb der bundeseinheitlichen Prüfsoftware der Finanzverwaltung „IDEA" (Firma CaseWare Germany GmbH) eine einheitliche, technische Bereitstellungshilfe zur Format- und Inhaltsbeschreibung der aufzeichnungs- und aufbewahrungspflichtigen Daten entwickelt.

Umfang, Struktur oder Bezeichnung der aufzeichnungs- und aufbewahrungspflichtigen Daten werden durch den Beschreibungsstandard nicht vorgegeben.

1.1 Beschreibungsstandard als technische Bereitstellungshilfe

Der Beschreibungsstandard für die Datenüberlassung definiert die Datenimport-Schnittstelle zur automatisierten Übernahme aufzeichnungs- und aufbewahrungspflichtiger Daten einschließlich der zur maschinellen Auswertung erforderlichen Strukturinformationen und Verknüpfungen. Er ermöglicht Softwareherstellern und geprüften Unternehmen auf freiwilliger Basis eine problemlose Datenübergabe bei angeforderter Datenüberlassung im Rahmen einer Außenprüfung.

1.2 Funktionsweise und Inhalt des XML-basierten Beschreibungsstandards

Um die unterschiedlichen Datenstrukturen verarbeiten zu können, muss das geprüfte Unternehmen oder ein beauftragter Dritter die aufzeichnungs- und aufbewahrungspflichtigen Daten weitgehend „denormalisiert" zur Verfügung stellen. Der Beschreibungsstandard legt das Dateiformat für diese Daten auf gängige Standardformate fest. Zusätzlich liefert der Beschreibungsstandard eine maschinell auswertbare Beschreibung der Daten, Datenformate und Verknüpfungen im XML-Format.

1.3 Weiterführende Informationen zum Beschreibungsstandard

Die aktuelle technische Beschreibung kann bei der Firma CaseWare Germany GmbH (https://www.caseware.net/) kostenlos angefordert werden. Sie beinhaltet insbesondere die technische Organisation des Beschreibungsstandards und eine Erläuterung der zugrunde liegenden DTD (Document Type Definition).

1.4 Muster-index.xml-Dateien der Finanzbehörde

Im Zusammenhang mit der Beschreibung digitaler Schnittstellen stellt die Finanzbehörde Muster-index.xml zur Verfügung. Zur Verwendung und Anpassung der Muster-index.xml gilt Folgendes:

Die Felder (Spalten) müssen in jeder zur Verfügung gestellten csv-Datei in der beschriebenen Reihenfolge enthalten sein. In jeder csv-Datei soll ein Kopfdatensatz mit den Bezeichnungen des Feldnamens vorangestellt werden. Darüber hinaus ist eine beschreibende index.xml-Datei beizufügen. Die jeweilige Muster-index.xml der Finanzbehörde ist bei Verwendung von Zusatzfeldern und -tabellen zu ergänzen und bei Abweichungen der csv-Daten vom Muster anzupassen (z. B. kein Kopfdatensatz enthalten, Feldtrenner nicht Semikolon, Dezimaltrennzeichen nicht Komma, Tausendertrennzeichen nicht Punkt, Zeilenumbruch nicht CRLF, Texteinschlusszeichen nicht Anführungszeichen).

2. Digitale LohnSchnittstelle

Für den Bereich der Lohnsteuer-Außenprüfung hat die Finanzbehörde die Digitale LohnSchnittstelle (DLS) erarbeitet.

Die DLS ist eine verpflichtend einzuhaltende Datensatzbeschreibung für den standardisierten Datenexport aus dem Lohnabrechnungsprogramm des Arbeitgebers zur Übergabe an die Finanzbehörde. Sie stellt eine einheitliche Strukturierung und Bezeichnung der nach § 41 EStG und § 4 LStDV im Lohnkonto aufzuzeichnenden Daten in Dateien und Datenfelder sicher – unabhängig von dem Lohnabrechnungsprogramm des Arbeitgebers. Eine abschließende Definition und Aufzählung der aufzeichnungs- und aufbewahrungspflichtigen Daten sind mit der DLS nicht verbunden.

Das Datenzugriffsrecht nach § 147 Absatz 6 AO auf weitere aufzeichnungs- und aufbewahrungspflichtige Unterlagen bleibt von der Anwendung der DLS unberührt.

Die jeweils aktuelle Version der DLS steht mit weiteren Informationen auf der Internetseite des Bundeszentralamtes für Steuern unter www.bzst.bund.de zur Einsicht und zum Download bereit.

3. Exporte aus elektronischen Aufzeichnungssystemen, die in den Anwendungsbereich des § 146a Absatz 1 Satz 1 und Absatz 3 AO i. V. m. § 1 Kassensicherungsverordnung fallen

Mit dem Gesetz zum Schutz vor Manipulationen an digitalen Grundaufzeichnungen vom 22. Dezember 2016 (BGBl. I S. 3152) wurde geregelt, dass Daten, die mit Hilfe eines elektronischen Aufzeichnungssystems erfasst werden, ab dem 1. Januar 2020 mit einer zertifizierten technischen Sicherheitseinrichtung (TSE) zu schützen sind (vgl. § 146a Absatz 1 Satz 1 und 2 AO i. V. m. § 1 Kassensicherungsverordnung - KassenSichV). Diese Daten sind der Finanzbehörde anlässlich einer Außenprüfung oder einer Kassen-Nachschau über eine einheitliche digitale Schnittstelle (§ 4 KassSichV) zur Verfügung zu stellen (vgl. § 146a Absatz 1 Satz 4 AO). Die einheitliche digitale Schnittstelle besteht aus der Einbindungsschnittstelle, der Exportschnittstelle sowie der Digitalen Schnittstellen der Finanzverwaltung (DSFinV -vgl. Nr. 4 des AEAO zu § 146a bzw. Nr. 1.13 des AEAO zu § 146a in der ab 1. Januar 2024 geltenden Fassung). Über sie sind jeweils verpflichtend die erforderlichen Daten sowie Formate definiert.

Die jeweilige DSFinV liefert hierzu eine fachliche und technische Beschreibung.

Die jeweils aktuelle Version der jeweiligen DSFinV steht mit weiteren Informationen auf der Internetseite des Bundeszentralamtes für Steuern unter www.bzst.bund.de zur Einsicht und zum Download bereit.

Das Datenzugriffsrecht nach § 147 Absatz 6 AO auf weitere aufzeichnungs- und aufbewahrungspflichtige Unterlagen bleibt von der Anwendung der jeweiligen DSFinV unberührt.

4. Weitere unterstützte Dateiformate der Prüfsoftware

Neben dem Beschreibungsstandard unterstützt die von der Finanzbehörde eingesetzte Prüfsoftware IDEA folgende Dateiformate - sofern die zur Auswertung der Daten notwendiger Strukturinformationen gleichfalls in maschinell auswertbarer Form bereitgestellt werden und das Einlesen der Daten ohne Installation zusätzlicher Fremdsoftware möglich ist:

- ASCII feste Länge (zzgl. Information für Struktur und Datenelemente etc. in maschinell auswertbarer Form)

- ASCII Delimited (einschließlich kommagetrennter Werte, zzgl. Information für Struktur und Datenelemente etc. in maschinell auswertbarer Form)

- Excel (nur Dateien im xlsx-Format / Dateien in anderen Excel-Formaten werden nicht unterstützt, zzgl. Informationen für Struktur und Datenelemente etc. in maschinell auswertbarer Form)

- Access (nur Dateien im accdb-Format / Dateien im mdb-Format werden nicht unterstützt, zzgl. Informationen für Struktur und Datenelemente etc. in maschinell auswertbarer Form)

- dBASE (zzgl. Informationen für Struktur und Datenelemente etc. in maschinell auswertbarer Form)

**Anhang 33
GoBD**

Grundsätze zur ordnungsmäßigen Führung und Aufbewahrung von Büchern, Aufzeichnungen und Unterlagen in elektronischer Form sowie zum Datenzugriff

- Dateien von SAP/AIS (zzgl. Informationen für Struktur und Datenelemente etc. in maschinell auswertbarer Form)

Des Weiteren ist bei passwortgeschützten Dateien erforderlich, das Kennwort anzugeben. Nicht unterstützte Dateiformate müssen in lesbare Formate konvertiert werden.

Werden die Daten aus einer Tabellenkalkulation angeliefert, sollten in den Tabellen nur die reinen Daten und keine leeren Zeilen, Zwischensummenzeilen oder Summenzeilen enthalten sein. Die Felder sollten entsprechend dem Feldtyp formatiert werden und in der ersten Zeile einen entsprechenden Feldnamen enthalten. Verknüpfungen sollten als eindeutige Schlüsselfelder mitgeliefert werden.

Für eine maschinelle Auswertbarkeit ist u. a. die Verwendung eindeutiger Feld- und Datensatztrennkriterien sowie Texteinschlusszeichen erforderlich (so darf zum Beispiel das Texteinschlusszeichen nicht als Feldinhalt verwandt werden).

5. Anwendungsregelung

Dieses Schreiben ersetzt das Schreiben vom 28. November 2019.

Soweit folgende Formate nicht mehr aufgenommen wurden, werden diese für Besteuerungszeiträume, die nach dem 31. Dezember 2024 beginnen, nicht mehr unterstützt:

- EBCDIC feste Länge (zzgl. Information für Struktur und Datenelemente etc. in maschinell auswertbarer Form)
- EBCDIC Dateien mit variabler Länge (zzgl. Information für Struktur und Datenelemente etc. in maschinell auswertbarer Form)
- Lotus 123 (zzgl. Informationen für Struktur und Datenelemente etc. in maschinell auswertbarer Form)
- ASCII-Druckdateien (zzgl. Info für Struktur und Datenelemente etc. in maschinell auswertbarer Form)
- Konvertieren von AS/400 Datensatzbeschreibungen (FDF-Dateien erstellt von PC Support/400) in RDE-Datensatzbeschreibungen (zzgl. Informationen für Struktur und Datenelemente etc. in maschinell auswertbarer Form)

Für Besteuerungszeiträume, die vor dem 1. Januar 2025 enden, gilt das Schreiben für die vorgenannten Formate in der Fassung vom 28. November 2019 fort.

Aufzeichnung und Aufbewahrung von Geschäftsvorfällen und anderen steuerlich relevanten Daten bei Taxi- und Mietwagenunternehmen

(BMF-Schreiben vom 11.3.2024 - IV D 2 - S 0316-a/21/10006 :008, BStBl I S. 367)

In den letzten Jahren haben sich die Anforderungen an elektronische Aufzeichnungssysteme im Hinblick auf die steuerliche Ordnungsmäßigkeit der mit ihnen geführten Bücher und sonst erforderlichen Aufzeichnungen verändert. Die Veränderungen betreffen auch Taxi- und Mietwagenunternehmen und die in diesen Unternehmen insbesondere eingesetzten Taxameter und Wegstreckenzähler. Mit diesem BMF-Schreiben sollen die wesentlichen Anforderungen und bestehenden branchenüblichen Mindestaufzeichnungen für diese Unternehmen zusammengefasst werden.

Aufzeichnungspflichten nach anderen Gesetzen bleiben hiervon unberührt.

Darüber hinaus wird mit diesem BMF-Schreiben der Zeitpunkt der erstmaligen Anwendung des § 146a Absatz 1 Satz 1 AO i. V. m. § 8 KassenSichV für Wegstreckenzähler festgelegt (§ 10 Satz 2 KassenSichV).

Nach Erörterung mit den obersten Finanzbehörden der Länder gilt Folgendes:

I. Allgemeines

Bei Taxametern und Wegstreckenzählern handelt es sich um elektronische Aufzeichnungssysteme (vgl. Nr. 2.1.4 des AEAO zu § 146). Die hierüber geführten Aufzeichnungen unterliegen nach § 146 Absatz 1 Satz 1 AO der Einzelaufzeichnungspflicht. Die Einzelaufzeichnungspflicht gilt darüber hinaus auch für alle Geschäftsvorfälle, die nicht im Taxameter oder Wegstreckenzähler aufgezeichnet werden, z. B. Rechnungsfahrten, Krankenfahrten etc. Verpflichtungen nach anderen Vorschriften (z. B. Rechnungspflichtangaben nach § 14 Absatz 4 UStG i. V. m. § 33 UStDV, Aufzeichnungen des Arbeitgebers über geleistete Arbeitszeiten der Arbeitnehmer nach § 17 Absatz 1 MiLoG i. V. m. § 2a SchwarzArbG und § 16 Absatz 2 ArbZG sowie Aufzeichnungspflichten beim Lohnsteuerabzug nach § 41 EStG i. V. m. § 4 LStDV) sind zu beachten.

Die Aufzeichnungen durch Taxameter und Wegstreckenzähler haben zudem nach den Anforderungen des BMF-Schreibens vom 28. November 2019, BStBl I S. 1269 (Grundsätze zur ordnungsmäßigen Führung und Aufbewahrung von Büchern, Aufzeichnungen und Unterlagen in elektronischer Form sowie zum Datenzugriff (GoBD)) zu erfolgen.

Die erforderlichen Aufzeichnungen müssen im Rahmen einer steuerlichen Außenprüfung oder Nachschau dem Amtsträger zur Verfügung gestellt werden (vgl. §§ 146b, 147, 193 ff AO, §§ 42f, 42g EStG sowie § 27b UStG).

II. Taxiunternehmen

1. Allgemein

Zur Erfüllung der steuerlichen Buchführungs- und Aufzeichnungspflichten sind mindestens die folgenden branchenüblichen Daten aufzuzeichnen:

Anhang 34 — Aufbewahrung bei Taxi- und Mietwagenunternehmen

Allgemeine Daten pro Schicht bzw. Abrechnungstag

- eindeutige Fahrerkennung

- Taxikennung (Ordnungsnummer des Fahrzeugs)

- Zählwerksdaten i. S. d. Tz. 15.1 der Richtlinie 2014/32/EU des Europäischen Parlaments und des Rates vom 26. Februar 2014 (ABl. L 96 S. 149 – nachfolgend „MID") zu Beginn und Ende einer Schicht

- Schichtdauer (Datum und Uhrzeit zu Schichtbeginn und -ende), soweit das Taxi von einer Arbeitnehmerin oder Arbeitnehmer gefahren wird

- Summe der Gesamteinnahmen nach Zahlungsarten

Einzeldaten je Geschäftsvorfall

- Fahrtbeginn und Fahrtende (Datum und Uhrzeit)

- Fahrttyp (Tariffahrt oder sonstige Fahrt)

- zurückgelegte Strecke (nur bei Fahrttyp Tariffahrten)

- Fahrpreis

- Zuschlag

- In Rechnung gestellte Gesamtsumme

- Umsatzsteuersatz

- Zahlungsart (z. B. bar, unbar)

- gezahlte Trinkgelder (sofern steuerlich relevant)

Ist das Taxameter dazu in der Lage, sind alle vorgenannten Daten mit diesem in elektronischer Form aufzuzeichnen.

Soweit die Daten zulässigerweise nicht durch das Taxameter aufgezeichnet werden (können) oder soweit diese den tatsächlichen Geschäftsvorfall nicht zutreffend wiedergeben (z. B. Fahrt zu frei vereinbartem Preis außerhalb des Pflichtfahrgebiets mit aktiviertem Taxameter), werden die erforderlichen Daten durch Ergänzungen oder Korrekturen manuell erfasst. Dies kann entweder in einem nachgelagerten elektronischen Aufzeichnungssystem (sog. „ergänzendes System"; z. B. Back-Office-System) oder in einer anderen geeigneten und zugelassenen Form (z. B. händisch) erfolgen. Eine Ergänzung oder Korrektur kann insbesondere notwendig sein, wenn für die tatsächlich durchgeführte Fahrt nicht der in dem Gerät einprogrammierte (und aufgezeichnete) Tarif gilt, weil es sich beispielsweise um eine Kranken- oder Privatfahrt handelt.

Soweit die Aufzeichnungen durch ein Taxameter oder mithilfe eines ergänzenden Systems erfolgen, sind die zum jeweiligen Gerät gehörenden Organisationsunterlagen (Verfahrensdokumentation i. S. d. Tz. 10.1 der GoBD; z. B. Bedienungsanleitung, Programmieranleitung, Dokumentation der Programmierung) ebenfalls aufzubewahren (§ 147 Absatz 1 AO). Zudem sind die konkreten Einsatzorte und -zeiträume der Taxameter im Rahmen der allgemeinen Pflichten zu protokollieren (§ 145 Absatz 1 AO, § 63 Absatz 1 UStDV) und diese Protokolle ebenfalls aufzubewahren (§ 147 Absatz 1 AO). Einsatzort eines Taxameters ist das Fahrzeug, in dem das Gerät verwendet wird. Als Einsatzzeitraum gilt der Zeitraum zwischen der Inbetriebnahme und der Außerbetriebnahme des Taxameters.

2. EU-Taxameter

Bei der Verwendung von EU-Taxametern i. S. d. § 1 Absatz 2 Nummer 1 KassenSichV (vgl. Nr. 1.3 des AEAO zu § 146a) sind zusätzlich die in der Nr. 3 des AEAO zu § 146a AO näher beschriebenen Vorgaben zu beachten.

Bei Verwendung eines EU-Taxameters richten sich die aufzuzeichnenden Daten sowie die Art und Weise der Aufzeichnung nur nach den speziellen Vorgaben des § 146a AO und der KassenSichV.

Darüber hinaus gilt für EU-Taxameter die Digitale Schnittstelle der Finanzverwaltung für EU-Taxameter und Wegstreckenzähler (DSFinV-TW). Ergänzende Systeme, die Daten aus EU-Taxametern weiterverarbeiten, können die Vorgaben der DSFinV-TW freiwillig entsprechend anwenden.

3. Andere Taxameter

Taxameter, die nicht unter § 1 Absatz 2 Nummer 1 KassenSichV fallen (z. B. Taxameter, die unter § 9 KassenSichV fallen), können aus steuerlicher Sicht nur genutzt werden, soweit durch sie und etwaige Ergänzungen (z. B. andere Systeme oder Papieraufzeichnungen) die Anforderungen an die Einzelaufzeichnungspflicht und die Unveränderbarkeit der Daten erfüllt werden und die Daten während der Dauer der Aufbewahrungsfrist jederzeit verfügbar sind. Elektronische Daten müssen unverzüglich lesbar bereitgestellt und maschinell auswertbar aufbewahrt werden. Auch Nr. I und II.1 sind zu beachten.

III. Mietwagenunternehmen

1. Allgemein

Zur Erfüllung der steuerlichen Buchführungs- und Aufzeichnungspflichten sind mindestens die folgenden branchenüblichen Daten aufzuzeichnen:

Allgemeine Daten pro Schicht bzw. Abrechnungstag

- eindeutige Fahrerkennung
- Mietwagenkennung (Ordnungsnummer des Fahrzeugs)
- Kilometerstand laut Tachometer (bei arbeitstäglichen Fahrtbeginn)
- Daten der Summierwerke (vgl. Tz. 4.2.3.1 AEAO zu § 146a AO) mindestens arbeitstäglich
- Summe der Gesamteinnahmen nach Zahlungsarten
- Schichtdauer (Datum und Uhrzeit zu Schichtbeginn und -ende) – soweit eine Arbeitnehmerin oder ein Arbeitnehmer den Mietwagen fährt

Einzeldaten je Geschäftsvorfall

- Fahrtbeginn und Fahrtende (Datum und Uhrzeit)
- Fahrttyp (Tariffahrt oder sonstige Fahrt)

Anhang 34   **Aufbewahrung bei Taxi- und Mietwagenunternehmen**

- zurückgelegte Strecke (nur bei Fahrttyp Tariffahrten)
- In Rechnung gestellte Gesamtsumme
- Umsatzsteuersatz
- Zahlungsart (z. B. bar, unbar)
- gezahltes Trinkgeld (sofern steuerlich relevant)

Ist der Wegstreckenzähler dazu in der Lage, sind alle vorgenannten Daten mit diesem in elektronischer Form aufzuzeichnen.

Soweit die Daten zulässigerweise nicht durch den Wegstreckenzähler aufgezeichnet werden (können), werden die erforderlichen Daten durch Ergänzungen oder Korrekturen manuell erfasst. Dies kann entweder in einem ergänzenden System oder in einer anderen geeigneten und zugelassenen Form (z. B. händisch) erfolgen.

Soweit die Aufzeichnungen im Wegstreckenzähler oder mithilfe eines ergänzenden Systems erfolgen, sind die zum Gerät gehörenden Organisationsunterlagen (Verfahrensdokumentation i. S. d. Tz. 10.1 der GoBD; Bedienungsanleitung, Programmieranleitung, Dokumentation der Programmierung) ebenfalls aufzubewahren (§ 147 Absatz 1 AO). Zudem sind die konkreten Einsatzorte und -zeiträume der Wegstreckenzähler im Rahmen der allgemeinen Pflichten zu protokollieren (§ 145 Absatz 1 AO, § 63 Absatz 1 UStDV) und diese Protokolle ebenfalls aufzubewahren (§ 147 Absatz 1 AO). Einsatzort eines Wegstreckenzählers ist das Fahrzeug, in dem das Gerät verwendet wird. Als Einsatzzeitraum gilt der Zeitraum zwischen der Inbetriebnahme und der Außerbetriebnahme des Wegstreckenzählers.

2.   Wegstreckenzähler i. S. d. § 1 Absatz 2 Nummer 2 KassenSichV

Bei der Verwendung von Wegstreckenzählern i. S. d. § 1 Absatz 2 Nummer 2 KassenSichV (vgl. Nr. 1.4 des AEAO zu § 146a) sind zusätzlich die in der Nr. 4 des AEAO zu § 146a AO näher beschriebenen Vorgaben zu beachten.

Bei Verwendung eines Wegstreckenzählers i. S. d. § 1 Absatz 2 Nummer 2 KassenSichV richten sich die aufzuzeichnenden Daten sowie die Art und Weise der Aufzeichnung nur nach den speziellen Vorgaben des § 146a AO und der KassenSichV.

Darüber hinaus gilt für diese Wegstreckenzähler die DSFinV-TW. Ergänzende Systeme, die die Daten aus Wegstreckenzähler i. S. d. § 1 Absatz 2 Nummer 2 KassenSichV weiterverarbeiten, können die Vorgaben der DSFinV-TW freiwillig entsprechend anwenden.

Nach § 10 Satz 2 KassenSichV hat das Bundesministerium der Finanzen den Zeitpunkt, zu dem die Voraussetzungen des § 10 Satz 1 Nummer 1 und 2 KassenSichV erstmals vorliegen im Bundessteuerblatt Teil I bekannt zu geben. Gemäß § 10 Satz 3 KassenSichV gilt § 8 KassenSichV nur für Wegstreckenzähler, die ab dem in der Bekanntmachung genannten Zeitpunkt neu in den Verkehr gebracht werden.

Aufgrund dieser Ermächtigung fallen alle Wegstreckenzähler, die am oder nach dem 1. Juli 2024 erstmalig in den Verkehr gebracht werden, in den Anwendungsbereich des § 146a Absatz 1 Satz 1 AO i. V. m. § 8 KassenSichV.

Für Wegstreckenzähler, die vor dem 1. Juli 2024 in Verkehr gebracht worden sind, besteht keine Verpflichtung, die Vorgaben des § 146a AO, der KassenSichV und der DSFinV-TW zu erfüllen. Nr. I. und III.1 sind zu beachten.

3. Andere Wegstreckenzähler

Wegstreckenzähler, die nicht unter Nr. III.2 fallen (sonstige Wegstreckenzähler und Abgeräte), können aus steuerlicher Sicht nur genutzt werden, soweit durch sie und etwaige Ergänzungen (z. B. andere Systeme oder Papieraufzeichnungen) die Anforderungen an die Einzelaufzeichnungspflicht und die Unveränderbarkeit der Daten erfüllt werden und die Daten während der Dauer der Aufbewahrungsfrist jederzeit verfügbar sind. Elektronische Daten müssen unverzüglich lesbar bereitgestellt und maschinell auswertbar aufbewahrt werden. Auch Nr. I und II.1 sind zu beachten. Die Pflicht zur Einzelaufzeichnung gilt dabei auch, sofern eine Befreiung vom Erfordernis eines Wegstreckenzählers nach § 43 Absatz 1 BOKraft durch die Genehmigungsbehörden erteilt wurde.

IV. Umsatzsteuerliche Aufbewahrungspflicht für Rechnungsdoppel

Zu einer ausgestellten Rechnung (ggf. auch in Form einer Quittung) ist ein Doppel (z. B. als Durchschrift) aufzubewahren (§ 14b Absatz 1 UStG). Soweit der Unternehmer Rechnungen mithilfe elektronischer Aufzeichnungssysteme (z. B. Taxameter, Wegstreckenzähler oder Kassensysteme) erteilt, ist es hinsichtlich einer erteilten Rechnung im Sinne des § 33 UStDV ausreichend, wenn ein Doppel der Ausgangsrechnung aus den unveränderbaren digitalen Aufzeichnungen reproduziert werden kann, die auch die übrigen Anforderungen der GoBD (vgl. BMF-Schreiben vom 28. November 2019, BStBl I S. 1269) erfüllen, insbesondere die Vollständigkeit, Richtigkeit und Zeitgerechtigkeit der Erfassung.

V. Aufhebung von BMF-Schreiben

Das BMF-Schreiben vom 26. November 2010, BStBl I S. 1342, wird aufgehoben.

Hinweise auf die wesentlichen Rechte und Mitwirkungspflichten des Steuerpflichtigen bei der Außenprüfung; (§ 5 Abs. 2 Satz 2 BpO 2000)

(BMF-Schreiben vom 24.10.2013 - IV A 4 - S 0403/13/10001 - BStBl I S. 1264)

Unter Bezugnahme auf das Ergebnis der Erörterungen mit den obersten Finanzbehörden der Länder sind der Prüfungsanordnung (§ 196 AO) die anliegenden Hinweise beizufügen. Dieses Schreiben tritt an die Stelle des BMF-Schreibens vom 20. Juli 2001 -IV D 2 -S 0403 -3/01 -(BStBl I S. 502).

Anlage

Ihre wesentlichen Rechte und Mitwirkungspflichten bei der Außenprüfung

Die Außenprüfung soll dazu beitragen, dass die Steuergesetze gerecht und gleichmäßig angewendet werden; deshalb ist auch zu Ihren Gunsten zu prüfen (§ 199 Abs. 1 Abgabenordnung - AO -).

Beginn der Außenprüfung

Wenn Sie wichtige Gründe gegen den vorgesehenen Zeitpunkt der Prüfung haben, können Sie beantragen, dass ihr Beginn hinausgeschoben wird (§ 197 Abs. 2 AO). Wollen Sie wegen der Prüfungsanordnung Rückfragen stellen, wenden Sie sich bitte an die prüfende Stelle und geben Sie hierbei den Namen des Prüfers an. Über den Prüfungsbeginn sollten Sie ggf. Ihren Steuerberater unterrichten.

Der Prüfer wird sich bei Erscheinen unter Vorlage seines Dienstausweises bei Ihnen vorstellen (§ 198 AO).

Die Außenprüfung beginnt grundsätzlich in dem Zeitpunkt, in dem der Prüfer nach Bekanntgabe der Prüfungsanordnung konkrete Ermittlungshandlungen vornimmt. Bei einer Datenträgerüberlassung beginnt die Außenprüfung spätestens mit der Auswertung der Daten (AEAO zu § 198).

Ablauf der Außenprüfung

Haben Sie bitte Verständnis dafür, dass Sie für einen reibungslosen Ablauf der Prüfung zur Mitwirkung verpflichtet sind. Aus diesem Grunde sollten Sie Ihren nachstehenden Mitwirkungspflichten unverzüglich nachkommen. Sie können darüber hinaus auch sachkundige Auskunftspersonen benennen.

Stellen Sie dem Prüfer zur Durchführung der Außenprüfung bitte einen geeigneten Raum oder Arbeitsplatz sowie die erforderlichen Hilfsmittel unentgeltlich zur Verfügung (§ 200 Abs. 2 AO).

Legen Sie ihm bitte Ihre Aufzeichnungen, Bücher, Geschäftspapiere und die sonstigen Unterlagen vor, die er benötigt, erteilen Sie ihm die erbetenen Auskünfte, erläutern Sie ggf. die Aufzeichnungen und unterstützen Sie ihn beim Datenzugriff (§ 200 Abs. 1 AO).

Werden die Unterlagen in Form der Wiedergabe auf einem Bildträger oder auf anderen Datenträgern aufbewahrt, kann der Prüfer verlangen, dass Sie auf Ihre Kosten diejenigen Hilfsmittel zur Verfügung stellen, die zur Lesbarmachung erforderlich sind, bzw. dass Sie auf Ihre Kosten die

Unterlagen unverzüglich ganz oder teilweise ausdrucken oder ohne Hilfsmittel lesbare Reproduktionen beibringen (§ 147 Abs. 5 AO).

Sind Unterlagen und sonstige Aufzeichnungen mit Hilfe eines DV-Systems erstellt worden, hat der Prüfer das Recht, Einsicht in die gespeicherten Daten zu nehmen und das DV-System zur Prüfung dieser Unterlagen zu nutzen (unmittelbarer Datenzugriff). Dazu kann er verlangen, dass Sie ihm die dafür erforderlichen Geräte und sonstigen Hilfsmittel zur Verfügung stellen. Dies umfasst unter Umständen die Einweisung in das DV-System und die Bereitstellung von fachkundigem Personal zur Auswertung der Daten. Auf Anforderung sind dem Prüfer die Daten auf maschinell auswertbaren Datenträgern zur Verfügung zu stellen (Datenträgerüberlassung) oder nach seinen Vorgaben maschinell auszuwerten (mittelbarer Datenzugriff); § 147 Abs. 6 AO.

Über alle Feststellungen von Bedeutung wird Sie der Prüfer während der Außenprüfung unterrichten, es sei denn, Zweck und Ablauf der Prüfung werden dadurch beeinträchtigt (§ 199 Abs. 2 AO).

Ergebnis der Außenprüfung

Wenn sich die Besteuerungsgrundlagen durch die Prüfung ändern, haben Sie das Recht auf eine Schlussbesprechung. Sie erhalten dabei Gelegenheit, einzelne Prüfungsfeststellungen nochmals zusammenfassend zu erörtern (§ 201 AO).

Über das Ergebnis der Außenprüfung ergeht bei Änderung der Besteuerungsgrundlagen ein schriftlicher Prüfungsbericht, der Ihnen auf Antrag vor seiner Auswertung übersandt wird. Zu diesem Bericht können Sie Stellung nehmen (§ 202 AO).

Rechtsbehelfe können Sie allerdings nicht gegen den Prüfungsbericht, sondern nur gegen die aufgrund der Außenprüfung ergehenden Steuerbescheide einlegen.

Wird bei Ihnen eine abgekürzte Außenprüfung (§ 203 AO) durchgeführt, findet keine Schlussbesprechung statt. Die steuerlich erheblichen Prüfungsfeststellungen werden Ihnen in diesem Fall spätestens mit den Steuer-/Feststellungsbescheiden schriftlich mitgeteilt.

Ablauf der Außenprüfung beim Verdacht einer Steuerstraftat oder einer Steuerordnungswidrigkeit

Ergibt sich während der Außenprüfung der Verdacht einer Steuerstraftat oder einer Steuerordnungswidrigkeit gegen Sie, so dürfen hinsichtlich des Sachverhalts, auf den sich der Verdacht bezieht, die Ermittlungen bei Ihnen erst fortgesetzt werden, wenn Ihnen die Einleitung eines Steuerstraf- oder Bußgeldverfahrens mitgeteilt worden ist (vgl. § 397 AO). Soweit die Prüfungsfeststellungen auch für Zwecke eines Steuerstraf- oder Bußgeldverfahrens verwendet werden können, darf Ihre Mitwirkung bei der Aufklärung der Sachverhalte nicht erzwungen werden (§ 393 Abs. 1 Satz 2 AO). Wirken Sie bei der Aufklärung der Sachverhalte nicht mit (vgl. §§ 90, 93 Abs. 1 200 Abs. 1 AO), können daraus allerdings im Besteuerungsverfahren für Sie nachteilige Folgerungen gezogen werden; ggf. sind die Besteuerungsgrundlagen zu schätzen, wenn eine zutreffende Ermittlung des Sachverhalts deswegen nicht möglich ist (§ 162 AO).

Einordnung in Größenklassen gem. § 3 BpO 2000; Festlegung neuer Abgrenzungsmerkmale zum 1. Januar 2024

(BMF-Schreiben vom 15.12.2022, IV A 8-S 1450/19/10001:003, BStBl I S. 1669)

Unter Bezugnahme auf das Ergebnis der Erörterungen mit den obersten Finanzbehörden der Länder gelten für die Einordnung in Größenklassen gem. § 3 BpO 2000 ab 1. Januar 2024 die in der Anlage aufgeführten neuen Abgrenzungsmerkmale sowie die meinem Schreiben vom 20. April 2022 - IV A 8 - S 1451/19/10001 :001 - (BStBl I 2022 Seite 583) angefügte Zuordnungstabelle.

Die Merkmale sind erst nach Aufstellung der Betriebskartei anzuwenden.

Einheitliche Abgrenzungsmerkmale für den 24. Prüfungsturnus (1. Januar 2024)

Betriebsart	Betriebsmerkmale	G-Betriebe € über	M-Betriebe € über	K-Betriebe € über
Handelsbetriebe (H)	Umsatzerlöse oder	14.000.000	8.600.000	1.100.000
	steuerlicher Gewinn	800.000	335.000	68.000
Fertigungsbetriebe (F)	Umsatzerlöse oder	12.000.000	5.200.000	610.000
	steuerlicher Gewinn	950.000	300.000	68.000
Freie Berufe (FB)	Umsatzerlöse oder	12.000.000	5.600.000	990.000
	steuerlicher Gewinn	1.400.000	700.000	165.000
Andere Leistungsbetriebe (AL)	Umsatzerlöse oder	14.000.000	6.700.000	910.000
	steuerlicher Gewinn	1.200.000	400.000	77.000
Kreditinstitute (K)	Aktivvermögen oder	175.000.000	42.000.000	13.000.000
	steuerlicher Gewinn	670.000	230.000	57.000
Versicherungsunternehmen Pensionskassen (V)	Jahresprämieneinnahmen	36.000.000	6.000.000	2.200.000
Unterstützungskassen (U)				alle
Land- und forstwirtschaftliche Betriebe (LuF)	Umsatzerlöse oder	6.000.000	2.600.000	610.000
	steuerlicher Gewinn	475.000	135.000	60.000

sonstige Fallart	Erfassungsmerkmale	Erfassung in der Betriebskartei
Verlustgesellschaften (VG) [1]	Betriebe mit hohen Verlusten und hohem Vorsteuervolumen oder mit Umstellung auf Tonnagebesteuerung	als G-Betriebe
Beteiligungsgesellschaften (BG) [1]	Gewerbekennzahlen 64201.0, 64202.0, 64203.0	als M-Betriebe
bedeutende steuerbegünstigte Körperschaften und Berufsverbände (BKÖ) [1]	Summe der Einnahmen über 6.000.000 €	als G-Betriebe
Fälle mit bedeutenden Einkünften (bE) [2]	Summe der positiven Einkünfte gem. § 2 Absatz 1 Satz 1 Nrn. 4 - 7 EStG über 500.000 € (keine Saldierung mit negativen Einkünften)	als M-Betriebe

[1] Mittel-, Klein- und Kleinstbetriebe, die zugleich die Voraussetzungen für die Behandlung als sonstige Fallart erfüllen, sind nur als sonstige Fallart zu erfassen.

[2] Groß- und Mittelbetriebe, die zugleich auch die Voraussetzung für die Behandlung als sonstige Fallart (bE) erfüllen, sind nur bei der jeweiligen Betriebsart zu erfassen. Klein- und Kleinstbetriebe, die zugleich die Voraussetzungen für die Behandlung als sonstige Fallart (bE) erfüllen, sind nur als sonstige Fallart (bE) zu erfassen.

Kleinbetragsregelung im Erhebungsverfahren

(BMF-Schreiben vom 2.1.2025 - IV D 1-S 0512/00034/002/097, BStBl I S. 5)

Unter Bezugnahme auf das Ergebnis der Erörterungen mit den obersten Finanzbehörden der Länder gilt bei der Erhebung von Ansprüchen aus dem Steuerschuldverhältnis Folgendes:

1. Entrichtung von Kleinbeträgen

Ergibt die Abrechnung eines Bescheides Forderungen von insgesamt weniger als 3,- Euro, so ist dem Steuerpflichtigen durch folgenden Hinweis zu gestatten, diese Kleinbeträge unabhängig von ihrer Fälligkeit erst dann zu entrichten, wenn unter derselben Steuernummer Ansprüche von insgesamt mindestens 3,- Euro fällig werden:

> „Wenn Sie dem Finanzamt unter dieser Steuernummer fällige Beträge von insgesamt weniger als 3,- Euroschulden, können Sie diese Beträge zusammen mit der nächsten Zahlung an das Finanzamt entrichten. Geben Sie dann aber bitte auch die Steuernummer und den Verwendungszweck für diese Beträge an. Unabhängig davon kann das Finanzamt diese Beträge jederzeit verrechnen."

Im SEPA-Lastschriftverfahren sind Beträge von insgesamt weniger als 3,- Euro nicht zum Fälligkeitstag, sondern mit dem nächsten fälligen Betrag abzubuchen.

2. Säumniszuschläge

Säumniszuschläge von insgesamt weniger als 5,- Euro, die unter einer Steuernummer nachgewiesen werden, sollen in der Regel nicht gesondert angefordert werden; sie können jedoch zusammen mit anderen Beträgen angefordert werden.

3. Mahnung

Bei fälligen Beträgen von weniger als 10,- Euro ist von der Mahnung abzusehen. Werden mehrere Ansprüche unter einer Steuernummer nachgewiesen, gilt diese Kleinbetragsgrenze für den jeweils zu mahnenden Gesamtbetrag, dabei sind steuerliche Nebenleistungen einschließlich noch nicht angeforderter Säumniszuschläge mit einzubeziehen.

4. Aufrechnung, Umbuchung

Durch die Kleinbetragsgrenzen der Nummern 1 bis 3 wird die Möglichkeit der Aufrechnung oder Umbuchung nicht ausgeschlossen.

5. Kleinstbeträge

5.1 Erstattungsbeträge von weniger als 1,- Euro sind nur auf Antrag zu erstatten oder wenn sich aus mehreren Beträgen ein Guthaben von mindestens 1,- Euro ergibt.

Ergibt die Abrechnung eines Bescheides einen Gesamtbetrag von weniger als 1,- Euro, so ist in den Bescheid folgender Hinweis aufzunehmen:

> „Verbleibende Beträge von insgesamt weniger als 1,- Euro werden nicht erstattet, weil dadurch unverhältnismäßige Kosten entstehen würden. Das Finanzamt wird

Anhang 68	Kleinbetragsregelung im Erhebungsverfahren

diese Beträge mit der nächsten Erstattung auszahlen oder mit fälligen Beträgen verrechnen."

5.2 Nachzahlungsbeträge von weniger als 1,- Euro werden erst erhoben, wenn sich aus mehreren Beträgen eine Forderung von mindestens 1,- Euro ergibt.

5.3 Eine Verrechnung von Erstattungs- und Nachzahlungsbeträgen von weniger als 1,- Euro ist jederzeit möglich.

Von der Einhaltung der Kleinbetragsgrenzen kann abgesehen werden, wenn diese vom Steuerpflichtigen missbräuchlich ausgenutzt werden.

Diese Regelung tritt mit sofortiger Wirkung an die Stelle der Regelung im BMF-Schreiben vom 22. März 2001 - IV A 4 -S 0512- 2/01 - (BStBl I S. 242).

Zuständigkeit für Stundungen nach § 222 AO und § 6 Abs. 4 AStG, Erlasse nach § 227 AO, Billigkeitsmaßnahmen nach § 163, § 234 Abs. 2, § 237 Abs. 4 AO, Absehen von Festsetzungen nach § 156 Abs. 2 AO und Niederschlagungen nach § 261 AO von Landessteuern und der sonstigen durch Landesfinanzbehörden verwalteten Steuern und Abgaben

(Gleich lautende Erlasse der obersten Finanzbehörden der Länder vom 5 7.2023, BStBl I S. 1468)

Unter Aufhebung der bisherigen Anordnungen wird die Zuständigkeit für Stundungen nach § 222 AO und nach § 6 Abs. 4 AStG in der bis zum 30. Juni 2021 geltenden Fassung, Erlasse nach § 227 AO, Billigkeitsmaßnahmen nach § 163 AO, Absehen von Festsetzungen nach § 156 Abs. 2 AO und Niederschlagungen nach § 261 AO von Landessteuern und sonstigen durch Landesfinanzbehörden verwalteten Steuern und Abgaben - jeweils einschließlich Nebenleistungen - sowie für den Verzicht auf Zinsen nach § 234 Abs. 2, § 237 Abs. 4 AO, soweit sie auf durch Landesfinanzbehörden verwaltete Steuern und Abgaben erhoben werden, wie folgt geregelt

Hinweis:
Soweit nachfolgend von Oberfinanzdirektion die Rede ist, gelten die Bestimmungen auch für die Behörden im Sinne des § 6 Abs. 2 Nr. 4a AO.

A. Regelung der Zuständigkeit

I. Stundungen nach § 222 AO und nach § 6 Abs. 4 AStG in der bis zum 30. Juni 2021 geltenden Fassung

Die Finanzämter sind befugt zu stunden:

1. in eigener Zuständigkeit
   a) Beträge bis einschließlich 100.000 Euro zeitlich unbegrenzt,
   b) höhere Beträge bis zu 6 Monaten;
2. mit Zustimmung der Oberfinanzdirektion
   a) Beträge bis einschließlich 250.000 Euro zeitlich unbegrenzt,
   b) höhere Beträge bis zu 12 Monaten;
3. mit Zustimmung der obersten Landesfinanzbehörde in allen übrigen Fällen.

Stundungen sind stets unter dem Vorbehalt des Widerrufs auszusprechen.

Anhang 38   Zuständigkeit für Billigkeitsmaßnahmen

II. Billigkeitsmaßnahmen nach §§ 163, 227 AO, § 234 Abs. 2 und § 237 Abs. 4 AO

Die Finanzämter sind befugt:

1. zu abweichenden Festsetzungen nach § 163 Abs. 1 Satz 1 AO, zum Erlass nach § 227 AO und zum Verzicht nach § 234 Abs. 2 und § 237 Abs. 4 AO

   a) für Beträge bis einschließlich 20.000 Euro in eigener Zuständigkeit;

   b) bei Säumniszuschlägen, deren Erhebung nicht mit dem Sinn und Zweck des § 240 AO zu vereinbaren und deshalb ein teilweiser oder vollständiger Erlass der kraft Gesetzes verwirkten Säumniszuschläge aus Gründen sachlicher Unbilligkeit geboten ist (AEAO zu § 240, Nr. 5), in unbegrenzter Höhe in eigener Zuständigkeit;

   c) für Beträge bis einschließlich 100.000 Euro mit Zustimmung der Oberfinanzdirektion;

   d) mit Zustimmung der obersten Landesfinanzbehörde in allen übrigen Fällen. Der Betrag, auf den nach § 234 Abs. 2 oder § 237 Abs. 4 AO verzichtet werden soll, kann geschätzt werden.

2. zu abweichenden Festsetzungen nach § 163 Abs. 1 Satz 2 AO, wenn die Höhe der Besteuerungsgrundlagen, die nicht in dem gesetzlich bestimmten Veranlagungszeitraum berücksichtigt werden sollen,

   a) 40.000 Euro nicht übersteigt, in eigener Zuständigkeit,

   b) 200.000 Euro nicht übersteigt, mit Zustimmung der Oberfinanzdirektion,

   c) mit Zustimmung der obersten Landesfinanzbehörde in allen übrigen Fällen.

Vertrauensschutz und Treu und Glauben gelten als Billigkeitsgründe im Sinne der §§ 163, 222, 227 AO.

III. Absehen von Festsetzungen nach § 156 Abs. 2 AO und Niederschlagungen nach § 261 AO

Die Zustimmung der Oberfinanzdirektion ist einzuholen:

a) beim Absehen von der Festsetzung nach § 156 Abs. 2 AO, wenn der Betrag 25.000 Euro übersteigt; der Betrag kann in der Regel geschätzt werden;

b) bei Niederschlagungen nach § 261 AO von Beträgen, die 125.000 Euro übersteigen. Die Zustimmung ist nicht einzuholen bei der Niederschlagung von Insolvenzforderungen. Die Zustimmung ist ferner nicht einzuholen, wenn innerhalb der letzten zwölf Monate eine Zustimmung zur Niederschlagung der Steuern dieser Steuerart und dieses Veranlagungszeitraums bzw. dieser Nebenleistungen (vgl. Abschnitt B. I.) erteilt worden ist.

IV. Zuständigkeit beim Verzicht auf Mittelbehörden (§ 2a FVG)

Ist keine Oberfinanzdirektion eingerichtet, ist bei Überschreiten der für die Vorlage an die Oberfinanzdirektion maßgeblichen Grenzen die Zustimmung der obersten Landesfinanzbehörde einzuholen.

B. Gemeinsame Anordnungen

I. Zuständigkeitsgrenzen

1. Für die Feststellung der Zuständigkeitsgrenzen sind jede Steuerart und jeder Veranlagungszeitraum für sich zu rechnen; erstreckt sich die Maßnahme nach § 163 Abs. 1 Satz 2 AO auf mehrere Jahre, so sind die Beträge, die auf die einzelnen Jahre entfallen, zu einem Gesamtbetrag zusammenzurechnen. Bei Steuerarten ohne bestimmten Veranlagungszeitraum (z. B. Lohnsteuer, Kapitalertragsteuer) gilt das Kalenderjahr als Veranlagungszeitraum; bei den Einzelsteuern ist jeder Steuerfall für sich zu betrachten. Etwaige vorher ausgesprochene Bewilligungen sind zu berücksichtigen. Vorauszahlungen für einen Veranlagungs- bzw. Besteuerungszeitraum sind zusammenzurechnen; sie sind jedoch nicht in einen Jahresbetrag hochzurechnen.

2. Steuerliche Nebenleistungen (§ 3 Abs. 4 AO) sind dem Hauptbetrag nicht hinzuzurechnen. Sie gelten jedoch selbst als Hauptbetrag, soweit für sie eine der in diesem Erlass genannten Maßnahmen getroffen werden soll.

Ist für eine Steuerart und einen Veranlagungszeitraum die Zustimmungsgrenze überschritten, so unterliegen die beantragten Billigkeitsmaßnahmen vollumfänglich dem Zustimmungsvorbehalt.

II. Ablehnung von Anträgen

Die Finanzämter und die Oberfinanzdirektionen sind unabhängig von der Höhe des Betrages berechtigt, Anträge auf Stundung nach § 222 AO und § 6 Abs. 4 AStG, auf abweichende Festsetzung nach § 163 AO, auf Erlass nach § 227 AO sowie auf Verzicht nach § 234 Abs. 2 AO und § 237 Abs. 4 AO abzulehnen, wenn diese Anträge für nicht begründet erachtet werden.

III. Vorlage von Anträgen

Die Finanzämter und die Oberfinanzdirektion haben Anträge auf eine der in Abschnitt B. II. bezeichneten Maßnahmen der zuständigen übergeordneten Behörde vorzulegen, wenn die Anträge ganz oder teilweise für begründet erachtet und die im Abschnitt A. bezeichneten Grenzen überschritten werden oder wenn aus besonderen Gründen die Vorlage angezeigt ist.

Die Zustimmung der jeweils zuständigen Landesfinanzbehörde ist nicht einzuholen bei Ratenzahlungsvereinbarungen nach § 6 Abs. 4 AStG in der ab dem 1. Juli 2021 geltenden Fassung, bei der Zustimmung zu einem Restrukturierungsplan oder außergerichtlichen Schulderbereinigungsplan sowie bei Billigkeitsmaßnahmen über Insolvenzforderungen im Verbraucherinsolvenzverfahren und im Regelinsolvenzverfahren.

In den Fällen von Abschnitt II Nummer 3 des BMF-Schreibens vom 5. Juli 2023 (BStBl I S. 1437) können die Länder ergänzende Weisungen erlassen, inwieweit auf die Zustimmung der obersten Landesfinanzbehörde und/oder der Oberfinanzdirektion verzichtet wird.

Diese Erlasse ergehen im Einvernehmen mit dem Bundesministerium der Finanzen. Sie treten an die Stelle der Erlasse vom 2. November 2021 (BStBl I S. 2154).

Mitwirkung des Bundesministeriums der Finanzen bei Billigkeitsmaßnahmen bei der Festsetzung oder Erhebung von Steuern, die von den Landesfinanzbehörden im Auftrag des Bundes verwaltet werden

(BMF-Schreiben vom 5.7.2023 - IV D 1-S 0336/20/10004:003,1 -, BStBl I S. 1467)

Nach Erörterung mit den obersten Finanzbehörden der Länder gilt bei der Festsetzung oder Erhebung von Steuern, die von den Landesfinanzbehörden im Auftrag des Bundes verwaltet werden, und von Zinsen auf solche Steuern Folgendes:

I.

Die obersten Finanzbehörden der Länder werden in folgenden Fällen die vorherige Zustimmung des Bundesministeriums der Finanzen einholen:

1. Bei Stundungen nach § 222 AO und nach § 6 Abs. 4 AStG in der bis zum 30. Juni 2021 geltenden Fassung, wenn der zu stundende Betrag höher ist als 500.000 Euro und für einen Zeitraum von mehr als 12 Monaten gestundet werden soll;

2. bei Erlassen nach § 227 AO, wenn der Betrag, der erlassen (erstattet, angerechnet) werden soll, 200.000 Euro übersteigt;

3. bei abweichender Festsetzung nach § 163 Abs. 1 Satz 1 AO, wenn der Betrag, um den abweichend festgesetzt werden soll, 200.000 Euro übersteigt;

4. bei Maßnahmen nach § 163 Abs. 1 Satz 2 AO, wenn die Höhe der Besteuerungsgrundlagen, die nicht in dem gesetzlich bestimmten Veranlagungszeitraum berücksichtigt werden sollen, 400.000 Euro übersteigt;

5. bei Billigkeitsrichtlinien der obersten Finanzbehörden der Länder, die die abweichende Festsetzung, die Stundung oder den Erlass betreffen und sich auf eine Mehrzahl von Fällen beziehen.

Vertrauensschutz und Treu und Glauben gelten als Billigkeitsgründe im Sinne der §§ 163, 222, 227 AO.

II.

Die Zustimmung des Bundesministeriums der Finanzen ist nicht einzuholen, wenn

1. einem Restrukturierungsplan oder außergerichtlichen Schuldenbereinigungsplan zugestimmt werden soll,

2. eine Billigkeitsmaßnahme über Insolvenzforderungen im Verbraucherinsolvenzverfahren oder im Regelinsolvenzverfahren gewährt wird,

3. die Gewährung einer Billigkeitsmaßnahme nach §§ 163, 222 oder 227 AO durch BMF-Schreiben allgemein angeordnet oder durch eine im Bundessteuerblatt Teil II veröffentlichte BFH-Entscheidung vorgegeben ist oder

4. Ratenzahlungsvereinbarungen nach § 6 Abs. 4 AStG in der ab dem 1. Juli 2021 geltenden Fassung gewährt werden sollen.

III.

Für die Feststellung der Zustimmungsgrenzen ist jede Steuerart und jeder Veranlagungszeitraum für sich zu rechnen; erstreckt sich die Maßnahme nach § 163 Abs. 1 Satz 2 AO auf mehrere Jahre, so sind die Beträge, die auf die einzelnen Jahre entfallen, zu einem Gesamtbetrag zusammenzurechnen. Bei Steuerarten ohne bestimmten Veranlagungszeitraum (z. B. Lohnsteuer, Kapitalertragsteuer) gilt das Kalenderjahr als Veranlagungszeitraum; bei den Einzelsteuern ist jeder Steuerfall für sich zu betrachten. Etwaige vorher ausgesprochene Bewilligungen sind zu berücksichtigen. Vorauszahlungen dürfen nicht in einen Jahresbetrag umgerechnet werden. Steuerliche Nebenleistungen (§ 3 Abs. 4 AO) sind dem Hauptbetrag nicht hinzuzurechnen. Zinsen gelten jedoch selbst als Hauptbetrag, soweit für sie eine Billigkeitsmaßnahme getroffen werden soll. Dabei sind für einen Verzicht auf Stundungszinsen nach § 234 Abs. 2 AO und auf Aussetzungszinsen nach § 237 Abs. 4 AO die unter I. in den Ziffern 2 und 3 bezeichneten Betragsgrenzen maßgebend.

Ist für eine Steuerart und einen Veranlagungszeitraum die Zustimmungsgrenze überschritten, so unterliegen die beantragten Billigkeitsmaßnahmen vollumfänglich dem Zustimmungsvorbehalt.

Dieses Schreiben tritt an die Stelle des BMF-Schreibens vom 2. November 2021 - IV A 3 – S 0336/20/10004 :001 - (BStBl I S. 2153).

Insolvenzordnung; Anwendungsfragen zu § 55 Abs. 4 InsO

(BMF-Schreiben vom 11.1.2022, IV A 3 – S 0550/21/10001:001, BStBl I S. 116)

Unter Bezugnahme auf das Ergebnis der Erörterungen mit den obersten Finanzbehörden der Länder gilt Folgendes:

Dieses BMF-Schreiben findet Anwendung auf alle Insolvenzverfahren, deren Eröffnung ab dem 1.1.2021 beantragt wurde.

Für Insolvenzverfahren, die vor dem 1.1.2021 beantragt wurden, sind die Regelungen des BMF-Schreibens vom 20.5.2015 - IV A 3 - S 0550/10/10020-05 -, BStBl I S. 476, ergänzt durch BMF-Schreiben vom 18.11.2015 - IV A 3 - S 0550/10/10020-05 -, BStBl I S. 886 weiterhin anzuwenden.[1]

I. Allgemeines

1. Durch das Sanierungs- und Insolvenzrechtsfortentwicklungsgesetz wurde § 55 Absatz 4 InsO wie folgt gefasst:

   „(4) Umsatzsteuerverbindlichkeiten des Insolvenzschuldners, die von einem vorläufigen Insolvenzverwalter oder vom Schuldner mit Zustimmung eines vorläufigen Insolvenzverwalters oder vom Schuldner nach Bestellung eines vorläufigen Sachwalters begründet worden sind, gelten nach Eröffnung des Insolvenzverfahrens als Masseverbindlichkeit. Den Umsatzsteuerverbindlichkeiten stehen die folgenden Verbindlichkeiten gleich:

   1. sonstige Ein- und Ausfuhrabgaben,
   2. bundesgesetzlich geregelte Verbrauchsteuern,
   3. die Luftverkehr- und die Kraftfahrzeugsteuer und
   4. die Lohnsteuer."

II. Anwendung

II.1 Betroffene Personen

2. § 55 Abs. 4 InsO findet Anwendung auf den vorläufigen Insolvenzverwalter, auf den die Verwaltungs- und Verfügungsbefugnis nicht nach § 22 Abs. 1 InsO übergegangen ist (so genannter „schwacher" vorläufiger Insolvenzverwalter). Hierbei ist es unbeachtlich, ob der schwache vorläufige Insolvenzverwalter vom Gericht mit einem Zustimmungsvorbehalt ausgestattet wurde oder nicht. Auch ohne einen Zustimmungsvorbehalt i. S. d. § 21 Abs. 2 Nr. 2 InsO können entsprechende Steuerverbindlichkeiten durch den schwachen vorläufigen Insolvenzverwalter begründet werden, insbesondere wenn

---

[1] BMF-Schreibens vom 20.5.2015, ergänzt durch BMF-Schreiben vom 18.11.2015 letztmalig abgedruckt im Amtlichen AO-Handbuch 2021 Anhang 71

3   § 55 Abs. 4 InsO findet ebenfalls Anwendung auf den Schuldner im vorläufigen Eigenverwaltungsverfahren, nachdem ein vorläufiger Sachwalter bestellt wurde. Hierbei ist es unbeachtlich, ob der Schuldner vom Gericht zur Begründung von Masseverbindlichkeiten ermächtigt wurde.

4   Für den vorläufigen Insolvenzverwalter, auf den die Verwaltungs- und Verfügungsbefugnis nach § 22 Abs. 1 InsO übergegangen ist (so genannter „starker" vorläufiger Insolvenzverwalter), ist § 55 Abs. 4 InsO nicht anwendbar, da insoweit sonstige Masseverbindlichkeiten bereits nach § 55 Abs. 2 InsO begründet werden.

II.2 S Steuerrechtliche Stellung des vorläufigen Insolvenzverwalters und des vorläufigen Sachwalters

5   Die steuerrechtliche Stellung des schwachen vorläufigen Insolvenzverwalters und des vorläufigen Sachwalters wird durch die Regelung des § 55 Abs. 4 InsO nicht berührt. Weder der schwache vorläufige Insolvenzverwalter noch der vorläufige Sachwalter ist Vermögensverwalter i. S. d. § 34 Abs. 3 AO, so dass er während des Insolvenzeröffnungsverfahrens weder die steuerlichen Pflichten des Insolvenzschuldners zu erfüllen hat noch diese erfüllen darf. Die steuerlichen Pflichten des Insolvenzschuldners sind während des Insolvenzeröffnungsverfahrens vom Insolvenzschuldner selbst zu erfüllen.

II.3 Verbindlichkeiten / Forderungen

6   Die Vorschrift ist lediglich auf Verbindlichkeiten des Insolvenzschuldners aus dem Steuerschuldverhältnis anwendbar. Steuererstattungsansprüche und Steuervergütungsansprüche werden von der Vorschrift nicht erfasst (vgl. BFH-Urteil vom 23.7.2020, V R 26/19, BFH/NV 2021 S. 146). Zur Ermittlung der Masseverbindlichkeit nach § 55 Abs. 4 InsO bei der Umsatzsteuer vgl. Rz. 34 und 35.

II.4 Betroffene Steuerarten und steuerliche Nebenleistungen

7   Der Anwendungsbereich des § 55 Abs. 4 InsO erstreckt sich auf folgende Steuerarten:

- Umsatzsteuer,
- sonstige Ein- und Ausfuhrabgaben,
- bundesgesetzlich geregelte Verbrauchsteuern,
- Luftverkehr- und Kraftfahrzeugsteuer und
- Lohnsteuer.

8   Steuerliche Nebenleistungen werden von § 55 Abs. 4 InsO nicht erfasst.

Die ab Festsetzung gegen den Insolvenzverwalter oder den eigenverwaltenden Schuldner entstehenden Säumniszuschläge auf als Masseverbindlichkeiten nach § 55 Abs. 4 InsO zu qualifizierende Umsatz- und Lohnsteuerforderungen (vgl. Rz. 35 und 43) sind nach § 55 Abs. 1 Nr. 1 InsO geltend zu machen.

II.4.1 Umsatzsteuer

II.4.1.1 Umsatzsteuerverbindlichkeiten aufgrund ausgeführter Lieferungen und sonstiger Leistungen

9 Umsatzsteuerrechtliche Verbindlichkeiten aufgrund von Lieferungen und sonstigen Leistungen werden nach § 55 Abs. 4 InsO im vorläufigen Eigenverwaltungsverfahren vom Insolvenzschuldner selbst begründet. Dabei ist auf die Entgeltvereinnahmung durch den eigenverwaltenden Schuldner abzustellen.

10 Umsatzsteuerrechtliche Verbindlichkeiten aufgrund von Lieferungen und sonstigen Leistungen im vorläufigen Insolvenzverfahren werden nach § 55 Abs. 4 InsO im Rahmen der für den schwachen vorläufigen Insolvenzverwalter bestehenden rechtlichen Befugnisse begründet.

Eine solche rechtliche Befugnis liegt insbesondere dann vor, wenn der schwache vorläufige Insolvenzverwalter durch das Insolvenzgericht zum Forderungseinzug ausdrücklich ermächtigt wurde (vgl. BFH-Urteil vom 24.9.2014, V R 48/13, BStBl 2015 II S. 506). Dabei ist auf die Entgeltvereinnahmung durch den schwachen vorläufigen Insolvenzverwalter sowie auf die Entgeltvereinnahmung durch den Schuldner mit Zustimmung des schwachen vorläufigen Insolvenzverwalters abzustellen.

11 Von einer Befugnis zur Entgeltvereinnahmung ist auch dann auszugehen, wenn der schwache vorläufige Insolvenzverwalter nur mit einem allgemeinen Zustimmungsvorbehalt ausgestattet wurde, denn der Drittschuldner kann schuldbefreiend nur noch mit Zustimmung des vorläufigen Insolvenzverwalters leisten (§ 24 Abs. 1 und § 82 InsO). Gleiches gilt, wenn der schwache vorläufige Insolvenzverwalter zur Kassenführung berechtigt ist

12 Darüber hinaus können auch Handlungen des schwachen vorläufigen Insolvenzverwalters zur Entstehung von Masseverbindlichkeiten nach § 55 Abs. 4 InsO führen (z. B. Verwertung von Anlagevermögen durch den schwachen vorläufigen Insolvenzverwalter im Rahmen einer Einzelermächtigung, sofern nicht bereits § 55 Abs. 2 InsO einschlägig ist).

13 Daher führt auch der Erhalt einer Gegenleistung, z. B. beim Tausch oder bei tauschähnlichen Umsätzen, zu einer Masseverbindlichkeit nach § 55 Abs. 4 InsO.

Unentgeltliche Wertabgaben nach Bestellung des schwachen vorläufigen Insolvenzverwalters i. S. v. § 3 Abs. 1b und 9a UStG fallen ebenfalls in den Anwendungsbereich des § 55 Abs. 4 InsO.

II.4.1.2 Umsatzberichtigung wegen Uneinbringlichkeit aus Rechtsgründen (BFH-Urteil vom 24.9.2014 - V R 48/13 -)

14 Aufgrund der Bestellung eines schwachen vorläufigen Insolvenzverwalters mit allgemeinem Zustimmungsvorbehalt (§ 21 Abs. 2 Nr. 2 2. Alternative InsO), mit Recht zum Forderungseinzug (§§ 22 Abs. 2, 23 InsO) oder mit Berechtigung zur Kassenführung werden bei der Besteuerung nach vereinbarten Entgelten die noch ausstehenden Entgelte für zuvor erbrachte Leistungen im Augenblick vor der Eröffnung des vorläufigen Insolvenzverfahrens aus Rechtsgründen uneinbringlich. Uneinbringlich werden auch die Entgelte für die Leistungen, die der Insolvenzschuldner nach Bestellung des schwachen vorläufigen Insolvenzverwalters mit allgemeinem Zustimmungsvorbehalt, mit Recht zum Forderungseinzug oder mit Berechtigung zur Kassenführung bis zur Beendigung des Insolvenzeröffnungsverfahrens (§§ 26, 27 InsO) erbringt.

15 Maßgeblich hierfür ist nach Auffassung des BFH, dass entsprechend § 80 Abs. 1 InsO die Empfangszuständigkeit für alle Leistungen, die auf die zur Insolvenzmasse gehörenden Forderungen erbracht werden, auf den schwachen vorläufigen Insolvenzverwalter mit Recht zum Forderungseinzug übergeht und dass der Insolvenzschuldner somit aus rechtlichen Gründen nicht mehr in der Lage ist, rechtswirksam Entgeltforderungen in seinem eigenen vorinsolvenzrechtlichen Unternehmensteil selbst zu vereinnahmen, da sie im Rahmen der Masseverwaltung und Masseverwertung zu vereinnahmen sind und damit zum Bereich der Masseverbindlichkeiten gehören. Die rechtlichen Auswirkungen des BFH-Urteils vom 9.12.2010, V R 22/10, BStBl 2011 II S. 996 werden somit auf den Zeitpunkt der Bestellung des schwachen vorläufigen Insolvenzverwalters vorverlegt.

16 Die in den Rz. 14 und 15 dargelegten Ausführungen des BFH gelten auch bei der Bestellung eines schwachen vorläufigen Insolvenzverwalters mit allgemeinem Zustimmungsvorbehalt **ohne** ausdrücklichem Recht zum Forderungseinzug.

17 Die in Rz. 14 und 15 dargestellten Grundsätze gelten für den Schuldner auch bei der Bestellung eines vorläufigen Sachwalters in der Eigenverwaltung. Der eigenverwaltende Schuldner in der vorläufigen Eigenverwaltung hat aufgrund der weiter bestehenden Verwaltungs- und Verfügungsbefugnis auch die notwendige Vereinnahmungsbefugnis; er vereinnahmt aber bereits im Insolvenzeröffnungsverfahren für die spätere Insolvenzmasse und begründet Masseverbindlichkeiten nach § 55 Abs. 4 InsO. Der Schuldner übt die ihm verbliebenen Befugnisse im Insolvenzeröffnungsverfahren innerhalb der in §§ 270 ff. InsO geregelten Rechte und Pflichten aus und nimmt damit Aufgaben für den Unternehmensteil der späteren Insolvenzmasse wahr.

18 Nach § 17 Abs. 2 Nr. 1 Satz 1, Abs. 1 Satz 1 UStG ist der Steuerbetrag für steuerpflichtige Ausgangsleistungen des Unternehmens zu berichtigen, wenn das vereinbarte Entgelt uneinbringlich geworden ist.

Beispiel 1:

Der Insolvenzschuldner hat Forderungen aus steuerpflichtigen Umsätzen, die er vor der Bestellung des schwachen vorläufigen Insolvenzverwalters erbracht hat, in Höhe von 11.900 €. Er hat diese Umsätze zwar angemeldet, die Entrichtung des Entgelts vom Leistungsempfänger steht aber noch aus. Durch die Bestellung des schwachen vorläufigen Insolvenzverwalters werden diese Forderungen aus rechtlichen Gründen uneinbringlich, da der Leistungsempfänger nicht mehr an den Insolvenzschuldner leisten kann. Die für diese Umsätze geschuldeten Steuerbeträge sind nach § 17 Abs. 2 Nr. 1 Satz 1, Abs. 1 Satz 1 UStG zu berichtigen.

Beispiel 2:

Nach der Bestellung des schwachen vorläufigen Insolvenzverwalters erbringt der Insolvenzschuldner steuerpflichtige Umsätze i. H. v. 5.950 €. Diese Umsätze hat er im Voranmeldungszeitraum der Leistungserbringung grundsätzlich zu versteuern. Gleichzeitig sind die Steuerbeträge für diese Umsätze nach § 17 Abs. 2 Nr. 1 Satz 1, Abs. 1 Satz 1 UStG zu berichtigen, da die Forderung aus rechtlichen Gründen uneinbringlich wird.

19 Die Grundsätze zur Umsatzberichtigung wegen Uneinbringlichkeit aus Rechtsgründen gelten grundsätzlich auch im vorläufigen Eigenverwaltungsverfahren, weil der Schuldner zwar die Verwaltungs- und Verfügungsmacht über sein Vermögen behält, aber bereits jetzt schon für die spätere Insolvenzmasse vereinnahmt und damit Masseverbindlichkeiten nach § 55 Abs. 4 InsO begründet.

In der vorläufigen Eigenverwaltung ist daher die Umsatzsteuer auf ausstehende Entgelte für vom Insolvenzschuldner erbrachte Umsätze nach § 17 Abs. 2 Nr. 1 Satz 1 und Abs. 1 Satz 1 UStG aus Rechtsgründen zu berichtigen.

II.4.1.3 Forderungseinzug bei der Besteuerung nach vereinbarten und nach vereinnahmten Entgelten im Insolvenzeröffnungsverfahren

20 Im Fall der Besteuerung nach vereinbarten Entgelten kommt es im Anschluss an die Uneinbringlichkeit durch die Vereinnahmung des Entgeltes gem. § 17 Abs. 2 Nr. 1 Satz 2 UStG zu einer zweiten Berichtigung. Dem steht nicht entgegen, dass die erste Berichtigung aufgrund Uneinbringlichkeit und die zweite Berichtigung aufgrund nachfolgender Vereinnahmung ggf. im selben Voranmeldungs- oder Besteuerungszeitraum zusammentreffen (BFH-Urteil vom 24.10.2013, V R 31/12, BStBl 2015 II S. 674).

> **Beispiel 3:**
>
> Von den berichtigten Umsätzen aus den vorherigen Beispielen vereinnahmt der schwache vorläufige Insolvenzverwalter 2.000 €. Durch die Vereinnahmung des Entgelts sind die darin enthaltenen Steuerbeträge für die Umsätze nach § 17 Abs. 2 Nr. 1 Satz 2 UStG insoweit ein zweites Mal zu berichtigen.
>
> Diese zweite Steuerberichtigung nach § 17 Abs. 2 Nr. 1 Satz 2 UStG erfolgt im Gegensatz zur ersten Berichtigung nach § 17 Abs. 2 Nr. 1 Satz 1, Abs. 1 Satz 1 UStG im Unternehmensteil Insolvenzmasse und führt daher zu Masseverbindlichkeiten nach § 55 Abs. 4 InsO.

21 Die vorstehenden Ausführungen gelten auch im Falle der vorläufigen Eigenverwaltung.

22 Wurde das Entgelt bereits vor dem Insolvenzeröffnungsverfahren aus tatsächlichen Gründen (z. B. wegen Zahlungsunfähigkeit des Entgeltschuldners) als uneinbringlich behandelt, und der darin enthaltene Steuerbetrag nach § 17 Abs. 2 Nr. 1 Satz 1, Abs. 1 Satz 1 UStG berichtigt, ist mit Vereinnahmung während des Insolvenzeröffnungsverfahrens erneut eine Berichtigung des Entgelts nach § 17 Abs. 2 Nr. 1 Satz 2 UStG durchzuführen. Die dabei entstehende Steuer führt zu einer Masseverbindlichkeit i. S. v. § 55 Abs. 4 InsO.

23 Im Fall der Istversteuerung führt die Vereinnahmung der Entgelte durch den schwachen vorläufigen Insolvenzverwalter im vorläufigen Insolvenzverfahren bzw. durch den Insolvenzschuldner im vorläufigen Eigenverwaltungsverfahren mit der Eröffnung des Insolvenzverfahrens zur Entstehung von Masseverbindlichkeiten i. S. d. § 55 Abs. 4 InsO (vgl. BFH-Urteil vom 29.1.2009, V R 64/07, BStBl II S. 682).

II.4.1.4 Vorsteuerrückforderungsansprüche nach § 17 UStG

24 Der Vorsteuerberichtigungsanspruch aus nicht bezahlten Leistungsbezügen nach § 17 Abs. 2 Nr. 1 Satz 1, Abs. 1 Satz 2 UStG entsteht mit der Bestellung des schwachen vorläufigen Insolvenzverwalters mit Zustimmungsvorbehalt. Der Gläubiger des Insolvenzschuldners kann nämlich seinen Entgeltanspruch zumindest für die Dauer des Eröffnungsverfahrens nicht mehr durchsetzen. Entsprechende Vorsteuerrückforderungsansprüche stellen Insolvenzforderungen dar.

Der Vorsteuerabzug aus Leistungen, die der Insolvenzschuldner im Insolvenzeröffnungsverfahren bezieht, ist ebenfalls aus rechtlichen Gründen uneinbringlich und entsprechend nach § 17 Abs. 2 Nr. 1 Satz 1, Abs. 1 Satz 2 UStG zu berichtigen. Dies gilt sowohl bei der Besteuerung nach vereinbarten als auch nach vereinnahmten Entgelten. Da dieser Berichtigungsanspruch regelmäßig mit dem ursprünglichen Vorsteueranspruch im gleichen Voranmeldungszeitraum zusammenfällt, ergeben sich grundsätzlich keine Steueransprüche, die als Insolvenzforderungen geltend zu machen wären (vgl. analog zum Beispiel 2 in Rz. 18).

In der vorläufigen Eigenverwaltung erfolgt ebenfalls eine Vorsteuerberichtigung wegen Uneinbringlichkeit, da bei objektiver Betrachtung damit zu rechnen ist, dass der Leistende die Entgeltforderung ganz oder teilweise jedenfalls auf absehbare Zeit rechtlich oder tatsächlich nicht mehr durchsetzen kann (vgl. BFH-Urteil vom 20.7.2006, V R 13/04, BStBl 2007 II S. 25, Abschnitt 17.1. Abs. 5 Satz 2 UStAE).

25 Durch den schwachen vorläufigen Insolvenzverwalter veranlasste Zahlungen von Entgelten aus vor oder nach seiner Bestellung bezogenen Leistungen führen zu einer zweiten Berichtigung des Vorsteuerabzugs nach § 17 Abs. 1 Satz 2 UStG. Auch dies kann im selben Voranmeldungs- oder Besteuerungszeitraum zusammentreffen.

Gleiches gilt bei Zahlungen des Schuldners im vorläufigen Eigenverwaltungsverfahren, wenn zuvor eine Vorsteuerberichtigung erfolgte.

Die zweite Vorsteuerberichtigung nach § 17 Abs. 1 Satz 2 UStG mindert der Steueranspruch und ist im Fall einer nachfolgenden Insolvenzeröffnung bei der Berechnung der sich für den Voranmeldungs- oder Besteuerungszeitraum ergebenden Masseverbindlichkeit i. S. d. § 55 Abs. 4 InsO anspruchsmindernd zu berücksichtigen.

II.4.1.5 Berichtigung des Vorsteuerabzugs nach § 15a UStG

26 Ist während des Insolvenzeröffnungsverfahrens eine Vorsteuerberichtigung nach § 15a UStG durchzuführen, fällt diese in den Anwendungsbereich des § 55 Abs. 4 InsO, soweit die Änderung der Verhältnisse im Rahmen der Befugnisse des schwachen vorläufigen Insolvenzverwalters (z. B. Zustimmung zum Verkauf eines Grundstücks) oder durch den vorläufig eigenverwaltenden Schuldner veranlasst wurde.

II.4.1.6 Verwertung von Sicherungsgut

27 Die Verwertung von Sicherungsgut begründet keine Umsatzsteuerverbindlichkeiten nach § 55 Abs. 4 InsO. Derartige Umsätze unterliegen weiterhin der Steuerschuldnerschaft des Leistungsempfängers nach § 13b Abs. 2 Nr. 2 UStG. Durch die Fiktion in § 55 Abs. 4 InsO werden diese Umsätze nicht zu Umsätzen „innerhalb" des Insolvenzverfahrens.

II.4.3 Lohnsteuer

28 Werden Löhne während des Insolvenzeröffnungsverfahrens an die Arbeitnehmer ausgezahlt, stellt die hierbei entstandene Lohnsteuer mit Verfahrenseröffnung eine Masseverbindlichkeit dar. Dies gilt nicht für Insolvenzgeldzahlungen; diese unterliegen als steuerfreie Einnahmen nach § 3 Nr. 2 EStG nicht dem Lohnsteuerabzug.

III. Verfahrensrechtliche Fragen

III.1 Steuererklärungspflichten

29 § 55 Abs. 4 InsO ändert nicht den rechtlichen Status des schwachen vorläufigen Insolvenzverwalters oder des vorläufigen Sachwalters bzw. des Schuldners und lässt das Steuerrechtsverhältnis unberührt.

30 Da weder der schwache vorläufige Insolvenzverwalter noch der vorläufige Sachwalter Vermögensverwalter nach § 34 Abs. 3 AO ist, haben sie keine Steuererklärungspflichten für den Insolvenzschuldner zu erfüllen. Bis zur Eröffnung des Insolvenzverfahrens obliegen dem Schuldner die Steuererklärungspflichten auch für die Besteuerungsgrundlagen, für die § 55 Abs. 4 InsO gilt.

31 § 55 Abs. 4 InsO verlagert lediglich den Zeitpunkt der Zuordnung von Steuerverbindlichkeiten in Masseverbindlichkeiten und Insolvenzforderungen von der Eröffnung des Insolvenzverfahrens im vorläufigen Insolvenzverfahren auf den Zeitpunkt der Bestellung des schwachen vorläufigen Insolvenzverwalters bzw. im vorläufigen Eigenverwaltungsverfahren auf den Zeitpunkt der Bestellung des vorläufigen Sachwalters vor.

III.2 Entstehung der Masseverbindlichkeiten

32 Erst mit der Eröffnung des Insolvenzverfahrens gelten die nach Maßgabe des § 55 Abs. 4 InsO im Insolvenzeröffnungsverfahren begründeten Verbindlichkeiten als Masseverbindlichkeiten.

III.3 Zuordnung und Geltendmachung von Masseverbindlichkeiten nach § 55 Abs. 4 InsO bei der Umsatzsteuer

III.3.1 Berechnung und Verteilung von Masseverbindlichkeiten nach § 55 Abs. 4 InsO bei der Umsatzsteuer

33 Nach den Grundsätzen der BFH-Urteile vom 9.12.2010, V R 22/10, BStBl 2011 II S. 996, und vom 24.11.2011, V R 13/11, BStBl 2012 II S. 298, sind die mit Insolvenzeröffnung entstehenden selbständigen umsatzsteuerrechtlichen Unternehmensteile „Insolvenzmasse" und „vorinsolvenzlicher Unternehmensteil" bei allen Umsatzsteuersachverhalten im Insolvenzverfahren zu beachten. Bei der jeweiligen Steuerberechnung der einzelnen Unternehmensteile sind nur die Umsätze und die Vorsteuern der betreffenden Unternehmensteile zu berücksichtigen. Eine Vermischung der Besteuerungsgrundlagen der einzelnen Unternehmensteile untereinander ist nicht zulässig. Daher sind nach Eröffnung des Insolvenzverfahrens die Steuerbeträge und die Vorsteuern aller Besteuerungszeiträume des vorläufigen Insolvenzverfahrens, unabhängig davon, ob sich aus dem einzelnen Umsatzsteuervoranmeldungszeitraum insgesamt eine Zahllast oder ein Guthaben ergibt, auf die einzelnen selbständigen umsatzsteuerrechtlichen Unternehmensteile zu verteilen. Für Zwecke dieser Zuordnung gilt Folgendes:

34 Die in den betreffenden Voranmeldungszeiträumen begründeten Steuern aus Lieferungen und sonstigen Leistungen i. S. d. § 55 Abs. 4 InsO (vgl. Rz. 20, 22 und 26) sind um die begründeten Vorsteuerbeträge i. S. d. § 55 Abs. 4 InsO (vgl. Rz. 25) zu mindern. Nur soweit sich aus der Summe der so ermittelten Ergebnisse aller Voranmeldungszeiträume des vorläufigen Insolvenzverfahrens eine Zahllast ergibt, liegt eine Masseverbindlichkeit i. S. d. § 55 Abs. 4 InsO vor.

Beispiel:

Nach den erforderlichen Berichtigungen gem. § 17 UStG (siehe insbes. Rz. 18 und 24) ergeben sich im vorläufigen Insolvenzverfahren für den Voranmeldungszeitraum 01 ein Erstattungsbetrag von 5.000 € und für die Voranmeldungszeiträume 02 und 03 jeweils eine Zahllast von 10.000 €. Die Umsätze und Vorsteuern setzen sich wie folgt zusammen:

	UStVA 01	UStVA 02	UStVA 03
Umsatzsteuer auf Umsätze gem. § 55 Abs. 4 InsO	3.000 €	16.000 €	13.000 €
Vorsteuern gem. § 55 Abs. 4 InsO	8.000 €	6.000 €	3.000 €
Summe	-5.000 €	10.000 €	10.000 €

Da sich aus der Summe der so ermittelten Ergebnisse der Umsatzsteuervoranmeldungszeiträume für den Zeitraum des vorläufigen Insolvenzverfahrens eine Zahllast ergibt (-5.000 € +10.000 € + 10.000 € = 15.000 €), liegen Masseverbindlichkeiten i. S. d. § 55 Abs. 4 InsO i. H. v. 15.000 € vor.

35 Die als Masseverbindlichkeiten i. S. d. § 55 Abs. 4 InsO geltenden Umsatzsteuerverbindlichkeiten (vgl. Rz. 34) sind nach Eröffnung des Insolvenzverfahrens für die einzelnen (Vor-)Anmeldungszeiträume des Insolvenzeröffnungsverfahrens gegenüber dem Insolvenzverwalter oder dem eigenverwaltenden Schuldner festzusetzen (vgl. BFH-Urteil vom 24.9.2014, V R 48/13, BStBl 2015 II S. 506; Rz. 39 ff.). Einwendungen hiergegen können nach den allgemeinen Grundsätzen, insbesondere im Wege des Einspruchs nach § 347 AO, geltend gemacht werden.

Beispiel:

Im obigen Beispiel sind für den Umsatzsteuervoranmeldungszeitraum 01 ein Erstattungsbetrag, welcher sich aus den begründeten Steuern aus der Entgeltvereinnahmung des schwachen vorläufigen Insolvenzverwalters i. S. d. § 55 Abs. 4 InsO und den mit Zustimmung des schwachen vorläufigen Insolvenzverwalters begründeten Vorsteuerbeträgen ergibt, i. H. v. 5.000 € und für die Umsatzsteuervoranmeldungszeiträume 02 sowie 03 jeweils eine Masseverbindlichkeit i. S. d. § 55 Abs. 4 InsO i. H. v. 10.000 € gegen den Insolvenzverwalter festzusetzten. Der Erstattungsbetrag für den Umsatzsteuervoranmeldungszeitraum 01 kann mit den Masseverbindlichkeiten nach § 55 Abs. 4 InsO oder anderen Masseverbindlichkeiten verrechnet werden.

36 Nicht als Masseverbindlichkeit i. S. d. § 55 Abs. 4 InsO geltend zu machende Umsatzsteuerverbindlichkeiten sind als Insolvenzforderung zur Insolvenztabelle anzumelden. Dabei ist es zwar zulässig aber nicht erforderlich, zur Insolvenztabelle die einzelnen, ggf. vor Eröffnung des Insolvenzverfahrens noch angemeldeten bzw. festgesetzten Umsatzsteuerforderungen aus den einzelnen Voranmeldungszeiträumen anzumelden.

Ausreichend ist die Anmeldung der noch nicht getilgten Jahressteuer des Insolvenzeröffnungsjahrs für den vorinsolvenzlichen Unternehmensteil. Die jahresbezogene Saldierung nach § 16 Abs. 2 UStG stellt keine Aufrechnung i. S. v. § 96 InsO dar und geht dieser somit vor (BFH-Urteil vom 25.7.2012, VII R 44/10, BStBl 2013 II S. 33).

37 Während des Insolvenzeröffnungsverfahrens hat der Unternehmer für jeden Voranmeldungszeitraum eine Umsatzsteuervoranmeldung einzureichen, die sämtliche unselbständigen Besteuerungsgrundlagen enthält.

III.3.2 Geltendmachung von Masseverbindlichkeiten nach § 55 Abs. 4 InsO bei der Umsatzsteuer

38 Nach Eröffnung des Insolvenzverfahrens sind die als Masseverbindlichkeiten i. S. d. § 55 Abs. 4 InsO geltenden Umsatzsteuerverbindlichkeiten (vgl. Rz. 33 und 34) für die Voranmeldungszeiträume des vorläufigen Insolvenzverfahrens gegenüber dem Insolvenzverwalter festzusetzen und bekannt zu geben. Hierbei ist es unbeachtlich, wenn für denselben Voranmeldungszeitraum bereits vor der Insolvenzeröffnung ein Vorauszahlungsbescheid vorlag, der sich gem. § 168 Satz 1 AO auch aus einer Steueranmeldung ergeben kann, die einer Steuerfestsetzung unter Vorbehalt der Nachprüfung gleichsteht (vgl. BFH-Urteil vom 24.9.2014; V R 48/13; BStBl 2015 II S. 506). Eventuell erfolgte Zahlungen auf die als Masseverbindlichkeiten i. S. d. § 55 Abs. 4 InsO geltenden Umsatzsteuerverbindlichkeiten sind im Abrechnungsteil der Festsetzung anzurechnen.

Für die Bekanntgabe der Festsetzungen gelten die allgemeinen Grundsätze zu § 122 AO und der Nrn. 4.3, 4.4, 6.1, 13.2 und 15.1 des AEAO zu § 251.

39 Die bisher gegen den Insolvenzschuldner (vorinsolvenzlicher Unternehmensteil) für die Zeiträume des vorläufigen Insolvenzverfahrens festgesetzten Umsatzsteuern sind - korrespondierend zu den Festsetzungen gegen die Insolvenzmasse - in Form einer Steuerberechnung mit anschließender (gegebenenfalls berichtigter) Tabellenanmeldung zu ändern, soweit darin unselbständige Besteuerungsgrundlagen berücksichtigt sind, die wegen § 55 Abs. 4 InsO nach Insolvenzeröffnung als Masseverbindlichkeiten dem Unternehmensteil „Insolvenzmasse" zuzurechnen sind.

40 Der Insolvenzverwalter kann seiner Mitwirkungspflicht durch die schlichte Anzeige der unter § 55 Abs. 4 InsO fallenden Besteuerungsgrundlagen oder durch die Abgabe von Umsatzsteuervoranmeldungen entsprechen. Soweit der Insolvenzverwalter seiner Mitwirkungspflicht nicht nachkommt, sind die Besteuerungsgrundlagen zur Berechnung der Masseverbindlichkeiten sachgerecht zu schätzen.

41 In der Umsatzsteuerjahreserklärung sind die die Masseverbindlichkeiten i. S. d. § 55 Abs. 4 InsO begründenden unselbständigen Besteuerungsgrundlagen mit den die Masseverbindlichkeiten i. S. d. § 55 Abs. 1 und ggf. § 55 Abs. 2 InsO begründenden Besteuerungsgrundlagen in der (Teil-)Umsatzsteuerjahreserklärung des Unternehmensteiles Insolvenzmasse zu berücksichtigen.

42 Die Ausführungen der Rz. 38 bis 41 gelten analog auch für die Eigenverwaltung. Der eigenverwaltende Schuldner tritt an die Stelle des Insolvenzverwalters.

III.4 Geltendmachung von Masseverbindlichkeiten nach § 55 Abs. 4 InsO bei der Lohnsteuer

43 Nach Eröffnung des Insolvenzverfahrens sind die als Masseverbindlichkeiten i. S. d. § 55 Abs. 4 InsO geltenden Lohnsteuerverbindlichkeiten (vgl. Rz. 28) für die Anmeldungszeiträume des Insolvenzeröffnungsverfahrens gegenüber dem Insolvenzverwalter festzusetzen und bekannt zu geben. Hierbei ist es unbeachtlich, wenn für denselben Anmeldungszeitraum bereits vor der Insolvenzeröffnung eine Lohnsteuerfestsetzung vorlag, die sich gem. § 168 Satz 1 AO auch aus einer Steueranmeldung ergeben kann, die einer Steuerfestsetzung unter Vorbehalt der Nachprüfung gleichsteht (vgl. BFH-Urteil vom 24.9.2014, V R 48/13, BStBl 2015 II S. 506). Eventuell erfolgte Zahlungen auf die als Masseverbindlichkeiten i. S. d. § 55 Abs. 4 InsO geltenden Lohnsteuerverbindlichkeiten sind im Abrechnungsteil der Festsetzung anzurechnen.

44 Die bisher gegen den Insolvenzschuldner für die Zeiträume des Insolvenzeröffnungsverfahrens festgesetzten Lohnsteuern sind - korrespondierend zu den Festsetzungen gegen die Insolvenzmasse - in Form einer Steuerberechnung mit anschließender (gegebenenfalls berichtigter) Tabellenanmeldung zu ändern, soweit darin unselbständige Besteuerungsgrundlagen berücksichtigt sind, die wegen § 55 Abs. 4 InsO nach Insolvenzeröffnung als Masseverbindlichkeiten gelten.

45 Der Insolvenzverwalter kann seiner Mitwirkungspflicht durch die schlichte Anzeige der unter § 55 Abs. 4 InsO fallenden Besteuerungsgrundlagen oder durch die Abgabe von Lohnsteueranmeldungen entsprechen. Soweit der Insolvenzverwalter seiner Mitwirkungspflicht nicht nachkommt, sind die Besteuerungsgrundlagen zur Berechnung der Masseverbindlichkeiten sachgerecht zu schätzen.

46 Die Ausführungen der Rz. 43 bis 45 gelten analog auch für die Eigenverwaltung. Der eigenverwaltende Schuldner tritt an die Stelle des Insolvenzverwalters.

III.5 Einwendungen gegen die Zuordnung als Masseverbindlichkeit nach § 55 Abs. 4 InsO

47 Einwendungen gegen die Zuordnung von Steueransprüchen als Masseverbindlichkeit nach § 55 Abs. 4 InsO können nach den allgemeinen Grundsätzen, insbesondere im Wege des Einspruchs gegen die Festsetzung der Umsatzsteuer sowie der Lohnsteuer, geltend gemacht werden.

Der Insolvenzverwalter kann mit Verfahrenseröffnung die Rechte wahrnehmen, die dem Schuldner zu diesem Zeitpunkt auch zugestanden hätten.

In Fällen der Eigenverwaltung nimmt der Schuldner die Rechte selbst wahr.

III.6 Aufrechnung gegen Steuererstattungsansprüche

48 Vor Eröffnung des Insolvenzverfahrens sind Steuerforderungen und Steuererstattungen ohne Einschränkungen aufrechenbar, soweit die Aufrechnungsvoraussetzungen vorliegen. Der Umstand, dass bestimmte Steuerforderungen später (nach Insolvenzeröffnung) gem. § 55 Abs. 4 InsO zu Masseverbindlichkeiten werden, hindert die Aufrechnung nicht.

49 Nach Verfahrenseröffnung noch bestehende Steuererstattungsansprüche aus dem Zeitraum des Eröffnungsverfahrens sind vorbehaltlich des BFH-Urteils vom 2.11.2010, VII R 6/10, BStBl I 2011 S. 374, mit Insolvenzforderungen aufrechenbar.

50   Sofern § 96 Abs. 1 Nr. 3 InsO einer Aufrechnung mit Insolvenzforderungen entgegensteht, kann gegen diese Guthaben mit Masseverbindlichkeiten (insbesondere mit Masseverbindlichkeiten gem. § 55 Abs. 4 InsO) aufgerechnet werden. § 96 Abs. 1 Nr. 3 InsO gilt nicht für Massegläubiger, sondern nur für Insolvenzgläubiger.

IV. Anfechtung

51   Tatbestandlich ist § 55 Abs. 4 InsO im Zeitpunkt der Insolvenzeröffnung im Falle einer anfechtbar geleisteten Zahlung mangels bestehender Steuerverbindlichkeiten nicht erfüllt. Würde der Insolvenzverwalter oder der Sachwalter nach der Insolvenzeröffnung die Anfechtung der Steuerzahlung erklären und das Finanzamt auf die Anfechtung hin zahlen, würde die ursprüngliche Steuerforderung nach § 144 Abs. 1 InsO unmittelbar, aber nunmehr als Masseforderung wieder aufleben. Das Finanzamt würde eine Zahlung leisten, die es sofort wieder zurückfordern könnte. Eine Zahlung auf den Anfechtungsanspruch kann daher wegen Rechtsmissbräuchlichkeit verweigert werden.

Dieses Schreiben wird im Bundessteuerblatt Teil I veröffentlicht.

Insolvenzordnung;

Kriterien für die Entscheidung über einen Einigungsversuch zur außergerichtlichen Schuldenbereinigung (§ 305 Abs. 1 Nr. 1 InsO)

BMF-Schreiben vom 27.1.2021 - IV A 3 - S 0550/20/10008 :001 - (BStBl. I S. 152)

Unter Bezugnahme auf das Ergebnis der Erörterung mit den obersten Finanzbehörden der Länder gilt für die Entscheidung über einen außergerichtlichen Schuldenbereinigungsplan Folgendes:

1. Anwendungsbereich

Bevor ein Schuldner einen Antrag auf Eröffnung eines Verbraucherinsolvenzverfahrens stellen kann, muss er versuchen, eine außergerichtliche Einigung mit den Gläubigern über die Schuldenbereinigung herbei zu führen (§ 305 Abs. 1 Nr. 1 InsO).

Die nachfolgender Regelungen gelten für ein solches außergerichtliches Schuldenbereinigungsverfahren.

Das außergerichtliche Schuldenbereinigungsverfahren findet Anwendung auf natürliche Personen, die keine selbständige wirtschaftliche Tätigkeit ausüben oder ausgeübt haben; nur sie können das Verbraucherinsolvenzverfahren nach §§ 304 ff. InsO beantragen. Personen, die eine selbständige Tätigkeit ausgeübt haben, gehören dazu, wenn ihre Vermögensverhältnisse überschaubar sind und gegen sie keine Forderungen aus Arbeitsverhältnissen bestehen. Überschaubar sind Vermögensverhältnisse, wenn der Schuldner zu dem Zeitpunkt, zu dem der Antrag auf Eröffnung des Insolvenzverfahrens gestellt wird, weniger als 20 Gläubiger hat. Forderungen aus Arbeitsverhältnissen sind nicht nur die Ansprüche der ehemaligen Arbeitnehmer selbst, sondern auch die Forderungen von Sozialversicherungsträgern und Finanzbehörden (z. B. Lohnsteuerforderungen einschließlich Lohnsteuerhaftungsansprüche).

Zu den Verbindlichkeiten, die in eine außergerichtliche Schuldenbereinigung einbezogen werden können, gehören grundsätzlich auch Haftungsschulden des Schuldners (z. B. Umsatzsteuerhaftungsansprüche). Ist der Antrag nicht eindeutig bezeichnet, kann es ein starkes Indiz für einen Einigungsversuch des Schuldners im Rahmen eines außergerichtlichen Schuldenbereinigungsverfahrens im Vorfeld eines Verbraucherinsolvenzverfahrens sein, wenn sich eine nach § 305 Abs. 1 Nr. 1 InsO geeignete Person oder Stelle mit dem außergerichtlichen Schuldenbereinigungsversuch an die Finanzbehörde wendet oder diesen zumindest begleitet.

Die zur Bescheinigung eines erfolglosen außergerichtlichen Einigungsversuchs geeignete Person oder Stelle muss den Einigungsversuch aber nicht zwingend selbst durchgeführt haben.

2. Verfahren

Die außergerichtliche Schuldenbereinigung erfolgt im Wege von freigestalteten Verhandlungen auf der Grundlage eines vorzulegenden Planes.

Anhang 41 — Außergerichtliche Schuldenbereinigung

Als Rechtsgrundlage für einen Verzicht auf Abgabenforderungen kann jedoch nur das Abgabenrecht unter Einbeziehung der Zielsetzung der Insolvenzordnung herangezogen werden (BFH vom 26.10.2011, VII R 50/10). Die Frage, ob die Finanzbehörde einem außergerichtlichen Schuldenbereinigungsplan zustimmen kann, ist deshalb nach den gesetzlichen Bestimmungen der AO über die abweichende Festsetzung (§ 163 AO), die Stundung (§ 222 AO), den Vollstreckungsaufschub (§ 258 AO) sowie den Erlass (§ 227 AO) zu beurteilen. Zu den Gesichtspunkten, die in die Ermessenserwägungen einzubeziehen sind, gehört im außergerichtlichen Schuldenbereinigungsverfahren zusätzlich die Zielsetzung der Insolvenzordnung, redlichen Schuldnern unter Einbeziehung sämtlicher Gläubiger eine Schuldenbereinigung als Voraussetzung für einen wirtschaftlichen Neuanfang zu ermöglichen.

Sachliche Billigkeitsgründe werden vom außergerichtlichen Schuldenbereinigungsverfahren nicht berührt und sind daher vorab zu berücksichtigen.

Da nach den Intentionen des Gesetzgebers für einen Verzicht nur persönliche Billigkeitsgründe in Betracht kommen, setzt eine Maßnahme nach §§ 163, 227 AO voraus, dass der Schuldner erlassbedürftig und -würdig ist. Die Auslegung des Begriffs „persönliche Unbilligkeit" hat sich hierbei an der Zielsetzung der Insolvenzordnung zu orientieren. Wegen der angestrebten Schuldenbereinigung unter Beteiligung sämtlicher Gläubiger ist bei der Anwendung der §§ 163, 227 AO im außergerichtlichen Schuldenbereinigungsverfahren zu beachten, dass der Begriff „persönliche Unbilligkeit" in diesem Verfahren anders als in anderen Billigkeitsverfahren nach der AO definiert ist. Das bedeutet, dass die Rechtsprechung zu §§ 163, 227 AO insoweit nicht uneingeschränkt angewendet werden kann.

Bei der Zustimmung oder Ablehnung eines außergerichtlichen Schuldenbereinigungsplanes durch die Finanzbehörde handelt es sich um einen Verwaltungsakt.

Zustimmung

Hat die Prüfung des Antrags ergeben, dass der Schuldner dem Grunde nach erlassbedürftig ist und im außergerichtlichen Schuldenbereinigungsverfahren erlasswürdig ist, kann der Erlass im Hinblick auf § 287a InsO zunächst nur verbindlich für den Fall in Aussicht gestellt werden, dass alle erforderlichen Bedingungen erfüllt werden.

Dies ist z. B. der Fall, wenn

- die übrigen Gläubiger noch nicht zugestimmt haben,

- der Schuldner noch eine Teilzahlung oder Ratenzahlungen zu leisten hat,

- Zahlungseingänge durch Verwertung u. a. von Pfandrechten, Sicherheiten oder Inanspruchnahme Dritter zu erwarten sind oder

- etwaige Aufrechnungsmöglichkeiten wahrgenommen werden sollen.

Wenn der Erlass verbindlich in Aussicht gestellt wird, treten die Wirkungen eines solchen zu diesem Zeitpunkt noch nicht ein; dies geschieht erst mit Eintritt aller Bedingungen (Verwaltungsakt mit aufschiebender Bedingung, § 120 Abs. 2 Nr. 2 AO). Während der Laufzeit einer Ratenzahlungsvereinbarung ist die Erfüllung der laufenden steuerlichen Verpflichtungen weitere Voraussetzung für die Erlassbewilligung. Die voraussichtlich zu erlassenden Beträge können zunächst bis zum Ablauf des Zahlungsplans und die künftig zu leistenden Beträge entsprechend den getroffenen Regelungen gestundet werden.

Außergerichtliche Schuldenbereinigung   Anhang 41

In Fällen, in denen eine Ratenzahlung über einen längeren Zeitraum vereinbart wurde, hat der Schuldner gegenüber der Finanzbehörde jährlich über die geleisteten Zahlungen und deren Verteilung an die einzelnen Gläubiger Rechnung zu legen.

Ist der Schuldenbereinigungsplan erfüllt, erlöschen die Ansprüche aus dem Steuerschuldverhältnis, ohne dass es eines weiteren Verwaltungsaktes bedarf.

Ablehnung

Bei der Ablehnung handelt es sich um einen anfechtbaren Verwaltungsakt (Ablehnung eines Antrags auf Gewährung einer Billigkeitsmaßnahme). Der Finanzrechtsweg ist eröffnet.

Die Entscheidung über die Zustimmung oder Ablehnung zu einem außergerichtlichen Schuldenbereinigungsplanes erledigt sich, sobald ein Gläubiger nach Aufnahme der Verhandlungen Vollstreckungsmaßnahmen ergreift, § 305a InsO. Gleiches gilt, wenn bekannt wird, dass das außergerichtliche Schuldenbereinigungsverfahren auf andere Weise gescheitert ist.

3. Sachverhaltsermittlung

Zur Prüfung des außergerichtlichen Schuldenbereinigungsplanes sind der Finanzbehörde grundsätzlich die Unterlagen vorzulegen, die auch im gerichtlichen Schuldenbereinigungsverfahren (§ 305 Abs. 1 Nrn. 3 und 4 InsO) einzureichen sind. Dies sind insbesondere

- ein Nachweis über die Beteiligung am Erwerbsleben (z. B. Beschäftigungsverhältnis, Eintritt ins Rentenalter),

- ein Verzeichnis des vorhandenen Vermögens und des Einkommens (Vermögensverzeichnis),

- eine Zusammenfassung des wesentlichen Inhalts des Vermögensverzeichnisses (Vermögensübersicht),

- ein Gläubigerverzeichnis einschließlich Auflistung der Verbindlichkeiten,

- ein Schuldenbereinigungsplan, aus dem sich ergibt, welche Zahlungen in welcher Zeit geleistet werden, zudem sind Angaben zur Herkunft der Mittel erforderlich

- ein Nachweis,

    o ob und inwieweit Bürgschaften, Pfandrechte und andere Sicherheiten zugunsten Dritter bestehen und welche Zahlungen darauf geleistet werden bzw. noch zu erbringen sind,

    o ob und ggf. welche Schenkungen und Veräußerungen in den letzten zehn Jahren an nahe Angehörige bzw. sonstige Personen erfolgt sind,

    o ob Rechte und Ansprüche aus Erbfällen bestehen bzw. zu erwarten sind (z. B. Pflichtteilsansprüche),

- eine Erklärung,

Anhang 41　　　　　　　　　　　　　　　Außergerichtliche
　　　　　　　　　　　　　　　　　　　　Schuldenbereinigung

    o   dass Vermögen aus Erbschaften bzw. Erbrechten und Schenkungen zur Hälfte zur Befriedigung der Gläubigergemeinschaft eingesetzt wird, sowie Vermögen, das der Schuldner als Gewinn in einer Lotterie, Ausspielung oder in einem anderen Spiel mit Gewinnmöglichkeit erwirbt, zum vollen Wert an den Treuhänder herausgegeben wird (vgl. § 295 Abs. 1 Nr. 2 InsO); ausgenommen sind gebräuchliche Gelegenheitsgeschenke und Gewinne von geringem Wert.

    o   dass außer den im Schuldenbereinigungsplan aufgeführten keine weiteren Gläubiger vorhanden sind, niemand Sonderrechte (außer bei Pfandrechten und Sicherheiten) erhalten hat oder solche versprochen wurden,

    o   dass sämtliche Angaben richtig und vollständig sind.

4. Planinhalt

Der Plan muss ein zielgerichtetes Vorgehen des Schuldners erkennen lassen, indem der Schuldner versucht, eine umfassende Lösung seiner Verschuldungsprobleme gegenüber allen Gläubigern zu erreichen. Der Vorschlag des Schuldners zur Schuldenbereinigung ist ein Angebot an die Gläubigergemeinschaft, der sich auf alles beziehen kann, was Gegenstand einer vertraglichen Vereinbarung zwischen Schuldner und Gläubigern sein kann. Die Finanzbehörde kann zweckdienliche Änderungen des Planes verlangen.

Die Gläubiger müssen durch die Darstellungen im Plan in die Lage versetzt werden, das Angebot des Schuldners verlässlich beurteilen zu können. Neben zweckdienlich erscheinenden Vereinbarungen zur Schuldenrückführung muss der Plan die Einkommens-, Vermögens- und Familienverhältnisse des Schuldners enthalten. Der Plan hat ferner Auskunft darüber zu geben, ob und inwieweit Bürgschaften, Pfandrechte und andere Sicherheiten der Gläubiger berührt werden sollen (vgl. § 305 Abs. 1 Nr. 4 InsO analog). Er wirkt nicht gegenüber anderen (Gesamt-)Schuldnern, soweit im Plan hierzu keine Regelungen aufgenommen sind.

Ein Schuldenbereinigungsplan kann Ratenzahlungen oder eine quotenmäßige Befriedigung gegen den teilweisen Verzicht auf die Forderungen und Stundung/Vollstreckungsaufschub im Übrigen vorsehen. Eine angemessene Schuldenbereinigung kann auch eine Einmalzahlung darstellen. Eine außergerichtliche Einigung ist nicht allein deshalb auszuschließen, weil der Plan keine Zahlungen des Schuldners (Null-Plan) vorsieht.

Daneben kann der Schuldenbereinigungsplan unter anderem folgende Regelungen beinhalten:

- Eingriffe in Absonderungsrechte,
  Der mit dem Schuldenbereinigungsplan erfolgende Forderungsverzicht wirkt sich, soweit nicht anders vereinbart, unmittelbar auf akzessorische Sicherheiten wie das Pfandrecht, die Bürgschaft und die Hypothek, aber auch auf einen noch nicht festgesetzten Haftungsanspruch (vgl. § 191 Abs. 5 Nr. 2 AO) aus. Ebenso entsteht bei abstrakten Sicherheiten wie der Grundschuld ein schuldrechtlicher Rückgewähranspruch in Höhe des Forderungsverzichts. Die Finanzbehörde kann die Zustimmung zu einem Schuldenbereinigungsplan, der die Beschränkung seiner Forderung vorsieht, davon abhängig machen, dass der Grundschuldgeber - sei es der Schuldner oder ein Dritter - auf den schuldrechtlichen Rückgewähranspruch verzichtet, also dinglich über die restliche Steuerschuld hinaus haftet.

- Lohnabtretungen zugunsten der Gläubiger,

- Vereinbarungen in Bezug auf sonstige Sicherheiten,

- Anpassungsklauseln für den Fall künftiger veränderter Verhältnisse, insbesondere Vermögenserwerbe,

- Vorbehalt von Aufrechnungsmöglichkeiten für die Zeit bis zum Abschluss der Schuldenbereinigung,

- Wiederauflebensklausel für den Fall, dass der Schuldner Verpflichtungen aus dem Plan nicht einhält oder

- Regelungen, die den Obliegenheiten des Schuldners gem. § 295 InsO im Verfahren der Restschuldbefreiung entsprechen.

5. Entscheidung

5.1 Erlassbedürftigkeit

Die Erlassbedürftigkeit ist grundsätzlich nach den wirtschaftlichen Verhältnissen des Schuldners zu beurteilen. Die wirtschaftliche Lage des Ehegatten oder Lebenspartners kann insoweit berücksichtigt werden, als dem Schuldner wegen des ihm zustehenden Unterhaltsanspruchs über den pfändbaren Teil hinaus Zahlungen zuzumuten sind.

Im Hinblick auf die Zielsetzung der Insolvenzordnung ist eine Billigkeitsmaßnahme nicht deshalb ausgeschlossen, weil z. B. wegen eines Pfändungsschutzes eine Einziehung der Steuer ohnehin nicht möglich bzw. die Notlage nicht durch die Steuerfestsetzung selbst verursacht worden ist. Vielmehr ist zu würdigen, ob ein gerichtliches Schuldenbereinigungsverfahren bzw. ein Verbraucherinsolvenzverfahren mit Restschuldbefreiung erfolgversprechend wäre. In diesem Falle kann angenommen werden, dass der Erlass dem Schuldner und nicht anderen Gläubigern zugutekommt. Dies gilt insbesondere dann, wenn durch Dritte (z. B. Angehörige) zusätzliche Mittel für die teilweise Schuldenbereinigung von bisher und voraussichtlich auch künftig uneinbringlichen Rückständen eingesetzt werden.

Für die Entscheidung der Finanzbehörde ist maßgebend, dass die Zahlungen in Anbetracht der wirtschaftlichen Verhältnisse angemessen sind, alle Gläubiger - nach Berücksichtigung u. a. von Pfandrechten, Sicherheiten - gleichmäßig befriedigt werden und insbesondere dem Schuldner ein wirtschaftlicher Neuanfang ermöglicht wird. Wurden einzelne Gläubiger in der Vergangenheit ungerechtfertigt bevorzugt, kann es angemessen sein, auf eine höhere Quote zu bestehen. Es ist in Anlehnung an die Regelung bei der Restschuldbefreiung zumutbar, die pfändbaren Beträge über einen angemessenen Zeitraum entsprechend § 300 InsO an die Gläubiger abzuführen.

Andererseits soll der Schuldner im außergerichtlichen Verfahren auch nicht bessergestellt werden als bei Durchführung eines Insolvenzverfahrens mit - ggf. auch verkürzter - Abtretungsfrist. Auch die Möglichkeit für Verbraucher, eine Schuldenbereinigung im Wege eines Insolvenzplanverfahrens zu erreichen, kann in die Entscheidung mit einbezogen werden.

Der Schuldenbereinigungsplan muss erkennen lassen, dass der Schuldner das gesamte Vermögen (alle verfügbaren und beschaffbaren Mittel) und ggf. für eine gewisse Zeit das künftig pfändbare Einkommen zur Schuldentilgung einsetzt und die angebotenen Zahlungen unter Berücksichtigung des vorhandenen Vermögens und Einkommens sowie des Alters angemessen sind.

Anhang 41 — Außergerichtliche Schuldenbereinigung

Es sollten alle Gläubiger mit der gleichen Quote befriedigt werden, es sei denn, es bestehen zugunsten Einzelner werthaltige Pfandrechte oder Sicherheiten, die in Höhe des tatsächlichen Werts vorweg befriedigt werden können.

5.2 Erlasswürdigkeit

Im außergerichtlichen Schuldenbereinigungsverfahren richtet sich die Entscheidung über die Erlasswürdigkeit eines Schuldners danach, ob und inwieweit dem Schuldner Restschuldbefreiung zu erteilen wäre.

In folgenden Fallkonstellationen liegt demnach grundsätzlich keine Erlasswürdigkeit vor:

- Unzulässigkeit des Antrags auf Restschuldbefreiung
  Dem Schuldner wurde in den letzten elf Jahren Restschuldbefreiung erteilt oder die Restschuldbefreiung in den letzten drei bzw. fünf Jahren versagt (§ 287a Abs. 1 und 2 InsO).

- Versagung der Restschuldbefreiung
  Unter den Voraussetzungen des § 290 InsO ist die Restschuldbefreiung u. a. zu versagen, wenn der Schuldner z. B.

    o wegen einer Insolvenzstraftat verurteilt wurde,

    o schriftlich unrichtige oder unvollständige Angaben über seine wirtschaftlichen Verhältnisse gemacht oder

    o seine Auskunfts- und Mitwirkungspflichten in diesem Verfahren (z. B. über Vermögen) verletzt hat.

Am Schuldenbereinigungsplan nehmen grundsätzlich keine Forderungen teil, die von der Restschuldbefreiung ausgenommen wären (z. B. Forderungen im Zusammenhang mit einer rechtskräftigen Verurteilung wegen einer Steuerstraftat, § 302 Nr. 1 InsO).

6. Einer Zustimmung des Bundesministeriums der Finanzen bedarf es nicht (vgl. BMF-Schreiben 1. Oktober 2020 - IV A 3 S 0336/19/10006-001 - BStBl I S. 989).

Dieses Schreiben tritt an die Stelle des BMF-Schreibens vom 11. Januar 2002 - IV A 4-S 0550-1/02 - (BStBl I S. 132). Das Schreiben wird im Bundessteuerblatt Teil I veröffentlicht und in das AO-Handbuch aufgenommen.

Einkommensteuerliche Pflichten des Zwangsverwalters; Anwendungsfragen zum BFH-Urteil vom 10.2.2015 - IX R 23/14 -

(BMF-Schreiben vom 3.5.2017- IV A 3 - S 0550/15/10028 -, BStBl I, S. 718)

1 Durch den Beschluss über die Anordnung der Zwangsverwaltung wird dem Schuldner die Befugnis zur Verwaltung und Benutzung des Grundstücks entzogen (§ 148 Abs. 2 des Gesetzes über die Zwangsversteigerung und die Zwangsverwaltung - ZVG). Der Beschluss gilt zugunsten des Gläubigers als Beschlagnahme des Grundstücks (§ 146 Abs. 1, § 20 Abs. 1 ZVG). Das Recht, das Grundstück zu verwalten und zu benutzen, geht auf den Zwangsverwalter über. Er ist gem. § 152 ZVG verpflichtet, das Grundstück in seinem wirtschaftlichen Bestand zu erhalten und ordnungsgemäß zu benutzen. Die Anordnung der Zwangsverwaltung lässt das Eigentum des Schuldners an dem Grundstück unberührt; ihm verbleibt auch die dingliche Verfügungsbefugnis über das Grundstück. Die Beschlagnahme führt aber dazu, dass das unter Zwangsverwaltung stehende Grundstück von dem übrigen Vermögen des Schuldners getrennt wird und ein Sondervermögen bildet, welches den die Zwangsverwaltung betreibenden Vollstreckungsgläubigern zur Sicherung ihres Befriedigungsrechtes zur Verfügung steht.

2 In dem Urteil vom 10.2.2015, IX R 23/14, BStBl 2017 II S. 367 hat sich der BFH zu den steuerlichen Pflichten des Zwangsverwalters - insbesondere der Einkommensteuerentrichtungspflicht - im Zusammenhang mit Einkünften aus einem vermieteten/verpachteten und der Zwangsverwaltung unterliegenden Grundstück geäußert.

3. Die nachfolgenden Grundsätze sind daher anzuwenden, wenn das zwangsverwaltete Grundstück vermietet oder verpachtet wird und dem Schuldner aus dieser Tätigkeit Einkünfte zuzurechnen sind.

4 Unter Bezugnahme auf das Ergebnis der Erörterungen mit den obersten Finanzbehörden der Länder gilt zur Anwendung dieses Urteils Folgendes:

I. Stellung des Zwangsverwalters

5 Der Zwangsverwalter ist Vermögensverwalter i. S. d. § 34 Abs. 3 AO. Als solcher hat er nach § 34 Abs. 1 AO die steuerlichen Pflichten des Grundstückseigentümers als eigene zu erfüllen, soweit die Aufgaben und Befugnisse seiner Verwaltung reichen. In Betracht kommen insbesondere Erklärungspflichten (Rn. 6 ff.), Steuerentrichtungspflichten (Rn. 19 ff.) und Mitwirkungspflichten (Rn. 25 und 26).

II. Steuererklärungspflichten des Zwangsverwalters

II.1 Allgemeines

6 Als Vermögensverwalter ist der Zwangsverwalter verpflichtet, an der Erstellung der Einkommensteuererklärung des Schuldners mitzuwirken, soweit Besteuerungsgrundlagen zu erklären sind, die in einem Zusammenhang mit dem zwangsverwalteten Grundstück stehen. Insbesondere hat er Angaben zu machen über

- Einnahmen aus dem vermieteten/verpachteten Grundstück,
- etwaige Kapitalerträge aus der Verwaltung des Grundstücks,
- Kosten der Verwaltung und Ausgaben für das vermietete/verpachtete Grundstück.

7 Der Zwangsverwalter kommt diesen Pflichten insbesondere nach, wenn er die für die Einkommensteuererklärung notwendigen Angaben über die vermietende und verpachtende Tätigkeit in den dafür vorgesehenen Anlagen zur Einkommensteuererklärung (z. B. Anlage V, ggf. Anlage KAP) erklärt und die Vollständigkeit und Richtigkeit seiner Angaben mit seiner Unterschrift bestätigt.

Insoweit besteht keine Verpflichtung zur Übermittlung nach amtlich vorgeschriebenem Datensatz durch Datenfernübertragung.

8 Erstreckt sich die Zwangsverwaltung nur auf den Miteigentumsanteil eines Miteigentümers an einem Grundstück (z. B. Bruchteil an einem vermieteten Grundstück, das im Miteigentum von drei Personen zu je 1/3 steht), hat der Zwangsverwalter - neben den anderen Miteigentümern - an der Erstellung der Feststellungserklärung mitzuwirken (§ 181 Abs. 2 Satz 2 Nr. 1 AO, § 34 Abs. 3 i. V. m. Abs. 1 AO). Hierbei sind die Rn. 6 und 7 entsprechend anzuwenden.

9 Bei Bruchteilsgemeinschaften von Ehegatten/Lebenspartnern wird grundsätzlich auf die Abgabe einer Feststellungserklärung durch den Zwangsverwalter verzichtet (§ 180 Abs. 3 Satz 1 Nr. 2 AO).

10 Die Pflichten des Zwangsverwalters gem. Rn. 6 und 7 zur Mitwirkung bei der Erstellung der Einkommensteuererklärung des Miteigentümers, dessen Anteil zwangsverwaltet wird, bleiben für den Fall unberührt, dass ein Feststellungsverfahren nicht durchgeführt wird.

11 Steht das zwangsverwaltete Grundstück im Gesamthandseigentum (z. B. einer Personengesellschaft, Erbengemeinschaft oder von Ehegatten/Lebenspartnern in Gütergemeinschaft), ist der Zwangsverwalter nicht zur Abgabe der Feststellungserklärung verpflichtet, da in diesen Fällen nicht die Gesamthandsgemeinschaft, sondern die einzelnen Beteiligten für die gesonderte und einheitliche Feststellung erklärungspflichtig sind. Denn in diesem Fall kann der Zwangsverwalter nicht weitergehende Pflichten haben als die Gesamthandsgemeinschaft selbst, in deren Gesamthandseigentum das vermietete Grundstück steht (vgl. Rn. 22).

12 Gehört das im Alleineigentum stehende zwangsverwaltete Grundstück zum Sonderbetriebsvermögen eines Mitunternehmers, ist der Zwangsverwalter - neben den Mitunternehmern - zur Abgabe der Feststellungserklärung verpflichtet (§ 181 Abs. 2 Satz 2 Nr. 1 AO, § 34 Abs. 3 i. V. m. Verbindung mit Abs. 1 AO). Hierbei hat der Zwangsverwalter nur Angaben über Besteuerungsgrundlagen im Zusammenhang mit dem zwangsverwalteten Grundstück zu machen. Die Rn. 6 und 7 gelten entsprechend.

13 Soweit die Einkünfte aus dem zwangsverwalteten Grundstück Gegenstand einer gesonderten Feststellung nach § 180 Abs. 1 Satz 1 Nr. 2 Buchstabe b AO sind, hat der Zwangsverwalter an der Erstellung der Feststellungserklärung - neben dem Schuldner - mitzuwirken. Die Rn. 6 und 7 gelten entsprechend.

14 Im Fall der Insolvenz des Schuldners trifft die Abgabepflicht/Erklärungspflicht den Insolvenzverwalter, soweit nicht eine Freigabe gem. § 35 Abs. 2 InsO erfolgt ist. Hinsicht-

lich der nach § 35 Abs. 2 InsO freigegebenen Tätigkeit trifft den Schuldner die Angabepflicht/Erklärungspflicht. Soweit die Steuerpflicht aus einer mit der Insolvenz zeitgleichen Verwaltung eines der Zwangsverwaltung unterfallenden Vermögens herrührt, trifft insoweit den Zwangsverwalter die Abgabepflicht/Erklärungspflicht.

II.2 Für Zeiträume vor der Bestellung des Zwangsverwalters

15 Der Zwangsverwalter hat - anders als ein Insolvenzverwalter (vgl. hierzu BFH-Entscheidungen vom 10.10.1951, IV 144/51 U, BStBl 1951 III S. 212, und vom 19.11.2007, VII B 104/07, BFH/NV 2008 S. 334) - die steuerlichen Pflichten ausschließlich für die Zeiträume ab seiner Bestellung, nicht hingegen für zurückliegende Veranlagungszeiträume zu erfüllen.

II.3 Nach Beendigung der Zwangsverwaltung

16 Die Beendigung der Zwangsverwaltung erfolgt mit dem gerichtlichen Aufhebungsbeschluss. Dies gilt auch für den Fall der Erteilung des Zuschlags in der Zwangsversteigerung (§ 12 Abs. 1 der Zwangsverwalterverordnung - ZwVwV).

17 Die Steuererklärungspflicht des Zwangsverwalters endet daher grundsätzlich mit der Beendigung der Zwangsverwaltung. Soweit Steuererklärungen vor Aufhebung des Zwangsverwaltungsverfahrens vom Zwangsverwalter abzugeben waren, besteht diese Verpflichtung über diesen Zeitpunkt hinaus in dem Umfang fort, in dem der frühere Zwangsverwalter ihr noch tatsächlich nachkommen kann (§§ 34, 36 AO). Hiervon ist regelmäßig auszugehen, da der Zwangsverwalter zum Abschluss des Zwangsverwaltungsverfahrens eine Schlussabrechnung erstellen muss (§ 154 ZVG).

18 Auf Antrag des Gläubigers, der die Zwangsverwaltung betreibt, kann das Gericht den Zwangsverwalter ermächtigen, seine Tätigkeit in Teilbereichen fortzusetzen, soweit dies für den ordnungsgemäßen Abschluss der Zwangsverwaltung erforderlich ist (§ 12 Abs. 2 ZwVwV). Insoweit bestehen seine steuerlichen Pflichten aus seiner Stellung als Vermögensverwalter hinsichtlich dieser Teilbereiche fort.

III. Entrichtungspflicht des Zwangsverwalters

III.1 Inhalt und Umfang der Entrichtungspflicht

19 Nach dem BFH-Urteil vom 10.2.2015, IX R 23/14, BStBl 2017 II S. 367 hat der Zwangsverwalter als Vermögensverwalter i. S. v. § 34 Abs. 3 i. V. m. Abs. 1 AO die Einkommensteuer des Grundstückseigentümers zu entrichten, soweit sie aus steuerpflichtigen Einkünften, die aus dem im Zwangsverwaltungsverfahren beschlagnahmter Grundstück erzielt werden, herrührt.

20 Die Steuerentrichtungspflicht des Zwangsverwalters besteht auch dann, wenn über das Vermögen des Grundstückseigentümers das Insolvenzverfahren eröffnet worden ist.

Dies gilt gem. § 80 Abs. 2 Satz 2 InsO sowohl bei einer dem Insolvenzverfahren zeitlich vorangehenden Zwangsverwaltung als auch bei einer gem. § 49 InsO zeitlich nachfolgenden Zwangsverwaltung.

21 Eine Entrichtungspflicht des Zwangsverwalters für die Einkommensteuer besteht nur in den Fällen, in denen die Eigentümer des zwangsverwalteten Grundstücks selbst einkommensteuerpflichtig sind. Das ist der Fall bei

- Alleineigentum,
- Bruchteilseigentum (z. B. Zwangsverwaltung über den Miteigentumsanteil eines Ehegatten/Lebenspartners oder eines Dritten).

22 Keine Entrichtungspflicht des Zwangsverwalters für die Einkommensteuer besteht, wenn das der Zwangsverwaltung unterliegende Grundstück im Gesamthandseigentum z. B. einer Personengesellschaft, Erbengemeinschaft oder von Ehegatten/Lebenspartnern in Gütergemeinschaft steht. Denn in diesem Fall kann der Zwangsverwalter nicht weitergehende Pflichten haben als die Mitglieder der Gesamthandsgemeinschaft selbst, in deren Gesamthandseigentum das vermietete Grundstück steht. Da die Gesamthandsgemeinschaft die Einkommensteuer ihrer Mitglieder nicht zu entrichten hat, gilt dies auch für den Zwangsverwalter (vgl. BFH-Urteil vom 9.12.2014, X R 12/12, BStBl 2016 II S. 852).

Deshalb ist in diesen Fällen - trotz der angeordneten Zwangsverwaltung - grundsätzlich der jeweilige Gesellschafter oder Gemeinschafter zur Entrichtung der durch die Vermietungseinkünfte verursachten Einkommensteuer verpflichtet.

III.2 Verhältnis zwischen Zwangsverwalter und Grundstückseigentümer

23 Auch im Fall der Zwangsverwaltung bleibt der Grundstückseigentümer Schuldner der auf die Einkünfte aus zwangsverwaltetem Grundbesitz entfallenden Einkommensteuer (BFH-Urteil vom 10.2.2015, IX R 23/14, BStBl 2017 II S. 367, Rn. 15). Zur Entrichtung dieser Steuer ist aber während der Dauer der Zwangsverwaltung allein der Zwangsverwalter verpflichtet.

III.3 Entrichtungspflicht nach Aufhebung der Zwangsverwaltung

24 Nach Beendigung der Zwangsverwaltung geht die Entrichtungspflicht der Einkommensteuer grundsätzlich wieder auf den Grundstückseigentümer über. Eine Bekanntgabe eines Bescheides an den Zwangsverwalter ist nicht mehr möglich. Auf die Rn. 40 bis 44 wird hingewiesen.

Der Zwangsverwalter bleibt jedoch nach § 12 Abs. 3 ZwVwV i. V. m. §§ 34, 36 AO weiterhin Entrichtungspflichtiger für die Steuerforderungen, die während des Zwangsverwaltungsverfahrens für die Besteuerungszeiträume des Zwangsverwaltungsverfahrens gegen ihn festgesetzt und bekannt gegeben worden sind. Er hat dafür Sorge zu tragen, dass auch nach Beendigung des Zwangsverwaltungsverfahrens bis zum Eintritt der Fälligkeit dieser Steuerforderungen Rücklagen gebildet und diese Steuerforderungen aus dem von ihm verwalteten Vermögen entrichtet werden.

Ermächtigt das Gericht auf Antrag des Gläubigers, der die Zwangsverwaltung betreibt, den Zwangsverwalter gem. § 12 Abs. 2 ZwVwV, die steuerlichen Angelegenheiten auch nach der Aufhebung der Zwangsverwaltung zu erledigen, so bestehen sämtliche steuerlichen Pflichten weiterhin fort (siehe Rn. 18).

IV. Mitwirkungspflichten des Zwangsverwalters

IV.1 Steuerliche Mitwirkungspflichten

25 Der Zwangsverwalter hat die steuerlichen Mitwirkungspflichten (z. B. Auskunftspflichten) neben dem Grundstückseigentümer als eigene Pflichten zu erfüllen, soweit seine Verwaltungsbefugnis reicht.

IV.2 Zivilrechtliche Mitteilungspflichten

26 Zivilrechtliche Mitteilungspflichten bleiben unberührt. So hat der Zwangsverwalter das zuständige Finanzamt als betroffenen Dritten unverzüglich über die Zwangsverwaltung zu informieren (§ 4 ZwVwV).

V. Örtliche Zuständigkeit

27 Die Zwangsverwaltung führt zu keinen Änderungen der örtlichen Zuständigkeit. Im Regelfall ist für die Einkommensbesteuerung der aus der Zwangsverwaltung resultierenden Einkünfte das Wohnsitzfinanzamt des Grundstückseigentümers zuständig (§ 19 AO). Im Insolvenzfall ist § 26 Satz 3 AO zu beachten.

VI. Ermittlung der Einkünfte für den Zeitraum der Zwangsverwaltung

28 Die steuerlichen Einkünfte des Schuldners sind für jedes der Zwangsverwaltung unterliegende Grundstück vom Zwangsverwalter separat entsprechend Rn. 6 und 7 zu ermitteln und zu erklären.

29 Aufwendungen, die der Zwangsverwalter im Rahmen der Zwangsverwaltung für die typische Vermietungstätigkeit trägt und die nicht (z. B. durch einen Gläubiger) erstattet werden, sind nach den allgemein geltenden Grundsätzen zur Einkünfteermittlung als Ausgaben zu berücksichtigen. Typische Beispiele für solche Aufwendungen sind z. B. Versicherungsbeiträge, Grundsteuer, Erhaltungsaufwendungen. Falls die Kosten bei der ursprünglichen Fälligkeit durch den Gläubiger (z. B. Kosten für die Reparatur des Daches) getragen wurden, sind diese bei der Einkünfteermittlung grundsätzlich erst im Zeitpunkt der Rückzahlung an den Gläubiger zu berücksichtigen.

30 Die Kosten des Zwangsverwaltungsverfahrens, die erstatteten Auslagen nach § 21 ZwVwV und die Vergütung des Zwangsverwalters sind vollumfänglich durch die Vermietung/Verpachtung des zwangsverwalteten Grundstücks veranlasst und damit in vollem Umfang abziehbar.

31 Die Antragsrechte für das der Zwangsverwaltung unterliegende Grundstück - insbesondere nach §§ 7h, 7i EStG, § 82b EStDV - kann nur der Zwangsverwalter ausüben.

32 Die aus der Vermietung/Verpachtung des zwangsverwalteten Grundstücks resultierende anteilige Einkommensteuer ist nach § 12 Satz 1 Nr. 3 EStG nicht abziehbar.

VII. Veranlagungswahlrecht

33 Da sich die Zwangsverwaltung nur auf das Grundstück bezieht, ist das Veranlagungswahlrecht der Ehegatten und Lebenspartner nach § 26 EStG nicht von der Verwaltungsbefugnis des Zwangsverwalters umfasst, so dass dieses grundsätzlich bei den Steuerschuldnern verbleibt. Im Fall der Insolvenz des Grundstückseigentümers ist das Veranlagungswahlrecht durch den Insolvenzverwalter auszuüben (BFH-Beschluss vom 22.3.2011, III B 114/09, BFH/NV 2011 S. 1142).

VIII. Verteilung der Einkommensteuer

34 Der Zwangsverwalter hat die Einkommensteuer nur insoweit zu entrichten, als sie auf die Zwangsverwaltung entfällt. Hierzu ist die Einkommensteuer zunächst unter Einbeziehung aller Einkünfte des Schuldners und ggf. eines Ehegatten/Lebenspartners einheitlich zu ermitteln. Im Anschluss daran erfolgt dann die Verteilung - in Anlehnung an den AEAO zu § 251, Nr. 9.1 bis 9.1.4 - grundsätzlich im Verhältnis der Einkünfte. Die Steuerzahlungspflicht der zusammen veranlagten Ehegatten/Lebenspartner bleibt von der Entrichtungspflicht des Zwangsverwalters unberührt.

IX. Bekanntgabe des Einkommensteuerbescheids / Feststellungsbescheids

IX.1 Bekanntgabe während der Zwangsverwaltung

IX.1.1 Bekanntgabe von Einkommensteuerbescheiden

35 Auch in Fällen der Zwangsverwaltung bleibt der Grundstückseigentümer Schuldner der Einkommensteuer, die auf Einkünfte entfällt, die mit dem zwangsverwalteten Grundstück erzielt werden (BFH-Urteil vom 10.2.2015, IX R 23/14, BStBl 2017 II S. 367, Rn. 15). Der Grundstückseigentümer bleibt somit auch Inhaltsadressat (AEAO zu § 122, Nr. 1.1 und 1.3) eines Einkommensteuerbescheids. Der Zwangsverwalter ist aber als Vermögensverwalter i. S. d. § 34 Abs. 3 i. V. m. Abs. 1 AO Bekanntgabeadressat (AEAO zu § 122, Nr. 1.1 und 1.4) des Einkommensteuerbescheids hinsichtlich der Besteuerungsgrundlagen, die im Zusammenhang mit dem zwangsverwalteten Grundstück stehen. Außerdem ist der Zwangsverwalter insoweit zur Entrichtung der anteiligen Einkommensteuer verpflichtet. Die Geltendmachung der durch den Zwangsverwalter zu entrichtenden Einkommensteuer erfolgt im Rahmen einer (Teil-)Steuerfestsetzung (vgl. BFH-Urteil vom 10.2.2015, IX R 23/14, BStBl 2017 II S. 367, Rn. 35).

36 Die jeweiligen (Teil-)Einkommensteuerbescheide sind dem Schuldner (Grundstückseigentümer) bzw. dem Zwangsverwalter bekannt zu geben.

Beispiel:

Bekanntgabe an den Schuldner

Anschriftenfeld (Empfänger)

Herrn
Max Mustermann
Musterstraße 20
80799 Musterstadt

Erläuterungen:

Hinsichtlich der Einkommensteuer, die auf Besteuerungsgrundlagen entfällt, die im Zusammenhang mit dem zwangsverwalteten Grundstück Musterstraße 20, 80799 Musterstadt stehen, wird ein (Teil-)Einkommensteuerbescheid dem Zwangsverwalter, Herrn Rechtsanwalt Helmut Müller, Mustergasse 40, 80798 Musterdorf, bekannt gegeben. Dieser wird zur Zahlung der anteiligen Einkommensteuer aufgefordert.

Bekanntgabe an den Zwangsverwalter

Anschriftenfeld (Empfänger)

Herrn Rechtsanwalt
Helmut Müller
Mustergasse 40
80798 Musterdorf

Bescheidkopf

Als Zwangsverwalter des Grundstücks Musterstraße 20, 80799 Musterstadt (Grundstückseigentümer Max Mustermann).

Erläuterungen:

Hinsichtlich der Einkommensteuer, die nicht auf Besteuerungsgrundlagen entfällt, die im Zusammenhang mit dem zwangsverwalteten Grundstück Musterstraße 20, 80799 Musterstadt stehen, wird ein (Teil-)Einkommensteuerbescheid dem Grundstückseigentümer Max Mustermann, Musterstraße 20, 80799 Musterstadt, bekannt gegeben. Dieser wird zur Zahlung der anteiligen Einkommensteuer aufgefordert.

Die (Teil-)Einkommensteuerbescheide beinhalten unterschiedliche Leistungsgebote.

Schuldner:	festgesetzte (Teil-)Einkommensteuer ohne auf das zwangsverwaltete Grundstück entfallende Einkommensteuer unter Anrechnung von Steuerabzugsbeträgen und vom Schuldner geleisteten Vorauszahlungen.
Zwangsverwalter:	auf das zwangsverwaltete Grundstück entfallende anteilige (Teil-)Einkommensteuer unter Anrechnung von Steuerabzugsbeträgen und vom Zwangsverwalter geleisteten Vorauszahlungen.

Aus dem (Teil-)Einkommensteuerbescheid an den Zwangsverwalter muss die Verteilung der Einkommensteuer hervorgehen. Dem Zwangsverwalter sind zur Begründung der Verteilung jedoch nicht die gesamten Einkünfte des Schuldners, sondern nur die auf der Zwangsverwaltung beruhenden sowie die für die Überprüfung der Verteilung notwendigen Besteuerungsgrundlagen mitzuteilen.

Mitzuteilen sind:

- Summe der Einkünfte,

- Einkünfte aus dem zwangsverwalteten Grundstück,

- prozentualer Anteil der Einkünfte aus dem zwangsverwalteten Grundstück an der Summe der Einkünfte,

- zu versteuerndes Einkommen,

- gesamte Steuer,

- anteilige Steuer, die auf die Einkünfte aus dem zwangsverwalteten Grundstück entfällt.

Dies kann direkt im Rahmen des (Teil-)Einkommensteuerbescheids erfolgen oder durch Beifügung einer geschwärzten Kopie des „einheitlichen Einkommensteuerbescheids" des Schuldners, aus der nur die genannten Besteuerungsgrundlagen ersichtlich sind.

IX.1.2 Bekanntgabe von Bescheiden über die gesonderte Feststellung der Einkünfte

37   Bei der gesonderten Feststellung ist die Zuordnung der Einkünfte zu den verschiedenen Vermögensbereichen bereits nachrichtlich im Rahmen des Feststellungsverfahrens mitzuteilen.

Beispiel 1:

Inhalt des Gewinnfeststellungsbescheids bei einem nicht insolventen Schuldner:

Einkünfte aus Gewerbetrieb: 50.000 EUR

(nachrichtlich: Darin enthaltene Einkünfte aus dem der Zwangsverwaltung unterliegenden Grundstück A-Straße 10.000 EUR).

Der Gewinnfeststellungsbescheid ist sowohl dem Schuldner (als Inhaltsadressat des Feststellungsbescheids und als Bekanntgabeadressat, soweit der Bescheid Einkünfte erfasst, die nicht aus dem zwangsverwalteten Grundstück erzielt wurden) als auch dem Zwangsverwalter (als Bekanntgabeadressat) bekannt zu geben.

Dem Zwangsverwalter sind in seiner Ausfertigung des Gewinnfeststellungsbescheids nur die auf der Zwangsverwaltung beruhenden Besteuerungsgrundlagen mitzuteilen. Die übrigen Besteuerungsgrundlagen sind unkenntlich zu machen.

Beispiel 2:

Inhalt des Gewinnfeststellungsbescheids bei einem insolventen Schuldner:

Einkünfte aus Gewerbebetrieb   50.000 EUR

(nachrichtlich:

Davon Einkünfte, die der Insolvenzmasse zuzuordnen sind

(§ 55 Abs. 1 Nr. 1 InsO)   40.000 EUR.

Davon Einkünfte aus dem der Zwangsverwaltung unterliegenden

Grundstück A-Straße   10.000 EUR).

Der Bescheid ist dem Zwangsverwalter sowie dem Insolvenzverwalter jeweils in deren Eigenschaft als Bekanntgabeadressaten bekannt zu geben.

Dem Zwangsverwalter sind in seiner Ausfertigung des Gewinnfeststellungsbescheids nur die auf der Zwangsverwaltung beruhenden Besteuerungsgrundlagen mitzuteilen. Die übrigen Besteuerungsgrundlagen sind unkenntlich zu machen.

IX.1.3 Bekanntgabe von Bescheiden über die gesonderte und einheitliche Feststellung von Einkünften einer Bruchteilsgemeinschaft

38   Bei der gesonderten und einheitlichen Feststellung von Einkünften einer Bruchteils-gemeinschaft ist die für den von der Zwangsverwaltung betroffenen Miteigentümer bestimmte Ausfertigung des Feststellungsbescheids auch dem Zwangsverwalter bekannt zu geben.

In der Ausfertigung für den Zwangsverwalter sind hierbei die Besteuerungsgrundlagen, die sich nicht auf die Zwangsverwaltung beziehen (insbesondere die Angaben zu den übrigen Miteigentümern), unkenntlich zu machen.

IX.1.4 Bekanntgabe von Bescheiden über die gesonderte und einheitliche Feststellung von Einkünften einer Gesamthandsgemeinschaft

39   Befindet sich das zwangsverwaltete Grundstück im Eigentum einer Gesamthands-gemeinschaft, darf der Bescheid über die gesonderte und einheitliche Feststellung der Besteuerungsgrundlagen nicht dem Zwangsverwalter bekannt gegeben werden.

IX.2 Bekanntgabe nach Aufhebung der Zwangsverwaltung

40 Eine Bekanntgabe des Bescheids an den Zwangsverwalter ist ausgeschlossen, wenn die Zwangsverwaltung im Bekanntgabezeitpunkt durch gerichtlichen Beschluss aufgehoben war (zur Beendigung der Prozessführungsbefugnis bei Aufhebung der Zwangsverwaltung: BGH-Urteil vom 25.5.2005, VIII ZR 301/03, MDR 2005 S. 1306). § 36 AO findet auf die Bekanntgabe von Steuerbescheiden keine Anwendung. In diesem Fall kann der Einkommensteueranspruch nur noch gegenüber dem Schuldner festgesetzt werden.

Etwas anderes gilt, wenn auf Antrag des Gläubigers, der die Zwangsverwaltung betreibt, das Gericht den Zwangsverwalter gem. § 12 Abs. 2 ZwVwV ermächtigt hat, die steuerlichen Angelegenheiten auch nach der Aufhebung der Zwangsverwaltung zu erledigen (siehe Rn. 18). In diesem Fall ist der Steuerbescheid dem Zwangsverwalter bekannt zu geben (siehe Rn. 35 ff.).

IX.3 Bekanntgabe nach Aufhebung der Zwangsverwaltung im Insolvenzverfahren

41 Die zuvor dargestellten Grundsätze gelten auch dann, wenn über das Vermögen des Grundstückseigentümers das Insolvenzverfahren eröffnet worden ist. Insbesondere wird der Insolvenzverwalter nach Aufhebung der Zwangsverwaltung nicht zum Bekanntgabeadressaten für die den zwangsverwalteten Grundbesitz betreffenden Einkommensteuernachzahlungsbescheide. Die auf das zwangsverwaltete Grundstück entfallende Einkommensteuernachzahlung ist in diesem Fall keine Masseverbindlichkeit nach § 55 Abs. 1 InsO, sondern eine Forderung gegen das insolvenzfreie Vermögen, die gegen den insolventen Grundstückseigentümer festzusetzen ist.

Beispiel:

Am 2.1.01 wurde für das Grundstück A-Straße die Zwangsverwaltung angeordnet. Über das Vermögen des alleinigen Grundstückseigentümers B wurde am 1.1.02 das Insolvenzverfahren eröffnet. Die Aufhebung der Zwangsverwaltung - ohne Ermächtigung zur Erledigung der steuerlichen Angelegenheiten nach § 12 Abs. 2 ZwVwV - erfolgte am 1.2.03. Das Finanzamt möchte am 1.6.04 die Einkommensteuerveranlagungen für 02 und 03 durchführen.

Lösung:

Da die Zwangsverwaltung im Bekanntgabezeitpunkt aufgehoben war, ist die Einkommensteuer 02 und 03, soweit sie mit Einkünften aus dem zwangsverwalteten Grundbesitz im Zusammenhang steht (d. h. mit den bis zum 31.1.03 erzielten Mieteinnahmen), wieder gegenüber dem Grundstückseigentümer festzusetzen. Der Festsetzung dieser Forderung als Masseverbindlichkeiten im Insolvenzverfahren gegenüber dem Insolvenzverwalter steht entgegen, dass dem Insolvenzverwalter während der bestehenden Zwangsverwaltung die Verwaltungs- und Verfügungsbefugnis für das Grundstück fehlte.

42 Betrifft die Steuerforderung aus dem zwangsverwalteten Grundstück Zeiträume vor Insolvenzeröffnung und ist eine Festsetzung gegenüber dem Zwangsverwalter während der Zwangsverwaltung noch nicht erfolgt, ist nach Aufhebung der Zwangsverwaltung diese Forderung als Insolvenzforderung zur Tabelle anzumelden.

43	Bekanntgabeadressat von Einkommensteuerbescheiden nach Aufhebung der Zwangsverwaltung, die zu einem Erstattungsanspruch hinsichtlich der Einkünfte aus dem zwangsverwalteten Grundstück führen, ist der Insolvenzverwalter.
44	Soweit aus dem Grundstück nach Aufhebung der Zwangsverwaltung weiterhin Mieterträge erzielt werden (im o. g. Beispiel also nach dem 1.2.03), unterliegen diese nach § 35 Abs. 1 InsO dem Insolvenzbeschlag und führen zur Begründung von Masseverbindlichkeiten i. S. d. § 55 Abs. 1 Nr. 1 InsO, die insoweit gegenüber dem Insolvenzverwalter mittels Steuerbescheid festzusetzen sind.

X. Festsetzung von Einkommensteuervorauszahlungen

45	Sofern die Finanzämter von der Zwangsverwaltung erfahren, haben sie die Festsetzung von Vorauszahlungen zu prüfen. Liegen die Voraussetzungen des § 37 EStG vor, haben sie auf der Grundlage einer Schätzung der aus dem zwangsverwalteten Grundstück voraussichtlich erzielten Einkünfte Vorauszahlungen zur Einkommensteuer festzusetzen. Die Ausführungen zu den Rn. 34 bis 36 gelten entsprechend. Inhaltsadressat des Vorauszahlungsbescheids ist der Schuldner (Grundstückseigentümer), Bekanntgabeadressat ist der Zwangsverwalter.
46	Dieser Vorauszahlungsfestsetzung kommt im Hinblick auf die ggf. unterjährige Aufhebung der Zwangsverwaltung und damit auch auf den Verlust der Verwaltungs- und Nutzungsbefugnis des Zwangsverwalters im Einzelfall erhebliche Bedeutung zu. Im Übrigen wird so für den Zwangsverwalter hinreichend deutlich, in welchem Umfang er Zahlungen an das Finanzamt im Vorgriff auf den Jahressteuerbescheid zu leisten hat.

XI. Mehrere zwangsverwaltete Grundstücke

47	Werden mehrere Grundstücke des Schuldners zwangsverwaltet, ist für jedes Grundstück eine eigene Teilsteuerfestsetzung entsprechend der Rn. 35 - 38 durchzuführen. Dies gilt auch dann, wenn derselbe Zwangsverwalter bestellt wurde, denn die Verwaltungs- und Nutzungsbefugnis bezieht sich immer nur gesondert auf ein Grundstück. Die gesonderte Festsetzung ist auch im Hinblick auf ein sich möglicherweise anschließendes Vollstreckungsverfahren von Bedeutung. Darüber hinaus muss für den Zwangsverwalter Rechtssicherheit geschaffen werden, damit dieser mit den am jeweiligen Zwangsverwaltungsverfahren beteiligten Gläubigern für jedes Grundstück exakt abrechnen kann (§ 155 ZVG; BFH-Urteil vom 18.10.2001, V R 44/00, BStBl 2002 II S. 171).

XII. Einspruchsbefugnis des Zwangsverwalters

48	Falls ein Einkommensteuerbescheid auch Besteuerungsgrundlagen erfasst, die im Zusammenhang mit dem zwangsverwalteten Grundstück stehen, kann dieser Steuerbescheid sowohl vom Zwangsverwalter als auch vom Grundstückseigentümer angefochten werden. Als Bekanntgabeadressat des Einkommensteuerbescheids (siehe Rn. 36) handelt der Zwangsverwalter jedoch nicht als persönlich Betroffener, sondern als „besonders Beauftragter" i. S. v. § 79 Abs. 1 Nr. 3 AO. Seine Einspruchsbefugnis ist materiell auf die Besteuerungsgrundlagen beschränkt, die im Zusammenhang mit dem zwangsverwalteten Grundstück stehen.
49	Gegen Verwaltungsakte, die an den Zwangsverwalter als Inhaltsadressaten gerichtet sind (z. B.: Androhung und ggf. Festsetzung eines Zwangsgeldes wegen Nichtabgabe der Steuererklärung, Leistungsgebot über die vom Zwangsverwalter zu entrichtende

anteilige Einkommensteuer), ist nur der Zwangsverwalter als persönlich Betroffener einspruchsbefugt.

XIII. Verlustvor- und -rückträge

50 Weil der Zwangsverwalter lediglich eine Verwaltungsbefugnis für einen Teil des Vermögens, aber keine allgemeine Verfügungsbefugnis darüber hat, hat er kein Antragsrecht nach § 10d Abs. 1 Satz 5 EStG (Verzicht bzw. Beschränkung des Verlustrücktrags).

XIV. Zuordnung von Erstattungen

51 Der Zwangsverwalter hat aus den Nutzungen des Grundstücks die Ausgaben der Verwaltung sowie die Kosten des Verfahrens mit Ausnahme derjenigen vorweg zu bestreiten, welche durch die Anordnung des Verfahrens oder den Beitritt eines Gläubigers entstehen, § 155 Abs. 1 ZVG. Leistet er Einkommensteuervorauszahlungen aus den Nutzungen des Grundstücks, die die auf dieses Grundstück entfallende Einkommensteuer übersteigen, so steht der insoweit entstehende Erstattungsanspruch dem Zwangsverwalter für den zwangsverwalteten Vermögensbereich zu.

52 Aufgrund der Einzelbeschlagnahme sind bei mehreren zwangsverwalteten Grundstücken getrennte Abrechnungen für jede Einkunftsquelle erforderlich; eine Aufrechnung/Verrechnung zwischen den Grundstücken und/oder anderen Vermögensmassen scheidet aus.

53 Nach Aufhebung der Zwangsverwaltung steht, wenn nicht § 12 Abs. 2 ZwVwV eingreift (siehe Rn. 18), der Erstattungsanspruch dem Schuldner bzw. - im Insolvenzverfahren - der Insolvenzmasse zu (Hinweis auf die Bestimmungen in Nr. 9.1.4 des AEAO zu § 251).

XV. Haftung des Zwangsverwalters

54 Da der Zwangsverwalter Person i. S. d. § 34 Abs. 3 AO ist, haftet er im Falle grob fahrlässiger oder vorsätzlicher Verletzung steuerlicher Pflichten nach § 69 AO für den eingetretenen Einkommensteuerschaden, soweit dieser mit der Zwangsverwaltung des Grundstücks im Zusammenhang steht.

55 Wenn der Zwangsverwalter zu einer der in § 191 Abs. 2 AO genannten Berufsgruppen gehört, ist vor Erlass eines Haftungsbescheides die zuständige Berufskammer anzuhören (vgl. zum Konkursverwalter: FG Rheinland-Pfalz Urteil vom 18.1.1985, 6 K 116/82, EFG 1985 S. 426).

56 Eine Haftungsinanspruchnahme kommt jedoch nur für solche Sachverhalte in Betracht, die nach der Veröffentlichung des BFH-Urteils vom 10.2.2015, IX R 23/14, BStBl II 2017 S. 367 auf der Internetseite des BFH (= 10.6.2015) verwirklicht worden sind. Denn zuvor gingen Rechtsprechung, Literatur und Verwaltung seit etwa 60 Jahren davon aus, dass der Zwangsverwalter nicht zur Entrichtung der Einkommensteuer verpflichtet ist. Infolgedessen fehlt es vor dem 10.6.2015 an dem für die Haftungsinanspruchnahme nach § 69 AO erforderlichen Verschulden.

XVI. Veräußerung des Grundstücks

57 Wird der zwangsverwaltete Grundbesitz übertragen (z. B. durch freihändiger Verkauf oder Zwangsversteigerung), ist die hierdurch ggf. begründete Einkommensteuer nicht durch den Zwangsverwalter, sondern alleine durch den Schuldner zu entrichten. Im Insolvenzfall stellt die durch eine Grundstücksveräußerung begründete Einkommensteuer - soweit keine Freigabe des Grundstücks vorliegt - eine Masseverbindlichkeit dar, da deren Begründung im Zusammenhang mit einem massezugehörigen Gegenstand steht (§ 55 Abs. 1 Nr. 1, 2. Alt. InsO; BFH-Urteil vom 16.5.2013, IV R 23/11, BStBl II S. 759).

XVII. Gerichtlich angeordnete Verwaltung nach § 94 ZVG

58 Die vorstehenden Grundsätze gelten entsprechend für die gerichtlich angeordnete Verwaltung nach § 94 ZVG. Für die Rechte und Pflichten des Verwalters finder die Vorschriften über die Zwangsverwaltung entsprechende Anwendung.

XVIII. Kalte Zwangsverwaltung

59 Bei der sog. kalten Zwangsverwaltung handelt es sich nicht um eine Zwangsverwaltung i. S. d. ZVG. Vielmehr beruht diese auf einer besonderen Vereinbarung zwischen dem Insolvenzverwalter und den dinglich gesicherten Gläubigern, nach welcher die Verwaltung, insbesondere der Einzug der Mieten, durch den Insolvenzverwalter erfolgt. Da hier Handlungen des Insolvenzverwalters im Zusammenhang mit massezugehörigem Vermögen vorliegen, führt die kalte Zwangsverwaltung weiterhin zur Begründung von Masseverbindlichkeiten i. S. d. § 55 Abs. 1 Nr. 1 InsO.

XIX. Zeitlicher Anwendungsbereich

60 Die Grundsätze des BFH-Urteils vom 10.2.2015, IX R 23/14, BStBl 2016 I S. 367 sind erstmals auf Besteuerungstatbestände anzuwenden, in denen Zwangsverwaltungsverfahren nach dem 9.6.2015 aufgehoben werden.

Soweit Zwangsverwalter Teilungspläne ohne Berücksichtigung von Ertragsteuern bis zum 10.6.2015 vollzogen haben, kann die auf das zwangsverwaltete Grundstück entfallende Einkommensteuer, die auf bis zum 10.6.2015 erzielten Einkünften aus dem zwangsverwalteten Grundstück beruht, aus sachlichen Billigkeitsgründen auf Antrag gestundet werden. Die Stundungsraten sind unter Berücksichtigung der voraussichtlichen Einnahmen aus dem zwangsverwalteten Grundstück zu bestimmen.

Ein Erlass von Einkommensteuer, die auf bis zum 10.6.2015 erzielten Einkünften aus dem zwangsverwalteten Grundstück beruht, ist auf Antrag nach Aufhebung des Zwangsverwaltungsverfahrens insoweit zu gewähren, wie diese Einkommensteuer aus den bis zur Aufhebung des Verfahrens erzielten Einnahmen nicht gezahlt werden konnte. Das tatsächliche Vorliegen dieser Erlassvoraussetzungen ist zu prüfen.

XX. Körperschaftsteuer

61 Die Grundsätze des BFH-Urteils vom 10.2.2015, IX R 23/14, BStBl 2017 II S. 367 sowie die Regelungen dieses BMF-Schreibens sind im Bereich der Körperschaftsteuer sinngemäß anzuwenden.

Auswirkungen eines Zuständigkeitswechsels auf das Rechtsbehelfsverfahren

(BMF-Schreiben vom 10.10.1995 - IV A 5 - S 0600 - 17/95 -, BStBl I S. 664)

Unter Bezugnahme auf das Ergebnis der Erörterungen mit den obersten Finanzbehörden der Länder bitte ich, zu den Auswirkungen eines Zuständigkeitswechsels auf das Rechtsbehelfsverfahren folgende Auffassung zu vertreten:

I. Zuständigkeitswechsel durch Maßnahmen des Steuerpflichtigen (insbesondere Wohnsitzverlegung)

1. Einspruchsverfahren

Wird während eines anhängigen Einspruchsverfahrens nachträglich eine andere Finanzbehörde für den Steuerfall zuständig, so entscheidet diese Finanzbehörde über den Einspruch, wenn keine Vereinbarung nach § 26 Satz 2 AO getroffen worden ist (§ 367 Abs. 1 Satz 2 AO).

Unter der „zuständigen Finanzbehörde" i. S. d. § 354 Abs. 2 AO, der gegenüber ein Einspruchsverzicht zu erklären ist, ist die für die Durchführung des Verwaltungsverfahrens (insbesondere des Besteuerungsverfahrens) sachlich und örtlich zuständige Finanzbehörde zu verstehen. Da § 354 AO keine besonderen Regelungen enthält, sind über § 365 Abs. 1 AO die allgemeinen Zuständigkeitsvorschriften der AO anzuwenden. Nach Eintritt eines Zuständigkeitswechsels ist daher die Verzichtserklärung gegenüber der neu zuständigen Finanzbehörde und in den Fällen des § 26 Satz 2 AO gegenüber der das Verwaltungsverfahren fortführenden Finanzbehörde zu erklären.

2. Gerichtliches Rechtsbehelfsverfahren

Nach § 63 Abs. 2 Nr. 1 FGO ist bei vorangegangenem Einspruchsverfahren die Klage gegen die Behörde zu richten, welche die Einspruchsentscheidung erlassen hat; das ist bei einem Zuständigkeitswechsel vor Erlaß der Einspruchsentscheidung die neu zuständige Finanzbehörde und bei einer Zuständigkeitsvereinbarung nach § 26 Satz 2 AO die bisher zuständige, das Verwaltungsverfahren weiterführende Finanzbehörde (vgl. § 367 Abs. 1 AO). Durch einen Zuständigkeitswechsel nach Erlaß der Einspruchsentscheidung wird die Passivlegitimation nicht berührt.

In Fällen der unmittelbaren Klage nach § 46 FGO ist die Behörde passivlegitimiert, die im Zeitpunkt der Klageerhebung zuständig war. Ein erst nach Klageerhebung eintretender Zuständigkeitswechsel hat keine Auswirkungen auf die Passivlegitimation.

II. Zuständigkeitswechsel durch Änderung der FA-Bezirksgrenzen oder Übertragung von Verwaltungsaufgaben

Bei einer Änderung der FA-Bezirksgrenzen (z. B. durch kommunale Neugliederung) oder einer Übertragung von Verwaltungsaufgaben (z. B. durch Zentralisierung) verliert die bisher zuständige Finanzbehörde im Verhältnis zu den von der Veränderung betroffenen Steuerpflichtigen die Fähigkeit, Pflichtsubjekt des öffentlichen Rechts zu sein (vgl. BFH-Urteile vom 15.12.1971, BStBl II 1972 S. 438 und vom 10.11.1977, BStBl II 1978 S. 310; s.a. BFH-Urteil vom 07.11.1978, BStBl II 1979 S. 169).

1. Einspruchsverfahren

Für das Einspruchsverfahren ergibt sich der Übergang der Entscheidungskompetenz auf die neu zuständige Finanzbehörde ausdrücklich aus § 367 Abs. 1 Satz 2 AO. Zur Frage des zutreffenden Adressaten eines Einspruchsverzichts gelten die Ausführungen zu I 1 entsprechend.

2. Gerichtliches Rechtsbehelfsverfahren

Im finanzgerichtlichen Verfahren geht die Passivlegitimation auf die nunmehr zuständige Behörde über, wenn vor Erlaß der Entscheidung über den Einspruch eine andere Behörde zuständig geworden ist (§ 63 Abs. 2 FGO). Gleiches gilt, wenn der Zuständigkeitswechsel nach Erlaß der Einspruchsentscheidung eingetreten ist; die während eines bereits anhängigen gerichtlichen Verfahrens eintretende Zuständigkeitsänderung führt zu einem gesetzlichen Beteiligtenwechsel (vgl. BFH-Urteile vom 15.12.1971, BStBl II 1972 S. 438, vom 19.02.1975, BStBl II S. 534 und vom 10.11.1977, BStBl II 1978 S. 310). Dies gilt auch bei einem Zuständigkeitswechsel während eines Revisionsverfahrens (vgl. BFH-Urteile vom 19.11.1974, BStBl II 1975 S. 210 und vom 01.08.1979, BStBl II 1979 S. 714).

Unterrichtung der obersten Finanzbehörden des Bundes und der Länder über Gerichtsverfahren von grundsätzlicher Bedeutung

(BMF-Schreiben vom 25.5.2018 - IV A 3 - FG 2032/09/10005 / IV C 8 – FG 2032/16/10003:003 - BStBl I S. 693)

Unter Bezugnahme auf das Ergebnis der Erörterung mit den obersten Finanzbehörden der Länder gilt Folgendes:

1. Das BMF und die zuständige oberste Landesfinanzbehörde sind über anhängige Gerichtsverfahren (auch Beschwerdeverfahren) insbesondere dann zeitnah zu unterrichten, wenn

    a) ein Finanzgericht eine von Richtlinien, BMF-Schreiben oder gleich lautenden Erlassen der obersten Finanzbehörden der Länder abweichende Rechtsauffassung vertritt,

    b) der Entscheidung eine größere finanzielle oder eine grundsätzliche Bedeutung zukommt,

    c) der BFH einen Gerichtsbescheid (§ 90a FGO) erlassen hat, in dem eine von Richtlinien, BMF-Schreiben oder gleich lautenden Erlassen der obersten Finanzbehörden der Länder abweichende Rechtsauffassung vertreten wird oder dessen Begründung auf eine Änderung der Rechtsprechung schließen lässt,

    d) nach einer Vorabentscheidung des Gerichtshofes der Europäischen Union das Verfahren vor dem Finanzgericht oder dem BFH fortgesetzt wird, oder

    e) Verfahren nach § 32i AO geführt werden.

2. In den Fällen gemäß Nummer 1 Buchstabe a hat das beklagte Finanzamt Revision bzw. Nichtzulassungsbeschwerde einzulegen, wenn dies verfahrensrechtlich möglich ist. Bei Gerichtsbescheiden im Sinne von Nummer 1 Buchstabe c ist Antrag auf mündliche Verhandlung zu stellen. Die zuständige oberste Landesfinanzbehörde kann mit Zustimmung des BMF Abweichungen von Satz 1 und 2 zulassen.

3. In den Fällen gemäß Nummer 1 Buchstabe d darf das Finanzamt eine mit dem Ziel einer Hauptsacheerledigung beabsichtigte Aufhebung oder Änderung des angefochtenen Verwaltungsakts nur nach vorheriger Zustimmung des BMF und der obersten Landesfinanzbehörde vornehmen.

4. Hat das Finanzamt die Entscheidung des Finanzgerichts mit der Revision angefochten, soll es grundsätzlich nicht gemäß § 90 Absatz 2 FGO auf die mündliche Verhandlung verzichten.

5. Die Pflicht zur umfassenden Information des BMF und der obersten Landesfinanzbehörde über ein Verfahren im Sinne der Nummer 1 besteht nach deren anfänglicher Unterrichtung bis zu deren Beitritt (§ 122 Absatz 2 FGO), andernfalls bis zum endgültigen Abschluss des Verfahrens, fort.

Dieses Schreiben tritt an die Stelle des BMF-Schreibens vom 12. März 2010 (BStBl I S. 244). Es steht ab sofort für eine Übergangszeit auf den Internet-Seiten des Bundesministeriums der Finanzen (www.bundesfinanzministerium.de) unter der Rubrik Themen - Steuern - Weitere Steuerthemen - Abgabenordnung - BMF-Schreiben/Allgemeines bereit.

Anweisungen für das Straf- und Bußgeldverfahren (Steuer) - AStBV (St) 2025 -

Gleich lautende Erlasse der obersten Finanzbehörden der Länder vom 7.2.2025 (BStBl I S. 574)[1]

Einführung

(1) Die nachfolgenden Anweisungen sollen der einheitlichen Handhabung der Gesetze dienen und die reibungslose Zusammenarbeit der zur Verfolgung von Steuerstraftaten und Steuerordnungswidrigkeiten berufenen Stellen der Finanzbehörden untereinander, mit anderen Stellen der Finanzbehörden sowie mit den Gerichten und Staatsanwaltschaften gewährleisten.

(2) Die Anweisungen enthalten zur Erleichterung der Amtsgeschäfte eine Zusammenfassung von hierfür maßgeblichen Grundsätzen sowie Hinweise für deren praktische Anwendung. Aus Gründen der Übersichtlichkeit wird zum Teil der Gesetzeswortlaut wiederholt, im Übrigen wird nur auf die einschlägigen Gesetze verwiesen. Bei streitigen Rechtsfragen ist im Interesse einer einheitlichen Verfahrensweise die Auffassung der Verwaltung wiedergegeben.

(3) Die Anweisungen können wegen der Vielfalt der Lebensvorgänge, auf die sie sich beziehen, nur Anleitungen für den Regelfall geben. Es ist daher im Einzelfall zu prüfen, welche Maßnahmen im Rahmen der anzuwendenden Gesetze und der Rechtsprechung der Gerichte geboten sind.

(4) Bei Personenbezeichnungen wird auf eine geschlechter-bezogene Differenzierung verzichtet, da in diesen Anweisungen unwichtig ist, welches Geschlecht die so bezeichnete Person hat. Alle Personenbezeichnungen werden generisch verwendet, sie bezeichnen also alle Personen unabhängig von ihrem natürlichen Geschlecht.

Teil 1 Anwendungsbereich, gemeinsame Verfahrensgrundsätze

Abschnitt 1 Anwendungsbereich und anzuwendendes Recht

1

(1) Die Anweisungen sind in allen Straf- und Bußgeldverfahren anzuwenden, in denen die Finanzbehörde ermittelt oder zur Mitwirkung berufen ist. Sie sind von allen Bediensteten der Steuerfahndung (Steufa) und der Bußgeld- und Strafsachenstellen (BuStra) zu beachten, ferner von Bediensteten anderer Stellen der Finanzbehörden, soweit es sich um die Zusammenarbeit mit jenen Stellen handelt oder wenn sie Maßnahmen im Straf- oder Bußgeldverfahren treffen.[2]

(2) Für Steuerstraftaten gelten die allgemeinen Gesetze über das Strafrecht, soweit die Strafvorschriften der Steuergesetze nichts anderes bestimmen. Für Steuerordnungswidrigkeiten gelten die Vorschriften des Ersten Teils des Gesetzes über Ordnungswidrigkeiten, soweit die Bußgeldvorschriften der Steuergesetze nichts anderes bestimmen. Für das Strafverfahren wegen Steuerstraftaten gelten, soweit die §§ 386 ff. AO nichts anderes bestimmen, die allgemeinen Gesetze über das Strafverfahren, namentlich die Strafprozessordnung, das Gerichtsverfassungsgesetz, das Gerichtskostengesetz und das Jugendgerichtsgesetz (§ 385 AO). Die Menschenrechtskonvention und die Charta der Grundrechte der Europäischen Union sind zu beachten.

---

[1] Inhalts-, Stichwort-, Normen- und Paragraphenverzeichnis hier nicht abgedruckt.
[2] Je nach Bundesland sind andere Organisationsformen denkbar.

(3) Die Rechtsgrundlagen der zwischenstaatlichen Amts- und Rechtshilfe in Steuer- und Steuerstrafsachen ergeben sich aus den §§ 117, 117a, 117b AO, dem Gesetz über internationale Rechtshilfe in Strafsachen sowie multi- und bilateralen Verträgen. Wegen der zwischenstaatlichen Amtshilfe durch Informationsaustausch in Steuersachen wird auf das BMF-Schreiben vom 29. Mai 2019; BStBl I 2019, 480 und wegen der zwischenstaatlichen Rechtshilfe in Steuerstrafsachen auf das BMF-Schreiben vom 15. Juni 2022, BStBl I 2022, 972 hingewiesen.

Abschnitt 2 Gemeinsame Verfahrensgrundsätze

2 Rechtliches Gehör

Anspruch auf rechtliches Gehör hat jeder an einem Ermittlungsverfahren Beteiligte. Insbesondere muss dem Beschuldigten Gelegenheit gegeben werden, tatsächliche und rechtliche Ausführungen zu machen und Beweisanträge zu stellen. Bei Maßnahmen, die nur den Gang des Verfahrens betreffen, bedarf es keiner Anhörung, z. B. vor der Bestimmung eines Termins. Bei anderen Maßnahmen kann die vorherige Anhörung unterbleiben, wenn andernfalls der Zweck der Anordnung gefährdet würde, so namentlich bei Beschlagnahmen und Durchsuchungen (§ 33 Abs. 4 StPO); dem von der Maßnahme Betroffenen muss jedoch dann nachträglich Gelegenheit zur Äußerung gegeben werden, wenn und soweit nach der Vollziehung der Anordnung noch ein Nachteil für ihn fortbesteht (BVerfG-Beschluss vom 9. März 1965 - 2 BvR 176/63, BVerfGE 18, 399 (404).

3 Verhältnismäßigkeit

Der Grundsatz der Verhältnismäßigkeit verlangt, dass die jeweilige Maßnahme unter Würdigung aller persönlichen und sachlichen Umstände des Einzelfalles zur Erreichung des angestrebten Zwecks geeignet und erforderlich ist und dass der mit ihr verbundene Eingriff nicht außer Verhältnis zur Bedeutung der Sache und zur Stärke des Tatverdachts steht (Verbot des Übermaßes). Dies gilt vor allem bei Maßnahmen, von denen Unverdächtige betroffen werden (z. B. Durchsuchung von Gebäuden).

4 Faires Verfahren

(1) Das Recht auf faires Verfahren gehört zu den wesentlichen Grundsätzen des rechtsstaatlichen Strafverfahrens. Es wird verwirklicht u.a. durch die Gewährung des rechtlichen Gehörs (vgl. Nummer 2), das Recht auf Verteidigung (vgl. Nummern 32 ff.), das Recht des Beschuldigten, zur Sache zu schweigen (§ 136 Abs. 1 Satz 2; § 243 Abs. 5 Satz 1 StPO), die Einräumung von Rechtsbehelfen und die Rechtsbehelfsbelehrung. Der Anspruch auf faires Verfahren verbietet es, Druck oder sonstige unerlaubte Mittel in Richtung eines Geständnisses oder sonstiger Einlassung auszuüben (vgl. Nummer 16 Abs. 2 bis 4 und 49 Abs. 3). Verweigert der Beschuldigte jede Aussage zur Sache, so dürfen hieraus für ihn bei der Beweiswürdigung keine nachteiligen Folgerungen gezogen werden. Dies gilt auch, wenn ihm mehrere Taten (§ 264 StPO) vorgeworfen werden und er nur zu einer oder mehreren dieser Taten die Aussage verweigert. Anders kann es sein, wenn er nur zu einzelnen Punkten einer Tat (§ 264 StPO) schweigt.

(2) Bis zur rechtskräftigen Verurteilung wird die Unschuld vermutet (Artikel 6 Abs. 2 MRK). Die Unschuldsvermutung verbietet voreingenommene Behandlung des Beschuldigten im Verfahren. Es ist daher alles zu vermeiden, was zu einer nicht durch den Zweck des Ermittlungsverfahrens bedingten Bloßstellung des Beschuldigten führen könnte. Dies gilt insbesondere im Schriftverkehr mit anderen Behörden und Personen. Sollte es nicht entbehrlich sein, den Beschuldigten anzugeben oder die ihm zur Last gelegte Tat zu bezeichnen, ist deutlich zu machen, dass gegen den Beschuldigten lediglich der Verdacht einer Straftat besteht.

5 Wahrheitsfindung

Die Finanzbehörde hat auch Umstände, die sich zugunsten des Beschuldigten auswirken können, von Amts wegen zu ermitteln und zu berücksichtigen (§ 160 Abs. 2 StPO). Bei tatsächlichen Zweifeln über die Schuld- und Straffrage gilt für die abschließenden Entscheidungen der Finanzbehörden (vgl. Nummern 79 ff.) der Grundsatz „im Zweifel für den Angeklagten". Werden strafbegründende oder straferhöhende Umstände nicht zur Überzeugung der Finanzbehörde festgestellt, muss dies bei der Prüfung, ob ein Verfahren einzustellen ist und auch beim Antrag auf Erlass eines Strafbefehls sowie beim Antrag auf Anordnung von Nebenfolgen berücksichtigt werden.

6 Beschleunigung des Verfahrens

(1) Im Interesse sowohl des Beschuldigten als auch der Strafverfolgung haben alle Amtsträger dafür zu sorgen, dass über die erforderlichen Maßnahmen bei Verdacht von Steuerstraftaten sobald wie möglich entschieden wird. Es sind insbesondere die für die Verfolgung zuständigen Stellen unverzüglich zu unterrichten, wenn hierzu Anlass besteht (vgl. Artikel 6 MRK, Nummern 8, 38 Abs. 1 und 130 bis 133).

(2) Führt die Staatsanwaltschaft die Ermittlungen oder ist ein Verfahren bei Gericht anhängig, ist Gericht und Staatsanwaltschaft die gebotene Unterstützung so schnell wie möglich zu gewähren.

7 Geltung für das Bußgeldverfahren

Die Nummern 2 bis 6 gelten für das Bußgeldverfahren entsprechend.

Teil 2 Behandlung der Eingänge

8 Beschleunigte Bearbeitung

(1) Über die Einleitung oder Nichteinleitung von Verfahren soll, sofern keine besonderen Umstände vorliegen, innerhalb von sechs Monaten nach Eingang des Vorgangs entschieden werden (vgl. auch Nummer 6). Dies gilt insbesondere dann, wenn eine Außenprüfung vorausgegangen und in der Schlussbesprechung gemäß § 201 Abs. 2 AO ein Hinweis auf die straf- oder bußgeldrechtliche Prüfung gegeben worden war.

(2) Wird in den Fällen des § 201 Abs. 2 AO von der Einleitung eines Straf- oder Bußgeldverfahrens abgesehen, so ist dies dem Steuerpflichtigen mitzuteilen.

9 Anzeigen

Besteht kein Anlass einer Anzeige nachzugehen, so sind die Gründe dafür aktenkundig zu machen. Bei Sachverhalten, für deren Ermittlung die Finanzbehörde nicht zuständig ist, soll der Anzeigenerstatter an die zuständige Strafverfolgungsbehörde oder Verwaltungsbehörde in Bußgeldsachen verwiesen werden, sofern nicht deren Unterrichtung durch die Finanzbehörde angezeigt erscheint. Wegen des Schutzes des Anzeigenerstatters vgl. Nummer 128.

10 Behandlung der Eingänge

(1) Die Eingänge sind darauf zu prüfen, ob

1. die Finanzbehörde das Verfahren selbständig durchzuführen befugt (vgl. Nummer 17) und sachlich und örtlich zuständig ist (vgl. Nummern 23 bis 25),

2. Vorfeldermittlungen (vgl. Nummer 12) oder Vorermittlungen (vgl. Nummer 13) anzustellen sind,

3. die Voraussetzungen für die Einleitung eines Verfahrens zu verneinen sind oder von der Einleitung abzusehen oder diese zurückzustellen ist,

4. das Strafverfahren oder das Bußgeldverfahren einzuleiten ist (vgl. Nummern 26, 104),

5. die Staatsanwaltschaft zu unterrichten ist (vgl. Nummer 140) oder

6. die Sache sogleich an die Staatsanwaltschaft abzugeben (vgl. Nummer 22) oder dieser vorzulegen ist (vgl. Nummer 110 Abs. 1).

(2) Ist die Finanzbehörde nicht zuständig, gibt sie die Vorgänge unter Beachtung der Nummern 128 und 129 an die zuständige Stelle ab. Fehlt ihr als Finanzbehörde die Befugnis zur selbständigen Sachverhaltsermittlung, sind die Vorgänge unter Beachtung der Nummern 128 und 129 der zuständigen Staatsanwaltschaft zuzuleiten.

(3) Ergibt sich sogleich, dass kein Tatverdacht (vgl. Nummer 26) besteht oder dass ein Verfahrenshindernis vorliegt (vgl. Nummer 81 Abs. 1 Satz 2), unterbleibt die Einleitung eines Verfahrens; dies ist aktenkundig zu machen.

11 Behandlung der Selbstanzeigen

(1) Nach dem Legalitätsprinzip (vgl. Nummer 14) ist die BuStra grundsätzlich berechtigt und verpflichtet, nach Eingang einer Selbstanzeige ein Strafverfahren zur Prüfung der Straffreiheit gemäß § 371 Abs. 1 und 3 AO einzuleiten (BFH-Urteil vom 29. April 2008, BStBl II 2008, 844). Von der Einleitung eines Strafverfahrens ist nur dann abzusehen, wenn in der Selbstanzeige die Angaben erkennbar richtig und vollständig gemacht wurden, die nachzuzahlenden Steuern sowie die Hinterziehungszinsen nach § 235 AO und die Zinsen nach § 233a AO, soweit sie auf die Hinterziehungszinsen nach § 235 Abs. 4 AO angerechnet werden, in voller Höhe entrichtet wurden und keine Ausschlussgründe nach § 371 Abs. 2 Satz 1 AO vorliegen.

(2) Eine Nachschau hindert die Abgabe einer wirksamen Selbstanzeige gemäß § 371 Abs. 2 Nummer 1e AO beschränkt auf ihren sachlichen und zeitlichen Umfang und unabhängig vom Ort der Nachschau. Inaugenscheinnahmen und Liquiditätsprüfungen sind keine Nachschauen im Sinne der steuerrechtlichen Vorschriften.

(3) Im Bereich einer vorsätzlichen Steuerhinterziehung ist eine Selbstanzeige vollständig, wenn zu allen unverjährten Steuerstraftaten (§ 369 Abs. 1 Nummer 1 AO) einer Steuerart, mindestens aber zu allen Steuerstraftaten einer Steuerart innerhalb der letzten zehn Kalenderjahre Angaben erfolgen (§ 371 Abs. 1 AO). Die zehn Kalenderjahre sind diejenigen, die dem Jahr des Eingangs der Selbstanzeige vorangehen. Nach dem Vollständigkeitsgebot müssen zu allen unverjährten Steuerstraftaten einer Steuerart in vollem Umfang die unrichtigen Angaben berichtigt werden, die unvollständigen Angaben ergänzt oder die unterlassenen Angaben nachgeholt werden, so dass auch die Steuerstraftaten, die im Kalenderjahr der Abgabe der Selbstanzeige begangen wurden, mit erklärt werden müssen, damit von einer wirksamen Selbstanzeige ausgegangen werden kann. Anknüpfungspunkt für den strafrechtlich noch nicht verjährten Zeitraum ist die materielle Tat, die durch Steuerart und Besteuerungszeitraum bestimmt wird. Bei Abgabe einer unrichtigen oder unvollständigen Erklärung ist für die Berechnung des Berichtigungszeitraums auf den Abgabezeitpunkt der Erklärung abzustellen. Bei Unterlassungsdelikten ist auf die Tatvollendung abzustellen.

(4) Die BuStra prüft, ob die Angaben für eine wirksame Selbstanzeige ausreichen. Ist der Sachverhalt weiter aufklärungsbedürftig, hat die BuStra die Ermittlungen selbst durchzuführen oder zu veranlassen.

(5) Hängt die Straffreiheit von der Nachentrichtung der Steuer, der Hinterziehungszinsen nach § 235 AO und der Zinsen nach § 233a AO, soweit sie auf die Hinterziehungszinsen nach § 235 Abs. 4 AO angerechnet werden, ab, veranlasst die BuStra, dass dafür eine angemessene Frist gesetzt und dabei auf die Bedeutung der Einhaltung der Frist hingewiesen wird. Hängt die Bußgeldfreiheit von der Nachentrichtung der Steuer ab, so verfährt die BuStra entsprechend des Satzes 1. Fristverlängerung, Stundung, Vollstreckungsaufschub sowie Erlass dürfen nur im Benehmen mit der BuStra gewährt werden.

12 Vorfeldermittlungen

(1) Vorfeldermittlungen (§ 208 Abs. 1 Satz 1 Nummer 3 AO) sind geboten, wenn noch keine konkreten Anhaltspunkte für eine Straftat oder Ordnungswidrigkeit gegeben sind, jedoch die Möglichkeit einer Steuerverkürzung in Betracht kommt. Die Ermittlungen können sich sowohl auf unbekannte Steuerpflichtige als auch auf unbekannte Sachverhalte beziehen. Es handelt sich um Ermittlungen im Besteuerungsverfahren im Unterschied zu den Vorermittlungen (vgl. Nummer 13). Soweit dazu Anlass besteht, ist dem Steuerpflichtigen das „Merkblatt über die Rechte und Pflichten von Steuerpflichtigen bei Prüfungen durch die Steuerfahndung nach § 208 Abs. 1 Satz 1 Nummer 3 AO" auszuhändigen, vgl. BMF-Schreiben vom 13. November 2013, IV A 4 – S 0700/07/10048-10, BStBl I 2013, 1458.

(2) Ergibt sich aufgrund der Ermittlungen der Verdacht einer Straftat oder Ordnungswidrigkeit im Sinne der Nummern 18, 19 und 105 bis 107, führt die Steufa weitere Ermittlungen im Rahmen ihrer Aufgaben nach § 208 Abs. 1 Satz 1 Nummern 1 und 2 AO durch.

(3) Ergeben die Ermittlungen, dass ein Verdacht nicht besteht, sind aber weitere Ermittlungen bezüglich der Besteuerungsgrundlagen angezeigt, so führt die Steufa die Ermittlungen selbst durch oder regt deren Durchführung durch andere Stellen an.

13 Vorermittlungen

(1) Liegen Anhaltspunkte für eine Straftat oder Ordnungswidrigkeit im Sinne der Nummern 18, 19 und 105 bis 108 vor, reichen die Erkenntnisse jedoch nicht aus, um den erforderlichen Verdacht (vgl. Nummer 26) zu begründen, sind ggf. Vorermittlungen durchzuführen. Vorermittlungen sind allgemeine und informatorische Maßnahmen zur Gewinnung von Erkenntnissen, ob ein Verdacht gegeben und ein Ermittlungsverfahren durchzuführen ist.

(2) Mit den Vorermittlungen darf nicht bis zur Festsetzung der verkürzten Steuer oder der Festsetzung des Rückforderungsanspruchs oder bis zum Eintritt der Bestandskraft der Festsetzung gewartet werden, es sei denn, die Verkürzung scheint abweichend von der im Besteuerungsverfahren vom Finanzamt vertretenen Auffassung dem Grunde nach zweifelhaft.

Teil 3 Strafverfahren
Abschnitt 1 Allgemeine Grundsätze

14 Legalitätsprinzip

Die Finanzbehörde ist gemäß § 152 Abs. 2 StPO verpflichtet, im Rahmen ihrer Zuständigkeit (vgl. Nummern 23 und 24) wegen aller verfolgbaren Straftaten (vgl. Nummern 18 und 19) ohne Ansehen der Person einzuschreiten, sofern zureichende tatsächliche Anhaltspunkte vorliegen. Das Legalitätsprinzip ist Ausprägung des Rechtsstaatsgedankens und gewährleistet den auch im Strafverfahren geltenden Grundsatz der Gleichheit aller vor dem Gesetz (Artikel 3 GG). Die Finanzbehörde hat auf die Rechtmäßigkeit und Ordnungsmäßigkeit, die Beschleunigung des Verfahrens sowie auf die Zweckmäßigkeit und die Zuverlässigkeit der Ermittlungen zu achten (vgl. auch Nummer 6).

15 Ausnahmen vom Verfolgungszwang

Von der Verfolgung einer Straftat kann, wenn die Verfolgungsvoraussetzungen an sich gegeben sind, nur in den gesetzlich bestimmten Fällen (vgl. Nummer 39; Nummern 82 und 83) abgesehen werden.

16 Verhältnis des Strafverfahrens zum Besteuerungsverfahren

(1) Die Rechte und Pflichten der Steuerpflichtigen und der Finanzbehörden im Besteuerungsverfahren und im Strafverfahren richten sich nach den für das jeweilige Verfahren geltenden Vorschriften (§ 393 Abs. 1 Satz 1 AO). Werden die Besteuerungsgrundlagen im

Rahmen des Strafverfahrens ermittelt, so richten sich die Rechte und Pflichten grundsätzlich nach den strafprozessualen Vorschriften.

(2) Nach Einleitung des Strafverfahrens bleibt der Steuerpflichtige zwar zur Mitwirkung verpflichtet, soweit für Zwecke der Besteuerung ermittelt wird; seine Mitwirkung darf aber nicht mehr mit Hilfe von Zwangsmitteln (§ 328 AO) durchgesetzt werden (§ 393 Abs. 1 Satz 3 i. V. m. Satz 2 AO). Auch schon vor Einleitung eines Strafverfahrens sind im Besteuerungsverfahren Zwangsmittel unzulässig, sofern der Steuerpflichtige dadurch gezwungen würde, sich wegen einer von ihm begangenen Steuerstraftat oder Steuerordnungswidrigkeit zu belasten (§ 393 Abs. 1 Satz 2 AO). Ist gegen einen Steuerpflichtigen wegen der Abgabe unrichtiger Steuererklärungen ein Steuerstrafverfahren anhängig, rechtfertigt das Zwangsmittelverbot für nachfolgende Besteuerungszeiträume weder die Nichtabgabe zutreffender noch die Abgabe unrichtiger Steuererklärungen (vgl. BGH-Beschluss vom 10. Januar 2002 - 5 StR 452/01). Für die zutreffenden Angaben des Steuerpflichtigen, soweit sie zu einer mittelbaren Selbstbelastung für die zurückliegenden strafbefangenen Besteuerungszeiträume führen, besteht ein strafrechtliches Verwendungsverbot (BGH-Beschluss vom 12. Januar 2005 – 5 StR 191/04). Das Recht zur Schätzung der Besteuerungsgrundlagen (§ 162 AO) bleibt unberührt (vgl. BFH-Beschluss vom 19. September 2001 - XI B 6/01 -, BStBl II 2002, 4).

(3) Ergeben sich Anhaltspunkte dafür, dass nach Abs. 2 Sätze 1, 2 die Anwendung von Zwangsmitteln unzulässig sein könnte, ist der Steuerpflichtige über die Rechtslage zu belehren (§ 393 Abs. 1 Satz 4 AO). Die Belehrung hat spätestens zu erfolgen, wenn der Steuerpflichtige zur Mitwirkung aufgefordert wird oder, wenn er schon zur Mitwirkung aufgefordert worden war, seine Mitwirkung fortsetzt. Eine Verletzung der Belehrungspflicht gemäß § 393 Abs. 1 Satz 4 AO führt im Besteuerungsverfahren zu keinem Verwertungsverbot (vgl. BFH-Urteil vom 23. Januar 2002 - XI R 10, 11/01 - BStBl II 2002, 328). Im Übrigen wird auf Nummer 29 verwiesen.

(4) Im Strafverfahren kann der Steuerpflichtige (Beschuldigte) seine Mitwirkung verweigern, ohne dass daraus für ihn nachteilige strafrechtliche Folgen entstehen (§ 136 Abs. 1 Satz 2 i. V. m. § 163a Abs. 3, 4 StPO). Im Übrigen wird auf Nummer 4 verwiesen.

Abschnitt 2 Abgrenzung der Zuständigkeit zwischen Staatsanwaltschaft und Finanzamt

17 Selbständiges Ermittlungsverfahren

(1) Das Finanzamt führt das Ermittlungsverfahren unbeschadet des Rechts der Staatsanwaltschaft gemäß § 386 Abs. 4 Satz 2 AO selbständig durch, wenn die Tat

1. ausschließlich eine Steuerstraftat (§ 386 Abs. 2 Nummer 1 AO; Nummer 18) oder eine dieser gleichgestellte Tat (vgl. Nummer 19) darstellt,

2. zugleich andere Strafgesetze verletzt und deren Verletzung Kirchensteuern oder andere öffentlich-rechtliche Abgaben betrifft, die an Besteuerungsgrundlagen, Steuermessbeträge oder Steuerbeträge anknüpfen (§ 386 Abs. 2 Nummer 2 AO), z. B. Beiträge an Industrie- und Handelskammern, deren Höhe sich nach dem Gewerbesteuermessbetrag richtet.

(2) Der Begriff der Tat ist nicht im Sinne der Tateinheit nach § 52 StGB, sondern im prozessualen Sinne des § 264 Abs. 1 StPO zu verstehen (BGH-Urteil vom 4. Juni 1970 - 4 StR 80/70). Für die Annahme einer Tat in diesem Sinne kann es z. B. ausreichen, wenn die einzelnen Tathandlungen so miteinander verknüpft sind, dass ihre getrennte Aburteilung in verschiedenen erstinstanzlichen Verfahren einen einheitlichen Lebensvorgang unnatürlich aufspalten würde. Zur Abgrenzung von Tateinheit und Tatmehrheit vgl. BGH-Beschluss vom 22. Januar 2018 – 1 StR 535/17.

(3) Soweit die Finanzbehörde das Strafverfahren selbständig durchführt, nimmt sie die Rechte und Pflichten wahr, die der Staatsanwaltschaft im Ermittlungsverfahren zustehen (§ 399 Abs. 1 AO), z. B. Befugnis zur Beantragung von gerichtliche Untersuchungshandlungen (§ 162 StPO),

Anordnung von Beschlagnahmen und Durchsuchungen bei Gefahr im Verzug (§ 98 Abs. 1, § 105 Abs. 1 StPO), Durchsicht von Papieren und elektronischen Speichermedien (§ 110 StPO), Durchsetzung der Pflicht zum Erscheinen von Beschuldigten (§ 163a Abs. 3 StPO) sowie von Zeugen und Sachverständigen (§ 161a Abs. 1 und 2 StPO), Verlangen auf Vorlage und Auslieferung von Beweisgegenständen (§ 95 StPO), abschließende Entscheidung (vgl. Nummern 79 ff.).

(4) Aufgaben, welche sich aus der Ausübung staatsanwaltschaftlicher Rechte und Pflichten ergeben, werden von der BuStra wahrgenommen. Ihr obliegt stets die abschließende Entscheidung, insbesondere die Entscheidung über die Einstellung von Verfahren. Auch wenn die BuStra den Sachverhalt nicht selbst aufklärt, sondern die Steufa oder andere Stellen damit beauftragt, hat sie die Ermittlungen zu leiten, mindestens ihre Richtung und ihren Umfang zu bestimmen. Sie kann dabei auch konkrete Einzelweisungen zur Art und Weise der Durchführung einzelner Ermittlungshandlungen erteilen. Sie entscheidet in den Fällen des § 163 Abs. 4 StPO (z. B. Zeugnis- oder Auskunftsverweigerungsrechte).

(5) Zur Stellung der Finanzbehörde im Verfahren der Staatsanwaltschaft vgl. Nummern 91 bis 93 und im gerichtlichen Verfahren vgl. Nummern 94 bis 96.

18 Steuerstraftaten

Steuerstraftaten (§ 369 AO) sind

1. Taten, die nach den Steuergesetzen (AO und Einzelsteuergesetze, z. B. § 26c UStG, § 23 RennwLottG) strafbar sind, also insbesondere Steuerhinterziehung nach § 370 AO und versuchte Steuerhinterziehung. Auch soweit der gesamte steuerliche Sachverhalt erfunden wurde, d.h. indem das Vorhandensein eines Steuerschuldverhältnisses lediglich vorgetäuscht worden war, ist die Tat als Steuerhinterziehung zu beurteilen (vgl. BGH-Beschluss vom 23. März 1994 - 5 StR 91/94);

2. die Begünstigung (§ 257 StGB) einer Person, die eine der vorstehend genannten Taten begangen hat. Unter den Begriff der Begünstigung fällt nur die sachliche Begünstigung, die darin besteht, dem Täter die Vorteile aus der Tat sichern zu helfen, nicht dagegen die persönliche Begünstigung, die den Zweck hat, den Täter der Strafverfolgung zu entziehen (Strafvereitelung nach § 258 StGB);

3. die Anstiftung (§ 26 StGB) und die Beihilfe (§ 27 StGB) zu einer Tat im Sinne der Nummern 1 bis 2.

19 Gleichgestellte Straftaten

Den Steuerstraftaten gleichgestellte Straftaten sind

1. die ungerechtfertigte Erlangung von Altersvorsorgezulagen, von Wohnungsbauprämien, Forschungszulagen, Förderbeiträgen zur betrieblichen Altersvorsorge, Mobilitätsprämien, Energiepreispauschalen, und von Arbeitnehmer-Sparzulagen durch Taten im Sinne des § 370 AO (§ 96 Abs. 7 EStG, § 8 Abs. 2 WoPG, § 13 FZulG, § 100 Abs. 5 Nummer 3 EStG, § 108 EStG, § 121 EStG, § 14 Abs. 3 5. VermBG) sowie der Versuch dazu;

2. die Begünstigung einer Person, die eine der vorstehend genannten Taten begangen hat (§ 257 StGB);

3. die Anstiftung (§ 26 StGB) und die Beihilfe (§ 27 StGB) zu einer der vorstehend genannten Taten.

20 Zuständigkeit nach Erlass eines Haft- oder Unterbringungsbefehls

Die selbständige Ermittlungsbefugnis der Finanzbehörde entfällt, sobald gegen einen Beschuldigten wegen der Tat ein Haftbefehl oder ein Unterbringungsbefehl erlassen ist (§ 386 Abs. 3 AO). Die Finanzbehörde hat in diesen Fällen nur die Rechte und die Pflichten der Behörden des Polizeidienstes sowie die Befugnis zu Maßnahmen nach § 399 Abs. 2 Satz 2 AO (vgl. Nummer 91).

21 Andere Straftaten

(1) Ergibt sich in einem Steuerstrafverfahren der Verdacht, dass innerhalb des einheitlichen Lebensvorgangs, der den Gegenstand der Untersuchung bildet (§ 264 StPO), Straftaten begangen wurden, auf die sich die selbständige Ermittlungsbefugnis der Finanzbehörden nicht erstreckt, so sind die Vorgänge der Staatsanwaltschaft vorzulegen.

(2) Stellt die Finanzbehörde fest, dass ein Steuerstrafverfahren nicht einzuleiten ist, ergeben sich jedoch Tatsachen, die auf eine andere Straftat schließen lassen, ist der Vorgang unter Wahrung des Steuergeheimnisses und unter Beachtung des Legalitätsprinzips an die Staatsanwaltschaft abzugeben; Nummer 128 gilt entsprechend. Nummer 140 Abs. 2 ist zu beachten.

22 Abgabe der Strafsache an die Staatsanwaltschaften

(1) Die Entscheidung über die Abgabe (§ 386 Abs. 4 Satz 1 AO) ist nach pflichtgemäßem Ermessen zu treffen. Die unverzügliche Abgabe kommt in Betracht, wenn besondere Umstände es angezeigt erscheinen lassen, dass das Ermittlungsverfahren unter der Verantwortung der Staatsanwaltschaft fortgeführt wird. Dies wird insbesondere der Fall sein, wenn

1. eine Maßnahme der Telekommunikationsüberwachung beantragt werden soll (vgl. auch Nummer 74);
2. die Anordnung der Untersuchungshaft (§§ 112, 113 StPO) geboten erscheint;
3. die Strafsache besondere verfahrensrechtliche Schwierigkeiten aufweist;
4. der Beschuldigte außer einer Tat im Sinne der Nummern 18 und 19 noch eine andere - prozessual selbständige - Straftat begangen hat und die Taten in einem einheitlichen Ermittlungsverfahren verfolgt werden sollen (vgl. auch Nummer 140 Abs. 3);
5. die Strafsache besondere materiell-rechtliche Schwierigkeiten aufweist (wie z. B. Fälle der nachträglichen Gesamtstrafenbildung);
6. Freiheitsstrafe zu erwarten ist, die nicht im Strafbefehlsverfahren geahndet werden kann;
7. gegen die in Nummern 151 bis 154 genannten Personen ermittelt wird;
8. ein Amtsträger der Finanzverwaltung der Beteiligung verdächtig ist.

In den Fällen der Nummern 7 und 8 hat eine sofortige Abgabe zu erfolgen.

(2) In den Fällen, die wegen der Größenordnung oder aus anderen Gründen, namentlich wegen der Persönlichkeit oder der Stellung des Beschuldigten oder wegen des Sachzusammenhangs mit anderen strafrechtlichen Ermittlungsverfahren, von besonderer Bedeutung sind, hat die Finanzbehörde, sofern sie nicht die Vorgänge gemäß Abs. 1 abgegeben hat, die Staatsanwaltschaft unverzüglich zu verständigen (vgl. auch BGH-Beschluss vom 30. April 2009 - 1 StR 90/09 und Nummer 140). Dies gilt auch, wenn zu entscheiden ist, ob eine wirksame Selbstanzeige i.S.v. § 371 AO gegeben ist (vgl. BGH-Beschluss vom 20. Mai 2010 – 1 StR 577/09).

(3) Bei Straftaten zum Nachteil der finanziellen Interessen der Europäischen Union, für die gemäß Artikel 22 und Artikel 25 Abs. 2 und 3 der Verordnung (EU) 2017/1939 (EUStA-VO) die Europäische Staatsanwaltschaft (EUStA) ihre Zuständigkeit ausüben könnte, sind die Melde- bzw. Unterrichtungspflichten nach Artikel 24 Abs. 1 und 2 EUStA-VO an die EUStA zu beachten. Im Übrigen wird auf Nummer 140a hingewiesen.

Abschnitt 3 Zuständiges Finanzamt

23 Sachliche Zuständigkeit

Das Ermittlungsverfahren führt die Finanzbehörde durch, der die Zuständigkeit nach § 387 Abs. 2 AO übertragen wurde. Daneben kann auch die Finanzbehörde, die die betroffene Steuer verwaltet (§ 387 Abs. 1 AO), im ersten Zugriff den Sachverhalt erforschen und Anordnungen und Maßnahmen nach § 399 Abs. 2 AO treffen.

24 Örtliche Zuständigkeit

(1) Die örtliche Zuständigkeit ergibt sich aus § 388 AO; wegen des Begriffes des Tatortes wird auf § 9 StGB verwiesen.

(2) Die örtliche Zuständigkeit bleibt bestehen, wenn die Verwaltungszuständigkeit auf eine andere Finanzbehörde übergeht. Bei Wohnsitzwechsel wird auch die für die Besteuerung neu zuständig werdende Finanzbehörde örtlich zuständig (§ 388 Abs. 2 AO).

(3) Bei zusammenhängenden Strafsachen (§ 3 StPO) im Sinne der Nummer 17, für die einzeln verschiedene Finanzbehörden örtlich zuständig wären, ist jede dieser Finanzbehörden für jede der zusammenhängenden Strafsachen zuständig (§ 389 AO). Dies gilt nicht, wenn eine der Straftaten zur Zuständigkeit des Hauptzollamtes und eine andere zur Zuständigkeit des Finanzamtes gehört.

25 Mehrfache Zuständigkeit

(1) Die Regelung über die mehrfache Zuständigkeit (§ 390 AO) gilt sowohl für die örtliche als auch für die sachliche Zuständigkeit. Zu einer mehrfachen sachlichen Zuständigkeit kann es namentlich kommen, wenn sich die Steuerstraftat auf mehrere Steuerarten, die von verschiedenen Finanzbehörden verwaltet werden, bezieht und es sich um eine Tat im Sinne des § 264 StPO handelt. Eine mehrfache örtliche Zuständigkeit kann sich insbesondere aus der Regelung des § 388 AO ergeben.

(2) Vorrangig zuständig ist die Finanzbehörde, die wegen der Tat zuerst ein Strafverfahren eingeleitet hat (§ 390 Abs. 1 AO).

(3) Die andere Finanzbehörde ist zur Übernahme verpflichtet, sofern dies für die Ermittlung sachdienlich erscheint (§ 390 Abs. 2 AO). Es entscheidet zunächst die Behörde, die abgeben will, z. B. weil das Schwergewicht der Tat nicht in ihrem Bezirk liegt oder weil dadurch die Ermittlungen erleichtert werden. In Zweifelsfällen sollte vor der Abgabe eine Verständigung zwischen den beteiligten Finanzbehörden angestrebt werden. Kommt eine Einigung nicht zustande, entscheidet die Aufsichtsbehörde der ersuchten Finanzbehörde (§ 390 Abs. 2 Satz 2 AO).

Abschnitt 4 Einleitung des Strafverfahrens

26 Verdacht; Legalitätsprinzip

(1) Ergibt sich der Verdacht einer verfolgbaren Steuerstraftat, so ist ein Strafverfahren einzuleiten (§ 152 Abs. 2 StPO; sog. Legalitätsprinzip, vgl. auch Nummer 14).

(2) Ein Verdacht besteht, wenn zureichende tatsächliche Anhaltspunkte für eine Steuerstraftat vorliegen. Die bloße Möglichkeit einer schuldhaften Steuerverkürzung (vgl. Nummern 131 Abs. 2, 12, 13) begründet noch keinen Verdacht.

27 Einleitungsmaßnahmen

(1) Ein Strafverfahren wird mit jeder Maßnahme eingeleitet, die erkennbar darauf abzielt, gegen Jemanden wegen einer Straftat im Sinne der Nummern 18 und 19 vorzugehen (§ 397 AO). Dient eine Maßnahme nur der Prüfung, ob ein Verdacht vorliegt (vgl. Nummern 12, 13), so stellt sie noch keine Einleitung dar.

(2) Spätestens wird ein Strafverfahren eingeleitet durch die Vernehmung eines Beschuldigten oder Zeugen, durch eine Durchsuchung oder Beschlagnahme. Werden diese Maßnahmen auf Grund gerichtlicher Anordnung durchgeführt, so liegt die Einleitung bereits in der Antragstellung.

28 Mitteilung der Einleitung an Beschuldigte

(1) Die Einleitung des Strafverfahrens ist dem Beschuldigten spätestens mitzuteilen, wenn er aufgefordert wird, Auskünfte zu geben oder Unterlagen vorzulegen, die mit der Straftat zusammenhängen, auf die sich der Verdacht erstreckt (§ 397 Abs. 3 AO). Erfordert es der Untersuchungszweck, vor der Vernehmung des Beschuldigten zunächst andere Ermittlungen vorzunehmen, z. B. Vernehmungen von Zeugen, so braucht ihm die Einleitung erst bekannt gegeben zu werden, wenn er um Mitwirkung gebeten wird.

(2) Bei der Bekanntgabe der Einleitung ist der Beschuldigte nach § 136 Abs. 1 StPO zu belehren (vgl. auch Nummer 49 Abs. 1). Es sind ihm nach Möglichkeit Steuerart und Steuerjahr, auf die sich die Tat bezieht, sowie die Handlung, durch welche sie, und der Zeitpunkt, zu dem sie begangen wurde, unter Angabe der gesetzlichen Bestimmungen mitzuteilen.

(3) Absätze 1 und 2 gelten entsprechend bei Erweiterung des Tatverdachts.

(4) Wegen der Rechtsstellung des Steuerpflichtigen wird auf Nummer 16 verwiesen.

29 Belehrung

Sofern nicht schon vorher ein Anlass besteht, den Steuerpflichtigen gemäß § 393 Abs. 1 Satz 4 AO zu belehren, hat diese Belehrung (vgl. Nummer 16) spätestens mit der Bekanntgabe der Einleitung des Strafverfahrens zu erfolgen. Bei vorläufiger Festnahme des Beschuldigten ist die Pflicht zur unverzüglichen Belehrung nach § 127 Abs. 4 i. V. m. § 114b StPO zu beachten (vgl. Nummer 73 Abs. 8). Dies gilt entsprechend bei Identitätsfeststellungen nach § 163b StPO. Weigert sich der Steuerpflichtige, bei der Durchführung der Besteuerung mitzuwirken, ist er darauf hinzuweisen, dass dies im Besteuerungsverfahren berücksichtigt werden kann und die Besteuerungsgrundlagen ggf. geschätzt werden können. Der Eindruck, dass dadurch ein Druck zur Mitwirkung auf ihn ausgeübt werden soll, ist zu vermeiden. Wegen der Belehrung zu Beginn der Vernehmung vgl. Nummer 49 Abs. 1.

30 Vermerk

Die Maßnahme, durch die ein Strafverfahren eingeleitet wird, ist unverzüglich unter Angabe des Zeitpunkts in den Akten zu vermerken (§ 397 Abs. 2 AO), die Bekanntgabe der Einleitung unter Angabe von Datum und - wenn möglich - Uhrzeit. Außerdem sind Beschuldigter, Steuerart und Steuerjahr, auf die sich die Tat bezieht, sowie die Handlung, durch welche sie, und der Zeitpunkt, zu dem sie begangen wurde, so vollständig und genau wie möglich anzugeben.

31 Mitteilung der Einleitung an Stellen innerhalb der Finanzämter

(1) Die Einleitung des Verfahrens durch andere Stellen ist der BuStra unter Übersendung einer Zweitschrift des Aktenvermerks nach Nummer 30 unverzüglich mitzuteilen.

(2) Die BuStra teilt die Einleitung des Verfahrens der für die Steuerfestsetzung zuständigen Stelle mit. Nummer 134 ist zu beachten.

Abschnitt 5 Verteidigung

32 Wahl und Bestellung eines Verteidigers

(1) Der Beschuldigte kann sich des Beistandes eines Verteidigers bedienen (§ 137 Abs. 1 StPO); wegen der Belehrung des Beschuldigten vgl. Nummer 49 Abs. 1 und Nummer 29. Solange die Finanzbehörde auf Grund des § 386 Abs. 2 AO das Ermittlungsverfahren selbständig durchführt (vgl. Nummer 17), kommen als Verteidiger außer Rechtsanwälten und Rechtslehrern (§ 138 Abs. 1 StPO) auch Steuerberater, Steuerbevollmächtigte, Wirtschaftsprüfer und vereidigte Buchprüfer in Betracht (§ 392 Abs. 1 AO). Andere Personen bedürfen als Verteidiger der Genehmigung durch das Gericht (§ 138 Abs. 2 StPO).

(2) Wird die Finanzbehörde nach einem geeigneten Verteidiger befragt, hat sie die nach Abs. 1 gesetzlich vorgesehenen Möglichkeiten aufzuzeigen. Dem Beschuldigten sind Informationen zur Verfügung zu stellen, die es ihm erleichtern, einen Verteidiger zu kontaktieren; auf bestehende anwaltliche Notdienste ist dabei hinzuweisen (§ 136 Abs. 1 Satz 3 und 4 StPO). Der Beschuldigte kann auch auf die beim zuständigen Amtsgericht und Landgericht geführten Listen der zugelassenen Rechtsanwälte hingewiesen sowie an die Steuerberaterkammer und an die Wirtschaftsprüferkammer verwiesen werden. Die Empfehlung eines bestimmten Verteidigers hat jedoch zu unterbleiben. Nicht zulässig ist die Verteidigung mehrerer Beschuldigter durch einen gemeinschaftlichen Verteidiger (§ 146 StPO).

(3) Liegt ein Fall der notwendigen Verteidigung vor (§ 140 Abs. 1 und 2 StPO), so befragt die Finanzbehörde den Beschuldigten nach seiner Belehrung (vgl. Nummer 49 Abs. 1 und Nummer 29), ob er die Bestellung eines Pflichtverteidigers beantragen möchte und gibt ihm Gelegenheit, innerhalb angemessener Frist einen Verteidiger zu bezeichnen. Stellt der Beschuldigte keinen Antrag auf Bestellung eines Pflichtverteidigers, so beantragt die BuStra, sofern sie die Ermittlungen selbständig durchführt (vgl. Nummer 17), selbst die Bestellung eines Pflichtverteidigers, wenn der Beschuldigte einem Gericht zur Entscheidung über Haft oder einstweilige Unterbringung vorgeführt werden soll, wenn er sich bereits auf Grund richterlicher Anordnung oder mit richterlicher Genehmigung in einer Anstalt befindet oder wenn ersichtlich ist, dass er sich nicht selbst verteidigen kann (§ 141 Abs. 2 Nummer 1 bis 3, § 142 Abs. 2 StPO). Bei besonderer Eilbedürftigkeit kann die BuStra selbst über die Bestellung entscheiden (§ 142 Abs. 4 StPO).

33 Bevollmächtigung des Verteidigers, Zustellung an den Verteidiger

(1) Die Beauftragung eines Wahlverteidigers ist formlos möglich. Der gewählte Verteidiger hat bei Zweifeln an seiner Bevollmächtigung auf Verlangen eine schriftliche Vollmacht vorzulegen, sofern der Beschuldigte die Bevollmächtigung nicht angezeigt hat oder er nicht zusammen mit dem Verteidiger erscheint (vgl. BVerfG – Beschluss vom 14. September 2011 – 2 BvR 449/11). Die Bevollmächtigung endet vor Abschluss des Verfahrens der Finanzbehörde nur mit der Anzeige des Beschuldigten über die Beendigung oder mit der Niederlegung des Mandats durch den Verteidiger.

(2) Der gewählte Verteidiger, dessen Bevollmächtigung nachgewiesen ist, sowie der bestellte Verteidiger gelten als ermächtigt, Zustellungen und sonstige Mitteilungen für den Beschuldigten in Empfang zu nehmen. Zum Nachweis der Bevollmächtigung genügt die Übermittlung einer Kopie der Vollmacht durch den Verteidiger. Die Nachreichung der Vollmacht im Original kann verlangt werden; hierfür kann eine Frist bestimmt werden. Eine Ladung des Beschuldigten darf an den Verteidiger nur zugestellt werden, wenn er in seiner nachgewiesenen Vollmacht ausdrücklich zur Empfangnahme von Ladungen ermächtigt ist (§ 145a StPO).

34 Stellung des Verteidigers in Ermittlungsverfahren der BuStra und der Steufa

(1) Bei der Vernehmung des Beschuldigten durch die BuStra und die Steufa hat der Verteidiger ein Recht auf Anwesenheit; er ist rechtzeitig von dem Vernehmungstermin zu benachrichtigen (§ 163a Abs. 3 Satz 2, § 163a Abs. 4 Satz 3, § 168c Abs. 1 und 5 StPO).

(2) Der anwesende Verteidiger hat ein Erklärungs- und Fragerecht. Ungeeignete oder nicht zur Sache gehörende Fragen oder Erklärungen können zurückgewiesen werden (§ 163a Abs. 3 und 4 i. V. m. § 168c Abs. 1 StPO).

(3) Bei sonstigen Ermittlungshandlungen von BuStra und Steufa (z. B. Zeugenvernehmung) hat der Verteidiger kein Anwesenheitsrecht. Ihm kann jedoch die Anwesenheit gestattet werden. Dann hat er jedoch kein Erklärungs- oder Fragerecht.

(4) Wegen der Teilnahme des Beistandes eines Zeugen bei dessen Vernehmung vgl. Nummer 49 Abs. 8. Der Verteidiger eines Beschuldigten darf in derselben Rechtssache nicht rechtlicher Vertreter eines Zeugen sein (§ 356 StGB).

35   Akteneinsicht

(1) Vor Abschluss der Ermittlungen (§ 169a StPO) ist dem Verteidiger auf Antrag Einsicht in die Protokolle über Vernehmungen des Beschuldigten, über richterliche Untersuchungshandlungen, bei denen dem Verteidiger die Anwesenheit gestattet worden ist oder hätte gestattet werden müssen, sowie in Sachverständigengutachten zu gewähren (§ 147 Abs. 3 StPO). Die Einsichtnahme in die übrigen Vorgänge sowie die Besichtigung von Beweisstücken kann verwehrt werden, soweit dies den Untersuchungszweck gefährden kann (§ 147 Abs. 2 Satz 1 StPO). Dies ist z. B. anzunehmen, wenn Untersuchungshandlungen vorbereitet sind, deren vorzeitiges Bekanntwerden verhindert werden soll. Befindet sich der Beschuldigte allerdings in Untersuchungshaft oder ist diese im Fall der vorläufigen Festnahme beantragt, sind dem Verteidiger diejenigen Informationen zugänglich zu machen, die für die Beurteilung der Rechtmäßigkeit der Inhaftierung wesentlich sind; in der Regel ist insoweit Akteneinsicht zu gewähren (§ 147 Abs. 2 Satz 2 StPO).

(2) Mit Abschluss der Ermittlungen ist dem Verteidiger uneingeschränkt Akteneinsicht zu gewähren und die Besichtigung von Beweisstücken zu gestatten (§ 147 Abs. 1, 2 StPO). Dies gilt auch für Steuerakten, die zum Zwecke der Beweisführung für das Strafverfahren herangezogen werden. Zur Form der Gewährung der Akteneinsicht wird auf § 32f Abs. 1 und 2 StPO hingewiesen.

(3) Auch nach rechtskräftigem Abschluss des Verfahrens ist dem Verteidiger Akteneinsicht zu gewähren, sofern noch Raum für Verteidigungshandeln besteht, insbesondere wenn die Stellung von Anträgen im Strafvollstreckungsverfahren oder von Wiederaufnahmeanträgen nach §§ 359 ff. StPO in Betracht kommt. § 147 StPO gilt nicht, wenn der frühere Beschuldigte Akteneinsicht für Zwecke begehrt, die mit seiner Verteidigung in der Strafsache nicht mehr zusammenhängt.

(4) Handakten sowie andere innerdienstliche Vorgänge (z. B. verwaltungsinterne Vermerke), die dem Gericht nicht vorgelegt werden, sind von der Akteneinsicht auszuschließen, vgl. OLG Karlsruhe vom 20. April 2023, 2 VAs 4/23 und vgl. Nummer 186 Abs. 3 RiStBV.

(5) Vor der Einsichtnahme oder der Besichtigung von Beweisstücken ist zu prüfen, ob sich aus ihnen Verhältnisse Dritter ergeben, die dem Steuergeheimnis unterliegen. Hat der Dritte die Finanzbehörde nicht von der Wahrung des Steuergeheimnisses entbunden, ist eine Offenbarung und somit eine Einsichtnahme nur zulässig, soweit die Beweisstücke der Staatsanwaltschaft oder dem Gericht vorgelegt werden (§ 30 Abs. 4 Nummer 1 AO); auf Nummer 128 wird hingewiesen.

(6) Auf Antrag sollen dem Verteidiger, soweit nicht wichtige Gründe entgegenstehen, die Akten mit Ausnahme der Beweisstücke zur Einsichtnahme in seine Geschäftsräume oder in seine Wohnung mitgegeben werden (§ 32f Abs. 2 StPO). Entscheidungen über die Form der Gewährung von Akteneinsicht sind nicht anfechtbar (§ 32f Abs. 3 StPO). Werden die Akten dem Verteidiger auf seinen Antrag hin übersandt, so kann hierfür gemäß § 385 Abs. 1 AO i. V. m. § 1 Satz 1 Nummer 5, § 3 Abs. 2 GKG i. V. m. Nummer 9003 KVGKG eine Aktenversendungspauschale erhoben werden.

(7) Das Recht zur Akteneinsicht umfasst auch das Recht, Abschriften oder Ablichtungen zu fertigen.

(8) Der Beschuldigte, der keinen Verteidiger hat, ist befugt, die Akten einzusehen und unter Aufsicht amtlich verwahrte Beweisstücke zu besichtigen, soweit der Untersuchungszweck auch in anderen Strafverfahren nicht gefährdet werden kann und überwiegende schutzwürdige Interessen Dritter nicht entgegenstehen. An Stelle der Einsichtnahme in die Akten können ihm auch Kopien aus den Akten bereitgestellt werden (§ 147 Abs. 4 StPO). Soweit nicht wichtige Gründe entgegenstehen, können Aktenkopien auch mitgegeben werden (§ 32f Abs. 2 StPO). § 477 Abs. 5 StPO gilt entsprechend. Werden die Aktenkopien dem Beschuldigten auf seinen Antrag hin übersandt, so kann hierfür in entsprechender Anwendung des § 385 Abs. 1 AO i. V. m. § 1 Satz 1 Nummer 5, § 3 Abs. 2 GKG i. V. m. Nummer 9003 KV GKG eine Aktenversendungspauschale erhoben werden. Im Übrigen gelten die Absätze 1 bis 4 entsprechend.

(9) Den Sachverständigen kann die Finanzbehörde Akteneinsicht und Besichtigung der Beweismittel nach pflichtgemäßem Ermessen gewähren (§ 80 Abs. 2 StPO). Zeugen und deren Beistände, der Anzeigeerstatter und sein Bevollmächtigter haben nach § 147 StPO kein Recht auf Akteneinsicht. Diese Personen können jedoch nach § 475 StPO unter bestimmten Voraussetzungen Auskünfte aus Akten erhalten bzw. es kann ihnen Akteneinsicht gewährt werden.

(10) Über die Gewährung der Akteneinsicht entscheidet im vorbereitenden Verfahren und nach rechtskräftigem Abschluss des Verfahrens die BuStra, soweit die Finanzbehörde das Strafverfahren selbständig durchführt (vgl. Nummer 17), in anderen Fällen die Staatsanwaltschaft (§ 147 Abs. 5 StPO).

36   Ausschluss eines Verteidigers

(1) Besteht der begründete Verdacht, dass der Verteidiger an der Tat beteiligt war und soll das Verfahren nicht an die Staatsanwaltschaft abgegeben werden, prüft die Finanzbehörde die Frage der Ausschließung (§§ 138a, 138c StPO); die Unterrichtung der Staatsanwaltschaft (vgl. Nummer 140) wird in der Regel angebracht sein. Ergibt die Prüfung, dass der Verdacht dringend ist oder die Eröffnung des Hauptverfahrens rechtfertigen würde, ist ein Antrag auf Ausschluss mit Begründung über die vorgesetzte Behörde an das Oberlandesgericht zu stellen.

(2) Bis zur Entscheidung des Oberlandesgerichts können die Vernehmung des Beschuldigten sowie die Gewährung von Akteneinsicht zurückgestellt werden. Ob gegen den Verteidiger wegen der Teilnahme an der Tat das Verfahren einzuleiten ist, hat die Finanzbehörde nach Nummer 26 zu entscheiden.

Abschnitt 6   Allgemeine Ermittlungsgrundsätze

37   Ziel und Umfang der Ermittlungen

(1) Ziel der Ermittlungen ist es, eine Entscheidung darüber zu treffen, ob und in Bezug auf welchen Sachverhalt sowie nach welcher Strafbestimmung die öffentliche Klage, ggf. durch Stellung eines Antrages auf Erlass eines Strafbefehls, oder ein Antrag nach § 406 AO geboten erscheint (§ 160 StPO) oder ob das Verfahren einzustellen ist. Hierbei ist darauf zu achten, dass die Ermittlungen auf das Wesentliche gerichtet werden.

(2) Art und Umfang der Ermittlungen richten sich nach den Umständen des einzelnen Falles. Es gilt der Grundsatz der freien Gestaltung des Ermittlungsverfahrens, wobei das Übermaßverbot (vgl. Nummer 3) besonders zu beachten ist.

38   Verbinden und Abtrennen von Verfahren

(1) Sind mehrere prozessual selbständige Straftaten im Sinne der Nummern 18 und 19 zu verfolgen, und hängen diese Straftaten persönlich oder sachlich zusammen (§ 3 StPO), hat die

Finanzbehörde in der Regel die Verfahren zu verbinden. Die Verbindung unterbleibt, wenn dies im Interesse der Beschleunigung der Strafverfolgung liegt. Unter diesem Gesichtspunkt ist auch zu prüfen, ob und inwieweit nach erfolgter Verbindung wieder Teile abzutrennen und als Verfahren gesondert zu führen sind.

(2) Hängen Straftaten im Sinne der Nummern 18 und 19 mit einer anderen Straftat zusammen, ist nach Nummer 22 Abs. 1 Nummer 4 und Nummer 140 Abs. 3 zu verfahren.

39 Absehen von der Verfolgung und Beschränkung der Strafverfolgung

(1) Wird gegen denselben Beschuldigten wegen mehrerer Taten im Sinne der Nummern 18 und 19 ermittelt, kann die BuStra unter den Voraussetzungen des § 154 Abs. 1 Nummer 1 StPO von der Verfolgung einer oder mehrerer der Taten absehen. Von der Möglichkeit der Einstellung nach § 154 Abs. 1 StPO soll die BuStra in einem möglichst frühen Verfahrensstadium Gebrauch machen. Sie prüft zu diesem Zweck vom Beginn der Ermittlungen an, ob die Voraussetzungen für eine Verfahrensbeschränkung vorliegen. Wird von der Verfolgung einer oder mehrerer Taten abgesehen, ist dies aktenkundig zu machen. Der Zustimmung des Gerichts bedarf es nicht. Auf die Wiederaufnahmemöglichkeit nach § 154 Abs. 4 StPO wird hingewiesen.

(2) Abs. 1 gilt auch, wenn wegen der anderen Taten von einer anderen Finanzbehörde ermittelt wird sowie dann, wenn die Staatsanwaltschaft wegen anderer Straftaten ermittelt, andere Straftaten bei einem Gericht anhängig sind oder bereits auf Grund solcher Verfahren eine Strafe oder Maßregel der Besserung und Sicherung rechtskräftig verhängt worden ist. Sofern das Bezugsverfahren noch nicht rechtskräftig abgeschlossen ist, ist die Entscheidung im Benehmen mit der anderen Finanzbehörde oder der Staatsanwaltschaft zu treffen.

(3) Erstreckt sich das Verfahren auf eine Tat mit mehreren abtrennbaren Teilen oder sind durch dieselbe Tat mehrere Gesetzesverletzungen begangen worden, kann die BuStra die Strafverfolgung nach Maßgabe des § 154a StPO beschränken. Absatz 1 Sätze 2 bis 6 sowie Absatz 2 gelten entsprechend.

(4) Die §§ 154 und 154a StPO sind insbesondere in Verfahren mit einer für das Steuerstrafverfahren ungewöhnlich großen Anzahl von Einzeltaten oder von aufklärungsbedürftigen Vorgängen anzuwenden. Falls die Bildung einer Gesamtstrafe in Betracht kommt, ist auf die Auswirkung des auszuscheidenden Tat auf die zu erwartende Gesamtstrafe abzustellen. Bei der Prüfung, ob bei Verkürzungsdelikten die zu erwartende Strafe neben einer anderen Strafe "nicht beträchtlich" ins Gewicht fällt, kann im Regelfall auf das Verhältnis der verkürzten Beträge abgestellt werden. Nach § 154 StPO soll hier nicht von der Verfolgung einer Tat abgesehen werden, auf die von den insgesamt verkürzten Steuern mehr als ein Drittel entfällt. Entsprechendes gilt für § 154a StPO.

(5) Solange die Besteuerungsgrundlagen noch nicht ermittelt sind, ist von den §§ 154 und 154a StPO nur in Ausnahmefällen Gebrauch zu machen, z. B. wenn die Steuerfestsetzung nach § 156 Abs. 2 AO nach Auffassung der zuständigen Stelle unterbleiben kann.

40 Beweissicherung

(1) Die Finanzbehörde hat, auch zugunsten des Beschuldigten, für die Erhebung und Sicherung der Beweise Sorge zu tragen, deren Verlust zu befürchten ist (§§ 399, 402 AO, § 160 Abs. 2, § 163 Abs. 1 StPO). Hierzu gehört z. B. ferner die Sicherstellung von Gegenständen, die als Beweismittel für die Untersuchung von Bedeutung sein können sowie ggf. die Veranlassung einer gerichtlichen Vernehmung. Auf die rechtzeitige Erhebung und Sicherung der Beweise ist auch in den Fällen zu achten, in denen das Strafverfahren nach § 396 AO ausgesetzt worden ist oder seine alsbaldige Durchführung nicht zweckmäßig erscheint, z. B. weil vor Erhebung der öffentlichen Klage für längere Zeit die Abwesenheit des Beschuldigten oder ein anderes in seiner Person liegendes Hindernis entgegen steht (§ 154f StPO).

(2) Wegen der Verwahrung sichergestellter Gegenstände vgl. Nummer 74 RiStBV.

41 Ermittlung von Umständen, die für die Bemessung der Strafe und für die Nebenfolgen von Bedeutung sind

Zu den Rechtsfolgeumständen, auf die sich die Ermittlungen erstrecken sollen (vgl. § 160 Abs. 3 Satz 1 StPO), gehören insbesondere Umstände, die für die Bemessung der Strafe von Bedeutung sind (vgl. §§ 46 ff. StGB). Grenzen für die Ermittlung der Rechtsfolgeumstände können sich aus dem Verwertungsverbot nach § 51 BZRG und ggf. aus dem Verhältnismäßigkeitsgrundsatz ergeben, insbesondere, soweit die Ermittlungen nicht ohne Eindringen in die Privatsphäre des Beschuldigten durchgeführt werden können. Auf die Nummern 13, 14 und 15 Abs. 1 bis 3 RiStBV wird hingewiesen.

42 Unterstützung durch andere Behörden und Stellen

(1) Die BuStra kann zur Durchführung ihrer Ermittlungen von allen öffentlichen Behörden Auskunft verlangen und Ermittlungen jeder Art, z. B. Einsichtnahme in Akten, entweder selbst vornehmen oder durch die Steufa, ggf. auch durch die Behörden und Beamten des Polizeidienstes vornehmen lassen (§ 161 StPO). Die Ermittlungsbefugnisse der Steufa nach §§ 208 und 404 AO bleiben unberührt.

(2) Bei Auskunftsersuchen an Behörden sind einschlägige Geheimhaltungsbestimmungen zu beachten (vgl. z. B. § 35 SGB 1, § 39 PostG).

43 Antrag auf Vornahme gerichtlicher Untersuchungshandlungen

(1) Die BuStra kann die Vornahme gerichtlicher Untersuchungshandlungen, z. B. die eidliche Vernehmung von Zeugen, beim Amtsgericht beantragen (§ 162 StPO).

(2) Der Antrag auf Vornahme einer gerichtlichen Untersuchungshandlung soll regelmäßig nur dann gestellt werden, wenn dieser aus besonderen Gründen für erforderlich erachtet wird, z. B. weil der Verlust eines Beweismittels droht oder ein Geständnis festzuhalten ist (§ 254 StPO) oder, wenn eine Straftat nur durch Personen bewiesen werden kann, die zur Verweigerung des Zeugnisses berechtigt sind (vgl. Nummer 10 RiStBV). Im Hinblick auf Nummer 47 Abs. 1 ist bei Nichterscheinen des Zeugen ein Antrag auf gerichtliche Vernehmung regelmäßig nur zu stellen, wenn der Zeuge vereidigt (§ 62 StPO) oder ein verlesbares Vernehmungsprotokoll beschafft werden soll (§ 251 StPO).

(3) Die einzelnen Untersuchungshandlungen müssen im Antrag angegeben werden, ggf. unter Beschränkung auf einzelne Beweisthemen.

(4) Zum Antrag auf Anordnung der Durchsuchung oder Beschlagnahme vgl. Nummer 60.

44 Ausweispflicht

Vor der Vornahme von Amtshandlungen außerhalb der Diensträume haben sich die für die jeweiligen Einsatzorte verantwortlichen Amtsträger auszuweisen. Die weiteren an den Maßnahmen beteiligten Amtsträger haben sich auf Verlangen auszuweisen. Soweit der Zweck der Maßnahme beeinträchtigt oder der Amtsträger gefährdet würde, sind Einschränkungen der Ausweispflicht zulässig.

Abschnitt 7   Vernehmung

45 Ladung

Wegen der Ladung des Beschuldigten durch BuStra oder Steufa vgl. Nummer 44 RiStBV, wegen der Ladung des Zeugen vgl. Nummer 64 RiStBV, Nummer 54 Abs. 2 Satz 1.

46 Rechtsstellung des Beschuldigten

(1) Auf Ladung der BuStra ist der Beschuldigte verpflichtet, vor dieser zu erscheinen (§ 163a Abs. 3 Satz 1 StPO), wenn sie das Ermittlungsverfahren selbständig durchführt (vgl. Nummer 17). Der Beschuldigte ist nicht verpflichtet, vor der Steufa zur Vernehmung zu erscheinen.

(2) Der Beschuldigte ist nicht verpflichtet, zur Sache auszusagen (vgl. Nummer 16). Dieses Aussageverweigerungsrecht bezieht sich nicht auf die Angaben zur Person.

47 Rechtsstellung des Zeugen

(1) Zeugen sind verpflichtet, auf Ladung der BuStra vor dieser zu erscheinen und zur Sache auszusagen (§ 161a Abs. 1 Satz 1 StPO), wenn sie das Ermittlungsverfahren selbständig durchführt. Zeugen sind auch verpflichtet, auf Ladung vor der Steufa zu erscheinen und zur Sache auszusagen, wenn der Ladung ein Auftrag der Staatsanwaltschaft oder BuStra zugrunde liegt (§ 163 Abs. 3 Satz 1 StPO).

(2) Zur Verweigerung des Zeugnisses sind insbesondere nahe Angehörige und Angehörige bestimmter Berufsgruppen einschließlich ihrer mitwirkenden Personen berechtigt (§§ 52 bis 53a, 56 StPO). Nahe Angehörige sind Verlobte, Ehegatten und die in § 52 Abs. 1 Nummer 3 StPO bezeichneten Verwandten und Verschwägerten sowie die in § 52 Abs. 1 Nummer 2a StPO bezeichneten Lebenspartner. Wegen der Verwandtschaft und Schwägerschaft wird auf die §§ 1589 und 1590 BGB verwiesen.

(3) Ein Zeuge braucht Fragen, deren Beantwortung ihn oder nahe Angehörige der Gefahr der Verfolgung wegen einer Straftat oder Ordnungswidrigkeit aussetzen würden, nicht zu beantworten. Der Verweigerungsgrund ist auf Verlangen glaubhaft zu machen; es genügt die eidliche Versicherung des Zeugen (§§ 55, 56 StPO). In bestimmten Fällen braucht der Zeuge keine Angaben zu seinem Wohnsitz zu machen (§ 68 Abs. 2 bis 4 StPO). Zur Belehrung des Zeugen vgl. Nummer 49 Abs. 8.

48 Besonderheiten für Angehörige des öffentlichen Dienstes

Angehörige des öffentlichen Dienstes bedürfen für ihre Aussagen in dienstlicher Angelegenheit einer Genehmigung ihres Dienstvorgesetzten (§ 54 StPO). Auf Nummer 66 RiStBV wird hingewiesen.

49 Durchführung der Vernehmung

(1) Zu Beginn der Vernehmung ist dem Beschuldigten zu eröffnen, welche Tat ihm zur Last gelegt wird, bei Vernehmung durch die BuStra auch, welche Strafvorschriften in Betracht kommen. Weiterhin ist der Beschuldigte darüber zu belehren, dass es ihm freistehe, sich zu der Beschuldigung zu äußern oder nicht zur Sache auszusagen und jederzeit auch schon vor der Vernehmung, einen von ihm zu wählenden Verteidiger zu befragen und dass er zu seiner Entlastung einzelne Beweiserhebungen beantragen und unter den Voraussetzungen des § 140 StPO die Bestellung eines Pflichtverteidigers nach Maßgabe des § 141 Abs. 1 StPO und § 142 Abs. 1 StPO beantragen kann; zu Letzterem ist er auch auf die Kostenfolge des § 465 StPO (Kostentragungspflicht im Falle der Verurteilung) hinzuweisen (§ 163a Abs. 4 i. V. m. § 136 Abs. 1 StPO). Die Belehrung des Beschuldigten vor seiner Vernehmung nach § 136 Abs. 1 StPO sowie § 163a StPO ist zu dokumentieren (§ 168b Abs. 3 StPO). Möchte der Beschuldigte vor seiner Vernehmung einen Verteidiger befragen, sind ihm Informationen zur Verfügung zu stellen, die es ihm erleichtern, einen Verteidiger zu kontaktieren; auf bestehende anwaltliche Notdienste ist dabei hinzuweisen. Dies ist ebenfalls zu dokumentieren. Nummer 29 bleibt unberührt.

(2) Die Vernehmung zur Sache soll dem Beschuldigten Gelegenheit geben, sich gegen den strafrechtlichen Vorwurf zu verteidigen (§ 136 Abs. 2 StPO). Hierzu sind ihm die Verdachtsgründe mitzuteilen, soweit es für seine Verteidigung angezeigt erscheint.

(3) Die Vernehmung des Beschuldigten kann in Bild und Ton aufgezeichnet werden. Sie ist insbesondere aufzuzeichnen, wenn die schutzwürdigen Interessen von Beschuldigten, die erkennbar unter eingeschränkten geistigen Fähigkeiten oder einer schwerwiegenden seelischen Störung leiden, durch die Aufzeichnung besser gewahrt werden können (vgl. § 136 Abs. 4 StPO).

(4) Den Willen beeinträchtigende Vernehmungsmethoden und -mittel, wie z. B. Ermüdung und Täuschung, sind unzulässig (§ 136a StPO) und haben ein Verwertungsverbot zur Folge (vgl. Nummer 149).

(5) Wurde ein Tatverdächtiger zunächst zu Unrecht als Zeuge vernommen, so ist er wegen des Belehrungsverstoßes (§ 136 Abs. 1 Satz 2 StPO) bei Beginn der nachfolgenden Vernehmung als Beschuldigter auf die Nichtverwertbarkeit der früheren Angaben hinzuweisen („qualifizierte" Belehrung); BGH-Urteil vom 18. Dezember 2008 - 4 StR 455/08.

(6) Ist der Beschuldigte der deutschen Sprache nicht mächtig, hat die Ermittlungsbehörde einen Dolmetscher oder Übersetzer heranzuziehen, soweit dies zur Ausübung der strafprozessualen Rechte des Beschuldigten erforderlich ist. Die Ermittlungsbehörde weist den Beschuldigten in einer ihm verständlichen Sprache darauf hin, dass er insoweit für das gesamte Strafverfahren die unentgeltliche Hinzuziehung eines Dolmetschers oder Übersetzers beanspruchen kann (§ 163a Abs. 5 StPO i. V. m. § 187 Abs. 1 GVG).

(7) Die Verständigung mit einem hör- oder sprachbehinderten Beschuldigten erfolgt nach seiner Wahl mündlich, schriftlich oder mit Hilfe einer die Verständigung ermöglichenden Person, die von der Ermittlungsbehörde hinzuzuziehen ist. Für die mündliche und schriftliche Verständigung hat die Ermittlungsbehörde die geeigneten technischen Hilfsmittel bereitzustellen; ggf. im Rahmen der Amtshilfe durch andere Ermittlungsbehörden. Der hör- oder sprachbehinderte Beschuldigte ist auf sein Wahlrecht hinzuweisen (§ 163a Abs. 5 StPO i. V. m. § 186 Abs. 1 GVG).

(8) Der Zeuge ist über sein Zeugnisverweigerungsrecht zu belehren, wenn Anhaltspunkte für ein solches Recht erkennbar sind (§ 52 Abs. 3 StPO). Obwohl davon ausgegangen werden kann, dass jeder die mit seinem Beruf zusammenhängenden Rechte und Pflichten kennt, soll auch auf das Zeugnisverweigerungsrecht nach §§ 53, 53a StPO hingewiesen werden. Eine Belehrung nach § 55 Abs. 2 StPO muss spätestens erfolgen, sobald Anhaltspunkte dafür erkennbar werden, dass der Zeuge durch seine Aussage sich selbst oder einen nahen Angehörigen in die Gefahr der Verfolgung wegen einer Straftat oder Ordnungswidrigkeit bringen würde. Vor der Vernehmung ist der Zeuge zur Wahrheit zu ermahnen und über die strafrechtlichen Folgen einer unrichtigen oder unvollständigen Aussage zu belehren (§ 57 Satz 1 StPO). Die Vernehmung des Zeugen kann in Bild und Ton aufgezeichnet werden (§ 58a StPO). Ferner sind die §§ 58 und 68 bis 69 StPO entsprechend anzuwenden (§ 163 Abs. 3 Satz 2 StPO).

(9) Der Zeuge kann sich bei seiner Vernehmung eines anwaltlichen Beistandes bedienen (§ 68b Abs. 1 Satz 1 StPO) oder mit einem Angehörigen der steuerberatenden Berufe (vgl. Nummer 32 Abs. 1) als Beistand erscheinen. Unter den Voraussetzungen des § 68b Abs. 2 StPO ist einem besonders schutzwürdigen Zeugen ein Rechtsanwalt als Zeugenbeistand beizuordnen. Der Beistand hat nicht mehr Befugnisse als der Zeuge selbst. Rechtfertigen bestimmte Tatsachen die Annahme, dass die Anwesenheit des anwaltlichen Beistandes die geordnete Beweiserhebung nicht nur unwesentlich beeinträchtigen würde, kann er von der Vernehmung ausgeschlossen werden (§ 68b Abs. 1 Satz 3, 4 StPO).

50 Anfertigung von Notizen

Die Anfertigung von Notizen durch Beschuldigte, Zeugen, Verteidiger und Beistände ist zulässig.

51 Vernehmungsprotokoll

(1) Über die Vernehmung soll ein Protokoll nach Maßgabe der Abs. 2 bis 5 aufgenommen werden, soweit dies ohne erhebliche Verzögerung der Ermittlungen geschehen kann. Andernfalls ist das Ergebnis der Vernehmung auf andere Weise aktenkundig zu machen (§ 168b StPO).

(2) Beginn und Ende der Vernehmung sowie die Belehrung des Vernommenen sind in dem Protokoll festzuhalten. Auf Nummer 45 Abs. 2 RiStBV wird hingewiesen.

(3) Das Protokoll ist dem Vernommenen zur Genehmigung vorzulesen oder zur Durchsicht vorzulegen. Berichtigungen, die den Sinn der Vernehmung berühren, soll der Vernommene mit seinem Handzeichen versehen.

(4) Der Vernommene unterschreibt das Protokoll mit seinem Vor- und Zunamen unter der Genehmigungsformel „Vorgelesen, genehmigt und unterschrieben" oder „Selbst gelesen, genehmigt und unterschrieben" oder „nach Diktat genehmigt". Verzichtet der Vernommene auf das Vorlesen oder die Vorlage zur Durchsicht, so ist dies in dem Protokoll zu vermerken. Der Vernehmende und ein etwaiger Protokollführer unterzeichnen sodann mit Namen und Dienstbezeichnung.

(5) Verweigert der Vernommene seine Aussage oder seine Unterschrift, so ist dies unter Angabe der Gründe in dem Protokoll zu vermerken.

(6) Beschuldigter und Zeuge haben keinen Anspruch auf Aushändigung von Vernehmungsprotokollen. Dem Beschuldigten soll jedoch eine Durchschrift des Vernehmungsprotokolls ausgehändigt werden, wenn eine Gefährdung des Untersuchungszweckes nicht zu befürchten ist. Wegen des Akteneinsichtsrechts vgl. Nummer 35.

(7) Die Aushändigung von Abschriften des Vernehmungsprotokolls ist in den Akten zu vermerken.

52   Schriftliche Aussagen

In geeigneten Fällen kann es ausreichen, dass sich Beschuldigte und Zeugen schriftlich äußern. Dies kommt insbesondere in Betracht, wenn der Beschuldigte oder Zeuge für seine Aussage Akten, Geschäftsbücher oder andere umfangreiche Schriftstücke braucht (vgl. Nummer 67 RiStBV).

53

Nichterscheinen des Beschuldigten

(1) Erscheint der Beschuldigte auf Ladung der BuStra nicht (vgl. Nummer 46 Abs. 1), ist darüber zu entscheiden, ob

1. die Ladung zu wiederholen ist;

2. er darauf hingewiesen werden soll, die BuStra gehe davon aus, dass er keinen Wert darauf lege, sich zu der erhobenen Beschuldigung zu äußern, und dass das Verfahren nunmehr zur Erhebung der öffentlichen Klage an die Staatsanwaltschaft abgegeben (vgl. Nummer 89) oder Strafbefehl beantragt werde (vgl. Nummern 84 ff.);

3. ihm nochmals Gelegenheit zu geben ist, sich schriftlich zu äußern (§ 163a Abs. 1 Satz 2 StPO);

4. gerichtliche Vernehmung beantragt (§ 162 Abs. 1 Satz 1 StPO);

5. nach ihm gefahndet (vgl. Nummern 39 ff. RiStBV) oder

6. Vorführung angeordnet werden soll (vgl. Abs. 2).

(2) Eine Vorführung (§ 163a Abs. 3 Satz 2; §§ 134, 135 StPO) wird nur in Ausnahmefällen in Betracht kommen. Leistet der Beschuldigte Widerstand oder ist mit Widerstand zu rechnen, ist Amtshilfe der polizeilichen Vollzugsorgane in Anspruch zu nehmen.

(3) Erscheint der Beschuldigte auf Ladung der Steufa nicht (vgl. Nummer 46 Abs. 1 Satz 2), soll eine Ladung durch die BuStra zum Erscheinen vor der BuStra herbeigeführt werden, wenn diese

das Verfahren selbständig durchführt (vgl. Nummer 17), sofern nicht die Ladung zu wiederholen, ihm Gelegenheit zur schriftlichen Äußerung zu geben oder durch die BuStra gerichtliche Vernehmung (vgl. Nummer 43) zu beantragen ist. Führt die Staatsanwaltschaft das Verfahren durch, ist sie zu unterrichten.

54 Nichterscheinen des Zeugen

(1) Erscheint der Zeuge auf Ladung nicht, sind ihm durch die BuStra bei ungenügend entschuldigtem Ausbleiben die dadurch verursachten Kosten aufzuerlegen und zugleich gegen ihn ein Ordnungsgeld festzusetzen (§ 161a Abs. 2 Satz 1 StPO, § 51 Abs. 1 StPO, Nummer 47 Abs. 1). Außerdem ist darüber zu entscheiden, ob

1. seine Vorführung angeordnet (§ 161a Abs. 2 Satz 1, § 51 Abs. 1 Satz 3 StPO) oder
2. gemäß § 162 Abs. 1 Satz 1 StPO gerichtliche Vernehmung beantragt werden soll.

(2) Festsetzung eines Ordnungsgeldes, Auferlegung der Kosten und zwangsweise Vorführung dürfen nur angeordnet werden, wenn in der Ladung auf sie hingewiesen wurde (§ 43 Abs. 2 StPO). Wird der Zeuge nachträglich genügend entschuldigt, werden die Anordnungen wieder aufgehoben (§ 161a Abs. 2 Satz 1, § 51 Abs. 2 Satz 3 StPO). Bei wiederholtem Ausbleiben kann Ordnungsgeld noch einmal festgesetzt werden. Für die Anordnung und Ausführung der zwangsweisen Vorführung gilt Nummer 53 Abs. 2 sinngemäß.

(3) Bei unberechtigter Zeugnisverweigerung ist der Zeuge darauf hinzuweisen, dass ihm die durch seine Weigerung verursachten Kosten auferlegt und zugleich gegen ihn ein Ordnungsgeld festgesetzt werden können (§ 161a Abs. 2 Satz 1, § 70 StPO); ggf. ist darüber zu befinden, ob gemäß § 162 Abs. 1 Satz 1 StPO gerichtliche Vernehmung beantragt werden soll. Ordnungsgeld darf in demselben Verfahren oder in einem gegen einen anderen Beschuldigten gerichteten Verfahren, das dieselbe Tat zum Gegenstand hat, gegen den Zeugen nur einmal festgesetzt werden (§ 161a Abs. 2 Satz 1, § 70 Abs. 4 StPO). Zur Erhebung des Ordnungsgeldes vgl. Nummer 120.

(4) Erscheint ein Zeuge auf Ladung vor der Steufa nicht (vgl. Nummer 47 Abs. 1 Satz 2), gilt Nummer 54 Abs. 1 entsprechend mit der Maßgabe, dass die BuStra, wenn diese das Verfahren selbständig führt (vgl. Nummer 17), über etwaige weitere Maßnahmen entscheidet, vgl. auch § 163 Abs. 4 Nummer 4 StPO. Führt die Staatsanwaltschaft das Verfahren, ist sie zu unterrichten.

55 Entschädigung

Zeugen, Sachverständige, Dolmetscher und Dritte werden nach dem JVEG entschädigt (§ 405 AO; § 1 JVEG).

Abschnitt 8   Durchsuchung und Beschlagnahme

56 Zulässigkeit der Durchsuchung

(1) Die Durchsuchung der Wohnung und anderer Räume, der Person und der ihr gehörenden Sachen ist zulässig

1. bei dem, welcher als Täter oder Teilnehmer einer Straftat oder der Begünstigung, Strafvereitelung oder Hehlerei verdächtig ist, zum Zwecke der Ergreifung des Verdächtigen oder der Auffindung von Beweismitteln, wenn zu vermuten ist, dass die Durchsuchung zur Auffindung von Beweismitteln führen werde (§ 102 StPO); die erwarteten Beweismittel brauchen dabei noch nicht genau bestimmbar zu sein (vgl. Nummer 60 Abs. 3 Satz 4);

2. bei anderen Personen, die nicht Verdächtige sind, nur zum Zwecke der Ergreifung des Beschuldigten oder zur Verfolgung von Spuren einer Straftat oder zur Beschlagnahme bestimmter Gegenstände, falls Tatsachen den Schluss rechtfertigen, dass die gesuchte

Person, Spur oder Sache sich in den zu durchsuchenden Räumen befindet; diese Beschränkung gilt nicht für Räume, die der Beschuldigte während der Verfolgung betreten hat oder in denen er ergriffen worden ist (§ 103 StPO). Ein Zeugnisverweigerungsrecht dieser Personen steht der Durchsuchung nicht entgegen, es sei denn, die Durchsuchung hätte nur den Zweck, einen Gegenstand zu finden, der einem Beschlagnahmeverbot unterliegt (vgl. Nummern 58, 59). Zu Ermittlungsmaßnahmen bei zeugnisverweigerungsberechtigten Berufsgeheimnisträgern vgl. § 160a StPO sowie LG Köln, Beschluss vom 13. Mai 2020 - 112 Qs 4/20.

(2) Zu den anderen Räumen im Sinne des Absatzes 1 gehören die Geschäftsräume, nur vorübergehend benutzte oder mitbenutzte Räumlichkeiten, z. B. Hotelzimmer, Schließfachräume, sowie die sonstigen Räumlichkeiten des befriedeten Besitztums, z. B. umzäunte Gärten.

(3) Zu den Sachen, auf die sich die Durchsuchung erstrecken kann, gehören Schränke, Koffer und Fahrzeuge sowie Bankbehältnisse, z. B. Schließfächer.

57　Zulässigkeit der Beschlagnahme

(1) Beschlagnahmt werden können

1. Gegenstände, die als Beweismittel für die Untersuchung von Bedeutung sein können (vgl. § 94 StPO),
2. Briefe, Sendungen und Telegramme, die an den Beschuldigten gerichtet sind oder bei denen aus bestimmten Tatsachen zu schließen ist, dass sie für ihn bestimmt sind oder von ihm herrühren und beweiserheblich sein können (§ 99 StPO).

Zu den Gegenständen, die nach Nummer 1 beschlagnahmt werden können, gehören auch E-Mails auf dem Mailserver des Providers (BVerfG - 2 BvR 902/06 vom 16. Juni 2009).

(2) Werden bei Gelegenheit einer Durchsuchung Gegenstände gefunden, die zwar in keiner Beziehung zu der Straftat stehen, wegen der die Durchsuchung stattfindet, die aber auf eine andere - auch nichtsteuerliche - Straftat hindeuten (sog. Zufallsfunde), sind sie einstweilen in Beschlag zu nehmen (§ 108 StPO). Eine planmäßige Suche nach solchen Gegenständen ist nicht erlaubt.

(3) Der Beschlagnahme bedarf es nicht, soweit die Gegenstände freiwillig herausgegeben werden (§ 94 Abs. 2 StPO).

(4) Bei Beweisgegenständen, die sich im Gewahrsam von Angehörigen (§ 52 StPO), Berufsgeheimnisträgern (§ 53 StPO) und deren mitwirkende Personen (§ 53a StPO) befinden, ist das Beschlagnahmeverbot nach § 97 StPO zu beachten; wegen der Postbeschlagnahme vgl. Nummer 61.

58　Beschlagnahme bei Angehörigen der rechts- und steuerberatenden Berufe

(1) Die Zulässigkeit der Beschlagnahme von Gegenständen, die sich im Gewahrsam von Rechtsanwälten, Steuerberatern, Steuerbevollmächtigten, Wirtschaftsprüfern und vereidigten Buchprüfern sowie deren mitwirkende Personen befinden, wird durch § 97 Abs. 1 und 4 StPO im Hinblick auf das diesen Personen zustehende Zeugnisverweigerungsrecht eingeschränkt (vgl. Nummer 57 Abs. 4). Nicht beschlagnahmefähig sind die Akten des Berufsgeheimnisträgers mit dem zwischen ihm und dem Beschuldigten geführten Schriftwechsel, seine Aufzeichnungen über Mitteilungen des Beschuldigten und andere Umstände, auf die sich das Zeugnisverweigerungsrecht erstreckt, sowie sonstige Gegenstände, auf die sich das Zeugnisverweigerungsrecht des Berufsgeheimnisträgers erstreckt (sog. beschlagnahmefreie Gegenstände); zur Zulässigkeit der Durchsuchung der Kanzlei eines Strafverteidigers im Steuerstrafverfahren vgl. LG Fulda, Beschluss vom 12. Oktober 1999 – 2 Qs 51/99; zu den

Anforderungen an die Beschlagnahme von Datenträgern und hierauf gespeicherten Daten vgl. BVerfG vom 12. April 2005 – 2 BvR 1027/02. Sind Gegenstände lediglich zum Zwecke der Aufbewahrung übergeben worden, sind sie stets beschlagnahmefähig. Buchführungsunterlagen, Belege und Aufzeichnungen des Beschuldigten sind beschlagnahmefähig (keine einheitliche Rechtsprechung).

(2) Soweit die Gegenstände nicht beschlagnahmefähig sind, ist auch die Anordnung oder Durchführung einer Durchsuchung unzulässig (vgl. auch Nummer 149 Abs. 3 und 4)

(3) Das Beschlagnahmeverbot entfällt, wenn der Gewahrsamsinhaber nicht mehr zur Verweigerung des Zeugnisses berechtigt ist, weil er von der Verpflichtung zur Verschwiegenheit entbunden wurde (vgl. §§ 53 Abs. 2, 53a Abs. 2 StPO).

(4) Das Beschlagnahmeverbot gilt nicht (§ 97 Abs. 2 Satz 3 StPO), wenn

1. bestimmte Tatsachen den Verdacht begründen, dass die zeugnisverweigerungsberechtigte Person an der Tat oder einer Begünstigung (§ 257 StGB), Strafvereitelung (§§ 258, 258a StGB) oder Hehlerei (§§ 259, 260, 260a StGB) beteiligt ist oder

2. es sich um Gegenstände handelt, die durch eine Straftat hervorgebracht oder zur Begehung einer Straftat gebraucht oder bestimmt sind oder die aus einer Straftat herrühren.

(5) Soweit Gegenstände zum Zwecke der Besteuerung vorzulegen sind, können die in Abs. 1 genannten Personen auch bei einem gleichzeitig durchgeführten Strafverfahren die Vorlage von Urkunden, Wertsachen, Geschäftsbüchern und sonstigen Aufzeichnungen, die sie für den Beteiligten aufbewahren, nicht verweigern (§ 104 Abs. 2 Satz 1 AO; § 97 StPO gilt für das Besteuerungsverfahren nicht). Dabei steht der Führung von Geschäftsbüchern und sonstigen Aufzeichnungen der Aufbewahrung gleich (§ 104 Abs. 2 Satz 2 AO). Die Vorlage kann nach § 328 AO erzwungen werden. Für Zwecke des Strafverfahrens darf eine Vorlage aufgrund der für das Besteuerungsverfahren geltenden Vorschriften nicht verlangt werden.

59 Beschlagnahme der Patientenkartei eines Arztes

Im Strafverfahren gegen Patienten eines Arztes unterliegt die Patientenkartei des Arztes dem Beschlagnahmeverbot nach § 97 Abs. 1 StPO. Wird der Arzt selbst einer Straftat beschuldigt oder ist er der Teilnahme an einer Straftat des beschuldigten Patienten verdächtig, so gilt das Beschlagnahmeverbot nicht, wenn es zur Aufklärung der Straftat des Einblicks in die Patientenkartei bedarf und die Abwägung zwischen den Interessen der Allgemeinheit an der Aufklärung von Straftaten und dem grundrechtlich geschützten Anspruch des Bürgers auf Schutz seiner Privatsphäre diesen Eingriff als nicht unverhältnismäßig erscheinen lässt (BGH-Urteil vom 3. Dezember 1991 - 1 StR 120/90; BVerfG-Beschluss vom 14. September 1989 - 2 BvR 1062/87).

60 Anordnung der Durchsuchung/Beschlagnahme

(1) Durchsuchungen und Beschlagnahmen dürfen grundsätzlich nur durch das Gericht angeordnet werden (§§ 98 Abs. 1, 105 Abs. 1 StPO).

(2) Der Antrag auf Erlass eines Durchsuchungsbeschlusses bzw. auf Anordnung der Beschlagnahme ist vor Erhebung der öffentlichen Anklage bei dem Amtsgericht zu stellen, in dessen Bezirk die beantragende Stelle ihren Sitz hat (§ 162 Abs. 1 Satz 1 StPO; vgl. Nummer 17 Abs. 3 und 4).

(3) Der Antrag ist zu begründen. Die Begründung muss tatsächliche Angaben über den Inhalt des Tatvorwurfs enthalten. Dazu muss der Beschluss den Tatvorwurf so beschreiben, dass der äußere Rahmen abgesteckt wird, innerhalb dessen die Zwangsmaßnahme durchzuführen ist. Die aufzuklärende Straftat ist so genau zu umschreiben, wie es nach den Umständen des Einzelfalls und dem jeweiligen Ergebnis der Ermittlungen möglich und den Zwecken der Strafverfolgung

nicht abträglich ist (z. B. BVerfG-Beschluss vom 6. März 2002 – 2 BvR 1619/00). Eine Durchsuchung ist nach dem Verhältnismäßigkeitsgrundsatz erst dann zulässig, wenn weniger einschneidende Mittel, wie z. B. Auskunftsersuchen, nicht zur Verfügung stehen oder Angaben des Tatverdächtigen sich als falsch oder nicht nachprüfbar erweisen (BVerfG-Beschluss vom 3. Juli 2006 – 2 BvR 2030/04). Die Art oder der denkbare Inhalt der Beweismittel, denen die Durchsuchung gilt, sind anzugeben. Soweit eine genaue Bezeichnung des gesuchten Beweismaterials nicht möglich ist, sind die erwarteten Beweismittel annäherungsweise - ggf. in Form beispielhafter Angaben - zu beschreiben (BGH-Urteil vom 3. Dezember 1991 - 1 StR 120/90). In dem Antrag ist außerdem die Stelle anzugeben, deren Beamte mit der Durchsuchung beauftragt werden sollen. Dies ist in der Regel die Steuerfahndungsstelle.

(4) In dem Antrag auf Beschlagnahmeanordnung sind die Gegenstände, die beschlagnahmt werden sollen, so konkret anzugeben, dass Zweifel nicht entstehen. Lässt sich erst aufgrund der Durchsuchung bestimmen, welche Gegenstände zu beschlagnahmen sind und ist aus diesem Grunde eine Beschlagnahme nicht angeordnet worden, kann ggf. eine Beschlagnahme wegen Gefahr im Verzug in Betracht kommen. Daneben ist es möglich, die Gegenstände zur zeitnahen Durchsicht mit an Amtsstelle zu nehmen. Nach Beendigung der Durchsuchung sind die beweiserheblichen Gegenstände zu beschlagnahmen, sofern sie nicht freiwillig herausgegeben wurden (vgl. BGH-Beschluss vom 5. August 2003 – 2 BJs 11/03).

(5) Nur bei Gefahr im Verzug können auch das Finanzamt - BuStra - (§ 399 AO) oder der Steuerfahndungsbeamte (§ 404 AO, § 152 GVG) eine Durchsuchung beim Verdächtigen (§ 102 StPO), bei Dritten (§ 103 StPO) und die Beschlagnahme anordnen (§§ 98 Abs. 1, 105 Abs. 1 StPO). § 399 Abs. 2 AO (vgl. Nummer 21 Satz 2) bleibt unberührt. Keiner Durchsuchungsanordnung bedarf es, wenn die Einsicht gestattet wird (vgl. Nummer 65).

(6) Gefahr im Verzug besteht, wenn eine gerichtliche Anordnung nicht eingeholt werden kann, ohne dass der Zweck der Maßnahme gefährdet würde. Ob dies der Fall ist, entscheidet der zuständige Amtsträger nach seiner Überzeugung. Die Frage, ob eine Durchsuchung wegen Gefahr im Verzug angeordnet werden darf, ist besonders sorgfältig zu prüfen. Eine Durchsuchung stellt einen schwerwiegenden Eingriff dar. Von der Einholung einer gerichtlichen Anordnung darf deshalb nur ausnahmsweise abgesehen werden. Nach dem Beschluss des BVerfG vom 20. Februar 2001 - 2 BvR 1444/00 ist der Begriff Gefahr im Verzug eng auszulegen. Die gerichtliche Anordnung einer Durchsuchung ist die Regel, die nichtgerichtliche die Ausnahme. Mit der tatsächlichen Befassung eines Ermittlungs- oder Eilrichters durch Antrag auf Erlass einer Beschlagnahme bzw. Durchsuchungsanordnung endet stets die Eilkompetenz der Ermittlungsbehörden wegen „Gefahr in Verzug" und kann danach nur in Ausnahmefällen neu begründet werden (vgl. BVerfG-Beschluss vom 16. Juni 2015 - 2 BvR 2718/10).

(7) Gefahr im Verzug muss mit Tatsachen begründet werden, die auf den Einzelfall bezogen sind. Reine Spekulationen, hypothetische Erwägungen oder lediglich auf kriminalistische Alltagserfahrungen gestützte, fallunabhängige Vermutungen reichen nicht aus. Eine wirksame gerichtliche Nachprüfung der Annahme von Gefahr in Verzug setzt voraus, dass sowohl das Ergebnis als auch die Grundlage der Entscheidung in unmittelbarem zeitlichen Zusammenhang mit der Durchführungsmaßnahme in den Ermittlungsakten dargelegt werden (vgl. BVerfG – Beschluss vom 11. Juni 2010 – 2 BvR 1046/08). Insbesondere muss erkennbar sein, aufgrund welcher Tatsachen eine Befassung eines Richters nicht möglich war und ein Beweismittelverlust drohte. Dies erfordert regelmäßig auch die Darlegung der durchgeführten Kontaktversuche mit dem zuständigen Ermittlungs- oder Eilrichter und dessen Vertreter (vgl. BVerfG-Beschluss vom 16. Juni 2015 – 2 BvR 2718/10). Die vorgenannten Maßnahmen sind im Protokoll über die Durchsuchung oder Beschlagnahme festzuhalten.

(8) Ist ein Gegenstand ohne gerichtliche Anordnung beschlagnahmt worden, soll innerhalb von drei Tagen die gerichtliche Bestätigung beantragt werden, wenn bei der Beschlagnahme weder der davon Betroffene noch ein erwachsener Angehöriger anwesend waren oder wenn der Betroffene und im Falle seiner Abwesenheit ein erwachsener Angehöriger des Betroffenen gegen

die Beschlagnahme ausdrücklichen Widerspruch erhoben haben (§ 98 Abs. 2 Satz 1 StPO). Die Frist beginnt mit dem Ablauf des Tages der Beschlagnahme (§ 42 StPO). Solange die öffentliche Klage noch nicht erhoben ist, entscheidet das nach § 162 Abs. 1 StPO zuständige Gericht. Ist die öffentliche Klage erhoben, entscheidet das damit befasste Gericht (§ 98 Abs. 2 Sätze 3 und 4 StPO). Dies gilt entsprechend, wenn Papiere zur Durchsicht mitgenommen oder Daten vorläufig gesichert werden (§ 110 Abs. 4 StPO). Dem Vorgang ist ein Verzeichnis der beschlagnahmten Gegenstände, die als Beweismittel für die Untersuchung von Bedeutung sind, und erforderlichenfalls auch eine Stellungnahme beizufügen. Wird die Bestätigung nicht erteilt, sind die beschlagnahmten Gegenstände sofort gegen Quittung freizugeben.

(9) Der Betroffene ist darüber zu belehren, dass er jederzeit die gerichtliche Entscheidung beantragen kann (§ 98 Abs. 2 Satz 5 StPO) und den Antrag im Falle des Abs. 8 Sätze 3 und 4 auch bei dem Amtsgericht einreichen kann, in dessen Bezirk die Beschlagnahme stattgefunden hat. Beantragt der Betroffene die gerichtliche Entscheidung, kann von dem Antrag auf Bestätigung einer Beschlagnahme abgesehen werden.

(10) Die gerichtliche Anordnung berechtigt nur zu einer einmaligen, einheitlichen Durchsuchung. Der Durchsuchungsbeschluss verbraucht sich mit der Änderung der tatsächlichen Verhältnisse oder durch Zeitablauf. Nach dem Beschluss des BVerfG vom 27. Mai 1997 - 2 BvR 1992/92 hat ein Durchsuchungsbeschluss nach § 105 StPO seine rechtfertigende Kraft spätestens nach Ablauf eines halben Jahres verloren.

(11) Die BuStra und die Steufa sind berechtigt, die Herausgabe von Beweismitteln nach § 95 StPO unter Androhung von Ordnungs- und Zwangsmitteln zu verlangen (zuletzt LG Bonn, Beschluss vom 7 Oktober 2020 - 27 Qs 12/20) Die Anwendung von Ordnungs- und Zwangsmitteln (§ 95 Abs. 2 StPO) bleibt dem Richter vorbehalten.

61   Postbeschlagnahme und Auskunftsverlangen

(1) Zur Anordnung der Postbeschlagnahme (§ 99 Abs. 1 StPO) oder eines Auskunftsverlangens über Postsendungen (§ 99 Abs. 2 StPO) ist nur das Gericht, bei Gefahr im Verzug (vgl. Nummer 60 Abs. 6) auch die BuStra (§ 399 Abs. 1 AO i. V. m. § 100 Abs. 1 StPO) befugt.

(2) Ist die Beschlagnahme von der BuStra angeordnet worden, so ist binnen drei er Tage die Bestätigung des Gerichts einzuholen (§ 100 Abs. 2 StPO).

(3) Die Öffnung der ausgelieferten Postsendungen steht dem Gericht zu, solange die Öffnungsbefugnis nicht auf die BuStra übertragen worden ist (§ 100 Abs. 3 StPO).

(4) Zur Postbeschlagnahme vgl. auch Nummern 77 ff. RiStBV.

(5) Die Beschlagnahme von E-Mails auf dem Mailserver des Providers richtet sich dagegen nach § 94 StPO (vgl. BVerfG - 2 BvR 902/06 - vom 16. Juni 2009).

62   Zeit der Durchsuchung

(1) Hausdurchsuchungen haben grundsätzlich bei Tage zu beginnen.

(2) Eine Hausdurchsuchung liegt vor, wenn eine Wohnung, Geschäftsräume oder ein befriedetes Besitztum, z. B. ein umzäunter Garten, durchsucht werden.

(3) Ein Beginn der Hausdurchsuchung zur Nachtzeit ist nur unter den in § 104 Abs. 1 StPO genannten Voraussetzungen zulässig, insbesondere bei Gefahr im Verzug oder wenn bestimmte Tatsachen den Verdacht begründen, dass während der Durchsuchung auf ein elektronisches Speichermedium zugegriffen werden wird, das als Beweismittel in Betracht kommt, und ohne die Durchsuchung zur Nachtzeit die Auswertung, insbesondere in unverschlüsselter Form, aussichtslos oder wesentlich erschwert wäre. Dies gilt nicht, wenn der Inhaber mit dem Beginn der Durchsuchung zur Nachtzeit einverstanden ist. Die Nachtzeit beginnt um 21.00 Uhr und endet

um 6.00 Uhr (§ 104 Abs. 3 StPO). Eine vor 21.00 Uhr begonnene, jedoch bis zu diesem Zeitpunkt noch nicht beendete Durchsuchung darf fortgesetzt werden.

(4) Die Beschränkung des § 104 Abs. 1 StPO gilt nicht für die in § 104 Abs. 2 StPO genannten Räumlichkeiten, z. B. Barbetriebe.

(5) Personen und die ihnen gehörenden Sachen können auch bei Nacht durchsucht werden, wenn damit keine Hausdurchsuchung verbunden ist.

63   Ablauf der Durchsuchung

(1) Liegt ein gerichtlicher Beschluss vor, so ist dieser dem anwesenden, von der Durchsuchung Betroffenen vor Beginn der Durchsuchung vorzuzeigen und grundsätzlich auszuhändigen. Ist er nicht anwesend, so ist einem anwesenden Angehörigen, Angestellten, Nachbarn oder sonstigen Dritten regelmäßig nur die Anordnung, nicht aber die Begründung bekannt zu geben.

(2) Wenn eine Hausdurchsuchung ohne Beisein des Richters oder der Staatsanwaltschaft stattfindet, so sind, wenn möglich, ein Gemeindebeamter oder zwei Mitglieder der Gemeinde, in deren Bezirk die Durchsuchung erfolgt, zuzuziehen. Gemeindebeamter ist jeder Amtsträger einer Gemeinde. Die als Gemeindemitglieder zugezogenen Personen dürfen nicht Polizeibeamte oder Ermittlungspersonen der Staatsanwaltschaft sein.

(3) Wünscht der Inhaber der zu durchsuchenden Räumlichkeiten ausdrücklich nicht die Zuziehung von Zeugen, so kann dem entsprochen werden; dies ist zu protokollieren.

(4) Der Inhaber der zu durchsuchenden Räume oder Gegenstände darf bei der Durchsuchung zugegen sein. Ist er abwesend, so ist, wenn möglich, sein Vertreter oder ein erwachsener Angehöriger, Hausgenosse oder Nachbar zuzuziehen (§ 106 Abs. 1 StPO). Auf den Inhaber und auf seinen Verteidiger (vgl. Nummer 34) braucht nicht gewartet zu werden. Inhaber ist derjenige, in dessen Gewahrsam sich die Räume oder Gegenstände befinden.

(5) Leistet der Betroffene Widerstand oder ist solcher zu befürchten, so ist die örtliche Polizeidienststelle um Amts- bzw. Vollzugshilfe zu ersuchen.

(6) Stört jemand die Durchsuchung vorsätzlich oder widersetzt er sich den getroffenen Anordnungen, so kann der Beamte, der die Durchsuchung leitet, den Störer festnehmen (§ 164 StPO), wenn die Störung oder Widersetzlichkeit nicht auf weniger einschneidende Weise beseitigt werden kann (vgl. Nummer 3).

(7) Personen, die sich zur Zeit des Beginns der Durchsuchung in den betreffenden Räumen befinden, können am Verlassen der Räume gehindert werden, wenn anzunehmen ist, dass sonst der Durchsuchungszweck gefährdet wird, wie z. B. dadurch, dass Beweismittel beiseite geschafft oder, z. B. bei mehreren gleichzeitig oder hintereinander vorzunehmenden Durchsuchungen, die Beteiligten vorzeitig benachrichtigt werden könnten. Anderen Personen als dem Inhaber und zugezogenen Zeugen ist während der Amtshandlung der Zutritt zu den von der Durchsuchung betroffenen Räumen möglichst zu untersagen.

(8) Fernsprecher, insbesondere Fernsprechzentralen, sind zu beaufsichtigen. Dem Betroffenen und in den durchsuchten Räumen anwesenden Dritten können Telefongespräche während der Durchsuchungshandlung untersagt werden, wenn durch sie der Zweck der Durchsuchung gefährdet würde. Gespräche mit dem Verteidiger oder Steuerberater sind stets zulässig. Bei Zuwiderhandlungen gilt Absatz 6.

(9) Auf Verlangen des Betroffenen, seines gesetzlichen Vertreters oder Verteidigers ist nach Beendigung der Durchsuchung dem Betroffenen eine schriftliche Mitteilung zu machen, die den *Grund der Durchsuchung* sowie im Falle des § 102 StPO (Durchsuchung beim Verdächtigen, vgl. Nummer 56 Abs. 1 Nummer 1) die strafbare Handlung bezeichnen muss (§ 107 StPO).

(10) Der Ablauf der Durchsuchung ist unter Angabe der Zeitpunkte des Beginns und des Endes schriftlich festzuhalten.

64   Körperliche Durchsuchung

Die körperliche Durchsuchung dient insbesondere dem Auffinden von Beweismitteln, die sich in Kleidungsstücken (auch Brieftaschen) befinden oder in die Kleidung eingenäht sind (z. B. elektronische Speichermedien, Schriftstücke und Schlüssel zu Schließfächern). Bei der körperlichen Durchsuchung sind die Grundsätze des § 81d StPO zu beachten.

65   Einsichtnahme in Räume und Behältnisse mit Einverständnis des Betroffenen

Ohne eine gerichtliche Durchsuchungsanordnung darf Einsicht in Räume und Behältnisse genommen werden, wenn sich der Betroffene ausdrücklich damit einverstanden erklärt hat. Das Einverständnis muss vor der Einsichtnahme aus freiem Willen und in Kenntnis der Freiwilligkeit erklärt worden sein. Der Betroffene ist vor Abgabe der Einwilligung auf das Widerrufsrecht und den vorgesehenen Zweck der Datenverarbeitung i. S. d. § 500 Abs. 1 StPO i. V. m. § 51 Abs. 3 Satz 3 und Abs. 4 Satz 3 BDSG hinzuweisen. Sind unbeteiligte Dritte als Zeugen für die Erklärung des Einverständnisses nicht anwesend, ist es zweckmäßig, die Einverständniserklärung vom Betroffenen schriftlich bestätigen zu lassen.

66   Durchsuchung von Geschäftsräumen im Verfahren gegen geschäftsführende Gesellschafter

In einem Verfahren gegen einen geschäftsführenden Gesellschafter einer Kapital- oder Personengesellschaft ist zur Durchsuchung der Geschäftsräume ein Beschluss nach § 102 StPO (Durchsuchung beim Verdächtigen) zu erwirken. Ist damit zu rechnen, dass einzelne Geschäftsräume von unverdächtigen Personen allein genutzt werden und liegen Tatsachen dafür vor, dass sich die zu suchenden Beweismittel in diesen befinden, kann es sich empfehlen, zusätzlich einen Beschluss nach § 103 StPO zu erwirken. Es ist jedoch darauf zu achten, dass die Durchsuchung der Geschäftsräume der Gesellschaft ausdrücklich beantragt und angeordnet wird.

67   Durchsuchung von Wohnungen und anderen Räumen

Für eine Durchsuchung nach § 102 StPO reicht es aus, dass der Beschuldigte neben anderen Personen die entsprechenden Räumlichkeiten, zum Beispiel in einem familiären oder eheähnlichen Verhältnis, tatsächlich innehat. Die Befugnis des Beschuldigten zur Nutzung der Räumlichkeiten ist insoweit irrelevant. Kann eine Mitbenutzung einzelner Räume nicht durch bauliche oder sonst objektive Gegebenheit sicher ausgeschlossen werden, ist eine Durchsuchung der gesamten Familienwohnung des Beschuldigten möglich (LG Nürnberg-Fürth, Beschluss vom 6. Dezember 2023, 12 Qs 77/23). Sind Räume hingegen ausschließlich dem unverdächtigen Mitbewohner zuzuordnen, scheidet eine Durchsuchung nach § 102 StPO aus (BVerfG, Nichtannahmebeschluss vom 9. August 2019, 2 BvR 1684/18). Wenn allein einer unbeteiligten Person zuzuordnende Räumlichkeiten Gegenstand der Durchsuchung sind, sind insoweit die engeren Anforderungen des § 103 StPO maßgeblich (vgl. BVerfG, a. a. O; OLG Köln, Beschluss vom 26. Januar 2018, III-1 RVs 3/18; OLG Karlsruhe, Beschluss vom 10. November 2020, 2 Ws 249/20).

68   Durchsuchung von Sachen

Zu den Sachen des Verdächtigen gehören alle Gegenstände, die er mit sich führt, unabhängig davon, ob sie in seinem Eigentum stehen. Alle Sachen, die in Besitz, Gewahrsam oder Mitgewahrsam des Verdächtigen stehen und sich in seinem Einflussbereich befinden, können durchsucht werden. Nur für Sachen, die eindeutig einem Nichtverdächtigen zuzuordnen sind, gilt § 103 StPO.

69   Durchsicht, Nachweis und Rückgabe der Beweismittel

(1) Eine Durchsicht der Papiere des von der Durchsuchung Betroffenen stehen der BuStra (§ 399 Abs. 1 AO, § 110 Abs. 1 StPO) und der Steufa (§ 404 Satz 2 erster Halbsatz AO) sowie auf Anordnung der Staatsanwaltschaft ihren Ermittlungspersonen (§ 110 StPO i. V. m. § 152 GVG) zu. Zu den Papieren gehört das gesamte private und geschäftliche Schriftgut, z. B. Briefe, Aufzeichnungen, Werkzeichnungen, Bilanzen, Geschäftsbücher, Belege. Verschlossene Briefe dürfen geöffnet und gelesen werden, soweit dies für den Untersuchungszweck erforderlich erscheint.

(2) Auch elektronische Speichermedien bei dem von der Durchsuchung Betroffenen, z. B. USB Sticks, Smartphones und Festplatten, unterliegen der Durchsicht (§ 110 StPO auch i. V. m. § 404 AO). Beschlagnahmefähig sind die auf diesen Speichermedien vorhandenen beweisrelevanten Daten. Wenn eine Bewertung vor Ort nicht möglich ist, kann die Hardware zum Zwecke der Durchsicht und Auswertung vorübergehend sichergestellt werden. Die Durchsuchung dauert insoweit an. Die Durchsicht eines elektronischen Speichermediums bei dem von der Durchsuchung Betroffenen darf auch auf hiervon räumlich getrennte Speichermedien (z. B. Clouddienste, Rechenzentren, etc.) erstreckt werden, soweit auf sie von dem Speichermedium aus zugegriffen werden kann, wenn andernfalls der Verlust der gesuchten Daten zu befürchten ist. Daten, die für die Untersuchung von Bedeutung sein können, dürfen gesichert werden (§ 110 Abs. 3 Satz 3 StPO).

(3) Grundlegende Kriterien speziell zur Durchsuchung von elektronischen Speichermedien sind zum Beispiel:

1. Der Onlinedurchsicht unterliegen auch vom Beschuldigten genutzte soziale Netzwerke und Online-Marktplätze (LG Koblenz, Beschluss vom 24. August 2021, 4 Qs 59/21).

2. Auf passwortgeschützte Daten darf, auch unter Zuhilfenahme forensischer Software, zugegriffen werden (LG Koblenz, Beschluss vom 24. August 2021, 4 Qs 59/21).

3. Maßnahmen nach § 110 Abs. 3 Satz 2 StPO sind nicht auf im Inland gespeicherte Daten beschränkt (LG Berlin, Beschluss vom 29. Dezember 2022, 519 Qs 8/22). Es bedarf keines Rechtshilfeersuchens, wenn

    a) der von der Durchsuchung Betroffene selbst auf die zu sichtenden Daten zugreift,

    b) der von der Durchsuchung Betroffene den Ermittlungsbehörden die Zugangsdaten überlässt,

    c) die Zugangsdaten bei der Durchsuchung aufgefunden werden oder

    d) nach angemessener Ermittlungsanstrengung der physikalische Speicherort nicht feststellbar ist.

4. Die Online-Durchsicht soll im unmittelbaren Zusammenhang mit der Durchsuchung vorgenommen werden. Werden im Rahmen der Durchsuchung auf einem vorgefundenem Speichermedium Zugangsdaten für Online-Accounts des Beschuldigten sichergestellt, darf eine Durchsicht der in den Online-Accounts gespeicherten Daten noch innerhalb der im Nachgang zur Durchsuchung üblichen Sichtungszeiten von wenigen Tagen erfolgen (LG Koblenz, Beschluss vom 24. August 2021, 4 Qs 59/21). Sind in diesem Falle die Daten seit der Durchsuchung verändert oder ergänzt worden oder kann dies nicht ausgeschlossen werden, kann im Einzelfall Auswirkungen auf die Verwertbarkeit der Daten haben.

(4) Bei der gerichtlichen Anordnung oder Bestätigung der Beschlagnahme eines Gegenstandes, den eine nicht beschuldigte Person im Gewahrsam hat, ist der von der Beschlagnahme ebenfalls betroffene Beschuldigte hierüber zu benachrichtigen (§ 35 StPO, zur Zurückstellung vgl. § 95a

StPO). Der Beschuldigte ist dann von der Beschlagnahme betroffen, wenn seine Eigentums- oder Besitzrechte berührt werden, z. B. E-Maildaten beim Provider, Kassendaten in einer Cloud, Buchführungsunterlagen beim Steuerberater. Dies gilt entsprechend, wenn Papiere zur Durchsicht mitgenommen oder Daten vorläufig gesichert werden (§ 110 Abs. 4 StPO).

(5) Dem von der Durchsuchung Betroffenen ist nach deren Beendigung auf Verlangen ein Verzeichnis der in Verwahrung oder in Beschlag genommenen Gegenstände, falls aber nichts Verdächtiges gefunden wird, eine Bescheinigung hierüber zu geben (§ 107 StPO). Insbesondere dann, wenn eine Vielzahl von Einzelbelegen im Verzeichnis aufzuführen wäre, können Sammelbezeichnungen verwandt werden, wie z. B. „ein Karton Schriftverkehr mit den Lieferanten Januar bis Juni 2006" oder „Ordner mit Ausgangsrechnungen vom 1. Januar 2006 bis 30. September 2006".

(6) Die Beschlagnahme ist aufzuheben, wenn ihr Grund weggefallen ist. Die Gegenstände sind dem Empfangsberechtigten gegen Empfangsbestätigung an dem Ort zurückzugeben, an dem sie aufzubewahren waren, vgl. BGH-Urteil vom 3. Februar 2005 – III ZR 271/04 (Hinweis auf Nummer 75 RiStBV). Wurden Daten auf Datenträgern der Finanzbehörde sichergestellt, ist über die Löschung dieser Daten ein Vermerk zur Strafakte zu nehmen.

Abschnitt 9 Sicherung des Steueranspruchs

70 Maßnahmen zur Sicherung des Steueranspruchs

(1) Im Steuerstrafverfahren stehen den Finanzbehörden zur Sicherung des Steueranspruchs zwei gleichrangige Wege offen (§ 111e Abs. 6 StPO). Die Abgabenordnung eröffnet der Weg über den dinglichen Arrest gemäß § 324 AO, und die Strafprozessordnung sieht den Vermögensarrest zur Sicherung der Wertersatzeinziehung vor (§§ 111e Abs. 1 und 4 i. V. m. 111j, 111f, 111h, 111k StPO, § 73c StGB). Die Möglichkeit der Anordnung eines dinglichen Arrestes nach § 324 AO steht auch (weiterhin) der Anordnung eines Vermögensarrestes nach § 111e Abs. 1 StPO nicht entgegen (vgl. § 111e Abs. 6 StPO). Mit beiden Verfahren wird eine zeitnahe und eine dem jeweiligen Stand des Verfahrens angepasste Sicherung der Ansprüche des Steuerfiskus aus der Steuerhinterziehung ermöglicht. Voraussetzung für diese Maßnahmen ist das Vorliegen eines Arrestanspruchs. Die Steueransprüche sind nach Steuerart und Besteuerungszeitraum zu bezeichnen. Angaben zur Höhe sind möglichst genau zu machen und zu begründen. In der Anordnung des Vermögensarrestes ist der zu sichernde Anspruch unter Angabe des konkreten Geldbetrages zu bezeichnen (§ 111e Abs. 4 Satz 1 StPO). Zusätzlich bedarf es bei Maßnahmen zur Sicherung gem. § 324 AO eines Arrestgrundes. Dies ist gegeben, wenn bei objektiver Würdigung unter Abwägung aller Umstände die Besorgnis gerechtfertigt ist, dass die Vollstreckung ohne Anordnung eines Arrestes vereitelt oder wesentlich erschwert würde. Bei Vermögensarresten nach § 111e StPO bedarf es eines Sicherungsbedürfnisses. Dies ist gegeben, wenn konkrete Anhaltspunkte vorliegen, die besorgen lassen, dass ohne die Anordnung und Vollziehung des Arrestes der staatliche Zahlungsanspruch in Gestalt der Wertersatzeinziehung ernstlich gefährdet ist, insbesondere wenn aufgrund tatsächlicher Anhaltspunkte zu besorgen ist, dass der Betroffene seine Vermögensverhältnisse verschleiern oder Vermögenswerte verstecken wird. Damit wird die bisherige Rechtsprechung zum „Arrestgrund" durch die Neuregelungen in § 111e StPO nicht berührt. Ferner ist der Verhältnismäßigkeitsgrundsatz zu beachten. Zur strafrechtlichen Vermögensabschöpfung vgl. auch Praxisleitfaden zur Vermögensabschöpfung im Steuerstrafverfahren (ab 01. Juli 2017) – Schreiben des BMF vom 26. März 2019 – IV A 4 – S 0700/07/10026-01.

(2) Nach § 302 Nummer 1 InsO sind u.a. Verbindlichkeiten eines Schuldners aus einem Steuerschuldverhältnis, sofern der Schuldner im Zusammenhang damit wegen einer Steuerstraftat nach § 370 AO rechtskräftig verurteilt worden ist, von der Restschuldbefreiung ausgenommen. Ein rechtskräftiger Strafbefehl steht insoweit gem. § 410 Abs. 3 StPO einem Urteil gleich. Solche Forderungen sind nach § 174 Abs. 2 InsO zur Insolvenztabelle anzumelden, wobei

zum Anmeldezeitpunkt eine rechtskräftige Verurteilung noch nicht vorliegen muss. Dabei ist Folgendes zu beachten:

1. Steufa bzw. BuStra sollen in einem laufenden Ermittlungsverfahren, sobald ein Insolvenzverfahren über das Vermögen des Beschuldigten eröffnet worden ist, die für die Insolvenz zuständigen Stellen (Festsetzungsfinanzamt und ggf. hebeberechtigte Gemeinde) frühzeitig über strafrechtlich relevante Steuern unterrichten (ggf. geschätzt).

2. Läuft im Zeitpunkt der Einleitung eines Steuerstrafverfahrens bereits ein Insolvenzverfahren, so sind die für die Insolvenz zuständigen Stellen unverzüglich von der einleitenden Dienststelle zu unterrichten. Dies gilt auch im Falle des Abschlusses des Steuerstrafverfahrens.

3. Stellt die Steufa bzw. BuStra Gründe fest, die eine Versagung der Restschuldbefreiung ermöglichen (§ 290 Abs. 1 InsO, insbesondere dem Insolvenzverwalter bisher verschwiegene Vermögenswerte; zur Steuerhinterziehung vgl. BGH Beschluss vom 13. Januar 2011 – IX ZB 199/09), so sind die für die Insolvenz zuständigen Stellen, die den Antrag auf Versagung der Restschuldbefreiung stellen muss, unverzüglich zu unterrichten. Versagungsgründe sind nicht nur während eines laufenden Insolvenzverfahrens, sondern auch nach dem Schlusstermin mitzuteilen (§ 297a InsO). Ebenso ist eine Mitteilung angezeigt, wenn die Voraussetzungen dafür vorliegen, dass ein Antrag auf Widerruf der Restschuldbefreiung gestellt werden kann (§ 303 InsO).

4. Stellt die Steufa bzw. BuStra fest, dass der Beschuldigte vor Eröffnung des Insolvenzverfahrens trotz (drohender) Zahlungsunfähigkeit oder nach deren Eintritt während des Insolvenzverfahrens Vermögen beiseitegeschafft oder seine gewerbliche Tätigkeit unter Einsatz von Strohleuten oder Strohmann-Gesellschaften betrieben und dadurch Vermögen an der Insolvenzmasse vorbei erworben hat, liegt der Anfangsverdacht eines Bankrotts i.S.d. § 283 Abs. 1 Nummer 1 StGB vor.

71 Besonderheiten beim dinglichen Arrest nach der AO

(1) Der Erlass eines abgabenrechtlichen dinglichen Arrestes (§ 324 AO) ist beim Festsetzungsfinanzamt zu erwirken. Zuständig für den Erlass der Arrestanordnung ist der Vorsteher.

(2) Zur Ermittlung der Höhe des Arrestanspruchs können die Besteuerungsgrundlagen geschätzt werden (§ 162 AO).

(3) Die Vollziehung der Arrestanordnung obliegt den mit der Vollstreckung nach den §§ 249 bis 323 AO betrauten Stellen. Sie ist unzulässig, wenn seit dem Tag, an dem die Anordnung unterzeichnet worden ist, ein Monat verstrichen ist.

72 Besonderheiten beim Vermögensarrest nach der StPO

(1) Ist die Annahme begründet, dass die Voraussetzungen der Einziehung von Wertersatz vorliegen, so kann zur Sicherung der Vollstreckung der Vermögensarrest in das bewegliche und unbewegliche Vermögen des Betroffenen bei einfachem Tatverdacht angeordnet werden (§ 111e Abs. 1 Satz 1 StPO). Liegen dringende Gründe (dringender Tatverdacht) für diese Annahme vor, so soll der Vermögensarrest angeordnet werden (§ 111e Abs. 1 Satz 2 StPO). Ein Absehen von der Abschöpfungsmaßnahme des Vermögensarrestes kommt nach § 421 StPO in Betracht, wenn

– das Erlangte nur einen geringen Wert hat,

– die Einziehung nach den §§ 74 und 74c StGB neben der zu erwartenden Strafe oder Maßregel der Besserung und Sicherung nicht ins Gewicht fällt oder

- das Verfahren, soweit es die Einziehung betrifft, einen unangemessenen Aufwand erfordern oder die Herbeiführung der Entscheidung über die anderen Rechtsfolgen der Tat unangemessen erschweren würde.

Die Beschränkung ist aktenkundig zu machen.

(2) Der Vermögensarrest nach § 111e Abs. 1 StPO wird gemäß § 111j Abs. 1 StPO durch das Gericht und bei Gefahr im Verzug durch die Staatsanwaltschaft bzw. die BuStra angeordnet. Die Umstände, die die Annahme von Gefahr im Verzug begründen, sind aktenkundig zu machen. Im Falle einer Arrestanordnung der Staatsanwaltschaft oder BuStra ist innerhalb einer Woche die gerichtliche Bestätigung zu beantragen (§ 111j Abs. 2 Satz 1 StPO).

(3) Die Dauer der Arrestanordnung ist gesetzlich nicht befristet. Sie muss verhältnismäßig sein und im weiteren Verfahren auch verhältnismäßig bleiben (vgl. Nummer 3).

(4) Zur Ermittlung der Höhe des Arrestanspruchs können die hinterzogenen Steuern geschätzt werden (§ 73d Abs. 2 StGB).

(5) Der Vermögensarrest wird insbesondere durch die nachstehend aufgeführten Maßnahmen vollzogen:

1. Pfändungen in Forderungen können durch die Staatsanwaltschaft bzw. BuStra vollzogen werden (§ 111f Abs. 1 Satz 1, § 111k Abs. 1 Satz 1 StPO). Mit der Zustellung der Pfändung kann die Steufa beauftragt werden (vgl. § 111k Abs. 2 StPO). Nach § 111k Abs. 2 Satz 2 StPO können Pfändungsbeschlüsse an ein im Inland zum Geschäftsbetrieb befugtes Kreditinstitut unter Beachtung der Detailvorgaben der §§ 173, 175 ZPO auch als elektronisches Dokument (§ 173 ZPO) oder gegen Empfangsbekenntnis (auch per Fax § 175 Abs. 1, Abs. 2 Satz 1 ZPO) zugestellt werden.

2. Bei beweglichen Sachen kann die Vollziehung ohne förmliche Beauftragung durch die Steufa im Wege der Pfändung vorgenommen werden (vgl. § 111k Abs. 1 Satz 3 StPO). Gepfändetes Bargeld kann hinterlegt oder auf ein Konto der Justiz eingezahlt werden (§ 111f Abs. 1 Satz 2 StPO, § 930 Abs. 2 ZPO).

3. Die Eintragung einer Sicherungshypothek in das Grundbuch zur Vollziehung eines Vermögensarrests in ein Grundstück (§ 111f Abs. 2 StPO) erfolgt auf Ersuchen der Staatsanwaltschaft bzw. BuStra (§ 111k Abs. 1 Satz 1 StPO).

(6) Die Verwaltung / Verwahrung beweglicher Gegenstände obliegt der Staatsanwaltschaft bzw. BuStra (vgl. § 111m Abs. 1 Satz 1 StPO). Sie kann ihre Ermittlungspersonen oder den Gerichtsvollzieher mit der Verwaltung beauftragen (vgl. § 111m Abs. 1 Satz 2 StPO). Ein nach § 111f StPO gesicherter Gegenstand kann veräußert werden, wenn ein erheblicher Wertverlust droht oder seine Aufbewahrung mit erheblichen Kosten verbunden ist (Notveräußerung, vgl. § 111p Abs. 1 StPO). Anordnung und Durchführung der Notveräußerung obliegt der Staatsanwaltschaft bzw. BuStra (vgl. § 111p Abs. 2 und Abs. 4 StPO). Die von der Pfändung Betroffenen sollen vor der Anordnung gehört werden (vgl. § 111p Abs. 3 StPO).

(7) Gemäß § 111e Abs. 4 Satz 2 StPO ist in der Anordnung des Vermögensarrestes neben der Höhe des zu sichernden Anspruchs (vgl. Nummer 70 Abs. 1) auch der Geldbetrag festzusetzen, durch dessen Hinterlegung (z. B. auch eine Sicherheitsleistung durch eine selbstschuldnerische Bürgschaft eines inländischen Kreditinstituts oder die Hinterlegung von Wertpapieren) der Betroffene die Vollziehung des Arrestes abwenden und die Aufhebung der Vollziehung des Arrestes verlangen kann. Bei erfolgter Hinterlegung hat die Aufhebung sodann gemäß § 111g Abs. 1 StPO zu erfolgen.

(8) Die nach Anordnung des Arrestes ausgebrachten Sicherungsmaßnahmen sind dem Festsetzungsfinanzamt als Verletzten durch die Staatsanwaltschaft bzw. BuStra mitzuteilen (vgl. § 111l Abs. 1 StPO).

(9) Gegen Maßnahmen, die im Rahmen des Arrestes durchgeführt werden, kann der Betroffene jederzeit die Entscheidung des Gerichts beantragen (§§ 111j Abs. 2 Satz 3, 111k Abs. 3 StPO). Beschlüsse, die auf eine Beschwerde hin erlassen worden sind und einen Vermögensarrest nach § 111e StPO über einen Betrag von mehr als 20.000 € betreffen, können gemäß § 310 Abs. 1 Nummer 3 StPO durch weitere Beschwerde angefochten werden.

(10) Gemäß § 111h Abs. 2 Satz 1 StPO sind Zwangsvollstreckungsmaßnahmen in Gegenstände, die im Wege der Arrestvollziehung gesichert worden sind, während der Dauer der Arrestvollziehung nicht zulässig. Abweichend von diesem Nachpfändungsverbot kann das Finanzamt nach § 111h Abs. 2 Satz 2 StPO in Vollziehung eines dinglichen Arrests nach § 324 AO auch in Gegenstände vollstrecken, die zuvor in Vollziehung eines Vermögensarrestes gesichert worden sind, soweit der Steueranspruch aus der Straftat erwachsen ist (Privilegierung des Fiskus). Dies gilt auch für die Vollstreckung eines Steuerbescheids, denn wenn bereits die Vollstreckung aufgrund eines vorläufigen Titels (Arrestanordnung nach § 324 AO) möglich ist, muss die Vollstreckung erst recht auf Grundlage eines vollstreckbaren Steuerbescheids zulässig sein.

(11) Zu Sonderfällen der Einziehung vgl. § 73a StGB (erweiterte Einziehung) und § 76a StGB (selbständige Einziehung).

Abschnitt 10 Weitere strafprozessuale Maßnahmen

73 Zulässigkeit und Durchführung der vorläufigen Festnahme

(1) Ist ein einer Straftat im Sinne der Nummern 13 und 14 dringend verdächtiger Beschuldigter flüchtig (§ 112 Abs. 2 Nummer 1 StPO) oder besteht Flucht- oder Verdunklungsgefahr (§ 112 Abs. 2 Nummern 2 und 3 StPO) und steht die Anordnung der Haft zur Bedeutung der Sache in einem angemessenen Verhältnis, wird das Verfahren an die Staatsanwaltschaft abzugeben sein (vgl. Nummer 22). Unverhältnismäßigkeit ist auch gegeben, wenn die vollständige Aufklärung der Tat und die rasche Durchführung des Verfahrens auf weniger einschneidende Weise gesichert werden können.

(2) Besteht Gefahr im Verzug, können Steuerfahndungsbeamte und Beamte der BuStra unter den Voraussetzungen des Abs. 1 die vorläufige Festnahme anordnen und durchführen (§ 127 Abs. 2 StPO).

(3) Gefahr im Verzug besteht, wenn die gerichtliche Anordnung nicht rechtzeitig eingeholt werden kann und dadurch die Ergreifung des Beschuldigten gefährdet würde oder die Gefahr fortbesteht, dass der Beschuldigte bis zum Vollzug der gerichtlichen Anordnung noch fliehen oder die Ermittlung der Wahrheit erschweren wird (vgl. Nummer 60 Abs. 6 Sätze 2 und 3). Hatte der Richter den Erlass eines Haftbefehls vorher abgelehnt, müssen neue erhebliche Verdachtsmomente oder Haftgründe bekannt geworden sein.

(4) Verdunklungsabsicht ist kein Haftgrund, wenn die Beweise so gesichert sind, dass der Beschuldigte die Ermittlung der Wahrheit nicht mehr erschweren kann.

(5) Dringender Tatverdacht liegt vor, wenn nach dem Stand der Ermittlungen die Wahrscheinlichkeit groß ist, dass der Verfolgte Täter oder Teilnehmer ist.

(6) Der für vorläufig festgenommen erklärte Beschuldigte kann, soweit erforderlich und angemessen, auch unter Anwendung physischer Gewalt auf der Dienststelle festgehalten oder dorthin verbracht werden.

(7) Besteht noch die Möglichkeit, die Polizei hinzuzuziehen, sollte dies geschehen.

(8) Der Festgenommene ist unverzüglich gemäß § 114b i. V. m. § 127 Abs. 4 StPO über seine Rechte zu belehren. Die Belehrung hat grundsätzlich schriftlich zu erfolgen. Entsprechende Belehrungsformulare einschließlich Übersetzungen in zahlreiche Sprachen finden sich auf der Homepage des Bundesministeriums der Justiz (www.bmj.de) unter Service/ Belehrungsformulare. Ist eine schriftliche Belehrung nicht möglich oder erkennbar nicht ausreichend, ist (ergänzend) mündlich mit dem Inhalt des § 114b Abs. 2 StPO zu belehren. Der Festgenommene soll den Erhalt der Belehrung schriftlich bestätigen; weigert er sich ist dies zu dokumentieren. Dem Festgenommenen ist unverzüglich Gelegenheit zu geben, einen Angehörigen oder eine Person seines Vertrauens zu benachrichtigen, sofern der Zweck der Untersuchung dadurch nicht gefährdet wird (§ 114c Abs. 1 StPO i. V. m. § 127 Abs. 4 StPO). Der Festgenommene soll alsbald vernommen werden. Er ist unverzüglich, spätestens am Tag nach der Festnahme, dem Richter vorzuführen (§ 128 Abs. 1 StPO). Zuständig ist der Richter bei dem Amtsgericht, in dessen Bezirk die Festnahme erfolgt ist. Das kann auch ein Amtsgericht sein, dessen örtlicher Zuständigkeitsbereich in Haftsachen gemäß § 58 GVG erweitert worden ist. Die den Fall betreffenden Vorgänge sind bei der Vorführung dem Richter vorzulegen. Kann die Vorführung nicht sofort erfolgen, ist der Festgenommene in den Gewahrsam des zuständigen Amtsgerichts oder in Polizeigewahrsam zu übergeben; auch in diesem Fall muss sichergestellt sein, dass die Vorführung vor den Richter spätestens am Tag nach der Festnahme erfogt. Stellt sich vor der Vorführung heraus, dass die Voraussetzungen für den Erlass eines Haftbefehls nicht oder nicht mehr gegeben sind, ist der Festgenommene unverzüglich freizulassen.

(9) Über die vorläufige Festnahme ist ein Vermerk zu fertigen und zu den Akten zu nehmen. Der Vermerk muss die Voraussetzungen für die vorläufige Festnahme, den genauen Zeitpunkt der Festnahme im Einzelnen sowie die Durchführung der Belehrung einschließlich einer etwaigen Verweigerung der Bestätigung der Erteilung der Belehrung ausweisen.

74   Zulässigkeit und Durchführung der Telekommunikationsüberwachung

(1) Die Überwachung und Aufzeichnung der Telekommunikation auch ohne Wissen der Betroffenen ist zulässig, wenn

1. bestimmte Tatsachen den Verdacht begründen, dass jemand als Täter oder Teilnehmer

    a) eine Steuerhinterziehung unter den in § 370 Abs. 3 Satz 2 Nummer 1 AO genannten Voraussetzungen, sofern der Täter als Mitglied einer Bande, die sich zur fortgesetzten Begehung von Taten nach § 370 Abs. 1 AO verbunden hat, handelt, oder unter den in § 370 Abs. 3 Satz 2 Nummer 5 AO genannten Voraussetzungen (§ 100a Abs. 2 Nummer 2 Buchstabe a StPO),

    b) einen Betrug unter den in § 263 Abs. 3 Satz 2 StGB genannten Voraussetzungen (§ 100a Abs. 2 Nummer 1 Buchstabe n StPO),

    c) einen Subventionsbetrug unter den in § 264 Abs. 2 Satz 2 StGB genannten Voraussetzungen (§ 100a Abs. 2 Nummer 1 Buchstabe o StPO)

    begangen, versucht oder durch eine Straftat vorbereitet hat und

2. die Tat auch im Einzelfall schwer wiegt und

3. die Erforschung des Sachverhalts oder die Ermittlung des Aufenthaltsortes des Beschuldigten auf andere Weise wesentlich erschwert oder aussichtslos wäre

Zulässig ist auch eine Überwachung informationstechnischer Systeme (Quellen-TKÜ) zur Überwachung und Aufzeichnung der Telekommunikation (§ 100a Abs. 1 Sätze 1 und 3 StPO i. V. m. § 100e StPO).

(2) Telekommunikationsüberwachungen dürfen nur auf Antrag der Staatsanwaltschaft durch das Gericht angeordnet werden. Bei Gefahr im Verzug kann die Anordnung auch durch die Staatsanwaltschaft getroffen werden (§ 100e Abs. 1 StPO).

(3) Die Entschädigung der Telekommunikationsunternehmen erfolgt ausschließlich nach Anlage 3 zu § 23 JVEG.

74a Zulässigkeit und Durchführung der Observation

(1) Bei Vorliegen zureichender Anhaltspunkte für eine Straftat von erheblicher Bedeutung darf eine langfristige Beobachtung des Beschuldigten (Observation) angeordnet werden (§163f Abs. 1 StPO). Hierfür können insbesondere Steuervergehen im Sinne des § 370 Abs. 3 AO in Betracht kommen.

(2) Die Durchführung einer längerfristigen Observation bedarf eines richterlichen Beschlusses (§ 163f Abs. 3 StPO), der durch die BuStra zu beantragen ist. Die Observation darf nur angeordnet und durchgeführt werden, soweit die Erforschung des verfahrensrelevanten Sachverhalts oder der Aufenthalt des Beschuldigten auf andere Weise nicht erfolgversprechend oder wesentlich erschwert wäre.

(3) Eine längerfristige Observation liegt vor, wenn die Maßnahme durchgehend länger als 24 Stunden andauern oder (mit Unterbrechungen) an mehr als zwei Tagen durchgeführt werden soll (§ 163f Abs. 1 StPO). Die Maßnahme ist auf höchstens drei Monate zu befristen; sie kann unter Berücksichtigung der gewonnenen Ermittlungsergebnisse und bei Fortbestehen der Voraussetzungen der Anordnung jeweils um nicht mehr als drei Monate verlängert werden (vgl. § 163f Abs. 3 Satz 3 StPO i. V. m. § 100e Abs. 1 Sätze 4 und 5 StPO). Die Frist beginnt jeweils mit Erlass der Anordnung.

(4) Sofern im Rahmen der Observation außerhalb von Wohnraum Bildaufnahmen erstellt werden oder besondere für Observationszwecke bestimmte technische Mittel (z. B. Peilsender) eingesetzt werden sollen, ist dies im Antrag auf richterlichen Beschluss zur Durchführung der Observation ausdrücklich zu beantragen (vgl. § 100h Abs.1 StPO). Das Gericht ordnet diese weiteren Maßnahmen an, wenn die Erforschung des Sachverhalts oder die Ermittlungen des Aufenthaltsortes des Beschuldigten auf andere Weise weniger erfolgversprechend wäre. Die Maßnahmen dürfen auch durchgeführt werden, wenn Dritte unvermeidbar mitbetroffen werden (§ 100h Abs. 3 StPO).

(5) Es gelten die Verfahrensvorschriften bei verdeckten Maßnahmen nach § 101 StPO.

Abschnitt 11 Strafzumessungskriterien

75 Allgemeines zur Strafzumessung

(1) Grundlage für die Strafzumessung ist die Schuld des Täters. Die Wirkungen der Strafe für das künftige Leben des Täters in der Gesellschaft sind zu berücksichtigen (§ 46 Abs. 1 StGB). Die für und gegen den Täter sprechenden Umstände sind gegeneinander abzuwägen (§ 46 Abs. 2 StGB). Die Strafe muss dem Unrechtsgehalt der Tat entsprechen und den Täter wegen des begangenen Unrechts fühlbar treffen.

(2) Bei Taten mit geringem Unrechtsgehalt geben § 398 AO und § 153 StPO die Möglichkeit, ganz von Verfolgung abzusehen (vgl. auch Nummer 82 und § 153 StPO).

(3) Das Finanzamt soll in solchen Strafsachen, die zur Behandlung im Strafbefehlsverfahren nicht geeignet sind (§ 400 zweiter Halbsatz AO), bei Abgabe der Sache an die Staatsanwaltschaft (§ 386 Abs. 4 AO) und bei der Anhörung durch das Gericht (§ 407 AO) zur Strafzumessung Stellung nehmen.

76 Bedeutung des verkürzten Steuerbetrages für die strafrechtliche Ahndung und für die Strafzumessung

(1) Nach § 46 Abs. 1 StGB ist die Schuld des Täters die Grundlage für die Bemessung der Strafe. Das Maß der Schuld ergibt sich bei der Steuerhinterziehung insbesondere auch aus der Höhe der schuldhaft verkürzten Steuern. Der Verstoß gegen die dem Täter im Interesse der Besteuerung auferlegten besonderen Rechtspflichten wiegt in der Regel um so schwerer, je höher die hinterzogenen Steuern sind. Für die zutreffende Strafzumessung bei der Steuerhinterziehung ist deshalb zu berechnen, in welcher Höhe Steuern verkürzt sind und festzustellen, inwieweit die Verkürzung vom Vorsatz des Täters umfasst ist. Das Ergebnis dieser Prüfung ist im Abschlussvermerk (§ 169a StPO) festzuhalten.

(2) Nach dem BGH-Urteil vom 2. Dezember 2008 - 1 StR 416/08 hat die Höhe der schuldhaft verkürzten Steuern Bedeutung für die Annahme einer Steuerverkürzung oder einer nicht gerechtfertigten Steuervorteilserlangung in großem Ausmaß i.S.d. § 370 Abs. 3 Satz 2 Nummer 1 AO. Der Senat ist der Ansicht, dass das Merkmal „in großem Ausmaß" wie beim Betrug nach objektiven Maßstäben zu bestimmen ist. Das Merkmal „in großem Ausmaß" liegt in der Regel vor, wenn der Hinterziehungsbetrag 50.000 € übersteigt. Wegen der tatmehrheitlichen Verwirklichung des Tatbestandes der Steuerhinterziehung (vgl. BGH-Beschluss vom 22. Januar 2018 – 1 StR 535/17) ist das „Ausmaß" des jeweiligen Taterfolges nicht zu addieren. Für den Taterfolg ist ohne Relevanz, ob der Täter dem Finanzamt Umsätze verschweigt, seine Buchhaltung entsprechend abstimmt und dadurch eine Steuerentlastung generiert oder ob er dieses Ziel durch Vortäuschen von Betriebsausgaben erreicht. Die Art seines manipulativen Verhaltens findet ihren Platz bei der Gesamtwürdigung im Rahmen der Prüfung, ob die „Indizwirkung" des Regelbeispiels entkräftet wird oder umgekehrt bei Nichterreichen der Wertgrenze ein unbenannter besonders schwerer Fall anzunehmen ist. Bei Bejahung eines Regelbeispiels verbleibt die Möglichkeit innerhalb des Strafrahmens die konkrete Einzelstrafe wegen besonderer Strafzumessungsgründe (vgl. Nummer 77) niedriger oder höher anzusetzen (BGH-Urteil vom 27. Oktober 2015 – 1 StR 373/15). Jedenfalls bei einem sechsstelligen Hinterziehungsbetrag wird die Verhängung einer Geldstrafe nur bei Vorliegen von gewichtigen Milderungsgründen noch schuldangemessen sein. Bei Hinterziehungsbeträgen in Millionenhöhe kommt eine aussetzungsfähige Freiheitsstrafe nur bei Vorliegen besonders gewichtiger Milderungsgründe noch in Betracht. Dabei ist es ohne Bedeutung, ob die Millionengrenze durch eine einzelne Tat oder erst durch mehrere gleichgelagerte Einzeltaten erreicht worden ist (BGH-Urteil vom 22. Mai 2012 – 1 StR 103/12). Dies gilt auch, wenn die Tat im Versuchsstadium verblieben ist (vgl. BGH-Urteil vom 19. Oktober 2022 – 1 StR 269/22)

(3) Bei Verkürzung auf Zeit, die sich im Ergebnis als Hinausschieben der Fälligkeit ausgewirkt hat (wie etwa bei verspäteter, unrichtiger oder unterlassener Abgabe von Umsatzsteuer-Voranmeldungen, bei der vorsätzlichen Herbeiführung zu niedriger Einkommensteuer- oder Körperschaftsteuer-Vorauszahlungen und bei nicht oder zu niedrig abgeführter Kapitalertragsteuer) ist der Unrechtsgehalt wesentlich geringer. Obwohl auch in diesen Fällen der gesamte Betrag verkürzt ist, ist im Rahmen der Strafzumessung zugunsten des Täters zu berücksichtigen, dass sein Vorsatz nur auf eine Verkürzung „auf Zeit" gerichtet war und er den Steuerschaden wieder gut gemacht oder dies zumindest ernsthaft und nachvollziehbar beabsichtigt hat (vgl. BGH-Urteil vom 17. März 2009 - 1 StR 627/08). Der Einwand, dass bei einer auf Dauer gewollten Verkürzung die Steuern nachgezahlt worden seien und daher kein Dauerschaden eingetreten sei, rechtfertigt nicht die Annahme einer Steuerverkürzung auf Zeit.

(4) Zur Strafzumessung bei nicht gerechtfertigten Steuervorteilen durch unrichtige Feststellungsbescheide (zu niedrige Feststellung von Gewinnen, unberechtigte Verlustvorträge und unberechtigt nicht verbrauchte Verlustvorträge) vgl. BGH-Beschlüsse vom 10. Dezember 2008 – 1 StR 322/08 und 22. November 2012 – 1 StR 537/12.

77 Besondere Strafzumessungsgründe

Strafschärfend oder strafmildernd sind insbesondere zu berücksichtigen (vgl. § 46 Abs. 2 Satz 2 StGB):

1. Beweggründe, Ziele und Tatausführung

    a) Strafmildernd

    Handeln aus nicht selbst verschuldeter Zwangs- oder Notlage heraus oder zum fremden Vorteil.

    b) Strafschärfend

    besonders verwerfliche Ausführung (soweit diese nicht bereits einen eigenen Tatbestand erfüllt bzw. einen besonders schweren Fall der Steuerhinterziehung darstellt); Handeln aus Gewinnsucht, grobem Eigennutz oder Habgier; gewissenloses und rücksichtsloses Vorgehen; Hartnäckigkeit, mit der das Ziel verfolgt wird; Steuerverkürzung über einen längeren Zeitraum (dies kann mit dem ihnen dann noch zukommenden minderem Gewicht auch bereits verjährte Taten einschließen); vorausgegangene Einstellungen unter Auflagen und einschlägige Vorstrafen (vgl. aber § 51 BZRG); sorgfältig geplante Vermeidung von Tatspuren oder deren Beseitigung vor der Tat; Aufbau eines Täuschungssystems oder die systematische Verschleierung von Sachverhalten.

2. Maß der Pflichtwidrigkeit

    a) Strafmildernd

    Verletzung von Pflichten, die vornehmlich andere wahrzunehmen hatten; Steuerhinterziehungen, die sich erst nach Anwendung des Kompensationsverbots ergeben; Eintritt eines bloßen Gefährdungsschadens.

    b) Strafschärfend

    Hinterziehung fremder Steuern und solcher, für die der Täter treuhänderisch verantwortlich ist (z. B. LSt, USt).

3. Verhalten nach der Tat

    a) Strafmildernd

    Aktive Mithilfe bei der Tataufklärung; „verunglückte" Selbstanzeige; geständige Einlassung; Wiedergutmachung (Zahlung der verkürzten Steuern).

    b) Strafschärfend

    Behinderung der Tataufklärung, z. B. Vernichten oder Beiseiteschaffen von Beweismitteln, Beeinflussung von Zeugen, bewusste Irreführung der Ermittlungsbehörden (dagegen nicht: Schweigen oder bloßes Leugnen); aktives Verhalten um den Steueranspruch zu vereiteln, z. B. Verbringen des Vermögens in das Ausland.

4. Persönliche Verhältnisse

    a) Strafmildernd

Krankheit, Alter, steuerliche Unerfahrenheit, geringer Bildungsgrad, soweit diese Umstände die Tat beeinflusst haben. Besondere wirtschaftliche oder sonstige (nichtsteuerliche) Nachteile, z. B. berufs- oder ehrengerichtliche Strafen.

b) Strafschärfend

Berufliche und soziale Stellung des Täters, die besondere steuerliche Pflichten begründet.

5. Sonstige Strafzumessungsgesichtspunkte

Strafmildernd

Überlange nicht rechtsstaatswidrige Verfahrensdauer, die nicht vom Beschuldigten zu vertreten ist. Zu den Auswirkungen einer rechtsstaatswidrigen überlangen Verfahrensdauer vgl. Nummer 78.

78 Kompensation rechtsstaatswidriger Verzögerung eines Strafverfahrens

(1) Ist der Abschluss eines Strafverfahrens rechtsstaatswidrig derart verzögert worden, dass dies bei der Durchsetzung des staatlichen Strafanspruchs unter näherer Bestimmung des Ausmaßes berücksichtigt werden muss, so ist anstelle der bisher gewährten Strafminderung (durch eine bezifferte Herabsetzung der ohne diese Verzögerung angemessenen Strafe - Strafabschlagsmodell) im Tenor die tat- und schuldangemessene Strafe nunmehr ohne Abzug für die dem Staat zuzurechnende Verfahrensverzögerung festzusetzen und gleichzeitig auszusprechen, dass ein bezifferter Teil hiervon zum Ausgleich für die Verfahrensverzögerung als bereits vollstreckt gilt (Vollstreckungsmodell). In Fällen, in denen eine Kompensation nur durch eine Unterschreitung der gesetzlichen Mindeststrafe möglich wäre, bietet das Vollstreckungsmodell eine Möglichkeit, in dem es die Kompensation von staatlichen Stellen verursachten Verfahrensverzögerungen in einem gesonderten Schritt nach der eigentlichen Strafzumessung vornimmt (BGH-Beschluss vom 17. Januar 2008 - GSSt 1/07). Unabhängig davon ist das Vollstreckungsmodell auch in den Fällen anzuwenden, in denen kein gesetzliches Strafmindestmaß vorgesehen ist.

(2) Ein Beschuldigter kann nach §§ 198 bis 201 GVG bei überlangen Gerichtsverfahren und strafrechtlichen Ermittlungsverfahren, wenn diese unangemessen lange gedauert haben, für jedes Jahr der Verzögerung eine Entschädigung i.H.v. 1.200 € beanspruchen. Voraussetzung hierfür ist eine Verzögerungsrüge (§ 198 Abs. 3 GVG), die im laufenden Verfahren – auch im Ermittlungsverfahren (§ 199 GVG) – zu erheben ist. Eine Entschädigung kann nicht beansprucht werden, wenn die Wiedergutmachung auf andere Weise erfolgt ist, z. B. wenn die unangemessene Dauer des Verfahrens bei der Strafzumessung zugunsten des Beschuldigten berücksichtigt worden ist (§ 199 Abs. 3 GVG).

Abschnitt 12 Abschließende Entscheidung im Verfahren der Finanzbehörde

79 Überblick

(1) Die BuStra kann das selbständig durchgeführte Ermittlungsverfahren durch folgende Maßnahmen abschließen:

1. Einstellung und Absehen von der Strafverfolgung, vgl. Nummern 81-83;
2. Antrag auf Erlass eines Strafbefehls, vgl. Nummern 84 ff;
3. Vorlage an die Staatsanwaltschaft, vgl. Nummer 89;
4. Antrag auf Anordnung von Nebenfolgen im selbständigen Verfahren, vgl. Nummer 90.

(2) Soll das Verfahren nicht eingestellt werden, ist der Beschuldigte spätestens vor dem Abschluss der Ermittlungen zu vernehmen. In einfachen Sachen genügt es, dass ihm Gelegenheit zur schriftlichen Äußerung gegeben wird (§ 163a Abs. 1 StPO). Der Abschluss der Ermittlungen ist in den Akten zu vermerken, sofern das Verfahren nicht eingestellt wird (§ 169a StPO); vgl. im Übrigen Nummer 90 letzter Satz, Nummer 87 Abs. 1 und Nummer 89 Abs. 2.

(3) Wegen des Absehens von der Strafverfolgung bei unwesentlichen Nebenstraftaten vgl. Nummer 39 Abs. 1. Wegen des Ausscheidens von Unwesentlichem vgl. Nummer 39 Abs. 4.

80 Allgemeines zur Einstellung des Verfahrens

(1) Eine Einstellungsverfügung ist ausreichend zu begründen.

(2) Der Beschuldigte ist von der Einstellung des steuerstrafrechtlichen Ermittlungsverfahrens zu unterrichten, wenn ihm zuvor die Einleitung eines solchen Verfahrens eröffnet worden war; vgl. auch § 170 Abs. 2 StPO. Hat sich herausgestellt, dass der Beschuldigte unschuldig ist oder dass gegen ihn kein begründeter Verdacht mehr besteht, so ist dies in der Mitteilung auszusprechen. Im Übrigen sind die Gründe für die Einstellung nur auf Antrag und dann auch nur insoweit bekannt zu geben, als kein schutzwürdiges Interesse entgegensteht.

(3) Dem Anzeigeerstatter darf über die Einstellung keine Mitteilung gemacht werden, weil § 171 StPO eine Offenbarung nicht zulässt (vgl. § 30 Abs. 4 Nummern 1 u. 2 AO).

(4) Ist im Ermittlungsverfahren eine nach § 2 StrEG entschädigungsfähige Strafverfolgungsmaßnahme vorausgegangen, so hat die Finanzbehörde in die Mitteilung von der Einstellung des Verfahrens die Belehrung aufzunehmen, dass der Beschuldigte innerhalb eines Monats seit der Zustellung der Einstellungsnachricht bei dem zuständigen Gericht den Antrag stellen kann, die Entschädigungspflicht der Staatskasse auszusprechen. Das zuständige Gericht ist anzugeben. Die Einstellungsmitteilung mit dieser Belehrung ist zuzustellen. Auf § 9 StrEG wird hingewiesen.

81 Einstellung nach § 170 Abs. 2 StPO

(1) Geben die Ermittlungen keinen genügenden Anlass zur Erhebung der öffentlichen Klage, weil z. B. eine Verurteilung des Beschuldigten nicht mit Wahrscheinlichkeit zu erwarten ist oder sich der Verdacht als unbegründet erweist, so stellt die BuStra das Verfahren ein. Das gleiche gilt, wenn der Verurteilung ein Verfahrenshindernis entgegensteht, z. B. weil die Tat verjährt ist (§§ 78 - 78c StGB), der Täter vom Versuch zurückgetreten ist (§ 24 StGB) oder wenn dem Täter ein Rechtfertigungs- oder Schuldausschließungsgrund zur Seite steht.

(2) Das Steuerstrafverfahren ist auch einzustellen, wenn dem Beschuldigten nach dem Ermittlungsergebnis nur eine Steuerordnungswidrigkeit anzulasten ist. In diesen Fällen ist regelmäßig zu prüfen, ob ein Bußgeldverfahren in Betracht kommt, sofern die Grenzen der Nummer 104 Abs. 3 überschritten werden.

(3) Das Steuerstrafverfahren kann wieder aufgenommen werden, wenn hierzu Anlass besteht.

82 Einstellung und Absehen von der Strafverfolgung nach § 153 Abs. 1 StPO, § 398 AO und § 398a AO

(1) Die BuStra kann mit Zustimmung des für die Eröffnung des Hauptverfahrens zuständigen Gerichts von der Verfolgung einer Straftat absehen, wenn die Schuld des Täters als gering anzusehen wäre und kein öffentliches Interesse an der Verfolgung besteht (§ 153 Abs. 1 Satz 1 StPO).

(2) Nach § 398 AO und § 153 Abs. 1 Satz 2 StPO kann die BuStra das Verfahren unter den Voraussetzungen des Abs. 1 ohne Zustimmung des Gerichts einstellen, wenn im Übrigen bei einer Steuerhinterziehung nur eine geringwertige Steuerverkürzung eingetreten ist oder nur geringwertige Steuervorteile erlangt wurden. Zur Bestimmung des Tatbestandsmerkmals der

geringen Tatfolge (§ 153 Abs. 1 Satz 2 StPO) ist bei dem Delikt der Steuerhinterziehung insbesondere von der Summe der verkürzten Steuern auszugehen. Entsprechendes gilt in einem Verfahren wegen Begünstigung einer Person, die eine der in § 375 Abs. 1 Nummern 1 bis 3 AO genannten Taten begangen hat (§ 398 Satz 2 AO).

(3) Die Schuld ist als gering anzusehen, wenn sie bei einem Vergleich mit Steuerstraftaten gleicher Art nicht unerheblich unter dem Durchschnitt liegt. Im Rahmen der Berücksichtigung des öffentlichen Interesses sind jedoch Gründe der Spezial- oder Generalprävention mit zu erwägen. Die Gesamtwürdigung muss, auch unter Berücksichtigung der im Falle einer Bestrafung für die Strafzumessung maßgebenden Umstände nach § 46 Abs. 2 StGB ergeben, dass eine Bestrafung unter Abwägung aller Strafzwecke nicht notwendig erscheint. Eine Feststellung der Schuld ist nicht erforderlich; es genügt, dass für sie eine gewisse Wahrscheinlichkeit besteht. Die Strafsache braucht nicht weiter als bis zu der Feststellung aufgeklärt zu werden, dass die Schuld des Täters voraussichtlich als gering anzusehen wäre.

(4) Nach § 398a AO wird in den Fällen des § 371 Abs. 2 Satz 1 Nummern 3 und 4 AO vor der Verfolgung einer Steuerstraftat abgesehen, wenn der an der Tat Beteiligte innerhalb einer ihm bestimmten angemessenen Frist die aus der Tat zu seinen Gunsten hinterzogenen Steuern, die Hinterziehungszinsen nach § 235 AO und die Zinsen nach § 233a AO, soweit sie auf die Hinterziehungszinsen nach § 235 Abs. 4 AO angerechnet werden, entrichtet und zusätzlich einen Geldbetrag gemäß § 398a Abs. 1 Nummer 2a bis c AO zugunsten der Staatskasse zahlt. Jeder an der Tat Beteiligte muss den Zuschlag in voller Höhe entrichten, damit von der strafrechtlichen Verfolgung gegen ihn abgesehen wird. Zur Ermittlung der hinterzogenen Steuer ist auf den wirtschaftlichen Schaden abzustellen, d.h. auf die tatsächlich entstandene Steuerschuld oder Zahllast. Das Kompensationsverbot nach § 370 Abs. 4 AO bleibt anders als beim Hinterziehungsbetrag (§ 398a Abs. 2 AO) bei der hinterzogenen Steuer unberücksichtigt. Berechnung und Abwicklung dieser Geldzahlung fallen in den Zuständigkeitsbereich der BuStra, soweit diese nach § 386 Abs. 2, § 399 AO zuständig sind. Die Abwicklung erfolgt im jeweiligen landeseigenen Haushalts- und Kassenverfahren. Zur Fristsetzung vgl. Nummer 11 Abs 5.

(5) Das Verfahren kann wieder aufgenommen werden, wenn hierzu Anlass besteht.

83 Einstellung nach § 153a StPO

(1) Nach § 153a StPO kann die BuStra im Bereich der kleineren und mittleren Kriminalität die Einstellung des Verfahrens von der Erfüllung bestimmter Auflagen und Weisungen durch den Beschuldigten abhängig machen. Dies gilt jedoch nur dann, wenn die Auflagen und Weisungen geeignet sind, das öffentliche Interesse an der Strafverfolgung zu beseitigen (vgl. Nummer 82) und die Schwere der Schuld dem nicht entgegensteht. Für die Beurteilung der Schwere der Schuld sind die für die Strafzumessung geltenden Grundsätze, insbesondere § 46 StGB, heranzuziehen. Die Verfahrenseinstellung nach § 153a StPO ist nur mit Zustimmung des Beschuldigten zulässig und bedarf vorbehaltlich des Satzes 5 auch der Zustimmung des Gerichts. Nach § 153a Abs. 1 Satz 7 i. V. m. § 153 Abs. 1 Satz 2 StPO ist eine Verfahrenseinstellung auch ohne Zustimmung des Gerichts zulässig, wenn die Auflagen und Weisungen geeignet sind, das öffentliche Interesse an der Strafverfolgung zu beseitigen und die durch die Tat verursachten Folgen gering sind (vgl. Nummer 82).

(2) Im Steuerstrafverfahren kommen namentlich folgende Auflagen und Weisungen - ggf. nebeneinander - in Betracht:

1. Entrichtung der verkürzten Beträge einschließlich der Nebenleistungen innerhalb einer zu bestimmenden Frist;

2. Zahlung eines Geldbetrages an die Staatskasse oder an eine gemeinnützige Einrichtung. Da sich die Steuerstraftat gegen die Allgemeinheit richtet, soll die Zahlung regelmäßig zugunsten der Staatskasse erfolgen. Die Auflage muss nach Art und Umfang geeignet sein, das öffentliche Interesse an der Strafverfolgung zu beseitigen.

Soweit für eine Verfahrenseinstellung die Zustimmung des Gerichts erforderlich ist, empfiehlt es sich, vor der Befragung des Beschuldigten die Zustimmung des Gerichts einzuholen. Anderenfalls ist der Beschuldigte darauf hinzuweisen, dass eine Einstellung nur mit gerichtlicher Zustimmung möglich ist.

3. Erbringung von gemeinnützigen Leistungen. Diese sind dem Beschuldigten grundsätzlich nur dann aufzuerlegen, wenn Auflagen nach § 153a Abs. 1 Satz 2 Nummern 1 und 2 StPO nicht in Betracht kommen. Bei der Bemessung der gemeinnützigen Leistungen sind der Inhalt und die Umstände der zu erbringenden Tätigkeit und die persönlichen Verhältnisse des Beschuldigten zu berücksichtigen.

(3) In der Verfügung über die vorläufige Einstellung sind die Auflagen/Weisungen genau zu bezeichnen und eine Frist von höchstens 6 Monaten (§ 153a Abs. 1 Satz 3 StPO) zu deren Erfüllung festzusetzen. Ferner ist anzuordnen, dass die vorläufige Einstellung entfällt, wenn eine Auflage/Weisung nicht oder nicht fristgerecht erfüllt wird. Dem Beschuldigten soll auch anheim gegeben werden, Umstände, welche die Verlängerung der Frist oder die nachträgliche Änderung der Auflagen/Weisungen rechtfertigen könnten (§ 153a Abs. 1 Satz 4 StPO) rechtzeitig mitzuteilen. Besteht die Auflage in der Zahlung eines Geldbetrages, hat der Beschuldigte der BuStra die Zahlung nachzuweisen; die für die Steuerfestsetzung zuständige Stelle des Finanzamts erhält eine Kontrollmitteilung. Die Stelle, der gegenüber die Weisungen zu erfüllen oder an die Zahlungen zu leisten sind, wird unterrichtet und um Mitteilung über die Erfüllung oder nicht rechtzeitige Erfüllung gebeten.

(4) Erfüllt der Beschuldigte die Auflagen/Weisungen, wird das Verfahren endgültig eingestellt (§ 153a Abs. 1 Satz 5 StPO). Erfüllt der Beschuldigte sie nicht, hat die BuStra in eigener Zuständigkeit zu entscheiden, ob eine Fristverlängerung oder Änderung der Auflage in Betracht kommt (§ 153a Abs. 1 Satz 4 StPO). Ist das nicht der Fall und bleibt auch eine Erinnerung durch die BuStra ohne Erfolg oder erklärt der Beschuldigte, dass er den Auflagen/Weisungen nicht nachkommen will, ist dem Beschuldigten mitzuteilen, dass die vorläufige Einstellung entfallen ist. Das Verfahren wird dann, in der Regel durch Antrag auf Erlass eines Strafbefehls, fortgeführt. Auf Zahlungen, welche zur Erfüllung einer Auflage geleistet worden waren, ist das Gericht bzw. die Staatsanwaltschaft hinzuweisen. Auch wenn die Zahlungen vom Gericht bei der Strafzumessung berücksichtigt werden, verbleibt der gezahlte Betrag der Stelle, welche ihn vereinnahmt hatte.

84 Voraussetzungen für den Antrag auf Erlass eines Strafbefehls

(1) Die BuStra stellt Antrag auf Erlass eines Strafbefehls (§ 400 AO), wenn

1. die Ermittlungen genügenden Anlass zur Erhebung der öffentlichen Klage bieten und

2. die Strafsache zur Behandlung im Strafbefehlsverfahren geeignet erscheint.

(2) Die Ermittlungen bieten genügenden Anlass zur Erhebung der öffentlichen Klage, wenn kein Verfahrenshindernis besteht und der Beschuldigte der Straftat so verdächtig erscheint, dass im Falle der Durchführung einer Hauptverhandlung eine Verurteilung mit Wahrscheinlichkeit zu erwarten wäre (hinreichender Tatverdacht im Sinne des § 203 StPO).

(3) Eine Erledigung im Strafbefehlsverfahren ist nach § 407 Abs. 2 Satz 2 StPO auch zulässig, wenn die Verhängung einer Freiheitsstrafe bis zu einem Jahr erforderlich erscheint, deren Vollstreckung zur Bewährung ausgesetzt werden kann und der Angeschuldigte einen Verteidiger hat oder ein Pflichtverteidiger bestellt wird (§ 408 b StPO). Eine Erledigung im Strafbefehlsverfahren ist in der Regel nicht geboten, wenn ein besonders schwerer Fall der Steuerhinterziehung (§ 370 Abs. 3 AO) vorliegt. Im Übrigen soll von dem Antrag auf Erlass eines Strafbefehls nur abgesehen werden, wenn die vollständige Aufklärung aller für die Rechtsfolgenbestimmung wesentlichen Umstände oder Gründe der Spezial- oder Generalprävention die Durchführung einer Hauptverhandlung geboten erscheinen lassen. Auf

einen Strafbefehlsantrag ist nicht schon deswegen zu verzichten, weil ein Einspruch des Angeschuldigten zu erwarten ist.

(4) Der Antrag auf Erlass eines Strafbefehls darf erst gestellt werden, wenn dem Beschuldigten rechtliches Gehör gewährt worden ist und er Gelegenheit hatte, sich zu dem Ermittlungsergebnis zu äußern (s. auch Nummer 79 Abs. 2).

(5) Einem Begehren des Beschuldigten, das Verfahren nicht an die Staatsanwaltschaft abzugeben, sondern Antrag auf Erlass eines Strafbefehls zu stellen, braucht die BuStra nicht zu entsprechen.

85 Bemessung der Strafen

(1) Die Geldstrafe ist in Tagessätzen zu verhängen, und zwar mit mindestens 5 und höchstens 360 vollen Tagessätzen (§ 40 Abs. 1 StGB). Bei der Bestimmung der Zahl der Tagessätze ist davon auszugehen, dass eine nach Unrecht und Schuld gleich schwere Straftat bei Tätern mit unterschiedlichen Einkommensverhältnissen gleich schwer, d.h. mit der gleichen Anzahl von Tagessätzen, bestraft werden muss.

(2) Die Gesamtstrafe wird durch Erhöhung der verwirkten höchsten Strafe, bei Strafen verschiedener Art durch Erhöhung der ihrer Art nach schwersten Strafe gebildet (§ 54 Abs. 1 Satz 2 StGB). Die Gesamtstrafe darf die Summe der Einzelstrafen nicht erreichen und bei Geldstrafe 720 Tagessätze nicht übersteigen (§ 54 Abs. 2 StGB). Die Erhöhung der Einsatzstrafe hat in der Regel niedriger auszufallen, wenn zwischen gleichartigen Taten ein enger zeitlicher, sachlicher und situativer Zusammenhang besteht (BGH-Beschluss vom 13. April 2010 – 3 StR 7/10) Die Bildung der Gesamtstrafe erfordert grundsätzlich einen gesonderten Strafzumessungsvorgang unter zusammenfassender Würdigung der einbezogenen Straftaten und der Person des Täters. Eine Bezugnahme auf die Zumessungsgründe, die für die Einzelstrafen bestimmend waren, genügt insbesondere dann nicht, wenn die Höhe der Einsatzstrafe und der Gesamtstrafe erheblich differieren (BGH-Beschluss vom 4. Juni 2004, 2 StR 163/04).

(3) Die persönlichen und wirtschaftlichen Verhältnisse des Täters zur Zeit der Bestrafung werden bei der Geldstrafenbemessung durch die Höhe des Tagessatzes berücksichtigt, der mindestens auf 1 € und höchstens 30.000 € festzusetzen ist. In der Regel ist ein Tagessatz nach dem Nettoeinkommen (vgl. Nummer 86) zu bemessen, das der Täter durchschnittlich an einem Tag hat oder haben könnte (§ 40 Abs. 2 StGB). Dieses kann - insbesondere bei Gewerbetreibenden und Angehörigen der freien Berufe - erforderlichenfalls geschätzt werden (§ 40 Abs. 3 StGB).

86 Höhe des Tagessatzes, Ermittlung des Nettoeinkommens

(1) Die Höhe des Tagessatzes richtet sich gemäß § 40 Abs. 2 Satz 2 StGB nach dem „Nettoeinkommen", das der Täter täglich hat bzw. haben könnte. Einkommen im Sinne des § 40 Abs. 2 Satz 2 StGB sind nicht nur die Einkünfte aus den Einkunftsarten des Steuerrechts sondern jegliche Vermögenszuflüsse und alle regelmäßigen geldwerten Zuwendungen (z. B. Unterhaltszahlungen) einschließlich der Sachbezüge, die der Täter von dritter Seite erhält, gleich welcher Art sie sind oder auf welchem Rechtsgrund sie beruhen.

(2) Nettoeinkommen ist der dem Täter nach Abzug der gesetzlich vorgeschriebenen Leistungen (Steuer und Sozialversicherungsbeiträge), der außergewöhnlichen Belastungen und bei nicht sozialversicherungspflichtigen Tätern der Aufwendungen für eine Lebens- und Krankenversicherung verbleibende Betrag. Weitere Abzüge kommen nicht in Betracht, z. B. Zins- und Tilgungsleistungen für ein Eigenheim. Wenn der Täter vorhandene Erwerbsmöglichkeiten nicht oder nicht ausreichend nutzt, oder ein geringeres als das übliche Arbeitsentgelt für seine Arbeit vereinbart, darf er dadurch bei der Bemessung der Geldstrafe nicht besser gestellt werden. Unterhaltsleistungen des Täters sind angemessen zu berücksichtigen, auch wenn sie nicht nachgewiesen werden.

(3) Kann das Einkommen nicht zeitnah ermittelt werden, ist unter Berücksichtigung aller ins Gewicht fallender Umstände, die die aktuelle wirtschaftliche Leistungsfähigkeit des Täters beeinflussen, zu schätzen.

(4) Verfügt der Täter über ein erhebliches Vermögen, so ist der Tagessatz dann angemessen zu erhöhen, wenn sich sonst keine fühlbare Strafe erreichen ließe.

(5) Eine Offenbarung der wirtschaftlichen Verhältnisse ist gemäß § 30 Abs. 4 Nummer 1 AO in einem Steuerstrafverfahren zwecks Bestimmung der Tagessatzhöhe nach § 40 Abs. 2 StGB zulässig. Eine pauschale Übermittlung von Steuerbescheiden ist unzulässig.

87   Antragstellung

(1) Die getroffenen steuerlichen und strafrechtlichen Ermittlungsergebnisse sowie deren Würdigung hat die BuStra in einem Abschlussvermerk (§ 169a StPO) aktenkundig zu machen. Der Antrag muss die für den Erlass des Strafbefehls erforderlichen Angaben (§ 409 Abs. 1 StPO) enthalten. Er ist als Strafbefehlsentwurf zu fassen (vgl. Nummern 176 und 177 Abs. 1 RiStBV). Zur Kennzeichnung einer zu ahndenden Steuerhinterziehung im Strafbefehl gehört die kurze Darstellung der tatsächlichen Grundlagen des materiellen Steueranspruchs über dessen Verkürzung entschieden werden soll, die Angabe, durch welches Täterverhalten und für welchen in Betracht kommenden Steuerabschnitt die Erklärungs- und/oder Anmeldepflichten verletzt wurden, sowie ein Vergleich der gesetzlich geschuldeten Steuer mit der, die aufgrund der unrichtigen oder unvollständigen Angaben des Täters gegenüber der Steuerbehörde nicht, nicht in voller Höhe oder nicht rechtzeitig angemeldet oder festgesetzt wurde. Mängel in der Umgrenzungsfunktion des Strafbefehls führen zu dessen Unwirksamkeit (vgl. OLG Düsseldorf, Beschluss vom 26. Mai 1988 - 3 Ws 85/87).

(2) Bei einem Antrag auf Erlass eines Strafbefehls (§ 400 erster Halbsatz AO) hat das Finanzamt (BuStra) Art und Höhe der gegen den Beschuldigten zu verhängenden Strafe anzugeben. Im Hinblick auf § 267 Abs. 3 StPO ist im Abschlussvermerk darzulegen, welche Gesichtspunkte die Strafzumessung beeinflussen. Hierbei genügen nicht allgemeine Bemerkungen; vielmehr sind alle wesentlichen Tatsachen und Erwägungen anzugeben, aus denen die Strafzumessung gefunden wird.

(3) Dem Antrag sind vorbehaltlich Nummer 35 Abs. 4 alle Vorgänge beizufügen, die für die Schuld und die Strafzumessung von Bedeutung sind. Dazu gehören verwaltungsinterne Vermerke nicht. In den Fällen des § 407 Abs. 2 Satz 2 StPO ist dem Strafbefehlsantrag ein Beschlussvorschlag hinsichtlich der Bewährungsauflagen beizufügen. Der Bewährungsbeschluss muss zumindest einen Vorschlag bezüglich der Dauer der Bewährungszeit sowie die Aufforderung zur Anzeige eines Wohnsitzwechsels enthalten. Weitere Bewährungsauflagen sind im Einzelfall vorzuschlagen.

(4) Der Antrag ist an das zuständige Amtsgericht zu übersenden. Dabei ist je nach Bedeutung des Falles die Entscheidung durch den Strafrichter oder den Vorsitzenden des Schöffengerichts zu beantragen.

(5) Ist der Hinterziehungsbetrag nicht oder nur zum Teil nachentrichtet worden, ist gemäß §§ 73ff. StGB im Strafbefehl zwingend über die Anordnung einer Einziehung zu entscheiden. Ein Absehen von einer Einziehung kommt nur unter den Voraussetzungen des § 421 StPO in Betracht. Diese Entscheidung ist im Abschlussvermerk darzulegen.

88   Rechtsmittel

(1) Teilt das Gericht der BuStra mit, dass es eine andere als die beantragte Rechtsfolge für angemessen oder eine weitere Aufklärung für notwendig hält, ist nach dem Abs. 2 der Nummer 178 RiStBV zu verfahren. Gegen die Anberaumung der Hauptverhandlung (§ 408 Abs. 3 Satz 2 StPO) ist kein Rechtsmittel gegeben.

(2) Gibt der Vorsitzende des Schöffengerichts die Sache an den Strafrichter ab (§ 408 Abs. 1 Satz 1 erster Halbsatz StPO) oder weist der Richter den Antrag auf Erlass eines Strafbefehls zurück, kann die BuStra dagegen sofortige Beschwerde (§ 311 StPO) einlegen (§ 408 Abs. 1 Satz 1 letzter Halbsatz, § 210 Abs. 2 StPO).

89 Vorlage an die Staatsanwaltschaft

(1) Bieten die durchgeführten Ermittlungen genügenden Anlass zur Erhebung der öffentlichen Klage (vgl. Nummer 84 Abs. 2), ist aber die Strafsache für das Strafbefehlsverfahren nicht geeignet, so legt die BuStra die Akten der Staatsanwaltschaft vor (§ 400 zweiter Halbsatz AO).

(2) Bei der Vorlage hat die BuStra das wesentliche Ermittlungsergebnis übersichtlich zusammenfassend darzustellen und in der Regel auch rechtlich zu würdigen. Die Darstellung soll der Gewichtigkeit des Falles entsprechen. Die Abgabeschrift ist vom Sachgebietsleiter zu unterzeichnen.

90 Antrag auf Anordnung von Nebenfolgen

(1) Die BuStra kann nach pflichtgemäßem Ermessen beantragen, die Einziehung (§§ 73 bis 76b StGB, § 29a OWiG) selbständig anzuordnen oder eine Geldbuße gegen eine juristische Person oder eine Personenvereinigung (§ 30 OWiG) selbständig festzusetzen (§ 401 AO). Das Verfahren richtet sich nach § 76a StGB und § 444 Abs. 3 StPO. Richtet sich die Einziehung gegen eine Person, die nicht Beschuldigte ist, so wird sie nach § 424 Abs. 1 StPO auf Anordnung des Gerichts am Strafverfahren beteiligt, soweit dieses die Einziehung betrifft (Einziehungsbeteiligter). Im Falle des § 30 OWiG giltgleiches hinsichtlich der juristischen Person oder der Personenvereinigung (§ 444 Abs. 3, § 432 Abs. 1 Satz 1 StPO). Wegen des abschließenden Vermerks vgl. Nummer 87 Abs. 1 Satz 1.

(2) Nach § 44 StGB (in der seit dem 24. August 2017 gültigen Fassung) kann ein Fahrverbot auch bei nicht verkehrsbezogenen Straftaten verhängt werden. Die Anordnung eines Fahrverbots kommt in den Fällen der Nummern 84 und 89 in Betracht, wenn sie zur Einwirkung auf den Täter oder zur Verteidigung der Rechtsordnung erforderlich erscheint oder hierdurch die Verhängung einer Freiheitsstrafe oder deren Vollstreckung vermieden werden kann (OLG Düsseldorf, Beschluss vom 28. März 2019 – 2 RVs 15/19).

Abschnitt 13 Stellung der Finanzbehörde im Verfahren der Staatsanwaltschaft

91 Rechte und Pflichten im Ermittlungsverfahren

(1) Führt die Staatsanwaltschaft das Ermittlungsverfahren in Strafsachen durch, so hat die BuStra nach § 402 Abs. 1 AO nur dieselben Rechte und Pflichten wie die Behörden des Polizeidienstes nach der Strafprozessordnung, insbesondere nach § 161 und § 163 StPO sowie die Befugnisse nach § 399 Abs. 2 Satz 2 AO. Beschuldigte und Sachverständige sind nicht verpflichtet, auf Ladung vor ihr zu erscheinen; Zeugen nur unter den Voraussetzungen des § 163 Abs. 3 Satz 1 StPO (analog Nummer 47). Die Vorgänge sind ohne Verzug der Staatsanwaltschaft zu übersenden (§ 163 Abs. 2 StPO).

(2) Wegen der Rechte und Pflichten der Steuerfahndungsstellen und ihrer Beamten wird auf Nummer 123 verwiesen.

(3) Beschlagnahmen, Durchsuchungen und körperliche Untersuchungen dürfen von BuStra und Steufa nur bei Gefahr im Verzug angeordnet werden (§ 399 Abs. 2 Satz 2 AO, §§ 81a Abs. 2, 98 Abs. 1, § 105 Abs. 1 StPO). Die Überwachung und Aufzeichnung der Telekommunikation darf auch bei Gefahr im Verzug nur durch die Staatsanwaltschaft und nicht durch die BuStra bzw. Steufa angeordnet werden (§ 402 Abs. 1 AO, § 100e Abs. 1 Satz 2 StPO). Die Befugnis zur Durchsicht der Papiere hat im Verfahren der Staatsanwaltschaft neben dieser die Steufa (vgl.

Nummer 123 Abs. 3 Nummer 3) und darüber hinaus die BuStra, soweit die Staatsanwaltschaft dies anordnet.

(4) Finanzämter, auf die keine Zuständigkeit nach § 387 Abs. 2 AO übertragen worden sind, haben im Verfahren der Staatsanwaltschaft dieselben Rechte und Pflichten wie die BuStra nach den Abs. 1 und 3 (§ 402 Abs. 2 AO).

(5) Die vorgenannten Stellen und Ämter sind verpflichtet, einem Ersuchen der Staatsanwaltschaft um Durchführung von Ermittlungen im Rahmen ihrer Aufgaben (§ 17 Abs. 2 FVG; Nummer 122 Abs. 1), und ihrer Zuständigkeit (vgl. Nummern 23 bis 25, 123 Abs. 3) nachzukommen.

92 Anwesenheitsrecht

(1) Führt die Staatsanwaltschaft oder die Polizei Ermittlungen in Strafsachen der Nummern 18 und 19 durch, so ist die BuStra befugt, daran teilzunehmen (§ 403 Abs. 1 Satz 1 AO). Zu diesem Zweck sollen ihr Ort und Zeit der Ermittlungshandlungen rechtzeitig mitgeteilt werden (§ 403 Abs. 1 Satz 2 AO). Von dieser Teilnahmebefugnis soll in Fällen von Gewicht oder auf Antrag des Beschuldigten in der Regel Gebrauch gemacht werden. Der Vertreter der BuStra ist berechtigt, Fragen an Beschuldigte, Zeugen und Sachverständige zu stellen (§ 403 Abs. 1 Satz 3 AO).

(2) Das Anwesenheitsrecht gilt auch für solche gerichtlichen Verhandlungen während des staatsanwaltschaftlichen Ermittlungsverfahrens in Strafsachen der Nummern 18 und 19, bei denen auch der Staatsanwaltschaft die Anwesenheit gestattet ist (§ 403 Abs. 2 AO). Das ist insbesondere bei der gerichtlichen Vernehmung des Beschuldigten sowie eines Zeugen oder Sachverständigen der Fall (§ 168c StPO).

(3) Das Recht zur Akteneinsicht und zur Besichtigung sichergestellter Gegenstände nach § 395 AO hat die BuStra auch im steuerlichen Interesse.

(4) Teilt die Staatsanwaltschaft der BuStra mit, dass sie beabsichtige, das Verfahren einzustellen, von der Erhebung einer Klage abzusehen oder die Strafverfolgung zu beschränken (§§ 153 ff. StPO, § 398 AO), hat die BuStra in ihrer Stellungnahme (§ 403 Abs. 4 AO) die Belange der Finanzverwaltung gegebenenfalls auch aus steuerlicher Sicht darzutun.

93 Unterstützung der Staatsanwaltschaft bei der Überwachung von Auflagen

Werden Auflagen angeordnet, deren Erfüllung die Staatsanwaltschaft zu überwachen hat, z. B. § 153a Abs. 1 StPO, soll die BuStra, soweit es sich bei den Auflagen um Steuerzahlungen handelt, die Staatsanwaltschaft bei der Überwachung unterstützen und gegebenenfalls den Zahlungseingang durch die Finanzkasse überwachen lassen.

Abschnitt 14 Stellung der Finanzbehörde im gerichtlichen Verfahren

94 Teilnahme an der Hauptverhandlung

(1) Die BuStra hat grundsätzlich den Termin der Hauptverhandlung wahrzunehmen. Sie kann nur in einfach gelagerten Fällen und nur im Einvernehmen mit der Staatsanwaltschaft von einer Teilnahme absehen.

(2) Vor dem Termin zur Hauptverhandlung soll der Vertreter der BuStra sich mit dem Sitzungsvertreter der Staatsanwaltschaft absprechen und gegebenenfalls Einblick in die Gerichtsakten nehmen, um auch von Verfahrensumständen Kenntnis zu bekommen, die der BuStra bisher nicht bekannt sind (z. B. Begründung des Einspruchs). Während der Hauptverhandlung soll der Vertreter der BuStra nach Möglichkeit sich sofort mit dem Sitzungsvertreter der Staatsanwaltschaft zu Äußerungen, Vorfällen, Anträgen des Angeklagten oder dessen Verteidigers oder Fragen des Gerichts beraten. Ist er mit Anträgen der Staatsanwaltschaft nicht einverstanden, soll er eine Sitzungspause anregen, um mit dem Staatsanwalt in der Pause das Für und Wider abzuwägen.

(3) Der Vertreter der BuStra hat sein Mitwirkungsrecht auch als Mitwirkungspflicht aufzufassen (§ 407 Abs. 1 Sätze 4 und 5 AO, Nummer 127 RiStBV). Insbesondere durch sachdienliche Fragen an den Angeklagten und die Zeugen kann er die Aufklärung des Sachverhalts unterstützen. Er kann zu dem Schlussvortrag des Staatsanwalts (vgl. Nummer 138 RiStBV) noch ergänzende Ausführungen machen, nicht aber selbst Anträge stellen.

(4) Zu den Beteiligungsrechten der BuStra bei der Verständigung im Strafverfahren vgl. §§ 160b, 202a, 212 und 257c StPO.

95 Rechtsmittel

Hat die BuStra gegen einen Beschluss oder ein Urteil Bedenken, so regt sie unter Beachtung der Nummer 147 RiStBV bei der Staatsanwaltschaft an, dass diese Rechtsmittel einlegt.

96 Unterstützung des Gerichts bei der Überwachung von Auflagen

Werden vom Gericht Auflagen angeordnet, deren Erfüllung das Gericht zu überwachen hat (z. B. § 153a Abs. 2 StPO), gilt Nummer 93 entsprechend.

Abschnitt 15 Behandlung von Einwendungen

97 Gegenvorstellungen, Dienst- und Sachaufsichtsbeschwerden

(1) Einwendungen gegen Anordnungen, Maßnahmen, Unterlassungen sowie gegen das Verhalten von Amtsträgern sind vorbehaltlich der Nummer 98 als Gegenvorstellung oder, falls dies ausdrücklich begehrt wird oder aus den Umständen des Falles ersichtlich ist, dass die Entscheidung eines Vorgesetzten herbeigeführt werden soll, als Dienstaufsichts- oder als Sachaufsichtsbeschwerde zu behandeln.

(2) Über Gegenvorstellungen ist alsbald zu entscheiden. Aufsichtsbeschwerden sind unverzüglich der vorgesetzten Behörde vorzulegen, wenn ihnen nicht abgeholfen wird. Sachaufsichtsbeschwerden bei Maßnahmen, die Beamte der Steufa in ihrer Eigenschaft als Ermittlungspersonen der Staatsanwaltschaft (§ 404 AO) und Beamte der BuStra (§ 402 AO) auf Anordnung der Staatsanwaltschaft treffen, sind, wenn ihnen nicht abgeholfen wird, der Staatsanwaltschaft vorzulegen.

(3) Soweit mit Einwendungen ein Verwertungsverbot (vgl. Nummer 149) geltend gemacht wird, ist über dieses bei der abschließenden Entscheidung im Strafverfahren zu befinden.

(4) Wird ein Schadensersatzanspruch geltend gemacht, ist die für die Vertretung des Landes in solchen Prozessen zuständige Behörde zu unterrichten.

98 Rechtsbehelfe

(1) Einwendungen gegen gerichtliche Durchsuchungs- oder Beschlagnahmeanordnungen sowie Arrest- und Vollziehungsmaßnahmen sind dem Gericht zuzuleiten (§ 306 StPO). Dies gilt auch dann, wenn die Maßnahmen bereits vollzogen sind.

(2) Einwendungen gegen eine durch die Steuerfahndungsbeamten, die BuStra oder nach § 399 Abs. 2 Satz 2 AO angeordnete Durchsuchung oder Beschlagnahme sowie Arrest- und Vollziehungsmaßnahmen sind als Antrag auf gerichtliche Entscheidung (vgl. § 98 Abs. 2 Satz 2 StPO) dem Gericht vorzulegen. Entsprechend ist vorzugehen, wenn Papiere zur Durchsicht mitgenommen oder Daten vorläufig gesichert werden (§ 110 Abs. 4 StPO). Dies gilt auch dann, wenn die Maßnahmen bereits vollzogen sind. Zuständig ist das Amtsgericht, in dessen Bezirk die Durchsuchung oder Beschlagnahme stattgefunden hat. Wurde eine solche Maßnahme bereits in einem anderen Bezirk durchgeführt, so entscheidet das Amtsgericht, in dessen Bezirk die Finanzbehörde, die das Ermittlungsverfahren führt, ihren Sitz hat.

(3) Einwendungen gegen die Anordnung der Vorführung nach § 161a Abs. 2 Satz 1 StPO i. V. m. §§ 51 Abs. 1 Satz 3, 163a Abs. 3 Satz 2, 134 Abs. 1 StPO sind als Antrag auf gerichtliche

Entscheidung (§§ 163a Abs. 3 Satz 3, 161a Abs. 3 Satz 1 StPO) dem Gericht vorzulegen. Über den Antrag entscheidet das nach § 162 StPO zuständige Gericht (§ 161a Abs. 3 Satz 1 StPO).

(4) Wird ein Antrag auf gerichtliche Entscheidung nach den §§ 23 ff. EGGVG gestellt, ist der Vorgang mit einer Stellungnahme dem zuständigen Oberlandesgericht (§ 25 Abs. 1 EGGVG) unmittelbar vorzulegen. Die Staatsanwaltschaft beim Landgericht ist zu unterrichten.

99 Wirkung von Einwendungen

Aufschiebende Wirkung kommt den in Nummern 97 und 98 genannten Einwendungen nicht zu, auch nicht in Bezug auf die Auswertung von Unterlagen. Unbeschadet der Aussetzungsbefugnis des Richters nach § 307 Abs. 2 StPO ist jedoch zu prüfen, ob und ggf. wie weit im Einzelfall von der Durchführung von Maßnahmen usw. abgesehen werden soll; Voraussetzung ist stets, dass weder Verdunklungs- noch Fluchtgefahr besteht und dass auch die Ermittlungen sonst nicht wesentlich erschwert werden.

Teil 4   Bußgeldverfahren
Abschnitt 1   Anzuwendende Vorschriften

100 Gesetzliche Bestimmungen

(1) Im Bußgeldverfahren wegen Ordnungswidrigkeiten im Sinne der Nummern 105 und 106 gelten, soweit die §§ 409 bis 412 AO und die in § 410 Abs. 1 Nummern 1 bis 12 AO aufgeführten und entsprechend anwendbaren Vorschriften der AO über das Strafverfahren keine speziellere Regelung treffen, die verfahrensrechtlichen Vorschriften des OWiG (§ 410 Abs. 1 AO) und nach Maßgabe des § 46 Abs. 1 OWiG sinngemäß die allgemeinen Gesetze über das Strafverfahren.

(2) Bei Ordnungswidrigkeiten nach dem Steuerberatungsgesetz (vgl. Nummer 107) ist § 164 StBerG zu beachten.

101 Anwendung der Regelungen des Dritten Teils

Im Bußgeldverfahren wegen Ordnungswidrigkeiten im Sinne der Nummern 105 und 106 sind folgende Regelungen des Dritten Teils sinngemäß anzuwenden:

1. Nummer 16 (Verhältnis des Strafverfahrens zum Besteuerungsverfahren);
2. Abschnitt 4 (Einleitung des Strafverfahrens) mit Ausnahme der Nummer 26 Abs. 1 (sog. Legalitätsprinzip);
3. Abschnitt 5 (Verteidigung) mit Ausnahme der Nummer 35 Abs. 7 Satz 1, da insoweit § 49 OWiG gilt;
4. Abschnitt 6 (allgemeine Ermittlungsgrundsätze) mit Ausnahme der Nummer 39;
5. Abschnitt 7 (Vernehmung) mit Ausnahme der Nummer 53 Abs. 1 und Nummer 54 Abs. 1, soweit es um die Anordnung der Vorführung geht (vgl. Nummer 102 Abs. 2);
6. Abschnitt 8 (Durchsuchung und Beschlagnahme) mit Ausnahme der Nummer 57 Abs. 1 Nummer 2, der Nummer 61 sowie der Nummer 56 insoweit, als im Hinblick auf § 46 Abs. 3 OWiG eine Durchsuchung zum Zwecke der Ergreifung des Verdächtigen nicht zulässig ist (vgl. auch Nummer 102 Abs. 1);
7. Abschnitt 13 (Stellung der Finanzbehörde im Verfahren der Staatsanwaltschaft) mit Ausnahme der Nummer 92 Abs. 3, da insoweit § 49 OWiG gilt, sowie der Nummer 93;

8. Abschnitt 14 (Stellung der Finanzbehörde im gerichtlichen Verfahren mit Ausnahme der Nummer 96;
9. Abschnitt 15 (Behandlung von Einwendungen) mit Ausnahme der Nummer 98 Abs. 3, 4 (vgl. Nummer 102 Abs. 2, Nummer 117).

102 Abweichungen vom Strafverfahren

(1) Verhaftung, vorläufige Festnahme (vgl. Nummer 73), Postbeschlagnahme (vgl. Nummer 61) sowie Auskunftsersuchen (vgl. Nummern 144 ff.) über Umstände, die dem Post- und Fernmeldegeheimnis unterliegen, sind nicht zulässig (§ 46 Abs. 3 Satz 1 OWiG). Dies gilt auch für die Überwachung der Telekommunikation.

(2) Kommen der Betroffene oder Zeugen einer Ladung der BuStra nicht nach, kann deren Vorführung nur vom Richter angeordnet werden (§ 46 Abs. 5 OWiG).

(3) Anders als im Strafverfahren (vgl. Nummer 79 Abs. 2 Satz 1, Nummer 84 Abs. 4) braucht der Betroffene vor Abschluss der Ermittlungen nicht vernommen zu werden, sondern es genügt, wenn ihm Gelegenheit gegeben wird, sich zu der Beschuldigung zu äußern (§ 55 Abs. 1 OWiG).

(4) Der Betroffene braucht auf sein Recht, auch schon vor seiner Vernehmung einen Verteidiger zu befragen oder einzelne Beweiserhebungen zu beantragen (vgl. Nummer 49 Abs. 1 Satz 2), nicht hingewiesen zu werden (§ 55 Abs. 2 OWiG), doch soll bei schwieriger Sach- und/oder Rechtslage ein entsprechender Hinweis gegeben werden.

(5) Die Verfolgungsverjährung infolge Unterlassens der Mitteilung nach § 138 Abs. 2 AO und § 138b Abs 1 bis 3 AO beginnt nicht mit dem Ablauf der Frist nach § 138 Abs. 5 AO bzw. der Frist nach § 138b Abs 4 Satz 1 AO, sondern gewöhnlich zu dem Zeitpunkt, zu dem an der Erfüllung kein Interesse mehr besteht, zum Beispiel, weil im Rahmen einer Betriebsprüfung die entsprechenden Feststellungen getroffen worden sind, vgl. BMF-Schreiben vom 26. April 2022, BStBl I 2022, 576 sowie HansOLG vom 14. Februar 2022 - 9 RB 36/22.

103 Ermittlungsbefugnisse

(1) Die BuStra hat im Bußgeldverfahren dieselben Rechte und Pflichten wie die Staatsanwaltschaft bei der Verfolgung von Straftaten, soweit das OWiG nichts Anderes bestimmt (§ 46 Abs. 2 OWiG), und somit grundsätzlich die gleichen Ermittlungsbefugnisse wie bei der Verfolgung von Steuerstraftaten im selbständigen Verfahren. Zu den Einschränkungen vgl. Nummer 102.

(2) Verfolgt die Staatsanwaltschaft die Ordnungswidrigkeiten (vgl. Nummer 110), bleiben das Recht des ersten Zugriffs und die Pflicht zur unverzüglichen Aktenübersendung (vgl. Nummer 91 Abs. 1 Satz 3) bestehen (§ 53 Abs. 1 Satz 1 und 3 OWiG).

104 Opportunitätsprinzip

(1) Die Finanzbehörde hat im Rahmen ihrer Zuständigkeit nach § 47 Abs. 1 OWiG Ordnungswidrigkeiten nach pflichtgemäßem Ermessen zu verfolgen (Opportunitätsprinzip) Das Opportunitätsprinzip ermöglicht es der Finanzbehörde, von der Verfolgung einer Ordnungswidrigkeit auch dann abzusehen, wenn die Verfolgungsvoraussetzungen an sich vorliegen. Auch bei Verdacht einer Ordnungswidrigkeit im Sinne der Nummern 105 bis 107 braucht sie daher ein Bußgeldverfahren nicht einzuleiten oder kann die Verfolgung, ggf. auch erst im späteren Verlauf des Verfahrens, in tatsächlicher und/oder rechtlicher Hinsicht begrenzen oder ganz von ihr absehen; die Verfolgungsbegrenzung soll in den Akten vermerkt werden.

(2) Die Ermessensentscheidung hat sie unter Berücksichtigung aller Umstände des Einzelfalles nach sachlichen Gesichtspunkten zu treffen und dabei vor allem den Gleichheitsgrundsatz, den Grundsatz der Verhältnismäßigkeit und das Übermaßverbot (vgl. Nummer 3), die Bedeutung der Tat, den Grad der Vorwerfbarkeit und das öffentliche Interesse an der Verfolgung, das z. B. von

der Häufigkeit derartiger Verstöße und der Wiederholungsgefahr abhängen kann, zu beachten (vgl. Nummer 82 Abs. 3).

(3) Trotz Verdachts kann von der Verfolgung einer Ordnungswidrigkeit nach den vorstehenden Absätzen in der Regel abgesehen werden, wenn der verkürzte Betrag oder der gefährdete Betrag insgesamt weniger als 5.000 € beträgt, sofern nicht ein besonders vorwerfbares Verhalten für die Durchführung eines Bußgeldverfahrens spricht. Das gleiche gilt insbesondere in den Fällen des § 380 AO oder des § 26a Abs. 1 UStG, wenn der insgesamt gefährdete Betrag unter 10.000 € liegt und der gefährdete Zeitraum 3 Monate nicht übersteigt.

Abschnitt 2 Ordnungswidrigkeiten

105 Steuerordnungswidrigkeiten

Steuerordnungswidrigkeiten sind insbesondere:

1. die leichtfertige Steuerverkürzung (§ 378 AO),
2. die Steuergefährdung (§ 379 AO),
3. die Gefährdung der Abzugsteuern (§ 380 AO),
4. der unzulässige Erwerb von Steuererstattungs- und Vergütungsansprüchen (§ 383 AO),
5. die Pflichtverletzung bei Übermittlung von Vollmachtsdaten i.S.d. § 80a AO (§ 383b AO),
6. Ordnungswidrigkeiten nach § 26a UStG und
7. Ordnungswidrigkeiten nach § 33 Abs. 4 ErbStG und § 50e Abs. 1 EStG.

106 Gleichgestellte Ordnungswidrigkeiten

Den Steuerordnungswidrigkeiten stehen Handlungen im Sinne der Nummer 105, die sich auf Prämien und Zulagen beziehen, gleich, soweit in den entsprechenden Gesetzen auf die in Nummer 105 genannten Vorschriften verwiesen wird (§ 8 Abs. 2 WoPG; § 96 Abs. 7 EStG, § 100 Abs. 5 Nummer 3 EStG, § 13 FZulG, § 108 EStG, § 121 EStG, § 14 Abs. 3 5. VermBG).

107 Ordnungswidrigkeiten nach anderen Gesetzen

(1) Nach dem Steuerberatungsgesetz werden als Ordnungswidrigkeiten geahndet

1. die unbefugte Hilfeleistung in Steuersachen (§ 160 Abs. 1 StBerG),
2. die unbefugte Benutzung der Bezeichnung Steuerberatungsgesellschaft usw. (§ 161 StBerG),
3. die Verletzung der den Lohnsteuerhilfevereinen obliegenden Pflichten (§ 162 StBerG) nach § 14 Abs. 1 Nummer 8 StBerG (Mitglieder- oder Vertreterversammlung), § 15 Abs. 3 StBerG (Mitteilung von Satzungsänderungen), § 22 Abs. 1 StBerG (Jahresprüfung der Aufzeichnung usw.), § 22 Abs. 7 Nummern 1 und 2 StBerG (Vorlage des Prüfungsberichts und Unterrichtung der Mitglieder über den Inhalt der Prüfungsfeststellungen), § 23 Abs. 3 Satz 1 und Abs. 4 StBerG (Bestellung der Leiter von Beratungsstellen und Mitteilungen über Veränderungen bei Beratungsstellen), § 25 Abs. 2 Satz 1 StBerG (nicht angemessene Versicherung) und § 29 Abs. 1 StBerG (unterbliebene oder nicht rechtzeitige Unterrichtung der Aufsichtsbehörde von Mitgliederversammlungen oder Vertreterversammlungen) und
4. die Ausübung einer wirtschaftlichen Tätigkeit in Verbindung mit einer Hilfeleistung in Lohnsteuersachen (§ 163 StBerG).

(2) Nach § 130 OWiG kann die Verletzung der Aufsichtspflicht in Betrieben und Unternehmen insbesondere geahndet werden, wenn die nicht verhinderte bzw. nicht wesentlich erschwerte Zuwiderhandlung eine Steuerstraftat oder Steuerordnungswidrigkeit ist (§ 131 Abs. 3 § 36 Abs. 1 OWiG, § 409 AO i. V. m. § 387 AO). Eine Geldbuße gegen juristische Personen oder Personenvereinigungen kann unter den Voraussetzungen des § 30 OWiG verhängt werden.

(3) Nach § 56 GwG kann die Verletzung der Identifizierungs-, Aufzeichnungs-, Aufbewahrungs-, Melde- und Duldungspflichten als Ordnungswidrigkeit geahndet werden.

(4) Nach § 25 PStTG kann die Verletzung der Registrierungs-, Mitteilungs-, Melde-, Durchsetzungs- und Aufzeichnungspflichten als Ordnungswidrigkeit geahndet werden.

108   Als Ordnungswidrigkeit zu ahndende Steuerstraftaten

Unter den Voraussetzungen des § 50e Abs. 2 EStG werden Steuerstraftaten bei geringfügiger Beschäftigung in Privathaushalten nicht verfolgt. Gleichwohl bleiben die Bußgeldvorschriften der Abgabenordnung mit der Maßgabe anwendbar, dass eine Ahndung nach § 378 AO auch bei vorsätzlichem Handeln möglich ist.

Abschnitt 3   Zuständigkeit

109   Zuständigkeit bei Ordnungswidrigkeiten

(1) Die Finanzbehörde ist zuständig für die Verfolgung und Ahndung von

1. Steuerordnungswidrigkeiten (vgl. Nummer 105),

2. Ordnungswidrigkeiten, welche einer Steuerordnungswidrigkeit gleichgestellt sind (vgl. Nummer 106)

und

3. Ordnungswidrigkeiten nach dem Steuerberatungsgesetz (vgl. Nummer 107 Abs. 1) und § 130 OWiG, soweit die Zuwiderhandlung oder Bezugstat eine Steuerstraftat oder -ordnungswidrigkeit ist (vgl. Nummer 107 Abs. 2).

(2) Sachlich zuständige Verwaltungsbehörde im Sinne des § 36 Abs. 1 Nummer 1 OWiG für Ordnungswidrigkeiten nach dem Geldwäschegesetz ist

1. die für die Aufsicht über die Lohnsteuerhilfevereine zuständige Finanzbehörde (§ 50 Nummer 7a, § 56 Abs. 5 Satz 1 GwG, § 27 StBerG)

2. die örtlich zuständige Steuerberaterkammer für Steuerberater und Steuerbevollmächtigte (§ 50 Nummer 7 GwG, § 76 Abs. 8 StBerG).

(3) Die Finanzbehörde ist auch zuständig für die selbständige Anordnung der Einziehung gemäß § 29a Abs. 5 OWiG, sofern sie gemäß Absatz 1 für die Verfolgung der Ordnungswidrigkeit des Betroffenen zuständig wäre.

(4) Das Bundeszentralamt für Steuern ist zuständige Verwaltungsbehörde für die Verfolgung und Ahndung von Ordnungswidrigkeiten nach

1. § 26a Abs. 2 Nummer 5 und 6 UStG (§ 26a Abs. 4 UStG),

2. § 50e Abs. 1 EStG (§ 50e Abs. 1a EStG) und

3. § 379 Abs. 2 Nummer 1 Buchstaben e und f AO.

4. § 25 Abs. 1 PStTG (§ 25 Abs. 3 PStTG)

110 Zuständigkeit bei Zusammentreffen oder Zusammenhang der Ordnungswidrigkeit mit einer Straftat

(1) Die Finanzbehörde hat die Vorgänge unter Beachtung der Nummern 128 und 129 der Staatsanwaltschaft vorzulegen, sobald sie davon erfährt, dass die Staatsanwaltschaft wegen derselben Tat (vgl. Nummer 17 Abs. 2) bereits im Strafverfahren ermittelt (vgl. § 40 OWiG).

(2) Besteht ein Zusammenhang zwischen einer Ordnungswidrigkeit und einer Straftat, ohne dass eine Tat im Sinne der Nummer 17 Abs. 2 vorliegt (§ 42 Abs. 1 Satz 2 OWiG), so kann die Staatsanwaltschaft die Verfolgung der Ordnungswidrigkeit übernehmen, solange nicht ein Bußgeldbescheid vom Zeichnungsberechtigten unterschrieben und in den Geschäftsgang gegeben wurde (§ 42 Abs. 1 Satz 1 OWiG). Bei der Vorlage der Vorgänge an die Staatsanwaltschaft sind die Nummern 128 und 129 zu beachten.

(3) Ermittelt die Finanzbehörde wegen einer Tat (vgl. Nummer 17 Abs. 2) im Strafverfahren, so ist sie in diesem Verfahren auch für die Verfolgung der Tat unter dem rechtlichen Gesichtspunkt einer Ordnungswidrigkeit im Sinne der Nummern 105 bis 107 zuständig (entsprechend § 40 OWiG); auf § 21 OWiG wird hingewiesen. Bei einer Abgabe nach Nummer 22 oder Vorlage nach Nummer 89 geht die Verfolgungskompetenz der Finanzbehörde auch hinsichtlich der Tat als Ordnungswidrigkeit auf die Staatsanwaltschaft über.

(4) Ergibt sich bei der Verfolgung einer Ordnungswidrigkeit der Verdacht (vgl. Nummer 26), dass dieselbe Tat (vgl. Nummer 17 Abs. 2) gleichzeitig eine Straftat ist, so ermittelt die Finanzbehörde im Strafverfahren weiter, wenn ihr auch für die Straftat die Ermittlungsbefugnis zusteht; anderenfalls legt sie die Vorgänge unter Beachtung der Nummern 128 und 129 der Staatsanwaltschaft vor.

111 Zuständigkeit bei Zusammentreffen oder Zusammenhang mit einer anderen Ordnungswidrigkeit

(1) Sind für die Verfolgung einer Tat (vgl. Nummer 17 Abs. 2) oder bei Zusammenhang (§ 38 OWiG) zwischen mehreren Ordnungswidrigkeiten nach den Nummern 105 bis 107 verschiedene Finanzbehörden zuständig, ist nach § 39 OWiG zu verfahren. Kommt eine Vereinbarung nach § 39 Abs. 2 OWiG nicht zustande, ist vor der Stellung eines Antrags auf gerichtliche Entscheidung (§ 39 Abs. 3 Nummern 2 und 3 OWiG) den vorgesetzten Behörden zu berichten.

(2) Besteht Tateinheit zwischen einer Ordnungswidrigkeit nach Nummern 105 bis 107 und einer anderen Ordnungswidrigkeit oder hängen solche Ordnungswidrigkeiten zusammen, hat sich die Finanzbehörde mit der anderen Behörde alsbald ins Benehmen zu setzen. Wird eine Vereinbarung nach § 39 Abs. 2 OWiG in Erwägung gezogen, ist zu berücksichtigen, dass in der Regel auch steuerliche Ermittlungen geführt werden müssen.

112 Zuständigkeit für die als Ordnungswidrigkeiten zu verfolgenden und zu ahndenden Steuerstraftaten

Die Finanzbehörde ist zuständig für die Verfolgung und Ahndung von Ordnungswidrigkeiten nach Nummer 108.

Abschnitt 4 Abschließende Entscheidung der Finanzbehörde

113 Abschließende Entscheidung

(1) Hält die BuStra aufgrund der Ermittlungen eine Ordnungswidrigkeit nicht für erwiesen oder besteht ein endgültiges Verfahrenshindernis, stellt sie das Verfahren nach § 46 Abs.1 OWiG i. V. m. § 170 Abs. 2 StPO ein; erscheint die Verfolgung nicht geboten, stellt sie das Verfahren nach § 47 Abs. 1 OWiG ein. Nummer 80 Abs. 1 bis 3 gilt entsprechend. In den Fällen des Satzes 1 entscheidet die BuStra auch über eine evtl. Entschädigungspflicht nach dem StrEG (vgl. im Einzelnen zu den Besonderheiten § 110 OWiG).

(2) Hält die BuStra nach Abschluss der Ermittlungen die Ordnungswidrigkeit für erwiesen und die Ahndung mit einer Geldbuße für geboten, vermerkt sie den Abschluss der Ermittlungen in den Akten (§ 61 OWiG) und erlässt einen Bußgeldbescheid (§§ 65, 66 OWiG).

114 Bemessung der Geldbuße

(1) Grundlage für die Zumessung der Geldbuße gemäß § 17 Abs. 3 OWiG sind die Bedeutung der Ordnungswidrigkeit und der Vorwurf, der den Täter trifft. Auch die aktuellen wirtschaftlichen Verhältnisse des Täters kommen in Betracht. Die Geldbuße soll ferner gemäß § 17 Abs. 4 OWiG den wirtschaftlichen Vorteil des Täters aus der Ordnungswidrigkeit übersteigen. Der wirtschaftliche Vorteil kann nicht nur unmittelbar in Geld, sondern auch in einem sonstigen in Geld zu bemessenden Vorteil bestehen. Bei einer nicht rechtzeitigen Steuerfestsetzung bzw. Zahlung wird der wirtschaftliche Vorteil durch den hierdurch entstehenden Zinsvorteil erlangt.

(2) Im Bußgeldbescheid soll im Hinblick auf § 4 Abs. 5 Satz 1 Nummer 8 Satz 4 EStG angegeben werden, welcher Anteil an der verhängten Geldbuße der Abschöpfung des erlangten wirtschaftlichen Vorteils dient.

(3) Eine Offenbarung der wirtschaftlichen Verhältnisse ist gemäß § 30 Abs. 4 Nummer 1 AO in einem Bußgeldverfahren wegen einer Steuerordnungswidrigkeit nach Nummer 105 zur Zumessung der Geldbuße gemäß § 17 Abs. 3 OWiG zulässig. Eine pauschale Übermittlung von Steuerbescheiden ist unzulässig.

115 Besonderheiten bei Verfahren gegen Angehörige der rechts- und steuerberatenden Berufe

(1) Soll gegen einen Angehörigen der rechts- und steuerberatenden Berufe wegen einer Steuerordnungswidrigkeit, die er nicht in eigenen Steuerangelegenheiten, sondern in Ausübung seines Berufes bei der Steuerberatung begangen hat, ein Bußgeldbescheid erlassen werden und ist deshalb zuvor der zuständigen Berufskammer Gelegenheit zur Stellungnahme zu geben (§ 411 AO), so sind dieser die Bußgeldakten (Hauptakten) zur Einsicht vorzulegen. Dies gilt auch für die Teile der Akten, die den Steuerpflichtigen oder einen sonst Beteiligten betreffen, wenn sie für die Beurteilung des Falles von Bedeutung sind. Nummer 89 Abs. 2 gilt entsprechend.

(2) Der Kammer ist von der BuStra eine angemessene Frist für die Abgabe der Stellungnahme einzuräumen. Die BuStra hat die Stellungnahme bei ihrer Entscheidung zu berücksichtigen; sie ist jedoch an sie nicht gebunden. Gibt die Kammer keine Stellungnahme ab, so hindert dies den Erlass des Bußgeldbescheids nicht.

(3) Auf die Anhörung der zuständigen Kammer kann auch dann nicht verzichtet werden, wenn der Betroffene dies beantragt.

116 Bekanntgabe des Bußgeldbescheids

Dem Betroffenen ist eine Ausfertigung des Bußgeldbescheids zuzustellen (§ 412 Abs. 1 AO, § 51 Abs. 1 Satz 2 und Abs. 2 OWiG). Die Zustellung erfolgt durch die Post mit Zustellungsurkunde (§ 3 VwZG), sofern nicht im Einzelfall eine andere Zustellungsart (z. B. die Zustellung durch die Behörde gegen Empfangsbekenntnis, § 5 VwZG, elektronische Zustellung, § 5a VwZG), zweckmäßig erscheint.

Abschnitt 5   Rechtsbehelfe

117 Behandlung eines Antrages auf gerichtliche Entscheidung

Hilft die BuStra einem Antrag auf gerichtliche Entscheidung gegen Anordnungen, Verfügungen und sonstige Maßnahmen, die nicht nur der Vorbereitung der Entscheidung, ob ein Bußgeldbescheid erlassen wird, dienen (z. B. die Beschlagnahme, nicht dagegen die Einleitung des Bußgeldverfahrens), nicht ab, hat sie den Antrag spätestens innerhalb von 3 Tagen unmittelbar dem nach § 68 OWiG zuständigen Gericht (Amtsgericht, in dessen Bezirk die BuStra ihren Sitz hat) vorzulegen (§ 62 Abs. 2 Satz 2 OWiG; § 306 Abs. 2 StPO).

118 Einspruch gegen Bußgeldbescheid

(1) Wird gegen den Bußgeldbescheid Einspruch eingelegt und hält ihn die BuStra für zulässig, so hat sie den Bescheid zu überprüfen. Sie kann den Bußgeldbescheid zurücknehmen (§ 69 Abs. 2 Satz 1 OWiG); eine teilweise Rücknahme ist nicht zulässig. Es kann aber nach Rücknahme des Bußgeldbescheids ein neuer, auch verbösernder Bescheid erlassen werden. Die BuStra übersendet die Akten über die Staatsanwaltschaft an das Amtsgericht (§ 69 Abs. 3 Satz 1 OWiG), wenn sie den Bußgeldbescheid nicht zurücknimmt und nicht nach § 69 Abs. 1 Satz 1 OWiG verfährt.

(2) Wird bei einem verspäteten Einspruch wegen der Fristversäumung Wiedereinsetzung beantragt, so entscheidet die BuStra auch über diesen Antrag (§ 52 Abs. 2 Satz 1 OWiG). Wird der Wiedereinsetzungsantrag erst mit dem Antrag auf gerichtliche Entscheidung nach § 62 OWiG gestellt, ist zunächst über den Wiedereinsetzungsantrag zu entscheiden und bei Stattgabe weiter nach § 69 Abs. 2 und Abs. 3 OWiG zu verfahren.

Abschnitt 6 Kosten, Erhebung und Vollstreckung

119 Kosten des Verfahrens

(1) Der Bußgeldbescheid ist mit einer Kostenentscheidung zu versehen (§ 105 Abs. 1 OWiG i. V. m. § 464 Abs. 1 StPO). Hierbei ist ggf. auch eine Entscheidung darüber zu treffen, wer die notwendigen Auslagen zu tragen hat. Dies gilt auch für den selbständigen Bußgeldbescheid gegen eine juristische Person oder Personenvereinigung (§ 88 Abs. 2 Satz 1 OWiG).

(2) Stellt die BuStra das Verfahren ein, hat sie eine Kostenentscheidung nur dann zu treffen, wenn sie zuvor den Bußgeldbescheid nach Einlegung eines Einspruchs zurückgenommen hat. In diesem Fall ist ein selbständiger Kostenbescheid zu erlassen, in dem auch darüber zu entscheiden ist, wem die dem Betroffenen oder einem Nebenbeteiligten erwachsenen notwendigen Auslagen aufzuerlegen sind. Dies gilt auch für die Auferlegung von Kosten bei Kostenpflicht des Anzeigenden nach § 105 Abs. 1 OWiG i. V. m. § 469 StPO.

(3) War dem Bußgeldverfahren wegen derselben Tat ein Strafverfahren vorausgegangen, so sind Auslagen insoweit nicht zu erheben, als sie in dem eingestellten Strafverfahren entstanden und nicht zugleich durch die Verfolgung der Tat als Ordnungswidrigkeit erwachsen sind.

(4) Das Verfahren nicht abschließende Bescheide enthalten keine Entscheidung darüber, wer die Kosten trägt (§ 105 Abs. 1 OWiG, § 464 Abs. 2 StPO).

(5) Die von dem Betroffenen oder einem anderen Beteiligten an die Staatskasse zu zahlenden Kosten sind, sofern die Kostenrechnung nicht auf dem Bußgeldbescheid vorgenommen worden ist, in einer besonderen Kostenrechnung anzusetzen.

(6) Hat nach der Kostenentscheidung ein Beteiligter Kosten oder Auslagen zu erstatten, so hat die BuStra auf Antrag des Erstattungsberechtigten nach Rechtskraft der Kostenentscheidung die Höhe der Kosten und Auslagen festzusetzen (§ 106 OWiG).

(7) Wegen der Rechtsbehelfe gegen einen selbständigen Kostenbescheid, gegen einen Kostenfestsetzungsbescheid oder gegen den Ansatz der Gebühren und Auslagen vgl. § 108 Abs. 1 OWiG.

120 Zuständigkeit für die Erhebung

Die Erhebung von Geldbußen, Ordnungsgeldern und Kosten obliegt der Finanzkasse oder der sonst zuständigen Stelle; sie teilt der BuStra Zahlungen, nachträgliche Zahlungen und Nichtzahlungen bei Fälligkeit mit. Wegen der Verbuchung von Teilbeträgen vgl. § 94 OWiG.

121 Vollstreckung

(1) Vollstreckbar sind

1. Entscheidungen über die Festsetzung einer Geldbuße oder die Anordnung einer Nebenfolge sowie über die Kosten des Bußgeldverfahrens, soweit diese Entscheidungen rechtskräftig sind;
2. sonstige Bescheide, z. B. über die Verhängung von Ordnungsgeld gegen Zeugen und Sachverständige, nach Bekanntgabe (§ 50 Abs. 1 Satz 1 OWiG) des Bescheids, sofern nicht die BuStra oder das Amtsgericht nach Antrag auf gerichtliche Entscheidung die Vollziehung ausgesetzt hat (§ 62 Abs. 2 Satz 2 OWiG; § 307 Abs. 2 StPO).

(2) Entscheidungen im Vollstreckungsverfahren obliegen der BuStra (Vollstreckungsbehörde im Sinne des § 92 OWiG). Für die Ausführung der Vollstreckung ist die Vollstreckungsstelle zuständig (Vollstreckungsbehörde im Sinne der §§ 249 ff. AO). Erkennt die Vollstreckungsstelle, dass eine Entscheidung nach § 95 Abs. 2 OWiG zu treffen ist, weil dem Betroffenen nach seinen wirtschaftlichen Verhältnissen die Zahlung in absehbarer Zeit nicht möglich ist, so hat sie eine Entscheidung der BuStra herbeizuführen, ob die Vollstreckung fortgesetzt wird oder unterbleibt.

(3) Wird der BuStra von der Finanzkasse oder der sonst zuständigen Stelle die Nichteinhaltung von Raten (§ 93 Abs. 4 Satz 1 OWiG) mitgeteilt, vermerkt sie in den Akten, wenn nach § 18 Satz 2 OWiG die Vergünstigung der Ratenzahlung entfällt. Entscheidungen, mit denen Zahlungserleichterungen (§ 18 Satz 1 OWiG) bewilligt oder abgelehnt wurden, können nachträglich geändert oder aufgehoben werden, zum Nachteil des Betroffenen jedoch nur auf Grund neuer Tatsachen oder Beweismittel (§ 93 Abs. 2 OWiG).

(4) Zahlt der Betroffene nicht, so soll die BuStra nach Ablauf der in § 95 Abs. 1 OWiG bestimmten Frist bei Gericht die Anordnung der Erzwingungshaft beantragen (§ 96 Abs. 1 OWiG), sofern nicht anzunehmen ist, dass die Geldbuße in angemessener Zeit beigetrieben werden kann. Der Antrag ist nicht zu stellen, wenn die Zahlungsunfähigkeit vom Betroffenen dargelegt oder sonst bekannt wurde (§ 96 Abs. 1 Nummern 2 und 4 OWiG). Soll die angeordnete Erzwingungshaft vollzogen werden, hat die BuStra die Staatsanwaltschaft darum zu ersuchen.

(5) Wird nach Rechtskraft eines Bußgeldbescheides wegen derselben Handlung die öffentliche Klage erhoben, so hat die BuStra die Vollstreckung insoweit auszusetzen (§ 102 Abs. 1 OWiG).

Teil 5 Steuerfahndung

122 Aufgaben

(1) Die Steufa hat Straftaten im Sinne der Nummern 18 und 19 und Ordnungswidrigkeiten im Sinne der Nummern 105 bis 108 zu erforschen (§ 208 Abs. 1 Satz 1 Nummer 1 AO) und insoweit auch die Besteuerungsgrundlagen zu ermitteln (§ 208 Abs. 1 Satz 1 Nummer 2 AO). Die Steufa kann im Rahmen des § 208 Abs. 1 Satz 1 Nummer 2 AO auch dann noch die Besteuerungsgrundlagen ermitteln, wenn steuerstraf- oder bußgeldrechtliche Ermittlungen, z. B. wegen Strafverfolgungsverjährung, unzulässig sind. Zu den Aufgaben der Steufa gehören ferner die Aufdeckung und Ermittlung unbekannter Steuerfälle (§ 208 Abs. 1 Satz 1 Nummer 3 AO - sog. Vorfeldermittlungen im Sinne der Nummer 12).

(2) In Ausnahmefällen hat die Steufa auf Ersuchen der zuständigen Finanzbehörde Außenprüfungen vorzunehmen sowie Ermittlungen im Besteuerungs- und Vollstreckungsverfahren durchzuführen, auch wenn keine Anhaltspunkte für eine Steuerstraftat oder -ordnungswidrigkeit vorliegen (§ 208 Abs. 2 Nummer 1 AO; z. B. bei überörtlichen oder schwierigen Ermittlungen und Auskunftsersuchen in besonderen Fällen); auf Nummer 123 Abs. 5 wird hingewiesen. Entsprechende Ersuchen können bei Vorliegen gewichtiger Gründe zurückgewiesen werden (vgl. § 112 Abs. 3 bis 5 AO).

123 Rechte und Pflichten

(1) Soweit ein Sachverhalt zu ermitteln ist, der sowohl für die Besteuerung, als auch für die strafrechtliche/bußgeldrechtliche Würdigung Bedeutung besitzt, hat die Steufa die Rechte und Pflichten auf Grund der für die Durchführung der Besteuerung und der für das Straf- und Bußgeldverfahren maßgebenden Vorschriften.

(2) Die für das Besteuerungsverfahren maßgebenden Vorschriften ergeben sich aus den Teilen 1 bis 4 der Abgabenordnung (§ 208 Abs. 1 Satz 2 AO). Die Steufa ist jedoch nach § 208 Abs. 1 Satz 3 AO berechtigt

1. andere Personen als die Beteiligten sofort um Auskunft anzuhalten,

2. Auskunftsersuchen ohne Einschränkung mündlich zu stellen,

3. die Vorlage von Urkunden ohne vorherige Befragung des Vorlagepflichtigen zu verlangen,

4. die Einsicht dieser Urkunden beim Vorlagepflichtigen unabhängig von dessen Einverständnis zu erwirken. Wegen der Bereitstellung eines Arbeitsplatzes usw. vgl. § 200 AO.

(3) Zur Erforschung von Straftaten hat die Steufa

1. dieselben Rechte und Pflichten wie die Behörden und Beamten des Polizeidienstes nach den Vorschriften der Strafprozessordnung (§ 404 Satz 1 AO), insbesondere das Recht des ersten Zugriffs (§ 163 Abs. 1 StPO), der vorläufigen Festnahme (§ 127 Abs. 2 StPO), der Vernehmung des Beschuldigten (§ 163a Abs. 4 StPO), der Anhörung von Zeugen (§ 163 Abs. 3 StPO), sowie der Durchführung von Durchsuchungen, Beschlagnahmen und Telekommunikationsüberwachungen,

2. die Befugnisse nach § 399 Abs. 2 Satz 2 AO (§ 404 Satz 2 AO), vor allem zur Anordnung einer Durchsuchung oder Beschlagnahme bei Gefahr im Verzug (§ 98 Abs. 1, § 105 Abs. 1 StPO),

3. die Befugnis zur Durchsicht der Papiere und der elektronischen Speichermedien des von der Durchsuchung Betroffenen (§ 404 Satz 2 AO, § 110 Abs. 1 und Abs. 3 Satz 2 und 3 StPO). Bei der Erforschung von Ordnungswidrigkeiten gilt Satz 1 nach Maßgabe der Nummern 100 bis 104.

(4) Zielen die Ermittlungen allein auf die Durchführung der Besteuerung ab, gilt Absatz 2, besitzen sie ausschließlich strafrechtlichen Charakter, gilt Absatz 3 (§ 393 Abs. 1 Satz 1 AO).

(5) Führt die Steufa Ermittlungen im Sinne der Nummer 122 Abs. 2 durch, so gelten ausschließlich die für das betreffende Verfahren maßgebenden Vorschriften des Ersten bis Fünften Teils der AO; § 208 Abs. 1 Sätze 2 und 3 AO gelten nicht. Wird eine Außenprüfung durchgeführt, gelten insbesondere die Vorschriften der §§ 193 bis 207 AO sowie die BpO 2000; namentlich bedarf es vor Beginn der Prüfung einer Prüfungsanordnung (§ 196 AO) und ihrer Bekanntgabe (§ 197 AO).

(6) Ersuchen, Aufträgen und Anordnungen der Staatsanwaltschaft haben die Dienststellen der Steufa und ihre Beamten im Rahmen ihrer Aufgaben nach Nummer 122 Abs. 1 und ihrer Zuständigkeit Folge zu leisten (§ 404 AO; § 161 Abs. 1 Satz 2 StPO; § 152 GVG).

124 Zuständigkeit

Die Beamten der Steufa sind bei der Vornahme von Amtshandlungen im Rahmen ihrer Zuständigkeit nicht an den Bezirk ihrer Dienststelle gebunden. Bei Amtshandlungen in einem anderen Bezirk ist jedoch die für den Bezirk zuständige Steufa oder die sonst zuständige Stelle um Amtshilfe zu ersuchen oder vorher zu unterrichten; Anträge auf gerichtliche Untersuchungshandlungen, insbesondere Anträge auf Durchsuchung und Beschlagnahme, hat die ersuchende Stelle zu veranlassen; auf Nummer 43 Abs. 1 und Nummer 60 Abs. 2 wird hingewiesen. Durchsuchungen, Beschlagnahmen und Vernehmungen in einem anderen Bundesland dürfen, außer bei Gefahr im Verzug, nur im Benehmen mit der örtlich zuständigen Steufa, dies insbesondere zur Vermeidung von Doppelermittlungen, vorgenommen werden

125 Zusammenarbeit mit der Außenprüfung

(1) Soll im Rahmen einer Außenprüfung die Steufa zugezogen werden, so hat dies zu einem möglichst frühen Zeitpunkt zu geschehen. Hierbei ist zu berücksichtigen, dass strafprozessuale Maßnahmen möglichst von der Steufa durchzuführen sind. Dies gilt insbesondere für Vernehmungen, Durchsuchungen und Beschlagnahmen.

(2) Wird die Steufa mit einem Fall befasst, der neben den straf- oder bußgeldrechtlichen Ermittlungen umfangreiche Feststellungen in steuerlicher Hinsicht erfordert, so ist ggf. eine Teilnahme der Betriebsprüfung zu veranlassen. Nehmen Angehörige der Betriebsprüfung an steuerstraf- oder bußgeldrechtlichen Ermittlungen der Steufa teil, ist insoweit keine Prüfungsanordnung nach § 196 AO zu erlassen.

(3) Sichergestellte Gegenstände dürfen in Fällen des Absatzes 2, in denen Steufa und Betriebsprüfung zusammenarbeiten, auch in den Räumlichkeiten der Betriebsprüfung aufbewahrt werden. Wegen der Verwahrung vgl. Nummer 74 RiStBV.

(4) Bei gemeinsamen Prüfungen mit der Betriebsprüfung fertigt die Steufa den gesonderten Bericht (vgl. Nummer 127 Abs. 2) über die straf- oder bußgeldrechtlichen Feststellungen; über die steuerlichen Feststellungen in der Regel die Stelle, bei der das Schwergewicht der Prüfung liegt.

(5) Für die Zusammenarbeit mit anderen Prüfungsdiensten gelten die Absätze 1 bis 4 entsprechend.

126 Haftungsinanspruchnahme durch die Finanzämter

Ergeben sich im Rahmen von Ermittlungen der Steufa Hinweise auf Tatsachen, die eine Inanspruchnahme eines Dritten als Haftungsschuldner möglich erscheinen lassen (vgl. AEAO zu § 191), ist zur Sicherung des Steueraufkommens bei der für den Erlass des Haftungsbescheids zuständigen Stelle eine Haftungsinanspruchnahme anzuregen. Die Mitteilung sollte Angaben zu Möglichkeiten der Haftbarmachung (Hinweis auf einschlägige Haftungstatbestände), zur Person des Haftungsschuldners (z. B. gesetzlicher Vertreter nach § 69 AO; Steuerhinterzieher nach § 71 AO) sowie Angaben zu Steuern und Nebenleistungen enthalten, für die eine Haftung in Betracht kommt.

127 Schlussbericht der Steufa

(1) Hat die Steufa die Ermittlungen durchgeführt, so hat sie die für die Besteuerung erheblichen Prüfungsfeststellungen sowie die Änderungen der Besteuerungsgrundlagen in einem Prüfungsbericht entsprechend § 202 Abs. 1 AO darzustellen. Dieser ist der für die steuerliche Auswertung zuständigen Stelle zu übersenden; § 202 Abs. 2 AO gilt entsprechend. Haben die Feststellungen keine steuerlichen Auswirkungen, so genügt ggf. die Übersendung eines Vermerks; eine Übersendung an die zuständige Stelle kann unterbleiben, wenn diese die Prüfung nicht angeregt hatte. In begründeten Einzelfällen kann zusätzlich der gesonderte Bericht zum strafrechtlich bedeutsamen Sachverhalt übersandt werden.

(2) Der strafrechtlich bedeutsame Sachverhalt ist in einem gesonderten Bericht festzuhalten. Die für den objektiven und subjektiven Tatbestand bedeutsamen Ermittlungsergebnisse sind aufzuführen. Es kann auf den Prüfungsbericht Bezug genommen werden. Hierbei ist zu beachten, dass der Strafrichter die Höhe der Steuerverkürzung nach dem Grundsatz „im Zweifel für den Angeklagten" prüfen muss und Ergebnisse einer Schätzung wegen Verletzung der steuerlichen Mitwirkungspflichten (§ 162 AO) aber nicht ohne weiteres vom Besteuerungsverfahren in das

Strafverfahren übernommen werden können. Der gesonderte Bericht ist der BuStra unter Beifügung des Prüfungsberichts zu übersenden. War bereits ein Strafverfahren eingeleitet worden, hat sich der Verdacht jedoch nicht bestätigt, so ist dies der BuStra bei der Übersendung des Prüfungsberichts oder Vermerks mitzuteilen.

Teil 6 Ergänzende Regelungen

Abschnitt 1 Steuergeheimnis

128 Schutz des Anzeigenerstatters

Auf die Tz. 1.4 und 13 des AEAO zu § 30 wird verwiesen.

129 Offenbarung gegenüber Dritten

(1) Eine Offenbarung nach § 30 AO geschützter Daten darf nur erfolgen, soweit dies nach § 30 Abs. 4 oder 5 AO zulässig ist. Die Regelungen im AEAO zu § 30 AO sind zu beachten. Zu Mitteilungspflichten siehe Nummern 136 und 137.

(2) Die Offenbarung der aktuellen wirtschaftlichen Verhältnisse des Steuerpflichtigen ist nach § 31a Abs. 1 Nummer 1 Buchstabe a AO für die Zumessung der Bußgeldhöhe gemäß § 17 OWiG bzw. des Strafmaßes zulässig, soweit sie für die Durchführung eines Straf- oder Bußgeldverfahrens mit dem Ziel der Bekämpfung von illegaler Beschäftigung oder Schwarzarbeit erforderlich ist. Eine pauschale Übermittlung von Steuerbescheiden und/oder Auszügen aus den Steuerakten ist unzulässig.

129a Datenschutz

(1) Für die Verarbeitung personenbezogener Daten zum Zwecke der Verhütung, Ermittlung, Aufdeckung, Verfolgung oder Ahndung von Steuerstraftaten oder Steuerordnungswidrigkeiten gelten die Vorschriften des Ersten und Dritten Teils des Bundesdatenschutzgesetzes, soweit nicht speziellere Vorschriften beispielsweise in der Abgabenordnung, der Strafprozessordnung oder dem Einführungsgesetz zum Gerichtsverfassungsgesetz anzuwenden sind.

(2) Die datenschutzrechtlichen Informationspflichten des Verantwortlichen gegenüber betroffenen Personen gelten grundsätzlich als erfüllt, wenn Schreiben und Vordrucke der BuStra und Steufa einen ausdrücklichen Hinweis auf das Informationsschreiben „Allgemeine Informationen zur Umsetzung der datenschutzrechtlichen Vorgaben des Bundesdatenschutzgesetzes und anderer Gesetze mit datenschutzrechtlichem Bezug in den Bußgeld- und Strafsachenstellen sowie Steuerfahndungsstellen der Steuerverwaltung" enthalten, sofern dieses auf den Internetseiten der Finanzverwaltungen der Länder veröffentlicht wurde.

(3) Die betroffene Person hat, soweit personenbezogene Daten betroffen sind, die zum Zwecke der Verhütung, Ermittlung, Aufdeckung, Verfolgung oder Ahndung von Steuerstraftaten und Steuerordnungswidrigkeiten verarbeitet werden, ein Recht auf Auskunft (§ 57 BDSG), ein Recht auf Berichtigung und ein Recht auf Löschung sowie Einschränkung der Verarbeitung (§ 58 BDSG). Das Recht zur Beschwerde bei der zuständigen Datenschutzaufsichtsbehörde bleibt unberührt.

Abschnitt 2 Unterrichtungspflicht gegenüber BuStra oder Steufa

130 Allgemeines

(1) Ergibt sich der Verdacht (vgl. Nummer 26) einer Straftat im Sinne der Nummern 18 und 19, ist die BuStra und - sofern noch weitere Ermittlungen erforderlich sind - die Steufa unverzüglich zu unterrichten. Bei einer nur vagen Vermutung schuldhaften Verhaltens ist nur in Ausnahmefällen eine Unterrichtung geboten.

(2) Abs. 1 gilt bei Verdacht einer Ordnungswidrigkeit im Sinne der Nummern 105 und 106 entsprechend, sofern nicht von der Durchführung eines Bußgeldverfahrens nach § 47 Abs. 1 OWiG abgesehen werden kann (vgl. Nummer 104). Danach kann trotz Verdachts einer Ordnungswidrigkeit bei einem steuerlichen Mehrergebnis von insgesamt unter 5.000 € in der Regel eine Unterrichtung unterbleiben, wenn nicht besondere Umstände hinsichtlich des vorwerfbaren Verhaltens für die Durchführung eines Bußgeldverfahrens sprechen.

(3) Eine Unterrichtung der BuStra ist regelmäßig auch dann angezeigt, wenn sich die Möglichkeit ergibt, dass ein Straf- oder Bußgeldverfahren im Sinne der Absätze 1 und 2 durchgeführt werden muss. Diese Möglichkeit besteht dann, wenn für eine Straftat oder Ordnungswidrigkeit Anhaltspunkte sprechen, die zwar noch nicht zureichend sind, um einen Verdacht zu begründen, die jedoch eine Untersuchung des Falles durch die BuStra geboten erscheinen lassen.

(4) In Zweifelsfällen empfiehlt sich eine ggf. formlose Kontaktaufnahme zur BuStra oder Steufa.

131 Außenprüfung

(1) Nummer 130 gilt auch für die Außenprüfung (vgl. § 10 Abs. 1 BpO 2000 sowie gleich lautende Ländererlasse zu Anwendungsfragen vom 31. August 2009, BStBl I 2009, 829). Werden im Zuge einer laufenden Außenprüfung Nacherklärungen abgegeben, sind diese grundsätzlich der BuStra zur Prüfung zuzuleiten. Auf Nummer 132 Abs. 1 wird hingewiesen.

(2) Erscheint es erstmals aufgrund von Erkenntnissen aus der Schlussbesprechung möglich, dass ein Strafverfahren wegen einer Straftat im Sinne der Nummern 18 und 19 oder ein Bußgeldverfahren wegen einer Ordnungswidrigkeit im Sinne der Nummern 105 und 106 durchgeführt werden muss (vgl. Nummer 130 Abs. 3), ist gemäß § 201 Abs. 2 AO ein entsprechender Hinweis zu erteilen. Ein Hinweis ist nicht zu erteilen, wenn eine Straftat oder Ordnungswidrigkeit deshalb nicht in Betracht kommt, weil kein schuldhaftes oder vorwerfbares Verhalten vorliegt oder offensichtlich ist, dass objektive oder subjektive Tatbestandsmerkmale mit der im Straf- oder Bußgeldverfahren erforderlichen Gewissheit nicht nachzuweisen sind. Falls sich im Rahmen der Schlussbesprechung ein Anfangsverdacht ergibt, ist das Strafverfahren einzuleiten und der Steuerpflichtige zu belehren.

(3) Der Prüfungsbericht ist der BuStra zuzuleiten,

1. wenn im Zusammenhang mit der Außenprüfung ein Straf- oder Bußgeldverfahren eingeleitet worden ist,

2. wenn der Steuerpflichtige in der Schlussbesprechung gemäß § 201 Abs. 2 AO darauf hingewiesen worden ist, dass die straf- oder bußgeldrechtliche Würdigung einem besonderen Verfahren vorbehalten bleibt,

3. ausnahmsweise in sonstigen Fällen, in denen sich aus den Prüfungsfeststellungen die Möglichkeit ergibt, dass ein Straf- oder Bußgeldverfahren durchgeführt werden muss, insbesondere wenn sich erst nach der Schlussbesprechung entsprechende Anhaltspunkte ergeben.

132 Selbstanzeigen

(1) Selbstanzeigen (§ 371, § 378 Abs. 3 AO), die als solche bezeichnet oder erkennbar sind, sind der BuStra zuzuleiten. Das gleiche gilt für andere Erklärungen, wenn Anhaltspunkte vorliegen, dass zuvor durch unrichtige, unvollständige oder unterlassene Angaben gegenüber der Finanzbehörde vorsätzlich oder leichtfertig Steuern verkürzt wurden. Keine Vorlagepflicht besteht für Erklärungen, die zweifelsfrei auf nachträglichen Erkenntnissen des Steuerpflichtigen beruhen (vgl. § 153 AO).

(2) Bei der Umsatz- und Lohnsteuer sind berichtigte oder verspätet abgegebene Steuer(vor)anmeldungen nur in begründeten Einzelfällen (Nichtzahlung der Steuer, Sperrgründe i.S.d. § 371 Abs. 2 Satz 1 Nummer 1, 2 oder 4 AO) an die BuStra weiterzuleiten. Dies gilt nicht

für Steueranmeldungen, die sich auf das Kalenderjahr beziehen (§ 371 Abs. 2a Satz 3 AO). Berichtigte oder verspätet abgegebene Steuer(vor)anmeldungen nach Satz 1 führen nicht zum Sperrgrund der Tatentdeckung bei einer Umsatzsteuerjahreserklärung (§ 371 Abs. 2a Satz 2 AO). Ein Zuschlag nach § 398a AO entsteht in diesen Fällen nicht (§ 371 Abs. 2a Satz 1 AO). Die fristgerechte Nachzahlung von Zinsen ist in diesen Fällen keine Wirksamkeitsvoraussetzung (§ 371 Abs. 3 Satz 2 AO).

(3) Umstände, welche der Straf- oder Bußgeldfreiheit entgegenstehen könnten (§ 371 Abs. 2, § 378 Abs. 3 Satz 1 AO) und in Fällen des § 371 Abs. 3 und des § 378 Abs. 3 Satz 2 AO nachzuentrichtende oder zurückzuzahlende Beträge, sind jeweils mitzuteilen. Da die Entscheidung über die Wirksamkeit der Selbstanzeige auch von der Zahlung der Hinterziehungszinsen nach § 235 AO abhängt, sind diese bevorzugt festzusetzen.

(4) Zur Behandlung der Selbstanzeige vgl. Nummer 11.

133 Unaufschiebbare Anordnungen

In den Fällen der Nummern 130 bis 132 bleiben die Rechte und Pflichten der beteiligten Amtsträger unberührt, alle unaufschiebbaren Anordnungen zu treffen und Maßnahmen zu ergreifen, um die Verdunklung der Sache zu verhindern (§ 385, § 399 Abs. 2 AO, § 163 Abs. 1 StPO, § 410 Abs. 1 Nummer 7 AO, § 46 Abs. 1, 2 OWiG), insbesondere Beschlagnahmen und Durchsuchungen bei Gefahr im Verzug anzuordnen und durchzuführen.

Abschnitt 3 Mitteilungen im Straf- und Bußgeldverfahren

134 Mitteilungen an Behörden und Stellen der Finanzverwaltung

(1) Die Einleitung eines Straf- oder Bußgeldverfahrens sowie der Abschluss des Verfahrens und das Ergebnis sind der für die Durchführung der Besteuerung zuständigen Finanzbehörde oder Stelle von der BuStra mitzuteilen.

(2) Soweit sonstige Behörden oder Stellen der Finanzverwaltung ein Straf- oder Bußgeldverfahren eingeleitet oder die Einleitung durch die BuStra oder Steufa veranlasst haben, gilt für die Unterrichtung dieser Behörden und Stellen durch die BuStra Absatz 1 sinngemäß.

(3) Zu den Mitteilungspflichten im Insolvenzverfahren vgl. Nummer 70 Abs. 2.

(4) Auskünfte aus dem Bundeszentralregister (§ 41 Abs. 1 Nummer 4 BZRG) dürfen nur für die Zwecke verwendet werden, für die sie erteilt worden sind (§ 41 Abs. 3 Satz 2 BZRG); es ist daher darauf zu achten, dass diese Mitteilungen bei den Strafakten verbleiben.

135 Unterrichtung der vorgesetzten Behörde

Über Angelegenheiten von allgemeiner oder grundsätzlicher Bedeutung sowie dann, wenn Ermittlungen in Fällen von besonderer Bedeutung (vgl. z. B. die Nummern 151, 152) durchgeführt werden sollen oder durchgeführt wurden, ist zu berichten. Dies gilt auch, wenn die Finanzbehörde das Verfahren nicht selbständig durchführt.

136 Mitteilungspflichten nach den Steuergesetzen

Nach den Steuergesetzen bestehen insbesondere folgende Mitteilungspflichten:

1. nach § 31a Abs. 2 und § 31b Abs. 2 AO;
2. nach § 4 Abs. 5 S.1 Nummer 10 EStG

an die zuständigen Stellen. Bei den Mitteilungspflichten nach Nummer 1 sind die entsprechenden Regelungen im AEAO zu beachten. Wegen der Mitteilungspflicht nach Nummer 2 wird auf das BMF-Schreiben vom 10. Oktober 2002 – BStBl I 2002, 1031, das Handbuch „Bekämpfung der

Korruption – Handbuch für die Außenprüfungsdienste und den BFH-Beschluss vom 4. Juli 2008, VII B 92/08, BStBl II 2008, 850 verwiesen.

137   Mitteilungspflichten nach anderen Vorschriften

(1) Die nach § 30 AO dem Steuergeheimnis unterliegenden, personenbezogenen Daten sind insbesondere mitzuteilen:

1. dem Gewerbezentralregister (vgl. Nummer 143) gemäß § 153a Abs 1 GewO rechtskräftige Bußgeldentscheidungen, insbesondere auch solche, wegen einer Steuerordnungswidrigkeit, die bei oder in Zusammenhang mit der Ausübung eines Gewerbes oder dem Betrieb einer sonstigen wirtschaftlichen Unternehmung oder bei der Tätigkeit in einem Gewerbe oder einer sonstigen wirtschaftlichen Unternehmung von einem Vertreter oder Beauftragen im Sinne des § 9 OWiG oder von einer Person, die in einer Rechtsvorschrift ausdrücklich als Verantwortlicher bezeichnet ist, begangen worden ist, wenn die Geldbuße mehr als 200 € beträgt (vgl. § 149 Abs. 2 Nummer 3 GewO);

2. der Ausländerbehörde, wenn der Ausländer gegen eine Vorschrift des Steuerrechts verstoßen hat und wegen dieses Verstoßes ein strafrechtliches Ermittlungsverfahren eingeleitet oder eine Geldbuße von mindestens 500 € verhängt worden ist (§ 88 Abs. 3. V. m. § 87 Abs. 4 AufenthG). Dies gilt in Bußgeldverfahren aber nur, wenn die betreffende Ordnungswidrigkeit im Allgemeinen mit einer Geldbuße von mehr als 1.000 € geahndet werden kann (§ 87 Abs. 4 S. 4 AufenthG). Die zuständige Ausländerbehörde ist jeweils unverzüglich über die Erledigung des Bußgeldverfahrens bzw. die Einleitung und die spätere Erledigung des Strafverfahrens unter Angabe der gesetzlichen Vorschriften zu unterrichten. Hinsichtlich der mitzuteilenden personenbezogenen Daten wird auf Nummer 42 Abs. 3 MiStra hingewiesen.

3. dem Zentralen Staatsanwaltschaftlichen Verfahrensregister die nach § 492 Abs. 2 Satz 1 StPO, § 4 ZStVBetrV zu speichernden Daten (z. B. Einleitung und Erledigung von Steuerstrafverfahren);

4. dem Bundeskartellamt zum Eintrag in das Wettbewerbsregister rechtskräftige Strafbefehle wegen einer Steuerhinterziehung nach § 370 AO sowie rechtskräftige Bußgeldentscheidungen, die nach § 30 OWiG, auch in Verbindung mit § 130 OWiG, wegen einer Steuerhinterziehung nach § 370 AO ergangen sind (§ 2 Abs. 1 Nummern 1 und 3, § 4 Abs. 1 WRegG). Zum Inhalt der Eintragung vgl. § 3 Abs. 1 WRegG, zur Regelung von Einzelheiten der elektronischen Datenübermittlung vgl. die WRegV. Die Eintragung erfolgt nur, wenn das Verhalten einer natürlichen Person einem Unternehmen zuzurechnen ist (§ 2 Abs. 3 Satz 1 WRegG).

5. den zuständigen Disziplinarstellen bei Beamten, Richtern und Soldaten

    – der Antrag auf Erlass eines Strafbefehls und

    – Entscheidungen über Verfahrenseinstellungen, wenn die Kenntnis der Daten auf Grund der Umstände des Einzelfalls erforderlich ist, um zu prüfen, ob dienstrechtliche Maßnahmen zu ergreifen sind;

    Zu Einzelheiten vgl. BMF-Schreiben vom 12. Januar 2018, BStBl I 2018, 201, geändert durch BMF-Schreiben vom 13. Januar 2023, BStBl I 2023, 182 und Ziffer 5.1 und 11.8 des AEAO zu § 30 AO, Nummern 15 und 19 MiStra; § 49 BeamtStG.

6. den zur Durchführung arbeitsrechtlicher Maßnahmen zuständigen Stellen bei vergleichbaren Verfehlungen sonstiger Angehöriger der Finanzverwaltung, soweit dies zur Ergreifung vergleichbarer arbeitsrechtlicher Maßnahmen (z. B. Abmahnung, Kündigung) führen kann, § 30 Abs. 4 Nummer 1a oder Nummer 5 AO; zu Einzelheiten

vgl. BMF-Schreiben vom 12. Januar 2018, BStBl I 2018, 201 und Ziffer 5.1 und 11.8 des AEAO zu § 30 AO.

7. der für Berufspflichtverletzungen nach § 10 StBerG zuständigen Stelle zur Meldung an die Berufskammer

- der Antrag auf Erlass eines Strafbefehls und
- der Ausgang des Verfahrens.

Die gleichlautenden Erlasse der obersten Finanzbehörden der Länder zur Übermittlung von Daten nach § 10 StBerG vom 1. September 2021, BStBl I 2021, 1521 sind zu beachten; vgl. auch Nummern 23 und 24 MiStra.

Die Mitteilung kann unterbleiben, wenn erkennbar ist, dass sie bereits durch eine andere Stelle erfolgt ist.

(2) Die auf Grund besonderer Vorschriften und Weisungen bestehenden sonstigen Unterrichtungspflichten bleiben unberührt. Für Mitteilungen im Strafverfahren gilt die MiStra entsprechend. Für Mitteilungen im Bußgeldverfahren gelten die §§ 49a bis 49d OWiG.

Abschnitt 4 Zusammenarbeit mit anderen Behörden

138 Bundeszentralamt für Steuern

Wegen der zentralen Sammlung und Auswertung von Unterlagen über steuerliche Auslandsbeziehungen beim Bundeszentralamt für Steuern (BZSt) - Informationszentrale Ausland (IZA) - wird auf das BMF-Schreiben vom 9. September 2019 - IVB6 - S 1509/07/10001:012 - (BStBl I 2019, 907) hingewiesen. Das Bundeszentralamt für Steuern nimmt Mitteilungen gemäß § 116 Abs. 1 AO von Gerichten und Behörden von Bund, Ländern und kommunalen Trägern der öffentlichen Verwaltung entgegen und leitet sie an die für das Steuerstrafverfahren zuständigen Finanzbehörden weiter. Eine Mitteilung an die für das Steuerstrafverfahren zuständigen Finanzbehörden ist ebenfalls zulässig. Diese übersenden die Mitteilung an das BZSt, soweit dieses nicht bereits erkennbar unmittelbar in Kenntnis gesetzt worden ist.

139 Zollverwaltung

(1) Auf das Merkblatt über die Zusammenarbeit zwischen Steuer und Zoll (Anlage zum Schreiben des BMF vom 31. August 2023 - IV D 2 - S 0700/20/10025 :004, DOK 2023/0814913, auf die Regelung über die Grundsätze der Zusammenarbeit zwischen der Finanzkontrolle Schwarzarbeit der Zollverwaltung (FKS) und den Landesfinanzbehörden gemäß § 2 Abs. 2 Satz 3 SchwarzArbG und auf das Typologiepapier (Anlagen zum Schreiben des BMF vom 31. August 2023 - IV D 2 - S 0700/20/10025 :004, DOK 2023/0814913) in ihrer jeweils gültigen Fassung wird hingewiesen. Zu den Aufgaben der Hauptzollämter vgl. § 12 Abs. 2 FVG.

(2) Die Finanzbehörde kann das Zollkriminalamt Köln (ZKA) zur Sicherung und Auswertung von Beweismitteln für kriminaltechnische Untersuchungen in Anspruch nehmen (vgl. § 3 Abs. 11 ZFdG). Dies gilt z. B., wenn die Echtheit von Urkunden oder Stempelabdrucken geprüft, das Alter von Schriftstücken bestimmt, übermalte, radierte oder Reliefschriften lesbar gemacht oder ein Handschriften- oder Maschinenvergleich angestellt werden soll. Wird das ZKA gebeten, einen Schriftvergleich vorzunehmen, ist dem Ersuchen möglichst umfangreiches Vergleichsmaterial beizufügen. Es sollen dabei nur im Original vorhandene Schriftstücke vorgelegt werden, weil Durchschriften oder Reproduktionen jeder Art für eindeutige Untersuchungsergebnisse nicht geeignet sind. In Einzelfällen kann es zweckmäßig sein, dass sich die Finanzbehörde möglichst frühzeitig mit dem jeweils zuständigen Sachverständigen des ZKA in Verbindung setzt, damit dieser Hinweise für die Beschaffung von Schriftproben für die Untersuchung geben kann. Auf die Richtlinien für die Beschaffung von Handschriftenproben, die Richtlinien für die Beschaffung von Beweismaterial zur kriminaltechnischen Untersuchung von Schreibmaschinenschriften und die

Prüfliste zur Erkennung von Fälschungsmerkmalen auf Urkunden im grenzüberschreitenden Verkehr wird hingewiesen.

140   Nationale Staatsanwaltschaft

(1) Zur Förderung der Zusammenarbeit mit den Staatsanwaltschaften empfehlen sich regelmäßige Kontaktgespräche. Diese Kontaktgespräche sollen auch der Unterrichtung der Staatsanwaltschaft über an sie abzugebende oder von ihr zu übernehmende Strafsachen dienen (vgl. Nummer 22), außerdem der Erörterung allgemeiner Fragen der Strafzumessung bei Strafbefehlsanträgen (vgl. Nummer 267 Abs. 2 RiStBV).

(2) Soweit Kenntnisse über nichtsteuerliche Straftaten der Staatsanwaltschaft mitgeteilt werden dürfen (z. B. Nummer 21 Abs. 2), veranlasst die BuStra die Mitteilung. Die Steufa kann ihre Kenntnisse selbst mitteilen. In Fällen des § 194 Abs. 3 StGB (z. B. Beamtenbeleidigung) stellt der Dienstvorgesetzte direkt bei der Staatsanwaltschaft den Strafantrag.

(3) Wenn in den Fällen der Nummer 22 Abs. 1 Nummer 4 die Steuerstrafsache nicht an die Staatsanwaltschaft abgegeben wird, ist diese im Benehmen mit der Staatsanwaltschaft zu bearbeiten.

(4) Im Rahmen ihrer Befugnisse und Möglichkeiten sollen die Finanzbehörden auf Grund ihrer besonderen fachlichen Kenntnisse die Staatsanwaltschaft auch in anderen Fällen der Verfolgung nichtsteuerlicher Strafsachen unterstützen, z. B. durch allgemeine Auskünfte.

140a   Europäische Staatsanwaltschaft

(1) Die Europäische Staatsanwaltschaft (EUStA) ist nach der Verordnung (EU) 2017/1939 (EUStA-VO) zuständig bei bestimmten Straftaten zum Nachteil der finanziellen Interessen der Europäischen Union. Die Zuständigkeit der EUStA ergibt sich aus Artikel 22 Abs. 1 bis 3 EUStA-VO und umfasst im Wesentlichen Straftaten zum Nachteil der finanziellen Interessen der Union, die in der Richtlinie (EU) 2017/1371 (PIF-RL) in ihrer Umsetzung in nationales Recht festgelegt sind. Für Straftaten, die gemäß Artikel 22 Abs. 1 Satz 2 EUStA-VO in Artikel 3 Abs. 2 Buchstabe d der PIF-RL in ihrer Umsetzung in nationales Recht festgelegt sind, ist die EUStA nur zuständig, wenn die vorsätzlichen Handlungen oder Unterlassungen nach dieser Bestimmung mit dem Hoheitsgebiet von zwei oder mehr Mitgliedstaaten verbunden sind und der zu erwartende Gesamtschaden mindestens 10 Mio. € umfasst.

(2) Gemäß Artikel 24 Abs. 1 EUStA-VO haben die nach nationalem Recht zuständigen Behörden der Mitgliedstaaten der EUStA unverzüglich jede Straftat zu melden, für die die EUStA ihre Zuständigkeit gemäß Artikel 22, 25 Abs. 2 und 3 EUStA-VO ausüben könnte. Leitet eine Strafverfolgungsbehörde wegen einer solchen Straftat ein Ermittlungsverfahren ein oder bestehen Anhaltspunkte, dass nach Einleitung des Ermittlungsverfahrens eine Zuständigkeit der EUStA gegeben sein könnte, unterrichtet sie die EUStA gemäß Artikel 24 Abs. 2 EUStA-VO unverzüglich. Für bereits anhängige Ermittlungsverfahren gilt dies, soweit die Straftaten nach dem 20. November 2017 begangen wurden.

(3) Der Bericht an die EUStA hat mindestens eine Beschreibung des Sachverhalts einschließlich einer Bewertung des entstandenen oder voraussichtlichen Schadens, die mögliche rechtliche Würdigung und alle vorliegenden Informationen über mögliche Opfer, Verdächtige und andere Beteiligte zu enthalten (vgl. Artikel 24 Abs.4 EUStA-VO). Die EUStA stellt hierzu ein Formular (EPPO Crime Report – ECR) zur Verfügung, welches über die Geschäftsstellen der Zentren der Delegierten Europäischen Staatsanwälte in Deutschland angefordert werden kann.

(4) Grundsätzlich kann jede nationale Behörde unmittelbar mit der EUStA Kontakt aufnehmen. Dabei steht es grundsätzlich im Ermessen der nationalen Behörde, ob sie sich an die Zentrale der EUStA in Luxemburg oder unmittelbar die jeweiligen nationalen Delegierten Europäischen Staatsanwältinnen und Staatsanwälte (DEStAs) wendet; allerdings sollte zur Vereinfachung und Beschleunigung eine Meldung bzw. Unterrichtung an die zuständigen deutschen DEStAs in den

Zentren Berlin, Frankfurt, Hamburg, Köln oder München gerichtet werden. Bei Bestehen einer Meldepflicht nach Artikel 24 Abs. 1 EUStA-VO sollte frühzeitig mit dem zuständigen deutschen Zentrum der Delegierten Europäischen Staatsanwälte das weitere Vorgehen abgestimmt werden.

(5) Sobald die EUStA ein Ermittlungsverfahren eingeleitet oder ein bereits eingeleitetes Verfahren übernommen hat, findet die Kommunikation direkt und ausschließlich mit den zuständigen deutschen DEStAs statt.

(6) Zur Förderung der Zusammenarbeit mit der EUStA empfehlen sich regelmäßige Kontaktgespräche mit den DEStAs des jeweils zuständigen Zentrums.

(7) Länderspezifische Regelungen sind zu beachten.

141　Landeskriminalamt

Für kriminaltechnische Begutachtungen (vgl. Nummer 139 Abs. 2) können auch die Landeskriminalämter um Hilfe ersucht werden.

142　Polizei und andere Behörden

(1) Bei Zusammentreffen einer Steuerstraftat mit anderen Delikten, z. B. Untreue, Betrug oder Urkundenfälschung, kann ein gemeinsames Vorgehen der Steufa mit der Kriminalpolizei angebracht sein. Dies gilt namentlich für Durchsuchungen, Vernehmungen und Telekommunikationsüberwachungen. Kommt es bei Ermittlungsmaßnahmen auf die Kenntnis der örtlichen Verhältnisse an, so kann sich die Steufa im Wege der Amtshilfe an die zuständigen Polizeidienststellen wenden. Wegen der Heranziehung der Polizei zur Hilfeleistung bei Widerstand im Rahmen einer Durchsuchung wird auf Nummer 63 Abs. 5 verwiesen.

(2) Führt die Kriminalpolizei im Verfahren der Staatsanwaltschaften Ermittlungen durch, für die auch die Finanzbehörden zuständig sind, so kann die Steufa an den Ermittlungen teilnehmen (§ 403 Abs. 1 Satz 1 AO).

(3) Bei der Bekämpfung der illegalen Beschäftigung und Schwarzarbeit sowie der Geldwäsche und der Terrorismusfinanzierung haben die BuStra und die Steufa mit den für die Verfolgung und Ahndung zuständigen Behörden zusammenzuarbeiten.

143　Gewerbezentralregister

Anfragen über gewerbebezogene Verurteilungen sollen an das Gewerbezentralregister (53094 Bonn) gerichtet werden.

Abschnitt 5　Auskunfts- und Vorlageersuchen

144　Allgemeines

(1) Die Auskunfts- und Vorlagepflicht Dritter nach den §§ 93, 97, 100 AO und nach § 208 Abs. 1 Sätze 2 und 3 AO sowie die Möglichkeit der Durchsetzung dieser Pflicht mit Zwangsmitteln nach § 328 AO bestehen unabhängig von der Befugnis zur Einholung von Auskünften aufgrund von Vorschriften des Strafverfahrensrechts (vgl. z. B. Nummer 16).

(2) Im Besteuerungsverfahren sind zur Durchsetzung der Auskunfts- und Vorlagepflicht Zwangsmittel gegenüber Behörden des Bundes oder eines Landes nicht zulässig (§ 255 Abs. 1 Satz 1 AO).

(3) Werden im Besteuerungsverfahren Auskünfte bei Angehörigen eines Beteiligten eingeholt, sind diese über ihr Auskunftsverweigerungsrecht zu belehren (§ 101 AO). Das gleiche gilt für Personen, die nicht Beteiligte und nicht für einen Beteiligten auskunftspflichtig sind, hinsichtlich solcher Fragen, deren Beantwortung sie selbst oder einen ihrer Angehörigen der Gefahr der Verfolgung wegen einer Straftat oder Ordnungswidrigkeit aussetzen würde (§ 103 AO).

(4) Im Straf- oder Bußgeldverfahren kann an Stelle eines Auskunftsersuchens eine Zeugenvernehmung (vgl. Nummer 47), die Forderung auf Vorlage und Auslieferung von Beweisgegenständen oder eine Durchsuchung und Beschlagnahme (vgl. Nummern 56 ff.) geboten sein.

145 Auskunfts- und Vorlageersuchen an Kreditinstitute im Besteuerungsverfahren

(1) Kreditinstitute sind verpflichtet, im Besteuerungsverfahren gestellte Auskunftsersuchen zu beantworten (§§ 93; 93b AO).

(2) Die Verpflichtung zur Auskunft gilt auch für Behörden und sonstige öffentliche Stellen, die Bankgeschäfte betreiben, einschließlich der Deutschen Bundesbank, der Landeszentralbanken, sowie der Organe und Bediensteten dieser Stellen (§§ 93, 105 Abs. 1 AO). Ihre Verpflichtung zur Verschwiegenheit besteht nicht gegenüber Finanzbehörden. Nummer 144 Abs. 2 ist zu beachten.

(3) Die vorstehende Regelung gilt entsprechend für Ersuchen auf Vorlage von Urkunden und Wertsachen (§§ 97, 100 AO).

146 Auskunfts- und Vorlageersuchen an Kreditinstitute im Straf- und Bußgeldverfahren

(1) Wegen der Befugnis zur Einholung von Auskünften im Strafverfahren wird auf die Nummern 17 und 123, wegen dieser Befugnis im Bußgeldverfahren wird auf die Nummern 103 und 144 verwiesen.

(2) Vor Stellung eines Antrags auf gerichtliche Anordnung einer Durchsuchung oder Beschlagnahme (vgl. Nummer 60) ist zu prüfen, ob sich mit weniger einschneidenden Maßnahmen derselbe Erfolg erreichen lässt (vgl. Nummer 3). In geeigneten Fällen ist ein Durchsuchungs- oder Beschlagnahmebeschluss mit der Maßgabe zu beantragen, dass dem Kreditinstitut nachgelassen wird, die Durchsuchung oder Beschlagnahme durch eine Auskunft, durch Gewährung von Einsicht in Belege oder durch Anfertigung und Herausgabe von Fotokopien abzuwenden. Zur Aufklärung des Sachverhalts kann auch eine Vernehmung von Inhabern, Geschäftsleitern oder Bediensteten der Kreditinstitute als Zeugen in Betracht kommen.

(3) Ein Herausgabeverlangen im Sinne § 95 Abs. 1 StPO kann auch auf Datenträger oder Computerausdrucke gerichtet werden, die erst aus einem Gesamtdatenbestand herauszuziehen sind (vgl. BVerfG, Nichtannahmebeschluss vom 18. Februar 2003, 2 BvR 372/01; EGH-Beschluss vom 20. März 2003, 1 BGs 107/03). Neben der BuStra ist auch die Steufa aus eigenem Recht befugt, Herausgabeverlangen im Sinne von § 95 StPO zu stellen (vgl. LG Bonn, Beschluss vom 7. Oktober 2020, 27 Qs 12/20). Im Rahmen eines Auskunfts- und Herausgabeersuchens sind Vorgaben der vorgenannten Stellen, in welcher Form ein Kreditinstitut die angeforderten Unterlagen zur Verfügung zu stellen hat, als Annex zur Anordnungskompetenz am Maßstab von Zweckmäßigkeit und Verhältnismäßigkeit zu messen. Der Übermittlungsweg auf Datenträgern in elektronisch auswertbarer Form ist zweckmäßig und verhältnismäßig, da er gemäß eine sichere, vollständige und rasche Umsetzung des Auskunftsersuchens gewährleistet. Der pauschale Verweis des Kreditinstituts auf nicht entschädigte Mehrkosten rechtfertigt kein überwiegendes Interesse an einer anderen Übermittlungsart in Papierform. Verpflichteter des Herausgabeverlangens nach § 95 Abs. 1 StPO ist das Kreditinstitut als juristische Person, gesetzlich vertreten durch seine Organe (LG Limburg, Beschluss vom 18. Februar 2019, 1 Qs 5/19).

147 Erstattung von Kosten

(1) Eine Entschädigung der Kreditinstitute im Straf- oder Bußgeldverfahren richtet sich nach dem JVEG.

(2) Für das Besteuerungsverfahren gilt § 107 AO (vgl. AEAO zu § 107).

148 Auskunftsersuchen wegen Chiffreanzeigen

Zur Feststellung der Auftraggeber von Chiffreanzeigen sind Auskunftsersuchen an die Presse in Besteuerungsverfahren sowie in Straf- und Bußgeldverfahren zulässig, wenn ein hinreichender Anlass für die Ermittlungen besteht und das Auskunftsersuchen zur Sachverhaltsaufklärung geeignet und notwendig sowie die Inanspruchnahme der Presse erforderlich, verhältnismäßig und zumutbar ist (vgl. BFH-Urteil vom 12. Mai 2016 - II R 17/14). Das Auskunftsersuchen ist zu begründen. Das Auskunfts- und Zeugnisverweigerungsrecht der Mitarbeiter der Presse nach § 102 Abs. 1 Nummer 4 AO und § 53 Abs. 1 Nummer 5 StPO erstreckt sich nur auf den redaktionellen Teil von Druckwerken, nicht auf Anzeigen.

Abschnitt 6   Verwertungsverbote

149 Fälle, die zu einem Verwertungsverbot führen

(1) Aussagen, die mittels verbotener Vernehmungsmethoden (§ 136a Abs. 1 und 2 StPO, z. B. Täuschung) zustande gekommen sind, dürfen nicht verwertet werden (§ 136a Abs. 3, § 69 Abs. 3, § 72 StPO). Liegt ein Verstoß gegen § 136a StPO vor, so ist die Vernehmung - soweit erforderlich - neu durchzuführen. Vor der erneuten Vernehmung ist darüber zu belehren, dass die erste Vernehmung unverwertbar ist (sog. qualifizierte Belehrung, vgl. BGH-Urteil vom 3. Juli 2007 – 1 StR 3/07).

(2) Sind Angehörige des Beschuldigten vor ihrer Vernehmung als Zeugen (§ 52 Abs. 3 StPO) oder Sachverständige (§ 72 StPO) nicht über ihr Zeugnisverweigerungsrecht belehrt worden, so kann die Aussage nicht verwertet werden. Das gleiche gilt, wenn der Angehörige nach der Belehrung von seinem Aussageverweigerungsrecht zunächst keinen Gebrauch macht, diesen Verzicht aber noch im Laufe der Vernehmung widerruft.

(3) Im Falle von Ermittlungsmaßnahmen gegen einen zeugnisverweigerungsberechtigten Berufsgeheimnisträger im Sinne von § 53 StPO, der nicht selbst Beschuldigter ist, sind die Beweisverwertungsverbote gemäß § 160a StPO zu beachten. Eine entsprechende Ermittlungsmaßnahme, die voraussichtlich Erkenntnisse erbringen würde, über die diese Person das Zeugnis verweigern dürfte, ist unzulässig. Gleiches gilt für Ermittlungsmaßnahmen gegen seine mitwirkenden Personen im Sinne von § 53a StPO.

(4) Die Verwertung von Beweismitteln, die entgegen § 97 StPO beschlagnahmt wurden, ist unzulässig (vgl. Nummer 58).

(5) Ist die Belehrung des Beschuldigten über sein Recht, nicht zur Sache auszusagen, unterblieben (§ 136 Abs. 1 Satz 2 StPO i. V. m. § 163a Abs. 3 und 4 Satz 2 StPO), darf die Aussage nicht verwertet werden (vgl. BGH-Urteil vom 27. Februar 1992 - 5 StR 190/91); das Gleiche gilt, wenn der Beschuldigte infolge seines geistig-seelischen Zustandes die Belehrung nicht verstanden hat (vgl. BGH-Urteil vom 12. Oktober 1993 - 1 StR 475/93).

150 Fälle, die nicht zu einem Verwertungsverbot führen

(1) Verstöße gegen Ordnungs- und Formvorschriften bei der Anordnung und Ausführung einer strafprozessualen Maßnahme machen die Beweismittel, die sich auf Grund der Maßnahme ergeben, nicht unverwertbar (vgl. z. B. BGH-Beschluss vom 18. November 2003 – 1 StR 455/03). Darüber hinaus gilt dies auch bei irrtümlicher Annahme von Gefahr im Verzug in den Fällen des § 98 Abs. 1 und des § 105 Abs. 1 StPO, solange keine bewusste Missachtung des Richtervorbehaltes anzunehmen ist. Ein Verstoß gegen die Regelungen des § 105 Abs. 2 StPO, wonach bei einer Durchsuchung grundsätzlich Zeugen zuzuziehen sind, hat weder ein Verwertungsverbot im Strafverfahren (BGH-Beschluss vom 31. Januar 2007 – StB 18/06) noch im Besteuerungsverfahren (BFH-Beschluss vom 28. April 2014 – X B 3/14) zur Folge.

(2) Ein Verwertungsverbot besteht auch dann nicht, wenn Vorschriften verletzt werden, die nicht im Interesse und zum Schutz des Beschuldigten erlassen worden sind. So kann die ohne

Aussagegenehmigung gemachte Aussage eines Angehörigen des öffentlichen Dienstes (vgl. § 54 StPO) verwertet werden. Das gleiche gilt für die Aussage eines Zeugen, der auf sein Auskunftsverweigerungsrecht nach § 55 Abs. 1 StPO nicht hingewiesen worden ist.

(3) Erkenntnisse, die die Finanzbehörde oder die Staatsanwaltschaft rechtmäßig im Rahmen strafrechtlicher Ermittlungen gewonnen hat, dürfen im Besteuerungsverfahren verwendet werden. Dies gilt auch für Erkenntnisse, die dem Brief-, Post- und Fernmeldegeheimnis unterliegen, soweit die Finanzbehörde diese rechtmäßig im Rahmen eigener strafrechtlicher Ermittlungen gewonnen hat oder soweit nach den Vorschriften der Strafprozessordnung Auskunft an die Finanzbehörden erteilt werden darf.

(4) Zur steuerlichen Verwertung bei Verletzung der Belehrungspflicht gemäß § 393 Abs. 1 Satz 4 AO vgl. Nummer 16 Abs. 3. Ebenso wenig begründet die nach § 136 Abs. 1 Satz 5 StPO unterbliebene Belehrung des Beschuldigten über die Möglichkeit einer Pflichtverteidigerbestellung ein absolutes Verwertungsverbot (vgl. BGH Beschluss vom 6. Februar 2013 – 2 StR 163/17). Im Einzelfall kann jedoch trotz fehlender gesetzlicher Regelung infolge einer Abwägung ein relatives Verwertungsverbot vorliegen – etwa wenn die Belehrung über die Möglichkeit einer Pflichtverteidigerbestellung bewusst und willentlich unterblieben ist oder Anhaltspunkte dafür vorliegen, der Beschuldigte hätte im Rahmen seiner ersten Vernehmung nur deswegen Angaben zur Sache gemacht, weil er mangels wirtschaftlicher Mittel keine Möglichkeit sah, sich eines Verteidigers zu bedienen. Eine zu Unrecht unterbliebene Bestellung eines Pflichtverteidigers hat nicht grundsätzlich eine Unverwertbarkeit der Beschuldigtenvernehmung zur Folge (BGH-Beschluss vom 5. April 2022 – 3 StR 16/22).

(5) Offenbart der Steuerpflichtige im Rahmen einer Selbstanzeige eine allgemeine Straftat, die er zugleich mit der Steuerhinterziehung begangen hat – wie z. B. bei einer tateinheitlich begangenen Urkundenfälschung -, besteht kein Verwendungsverbot gemäß § 393 Abs. 2 AO hinsichtlich eines solchen Allgemeindelikts (vgl. BGH-Beschluss vom 5. Mai 2004 – 5 StR 548/03).

(6) Verweigert ein zeugnisverweigerungsberechtigter Berufsgeheimnisträger (§ 53 StPO) oder seine mitwirkende Person (§ 53a StPO) erst im Verlaufe der Zeugenvernehmung die weitere Aussage, so sind die bis dahin getätigten Angaben verwertbar.

(7) Beweismittel, die von Dritten erlangt wurden, sind – selbst wenn dies in strafbewehrter Weise erfolgte – grundsätzlich verwertbar. Bei der Beurteilung eines möglichen Verwertungsverbotes müssen allein von einem Informanten begangene Straftaten nicht berücksichtigt werden (vgl. Beschluss des BVerfG vom 9. November 2010 – 2 BvR 2101/09).

Abschnitt 7 Besonderheiten im Hinblick auf die Person des Beschuldigten/Betroffenen

151 Mitglieder des Europäischen Parlaments, des Deutschen Bundestages und der gesetzgebenden Körperschaften der Länder

(1) Entsteht der Verdacht (vgl. Nummer 26), dass ein Mitglied des Europäischen Parlaments, des Deutschen Bundestages oder einer gesetzgebenden Körperschaft eines Landes eine Straftat im Sinne der Nummern 18 oder 19 begangen hat, gibt die BuStra die Sache ohne weitere Ermittlungen sogleich an die Staatsanwaltschaft ab (vgl. Nummer 22 Abs. 1 Satz 3 Nummer 7, Satz 2).

(2) Die Immunität hindert nicht, ein Bußgeldverfahren durchzuführen (vgl. Nummer 298 RiStBV).

(3) In einem Verfahren gegen Dritte kann auch bei einem Abgeordneten ermittelt, insbesondere von ihm die Herausgabe von Gegenständen oder deren Vorlage verlangt (§ 95 StPO) oder bei ihm durchsucht werden (§ 103 StPO). Hierbei sind das Zeugnisverweigerungsrecht des Abgeordneten sowie das Beschlagnahmeverbot zu beachten (§ 53 Abs. 1 Nummer 4, § 97 Abs. 3 StPO; § 6 EuAbgG).

(4) In den Fällen der Absätze 1 bis 3 ist unverzüglich, ggf. vorab fernmündlich, der vorgesetzten Behörde zu berichten. Verfahren zur Durchführung der Besteuerung können ungeachtet der Immunität eingeleitet und fortgeführt werden.

152   Diplomaten und andere bevorrechtigte Personen

(1) Gegen Mitglieder diplomatischer Vertretungen und andere von der inländischen Gerichtsbarkeit befreite Personen (§§ 18, 20 GVG) dürfen keine Strafverfahren eingeleitet und ohne deren ausdrückliche Zustimmung keine sonstigen Maßnahmen im Strafverfahren ergriffen werden (vgl. Nummern 193 ff. RiStBV). Wegen des Personenkreises, der Vorrechte und Befreiungen genießt, vgl. Abschnitt II der Bestimmungen über Diplomaten und andere bevorrechtigte Personen[1]. In Besteuerungsverfahren sind nur solche Ermittlungen unzulässig, die auch nach Abs. 2 Satz 1 als Maßnahmen im Strafverfahren nicht statthaft wären.

(2) Maßnahmen, welche in die Rechtssphäre eines Diplomaten oder einer gleichbehandelten Person einschließlich deren Diensträume und Wohnungen eingreifen, sind auch in einem Verfahren gegen eine andere Person unzulässig, wenn der Betroffene nicht ausdrücklich zustimmt. Bei nach Satz 1 zulässigen Feststellungen sind Nummern 193 ff. RiStBV entsprechend sowie Abschnitt III der Bestimmungen über Diplomaten und andere bevorrechtigte Personen anzuwenden.

(3) Die Mitglieder konsularischer Vertretungen unterliegen der Strafverfolgung, soweit sie nicht nach Maßgabe des Völkerrechts, insbesondere des WÜK vom 24. April 1963 (BGBl. 1969 II, 1585 ff.) von der deutschen Gerichtsbarkeit befreit sind (§ 19 GVG; Abschnitt IV der Bestimmungen über Diplomaten und andere bevorrechtigte Personen).

(4) Honorarkonsule genießen lediglich Amtshandlungsimmunität, die sie vor Strafverfolgung nur in unmittelbarer Wahrnehmung ihrer konsularischen Aufgaben schützt.

(5) Der vorgesetzten Behörde ist unverzüglich zu berichten. Die Sache ist sogleich an die Staatsanwaltschaft abzugeben (vgl. Nummer 22 Abs. 1 Satz 3 Nummer 7 und Satz 4).

(6) Für den Verkehr mit ausländischen diplomatischen und konsularischen Vertretungen gelten die Nummern 133 - 137 der Richtlinien für den Verkehr mit dem Ausland in strafrechtlichen Angelegenheiten vom 23. Dezember 2016 (RiVASt). Soll ein Diplomat oder eine andere von der inländischen Gerichtsbarkeit befreite Person als Zeuge vernommen werden, sind die Nummern 196 - 198 RiStBV entsprechend anzuwenden.

(7) Die Absätze 1 bis 4 gelten für das Bußgeldverfahren entsprechend (vgl. Nummer 299 RiStBV).

153   Streitkräfte anderer Staaten

Gegen Mitglieder einer Truppe oder eines zivilen Gefolges eines NATO-Staates oder deren Angehörige können Strafverfahren und Bußgeldverfahren durchgeführt werden. Es müssen aber das NATOTrStat vom 19. Juni 1951 sowie das NATOTrStatZAbk vom 3. August 1959 (BGBl. 1961 II, 1218) sowie der StreitkrNotWG vom 25. September 1990 (BGBl. 1994 II, 26) beachtet werden. Ein Strafverfahren ist sogleich an die Staatsanwaltschaft abzugeben (vgl. Nummer 22 Abs. 1 Satz 3 Nummer 7, und Satz 4).

154   Jugendliche, Heranwachsende, vermindert Schuldfähige

Strafverfahren gegen Jugendliche und Heranwachsende (§ 1 Abs. 2 JGG) sind sogleich an die Staatsanwaltschaft abzugeben (vgl. Nummer 22 Abs. 1 Satz 3 Nummer 7 und Satz 4). Dies gilt auch, sobald sich Anhaltspunkte dafür ergeben, dass der Beschuldigte vermindert schuldfähig (§ 21 StGB) oder aus psychischen Gründen in seiner Verteidigung behindert ist.

---

[1] Veröffentlicht durch Rundschreiben des Bundesministers des Innern vom 17.8.1993, GMBl. des Bundes 1993, 591 ff.

Gleich lautende Erlasse der obersten Finanzbehörden der Länder zur Umsetzung des „Rahmenbeschlusses 2006/960/ JI des Rates vom 18. Dezember 2006 über die Vereinfachung des Austauschs von Informationen und Erkenntnissen zwischen den Strafverfolgungsbehörden der Mitgliedsstaaten der Europäischen Union" (sog. Schwedische Initiative) im Bereich der Steuerfahndung vom 28. Januar 2014

Inhaltsübersicht

1.	Allgemeines
2.	Sachlicher Geltungsbereich
3.	Räumlicher Geltungsbereich
4.	Verhältnis zu anderen völkerrechtlichen Übereinkommen
5.	Allgemeines zu Ersuchen
5.1	Inhaltliche Verantwortung
5.2	Verwendung der Vordrucke „Anhang A" und „Anhang B"
5.3	Sprache
5.4	Unterrichtung
6.	Ausgehende Ersuchen
6.1	Ersuchen zu repressiven Zwecken
6.2	Verwendung übermittelter Informationen und Erkenntnisse
6.3	Ersuchen zu präventiven Zwecken
6.4	Spontanauskünfte
7.	Eingehende Ersuchen
7.1	Prüfungsverfahren
7.2	Umfang der zu übermittelnden Daten
7.3	Beweisverwertung
7.4	Fristenregelung
8.	Art und Wege der Übermittlung

Anlagen:[1]
Antwort auf eingehende Ersuchen

---

[1] Anlagen hier nicht abgedruckt

Anlage 1	Vordruck „Anhang A" (deutschsprachig)
Anlage 2	Vordruck „Anhang A" (englischsprachig)
Ausgehendes Ersuchen	
Anlage 3	Vordruck „Anhang B" (deutschsprachig)
Anlage 4	Vordruck „Anhang B" (englischsprachig)

1. Allgemeines

Der „Rahmenbeschluss 2006/960/JI des Rates vom 18. Dezember 2006 über die Vereinfachung des Austauschs von Informationen und Erkenntnissen zwischen den Strafverfolgungsbehörden der Mitgliedstaaten der Europäischen Union"[2] (auch „Schwedische Initiative" genannt) ist ein Rechtsinstrument zur schnelleren und effektiveren Zusammenarbeit der Behörden mit Polizeiaufgaben.

Er verpflichtet die Mitgliedstaaten, sicherzustellen, dass für die Übermittlung von Informationen an die zuständigen Strafverfolgungsbehörden anderer Mitgliedstaaten die gleichen Bedingungen gelten wie auf nationaler Ebene. Daneben enthält der Rahmenbeschluss u. a. auch Regelungen zu Erledigungsfristen, Datenschutz und Übermittlungswegen.

Durch das „Gesetz über die Vereinfachung des Austauschs von Informationen und Erkenntnissen zwischen den Strafverfolgungsbehörden der Mitgliedsstaaten der Europäischen Union" vom 21.Juli 2012[3] ist der Rahmenbeschluss 2006/960/JI in nationales Recht überführt worden.

2. Sachlicher Geltungsbereich

Der Rahmenbeschluss gilt für alle Polizei-, Zoll- und sonstigen Behörden, die nach nationalem Recht befugt sind, Straftaten oder kriminelle Aktivitäten aufzudecken, zu verhüten oder aufzuklären.[4] In der Bundesrepublik Deutschland fallen hierunter auch die mit der Steuerfahndung betrauten Dienststellen der Landesfinanzbehörden.[5]

Dagegen gilt der Rahmenbeschluss nicht für Staatsanwaltschaften, Bußgeld- und Strafsachenstellen und Gerichte.

Ersuchen auf der Grundlage des Rahmenbeschlusses können sowohl zum Zwecke der Aufklärung bereits begangener Straftaten (sog. repressiver Bereich)[6] als auch zur Verhütung künftiger Straftaten (sog. präventiver Bereich)[7] gestellt werden. Darüber hinaus kommen Ersuchen auch dann in Betracht, wenn das Stadium von strafrechtlichen Ermittlungen noch nicht erreicht ist (Vorermittlungen**).**

Der Rahmenbeschluss findet keine Anwendung auf Taten, die nach dem Recht des ersuchenden Staates lediglich Ordnungswidrigkeiten darstellen.

---

[2] Amtsblatt der Europäischen Union - ABl. L 386 vom 29.12.2006, S. 89 in der Fassung der Berichtigung durch ABL L 75 vom 15.03.2007, S. 26 – im Folgenden „Rahmenbeschluss" genannt
[3] BGBl. 2012 I S. 1566 – in Kraft getreten am 26. Juli 2012
[4] Art. 2 lit. a des Rahmenbeschlusses
[5] § 208 Abs. 1 S. 2 AO; vgl. entsprechend die "Meldung für die Bundesrepublik Deutschland nach Artikeln 2 a) und 6 des Rahmenbeschlusses 2006/960/JI des Rates vom 18. Dezember 2006"
[6] Näheres unter Tz. 6.1
[7] Näheres unter Tz. 6.3

Der Rahmenbeschluss verpflichtet nur zum Austausch vorhandener Daten[8]. Ersuchen, die auf die Durchführung von Zwangsmaßnahmen gerichtet sind, sind unzulässig.

3. Räumlicher Geltungsbereich

Der Rahmenbeschluss gilt im Verhältnis zu allen Mitgliedsstaaten der Europäischen Union und darüber hinaus für folgende Schengen-assoziierte Staaten:

- Schweiz[9]

- Liechtenstein[10]

- Norwegen[11]

- Island.[12]

4. Verhältnis zu anderen völkerrechtlichen Übereinkommen

Der Rahmenbeschluss lässt sowohl die bestehenden Regelungen zur justiziellen Rechtshilfe in Strafsachen[13] als auch die bilateralen und multilateralen Vereinbarungen zur Amtshilfe in Steuersachen[14] unberührt.

Ein auf den Rahmenbeschluss gestütztes Ersuchen hat jedoch den Vorteil einer schnelleren Informationsgewinnung. [15]

5. Allgemeines zu Ersuchen

5.1 Inhaltliche Verantwortung

Für ausgehende Ersuchen, die Beantwortung eingehender Ersuchen und Spontanauskünfte liegt die Verantwortung hinsichtlich Zulässigkeit und Inhalt bei der sachbearbeitenden Steuerfahndungsstelle.

5.2 Verwendung der Vordrucke „Anhang A" und „Anhang B"[16]

Der Rahmenbeschluss sieht zwei Vordrucke für die Erleichterung des Informationsaustausches vor. Hierdurch wird sichergestellt, dass alle für eine umgehende und sachgerechte Erledigung des Ersuchens erforderlichen Angaben übermittelt werden. Sofern die Vordrucke nicht verwendet werden, müssen sich Form und Inhalt der frei formulierten Ersuchen daran orientieren.

---

[8] Näheres dazu unter Tz. 7.2
[9] Vgl. "Bundesgesetz vom 12. Juni 2009 über den Informationsaustausch zwischen den Strafverfolgungsbehörden des Bundes und denjenigen der anderen Schengen-Staaten" – BBl. 2009, S. 4493
[10] Vgl. "Protokoll vom 28. Februar 2008 zwischen der Schweizerischen Eidgenossenschaft, der Europäischen Union, der Europäischen Gemeinschaft und dem Fürstentum Liechtenstein über den Beitritt des Fürstentums Liechtenstein zu dem Abkommen zwischen der Schweizerischen Eidgenossenschaft, der Europäischen Union und der Europäischen Gemeinschaft über die Assoziierung der Schweizerischen Eidgenossenschaft bei der Umsetzung, Anwendung und Entwicklung des Schengen Besitzstandes" – SR 0.362.311
[11] In Bezug auf Norwegen und Island stellt der Rahmenbeschluss eine Weiterentwicklung von Bestimmungen des Schengen-Besitzstandes dar, die gemäß Art. 2 (3) des "Übereinkommens zwischen dem Rat der Europäischen Union sowie der Republik Island und dem Königreich Norwegen über die Assoziierung der beiden letztgenannten Staaten bei der Umsetzung, Anwendung und Entwicklung des Schengen Besitzstandes" (ABl. L 176 vom 10.07.1999, S. 36) die ursprüngliche Bestimmung des Art. 39 SDÜ entsprechend ablöser.
[12] Siehe Fußnote 9
[13] Vgl. insoweit das "Merkblatt zur zwischenstaatlichen Rechtshilfe in Steuerstrafsachen" vom 16. November 2006, IV B 1 - S 1320 - 66/06
[14] Vgl. insoweit das "Merkblatt zur zwischenstaatlichen Amtshilfe durch Informationsaustausch in Steuersachen" vom 25.5.2012, IV B 6 - S 1320/07/10004 -, BStBl. I S. 599
[15] Vgl. auch Tz. 7.4
[16] Die Bezeichnung der Vordrucke mit „Anhang A" und „Anhang B" entspricht der des Rahmenbeschlusses

Der Vordruck „Anhang A" dient zur Beantwortung eingegangener Ersuchen. Er ist auch zu verwenden, wenn eine Datenübermittlung abgelehnt wird oder als Zwischennachricht, wenn eine fristgerechte Beantwortung nicht möglich ist.

Der Vordruck „Anhang B" soll für ausgehende Ersuchen und für die Übermittlung von Spontanauskünften verwendet werden.

5.3 Sprache

Ausgehende Ersuchen in Mitgliedsstaaten im deutschen Sprachraum können in deutscher Sprache (Anlagen 1 und 3) gestellt werden. Ersuchen in die übrigen Staaten sollten - sofern nicht in der Landessprache möglich - in englischer Sprache verfasst werden (Anlagen 2 und 4). Dies gilt sinngemäß auch für die Beantwortung eingehender Ersuchen.

5.4 Unterrichtung

Eine Verpflichtung, den vom Auskunftsaustausch Betroffenen über die Datenübermittlung zu unterrichten besteht nur in den Fällen, in denen dies auch für einen gleichgelagerten Fall eines innerstaatlichen Datenaustausches rechtlich vorgeschrieben wäre.

6. Ausgehende Ersuchen

6.1 Ersuchen zu repressiven Zwecken [17]

Die Steuerfahndung kann zur Erforschung der in ihre Zuständigkeit fallenden Straftaten alle Behörden um Auskunft ersuchen (§§ 385 Abs. 1 AO, 163 Abs. 1 S. 2 StPO). Soweit völkerrechtliche Vereinbarungen wie der Rahmenbeschluss 2006/960/JI es gestatten, gilt dies auch im Verhältnis zu ausländischen Behörden[18]. Erbeten werden können alle Informationen oder Erkenntnisse, auf die die ersuchte ausländische Strafverfolgungsbehörde unmittelbar selbst oder mittelbar über Dritte ein Zugriffsrecht hat. Eine Übermittlungspflicht besteht jedoch nur für bereits vorhandene Informationen oder Erkenntnisse. Zur Vornahme von Ermittlungen ist die ersuchte Behörde nicht verpflichtet. Sie kann dies aber freiwillig tun, etwa bei Ersuchen um eine Ortsbesichtigung.

6.2 Verwendung übermittelter Informationen und Erkenntnisse

Im Ersuchen muss zwingend angegeben werden, zu welchem Zweck die Informationen oder Erkenntnisse erbeten werden.

Auf dieser Grundlage prüft zum einen die ersuchte Behörde, ob die erbetenen Informationen entsprechend dem sog. Inlandsstandard erteilt werden können.[19] Zum anderen bilden die Angaben zum beabsichtigten Verwendungszweck den Rahmen, innerhalb dessen die ersuchende Behörde die übermittelten Informationen verwenden und gegebenenfalls auch direkt als Beweismittel verwerten darf.

Die ersuchte Behörde kann in ihrer Antwort den Umfang der Verwertung der übermittelten Informationen und Erkenntnisse als Beweismittel ausdrücklich bestimmen. Werden hierzu keine Angaben gemacht, können die übermittelten Daten entsprechend dem angefragten Zweck verwendet werden.

6.3 Ersuchen zu präventiven Zwecken

Die Steuerfahndung kann zur Verhinderung noch nicht begangener Steuerstraftaten[20] alle Behörden um Auskunft ersuchen (§§ 85 S. 2, 208 Abs.1 Nr. 3, 93 AO).

---

[17] Ersuchen zur Aufklärung bereits begangener Straftaten, auch soweit dabei im Einzelfall bislang noch kein Strafverfahren eingeleitet wurde.
[18] Vgl. auch Nr. 124 Abs. 3 lit. a der Richtlinien für den Verkehr mit dem Ausland in strafrechtlichen Angelegenheiten (RiVASt)
[19] Vgl. im Einzelnen Tz. 7.1
[20] Vgl. auch AEAO zu § 208, Nr. 1 lit. a.

Dies gilt auch in Bezug auf ausländische Strafverfolgungsbehörden im Geltungsbereich des Rahmenbeschlusses, da dieser Ersuchen zu präventiven Zwecken ebenfalls umfasst.

Die Ausführungen zu Tz. 6.1 gelten sinngemäß.

6.4 Spontanauskünfte

Die Steuerfahndung kann Informationen und Erkenntnisse auch ohne Ersuchen (Spontarauskunft) an eine ausländische Strafverfolgungsbehörde übermitteln. Dies kann sowohl zum Zweck der Strafverfolgung (§§ 92c, 61a Abs. 2 bis 4 IRG) als auch zur Verhütung von Straftaten (§ 117a Abs. 3 AO) erfolgen. Voraussetzung ist in beiden Fällen, dass eine entsprechende Mitteilung im Rahmen des § 30 AO auch an eine inländische Strafverfolgungsbehörde möglich wäre (sog. Inlandsstandard). Außerdem muss es sich um eine Straftat aus dem Katalog zum Europäischen Haftbefehl (Rahmenbeschluss 2002/584/JI, vgl. Auflistung im Vordruck „Anhang B" S. 3) oder um eine gleichwertige Tat wie zum Beispiel die Steuerhinterziehung gemäß § 370 AO handeln.

7. Eingehende Ersuchen

7.1 Prüfungsverfahren

Die Entscheidung, ob die von einer ausländischen Strafverfolgungsbehörde erbetener Informationen oder Erkenntnisse übermittelt werden können, ist in einem mehrstufigen Verfahren zu treffen.

- Prüfung der Zuständigkeit:

Erkennt die ersuchte Behörde, dass sie nicht zuständig ist, so leitet sie das Ersuchen an die zuständige Behörde weiter und informiert darüber die nationale Anlaufstelle[21], die ihr das Ersuchen zugeleitet hat. Bei mehrfacher Zuständigkeit nehmen die Dienststellen unter Beachtung der ggf. kurzen Fristen Kontakt miteinander auf.

- Prüfung der formalen Ordnungsmäßigkeit:

Das Ersuchen ist nur zu beantworten, wenn es mindestens die inhaltsgleich in § 62a IRG und § 117a Abs. 2 AO genannten Pflichtangaben enthält. Anderenfalls ist die ersuchende Behörde formlos auf den Wegen nach Tz. 8 um Ergänzung zu bitten.

- Prüfung des sog. Inlandstandards:

Unter Beachtung von § 30 AO[22] ist zu prüfen, ob die Informationen in einem vergleichbaren deutschen Verfahren grundsätzlich einer anderen deutschen Strafverfolgungsbehörde übermittelt werden könnten.

- Prüfung eines zwingenden Ablehnungsgrundes:

Die Übermittlung hat gem. § 92 Abs. 3 IRG bzw. § 117a Abs. 5 AO zwingend zu unterbleiben, wenn

---

[21] Siehe Tz. 8
[22] Vgl. im Einzelnen AEAO zu § 30

1. hierdurch wesentliche Sicherheitsinteressen des Bundes oder der Länder beeinträchtigt würden,
2. die Übermittlung der Daten zu den in Artikel 6 des Vertrages über die Europäische Union enthaltenen Grundsätzen in Widerspruch stünde (Ordre-Public-Vorbehalt),
3. die zu übermittelnden Daten bei der ersuchten Behörde nicht vorhanden sind und nur durch das Ergreifen von Zwangsmaßnahmen erlangt werden könnten oder
4. die Übermittlung der Daten unverhältnismäßig wäre oder die Daten für die Zwecke, für die sie übermittelt werden sollen, erkennbar nicht erforderlich sind.

- Prüfung eines fakultativen Ablehnungsgrundes:

Eine Datenübermittlung kann darüber hinaus nach § 92 Abs. 4 IRG oder § 117a Abs. 6 AO unterbleiben, wenn

1. die zu übermittelnden Daten bei den mit der Steuerfahndung betrauten Dienststellen nicht vorhanden sind, jedoch ohne das Ergreifen von Zwangsmaßnahmen erlangt werden könnten,
2. hierdurch der Erfolg laufender Ermittlungen oder Leib, Leben oder Freiheit einer Person gefährdet würde oder
3. die Tat, zu deren Verfolgung oder Verhütung die Daten übermittelt werden sollen, nach deutschem Recht mit einer Freiheitsstrafe von im Höchstmaß einem Jahr oder weniger bedroht ist.

7.2 Umfang der zu übermittelnden Daten

Die Verpflichtung zur Übermittlung von Informationen oder Erkenntnissen bezieht sich ausschließlich auf die Daten, die unmittelbar bei der ersuchten Dienststelle vorhanden sind oder auf die sie direkten Zugriff hat.

„Vorhanden" sind damit alle Daten aus dem örtlichen Zuständigkeitsbereich der ersuchten Dienststelle, die sich aus dort vorliegenden Papierakten oder elektronischen Datenbeständen im Onlinezugriff (direkter Zugriff) ergeben.

Die Steuerfahndung ist nicht verpflichtet, Daten zu beschaffen, die sich in Akten oder elektronischen Datenbeständen anderer Behörden oder Dritter befinden.

Sie ist ebenfalls nicht verpflichtet, Ermittlungshandlungen durchzuführen (zum Beispiel Ortsbesichtigungen oder Zeugenbefragungen).

Sie kann dies jedoch freiwillig tun, soweit dafür keine Zwangsmaßnahmen erforderlich sind (§ 117a Abs. 6 Nr. 1 AO, § 92 Abs. 4 Ziffer 1 IRG). Dies wird insbesondere in Betracht kommen, wenn der damit verbundene Aufwand vertretbar ist und im Hinblick auf die Bedeutung des von der ersuchten Behörde dargelegten Verwendungszwecks sachdienlich und verhältnismäßig erscheint.

7.3 Beweisverwertung

Soweit kein Beweisverwertungsverbot eingreift, bestehen keine Bedenken, eine Verwendung der nach den vorstehenden Grundsätzen zu übermittelnden Daten zu den angefragten Zwecken als Beweismittel zuzulassen.

7.4 Fristenregelung

Der Rahmenbeschluss sieht für die Übermittlung von Informationen und Erkenntnissen unterschiedlich lange Fristen vor, die sich nach der Dringlichkeit und der Verfügbarkeit der erbetenen Informationen bestimmen (Art. 4):

- 8 Stunden (notfalls 3 Tage)
  bei dringenden Ersuchen
  in Fällen von Katalogstraftaten,
  bei denen die Informationen unmittelbar verfügbar sind.

- 1 Woche
  bei nicht dringenden Ersuchen
  in Fällen von Katalogstraftaten,
  bei denen die Informationen unmittelbar verfügbar sind.

- 2 Wochen
  in allen übrigen Fällen.

Zu den sog. Katalogstraftaten gehören alle Tatbestände, die im Straftatenkatalog zum Europäischen Haftbefehl genannt sind.[23] Außerdem fallen hierunter alle Straftaten nach nationalem Recht, die mit denjenigen des Straftatenkataloges gleichwertig sind.[24] Dazu zählen die Steuerhinterziehung (§ 370 AO) und der Subventionsbetrug (§ 264 StGB). Beide sind Spezialtatbestände des im Straftatenkatalog aufgeführten allgemeinen Betrugstatbestandes (§ 263 StGB) und insoweit gleichwertige Straftaten.

Können die oben genannten Fristen nicht eingehalten werden, so teilt die Steuerfahndungsstelle dies der ersuchenden Behörde unverzüglich unter Angabe der Gründe - und möglichst per Vordruck „Anhang A" - mit und stellt die Informationen sodann schnellstmöglich zur Verfügung.

Kann die vorgegebene 8-Stunden-Frist nicht eingehalten werden oder würde die Übermittlung der erbetenen Information innerhalb dieser kurzen Frist eine unverhältnismäßige Belastung für die Steuerfahndungsstelle darstellen (beispielsweise wenn ein Ersuchen außerhalb der üblichen Dienstzeit eingeht), ist das Ersuchen spätestens **innerhalb von 3 Tagen** zu beantworten.

8. Art und Wege der Übermittlung

Bis zu dem Zeitpunkt, in dem in allen Staaten ein einheitliches, gemeinsames Dateiformat für den Datenaustausch zur Verfügung steht, hat der gesamte Informationsaustausch (einschließlich etwaiger Anlagen) über gesicherte Kommunikationswege zu erfolgen.

Für die Steuerfahndung kommen als Anlaufstellen das Zollkriminalamt und - über die Landeskriminalämter - das Bundeskriminalamt in Betracht. Entscheidend für die Wahl des Übermittlungsweges sind die Umstände des Einzelfalles. Nach Möglichkeit soll die Datenübermittlung über das Zollkriminalamt erfolgen.

Die Datenübermittlung erfolgt unmittelbar zwischen den Anlaufstellen und den zuständigen Steuerfahndungsstellen.

---

[23] Vgl. Auflistung im Vordruck „Anhang B" auf S. 3
[24] Vgl. Art. 2 lit e des Rahmenbeschlusses

Anwendungsfragen zu § 10 Abs. 1 BpO

Gleich lautende Erlasse der obersten Finanzbehörden der Länder vom 31.8.2009 (BStBl I S. 829)

Die Problematik, ab welchem Zeitpunkt nach § 10 Abs. 1 BpO eine Unterrichtungsverpflichtung des Prüfers/der Prüferin gegenüber der Bußgeld- und Strafsachenstelle (BuStra) besteht, ist folgendermaßen handzuhaben:

§ 10 Abs. 1 Satz 1 BpO konkretisiert den in den §§ 386 AO, 152 Abs. 2, 160, 163 StPO verankerten allgemeinen strafrechtlichen Grundsatz des Legalitätsprinzips. Danach kann der die Ermittlungspflicht der Strafverfolgungsbehörde begründende Verdacht grundsätzlich nur dann angenommen werden, wenn sich dieser auf zureichende tatsächliche Anhaltspunkte stützen lässt (Anfangsverdacht nach § 152 Abs. 2 StPO).

Vor diesem Hintergrund ist auch die Regelung des **§ 10 Abs. 1 Satz 2 BpO** zu sehen, die eine Unterrichtungspflicht dann begründet, wenn lediglich die Möglichkeit der Durchführung eines Strafverfahrens besteht. Die im Rang den einfachen Gesetzen untergeordnete Verwaltungsvorschrift kann damit dem Prüfer/der Prüferin letztlich aus strafrechtlicher Sicht nicht mehr Pflichten auferlegen, als die Normen der Abgabenordnung bzw. der Strafprozessordnung vorgeben. Aus diesem Grund steht korrespondierend zum Verstoß gegen das Legalitätsprinzip eine Strafvereitelung im Amt nach § 258a StGB nach wie vor nur dann im Raum, wenn **trotz** konkreter tatsächlicher Anhaltspunkte für eine Steuerstraftat (d. h. trotz Bestehen eines Anfangsverdachts i. S. d. § 152 Abs. 2 StPO) **kein** Kontakt mit der BuStra aufgenommen wird. § 10 Abs. 1 Satz 2 BpO soll demnach klarstellen, dass es für die Bejahung der Unterrichtungspflicht nicht auf die subjektive Einschätzung des Prüfers/der Prüferin hinsichtlich der Durchführung eines Strafverfahrens ankommt. Es soll ähnlich wie bei § 201 Abs. 2 AO sichergestellt werden, dass in allen Fällen, in denen eine Untersuchung durch die BuStra geboten erscheint, diese auch wirklich frühzeitig einbezogen wird. Das Vorhandensein **tatsächlicher** Anhaltspunkte für das Vorliegen einer Straftat wird aber durch § 10 Abs. 1 Satz 2 BpO nicht entbehrlich, d.h. bloße Vermutungen lösen eine Mitteilungspflicht auch nach dieser Norm nicht aus. Dies zeigt sich auch in der für die Finanzbehörden allgemein geltenden Unterrichtungspflicht nach Nr. 113 Abs. 3 Satz 2 AStBV (St) 2008. Danach wird die „Möglichkeit" der Durchführung eines Strafverfahrens auch erst dann angenommen, wenn „Anhaltspunkte" für eine Straf- oder Ordnungswidrigkeit sprechen, die eine Untersuchung des Falles durch die BuStra geboten erscheinen lassen.

Somit ist § 10 Abs. 1 Satz 2 BpO im Lichte des vorhergehenden Satzes 1 und der allgemeinen strafprozessualen Grundsätze dahingehend auszulegen, **dass immer nur dann eine Unterrichtungspflicht an die BuStra begründet wird, wenn Anhaltspunkte für die auch nur mögliche Durchführung eines Strafverfahrens vorliegen.** Die Schwelle des Anfangsverdachts nach § 152 Abs. 2 StPO muss dabei noch nicht überschritten sein.

In diesem Zusammenhang sind auch die seit 1995 bundesweit geltenden Rationalisierungsgrundsätze bei der Durchführung von Betriebsprüfungen (BMF-Schreiben vom 6. Januar 1995 - IV A 8 - S 1502 - 17/94 -) zu berücksichtigen. Danach hat der Prüfer/die Prüferin eine schwerpunktmäßige Prüfung der jeweiligen Betriebe vorzunehmen. Diese Schwerpunkte hat er/sie grundsätzlich nach sachgerechten Erwägungen zu bestimmen. Soweit das Nichtaufgreifen eines Sachverhalts auf sachgerechten Erwägungen beruht (im Zweifelsfall zu dokumentieren), kann dem Prüfer/der Prüferin daraus kein Nachteil erwachsen. Eine Unterrichtungspflicht gegenüber der BuStra kann nur entstehen, wenn sich ansonsten im Rahmen der Prüfungsvorbereitung oder auch im Laufe der Prüfung tatsächliche Anhaltspunkte für das Vorliegen einer Straftat ergeben.

Anwendungsfragen zu § 10 Abs. 1 BpO Anhang 47

Grundsätzlich keine tatsächlichen Anhaltspunkte im Sinne der vorgenannten Ausführungen mit der Folge, dass eine Unterrichtungspflicht gegenüber der BuStra ausscheidet, liegen insbesondere für folgende beispielhaft aufgezählte Fälle vor:

- Das Vorliegen und das Auswerten von Kontrollmitteilungen. Die Grenze ist erst überschritten, wenn sich herausstellt, dass die mitgeteilten Zahlungen keinen Niederschlag in der Buchführung gefunden haben und deshalb die Steuer zu niedrig festgesetzt wurde.

- Das bloße Durchführen von Kalkulationen und Verprobungen, wie Geldverkehrsrechnungen, Richtsatzverprobungen, Chi^2-Test, Zeit-Reihen-Vergleich usw., auch wenn diese aufgrund vorhandener Differenzen erfolgen. Dies gilt jedoch nur, wenn nicht bereits anderweitige konkrete tatsächliche Anhaltspunkte für das Vorliegen einer Straftat gegeben sind, z. B. wegen Vorliegens von Kontrollmitteilungen steht schon fest, dass Einnahmen nicht vollständig erklärt worden sind.

- Abweichung der Betriebsergebnisse von den amtl. Richtsatzsammlungen.

- Bloße Rückfragen an den Steuerpflichtigen zum objektiv vorliegenden Sachverhalt, um vorhandene Differenzen aufzuklären, die sich z. B. aus Verprobungen, Vorlage von Kontrollmitteilungen usw. ergeben. Erst wenn die Differenzen nicht mit sachgerechten Erwägungen aufgeklärt werden können (auch bei offensichtlicher Verzögerungstaktik durch den Steuerpflichtigen) oder von vornherein unaufklärbar sind, besteht eine Unterrichtungspflicht an die BuStra.

- Bei Aufdecken bloß formeller oder auch kleinerer materieller Buchführungsmängeln; die Grenze ist auch hier erst überschritten, wenn weitere tatsächliche Anhaltspunkte für die Verkürzung von Einnahmen vorliegen.

- Wenn offensichtlich kein schuldhaftes und vorwerfbares Verhalten vorliegt oder offensichtlich ist, dass objektive oder subjektive Tatbestandsmerkmale mit der im Straf- und Bußgeldverfahren erforderlichen Gewissheit nicht nachzuweisen sind.

Tatsächliche Anhaltspunkte, welche eine umgehende Unterrichtungspflicht gegenüber der BuStra begründen, werden insbesondere in folgenden beispielhaft aufgezählten Fällen gegeben sein:

- Nach durchgeführter Kalkulation oder Verprobung verbleiben ungeklärte Differenzen von einigem Gewicht, z. B. der Steuerpflichtige erklärt Vermögenszuwachs mit unplausiblen Geldzuflüssen, wie Verwandtendarlehen, Auslandsdarlehen oder Spielbankgewinnen.

- Bei ungebundenen Privatentnahmen, die zur Bestreitung des Lebensunterhalts offensichtlich nicht ausreichen.

- Bei Feststellung schwerwiegender Buchführungsmängel, insbesondere auffälliges Fehlen von sonst allgemein üblichen Belegen.

- Bei Hinweisen auf verschwiegene oder irreführend bezeichnete Bankkonten (Konten auf fingiertem oder fremdem Namen).

- Bei in der Bilanz wesentlich zu niedrig bewerteten Aktiv-Beständen sowie bei erheblich zu hoch bewerteten passiven Beständen des Betriebsvermögens.

- Die sich aus Kontrollmitteilungen ergebenden Einnahmen sind in der Buchführung nicht erfasst (s.o.).

- Bei Vorlage einer Selbstanzeige durch den Steuerpflichtigen, egal in welchem Verfahrensstadium.

Anhang 47 Anwendungsfragen zu
§ 10 Abs. 1 BpO

- Bei konkreten Verdachtsmomenten, dass Belege manipuliert/gefälscht wurden (**Achtung:** ggf. muss hier bereits wegen Gefahr im Verzug das Strafverfahren unverzüglich eingeleitet werden, damit Originalbelege beschlagnahmt werden können. Hier ist aber, soweit möglich, noch vor Ort (z.B. per Telefon) Kontakt mit der BuStra aufzunehmen.

Grundsätzlich ist festzuhalten, dass in Zweifelsfällen immer eine frühzeitige - auch formlose - Kontaktaufnahme mit der BuStra geboten ist. Dies gilt insbesondere dann, wenn aufgrund der bisher getroffenen Prüfungsfeststellungen erhebliche Nachzahlungen zu erwarten sind und der Verdacht einer Steuerstraftat nicht offensichtlich ausgeschlossen (vgl. Nr. 113 Abs. 4 AStBV (St)) ist.

Soweit bei offensichtlich leichtfertiger Begehensweise nur der Verdacht einer Ordnungswidrigkeit im Raume steht, kann eine Unterrichtung der BuStra unterbleiben, wenn das aufgrund der Tathandlung zu erwartende steuerliche Mehrergebnis insgesamt unter 5.000 € liegt und nicht besondere Umstände hinsichtlich des vorwerfbaren Verhaltens für die Durchführung eines Bußgeldverfahrens sprechen (analoge Anwendung der Nr. 97 Abs. 3 AStBV (St)).

Diese Erlasse ergehen im Einvernehmen mit dem Bundesministerium der Finanzen.

Zentrale Sammlung und Auswertung von Unterlagen über steuerliche Auslandsbeziehungen
- Beziehungen eines Steuerinländers zum Ausland und eines Steuerausländers zum Inland -

BMF-Schreiben vom 9.9.2019 – IV B 6 – S 1509/07/10001:012 – (BStBl I S. 907)*

Unter Bezugnahme auf das Ergebnis der Erörterungen mit den Vertretern der obersten Finanzbehörden der Länder gilt für die zentrale Sammlung und Auswertung von Unterlagen über steuerliche Auslandsbeziehungen Folgendes:

1. Ziele und Arbeitsweise

1.1 Aufklärung von Auslandsbeziehungen

Im Hinblick auf den Umfang der Auslandsverflechtung der Wirtschaft kommt der Ermittlung von Auslandsbeziehungen im Steueraufsichts- und Steuerermittlungsverfahren ständig wachsende Bedeutung zu.

Dem Bundeszentralamt für Steuern (BZSt) obliegt die zentrale Sammlung und Auswertung von Unterlagen über steuerliche Auslandsbeziehungen (§ 88a Abgabenordnung [AO] in Verbindung mit § 5 Absatz 1 Satz 1 Nummer 6 Finanzverwaltungsgesetz [FVG]). Hierzu erfasst der Arbeitsbereich „Informationszentrale für steuerliche Auslandsbeziehungen (IZA)" alle sachdienlichen Informationen, die für die Tätigkeit der Steuerverwaltungen von Bund und Ländern von Bedeutung sein können.[1]

In diesem Rahmen sammelt die IZA Informationen und erteilt Auskünfte insbesondere über:

- Ausländische Rechtssubjekte (natürliche und juristische Personen im Ausland, insbesondere auch ausländische Personengesellschaften sowie ausländische Briefkastengesellschaften [Domizil-, Sitz-, Offshore-Gesellschaften]);
- die Rechtsprechung und Kommentierung zur steuerlichen Beurteilung der Beziehungen von Steuerinländern zu ausländischen Basis- oder Briefkastengesellschaften;
- Beziehungen von im Inland ansässigen Rechtssubjekten zum Ausland;
- Beziehungen von im Ausland ansässigen Rechtssubjekten zum Inland.

Sie unterstützt im Übrigen durch Hinweise auf bereits laufende oder abgeschlossene Verfahren, Parallelfälle und ähnliche Beobachtungen die zuständigen Finanzämter bei der steuerrechtlichen Beurteilung von Auslandssachverhalten.

---

* Inhaltsübersicht und Anlagen hier nicht abgedruckt.
[1] Gegen die beim BZSt auf der Grundlage von § 88a AO in Verbindung mit § 5 Absatz 1 Satz 1 Nummer 6 FVG geführte Datensammlung über steuerliche Auslandsbeziehungen bestehen keine verfassungsrechtlichen Bedenken - Beschluss des BVerfG vom 10. März 2008 - 1 BvR 2388/03 -, BStBl 2009 II S. 23.

Anhang 48　　Zentrale Sammlung und Auswertung von Unterlagen über steuerliche Auslandsbeziehungen (IZA)

1.2 Besteuerungsverfahren bei Auslandsbeziehungen und Koordinierung der örtlichen Zuständigkeit

Das BZSt

a) sammelt und wertet Mitteilungen nach § 138 Absatz 2 AO über ausländische Betriebe, ausländische Betriebsstätten sowie ausländische Beteiligungen und Mitteilungen nach § 138b AO über Beziehungen inländischer Steuerpflichtiger zu Drittstaat-Gesellschaften aus (siehe auch BMF-Schreiben vom 5. Februar 2018, IV B 5 - S 1300/07/10087, IV A 3 - S 0303/17/10001, DOK: 2018/0071347, BStBl 2018 I S. 289, geändert durch BMF-Schreiben vom 18. Juli 2018, IV B 5 - S 1300/07/10087, DOK: 2018/0545619, BStBl 2018 I S. 815 und vom 21. Mai 2019, IV B 5 - S 1300/07/10087, DOK: 2019/0389667, BStBl 2019 I S 473),

b) bestimmt nach Maßgabe des § 5 Absatz 1 Satz 1 Nummer 7 FVG bei Personen, die nicht im Geltungsbereich dieses Gesetzes ansässig sind (z. B. beschränkt Steuerpflichtige und Personen im Sinne des § 2 Außensteuergesetz [AStG]), das für die Besteuerung örtlich zuständige Finanzamt, wenn sich mehrere Finanzämter für örtlich zuständig oder für örtlich unzuständig halten oder wenn sonst Zweifel über die örtliche Zuständigkeit bestehen.

Entsprechendes gilt auch für

- die gesonderte und einheitliche Feststellung der Gewinne ausländischer Personengesellschaften, an denen inländische Gesellschafter beteiligt sind (Nr. 6 des Anwendungserlasses zu § 18 AO), und

- die gesonderte und einheitliche Feststellung nach § 18 AStG (Tz. 18.2 des BMF-Anwendungsschreibens zum AStG vom 14. Mai 2004, IV B 4 - S 1340 - 11/04, BStBl I, Sondernummer I/2004).

1.3 Zusammenarbeit mit Finanzbehörden und anderen Stellen

Die Finanzbehörden von Bund und Ländern sowie andere Behörden und Gerichte arbeiten mit dem BZSt nach den allgemeinen Grundsätzen über die Amtshilfe (§§ 111 ff. AO) zusammen. Die Anschrift lautet:

Bundeszentralamt für Steuern

Informationszentrale für steuerliche Auslandsbeziehungen (IZA)

53221 Bonn

Telefon: 0228 406-0 (Zentrale)

Telefax: 0228 406-4187 (IZA)

E-Mail: iza@bzst.bund.de

2. Informationsangebot

2.1 Erteilung von Auskünften

Die IZA erteilt Auskünfte

Zentrale Sammlung und Auswertung von Unterlagen über steuerliche Auslandsbeziehungen (IZA) Anhang 48

a)   auf Anfrage

Anfragen sollen als Schriftstück postalisch (Vordruck BZSt-1, Anlage 1*) - jeweils zu jedem ausländischen Rechtssubjekt gesondert - gestellt werden. Soweit die Voraussetzungen des § 87a Absatz 1 Satz 3 AO erfüllt werden können (geeignete Verschlüsselung) sollen Anfragen elektronisch erfolgen.

Eine Anfrage sollte stets folgende Angaben/Unterlagen enthalten:

- Genaue Bezeichnung des angefragten ausländischen Rechtssubjekts mit Anschrift,
- Benennung des Inländers mit Anschrift (Beziehungspartner),
- Kopien von Dokumenten zu den angefragten Rechtssubjekten - möglichst mit Originalbriefkopf (z. B. Rechnungen, Verträge, Angebote, Schreiben, etc.),
- kurze Schilderung des Sachverhaltes,
- Angaben zur Größenordnung, die die mutmaßliche Bedeutung erkennen lassen,
- Hinweis, ob eine kurze Datenbankrecherche ausreicht, eine Internetrecherche oder eine Wirtschaftsauskunft benötigt wird und ob eine ausführliche Kommentierung/Bewertung gewünscht oder entbehrlich ist, und
- bei Eilbedürftigkeit Hinweis mit Angabe der Gründe.

Anfragen sollen in der Regel nur gestellt werden, wenn

- der Steuerpflichtige seiner erhöhten Mitwirkungspflicht nach § 90 Absatz 2 AO nicht oder in nicht hinreichendem Maße nachgekommen ist,
- eine steuerliche Auswirkung von mehr als 5.000 EUR und/oder
- in Bezug auf ein und dasselbe ausländische Rechtssubjekt Betriebsausgabenabzüge bei mehreren inländischen Steuerpflichtigen von insgesamt mehr als 10.000 EUR zu vermuten und/oder
- Dauersachverhalte (z. B. Arbeitnehmerverleih/Werkvertrag, Neuaufnahme von ausländischen Rechtssubjekten, Beteiligungen, Immobilienerwerbe und Ähnliches) gegeben oder zu erwarten sind.

Soweit diese Kriterien erfüllt sind, sollten Anfragen immer gestellt werden, wenn die anzufragenden Rechtssubjekte ihren Sitz in einem Niedrigsteuergebiet[2] haben.

b)   unaufgefordert

- als Rücklauf zu den ihr übersandten Informationen,
- aus der Auswertung der bei ihr zusammenfließenden Informationen.

c)   elektronisch (ständig)

---

[2] Vgl. Tz. 2.2 und Tz. 8.3 sowie Anlage 1 des BMF-Anwendungsschreibens zum AStG vom 14. Mai 2004 - IV B 4 - S 1340 - 11/04 -, BStBl I Sondernummer 1/2004.

Anhang 48 Zentrale Sammlung und Auswertung von Unterlagen über steuerliche Auslandsbeziehungen (IZA)

Die ISI (Informations-System der IZA) -Datenbank enthält alle gesammelten Informationen und Arbeitsergebnisse der IZA, siehe hierzu auch unter Tz. 4. „Löschung von Informationen". Die Zugriffsrechte auf die ISI-Datenbank sind über den IT-Administrator der örtlichen Finanzbehörde erhältlich.

2.2 Inhalt der Auskünfte

Auskünfte werden erteilt über Rechtssubjekte im Ausland. Diese belaufen sich, nicht abschließend aufgezählt, auf folgende Informationen:

- Informationen z. B. über die Qualifizierung von ausländischen Gesellschaften als Briefkastengesellschaften, ggf. mit entsprechenden Hinweisen zur steuerlichen Beurteilung des Sachverhalts, wobei die Einschätzung der IZA durch Unterlagen belegt wird; Überprüfung der von dem Steuerpflichtigen zum Zwecke des Gegenbeweises vorgelegten Unterlagen;
- Informationen über andere bekannt gewordene inländische Beziehungen des angefragten ausländischen Rechtssubjekts;
- Informationen über bekannt gewordene Beziehungen des inländischen Beziehungspartners zu anderen ausländischen Rechtssubjekten;
- allgemeine steuerlich beachtliche Situationen im Ausland, wie steuerliche Verhältnisse, steuerrelevante handels-, gesellschafts- und registerrechtliche Gegebenheiten oder wirtschaftliche Verhältnisse im Ausland.

Die Versendung der Antwortschreiben erfolgt postalisch. Soweit die Voraussetzungen des § 87a Absatz 1 Satz 3 AO erfüllt werden können (geeignete Verschlüsselung) soll der Versand elektronisch erfolgen.

Die erteilten Auskünfte sind durch die anfragende Finanzbehörde vor Verwendung im Besteuerungsverfahren zu prüfen.

2.3 Zeitliche Abwicklung von Auskünften

Die IZA bemüht sich um zeitgerechte Bearbeitung der Anfragen. Soweit dies nicht innerhalb von drei Monaten möglich ist, wird ein Zwischenbescheid erteilt.

2.4 Beschaffung von Informationen

Soweit bei Anfragen nicht schon auf vorhandene Informationen zurückgegriffen werden kann, bemüht sich die IZA um die Beschaffung geeigneter Unterlagen bei dritten Stellen im In- und Ausland.

2.5 Kosten

Die IZA berechnet der anfragenden Stelle im Allgemeinen keine Kosten. Besteht eine Kostentragungspflicht Dritter (z. B. im Steuerstrafverfahren), so teilt die IZA die Höhe der Kosten mit und fragt an, ob sie von der anfragenden Stelle übernommen werden.

3. Versorgung mit Informationen

3.1 Wechselseitiger Informationsfluss

Die IZA kann nur dann umfassende Informationen anbieten, wenn sie von den Finanzbehörden des Bundes und der Länder laufend und vollständig über sachdienliche Beobachtungen und Feststellungen unterrichtet wird. Auch Änderungen der gemeldeten außensteuerlichen Beziehungen sind der IZA mitzuteilen.

3.2 Aufgaben der Finanzämter

Insbesondere sind mit Vordruck BZSt-1 (Anlage 1)* mitzuteilen von den

a) Veranlagungsstellen:

- Auslandssachverhalte, die nach § 138 Absatz 2 AO meldepflichtig sind (im Allgemeinen durch Weiterleitung einer Durchschrift des Vordrucks BZSt-2)[3],
- Auslandssachverhalte, die nach § 138b AO meldepflichtig sind (im Allgemeinen durch Weiterleitung einer Durchschrift des Vordrucks „Mitteilung nach § 138b der Abgabenordnung (AO)")[4],
- juristische Personen mit Sitz in Niedrigsteuergebieten[2], die als beschränkt Steuerpflichtige aufgenommen werden sollen,
- Gesellschaftsbeziehungen zwischen Steuerinländern (auch juristische Personen) und Rechtssubjekten in Niedrigsteuergebieten[2],
- Beteiligungen von ausländischen Rechtssubjekten an inländischen Gesellschaften,
- auffällige Rechtsbeziehungen mit Auslandsbezug,
- Ergebnisse von Rechtshilfeersuchen zu ausländischen Rechtssubjekten in Niedrigsteuergebieten[2], die nicht über das BZSt abgewickelt wurden,
- ausländische Familienstiftungen und deren Begünstigte beziehungsweise Anfallsberechtigte.

b) Steuerfahndungs- und Außenprüfungsstellen:

- Auslandssachverhalte, insbesondere in Verbindung mit Rechtssubjekten in Niedrigsteuergebieten[2] es genügt die Übersendung von entsprechenden Berichtsauszügen

c) Umsatzsteuerstellen:

---

[3] Durch das BMF-Schreiben vom 21. Mai 2019 - IV B 5 - S 1300/07/10087 - / - 2019/0389667 -, BStBl 2019 I S. 473) geänderte Anlage 1 (Teile 1 bis 3) zum BMF-Schreiben vom 5. Februar 2018 (vgl. Tz. 1.2.a, Internetseiten des BZSt [www.bzst.de] unter der Rubrik Unternehmen - EU und International - Erfassung von Auslandsbeteiligungen - Mitteilungspflicht inländischer Steuerpflichtiger- § 138 Abs. 2 AO und im Formular-Management-System der Bundesfinanzverwaltung [www.formulare-bfinv.de] unter der Rubrik „Bürger-Auslandsbeziehungen").

[4] Anlage 2 zum BMF-Schreiben vom 5. Februar 2018 (vgl. Tz. 1.2.a, Internetseiten des BZSt [www.bzst.de] unter der Rubrik Unternehmen - EU und International - Erfassung von Auslandsbeteiligungen - Mitteilungspflicht Dritter - § 138b AO und im Formular-Management-System der Bundesfinanzverwaltung [www.formulare-bfinv.de] unter der Rubrik „Bürger-Auslandsbeziehungen").

Anhang 48 Zentrale Sammlung und Auswertung von Unterlagen über steuerliche Auslandsbeziehungen (IZA)

- Rechtssubjekte mit Sitz in Niedrigsteuergebieten[2], die umsatzsteuerlich geführt werden sollen.

d) Grunderwerbsteuerstellen:

- Rechtssubjekte mit Sitz in Niedrigsteuergebieten[2], die im Inland Grundstücke erwerben oder veräußern.

3.3 Rückmeldungen

Die aufgrund der gegebenen Auskünfte getroffenen weiteren Feststellungen und Entscheidungen sind der IZA von den anfragenden Finanzbehörden auf dem Vordruck BZSt-3 (Anlage 2)* unter Angabe der steuerlichen Auswirkungen mitzuteilen. Die von den Feststellungen der IZA abweichenden Nachweise der Steuerpflichtigen sind der Rückmeldung auch dann in Kopie beizufügen, wenn die Auskunft der IZA zu keiner steuerlichen Änderung führte.

4. Löschung von Informationen

Die in der ISI-Datenbank (Tz. 2.1.c) eingepflegten Daten sind grundsätzlich 15 Jahre nach dem Datum der Anfrage (Beziehungsdatum) durch das BZSt zu löschen. Dies gilt auch für Beziehungsketten5. Eine neue Information zu einer Beziehungskette[5] begründet ein neues Beziehungsdatum mit der Folge, dass die Daten weitere 15 Jahre nicht gelöscht werden.

Daten, die aus der Vorgängerdatenbank ISAB (Internationale steuerliche Auslandsbeziehungen) im Jahr 2000 in die ISI-Datenbank übernommen wurden, wurden zum 1. Januar 2015 durch das BZSt gelöscht, es sei denn, ein aktuelles Beziehungsdatum stand dem entgegen.

Dieses Schreiben tritt an die Stelle des BMF-Schreibens vom BMF-Schreibens vom 6. Februar 2012, IV B 6 - S 1509/07/10001, DOK: 2012/0049930, BStBl 2012 I S. 241.

---

[5] Beziehungskette/n ist/sind in der ISI-Datenbank erfasste Beziehungen zu einem Rechtssubjekt oder zu mehreren Rechtssubjekten.

Merkblatt nach § 208 Abs. 1 Nr. 3 AO — Anhang 49

Merkblatt über die Rechte und Pflichten von Steuerpflichtigen bei Prüfungen durch die Steuerfahndung nach § 208 Abs. 1 Nr. 3 AO

(BMF-Schreiben vom 13.11.2013 - IV A 4 - S 0700/07/10048-10, BStBl I S. 1458)

Unter Bezugnahme auf das Ergebnis der Erörterungen mit den obersten Finanzbehörden der Länder wird das zuletzt im Jahre 1979 veröffentlichte Merkblatt zu § 208 Abs. 1 Nr. 3 AO mit sofortiger Wirkung neugefasst (Anlage).

Dieses Schreiben tritt an die Stelle des BMF-Schreibens vom 14. Februar 1979 - IV A 8 - S 1635 - 2/78 - (BStBl. I 1979, 115).

Anlage

Merkblatt über die Rechte und Pflichten von Steuerpflichtigen bei Prüfungen durch die Steuerfahndung nach § 208 Abs. 1 S. 1 Nr. 3 der Abgabenordnung

1. Nach den Bestimmungen der Abgabenordnung (AO) sind Sie zur Mitwirkung bei der Ermittlung Ihrer steuerlichen Verhältnisse verpflichtet (§§ 90 Abs. 1 S. 1, 200 Abs. 1 S. 1 AO). Sie haben die für die Besteuerung erheblichen Tatsachen vollständig und wahrheitsgemäß offenzulegen. Aufzeichnungen, Bücher, Geschäftspapiere und andere Urkunden sind zur Einsicht und Prüfung vorzulegen und die zum Verständnis der Aufzeichnungen erforderlichen Erläuterungen zu geben. Sind diese Unterlagen mit Hilfe eines Datenverarbeitungssystems erstellt worden, kann Einsicht in die gespeicherten Daten genommen und das Datenverarbeitungssystem zur Prüfung dieser Unterlagen genutzt werden. Auch kann verlangt werden, dass die Daten nach Vorgabe der Finanzbehörde maschinell ausgewertet oder die gespeicherten Unterlagen und Aufzeichnungen auf einem maschinell verwertbaren Datenträger zur Verfügung gestellt werden (§ 208 Abs. 1 S. 3 i. V. m. §§ 200 Abs. 1 S. 2 und 147 Abs. 6 AO).

2. Ihre Mitwirkung kann grundsätzlich erzwungen werden - z. B. durch Festsetzung eines Zwangsgeldes.

    Zwangsmittel sind jedoch dann nicht zulässig, wenn Sie dadurch gezwungen würden, sich selbst wegen einer von Ihnen begangenen Steuerstraftat oder Steuerordnungswidrigkeit zu belasten. Das gilt stets, soweit gegen Sie wegen einer solchen Tat bereits ein Straf- oder Bußgeldverfahren eingeleitet worden ist (§ 393 Abs. 1 AO).

    Soweit Sie nicht mitwirken, können daraus im Besteuerungsverfahren für Sie nachteilige Folgerungen gezogen und die Besteuerungsgrundlagen geschätzt werden (§ 162 i. V. m. §§ 88, 90 AO).

3. Ergibt sich während der Ermittlung der Verdacht einer Steuerstraftat oder einer Steuerordnungswidrigkeit, wird Ihnen unverzüglich die Einleitung des Straf- oder Bußgeldverfahrens mitgeteilt. In diesem Falle werden Sie noch gesondert über Ihre strafprozessualen Rechte belehrt.

    Im Strafverfahren haben die Steuerfahndung und ihre Beamten polizeiliche Befugnisse. Sie können Beschlagnahmen, Notveräußerungen, Durchsuchungen, Untersuchungen und sonstige Maßnahmen nach den für Ermittlungspersonen der Staatsanwaltschaft geltenden Vorschriften der Strafprozessordnung anordnen und sind berechtigt, die Papiere des von der Durchsuchung Betroffenen durchzusehen (§§ 399 Abs. 2 S. 2, 404 S. 2 AO, § 110 Abs. 1 der Strafprozessordnung).

Dieses Merkblatt ersetzt die Fassung vom 14. Februar 1979 (BStBl. I 1979, 115).

Anwendungsfragen zur (erneuten) Verlängerung der Steuererklärungsfristen und weiterer damit zusammenhängender Fristen und Termine für die Besteuerungszeiträume 2020 bis 2024 durch das Vierte Corona-Steuerhilfegesetz

(BMF-Schreiben vom 23.6.2022 - IV A 3-S 0261/20/10001:0018, - BStBl I S. 938)[1]

Die Steuerpflichtigen und die sie beratenden Angehörigen der steuerberatenden Berufe sind durch die andauernde Corona-Pandemie und die Auswirkungen der Ukraine-Krise weiterhin stark belastet. Des Weiteren ist im Kalenderjahr 2022 mit erheblichen Zusatzarbeiten im Zusammenhang mit der Grundsteuerreform sowohl auf Seiten der Steuerpflichtigen als auch der Finanzverwaltung zu rechnen. Aus diesem Grund wurden die Erklärungsfristen des § 149 der Abgabenordnung (AO) und die damit zusammenhängenden Fristen und Termine (§ 109 Absatz 2, § 149 Absatz 4, § 152 Absatz 2 und § 233a Absatz 2 AO) durch das Vierte Gesetz zur Umsetzung steuerlicher Hilfsmaßnahmen zur Bewältigung der Corona-Krise (Viertes Corona-Steuerhilfegesetz) vom 19. Juni 2022, BGBl I S. 911, für den Besteuerungszeitraum 2020 erneut verlängert. Ferner wurden auch für die Besteuerungszeiträume 2021 bis 2024 vergleichbare Regelungen getroffen, durch die die gesetzlichen Fristverlängerungen (spätestens) bis zum Besteuerungszeitraum 2025 wieder abgebaut werden.

Nach Erörterung mit den obersten Finanzbehörden der Länder gilt Folgendes:

I. Anwendungsregelung

1 Dieses BMF-Schreiben tritt mit sofortiger Wirkung an die Stelle der BMF-Schreiben vom 20. Juli 2021 (BStBl I S. 984) und vom 1. April 2022 (BStBl I S. 319). Es ist für die Besteuerungszeiträume 2020 bis 2024 in allen offenen Fällen anzuwenden.

II. Verlängerung der Fristen zur Abgabe der Steuer- und Feststellungserklärungen

1. Nicht beratene Fälle (§ 149 Absatz 2 AO)

2 Steuer- und Feststellungserklärungen, die sich auf ein Kalenderjahr oder auf einen gesetzlich bestimmten Zeitpunkt beziehen und nicht von einer Person, einer Gesellschaft, einem Verband, einer Vereinigung, einer Behörde oder einer Körperschaft im Sinne der §§ 3 und 4 des Steuerberatungsgesetzes (StBerG) erstellt werden (nicht beratene Fälle), sind grundsätzlich spätestens sieben Monate nach Ablauf des Kalenderjahres oder sieben Monate nach dem gesetzlich bestimmten Zeitpunkt abzugeben (§ 149 Absatz 2 Satz 1 AO).

3 Bei nicht beratenen Steuerpflichtigen, die den Gewinn aus Land- und Forstwirtschaft nach einem vom Kalenderjahr abweichenden Wirtschaftsjahr ermitteln, endet die Erklärungsfrist für Steuer- und Feststellungserklärungen, in denen der Gewinn aus Land- und Forstwirtschaft selbst ermittelt

---

[1] Inhaltsverzeichnis und Anlagen hier nicht abgedruckt

Anhang 50   Anwendungsfragen zur (erneuten) Verlängerung der Steuererklärungsfristen durch das 4. Corona-Steuerhilfegesetz

wird, grundsätzlich nicht vor Ablauf des siebten Monats, der auf den Schluss des in dem Kalenderjahr begonnenen Wirtschaftsjahres folgt (§ 149 Absatz 2 Satz 2 AO).

4   Diese Fristen werden

- für die Besteuerungszeiträume 2020 und 2021 jeweils um drei Monate,
- für den Besteuerungszeitraum 2022 um zwei Monate und
- für den Besteuerungszeitraum 2023 um einen Monat

verlängert (Artikel 97 § 36 Absatz 3 Nummer 3 und 4 des Einführungsgesetzes zur Abgabenordnung - EGAO -). Ab dem Besteuerungszeitraum 2024 gelten wieder die regulären siebenmonatigen Erklärungsfristen (vgl. Rn. 2 und 3).

5   In den Fällen des § 149 Absatz 2 Satz 1 AO (vgl. Rn. 2) tritt an die Stelle des 31. Juli des jeweiligen Folgejahres

- für den **Besteuerungszeitraum 2020**:

  unter Berücksichtigung des § 108 Absatz 3 AO der **1. November 2021**

  (soweit dieser Tag in dem Land, zu dem das Finanzamt gehört, ein gesetzlicher Feiertag ist: der 2. November 2021),

- für den **Besteuerungszeitraum 2021**:

  der **31. Oktober 2022**

  (soweit dieser Tag in dem Land, zu dem das Finanzamt gehört, ein gesetzlicher Feiertag ist: der 1. November 2022),

- für den **Besteuerungszeitraum 2022**:

  unter Berücksichtigung des § 108 Absatz 3 AO der **2. Oktober 2023** und

- für den **Besteuerungszeitraum 2023**:

  unter Berücksichtigung des § 108 Absatz 3 AO der **2. September 2024**

(Artikel 97 § 36 Absatz 3 Nummer 3 EGAO).

6   In den Fällen des § 149 Absatz 2 Satz 2 AO (vgl. Rn. 3) tritt an die Stelle der Angabe „des siebten Monats"

- für die Besteuerungszeiträume 2020 und 2021 die Angabe „des zehnten Monats",
- für den Besteuerungszeitraum 2022 die Angabe „des neunten Monats" und
- für den Besteuerungszeitraum 2023 die Angabe „des achten Monats"

(Artikel 97 § 36 Absatz 3 Nummer 4 EGAO).

Beispiel: Endet das Wirtschaftsjahr mit Ablauf des 30. Juni (vgl. § 4a Absatz 1 Satz 2 Nummer 1 EStG), tritt demzufolge an die Stelle des 31. Januar des jeweiligen Kalenderjahres, das auf den Schluss des in dem Kalenderjahr begonnenen Wirtschaftsjahres folgt

- für den **Besteuerungszeitraum 2020**:

  unter Berücksichtigung des § 108 Absatz 3 AO der **2. Mai 2022**,

- für den **Besteuerungszeitraum 2021**:

  unter Berücksichtigung des § 108 Absatz 3 AO der **2. Mai 2023**,

- für den **Besteuerungszeitraum 2022**:

  unter Berücksichtigung des § 108 Absatz 3 AO der **2. April 2024** und

- für den **Besteuerungszeitraum 2023**:

  der **28. Februar 2025**.

7 Die gesetzlichen Fristverlängerungen nach Rn. 5 und 6 sind von Amts wegen zu beachten, ein Antrag des Steuerpflichtigen ist dazu nicht erforderlich.

8 Die Möglichkeit, im Einzelfall eine weitergehende Fristverlängerung zu beantragen bzw. zu gewähren (vgl. § 109 Absatz 1 AO), bleibt hiervon unberührt.

2. Beratene Fälle (§ 149 Absatz 3 AO)

9 Sofern Personen, Gesellschaften, Verbände, Vereinigungen, Behörden oder Körperschaften i. S. d. §§ 3 und 4 StBerG mit der Erstellung der in § 149 Absatz 3 AO genannten Erklärungen beauftragt sind (beratene Fälle), sind diese Steuer- und Feststellungserklärungen - vorbehaltlich einer Vorabanforderung nach § 149 Absatz 4 AO; vgl. hierzu Abschnitt III - grundsätzlich spätestens bis zum letzten Tag des Monats Februar des zweiten auf den Besteuerungszeitraum folgenden Kalenderjahres abzugeben.

10 Für beratene Steuerpflichtige, die den Gewinn aus Land- und Forstwirtschaft nach einem vom Kalenderjahr abweichenden Wirtschaftsjahr ermitteln, endet die Erklärungsfrist für Steuer- und Feststellungserklärungen, in denen der Gewinn aus Land- und Forstwirtschaft selbst ermittelt wird, grundsätzlich mit Ablauf des 31. Juli des zweiten auf den Besteuerungszeitraum folgenden Kalenderjahres (§ 149 Absatz 3 i. V. m. § 149 Absatz 2 Satz 2 AO).

11 Diese Fristen werden

- für die Besteuerungszeiträume 2020 und 2021 jeweils um sechs Monate,

- für den Besteuerungszeitraum 2022 um fünf Monate,

- für den Besteuerungszeitraum 2023 um drei Monate und

- für den Besteuerungszeitraum 2024 um zwei Monate

verlängert (Artikel 97 § 36 Absatz 3 Nummer 1 und 2 EGAO). Ab dem Besteuerungszeitraum 2025 gelten wieder die regulären Erklärungsfristen (vgl. Rn. 9 und 10).

| Anhang 50 | Anwendungsfragen zur (erneuten) Verlängerung der Steuererklärungsfristen durch das 4. Corona-Steuerhilfegesetz |

12 In den Fällen der Rn. 9 tritt an die Stelle des letzten Tages des Monats Februar des zweiten auf den Besteuerungszeitraum folgenden Kalenderjahres

- für den **Besteuerungszeitraum 2020**:

    der **31. August 2022**,

- für den **Besteuerungszeitraum 2021**:

    der **31. August 2023**,

- für den **Besteuerungszeitraum 2022**:

    der **31. Juli 2024**,

- für den **Besteuerungszeitraum 2023**:

    unter Berücksichtigung des § 108 Absatz 3 AO der **2. Juni 2025** und

- für den Besteuerungszeitraum **2024**:

    der **30. April 2026**

(Artikel 97 § 36 Absatz 3 Nummer 1 EGAO).

13 In den Fällen der Rn. 10 tritt an die Stelle des 31. Juli des zweiten auf den Besteuerungszeitraum folgenden Kalenderjahres

- für den **Besteuerungszeitraum 2020**:

    der **31. Januar 2023**,

- für den **Besteuerungszeitraum 2021**:

    der **31. Januar 2024**,

- für den **Besteuerungszeitraum 2022**:

    der **31. Dezember 2024**,

- für den **Besteuerungszeitraum 2023**:

    der **31. Oktober 2025** (soweit dieser Tag in dem Land, zu dem das Finanzamt gehört, ein gesetzlicher Feiertag ist, unter Berücksichtigung des § 108 Absatz 3 AO der 3. November 2025) und

- für den **Besteuerungszeitraum 2024**:

    der **30. September 2026**

(Artikel 97 § 36 Absatz 3 Nummer 2 EGAO).

14 Die gesetzlichen Fristverlängerungen (vgl. Rn. 12 und 13) sind von Amts wegen zu beachten, ein Antrag des Steuerpflichtigen oder des mit der Erstellung der Erklärung Beauftragten i. S. d. §§ 3 und 4 StBerG ist dazu nicht erforderlich.

Anwendungsfragen zur (erneuten) Verlängerung der Steuererklärungsfristen durch das 4. Corona-Steuerhilfegesetz	Anhang 50

15   Vorzeitige Anforderungen von Steuer- und Feststellungserklärungen nach § 149 Absatz 4 AO bleiben von dieser Fristverlängerung unberührt (vgl. hierzu auch Abschnitt III).

16   Eine Verlängerung der (gesetzlich verlängerten) Erklärungsfristen durch das Finanzamt über die in den Rn. 12 und 13 genannten Fristenden hinaus ist nur unter den Voraussetzungen des § 109 Absatz 2 AO i. V. m. Artikel 97 § 36 Absatz 3 Nummer 1 und 2 EGAO möglich.

17   Die Fristen zur Einreichung von Steuer- und Feststellungserklärungen in beratenen Fällen können daher nur dann über die in den Rn. 12 und 13 genannten Fristenden hinaus verlängert werden, wenn der oder die Steuerpflichtige und die von ihm oder ihr beauftragte Person (z.B. ein Angehöriger der steuerberatenden Berufe als Vertreter oder Erfüllungsgehilfe) nachweislich ohne Verschulden verhindert sind oder waren, die Erklärungsfrist einzuhalten. Bei der Entscheidung über einen diesbezüglichen Antrag auf Fristverlängerung sind die von der Rechtsprechung zum Vorliegen einer „unverschuldeten Verhinderung" entwickelten Grundsätze zu beachten. Die Arbeitsüberlastung von Angehörigen der steuerberatenden Berufe kann daher für sich allein nur in besonders gelagerten Ausnahmefällen eine Fristverlängerung durch das Finanzamt über die in den Rn. 12 und 13 genannten Fristen hinaus rechtfertigen.

III. Vorzeitige Anforderung von Erklärungen (§ 149 Absatz 4 AO)

18   Das Finanzamt kann in Fällen, in denen Steuer- und Feststellungserklärungen i. S. d. § 149 Absatz 3 AO durch Angehörige der steuerberatenden Berufe erstellt werden, unter den Voraussetzungen des § 149 Absatz 4 AO eine vorzeitige Abgabe der Steuer- und Feststellungserklärung grundsätzlich vor dem letzten Tag des Monats Februar, in den Fällen des § 149 Absatz 2 Satz 2 AO (Land- und Forstwirte mit abweichendem Wirtschaftsjahr) vor dem 31. Juli des zweiten auf den Besteuerungszeitraum folgenden Kalenderjahres anordnen (sog. Vorabanforderung). Eine Vorabanforderung darf nicht auf einen Zeitpunkt erfolgen, der innerhalb der in § 149 Absatz 2 AO bestimmten Fristen liegt (§ 149 Absatz 4 Satz 6 AO).

19   Steuer- und Feststellungserklärungen i. S. d. § 149 Absatz 3 AO für die Besteuerungszeiträume 2020 bis 2024 können abweichend hiervon auch zu einem Termin vorzeitig angefordert werden, der nach dem letzten Tag des Monats Februar des zweiten auf den jeweiligen Besteuerungszeitraum folgenden Kalenderjahres und vor den in Rn. 12 genannten Zeitpunkten liegt (Artikel 97 § 36 Absatz 3 Nummer 1 EGAO). Eine Vorabanforderung darf in diesen Fällen keine kürzere Frist als die in Rn. 5 genannte Frist setzen.

   Beispiel: Die Frist zur Abgabe einer durch einen Angehörigen der steuerberatenden Berufe zu erstellenden Einkommensteuererklärung für den Besteuerungszeitraum 2022 (ohne Einkünfte aus Land- und Forstwirtschaft) endet nach § 149 Absatz 3 AO grundsätzlich mit Ablauf des 29. Februar 2024. Für den Besteuerungszeitraum 2022 wurde die Abgabefrist gesetzlich um fünf Monate verlängert und endet daher erst mit Ablauf des 31. Juli 2024 (vgl. Rn. 12).

   Nach § 149 Absatz 4 Satz 1 (oder Satz 3) AO i. V. m. Artikel 97 § 36 Absatz 3 Nummer 1 EGAO darf das Finanzamt die Einkommensteuererklärung 2022 noch für nach dem 29. Februar 2024, aber vor dem 31. Juli 2024 liegende Zeitpunkte vorzeitig anfordern.

20   Entsprechendes gilt für Steuer- und Feststellungserklärungen i. S. d. § 149 Absatz 3 i. V. m. § 149 Absatz 2 Satz 2 AO von beratenen Land- und Forstwirten mit abweichendem Wirtschaftsjahr (Artikel 97 § 36 Absatz 3 Nummer 2 EGAO). Eine Vorabanforderung darf in diesen Fällen keine kürzere Frist als die in Rn. 6 genannte Frist setzen.

   Beispiel: Die Frist zur Abgabe einer durch einen Angehörigen der steuerberatenden Berufe zu erstellenden Einkommensteuererklärung eines Land- und Forstwirtes mit abweichendem Wirtschaftsjahr für den Besteuerungszeitraum 2022 endet nach § 149 Absatz 3 AO grundsätzlich mit Ablauf des 31. Juli 2024. Für den Besteuerungszeitraum 2022

Anhang 50 — Anwendungsfragen zur (erneuten) Verlängerung der Steuererklärungsfristen durch das 4. Corona-Steuerhilfegesetz

wurde die Abgabefrist gesetzlich um fünf Monate verlängert und endet daher erst mit Ablauf des 31. Dezember 2024 (vgl. Rn. 13).

Nach § 149 Absatz 4 Satz 1 (oder Satz 3) AO i. V. m. Artikel 97 § 36 Absatz 3 Nummer 2 EGAO darf das Finanzamt die Einkommensteuererklärung 2022 noch für nach dem 31. Juli 2024, aber vor dem 31. Dezember 2024 liegende Zeitpunkte vorzeitig anfordern.

IV. Festsetzung von Verspätungszuschlägen (§ 152 AO)

21 Gegen denjenigen, der seiner Verpflichtung zur Abgabe einer Steuer- oder Feststellungserklärung nicht oder nicht fristgemäß nachkommt, kann ein Verspätungszuschlag festgesetzt werden (§ 152 Absatz 1 AO). Unter den Voraussetzungen des § 152 Absatz 2 AO steht die Festsetzung des Verspätungszuschlags nicht mehr im Ermessen des Finanzamts, sondern ist gesetzlich vorgeschrieben. Dies gilt gleichermaßen für beratene wie für nicht beratene Fälle.

22 Wurde eine Steuer- oder Feststellungserklärung zwar nach Ablauf der (gesetzlich und ggf. auch durch das Finanzamt nach § 109 AO verlängerten) Erklärungsfrist und damit verspätet, aber noch

- innerhalb von 14 Monaten nach Ablauf des Kalenderjahres oder innerhalb von 14 Monaten nach dem Besteuerungszeitpunkt (§ 152 Absatz 2 Nummer 1 AO) oder

- innerhalb von 19 Monaten nach Ablauf des Kalenderjahres oder innerhalb von 19 Monaten nach dem Besteuerungszeitpunkt (§ 152 Absatz 2 Nummer 2 AO) in den Fällen des § 149 Absatz 2 Satz 2 AO

übermittelt, <u>kann</u> das Finanzamt nach § 152 Absatz 1 AO einen Verspätungszuschlag festsetzen (Ermessensentscheidung).

23 Diese Zeitspanne, innerhalb derer die Entscheidung über die Festsetzung eines Verspätungszuschlags im Ermessen des Finanzamts liegt, wird für die Besteuerungszeiträume 2020 und 2021 um sechs Monate, für den Besteuerungszeitraum 2022 um fünf Monate, für den Besteuerungszeitraum 2023 um drei Monate und für den Besteuerungszeitraum 2024 um zwei Monate verlängert (Artikel 97 § 36 Absatz 3 Nummer 5 und 6 EGAO).

24 Das Finanzamt ist hingegen gesetzlich dazu verpflichtet einen Verspätungszuschlag festzusetzen, wenn die Steuer- oder Feststellungserklärung

- für die **Besteuerungszeiträume 2020 und 2021**:

   nicht innerhalb von 20 Monaten,

- für den **Besteuerungszeitraum 2022**:

   nicht innerhalb von 19 Monaten,

- für den **Besteuerungszeitraum 2023**:

   nicht innerhalb von 17 Monaten und

- für den **Besteuerungszeitraum 2024**:

   nicht innerhalb von 16 Monaten

nach Ablauf des Kalenderjahres oder nach dem Besteuerungszeitpunkt abgegeben wird (gebundene Entscheidung nach § 152 Absatz 2 Nummer 1 AO i. V. m. Artikel 97 § 36 Absatz 3 Nummer 5 EGAO).

25 Gleiches gilt, wenn die Steuer- oder Feststellungserklärung in den Fällen des § 149 Absatz 2 Satz 2 AO

- für die **Besteuerungszeiträume 2020 und 2021**:

    nicht innerhalb von 25 Monaten,

- für den **Besteuerungszeitraum 2022**:

    nicht innerhalb von 24 Monaten,

- für den **Besteuerungszeitraum 2023**:

    nicht innerhalb von 22 Monaten und

- für den **Besteuerungszeitraum 2024**:

nach Ablauf des Kalenderjahres oder nach dem Besteuerungszeitpunkt abgegeben wird (§ 152 Absatz 2 Nummer 2 AO i. V. m. Artikel 97 § 36 Absatz 3 Nummer 6 EGAO).

26 Die Entscheidung über die Festsetzung eines Verspätungszuschlags steht in den in Rn. 24 und 25 genannten Fällen gemäß § 152 Absatz 3 AO nur in folgenden Fällen im Ermessen des Finanzamts:

- die Finanzbehörde hat die Frist für die Abgabe der Steuererklärung nach § 109 AO (ggf. rückwirkend) verlängert, die Erklärung wurde aber nach Ablauf der hiernach verlängerten Frist abgegeben,

- die Steuer wurde auf null Euro oder auf einen negativen Betrag festgesetzt oder

- die festgesetzte Steuer übersteigt nicht die Summe der festgesetzten Vorauszahlungen und der anzurechnenden Steuerabzugsbeträge.

V. Verlängerung der zinsfreien Karenzzeiten (§ 233a Absatz 2 Satz 1 und 2 AO)

27 Der Zinslauf der Verzinsung von Steuernachforderungen und Steuererstattungen nach § 233a AO („Vollverzinsung") beginnt nach § 233a Absatz 2 Satz 1 AO allgemein 15 Monate nach Ablauf des Kalenderjahres, in dem die Steuer entstanden ist (**allgemeiner Zinslauf**).

28 Für die Einkommen- und Körperschaftsteuer beginnt der Zinslauf nach § 233a Absatz 2 Satz 2 AO regulär erst 23 Monate nach Ablauf des Kalenderjahres, in dem die Steuer entstanden ist, wenn die Einkünfte aus Land- und Forstwirtschaft bei der erstmaligen Steuerfestsetzung die anderen Einkünfte überwiegen (**besonderer Zinslauf**).

29 Der allgemeine Zinslauf (vgl. Rn. 27) beginnt

- für den **Besteuerungszeitraum 2020**:

    am **1. Oktober 2022**,

Anhang 50 Anwendungsfragen zur (erneuten) Verlängerung der Steuererklärungsfristen durch das 4. Corona-Steuerhilfegesetz

- für den **Besteuerungszeitraum 2021**:

    am **1. Oktober 2023**,

- für den **Besteuerungszeitraum 2022**:

    am **1. September 2024**,

- für den **Besteuerungszeitraum 2023**:

    am **1. Juli 2025** und

- für den **Besteuerungszeitraum 2024**:

    am **1. Juni 2026**

(Artikel 97 § 36 Absatz 3 Nummer 7 EGAO).

30 Der besondere Zinslauf (vgl. Rn. 28) beginnt

- für den **Besteuerungszeitraum 2020**:

    am **1. Juni 2023**,

- für den **Besteuerungszeitraum 2021**:

    am **1. Juni 2024**,

- für den **Besteuerungszeitraum 2022**:

    am **1. Mai 2025**,

- für den **Besteuerungszeitraum 2023**:

    am **1. März 2026** und

- für den **Besteuerungszeitraum 2024**:

    am **1. Februar 2027**

(Artikel 97 § 36 Absatz 3 Nummer 8 EGAO).

31 Diese gesetzliche Verlängerung der Karenzzeiten (vgl. Rn. 29 und 30) gilt gleichermaßen für Nachzahlungs- wie für Erstattungszinsen. Sie gilt auch unabhängig davon, ob eine Steuererklärungspflicht besteht und ob es sich um einen beratenen oder nicht beratenen Fall handelt.

Örtliche Zuständigkeit für Unternehmer mit Wohnsitz, Sitz oder Geschäftsleitung außerhalb des Geltungsbereiches der AO nach der Umsatzsteuerzuständigkeitsverordnung (UStZustV); Änderung der Zuständigkeit für die Umsatzbesteuerung der im Großherzogtum Luxemburg ansässigen Unternehmer

(BMF-Schreiben vom 12.12.2024 – IV D 1 - S 0123/24/10001:001, - BStBl I S. 163C)

Nach Erörterung mit den obersten Finanzbehörden der Länder wird hiermit nach § 1 Absatz 4 der Umsatzsteuerzuständigkeitsverordnung (UStZustV) vom 20. Dezember 2001 (BGBl. I S. 3794), die zuletzt durch Artikel 1 der Verordnung vom 24. November 2023 (BGBl. I Nr. 332) geändert wurde, für einen Übergangszeitraum von 12 Monaten bestimmt, dass für die Umsatzbesteuerung der im Großherzogtum Luxemburg ansässigen Unternehmer - abweichend von § 1 Absatz 1 Nummer 15 UStZustV - nicht mehr das Finanzamt „Saarbrücken Am Stadtgraben", sondern entsprechend Anlage 2 der Verordnung über die Zuständigkeit der Finanzämter des Saarlandes vom 16. September 2005 (Amtsblatt I S. 1538, zuletzt geändert durch Verordnung vom 6. Juni 2024 (Amtsblatt I S. 576), das Finanzamt „Saarbrücken I" örtlich zuständig ist.

Dieses Schreiben steht ab sofort für eine Übergangszeit auf den Internetseiten des Bundesministeriums der Finanzen (http://www.bundesfinanzministerium.de) unter der Rubrik Themen - Steuern - Steuerverwaltung & Steuerrecht - Abgabenordnung - Übersicht - BMF-Schreiben / Allgemeines zum Download bereit.

Abkürzungsverzeichnis

A	Abschnitt
a.a.O.	am angegebenen Ort
ABl EG	Amtsblatt der Europäischen Gemeinschaften
Abs.	Absatz
AnfG	Anfechtungsgesetz
AO	Abgabenordnung
AEAO	Anwendungserlass zur Abgabenordnung
AEntG	Arbeitnehmer-Entsendegesetz
ArbZustBauV	Arbeitnehmer-Zuständigkeitsverordnung-Bau
AStG	Außensteuergesetz
AStBV	Anweisung für das Straf- und Bußgeldverfahren
AuslG	Ausländergesetz
AÜG	Arbeitnehmerüberlassungsgesetz
BAG	Bundesarbeitsgericht
BewG	Bewertungsgesetz
BFDG	Bundesfreiwilligendienstgesetz
BFH	Bundesfinanzhof
BFH/NV	Sammlung amtlich nicht veröffentlichter Entscheidungen des BFH
BGB	Bürgerliches Gesetzbuch
BGBl.	Bundesgesetzblatt
BIC	Internationaler Banken-Identifizierungsschlüssel
BKGG	Bundeskindergeldgesetz
BMF	Bundesministerium der Finanzen
BPO 2000	Betriebsprüfungsordnung 2000
BSHG	Bundessozialhilfegesetz
BStBl	Bundessteuerblatt
BVerfG	Bundesverfassungsgericht
BVerfGG	Gesetz über das Bundesverfassungsgericht
BVerfSchG	Bundesverfassungsschutzgesetz
BVG	Bundesversorgungsgesetz
BVerwG	Bundesverwaltungsgericht
DBA	Abkommen zur Vermeidung der Doppelbesteuerung
dgl.	dergleichen
DRiG	Deutsches Richtergesetz
DSGVO	Datenschutz-Grundverordnung
DV	Datenverarbeitung
EG	Europäische Gemeinschaft/-en
EUAHiG	EU-Amtshilfe-Gesetz
EGAO	Einführungsgesetz zur Abgabenordnung
EUBeitrG	EU-Beitreibungsgesetz
EGBGB	Einführungsgesetz zum Bürgerlichen Gesetzbuch
EGInsO	Einführungsgesetz zur Insolvenzordnung
EGStGB	Einführungsgesetz zum Strafgesetzbuch
EhrRiEG	Gesetz über die Entschädigung der ehrenamtlichen Richter
EigZulG	Eigenheimzulagengesetz
ErbStG	Erbschaftsteuer- und Schenkungsteuergesetz
EStDV	Einkommensteuer-Durchführungsverordnung
EStG	Einkommensteuergesetz
EStH	Einkommensteuer-Hinweise
EStR	Einkommensteuer-Richtlinien
EStZustV	Einkommensteuer-Zuständigkeitsverordnung

Abkürzungsverzeichnis

EURL2021/514UmsG	Gesetz zur Umsetzung der Richtlinie (EU) 2021/514 des Rates vom 22. März 2021 zur Änderung der Richtlinie 2011/16/EU über die Zusammenarbeit der Verwaltungsbehörden im Bereich der Besteuerung und zur Modernisierung des Steuerverfahrensrechts
EWG	Europäische Wirtschaftsgemeinschaft
FeuerSchStG	Feuerschutzsteuergesetz
FGG	Gesetz über die Angelegenheiten der freiwilligen Gerichtsbarkeit
FGO	Finanzgerichtsordnung
FKS	Finanzkontrolle Schwarzarbeit
FVG	Finanzverwaltungsgesetz
FZulG	Forschungszulagengesetz
GBBerG	Grundbuchbereinigungsgesetz
GBO	Grundbuchordnung
GG	Grundgesetz
GKG	Gerichtskostengesetz
gem.	gemäß
GemV	Gemeinnützigkeitsverordnung (durch EGAO aufgehoben)
GewO	Gewerbeordnung
GewStG	Gewerbesteuergesetz
GrEStG	Grunderwerbsteuergesetz
GrStG	Grundsteuergesetz
GrStR	Grundsteuer-Richtlinien
GVG	Gerichtsverfassungsgesetz
GVO	Gerichtsvollzieherordnung
GwG	Geldwäschegesetz
H	Hinweis (in EStH)
HGB	Handelsgesetzbuch
HwO	Handwerksordnung
IBAN	Internationale Kontonummer
i.d.F.	in der Fassung
i.d.R.	in der Regel
i.S.	im Sinne
i.V.m.	in Verbindung mit
IHKG	Gesetz zur vorläufigen Regelung des Rechts der Industrie- und Handelskammern
InsO	Insolvenzordnung
InvZulG	Investitionszulagengesetz
JVEG	Justizvergütungs- und –entschädigungsgesetz
JStG	Jahressteuergesetz
KassenSichV	Kassensicherungsverordnung
KBV	Kleinbetragsverordnung
KHG	Krankenhausfinanzierungsgesetz
KONSENS-G	KONSENS Gesetz
KWG	Gesetz über das Kreditwesen
KraftStDV	Kraftfahrzeugsteuer-Durchführungsverordnung
KraftStG	Kraftfahrzeugsteuergesetz
KStG	Körperschaftsteuergesetz
LuftFzgG	Gesetz über Rechte an Luftfahrzeugen
MiLoG	Mindestlohngesetz
MV	Mitteilungsverordnung
Nr.	Nummer
OWiG	Gesetz über Ordnungswidrigkeiten
PassG	Passgesetz
R	Richtlinie
RennwLottAB	Ausführungsbestimmungen zum Rennwett- und Lotteriegesetz
RFH	Reichsfinanzhof

Abkürzungs-
verzeichnis

RStBl	Reichssteuerblatt
S.	Seite
SchRegO	Schiffsregisterordnung
SchwarzArbG	Schwarzarbeitsbekämpfungsgesetz
SGB	Sozialgesetzbuch
SigG	Signaturgesetz
StaRUG	Unternehmensstabilisierungs- und -restrukturierungsgesetz
StAuskV	Steuer-Auskunftsverordnung
StBerG	Steuerberatungsgesetz
StDÜV	Steuerdaten-Übermittlungsverordnung
StGB	Strafgesetzbuch
StModernG	Gesetz zur Modernisierung des Besteuerungsverfahrens
StPO	Strafprozeßordnung
StraBEG	Strafbefreiungserklärungsgesetz
StRK	Steuerrechtsprechung in Karteiform
StVollzG	Strafvollzugsgesetz
SubvG	Subventionsgesetz
TKG	Telekommunikationsgesetz
Tz.	Textziffer
Tzn.	Textziffern
UIG	Umweltinformationsgesetz
UmwG	Umwandlungsgesetz
UStDV	Umsatzsteuer-Durchführungsverordnung
UStG	Umsatzsteuergesetz
UStZustV	Umsatzsteuerzuständigkeitsverordnung
V	Verordnung
V zu § 180 Abs. 2 AO	Verordnung über die gesonderte Feststellung von Besteuerungsgrundlagen nach § 180 Abs. 2 AO
VerpflG	Verpflichtungsgesetz
VersStG	Versicherungsteuergesetz
vgl.	vergleiche
VollstrA	Vollstreckungsanweisung
VollzA	Vollziehungsanweisung
VStG	Vermögensteuergesetz
VwZG	Verwaltungszustellungsgesetz
WBVG	Wohn- und Betreuungsvertragsgesetz
WG	Wechselgesetz
WoFG	Wohnraumförderungsgesetz
WoGG	Wohngeldgesetz
WoPG	Wohnungsbauprämiengesetz
ZollVG	Zollverwaltungsgesetz
ZPO	Zivilprozessordnung
ZVG	Gesetz über die Zwangsversteigerung und Zwangsverwaltung
II. WoBauG	Zweites Wohnungsbaugesetz

STICHWORTVERZEICHNIS

A

Abgabe der Steuererklärungen
- AO § 149

Abgabenangelegenheiten
- außergerichtliche Rechtsbehelfe > AO § 347
- gerichtliche Rechtsbehelfe > FGO § 33

Abgabenberechtigter
- Beiladung > FGO § 60
- Klagebefugnis > FGO § 40

Abgabe-Schonfrist
- AEAO zu § 152, Nr. 7

Abgekürzte Außenprüfung
- AO § 203

Abgekürztes Urteil
- FGO § 105

Abgeordnete
- Auskunftsverweigerungsrecht > AO § 102
- Steuergeheimnis > AEAO zu § 30, Nr. 8.1

Abhilfe
- im Besteuerungsverfahren > AO § 172, AO § 367
- der Beschwerde > FGO § 130

Abhilfebescheid
- Änderung eines ~ > AEAO zu § 172, Nr. 4
- Zulässigkeit > AO § 172

Ablaufhemmung
- AO § 171
- Antrag auf Steuerfestsetzung oder Korrektur einer Steuerfestsetzung > AEAO zu § 171, Nr. 2
- Beginn einer Außenprüfung > AEAO zu § 171, Nr. 3
- bei rechtsgrundlos geleisteten Zahlungen > AEAO zu § 171, Nr. 7
- bei vorläufiger Steuerfestsetzung > AEAO zu § 171, Nr. 5
- Ende der Festsetzungsfrist > AEAO zu § 171
- Ermittlungen der Steuerfahndung > AEAO zu § 171, Nr. 4
- Folgebescheid > AEAO zu § 171, Nr. 6

Ablehnung
- Aussetzung der Vollziehung > AEAO zu § 361, Nrn. 10, 11
- beantragter begünstigender Verwaltungsakte > AEAO vor §§ 130, 131, Nr. 3; AEAO zu § 361, Nr. 2.3.2
- der Berufung zum ehrenamtlichen Richter > FGO § 20
- der Erteilung einer verbindlichen Auskunft > AEAO zu § 347, Nr. 1
- der Zahlung von Erstattungszinsen nach §§ 233a, 236 > AEAO zu § 239, Nr. 1
- eines Antrags auf Eintragung eines Freibetrags auf der Lohnsteuerkarte > AEAO zu § 361, Nr. 2.3.1
- eines Antrags auf Festsetzung der Steuer > AEAO zu § 155, Nr. 2
- eines Antrags auf Hinausschiebung des Prüfungsbeginns > AEAO zu § 197, Nr. 3
- einer verbindlichen Zusage > AEAO zu § 204, Nr. 3
- eines Realakts (Einspruch) > AEAO zu § 347, Nr. 1
- von Gerichtspersonen > FGO § 51
- von Sachverständigen > FGO § 88

Ablehnung von Mitgliedern eines Ausschusses
- AO § 84

Abrechnungsbescheid
- bei Einwendungen gegen Säumniszuschläge > AEAO zu § 240, Nr. 7
- maßgebender Verwaltungsakt > AEAO zu § 218, Nr. 1
- Korrektur > AEAO zu § 218, Nr. 3
- Streit über die Verwirklichung der Ansprüche aus dem Steuerschuldverhältnis > AEAO zu § 218, Nr. 3
- Zinsfestsetzung nach § 233a AO > AEAO zu § 233a, Nr. 45

Abruf
- Kontoinformationen > AO § 93; AO § 93b

Abrundung
- bei Aufteilung > AO § 275
- der Steuer > AEAO zu § 156
- der Zinsen > AEAO zu § 239, Nr. 3
- des zu verzinsenden Betrags > AEAO zu § 238, Nr. 2
- Prozesszinsen > AEAO zu § 236, Nr. 3
- Stundungszinsen, Ratenzahlungen > AEAO zu § 234, Nr. 9
- Vollverzinsung > AEAO zu § 233a, Nrn. 11, 24, 49

Stichwortverzeichnis

Abschlusszahlung
- Aussetzung der Vollziehung, Berechnung der auszusetzenden Steuer > AEAO zu § 361, Nr. 4

Absehen von Steuerfestsetzung
- AO § 156

Abtretung
- AO § 46
- Anspruch aus dem Steuerschuldverhältnis > AEAO zu § 46
- Anzeige nach amtlichem Vordruck > AEAO zu § 46, Nr. 6
- Auszahlung der Finanzbehörde bei Verstoß gegen gesetzliche Vorschriften > AEAO zu § 46, Nr. 3
- geschäftsmäßiger Erwerb und geschäftsmäßige Einziehung von Erstattungs- und Vergütungsansprüchen > AEAO zu § 46, Nr. 2
- Rechtsstellung der Beteiligten > AEAO zu § 46, Nr. 4
- vor Entstehung des Anspruchs > AEAO zu § 46, Nr. 1
- Unterschrift des Ehegatten > AEAO zu § 46, Nr. 5

Abweichende Fälligkeitsbestimmung
- AO § 221

Abweichende Steuerfestsetzung
- AO § 163

Abwendung der Pfändung
- AO § 292

Abzugssteuern
- Gefährdung > AO § 380

Adressat
- Bekanntgabe > AEAO zu § 122
- Einspruch > AEAO zu § 357

Adoption
- Angehörige > AEAO zu § 15, Nr. 7

Akteneinsicht
- der Beteiligten > AEAO zu § 91; FGO § 78
- im Strafverfahren > AO § 395
- im Zerlegungsverfahren > AO § 187
- Mitteilung der Besteuerungsunterlagen im Einspruchsverfahren > AEAO zu § 364

Aktenverfügung
- Abweichung vom bekanntgegebenen Verwaltungsakt > AEAO zu § 124, Nr. 2
- neue Tatsachen und Beweismittel > AEAO zu § 173, Nr. 2
- Wirksamkeit des Verwaltungsakts > AEAO zu § 124, Nr. 1

Aktenvorlage
- FGO § 86

Allgemeinverfügung
- AO §§ 118, 367 Abs. 2

Allgemeine Anforderungen an Buchführung und Aufzeichnungen
- AO § 145

Allgemeine Mitteilungspflichten
- AO § 93a

Allgemeine Rechte und Pflichten der Finanzbehörde
- AO § 402

Allgemeiner Aufteilungsmaßstab
- AO § 270

Amtsermittlungspflicht
- AO § 88; FGO § 76

Amtshilfe
- AO § 111
- anderer Behörden > AEAO zu § 11, AEAO zu § 112
- im finanzgerichtlichen Verfahren > FGO § 13
- innerhalb der Finanzbehörden > AEAO zu § 111, Nr. 1
- Voraussetzungen und Grenzen > AEAO zu § 112
- zwischenstaatliche ~ in Steuersachen > AEAO zu § 117

Amtssprache
- AO § 87

Amtsträger
- Begriff > AO § 7
- Haftungsbeschränkung > AEAO zu § 32
- Hilfskräfte bei öffentlichen Aufgaben > AEAO zu § 7, Nr. 3
- Wahrung des Steuergeheimnisses > AEAO zu § 30

Änderung
- Antrag auf schlichte ~ > AEAO zu § 172, Nr. 2
- Aufteilungsbescheid > AO § 280
- Aussetzung der Vollziehung > AEAO zu § 361, Nr. 2.3
- Aussetzung der Vollziehung, ~ des strittigen Verwaltungsakts > AEAO zu § 361, Nr. 8.2.2
- Auswirkungen auf Stundungszinsen, Vorauszahlungen > AEAO zu § 234, Nr. 2
- bei widerstreitenden Steuerfestsetzungen > AO § 174
- Berichtigung materieller Fehler bei ~ der Steuerfestsetzung > AEAO zu § 177, Nr. 2
- der Klage > FGO §§ 67, 68, 123

1860

Stichwortverzeichnis

- eines durch Einspruchsentscheidung bestätigten oder geänderten Verwaltungsakts > AEAO zu § 172, Nr. 4
- Einspruch bei ~ eines unanfechtbaren Verwaltungsakts > AEAO zu § 351, Nr. 1
- Einspruch gegen korrigierten Verwaltungsakt > AEAO zu § 347, Nr. 2
- Folgebescheid > AO § 175
- Grundlagenbescheid > AO § 175
- Herabsetzung einer gestundeten Steuerforderung > AEAO zu § 234, Nr. 2
- im finanzgerichtlichen Verfahren > FGO §§ 68, 100, 110
- in sonstigen Fällen > AEAO zu § 175
- Kleinbetragsverordnung > AEAO vor §§ 172 bis 177, Nr. 8
- Neue Tatsachen oder Beweismittel > AO § 173
- Prozesszinsen bei Steuerherabsetzung > AEAO zu § 236, Nr. 1
- Rückwirkendes Ereignis > AO § 175
- Säumniszuschläge bei ~ der Steuerfestsetzung > AEAO zu § 240, Nr. 2
- Steuerbescheide > AEAO zu § 172, Nr. 1
- Steuerfestsetzung unter Vorbehalt der Nachprüfung > AEAO zu § 164, Nr. 4
- verbindliche Zusage > AO § 207
- Verständigungsverfahren > AO § 175a
- Vertrauensschutz > AO § 176
- während eines Rechtsbehelfsverfahrens > AEAO zu § 365, Nr. 2; AEAO zu § 367, Nr. 2
- Zerlegungsverfahren > AO § 189
- Zinsberechnung bei korrigierter Steuerfestsetzung > AEAO zu § 233a, Nrn. 41 ff.
- Zinsbescheide > AEAO zu § 239, Nr. 1
- Zustimmung des Hinzugezogenen > AEAO zu § 360, Nr. 4

Änderungssperre
- Neue Tatsachen nach Außenprüfung > AO § 173, Nr. 7

Androhung der Zwangsmittel
- AO § 332

Anfechtungsbeschränkung
- bei Änderung unanfechtbarer Verwaltungsakte > AO § 351; FGO § 42
- bei Berichtigung offenbarer Unrichtigkeiten > AEAO zu § 351, Nr. 3
- bei Feststellungsbescheiden > AO § 352; FGO § 48
- für Rechtsnachfolger > AO § 353

Anfechtungsklage
- FGO § 40
- Gegenstand der ~ > FGO § 44
- ohne Vorverfahren > FGO § 45
- verkürztes Urteil > FGO § 105

Anforderungen an die Satzung
- AO § 60

Anforderungen an die tatsächliche Geschäftsführung
- AO § 63

Angabe des Schuldgrundes
- AO § 260

Angehörige
- Begriff > AO § 15
- Erlöschen der Eigenschaft > AEAO zu § 15, Nr. 8

Anhörung
- der Beteiligten > AO § 91

Anlaufhemmung
- Beginn der Festsetzungsfrist > AEAO zu § 170, Nrn 1 und 3
- Steuererklärungspflicht > AEAO zu § 170, Nr. 3

Anmeldung von Betrieben in besonderen Fällen
- AO § 139

Annahmewerte
- AO § 246

Anrechnungsverfügung
- Zinsberechnung bei Korrektur der ~ > AEAO zu § 233a, Nr. 45

Anrufung des Gerichts
- FGO § 133

Anschlusspfändung
- AO § 307

Ansprüche auf Herausgabe oder Leistung von Sachen
- AO § 318

Anspruch aus dem Steuerschuldverhältnis
- AO § 37
- Entstehung > AEAO zu § 38
- Erlöschen > AEAO zu § 47
- Fälligkeit > AEAO zu § 220
- Festsetzung > AEAO zu § 155
- Verwirklichung > AEAO zu § 218
- Konkretisierung > AEAO zu § 218, Nr. 1
- Streitigkeiten über die Verwirklichung > AEAO zu § 218, Nr. 3

Antrag

Stichwortverzeichnis

- schlichte Änderung einer Steuerfestsetzung > AEAO zu § 172, Nr. 2

Antrag auf Erlass eines Strafbefehls
- AO § 400

Antrag auf Steuerfestsetzung
- Ablehnung durch Steuerbescheid > AEAO zu § 155, Nr. 3

Anwendungsbereich
- der Abgabenordnung > AO § 1

Anzeige
- Beginn der Erwerbstätigkeit, Verlegung oder Aufgabe des Betriebs > AEAO zu § 138, Nr. 1
- Steuerstraftaten > AO § 116
- über die Erwerbstätigkeit > AO § 138
- von Auslandbeteiligungen >BMF-Schreiben Anhang 25

Anzeigepflichten
- Steuergestaltungen > AO § 138d ff.

Arbeitnehmer-Sparzulage
- Anwendung der AO > AEAO zu § 1, Nr. 2
- Aussetzung der Vollziehung > AEAO zu § 361, Nr. 4.7
- Festsetzungsverfahren > AEAO zu § 155, Nr. 5
- Stundungszinsen bei Rückforderung der ~ > AEAO zu § 234, Nr. 12
- siehe auch **Zulagen**

Arbeitslosenversicherung
- Mitteilung von Besteuerungsgrundlagen > AEAO zu § 31

Arrestanordnung,
- unmittelbare Klage > FGO § 45

Art der Sicherheitsleistung
- AO § 241

Art der Verwertung
- AO § 317

AStBV
- Anhang 45

Aufbewahrungspflicht
- Erleichterungen > AEAO zu § 148

Aufforderungen und Mitteilungen des Vollziehungsbeamten
- AO § 290

Aufhebung
- Aussetzung der Vollziehung > AEAO zu § 361, Nr. 8.2.1
- des dinglichen Arrestes > AO § 325
- des Urteils > FGO § 126, 127
- des Verwaltungsakts > AO §§ 172ff.; FGO §§ 100, 110
- Neue Tatsachen oder Beweismittel > AEAO zu § 173
- Steuerbescheide > AO §§ 172 ff., AEAO zu § 172, Nr. 1
- siehe auch **Änderung**

Aufhebung der Vollziehung
- durch Finanzbehörde > AEAO zu § 361, Nrn. 4, 7
- Rückwirkung > AEAO zu § 361, Nr. 7.4
- siehe auch **Aussetzung der Vollziehung**

Aufklärungspflicht
- der Finanzbehörde > AEAO zu § 88

Aufnahme der Steuererklärung an Amtsstelle
- AO § 151

Aufrechnung
- AO § 226
- Anwendung der zivilrechtlichen Regelungen > AEAO zu § 226, Nr. 1
- Herstellung der Aufrechnungslage durch Abtretung > AEAO zu § 226, Nr. 3
- Rückwirkung > AEAO zu § 226, Nr. 2
- Voraussetzungen > AEAO zu § 226, Nr. 1
- Zuständigkeit für Erklärung der ~ > AEAO zu § 226, Nr. 4

Aufschiebende Wirkung
- FGO §§ 69, 131

Aufteilungsmaßstab
- für die Vermögensteuer > AO § 271
- für Steuernachforderungen > AO § 273
- für Vorauszahlungen > AO § 272

Aufzeichnungen
- Gewinnabgrenzung > AO § 90
- Ordnungsvorschriften für Buchführung und ~ > AEAO zu § 146
- Warenausgang > AO § 144
- Wareneingang > AO § 143

Aufzeichnungspflicht
- Aufbewahrung von Unterlagen > AEAO zu § 147
- Erleichterungen der ~ > AEAO zu § 148
- nach anderen Gesetzen > AEAO zu § 140
- Warenausgang > AEAO zu § 144
- Wareneingang > AEAO zu § 143

Ausgeschlossene Personen
- AO § 82

Auskunft
- AO § 89; FGO § 86
- Verbindliche Auskunft nach § 89 > AEAO zu § 89
- mit Bindungswirkung nach Treu und Glauben > AEAO zu § 204, Nr. 4

Auskunftspflichtiger

Stichwortverzeichnis

- Beteiligte und andere Personen > AO § 93
- Entschädigungspflicht > AEAO zu § 107

Auskunftsverweigerung
- FGO § 86

Auskunftsverweigerungsrecht
- Angehörige > AO § 101
- Belehrung über ~ > AEAO zu § 101
- Benennung von Gläubigern und Zahlungsempfängern > AEAO zu § 160, Nr. 2
- Gefahr der Verfolgung wegen einer Straftat oder einer Ordnungswidrigkeit > AO § 103
- Schutz bestimmter Berufsgeheimnisse > AO § 102
- Steuerpflichtiger > AEAO zu § 101

Auslagen
- AO § 344
- FGO § 139

Ausländische Zahlungsempfänger
- AO § 160

Auslandsbeteiligung
- Anzeigepflicht > AEAO zu § 138, Nr. 2

Auslegung
- Zweifel bei ~ der Steuergesetze, keine Vorläufigkeit > AEAO zu § 165, Nr. 1

Ausnahmen von der satzungsmäßigen Vermögensbindung
- AO § 62

Ausschließlichkeit
- AO § 56

Ausschließung
- vom Richteramt > FGO § 18
- von Gerichtspersonen > FGO § 51

Ausschluss der Öffentlichkeit
- FGO § 52

Ausschluss des Einspruchs
- AO § 348

Ausschluss von Gewährleistungsansprüchen
- AO § 283

Ausschlussfrist für Vollmachtsvorlage
- FGO § 62

Außenprüfung
- Abgekürzte ~ > AEAO zu § 203
- Ablaufhemmung durch Beginn einer ~ > AEAO zu § 171, Nr. 3
- Abschluss der ~ > AEAO zu § 202, Nr. 2
- Änderungssperre für neue Tatsachen > AEAO zu § 173, Nr. 7
- Ausweispflicht > AEAO zu § 198
- fortbestehende Ungewissheiten nach ~, Vorläufigkeit > AEAO zu § 165, Nr. 1
- Hinausschieben des Prüfungsbeginns > AEAO zu § 197, Nr. 3
- Kontrollmitteilungen > AEAO zu § 194, Nr. 4
- Mitwirkungspflichten > AEAO zu § 200
- Nachweis des Prüfungsbeginns > AEAO zu § 198
- Prüfungsanordnung für verjährte Steueransprüche > AEAO zu § 196, Nr. 4
- Prüfungsbericht, Inhalt und Bekanntgabe > AEAO zu § 202
- Rechtsfolgen > AEAO zu § 193, Nr. 2
- Rechtsgrundlage > AEAO zu § 193, Nr. 3
- Sachlicher Umfang > AEAO zu § 194
- Schlussbesprechung > AEAO zu § 201
- Zulässigkeit > AEAO zu § 193
- Zuständigkeit > AEAO zu § 195
- zwischenstaatliches Rechts- und Amtshilfeersuchen > AEAO zu § 194, Nr. 2

Außergerichtliche Schuldenbereinigung
- > InsO § 305 (Anhang 6)
- Kriterien für die Entscheidung über einen Antrag auf ~ (BMF) > Anhang 41

Außersteuerliche Bindungswirkung
- Beschwer durch ~ > AEAO zu § 350, Nr. 5

Außergerichtliches Rechtsbehelfsverfahren
- siehe **Rechtsbehelfsverfahren**

Außerkrafttreten der verbindlichen Zusage
- AO § 207

Außersteuerliche Verwaltungsakte
- Aussetzung der Vollziehung > AEAO zu § 361, Nr. 4.7

Aussetzung der Steuerfestsetzung
- AO § 165

Aussetzung der Verwertung
- AO § 297

Aussetzung der Vollziehung
- AO § 361
- Abgrenzung zur gerichtlichen Vollziehungsaussetzung > AEAO zu § 361, Nr. 1.2
- Abgrenzung zur Stundung > AEAO zu § 361, Nr. 1.4

Stichwortverzeichnis

- Ablehnung > AEAO zu § 361, Nrn. 10, 11
- Abschluss des Rechtsbehelfsverfahrens > AEAO zu § 361, Nr. 2.2
- Abschlusszahlung, Berechnung der auszusetzenden Steuer > AEAO zu § 361, Nr. 4
- Änderung des strittigen Verwaltungsakts, Ende der ~ > AEAO zu § 361, Nr. 8.2.2
- Änderungsanträge außerhalb des Rechtsbehelfsverfahrens > AEAO zu § 361, Nr. 2.3
- Anfechtung eines Grundlagenbescheides > AEAO zu § 361, Nr. 4.6.1
- Antrag auf ~ > AEAO zu § 361, Nr. 2.1
- Anwendungsbereich > AEAO zu § 361, Nr. 1
- Aufhebung der Verfügung über ~ > AEAO zu § 361, Nr. 8.2.1
- Aufhebung der Vollziehung, Rückwirkung > AEAO zu § 361, Nr. 7.4
- Außersteuerliche Verwaltungsakte > AEAO zu § 361, Nr. 4.7
- Aussetzungszinsen > AEAO zu § 237
- Beginn > AEAO zu § 361, Nr. 8.1
- Begründetheit des Rechtsbehelfs > AEAO zu § 361, Nr. 3.4
- bei Verfassungsbeschwerde > AEAO zu § 361, Nr. 1.3
- Berechnung der auszusetzenden Steuer > AEAO zu § 361, Nr. 4
- Dauer > AEAO zu § 361, Nr. 8
- des finanzgerichtlichen Verfahrens > FGO § 74
- der Vollziehung durch das Finanzgericht > FGO §§ 69, 131
- einheitliche und gesonderte Feststellung,
- Beschränkung der ~ > AEAO zu § 361, Nr. 5.2
- Darstellung der Besteuerungsgrundlagen > AEAO zu § 361, Nr. 5.3
- Ende > AEAO zu § 361, Nr. 8.2
- Ermessensspielraum > AEAO zu § 361, Nr. 2.4
- ernstliche Zweifel an der Rechtmäßigkeit des angefochtenen Verwaltungsakts > AEAO zu § 361, Nrn. 2.1, 2.5
- Fälligkeit der strittigen Steuer, Beginn der ~ > AEAO zu § 361, Nr. 8.1
- Folgebescheid, ~ von Amts wegen > AEAO zu § 361, Nr. 6
- freiwillige Zahlungen, Aufhebung der Vollziehung > AEAO zu § 361, Nr. 7.2
- Gefährdung des Steueranspruchs, Sicherheitsleistung > AEAO zu § 361, Nrn. 2.5.5, 9.2
- Grundlagenbescheide > AEAO zu § 361, Nr. 5
- Hinzuziehung bei ~ einer einheitlichen Feststellung > AEAO zu § 361, Nr. 5.2
- Höhe der streitbefangenen Steuer, größer als Abschlusszahlung > AEAO zu § 361, Nr. 4.3
- Höhe der streitbefangenen Steuer > AEAO zu § 361, Nr. 4
- Körperschaftsteuer, Aufhebung der Vollziehung > AEAO zu § 361, Nr. 7.2
- Nebenbestimmungen zur ~ > AEAO zu § 361, Nr. 9
- negative Feststellung > AEAO zu § 361, Nr. 5.3
- Prämien > AEAO zu § 361, Nr. 4.7
- Realsteuermessbescheid, Unterrichtung der Gemeinde > AEAO zu § 361, Nrn. 5.4.1, 5.4.3
- Rechtsbehelfe > AEAO zu § 361, Nr. 11
- Säumniszuschläge, rückwirkende Aufhebung der Vollziehung > AEAO zu § 361, Nr. 7.4
- Sicherheitsleistung > AEAO zu § 361, Nr. 9.2
- Steuerabzugsbeträge, Aufhebung der Vollziehung > AEAO zu § 361, Nr. 7.2
- Steuerabzugsbeträge, Berechnung der auszusetzenden Steuer > AEAO zu § 361, Nr. 5
- Steueranmeldung, Aufhebung der Vollziehung > AEAO zu § 361, Nr. 7.3
- unbillige Härte > AEAO zu § 361, Nrn. 2.1, 2.6
- Unterrichtung der für Folgebescheide zuständigen Finanzbehörden > AEAO zu § 361, Nr. 5.4
- Vollstreckung bei Anfechtung der Ablehnung der ~ > AEAO zu § 361, Nr. 10
- Vollstreckungsmaßnahmen bis zur Entscheidung über Antrag auf ~ > AEAO zu § 361, Nr. 3
- Vollziehbarkeit des Verwaltungsakts > AEAO zu § 361, Nrn. 2.3, 5.1
- Voraussetzungen > AEAO zu § 361, Nr. 2
- Vorauszahlungen, Aufhebung der Vollziehung > AEAO zu § 361, Nr. 7.2

Stichwortverzeichnis

- Vorauszahlungen, Berechnung der auszusetzenden Steuer > AEAO zu § 361, Nr. 4
- vorläufiger Rechtsschutz gegen nicht vollziehbare Verwaltungsakte > AEAO zu § 361, Nr. 2.3.4
- Wechselwirkung mit anderen Verwaltungsakten bei Erfolg des Rechtsbehelfs > AEAO zu § 361, Nr. 4.6.2
- wesentliche Nachteile > AEAO zu § 361, Nr. 4.6.1
- Widerrufsvorbehalt > AEAO zu § 361, Nr. 9.1
- Zahlungsfrist bei Ablehnung der ~ > AEAO zu § 361, Nr. 10
- Zinsen > AEAO zu § 237
- Zulagen > AEAO zu § 361, Nr. 4.7
- zuständige Finanzbehörde > AEAO zu § 361, Nr. 3.3
- siehe auch **Aufhebung der Vollziehung**

Aussetzung des Einspruchsverfahrens
- AO § 363

Aussetzung des Steuerstrafverfahrens
- AO § 396

Aussetzungszinsen
- AO § 237
- bei hinausgeschobener Fälligkeit > AEAO zu § 237, Nr. 5
- bei Realsteuern > AEAO zu § 237, Nr. 7
- erfolgloser Rechtsbehelf > AEAO zu § 237, Nr. 4
- Überschneidung mit Vollverzinsung > AEAO zu § 233a, Nr. 68
- Voraussetzungen > AEAO zu § 237, Nr. 2
- Vorauszahlungen, Erledigung durch Jahressteuerfestsetzung > AEAO zu § 237, Nr. 4
- Zinslauf > AEAO zu § 237, Nr. 6

Austausch von Sicherheiten
- AO § 247

Auswahl der Behörde
- AO § 113

Ausweispflicht
- bei Beginn einer Außenprüfung > AO § 198

Auszusetzende Steuer
- Aussetzung der Vollziehung, Berechnung > AEAO zu § 361, Nr. 4

B

Bankgeheimnis
- Begriff und Umfang > AO § 30 a

Bankunternehmen
- geschäftsmäßiger Erwerb und geschäftsmäßige Einziehung von Erstattungs- und Vergütungsansprüchen > AEAO zu § 46, Nr. 2

Bannbruch
- AO § 372

Bargeschäfte
- Aufbewahrung digitaler Unterlagen bei ~ > Anhang 34

Baugesetzbuch
- Auszug > Anhang 1

Beamtenstatusgesetz
- Auszug > Anhang 1

Beauftragte
- AO § 214

Beendigung des Zwangsverfahrens
- AO § 335

Befangenheit
- Besorgnis der ~ AO § 83; FGO § 51

Befugnisse der Finanzbehörde
- AO § 210

Befugnisse des Vollziehungsbeamten
- AO § 287

Beginn der Festsetzungsfrist
- AO § 170

Beginn der Zahlungsverjährung
- AO § 229

Beginn des Verfahrens
- AO § 86

Begriff des Verwaltungsakts
- AO § 118

Begründung
- des Beschlusses > FGO § 105
- der Klage > FGO § 65
- der Nichtzulassungsbeschwerde > FGO § 116
- der Revision > FGO § 120
- des Urteils > FGO § 105, 126a
- des Verwaltungsakts > AO § 121
- des Verwaltungsakts (Einspruchsfrist) > AEAO zu § 355, Nr. 2
- Folgen fehlerhafter ~ eines Verwaltungsakts > AEAO zu § 121, Nr. 3

Behörden
- AO § 6

Beiladung
- FGO §§ 57, 60, 73, 123

Beistände
- AO § 80

Beitritt
- des BMF > FGO §§ 57, 122

Bekanntgabe
- AO § 122
- des Verwaltungsakts > AO § 122
- der Einspruchsentscheidung > AEAO zu § 366, Nr. 1

1865

Stichwortverzeichnis

- der Prüfungsanordnung > AO § 197
- des Prüfungsberichts > AO § 202
- Empfänger außerhalb des Geltungsbereichs der AO > AEAO zu § 122, Nrn. 1.8.4, 3.1.4

Bekanntgabemängel
- Ablaufhemmung bei rechtsgrundlos geleisteten Zahlungen > AEAO zu § 171, Nr. 7
- Heilung > AEAO zu § 122, Nr. 4

Bekanntgabewillen
- Wirksamkeit eines Verwaltungsakts > AEAO zu § 124, Nr. 1

Beklagter
- FGO § 57

Belehrung
- über Rechtsbehelf > AO § 356; FGO § 55
- über Rechtsmittel > FGO § 105

Benennung
- von Gläubigern und Zahlungsempfängern > AO § 160

Beratung (Auskunft)
- AO § 89

Beraterverschulden
- Zurechnung bei neuen Tatsachen oder Beweismitteln > AEAO zu § 173, Nr. 4

Beratung
- Fürsorgepflicht der Finanzbehörden > AEAO zu § 89
- FGO § 52

Bergmanns-Prämie
- siehe auch **Prämien**

Berichterstattung
- FGO § 92

Berichtigung
- bei offenbaren Unrichtigkeiten, Anfechtungsbeschränkung > AEAO zu § 129
- des Urteils > FGO §§ 107, 108
- Kleinbetragsverordnung > AEAO vor §§ 172 bis 177, Nr. 8
- von Erklärungen > AO § 153

Berichtigung materieller Fehler
- AO § 177
- bei Berichtigung offenbarer Unrichtigkeiten > AEAO zu § 129, Nr. 2
- Saldierungsgebot für materielle Fehler > AEAO zu § 177, Nr. 4
- Änderungsrahmen > AEAO zu § 177, Nr. 3

Beschlüsse
- FGO § 113
- über Beschwerde > FGO §§ 116, 132
- ohne ehrenamtliche Richter > FGO § 5
- Senatsbesetzung bei ~ > FGO §§ 5, 10

Beschränkung der Vollstreckung
- AO § 257

Beschwer
- Anfechtung eines Grundlagenbescheides > AEAO zu § 350, Nr. 4
- Anrechnung von Steuerabzugsbeträgen und Körperschaftsteuer > AEAO zu § 350, Nr. 3
- bei außersteuerlicher Bindungswirkung der Steuerfestsetzung > AEAO zu § 350, Nr. 3
- bei einer AEAO zu niedrigen Steuerfestsetzung > AEAO zu § 350, Nr. 2
- bei Steuerfestsetzung auf Null > AEAO zu § 350, Nr. 3
- Betroffener > AEAO zu § 350, Nr. 5
- Geltendmachen im Einspruchsverfahren > AEAO zu § 350, Nr. 1
- Rechtsschutzbedürfnis > AEAO zu § 350, Nr. 6

Beschwerde
- an den BFH > FGO § 128
- Ausschluss der ~ > FGO § 128
- Einlegung > FGO § 129
- Entscheidung über ~ > FGO § 132
- Kostenfestsetzung > FGO § 145
- Prozesskostenhilfeentscheidung > FGO § 128

Beschränkung der Auskunfts- und Vorlagepflicht bei Beeinträchtigung des staatlichen Wohls
- AO § 106

Beschränkung der Vollstreckung
- AO § 278

Besetzung
- AO § 350
- der Finanzgerichte > FGO § 5
- des BFH > FGO § 10
- des Großen Senats > FGO § 11

Besondere Aufsichtsmaßnahmen
- AO § 213

Besondere Verwertung
- AO § 305

Besonderer Aufteilungsmaßstab
- AO § 274

Besorgnis der Befangenheit
- AO § 83
- FGO § 51

Bestandskraft
- Durchbrechung der ~ aufgrund anderer Steuergesetze > AEAO vor §§ 172 bis 177, Nr. 3

Stichwortverzeichnis

- Durchbrechung der materiellen oder formellen ~ > AEAO vor §§ 172 bis 177
- siehe auch **Änderung** und **Aufhebung**

Bestechung
- AEAO zu § 160

Bestellung eines Empfangsbevollmächtigten
- AO § 123

Bestellung eines Vertreters von Amts wegen
- AO § 81

Besteuerungsgrundsätze
- AO § 85

Besteuerungsunterlagen
- Mitteilung der ~ im Einspruchsverfahren > AEAO zu § 364

Bestimmtheit des Verwaltungsakts
- AO § 119

Beteiligte
- AO § 78
- Anhörung, rechtliches Gehör > AEAO zu § 91
- im Einspruchsverfahren > AO § 359
- im finanzgerichtlichen Verfahren > FGO § 57
- im Revisionsverfahren > FGO § 122
- im Zerlegungsverfahren > AO § 186

Beteiligung der Finanzbehörde im gerichtlichen Strafverfahren
- AO §§ 403, 407

Betragsberechnung
- durch Finanzbehörde > FGO § 100

Betreten von Grundstücken und Räumen
- AO § 99

Betrieb gewerblicher Art
- AO § 51

Betriebsprüfungsordnung
- Anhang 2
- BMF-Schreiben zu Anwendungsfragen zu § 10 Abs. 1 BpO > Anhang 48

Betriebstätte
- AO § 12
- Anzeigepflicht bei Eröffnung, Verlegung oder Aufgabe > AEAO zu § 138, Nr. 1
- Begriff > AEAO zu § 12

Betriebsübernehmer
- Haftung > AO § 75

Bevollmächtigte
- AO § 80
- Bekanntgabe an ~ > AEAO zu § 122, Nr. 1.3 und 3; AEAO zu § 123

- Erstattung an ~ > AEAO zu § 80, Nr. 2
- FGO §§ 62, 62a
- Kostenerstattung für ~ > FGO § 139
- Nachweis der Vollmacht > AEAO zu § 80, Nr. 1
- Schriftwechsel und Verhandlungen > AEAO zu § 80, Nr. 4
- Umfang der Vollmacht > AEAO zu § 80, Nr. 2
- Unterzeichnung von Steuererklärungen > AEAO zu § 80, Nr. 3

Beweiserhebung (Beweisaufnahme)
- FGO §§ 81, 82, 83

Beweiskraft der Buchführung
- AO § 158

Beweismittel
- AO § 92
- Änderung wegen neuer ~ > AO § 173
- Fristsetzung im Einspruchsverfahren > AEAO zu § 364 b, Nr. 3

Bewilligung von Erleichterungen
- AO § 148

Bilanzzusammenhang
- Beschwer bei AEAO zu niedriger Steuerfestsetzung > AEAO zu § 350, Nr. 2

Billigkeitsmaßnahme
- abweichende Steuerfestsetzung > AEAO zu § 163
- Änderung der Steuerfestsetzung > AEAO zu § 163, Nr. 2
- Einspruch bei Verbindung der ~ mit Steuerfestsetzung > AEAO zu § 347, Nr. 4
- Einspruchsverfahren > AEAO zu § 347, Nr. 4
- Gewerbesteuer > AEAO zu § 163, Nr. 3
- Grundlagenbescheid für Steuerfestsetzung > AEAO zu § 163, Nr. 2
- Stundungszinsen, vorzeitige Tilgung > AEAO zu § 234, Nr. 1
- Verbindung mit Steuerfestsetzung > AEAO zu § 163, Nr. 2
- Zuständigkeit > AEAO zu § 163, Nr. 4
- Außerkrafttreten einer verbindlichen Zusage nach Rechtsänderung > AEAO zu § 207, Nr. 1
- bei Stundungen, Verzicht auf Erhebung von Stundungszinsen > AEAO zu § 234, Nr. 11
- im Festsetzungsverfahren > AEAO § 163
- Vollverzinsung > AEAO zu § 233a, Nrn. 69 ff.

1867

Stichwortverzeichnis

- Zustimmungsvorbehalte > Anhang 39

Bindungswirkung
- des Urteils > FGO § 110
- Einspruchsverfahren, ~ anderer Verwaltungsakte > AO § 351
- verbindliche Zusage > AEAO zu § 206

Bodenschätze
- Stätten der Erkundung von ~ als Betriebstätte > AEAO zu § 12, Nr. 3

Buchführung
- auf maschinell lesbaren Datenträgern > AEAO zu § 146, Nr. 3
- Aufbewahrung von Unterlagen > AEAO zu § 147
- Beweiskraft bei Beanstandungen > AEAO zu § 158
- Erleichterungen bei der ~ > AEAO zu § 148
- Grobes Verschulden bei Verletzung allgemeiner Grundsätze der ~ >
- mittels EDV > AEAO zu § 146, Nr. 3
- Offene-Posten-Buchhaltung > AEAO zu § 146, Nr. 3
- Ordnungsvorschriften > AEAO zu § 1246

Buchführungsgrenze
- bei mehreren Betrieben > AEAO zu § 141, Nr. 3

Buchführungspflicht
- bei Betriebsübergang im Ganzen > AEAO zu § 141, Nr. 5
- bestimmter Steuerpflichtiger > AO § 141
- Feststellung durch Verwaltungsakt > AEAO zu § 141, Nr. 2
- nach anderen Gesetzen > AO § 140
- steuerliche ~ > AEAO zu § 141
- Wegfall der ~, Feststellung > AEAO zu § 141, Nr. 4

Bundesfinanzhof
- FGO § 2
- Besetzung > FGO § 10
- Großer Senat > FGO § 11
- vorläufige Steuerfestsetzung > AEAO zu § 165, Nr. 4
- Zuständigkeit, sachliche > FGO § 36

Bundesmeldegesetz
- (Auszug) > Anhang 1

Bundesrecht
- Verletzung > FGO § 118, 119

Bundesrichter
- FGO § 10

Bundesverfassungsgericht
- vorläufige Steuerfestsetzung bei verfassungsrechtlichen Zweifeln am Steuergesetz > AEAO zu § 165, Nr. 4
- vorläufige Steuerfestsetzung nach Entscheidung des ~ > AEAO zu § 165, Nr. 3

Bußgeld
- AO § 377 ff.
- Verfahren > AO § 409 ff.
- Rechtsweg > FGO § 33

D

Datenschutz
- DSGVO
- Datenschutz im Steuerverwaltungsverfahren > Anhang 13

Datenträger
- Aufbewahrung von Buchführungsunterlagen > AEAO zu § 147, Nr. 3
- Buchführung auf maschinell lesbarem ~ > AEAO zu § 146, Nr. 3

DBA
- rückwirkende Anwendung eines ~, Vorläufigkeit > AEAO zu § 165, Nr. 2

Dienstrechtliche Maßnahmen
- Mitteilungen der Finanzbehörden zur Durchführung ~ bei Beamten und Richtern > Anhang 17

Dinglicher Arrest
- AO § 324

Divergenzanrufung
- des Großen Senats > FGO § 11

Domizilgesellschaft
- AEAO zu § 160, Nr. 3

Doppelberücksichtigung eines Sachverhaltes
- widerstreitende Steuerfestsetzung > AEAO zu § 174, Nr. 3

Doppelzahlung
- Geltendmachung des Erstattungsanspruchs außerhalb des Festsetzungsverfahrens > AEAO zu § 155, Nr. 4

Dritte
- Einspruchsbefugnis > AEAO zu § 350, Nr. 3
- Leistung durch ~ > AEAO zu § 48

Drittwirkung der Steuerfestsetzung
- AO § 166

Duldung
- der Vertreter und Verfügungsberechtigten > AO § 77

Duldungsbescheid
- AO § 191

Duldungspflicht
- AO § 77

- Festsetzungsfrist > AEAO zu § 191, Nr. 4

DV-gestützte Buchführungssysteme
- AEAO zu § 146, Nr. 3; AEAO zu § 147, Nr. 2

E

EDV-Buchführung
- Aufbewahrung von Unterlagen > AEAO zu § 147, Nr. 2
- Ordnungsvorschriften, Überprüfbarkeit > AEAO zu § 146, Nr. 3

Ehegatten
- Bekanntgabe einer Prüfungsanordnung > AEAO zu § 197, Nr. 2
- Erstattungsansprüche bei Zusammenveranlagung > AEAO zu § 37, Nr. 2
- gegenseitige Zurechnung des groben Verschuldens am nachträglichen Bekanntwerden von Tatsachen und Beweismitteln > AEAO zu § 173, Nr. 4
- Hinzuziehung im Einspruchsverfahren bei Zusammenveranlagung > AEAO zu § 360, Nr. 3
- örtliche Zuständigkeit bei mehrfachem Wohnsitz > AEAO zu § 19, Nr. 1
- Unterschrift der ~ bei Abtretungsanzeigen > AEAO zu § 46, Nr. 5

Ehrenamtliche Richter
- Ablehnung der Berufung > FGO § 20
- Amtsdauer > FGO § 22
- Anzahl > FGO § 24
- Ausgeschlossener Personenkreis > FGO § 18, 19
- Entbindung vom Amt > FGO § 21
- Entschädigung > FGO § 29
- Liste der ~ > FGO § 27
- Ordnungsstrafen > FGO § 20
- Voraussetzungen > FGO § 17
- Vorschlagsliste > FGO §§ 22, 25
- Wahl > FGO §§ 22, 26
- Wahlausschuss > FGO §§ 22, 23

Eid
- Abnahme > FGO § 84

Eidesstattliche Versicherung
- VollstrA > Anhang 8

Eidesverweigerungsrecht
- siehe **Auskunftsverweigerungsrecht**

Eidliche Vernehmung
- AO § 94

Eigenheimzulage
- Anwendung der AO > AEAO zu § 1, Nr. 2
- Aussetzung der Vollziehung > AEAO zu § 361, Nr. 4.7
- Festsetzungsverfahren > AEAO zu § 155, Nr. 5
- Stundungszinsen bei Rückforderung der ~ > AEAO zu § 234, Nr. 12
- siehe auch **Zulagen**

Eigentümer
- Haftung des ~ von Gegenständen > AO § 74

Einfuhr- und Ausfuhrabgaben und Verbrauchsteuern
- Zuständigkeit > AO § 23

Einkommensteuer
- Änderung wegen neuer Tatsachen, Zusammenhang zwischen steuererhöhenden und steuermindernden neuen Tatsachen > AEAO zu § 173, Nr. 5

Einkunftsquelle
- Umfang der einheitlichen Feststellung > AEAO zu § 180, Nr. 1

Einlegung
- des Einspruchs > AO § 357
- der Klage > FGO §§ 47, 64
- der Revision > FGO § 120

Einleitung des Strafverfahrens
- AO § 397

Einnahme des Augenscheins
- AO § 98

Einschränkung von Grundrechten
- AO § 413

Einspruch
- Abgrenzung > AEAO vor § 347
- Adressat > AEAO zu § 357
- Anfechtungsbeschränkung > AEAO zu § 351, Nr. 1
- Behandlung der Klage als ~ > FGO § 45
- bei Änderung eines unanfechtbaren Verwaltungsakts > AEAO zu § 351, Nr. 1
- bei Zulagen und Prämien > AEAO zu § 347, Nr. 6
- Einlegung > AEAO zu § 357
- Entscheidung über ~ > AEAO zu § 367
- Erweiterung des Antrags > AEAO zu § 367, Nr. 3
- gegen Folgebescheid > AEAO zu § 351, Nr. 4
- gegen Nebenbestimmungen > AEAO zu § 347, Nr. 3

Stichwortverzeichnis

- gegen Verwaltungsakte > AEAO zu § 347, Nr. 1
- Rücknahme > AEAO zu § 362
- Rücknahme des ~, Änderung des angefochtenen Verwaltungsakts > AEAO zu § 367, Nr. 2
- Statthaftigkeit > AEAO zu § 347
- Steuerberatungsangelegenheiten > AEAO zu § 347, Nr. 5
- Verbindung der Steuerfestsetzung mit Billigkeitsmaßnahme > AEAO zu § 347, Nr. 4

Einspruchsbefugnis
- bei der einheitlichen Feststellung > AO § 352
- der Feststellungsbeteiligten > AEAO zu § 352, Nr. 3
- des Rechtsnachfolgers > AO § 353
- Empfangsbevollmächtigter > AEAO zu § 352, Nr. 3
- Geschäftsführer > AEAO zu § 352, Nr. 2

Einspruchsentscheidung
- Änderung eines durch ~ bestätigten oder geänderten Verwaltungsakts > AEAO zu § 172, Nr. 4
- Bekanntgabe > AEAO zu § 366, Nr. 1
- Form und Inhalt > AEAO zu § 366
- Rechtsbehelfsbelehrung > AEAO zu § 366, Nr. 3
- schlichte Änderung eines Steuerbescheids nach Bekanntgabe der ~ > AEAO zu § 172, Nr. 5
- Zustellung > AEAO zu § 366, Nr. 2

Einspruchsfrist
- AO § 355
- Beginn und Dauer > AEAO zu § 355, Nr. 1
- bei unterlassener Anhörung eines Beteiligten > AEAO zu § 355, Nr. 2
- fehlende Begründung des Verwaltungsakts > AEAO zu § 355, Nr. 2
- Widereinsetzung in den vorigen Stand > AEAO zu § 355, Nr. 2

Einspruchsführer
- Erörterung des Sach- und Rechtsstandes im Einspruchsverfahren > AEAO zu § 364 a, Nr. 3

Einspruchsverfahren
- Akteneinsicht > AEAO zu § 364
- Änderung des angefochtenen Verwaltungsakts während des ~ > AEAO zu § 365, Nr. 2
- Aussetzung > AEAO zu § 363
- Bindungswirkung anderer Verwaltungsakte > AEAO zu § 351
- Einspruchsentscheidung, Form und Inhalt > AEAO zu § 366
- Erörterung des Sach- und Rechtsstandes > AEAO zu § 364 a
- Fristsetzung > AEAO zu § 364 b
- Hinzuziehung Dritter > AEAO zu § 360
- Mitteilung der Besteuerungsunterlagen > AEAO zu § 364
- Ruhen > AEAO zu § 363
- Teilabhilfe > AEAO zu § 365, Nr. 2
- Verfahrensvorschriften > AEAO zu § 365
- Vorbehalt der Nachprüfung > AEAO zu § 367, Nr. 5

Einspruchsverzicht
- AO § 354

Einstellung
- der Versteigerung > AO § 301
- der Vollstreckung > AO § 257 ff. des finanzgerichtlichen Verfahrens > FGO § 72
- des Strafverfahrens > AO § 398

Einstweilige Anordnung
- FGO § 114

Einstweilige Einstellung oder Beschränkung der Vollstreckung
- AO § 258

Einwendungen gegen die Vollstreckung
- AO § 256

Einzelbekanntgabe
- bei einheitlichen Feststellungen > AEAO zu § 183, Nr. 2

Einzelforderung
- Stundungszinsen > AEAO zu § 234, Nr. 7

Einziehungsverfügung
- AO § 314

Einzugsermächtigung
- Verzögerungen bei der Einziehung > AEAO zu § 224, Nr. 1

Elektronische Signatur
- AO § 87a

Empfängernachweis
- Benennung von Gläubigern und Zahlungsempfängern > AEAO zu § 160, Nr. 3

Empfangsbevollmächtigter
- im einheitlichen Feststellungsverfahren > AO § 183
- Einspruchsbefugnis > AEAO zu § 352

Empfangsvollmacht
- Erteilung einer ~ > AEAO zu § 123

Endgültigkeitserklärung
- AO § 165

Entrichtungspflicht

Stichwortverzeichnis

- schriftliches Zahlungsanerkenntnis > AEAO zu § 167, Nr. 3

Entrichtungsschuldner
- als Steuerpflichtiger > AEAO zu § 33

Entschädigung
- der Auskunftspflichtigen und der Sachverständigen > AO § 107
- der Zeugen und der Sachverständigen im Strafverfahren > AO § 405

Entscheidung
- über Einspruch > AO § 367
- über Klage > FGO §§ 95, 100, 101
- über Rechtsweg > FGO § 34
- über Revision > FGO §§ 126, 126a

Entstehung
- der Ansprüche aus dem Steuerschuldverhältnis > AO § 38
- Beginn der Festsetzungsfrist > AEAO zu § 170, Nr. 1

Erbengemeinschaft
- Einspruchsbefugnis > AEAO zu § 352, Nr. 3

Erdölbevorratungsgesetz
- Auszug > Anhang 1

Erforderlichkeit
- Ermessensausübung > AEAO zu § 5

Ergänzung
- der Klage > FGO § 65
- des Urteils > FGO § 109

Ergänzungsbescheid
- bei lückenhaftem Feststellungsbescheid > AEAO zu § 179, Nr. 2

Erhebung der Klage
- FGO §§ 47, 64

Erinnerung
- FGO § 149

Erklärungspflicht des Drittschuldners
- AO § 316

Erlass
- AO § 227
- Vollverzinsung, ~ von Nachzahlungszinsen bei freiwilligen Zahlungen > AEAO zu § 233a, Nr. 70
- Zustimmungsvorbehalte > Anhang 39

Erlöschen
- der Ansprüche aus dem Steuerschuldverhältnis > AO § 47
- der Verbrauchsteuer > AO § 50
- der Vertretungsmacht > AO § 36

Ermessen
- AO § 5

Ermessensentscheidung
- Überprüfung im finanzgerichtlichen Verfahren > FGO § 102

Ermittlungen
- Art und Umfang der ~ der Finanzbehörde > AEAO zu § 88

Ermittlungspflicht
- Änderung eines Steuerbescheids wegen steuererhöhender neuer Tatsachen > AEAO zu § 173, Nr. 3

Ernennung der Richter
- FGO § 14

Ernstliche Zweifel
- Aussetzung der Vollziehung > AEAO zu § 361, Nrn. 2.1, 2.5

Erörterung
- Einspruchsverfahren > AO § 364a
- finanzgerichtliches Verfahren > FGO § 79

Ersatzvornahme
- AO § 330

Ersatzzuständigkeit
- örtliche Zuständigkeit > AEAO zu § 24

Ersatzzwangshaft
- AO § 334

Ersetzung
- im Einspruchsverfahren > AEAO zu § 365, Nr. 2

Erstattung
- Ablaufhemmung bei rechtsgrundlos geleisteten Zahlungen > AEAO zu § 171, Nr. 7

Erstattungs- und Vergütungsansprüche
- Abtretung, Verpfändung, Pfändung > AEAO zu § 46
- BMF-Schreiben zu § 37 Abs. 2 > Anhang 18

Erstattungszinsen
- bei Teilzahlungen, Vollverzinsung > AEAO zu § 233a, Nrn. 23, 24
- Prozesszinsen > AEAO zu § 236

Erwerbstätigkeit
- Anzeigepflicht > AO § 138

Erzwingung von Sicherheiten
- AO § 336

EU-Amtshilfe-Gesetz
- Anhang 3

EU-Beitreibungsgesetz
- Anhang 4

Europäischer Gerichtshof
- vorläufige Steuerfestsetzung bei verfassungsrechtlichen Zweifeln am Steuergesetz > AO § 165

F

Fälle von geringer Bedeutung
- örtliche Zuständigkeit > AEAO zu § 18, Nr. 5

Stichwortverzeichnis

Fälligkeit
- AO § 220
- Aussetzungszinsen bei hinausgeschobener ~ > AEAO zu § 237, Nr. 5
- Beginn der Aussetzung der Vollziehung > AEAO zu § 361, Nr. 8.1
- nicht zustimmungspflichtige Steueranmeldung > AEAO zu § 168, Nr. 1
- zustimmungspflichtige Steueranmeldung > AEAO zu § 220

Fälligkeitssteuern
- Erhebung von Säumniszuschlägen > AEAO zu § 240, Nr. 1

Fehlmengen bei Bestandsaufnahmen
- AO § 161

Fehlsubventionierung im Wohnungswesen
- Auszug > Gesetz über den Abbau der ~ > Anhang 1

Festsetzung
- der Aufwendungen > FGO § 149
- der Steuer > AO § 155
- der Steuer in Urteil > FGO § 100
- der Steuermessbeträge > AO § 184
- der Zinsen > AO § 239
- der Zwangsmittel > AO § 333

Festsetzungsfrist
- AO § 169
- Ablauf der ~ bei Steuerfestsetzung unter Vorbehalt der Nachprüfung > AEAO zu § 164, Nr. 1
- Absendung der Steuermessbescheide > AEAO zu § 169, Nr. 1
- Beginn der ~ > AO § 170
- Ende der ~ > AEAO zu § 171
- Feststellungsfrist > AO § 181
- gesonderte Feststellung nach Ablauf der > AO § 181 Abs. 5
- Kosten der Vollstreckung > AEAO zu § 169, Nr. 4
- Steuerverkürzung > AO § 171
- Verspätungszuschlag > AEAO zu § 169, Nr. 5
- Wahrung der ~ durch rechtzeitige Absendung des Steuerbescheids > AEAO zu § 169, Nr. 1
- Wirkung > AO § 47
- Zinsen > AO § 239, AEAO zu § 169, Nr. 4

Festsetzungsverjährung
- Allgemeines > AEAO vor §§ 169 > 171
- Berichtigung (teil-)verjährter Steueransprüche > AEAO zu § 177, Nr. 1
- BMF-Schreiben zur verjährungshemmenden Wirkung ressortfremder Grundlagenbescheide > Anhang 28
- Erlass erstmaliger oder korrigierter Bescheide innerhalb der ~ > AEAO vor §§ 169 > 171, Nr. 3
- Erlass erstmaliger oder korrigierter Bescheide nach Eintritt der ~ > AEAO vor §§ 169 > 171, Nr. 4
- Ermittlungshandlungen nach Eintritt der ~ > AEAO vor §§ 169 > 171, Nr. 5
- Festsetzung von Steuermessbeträgen > AEAO vor §§ 169 > 171, Nr. 2
- gesonderte Feststellung > AEAO vor §§ 169 > 171, Nr. 2
- Säumniszuschläge > AEAO vor §§ 169 > 171, Nr. 2
- Zinsen > AEAO vor §§ 169 > 171, Nr. 2

Feststellung
- AO § 179
- Ablaufhemmung für Folgebescheid > AEAO zu § 171, Nr. 6
- anzurechnende Steuerabzugsbeträge und Körperschaftsteuer > AEAO zu § 180, Nr. 6
- Auseinanderfallen von Wohnsitz und Betriebs> oder Tätigkeitsort > AEAO zu § 180, Nr. 2
- Aussetzung der Vollziehung bei einheitlicher und gesonderter ~ > AEAO zu § 361, Nr. 5.2
- Aussetzung der Vollziehung, Darstellung der Besteuerungsgrundlagen > AEAO zu § 361, Nr. 5.3
- Beginn der Feststellungsfrist > AEAO zu § 170, Nr. 2
- bei Gesamtobjekten > AEAO zu § 180, Nr. 3
- bei gleichen Sachverhalten > AEAO zu § 180, Nr. 3
- bei Progressionsvorbehalt > AEAO zu § 180, Nr. 5
- bei Unterbeteiligungen > AEAO zu § 179, Nrn. 4 > 5
- Einspruchsbefugnis bei der einheitlichen ~ > AEAO zu § 352
- Einzelbekanntgabe > AEAO zu § 183, Nr. 2
- Empfangsbevollmächtigte > AEAO zu § 183
- Ergänzungsbescheid > AEAO zu § 179, Nr. 2
- Fall von geringer Bedeutung > AEAO zu § 180, Nr. 4

Stichwortverzeichnis

- Festsetzung eines Verspätungszuschlags > AEAO zu § 152, Nr. 4
- Festsetzungsverjährung > AEAO vor §§ 169 > 171, Nr. 2
- freiberufliche Einkünfte > AEAO zu § 180, Nr. 2
- gemeinschaftlich erzielte Einkünfte > AEAO zu § 180, Nr. 1
- gesonderte ~ unter Vorbehalt der Nachprüfung > AEAO zu § 164, Nr. 2
- nach Ablauf der Feststellungsfrist > AEAO zu § 181, Nr. 1
- Rechtsgrundlagen für gesonderte ~ > AEAO zu § 179, Nr. 1
- Richtigstellung bei Rechtsnachfolge > AEAO zu § 182, Nr. 4
- Wirkung > AEAO zu § 182
- Wirkung bei Rechtsnachfolge > AEAO zu § 182, Nr. 1
- Wirkung gegenüber dem Haftungsschuldner > AEAO zu § 182, Nr. 3
- Zinsen aus einer Lebensversicherung > AEAO zu § 180, Nr. 3
- zur Ermittlung des Steuersatzes > AEAO zu § 180, Nr. 5

Feststellungsbescheid
- Beiladung > FGO § 60
- Klagebefugnis > FGO § 48

Feststellungsfrist
- Anlaufhemmung bei der Einheitsbewertung > AEAO zu § 181, Nr. 2
- gesonderte Feststellung nach Ablauf der ~, Hinweis > AEAO zu § 181, Nr. 1

Feststellungsklage
- FGO § 41

Feuerschutzsteuer
- Selbstberechnung der Steuer, Steueranmeldung > AEAO zu § 167, Nr. 1

Fiktive Zahlungen
- Vollverzinsung > AEAO zu § 233a, Nr. 40

Finanzgericht
- Aufhebung > FGO § 3
- auswärtiger Senat > FGO § 3
- Errichtung > FGO § 3
- als oberes Landesgericht > FGO § 2
- Unabhängigkeit > FGO § 1
- Zuständigkeit, örtliche > FGO § 38
- Zuständigkeit, sachliche > FGO § 35

Finanzrechtsweg
- FGO §§ 33, 34

Finanzverwaltungsgesetz
- Anhang 5

Folgebescheid
- Ablaufhemmung > AEAO zu § 171, Nr. 6
- Aussetzung der Vollziehung von Amts wegen ~ > AEAO zu § 361, Nr. 6
- Einspruchsverfahren bei Einwendungen gegen Grundlagenbescheid > AEAO zu § 351, Nr. 4

Folgen von Verfahrens- und Formfehlern
- AO § 127

Förderung der Allgemeinheit
- AO § 52

Form
- Aufteilungsbescheid > AO § 279
- Beschwerde > FGO § 129
- Einspruchsentscheidung > AO § 366
- Klage > FGO § 64
- Steuerbescheid > AO § 157
- Steuererklärung > AO § 150
- verbindliche Zusage > AO § 205
- Verwaltungsakt > AO § 119
- Urteil > FGO § 105

Formfehler
- bei Ermessensentscheidungen > AEAO zu § 127, Nr. 2
- bei gesetzesgebundenen Verwaltungsakten > AEAO zu § 127, Nr. 1
- bei Gewerbesteuermessbescheiden > AEAO zu § 127, Nr. 3
- FGO § 76
- Folgen > AO § 127
- Heilung > AEAO zu § 126

Fortsetzung
- einer ruhenden oder ausgesetzten Einspruchsverfahrens > AEAO zu § 363, Nr. 3

Fragerecht
- in mündlicher Verhandlung > FGO § 93

Freiberufliche Tätigkeit
- Betriebstätte > AEAO zu § 12

Freistellung von der Steuer
- durch Steuerbescheid > AEAO zu § 155, Nr. 2

Freiwillige Zahlungen
- Aufhebung der Vollziehung > AEAO zu § 361, Nr. 7.2
- Vollverzinsung > AEAO zu § 233a, Nrn. 13, 17, 18, 25 > 27, 70

Freizeitverein
- Gemeinnützigkeit > AEAO zu § 52, Nr. 9

Fristen
- AO § 108; AEAO zu § 108
- allgemeine Vorschriften > FGO § 54

Stichwortverzeichnis

- Anfechtungsklage > FGO § 47
- Beschwerde > FGO § 129
- Nichtzulassungsbeschwerde > FGO § 116
- Revision > FGO § 120
- Untätigkeitsklage > FGO § 46
- Vorladung > FGO § 91

Fristsetzung
- Einspruchsverfahren > AO § 364 b

Fristverlängerung
- Fristsetzung im Einspruchsverfahren > AEAO zu § 364 b, Nr. 4
- Steuererklärungsfrist > AO § 149

Fristversäumnis
- Wiedereinsetzung in den vorigen Stand > AO § 110; FGO § 56

Fürsorgepflicht
- der Finanzbehörden > AEAO zu § 89
- sachliche Unbilligkeit bei Verstoß gegen ~ > AEAO zu § 89, Nr. 2
- Wiedereinsetzung in den vorigen Stand bei Verletzung der ~ > AEAO zu § 89, Nr. 2

G

Gebühren
- AO §§ 89, 178a, 338

Gefahr im Verzug
- AO § 29

Gefährdung
- der Abzugsteuern > AO § 380
- der Einfuhr- und Ausfuhrabgaben > AO § 382
- des Steueranspruchs (Aussetzung der Vollziehung, Sicherheitsleistung) > AEAO zu § 361, Nrn. 2.5.5, 9.2

Gegenstand der Steueraufsicht
- AO § 209

Gegenstand der Zahlungsverjährung
- AO § 228

Geldwäsche, Bekämpfung
- AO § 31b

Gemeinnützige Zwecke
- AO § 52
- AEAO zu § 52, Nr. 2

Gemeinnützigkeit
- AO §§ 51, 52

Gerichtliche Vollziehungsaussetzung
- Abgrenzung zur Aussetzung der Vollziehung durch Finanzbehörden > AEAO zu § 361, Nr. 1.2

Gerichtsbescheid
- FGO § 90a

Gerichtskosten
- FGO § 139

- Gerichtskostengesetz > Anhang 16

Gerichtspersonen
- Ausschließung/Ablehnung > FGO § 51

Gerichtssprache
- FGO § 52

Gerichtsverwaltung
- FGO §§ 31, 32

Geringe Bedeutung
- Verzicht auf Feststellungsverfahren > AO § 180 Abs. 3

Gesamtobjekt
- gesonderte Feststellung > V zu § 180 Abs. 2 AO; > AEAO zu § 180, Nr. 3;

Gesamtrechtsnachfolge
- AO § 45

Gesamtschuldner
- AO § 44
- Erhebung von Säumniszuschlägen > AEAO zu § 240, Nr. 3
- Erstattungsansprüche > AEAO zu § 37, Nr. 2
- steuerliche Behandlung > AEAO zu § 44
- Vollverzinsung > AEAO zu § 233a, Nr. 3

Geschäftseinrichtung
- bewegliche ~ als Betriebstätte > AEAO zu § 12, Nr. 2

Geschäftsführer
- Einspruchsbefugnis bei der einheitlichen Feststellung > AEAO zu § 352, Nr. 2

Geschäftsleitung
- AO § 10

Geschäftsstelle
- FGO § 12

Geschwister
- Angehörige > AEAO zu § 15, Nr. 3 > 5

Gesetz
- AO § 4

Gesetz- oder sittenwidriges Handeln
- AO § 40

Gesetzliche Sozialversicherung
- Mitteilung von Besteuerungsgrundlagen > AEAO zu § 31

Gesetzlicher Vertreter
- Pflichten > AEAO zu § 34

Gesonderte Feststellung
- siehe **Feststellung**

Gewerbebehörden
- Auskunftserteilung an ~ (BMF) > Anhang 14

Gewerbebetrieb

Stichwortverzeichnis

- Anzeigepflicht bei Eröffnung, Verlegung oder Aufgabe > AEAO zu § 138, Nr. 1
- Aufzeichnung des Warenausgangs > AEAO zu § 144
- Aufzeichnung des Wareneingangs > AEAO zu § 143

Gewerbeuntersagungsverfahren
- Auskunftserteilung an Gewerbebehörden (BMF) > Anhang 14

Gewerbsmäßige oder bandenmäßige Steuerhinterziehung
- AO § 370a

Gewerbsmäßiger, gewaltsamer und bandenmäßiger Schmuggel
- AO § 373

Gewöhnlicher Aufenthalt
- AO § 9
- Aufgabe des ~ im Inland > AEAO zu § 9, Nr. 2
- Bedeutung > AEAO vor §§ 8, 9
- Begriff und Voraussetzungen > AEAO zu § 9
- Schwerpunktaufenthalt > AEAO zu § 9, Nr.3

Gläubiger
- Benennungspflicht > AEAO zu § 160

Gleichmäßigkeit der Besteuerung
- Ermessensausübung > AEAO zu § 5
- Grundsatz > AEAO zu § 85

Grobes Verschulden
- Beraterverschulden > AEAO zu § 173, Nr. 4
- nachträgliches Bekanntwerden steuererheblicher Tatsachen oder Beweismittel > AEAO zu § 173, Nr. 4
- Unbeachtlichkeit bei Zusammenhang mit steuererhöhenden neuen Tatsachen > AEAO zu § 173, Nr. 5
- Unkenntnis steuerrechtlicher Vorschriften > AEAO zu § 173, Nr. 4

Großer Senat beim BFH
- FGO § 11

Grundlagenbescheid
- Ablaufhemmung bei Folgebescheid > AEAO zu § 171, Nr. 6
- Änderung des Folgebescheids > AEAO zu § 175, Nr. 1
- Anfechtung, Beschwer > AEAO zu § 350, Nr. 4
- Aussetzung der Vollziehung > AEAO zu § 361, Nrn. 4.6.1, 5
- Schätzung der Besteuerungsgrundlagen vor Ergehen des ~ > AEAO zu § 162, Nr. 1

- Vollverzinsung, Darstellung rückwirkender Ereignisse > AEAO zu § 233a, Nr. 74

Grundstück
- Betreten eines ~ > AEAO zu § 99

Gutachten
- Verweigerung der Erstattung eines ~ > AEAO zu § 104

Güterkraftverkehrsgesetz
- Auszug > Anhang 1

H

Haftender
- als Steuerpflichtiger > AO § 33

Haftung
- Beginn der Festsetzungsfrist > AEAO zu § 170, Nr. 2
- bei Organschaft > AO § 73
- bei Verletzung der Pflicht zur Kontenwahrheit > AO § 72
- bei wesentlicher Beteiligung > AEAO zu § 74, Nrn. 3 und 4
- der Vertreter oder Verfügungsberechtigten > AO § 69
- des Betriebsübernehmers > AO § 75
- des Eigentümers von Gegenständen > AO § 74
- des Steuerhehlers > AO § 71
- des Steuerhinterziehers > AO § 71
- des Vertretenen > AO § 70
- für Hinterziehungszinsen > AEAO zu § 235, Nr. 2
- Geltendmachung durch Haftungsbescheid > AEAO zu § 69, AEAO zu § 191
- schriftliches Zahlungsanerkenntnis > AEAO zu § 167, Nr. 3
- Verfahren bei vertraglicher ~ > AEAO zu § 192

Haftungsbescheid
- AO § 191
- Beteiligung der zuständigen Berufskammer > AEAO zu § 191, Nr. 7
- Festsetzungsfrist > AEAO zu § 191, Nr. 4
- Korrektur > AEAO zu § 191, Nr. 3
- Verfahren > AEAO zu § 191
- Zahlungsaufforderung > AEAO zu § 219, Nr. 1

Haftungsbeschränkung für Amtsträger
- AO § 32

Halbgeschwister
- Angehörige > AEAO zu § 15

Handlungsfähigkeit
- AO § 79

875

Stichwortverzeichnis

Hauptsacheerledigung
- Kostenentscheidung > FGO § 138

Heilung
- von Verfahrens> und Formfehlern > AO § 126

Hemmung der Zahlungsverjährung
- AO § 230

Hilfsliste
- der ehrenamtlichen Richter > FGO § 27

Hingabe von Kunstgegenständen an Zahlungs statt
- AO § 224a

Hinterziehungszinsen
- bei Realsteuern > AEAO zu § 235, Nr. 3
- einheitliche und gesonderte Feststellung der Zinsbemessungsgrundlagen > AEAO zu § 235
- Haftung für ~ zur Gewerbesteuer > AEAO zu § 235, Nr. 3
- Überschneidung mit Nachzahlungszinsen, Berechnung > AEAO zu § 235, Nr. 4
- Überschneidung mit Vollverzinsung > AEAO zu § 233a, Nr. 66; AEAO zu § 235, Nr. 4

Hinzuziehung
- Aussetzung der Vollziehung bei einheitlicher und gesonderter Feststellung > AEAO zu § 361, Nr. 5.2
- Einspruchsverfahren > AEAO zu § 360
- Fristsetzung im Einspruchsverfahren > AEAO zu § 364 b, Nr. 2
- Sachverständige > AO § 96
- Verfahren > AO § 360
- Zustimmung des Hinzugezogenen zur Änderung des angefochtenen Verwaltungsakts > AEAO zu § 360, Nr. 4

Höfesachen
- Verfahrensordnung für ~ (Auszug) > Anhang 1

Höhe der Zinsen
- AO § 238

Höhere Gewalt
- AO § 171; FGO §§ 55, 56

I

Identifikationsmerkmal
- natürliche Person > AO § 139b
- wirtschaftlich Tätige > AO § 139c

Illegale Beschäftigung
- Mitteilung von Besteuerungsgrundlagen > AO § 31; > AEAO zu § 31 a

Inhalt
- der Klage > FGO § 65
- der Nichtzulassungsbeschwerde > FGO § 116
- der Revision > FGO § 120
- des Prüfungsberichts > AO § 202
- des Urteils > FGO §§ 100, 105

Insolvenzordnung
- Anhang 11
- BMF-Schreiben zu Anwendungsfragen zu § 55 Abs. 4 InsO > Anhang 40
- AEAO zu § 251

Investitionszulage
- Anwendung der AO > AEAO zu § 1, Nr. 2
- Aussetzung der Vollziehung > AEAO zu § 361, Nr. 4.7
- Ermittlungsmaßnahmen > AEAO zu § 31 a, Nr. 2.3
- Festsetzungsverfahren > AEAO zu § 155, Nr. 5
- Haftung des Eigentümers von Gegenständen > AEAO zu § 74, Nr. 2
- Stundungszinsen bei Rückforderung der ~ > AEAO zu § 234, Nr. 12
- siehe auch **Zulagen**

Istverzinsung
- bei der Vollverzinsung > AEAO zu § 233a, Nr. 21

IZA-Erlass
- Anhang 49

K

Kapitalertragsteuer
- Erstattung aufgrund DBA durch Steuerbescheid > AEAO zu § 155, Nr. 3
- Selbstberechnung der Steuer, Steueranmeldung > AEAO zu § 167, Nr. 1

Kapitalvermögen
- örtliche Zuständigkeit für gesonderte Feststellung der Einkünfte > AEAO zu § 18, Nr. 3

Karenzzeit
- Vollverzinsung > AEAO zu § 233a, Nrn. 4, 8, 9

Kind
- Annahme als ~, Angehörige > AEAO zu § 15, Nr. 7

Kirchensteuer
- Vollverzinsung > AEAO zu § 233a, Nr. 2

Kirchliche Zwecke
- AO § 54

Klage
- Anbringung bei Behörde > FGO § 47
- Arten > FGO § 40
- Form > FGO § 64
- Frist > FGO §§ 47, 55
- Inhalt > FGO § 65
- Rücknahme > FGO § 72
- Zustellung > FGO § 71

Klageänderung
- FGO §§ 67, 68, 123

Klagebefugnis
- FGO §§ 40, 48

Klagebegehren
- Bindung > FGO § 96
- Bezeichnung > FGO § 65

Klageerhebung
- FGO §§ 47, 64

Klagenhäufung
- FGO § 43

Kläger
- FGO § 57

Klagerücknahme
- FGO § 72

Klageverzicht
- FGO § 40

Kleinbetragsgrenze
- Vollverzinsung > AEAO zu § 233a, Nrn. 40, 44, 59

Kleinbetragsregelung
- Erhebungsverfahren (BMF) > Anhang 37
- bei Zinsen (allgemein) > AEAO zu § 239, Nr. 3
- Stundungszinsen > AEAO zu § 234, Nr. 8

Kleinbetragsverordnung
- siehe nach § 156 AO

- Korrektur von Steuerfestsetzungen > AEAO vor §§ 172 bis 177, Nr. 8

Kommunikation, elektronische
- AO § 87a

Konkursverwalter
- Haftung > AEAO zu § 69

Kontenabruf
- AO §§ 93 Abs.7 & 8, 93b
- Voraussetzungen => AEAO zu § 93

Kontenwahrheit
- AO § 154

Kontrollmitteilung
- allgemeine Mitteilungspflichten > AEAO zu § 93a
- bei Außenprüfungen > AEAO zu § 194, Nr. 4

Körperschaftsteuer

- Aussetzung der Vollziehung, Aufhebung der Vollziehung > AEAO zu § 361, Nr. 7.2
- Beschwer im Einspruchsverfahren > AEAO zu § 350, Nr. 2
- gesonderte Feststellung der anzurechnen-
- den ~ > AEAO zu § 180, Nr. 6

Korrektur
- Zinsberechnung bei ~ der Anrechnungsverfügung > AEAO zu § 233a, Nr. 45
- siehe auch **Änderung**

Kosten
- bei besonderer Inanspruchnahme der Zollbehörden > AO § 178
- der Amtshilfe > AO § 115
- der Vollstreckung > AO § 337
- des Strafverfahrens > AO § 405
- im finanzgerichtlichen Verfahren > FGO §§ 135 bis 149
- im außergerichtlichen Rechtsbehelfsverfahren > AEAO vor § 347, Nr. 2

Kosten der Vollstreckung
- AO §§ 337 ff.
- Beginn der Festsetzungsfrist > AEAO zu § 170, Nr. 2

Krankenhäuser
- AO § 67
- AEAO zu § 67

Krankenversicherung
- Mitteilung von Besteuerungsgrundlagen > AEAO zu § 31

Kreditinstitut
- Verpflichtung zur Kontenwahrheit > AEAO zu § 154
- Schutz von Bankkunden, Auskunftsersuchen an ~ > AEAO zu § 30a

Kreditwesengesetz
- Auszug > Anhang 1

Künstlersozialkasse
- Mitteilung von Besteuerungsgrundlagen > AEAO zu § 31

L

Ladung
- FGO §§ 79, 80, 91

Land- und Forstwirtschaft
- Betriebstätte > AEAO zu § 12
- Anzeigepflicht bei Eröffnung, Verlegung oder Aufgabe > AEAO zu § 138, Nr. 1
- Buchführungspflicht > AEAO zu § 141

Stichwortverzeichnis

- Vollverzinsung, Karenzzeit > AEAO zu § 233a, Nrn. 8, 9

Landwirtschaft
- Gesetz über das gerichtliche Verfahren in Landwirtschaftssachen (Auszug) > Anhang 1

Leichtfertige Steuerverkürzung
- AO § 378
- erhöhte Bestandskraft > AO § 173
- Festsetzungsfrist > AO § 169

Leistung durch Dritte
- AO § 48

Leistungsgebot
- Aussetzung der Vollziehung > AEAO zu § 361, Nr. 2.3.1
- bei Haftungsbescheiden > AEAO zu § 219
- bei Säumniszuschlägen > AEAO zu § 218, Nr. 2
- bei Steueranmeldung > AEAO zu § 168, Nr. 1

Leistungsklage
- FGO §§ 40, 41

Leistungsort
- AO § 224

Lohnsteuer
- Selbstberechnung der Steuer, Steueranmeldung > AEAO zu § 167, Nr. 1

M

Mahnung
- AO § 259

Massenanträge
- Erledigung > EGAO; AEAO zu § 367, Nr. 6

Masseneinsprüche
- Erledigung > EGAO; AEAO zu § 367, Nr. 6

Materielle Fehler
- Berichtung bei der Änderung von Steuerbescheiden > AEAO zu § 177
- Berücksichtigung bei Berichtigung offenbarer Unrichtigkeiten > AEAO zu § 129, Nr. 2
- Begriff > AEAO zu § 177, Nr. 1

Mehrfache örtliche Zuständigkeit
- AO § 25

Mehrfache Pfändung einer Forderung
- AO § 320

Mehrfache Zuständigkeit im Strafverfahren
- AO § 390

Mehrheit von Schuldnern
- AO § 342

Mehrsoll
- Vollverzinsung, Zinsberechnung > AEAO zu § 233a, Nrn. 19, 20, 25, 51

Mildtätige Zwecke
- AO § 53

Mindersoll
- berichtigte Steueranmeldung, Fälligkeit > AEAO zu § 168, Nr. 3
- erstmalige Steueranmeldung > AEAO zu § 168, Nr. 2
- Vollverzinsung, Zinsberechnung > AEAO zu § 233a, Nrn. 21 ff., Nrn. 53 ff.

Minderung
- zuvor vor berechneter Nachzahlungszinsen > AEAO zu § 233a, Nrn. 38, 54, 57

Mindestgebot
- AO § 300

Missbrauch von rechtlichen Gestaltungsmöglichkeiten
- AO § 42

Mitgliederbeiträge
- AEAO zu § 52, Nr. 1

Mitteilung
- der Besteuerungsunterlagen im Einspruchsverfahren > AEAO zu § 364
- der Besteuerungsunterlagen im Klageverfahren > FGO § 75
- von Besteuerungsgrundlagen > AO § 31, § 31a, § 31b
- zur Bekämpfung der Geldwäsche > AO § 31b
- zur Bekämpfung der illegalen Beschäftigung und des Leistungsmissbrauchs > AO § 31a
- zur Bekämpfung des Terrorismus > AEAO zu § 80, Nr. 8.7

Mitteilungen an die Finanzbehörden
- Rechtsverordnung > MV, AEAO zu § 93a

Mitteilungspflicht
- allgemeine ~ Dritter > AEAO zu § 93a
- Änderung eines Steuerbescheids wegen steuererhöhender neuer Tatsachen > AEAO zu § 173, Nr. 3
- bei Steuerfahndung > AEAO zu § 208, Nr. 5
- der Beteiligten > AEAO zu § 88
- bei Außenprüfungen > AEAO zu § 200

Mitwirkung
- der Finanzbehörde im Strafbefehlsverfahren und im selbständigen Verfahren > AO § 406

1878

Stichwortverzeichnis

Mitwirkungspflicht
- bei der Personenstands- und Betriebsaufnahme > AO § 135
- der Beteiligten > AO § 90
- des Steuerpflichtigen in der Außenprüfung > AO § 200

Mündliche Erörterung
- im Einspruchsverfahren > AEAO zu § 364 a

Mündliche Verhandlung
- FGO §§ 90 bis 93
- nach einstweiliger Anordnung > FGO § 114
- Vorbereitung der ~ > FGO § 77 bis 80
- vor BFH > FGO § 126a
- vor Großem Senat > FGO § 11

Musterverfahren
- vorläufige Steuerfestsetzung bei verfassungsrechtlichen Zweifeln am Steuergesetz > AEAO zu § 165, Nr. 4

N

Nachbarschaftsverein
- Gemeinnützigkeit > AEAO zu § 52, Nr. 4

Nachschusspflicht
- AO § 248

Nachweis der Treuhänderschaft
- AO § 159

Namenspapiere
- AO § 303

Natürliche Personen
- örtliche Zuständigkeit > AEAO zu § 19

Nebenbestimmung
- zur Aussetzung der Vollziehung > AEAO zu § 361, Nr. 9
- zum Verwaltungsakt > AO § 120
- siehe auch **Vorbehalt der Nachprüfung** und **Vorläufigkeit**

Nebenfolgen (Steuerstraftaten)
- AO § 375

Negative Feststellung
- Aussetzung der Vollziehung > AEAO zu § 361, Nr. 5.3

Neue Tatsache
- Änderungssperre nach Außenprüfung > AEAO zu § 173, Nr. 7
- Aufhebung oder Änderung von Steuerbescheiden > AEAO zu § 173
- Begriff der „Tatsache" > AEAO zu § 173, Nr. 1
- Ermittlungspflicht des Finanzamts > AEAO zu § 173, Nr. 3
- grobes Verschulden am nachträglichen Bekanntwerden > AEAO zu § 173, Nr. 4
- Nachträgliches Bekanntwerden > AEAO zu § 173, Nr. 2
- Rechtserheblichkeit > AEAO zu § 173, Nr. 6

Neues Beweismittel
- siehe **Neue Tatsache**

Neuregelung
- gesetzliche ~ nach Entscheidung des BVerfG, Vorläufigkeit > AEAO zu § 165, Nr. 3

Nichtiger Verwaltungsakt
- Einspruch > AEAO zu § 347, Nr. 1

Nichtigkeit
- Antrag auf Feststellung der ~ > AEAO zu § 125, Nr. 3
- des Verwaltungsakts > AO § 125
- Erlass erstmaliger oder korrigierter Bescheide nach Eintritt der Festsetzungsverjährung > AEAO vor §§ 169 > 171, Nr. 4

Nichtigkeitserklärung
- eines Gesetzes durch das BVerfG, Änderung von Steuerbescheiden > AEAO zu § 175, Nr. 4

Nichtzulassungsbeschwerde
- FGO § 116

Niederschlagung
- AO § 261

Niederschrift
- AO § 291
- FGO § 94
- Klageerhebung zur ~ > FGO § 64

Nullbescheid
- Beschwer durch ~ > AEAO zu § 350, Nr. 3

NV-Fälle
- Vollverzinsung > AEAO zu § 233a, Nr. 60

O

Offenbare Unrichtigkeit
- Berichtigung des Tatbestands eines Urteils > FGO § 107
- Berichtigung eines Verwaltungsakts > AO § 129

Offenbarung
- Durchbrechung des Steuergeheimnis > AEAO zu § 30, Nr. 6 ff.

Offene-Posten-Buchhaltung
- Buchführung > AEAO zu § 146, Nr. 3

Öffentlichkeit
- FGO § 52

1879

Stichwortverzeichnis

Ordnungsvorschriften
- für Aufbewahrung von Unterlagen > AO § 147
- für Buchführung und Aufzeichnungen > AO § 146

Ordnungswidrigkeiten
- steuerliche ~ > AO § 377ff.

Organschaft
- Haftung > AEAO zu § 73

Örtliche Zuständigkeit
- AO § 17
- Ersatzzuständigkeit > AEAO zu § 24
- Fälle von geringer Bedeutung > AEAO zu § 18, Nr. 5
- gesonderte Feststellung > AEAO zu § 18
- Lagefinanzamt > AEAO zu § 18
- Mehrfache ~ > AEAO zu § 25
- Steuern vom Einkommen und Vermögen natürlicher Personen > AEAO zu § 19
- Strafverfahren > AO § 388
- Wechsel der ~ > AEAO zu § 26
- Zuständigkeitsvereinbarung > AEAO zu § 27

P

Parlament
- Wahrung des Steuergeheimnisses gegenüber ~ (BMF) > Anhang 15

Passivlegitimation
- FGO § 63

Personenbeförderungsgesetz
- Auszug > Anhang 1

Personenstands- und Betriebsaufnahme
- AO § 134

Persönlicher Sicherheitsarrest
- AO § 326

Persönliches Erscheinen
- FGO § 80

Privatschule
- Gemeinnützigkeit > AEAO zu § 52, Nr. 4

Pfand- und Vorzugsrechte Dritter
- AO § 293

Pfändung
- AO § 46, § 281
- Anspruch aus dem Steuerschuldverhältnis > AEAO zu § 46
- Auszahlung der Finanzbehörde bei Verstoß gegen gesetzliche Vorschriften > AEAO zu § 46, Nr. 3
- einer durch Hypothek gesicherten Forderung > AO § 310
- einer durch Schiffshypothek oder Registerpfandrecht an einem Luftfahrzeug gesicherten Forderung > AO § 311
- einer Forderung aus indossablen Papieren > AO § 312
- einer Geldforderung > AO § 309
- fortlaufender Bezüge > AO § 313
- Rechtsstellung der Beteiligten > AEAO zu § 46, Nr. 4
- vor Entstehung des Anspruchs > AEAO zu § 46, Nr. 1

Pfändungsfreigrenzenbekanntmachung
- Anhang 12

Pfändungsgebühr
- AO § 339

Pflegeverhältnis
- Angehörige > AEAO zu § 15, Nr. 6

Pflegeversicherung
- Mitteilung an Sozialleistungsträger > AEAO zu § 31, AEAO zu § 31 a, Nr. 2.1

Pflichten
- der gesetzlichen Vertreter und der Vermögensverwalter > AO § 34
- des Betroffenen > AO § 211
- des Verfügungsberechtigten > AO § 35

Präklusion
- AO § 364 b

Prämien
- Anwendung der für Steuervergütung geltenden Vorschriften > AEAO zu § 155, Nr. 5
- Festsetzung unter Vorbehalt der Nachprüfung > AEAO zu § 164, Nr. 2
- Aussetzung der Vollziehung > AEAO zu § 361, Nr. 4.7
- Einspruch > AEAO zu § 347, Nr. 6
- Stundungszinsen > AEAO zu § 234, Nr. 12

Präsident
- des FG > FGO § 5
- des BFH > FGO § 10

Preisstatistik
- Auszug > Gesetz über die ~ > Anhang 1

Protokoll
- FGO § 94

Prozessbevollmächtigte
- FGO §§ 62, 62a

Prozessfähigkeit
- FGO § 58

Prozesskostenhilfe
- FGO § 142

Prozesszinsen

- AO § 236
- Abrundung des AEAO zu verzinsenden Betrages > AEAO zu § 236, Nr. 3
- bei Realsteuern > AEAO zu § 236, Nr. 8
- Entstehung des Anspruchs auf ~ > AEAO zu § 236, Nr. 4
- Überschneidung mit Vollverzinsung > AEAO zu § 233a, Nr. 67
- Voraussetzungen > AEAO zu § 236, Nr. 1
- Zinslauf > AEAO zu § 236, Nr. 5

Prüfung
- Festsetzung unter Vorbehalt der Nachprüfung bis AEAO zu abschließender ~ > AEAO zu § 164, Nr. 3

Prüfungsanordnung
- AO § 196
- Ablaufhemmung durch Außenprüfung > AEAO zu § 171, Nr. 3
- Bekanntgabe > AEAO zu § 197
- Bestimmung des Umfangs einer Außenprüfung > AEAO zu § 194, Nr. 1
- Form und Wirkung > AEAO zu § 196

Prüfungsbericht
- Inhalt > AEAO zu § 202

Prüfungsgrundsätze
- AO § 199

R

Ratenzahlung
- Stundungszinsen bei mehreren Ansprüchen > AEAO zu § 234, Nrn. 9, 10

Realakt
- Ablehnung eines Antrags auf Erteilung eines ~ > AEAO zu § 347, Nr. 1

Realsteuern
- Anwendung der AO > AO § 1
- Zuständigkeit > AO § 22

Realsteuermessbescheid
- Aussetzung der Vollziehung, Unterrichtung der Gemeinde > AEAO zu § 361, Nrn. 5.4.1, 5.4.3

Realsteuern
- Aussetzungszinsen > AEAO zu § 237, Nr. 7
- Hinterziehungszinsen > AEAO zu § 235, Nr. 3
- Prozesszinsen > AEAO zu § 236, Nr. 8

Rechte Dritter
- AO § 262

Rechte und Pflichten der Finanzbehörde
- AO § 399

Rechtliches Gehör
- Anhörung der Beteiligten > AEAO zu § 91
- Einspruchsfrist, Wiedereinsetzung > AEAO zu § 355, Nr. 2

Rechtsbehelf
- Aussetzung der Vollziehung, Begründetheit des ~ > AEAO zu § 361, Nr. 3.4
- Aussetzungszinsen > AEAO zu § 237, Nr. 4
- Belehrung über ~ > AO § 356
- Prozesszinsen > AEAO zu § 236 Nrn. 1, 2
- Rücknahme des ~ > AEAO zu § 362
- Zinsbescheide > AEAO zu § 239 Nr. 1
- Vollverzinsung > AEAO zu § 233a, Nrn. 71 > 73

Rechtsbehelfsbelehrung
- AO § 356
- Einspruchsentscheidung > AEAO zu § 366, Nr. 3; FGO § 55
- Steuerbescheid > AO § 356

Rechtsbehelfsverfahren
- Änderung widerstreitender Steuerfestsetzungen > AEAO zu § 174, Nr. 5
- Anwendungsbereich des außergerichtlichen ~ > AEAO vor § 347; AEAO zu § 347, Nr. 6
- Aussetzung der Vollziehung, Abschluss des ~ > AEAO zu § 361, Nr. 2.2
- Kosten > AEAO vor § 347, Nr. 2

Rechtserheblichkeit
- Neue Tatsache > AEAO zu § 173, Nr. 6

Rechtshängigkeit
- FGO §§ 34, 66

Rechtshilfe
- zwischenstaatliche ~ in Steuersachen > AEAO zu § 117

Rechtskraftwirkung
- FGO § 110

Rechtsmittelbelehrung
- FGO § 105

Rechtsmittelkosten
- FGO §§ 135 bis 149

Rechtsnachfolge
- Anzeigepflicht bei Fortführung eines Betriebs oder einer Betriebstätte > AEAO zu § 138, Nr. 1

1881

Stichwortverzeichnis

- Einspruchsbefugnis > AEAO zu § 353
- Wirkung eines Einheitswertbescheides > AEAO zu § 182, Nr. 1

Rechtsprechung
- Vertrauensschutz bei Änderung der ~ > AEAO zu § 176

Rechtsschutzbedürfnis
- Einspruchsverfahren > AEAO zu § 350, Nr. 6

Rechtsweg
- FGO §§ 33, 34

Regelungsanordnung
- FGO § 114

Reihenfolge der Tilgung
- AO § 225

Reisekosten und Aufwandsentschädigungen
- AO § 345

Rentenversicherung
- Mitteilung von Besteuerungsgrundlagen > AEAO zu § 31

Religiöse Zwecke
- AO § 54

Revision
- Einlegung > FGO § 120
- Entscheidung > FGO § 126
- grundsätzliche Bedeutung > FGO § 115; > Anhang 44
- Nichtzulassungsbeschwerde > FGO § 116
- Rechtsfortbildung > FGO § 115
- Revisionsgründe > FGO §§ 118, 119
- Rücknahme > FGO § 125
- Verfahrensmangel > FGO § 115
- Zulassung > FGO §§ 115, 116

Richter
- auf Lebenszeit > FGO § 14
- auf Probe > FGO § 15
- ehrenamtliche ~ > FGO §§ 5, 16
- kraft Auftrags > FGO § 15

Richtigstellungsbescheid
- fehlerhafte Bezeichnung eines Feststellungsbeteiligten > AEAO zu § 182, Nr. 4

Rückgabe von Urkunden und Sachen
- AO § 133

Rücknahme
- des Einspruchs > AO § 362
- der Klage > FGO § 72
- der Revision > FGO § 125
- des Verwaltungsakts > AEAO vor §§ 130, 131; FGO § 110
- im Rechtsbehelfsverfahren > AO § 132

Rücknahme des Einspruchs
- Änderung nach ~ > AEAO zu § 367, Nr. 2
- Schriftform > AEAO zu § 362, Nr. 1
- Unwirksamkeit > AEAO zu § 362, Nr. 2

Rückständige Steuer
- Einleitung der Vollstreckung > AO § 276

Rückwirkendes Ereignis
- Änderung von Steuerbescheiden > AEAO zu § 175, Nr. 2
- Vollverzinsung > AEAO zu § 233a, Nrn. 10, 28 > 40, 42 ff., 74

Rückwirkung
- Vorläufigkeit wegen rückwirkender Anwendung eines DBA > AEAO zu § 165, Nr. 2

Ruhen des Einspruchsverfahrens
- AEAO zu § 363

S

Sachhaftung
- AO § 76

Sachliche Zuständigkeit
- AO § 16, § 387

Sachlicher Umfang einer Außenprüfung
- AO § 194

Sach- und Rechtsstand
- Erörterung des ~ im Einspruchsverfahren > AEAO zu § 364 a

Sachverhaltsermittlung
- FGO § 76

Sachverständige
- Ablehnung > FGO § 88
- Steuergeheimnis > AEAO zu § 30, Nr. 4
- Entschädigungspflicht > AEAO zu § 107

Sammlung von geschützten Daten
- AO § 88a

Satzung
- AO § 60
- Vermögensbindung > AO § 61

Säumniszuschlag
- AO § 240
- berichtigte Steueranmeldung mit Mindersoll > AEAO zu § 168, Nr. 5Festsetzungsverjährung > AEAO vor §§ 169 > 171, Nr. 2
- Leistungsgebot > AEAO zu § 218, Nr. 2
- bei Änderung der Steuerfestsetzung > AEAO zu § 240, Nr. 2

Stichwortverzeichnis

- bei Ausschöpfung der wirtschaftlichen Leistungsfähigkeit > AEAO zu § 240, Nr. 5
- bei Erlass der Hauptschuld > AEAO zu § 240, Nr. 5
- bei Fälligkeitssteuern > AEAO zu § 240, Nr. 1
- bei steuerlichen Nebenleistungen > AEAO zu § 240, Nr. 4
- bei Vollstreckungsaufschub > AEAO zu § 240, Nr. 5
- bei Zahlungsunfähigkeit und Überschuldung > AEAO zu § 240, Nr. 5
- bei zinsloser Stundung der Hauptforderung > AEAO zu § 240, Nr. 5
- Eintritt der Säumnis > AEAO zu § 240, Nr. 1
- Einwendungen > AEAO zu § 240, Nr. 7
- Erhebung bei Gesamtschuldnern > AEAO zu § 240, Nr. 3
- Erlassantrag > AEAO zu § 240, Nr. 7
- offenbares Versehen eines bisher pünktlichen Steuerzahlers > AEAO zu § 240, Nr. 5
- plötzliche Erkrankung des Steuerpflichtigen > AEAO zu § 240, Nr. 5
- rückwirkende Aufhebung der Vollziehung > AEAO zu § 361, Nr. 7.4
- sachliche oder persönliche Unbilligkeit > AEAO zu § 240, Nr. 5
- Überschneidung mit Vollverzinsung > AEAO zu § 233a, Nr. 64
- Zielsetzung > AEAO zu § 240, Nr. 5

Schätzung
- AO § 162
- bei Beanstandung des Buchführungsergebnisses > AEAO zu § 158
- Fristsetzung im Einspruchsverfahren > AEAO zu § 364 b, Nr. 1
- Offenlegung der Verhältnisse von Vergleichsbetrieben > AEAO zu § 162, Nr. 3
- Steuererklärungspflicht > AEAO zu § 162, Nr. 2

Scheinarbeitsverhältnis
- steuerliche Behandlung > AEAO zu § 41

Scheingeschäft
- Benennung von Gläubigern und Zahlungsempfängern > AEAO zu § 160, Nr. 3

Scheinverwaltungsakt
- Einspruch > AEAO zu § 347, Nr. 1

Scheinwohnsitz
- steuerliche Behandlung > AEAO zu § 41

Schlichte Änderung
- eines Steuerbescheids nach Bekanntgabe der Einspruchsentscheidung > AEAO zu § 172, Nr. 5
- Einspruch > AEAO zu § 347 Nr. 2
- Einspruchsverfahren gegen Entscheidung über ~ > AEAO zu § 347, Nr. 2
- Grundsatz > AEAO zu § 172, Nr. 2

Schlussbesprechung
- Abschluss der Außenprüfung > AO § 201
- Richtigstellung von Rechtsirrtümern nach
- der ~ > AEAO zu § 201

Schonfrist
- Zahlungsschonfrist > AO § 240 Abs. 3

Schreibfehler
- AO § 129; FGO § 107

Schriftführer
- FGO § 94

Schriftsätze
- FGO § 77

Schutz von Bankkunden
- AO § 30a

Schwarzarbeit
- Mitteilung von Besteuerungsgrundlagen > AEAO zu § 31 a

Schwedische Initiative
- Anhang 46

Selbstanzeige bei Steuerhinterziehung
- AO § 371

Selbstlosigkeit
- AO § 55

Senat
- des BFH > FGO § 10
- des FG > FGO § 5

Sicherheitsleistung
- Aussetzung der Vollziehung > AEAO zu § 361, Nr. 9.2; FGO § 69
- AO §§ 241 bis 248

Sicherstellung im Aufsichtsweg
- AO § 215

Sicherungsabtretung
- AEAO zu § 46, Nr. 2

Sicherungsanordnung
- FGO § 114

Sicherungsnehmer
- als Verfügungsberechtigter > AEAO zu § 35, Nr. 3

Signatur, elektronische
- AO § 87a

Sitz
- AO § 11

Stichwortverzeichnis

Sitzungspolizei
- FGO § 52

Sollverzinsung
- Stundungszinsen > AEAO zu § 234, Nr. 1
- Vollverzinsung > AEAO zu § 233a, Nrn. 12, 13

Sonderbetriebsausgaben
- Feststellungsverfahren bei typisch stiller Unterbeteiligung > AEAO zu § 179, Nr. 5

Sorgfaltspflicht
- siehe **Grobes Verschulden**

Sozialleistungen
- Mitteilung von Besteuerungsgrundlagen > AEAO zu § 31 a, Nr. 2 ff.

Speicherbuchführung
- AEAO zu § 146, Nr. 3

Sport
- Gemeinnützigkeit > AEAO zu § 52, Nr. 5 ff.

Sportliche Veranstaltungen
- AO § 67a

Sprungklage
- FGO § 45

Staatswesen, Förderung
- Gemeinnützigkeit > AEAO zu § 52, Nr. 8

Ständiger Vertreter
- AO § 13

Statthaftigkeit des Einspruchs
- AO § 347

Stellungnahme
- des Beklagten > FGO § 71

Steuerabzugsbeträge
- Aussetzung der Vollziehung, Aufhebung der Vollziehung > AEAO zu § 361, Nr. 7.2
- Aussetzung der Vollziehung, Berechnung der auszusetzenden Steuer > AEAO zu § 361, Nr. 5
- Beschwer im Einspruchsverfahren > AEAO zu § 350, Nr. 2
- gesonderte Feststellung > AEAO zu § 180, Nr. 6
- Vollverzinsung > AEAO zu § 233a, Nr. 2

Steueranmeldung
- AO § 167
- Abgabe bei einem unzuständigen Finanzamt > AEAO zu § 167, Nr. 4
- abweichende Steuerfestsetzung durch Steuerbescheid > AEAO zu § 168, Nr. 6
- abweichende Steuerfestsetzung, Fälligkeit der Steuervergütung bzw. des Mindersolls > AEAO zu § 168, Nr. 8
- abweichende Steuerfestsetzung, Zahlungsfrist für Differenzbetrag > AEAO zu § 168, Nr. 8
- allgemein erteilte Zustimmung > AEAO zu § 168, Nr. 9
- Aussetzung der Vollziehung, Aufhebung der Vollziehung > AEAO zu § 361, Nr. 7.3
- Beginn der Einspruchsfrist > AEAO zu § 355, Nr. 1
- berichtigte ~ mit Mindersoll > AEAO zu § 168, Nrn. 3
- Berichtigung mit geringerem Vergütungsbetrag/Mehrsoll > AEAO zu § 168, Nr. 12
- Einspruchsverfahren > AEAO zu § 168, Nr. 13
- Fälligkeit bei Zustimmungspflicht > AEAO zu § 220
- Fälligkeit der angemeldeten Steuer > AEAO zu § 168, Nr. 1
- Herabsetzung der bisher angemeldeten Steuer > AEAO zu § 168, Nr. 3
- Mindersoll > AEAO zu § 168, Nr. 3
- Selbstberechnung der Steuer > AO § 167
- Steuervergütung, Antrag auf Steuerfestsetzung > AEAO zu § 168, Nr. 2
- Verzicht auf schriftlichen Steuerbescheid > AEAO zu § 155, Nr. 2
- Wirkung > AEAO zu § 168, Nrn. 1, 3
- Zustimmung > AEAO zu § 168

Steuerdaten-Abrufverordnung
- AO § 30

Steuerberatende Berufe
- Auskunftsverweigerungsrecht, Vorlage von Urkunden und Wertsachen > AEAO zu § 104

Steuerberatungsangelegenheit
- Einspruch > AO § 347
- Rechtsweg > FGO § 33

Steuerberatungsgesetz
- Auszug > Anhang 7

Steuerbescheid
- Form und Inhalt > AO § 157
- Versendung in geschlossenem Umschlag > AEAO zu § 157, Nr. 1
- siehe auch **Steuerfestsetzung**

Steuererklärung
- AO § 149
- Aufnahme an Amtsstelle > AEAO zu § 151

Stichwortverzeichnis

- Beginn der Festsetzungsfrist, Anlaufhemmung > AEAO zu § 170, Nr. 3
- Form und Inhalt > AEAO zu § 150
- Grobes Verschulden bei Nichtabgabe der ~ > AEAO zu § 173, Nr. 4

Steuerfahndung
- Ablaufhemmung der Festsetzungsfrist > AEAO zu § 171, Nr. 4
- Änderungssperre > AEAO zu § 173, Nr. 7
- Aufgaben > AEAO zu § 208, Nr. 1
- Merkblatt über Rechte und Pflichten von Steuerpflichtigen bei Prüfungen durch die Steuerfahndung > Anhang 50
- Maßnahmen im Besteuerungsverfahren > AEAO zu § 208, Nr. 3
- Mitwirkungspflicht de Steuerpflichtigen > AEAO zu § 208, Nr. 5
- Rechte und Pflichten der ~ > AEAO zu § 208, Nr. 2

Steuerfestsetzung
- AO § 155
- Absehen von ~ > AEAO zu § 156
- Bestandskraft > AEAO vor §§ 172 bis 177
- Grundsatz > AEAO zu § 155
- Nachholung der ~ innerhalb der Festsetzungsfrist > AEAO zu § 156
- Rückzahlung überzahlter Beträge > AEAO zu § 155, Nr. 4
- Vorbehalt der Nachprüfung > AO § 164
- siehe auch **Steuerbescheid**

Steuergefährdung
- AO § 379

Steuergeheimnis
- Begriff > AO § 30
- Durchbrechung des ~ aufgrund außersteuerlicher Vorschriften > AEAO zu § 30; > Anhang 1
- Richtigstellung unwahrer Tatsachen > AEAO zu § 30
- Umfang des Schutzes > AEAO zu § 30
- Wahrung des ~ im finanzgerichtlichen Verfahren > FGO § 86
- zwingendes öffentliches Interesse > AEAO zu § 30

Steuergestaltung
- Pflicht zur Mitteilung > AO § 138d ff

Steuerhehler
- AO § 374
- Haftung > AEAO zu § 71

Steuerhilfspersonen
- AO § 217

Steuerhinterzieher
- Haftung > AEAO zu § 71

Steuerhinterziehung
- AO §§ 370, 370a
- Festsetzungsfrist > AEAO zu § 169, Nr. 2; AEAO zu § 71
- BMF-Schreiben zur Steuerhinterziehungsbekämpfungsverordnung > Anhang 47

Steuerlich unschädliche Betätigungen
- AO § 58

Steuerliche Erfassung von Körperschaften, Vereinigungen und Vermögensmassen
- AO § 137

Steuerliche Nebenleistungen
- Anwendung der AO > AEAO zu § 3
- Säumniszuschläge > AEAO zu § 240, Nr. 4
- Verhältnis zur Vollverzinsung > AEAO zu § 233a, Nrn. 63 ff.

Steuermessbetrag
- Festsetzung unter Vorbehalt der Nachprüfung > AEAO zu § 164, Nr. 2
- Festsetzungsverjährung > AEAO vor §§ 169 > 171, Nr. 2

Steuern
- AO § 3

Steuerliche Nebenleistungen
- AO § 3

Steuerordnungswidrigkeiten
- AO § 377

Steuerpflichtiger
- AO § 33

Steuerpflichtiger wirtschaftlicher Geschäftsbetrieb
- AO § 64

Steuerschuldner
- AO § 33
- als Steuerpflichtiger > AEAO zu § 33

Steuerschuldverhältnis
- Ansprüche aus dem ~ > AO § 37

Steuerstatistik
- Gesetz über ~ (Auszug) > Anhang 1

Steuerstempler
- AO § 167
- Verzicht auf schriftlichen Steuerbescheid > AEAO zu § 155, Nr. 2

Steuerstraftaten
- AO § 369

Steuervergünstigung
- Feststellung der Voraussetzungen in einem Grundlagenbescheid, Antragsfrist > AEAO zu § 175, Nr. 2

Steuervergütung

1885

- Festsetzung unter Vorbehalt der Nachprüfung > AEAO zu § 164, Nr. 2
- Gläubiger > AO § 43
- Stundungszinsen > AEAO zu § 234, Nr. 12

Steuerzeichen
- AO § 167
- Verzicht auf schriftlichen Steuerbescheid > AEAO zu § 155, Nr. 2

Strafandrohung
- FGO § 80

Strafverfahren
- AO §§ 385 ff.
- Rechtsweg > FGO § 33

Streitgenossenschaft
- FGO § 59

Stundung
- AO § 222
- Abgrenzung zur Aussetzung der Vollziehung > AEAO zu § 361, Nr. 1.4
- Auswirkung auf Aussetzungszinsen > AEAO zu § 237, Nr. 5Ratenzahlung bei mehreren Ansprüchen > AEAO zu § 234, Nr. 10
- Widerruf oder Rücknahme > AEAO zu § 234, Nr. 3
- Zinsen > AO § 234

Stundungszinsen
- AO § 234
- bei Ratenzahlungen > AEAO zu § 234, Nr. 9
- Ende des Zinslaufs > AEAO zu § 234, Nr. 5
- Herabsetzung der gestundeten Steuer > AEAO zu § 234, Nr. 2
- Kleinbetragsregelung > AEAO zu § 234, Nr. 8
- Ratenzahlung bei Stundung mehrerer Ansprüche > AEAO zu § 234, Nr. 10
- Sollverzinsung > AEAO zu § 234, Nr. 1
- Überschneidung mit Vollverzinsung > AEAO zu § 233a, Nr. 65
- Verzicht auf Erhebung > AEAO zu § 234, Nr. 11
- Vorzeitige Tilgung > AEAO zu § 234, Nr. 1
- Zinslauf, Beginn > AEAO zu § 234, Nr. 4
- Zinsmonat > AEAO zu § 234, Nr. 6
- zu verzinsende (Einzel-)Forderungen > AEAO zu § 234, Nr. 7

Subvention
- Mitteilung von Besteuerungsgrundlagen > AEAO zu § 31 a, Nr. 2.2

T

Tag der Zahlung
- AO § 224

Tatbestand
- Zweifel an Verwirklichung des ~, Vorläufigkeit > AEAO zu § 165, Nr. 1

Tatbestandsberichtigung
- FGO § 108

Tatsache
- Neue ~ > AO § 173
- Vorläufigkeit bei ungewisser ~ > AEAO zu § 165, Nr. 1

Tatsächliche Feststellung
- FGO § 118

Tatsächliche Verständigung
- Begriff, Zulässigkeit > AEAO zu § 88, Nr. 1
- Erörterung des Sach> und Rechtsstands im Einspruchsverfahren > AEAO zu § 364 a, Nr. 1; AEAO zu § 365, Nr. 1
- im Einspruchsverfahren > AEAO zu § 365, Nr. 1

Taugliche Steuerbürgen
- AO § 244

Tauschring
- Gemeinnützigkeit > AEAO zu § 52, Nr. 4

Teilabhilfe
- Einspruchsverfahren > AEAO zu § 365, Nr. 2

Teilaufhebung
- des Verwaltungsakts > FGO § 100

Teil-Einspruchsentscheidung
- AO § 367 Abs. 2a

Teil-Unterschiedsbeträge
- bei erstmaliger Steuerfestsetzung > AEAO zu § 233a, Nrn. 29 ff.
- bei geänderter Steuerfestsetzung > AEAO zu § 233a, Nrn. 47 ff.
- Abrundung > AEAO zu § 233a, Nrn. 31, 49

Teilurteil
- FGO § 98

Teilzahlungen
- Vollverzinsung > AEAO zu § 233a, Nrn. 23, 24

Termin
- AO § 108
- zur mündlichen Verhandlung > FGO § 91

Testamentsvollstrecker
- Haftung > AEAO zu § 69

Telefax

Stichwortverzeichnis

- Bekanntgabe durch ~ > AEAO zu § 122, Nr. 3
- Einspruchseinlegung > AEAO zu § 357

Trennung
- von Verfahren > FGO § 73

Treu und Glauben
- Änderung eines Steuerbescheids wegen steuererhöhender neuer Tatsachen > AEAO zu § 173, Nr. 4
- Ermessensausübung > AEAO zu § 5
- Ermittlungspflicht des Finanzamts > AEAO zu § 173, Nr. 3
- Rechtsprechungsänderung > AEAO zu § 176, Nr. 3
- verbindliche Auskunft > AEAO zu § 204, Nr. 4

Treuhänder
- Auskunftsverweigerungsrecht > AEAO zu § 159
- Benennung von Gläubigern und Zahlungsempfängern > AEAO zu § 160, Nr. 3
- Nachweis > AEAO zu § 159

U

Übergang der bedingten Verbrauchsteuerschuld
- AO § 50

Überführung in das Eigentum des Bundes
- AO § 216

Übergang des Eigentums
- AO § 394

Übergangsregelungen
- Änderungen der AO > EGAO

Übermaßverbot
- Ermessensausübung > AEAO zu § 5

Überprüfung
- Festsetzung unter Vorbehalt der Nachprüfung bis AEAO zu abschließender ~ > AEAO zu § 164, Nr. 3

Überschuldung
- Erlass von Säumniszuschlägen > AEAO zu § 240, Nr. 6

Überzahlung
- Geltendmachung des Erstattungsanspruchs außerhalb des Festsetzungsverfahrens > AEAO zu § 155, Nr. 4

Umdeutung eines fehlerhaften Verwaltungsakts
- AO § 128

Umsatzsteuer
- Abweichung von der Steueranmeldung, Vorbehalt der Nachprüfung > AEAO zu § 168, Nr. 7
- Änderung wegen neuer Tatsachen, Zusammenhang zwischen steuererhöhenden und steuermindernder neuen Tatsachen > AEAO zu § 173, Nr. 5
- Selbstberechnung der Steuer, Steueranmeldung > AEAO zu § 167, Nr. 1
- Voranmeldung, Vorbehalt der Nachprüfung kraft Gesetzes > AEAO zu § 168, Nr. 7
- Zuständigkeit > AO § 21

Umsetzung von Verständigungsvereinbarungen
- AO § 175a

Unanfechtbarkeit
- Bestandskraft von Steuerbescheiden > AEAO vor §§ 172 bis 177

Unbedingtwerden der Verbrauchsteuer
- AO § 50

Unbillige Härte
- Aussetzung der Vollziehung > AEAO zu § 361, Nrn. 2.1, 2.6

Unbilligkeit
- Säumniszuschläge > AEAO zu § 240, Nr. 5

Unfallversicherung
- Mitteilung von Besteuerungsgrundlagen > AEAO zu § 31

Ungetrennte Früchte
- AO § 294

Unmittelbarer Zwang
- AO § 331

Unmittelbarkeit
- AO § 57

Unpfändbarkeit von Forderungen
- AO § 319

Unpfändbarkeit von Sachen
- AO § 295

Unschädliche Betätigungen
- AO § 58

Untätigkeitseinspruch
- AO § 347

Untätigkeitsklage
- FGO § 46

Unterbeteiligung
- Feststellungsverfahren bei atypisch stiller ~ > AEAO zu § 179, Nr. 4
- Feststellungsverfahren bei Treuhandverhältnissen > AEAO zu § 179, Nr. 4
- Feststellungsverfahren bei typisch stiller ~ > AEAO zu § 179, Nr. 5

Unterbrechung

1887

Stichwortverzeichnis

- der Verfolgungsverjährung > AO § 376
- der Zahlungsverjährung > AO § 231

Unterhaltssicherungsgesetz
- Auszug > Anhang 1

Unterhaltsvorschussgesetz
- Auszug > Anhang 1

Unterlagen
- Ordnungsvorschriften > AEAO zu § 147

Untersuchungsausschuss
- Wahrung des Steuergeheimnisses gegenüber ~ (BMF) > Anhang 15

Untersuchungsgrundsatz
- AO § 88

Unwirksame Rechtsgeschäfte
- steuerliche Behandlung > AO § 41

Unzuständigkeit
- des Gerichts > FGO § 70

Urkunden
- Verweigerung der Vorlage von ~ > AEAO zu § 104

Urkundenvorlage
- FGO § 89

Urteil
- FGO §§ 95, 96, 100, 101
- abgekürztes ~ > FGO § 105
- Berichtigung > FGO §§ 107, 108
- Bindungswirkung > FGO § 110
- Ergänzung > FGO § 109
- Form > FGO § 105
- Inhalt > FGO §§ 100, 105
- Verkündung > FGO § 104
- Zustellung > FGO § 104

V

Verbände
- Amtshilfe oder Auskunftspflicht > AEAO zu § 111, Nr. 2

verbindliche Auskunft
- AO § 89
- AEAO zu § 89
- Ablehnung eines Antrags auf Erteilung einer ~ > AEAO zu § 347, Nr. 1

verbindliche Zusage
- siehe **Zusage**

Verbrauchsteuergefährdung
- AO § 381

Verfahrensaussetzung
- Einspruchsverfahren > AEAO zu § 363

Verfahrensfehler
- Folgen > AEAO zu § 127
- Heilung > AEAO zu § 126

Verfahrensgegenstand

- Änderung > FGO § 68

Verfahrensmängel
- im Klageverfahren > FGO § 115
- im Vorverfahren > FGO § 100

Verfahrensruhe
- Einspruchsverfahren > AEAO zu § 363

Verfassung
- vorläufige Steuerfestsetzung bei verfassungsrechtlichen Zweifeln am Steuergesetz > AEAO zu § 165, Nr. 4

Verfassungsbeschwerde
- Aussetzung der Vollziehung > AEAO zu § 361, Nr. 1.3

Verfolgungsverjährung
- AO § 384

Verfügungsberechtigter
- Begriff > AEAO zu § 35
- Kontenwahrheit, Namensverzeichnis > AEAO zu § 154

Vergleichsbetriebe
- Offenlegung > AEAO zu § 30, AEAO zu § 162, Nr. 3

Verhältnis
- der Auskunfts- und Vorlagepflicht zur Schweigepflicht öffentlicher Stellen > AO § 105
- des Strafverfahrens zum Besteuerungsverfahren > AO § 393

Verhältnismäßigkeit
- Ermessensausübung > AEAO zu § 5

Verjährung
- siehe **Zahlungsverjährung** und **Festsetzungsfrist**

Verkündung
- des Urteils > FGO § 104
- Zustellung nach ~ > FGO § 53

Verlängerung von Fristen
- AO § 109

Verlobte
- Angehörige > AEAO zu § 15

Verlustrücktrag
- Vollverzinsung > AEAO zu § 233a, Nrn. 10, 28 > 40, 42 ff., 74

Vermietung und Verpachtung
- örtliche Zuständigkeit für gesonderte Feststellung der Einkünfte > AEAO zu § 18, Nr. 3

Vermögensauskunft
- AO § 284

Vermögensbindung
- AO §§ 61, 62

Vermögensteuer
- Vollverzinsung > AEAO zu § 233a, Nrn. 61 > 62

Vermögensverwalter

Stichwortverzeichnis

- Haftung > AEAO zu § 69
- Pflichten > AEAO zu § 34

Verpfändung
- Anspruch aus dem Steuerschuldverhältnis > AEAO zu § 46
- Anzeige nach amtlichem Vordruck > AEAO zu § 46, Nr. 6
- Auszahlung der Finanzbehörde bei Verstoß gegen gesetzliche Vorschriften > AEAO zu § 46, Nr. 3
- geschäftsmäßiger Erwerb und geschäftsmäßige Einziehung von Erstattungs- und Vergütungsansprüchen > AEAO zu § 46, Nr. 2
- Rechtsstellung der Beteiligten > AEAO zu § 46, Nr. 4
- vor Entstehung des Anspruchs > AEAO zu § 46, Nr. 1
- Wertpapiere > AO § 243

Verpflichtungsgesetz
- Steuergeheimnis > AEAO zu § 30, Nr. 3

Verpflichtungsklage
- FGO §§ 40, 101

Verrechnung
- Begriff und Wirkung > AEAO zu § 226, Nr. 5

Verschollenheit
- AO § 49

Versicherung an Eides statt
- AO § 95

Versicherungsteuer
- Selbstberechnung der Steuer, Steueranmeldung > AEAO zu § 167, Nr. 1

Verspätetes Vorbringen
- AO § 364b; FGO §§ 79b, 137

Verspätungszuschlag
- AO § 152
- Abgabe-Schonfrist > AEAO zu § 152, Nr. 7
- Adressat der Festsetzung > AEAO zu § 152, Nr. 1
- Entschuldbarkeit des Versäumnisses > AEAO zu § 152, Nr. 2
- Entstehung, Fälligkeit und Verjährung > AEAO zu § 152, Nr. 3
- Festsetzungsverjährung > AEAO vor §§ 169 > 171, Nr. 2; AEAO zu § 169, Nr. 5
- Höhe des ~, Höchstbetrag > AEAO zu § 152, Nr. 5
- im Feststellungsverfahren > AEAO zu § 152, Nr. 4
- im Steueranmeldungsverfahren > AEAO zu § 152, Nr. 6

Verständigungsvereinbarungen
- Umsetzung > AO § 175a

Versteigerung
- AO § 298

Versteigerung ungetrennter Früchte
- AO § 304

Verteidigung
- AO § 392

Vertragliche Haftung
- AO § 192

Vertrauen
- in die Gültigkeit einer Rechtsnorm > AEAO zu § 176, Nr. 1

Vertrauensleute
- FGO § 23
- Entschädigung > FGO § 29
- Ordnungsstrafe > FGO § 30

Vertrauensschutz
- bei der Aufhebung und Änderung von Steuerbescheiden > AO § 176

Vertreter
- Bestellung von Amts wegen > AEAO zu § 81
- Einspruchsbefugnis bei der einheitlichen Feststellung > AEAO zu § 352
- Festsetzung eines Verspätungszuschlags gegen den ~ > AEAO zu § 152, Nr. 1
- Haftung > AEAO zu § 69
- Legitimationsprüfung, Kontenwahrheit > AEAO zu § 154, Nr. 7

Vertretungsmacht
- Erlöschen, Erfüllung steuerlicher Pflichten > AEAO zu § 36

Vertretungszwang
- vor BFH > FGO § 62a

Verwaltungsakt
- Antrag auf Feststellung der Nichtigkeit > AEAO zu § 125, Nr. 3
- Aussetzung der Vollziehung, Vollziehbarkeit des ~ > AEAO zu § 361, Nrn. 2.3, 5.1
- Begriff > AO § 118
- Begründung > AEAO zu § 121
- begünstigender ~ (Aufzählung) > AEAO zu §§ 130, 131 Nr. 2
- Bekanntgabe > AEAO zu § 122
- Durchbrechung der Bestandskraft > AEAO vor §§ 172 bis 177
- Einspruch > AEAO zu § 347, Nr. 1
- Ergänzung eines rechtmäßigen ~ > AEAO zu § 131, Nrn. 4, 5
- Feststellung der Buchführungspflicht > AEAO zu § 141, Nrn. 2, 4
- Heilung von Verfahrens- und Formfehlern > AEAO zu § 126

1889

Stichwortverzeichnis

- Konkretisierung der Ansprüche aus dem Steuerschuldverhältnis > AEAO zu § 218, Nr. 1
- Nebenbestimmungen zum ~ > AEAO zu § 120
- nicht begünstigender ~ (Aufzählung) > AEAO vor §§ 130, 131, Nr. 3
- Nichtigkeit > AEAO zu § 125
- offenbare Unrichtigkeit bei Erlass des ~ > AEAO zu § 129
- rechtmäßiger ~, Widerruf > AEAO zu § 131
- rechtswidriger ~, Rücknahme > AEAO zu § 130, Nr. 1
- Rücknahme > AEAO vor §§ 130, 131; AEAO zu § 130
- teilweise Rücknahme > AEAO zu § 130, Nr. 3
- Verlangen nach Benennung von Gläubigern und Zahlungsempfängern > AEAO zu § 160, Nr. 1
- Widerruf > AEAO vor §§ 130, 131; AEAO zu § 131
- Widerruf bei ~ mit Dauerwirkung > AEAO zu § 131, Nr. 2
- Wirksamkeit des ~ > AEAO zu § 124

Verwaltungsgrundsätze 2020
- Angang 50

Verwaltungszustellungsgesetz
- Anhang 10

Verweigerung
- der Aussage > FGO § 84
- der Erstattung eines Gutachtens > AO § 104
- der Vorlage von Urkunden > AO § 104
- des Zeugnisses > FGO § 84

Verweisung
- an anderes Gericht > FGO §§ 34, 70

Verwertung
- AO § 296
- Gebühr > AO § 341
- mehrfache Pfändung > AO § 308
- Sicherheiten > AO § 327

Verwertungsgebühr
- AO § 341

Verwertungsverbot
- bei rechtswidriger Prüfungsanordnung > AEAO zu § 196, Nr. 1

Verwirklichung
- Ansprüche aus dem Steuerschuldverhältnis > AO § 218

Verzicht
- auf Einspruch > AO § 354
- auf Klage > FGO § 50

Verzinsung
- siehe **Zinsen** und **Vollverzinsung**

Videokonferenz
- FGO §§ 91a, 93a

Vollmacht
- im finanzgerichtlichen Verfahren > FGO § 62, 62a
- Rechtsstellung des Steuerpflichtigen nach Erteilung einer ~ > AEAO zu § 80, Nr. 5
- siehe auch **Bevollmächtigter** und **Empfangsvollmacht**

Vollstreckbare Verwaltungsakte
- AO § 251

Vollstreckung
- AO § 249 ff.
- bei Anfechtung der Ablehnung der Aussetzung der Vollziehung > AEAO zu § 361, Nr. 10
- gegen den Rechtsnachfolger > AO § 323
- gegen Ehegatten > AO § 263
- gegen Erben > AO § 265
- gegen juristische Personen des öffentlichen Rechts > AO § 255
- gegen Nießbraucher > AO § 264
- in andere Vermögensrechte > AO § 321
- in Ersatzteile von Luftfahrzeugen > AO § 306
- in Sachen > AO § 286

Vollstreckungsanweisung
- Anhang 8

Vollstreckungsaufschub
- Auswirkung auf Aussetzungszinsen > AEAO zu § 237, Nr. 5
- Säumniszuschläge > AEAO zu § 240, Nr. 6

Vollstreckungsbehörden
- AO § 249

Vollstreckungsersuchen
- AO § 250

Vollstreckungsgläubiger
- AO § 252

Vollstreckungsmaßnahmen
- Aussetzung der Vollziehung, ~ bis zur Entscheidung über Antrag > AEAO zu § 361, Nr. 3

Vollstreckungsschuldner
- AO § 253

Vollstreckungsverfahren gegen nichtrechtsfähige Personenvereinigungen
- AO § 267

Vollverzinsung
- Abrundung der Teilunterschiedsbeträge > AEAO zu § 233a, Nrn. 31, 49

Stichwort-
verzeichnis

- Abrundung des AEAO zu verzinsenden Betrags > AEAO zu § 233a, Nrn. 11, 24, 49
- Allgemeines > AEAO zu § 233a, Nr. 1
- Anpassung von Vorauszahlungen > AEAO zu § 233a, Nrn. 15, 16
- Beginn des Zinslaufs bei Verlustrückträgen und rückwirkenden Ereignissen > AEAO zu § 233a, Nr. 10
- Begrenzung auf Mindersoll > AEAO zu § 233a, Nr. 25
- bei Gesamtschuldnern > AEAO zu § 233a, Nr. 3
- bei Verlustrückträgen und rückwirkenden Ereignissen > AEAO zu § 233a, Nrn. 10, 28 > 40, 42 ff., 74
- Berücksichtigung von Vorauszahlungen > AEAO zu § 233a, Nr. 14
- Billigkeitsmaßnahmen > AEAO zu § 233a, Nrn. 69 ff.
- Ende des Zinslaufs > AEAO zu § 233a, Nrn. 5, 7
- Erlass von Nachzahlungszinsen bei freiwilligen Zahlungen > AEAO zu § 233a, Nr. 70
- Ermittlung fiktiver Zahlungen > AEAO zu § 233a, Nr. 40
- Erstattungszinsen bei Teilzahlungen > AEAO zu § 233a, Nrn. 23, 24
- Erstmalige Anwendung > AEAO zu § 233a, Nr. 2
- freiwillige Zahlungen > AEAO zu § 233a, Nrn. 13, 17, 18, 25 > 27, 70
- Geltungsbereich > AEAO zu § 233a, Nr. 2
- Grundlagenbescheide, Darstellung rückwirkender Ereignisse > AEAO zu § 233a, Nr. 74
- Grundsätze der Zinsberechnung > AEAO zu § 233a, Nr. 11
- Grundsteuermessbescheid, Darstellung rückwirkender Ereignisse > AEAO zu § 233a, Nr. 74
- Karenzzeit bei Land> und Forstwirten > AEAO zu § 233a, Nrn. 8, 9
- Kirchensteuer > AEAO zu § 233a, Nr. 2
- Kleinbetragsgrenze > AEAO zu § 233a, Nrn. 40, 44, 59
- Minderung zuvor berechneter Nachzahlungszinsen > AEAO zu § 233a, Nrn. 38, 54, 57
- Rechtsbehelf > AEAO zu § 233a, Nrn. 71 > 73
- regelmäßiger Beginn des Zinslaufs > AEAO zu § 233a, Nr. 4
- sachlicher Geltungsbereich > AEAO zu § 233a, Nr. 2
- Sollverzinsung > AEAO zu § 233a, Nrn. 12, 13
- Teil-Unterschiedsbeträge bei erstmaliger Steuerfestsetzung > AEAO zu § 233a, Nrn. 29 ff.
- Teil-Unterschiedsbeträge bei geänderter Steuerfestsetzung > AEAO zu § 233a, Nrn. 47 ff.
- Teilzahlungen > AEAO zu § 233a Nrn. 23, 24
- Überschneidung mit Aussetzungszinsen > AEAO zu § 233a, Nr. 68
- Überschneidung mit Hinterziehungszinsen > AEAO zu § 233a Nr. 66 AEAO zu § 235, Nr. 4
- Überschneidung mit Prozesszinsen > AEAO zu § 233a, Nr. 67
- Überschneidung mit Säumniszuschlägen > AEAO zu § 233a, Nr. 64
- Überschneidung mit Stundungszinsen > AEAO zu § 233a, Nr. 65
- Verhältnis AEAO zu anderen steuerlichen Nebenleistungen > AEAO zu § 233a, Nrn. 63 ff.
- Verzinsung von Steuerabzugsbeträgen -AEAO zu § 233a, Nr. 2
- Verzinsung von Vorauszahlungen > AEAO zu § 233a, Nr. 2
- voller Zinsmonat > AEAO zu § 233a, Nr. 4
- zeitlicher Geltungsbereich > AEAO zu § 233a, Nr. 2
- Ziel > AEAO zu § 233a, Nr. 1
- Zinsberechnung bei der Vermögensteuer > AEAO zu § 233a, Nrn. 61 > 62
- Zinsberechnung bei erstmaliger Steuerfestsetzung > AEAO zu § 233a, Nrn. 14 ff.
- Zinsberechnung bei Korrektur der Anrechnungsverfügung > AEAO zu § 233a, Nr. 45
- Zinsberechnung bei korrigierter Steuerfestsetzung > AEAO zu § 233a, Nrn. 41 ff.
- Zinsberechnung bei Mehrsoll > AEAO zu § 233a, Nrn. 19, 20, 51 ff.
- Zinsberechnung bei Mindersoll > AEAO zu § 233a, Nrn. 21 ff., Nrn. 53 ff.
- Zinsberechnung bei NV-Fällen > AEAO zu § 233a, Nr. 60
- Zinsgläubiger > AEAO zu § 233a, Nr. 3

Stichwortverzeichnis

- Zinslauf > AEAO zu § 233a, Nrn. 4 ff.
- Zinsschuldner > AEAO zu § 233a, Nr. 3

Vollziehungsanweisung
- Anhang 9

Vollziehungsaufhebung
- siehe **Aufhebung der Vollziehung**

Vollziehungsbeamte
- AO § 285

Vorabentscheidung
- FGO § 99

Voranmeldung
- Vorbehalt der Nachprüfung kraft Gesetzes > AEAO zu § 168, Nr. 7

Vorauszahlungen
- Aussetzung der Vollziehung, Aufhebung der Vollziehung > AEAO zu § 361, Nr. 7.2
- Aussetzung der Vollziehung, Berechnung der auszusetzenden Steuer > AEAO zu § 361, Nr. 4
- Erlass des Jahressteuerbescheids während des Einspruchsverfahrens > AEAO zu § 365, Nr. 2
- Erledigung durch Jahressteuerfestsetzung, Aussetzungszinsen > AEAO zu § 237, Nr. 4
- Stundungszinsen, Änderung der Steuerfestsetzung > AEAO zu § 234, Nr. 2
- Vollverzinsung, Berücksichtigung bzw. Anpassung von ~ > AEAO zu § 233a, Nrn. 2, 14 > 16

Vorbehalt der Nachprüfung
- Ablauf der Festsetzungsfrist > AEAO zu § 164, Nr. 1
- abschließende Überprüfung > AEAO zu § 164, Nr. 3
- Abweichung von der Steueranmeldung > AEAO zu § 168, Nr. 6
- Aufhebung > AEAO zu § 164, Nr. 7
- Auswirkungen auf Festsetzungsfrist > AEAO zu § 164, Nr. 7
- Begründung > AEAO zu § 164, Nrn. 3, 6
- Einspruch gegen Vorbehaltsfestsetzung > AEAO zu § 367, Nr. 5
- Einspruch, Aufhebung des ~ > AEAO zu § 347, Nr. 3
- Einspruchsverfahren > AEAO zu § 367, Nr. 5
- Entscheidung über Antrag des Steuerpflichtigen > AEAO zu § 164, Nr. 5
- Korrektur unabhängig von formeller Bestandskraft > AEAO vor §§ 172 bis 177, Nr. 4

- Nebenbestimmung > AEAO zu § 164, Nr. 1
- Steueranmeldung > AEAO zu § 168, Nr. 1
- Umfang > AEAO zu § 164, Nr. 4 Unanfechtbarkeit > AEAO vor §§ 172 bis 177
- Vermerk im Steuerbescheid > AEAO zu § 164, Nr. 6
- Vertrauensschutz bei Änderung der Steuerfestsetzung > AEAO zu § 164, Nrn. 2, 4
- Wegfall durch Zeitablauf > AEAO zu § 164, Nr. 7

Vorbereitung
- der mündlichen Verhandlung > FGO §§ 77 bis 80

Vorladung
- der Beteiligten > FGO §§ 79, 80

Vorlage
- von Urkunden > AO § 97
- von Wertsachen > AO § 100

Vorlagepflicht
- der Behörden > FGO §§ 86, 89

Vorläufiger Rechtsschutz
- siehe **Aussetzung der Vollziehung**

Vorläufigkeit
- AO § 165
- Ablaufhemmung > AEAO zu § 171, Nr. 5
- Begründung > AEAO zu § 165, Nr. 5
- Dauer > AEAO zu § 165, Nr. 6
- Einspruch, Aufhebung der Nebenbestimmung > AEAO zu § 347, Nr. 3
- Endgültigkeitserklärung > AEAO zu § 165, Nrn. 6, 7
- rückwirkende Anwendung eines DBA > AEAO zu § 165, Nr. 2
- Steuerfestsetzung > AEAO zu § 165
- Umfang > AEAO zu § 165, Nr. 5
- vorläufige Steuerfestsetzung bei verfassungsrechtlichen Zweifeln am Steuergesetz > AEAO zu § 165, Nr. 4
- Wegfall ohne Endgültigkeitserklärung > AEAO zu § 165, Nr. 7

Vorrang völkerrechtlicher Vereinbarungen
- AO § 2

Vorsitzender Richter
- FGO §§ 5, 10
- vorbereitende Maßnahmen > FGO § 79
- Vortrag in mündlicher Verhandlung > FGO § 92

Vorverfahren

- FGO §§ 44 bis 46

W

Wahlausschuss
- für ehrenamtliche Richter > FGO §§ 22, 23

Warenausgang
- Aufzeichnungspflicht > AO § 144

Wareneingang
- Aufzeichnungspflicht > AO § 143

Wegnahmegebühr
- AO § 340

Wertpapiere
- AO § 302

Wesentliche Nachteile
- Aussetzung der Vollziehung > AEAO zu § 361, Nr. 4.6.1

Wettsteuer
- Selbstberechnung der Steuer, Steueranmeldung > AEAO zu § 167, Nr. 1

Widerruf
- eines rechtmäßigen Verwaltungsakts > AO § 131

Widerrufsvorbehalt
- Aussetzung der Vollziehung > AEAO zu § 361, Nr. 9.1

Widerstreitende Steuerfestsetzung
- AO §174

Wiederaufnahme
- des Verfahrens > FGO § 134
- Kosten 135

Wiedereinsetzung in den vorigen Stand
- Anlass, Frist > AO § 110; FGO § 56
- Einspruchsfrist nach unterlassener Anhörung > AEAO zu § 355, Nr. 2
- nach Fristsetzung gem. § 364 b AO > AEAO zu § 364 b, Nr. 4

Willkürverbot
- Ermessensausübung > AEAO zu § 5

Wirksamkeit
- eines Verwaltungsakts > AO § 124
- Zeitpunkt der ~ eines Verwaltungsakts > AEAO zu § 124

Wirkung
- der Einziehungsverfügung > AO § 315
- der gesonderten Feststellung > AO § 182
- der Hinterlegung von Zahlungsmitteln > AO § 242
- der Pfändung > AO § 282
- der Verjährung > AO § 232
- einer Steueranmeldung > AO § 168

Wirtschaftlicher Geschäftsbetrieb
- AO § 14

Wohlfahrtspflege
- AO § 66

Wohnraum
- Betreten eines ~ im Besteuerungsverfahren > AEAO zu § 99

Wohnraumförderungsgesetz
- Auszug > Anhang 1

Wohnsitz
- AO § 8
- Aufgabe der inländischen Wohnung > AEAO zu § 8, Nr. 3
- Bedeutung > AEAO vor §§ 8, 9
- bei Eheleuten > AEAO zu § 8, Nr. 1
- Innehaben der Wohnung > AEAO zu § 8, Nr. 4
- Meldung bei den Ordnungsbehörden > AEAO zu § 8, Nr. 2
- Versetzung in das Ausland > AEAO zu § 8, Nr. 5
- Wohnung > AEAO zu § 8, Nr. 3

Wohnsitzverlegung
- Zuständigkeitswechsel bei gleichzeitiger Aufgabe des Betriebs > AEAO zu § 26, Nr. 3

Wohnung
- siehe **Wohnsitz**

Wohnungsbau-Prämie
- siehe **Prämien**

Wohnungsbindungsgesetz
- Auszug > Anhang 1

Z

Zahlung
- Tag der ~ > AEAO zu § 224, Nr. 2

Zahlungsanerkenntnis
- Verzicht auf schriftlichen Steuerbescheid > AEAO zu § 155, Nr. 2
- Wirkung als Steuerfestsetzung > AEAO zu § 167, Nr. 3

Zahlungsaufforderung
- Haftungsbescheid > AEAO zu § 219

Zahlungsaufschub
- AO § 223

Zahlungsempfänger
- Benennungspflicht > AEAO zu § 160

Zahlungsfrist
- bei Ablehnung der Aussetzung der Vollziehung > AEAO zu § 361, Nr. 10

Zahlungsunfähigkeit
- Erlass von Säumniszuschlägen > AEAO zu § 240, Nr. 5

Zahlungsverjährung
- Beginn > AO § 229

Stichwortverzeichnis

- Ende der Verjährungsfrist am Wochenende oder an Feiertagen > AEAO zu § 228, Nr. 2
- Gegenstand der ~ > AEAO zu § 228, Nr. 1
- Unterbrechung > AO § 231
- Wirkung > AEAO zu § 228, Nr. 3

Zeit der Vollstreckung
- AO § 289

Zerlegungsbescheid
- AO § 188

Zeugen
- Pflichten > FGO § 85
- Vernehmung > FGO §§ 85, 87

Zeugnisverweigerung
- FGO § 84

Zinsbescheid
- Form und Inhalt > AEAO zu § 239, Nr. 1

Zinsen
- Abrundung der ~ > AEAO zu § 239, Nr. 3
- Abrundung des zu verzinsenden Betrags > AEAO zu § 238, Nr. 2
- Aussetzung der Vollziehung > AEAO zu § 237
- Beginn der Festsetzungsfrist > AEAO zu § 170, Nr. 2
- Berücksichtigung bei Bemessung eines Verspätungszuschlags > AEAO zu § 152, Nr. 8
- Festsetzung unter Vorbehalt der Nachprüfung > AEAO zu § 164, Nr. 2
- Festsetzungsfrist > AEAO zu § 239, Nr. 2
- Festsetzungsverfahren > AEAO zu § 239, Nr. 1
- Festsetzungsverjährung > AEAO vor §§ 169 > 171, Nr. 2
- Höhe der ~ > AEAO zu § 238
- Kleinbetragsregelung > AEAO zu § 239, Nr. 3
- voller Zinsmonat > AEAO zu § 238, Nr. 1

Zinslauf
- bei Aussetzungszinsen > AEAO zu § 237, Nr. 6
- bei Stundungszinsen > AEAO zu § 234, Nrn 4 u. 5
- bei Prozesszinsen > AEAO zu § 236, Nr. 5
- Ende des Zinslaufs an einem Wochenende oder an einem Feiertag > AEAO zu § 238, Nr. 1
- Vollverzinsung > AEAO zu § 233a, Nrn. 4 ff.

Zinsmonat
- Stundungszinsen > AEAO zu § 234, Nr. 6
- Vollverzinsung > AEAO zu § 233a, Nr. 6
- Zinsberechnung > AEAO zu § 238, Nr. 1

Zivilprozessordnung
- Anwendung > FGO § 155
- Auszug > Anhang 11

Zulagen
- Anwendung der für Steuervergütung geltenden Vorschriften > AEAO zu § 155, Nr. 5
- Aussetzung der Vollziehung > AEAO zu § 361, Nr. 4.7
- Einspruch > AEAO zu § 347, Nr. 6
- Festsetzung unter Vorbehalt der Nachprüfung > AEAO zu § 164, Nr. 2
- Hinterziehungszinsen > AEAO zu § 235
- Stundungszinsen > AEAO zu § 234, Nr. 12

Zulässigkeit
- des Einspruchs > AO § 347
- des Finanzrechtswegs > FGO § 33
- des Rechtswegs > FGO § 34
- der Revision > FGO § 124

Zulassungsrevision
- FGO § 115

Zumutbarkeit
- Ermessensausübung > AEAO zu § 5

Zurechnung
- Begriff > AO § 39
- wirtschaftliches Eigentum > AEAO zu § 39

Zurücknahme
- siehe Rücknahme

Zurückverweisung
- an FG > FGO § 126, 127

Zurückweisung
- der Revision > FGO § 126
- des Bevollmächtigten/Beistands > FGO § 62
- verspäteten Vorbringens > FGO § 79b

Zusage
- Außerkrafttreten, Korrektur > AEAO zu § 207
- Bindungswirkung > AEAO zu § 205, AEAO zu § 206
- Entscheidung über Antrag auf ~ > AEAO zu § 204, Nr. 1
- Form > AEAO zu § 205
- Rechtsbehelf > AEAO zu § 204, Nr. 3

Stichwortverzeichnis

- rückwirkende Aufhebung > AEAO zu § 207, Nr. 3
- Voraussetzungen > AEAO zu § 204
- Widerruf mit Wirkung für die Zukunft > AEAO zu § 207, Nr. 2
- Zeitraum zwischen Außenprüfung und Antrag auf ~ > AEAO zu § 204, Nr. 2

Zusammenhängende Strafsachen
- AO § 389

Zusammenveranlagung
- Abtretung von Erstattungsansprüchen, Unterschrift der Eheleute > AEAO zu § 46, Nr. 5
- Erstattungsanspruch > AEAO zu § 37, Nr. 2
- Hinzuziehung im Einspruchsverfahren > AEAO zu § 360, Nr. 3

Zuschlag
- AO § 299

Zuständigkeit der Finanzbehörde
- Abgabe einer Steueranmeldung bei einem unzuständigen Finanzamt > AEAO zu § 167, Nr. 4
- Außenprüfung > AO § 195
- Aussetzung der Vollziehung > AEAO zu § 361, Nr. 3.3
- Erklärung der Aufrechnung, Zuständigkeit > AEAO zu § 226, Nr. 4
- örtliche ~ > AO §§ 17 > 27
- sachliche ~ > AO § 16
- Steuern vom Einkommen bei Bauleistungen > AO § 20a
- Steuern vom Einkommen und Vermögen der Körperschaften, Personenvereinigungen, Vermögensmassen > AO § 20
- Steuern vom Einkommen und Vermögen natürlicher Personen > AO § 19
- Steuerstraftaten > AO § 386
- Verletzung der Vorschriften über die örtliche ~ > AEAO zu § 125, AEAO zu § 127
- Verwaltungskompetenz > AEAO zu § 16

Zuständigkeit des Gerichts
- Änderung > FGO § 66
- Bestimmung durch BFH > FGO § 39
- örtliche ~ > FGO § 38, 70
- sachliche ~ des BFH > FGO §§ 36, 37, 70
- sachliche ~ des FG > FGO §§ 35, 70

Zuständigkeitsstreit
- AO § 28

Zuständigkeitsvereinbarung
- Voraussetzungen > AEAO zu § 27

Zuständigkeitswechsel
- Adressat eines Einspruchs bei ~ > AEAO zu § 357, Nr. 2
- Fortführung eines Verwaltungsverfahrens > AEAO zu § 26, Nr. 2
- im Rechtsbehelfsverfahren > AEAO zu § 367, Nr. 1
- Kenntnis der Finanzbehörden > AEAO zu § 26, Nr. 1
- örtliche Zuständigkeit > AEAO zu § 26
- Rechtsbehelfsverfahren > AEAO zu § 367, Nr. 1

Zustellung
- Bekanntgabe > AEAO zu § 122
- Einspruchsentscheidung > AEAO § 366, Nr. 2
- FGO § 53
- der Klageschrift > FGO § 71
- des Urteils > FGO § 104

Zustellungsbevollmächtigter
- FGO §§ 53, 60

Zustimmung
- Ablehnung durch Bescheid > AEAO zu § 168, Nr. 11
- allgemein erteilte ~ AEAO zu Steueranmeldungen > AEAO zu § 168, Nr. 9
- Bearbeitungsdauer > AEAO zu § 168, Nr. 10
- schriftliche Unterrichtung > AEAO zu § 168, Nrn. 2 > 4
- Steueranmeldung > AEAO zu § 168

Zuteilungsverfahren
- AO § 190

Zuziehung von Zeugen
- AO § 288

Zwangsgeld
- AO § 329

Zwangsmittel
- AO § 328

Zwangsverwalter
- Einkommensteuerliche Pflichten des Zwangsverwalters > Anhang 42

Zweckbetrieb
- AO §§ 65, 68

Zwingendes öffentliches Interesse
- Durchbrechung des Steuergeheimnisses > AEAO zu § 30, Nr. 12 ff.

Zwischenstaatliche Rechts- und Amtshilfe in Steuersachen
- AO § 117

Zwischenurteil
- FGO §§ 97, 99